신약주석

— 송영목 지음 —

쿰란출판사

서 문

지난 수년 동안 신약 전체를 구속사적 입장에서 주석해 보았다.
부족하나마 이 작업을 마칠 수 있었던 것은 하나님의 은혜이다.

본인의 전공인 요한계시록을 넘어 신약 전체를 차례로 살펴본 것은 신약성경 전체의 숲을 바라보는 데 큰 도움이 되었다. 현대 신약학계의 경향은 자칫 나무 한 그루, 아니 가지 하나에 집착하기 쉬운 형편이다. 구원의 드라마가 파노라마식으로 펼쳐진 신약성경은 통일성을 갖춘 하나님의 풍성한 계시이다. 그 중심에 공생애를 사셨고 승귀하신 예수 그리스도께서 계신다.

원래 이 주석은 '매튜 헨리'가 쓴 성경 단권 주석처럼 한 권으로 의도되었기에, 세밀한 주석을 하기에는 역부족이다. 따라서 '문법-역사적 해석'에 근거하여, 핵심적인 '구원 계시사적 메시지'를 살피는 것을 목표로 삼았다.

2011년 2월
부산 동삼동에서
송영목

목 차

마·태복음 주석

들어가면서

이 글에서 신약성경의 메시지를 살펴보는 것은, 성경의 유기적 영감을 전제로 하여 단락 중심으로 저자가 제1차 독자들에게 전달하고자 했던 구원 계시사적인 '의미'(meaning)와, 그것이 현대 교회에게 주는 '의의'(significance)를 찾는 것을 목표로 한다. 왜 이런 작업이 필요한가? 개혁주의 입장에서 볼 때, 성경은 우선적으로 '삼위 하나님의 구원 계시'(redemptive revelation)이기에 구원 계시사적으로 해석되어야 하기 때문이다.[1] 이를 위해, 문법-역사적 해석이 기초로 필요하다. 글의 순서는 다음과 같다. (1) 각 장의 본문과 구조(얼개, 짜임새), (2) 단락의 구원 계시사적 의미, (3) 오늘에의 적용.[2]

---

1) 문법-역사적 해석은 필수적이고 기초적인 것이지만, 성경 해석을 위한 지배적인 '원리'를 제공할 수 없다. 구약의 문법-역사적 해석이 모형론으로 나아가지 않는다면 그것은 기독교적 해석이라고 할 수 없다(참고. 레이하르트, 2010:29). 구속사적 성경 해석의 원리를 위해서는 필자의 《신약 해석학 : 구원 계시사적 해석을 중심으로》(2006. 도서출판 신언)를 참고하라. 그리고 신약 전반에 걸친 신학을 위해서는 필자의 《신약신학》(2008. 생명의 양식)을 참고하라. 흥미로운 것은 성경 66권 전체가 교차 대칭 구조를 통하여 하나님과 그의 백성 사이의 상호 작용을 드러낸다는 점인데, 다음의 표를 자세히 보라(참고. Vogels, 2001:216).

A 하나님의 행동 : 모세 5경과 역사서
  B 이스라엘의 말 : 지혜서
    C 하나님의 말씀 : 선지서
A′ 하나님의 행동 : 복음서와 사도행전
  B′ 교회의 말 : 서신서
    C′ 하나님의 말씀 : 요한계시록

2) Smith(1997:549)는 마태복음(총 1,089절, 18,293단어)의 문학적 구조를 다음과 같이 제시한다.

서론 : 족보(1:1-17)
천국의 기초 : 첫 번째 내러티브(1:18-4:25)-첫 번째 강화(discourse, 5:1-7:29)
천국의 사명 : 두 번째 내러티브(8:1-9:38)-두 번째 강화(10:1-42)
천국의 비밀 : 세 번째 내러티브(11:1-13:9)-세 번째 강화(13:10-53)
천국의 가족 : 네 번째 내러티브(13:54-17:27)-네 번째 강화(18:1-35)
천국의 운명 : 다섯 번째 내러티브(19:1-23:39)-다섯 번째 강화(24:1-25:46)
결론 : 고난 내러티브(26:1-28:20)

마태복음을 필사하는 데 6드라크마, 에베소서는 1드라크마, 계시록을 필사하는데 3드라크마의 경비가 든다. 하루에 5시간 작업하며, 1분에 두 줄을 필사한다고 할 때, 마태복음은 적어도 4일 (길면 11일), 에베소서는 반나절, 계시록은 2일 반이 소요된다. 마태복음을 필사하는 데 소요되는 파피루스 두루마리의 이레니우스와 그를 인용한 유세비우스에 의하면, 바울과 베드로가 로마에서 복음을 전하여 교회를 설립하고 있었을 때 마태가 복음서를 기록했다(60-67년 경). 오리겐은 마태복음을 처음으로 기록된 복음서로 인정했으며, 그 후에 마가, 누가, 요한이 마태복음을 참고했다고 보았다. 현대 비평가들(복음주의자들 포함)은 마태복음 26장 52절에서 베드로가 주님으로부터 칼을 사용했다고 책망 받은 것을 A.D. 66-70년 이후의 열심당의 재건에 대한 경고로 보며, 마태가 마가보다 바리새파 랍비들의 신흥 권력을 더 많이 언급한 점을 고려하고, 마태복음 16장 19절의 '교회'(*ekklesia*)를[3] 발전된 교회론의 흔적으로 여김으로써 마태복음의 기록 연대를 A.D. 70년 이후로 본다(참고. 존 월튼, 2010:1252). 그러나 이 견해는 근거가 빈약할 뿐더러 초대 교회와 2세기 역사의 증언을 무시하는 것이다(참고. Maier, 2000:188).[4]

길이는 9.4m에 6드라크마이며 총 1,560줄이고, 계시록은 1,350줄에 3.5드라크마이며 4.95m 분량이다(참고. Botha, 2009:118-121).

3) 모든 헬라어는 영어로 음역한다.

4) 이강택(2010:101, 196, 207)은 N.T. Wright의 역사적 예수님 탐구 및 복음서 이해와 P. Enns의 그리스도 완결적 해석을 비평적으로 결합하여, 마태공동체의 율법 이해는 '그리스도 완결적 율법주의'(Christotelic nomism) 혹은 그리스도 완결적 의미로 재정의된 '메시아적 율법'(messianic Torah)으로 규정한다. 이강택(2010:78, 281)은 마태와 유대인 출신이 주류를 형성한 마태공동체는 불신 유대인, 반율법주의자들 그리고 기독교 율법주의자와 대결했다고 본다. 마지막 두 그룹은 마태공동체 안에 있었던 것으로 보인다.

꧁ 마태복음 1장 ꧂

1. 본문[5] 및 구조

- 새로운 시작을 가져오신 메시아(1)
- 예수님[6]의 족보(2-17)
  1. 아브라함에서 다윗까지(2-6)
  2. 다윗에서 바벨론 포로까지(6-11)
  3. 바벨론 포로 귀환에서 예수님까지(12-17)
- 예수님의 수태 고지(18-25)[7]

2. 구원 계시사적 메시지

2.1. 마태복음 1장 1-17절의 메시지

마태복음 1장 1-17절은 예수님의 족보를 언급한다. 족보의 내용을 알아보기 전에 간략히 역사적인 배경을 살펴보자. '신구약의 중간기'(inter-testamental period)인 약 400년은 계시의 부재로 인한 암흑기였다. 물론 세상 역사는 계속 진행되었는데, 중간기에 기억할 만한 사건은 팔레스타인에서 하스모니안-마카비 왕조가 헬레니즘에 대해 투쟁한 역사이다. B.C. 160년대에는

---

5) 이 책에서 '본문 및 구조'라고 되어 있지만, 본문 비평은 각 장의 서두에서 종합해서 하지 않고, 대신에 필요할 때 해당 구절에서 주로 각주로 처리한다. 참고로, 우리에게 알려진 가장 오래된 장 구분 체계는 4세기의 바티칸 사본의 여백에 보존된 것이다. 이 사본에는 마태복음은 170장, 마가복음은 62장, 누가복음은 152장, 요한복음은 50개의 장(section) 구분이 나타난다. 또 다른 장 구분 체계는 대부분의 다른 헬라어 사본에서와 같이 5세기의 알렉산드리아 사본에서 볼 수 있는데, 마태복음은 68장, 마가복음은 48장, 누가복음은 83장, 요한복음은 18장(*kephalaia*)으로 되어 있다. 알렉산드리아 사본과 대부분의 후대 사본에서는 장 구분 체계가 나타나고 함께 제목(*titlos*)이 제공된다(참고. 매츠거 & 에르만, 2009:59, 62).

6) 이 글에서는 일관되게 '예수님'으로 쓴다. 신학 논문과 책에서 너무 흔하게 볼 수 있는 '예수'라는 표현에 학자들의 교만이 배어 있다. 그리고 비존칭어는 한국 정서에도 맞지 않다. '성령'도 마찬가지다.

7) 족보에 나타난 사람과 관련된 교차 대칭 구조는 다음과 같다(참고. Davies & Allison, 2000:149).

예수 그리스도(1:1)
  다윗(1:1)
    아브라함(1:1)
    아브라함(1:2)
  다윗(1:6)
예수 그리스도(1:16)

이런 교차 대칭 구조가 나타나는 것은 사실이지만, 아브라함을 핵심으로 볼 수 없다.

에피파네스의 박해가 있었고, B.C. 60년대에는 로마의 폼페이가 이스라엘을 식민지로 만들었다. 이런 고난과 박해와 위기의 상황 속에서 등장한 것이 묵시 문학이다. 묵시 문학에서는 현실의 비관주의와 죄악상을 메시아가 오셔서 끝내 주어야 한다고 가르친다.

"다윗과 아브라함의 자손 예수 그리스도의 세계라"(1:1; 참고. 바른 성경: '계보').[8] 아브라함보다 다윗이 먼저 언급된 것은 마태복음 1장은 왕의 족보이기 때문이다. 사실 6절에서 다윗만 '왕'이라는 호칭을 가진다. 이것은 다윗을 메시아의 모형으로 삼아서 참 메시아 왕이신 예수님을 부각시키려는 마태의 의도이다(참고. 칼빈, 1993:117; 해그너, 1999:97). '아브라함'이 '다윗'보다 먼저 언급된 것(예. 개역개정판)은 한글 번역자의 유교적인 관행에 기인하는 것으로 보인다(참고. 중국어 성경도 마찬가지임). 복음서는 첫 구절에서부터 예수님이 그리스도이심을 선포한다. 예수님이 '그리스도'이시라는 이 고백은 마태의 고백이며, 마태 공동체의 고백이다. 그러나 이 고백은 역사적 예수님의 인격과 사역과 연속성을 가진 고백이다. 즉 예수님이 공생애 가운데 그리스도로서 분명한 인식을 가지고 사역을 하셨기에, 그분의 제자들이 이런 고백을 할 수 있었던 것이다. 따라서 '역사적인 지상의 예수님'(historical-earthly Jesus)을 전제로 하지 않은 '선포되고 고백된 그리스도'(proclaimed-confessed Christ)는 존재하지 않는다.

그리고 '세계'는 헬라어로 '*genesis*'(히브리어 '톨레도트'를 번역한 것)인데, LXX에서 창세기를 가리키는 표현인 'Genesis'와 관련되며, '시작'(beginnings, origin)이라는 의미이다.[9] 사실 마태복음 1장 1절의 헬라어와 창세기 2장 4절과 5장 1절의 LXX는 유사하다. 그러므로 세계를 '족보'로만 이해하는 것은 불완전하다. 구약의 창세기가 세상과 이스라엘의 시작을 기록한 책이라면, 마태복음 1장 1절은 그리스도이신 예수님을 통해서 나타날 새로운 창조 즉 재창조의 시작을 선포하는 것이다(참고. Wilkins, 2004:55).[10] 아마도 시리아 안디옥의 유대인 중심의 공동체에게 족보는 익숙했을 것인데, 구약에도 많은 족보가 등장하기 때문이다(참고. 창 5; 룻 4:18-22; 대상 1-9).

족보는 한 가계의 역사적인 신빙성을 밝혀서 하나님의 구원 계시가 구체적인 인간 역사 속에 실제로 일어났음을 밝힐 뿐 아니라, 신실하신 하나님의 선민을 어떻게 보존하시며 그들을 통해서 역사하셨는가를 증명한다.[11] 마태는 예수님의 조상을 선민 이스라엘의 조상인 아브라함에게까지

---

8) '바른 성경'은 2009년 한국성경공회에서 출판한 한글 성경이다.

9) 'Society for Distributing Hebrew Scriptures'에서 출판한 신약 히브리어 성경은 마태복음 1장 1절의 '*genesis*'를 '톨레도트'로 번역한다.

10) 마태 당시의 로마 제국에서는 황제 숭배 사상이 퍼졌다. 고대 근동의 신비한 기원에 있어서 중요한 메시지이자 초점은 왕이 세상을 혼돈으로부터 구원하여 질서와 조화가 있는 우주를 만든다는 것이었다. 이 주제는 고대 근동 위에 세워진 고대 헬라 황제 숭배의 중심 사상이 되었다. 권력자라는 의미의 '*auctoritas*'는 결국 'Augustus'라는 신적 이름으로 바뀌었다. '신의 아들'로 인정받은 아우구스투스의 생일이 새해의 시작이 되었다. 황금기를 이루었다고 여겨진 아우구스투스는 다른 국가들과 외교 문제에서 평화를 이루는 '평화의 왕자'라고 불렸다. 세상 사람들에게 아우구스투스를 믿는 '믿음'이란 용어는 절대 권력과 후원자의 관계 사이에서 그를 절대적으로 신뢰하는 믿음이란 단어와 밀접한 관련이 있었다. 마태복음의 1차 독자의 입장에서 마태복음 1장을 읽는다면, 복음과 새 시대는 황제가 아니라 예수님으로부터 가능하다는 반(反)로마적 메시지의 뉘앙스가 나타나는 듯하다(참고. 홀스리, 2007:36-46).

거슬러 올라간다. 마태와 달리 누가는 하나님에게로 거슬러 올라가서 (시리아 안디옥의)이방인 독자들이 예수님이야말로 하나님으로서 모든 인류의 구주이심을 강조한다(참고. 눅 3:23-38).[12]

여기서 족보의 새 언약적 메시지를 놓치지 말아야 한다. 유다 지파 출신이신 예수님은 다윗의 언약을 성취하셔서 영원한 메시아 왕국을 이루신 분이시다(참고. 삼하 7; 마 9:27, 12:23, 15:22, 20:30-31, 21:9, 15, 22:4; 계 22:16; 보라. Wilkins, 2004:55). 동시에 예수님은 아브라함의 언약을 유대인으로 태어나셔서 이루셨는데, 열방을 포함하는 많은 신앙의 자손과 그들이 활동하는 영토를 구현하신다(참고. 창 15). 이제 새 언약 백성은 새로운 제사장과 왕으로서 복의 통로로 살 것이다. 예수님 안에서 다윗과 아브라함의 언약이 복합적으로 성취되었다. 아브라함에게 약속된 땅, 많은 후손, 복은 곧 영토와 국민과 주권(메시아의 복된 통치)이라는 하나님 나라의 3대 구성 요소를 가리킨다. 이 세 요소를 다윗의 후손이신 예수 그리스도께서 다스리시고 경영하신다.

이 족보에는 46명이 등장한다. 이들은 위인, 악인(므낫세, 아비야), 라합과 다말과 같이 평판이 좋지 못한 자,[13] 이방 출신, 무명인(헤스론, 람), 여자 4명(누가는 족보에서 이들을 생략함) 등 참으로 출신 성분이 다양하다. 인간의 약점이나 출신 성분과 상관없이 하나님은 구원의 역사를 이루어 오셨다. 하나님은 예수 그리스도를 통해서 이방인을 포함하는 메시아 왕국, 차별이 없는 포괄적이고 평등한 메시아 왕국을 이루신다.[14]

'누구는 누구를 낳고'라는 아오리스트 능동 직설 3인칭 단수 동사(*egennesen*)가 16절의 예수님 출생에서는 수동형(*egennethe*)으로 나타난다. 이것을 하나님이 하신 일 즉 신적 수동태로 볼 수 있다. 16절에서 후대의 세타 사본과 시리아어 역본 등은 이 동사를 능동태로 쓴다. "야곱은

---

11) 여기서 창세기 11장 10-26절의 셈의 계보에 주목해 보자. 셈의 후손은 홍수 이후에 하나님의 구원의 사역의 중심에 선 계열인데, MT와 달리 사마리아 오경과 LXX는 장자를 낳은 연령에 각각 100세를 더한 반면, 장자 출산 후 더 생존하면서 다른 자녀를 낳은 연령에서 약 100세를 감했는데, 예를 들어, 창세기 11장 12절의 경우 아르박삿은 35세가 아니라 135세에 셀라를 낳았다고 되어 있다. LXX의 번역자들은 창세기 5장의 아담의 계보에 나타난 장자의 출산 연령을 참고한 것 같다. 창세기 11장의 MT와 LXX를 비교해 볼 때 번역에는 번역자의 신학이 들어가기 쉬움을 알 수 있다. 분명한 것은 하나님은 각 시대마다 남은 자를 사용하셨고, 그 속에는 아무나 들어오지 못하고 하나님의 은혜로 선택 받은 자만 들어올 수 있다. 따라서 성경의 족보는 하나님의 구원 역사 가운데 나타난 은총을 강조한다.

12) 요세푸스는 《유대 고대사》 17.8.1과 《유대 전쟁사》 1.33.8에서 헤롯 대왕이 죽은 시점은 안티고누스의 사망 (B.C. 37) 34년 후이며, 로마 황제에 의해서 그가 유대의 왕으로 임명된 지 37년 후라고 기록한다. '아우구스투스의 통치'와 같은 로마 역사에 따르면, 헤롯 대왕은 B.C. 40년에 유대 왕으로 임명되었다. 따라서 헤롯 대왕의 죽음은 B.C. 4년이다. 요세푸스는 헤롯이 죽은 해에 '월식'이 있었다고 기록하기에, B.C. 4년 3월 12일 혹은 13일이다. 요세푸스는 헤롯 아켈라오가 왕위를 계승한 직후에 유월절(B.C. 4년 4월 17일)이 열렸다고 기록한다. 《고대사》 17.9.3). 예수님의 성육신은 B.C. 6-7년이다.

13) 칼빈(1993:117)은 이것을 예수님의 '자기 비하'로 본다(참고. 시 22:7; 빌 2:7).

14) 7-8절의 '아삽'(*asaph*, 시내 산, B, C, 바른 성경)은 다수 사본(즉 '비잔틴 계열의 사본', UBS 4판에서는 *Byz*로 표기됨)과 개역개정판에서 '아사'(*assa*)로 나타난다. 그리고 10절의 '아모스'(*amos*, 시내 산, B, C, 바른 성경)는 다수 사본과 개역개정판에서 '아몬'(*amon*)으로 나타난다. 11절에서 D, 세타, 시그마 사본 등은 역대상 3장 15-16절의 족보에 맞추려고 '요시야가 여호야김을 낳고, 여호야김은 여고냐를 낳고'로 쓴다.

동정녀 마리아와 정혼한 요셉을 낳았으니, 마리아는 그리스도라 칭하는 예수님을 낳았더라." 예수님의 동정녀 탄생을 기록한 16절의 '마리아에게서'의 '-에게서'(*eks heis*; Mary, of whom was born Jesus)가 남성형이 아니라 여성형으로 나타나는 것에서도 알 수 있다. 즉 요셉이라는 남자의 개입 없이 탄생하셨다는 의미이다. 이때 마리아는 정혼한 상태이기에 만 15세 정도로 추정된다.

족보에 나타난 계시사적 전진을 살펴보자. 이 족보는 아브라함에서 다윗까지, 다윗에서 바벨론 포로까지, 바벨론 포로 귀환에서 예수님까지 각 14대씩 나눈다(17절). 이것은 단순한 자료의 나열이 아니라 마태의 치밀한 신학적 의도를 반영하는 문학적 구성으로서, 인류 구원의 드라마이며 성경의 중심 주제인 '창조, 타락, 구속'을 보여준다. 즉 아브라함에서 다윗까지는 이스라엘 민족의 형성과 최고 절정의 기간이며, 다윗에서 바벨론 포로까지는 타락과 쇠락의 시간이며, 바벨론 포로 귀환에서 예수님까지는 회복과 구원의 기간이다. 그리고 14는 완전수인 7의 배수이기에, 이 족보가 완전함을 의미한다. 이 말은 이 족보가 정확한 부자 관계에 기초해 있다는 의미는 아니다. 이스라엘을 보존하신 하나님의 완전한 사역을 볼 수 있다는 의미이다. 그리고 다윗의 히브리어 자음(דוד)의 합은 게마트리아(*gematria*)로 14인데(D [4]+ V [6]+ D [4]), 이 사실은 이 족보가 다윗의 후손이신 예수 그리스도를 의도적으로 강조하는 것 같다(참고. 덤브렐, 2000:199). 그리고 다윗은 족보에서 14번째 인물이다. 마태가 14대씩 세 번 나눌 때 빠진 왕들이 있다. 9절의 웃시야 [즉 아하시야]와 요담 사이에 '요아스, 아마샤, 아사랴'가 빠졌다 (참고. 대상 3:10-12). 이것을 '오류'라고 볼 수 없다. 마태가 독자들이 쉽게 기억하도록 하기 위해서, 혹은 문학적인 균형(literary symmetry)을 염두에 둔 것이다(참고. ESV Study Bible, 2008:1821; contra 예레미아스, 1988:371).[15)]

2.2. 마태복음 1장 18-25절의 메시지

현대의 약혼과 결혼의 중간 정도의 구속력을 가진 것으로 여겨지는 '정혼'(바른 성경; 비교. 개역개정판: 약혼)은 죽음이나 파혼으로만 깨어질 수 있었고, 정혼자들의 성관계는 허용되지 않았다(18절: '동거하기 전에 성령으로 잉태된 것.' 참고. 눅 1:34). 대개 정혼 후 1년 안에 결혼했다. 정혼 기간 동안 남녀는 각각 부모님의 집에서 따로 살았으며, 임신하게 되면 파혼하게 되었다. 이때 임신한 여인은 돌에 맞아 죽어야 한다(참고. 레 20:10). 18절에서 '태어나심'을 '탄생, 창조,

15) 족보에서 '14대이고'(geneai dekatessares)가 3번이나 반복되는 것은 구속사적 의미를 가지는 동시에, 효과적인 기억을 위한 청각적 효과도 가진다. A.D. 1세기 지중해 연안의 그레코-로마 세계의 문맹률에 관해 연구를 한 윌리엄 해리스(William Harris)는 로마 제국 전체 인구의 10% 미만만이 글을 읽고 쓸 수 있었고, 제국 본토에서도 15-20%를 넘지 않았다는 결론에 도달했다. 그러므로 대다수의 사람들이 어떤 문학작품을 접할 수 있는 기회는 대중적인 구술적 상연(oral performance)과 청각적 수용(aural reception)을 제외하고는 극히 제한되었다. 그러한 의사소통 문화를 가진 세계에서 청중이 들은 정보(what is heard)를 이해하고 보존할 수 있었던 수단은 그들의 기억이었다. 이것은 그레코-로마 세계의 교육이 왜 그렇게 기억 훈련에 집중하고 있었는지 그 이유를 설명해 준다(참고. 박윤만. 2008. 마가의 구술-청각적 서사 담화. 한국복음주의신약학회 홈페이지).

계보'를 의미하는 genesis (시내 산, B, C사본 등이 지지함)로 쓰거나, '발생시킴'을 의미하는 gennesis (다수 사본이 지지함)로 쓰기도 한다. 마리아의 임신 사실을 안 요셉은 비공개적으로 파혼하기를 원했다(19절). 그때 주님의 사자가 요셉에게 현몽하여, 예수님이 성령으로 잉태된 것을 가르쳐 준다(20절).

21절에서 '예수'라는 이름이 출생 전에 미리 예고된다. '예수'는 히브리어인 '여호수아'와 관련되며, 구원자를 뜻하는 '야사'와도 관련된다. '야사'에는 사사도 포함된다. 구약의 모든 구원의 사건들은 예수님이 성취하실 구속 사건을 내다보는 것이다. "여호와께서 구원하신다"는 뜻의 예수님은 죄의 문제를 해결하셨다. 이것은 구약 선지자(참고. D사본은 '선지자 이사야')의 메시아 예언의 성취이다(22절). 다른 이름 '임마누엘'이 계시된다(23절).16) 여기서 마태는 이사야 7장 14절을 인용하여, 이사야 당시의 아하스 가문의 처녀(almah ; 참고. 창 24:43; 출 2:8; 시 68:25)가 결혼하여 아이(아마 아하스의 후계자인 히스기야)를 낳을 것이며, 유다를 침략한 아람과 북이스라엘은 3년(아기가 선악을 분별할 나이)이 지나기 전에 망할 것과 처녀(parthenos) 마리아가 임마누엘이신 예수님을 낳을 것을 연결시킨다. 이사야에서 임마누엘의 예언은 남유다에게 구원이 되었듯이, 임마누엘이신 예수님의 출생은 자기 백성에게 구원의 복된 소식이 되었다. 하나님은 이사야에게 아하스 당시의 한 아이가 태어날 것을 통해서 궁극적으로 메시아 예언을 하도록 하신 것이다. 마태복음에는 실제로 '예언의 성취된 형식'(fulfillment formula; 참고. 마 2:5-6, 15, 17-18, 23, 4:14-16, 8:17, 11:10, 12:17-21, 13:14-15, 35, 21:4-5, 26:31, 56, 27:9-10)이 자주 등장한다.17)

요셉이 잠에서 깨어나 주님의 천사가 그에게 명령한 대로 행하여 그의 아내를 데려왔으나(24절), '아들'(참고. 다수 사본: '그녀의 맏아들')을 낳을 때까지 동침치 않고(*ouk eginosken*, 직역: '알지 않았다') 아들이 태어나자 이름을 '예수'라고 하였다(25절). 참고로 복음서를 적용할 때, 현대 독자는 1차 독자의 위치에 자신을 놓고, 예수님의 말씀을 그대로 들었던 최초의 청중처럼 그분의 말씀에 귀 기울여야 한다(참고. 존 월튼, 2010:1250).

3. 오늘에의 적용18)

16) Menken(2004:131)은 마태가 마태복음 1장 23절에서 수정된 이사야 7장 14절 LXX를 사용했다고 추정한다. Menken(2004:159)은 마태복음의 구약 인용 중 대부분을 수정된 LXX를 사용한 것으로 추정한다(마 2:18, 4:15-16, 12:18-21, 13:35, 21:5). 그러나 우리에게 Menken이 추정한 '수정된 LXX'에 대한 확실한 정보는 없다.

17) 마태가 구약의 성취를 언급한 것을 3가지 종류로 나눌 수 있다. (1) 직접적인 예언-성취(마 1:22-23), (2) 구약에서 의도된 충만한 의미(마 5:17-20), (3) 이스라엘 역사에 유비적-모형론적으로 상응하는 것(마 2:15, 17-18; 참고. ESV Study Bible, 2008:1821). 참고로 예수님이 구약에서 약속된 메시아라는 61가지 사실과 증거 구절을 위해서는 Hagee(1996:61-83)를 보라.

18) 다니엘 도리아니(2009:164)는 성경을 적용하는 방식을 크게 두 가지로 나눈다. (1) 규칙, 이상(ideal), 교리, 이야기에 나타난 구속적 행동, 이야기에 나타난 모범적 행동, 이미지, 노래와 기도라는 7가지 자료를 통해서 적용을 끌어내기. 7가지 자료에 다음의 4가지 질문을 가져와서 적용하기. (a) 우리의 의무는 무엇인가? (b) 우리가 갖추어야 할 고상한 성품은 무엇인가? (c) 우리는 어떤 목표를 추구해야

예수 그리스도 안에서만 우리가 새로운 피조물이 됨을 알자.
연약한 자도 사용하시는 하나님을 신뢰하자.
초월적인 하나님의 뜻에 순종하는 훈련을 하자(예. 요셉).

∽ 마태복음 2장 ∽

1. 본문 및 구조

• 유대의 왕이 탄생하실 것에 대한 박사의 보고(1-12)
  1. 박사의 여행(1-2)
  2. 헤롯의 교활한 술수(3-8)
  3. 박사의 경배(9-12)
• 예수님 안에서의 구약 예언의 성취(13-23)
  1. 애굽으로 도피하심(13-15)
  2. 베들레헴 아이들의 살륙(16-18)
  3. 나사렛으로의 귀환(19-23)

하는가? (d) 어떻게 하나님의 관점(가치관)에서 옳은 것을 선택할 수 있는가?
계속해서 도리아니(2009:250)는 이야기체 본문을 삶에 적용할 수 있는 6가지 지침을 제시한다. (1) 이야기의 유형을 밝혀라. (2) 드라마의 절정과 결의에서 혹은 어쩌면 그 뒤에 나오는 행동이나 말에서 주요 요점을 발견하라. (3) 하나님 중심적 주제, 하나님이 자신의 구속의 사랑을 보여주시는 방식을 명확하게 말하라. (4) 원래 맥락 안에서 하나님의 행동에 대한 사람들의 반응을 살펴라. 무엇이 모범적인 반응이며, 중립적인 입장이나 거역하는 입장을 취하는 사람들의 반응을 살펴보라. 그리고 오늘날까지 남아 있는 긍정적인 반응과 믿지 않는 반응을 지적해 보라. (5) 추가적인 교리적-윤리적 함축을 찾아라. (6) 사람들이 던지는 다음의 4가지 질문에 대한 답을 찾아보라. 나는 무엇을 해야 하는가?(즉 인간의 상호 작용의 법칙들 혹은 기초가 되는 규칙으로서의 '의무'. 의무의 반대말은 불순종임). 나는 어떤 사람이 되어야 하는가?(수줍어하거나 쾌활한 것을 '성격'이라고 부른다면, 도덕적이고 영적인 경향은 '성품'이다. 성품은 경건한 실천의 뿌리이다. 성품 혹은 미덕의 반대말은 악덕이다). 나는 어디로 가야 하는가?(즉 삶의 에너지를 어디에 소비해야 할지를 결정하는 것이며, 우리가 선택한 일에 헌신하는 이유를 제공하는 것인 '목표'. 목표의 반대말은 정처 없음이다). 우리는 어떻게 볼 수 있는가?(즉 의무와 성품과 목표를 하나님이 보시는 것처럼 볼 수 있게 해주는 것인 '분별력.' 분별력의 반대말은 맹목성, 근시안, 어리석음이다). 참고로, 남아공 개혁교회의 주보인 'Liturgiese Riglyne'에 보면, 오전과 저녁 '설교 제목'은 없지만 주로 1-2절의 핵심 본문(teksvers)은 항상 있다. 그리고 주보에 '요지'(tema)를 간략히 적시한다. 참고로, 개혁 교단의 'Almanak'에 교회 주소록은 물론이거니와 교단 성도가 365일 동안 묵상(혹은 가정 예배)할 수 있도록 본문과 해설을 해둔다. 하루에 반 페이지 분량이며, 여기서도 'teksvers'를 명시한다. 제일 윗부분에 제목과 비슷한 요지를 간략히 제시하며, 제일 마지막 부분에는 적절한 시편의 장과 절을 제시한다. 1998년의 경우 총 230페이지 분량이며, 교단 소속 목사 및 은퇴 교수가 나누어서 집필한다.

2. 구원 계시사적 메시지

2.1. 마태복음 2장 1-12절의 메시지

예수님은 헤롯 대왕[19] 때 유대 베들레헴에서 나셨다. 이제 'Anno Domini'(A.D.: 주님이 다스리시는 해)가 시작된다. 이보다 더 중요한 구원사적 선언이 있을까? 예수님이 탄생하셨을 때 이스라엘을 다스린 헤롯 대왕은 B.C. 4년에 사망했다.[20] 그는 유대인의 마음을 얻기 위해 성전을 대대적으로 보수했기에 '헤롯 성전'이란 이름이 붙었다.

동방(아마 페르시아나 아라비아?)에서 온 박사들(Magi)은 마술사 혹은 점성가로 보인다. 그런데 이들 박사가 베들레헴이 아니라 예루살렘으로 갔던 것은, 왕이 태어나기에 적합한 곳은 수도였기 때문이다. 바벨론 포로 이래로 동방 국가와 유대인 사이의 접촉이 있었다. 그런데 어떻게 박사들이 별을 보고 유대인의 왕이 태어날 것임을 알 수 있었는가? '그의 별'(his star, 2절)이라는 말은 하나님이 특별히 준비해 두신 '별'(참고. 민 24:17; 다윗과 메시아를 상징함; 보라. 덤브렐, 2000:203)을 가리키며, 박사들은 이 별을 보고 자신의 점성학적 계산에 의해 유대인의 왕이 태어날 것임을 알았을 것이다(참고. 리델보스, 1991:63-64). 동방 박사들이 예수님을 찾아온 것은 마태복음 8장 11절의 많은 이들이 동서로부터 와서 족장의 하나님을 섬기게 될 것이라는 예언이 이루어진 것이다.

유대인의 왕이 태어났다는 소식을 접한 헤롯은 분노와 공포에 휩싸인다(3절). 자신의 통치가 인기가 없고, 그 당시 민심은 가난과 자연 재해 등으로 악화되어 있었기에, 메시아 대망의 기운이 일어나고 있었기 때문이다.

동방 박사의 구약의 배경을 살펴보자. 동방 박사들이 본 별은 일찍이 동방의 아람에 살던 발람(참고. 민 23:7)이 이스라엘에 관하여 예언할 때 언급한 바 있는 '야곱의 별'을 상기시킨다(참고. 민 24:17). 아마도 이방 세계 안에 발람의 이 예언은 오랫동안 전수되었을 것이다. 이 동방 박사들까지도 이 예언을 알고 있었는지는 확실치 않다(참고. 김경래, 1997:319).[21]

---

19) 헤롯 대왕은 B.C. 73년경에 태어나 B.C. 40(혹은 37)-B.C. 4년에 유대를 통치했다. 그는 B.C. 4년 3월에 사망했다. 그의 아버지 안티파터(Antipater) 2세는 이두매 혈통의 유대인인데(에돔 혈통이었기에 정통 유대인이 아님) B.C. 47년에 율리우스 시저에 의해 유대의 행정장관으로 임명되었다. 안티파터 2세는 그의 4번째 아들 헤롯(대제)을 갈릴리의 군대장관으로 임명했다. 아우구스투스는 헤롯을 유대인의 왕으로 인정했다(B.C. 31). 그는 B.C. 37년에 하스모니안 가문의 히르카누스(Hyrcanus) 2세의 손녀인 마리암네(Mariamne)와 결혼했지만 B.C. 29년경부터 그의 아내를 포함하여 하스모니안 가문을 몰살했다. 그는 그레코-로마 문화 전파를 옹호했으며 대건축 공사를 여러 곳에서 했으며, B.C. 19년에 예루살렘 성전 재건축을 시작했다. 그에게는 10명의 부인이 있었지만, 마리암네만 '왕비'라는 칭호를 받았다. 왕에게 일부다처가 허용된 것은 신명기 17장 17절을 임의로 해석한 결과인데, 미쉬나는 왕에게 부인을 18명까지 허용할 수 있다고 기록한다(참고. 예레미아스, 1988:129).

20) 원래 로마는 B.C. 8세기경에 이탈리아 반도 중간 위치에 자리 잡은 작은 도시 국가였다. 로마가 설립된 지 754년째 되던 해를 A.D. 1년으로 본 사람은 A.D. 4세기의 스키타이인 수사였던 Dionysius Exiguus(혹은 Dionysius the Insignificant)인데, 그는 이때를 예수님의 탄생 연도로 잘못 보았다.

21) 박사들이 바벨론에서 예루살렘으로 왔다면 1,288km 거리이기에, 하루에 32km를 여행했다면 40일이

헤롯은 대제사장들과 서기관들에게 메시아의 출생 장소를 묻는다(4절). 5절의 답은 미가 5장 1-2절과 사무엘하 5장 2절을 결합한 구절에서 나오는데, 메시아는 다윗처럼 베들레헴에서 태어나며, 다윗 가문의 메시아가 이스라엘의 목자와 주권자로서 다스릴 것이다(참고. 삼하 5:2).[22] 미가 5장 2절의 설명과는 달리, 마태에 의하면 베들레헴은 더 이상 유대 통치지역들 중에서 결코 작지 않다. 왜 마태는 이렇게 부정적인 예언을 긍정적으로 바꾸었나? 구약 다윗 왕조의 인간 왕들과 비교해 볼 때 예수님이 더 우월하시기 때문인가? 혹은 타락한 지도자와 거짓 제사가 드려지던 예루살렘을 한쪽으로 제쳐두기 위한 의도 때문인가? 아니면 헤롯이건 로마 황제이건 예수님이 그들의 권력을 상대화하시는 절대적인 분이라는 강조 때문인가? 이런 가능성들을 종합적으로 고려해 보아야 할 것이다. 선지자 미가의 활동 300년 전에 베들레헴 목동 출신 다윗이 왕으로 기름 부음 받음으로써, 그때까지 '작은' 지위의 베들레헴은 중요한 마을로 자리매김하게 되었다. 이 사건을 상기하면서, B.C. 8세기 말엽의 선지자 미가는 미약한 베들레헴에서 메시아가 탄생하실 것을 예언했다. 이제 그 메시아가 미가의 예언대로 탄생하신 시대에, 마태는 메시아를 배출한 베들레헴이 결코 작지 않다고 말할 수 있었던 것이다(참고. 김경래, 1997:321). 여기서 약한 자를 들어 사용하시는 하나님의 '역전 주제'를 볼 수 있다. 적용하면, 진정으로 크고 강함은 예수님, 그리고 예수님 안에 있을 때이다.

6절에서 마태가 소개하는 예수님은 '종말의 다윗 가문의 목자요 왕'이시다. 이것을 유대인이 구약 시대부터 알고 있었지만, 오히려 그들은 뒷전으로 밀려나고 이방인 박사가 먼저 메시아를 만나 경배한다. 이것은 이방인이 구원의 빛이신 예수님을 영접할 것(즉 메시아의 새 시대의 우주적 구원)을 미리 보여주는 것이다. 온 예루살렘이 메시아의 출생 소문으로 소동했지만(3절), 정작 아기 예수님을 보러 박사를 따라 예루살렘에서 베들레헴으로 간 사람은 없었다(참고. 요 1:5). 박사들은 황금, 유향(frankincense; 참고. 출 30:9, 34-38)), 그리고 몰약(myrrh; 향, 향수, 강장제로 사용됨)을 아기 예수님께 드린다(11절).[23] 이것은 시편 72장 10-11절의 성취로서, 이제 이방인이 유대인의 왕께 경배하게 된다. 동시에 스바 사람들이 금과 유향을 가지고 야웨의 찬송을 전파할 것이라는 이사야 60장 6절과 스바 여왕이 솔로몬에게 가져온 향품과 금과 보석을 언급하는 열왕기상 10장 1-10절의 성취이다.

2.2. 마태복음 2장 13-23절의 메시지

헤롯 대왕의 살해 위협으로 인해 밤에 요셉은 아기 예수님과 마리아와 함께 애굽으로 피신한다(13절). 베들레헴에서 애굽 국경까지는 146km, 애굽의 나일 강 상류까지는 약 300km이다. 헤롯은 두 번째 아내인 마리암네를 자신에 대한 역모에 가담했다는 이유로 처형했고, 전임

소요되었다.

22) 5절의 '선지자를 통하여'를 시리아와 콥틱 역본에서는 '미가 선지자를 통하여'라고 쓴다.

23) 칼빈(1993:152)은 동방 박사들이 페르시아에서 온 것으로 본다. 페르시아인은 왕을 알현할 때 예물을 바쳤는데, 그 관습을 따라 동방 박사들도 자기 나라의 열매인 황금, 유향, 몰약을 예수님께 바쳤다. 칼빈은 황금은 왕, 유향은 제사장, 그리고 몰약은 장사 지냄과 연결하는 것을 반대한다.

대제사장 힐카노스도 80세에 죽였으며, B.C. 7년에는 마리암네에게서 태어난 두 아들 알렉산더와 아리스토불루스를 처형했고, B.C. 4년에는 첫째 부인 도리스가 낳은 장남 안티파터를 제거했다. 그러므로 잔인했던 헤롯이 베들레헴의 남자 아기들을 죽인 것은 놀랄 일이 아니다(참고. 쾨스터, 1996:631). 디아스포라가 있었던 애굽은 헤롯 대왕의 영향권 밖이었다. 이때 예수님의 가족은 무엇으로 생계를 유지했을까? 바로 황금, 유향, 몰약을 팔아서 생활했을 것이다.

마태복음 2장 15절의 예수님의 출애굽(출 팔레스타인)은 호세아 11장 1절의 성취이다. "애굽에서 내 아들을 불렀다."[24] 바벨론에게 정복당하기 전에 살았던 호세아 선지자는 이스라엘이 배교 중에 있었지만 여전히 하나님의 아들이며, 이전에 출애굽의 구원을 경험했음을 회상하며 선포하고 있다. 호세아 11장 1절은 예수 그리스도(특히 애굽으로 피난가시는 아기 예수님)에 대해 직접적으로 예언을 하지 않는다. 그렇다면 사도 마태는 호세아 11장 1절을 잘못 해석한 것인가?(예. Barclay, Boring, Luz, Robinson). 아니면 마태는 호세아 11장 1절의 '더 깊은 의미'(sensus plenior)를 계시사적 통찰력(revelatory insight)으로 간파한 것인가?(예. Fee & Stuart). 위의 두 이론 중 첫 번째 주장은 마태의 오류에서 머물지 않고 성경의 영감에 오류가 있다는 결론으로 인도하는 심각한 문제가 있다. 두 번째 이론은 수수께끼와 같은 성경 해석의 책임을 성령님께 돌리는 격이 되고 만다.[25]

그러면 어떻게 이 문제를 해결할 수 있을까? 호세아 11장 1절은 마태에게 있어서 '하나님의 아들 됨'(divine sonship)이라는 중요한 신학적 주제를 제공한다. 출애굽 사건은 이스라엘 백성의 독특한 신분 즉 하나님의 장자임을 증명했다. 모형론적 차원에서 볼 때, 구약 이스라엘에게 참된 것(즉 구원 받은 하나님의 장자라는 신분, 참고. 출 4:22-23; 시 72:1; 렘 31:9; 호 1:10)은 메시아 예수님에게 더 깊은 의미에서 참되다(참고. 김경래, 1997:325).

마태는 마태복음 1장의 족보에서 이미 예수님의 독특한 정체성과 하나님의 아들 되심을 언급했다. 마태는 예수님의 세례와 시험 받으심에서 하나님의 아들이심을 더 충분하게 기술할 것이다(보라. Turner, 2008:90-91). 구약 이스라엘을 구원하시고 돌보신 하나님의 역사가 독생자 아기 예수님을 돌보시고 보호하시는 것으로 재현(recapitulation)되고 있다. 구약 안에서도 이

---

24) 마태복음 2장 15절은 호세아 11장 1절의 마지막 절(clause)만 인용한다. 즉 마태는 "이스라엘이 어렸을 때 내가 그를 사랑했으며"라는 호세아 11장 1절의 첫 절은 인용하지 않는다. 인용 시에 마태는 MT를 의존한다. 호세아 11장 1절 LXX와 마태복음 2장 15절의 차이는 다음과 같다(참고. Turner, 2008:90): (1) *ekalesa*를 사용한 마태와 달리 LXX은 복합동사 *metakalesa*(불러냈다)를 사용함, (2) 마태는 "애굽에서 '내 아들'(*ton hyon mou*)을 불러냈다"로, LXX는 "애굽에서 '그의 아들들'(*ta tekna autou*)을 불러냈다"로 번역한다. 호세아 11장 1절과 마태복음 2장 15절의 관계를 다음 진술로 결론 맺을 수 있다. "The individual life of Jesus is an antitypical microcosm of macrocosmic typological Israel"(참고. Turner, 2008:91). 만약 15절의 "주께서 선지자를 통하여 하신 말씀을 성취하시려는 것이니"를 문자적으로 받아들이면, 호세아 11장 1절에서 하나님은 호세아가 이해하고 기록한 이상의 메시지를 그에게 주신 셈이다. 다시 말해, 장차 있을 예수님의 애굽 체류까지 염두에 두고 말씀하신 것이 된다(참고. 김경래, 1997:326).

25) Menken(2004:141)은 마태가 마태복음 2장 15절에서 '수정된 호세아 11장 1절 LXX'를 사용했다고 본다. 따라서 그는 마태가 호세아 11장 1절 MT를 헬라어로 번역했거나, LXX를 개정한 것으로 보지 않는다. 그러나 우리는 수정된 LXX를 확인할 길은 없다.

재현이 등장한다. 한 예로, 출애굽은 출바벨론의 전주곡이며, 출바벨론은 제2의 출애굽이다. 애굽에서 체류한 이스라엘이 출애굽 하여 구원을 받았듯이, 예수님은 애굽에서 헤롯 대왕이 죽자 팔레스타인으로 돌아왔다. 헤롯 대왕은 '제2의 바로'로 역할했다. 마태는 이스라엘 백성의 출애굽을 아기 예수님 한 분의 출애굽과 대등하게 둠으로써, 구약 이스라엘(그리고 신약 교회)을 모두 포함하는 온 교회적 인격을 가지신 예수님을 소개한다.[26] '출애굽-출바벨론-예수님의 출애굽-교회의 새 출애굽'이라는 계시가 전진하고 있다.[27] 이것은 이스라엘의 역사를 재현하신 예수님 안에 구약과 신약의 모든 하나님의 자녀가 포함되어 있음을 가르쳐 주는 것이다(참고, 덤브렐, 2000:203). France(2007:80)는 마태가 구약 이야기로부터 예수님에게로 옮길 수 있는 모델(transferable model)을 모형론적으로 골라 내었다고 본다. 마태는 구약 이스라엘의 삶을 다시 사신(relive) 예수님께서 구약의 구속사적 패턴을 재현하시고 성취하셨음을 자주 언급한다(예. 이스라엘의 40년 광야 생활과 예수님의 40일 광야 시험; 광야에서 만나를 먹은 이스라엘과 오병이어의 기적). 따라서 마태복음 2장을 '충만한 의미'보다 '모형론'으로 설명하는 것이 더 적합하다.

헤롯 대왕의 명령에 따라 베들레헴과 그 근처의 2살 아래의 남아가 살해된다(16절). 만 2살 이하 남자 아이가 살해되었다는 사실은, 헤롯의 이 명령이 예수님의 탄생 직후에 일어난 일이 아님을 의미한다(예. 눅 2:21 이하의 아기 예수님이 할례를 받고 성전에서 비둘기 새끼로 정결케 된 것은 애굽으로 도피하기 전임). 이 살해 사건을 마태복음 2장 17-18절에서 예레미야 31장의 빛 속에서 설명한다.[28] 이스라엘의 바벨론 포로 귀환과 회복을 예언하는 문맥인 예레미야 31장 15절에 의하면, 요셉과 베냐민 지파의 선조모인 라헬이, 남-북 이스라엘의 경계점인 라마(B.C. 586년에 포로 생활을 위해서 바벨론으로 출발하던 장소)에서 자녀를 잃고 울부짖고 크게 통곡하고 있다(18절).[29] 라헬은 자녀를 잃고, 슬픔 가운데 위로 받기를 거부하고 혼자 남아 있다.[30] 이 세상의 세력이 이스라엘 자손을 죽였듯이, 이제는 에돔 사람 헤롯이 이스라엘 아기들을

26) 칼빈(1993:168)도 비슷하게 설명한다. "전에는 온 이스라엘 백성이 노예살이하듯 이집트에 갇혀 있었지만, 이 두 번째 구속에서는 교회의 머리요 그 자신 속에 만민의 구원과 생명을 안고 있던 그리스도만이 거기에 숨겨져 있었다는 것이다."

27) 예수님과 모세 사이의 27가지 모형론적 관련성을 위해서는 Hagee(1996:49-60)를 참고하라.

28) 마태복음 1장 22절, 2장 15절 그리고 2장 17-18절은 구약의 성취를 언급한다. 마태복음 2장 17-18절은 이전의 두 구절과 작은 차이점을 가지고 있다. (1) *hina* 대신 *tote* (then)를 사용함, (2) '주께서'(by the Lord)를 생략함. (3) '예레미야'라는 선지자의 이름을 처음으로 언급함. 흥미롭게도 신약에서 마태만 예레미야 선지자의 이름을 언급한다(마 2:17, 16:14, 27:9; 보라. Turner, 2008:93).

29) 18절의 '울부짖음과 큰 통곡의 소리'를 다수 사본은 '슬퍼함(*threnos*)과 울부짖음과 큰 통곡의 소리'라고 쓴다.

30) 기쁨과 소망의 내용을 전하는 예레미야 31장에서 유일하게 예레미야 31장 15절만 분위기가 무거운 절(gloomy verse)이다. 개인적으로 볼 때, 슬픔의 여인 라헬은 '베노니'(내 슬픔의 아들)를 낳고 죽었지만, 야곱은 그 아기를 '베냐민'(내 오른손의 아들)으로 불렀다(창 25:18). 마태복음 2장의 표면에는 슬픔이 지배적 분위기로 흐르지만, 내면에는 예수 그리스도의 죽으심과 부활로 말미암은 회복이 암시되어 있다(마 26:27-28; 보라. Turner, 2008:95).

대적하고 있다. 이 세상의 분노는 궁극적으로는 예수님을 대항하여 일어난다. 그러므로 2살 이하 아이를 잃은 베들레헴 여인들의 슬픔은 라헬의 슬픔의 성취였다.[31] 예레미야 31장 16-17절에서 라헬을 위로하는 말씀은 출바벨론의 회복을 내용으로 한다. 요한계시록 12장 5절과 12절에 의하면, 예수님은 출생 후 안전지대로 옮겨지시지만, 교회는 사탄에 의해 어려움을 겪는다. 예수님은 구약 이스라엘 백성이 겪은 고난과 구원의 성취자이시다.

예수님의 출애굽 후 주의 사자의 지시를 따라, 요셉과 마리아는 아기 예수님을 데리고 헤롯 안디바(tetrarchy)가 통치하고 있었던 갈릴리로 간다(22절). 요셉은 여전히 헤롯의 아들 아켈라오(뜻: '백성의 우두머리'인데 분봉왕 [ethnarch]임)를 두려워한다. 아켈라오는 누가복음 19장 12-14절의 배경 인물로서, A.D. 6년까지 유대를 다스렸는데, 그 후 유대는 로마 총독(Roman Procurator)의 통치로 들어갔다.[32] 유대인들은 로마 황제에게 그를 부적격 지도자로 고발했다. 선지자들(복수형)의 예언대로 예수님은 '나사렛 사람'(Nazarene)이라 불릴 것이다(23절; 참고. 눅 1:26-27, 2:39). 그 당시 나사렛 인구는 200-1,600명으로 추정된다(참고. ESV Study Bible, 2008:1823). 여기서 문제는 구약에서 '나사렛'이라는 마을도 언급되지 않을 뿐더러, 예수님이 '나사렛 사람'이라 불릴 것이라는 예언이 등장하지 않는다. 여기서 마태는 구약의 특정 예언을 인용하지 않고 일반적인 관심(복수 '선지자들')을 반영한다(참고. 덤브렐, 2000:204). 다만 예수님이 나사렛에 거하심으로써, 열등한 마을로 낙인이 찍힌 불명예스러운 나사렛에서 성장하신 영적 나실인(즉 거룩하게 구별된 분)이신 예수님은 낮고 천한 자의 메시아이심을 의미한다(참고. 요 1:46; 보라. 삿 13:5, 7; 민 6:1-21;[33] 시 22:6; 사 49:7, 53:3; 보라. Menken, 2004:177; 칼빈, 1993:171). 환언하면, 마태에게 중요한 것은 예수님이 '나사렛 사람'이라고 불릴 것을 예언한 선지자나 그 출처라기보다는, 예수님이 전혀 알려지지 않은 곳에 사셨다는 사실 그 자체다.

'나사렛'에 대한 다른 설명도 가능하다. 아마 마태는 메시아를 가리켜 '한 가지'라고 부른

---

31) 김경래(1997:323-324, 329)는 마태는 '암시'라는 방법으로 예레미야 31장 15절을 사용한다고 본다. 즉 마태는 예레미야의 예언이 헤롯의 행동을 통하여 새롭게 성취된 것으로 이해했다는 설명이다. '암시'(히브리어로는 '레메즈')는 유대인 랍비들이 구약을 해석한 방식 중 하나이다. 랍비의 4가지 해석 방식으로 (1) 언어 분석과 배경 고찰을 통하여 본문의 문자적 의미를 찾는 '프샤트'(뜻: 단순한), (2) 본문의 특정 단어나 구절 등이 '프샤트'로 드러나지 않는 진리를 찾는 '레메즈'(뜻: 암시), (3) 본문의 문자적 뜻을 따르지 않고 본문에서 가능한 풍유적 혹은 교훈적 의미를 찾아내려는 '드라쉬' 혹은 '미드라쉬'(뜻: 탐구), 그리고 (4) 히브리어 글자의 숫자 가치 분석, 이상한 철자법, 글자의 위치 이동 등으로 본문의 숨겨진 신비하고 특별한 의미를 찾으려는 '쏘드'(뜻: 비밀)가 있다.

32) 참고로 요세푸스에 의하면(유대 고대사 17.11.4-5), 매년 헤롯 안디바는 세금으로 200달란트, 헤롯 빌립은 100달란트, 아켈라오는 400-600달란트, 살로메는 60달란트, 헤롯 아그립바 1세는 1,200만 드라크마를 징수했다. 헤롯 대왕은 1,000달란트로 그의 모든 지출을 충당할 수 없었다(참고. 예레미아스, 1988:130).

33) 그러나 혹자(예. 김경래, 1997:333)는 예수님이 사람들과 먹고 마신 사실로 볼 때 나실인으로 보기 어렵다고 주장한다(참고. 마 11:16-19). 참고로 민수기 6장 24-26절의 대제사장의 축복은 근접 문맥을 고려해 볼 때 민수기 6장 1-21절의 '나실인'을 염두에 둔 것 같다. 이것은 계시사적으로 영적 나실인이시요 대제사장이신 예수님이 그리스도인에게 주시는 복을 내다본다. 따라서 현대의 예배 마지막 순서인 '복의 선포'(Benediction)의 내용은 성도의 노력을 배제한 체 자동적으로 이루어지기보다는, 거룩하게 살려고 힘쓰는 그리스도인에게 성취되는 성자의 은혜, 성부의 사랑, 그리고 성령의 교제하심이다.

이사야의 예언을 염두에 둔 것 같다. 이사야 11장 1절에서 '한 가지'는 히브리어로 '네째르'인데, 나사렛의 히브리어 발음 '나쯔랏'과 유사하다. 따라서 마태는 메시아 예언인 이사야 11장 1절의 '네째르'를 약간 변형시켜 '나사렛 사람'이라는 칭호를 예수님에게 주며, 이를 헬라어로 *Nazoraios* 라고 음역했다(참고. 김경래, 1997:334).[34)]

3. 오늘에의 적용

영적인 출애굽의 은혜를 누리자.
낮은 자의 구주 메시아를 선포하자.
하나님의 인도의 방식의 변화를 깨닫자(예. 천사에서 말씀으로).

마태복음 3장

1. 본문 및 구조

- 메시아의 선구자 요한의 사역(1-12)
  요한의 모습(1-4)
  회개와 세례(5-6)
  바리새인과 사두개인에 대한 회개 촉구(7-12)
- 예수님의 세례 받으심(13-17)

2. 구원 계시사적 메시지

2.1. 마태복음 3장 1-12절의 메시지

예수님의 공생애에 맞추어서 선구자 세례 요한이 사역을 시작한다. 요한은 제2의 엘리야이다(참고. 왕하 1:8; 마 11:14). 요한의 메시지는 "회개하라. 왜냐하면 천국이 가까웠느니라"로 요약된다(2절).[35)] 이제 전인(全人)이 돌이켜서, 하나님의 통치를 받아야 할 시간이 임박했다. 세례

34) 참고로 '네째르'(가지) 외에 구약에서 메시아 호칭으로 '호테르'(가지, 사 11:1), '쩨마흐' (싹, 사 4:2; 렘 23:5, 33:15; 슥 3:8, 6:12), '요네크'(연한 가지, 사 53:2), '쇼레쉬'(뿌리 혹은 줄기, 사 53:2) 등이 있다(참고. 김경래, 1997:334).

35) 세례 요한은 "회개하면 하나님 나라가 가까이 올 것이다"라고 말하지 않는다. 그는 먼저 하나님 나라가 가까이 다가온 현실을 언급한 후 회개할 것을 촉구한다. 즉 하나님의 자비가 회개의 바탕이요,

요한의 선포는 새로운 것이 아니다. 구약 선지자 다니엘은 '왕권' 혹은 '나라'를 뜻하는 용어를 70회 가량 사용하는데, 히브리어 '말쿠트'(16회), 아람어 '말쿠'(53회), 히브리어 '멜루카'(1회) 등이다. 다니엘은 영원한 하나님 나라를 다니엘 4장 3절, 4장 34절, 6장 26절, 7장 14절, 27절 등에서 소개한다. 그리고 선지자 이사야는 '하나님의 왕권 혹은 통치'가 장차 오실 메시아를 통해서 성취될 것을 예언했다. 이사야에게 있어 하나님 나라는 메시아 왕국이다(참고. 사 2:4, 9:6-7). 그리고 미가 4장 7절과 스가랴 14장 9절은 종말에 여호와께서 천하의 왕으로 다스릴 것을 예언한다. 마태는 '천국'으로, 누가와 마가는 '하나님 나라'로 칭한다. 천국 즉 하늘나라는 하나님 나라의 기원이 이 세상이 아니라, 하늘임을 가르쳐 준다. 인간의 노력이나 진화로 이루어지지 않고, 사람과 구별되어 하늘에 계시는 하나님의 간섭으로 이루어지는 것이다. 그러므로 하늘나라는 영광스럽고 영원하다. 하나님의 통치에는 구원과 심판이 있는데, 요한은 심판을 더욱 강조한다. 천국이 가까웠으니, 빨리 회개해야 한다. 그런데 요한은 천국이 가까웠다고 외쳤는데 실제로는 예수님이 곧바로 뒤에 오셨다. 그러므로 천국은 예수님 자신이시다.

이사야 40장 3절의 광야에서 외치는 자의 소리는 세례 요한의 소리다. 이사야 40장 3절은 이스라엘이 출바벨론 할 것을 예언한다. 구약에서 출바벨론 할 이스라엘은 광야와 사막에서 여호와의 대로를 평탄케 해야 했다. 출애굽 때처럼 여호와께서 출바벨론의 주인공으로 이스라엘과 더불어 돌아가실 것이다. 이스라엘의 남은 자는 여호와를 따라서 광야 길을 건너 가나안으로 돌아올 것이다. 이것은 '새로운 출애굽' 주제이다(참고. 호 2:14-15; 사 40:3; 보라. Keener, 1999:116).

고대 이스라엘과 지중해 연안의 세계에서는 왕이 당도하기 전에 선구자가 미리 가서 외치면서 길을 예비해야 한다. 요한은 백성들에게 메시아이신 예수님의 길을 예비하고 첩경을 평탄케 하라고 외친다. 왕이신 예수님을 영접하는 데 방해되는 모든 장애물은 미리 제거되고 처분되어야 한다. 백성이 메시아의 길을 예비하는 방법은 그들이 회개하는 것이다. 요한은 수도 예루살렘이나 사람이 많이 모이는 시장이 아니라, 왜 유대 광야에서 회개와 천국의 도래를 선포하는가? 광야는 메시아 혹은 그 선구자가 등장할 장소로 인식되었다(참고. 마 24:26; 행 21:38; 《유대 전쟁사》2.259). 요한이 설교했던 유대 광야가 왕의 대로로 적합하지 않듯이, 이스라엘은 메시아의 오심을 맞이할 준비가 되어 있지 않았다. 하지만 하나님은 광야 같은 황폐함 속에 처해 있던 이스라엘을 버리지 않으신다. 포기 대신에 회개의 역사를 일으키신다.

세례 요한은 약대 털옷을 입고, 메뚜기와 석청을 먹고 회개를 선포한다(4절). 요한의 모습은 엘리야와 유사하다(참고. 왕하 1:8; 말 4:5-6). 식용으로 사용되는 4종류의 메뚜기가 레위기 11장 21-22절에서 소개되며(참고. Damascus Document 12:14-15), 이사야 7장 21-25절은 유다의 황폐한 땅에 남은 자들이 버터와 꿀을 먹으며 생계를 유지할 것을 언급한다. 요한의 음식은 고급이 아니라 그 당시 보통 가난한 자들이 먹던 음식이었다. 지금도 사막의 메뚜기(grasshopper)는

여기에 입각해서 하나님은 버림받은 자들을 일으켜 세우신다고 선포한다. 전체 복음서의 두 기둥은 '죄의 용서'와 '회개'라고 볼 수 있다(참고. 칼빈, 1993:183-184).

가난한 사람들의 식용으로 사용된다. 따라서 사두개인처럼 호의호식하면서 선지자적 메시지를 발하는 것은 모순이다. 회개를 촉구한 선포는 결실하여, 많은 사람들이 죄를 자복하고 요단강에 나아와 세례를 받았다(5-6절; 참고. 마 21:26). 구약 이스라엘이 홍해와 요단강을 건넜듯이, 요한은 유대인들에게 다시 건너라고 말함으로써 세례 받는 것은 일종의 새로운 출애굽 사건임을 암시한다(참고. 고전 10:1-12; 보라. 덤브렐, 2000:205).

세례자 요한이 베푼 세례의 기원은 무엇인가? 구약의 정결과 에센파의 정결과 부분적으로 유사하다. 요한 당시에 의식적인 부정을 면하기 위해서 물에 몸을 담그는 관습이 있었고, 이방인 노예가 유대인의 소유로 넘어갈 때 할례와 더불어 침례를 받아야 했다(참고. 예레미아스, 1988:436). 요한의 세례는 하나님이 직접 계시하신 것이다(참고. 요 1:33). 요한이 시행한 세례는 죄인이 회개하고 천국 백성의 일원이 되는 공적인 표였다. 하지만 요한의 세례는 죄를 사하는 효과가 있는 것은 아니다(참고. 리델보스, 1991:89). 요한은 바리새인과 사두개인이 세례 받으러 오는 것을 보고 '독사의 자식들아'(*gennemata echidnon*)라고 책망한다 (7절).[36] '독사의 자식들'은 옛 뱀 즉 마귀의 자녀, 마귀의 졸자라는 말이다(참고. 요 8:44). 요한은 누가 임박한 심판을 피하기 위해 세례를 받으라고 이들에게 말해 주었는지 묻는다. 회개에 합당한 열매가 없고(8절), 그 열매를 맺으려는 소망이 없이 세례를 받으러 나오는 것은 책망 받아 마땅한 기만적 행동이다. 혈통적으로 아브라함의 자손이라는 사실이 천국 백성의 자격이 될 수는 없다(9절).[37] 생물학적인 후손이 아니라, 재창조된 후손이 새 이스라엘이다(참고. 갈 3:7-9). 천국의 도래는 임박한 심판도 수반한다(10절). 회개에 따르는 행동의 변화가 '합당한 열매'인데(참고. 눅 3:8), 이것이 없다면 심판을 받게 된다. 이 심판은 요한의 메시지를 들은 바리새인과 사두개인의 삶 속에 현재적으로 임하면서, 동시에 A.D. 70년 사건과 주님의 영광 중에 임할 마지막 심판을 예기한다. 하나님의 손이 '전지 작업'을 시작하신 것이다. 왜냐하면 하나님의 은혜는 경건한 자들의 구원과 동시에 이 세상을 멸하사 자신의 심판을 보여주기 때문이다(참고. 칼빈, 1993:193).

물로 세례를 베푼 요한보다 능력이 많으신 예수님은 성령님 곧 불로 세례를 주신다(11절). '불'은 성령의 정결하게 하시는 속성을 가리킨다(참고. 칼빈, 1993:198; 비교. 요 3:5). 세례를 모든 믿는 자에게 부으실 예수님의 사역은 종말론적이다. 왜냐하면 종말에 하나님의 신이 (이방인인)남종과 여종, 자녀, 늙은이, 청년에게 임할 것이기 때문이다(참고. 욜 2:28-32). 요한은 이 놀라운 사역을 수행하실 예수님의 신을 벗기고 옮기기에 부적합한 모습을 발견한다. 이 메시지는 메시아 대망의 불길을 재점화하는 효과가 있었다. '불'은 심판의 측면으로 우선적으로 이해할

---

36) 유진 피터슨(2010:49)의 '메시지: 신약'은 마태복음 3장 7절을 다음과 같이 의역한다. "뱀의 자식들아! 이 강가에 슬그머니 내려와서 무엇을 하는 거냐? 너희의 뱀가죽에 물을 좀 묻힌다고 뭐가 달라질 것 같으냐? 바뀌어야 할 것은, 너희 겉가죽이 아니라 너희 삶이다!"

37) 9절은 히브리어로 볼 때 언어유희(말장난, wordplay)이다. 히브리어로 '우리 아버지'는 '아비누'이며, '돌들'은 '아바님'이고, '자손'은 '바님'이다. 이 세 낱말은 서로 비슷한 글자로 기록되어 소리가 유사하게 들렸다. 세례 요한은 언어유희로 위선적인 유대인을 향하여 비꼬는 투로 책망하고 있다(참고. 김경래, 1997:342).

수 있지만(참고. 12절의 '키' [winnowing fork]), 강력한 성령의 사역으로도 볼 수 있다. '키'는 회개한 사람과 하지 않은 사람의 분리를 상징한다. 그리고 '타작마당'은 쭉정이로부터 정결하게 되어야 하는 교회를 가리킨다. 부활하신 예수님께서 성령님으로 세례를 베푸셔야만, 교회는 물로 세례를 줄 수 있다. 비록 요한이 옛 시대의 마지막 주자이며, 새 시대를 향한 가교 역할을 했다고 하지만, 사람들이 회개하고 세례를 받은 것은 성령의 역사임에 분명하다. 그러므로 요한의 사역에 이미 종말론적인 은사인 성령의 구원의 역사가 나타나고 있다. 예수님은 알곡과 쭉정이를 분리해서 심판하실 것이다(12절). 곡간과 불타는 구덩이가 대조된다. 이 땅에서도 이러한 분리 작업은 계속된다(참고. 눅 12:51). 현재의 고난도 이런 구분의 기준이 된다(참고. 마 13:21). 물론 예수님 재림 후에 최후의 심판이 기다리고 있다(참고. 계 20:11-12).

2.2. 마태복음 3장 13-17절의 메시지

예수님의 공생애가 시작된다. 주님은 세례를 받으시기 위해 갈릴리에서 요단강으로 내려오신다.[38] 요한은 불 곧 성령으로 예수님으로부터 세례를 받아야 한다고 말한다(14절). 어머니 엘리사벳(뜻: '맹세의 하나님')의 모태에서 이미 성령 충만했던 요한이 아닌가?(참고. 눅 1:15). 그렇다면 그가 성령으로 세례를 받아야 할 이유가 무엇인가? 그 이유를 요한이 예수님께서 성령과 그 은사를 주실 것을 믿었다는 사실에서 찾을 수 있다. 그렇다면 예수님의 세례 받으심은 어떤 계시사적 메시지를 담고 있는가? 세례 주기를 고사한 요한에게 예수님께서 모든 의를 이루는 것이 합당하다고 말씀하시자 요한은 세례를 주는 데 동의한다(15절).[39]

여기서 말씀하는 '모든 의'(참고. 마 5:6, 20, 6:33)는 무엇인가? '의'는 '하나님께서 계획하신 것과 명하신 것에 순종하는 것'을 의미한다(참고. Keener, 1999:132).[40] 계시사의 전진에서 볼 때 하나님 나라의 구원의 새 시대를 열기 위해서 세례를 받으신다는 의미이다. 예수님이 받으신 세례는 교회가 받을 세례의 중요한 의미를 가르쳐 준다. 곧 세례는 하늘이 열리고, 성령이 비둘기 같이 임하는 사건이며, 하나님이 기뻐하시는 자녀가 됨을 확인하는 중요한 사건이다(16-17절; 참고. 계 3:20-4:1).[41] 세례로 하나님의 입양을 받은 성도는 하나님을 '아바 아버지'라고 담대히 불러야 한다. 이런 의미에서 예수님의 세례는 십자가 죽음과 부활처럼 대속적이며 주님의 온 교회적 인격을 보여준다.[42] 세례 시에 임한 비둘기 같은 성령을 통해서 알 수 있는 것은(참고. 창 8:8-12), 예수님의 사역은 성부께서 허락하신 성령의 인도를 받는 것임이 공적으로 선포되었

---

38) 칼빈(1993:180)은 예수님이 받으신 물세례를 공사역을 시작하신다는 '선서식'으로 본다.

39) 15절과 16절 사이에 라틴어 역본들은 "예수님께서 세례를 받으실 때 물로부터 큰 빛이 비치어 모인 사람들이 모두 두려워하였다"를 추가한다.

40) 칼빈(1993:200)은 이 '의'를 '율법 준수'로 보면서, 예수님께서 율법을 자발적으로 복종하는 가운데 율법을 낱낱이 지킬 필요가 있었다고 설명한다.

41) 칼빈(1993:201)은 열린 하늘은 '실제' 하늘이지만, 그것은 하나님의 영광과 임재를 '상징'한다고 주석한다.

42) 예수님이 물로 세례를 받으신 것은 장차 십자가 위에서 받을 세례와 죽음의 잔을 미리 보여주는 것이다(막 10:38).

다. 물세례를 받기 이전에도 예수님에게 성령의 독특한 은혜가 임하고 있었다. 이제 예수님이 공사역을 시작하는 시점에 성령의 새로운 능력을 부여 받으신다(참고. 칼빈, 1993:202). 세례 요한이 예수님에게 세례를 주기 전에는 예수님이 약속된 메시아이심을 대략 알았지만, 구체적으로 확신한 것은 아니었다(참고. 요 1:33). 할례를 받으신(참고. 눅 2:21) 예수님은 세례도 받으신다. 이것은 A.D. 70년 이전의 '신구약의 중첩 기간'이라는 계시사의 특수 상황이기에 가능하다.[43]

3. 오늘에의 적용

개혁과 회개의 촉구를 위한 말씀 사역자의 절제된 삶을 살자.
세례의 중요성을 깨닫자.
승천하신 예수님과 성령님이 다스리시는 종말론적인 새 시대로서 현시대를 가르치고 분별하자.

마태복음 4장

1. 본문 및 구조

- 예수님의 시험 당하심(1-11)
- 예수님의 갈릴리 사역(12-25)
  사역의 시작(12-17)
  첫 번째 네 제자를 부르심(18-22)
  제자도와 천국 확장 운동(23-25)

2. 구원 계시사적 메시지

2.1. 마태복음 4장 1-11절의 메시지

광야에서 예수님의 시험 당하심은 고소자(참소자)인 사탄(마귀, *diabolos*)에 의한 것이다.[44]

43) 시리아 안디옥 소재 마태 공동체가 유대인의 회당과 대결하고 있던 것으로 보는 루츠(2009:17-19, 29-31)는 마태복음은 '임마누엘' 주제로 인클루시오 구조를 보이며(마 1:23; 28:20), 그 안에 다시 '하나님의 아들의 순종'이라는 주제로 인클루시오가 나타난다고 본다(마 3:13-4:11, 27:38-54). 산상 설교 안에서는 '율법과 예언의 성취'라는 주제로 인클루시오가 나타난다(마 5:17, 7:12). 마태복음이 공적으로 읽혀졌을 때 청중이 내용을 잘 기억하도록 돕기 위한 기법으로 볼 수 있다.

44) 헬라어 명사 '*diabolos*'는 히브리어 '사탄'을 번역한 것인데, 뜻은 '고발하는 자' 혹은 '대적하는 자'이다. 신약에 히브리어 사탄을 헬라어로 음역한 '*Satanas*'(36회) 혹은 '*Satan*'(1회)이 등장한다. 히브리어 성경에

하지만 근원적으로 시험당하심은 성령에 이끌리심이다(1절). 광야는 야수가 있는 위험한 장소이며, 시험의 장소이다(참고. 사 13:20-22). 여기서도 출애굽 모티브가 등장한다.

예수님이 시험을 당하셨다는 것은 메시아 예수님이 인성을 취하셨다는 증거이다.[45] 마귀의 3가지 시험은 다음과 같다.

(1) 돌이 떡이 되도록 하라(3절): 이것은 출애굽 모티브에서 볼 때 모세가 40년 동안 만나와 메추라기를 이스라엘에게 먹였듯이, 새 출애굽의 새 이스라엘의 인도자인 예수님도 그렇게 해보라는 것이다. 생명의 떡이신 예수님은 신명기 8장 3절로 대응하신다. 성부께서 맡겨 주신 구속사역이 아니라, 금식 후 배고픈 몸에 영양을 공급하는 것 즉 자신의 유익을 채우는 목적으로 예수님은 기적을 행하시지 않는다. 참고로 예수님이 시험받으신 장소의 이동은 실제가 아니라 환상으로 보인다(참고. 리델보스, 1991:113).

(2) 성전 구역의 남동쪽 모서리에 위치하여 기드론 골짜기의 바닥에서 재면 높이 91m의 성전 꼭대기에서 뛰어 내리라(6절): 말씀으로 첫 번째 시험을 통과하신 주님을 사탄은 말씀으로 시험한다(참고. 시 91:11-12; 이것은 이단의 특징임). 이것은 예수님의 메시아 되심과 사역을 영웅적인 방법으로 센세이션을 일으키면서 증명하고 시작해 보라는 유혹이다. 신명기 6장 16절로 응수하신다. 예수님의 구원 사역은 하나님을 시험하는 무모한 방식도 아니요, 영웅적인 방식도 아니며, 오히려 모욕 받고 낮아지심의 방법으로 감당하셔야 한다.

(3) 세상의 영화와 권세를 얻기 위해 마귀에게 절하라(9절). 예수님은 신명기 6장 13절로 응수하신다(10절).[46] 예수님이 마귀에게 절하여 세상을 얻더라도, 결국 모든 것은 절을 받은 마귀의 것이 되고 만다. 예수님께서 십자가 지고 부활, 승천하심으로써 자기 백성을 구원하시고 세상의 주인이 되는 방식이 아니라, 마귀에게 절함으로써 세상의 주인이 되는 방식은 속임수에 불과하다. 주님은 40일 동안 금식하시면서 시험을 받으셨다(참고. 2절). 광야 40년 동안 여호와를 시험하고 원망하여 실패한 이스라엘과는 달리(참고. 신 29:5), 예수님은 능히 시험을 통과하셨다. 40일의 구속사적 중요성을 위해서는 창세기 7장 17절, 출애굽기 24장 18절, 사무엘상 17장 16절, 열왕기상 19장 8절을 참고하라. 마귀의 유혹을 물리치기 위해서는 말씀의 검을 가져야 한다(참고. 엡 6:17; 히 4:15; 보라. 오스본, 2001:106).

'사탄'은 27회 나오는데, 그중 18회 가량은 LXX에서 *'diabolos'*로 번역되었다. 한글 성경은 '사탄' 혹은 '디아볼로스'를 '마귀' (魔鬼, 혹은 '사탄')로 번역한다. 그런데 단수형으로만 등장하는 '사탄'과 '디아볼로스'를 찬송가에서 "마귀들과 싸울지라"와 같이 복수형으로 번역하는 것은 오류다. 반면에, 신약에 약 60회 등장하는 *'daimonion'*(악령; 바른 성경은 '악령' 대신 '그 영'으로 번역함. 예. 마 8:16)은 복수형으로도 등장한다(참고. 김경래, 1997:344-345).

45) 칼빈(1993:205)은 예수님이 시험을 받으신 것은 '교회의 최고 교사'와 '하나님의 사자'로 등장하기 위해서라고 본다. 칼빈(1993:205-206)은 "그리스도를 모방해서 소위 40일 금식을 제정한 것은 정말 어리석은 짓이다. ……다른 모든 인간들이 그리스도와 같이 되어 보겠다면서 비집고 들어간다면, 이것은 그분의 영광을 탈취하고 그분을 우리와 같은 한 무리로 끌어 내리려는 처사가 아니겠는가?"라고 설명한다. 칼빈은 예수님의 40일 금식을 성도에게 주는 모범으로 보지 않고 미신으로 본다.

46) 10절에서 "사탄아 물러가라"를 다수 사본은 "사탄아 내 뒤로(*opiso mou*) 물러가라"로 쓴다.

종말론적으로 중요한 장소인 '광야, 산, 성전'에서 마귀의 시험을 통과하신 예수님의 모습은 주님이 이스라엘의 실패한 역사를 성공적으로 재현하신 새 이스라엘이시고, 완전한 상태인 에덴동산에 유혹에 넘어가서 실패했던 첫 아담을 극복하신 새로운 아담이심을 보여준다(참고. 덤브렐, 2000:228). 예수님의 승리를 하늘의 천사들도 알고 있었다(11절). 천사들은 예수님의 음식과 같은 육체적인 필요를 채워주었을 것이다.

2.2. 마태복음 4장 12-25절의 메시지

시험이 끝나고 예수님의 전도 사역이 갈릴리에서 펼쳐진다(12절). 흥미로운 점은 세례 요한이 잡힌 후에 예수님은 갈릴리로 떠나셨다는 사실이다. 그렇다면 세례 요한이 체포될 때까지, 그리고 예수님이 갈릴리에서 공사역을 시작하기 전까지 주님을 위해서 제자들을 훈련시키고 있었다(참고. 칼빈, 1993:218). 나사렛 북쪽 32km 지점의 가버나움에 가신다. 헤롯 안디바('영주'[tetrarch]로 불림)가 그의 동생 빌립의 아내 헤로디아를 취하자 세례 요한이 책망했고, 그 결과 요한은 투옥된다(참고. 마 14:11; 눅 3:19-20).[47] 헤롯 가문은 근친상간과 살인의 죄악으로 점철된다. 지금 구원의 큰 빛이신 예수님은 이사야 9장 1-2절의 예언을 성취하심으로써, 예루살렘 성전이 아니라 갈릴리 지역에서 사역을 시작하신다. 스불론과 납달리 지파가 상속받은 땅이 '이방의 갈릴리'라고 불린 이유는 무엇인가?(14-16절) 이 지역은 북쪽에 위치한 관계로, 앗수르와 바벨론 같은 이방인의 침입 때, 가장 먼저 함락되고 이방인과의 잡혼이 발생했기 때문이다(참고. 왕하 15:29). 바로 이 이방인 취급을 받은 지역에 회개와 천국 복음이 전파되어, 주님의 구원 사역이 우주적일 것임을 선언한다.[48] '그때부터'(참고. 마 16:21)[49] 예수님은 "회개하라. 왜냐하면(*gar*)[50] 천국이 가까웠느니라", 즉 회개와 임박한 천국을 선포하신다(17절). 이 말씀은 요한이

---

47) 세례 요한을 죽였으며 '여우'라고 불린(눅 13:32) 헤롯 안디바는 처음에 나바테아(Nabatea)의 공주와 결혼했지만, 그녀는 안디바가 동생의 아내였던 조카 딸 헤로디아(후에 왕이 된 아그립바 1세의 여동생이자 헤롯 대왕과 마리암네의 손녀)와 결혼하려고 하는 것을 알고는 그에게서 떠났다. 그 후 안디바는 나바테아의 왕 아레타스(Aretas) 4세(바울은 다메섹에서 바로 이 아레타스 4세를 피해 도망쳤음, 참고. 고후 11:32)와 전쟁하다가 부상을 당했기에 시리아의 총독 비텔리우스(Vitelius)의 도움을 받았다. 이런 일련의 사건들은, 안디바가 로마로부터 '왕'의 칭호를 얻으려고 했으나 오히려 갈리굴라 황제에 의해서 해임되어 골(Gaul)의 리옹(Lyon)으로 추방된 이유가 되었을 것이다(참고. 쾨스터, 1996:634).

48) 칼빈(1993:228)은 "스불론, 납달리, 이방의 갈릴리 지역은 죽음의 그림자가 생명의 빛으로 바뀌기로 된 곳의 일부에 지나지 않는다. 이 빛은 백성들의 바벨론 귀환 이후부터 시작되었으며, 그 완전한 광명체는 의의 태양이신 그리스도와 함께 마침내 솟아올랐으니 그리스도의 오심으로 죽음의 모든 그림자는 온데간데없이 그 자취를 감추었다"고 계시사의 발전을 따라 설명한다. 참고로 사사기 5장 18절의 사사 드보라와 바락의 승리의 찬양에 스불론과 납달리 지파는 가나안의 야빈 왕과 그의 군대 장관 시스라를 대항하여 죽을 각오로 싸운 용사들로 긍정적으로 나타난다.

49) 마태와 달리 마가와 누가는 그리스도께서 고향 나사렛에서도 공공연하게 가르치신 것으로 기록한다. 이 불일치를 해결하려고 칼빈(1993:218)은 '그때부터'(마 4:17)라는 부사를 앞부분과 뒷부분을 구분하는 의미로 쓰인 것이 아니라, 전체 이야기에 대한 '수식어'로 본다.

50) 17절에서 시리아 역본은 '왜냐하면'을 생략한다. 왜냐하면 이 접속사가 세례 요한의 선포(마 3:2)에 빠져 있기 때문이다.

선포한 것인데(참고. 마 3:2), 예수님 자신이 천국(*autobasileia*)이심을 증명한다. 이제 예수님의 인격과 사역을 통하여 영원한 하나님의 통치가 이 세상 안으로 침투해 왔다. 이것은 반로마적 메시지도 담고 있다. 로마 황제가 거짓으로 약속한 '*Pax Romana*'의 현혹을 받을 것이 아니라, 참 왕이신 하나님의 통치를 받으라는 것이다.

갈릴리 어부 출신인 베드로, 안드레(세례 요한의 제자였음, 참고. 요 1:35-39), 야고보, 요한을 제자로 부르신다(18, 21절). 고대 팔레스타인에서 장비를 마련하자면 비싼 경비를 부담해야 했기에, 어부들은 어업 협동조합에 가입했다(참고. 존 월튼, 2010:1435). 고고학적 증거에 의하면, 가장 자리에 납이 달려 있는 그물의 직경은 6.1-7.6m였다. 갈릴리의 배는 길이 8m, 너비 2.3m로, 4명의 노 젓는 사람들(rower)과 1명의 타수(helmsman)를 포함하여 15명이 승선 가능했다. 갈릴리 지역의 인구는 약 200개의 마을에 30만 명으로 추정된다(참고. ESV Study Bible, 2008:1826-1827). 예수님의 부르심에 제자들은 아무 질문이나 이의를 제기하지 않는다. 대신 모든 것을 버리고 곧 주님을 따른다. 이 부름은 황제가 부르는 것처럼 일종의 왕의 부름으로, 거역할 수 없다. 헤롯 안디바의 착취는(현대식으로 말하면) '3D 직종'으로 분류되는 갈릴리 어부에게 미쳤다.

예수님은 제자들을 사람 낚는 어부로 부르심으로써(19절) 헤롯과 로마를 살찌우는 일에 힘을 쓰지 말고 천국 확장에 헌신하도록 초청하신다. 여기서 우리는 주님을 어떻게 따를 것인가라는 마태의 제자도를 볼 수 있다. 구약의 '낚시'는 심판의 측면이지만(참고. 렘 16:16; 겔 29:4-5; 38:4; 암 4:2; 합 1:14-17), 하지만 마태는 긍정적으로 천국과 관련 짓는다. 마태복음 4장 23-25절에 의하면, 예수님의 천국 확장 운동은 복음 전파를 통해서 갈릴리 전역과 시리아(다메섹과 지중해 사이), 요단 동편의 데가볼리(Decapolis)에까지 퍼져서 많은 무리가 주님을 찾아온다. 복음은 A.D. 1세기 로마 황제의 비문에 나타난 내용(예. 인류의 유익, 완전한 선, 구원자, 전쟁의 종식, 좋은 소식)과 외견상 비슷하기에 반(anti)로마적 메시지를 가진다(참고. 웬함 & 월튼, 2007:80-81). 회당 중심으로 펼쳐진 예수님의 3대 사역은 가르치고, 전파하고, 고치심이다(23절). 주님의 사역 중에 왜 악령 들린 자들이 그렇게 많았을까? 특별히 사탄의 권세가 특별 계시의 침묵 기간인 신구약 중간기와 위선적인 종교 지도자들이 활약한 영적인 암흑기에 활발했기 때문이다.[51)]

3. 오늘에의 적용

사탄의 시험을 어떻게 이길 것인가?
천국 백성이 된 우리는 어떤 제자도를 추구할 것인가?

---

51) 칼빈(1993:235)은 '악령 들린 자'는 마귀의 괴롭힘을 받는 사람을 아무런 구별 없이 총칭하는 것이 아니라, 하나님의 숨은 징계에 따라 사탄에게 얽매여 있어, 사탄이 그들의 마음과 의식을 사로잡은 그런 사람들을 가리킨다고 본다.

∽ 마태복음 5장 ∽

1. 본문 및 구조

- 서론(1-2)
- 천국의 규례(3-12)
  8복(3-10)
  8복의 확장(11-12)
- 천국의 증인: 소금과 빛(13-16)
- 천국: 구약과의 관계 속에서의 요구(17-48)
  예수님과 구약의 성취로서의 천국(17-20)
  적용: 반명제(21-48)
    악한 노와 화해(21-26)
    간음과 정결(27-30)
    이혼과 재혼(31-32)
    맹세와 진실성(33-37)
    개인적인 부상(injury)과 자기희생(38-42)
    증오와 사랑(43-47)
    결론: 완전을 요구함(48)

2. 구원 계시사적 메시지

2.1. 마태복음 5장 1–12절의 메시지

산상 설교(혹은 산상 수훈)는 가버나움 근처의 언덕에서 하신 것이다(참고. 마태복음의 5대 설교: 마 5-7, 10, 13, 18-20, 24-25). 마태복음의 산상 설교와 누가복음의 평지 설교는 차이점에도 불구하고 구조와 주제의 유사점이 크다. 이 사실은 예수님의 설교를 마태와 누가가 자신의 저술 목적에 맞게 적절한 문학적 틀 속에서 형성하여, 예수 그리스도 안에 나타난 하나님의 계시를 찬란히 증거하고 있음을 증거한다. 하나님께서 출애굽한 이스라엘에게 시내 산에서 십계명을 핵심으로 한 언약의 말씀을 주셨듯이, 이제는 새 모세이신 예수님께서 천국의 규례를 새 이스라엘에게 말씀하신다(contra 리델보스, 1991:144).[52] 예수님은 천국 백성의 삶의 규칙에 대해서 구약 율법을 더욱 '심화 혹은 내면화'시켜서 가르치신다. 이것은 당시 종교 지도자들의

52) 구약 배경(특히 출애굽 주제)에서 보면, 산상 설교를 하시는 예수님은 새 모세이시다. 동시에 마태복음이 주님의 십자가와 부활 그리고 승천 이후에 기록되었기에, 산상 설교도 예수 그리스도의 완결된 구속 사역의 빛 속에서 이해되어야 할 필요도 있다.

형식적이고 가식적인 율법 준수를 꾸짖는 효과도 있다.

예수님은 '무리를 보시고' 그 산(*to oros*)에 올라가 앉으시니, 제자들이 나아온다(1절).[53] 바로 앞 마태복음 4장 25절에 의하면, 여러 지역에서 허다한 무리가 예수님을 좇았다. 그러므로 산상설교의 청중은 12제자에 한정되지 않는다. 이 설교는 이미 예수님을 좇는 구원받은 백성에게 주신 설교이기에 구원을 얻기 위해서 추구해야 할 도덕적 이상은 아니다. '입을 열어 가르쳐 가라사대'(2절)라는 표현은 말씀의 중요성과 권위를 강조하는 것이다. 8복(3-10절)은 천국의 속성을 드러내는 자들에게 약속된 복이다.[54] 이 복을 받는 것은 도달하기 불가능한 이상향이 아니라, 성령으로 행할 때 가능하다. 성도가 성령으로 행할 때 이 복을 받지만, 동시에 천국 백성이라면 누구나 누려야 할 복이기에, 존재론적인 복이기도 하다. 8복은 일시적이고 세상적인 관점과는 반대되는 특별하고도 영원한 천국의 규칙이다.

(1) '심령이 가난한 자'는 오직 은혜로만 살 수 있음을 전인으로 고백하는 자이다(3절; 참고. 시 12:5, 35:10, 40:17, 69:33, 72:2; 사 11:4, 14:30, 25:1-5, 29:19, 41:17-20, 61:1, 66:2). 칼빈(1993:247)은 역경으로 고통을 받아 겸손하게 "하나님의 보호를 받겠습니다"라고 고백하는 자들로 본다. 8복에 자주 등장하는 미래 동사와는 달리 3절과 10절에서는 현재 동사(*estin*)가 사용된다.

(2) '심령이 가난한 자'와 완전히 무관하거나 상반된 것으로 볼 수 없는 '애통하는 자'는 구체적으로는 개인의 죄와 고통에 대해 애통하는 자(참고. 칼빈, 1993:248)와 넓게는 하나님의 나라가 세상의 불의로 인해 자신의 삶 속에 온전히 이루어지지 못함에 대해 애통하는 자로 볼 수 있다(4절; 참고. 사 66:2; 롬 5:3).

(3) 새 하늘과 새 땅 즉 천국을 소유할 '온유한 자'는 죄를 멀리하고 하나님만 바라보는 강한 자이다(5절; 참고. 시 37:11; 마 19:29; 시 37:9-11).[55] 사실 성경 전체가 '땅'(주권과 통치의 영역)을 두고 하나님과 사탄이 싸우는 전투로 볼 수 있지 않은가! 구약에서 땅의 주인은 하나님이라고 안식년과 희년법에서 분명히 말씀하듯이(참고. 레 25:23), 신약에서는 땅의 상속(즉 천국과 영생의 상속)이 절대적으로 하나님의 소관임을 밝힌다.[56] 하나님의 남은 자가 그 땅을 소유한다(참고. 사 1:19, 4:2-6, 11:11-16, 43:1-7, 51:11, 56:8).

(4) '의에 주리고 목마른 자'(6절)는 의로우신 하나님을 사모하여 영적인 굶주림과 갈증이

---

53) 구약에서도 '산'은 계시의 장소였다(예. 시내 산에서의 율법 수여).

54) 영어 'Beatitude'는 라틴어 '*beatus*'(뜻: blessed, happy)에서 왔다. 이 8복과 마태복음 23장의 8화(마 23:14이 있다고 간주할 때)를 대조해 보라. 그리고 요한계시록의 7복과도 비교해 보라. 곧 이 예언의 말씀을 읽고, 듣고, 행하는 자(계 1:3. 22:7); 주 안에서 죽는 자(14:13); 주님이 도둑같이 오실 때 옷을 지켜 벌거벗지 않은 자(16:15); 어린양의 혼인 잔치에 초청 받은 자(19:9); 첫째 부활에 참여하는 자(20:6); 새 예루살렘 성으로 들어가려고 자기 옷을 빠는 자(22:14).

55) 칼빈(1993:248)은 온유한 자를 "해를 당한다고 쉽사리 성질을 부리지 않으며, 마음이 상한다고 심술 부리지 않으며, 악을 악으로 되갚기보다는 모든 것을 인내하려는 마음의 자세를 갖춘 침착하고 차분한 사람"으로 본다.

56) D사본은 4절과 5절의 순서를 바꾸었다. 이것은 아마 3절의 '하늘'과 5절의 '땅' 사이의 병행 관계에 주목한 결과로 보인다.

없다(참고. 사 44:3, 55:1-5). 천국은 의로우신 하나님이 다스리는 영역이다. 그 통치는 갈망하는 자에게 해갈로 주어질 것이다.[57)]

(5) '긍휼히 여기는 자'(7절)는 하나님의 긍휼을 먼저 깨달아 남을 관대하게 용서하고 동정하는 이들이다(참고. 롬 11:30-12:1).

(6) '마음이 청결한 자'(8절)는 죄가 없는 자가 아니라, 진실됨, 동기의 순수함, 내적 체험과 외적 행위의 일치를 추구하는 자들인데, 하나님과 가장 긴밀한 교제를 누릴 수 있다(참고. 시 24:3-6; 요일 3:2; 계 21:23).

(7) '화평케 하는 자'(9절)는 평강의 왕이신 예수님(사 9:6-7)의 수직적인 화평을 경험한 자인데, 하나님(예수님)의 성품을 닮아 분쟁을 종식시키기에 하나님의 아들이라 불린다.

(8) '의를 위하여 핍박을 당하는 자'(10절)는 의로우신 하나님이 주시는(통치) 나라를 받을 것이다(참고. 벧전 4:12-19). 이들은 '정의와 평등'에 대한 관심으로 최선을 다해서 악한 일을 거부하며, 선을 지키기 때문에 악인들의 원한과 분노를 사는 자이다(참고. 칼빈, 1993:251).

3절과 10절에 의하면, 8복은 천국으로 시작하여 천국으로 마친다. 주목할 점은 8복 중에서 갈라디아서 5장 22-23절의 성령의 9가지 열매(*karpos*, 단수)와 중복되는 것이 있다는 사실이다. 예수님의 성품과 삶의 방식이요, 교회가 이루어가야 할 성품과 삶의 모습이 8복과 성령의 열매에 나타나 있다.

'복되다'(*makarioi*)는 말이 등장하는 11절(그리고 12절)은 9번째 복이라기보다는, 10절의 의를 인하여 핍박을 받는 복된 자를 설명하는 구절이다.[58)] 12절의 '기뻐하라'(*agaliasthe*)는 종말론적인 구원을 인해 제스처를 동원하여 전심으로 뛰며 기뻐하는 것을 의미한다. 핍박 가운데서도 이 역설적인 기쁨을 구약의 선지자와 예수님이 가지셨다(참고. 눅 10:21; 고후 6:1-10).

2.2. 마태복음 5장 13-16절의 메시지

'세상(*ge*)의 소금'과 '세상(*kosmos*)의 빛'(13-16절)에 관한 말씀은 천국의 상속자에게 그들이 부름 받은 이유와 목적이 무엇인지를 실생활 속에서 교훈하는 것이다. 고대 이스라엘에서 소금은 조미료와 방부제로 사용되었다. 세상(구체적으로는 이스라엘, 참고. *ge*, land)의 죄악을 막고 살맛나는 세상으로 만들 임무가 존재론적으로 이미 교회에게 주어졌다(참고. 칼빈, 1993:254). 마태는 약속의 땅 즉 팔레스타인을 가리키는 의미로 헬라어 '*ge*'를 사용하기에, 새 이스라엘로서의 교회가 좁게는 유대인의 땅에서 소금의 역할을 해야 함을 암시한다. 소금의 이미지는 보존을 뜻할 수도 있겠지만, '영속성'과 '견고성'도 뜻한다. 그리고 소금은 '언약'에 있어서 본질적인

---

57) Bible Works의 설명을 따르면, '의'(*dikaiosyne*)는 다음과 같은 다양한 뜻을 가진다. (1) righteousness (마 5:6; 행 24:25; 빌 3:6; 딛 3:5), (2) religious requirement(마 3:15), (3) mercy(마 6:1; 고후 9:1), (4) justice(행 17:31; 히 11:33), (5) God's equitable way of dealing with humanity in grace(롬 1:17, 3:2, 5:17).

58) '복되다'(*makarioi*)는 구약에 45회 등장하는 히브리어 '아슈레'를 염두에 둔 것으로 보인다(참고. 시 1:1, 2:12, 32:1, 33:12, 41:1, 65:4 등). 이런 시적 운율을 예수님도 8복에서 사용하신다(참고. 김경래, 1997:349).

한 요소였다(참고. 출 30:35; 레 2:13; 민 18:19; 겔 43:24). 제사 제물과 관련되어 있는 음식들로 인해 소금의 사용은 아마도 자연스러운 것이었을 것이다(참고. 덤브렐, 2000:211, 213).

교회는 온 세상(*kosmos*)의 빛의 사명을 감당해야 한다. 예수님은 사람들의 빛이시다(참고. 요 1:4; 8:12). 예수님의 빛을 반사하는 교회는 '산꼭대기에 자리 잡은 마을'과 같다. '산 위의 도시'라는 용어는 예수님이 지금 가르치는 작은 공동체가 구약의 시온을 의미했던 세상의 중심으로서의 역할을 이미 수행하고 있음을 암시한다(참고. 사 2:2-4, 42:6, 60:1; 보라. 덤브렐, 2000:212). 따라서 그 빛을 비추는 주님의 제자들은 결국 세상에 나타날 것이다. 등불을 켜서 진흙 항아리에 두는 것은 어리석은 일이다. 교회는 빛을 비추기 적합한 곳에 공개해야 된다. 즉 빛으로서의 사명은 존재론적으로 그리고 필연적으로 어둠을 이기고 나타나고 영향을 미칠 수밖에 없다. 우리가 비출 빛은 착한 행실이다(16절; 참고. 고후 9:13). 세상이 어두울수록 빛이 더 빛나듯이, 세상의 이목이 빛의 자녀에게 집중된다. 우리는 이신칭의의 왜곡으로 인해, 착한 행실을 약화하거나 버리는 어리석음을 피해야 한다. 선하신 하나님과 예수님을 닮아서 천국과 성화와 관련된 삶이 착한 행실이다. 착한 행실은 천국의 상속자가 되었다고 그냥 나오는 것이 아니라 우리의 노력이 필요하다. 세상 속의 소금과 빛이기에 예수님 당시의 에센파처럼 인간 사회를 부정하는 수도원적(은둔적) 삶은 주님의 가르침에서 멀다.

2.3. 마태복음 5장 17-48절의 메시지

율법이나 선지자를 완전케 하러 오신 예수님은 구약을 폐하시지 않는다(17절; 참고. 눅 24:44). 그림자인 율법이 헛되거나 무용한 것은 아니다. 성취자 예수님은 그림자를 더욱 보강하셨다(참고. 칼빈, 1993:260). 율법이 명하는 대로 사는 것이 착한 행실이다(16절). 그런데 이 착한 행실이 예수님에 의해서 더 심화된다. 이 율법은 '천지'가 없어지기 전에는 일점(*iota hen*)[59] 혹은 일획(*mia keraia*, smallest letter, least stroke of a pen)도 없어지지 않고 다 이루어진다(18절). '천지'는 물질적인 지구를 의미하기보다는 '옛 세상'(old age) 즉 메시아께서 오시기 전의 옛 질서를 가리킨다. 그러므로 구약은 메시아 시대 즉 새 세상(age to come)이 임했음에도 불구하고, 예수님 안에서 성취된 완전한 의미로 새 언약 백성인 우리에게 여전히 유효하다.[60]

구약 율법은 예수님의 빛 속에서 재해석되고 재적용되기에 실재(reality)가 아니라 그림자(type)이다. 예수님은 율법의 최종 목표요 완성이다. 새 언약 백성은 구약의 율법이 아니라, 율법의 완전케 된 참되고 깊은 의미가 계시된 '그리스도의 법'을 신앙과 생활의 규범으로 가지고 있다. 이것은 예수님이 메시아로서의 자의식을 가지고 이 땅에 오신 것에 대한 하나의 증거이다.

---

59) 18절의 '일점'(*iota hen*)은 헬라어 철자 중 열 번째이다. 이것은 히브리어 열 번째 철자인 '유드'에 상응한다. 이것은 정방형의 아람어 글자일 때만 적용되고, 그렇지 않은 고대 히브리어 철자에는 해당되지 않는다. 따라서 A.D. 1세기에 정방형의 아람어가 사용되었다(참고. 김경래, 1997:357).

60) 마태복음 5장 18절을 칼빈(1993:261)은 (실제)우주 안에 율법의 진리처럼 그 자체뿐 아니라 각 부분에 있어서 확고부동한 것은 없다는 뜻으로 본다. 즉 율법의 고정성이 흔들리는 것보다는 차라리 하늘이 무너지고 지구의 구조가 해체되는 편이 낫다는 의미다.

행위 구원적이고 외식적이며 형식적인 율법사와 바리새인이 추구한 의보다 더 탁월한 의를 신약 교회는 예수님 안에서 믿음으로 바로 깨닫고, 순종하고, 계속 이루어가야 한다(20절).

21-48절에 다양한 반명제(antitheses)가 등장한다. 예수님은 살인을 자기 형제에게 화내거나(참고. 다수 사본: '이유 없이[*eike*] 화내거나') '라카'(*hRaka*, 아람어로 '바보'라는 뜻) 혹은 '바보'(*More*)라고 말하는 것을 금지하는 것으로 심화시킨다(21-22절). 여기서 '라카'는 히브리어(혹은 아람어) '레이카'(뜻: '비어 있는', '천대 받는'; 참고. 삿 7:16, 9:4; 대하 13:7)를 소리 나는 대로 음역한 것이다. 형제에게 '바보'라고 말하는 자는 지옥(*geenna*: 게헨나는 히브리어 '게히놈' [힌놈의 아들의 골짜기]을 음역한 것임; 참고. 수 15:8; 왕하 23:10; 렘 7:29-34) 불에 들어가는 심판을 받게 된다고 경고하신다. 살인죄가 이처럼 확대 해석된다면 형제를 대함에 있어서 아주 신중해야 하는데, 형제와 화목함이 선행되지 않는 형식적인 제사보다는 그 속에 담긴 화해라는 바른 목적과 도덕적 중요성을 인식하는 가운데 예물이 바쳐져야 한다(23-24절). 살인 금지라는 제6계명이 어떻게 적극적으로 구현되는가를 송사하는 자와 함께 길을 갈 때 재판장이 개입하기 전에 급히 사화(화목)하는 것으로 설명한다(25-26절). 주님은 제7계명인 간음 금지를 간음 행위 자체에만 국한시키지 않고, 마음속의 음란한 생각을 품는 것을 금지하는 것으로 심화시킨다(27-28절). 29-30절에서 주님은 어떠한 큰 희생(오른 눈과 오른손을 찍어버리는 것)을 감수하고라도 범죄하지 말 것을 단호하게 촉구하신다. 31-32절은 제7계명과 관계된 것으로서, 이혼 증서를 신중치 못한 가운데 써 주는 남편과 이혼 증서를 재혼 증서로 무분별하게 사용하는 여인, 그리고 그 여인에게 장가드는 자, 이들 모두 음행을 범한 것이다. 이혼은 부부 중 하나가 간통을 범해 결혼을 파기하는 경우에만 허락된다. 하지만 이 경우도 이혼이 허용되지만 명령되는 것은 아니다(참고. 신 24:1-4; 말 2:16; 마 19:8; 보라. Carson, 1995:153).

주님은 하늘, 땅, 예루살렘, 머리를 두고 자신의 진술이 진실함을 강조하기 위해서 경솔히 맹세를 하지 말라고 금하신다(33-36절).[61] 대신 성도는 맹세하지 않더라도 일상생활 속에서 남에게 신뢰를 주기 위해서 진실된 말을 해야 한다. 하지만 성도는 진실된 동기에서 순종의 표로서 맹세를 할 수 있다(참고. 웨스트민스터 신앙고백 21.1; 칼빈, 1993:273). 예를 들어, 신앙고백, 임직식과 학습·세례시의 서약, 결혼 서약 등이다(참고. 마 26:63-64; 비교. 창 21:24, 22:16, 24:7, 26:3; 사 45:23; 렘 4:2; 11:3). 하늘, 땅, 성전, 그리고 머리는 모두 하나님께 속해 있으므로 구속력이 있다. 엄밀한 의미에서 예수님은 맹세 자체라기보다는 '맹세의 신실성'에 초점을 모으신다. 성도의 말은 '예'는 '예', '아니오'는 '아니오'가 되도록 해야 한다. 이보다 지나친 것은 악(악한 자, 사탄)에게서 나오는 것이다(37절).

38-42절에서 예수님은 구약의 '동해 보복법'(*lex talionis*)이 아니라(참고. 출 21:24; 레 19:18, 24:20; 신 19:21), 왼뺨을 돌려 대는 것, 겉옷을 주는 것, 10리를 동행하는 것과 같은 역설적인 원수 사랑과 희생으로 승화시킨다(참고. 롬 12:21). "이웃을 사랑하고 원수를 미워하라"(참고.

---

61) 판단력 내지는 증거를 입증하는 권위를 피조물(예. 하늘, 땅, 머리, 예루살렘, 제단)에게 양보하는 것은 우상 숭배나 다름없는 죄악이다(참고. 칼빈, 1993:274).

레 19:18) 대신에, 원수를 사랑하고 박해하는 자를 위해서 기도해야 한다(43-44절). 이런 행실로 성도는 하늘 아버지의 자녀임을 증명할 수 있다. 하나님이 햇빛과 비를 모든 사람에게 주시듯이, 성도도 이웃과 원수를 사랑해야 한다(45절). 자신을 사랑하는 사람만 사랑하고 형제들에게만 인사한다면 세리들과 이방인들도 그 정도는 한다(46-47절).[62] 주님의 제자는 하늘 아버지의 온전하심을 본받아야 한다(48절; 참고. 레 11:44-45; 19:2; 신 18:13).[63] 신약 윤리는 구약의 그것보다 차원이 높다.[64] 이상의 예수님의 가르침은 우리의 본성을 거스르는 것이기에 지키기 어렵다는 변명을 할 것이 아니라, 성령의 능력을 의지하여 이 싸움을 이겨 나가야 한다. 하나님의 입양을 은혜로 받은 자는 아버지의 선하심과 자비하심을 본받아야 한다(참고. 칼빈, 1993:282)

3. 오늘에의 적용

무엇이 복이며 형통인가?
우리는 역설적이며 영원한 천국 백성의 삶의 방식에 충실한가?

마태복음 6장

1. 본문 및 구조

- 종교적 위선: 그것의 묘사와 전복(1-18)
  - 3가지 예(2-18)
    - 구제(2-4)
    - 기도(5-15)
    - 금식(16-18)
- 하나님 나라의 관점(19-34)
- 하나님 나라의 가치에 대한 확고한 충성에 대한 은유들(19-24)

---

62) 47절 끝의 "이방인들도 그만큼 하지 않느냐?"를 다수 사본은 "세리들도 그만큼 하지 않느냐?"로 바꾼다.

63) 혹자(예. 한완상)가 주장하듯이, 오른편 뺨을 맞으면 왼쪽 뺨을 돌리는 것은 '저항'이 아니다. 대신 성도는 한 가지 피해를 받으면 다른 피해를 받을 준비를 하고, 일평생 계속해서 십자가를 지겠다는 각오를 해야 함을 교훈하는 것이다(참고. 《기독교 강요》, 4.20.20).

64) 44절의 "너희 원수들을 사랑하고" 다음에, D, L, W, 다수 사본은 "너희를 저주하는 자들을 축복하고, 너희를 미워하는 자들에게 선을 행하라"를 추가한다(참고. 눅 6:27-28). 그리고 44절 마지막 절에 다수 사본은 "너희를 '욕하고'(*epereazpnton*) 박해하는 자들을 위해 기도하라"라고 쓴다.

보물(19-21)

빛(22-23)

종(24)

• 절대적인 하나님 신뢰와 헌신(25-34)

원칙(25)

예들(26-30)

생명과 음식(26-27)

몸과 의복(28-30)

구별된 삶(31-32)

핵심 주제(33)

하나님이 책임지시는 삶(34)

2. 구원 계시사적 메시지

2.1. 마태복음 6장 1-18절의 메시지

예수님의 산상 설교는 계속된다. 주님은 사람에게 보이려는 의(*dikaiosyne*) 즉 허식적인 경건의 과시를 금하신다(1절). 개역개정판과 바른 성경은 6장 1절과 2절 사이에 문단을 나누는 표시(o)를 하고 있다. 따라서 1절과 2절이 문맥상 연결되지 않는다는 뉘앙스를 준다. 그러나 1절은 2-4절과 잘 연결된다. '의'에 해당하는 히브리어는 '쯔다카'이다. 그런데 '쯔다카'가 A.D. 1세기를 전후하여 의미가 축소되어 '구제 행위'를 의미하게 되었다. 그렇다면 1절의 '의'와 2절의 '구제'(*eleemosyne*)는 동의어가 된다. 유대인들은 구제 행위를 '의' 혹은 '자비'라는 미덕으로 보았던 것이다(참고. 김경래, 1997:362).

천국 백성은 은밀한 가운데 보시는 하나님 앞에서, 하나님 한 분만을 증인으로 삼은 채 행해야 한다. 이것에 주의하지 않으면 하늘 아버지께서 주시는 상을 받지 못한다. 종교 집단이 구제할 때 가난한 자들이 살고 있는 좁은 거리에서 떠들썩하게 한다면 사람에게 칭찬을 받으려는 것에 지나지 않다(2-4절).[65] 마태복음 5장 20절에 비추어 보면 이런 외식적 행동을 바리새인이 행했다. 구제는 오른손이 하는 것을 왼손이 모를 정도로 은밀하게 행해야 한다. 예수님 당시에 유대인들이 매우 중요하게 생각했던 구제, 기도, 금식은 예수님의 제자들에게 의로움을 가져다주지 않고, 믿음의 행위를 나타내는 방식이다(참고. 토빗, 12:8).

기도는 사람이 많이 모이는 회당과 큰 거리 어귀에서 하지 말고 골방에서 해야 한다(5-6절). 여기서 예수님은 '공중 기도'를 반대하는 것이 아니다. 기도의 장소가 아니

65) 4절, 6절 그리고 18절 끝에 다수 사본은 "은밀히 보시는 네 아버지께서 네게 '공개적으로'(*en to phanero*) 갚아주실 것이다"라고 쓴다. "주는 것을 망설이지 말며, 주면서 불평하지 말라. 왜냐하면 당신의 구제에 대해서 좋게 보상해 주시는 사람이 누구인가를 당신이 알게 될 것이기 때문이다"(디다케 4:7).

라, 하나님을 영화롭게 하려는 기도의 동기와 자세가 중요함을 교훈하신다. 주님은 이방인처럼 의미 없는 말을 되풀이하는 중언부언하는 기도도 배격하신다(7절). 이방인들은 자기 신의 이름을 많이 부름으로써 신을 즐겁게 할 수 있다고 보았다(참고. 왕상 18:26-29; 행 19:34). 예수님 당시의 유대인들 사이에도 이런 주술적이고 위선적인 기도가 행해지고 있었다. 하지만 기도할 때 진실한 마음으로 간절하게 반복하는 것은 옳다(참고. 막 14:39; 고후 12:8). 하나님은 우리가 구하기 전에 우리에게 있어야 할 것을 아신다(8절). 바른 기도의 모범인 '주기도문'이 9-13절에 소개된다. 참고로 디다케 8장 3절은 주기도문을 가지고 하루에 3번씩 기도하라고 권면한다. 14-15절에서 기도와 관련하여 예수님은 기도하는 사람이 남의 허물을 용서할 때 하나님의 기도 응답이 있음을 첨언하신다.

참된 금식은 은밀한 중에 계시는 아버지께 보이는 것이다(16-18절). 종교적 경건을 개인의 유익을 위한 도구로 전락시키지 말아야 한다. 구약에서는 대속죄일에 금식했고(참고. 레 16:29), 국가적 차원에서 죄를 자복할 때 금식하기도 했으며(참고. 삼상 7:5-6; 사 58:6; 렘 14:12), 예수님 당시의 엄격한 유대인들은 일주일에 월요일과 목요일, 두 번 금식했다(참고. 눅 18:12). 예수님은 금식 자체를 정죄하시지 않고, 금식의 바른 자세를 가르쳐 주신다.[66)]

▣ 부록: 주기도문의 '기독론적, 종말론적, 성령론적, 교회론적 주석'[67)]

'주기도문'(the Lord's prayer)은 예수님이 제자들의 요청을 받고 가르쳐 주신 기도다. 예수님께서 직접 가르치신 완벽한 기도인 주기도문은 예수님이 승천하시고 난 후 얼마 되지 않아서 초대 교회에서 아주 중요하게 취급되었다. 주기도문에 관한 첫 번째 주석을 쓴 사람은 교부 터툴리안인데, 그는 주기도문을 '모든 복음의 요약'이라 불렀다. 키프리안은 주기도문을 '천국 교리의 체계'라고 불렀다. 루터는 주기도문은 최고와 최선의 기도이기에 성도는 주기도와 함께 하루를 열고, 하루를 마감해야 한다고 가르쳤다. 칼빈도 주기도문은 신자가 간구해야 하는 모든 것을 포함하고 있다고 보면서, 올바른 기도의 모델로 간주했다.

주기도문은 마태복음 6장 9-13절 그리고 누가복음 11장 2-4절, 두 곳에 나타난다. 초기 교회는 마태복음에 나타난 기도문을 표준적인 주기도문으로 받아들였다고 전해진다.[68)] 따라서 일찍부

---

66) 디다케 8장 1절은 위선자들이 월요일과 목요일에 금식하기에, 대신 수요일(넷째 날)과 금요일(준비일)에 금식하라고 말한다. 수요일은 예수님이 체포 당하신 날, 금요일은 십자가에서 처형 당하신 날이다. 유대인들의 금식일은 모세가 시내 산에 올라간 날과 내려온 날과 관련 있다(참고. 김재수, 2009:141).

67) 이 부분을 위해서 김세윤, 김홍전, 최갑종의 '주기도문 강해' 및 예레미아스의 《신약 신학》(p. 284-297)을 참고했다.

68) 예수님 당시에 유대인들은 매일 드려졌던 기도 시간에 혹은 안식일에 회당에서 드려졌던 예배에 기도문을 활용했다(예. 유대 회당에서 설교 끝에 낭송하는 기도인 *KA.D.dish*, 그리고 유대인들이 하루

터 교회에서는 주기도문이 공식 기도문으로 자리 잡게 되었다. 예수님은 유대인의 기도와는 다른 새로운 기도문을 주심으로써, 교회로 하여금 새로운 구원의 복에 참여하도록 하신다. 주기도문은 유대인의 종파의 가르침뿐 아니라, 세례 요한이 가르친 교훈과도 다른 그 무엇을 담고 있다. 그 무엇은 '예수님 공동체'의 정체성과 이상을 가장 잘 담고 있다는 말이다.

1. "하늘에 계신 우리 아버지여" (마 6:9)

먼저 '아버지'를 부르면서 기도를 시작한다. 구약에서 하나님을 직접적으로 '아버지'로 나타내는 경우는 약 15회 정도이다(참고. 신 32:6; 렘 3:4 등). 구약에서 하나님을 '아버지'라 부른 것은 하나님이 창조주이심을 강조하려는 목적과(참고. 사 64:8), 하나님과 이스라엘 사이의 언약을 강조하려는 목적이다(참고. 신 14:1-2). 또한 이스라엘 백성에 대한 부성(父性)적 사랑을 강조하려는 목적도 있다(참고. 시 103:11; 참고. 칼빈, 1993:291). 구약에서는 하나님을 감히 '아버지'라 부르는 것을 불경스러운 것으로 생각해서, 개인이 직접 하나님을 '아버지'라 부른 경우는 없다.

복음서에는 '아버지'가 170회 이상 등장한다. 예수님은 개인적으로 하나님을 '아버지'라 부름으로써, 예수님을 믿는 교회까지도 하나님을 '아버지'라 부르게 하신다(참고. 롬 8:15). 예수님께서 사용하신 '아버지'라는 용어는 아람어로 '아바'인데, 이것은 하나님의 아들로서의 인격과 사명을 밝힌다. 마태복음 11장 27절은 예수님이 하나님의 '아들'로서 계시의 유일한 중보자라고 말한다. 마가복음 14장 36절에 "아바 아버지(*abba ho pater*)여…… 나의 원대로 마옵시고 아버지의 원대로 하옵소서"라고 말씀함으로, 예수님의 십자가를 내다볼 때도 '아바'가 사용되었음을 알 수 있다.

이제 우리가 '아바 아버지'라 불러야 한다. 이 말은 우리의 일상생활에 하나님의 보호의 손길을 신뢰한다는 말이다. 하나님의 자녀는 그리스도와 함께 이 땅에서 고난에 동참해야 한다. 하지만 이런 친근함과 의존성이 강조되어 있지만 '하늘에 계신' 하나님이기에 우리보다 초월해 계시는 분이시다. 즉 우리의 영광을 받으시기에 합당하신 분이시다.

이제 '우리'에 초점을 모아 보자. 주님은 나의 아버지와 너의 아버지를 철저히 구분했다. 따라서 우리 아버지란 말은 교회와 예수님의 연합을 가리키지 않는다. 성도와 성도 사이의 공동체성을 강조한다. 따라서 주기도문은 개인의 기도가 아니라, 신약 교회 전체가 공유하는 기도이다. 적용을 해보면 주기도문의 시작에 이미 교회의 공동체성이 명시되어 있다. 우리는 좁게는 특정 지역 교회로 모여 동일한 한 분 아버지를 모시고 산다. 그 아버지는 우선적으로 사랑의 하나님이다.

세 번 [아침, 오후의 시작 그리고 석양 때] 드렸던 기도인 *Shemone Esreh*). "주님 당신을 축복합니다"와 같은 형태로 하나님을 송영하는 마무리가 18번 등장한다. 12번째 기도문에는 기독교인들을 저주하는 내용이 등장하는데, "……나사렛 이단들을 생명책에서 지워지게 하시며……교만한 자를 겸손케 하시는 주님, 당신을 축복합니다." 이것은 벌써 회당과 교회의 분리가 일어났음을 가리킨다.

2. "이름이 거룩히 여김을 받으시오며" (마 6:9)[69)]

주기도문의 '첫 번째 간구'를 살펴보자. 구약에서 '이름'은 단순히 어떤 사람을 지칭하는 것이 아니라 그 이름을 가지고 있는 사람의 인격이나 그 사람 자체를 가리킨다. 사람이 새로운 이름을 가진다는 것은 그 사람의 신분이 바뀌는 것을 의미한다. '아브람'이 '아브라함'으로(참고. 창 17:5), '야곱'이 '이스라엘'로(참고. 창 32:28)로 바뀌는 것처럼 말이다. 이 사실은 하나님의 이름에 있어서도 마찬가지이다. 구약에서 하나님은 아브라함에게는 '전능하신 하나님'으로(참고. 창 17:1), 모세에게는 '여호와 하나님'(참고. 출 6:2)으로 자신을 계시하셨다. 제3계명은 "하나님의 이름을 망령되이 일컫지 말라"(참고. 출 20:7)고 주의를 준다. 왜냐하면 하나님의 이름은 하나님의 인격과 임재하심을 대변하고 있기 때문이다.

신약에서도 마찬가지다. 신약의 저자들은 예수님의 이름을 예수님 자신의 인격, 임재하심 및 능력과 동등하게 간주한다(참고. 마 18:5, 20). 그러므로 "이름이 거룩히 여김을 받으시오며"는 다름이 아니라 "하나님 자신이 거룩히 여김을 받으시오며"와 같은 뜻이다. 그렇다면 하나님 아버지께서 거룩히 여김을 받으시는 것은 무슨 뜻인가? 하나님은 우리가 이런 기도를 하지 않아도 원래부터 거룩하신 분이 아니신가? 이 질문에 답하기 위해 예수님은 하나님의 이름을 사람들이 알도록 하기 위해 오신 분이심을 먼저 기억해야 한다. "의로우신 아버지여, 내가 아버지의 이름을 저희에게 알게 하였고 또 알게 하리니"(참고. 요 17:26). 예수님의 과거의 사역은 하나님의 이름을 알게 하신 사역이고, 미래의 사역은 하나님의 이름을 장차 알게 하시는 사역이다.

그리고 구약에서 하나님의 이름이 어느 시점이 되면 천하 만민에게 알려질 것이라는 예언이 있음에 주목해야 한다. "내가 내 거룩한 이름을 내 백성 이스라엘 가운데 알게 하여 다시는 내 거룩한 이름을 더럽히지 않게 하리니 열국이 나를 여호와 곧 이스라엘의 거룩한 자인 줄 알리라"(겔 39:7).[70)] 이런 예언은 주로 메시아 예언의 문맥에서 나타나기에(참고. 욜 2:28-32; 암 9:11-12; 슥 14:1, 9), 하나님의 이름이 거룩히 여김을 받고 높임을 받는 것은 예수님의 인격과 사역에서 이루어질 것을 예언하는 것이다. 예수님께서 하나님의 이름을 거룩하게 하시는 것은 구약의 예언을 이루는 차원이라는 말이다.

'이름이 거룩히 여김을 받으시오며'에서 '거룩히 받으시오며'는 아오리스트 수동태 명령형이다. 이 말은 사람이 하나님의 이름을 거룩히 하는 것이 아니라 하나님이 이름을 거룩히 하신다는 것이다. 주체는 위의 메시아 예언의 빛에서 볼 때 성부 하나님이 아니라 성자 예수님이시다. 아오리스트이기에 어떤 결정적인 한순간에 하나님의 이름이 거룩히 여김을 받으신다는 것을 알 수 있다. 그것은 예수님의 십자가와 부활 그리고 승천으로 하나님의 이름이 거룩하게 되셨다는 사실이다. 그렇다면 예수님께서 단번의 대속의 죽으심과 부활, 승천으로 하나님 아버지의

69) 유진 피터슨(2010:56)은 "아버지가 어떤 분이신지 드러내소서"라고 의역한다.

70) "이 세상의 대부분은 최선을 다해 그분의 거룩하심을 더럽히고 있다. 그러므로 그분께서는 자신의 몫인 경외를 이 세상에서 받으소서라는 기도를 맨 먼저 하라고 요청받는 것은 당연하다"(칼빈, 1993:293).

이름을 거룩하게('영화롭게', 참고. 요 12:28) 하셨다면 신약 교회에 이 기도를 가르치신 의도는 무엇인가? 이 간구는 우리와 무슨 상관이 있는가?

예수님의 십자가와 부활은 과거에만 묻혀져 있을 수 있는 사건이 아니다. 오히려 계속 선포되고 확장되어야 할 사건이다. 주님이 재림하실 때까지 계속하여 예수님의 십자가와 부활로 거룩하게 되신 하나님의 이름이 더욱 선포되고 완성되어 가야 한다는 말이다. 그렇게 때문에, 사도행전은 계속하여 예수님의 이름으로 병을 고치고, 예수님의 이름을 선포하고, 악령을 쫓아내고, 죄 사함과 구원의 역사를 일으키지 않았던가! 따라서 우리가 "이름이 거룩히 여김을 받으시오며"라는 기도를 암송할 때, 예수님의 십자가와 부활로 이미 거룩하게 되신 하나님의 이름이 우리의 선포와 삶으로 더욱 온 세상에서 거룩하게 되고 영화롭게 되도록 해야 한다는 선교적이면서도 윤리적인 책임감을 가져야 한다.

3. "나라이 임하옵시며" (마 6:10)[71]

예수님의 설교와 가르침의 중심 주제는 '하나님의 나라'였다. 예수님은 공생애를 "때가 찼고 하나님의 나라가 가까웠으니 회개하고 복음을 믿어라"는 말씀으로 시작하셨다(막 1:15). 부활 후 승천하실 때까지 40일간 역시 하나님 나라를 가르치셨다(참고. 행 1:3). 바울 역시 로마 감옥에서 2년 동안 하나님 나라이신 예수님을 가르쳤다(참고. 행 28:31). 예수님과 사도의 가르침의 시작은 하나님 나라였고 마침도 하나님 나라였다(참고. 눅 4:43). 그러므로 주기도문에 하나님 나라에 관한 기도가 등장하는 것은 조금도 이상하지 않고 자연스럽다. 마태복음에서는 주로 '하늘나라'(천국)로(참고. 마 6:33, 12:28, 19:24, 21:31, 43절에서는 '하나님의 나라'), 다른 복음서에서는 '하나님의 나라'로 나타나지만 히브리어는 '말쿠트 샤마임'으로 동일하다. 구약에서 '하나님 나라'라는 용어가 한 번도 글자 그대로 등장하지 않고 신구약 중간기 문헌이나 유대 문헌에서도 자주 등장하지 않는다. 주기도문을 핵심적으로 요약하면 "나라이 임하옵시며"이다. 참고로 예수님 당시의 유대인들에게 있어서 하나님의 나라는 익숙한 용어였다.

구약의 경우를 살펴보자. 출애굽기 15장 18절에서는 '여호와의 다스리심이 영원 무궁하시도다'라고 함으로 여호와의 나라(말쿠트 야웨. 神政思想)를 언급한다(참고. 신 33:5). 나중에 왕정시대에는 다윗의 가문을 통해서 여호와께서 왕으로 다스리셨다(참고. 삼하 7; 대상 28:5). 시편 10편 16절과 22편 28절 등에서는 여호와께서 이스라엘과 온 열방의 왕이심을 찬송한다. 선지서에는 포로 귀환을 통한 하나님의 통치하심을 예언한다(참고. 사 52:7-9; 렘 33:7-9; 겔 34:13-15). 여기서 매우 중요한 것은 포로 귀환의 약속을 메시아 사상과 연관시킨다는 사실이다(참고. 사 9:6-7; 렘 30:8-9; 겔 34:24-25; 미 5:2; 슥 14:9-17 등). 바벨론 포로 귀환을 통한 하나님의 영광의 회복과 왕적 통치의 구현이 유수 70년 후에 이루어졌다. 하지만 동시에 예수님께서 메시아로서 이루실 죄 사함을 통한 우주적인 통치를 긴밀하게 내다보게 한다.[72] 즉 구약의 모든 출애굽

71) 유진 피터슨(2010:56)은 "세상을 바로 잡아주시고"라고 의역한다.

주제와 바벨론 포로 귀환의 진정한 성취는 예수님의 인격과 사역 속에서 발견된다.

복음서에 의하면 예수님은 공생애 3년 동안 적어도 69회나 '하나님 나라'를 직접적으로 언급하셨다. 하나님 나라는 하나님 중심이기에 인간의 도움으로 이루어지는 것이 아니다. 하나님의 나라는 위로부터 주어지는 것이며 은혜로 주어지는 것이다. 하나님의 나라는 우선적으로 사탄과 죄를 물리친 수직적인 것이며 영적인 것이다(참고. 골 1:23). 예수님은 수평적인 차원의 혁명가나 사회 변혁가의 차원에 머물 수 없으신 메시아이시다. 수평적인 것은 수직적인 것의 필연적인 산물이지 본질은 아니다. 수직적 차원이 없는 하나님 나라는 진화론적이고 낙관론적이며 휴머니즘적인 인간의 나라이다. 그렇다면 하나님의 나라는 오직 영적이고 수직적인 것이기에, 이 세상의 문제인 인간의 존엄성, 평등, 자유, 정의, 환경, 인권과 같은 문제와는 무관한 것인가? 아니다. 부활, 승천하신 주님의 왕권은 우주적인 것이기에 어느 영역 하나라도 주님의 통치에서 벗어날 수 없다(창조. 엡 1:20-23; 빌 2:9-11; 골 1:16-20). 히브리서 1장 2절에서 그리스도는 만유의 후사로서 (재)창조주라고 하신다.

주의할 것은 "하나님의 나라가 임하옵소서!"라고 기도한다고 해서 하나님의 나라가 아직 임하지 않은 것으로 볼 수 없다는 점이다. 더욱이 우리가 하나님을 왕으로 만들어야 된다는 것은 더 이치에 맞지 않다. 죄인들이 하나님을 왕으로 인정하지 않을 뿐인데 이제 온 우주가 하나님을 왕으로 인정하도록 소망하며 뒤틀린 것이 바로잡혀 정상적인 것이 되도록 기도하는 것이다.

요한계시록 11장 15절의 "세상 나라가 우리 주와 그분의 그리스도의 나라가 되어 그분이 세세토록 왕 노릇 하시는 것"이 "나라가 임하옵시며"의 뜻이다. '임하옵시며'(*eltheto*: 아오리스트 능동태 명령형 3인칭 단수)는 결정적인 하나님 나라의 임함은 바로 예수님의 '십자가와 부활-승천-성령 강림'에서 결정적으로 이뤄졌음을 말한다. 따라서 이 간구는 주님의 십자가와 부활 그리고 승천으로 죄와 사탄의 권세에서 회복된 우리의 삶의 모든 현장에서 하나님의 다스리심이 더욱 강력히 임하며, 주님의 재림으로 하나님의 나라가 완성될 것을 소망하는 기도이다. 이미 임한 하나님 나라가 확장되며, 아직 임하지 않은 하나님 나라가 조속히 실현되기를 간구하는 것이다.[73)]

---

72) 칼빈(1993:294)은 "우리는 먼저 하나님의 나라의 정의를 분명히 하고 넘어가야겠다. 인간들이 자신들의 육신을 그분의 명에 아래 굴종시키고 자신의 욕심을 제쳐놓아 자발적으로 자신을 통째로 묶어 그분의 '통치' 아래 들어갈 때 우리는 하나님께서 인간들을 '다스리신다'고 말할 수 있다. ……이 기도에서 우리는 그분께서 이 모든 방해를 제거하고, 모든 인간들을 그분 자신의 '지휘'하에 두어, 이들로 하여금 하늘의 생활을 생각하게 하소서 하고 기도하는 것이다"라고 설명한다.

73) 웨스트민스터 대교리문답 191문에 보면 "둘째 기원에서 우리는 무엇을 위해 기도하는가?"라고 묻고, "'나라이 임하옵시며'라는 두 번째 기원에서, 우리 자신과 모든 인류가 본질상 사탄의 지배하에 있다는 사실을 인식하면서, 우리는 죄와 사탄의 왕국이 파멸되고, 복음이 온 세상에 전파되고, 유대인들이 부르심을 받고, 이방인들의 충만한 수가 돌아오도록 기도한다. 교회가 복음적인 사역자들과 규례들로 온전케 되고, 부패로부터 정화되고, 세상 위정자들에게 칭찬과 지지를 받도록 기도한다. 그리스도의 규례가 순수하게 집행되고, 아직 죄 중에 있는 자들이 회개하고 돌아오고, 이미 회심한 자들의 확신, 위로, 성장을 기도한다. 그리스도께서 우리 마음을 통치하시며, 우리가 그리스도와 함께 통치할 재림의

4. “뜻이 하늘에서 이룬 것같이 땅에서도 이루어지이다” (마 6:10)[74)]

주기도문 중에서 세 번째 간구를 살펴볼 차례이다. 누가복음 11장에는 이 간구가 생략되어 있다. 그 이유는 아마 누가는 “이름이 거룩히 여김을 받으시오며, 나라이 임하옵시며”라는 간구에 “뜻이 하늘에서 이룬 것같이 땅에서도 이루어지이다”라는 간구가 실제적으로 중복 포함되어 있거나 종속되어 있다고 생각했기 때문일 것이다. 즉 이 간구는 독립적인 기도가 아닌 것같이 보인다.

‘이루어지이다’(*geneitheito*)는 아오리스트, 수동태 명령법인데 이것 역시 이전 간구에서 사용된 동사처럼 신적 수동태로 보이기에 행위의 주체는 사람이 아니라 성자 예수님으로 보인다. 사실 주기도문은 예수님의 인격과 사역으로 이루어진 것을 교회를 통해서 성령께서 계속해서 이루시길 원하는 종말론적인 기도라 할 수 있다. 따라서 주기도문 전체는 기독론적, 성령론적, 교회론적, 그리고 종말론적인 해석을 종합적으로 요청한다. 부활, 승천하신 그리스도는 성령 하나님을 그 자신의 존재 양식의 주체로 삼고 있기 때문에 오순절의 성령은 부활하신 주님 자신의 하나의 오심(a parousia)으로 간주될 수 있다. 물론 부활하신 그리스도와 오순절 성령님 사이의 일치는 본체의 일치 혹은 위격의 일치가 아니고 종말론적 구속 사역의 일치이다. 환언하면, 부활, 승천하신 그리스도와 성령님은 교회의 설립과 성장, 복음 전파, 중생과 성화의 사역과 같은 하나님 나라의 종말론적인 사역을 이루기 위해 일체가 되신다. 따라서 주님의 승천과 오순절 성령 강림 이후의 하나님 나라의 도래 혹은 하나님의 구속 사역은 승천하사 보좌 우편에 앉으신 예수님의 사역인 동시에, 오순절에 인하신 성령님의 사역이라 할 수 있다. 따라서 신약의 많은 부분, 특히 승천하신 이후의 사건은 기독론적, 성령론적, 교회론적, 그리고 종말론적으로 이해될 수밖에 없는 것이다. 이것은 언제나 동시에 연결되어 등장하는 해석의 원칙이다.

따라서 하나님의 뜻은 예수님의 인격과 사역에서 우선적으로 이루어진 것임을 기억해야 한다. 예수님의 지상 사역은 하나님의 뜻을 이루신 것이며 지금의 천상의 사역 역시 하나님의 뜻을 성령으로 성취하고 계시는 것이다(참고. 요 4:34, 6:38; 히 10:7, 9).

하나님의 가장 중요한 뜻은 성자를 통해 잃은 자를 찾는 일이다(참고. 마 18:12-14; 눅 15:3-6). 예수님은 흥미롭게도 그리고 의도적으로, 그 당시 가장 인간 대접받지 못했던 천민들인 창기,

---

날을 위해 기도한다. 그리스도께서 목적하셨던 바 모든 세계에서 권능의 나라를 기쁨으로 통치하시도록 기도한다”라고 답한다. 17세기 스코틀랜드 장로교의 언약 운동 당시 새뮤얼 러더퍼드(Samuel Rutherford) 등 유력한 지도자들 모두 후천년주의를 견지했다. 바로 이들이 웨스트민스터 종교회의 당시 큰 영향을 미쳤던 것이다. 19세기는 후천년주의의 최전성기라 할 수 있을 정도로 국가 교회 내의 복음주의자들을 중심으로 진정한 교회의 모습을 구현하기 위해 노력했다. 토머스 찰머스(Thomas Chalmers) 같은 이는 ‘그리스도 재림 지향적인 신성한 공동체’를 이 땅에 구현하고자 했다. 그는 교회가 도시 문화를 주도할 수 있다는 판단 아래 심방, 아웃리치, 영적 돌봄, 교육, 빈민 구제 등에 심혈을 기울였다. 그 후 각 교단마다 사회 문제를 다루는 상설위원회 설치가 보편화되었고, 더 나아가 거국적인 기독교 사회주의 연맹이 결성되는 계기가 마련되었다.

74) 유진 피터슨(2010:56)은 “하늘에서처럼 땅에서도 가장 선한 것을 행하소서”라고 의역한다.

세리와 같이 바리새인들에 의해 죄인들로 낙인 찍힌 사람들에게 사랑을 베푸셨다. 이들은 누구보다도 하나님의 잃어버린 양을 설명하는 데 적합한 부류의 사람들이었다. 예수님은 '세리와 죄인들의 친구'라는 별명도 얻게 되셨다(참고. 마 11:19; 막 2:17). 예수님께서 보실 때 이런 사람들은 바리새인이나 서기관보다 더욱더 하나님 나라에 근접해 있는 사람들이었다(참고. 마 21:31). 이것은 이사야 61장 1-2절과 에스겔 34장 15-16절의 예언의 성취인데, 예수님은 실로 가난한 자, 잃어버린 자, 상한 자, 병든 자를 구하러 오신 분이셨다(참고. 눅 4:21). 물론 이 구절들을 영적인 의미로 볼 수도 있겠으나 물질적이고 문자적인 의미를 배제하지 않음도 기억할 만하다. 그러므로 이런 구원을 위한 아버지의 뜻의 성취는 예수님의 십자가와 분리할 수 없다(참고. 막 14:36; 눅 22:42). 하나님의 뜻은 예수님이 십자가를 지셔야 하는 것이었다(참고. 갈 1:4; 히 10:9-10). 즉 하나님의 뜻은 예수님의 죽음을 통해서 구속사의 경륜을 이루시는 것이었는데, 그것은 죄와 사탄의 세력이 지배하는 이 세상에서 사람들을 그의 사랑하는 아들의 나라로 옮기는 것으로, 구속 곧 죄 사함을 얻게 하는 것이었다(참고. 골 1:13-14).

그렇다면 하나님의 뜻이 일차적으로 잃어버린 자를 찾았던 예수님의 십자가 사건을 통한 구원 사역 속에 결정적으로 이루어진 것이라면(위의 신적 수동태를 기억하라), 이 간구와 이 간구를 해야만 하는 신약 교회는 어떤 관련성을 가지는가? 우리가 그리스도 안에서 결정적으로 성취되어 버린 이 간구를 계속해야만 하는 이유는 무엇인가? 하나님의 뜻은 하늘에서 온전히 그리고 완전히 이루어졌다. 왜냐하면 하늘은 사탄의 영역이 아니라 하나님의 영역이기 때문이다(참고. 계 12:9). 이제 하나님의 뜻은 하늘에서 온전히 이루어진 것같이 땅에서도 교회를 통해 이루어져야 한다. 이 땅은 하나님과 사탄의 격전지인데, 교회의 승리의 원천은 성령의 권능을 입는 것인 동시에, 예수님의 십자가와 부활 그리고 승천으로 이루신 승리를 믿고 담대히 행하는 것이다. 마치 하늘의 승리는 지상의 승리를 비추는 것과 같이 십자가와 부활의 결정적인 과거의 승리는 지상 교회의 현재와 미래의 승리를 이미 결정해 버린 것과 같다. 하지만 이 땅 위에는 여전히 사탄의 세력이 힘 있게 활동하고 있음을 기억하고 경계해야 한다(참고. 엡 6:12). 그러므로 하나님의 뜻을 이 땅 위에 이루는 것은 단순히 낭만적인 놀이가 아니라 피 흘리기까지 싸워야만 하는 전투이다(참고. 히 12:4). 하나님의 뜻을 찾는 것을 구원 사역에만 한정시킬 필요는 없다. 그리스도인의 삶은 어떤 결정을 하느냐에 따라 향방이 달라지고 승패가 갈라진다. 따라서 그리스도인은 하나님의 뜻을 삶 속에서 찾고 이루기 위해 순종하는 훈련을 해야 한다.

5. "오늘[75] 우리에게 일용할 양식을 주옵시고" (마 6:11)[76]

주기도문의 전반부인 하나님에 대한 청원(Thou petitions)을 마치고 '우리' 자신에 대한 청원을

75) 칼빈(1993:296)은 부사 '오늘'(*semeron*)을 '당일' 필요한 것만 요청해야 한다는 의미로 본다. 즉 예수님은 양식에 대한 탐욕을 누르고 견제하려는 의도에서 이 말씀을 하셨다고 본다.

76) 유진 피터슨(2010:57)은 "든든한 세 끼 식사로 우리가 살아가게 하소서"라고 의역한다.

다루게 된다(We petitions). 전반부의 하나님에 대한 청원은 '하나님의 이름', '하나님의 나라', 그리고 '하나님의 뜻'과 관련된 것이다. 후반부에도 3개의 간구가 등장하는데 '우리를 위한 양식', '우리의 죄', 그리고 '우리를 시험에 빠지지 않게 하는 것'이다. 이런 구조는 마치 마태복음 6장 33절에서 "너희는 먼저 그의 나라와 그의 의를 구하라 그리하면 이 모든 것을 너희에게 더하시리라"라는 순서를 연상케 한다. 그리고 십계명의 제1-4계명이 하나님 중심과 관련된 계명에서, 제5-10계명은 수평적인 이웃과의 계명을 다루는 것과도 유사하다(참고. 칼빈, 1993:291). 어떻든 우리와 관련된 간구가 3개나 된다는 사실은 예수님께서 교회 공동체에 중요한 관심을 보이고 계심을 의미한다. 이차적으로는 물론 나중에 있을 마태 공동체를 염두에 두고 있는 것일 수도 있겠다.

그렇다면 예수님은 왜 이렇게 3번은 하나님에 대해, 그리고 난 후 3번은 우리에 관한 간구를 하게 하셨는가? 그 이유는 하나님의 이름, 나라, 그리고 뜻이 예수님의 사역과 인격에서 다 이루어짐으로써, 교회가 그리스도와 함께 하나님 나라의 충만한 은혜와 영광을 누리게 되었고 의롭게 되었고, 부활과 하늘에 앉힘을 누리게 되었지만, 여전히 '아직 아니'의 측면으로 인해 우리의 일상 양식과 범죄에 대한 용서와 시험으로부터의 구원을 위해 기도해야 하기 때문이다. 이렇게 '이미와 아직 아니'의 긴장 관계는 계속해서 '우리' 자신을 위해 기도해야 하는 이유이다.

그렇다면 '양식'(*artos*)은 무슨 의미인가? 좁게 그리고 일차적으로는 '빵'을 의미하고, 넓게 그리고 이차적으로는 '삶을 영위하게 하며 생명을 보장하는 제반 양식과 음식'을 의미한다. 예수님은 육신적으로는 목수의 아들로 가난을 경험했으며, 제자들과의 공동체적 삶에서도 경제적으로 풍요로운 삶을 영위한 것은 아니었다(참고. 마 12:1-8; 막 6:32-44; 눅 11:5). 사실 예수님 당시 대다수의 유대인들은 가난과 투쟁하고 있었다. 따라서 이렇게 예수님께서 빵을 구하는 간구를 가르치신 것은 아주 자연스러운 것이다. 하지만 우리는 여기서 멈출 수 없다(참고. 마 6:4). 예수님은 영적인 양식도 공급하고 계신다. 이 이유로 마태복음 6장 11절의 '양식'은 육신의 양식뿐 아니라 은혜의 양식도 포함하는 것이라고 넓게 보아도 무방하다.

그렇다면 '일용할'(*epiousios*)이라는 말은 무슨 뜻인가? 오리겐이 주장하듯이 '존재(*ousia*)를 위해 필수적인'이라는 말인가? 아니면 '오늘을 위한'이란 뜻인가? 주기도문에서 양식은 '오늘날 우리에게'라는 말과 결부하여 보면, 필수적인 것임을 의미한다. 따라서 매일 공급해 주시는 만나와도 같은 것이다. 하지만 이 양식이 은혜로운 것임에도 불구하고 그 자체로 목적이 아니라 하나님의 나라와 의, 이름을 위한 것이다. 미래론적으로는 이 양식은 교회로 하여금 미래적 천국에서 영원히 먹을 만나를 내다보게 한다. 적용해 보면, 그리스도인의 생업과 사업이 하나님의 나라를 위한 도구가 되어야지 목적이 되어서는 안 된다는 사실을 기억해야 한다. 바로 이 순서가 지켜질 때 하나님은 우리에게 물질의 복을 주신다.

6. "우리가 우리에게 죄 지은 자를 사하여 준 것같이 우리 죄를 사하여 주옵시고" (마 6:12)[77]

마태복음 6장 12절과 누가복음 11장 4절 사이에 표현상 차이가 있음을 본다. 마태는 죄를 '채무'라는 뜻의 용어(*opeilemata*: 하지만 아람어에서는 죄 [*hoba*]를 부채로 표현함)를 사용하지만, 누가는 하나님과 사람 사이의 죄를 가리킬 때 죄에 대한 일반적인 의미의 용어(*hamartiai*)를 사용한다. 하지만 누가는 사람과 사람 사이의 죄를 가리킬 때는 채무의 의미(*opeilo*)로 사용한다.

마태복음의 간구는 "우리가 우리들의 채무자들을 이미 용서한 것같이(*aphekamen*, 아오리스트 능동 직설 1인칭 복수)[78] 우리의 채무를 용서하여 주소서"로 번역할 수 있다. 누가복음의 간구는 "우리 자신들이 우리에게 채무 진 모든 사람을 용서하오니(*aphiomen*, 현재 능동 직설 1인칭 복수) 우리의 죄를 용서하여 주소서"로 번역할 수 있다. 이런 용어의 차이점은 유대인 독자와 이방인 독자를 각각 염두에 둔 표현상의 차이일 뿐 의미상으로는 별 차이가 없어 보인다. 이 기도를 해석하는 열쇠는 하나님께서 우리를 용서하시는 것과 우리가 타인을 용서하는 것 사이의 관계를 밝히는 것이다. 즉 '하나님께 우리가 용서를 받기 위해서 우리가 그 조건으로 먼저 타인을 용서해 주어야만 하는가? 아니면 하나님의 용서를 받은 사람은 타인을 자연스럽게 용서하는 삶을 살아야 하는가?'라는 질문을 던질 수 있다.

예수님 당시의 불신 유대인들은 만일 어떤 사람이 하나님께 용서를 받으려면 타인을 용서하는 일이 조건으로 그리고 공로로 선행해야 한다고 보았다. 시락(Sirach) 28장 2절을 들어보자: "너희 이웃의 불의를 용서해 주어라. 그런 다음에 네가 기도할 때 너희 자신의 죄가 용서받게 될 것이다"(참고. Mishnah Taanit 16). 하지만 예수님께서 지금 가르치시는 기도에는 사람이 하나님의 용서를 받기 위해서는 인간의 조건이나 공로를 필요로 한다고 말씀하지 않는다.

이 간구에서 하나님의 구원을 받은 백성은 매일 하나님의 용서를 받아야 함을 알 수 있다. 매일 죄를 범하기에 사죄의 은총도 항상 필요하다. 우리가 남을 용서했기에 그 조건을 기억하셔서 하나님께서 우리의 죄를 용서하시는 것은 아니다. 우리가 은혜로 구원을 받았기에 우리의 죄 용서도 하나님의 은혜로 가능하다. 이 사실을 가장 잘 보여주는 비유는 마태복음 18장 21-35절이다. 일만 달란트 빚진 사람(이것은 도무지 노력으로는 갚거나 용서 받을 수 없는 엄청난 빚이다)을 왕은 불러서(수동형: 왕이 주도권을 가지고 탕감 작업에 돌입했음을 의미함) 완전히 탕감해 주었지만, 그 탕감 받은 사람은 일백 데나리온(약 500만 원) 빚진 동료를 용서하지 않았다. 이 사실을 알게 된 왕은 일만 달란트 빚졌던 자를 투옥시켜 버렸다. 왕의 용서는 일만 달란트 빚진 자 자신의 용서의 삶으로 표출되었어야 했다. 이 둘은 별개의 것이 아니라는 말이다. 큰 빚을 탕감 받은 사람의 삶은 변화되어야만 했다. 성도의 변화된 새로운 삶으로 하나님의 사죄의 은혜가 증명되어야 한다. 만일 그렇지 못할 때 그 사람은 하나님의 사죄를 진정으로 받지 못한

77) 유진 피터슨(2010:57)은 "아버지께 용서받은 우리가 다른 사람들을 용서하게 하소서"라고 번역한다.

78) 12절에서 다수 사본은 아오리스트 동사 대신 현재 동사를 쓴다(*aphiemen*).

사람에 불과하다. 하나님의 용서와 사람의 용서는 불가분의 것이다. 하지만 우리가 남을 용서해 준 만큼 하나님께서 용서해 주신다고 공로적(조건적)으로 생각하지 말자.

7. "우리를 시험에 들게 하지 마옵시고 다만 악에서 구하옵소서" (마 6:13)[79]

주기도문에서 처음으로 '부정적인 간구'를 접한다. 이 간구와 관련하여 자연스러운 질문은 하나님은 우리를 시험으로 인도하는 분이신가? 야고보서 1장 13절은 아니라고 한다. "사람이 시험을 받을 때 내가 하나님께 시험을 받는다 하지 말지니 하나님은 악에게 시험을 받지도 아니하시고 친히 아무도 시험하지 아니하시느니라." 그렇다면 '시험'(*peirasmon*)은 무엇을 가리키는가? 그리고 우리를 시험에 들게 한다는 것은 무슨 뜻인가?

복음서에서 '시험'은 주로 마귀가 예수님을 시험하거나 바리새인과 같은 예수님의 대적들이 예수님을 대적하는 행위와 관련된다(참고. 마 4:1; 막 1:13; 눅 4:2). 예수님으로 하여금 메시아의 사역을 감당하지 못하도록 하기 위해 활동하는 사탄의 시험과 유혹과 방해 공작은 나중에는 교회를 향해서도 계속된다. 따라서 복음서 기자들은 비록 그것이 사탄의 역사이기는 하지만, 사람의 마음 내면에 유혹을 받게 하여 죄를 범하도록 하는 차원으로는 '시험'을 거의 언급하지 않는다. 마태복음 26장 41절은 겟세마네 동산에서 예수님께서 제자들에게 하신 말씀인데, 주기도문의 간구처럼 "시험에 들지 않도록 기도하라"고 주의를 주신다. 이 시험은 사탄에 의한 것으로서 제자들을 향한 시험이다. 따라서 이 시험은 하나님의 이름과 나라와 뜻을 이루기 위해 당하는 외적인 어려움과 핍박을 가리킨다고 할 수 있다. 주님께 헌신하면 할수록 이런 어려움과 시험은 더욱 많아지는 것이다. 반대로 그리스도의 흔적도 더 많아진다(참고. 갈 6:17).

뒤따르는 "다만 (그) 악에서 구하옵소서"는 앞부분과 무슨 연관을 가지며 의미는 무엇인가? 그리고 '그 악'(*tou poneirou*)은 무엇인가? '*Tou*'라는 정관사를 남성으로 볼 수도 있고 중성으로도 볼 수 있다. 남성으로 본다면 사탄을 가리키며, 중성으로 본다면 '그 악' 혹은 '그 악한 행동'을 의미한다.[80] 마태복음 13장 19절, 마가복음 4장 15절, 누가복음 8장 12절, 요한복음 17장 15절, 그리고 요한일서 5장 18절에서 '그 악한 자'는 사탄을 가리킨다(참고. 엡 6:16; 살후 3:3). 이 구절들을 통해서 볼 때 '그 악'은 사탄을 가리키는 것 같다. 따라서 "우리를 시험에 들게 하지 마옵소서"라는 부정적인 간구는 "다만 악에서 구하옵소서"라는 긍정형으로 다시 반복해서 등장하고 있다. 즉 주제의 반복을 의미하기에 같은 내용의 다른 양상일 뿐이다. 무엇보다 기억해야 할 것은 주님은 부활로 사탄을 이기셨고 그 승리는 우리의 것이라는 사실이다. 따라서 교회는 바로 지금 여기에서 지속적인 승리를 통해 하나님을 영화롭게 하며, 하나님의 이름을 높이고 그분의 나라를 확고히 해야 한다. 이것이 이 간구에 나타난 예수님의 소원이다.

---

79) 유진 피터슨(2010:57)은 "우리를 우리 자신에게서와, 마귀에게서 안전하게 지켜 주소서"라고 의역한다.
80) 이 둘을 종합하여 칼빈(1993:301)은 "우리가 마귀와 죄의 위험에 항상 노출되어 있다"라고 말한다.

8. "나라와 권세와 영광이 아버지께 영원히 있사옵나이다. 아멘" (마 6:13)[81)]

6개의 간구(청원)가 끝나고 이제 '송영'(doxology)으로 주기도문을 마친다. 하지만 송영의 원래의 형태에 대한 사본상의 증거는 논란의 대상이 된다. 본문 비평의 외적 증거의 관점에서 살펴볼 때 고대의 사본 중에서 시내 산, B, D, Z, 대부분의 라틴 번역본들, 그리고 주기도문에 대한 주석을 쓴 많은 교부들(예. 터툴리안, 오리겐, 키프리안, 니사의 그레고리, 어거스틴, 암브로스)은 이 송영 부분을 생략했다. 송영을 가지고 있는 사본들은 A.D. 5세기경의 K, W, 그리고 델타 사본 등의 비잔틴 사본 계열, 다수의 소문자 사본, 그리고 일부 교부들(예. 타티안, 크리소스톰 등)이다. 외적 증거로만 보면 이 송영 부분이 없는 것이 훨씬 지지를 받는다.

내적 증거를 살펴보자. 송영이 없는 본문은 아마 마태의 주기도문보다 더 오래된 누가의 주기도문에 더 일치하는 것 같다. 누가복음 11장 4절에서 주기도문은 마치는데, 송영을 가지고 있지 않다. 아마 송영이 없는 주기도문이 예수님의 원래의 말씀에 일치하고, 송영은 후대(아마 예루살렘의 예수님의 제자들)에 교회에서 사용하기에 적합하도록 첨가한 것으로 보인다. 왜냐하면, 유대인들의 기도문인 '제18복 기도문'이 매 부분마다 송영으로 끝나고 있다는 사실은, 예수님의 제자들과 초대 교회가 주기도문을 사용하면서 당대의 유대 관습을 따라서 송영과 함께 주기도문을 사용했을 가능성을 짙게 한다.[82)]

송영에서 예수님은 하나님의 나라와 권세와 영광을 영원히 아버지 하나님께 돌리고 있다. 구약에서도 동일한 주제를 볼 수 있다(참고. 단 7:13-14, 27). 요한계시록에는 이 주제가 종종 등장한다(참고. 계 1:6, 4:11, 5:12-13, 7:10-12, 11:15). 중요한 것은 이 나라와 권세와 영광을 성부 하나님만 독점하시는 것이 아니라는 사실이다. 성자 예수님도 공유하시며, 더 나아가 하나님의 백성도 공유하게 된다(참고. 눅 12:32, 22:28-29; 계 1:5-6, 5:9-10).

하나님의 나라와 권세와 영광을 하나님께 돌림으로 3개의 하나님을 향한 간구들(Thou-petitions)로 다시 돌아간다. 주기도문의 결론 부분에 송영이 위치함으로 이 송영은 주기도문 전체와 관련을 맺고 있다. 즉 자신의 이름이 거룩히 여김을 받으시며, 나라가 임하옵시고, 뜻이 하늘과 땅에서 이루어지며, 일용할 양식을 주시며, 우리 죄를 사하시며, 우리를 시험에 들게 하지 않으시며, 악에서 구하시는 바로 그 하나님께서 송영을 받으셔야 한다. 우리가 각 간구를 송영하는 마음으로 해야 하는 이유는 예수님 안에서 성령을 통하여 종말론적으로 다 이루시는 분이 하나님이시기 때문이다. 무엇보다도 하나님은 현재적인 나라와 권세와 영광을 우리에게 주셨음을 믿고 감사해야 한다.

---

81) 13절 마지막 부분의 송영에 후가 사본들인 157, 225, 418은 '성부와 성자와 성령께'를 추가한다. 이것은 예배에 사용하기 적합하도록 만든 추가로 볼 수 있다(참고. 매츠거, 2005:14).

82) A.D. 1세기 유대교 회당에서 예배의 중심을 이루었던 18개의 축도문들(쉐모네 에스레)은 "주여, 내 입술을 열어 주소서, 내 입이 당신을 찬미하오리이다"로 시작되는데, (1) 족장들, (2) 죽은 이들을 살림, (3) 이름의 성화, (4) 이해, (5) 회심, (6) 용서, (7) 구속, (8) 치유, (9) 한 해의 축, (10) 흩어진 이들의 귀환, (11) 올바른 재판의 회복, (12) 이단을 대항함(against heresy), (13) 개종자들의 복, (14) 예루살렘, (15) 기도를 들으심, (16) 예배, (17) 감사, (18) 평화에 관한 축도문을 포함한다(A.D. 100년경 이후부터 19가지가 됨). 이 기도문의 바벨론 형태는 팔레스타인 형태보다 좀더 길다.

그리고 '아멘' 역시 주기도문의 모든 간구들에 적용되어야 한다. '우리'의 사적인 기도 그리고 공적인 기도 한마디 한마디 역시 하나님을 찬송하는 마음으로 '아멘'으로 해야 할 것이다. 물론 의미 없는 '아멘'의 남발은 '아멘'이신 예수님의 이름을 망령되이 일컬을 수 있다(참고. 계 3:14).

결론적으로, 예수님께서 가르쳐 주신 기도는 기독론적, 성령론적, 종말론적, 그리고 교회론적인 의미를 가지고 있다. 그리고 이 기도는 철저히 하나님 중심의 기도이다. 우리의 공적 그리고 사적인 예배와 기도에 더욱 빈번히 주기도가 찬송으로 혹은 대표 기도에서 애용되었으면 한다.

2.2. 마태복음 6장 19-34절의 메시지

이 단락에서 예수님은 하나님 나라의 관점을 구체적으로 설명하신다. 금욕주의를 지지하지 않으시는 주님은 소유 자체를 정죄하지 않으신다(19절). 보물을 하늘에 쌓아 두어야 한다는 말씀은 하늘나라와 의를 구하는 데 사용해야 한다는 뜻이다. 구약의 복과 상이 대체로 물질적이며 현세적이라면, 신약에서는 주로 천상적이며 영적이다. 하지만 이런 천상적이며 영적인 복과 상을 교회는 청지기로 살면서 지금 여기서 맛볼 수 있다. 우리의 보화가 있는 곳에 우리의 마음도 있다(21절). "이 세상에서 행복하기를 바라는 자들은 하늘 가는 길을 포기한 자들이다"(칼빈, 1993:304). 사람의 마음을 가리키는 눈의 중요성을 언급하심으로써(22-23절), 우리의 마음이 하늘에 보화를 쌓는 것에 집중되지 않으면 우리의 삶은 어두움에 처할 수밖에 없음을 강조하신다(비교. 눅 11:33-36).[83] 예수님은 돈(*mamonas*)을 주인처럼 의인화시키신다(24절). 하지만 교회가 하나님을 섬기는 방식은 절대적인 헌신과 의지적인 결단으로 전체를 다 거는 것(all-in)이다.

참고로, 세리였던 마태는 재정에 관해 종종 언급한다(참고. 마 6:24, 19:21-22). 염려하지 않고 살아가는 예를 새에게서 본다(26절). 하나님은 새보다 더 귀한 자기 백성의 의식주를 책임지시는 분이시다. 의식주를 위해 노력하지 말라는 의미가 아니다.[84] 우리의 생명은 하나님의 손에 달려 있다. 그러므로 성도는 하나님과 그 나라에 마음을 두어야 한다. 우리의 염려와 능력으로는 키(혹은 수명)를 늘릴 수 없다(27절). 솔로몬 수하의 장인들의 정교한 기술도 하나님이 직접 만드신 들의 백합화(*ta krina*)와 풀보다 못한데, 그것들을 먹이시는 하나님은 자기 형상을 따라 영광스런 걸작품으로 만드신 교회를 책임지신다. 솔로몬조차 자신의 모든 영광으로 이 꽃 하나만큼 차려입지 못했다(28-30절).[85] 인간의 부와 지위와 수단보다 하나님이 돌보시는 것이 더 확실

83) 22-23절은 '하늘에 쌓은 보화'를 다루는 바로 앞의 19-21절과 '하나님과 재물'을 다루는 뒤따르는 24절과 문맥상 어울리는가? 즉 22-23절은 '재물' 주제를 다루는가? 그렇다. 왜냐하면 "눈이 좋다" 혹은 "눈이 나쁘다"는 것은 이스라엘의 관용어이기 때문이다. 전자는 '관대함'(잠 22:9)을, 후자는 '인색함'(신 15:9, 28:54-56; 잠 23:6, 28:22)을 뜻한다. 그러므로 예수님은 악한 눈을 가지고는 즉 물질의 탐욕으로는 하늘에 보화를 쌓을 수 없고, 맘몬 숭배를 물리칠 수 없음을 경고하신다(참고. 김경래, 1997:363-364).

84) 칼빈(1993:309)의 말을 들어보자. "우리 각자는 우리의 직업이 허용하는 한, 그리고 하나님께서 명령하시는 한 모든 노력을 다 기울이는 것이 마땅하지만, 그 후에 오는 각자의 필요 사항은 하나님에게 구하도록 하라는 뜻이다."

85) 28절에서 다수 사본은 3인칭 단수 동사("수고도 하지 않고 옷감도 짜지 않는다")를 사용한다. 왜냐하면 주어인 '그 백합화들'(*ta krina*)이 중성 복수형이기 때문이다.

하며 영구적이다. 여기서 예수님은 사소한 것(백합화와 풀)에서 더 중요한 것(하나님의 자녀)을 끌어내는 해석 방법을 사용하신다. 이것은 히브리어로 '칼 바호메르'라고 불린다(예. 마 7:11, 10:25, 12:12; 눅 11:13, 12:24; 롬 5:9; 고전 12:22; 고후 3:9; 빌 2:12; 몬 16; 히 9:14, 10:29, 12:25 등; 보라. 김경래, 1997:366).

우리가 하나님 나라의 본질인 부성적 사랑에서 나오는 신적 통치를 믿는다면 의식주가 최대의 관심사나 염려거리로 자리 잡도록 허용하지 말아야 한다(31-32절). 대신 우선적으로 하나님의 나라와 하나님의 의(혹은 '하나님의 나라 곧 그분의 의')를 열심히 구해야 한다(33절).[86] '하나님 나라'와 '의'(천국에 들어가기 원하는 사람에게 부과된 하나님의 요구의 총체)는 예수님의 설교에 있어서 구별은 되지만 분리될 수 없는데, 동의어로 볼 수 있다(비교. 마 5:10의 '의를 위하여'와 눅 18:29의 '하나님의 나라를 위하여'; 참고. 리델보스, 1988:362). 그리고 성도는 내일이 내일 자체를 염려할 것을 알고 하나님을 신뢰해야 한다(34절). 사람이 아니라, '내일'(*aurion*)이 내일 자체를 염려한다(*merimnesei*, 미래 능동태 직설법 '3인칭 단수'; Let tomorrow worry about itself)는 것은 내일의 주인이신 하나님이 간섭하시겠다는 의미이다. 그리스도인은 순진한 낙관주의자나 무사 안일주의자가 아니다. 오히려 천국을 이 땅에 심으려고 아버지의 사랑을 확신하는 가운데 우선순위를 바로 인식하고 노력하는 자이다. 우리가 하나님의 나라를 추구하는 것은 하나님이 가치 있게 여기시는 것을 우리도 그렇게 하는 것이다(참고. 고후 11:28; 참고. Keener, 1999:239).

3. 오늘에의 적용

우리 속의 외식적이고 형식적 종교 생활은 무엇인가?
하나님 나라의 절대성을 부각시키는 하나님 중심의 생활을 하고 있는가?
매일 주기도문을 잘 활용하자.

마태복음 7장

1. 본문 및 구조

• 서로에 대한 제자들의 태도(1-6)

86) 33절은 접속사(*de*)로 시작한다. 개역개정판은 '그런즉'으로 번역하지만, 바른 성경은 '오직'으로 번역한다. 이방인이 구하는 것과 다른 차원의 것을 그리스도인이 구해야 한다면, 반의 접속사 '그러나'가 적절하다.

• 하나님에 대한 제자들의 태도(7-11)
• 예수님의 윤리에 대한 요약(12)
• 참 제자도와 거짓 제자도(13-27)
• 결론(28-29)

2. 구원 계시사적 메시지

2.1. 마태복음 7장 1-6절의 메시지

예수님은 이 단락에서 마태복음 5장 13-16절의 착한 행실을 구체적으로 설명하신다. 다소 주제적 통일성이 결여된 것 같은 주제들이 7장 1-12절에 등장한다. 하지만 12절을 결어로 한 주제적 관련성을 찾아볼 수 있다. 예수님은 비판(판단)하지 말라고 말씀하신다(1절).[87] 5절에서 '외식하는 자'를 언급하시기에 주님은 바리새인을 염두에 두고 말씀하신다(참고. 마 5:20). 건설적이며 덕을 세우는 방식도 아니며, 자신에 대해 적용하는 비판의 잣대보다 더 엄격한 잣대로 남을 비판하는 그 사람은 사람과 '하나님'으로부터도 '비판받을 것이다'(*kritheite*, 신적 수동태, 아오리스트 수동태 가정법 2인칭 복수; 참고. 리델보스, 1991:228). 2절 중반에서 예수님은 비판처럼 헤아리는 그 헤아림으로 헤아림을 받는다고 말씀하신다. '헤아린다'(*metreo*)는, '측량하다, 분배하다'는 뜻이다(막 4:24). 이것은 '비판하다'와 마찬가지로 남을 자신의 엄격한 기준으로 평가하는 것을 의미한다.

3-5절에는 '티'(*karpos*, speck, chip, 톱밥 한 알 정도의 조각만한 결점)와 '들보'(*dokos*, beam, 기둥)가 등장한다. 남을 정죄하려는 마음으로 비판하는 사람은 먼저 자신이 하나님 앞에 얼마나 큰 죄인인가를 돌아보아야 한다. 그렇지 않으면 들보를 가지고 티를 빼려는 외식하는 자가 된다. 5절 끝에 "형제의 눈 속에서 티를 빼리라"고 말씀하기에, 예수님은 모든 종류의 충고, 타이름, 혹은 비판을 금하신 것이 아님을 알 수 있다(참고. 갈 6:1).

6절의 썩은 고기를 먹는 들개(*kyon*, 애완견이 아님)와 부정한 돼지(참고. 레 11:7)는 누구인가? 이들은 이방인이 아니라, 진주와 같이 귀하고 거룩한(참고. 제사장이 먹던 음식, 참고. 출 29:33-34) 복음(참고. 마 13:45-47)을 듣고 그 가치를 몰라서 경멸하며 오만하게 고의적으로 수용하지 않는 사람이다(참고. 칼빈, 1993:318). 이런 사람은 복음을 거부하고 찢고 짓밟을 뿐이다. 이처럼 복음을 거부하는 것은 하나님이 행하시는 현재적 심판이다(참고. 요 16:9). 교회는 하나님 나라의 복음이 경멸을 받지 않도록 하기 위해 분별력을 가지고 지혜롭게 행해야 한다. 그런데 마태가 비판하지 말라는 교훈을 1-5절에서 한 후 왜 6절에서 들개와 돼지에게 거룩한 것과 진주를 주지 말라고 하는가? 1-5절과 6절은 무슨 관련이 있는가? 바른 성경에서는 6절 앞에 단락 구분 표시를 하고 있다. 하지만 마태의 구성상, 1-5절과 6절은 논리상 연결된다.

---

87) 1절의 의도는 이성적이고 합리적인 판단의 기능을 금하는 것이 아니라, 사람의 몸에 배인 병폐를 치료하려는 데 있다(참고. 칼빈, 1993:316).

문맥상 거룩한 것과 진주는 도움이 되는 비평(helpful criticism)과 조언을 가리킨다. 하지만 그런 조언과 비평을 감사하게 받아들이려는 준비가 안 된 개와 돼지 같은 사람에게는 무용지물임을 마태는 내러티브 전개상 교훈한다(참고. Nolland, 2005:322).

2.2. 마태복음 7장 7-11절의 메시지

'구하라, 찾으라, 문을 두드리라'는 모두 현재, 능동태, 명령형 2인칭 복수로 나타난다. 3중으로 표현되어 지속적으로 구하고, 찾고, 두드려야 할 것을 반복해서 강조한다.[88] 구하고, 찾고, 두드리는 3가지 행위의 공통분모는 무언가를 찾고 추구하는 모험(venturing)이다(참고. Nolland, 2005:325). 그런데 이 단락에서 왜 특별히 '기도'에 관한 언급이 나타나는가? 문맥을 보면, 12절은 '그러므로'로 시작하여 1-11절의 결론에 해당한다. 기도가 필요한 이유는 "남을 비판하지 않기 위해서, 우리 속에 있는 들보를 제거하기 위해서, 그리고 복음의 가치를 알고 제대로 전하기 위해서"이다. 선하신 천부께서 구하는 자에게 좋은 것으로 주신다(11절). '좋은 것들'(*agatha*, good things)은 무엇인가? 하나님의 나라와 의를 추구할 목적으로 하나님의 뜻을 깨닫고 순종하는 데 필요한 것이다(참고. 리델보스, 1991:232).[89]

참고로, '좋은 것'과 관련된 성령의 여섯 번째 열매인 양선(goodness, kindness)을 살펴보자. 한자로는 어질 '良', 착할 '善', 즉 '어질고 착하다'라는 뜻이다. 양선은 그리스어로 '*agathosynē*'인데, '다른 사람의 복지(welfare)에 관심을 가지는 것으로 특징지어지는 긍정적인 도덕적 특성'이라는 뜻이다(보라. Bauer, 2000:4). 이것에 상응하는 히브리어는 *tob*인데, "감각을 만족시키다", 혹은 "윤리적인 만족을 준다"라는 뜻이다. 하나님은 도덕적으로 완벽하고 아주 관대하시기에 선하시다. "여호와는 선하시니 그 인자하심이 영원하다"는 예레미야 33장 11절에서 출바벨론의 문맥에 등장한다. 선한 말씀은 출바벨론의 예언으로서, 다윗의 가지이신 예수님이 천국을 이루실 것으로 성취된다. 주님의 의로운 통치가 선한 것이다. 새 예루살렘에는 거짓과 불의와 가증함이 출입할 수 없다(참고. 계 21). '대저 여호와는 선하시며'(참고. 시 105:5)라는 말씀에 비추어 볼 때, 선함은 막연하게 좋다거나 추상적인 성질의 것 혹은 세속적인 인간의 이상이 아니다. 하나님의 사역, 하나님이 처음 창조하신 피조물(참고. 창 1:31), 하나님이 명령하시는 바(참고. 시 119:39)는 모두 선하다. 그러므로 하나님의 지혜와 권능을 드러내는 피조물은 하나님의 명령에 순종할 때만 선하다(참고. 시 104:24-31; 딤전 2:3). 야고보서 1장 17절은 하나님의 은사와 선물은 선하다고 밝힌다. 하늘 아버지께 간구하는 교회에게 좋은 은사를 주신다(참고. 마 7:11).[90]

---

88) "우리는 기도할 때마다 아니면 우리의 기도에 마땅히 있어야 할 '불타는 열정'이 없다는 것을 느낄 때마다, 그리스도께서 아버지로서의 애정을 우리에게 증거해 보여주시는 이 '부드러운 초청장'을 생각해야 마땅하다"(칼빈, 1993:320).

89) "좋은 게 좋다"는 속담은 인본주의, 혼합주의 그리고 거짓 실용주의를 부추기고 합리화하는 좋지 않은 것이다.

90) 다음은 신약에 '양선'이 등장하는 구절이다. 롬 15:14, "내 형제들아 너희가 스스로 선함이 가득하고 모든 지식이 차서 능히 서로 권하는 자임을 나도 확신하노라." 엡 5:9, "빛의 열매는 모든 착함과 의로움과 진실함

여기서 살펴볼 것은 양선은 형용사 '선한', '좋은'(*agathos*)과 관계된다는 점이다. *Agathos*는 하나님의 본질적인 선하심을 뜻한다. 하나님의 선하심은 다양하지만, 그 핵심은 예수 그리스도 안에서의 구원이다. 히브리서 9장 11절은 예수님이 (장래) '좋은 일'의 대제사장이라고 말씀하신다. 예수님과 구원을 배제한 선함은 어불성설이다. 히브리서 10장 1절은 율법은 장차 오는 '좋은 일'의 그림자이다. 이 말씀은 그리스도 안에 있는 새 언약의 공동체가 누릴 구원이 좋은 것이라는 의미이다. 구체적이고 실제적으로 말한다면, 우리가 구원을 받은 백성으로서, 성화되어 가는 과정 중에 남을 배려하고 사랑하는 것이 선하게 사는 것이다. 우리가 하나님의 선하심을 맛보아 알았다면, 그리고 예수 그리스도 중심으로 선함을 이해했다면, 이웃의 복지를 고려하면서 살아야 한다.

2.3. 마태복음 7장 12절의 메시지

"남에게 대접을 받고자 하는 대로 남을 대접하라"는 황금률(golden rule)인데(참고. 디다케 1:2), 레위기 19장 18절에 대한 해석이다(참고. 마 22:39). 천국 백성이 타인에게 어떤 자세를 가져야 할 것인가에 대해 결론 맺고 있다. 주님은 "남이 너에게 행하지 않으면 너도 행하지 말라"가 아니라, "남을 대접하라"라고 적극적으로 말씀한다. 한글개역성경에는 12절 끝에 '왜냐하면'(*gar*)이 생략되어 있다. 황금률에 따라 살아야 하는 이유는 이것이 율법과 선지자이기 때문이다. 즉 구약의 율법과 선지자의 교훈은 이 황금률과 연관 있다(참고. 칼빈, 1993:323). 우리가 남을 사랑하면 구약(율법과 선지자)을 성취하신 예수님처럼 다른 계명도 지키면서 살게 된다. 천국 백성의 삶 속에 적극적인 하나님 사랑과 이웃 사랑이 없다면, 그 삶은 하나님의 기준에 부합되지 못한 것이다.

2.4. 마태복음 7장 13-27절의 메시지

13절은 산상 설교의 결론이 시작되는 구절이다. 이 단락에서 예수님이 제자들에게 주시는 제자도에 대한 실제적인 교훈을 들어보자. 천국 백성의 삶의 원리에 관해 설명하신 주님은 실제적인 실천을 요청하신다. 제자는 생명으로 인도하는 좁은 문(그리고 좁고 협착한 길)으로 들어가야 한다(13-14절).[91] 사람의 본성은 방종과 타락과 육체적 욕구에 따라 살려고 한다. 그러나 주님은 좁은 가시밭 길을 가라고 말씀하신다. 예수님이 양의 유일한 문이시다(참고. 요 10:9). 따라서 좁은 문과 길을 통과한다는 것은 자기 부인과 헌신으로 예수님의 말씀에 순종하여 아름다운 열매를 맺는 것이다(18절).

에 있느니라." 살후 1:11, "이러므로 우리도 항상 너희를 위하여 기도함은 우리 하나님이 너희를 그 부르심에 합당한 자로 여기시고 모든 선을 기뻐함과 믿음의 역사를 능력으로 이루게 하시고." 갈 5:22에서는 양선이 '하나님의 관대한 행위'(generosity)로 나타난다. 이 구절들을 종합해 보면, 성경이라는 '올바른 기준'에 따라, 선하신 하나님이 주신 사랑과 구원에 대한 감사라는 '올바른 동기'를 가지고, 하나님의 영광이라는 '올바른 목적'을 가지고 행하는 것이 선한 것이다. 우리가 선을 행하기 위해 하나님이 구원해 주셨다(참고. 딛 2:14).

91) 14절을 시내 산과 B사본은 '왜냐하면'으로 시작한다.

거짓 선지자(15절)는 양의 옷을 입은 노략질하는 이리이며(참고. 왕하 3:13; 사 44:25; 렘 23:16; 겔 13:2-3; 미 3:5; 슥 13:2; 행 20:29; 고후 11:11-15; 딤후 2:14-19; 벧후 2:1-3, 17-22; 요일 2:18, 22, 4:1-6), 영적 약탈자이기에 나쁜 열매만 맺어 하나님의 심판을 당한다(19절; 참고. 마 3:10; 신 13:1-5). 거짓 선생은 사망으로 인도하는 넓은 길로 유혹한다. 하나님의 뜻을 행하는 자는 반석 위에 집을 지은 지혜로운 자로서 천국에 들어간다(21, 24절).[92] 거짓 선지자를 따라가는 사람은 비와 창수 앞에서 무너져 버린 집을 지은 어리석은 자이다(27절). 좁은 길을 걷는 것과 좋은 열매를 맺는 것 없이, 입으로만 '주여!'(21절)라고 고백한다고 해서 무슨 소용이 있겠는가! 그것은 제3계명을 범하는 것이다(참고. 출 20:7). 예수님의 아신바 즉 인격적인 관계를 맺어 인정하신 바 되지 않은 사람이 '악령들'을[93] 쫓아내는 것과 같은 놀라운 (사이비)권능을 행하는 것은 불법을 행하는 것이다(22-23절; 참고. 막 13:22). 제자는 주님의 이 준엄한 심판의 메시지를 경청해야 한다. 예수님과 살아 있는 인격적 교제를 맺고 있는 자는 비바람이 불어도 좋은 열매를 맺는다. 여기에 사용된 건축 이미지는 바울과 신약 기자들이 즐겨 사용한 것이 되었다(참고. 엡 2:20, 3:17; 유 20).

2.5. 마태복음 7장 28-29절의 메시지

예수님의 산상 설교는 권세 있는 말씀으로 선포되었고 청중에게 놀람과 깊은 인상을 심어 주었다. 이것은 말씀의 화용 효과(perlocutionary effect) 즉 청중에게 삶의 변화를 촉구하는 강력한 효과이다(참고. 히 4:12).[94] 말씀이신 예수님은 자신의 인격에 내재해 있는바를 계시하심으로써, 앞으로의 천국 사역을 미리 드러내셨다.

---

92) 24절에서 다수 사본은 "그는 슬기로운 자와 같게 될 것이다"(*homoiothesetai* [미래 수동 직설 3인칭 단수] *andri phronimo*)를 "내가 그를 지혜로운 자처럼 여기겠다"(*homoioso* [미래 능동 직설 1인칭 단수] *auton andri phronimo*)로 쓴다. 다수 사본의 사본상의 지지가 약할 뿐 아니라 어색하다. 24절에는 3인칭 단수 동사가 지배적이다.

93) '바른 성경'(2009)은 *daimonion*을 '악령'이라고 번역하지 않고 '악한 영'(악령)으로 번역한다. 이렇게 번역한 것은 김기동의 악령론에 미혹된 면을 극복하려는 차원도 있다. 민중 에센스 국어사전에 의하면, '악령'은 '죽은 사람의 넋' 혹은 '사람에게 화복을 준다는 정령'이다. 신적인 존재와 사람 사이의 지위를 차지하는 초월적이고 영적인 존재로서 특별히 악한 초월적 존재이다(참고. 행 17:18; 눅 8:30; 요 7:20; 계 16:14, 18:2 등). 이 악한 영들은 사탄(*satanas*) 즉 마귀(*diabolos*)의 추종 세력이다(참고. BDAG, p. 210). 악한 영과 악령 사이에 의미상의 구분이 있음에도 이 책에서는 이 둘을 혼용한다.

94) 성경은 궁극적인 화용을, 즉 하나님께서 어떻게 말씀하시고, 말씀하실 때 어떻게 행하시는지 가리킴으로써 언어의 화용적 측면을 암시한다. 이것의 최고의 형태는 말씀의 성육신이다. 하나님의 말씀은 항상 하나님의 행위이다. 예를 들어, "빛이 있으라", "네 죄가 사함 받았느니라", "소녀야 일어나라." 화용론 혹은 화행론은 현대 언어학 논쟁에서 분리된 세 가지 측면인 저자, 본문, 독자를 진지하게 종합적으로 다루고 있다. 이중 수행자 담화(double-agency discourse) 즉 성경은 사람이 말하는 것을 통하여 하나님께서 말씀하시며 그 말씀을 해석할 수 있는 것을 보여주는 정경이다(참고. 골즈워디, 2010:262-263).

3. 오늘에의 적용

이웃과 하나님과의 관계 속에서 적극적이며 참된 제자도를 실천하고 있는가?
우리 속에 있는 거짓 제자도는 무엇인가?
구원과 심판을 담고 있는 천국 복음 사역에 사람을 변화시키는 능력이 있는가?

∽ 마태복음 8장 ∽

1. 본문 및 구조[95)]

- 나병 환자를 치유하심(1-4)
- 백부장의 하인을 치유하심(5-13)
- 베드로의 장모와 다른 사람들을 치유하심(14-17)
- 제자도에 관한 두 말씀(18-22)
- 바다를 잠잠케 하심(23-27)
- 가다라의 악령 들린 자를 치유하심(28-34)

2. 구원 계시사적 메시지

산상 설교를 통해 천국 백성의 삶의 원리를 가르치신 주님은 이제 그 말씀에 입각하여 천국 확장 운동을 계속 펼치신다. 마태복음 8장에는 치유와 기적이 빈번히 등장한다.[96)]

2.1. 마태복음 8장 1-4절의 메시지

예수님께서 산에서 내려오사 가버나움을 향하여 가고 계실 때 많은 무리가 좇았다(1, 5절). 한 나병 환자가 '믿음의 고백'을 하니(2절; 참고. 칼빈, 1993:337), 예수님이 손을 대셔서 고치신다(3절).[97)] 주님의 치유 사역은 무조건적이지 않고 신앙을 전제로 한 것이다. 그다음 예수님은 다른 사람에게 말하지 말고, 제사장에게 보이고, 모세의 계명에 기록된 대로 예물을 드리라고

---

95) 흥미롭게도 마태복음 8장과 9장은 각각 5개의 치유 기사와 2개의 제자도에 관한 교훈을 담고 있다.

96) 참고로 시편 88편은 '병의 노래' 즉 병자가 고통 중에서 부르는 노래이다. 그 시는 예수님이 당하실 고난을 그림자로 보여주는 동시에, 우리의 질고를 지신 그리스도께서만 치료자이심을 소망하게 한다.

97) 예수님의 치유와 축귀 사역은 죄와 사탄의 권세 아래에서 안식을 잃어버리고 고통당하는 자들에게 참 안식을 주는 새 창조 사역이다.

말씀하신다(4절; 참고. 레 14:2). 나병 환자는 전염성에 대한 우려와 의식적 부정으로 인해 구약은 물론 신약 시대에도 격리되어 살았다(참고. 레 13:46; 민 5:2; 눅 17:12). 공중 예배와 사회로부터 격리된 이 사람은 이제 모든 영역에서 회복을 경험한다.

주님의 치유는 육체의 치유 외에도 사회적, 영적, 관계적 차원을 가지는 통전적인 것이다. 예수님께서 이 사람에게 경고하신 말씀을 브레데(William Wrede, 1859-1906)가 1900년 초에 주장한 '메시아 비밀'(the messianic secret)과 관련하여 주목해 보자. 왜 예수님은 다른 사람에게 치유의 복음을 전하는 간증을 금하셨을까?(참고. 마 9:27-30; 막 5:43, 7:36) 브레데가 잘못 주장한 것처럼, 주님은 메시아로서의 자의식을 가지고 계시지 않아서가 아니라, 단순히 치유자(healer)로 여김 받을 수 없으셨고, 사역의 초기에 효과적으로 일을 진행하시기 위해서 이런 명령을 주신 것이다. 무엇보다 사역 초기에 예수님은 철저히 낮아지셨고, 십자가를 지심으로 성부께서 맡기신 구원 사역을 이루셔야 했다. 그리고 이 사람은 치유된 몸을 제사장에게 보임으로써 증거하기 위해 모세의 법에 따라 감사의 예물을 드려야 했다(참고. 레 14:2-32). 무엇을 증거하는가? 예수님이 메시아로서 치유하셨는데, 종교 지도자인 제사장이 예수님을 메시아로 인정하지 않는 것은 제사장 스스로 정죄의 선고를 내리는 것을 증거하라는 의미이다(참고. 리델보스, 1991:251). 예수님께 감사하는 것으로 끝날 수 있는 일이지만, 짐승 제사를 드려야 하는 것은 신구약의 중첩기라는 특수한 상황 때문이다.

2.2. 마태복음 8장 5-13절의 메시지

가버나움의 백부장이 중풍병을 앓던 하인을 고쳐 달라고 예수님을 찾아온다(5절; 참고. 눅 7:2-4). 그는 예수님의 갈릴리 초기 사역을 듣고 알았던 사람이다. 주님은 백부장의 집에 가서 고쳐주려고 하시지만, "다만 말씀만 하옵소서"라고 답한다(8절). 백부장이 피지배국의 한 사람을 자기 자신보다 훨씬 높인다는 것은 놀라운 겸손이 아닐 수 없다(참고. 칼빈, 1993:343). 만일 예수님이 이방인 백부장의 집에 들어가셨다면 유대인들은 주님을 죄인 취급했을 것이 분명하다. 백부장은 군대의 상명하달 체제를 예로 들어, 주님이 명령만 하시면 치유가 될 것을 확신한다(9절).[98] 주님은 기이히 여기시면서 이스라엘 중에 이만한 믿음을 보지 못하셨다고 말씀한다. 예수님도 우리처럼 인성을 가지고 계시기에 놀라실 수 있다. 그 당시 외적인 표적에 집착하여 책망을 받은 유대인들보다, 눈에 보이는 표적이 아니라 말씀을 믿은 이 백부장의 믿음은 칭찬 받아 마땅하다.

많은 사람이 아브라함, 이삭, 야곱과 함께 천국에 앉으리니(즉 잔치에 초청되어 앉을 것), 나라의 본 자손들은 바깥 어두운 데 쫓겨나 울며 이를 갈 것이다(11-12절). 지금 주님은 열방이 구원의 잔치에 초청될 것을 말씀하면서, 예수님의 인격과 사역의 우주성을 밝히신다. 이것은 구약 예언의 성취이다(참고. 사 45:6, 49:12, 59:19; 렘 3:18; 말 1:11). 백부장은 로마의 군대

98) 백부장은 소문으로 예수님 안에 하나님의 능력이 함께하고 있음을 믿었다. 그러나 그가 예수님은 육신으로 계시된 하나님이심을 믿었는지 확실하지 않다(참고. 칼빈, 1993:344).

장교로서 이방인이었지만, 아브라함의 자손이다. 그의 신앙은 위선적인 유대 종교 지도자들의 불신앙과 대조된다. 이 단락의 문맥을 내러티브 해석으로 볼 때, 이제 서서히 예수님과 유대인 사이의 갈등(conflict)이 점증되고 있다.

2.3. 마태복음 8장 14-17절의 메시지

이제 베드로의 장모의 열병을 고치신다. 예수님은 이 경우에 신앙고백을 조건으로 요구하지 않으셨는데, 불필요하다고 생각하셨기 때문이다. 마태복음 19장 27절에 의하면, 베드로가 주님을 따르는 것은 큰 희생을 감수한 것이었다. 베드로의 아내의 동의와 보이지 않는 헌신도 있었다. 이 단락의 치유 사건은 이런 희생적 헌신에 대한 답례 차원도 있다. 베드로의 장모는 예수님을 수종 들었다(15절). 복음서에 등장하는 여 제자의 모습을 미리 보여주는 것이다. 이날은 안식일이었기에, 저녁에 찾아온 악령 들린 자와 병자를 말씀으로 고쳐주셨다(16절). 이것은 이사야 선지자의 예언의 성취이다. 우리 연약함과 병을 담당하시고 짊어지셨다(참고. 사 53:4-5).[99] 여호와의 고난당하신 종이신 예수님이 자기 백성의 모든 연약함과 육체의 고통 그리고 인생의 질고를 먼저 겪으시고 체휼하신다(참고. 히 2:18). 그러므로 축귀와 치유는 이런 긍휼의 동기에서 나온 것이다. 마태는 예언의 빛 속에서 예수님의 사역을 조망하고 있다. 메시아 이전의 약속의 때는 이제 성취의 새 시대로 변하고 있다.

2.4. 마태복음 8장 18-22절의 메시지

예수님은 가버나움에서 호수 동남편의 '가다라'로 가려고 하신다(18, 28절). 한 서기관이 예수님을 어디든지 좇으려고 한다(19절). 마태복음 23장의 7(8)개의 화에 비추어 볼 때, 바리새인의 핵심 구성원인 서기관이 예수님을 '선생님'이라고 부르면서 제자가 되겠다고 결단한 것은 획기적인 일이다. 주님은 여우와 새는 거처가 있되, '인자'는 그렇지 않다고 말씀하신다(20절). 제자가 되려면 가장 기본적인 안전 요건인 거처 문제조차도 포기해야 하는 대가를 치러야 한다(참고. 삼하 15:19-20). 여기서 예수님의 호칭인 '인자'(the Son of Man, *ho hyos tou anthropou*, 아람어 *bar nash*)가 신약에 처음 등장한다. '인자'는 복음서에 주로 등장하고, 그 외에는 사도행전 7장 56절, 요한계시록 1장 13절, 14장 14절에만 등장한다. 예수님이 자신을 언급할 때 즐겨 사용하신 칭호인데, 주어와 목적어로만 사용되지 보어로는 사용되지 않는다. 인자는 막연하게 '사람의 아들'이라는 의미가 아니라, 구원사역을 이루기 위한 예수님의 '고난, 부활, 재림, 영광스런 왕적

---

99) 칼빈(1993:239-240)은 마태복음 8장 17절에서 마태가 이사야 53장 4-5절을 잘못 해석하고 있는지 모른다고 말한다. 왜냐하면 이사야는 기적이 아니라 그리스도의 죽음을, 일시적인 복이 아니라 영원한 영적 복을 예언하고 있기 때문이다. 이사야는 영혼의 병을 이야기하고 있는데, 마태는 육체의 병으로 바꾸어 놓았다. 칼빈은 그리스도께서 병자에게 무엇을 베풀었는가가 아니라, 치료의 목적이 무엇인가에 대한 설명이라는 것을 파악하면 문제가 해결된다고 본다. 다시 말해서, 예수님이 육체의 질병을 치유하신 것은 그 자체로 끝나는 것이 아니라 영육을 회복시키는 메시아로서의 구원 사역을 교훈하는 것으로 마태는 이해했다. 참고로 Menken(2004:48)은 마태복음 8장 17절에 구약의 '*testimonia*'(중요 구절 선집) 모음이 사용된 것으로 보지 않는다.

통치'와 관련하여 사용된다(참고. 마 16:27, 17:22, 23, 18:11). 인자는 다니엘 7장 13절에서 유래된 표현으로서, 인자는 불타는 보좌에 앉으신 옛적부터 계신 대재판장이신 하나님께 나아오는 한 인물이다. 이 인자가 하나님으로부터 온 세상을 다스리는 영원한 권세를 받으신다. 마태복음 26장 64절은 다니엘 7장 13절을 인용하면서 이 '인자'가 예수님 자신이라고 밝힌다(참고. 마 24:30, 28:18). 마태복음 16장 13절에서 예수님은 "사람들이 인자를 누구라고 하더냐?"라고 물으신다. 정답은 '주님은 그리스도요 살아 계신 하나님의 아들'이다(참고. 마 16:16). 따라서 인자이신 예수님은 온 땅에 왕적 통치를 이루실 메시아이시다. 그리고 인자는 사람이라는 자연적인 의미를 배제하지 않는데, 인성을 취하신 예수님이 낮아지심으로써 메시아직을 수행하실 것을 의미한다. 그러므로 '인자'라는 호칭 속에는, 왕으로서 메시아직을 수행하실 승귀하신 주님의 모습과 이 땅의 나그네처럼 낮아지시고 고난을 당하시고 십자가를 지실 비하되신 예수님의 모습 사이의 긴장이 나타난다(참고. 리델보스, 1991:262-268). 이처럼 예수님의 호칭의 의미는 한 본문의 기독론을 밝히는 데 중요하다. 인자처럼 고난을 감수하고 제자로서 따른다면, 역시 인자처럼 영광 가운데 나타날 것이다.

그다음 제자들 중 다른 하나가(참고. 다수 사본: '그의 제자들 중 다른 하나가') 그의 부친을 장사하도록 허락해 주실 것을 요청한다(21절). 유대인의 관습상 장례는 우선적이고도 중요한 일이었다. 통상적으로 시체는 24시간 이내에 매장되어야 한다. 따라서 이것은 당연한 요구로 보인다. 하지만 예수님은 죽은 자들로 저희 죽은 자를 장사하고, 너는 나를 좇으라고 말씀하신다(22절). 물론 예수님은 매장 관습 자체를 반대하시는 것이 아니다. '잠자는 자'가 아니라 '죽은 자들'이라고 말함으로써 이 질문을 한 제자의 가족이 불신자였음을 알 수 있다. 사도신경에 "산 자와 죽은 자를 심판하러 오시리라"는 고백이 있는데, 그렇다면 죽은 자는 누구인가? 육체적으로 죽은 자는 물론, 영적으로 죽은 불신자도 가리킨다. 영생을 가진 '산 자'의 주님으로서 예수님은 제자가 무엇에 우선적으로 힘을 쏟아야 할지를 교훈하신다. 세상에 생명의 복음을 전할 제자에게 있어서 죽은 자의 장사는 이차적인 문제이다.

2.5. 마태복음 8장 23-27절의 메시지

예수님이 배 타고 10km 정도 떨어진 가다라로 떠나시려고 하니 제자들이 좇았다(23절). 18-22절의 제자도에 관한 말씀을 들은 제자들이기에, 어떤 대가를 치르더라도 예수님을 따라야겠다는 각오가 되어 있었을 것이다. 갈릴리에 큰 놀이 일어나지만, 예수님은 주무신다(24절). 제자들이 다가가서 주님을 깨우며 외친다, "주여(다수 사본: '우리를'), 구원하소서 우리가 죽겠나이다"(25절). 풍랑이 제자들의 믿음과 제자도를 시험한다. 예수님은 무서워하는 제자들을 믿음이 적은 자들이라고 부르면서, 바람과 바다를 꾸짖으신다(26절; 참고. 시 93:3-4).[100] 주님의 통치는 이제 자연 세계에까지 기적적으로 미친다. 이전에 여우와 공중의 새보다 못한 처지에 있다고 말씀하신

---

100) 예수님이 아오리스트형(*epetimeisen*, 이 동사는 하나님이 대적을 물리치시는 종말론적인 전문 용어)으로 한 번만 단호히 '꾸짖으신 것'은 바람과 바다는 마귀가 일으킨 것으로 주님의 대적이었기 때문이다.

주님은 실제로는 온 피조물의 주관자이시다(참고. Hill, 1978:165). 제자들은 예수님이 어떤 분이시기에 바람과 바다가 순종하는지 의아해한다(27절). 인자이신 예수님의 천국 확장 운동을 방해할 그 누구, 그 무엇도 없다. 천국 운동에 부름 받은 제자들은 천지의 창조주와 주관자이신 예수님의 '인격'(person)을 더욱 깨달아야 했다. 제자들은 예수님의 사역(works)은 보고 알되, 인격에 여전히 무지해 있다.

2.6. 마태복음 8장 28-34절의 메시지

가다라 지방(다수 사본: '게르게사 지방', 이탈라 역본: '거라사')의 악령 들린 두 명이 무덤 사이에서 나와서(28절),[101] 예수님을 향하여 '하나님의 아들'이라고 외친다. 그리고 '우리와 당신과 무슨 상관이 있나이까? 때가 이르기 전에 우리를 괴롭게 하려고 여기 오셨나이까?'라고 묻는다(29절). 악령도 예수님이 하나님의 아들이심을 안다. 유대인들은 예수님이 행하신 수많은 치유 사건을 통하여 재창조자이심을 보았고, 자연을 통제하심으로써 창조주이심을 보았지만, 그토록 믿지 않았던 사실 즉 "예수님이 하나님(의 아들)이시다"라는 사실을 악령이 증거하고 있는 것은 대단한 아이러니로 보인다.[102]

'때가 이르기 전에'라는 말은 '사탄의 권세가 박멸될 때가 이르기 전에'라고 볼 수 있다. 사탄은 주님의 십자가와 부활로 파멸될 것을 알고 있었고, 세상의 역사가 완성될 때 불 못에 들어갈 것도 알고 있다(참고. 계 20:10). 사탄도 예수님의 구속사에 관한 이해를 가지고 있다. 그러나 제자들에게는 아직 이런 통찰력이 부족하다. 이 두 사람은 주님이 축귀하신다면, 돼지 떼에 들여 보내 달라고 요청한다(31절). 가다라는 이방인이 많이 모여 살던 곳이기에, 부정한 짐승인 돼지를 치는 자들이 있었다. 바다를 잠잠케 하신 주님은 이제 악령의 세력도 정복하사 사람을 온전케 하실 것이다. 호수에 빠져 죽은 돼지로 인해 막대한 피해를 입은 가다라 주민들은 예수님이 떠나실 것을 간청한다(34절). 악령의 권세를 이기신 예수님을 구주로 영접해야 할 것인데, 물질적인 손해를 입은 이유로 예수님의 구원을 외면하고 있는 어리석은 자들이다. 이들에게는 돼지가 주님보다 더 귀했다. 마귀의 세력이 이처럼 불신앙을 조성하고 있기에 아직 완전히 진멸되지 않았다.

---

101) 28절의 '가다라'와 관련하여, 요세푸스는 '자서전' 9장 42절에서 가다라를 '디베랴 바다의 경계 지역에 위치한 악령 들린 지역'으로 언급한다. 가다라 지명을 담고 있는 고대의 동전들이 종종 배 그림을 포함하기에, 이 지역이 갈릴리 바다까지 다다랐음을 추론할 수 있다. 다수 사본이 선택한 '게르게사'의 뜻은 '쫓겨난 자들의 거주지'인데, 이것은 그 지역 사람들이 예수님에게 그 지역에서 떠나도록 요청한 것과 어울린다(참고. 매츠거, 2005:19).

102) 고대 세계에서 마술사들은 다른 영적 세력의 이름을 불러 그 세력을 진압하려고 했다. 이런 관습에 근거하여, 악령이 예수님의 이름과 정체성을 알고 있으므로, 예수님을 제압할 수 있다고 보는 것은 오해다(참고. 존 월튼, 2010:1434).

3. 오늘에의 적용

오늘도 (때로 질병과)악령의 세력이 복음의 대적으로 작용하고 있다.

믿음으로 반응하기에 유리한 위치에 있었음에도 불구하고 예수님을 하나님으로 믿지 않았던 유대인의 우를 우리는 생활 속에서 범하고 있지 않은가?

제자도를 실천하기 위해 어떤 자세를 취하는가?

우리는 인자이신 예수님을 정확히 알고 있는가?

마태복음 9장

1. 본문 및 구조

- 중풍병자의 치유(1-8)
- 마태를 부르심과 세리와 죄인과 함께한 저녁 잔치(9-13)
- 새것과 옛것의 결합(14-17)
- 혈루증 여인의 치유와 관리의 딸이 일어남(18-26)
- 두 소경의 치유(27-31)
- 벙어리 악령 들린 자의 치유(32-34)
- 요약과 일꾼을 부르심(35-38)

2. 구원 계시사적 메시지

2.1. 마태복음 9장 1-8절의 메시지

주님은 가다라 지방에서 사역하신 후 '본 동네'인 가버나움으로 다시 돌아오셨다(1절). 가버나움은 예수님의 갈릴리 사역의 전초기지였다. 아마 베드로의 집에 머물고 계셨던 때였을 것이다(참고. 마 8:14-17). 그곳에서 예수님은 중풍병자와 그를 데리고 온 친구들의 믿음을 보신다(참고. 눅 5:18-19). 그러고는 중풍병자에게 죄 사함을 선언하신다(2절; 참고. 마 1:21). 예수님은 요한복음 5장 14절에서 죄와 질병을 관련짓기에, 이 중풍병은 범죄의 결과로 볼 수 있다(참고. 시 41:3-4, 103:2-3; 약 5:13-18). 이 환자와 친구들은 이전의 죄악을 사하시고 그 삯인 병을 치유하실 능력이 예수님께 있음을 믿었던 것이다. 예수님도 이전의 죄악이 이제는 더 이상 병이 치유되는 데 방해거리가 되지 못할 것을 아시고 죄 사함을 선언하신다. 이처럼 예수님의 회복의 역사는 몸과 영혼 즉 전인을 대상으로 한다. 죄 사함을 선언하신 주님을 향해 서기관들이 사형에 해당하는 참람죄를 범했다고 생각한다(3절; 참고. 레 24:16).[103] 예수님은 이것을 '악한 생각'이라고 말씀하신다(4절). 마태는 하나님으로 이 땅에 오신 예수님이 행하신 것을 부인하면서 신앙으로 순종하지 않는 것을 악이라고 말한다. 즉 하나님을 배격하는 '관계적 측면'에서 악을 정의하고 있다.

예수님을 한낱 인간으로만 간주하고 하나님으로 인정하지 않을 때 예수님에 대해 악의를 품고 대적하게 되는데 이것이 '악한 생각'이다. 예수님은 서기관들에게 "네 죄 사함을 받았다고 말하는 것과 일어나 걸어가라 하는 말 중 어느 것이 쉽겠느냐"고 물으신다(5절). 예수님의 이 질문의 취지는 무엇인가? 참람죄를 범했다는 비난을 감수할 수 있다면, "네 죄 사함을 받았다"고 말하는 것은 공개적인 검증이 필요 없는 쉬운 일이다. 하지만 "일어나 걸어가라"는 말씀은 공개적으로 치유의 능력이 검증되어야 하는 더 어려운 일이다(참고. Hagner, 1993:233).[104] 예수님은 사람이 생각할 때 쉬운 일을 먼저 행하신 후 어려운 일을 통해서 쉬운 일을 증명하신다. 왜냐하면 '인자'이신 예수님은 무엇보다도 죄 사함의 권세를 가지고 계심을 증명하기를 원하셨기 때문이다. 하나님으로부터 영원한 왕권을 받으셔서 다스리시는 인자이신 예수님은 죄 사함의 권세를 가지고 계신다. 주님은 중풍병자에게 "일어나 네 침상을 가지고 집으로 가라"고 말씀하신다(7절). 죄를 대신 지신 예수님은 곧 질병을 치유하시는 분이시다(참고. 사 53:4). 이 장면을 목격한 무리는 두려워하며,[105] 병 고침과 죄 사함의 권세를 예수님에게 주신 하나님께 영광을 돌렸다(8절). 죄와 그 증상인 질병을 치유하심으로써 주님은 천국이 이미 이 세상에 침투해 있음을 가르치셨고, 마지막 원수인 죄와 사망을 십자가와 부활로 정복하실 것을 미리 보여주셨다.

2.2. 마태복음 9장 9–13절의 메시지

가버나움의 세관에서 근무하던 마태를 부르신다(9절). 주님은 다짜고짜 "나를 좇으라"고 말씀하시고 마태는 순종한다. 이것도 베드로를 비롯한 갈릴리 어부를 제자로 부르시던 모습과 똑같이 왕의 부름에 대한 순종이다(참고. 마 4:18-22). 예수님과 제자들이 세리 마태의 집에서 죄인과 세리와 함께 식사를 하는 것을 보고 바리새인들이 정죄한다(11절). 여기서 '죄인'은 바리새인의 금식과 정결법과 같은 규정을 어긴 사람이다. 분명히 바리새인은 예수님이 즐기신 이 큰 잔치

103) 유대교는 하나님만 죄를 사할 수 있다고 믿었다. 하지만 대부분의 유대인들은 일부 하나님의 대리인들이 하나님을 대신해서 사죄를 선언할 수 있다고 믿었다. 따라서 엄밀한 의미에서 서기관들이 예수님의 말씀을 신성 모독으로 해석한 것은 그들이 정한 규칙에 비추어 보더라도 잘못이었다(참고. 존 월튼, 2010:1437).

104) 칼빈(1993:356)은 다음과 같이 설명한다. "죽어 가는 몸이 말씀으로 치료되어 걷는 것은 죄의 용서보다 어려운 일이다. 하지만 예수님이 치유라는 어려운 일을 해내시면서 죄 용서하신다고 해서 놀랄 필요는 없다."

105) 8절에서 C, L, 세타, 다수 사본은 "그들이 두려워했다"(*ephobethesan*) 대신에 "그들이 놀랐다"(*ethaumasan*)로 쓴다.

자리에 들어가지 않고 밖에서 불평하고 정죄하며 이를 갈고 있었을 것이다(참고. 눅 5:29). 잔칫집 밖에 있는 바리새인은 종말론적인 구원의 잔치 자리를 고의로 거부하는 불신자의 모습이다. 이 대목에서 바리새인들은 신명기 21장 18-21절을 염두에 두어, 예수님은 공동체에 악을 행한 자가 돌에 맞아 죽어야 하듯이 제거되어야 할 인물로 본 것 같다. 죄인을 부르러 오신 주님은 병든 자에게 의사가 필요하다고 답변하신다. 바리새인은 스스로 건강한 사람이라고 자부했다. 주님은 긍휼을 원하시고 제사를 원치 않으신다(13절; 참고. 호 6:6). 제사와 같은 외적인 종교 행위가 하나님을 사랑(긍휼)하는 마음에서 나온 것이 아니면 의미가 없다(참고. 마 23:23). 예수님은 세리와 죄인을 불러 교제하사 구원하심으로써 스스로 건강하고 의롭다고 자부하던 바리새인을 시기케 하신다. 마찬가지로 바울은 이방인에게 복음을 전함으로 유대인을 시기케 한다(참고. 롬 11:14).

2.3. 마태복음 9장 14-17절의 메시지

세례 요한처럼 엄격한 규칙을 따라 살던 요한의 제자들이 와서 예수님과 제자들은 왜 금식하지 않는지 묻는다(14절; 참고. 11:18-19). 혼인집 손님들이 새신랑과 같이 있을 때는 금식하는 것은 이치에 맞지 않고, 신랑을 빼앗기면 금식하라고 대답하신다(15절).[106] 예수님은 신랑이고 제자들은 손님이다. 메시아가 베푸시는 새 언약의 혼인 잔치가 이미 배설되었기에 손님은 금식할 것이 아니라 기뻐해야 한다. 하지만 예수님이 잡히실 때 제자들은 금식해야 한다. 이와 관련하여 예수님은 두 가지 실물 교훈을 주신다. 탱탱한 새 헝겊 조각을 낡은 옷에 바느질하여 붙이면 그 낡은 옷은 해어지고 만다(16절). 마찬가지로 새 포도주를 낡은 부대에 담으면 그 부대는 새 술의 힘을 견디지 못하여 터지고 만다(17절).[107] 예수님은 계시사의 전진을 교훈하신다. 구약의 방식 속에 스스로 갇혀 있다면 메시아의 새 시대를 경험할 수 없다는 말씀이다. 하나님의 경륜에서 중요한 역할을 했던 구약의 의식(rite)이 여전히 신약 백성을 가둘 수는 없다. 신구약의 가교 역할을 한 세례 요한을 따른 제자들은 이 사실을 알아야만 했다. 주의할 것은 새 헝겊과 낡은 옷 그리고 새 술과 낡은 부대 모두 보존되어야 한다는 사실이다. 어느 것도 파괴되지 말아야 한다. 이 사실은 신약과 구약의 연속성을 증거하는 것인데, 신약과 마찬가지로 구약은 나름대로 하나님의 온전한 계시였다. 그러나 이제 구약은 새 언약의 중보자이신 예수님 안에서 성취된 메시지로 적용되어야 한다.

2.4. 마태복음 9장 18-26절의 메시지

조금 전에 죽은 딸을 둔 한 직원(ruler, 회당장 야이로, 참고. 막 5:22; 눅 8:41)이 와서 예수님이

---

106) 칼빈(1993:364)은 바리새파가 세례 요한의 제자들을 끌어들여 예수님을 공격했다고 본다.

107) 예수님은 헌옷과 낡은 가죽 부대를 바리새인들에게, 새 포도주와 새 옷감을 복음의 가르침에 비교하신 것인가? 칼빈(1993:366)은 그렇지 않다고 보면서, 예수님이 제자들을 낡은 가죽 부대에 적용하여 그들이 강하지 못하고 단련되지 못함을 교훈한다고 본다.

안수하여 살려 달라고 간청한다(18절). 이 직원은 예수님이 부활 생명을 주시는 분임을 믿었다. 직원을 따라가시는 도중에 주님은 12년을 부정한 혈루증으로 고생하는 한 여인을 만난다(20-21절; 참고. 레 15:19-27). 이 여인은 예수님의 옷만 만져도 치유되리라고 믿었다. 예수님은 "딸아 안심하라 네 믿음이 너를 구원하였느니라"고 말씀하신다(22절). 부정하여 남과 접촉할 수 없었고 숨겨야만 했던 이 여인이 구원을 얻어 사회적-육체적-영적으로 회복되는 전인 구원을 받았다. 예수님이 직원의 집에 들어가서, 피리 불고 훤화하는 자에게 "소녀가 잔다"고 하시니, 그들은 비웃었다(24절). 예수님이 그 소녀의 손을 잡으니 소녀는 일으킴을 받았다(*eigerthei*, 아오리스트 신적 수동태 직설법, 25절; 참고. '예수님께서 일어나', 19절). 이 부활 사건은 주님이 행하신 기적 중에 절정이다.

2.5. 마태복음 9장 27-31절의 메시지

두 소경이 예수님을 향해 '다윗의 자손이여'라고 부르고 따르기 시작하면서(*ekolouthesan*, 진입적 아오리스트) 불쌍히 여겨 달라고 간청한다(27절).[108] 마태복음에서 다윗의 자손이라는 호칭은 11회 등장하는데, 마태복음 21장의 예루살렘 입성 시에 무리가 외친 '호산나, 다윗의 자손이여'라는 말씀 외에 질병의 치유에 집중적으로 나타난다. 이 사실은 다윗 왕국을 회복하실 정치적인 메시아상을 예수님에게서 기대하지 못하도록 하려는 마태의 의도로 볼 수 있다. 주님의 메시아 사역은 정치 논리가 아니라 죄와 질병으로부터의 전인 치유와 구원을 통해서 이루어진다. 예수님은 잠시 이 두 소경의 외침을 무시한 채 (아마 예수님의)집으로 들어가셨다.

예수님은 그들에게 치유의 능력을 믿는지 물으신다(28절). 믿음으로 반응하는 이들의 눈을 만지시니 밝아졌고, 주님은 아무에게도 말하지 말라고 경계하신다(29-30절). 주님은 대체로 믿음의 반응이 있을 때 기적을 베푸셨는데, 이유는 기적 자체에 중요성이 있다기보다는 오히려 믿음을 일깨우고 굳게 하시기 위해서이다. 치유 받은 이 두 사람이 온 땅에 예수님의 소문을 전파했다(31절).

2.6. 마태복음 9장 32-34절의 메시지

악령 들려서 벙어리 된 한 사람이 예수님에게 인도된다(32절). 무리는 이스라엘 가운데서

108) 진입적 아오리스트(ingressive or inceptive aorist)는 행동의 시작(the beginning of an action) 혹은 상태의 진입(the entrance into a state)을 묘사하는 것이다. 진입적 미완료(the ingressive imperfect)와는 달리, 여기서는 행동이 지속적이라는 암시가 없다. 이것은 신약에서 흔한 용례이다. 이 용례와 관련되는 동사는 대개 두 종류이다. (1) 상태적 동사(stative verbs)와 관련되면, 상태의 진입을 강조한다. (2) 특별히 이야기 속에서 행동이 새로운 항목(item)에 의해 소개되는 경우에, 행동을 의미하는 동사와 관련하여 사용된다. 주의할 것은, 많은 경우에 해석가가 어디에 초점을 두는가에 따라서 술정적 아오리스트(constative or punctiliar aorist)로 볼 수도 있고 진입적 아오리스트로 볼 수도 있다는 점이다. 언제나 이 둘 사이의 명확한 구별(hard-and-fast)이 있는 것은 아니다. 하지만 대개 진입적 아오리스트는 어떤 행동을 '하기 시작했다'(began to do. 하지만 미완료는 began doing이다)와 상태 동사와 함께 사용되어 '되었다'(became)와 관련된다(참고. Wallace, 1996:558).

이런 일을 본 적 없었다고 말한다(32절). 무리들은 예수님이 행하신 이보다 더 놀라운 일을 알고 있었을 것이다. 그러므로 무리의 이 고백은 하나님의 은혜를 극찬하고 싶은 마음에서 갑작스럽게 나온 말로 볼 수 있다(참고. 칼빈, 1993:376). 예수님 당시의 유대인들은 사탄의 속임에 넘어가서 그의 지배하에 있었다. 바리새인들은 예수님이 악령의 왕을 빙자하여 악령을 쫓아낸다고 폄하한다(34절).[109] 바리새인들은 영적인 소경이어서, 예수님을 마귀의 도구로 전락시킨다. 마태복음 12장 22-28절에도 유사한 사건과 언급이 있는데, 예수님이 성령을 힘입어 악령을 쫓아내면 하나님 나라가 임한 것이다.

2.7. 마태복음 9장 35–38절의 메시지

예수님은 갈릴리 전역을 순회하시며, 회당에서 가르치시며, 천국 복음을 전하시고, 모든 병과 약한 것을 고치셨다(35절; 참고. 마 4:23-25). 예수님의 가르침에 권세가 있었기에, 회당장들은 회당 설교를 예수님에게 부탁했고 주님은 수용하셨다. 왜냐하면 주님은 목자 없는 양같이 고생하며 유리하는 무리를 불쌍히 여기셨기 때문이다(36절; 참고. 겔 34:5-6). 헤롯과 바리새인 그리고 사두개인은 이스라엘의 목자 역할을 하지 못했다. 예수님은 제자들에게 추수할 것은 많되 일꾼이 적으니, 추수하는 주인(성부 하나님)에게 추수할 일꾼을 보내 달라고 간구하라고 가르치신다(37-38절). 예수님의 사역은 자신의 것만 아니었다. 역사적으로 말하면, 예수님의 갈릴리 사역은 승천 이후의 제자들의 갈릴리 사역을 위한 길을 닦아 놓으셨다(참고. 행 9:32-43; 보라. Keener, 1999:308). 선한 목자이신 주님이 깨닫지 못하는 영적인 어린아이와 병자들을 돌보시는 사역을 하셨듯이 제자들도 이것을 감당해야 했다(참고. 요 10:14).

3. 오늘에의 적용

신약의 진리를 담을 새 부대가 있는가?
우리가 주님께 나아갈 때 믿음으로 반응하는가?

마태복음 10장

1. 본문 및 구조

• 12제자에게 힘을 주심(1-4)

109) 34절을 D, 이탈라 역본, 시라아 역본은 생략하지만, 있는 것이 옳다.

- 전도에 관한 지침들(5-15)
- 장차 있을 박해를 대비할 것(16-23)
- 비난 앞에서 박해자를 두려워 말 것(24-33)
- 나누임과 제자도(34-39)
- 예수님의 제자를 영접할 것(40-42)

2. 구원 계시사적 메시지

2.1. 마태복음 10장 1-4절의 메시지

예수님이 제자로 12명을 부르신 것은 구약의 12지파를 계승한 '새 이스라엘'로서 이들이 사역을 할 것을 암시한다.[110] 하나님의 새 백성인 12제자는 '그리스도의 공동체'를 상징한다. 이들은 축귀와 치유의 능력을 부여 받았다(1절). 여기서 축귀와 치유의 능력이 결합된 것에서 알 수 있는 것은 모든 경우에 그런 것은 아니지만, 악령의 사역의 결과로 질병이 발생할 수 있음을 가르쳐 준다. 그런데 왜 악령을 쫓아내는 능력을 가장 먼저 소개하고 있는가? 더 넓게 왜 예수님의 사역 기간에 마귀와 대결하고 쫓아내시는 사역이 그리도 빈번했는가? 구약에는 이런 예를 사울과 같은 특수한 경우에게만 볼 수 있지 않은가? 신구약 중간기를 거치면서 예수님 당시까지 유대교가 배교한 변질 종교로 전락했는데, 실제로 이스라엘 땅에 사탄의 역사가 강력했기 때문이다. 바로 이 사탄(더러운 악령)의 권세를 물리침으로써 제자들은 천국을 건설할 수 있다. 2-4절에는 12사도의 이름이 등장하는데, 증인의 숫자인 둘씩 짝을 이룬다.[111]

'사도'는 '보냄을 받은 자'라는 뜻으로 예수님은 성부의 사도이며(참고. 히 3:1), 교회는 예수님의 '전권대사로서의 사도'이다. 베드로가 제일 먼저 언급된 것은 12사도 중 그의 특별한 위치 때문이다. 바돌로매는 나다나엘과 동일 인물로 추정된다(참고. 요 1:43-46). '다대오'는 '야고보의 아들 유다'와 동일인이다(참고. 눅 6:16). 가나안인 시몬은 '열심당원'이다(Zealot, 눅 6:15; 행 1:13; NIV에서는 '가나안인'으로 쓰지 않고 '열심당원'으로 표기함). '가나안인'(*Kananaios*)이라는 말은 아람어 '열심당원'을 음역한 것이다(참고. 리델보스, 1991:307). 가룟인 유다는 유다의 작은 마을 '케리옷'(*Kerioth*) 출신이다.[112] 12사도는 어부, 열심당원, 세리와 같이 다양한 출신 성분을 가지고 있다. 이것 역시 마태 공동체는 포괄적 평등 공동체를 지향하고 있음을 '투영'(transparency)의 원리를

---

110) 칼빈(1993:392)은 12제자를 부르심을 '교회의 회복'으로 본다.

111) 3절에서 '다대오'를 L, W, 다수 사본은 '다대오라 불리는 레베오'(*Lebbaios ho epikletheis Thaddaios*)로 소개한다.

112) 시카리(Sicarii, 단검을 차고 다닌 암살단)의 기원을 로마와의 갈등이 고조된 A.D. 54년경으로 본다면, 예수님의 제자 '가룟(*Iscariotes*) 유다'를 시카리로 보는 것은 연대적으로 맞지 않다. *Iscariotes*는 '시카리'가 아니라 '케리옷' 혹은 '거짓'을 뜻하는 아람어에서 유래한 것 같다. 다수의 학자들은 '가룟'을 히브리어 '이쉬 케리옷' 즉 '케리옷 출신의 남자'에서 파생한 것으로 본다(참고. 앨버트 벨, 2001:85; 매츠거, 2005:21).

통해서 알 수 있다.

2.2. 마태복음 10장 5-15절의 메시지

예수님은 사도에게 이방인과 사마리아인의 고을에 들어가지 말고(5절), 이스라엘 집의 잃어버린 양에게로 가라고 말씀한다(6절; 참고. 마 9:36). 선지자들은 하나님의 구원의 '특정주의'(particularism)와 '보편주의'(universalism)를 같이 예언했다(참고. 사 49:6). 예수님의 이 특정주의적 발언은 잠정적인 것이지 영원한 것이 아니다(참고. 마 28:19). 이렇게 함으로써, 유대인 중심의 자신의 수신자에게 마태는 유대인으로서, 유대인의 땅에 오신, 메시아와 그분의 복음을 거부한 것에 대해 변명을 하지 못하게 만든다. 점차로 복음은 유대인에게서, 사마리아 즉 유대인과 이방인의 혼합 민족을 거쳐서, 결국은 이방인에게로 전파될 것이다(참고. 행 1:8). 사도는 "천국이 가까웠다"고 전해야 한다(7절). 세례 요한도 천국이 가까웠다고 말했고 예수님도 그렇게 하셨다(참고. 마 3:2, 4:17). 그렇다면 사도는 천국이 가까운 것이 아니라, "천국이 이제 임했다"라고 말해야 했지 않을까? 흥미로운 것은 모두 현재 완료 능동 직설법 3인칭 단수인 '*engiken*'이 사용되었다는 점이다. 그러므로 천국이 아직 오지 않고 조금 멀리 떨어져 있는 것이 아니라, "과거로부터 여전히 지금까지 와 있다"는 뜻이다. 그 증거가 병든 자를 치유하는 것, 죽은 자들을 살리는 것, 나병 환자들을 깨끗하게 하는 것, 악령을 쫓아내는 것이다(8절). 참고로 다수 사본은 '죽은 자들을 살려내는 것'을 생략한다.

예수님은 전도 여행 경비나 음식물 주머니 혹은 여벌의 옷이나 여벌의 신과 지팡이를 준비하지 말라고 지침을 주신다(9-10절; contra 눅 22:36).[113)] 일꾼은 자기 먹을 것을 받는 것이 마땅하기 때문이다(10절). 복음이 전파될 때 수용하여 믿게 된 사람이 물질로 전파자를 섬겨야 하는 것이 예수님의 교훈이다(참고. 고전 9:7). 그리고 사도는 전도지에서 숙식을 제공할 사람을 찾아야 한다(11절). 사도는 그 집에 평안을 빌어야 했다(12절). 이 평안은 천국 복음의 평화이다. 사도는 화평케 하는 자요 천국 구원의 담지자(bearer)였다. 사도가 빈 평안이 그 집에 합당치 않으면, 그 빈 것이 사도에게로 돌아온다(13절). 사도와 복음을 영접하지 않으면 발의 먼지를 떨어 버려야한다(14절). 유대인에게는 이방인의 땅을 여행한 후 유대인 땅으로 들어오기 전에 신과 옷에 묻은 먼지를 떨어 버리는 관습이 있었다. 사도가 유대인의 땅 안에서 이렇게 행함으로 그 집은 이방인과 같음을 나타내 보여야 했다(참고. 행 13:51). 차라리 소돔과 고모라가 심판 날에 그 불신자들보다 견디기 더 쉬울 것이다(15절). 사도가 전한 복음을 거부한 것은 예수님 자신을 거부한 것이고, 스스로 영적인 이방인 취급을 당하여 결국은 소돔과 고모라와 같이 심판을 받게 된다. 여기서 주님은 이방인이 누구인지 재정의하신다. 이방인은 그리스도의 공동체

---

113) 이 전도 여행은 며칠 안에 마쳐야 할 것이었으므로, 아무것도 가지고 갈 필요가 없었다. 따라서 이 전도 규칙을 영원한 것으로 볼 수 없다. 내러티브가 전개됨에 따라 나중에 예수님께서 영구한 전도 규칙을 주실 것이다(참고. 칼빈, 1993:396-397).

인 새 이스라엘에 속하지 않은 자이다. 참고로 디모데전서 3장 2절의 감독의 자격 중 하나가 나그네를 잘 대접하는 것이다. 예수님 당시의 로마 세계에서 전도자에게 숙식을 제공하는 것은 전도자의 생명을 보호하는 것과 같았다.

2.3. 마태복음 10장 16-23절의 메시지

이리 가운데 보내진 양과 같은 사도는 뱀들(*opheis*)같이 지혜롭고 비둘기들(*peristerai*)같이 순결해야 한다(16절). 사탄의 세력이 여전히 활동하는 적의로 가득한 세상 속에서 천국 운동이 불붙기 시작한 시점에 파송된 사도는 정직, 순전, 순수한 방식으로 전도하되 지혜로워야 한다. 사도는 사람들을 무조건 믿지 말고 삼가야 한다(17절). 사도는 공회들(*synedria*; 예루살렘의 산헤드린이 아닌 지방의 유대인 재판정)에 넘겨져서 재판 받고, 유대인의 회당들(*synagogais*)에서 채찍질 당할 것도 감수해야 한다(17절). 이 구절은 마태 공동체가 디아스포라 불신 유대인과 대결 구도 속에 있었음을 투영한다. 총독과 임금 앞에 끌려 가는 일도 발생할 것인데, 그것은 오히려 이방인 전도를 위한 하나님의 계획이다(18절; 참고. 행 9:15). 이것도 이방 로마 제국과의 대결 구도 속에 있는 마태 공동체이지만, 일부 고위층의 이방인 개종자가 있을 것을 투영한다. 사실 예수님의 처형과 초대 교회가 당한 박해는 유대인과 로마 제국의 협력 속에 진행되었다. 이런 대결 구도 속에서도 걱정하지 말아야 하는 이유는 성령께서 총독과 임금 앞에서 무슨 말을 할 것인지 가르쳐 주실 것임이다(19-20절). 사도가 뱀처럼 지혜롭게 행하기 위해서는 지혜의 성령을 의지해야 한다. 사도는 복음 때문에 가정의 불화가 발생할 것을 감수해야 한다(21절; 참고. 미 7:6). 예수님의 이름 때문에(나를 인하여, 18절) 모든(종류의) 사람에게서 미움을 받더라도 나중까지 견디어야 구원을 받는다(22절). '나중까지'는 투쟁과 핍박이 끝날 때를 가리킨다. 미래적으로는 개인의 종말인 죽음과 역사의 종말을 의미한다. 설령 순교를 당하더라도, 끝까지 인내하면서 복음에 합당하게 사는 것은 하나님의 견인의 은혜이다. 사도는 박해를 피하여 뱀같이 지혜롭게 다른 동네로 옮겨 다녀야 한다(23절).[114]

'인자'는 사도가 이스라엘의 모든 동네를 다 다니지 못할지라도 오신다(*elthe*, 아오리스트 능동태 가정법 3인칭 단수, 23절). 이 구절은 유대인들의 전도가 너무 어려워서 예수님이 미래에 구름 타고 다시 오실 때까지 완수되지 못할 것을 언급하는가? 이 의견은 '급박한 느낌'을 보이는 23절을 설명할 수 없다. 이스라엘 백성 한 명 한 명에게 복음이 전해져야 한다는 의미가 아닌 이상, 사실상 이스라엘 모든 마을에 이미 복음이 전해진 것이다. 이 문제의 답은 다음과 같다. 이 구절은 오순절 성령 강림 때까지 혹은 예수님의 영적 오심(a spiritual parousia)인 A.D. 70년 사건 때까지 팔레스타인에서의 복음 전파가 온전히 이루어지지 않을 것을 의미한다(참고. 마 16:28). 오순절 혹은 A.D. 70년 사건이 일어나기 전에 교회는 유대인과 로마 제국으로부터 박해를 받았는데 이것은 마태복음 10장의 묘사와 일치할 뿐 아니라 23절의 긴급성과도 조화를

114) 예수님의 제자(혹은 목사)는 두려워서 자기 위치를 이탈하거나 양 떼를 떠나면 안 된다. 그렇다고 지혜롭지 못하거나 생각 없이 자신을 위험에 내던져서도 안 된다(참고. 칼빈, 1993:407).

이룬다. 오순절 사건과 A.D. 70년에 불신 이스라엘 즉 옛 세상을 파멸하시기 위해 인자(the Son of Man)가 오신 것은 최종 파루시아의 선취(先取)이다(참고. Pratt, 2003:1561). 참고로 '실현된 종말론'(realized eschatology)과 대조되는 '철저 종말론'(consistent eschatology)을 주창한 알베르트 슈바이처는 이 구절을 통해서 예수님은 제자들이 전도 사명을 완수하기 전에 세상 종말이 일어날 것을 기대했다고 이해했다. 슈바이처는 이 종말이 일어나지 않자 예수님은 보다 적극적으로 십자가를 지심으로 종말을 성취하셨다고 본다(참고. 오스본, 2001:364).

2.4. 마태복음 10장 24-33절의 메시지

제자가 선생보다, 종이 상전보다 높지 못하다(24절). 예수님의 제자들은 선생이신 예수님보다 높지 못한 종이다. 제자가 선생같이 된다면 그것으로 제자에게는 충분하다. 종이 상전같이 된다면 그것으로 종에게는 충분하다. 예수님과 제자들은 하나가 되고, 제자들은 주님을 닮아야 한다. 집주인이 바알세불이라 불리기에, '그 집의 사람들은 얼마나 더 할까?'(25절)라는 예수님의 말씀의 의미는 무엇인가? 마태복음 9장 34절에서 예수님은 바리새인에 의해 '악령의 왕'(바알세불)이라고 불렸다(참고. 마 12:24). 바알세불(영어로는 바알세'붑', Beelzebub, 헬라어는 바알세'불')의 어원이 '집주인'이라면, 비난하는 사람들의 눈에는 예수님과 제자들이 '악령의 공동체'를 이루고 있는 것이 되고 만다. 만약 어원이 '인분(人糞)의 주인'이라면 치욕과 멸시의 칭호가 된다(참고. 리델보스, 1991:319).[115] 예수님이 '악령의 왕'이라 불렸다면 주님의 제자들도 이런 황당한 비난과 모욕을 감수해야 한다.

주님은 이렇게 비난하는 자를 두려워하지 말라고 위로하신다(26절). 왜냐하면 인자가 영광 가운데 권세를 가지고 올 것이며(23절), 제자와 선생 그리고 종과 상전이 연합되어 있기 때문이다(24-25절). 그리고 천국의 능력과 영광이 언젠가 계시될 것이기 때문이다(26절). 주님은 제자들에게 (어두운 데서, 귓속말로)은밀하게 즉 비밀스러운 방식으로 말씀하셨지만(참고. 마 13:11), 제자들은 광명한 데서 그리고 집 위(지붕)에서 공개적으로 당당하게 전해야 한다(27절). 계시의 두 가지 기능인 계시(깨달음, 수용)와 은폐(몰이해, 배척)는 항상 동전의 양면처럼 따라다니지만, 제자들은 두려워 말고 담대히 복음을 알아듣도록 전해야 했다. 제자는 영혼에는 손대지 못하는 사람을 두려워 말고, 몸과 영혼을 지옥(게헨나)의 고통 속에 던져버릴 권세를 가지신 하나님만 두려워해야 한다(28절).

제자들이 사람을 두려워하지 말아야 할 다른 이유가 제시된다. 참새 두 마리는 한 앗사리온(16분의 1데나리온)에 팔리는데, 하나님의 허락이 있어야만 그중 한 마리가 그물에 걸린다(29절; 참고. 암 3:5). 보잘것없는 것도 하나님의 허락과 계획 속에서 발생한다. 하나님은 참새보다 더 귀한 우리의 머리털도 다 세고 계신다(30-31절). 주님은 이 모든 말씀을 32-33절에서 결론적으

115) 유진 피터슨(2010:67)은 24-25절을 "학생이 선생보다 더 나은 책상을 쓸 수 없다. 사원이 사장보다 돈을 더 벌지 못한다. 너희는 내 학생이요 내 추수할 일꾼이니, 나와 똑같은 대접을 받거든 만족하여라. 아예 기뻐하여라. 그들이 주인인 나를 '똥 묻은 화상'이라고 부르는데, 일꾼들이야 더 무엇을 바라겠느냐?"라고 의역한다.

로 경고와 약속으로 마무리하신다. 우리가 사람 앞에서 주님을 시인(주님께 속하여 인격적 관계를 맺음)하거나 부인(즉 주님께 속하지 않음)하는 것에 따라, 주님도 하나님 앞에서 우리를 시인하시거나 부인하신다(32-33절).

2.5. 마태복음 10장 34-39절의 메시지

주님은 세상에 화평이 아니라, 검을 주시며, 집안 사람끼리 원수를 만난 듯이 불화하도록 하기 위해 오셨다(34-36절; 참고. 미 7:6). 이 구절은 '평강의 왕'으로 오신 예수님의 모습과 불일치하는가?(참고. 사 9:6) 아니다. 여기서 예수님은 진리의 특정한 측면을 부각시키기 위해 '역설적인 화법'을 구사하고 계신다. 예수님이 '분쟁과 고통'을 상징하는 '검'을 주신다는 말씀은 복음이 전파되는 곳이 가정이라 할지라도 수용과 거부가 동시에 일어날 것을 의미한다.[116] 그러므로 제자는 혈육보다 예수님과 더 깊은 관계를 맺어야 한다. 이것을 37절에서 말씀한다. 사형 틀인 십자가를 자원해서 지고, 즉 목숨을 잃을 각오로 주님을 따라가는 것이 생명을 얻는 길이다(38-39절). 이 역설적인 구절에서 예수님이 장차 십자가를 지실 것과 부활하실 것을 동시에 볼 수 있다.

2.6. 마태복음 10장 40-42절의 메시지

만일 어떤 사람이 예수님의 제자를 영접한다면 그것은 곧 제자를 보내신 예수님을 영접하는 것이다. 만일 어떤 사람이 예수님을 영접한다면 그것은 곧 예수님을 보내신 하나님을 영접하는 것이다(40절). 따라서 복음을 전한 제자를 영접하는 것은 하나님을 집으로 모시는 영광스런 일이다. 선지자/의인의 이름으로 선지자/의인을 영접하면 선지자/의인의 상을 받는다(41절). 영접(혹은 호의를 베풂)하는 사람은 그 일의 가치에 따라 일치하는 상을 받을 것이라는 의미이다(참고. 칼빈, 1993:424). '선지자와 의인'은 구약의 하나님의 대변인인데(마 13:17, 23:29; 참고. Pratt, 2003:1562), 여기서는 어떤 사람이 특사로 보냄 받은 사람을 영접한다면 실제로는 보낸 사람을 영접하는 것을 말씀한다. 만약 어떤 사람이 '제자의 이름으로' 즉 '예수님의 제자이기 때문에' 소자(세상에서 변변치 않게 여김을 받는 제자)에게 냉수 한 그릇을 주면, 그 사람은 상을 잃지 않는다(42절).

3. 오늘에의 적용

제자 된 우리가 치러야 할 것은 무엇인가?

주님의 전권대사로서 복음 전파를 위해 주님이 주신 능력을 발휘하고 있는가?

---

116) 칼빈(1993:418)은 예수님이 아니라 '하나님 없는 자들의 악한 영'이 그리스도의 음성을 들을 때 뭉쳐져 있던 자들을 서로 대립하고 갈라지게 만든다고 설명한다. 그리고 칼빈은 불화하는 것을 영원한 상태로 보지 않는다(참고. 눅 2:34).

෴ 마태복음 11장 ෴

1. 본문 및 구조

• 세례 요한의 질문에 대한 답변((1)2-6)
• 세례 요한에 대한 예수님의 평가(7-15)
• 유대인의 무감각과 불평(16-19)
• 심판의 선언(20-24)
• 선택의 신비와 성자의 중심성(25-27)
• 새로운 초대(28-30)

2. 구원 계시사적 메시지

2.1. 마태복음 11장 1-6절의 메시지

예수님께서 12제자에게 전도에 대해 교훈을 주신 후 갈릴리 여러 동네에서 계속 사역을 하신다 (1절). 마태는 제자들의 사역이 어떻게 전개되었으며, 그들의 사역 보고 내용은 무엇이었는지 언급하지 않는다. 감옥에 갇힌 세례 요한이 그의 제자들을(*dia ton matheton autou*)[117] 예수님에게 보내어, 오실 그 메시아가 예수님이신지, 아니면 다른 사람을 기다려야 할지 질문한다(2-3절). 투옥된 세례 요한은 제자들과 계속 접촉하면서, 예수님이 하고 계신 일들을 듣고 있었다(참고. 마 4:12, 9:14). 오실 그이는 요한이 선포한 메시아를 가리킨다(참고. 마 3:11). 이런 질문이 발생하는 것은 세례 요한이 생각하고 대망한 메시아상과 예수님이 행하시는 일 사이에 괴리감이 있었기 때문이다. 구체적으로 말하면, 요한은 메시아께서 즉시 심판을 시행하실 것으로 생각했다(참고. 마 3:10). 아니면 요한은 회개의 말씀을 전하다가 자신이 투옥된 것은 메시아의 도래와 어울리지 않는다고 생각했을 수 있다. 즉 예수님이 메시아시라면 그분의 선구자로서 활동한 자신이 어떻게 투옥되어 있을 수 있는지 의구심을 가지고 있었을 것이다(참고. ESV Study Bible, 2008:1842).

예수님께서 요한의 제자들에게 준 대답은 병자의 치유, 죽은 자의 부활, 가난한 자에게 전파된 복음이었다(4-5절). 이것을 이미 세례 요한은 듣고 알았다. 하지만 예수님은 메시아가 주시는 구원의 시대를 예언하는 이사야 35장 5-6절과 61장 1절을 더 풍성하게(예. 죽은 자가 부활하는 것은 이사야의 예언에 없음) 성취하신 분임을 재차 강조하신다. 메시아의 구원은 미래의 일이 아니라 지금 벌어지고 있다. 예수님 자신으로 인해 걸려 넘어지지 않는 자가 복이 있다(6절). 이것은 세례 요한과 그의 제자들을 부드럽게 꾸짖는 말씀이다. 자신의 기대와 달리 메시아

---

117) 2절에서 다수 사본은 '그의 제자들 가운데 두 명을'(*dyo ton matheton autou*)이라고 쓴다.

사역이 전개된다고 해서 의아해하지 말아야 한다.

2.2. 마태복음 11장 7-15절의 메시지

이 단락은 세례 요한에 대한 예수님의 평가를 다룬다. 요한의 제자들이 떠나자, 예수님은 요한의 의의에 대해 설명하신다(7절). 예수님은 군중에게 갈릴리를 떠나서 요한이 사역하던 유대 광야(요단강)로 간 이유를 물으신다. "바람에 흔들리는 요단강의 갈대를 보려고 갔느냐?" 답은 물론 '아니오'이다. '흔들리는 갈대'(a reed shaken)는 세례 요한이 예수님을 메시아로 확신하지 못한 채 제자들을 통하여 확인하게 한 것을 본 군중이 요한을 갈대처럼 생각한 것과 관련 있다. 주님의 질문은 계속된다. 아니면 "부드러운 옷(soft clothing)을 입은 사람을 보려고 갔더냐?"(8절) 요한의 의복은 초라하고 기이했기에, 사람들이 부드러운 고급 옷을 입은 사람을 보려고 유대 광야로 가지 않았다. 군중은 요한을 선지자로 여겨서 그에게 나아갔던 것이다. 요한은 말라기 3장 1절의 예언대로 태어난 사람으로서, 예언의 대상이 된 요한이기에 선지자보다 더 나은 자다(9-10절).[118] 요한은 예수님의 사자로서 왕이신 주님의 길을 예비해야 했다.

여자가 낳은 사람(일반인에 대한 관용어, 참고. 욥 14:1, 15:14, 25:4) 중에 요한보다 큰 이는 없지만, 천국에서는 극히 작은 자도 요한보다 크다(11절). 이것은 계시사적으로 이해해야 한다. 요한은 예수 그리스도의 선구자로서 구원의 새 시대를 알린 역할을 했기에 가장 큰 자이다. 하지만 요한의 사역은 신구약의 가교 역할이기에 온전히 메시아의 구원의 시대 안에 들어온 것이라고 할 수 없다. 메시아 시대의 성취의 관점에서 본다면 요한의 사역은 작게 평가된다. 요한의 위대성과 한계성을 계시의 전진에서 보아야 한다. 예수님의 제자들처럼 하늘나라에 이미 들어와 있는 자는 새 언약의 실재를 맛본 사람들이다. 세례 요한의 때로부터 천국은 "침노를 당하고 있다"(*biajetai*, 12절). 바른 성경의 "침입을 당하고 있느니"는 현재 '수동태' 직설법 3인칭 단수로 번역한 것이다. 세례 요한이 메시아 나라를 선포한 이래로 천국은 여러 세력의 반대를 겪고 있다. 한 예로 선구자인 요한이 투옥되어 있다(참고. France, 1995:195; ESV Study Bible, 2008:1842).

하지만 이것을 *biazo* (강요하다, 나아가다)의 '중간태' 직설법으로 본다면 "천국은 힘 있게 나아가느니라"로 번역이 가능하다(참고. 리델보스, 1991:338 그리고 쉬운 성경).[119] 우리가 천국을 여기서 누리기 위해서는 적극적인 투쟁이 필요하다. 하지만 분명한 것은 천국 확장이라는 대세를 거스를 수 없다는 점이다. 모든 선지자와 율법 즉 구약의 예언한 것이 세례 요한까지이며, 오리라고 약속된 엘리야는 바로 세례 요한이다(13-14절; 참고. 말 4:5-6). 죽은 엘리야가 부활한 것이 아니라, 마치 엘리야가 위협 속에서도 우상과 싸워서 이겼던 것처럼, 요한도 죄를 지적하고

---

118) 9절의 의문 대명사 중성 단수 대격 *ti* 를 개역개정판은 '어찌하여'로, NIV와 바른 성경은 '무엇을'이라고 번역한다.

119) 유진 피터슨(2010:69)은 "오랫동안 사람들은 스스로 하나님 나라에 들어가려고 애써 왔다"라고 원문에 동떨어지게 의역한다.

회개를 촉구했다. 부수적으로 요한과 엘리야의 복장도 유사하다(참고. 마 3:4). 구약의 예언과 메시아 대망은 세례 요한의 사역에서 성취의 여명이 밝았다. 성령의 조명의 역사로 믿음으로 반응하는 영적으로 들을 귀 있는 자는 주님의 말씀을 제대로 들어야 한다(15절).

2.3. 마태복음 11장 16-19절의 메시지

주님이 그 당시의 세대를 비유로 설명하신다. 아이들이 장터에서 놀이를 하는데, 어떤 아이들이 피리를 불어도 친구들이 춤추지 않고, 애곡해도(참고. 다수 사본: '너희를 위해서 애곡해도') 친구들이 울지 않았다(16-17절). 여기서 피리를 부는 것은 잔치 놀이를, 애곡하는 것은 장례식 놀이를 가리킨다. 요한과 예수님이 천국 복음을 전하여 잔치로 초청하고 회개를 촉구하더라도, 유대인들은 무감각(무반응)으로 일관했다. 종교 지도자들과 유대인들은 이기적이고 완고하여 자신의 길만 고집하는 아이와 같다. 세례 요한과 예수님은 유대인들이 듣기를 좋아하고 기대했던 바에 맞추어 말씀하지 않았다(참고. 오스본, 2001:385). 금욕적인 생활을 한 요한을 향해서는 유대인들이 악령 들렸다고 비난하고, 예수님을 향해서는 먹기를 탐하는 죄인의 친구라고 폄하했다(18-19절). "지혜는 그(지혜의) 행한 일로 인하여 옳다 함을 얻느니라"(19절). 누가복음 7장 35절에는 '행한 일'이 '자녀'로 나타나는데, 다수 사본은 19절에서 '그 자녀들로 말미암아'(*apo ton teknon*)로 쓴다. 여기서 하나님의 지혜가 인격화되었는데(참고. 잠 8:1), 그것은 예수님과 요한의 사역에 현시되었다. 요한과 예수님의 사역이 신적 지혜, 하나님의 신적 위엄이 옳음을 증명한다.

2.4. 마태복음 11장 20-24절의 메시지

예수님이 권능을 많이 행한 고을들이 회개치 아니하자 책망하신다(20절). 주님의 제자들은 이미 파송되어 단기 사역을 했지만(참고. 마 10:5 이하), 백성들의 불신앙은 지속되었다. 갈릴리 호수 근처의 예수님의 선교 거점들이었던 고라신, 벳새다, 가버나움은 고대의 불경건, 물질주의 및 바알 숭배로 유명했던 두로, 시돈, 소돔보다 못하다(21-24절). 주님은 바벨론 왕의 멸망이 예언된 이사야 14장 13-15절을 인용하여, 가버나움이 하늘에까지 높아지지 않고, 대신 음부에까지 내려갈 것이다(*katabese*, B, D, W, 바른 성경, NIV; 참고. 시내 산, C, L, 다수 사본, 개역개정판은 '네가 낮추어지리라'[*katabibasthese*])고 말씀하신다.[120] 주님의 기적과 말씀을 보고 들었다면 아마 이들 고대 이방 도시들은 회개했을 것이다. 그러므로 갈릴리 도시들이 받을 심판은 아주 막중할 수밖에 없다.

2.5. 마태복음 11장 25-27절의 메시지

120) 23절에서 시내 산, B, D, W, 세타사본을 제외하면 여성 고유 명사인 '가버나움'(*Kapharnaoum*) 다음의 *me*를 관계대명사 여성 단수 호격 *he*로 쓴다. 이것은 가버나움의 마지막 철자 *m*과 *me*(not)를 혼동한 결과이다. 그러므로 다수 사본과 후대 사본들은 '하늘에까지 높아진 가버나움아'를 선호하였다(참고. 매츠거, 2005:24).

25절의 동사는 '대답하여 말씀하셨다'(*apokritheis eipen*)이다. 그렇다면 예수님은 무슨 질문에 답하신 것인가? 이것은 특정 질문에 대한 응답차원이 아니라 강조적 의미로 볼 수 있는데, 예수님은 그 당시 상황에 대해 하나님을 향해서 감사하며 말씀하신 것이다. 여기서 그 당시 상황이란 누가복음 10장 17절 이하의 70인 제자들의 선교 보고이다(참고. 칼빈, 1993:450).

여기에는 고라신, 벳새다 그리고 가버나움에게 경고하신 어조와는 달리 다정다감하신 예수님의 감사가 등장한다. "천지의 주재이신 아버지여 '이것을'(이것들을: 구원의 복음) 지혜롭고 슬기 있는 자들에게는 숨기시고, 어린아이들에게는 나타내심을 감사하나이다"(25절). 스스로 지혜롭고 슬기 있다고 생각한 사람은 실제로는 영적인 소경인 바리새인과 사두개인들이다. 어린아이는 스스로 깨닫는 것이 아니라 은혜로 깨닫게 되는 주님의 제자들을 가리킨다(참고. 요 7:49). 주님은 여기서 일반 은총적인 측면의 지식과 슬기와 지혜의 유용성을 무시하시는 것이 아니다. 다만 하나님의 구원의 복음은 은혜로만 깨닫고 전할 수 있음을 가르치신다. 성부께서 성자에게 모든 것을 주셨으니, 성부만 성자를 아신다(epignoskei).[121] 메시아 사역을 감당하도록 성부께서 지혜와 권세와 모든 것을 성자에게 주셨다. 그리고 이 사역 이전에 영원 전부터 성부와 성자는 함께 조화와 신비 가운데 계셨다. 그러므로 성자와 성자의 소원대로 계시를 받는 자 외에는 성부를 아는 자가 없다(27절). 예수님이 어떤 분인지 알고자 한다면 성부께서 아들 안에서 우리에게 무엇을 주셨는가를 실제로 우리에게 보여주실 수 있으신 아버지의 증거를 받아들이지 않으면 안 된다(참고. 칼빈, 1993:454-455).

2.6. 마태복음 11장 28-30절의 메시지

예수님은 수고하고 무거운 짐을 진 모든 자들을 초청하사 쉬게 하신다(28절). "나에게로 오라"(*deute pros me*).[122] 온유하고 겸손한 예수님의 멍에(yoke; 종속 혹은 율법에 대한 은유)를 메고, 그분에게 배우면 마음이 쉼을 얻는다(29절). 예수님의 멍에는 편하고(*chrestos*) 짐(*to phortion*)은 가볍다(30절; 참고. 고후 4:17). 28절의 '짐진 자들'은 현재 완료 수동태 남성 복수 주격 분사(*pephortismenoi*)로 나타나는데 막연하거나 포괄적이지 않다. 바리새인과 서기관 그리고 사두개인들이 이스라엘 백성에게 부과한 무거운 짐과 멍에는 행위 구원에 근거한 각종 종교적인 의무와 율법주의의 요구였다(참고. 마 23:4; 눅 11:46; 보라. Balz & Schneider, 1993:437; ESV Study Bible, 2008:1843). 이 짐들 중에는 구약에서 명하지 않는 것이 많이 있었다. 바로 이 율법의 멍에와 짐을 진 자들에게 주님이 가까이 계셔서 안식으로 초대하신다. 예수님은 장로들의 유전에 있던 거품을 빼신다. 그리고 예수님은 은혜와 능력을 주셔서 거뜬히 그리스도인으로 하여금 멍에와 짐을 지도록 하신다(참고. 렘 31:25; 요일 5:3). 우리가 져야 할 주님의 짐과 멍에는

---

121) *Ginosko*는 신약에 221회 등장하지만, *epignosko*는 44회 등장한다. 후자는 요한 문헌에는 등장하지 않는데, "정확하고 충분히 알다"라는 뉘앙스를 가진다(참고. Balz & Schneider, 1991:24).

122) *Deute*는 마태복음에 8회 등장하는 부사로서 명령형과 가정법과 함께 자주 사용된다. 영어 'Come here'로 번역할 수 있다.

무서운 정죄와 종으로 사람을 부리는 것이 아니라, 사랑으로 완성된 구원의 즐거움을 가져오는 것으로 자원하여 순종하도록 만든다.

3. 오늘에의 적용

우리는 예수님이 메시아임을 분명히 믿는가?
세례 요한보다 더 큰 우리의 복된 신분을 깨닫고 천국을 침노하고 있는가?
우리는 주님의 구원의 경륜 속에서 주님의 장단에 맞추어 웃고 울어야 한다.

마태복음 12장

1. 본문 및 구조

- 안식일 논쟁(1-14)
- 예수님의 겸손(15-21)
- 축귀와 바리새인의 비난을 물리침(22-37)
- 이스라엘의 완고함(38-45)
- 하나님의 새 가족(46-50)

2. 구원 계시사적 메시지

2.1. 마태복음 12장 1-14절의 메시지

안식일에 제자들이 밀을 잘라 먹는 것을 보고 바리새인들이 예수님께 항의한다(1-2절). 점차로 천국 운동을 일으키시는 예수님과 유대인 사이의 갈등이 심화된다. 안식일과 관련하여 바리새인들이 유대인들에게 수고하고 무거운 짐을 많이 지웠다. 그러므로 예수님은 안식일과 관련하여 쉼을 주셔야 한다. 이것은 안식일의 진정한 안식 회복과 관련 있다. 사실 이삭을 잘라 먹는 것은 레위기 19장 9절과 신명기 23장 22-25절에 합치된다. 예수님 당시의 유대인들은 이삭을 잘라서 '껍질을 벗기는 것'을 '추수 행위'로 보고 안식일에 하지 못할 일로 규정했다(참고. Mishnah, Shabbat 7.2; 보라. 리델보스, 1991:355).

예수님의 대답은 (1) 놉 땅에 도망간 다윗과 함께한 사람들이 제사장 아히멜렉에게 요구하여 성소의 진설병(the bread of the Presence)을 먹었고(참고. 삼상 21:1-6; 비교. 레 24:5-9), (2)

안식일에 제사장들이 성전에서 일해도 문제될 것이 없다는 것이다(4-5절; 참고. 민 28:10). 기름 부음을 받은 다윗과 추종자들이 하나님이 맡기신 거룩한 사명을 감당하기 위해, 성소에서 일하는 자만 먹을 수 있었던 진설병을 먹을 수 있었다면, 다윗의 언약을 성취하신 메시아와 제자들이 못 먹을 이유가 없다는 것이다.[123] 그리고 예수님은 제사장들이 민수기 28장 9-10절의 안식일에 드리는 제사를 드린다고 해도 죄가 되지 않음을 예로 드신다. 하나님께서 구약 제사장이 안식일에 성전에서 봉사하는 것을 허용하셨다면, 예수님의 제자들이 성전보다 더 크신 '참 성전'이신 예수님을 섬기기 위해서 안식일에 일하는 것은 당연히 허용되어야 한다(6절). 안식일의 주인이신 예수님은 자비를 원하시고 제사를 원치 않으신다(7-8절; 참고. 호 6:6).[124] 예수님은 안식일과 관련된 율법적 의식까지도 통제하는 권세를 가지고 계신다.

율법의 성취요 강령인 '하나님 사랑과 이웃 사랑'을 무시해 버린 바리새인은 '제사'라는 외형적 의식에만 온통 정신이 팔려 있었다. 바리새인에게는 사랑이 없었고, 율법 외의 다른 율법주의의 규정(legalistic regulations)이라는 짐을 사람에게 지움으로써, 잘못된 열심으로 율법을 어기고 그 결과 예수님을 대적하고 말았다. 두 번째 안식일 논쟁이 등장한다. 회당에서 유대인들은 안식일에 병자(한편 손 마른 자; a man with a shriveled hand)를 치유하는 것이 옳은지 송사할 목적으로 예수님께 묻는다(9-10절). 유대인은 생명이 위독한 경우에만 안식일에 병 고치는 것을 허락했다. 안식일에 양이 구덩이에 빠지면 건져 내듯이, 양보다 더 귀한 사람을 고치는 것은 마땅히 해야 할 일이다(11-12절).[125] 안식일에도 이웃을 돕고 구제하는 일을 적극적으로 행해야 한다. 안식일의 쉼 때문에 이웃을 돕는 일이 중단되거나 방해 받아서는 안 된다. 여기서 작은 것에서 큰 것으로의 논리 전개가 다시 나타난다(qal wahomer 기법). 예수님이 그 손을 고쳐 주셨다(13절). 예수님은 안식일에 치유를 베푸심으로써, 전인의 치유라는 진정한 안식의 의미를 가르쳐 주신다. 회당 안에 손 마른 자가 있다는 것은 유대인의 종교·사회적 중심지인 회당이 제 기능을 하지 못하고 있음을 상징적으로 보여준다. 바리새인들은 이 일을 보고 회개하고 믿기는커녕 예수님을 죽일 모의를 한다(14절).[126]

2.2. 마태복음 12장 15-21절의 메시지

예수님의 치유 사역은 계속된다(15절). 그런데 치유함을 받은 유대인들이 끝까지 예수님을 메시아로 고백하고, 예수님을 따르고 도왔는가? 그렇지 않은 것 같다. 마태복음 12장 18-21절에서

---

123) 여기서도 '작은 것'에서 '큰 것'으로의 논리 전개가 나타난다.

124) 예수님은 안식일 규정 자체에 도전하시지 않았고, 바리새인들의 잘못된 해석에 도전하셨다(참고. 미쉬나 Shabbat 7.2).

125) 엄격한 유대 종파 에센파는 안식일에 짐승을 구하는 것조차 금했을 수 있다. 여기서 구덩이는 늑대와 같은 사나운 짐승을 잡으려고 파 놓은 것이지만, 가축들도 빠질 수 있었다(참고. 존 월튼, 2010:1294).

126) 바리새인들은 예수님이 율법을 해석하는 권세를 가지고 계신다고 말씀하셨을 때, 그 권세는 오직 메시아만 가질 수 있는 권세라고 생각했을 것이다. 따라서 예수님을 메시아로 믿지 않은 바리새인들은 신성 모독 죄로 주님을 죽이려고 했다.

마태는 이사야 42장 1-4절을 인용하는데, 예수님은 병 고침을 받은 사람들에게 소문을 퍼트리지 말라고 경계하신다. 예수님의 정체는 십자가와 부활, 승천 이후에야 충분히 드러날 것이다. 이사야 42장은 성령의 담지자로서 여호와의 종이 열방에 공의를 가지고 올 것이라는 '여호와의 종'에 관한 예언이다. 하나님의 택함을 입고 하나님의 마음에 기뻐하시며 사랑하시는 종인 예수님이 성령의 기름 부음을 받아서 심판(공의)을 이방에 알게 하신다(18절). 메시아의 사역은 이스라엘에게만 국한되지 않고 열방을 대상으로 한다(참고. 시 110:2). 예수님의 사역은 다투지도 않고, 소리를 야단스럽게 지르는 것도 아니기에, 사람들이 거리에서 주님의 목소리를 들을 수 없다(19절).

이 말씀은 예수님의 사역은 자기 과시나 겉치레, 혹은 인기에 야합한 것이 아님을 의미한다. 대신 예수님은 성령께서 주시는 내적 확신과 능력으로 성부께서 맡겨 주신 구원의 사역을 구약에서 예언된 대로 성취하신다. 주님은 공의(심판)가 시행되고 승리할 때까지(참고. 사 42:3) 상한 갈대와 꺼져 가는 심지를 꺾지도 끄지도 않으신다(20절). 주님은 상한 갈대와 꺼져 가는 심지와 같은 약한 사람들(예. 나병환자, 악령 들린 자, 지병으로 고생하는 자, 고아, 과부, 죄인, 신앙과 영혼이 약한 자)을 사랑으로 돌보시되, 하나님 나라의 공의가 시행될 때까지 이 일을 계속하신다. 예수님은 이방인이 소망을 주님 자신의 이름에 두리라는 예언을 이루신다(21절). 이방인도 메시아의 구원을 대망하고 있다는 이사야의 예언은 구약의 구원의 '보편주의'(universalism)에 해당한다.[127]

2.3. 마태복음 12장 22-37절의 메시지

주님은 악령 들려 눈멀고 벙어리 된 자를 고쳐 주신다(22절). 이 사람은 시신경이나 혀의 모양의 이상 없이 마귀의 역사로 고생하던 사람으로 보인다(참고. 칼빈, 1993:474). 이 치유를 목격한 무리의 반응은 놀라면서 예수님을 '다윗의 자손'으로 고백한 것이다(23절). 예수님은 정치적인 메시아가 아니며, 병을 치유하실 뿐 아니라, 그 병의 배후에서 역사하던 마귀를 물리치

127) 보편주의는 만인 구원론과 다르다. 마태는 그의 복음서 전반부에만 세 번에 걸쳐 '이사야'를 언급하면서 잃어버린 자를 찾아 구원하러 오신 예수님의 구속 사역을 요약적으로 설명한다(마 4:14, 8:17, 12:17). 특별히 이 인용에서 두드러진 예수님의 치유 사역은 그분의 메시아로서의 사역의 한 부분이다. 구약에서 이스라엘을 치료하신 여호와의 사역을(출 15:26) 종말에 예수님이 계승하신 것이다(말 4:2). 그러므로 마태복음의 치유 사역 기사의 중요성은 치료 사건 자체에 있지 않고 예수님의 정체성을 밝히는 데 있기에, '기독론적 사건'으로 보아야 한다(참고. 해그너, 1993:211). 따라서 마태는 예레미야를 통해서 배척당하신 '선지자이신 예수님'을 소개했다면, 이사야를 통해서는 '구원자 예수님'을 소개한다. 마태의 예레미야 인용에 의하면, 이스라엘의 역사를 재현하신 예수님은 '다시 살아난 예레미야'(Jeremiah *Redivivus*) 그 이상이심을 주로 예수님의 고난과 연결지어 설명했다(마 2:17, 16:14, 27:9). 따라서 그것을 '슬픔의 인용'(doleful quotations)이라고 명명할 수 있다. 그렇다면 마태의 이사야 인용은 어떠한가? 마태는 선지자 이사야의 고통을 예레미야의 경우처럼 분명하게 염두에 두지 않는 것 같다. 따라서 예수님을 '다시 살아난 이사야'(Isaiah *Redivivus*)라고 부르기에 적합하지 않다. 예레미야의 경우처럼 '슬픔의 인용'이 아니라, 이사야의 경우는 치료와 회복이라는 '기쁨의 인용'이라고 부를 수 있다. 이사야를 인용하는 마태의 예수님은 이스라엘의 역사를 다시 사신 분이시며 여호와의 종으로서, 이스라엘의 메시아를 넘어 열방의 구주로 오셨다. 따라서 마태복음 전반부에 인용된 이사야의 구절들은 마태의 기독론은 물론 구원론을 설명하는 기능을 하고 있다. 이것은 마태가 그 이사야 구절들이 이중적으로 성취되고 있음을 간파한 결과이며, 그리스도 완결적 해석의 결과이다.

심으로써 다윗의 왕국을 영적으로 성취하여 영원한 천국을 이루신 분이시다. 하지만 바리새인은 예수님께서 바알세불의 힘을 빌려 악령을 쫓아내고 치유했다고 비방한다(24절; 참고. 마 9:34). 주님의 대답은 악령의 왕과 졸병 악령들이 싸우는 것, 사탄이 악령을 쫓아내는 것은 어불성설이라는 것이다(25-26절).[128] 한 걸음 더 나아가, 예수님은 바리새인들(너희 아들들, 너희 사람[동료들])도 (의식이나 마술적인 방식으로) 악령을 쫓아내는데, 누구의 도움으로 그렇게 하는지 물으신다(27절; 참고. 리델보스, 1991:369). 만일 바리새인들이 악령의 능력을 입어서 악령을 쫓아낸다면 그들은 악령의 추종자일 뿐이다. 반대로 만일 바리새인들이 악령의 능력이 아니라, 다른 어떤 능력을 힘입어 축귀한다면, 성령의 능력으로 축귀하신 예수님을 변호하는 것이 되고 만다.

이처럼 예수님은 아무런 대답을 하지 못하도록 바리새인의 말문을 막아 버리셨다. 성령을 힘입어 축귀하는 그 현장에 하나님 나라가 이미 임한 것이다(28절). 마태는 의미를 강조하려고 아오리스트 능동 직설 3인칭 단수 동사(*ephthasen*, 임했다)를 사용한다. 사탄의 영역과 천국의 영역 사이에 전쟁이 벌어지고 있다. 예수님의 갈릴리 사역 중에 사탄이 패배한 것은 장차 있을 완전한 패배를 예고하는 것이다. 이 사실을 29절에서 예수님은, 도둑이 집의 강한 자(주인, 사탄)를 결박해 놓아야만 그 집의 재산을 훔칠 수 있다고 비유로 말씀하신다(참고. 사 49:24-25). 예수님이 강한 자인 사탄을 결박하셨기에, 악령을 축출하고 병을 고치신 것이다.

예수님과 함께하지 않는 자는 예수님을 반대하는 자요, 예수님과 함께 모으지 않는 자는 흩어 버리는 사람이다(30절). 예수님에게 붙어 있든지 아니면 사탄과 함께 있든지 선택해야지 중간 지대는 없다. 모든 사람들은 사람을 예수님에게로 인도하기 위해 불러 모으든지, 아니면 바리새인처럼 사람들을 사탄의 졸자로 만들든지 결단해야 한다. 성령 훼방죄는 사함을 얻지 못한다(31절). 문맥에서 볼 때 성령 훼방죄(성령을 거역하는 죄)는 예수님의 사역을 악령의 사역으로 의도적으로 보는 것, 즉 예수님이 메시아이심을 불신하고 그분의 구원의 사역을 거부하여 멸시하는 것이다. 그러므로 이 죄는 바리새인 같은 불신자만 지을 수 있다(참고. ESV Study Bible, 2008:1845). 인자이신 예수님을 거역하면 용서받지만 성령을 거역하면 영원토록 용서받지 못한다(32절). 이 말씀은 예수님이 성령님보다 열등하신 분이라는 뜻이 아니다. 예수님은 십자가에서 죽으실 때도 못 박아 죽이던 사람들을 용서해 달라고 기도하셨지 않은가! 예수님의 신성을 의심하는 자는 그 의심을 그만둘 때 용서받을 수 있다. 성령을 거역한다는 말은 성령 세례를 받지 못했다는 말과 다를 바 없다.

좋은 열매로 나무가 좋음을 안다(33절). 바리새인들은 성령 훼방죄라는 악한 열매를 맺는 악한 나무이다. 즉 주님이 행하신 축귀와 치유는 좋은 일이요 선한 일이기에, 예수님은 악한 마귀의 종이 될 수 없다. 반대로, 바리새인들은 '독사의 자식'(사탄의 졸병)처럼 마음에 악한 것이 가득하고 그것을 말한다(34절; 참고. 마 3:7).[129] 사람은 자신이 마음먹은 것이 표출되는

128) 칼빈(1993:477)은 교황주의자들이 시행하던 '제마식'(除魔式)을 사탄이 자기 자신을 대항하는 가짜 싸움에 불과하다고 비판했다. A.D. 1세기 무렵의 축귀 의식을 위해서는 《유대 고대사》 8장 45-46절과 <토빗> 8장 2-3절을 참고하라.

129) 바리새인들은 의에 대한 그릇된 관념으로 극히 잘못되어 있었으므로 부드러운 충고로는 효력이

말과 행실대로 심판 날에 하나님에게 심문을 받게 된다(36-37절). 그러므로 여기서 예수님은 바리새인을 강하게 책망하시지만, 여전히 그들에게 회개를 촉구하고 계시는 긍휼의 주님이시다.

2.4. 마태복음 12장 38-45절의 메시지

바리새인과 서기관들이 주님에게 표적을 요구한다(38절; 참고. 고전 1:22). 완고한 불신 유대인처럼 (사)악하고 (영적으로)음란한 세대가 표적을 구하는데, 예수님은 요나의 표적만 보이실 것이다. 바리새인들은 지금까지 주님이 행하신 천국 사역을 가까이서 지켜보았는데, 주님이 메시아이심을 증명하는 더 크고 가시적인 표적을 적개심을 가지고 요구한다. 예수님은 믿음과 순종 없이 표적을 요구하는 자에게 표적을 남발하시는 분이 아니시다. 요즘 말로 하면, 바리새인은 "하나님을 내 앞에 보여주면 믿겠다"라고 말하는 사람과 다를 바 없다. 요나가 물고기 뱃속에 3일 있었듯이, 인자도 땅속에 있을 것이다(40절). 요나보다 더 큰 분이신 예수님이 회개를 촉구하실 때 이스라엘은 니느웨 사람처럼 회개해야 한다(41절). 남방 여인이 솔로몬의 지혜의 말씀을 들으려고 온 것처럼(참고. 왕상 10:1-13), 바리새인은 솔로몬보다 더 크신 예수님의 말씀을 듣고 돌이켜야 한다(42절). 유대인은 이방여인과 이방 니느웨보다 못한 사악하고 영적으로 음란한 배교 상황 가운데 있었다.

더러운 영이 한 사람에게서 나와서 쉴 곳을 찾으려고 물 없는 곳들을 두루 다니다가 찾지 못하고(43절), 원래 있었던 집으로 와서 보니 비어 있고 깨끗이 청소되고 정돈되어 있었다(44절). 마귀가 '물 없는 곳'(waterless places)을 찾은 이유는 무엇인가? 건조한 광야는 하나님이 내리시는 비로 인한 결실이 없는 곳으로서 마귀가 거하기 적합한 복이 없는 장소이다(참고. 사 13:19-22, 34:13-14; 렘 17:6; 보라. ESV Study Bible, 2008:1846). 마귀는 그가 역사했던 사람의 물질적 그리고 비물질적 자아에 대한 소유권을 끈질기게 주장한다. '집이 비어' 있는 것은 하나님의 은혜를 등한히할 때 필연적으로 생기는 공허를 마귀가 가장 기뻐함을 뜻한다(참고. 칼빈, 1993:491). 그가 자기보다 더 악한 영들 일곱('완전'을 상징)을 데리고 와서 거하므로 처음보다 더 악한 상태에 빠지고 말았다(45절). 악한 세대인 유대인들이 축귀를 행하신 예수님(참고. 22절 이하)을 믿지 않고 회개하지 않으면 동일한 상태에 빠져들게 되고 말 것이다.

2.5. 마태복음 12장 46-50절의 메시지

예수님이 사역하고 계실 때 모친과 동생들이 찾아온다(46절).[130] 어떤 이가 예수님께 "보소서, 선생님의 어머니와 동생들이 선생님께 말하기를 구하며 밖에 서 계십니다"라고 말한다(47절).[131] 예수님은 자신에게 말한 사람에게 "누가 내 어머니이며 내 동생들인가?"라고 물으셨다(48절).

없었다(참고. 칼빈, 1993:487).

130) 예수님의 아버지 요셉이 언급되지 않은 것을 통해서 그가 죽은 것으로 추정할 수 있다. 예수님이 12살 때 예루살렘으로 여행하신 기사 이후로 요셉은 등장하지 않는다(참고. 눅 2:41-51). 예수님은 맏아들이었기에 가족 부양의 책임을 지고 있었다.

131) 47절을 시내 산과 B사본은 생략한다.

이때 주님은 제자들을 손으로 가리키면서 "보아라. 내 어머니와 내 형제들이다. 누구든지 하늘에 계신 내 아버지의 뜻을 행하는 사람이 내 형제요 자매요 어머니이다"라고 말씀하셨다(50절). 예수님은 혈육이라는 소수의 사람만을 위해서 보냄을 받은 것이 아니다. 예수님은 교회를 '하나님의 가족'(the family of God)으로 정의하신다. 하나님의 가족은 믿음으로 형성된 특별한 가족이다. 그러므로 성도는 아버지이신 하나님과 가족의 관계를 맺고, 그 가정의 규율(참고. 마 5-7장)대로 살아야 한다. '하나님 가족'이라는 은유로 구원론(soteriology)을 펼치는 이는 사도 요한인데, 요한복음과 요한일서에 강하게 나타난다.

3. 오늘에의 적용

성령 훼방죄는 아니지만 성령을 근심케 하는 일은 없는가?
이미 임한 천국을 어떻게 누릴 수 있는가?
하나님 나라의 대적인 민족주의, 혈연주의, 그리고 학연과 지연에 얽매이는 것을 물리치자.

마태복음 13장

1. 본문 및 구조

- 씨 뿌리는 자의 비유(1-9)
- 비유의 목적(10-17)
- 씨 뿌리는 자의 비유의 설명(18-23)
- 성장에 관한 세 가지 비유(가라지, 겨자씨, 누룩)와 비유의 목적과 가라지에 대한 설명(24-33, 34-35, 36-43)
- 세 개의 추가 비유들(보물, 진주, 그물; 44-50)
- 결론 비유(새것과 옛것의 비유; 51-52; 참고. France, 1995:230)
- 고향으로 돌아가심(53-58)

2. 구원 계시사적 메시지

2.1. 마태복음 13장 1-9절의 메시지

마태복음 13장에는 8개의 비유가 등장하는데, 예수님이 한 장소에서, 동시에 8가지를 모두 말씀하신 것이라기보다는(참고. 마 13:36; 막 4:10), 마태복음의 저자 마태가 주제의 동일성으로 인해 묶은 것으로 볼 수 있다(참고. 리델보스, 1991:393). 비유로 말씀하신 목적은 천국이 도래하는 방식에 대해 더 효과적이고 풍부한 교훈을 주시기 위해서이다. 비유는 창세 전부터 감추인 천국을 계시하기에 적합한 방식이었다(35절).[132] 주님은 갈릴리 바다 위에서 배 타고 말씀하신다(2절).[133] 이것의 상징적인 의미는 천국이 이방인에게도 확장되어야 한다는 점이다. 농부는 갈릴리 인구의 절대 다수를 차지하고 있었다.

씨 뿌리는 자 비유(3절)는 예수님 당시의 농경문화를 배경으로 하는데, 현대 독자는 먼저 씨를 뿌린 후 땅을 갈아엎는 유대인의 관습을 이해해야 한다. 농부는 손으로 씨앗을 뿌리거나, 아니면 씨앗 자루를 동물의 몸에 걸쳐 자루에 뚫은 구멍에서 씨가 떨어지게 했다(참고. 존 월튼, 2010:1298). 이런 문화적 배경과 더불어 중요한 것은 비유에 대한 주님의 설명에 주목하는 것이다. 씨는 사람에게 밟히기 쉬운 길가나, 수분과 자양 공급이 불리한 흙이 얕은 돌밭, 그리고 가시(잡초)의 기운이 센 가시떨기 위에 떨어져 결실이 없는 반면(4-7절), 일부는 좋은 땅에 떨어져 100배(참고. 창 26:12; 암 9:13), 60배, 30배의 결실을 한다(8절; 참고. 창 26:12). 통상적으로 이스라엘에서 5-15배의 소출을 했으며, 10배(씨를 하나 뿌릴 때 열매가 10개 열린다는 의미)만 되어도 풍작으로 간주했다. 영적으로 들을 수 있는 귀를 가진 자는 이 비유의 진의를 듣고 깨달아야 한다(9절).

2.2. 마태복음 13장 10-17절의 메시지

제자들이 비유로 말씀하시는 이유를 예수님께 묻는다(10절). 제자는 감추어진 '천국의 비밀'을 알 수 있지만, 주님의 인격과 사역에 임한 천국을 믿지 못한 다른 이들은 비유의 뜻을 모른다. 그러므로 비유는 청중을 둘로 나누는 효과가 있다. 영적인 '빈익빈 부익부 현상'이 말씀을 듣고 깨닫는 데 적용된다(12절). 비유를 깨닫고 천국의 복을 누리는 자는 더욱 부유하게 된다. 이 사실을 설명하기 위해서, 이사야 6장 9-10절이 인용된다. 이 구절은 웃시야 왕이 죽던 해에 이사야가 선지자로서의 소명을 받을 때 주신 말씀으로서, 이스라엘 백성이 여호와의 말씀을 듣고 깨달을 수 있는 유리한 환경에 살면서도 영적 소경과 영적 귀머거리처럼 살았음을 지적하는 것이다. 마찬가지로, 예수님 당시의 이스라엘 백성에게도 예수님의 비유는 들어도 깨닫지 못하고 보아도 보지 못하는 계시의 은폐의 기능이 성취된다(13-15절; 참고. Turner, 2008:340). 구약의 많은 선지자와 의인들은 주님의 제자들이 보고 들은 것을 보고 들으려고 했으나 그러지 못했다(17절). 즉 신약 백성은 스스로 천국이신 예수 그리스도 안에서 구약의 교회보다 더 분명하고 완전한 성취된 천국 계시를 소유하고 있다는 말이다. 구원 계시의 전진을 밝히는 구절이다.

---

132) 랍비들은 설교의 예화에 해당하는 비유를 사용하여 가르치고자 하는 논점을 전달했다. 이런 팔레스타인 유대교의 교수법은 신약에서 예수님의 가르침에서만 발견되므로 팔레스타인 밖에 있던 후대 교회의 창작물로 여겨서는 안 된다(참고. 존 월튼, 2010:1298).

133) 갈릴리 호수의 자연스러운 음향 효과로 인해서 91m 거리까지 육성으로 메시지를 전달 할 수 있었다(참고. ESV Study Bible, 2008:1847).

2.3. 마태복음 13장 18-23절의 메시지

주님은 씨 뿌리는 자의 비유를 설명하신다. 11절에서 말씀하신 대로, 제자들은 이미 들을 귀를 가진 사람이 아니었는가? 그런데 왜 주님이 비유의 의미를 그들에게 설명해 주셔야 했는가? 비록 제자들이 믿음으로 말씀을 듣고 깨닫고 있었지만, 천국의 비밀을 완전히 이해하는 차원에는 이르지 못한 것으로 보인다. 우리 역시 성경을 알지만 완전히 알지 못하는 것과 마찬가지이다. 복음의 씨를 받은 사람에게서 그 말씀을 빼앗아 버리려는 악한 자(사탄)가 역사한다(19절). 말씀을 듣되, 환난이 닥치면 뿌리가 없어 실족하여 쓰러지는 자도 있다(20절). 20절의 '돌밭'은 목이 곧은 바리새인과 같은 이의 상태를 가리킨다. 이 말씀은 히브리서 6장 4-7절 말씀과 간본문(intertextuality)이다. 염려나 재산의 유혹에 질식하여 넘어지는 자도 있다(22절). 하지만 말씀을 듣고 깨달아 결실하는 자도 있다(23절).[134] 주님의 설명은 이처럼 매우 단순하고 분명하다. 진심으로 말씀을 듣고 깨달으면 열매를 맺는데, 우리는 생각하기를 남에게 해당하는 말씀으로 여기니 결실이 없는 것이 아닌가?

2.4. 마태복음 13장 24-43절의 메시지

예수님의 설교의 청중 가운데 농부들도 많이 있었을 것이므로, 주님의 비유는 매우 적절했다. 천국은 좋은 씨를 밭에 뿌린 사람과 같다(24절). 집주인의 종들이 잘 때 원수가 가라지도 뿌린다(25절). 죽기가 나서 이삭을 맺을 때 드러난 가라지는 독성을 지닌 호밀과 식물인 독보리이다(26절, 참고. 존 월튼, 2010:1299). 종들이 잔 것은 신부의 미련한 다섯 들러리와 다르다(마 25:5). 이 구절에서는 천국의 도래는 마귀의 속임과 대적하는 역사 속에서 진행됨을 가르친다. 종들은 가라지가 어떻게 발생했는지 주인에게 묻는다(27절). 그것은 원수의 소행이다(28절). 주인은 알곡과 가리지가 동시에 자라도록 내버려 둔다(29절). 첫 단계에서 가라지는 알곡과 비슷한 모습으로 자라난다. 이것은 우리 시대의 이단의 모습을 연상케 한다. 추수 때가 되면, 먼저 키가 큰 밀의 이삭을 잘라낸 뒤, 키가 작은 가라지는 건드리지 않고 두었다가 후에 따로 잘라내었

---

134) 길가, 돌밭, 가시덤불에 씨가 떨어졌기에 파종한 사람의 잘못을 탓할 수 있을까? 요아킴 예레미아스 등이 주장하듯이, 밭을 갈기 전에 파종하는 팔레스타인의 관습을 염두에 둔다면 파종자를 탓할 수 없을 것이다. 가을에 파종하는 경우와 콩과 식물의 경우 특별히 그러했다(contra C.W. Herrick, L. Schottroff 등). 왜냐하면 파종자는 길과 돌밭, 가시덤불에 파종하여 그 휴경지조차 갈아엎어 농지로 사용할 의도를 가지고 있었기 때문이다. 그런데 왜 이 비유에 파종 후에 길가, 돌밭, 가시덤불을 갈아엎은 경작에 대한 언급은 없고 파종된 그대로 방치되었는가? 파종자가 게으르다고 비판 받아 마땅하지 않은가? 다른 한편, 이 비유가 간결성을 위해서 파종 후의 경작을 전제하고 경작 과정은 생략했을 수도 있다. 유사하게 마가복음 4장 26-29절에서는 경작은 생략된 채 파종과 추수라는 두 과정만 소개된다. 파종과 추수와 비교하면 밭을 가는 과정이 그리 중요하지 않았을 수도 있다. 분명한 것은 이 비유를 말씀하시는 예수님은 파종과 추수라는 두 과정에 초점을 맞추고 계신다는 사실이다. 그러나 이사야 28장 23-24절과 예레미야 4장 3절은 땅을 갈고 난 후 파종하는 것으로 설명한다. 예수님 당시에 7.5배의 수확은 평년작이었고, 10배는 풍작이었다. B.C. 3세기 테오프라스투스(Theophrastus)의 기록에는 50배의 소출이 있었다고한다. 이 비유에 등장하는 4종류의 땅은 마태공동체의 다양한 상황을 암시할 수 있다(보라. 박찬웅, 2009:403-405).

다. 가라지는 불태우고, 알곡은 곳간에 들인다(30절).

주님은 31-32절에서 겨자씨 비유를 주신다. 겨자씨는 나물(풀)보다 더 커서 새가 와서 깃들일 정도로 큰 나무가 된다. 이 말씀은 다니엘 4장 20-21절의 느부갓네살의 꿈을 해몽하는 다니엘의 말을 연상케 한다. 느부갓네살의 왕국이 심히 번성할 것을 장성한 나무에 비유한다. 그러므로 이 겨자씨 비유는 천국의 초기 모습은 초라하고 세상의 주목을 받지 못할지라도, 온 열방이 찾아와서 깃들일 정도로 자라날 것을 말씀한다.

겨자씨 비유처럼 33절의 누룩 비유도 성장하는 천국에 관한 비유이다. 서 말 즉 약 40L의 가루 전체를 부풀게 하는 누룩의 힘에서, 별 요란함 없이 세상 속으로 침투해 가는 천국의 영향력을 본다.135)

34-35절에서 주님은 비유로 말씀하신 목적을 다시 설명하신다. 마태는 '선지자로 말씀하신 바'라고 언급하나, 실제로는 시편 78편 2절의 시인 아삽의 말을 가리킨다. "내가 입을 열고 비유를 베풀어서 옛 비밀한 말을 발표하리니."136) 아삽은 자기 당대의 사람들을 교훈하기 위해 조상들을 위해 베푸신 하나님의 구원 사역을 언급한다. 이것이 옛 비밀한 일이다. 예수님은 구약의 모든 구원 사건이 지향하는 바인 메시아 왕국의 건설이라는 감추어진 하나님의 비밀을 계시하시기 위해 비유로 말씀하신다.137)

예수님은 가라지 비유를 집에서 설명하신다(36-43절). 주님의 제자들이 씨 뿌리는 자의 비유처럼 가라지 비유의 의미를 주님으로부터 설명 받아야 하는 이유는 무엇인가? 아마도 제자들은 예수님의 비유와는 달리, 메시아의 왕국이 임한다면 세상에 죄가 도말되고 알곡만 있게 될 것이라고 생각했기 때문일 것이다(참고. 리델보스, 1991:410). 인자는 씨 뿌리는 자로서, 천국 복음을 전파하는 사명을 수행하신다. 이것이 성부의 영원한 보좌로부터 왕권을 받아 성자께서 주권을 시행하시는 방법이다(단 7:13-14). 밭은 세상이고, 좋은 씨는 천국의 아들들이며, 가라지는 악한 자(사탄)의 아들들이다(38절). 좋은 씨는 천국의 말씀인데, 이 말씀이 천국의 아들들 안에 결실하게 되어, 결국 씨와 천국의 아들들이 동일하게 여겨진다. 가라지를 심은 원수는 사탄이다(39절).138) 천사들

135) 한글개역개정판에서 '말'로 번역된 헬라어는 '사톤'(*saton*, 약 13L)인데, 구약의 '스아'(*seah*)와 관련 있다. 가루 서 말로 빵을 만들면 족히 100명 이상이 먹을 수 있다(참고. 존 월튼, 2010:1300). 따라서 '가루 서 말'에 누룩을 넣는 것은 특별한 경우이다. 아브라함에게 세 사람이 나타났을 때, 그는 아내 사라에게 빵을 굽도록 명하는데 '고운 가루 세 스아'를 반죽하여 만들었다(창 18:6). 사사 기드온이 여호와의 사자에게 바친 제물은 염소 새끼 한 마리와 고운 가루 한 에바였는데, 한 에바는 세 스아이다(삿 6:18-19). 사무엘의 어머니 한나가 하나님께 사무엘을 드릴 때 수소 세 마리와 '고운 가루 한 에바'였다(삼상 1:24). 따라서 마태복음 13장 33절의 '가루 서 말'은 하나님께 드려지는 제물 즉 알곡으로서의 하나님 나라의 백성들과 관련되는 듯하다.

136) 35절에서 시내 산 사본은 '선지자 이사야를 통하여'로, 제롬이 알고 있던 사본들에서는 '아삽을 통하여'로 쓴다.

137) 멘켄(2004:104)은 마태복음 13장 35절의 본문 비평을 통해서 '선지자 이사야를 통하여'(*dia Esaiou tou prophetou*)를 원본으로 본다. 그리고 마태가 이사야 29장 14절 LXX를 참고한 것으로 본다.

138) 원수가 알곡을 제거하거나 다른 곳으로 옮겨 심지 못하고 단지 가라지만 심은 사실은 사탄의 권세가 하나님의 백성의 그들의 존재와 구원 자체를 손상시킬 수 없는 제한적인 것임을 암시한다.

이 추수하는 때는 세상 끝(NIV: the end of the age, 그 세대의 끝)이다(39절).[139] 마태복음 24장 31절에 유사한 표현이 있는데, A.D. 70년 사건을 언급하는 문맥이기에 천사는 예루살렘 멸망 이전의 초대 교회의 전도자로 볼 수 있다. 마태복음 13장 40-42절의 인자가 풀무불(영원한 심판에 대한 은유, 참고. 마 8:12, 13:50, 22:13, 24:51, 25:30) 속에 불법을 행하는 자들을 던져 넣을 심판은 세상 끝에 발생할 것이다. 이것은 궁극적으로 인간 역사의 마지막에 일어날 일을 가리키지만, A.D. 70년 사건에서 이미 모형론적인 성취(typological fulfillment)가 나타난다. 예루살렘 멸망이 불법을 행한 악한 가라지인 유대인들에게 불심판과 같은 것이었는데, 이것은 인간 역사의 마지막에 있을 최후 심판의 그림자이다. 하지만 알곡(의인)은 아버지의 나라에서 해와 같이 빛난다(43절; 참고. 출 34:35; 단 12:3; 마 17:2; 고전 15:49). 천국 백성의 참된 가치가 이 세상 속에서는 제대로 평가를 받지 못할지라도 결국은 빛과 같이 비취게 된다.

2.5. 마태복음 13장 44-50절의 메시지

보물 비유는 우리의 모든 소유를 다 팔아서라도 반드시 얻어야만 하는 천국의 절대적인 가치를 강조한다(44절). 그것도 신속하고도 기쁨 가운데에서 수행해야 한다. 진주 비유도 마찬가지이다(45절). 우리가 영생을 주신 하나님의 통치를 계속 받으려면 모든 것을 바쳐서라도 기꺼이 해야 한다. 그물 비유(47-48절)는 좋은 물고기와 나쁜 물고기가 혼합된 상태의 천국 즉 지상 천국의 불완전성을 보여준다. 천국이 임한 이 땅에는 여전히 선과 악이 공존한다. 물고기를 잡는 것과 관련된 그물 비유는 어부 출신 제자들과 갈릴리 근처 출신 제자들에게는 실감나는 비유였다. 사람을 낚는 일을 수행할 때 나쁜 생선이 잡히는 일이 있더라도 낙망치 말고 계속 그물을 던져야한다. 그 선별 작업은 하나님이 알아서 하실 일이기 때문이다.

2.6. 마태복음 13장 51-52절의 메시지

'옛것과 새것의 비유', '집주인 비유', 혹은 '천국의 제자 된 서기관 비유'라고 불리는 결론적인 비유이다(참고. Turner, 2008:332). 천국의 새로운 서기관인 제자들은 신약 교회를 가리킨다. '서기관'(*grammateus*)은 성경 시대의 유대인의 삶에서 율법의 전문가 혹은 성경학자를 가리키지, 단순히 사본의 필사자를 가리키는 단어가 아니다(참고. Louw & Nida, 1993:329). 교회는 '집주인'과 같다. 집주인은 가정에서 절대적인 권세자이다. 그러므로 제자들은 절대적인 권세를 가지고 곳간으로부터 옛것들(*polaia*)과 새것들(*kaina*)을 가지고 나와야 한다. 그런데 '곳간'은 44절에서 예수님을 가리키는 '보화'와 같은 헬라어(*theisauros*)이다. 그러므로 제자들은 보화이신 예수님이라는 창고로부터 옛것들과 새것들을 가지고 나와야 한다. 천국의 보고이신 예수님 안에는 지혜와 지식의 모든 보화가 감추어져 있다(참고. 골 2:3). 제자가 가지고 나와야 할 옛것들과 새것들은 구원 계시의 전진과 관련 있다. '옛것들'은 (구약은 물론) 하나님만큼이나 오래된 천국의 불변하

---

139) '추수'는 종말의 상징으로 자주 등장한다(사 32:13-15; 렘 31:27-28; 호 2:21-23; 4에스라 4:30-32; 2바룩 70:2). 그리고 유대 문헌은 지옥을 아궁이에 비유한다(1에녹 54:6; 4에스라 7:36).

는 원리인 사랑과 공의를 가리킨다. '새것들'은 천국의 옛것인 원리가 메시아의 도래로 야기된 새로운 성취된 상황 속에서 적용되는 것을 의미한다.

종합해 보면, '옛것들과 새것들'의 비유는 신약 교회의 임무 즉 절대적인 자부심과 권세를 가지고, 예수 그리스도 안에서 의와 사랑이라는 천국 원칙을, 신약적 상황 속에 적용해야 함을 가르친다(참고. 송영목, 1998:40).[140]

2.7. 마태복음 13장 53-58절의 메시지

천국 비유를 말씀하신 후 예수님께서 고향 회당에서 가르치실 때 사람들은 주님의 지혜와 능력에 탄복한다(53-54절). 고향 사람들은 예수님을 여전히 목수의 아들이요 야고보와 요셉(참고. 다수 사본: 히브리어 '이오세프'의 갈릴리식 발음인 '요세' [*Ioses*])과 시몬과 유다의 형님으로 즉 육체대로 알고 있었다(55절). 고향 사람들은 불신앙으로 예수님에게 반응했고, 주님은 그들에게 '많은' 능력을 행치 않으셨다(57-58절). 그러므로 주님이 나사렛에서 몇몇 이적은 행하셨다. 선지자는 고향과 자기 집에서 존경을 받지 못한다는 말씀은 예수님의 동생들이 주님을 믿기 이전임을 암시한다(57절).

3. 오늘에의 적용

우리 삶 속에 천국이 확장되고 있는가?
우리에게 천국은 절대적인 가치를 가지는가?
천국의 원리가 현대에는 어떻게 적용되는가?
예수님을 육체대로 아는 것은 어떤 것인가?

마태복음 14장

1. 본문 및 구조

• 세례 요한의 운명(1-12)

140) 이응봉(2010:9)은 '옛것들'을 유대인 선교로, '새것들'을 새로운 시대적 사명인 이방인 선교로 본다. 그는 마태가 유대인 출신 중심의 마태 공동체에 새것들만 제시한다면 어려움에 봉착했을 것이라고 본다. 따라서 마태는 새것들에 초점을 두긴 했지만, 이 둘을 종합하는 중도적 입장을 현명하게 취했다고 본다. 마태복음 13장 51-52절이 마태복음 13장의 하나님 나라 비유의 결론 비유이기에, 이렇게 '선교'와 연결시켜 이해하는 것은 불가능하지 않다. 그러나 이 주장의 확실성과 타당성은 더 연구해 보아야 한다. 칼빈(1993:530)은 옛것과 새것을 율법과 복음으로 보지 않고, 가르치는 사람이 지혜롭고 적합하게 적용하는 다양한 말씀의 분배로 본다.

• 오천 명을 먹이심(13-21)
• 물 위를 걸으심(22-33)
• 병자 치유(34-36)

2. 구원 계시사적 메시지

2.1. 마태복음 14장 1-12절의 메시지

갈릴리와 베뢰아 지역을 다스리던 분봉왕(*ho tetraarches*) 헤롯 안디바(Herod Antipas)는 예수님의 소문을 듣고 세례 요한이 살아나 부활한 것으로 생각한다(1-2절). 안디바는 요단 동편의 베뢰아의 마케루스(Machaerus)에 있던 성채(궁전+감옥)에 주로 머물렀기에, 갈릴리에서 활동하신 예수님의 사역에 대해 비교적 늦게 소문을 듣게 되었다. 헤롯 안디바는 이복형제 '빌립의 아내였던'(*ten gynaika Philippou*; 참고. D사본은 '빌립의'를 생략함) 헤로디아를 아내로 취했고, 이 근친상간을 세례 요한은 불법이라고 비판하다 참수형을 당한다(3-11절).[141] 처음에는 헤롯 안디바가 백성이 요한을 선지자로 인정하여 죽이는 것을 두려워했다(참고. 마 21:26; 막 6:19). 헤로디아가 전 남편인 헤롯 빌립에게서 낳은 딸 살로메를 시켜서 헤롯 안디바로 하여금 요한을 죽이도록 한다. 요한의 제자들이 스승 요한을 장사 지내고 이 사실을 예수님께 고한다(12절). 예수님 역시 헤롯 안디바의 잔인함을 경계하셔야 했다. 헤롯 대왕의 2세 이하 남아 살해처럼 그의 아들의 잔인함은 교회의 대적으로 활동하고 있다.

그런데 요한의 죽음을 마태가 여기서 언급하는 이유는 무엇인가? 세례 요한은 예수님의 공사역이 시작되기 직전에 체포되지 않았던가! 그 이유를 다음과 같이 추론해 볼 수 있다. 마태복음 13장의 천국 비유를 듣고 결단한 제자들은 목숨까지 버리는 대가를 치르고서라도 천국 백성답게, 구체적으로 천국의 제자 된 서기관답게 살아야 할 것을 가르쳐 주기 위해서이다(참고. 마 13:51-52).

2.2. 마태복음 14장 13-21절의 메시지

예수님은 배를 타고 한적한 곳(*eremos*)으로 떠나셨다(*anechoresen*). '떠나다'(*anachoreo*)는 동사는 신약에 14회 등장하는데, 마태복음에는 10회 등장한다. 출애굽기 2장 15절 LXX에는 바로의 낯을 피해서 모세가 피하여 도망갈 때 사용되었다. 새 모세이신 예수님은 세례 요한의 순교 이후에 다른 곳으로 피하셨다. 예수님에게 큰 무리가 모여들었다. 예수님은 그들을 불쌍히 여기시며, 그중 병자들을 고쳐 주셨다(13-14절). 저녁이 되자, 그 무리를 잔디에 앉히고 하늘을 우러러 축사하신 후 주님은 오병이어로 여자와 아이 외에 5천 명을 배불리 먹이시고도 열두 바구니가 남았다(20-21절; 참고. 출 16; 왕상 17:7-16; 왕하 4:1-7). 주님이 하늘을 우러러 축사하신 것은

---

141) 생일 축하연과 참수형은 유대인의 관습이 아니라 그레코-로마적 관습이다(참고. 오스본, 2002:54-55). 그러므로 헤롯 왕가에 헬레니즘의 영향이 많이 미쳤음을 알 수 있다.

통상적인 식사 전 기도와는 다른 하나님으로부터의 응답을 구하는 기도였다(참고. 요 11:41). 생명의 떡을 주심으로써 주님은 하늘에서 내려오신 영생의 떡(만나)이신 주님 자신을 주실 것을 보여주신 것이다. 그것도 양을 푸른 초장으로 인도하사 풍성하게 주시는 새 모세이시며 선한 목자이시다(참고. 요 6장). 물론 주님의 목자 되심은 영적인 것뿐 아니라 물질적인 것도 포함한다. 이 사역을 떡을 떼어서 나누어 준 제자들이 계승해야 한다. 이 오병이어의 표적은 이사야 25장 6절에 예언된 종말에 있을 메시아께서 배설하시는 풍성한 연회(messianic banquet)가 성취된 것이다. 주목할 점은 문맥상으로 오병이어의 표적은 잔인한 헤롯 안디바의 생일잔치 다음에 등장한다는 사실이다. 마태와 마가가 동일하게 이런 사건 순서를 따름으로써 생명을 빼앗은 잔치와 생명을 주시는 잔치를 예리하게 대조시키고 있다.

2.3. 마태복음 14장 22-33절의 메시지

예수님이 직접 무리를 보내는 동안, 제자들을 갈릴리 건너편으로 보내신다(22절; 참고. 눅 9:10). 요한복음 6장 15절에 의하면, 예수님은 자신을 억지로 왕으로 삼으려는 무리를 돌려보내신 것이다. 예수님은 무리들로부터 떡을 배불리 먹여 주시는 분으로만 인정받을 수 없으셨다. 그 후 주님은 혼자 기도하러 가신다. 소위 '인기'가 절정으로 치달을 때, 오히려 주님은 기도에 힘을 쏟으신 점은 시사하는 바가 크다. 그런데 제자들이 탄 배가 육지에서 멀리 떨어져 있었는데(직역: '육지로부터 많은 스다이온이 떨어져서'; 참고. 요 6:19), 역풍이 불어 고생한다(24절).[142] 일몰 전에 배타고 떠난 제자들이 밤 사경이 되도록 겨우 5km 정도밖에 이동하지 못했다. 예수님이 밤 사경(새벽 3-6시)에 바다 위를 걸어서 항해 중인 제자에게로 가니(25절), 그들은 유령으로 알고 무서워한다(26절; 참고. 마 8:27). 주님은 제자들을 향해 "내니 두려워하지 말라"고 말씀하시면서 안심시키신다(27절). "내니"라는 말씀은 '*ego eimi*'인데, 구약의 여호와처럼(참고. 출 3:14), 예수님이 하나님이심을 강조하는 자기 계시적(self-disclosure)표현이다(참고. 요 18:5-6). 베드로는 "주여, 만일 주님이시라면 저에게 물 위로 주께 오라고 명령하소서"라고 간구한다(28절). 베드로는 물 위를 걷다가 '큰 바람'(*anemon ischyron*, C, D, 다수 사본; 참고. 시내 산과 B사본은 '바람')을 보고 무서워하여 빠져 들어간다(30절). 주님은 베드로의 실패의 원인을 믿음의 부재에서 찾고, "믿음이 적은 자여 왜 의심하였느냐"라고 말씀하신다(31절). 바람은 잠잠해지고 제자들은 예수님을 '하나님의 아들'이라고 고백하며 경배한다(32-33절). 마태복음 8장 27절과 비교해 볼 때 제자들의 신앙 고백이 점차 분명해진다. 예수님은 초자연적인 기적을 통해서 신앙을 고백하게 하심으로써 제자들을 미래의 사역을 위해 준비시키신다.

2.4. 마태복음 14장 34-36절의 메시지

예수님 일행이 가버나움 남쪽의 게네사렛(Gennesaret)에 이르니, 그곳 사람들이 주위 동네에서 병자들을 데리고 온다. 예수님의 옷 가에 손을 대는 자는 다 나음을 입었다(36절). 예수님께서

142) 24절을 다수 사본은 마가복음 6장 47절처럼 "그 바다 가운데 있었다"로 간단히 쓴다.

고향 나사렛에서는 환영을 받지 못했지만, 이방 지역이라 할 수 있는 게네사렛에서는 환영을 받고 믿음의 기적이 일어난 대조가 나타난다.

3. 오늘에의 적용

제자로서 치러야 할 대가는 무엇인가?
메시아의 연회를 베푸시는 생명의 떡이신 주님의 능력을 온전히 신뢰하는가?

ঌ 마태복음 15장 ৎ

1. 본문 및 구조

- 바리새인을 비판하시는 예수님(1-11)
- 바리새인을 비난하신 것을 설명하심(12-20)
- 가나안 여인의 믿음(21-28)
- 산 위에서의 치유(29-31)
- 사천 명을 먹이심(32-39)

2. 구원 계시사적 메시지

2.1. 마태복음 15장 1-11절의 메시지

예루살렘에서 바리새인과 서기관들이 게네사렛에 계신 예수님께 나아와 비난한다. 내용은 떡을 먹는 식사 전에 손을 씻지 않아서 장로의 유전(the trA.D.ition of the elders)을 범했다는 것이다(1-2절).[143] 이들이 예루살렘에서 갈릴리까지 온 이유는 그만큼 예수님의 사역의 소문을 듣고 경계하고 있었다는 증거이다. 이들은 마치 정탐꾼처럼 예수님께 다가와서, 자신들의 가르침보다 더 권세 있는 주님의 사역에 신경을 곤두세웠던 것이다. 장로는 고대의 율법 교사를 가리킨다. 예수님 당시에 장로는 산헤드린의 구성원이 될 수 있었다. 이들은 구약이 명하지 않은 것을 일상생활에 적용하여 구체적으로 법규화했다. 특히 신구약 중간기의 헬레니즘의 영향이 유대인에게 미칠 때 이런 규정을 만들어 투쟁한 역사도 있다. 주로 장로의 유전은 구전 형식으로 암기를 통해 전해 내려왔다(참고. 오스본, 2002:76).

---

143) 외적 정결은 영적 정결에 유의하도록 주신 규범이다(참고. 칼빈, 1993:63).

3-6절에서 예수님은 고르반의 예를 들어 바리새인들의 비난에 역설적으로 질문하심으로써 답변하신다(참고. 막 7:11).[144] 예수님은 자기 아버지를(*ton patera auton*)[145] 공양하지 않으면서, 오히려 저주하며(참고. 출 21:17; 레 20:9) 제5계명(참고. 출 20:12; 신 5:16)을 어기면서도, 장로들의 유전을 지키는 것이 합당한지 물으신 것이다(6절). 바리새인들은 부모를 봉양할 것을 말로만 하나님께 드린 것으로 간주한다면, 실제로 부모를 봉양할 의무에서 해방된다는 유전을 따랐다. 바리새인은 장로의 유전을 구약 율법과 동일시해 버렸다. 바리새인의 의는 하나님의 계명이 아니라 바로 이 유전에 기초해 있었던 것이다(참고. 마 5:20). 주님은 이사야 29장 13절을 인용하시면서 바리새인의 외식을 비판하신다(7-9절). 이사야는 그 당시 말만 있고 마음이 없는 외식적인 예배를 비판했다. 마찬가지로 바리새인들도 말로만 하나님을 존경하고, 실제 마음은 그렇지 않았기에, 하나님을 헛되이 섬겼던 것이다. 이것은 제3계명을 범한 것이다. 예수님은 무리에게 입에서 나오는 것이 사람을 더럽게 한다고 말씀하시면서 '깨달아라'고 주의를 주신다(10-11절). 부정한 것은 마음 상태에 달려 있다고 말씀하심으로써, 주님은 정결과 부정을 재정의하신다.[146]

2.2. 마태복음 15장 12-20절의 메시지

제자들은 바리새인이 주님의 말씀을 듣고 마음이 상했다고 보고한다(12절). 아버지 하나님께서 심지 않은 것은 뽑힌다(13절). 참 이스라엘은 하나님이 심으시지만(참고. 사 60:21, 61:3), 바리새인은 잡초처럼 뽑힐 것이다. 하나님은 이스라엘을 포도나무, 무화과나무, 살구나무, 감람나무처럼 심고 가꾸신다. 그러나 위선적인 종교인은 뽑아서 심판하신다. 그러므로 주님의 제자들이 바리새인을 존중하거나 그들의 말에 귀를 기울이거나 의식할 필요가 없음을 교훈하신다. 자칭 백성의 지도자인 바리새인은 소경으로서 남을 인도하여 함께 망하게 한다(14절; 참고. 롬 2:19).[147] 베드로가 예수님의 비유의 의미를 묻는다(15절). 주님은 제자들이 깨닫지 못한 것을 책망하신다(16절). 주님은 먹고 소화시키는 생리 현상을 통해서 설명하신다(17절). 마음의 표출인 악한 생각(참고. 마 12:34)과 제6-9계명에서 금한 살인, 간음, 음란, 도둑질, 거짓 증거, 그리고 훼방(slander, 비방)이 사람을 더럽게 하는 것이다(18-20절). 만물보다 거짓되고 심히 부패한 것이 마음이기에, 죄의 온상은 다름 아닌 타락한 마음이다(참고. 렘 17:9-10). 그러므로 무릇 지킬 만한 것보다 마음과 생각을 지켜야 한다. 그러므로 우리는 속사람이 성령의 능력으로

---

144) 4절의 '왜냐하면 하나님께서 말씀하시기를'(*ho theos gar eipen*)을 시내 산과 다수 사본은 '왜냐하면 하나님께서 명령하여 말씀하시기를'(*ho theos gar eneteilato legon*)로 쓴다.

145) 6절에서 다수 사본은 '그의 아버지' 혹은 '그의 어머니'로 쓴다.

146) 율법의 중요한 법들에 대한 해석은 A.D. 70년 이후에 활발하게 진행되어 A.D. 200년에 이르러 그 기록이 완성되었다. 쿰란에서 발견된 고대 사본 중에서 모세 오경의 구절을 주제별로 묶는다든지 하여 새롭게 편집한 사본들도 있다. 이런 유의 문헌들이 그 후 '미쉬나'라고 불리는 구전 율법의 결정체로 발전했다. A.D. 3-5세기에 걸쳐 미쉬나에 대한 주석이 편집되었는데, '탈무드'라 부른다. 여기서 기억할 것은 A.D. 70년 이전에도 율법 해석 활동이 끊이지 않았다는 사실이다(참고. 김경래, 1997:400).

147) 14절에서 다수 사본은 "인도자들은 맹인들의 맹인들이다"(*hodegoi eisin typhloi typhlon*)로 쓴다.

강건케 되어야 하며, 마음을 새롭게 함으로 변화를 받아 새사람을 입어야 한다(참고. 롬 12:2). 우리의 행동의 동기와 생각이 발라야 한다.

2.3. 마태복음 15장 21-28절의 메시지

예수님은 게네사렛에서 약 48km 떨어진 이스라엘 북쪽 지중해에 있는 무역 항구 도시인 두로와 시돈으로 가신다(21절). 그 지역은 이방인 지역으로 반유대 정서가 강했다. 따라서 주님은 그곳에는 바리새인의 영향력이 미치지 못한다고 생각하셨을 것이다. 가나안(수로보니게, 페니키아 지역) 여인 하나가 예수님을 주 다윗의 자손으로 부르면서, 악령 들린 딸을 불쌍히 여겨 달라고 외친다(22절; 참고. 막 7:25). '가나안'은 팔레스타인 지역의 이교 원주민을 가리키는 용어이다(참고. 리델보스, 1991:442). 헬라인 성도로 보이는 이 여인은 대답이 없으신 예수님을 향해서 반복적으로 외친다(*krazei*, 23절).[148] 주님은 오히려 이스라엘의 잃어버린 양을 우선적인 구원의 대상으로 여기는 구원의 특정주의를 언급하시며, 이 여인의 외침을 무시하는 것처럼 행하신다(24절; 참고. 마 10:6). 여인은 계속 절하며(미완료), 주님에게 도와 달라고 애원한다(25절). 주님은 자녀의 떡을 (애완용)개(*kynarion*)에게 줄 수 없다고 하시자, 여인은 개들은 주인의 상에서 떨어지는 빵 부스러기를 먹는다고 말하며 물러서지 않는다(26-27절).

예수님 당시 식사 관습에 의하면, 떡으로 손을 닦고는 식탁 아래의 개에게 던져주곤 했다. 주님은 가나안 여인을 썩은 고기를 먹는 들개(*kyon*)로 부르지 않으셨고, 여인도 하나님의 구원의 경륜의 우선성이 유대인에게 있음을 인정했다. 주님은 이 여인의 큰 믿음을 보시고 놀라시면서, "네 소원대로 되리라"고 말씀하시니, 딸이 그때 나았다(*iathei*, 아오리스트 신적 수동태, 28절). 헬라어 원문에는 '오! 여자여!'라는 감탄사가 있다. 유대인들은 복음을 먼저 들었다. 그러나 유대인들은 나중 된 자가 되고 만다. 하지만 믿음으로 예수님을 향해서 '주님'과 '다윗의 자손'으로 고백하는 이방인은 이제 먼저 된 자가 되는 역전 현상이 일어난다. 하늘나라는 나중 된 자로 먼저 된 이 여인과 같은 사람들과 더불어 힘 있게 전진해 가고 있다(참고. 마 11:12).

2.4. 마태복음 15장 29-31절의 메시지

예수님은 다시 갈릴리 호수 근처의 산에 오르셔서 말씀을 전하신다(29절). 이스라엘 땅의 잃어버린 양을 찾으러 다시 오신 것이다. 다리를 저는 자들(*kyllous*, 복수형), 장애인들, 소경들, 벙어리들을 고쳐 주시니, 이 광경을 본 무리가 놀라며 이스라엘의 하나님께 영광을 돌렸다(30-31절). 이 구절에 의하면, 정작 치유 받은 사람 본인들은 이스라엘의 하나님의 영광이 예수님 안에 나타난 것을 믿었는지는 분명하지 않다. 그들은 단지 치유자로서 예수님을 믿었을 수도 있다.

---

148) 칼빈(1993:76)은 예수님이 여인의 외침에 대해서 침묵하셨으나 그 여자의 마음을 향하여 은연 중에 말씀하고 계셨다고 본다. 결국 예수님의 침묵은 이 여자의 믿음을 더 불붙도록 만들기 위한 것이었다.

2.5. 마태복음 15장 32-39절의 메시지

예수님의 말씀 집회가 사흘 동안 계속되니, 무리가 굶주린다. 물론 3일 내내 금식하며 집회한 것은 아니다. 선한 목자이신 주님은 이들을 긍휼히 여기신다. 마태복음 14장 13-21절의 오병이어의 기적을 베푸실 때보다, 지금 청중은 더 굶주린 것이 분명하다. 푸른 초장에 앉힌 후, 예수님은 7병 2어(정확한 표현은 '작은 물고기 몇 마리')를 들고 축사하시고,[149] 제자들이 나누어 주니, 남자 성인만 4,000명이 배부르게 먹고 7광주리가 남았다(38절). 33절의 '광야'라는 말은 출애굽 주제를 반영하는 것으로서, 새로운 모세이신 예수님이 새 이스라엘을 먹이심을 의미한다. 그런데 마태복음 14장의 오병이어의 기적을 목격한 제자들은 여전히 이 많은 사람을 먹일 떡을 광야에서 구하지 못한다고 불신앙으로 일관하고 있다(33절). 예수님의 제자들이 나누어 준 떡과 물고기를 여자들과 아이들을 제외하고도 남자들만 4,000명이나 되는 무리가 배불리 먹고도 남았다(36-38절). '광주리'는 헬라어로 *spyris*인데, 사도행전 9장 25절에서 바울이 밤에 다메섹을 탈출할 때 타고 내려온 광주리와 동일한 용어이다. 그러므로 마태복음 14장 20절의 남은 빵과 물고기를 담은 '12바구니'의 양과 비교해 볼 때, 37절의 7광주리가 더 양이 많다고 할 수 있다. 이처럼 메시아 시대의 은혜는 풍족하다. 예수님은 무리를 돌려보내고, 배를 타고 '마가단 경계'(*ta horia Magadan*, 참고. C, L, O, W, 다수 사본: '막달라 경계')로 가셨다(39절). 마가단은 갈릴리 서해안의 마을이기에 유대인 지역이며, '달마누다'로 불리기도 하며, 막달라 마리아의 고향이기도 하다(참고. 눅 8:2-3).

3. 오늘에의 적용

오늘날 위선과 인본주의적 전통의 상관성은 무엇인가?
주님의 인격과 사역을 알면서도 범하는 불신앙은 무엇인가?

마태복음 16장

1. 본문 및 구조

- 표적을 구하는 바리새인과 사두개인(1-4)
- 바리새인과 사두개인의 누룩(5-12)
- 베드로의 신앙 고백(13-20)

149) 34절에서 물고기는 '두 마리'라 말하지 않고 '작은 물고기 몇 마리'(*oliga ichthydia*)라고 한다. 이것은 출애굽한 이스라엘 백성 당시의 광야의 만나와 메추라기를 연상시킨다.

• 고난과 죽으심에 대한 첫 번째 선언(21-23)
• 제자도의 길과 주님의 오심(24-28)

2. 구원 계시사적 메시지

2.1. 마태복음 16장 1-4절의 메시지

예수님이 마가단(Magadan) 지경에 오시자(참고. 마 15:39), 바리새인과 사두개인들이 예수님께 다가온다(1절). 서로를 향해 대립의 각을 날카롭게 세우던 바리새인과 사두개인이 주님을 대적하기 위해서 협력한다. 그들은 주님을 시험하려고 예수님이 메시아라는 것을 증명할 하늘로서 내려오는 표적을 구한다(참고. 마 12:38). 이 말속에 그들은 지금까지 행한 주님의 사역을 메시아의 사역으로 인정하지 않았다는 것이 내포되어 있다. 예수님은 천기(the appearance of the sky)는 분별하면서 시대의 표적을 분별할 수 없는 이들을 비판하신다(3절).[150)] '시대의 표적'(the signs of the times)이란 예수님이 이 땅에 오셔서 그때까지 수행하신 일들이 새 언약의 시대가 종말론적으로 개시된 것임을 알리는 것이었는데, 다름 아니라 예수님 안에서 발생한 구약 예언의 성취와 구원 역사의 전진을 가리킨다. 예수님은 마태복음 12장 39절과 똑같은 말씀을 16장 4절에서 하신다. 주님의 '죽으심과 부활'이라는 결정적인 (요나의)표적이 곧 나타날 것인데, 바리새인과 사두개인들은 믿고 회개해야 했다. 사실 예수님 자신이 하늘에서 이 땅에 오신 가장 분명한 표적이시다. 이 말씀을 하시고 주님은 그들을 떠나셨다. 주님이 이들을 떠나심은 심판을 의미한다.

2.2. 마태복음 16장 5-12절의 메시지

갈릴리 건너편으로 갈 때 제자들은 떡을 가지고 가는 것을 잊었다(5절). 주님은 배 타고 가는 도중 제자들에게 바리새인과 사두개인들의 누룩 즉 그들의 교훈을 주의하라고 말씀하신다(6절; 참고. 16:12). 누룩 비유(참고. 마 13:33)에서 누룩의 영향력을 알 수 있듯이, 사악하고 영적으로 음란한 주님의 대적들의 인본주의적이고 위선적인 가르침도 큰 악영향을 미칠 수 있다. 그러나 이때 제자들은 떡을 가지고 오지 않았는데, 무슨 누룩인가라고 반응한다(7절). 이 말씀을 제자들은 바리새인과 사두개인으로부터 떡을 받지 말라는 정도로 이해했다. 예수님은 깨닫지 못한 제자들을 믿음이 적은 자라고 부르면서(참고. 마 6:30, 8:26), 이전에 행하신 오병(이어)과 칠병(이어)의 기적을 언급하신다(8-11절). 이 언급은 수천 명 아니 수만 명을 먹이신 주님이 제자 12명을 못 먹이실 것인가라는 책망의 어조이다. 그때야 제자들은 누룩이 빵의 누룩이 아니라 예수님의 대적들의 교훈을 가리킴을 깨닫는다(12절).[151)]

---

150) 2-3절을 시내 산, B, X사본 등은 생략한다. 바른 성경은 [ ]로 처리하지만, NIV와 개역개정판은 별다른 표시를 하지 않는다.

151) 12절에서 시내 산과 579 사본은 '빵의 누룩' 대신에 '바리새인들과 사두개인들의 누룩'이라고 쓴다.

2.3. 마태복음 16장 13-20절의 메시지

예수님은 헐몬 산 아래의 가이사랴 빌립보(*Kaisareias tes Philippou*, 빌립보의 가이사랴)까지 북쪽으로 올라가신다(13절). 분봉왕 빌립이 다스리던 영토이다. 예수님은 "사람들이 인자를 누구라 하더냐"라고 제자들에게 물으시니(13절),[152] 세례 요한, 메시아의 선구자인 엘리야(참고. 마 11:14), 예레미야와 같은 선지자로 알고 있다고 답한다(14절). 군중은 여전히 예수님을 메시아로 신앙하지 못했던 것이다. 여기서 '인자'라는 호칭이 사용된 것은 예수님은 메시아라는 의식을 가지고 활동하신 것이 분명함을 증명한다. 누가복음 9장 18절에 의하면 예수님이 제자들에게 자신의 정체에 대해 물으시기 전에 기도하셨다. 실제로 이 질문의 순간은 매우 중요한 시점이었다. 시몬 베드로는 예수님을 '주, 그리스도, 살아 계신 하나님의 아들'이라고 고백한다(16절; 참고. 삼하 7:14; 시 2:7; 마 1:21-23, 2:15, 3:17, 4:4, 7:21).[153] 이것은 인자이신 예수님에 대한 정확한 신앙 고백이다. 살아 계신 하나님의 아들 주 예수님은 가이사랴 빌립보의 죽은 이방 신들과 대조된다. 바요나 시몬(요나의 아들 시몬; '요나'와 '요한'은 아람어 음역 시의 차이임)의 이 고백은 하늘 아버지 하나님의 은혜 덕분이다(17절). 물론 베드로가 주님을 따라다니면서 보고 들은 것들이 이런 고백의 밑거름이 되었을 것이다. 예수님은 "너는 베드로(*petros*)이다", "이 반석"(*petra*) 위에 '내 교회'를 세울 것인데, 음부의 권세(음부의 문들; the gates of Hades/death; 지하 세계, 무덤, 죽음의 영향력; 참고. 욥 17:16; 시 9:13)가 이기지 못할 것이다"라고 약속하신다(18절; 참고. 요일 5:4). 베드로의 이 위대한 고백이 장차 세워질 신약 교회의 지침과 원리가 되어야 한다(참고. 리델보스, 1991:481).

우리는 "내가 이 반석 위에 내 교회를 세우리니"에서, '이 반석(*petra*)'을, 교회 개혁가들의 전통을 따라서 베드로의 '신앙 고백'으로만 보고, '베드로 자신'으로 보지 않아야 하는가? 비록 *petros*는 남성으로, *petra*는 여성으로 나타나지만, 이 두 단어는 사실 아람어 *kepa*에서 유래했다. 이것을 헬라어로 번역하여 반석, 즉 *petra*를 베드로에게 적용하기 위해서는 남성형 어미 *os*를

---

152) 13절에 다수 사본은 '나를'(*me*)을 포함하여 마지막의 '인자'와 중복시켜서, 오히려 예수님의 질문을 어색하게 만들었다.

153) '베드로'라는 이름은 마태복음에 25회 등장하는데, 그것은 마가복음과 누가복음과 비슷한 횟수이다. 마태복음의 '베드로'를 '탁월한 랍비'(R. Hummel) 혹은 '전형적인 그리스도인'(G. Strecker)으로 보아온 경향이 있었다. 그런데 마태는 다른 공관복음 병행 본문에 등장하는 '베드로'를 여러 번 생략한다(예. 마 9:20-22; 비교. 눅 8:43-48; 마 9:23-26; 비교. 막 5:37; 마 21:20; 비교. 막 11:21; 마 24:3; 비교. 막 13:3; 마 26:17; 비교. 눅 22:8; 마 28:7; 비교. 막 16:7). 이 경우들에서 마태가 '베드로'를 언급하지 않은 이유는 베드로가 제자들에 포함되었기 때문이며, 동시에 마태가 그를 '긍정적인 모델'로 제시하지 않기 위함이었을 것이다. 베드로가 제자들의 대표 역할을 명백하게 하거나(마 15:15; 17:1-4; 19:27; 26:37-41), 암시적으로 했다(마 8:14-15, 16:16-19, 21-23, 17:24-27, 18:21-22, 26:33-35). 하지만 베드로는 제자들의 부정적인 대표로 자주 묘사된다(마 16:21-23, 26:58, 69-76). 베드로는 주님을 부인했고(마 26:33-35), 물 위를 걷는 데 실패했다(마 14:28-31), 또한 베드로는 죄 용서(마 18:21-22), 비유(마 15:15), 변화산에서의 언급(마 17:1-4), 그리고 상급(마 19:27) 등과 관련하여 부정적인 모습을 보인다. 베드로는 긍정적인 면과 (더 큰 비중을 차지하는)부정적인 면을 동시에 가지고 있는데, 이 긴장을 통하여 마태는 독자들에게 그가 '첫 번째 가는 제자'이지만 결코 이상적이거나 완전하지 않은 12제자 중 한 명임을 가르쳐 준다(참고. Yang, 2010:30-37).

붙여 *petros*가 되었다. 즉 *petros*와 *petra*는 동일하다는 의미이다. 그렇다면 주님은 '이 반석' 즉 '바르게 신앙 고백한 베드로' 위에 주님의 교회를 건축하겠다고 약속하신 것이다(참고. ESV Study Bible, 2008:1855).[154] 실제로 베드로는 초대 교회의 설립에 있어서 반석 같은 창설 직원으로서 역할을 감당했다(참고. 엡 2:20-21; 계 21:14). 하지만 '내 교회(*mou ten ekklesian*)를 세우리니' 라는 말씀에서 예수님만이 유일한 교회의 건축자이심을 알 수 있다(참고. 고전 3:11; 엡 2:20). 여기서 '교회'(*ekklesia*, called out)라는 용어가 신약에서 처음 등장한다(참고. 신 9:10; 31:30; 삼상 17:47; 왕상 8:14). 교회는 구약 이스라엘을 대체할 메시아의 새 언약 공동체이다. 교회는 음부(죽음)의 세력(*pylai hadou*, '하데스의 문들')이 침범치 못하는 부활 생명이 가득한 강한 요새와 같다.

예수님은 베드로에게 '천국 열쇠들'을 주셔서, 베드로(그리고 사도들)가 땅에서 매고 풀면, 하늘에서도 매어지고(완료 신적 수동형) 풀리도록(완료 신적수동형) 하실 것이다(19절). 미래형과 결합된 완료형 수동태가 사용되어, 성도의 기도를 하나님이 들으시는 순간부터 응답하시고 시행하심을 강조한다. 하나님이 주도권을 쥐고 계시기에, 지상의 교회가 신적 권위를 가지고 하늘의 결정을 수행하는 것이다(참고. Rogers & Rogers, 1998:37). 마태복음 18장 18절에 의하면 다른 제자들도 이 권세를 받았다. 그렇다면 베드로를 위시한 주님의 사도들이 받은 이 천국의 열쇠들(*kleidas*)은 무엇인가? 천국 열쇠들은 천국의 문들을 여는 도구인데, 음부의 문들(권세)과 대조된다(참고. Keener, 1999:429). 천국의 열쇠'들'(the keys of the kingdom of Heaven)은 복수형이기에 단회적으로 사용되기보다는 반복해서 혹은 여러 용도로 사용될 것임을 암시한다. 열쇠는 문을 열고 잠그는 기능을 한다. 따라서 아마도 천국에 누가 들어갈 것인가를 결정하는 권세를 의미한다(참고. 마 10:14-15). 이것은 예정이 아니라 제자들이 수행하는 사람을 낚는 전도와 관련된다. 그리고 비슷한 문맥 속에 놓여진 마태복음 18장 18절의 빛 속에서 본다면, 천국이 지상에 현현된 기구인 교회로 들어온 백성을 감독, 치리하는 권세도 포함하는 것으로 볼 수 있다(참고. 리델보스, 1991:484; Keener, 1999:430; Pratt, 2003:1573). 물론 제자들은 청지기로서 이 직분을 수행해야 한다.[155]

그리고 열쇠가 신약성경에서 어떤 의미로 사용되었는가를 살펴볼 필요가 있다. 열쇠(*kleis*)는 누가복음 11장 52절에서 서기관들이 가지고 있는 '지식의 열쇠'라는 말에도 등장한다. 서기관은 율법을 잘못 해석하여, 잘못 가르쳐서 천국 문을 닫아 버린 사람이다(참고. 마 23:13). 그러므로

154) 18절의 '이 반석'을 '신앙 고백'으로 본 사람으로는 크리소스톰, 칼빈, 츠빙글리 등이며, '그리스도'라고 본 사람들은 오리겐, 어거스틴, 루터 등이다. 그러나 언어 유희(wordplay)를 고려하면, 예수님의 이 말씀이 베드로 자신에게 직접 주신 것이며, '베드로'(뜻: 반석)는 '이 반석'의 가장 근접한 선행사라는 사실은 '이 반석'이 다름 아니라 베드로 자신임을 의미한다(예. 쿨만, 프란스, 해그너 등). 베드로가 올바른 신앙을 고백하는 한, 그는 '이 반석'이며, 그렇지 못할 경우 그는 '걸림돌'이 되고 만다(마 16:23; 참고. Yang, 2010:15).

155) 황창기 교수(2010:44)는 마태복음 16장 17-18절을 설명하면서, 한국 교회의 복 개념을 예수님 중심으로 바꾸어야 한다고 역설한다. 즉 한 달란트를 받았건 다섯 달란트를 받았건 간에 예수님을 바로 알고 믿으며, 고백과 삶이 일치하도록 살아가며, 교회를 세우고, 천국 열쇠들을 활용하는 것이 참된 복이다.

지식의 열쇠는 율법을 해석하고 가르치는 권세를 의미한다. 그 외 요한계시록 1장 18절, 3장 7절, 9장 1절, 20장 1절에서 열쇠는 주권이나 능력을 가리킨다. 이것을 종합해 보면, 천국의 열쇠는 베드로가 초대 교회를 설립할 때 사용할 수 있는 권세로서 감독과 치리뿐 아니라, 말씀을 해석하고 가르치는 권세를 복합적으로 의미한다고 볼 수 있다. 이 권세를 주님을 대적한 서기관들은 더 이상 가질 수 없다. 왜냐하면 서기관들은 율법에 나타난 그리스도와 그분이 성취하신 의미를 알지 못했기 때문이다. 사도는 이 열쇠로 무언가를 매고 풀어야 한다(19절).[156]

마태복음 13장 52절에 의하면, 천국의 새로운 서기관인 제자들은 예수 그리스도 안에 있는 오래된 천국의 원리와 성취된 새로운 적용을 늘 주도권을 가지고 집주인처럼 시도해야 한다. 즉 천국의 열쇠는 구약과 천국 복음을 예수 그리스도의 빛 속에서 조망하고 이해하여 가르치는 것을 의미한다고 볼 수 있다(참고. 이동수, 1997:55). 주님은 제자들에게 자신이 '그리스도'(참고. 다수 사본: '예수 그리스도')이심을 아무에게 말하지 말라고 경계하신다(20절). 주님은 죽으시고 부활하시기 전에 메시아이심이 발설되는 것을 원치 않으셨다(참고. 마 17:9). 만일 당장 예수님이 메시아라고 공개적으로 선언한다면 반드시 유대인들은 정치적인 해방을 위해 주님 주위로 몰려들었을 것이며, 그렇게 되면 진정한 메시아 사역은 방해를 받게 되고 말았을 것이다. 주님의 부활 후에야 메시아의 영광과 존엄에 대한 공적인 선포가 있을 것이다.

2.4. 마태복음 16장 21-23절의 메시지

천국 복음을 선포하기 시작하신 마태복음 4장 17절과 더불어 마태복음 16장 21절은 마태복음의 큰 전환점이다. 이 구절에서 예수님은 예루살렘에 올라가서 장로(공회의 일원으로서 종교법과 시민법의 반포를 결정했던 지도자들), 대제사장들, 서기관에게 많은 고난을 받고 죽으시고 부활하실 것을 제자들에게 말씀하신다. 베드로의 신앙 고백과 그에 따른 예수님의 약속을 언급한 후에야, 때가 찼기에 주님은 십자가와 부활을 언급하신다(참고. 마 9:15, 12:39-40). 21절에서 '*dei*'는 주님이 '반드시' 죽으시고 부활하셔야만 하는 사실을 강조한다. 베드로는 이 말씀을 하시는 예수님을 반박하면서 꾸짖고(rebuke), 이런 일이 일어나지 않을 것이라고 말한다(22절). 여전히 베드로의 메시아관이 유대인의 사상과 별다를 바 없음을 알 수 있다. 유대인에게 있어서 메시아는 고난을 당하기는커녕 영광과 승리와 승귀를 받으셔야 했다. 하지만 이런 생각은 예수님에게는 걸림돌이었고, 대신 예수님의 메시아직 수행은 이사야 53장의 성취여야 한다. 예수님은 "사탄아 내 뒤로 물러가라 너는 나를 넘어지게 하는 자로다. 네가 하나님의 일을 생각지 아니하고

---

156) 칼빈이 《기독교 강요》 4.6.3과 4.6.4에서 설명하는 것을 들어보자. "매고 푸는 방법에 대해서는 성경 전체에 반복 설명되었을 뿐 아니라, 바울이 복음의 사역자들이 사람들을 하나님과 화해시키며 동시에 이 은혜를 거부하는 사람들을 처벌하라는 명령을 받았다고 말한 것이 가장 훌륭한 설명이다(고후 5:18). ……복음의 교리에 의해 우리 앞에 하늘이 열리기 때문에 '열쇠'라는 말은 적절한 은유가 된다. 그런데 사람들이 매이며 풀린다는 것은, 어떤 사람은 신앙에 의해서 하나님과의 화해를 얻으며, 어떤 사람은 불신앙으로 인해서 더욱 속박을 받는다는 뜻에 불과하다. ……나는 이 약속 자체에는 사도의 직분이 존귀하다는 뜻밖에 없다고 해석한다."

도리어 사람의 일을 생각한다"고 말씀하신다(23절). 베드로의 말은 사탄의 계획과 일치한다. 주님이 죽으시지 않고 메시아직을 수행하도록 하는 것이 광야의 시험에서도 나타났다(참고. 마 4:8-9). 하나님의 구원 계획은 하나님의 방식대로 이루어져야 하지, 인간적인 상식이나 판단대로 이루어질 수 없다.

2.5. 마태복음 16장 24-28절의 메시지

제자는 자기를 부인하고, 자기 십자가를 지고 주님을 따라가야 한다(24절). 예수님만 예루살렘에 올라가서 많은 고난을 당하고 죽으실 것이 아니라, 제자들도 그러해야 한다. 유대 종교 지도자의 적의에 노출되어 있던 제자들도 메시아의 고난(그리스도의 남은 고난, 참고. 골 1:24)에 참여해야 한다. 자기를 부인하고 십자가를 지는 것은 곧 자기 목숨을 구원코자 하는 대신, 주님을 위해 자기 목숨을 잃을 각오를 하는 것이다. 그렇게 살 때 오히려 생명을 얻게 된다(25절).[157] 온 천하보다 더 귀한 것이 목숨이기에, 목숨과 바꿀 만한 것은 없다(26절). 이 목숨은 영생에 상응하는데, 영생을 얻는 방법은 역설적으로 자기를 부인하고 십자가를 지는 것이다. 인자가 아버지의 영광으로 천사들과 함께 와서 사람이 행한 대로(*ten praksin*, 사람의 전체의 삶의 경로와 업적) 갚으신다(27절; 참고. '상급', 마 5:12, 6:2, 4, 10:41, 16:27, 19:29, 20:15, 25:34). 예수님의 말씀을 듣고 있는 사람 중에서 죽기 전에 인자가 왕권을 가지고 오는 것을 볼 자가 있다(28절; 참고. 마 24:30). 27절과 28절은 동일한 사건을 말씀하는 것이다. 그러므로 이 두 구절은 예수님의 제자들이 죽기 전에 메시아의 왕권이 시행되는 긴박한 사건을 염두에 둔 것으로서, 하나의 영적 파루시아(a spiritual parousia)인 A.D. 70년 사건을 가리키는 것으로 보는 것이 자연스럽다.[158]

예루살렘 멸망은 하나의 파루시아로서, 대적을 향하여 승귀한 그리스도께서 왕적 심판을 시행하신 것이다. 참고로, 유대인들에게 있어서 A.D. 70년 사건은 역사의 끝(완성, 참고. 마 25:31-46)의 서곡이었다. 그러므로 예루살렘 멸망과 세상의 끝 사이에는 모형론적인 연관성이 있다. 역으로, A.D. 70년 사건은 모형론적으로 오순절 성령 강림 사건을 돌이켜 본다. 즉 오순절 사건은 A.D. 70년 사건을 모형론적으로 내다본다. 왜냐하면 오순절 성령 강림 사건은 승귀하신 예수님이 자신의 영광스러운 나라를 심으시기 위해서, 성령과 교회를 통해서, 이 세상을 통치하시고 대적을 물리치시는 시작점이기 때문이다.

3. 오늘에의 적용

우리는 어떤 시대에 사는가?
지상 교회는 바른 성경 해석을 통하여 하늘의 결정에 따르고 있는가?

---

157) 25-27절은 매 절마다 '왜냐하면'(*gar*)으로 시작한다. 바른 성경은 세 접속사를 번역하지 않았다.

158) 하지만 이것을 마태 공동체가 주님의 임박한 재림을 기대한 것으로 보는 이가 적지 않다(예. 이응봉, 2010:11).

음부의 권세를 이기는 성도 개인의 삶은 어떤 것인가?
승천하신 주님의 방문과 통치를 받고 있는가?

마태복음 17장

1. 본문 및 구조

- 변화산의 예수님(1-8)
- 세례 요한과 엘리야(9-13)
- 간질병 소년의 치유(14-21)
- 두 번째 고난 예고(22-23)
- 성전 세금을 내심(24-27)

2. 구원 계시사적 메시지

2.1. 마태복음 17장 1-8절의 메시지

가이사랴 빌립보에서 사역하신 지 6일이 지나서 예수님은 베드로, 야고보, 요한을 데리고 높은 산으로 가신다(1절; 참고. 마 4:21, 26:37).[159] 그런데 왜 6일 지난 후에 이 일이 발생하는가? 출애굽기 24장 16절에 보면, 여호와의 영광이 머물던 시내 산에서 모세가 여호와를 알현하기 전에 6일을 기다렸다. 여기서도 예수님은 새로운 모세로 등장한다(참고. 출 34:29-35). 예수님의 얼굴은 해같이 빛나고, 옷은 '빛같이'(*hos to phos*; 참고. D사본은 '눈과 같이 흰') 희어졌다(2절). 변화산 사건은 하나님의 영광이 예수님에게 임한 것이며, 장차 부활체를 입으실 것을 미리 보여주신 것이다. 예수님의 이 영광스런 모습은 성부-성령과 영원 전에 계셨던 바로 그 영광을 보여주는 것이기도 하다.

베드로후서 1장 17절에서 베드로는 변화산 사건을 언급하는데, 이 변모(metamorphosis) 사건으로 그만큼 강력한 인상을 받았다는 뜻이다. 모세와 엘리야가 예수님과 대화를 하는 것을 세 제자가 본다(3절). 구약에 하나님과 천사들이 사람의 모양으로 나타난 경우가 있듯이, 율법의 대표인 모세와 선지자의 대표인 엘리야가 사람의 모양으로 나타났다. 왜 모세와 엘리야가 여기에 나타났을까? 율법과 선지서의 예언이 인자의 죽음과 부활로 성취되기 직전이기에, 그들이 예수

159) 변화산은 갈릴리에서 북서쪽으로 19km 떨어진 다볼 산인가? 아니면 다수의 학자들이 지지하듯이 이스라엘과 시리아 국경 근처의 해발 2,794m의 헐몬 산인가?

님을 격려하기 위해 나타났는가?(참고. 리델보스, 1991:502). 신명기 18장 15절에서 모세는 메시아의 도래를 예고했고, 엘리야는 메시아의 선구자이다(참고. 말 4:5-6). 이제 이 두 구약의 대표자들이 증인으로 등장하여, 예수님의 메시아 직분이 성취됨을 증언하고 축하한다. 이제 하나님의 경륜은 구약의 메시아 예언이 결정적으로 성취되는 단계로 전진해 간다.

베드로는 "우리가 여기 있는 것이 좋사오니"라고 말하면서, 초막 셋을 주님과 모세와 엘리야를 위해 짓겠다고 말한다(4절).[160] "여기에 있는 것이 좋다"는 말에서, 추론해 볼 수 있는 것은 베드로는 변화산의 그 상태가 곧 영광스런 천국이 도래한 상태로 여겼을 수도 있다는 점이다. 우리는 베드로가 모세와 엘리야를 어떻게 알아보았는지 알 수 없다. 베드로는 그들을 더 오래 머물게 하려고 초막을 지으려고 했을 것이다. 그러나 이런 계획은 예수님의 십자가 고난과는 무관한 영광만 생각한 것이나 다를 바 없다. 더욱이 베드로의 이 제안에는 예수님을 선지자 중의 한 사람으로(참고. 마 16:14), 즉 모세와 엘리야의 지위로 격하시키는 듯한 느낌도 있다(참고. 오스본, 2002:137). 따라서 천상의 영광과 지상의 이해 부족이 충돌하고 있다. 그때 갑자기 하나님의 현현을 가리키는 빛난 구름이 덮이고(참고. 출 13:12; 왕상 8:10), 구름 속에서 "이는 내 사랑하는 아들이요 내 기뻐하는 자니 너희는 저의 말을 들으라"라는 하나님의 음성이 들린다(5절; 참고. 마 3:17). "너희는 저의 말을 들으라"는 신명기 18장 15절의 성취이다. 제자들은 이 음성을 듣고 심히 두려워한다(6절; 참고. 계 1:17). 주님은 제자들에게 손을 대시면서 "일어나라 두려워 말라"고 말씀하신다(7절). 제자들은 오직 예수님만 보았다(8절).

2.2. 마태복음 17장 9-13절의 메시지

주님은 변화산 사건에서 목격한 것을 인자가 부활할 때까지 말하지 말라고 경계하신다(9절). 이 구절은 한정된 기간 동안 침묵하라는 예수님의 유일한 명령이다. 부활의 빛 속에서 제자들은 변화산 사건의 의미를 온전히 이해하고 선포할 수 있었기 때문일 것이다. 제자들은 서기관들이 가르친 대로, 메시아의 도래 전에 엘리야가 올 것이라고 믿고 있었다(10절; 참고. 말 4:5-6). 제자들은 예수님을 메시아로 고백했지만, 예수님의 선구자인 엘리야가 누구인지 몰랐다. 예수님은 메시아의 선구자로 엘리야가 와서 모든 일을 회복하였다고 말씀하신다. 이 말씀은 세례 요한이 주님의 초림을 위해 길을 닦았다는 것을 의미한다. 세례 요한이 엘리야의 심정으로 와서, 악한 왕(아합, 이세벨, 헤롯 안디바, 헤로디아)의 위협과 백성들의 무지에도 불구하고, 죄를 지적하고 회개를 촉구했다(11-13절). 참수형을 당한 세례 요한처럼 인자도 고난을 받아야 한다(참고. 시 22:14; 사 53:1-12).

2.3. 마태복음 17장 14-21절의 메시지

160) 4절에서 다수 사본은 미래 능동 직설 1인칭 단수(*poieso*)가 아니라 "우리가 초막 셋을 여기에 만듭시다"라고 아오리스트 능동 가정 1인칭 복수(*poiesomen*)로 쓴다.

변화산에서 주님이 세 제자와 함께 내려오신다. 그때 나머지 아홉 제자들은 간질병으로 심히 고생하면서, 때로 불과 물에 넘어지던 소년을 고치지 못한다(15-16절). 소년의 병의 원인은 악령 때문이다. 예수님은 모세가 그러했듯이(출 24:14, 32) 산에 오르기 전에 책임을 위임했던 이들의 실패를 처리해야 하셨다(참고. 존 월튼, 2010:1310). 주님은 "믿음이 없고 패역한 세대여(사람들). 내가 얼마나 너희와 함께 있으며 얼마나 너희를 참으리요"라고 제자들을 책망하신 후(17절; 참고. 신 32:20), 악령을 꾸짖으시니 아이가 치유되었다(18절). 제자들이 예수님에게 자신들은 왜 소년을 고치지 못했는지 질문한다(19절). 산을 옮길 만한 일처럼 초자연적이며 불가능을 가능하게 만드는 능력이 있는 겨자씨만한 믿음을 제자들이 가지고 있지 못했기 때문이다(20절; 비교. 마 21:21).[161]

구약에서 '산'은 지상에서 흔들림 없는 것으로 인식되었다(참고. 시 46:2; 사 54:10). 겨자씨는 비록 작지만 그 안에 온전한 생명이 있는 온전한 것이다. 마태복음 10장 1절에 의하면, 주님은 이미 제자들에게 축귀의 능력을 주셨다. 이 능력을 제대로 사용할 정도의 확고한 믿음이 제자들에게 없었던 것이다. UBS 4판, NIV, 바른 성경, 개역개정판에 생략된 21절은 "기도와 금식이 아니면 이런 유가 나갈 수 없다"가 다수 사본에 포함되어 있다(참고. 막 9:29).

2.4. 마태복음 17장 22-23절의 메시지

두 번째로 예수님은 자신의 죽음과 부활에 대해 말씀하신다. 제자들이 갈릴리에 '함께 모여 있을 때'(*systrephomenon*; 다수 사본: '머물 때' [*anastrephomenon*]), 예수님은 자신이 장차 사람의 손에 넘기우고, 죽으시고, 3일 만에 부활하실 것을 말씀하셨다(22절). '사람의 손에 넘기우고'는 제자 중에서 예수님을 배반할 자가 있음을 암시한다. 이 말을 들은 제자들은 심히 근심했다(23절). 아직도 주님의 제자들은 죽음과 부활의 의미를 제대로 알지 못하고 있다.

2.5. 마태복음 17장 24-27절의 메시지

가버나움에서 성전세를 거두는 사람들이 베드로에게 말하기를 예수님이 반 세겔을 성전세로 내지 않았다고 한다(24절).[162] 예수님은 성전과 대립되는 태도를 보이시기에(참고. 마 21:12-14, 23:38-24:15), 주님이 성전세를 내지 않은 것은 의구심을 더욱 증가시켰을 것이다. 세리 출신 마태는 이 사건을 상세히 기록한다. 20세 이상의 남자는 성전세로 반 세겔, 즉 두 드라크마를 내어야 했다(참고. 출 30:13). A.D. 66-70년의 전쟁 이전에 성전세입은 엄청나서, 여분을 어디에 사용해야 할지 고민하다가, 성전에 금으로 포도송이를 만들었다(요세푸스의 유대전쟁사, 5.210). 비록 이 성전세는 강제적인 것은 아니었지만, 거두는 사람은 내라고 강청했다. 로마 당국은

---

161) 20절에서 "너희의 작은 믿음(*oligopistian*) 때문이다"(시내 산, B, 세타 사본 등)를 다수 사본은 "너희의 불신앙(*apistian*) 때문이다"로 쓴다.

162) 로마 당국이 성전세로 이교도 신전 유지를 위한 비용으로 충당했을 가능성이 있었기에, 유대인들은 성전세를 내지 않으려고 했을 것이다(참고. 존 월튼, 2010:1310).

A.D.70년 이후에 이 성전세를 로마 정부를 위해 내도록 유대인과 유대인 그리스도인에게 강요했다(참고. Keener, 1999:443-444).

예수님은 관세(물품세, toll)와 정세(인두세, 재산세, tribute)를 세상 임금이 아들과 타인 중에서 누구에게로부터 받는지를 물으신다(25절). 베드로가 "다른 사람들에게서 받습니다"라고 답하자, 예수님은 "그렇다면 아들들은 세금을 내지 않아도 된다"라고 답하셨다(26절). 로마 제국의 황제 가족과 측근들은 세금을 내지 않았다. 성전에 거하시는 하나님의 아들인 예수님과 제자들은 성전세 납부의 의무에서 제외되어 마땅하다. 사실 예수님은 참 성전이시고, 성전보다 더 크신 분이지 않은가? 예수님은 세금 거두는 자들이 반감을 가지고 복음 전파를 대적하지 않도록 하기 위해, 베드로가 낚시한 물고기 입 안에 있을 한 세겔로 자신과 베드로가 내야 할 세금을 내라고 말씀하신다(27절). 세상의 주인이신 주님이 기적적인 방법을 동원하여 성전세를 내도록 하신다. 성전보다 더 크신 분이신 주님이 성전세를 내시는 아이러니를 본다. 그리고 이 사실은 하나님께서 자기 백성의 필요를 주권적인 방식으로 채워 주실 것을 교훈한다(참고. 시 50:10-12). 물론 성도는 베드로가 낚시해서 4드라크마를 얻었듯이, 여호와 이레의 복을 얻어야 한다.

3. 오늘에의 적용

우리에게 축귀와 치유의 능력과 믿음이 있는가?
주님은 초자연적으로 성전 된 우리의 필요를 채우심을 믿자.
복음의 진보를 위해 우리가 삼가야 할 것은 무엇인가?
목회자가 세금을 내는 것은 어떤 면에서 대사회적으로 덕을 세우고 유익이 되는가?

마태복음 18장

1. 본문 및 구조

- 천국에서 큰 자(1-4)
- 실족하게 함과 범죄함에 대한 경고(5-9)
- 잃은 자를 구원하시는 아버지(10-14)
- 교회의 치리(15-20)
- 용서할 것을 가르치는 비유(21-35)

2. 구원 계시사적 메시지

2.1. 마태복음 18장 1-4절의 메시지

마태복음 16장 28절의 임박한 천국의 도래에 대한 말씀을 들은 제자들은 서로 질투하며 경쟁심을 가지게 되었다. 그래서 제자들은 천국에서 누가 큰지 묻는다(1절). 아마 주님과 함께 변화산에 올라간 베드로, 야고보, 요한이 침묵으로 일관하니, 나머지 제자들이 더욱 경계의 눈빛으로 바라보았을 수도 있다. 주님의 제자들은 인간의 업적, 성취, 지위의 관점에서 큰 자를 이해하고 있다. 예수님의 대답은, 제자들이 회개하여 어린아이와 같이 되지 않으면 결단코 천국에 들어가지 못한다는 것이다(2-3절).[163] 어린아이와 같이 자기를 낮추는 이는 천국에서 큰 자이다(4절). 마태복음 20장 26-28절에 의하면 종으로서 섬기는 자가 으뜸이요 큰 자이다.

2.2. 마태복음 18장 5-9절의 메시지

교회가 예수님의 이름으로 어린아이(*paidion*, 어린이 및 주님의 제자) 하나를 영접하는 것은 곧 예수님 자신을 영접하는 것이다(5절). 예수님은 연약한 교회의 지체를 주님 자신의 권세와 이름으로 돌보아야 할 것을 교훈하신다. 어린아이는 교인 가운데 실제로 사회적인 약자나 낮은 신분에 속한 자를 가리킬 수도 있지만, 마치 마음이 가난한 자와 같이 전적으로 하나님의 은혜로만 살려는 사람 혹은 신앙의 기초에 있는 사람을 영적으로 교훈한다(참고. 양용의, 2006:311). 비록 6절에서 '어린아이' 대신 '소자'(작은 자)가 사용되었지만, 5절과 6절은 의미에 있어 단절되지 않고 이어진다(참고. France, 2007:681). 주님을 믿는(*pisteuonton eis me*, 공관복음의 *hapax*) 소자들(*mikron*, 참고. 10, 14절) 가운데 하나라도(참고. 마 10:42) 걸려 넘어지게 하는 자는 차라리 그(실족하게 한 사람)의 목에 연자방아 맷돌(*mylos onikos*, donkey-millstone, 참고. 계 18:21)이 달린 채 깊은 바다에 빠지게 하는 것이 낫다(6절; 참고. 막 9:42; 눅 17:2; 보라. 오스본, 2002:157; Nolland, 2005:736; France, 2007:682; 칼빈, 1993:137).[164] 로마인의 극형이 십자가 처형이라면,

---

163) 칼빈(1993:135)은 예수님이 경쟁이 무엇인지 모르는 아이들을 예로 들어, 제자들의 마음에서 인간적인 경쟁을 몰아내신다고 본다. 그런데 칼빈은 아이조차도 죄성과 경쟁심을 가지고 있기에, 어떤 유사점들이 모든 면에 있어서 상응하지 않을 수 있다고 설명한다. 어린아이는 보다 단순하고 비경쟁적이다.

164) 연자방아의 위 맷돌(upper stone)을 목에 매고 바다에 빠지는 사람은 실족하게 하는 사람인가? 아니면 실족을 당한 사람인가? 전자라면 죽는 것만큼이나 남을 실족시키는 것을 무서운 일인 줄 알고 주의하라는 뜻이다. 후자라면 남에 의해서 실족을 당하는 것보다 물에 빠져 죽는 것이 낫다는 의미이다. Rogers & Rogers(1998:40)는 "That a millstone be hung around his neck is advantageous for him"이라고 번역한다. 하지만 여기서도 동일인인 'his'(*autou*)와 'him'(*auto*)이 누구인지 분명하지 않다. 개역개정판도 누구의 목에 연자방아 맷돌이 달려서 죽는지 명확하지 않다. "실족하게 하면 차라리 연자 맷돌이 그(소유격인지 정관사인지 구분 안 되는 번역임) 목에 달려서 깊은 바다에 빠뜨려지는 것이 나으니라." NIV도 마찬가지이다. 바른 성경도 모호하다. "걸려 넘어지게 하는 자는 차라리 그의 목에 연자방아 맷돌이 달린 채 깊은 바다에 빠지게 하는 것이 더 낫다." 많은 주석가들도 이 문제를 시원하게 해결하지 않는다. 6절의 아오리스트 능동태 가정법 동사 *skandalise*(실족하게 하면)는 '3인칭 단수'이며, 동사 *sympherei* 비인칭 동사; 참고. Zerwick, 1993:57) *auto*(그에게 좋다), 아오리스트 수동태 가정법 동사

유대인의 극형은 맷돌을 맨 채 바다에 던져지는 것이다(참고. Keener, 1999:449). 만약 한 사람이 바다에 빠져 죽는다면 그의 영혼은 구원 받을 수 있지만, 자신의 동료를 실족하게 하면 실족하게 한 본인은 하나님의 영원한 심판의 대상이 된다. 비슷한 맥락에서 해그너(1995:523)에 의하면, 남을 실족하게 하는 자에게, 물에 빠져 갑작스럽게 죽는 것이 남을 실족하게 만들어 파멸시키는 수단(통로)이 되는 것보다 낫다.

세상의 화는 걸려 넘어지게 하는 일(예. 도덕적 타락과 유혹) 때문에 발생한다(참고. Turner, 2008:437). 실족하게 하는 사람에게는 화가 있다(7절; 참고. 마 13:41; 17:27).[165] 성도는 손, 발, 눈으로 성도를 실족하게(범죄케) 할 수 있는데, 만일 범죄하면 몸의 일부를 제거해 버리겠다는 각오를 할 만큼 결단하며 주의해야 한다. 그래야만 영원한 지옥불(게헨나)에 들어가지 않는다(8-9절).[166] 사실 연자 맷돌을 매고 바다에 빠져 익사하는 고통은 십자가 처형보다 더 크고, 성도가 죄와 싸우는 것도 힘든 일이지만, 지옥불에 들어가는 것보다는 덜 고통스러우며 낫다. 오늘날 교회 안에서 성도에게 상처를 입어 떠나는 사람이 있으며, 성도의 신행 불일치가 불신자가 주님께 돌아오는 데 결정적인 방해거리가 되는 경우가 많다. 그러므로 우리는 주님의 이 준엄한 경고를 들어야 한다.

2.3. 마태복음 18장 10-14절의 메시지

예수님은 소자(*mikron*)를 업신여기지 말라고 경고하신다. 왜냐하면 소자의 천사들이 하늘에서 성부의 얼굴을 항상 뵈옵기 때문이다(10절). 이 구절에서 수호천사의 교리를 빼내어야 하는 것은 아니다(참고. 히 1:14).[167] 천사들은 항상 하나님께 나아갈 수 있으며, 동시에 하나님의 명을 받아서 소자로 대변되는 성도를 섬기며 보호하고 있다. UBS 4판, NIV, 바른 성경과 개역개정판에는 11절이 생략되었으나, D, W, 다수 사본에는 "인자의 온 것은 잃어버린 자를 구원하려 함이니라"가 첨가된다. 양 100마리 중 길 잃은 1마리를 찾아다니는 목자의 심정을 헤아려 보아야 한다(12절). 목자이신 주님은 성도 개인에게 관심을 보이신다. 잃은 양을 찾은 목자는 크게

---

kremasthe (매달리다), 아오리스트 수동태 가정법 동사 *katapontisthe*(가라앉혀지다)도 3인칭 단수이다. 따라서 이 동사들의 행위자는 동일 인물로 볼 수 있다. 그러므로 바다에 빠져 죽는 형벌(참고. 마 8:32)은 실족하게 한 사람에게 임하는 것으로 보는 게 문맥상 자연스럽다(참고. 양용의, 2006:311).

165) France(2007:682)는 마태복음 18장 21-35절에 근거하여 '실족하게 하는 것'에 용서하지 않는 것을 포함시킨다.

166) 8절의 손과 발이 잘리는 것은 유대인들에게 있어서 하나님에게 헌신하기 위해서 순교자들이 치른 대가를 묘사하는 표현이다(참고. 2마카비 7:11; 4마카비 10:20). 그리고 유대인들은 신체의 일부를 잃어버린 사람들이 먼저 장애를 가진 그 모습으로 부활한 후에 나중에 회복된다고 믿었다(참고. 2바룩 50:2-4; 보라. Keener, 1999:450).

167) 마태복음의 1차 독자들은 유대인 출신이다. 유대인들은 수호천사 1명이 유대인 한 명을 돌본다고 믿었다. 그런데 계급이 높은 천사들만 보좌 위의 하나님을 정기적으로 알현할 수 있다고 믿었는데, 작은 자를 업신여긴 자들은 지위가 높은 천사들을 통해서 하나님께 보고될 것이다. 마태는 독자들의 수호천사 개념에 동의하지는 않았더라도, 그것을 전제로 하여 설명하고 있는 것으로 보인다(참고. 존 월튼, 2010:1312).

기뻐한다(13절). 하지만 '만일 찾으면'이라는 말씀이 암시하듯이, 목자의 품을 떠나버린 자 중에서 돌아오지 않을 사람도 있다. 이스라엘의 관습상 여러 목자가 동시에 양을 몰고 가기에, 나머지 99마리 양을 돌볼 목자는 따로 있다. 하나님은 다수의 양을 무방비 상태로 방치하지 않으신다. 소자 중 하나라도 잃는 것은 아버지 하나님의 뜻이 아니다(14절; 참고. 벧후 3:9).

2.4. 마태복음 18장 15-20절의 메시지

이 단락에서는 교회의 권징에 대해 말씀한다. 이 말씀이 필요한 이유는 앞 단락에서 말씀한 바대로 소자를 실족하게 하는 경우가 교회 안에서 발생하며, 목자이신 주님의 품을 떠나는 사람이 있기 때문이다. 그러므로 공동체 안의 관계적인 범죄를 저질러 실족하게 하는 자도 권징의 대상이 된다. 권징에는 적법한 절차가 있다. 먼저 개인적으로 접촉하여 권면하고 돌이키도록 해야 한다(15절). 효과가 없을 시, 그 다음 구약의 증인의 수를 연상하듯이 한두 사람을 데리고 가서 권면해야 한다(16절; 참고. 신 19:15). 그래도 효과가 없을 시 교회 차원에서 다루어야 하고, 그래도 안 되면, 이방인과 세리처럼 취급하여 출교시켜야 한다(17절). 18-20절에서는 두 세 사람 즉 교회의 치리를 위해 전권을 위임받은 대표자들이 합심해서 매고 푸는 작업을 하늘의 허락을 받아서 해야 한다.[168] 이 말씀은 한 지역 교회의 최소 구성원이 2-3명이라는 말이 아니다. 문맥상 교회의 치리와 관련하여 하나님의 뜻을 합심 기도로 묻고 신중하게 시행해야 함을 의미한다.

2.5. 마태복음 18장 21-35절의 메시지

교회의 권징을 언급하신 후 주님은 용서의 필요성에 대해 말씀하신다. 베드로는 범죄 한 형제를 최대한 일곱 번 용서할 수 있는 것처럼 말하나, 주님은 일흔 번씩 일곱 번 즉 무한대로 용서할 것을 말씀하신다 (22절).[169] 이 사실을 주님은 종과 회계하는 임금과 같은 천국 비유로 설명하신다(23절). 1만 달란트(참고. 1달란트는 6,000데나리온, 즉 20년 품삯) 빚진 자(24절)는 스스로 빚을 갚을 수 없는 사람을 가리킨다. 상환 불능의 채무자는 자신의 몸을 팔아서 종이 되어야 한다(25절; 참고. 출 22:3). 요세푸스는 헤롯 치하에서 갈릴리 및 베뢰아 지역의 연간 세금 징수액은 200달란트를 넘지 못했다고 기록했다(참고. 존 월튼, 2010:1313).

종의 간구를 듣고(26절), 임금은 그를 불쌍히 여겨 탕감해 준다(27절). 하나님은 고대 왕처럼 절대 주권으로 허물과 죄를 사하시는 분이시다. 그러나 1만 달란트 빚진 자가 100데나리온 빚진 자를 용서하지 않고 투옥시킨다(30절). 임금은 이 악한 사람을 투옥시킴으로 사실상 종신형

168) 칼빈은 출교에 의해서 사람을 매고, 교회의 친교 속으로 받아들임으로써 사람을 푼다고 설명한다《기독교 강요》, 4.11.2). 참고로 유대인들은 회당에서 치리를 했는데, 그들의 결정은 하늘 법정의 권위에 근거하고 있다고 믿었다(참고. 존 월튼, 2010:1312).

169) 후대의 몇몇 랍비들은 동일한 범죄를 세 번까지 용서할 수 있다고 보았다. '일곱 번을 일흔 번까지'라는 말은 "절대로 원한을 품지 말라"는 의미로 유대인들이 사용한 생생한 표현이다(참고. 존 월튼, 2010:1313).

을 선고한다(34절). 투영을 통해서 추론해 볼 때, 마태 공동체는 A.D. 60년대 중반에 이런 권징의 문제와 갈등 수습의 문제를 겪었을 수 있다. 이 비유의 교훈은 예수님의 대속의 희생을 통하여 우리를 용서하신 하나님의 은혜를 기억하면서 진심으로 형제를 용서하라는 것이다(35절). 이 비유는 회계하는 임금과 같다고 말씀하셨으므로(23절), 하나님 나라 즉 하나님의 뜻은 자비로운 주님의 용서하심과 교회의 상호 용서를 통해서 건설됨을 가르쳐 준다. 그러므로 문맥상으로 볼 때, 목자의 품을 떠나버린 1마리 양이라 할지라도, 교회의 합법적인 권징에 따라서 이방인과 세리처럼 출교 당한 자가 있을지라도, 그들이 진심으로 돌이키면 다시 받아들여야 할 것을 암시한다.[170)]

3. 오늘에의 적용

우리가 영접하고 돌보아야 할 소자는 누구인가?

우리가 찾아야 할 잃어버린 한 마리 양은 누구인가? 이들을 돌보기 위해 교회가 시행하는 다중적인 돌봄의 장치는 무엇인가?

교회에서 바른 권징이 시행되고 있는가?

마태복음 19장

1. 본문 및 구조

- 예루살렘을 향한 여행의 시작(1-2)
- 이혼에 대한 질문(3-12)
- 예수님과 어린이(13-15)
- 부자 청년(16-22)
- 부자는 천국에 들어갈 수 있는가?(23-26)
- 제자의 상(27-30)

2. 구원 계시사적 메시지

170) 교회의 공적인 치리가 하나님의 공의를 반영한다면, 개인적인 용서는 하나님의 무한한 사랑을 반영한다고 볼 수 있다.

2.1. 마태복음 19장 1-2절의 메시지

갈릴리 사역을 마치신 예수님은 유대 지경으로 내려오신다. 십자가를 지시기 위한 비아돌로로사(Via Dolorosa, sorrowful road)가 이미 시작된 것이나 마찬가지이다. 다른 복음서와는 달리 마태복음에는 오직 한 번만 주님이 예루살렘을 방문하신 것으로 나타난다. 이렇게 함으로써, 마태복음 독자로 하여금 주님의 예루살렘 사역에 대해 오히려 더 큰 기대와 궁금증과 긴장을 불러일으키는 효과를 낸다. 주님은 일단 요단 동편 베뢰아 지역에 잠시 머무신다(1절). 갈릴리 사역에 대한 소문이 유대 지경에도 들려서 큰 무리가 주님께로 나아오고, 그중 병자를 고쳐주신다(2절). 예수님은 이스라엘의 잃어버린 자들을 끝까지 돌보고 계신다.

2.2. 마태복음 19장 3-12절의 메시지

아마 요단 동편에 살고 있던 바리새인들이 예수님을 찾아와서 이혼에 관한 질문을 던짐으로써 주님을 시험한다(3절). '아무 연고를 물론하고'라는 말은 '언제 어디서 어떤 이유이건 상관없이 이혼할 수 있는가'라는 질문이다. 이것은 힐렐 학파의 자유로운 의견이 반영된 것이다. 힐렐 학파는 아내의 사소한 잘못도 이혼의 사유가 된다고 보았다. 하지만 엄격한 샴마이 학파는 아내의 불륜만 이혼 사유로 보았다(참고. 오스본, 2002:178).[171] 주님은 하나님이 남자와 여자로 만드시고, 부모를 떠나서 아내에게 합하여 한 몸을 이룬다면 사람이 나누지 못한다고 대답하신다(4-6절). 신명기 24장 1-4절에 근거해서 바리새인들은 예수님에게 모세가 언급한 이혼증서에 관해서 묻는다. 이 단락에서 지울 수 없는 느낌은 바리새인들은 모세가 이혼증서를 써 줄 수 있다는 사실에 근거하여 마치 이혼을 장려하는 사람처럼 보인다는 점이다(7절). 마치 특별한 예외 규정을 가지고 이혼을 보편화해야만 하는 사람과도 같다. 예수님은 사람의 완악함 때문에 아내 내어버림을 허락했지만 본래는 그렇지 않다고 대답하신다(8절). 모세는 이혼의 법을 제정했거나 명령한 것이 아니었다. 모세는 이스라엘 백성의 완악함 때문에 야기될 어떤 상황을 고려하여 이혼증서를 써 주어 이혼할 수 있다고 말했다. 예수님은 '너희 마음의 완악함을 인하여'라고 말씀하심으로써, 바리새인들의 완악함이나 모세 당시의 유대인의 완악함이나 별 차이가 없음을 질책하신다. 예수님은 모세를 비난하지 않으시지만, 본래는 그렇지 않다고 말씀하신다(8절). 모세의 이혼법이 하나님의 창조의 질서에 맞지 않다는 의미이다.

음행의 연고 외에 아내와 이혼하여 다른 여자에게 장가가면 간음한 것이다(9절).[172] 음행이

---

171) 샴마이는 성전과 깊은 연관을 가진 바리새파의 한 지류를 대표한다. 그는 귀족적이고 엄격하며 민족주의적인 모든 것을 상징했다. 반면에, 바벨론 출신인 힐렐은 평민들, 그리고 그들의 비천한 생활을 대변했다. 힐렐의 후계자로서 힐렐 학파의 우두머리로 추정되는 인물은 가말리엘 1세인데, 그는 예루살렘 귀족이요 산헤드린 회원이었다(참고. 행 5:34-39). 따라서 '샴마이'와 '힐렐'은 각기 특정한 해석 유형을 나타내는 완곡한 어구로 사용된다. A.D. 70년 이후 유대교가 새로이 시작된 것은 예루살렘의 힐렐 학파의 지도자이면서 힐렐의 제자였던 시므온 벤 가말리엘의 동료인 요하난 벤 자카이 덕분이었다. 벤 자카이는 베스파시안의 허락하에 얌니아에 비교적 온건한 율법 연구 단체를 조직했다(참고. 쾨스터, 1996:650).

172) 9절에 다양한 추가가 나타난다. "또 버린 여자에게 장가드는 자도 간음함이니라"(K, W, 델타, 세타

발생하면 사실 이혼장은 불필요하다. 그러므로 바리새인들은 음행이라는 요인 외에 다른 이유로 이혼하기 위해 이혼장을 써 주는 것이 정당하다고 생각했던 것이다. 예수님은 창조 질서와 음행에만 초점을 맞추지만, 바리새인들은 다른 여러 이유들에 관심을 가지고 합법화시키려고 한다. 이혼에 대한 예수님의 제자들의 견해가 흥미롭다. 간음 외에는 이혼이 허용될 수 없다는 주님의 말을 듣고, 제자들은 그렇다면 차라리 결혼하지 않는 것이 낫다는 반응을 보인다(10절).[173] 예수님의 제자들조차 이혼의 규범이 너무 엄격하여, 혼인이 불가능한 것처럼 잘못 생각하고 있었던 것이다. 예수님은 세 종류의 고자의 예를 들어 제자들에게 답하신다(11-12절). 나면서터 고자로 태어난 장애인, 사람이 만든 고자(자기 스스로 거세한 자), 그리고 바울처럼 천국을 위하여 스스로 된 (영적인)고자는 결혼하지 않아도 된다. 하지만 이 경우 외에 결혼을 하려는 사람은 주님의 해석을 따라야 한다. 제자들도 양자택일해야 한다. 여기서 생각해 볼 점은 과연 이혼에 관한 논의에서 그치는 것인가라는 점이다. 예수님은 바리새인의 이혼에 대한 틀린 시각을 교정해 주심으로써, 주님은 동시에 어떻게든 빌미를 만들어 하나님을 떠나기 위해 이혼하려는 그들을 향해 영적 간음에서 돌이키시도록 의도하고 계신다.

2.3. 마태복음 19장 13-15절의 메시지

안수 기도를 받기 위해 어른의 손에 이끌려 어린아이들(*paidia*)이 예수님에게 나아온다. 제자들은 아이들을 데리고 온 어른들을 꾸짖는다(13절). 예수님은 어린아이가 주님에게 나아오는 것을 "너희는 용납하라(*aphete*) 가로막지 말라(*me kolyete*)"고 말씀하시면서, 천국은 어린아이의 것이라고 말씀하신다(14절; 참고. 마 18:3). 흥미로운 것은 마태가 여기서 어린아이들이 '예수님'에게 나아오는 것을 아이들이 '천국'을 소유하는 것과 관련지어 설명하는 점이다. 예수님 자신이 천국(autobasileia)이시기 때문이다. 예수님은 아이들에게 안수하시고 거기를 떠나셨다(15절). 왜 예수님은 어린아이라면 무조건 용납하시는가? 어린아이에게서 천국 백성이 되려는 어른이 배워야 할 것이 있기 때문이다. 그것은 어린아이와 같은(childlike) 겸손과 무조건적인 신뢰이다.

2.4. 마태복음 19장 16-22절의 메시지

부자 청년이 '선생님'(참고. 다수 사본: '선한 선생님')이라고 부르면서 예수님에게 무슨 선한 일(중성 단수 대격)을 행해야 영생을 얻을 수 있는지 묻는다(16절; 눅 18:18). 이 청년은 영생을 믿었지만, 행위에 달려 있는 것으로 오해했다. 주님은 "어찌하여 선한 일을 내게 묻느냐? 선한 이는 오직 한 분이시니라. 네가 생명에 들어가려면 계명들을 지키라"고 대답하신다(17절).[174] 주님의 질문은 이 청년이 행위로 선하게 될 수 있다는 사고에 대해 질책하신 것이다.[175] 여기서

사본).

173) 유대인의 관습에 의하면, 배우자는 부모가 정했으며, 배우자가 기대했던 것과 항상 똑같지는 않았다(참고. 존 월튼, 2010:1315).

174) 17절에 다수 사본은 "어찌하여 너는 나를 선하다고 말하느냐? 하나님 한 분 외에는 아무도 선하지 않다"라고 쓴다(참고. 막 10:18).

주님은 계명을 지킴으로 구원을 얻는 행위 구원을 가르치시는가?[176] 청년이 어느 계명을 지켜야 하는지 다시 묻자, 주님은 제5-9계명과 레위기 19장 18절의 사랑 계명을 제시하신다(18-19절). 주님은 의도적으로 이웃 사랑의 계명을 제일 나중에 말씀하신다. 이 청년은 이 모든 것을 지켰다고 대답한다(20절; 참고. 다수 사본: '나의 소년 시절부터'). 하지만 이 청년은 주님이 말씀하신 이웃 사랑의 진정한 의미를 모르고 있다. 21절에서 예수님은 소유를 팔아 가난한 자들에게 주고 주님을 따르라고 말씀하신다. 이것이 이웃 사랑의 구체적인 실천이다. 그리하면 하늘에서 이 청년이 받을 보화가 많다. 부자 청년은 이 말씀을 듣고 근심하며 간다(22절). 부자 청년이 예수님을 떠나가는 것을 23절 이하에서는 부자가 천국에 들어가지 못하는 것으로 말씀한다. 그러므로 부자는 사실 천국이신 예수님을 떠나간 것이 되고 만다.

예수님을 '선생님'이라고 부르면서 존경심을 표했던(16절) 이 청년의 질문에서 바리새인과는 다른 순수한 동기가 묻어 나온다. 하지만 그는 네 몸과 같이 네 이웃을 사랑하라는 사랑의 계명을 지키지 못했던 것이다. 맘몬이 이 청년에게 주인 노릇을 하고 있었기 때문이다(참고. 마 22:37-40). 이 청년은 자신의 재산을 다 포기하지 않고도 율법을 지킬 수 있다고 생각했다. 그러나 주님은 제자가 되기 위해서는 다 포기하라고 요구하신다. 마태는 우리에게 이 청년이 주님을 믿고 따르는 제자가 되었는지 정보를 주지 않는다. 여기서도 투영의 원리를 적용해 보면, 마태 공동체 안에는 소수의 부자와 다수의 가난한 자가 있었기에, 부의 분배가 중요한 요소로 작용할 여지가 있었을 것이다.

2.5. 마태복음 19장 23-26절의 메시지

주님은 부자가 천국에 들어가기 힘들다는 사실을 낙타(*kamelos*, 팔레스타인에서 발견할 수 있는 가장 큰 육상 동물)가 바늘귀(*trypema*, the eye of a needle, 가정에서 발견할 수 있는 가장 작은 구멍)로 들어가는 것이 더 쉽다고 말씀한다(23-24절).[177] 부자의 재물은 그 자체로 비난받을

---

175) 칼빈은 언뜻 보면 그리스도께서 '선한 자'라는 호칭을 스스로 물리치고 있는 것같이 보이지만 사실은 아니라고 설명한다. 즉 '선'이라는 것은 유일하신 하나님께만 속한 것이므로, 일반 관습에 따라 '선한 선생님'이라고 인사 받았을 때, 그리스도는 '거짓 존귀'를 배척하시고, 그가 부여 받은 선이라는 것이 신적인 것을 훈계하시고 있는 것으로 본다(《기독교 강요》, 1.13.24).

176) 칼빈 당시의 소르본 학파는 마태복음 19장 17절을 통해 행위 구원을 예수님이 가르쳤다고 주장했다. 이에 대해 칼빈의 설명을 들어보자(《 기독교 강요》, 3.18.9). "그리스도께서 상대가 누구인가를 아시고, 그 사람에게 알맞은 대답을 하신다는 분명한 사실을 모르는 생각이다. ……그는 구원을 얻게 하는 의의 행위가 무엇인가 하는 것만을 알고자 한다. 그러므로 의의 완전한 거울이 있는 율법으로 그를 돌려보내는 것은 당연한 처사이다. ……그러므로 이 구절에서 주께서는 율법사가 행위에 대한 허망한 자신감으로 교만한 것을 아시고, 그가 영원한 사망의 무서운 심판을 받아야 할 죄인임을 자각하도록 율법을 돌아보게 하신다."

177) 예루살렘에 '바늘 눈'(the eye of the needle)이라고 불린 문이 있었고, 낙타가 그 안으로 들어가려면 무릎을 꿇었다는 해석은 불가능하다. 왜냐하면 예수님은 하나님의 은혜 없이는 천국에 들어가는 것이 '불가능하다'고 가르치시지 '어렵다'고 말씀하는 것이 아니기 때문이다(참고. ESV Study Bible, 2008:1862). 혹자는 아람어 *gamta*(밧줄)를 *gamla*(낙타)와 혼동했다고 본다. 그러나 아람어가 신약성경 언어와 연결되기 어렵다. 24절에서 후대 사본인 579와 1424는 '낙타'(*kamelos*) 대신 '밧줄'(*kamilos*)로

성격이 아니지만, 부자는 항상 그 재물에 마음을 빼앗길 수 있다. 재물의 영향력이 너무 크다. 이때 제자들이 심히 놀라서 누가 구원을 얻을 수 있을지 반문한다(25절). 사람이 할 수 없지만, 하나님으로는 할 수 있다(26절). 구원과 영생을 얻고 천국에 들어가는 것은 사람으로서는 할 수 없는 일, 즉 사람의 노력으로 좌지우지되는 일이 아니다. 그러므로 바로 앞 단락의 17절이 행위 구원을 가리키는 것이 아님이 분명해진다. 구원은 하나님의 주권이며, 맘몬을 버리고 주님의 제자가 되도록 하실 수 있는 분도 하나님이시다. 그러므로 주님은 여기서 유대인들의 율법주의적인 자세를 비판하신다.

2.6. 마태복음 19장 27-30절의 메시지

베드로가 모든 것을 버리고 주님을 따르기에 무엇을 얻을 수 있는지 묻는다(27절). 베드로에게서 유대인의 보상과 공로 사상이 묻어 나온다. 세상이 새롭게 되어(*palingenesia*, regeneration, great transformation) 인자가 자기의 영광의 보좌에 앉을 때, 12제자도 12보좌에 앉아 이스라엘 12지파를 심판(통치)할 것이다(28절).[178] 그렇다면 세상이 언제 새롭게 되었는가? 가깝게는 주님의 죽음과 부활과 승천에서 그렇게 될 것이다. 왜냐하면 예수님의 죽으심과 부활은 이 땅을 지배하고 있는 죽음의 질서에 부활 생명의 질서(오는 세상의 질서)가 들어온 대격변의 사건이기 때문이다. 주님의 재림은 이 세상의 옛 질서를 완전히 청산하시고 영원한 천국을 완성하는 사건이다. 주님의 부활과 승천은 세상을 새롭게 만드신 그리스도께서 만왕의 왕으로 등극하시는 사건이다. 그때 성도는 영적으로 보좌에 함께 앉을 것이다(참고. 엡 2:6). 이것이 신약 교회가 이스라엘 12지파를 다스리는 것이다. 멀게는 주님의 최종 파루시아 때 세상이 새롭게 될 것이다.

주님의 이름을 인하여 집, 형제, 자매, 아버지, 어머니(참고. '어머니' 다음에 '아내', 시내 산, 다수 사본), 자식, 전토를 버린 자마다 '백배'(시내 산, C, 다수 사본, 바른 성경; 참고. B, 개역개정판: '여러 배')를 받을 것이며, 영생도 상속할 것이다(29절). 마태 공동체 중 적지 않은 구성원들이 가족 안에 있는 불신 세력과 갈등하고 있었던 것 같다. 그러나 먼저 된 자로서 나중 되고, 나중 된 자로서 먼저 될 자가 많을 것이다(30절). 변혁된 천국이 시행되는 법칙에 대해서 주님은 수수께끼처럼 들리는 말씀을 주신다. 이 세상 질서와는 다른 질서가 예수님의 성육신, 부활과 승천으로 이루어졌으며 재림으로 완성될 것이다. 30절이 '그러나'(*de*)로 시작한다는 점에 주목해 보자. 예수님은 29절에서 주님의 이름을 위해 포기하면 갚아주실 것이라고 말씀하셨다. 그러므로 30절의 '그러나'는 29절의 내용과 반대되는 무언가를 예수님께서 말씀하실 것을 의미한다. 마태복음 20장 16절에도 비슷한 말씀이 포도원 품꾼 비유(마 20:1-16)의 결론으로 나타난다. 즉 베드로를 비롯한 제자들은 보상 심리로 가득 차 있어서는 안 된다는 것이다. 갚아주시는 것은

쓴다. 아람어 '감라'는 낙타 외에 '들보', '종아리'라는 뜻도 있다. 번역자들에게 '가말'의 더 일반적인 의미인 '낙타'가 더 쉬웠을 것이다. 그러나 '들보 혹은 그것과 유사한 것'이라는 뜻으로 보는 게 더 합당하게 보인다. 참고로 칼빈(1993:194)은 '낙타'가 아니라 '밧줄'이라고 확신한다.

178) 세상이 새롭게 되는 것은 유대교가 대망했던 새로운 세계 질서의 도래와 관련된다(참고. 사 65:17; 66:22). 특별히 12지파의 회복은 유대 종말론의 표준적인 요소였다(참고. 존 월튼, 2010:1317).

전적으로 하나님의 소관이다. 마태복음 19장 30절은 무엇을 얻으려는 욕망으로 제자의 길을 걸으면 안 된다는 것을 교훈한다. 계속해서 제자의 길을 보상 심리나 공로주의에 입각하여 걷는다면, 제자들처럼 먼저 된 자들도 나중 된 자가 될 수 있다는 예수님의 경고의 말씀이다. 이 사실은 마태복음 20장 1-16절의 비유에서 분명해진다.[179)]

3. 오늘에의 적용

우리에게는 어린아이와 같은 신앙이 있는가?
현대의 우상 맘몬을 어떻게 제거할 수 있는가?
우리에게 남아 있는 보상 심리와 공로 사상은 무엇인가?

마태복음 20장

1. 본문 및 구조

- 관대한 포도원 고용주의 비유(1-16)
- 예수님의 죽음과 부활에 대한 세 번째 예언(17-19)
- 명예를 요구하는 세베대의 아들들과 다른 제자들의 반응(20-28)
- 두 소경의 치유(29-34)

2. 구원 계시사적 메시지

2.1. 마태복음 20장 1-16절의 메시지

1절에서 예수님은 천국은 마치 관대한 포도원 주인과 같다고 말씀하신다. 따라서 이 비유를 '관대한 포도원 주인 비유'라 부를 수 있다. 이 비유의 문맥을 살펴보자. 이 비유 바로 앞, 마태복음 19장 27절에서 베드로가 질문한다. 그 질문은 "우리가 모든 것을 버리고 주를 좇았사오니 그런즉 우리가 무엇을 얻으리이까"이다. 주님은 이 질문에 답하시면서 마태복음 19장 28절에서 세상이 새롭게 될 때 제자들이 12보좌에 앉아 이스라엘 12지파를 다스릴 것이라고 대답하신다. 주님은 계속해서 말씀하시기를, 주님의 이름을 위해서라면 형제나 자매나 부모나 자식이나 전토를 버려

179) 일찍 포도원(천국)으로 부름을 받은 예수님의 제자들은 오후 5시에 포도원에 들어온 자들, 즉 나중 된 자들을 무시하지 말아야 함도 교훈하는 것 같다(참고. ESV Study Bible, 2008:1863).

야 할 것을 강조하시면서(29절), 마태복음 19장 30절에서 "그러나 먼저 된 자로서 나중 되고 나중 된 자로서 먼저 될 자가 많으니라"고 하셨다. 이 말씀은 마태복음 20장 16절에도 나타난다. 그리고 마태복음 20장 1절은 "왜냐하면 천국은……"이라는 말로 시작되기에, 마태복음 20장의 이 비유는 마태복음 19장과 직접적으로 관련이 있음을 보여준다. 그리고 이 비유를 말씀하신 시점은 이 비유 바로 뒤 구절인 마태복음 20장 17-19절에 보면, 예수님께서 예루살렘에 올라가셔서 죽으시고 부활하기 직전이다.

따라서 이 비유는 예수님의 죽음과 부활과도 관련이 있다. 즉 '포도원의 관대한 고용주 비유'의 문맥은 앞부분에는 세상이 새롭게 되는 사건(참고. 마 19:28)으로, 뒤따르는 부분에는 예수님의 죽음과 부활(참고. 마 20:17-19)이라는 주제로 감싸여 있다. 따라서 이 비유를 주님의 죽음과 부활로 새로운 세상이 온다는 관점에서 해석해야 한다. 새로운 세상을 요약하면서 이 비유는 16절로 끝을 맺는다. "이와 같이 나중 된 자로서 먼저 되고 먼저 된 자로서 나중 되리라."

이 비유의 역사적 배경을 살펴보자. 복음서의 비유를 알기 위해서는 예수님 당시의 농경 문화를 잘 알아야 한다(참고. 후견인-단골손님 그리고 악의 눈이라는 문화 인류학적인 관점). 포도원 주인이 품꾼을 가장 많이 필요로 하는 시기는 포도 수확기다(1-2절).[180] 이스라엘에서 포도를 수확하는 달은 9월이다, 이때는 오전 6시에 해가 떠서 저녁 6시에 해가 진다. 이때는 목동들도 일을 도왔다(참고. Keener, 1999:483). 하루 동안 일할 수 있는 12시간 중에서, 식사 시간과 기도 시간을 빼버리면 대개 10시간 노동했을 것이다. 이스라엘의 9월의 낮 기온은 매우 높았기에 "한낮의 열기를 견뎌야 했다." 어떤 포도원 주인이 이른 아침과 제3시 즉 오전 9시에 인력시장에서 품꾼을 데려다가 포도원에서 일을 시켰다(3절). 고용 조건은 오후 6시까지 일하고 삯은 상당하게 주는 것이었다(4절). 제6시 즉 정오와 제9시 즉 오후 3시에, 그리고 제11시 즉 오후 5시에도 품꾼을 찾아서 고용했다(5-6절). 이렇게 하루에 5번에 걸쳐서 열심히 일꾼을 찾아간 사람은 바로 포도원 주인이었다. 예수님 당시는 소작농이 대부분이었고, 품꾼(단골손님)들은 본문의 주인처럼 자신을 고용해 주는 사람(후견인)에게 생계를 전적으로 의존했다. 특별히 낮은 계층의 품꾼은 일자리를 스스로 찾을 형편이 되지 못했다고 한다. 그래서 누가(고용주) 물어올 때까지 기다려야 했다. 고용주가 사람을 고용한다는 것은 품꾼에게 은혜를 베푸는 것이나 마찬가지다. 사실 더 확대해 보면 고용주는 그 품꾼이 부양해야만 했던 가족 모두에게 은혜를 베푸는 것이나 마찬가지다.

왜 주인이 품꾼을 고용하려고 하루에 5번이나 장터에 나갔는가? 제일 처음에 나갔을 때 필요한 인원을 다 고용할 수 있었지 않는가? 아마 하루가 지나면 포도의 당도에 문제가 발생할 수도 있었고, 다음날 서리라도 내리면 큰 손실을 입었을 수도 있었겠고, 아니면 그 다음날이 노동을 금하는 안식일이라면 주인은 하루에 몇 번이라도 품꾼을 고용해서 일을 마쳐야만 했을 것이다. 아니면 밭의 일이 그렇게 많지 않았지만, 주인이 놀고 있던 품꾼들을 불쌍히 여겨서 늦은 오후이지만 고용했을 수도 있다. 분명한 것은 품꾼에게 은혜를 베풀고, 그 사람들을 만나

180) 유대 문헌에서도 하나님을 '왕' 혹은 '땅 주인'으로 묘사한다.

필요를 채워주는 이 모든 일의 주도권을 포도원의 주인(하나님)이 쥐고 있다는 사실이다. 품꾼에게 삯을 지불하라고 청지기에게 명령한 사람도 바로 주인이었다(8절). 이 주인은 아주 관대한 후견인이다.

이것이 재창조와 예수님의 죽으심과 무슨 상관이 있는가? 마태복음 21장 33절 이하의 비유에서 볼 수 있듯이 포도원은 '이스라엘'을 상징한다. 이사야 3장 14절에서도 이스라엘을 포도원으로 비유하신다. 이스라엘 백성 즉 구약과 신약의 교회를 책임지시고 은혜를 베푸시는 분은 하나님이시다. 교회의 처음(알파)과 나중(오메가) 되시는 분은 하나님이시다. 하나님은 주도권을 가지시고 교회의 나중 된 자를 먼저 되게도 하시고, 교회의 먼저 된 자를 나중 된 자로 만드시기도 한다. 이 사실은 이 비유의 문맥이 밝히듯이, 주님의 죽으심과 부활로 세상을 새롭게 하시는 재창조와 무슨 관련 있는가? 옛 이스라엘이 먼저 된 하나님의 선민이었으나, 새 이스라엘보다 이제 나중 된 자가 되었다. 반대로, 나중 된 자인 새 이스라엘은 이제 옛 이스라엘보다 먼저 된 자가 되었다. 이것이 주님의 죽으심으로 이루어 놓은 재창조의 질서의 한 면이다. 하나님은 주권을 가지시고 천국에 새로운 질서를 부여하실 수 있는 분이시다.

예수님의 죽으심과 부활을 통해 성취된 하나님의 구원의 경륜에서 주님을 배척했던 육신적인 이스라엘 백성이 누릴 특권은 더 이상 없게 된다. 따라서 그들에게 있어서 먼저 된 자가 나중 된다는 이 말씀은 심판이고 회개를 촉구하는 말씀이다. 반대로, 혈통과 상관없이 주님을 나중에라도 영접한 사람들은 먼저 된 자로서 구원의 은혜 속에 있게 된다.[181]

일을 다 마치고 임금을 지불할 때 오전에 일찍 온 사람들은 늦게 온 사람보다 더 많이 받을 줄 알았다. 먼저 온 사람들은 "내가 이 정도 일을 했으니 나는 주인으로부터 이 정도는 마땅히 받아야 한다"라는 공로 사상을 가지고 있었다. 오후 5시에 와서 1시간 일한 사람이 1데나리온 받았으니까 나는 9배나 일을 더 많이 했으니 9데나리온은 받아야 한다고 생각했을 것이다. 이것은 보통 사람들의 생각인 동시에, 이 비유를 들었던 유대인들의 전형적인 생각이다. 다른 말로 하면, 유대인들은 공로 사상 혹은 보상 심리에 사로잡혀 있었다. 이 공로 사상 혹은 보상 심리를 주기도문을 해석한 유대인들에게서 볼 수 있다. "우리가 우리 죄를 사하여 준 것같이 우리 죄를 사하여 주옵시고"라는 간구를 "우리가 남의 죄를 먼저 용서해 주었으니 그 조건을 보시고 하나님께서 우리 죄를 용서하셔야 합니다"라고 유대인들은 해석했다. 유대인들뿐 아니라 베드로도 주님을 좇았으니 무엇을 받아야 한다는 보상 심리와 공로 사상을 가지고 있었다(참고. 마 19:27).

181) 이 사실을 투영의 원리를 이용해서 마태 공동체에 적용해 볼 수 있다. 마태복음은 A.D. 30년경의 예수님에 관한 복음이지만, A.D. 60년경의 마태 공동체를 위한 복음이다. 마태 공동체가 A.D. 60년경에 시리아 안디옥에 있었다면, 대다수의 성도는 유대인 성도였다. 나중에 전도를 통해 이방인들이 그 교회에 참여하게 되었을 것이다. 따라서 이 관대한 포도원 주인 비유는 먼저 된 유대인 성도와 나중에 들어온 이방인 성도 사이의 평등(egalitarian community)을 강조한다. 마태 당시의 로마 제국은 철저히 계층주의적이며 착취적인 사회 구조를 가지고 있었고 황제가 줄 수 있다고 생각한 팍스 로마나(*Pax Romana*)는 한낱 허영에 불과했다. 마태는 이것을 고발하면서 주님 안에서 누리는 평등하면서도 포괄적인(inclusive) 공동체를 대안으로 제시한다. 우리 시대에도 마찬가지다. 하나님께서 사람을 교회로 부르시는 순서는 다르지만, 하나님께서 베푸시는 은혜는 똑같다. 우리야말로 주님의 죽음과 부활을 통해 나중 되었다가 먼저 된 사람이다.

나중에 왔지만 1데나리온을 받은 품꾼들은 주인에게 매우 감사했다. 반대로 일찍 온 사람은 한낮의 뜨거움을 겪고 일한 자신의 모습을 되돌아보고는 형평성의 원칙에 어긋난다고 주인을 계속 원망했다(11-12절: 참고. 'evil eyes'). 이때 주인은 불평하는 사람을 향해 '친구여'(*hetaire* 이지 *philos*가 아니다)라고 부르면서 설명한다. 예수님을 잡으러 온 가룟 유다를 향해서도 마태복음 26장 50절에서 '친구여'(*hetaire*)라고 부르셨는데, 다정한 표현이 아니라 이 경우처럼 사람을 책망하는 말이다. "내가 네게 잘못한 것이 없노라. 나와 한 데나리온의 약속을 하지 아니하였느냐. 네 것이나 가지고 가라 나중에 온 이 사람에게 너와 같이 주는 것이 나의 뜻이니라. 내 것을 가지고 내 뜻대로 할 것이 아니냐 내가 선하므로 네가 악하게 보느냐"(13-15절). 주인은 자신은 선하며 일을 마음껏 처리할 특권을 가지고 있다고 말한다(16절).[182]

이런 주인의 말에는 사기나 속임수가 없다. 따라서 따지고 보면 부당하게 취급당한 사람은 없었다. 아침 일찍 온 사람 외에는 대부분의 사람들이 주인의 관대함에 대해 감사하고 있었다. 오히려 늦게 온 사람에게 1데나리온을 줌으로 손해를 본 사람이 있다면 바로 주인이었다. 주인은 넉넉하게 베푼 자비심 때문에 몇몇 사람들로부터 비난을 받고 있다. 즉 공의와 약속은 유지되었고, 자비와 은혜는 추가되었다. 일찍 온 사람이나 늦게 온 사람이나 시간상의 차이만 있을 뿐이지 무가치한 사람이었던 점에서는 똑같다. 주인이 주도권을 가지고 자비로운 인격에 기초해서 불러주었기 때문이다. 따라서 오후 5시에 온 사람을 일찍 온 사람보다 더 무가치한 사람으로 굳이 볼 이유는 없다.

이 사실은 주님의 죽음과 부활로 임한 세상의 새롭게 됨과 무슨 관련이 있는가? 주님의 구속 사역으로 이루신 천국의 새 질서 속에는, 사람의 공로보다는 하나님의 부르심이 더 중요하다는 사실이다. 옛 이스라엘이 계속해서 공로 사상에 젖어 있다면, 나중 될 수밖에 없다. 자기 의로 충만한 사람은 하나님의 자비와 은혜를 깨달을 수 없다. 이것은 심판이다. 반대로 제11시에 포도원에 온 사람처럼 자기 공로 사상이나 자기 의에 사로잡히지 않은 사람들이 하나님의 부르심의 은혜를 깨달으면 먼저 된다. 이것은 은혜요 구원이다.

내 것을 가지고 내 마음대로 하실 수 있는 분은 하나님밖에 없다. 그것도 하나님은 풍성한 자비와 은혜의 방법대로 일을 처리하신다. 하나님 나라에서는 은혜의 법칙이 능력이나 공로의 법칙보다 앞선다. 하나님은 모든 사람의 필요를 따라 채워 주셨다. 늦게 일하러 온 사람은 장터에서 마음을 졸이면서 부양 가족들의 내일의 양식을 위해 걱정했을 것이다. 일찍 일하러 온 사람과 마찬가지로 늦게 온 사람에게도 하루를 생존하려면 1데나리온이 필요했던 것을 주인(하나님)은 아신다. 따라서 일찍 일하러 온 사람들은 공로가 아니라, 하나님의 은혜의 법칙을 알아야 했다. 하나님의 은혜는 모든 사람에게 충분한 것이다. 불평한 사람은 탕자의 비유에 나오는 큰형과 같았다. 아버지를 위해 열심히 일했으니 허랑방탕한 동생보다 더 높은 자리에 앉아 더 좋은 대접을 받아야 한다는 것이 큰형의 논리였다. 바리새인도 마찬가지다. 십일조와 금식 그리고 안식일을 준수했으니 세리나 창기 같은 죄인들보다 더 큰 보상을 받아야 한다는 것이 그들의

182) 16절 끝에 다수 사본은 "부름을 받은 자들은 많으나, 택함을 받은 자들은 적다"가 있다.

논리였다. 하지만 빌립보서 4장 19절 말씀처럼 하나님은 '그리스도 예수 안에서 영광 가운데 그 풍성한 대로 채워 주시는 분'이시다. 이 비유에는 공로보다 필요의 기준이 강조되어 있다. 은혜가 공로를 능가한다.

2.2. 마태복음 20장 17-19절의 메시지

예루살렘으로 가시는 길에, 예수님은 12제자를 따로 두시고 그들에게 말씀하신다(17절).[183)] 마태복음 19장 2절에 보면, 요단강 동편에서 기적을 행하시니 많은 사람들이 예수님을 따랐다. 그러므로 주님은 12제자들을 따로 구별하여 말씀하시려고 한다. 예수님은 공개적으로 메시아이심을 공포하지 않으셨고, 또한 제자들이 말하는 것도 금하셨기에, 일단 먼저 12제자에게만 설명하려고 하신다. 서기관들과 대제사장들에게 인자가 넘겨져서 사형 판결을 받고, 이방인들에게 넘겨져서 채찍질 당하고 십자가에 못 박혀 죽으시고 3일 만에 살아나실 것이다(18-19절). 주님은 마태복음 16-17장의 수난 예고와는 달리, 수난과 부활에 대해 좀더 구체적으로 말씀하신다(참고. 마 16:21-28; 17:22-23). 로마인의 처형 방식인 십자가형을 당하실 것이다. 십자가형을 당하신다는 것은 예수님이 로마 시민권을 가지고 계시지 않았다는 증거이다. 왜 이렇게 반복해서 죽음과 부활을 강조하시는가? 제자들이 주님의 죽음과 부활에 대해 바른 이해를 가지도록 돕기 위해서이다. 그리고 주님의 고난은 자발적인 것임을 강조하기 위해서이다.

2.3. 마태복음 20장 20-28절의 메시지

세베대의 아들들의 어머니 즉 야고보와 요한의 어머니가 예수님께 계속 경배하며(현재 능동태 분사; *proskynousa*) 계속해서 무엇을 구한다(현재 능동태 분사, *aitousa*, 20절; 참고. 27:56; 막 15:40절의 살로메). 이 여인은 갈릴리에서 예루살렘에서 가까운 요단 동편까지 주님을 따라왔던 것이다. 그녀의 요구는 주님의 나라에서 우편과 좌편에 앉게 해달라는 것이다(21절).[184)] 이 여인은 예수님이 메시아로서 영광의 보좌에 앉을 날이 가까웠음을 알고 있었다(참고. 마 19:28). 이 요구는 마태복음 18장 1절의 천국에서 누가 제일 큰 자인가라는 논쟁이 재연된 것이다. 주님은 야고보와 요한 그리고 그들의 어머니가 영광의 자리에 앉으려면 먼저 거쳐야 할 것이 무엇인지 알지 못한다고 답하신다(22절). 예수님은 이들에게 죽음이라는 고난의 잔을 마실 준비가 되었는지 물으신다(참고. 마 16:24-25). 이들은 예수님의 질문을 제대로 이해하지 못하고 "할 수 있나이다"라고 답한다(22절).[185)] 예수님은 야고보와 요한이 제자로서 치러야 할 대가를 다시 강조하시

183) 칼빈(1993:205)은 예수님께서 적절한 시간이 오기도 전에 죽음의 소문이 널리 퍼지는 것을 원치 않으셨고, 자신의 죽음 예고로부터 당장 어떤 성과를 기대하지 않으셨기 때문에 12제자에게만 말씀하셨다고 본다. 만약 모든 사람들에게 죽음을 예고하셨다면, 두려움에 휩싸여 도망가거나 믿음을 포기하는 일이 많이 발생했을 수 있었다.

184) A.D. 1세기 유대 세계에서는 어머니들이 자신의 아들을 자랑스러워했고 그들로 인해 강한 자부심을 가졌다. 어머니는 아들의 업적에 자신의 모든 것과 인생을 걸었다. 왜냐하면 아들의 성공여부로 그 어머니의 업적이 결정되었기 때문이다. 세베대 부인의 행위는 1세기 유대 세계에서는 자연스러운 것이었다. 그러나 예수님의 관점에서는 권장할 만한 것은 아니다(참고. 브루스 맬리나, 2001:157).

면서, "너희가 과연(indeed) 내 잔을 마실 것이다"라고 말씀하신다(참고. 마 26:39). 그리고 제자들이 천국에서 명예를 얻는 것은 예수님의 소관이 아니라, 성부 하나님의 주권에 속한 일이라고 말씀하신다(23절). 사도행전 12장 2절에 의하면 야고보는 헤롯 아그립바 1세에 의해 순교 당함으로 "할 수 있나이다"라는 그의 대답이 성취된다. 나머지 10제자들이 야고보와 요한을 분히 여긴다(24절). 분히 여긴 이유는 나머지 10제자도 천국에서 우의정, 좌의정 하고 싶어 했기 때문이다. 25절에서 주님은 이방인의 집권자들(즉 로마)이 민중을 무력으로 다스리며 권세를 행사하는 것은 세상의 법칙이지만, 제자들은 오히려 섬기는 종(*doulos*)으로 살 때 크고 으뜸이 된다고 가르치신다(25-27절). 이것은 천국의 새로운 역설적 질서이다. 인자가 온 것은 섬김을 받는 것이 아니라, 섬기고 많은 사람의 대속물(*loutron*, ransom)로 자신을 주시려 함이다(28절; 참고. 출 30:12; 사 53).[186] 여기서 다시 한번 '인자'이신 주님의 죽기까지 복종하신 대속적 사역이 강조된다(참고. 빌 2:5-8).

2.4. 마태복음 20장 29-34절의 메시지

이제 예수님은 여리고를 떠나 예루살렘으로 가시기에, 주님은 이미 요단강 동편에서 서편으로 도하하신 후이다(29절). 여리고는 구약의 여리고가 아니라 거기서 1.6km 남쪽에 위치한 새 도시이다. B.C. 2세기에 하스몬 왕조가 궁전 콤플렉스를 새 여리고에 건축했고, 헤롯 대왕이 증축했다(참고. ESV Study Bible, 2008:1864).

예수님과 제자들은 이제 남서쪽 30km에 위치한 예루살렘으로 가신다. 이 지역을 헤롯 아켈라오가 다스렸다. 이때 큰 무리가 예수님을 좇았다(29절). 이 무리는 여리고 사람들이라기보다는 갈릴리와 베뢰아 지역 사람들로서 예수님과 더불어 유월절을 지키려고 예루살렘으로 가는 도중이었다. 이때 길가에 앉아 구걸하던 두 소경이 예수님을 향해 '주'(참고. 시내 산 사본은 '예수님')와 '다윗의 자손'(*hyos David*)이라고 부르면서 불쌍히 여겨 달라고 부르짖는다(30절; 참고. 막 10:46의 아람어 '바디매오'). 갈릴리에서 몇 사람들이 그러했듯이, 이 두 소경은 예수님을 다윗 가문의 메시아로 고백한다(참고. 마 9:27, 15:22). 이제 예수님의 사역의 말기에 도달하였으니, 예수님에 대한 바른 신앙 고백이 일반 대중에게서 고백된다. 무리들(주로 제자들)이 두 소경을 꾸짖어 잠잠하라고 하나, 더 크게 "주여, 다윗의 자손이여 불쌍히 여기소서"라고 부르짖는다(31절).[187]

---

185) 22절 끝에 그리고 23절 중간에 다수 사본은 "혹은 내가 받는 세례를 받을 수 있느냐?"를 첨가한다.

186) 28절 뒤에 D사본 등은 "그러나 작은 것으로부터 커지기를 애쓰고, 큰 것으로부터 작아지기를 애써라. 네가 어느 집에 들어가 성찬에 초대 받을 때 높은 자리에 앉지 말라. 어쩌면 너보다 귀한 사람이 들어올 때 주인이 너에게 와 말하기를 아래로 내려가라 할 것이요 네가 부끄러워하리라. 그러나 네가 낮은 자리에 앉으면 너보다 못한 이가 들어올 때 주인이 네게 말하기를 위로 올라오라 하리니, 이것이 너에게 유익하리라"를 추가한다(참고. 눅 14:8-10). 적용해 보면, "머리가 될지언정 꼬리가 되게 마시고"라는 기도는 성경적인가?

187) 칼빈(1993:219)은 "그리스도께 충실한 순종을 고백한 자들의 대부분이 우리가 주님께 나아갈 수 있도록 우리를 초대하기보다는 우리를 방해하고 지연시키는 사례는 흔하게 있는 일이다"라고 말했다. 이런 사람들은 다름 아니라 남을 실족시키는 자들이며, 천국 문을 막는 자들이다.

왜 무리들이 잠잠하라고 꾸짖는가? 예수님과 제자들의 행렬이 그리 중요하게 취급당하지 못한 사람 때문에 지체될까 봐 그렇게 했을 것이다. 하지만 소경들이 공공연하게 다윗의 자손 즉 메시아라고 부르는 것에 대해 무리가 주의를 주려는 의도가 있었던 것 같지 않다. 왜냐하면, 예수님께서 소경의 두 번째 외침을 듣고 멈추어 서셨을 때, '주, 다윗의 자손'이라는 호칭으로 불리신 것에 대해 아무런 주의를 주지 않으셨기 때문이다. 주님이 두 소경을 불러서 소원을 물으시니, 두 눈을 뜨는 것이라고 답한다(32-33절). 예수님이 소원을 물으신 것은 소경들로 하여금 소원을 신앙 고백 차원에서 하도록 기회를 주신 것이다. 예수님이 민망히 여기사 눈을 만져서 고쳐 주시니, 그들이 보고 예수님을 좇는다(34절).

34절의 '눈들'(eyes)의 의미를 살펴보자. 비평 사본과 다수 사본은 다른 헬라어 명사를 사용한다. 다른 동사이기에 뉘앙스가 다른가? 비평 사본(*ton ommaton*)은 '영적인 눈들'이라는 뉘앙스를 가지나, 다수 사본(*ton ophthalmon*)은 그런 뉘앙스가 약한가? *Ophthalmos*의 용례를 살펴보자: (1) 문자적인 눈을 가리키는 경우(예. 마 6:23; 눅 11:34; 고전 2:9; 히 4:13; 요일 1:1; 계 4:6, 8). (2) 정신적 혹은 영적 이해라는 뜻으로 사용된 경우(예. 마 13:16; 막 8:18; 눅 19:42; 롬 11:8; 엡 1:18). *Omma*는 마태복음 20장 34절 외에 마가복음 8장 23절에 등장한다. 마가복음 8장 23절에서 영적인 의미가 없는 '육신적인 눈'이라는 뜻이다. 그러면 이 두 단어는 동의어로 교차적으로 사용된 것으로 볼 수 있다. 즉 표현의 반복을 피한 것이지 의미상 차이가 나는 것은 아니다. 육체적인 눈의 치료를 통한 영적인 눈 즉 신앙의 회복으로 보면 된다. 환언하면, 만약 맹인이 치료된 후 예수님을 따르고 하나님을 찬양했다면, 그의 영혼의 눈이 열린 것이며 신앙이 회복된 것이다. 그러므로 단어의 단순 비교를 통해서는 그 뜻의 차이를 찾기가 힘들기에 문맥을 고려해야 한다(참고. Bauer, 2000:744).

구약에는 소경이 눈을 뜬 경우가 없다. 하지만 이사야 29장 18절과 35장 5절에서 소경이 눈을 뜨는 것은 메시아의 사역 중 한 부분이라고 예언한다. 지금 이 예언이 성취되고 있다(참고. 요 9:39). 여기서 추론할 수 있는 것은, 두 소경의 '다윗의 자손이여'라는 거듭된 외침과, 눈을 고치신 예수님의 이 사역이 예루살렘 입성 시 '호산나 다윗의 자손이여'라고 예수님을 향하여 무리가 외치며 환영하도록 만든 계기가 되었을 수도 있다는 사실이다.

3. 오늘에의 적용

은혜가 공로를 능가하는 하나님 나라의 법칙을 오해하지 않는가?
천국의 영광을 얻기 전에 우리가 마셔야 할 고난의 잔은 무엇인가?
우리는 예수님을 향해 '주, 다윗의 자손'이라는 분명한 고백을 하는가?

∽ 마태복음 21장 ∾

1. 본문 및 구조

- 극적인 예루살렘 입성(1-11)
- 성전 안의 다윗의 자손(12-17)
- 무화과나무를 저주하심(18-22)
- 예수님의 권세에 대한 질문(23-27)
- 두 아들의 비유(28-32)
- 악한 소작인 비유(33-46)

2. 구원 계시사적 메시지

2.1. 마태복음 21장 1-11절의 메시지

감람산 벳바게에 도착하신 주님은 두 제자를 보내어서, 맞은편 마을로 가서 매인 나귀와 나귀 새끼를 끌고 오라고 말씀하신다(1-2절).[188] 누가 물으면 "그 주(the Lord)가 쓰시겠다"라고 말하면 즉시 보내리라고 말씀하신다(3절). 이것은 스가랴 9장 9절의 성취이다(4절).[189] 예수님께서 제자를 부르실 때처럼 여기서도 절대 권세를 가지신 왕으로서 명하고 계시는 것이다. 그러므로 이 명을 받은 사람은 나귀를 바쳐야만 했던 것이다. 예수님은 피곤해서 나귀를 타신 것이 아니라, 구약의 예언대로 메시아 왕으로서 행차를 하기 원하셨던 것이다. 스가랴 9장 10절은 메시아께서 평강의 사역을 열방 가운데 이룰 것을 예언하는데, 예수님은 십자가에 죽고 부활하심으로써 이 예언을 성취하셨다.

우리는 여기서 예수님께서 메시아 왕이 되시기 위해서는 죽으셔야 하는 역설을 본다. 사실 이것은 구약의 예언을 제대로 파악한 사람들(시온의 딸)에게는 예수님 자신이 메시아이심을 계시하는 것이며, 동시에 초라한 방식으로는 메시아가 올 수 없다고 믿었던 사람에게는 은폐하는 기능도 있다. 주님의 제자들이 그 나귀와 나귀 새끼를 끌고 와서(6절), 그것들 위에 겉옷을 얹으니, 예수님께서 그 위에 타신다(7절). 무리 대부분은 겉옷을 길에 펴고, 다른 이는 나뭇가지를 편다. 무리들은 "호산나, 다윗의 자손이여. 찬송하리로다. 주의 이름으로 오시는 이여. 가장 높은 곳(하늘 즉 천사들)에서 호산나"라고 외친다(9절; 참고. 시 118:25-26). 이 외침은 예수님이 메시아 왕이시

---

188) 예수님 당시에 왕을 수행하던 사람들이 백성의 가축을 잠시 징발했던 관습이 있었다. 예수님은 왕이시다(참고. 존 월튼, 2010:1319).

189) 흥미롭게도 마태는 그의 복음서 후반부에 집중적으로 스가랴를 인용한다. 마 21:4-9-슥 9:9; 마 21:12-13-슥 14:21; 마 26:15-16-슥 11:12; 마 26:26-29-슥 9:11; 마 26:30-35-슥 13:7; 마 27:3-10-슥 11:12-13; 마 27:51-53-슥 14:4-5(참고. Turner, 2008:495).

라는 예언적 고백이다. 더 이상 예수님은 자신이 메시아임을 외치는 것을 금하지 않으신다. '호산나 다윗의 자손이여'이라고 외친 무리들이 며칠 후에는 예수님을 죽이라고 외치기에, 그들은 예수님에게서 정치적 메시아상을 기대했던 것이다. 예수님이 예루살렘 성에 들어가시니 온 성이 소동하면서, "이 사람이 누구인가?"라고 묻는다. 무리가 갈릴리 나사렛에서 온 선지자라고 답한다(11절). 백성은 예수님을 메시아가 아니라 선지자로 여기고 있다.190)

2.2. 마태복음 21장 12-17절의 메시지

예루살렘 성전(참고. 다수 사본: '하나님의 성전')의 한 부분인 이방인을 위한 마당을 둘러보시던 주님은 그곳에서 양과 소와 비둘기를 파는 자, 그리고 돈을 바꾸는 사람들을 만난다(12절). 이스라엘 땅 밖에 흩어져 살던 디아스포라가 유월절 제물을 드리려면, 짐승을 수천 km나 끌고 올 수 없어서 성전의 바깥 뜰에서 환전을 한 후 제물을 사야 했던 형편을 예수님은 잘 알고 계셨다. 그리고 로마 돈을 이스라엘 돈으로 환전해야만 성전세를 낼 수 있었던 것도 알고 계셨다. 로마 황제의 초상이 그려진 로마 돈은 성전세를 내기에 부적합한 것이었다. 하지만 주님은 채찍으로 짐승들을 내쫓으시고 환전하는 상을 뒤엎으셨다(12절). 이방인의 뜰은 폭이 300m, 길이가 450m나 되는 넓은 광장과도 같았다. 그러므로 예수님께서 모든 환전상의 돈을 엎고 모든 짐승을 다 쫓아내신 것은 아니었다. 일부를 그렇게 함으로써 무언가를 상징적으로 말씀하시려 한 것이다. 이런 과격한 주님의 행동을 보고 있던 대제사장들과 서기관들은 분노한다(15절). 성전 관계자들은 성전 뜰에서 장사하는 사람들로부터 자릿세를 챙겼다. 그러므로 사실상 짐승을 파는 자들을 통해서 성전 관계자들이 실속을 챙기고 있었던 것이다. 하지만 예수님은 하나님께 기도하는 집 즉 하나님께로 나아가는 통로가 되어야 할 성전이 이렇게 장사꾼들의 소굴(강도의 굴혈; 참고. 렘 7:11)로 전락한 것을 용납할 수 없으셨던 것이다(참고. 사 56:7). 강도는 종종 강탈한 물건을 굴에 보관해 두었다. 이 단락의 바닥에 흐르는 주제를 통해서 볼 때, 예수님은 참 성전으로 계시된다.

헤롯 대왕이 B.C. 20년부터 보수 공사하여 A.D. 27년경에 완공한 것으로 추정되는 예루살렘 돌 성전(*naos*)과는 구별되는 예수님 자신의 육신 성전을 강조하셨다. 그림자인 구약 성전의 실체로서 참 성전이신 예수님은 그림자의 역할을 이제 완성하시며 깨끗이 청산하신다. 예수님이 참 성전인 이유는 주님 안에 하나님의 영광과 임재가 가장 충만하게 거하기 때문이다. 그러므로 참 성전이신 예수님이 죽으시면 그림자인 예루살렘 성전은 더 이상 필요 없게 된다. 그래서 A.D. 70년에 예루살렘 성전이 돌 위에 돌 하나도 남김없이 파멸된 것이다. 하지만 참 성전은 영원토록 파괴된 상태로 있을 수 없다. 반드시 다시 건축되고 부활해야만 한다. 왜냐하면 그리스도의 몸인 교회는 부활하신 예수님 안에서 하나님의 은혜와 영광 그리고 임재하심을 경험할

---

190) 참고로 여행을 떠날 수 있었던 모든 이스라엘 남자들과 완전한 개종자는 1년에 3차례 절기를 지키려고 예루살렘으로 가야 했다. 그러나 이스라엘 바깥 나라에 거주하던 디아스포라 유대인들은 1년에 한 번만 참여하도록 완화되었다. 여자들은 예루살렘 순례를 의무가 아니라 선택할 수 있었다(참고. 예레미아스, 1988:110).

수 있기 때문이다. 이제 계시사의 전진을 통해서 볼 때 신약 교회가 하나님의 성령의 전으로 살고 있다(참고. 고전 3:16).[191]

성전을 청결케 하신 예수님에게 소경과 저는 자들이 나아오니 고쳐 주신다(14절). 소경과 저는 자들은 구약 성전 예배에 참여할 수 없는 자들인데(참고. 삼하 5:8), 이제 메시아의 시대에는 치유 받고 전인이 회복될 수 있다(참고. 사 35:5). 메시아께서 싸매시고 치유하지 못할 사람이 어디 있겠는가! 대제사장들과 서기관들이 예수님이 행하신 이상한 일을 보고, 아이들이 '호산나 다윗의 자손이여'라고 부르는 것을 듣고는 분노한다. 그리고 예수님에게 "저희의 하는 말을 듣느뇨?"라고 묻는다(16절). 주님은 그들에게 "어린 아기와 젖먹이들의 입에서 나오는 찬미를 온전케 하셨나이다 함을 읽어 본 일이 없느냐"고 답하신다(16절; 참고. 시 8:2). 즉 주님은 어린아이의 입에서 나온 찬미는 예수님 자신의 메시아이심을 증거하는 고백임을 인정하심으로써, 그렇지 못한 성전 관계자들의 불신앙을 책망하신다. 예수님은 율법 전문가들에게 '무엇을 읽어 본 일이 없느냐'라고 말씀하심으로써, 큰 수치를 안겨 주신다. 그 후 주님은 감람산 남동쪽의 베다니로 가셔서 머무신다(17절). 아마 이때는 유월절 잔치 중이어서 예루살렘은 번잡했을 것이고, 주님은 한적한 곳에서 쉬셔야 했다.

2.3. 마태복음 21장 18-22절의 메시지

이른 아침에 예루살렘 성 안으로 들어오실 때, 주님은 열매 없고 잎만 있는 무화과나무를 보시고 영원히 열매를 맺지 못하리라고 저주를 하시니 곧 말라 버린다(18-19절). 무화과 잎이 있는 것으로 볼 때 4월경이며, 잎과 동시에 나올 수 있던 이른 열매를 (새로운 스룹바벨이신) 예수님은 찾고 계셨다(참고. 막 11:13; 슥 4:7-10).[192] 제자들이 무화과나무가 어떻게 말라 버린 것인지 물으니(20절), 만일 믿음이 있고 의심치 않으면 무화과나무에게 된 일뿐 아니라, 이 산더러 들려 바다에 던지우라 하여도 된다고 답하신다(21절). 믿고 구하는 기도는 응답이 있다(22절).

이 단락에는 상징적인 행동과 예언적인 암시가 풍성하다. 문맥으로 볼 때, 성전 청결 다음에 이 단락이 위치함으로써 이스라엘을 향한 하나님의 심판의 주제가 계속됨을 알 수 있다. 구약에서 무화과나무는 이스라엘을 상징한다. 그러므로 이스라엘이 바리새인과 서기관 그리고 사두개인의 거짓 가르침을 받아서 회개도 아니하고, 하나님이 기대하신 열매를 맺지 못하면 말라 버리는 심판을 받게 된다는 것이다. 이 심판이 시행되는 방식은 '바다'(아마 사해 혹은 지중해)로 상징되는 열방 속으로, '산'(아마 감람산 혹은 시온 산)으로 상징되는 이스라엘이 빠지고 흩어지는 것이다(참고. 사 40:4, 42:16; 슥 4:6-7; 계 6:14). 즉 이스라엘이 A.D. 70년에 파멸되어 포로로 잡혀 가는 방식이다. 이런 하나님의 심판이 시행되기 위해서는 남은 자인 교회가 믿음으로

---

191) 마태는 성전 청결을 승리의 예루살렘 입성 당일 즉 주일에 있었던 것으로(마 21:1-11), 마가는 월요일 오전에 있었다고 정확하게 기록한다(막 11:12-19). 마태는 예수님께서 예루살렘에 입성하신 후 하신 일들을 정확한 시간이 아니라 주제별로 배열한다(참고. ESV Study Bible, 2008:1865-1866).

192) 먹을 수 있는 무화과 열매는 6월 초가 되어야 맺혔다.

기도를 해야 한다. 믿음의 기도는 복음의 대적을 물리치는 힘이 있다. 예수님은 타락한 성전을 파괴하고 새 인격 성전을 건축하실 분이시다(보라. 라이트. 2004:752-753).

2.4. 마태복음 21장 23-27절의 메시지

예수님이 성전에서 가르치실 때 대제사장들과 백성의 장로들이 다가와서 누구에게서 받은 권세로 가르치시는지 묻는다(23절). 이 질문은 실제적으로 예수님이 누구이신가에 대한 질문이다. 주님은 세례 요한의 세례가 하늘으로부터인지 아니면 사람으로부터인지 그 출처를 되물으신다(25절). 예수님이 세례 요한을 여기서 언급하신 것은 주님의 선포는 곧 요한의 회개 선포와 세례의 연장 선상에 서 있음을 암시한다. 대제사장들은 세례 요한에게 책망을 듣고 세례를 받지 못했다(참고. 마 3:7). 대제사장들이 요한의 세례가 하늘(하나님)에게서 나온 것이라고 인정한다면, 세례 요한을 대적했던 자신들의 행동이 범죄임을 자인하는 것이었다. 다른 한편, 대제사장들이 세례 요한의 세례가 사람들에게서라고 답한다면, 모든 백성들이 요한을 선지자로 인정하고 있기에, 왜 헤롯 안디바와 요한의 참수형을 방관했던 대제사장들이 선지자 요한을 죽였는가라는 비난을 면치 못하게 된다. 예수님은 대제사장들과 장로들이 메시아의 선구자였던 요한과 메시아이신 예수님 모두에 대해 적개심을 가지고 있었음을 아시고, 답하기 곤란한 질문을 하심으로써 그들의 말문을 닫아 버리셨다. 유대 종교 지도자들과 예수님 사이에 갈등은 더 커지고 있다.

2.5. 마태복음 21장 28-32절의 메시지

두 아들의 비유는 예수님께서 유대 종교 지도자들의 위선을 고발하시는 것이다. 맏아들은 포도원에 가겠다고 아버지에게 답해 놓고서는 가지 않았고, 둘째 아들은 가기 싫다고 답해 놓고서는 나중에 뉘우치고 갔다(28-30절). 여기서 이스라엘 백성이 포도원으로 비유된다. "이 둘 가운데 누가 아버지의 뜻을 행하였느냐?" 둘째 아들로 비유된 세리와 창기가 맏아들로 비유된 유대 종교 지도자들보다 하나님 나라(the Kingdom of 'God')에 먼저 들어간다(31절).[193] 31절의 수사 의문형은 독자로 하여금 본문의 의미를 곱씹어 보도록 한다. 먼저 된 자가 나중 되고, 나중 된 자가 먼저 된다(참고. 마 20:16). 하나님의 계명에 순종치 않았던 죄인은 회개하고 아버지 하나님의 뜻을 준행했다. 그러나 입으로만 하나님을 섬긴 지도자들은 불신앙으로 일관하면서 회개의 열매를 맺지 못했다. 의의 도를 전파한 세례 요한을 배척한 유대 종교 지도자들과는

193) 29-31절을 본문 비평해 보자. (1) 시내 산, C, K, W사본 등에 의하면, 첫째 아들이 '아니오'라고 말한 후 뉘우쳤다. 둘째 아들은 '예'라고 답했지만 아무것도 하지 않았다. (2) D, 이탈라, 시리아 역본들에 의하면, 첫째 아들이 '아니오'라 말한 후에 뉘우쳤다. 둘째 아들은 '예'라고 답하고는 아무것도 하지 않았다. 31절의 답은 *ho eschatos*이다. (3) B, 세타, 700사본 등에 의하면, 첫째 아들은 '예'라고 말하고 아무것도 하지 않았다. 둘째 아들은 '아니오'라고 말한 후 뉘우쳤다. 31절의 답은 *ho hysteros* 혹은 *ho eschatos*이다. (2)는 순종하지 않은 마지막(즉 둘째 아들)이 아버지의 뜻을 행했다는 의미이기에, 말이 되지 않는다. 중요한 사본들은 (1)을 지지한다(참고. 매츠거, 2005:44).

달리, 세리와 창기는 회개의 세례를 받았기 때문이다(32절). 요한은 심지어 창기에게조차 세례를 베풀었던 것이다.

2.6. 마태복음 21장 33-46절의 메시지

이 단락에서 예수님은 앞 단락의 '두 아들 비유'와 유사한 비유를 주시는데, '악한 농부 소작인 비유'라고 불린다. 울타리, 망대, 포도즙 틀이 잘 갖추어진 포도원을 소유한 주인이 세 놓고 타국으로 간다(33절; 참고. 사 5:1-2). 주인은 최고의 시설을 공급함으로써 농부들에게 극상품 포도를 기대했을 것이다(사 5:2). 외국에 있던 주인은 추수 때 소출을 받으러 종들을 보내었지만 농부는 때리고, 죽이고, 돌로 쳤다(35절; 참고. 대하 24:21; 렘 7:25, 25:4, 26:7-11, 38:1-28; 암 3:7; 슥 1:6). 주인이 두 번째 더 많은 종들을 보내어도 결과는 마찬가지였다(36절). 마지막으로 포도원 주인의 아들이 보내졌을 때, 농부들은 그 상속자를 포도원 밖에 쫓아내어 죽였다(39절).[194] 포도원 주인이 돌아올 때, 이 악한 농부들은 진멸되고, 다른 농부들이 고용될 것이다(41절).

포도원 주인은 성부 하나님이시다. 죽임 당한 종들은 구약의 선지자들과 제사장들 그리고 세례 요한이고, 포도원 주인의 아들은 예루살렘 성 밖 갈보리에서 죽으신 예수님이시다. 하나님이 당장 심판하지 않으시고 기회를 세 번이나 주셨지만 이스라엘은 회개하기는커녕 더욱 완악해졌다. 악한 농부는 망대, 울타리, 포도즙 틀과 같은 하나님의 풍성한 은혜를 받아서 소출을 하나님께 돌려 드려야 했던 종교 지도자들이다. 그들은 청지기로서 하나님의 포도원인 이스라엘 백성을 잘 가꾸어야 했다. 하나님은 포도원의 실과를 제대로 바칠 다른 사람에게 포도원을 맡기실 것이다(41절). 이제 새 이스라엘인 신약 교회가 하나님의 언약 파트너로 일할 것이다(참고. 롬 11:11-24).

예수님은 시편 118편 22절을 인용하시면서 '건축자의 버린 돌(고난당하고 버림받고 죽으신 예수님)이 모퉁이의 머릿돌(승귀하신 예수님)이 되었다 함을 읽어 본 적이 없느냐'라고 종교 지도자들에게 말씀하신다(42절; 참고. 행 4:11-12; 벧전 2:4). 구약에 능통한 종교 지도자들에게, 예수님께서 어떤 구절을 읽어 보지 못하였느냐라고 말씀하신 것은 그들에게 큰 수치를 안겨 주신 것이다. 유대 종교 지도자들은 건축자로서 예수님을 믿고 회개하여 천국을 건설해야 할 책임을 졌다. 그러나 오히려 예수님을 대적하고 죽이는 일을 했다. 그러나 하나님은 신원하셔서 예수님을 승귀하게 하신다. 이제 하나님 나라를 불신 유대 종교 지도자들은 빼앗기고, (세리, 창기처럼)열매 맺는 백성이 받을 것이다(43절). '열매 맺는 백성'은 이방인이건 유대인이건 하나님의 뜻에 따라 믿음으로 순종하는 사람들을 가리킨다(참고. 이응봉, 2010:5). 머릿돌 위에 떨어지는 자는 깨어지고, 머릿돌이 사람 위에 떨어지면 그 사람을 가루로 만들어 버려 흩어 버린다(44절; 참고. 사 8:14-15, 28:16; 단 2:34, 44-45).[195] 머릿돌은 모퉁잇돌과 유사한데, 그 위에 건물이

---

194) 39절에서 D와 세타 사본은 "그를 죽여서 포도원 밖으로 내버렸다"로 쓴다.

195) 44절을 포함하는 사본은 시내 산, B, C, L, W. 다수 사본이고, 생략하는 것은 D와 33사본 등이다. 44절을 UBS 4판과 바른 성경은 [ ]로 처리하지만, NIV와 개역개정판은 아무 표시를 하지 않는다.

세워져야 한다. 그러나 그 돌을 짓밟고 지나가는 자, 그 돌을 무시하고 불신하는 자들은 심판을 받아 깨어지고 가루가 되고 말 것이다. 대제사장들과 바리새인들은 자기들을 향하여 말씀하신 줄 알고 예수님을 잡고자 했지만, 무리가 예수님을 선지자로 여겨서 혹시 소요가 일어날 줄 모른다는 계산에 실행으로 옮기지 못했다(45-46절).

3. 오늘에의 적용

우리는 남을 향한 하나님의 역사하는 방식에 대해 질투하지 않는가?
우리는 성령의 전으로 살고 있는가?
우리가 맺어야 할 신앙과 회개에 합당한 열매는 무엇인가?

마태복음 22장

1. 본문 및 구조

- 왕의 혼인 잔치 비유(1-14)
- 가이사에게 세를 바치는 문제(15-22)
- 부활에 관한 질문(23-33)
- 가장 큰 계명에 대한 질문(34-40)
- 다윗의 자손과 다윗의 주(41-46)

2. 구원 계시사적 메시지

2.1. 마태복음 22장 1-14절의 메시지

예수님은 또 다시 비유'들'로 '대답하신다'(1절). 이 표현은 주님이 특정 질문을 받고 여러 가지 비유로 대답하시는 것이 아니라, 예수님의 교훈에 관한 일반적인 성격을 묘사할 뿐이다(참고. 리델보스, 1991:628). 천국은 자기 아들을 위하여 혼인 잔치를 베푼 임금과 같다(2절; 참고. 눅 14:16-24). 이 비유도 천국 비유다. 이 임금은 하나님(혹은 예수님)이시고 아들은 예수님(혹은 예수님과 연합된 교회)으로 볼 수 있다. 혼인 잔치는 메시아 연회(the messianic banquet)로

참고로, 후대 랍비들은 "솥이 바위에 떨어지면, 솥에게 화 있으라! 바위가 솥 위에 떨어지면, 솥에게 화 있으라! 어느 쪽이든 솥에게 화 있을진저!"라고 경고했다(참고. 존 월튼, 2010:1323).

서 예수님이 베푸시는 '종말론적인' 천국 잔치이다(참고. 사 25:6-8; 계 19:7-9). 임금이 종들을 보내어(참고. 마 21:34), 이미 초청 통보를 했던 사람들을 오라고 하니 오기 싫어한다(3절). 고대 세계에서 왕의 초청을 거절하는 것은 불가능한 일이었다. 주님이 제자들을 부르신 것은 왕이 부름이었기에 그들이 아무 말 없이 응했지 않았는가! 첫 번째 초청을 받았을 때는 가겠다고 응했던 사람들이 최후 확인 초청을 거부한 것이다. 이들은 다름 아닌 마태복음 21장 29절의 맏아들과 같다.

임금은 다시 다른 종들을 보내어도 그들은 아무 관심도 보이지 않는다(4-5절). 오히려 밭으로, 상업차로 가버리고, 일부는 종들을 능욕하고 죽인다(6절; 참고. 마 21:35, 39). 화난 임금이 군대를 보내어 그 살인자를 진멸하고 그 동네를 불태운다(7절; 마 21:41). 동네가 불타는 것은 계속된 하나님의 구원을 거부한 유대인이 심판 받는 A.D. 70년 사건을 암시한다(참고. 겔 39:17-24; 계 19:17-21; 보라. 이응봉, 2010:6). 혼인 잔치는 준비되었는데 초청을 받은 사람이 합당치 않다(8절).[196] 임금의 종들은 네거리(*dieksodous ton hodon*; 참고. 이응봉 [2010:7]은 '경계가 넘어서는 지점, 즉 이스라엘의 경계를 넘어감'으로 이해함)에 가서 누구든지 만나는 대로 청하여 데리고 와야 한다(9절). 세 번(특히 예수님의 성육신, 십자가와 부활, 성령의 강림)이나 초청을 거부한 악한 유대인들은 이제 초청될 특권적 자격을 잃고 말았다(참고. 마 21:41). 대신 악한 자와 선한 자를 물론하고 만나는 대로 초청하니, 혼인 잔치 자리에 손님이 가득했다(10절; 참고. 마 13:47-48).[197] 임금이 예복을 입지 않고 온 한 사람에게 어찌하여 예복을 입지 않고 들어 왔는지 물으니, 유구무언이다(12절). 예복을 입지 않은 그 사람은 수족이 결박되어 바깥 어두운 데 던져져서 슬피 울며 이를 갈게 된다(13절; 참고. 마 8:12, 13:42, 50). 예복을 입지 않고 임금이 베푼 잔치에 온 자는 임금을 모욕하는 사람이다. 그는 다름 아니라 메시아 왕이신 예수님을 영접할 준비가 되어 있지 않은 자, 더럽고 누추한 옷을 그대로 입은 자, 즉 회개하지 않은 자를 의미한다.[198] 그는 천국 잔치에 참여하지 못하고 다만 저주를 받게 된다. 청함을 받은 자는 많되, 택함을 입은 자는 적다(14절). 교회 안에는 알곡과 가라지, 좋은 물고기와 나쁜 물고기가 같이 존재한다.

2.2. 마태복음 22장 15-22절의 메시지

바리새인은 예수님이 하시는 말씀을 듣고 시비 거는 일에 혈안이 되어 있다(15절). 바리새인은

---

196) 이응봉(2010:6)은 마태복음 22장 7절은 A.D. 70년 사건을, '그때'(*tote*)로 시작하는 8절은 예루살렘 멸망 이후의 사건으로 본다. 이 주장은 마태복음이 A.D. 70년 이후에 기록되었음을 전제로 하는 것이기에 논의가 주관적이고 확실하지 않다.

197) 이응봉(2010:8)은 '선한 자들'은 믿지 않는 유대인들로, '악한 자들'은 이방인들로 본다. 이응봉은 유대인 그리스도인 중심으로 구성된 마태 공동체에게 있어서 율법적으로 선한 행위를 하는 자들은 다소 긍정적으로 비쳤을 수 있다고 본다. 하지만 '선하다'의 개념이 예수님과 천국 밖에 있는 사람에게 적용하기 어렵다.

198) 이응봉(2010:9)은 '예복'을 지상적인 교회 삶 속에서 미리 나눔의 척도로 사용할 수 있는 것으로 본다. 즉 예복을 지상에서의 천국을 위한 '준비'로 이해한다.

그들의 제자들을 헤롯 당원들과 함께 예수님께 보낸다. 이들은 예수님을 참되신 분이며, 하나님의 도를 가르치며, 외모(차별)로 사람을 취하지 않으시기에 아무도 꺼리지 않는 분이라고 말한다(16절). 가이사에게 세를 바치는 것이 가한지 묻는다(17절). 여기서 세금은 헤롯 아켈라오가 폐위된 A.D. 6년 이후, 14-65세의 유대인이 로마 제국에 바친 인두세(1데나리온)를 가리킨다(참고. 오스본, 2002:276). 아마도 이 질문을 할 때 "세금을 가이사에게 바치지 말라"는 대답을 기대한 것 같은데, 그렇다면 예수님을 반로마적인 위험 인물로 고소할 수 있었다. 예수님은 이 악하고 외식하는 자들을 향해서 왜 자신을 시험하느냐고 꾸짖으신다(18절). 예수님은 세금 낼 때 사용하는 데나리온 하나를 받아서, 가이사의 형상과 새겨진 글(Tiberius Caesar, son of the divine Augustus)을 보시고, 가이사의 것은 가이사에게, 하나님의 것은 하나님에게 바치라고 말씀하신다(19-21절).

주님의 이 말씀은 하나님이 절대 권세자이시기에, 로마와 같은 인간의 권세를 세울 수 있음을 인정하라는 의미이다. 그렇지 않으면 더 큰 위험에 처하며 더 많은 것을 잃어버릴 수 있기 때문이다(참고. 롬 13:1-7; 딤전 2:1-6; 벧전 2:13-17). 황제에게 세금을 낸다는 자체가 황제를 신으로 숭배하는 것을 의미하지 않는다. 그러므로 경배는 가이사가 아니라 하나님에게 드려야 한다. 유대인들은 가이사를 향한 의무와 하나님을 향한 의무라는 이중성을 인정해야 했다. 바리새인의 제자들과 헤롯 당원들은 예수님의 말씀을 듣고 기이히 여기며 떠나간다(22절).

2.3. 마태복음 22장 23-33절의 메시지

부활을 믿지 않던 사두개인들이 예수님께 나아온다(23절). 형사 취수혼(참고. 신 25:5-6) 즉 무자한 과부는 전 남편의 동생과 결혼해야 한다는 법에 근거하여 일곱 남편을 둔 이 여인이 부활할 때 누구의 아내가 될지 묻는다(24-28절).[199] 사두개인들이 부활을 믿지 않았기 때문에, 이 질문은 단지 예수님의 부활관에 대해 알고자 하는 의도만 있을 뿐이다. 예수님이 사두개인과는 달리 부활을 인정하신다고 해도 바리새인과 다른 유대 종파에서 부활을 믿고 있었기에, 사두개인들은 예수님을 산헤드린에 고소할 수 없었다. 사두개인들은 부활과 천사 그리고 영적 존재에 대해 말씀하는 성경을 몰랐기에, 하나님의 능력을 오해했다(29절). 하나님은 지상의 혼인 관계와는 상관없이 죽은 자들을 살리실 능력이 있으시다. 부활은 하나님의 능력의 현시이다. 부활할 때는 결혼이 없고, 천사들(참고. 시내 산; 다수 사본: '하나님의 천사들')과 같게 된다(30절). 사두개인은 천사의 존재도 부정했다(참고. 행 23:8).

예수님은 부활의 실제성을 설명하시기 위해 불타는 가시덤불에서 하나님이 모세에게 말씀하신 출애굽기 3장 6절을 언급하시는데, 사두개인들에게 그 구절을 읽어 보지 못했느냐고 물으신다(31-32절). 백성의 종교·정치 지도자인 사두개인이 성경에 대해 무지하다는 것은 아이러니다. 구약 모든 시대의 이스라엘 백성에게 하나님께서 아브라함, 이삭, 야곱의 하나님으로 스스로

---

199) 24절의 "대를 이어 줄지니라" 혹은 "상속자를 세울지니라"의 원문을 직역하면 "그가 씨를 세울 것이다" (*anastesei sperma*)이다.

계시하셨다는 자체가 부활의 하나님이심을 증명하는 것이 아닌가! 족장의 하나님은 언약의 하나님으로서, 그 후 모든 시대의 언약 백성에게 족장 언약을 성취하기 위해서 역사하시는 분이셨다. 족장의 죽음으로 모든 것이 끝나 버리는 것이 아니라, 마치 족장이 부활해 현존하고 있는 것처럼, 하나님은 족장 언약을 지키시는 산 자의 하나님이시다.[200] 하나님의 영원함과 신실함은 언약의 영원성에 나타나는데, 몸의 부활 없이는 사후의 생명도, 언약의 영원성도 의미가 없게 된다. 주님의 이 말씀을 들은 무리가 놀랐다(33절).

2.4. 마태복음 22장 34-40절의 메시지

사두개인들이 예수님의 답변에 패배하자, 바리새인들이 예수님께 나아온다(34절). 한 율법사가 묻기를 "율법 중에 어느 계명이 큽니까?"(35-36절) 율법사는 구약에서 613개의 계명을 찾아냈고, 그중 248개의 적극적인 계명과 365개의 금지 계명으로 나누었다. 율법사는 이 많은 계명들을 중요한 것과 덜 중요한 것으로 등급을 매겼다. 예수님에게 가장 큰 계명을 묻는 것은, 예수님을 궁지에 몰아넣으려는 의도였다. 예수님은 마음, 목숨, 뜻을 다하여 하나님을 사랑하라는 것이 크고 첫째 되는 계명이라고 답하신다(37-38절; 참고. 신 6:5). 전인적으로 하나님을 사랑하는 것이 가장 근본적이고 중요한 계명이라는 것이다. 이 계명과 불가분리에 있는 것이 자기 자신처럼 이웃을 사랑하는 것이다(39절; 참고. 레 19:18). 이 두 계명이 율법과 선지자, 즉 구약의 강령 곧 핵심 요약이다. 예수님은 계명을 수적으로 이해하거나, 아니면 등급적으로 이해했던 율법사의 견해를 하나님 사랑 및 사람 사랑이라는 통합적이며 근본적인 계명으로 교정하신다. 온 율법과 선지자들이 이 두 계명에 달려 있다(40절).

2.5. 마태복음 22장 41-46절의 메시지

예수님이 바리새인들에게 "너희는 그리스도에 대해 어떻게 생각하는가?"라고 물으니, 그들은 '다윗의 자손'이라고 답한다(41-42절). 예수님의 이 질문은 예수님과 바리새인 사이의 갈등의 본질을 파헤치는 것이다. 그렇다면 예수님은 시편 110편 1절에서 다윗이 예수님을 주라고 고백한 것은 어떤 의미인지 바리새인에게 물으신다. 다윗은 시편 110편에서 메시아 예수님의 권세와 영광을 찬양한다. 그런데 시편 110편 1절에서 성부 하나님이 성자 예수님에게 성자의 원수들을 정복하여 발등상으로 삼기까지 보좌 우편에 앉아 있으라고 말씀하심으로써, 성부와 성자의 본질적인 하나 됨을 밝힌다. 그러므로 예수님은 시편 110편 1절을 인용하심으로써, 예수님 자신의 메시아적 신성을 확증하신다. 바리새인은 아무런 대답도 못하고 그 후로 예수님께 감히 묻지 못했다(46절). 다양한 논쟁에서 알 수 있는 것은 바리새인과 서기관, 그리고 사두개인은 구약을 그리스도 중심으로 보지 못한 영적 소경들이었다는 점이다.

---

200) 32절의 현재 시제 동사 *eimi*와 *estin*이 이를 증명한다(참고. ESV Study Bible, 2008:1870).

3. 오늘에의 적용

우리는 혼인 잔치에 사람들을 열심히 초청하고 있는가?
초청받은 사람이 예복(회개와 믿음)을 입도록 어떻게 도울까?
우리는 사랑의 계명을 충실히 지키는가?
대적과의 논쟁에서 나타난 예수님의 신적 지혜의 탁월성을 어떻게 본받을 것인가?

∽ 마태복음 23장 ∾

1. 본문 및 구조

- 바리새인의 자만과 제자들의 겸손(1-12)
- 서기관과 바리새인을 향한 7(8)화(13-33)
- 일곱(여덟) 번째 화에 대한 설명(34-36)
- 예루살렘을 향한 애통(37-39)

2. 구원 계시사적 메시지

2.1. 마태복음 23장 1-12절의 메시지

예수님께서 무리와 제자들에게 서기관과 바리새인들이 모세의 자리에 앉았으니,[201] 그들이 가르치는 바는 행하되, 그들의 행위는 본받지 말라고 말씀하신다(1-3절; 참고. 요 9:28). 바리새인은 마치 입법자 모세의 계승자처럼 율법을 해석하고 전하는 데 열심이었다. 그런데 여기서 주님은 바리새인의 가르침이 바른 것이어서 행하라고 말씀하셨는가? 예수님은 바리새인의 가르침을 마치 인정하시는 듯이 비웃으시면서 비방하시는가? 아마도 예수님은 바리새인들이 구약에 일치하는 올바른 것을 가르친다면 그것까지 문제 삼을 수 없음을 말씀하시는 것으로 보인다. 바리새인은 짊어지기 힘든 무거운 짐을 사람에게 지우되, 자신은 한 손가락도 움직이려 하지 않는다(4절).

201) 2절과 관련하여, '금언적 아오리스트'(gnomic aorist)란 무시간적이며 일반적인 사실을 가리킬 때 사용된다. 그럴 경우, 이 아오리스트는 일어났던 특정 사건을 가리키지 않고, 현재 시제처럼 일어나는 일반적인 사건을 가리킨다. 신약에 이 경우는 매우 드물다. 현재 시제와 금언적 아오리스트의 차이는 현재 시제가 지속적이라는 점이다. 하지만 특정한 상황 속에서 금언적 아오리스트는 반복적(iterative) 혹은 습관적인(customary) 것을 가리킬 수 있다. 마태복음 23장 2절이 이에 해당된다. "그 서기관들과 그 바리새인들이 모세의 그 자리에 앉아 있다"(*ekathisan*, 참고. 벧전 1:24; 보라. Wallace, 1996:562).

'장로들의 유전'이 보여주듯이, 바리새인은 일반 백성들이 도무지 지킬 수 없는 세밀한 조항들을 문자적으로 지키도록 강요했다. 참으로 그것은 유대인에게 무겁고 수고로운 것이다. 바리새인은 자신의 종교적 경건을 사람에게 보이려고, 양피지에 기록된 성경 구절을 넣는 작은 가죽 통인 경문을 넓게 하고(참고. 출 13:9, 16; 신 6:8), 남의 눈에 잘 띄기 위해서 겉옷의 네 귀에 붙인 옷술을 늘려서 크게 하고(참고. 신 22:12), 주인의 오른쪽 자리인 잔치의 상석과 토라 두루마리를 보관하는 방을 등지고 회중을 마주 보는 장로가 앉던 회당의 상좌와, 시장에서 문안 받는 것과, '랍비'(my lord)라고 불리는 것을 좋아했다(5-7절).[202] 바리새인은 하나님을 사랑해서가 아니라, 인간의 칭찬을 듣기 위해서 즉 명예욕에 사로잡혀서 율법을 지켰다.

예수님은 제자들에게 랍비라 칭함을 받지 말라고 경계하신다(8절). 이 말씀은 학식이 있는 선생을 랍비라고 부르지 말라는 의미가 아니다. 오히려 이 말씀은 학식 있는 선생이 '높은 자'라는 의미의 '랍비'로 대접받는 일을 거부하라는 의미이다(참고. 오스본, 2002:300). "땅에 있는 자를 아비라 부르지 말라. 왜냐하면 하늘 아버지 한 분만 계시기 때문이다"(9절). 9절 말씀은 8절 말씀의 이면을 설명한다. 즉 부모를 이런 식으로 부르지 말라는 의미가 아니라, 예수님 당시의 제자는 자신이 모시는 스승을 '아버지'라고 불렀는데, 랍비들은 제자들의 존경에 취하지 말아야 하는 반면, 제자들은 스승을 숭배하지 말아야 한다는 뜻이다. "지도자라 칭함을 받지 말라. 왜냐하면 그리스도만 지도자이시기 때문이다"(10절). 10절은 8-9절을 설명하는 구절로서, 예수 그리스도만 진정으로 권위를 가지신 새 이스라엘의 지도자이심을 강조한다. "제자들 가운데 큰 자는 자기를 낮추어 섬기는 자가 되어야 한다"(11-12절). 제자는 외형적인 화려함이나 장식 혹은 명예로운 호칭 자체를 의지하지 말고, 섬김과 겸손으로 무장해야 한다.

2.2. 마태복음 23장 13-33절의 메시지

마태복음 23장 13절 이하의 8화의 의미는 산상 설교의 핵심인 8복과 대조해 보면 분명해진다. 바리새인은 그들의 가르침을 열심히 전파했는데, 그 결과 자신을 닮은 외식하는 지옥 자식을 양산했다(13, 15절). 바리새인은 여호와를 경외하는 자(God-fearer)를 전도 대상으로 삼아 할례를 통하여 유대인으로 받아들이는 일에 열심을 내었다. 돈을 좋아한 바리새인은 실제로 과부의 가산을 삼키며 외식으로 길게 기도했다(14절; 참고. 막 12:40).[203] 예수님은 맹세하지 말라고 명하셨으나(참고. 마 5:34), 바리새인은 어리석게 맹세하면서 마음대로 맹세를 파기하기도 했다(16-22절).[204] 바리새인은 율법의 근간을 이루는 의(의로운 행위, justice)와 인(이웃에 대한 사랑,

202) 7절에 D, E, F, G, H, K, M, S, U, V, W, Y사본 등은 표현을 중복하여 엄숙하고 공식적인 뉘앙스를 가진 '랍비, 랍비'(*hrabbi*, *hrabbi*)라고 쓴다.

203) 14절("그러나 화 있도다! 위선자인 서기관들과 바리새인들아, 너희가 과부들의 집들을 삼키고, 남에게 보이려고 길게 기도하기 때문이다")을 시내 산, B, D사본 등은 생략하지만, 13절 '앞부분에' 다수 사본은 14절을 포함한다.

204) 19절 처음에 시내 산, D사본('맹인들아')과 달리, B, C, W, 다수 사본은 '어리석은 자들과 맹인들아'(*moroi kai typhloi*)로 쓴다.

mercy)과 신(하나님을 향한 진실되고 친밀한 관계, faithfulness)을 버리고, 박하(mint), 회향(dill, 열매나 잎은 향료로 쓰인 미나리과의 이논드), 근채(cumin, 미나리과 식물인 커민)의 십일조만 드린다(23절; 마 22:37-39; 참고. 레 27:30; 미 6:8; 슥 7:9).

그러나 주님은 더 중요한 것들인 의와 긍휼과 신뢰와 같은 율법의 정신도 버리지 말며, 동시에 (세부적인)실천도 버리지 말 것을 강조하신다. 바리새인은 물을 마실 때 컵에 빠져 있는 하루살이(gnat, 각다귀; 아람어로는 *qamla*)는 불결하게 여겨서 건져 내려고 주의하면서도, 굽이 갈라지지 않은 부정한 짐승인 낙타(아람어로는 *gamla*)는 그냥 삼키려고 한다(24절; 참고. 레 11:4). 즉 바리새인은 부정을 피하기 위해 작은 것까지 신경을 썼지만, 정작 크고 중요한 문제는 간과해 버렸다. 바리새인은 자신의 외모는 종교인에 걸맞게 가꾸되 마음이 부정한 외식하는 자였다(25-26절; 참고. 민 19:16).[205] 바리새인들은 회 칠한 무덤처럼 겉은 아름답게 장식하지만, 속에는 죽은 자들의 뼈와 더러운 것(위선과 불법)이 가득하다(27-28절; 참고. 마 7:23, 13:41).[206]

바리새인은 구약 선지자와 의인의 계승자로 인정받기 위해서 선지자의 무덤을 쌓고 즉 리모델링을 하고, 의인의 비석을 꾸민다(29절; 참고. 행 2:29). 바리새인의 이런 행동은 선지자와 의인을 죽인 조상들의 기질을 자신들이 그대로 물려받았음을 증거할 뿐이다. 예수님은 바리새인에게 "너희가 너희 조상의 (죄의 분)양을 채우라"라고 말씀하신다. 바리새인의 조상들이 선지자와 의인을 죽였던 것처럼, 바리새인들이 예수님을 죽임으로써 살인을 일삼은 조상들(murdering forebears)의 일을 완수하게 된다. 따라서 뱀과 독사의 새끼(마귀의 자녀) 같은 바리새인은 지옥(게헨나)의 판결을 피할 수 없다(33절; 참고. 마 3:7).

2.3. 마태복음 23장 34-36절의 메시지

하나님께서 바리새인들에게 선지자들, 실생활 속에서 하나님의 통찰력을 가진 지혜 있는 자들, 그리고 하나님의 계시를 백성에게 강설한 서기관들을 보내셨지만 그들은 보냄 받은 자들을 때리고, 구박하고, 죽이고, 능욕한다(34절). 이 구절은 대선지자요, 가장 지혜 있는 분이요, 대서기관인 예수님 자신의 임박한 고난과 죽음을 암시한다. 투영의 원리로 보면, 마태 공동체가 디아스포라 유대인의 박해 속에 있을 것을 암시한다. 그러므로 첫 순교자인 의인 아벨의 피로부터(참고. 창 4:8), 성전과 제단 사이에서 '너희가'(바리새인의 악한 조상들을 바리새인과 동일시하심) 죽인 바라갸의[207] 아들(*hyou Barachiou*) 사가랴의 피까지(참고. 대하 24:20-21; 눅 11:51) 땅 위에서

---

205) 25절 마지막에 다수 사본은 '착취(혹은 탐욕)와 불의(*adikias*)'로 시내 산과 B사본 등은 '착취(혹은 탐욕)와 방종(*akrasias*)'으로 쓴다. 26절의 "먼저 잔(*tou poteriou*) 속을 깨끗하게 하여라"를 다수 사본은 "먼저 잔 '그리고 접시의'(*kai tes paropsidos*) 속을 깨끗하게 하여라"로 쓴다.

206) Luz(2005:130)는 유대인들에게 있어서 흰색으로 칠한 돌은 그곳이 부정한 장소임을 지시하는 것이기에, 회 칠한 무덤들이 아름답다고 말하는 27절은 이상하다고 본다. 따라서 Luz는 저자가 유대인의 정결·부정결에 익숙하지 않다고 본다. 하지만 마태가 구약의 정결법에 익숙하지 않았다고 보는 것은 무리다.

207) 바라갸가 아니라 제사장 여호야다(Jehoiada)가 사가랴(Zechariah)의 아버지이다(참고. 대하 24:20). 스가랴 1장 1절에 나오는 선지자 스가랴의 아버지는 '베레갸'(Berekiah)이다. 유대 문헌에는 여호야다와 베레갸가 혼동되는 경우가 종종 있다(참고. France, 1995:331).

흘린 의로운 피가, 이제는 전부 바리새인에게로 책임이 돌아간다(35절).

'사가랴'는 히브리 성경(Tanak)의 배열에 있어서 제일 마지막인 역대하에 등장한다. 요아스 왕에 의해 사가랴는 죽으면서 여호와의 감찰하심과 신원하심을 간구한다(참고. 대하 24:22). 이 간구대로 아람 군대가 요아스를 징벌한다. 예수님은 이것을 다시 강조하여 말씀하신다. "이것(과거로부터의 순교의 피)이 다 이 세대에게 돌아간다"(36절). '이 세대'(this generation, contemporary generation)라는 말은 예수님이 시행하실 심판의 임박성을 암시한다(참고. 마 11:16; 눅 7:31, 11:29). 이것은 A.D. 70년 사건을 염두에 두는 것으로서 예수님을 죽인 것에 대한 하나님의 심판이다. 그리고 예수님은 감람산 강화에서 '너희'라는 표현을 자주 사용함으로 '너희'가 곧 '이 세대 사람'임도 알 수 있다. 마태복음 23장 36절과 24장 34절은 인클루시오 구조를 형성하여 돌 성전 파괴의 임박성을 강조한다(참고. DeMar, 1991:32-33).

2.4. 마태복음 23장 37-39절의 메시지

이 단락은 마태복음 23장과 감람산 강화(마 24장)를 연결시키는 역할을 한다. 하나님은 선지자와 파송한 자들을 죽인 예루살렘을 암탉이 새끼를 날개 아래 모음같이 모으려고 많이 시도하셨으나, 바리새인들은 원치 않았다(37절).[208] "보라, 너희 집(*oikos*, 성전, 도시, 국가, 참고. Hagner, 1995:680; '하나님의 집'이 아니기에 이미 성전은 제 구실을 하지 못하고 있음)이 황폐하여 버린 바 되리라"(38절; *apietai*, 신적 수동태; 참고. 겔 10:18-19; 마 24:2). 이 구절은 예레미야 12장 7절과 22장 5절 그리고 에스겔 8장 6, 12절, 9장 3절, 그리고 11장 23절과 유사하다. A.D. 70년 사건을 가리킨다(참고. 마 24:34). 바리새인은 "찬송하리로다, 주의 이름으로 오시는 이여(*ho erchomenos*, 현재 디포넌트 분사 남성 단수 주격; 참고. 계 1:4)" 할 때까지(참고. 시 118:26; 마 21:9), 예수님을 보지 못할 것이다(39절). 이 구절은 미래에 있을 주님의 재림을 의미하는가? 궁극적으로는 주님의 미래적 재림을 언급하지만, 문맥은 임박한 심판을 가리키기에 A.D. 1세기 중반의 종말론적인 일로 볼 수 있다. 로마서 11장 25-26절에서 밝히듯이 혈통적인 유대인 중에서도 구원받을 사람이 있기에, 그들은 예수님을 진정한 메시아로 인정하여 시편 118편 26절의 고백을 하게 될 것이다.

3. 오늘에의 적용

우리에게 외식 및 외형에 의존한 권위 의식은 없는가?
우리가 자초하는 하나님의 화는 무엇인가?

---

208) 37절에서 주님이 '예루살렘아, 예루살렘아'라고 2번 반복한 이유는 다른 보통 말로써는 그처럼 믿을 수 없이 풍성한 예루살렘의 죄악(예. 습관적으로 선지자를 살인한 것)을 표현할 수 없었기 때문이다. 즉 마땅히 신령한 예배의 자리, 하늘의 지혜와 교사, 세상의 빛, 참 교회의 근원, 그리고 하나님의 말씀의 파수꾼이 되어야 마땅한 예루살렘이 오히려 선지자를 죽인 자로서 그들의 피를 빨아먹는 것이 습관으로 굳어졌다는 책망이다(참고. 칼빈, 1993:320).

마태복음 24장

1. 본문 및 구조

• 제자들의 성전에 관한 질문과 예수님의 대답(1-35)
• 인간 세상 마지막에 대한 주님의 가르침(36-51)

2. 구원 계시사적 메시지

감람산 강화(the Olivet Discourse)는 마태복음 24장, 마가복음 13장, 그리고 누가복음 21장에 등장하는데, 요한복음에는 빠져 있다. 요한복음에 빠진 이유를 정경론적 입장에서 진단해 보면, 아마 요한은 요한계시록에서 본격적으로 그리고 길게 감람산 강화를 다루고자 의도했기 때문이다. 18세기에 Firmin Abauzit(1679-1767)은 요한계시록을 감람산 강화의 빛 속에서 해석하여 요한계시록을 네로 황제의 박해 상황으로 이해했다. 감람산 강화에 대한 두 개의 극단적인 의견이 있다. 하나는, A.D. 132-135년경의 하드리안 황제 치하에서 발발한 바 코흐바 반란(Bar Kochba Revolt)의 상황과의 유사점으로 인해, 감람산 강화에 나타난 예루살렘의 멸망에 대한 예언을 멸망 후에 회상하는 것으로 간주하는 의견이다. 다른 하나의 극단은, 티이센(G. Theissen) 등이 주장하는 것인데, A.D. 37-41년 갈리굴라 황제 치하에서의 위기를 배경으로 한다는 견해이다. 이 두 견해는 극단적인 견해로서 추상적인 추론에 근거한 것이기에 학자들의 지지를 얻는데 실패했다. 따라서 예루살렘 멸망에 대한 미래적인 예언을 염두에 둔다면 A.D. 60년대 중반을 기록 연대로 보아야 한다. '소묵시록'이라 불리는 감람산 강화는 성경 예언의 한 부분이므로, 언약적이며 구원 계시사적으로 이해되어야 한다.[209)]

2.1. 감람산 강화에는 내용의 전환이 있는가?[210)]

베다니로 가는 길에 있는 예루살렘 동편의 감람산에서의 주님의 강화를 이해하는 열쇠는

---

209) 비정경적인 작품에 나타난 '종말론적 묵시주의'의 특징은 다음과 같다. (1) 혼돈과 창조의 개념이 근동 지방의 신화에서 생겨난 요소들의 지배를 받는다. (2) 미래도 창조의 우주적인 재구성으로 이어질 혼돈과의 전쟁으로 간주된다. (3) 우주와 인간 영역에 대한 견해는 선과 악이라는 이원론의 지배를 받는다. (4) 현재에 대해서 비관적이다. (5) 이스라엘 민족과 선택된 백성(즉 남은 자)이 동일시되지 않는다. (6) 기름 부음 받은 제사장, 왕, 종말의 선지자와 같은 메시아적 인물이 기대되는 사태의 전환을 주도할 것으로 예상된다. (7) 인간은 하나님보다 능력이 적은 것은 아니지만 근본적으로 결함이 있다고 간주된다. (8) 개인적인 부활이나 영혼 불멸에 대한 믿음, 그리고 헬라 세계에서 취한 바 지옥과 영원한 형벌에 대한 기대가 널리 퍼졌다. (9) 역사의 신학은 '지혜'로 대치되어, 개인의 상황에 대한 지식은 인간의 상황에 대한 통찰에서 얻었다(참고. 쾨스터, 1996:377-378).

210) 감람산 강화의 한 절 한 절의 내용의 의미를 위해서는 이 책의 마가복음 13장 주석을 참고하라.

다음의 질문에 대한 답에 달려 있다. 마태복음 24장과 병행 본문은 예루살렘 멸망만 다루는가? 아니면 시작 부분을 조금 지나서 곧바로 예수님의 (최종)재림을 다루는가? 아니면 어디서 이 두 주제(예루살렘 멸망, 예수님의 최종 재림)의 전환이 나타나는가? 이 문제에 답하기 위해서 마태복음에 나타난 감람산 강화의 문맥(textual context)을 살펴보는 것이 중요하다. 마태복음 전체를 통하여 유대 지도자들과 군중은 모두 악한 세대로서 예수님을 거역하는 자들로 묘사된다(참고. 마 21:18-19). 마태복음 21장 41-44절의 소작농의 비유, 마태복음 22장 8-10절의 혼인잔치 비유, 마태복음 23장의 7(8)개의 '화 있을진저 외식하는'이라는 구절들, 마태복음 23장 38절, 그리고 마태복음 27장 22-23절은 유대인들의 외식에 대한 예수님의 비난과 책망 그리고 심판 예고이다. 따라서 감람산 강화의 문맥은 반유대적 성격이 강함을 부인할 수 없다. 이런 고의적인 배교를 지도자뿐 아니라 모든 백성들이 영적인 우둔함 가운데 저질렀다.

이스라엘 백성들은 누가복음 19장 44절의 '권고한 날' 즉 '하나님의 방문의 날'을 알지 못했다. 물론 '모든' 유대인들이 언약적인 저주를 받아 파멸되고 이방인들이 '모두' 그 자리를 대체한 것으로 보는 것은 합당치 않다. 예를 들어, 아브라함의 육신적인 후손이었던 바울은 배교한 유대인들에 포함되지 않았다. 여기서 투영(transparency)의 원리를 살펴볼 수 있는데, 마태 공동체(the Matthean community)는 주로 유대인들로 구성된 공동체였는데, 주로 불신 유대인으로부터 핍박을 받아서 회당에서 추방당한 경험을 하고 있었던 것으로 보인다(참고. 마 10:17). 따라서 마태는 모체(matrix)인 불신 유대인들은 하나님의 관점에서 볼 때 사악하고 불법적인 집단에 불과하고, 자신이 속한 마태 공동체만 참된 새 이스라엘로서 개혁된 유대인 사회를 구성하고 있다고 소개하고 있다. 마태 공동체의 정체성은 예수님을 믿는 새로우며 참된 유대인 공동체이다.

오늘날까지 감람산 강화는 일방적으로 미래론적인(futuristic) 해석에 의해 지배당했다고 해도 과언이 아니다. 대표적인 경우는 홀 린제이(Hal Lindsey)가 지은 《신세계의 도래》(1993. 보이스사)일 것이다. 이 말은 감람산 강화가 예수님의 재림이나 세상의 종말을 다루는 본문으로 이해되어 왔다는 의미이다. 환언하면, 학자들이 감람산 강화에 나타난 '아직 아니'의 측면에만 일방적인 관심을 보였다는 말이다.[211] 라이트(2004:509)와 같은 일부 학자들은 이런 미래적인 해석을 정당하게 비판하기를, 감람산 강화는 구약의 심판의 이미지를 사용하여, 문자적으로 세상 마지막을 묘사하는 것이라기보다는 1세기 중반의 역사 속에서 일어날 사건을 묵시적 용어로 묘사하고 있는 것으로 본다(참고. 반더발, 1999:92). 환언하면, 예수님은 감람산 강화에서 수천 년 후에 일어날 일에 대해서만 말씀하고 계시지 않다는 말이다. 감람산 강화의 핵심 내용은 예수님께서 인자로 다시 오실 하나의 파루시아(a parousia)인데 이것은 최종 파루시아(the Parousia)와는 다른 것이다(참고. 아 3:11). 예수님의 승천과 예루살렘 멸망 사이에 초대 교회가 박해자들의 희생물로 곤경을 겪었는데, 이 40년 동안 이 세대(this age, old dispensation)와 오는 세대(age

---

211) 마태복음 24장 14절을 다수의 선교사들은 미전도 족속에게 복음이 전파되어야, 즉 수십 년 후에야 예수님의 재림이 가능하다는 증거 구절로 사용한다. 그러나 '온 세상'은 *kosmos*가 아니라 *oikoumene*인데, A.D. 70년 이전에 복음이 전파되어야 할 로마 제국을 가리킨다(롬 15:19; 참고. 양용의 2006:407).

to come)가 중첩되었다(참고. 반더발, 1999:96). 하지만 이 중첩 기간은 그리 오래가지 못했다. 왜냐하면 하나님은 무제한적으로 형벌(신원)의 날을 연기하면서 기다릴 수 없으셨기 때문이다(참고. 눅 21:22). 이 신원을 위한 오심은 영적인 심판의 차원에서 이해해야 하지 육체적인 실제 차원의 오심으로 볼 이유는 없다.

좀더 상술하면, 마태복음 24장 3절 이하에 나타난 마지막 시대(즉 주님의 승천에서 A.D. 70년 사이의 기간)의 산고로서의 징조들은 성도를 미혹하기 위해서 표적을 행하는 거짓 메시아의 출현(4-5, 23-26절), 난리 소문(6절), 전쟁과 자연 및 천체의 재해(7-8, 29절; 참고. 대하 15:6; 사 19:2),[212] 핍박과 배교(9-10절), 거짓 선지자의 출현(11절; 마 7:15), 불법이 성하고 사랑이 식어짐(12절; 참고. 딤후 3:3), 1세기 중순의 로마 제국 안의 편만한 복음 전파(14절; 참고. 양용의, 2006:407), 멸망의 가증한 것이 서면 빨리 도망가야 하는 것이다(15-18절; 참고. 단 9:26-27, 11:31, 12:11).[213] '멸망의 가증한 것'이 무엇을 구체적으로 가리키는가를 밝히는 것은 쉽지 않지만, A.D. 66-70년의 예루살렘 포위와 관련된 것은 분명하다(참고. 양용의, 2006:409). 마태복음 24장 16-20절은 유대-로마 전쟁 시(직전) 예루살렘 성도가 요단 동편의 펠라(Pella)로 급히 도망갔다는 펠라 전승과 일치한다(contra 라이트, 2004:544). 마태복음 24장 21-22절에서 '창세로부터 지금까지 없었던 큰 환난'이란 표현은, A.D. 70년의 예루살렘 파괴가 이스라엘 백성들에게 그러했다는 말이다. 이것을 요세푸스가 거의 동일한 표현으로 증거하고 있다. 그리고 바벨론에 의한 예루살렘의 파괴를 예언한 에스겔도 동일한 표현을 사용한다. "네 모든 가증한 일로 인하여 내가 전무후무하게 네게 내릴지라"(겔 5:9). 참고로, 동일한 주제를 다루는 마태복음 24장 1-35절과 에스겔 7장의 간본문성에 주의할 필요가 있다.

마태복음 24장의 주제의 전환 문제를 상세히 다루어 보자. 감람산 강화의 서론 부분인 마태복

---

212) 29절의 광명체의 무서운 변화는 시공간의 세계의 물리적 붕괴를 가리킨다는 문자적 의미로 해석될 수 없다. 오히려 사회적이고 군사적인 재난을 가리키는 전형적인 유대적 이미지이다(참고. 라이트, 2004:556, 781). 참고로 라이트(N.T. Wright)의 신학의 기여와 문제에 대해서는 이승구(2010)를 참고하라. 간단히 소개하면, 그의 신학적 기여는 복음주의자로서 성경을 신뢰하는 입장을 분명히 한 점, 성경의 역사성을 믿을 수 있는 토대를 마련한 점, 구원에서의 하나님의 주도권을 잘 드러낸 점, 성경 신학적 작업을 하여 신약과 구약을 항상 연관시키면서 이해한 점, 신약성경적 하나님 나라 이해에 근거한 신학을 잘 제시하고 있는 점이다. 반면, 그의 신학의 문제점은 이신칭의에서 정통 개혁파의 이신칭의 개념을 거부하고 일방적으로 소위 바울의 '새 관점'을 따른 점, 지옥, 하늘, 연옥 이해에 있어서의 모호한 점, 바울이 예정을 깊이 다루지 않았다고 보는 점, 성공회 교회의 전통의 영향을 받아서 죽은 자를 위하여 기도할 수 있다고 주장한 점 등이다.

213) 마태복음 24장에 2인칭이 자주 등장하다가(4, 6, 20, 23, 25-26, 32-33절), 마태복음 24장 16-18절에는 3인칭이 등장한다. 인칭의 변화는 예수님의 제자들뿐 아니라 더 넓은 독자를 염두에 둔 것으로 볼 수 있다(참고. France, 2008:898). 선지자 다니엘이 예언한 '멸망의 가증한 것'(단 9:27, 11:31, 12:11; 마 24:15)은 B.C. 167년 안티오쿠스 에피파네스가 성전에 세운 제우스 신상을 가리키는데, 감람산 강화의 문맥에서는 A.D. 67년 11월에서 68년 봄까지 성전 안에서 벌인 열심당의 만행을 가리킨다(참고. 반더발, 1999:93). 마태복음 24장 16-19절에서 환난을 피하기 위해서 빨리 도망가라는 명령에 비추어 보면, 마태복음 24장 40-41절에서 밭에서 일하다가 그리고 맷돌을 갈다가 데려감을 당하는 자가 구원 받는 자임을 알 수 있다.

음 24장 1-3절은 제자들이 예루살렘 성전 건물의 웅장함을 보고 그것의 운명에 대해 질문하는 것으로 시작한다(참고. 《유대 전쟁사》5.184-226; 《유대 고대사》15.392-402). 제자들의 질문은 '성전 파괴가 언제 발생하는가? 주님의 오심(parousia)과, 세상(*aion*, '세대보다'는 '세계'라는 뜻)의 끝의 징조가 무엇인가?'이다.[214)]

마태복음 24장 34절에서 주님은 "내가 진실로 너희에게 이르노니 이 세대가 지나가기 전에 이 일이 다 이루리라"고 말씀하신다. 여기서 '이 세대'(*he genea haute*, this generation; 참고. 신 29:22, 32:5; 삿 2:10; 욥 8:8; 시 14:5, 22:30, 48:13, 71:18; 전 1:4; 보라. Zerwick, 1993:80)는 예수님의 말씀을 듣던 사람이 살던 바로 그 세대(혹은 약 30년)를 가리키지, 혹자(예. 헨드릭슨)가 주장한 것처럼 인종(race, people=*genos*)을 가리키지 않는다(참고. Hagner, 1995:715). '이 세대'라는 표현은 복음서에 약 16회 사용되는데, 예수님에 의해 늘 말해졌으며, 수식어로서 '악한, 신실하지 못한' 등이 붙는데 주님 당대의 사람들을 가리킨다(참고. 마 11:16, 12:41; 보라. France, 2008:930). 그리고 '이 일들'(*tauta*, these things)은 마태복음 24장 34절 이전(즉 마 24:4-31)에 예언된 모든 것들을 가리킨다(참고. Luz, 2005:208). 따라서 35절 이전까지는 하나의 큰 통일된 단위를 이루는 것이 분명하다.

여기에 대한 반대 의견도 있다. 특히 마태복음 24장 15-22절의 '대환난'보다는 '인자의 오심'을 다루는 마태복음 24장 29-31절과 관련해서 그렇다. 혹자는 마태복음 24장 3절의 예수님의 제자들의 질문의 단일성(통일성)을 언급하여, 오로지 이 세상('이 세대', this age, this aeon,[215)] 하올람 하제)의 마지막에만 연관된 것으로 본다(참고. 라이트, 2004:533). 즉 주제의 전환이 처음 질문인 예루살렘 멸망의 빛 속에서 볼 때 있을 수 없다고 본다. 환언하면, 마태복음 24장 3절의 제자들의 질문 가운데 임함(coming, parousia)과 끝(end)을 같이 말함으로써, 예루살렘의 멸망은 곧 그 당대 세대의 끝으로 보았기에 질문에 있어서는 주제의 전환이 없다는 주장이다(참고. Hwang, 1981:83). 하지만 제자들의 질문에 대한 다른 해석이 불가능한 것은 아니다. 즉 제자들이 '임함'을 '끝' 즉 인간 역사의 끝과 연관시켰을 수도 있다. 왜냐하면 제자들에게 있어 예루살렘 멸망은 인간 세상 역사의 끝과 같은 것이었기 때문이다(참고. 양용의, 2006:404). 그러므로 이것은 잘못된 연관이기는 하지만 실제로는 제자들의 유대주의적인 세계관을 반영한 것이다. 이 점을 게할더스 보스(1998:49)가 감람산 강화의 재앙의 전개를 '원근 화법'을 사용하여 이스라엘의 민족적인

---

214) 유진 피터슨(2010:101)이 일상 언어로 풀어 쓴 의역 성경 '메시지'의 마태복음 24장 3절에서 "세상의 끝에 대한 징조"는 번역하지 않았다.

215) 에를랑겐(Erlangen)의 헤르만 자세(Hermann Sasse)(1976:200-204)에 의하면, 헬라어 *aion*은 종종 '세상'(*cosmos*)보다는 하나님의 영원성(롬 16:26; 창 21:33 LXX; 사 26:4, 40:28)과 세상의 시간(the time of the world) 즉 창조로부터 완성에 이르는 세상의 기간(마 13:39-40, 28:20)을 묘사한다. 하지만 세상의 시간이라는 개념은 쉽게 세상(world) 자체의 의미 안으로 함몰되어 *kosmos*의 의미와 거의 일치해 버린다. 그러므로 예를 들어, 마태복음 13장 22절의 '세상의 염려'는 '이 세대'보다는 '이 세상'이라는 의미로 보는 것이 더 자연스럽다(참고 막 4:19). 바울도 세상의 지혜라는 말을 비슷한 용례로 사용한다(참고. 고전 1:20, 2:6, 3:19). 종합해 보면, 마태복음 24장 3절의 *aion*은 세대(generation)와 더불어 세상(world)으로도 볼 수 있다.

재앙과 우주적인 재앙을 함께 보여주고 있다고 바르게 설명한다.[216)]

하지만 자연스런 주제의 전환은 마태복음 24장 36절("그러나 그 날과 그때는 아무도 모르나니 하늘의 천사들도 '아들도 모르고' [*oude ho hyos*; 참고. 다수 사본은 이것을 생략함] 오직 아버지만 아시느니라")에서 발생하는데, 여기서부터 예수님의 최종 재림(the parousia)과 세상의 끝(the end of the human history)을 언급하는 것 같다(참고. 양용의, 2006:415). 즉 유대인의 세대의 멸망인 예루살렘 멸망에서 주님의 최종 파루시아로의 주제 전환이 일어난다. 노아 시대에 대홍수가 임한 것처럼 갑작스럽게 주님의 최종 재림이 임할 것이기에 교회는 늘 깨어 있어야 한다(37-39, 42절).[217)] 주님의 최종 파루시아는 충성되고 지혜로운 남은 자에게는 영원한 상급을, 악한 종에게는 영벌의 판결을 동반한다(45-51절). 이렇게 볼 수 있는 이유 중 하나는 많은 경우에 있어서 예언의 성취는 다중적으로 일어나고 예루살렘의 멸망은 세상 역사의 멸망이라는 모형론적인 중요성(typological significance)을 가지기 때문이다(참고. France, 2007:895). 36절에는 '그 날'과 '그때'(that day and hour; NIV에서는 '*or*'로 되어 있으나 원문에는 *kai*로 연결된다)라고 말함으로 '이 세대'(34절)의 '이'(this)와 반대되는 미래적인 의미로 사용되었다.

36절 이하조차도 예루살렘의 멸망을 예언하는 것으로 본다면, '예수님과 성령님은 과연 예루살렘 멸망의 그 날과 때를 모른다고 할 수 있을까?'라는 질문이 제기된다. 성경 어디에 예루살렘의 멸망 혹은 이것에 상응하는 구약 시대의 바벨론에 의한 예루살렘의 파멸의 시기를 성부 하나님만 아시는 것으로 묘사하고 있단 말인가? 선지자들도 알고 있었고, 심지어 그 회복의 시기도 예언했지 않았는가? 여기서 주제의 전환이 일어나는 것은 마태와 그의 유대인 수신자들에게 있어서 예루살렘의 멸망은 세상 역사의 종말과 같은 차원으로 이해되는 엄청난 사건이었기 때문이다(참고. 리델보스, 1990:681; France, 2008:899). 즉 예루살렘의 멸망은 인간 세상 역사의 마지막을 위한 산고(birth pangs)와도 같았다. 이런 주제의 전환은 뒤이어 나오는 마태복음 25장 33, 41, 46절의 최종 파루시아로 말미암아 시행될 영원한 심판의 장면과 그것과 관련된 비유들을 설명하는데 자연스럽고도 유익한 관점을 제공한다. 구약의 바벨론이나 니느웨의 멸망이 앞으로 등장할 하나님의 모든 원수들에 대한 하나님의 승리를 보증하듯이, 예루살렘 멸망은 예수님의 최종 파루시아를 예시하면서 보증한다.

하지만 후천년주의자인 킥(J.M. Kik)을 비롯한 많은 사람들은 마태복음 24장 36절이 아니라, 27절 혹은 다른 구절에서 주제의 전환을 찾는다. 이런 현상은 이런 구절에서 상징적인 언어가 강하기 때문에 주석가가 일관성을 잃어버릴 수 있기 때문이다. 예를 들어, 29절에서 하늘의

216) 참고로 칼빈은 에스겔 1장 14절을 주석하면서, 마태복음 24장 27절의 '번개'를 주님의 재림과 연결시킨다.

217) 42절에서 시내 산, B, C, D사본 등은 '어느 날'(*poia hemera*)로, 다수 사본은 '어느 때'(*poia hora*)로 쓴다. 40-41절의 데려감을 당하는 자(*paralambanetai*, 현재 수동태 직설법 3인칭 단수)와 버려둠을 당한 자(*aphietai*, 현재 수동태 직설법 3인칭 단수) 중에 누가 구원 받은 자인가? 이 둘 모두를 신적 수동태로 볼 수 있는가? 마태는 *paralambano* 동사를 자신의 유익을 위하여 데리고 가는 의미로 종종 사용했다(참고. 마 1:20, 17:1, 18:16, 20:17). 그러나 마태복음 27장 27절은 다르다. 37절이 노아 홍수를 언급하기에, 홍수 심판에 대비하지 않고 방주에 들어가지 않아서 땅에 '남겨진 자들'이 물에 쓸려 심판을 당했기에, 데려감을 당하는 자를 구원 받은 자로 볼 수 있다(참고. France, 2008:941).

광명체가 환난 후에 '즉시' 빛을 잃어버리는 것,[218] 30절의[219] 인자가 구름을 타고 능력과 큰 영광으로 오는 것을[220] 보는 것과[221] 땅의 모든 족속이 통곡하는 것,[222] 그리고 31절의 택하신 자들을 하늘 이 끝에서 저 끝까지 사방에서 모으는 것과 같은 것을[223] 주님의 최종 파루시아를 묘사하는 것으로 보는 경향이 많았다. 하지만 이런 표현들은 묵시적인 표현들(apocalyptic expression)로서 구약에 이미 나타난 표현인데, 옛 언약 백성에 대한 심판과 메시아의 현현을 예언하는 것으로 본다면 A.D. 70년에 있었던 예수님의 예루살렘을 향한 하나의 파루시아(a parousia)로 볼 수 있다. 무화과나무의 가지가 연하여지고 잎사귀가 나오면 여름이 가까운 줄 알듯이, 제자들도 이런 일들을 보면 A.D. 70년 사건이 가까워 온 줄 알아야 했다(32-33절).[224]

---

218) 29절의 광명체는 통치자들을 상징한다(창 1:14-16). 혹은 이방 민족 혹은 사마리아의 심판 받음과 함락을(참고. 사 13:9-10, 34:4; 겔 32:7-8, 암 8:9) 광명체의 몰락으로 묘사한다. 즉 문자적인 하늘의 광명체가 아니라는 말이다. 참고로, 마태복음 24장 7절에 예언된 '지진'은 A.D. 67년 유대-로마 전쟁 중에 예루살렘에 발생한 지진으로 성취되었다. "하필 그날 밤에 무서운 폭풍우가 맹렬하게 몰아쳤는데 태풍과 폭우와 함께 천둥과 번개가 무섭게 계속 내리치고 엄청난 진동과 지진이 일어났다. 이런 큰 자연적인 이변은 인간들에게 파멸이 있을 것임을 분명히 예고해 주는 것이며, 그것도 엄청난 재난의 징조라는 것을 쉽게 추측할 수 있다"《유대 전쟁사》4.4.5). 그리고 24절의 '거짓 선지자들'은《유대 전쟁사》6.5.2에 언급되며, 28절의 '독수리'는 로마 제국의 승리의 상징으로서 군기에 새겨져 있었다《유대 전쟁사》3.6.2).

219) 30절 전반부의 '인자의 징조가 하늘에서 보이겠고'라는 말을 상징적으로 해석해 보면, 오순절 성령 강림과 예루살렘 멸망이 하늘에 있는 인자의 징조라는 말이다. 요엘 2장 28-32절은 성령이 육체 위에 부어질 것(28-29절)과 심판(30-31절)이 섞여 있다. 마치 오순절 사건과 A.D. 70년의 심판이 하나인양 혼합되었듯이 말이다(참고. 눅 3:16-17).

220) 인자가 타고 오실 '구름' (30절)은 하나님의 임재와 심판 및 구원 즉 역사 안에서 그리고 민족적 차원에서 소위 '운명'의 엄청난 '역전'에 대한 상징으로 인식된다(참고. 시 104:3; 사 19:1; 단 7:13-14; 나 1:3; 비교. 마 26:64; 보라. 라이트, 2004:525; 양용의, 2006:413). 하지만 사도행전 1장 9절 그리고 마가복음 16장 19절은 예수님께서 '실제 구름'을 타고 하늘로 올라가시는 승천하시는 모습을 그리고 있다.

221) 30절 끝의 무엇을 '보는 것'(*horao*)은 실제로 시각적으로 인식하는 것(visual perception 혹은 seeing physically something)이라기보다는 때때로 어떤 강력한 것을 정신적으로 인식하는 것(mental perception)을 가리키기도 한다(참고. 마 16:27-28; 계 1:7). 29절처럼 30절도 묵시적 표현이기에 상징적으로 해석하는 것이 옳다(참고. 양용의, 2006:412).

222) 30절은 스가랴 12장 12절의 느슨한 인용인데, 땅(*tes ges*, 하아레츠)의 모든 족속(*hai phylai*)은 이스라엘 백성들을 가리킨다(참고. 계 1:7; 보라. France, 2008:9250.

223) 31절은 '휴거'를 의미하지 않는데, 여기서 천사들은 복음 전파자로 볼 수 있다(마 11:10; 눅 9:52; 계 1-3). 이것이 옳다면 복음 전파자를 통해서 구원 얻을 백성들을 모으는 것, 즉 교회가 확장되는 것을 의미한다. "어떤 한 장소로 모으다"는 의미라기보다는 '하나님 나라의 영향력하에 모으다' 즉 '천국 백성이 되도록 만든다'는 의미이다(참고. 양용의, 2006:413). A.D. 70년의 성전의 파괴는 교회로의 모음 즉 교회의 충만함을 초래했기에, 기독교의 초우주적인 생명의 종교화를 위한 중요한 첫걸음이 되었다.

224) 여기서 생각해 볼 만한 것은 예루살렘 멸망에 대한 유대 문헌에서의 반응이다. A.D.1세기 후반 혹은 2세기 초반의 작품들인 2바룩서와 4에스라서에서는 하나님의 심판의 측면에서 설명되기에 예루살렘을 향한 하나님의 연민은 약하게 언급된 반면, 5세기 작품인 '라바 애가'에서는 힘없는 하나님에게서 파멸의 원인을 찾기에 하나님의 연민은 상대적으로 더욱 크게 나타난다. 참고로 해그너(Hagner)(1995:701)는 감람산 강화가 A.D. 70년 이전에 기록된 것으로 본다.

2.2. 감람산 강화의 계시사적 의의

웅장했던 예루살렘 성전 멸망과[225] 주님의 재림(최종 파루시아) 이 두 사건 모두가 가지는 계시사적인 중요성 때문에 감람산 강화의 바른 이해는 신약 전체의 이해를 위해서 아주 중요하다. 물론 감람산 강화가 복음서의 A.D. 70년 이전 저작을 위한 증거 본문으로서 중요한 기능을 하는 것은 두말할 나위 없다. 우리는 예루살렘 멸망을 그 사건 이전 혹은 그 사건 이후와 같이 A.D. 70년을 기점으로 한 연대기 구분의 전환점(a turning point of a chronological division)으로만 이해할 수 없다. 즉 A.D. 70년 이후에야 하나님은 비로소 혈통적인 유대인을 버리고 이방인의 구원을 시작하셨다고 볼 수 없다는 것이다. 우리는 예수님의 지상의 공사역 때부터 계속해서 이방인들이 회심한 경우를 알고 있다(예. 수로보니게 여인). 그러므로 우리는 예루살렘 멸망을 구속사에 있어서 옛 경륜의 시대(old dispensation)의 끝이자, 새 경륜의 시대 즉 (일부 유대인을 포함한)교회 시대의 시작으로 보아야한다.

A.D. 70년의 예루살렘 멸망은 육신적인 아브라함의 후손들이 누린 선민의식과 하나님의 특별한 경륜의 시대에 마침 도장을 찍는 사건이었다. 즉 옛 언약의 종결이 재확인되는 사건이다. 재확인된다는 말은 먼저 그 종결을 확인한 사건이 있었다는 말인데 그것은 주님의 탄생 – 십자가 – 부활 – 승천 – 오순절 성령 강림이라는 분리할 수 없는 거대한 하나의 구속 사건이다. 주님의 탄생 및 오순절 성령의 오심은 교회의 시작을 확실히 알리는 사건이었지만, 그때도 유대인들은 여전히 배교적 상태로 머물렀다. 이렇게 새 언약 시대의 도래를 알리는 두 번째 사건은 예루살렘 멸망인데, 바로 이 점에서 계시사적인 중요성이 있다. 구약에서 증인은 두 명 이상이어야 하듯이 하나님은 옛 언약에서 새 언약으로의 전환을 두 번의 기회를 통해 계시하셨던 것이다. 교회가 새 언약의 파트너로 인정받았고, 더 이상 특정 장소나 특정 인종이나 민족이 선민이 될 수 없는 우주적인 구원의 시대가 도래했다는 말이다. 그리고 예루살렘 성전과 기물들이 파괴되고 약탈당함으로 구약 성전 제의가 종막을 고하여 신령과 진정으로 드리는 예배의 시대가 개시되었다. 옛 언약백성과 이혼하는 것은 새 언약 백성과 결혼하는 것을 의미한다. 마태복음 24장 35절까지는 배교한 이스라엘을 향한 하나님의 소송(lawsuit)과 '이혼 증서'(the certificate of divorce, 참고. 렘 3:8)이다. 주님의 최종 파루시아 때는 모든 인류를 향한 신원과 심판 그리고 보상이 발생하여 구속사가 완성된다.[226]

---

225) 참고로 솔로몬이 7년에 걸쳐 지은 예루살렘 성전은 약 90평(30m 길이, 10m 폭, 15m 높이) 크기이며(참고. 왕상 6:2; 금은 20t 사용됨), 평당 13억 원이나 소요된 건물이었다. 성전 건축 공사비는 약 1,000억 원 이상 들었다. 모세 때 만든 회막의 크기는 18평이었다.

226) 구약 선지서와 신약 복음서를 비교 연구하는 것은 성경이 성경을 해석하는 원칙에 합치된다. 이사야 24장과 마태복음 24장의 간본문적인 해석을 해보자.
(1) 이사야 24장의 주제의 전환: 이사야 24장은 '열방에 대한 심판'을 다룬 이사야 13-23장에 이어 '땅에 대한 심판'을 다룬다. 땅을 황무케 하시고(24:1-13), 만군의 여호와는 시온 산에서 왕이 되신다(24:14-23). 그런데 24장에서 주제의 전환이 땅의 황무함에서 여호와께서 왕이 되심에서만 나타나는가? 아니면 1-12절은 이스라엘에 대한 심판을, 그러나 13절은 범위가 더 확장되어 온 세계 민족(the world)에 대한 심판을 다루지 않는가? 1-12절은 백성과 제사장(2절), 율법을 파하고 언약의 파기함(5절),

2.3. 감람산 강화의 반로마적인 메시지

지금까지의 논의를 생각해 보면 감람산 강화 안에 반(불신) 유대주의적 사상이 강하게 나타남을 알 수 있다. 하지만 두꺼운 상징주의적 표현들을 분석해 보면, 반로마적인 메시지도 찾을 수 있다. 이 해석은 정치적인 해석(political interpretation)으로 여겨져서, 복음주의 진영에서 지금까지 그리 환영받지 못하는 것 같지만 오히려 문법·역사적인 해석에 충실한 석의이며 균형 잡힌 해석을 위해 중요한 결론을 도출하도록 돕는다. 감람산 강화에 대한 오랜 기간 동안 반유대적인 해석이 지배한 것에 대한 반동으로 이런 반로마적인 해석이 나왔다고도

약탈을 당한 성읍의 파멸(10절), 그리고 약탈된 성문이 파괴됨(12절)과 같이 구체적인 어느 한 국가, 특히 언약과 제사장 나라와 성읍을 염두에 두고 있는 듯하다. 즉 남 이스라엘과 예루살렘의 파멸을 예언하기에 앗수르와 바벨론의 침공과 관련된 것으로 볼 수 있다. 이 침공은 혼돈과 공허(1절)를 초래하기에 하나님의 창조의 질서에 역행한다. 따라서 긍정적으로는 새 창조에 대한 기초를 제공한다. 1-12절은 완료형을 사용했다. 그러나 13절은 예언적 미완료형을 사용하여 이러한 일이 세계 민족 가운데서도 일어날 것이라고 예언한다. 온 세상에 임할 심판의 날은 마치 알곡과 가리지를 구분할 추수의 때와 같다. 심판의 와중에서도 남은 자는 여호와의 위엄을 바다에서부터 크게 노래 부르며 외친다(14절). 이것은 과부의 탄원에서 볼 수 있듯이(눅 18장), 신원의 찬송이요 승전가이다. 바다의 모든 섬들에서 여호와를 찬양한다(15절). 즉 이 구절들은 이스라엘의 남은 자의 대열에 이방인 중에서 여호와 신앙을 가진 자들이 합류할 것을 예언한다. 그러므로 남은 자의 범위가 민족적인 이스라엘을 초월한다. 이 남은 자들이 여호와께 예배와 영광을 돌릴 것이다. 16-20절에서 다시 이사야 선지자는 분위기를 반전하여 심판으로 망해가는 사람들의 아픔에 스스로 동참한다. 그러나 결국 21-23절에서 여호와는 시온 산(예루살렘)에서 (여호와의 우주적 왕권이 시행되는 보좌·중심지) 왕으로 등극하신다. 세상에 대한 심판은 여호와의 왕권 수립을 위한 전제 조건 중 하나이다. 이런 일은 '그 날'에 이루어진다(21절). 만왕의 왕이신 하나님이 땅의 왕들을 벌하시기에(21절), 그들은 형벌을 받고(22절), 달이 무색하고, 해가 부끄러워한다(23절). 해와 달이라는 천체는 문자적으로 해석할 수 없고, 종종 세상의 권세자들 혹은 이방 신들을 가리킨다(참고. 사 60:19; 욜 3:15; 슥 14:7; 마 24:29; 계 21:23, 22:5). 여호와는 장로들 앞에서 영광을 나타내실 것이다(23절; 계 4:4). 정리해 보면, 이사야 선지자는 이스라엘에 대한 심판을 1-12절에서 언급한 후, 13절에서 열방에 대한 심판을 예언한다. 이것은 공허하고 혼돈스러우며 고통을 수반하는 창조 질서에 반하는 결과를 초래한다. 이것은 여호와의 우주적 왕권을 위해 먼저 시행되어야 할 일이다. 이때 이사야는 묵시적인 용어를 사용한다. 이 우주적 왕권은 바벨론 포로 귀환에서 부분적이고 일차적으로 성취된다. 남은 자들이 돌아오되 이방인 가운데서도 일부 돌아온다. 반면에 이사야 65장 17절 이하에 등장하는 '새 하늘과 새 땅'에서는 옛 세상이 지나가고 새로운 창조 질서가 회복된다. 신천 신지는 바벨론에서 귀환한 후, 제2성전을 지음으로써 부분적으로 성취된다. 그러나 이 회복은 궁극적으로 예수 그리스도께서 민족과 인종과 혈통의 경계를 초월한 우주적인 남은 자인 새로운 이스라엘을 재창조하실 것을 내다본다(계 21-22).

(2) 마태복음 24장의 주제의 전환: 감람산 강화는 A.D. 70년의 예루살렘 성전 파괴를(마 24:1-35) 다룬 후, 예수님의 재림 후 온 세상의 심판을 다룬다(36절 이후). 이스라엘이 제사장 나라이기에, 그들이 심판을 받는 것과 성전이 파괴되는 것은 곧 주님의 재림이라는 불특정 미래에 온 세상이 심판을 받는 것을 모형론적으로 내다본다. 이것은 결국 만왕의 왕이신 그리스도의 왕권이 시행되는 발판이다. 이때도 남은 자들이 있다(13, 22절). 끝까지 견디는 자는 남은 자요 믿음을 견지한 사람이다. 남은 자는 슬기로운 다섯 처녀처럼, 두·다섯 달란트를 받은 청지기처럼, 그리고 심판대 오른편의 양처럼 충성해야 한다(마 25). (3) 결론: 이사야 24장의 심판과 회복은 주제가 마태복음 24장에도 등장한다. 둘 다 먼저 옛 세상을 상징하는 이스라엘에 대한 심판을 배경으로 한다. 그러고 나서 미래의 온 세상에 대한 심판을 언급한다. 이것은 만군의 여호와의 재창조의 사역을 이어가신 만왕의 왕이신 예수님의 왕권 확립으로 귀결된다. 하나님의 신실한 백성은 시온의 남은 자로서 찬송하며 청지기로서 하나님을 섬겨야 한다.

볼 수 있다.[227)]

주로 이 해석은 편집 비평적 요소를 전제로 하는데, 마태 공동체가 처한 상황을 고려한 것이다. 이 말은 A.D. 30년경을 역사적인 배경으로 삼지 않고 60년대 말을 그 배경으로 삼는다는 말이다. 여기서 투영(transparency)의 원리가 적용된다. 본문이 기록된 일차적인 목적을 무시하거나 다루지 않은 채 내용 분석으로 끝나는 주석은 하나님의 기록 의도를 무시하거나 부정하는 비학문적인 주해로 끝날 위험이 있다. 비록 본문에 관하여 많은 내용을 올바르게 분석했다고 할지라도 그 기록 목적을 알기 전까지는 본문의 진정한 의미를 파악했다고 할 수 없다. 성경 주석가는 성경 저자들을 통하여 1차 독자들에게 말씀하신 하나님의 목적이나 의도를 충실히 확인하면서 자신의 성경 주석을 그 목적과 의도에 복종시켜야 한다.

감람산 강화를 탈식민주의와 정치적으로 해석하는 이들에 의하면 마태복음은 두 방법으로 로마 제국의 이데올로기에 도전한다. 하나는, 마태복음은 로마 제국과는 다른 모습과 공동체의 반응을 제공함으로 '사회적인 도전'(social challenge)을 제시한다. 마태는 계층주의적이며 약탈적이고 배타적인 사회 대신에(마 20:25-26), 포괄적이고, 평등한 사랑의 공동체를 제시한다. 다른 하나는, '신학적인 도전'(theological challenge)인데, 전 세계가 로마의 주피터 신과 주피터의 아들인 황제에 속해 있다는 로마의 이데올로기에 도전하는 것이다. 마태는 감람산 강화에서 예수님의 파루시아에 임할 로마의 파멸을 제시함으로 온 세계가 하나님의 통치 아래 있음을 대안적으로 강조한다. 따라서 로마의 절대 권력은 상대화되고 만다.

탈식민주의 해석가에 의하면, 예수님의 천지의 대혼란에 대한 예언(21절; 참고. 막 13:7-13, 24-25) 역시 반로마적인 메시지를 담고 있는데, 그 이유는 로마 황제가 다스리는 세계는 질서만 있을 뿐이라고 사람들이 믿어 왔는데 바로 그 사상을 뒤엎는 것이기 때문이다. 즉 마태는 팍스 로마나는 한낱 꿈에 불과함을 고발한다. 이것은 그 당시까지는 사람들을 현혹했지만, 마태는 이것 역시 세계에 참된 평화와 안전을 줄 수 없음을 고발하는 것이다. 예수 그리스도만 심판주인 동시에 세계에 참 구원과 평안을 줄 수 있음을 강조한다.

여기서도 우선권(priority)의 문제가 등장한다. 마태의 유대인 독자들은 구약의 간본문 중심으로 감람산 강화를 이해하여 예루살렘 멸망으로 이해했을 것이고, 이방인 독자들은 사회적인 간본문(socio-intertexts)을 통해서 로마 제국에 대한 하나님의 심판으로 보았을 수 있지만 확실하지 않다. 특별히 예루살렘 멸망은 유대인 독자들에게는 마치 세상이 망하는 것과 같기에 온 세상에 임할 하나님의 최종 심판을 예시하는 것으로 보여졌을 것이다.

카터(Carter, 2001:86-87)는 감람산 강화와 하나님의 로마에 대한 심판 사이의 강한 간본문성

---

227) 참고로 '탈식민주의 해석'(post-colonialism)은 (신)식민지 현실 속에서 정신의 탈식민화를 실천하는 것으로, 1990년대 후반 이후에 새로운 문화적, 민족적, 신앙적 정체성을 수립하기 위한 지적 조류 가운데 하나이다. 그런데 성경 본문과 저자들의 저술 배경을 정치, 경제, 문화적 지배 관계에 종속시키며, 제국주의 사상이 성경 저자의 삶에 강력한 영향을 미쳐 성경의 기록마저 심각할 정도로 이데올로기화 되었다고 말하는 것은 성령의 의도를 무시하는 것이다. 마태복음의 경우, 마태는 당시의 지배적인 이데올로기의 영향을 받았다기보다는, 기존 사회 구조의 왜곡된 틀을 인식한 가운데 그것을 초월하는 새로운 기독교적 복음을 제시한 것으로 보아야 한다(참고. 문용식, 2008:158, 177).

을 제시한다. (1) 마태복음 24장 27-31절과 마가복음 13장 26절에 나타난 예수님의 권능과 영광 가운데 귀환하실 것에 대한 묘사는 로마 제국의 통치를 암시하는 용어들을 사용한 것 같다. (2) 예수님의 도착/파루시아/오심 (마 24:27; 막 14:62)은 로마와 같은 하나의 제국의 권력 대표(representative)의 방문과 유사한데, 하나님의 나라의 대표이신 승천하신 예수님의 방문과 관련된다. (3) 번개(마 24:27; 막 13:24-25)는 황제들에 의해 휘둘러졌던 주피터/제우스의 주권을 묘사하는 동전에 종종 등장한다. (4) 독수리(vultures; 마 24:28)는 바벨론과 같이 하나님의 백성들을 심판하기 위해 하나님의 도구로 사용된 제국의 힘을 가리키며, A.D. 70년에는 로마에 의해 그 역할이 수행되었다. 비록 마태복음 24장 28절은 로마의 권세와 통치에 대한 상징을 사용했지만, 그것은 로마를 승리의 독수리로 단언하지 않는다. (5) 마태복음 24장 28절의 장면은 '추락하는' 독수리로서 '파멸되는' 로마 군대(시체)를 묘사하는 것 같다. 따라서 주님의 파루시아는 로마 권세를 파괴한다. 그리고 (6) 태양과 달로부터 빛을 잃는다는 이미지(마 24:29; 막 13:24-25)는 제국의 권세를 잃는 것과 관련된다(비교. 사 13:10, 34:4).

그래서 카터는 결론 내리기를, A.D. 70년에 하나님의 심판의 대리자였으며 사탄의 대리자였던 (참고. 마 4:8) 로마가 결국은 심판의 대상이 되고 만다. 이 6개의 간본문적 유사점 중에서, 특히 다섯 번째는 거의 신빙성 있어 보이지 않는다. 왜냐하면 문맥은 로마를 예루살렘을 심판하는 하나님의 대리자로 소개하기 때문이다. 분명한 것은 우리는 복음서를 식민주의와 저항의 정치적인 이데올로기 색채로 가득한 고대 문서로 볼 수 없다.

3. 오늘에의 적용

우리에게 임하는 현재적 심판과 세상 역사의 종말을 준비하고 있는가?
주님의 날과 상급을 기대하는가?

마태복음 25장

1. 본문 및 구조

• 열 처녀 비유(1-13)
• 달란트 비유(14-30)
• 최후 심판(31-46)

2. 구원 계시사적 메시지

2.1. 마태복음 25장 1-13절의 메시지

마태복음 24장 36절 이하에서 최종 파루시아를 언급하신 주님은 열 처녀 비유를 통하여 재림(*hypantesis*) 소망을 견고히 하신다. 열 처녀 비유는 마치 마태복음 24장 45-51절의 충성되고 지혜로운 종의 여성 편(female counterpart)과도 같다.[228] 오직 마태만 이 비유를 기록한다. 1절의 '그때'(*tote*)는 주님의 최종 재림을 가리킨다. 예수님 당시의 결혼 관습을 정확하게 재구성하는 것은 쉽지 않다. 시대와 지역마다 약간씩 달랐기 때문이다. 이스라엘의 결혼 관습에 의하면, 여자는 12세, 남자는 13세 이상이 되어야 결혼을 할 수 있었다. 혼인식 전날 밤에 신부 집에는 흰옷을 입은 신부 들러리(bridesmaids) 10명 정도가 신부와 함께 있다가, 신랑이 오면 횃불을 들고 신랑을 맞으러 간다. 들러리들은 신랑을 데리고 신부의 집으로 온다. 그 후 혼인 잔치가 벌어지는 신랑 집으로 들러리들이 횃불을 들고 길을 밝히면서 함께 간다. 이 횃불은 램프와 같은 것이라기보다는 기름이 묻은 천으로 둘러진 장대에 불을 붙인 것이다(참고. Keener, 1993:116). 5절의 "신랑이 더디 오므로"라는 말씀은 결혼식 며칠 전부터 신랑이 해야 할 여러 가지 임무(예. 결혼 지참금 문제 조정)가 많음을 암시한다. 그리고 예수님의 재림이 제자들이 기대한 것보다 지체되었음을 암시한다. 밤중에 신랑이 왔고, 신부 들러리들은 신랑을 맞으러(*apantesis*) 나와야 했다(6절).[229]

하지만 어리석은 다섯 신부 들러리들은 횃불에 기름을 조금만 묻혀 가지고 왔고, 여유분을 준비하지 못했다(8절). 계속해서 횃불이 타려면 15분마다 감람 기름을 공급해 주어야 한다. 더욱이 신랑 집에 도착해서는 횃불 춤도 춰야 하기에 기름이 많이 필요하다. 미련한 들러리들이 기름을 사러 간 동안 신랑이 도착했고, 신부의 집 문은 닫혀 버렸다(10절). 이스라엘의 부유층의 결혼식은 이처럼 문을 닫고 거행되기도 했다. 뒤늦게 혼인집에 도착한 다섯 들러리들이 문을 열어 달라고 애원해도 소용이 없다. 오히려 신랑은 미련한 5처녀를 모른다고 말한다(12절). 이 말씀은 단순히 부주의하거나 게으른 생활을 책망하는 것이라기보다는, 천국과 전혀 상관없는 생활 방식으로 일관한 자들에게 경고를 주는 것이다. 마태복음 25장 13절은 24장 36절 및 42절과 일치한다. 이미 예수님의 인격과 사역으로 이 땅에 도래한 천국을 위해 충성하고, 깨어 준비하고 경성하는 것이 제자의 생활에 스며 들어 있어야 한다(13절).[230] 열 처녀 비유에 등장하는 세부적

---

228) 구약에서 여호와는 이스라엘의 남편이셨다(참고. 사 54:4-6). 신약에서 예수님이 그러하시다(참고. 마 9:14-15).

229) '맞이함'(*apantesis*)은 이 구절과 사도행전 28장 15절과 데살로니가전서 4장 17절에 나타난다. 이 명사는 로마 세계에서 어떤 도시를 방문하는 통치자나 귀빈을 방문을 받는 도시가 정식으로 사절단을 파송하여 맞아들이는 것을 의미했다. 이 명사를 구약과 연결시켜 본다면 하나님의 언약궤와 승전한 왕을 호위하고 예루살렘 성전을 향하여 행진하는 모습을 떠올릴 수 있다(참고. 시편 24; 68:24-35, 118:25-26; 참고. 트럼프 롱맨 III & 다니엘 레이드, 1996:218).

230) 13절에서 다수 사본은 '인자가 올 그 날(*ten hemran*)과 그때(*ten horan*)'라고 쓴다.

인 것들(예. 횃불, 기름, 기름 파는 자 등)에 지나치게 상징적인 의미를 부여하는 것을 주의해야 한다(참고. 키스터메이크, 1986:142-150).[231]

2.2. 마태복음 25장 14-30절의 메시지

달란트(*talanton*) 비유는 신약 교회가 청지기로 살되, 마지막 심판 때 생의 결산을 요구받을 것이라는 각성 속에서 살아야 할 것임을 교훈한다. 이처럼 마태는 종말론과 윤리를 연결시킨다. 종말론은 윤리적 삶의 긴급성을 고조시킨다(참고. 리델보스, 1990:715). 주인이 종들에게 자기 소유를 맡기고 타국으로 떠난다(14절). 이 구절은 예수님이 제자들에게 천국 확장 사역을 맡기시고 승천하신 것으로 볼 수 있다. 종들은 주인의 소유를 가지고 책임감 있게 일해야 한다. 종들은 재능에 따라 한 달란트(6,000데나리온), 두 달란트, 그리고 다섯 달란트를 받았다(15절).[232] 이 주인은 종들을 잘 파악하고 있었다. 장사를 하여 갑절을 남긴 종과 달란트를 땅에 묻어둔 종으로 나뉜다(16-18절; 참고 마 13:44). 주인은 오랜 후에 돌아와서 회계한다(19절). 주인은 다섯 달란트와 두 달란트를 남긴 종을 착하고 충성된 종이라고 부르면서 '많은 것'으로 맡기리라고 칭찬한다(20-23절). 주인이 맡길 '많은 것'은 무엇인가? 이 비유 역시 주님의 최종 재림과 관련 있기에 영원한 천국에서 어떤 일을 맡긴다는 의미라기보다 영원한 천국 잔치의 즐거움을 상징적으로 가리키는 것으로 보는 것이 합당하다(참고. 마 19:28).

그런데 한 달란트 받은 종은 주인을 엄한 사람이요, 추수의 원칙을 무시하는 악한 사람으로 알고, 땅에 묻어 두었다(24-25절). 이 악하고 게으른 종의 몰이해와는 달리, 사실 주인은 자신의 재산을 종들에게 나누어 주고 싶었지 않은가! 이 악한 종의 의견처럼 주인이 악한 사람이라면 그는 적어도 연 12%나 되는 이자를 받도록 은행에다 맡겨야 했다(27절). 이 악한 종은 은행에 예치하는 수고조차 하기를 꺼렸던 것이다. 그는 이제 종이 아니라 이자를 갚아야 하는 부채자가 되고 만다. 열 달란트 받은 자가 악한 종이 보관했던 한 달란트조차 더 받음으로써 빈익빈 부익부 현상이 일어난다(28-29절; 참고. 마 13:12). 이것이 천국의 비밀이다. 천국의 신비한 원리는 교회가 하나님의 선물로 일하고, 하나님의 은혜로 남기고, 영원토록 그 복을 누리는 것이다. 이 악한 종은 바깥 어두운 곳으로 쫓겨나 슬피 울며 이를 갈게 된다(30절; 참고. 마 8:12, 13:42, 50, 22:13, 24:51). 이 땅에서 천국을 위해 충성된 청지기로 산 사람은 그렇지 않은 사람보다 주님의 최종 파루시아를 더욱 사모한다. 영원에 대한 소망은 현재의 일에 힘을 실어 준다.

---

231) 사무엘상 25장의 다윗과 나발 그리고 총명하고 용모가 아름다운 아비가일의 사건을 통해서 마태복음 25장의 재림의 예수님을 맞이하는 두 부류의 사람들을 모형론적으로 이해할 수 있다. 예수님의 그림자인 다윗이 나발의 가정을 방문했을 때 어리석은 나발은 다윗의 제안을 무례하게 물리치다가 패망을 받았지만, 지혜로운 여인 아비가일은 심판을 받지 않고 구원을 받았으며, 더 나아가 다윗의 아내가 되었다. 아비가일은 슬기로운 다섯 처녀들, 나발은 어리석은 다섯 처녀를 내다본다.

232) 15절 마지막 단어 '곧'(*eutheos*)을 A, C, D, 다수 사본은 15절에 포함시키고 그다음 마침표를 찍는다, 그리고 16절에 접속사 *de*를 넣는다. 하지만 시내 산과 B사본에는 15절 끝에 마침표와 16절에 접속사가 없다.

2.3. 마태복음 25장 31-46절의 메시지

이 단락은 '양과 염소의 비유'라고 불리며, 최후의 심판의 장면을 묘사한다. 재림의 영광스런 메시아인 인자는 자신의 영광 안에 모든 천사와 함께 재림하실 것인데, 천상의 영광의 보좌에 앉으실 것이다(31절; 참고. 슥 14:5). 예수님의 최후 심판이 우주적인데, 마태는 양과 염소를 분별하시는 것으로 묘사한다(32-33절; 참고. 겔 34:17; 고후 5:10). 이제 인자는 임금으로 불리는데(참고. 단 7:13-14), 오른편의 양에게는 창세(영원 전)로부터 예비된 나라를 상속하게 하신다(34절). 이것이 하나님의 구속사역의 궁극적 목표가 완성되는 것이다. 이 양들은 주님이 주릴 때 먹을 것을 주었고, 목마를 때 마실 것을 주었고, 나그네 되었을 때 영접했고, 벗었을 때 입혔고, 병들었을 때 돌보았고, 옥에 갇혔을 때 문안갔다(35-36절; 참고. 출 22:25-27; 레 25:35-37; 신 14:28-29; 갈 2:10). 임금의 공정한 판단은 객관적인 근거에 기초했다. 선행이 천국을 상속하는 조건은 아니지만, 천국 백성이라면 당연히 선을 행해야만 한다. 오른편의 양들은 임금의 이 말씀을 문자적으로 이해하여 되묻는다. 이 되물음 속에 그들의 겸손이 배어난다(37-39절).

임금은 구원받은 사람을 '내 형제'라고 부르면서, 이웃 사랑을 염두에 두고 말씀하셨다고 설명하신다(40절). 왼편의 염소들은 마귀와 그의 부하들이 들어갈 영원한 불(게헨나)에 들어간다(41절; 참고. 계 19:20-21). 이 저주받은 왼편의 염소들은 지극히 작은 자를 사랑으로 돌보지 않음으로써 주님을 사랑하지 않은 사람들이다(42-45절; 참고. 약 4:17). 이들은 마치 알곡과 함께 자라난 가라지와 같다(참고. 마 13:24-30). 왜냐하면 염소들은 양들과 함께 풀을 뜯어 먹었기 때문이다. 그러므로 양과 염소의 비유에는 지상 교회의 불완전함이 암시되어 있다.[233] 영벌과

---

233) 칼빈은 《기독교 강요》 3.9에서 '내세'에 대한 명상이 주는 유익에 대해 논한다. 그의 말을 들어보자. "하나님은 고난을 통하여 우리를 현세에 대한 지나친 애착에서 떼어 놓으신다. 현세를 철저히 무시하지 않으면, 우리의 마음은 진지하게 각성하여 내세를 바라고 명상하게 되지 않는다는 것을 믿어야 한다. 신자는 현세의 생활을 무시하는 습관을 갖더라도 그것을 증오하거나 하나님께 감사할 줄 모르게 되어서는 안 된다. 현세 생활은 하나님의 선하심을 증거하는 것이 되어야 한다. 내세의 삶에 비하면 현재의 삶은 무시해도 무방할 뿐 아니라 완전히 경멸하고 혐오해야 한다. 하늘이 우리의 고국이라면 땅은 타국일 뿐이지 않겠는가? 이 세상을 떠나는 것이 곧 생명으로 들어가는 것이라면 세상은 무덤이 아니고 무엇이겠는가? 물론 우리를 죄에 굴복하도록 만들지 않는 한 지상의 생활을 미워해서는 안 된다. 죄에 굴복하도록 만드는 현세 생활의 상태는 미워하더라도 현세 생활 자체를 미워하는 것은 옳지 않다. 우리는 살고 죽는 시간을 하나님의 결정에 맡겨야 한다. 그렇게 함으로써 우리는 죽음에 대한 열정으로 불타서 계속 명상하게 된다. 그리스도인의 마음속에 어떠한 두려움이든 그것을 더 큰 위안으로 극복하고 억누를 수 있는 경건의 광명이 없다는 것은 용납할 수 없다. 죽음을 통하여 우리가 타국으로부터 소환되어 고국, 즉 '하늘나라'로 돌아가 살게 된다고 생각한다면 이 사실에서 우리는 아무런 위안도 얻지 못하겠는가? 자기의 죽는 날과 종말의 부활을 기쁘게 기다리지 않는 사람은 그리스도의 학교에서 진보가 없는 사람이다. 주께서는 구속자로서 우리에게 오실 것이며, 악한 불행이 가득한 이 끝없는 심연에서 우리를 구해 내시고 그의 생명과 영광의 복된 기업으로 우리를 인도하실 것이다. 내세에 대한 열망은 신자에게 위로를 준다. 모든 지상적인 것을 초월하여 그들이 머리를 높이 든다면 비록 악인이 번성하고 선인이 악인의 욕심 때문에 괴롭힘을 당하더라도 신자들은 이런 불행까지도 어려움 없이 견뎌 낼 것이다. 이는 주께서 그의 평화의 나라로 그의 신실한 백성을 영접하실 날이 임박했기 때문이다. 그 날에는 주께서 모든 눈물을 씻어 주시고(사 25:8; 계 7:17), 영광과 기쁨의 옷을 입히실 것이다(집회서 6:31). 그리고 악인의 즐거움을 고통으로, 그들의 웃음과 환희를 울음과 이를 갊으로 변하게 하실 것이며, 그들의 방종을 '꺼지지 않는 불'로

영생은 확실하다(46절).[234]

3. 오늘에의 적용

우리가 슬기로운 처녀와 청지기로 사는 길은 무엇인가?
우리는 주님의 인격에 대해 오해하여 우리 삶에 열매가 없지 않은가?
오늘밤에 최후 심판대 앞에 설 자로 살자.
소자를 주님처럼 여기고 사랑을 실천하고 있는가?

마태복음 26장

1. 본문 및 구조

- 예수님을 죽이려는 종교 지도자들의 음모(1-5)
- 예수님이 베다니에서 기름 부음을 받으심(6-13)
- 가룟 유다가 음모에 가담함(14-16)
- 최후의 만찬(17-30)
- 베드로의 부인에 대한 예수님의 예언(31-35)
- 겟세마네 기도(36-46)
- 예수님의 체포되심(47-56)
- 유대인이 예수님을 재판함(57-68)
- 베드로의 실패(69-75)

벌하실 것이다(사 66:24; 마 25:41; 막 9:43, 46; 계 21:8)."

234) 칼빈은 《기독교 강요》 3.25.12에서 '버림받은 자들의 운명'을 다룬다. "악인들에 대해 하나님이 내리시는 형벌의 중대성은 적절히 표현할 수 없기에, 그들의 고통에 대해서 물질적인 것을 사용하여 '비유적'으로 설명된다. 예컨대, 어둠, 울음, 이를 갊(마 8:12, 22:13), 꺼지지 않는 불(사 66:24; 마 3:12; 막 9:43), 심장을 갉아 먹는 죽지 않는 벌레(사 66:24) 등이다. 이사야 30장 33절과 같은 묘사는 악인들의 운명을 어느 정도 상상할 수 있게 하지만, 우리가 명심해야 할 것은 '하나님과의 교통이 완전히 단절된 상태'가 얼마나 비참한가라는 사실이다. 하나님의 진노는 접촉하는 모든 것을 맹렬한 불처럼 살라 버린다. 주님의 진노를 공개적으로 받는 사람은 하늘과 땅과 바다와 생물과 기타 만물이 자기를 향하여 무서운 분노로 타오르며 자기를 멸망시키려고 무장했다는 것을 느낄 것이다(살후 1:9). 이렇게 영원히 쉴 새 없이 하나님의 포위 공격을 당하는 것은 얼마나 무서운 일인가?"

2. 구원 계시사적 메시지

2.1. 마태복음 26장 1-5절의 메시지

예수님은 마태복음 23장의 말씀으로부터 감람산 강화 그리고 최종 재림에 관한 비유를 마치시고 제자들에게 인자가 십자가에 못 박히기 위해서 팔릴 것이라고 말씀하신다(1-2절). 이것은 예수님의 고난과 죽음에 대한 네 번째이자 마지막 예언이다(참고. 16:21-28, 17:22-23, 20:17-19). 대제사장들과 장로들이 전직 대제사장인 안나스의 사위인 대제사장 가야바(A.D. 18-36년)의 아문(palace, 궁정)에 모여 예수님을 궤계로 잡아 죽이려고 한다. 그들은 민요를 두려워하여 니산월 15일에서 21일까지 벌어지는 유월절 명절에는 죽이지 말자고 합의를 본다(3-5절).[235] 유월절 잔치에 12세 이상 남자는 의무적으로 참가해야 했다(참고. 신 16:5-6). 예수님 당시의 유월절 잔치를 위해 예루살렘에 모인 수는 적어도 25만 명이 되었다(참고. 오스본, 2002:380). 하지만 이들의 계획과는 달리 민요(riot)가 일어나지 않은 채 예수님은 유월절 어린양으로 죽으셨다. 교활한 음모는 사람이 꾸몄지만 하나님의 뜻이 필연적으로 이루어졌다.

2.2. 마태복음 26장 6-13절의 메시지

요한복음 12장 1절에 의하면 베다니의 나병 환자였던 시몬의 집에서의 식사 중이던 예수님이 마리아에 의해 향유를 부음 받은 사건은 예루살렘 입성 전 토요일 밤에 일어났다(참고. 마 21:17). 하지만 마태는 예수님의 고난의 주제에 부합되는 이 사건을 이 단락에 배치시킨다(6-7절). 제자들은 약 1년치 품삯에 해당하는 비싼 향유를 허비한다고 이 여인을 비난한다(8-9절). 상식적으로는 제자들의 말이 옳지만, 십자가를 지시기 위해 예루살렘에 입성하시기 전날 밤이라는 특수 상황을 고려해 볼 때 이 말은 제자들의 몰이해를 보여줄 뿐이다. 예수님은 기름을 부은 일을 '좋은 일'이라고 말씀하신다(10절). 왜냐하면 가난한 자들은 항상 제자들과 함께 있어서 구제할 기회가 늘 있지만, 예수님은 제자들과 육신적으로 항상 함께 있을 수 없기 때문이다. 여기서 '좋다'는 의미가 구체적임을 알 수 있다. 성도가 예수님의 죽으심(그리고 부활)으로 임한 천국과 관련하여 생활하는 것이 바로 좋은 것이다.

베다니 마리아(막달라 마리아가 아님)의 향유 부음은 예수님의 장사를 미리 보여준 행위였다(12절). 아마 이 여인은 제자들보다 예수님의 고난과 죽으심을 더욱 바르게 깨닫고 있었을 것이다. 예수님의 십자가의 죽음과 장사의 복음이 전파되는 곳에 이 여인의 기름 부음도 같이 증거될 것이다(13절). 예수님께서 죄인의 구원을 위해 당하신 십자가의 대속의 죽으심이라는 희생과 비교해 볼 때 향유는 사실 아무것도 아니었다. 마리아에게 있어서 예수님은 전부였다. 여기서 생각해 볼 점은 예수님이 살아 계시는 동안 장례식이 예행 연습 되었다는 사실이다. 이것은

---

235) 예수님의 대적들은 주님의 죽음을 연기하려고 하지만, 예수님의 죽음은 결국 하나님이 정하신 시간(유월절)에 이루어졌다. 하나님께서 자신의 독생자가 유월절에 도살당하기 원하신 것은 옛 그림자가 실체에게 그 자리를 물려주도록 하기 위해서였다(참고. 칼빈, 1993:387).

예수님의 부활의 필연성을 확보한다.[236)]

2.3. 마태복음 26장 14-16절의 메시지

가룟 유다는 대제사장들을 찾아가서 은 30에 예수님을 산헤드린에 팔기로 합의를 본 후 기회를 찾게 된다(14-16절; 참고. 출 21:32). 이것은 스가랴 11장 12-13절의 성취이다. 예수님을 전부로 여긴 베다니의 마리아와는 전혀 다른 모습을 12제자 중 하나인 유다에게서 본다. 유다의 협조로 유대 종교 지도자들은 예수님을 명절 중에 소요 없이 잡아 처형할 수 있게 된다.

2.4. 마태복음 26장 17-30절의 메시지

이 단락은 예수님이 잡히시던 밤 즉 목요일 밤에,[237)] 예수님께서 예루살렘 성 안의 어떤 사람의 집에서 유월절 마지막 만찬을 '12제자들과 함께'(*meta ton dodeka*) 나누시는 장면이다(20절).[238)] 이 최후의 만찬은 신약 교회가 시행하는 성찬으로 발전되었다. 이 만찬이 끝나면 예수님은 가룟 유다에게 은 30에 팔리실 것이다. 하룻밤만 지나면 예수님은 죽으셔야 한다. 왜 최후의 만찬이 유월절에 행해지는가? 유월절은 이스라엘 백성이 애굽에서 430년간 종살이하다가 모세의 인도로 해방된 것을 기념하는 날이다. 이스라엘 백성이 출애굽하기 직전, 문인방과 문설주에 유월절 어린양의 피가 뿌려져 있는 집의 맏아들은 죽지 않았고 피가 없는 집의 장자는 다 죽어야 했다. 출애굽한 이스라엘 백성들은 이 엄청난 구원을 계속 기념하였는데, 예수님

236) 연세대의 김학철(2009:88-99)은 프로이트가 정신적인 병증 증상을 가리키기 위해서 사용한 '트라우마'(trauma) 개념을 마태 공동체의 상황에 적용하여, 그 공동체가 어떻게 헤쳐 나왔는지 분석한다. 그는 마태복음의 트라우마의 증거 구절을 참수형 당한 세례 요한, 애굽으로 도피하시고 십자가에서 죽임 당하신 예수님, 그리고 전도를 위해서 고난을 감수해야 했던 제자들이 당한 고난은 물론이거니와, 특별히 마태 공동체가 겪었을 유대-로마 전쟁 시의 폭력과 환난에서 찾는다. 김학철은 마태공동체가 이런 폭력과 핍박을 겪으면서 종말론적인 폭력과 심판과 되갚음을 하려는 욕구를 느꼈을 것이지만, 오히려 '천국'이라는 상징 세계를 보면서 행동하는 변혁적 증언자이자 행동가로 살도록 교훈을 받았다고 본다. 마태 공동체는 자포자기하거나 폭력으로 복수하는 대신에 때로는 피신해야 하지만(마 2:13-15, 10:23, 24:15-16) 저항하지 말고 세금을 내어야 했다는 것이다(17:24-27), 그러나 천국을 '실재'가 아니라 '상징 세계'로 본 점과 마태 공동체를 유대-로마 전쟁의 고통을 겪고 상처를 간직한 A.D. 70년 이후의 무리로 본 점은 동의하기 어렵다(참고. '펠라 전승'). 김학철의 주장은 정신 분석학적 개념과 해석 방법을 가상적인 공동체 상황 설정에 무리하게 맞춘 가설로 볼 수 있다.

237) 요한복음에는 만찬이 유월절 전날 수요일 밤에 진행된 것처럼 묘사하지만, 최후 만찬을 유월절 식사로 볼 수 있다. 근거로는, (1) 비스듬히 기대어 먹는 것은 유월절 식사의 자세였다(참고. 마 26:20; 요 13:23). (2) 전통적인 유월절 식사에는 세수식이 포함된다. 이때 세족식도 가능했다(요 13:1-11). (3) 유월절 밤의 잔치에는 빵과 포도주를 사용할 수 있었다. (4) 유월절 식사에 무교병을 쓴 나물과 함께 먹었다(막 14:20; 요 13:26). (5) 양고기를 먹는 의식도 있었다(참고. 오스본, 2002:388-391). 참고로 예수님의 최후의 며칠 동안의 일은 다음과 같다. (1) 목요일: (ㄱ) 어린양을 죽이고, (ㄴ) 오후 6시경에 최후의 만찬을 가짐. (ㄷ) 겟세마네에서의 기도와 체포. (2) 금요일: (ㄹ) 공식적인 심문, (ㅁ) 십자가 처형, (ㅂ) 해 질 녘에 장사 지냄. (ㅅ) 오후 6시에 무교절과 안식일이 시작됨. (3) 주일: (ㅇ) 이른 아침에 부활하심.

238) 20절에서 파피루스 37, 45, B, D, 다수 사본은 '제자들'(*matheton*)을 생략하나, 시내 산, A, L, W, 델타, 세타, 시그마 사본은 포함한다.

당시에도 유월절 절기가 잘 지켜졌다. 유월절이 가까이 다가오면 니산월 10일에 미리 준비해 둔 흠 없는 어린양을 예루살렘 성전에서 죽여 집으로 가져와서 요리를 하고, 누룩을 넣지 않은 빵인 무교병을 굽고, 쓴 나물과 과일과 포도주를 장만한다. 양 1마리를 가지고 10-20명이 함께 먹을 수 있었다. 그러므로 예수님과 제자들도 양을 1마리 정도를 잡아서 구웠을 것이다.

가장을 중심으로 전체 가족이 함께 모여 해가 진 후, 즉 오후 6시경에 유월절 만찬을 가진다. 이 만찬은 밤 12시 이전에는 마쳐야 했다. 유월절 만찬은 약간 드러누워 기대어서 먹었는데 왼쪽 팔꿈치로 몸의 균형을 잡았기에, 머리는 식탁에서 가장 가깝고 발은 식탁으로부터 가장 멀리 떨어져 있었다. 그러나 여자는 앉아서 먹어야 했다. 가족이 다 모이고, 만찬이 준비되면 가장은 축복 기도를 한다. 가장이 축복할 때 그는 기대어서는 안 되고, 똑바로 앉은 채로 해야 했다. 마태복음 26장 21절에 보면, 예수님은 이 축복기도 대신에 "너희 중에 한 사람이 나를 팔리라"고 말씀하신다. 이 말씀이 떨어지자마자 모든 제자들은 심히 근심하면서 "주여, 저입니까?"라고 묻는다(22절). 예수님은 그날 밤에 자신을 팔 가룟 유다를 가리켜서 '차라리 태어나지 않았으면 더 좋았을 사람'이라고 말씀하신다(24절). 이 말씀을 하시고, 유월절 식사 때 가장이 떡을 가지고 그 의미를 설명하듯이, 주님은 떡을 가지고 축복하시고 떼어서 제자들에게 나누어 주시면서 내 몸을 받아먹으라고 말씀하신다(26절). 유월절 만찬 시 떡과 쓴 나물과 과일을 먼저 먹고 나중에 포도주와 양을 먹었다. 그러므로 현대에도 성찬식에서 빵을 먼저 먹고 포도주를 나중에 먹는다. 빵과 포도주로 충분히 새로운 유월절 어린양이신 예수님의 살과 피를 기념할 수 있기 때문에 양고기를 구워서 먹지 않는다. 유월절 식사 동안 포도주를 4번에 나누어 먹는데(참고. 출 6:6-7의 4중 언약), 예수님도 잔을 들고 감사 기도를 드리신 후에, 제자들에게 주시며 말씀하셨다. "너희 모두 이것을 마셔라. 이것은 죄 용서를 얻도록 '많은 사람들을 위하여'(*peri pollon*) 흘리는 나의 피, 곧 언약의 피다"(27-28절).[239] '많은 사람들을 위하여'에서 예수님의

---

239) 모든 언약은 하나님이 주도권을 쥐고 체결하신 은혜 언약인데, 수평적으로는 역사 속에서 시간의 흐름에 따라 체결되지만, 수직적으로는 각각 예수님에 의해 성취된다. 구약의 언약이 어떻게 예수님에 의해 성취되었는지 살펴보자. (1) 아담 언약(에덴 언약, 창 1:28; 2:15-17): 이것은 하나님이 아담에게 온 땅에 생육, 번성, 충만, 정복하라고 명하신 소위 '문화 명령'이다. 그리고 선악을 알게 하는 나무의 과실을 먹지 말라는 명령도 중요하다. 성부에게 순종하신 마지막 아담이신 예수님(롬 5:12-21; 고전 15:22)이 죽음을 정복하시고 교회에게 이신칭의를 주신다. 결국 그리스도의 통치가 만유에 확장되고, 만유는 그분 안에 통일된다. 에덴의 생명나무는 십자가를 내다본다. (2) 노아 언약(무지개 언약, 창 8:21-9:17): 세상을 보존하시는 것과 노아의 후손이 땅에 충만한 것을 내용으로 한다. 노아는 새 아담이다. 그리고 평강과 안식을 주시는 새 노아이신 예수님(사 9:6; 히 3-4장), 그리고 '동산지기'이신 예수님이 세상을 에덴으로 회복하신다(요 20:15; 롬 8:22). 성도는 자연의 청지기로서 보존하고 개발해야한다. (3) 아브라함 언약(횃불 언약; 창 15장): 약속의 내용은 땅, 후손, 복이다. 아브라함의 후손(씨)이신 예수님(갈 3:16) 때문에, 신약 성도는 믿음의 조상 아브라함과 자유하는 여인 사라에게서 태어나 약속의 백성이 된다 (갈 4:28). (4) 시내 산 언약(출 19-24장)과 모압 언약(신 29장): 출애굽한 지 약 50일째 되던 날 1세대와 맺은 언약인 시내 산 언약은 예배의 5단계와 유사하다. 언약 당사자의 관계 규명(출 19:5의 세굴라와 20:2의 출애굽의 주인공이신 여호와), 당사자의 대면(3일간 준비, 출 19:14-15), 언약 법의 선포 (출 20-23), 언약 체결(언약서와 사람에게 피 뿌림, 출 24:3-8), 축하 잔치(출 24:9-11). 요단강 동편의 모압 평지에서 출애굽 2세대와 맺은 언약이 모압 언약이다. 예수님은 영적 출애굽을 주시는 새 모세이시다(눅 9:31; 계 15:3). (5) 다윗 언약(삼하 7장): 언약 내용은 영원한 왕권이다.

대속의 제한성을 볼 수 있기에, 소위 '만인 구원설'은 오류임을 알 수 있다.[240)]

유월절 만찬에서 첫 번째 포도주를 먹을 때 가장은 "주께 찬송 드리나이다. 주는 포도 열매를 창조하셨나이다"라고 말한다. 마찬가지로 29절에서 예수님은 "내 아버지의 나라에서 새것으로 너희와 함께 마시는 날까지 마시지 아니하리라"고 말씀하신다. 하나님 나라가 영광중에 나타나서 만물이 새롭게 될 때까지 포도주를 마시지 않겠다는 말씀이다. 이것은 유월절 어린양으로 주님 자신이 죽으시고 부활하심으로, 옛 세상이 물러가고 새 세상이 도래할 것을 말씀하신 것이다. 주님이 죽으심으로, 이제 더 이상 구약의 짐승이 피를 흘릴 이유가 없다. 왜냐하면 영원한 속죄 제사를 주님이 십자가에서 드려서 우리가 하나님과 화목하게 되었고 새것이 되었기 때문이다. 예수님은 제자들에게 모든 것이 완전히 새롭게 완성될 저 천국에서 영광스런 만찬을 다시 할 것을 약속하신다. 교회가 시행하는 성찬은 이렇게 영광스런 미래를 내다보는 면이 있다.

30절에 의하면, 최후의 유월절 만찬을 마칠 즈음에 예수님과 제자들이 찬미하면서 감람산으로 갔다고 말씀한다. 찬미 즉 찬송은 유월절 만찬의 마지막 순서였다. 유월절 정찬을 먹기 전에, 그리고 세 번째 포도주를 먹을 때, 유월절 식사를 마무리하면서 할렐 시편을 불렀다. '할렐 시편'이란 구약 시편 중에서 할렐루야로 시작하고 할렐루야로 마치는 시편 113-118편을 가리킨다. 유월절 만찬을 먹기 전에 온 가족은 해 돋는 데부터 해 지는 데까지 영광 받으실 여호와의 이름을 찬양하는 시편 113편을 불렀다. 다 먹고 난 후에는 시편 114-118편을 불렀다.[241)]

2.5. 마태복음 26장 31-35절의 메시지

이 단락에는 베드로의 부인에 대한 예수님의 예언이 나타난다. 예수님은 오늘(목요일) 밤에 제자들이 다 주님 자신을 버릴 것을 말씀하신다(31절). 여기서 예수님은 이 일이 스가랴

다윗의 후손이자 왕이신 예수님이 천년왕국을 다스리신다(마 1:1; 계 20장). 예수님은 만유를 다스리신다(고전 15:27). 우리가 왕 같은 제사장으로 사는 길은 순종이다(조건적 언약). (6) 새 언약(렘 31:31-34; 히 8:8-13): 예레미야가 내다본 언약의 내용은 죄 용서, 성령님, 부드러운 새 마음에 새겨진 말씀과 순종이다. 오순절 성령님으로 성취된 언약이다. 구약의 언약 개념은 신랑-신부, 농부-포도원, 그리고 이스라엘의 거룩한 용사에서도 볼 수 있다.

240) 28절에서 A, C, D, W, 다수 사본은 '언약의 피'(파피루스 37, 시내 산, B, L, Z, 세타, 33, 0298) 대신에 '새 언약의 피'(*to haima mou kaines diatheke*)라고 쓴다 (참고. 눅 22:20; 고전 11:25).

241) 마태복음 26장 30절에서 예수님과 제자들이 만찬을 드시고 난 후 불렀던 찬송 내용은 다음과 같다. "예수님 안에서 영적인 출애굽한 우리는 구원을 받아 하나님의 성소와 나라가 되었도다"(시 114:2). "너희는 천지를 지으신 여호와께 복을 받는 자로다"(시 115:15). "여호와는 은혜로우시며, 의로우시며, 우리 하나님은 자비하시도다. 주께서 내 영혼을 사망에서, 내 눈을 눈물에서, 내 발을 넘어짐에서 건지셨나이다. 내가 생존 세계에서 여호와 앞에서 행하리이다. 여호와께서 내게 주신 모든 은혜를 무엇으로 보답할꼬 내가 구원의 잔을 들고 여호와의 이름을 부르며, 여호와의 모든 백성 앞에서 나의 서원을 여호와께 갚으리이다. 할렐루야"(시 116:5, 8, 9, 12, 14). "우리에게 향하신 여호와의 인자하심이 크고 진실하심이 영원함이로다. 할렐루야"(시 117:2). "여호와께 감사하라 저는 선하시며 그 인자하심이 영원함이로다. 주는 나의 하나님이시라. 내가 주께 감사하리이다. 주는 나의 하나님이시라. 내가 주를 높이리이다. 여호와께 감사하라. 그는 선하시며 그 인자하심이 영원함이로다"(시 118:1, 27-28).

13장 7절의 성취라고 말씀하신다. 성부 하나님은 자기 백성의 죄 때문에, 대신 목자이신 예수님을 치실 것이다. 그리스도가 당한 고난은 여호와의 계획의 성취였던 것이다. 그 결과 제자들은 목자 잃은 양처럼 뿔뿔이 흩어지고 말 것이다. 주님은 부활 후에 갈릴리에 가실 것을 예언하신다(32절). 예수님의 구속 사역은 죽음으로 끝날 수 없고, 부활로 인해 제자들을 다시 모으실 것이다. 베드로는 예수님을 버리지 않겠다고 장담한다(33절). 하지만 예수님은 베드로가 그날 밤 닭이 울기 전, 여명 전에 3번 부인할 것을 예언하신다(34절). 베드로와 다른 제자들 전체가 예수님을 부인하지 않겠다고 말한다(35절). 예수님의 말씀처럼 마태복음 26장 69-75절에 베드로의 실패가 나타난다.

2.6. 마태복음 26장 36-46절의 메시지

예수님은 겟세마네에서 베드로와 야고보와 요한을 데리고 기도하신다.242) 겟세마네는 '기름을 짜는 압착기'라는 뜻으로, 감람산 서쪽 자락의 감람유를 짜던 곳이다. 가룟 유다도 이곳을 잘 알고 있었다(참고. 요 18:2). 죽음을 앞둔 주님은 심히 고민하고 슬퍼하신다(참고. 시 42:5-6, 43:5). 연약함과 두려움이 엄습한다. 나머지 8명의 제자들은 따로 떨어져서 깨어 기도해야 한다(36-38절). 주님은 죽으심을 잔이라고 부르시면서, 얼굴을 땅에 대고 이 잔이 지나가게 해달라고 성부께 기도하신다(39절). 그러나 아버지 하나님의 뜻대로(as you will) 이루어지기를 기도하신다(39절).243) 8제자들이 자는 것을 보신 주님은 제자의 대표격인 베드로에게 '한시 동안 깨어 있을 수 없더냐'라고 말씀하신다(40절). 하나님의 구속 사역의 절정 부분에 도달한 시점에서 제자들은 이 사건의 중요성을 모른 채 자고 있기에, 주님에게는 더욱 고통이 가중된다. 잠자는 제자들의 모습은 35절의 그들의 결의와 대조된다. 제자들은 시험에 들지 않도록 깨어 기도해야 하는데 육신이 약했다(41절). 예수님은 두 번째 기도를 드리신다(42절; 참고. 마 6:10). 주님의 기도는 점차 성부의 계획에 복종하겠다는 결단으로 나아간다. 예수님은 제자들의 자는 모습을 다시 보신다(43절). 주님은 세 번째 동일한 기도를 드리셨다(44절; 참고. 히 5:7). 주님은 제자들에게 "이제는 자고 쉬라"고 말씀하신다(한글개역성경). 이 말씀은 헬라어 원문에는 의문형으로 되어 있기에, '여전히 너희들이 자면서 쉬고 있느냐?'라는 책망의 말씀이다(45절; 현대인의성경). 주님의 말씀은 계속 이어진다. "보라. 때가 가까웠으니 인자가 죄인의 손에 넘겨진다. 일어나라. 함께 가자. 보라 나를 파는 자가 가까이 왔느니라"고 말씀하신다(45-46절). 겟세마네에서 3번이나 기도하신 예수님은 이제 자발적인 복종으로 죽음에 당당히 맞서신다.244)

---

242) 예수님 일행은 겟세마네 동산에 목요일 밤 10-11시경에 도착했을 것이다.

243) 39절 다음에 C, f^{13}, 124, 230, 348, 543, 713, 788, 826, 828, 983사본은 누가복음 22장 43-44절을 추가한다.

244) Huizenga(2009:75-76)는 겟세마네의 예수님과 모리아 산의 이삭 사이의 간본문성에 주목한다. (1) "여기에 앉아 있어라"(마 26:36; 창 22:5), (2) "시험에 들지 않도록"(마 26:41; 창 22:1), (3) 검과 몽둥이(마 26:47, 55; 창 22:6, 9, 10), (4) "손을 대어 잡으므로"(마 26:50; 창 22:12), "손을 뻗어 자기 검을 빼어서"(마 26:51; 창 22:10). 이상의 간본문들을 우연한 현상으로 보기는 어렵다. 그런데 마태는 아브라함의 믿음과 예수님의 믿음을 병행시키는가? 아브라함은 모리아 산으로 3명을 동행하여 갔다.

2.7. 마태복음 26장 47-56절의 메시지

대제사장과 장로 즉 산헤드린이 보낸 큰 무리가 예수님을 체포하려고 검과 몽치(club, 곤봉)를 가지고 다가온다(47절). 이 무리 중에 천부장의 휘하의 로마 군인도 있었다(요 18:3, 12). 왜 이렇게 많은 무리가 예수님을 잡는데 동원되었는가? 산헤드린은 예수님의 메시아 운동에 유월절을 지키기 위해서 예루살렘에 온 갈릴리 사람들도 가담했을 것이라고 추정했을 수 있다. 가룟 유다는 예수님에게 "랍비여, 안녕하시옵니까"라고 말하면서 입을 맞춘다(49절). 예수님은 유다를 좋은 의미가 아닌 '친구'(*hetaire*)라고 부르시며, 할 일을 하라고 말씀하신다(50절). 이 장면에서 주도권을 예수님이 쥐고 계심을 본다. 베드로는 대제사장의 종의 귀를 쳐서 자른다(51절). 예수님은 칼을 쓰는 자는 칼로 망한다고 말씀하신다(52절). 예수님은 칼, 즉 무력으로 왕국을 건설하시는 분이 아니시다. 예수님은 12군단(*dodeka legionas*, 12×6000[보병+기병 120명])보다 더 많은 천군으로 대제사장이 보낸 무리를 물리치실 수 있지만, 고난 받으시고 십자가를 지심으로 성경 예언(참고. 사 53장)을 이루셔야 했다(53-54절). 예수님은 성전에서 가르치신 것을 예로 들면서 자신의 사역이 갈릴리의 열렬한 민족 해방주의자와 같은 강도와는 전혀 다른데 왜 검과 몽치를 가지고 왔는지 물으신다(55절; 참고. 요 18:10). 성경이 이루어졌고 제자들은 다 도망친다(56절; 참고. 사 53:3; 마 26:31).

2.8. 마태복음 26장 57-68절의 메시지

예수님은 금요일 새벽에 대제사장 가야바에게로 호송되었다. 그곳에 서기관과 장로들이 모여 있었다(57절).[245] 산헤드린의 최고 공식 회의는 성전에서 열렸고, 밤에는 성전 사용이 금지되었다. 하지만 신속히 처리하기 위해 밤에 재판을 강행한다. 베드로는 대제사장 가야바의 뜰에서 일이 어떻게 전개되는지 그 결말을 지켜 보려고 대제사장의 호위병(*hypeteron*, guards)들과 함께 있었다(58절). 예수님을 처형하기 위해 산헤드린은 거짓 증거를 찾는 데 혈안이다(59절). 동원된 거짓 증인들(*pseudomartion*)이 많이 왔으나, 산헤드린은 결정적인 증인을 찾지 못했다(60절; 참고. 막 14:56). 그때 증인의 수를 충족시키는 '두 사람'이 예수님이 성전(*naon*)을 헐고 사흘에 지을 수 있다고 말씀한 적 있다고 말한다(61절; 참고. 요 2:19). 이것은 예수님 자신이 참 성전이심을 오해한 거짓 증언이다.

이때 주님은 침묵하신다(참고. 사 53:7). 대제사장은 예수님이 하나님의 아들 그리스도인지 대답하라고 재촉한다(63절). 이 질문을 하는 시점은 유대 종교 지도자와 예수님 사이의 갈등의 절정이다. 예수님은 대제사장이 "말한 그대로다"(*sy eipas*)라고 답하시면서, 덧붙여 인자가 하늘

예수님도 가까이에 세 제자를 두셨다(마 26:37). 아니면 예수님의 희생과 이삭의 희생을 병행시키는가? 아버지의 뜻에 순종하신 아들들의 모습을 숙고해 보라. 결론은 둘 다 가능하다. 또한 아브라함과 성부 하나님, 그리고 이삭과 성자 예수님 사이의 병행도 있다.

245) 57절과 관련하여, 마태복음에서 '모이다'(*synago*)라는 동사는 마태복음 2장 4절과 26장 3절에서 예수님을 죽이기 위해서 대적이 음모를 꾸미고 역사하는 모습과 연관 있다. 그리고 이 동사는 시편 2편 2절의 '(대적하기 위하여) 함께 모이다'와 일치하다.

권능의 우편에 앉고 구름 타고 오실 것을 그들이 볼 것이라고 답하신다(64절; 참고. 단 7:13-14). 인자가 구름 타고 오신다는 말씀은 하강이 아니라, 승귀이다. 왜냐하면 다니엘 7장의 문맥은 보좌의 성부를 향하여 왕권을 받으러 성자께서 나아가는(올라가는) 모습이기 때문이다. 그러므로 인자가 구름을 타고 오시는 것은 재림의 상황이라기보다는 오히려 부활·승천으로 왕으로 등극하시는 모습을 묘사하는 것이다. 대제사장은 주님의 이 말씀을 참람된 것이라고 본다(65절). 맞장구치면서 모인 무리는 사형죄에 해당한다고 답한다(66절). 유대 지도자들은 예수님을 반란죄라는 정치적인 이유보다는, 우선적으로 신성 모독 같은 종교적인 이유로 처벌하려고 한다. 군병들은 피고 예수님에게 침 뱉고, 손바닥과 주먹으로 치면서, 누가 때렸는지 알아맞혀 선지자 노릇 하라고 조롱한다(67-68절; 참고. 눅 22:63).

2.9. 마태복음 26장 69-75절의 메시지

바깥뜰에 앉은 베드로에게 한 비자가 갈릴리 사람 예수와 함께 있었다고 말한다(69절). 베드로는 모든 사람 앞에서 부인한다(70절). 정문으로 나갈 때 다른 여종이 베드로를 보고, 거기에 있는 자들에게 말하기를 "이 사람은[246] 나사렛 사람 예수와 함께 있었습니다" 하니(71절), 베드로는 맹세하며(*meta horkou*) 다시 부인하여 "나는 그 사람을 모른다"라고 하였다(72절). 조금 후 곁에 있던 사람들이 베드로의 갈릴리 방언 억양을 듣고는 예수 당원(*sy eks auton ei*; 직역: 너는 그들에게서 나온 자다)이라고 말하니 베드로는 저주하여 맹세하면서 부인한다. 그때 닭이 울고, 베드로는 주님의 말씀을 기억하면서 심히 통곡한다(73-75절).

3. 오늘에의 적용

성찬의 바른 의미를 깨닫자.
우리는 주님을 부인하지 않고 십자가를 지고 따르는가?

∽ 마태복음 27장 ∼

1. 본문 및 구조

• 로마 총독에게 넘겨지는 예수님(1-2)
• 가룟 유다의 죽음(3-10)

246) 71절에서 '이 사람은' 대신에 A, C, L, W, 다수 사본은 '이 사람도'(*kai houtos*)라고 쓴다.

• 로마 총독이 예수님을 재판함(11-26)
• 로마 군병들의 조롱(27-31)
• 십자가 처형(32-44)
• 예수님의 죽음(45-56)
• 예수님의 장사(57-61)
• 파수꾼을 배치함(62-66)

2. 구원 계시사적 메시지

2.1. 마태복음 27장 1-2절의 메시지

새벽에 대제사장과 장로들이 예수님을 향해서 사형 판결을 이미 내린 상태에서(참고. 마 26:66), 형 집행을 위해 빌라도에게 보낸다(1-2절).[247] 로마 정부는 유대인들의 사형 집행권을 몰수하였다. 빌라도는 주로 지중해 연안의 가이사랴에 머물렀지만 유월절 잔치에는 임시로 예루살렘에 와서 치안 유지를 위해 성전이 내려다보이는 안토니아 성채(Praetorium)에 머물렀다. 유대인들은 예수님을 신성 모독죄로 사형 판결을 내렸지만, 로마 총독에게는 이것만으로는 부족했다. 그래서 산헤드린은 예수님이 군중을 모아서 왕 노릇 하여 로마 황제에게 반역한 죄로 고소하려고 의논한다(참고. 눅 23:2, 5). 십자가 처형은 로마식 처형이다. 그러나 신명기 21장 23절에 의하면, 하나님에게 저주받은 자가 나무에 달려 죽는다. 그러므로 산헤드린에는 십자가에 예수님을 못 박아 죽임으로써, 하나님의 저주를 받은 자로 몰아세우는 동시에, 로마 당국의 주도하에 예수님이 처형되었다는 두 마리 토끼를 한번에 잡을 수 있다는 계산이 있었다.

2.2. 마태복음 27장 3-10절의 메시지

예수님이 산헤드린으로부터 정죄된 것을 본 가룟 유다는 스스로 뉘우치고(즉 후회하고, to feel regret) 은 30을 대제사장들과 장로들에게 돌려준다(3절). 마태는 '회개하다'라는 뜻의 *metanoeo*가 아닌, '후회하다'라는 뜻의 *metamelomai*를 사용한다(참고. Blomberg, 2007:95). 마태복음 27장 3절의 가룟 유다의 상태를 NIV는 "he was seized with remorse"(그가 후회했고)라고 번역한다. 동사 *metamelomai*는 마태복음 21장 29절(한글 성경은 30절에 번역됨)과 32절에 나타난다. 마태복음 21장 29절은 '두 아들 비유'에서 둘째 아들이 포도원에 가서 일하라는 아버지의 명령을 거절했다가 '뉘우치고' 갔다는 내용이다. 여기서 '뉘우치다' 행동의 변화가 있는 회개를 뜻한다.

예수님은 마태복음 21장 32절에서 유대 종교 지도자들은 세리와 창기들과 달리 세례 요한이

---

247) 2절에서 '빌라도'(시내 산, B, L) 대신에, A, C, W, 다수 사본은 '본디오 빌라도'(*Pontio Pilato*)로 쓴다. 사복음서에서 빌라도의 이름이 처음 등장하는 구절에 필사자들이 '본디오'라는 단어를 첨가한 것은 자연스럽다(참고. 눅 3:1; 행 4:27; 딤전 6:13; 《유대 고대사》 8.2).

전한 의의 도를 '뉘우쳐' 믿지 않았다고 말씀하신다. 즉 종교 지도자들이 회개하지 않았다는 책망이다. 따라서 마태복음 21장에서는 *metamelomai*가 단순한 후회나 뉘우침을 넘어 '회개하다'라는 뜻이다. 그리고 고린도후서 7장 8절에서 바울은 고린도 교회에게 쓴 '근심케 하는 편지' 때문에 후회했다. 이 근심은 회개와 다르다. 히브리서 7장 21절은 예수님이 성부를 두고 맹세하심으로 대제사장 되심을 '뉘우치지' 않으심 즉 후회가 없으심을 언급한다. 종합해 보면, 이 동사는 '회개하다'와 '뉘우치다'라는 두 의미를 가지고 있음이 분명하다. 마태가 그의 복음서에서 3번 이 동사를 사용했다고 해서 모두 동일한 의미를 의도했다고 판단하는 것은 금물이다. 마태복음 27장 3절 문맥을 보면, 가룟 유다는 무죄한 주님을 팔아 넘겨 주님이 산헤드린과 빌라도로부터 정죄 당함을 보고 뉘우치고 은 30개를 돌려준 것이다. 유다의 경우 마태복음 21장 29절의 둘째 아들이 보여준 행동의 변화까지 나아간 참 회개를 하지 못하고 자살하고 말았다. 예수님은 유다에게 화가 있고, 차라리 나지 않았으면 좋았다고 말씀하셨다(참고. 마 26:24). 유다는 참 제자와 남은 자로 보기 어렵다. 유다가 자살했기에 회개의 기회를 얻지 못했고, 그 결과 구원받지 못했다고 말하는 것은 어폐가 있다. 왜냐하면 구원은 사람의 회개 여부에 달려 있는 것이 아니라, 은혜 가운데 임하는 믿음 여부에 달려 있기 때문이다.

유다는 '무죄한 피'(*haima athoon*, NT *hapax*)를 팔고 죄를 범했다고 말하지만,[248] 산헤드린 회원들은 자신들과 상관없기에 유다가 책임을 져야 한다고 말한다(4절; 참고. 신 27:25; 삼상 19:5). 유다는 산헤드린이 공범이라고 주장하지만, 그들은 부인한다. 유다는 은 30을 성소에 던져 넣고, 스스로 목매어 죽는다(5절; 참고. 행 1:18). 가룟 유다의 이 행동은 그가 진정한 회개에는 미치지 못했음을 증명한다. 성소(naos)는 산헤드린의 회의장일 수도 있고, 성전 보물고일 수도 있다. 대제사장들은 은 30을 모아다가 피값이라고 부르면서, 성전고에 넣으려고 하지 않는다(6절). 성전고에 부정한 '피값'(blood money, 살인의 대가)을 넣는 것이 옳지 않다고 생각했기 때문이다. 여기서 산헤드린의 위선이 다시 명백히 드러난다. 무죄한 예수님을 가룟 유다를 시켜 배반하여 팔고 죽인 것에는 양심의 가책을 느끼지 않고, 유다가 던진 은 30개를 부정한 피값이라고 부르면서 거룩한 성전고에 넣기를 거부하는 것은 위선적인 행동이다. 그들의 위선은 여기서 멈추지 않고, 은 30(즉 120 로마 데나리온 혹은 120 아테네 은 드라크마)을 그들 나름대로 선한 일에 쓰기로 결정하여 토기장이의 밭을 사서 나그네를 위한 묘지로 만들었다(7절).[249] 여기서 '나그네'는 명절에 예루살렘을 방문하러 온 사람 중에서 죽은 유대인들을 가리킨다. 이들의 장례는 국고로 치러야 했다. 이 밭은 마태복음이 기록된 A.D. 60년대까지 '피밭'(*agros haimatos*, 아겔다마; 참고. 행 1:19)이라고 불렸다(8절). 피밭은 토기 굽는 장소로 알려진 힌놈의 골짜기에 있다.

---

248) 4절에서 '무죄한 피' 대신에, B개정판, L, 세타 사본 등에서는 '의로운 피'(*haima dikaion*)로 쓴다(참고. 마 23:35).

249) <탈무드>에 따르면, 부당하게 벌어들인 돈이나 어느 누구의 소유도 아닌 물건(예컨대, 원소유자를 확인할 수 없는 훔친 물건)은 성전 금고에 넣지 않고 공중의 요구(예컨대, 예루살렘의 식수 공급)를 충족시키는 데 사용되었다(참고. 예레미아스, 1988:187).

그런데 마태는 이것을 선지자 예레미야가 한 말의 성취라고 말한다(9절).[250] 그러나 예레미야서에는 은 30을 가지고 토기장이의 밭값으로 주었다는 예언이 없다(참고. 마 27:10).[251] 오히려 이 구절은 스가랴 11장 13절과 유사하다. "여호와께서 내게 이르시되, 그들이 나를 헤아린 바 그 준가를 토기장이에게 던지라 하시기로 내가 곧 그 은 삼십을 여호와의 전에서 토기장이에게 던지고." 그런데 예레미야에는 토기장이에 관한 말씀이 몇 번 등장한다(참고. 렘 18:2-6, 19:1, 11, 32:6-15). 그리고 예레미야는 은 17세겔로 자신의 숙부의 아들 하나멜이 아나돗에 소유했던 밭을 사기도 했다(참고. 렘 32:7, 9).

그렇다면 이 현상을 어떻게 설명해야 하는가? 마태가 본문을 기록할 때 '스가랴'를 '예레미야'로 잘못 생각하여 기록했는가?(예. 어거스틴). 그렇다면 성경의 완전한 영감성에 문제가 발생하게 된다. 아니면 예레미야의 원본에 마태복음 27장 9절과 같은 본문이 있었는데, 그 부분이 소실되었는가? 아니면 유대인들 가운데 예레미야는 구약 선지자들의 글을 수집한 사람으로 인식되었기 때문에, 마태는 통칭으로 '스가랴' 대신 '예레미야'라고 불렀을까? 아마도 원본에는 '스가랴로 하신 말씀이'라고 되어 있었지만, 사본 필사자가 '예레미야'로 바꾸어 버린 것이 아닐까? 아마도 마태는 스가랴 11장 13절과 예레미야 18장 2-4절 그리고 32장 6-9절을 종합해서 인용하고 있는 것 같다. 그리고 마태는 대선지자인 '예레미야'의 이름을 '스가랴'보다 더 적합한 것으로 생각하여 기록했던 것 같다. 예레미야는 예레미야 19장 4절에서 힌놈의 골짜기가 우상 숭배와(참고. 대하 33:6), 무죄한 자의 피를 흘린 것 때문에 사형집행 장소 역할을 했음을 설명한다. 이런 죄악의 결과로 결국 남유다는 바벨론에 의해서 파멸될 것이다. 예레미야 18-19장의 메시지처럼, 마태복음 27장 3-10절에서도 무죄한 예수님의 피를 흘리고도 회개치 않은 유대인들에게 하나님의 심판이 임할 것을 암시한다. 이와 유사한 구약 사용이 마태복음 2장 6절에도 나타난다. 거기서 마태는 베들레헴에서 예수님이 탄생하실 것을 단순히 미가 5장 2절만 인용하는 것이 아니라, 사무엘하 5장 2절도 같이 종합해서 인용한다(참고. Nolland, 2005; 1156). 프란스(France, 2007:1042)는 이것을 '성경 주제들의 모자이크'(mosaic of scriptural motifs)라고 부른다.

2.3. 마태복음 27장 11-26절의 메시지

이 단락에서는 로마 총독(*hegemon*) 빌라도가 예수님을 재판하는 장면이다. 빌라도는 예수님이 유대인의 왕인지 묻는다(11절). 예수님의 대답은 빌라도가 말한 대로이다. 이 질문과 답변이 있은 후 대제사장들과 장로들이 빌라도에게 예수님을 고소하는 말을 했다(12절; 참고. 눅 23:2, 5). 그러나 예수님은 스스로 변호하지 않으신다. 빌라도가 예수님에게 "산헤드린의 비난을 듣지

---

250) 9절에서 '선지자 예레미야' 대신에 소문자 사본 22, 성구집 858, 아르메니아 역본, 그리고 시리아 역본 등에는 '선지자 스가랴'로 쓴다(참고. 슥 11:12-13). 반면에, 프시, 33, 157사본은 선지자의 이름을 삭제했다.

251) 10절에서 '토기장이의 밭을 사기 위하여 돈을 그들이 주었으니(*edokan*; A, B, C, 다수 사본) 대신에, 시내 산과 B개정판 사본 등은 '토기장이의 밭을 사기 위하여 돈을 내가 주었으니'(*edoka*)로 쓴다. 1인칭 단수 동사는 10절 끝의 1인칭 단수 여격 대명사 *moi*에 어울린다.

못하느냐?"라고 예수님에게 물어도, 여전히 묵묵부답이시다(13-14절; 참고. 마 26:63). 예수님은 "털 깎는 자 앞에 잠잠한 양같이 그의 입을 열지 아니하였다"는 이사야 53장 7절을 성취하셨으며, 동시에 거짓 고소에는 대답으로 응하실 의도가 없으심을 분명히 하셨다. 빌라도는 예수님의 이런 모습을 보고는 심히 기이히 여겼다.

로마 당국은 명절에 유대인들의 소요를 방지하고 흥분을 가라앉히기 위해서 민중이 원하는 죄수 한 명을 석방하는 호의를 베풀었다(15절). 그때 '(예수) 바라바'(뜻: 그 아버지의 아들)라는 유명한(*episeimon*, notable) 죄수가 있었다(16절).[252] 바라바는 민란에 가담하여 살인죄를 저지른 사람이다(참고. 막 15:7). 유월절 관례상 죄수 한 명을 석방하는 것을 알고 보러 온 무리들에게, 빌라도는 바라바와 그리스도 예수님 중에서 누구를 놓아 주기를 원하는지 묻는다(17절). 빌라도는 대제사장들의 시기심 때문에 예수님을 죽이려고 재판에 넘긴 것을 알고 있었다(18절). 빌라도는 예수님을 죽일 정당한 명분이 없는 것을 알았을 뿐 아니라, '그리스도라고 불리는 예수'라고 예수님을 소개한 것으로 볼 때, 많은 유대인으로부터 메시아로 인정을 받은 예수님을 석방하려고 노력한 것으로 보인다. 빌라도는 예수님이 무죄한 분(*dikaio ekeino*, that innocent man)임을 아내의 꿈을 통해서도 알게 된다(19절). 후기 유대 묵시 문헌에는 빌라도의 아내는 'Claudia Procula'이며, 하나님을 경외한 자로서 유대인에게 친절을 베풀었다(참고. 리델보스, 1990:807). 분명한 사실은 하나님께서 빌라도의 아내의 꿈을 통해서 예수님의 무죄함을 입증하셨다(꿈: 참고. 마 1:20; 2:12). 이방인 여인의 경고는 배역한 유대인을 정죄하는 것이며 수치를 안겨 주는 것이었다. 더 나아가, 독자들로 하여금 장차 이방인 중에서 예수님을 의로운 그리스도로 믿을 사람이 있을 것을 예상하게 한다. 그러나 대제사장들과 장로들이 바라바를 석방하도록 무리를 선동한다(20절).

예루살렘 입성 시에 온 예루살렘이 소동하였지만 여전히 예루살렘 거민들은 예수님을 메시아가 아닌 한 명의 선지자로만 믿었다(참고. 마 21:10). 그러므로 힘없는 선지자가 사형 판결을 받고 죽어 가고 있으니, 대신 바라바를 석방해 달라고 요구할 수 있었던 것이다(21절). 산헤드린뿐 아니라 온 유대인이 영적 소경이었다. 빌라도는 철저히 자신이 예수님을 죽인 것에 대한 책임을 지지 않으려고, 유대인들에게 물으면서 판결을 내린다(22절). 스스로 완전한 판결을 내리지 못한 빌라도는 예수님이 무슨 악한 일을 행했는지 묻지만, 무리는 십자가에 못 박으라고 '계속해서' 외친다(미완료, 23절). 빌라도는 민란 발생을 두려워하여 손을 씻고, 유대인들이 예수님 죽인 것에 대해 책임을 지라고 말한다(24절). 빌라도는 신명기 21장 6-8절의 이스라엘의 관례대로 결백과 무죄를 상징하는 세수하며 말한다. "나는 이 사람의 피로부터 무죄하므로, 너희가 당하라."[253] 모든 유대 백성들(*pas ho laos*)은 예수님 죽인 책임을 자신과 후손들이 지겠다

---

252) 16-17절의 '예수 바라바'(*Iesoun Barabban*, 세타, f^1, 700, 시리아 역본 등) 대신 '바라바'(*Barabban*)를 지지하는 사본은 시내 산, A, B, D, L, W와 다수 사본이다. 추론해 볼 만한 것은 '예수 바라바'가 원래의 이름이었고, 후대에 민란을 일으키고 살인을 저지른 사람에게 '예수'라는 이름을 붙이는 것이 합당치 않다고 하여 생략해 버렸을 수도 있다는 사실이다. 만일 그렇다면 빌라도 앞에 '예수 바라바'와 '예수님'이라는 동명이인이지만, 전혀 다른 방식으로 메시아 왕국을 건설하려 했던 사람이 함께 서 있었다.

고 말한다(25절). 유대인들은 자신의 죄 때문에 후손들까지 저주하고 말았다. A.D. 70년에 이 일이 부분적으로 성취되었다. 유대인들은 스스로 선민으로서의 특권과 영광을 내팽개쳐 버렸다. 총독 빌라도는 바라바를 석방하고, 예수님은 채찍질하여 십자가 처형을 위해 군병들에게 넘겨준다(26절). 비록 바라바가 회개했다는 기록은 없지만, 이 사악한 죄인이 예수님 때문에 죽지 않고 석방된 것에서, 주님의 죄인을 구속하시는 사역을 보여준다.

2.4. 마태복음 27장 27-31절의 메시지

로마 총독의 관정(브라이도리온, *praitorion*) 안으로 군병들이 예수님을 데리고 들어간다(27절). 이 군병은 예루살렘 수비대 혹은 가이사랴에서 데려온 총독의 호위병이었을 것이다. 그 수는 600-1,000명이었다. 이 군병들은 예수님을 때리고 조롱했다(참고. 요 19:1이하). 예수님의 옷을 벗기고,[254] 주홍색 옷을 입히고(자색 옷, 왕복; 참고. 막 15:17), 가시 면류관을 씌우고, 갈대를 예수님의 오른손에 들게 한 후 군병들이 예수님 앞에 무릎을 꿇고 "유대인의 왕이여, 평안할지어다"라고 말하며 희롱했다(28-29절). 지금 조롱하는 의미로 '거짓 대관식'이 거행되고 있다. 29절의 '희롱했다'를 시내 산, B, D, L사본 등은 아오리스트(*enepaiksan*)로 쓰지만, A, W, 델타, 세타, 그리고 다수 사본은 과거 진행의 의미인 미완료(*enepaizon*)로 쓴다(참고. 30절의 미완료 동사 *etypton*[계속 세게 때렸다]). 갈대는 '왕의 홀'을 상징하는 것이었는데, 이것으로 로마 군인들이 가시관을 쓴 예수님의 머리를 계속 세게 때렸다(30절). 군병들은 주님에게 침을 뱉었다(30절). 군병들은 예수님을 왕을 꿈꾼 실패한 반역자로 알아서 이와 같은 방식으로 조롱했다. 마태복음 26장 67-68절에서는 대제사장의 집에서 거짓 선지자 취급을 당하셨고, 이 단락에서는 거짓 임금 취급을 당하셨지만, 이것은 역설적이게도 예수님이 참 선지자요 참된 왕이심을 증명하고 있다.[255] 군병들은 주님을 희롱한 다음, 주홍색 옷을 벗기고 예수님의 옷을 도로 입혀 십자가에 못 박으려고 끌고 갔다(31절).

2.5. 마태복음 27장 32-44절의 메시지

총독 관저를 떠나 예루살렘 성을 나와서 예수님이 십자가를 지고 가는 도중, 구레네 사람 시몬을 만났을 때 군병들은 그에게 억지로 예수님의 십자가를 지웠다(32절). 구레네는 북아프리카의 도시이다. 시몬은 거기서 유월절을 지키기 위해 예루살렘으로 오고 있었을 것이다. 시몬은

---

253) 24절에서 '이 사람의 피로부터'로 쓰는 B, D, 세타 사본과 달리, 시내 산, L, W, 다수 사본은 '이 의로운 사람의 피로부터'(*apo tou haimatou tou dikaiou toutou*)로 쓴다.

254) 28절에 '옷을 벗기고'(*ekdysantes*, 시내 산, A, L, 다수 사본)) 대신에 시내 산 사본 개정판과 B, 1424사본 등은 '옷을 입히고'(*endysantes*)로 쓴다. 하지만 '벗기고'가 뒤따르는 31절(주홍색 옷을 벗기고 그분의 옷을 도로 입혀)의 문맥에 적합하다. 마태복음에서 두 번 등장하는 동사 '(옷을) 벗기다'(*ekdyo*)는 예수님의 고난과 관련된다.

255) 마태 공동체도 강압적이고 고압적인 로마 제국의 압제를 예수님의 모습을 본받아 극복하면서 참된 왕 노릇을 해야 했다.

(아마 초대 교회에 잘 알려진 교인이었던) 알렉산더와 루포의 아버지이다(참고. 막 15:21; 롬 16:13). 이 장면은 이제 예수님의 십자가 지심처럼 그의 제자들도 져야 함을 상징적으로 보여준다. 해골 모양의 언덕 골고다에 도착하여, 군병들은 쓸개 탄 포도주를 예수님에게 주니, 조금 맛보시고 마시고자 아니하신다(33-34절; 참고. 시 69:21).[256] 쓸개는 감각을 마비시키는 마취 진통제 역할을 했다. 포도주를 마시지 않으심으로써 예수님은 맑은 정신으로 고통을 당하심으로 구속 사역을 감당하려 하신다. 군병들이 예수님을 십자가에 못 박고, 옷을 제비 뽑고, 앉아서 지켰다(35-36절).[257] 신명기 21장 22-23절에 의하면, 구약 시대에는 하나님께 저주를 받은 사람(유대인)들만 돌에 맞아 죽은 후 시체를 나무에 달았다(참고. 갈 3:13).

"이 사람은 유대인의 왕 예수이다"(*houtos estin Iesous ho basileus ton Ioudaion*)라는 죄 패가 붙었다(37절; 아람어, 라틴어, 헬라어로 기록됨; 참고. 요 19:20). 이 죄패를 기록한 사람은 몰랐지만, 하나님은 이 죄패를 통해서 예수님이 메시아이심을 선포하셨다. 예수님은 두 강도와 함께 못 박혀 있다(38절; 참고. 사 53:12).[258] 의로우신 구세주께서 불의하고 사악한 강도 취급을 당하고 계신다. 십자가 곁을 지나가는 자들이 예수님을 자칭 성전을 헐고 사흘에 짓는 자요, 하나님의 아들이라고 조롱한다(39-40절; 참고. 마 4:3, 6). 무리들의 이 조롱은 시편 22편 7-8절의 성취이다. 41-43절에는 대제사장들과 서기관들 그리고 장로들도 십자가에 달린 예수님을 자칭 '하나님의 아들'이며 '이스라엘의 왕'이라고 조롱한다. 42절에서 시내 산, B, D, L, NIV, 개역개정판, 그리고 다수 성경은 '이스라엘의 왕이로다'(*basileus Israel*)로, A, W, 델타, 세타, 다수 사본, 그리고 KJV는 '만약 이스라엘의 왕이라면'(*ei basileus Israel*)으로 쓴다. 양편 강도도 이 조롱에 가담한다(44절). 그러나 말씀이신 예수님은 침묵하신다.

2.6. 마태복음 27장 45-56절의 메시지

예수님은 오전 9시에 십자가에 못 박히셨고, 오후 3시에 죽으셨다(45절). 정오에서 오후 3시까지 온 땅에 어두움이 임했다. 이 어둠은 출애굽 시에 임한 흑암의 재앙과 같이 유월절 어린양 되신 예수님을 거부하고 죽인 악한 세상을 향한 하나님의 심판이다(출 10:22).[259] '엘리 엘리

---

256) 참고로, 예루살렘의 귀족 부인들이 신분상에 따른 의무를 수행한 것은 흥미롭다. 예를 들어, 귀족 부인들은 처형장으로 가져간 향료와 포도주를 섞어 처형당할 사람이 그것을 취하도록 먹게끔 해주었다(참고. 예레미아스, 1988:135).

257) 35절 뒤에 델타, 세타, f^1, f^{13}, 13, 1424사본 등은 시편 22편 18절 내용을 추가한다. 선지자로 하신 말씀을 성취하게 하려 함이라. "그들이 내 겉옷을 서로 나누며, 내 속옷을 놓고 제비를 뽑습니다." 하지만 시내 산, A, B, 그리고 다수 사본은 생략한다. 생략한 것이 옳다.

258) 구 라틴어 역본(즉 이탈라) Colbertinus 사본에서는 예수님과 함께 십자가에 처형을 당한 두 강도의 이름을 '조아탐'(Zoatham)과 '캄마'(Camma)라고 언급한다. 반면에, 이탈라 Rhedigeranus 사본은 Ioathas와 Maggatras로 소개한다. 그리고 이탈라의 Usserianus 사본은 두 번째 사람을 Capnatas로 밝힌다(참고. 매츠거, 2005:55, 149). 이 모든 것은 흥미로운 소개이나 신빙성은 없다.

259) 여호와께서 애굽에 내리신 10재앙은 오직 창조주만 하실 수 있는 '반창조'(de-creation) 행위로서, 창조주를 패러디한 애굽 신들과 추종자들에게 내려진 심판이다. 하나님의 백성의 대적에게 반 창조적 행위가 하나님의 백성에게는 구원이다. 이제 예수님은 물을 포도주로 만드시고, 갈릴리 위를 걸으시고,

라마 사박다니'라는 외침을 들은 유대인들은 예수님이 엘리야를 찾는다고 오해했다(46-47절).[260] 예수님은 십자가에서 철저히 하나님으로부터 외면과 저주를 받으셨다. 이것은 시편 22편 1절의 성취이다(참고. 사 53:10). 무리들은 예수님이 엘리야를 부르니, 엘리야가 와서 구원하는지 두고 보자고 말한다(47-49절).[261] 일부 유대인들에게 있어서 엘리야는 메시아의 선구자일 뿐 아니라, 죽음을 맛보지 않고 승천했던 구원자로서 내려와서 구원해 줄 수 있던 사람과도 같았다. 그리고 주님의 이 외침이 비록 컸지만 극심한 고통 중에 있어서 발음이 정확하지 않았기에 '엘리'가 '엘리야'로 들렸을 수도 있다. 스펀지에 식초 포도주를 가져다 예수님에게 준 사람이 있었지만 그것조차 금하는 사람도 있었다(48-49절). 예수님은 자신의 영혼을 아버지에게 의탁하시는 말씀을 하시고 죽으셨다(50절; 참고. 눅 23:46).[262]

마태복음 27장 51절과 마가복음 15장 38절에 나타난 성전의 휘장이 찢어진 사건을 둘째 휘장으로 볼 수 있지만, 여기서는 '성소의 입구에 있는 첫 번째 휘장'을 중심으로 살펴보자(참고. France, 2007:1080; 리델보스, 1990:832; Schilder, 1979:507). 이 휘장은 청색, 자색, 홍색실과 가늘게 꼰 베실로 수를 놓아 짠 것이다. 둘째 휘장 즉 지성소 입구에 있는 휘장에는 그룹 천사들이 수놓아져 있었다. 마태복음 27장 51절의 정확한 번역은 "그리고 보라! 성전의 그 휘장이 위로부

폭풍을 잠잠케 하시는 '만유의 창조주'로서의 권능으로(참고. 골 1:16, 계 3:14) 죄인을 새롭게 창조하셨다. 예수님이 죽으실 때 일어난 어두움, 땅이 흔들림, 바위가 깨어짐은 하나님께서 예수님에게 내리신 심판이요 저주였다. 이제 예수님이 애굽처럼 하나님의 대적이 되셨다. 하나님이 출애굽 시에 나타내 보이신 능력은 예수님의 죽으심이 초래한 결과를 미리 맛보여주는 것(foretaste)이다. 승천하신 예수님은 사도 요한을 통해서 하나님의 반창조와 구원 사역이 A.D. 1세기 중반의 초대 교회에도 발생해야 할 것을 묵시적으로 말씀하셨다(참고. 계 6:1-17, 8:1-9:21, 11:15-19). 동시에 이것은 재창조자 예수님을 거부한 사람들을 향한 반창조적 심판의 메시지이다. 다른 한편, 이것은 하나님의 심판을 대신 담당하신 예수님을 믿는 성도에게는 구원이다. 하지만 예수님의 부활은 타락 이후 죽음이라는 보편적인 창조 질서를 궁극적으로 역전시킨 것이다(참고. Enns, 2000:233).

260) 46절에서 '엘리 엘리 라마 사박다니'의 발음과 관련하여, '엘리'(*eli*) 대신에 시내 산, B, 33, 그리고 콥틱 역본은 '엘라이'(*elai*; 아람어로 '나의 하나님'이라는 뜻)를 나타내는 마가복음 15장 34절의 이문 *eloi*에 동화되었다. '라마'의 철자와 관련하여 UBS 4판, 시내 산과 B사본 등은 아람어로 '왜'(*lema*)와 일치시켜 *lema*로 쓴다. 반면에 D, 세타, 1, 22, 565, 1582사본, NIV, 바른 성경, 개역개정판 등은 히브리어 '왜'(*lama*)처럼 *lama*로 쓴다. '사박다니'는 아람어로 '당신은 나를 버리셨습니다'를 뜻하는 *shenaqtani*를 헬라어로 옮긴 것이다. 그러나 D사본은 히브리어로 '당신은 나를 버리셨습니다'를 뜻하는 *azabetani*를 따라서 *zaphthanei*로 쓴다. 따라서 이런 차이들은 신약 헬라어 사본들이 히브리어 혹은 아람어를 음역한 때문이다(참고. 매츠거, 2005:56).

261) 49절에서 다수 사본은 개역개정판과 바른 성경의 번역과 일치한다. 하지만 오래된 대문자 사본들(א, B, C 등)은 마태복음 27장 49절에 요한복음 19장 34절과 비슷한 내용을 포함한다. "그러나 다른 사람이 창을 취한 후 그의 옆구리를 찔렀다. 그리고 물과 피(*hydor kai haima*)가 나왔다." 만약 이 첨가된 구절이 옳다면 군병이 예수님이 죽으신 후 옆구리에 창을 찔렀다고 밝히는 요한복음과는 달리, 마태는 예수님이 죽으시기 전에 창에 찔리셨다고 말하는 것이 된다. 매츠거(2005:57)는 요한복음 19장 34절을 마태복음의 여백에 그 누가 기록해 둔 것이, 이후의 필사자에 의해 본문 안으로 잘못 삽입된 것 같다고 추론한다.

262) 클라인(Kline, 2005:770)은 예수님의 영혼이 떠나가시는 것을 실제적인 육체적 죽음으로 보는 동시에, 주님의 죽으심을 통하여 종말론적인 성령이 하나님의 나라의 복으로 성도에게 부어질 것을 암시한다고 본다.

터 아래로 둘로 찢어졌다." "그리고 보라!"는 뭔가 중요한 사건이 일어날 것을 강조하여 주의를 끄는 표현이다. 그리고 '찢어졌다'(*eschisthei*)라는 말에 아오리스트 신적 수동태가 사용되어 하나님이 휘장을 찢었음을 강조한다.

구약과 예수님 당시의 성전에는 두 개의 휘장이 있었다. 첫 번째 휘장은 제사장의 뜰로부터 성소로 들어갈 때 성전 입구에 있는 휘장이다. 이 휘장은 '마삭'이라고 불린다(참고. 출 26:36). 두 번째 휘장은 성소와 지성소를 구분하는 더 내부에 있는 휘장인데 '파로켓'이라 불린다(참고. 출 26:31). 히브리서 9장 3절에서 이 휘장을 '둘째 휘장'이라고한다. 마태복음 27장 51절의 성전을 가리키는 말인 *naos*도 헤롯 성전 건물 전체를 가리켜서, 성전의 휘장(*katapetasma*)은 헤롯 성전 입구에 있는 휘장을 가리키는 듯하다(참고. Schilder, 1979:505-514). 성소의 입구에 있는 이 첫 번째 휘장을 이스라엘 백성 누구나 볼 수 있었다. 하지만 이 휘장은 레위인을 제외한 일반 백성이 성소로 접근하는 것을 막았다.263)

그렇다면 레위인과 제사장이 구별되게 섬겼던 곳의 휘장이 찢어진 것은 무슨 의미인가? 두 가지 측면으로 살펴볼 수 있다. 심판적인 측면과 구원적인 측면이다. 심판적인 측면에서, 예수님을 배척한 유대인들의 삶의 중심이었던 예루살렘 성전에 대한 하나님의 심판을 의미한다. 예루살렘에서 시행되는 구약의 제사 제도가 A.D. 70년 예루살렘 성전 파괴로 끝이 날 것이라는 말씀이다. 그리고 예루살렘 성전을 심판하고 버리시기 전에, 하나님께서 그곳을 떠나 버리시겠다는 의미이다. 이 심판이 얼마나 큰 것이었기에 51절에서는 바위도 터지고 쪼개어졌다고 한다. 옛 언약에서 새 언약으로의 전환이 심판의 측면에서 소개된다. 구원적인 측면에서 보면, 이 휘장이 찢어지는 것은 레위인과 제사장의 직무가 이제 모든 사람에게 개방되었다는 말씀이다. 레위의 집에 주어진 사명이 다 마쳐져서 해산되는 것이다. 이제 하나님은 성전이라는 격리적이며 배타적인 거처에서 나오고 계신다는 말씀이다. 첫 번째 휘장이 찢어짐으로 멜기세덱의 원형이신 예수님이 레위인의 임무를 모든 사람에게로 개방한다. 이스라엘 백성은 지금까지 성전을 레위인에게 빼앗겼던 것이다. 이제 모든 이스라엘 백성이 성전을 되찾고 있다. 하나님을 보는 것을 금지당했으나 이제 하나님을 보게 된다. 이제 첫 번째 커튼이 찢어짐으로 성전의 문이 활짝 열린다.

휘장 뒤에 감추어져 있던 하나님이 밖으로 나오심으로 성전 밖의 불경건한 것을 이제 거룩하게하신다. 사탄 역시 하나님의 성전의 문이 열리는 것을 원했다. 사탄 자신의 더러운 기운을 성전 안으로 가져 들어가려고 했기 때문이다. 하지만 이 사탄의 계획은 이루어지지 않았다. 오히려 성전 안에 머물던 하나님의 기운이 밖으로 나와서 온 세상을 거룩하게 만든다. 이것은 교회와 복음이 세상을 정복할 것을 상징한다. 따라서 바깥 휘장이 찢기는 것은 오순절 성령의 역사로 말미암아 온 세상에 획기적인 복음이 증거될 것을 미리 보여주는 놀라운 사건이다. 이제는 더 이상 성전 입구에 '레위인 외에는 출입 금지'라는 구절을 볼 수 없다. 만일 이 '출입

---

263) 이스라엘 전체는 '거룩의 정도'에 따라 10등급으로 나누어졌다. 지성소, 성전 건물, 번제단과 성전 건물 사이의 공간, 제사장의 뜰, 이스라엘 남자의 뜰, 여인의 뜰, 이방인의 뜰, 성전이 세워진 산, 예루살렘 도시, 이스라엘 전체(참고. 예레미아스, 1988:113).

금지' 간판이 사라지지 않았다면 이스라엘은 영원히 특정 소수만 선호하여 만나 주시는 배타적인 하나님을 섬기고 만다. 만일 이 '출입 금지' 간판이 철거되지 않으면, 교회가 아니라 레위인이라는 작은 무리가 하나님의 백성으로 남게 된다.

심지어 예수님조차도 이 땅에 사셨을 때 성전의 성소에 들어 갈 수 없었다. 예수님은 레위인도 제사장도 아니었기 때문이다. 아버지의 집이 아들 예수님에게도 닫혀 있었다. 예수님의 지상 사역 중 십자가에서 죽으시기 직전 까지도, 예수님의 영적인 대제사장직이 여전히 분명하게 드러나지 않았다. 이것은 이상한 일이 아니다. 왜냐하면 예수님의 대제사장직은 레위인의 반열에 의한 것이 아니라, 의와 평강의 왕이요 하나님의 영원하며 특별했던 제사장인 멜기세덱의 반차를 따라 된 것이기 때문이다(참고. 히 7장). 왜냐하면 아브라함에게서 십일조를 받았고 태어나지도 않았던 레위로부터도 십일조를 받았던 구약의 멜기세덱은 예수님처럼 제사장 가문 출신이 아니었다(참고. 히 7:9). 사실 멜기세덱의 출생의 기원과 생명의 끝은 예수님의 경우처럼 신비로 싸여 있었다. 멜기세덱의 반차를 따라 영원한 대제사장으로 예수님이 이 땅에 오셨다. 하지만 레위인과 제사장들은 멜기세덱을 섬겼지만 예수님에게는 배타적이었다. 멜기세덱보다 더 크신 주님이 오셨음에도 불구하고, '출입 금지'를 외치는 뒤죽박죽 세상이었다. 주님은 이런 뒤죽박죽 세상에서 죽으셨다. 예수님을 죽인 자들이 여전히 성전의 주인노릇 한다. 메시아를 죽인 그들은 "여전히 하나님은 우리 편이다"라고 믿고 있다. 그렇다면 하나님의 편에서 무엇이 일어나야만 하는 상황이 아닌가?

이제 예수님은 하나님의 의의 소멸하는 불로 '출입 금지' 간판을 태워 버리신다. 이것이 예수님께서 원하신 방식인데, 주님의 백성에게 성전을 돌려주시는 목적에서이다. 주님의 죽음은 피값을 치러 성소를 교회에게 사주시는 것이다. 그림자 역할을 하던 구약의 성소의 역할을 교회를 위해 성취하는 것이다. '출입 금지'라는 팻말이 철거되고, 성전의 휘장이 찢어진 것은 예수님의 교회를 위한 십자가에서의 구원의 사역이 완전했음을 증명하는 아버지 하나님의 인정이었다. 무슨 말인가? 하나님은 예수님이 성전을 하나님과 그를 찾는 모든 사람들이 교제하는 곳으로 만들었다는 증거로 휘장을 찢으셨다. 이제부터 하나님을 찾는 모든 사람들이 제사장으로 불리고, 새로운 길에 '출입 가능'이라는 팻말이 걸린다. "그 길은 우리를 위하여 휘장 가운데로 열어 놓으신 새롭고 산 길이요 곧 저의 육체니라"(히 10:20). 사실 예수님 자신이 육신 성전이었다. 하지만 사람들은 예수님 속에 감추어진 하나님을 보지 못했다. 하나님은 계시하시기도 하지만 때로는 숨어 계시는 분이기 때문이다. 예루살렘 성전의 성소를 가리던 휘장처럼, 예수님의 육신 성전이 찢어지지 않으면 사람들이 하나님을 볼 수 없고 만날 수도 없었다. 이스라엘 사람뿐만 아니라 모든 열방의 사람들이 하나님을 만나도록 예수님의 육신 성전은 찢어져야만 했다.

45-46절을 근거로 해서, 예수님이 죽은 시간은 구약의 저녁 제사가 드려지던 시간이었다(비교. 겔 46:13-15). 골고다에서 예수님의 육신 성전이 희생 제물로 찢어졌기에, 같은 시간에 덜 중요한 그림자인 돌 성전의 휘장 역시 찢어진 것이다. 예수님의 몸이 부서졌을 때 교회는 하나님을 만나며 제사장들로 변한다. 예수님의 몸 역시 하나님에 의해 부서진 것이다. 하나님의 구속

계획에 따라 죽으신 것이기 때문이다. 구약의 성소의 휘장을 부수어 버린 하나님은 이제 육신 성전이신 예수님도 부수신다. 더 나아가서 성령의 전인 우리의 부서짐, 우리의 죽음 역시 하나님의 영광을 직접적으로 보는 영광스러운 사건이며 하나님을 직접 만나는 복된 사건이 된다. 그래서 요한계시록 21장 3, 22절에서 사도 요한은 새 예루살렘 성에는 하나님의 장막이 사람들과 함께하며 성전이 없다고 말씀한다.

마태복음 27장 52-53절을 자세히 살펴보자. 예수님이 죽으실 때 예루살렘 성전의 휘장이 찢어졌다(마 27:51). 그리고 땅이 진동하여(참고. 삿 5:4; 왕상 19:11; 시 114:7-8; 사 29:6; 행 16:26; 계 6:12; 8:5) 바위가 터지고(휘장이 '찢어질' 때 사용된 동사와 같은 종류), (아마도 예루살렘이나 감람산에 위치한) 무덤들이 열리며, 성도의 몸들이 일으켜졌다(51-52절, 여기서 신적 수동태가 자주 사용됨).[264]

51절에 의하면, 예수님이 죽으신 그때, 그 땅이 흔들렸고(*eseisth*, 아오리스트 신적 수동태), 바위들이 갈라졌다(*eschisthesan*, 아오리스트 신적 수동태). 그리고 예루살렘 근처의 무덤들이 열렸고(*aneochthesan*, 아오리스트 신적 수동태) 죽은 성도의 많은 몸들이 일으켜졌다*egerthesan*, 아오리스트 신적 수동태; 52절). 신적 수동태로 묘사된 이 모든 일들은 바로 하나님이 하신 일들이다.

그렇다면 부활한 이 사람들은 누구인가? 글자 그대로 보면, '(죽어) 잠자고 있었던 (남자)[265] 성도' (*ton kekoimemenon hagion*)다(52절). 이때는 예수님의 공사역이 거의 3년 지난 시점이므로 주님과 제자들이 전한 복음을 믿고 죽은 '신약의 그리스도인'일 수 있다. 혹은 '성도'라는 말을 통해 유추해 볼 때, 예수님의 공생애 전에 여호와를 믿었던 구약적 의미의 구원 받은 백성일 수도 있다(예. Wilkins, 2004:906). 이것은 에스겔 37장 1-14절의 성취이다. 이 둘 모두 가능하다

---

264) 예수님이 죽으실 때 일어난 현상들인 해가 어두워짐(눅 23:45), 땅이 어둠으로 덮임(막 15:33; 눅 23:44), 지진(마 27:51, 54)은 '여호와의 날'이라는 주제와 연관 있다. 구약에서 여호와의 날에 수반되는 특징으로는 구름과 어둠(사 5:30, 13:10; 욜 2:2; 암 5:18, 20, 8:9; 습 1:15), 광명체가 빛을 잃음(사 13:9-10; 겔 32:7-8; 욜 2:31, 3:15; 슥 14:6; 계 8:12)과 지진(겔 38:19; 욜 2:10; 계 6:12, 11:13)이었는데, '그 날' 즉 여호와의 큰 날에 여호와께서 심판주로 등장하시는 모습이다. 그렇다면 예수님의 죽으심은 죄악 세상에 대한 우주적인 심판의 사건으로서 여호와의 날이 성취된 사건이다. 물론 주님의 재림 시에 여호와의 날은 완성될 것이다(참고. Kline, 2005:769). 구약의 '주의 날' 사상에 기초한(레 26장; 신 27-28장; 사 2:2, 4:2; 욜 2:30; 암 5:18; 습 1:14; 말 4:1) 세례 요한의 사역은 '회개와 주의 날'을 선포하는 것으로 시작한다(마 3:2, 10, 12). 예수님이 사역을 본격적으로 시작하실 때의 말씀도 마찬가지였다(마 4:17). 예수님은 감람산 강화(마 24:3, 9, 16, 19, 21, 23, 29, 30, 36 등)에서 '그때' 혹은 '그 날들에는'이라는 표현을 자주 사용하셨다. 하지만 마태복음 27장 45-54절에는 '주의 날'이라는 표현이 나타나지 않으나, 그 사상은 풍성하다. 바울은 '주 예수 그리스도의 날'을 자주 언급한다(고전 1:8; 고후 1:14; 빌 2:16; 딤후 4:8; 참고. 벧전 4:7; 벧후 3:1-13). '주의 날'을 몇 마디로 정의하기는 어렵지만, "하나님께서 심판과 정화(즉 구원, 새 창조)를 통해서 하나님 나라를 건설하실 목적으로 인간사에(전쟁, 자연을 통한 재앙, 예수님, 설교, 전도 등을 통해서) 개입하시는 날"이라고 정의할 수 있다(참고. 폴 하우스 & 장세훈, 2006:21, 26, 66).

265) 여기서 또 다른 질문이 제기된다. 왜 부활한 사람들이 남자들뿐인가? 부활한 사람 가운데 여자들이 포함되면 더 자연스러울 것인데? 답은 '모른다.' 칼빈(1993:500)은 모든 성도가 예수님의 부활의 은덕을 입을 수 있지만, 일부 남자들만 부활한 것은 교회의 몸 전체가 그 머리에 접합되기에는 아직 시간이 무르익지 않았기 때문으로 본다.

면, 이 구절은 신약은 물론이거니와 구약의 남은 자도 예수님이 구원하시고 부활시키심을 의미한다. 왜냐하면 마태가 강조하듯이, 구약 이스라엘의 역사를 재현하시고 성취하신 예수님의 '온 교회적 인격'은 신구약 백성을 자신 안에 모두 포함하기 때문이다.

이전의 '한글개역판'과 '바른 성경' 그리고 '개역개정판'의 번역을 따르면 52-53절의 사건들은 다음과 같이 일어났다. (1) 예수님이 죽으실 때 무덤들이 열림, (2) 잠자던 성도가 부활함, (3) 3일 후 예수님이 부활하심(*meta ten egersin autou*), (4) 부활한 성도가 무덤들로부터 나옴(*ekselthontes*, 아오리스트 디포넌트 분사 남성 복수 주격), (5) 부활한 성도가 거룩한 성 예루살렘에[266] 들어감, (6) 그들이 예루살렘 성의 많은 사람들에게 보여짐(*enephanisthesan*, 아오리스트 수동태 직설법). 이 순서가 옳다면, (2)와 (4)의 순서를 이해하기 힘들다.[267] 즉 성도가 부활한 후에 3일 동안 입구가 열린 무덤 안에 머물러 있으면서, 예수님의 부활을 기다렸다는 점은 의아하다. 이해하기 힘들지만, 교회의 머리이시며 부활의 첫 열매이신 예수님의 부활을 몸의 지체들인 성도가 무덤 안에서 기다리고 있었다면, 그들은 무섭고 찜찜한 무덤에서 밖으로 나갈 날을 학수고대했을 것이다.[268]

답을 추론해 보자. 칼빈(1993:500)은 예수님의 임종 시에 무덤들이 열렸고, 예수님의 부활 시에 성도가 부활한 것으로 본다. 칼빈은 예수님의 죽음은 이들의 생명의 근원이요 시발점이 되었다고 보는데, 무덤을 열어제친 것은 새로운 생명의 예시이지만, 새 생명의 열매 그 자체 즉 효과는 그리스도께서 부활하실 때 발생했다고 본다(비슷한 주장은 Wilkins, 2004:906; 또한 Fuller, Blinzler, Sickenberger, Wenham). 이런 결론에 도달하려면, 52절의 "무덤들이 열렸다"와 "죽은 성도가 일어났다"라는 두 사건 사이에 3일의 시간적 간격이 있음을 전제해야 한다. 그리고 52절과 53절은 시간적 순서를 엄격히 따르지 않았음도 전제해야 한다.

---

266) 53절의 '거룩한 성읍'은 '천상의 예루살렘 성'은 아니다.

267) 53절의 헬라어 구문상 NIV처럼 전치사구 '그(예수님)의 부활 후에'를 바로 앞에 나오는 '그들이 무덤에서 나왔다'와 연결시키는 대신, 뒤에 나오는 '그들이 거룩한 성 안으로 들어갔다'와 연결시킬 수 있다(하지만 NIV의 'tombs' 다음의 'and'는 헬라어 원문에 없음; 참고. Nolland, 2005:1216). 이것이 옳다면 그들이 부활하여 무덤에서 나온 후에 3일 동안 예루살렘 성안으로는 들어가지 않고 성 밖에 머물다가, 예수님이 부활하신 후에야 예루살렘 안으로 들어간 것이 된다. NIV의 번역은 부활한 성도가 무덤 안에 3일 동안 머물렀다고 설명하는 것(예. 한글 성경들)보다는 이해하기 쉽지만, 그럼에도 불구하고 부활한 이들이 3일 동안 예루살렘 성 밖에 머문 것은 이해하기 쉽지 않다. Nolland(2005:1216)는 '그의 부활 후에'에서 *autou*를 *his*가 아니라 *there*로 번역하여 '거기서 부활 후에'로 번역하지만 설득력이 약하다. 오스본(2002:472)은 성도의 부활이 예수님의 임종 시였는지, 아니면 부활하셨을 때인지 확실하지 않다고 말하면서, 이와 관련하여 적극적으로 논의를 펼치지 않는다.

268) 이 어려운 문제를 해결하려는 '이성적인 시도'가 여럿 있어 왔다. 혹자는 '예수님의 부활 후에'(3)라는 말 대신에 '그들이 다시 살아난 후에'로 바꾼 후대의 사본에 호소한다. 혹은 '예수님이 부활하신 후에'(3)를 '예수님이 죽은 자들을 부활시킨 후에'로 이해한다. 혹자는 마태복음 27장 53절이 마태복음 안에서 잘못된 위치에 자리 잡은 것으로 보거나, 아니면 이 구절을 마태가 쓴 것이 아니라 후대의 첨가로 본다(예. 슈바이처, 1986:543). 하지만 이런 주장은 사본상의 지지를 얻기 어려울 뿐 아니라, 성령님의 영감 하에 마태가 기록한 것에 오류가 있다는 느낌을 줄 뿐이다. 더욱이 마태 이후의 추가 편집도 영감론에 배치된다. 53절이 후대의 첨가라면, 왜 이렇게 어색하게 추가시켰는지도 의문이다.

칼빈의 위의 주장이 설득력 있다. 예수님은 '부활의 첫 열매'이시다. 구약에서 죽었다가 부활한 이스라엘 백성들, 신약의 나사로, 회당장 야이로의 딸, 애니아, 유두고 등은 일시적인 부활을 경험한 후 다시 죽은 자들이기에 '부활의 첫 열매들'로 볼 수 없다. 따라서 이들은 부활이요 생명이신 예수님의 부활을 내다보는 그림자로서 표적 역할을 했기에, 그리스도께서 부활의 첫 열매 되심의 중요성을 손상하지 않는다.

분명한 것은 예수님(혹은 여호와. 부활한 성도가 구약 교회라면)을 믿고 죽은 자들이 예수님의 부활 시 함께 부활하여 예수님 안에 있는 부활의 권능을 증거하는 생생한 표적으로 활동했다는 점이다. 이들의 부활은 예수님께서 죽으시고 무덤에 들어가신 것은 그 안에 갇히시기 위해서가 아니라, 죽음의 종 노릇 하던 자들을 해방시키기 위함임을 분명히 보여준다(참고. 칼빈, 1993:500). 54절에서는 로마 군인들이 예수님을 하나님의 아들로 고백한다. 이제 부활 생명을 얻은 '새로운 하나님의 백성'이 형성된다. 그리고 구약의 성도뿐 아니라 이방인도 예수님을 믿게 되는 새로운 시대가 개시되었다(참고. Van Zyl, 1999:1185). 미래적으로 볼 때 이들의 부활은 주님의 최종 파루시아 때 있을 성도의 둘째 부활을 위한 '종말론적 예표'이다. 예수님의 죽으심과 부활은 개인적인 사건이 아니라 온 교회적인 사건이었다.

부활의 첫 열매이시요 교회의 머리이신 예수님과 연결된 우리에게 있어서, 이 세상은 썩은 냄새가 진동하는 무덤이 아니라, 사망에 대한 승리의 향기인 부활 생명을 나타내는 장소이다. 그러나 이 세상은 부활이신 그리스도를 영접하지 않은 자들로 인해 죽음의 냄새가 나는 무덤이기도 하다.

2.7. 마태복음 27장 57-61절의 메시지

예수님의 장사를 위해 아리마대[269] 사람 요셉이 큰 역할을 했다.[270] 누가복음 23장 50절에 의하면, 그는 선하고 의로운 사람이며 산헤드린의 공회원이었다고 한다. 마태복음 27장 57절 이하에서는 아리마대 사람 요셉이 예수님의 제자라고 밝힌다(참고. 요 19:38). 유대인의 국회라 할 수 있는 산헤드린의 회원으로서 예수님의 제자가 된 것은 그의 지위가 박탈될 위험을 감수한 것으로 보인다. 누가복음 23장 51절에 의하면, 산헤드린이 예수님을 죽이기로 가결했을 때 아리마대 사람 요셉은 찬성하지 않았다고 한다(막 14:64은 마가가 결의 현장에 없었던 것으로 추정됨). 요한복음 19장 38절에 아리마대 요셉은 한때 유대인들을 두려워하여 예수님의 제자임을 숨겼다고 한다. 그런데 예수님의 죽으심 이후에는 성령의 역사로 담대히 장사 지내는 일에 주도적인 역할을 감당한다. 12제자들과 대조적인 모습이 아닐 수 없다. 마가복음 15장 43절에 보면, 아리마대 요셉은 빌라도 총독에게 당돌히 그리고 용감히 예수님의 시체를 달라고 요청한다. 일반적으로 로마 사람들은 시체가 썩을 때까지 십자가에 메달아 놓았다. 하지만 아우구스투스 황제 때부터 가족이나 친구에게 시체를 건네주기도 했다.

---

269) 아리마대는 예루살렘에서 30km 떨어진 마을이다.

270) 베다니의 마리아가 예수님의 발에 향유를 부은 것이 성취된 것이다(참고. 요 12:3).

요한복음 19장 39절에 의하면, 예수님의 장사를 위해 바리새인이며 유대인의 관원인 니고데모가 한 역할을 한다. 그는 몰약과 침향 섞은 것을 100근쯤(약 33kg) 가지고 왔다. 왕의 장례에서나 볼 수 있는 엄청난 양의 몰약과 침향을 가지고 온 것이다. 결국 예수님은 향품과 세마포로 싸여서 유대인의 장례법대로 새 무덤에 장사 지낸 바 되셨다. 이 사실은 이사야 53장 9절의 성취이다. 그의 묘실이 부자와 함께하게 될 것이다. 예수님이 한 번도 사용된 적 없는 무덤에 장사 지낸 바 되심과 많은 향품이 예수님의 시체를 위해 사용된 것은 왕의 장례임을 강조한다. 실제로 헤롯 대왕이 죽었을 때 장례를 위해 엄청난 양(약 200kg)의 향품이 동원되었다는 기록이 있다. 누가복음 23장 55절에 의하면, 갈릴리에서 온 여자들도 그 무덤에 함께 있었다. 이렇게 예수님의 장사 지낸 바 되심을 세밀하게 기록한 이유는 예수님이 확실히 죽으셨음을 강조하기 위해서다.

더 나아가, 예수님이 무덤에 장사 지낸 바 된 것은 우리에게 소망을 준다. 왜냐하면 죽음이 우리에게 더 이상 두려운 것이 될 수 없기 때문이다. 왜냐하면 우리에게 있어서 죽음은 천국에 이르는 문과 같은 것이기 때문이다. 그리고 성도에게 있어서 죽음은 주님 안에서 잠시 자는 것일 뿐이다. 부활의 소망이 있기 때문이다. 우리가 주 안에서 잔다고 할 때 우리 영혼이 잠자는 것은 아니다. 왜냐하면, 우리가 죽을 때 몸과 영혼이 분리되는데, 우리 영혼은 즉시 천국의 주님께로 인도되고, 우리 몸만 무덤에 묻히기 때문이다. 그러므로 우리가 죽어서 자는 것은 몸이지 영혼은 아니다.[271]

2.8. 마태복음 27장 62-66절의 메시지

대제사장들과 바리새인들이 빌라도에게 예수님의 시체를 굳게 지켜 달라고 요구한다. 왜냐하면 그들은 예수님이 죽은 후에 살아나리라고 말씀하신 것(참고. 마 12:40, 16:4)을 기억하고 있었고 예수님을 유혹하는 자(*ho planos*, the deceiver)로 알고 있었기 때문이다(63-64절). 총독의 허락으로 예수님의 무덤에 돌로 입구를 막고 파수꾼을 세워 사흘 동안 지키도록 했다. 종교지도자들은 만일 주님의 제자들이 예수님의 시체를 도적질해 간다면 후의 유혹(예수님의 부활)이 전보다(예수님이 메시아라고 주장한 것)보다 더 클 것이라고 생각했다(64절). 그런데 이 모든 일이 일어난 날은 예비일 다음날인 안식일이기에(62절), 대제사장과 바리새인이 안식일을 범하고 있다.

3. 오늘에의 적용

예수님의 대속의 죽으심에 대한 감사가 충만한가?
우리는 주님의 죽음과 부활의 증인으로 살고 있는가?

---

271) 칼빈은 재세례파의 '영혼 수면설'을 비판했다.

৩ 마태복음 28장 ৫

1. 본문 및 구조

- 빈 무덤과 부활하신 예수님(1-10)
- 파수꾼의 보고(11-15)
- 갈릴리 산에서의 지상 명령(16-20)

2. 구원 계시사적 메시지

2.1. 마태복음 28장 1-10절의 메시지

안식 후 첫날 새벽에 막달라 마리아(참고. 막 16:9; 눅 8:2)와 다른 마리아(야고보와 요셉의 어머니; 참고. 마 27:56)가 예수님의 무덤을 보려고 왔다(1절). 큰 지진이 나고 천사가 하늘에서 내려와 무덤 입구의 돌을 옮기고 그 돌 위에 앉았다(2절). 2절에는 "보라!"(*idou*)라는 말이 있다. 하나님의 중요한 사역이 발생할 시점이기에, '보라!'라는 말을 쓴 것이다. 지진은 하나님의 강력한 현존에 동반되는 것이다(참고. 마 27:51). 이 천사의 모습은 번개 같고 옷도 눈같이 희었다(3절). 이 천사의 모습은 부활의 주님의 영광을 암시한다. 군병들이 천사를 보고 심히 무서워한다(4절). 천사가 여자들에게 무서워 말라고 말한다(5절). 천사는 여인들에게 이미 예수님이 부활하셨으며, 주님이 무덤에 누워 계셨던 빈자리가 있음을 보인다(6절).[272] 예수님 자신의 부활은 하나님의 구속사의 절정이요 가장 중요한 표적이다. 부활은 사망 권세를 이긴 것뿐 아니라, 예수님과 연합된 모든 성도의 부활을 초래한 사건이었기 때문이다. 천사는 여인들에게 빨리 주님의 제자들에게 부활 소식을 전하고 갈릴리에서 주님이 기다리고 계실 것을 전하라고 말한다(7절). '죽은 자들로부터 살아나셨고'에서 동사 *egerthe*는, 아오리스트 신적 수동태 3인칭 단수이므로 직역하면 (성령님의 권능으로) '살아나게 되셨다'이다. 7절 끝의 "내가 너희에게 일렀느니라"(*idou eipon hymin*)는 천사가 여인들에게 말한 것이 매우 중요한 것임을 강조하는 표현이다. 마태복음에서 예루살렘이 수난과 죽음의 장소였다면 갈릴리는 천국 운동의 중심지요 부활의 장소이다.

여인들이 무서움과 기쁨으로 급히 무덤을 '떠나'(*apelthousai*; 참고. 다수 사본: '나와' [*ekselthousai*]) 제자들에게 달려가서 주님의 부활을 전한다(8절). 그런데 갑자기(*kai idou*) 부활의 예수님이 이 여인들을 만나시고 '평안하냐?'(*chairete*)라고 안부를 물으신다(9절).[273] 여인들은 예

---

272) 6절에서 *ekeito*('눕다'. 미완료 수동 디포넌트 직설 3인칭 단수)에 A, C, D, 다수 사본은 주어 *ho kyrios*를 추가한다. 그런데 마태복음에서 *kyrios*라는 주어는 예수님의 말씀을 기록할 때를 제외하면 예수님에게 거의 적용된 적이 없다(참고. 매츠거, 2005:57).

273) 9절 처음 부분에 시내 산, B, D, W사본 등과는 달리, A, C, L, 다수 사본 등은 "그분의 제자들에게 소식을 전하러 갈 때"를 추가한다.

수님의 두 발을 붙잡고 경배한다(9절). 마치 동방 박사들이 아기 예수님께 경배한 것처럼(마 2:1-12), 여인들도 부활의 주님을 경배하고 있다(참고. 이두희, 2010:25). 부활체는 유령이 아니라 손으로 붙잡을 수 있다. 이 사실은 영지주의자 혹은 가현설주의자의 주장에 일침을 놓는다. 예수님은 제자들을 '내 형제들'이라고 부르시면서 그들이 갈릴리로 갈 것을 말하라고 여인에게 명하신다(10절). 예수님께서 제자를 '형제'라고 부른 것은 이제 제자들이 승천하실 주님과 긴밀한 관계 속에서 하나님의 사역을 감당할 동역자가 될 것이기 때문이다. 그리고 예수님이 자신을 버렸던 제자들을 용서하셨음을 의미한다(참고. 마 26:56, 69-75).

2.2. 마태복음 28장 11-15절의 메시지

여자들은 제자들에게 주님의 부활 소식을 전하러 간다. 무덤을 지킨 경비병들(*koustodias*)이 천사가 나타나고 지진이 일어난 것과 같은 일련의 일을 대제사장들에게 보고했다(11절). 군병들이 빌라도에게 먼저 고하지 않은 것은 무슨 이유인가? 예수님의 무덤을 수직하도록 요구한 사람은 대제사장들이었고, 로마법에 의하면 간수가 죄수를 놓치면 사형에 해당되었기 때문에 대제사장에게 도움을 청한 것이다. 대제사장들은 군병에게 돈을 주면서 주님의 제자들이 파수꾼이 자는 동안 시체를 훔쳐갔다고 말하라고 음모를 꾸민다(12-13절). 만일 시체 도적설이 빌라도에게 들린다면, 대제사장들이 경비병들을 변호해 줄 것이라는 약속도 한다(14절). 대제사장들에게는 예수님의 부활 소식은 매우 치명적이었고, 파수꾼의 근무 태만 소식이 전파되는 것은 더 유리했다. 이 시체 도적설은 마태복음이 기록될 당시까지 퍼졌다(15절). 15절의 '오늘까지'(*mechri tes semeron*) 다음에 B, D, L사본 등은 *hemeras* (days)를 추가한다. 그러나 시내 산, A, W, 다수 사본은 생략한다. 생략된 형태는 마태복음 11장 23절과 27장 8절과 일치한다. 유대인들은 생명의 주님의 부활조차도 거짓말로 덮어 버리고 불신앙으로 일관하고 있다. 그러므로 생명의 복음은 이방인에게 전파되어야 한다(참고. 19절).[274)]

2.3. 마태복음 28장 16-20절의 메시지

유다를 제외한 11제자들은 예루살렘을 떠나 갈릴리의 '그 산'(*ho oros*)에서 예수님을 만나 경배한다. 11제자들에게 부활하신 예수님이 나타나셔서 그 산을 가르쳐 주었을 수 있다.[275)] 제자들 중에서 예수님의 부활을 의심하는 자도 있었다(17절). 예수님은 하늘과 땅의 모든 권세가 자신에게 주어졌다(*edothe*, 아오리스트 신적 수동태 직설법)고 말씀하신다(18절). 성부 하나님이

---

274) 루츠(2009:63)는 특이하게 19절의 예수님이 제자에게 명한 것을 '산상 설교'로 한정한다. 따라서 그는 산상설교의 대상을 주님의 제자는 물론, 복음을 들어야 하는 모든 사람으로 확장시킨다.

275) 마태복음에서 '산'은 중요한데, 사탄에게 시험 받으신 곳(마 4:8)이며 변모되신 곳이다(17:1). 이 두 경우에 '산' 앞에 정관사를 쓰지 않는다. 정관사가 '산' 앞에 있는 경우는 산상 설교가 시작되는 마태복음 5장 1절이다. 그렇다면 마태는 복음서를 마감하기 전에 제자들이 산상 설교의 장소로 되돌아가게 함으로써, 예수님이 가르치신 내용을 행하도록 다시 강조하고 있는 듯하다(참고. 이두희, 2010:27).

이 권세를 주셨다(참고. 단 7:13-14). 이 권세를 예수님이 사탄에게 절한다고 받을 수 있는 것이 아니었다(참고. 마 4:8-9). 이 권세에는 사탄을 정복할 권세도 포함된다. 19절의 '그러므로'(*oun*)에서 알 수 있는 것은 지상명령은 그리스도의 부활로 인한 권세 받으심에 기초한다는 사실이다. 이제 선민사상이나 구원의 특정주의는 폐기처분되고, 우주적인 구원이 도래한다. 가서(*poreuthentes*, 아오리스트 디포넌트 분사 남성 복수 주격) 복음을 모든 민족에게 전하고(참고. 마 25:32), 삼위 하나님의 이름(*to onoma*, 단수형이므로 삼위일체를 강조함)으로 세례를 주고(*baptizontes*, 현재 능동 분사 남성 복수 주격),[276] 예수님이 제자들에게 명령한 모든 것들을 지키도록(*terein*, 현재 능동 부정사) 가르치는 것(*didaskontes*, 현재 능동 분사 남성 복수 주격)은 계속되어야 한다(참고. 창 1:26-28). 19-20절의 주동사는 19절의 "너희는 제자를 삼아라" (*matheteusate*, 아오리스트 능동 명령 2인칭 복수)이다. 이 일을 위해 승천하신 예수님은 교회와 임마누엘하실 것이다(20절).[277] 전도는 만유의 권세를 가지신 예수님의 왕적 통치의 시행이다. 교회가 그 권세에 동참하여 왕 노릇 하는 것이다. 성령님은 세상 끝날까지 교회 가운데 임하시는 그리스도의 현존이시다. 따라서 승천하신 그리스도께서 최종 재림 시까지 하늘에서 가시적 모습으로 내려오실 필요가 없다(참고. 칼빈, 1993:553). 마태는 '임마누엘'(*ego meth' hymon eimi*; 참고. 마 1:23)로 시작해서 '임마누엘의 약속'으로 마친다. 다수 사본은 20절 끝에 '아멘'을 추가한다. 후기 필사자들이 '아멘'을 추가함으로써 마태복음은 고대 교회의 예배 중에 사용하기에 적합했을 것이다.

3. 오늘에의 적용

부활 생명을 가진 자로 살고 있는가?
우리는 지상 명령을 어떻게 수행하고 있는가?

276) 디다케 7장 3-4절은 세례 받는 이는 물론 세례를 주는 이가 하루 혹은 이틀 금식을 해야 하고, 세례 시에 물을 세 번 부으라고 언급한다. 디다케 9장 5절은 세례를 받은 사람만 성찬에 참여할 수 있다고 설명한다.

277) Beale(2004:176-177)은 예수님의 지상 명령과 포로 귀환을 허락한 페르시아의 고레스 왕의 명령(대하 36:23) 사이에 3가지 간본문성을 발견한다. (1) 고레스와 예수님은 온 세상의 권세를 가지고 있다. (2) '가라'라는 명령. (3) 명령을 수행하기까지 하나님이 함께하신다는 확신. 예수님은 하늘의 권세를 가지고 자기 백성의 사역에 동참하시기에 고레스를 능가하신다. 그리고 예수님은 옛 예루살렘 성전의 건축이 아닌 온 열방을 '새 성전' 삼으라는 사명을 주셨다(참고. 창 1:26-28). 마태복음과 역대상하는 다른 관련성도 가지고 있다. 역대하는 '히브리 성경'의 마지막이다. 따라서 성전 건축으로 끝맺음으로써, 신약의 새 성전 건축과 자연스럽게 연결된다. 마태복음 1장의 족보는 부분적으로 역대상 1-3장을 참고한다. 이사야는 유대인으로 하여금 예루살렘 성전 건축을 허용하도록 도운 고레스를 '메시아'라고 부른다(사 44:28-45:1).

【 참고 문헌 】

- Balz, H. & Schneider, G (eds). 1991. 1993. *Exegetical dictionary of the New Testament.* Volume 1, 3. Grand Rapids: Eerdmans.
- Bauer, W. 2000. *A Greek-English lexicon of the New Testament and other early Christian literature.* Chicago: Chicago University Press.
- Beale, G.K. 2004. *The temple and the Church's mission: a biblical theology of the dwelling place of God.* Downers Grove: IVP.
- Blomberg, C.L. 2007. *Matthew.* (In Beale, G.K. & Carson, D.A., eds. *Commentary on the New Testament use of the Old Testament.* Grand Rapids: Baker Academic. p. 606-694.)
- Botha, P.J.J. 2009. 'I am writing this with my own hand……': writing in New Testament times. *Verbum et Ecclesia,* 30(2):115-125.
- Bruce. F.F. 1982. *1 & 2 Thessalonians.* WB.C.. Dallas: Word.
- Calvin, J. 1960. *Institutes of the Christian Religion.* Trans. F.L. Battles. Philadelphia: The Westminster Press.
- Carson, D.A. 1995. *Matthew 1-12. Expositor's Bible commentary.* Grand Rapids: Zondervan.
- Carter, W. 2001. *Matthew and empire: initial explorations.* Harrisburg: Trinity Press Internatio nal.
- Davies, W.D. & Allison, D.C. 2000. *Matthew.* Volume I. ICC. Edinburgh: T&T Clark.
- DeMar, G. 1991. *Last days madness: the folly of trying to predict when Christ will return.* Brentwood : Wolgemuth & Hyatt Publishers.
- Enns, P. 2000. *Exodus. NIV Application Commentary.* Grand Rapids: Zondervan.
- ESV Study Bible. 2008. Wheaton: Crossway Bibles.
- France, R.T. 2007. *The Gospel of Matthew.* NICNT. Grand Rapids: Eerdmans.
- France, R.T. 1995. *Matthew. Tyndale New Testament commentary.* Leicester: IVP.
- Hagee, J. 1996. *Beginning of the end: the assassination of Yitzhak Rabin and the coming antichrist.* Nashiville: Thomas Nelson.
- Hagner, D.A. 1995. *Matthew 14-28.* WB.C.. Dallas: Word Books.
- Hill, D. 1979. *The Gospel of Matthew.* London: Oliphants.
- Horsley, R.A. 2001. *Hearing the whole story: the politics of plot in Mark's Gospel.* Louisville: Westminster/John Knox Press.

- Huizenga, L.A. 2009. *The Matthean Jesus and the Isaac of the Early Jewish encyclopedia.* (In Hays, R.B. et at., eds. Reading the Bible intertextually. Waco: Baylor University Press. p. 63-81.)
- Hwang, C.K. 1981. *The significance of the destruction of Jerusalem (A.D. 70) in the Synoptic Gospels.* Th. M. Thesis at Westminster Theological Seminary.
- James B. Jordan. 1991a. The abomination of desolation. Part1: an overview. Biblical Horizons, 25:1-4.
- James B. Jordan. 1991b. *The abomination of desolation. Part 2: The man of sin. Part 3: an overview of pattern.* Biblical Horizons, 26:1-4.
- Keener, C.S. 1999. *A commentary on the Gospel of Matthew.* Grand Rapids: Eerdmans.
- Keener, C.S. 1993. *The Bible background commentary.* New Testament. Downers Grove: IVP.
- Kline, J.B. 2005. *The day of the Lord in the death and resurrection of Christ.* Journal of the Evangelical Theological Society, 48(4):757-770.
- Louw, J.P. & Nida, E.A. 1993. *Greek-English lexicon of the New Testament based on semantic domains.* Volume 1. Cape Town: Bible Society of South Africa.
- Luz, U. 2005. *Matthew 21-28.* Hermeneia. Minneapolis: Fortress Press.
- Maier, P.L. 2000. *Chronology.* (In Evans, C.A. & Porter, S.E., eds. *Dictionary of New Testament background.* Leicester: IVP. p. 184-194.)
- Menken, M.J.J. 2004. *Matthew's Bible: the Old Testament texts of the Evangelist.* Leuven: Leuven University Press.
- Nolland, J. 2005. *The Gospel of Matthew.* NIGTC. Grand Rapids: Eerdmans.
- Pratt, R.L. (ed) 2003. *Spirit of Reformation Study Bible.* Grand Rapids: Zondervan.
- Rogers Jr. C.L. & Rogers III, C.L. 1998. *The new linguistic and exegetical key to the Greek New Testament.* Grand Rapids: Zondervan.
- Sasse, H. 1976. aion. TDNT. Grand Rapids: Eerdmans.
- Schilder, K. 1979. *The Schilder trilogy: Christ crucified.* Ontario: Paideia.
- Smith, C.R. 1997. *Literary evidences of a fivefold structure in the Gospel of Matthew.* New Testament Studies, 43:540-551.
- Turner, D. 2008. *Matthew. Baker Exegetical Commentary.* Grand Rapids: Baker.
- Van Zyl, H.C. 1999. *Matteus.* (In Vosloo, W. & Van Rensburg, F.J., eds. *Die Bybellennium: eenvolumekommentaar.* Vereeniging: CUM. p. 1111-1187.)
- Vogels, W. 2001. *The parallel-chiastic structure of the Christian Bible.* Theoforum, 32:203-221.

• Wallace, D.B. 1996. *Greek grammar beyond the basics: an exegetical syntax of the New Testament.* Grand Rapids: Zondervan.

• Wilkins, M.J. 2004. *Matthew. NIV Application Commentary.* Grand Rapids: Zondervan.

• Yang, Y.E. 2010. *Picture of Peter in Matthew's Gospel: the rock and stumbling stone.* 신약연구, 9(1):1-42.

• Zerwick, M. 1993. *A grammatical analysis of the Greek New Testament.* Roma: Editrice Pontificio Istituto Biblico.

• 게할더스 보스 1998.《구속사와 성경 해석》. 크리스챤 다이제스트.

• 골즈워디, G. 2010.《복음 중심 해석학》. CLC.

• 그랜트 오스본 2001.《마태복음 (상)》. 성서유니온선교회.

• 그랜트 오스본 2002.《마태복음 (하)》. 성서유니온선교회.

• 김경래 1997.《사본들을 통해 보는 성경》. 전주대학교 출판부.

• 김세윤 2000.《주기도문 강해》. 두란노.

• 김재수 2009.《디다케: 주님의 가르침》. 엘드론.

• 김학철 2009. "마태복음의 폭력과 마태공동체." 한국기독교 신학 논총, 62:79-103.

• 김홍전 2000.《주기도문 강해》. 성약.

• 다니엘 도리아니 2009.《적용, 성경과 삶의 통합을 말한다》. 성서유니온선교회.

• 도날드 해그너 1999.《마태복음 1-13》 (W.B.C.). 솔로몬. (영문판 a, 1993, b, 1995)

• 라이트, N.T. 2004.《예수와 하나님의 승리》. 크리스챤 다이제스트.

• 레이하르트, P.J. 2010.《새로운 관점의 구약성경 읽기》. CLC.

• 루츠, U. 2009.《마태공동체의 예수 이야기》. 대한기독교서회.

• 매츠거, B.M. 2005.《신약 그리스어 본문 주석》. 대한성서공회 성경원문연구소.

• 매츠거, B.M. & 에르만, B.D. 2009.《신약의 본문: 본문의 전달, 훼손, 복원》. 한국성서학 연구소.

• 문용식 2008. "개혁주의 입장에서 본 탈식민주의 성경 해석학 비판". <신학지남>, 75(3):157-177.

• 반더발, C. 1999. 반더발 성경연구 3. 줄과추.

• 박찬웅 2009. 씨 뿌리는 자의 비유(막 4:3-20). <신약 논단>, 16(2):399-425.

• 브루스 맬리나 2001.《신약 시대로 가는 시간 여행》. 은성.

• 송영목. 1998. <마태복음 13:51-52에 대한 석의적 연구>. 고신대학교 신학대학원. 목회학 석사 논문.

• 슈바이처, E. 1986.《마태오복음. 국제성서주석》. 한국신학연구소.

• 시드니 그레이다누스 2003.《구약의 그리스도 어떻게 설교할 것인가》. 이레서원.

• 양용의 2006.《마태복음 어떻게 읽을 것인가》. 성서유니온선교회.

- 앨버트 벨 2001.《신약 시대의 사회와 문화》. 생명의말씀사.
- 예레미아스, J. 1993.《신약 신학》. 새순출판사.
- 예레미아스, J. 1988.《예수시대의 예루살렘: 신약 성서 시대의 사회 경제사 연구》. 한국신학연구소.
- 웬함, D. & 월튼, S. 2007.《복음서와 사도행전. 성경 이해 1》. 성서유니온선교회.
- 유진 피터슨 2010.《메시지: 신약》. 복있는사람.
- 윌리엄 J. 덤브렐 2000.《언약 신학과 종말론》. CLC.
- 이강택 2010. Matthew's vision of the old and new in Jesus: social world of the Matthean community vis-à-vis Matthew's understanding of Torah. Ph.D. dissertation at Westminster Theological Seminary.
- 이동수 1997. <천국의 열쇠: 마태복음 16장 17-19절을 중심으로>. 고신대학교대학원. 신학석사 논문.
- 이두희 2010. "마태복음과 누가복음의 부활 신학" <그 말씀>, 3월호:22-26.
- 이승구 2010. <N.T. Wright의 신학적 기여와 그 문제점>. 제25차 한국성경신학회 정기 논문 발표회 발제글. 2월 10일. 신반포중앙교회당.
- 이응봉 2010. "마태와 이방인 구원: 마 21:23-22:14를 중심으로". 한국복음주의 신약학회 홈페이지.
- 존 스토트 1993.《데살로니가전후서 강해》. IVP.
- 존 월튼, 빅터 매튜스, 마크 샤발라스 & 크레이그 키너 2010.《IVP 성경 배경 주석. IVP.
- 최갑종 2000.《예수님이 주신 기도》. 이레서원.
- 칼빈, J. 1993.《공관복음 주석 I, II》. 성서교재간행사.
- 칼빈, J. 1989.《기독교 강요》. 성문출판사.
- 쾨스터, H. 1996.《신약 성서 배경 연구: 헬레니즘 시대의 역사, 문화, 그리고 종교》. 은성출판사.
- 키스트메이크, S.J. 1986.《예수님의 비유》. 기독교문서선교회.
- 트렘프 롱맨 III & 다니엘 레이드. 1996.《거룩한 용사》. 도서출판 솔로몬.
- 폴 하우스 & 장세훈 2006.《주의 날, 어떻게 이해할 것인가》. 그리심.
- 헤르만 리델보스 1990. 1991.《마태복음(상, 하)》. 여수룬.
- 헤르만 리델보스 1988.《하나님 나라》. 엠마오.
- 홀스리, R (ed). 2007.《바울과 로마 제국》. CLC.
- 황창기 2010. "예수님, 만유, 그리고 나". 생명의양식.
- 홍창표 1997.《산상 보훈 해설》. 크리스찬북.

마가복음 주석

들어가면서

저자는 요한이라 불리며 바나바의 '사촌'(cousin)인 마가이다(참고. 골 4:10). '마가'는 라틴식 이름이고, '요한'은 히브리식 이름이다. A.D. 130년경 터키 히에라폴리스의 파피아스(Papias)는 마가복음을 마가가 썼다고 증언하는데, 이 내용은 유세비우스의 《교회사》(A.D. 325년)에 기록되어 있다. 파피아스에 의하면, 마가는 비록 예수님의 제자가 아니고 '베드로의 해석가(hermenutes Petrou, interpres Petri) - 통역가 - 조력자 - 비서 - 추종자'(sectator Petri)이었기에(참고. 벧전 5:13), 베드로가 말한 모든 것을 빠뜨리지 않고 기록하되, 예수님께서 행하신 모든 사건을 연대기적으로는 따르지 않았다고 한다. 마가가 연대기적인 관심을 크게 가지지 않았다는 증거는 개별 본문들 사이에 매우 빈약한 접속사류('그리고' [*kai*],[278] '다시' [*palin*], '그리로 부터' [*ekeithen*], '그 날에' [*en ekeinais tais hemerais*], '떠나면서' [*ekselthon*])를 사용했다는 것과 또한 직접적인 지리적 연결이나 실제적인 연결이 없다는 것으로 알 수 있다. 마가복음을 기록할 때 상황에 따라 행했던 베드로의 설교의 특성 때문에 순서대로 기록할 수 없었다.[279]

---

278) 마가복음(총 661절, 11,025단어)의 105개의 단락 중 89개가 *kai*('그리고')로 시작한다. 더 세련된 대체 접속사나 단어를 사용하지 않고 반복이 잦다는 의미이다. 그리고 접속사가 생략된 형태(asyndeton)로 가끔 나타나기도 한다. 이것은 성령님의 영감성이 서툴다는 것을 의미하지 않고, 마가의 거친 문체를 성령님께서 사용하셨다는 말이다. 성경 기자의 문학적인 특성과 능력이 획일적이지 않고 모두 다르다. 마가복음의 헬라어 표현이 고상하지 못하다고 말하는 것은 부적절하다. 왜냐하면 성령님께서 그런 차원으로 스스로 낮추셔서 인간과 의사소통을 하신 결과이기 때문이다. 따라서 마가의 헬라어 수준을 논하기 전에 복음서를 읽고 연구하는 사람이 먼저 겸손해져야 한다.

279) 웨스트민스터 신앙 고백 제1장은 10항에 걸쳐 '성경관'을 다룬다. 그 내용으로부터 추론할 수 있는 바는 여느 성경과 마찬가지로 어느 누구도 복음서의 내용을 수정하거나 다른 내용을 첨가할 수 없다. 공관복음서는 저마다 고유한 문체가 있고, 이것은 성경 저자의 문체이지 기록의 선후 관계나 문헌의 의존 문제가 아니다. 복음서는 완전하고 명료하기 때문에, 처음 독자들은 각각의 복음서의 뜻을 분명하게 알아들었을 것이다. 자신이 하나님의 말씀을 기록한다는 것을 알았던 복음서 저자들 역시(참고. 딤전 3:16; 벧후 1:20-21, 3:16), 다른 복음서를 수정하려 하지 않았음이 분명하다. 물론 성경 저자들은 기존의 자료를 사용하는 데 있어서 자유를 가졌다. 그래서 인간 저자가 사용한 자료의 표현을 바꾸거나, 자신의 사상을 더 명확하게 하거나, 자신의 목적을 위해서 새로운 변화를 가하기도 한다. 하지만 이런 과정은 성령님의 영감하에 이루어졌다. 그리고 '마가복음 우선 가설'을 수용하면서, 마치 마태복음과 누가복음이 이전의 자료인 마가복음보다 더 완전한 복음서라는 인식을 가지는 것은 불가능하다. 왜냐하면 설령 마가복음이 공관복음 중에서 가장 먼저 기록되었고, 마태와 누가의 자료로 사용되었다 할지라도 마가복음은 그 자체로 부족함이 없는 하나님의 완전하고도 독자적인 계시이기 때문이다(참고. 오광만, 2010:4).

초대 교회는 복음서를 사도 저작으로 돌리는 경향이 있었는데도, 사도가 아닌 마가가 기록했다는 점에 대해 문제를 제기한 적이 없다. 이레니우스, 터툴리안, 오리겐, 그리고 무라토리안 정경목록 등은 (베드로와 바울 사후에) 마가를 저자로 증거한다. 베드로 역시 로마에서 글을 쓰면서 마가가 그와 함께 있다고 하면서 '아들'이라 불렀다(참고. 벧전 5:13). 알렉산드리아의 클레멘트는 마가가 베드로의 생존 시에 마가복음을 기록했다고 전한다(보라. Maier, 2000:188). 이 말은 마가가 베드로의 사역을 통해서 회심했음을 암시하는 것 같다. 마가복음의 간결한 구어체이며 직선적인 헬라어 문체와 팔레스타인(혹은 예루살렘)에서 태어나 성장한 기독교인에게서 기대할 수 있는 셈어법이 다분히 포함되어 있다는 사실은 마가 저작을 지지한다. 마가가 바울과 친분이 있었기에 바울적인 요소가 마가복음에 있다는 것도 마가의 저작설을 지지한다. 카슨, 더글러스, 무(1993:99)는 "마가가 베드로 이외의 다른 자료도 사용했을 가능성을 인정해야 한다"고 주장한다. 하지만 우리는 마가가 사용한 자료를 정확하게 알 수 없다.[280]

마가복음의 제1차 독자는 아마도 로마에 있던 이방인 성도였을 것이다(참고. 브라운, 2003:255). 그 증거로는, 아람어를 번역한 것, 그리고 팔레스타인이 그 출처라면 설명할 필요가 없었던 유대인들의 관습이 설명된 것(예. 식사 전의 세수; 참고. 막 7:3-4), 라틴어의 사용 등이 로마에서 기록된 마가복음이 로마의 성도에게 보내어진 것을 지지한다. 이것이 옳다면 이방 로마의 어려운 상황 속에서, 복음과 기독론에 기초한 제자도(참고, 막 1:16-20, 3:13-19, 6:7-13, 8:27-10:52, 13:1-14:52, 15:42-16:8)를 강조하여 교회가 예수님을 믿고 인내하며 승리하며 살도록 격려하는 차원이 있다. 여기서도 투영의 원리를 볼 수 있다. 특히 12제자를 통한 제자도의 강조는 로마 교회의 성도가 따라야 할 모범이 아니었을까? 주의할 것은 마가복음은 A.D. 60년경 로마의 마가 공동체를 '위해'(for) 기록되었지만 그 공동체에 '관한'(about) 기록은 아니라는 사실이다.[281] 초대 교회의 전승은 공관복음 전체를 A.D. 60-70년 저작으로 보지만, 다수의

---

280) 신학계에 만연한 '마가복음 우선설'(혹은 두 자료설)은 역사적 예수 탐구에서 마가복음이 마태복음과 누가복음보다 더 신빙성 있는 것처럼 선전한다. 만약 마태와 누가가 마가복음을 자료로 삼아 복음서를 기록했다면, 그들은 예수님의 생애를 직접 목격하지 않은 사람처럼 된다. 그리고 마태와 마가에게 있어서 마가복음은 정경으로서의 권위를 갖지 못하고, 단순히 변경하면서 사용할 수 있었던 자료에 불과하다. 그리고 마태복음과 누가복음은 반드시 마가복음에 비추어서 해석해야 한다는 바람직하지 못한 결론에 도달하고 만다. 자세히 살펴보면, 마가와 마태-누가 사이에는 어휘적 연관성이 생각만큼 크지 않다. 그리고 공관복음 사이에 대체로(사건의 순서에 있어서) 병행이 결여되어 있다. 그리고 복음서의 분량은 복음서 저자 개인의 성향 문제이지, 기록 시점 혹은 의존의 문제로 보기 어렵다. 문체 역시 저자 개인의 성향 문제이다. 신학적인 변형(예. 마가복음의 '랍비'가 마태복음에는 '주님'으로)도 저자 개인의 신학적인 성향 차이로 볼 수 있다. 일찍 기록된 바울 서신에 나중에 기록된 복음서보다 고등 기독론이 강한 것이 이를 뒷받침한다. 참고로 어거스틴 등이 주장한 '마태복음 우선설'도 문제가 있다. 왜냐하면 파피아스(A.D. 2세기)는 베드로의 비서인 마가가 베드로의 말을 듣고 마가복음을 기록했다고 전하기 때문이다. 사복음서 각각은 그 자체로 독자적이고 충분한 하나님의 계시인데, 상호 의존성과 기록의 선후를 증명하기 어렵다(참고. 오광만, 2010:17-42).

281) 보링(Boring) (2006:4-5)은 마가복음의 구조를 다음과 같이 두 가지 병행으로 파악한다.

1부: 막 1:1-8:21	2부: 막 11:1-16:8
갈릴리	예루살렘

현대 학자들은 A.D. 70년 이후로 본다(참고. Maier, 2000:188).

제자를 불러 파송함	제자를 부르고 파송하는 내용 없음
기적적 사역	비기적적 사역
악령 축출	악령 축출 없음
성공	거부당하심
주요 중심 강화:	주요 중심 강화:
비유들	묵시
천국 비유들	천국 비유는 없음
천국의 비밀	왕이신 예수님
정결, 안식일, 회당	성전
비밀로 하라는 명령	비밀로 하라는 명령은 없음
치유 받지 못한 맹인	치유 받은 맹인
유효하지 않은 고백	유효한 고백: 백부장
핵심 상징: 빵, 바다, 배	핵심 상징: 잔, 길, 십자가

❧ 마가복음 1장 ❧

1. 본문 및 구조

- 예수님의 길을 예비하는 세례 요한(1-8)
- 예수님이 세례 받으심(9-11)
- 시험받으시는 예수님(12-13)
- 갈릴리에서 전도하시는 예수님(14-15)
- 어부 4명을 제자로 부르심(16-20)
- 큰 권세로 가르치시는 예수님(21-28)
- 베드로의 장모와 다른 사람들이 치유됨(29-34)
- 온 갈릴리에서 선포하시는 예수님(35-39)
- 한 나병 환자를 고치시는 예수님(40-45)

2. 구원 계시사적 메시지

2.1. 마가복음 1장 1-8절의 메시지

마가복음의 첫 구절 "하나님의 아들 예수 그리스도 복음의 시작(*arche*)이라"(1절)는 메시아 예수님이 복음으로 천국 확장 운동을 전개하신 것을 염두에 둔 것이다.[282] 사실상 이것은 마가복음의 제목 차원을 넘어, 마가복음의 요약이며 나침반 역할을 한다. '하나님의 아들'은 마가복음 1장 11절, 9장 7절, 15장 39절에도 등장한다. 라이트(2009:310-312)는 하나님 나라를 '하나님의 주권적 통치'로 요약한다. 하늘과 땅의 모든 권세를 가지고 계신 예수님에 의하면 이 통치가 현재 세계인 이 땅에 침입했고, 또 침입하고 있다. 라이트에 의하면, 천국은 이사야 52장 7-12절과 같은 구약의 '하나님 나라 본문'에 나타나는 것처럼, (1) 유배의 끝, (2) 악의 패배, 그리고 (3) 이스라엘의 하나님이 시온으로 돌아오시는 것이 예수님을 통해서 성취된 것이다. 천국을 구원받은 영혼이 가는 장소로만 파악하는 것은 천국 개념에 대한 오해이다. 예수님 안에서 실현된 천국은 제사장 나라인 교회를 통해서도 이루어지고 있다.

마가는 예수님의 유아 시절로 시작하지 않고 주님의 공사역만 기록한다. '행동의 복음'인 마가복음에 예수님이 행하신 18개의 기적이 등장하지만, 비유는 4개만 등장한다.[283] 마태복음

---

282) UBS 4판에는 1절의 '하나님의 아들'(*hyou theou*)이 [ ]안에 기록되어 있는데, 이 구를 생략하는 사본은 시내 산 사본과 세타 사본 등이다. 그러나 외증은 이 구가 포함된 것을 더 지지한다. 그러나 이 구가 생략된 짧은 이문이 오래된 것이기에, 나중에 예수님의 호칭을 확장하여 설명한 것으로 추론할 수 있기에 [ ]로 처리했다(참고. 매츠거, 2000:59).

283) 마가는 '즉시' 혹은 '곧'(*euthys*, 참고. 막 1:10, 12, 18, 20, 23, 28, 30, 42 등)과 같은 단어를 자주 사용하여

1장 1절의 '세계'(genesis)처럼 마가복음 1장 1절의 '시작'(arche)은 예수님께서 행하신 재창조의 시작을 가리킨다. 이것이 시작인 이유는 마가복음의 내용인 세례 요한에서 예수님의 승천까지는 천국 운동이 시작 단계에 있으며, 본격적으로 사도행전과 서신서가 보여주듯이 천국 복음은 계속 확장되어야 하기 때문이다. 마가복음 1장 2-3절은 메시아의 길을 예비하는 선구자인 세례 요한의 출현을 예고하는데, 이사야와 말라기의 혼합 인용이다. 마가는 출애굽기 23장 20절과 말라기 3장 1절 그리고 이사야 40장 3절을 동시에 인용하지만,[284] 더 유명한 '이사야'만 2절에서 언급한다('선지자 이사야의 글에', 시내 산, B사본 등이 지지함; 참고. A, W사본 등은 '선지자들의 글에').[285] 유대 광야의 세례 요한(*Ioannes ho baptizon*)은 포로 전의 이사야와 포로 후의 말라기처럼 메시아의 임박한 도래를 예언하면서 주의 백성의 죄를 고발하면서 회개를 선포했다(4절). 이것이 메시아의 첩경(길)을 평탄케(곧게) 하는 예비 작업이었다. 이것은 예수님 당시의 로마 황제가 제국을 순찰할 때 사자들이 먼저 앞에 가면서 모든 걸림돌을 제거하는 관습과 유사하다. 요한이 회개의 세례를 선포하니, 온 유대와 예루살렘 사람들이 회개하며 요단강에서 세례를 받았다(5절). 4절의 '광야'와 5절의 '요단강'은 출애굽 사건을 회상시킨다. 세례 요한은 400년 만에 계시의 암흑기를 뚫고 등장한 선지자였기에(참고. 말 4:5-6), 많은 사람이 그에게로 나아왔다. 요한은 약대 털옷(*ktrichas kamelou*)을 입고(참고. D사본은 '약대 가죽을 입고'), 가죽 띠를 띠고, 정결한 음식으로 간주된 메뚜기(참고. 레 11:22)와 야생 꿀을 먹었다(6절). 이 모습은 엘리야 선지자와 비슷하며(참고. 왕하 1:8), 성전에서 화려한 의복을 갖춰 입은 탐욕스런 종교 지도자들과 대조된다.

요한은 자신보다 능력 많으신 분이 뒤에 오실 것인데, 신발 끈(thong)을 풀기도 감당치 못한다고 말한다(7절). 이것은 요한이 예수님의 종 역할도 감당하지 못할 것이라는 겸손을 가리키기보다는 요한복음 3장 30절의 빛 속에서 계시사적으로 이해해야 한다. 즉 예수님으로 대변되는 새로운 천국은 반드시(dei) 계속해서 흥하고(*auksanein*, 현재 부정사), 세례 요한을 마지막으로 하는 '옛 질서 – 죄악 – 옛 세상'은 계속해서 쇠해져야 한다(*elattousthai*, 현재 부정사). 요한은 "나

사건과 행동 전개를 박진감 있게 한다. '종이신 그리스도'는 마가복음에 여러 곳(참고. 막 1:40-45, 3:1-12; 7:31-37, 8:22-26, 34-38, 9:33-50, 10:44-45, 12:38-44, 14:17-26, 32-50, 15:1-5, 12-47)에 등장한다. 마가복음에 족보가 빠진 것은 '종'은 족보를 필요로 하지 않기 때문이다(참고. 오스본, 2002:10, 21).

284) "길을 예비하라"는 공통 단어 때문에 구약 구절이 함께 인용되었다. 랍비들에게도 볼 수 있는 Gezera shawah 기법이다.

285) 2절과 관련하여, 마가는 기록 당시에 이미 이 세 구절이 복합된 어떤 자료를 사용했는가? 아니면 '시편'이 성문서(writings, *hagiographa*)를 가리키듯이(눅 24:44), 유명한 선지자 '이사야' 한 명을 통하여 선지자들을 가리키는 것으로 보았는가?(참고. Stein, 2008:42) 마가의 독자들이 말라기 3장 1절보다는 이사야 40장 3절을 더 잘 알고 있어서일까?(참고. France, 2002:63) 마가가 비슷한 구절을 병행해서 이해하는 쿰란의 해석 방식을 다루고 있는가?(참고. Garland, 1996:43) 아니면 마가가 이사야에 나타난 회복의 예언이 마가복음에 계속하여 등장하는 예수님을 통해서 성취되는 것을 알고 의도적으로 '이사야'라는 말을 썼을 가능성이 크다(예. Joel Marcus). '하늘이 열리고'(사 64:1; 막 1:10), '성령님이 임하시고'(사 61:1; 막 1:10), '복음이 선포되고'(사 40:9-10; 막 1:14), '하나님(의 나라)이 권능으로 임하시는 것'(사 40:10; 막 1:15).

는(*ego*) 물로 세례를 주었지만, 그는(*autos*) 성령으로 세례를 주실 것이다'라고 말한다(8절). 요한과 예수님이 선명하게 대조된다. 성령은 메시아께서 오심으로 도래하는 종말의 은사이다(참고. 욜 2:28-29). 그리고 예수님과 더불어 성령은 새 언약을 성취하실 분이다(참고. 렘 31:31-34; 겔 36:26-27). 바로 이 새 언약의 종말론적 은사를 예수님께서 믿는 자에게 부으실 것이다.

2.2. 마가복음 1장 9-11절의 메시지

예수님이 나사렛에서 요단강으로 와서 세례를 받으신다(9절). 이것은 죄 사함의 세례가 아니다. 대신 세례 요한의 사역을 지지하며, 공사역의 막을 열고, 하나님의 의혹은 섭리를 이루기 위한 세례이다. 또한 예수님은 세례를 받으심으로써 회개한 죄인과 자신을 동일시하신다. 예수님이 물에서 올라오실 때, 하늘이 갈라지고, 성령이 비둘기같이 내려오심을 보신다(10절). 하늘이 갈라진 것은 하나님이 인간 세계로 개입하심(참고. 사 64:1), 즉 예수님의 성육신과 관련된다. 창조 때 수면 위에 운행하시던 하나님의 영이(참고. 창 1:2), 이제는 세상을 재창조하실 예수님 위에 강림하신다. 예수님의 사역은 성령에 의한 사역임을 보여준다. '갈라지고' 즉 '찢어지고'(*schizo*)는 '열리고'(*anoigo*, 마 3:16; 눅 3:21)와 달리 다시 닫힐 가능성이 없는 것, 즉 원상복구가 되기 어려움을 내포한다. 예수님이 세례를 받으신 사건은 돌이킬 수 없는 우주적 변화, 즉 새로운 메시아 시대가 개시되었음을 강조한다(참고. 류호영, 2008:43). 10절의 비둘기는 새 세상에 대한 하나님의 약속을 암시한다(참고. 창 8:10-12; 보라. 존 월튼, 2010:1360).

하늘에서 "너는 내 사랑하는 아들이라. 내가 너를 기뻐하노라"(*eudokesa*, 술정적 [constative] 아오리스트: 계속해서 기뻐하셨다, 추론적인 [illative] 아오리스트: '아들이기에 그러므로' 내가 너를 기뻐한다; 참고. Rogers & Rogers, 1998:68)는 소리가 났다(11절).[286] 예수님은 세례 받으실 때 성부의 기뻐하신 아들이 되신 것이 아니라, 영원 전부터 기뻐하신 아들로 계셨다. 세례 받으신 예수님이 회개한 죄인과 동일시하셨기에, 이 하늘의 음성은 신약 교회도 세례를 받을 때 들을 수 있는 음성이다. 그런데 이 음성에는 메시아 시편인 시편 2편 7절과 여호와의 종의 노래인 이사야 42장 1절이 복합적으로 반향(echo)된다. 그러므로 예수님이 왕으로 즉위하시는 방식은 성령의 능력을 힘입어 고난의 십자가를 통하셔야 한다(참고. 사 42:1-17). 이것이 인류 구원을 위해 성부께서 기뻐하신 뜻인데, 성자와 성령이 수행하신다. 우리의 구원은 삼위 하나님의 협동 사역이다. 예수님의 정체는 하나님의 아들이며, 사역은 성부의 기뻐하시는 바를 성령으로 행하는 것이다.

2.3. 마가복음 1장 12-13절의 메시지

성령님이 곧(*euthys*) 예수님을 광야로 몰아내신다(*ekballei*, 12절; 참고. 마 4:1-11; 눅 4:1-13).[287]

---

286) 11절의 "소리가 났다"(*phone egeneto*) 대신에 A사본은 "소리가 들렸다"(*phone…ekousthe*)로 쓰고, 시내산 사본은 동사('났다' 혹은 '들렸다')를 생략한다.

287) 유대인들은 마귀가 목욕탕, 광야, 무덤을 좋아한다고 믿었다(참고. 존 월튼, 2010:1360).

비둘기 같은 성령이 세례 시에 임했는데, 바로 그 성령이 예수님의 시험을 주도하신다. 새로운 아담과 새로운 모세로서 예수님은 구약 이스라엘과는 달리 광야의 시험을 통과하셔야 한다. 40일 동안 광야에 계시면서 사탄에게 시험을 계속 받으셨고(*peirajomenos*, 현재 수동태 분사), 야생 짐승들과 함께 거하셨는데(참고. 겔 34:25; 단 6:22), 천사들이 수종을 들기 시작했다(*diekonoun*, 시초적[inceptive] 미완료, 13절, 참고. Rogers & Rogers, 1998:68).

'수종을 들다'(*diakoneo*)는 사도가 예루살렘 교회의 과부를 '공궤하는' 것을 묘사하는 동사와 동일하다(참고. 행 6:2; 보라. Bauer, 2000:230). 예수님이 사탄의 시험을 이기심으로써 사탄을 축출하실 권세를 가지신 분임이 증명된다. 성경에서 '40'은 하나님의 중요한 구속 사역과 관련된다. 40일간의 홍수(참고. 창 7:17), 모세가 시내 산에서 40일을 보냄(참고. 출 24:18), 광야에서의 40년(참고. 신 29:5), 다윗 때 골리앗이 40일 동안 이스라엘을 위협함(참고. 삼상 17:16), 광야에서 엘리야가 두려워했던 40일(참고. 왕상 19:8; 보라. 오스본, 2002:54).

2.4. 마가복음 1장 14-15절의 메시지

13절과 14절 사이에는 약 1년이 흐른다. 세례 요한이 헤롯 안디바에게 '잡힌 후'(*paradothenai*),[288] 예수님은 갈릴리로 오셔서(참고. 사 9:1-2), '하나님의 복음'(*to euanggelion tou theou*; 참고. A, D, W, 다수 사본은 '하나님 나라의 복음')을 전파하신다(14절; 참고. 막 1:1). "때 (*kairos*, 특별한 사건이 발생하는 중요한 시기)가 찼고(현재완료 수동태 직설법, the time has been fulfilled) 하나님 나라가 가까웠으니(현재 완료: 이미 여기 와 있으니), 회개하고(현재 명령) 복음을 믿어라(현재 명령)"(15절).[289] 하나님의 바로 그 복음은 예수님이 하나님의 결정적인 때가 찬 경륜에 이 땅에 오셔서, 역동적이며 인격적인 천상의 통치를 실현하신 것이다. '가까이 왔다'의 헬라어 동사 *engiken*(현재 완료)이 단순히 '도착할 때가 임박함'을 가리키는지, 또는 (완전하게는 아니지만)이미 실현되고 있고 경험 가능한 현실을 가리키는지에 대하여 주석가들 사이에 논쟁이 있다. 문법적으로 그리고 실제 용례상 양자가 모두 가능하다(참고. 막 14:42; 벧전 4:7). 그러나 문맥은 후자를 더 지지하는 듯하다.[290]

---

288) '잡힌 후'라는 아오리스트 부정사는 시간의 경과를 나타낸다. 동시에 세례 요한과 예수님이 고난을 받을 것을 암시하는 신학적 표지(theological marker)로도 볼 수 있다. 즉 예수님도 천국 복음 사역을 하시다 세례 요한처럼 고난을 당하시고 죽음에 직면하실 것이다.

289) '지역' 혹은 '지방'이라는 의미의 *galil*에 뿌리를 둔 '갈릴리'의 경계는 서쪽은 지중해, 남쪽은 이스르엘 평원, 동쪽은 갈릴리 호수, 북쪽은 레바논의 리타니(Litani)강의 깊은 골짜기까지이다. 동에서 서까지 약 31마일이다. 윗 갈릴리 지역은 해발 1,300m, 아래 갈릴리 지역은 해발 700m이다. 연 강수량은 각각 42인치와 36인치이다. 갈릴리 지역은 반(anti)로마 사조와 메시아 사상의 본거지였다. 그리고 셀롯당은 갈릴리에서 탄생했는데, A.D. 6-7년에 발발한 로마에 대항한 유다의 봉기는 셀롯 사상의 태동에 결정적인 계기를 마련해 주었다. 그는 갈릴리 출신이었고, 그의 부친 히스기야도 갈릴리에서 헤롯에 대항하여 투쟁했던 운동의 지도자였다. 참고로, 갈릴리 호수는 길이 12.8마일, 직경 8마일이다. 갈릴리 지역은 1차 유대 전쟁 때 요세푸스의 지도하에 로마에 저항하다가 불타버렸다. 따라서 A.D. 131-135년의 '바 코크바 반란' 때는 전쟁에 가담하지 않았다(참고. 예레미아스, 1988:105).

290) 마가복음 1장 15절을 마가복음의 길잡이 역할을 하는 '서문'으로 볼 수 있는데, 여기에 나타난 주제들이

2.5. 마가복음 1장 16-20절의 메시지

예수님은 갈릴리 호수에서 고기 잡던 어부 시몬과 안드레를 보신다(16절).[291] 사람 낚는 어부를 만드시려는 주님의 명령에 이들은 곧 그물을 던져 두고 좇는다(17-18절). 조금 더 가시다가 그물을 깁던 야고보와 요한을 부르시니, 아버지 세베대와 삯꾼들을 버려두고 예수님을 좇는다(19-20절).[292] 원래 요한과 안드레는 세례 요한의 제자였다(참고. 요 1:35-39). 이 부름은 직장과 가족조차도 막지 못하는 거역할 수 없는 왕의 부름이요 급진적인 제자도(radical discipleship)이다. 이 4명이야말로 회개하고 복음을 믿었던 사람이다. '낚시'라는 구약의 심판의 이미지가 이제 구원의 이미지로 바뀐다(참고. 렘 16:16; 겔 29:4-5; 암 4:2; 합 1:14-17).[293]

여기서 예수님과 제자들의 경제적인 상황을 배경 이해를 위해 간략히 살펴보자. 예수님은 목수의 아들로서 목재뿐 아니라 건축과 관련된 것은 무엇이든 다루었을 것이다. 그리고 나사렛에서 약 1시간 거리에 있던 헤롯의 도시였던 세포리스의 건설을 돕는 사업을 할 수 있었을 것이다. 세베대의 아들 야고보와 요한 같은 제자들도 몇 달씩이나 랍비 예수님을 따라다니며 말씀을 들을 정도로 경제적인 여유가 있었던 것 같다. 세리 마태도 마찬가지이다. 따라서 예수님과 제자들을 빈곤층이 아니라 중산층 혹은 중상층으로 추정해 볼 수 있다(참고. Jordan, 2009:1).

2.6. 마가복음 1장 21-28절의 메시지

예수님은 안식일에 가버나움 회당에서 가르치신다. 안식일에 유대인 남자들은 회당에서 기도와 율법 봉독과 서기관의 성경 해석을 들어야 했다. 상주하던 서기관(랍비)이 없었기에, 가버나움에 머무시던 예수님이 강론을 위해 초청되셨다. 예수님이 권세 있는 가르침을 시작하셨는데(edidasken, 진입적 미완료, 참고. Mounce, 1993:319), 서기관들과는 달랐기에 청중은 가르침 내내 놀랐다(미완료, 21-22절).[294] 예수님 당시의 서기관은 지식의 열쇠를 오용했다(참고. 눅 11:52).

마가복음 전체에도 반복해서 나타난다. (1) 하나님의 아들(1:1, 11, 3:11, 5:7, 8:38, 9:7, 13:32, 14:61, 15:39), (2) 그리스도(1:1, 8:29 9:41, 12:35, 13:21, 14:61, 15:32), (3) 복음(1:1, 14, 15, 8:35, 10:29, 13:10, 14:9), (4) 복음을 믿음(1:15, 2:5, 5:34, 6:6), (5) 복음 전파(1:14, 2:2, 4:14-20, 5:20, 6:12, 13:10), (6) 하나님의 왕적 통치(1:15, 4:11, 9:1, 10:14-15, 12:34, 14:25, 15:43), (7) 사탄과의 대결(1:13; 3:11; 4:15; 5:1-20, 6:24-30, 9:14-29), (8) 신적 권세를 가지신 예수님(1:7, 2:5-12, 4:35-41, 5:25-43, 6:2, 7:31-37, 8:1-9, 10:46-52), (9) 죄 사함(1:4, 2:5, 10:45; 14:25).

291) 이스라엘의 사회 지위는 출생과 경제력에 의해 좌우되었다. 상류층은 엘리트들(막 12:16-21)인데 주로 헤롯 가문이었다. 그리고 지주, 수출입 무역상, 세리장, 재판관도 포함된다. 중산층에는 전문 서기관, 교사, 율법사, 수공업자, 목수, 석공, 농부, 은행원, 환전상, 어부, 세리, 대장장이 등이 포함된다. 하류층에는 일용직 종사자, 소작농, 추수꾼, 감옥 지기, 목자, 노예, 도둑, 가난한 자, 창녀, 강도, 걸인 등이 포함된다(참고. Strange, 2000:395).

292) 야고보와 요한은 삯꾼을 고용할 정도로 부유했다. 좋은 수입과 부유함을 내려놓고 주님을 따랐다. 16-20절에 물고기 잡는 것이 시원찮았다는 언급도 없다. 오늘날 적지 않은 경우, 직장과 사업에서 실패한 후 목회의 길을 걷는 것과 비교해 볼 필요가 있다.

293) 17절에서 낚시 이미지가 '불신 유대인'에게는 심판을 가지고 온다는 뉘앙스를 가지고 있는지는 의문이다.

294) 예수님 당시의 율법학자들 중 소수는 성전에서 수입을 보장받았지만, 대부분은 수공업에 종사했다. 예를 들어, 샴마이와 마찬가지로 B.C. 1세기 말부터 A.D. 1세기 초에 살았던 힐렐은 적어도 자신의

거기 악령 들린 자(직역: 더러운 영 안에 있는 사람)가 예수님을 향하여 '나사렛 예수'라고 부르면서, 자기를 진멸시킬 예수님을 두려워하면서 '하나님의 거룩한 자'로 알아본다(23-24절).[295] 12-13절에서 예수님이 악령의 왕인 사탄을 이기신 후, 주님을 잠시 떠난 사탄의 졸자들인 악령이 다시 공격한다. 그러나 하나님의 복음을 전하시며, 사람을 낚아야 하시는 예수님의 사역은 전진해 가야 한다. 예수님은 악령을 꾸짖으시고, 잠잠하고(*Phimotheti*, 아오리스트 수동 명령 2인칭 단수형으로 단호함을 뜻함; 참고. 막 4:39에서 바다에게 잠잠하라고 명하심) 그 사람에게서 나오라(*ekselthe*, 아오리스트 능동 명령 2인칭 단수형으로 단호함을 뜻함)고 명령하신다(25절). 악령이 예수님의 정체를 아는 것과 진정으로 고백하는 것은 별 문제이기에 잠잠하라고 명하신다. 악령이 그 사람에게 경련을 일으키고 큰소리를 지르게 하는데, 결국 축귀된다(26절).[296]

악령 들림의 현상은 지식과 의지 그리고 육체가 악령의 통제를 받는 상태이다. 이 광경의 목격자들은 놀라면서 "이것이 어찌된 일인가? 권위 있는 새로운 가르침이다"(*didache kaine kata eksousian*)라고 평가한다(27절). 예수님의 가르침은 서기관과 비교해 볼 때 질적으로 새로운 교훈, 차원이 다른 교훈이라는 의미이다. 예수님의 소문이 온 갈릴리에 퍼진다(28절).

2.7. 마가복음 1장 29-34절의 메시지

예수님이 가버나움의 회당에서 나오신 후, 야고보와 요한과 함께 곧바로(*euthys*) 베드로와 안드레의 집에 들어가셨다(29절).[297] 아마도 예수님의 가버나움 사역 중에 베드로의 집에 종종 유숙하신 것으로 보인다(참고. 막 2:1, 3:20, 9:33, 10:10). 베드로의 장모가 열병(*pyressousa*, 현재 능동 분사 남성 단수 주격)에 걸려 누워 있었고, 사람들이(아마 4제자) 베드로의 장모에 대해 예수님에게 말했다(30절).[298] 예수님이 장모의 한 손(단수)을 잡아 일으키니 치유되어 수종 들었다(31절). 베드로의 장모가 예수님과 복음의 역군인 제자들을 수종든 것은 육체와 영혼이 모두 치유 받았다는 증거이다. 비교적 짧은 구절에서 베드로 장모의 병과 치유가 상세히 언급된 것은 마가가 베드로와 함께 있어서 상세한 정보를 얻을 수 있었기 때문이다. 토요일 저녁 해질 때 안식일이 끝났을 때(참고. 막 1:21) 모든 병자와 악령 들린 자들이 예수님께로 나아오니,

---

수업 기간에는 날품팔이꾼이었다. 율법학자들은 주로 구호금으로 생활을 했다(참고. 예레미아스, 1988:154-155).

295) 공사역 중에 예수님이 악령을 처음 대면한 장소가 다름 아닌 유대인의 종교 기관인 '회당'이었다는 사실은 마가복음의 독자들(특히 로마의 디아스포라 출신 성도)에게 충격을 주었을 수 있다. 이 사실은 회당의 무능함과 타락과 혼합주의를 암시한다.

296) 고대 세계에서 악령을 쫓아내는 두 방법은 (1) 악령을 불쾌하게 하거나 겁을 주는 것(예. 악령 들린 사람의 코에 냄새 나는 지독한 나무뿌리를 두는 것), (2) 악한 영보다 더 강한 영의 이름을 부르는 것이었다(참고. 존 월튼, 2010:1362).

297) 29절에 분사 '나오신 후'와 직설법 '들어가셨다'를 예수님 한 분에게 초점을 맞추어 남성 단수 주격과 3인칭 단수(*ekselton elthen*, B, 세타)와 예수님과 제자들 모두에게 초점을 맞추어 3인칭 복수(*ekselthontes elthon*, 시내 산, A, C, 다수 사본)로 쓰는 이문들이 있다. 복수형이 사본상의 지지를 더 받는다.

298) 1세기는 대가족 제도였기에 장모와 함께 사는 것은 흔한 경우였다. 베드로의 장인은 이미 사망한 것으로 추정되므로, 사위가 장모를 돌보는 것은 자연스러웠다.

베드로의 집 문 앞에 모두 모였다(33절). 문 앞에 모인 이유는 현관은 거리로 향해 있거나, 다른 집들과 공동으로 쓰는 안뜰로 향해 있었기 때문이다(참고. 존 월튼, 2010:1363). 온갖 병든 자들과 악령 들린 자들이 한 곳에 모여 있는 것을 생각해 보라! 예수님은 치유와 악령 축출의 기적을 행하셨고(참고. 사 53:4-5), 악령이 예수님 자신을 알므로 말하는 것을 허락하지 않으셨다(34절; 참고. 막 1:24).[299] 악령이 예수님에 대해 말하지 못하도록 한 것은 악령의 고백이 진정에서 나온 신앙 고백이 아니었을 뿐 아니라, 예수님의 권세가 악령보다 더 큼을 침묵 명령으로 보여주셨고, 예수님이 메시아이심을 증명하심에 있어서 악령의 말로 도움을 얻을 이유가 없으셨기 때문이다(참고. 칼빈, 1993:240).[300]

마가복음에서 '집'과 '성전'은 대조된다. 집은 치유의 이적이 베풀어지는 장소(참고. 막 1:29-31), 죄 용서가 선포되는 장소(참고. 막 2:1-12), 새로운 하나님의 가족이 정의된 장소(참고. 막 3:20-35), 부활의 장소(참고. 막 5:38-43), 예수님의 계시와 가르침과 복음을 이해하는 장소이다(참고. 막 7:17-23, 9:2-29, 10:10-12). 하지만 예수님은 예루살렘의 성전에서 성전 제의를 폐지하는 상징적 시위를 벌이시고(참고. 막 11:15-16), 성전을 강도의 소굴로 비판하시고(막 11:17), 결국 성전 파멸을 예고하셨다(참고. 막 13:2). 이것은 로마에 '가정 교회'의 형태로 있던 마가 공동체의 상황을 비추어 주는 듯하다(보라. 최원준, 2010:43-44).

2.8. 마가복음 1장 35-39절의 메시지

예수님은 그 다음날 새벽 미명(오전 3-6시)에 한적한 곳(광야)에서 기도하신다(35절). 분명히 그 전날 수많은 치유와 축귀로 피곤하셨을 것인데, 새벽에 기도하러 가신 것은 예수님의 사역에 있어서 성부와의 교제가 최우선적인 일이었기 때문이다. 사람들은 해가 뜨자마자 일하기 위해서 일어났으므로, 예수님은 기도할 만한 한적한 장소를 찾기 위해 새벽 미명에 일어나셔야 했다. 시몬과 다른 제자들이 예수님을 따라가서 모든 사람이 주님을 만나기를 원한다고 말한다(36-37절). 분명히 가버나움의 많은 사람들은 치유와 축귀의 소문을 듣고 다시 베드로의 집에 찾아온 것이다. 주님은 다른 가까운 마을들에 전도하러 가자고 말씀하신다(38절). 갈릴리 지역에는 예수님 당시에 약 250개의 촌락이 형성되어 있었다(참고. 오스본, 2002:86). 주님은 가버나움에서만 사역하실 수 없으셨다. 온 갈릴리에 다니시며 여러 회당에서 가르치시고 축귀 사역을 하셨다(39절).

---

299) 34절 끝에 C사본은 누가복음 4장 41절처럼 '그분이 그리스도이심을'을 추가한다.

300) W. Wrede의 소위 '메시아 비밀'과 관련하여 게할더스 보스(1991:34, 39)는 다음과 같이 말한다. "메시아적인 것을 강하게 주장하는 마태복음과 누가복음의 많은 강화들(discourse)에 비해서 마가복음이 비교적 그런 강화를 적게 포함하므로, 마가복음이 메시아 개념을 축소하고 배제하는 가장 자연스런 방법이라는 것이 통념이다. 그래서(Wrede 바로 직전에 활동한) Volkmar(1882)는 마가복음 우선 가설(Markan priorityhypothesis)을 열렬히 지지했다. ……자유주의 기독교 운동은 그(예수님)에게 종속하기 위해서 그리스도의 인격을 찾는 대신에, 자신들의 입장을 세상에 알리기 위해서 그리스도로부터 출발하는 경향을 갖게 된다. 그래서 무엇보다 예수님께 가까이 가려 했던 종교가 놀랍게도 예수님에게서 극단적으로 멀어져 가게 된 것이다." 메시아 비밀에 대한 보스의 비평은 그의 책 p. 85-86에 나타난다.

2.9. 마가복음 1장 40–45절의 메시지

한 나병 환자(*lepros*)가 예수님께 나아와 무릎을 꿇고[301] 예수님이 원하시면 자기를 고치실 수 있다고 계속해서 간구한다(*parakalon*, 현재 능동 분사, 40절; 참고. 레 13-14장). 민망히 여기시는 예수님이 한 손으로 안수하시며 "내가 원하노니 깨끗함을 받으라"(아오리스트 수동 명령)고 말씀하니 곧(*euthys*) 치유되었다(아오리스트 신적 수동태 직설법, 41-42절). 예수님은 치유 받기 이전의 나병 환자에게 손을 대심으로 스스로 부정케 되신다. 사람의 고통을 보시고 민망히 여기시는 주님에게 있어서 자비를 베푸는 것이 율법 조항(참고. 레 5:3; 13:1-46)을 준수하는 것보다 더 중요했다. 예수님은 그 사람에게 제사장에게 몸을 보이고 제물을 바치고, 아무에게 말하지 말라고 경계하신다(43-44절). 예수님은 스스로 치유자 혹은 기적 행사자로 알려지는 것을 경계하셨을 뿐 아니라, 사역에 방해를 받지 않기 위해서 알리지 말라고 경계하셨던 것이다. 더 나아가 예수님은 자신이 메시아이심을 치유 사역이 아니라 십자가와 부활로 결정적으로 알려지기를 원하셨던 것 같다. 그러나 그 사람이 소문을 내서, 예수님이 공개적으로 동네에서 사역을 하지 못하게 되었다. 그래서 예수님이 바깥 한적한 곳에 계셨지만 그럼에도 불구하고 사방에서 사람들이 알고 찾아온다(45절).[302]

3. 오늘에의 적용

오늘날 하나님의 복음 전파의 방법은 무엇인가?

---

301) A, C, 다수 사본은 '스스로 무릎 꿇고'라고 쓴다. 그러나 B와 D사본은 '무릎 꿇고'를 생략한다.

302) 소위 '예수님 운동'(Jesus Movement)을 성장시킨 사회학적인 요인들은 다음과 같다(참고. 데릭 티드볼, 1993:61-66). (1) 사회·경제적인 요인들: A.D. 25년의 기근, 29년의 전염병, 빈익빈 부익부 현상의 심화, 인구의 과잉, 수많은 거지와 강도들. 따라서 새로운 국가 건설을 염원하는 사람들이 많았다. 이들은 새로운 운동(즉 예수님의 선교 활동)에 쉽게 가담할 수 있었다.
(2) 사회·생태학적 요인들: 예수님의 운동은 대개 유대의 오지 혹은 갈릴리에 뿌리를 두었다. 국경 지역을 포함한 오지는 외국의 영향에 더욱 민감하게 수용하는 태도를 취했다. 그들은 나라의 중심부에 사는 사람들보다 정신적으로 더 독립적이었다. 반대로, 예루살렘 사람들은 성전 중심으로 생계를 유지하는 사람들이었기에, 로마가 제공해 주는 평화를 유지하려고 하는 수구적 성격이 있었기에 새로운 운동에 가담하기 쉽지 않았을 것이다.
(3) 사회·문화적 요인들: 그 당시 유대 땅에도 헬라화가 한창 진행 중이었다. 예를 들어, 가말리엘 문하 중 절반은 헬라 교육을 받았다고 한다. 이 말은 유대인의 정체성에 대한 문제가 일어났다는 뜻이다. 이스라엘 사람들은 이런 헬라화와 로마의 통치를 그들의 죄에 대한 하나님의 심판으로 보았을 수 있다. 바리새인들은 이런 상황에서 하나님을 기쁘게 하기 위해서 더욱 율법을 잘 지킬 것을 주장했다. 초대 기독교 역시 이러한 정체성의 위기에 대한 하나의 반응으로 볼 수 있다. 진정한 이스라엘을 찾으려는 노력에 대한 기독교인들의 반응은 어떤 규범들은 강화하고 다른 규범들은 완화하는 식으로 나타났다. 사람의 행실에 대한 규범은 더욱 강화되고 내면화되었다(마 5:21-48). 하지만 종교 의식에 대한 규범은 완화되었다(막 7:1-13). 이런 규범의 완화는 민족(국적)과 상관없이 예수님의 복음 운동에 쉽게 가담하도록 할 수 있었다. 예수님이 메시아로서 활동하도록 사회적인 환경이 잘 조성되었다는 말이다. 따라서 갈라디아서 4장 4절의 '때가 차매'를 사회적 환경이 무르익은 상황으로 보는 이도 있다.

예수님의 인격에 대한 바른 이해가 필요하다.
사역자는 기도의 시간을 따로 정해 두어야 한다.
치유와 축귀의 능력에 대해 어떤 신념을 가지고 있는가?

마가복음 2장

1. 본문 및 구조

- 중풍병자를 고치신 예수님(1-12)
- 레위의 집에서 죄인과 함께 식사하신 예수님(13-17)
- 금식에 대한 논쟁(18-22)
- 안식일 논쟁(23-28)

2. 구원 계시사적 메시지

2.1. 마가복음 2장 1-12절의 메시지

예수님이 가버나움의 한 집에 머무신다는 소문이 퍼져서 많은 사람이 모여 들었다(1절). 예수님은 말씀(*ton logon*)을 전하셨다(2절). 그때 네 사람이 한 중풍병자를 메고 예수님께 왔다(3절). 그들은 무리 때문에 예수님께 데리고 갈 수 없었다(*prosenengkai*, 아오리스트 능동태 부정사, 4절).[303] 네 사람이 한 중풍병자를 지붕을 뜯어 구멍을 내고 위에서 상(*krabattos*, 가난한 자의 침상)을 달아 내린다(4절). 그 당시 지붕은 평평했으며, 들보에 회반죽, 짚, 모래를 섞어 붙여서 만들거나, 아니면 회반죽 아래 기와를 붙여 놓았다. 예수님께서 그들의 믿음을 보시고, "아들아(*teknon*, 작은 자야) 네 죄가 용서되었다(*apheontai*, 현재 완료 신적 수동태, 시내 산, A, C, 다수 사본; 참고. B사본은 현재 수동태[*aphientai*])"라고 말씀하셨다(5절).[304]

'그들의 믿음'은 누구의 믿음이며, 어떤 믿음인가? 중풍 환자를 메고 온 4명의 믿음인가? 아니면 그 환자를 포함하여 총 5명의 믿음인가? 후자일 가능성이 크다. 그렇다면 어떤 믿음인가? 마가복음에는 마가복음 1장 15절에 '믿음'(동사형)이 처음 등장하는데, 문맥은 예수님이 하나님 나라의 도래를 선포하시는 것이다. 그러므로 마가복음 2장 5절의 '믿음'과 마가복음 1장 15절의

303) 4절에서 개역개정판은 '데려갈 수 없었으므로'로, 바른 성경은 '가까이 올 수 없었으므로'(*prosengisai*)로 번역한다. 전자를 시내 산, B, L사본 등이 지지하고, 후자를 A, C, D, 다수 사본이 지지한다.

304) 5절에서 이것은 아오리스트적 현재형(aoristic present)으로, 주님이 말씀하시는 바로 그 순간에 즉각적으로 일어나는 점적 행동(instantaneous and punctiliar action)을 가리킨다(참고. Rogers & Rogers, 1998:70).

'믿음'을 연결시키는 것은 문맥적으로 합당하다. 그리고 마가복음 1장 15절과 2장 5절만 서로 연결되는 것이 아니다. 마가복음 2장 1-12절의 중요 주제인 '죄 사함과 권세'는 마가복음 1장 22절과 27절을 상기시킨다. 그리고 마가복음 2장 5절의 죄 사함은 마가복음 1장 4-5절의 세례 요한이 선포한 죄 사함을 상기시킨다. 또한 마가복음 2장 6절의 '서기관 중 어떤 이'는 마가복음 1장 22절의 "서기관 같지 않다"를, 마가복음 2장 7절의 "왜 이렇게 말하는가?"는 마가복음 1장 27절의 "이 사람은 누구인가?"를 각각 연상시킨다. 죄 사함과 권세를 강조하는 마가복음 1장 21-28절과 마가복음 2장 1-12절 사이의 관련성에 비추어 볼 때, 마가는 하나님 나라가 예수님의 죄 사함과 치유의 권세 가운데 드러나고 있음을 반복해서 강조함을 알 수 있다. 따라서 마가복음 2장 5절의 '믿음'은 하나님 나라의 참 왕이신 예수님이 주시는 죄 용서를 포함하는 복음과 새 시대에 대한 믿음을 가리킨다(참고. 류호영, 2008:33).

그리고 5절의 '죄 사함'이라는 말에서 알 수 있는 것은 이 중풍병의 원인이 병자의 범죄라는 사실이다. 거기에 있던 서기관들은 이 말씀을 듣고 죄 사함을 선포하실 분은 하나님밖에 없기에 참람하다고 속으로 의논한다(6-7절). 신성 모독죄는 사형에 해당한다(참고. 레 24:16). 사탄과의 전쟁에서 승리하신 예수님은(참고. 막 1:12-13), 이제 유대 종교 지도자들과 대결하신다. 마가복음 2장 1절, 3장 6절에는 예수님과 종교 지도자들이 5번이나 충돌한다. 이 충돌의 근본 문제는 종교 지도자들이 메시아를 기다리고 있었음에도 불구하고, 예수님을 메시아요 하나님의 아들이심을 인정하지 않았기 때문이다. 예수님의 인격에 대한 바른 이해가 결여되면 그분의 사역도 수용할 수 없다.

예수님은 중풍병자에게 "네 죄 사함을 받았느니라"라고 말하는 것과 "네 상을 가지고 걸어가라"하는 말 중 어느 것이 쉬운지 물으신다(9절). 서기관들은 이미 예수님의 치유 능력을 알고 있었다. 보이는 병의 치유보다는 보이지 않는 죄 사함의 선포가 더 쉽다. 사실 죄 사함의 능력이 없더라도 죄 사함을 누구나 선포할 수 있다. 하지만 질병의 치료 여부를 판결하는 것은 매우 쉽다.[305] 예수님의 치유 사역은 전인을 회복하여 메시아의 통치를 이 땅에 임하게 하는 수단이지 목적이 아니었다. 주님은 죄 사함을 통하여 사람을 전인으로 회복하기를 원하셨다. 그래서 인자는 땅에서 죄 사하는 권세를 가지고 있음을 알게 하시려고, 중풍병자에게 네 상을 가지고 집으로 가라고 말씀하신다(10-11절).[306]

305) 모호한 9절을 달리 해석할 가능성도 있다. 김재성(2008:577)에 의하면 "네 상을 가지고 걸어가라"가 더 쉬운 것이다. 왜냐하면 질병의 치유를 명한 후 치유가 되지 않으면 그리 큰 문제가 되지 않겠지만, 죄 사함을 언급하는 것은 신성 모독이라는 심각한 공격을 받을 것이 뻔했기 때문이라는 것이다. 예수님이 더 쉬운 것 대신에 더 어려운 말씀인 "네 죄가 용서받았다"를 택하신 것은 신체적 증상만 치료하는 대신 그런 증상의 원인까지 근본적으로 제거하기 위함이라는 것이다.

306) 복음서에서 총 80회 이상이나 예수님이 자신에게만 적용하신 호칭 '인자'는 베드로가 가이사랴 빌립보에서 신앙을 고백한 후에 많이 나타난다(마 16:27, 28, 19:28, 24:27, 37, 39, 44, 25:31; 눅 9:26, 12:8, 17:22, 24, 30, 18:8, 21:36, 22:69). 하지만 종말론적 의미와 맥락 안에서 주님의 공생애 초기 사역에도 나타난다(마 8:20, 9:6; 10:23, 12:8, 32, 40; 13:37, 41; 막 2:10, 3:28, 6:5; 눅 5:24, 6:22, 9:58, 12:10). 그렇다면 예수님이 '인자' 호칭을 선호하신 이유는 무엇인가? '인자' 호칭이 예수님의 메시아직에 대한 유대인의

이 병자는 의심 없이 즉시(*euthys*) 일어나 걸어간다. 그러므로 '저희의 믿음을 보시고'에는 '저희'는 4명과 병자 모두를 포함한다. 죄 사함은 메시아가 할 일이었다(참고. 사 40:2; 욜 2:32; 미 7:18-19; 슥 13:1). 이 광경을 목격한 자들은 놀라며, 하나님께 영광을 돌린다(12절). 무리가 예수님께 영광을 돌리지 않고 성부 하나님께 영광을 돌린 것은, 예수님이 중보자로서 치유하셨음을 의미한다.

2.2. 마가복음 2장 13-17절의 메시지

갈릴리 바닷가에서 무리를 가르치신 후(13절), 예수님은 알패오의 아들 세리 마태를 현재 명령형(*akolouthei moi*)으로 제자로 부르신다(14절; 참고. 마 9:9-13; 눅 5:27-32). 마태는 세리로서의 안정된 직장과 부를 버리고 예수님을 좇는다. 마태는 로마 황제나 헤롯 안디바가 아니라 참 왕이신 예수님을 섬기게 된다. 예수님의 정결 및 부정결의 기준은 바리새인의 그것과는 달랐다. 주님에게는 세리와 율법을 배우지 않고 장로의 유전을 지키지 않은 사람(죄인)들이 부정한 자가 아니라, 예수님을 영접지 않고 회개하지 않는 자가 부정한 자였다. 마태의 집에서 많은 세리와 죄인이 주님과 제자들과 함께 앉으셔서 식사하신다(15절).[307] 이들 세리와 죄인들은 예수님께서 갈릴리의 여러 회당에서 만날 수 없던 사람들이었다. 예수님이야말로 아무쪼록 얼마를 구원하시기 위해서 유대인에게는 유대인처럼, 이방인에게는 이방인처럼, 죄인에게는 죄인처럼 되신 분이시다(참고. 고전 9:19-22). 바리새인의 서기관들이(참고. 다수 사본: '서기관들과 바리새인들이') 이 장면을 목격하고는 예수님의 제자들에게 '어찌하여 세리와 죄인들과 함께 먹는가?(참고. 다수 사본: '먹고 마시는가?')'라고 공격한다(16절). 이것을 들으신 예수님은 스스로 병든 자의 의원이요, 죄인을 부르러 오신 분임을 계시하신다(17절). 스스로 건강하고 의롭다고 여긴 바리새인들은 이 천국 잔치에 들어오지 않고, 바깥 어두운 곳에서 이를 갈고 있다.

2.3. 마가복음 2장 18-22절의 메시지

세례 요한의 제자들과 바리새인들이 예수님께 와서 주님의 제자들은 왜 금식하지 않는지 묻는다(18절). 스승은 제자들의 행동에 대해 책임을 져야 했다. 구약은 대속죄일 하루만 금식하라고 명하지만(참고. 레 16:29), 바리새인은 1주일에 월요일과 목요일 두 번 금식했다(참고. 눅 18:12). 그러나 이것은 회개하고 하나님 앞에 겸손하도록 만드는 금식이 아니라 자기 의를 드러내고 자랑을 위한 금식이었다. 이런 금식에 대한 바리새인의 태도가 세례 요한의 제자들에게도

악용에서 가장 먼 위치에 있었기 때문이다. 다니엘 7장 13-14절의 사상에 충실한 '인자' 호칭은 사람의 개입이나 군사적 전쟁 없이 하나님의 직접적인 행위를 통해서 높은 지위와 권세가 예수 그리스도에게 주어졌음을 시사하기 때문이다. 이것은 예수님 당시의 유대인들이 기대하던 메시아 왕국과는 다른 것이었다(참고. 게할더스 보스, 1991:270, 294).

307) 알란 콜(2005:160)은 "오늘날에는 고리 대금업자(세리), 사기꾼, 창녀와 같은 죄인들이 교회에 모여들고 있는가? 만약 그들이 회개와 믿음으로 나아온다면 우리는 그들을 환영하겠는가?"라고 물으며 이 단락의 의미를 적용하고 있다.

어느 정도 영향을 미쳤던 것으로 보인다. 아마도 예수님께서 세리와 죄인들과 함께 식사하신 날이 월요일 혹은 목요일이었을 것이다. 예수님이 신랑으로 오심으로 시작된 천국의 혼인 잔치에 초대된 손님들은 신랑과 함께 있는 동안에 금식할 수 없고, 신랑을 빼앗길(*aparthei*, 참고. 사 53:8) 때 금식해야 한다(19-20절). 주님은 지금 금식 자체를 반대하지 않으시고, 대신 메시아와 함께 천국의 임함을 즐거워하고 축하하라고 권면하신다. 이 구절에는 예수님의 고난에 대한 암시가 나타난다. 새 천 조각을 헌옷에 붙일 수 없고, 새 포도주(*oinon neon*)를 헌 가죽 부대들(*askous palaious*, old wineskins, 복수형)에 담을 수도 없다. 새 포도주는 새 부대에 넣어야 한다.[308] 만일 그렇지 않으면 포도주가 가죽 부대를 터뜨려서, 포도주도 쏟아지고 가죽 부대들도 버리게 된다(21-22절).[309] 새 천 조각과 새 포도주는 율법을 완성하기 위해 오신 메시아와 더불어 시작된 천국의 새로운 질서를, 헌옷과 낡은 가죽 부대는 유대교의 전통적인 율법주의적 태도를 가리킨다. 이 둘은 상충하고 있다. 새 천 조각과 새 포도주는 경직된 율법주의와 형식주의의 틀에 갇힐 수 없고, 대신 힘 있게 역동적으로 꿈틀거린다. 종말론적인 메시아의 혼인 잔치를 위해서는 새롭고 좋은 옷과 풍성하고 새로운 포도주가 준비되어야 한다. 시간적인 새로움(*neos*, 22절)과 질적인(*to kainon*, 21절) 새로움이 모두 강조된다.

2.4. 마가복음 2장 23-28절의 메시지

안식일에 예수님의 제자들이 밀밭 사이를 지나가며 이삭을 잘라 먹는 것을 본 바리새인들이 안식일을 범했다고 주님께 말한다(23-24절). 안식일 논쟁은 바리새인이 준행하던 안식일에 관한 39가지의 장로의 유전(헌옷, 헌 가죽 부대)과 예수님의 성취된 새로운 개념(새 천 조각, 새 포도주) 사이의 충돌이다(참고. 오스본, 2002:124). 신명기 23장 25절은 예수님의 제자들의 행동을 지지한다. 그러므로 제자들은 율법을 어기지 않고 장로의 유전을 어긴 것이다. 예수님은 놉 땅으로 도피 중이던 다윗과 추종자들이 아비아달(실제로는 그의 아버지 '아히멜렉'임. 하지만 아비아달이 더 유명했음) 대제사장 때 제사장 외에는 먹지 못하던 진설병(the showbread)을 먹은 것을 예로 들어 답변하신다(25-26절; 참고. 레 24:5-9; 삼상 21:1-6).[310] '하나님의 기름부음 받은 다윗에게 있어서(참고. 삼상 16:13) 하나님의 직무를 수행하는 것이 음식 자체보다 더 중요했건만, 하물며 메시아 예수님과 제자들의 경우일까 보냐?'라는 반문이다.

25절의 "읽지 못하였느냐?"는 성경을 잘 알고 가르친다고 자부한 바리새인에게 큰 수치를 안겨주는 질책이다. 안식일은 사람을 위하여 있는 것이며, 인자는 안식일에도 주인이시다(27-28절). 바리새인은 안식일에 무려 39가지의 금지 조항이라는 무거운 짐을 부과해서 진정한 안식의

---

308) 22절 끝에 시내 산과 B사본과는 달리, 파피루스 88, 시내 산 개정판, A, C, 다수 사본은 누가복음 5장 38절처럼 '넣어야 한다'(*bleteon*)를 추가한다.

309) 낡은 가죽 부대는 포도주를 발효시키느라 이미 늘어나 있는 것이다. 그런데 그 늘어난 가죽 부대에 발효를 위해서 새 포도주를 넣으면 터지고 말 것이다.

310) 26절에서 대제사장 이름을 언급하지 않는 마태복음 12장 4절과 누가복음 6장 4절에 맞추려고 D와 W사본은 '대제사장 아비아달 때'를 생략한다.

의미를 박탈했다. 그러나 안식일의 제정자이신 예수님은 주권을 가지고 안식일의 참된 의미를 해석할 수 있는 자격을 가지고 계신다. 여기서 주목할 만한 점은 예수님과 바리새인 사이의 계속되는 논쟁의 스타일이다. 유대 종교 지도자들이 계속해서 주님을 책잡기 위해 공격해 올 때, 예수님은 구약을 인용하시건 격언을 사용하시건 길게 설명하여 어떤 결론에 도달하는 방식을 취하는 대신에, 속전속결로 답을 주시고 결단을 촉구하여 대적의 입을 막으신다는 점이다(참고. Witherington, 2001:135).[311)]

3. 오늘에의 적용

예수님의 인격과 사역으로 임한 새로운 천국 질서를 수용하고 있는가?
전통과 성경적 원리 사이에서 무엇을 따르는가?

마가복음 3장

1. 본문 및 구조

• 안식일에 한 손 마른 자를 고치심(1-6)
• 큰 무리가 예수님을 좇음(7-12)
• 12제자를 부르심(13-190

311) 칼빈은 *Abnegatio Nostri*('우리들 자신의 부정', denial of ourselves; 간략히 말하면 '자기 부정')의 관점을 통하여 주일 성수 문제를 해결할 수 있다고 보았다. '자기 부정'은 예수님이 제자들에게 가장 절실하게 요구하신 것으로(참고. 마 16:24) 신앙생활의 핵심으로 볼 수 있다. '쉼의 욕구 충족'이 아닌 '정욕을 포기'하는 것으로서의 자기 부정을 실천해야 주일을 성수할 수 있다(참고. 《기독교 강요》, 3.7.2). 그리고 '무위(無爲)의 삶'이 아닌 예배와 묵상을 위한 자기 부정의 실천으로 주일 성수가 가능하다(참고. 《기독교 강요》, 2.3.9). 또한 미신적 의식의 준수가 아닌 영적 안식으로서의 자기 부정을 통해서 주일 성수가 가능하다(참고. 칼빈의 겔 20:13-14 주석). 루터와 멜란히톤의 사상을 이어 받아 칼빈은 안식일로부터 주일로의 전환이 안식일에 대한 유대인의 미신을 제거하는 일과 교회의 평화와 질서를 유지하는 이중 목적을 위한 것이라고 보았다. 즉 칼빈은 안식일을 '의식법'으로 보면서 '폐지'되었다고 본다(참고. 칼빈의 출 31:13; 마 12:1; 롬 14:5; 갈 4:10-11 주석; 《기독교 강요》2.8.33). 칼빈은 예수님의 부활이 율법의 그림자를 폐하였기 때문에 안식일이 주일로 '대치'되었다는 크리소스톰의 견해를 받아들이지 않는다. 성도가 함께 모여 하나님의 말씀을 듣고 공동으로 기도하고 그 밖의 헌신의 훈련을 위해서 모인다는 점에서는 주일이 안식일을 '계승'한 것으로 볼 수 있다. 하지만 웨스트민스터 신앙 고백서 21:7은 안식일이 '도덕법'이며 주일은 기독교의 안식일이라고 본다. 그런데 성도가 주일을 자유롭게 지킬 수 있어야 하지만, 성도가 주일의 외형적인 의식을 등한히 한다면 자신의 쾌락과 정욕을 공개적으로 드러냄으로써 불신자와 구별이 되지 않게 된다(참고. 칼빈의 렘 17:22 주석; 보라. 윤광원, 2010:201).

• 바알세불 논쟁(20-30)
• 하늘의 가족(31-35)

2. 구원 계시사적 메시지

2.1. 마가복음 3장 1-6절의 메시지

예수님이 회당에서 한편 손 마른(*ekserammenen*, dried up, 완료형) 자를 만나신다(1절; 참고. 왕상 13:4). 이 날은 안식일이다. 진정한 안식이 사람에게 주어져야 할 날이다. 완료형에서 추론해 보면 아마 이 사람은 태어나면서부터 손이 말랐지 않고 어떤 사고로 이렇게 된 것으로 보인다. 그러나 죽고 사는 위급한 상태는 아니다(참고. Rogers & Rogers, 1998:72). 이 장면은 예루살렘 성전처럼 회당도 병든 사람에게 안식을 줄 수 없는 영적으로 마비된 상태에 있었음을 상징적으로 보여준다. 이때 바리새인을 포함한 다수의 유대인들은 예수님이 안식일에 일함으로 안식일을 범하는가에 초점을 두고 세밀하게 관찰하듯이 엿본다(*pareteroun*, 2절).

예수님 당시의 유대인들은 안식일에 구덩이에 빠진 짐승을 건져 낼 수 있고, 생명이 위태로운 사람은 치료할 수 있다고 보았다. 그러나 예수님은 짐승보다 더 귀한 사람을 치료하여 참된 안식을 주는 것도 가능하다고 가르치신다. 안식일의 주인이신 인자 예수님은 그 환자를 가운데 일어나라고 말씀하신다(3절). 안식일에 선을 행하는 것과 악을 행하는 것 중에서, 그리고 사람을 살리는 것을 행하는 것과 죽이는 것[312] 중 무엇이 옳은지(적법한지) 물으시나, 회당에 모인 사람 가운데 오랫동안 대답이 없다(*esiopon*, 미완료, 4절).

예수님은 무리의 '마음의 완악함'(hard-heartedness)을 보시고 근심하시며 노하신다. 예수님은 환자의 곤고함을 보고도 아무런 긍휼을 느끼지 않았던 유대인들의 완악함을 보시고 화를 내신다. 그리고 주님은 유대인들을 보시고 사랑의 마음으로 근심(슬퍼)하신다. 그러고는 예수님은 그 환자에게 손을 내밀라고 명하시자, 그가 손을 내밀 때 '회복되었다'(*apekatestathe*, 아오리스트 신적 수동태, 5절). 사실 예수님이 하신 일은 손을 내밀라는 말씀 한마디뿐이었다. 따라서 안식일을 범한 것이 아니었다. 예수님은 안식일 법을 문자적으로 지키는 것보다 사랑과 긍휼을 베푸는 것이 바른 안식일 준수라고 보셨다. 거기에 있었던 바리새인이 헤롯당과 함께 예수님을 죽일 음모를 꾸민다(6절). 헤롯 왕가 중에 이스라엘의 왕이 등장하리라고 믿었던 헤롯 당원은 예수님이 군중의 인기를 얻어서 왕이 될 것이라고 스스로 판단하고서 바리새인과 공동 전선을 구축하여 반대했다.

2.2. 마가복음 3장 7-12절의 메시지

예수님이 제자들과 함께 갈릴리 바닷가로 물러가시니, 갈릴리로부터 큰 군중이 따랐다(7절).[313]

312) 마카비 시대의 전쟁에서 그랬던 것처럼 안식일에 죽이는 것이 허용되었다. 정당방위 외에는 사람을 죽임으로써 안식일을 범할 수 없었다.

이것은 바리새인과 헤롯 당원들이 예수님을 죽이려고 음모를 꾸민 것과 대조된다. 예수님이 행하신 큰일들을 본 유대, 예루살렘, 요단강 건너편(베뢰아, 데가볼리), 이두매, 두로, 시돈에서 많은 무리가 찾아온 것이다(8절). 병자들이 예수님을 만지러 가까이 다가오며, 악령 들린 자도 치유 받으려고 가까이하였으므로, 효과적으로 사역하기 위해서 주님은 작은 배를 준비하라고 제자들에게 말씀하신다(9-10절).[314] 악령 들린 자를 사로잡은 더러운 악령이 예수님을 하나님의 아들이라고 말하는 것을 금하신다(11-12절). 예수님은 진실한 신앙 고백이 아닌 지식에서 나오는 악령의 말을 들으실 이유가 없으셨다. 악령들보다 더 못한 예수님에 대한 이해를 종교 지도자들이 가지고 있었던 것은 아이러니이다. 예수님의 메시아적 인격과 사역은 부활 후에야 명확히 계시될 것이다.

2.3. 마가복음 3장 13-19절의 메시지

예수님이 갈릴리 근처의 '그 산'(*to oros*)에 올라가셔서, 다름 아니라 예수님(*autos*) 자신이 원하셨던 자들을 부르시니 다 나아온다(13절). 제자 선택의 주도권을 예수님이 쥐신다. 14절에서 이 열두 명은 '그들을 또한 사도라 칭하셨으니'(*hous kai apostolous onomasen*)라는 말을 시내 산 사본과 B사본에서 포함하지만, A, D, 다수 사본은 생략한다. 신약의 언약 백성이 12명이라는 수에서 상징적으로 나타난다. 이들은 구약 12지파의 참된 계승자이다. 12제자를 부르신 목적은, 예수님과 늘 함께 있게 하며(현재 가정법), 늘 전도를 하며(현재 가정법), 늘 축귀의 권세를 주시기 위해서이다(현재 가정법, 14-15절). 시몬에게는 아람어 '게바'의 헬라어 명칭인 '베드로'(반석)라는 이름을, 야고보와 요한에게는 '(하늘을) 떨림의 아들들'(sons of the quaking [heavens]) 이라는 뜻을 가진 히브리어에서 온 헬라어 음역인 '보아너게'(*boanerges*, 우레의 아들들; 성격이 강하고 급함을 의미한다)라는 이름을 더하셨다(16-17절; 참고. 눅 9:52-56).[315] 안드레, 빌립, 바돌로매, 마태, 도마, 알패오의 아들 야고보, 다대오(참고. D사본은 '레바이오스' [*Lebaios*]), 가나안 사람(*ton Kananaion*) 시몬도 소개된다(18절), 가룟(Kerioth 출신) 유다는 예수님을 판 사람이라고 소개된다(19절). 다른 제자들의 이름은 안드레, 빌립(참고. 요 1:43; 벳새다 출신), 바돌로매(참 이스라엘인으로서 간사함이 없었던 나다나엘; 참고. 요 1:45-49), 알패오의 아들 레위라고 불린 세리 마태(참고. 막 2:14), 도마, 알패오의 아들 야고보(보아너게로 불린 세베대의 아들 야고보와 구별됨), 다대오(야고보의 아들 유다, 참고. 눅 6:16; 행 1:13), 그리고 가나안인(*Kananaios*, 열심당적 민족주의자, 참고. 셀롯, 눅 6:15) 시몬이다.[316]

---

313) 7절에서 시내 산, D, W, 33사본 등은 '따랐다'(*ekolouthesen*)를 생략한다.

314) 구약의 엘리야와 엘리사 선지자 이래로, 어떤 선지자도 예수님처럼 많은 기적을 행하지 못했다.

315) 16절에서 시내 산과 B사본은 '열둘을 세우셨는데'(*kai epoiesen tois dodeka*)를 포함하고, A, D, 다수 사본은 생략한다. UBS 4판과 바른 성경은 [ ]로 처리한다.

316) 칼빈(1993:243)은 왜 예수님이 자신을 배반할 가룟 유다를 선발하셨는가에 대해 스스로 묻고 답한다. "예수님은 장차 일어날 배반과 치욕을 알고 계셨기 때문에, 반역적인 선생들이 교회 안에서 직위를 차지하고 복음을 믿는다고 고백하는 자들이 배교의 길을 가게 되더라도 우리가 너무 당황하지 않도록 하기 위해서이다. 성부께서는 그 놀라운 섭리에 따라 한 마귀를 열한 천사 가운데 섞어 두셨지만, 이 마귀의 실패로 교회가 당황하지 않고 더욱 힘을 얻도록 이 사건을 지휘하고 계셨다."

2.4. 마가복음 3장 20-30절의 메시지

아마도 가버나움의 집에 들어가시니 많은 무리가 찾아와서 식사할 겨를도 없으셨다(20절). 예수님의 가족은 예수님이 미친 줄 알고 강제로 잡으러(*ktateo*, 참고. 막 6:17; 12:12) 찾아왔다(21절).[317] 주님의 친족들은 예수님을 미친 떠돌이 설교자(cynic preacher)로 보았다. 그런데 여기서 마가는 주님의 친족이 예수님을 찾아온 것으로 마치고, 예루살렘에서 온 서기관들이 제기한 바알세불 논쟁을 소개한다. 이것은 마가의 문학적 기교로서, 예수님의 친족이나 서기관이 모두 예수님을 오해한 동일한 집단임을 보여준다(참고. Garland, 1996:130). 예루살렘에서 갈릴리에 온 서기관들도 예수님이 바알세불을 힘입어 축귀한다고 말한다(22절). 예수님은 이 말씀을 듣고서, 사탄이 사탄을 쫓아낼 수 없음을 비유로 말씀하신다(23절). 나라와 집 그리고 사탄이 스스로 분쟁하면 설 수 없고 망한다고 설명하신다(24-26절). 집을 늑탈하기 위해서는 그 집의 강한 자인 사탄(바알세불)을 결박해야만 가능하다고 말씀하심으로써, 예수님의 축귀는 사탄의 도움을 받은 것이 아니라, 주님이 사탄보다 강하신 분으로서 사탄을 결박하고 물리친 결과라고 설명하신다(27절). 예수님은 사탄의 영역을 축소시키고 파괴하심으로써 천국 확장을 현재적으로 이루고 계신다. 그런데 예수님은 사람의 죄와 훼방은 용서받되, 성령을 훼방하는 죄는 영원히 용서받지 못하고 죄에 처하게 된다고 말씀하신다(28-29절). 주님이 이런 성령 훼방 죄를 말씀하신 이유는 서기관들이 예수님이 악령 들렸다고 말했기 때문이다(30절).

레위기 24장 15-16절에 의하면, 어떤 사람이 하나님(이름)을 저주(훼방)하면 반드시 죽여야 한다. 예수님께서 성령의 능력으로 축귀한 것을 악령의 사역으로 돌리는 완고한 죄악은 곧 성령의 역사를 거부하는 것이기에, 영원히 용서를 받을 수 없다. 성령 훼방죄는 성령을 통하여 나타난 하나님의 역사를 사탄화하는 것으로서, 오직 불신자만 지을 수 있는 죄다. 그리스도인과 아직은 믿지 않지만 장차 믿음으로 돌아올 사람은 성령 훼방죄를 지을 수 없다(참고. Pratt, 2003:1606; 《기독교 강요》, 1.13.15). 그러므로 예수님은 자신의 인격과 사역에서 이미 메시아로서의 사역을 감당하시어, 사탄의 영역이 종말을 고하고 있음을 알리신다.

2.5. 마가복음 3장 31-35절의 메시지

예수님의 모친 마리아와 남녀 동생들이 사람을 보내어 예수님을 부른다(31절).[318] 곁에 있던 사람들에게 예수님은 하나님의 뜻대로 하는 자가 형제요 자매며, 모친이라고 말씀하신다(35절; 참고. 마 7:21). 왜 예수님은 '내 부친'은 언급하지 않는가? 목수 요셉이 일찍 죽었을 가능성이

317) 21절을 D와 W사본은 "서기관들과 다른 이들이 그에 관하여 듣고 붙들러 나오니 이는 그가 미쳤다라고 말하였기 때문이다"로 쓴다. 하지만 이것은 원문에서 멀다.

318) 32절의 '그리고 당신의 누이들'(*kai hai adelphai*)은 시내 산, B, C 그리고 다수 사본 중 일부에서 생략되었다. 그래서 UBS 4판에서는 [ ]로 처리했다. 그 당시의 관습에서 볼 때, 예수님의 여동생들이 예수님의 사역을 공개적으로 만류하려고 했을지는 확실하지 않다. 참고로, 유대인에게 있어서 종교 공동체 내의 유대 관계가 가족의 유대 관계보다 더 중요하거나 우선시된 경우는 없었다. 하지만 예수님의 우선순위는 유대인의 그것과 달랐다(참고. 존 월튼, 2010:1370).

크다. 그리고 예수님에게 있어서 아버지는 오직 성부 하나님이시기 때문에 부친을 언급하지 않으신 것이다(참고. 마 23:9).

여기서 주목해 볼 만한 점은 예수님께서 고대 지중해 연안 세계의 '가족 은유'(family metaphor)를 사용하여, '하나님의 가족'을 정의하신다는 점이다. 고대 이스라엘은 개인주의자가 아니라, 집단 역학에 따라 생활하던 대가족 혹은 집단적 삶을 살았다. 고대 지중해 사람들은 언제나 가정이나 공동체의 원리들에 따라서 역할을 수행했다. 성실함, 존경, 그리고 공동체를 위한 의무와 그 전통들은 자연적으로 개인에게 있어서 자기 정체성의 본질적인 부분이었다. 그룹의 다른 구성원들의 신분과 행동의 틀 속에서, 특히 사회적으로 더욱 중요한 구성원들(아버지와 가장 손위의 형제)의 신분과 행동의 구조 속에서 개인 구성원은 늘 자기 정체성을 발견했다. 개인들이 그룹의 대표들이었기에, 그들은 그 그룹에 무엇이 중요한가를 따라서 그들의 결정을 내렸다. 그룹의 구성원들은 또한 서로 돕고 보호해야 할 의무가 있었다. 공동체의 각 구성원은 공동체의 특성에 따라 그 공동체의 명예를 보호하기 위하여 행동해야만 했다. 가정의 관습들과 전통들 속에 표현된 이런 특성은 귀중하고 바람직한 것이었다. 이것은 아버지나 가정의 수장에 의해서 전수되었는데, 그들은 이것을 그의 조상으로부터 받은 것이었고, 이것은 그렇게 계속되어 왔다. 그러므로 가정의 구성원은 아버지께 복종하는 것 또는 가정의 특성을 향상시키고 보호하기 위하여 항상 종교적·사회적 압박 속에 있었다. 훌륭한 사람은 그의 가정을 보존하는 능력과 그 능력의 효용성에 따라 정의되었다. 아버지의 뜻을 따르는 행동에 의하여 자녀는 가정의 특성이나 전통을 드러냈다. 아버지의 긍정적인 모범은 극도로 중요했는데, 가족의 다른 구성원들이 그 모범을 따라가야만 했기 때문이다. 이런 사상은 이 단락에서 마태가 예수님의 하늘 가족을 정의하신 말씀을 기록할 때 '하나님의 뜻을 행하는' 윤리적 의무에 대하여 말하는 것과 부합한다. 예수님은 하나님의 가정이 어떻게 살아가야 하는지를 설명하기 위하여 전통적인 제도를 사용하셨다. 하나님 아버지의 뜻과 행위는 그의 자녀들의 생활 방식과 특성을 결정한다. 지상 사역 동안 예수님은 하나님 아버지의 뜻을 행하시고 계시하셨다. 그러므로 만일 어떤 사람이 하나님의 가족이 되어 하나님께 순종하기를 원한다면 예수님의 모범을 본받아야만 한다(참고. Van der Watt, 1999:491-511).

3. 오늘에의 적용

진정한 안식을 어떻게 얻어 누릴 수 있는가?
오늘날 제자의 자격과 사명은 무엇인가?
하나님의 가족의 친밀함을 증대시키는 방법은 무엇인가?

∽ 마가복음 4장 ∾

1. 본문 및 구조

- 씨 뿌리는 비유(4:1-9)
- 하나님 나라의 비밀(10-12)
- 씨 뿌리는 비유의 해설(13-20)
- 들으라고 부름(21-25)
- 씨의 성장의 비유(26-29)
- 겨자씨 비유와 요약(30-34)
- 폭풍을 잠잠케 하심(35-41)

2. 구원 계시사적 메시지

2.1. 마가복음 4장 1-9절의 메시지

우리는 빠른 사건 진행을 마가복음 1-3장에서 보았다. 이제 마가는 예수님의 비유 설교를 마가복음 4장에 배치시킨다. 예수님은 배에 올라서 가르치시고, 큰 무리는 육지에서 듣는다(1절). 이 장면은 상징적으로 천국 복음이 열방에 증거될 것을 보여준다. 이제 주님은 마가복음의 첫 번째 천국 비유를 밭에 뿌려진 씨를 예로 들어 말씀하신다(2-3절). 예수님 당시의 농경 문화를 배경으로 한 이 비유는, 현대의 기계식 파종과는 달리 농부가 파종할 때 바람의 영향을 받아서인지 딱딱한 길 옆 혹은 길가(*para hodos*)에도 씨가 떨어진다(4절). 뿌리를 내리지 못한 길 위의 씨들을 새들이 와서 먹어 버린다. 이 새들은 사탄이다(15절). 흙이 얕은 돌밭(*petrodes*, rocky place)에 뿌려진 씨는 싹이 나오기는 하지만, 해가 돋은 후 수분이 부족하여 말라버린다(5-6절). 가시떨기에 떨어진 씨는 가시가 자라지 못하도록 기운을 막아서 결실치 못한다(7절). 좋은 땅에 떨어진 씨는 30배, 60배, 100배의 무성한 결실을 한다(8절). 좋은 땅은 흙이 두텁고, 수분이 많고, 성장을 막는 요소가 없는 상태이다.

예수님은 이 비유의 영적인 뜻을 이해하라고 "들을 귀 있는 자는 들으라"고 말씀하신다(9절). '듣는다'는 말씀은 '깨닫는다'는 뜻이다. 주님의 말씀은 나에게 실존적으로 부닥치는 것이 되어야 한다.[319)]

2.2. 마가복음 4장 10-12절의 메시지

제자들과 일단의 무리가 예수님에게 이 비유들의 뜻을 묻는다(10절). 비유 설명이 더 작은

319) 이 단락의 '씨 뿌리는 자의 비유'를 위해서는 이 책의 마태복음 13장 1-9절 주석을 참고하라.

그룹에게만 한정적으로 주어진 것이다. 제자들에게 천국 비밀이 주어졌지만, 외인(밖에 있는 저들; 비유 설명을 듣지 못한 자, 특히 종교 지도자들)에게는 비유로 한다(11절).[320] 외인들은 비유의 설명을 들으려고 시도하지 않았기에 무지 상태로 있게 된다. 외인들은 비유의 말씀을 들었지만 깨닫지는 못한다. 이것은 이사야 6장 9절의 성취이다(12절). 구약 이사야 시대나, 예수님 당시나, 오늘이나 영적 귀머거리 상태에 있어 죄 사함에 이르지 못하는 경우가 많다. 이것은 말씀 선포가 현재적 심판의 측면을 가짐을 교훈한다. 주님의 바람은 듣고 깨닫고 회개에 합당한 결실을 하는 것이다.

2.3. 마가복음 4장 13-20절의 메시지

씨 뿌리는 자의 비유는 다른 천국 비유를 이해하는 열쇠가 된다(13절). 예수님의 설명을 들어보자. 씨 뿌리는 분은 말씀을 가르치고 선포하시는 예수님이다(마 13:37). 씨를 뿌리는 예수님에게 잘못이 없다. 다만 말씀을 받는 사람의 상태가 다양할 뿐이다. 말씀이 길 위에 떨어졌다는 것은 그들 안으로 뿌려진(참고. 다수 사본: '그들의 마음 안에 뿌려진') 말씀이 전혀 뿌리를 내리지 못한 채 사탄에게 빼앗긴 것이다(15절). 돌밭 위의 말씀은 기쁨으로 듣되, 환난이나 핍박이 있을 때 뿌리가 없음으로 넘어진다(16-17절). 가시떨기에 떨어진 말씀은 세상의 염려, 재리의 유혹(속임), 기타 욕심(욕망) 때문에 질식된다(*sympnigo*, 18-19절). 좋은 땅에 떨어진 씨는 말씀을 듣고, 받아('환영하여', *paradechomai*) 30배, 60배, 100배의 결실을 한다(20절).

여기에 등장하는 네 종류의 밭과 상이한 결실의 모습은 마가 공동체의 4가지 유형을 투영하는 듯하다. 물론 현대 교회에도 그대로 적용된다.

2.4. 마가복음 4장 21-25절의 메시지

예수님이 물으신다. "사람이 등불을 빛을 볼 수 없는 밀폐된 공간인 말(bowl, bushel basket)이나 평상(bed) 아래 두느냐, 아니면 등경(stand) 위에 두느냐?"(21절) 숨긴 것은 드러내기 위해서, 감추인 것은 공개하기 위한 것이다(22절). 이것은 주님이 말씀의 씨앗을 뿌리는 것은 감추기 위한 것이 아니라, 공개적으로 천국을 계시하기 위한 것임을 말씀하신 것이다. 제자들은 천국 복음을 공개적으로 빛이 비춰듯이 증거해야 한다. 제자들 자신만 말씀을 깨닫고 있으면 안 되고 나누어야 한다. 복음의 빛은 모든 사람에게 필요하기 때문이다. 비유의 뜻이 잠시 은폐되더라도, 궁극적으로는 제자들을 통해서 계시되어야 한다. 이 사실을 들을 귀 있는 자는 듣고 깨닫고 실천해야 한다(23절). "너희가 듣는 것을 신중히 고려해 보라. 너희가 측량(저울질)하기 위해 사용하는 그것으로 너희가 측량받을 것이고(미래 수동태), 더 당하게 될 것이다(미래 수동태)"(24

320) 참고로, 칼빈은 주기도문 강해에서 '하나님 나라'를 다음과 같이 정의한다(《기독교 강요》, 3.20.42). "인간들이 자기를 부정하고 세상과 지상의 생활을 경시함으로써, 하나님의 의를 구하기로 맹세하며, 하늘 생명을 얻으려고 애쓸 때, 거기에 하나님의 통치가 있다. 그래서 하나님 나라에는 두 영역이 있다: 첫째로, 하나님께서는 그분에게 항거하는 모든 욕심의 정욕을 그분의 영의 힘으로 바로 잡으신다. 둘째로, 하나님께서는 우리의 모든 생각을 그분의 규율에 맞도록 만드신다."

절).[321] 있는 자는 받을 것이요(미래 수동태), 없는 자는 그가 가지고 있는 것을 빼앗기리라(미래 수동태, 25절). 있는 자는 말씀을 듣고 깨달은 자를 가리킨다. 그 사람은 나눔을 통해서 더 많이 받을 것이다. 반대로, 없는 자는 말씀을 깨닫지 못한 자(종교 지도자처럼) 혹은 깨닫고도 나누지 않는 자를 가리킨다.

2.5. 마가복음 4장 26-29절의 메시지

예수님은 천국은 사람이 씨를 땅에 뿌림과 같다고 말씀하신다(26절). 농부는 씨가 나서 자라는 것을 알지 못한다(27절). 땅이 스스로(*automate*, 하나님의 역사로, *autobasileia*) 열매를 맺되, 싹, 이삭, 알곡의 순서로 결실한다(28절). 열매가 익으면 낫으로 추수하는 종말론적인 분리의 작업이 일어난다(29절; 참고. 욜 3:13). 이처럼 천국은 식물의 성장처럼 지속적이고도 점진적으로 자라난다. 이것은 신비로운 비밀이다. 왜냐하면 성장은 하나님의 때 주님의 방식대로 진행되기 때문이다.

2.6. 마가복음 4장 30-34절의 메시지

예수님은 '천국이 무엇과 비슷하며, 무슨 비유로 말할까'라고 물으신다(30절). 천국은 겨자씨 한 알(2만 개가 28.35g)과 같다. 겨자씨는 난초씨보다는 크다. 그러나 자라서 풀보다 커서 큰 가지를 내고(이방인 성도를 상징하는) 새들이 그 그늘에 깃든다(31-32절; 참고. 겔 17:22-24, 31:36; 단 4:12). 갈릴리 지역의 나무는 3-4.5m까지 자랐다. 천국은 신비로운 방식으로 자라되, 그 성장 속도는 매우 빠르다. 로마의 마가 공동체는 비록 분파처럼 작은 무리였지만 점차 성장하게 될 것이라는 이 말씀을 듣고 소망을 얻었을 것이다. 예수님은 이런 비유들로 알아들을 수 있도록 가르치셨다(33절). 단순한 호기심을 가진 구경꾼과 신실한 제자를 구분하기 위해서 비유로만 말씀하신 예수님은 혼자 계실 때 제자 그룹을 위해서 비유를 해석하셨다(34절). 일반 사람들은 예수님의 메시아 되심의 본질이 드러나기까지는 천국의 비밀을 깨닫지 못했을 것이다.

2.7. 마가복음 4장 35-41절의 메시지

그날 저물 때 예수님과 제자들은 갈릴리 건너편 동쪽 거라사로 가신다(35절; 5:1). 다른 배들이 예수님과 제자가 탄 배를 따라온다(36절). 큰 광풍 때문에 물결이 '이미'(*ede*) 가득 찼다(37절; 대부분의 한글 성경은 '이미'를 번역하지 않음). 예수님에게 제자들은 '우리의 죽게 된 것을 돌아보지 않으십니까?'라고 계속 말한다(현재형, 38절; 참고. 욘 1:4-6). 38절은 헬라어 부정어(*ou*)로 시작하여 긍정의 대답을 기대한다(참고. Mounce, 1993:296). 제자들은 예수님의 돌보심을 긍정적으로 기대하면서 질문을 던졌다. 예수님이 깨어나셔서 바람을 단호하게 꾸짖으시고, 바다에게 "잠잠하라, 고요하라"(*Siopa, pephïimoso*)고 명령하신다(39절; 참고. 시 107:29; 욘 1:15). 예수님이 바람을 '꾸짖으셨기에', 이 풍랑은 사탄이 제자들의 믿음을 약화시키려고 일으킨 것으로

321) 24절 끝에 A와 다수 사본은 "듣는 너희에게(*tois akouousin*) 더 당하게 될 것이다"로 쓴다.

볼 수 있다. 예수님은 제자들에게 "왜 무서워하느냐? 아직도(*oupo*) 믿음이 없느냐?"라고 책망하신다(40절).[322] 제자들은 심히 두려워하여, "어떻게 예수님에게 바람과 바다가 순종하는가?"라고 말한다(41절). 아마 예수님이 탄 배를 따라오던 배들 안에 탄 자들도 동일한 구원을 받았을 것이다. 그러나 아직도 제자들은 만물을 주관하시는 예수님의 메시아 인격(messianic person)을 제대로 알지 못하고 있다.[323] 그들에게 훈련을 위한 시간이 더 필요하다.[324]

3. 오늘에의 적용

천국 확장의 역군으로서 말씀을 듣고 결실하고 있는가?
우리가 인격적으로 알고 있는 예수님은 어떤 분이신가?

마가복음 5장

1. 본문 및 구조

---

322) 40절에서 다수 사본은 "왜 이렇게(*houtos*) 무서워하느냐? 어떻게(*pos*) 믿음이 없느냐?"로 쓴다.

323) 게할더스 보스(1862-1949)는 《예수의 자기계시》(1991:13, 17)에서, 자기 당시의 예수님의 생애와 가르침에 대한 논의에서 가장 중요한 경향 중 하나를 복음서 안에 '메시아적 요소'를 냉대하는 것이라고 지적했다. 그리고 그는 이런 그릇된 사람들이 많다는 사실이야말로 종교 현상 중에서(즉 기독교에서) 가장 설명하기 어려운 수수께끼 중 하나라고 보았다. 보스 시절이나 현대에, 복음서에서 예수님을 메시아로 이해하려 하지 않는 것은 이성주의 전제와 접근 방법의 문제라는 학문적인 사항으로만 진단할 수 없다. 그것은 결국 사탄의 역사로 잉태된 불신앙이라는 영적 문제이다.

324) 마가복음에는 5차례의 '배 여행' 보도가 나타나는데, 중요한 신학적 의미를 가진다. (1) 막 4:35-41(갈릴리 서편에서 동편으로), (2) 막 5:21(동편에서 서편으로), (3) 막 6:45-52(서편에서 동편으로. 그러나 결국 서편의 게네사렛에 도착함), (4) 막 8:10(동편에서 서편으로), (5) 막 8:13-21(서편에서 동편으로). 다음의 구조에 주목해 보라. (1) 가버나움에서 악령을 축출하심, 그 후에 '배 여행'을 하시고, 거라사에서 악령을 축출(막 5:1-20). (2) 가버나움에서 병자를 치유(막 1:29 이하), 혈루증 여인 치유, 야이로의 딸을 살리심(막 5:21-43), 그 후에 '배 여행'(막 6:45-52), 그다음 수로보니게 여인의 딸을 치유(막 7:24-30), 귀먹고 어눌한 자를 치유(막 7:31-37). (3) 오병이어의 이적(막 6:34-44), 그 후에 '배 여행'(막 6:45-52), 그 후 칠병이어의 이적(막 8:1-10).
갈릴리 바다는 유대인과 이방인을 갈라놓는 장애물이었으나, 예수님의 배 여행은 이 둘을 잇는 교량 역할을 한다. 즉 갈릴리 바다를 가로지르는 배 여행을 통하여 예수님은 민족적 경계선을 허물고 '부정한 땅'이라 여겨진 곳에도 치유와 자유 그리고 천국을 심으셨다. 여기서 마가복음의 구조 역시 심사숙고하여 계획된 것이며 성령의 영감하에 있음을 알 수 있다(참고. 최원준, 2010:41-42). 차정식(2010:46)은 일본 출신의 인문학자 Karatani Kojin의 '교통 공간'(intercourse space)의 개념으로 예수님의 여행에 나타난 사회학적·신학적 함의를 찾으려고 시도했다. 그에 의하면 교통 공간은 안과 밖의 구별이 없는 공동체의 사이 공간인데, 예수님은 유대인이 설정해 놓은 정결·부정결이라는 장애물을 극복하고 지리·종족·문화적 경계를 허무셨다고 본다. 하지만 '교통 공간'이라는 생소한 개념을 석의에 동원하지 않더라도 이런 결론은 오래전에 도출된 것이다.

- 거라사의 악령 축출(1-20)
- 혈루증 여인과 야이로의 딸의 치유(21-43)

2. 구원 계시사적 메시지

2.1. 마가복음 5장 1-20절의 메시지

예수님과 제자들은 배를 타고 갈릴리 남동쪽의 거라사(Gerasenes, 아마도 현대의 Kursa; 참고. 시내 산 개정판, L, 델타, 세타 사본 등은 '게르게사')에 도착한다(1절). 거라사는 데가볼리의 한 마을이기에 이방인이 많이 거주하고 있었다. 유대법에 의하면 돼지는 부정하고 먹을 수 없었기에 유대인들은 돼지를 기르지 않았다(참고. 레 11:7). 공동묘지에 살던 더러운 악령 들린 한 사람이 배에서 나오신 예수님을 곧 만난다(2절).[325] 이 사람은 이방인 출신으로 악령 들린 자였다. 아마도 마가는 악령 들린 두 사람 중에서(참고. 마 8:28) 더 심한 한 명만 언급하고 있는 것 같다. 더러운 악령들이 이 사람을 완전히 지배하고 있기에, 괴력으로 쇠사슬을 끊고, 피를 흘리기까지 몸을 상하게 하고(참고. 왕상 18:28), 밤낮 소리를 치는 행동을 했다(4-5절). 야수를 길들이듯이 이 사람을 길들여서 제어할 사람은 아무도 없었다(*damazo*, 혀를 길들이다, 참고. 약 3:7-8). 바로 이 사람이 멀리서 예수님을 보고는 달려와서 절한다(6절). 악령은 마가복음에서 예수님에게 붙여진 가장 최고의 호칭인 '지극히 높으신 하나님의 아들 예수여'라고 부름으로써(참고. 창 14:18-24; 민 24:16; 사 14:14; 단 3:26; 4:2), 예수님을 제대로 알아본다. 악령은 "당신이 내게 원하는 것이 무엇입니까?"라고 말하면서, 예수님이 하나님께 맹세하고 자신을 괴롭히지 않도록 요구한다(7절). 이 요구를 한 것은 예수님께서 이미 "악령아(대표 단수), 그 사람에게서 나오라"고 명하셨기 때문이다(8절).

예수님이 그 악령에게 이름이 무엇인지 물으니, 악령이 많기에 '군대'(*legion*, 3,000-6,000명의 군인)라고 대답한다(9절).[326] 악령은 그 지방에서 내보내지 말기를 요청한다(10절). 악령들은 (복수형) 산 곁에서 먹고 있던 큰 돼지 떼에게 들어가기를 간구한다(12절). 아직 예수님이 악령을 무저갱에 던져서 파멸시키실 때가 이르지 않았기에(참고. 마 25:41), 악령들이 돼지 떼에 들어가도록 허락하신다. 악령의 역사는 하나님이 허락하시는 범위 안에서만 일어난다. 사탄이 최종 결정을 내릴 권한을 가지고 있지 않다.

그런데 왜 악령들이 돼지 떼에게 들어가기를 원했을까? '더러운' 악령(2, 8, 13절)이 파멸의

---

325) 고대 문화에서 사람들은 죽은 자를 위해서 무덤에 제물을 바쳤다. 그 제물은 악령에게 매력적인 것일 수 있었다(참고. 존 월튼, 2010:1373).

326) 그레코-로마 문화에서 상대의 이름을 알면, 그를 제압하기 쉽다는 인식이 있었다. 그러나 성경에 어떤 악령을 내쫓기에 앞서서 그 악한 세력의 이름을 알 필요가 있다는 암시가 없다. 또한 성경은 다수의 악령이 서로 다른 개성과 전공(?)을 가지고 있다고 분명하게 말하지 않는다. 이런 생각은 다른 종교에서 비롯된 것이다. 따라서 '탐욕의 악령', '음란의 악령' 등 여러 종류의 악령이 있다는 식의 생각을 경계해야 한다(참고. 알란 콜, 2005:168).

장소인 무저갱보다는 더러운 돼지에게 들어가는 것이 더 낫고, 악령들은 거라사 지역을 떠나기를 원치 않았고, 동시에 돼지를 몰살시킴으로써 여전히 악령 속에 있던 파괴 의지를 보이려고 했을 것이기 때문이다. 무엇보다도 악령들은 돼지 떼를 죽임으로써 경제적인 손실을 입혀 예수님을 거부하게 함으로 천국이 거라사 지역에 임하는 것을 방해하려고 했다(참고. 오스본, 2002:224).

더러운 악령들이 그 사람에게서 나와서 돼지 떼에게 들어가니, 갈릴리 바다에 빠져 질식사한다(*epnigo*, 13절).[327] 돼지를 치던 자들이 거라사 도시와 들로 가서 이 사건을 보고하니, 사람들이 와서 현장 검증을 한다(14절). 이들이 예수님께 왔을 때, 악령 들렸던 자가 옷을 입고 정신을 차리고 앉아 있는 것을 보고 두려워한다(15절). 악령 들렸던 자에게 일어난 일과 돼지가 몰사한 것을 본 사람들이 소문을 듣고 온 사람들에게 말하니, 그 사람들이 예수님에게 그 마을을 떠나시기를 간구한다(16-17절). 능력의 주님을 영접하기는커녕, 이 사람들은 경제적인 손해를 더 입지 않기 위해서 떠나실 것을 예수님에게 요구한다. 예수님은 악령 들린 자를 돼지 2천 마리보다 더 귀하게 생각하셨지만, 거라사 사람들은 돼지를 예수님보다 더 귀하게 생각한다. 예수님이 배에 오르셨을 때, 악령 들렸던 자도 예수님과 함께 있기를 요청한다(18절). 주님과 함께 있는 것은 제자가 되겠다는 결단이다(참고. 막 3:14). 하지만 예수님은 그 사람에게 "그 주께서 너에게 하신 큰일들(복수형)을 행하사 불쌍히 여기신 것을 집에 가서 친속에게 가서 고하라"고 말씀하신다(19절). 그가 데가볼리에 가서 예수님이 행하신 일들을 고하니, 모든 사람들이 다 놀란다(20절; 참고. 마 4:25). 회복된 이 사람은 예수님과 12제자와는 달리 국지적인 순회 전도자의 역할을 했다. 그 누구보다도 더 효과적인 전도의 도구가 되었다. 이 사람에게서 마가복음의 제자도를 볼 수 있다. 이제 이방인 지역에도 복음이 전파되고 있다.

2.2. 마가복음 5장 21-43절의 메시지

예수님은 다시 배를 타고 가버나움 쪽으로 오신다(21절).[328] 큰 무리가 예수님에게 나아온다. 데가볼리에서는 떠날 것을 요청받았지만, 여기서는 환영을 받는다. 하지만 가버나움 사람들이 진심으로 예수님을 영접한 것은 아니었다. 회당장 중 한 사람이었던 야이로(Iairos)의 12살 된 딸이 중병에 걸려 있다. 한 회당에 2명 이상의 회당장이 선출될 수 있었다(참고. 행 13:15). 주님 발 아래 엎드린 야이로는 '예수님이 안수하여 딸을 고쳐서 구원하여 살게 하소서'라고 계속해서 간구한다(현재형, 22-23절). 예수님과 제자들 그리고 야이로와 큰 무리들이 야이로의 집을 향하여 가고 있다(24절). 그때 12년을 혈루증으로 고통당한 여인이 등장한다(25절). 이 여인은 많은 의원을 찾아다녔고, 경제적으로도 빈곤했고, 증세는 더 심해졌다(26절). 이런 절망의 상태는 능력의 예수님께서 치유하시기에 더 적합한 배경이 된다.

---

327) 유대 전승은 악령들이 죽을 수 있다고 가르쳤다. 그래서 많은 고대 독자들은 악령들이 그들의 거주지가 되었던 사람이나 짐승 숙주들과 함께 멸망했다고 추정했다. 이런 생각은 비성경적이다.

328) 21절에서 P^{45}, D 그리고 세타 사본 등은 '배를 타고'(*en to ploio*)를 생략한다. 하지만 이 표현이 있는 것이 옳다.

무리 가운데 있던 이 여인은 예수님 옷을 만지기만 해도 구원을 얻을 줄 알았다(27-28절). 옷을 만지는 것은 옷이 그 사람의 권능을 지니고 있다는 당시의 일반적인 믿음과도 관련된다(참고. 행 19:12; 보라. 잉글리쉬, 2000:155). 부정한 가운데 있었던 이 여인은 자기 상태를 공개적으로 당당히 내놓을 수 없었다(참고. 레 15:25-28). 그녀는 혈루 근원(*pege*)이 곧 말라 버렸고 치유된 것을 알았다(29절). 예수님이 능력이 자신에게서 나간 줄 알고 돌아서서 무리에게 누가 옷에 손을 대었는지 물으신다(30절).[329] 아무도 모르게 육체의 치유를 받은 여인이 떠나가려고 할 때, 주님은 그녀의 영혼도 구원하려고 하신다. 이를 위해 신앙 고백을 듣기를 원하셨다. 제자들은 무리가 예수님에게 계속해서 손을 대고 있다고 대답한다(31절). 제자들의 실패에 대한 언급은 드물지 않다(참고. 막 8:17-21; 9:19). 예수님은 여인을 찾아서 보려고 하시고, 결국 여인은 두려워 떨며 예수님 앞에 엎드려 모든 사실(진실)을 말한다(32-33절). 사실 이 여인에게는 옷에 손만 대어도 나을 수 있다는 믿음이 있었지 않은가? 그래서 예수님은 그 믿음을 공포하려고 하신다. 이 여인에게 "딸아 네 믿음이 너를 구원하였으니 평안히 가라. 네 병에서 놓여 건강할지어다"라고 공적으로 선포하신다(34절).[330] 실패한 남자 제자가 아니라 여자가 예수님의 칭찬을 받은 것은 마가복음의 1차 수신자에게는 의아한 일이었을 것이다.

야이로는 이 혈루증 여인의 치유를 보고, 자기 딸도 치유될 것임을 믿어야 했다. 이때 야이로의

---

329) A.D. 1세기 사람들은 사람의 몸에 열과 같은 요소가 과다하거나 부족할 경우, 그리고 외부로부터 부정하거나 해로운 것이 몸 안으로 침입할 때 병이 발생한다고 믿었다. 예수님께서 야이로의 딸을 부활시킨 것은 그녀가 임신 가능한 연령인 12세였기에 죽음에서 부활한 것과 더불어 출산할 수 있는 능력도 회복되었음을 함의한다. 12년 동안 혈루병을 앓던 여인이 치유된 것은 육체적 질병은 물론 제의적 부정으로 고통당하던 여인을 예수님이 치유한 사건이다. 최근에 노트르담 대학교의 모스(Moss, 2010:508-516)는 신체의 삼투성(porosity) 개념에 근거하여, 혈루병을 앓던 그 여인이 치유자이신 예수님의 몸을 조절하여 치유되었다고 본다. 모스(Moss)에 의하면, 1세기 사람들은 몸은 닫힌 것(closed entity)이지만 외부의 침입과 영향에 노출되어 있다고 믿었다. 그리고 신적 치유자이신 예수님의 몸은 자신의 능력이 빠져 나가는 것을 조절하지 못하는 연약한 것이 됨으로써 역설적인 치유 사역이 발생했다고 본다. 그러나 치유된 여인이 '두려워 떨었던 것'(막 5:33)은 신현(theophany)을 경험한 사람들의 전형적인 반응이었으므로, 예수님의 삼투적인 몸(porous body)은 자신의 능력이 새어나가는 것을 조절하지 못하는 약한 몸이라는 부정적 개념보다는 신적 치유자로서 사람을 치유하신다는 긍정적인 개념을 가진다. 이상의 모스(Moss)의 설명은 1세기의 질병과 신체에 대한 이해를 부각시키는 사회과학적 해석 중 문화인류학에 근거한 것인데, 우리는 이런 해석 방법에 근거하지 않고서도 얼마든지 예수님께서 육체의 질병과 제의적 부정 그리고 영적인 치유("네 믿음이 너를 구원하였으니", 34절)를 통전적으로 주시는 분이심을 설명할 수 있다.

330) 톰 라이트(2009:304-309)의 주장을 들어보자. 구원을 '사후 천국행'으로 보는 한, 교회가 하는 주된 일은 그 미래를 위해서 영혼을 구원한다는 관점으로밖에는 볼 수 없음을 지적한다. 신약이 말씀하는 구원을 하나님이 약속하신 신천 신지, 그리고 그 새롭고도 영광스러운 물리적 구체성을 지닌 실재에 우리가 동참할 수 있도록 우리를 부활시키시겠다는 약속의 관점에서 보게 되면, 지금 여기에서 하는 교회의 주된 일은 그 관점에 따라서 다시 생각되어야만 한다고 주장한다. 즉 구원은 천국에 가는 것이 아니라, 하나님의 새 하늘과 새 땅에서 새로운 생명으로 태어나는 것이다. 요약하면, 구원의 온전한 의미는 (1) 단지 '영혼'이 아니라 '인간 존재 전체'에 대한 것이며, (2) '미래'에 대한 것만이 아니라 '현재'에 대한 것이며, (3) 하나님이 우리 '안에서' 그리고 우리를 '위해서' 하실 뿐 아니라 우리를 '통해서' 하시는 일에 대한 것이다.

딸이 죽었고, 이 사실을 야이로의 집에서 온 사람들이 알리었고, 그들은 '선생(예수님)을 더 괴롭게 할 필요가 있겠는가?'라고 야이로에게 말한다(35절). 그러나 주님은 이 말을 곁에서 들으셨는데(*parakpousas*; 혹은 '무시하셨고'; 참고. A, C, 다수 사본은 '곧 들으셨는데' [*eutheos akousas*]), 죽음이라는 현실 가운데서라도 야이로에게 "두려워 말고 믿기만 하라"(현재형)고 말씀하신다(36절). 현재형으로 "두려워 말고 믿으라"고 말씀하신 것에서, 야이로가 이미 두려워하고 불신앙으로 반응하고 있었음을 추론해 볼 수 있다. 예수님은 변화산과 겟세마네 동산에서 가장 가까이 하셨던 베드로, 야고보 그리고 요한만 데리고 야이로의 집에 들어가신다(37절). 야이로의 딸이 부활하는 것은 주님 자신의 부활의 전조인데, 이것은 두세 증인이 필요하다는 신명기 19장 15절도 성취하신다. 호상꾼들을 보신 주님은 그들에게, 이 소녀가 죽은 것이 아니라 '계속 자고 있다'(*katheudei*, 현재 능동)라고 말씀하신다(38-39절).[331] 시체가 빨리 부패할 수밖에 없던 팔레스타인에서 사람이 죽으면 곡하는 사람들이 속히 모여들었다.

주님은 자신의 말씀을 듣고 비웃던 호상꾼들을 밖으로 내쫓고(*ekballo*), 야이로와 세 제자를 데리고 아이 있는 곳으로 들어가신다(40절). 주님은 소녀의 한 손을 잡고 아람어로 '달리다 굼'(*Talitha koum*)이라고 외치신다.[332] '소녀야, 내가 네게 말하노니 일어나라'는 뜻이다(41절). 곧 소녀는 일어나 걸으니 모두 크게 놀란다. 마가복음에서 '일어나다'(*anistemi*)는 17번 사용되었는데, 그중 10번은 부활과 관련된 용어이다. 예수님은 이 소녀의 부활을 아무도 알지 못하게 하라고 경계하신다(42-43절). 이 소녀는 음식을 먹을 수 있을 만큼 완전히 회복되었다. 예수님은 단순한 기적 행사자로 알려지는 것을 원치 않으셨으며, 앞으로 영광을 받기 전에 고난도 당하셔야 했으며, 무엇보다 죽음을 이기신 부활의 권능은 예수님의 부활 시에 완전히 계시될 것이다. 혈루증 여인을 치유하심을 발판으로 죽은 자의 부활로 강도를 세게 하심으로써, 주님만이 부활 생명을 주시는 분이심을 강조한다. 그리고 혈루증 여인과 회당장 야이로(그리고 그의 딸) 사이에는 신분과 성별의 큰 차이가 있었지만, 모두 예수님의 사랑과 구원의 대상이 되었다.

3. 오늘에의 적용

천국 확장과 전도를 위한 축귀의 능력을 믿자.

331) 완성적 아오리스트(consummative or sulminative aorist)란 종종 행동과 상태의 종료(completion)와 중단(cessation)을 강조하는 아오리스트이다. 어휘적 특성(lexical features)으로 인해, 특정 동사들 (주로 절정[climax], 성취[accomplishment]의 의미를 가진)이 이 용례를 요구한다. 예를 들어, "그가 죽었다"(he died)는 대개 진입적 개념이 아니다. 완성적 아오리스트는 행위의 중지가 아니라 종료(completion)를 강조하며, 행동의 완성 후의 지속적인 결과(continuing result)를 강조한다. 한 예로, 마가복음 5장 39절의 "그 작은 소녀가 죽지 않았다(*apethanen*, has not died)." 하지만 많은 현대 번역은 "the little girl is not dead"로 번역한다. 요점은 그 소녀의 생명이 마감된 것이 아니라 무언가 더 남아 있다는 것이다(참고. Wallace, 1996:559-560).

332) 41절의 '탈리싸 쿰'을 W, 28, 구라틴어 및 벌게이트 역본에서 사도행전 9장 40절을 참고하여 *Talitha*(*koum*없이)로 쓴다.

범사에 두려워 말고 믿기만 하여 하나님의 때를 기다리자.

우리는 부활의 권능을 어떻게 여기서 현시할 수 있는가?

마가복음 6장

1. 본문 및 구조

- 고향에서 배척받으심(1-6)
- 12제자를 파송하심(7-13)
- 세례 요한의 순교(14-29)
- 오병이어의 표적(30-44)
- 물 위를 걸으심(45-52)
- 예수님의 치유 사역(53-56)

2. 구원 계시사적 메시지

2.1. 마가복음 6장 1-6절의 메시지

예수님 일행은 가버나움 남서쪽 33km 지점의 고향 나사렛으로 가신다. 예수님은 나사렛 회당에서 안식일에 가르치신다(1-2절). 많은 사람들이 '예수님의 지혜와 권능이 어디에서 온 것인가'라고 물으면서 계속해서 어리둥절할 정도로 놀랐다(*ekseplessonto*, flabbergasted, 2절). 하지만 고향 사람들은 예수님을 '마리아의 아들 목수'요,[333] 야고보(참고. 행 15:13; 갈 2:9), 요세(*Ioses*, 시내 산, A, B, C, D, 다수 사본이 지지함; 참고. 시내 산 사본: '요셉'), 유다(참고. 유 1), 시몬의 형이요 누이들의 오빠로 알고는 배척한다(3절). 예수님이 요셉의 아들이 아니라 '마리아의 아들'로 불린 것은 수치스런 것이다. 왜냐하면 고향 사람들이 정혼한 상태에서 마리아가 임신한 것을 알았기에, 요셉이 예수님의 아버지가 아니라고 생각했을 수 있었기 때문이다. 이러한 냉담한 반응은 마가복음 5장 후반부의 회당장 야이로와 혈루증 여인이 믿음으로 기적을 체험한 것과 대조된다. 예수님은 당시의 격언인 "선지자가 자기 고향과 자기 친척과 자기 집 외에서는 존경을 받지 않음이 없다"를 자신에게 적용하신다(4절; 참고. 렘 12:5-6). 주님은 고향에서 소수의 병인에게만 안수하여 고치실 뿐이었다(5절). 예수님은 고향 사람들이 믿지 않음을 보고 놀라셨으

333) 3절에서 예수님을 '목수'(*tekton*)로 보지 않고, 대신 파피루스 45와 일부 소문자 사본들은 '목수의 아들'로 쓰기도 한다. 예수님 당시 갈릴리의 수도였던 '세포리스'가 재건되고 있었으므로, 거기서 6.5km 떨어진 나사렛에도 목수 혹은 석공이 있었을 것이다.

며, 아마도 믿음으로 반응했을 사람들이 있었던 다른 마을을 돌면서 가르치셨다(6절). 고향 사람들이 예수님을 육체대로 잘못 알았기에 그 결과 주님의 구원 사역을 제한시키고 말았다.

2.2. 마가복음 6장 7-13절의 메시지

예수님은 축귀의 권세를 주시고 12제자를 둘씩 짝을 지어 보내신다(7절). 전도는 사탄과의 영적 전쟁이다. 양식과 돈, 두 벌 옷을 준비하지 말고 오직 지팡이와 신만 신고 가도록 명하신다(8-9절). 제자들은 선포된 말씀에 순종함으로 응하는 사람의 집에서 유숙해야 한다(10절). 이것은 전도 받은 사람을 적극적으로 복음 사역에 동참시키는 것이었다. 그러나 제자들은 어떤 부족함도 느끼지 않았다(참고. 눅 22:35). 사람들이 예수님의 제자들을 영접하지 않고 전파한 말을 듣지 않으면, 경멸하면서 상종치 않겠다는 것을 뜻하는 행동인 발아래의 먼지를 떨어버려야 한다(11절). 제자들은 회개하라고 전파하며, 축귀와(의료적 목적으로 사용된) 기름을 발라 치유의 사역을 펼친다(12-13절; 참고. 약 5:14). 제자들은 치유의 능력도 받았던 것이다. 제자들이 축귀만 했다면 주로 영적인 면에만 치중하게 되었겠지만, 신유를 통해서 육체의 회복이 이루어짐으로써 영과 육의 전인적인 치유라는 균형을 이룬다.

2.3. 마가복음 6장 14-29절의 메시지

마가는 앞 단락에서 제자들의 전도 사역을 소개한 후, 세례 요한의 순교를 기록한다. 요한의 순교는 과거의 일이다. 그런데 여기서 언급된 것은 요한의 경우처럼 제자들도 순교할 각오로 전도해야 할 것을 가르치기 위해서이다. 예수님의 이름이 알려져서 헤롯 안디바도 들었는데, 세례 요한이 살아났다고 생각한다(14, 16절). 어떤 사람은 예수님을 엘리야(참고. 말 4:5) 혹은 옛 선지자들 중 한 명이라고 간주했다(15절). 헤롯 안디바가 동생의 아내인 헤로디아와 불법적으로 결혼한 것을 요한이 지적했다(참고. 레 18:16, 20:21). 그런데 헤롯은 요한을 의롭고 거룩한 사람으로 생각하여 두려워하며 보호하면서 그의 말을 들을 때 '크게 계속해서 번민하면서'(*polla eporei*, 미완료 능동 직설 3인칭 단수) 달게 들었다(20절).[334]

그러나 헤롯의 생일 때,[335] 춤을 추면서 흥을 돋운 헤로디아의 친딸(즉 약 13세였던 살로메)이 요단 동편의 마캐루스(Machaerus) 요새의 감옥에 갇혀 있던 세례 요한의 머리를 구했기에 요한은 순교한다(21-28절). 24절의 '그 소녀가 나가서'를 이해하려면, 마캐루스에 남성과 여성을 위한 각각의 큰 식당이 있었음을 기억해야 한다. 헤로디아는 딸이 춤추던 자리에 없었던 것 같다. 칼로 머리를 베는 것(25절)은 로마 시민 및 지위가 높은 사람을 처형하는 방법이었다. 세례 요한이 로마 시민권자는 아니었지만, 헤로디아는 그를 신속히 처형하기 원했다. 요한의 제자들이 요한을 장사했다(29절; 비교. 15:43의 아리마대 사람 요셉). 헤롯 안디바가 요한의 시체를 내주지

---

334) 20절에서 A, C, D, 다수 사본은 '많은 것들을 계속 행하면서'(*polla epoiei*)로 쓰는데, 의미가 통하지 않는다.

335) 생일 잔치는 그레코-로마의 관습이었는데, 1세기에 유대인들도 이 관습을 수용했다.

않았던 것 같으므로, 요한의 제자들은 장사를 지내기 위해서 위험을 무릅썼을 것이다.

2.4. 마가복음 6장 30-44절의 메시지

마가는 12제자를 '사도'라고 부른다. 사도는 '보냄을 받은 자'인데, 보내신 예수님의 전권을 활용한 사람들이다. 이 사도들이 전도 여행을 마치고 주님에게 세밀히 보고한다(30절). 예수님은 식사할 겨를도 없이 일한 사도들을 따로 한적한 곳에 와서 쉬도록 한다(31절). 그러나 조만간 일어날 여러 상황이 쉴 틈을 주지 않는다. 쉬기 위해서 예수님과 제자들은 배를 타고 따로 한적한 곳으로 간다(32절). 그러나 많은 사람이 예수님의 제자인 줄 알고는, 걸어가서 거기에 예수님과 제자들보다 먼저 도착했다(33절).[336] 예수님은 그들을 목자 없는 양처럼 보시고 여러 가지로 가르치셨다(34절; 참고. 민 27:17). 이것은 시편 23편과 에스겔 34장 23-25절의 성취이다(참고. 요 10:11). 빈 들에 날이 저물어 가매(오후 3시 이후) 제자들이 음식을 걱정한다(35-36절). 주님은 제자들에게 "너희가 먹을 것을 주라"고 말씀하신다(37절). 제자들은 '이백 데나리온어치의 떡을 사오리이까'라고 묻는다(37절).[337] 무리를 백 명 혹은 오십 명씩 떼를 지어 푸른 잔디 위에 앉게 한 후 예수님은 오병이어를 축사하시고, 떡과 고기를 떼어서 제자들에게 주신다(39-41절). 예수님이 제자에게 떡과 생선을 '계속해서 주시고 계셨다'(*edidou*, 미완료 능동 직설 3인칭 단수). 따라서 제자가 아니라 예수님의 손에서 기적이 일어났다. 광야에서 만나를 주셔서 40년간이나 먹게 하신 것처럼, 사르밧 과부의 기름과 떡을 배가시켰듯이(참고. 왕상 17:7-16), 엘리사가 선지 생도의 아내를 위해 기름을 배가시켰듯이(참고. 왕하 4:1-7), 예수님은 이사야 25장 6절의 예언대로 자기 백성을 배불리셨다. 다 배불리 먹고 12바구니에 남은 것을 거두었다. 주님의 은혜는 넘친다. '빵을'(파피루스 45, 시내 산, D사본 등은 생략함) 먹은 자는 남자만 5천 명이었다(42-44절).

2.5. 마가복음 6장 45-52절의 메시지

예수님이 무리를 돌려보내실 동안, 제자들에게 '벳새다 건너편으로'(*eis to peran pros Bethsaidan*) 배 타고 가라고 명하신다(45절). 주님은 기도하러 산으로 가신다(46절). 저녁이 되었을 때 배는 '이미'(혹은 '오랫동안', *palai*; 파피루스 45는 이것을 추가함) 바다 가운데 있었고, 예수님은 홀로 육지에 계셨다(47절). 풍랑을 만나서 괴로이 노 젓는 제자들을 보신 주님은 밤 사경(새벽 3-6시)에 바다를 걸어가신다(48절; 참고. 욥 9:8). 제자들은 밤새도록 5km 정도만 항해했다(참고. 요 6:19). 제자들은 유령(*phantasma*)인 줄 알고 두려워하며 소리 지르나, 주님은 "안심하라, 내니(*ego eimi*, 참고. 출 3:14; 사 52:6) 두려워 말라"고 말씀하신다(49-50절). 예수님이 배에 올라 제자들에게 가시니

---

336) 33절 끝에 다수 사본은 "그리고 그를 향해서 함께 갔다"(*kai synelthon pros auton*)를 추가한다.

337) 예수님의 제자들은 1인당 비용을 25분의 1데나리온 즉 반나절 양식에 해당하는 통상 가격으로 계산했다. 참고로, 예수님 당시의 가난한 자를 위한 구휼소로부터 걸식하는 사람이 받은 양식은 1인당 12분의 1데나리온에 해당하는 빵 한 덩어리였다(참고. 예레미아스, 1988:167).

바람이 그쳤고, 제자들은 심히 놀랐다(51절; 참고. 사 51:9-16).[338] 그들이 놀란 이유를 마가는 오병이어의 표적을 깨닫지 못하고 마음이 둔해졌기 때문이라고 설명한다(52절). 제자들은 여전히 예수님을 하나님의 아들이며 메시아로 온전히 믿지 못했던 것이다.

2.6. 마가복음 6장 53-56절의 메시지

게네사렛에 도착하니, 사람들이 예수님이신 줄 알고 병자들을 침상째로 메고 나아온다(53-55절). 마을이나 도시나 촌에서 병자를 시장에 두고 예수님의 옷에 손을 대기만 하여도 치유되었다(56절). 아마도 혈루증 여인이 예수님의 옷에 손을 대어 나았다는 소문이 퍼졌던 것 같다(참고. 막 5:25이하).

3. 오늘에의 적용

하나님의 능력을 보고도 그 인격을 온전히 믿지 못하는 경우는 없는가?
예수님을 육체대로 아는 경우는 없는가?

마가복음 7장

1. 본문 및 구조

- 부정과 정결에 대한 재정의(1-23)
- 두로 지경의 수로보니게 여인의 딸을 치유하심(24-30)
- 귀먹고 어눌한 자를 치유하심(31-37)

2. 구원 계시사적 메시지

2.1. 마가복음 7장 1-23절의 메시지

예루살렘에서 바리새인과 서기관들이 갈릴리로 원정을 와서 예수님을 대적한다(1절). 그만큼 예수님의 갈릴리 사역이 널리 소문날 정도로 성공적이었음을 의미한다. 그들은 예수님의 제자

338) 51절 중간에 시내 산과 B사본과 달리, A와 다수 사본은 '매우'(*lian, ek perissou*)라는 표현을 두 번 쓴다. 그리고 51절 끝에 A, D, W, 다수 사본은 '놀랐고 경탄하였다'로 쓴다(참고. 행 2:7의 '놀라서 신기하게 여기며').

중에서 몇 사람이 손을 씻지 않고 음식을 먹는 것을 보고는 손을 '철저히'(*pykna*, 시내 산, W사본이 지지함) 씻어야 하는 장로의 유전을 어긴 것으로 간주하고 예수님에게 질문한다(2-5절).[339] 장로의 유전에 의하면 시장(*agora*)과 같이 부정을 피하기 힘든 장소에 갔다 온 후, 그리고 식사 전에는 손을 씻어야 하고(*baptisontai*, 참고. 시내 산과 B사본: '물을 뿌려야 하고'), 잔과 주발과 놋그릇도 씻었다(3-4절; 참고. 민 19:18).[340]

마가가 유대인의 정결과 부정결에 관해 3-4절에서 길게 설명한 것은 독자가 로마의 이방인 출신 성도였기 때문이다. 실제로 물두멍에서 제사 드리기 전에 씻는 것은 하나님의 계명으로 선한 것이었다(참고. 출 30:17-21). 그런데 장로들은 이 법을 모든 유대인에게 적용하여 공식적인 기도 후에 있는 식사를 위해 씻어야 한다고 가르쳤다. 하지만 이것은 그들의 전통이지 하나님의 법은 아니었다. 예수님은 이사야 선지자의 글을 인용하시면서 입술로는 여호와를 공경하되, 마음으로는 그렇지 않다는 것이 바리새인에게 해당된다고 질책하신다(6절; 참고. 사 29:13).[341]

바리새인들은 하나님의 계명이 아니라 장로라는 사람의 계명으로 가르치니, 하나님을 헛되이 경배할 뿐이었다(7절). 그들은 하나님의 계명은 버리고 사람의 유전만 따를 뿐이었다(8절).[342] 또 예수님께서 말씀하신다. "너희는 너희의 전통을 지키기 위하여(*teresete*, 시내 산, A, 다수 사본, 개역개정판이 지지함; 참고. D, W, 세타 사본, 다수 사본, 바른 성경은 '세우기 위해'[*stesete*]) 하나님의 계명을 잘도 무시하는구나"(9절). 바리새인들의 겉은 멀쩡하게 보였을지 몰라도, 속은 하나님에게서 멀리 떠나 있었다. 예수님은 여기서 멈추지 않고 고르반(*Corban*, '드림'이라는 뜻. a gift devoted to God)을 예로 들어 바리새인의 외식을 책망하신다(11절).[343] 실제로 바리새인들은 부모를 봉양하겠다고 하나님께 거짓으로 맹세한 후 경제적인 이유 등으로 부모를 공경하지 않고, 훼방하는 자들로 사형에 해당되었다(참고. 출 21:17; 레 20:9; 민 30:1-16; 신 23:21-23). 바리새인의 삶과 가르침 속에 고르반과 같은 외식적인 일을 통해서 하나님의 법을 어긴 경우가 많았다(13절).

---

339) 3-4절을 UBS 4판은 '—'로 처리하고, 바른 성경, 개역개정판, 그리고 NIV는 ( )로 처리한다.

340) 4절에서, 시내 산과 B사본과는 달리, A, D, W 그리고 다수 사본 등은 '놋그릇' 다음에 '그리고 침대들'을 추가한다(참고. 레 15장).

341) 예수님이 유대인들로부터 정죄를 당하여 결국 십자가에서 처형당하신 이유는 무엇이었는가? 그 이유는 다양하다. 유대인들이 볼 때 예수님은 율법을 어겼고(막 2:23-28), 신성 모독죄를 범했으며(막 2:7), 로마 권력에 저항하는 인물로 비쳐졌고(눅 19:38), 바알세불에 사로잡혀 있던 거짓 선지자였다(막 3:22). 복음서들이 기록될 당시의 초대 교회가 예수님을 율법을 어긴 분, 신성 모독죄를 범한 분, 로마에 저항하는 분, 바알세불에 사로잡힌 거짓 선지자라고 묘사할 이유는 없었다.

342) 8절 끝에 다수 사본은 4절을 참고하여 "너희가 주발과 잔을 씻고 그밖에도 이와 같은 일을 많이 하느니라"를 추가한다.

343) 예수님 당시의 유대인들은 '아람어'를 구어로 사용했다. '고르반'(*qorban*), '아바'(*abba*), 그리고 '라가'(*reqa*)는 미쉬나 히브리어(Mishnaic Hebrew)인 동시에 아람어이다. 1세기에 '아람어화된 헬라어' (Aramaizing Greek)도 있었던 것 같다(예. 아람어 *edayin*을 번역한 헬라어 *tote* [뜻: 그때]). '달리다 굼'(막 5:41)과 '에바다'(막 7:34)는 히브리어가 아니라 아람어이다. 마가복음의 독자들이 로마의 그리스도인들이라면 왜 마가는 아람어를 사용했을까? Buth(2000:89)는 로마의 독자들에게 아람어가 사용된 예수님의 치유 사건을 통해서 신비로운 의미(sense of mystery)와 경외심을 제공하기 위해서라고 본다.

그 예를 안식일 준수 등에서 볼 수 있다. 예수님은 무리를 가까이 불러서 말씀하신다. "너희 모두는 내 말을 듣고 깨달아라. 무엇이든지 사람 밖에서 그 안으로 들어가는 것은 그를 더럽게 할 수 없고, 다만 사람 안에서 나오는 것들이 사람을 더럽히는 것들이다"(14-15절).[344]

가버나움의 한 집에서 제자들이 이 비유의 뜻을 물으니, 예수님은 그것을 깨닫지 못한 제자들을 책망하신다(17-18절). 마음으로 들어가는 것이 아니라 배로 들어가 뒤로 나오는 식물은 깨끗한 것이다(19절). 그러나 사람의 마음에서 나오는(참고. 렘 17:9-10) 악한 생각인 음란과 도둑질과 살인과 간음과 탐욕(greed)과 악독(malice)과 속임(deceit)과 음탕(lewdness: 억제하거나 감추지 않는 비도덕적 행위)과 흘기는(envy: 시기심) 눈(바른 성경은 직역함: '악한 눈', *ophthalmos poneros*, evil eye)과 훼방(slander)과 교만과 광패(folly: 도덕과 비도덕을 분간할 줄 모르는 것)가 사람을 더럽힌다(20-23절). 레위기 11장의 정결과 부정을 다시 정의하신다. 레위기 법에 의하면, 하나님은 이스라엘 백성에게 대체로 쉽게 상하거나 전염병에 노출되기 쉬운 것 혹은 죽은 짐승을 먹는 짐승의 고기(음식)를 부정한 것으로 간주하시고 금하셨다. 그러나 디모데전서 4장 4절에서 바울은 디모데가 목회하던 에베소의 금욕주의자들을 경계하면서 하나님이 창조하신 모든 것을 교회가 감사함으로 받으면 선하다고 말한다. 신약에는 더 이상 부정과 정결을 문자적으로 지킬 수 없다(참고. 행 15:22-29).

2.2. 마가복음 7장 24-30절의 메시지

예수님 일행은 50km 정도를 걸어서 북쪽 두로(참고. 시내 산, A, B, 다수 사본은 '두로와 시돈')로 가셨다. 거기 한 집에 아무도 모르게 들어가서 계시려고 하지만 소문을 들은 무리가 찾아온다(24절). 더러운 악령 들린 딸을 가진 수로보니게 족속(페니키아) 여인이 찾아와서 예수님의 발아래 엎드린다(25절). 그녀는 축귀를 간청한다(26절). 예수님은 하나님의 자녀인 이스라엘 사람을 '먼저' 배불리 먹이게 해야 하고, 자녀의 떡을 개들(*kynarion*, 애완용)에게 던질 수 없다고 대답하신다(27절; 비교. 출 22:31). 여인은 "주여, 그렇습니다(*nai, kyrie*, 시내 산, A, B, 다수 사본이 지지함; 참고. 파피루스 45와 D는 '주여') 식탁 밑의 개들도 아이들이 먹던 부스러기들은 먹습니다"고 대답하며 물러서지 않는다(28절).[345]

구원의 경륜에서 유대인이 먼저였지만, 그 범위에 이방인이 제외되지는 않았다. 이 여인이 이렇게 대답한 까닭에 예수님은 "돌아가라. 악령이 네 딸에게서 나갔다"고 말씀하신다(29절). 이 여인이 집에 돌아가서 보니, 딸이 침상에 누워 있고 악령(단수)이 나갔다(30절). 이방 지역에도 주님의 구원은 임하고 있다. 수로보니게 여인은 선민의식을 가지고 있지 않은 사람으로서 특권 의식을

---

344) 16절을 시내 산, B, L, 델타 사본은 생략하지만, A, D, W, 다수 사본은 "들을 귀 있는 자는 들어라"를 포함한다.

345) 28절의 '대답하여 말하기를'(바른 성경)은 *apekrithe*(아오리스트 디포 직설 3인칭 단수) *kai legei*(현재 능동 직설 3인칭 단수)이다. 학자들은 마가복음에서 접속사 '그리고' (*kai*)로 연결된 병렬 구문(parataxis)과 같이 다소 거칠어 보이는 구문들을 통해서 '마가복음 우선설'을 주장해 왔다. 병렬 구문이 종속 구문(hypotaxis)으로 발전되기에, 병렬 구문은 초기 구문이라고 주장한다. 그러나 추론일 뿐이다.

가지고 있으며 장로의 유전을 지키려던 바리새인들과 대조를 이룬다. 더욱이 이 여인은 부정한 사람 취급을 당했지만 그 속에서 나온 말에는 부정함이 없었기에 예수님에 의해 구원을 얻고 정결함을 인정받았다. 이 사건은 특별히 마가복음의 이방인 출신 독자에게 격려가 되었을 것이다.

2.3. 마가복음 7장 31-37절의 메시지

예수님은 두로에서 북쪽 시돈을 거쳐 남동쪽 데가볼리 지경을 통과하여 갈릴리로 돌아오셨다(31절). 마가는 이 긴 여정 동안 무슨 일이 일어났는지 설명하지 않는다. 유대인들은 이방 지역인 두로와 시돈을 부정하다고 생각했지만, 이미 정결에 대해 새로운 규정을 앞 단락에서 밝히신 예수님이 이 지역을 여행하는 것에는 아무 문제가 없다. 사람들이 귀먹고 말을 거의 할 수 없는 어눌한 남자를 데리고 예수님께 나아와 안수받기를 원한다(32절). 예수님은 그 사람만 따로 데리고 가서, 손가락을 양 귀에 넣고, 침을 뱉아 그의 혀에 손을 대시며(참고. 막 8:22-26; 요 9:1-7), 하늘을 우러러 탄식하시며 '에바다'(*Ephphatha!*, Be thou opened!, 아오리스트 수동 명령 2인칭 단수)라고 말씀하신다(33-34절). 예수님의 이런 제스처는 마술적인 주술이 아니라, 이 병자와 의사 소통하시는 것이며, 동시에 그에게 믿음을 불어 넣기 위한 것이었다. 그러자 '곧'(*eutheos*, 참고. 시내 산과 B사본은 '곧'을 생략함) 귀가 열리고(아오리스트 수동태 직설법) 혀의 맺힌 것(bond)이 풀려서(아오리스트 수동태 직설법) 말이 분명해졌다(35절).[346]

이 어눌한 사람의 치유는 이사야 35장 5-6절의 성취이다. 질병으로 인한 고통을 보시고 탄식하시는 메시아께서 자신의 백성을 온전히 치유하신다. 예수님이 아람어 '에바다'라고 말씀하신 것을 보면, 이 사람은 유대인으로 보인다. 이방 지역의 디아스포라도 메시아께서 주시는 구원의 범주에 포함된다. 예수님은 그들에게 아무에게도 이 사건을 이야기하지 말라고 해도, 소문은 더 퍼지고 만다(36절). 주님이 경계하신 것을 볼 때, 사람들이 예수님이 메시아 사명을 감당하고 계신다고 소문을 퍼뜨린 것은 아닐 것이다. 단지 치유 자체의 신기함만 소문으로 퍼뜨렸을 것이다. 이 치유 사건을 알게 된 사람들은 '계속' 놀란다(미완료, 37절). 이 귀먹고 어눌한 사람을 치유하심으로써, 예수님은 바리새인들의 영적인 어눌함과 귀먹음을 고발하고 계신다. 참고로 마가복음의 내용 중 3분의 1이 치유와 축귀이다. 즉 마가복음의 주제는 하나님 나라가 영적인 대결 가운데서 승리하며 전인을 회복하는 것으로 나타난다.

3. 오늘에의 적용

우리를 더럽게 만드는 것은 무엇인가?

---

346) 침을 바르고 만지고 안수하는 방식으로 예수님이 치유하신 것은 하나님의 나라가 고통당하던 사람들에게 임하는 것을 직접적으로 그리고 실제로 느끼도록 하기 위함이다. 따로 데리고 가서 치유하심으로써 인기를 얻기 위해서 악령이 쫓겨나는 증거를 공공연하게 보여주려고 한 당시의 치유자들의 방식과 대조를 이룬다. 오히려 예수님은 병자의 비밀을 보장해 주고 친밀함을 느낄 수 있도록 평온한 환경 속에서 치유해 주셨다(참고. 김재성, 2009:800-803).

우리가 진리 안에서 자유하기 위해서 타파해야 할 전통은 무엇인가?
포기하지 않는 믿음의 간구를 드리자.
우리는 예수님의 어떤 면을 전파하고 있는가?

마가복음 8장

1. 본문 및 구조

- 4천 명을 먹이심(1-9절)
- 표적을 요구함(10-13절)
- 바리새인과 헤롯의 누룩에 대한 경고(14-21절)
- 벳새다의 소경(22-26절)
- 베드로의 신앙고백(27-30절)
- 예수님의 첫 번째 수난 예고(31-38절)

2. 구원 계시사적 메시지

2.1. 마가복음 8장 1-10절의 메시지

마가복음 6장의 오병이어의 표적으로 유대인 중심의 남자만 5천 명을 먹이신 기적과 구분되는 표적이 다시 등장한다. 칠병이어로[347](남자만) 4천 명을 먹이신 이 표적이 발생한 장소는 오병이어의 표적이 일어난 장소와 그리 먼 곳으로 보이지 않는다. 아마 갈릴리 남동쪽 해변의 데가볼리가 아닐까?(참고. 오스본, 2002:350) 이 단락에서는 아마도 예수님께서 이방인과 유대인의 혼합된 무리를 먹이신 것으로 보인다. 예수님의 강설은 3일 동안 계속되었고, 무리들은 가지고 온 음식이 동이 났다(1-2절). 이미 오병이어의 표적을 경험한 제자들은 여전히 불신앙으로 일관한다(4절). 예수님과 제자들이 떡의 숫자를 두고 대화하신다(5절). 예수님은 떡 일곱을 들고 감사 기도하신 후(*eucharistesas*, 아오리스트 능동 분사 남성 단수 주격) 떼어서 제자들이 나누어 주도록 '계속' 주신다(*edidou*, 미완료 능동태 직설법 3인칭 단수, 6절). 따라서 정확하게 말하면, 기적은 예수님의 손에서 발생했지, 제자들의 손에서 발생한 것은 아니다. 주님은 작은 생선들도 배분하도록 하셨다(7절). 광야에서 새로운 모세이신 예수님은 이들을 충족히 먹이시고도 일곱 광주리가 남았다(8

347) '칠병이어'라는 표현은 정확한 것이 아니다. 왜냐하면 떡은 일곱 개(*hepta*)가 맞지만 물고기(*ichthus*)는 두 개라고 말하지 않고 '적다'(*oliga*, 중성 복수 대격)라고만 말하기 때문이다(7절).

절). 이것은 광야에서 만나와 메추라기를 먹은 것을 기록한 출애굽기 16장의 성취인 동시에, 메시아께서 원근 각처에서 사람을 모아 은혜와 구원을 베풀고 먹이실 것을 예언한 이사야 49장 8-12절의 성취이다. 예수님은 무리를 돌려보내고, 즉시(*euthys*) 제자들과 함께 게네사렛 남쪽 5km에 위치한 갈릴리 호수 동네인 막달라로 추정되는 달마누다(Dalmanutha) 지방으로 배 타고 가신다(10절).[348]

2.2. 마가복음 8장 11-13절의 메시지

바리새인들이 예수님께 논쟁적인 질문 공세를 펴면서 시험한다. 그들은 예수님에게 하늘로부터 오는 표적을 '계속' 구한다(*zetountes*, 현재 능동 분사 남성 복수 주격, 11절). 바리새인은 주님의 갈릴리 사역 가운데 나타난 메시아 사역을 불신했기에, 예수님을 하늘에서 오신 성부의 아들로 인정하지 않았다. 표적을 행하지 않으면 거짓 메시아로 고발할 준비가 되어 있다. 바리새인들은 표적으로 선지자 됨을 증명하라는 신명기 13장 1-3절과 18장 18-22절을 알고 있었다. 예수님은 마음속에(*to pneumati*) 깊이 탄식하며(*anastenazo*, to sigh deeply) "어찌하여 이 세대가 표적을 구하느냐?"라고 물으신 후, 이 세대에게 표적을 주시지 않으리라고 말씀하신다(12절). 예수님은 불신앙과 시험을 목적으로 표적을 구하는 사람에게는 아무것도 행하실 수 없었다. 예수님 일행은 바리새인을 떠나 다른 곳으로 배 타고 가신다(13절). 이 떠남(*aphiemi*, 버려두다, 포기하다)은 단순한 지리적 이동이라기보다는 심판적 측면을 가진다.

2.3. 마가복음 8장 14-21절의 메시지

예수님 일행이 배타고 이동하는 도중 제자들은 떡을 하나만 준비해 왔다(14절). 주님은 바리새인과 헤롯의 누룩(leaven, 단수)을 주의하라고 말씀하신다(15절). 마태복음 16장 6절과 12절에서는 '바리새인과 사두개인의 누룩'으로 나오지만, 마가는 이방인 독자를 고려하여 사두개인이라는 유대 종파 대신에 더 친숙한 '헤롯의 누룩'으로 바꾸었다. 헤롯 당원 중 다수는 사두개인이었으며, 기회주의자요 물질과 권세를 탐하는 자였다(참고. 오스본, 2002:363). 여기서 누룩은 죄를 가리킨다(참고. 고전 5:6-7). 제자들은 떡을 준비해 오지 않아서 예수님이 그런 말씀을 하시는 줄 알았지만(16절), 주님은 그들의 마음의 우둔함(완고해져 왔음, *peporomenen*, 완료 수동 분사, having been hardened)을 질책하신다(17절). 예수님은 계속해서 오병이어와 칠병이어의 표적 후에 남긴 바구니와 광주리를 언급하시면서 제자들의 영적인 소경과 귀머거리 됨을 질타하신다(18-21절; 참고. 사 6:9). 예수님은 오염성이 강한 바리새인과 헤롯당의 위선을 주의하라고 계속해서(현재 능동 명령) 경계하신 것이다.

2.4. 마가복음 8장 22-26절의 메시지

예수님 일행이 갈릴리 호수 북동쪽 마을인 벳새다에 도착하니, 사람들이 한 소경을 주님에게

---

348) 10절에서 세타 사본은 '막달라'라고 쓰고, W사본은 '달마눈다'라고 쓴다.

데리고 와서 안수해 주기를 바란다(22절). 벳새다는 베드로와 안드레의 고향이다(참고. 요 1:44). 이 소경은 제자들의 영적인 어두운 눈을 지시하는 기능도 한다. 주님은 소경의 한 손을 붙들고 마을 밖으로 나가서 두 눈 안으로(*eis*) 침을 뱉으시며 두 손으로 안수하시며 무엇이 보이는지 물으신다(23절). 그 소경은 위를 쳐다보면서 나무들이 걸어가는 듯한 모습으로 사람들이 보인다고 말한다(24절). 예수님이 다시 두 눈에 두 손으로 안수하니, 그 소경은 만물을 밝히 보았다(25절). 예수님이 두 번이나 안수하여 고치신 것에서, 이 소경의 믿음의 부족을 가르쳐 주기보다는 오히려 종종 육체와 영적인 회복이 점진적일 수 있음을 교훈하신다. 예수님은 그 사람을 집으로 보내시면서 마을로 들어가지 말라고 경계하신다(26절; 참고. 막 9:9).[349] 주님은 단순히 기적 치유자로 알려지는 것을 원치 않으셨다.

2.5. 마가복음 8장 27-30절의 메시지

빌립보의 가이사랴에 있는 마을들로 가는 길에 베드로가 예수님을 향해서 "당신은 그리스도십니다"(*Sy ei ho Christos*)라고 고백한다(27-29절). 가이사랴는 헬라의 자연신인 '판'(Pan) 숭배에 바쳐진 동굴로 유명한 이교 도시였다(참고. 존 월튼, 2010:1384). 예수님은 자기 일을 아무에게도 말하지 말라고 경계하신다(30절). 하지만 원문에서 '자기 일'이 아니라 '예수님에 관해서'(*peri autou*)라고 말씀한다. 주님의 그리스도 되심은 부활 이후에야 온전히 계시될 것이다.

2.6. 마가복음 8장 31-38절의 메시지

인자가 유대 지도자들에게 버린바 되어 죽고 사흘 만에 부활하실 것을 분명하게 예고하신다(31절). 이때 베드로는 예수님을 붙들고 계속해서 꾸짖는다(32절). 베드로는 예수님이 메시아라면 고난을 당하시고 죽으실 수 없다고 믿었다. 베드로는 십자가 없는 영광의 메시아 왕국을 꿈꾸고 있었다. 하지만 예수님의 구원과 왕국 건설은 죽으심과 부활을 통해서만 가능하다. 예수님은 제자들을 보시고 베드로를 꾸짖으시면서 "사탄아 내 뒤로 물러가라.[350] 네가 하나님의 일을 생각지 아니하고 도리어 사람의 일을 생각하는도다"라고 말씀하신다(33절). 제자들에게 자기를 부인하고 자기 십자가를 지고 주님을 따르라고 말씀하신다(34절). 누구든지 예수님과 복음을 위하여 자기 목숨을 잃으면 그 목숨을 구원할 것이다(35절). 더 귀한 것을 위해 덜 귀한 것을 내놓는 것은 지혜로운 결정이다. 목숨이 온 천하보다 더 귀하기에 주님과 복음을 위해 살아야 한다(36-37절; 참고. 시 49:7, 15). 이 음란하고 죄 많은 세대에서 예수님과 예수님의 말씀을 부끄러워하면 인자도 영광 가운데 올 때 그 사람을 부끄러워하실 것이다(38절; 참고. 단 7:13-14). 로마의 독자들이 본격적인 박해 가운데는 처하지 않았으나, 교회에 대해서 비우호적인 태도를 보인 정부 세력과 그들이 대결하고 있었기에 영원한 구원을 바라보면서 십자가를

---

349) 26절 끝에 A, C, 다수 사본은 "그 마을 안의 누구에게도 말하지 말라"를 추가한다.

350) 제자의 적절한 위치는 선생의 '뒤'였다. "내 뒤로 물러가라"는 말은 베드로에게 예수님을 추종하는 올바른 위치로 돌아가라고 명하는 것일 수 있다(참고. 존 월튼, 2010:1385).

지고 일시적인 고난을 감내하라는 예수님의 메시지는 위로가 되었다.

3. 오늘에의 적용

주님의 반복된 메시지를 듣고도 무감각하지 않는가?
영적인 구원보다 경제·정치적인 해방을 우선적으로 생각하지 않는가?
일시적인 것과 영원한 것 사이에 선택하라.

마가복음 9장

1. 본문 및 구조

- 변화산의 변모 사건(1-13)
- 악령 들린 소년을 치유하심(14-29)
- 죽음과 부활에 대한 두 번째 예고(30-32)
- 큰 자에 대한 논쟁(33-37)
- 대적과 동역자(38-41)
- 범죄 곧 실족하게 함에 대한 경고(42-50)

2. 구원 계시사적 메시지

2.1. 마가복음 9장 1-13절의 메시지

마가복음 9장 1절에서 예수님은 "내가 진실로 너희에게 이르노니 여기 섰는 사람 중에 죽기 전에 하나님의 나라가 권능으로 임하는(*elelythyian*, 완료 능동 분사 3인칭 단수) 것을 볼 자들도 있느니라"고 말씀하신다. 이 말씀은 마가복음 9장 1절에 위치하지만, 오히려 마가복음 8장 27-38절의 가이사랴 빌립보에서의 신앙 고백과 함께 읽혀지는 것이 자연스럽다. 이 말씀을 하신 지 엿새 후에(참고. 출 24:15), 예수님은 변화산에서 측근 제자 3인방이라고 할 수 있는 베드로, 야고보, 그리고 요한에게 심히 희게 된 자신의 변형된 모습을 통해 자신의 죽으심과 부활 그리고 재림 후의 영광을 보여주신다(3절; 참고. 출 24:1, 9; 막 5:37, 13:3, 14:33). 시내 산에서 모세에게 현현하사 영광스러운 임재를 보여주신 여호와처럼, 새로운 모세이신 예수님은 자신 안에서 영적인 출애굽을 경험한 제자들에게 영광 가운데 현현하신다. 주님의 이 변화된 모습에서 우리는 예수님의 메시아적 신성을 발견한다. 예수님께서는 자신의 영광을 제자들에게 미리 보여주심으로 고난 중에라도 분명한 믿음을 가지고 십자가를 지고 따르도록 격려하신다. 변화산 사건은 바로 앞 단락인 마가복음 8장 27절의 빌립보의 가이사랴에서의 신앙 고백 사건 후에 일어난 것이기에, 빌립보의 가이사랴에서 그리 멀리 않은 산에서 발생한 것으로 추론할 수 있다.

모세와 엘리야 두 사람이 등장하여 구약의 메시아 예언이 이제 예수님 안에서 성취되어야 할 것을 증거한다(4절). 모세가 신명기 18장 15절에서 예언한 메시아의 사역이 성취되어 가고 있으며(7절), 동시에 메시아의 선구자이며 제2의 엘리야인 세례 요한이 이미 와서 사역을 한 시점이기에(12-13절), '인자'(son of man)이신 예수님의 죽으심뿐 아니라 부활로 영광 받으실 시간은 가까워 오고 있었던 것이다.[351] 참고로, 5절에서 베드로가 초막 셋을 짓겠다고 말한 것으로 보아 시간적인 배경은 초막절로 추론된다.[352] 이 말은 베드로가 무슨 말을 해야 될지 몰라서 엉겁결에 한 말이었으며, 다른 두 제자들도 심히 두려워하고 있었다(6절). 그러나 베드로는 마가복음 8장 31절을 얼마 전에 들었음에도 불구하고 예수님의 고난과 죽음 없는 영광에 잘못된 방식으로 집착하고 있다. 이때 구름이 제자들을 덮고, 예수님을 "이는 내 사랑하는 아들이니 너희는 저의 말을 들어라"는 소리가 들린다(7절). 제자들이 갑자기 둘러보니 예수님만 보인다(8절).

산에서 내려올 때, 주님은 부활 후까지 변화산 사건을 아무에게도 말하지 말라고 경계하신다(9절). 주님의 부활은 계시사적 전진에서 큰 분수령이 되며, 동시에 제자들의 예수님의 인격과 사역 이해의 전환점이 된다. 이 말씀을 들은 세 제자들은 예수님의 죽으심과 부활에 대해 완전한 이해를 가지고 있지 못했기 때문에, 특별히 주님의 부활에 대해 토론한다(10절). 제자들은 그 당시의 유대인처럼 메시아께서 고난을 당하시고 죽으셔야 한다는 것을 전혀 생각할 수 없었다. 그러므로 주님의 부활에 대해서도 그 뜻을 알지 못했다. 제자들은 엘리야가 메시아보다 먼저 와야 하리라고 가르친 당시 서기관들의 말을 인용하면서 예수님에게 질문한다(11절; 참고. 말 3:1; 4:5-6). 이 질문에서 알 수 있는 것은 주님의 제자들은 세례 요한을 메시아의 선구자인 엘리야로 알지 못해서, 당시 서기관들의 가르침이 틀렸다고 생각하고 있었다는 사실이다. 변화산에서 엘리야를 본 후(막 9:4), 제자들은 이스라엘의 종말론적 회복이 시작되었다고 생각했을 것이다. 따라서 11절은 '엘리야에 의해서 죽은 자의 부활을 포함하여 모든 것들이 회복되기 시작했다면 예수님은 왜 고난을 당하시고(참고. 사 53; 막 9:12) 죽으셔야 하는가?'라는 질문으로 볼 수 있다(참고. Watts, 2007:189). 이때까지 주님의 제자들은 변화산에 보았던 엘리야의 사역을

---

351) 다니엘 7장 13-14절의 '인자 같은 이'(like the son of man)는 절대 권세를 가지고 계시는 메시아적 인물이다. 그분은 하늘에서 내려오며, 그분에 대한 다니엘의 묘사가 '신격화'와 유사하기에, 그는 신적인 존재로 여겨져야 한다. 그분은 하나님의 백성과 연결되어 있기에 '집단적/공동체적 인격을 가진 분'(corporate person)이기도 하다. 그분과 연결되어 잇는 사람들은 그분의 운명에 묶여 있다. 인자 같은 분의 이러한 이중적인 기원 때문에, '인자'라는 호칭에서 예수님의 인성과 신성을 찾을 수 있다(참고. Marshall, 1992:780).

352) 앞에 모세가 등장하기에, '초막'은 출애굽 시 광야에 쳤던 장막을 연상시킨다.

세례 요한이 감당했음을 말라기의 예언을 통해서 제대로 알지 못했다.

하지만 예수님은 당시 서기관들의 가르침대로 엘리야가 이미 와서 모든 것을 회복한다면 왜 인자가 고난을 받고 멸시를 당해야 한다고 구약이 기록하고 있는지(참고. 시 22:6-7; 사 53; 단 9:26) 되물으시면서 대답하신다(12절). 주님은 변화산 사건에 이어서 고난 없는 영광은 없다고 재차 가르치신 것이다. 그리고 주님은 세례 요한을 염두에 두시면서 엘리야가 왔지만 사람들(헤롯 안디바)이 참수형을 시켜버린 것을 지적하신다(13절). 이 말씀 속에서 주님 스스로 세례 요한처럼 죽임을 당하실 어린양임을 암시하신다.

2.2. 마가복음 9장 14-29절의 메시지

예수님의 네 번째이자 마지막 악령 축출 사건이 등장한다. 예수님과 세 제자가 변화산에서 내려오니, 산 밑에는 큰 무리가 모여 있었고, 제자들과 서기관들이 변론했다(14절).[353] 제자들과 서기관의 변론은 실제로 서기관이 예수님을 향해서 적대적으로 논쟁한 것이나 마찬가지이다(참고. 막 2:6, 16; 3:22). 14절의 경우처럼 *syzeteo*가 *pros*라는 전치사와 같이 나오면 '적대감을 가진 변론'이라는 의미를 가진다(참고. 막 2:6; 3:22; 보라. France, 2002:363). 무리가 예수님을 보자마자 심히 놀라는 동시에 주님에게로 달려와서 문안한다(15절). 무리는 예수님이 갑작스럽게 그 상황 속에 등장하심을 보고 놀랐던 것이다. 아니면 변화산의 영광이 예수님께 남아 있었기 때문에 무리가 놀랐을 수도 있다. 예수님은 무슨 주제로 변론하는지 물으신다(16절). 무리 중 한 명이 뻣뻣해지고(예수님은 이 증세를 고치셨음, 참고. 막 3:1, 3), 이를 갈고, 거품을 흘리는 벙어리 악령 들린 아들을 데려왔지만 제자들이 고치지 못했다고 말한다(17-18절).[354] 마가복음 6장 7-13절에서 전도 여행을 떠난 제자들은 축귀와 신유의 능력을 시행했지 않은가? 지금 주님의 제자들은 이전에 축귀와 신유를 행했다는 안일한 생각에 사로잡혀 있었지만, 믿음의 기도로 그 능력을 다시 시행하는 데는 실패했다(참고. 29절). 주님의 제자들과 논쟁하고 있는 서기관들도 축귀의 능력을 갖추지 못한 것은 마찬가지였다.

주님은 제자들(그리고 서기관들과 무리)을 향해서 '믿음이 없는 세대여'(O! unbelieving generation)라고 부르시면서 "내가 얼마나 너희와 함께 있으며 참으리요"라고 질타하신다(19절; 참고. 신 32:5; 사 65:2; 렘 5:21-23; 빌 2:15). 마가복음 6장 6절에 의하면, 나사렛인들의 불신앙 때문에 예수님은 능력의 사역을 거기서 하실 수 없었다. 이 장면은 마치 모세가 산에서 하나님의 계명을 받는다고 늦게 내려오니, 산 밑의 이스라엘 백성이 우상을 만들고 제2계명을 어긴 것을 연상케 한다(참고. 출 32). 예수님의 지상 사역은 그리 오래 남아 있지 않았기에, 속히 제자들의 마음은 살같이 부드럽고 믿음으로 무장되어야 한다. 이 영적 전투의 핵심에는 악령과의 싸움이

353) 14절을 시내 산과 B사본은 아오리스트 남성 복수 주격 분사와 아오리스트 능동 직설 3인칭 복수 동사를 사용하지만, A, C, D, 세타, 다수 사본은 예수님에게 초점을 맞추어 아오리스트 남성 단수 주격 분사와 아오리스트 능동 직설 3인칭 단수 동사를 사용한다.

354) 변화산 아래에서 제자들이 축귀하지 못한 실패는 시내 산 아래에서 금송아지를 만들어 섬긴 사건을 떠올리도록 한다(참고. 출 32장).

아니라, 믿음에 대한 싸움이 자리 잡고 있다(참고. Garland, 1996:355).

예수님을 보자마자 악령이 아이로 하여금 경련을 일으키고, 땅에 엎드러져 구르며 거품을 흘리게한다(20절). 주님은 아이의 아버지에게 언제부터 이렇게 되었는가라고 물으시니, 어릴 적부터 그렇게 되었다고 답한다(21절). 아이를 죽이려 하는 악령으로부터 주님이 무엇을 하실 수 있거든 우리를 불쌍히 여기사 도와주옵소서라고 아버지가 간구한다(22절). 제자들의 축귀 실패를 조금 전에 목격한 이 아버지는 제자들의 스승인 예수님의 능력에 대해서도 확신을 하지 못하고 회의감을 감추지 못하고 있다(비교. 막 1:40). 예수님은 "'할 수 있다면'이 무슨 말이냐?(*to ei dyne*).[355] 믿는 자에게는 모든 것이 가능하다"(*panta dynata to pisteuonti*)고 말씀하신다 (23절).[356] 예수님의 이 말씀은 믿음으로 모든 것을 할 수 있다는 의미라기보다는 믿음을 가지고 있는 사람은 하나님의 능력에 한계를 두지 않는다는 뜻이다(참고. Garland, 1996:355). 예수님은 누구의 믿음을 염두에 두셨는가? 기적을 행하는 이의 믿음인가? 아니면 기적을 바라는 이의 믿음인가? 둘 다를 염두에 두셨다. 곧 그 아버지는 "내가 믿나이다. 나의 믿음 없는 것(*apistia*)을 도와주소서"라고 외친다(24절). 여기서 우리는 이 아이의 아버지의 믿음의 고백이 '무엇을 하실 수 있거든'이라는(contra 막 1:40) 불완전한 데서 "내가 믿나이다"라는 완전한 데로 나아감을 발견할 수 있다.

예수님은 무리가 이 현장으로 몰려드는 것을 보시고,[357] 귀먹고 벙어리 된 악령에게 아이에게서 나오고 다시 들어가지 말라고 명하신다(25절). 악령이 소리 지르며, 그 아이로 심히 경련을 일으키게 하고 나가니, 그 아이는 죽은 것같이 되었다(26절). 예수님이 아이의 한 손을 잡고 일으키셨다(27절). '일으켰다'(*egeiren*)는 부활과 관련된 용어이다. 마가는 고침을 받은 아이를 본 무리의 반응이 어떠했는지 설명하지 않는다. 예수님이 집에 들어가시니, 제자들이 축귀를 실패한 이유를 물으니, 주님은 기도 외에는 이런 유가 나갈 수 없다고 대답하신다(28-29절).[358] 예수님은 기도로 축귀하지 않으셨다. 그러므로 예수님이 염두에 두신 기도는 마술 공식이 아니며, 오히려 하나님과의 지속적이고 친밀한 관계를 가리킨다(참고. Garland, 1996:357). 실제로 예수님은 이 친밀한 관계를 위해서 기도하셨다(참고. 막 1:35, 6:45-46). 제자들이 기도에 실패하는 것을 마가복음 14장 37-40절에서 볼 수 있다. 믿음과 기도에 힘을 쏟으신 긍정적인 예수님의 모습과 달리 제자의 모습은 부정적이다.

---

355) 23절에서 A와 다수 사본은 "'믿을 수 있다면'이 무슨 말이냐?"(*to ei dynasai pisteusai*)로 쓴다.

356) 23절 하반부를 바른 성경과 UBS 4판과 달리, 개역개정판은 "믿는 자에게는 능히 하지 못할 일이 없느니라"라고 부정형을 사용하여 번역한다.

357) 제자들에게서 소망을 찾지 못한 무리가 예수님께 몰려들었다고 언급하는 25절이 주는 인상은 예수님은 공적인 방식이 아니라 사적으로 악령을 축출하기 원하셨다는 점이다(보라. 막 1:34, 3:11-12, 5:43, 7:36, 8:26; 참고. Stein, 2008:434).

358) 28절에 '기도와 금식'이라고 A, C, D, 다수 사본이 쓴다, 물론 초대 교회에서 금식은 중요했다(참고. 행 10:30, 13:2, 14:23; 고전 7:5).

2.3. 마가복음 9장 30-32절의 메시지

예수님 일행은 그곳을 떠나서 아무도 모르게 갈릴리를 가로질러 가시려고 하신다(30절). 왜냐하면 예수님은 제자들에게 인자가 사람들의 손에 넘겨 죽임을 당하고 죽은 지 3일 만에 살아나실 것을 가르치시기 원하셨다(31절). 그러나 제자들은 예수님의 말씀을 이해하지 못했고, 묻기도 무서워했다(32절). 악령 축출 사건에 이어서 마가는 예수님의 제자들의 영적인 무지를 다시 한 번 폭로한다.

2.4. 마가복음 9장 33-37절의 메시지

주님의 제자들은 길가에서 '누가 제일 높은 사람이냐' 하는 문제로 서로 다투게 되었다(33-34절). 그러자 예수님께서는 제자들에게 첫째가 되고자 한다면 뭇사람의 끝이 되며 뭇사람을 섬기는 사람이 되어야 한다고 말씀하신다(35절). 더욱이 예수님께서는 어린아이를 비유로 들어 바람직한 제자의 삶에 대해 교훈하신다(36절). 당시에 어린아이들은 힘도 없고 사회적 위치도 낮을 뿐만 아니라 절대적으로 부모에게 부속되었다. 그들은 연약하여 노동과 전쟁에서 별 볼일 없는 존재들이었다. 예수님께서는 제자들에게 이런 어린아이와 같은 낮고 천한 자, 약한 자들을 영접하고 섬기라고 말씀하셨다. 제자들이 미미한 자를 영접하고 섬기는 것은 곧 예수님과 그를 보내신 자를 영접하는 것이었다(36-37절). 그들이 할 수 있는 가장 위대한 것은 어린아이처럼 약하고 멸시당하고 있는 자들은 섬기는 것이었다. 예수님에 대한 믿음은 낮은 자에 대한 영접과 섬김으로 나타나야 할 것이다. 예수님의 사역 초기에 예수님을 유혹하는 데 실패한 사탄은 지금 다시 제자들로 하여금 세속적인 야망을 위해 서로 다투도록 유혹하고 있다. 그러기에 많은 사람들을 위해 수난과 죽음을 통해 섬김의 모습으로 나아가셨던 예수님께서는 지금 제자들에게도 동일하게 사탄의 유혹을 멀리하고 섬김으로 나아가기를 요구하셨다. 예수님께서는 이것을 가르쳐 주시기 위해서 제자들 앞에 어린아이를 세우셨던 것이었다.

2.5. 마가복음 9장 38-41절의 메시지

이 단락에서 예수님께서 사도 요한의 질문에 답하시면서 제자들의 편협하고 배타적인 자세를 책망하시고 결코 독선에 빠지지 않기를 경고하신다.[359] 또한 그는 제자들이 자신의 죄에 대해서 단호한 자세로 나아가도록 촉구하시면서 서로에 대해서는 화목할 것을 교훈하신다. 요한은 37절의 '예수님의 이름'에 대한 교훈을 기억하면서, 자기들 중에 하나가 아니면서 예수님의 이름으로 악령을 쫓아내는 자가 있어 그것을 보고 그 행위를 금하였다고 보고 예수님께 보고하였다(38절). 제자들은 자기들의 일행이 아니면서 예수님의 이름으로 악령을 쫓아내는 것에 대해 시기하고 질투하였다. 실제로 마가복음 9장 13-29절에서 제자들은 믿음이 부족하여 악령 축출에 실패하고 말았다. 이제 마가복음 9장 38절에서 그들은 그것을 행할 수 있는 자들을 시기하며 방해하고

---

359) A.D. 1세기에 다양한 유대 종파가 있었는데, 심지어 정확한 유월절 날짜를 두고 종파 사이에 대립하기도 했다(참고. 존 월튼, 2010:1388).

있다. 제자들은 그들이 단지 자기 그룹에 속하지 않았다는 이유 때문에 그들을 배척하였던 것이다. 이 사실은 자신들의 배타적인 특권을 옹호하기 위한 제자들의 관심을 지적하고 있다(참고. 민 11:26-29). 본문에서 제자들이 보이고 있는 독선과 배타심은 하나님의 나라 확장에 큰 장애물이라 할 수 있다. 영적인 우월감으로 인해 우리 자신이 하나님을 향해 나오는 자들의 장애물이 되어서는 안 될 것이다.

요한의 보고에 대해 예수님께서는 그에게 그러한 행위를 금하지 말라고 말씀하셨다. 예수님께서는 누구든지 주님의 이름으로 능력을 행한 후에 즉시 주님을 비방할 사람은 없다고 하셨다(39절). 실제로 예수님이 부여하신 능력은 12제자들에게만 국한된 것이 아니었다. 이 능력은 주님의 이름의 권세를 믿는 모든 자에게 시공간을 초월하여 적용될 수 있는 권세이다. 따라서 예수님께서는 제자들의 배타적인 행동을 경고하고 계신 것이다. 또한 예수님께서는 "누구든지 우리를 반대하지 않는 자는 우리를 위해 있는 자니라"고 말씀하셨다(40절).[360] 제자들은 그들과 함께하지 않는 자들을 그들의 적으로 생각하고 있었다. 반면에 예수님께서는 자신을 배척하지 않는 자들을 자신의 친구로 간주하셨다. 그러면 이 말씀은 마태복음 12장 30절과 누가복음 11장 23절의 "나와 함께하지 않는 자는 나를 반대하는 자요"와 상충되지 않는가?

물론 이 말씀도 악령 축출의 본문 속에서 나타나지만, 그 적용에 있어서는 서로 다르다. 마가복음 9장 40절의 '우리를 대적하지 않는 자들'은 사탄의 나라를 대항하여 싸우기 위해 주의 이름을 긍정적으로 사용하고 있는 자에게 적용되고 있다. 반면에 마태복음 12장 30절의 '나와 함께하지 않는 자'는 예수님의 악령 축출을 비난하고 대적하는 자들을 언급하는 것이다. 마가복음 9장 38절에 언급되고 있는 그 사람은 예수님을 대적하는 것이 아니고 예수님을 위해 믿음으로 사탄의 나라를 대적하여 싸우는 자이다. 그러므로 제자들은 그의 행동을 금하기보다는 기쁨으로 대해야 했던 것이었다. 예수님께서는 자신에게 속한 제자들에게 물 한 그릇 대접하는 자는 반드시 그 상을 잃지 않을 것이라고 하신다(41절; 참고. 막 6:8-11).

2.6. 마가복음 9장 42-50절의 메시지

마가복음 9장 42절은 독선과 배타심에 관한 교훈에 대한 결론이며 9장 43-50절의 교훈으로 들어가는 서론이기도 하다. 과장법적 표현을 통해 예수님은 믿는 소자 한 명을 실족하게 하는 것에 대해 엄히 경고하신다. '실족하게 하다'는 실제로 믿음을 떠나 멸망의 자리로 내려가게 하는 것을 의미한다. 즉 어린아이와 같이 나약하고 미천한 자들이 예수님께 믿음으로 나아오는 것을 막고 죄로 빠져들게 하는 행위를 말한다. 예수님께서는 소자 하나를 실족하게 하느니 차라리 연자 맷돌을 목에 매고 바다에 빠지는 것이 낫다고 하신다(42절).[361] 반역자나 부모를 죽인 자들은 맷돌의 구멍에 목을 끼우고 바다에 던진 일이 있었다(참고. 마 18:6). 예수님께서

---

360) 이 말씀은 예수님 당시의 속담으로 볼 수 있다.

361) 연자 맷돌을 매고 죽는 것은 이방 나라의 관습이었다. 로마의 마가복음의 독자들은 잘 알고 있었을 것이다.

이렇게 단호하게 말씀하고 계신 것은 아무리 연약한 존재라도 믿음의 공동체의 일원을 그리스도에게서 멀어지게 해서는 안 될 것을 경고하신 것이다. 어쩌면 이것은 제자들의 배타적인 태도가 예수님의 이름으로 악령 축출의 능력을 행한 그 사람을 실족하게 만들 수 있음에 대해 경고하신 것이라 할 수 있다.

마가복음 9장 43-48절에서 예수님은 계속해서 과장법을 사용하시어 제자들이 독선적이고 배타적인 죄악을 끊어 버릴 것을 촉구하신다. 예수님께서는 제자들에게 "만일 네 손이나 발, 또는 눈이 너를 범죄하게 만들면 그 지체를 찍어 버리라"고 말씀하신다(43절).[362] 여기서 언급된 신체의 부분들은 실제로 행위의 다양한 형태들에 대한 상징들이다. 예를 들어, 손은 잡지 말아야 할 것을 잡고, 발은 가지 말아야 할 곳을 가며, 눈은 보지 말아야 할 것을 보게 된다. 유대 사회는 스스로 신체의 일부를 제거하는 것을 금하였고, 예수님께서도 제자들이 이것을 문자 그대로 받아들이기를 의도하지 않으셨다(참고. 갈 5:15). 신체의 일부를 절단하는 것은 당시에 주요한 형벌이었으나 그것은 사형보다는 다소 자비로운 형벌이었다. 불구가 되는 것이 차라리 꺼지지 않는 불속, 지옥(*geenna*)에 던져지는 것보다 훨씬 낫다(45절).[363] 왜냐하면 생명에 들어가고 하나님 나라에 들어갈 때, 거기에는 소경도 다리 저는 자도 모두 고침을 받게 될 것이기 때문이다. 예수님께서는 이것을 제자들의 영적인 삶에 적용하신다(47-48절). 적용해 보면, 성도가 경계심을 갖고 살면서, 자신을 죄악으로 인도하는 모든 것을 제거하는 것이, 하나님 나라에 들어가지 못하고 나중에 벌레도 죽지 않고 불도 꺼지지 않는 지옥에 던져지는 것보다는 낫다. 지옥의 고통은 불로 소금 치듯 하는 것이다(49절).[364]

예수님은 50절에서 서로 화목할 것을 요구하시면서 마가복음 9장 34절부터 계속된 이야기를 결론 맺으신다. "소금은 좋은 것이나 만일 소금이 짠맛을 잃으면 무엇으로 그것을 짜게 하겠느냐? 너희 안에 소금을 두고 서로 화목하게 지내라." 세상에서 소금 역할을 감당해야 할 제자들은 화목의 능력을 상실하고 독선과 배타심에 사로잡혀 한 사람을 실족시키고 있었다. 그러므로

---

362) 44절을 A, D, 다수 사본은 포함한다. "거기에서는 그들의 벌레도 죽지 않고 불도 꺼지지 않는다."

363) 46절의 본문 비평은 44절과 같다. 신약 성경에서 '지옥'(hell)은 '게헨나'로 표기된다(마 5:22, 29-30, 10:28, 18:9, 23:15, 33; 막 9:43, 45, 47; 눅 12:5; 약 3:6). 이 명칭은 히브리어 '게(벤)(베네)힌놈' 곧 이교 의식과 관련하여, 어린이들을 불로 살라 제사드린 예루살렘 근처(수 15:8, 18:16)의 힌놈의 아들들의 골짜기에서 파생한 것이다(왕하 23:10; 대하 28:3; 렘 7:31). '힌놈'은 사람의 이름이었다. 후기 유대 문헌에서 '게헨나'는 꺼지지 않는 불이 있는 죄인들의 처형 장소를 의미했다(2에스드라서 7:36). 유대인에게는 악인이 받을 영원한 처벌과 응보에 대한 사상이 있었다(유딧 16:17; 솔로몬의 시편 3:13). 이와 유사하게, 신약성경은 지옥의 불은 꺼지지 않고(막 9:43), 영원하고(마 18:8), 지옥의 형벌은 영생과 정반대이다(마 25:46). 불신자들이 지옥 불속에서 영원토록 고통을 받는다는 사실과 영원한 신천지는 서로 공존할 수 없다고 보면서, 불신자들의 존재가 사라진다고 보는 이들이 있었고 지금도 있다. 그러나 비록 상징적 문맥임에도 불구하고 요한계시록 20장 10절은 마귀와 마귀의 세력들이 의식이 있는 채로 끝없이 밤낮 고통을 당할 것을 분명하게 말씀한다. 야고보서 3장 6절에서 '게헨나'는 요한계시록 9장 1절 이하와 11장 7절의 '무저갱'(*abyssos*, unfathomable depth, abyss)과 마찬가지로 지상의 악의 근원으로 나타난다. 베드로후서 2장 4절에서는 '지옥에 던져'로 번역된 *tartaros*는 타락한 천사들을 비롯한 악인을 위해 준비된 영원한 형벌의 장소이다(참고. Innes, 1996:1613-1614).

364) 49절 끝에 다수 사본은 "그리고 모든 제물은 소금으로 치듯 함을 받을 것이다"를 추가한다.

예수님께서는 그들에게 하나가 되어 화평할 것을 요구하신다. 주님의 제자들은 서로 화목하고 섬기는 가운데 세상의 소금의 역할을 감당해야 한다.

3. 오늘에의 적용

경험에 의존하는가 아니면 믿음의 기도를 드리는가?
우리의 관심은 섬김인가 첫째 되는 자리인가?
우리는 배타적이어서 천국 확장을 위해 연합하는 데 소극적이지 않은가?

마가복음 10장

1. 본문 및 구조

- 바리새인들의 율법주의와 마음의 완악함(1-12)
- 어린아이들을 축복하심(13-16)
- 부자와 하나님의 나라(17-31)
- 섬김의 길(32-45)
- 소경 바디매오 이야기(46-52)

2. 구원 계시사적 메시지

2.1. 마가복음 10장 1–12절의 메시지

예수님께서 거기서 떠나 유대 지방과 요단강 건너편으로 오시자, 무리가 다시 모여드니, 전에 하시던 대로 가르치셨다(1절). 다수 사본은 '요단강 건너편 유대 지방으로'로 쓴다. 바리새인들은 이혼에 대해 예수님을 시험할 목적으로 질문을 던진다(2절: "남편이 아내를 버려도 좋습니까?"). 당시 서기관들과 율법 학자들은 율법 해석에 있어서 힐렐 혹은 삼마이를 추종했다. 특별히 이 두 파는 이혼의 문제를 지적하고 있는 모세의 율법("사람이 아내를 취하여 데려온 후에 수치되는 일이 그에게 있음을 발견하고 이혼 증서를 써서 내어보낼 것이요"; 신 24:1-2)에 대해 서로 상반되는 견해를 보였다. 율법을 엄격하게 적용하던 삼마이 학파는 이혼 조건을 오직 '간음죄를 범한 경우'에만 가능하다고 주장했다. 그러나 비교적 율법을 자유롭게 적용했던 힐렐 학파는 간음 외에도 남편을 수치스럽게 만드는 모든 일들을 이혼 조건에 포함시켰다. 이로 인해 당시 유대 남자들은 마음대로 아내를 버릴 수 있는 기회를 얻게 되었다. 바리새인들의 교활한 질문은 예수께서 긍정하든 혹은 부정하든 간에 어느 한 파와 충돌하여 알력을 빚게 되어 있었다.

또한 그들은 이 질문을 통해서 예수님을 헤롯의 적으로 만들려고 했을지도 모른다. 당시에 주님이 계시던 베뢰아는 헤롯 안디바가 다스리던 곳이었다. 헤롯 안디바는 본처와 이혼하고 자기 동생의 아내(헤로디아)와 재혼했다. 그때 세례 요한은 헤롯 안디바를 찾아가서 그가 한 일이 부당하다고 지적했다. 헤롯 안디바는 이 일로 인해 세례 요한을 체포했고, 세례 요한은 후에 헤로디아의 음모에 넘어가서 참수를 당하고 말았다. 그러므로 당시에 이혼에 대한 문제는 헤롯 안디바의 신경을 거스르는 문제였다. 그러므로 주님께서 이 문제를 섣불리 발언하거나 반대의 의견을 개진할 경우에는, 주님께서 헤롯 안디바의 재혼이 부당하다고 주장한 것으로 오해받을 수 있었다. 특히 당시에 헤롯 안디바는 예수님이 자기가 죽인 세례 요한이 부활한 사람이라고 생각하고 감시하고 있었다. 그러므로 이혼에 대한 질문은 주님을 헤롯의 적으로 만들기에 적절한 질문이었다. 바리새인들은 예수님의 답변에서 율법과 배치되는 점을 찾아내어 예수님을 공격할 증거를 삼을 뿐만 아니라 세례 요한과 동등한 운명에 빠뜨리려는 계획을 세웠다고 볼 수도 있다.

예수께서는 자신의 견해를 밝히시기에 앞서 질문을 던진 바리새인들에게 최종 권위가 되는 모세의 율법을 통해 그들의 질문에 스스로 대답하게 하셨다. "모세가 어떻게 너희에게 명령하였느냐?"(3절)[365] 구약성경에서 때로 모세가 이스라엘에게 명령하지만, 본질적인 명령자는 하나님이시다(참고. 출 4:28, 7:6, 10, 20, 12:28; 레 9:5; 민 34:13; 신 31:23). 그러므로 바리새인들은 모세가 허락한 것보다는 하나님이 명령하신 것이 무엇인지 발견하고 순종해야 했다. 예수님께서 하나님의 명령(결혼의 법칙)이 무엇인지 묻지 않고, 모세의 허락이 무엇인지 물으신 것은 바리새인들이 율법을 악한 의도로 왜곡하고 그 본질조차 깨닫지 못하고 있다는 것을 폭로하기 위한 예수님의 의도이었다. 그러기에 예수님께서는 토론의 주제를 '허락된 것'(3-4절)에서 '명령하신 것'(6-7절)으로, '이혼'에서 '결혼'으로 전환하신다.

바리새인들은 예수님의 질문에 다음과 같이 답변한다. "모세는 이혼 증서를 써주어 내어버리기를 허용하였습니다"(4절). 이혼에 대해 바리새인들은 신명기 24장 1-4절에 기록된 규정에 근거하여 이혼이 허락된 것으로 이해하였다. 이 본문은 유대 사회에서 이혼을 합법화하기 위한 근거로 이용되었다. 그러나 예수님은 모세의 허락이 하나님의 뜻을 반영하고 있지 않은 것으로 보셨다. 예수님은 모세가 이혼을 허락한 근본 이유가 무엇인가를 분명히 밝히고 있다. 모세가 이혼을 허락한 것은 유대인들의 완악한 마음 때문이다(5절). 여기서의 '완악한 마음'이란 하나님의 말씀을 깨닫지 못하고 순종치도 못하는 상태를 가리킨다. 즉 모세는 이스라엘 백성들에게 이혼의 정당성을 부여하고 있는 것이 아니라, 남편들의 강팍한 마음과 행동들로 인해 유린당하는

365) 예수님은 "모세가 무엇을 명령했느냐?"라고 물으심으로써, 모세는 이혼을 명령한 적이 없고 '허용'한 것이라고 강조하신다(참고. 존 월튼, 2010:1389).

아내의 인권을 보호하기 위해 소극적으로 허락하고 있다. 즉 모세는 한 남자가 충동적으로 아내와 이혼하거나 아내를 한 인격체로 대하지 않고 학대하는 것에 제재를 가함으로써 아내를 보호하려 했던 것이다. 이렇게 볼 때 모세의 이 법령은 이혼을 찬성하거나 조장하기 위해서가 아니라 오히려 이혼을 억제시키며, 아내들이 남편의 희생물이 되지 않게 하기 위한 것이었다. 모세의 근본 의도는 하나님의 결혼 목적이 철저히 무시된 사회 속에서 어떤 한 종류의 질서를 세워 보려는 데 있었다. 바리새인들은 이혼의 문제 제기로 예수님을 책잡으려 했지만, 예수님께서는 한 단계 위에서 하나님이 제정하신 결혼의 신성함을 강조하시면서 그들의 사고가 하나님의 뜻과는 너무나 다르고 그들의 마음이 완악함을 드러내셨던 것이다(6-9절). "그러므로 사람이 그의 부모를 떠나 자기 아내와 연합하여"(7절). A, C, D, 그리고 다수 사본과 달리, 시내 산과 B사본은 '자기 아내와 연합하여'를 생략한다.[366] 10-12절에서 예수님은 제자들에게 결혼과 이혼에 대해서 교훈하신다. 누구든지 자기 아내를 버리고 다른 여자와 결혼하는 자는 그 여자에게 간음하는 것이다(11절). 또한 여자가 자기 남편을 버리고 다른 남자와 결혼하면, 그 여자도 간음하는 것이다(12절).

2.2. 마가복음 10장 13-16절의 메시지

앞 단락에서 완고한 바리새인들을 암시적으로 꾸짖으셨던 예수님께서 이제는 대조적으로 어린아이 같은 믿음을 제자들에게 촉구하고 있다(13-14절). 주님은 제자들에게 이렇게 말씀하셨다. "누구든지 어린아이와 같이 하나님의 나라를 받아들이지 않으면 결코 그 나라에 들어가지 못할 것이다"(15절). A.D. 1세기 팔레스타인 지역에서 어린아이들은 실제로 무능했기 때문에 법적인 규례를 따라 생활하기보다는 전적으로 그들의 아버지를 의존하고 살았다. 어린아이들은 부모의 말을 그대로 믿고 신뢰한다. 또한 그들의 정체성도 역시 부모들에게 의존적이었다. 이와 같이 하나님 나라의 백성으로서 또한 예수 그리스도의 제자가 되기 위해서는 종교적인 관습 혹은 사회적인 규례를 의존하여 자기의 의를 자랑하기보다는 예수님을 믿고 신뢰하는 태도를

---

366) 김판임(1009:1121-1122)은 마가복음 10장 1-9절을 여성주의 성경해석을 위한 증거 구절로 사용한다. 김판임이 여성주의적 해석 방법으로 제시하는 근거는 다음과 같다. (1) 성경 안에 하나님의 말씀과 인간(예. 모세)의 말이 혼합되어 있다는 '성경 안의 성경' 이론. (2) 마가복음 10장 4-5절에서 인용된 신명기 24장 1-4절은 역사 비평적 방법으로 재고되어야 한다. 즉 모세와 예수님이 언제, 무슨 의도로 기록했는지를 비교해야 한다. (3) 마가복음 10장 6절에 인용된 창세기 1장 27절같이 여성주의적 가치에 합당한 표현은 여성 신학자가 그대로 인용하고 사용할 수 있다. (4) 마가복음 10장 7절에 인용된 창세기 2장 24절같이 가부장적 사상이 담긴 표현은 여성주의자가 변용하여 사용할 수 있다. (5) 마가복음 10장 9절 같은 예수님의 창조적인 발언처럼 여성 신학자도 여성주의에 상응하는 새로운 명제를 창의적으로 만들어 사용할 수 있다. 하지만 남녀 평등적인 내용만 '성경 안의 성경'으로 보는 것은 인간적인 판단으로 성경을 축소하는 오류다. 모세의 의도와 예수님의 의도가 표면적으로 상충되는 경우, 역사 비평이 아니라 구약 율법이 그리스도 사건으로 어떻게 신약에서 성취되었는가를 계시사적으로 살펴야 한다. 성령님으로 영감된 내용과 표현을 수용하기보다는 인간적인 기준으로 여성주의적 가치에 합당한 것과 그렇지 않은 것을 구분하는 것은 지적 교만이다. 사람은 성경을 변용할 권리를 가지고 있지 않으며, 성경과 반대되는 새로운 명제란 없다.

가져야 한다.

2.3. 마가복음 10장 17-31절의 메시지

예수님은 자신을 향해 '선하신 선생님'이라고 부른 부자 청년에게 하나님 한 분만 선하다고 말씀하신다(17-18절). 이 말씀은 예수님 스스로 선하심을 부인하신 대답이 아니다. 오히려 하나님의 선하심에 대한 일반적인 유대인의 개념 즉 다른 사람도 선할 수 있지만 하나님과 비교하면 아무도 선하지 않음을 상기시킨다(참고. 존 월튼, 2010:1391). 예수님은 영생을 가진 하나님 나라의 백성이 되는 것과 모든 것을 버리고 예수님을 좇는 것을 동일시하고 있다(참고. 21절). 여기에 등장하는 부자 청년은 모든 계명들을[367] 지켰지만 그가 가진 모든 재물을 포기할 수 없어서 예수님을 따르는 것에 실패하고 말았다(19-20절).[368] 부자가 하나님 나라에 들어가는 것은 낙타(참고. 28, 579, 성구집 514번은 '밧줄')가 바늘귀로 들어가는 것보다 더 어렵다(24-25절).[369] 여기서 '바늘귀'는 유대의 비유적 표현이며 과장법이다(참고. 존 월튼, 2010:1391). 제자들은 '그렇다면 누가 구원을 받을 수 있는가'라고 서로에게(*pros heautous*; 참고. 시내 산, V, C사본 등은 '그분 [예수님]에게') 말한다(26절). 예수님께서는 실패한 부자 청년을 통해 제자들에게 자기 십자가를 지고 예수님이 당하실 수난과 죽음의 현장까지 끝까지 따를 것을 암시적으로 교훈하고 계신 것이다(참고. 32-34절).

이 단락은 제자도를 다루고 있는 단락(막 8:27-10:52)의 거의 마지막에 위치해 있다. 이것은 이 단락이 참된 제자의 삶이 무엇인지를 교훈하고 있음을 짐작할 수 있다. 재물을 의존하여 예수님을 좇는 것에 실패한 부자 청년의 모습은 앞 단락(참고. 13-16절)의 아버지만을 의존하는 어린아이의 모범적 사례와 대조를 이루고 있다. 그 부자는 예수님의 부르심을 거절하였고 하나님 나라의 백성이며 예수님의 참된 제자가 되는 것에 실패하였다. 예수님의 참된 제자가 되기 위해서는 그의 발목을 잡고 있는 환경들을 뒤로하고 예수님만을 바라보면서 그 길의 끝이 십자가 죽음일지라도 그분의 뒤를 좇아야 할 것이다.

이 단락에서 주님의 제자들과 그 부자 청년 사이에는 어떤 대조를 이루고 있다. 28절에서 모든 것을 버리고 예수님을 좇는 데 실패한 부자 청년을 조롱하면서 주님의 제자들은 자신들이 모든 것을 버리고 예수님을 좇은 것을 내세우고 있다(참고. 막 1:16-20). 그러나 제자들의 말속에서는 그들의 진정한 포기와 헌신이 내포되어 있다기보다는 그들의 보상 심리가 담겨 있는 것이다. 그들은 예수님께 자신들이 모든 것을 버리고 따랐으니까 당신이 새로운 왕국을 세울 때 자신들에게 높은 위치를 하나씩 달라고 예수님에게 압박을 가하고 있는 것이다. 그렇다면 마가복음 1장 16-19절에서 예수님이 제자들을 부르셨을 때, 그들이 그물과 배와 아버지를 버리고

367) 19절에서 B, W, 델타 사본 등은 "거짓 증거하지 말라" 다음의 "속여 취하지 말라"를 생략한다. 필사자는 그것이 십계명에 어울리지 않는다고 생각한 것 같다(참고. 매츠거, 2005:85).

368) 21절에서 "그리고 와서 나를 따라라" 다음에 다수 사본은 '십자가를 지고'를 추가한다(참고. 막 8:34).

369) 24절 하반부 "얘들아, 하나님 나라에 들어가기가 얼마나 어려운지"에서 A, C, 다수 사본은 '재산을 믿는 자들이'를 추가한다.

좇은 것이 진정으로 모든 것을 포기하고 헌신했다고 할 수 있을까? 아마 그들은 보상을 기대하며 자신의 소유를 버렸기에, 이제 예루살렘 입성을 앞두고 그 포기의 대가를 요구하고 있는 것 같다. 그렇다면 그 제자들은 실상은 그 부자 청년과 다를 바 없는 것이다. 예수님의 참된 제자라면 모든 것을 버리고 그 분의 가시는 길을 끝까지 따를 것에 기뻐해야 할 것이다. 그래서 예수님께서는 이 단락 바로 다음에 수난과 죽음을 위한 예루살렘 입성을 앞에 두고 제자들에게 세 번째 자신의 수난과 죽음에 대해 예고하신다(참고. 33-34절). 그것은 당시 예수님을 정치적인 왕으로 기대하였고, 하나님의 나라 또한 지상적 다윗 왕국의 재건으로 오해하고 있던 제자들을 일깨우기 위한 것이며, 그들이 어떻게 행해야 할지를 암시적으로 교훈하는 것이다. 자기를 부인한다는 것은 철저히 세상적인 야망과 보상주의를 포기하고 따르는 것이다.

29-30절에서 예수님은 분명하게 제자들에게 포기의 근본적 동기가 무엇이어야 하는지 설명하신다. 거기서 예수님께서는 보상을 바라고 포기하는 척하는 자들이 아니라 복음과 복음의 주체이신 예수님을 위해 기꺼이 모든 것을 포기하고 따르는 자들에게 주어질 하나님의 보상을 말씀하고 있다. 예수님께서는 자신과 복음을 위해 집이나 토지를 버린 사람은 집과 토지를 백 배나 받을 것을 약속하신다(30절). 그러나 그것은 핍박과 함께 주어질 것이요 내세에서 영생을 얻게 될 것이다. 현세에서 집을 잃은 자들은 그들의 전하는 메시지를 영접하는 자로부터 집을 제공받게 될 것이다(참고. 막 6:10). 그리고 당시에는 예수 그리스도를 따른다는 것은 가족 중심의 유대교 공동체를 포기하고 그들을 떠나는 것이다. 그러므로 예수님을 위해 가족을 뒤로하고 예수님을 따르는 자들은 육체적 가족이 아닌 하나님 나라의 가족의 일원으로 영접될 것이다(참고. 막 3:33-35). 이러한 예수님의 약속의 말씀은 마가 당시 예수님을 믿는다는 이유 때문에 가족의 인연을 끊어야 했고, 재산을 몰수당했고, 생명의 위협을 당하고 있던 로마의 성도들에게 핍박과 동시에 하나님 나라의 복도 주어진다는 사실을 알게 함으로써 큰 위로가 되었다.

2.4. 마가복음 10장 32-45절의 메시지

예수님께서는 이미 두 차례에 걸쳐 자신의 수난과 죽음에 대해 예고하신 바 있다(참고. 막 8:31: 9:31). 그러나 그때마다 보인 제자들의 반응은 영적인 무지와 믿음 없는 모습 그 자체였다. 예수님의 수난과 죽음의 의미를 깨닫지 못한 제자들은 그의 죽음을 만류하기도 하고, 계속적으로 세상적인 그리스도 왕국을 꿈꾸며 높은 자리를 놓고 다투기만 하였다. 그리고 이 단락에서 예수님은 예루살렘으로 올라가시면서 다시 한 번 자신의 수난과 죽음을 예고하신다.[370] 예수님께서는 길을 가시던 도중에 제자들에게 자신이 당하게 될 고난과 십자가, 그리고 죽음과 부활에 대해서 가르쳐 주셨다. 세 차례에 걸쳐 예고되고 있는 수난과 죽음, 그리고 부활에 대한 가르침은 마가 당시 박해를 경험하고 있던 성도들에게는 꼭 필요한 메시지였다. 그들은 예수님과 복음 때문에 모든 것을 잃었고 죽음에 직면해 있었다. 그들의 믿음은 흔들리고 있었고 사람들을

370) 이런 결연한 예수님의 모습은 이사야 50장 7절의 성취이다(참고. 눅 9:53). "나는 나의 얼굴을 부싯돌같이 굳게 하였으므로"(참고. ESV Study Bible, 2008:1915).

예수님을 부인하며 떠나고 있었다. 마가는 여기서 그들을 위해 십자가에서 죽으신 예수 그리스도의 모습을 상기시키면서 외형적인 12명의 제자들처럼 실패의 전철을 밟지 말고 참된 예수님의 제자들로서 믿음으로 자기를 부인하고 자기가 처형될 십자가를 지고 주님의 뒤를 따라갈 것을 촉구하고 있는 것이다.

예수님의 세 번째 예고는 앞선 두 차례의 예고와 달리 좀더 구체적인 내용을 담고 있다. 즉 예수님께서는 유대 종교 지도자들의 손에 넘겨지게 될 것과, 그들에게 모욕을 받고, 침 뱉음을 당하며 채찍으로 매질을 당할 것이 추가로 명시되고 있다. 이러한 예수님의 수난은 이미 시편 22편 6-8절과 이사야 50장 6절 그리고 이사야 53장 5절에 예고된 것이었다. 예수님께서는 자신의 수난과 죽음이 구약에 예고되었다는 것을 제자들에게 가르쳐 주셨다. 그러나 영적으로 무지한 제자들은 예수님의 말씀이 무엇인지 전혀 깨닫지 못하였다. 제자들은 아직도 예수님을 정치적인 그리스도로 이해하고 있었다. 그러기에 그들은 예수님께서 이스라엘을 로마로부터 구원하여 예전에 누리던 다윗 왕국을 세울 것으로만 기대하였다.

여기서 제자들과 예수님의 대조적인 패러다임 구조를 엿볼 수 있다. 제자들의 머릿속에는 십자가를 지고 죽음을 향해 올라가시는 예수님의 생각과 전혀 다른 생각을 하고 있었다. 제자들은 예수님께서 새로운 다윗 왕국을 세우실 것이라고 생각하였다. 그러므로 야고보와 요한은 예수님께서 다윗의 왕국을 회복하실 때 그 왕국에서 자신들에게 높은 우편과 좌편의 자리에 앉혀 달라고 요청했다(35-37절).[371] 많은 사람들을 구원하시기 위한 예수님의 죽음이 다가오고 있었음에도 불구하고, 여전히 제자들은 지상의 다윗 왕국을 꿈꾸며 서로 더 높은 자리를 차지하겠다는 생각에 사로잡혀 있었던 것이다. 그러나 주님은 "너희가 요구하는 것이 무엇인지 너희가 알지 못한다"고 책망하셨다(38절). 그들은 예수님을 따르기 위해 감당해야 할 고난을 알지 못하고 영광만을 구했다. 그들은 그들이 앉게 될 좌우편이 죽음의 십자가 좌우편인 것을 알지 못했다. 만일 그들이 예수님의 좌우편에 앉을 사람이 감당해야 할 조롱과 멸시를 깨달았다면 그 자리를 요구하지 않았을 것이다. 실제로 예수님께서 십자가에 달려 돌아가시는 것을 목격한 제자들은 그 좌우편의 자리를 포기하고 도망하였다. 그리고 그 자리는 두 명의 강도가 앉아 있게 되었다.

예수님께서는 제자들에게 이렇게 질문을 던지셨다. "너희가 나의 마시는 잔을 마시며, 나의 받는 세례를 받을 수 있겠느냐?"(38절) 구약에서 '잔'은 불순종한 이스라엘에 대해 내리시는 하나님의 심판으로서의 고난을 상징하였다(참고. 시 75:8; 사 51:17-23; 렘 25:15-28; 겔 23:31-34; 합 2:16; 슥 12:2; 막 14:23-24). 또한 예수님께서는 세례(죽으심)를 통해 인간의 모든 죄를 담당하셨다(참고. 막 1:9-11; 눅 12:50). 예수님께서는 인간의 죄를 짊어지시고 인간이 당해야 할 심판을 대신 당하셔야 했다. 그렇다면 예수님의 좌우편에 앉기 원하는 제자들 역시도 당연히 이 잔을 마셔야 했다. 그러나 제자들은 예수님의 세례와 잔의 의미를 깨닫지 못하였기에 자신 넘치는 대답을 하였다(39절). 40절의 '오른편과 왼편'은 십자가의 오른편과 왼편에 달린 강도를 염두에

---

371) 예수님의 모형인 다윗 왕이 죽기 전에도 아들 아도니야와 솔로몬이 왕이 되려고 각축전을 벌였다(참고. 왕상 1장).

둔 표현일 수 있다(참고. 막 15:27).

야고보와 요한의 태도에 대해 나머지 제자들은 분개하였다(41절). 세상적인 야심에 대하여 이미 예수님으로부터 책망을 들었음에도 불구하고(참고. 막 9:35-37), 영적으로 무지한 제자들은 불순한 욕망 때문에 서로 시기하고 질투하였다. 진정한 제자의 길에 대해 무지하고 세상적 야망을 갖고 있는 제자들 사이에는 진정한 공동체의 모습이 상실되어 있었다. 그들은 이방인 집권자들이 하는 것처럼, 제자들은 노예들에게 명령하고 그들로부터 섬김을 받기 원했다(42절). 그러나 이것은 하나님 나라의 원리가 아니다. 누구든지 크고자 하는 자는 종이 되어 모든 사람을 섬겨야 한다(43절). 이것은 분명 성공하기 위한 묘책이 아니다. 이것은 섬김을 받음으로 얻어지는 기쁨이 아닌 섬김 속에서 얻어지는 기쁨을 발견하라는 예수님의 명령인 것이다. 또한 다른 사람들에게 명령함으로 얻는 기쁨이 아닌, 다른 사람들을 섬기고 사랑하는 가운데 얻는 기쁨을 발견하라는 것이다. 이것은 예수님의 모범적인 삶 속에서 드러난다. 그의 섬김은 자기 목숨을 많은 사람의 대속물로 주신 것이다(45절).

이와 같은 예수님의 섬김에 대한 배경은 시편 49편 7-9절과 이사야 53장 10-12절에서 발견된다. '많은 사람의'라는 말은 '많은 사람을 대신하여'라는 의미이다. 예수님은 모든 사람을 대신하여 죽으신 것이 아니라 많은 사람을 대신하는 것이다. 이 많은 사람은 인종이나 국적, 계급, 연령, 성별 등의 차별이 없는 모든 믿는 자를 뜻한다(참고. 사 53:8; 마 1:21; 요 10:11, 15, 17:9; 행 20:28; 롬 8:32-35; 엡 5:25). 예수님의 진정한 제자는 세상의 야망을 따라 살지 않고 예수님께서 섬기시며 목숨을 버리신 것처럼 형제들을 섬기는 모습으로 나아가야 할 것이다(참고. 요일 3:16).

2.5. 마가복음 10장 46-52절의 메시지

소경 바디매오 이야기는 마가복음 내에 그것의 문학적 위치 때문이 매우 중요한 기능을 한다. 이것은 예수님의 고난, 죽음, 제자도의 의미를 가르치고 있는 긴 단락(막 8:27-10:52)의 결론이다.[372] 마가복음 8장 27절-10장 45절에서 제자들은 예수님의 가르침(즉 인자의 고난과 죽음)을 이해하지 못하는 영적인 소경들이었다. 이 제자의 도를 교훈하고 있는 단락에서 예수님은 세 번에 걸쳐 자신의 수난과 죽음을 예언하시지만(참고. 막 8:31, 9:31, 10:33-34), 영적으로 무지한 제자들은 예수님의 죽음의 의미를 깨닫지 못하고 예수님을 만류하였으며(참고. 막 8:32), 길가에서 누가 제일 높은 사람이냐 하는 문제로 서로 다투었고(참고. 막 9:33-34), 예수님께 메시아 왕국이 세워질 때 자신들에게 높은 자리를 보장해 줄 것을 요구했다(34-35절). 예루살렘을 향해 올라가는 길에 예수님은 앞서 가시는데 제자들은 두려워하며 좇아가고 있었다(32절). 대조적으로 본문의 바디매오는 믿음과 함께 담대함으로 그 길에서 예수님을 따르고 있었다(52절). 바디매오 치유 사건을 통해 예수님(혹은 마가)은 제자들이(혹은 독자들) 영적인 통찰력과 함께 예수님을 바로 깨닫고, 두려움보다는 믿음으로

---

372) 마가복음 8장 22-26절과 10장 46-52절은 소경의 치유를 언급한다. 이 두 이야기는 예수님의 죽으심과 부활에 대한 3가지 주요 예언(마 8:31, 9:30-32, 10:32-34)을 둘러싸는 문학적인 북엔드(literary bookend) 역할을 한다(참고. ESV Study Bible, 2008:1916).

반응하여 자기 십자가를 지고 예수님을 좇을 것을 교훈하고 계신다.

예수님과 제자들이 여리고를 지나가실 때 그 길에는 바디매오(Bartimaeus)라는 소경 거지가 앉아서 구걸하고 있었다. 다른 복음서와 달리 마가복음만 그 소경 걸인의 이름을 밝히고 있다. 마가는 특별히 그 걸인의 이름을 명시하고 있는 것은 바디매오가 마가의 공동체에 잘 알려진 인물이었음을 짐작할 수 있다(참고. 막 15:21의 알렉산더와 루포의 아버지 구레네 시몬).

그 소경 바디매오는 '길가'에 앉아 있었다(46절). 마가복음에서 '길'이란 단어는 세례 요한에 의해 준비되고 예루살렘의 십자가에서 끝나는 수난과 죽음의 길이며, 예수님의 참된 제자들이 따라가야 할 길이었다. 지금은 바디매오가 '길가'에 있지만, 그가 고침을 받은 후에는 그 길 위에서 예수님을 따르게 되었다(52절). 대조적으로 제자들은 그 길 위에 있었지만 그들이 따라가고 있는 길이 어떤 것인지 깨닫지 못하였다. 그러기에 결국 예수님께서 죽음에 직면하게 되자 그 길 위에서 예수님을 배반하고 길가로 도망치고 말았다.

나사렛 예수님이 지나가신다는 소식을 들었을 때 바디매오는 '다윗의 자손(아들) 예수여!' 라고 외쳤다(47절). 이 호칭은 마가복음에서 이곳에 한 번만 언급되고 있다. 그러면 이 호칭은 어떤 의미를 갖고 있는가? 먼저 유대의 전통 가운데 '다윗의 자손'은 정치적이며 민족주의적인 인물로 이해되었다. 그들은 사무엘하 7장 12-16절을 정치적으로 해석하여 이스라엘의 영광스런 종말론적 회복이 다윗의 후손을 통해 이루어질 것으로 기대하였다(참고. 솔로몬의 시편, 14:4, 21-23). 바디매오는 주님을 향해서 '불쌍히 여겨 달라'라고 부르짖었다(47절). 그러나 사람들은(아마도 제자들) 그를 꾸짖어 더 이상 부르짖지 못하게 말렸다.[373] 그러나 소경은 더욱 소리를 질러 예수님께 자비를 구했다(48절). 여기서 마가가 '꾸짖다'와 '소리 지르다'라는 두 동사를 위해 미완료를 사용한 것은 여러 사람들이 계속적으로 바디매오를 꾸짖었으나, 바디매오 역시 거기에 굴하지 않고 계속 소리를 질렀음을 보여준다. 즉 많은 사람들의 계속적인 저지에도 불구하고 자신을 치유해 주실 분은 예수님밖에 없다는 계속적인 외침은 그의 믿음을 나타내 준다. 육신의 눈은 온전하였지만 영적인 눈이 어두워 예수님의 신분을 깨닫지 못하고 있는 제자들과는 달리, 바디매오는 육신적으로는 소경이었지만, 영적으로는 예수님의 신분을 깨달을 수 있는 영적인 눈을 갖고 있었다.

마침내 예수님께서 그의 부르짖음을 들으시고 가던 길을 멈추어 서서 제자들에게 그를 데려오라고 지시하셨다. 그리고 제자들은 즉시 바디매오에게 가서 "용기를 내어 일어나라. 예수님께서 너를 부르신다"라고 말하였다(49절). 여기서 '일어나라'는 독자들에게 마가복음 5장 41절에서 회당장의 죽은 딸을 살리실 때 예수님이 하셨던 말씀을 연상시키고 있다. 초대 교회 그리스도인들의 찬송 속에서 이 단어는 그리스도 안에서 얻게 된 새 생명을 표현할 때 사용되었다(참고. 엡 5:14). 여기서 우리는 예수님의 부르심이 치유를 통해 새로운 생명을 주시기 위한 것임을 알 수 있다. 그리고 예수님의 부르심은 신앙적인 반응을 요구하고 있는 것이다. 치유와 새 생명의

373) 소경은 율법에 무지한 사람으로 여겨졌으므로, 바디메오가 외치는 것은 제자들에게 예수님의 사역을 방해하는 것으로 보였다.

소유는 예수님께 대해 믿음으로 나아갈 때 가능한 것이다. 비록 외형적인 제자들은 예수님께서 그들을 부르셨을 때 그물을 버려두고 그를 따랐지만(참고. 막 1:16-18), 그들은 믿음 없이 예수님의 길을 따라갔다(참고. 막 8:27-10:45). 그러므로 지금 예수님이 예루살렘으로 올라가는 길에서 제자들에게 요구하시는 것은 영적인 통찰력과 믿음을 갖고 그를 따르는 것이었다.

예수님께서 바디매오를 부르셨을 때 그는 겉옷을 내어버리고 뛰어 일어나 주님께 나아왔다(50절).[374] 제자들을 부르시는 사건 속에서, 그들이 부름을 받았을 때 그들은 자신의 직업과 소유물을 뒤로하고 예수님을 따랐다(참고. 막 1:18-20, 2:14, 10:21, 28) 구약성경에 따르면, 한 걸인의 겉옷은 그 사람의 전 재산과 같은 것이었다. 그래서 채권자라 할지라도 그 사람에게서 그 겉옷만큼은 빼앗아 갈 수 없었다(참고. 출 22:26; 신 24:12-13). 대부분의 걸인들은 낮에는 구걸하기 위해 그것을 깔고 앉았다가 밤이 되면 그것을 이불로 사용하였다. 바디매오는 예수님을 따르기 위해 거추장스러운 것을 뒤로하였던 것이다. 또한 마가복음 13장 16절에서 예수님은 종말의 위기 때 겉옷을 가지러 뒤로 돌아가지 말 것을 경고하신다. 왜냐하면 뒤로 돌아갔다가 화를 당할 수 있기 때문이다. 본문의 '겉옷'은 예수님을 따르기 위해서 버려야 할 것들을 상징적으로 나타내고 있다. 시몬과 안드레는 그들의 그물을 버려두었으며(참고. 막 1:18), 야고보와 요한은 그들의 아버지를 남겨두었으며(참고. 막 1:20), 유사하게 한 과부는 그녀가 가진 모든 것을 바쳤다(참고. 막 12:44). 그러나 대조적으로 부자 청년은 그가 가진 모든 것을 뒤에 남겨두고 떠나는데 실패하였다(참고. 막 10:17-22). 이런 부자 청년을 보면서 베드로는 모든 것을 버리고 예수님을 따랐다고 자랑하였다(참고. 막 10:28-30). 비록 제자들은 예수님이 부르실 때 가시적인 겉옷 즉 그물은 버려두고 따랐지만(참고. 막 10:28), 높은 자리를 탐내는 욕심은 뒤에 버려두지를 않았다(참고. 막 10:35-45). 그들은 실제로 그 부자 청년과 다르지 않았다.

그가 예수님께 왔을 때 예수님은 그에게 물으셨다. "네게 무엇을 하여주기 원하느냐?"(51절)[375] 이것은 예수님이 10장 36절에서 제자들에게 했던 질문이다. 이 질문은 마가복음 10장 안에서 특별한 의미를 내포하고 있다. 이 동일한 질문에 대한 제자들과 소경의 대답은 대조를 이룬다. 제자들은 하나님 나라에서 높은 위치(참고. 막 10:35-36)를 원했고 소경은 다시 보기를 원했다. 제자들은 예수님을 단지 정치적인 메시아로 이해하였던 것이다. 그러나 그 소경은 예수님께서 자신을 치유하실 것을 확신했다. 제자들에게 지금 필요한 것은 높은 자리가 아니라 예수님을 바로 보고 깨달을 수 있는 영적인 눈이었다.

치유 뒤에 예수님께서는 "가라. 네 믿음이 너를 구원하였느니라"라고 선언하셨다(52절). 이 선언은 독자들로 하여금 열두 해를 혈루증으로 앓고 있었던 여인 이야기(참고. 막 5:34)를 회상케 한다. "딸아, 네 믿음이 너를 구원하였으니 평안히 가라." 그들의 믿음이 그들의 질병을 낫게 하였던 것이다. 그 치유된 사람은 길 위에서 예수님을 좇았다(52절). 비록 '따르다'(follow)라는

374) 겉옷은 밤에 이불로도 사용되었다. 겉옷을 버리는 것은 다른 아무것도 의지하지 않고 예수님만 의지하겠다는 의지의 표현이다(참고. 존 월튼, 2010:1393).

375) 예수님의 이 질문은 매정한 것이 아니다. 오히려 예수님은 바디메오에게 그가 주님을 신뢰하고 있음을 고백할 기회를 주셨기 때문이다.

단어가 항상 제자도와 관련이 있는 것은 아니지만(참고. 막 3:7, 5:24, 11:9, 14:13), 저자가 그 단어를 제자를 부르시는 장면과 관련하여 사용할 때, 그 단어는 예수님께 대한 제자로서의 충성을 의미한다(참고. 막 1:18, 2:14, 10:21, 28, 32, 15:41).

또한 '길 위에서'(on the way)라는 어구 역시도 마가복음에서 '제자도'와 관련하여 사용되고 있다. 예수님은 세례 요한에 의해 준비되고 예루살렘에서 끝나는 십자가의 '길'을 가셨다. 예수님께서 제자들과 함께 이 '십자가의 길'을 가고 계시는 동안 그는 세 번에 걸쳐 그의 고난과 죽음을 예언하신다(참고. 막 8:27, 9:33, 10:32). 이 고난 이야기 속에서 '길'은 고난과 죽음을 상징하는 단어이다. 또한 마가는 이 단어를 예수님을 따르는 데 실패한 부자 청년의 이야기와 믿음을 갖고 예수님을 따른 바디매오의 이야기 속에서 사용하고 있다. 바디매오는 부자 청년처럼 예수님을 뒤로하고 자신의 길로 가지 않았다(참고. 10:22). 예수께서 그의 시력을 회복시켜 주셨을 때, 그는 예수님이 가시는 길을 따라갔다. 그는 자기 자신을 부인하고 자기 십자가를 지고 예수님을 좇은 것이다(참고. 8:34). 그러므로 바디매오는 영적인 통찰력을 갖고 믿음으로 예수님을 좇은 참된 제자의 표본이다.

마가복음에서 영적인 통찰력과 진실된 제자의 삶은 동전의 양면과 같이 함께한다. 하나님의 아들, 그리스도의 수난과 죽음, 다윗의 자손으로서의 예수님의 본질을 이해하는 데 실패한 제자들은 잘못된 것을 기대하고 요구하였으며(참고. 막 6:35-37, 8:4, 14-21, 32-33, 9:34; 10:35-37), 참된 제자의 삶을 사는 데도 실패하였다(참고. 막 9:18, 28-29, 38-40, 10:13-14, 28-30, 14:32-42, 66-72). 영적인 통찰력을 갖고 예수님의 신분에 대해 분명하게 깨달은 자가 십자가의 길 위에서 믿음으로 예수님의 뒤를 따를 수 있을 것이다.

3. 오늘에의 적용

말씀을 아전인수식으로 해석하는 것을 어떻게 방지할 수 있는가?
우리에게 있는 영적 소경의 모습은 무엇인가?
경건을 유익의 재료로 삼는 현대 교회의 양태는 무엇인가?

마가복음 11장

1. 본문 및 구조

• 예루살렘 입성(1-10)
• 무화과나무 저주와 성전 청결(11-19)
• 기도와 신원(20-26)
• 종교 지도자들의 예수님의 권세에 대한 도전(27-33)

2. 구원 계시사적 메시지

2.1. 마가복음 11장 1–10절의 메시지

여리고에서 출발하여 예루살렘 동쪽 1.5km에 위치한 벳바게와 3km에 위치한 베다니에 도착하신 예수님이, (아마 벳바게에서) 제자 중 2명을 보내어 아무도 타보지 않은 수컷 나귀 새끼(*polos*, colt)를 풀어 끌고 오라고 명하신다(1-2절).[376] 겸손과 공의와 구원과 평강의 왕이신 메시아께서 나귀 새끼를 타실 것을 예언한 스가랴 9장 9절이 성취된다. 이 예루살렘 입성은 예수님이 잡혀 돌아가신 그 주의 주일에 일어났고 유월절 직전이었다. 아무도 타보지 않은 짐승은 신성한 목적에 적합하다(참고. 민 19:2; 신 21:3; 삼상 6:7). 예수님은 누가 "왜 이리하느냐?"라고 물으면, "그것의(*autou*, 나귀 새끼) 그 주님(*ho kyrios*)이 쓰시겠다 하라. 그리고 다시 즉시로 돌려 보내리라"고 대답할 것을 가르쳐 주신다(3절). 나귀 새끼의 주인이 예수님 자신이라고 밝히신 것이다. 2제자가 가서 보니, 나귀 새끼가 문 앞 거리에 매여 있었다(4절). 거기 어떤 사람들이 '나귀 새끼를 풀어 무엇하려느냐'라고 물으니(5절), 예수님이 가르쳐 주신 대로 대답하니 허락했다(6절). 이 일련의 사건은 그 당시의 왕의 명령이 공포되면 백성 편에서 일어나는 절대적인 복종의 반응으로 설명이 가능하다. 왕이신 예수님이 절대적인 권세로 명령하신 것이다.

나귀 새끼 위에 제자들의 겉옷들을 까니 예수님이 그 위에 걸터 앉으신다(7절). 한 번도 아무도 타본 적 없는 나귀 새끼였기에 안장이 없었기에, 겉옷을 안장 대신으로 깐 것이다. 이것은 예후의 경우처럼 예수님의 왕 되심을 증명하는 행위이다(참고. 왕하 9:13). 많은 사람들이 겉옷과 밭에서 벤 나뭇가지를 길에 폈다(8절; 왕하 9:12-13). "호산나 찬송하리로다. 주의 이름으로 오시는 이여(*ho erchomenos*, 현재 디포 분사 남성 단수 주격). 찬송하리로다. 오는(*he erchomene*, 현재 디포 분사 여성 단수 주격) 우리 조상 다윗의 나라여. 가장 높은 곳에서 호산나"라고 무리가 앞뒤에서 '계속해서' 외친다(미완료, 9-10절).[377] 이 외침은 다가오는 메시아 왕국의 복에 대한 내용인 시편 118편 25-26절의 성취이다. "여호와여, 구하옵나니 이제 구원하소서. 여호와여, 우리가 구하옵나니, 이제 형통케 하소서. 여호와의 이름으로 오시는 자가 복이 있음이여, 우리가 여호와의 집에서 너희를 축복하였도다." 또한 무리들은 사무엘하 7장 12-16절의 다윗 언약을 염두에

376) 왕의 수행원들은 일시적으로 백성의 가축을 징발하여 사용할 수 있었다. 마찬가지로 예수님의 이 명령은 왕이신 주님의 정체성을 드러낸다.

377) 그 무렵 예루살렘 성 문밖에 로마 수비대가 있었다. 군병들은 왜 환호를 받으신 예수님을 즉각적으로 체포하지 않았을까? 그들은 군중의 환호와 나귀 타고 입성하신 메시아로서 예수님의 행동에 담긴 뜻을 정확하게 몰랐을 것이다.

두고 외친다. 무리들은 다윗의 왕국을 재건할 메시아라고 믿었는데 다름 아닌 로마 제국을 몰아낼 정치적이고 군사적인 왕으로 예수님을 신앙했을 뿐이다. 유월절이라는 큰 절기에 맞추어 메시아 대망이 일어났을 때 백성들은 예수님 자신의 정체성에 대해 오해하고 있다. 여기서 배울 수 있는 교훈은 무엇보다도 예수님의 신분에 대한 바른 이해가 중요하며, 그때 호산나 즉 온갖 고난으로부터 구원하실 주님의 능력을 믿고 소망 중에 간구와 찬송을 드릴 수 있다.

2.2. 마가복음 11장 11-19절의 메시지

예수님과 제자들은 성전에 들어가서 모든 것을 둘러보고는 날이 저문 관계로 베다니로 나가셨다(11절).[378] 요한복음 2장에 의하면 예수님의 공생애 초기에 성전이 청결케 된 적이 있다. 그런데 그 청결케 된 성전이 다시 더럽혀졌던 것이다. 예루살렘 입성 시 '호산나'라고 외쳤던 무리들이 이제는 예수님을 열렬히 따르는 것으로 나타나지 않는다. 아마 군중은 메시아로서의 권세 있는 어떤 행동을 즉각적으로 기대했으나 주님은 그렇게 하지 않아서 다소 실망했을 수 있다. 그 다음날(월요일) 베다니에서 나와서 예루살렘으로 가시는 동안 예수님은 시장하셨고, 멀리서 무화과나무를 보시고 다가가셨으나 잎사귀만 있을 뿐이다. 아직 무화과나무가 익은 열매를 낼 때가 아니었다(12-13절). 이때는 4월경이며, 통상적으로 5월에 열매가 맺힌다. 예수님은 무화과나무에게 영원토록 사람이 열매를 따먹지 못하리라(*phagoi*, 아오리스트 능동 3인칭 단수 희구법)고 말씀하시니 제자들이 들었다(14절).[379] 마가는 20절 이하에서 무화과나무 사건을 다시 언급함으로써 성전 청결 사건을 샌드위치식 구조의 안 부분으로 만든다. 무화과나무의 저주와 성전 청결 사건 둘 다 배교한 이스라엘에 대한 하나님의 심판을 상징적으로 보여주는 것이다. 멀리서 볼 때 외관상으로는 열매를 맺을 수 있는 것처럼 보이지만, 실제로 성전을 중심으로 행해진 이스라엘의 제의는 영적 불임의 상태에 처해졌다. 열매 없는 무화과나무는 하나님의 심판의 대상이다(참고. 렘 8:13; 호 9:10; 합 3:17).

예수님은 성전의 이방인의 뜰에서 장사하는 자들을 쫓아내시고, 돈 바꾸는 자들의 상과 비둘기를 파는 자들의 의자를 둘러 엎으셨다(15절). 이방인의 뜰은 유월절 제사용 짐승을 구입하려는 사람들과 파는 사람들로 붐볐다. 그리고 주님은 아무도 상품을 가지고 이방인의 뜰에 출입하는 것을 허락하지 않으셨다(16절). 이 사실은 이방인이 하나님을 경배할 것을 미리 보여주는 조치로 볼 수 있다. 성전은 만민의 기도하는 집인데, 성전 관계자들은 강도의 굴혈을 만들었다(17절; 참고. 사 56:7; 렘 7:11). 하나님과의 교제가 희생 제사를 통해서 이루어지는 성전이 변질되어

---

378) 예수님은 순례객이 아니라 주인으로서 성전을 둘러보셨다. 이것은 말라기 3장 1절의 성취다.

379) 의지적 혹은 결단적 희구법(volitive 혹은 voluntative optative)이란 독립절에서 실현 혹은 획득할 수 있는 소망(obtainable wish)과 기도를 표현할 때 사용되는 희구법이다. 신약에 나타나는 기도의 많은 형태(form)는 비록 가능성이 먼 것으로 나타날지라도, 그것의 의미(meaning)는 자주 기대(expectation)의 영역으로 옮겨 간다. 만약 기도의 형식에 있어서 불확실성이 드러나는 경우, 하나님의 능력에 대한 의문에 기인하지 않고, 단지 초월자 앞에 선 간구하는 자의 겸손에 기인한다. 신약의 전체 희구법(68-69회) 중에서 35회가 여기에 속한다(참고. Wallace, 1996:481-482).

사람의 이익을 채우는 장소로 변질되어 버렸을 때 주님은 거룩한 분노를 발하신다. 이 성전 청결 사건은 예루살렘 성전의 파멸을 미리 보여주는 것이다. 예수님은 성전 관계자들이 하나님을 빙자하여 돈놀이하는 것을 그저 바라만 보실 수 없으셨다.

적용해 보면, 성령의 전인 우리가 성령의 열매를 맺지 않고 형식적이고 인본주의적인 종교 활동을 한다면 하나님의 책망과 심판을 받게 된다. 대제사장들과 서기관들이 듣고 '예수님을 어떻게 멸할까' 하고 꾀하면서 동시에 두려워했다. 왜냐하면 온 무리가 예수님의 교훈을 기이히 여겼기 때문이다. 예수님 일행은 날이 저물자 예루살렘 성 밖으로 나가셨다(19절).[380] A와 B사본과 달리, 다수 사본은 19절의 동사를 3인칭 복수가 아니라 3인칭 단수(*ekseporeueto*)로 쓴다. 11절과 19절에 "날이 저물매 예수님이 성전을 떠나신다"는 말씀이 반복적으로 등장한다. 이것은 상징적으로 하나님의 구원의 촛대가 성전에서 다른 곳으로 옮겨짐을 의미한다.

2.3. 마가복음 11장 20-26절의 메시지

예수님의 일행이 화요일 아침에 성전에 다시 들어가면서 바로 그 무화과나무가 뿌리로부터 마른 것을 본다(20절). 베드로가 저주받은 무화과나무가 메말라 버린 것을 예수님께서 보시라고 말한다(21절). 베드로는 무슨 의도로 예수님께서 무화과나무를 저주하여 죽여 버리셨는지 제대로 알지 못했다. 이 사건은 A.D. 70년 성전 파괴 사건이 철저히 수행될 것을 예고한다. 예수님은 제자들에게 "하나님을 믿어라"고 대답하신다(22절). 이스라엘이 자신에게 임할 심판을 면하려면 성전도 혈통도 돈도 아닌 바로 하나님을 제대로 믿는 것이다. 여기서 '믿는다'는 말속에는 행동을 돌이키는 것을 포함한다. 제자들이 산(시온 산 혹은 감람산)더러 바다(사해 혹은 지중해)에 던지우라는 말을 의심하지 않고 믿으면 그대로 될 것이다(23절). 무엇이든지 기도하고 구하는 것은 '받은 줄로'(*elabete*, 예언적 아오리스트; 참고. 다수 사본은 현재 시제 [*lambanete*]) 믿어라. 그리하면 그대로 될 것이다(24절).[381] 구약에서 산을 옮기는 것은 하나님만 하실 수 있는 일이었다(참고.

---

380) 이 단락은 창조 주제와 출애굽 주제에 따라서 모형론적으로 그리고 계시사적으로 이해해야 한다. 즉 예수님이 십자가 지시기 며칠 전에 발생한 무화과나무 저주와 성전 청결 사건은 '새 창조와 새 출애굽 주제'로 연결된다. 하나님의 첫 성전인 에덴동산에서 금단의 선악과를 먹음으로써 범죄한 첫 아담이 '무화과 나뭇잎'으로 옷을 만들었다(창 3:7). 둘째 아담 예수님은 열매 없는 하나님의 백성을 상징하는 잎만 무성한 '무화과나무'의 열매를 먹지 않으시고, 저주하셨다. 여기에 첫 아담과 둘째 아담 사이의 대조가 나타난다. 마가복음 11장 27절의 예루살렘 성전 안에서 '거니시는' 예수님과 창세기 3장 8절의 에덴동산을 '거니시는' 여호와는 유사하다. 그리고 '독사의 자식들'인 이스라엘의 종교 지도자들이 예수님을 정죄하고 죽이려 하는 모습(막 11:18)과 에덴동산에서 '뱀'이 아담과 하와를 유혹하고 범죄에 빠뜨리고 죽이려는 것은 유사하다. 그리고 둘째 아담이신 성전 청결 사건에 '양과 비둘기와 같은 짐승'이 등장하는데, 에덴동산에도 '짐승들'이 있었다. 이제 둘째 아담이신 세상 죄를 지고 가신 '유월절 어린양' 예수님은 짐승 대신에 자신의 몸을 영원한 속죄 제물로 드리실 것이다. 여기에 새 창조 주제와 연결된 출애굽 주제가 등장한다. 예수님은 첫 아담의 범죄로 저주받은 에덴동산과 결실 없는 무화과나무, 그리고 신령과 진정이 없는 변질된 제사와 짐승으로 드린 그림자 제사를 원래 위치로 돌이키시고 성취하신 참 성전이시다. 새 창조와 새 출애굽을 이루신 둘째 아담과 참 성전과 어린양 되신 예수님과 연합된 신약 교회는 성령의 전으로 기도하며 새 에덴에서 살게 되었다.

381) 마가복음 11장 24절의 *elabete*(너희가 받았다)는 '예견적 아오리스트'(proleptic or futuristic aorist)인데,

출 19:18; 욥 9:5-6; 시 68:8; 렘 4:24; 나 1:5). 그리고 산이 옮겨지는 것은 종말에 일어날 일이다(참고. 사 40:4, 54:10, 64:1-3; 겔 38:20; 미 1:4; 합 3:6; 슥 14:1-4). 믿음의 기도는 교회와 복음의 대적인 이스라엘(산)이 열방(바다)의 포로로 잡혀가게 만든다. 따라서 산이 바다에 빠지는 것도 A.D. 70년에 배교한 이스라엘이 로마 군대에 의해서 완전히 파멸되는 하나님의 심판을 상징한다. 이 일이 일어나도록 새 이스라엘인 신약 교회는 기도해야 한다.

제자들은 서서 기도할 때 아무에게나 혐의가 있거든 용서해야 한다. 그리해야 하늘 하나님이 우리의 허물을 용서하신다(25절). 하나님이 응답하는 기도의 조건 중 하나는 수평적인 평화이다. 시내 산과 B사본처럼 개역개정판과 바른 성경에 26절이 없지만, A, C, D, 다수 사본에는 "만일 너희가 용서하지 아니하면 하늘에 계신 너희 아버지도 너희 허물을 사하지 아니하시리라"가 첨가되어 있다. 물론 이 구절은 우리의 행위를 강조하는 '공로주의'를 가르치는 것이 아니다. 우리가 남을 용서하지 않는 것은 하나님의 사죄의 은혜를 무시하는 것이기에, 실제로는 하나님과의 수직적인 화목에 문제가 발생한 증거이다.

2.4. 마가복음 11장 27-33절의 메시지

예수님 일행이 다시 예루살렘에 들어가셔서 성전 안에서 거닐고 계신다(*en to hiero peripatountos*).[382] 71명으로 구성된 산헤드린의 세 그룹인 대제사장들과 서기관들과 장로들이 누구에게 받은 권세로 이런 일(성전 청결)을 하는지 예수님에게 묻는다(27-28절). 종교 지도자들은 예수님의 메시아로서의 신분을 아직도 깨닫지 못하고 있다. 예수님은 세례 요한의 세례가 하늘에서인지, 사람에게서인지 되물으시면서 그들의 말문을 막아 버린다(30절). 예수님이 여기서 세례 요한을 언급하신 것은 유대 종교 지도자들이 메시아의 선구자인 세례 요한을 대하듯이 예수님을 동일한 방식으로 대하기 때문이다(참고. 오스본, 2003:90). 만일 하나님에게서 나온 세례라면 종교 지도자들이 '독사의 자식들'이라고 자신들을 책망한 세례 요한을 믿지 않았을 뿐 아니라(참고. 마 3:7-10), 세례 요한이 처형될 때도 적극적으로 막지 못하고 헤롯 안디바에게 동조한 것이 문제가 된다(31절). 세례 요한의 신적 권세를 부인한 지도자들은 예수님의 신적 권세를 받아들일 수 없었다. 만일 세례 요한의 세례가 사람에게서 나온 것이라면 사람들이 요한을 참 선지자로 여기기에, 백성을 두려워하고 있었다(32절). 세례 요한의 세례가 사람에게서 나온 것이라고 종교 지도자들이 대답한다면, 요한을 참 선지자로 인정하고 있던 백성들은 그들을

비록 사건이 지나간 것이 아님에도 불구하고 이미 완료된 것처럼 묘사한다. 즉 미래를 위해서 예견적 아오리스트를 사용하여 사건의 확실성을 강조한다(참고. Wallace, 1996:563-564).

382) 27절의 헬라어 동사 *peripateo*(걷다)를 계시사적으로 이해할 수 있다. 마가복음 11장에서는 예수님이 타락한 예루살렘 성전을 심판하시기 위해서 걷고 계신다. 이것은 창세기 3장 8절에 '바람/폭풍 가운데'(히. *leruah haiom*, 저녁 시간처럼 '서늘할 때' [in the cool of the day, KJV 등]라기보다는) 여호와께서 나타나셔서 에덴동산에 거니시며 (LXX: *peripatountos en to paradeiso*) 타락한 아담과 하와를 찾아오신다. 에덴동산은 하나님의 영광과 임재가 있는 성전으로 볼 수 있기에, 타락한 죄인을 심판하러 찾아오시는 하나님의 모습은 곧 배교한 유대 종교인들을 심판하시기 위해서 찾아오시는 예수님에게서 성취된 것이다.

돌로 쳐 죽일 것이다(참고. 눅 20:6). 예수님과 산헤드린 사이의 논쟁은 성전에서 일어난 일이기에 많은 사람이 보는 가운데 공개적으로 진행된 사건이다. 따라서 예수님을 메시아로 혹은 적어도 참 선지자로 믿게 된 사람이 있었을 것이다. 예수님이 성전에서 어떤 권세를 가지고 행하시는지 대답하지 않으신다(33절).

3. 오늘에의 적용

성령의 전으로 사는 우리가 극복해야 할 형식주의적인 모습은 무엇인가?
수직과 수평적인 화목과 기도의 응답과의 관련성은 무엇인가?
믿음의 기도로 우리 안팎의 복음의 대적을 물리치며 성화를 이루자.
예수님의 논쟁에서 우리는 어떤 지혜와 원칙을 배울 수 있는가?

마가복음 12장

1. 본문 및 구조

• 포도원의 악한 농부 비유(1-12)
• 가이사의 것과 하나님의 것(13-17)235
• 부활과 첫째 계명 논쟁(18-37)
• 성전의 서기관과 과부(38-44)

2. 구원 계시사적 메시지

2.1. 마가복음 12장 1-12절의 메시지

마가복음 12장은 성전 청결 사건과 무화과나무의 저주 그리고 예수님의 권세에 관한 논쟁을 다루는 마가복음 11장을 뒤따르기에 예루살렘 성전에서 일어난 사건을 다룬다.[383] 마가복음

383) 헤롯 성전은 A.D. 62년 혹은 64년에 아그립바 2세와 총독 알비누스 시대에 완공되었다. 성전의 증축된 부분은 다음과 같다. 성전 건축물의 높이가 60규빗에서 100규빗으로 높아졌고, 성전 내부의 거룩한 앞뜰이 정비되었으며, 여자들의 뜰과 남자들의 뜰 사이에 큰 문이 세워졌고, 거대한 지하 건축물에 의해 바깥뜰이 남북으로 확장되었으며, 성전 광장을 에워싼 주랑들이 장식되었다. 성전 개축이 끝난 직후에 A.D. 66년의 유대-로마 전쟁이 발발하기 전에 사람들은 새로운 성전 건축물을 짓기로 결정했다. 그것은 아마도 성전 개축으로 일자리를 잃은 18,000명을 구제하는 차원이었다(참고 예레미아스, 1988:40).

12장 1-12절의 포도원의 악한 농부 비유는 마가복음 11장 27-33절의 예수님의 권세에 관한 논쟁에 대한 답변이다. 사실 예수님은 갈릴리에서 사역하시는 동안 성전에 제물을 바쳐야만 죄 사함을 받는다고 말씀하시지 않았다. 대신 믿음을 보시고 즉각적으로 죄 사함을 선포하셨다. 예루살렘 성전의 기능이 구약과는 완전히 다른 것을 예수님의 갈릴리 사역과 성전 청결 사건을 통해서 알 수 있다. 이스라엘을 상징하는 포도를 수확하기 위해 산울, 포도즙 틀, 그리고 망대와 같은 최상의 조건을 준비하신 분은 하나님이시다(1절; 참고. 사 5:1-7). 이 모든 준비가 끝난 후 농부들에게 세로 주고 주인은 타국으로 간다. 주인은 추수 때가 이르자, 농부들에게 포도원 소출 얼마를 받으려고 종 한 명을 보낸다(2절). 악한 농부들은 그 종을 심히 때리고 빈손으로 돌려보낸다(3절). 주인이 보낸 다른 종은 머리에 상처를 입고 능욕을 당한다(4절). 다른 종은 살해당하고, 나머지 종들도 맞고 죽임을 당했다(5절). 주인의 사랑하는 아들을 마지막으로 보내었지만, 악한 농부들은 상속자를 죽여서 포도원을 차지하려고 계획하고는 죽여서 포도원 밖으로 내던졌다(7-8절). 포도원 주인이 와서 이 악한 농부들을 진멸하고 포도원을 다른 사람들(이방인)에게 줄 것이다(9절).

이 비유는 왜 유대인들이 심판을 받고 성전이 파괴당해야 하는가의 이유를 제시한다. 이스라엘 백성을 위해서 구약의 선지자들과 세례 요한까지 열심히 보내신 하나님은 합당한 열매를 맺지 못할 뿐 아니라 파송된 자들을 핍박하고 죽여 버린 이스라엘을 심판하셔야 했다(예. 엘리야, 왕상 18:16-19:2; 엘리사, 왕하 6:31; 하나니, 대하 16:7-10; 미가야, 대하 18:12-26; 스가랴, 대하 24:20-22; 우리야, 렘 26:20-23; 예레미야, 렘 37:1-38:13; 세례 요한, 막 6:14-29; 참고. 오스본, 2003:98-99). 이 심판이 시행되는 시기는 여호와의 날로서 하나님이 계획하신 때가 찬 시점이다. 이스라엘의 배교의 절정은 하나님이 사랑하시는 독생자 예수님을 죽이고 영문 밖에 던져 버린 사건이다. 이 말씀은 얼마 있지 않아서 예수님이 십자가에서 죽으실 것을 예고한다.

예수님은 이 비유를 듣고 있던 사람들에게 시편 118편 22-23절을 인용하시면서, "건축자들의 버린 돌이 모퉁이의 머릿돌이 되었나니, 이것은 주로 말미암아 된 것이요, 우리 눈에 기이하도다 함을 읽어 보지 못하였느냐"고 말씀하신다(10-11절). 시편 118편은 유월절에 읽힌 본문이다(참고. 오스본, 2003:104). 건축자들에게 버림받은 돌은 배척받고 죽으실 예수님이시다. 그런데 이 죽으신 예수님이 부활하심으로써, 새로운 성전(참 성전, 성령의 전)의 모퉁잇돌이 되실 것이다. 시편 118편 22-23절의 예언은 예수님의 배척받으심과 죽으심, 부활, 그리고 성전 된 교회의 건축으로 성취될 것이다. 이 비유를 들은 유대 종교 지도자들은 예수님께서 비유로 자신을 가리켜 말씀하신 줄 알고 예수님을 잡으려고 하되, 무리를 두려워하여 주님을 버려 두고 갔다(12절). 말씀을 들어도 끝까지 예수님을 대적하고 회개하기는커녕 죽이려고 덤벼드는 유대인들의 완악함으로 이 단락을 마무리 짓는다.

2.2. 마가복음 12장 13-17절의 메시지

십자가 지시기 전에 예수님은 예루살렘에서 대적들을 많이 만나셨다. 이 대적들과의 논쟁은 예수님의 구원 사역이 어떤 성격의 것이었는지를 밝히 드러내는 기능도 한다. 성전 관계자들은 예수님이 하신 말씀을 책잡으려고 바리새인과 헤롯당 몇 명을 예수님에게 보낸다(13절). 그들은 예수님에게 아첨의 말로 시작한다. "당신은 참되시고 아무라도 꺼리는(상관하는, 두려워하는, 지배당하는) 일이 없으시니이다. 왜냐하면 사람을 외모로 보지 않으시고 오직 참으로써 하나님의 도를 가르치기 때문입니다."

그다음 가이사에게 세를 바치는 것이 가한지 묻는다(14절). A.D. 6년부터 산헤드린이 수납의 임무를 지고 각종 세금을 로마에게 세금을 바쳤다. 이 질문은 로마 제국에 대한 예수님의 태도를 가늠하기 위한 것이다. 만일 예수님이 세금을 내는 것에 동의한다면 애국자들은 예수님을 배척할 것이며, 만일 반대하신다면 로마 군인들이 와서 체포할 것이다.[384] 예수님은 이 질문 속의 외식을 아시고, "어찌하여 나를 시험하느냐? 데나리온 하나를 가져다가 내게 보이라"고 말씀하신다(15절).

예수님 당시의 로마 주화인 데나리온에는 티베리우스 황제(A.D. 14-37년)의 화상과 함께 그가 마치 신으로서 평화를 주는 인물로 다음과 같이 묘사되어 있다. "Tiberius Caesar, Augustus, son of divine Augustus." 이런 글귀는 구약 율법에 위반되는 것이기에, 이 동전을 가지고 다니는 불신 유대인들은 수치를 당하고 있었다. 우리는 이 단락에서 자신의 수치를 모른 채 예수님에게 도전하는 바리새인들과 헤롯당의 어리석음을 볼 수 있다. 동전은 로마 제국의 이데올로기를 전파하는 도구였다(참고. Malina & Rohrbaugh, 2003:201). 주님은 "가이사의 것들은 가이사에게, 그러나(kai) 하나님의 것들은 하나님에게 바치라"고 대답하신다(17절).[385] 예수님의 이 대답은 책망이 담겨 있는데, 바리새인과 헤롯당은 하나님에게 드릴 것조차 제대로 드리지 않은 불순종하던 자였기 때문이다. 그리스도인은 시민으로서 가이사에게 바칠 것을 마땅히 바쳐야 한다. '그러나' 하나님에게 바쳐야 할 것조차 가이사에게 바쳐서는 안 된다. 왜냐하면 가이사가 세상의 진정한 통치자가 아니라, 하나님만 유일한 주재이시기 때문이다. 주님은 여기서 단순히 정교분리를 주장하지 않으시고, 오히려 하나님 나라의 영향력이 정치 영역에도 미쳐야 할 것을 주장하신 것이다. 물론 세상 정치, 사상과 체제가 하나님의 통치 원리에 합치될 때만 교회는 세상 정부에 협조해야 한다. 하나님의 주권과 통치는 세상 정부의 다스림이나 요구보다 우위에 있다. 때로는 성도가 이 천국의 영향력을 시행하는 중에 고난을 당할 수도 있다(참고. 눅 12:11-12).

2.3. 마가복음 12장 18-37절의 메시지

이 단락에 예수님과 사두개인들 사이의 부활 논쟁(18-27절)과 예수님과 서기관 사이의 첫째 계명에 관한 논쟁이 등장한다(28-37절). 사두개인은 지배권력층으로서 친로마 성향의 보수주의

384) 로마의 마가 공동체에게는 이 문제가 훨씬 심각했다. 마가 공동체는 로마 정부에 해로운 존재가 아니라 오히려 모범적인 시민임을 증명해야 평안한 가운데 신앙생활 할 수 있었기 때문이다(참고. 알란 콜, 2005:182).

385) 참고로, 예루살렘의 수로, 성벽, 성탑, 그리고 도로 등을 유지하는 모든 경비를 성전 금고에서 지불했다(참고. 예레미아스, 1988:32).

자였다. 사두개인들은 부활을 믿지 않던 현실주의자였다. 사두개인들은 형사 취수혼(levirate marriage law; 참고. 신 25:5-10)에 근거하여 부활 신앙을 조롱하면서 예수님에게 가시 돋친 질문 공세를 편다(18-23절). '남편 일곱 명과 아내 된 여자 한 명이 후사가 없이 죽었는데, 부활할 때 누가 남편이 될 것인가'라는 질문이다. 이것은 성경도 하나님의 능력도 알지 못함으로 오해한 질문이다(24절). 예수님은 이스라엘의 종교·정치 지도자라고 자처하며 권세를 누리던 사두개인들이 성경과 하나님의 능력을 오해하는 부류라고 책망하시면서 큰 수치를 안겨 주신다. 사두개인들의 질문의 요점과는 달리, 부활한 사람은 결혼하지 않고 천사처럼 지낼 것이다(25절). 하나님은 불붙은 가시떨기에서 모세에게 나타나셔서 아브라함, 이삭, 야곱의 하나님으로 계시하셨는데, 산 자의 하나님이시다(God of the living, 26-27절). 모세오경만 믿었던 사두개인에게 예수님은 오경을 통해서 대답하신다. "……를 읽지 못하였느냐?"(26절)라는 예수님의 질문은 자칭 종교 지도자들인 사두개인들에게 큰 수치를 안겨 주는 말씀이었다. 족장들이 마치 모세시대에 부활한 것처럼 족장 언약을 성취하시는 하나님에게서 부활의 확실성을 찾을 수 있다는 점이다. 그러나 부활의 몸은 지상의 몸과는 다른 것이다(참고. 고전 15:44).

사두개인들과 예수님 사이의 논쟁을 듣고 있던 서기관 한 명이 등장하여, 예수님에게 첫째 계명이 무엇인지 묻는다(28절). 유일하신 여호와를 마음, 목숨, 뜻, 힘을 다해서 사랑하는 것이다(29-30절). 둘째 계명은 이웃을 내 몸처럼 사랑하는 것이다(31절). 예수님의 답변은 구약에서부터 강조된 것으로서 새로운 것이 아니다(참고. 신 6:4-5; 레 19:18). 질문을 한 서기관이 예수님의 말씀의 의도를 파악했기에, 주님은 그에게 "네가 하나님 나라에 멀지 않도다(not far, *ou makran*)"라고 인정해 주신다(34절). 천국에 가까운 이 서기관이 예수님을 메시아로 영접했다는 언급은 없다. 그 후에 예수님에게 감히 묻는 자가 없었다(34절).

지금까지 유대지도자들이 예수님에게 질문 공세를 폈는데, 이제 주님이 질문하신다. 예수님이 성전에서 가르치실 때, 서기관들이 그리스도를 다윗의 자손이라고 가르친 것에 대해 물으신다(35절). 36절은 시편 110편 1절의 인용이다.[386] 예수님은 시편 110편 1절에서 성령에 감동된 다윗이 그리스도를 주라고 부른 것은 그리스도가 다윗의 자손이라고 가르치는 것과 배치되는 것이 아닌가라고 물으신다(37절). 이 질문을 통해서 예수님은 다윗의 후손으로 오셨지만, 동시에 선재하신 그리스도이심을 가르치신다. 무리들은 예수님의 가르침을 기쁨으로 들었다(37절).

2.4. 마가복음 12장 38-44절의 메시지

예수님은 긴 옷을 입고 다니는 것, 시장에서 문안 받는 것, 회당의 상좌, 잔치의 상석에 안기를 원하는 서기관들을 삼가라고 가르치신다(38-39절). 사람의 시선을 의식하면서 허영심과 기득권으로 무장한 서기관들이었다. 서기관들은 과부의 가산을 삼키며 외식으로 길게 기도하는 자이기에 받을 심판이 중하다(40절; 참고. 마 23:14). 고아와 과부는 약탈을 받기 쉬운 약자의 대명사였

---

386) 36절에서 다수 사본은 '원수들을 너의 발의 받침대(*hypopodion*)로 삼을 때까지'로 쓰지만, B와 D사본 등은 '원수들을 네 발들 아래에(*hypokato*) 둘 때까지'라고 쓴다. 바른 성경은 다수 사본을 따라 번역했다.

고, 하나님은 특별히 법률로써 이들을 보호하셨다(참고. 신 10:18, 22:22-23; 욥 22:9, 24:3, 31:16; 시 94:6; 사 1:23; 렘 49:11; 말 3:5). 예수님은 성전의 연보궤 반대편에 앉으셔서 무리가 연보궤에 돈을 넣는 것을 보신다(41절).[387] 이 장소는 여인의 뜰인데, 성전세와 연보를 드리도록 여러 개의 궤가 있었다. 한 과부는 두 렙돈(*lepta dyo*, two very small copper coins, 64분의 1[혹은 100분의 1]데나리온)을 넣었다(42절). 마가가 두 렙돈을 '한 고드란트'라고 로마식 동전의 가치를 언급한 것은 마가복음이 로마에서 기록되었기 때문일 수 있다. 그러나 화폐에 헬라어나 히브리어식 표기보다 로마식 표기가 있는 것이 팔레스타인에서 매우 보편적으로 사용되었기에, 고드란트는 예수님 당시에 유대 땅에서 흔한 것이었다(참고. France, 2002:493). 렙돈은 직경이 1cm가 안 되는 동전으로서, 1세기 팔레스타인에서 사용된 가장 작은 단위의 화폐였다(참고. Malina & Rohrbaugh, 2003:204). 이것은 과부의 가산을 삼키는(현재분사 *katesthiontes*; '소멸하는', 참고. 갈 5:15; 계 11:5) 서기관들의 물질적 탐욕을 고발하는 말씀이다. 권력과 지위와 부를 사랑하되, 이웃을 자신의 몸처럼 사랑하지 않는 서기관이었다. 예수님은 제자들에게 연보궤에 넣은 많은 사람들보다 이 과부가 더 많이 넣었다고 말씀하신다(43절). 그녀는 가난한 중에서라도 인색함 없이 생활비(*bios*, life, livelihood) 전부를 넣었기 때문이다(참고. 고후 8:2). 통상적으로 볼 때, 이 과부는 다음 끼니를 걱정해야 했다. 마음과 뜻과 정성과 힘을 다하여 하나님을 사랑하고, 이 연보가 제대로 사용된다면 이웃을 자신의 몸처럼 사랑하게 될 과부이다. 이 과부는 베다니의 마리아처럼 자신의 모든 것을 바친 여제자이다.

3. 오늘에의 적용

회개의 기회를 잃어버리는 완고함을 경계하자.
교회는 어떻게 정치에 관여할 수 있는가?
우리는 어떻게 기독교의 진리를 변증할 수 있는가?
우리는 사랑의 전령사인가?

마가복음 13장

1. 본문 및 구조

• 성전에서 성전에 관한 제자들의 질문과 예수님의 답변(1-2)[388]

387) 41절에서 다수 사본과 달리, 시내 산과 B사본은 '예수님은'이라는 주어를 생략한다.

- A.D. 70년 사건에 관한 감람산 강화(3-31)
- 주님의 재림에 관한 강화(32-37)

2. 구원 계시사적 메시지

2.1. 마가복음 13장 1-2절의 메시지

마가복음 13장 1-2절의 시간적 배경은 유월절, 공간적 배경은 예루살렘 성전이다. 예수님이 죽으신 바로 그 주의 화요일이다. 예수님이 성전에 나가신다(1절). 이 모습은 성전에서 하나님의 영광이 떠나버릴 것이라는 에스겔 10장 18-19절과 11장 22-23절과 유사하다. 돌 성전은 더 이상 예수님의 영광이 머무는 곳이 아니다(참고. France, 2002:495). 주님의 제자들은 헤롯 성전의 돌들과 건물들의 웅장한 모습에 감탄하며 예수님에게 말을 건넨다(1절; 참고. 성전의 금과 흰 대리석의 조화, 《유대 전쟁사》 5.222-223). 예수님은 "네가 이 큰 건물들을 보느냐? 여기에(*hode*) 돌 하나도 돌 위에 남지 않고(*lithos epi lithon*) 다 무너뜨려지리라"(*katalythe*, 아오리스트 수동태 가정법 3인칭 단수, be overthrown, 2절)고 답변하신다(참고. 막 14:58, 15:29).[389] 《유대 전쟁사》 5.224에서 요세푸스는 성전의 기초 돌 하나의 길이가 무려 45규빗이나 되었다고 한다. 그러나 《유대 전쟁사》 6.249-266에 의하면, 성전은 철저하게 파괴되었다. 주님의 대답의 형식은 과장법이지만, 그만큼 예루살렘 성전 건물들의 파괴가 철저할 것을 강조한 것이다(참고. 왕상 9:6-8; 렘 7:12-15; 미 3:12). 성전의 파괴는 선민 유대인에 대한 하나님의 특별한 경륜이 종막을 고하고 보편적인 새 언약의 구원 시대의 개시를 알리는 확실한 사건이다. A.D. 70년 사건은 하나님께서 옛 언약 파트너와 이혼하시는 것이다.

2.2. 마가복음 13장 3-31절의 메시지

예수님과 제자들이 예루살렘에서 나와서 감람산에 도착하여 앉아서 동일한 주제로 다시 토론한다. 베드로, 야고보, 요한, 안드레가 종용히 예수님에게 언제 그리고 어떤 징조(*to semeion*)와 더불어 A.D. 70년 사건이 일어날지 묻는다(3-4절). 3절의 '물었다'(*eperota*, 미완료 능동 직설 3인칭 단수)의 주어는 제자들의 대변인격인 베드로로 보인다(참고. France, 2002:507). 주님의 답변이 5절 이하에 나타난다. 사람의 미혹을 받지 않도록 주의하라(5절).[390] 예수님의 이름을 빙자한 적그리스도가 미혹하게 될 것이다(6절; 참고. 요일 4:1-4). 요세푸스는 예수님의 사역과 유대전쟁 사이에 메시아적 인물들로 《유대 고대사》 20.97-99절에서 '드다'를, 102절에서 '갈릴

---

388) 프란스(France, 2002:494)는 마가복음 13장 1절에서 장이 나누어진 것은 실수라고 본다. 마가복음 13장 1-2절이 없다면 마가복음 11-12장의 긴 논쟁적인 내러티브와 사건의 결론은 사라지게 된다.

389) 아오리스트 가정법 2개(*aphethe*, *katalythe*)와 *ou me*가 결합되어 강조 구문을 형성한다(참고. France, 2002:496).

390) 마가복음 13장에는 27개의 미래형 동사와 19개의 경고의 성격을 가진 명령형이 등장한다. 박수암(2003:257)은 5-23절을 재림의 징조들로, 24-27절을 재림으로, 28-37절을 재림의 임박함으로 본다. 이런 해석은 A.D. 70년 사건과 주님의 최종 파루시아 사이를 혼동한 결과이다.

리 유다의 아들들'을, 169-172절에서 '애굽인'을, 188절에서 '익명의 협잡꾼들'을 언급했다. 난리(전쟁들)와 난리 소문(rumours)이 들릴 것이지만 두려워하지 말아야 한다. 왜냐하면 이런 일들이 반드시(dei) 일어나야 하지만, 아직 끝(*to telos*)이 아니기 때문이다(7절; 참고. 렘 51:46).

민족끼리 그리고 나라끼리 대적하며 지진들과 기근들(참고. 글라우디오 때, 행 11:28)이 발생할 것인데, 이것은 재난(birth-pangs)의 시작이다(8절).[391] A.D. 36년에 파르티아에서 전쟁이 있었고, A.D. 36-37년에는 헤롯 안디바와 나바테아의 왕 아레타스 사이에 전쟁이 있었다(참고. France, 2002:511). 유대-로마 전쟁 기간 동안인 A.D. 69년에 로마 제국의 심장부인 로마에서는 갈바-오토-비텔리우스 황제가 단명한 가운데, 극심한 혼란에 빠졌다. '지진들'에 A.D. 61년의 소아시아의 지진, A.D. 62년의 폼페이 지진, A.D. 67년의 예루살렘의 지진이 포함된다(《유대 전쟁사》 4.286-287). 주님의 제자들이 (여러 지방의)공회들(*synedria*, 중성 복수 대격, local Jewish law courts)과 회당들(여성 복수 대격)에 넘겨져서 고난을 당할 것이다(9절; 참고. 고후 11:24). 동사 '넘겨지다'(*paradidomi*)는 세례 요한, 예수님, 주님의 제자들의 고난에 사용되었다(참고. 막 1:14; 9:31; 10:33; 13:9; 14:10; 15:1).

복음이 모든 민족들(*panta ta ethne*)에게 먼저 반드시(*dei*) 전파되어야 한다(10절). 사도행전에 나타난 복음의 전파가 이 예언을 증명한다. 10절은 9절과 11절 사이에 후대에 어색하게 삽입된 것이 아니다. 주님의 제자들이 잡혀서 고난당할 바로 그때가 그들의 믿음과 복음을 증거할 기회가 되기 때문이다(참고. 마 10:18; 막 6:11; 8:35-38). 공회와 회당에 잡혀갔을 때 성령께서 답변할 말씀을 주실 것이다(11절). 이것은 게으른 설교자가 아니라 열심히 고군분투하는 증인에게 주신 약속이다. 그때는 한 가정(형제, 아버지, 자식, 부모)에서 서로를 죽는 데 내어줄 것이다(12절). 미가 7장 6절이 12절의 간본문이다. 9절과 11절이 공식적 박해에 관한 것이라면, 12절은 사적인 박해와 관련 있다. 주님의 제자들은 예수님의 이름 때문에 미움을 받을 것이지만, 나중까지(끝까지, eis telos) 견디는 자는 구원을 얻을 것이다(13절).

혹자는 14절부터 주님의 재림과 연결시키는데, 문맥이 이것을 허용하지 않는다. 멸망의 가증한 것(*to bdelygma tes eremoseos*; 바른 성경: '황폐케 하는 혐오스러운 것')이 서지 못할 곳에 선 것을 보거든, 유대에 있는 자들은 산들(중성 복수 대격)로 도망가야 한다(14절; 참고. 단 9:27; 11:31; 12:11). '멸망의 가증한 것'은 중성 단수 명사이다. 그런데 '서다'(*bestekota*)는 현재 완료 능동태 '남성' 단수 대격 분사이다.[392] 그렇다면 주어의 성(性)과 동사의 성이 다른 이유는 무엇인가? 마가는 사물이 아니라 신성 모독의 죄를 저지른 어떤 사람을 염두에 두고 있는가? 하나님의 성전에 '앉아서'('서다'가 아님) 스스로 하나님이라고 선포할 2장 3-4절의 '불법의 사람'(*anthropos tes anomias*)과 연결하려는 시도가 있어 왔다. 마카비 2서 6장 2절에 의하면, 에피파네스의 부하들이 제우스 신상을 예루살렘 성전에 세운 후, '제우스 올림피오스의 신전'이라고 명명했다. 그렇다

---

391) 8절에서 다수 사본은 '기근들' 다음에 '난리들'(*tarachai*)을 추가한다.

392) 다니엘의 본문을 직접 언급하는 마 24:15에서는 현재완료 중성 단수 대격 분사(*bestos*)가 사용되어, 주어와 동사의 성이 일치한다.

면 마가는 로마 군대에 의해 더럽혀질 성전에 세워질 남자 신 제우스(혹은 로마 제국의 신)와 반대되는 개념을 염두에 두었을 수 있다(참고. France, 2002:523). 다른 한편, 멸망의 가증한 것은 A.D. 67-68년에 열심당과 그들의 지도자 기살라(Gischala)의 요한과 엘르아잘이 자격이 없던 파니(Phanni)를 대제사장으로 임명하고, 유대인들의 내분 및 범죄로 볼 수 있다(참고. 《유대 전쟁사》4.3.6-4.6.2; 보라. Stein, 2008:604).

실제로 A.D. 66년 세스티우스 갈루스(Cestius Gallus)가 예루살렘 성을 공격하였을 때 예루살렘 교회는 예수님의 말씀을 기억하고 요단강 건너편의 펠라(Pella)로 피신하여, 4년 후에 발생한 예루살렘 멸망의 참사를 모면할 수 있었다(참고. 유세비우스, 《교회사》 3.5.3; 비교. France, 2002:526). '멸망의 가증한 것'은 다니엘에 4번 등장한다(참고. 단 8:13, 9:27, 11:31, 12:11). 그중에 다니엘 11장 31절은 시리아의 안티오쿠스 에피파네스 4세(B.C. 175-164년)에 의해 일차적으로 성취되었다. 그는 B.C. 167년에 유대인들의 종교와 민족주의를 말살하려는 의도에서 성전의 번제 단을 헐고 제우스 신상을 세웠으며 유대인들이 혐오하는 돼지를 제물로 바쳤다(참고. 마카비 1서 1:54, 59).[393] 여기서 알 수 있는 것은 예수님의 성전 파괴와 그 징조에 대한 예언이 성취되기 전에 마가복음이 기록되었다는 사실이다. 따라서 마가복음 13장은 사건 후(post eventum) 혹은 일어난 사건을 통한 예언(prophetia ex eventum)의 기록이 아니다(참고 France, 2002:521).

지붕 위에 있는 자는 집에 내려가서 무엇을 챙기려 하지 말아야 한다(15절; 참고. 창 19:17).[394] 밭에 있는 자는 겉옷을 가지러 뒤로 돌이키지 말아야 한다(16절). 아이 밴 자들과 젖먹이는 자들에게 화가 있다(17절). 실제로 A.D. 70년에 예루살렘이 정복당할 때 로마 군대는 아이 밴 여인의 배를 칼로 갈랐으며, 성 안에 포위당한 이스라엘인들은 먹을 것이 없었기에 자기 아기를 삶아 먹었다. 이 일이 겨울에 발생하지 않도록 기도해야 한다(18절). 창조로부터 이런 환난이 없을 것이다(19절). 이런 환난은 이스라엘에게 전무후무한 사건이다(참고. 출 9:18, 10:14, 11:16; 단 12:1; 욜 2:2; 계 16:18). 주님은 이 환난의 날 수를 단축하셔서(ekolobosen, 선지적 아오리스트 능동 직설 3인칭 단수) 자기 백성을 구원하실 것이다(20절; 참고. 사 65:8; 2바룩 20:1-2; 벤 시라 36:10). 유대-로마 전쟁은 약 3년 반 정도 계속되었다. 따라서 환난의 기간이 3-4년이라면 그리 길지 않은 기간이다. 그리고 예루살렘 성이 포위된 기간은 5개월뿐이었다. 거짓 그리스도들(*pseudochristoi*)과 거짓 선지자들(*pseudoprophetai*)이 많이 일어나서 이적과 기사를 행하여 미혹할 것이다(21-22절; 참고. 신 13:1-3). 특별히 유대-로마 전쟁 중에 극도로 민심이 흉흉할 때 거짓 선지자가 출현하기 쉬웠고 실제로 출현했다(예. A.D. 66년의 갈릴리의 유다의 아들 메나헴[Menahem]과 A.D. 69년의 시몬 바기오라[Simon Bar-Giora]; 참고. 유대전쟁사 2.433-448; 유대고대사 20.167-168). 주님의 제자들은 주의해야 한다(23절; 참고. 막 13:5, 9).

393) 멸망의 가증한 물건과 관련하여서, 예수님은 B.C. 167년의 에피파네스 4세의 무례한 행동을 회상하시면서, 장차 있을 이방인 군대인 로마의 성전 파괴를 염두에 두고 계신다. 동시에 예수님 당시에 배교한 예루살렘 성전 자체가 멸망의 가증한 것이 되고 말았다.

394) A.D. 67년경에 예루살렘 교회는 요단강 건너편의 펠라로 도망갔다(참고. ESV Study Bible, 2008:1923).

24절은 '그러나'(*alla*)로 시작한다(참고. 바른 성경은 번역하지 않음). 이것은 '시간'의 대조가 아니라 '범위'(*scale*)의 대조이다. 즉 23절까지의 징조와 24절 이후의 징조 사이에는 시간적 차이가 없다(참고. France, 2002:532). A.D. 70년 사건과 주님의 최종 파루시아 사이의 시간적 대조는 마가복음 13장 32절에서 발생한다. 이런 대환난을 뒤따르는 날에, 해와 달과 별들이 빛을 내지 않고 어두워질 것이며 하늘에 있는 권능들(*hai dunameis*, the powers)이 흔들릴 것이다(24-25절). 광명체와 하늘의 권능들은 지배자 혹은 통치 권력자를 상징한다(참고. 창 1:16-18; 37:9; 사 13:10; 욜 2:3, 10, 31, 3:15; 암 8:9; 계 12-13). 그 권세자들이 권좌에서 쫓겨날 것이다.

인자가 큰 권능과 영광으로 구름을 타고 오는 것을 볼 것이다(26절; 참고. 막 8:38). 간본문인 다니엘 7장 13-14절에 근거해 보면, 인자이신 그리스도께서 모든 권세를 성부로부터 받아서 대적에게 (영적으로)오셔서 심판하심으로써 그 권한을 시행하시는 것이다. 환언하면, A.D. 70년에 인자이신 예수님이 하나님의 영광스런 위엄 가운데 심판주로 영적으로 임하실 것이다. 주님이 심판주로 임하실 이유는 배교한 유대인이 주님 자신은 물론, 초대 교회의 대적으로 활동했기 때문이다. 따라서 예수님 스스로 자신을 신원하시며 초대 교회를 신원하신다(참고. 톰 라이트, 2009:206). 말리나(Malina)와 로어바우(Rohrbaugh)(2003:206)는 요한계시록 14장 6-20절을 간본문으로 하여, 마가복음 13장 26절을 온 세상의 끝이 아니라 예루살렘의 파멸로 정확히 이해한다. 인자가 천사들을 보내어 자기 택하신 자들을 땅 끝으로부터 하늘 끝까지 사방에서(직역: *ek ton tessaron anemon*, 네 바람으로부터) 모을 것이다(27절; 참고. 신 30:4; 슥 2:10). 27절은 10절의 성취이다. A.D. 30-70년 사이에 로마 제국 전체에 복음 전파가 이루어져서 하나님의 택함을 입은 자들이 회개했다. 사도 바울의 전도 여행이 대표적인 경우이다. 무화과나무의 가지가 부드러워지고 잎사귀를 내면 여름이 가까워온 것처럼, 이러한 모든 일들이 일어나면 인자가 문 앞 가까이 온 것을 알아야 한다(28-29절). 팔레스타인에서 무화과나무 잎은 3-4월에, 첫 열매 수확은 5-6월에 기대할 수 있다. 잎은 열매의 소출을 보증한다. 예수님의 제자들은 유대인의 세대의 종말을 위한 이러한 징조를 보면서 여호와의 날이 가까웠음을 분별해야 한다. 예수님은 "진실로 너희에게 이르노니"라고 강조하시면서, 이 세대(*he genea haute*, this generation)가 지나가기 전에 이 모든 일들(*tauta panta*, 참고. 4절)이 다 이루어질 것 (*genetai*, 아오리스트 디포넌트 가정법 3인칭 단수)이라고 말씀하신다(30절). 이것을 진입적 아오리스트(inceptive aorist)로 보면서, "이 모든 것들이 다 이루어지기 시작할 때까지"로 번역하기도 한다(예. Mounce, 1993:193). 하지만 분명한 의미는 "이 모든 일들은 이 세대 안에 완성의 측면에서 이루어져야 한다"는 뜻이다. 분명하게 이 감람산에서 이 설교를 들었던 제자들이 살아 있는 동안에 이러한 일들이 이루어질 것이다.[395] 예수님의 말씀의 확실성을 강조하는 31절은 마태복음 5장 18절과 누가복음

395) 유대-로마 전쟁의 과정을 간략히 살펴보자. 유대-로마 전쟁 초기에는 급진적인 정치적-종말론적 정신이 상류층의 젊은 세대들을 사로잡았다. 한 예로, 예루살렘으로부터 총독 플로루스를 쫓아낸 폭동의 지도자는 대제사장의 아들이었다. A.D. 66년 내내, 대제사장이 인도하고 아그립바 2세가 후원한 백성의 장도들은 유대인 반란자들과 협상하여 평화를 정착시키려고 노력했다. 열심당은 반란 초기의 귀족층 젊은 자제들이 견지한 사상보다 더 급진적이었다. 네로는 그리스에서 게임을

16장 17절 그리고 이사야 40장 7-8절을 연상시킨다.[396]

2.3. 마가복음 13장 32-37절의 메시지

'그러나'(*de*) 그 날과 그때는 사람, 천사, 예수님은 모르고 아버지 하나님만 아신다(32절; 참고. 사 46:10; 슥 14:7; 2바룩 21:8). 최종 파루시아 날짜를 예수님이 모른다는 것이 문제가 되는가? 아니다. 마가는 여기서 기독론(예. 예수님의 지식)을 가르칠 목적이 아니라, 최종 파루시아를 어떻게 준비할 것인가를 논하고 있다(참고. Stein, 2008:623). 프란스(2002:541)가 옳게 지적했듯이, 여기서 주제가 바뀐다(contra 예수님은 공생애 기간 동안 최종 재림에 대해 말씀하신 적이 없다고 주장하는 톰 라이트, 2009:206). A.D. 70년 사건은 유대인에게는 세상 종말과 같았기에,

---

즐기면서, 노련한 베스파시안 장군에게 폭동을 진압할 것을 명령했다. 66년 겨울에 베스파시안은 3개 보병 군단과 많은 지원 부대를 모았고, 실질적으로는 67년 봄에 원정길에 나섰다. 네로 자살 이후에 후계자 문제로 폭동 진압이 방해를 받았음에도 불구하고, 베스파시안은 69년 봄에 예루살렘을 포위하기 시작했다. 69년 여름에 베스파시안이 황제가 되었고, 전쟁 지휘는 그의 아들 디도에게 위임되었다. 70년 봄부터 예루살렘을 본격적으로 공격하여, 9월에 파멸시켰다. 그 후 예루살렘은 'Aelia Capitolina'라는 로마 도시가 되었고, 유대인들의 출입은 금지되었다. 그리고 사마리아의 수도 세겜은 '네압볼리'가 되었다(참고. 쾨스터, 1996:644-645).

396) 31절의 의미 파악을 위해서 유대인들의 '성전 우주론'(temple cosmology)을 살펴보는 것이 중요하다. 왜냐하면 성전은 유대인의 사상과 종교적 삶의 중심이었기 때문이다. 돌 성전은 '우주보다 더 크신 초월적 하나님이 가시적으로 거하시려고 스스로 제한하신 이 땅 위의 장소'이기에 우주적인 성전(cosmic temple)이라고 불릴 만하다. 성전은 하늘과 땅이 만나는 곳이요 하나님의 발등상이다. 성전은 '온 세상' 아니 '우주'를 상징한다(보라. 시 78:69). 성전은 우주의 축소 모형(microcosm, mini-cosmos)이다. 제2성전 시대의 유대교에 의하면 성소와 지성소는 하늘에, 안뜰은 땅(팔레스타인을 중심으로)에, 바깥뜰(바다가 상징하는 이방/열방의 뜰)은 바다에 각각 상응한다. 바다가 육지를 둘러싸듯이, 뜰도 성전을 둘러싸고 있다. 성전/성막의 경우 땅과 바다를 상징하는 안팎의 뜰은 대부분의 사람에 의해서 접근 가능했다. 그러나 성소만큼은 접근이 제한된 하나님/하늘의 영역이다(요세푸스, 《유대 고대사》, 3:181). 성전 상징주의(temple symbolism)에 익숙했던 요세푸스와 필로(Philo)는 성막과 성전의 휘장은 가늘게 꼰 베실들로 짜인 것인데, 각각 땅, 물, 공기, 불을 상징한다고 보았다(《유대 전쟁사》, 5:212-213, 《고대사》, 3:128-134). 성소의 일곱 촛대는 행성들(planets)을 상징하는 것으로 보았다(《유대 전쟁사》, 4:146, 217). 그리고 그들은 대제사장의 옷을 또 다른 확장된 우주에 대한 은유로 보았다(《유대 고대사》, 3:180, 183-187). 더 중요한 것은 이런 유대 문헌의 증거보다는 소우주인 성전에 대한 구약의 이해와 신약의 성취적 확증이다. 시편 78편 69절은 성전을 우주적으로 묘사한다. 출애굽기 25장에서 여호와는 성막의 청사진을 모세에게 주시는데, 그것은 6일 동안의 천지 창조에 상응한다. 성막을 만드는 것은 천지 창조의 기사보다 더 긴데, 그것은 어떤 의미에서 천지를 창조하는 행위를 능가하는 구속사적 사건이다. 그리고 에스겔 40-48장의 새 성전과 스가랴 1-8장의 환상도 창세기 1장을 모델로 하고 있는 듯하다. 그러므로 구약과 신약의 '하늘과 땅'이라는 표현은 우리로 하여금 '예루살렘' 혹은 '성전'과 동의어로 볼 수 있도록 한다. 이 사상을 지지하는 다른 구약 구절은 이사야 65장 17-18절인데, '새 하늘과 새 땅'(신천신지)을 예루살렘의 회복으로 묘사한다. 출바벨론한 이스라엘 백성을 위해서 옛 하늘과 옛 땅은 사라지고, 기쁨의 신천신지가 도래한다. 그러므로 대제사장의 옷이 찢어지고, 성전 휘장이 찢어지며, 돌 성전이 무너지는 것은 옛 세상 전체가 무너지는 것을 상징한다. 이것은 예수 그리스도의 초림으로 교회를 핵심으로 하는 만유가 새로운 피조물이 될 것을 내다보는 동시에, 그리스도의 재림으로 임할 완전한 영광의 신천 신지를 연상하도록 한다. 그렇다면 감람산 강화의 한 부분인 마가복음 13장 31절과 마태복음 24장 35절의 '하늘과 땅'(천지)은 무엇인가? 물질적인 지구와 하늘을 가리키기보다는 돌 성전을 가리킬 수 있다(참고. Beale, 2004:48-49).

주님은 이제 세상 역사의 끝에 대해 주제를 바꾸어 말씀하신다. 그런데 마가복음 13장 3절에는 성전 파괴의 시간과 징조에 대한 질문만 있고, 최종 파루시아에 대한 질문은 없지 않은가? 따라서 예수님은 최종 재림에 대해 말씀할 필요가 없지 않으셨는가? 마태처럼 마가도 A.D. 70년 사건과 최종 파루시아를 연결하려고 했던 것 같다(참고. France, 2002:542). A.D. 70년 사건과 주님의 최종 재림 사이에는 모형론적인 유비(typological analogy)가 있다. 전자가 유대인의 세대(*aion*)의 끝이라면, 후자는 모든 인류의 끝이다. 주님이 언젠가 다시 오실 것인데, 그 날을 오직 경륜 상 성부 하나님만 아시는데, 그 날에 인간 역사는 완성될 것이다. 예수님은 현재 능동태 명령형으로 "주의하라, 깨어 있으라"고 말씀하신다(33절; B와 D사본이 지지함). 33절에서 강력한 사본 상의 지지(시내 산, A, C, 다수 사본)를 받는 것은 "깨어 있으라. 그리고 기도하라"이다. 마치 한 사람이 집을 떠나기 전에 종들에게 사무를 맡기며 문지기에게 깨어 있으라고 말한다면, 주인이 언제 올지 모르기에 깨어 있어야 하는 것과 같다(34-37절).[397] 주님의 재림을 준비하는 가장 확실한 방법은 청지기로서 깨어서 일하는 것이다(참고. 계 16:15).[398]

3. 오늘에의 적용

우리 삶에서 파멸되어야 하는 옛것은 무엇인가?
주님의 재림을 준비하는 자세는 무엇인가?

---

397) 37절의 '모든 이들'은 3절의 베드로와 야고보와 요한과 안드레를 포함하는 확장된 제자들을 의미한다.

398) 예루살렘 돌 성전의 파괴는 불신 유대인과 유대 그리스도인의 분리를 촉진시켰다. 성전 파괴 이전에는 유대 그리스도인들에게도 돌 성전은 중요한 기능을 했다(참고. 행 2:46, 3:1, 5:20, 42, 21:26, 22:17). 그러나 A.D. 70년에 돌 성전이라는 공통분모가 사라져 버렸다. 디도 장군이 성전을 철저하게 파괴한 것은 유대교와 기독교 이 두 종교가 서로 적대적이었지만, 서로 동일한 토대에서 나왔고 그리스도인들은 유대인의 한 분파로 보였으므로, '뿌리'를 제거하게 되면 '줄기'는 쉽게 시들 것이라고 여겨서 두 종교를 완전하게 제거하기 위한 일이라고 여겼을 수 있다. 기독교가 로마 세계로 이동해감에 따라 유대적 뿌리는 모호하게 되었다. A.D. 1세기가 되면서 지중해 세계의 전통적인 종교들에 대해 불만이 널리 퍼졌는데, 그러한 종교들은 진부한 철학적 논쟁이나 명목상의 정치적 견해로 매우 급격히 쇠퇴했다. A.D. 70년 이후 유대 지역에서 외부로 빠르게 확산된 기독교는 이런 상황을 이용할 수 있었다(참고. 마크 놀, 2007:43-48). 저스틴 마터의 기록에 의하면, A.D. 134년경의 바 코크바(아람어로 '별의 아들'이라는 뜻) 반란 동안에 불신 유대인들은 기독교인을 자주 핍박했고, 그리스도인이 예수님을 그리스도인 것을 부인하고 모욕하면 살려 주었다. 유세비우스 역시 그리스도인이 로마 군대를 대항하던 바 코크바를 돕지 않으면 다양한 방식으로 처형당했다고 전한다. 그 당시 바 코크바는 '메시아'라고 사람들에 의해 인정받았으므로 그리스도인들은 자칭 메시아인 그를 도울 수 없었다. 바 코크바 반란 이후에 팔레스타인의 교회에서 유대인의 숫자는 급격히 줄어들었다. 유대 회당에서 그리스도인의 축출은 늘었다(참고. 요 9:22, 12:42, 16:2; 계 2:9, 3:9). 참고로, 회당은 MT와 탈굼을, 디아스포라 지역의 교회는 LXX를 사용했다. 유대인들에게 있어서 기독교인으로 개종하는 것은 단지 잘못된 행동이 아니라 배교요 우상 숭배였다. 2세기 초의 안디옥의 이그나티우스, 그 후의 크리소스톰과 키프리안 등은 예수님을 믿지 않는 유대인들에게 은혜와 구원이 없음을 논증했다. 4-5세기에는 유대인의 유입이 거의 없는 상태로 기독교는 삼위일체론과 예수님의 신성에 관한 교리를 결정했다(참고. Evans, 2000:165-168).

마가복음 14장

1. 본문 및 구조

- 유대인의 음모(1-2)
- 베다니 마리아의 기름부음(3-11)
- 최후의 만찬(12-26)
- 베드로의 부인을 예언하심(27-31)
- 겟세마네에서의 기도(32-42)
- 예수님이 잡히심(43-52)
- 산헤드린 앞에서의 재판(53-65)
- 베드로의 부인(66-72)

2. 구원 계시사적 메시지

2.1. 마가복음 14장 1-2절의 메시지

마가복음 14-15장은 상세하게 서술된 예수님의 수난 기사이다. 이틀이 지나면 유월절과 무교절이다. 유월절은 나산월 15일(3월 하순-4월 초순경) 목요일 해 질 녘부터 금요일 해 질 녘까지 하루이며, 그다음 1주일 동안 무교절이 진행된다. 이 절기 동안 구약 이스라엘의 출애굽을 기념하면서, 무교병, 쓴 나물, 어린양고기, 포도주를 마셨다. 이때 디아스포라 유대인들 중에서 성인 남자는 예루살렘으로 순례를 해야 했다. 대제사장들과 서기관들이 예수님을 궤계로(sly way) 잡아 죽일 방책을 구하면서, 민요 발생 가능성을 이유로 명절에는 잡지 말자고 한다(1-2절). 예루살렘 안에는 여전히 예수님을 따르는 무리가 많았다.

2.2. 마가복음 14장 3-11절의 메시지

베다니의 나병 환자였던 시몬의 집에서 한 여자가 순전한 나드 한 옥합을 깨뜨려 주님의 머리에 붓는다(3절). 이 사건은 4복음서에 모두 등장한다(참고. 마 26; 눅 7:36-50[399]; 요 12). 이 여인은 나사로의 누이 마리아이다(참고. 요 11:2). 그 가격은 300데나리온 이상(*epano*, above)이다(5절).[400] 존귀한 손님에게 기름을 붓는 것은 유대인의 관습의 일부이다(참고. 눅 7:44-46).

---

399) 누가복음 7장 36-50절은 다른 복음서와 차이가 다소 있다. 향유를 부은 장소가 베다니가 아니라 갈릴리 지역이며, 기름 부은 여인을 죄인이라고 부르며, 이 여인에게 주어진 죄 사함이 강조되고, 비싼 향유를 허비한다는 사람으로부터의 질책이 없고, 바리새인 시몬을 나병 환자였다고 언급하지 않는다. 누가복음 7장의 기름부음은 예수님의 공생애 말기가 아니라 초·중기의 갈릴리 사역 중에 일어난 별도의 사건으로 보인다.

그러나 좀처럼 값비싼 나드 기름은 사용하지 않았다(참고. 오스본, 2003:189). 어떤 사람들은 분을 내면서 돈을 허비한다고 질타했다(4절). 요한복음 13장 29절에 의하면, 유월절에 가난한 자를 구제하는 관습이 있었던 것 같다. 예수님은 이 베다니 여인이 예수님을 위해서 '좋은 일'을 했다고 말씀하신다(6절). 향유 부음이 '좋은 일'인 이유는 예수님의 장사 지냄을 공적으로 예행한 것이며, 메시아이심을 선포한 행위였기 때문이다. 가난한 자는 이 땅에 항상 있어 제자들이 구제할 기회가 얼마든지 있지만(참고. 신 15:11), 예수님은 이제 제자들과 항상 함께 계실 수 없다(7절). 이 여인은 힘을 다하여 예수님의 장사를 미리 준비했다(8절). 놓치지 말아야 할 것은 예수님이 '살아 계실 때' 향유로 부음 받아 장사 지낸 것과 같이 되었듯이, 주님은 반드시 '살아나셔야 한다'는 사실이다. 복음이 전파되는 곳에는 이 여인이 행한 바도 전파되어 이 여인을 기념하게 된다(9절). 가룟 유다는 대제사장들에게 돈을 받고 예수님을 넘겨 주겠다고 밀약한다(10-11절). 따라서 명절인 유월절에 예수님이 잡히시고 죽으시게 된다.

2.3. 마가복음 14장 12-26절의 메시지

무교절의 첫날 즉 유월절 양을 잡는 날에 제자들이 예수님에게 어디서 유월절 식사를 할 것인지 묻는다(12절). 유월절 식사는 예루살렘 성 안에서 해야 했다. 제자들은 무교병, 쓴 나물, 포도주와 양고기 등을 준비해야 했다. 예수님은 제자 두 명(베드로와 요한, 참고. 눅 22:8)을 베다니에서 예루살렘 성 안으로 보내시며, 물동이를 가지고 가는 사람을 따라가서 그 남자가 들어가는 집의 주인에게 객실이 어디 있는지 물어보라고 대답하신다(13-14절).[401] 가룟 유다의 배반을 미리 아신 예수님께서 이 방을 비밀리에 예약해 두신 것 같다. 전통적으로 유월절을 보낸 곳은 마가 요한의 다락방이기에, 물동이를 나른 이 남자는 마가복음의 저자 마가의 아버지로 간주된다. 그 주인은 준비된 큰 다락방을 보여 줄 것이며, 제자들은 거기서 유월절 식사를 준비했다(15-16절). 이때는 목요일 저녁이다. 유월절 만찬은 자정 이전에 마쳐야 했다. 저녁에 비스듬히 기대어서 식사를 하실 때(참고. 마 26:20; 막 14:18; 눅 22:14; 요 13:23), 예수님과 함께 식사하던 제자 중에서 한 사람이 예수님을 팔 것이라고 말씀하신다(18절; 참고. 시 41:9). 주님과 함께 그릇에 손을 넣는 자가 팔 사람인데, 차라리 나지 않았다면 더 좋을 뻔한 사람이다(20-21절). 여기서 '그릇'(*tryblion*)은 당시 생과일 식초를 담은 그릇을 말한다. 이 식초 물이 담긴 그릇은 2-3인에 하나씩 식탁에 배치되었다. 유대인들은 식사 때 빵을 포크로 찍어 먹기 보다는 손으로 떼어 그 그릇의 식초에 빵을 찍어 먹었다. 따라서 분명 그 배신자는 예수님 곁에서 그 그릇을 함께 사용하던 자였다.

예수님께서 떡을 가지고 축복하신 후 제자들에게 나누어 주시면서 "받아라. 이것은 내 몸이

---

400) 네로 황제 이후로 화폐 가치가 하락한 결과 2세기에 *epano*가 첨가 되었다는 주장이 있어 왔다(참고. 매츠거, 2005:91).

401) 13절의 물동이를 나른 사람을 가정 노예 혹은 강우량이 적은 해에 물을 항아리에 담아 팔았던 사람으로 볼 수 있다(참고. 예레미아스, 1988:34).

다"라고 말씀하신다(22절).[402] 유월절 식사 동안 네 번에 나누어 마시는 포도주는 '나의 피, 곧 언약의 피'(*to haima mou tes diathekes*; 참고. 다수 사본은 '나의 피 곧 새 언약의 피')라고 주님이 말씀하신다(24절; 참고. 눅 22:20). 예수님은 포도나무에서 난 것을 하나님 나라에서 새것으로 마시는 날까지 '더 이상'(*ouketi*; 시내 산과 C사본은 이것을 생략함) 마시지 아니하시리라고 말씀하신다(25절). 이 말씀은 이사야 25장 6-8절의 메시아 잔치를 연상한다. 이것은 유월절 어린양으로 주님 자신이 죽으시고 부활하심으로, 옛 세상이 물러가고 새 세상이 도래할 것을 말씀하신 것이다. 주님이 죽으심으로써 이제 더 이상 구약의 짐승이 피를 흘릴 이유가 없다. 왜냐하면 영원한 속죄 제사를 주님이 십자가에서 드려서 우리가 하나님과 화목하게 되었고 새것이 되었기 때문이다. 예수님은 제자들에게 모든 것이 완전히 새롭게 완성될 저 천국에서 영광스런 만찬을 다시 할 것을 약속하신다.[403]

예수님 일행은 찬미하면서(참고. 시 113-118편의 할렐 시편) 감람산으로 가셨다(26절). 참고로 유월절 식사의 순서와 주님의 말씀의 연관성은 다음과 같다. 유월절 만찬 때 가장은 첫 번째 포도주 잔을 들고 가족에게 애굽에서 구원해 주신 날인 유월절을 지키게 하심에 대해 감사 기도를 드린다. 그리고 가장은 두 번째 포도주 잔을 들고 자녀들에게 유월절의 의미를 설명해 준다. 그 후 누룩 없는 떡과 양고기를 식구들에게 나눠 주었다. 예수님께서는 이 의식의 순서 때 축사하시고 제자들에게 떡을 떼어 주셨다(22절). 가장은 세 번째 포도주 잔을 들고 하나님의 죽음의 사자로부터 구원해 주신 하나님께 감사의 기도를 드린다. 이 순서 때 예수님께서는 잔을 들어 "많은 사람을 위하여 흘리는 바 나의 피, 곧 언약의 피니라"고 선언하셨다(24절). 마지막으로 네 번째 포도주 잔을 들고 가장은 하나님께서 백성 삼아 주신 것을 찬송한다. 예수님과 제자들은 찬미하고, 그 후 감람산으로 가셨다(26절).[404]

2.4. 마가복음 14장 27-31절의 메시지

402) 칼빈은 '성례전적 양식의 표현법'을 문자적으로 해석하지 않고 환유(metonymy)로 해석한다. 예를 들어, 22절의 '이것은'이라는 말로 예수님이 언급하신 것은 자신의 실제 몸이 아니라, 떡이다. 지상의 가시적인 표징(떡)이, 천상의 실체(그리스도의 부활의 몸)와 구별되고 문자적으로 동일시되지는 않다. 하지만 표징을 통해서 나타내려고 하는 것에 실재성이 부여되기 때문에 표징과 실체는 성례전적 연합 속에 있다(참고. 이환봉, 2007:130-131).

403) 창세기 1-2장에서 하나님이 세상을 창조하실 때 5중적 연속 행위가 나타난다. (1) 잡으심(holding), (2) 재구성하심(restructuring), (3) 분배하심(distribution), (4) 평가하심(evaluation), (5) 즐기심(enjoying). 이 다섯 행위를 최후 만찬에서 볼 수 있다.
그리고 예수님의 지상의 전체 사역에도 적용할 수 있다. (1) 잡으심(예수님이 성육신하심으로써 영적인 세계는 물론 물질세계와 접촉하심), (2) 재구성(복음을 영접하여 구원 받을 백성과 그렇지 않은 자를 나누심), (3) 분배하심(성령과 자신의 능력을 제자들에게 부으셔서 천국 사역을 하도록 파송하심), (4) 평가하심(미래적으로 백보좌 심판을 하실 것임), (5) 즐기심(미래적으로 신천지에서 어린양의 혼인 잔치를 즐기심). 물론 (4)와 (5)는 '이미 여기서'라는 측면을 가지고 있다(참고. Jordan, 2009:1-30).

404) 예레미아스(1988:118-119)는 예수님 당시의 예루살렘 인구를 약 55,000명으로, 유월절 순례객을 125,000명으로 추정한다. 이런 추정의 근거는 유월절에 도축된 짐승의 숫자(약 18,000마리)와 성전과 제사장들의 크기이다. 그 당시 절기 때, 보통 10명이 짐승 한 마리를 같이 나누어 먹었다.

예수님은 제자들에게 "너희가 다 나를 버리리라"고 말씀하신다(27절). 이것은 목자를 치면 양들이 흩어진다는 구약의 성취이다(27절; 참고. 슥 13:7).[405] 그러나 예수님은 부활 후 갈릴리에 제자들보다 먼저 가 계실 것이다(28절; 참고. 마 28:16). 27절과 달리 28절에 긍정적인 의미가 나타난다. 왜냐하면 '앞서 인도할 것이다'라는 의미의 *proakso*가 사용되어, 부활하신 후에 예수님이 다시 제자들의 목자가 되셔서 그들을 갈릴리로 인도하실 것이기 때문이다(참고. Breytenbach, 2009:28-29). 스가랴 13장 9절에는 남은 자가 여호와의 이름을 부르지만, 마가복음 14장 28절에 의하면 예수님의 부활 이후에 남은 제자들이 갈릴리에서 다윗 가문의 목자이신 예수님의 이름을 부를 것이다. 구약의 언약의 여호와의 사역을 이제 죽으시고 부활하신 예수님이 하신다. 베드로는 예수님을 버리지 않겠다고 장담한다(29절). 베드로는 예수님이 이 말씀을 하신 밤 닭이 두 번 울기 전에 3번 부인할 것이다(30절).[406] 주님과 함께 죽을지언정 주님을 부인하지 않겠다고 힘주어 말하고, 다른 제자들도 동일하게 말했다(31절).

2.5. 마가복음 14장 32-42절의 메시지

겟세마네 동산에서 예수님은 자신이 기도하는 동안 제자들은 앉아 있으라고 명하신다(32절). 베드로, 야고보, 요한을 데리시고 기도하러 가시는 주님이 심히 놀라시고 슬퍼하신다(33절). 죽음을 앞둔 (인성을 지니신)예수님이 마음으로 심히 고민하여 죽게 되었으니(참고. 히 5:7-9), 제자들에게 깨어 있으라고 말씀하신다(34절). 땅에 엎드리어 이때가 예수님 자신에게서 지나가기를 구하셨다(35절). 성부 하나님에게 "아버지에게는 모든 것이 가능하오니, 이 잔을 내게서 옮기시옵소서. 그러나 아버지의 원대로 하옵소서"라고 기도하신다(36절). 기도하신 후 잠자는 제자들을 발견하시고 베드로에게 '한시 동안도 깨어 있지 못하느냐'라고 책망하신다(37절). "시험에 들지 않게 깨어 있어 기도하라"(38절). 예수님은 첫 번째 기도와 '동일한 말씀으로'(참고. D사본은 이 표현을 생략함) 다시 기도하신다(39절). 제자들은 다시 잤고, 주님에게 무슨 말을 해야 할지 몰랐다(40절). 직설법으로 나타나는 41절을 의문문으로 본다면, 예수님은 제자들에게 "여전히 너희들이 자고 있느냐?"라고 질책하시면서 물으신다. 때가 차서 인자가 죄인의 손에 팔리게 된다(41절; 여기에 D사본은 "이제 완전히 끝났다"라는 뉘앙스를 가진 *to telos*를 추가함).

---

405) 마가가 인용한 스가랴 13장의 문맥을 고려하면, 예루살렘에 대한 말씀이 주어지며(슥 12:1-9), 그 후 다윗의 회복된 집(슥 12:10-13:1)으로 관심이 넘어가고, 스가랴 13장 7-9절에서는 이전의 '목자'에 대한 논의를 다시 한다(참고. 슥 10:1-3, 11:4-17). 여호와는 자신의 칼을 불러서 "내 목자를 치라"라고 명령하신다. 목자를 잃은 양들이 흩어지더라도, 남은 자들은 여호와를 다시 부를 것이며, 여호와는 그들의 하나님이 되실 것이다(슥 13:8-9). 그렇다면 목자는 누구이며, 왜 그는 칼에 죽어야 하는가? 가치 없는 목자가 여호와의 심판을 받는 것인가?(예. ConrA.D.) 아니면 여호와의 종과 같은 인물이 자기 백성을 정결하게 하기 위해서 죽는 것인가?(예. Baldwin) 스가랴 12장 10절과 스가랴 13장 7절의 관련성으로 인해서 다윗 가문의 목자 및 왕께서 자기 백성을 정결하게 하시기 위해서 고통을 당하시는 것으로 보는 것이 합당하다(예. France, Moo, Cook). 따라서 마가는 스가랴 13장을 예수님 중심적으로 그리고 종말론적으로 해석한다(참고. Watts, 2007:232).

406) 30절에서 시내 산 사본은 '두 번'(*dis*)을 생략한다.

예수님은 자신을 파는 그 자가 가까이 온 것을 알고 계셨다(42절). 베드로의 세 번에 걸친 부인은 겟세마네 동산에서 깨어 있으라는 예수님의 경고를 저버린 제자들의 세 번의 실패와 일치한다.

2.6. 마가복음 14장 43-52절의 메시지

성전 관계자들이 보낸 무장한 무리와 함께 가룟 유다가 예수님께로 다가온다(43절). 가룟 유다는 입맞춤이라는 군호를 짜고 나아온다(44절). 일반적으로 사람들은 존경의 표시로 상대방에게 입을 맞춘다(참고. 눅 7:45). 유다는 예수님께 존경을 나타내는 호칭 '랍비'를 사용하여 인사를 하고, 입을 맞추었다. 여기서 입맞춤(*ketephileisen*)은 정열적인 입맞춤(fervently kissed)을 의미한다. 누가복음 15장 20절에서 아버지는 돌아온 탕자에게 화해의 열정적인 입맞춤을 하였고, 사도행전 20장 37절에서 에베소 장로들은 떠나는 바울에게 열정적으로 입맞춤을 하였다. 여기서 유다는 자신의 배신을 철저히 감추기 위해 위선적으로 예수님께 열정적으로 입맞춤을 하였던 것이다. 가룟 유다가 예수님에게 입을 맞추니 무리가 예수님을 체포했고, 베드로는 대제사장의 종 말고(참고. 요 18:10)의 한쪽 귀를 자른다(45-47절). 예수님은 군병들에게 검과 몽치를 가지고 자신을 잡으러 온 것에 대해 말씀하신다. 예수님께서 성전에서 가르치실 때는 잡지 않았지만, 이제 무리가 주님을 체포함으로써 성경을 성취하게 된다(49절; 참고. 시 22:7-8; 사 53:7-8). 예수님의 제자들은 주님을 버리고 다 도망친다(50절). 벗은 몸에 베 홑이불(linen garment)을 두르고 주님을 따르던 청년이 무리에게 잡히자 벗은 몸으로 도망쳐 버렸다(51-52절). 오스본(2003:243-244)의 설명이 흥미롭다. "전통적인 해석을 따르면 예수님은 마가 요한의 집에서 유월절을 잡수셨다. 마가 요한은 군인들이 예수님을 잡으러 자기 집에 온다는 소식을 듣고는 자다가 홑이불을 두른 채 겟세마네 동산으로 가서 정보를 주려고 한다. 하지만 예수님은 이미 체포되셨고, 제자들은 도망가고 없었다. 군인들은 마가 요한을 증인으로 잡으려고 했고, 그는 벗은 몸으로 도망가 버렸다."

2.7. 마가복음 14장 53-65절의 메시지

예수님은 대제사장에게 호송되어 재판을 받으신다. 베드로는 대제사장의 집 뜰에서 하속들과 함께 불을 쬔다(53-54절).[407] 대제사장들과 산헤드린 공회가 거짓 증인을 동원하여 예수님을 죽이려고 했으나, 증언이 일치하지 않는다(55-56절). 성전을 헐고 손으로 짓지 않은 다른 성전을 사흘에 일으키리라는 증언을 한 사람들도 있었는데, 이 증언도 서로 일치하지 않았다(57-59절). 대제사장이 일어서서 예수님에게 이 증언에 대해 말하라고 하지만, 주님은 침묵하신다(60절). 대제사장이 "네가 찬송받을 자의 아들 그리스도냐?"라고 물으니, 예수님은 "내가 그니라. 인자가 권능자의 우편에 앉은 것과 하늘 구름을 타고 오는 것을 너희가 보리라"고 답하셨다(61-62절).

---

407) 산헤드린 공회를 대표하는 세 집단인 대제사장들과 장로들과 서기관들은 보통 '잘라진 돌실'(Chamber of Hewn Stone)이라 불리는 성전의 집회실에서 만났다. 거기서 그들은 대제사장을 가운데 두고 반원형으로 앉았다. 안식일에 재판하는 것이 금지되었으므로, 유월절 같은 명절에도 재판은 금지되었던 것으로 추정된다(참고. 존 월튼, 2010:1409).

인자께서 세상의 모든 권세를 받으시고 승귀되실 것을 언급한 것이다. 주님의 말씀을 들은 대제사장이 옷을 찢고 참람죄에 해당한다고 하니 듣고 있던 무리들도 사형에 처할 범죄 행위라고 동조한다(63-64절). 주님에게 침 뱉고(참고. D와 세타 사본은 '그의 얼굴에 침 뱉고'), 얼굴을 가리고 주먹으로 때리며, 선지자 노릇을 하라고 조롱한다(65절).[408]

2.8. 마가복음 14장 66-72절의 메시지

베드로는 제사장의 집 뜰의 아랫부분에 있었는데(66절), 비자의 질문에 예수님을 부인한다(67-68절). 그러자 닭(*alektor*, 남성 단수 주격)이 울었다(68절; 이 표현을 시내 산과 B사본, 그리고 개역개정판은 생략함).[409] 베드로가 두 번 더 주님을 부인하니(69-70절), 닭이 두 번째 울었고, 베드로는 예수님의 말씀을 생각하고 '엎드려'(*epibalon*, 참고. 시내 산, A, B, C, 다수 사본이 포함하는 이 표현을 개역개정판은 D와 세타 사본을 따라 번역하지 않음) 울었다(72절).

3. 오늘에의 적용

성찬식을 거행하면서 최후의 만찬 시에 제정한 새 언약을 어떻게 체험할 수 있는가?
예수님과 함께 깨어 있는 방법은 무엇인가?
우리는 고난과 불이익 앞에서라도 예수님을 인정하며 사는가?

마가복음 15장

1. 본문 및 구조

- 빌라도의 실패한 심문(1-5)
- 빌라도가 예수님을 석방하는 데 실패함(6-15)
- 로마 군병들이 예수님을 희롱함(16-20)
- 구레네 시몬, 예수님의 옷을 나눔, 두 강도(21-27)

408) 65절에서 D사본은 "우리에게 선지자 노릇을 해보라. 그리스도여, 너를 친 자가 누구인가?"를 추가한다(참고. 마 26:68).

409) 68절의 '부인하여 말하였다'(바른 성경)는 *ernesato legon*인데 각각 아오리스트 디포 직설 3인칭 단수와 현재 능동 분사 남성 단수 주격이다. 분사(*legon*)는 *ernesato*(부인했다)의 상의어(hypernym)로 사용되며, 보문소(complementizer)이다. 따라서 이 분사가 보문소로서 문법적 기능은 하지만, 어휘의 의미는 없으므로 번역할 필요가 없다. 따라서 '부인했다'라고 번역하면 된다. 이런 예들은 복음서와 사도행전에 매우 흔하다.

• 십자가에 달려서 조롱당하신 예수님(29-36)
• 예수님의 죽으심(37-41)
• 무덤에 묻히신 예수님(42-47)

2. 구원 계시사적 메시지

2.1. 마가복음 15장 1-5절의 메시지

대제사장들이 장로들과 서기관들과 의논하여 예수님을 결박하여 본디오 빌라도 총독에게 넘겨준다(1절). 빌라도에게 넘겨진 때는 오전 6시다(참고. 로마식 시간을 따르는 요 19:14). 산헤드린 공회는 속전속결로 예수님을 처형하기 위해 '새벽 재판'이라는 불법을 자행한 후 총독 빌라도에게 넘겼다.[410] 이제 유대 종교 지도자들은 예수님의 처형을 로마 정부의 책임으로 돌리려고 한다. 동시에 대제사장들은 신명기 21장 23절의 나무에 달린 자마다 하나님에게 저주를 받은 자라는 말씀을 기억하고 있었기에, 예수님을 십자가에서 죽은 저주 받은 자로 만들려고 한다. 산헤드린은 예수님을 빌라도에게 넘길 때, 로마의 평화에 위협적인 존재로 부각시켰을 것이다. 오전 6시에 빌라도(A.D. 26-36년)는 예수님이 유대인의 왕인지 묻는다(2절). 예수님은 스스로 왕이 되심을 부인하지 않으신다. 지금 이 대목은 하늘 권세와 세상 권세의 대결이 벌어지는 것이다. 이 사실은 마가복음의 원독자였던 A.D. 60년경의 로마의 마가공동체에게 어떤 권세가 진짜 권세인지 시사 하는 바가 컸을 것이다. 실제로 빌라도에게 있어서 유대인의 종교에 관한 논쟁(예. 신성 모독죄)은 별 흥미가 없었다. 그래서 정치적인 이슈를 질문으로 던진 것이다. 대제사장들은 여러 가지 사안을 들어 예수님을 고소한다(3절). 침묵하는 예수님을 향해서 빌라도는 왜 대답하지 않는지 물으면서 기이히 여긴다(4-5절; 참고. 사 53:7). 예수님이 침묵하신 이유는 자신을 고발한 내용이 주로 이 땅 위에서 정치·군사적으로 이루어지는 나라를 염두에 둔 거짓 내용이었기에, 사실상 부정하시는 것이었기 때문이다. 예수님이 재판을 받으실 때처럼, 바울이(2차로) 로마에 투옥되어 재판을 받을 때 아무도 그를 위해 변호사 역할을 해주려고 나서지 않았다(참고. 딤후 4:16)

2.2. 마가복음 15장 6-15절의 메시지

로마 제국의 다른 식민지에서는 찾아보기 힘들지만 예수님 당시의 이스라엘에는 명절에 죄수 한 명을 석방하는 전례가 있었다(6절). 이것은 유대인들에게 사악한 짓을 많이 행해서 인기가 없었던 빌라도가 유대인의 환심을 사기 위해서 취한 조치였을 것이다(참고. ESV Study Bible, 2008:1885). 무리가 '올라가서'(*anabas*, 참고. 다수 사본: '크게 외치며' [*anaboesas*]) 민란을 일으키고 살인한 바라바(Barabbas)를 놓아주기를 요구한다(7-8절).[411] 빌라도는 유대인의 왕(예수님)을

---

410) 산헤드린은 사형 집행권을 가지고 있지 않았는데, 특별히 대중적인 인물을 처리할 때는 더 그러했다(참고. ESV Study Bible, 2008:1930).

놓아주기를 원하느냐라고 묻는다(9절). 그가 이렇게 물은 이유는 대제사장들이 '시기심' 때문에 예수님을 넘겨준 것을 알았기 때문이다(10절). 즉 빌라도는 대제사장들이 백성의 인기를 한 몸에 받은 예수님을 시기해서 사형에 처하려고 했음을 알고 있었던 것이다. 빌라도가 '유대인의 왕'이라는 호칭을 예수님에게 붙임으로 종교 지도자들에게 수치를 안겨 준다. 대제사장들은 무리를 충동하여 바라바를 놓아 달라고 요구한다(11절).

대제사장들은 사실 바라바와 같이 해방 투쟁을 하는 사람을 좋아하지 않았다(참고. 막 15:7; 눅 23:18-19; 요 18:40). 이유는 대제사장들이 정권 유지를 위해서 친 로마 정책을 폈기 때문이다. 그러나 대제사장들은 예수님을 십자가에 죽이는 것이 가장 중요한 당면 목표였기에 바라바를 석방해 줄 것을 무리를 선동하여 요구했다. 빌라도는 "너희가 유대인의 왕이라 하는 이는 내가 어떻게 하랴?"라고 묻는다(12절). 빌라도는 '유대인의 왕'이라는 말을 통해서 산헤드린의 구성원에게 모욕을 주지만 마가복음의 원저자인 (성령)하나님은 예수님이 왕이심을 의도하셨다. 무리가 십자가에 못 박으라고 외친다(13절). 빌라도가 "그가 무슨 악한 일을 행했느냐?"라고 물으니, 무리는 더욱 목소리 높여 "십자가에 못 박으라"고 외친다(13-14절). 민중의 저항을 두려워한 빌라도는 무리를 만족시키기 위해서 바라바는 놓아주고, 예수님은 채찍질하고 십자가에 못 박도록 넘겨 주었다(15절).

2.3. 마가복음 15장 16–20절의 메시지

빌라도의 군병들이 예수님을 브라이도리온(Praetorium)이라는 뜰 안으로 끌고 들어가서 모든 군대를 불러 모은다(16절).[412] 예수님에게 로마의 기병들이 입던 붉은 망토 곧 자색 옷을 입히고 가시 면류관을 씌운다(17절). 가시관을 머리에 씌우는 것은 예수님에게 고통을 가하는 데 효과적이었겠지만, 자색 옷은 주님을 거짓 왕으로 간주하여 조롱하고 수치를 가하기 위한 것이다. 예수님의 땅 위에서의 대관식이 이렇게 조롱 속에서 치러진다. "유대인의 왕이여 평안할지어다"라고 말하며 조롱한다(18절). 군병들은 갈대로 예수님의 머리를 치고 침을 뱉으며 꿇어 절했다(19절). 일반적으로 십자가 처형 전에 채찍질이 가해졌고, 그 양은 정해지지 않았다(참고. 알란 콜, 2005:190). 희롱을 다한 후 자색 옷을 벗기고, 도로 예수님의 옷을 입히고 십자가에 못 박으려고 끌고 나간다(20절).

2.4. 마가복음 15장 21–27절의 메시지

빌라도 총독의 관저에서 골고다 십자가까지의 길을 '*Via Dolorosa*'라고 부른다. 알렉산더와 루포(Rufus)의 아버지인 구레네 사람 시몬이 유월절을 지키러 지나가다가 잡혀 예수님의 십자가

---

411) 바라바는 시골 게릴라 대원(rural guerilla band)으로 보인다. 이 게릴라 대원은 로마인은 물론 부유한 상위 계층민도 공격했기에, 대중으로부터 인기를 얻었다(참고. ESV Study Bible, 2008:1885).

412) 총독의 관저에는 약 600명의 무장 군인이 있었다. 따라서 이렇게 많은 군인들이 동원된 것을 보면 예수님을 로마에 반란을 꾸민 유대의 왕으로 여겼다(참고. ESV Study Bible, 2008:1931).

를 대신 지고 간다(21절). 시몬의 두 아들은 마가복음의 기록자 마가 당시의 그리스도인들에게는 잘 알려졌다(참고. 롬 16:13). 예수님을 골고다('해골의 곳'; the Place of the Skull)로 끌고 가서, 몰약(myrrh)을 탄 포도주를 주었으나, 예수님은 마시지 않으셨다(22-23절). 예수님이 진통 효과가 있는 포도주를 마시지 않은 것은 마가복음 14장 25절의 성취이다. 예수님은 정신이 분명한 가운데 인류 구원의 사역의 종지부를 찍으려고 하신다. 제3시(유대인의 시간: 오전 9시)에 십자가에 못 박고는 예수님의 옷을 제비 뽑아 나눈다(24-25절). 죄패에 '유대인의 왕'이라고 썼고, 두 강도도 못 박혔다(26-27절; 참고. 사 53:12).[413] 사람들은 조롱하는 의도로 유대인의 왕이라고 부르고 죄패에 기록했지만 하나님은 그것을 실제로 인정하셨다.

2.5. 마가복음 15장 29-36절의 메시지

골고다(라틴어 *calvaria*는 '해골'이란 뜻) 언덕 곁을 지나가던 자들은 예수님을 향해서 '성전을 헐고 사흘에 짓는 자여, 스스로 구원하여 십자가에서 내려오라'고 조롱한다(29-30절; 참고. 요 2:19). 예수님은 빌라도로부터도 유대인의 왕이라는 조롱 섞인 말을 들었고 무리로부터도 들으셨다. 대제사장들과 서기관들도 예수님을 조롱하면서 남은 구원하지만 자기는 구원하지 못한다고 말한다(31절). 그들은 계속해서 이스라엘 왕 그리스도가 지금 십자가에서 내려와서 믿게 하라고 조롱한다(32절). 두 강도도 주님을 향해 욕한다(32절). 정오에서 오후 3시까지 온 땅에 어두움이 임한다(33절). 아모스 8장 9절에 의하면 이 암흑은 유월절 어린양을 필연적으로 십자가 형틀로 몰아낸 죄악 세상에 대한 하나님의 심판을 상징한다(참고. 렘 15:9). 오후 3시에 예수님은 "엘리 엘리 라마 사박다니"라고 크게 외치신다(34절). 마가는 로마의 이방인 중심의 독자를 위해서 번역한다. 예수님의 이 절규는 시편 22편 1절의 성취이다. 곁에 섰던 사람들은 엘리야를 부른다고 착각한다(35절). 실제로 매년 유월절마다 이스라엘 백성은 죽지 않고 승천했던 엘리야가(참고. 왕하 2:11) 고통 중에 있던 사람을 구하기 위해 나타날 것을 기대하면서 여분의 자리를 마련했다(참고. 오스본, 2003:294). 한 로마 군병이 해융에 신 포도주를 적셔서 예수님에게 마시도록 하면서 엘리야가 와서 예수님을 십자가에서 내려 주는지 보자라고 말한다(36절).[414] 몰약을 탄 포도주는 거절하셨지만, 예수님은 신 포도주(wine vinegar)는 마셨다(참고. 요 19:30). 이것은 "저희가 쓸개를 나의 식물로 주며 갈할 때 초로 마시웠사오니"라는 시편 69편 21절의 성취이다.

2.6. 마가복음 15장 37-41절의 메시지

예수님은 큰소리(다 이루었다)를 지르시고 운명하셨다(37절; 참고 요 19:30). 성소 휘장이

---

413) 마가복음 15장 28절을 UBS 4판, NIV, 바른 성경, 개역개정판에서 생략한다. UBS 편집 위원들은 생략하면서 {A}등급을 매겼다. 오래되고 뛰어난 알렉산드리아와 서방 사본은 28절을 생략한다. 그러나 다수 사본은 28절을 첨가한다. 내용은 "예수님이 불법자의 동류로 여김을 받았다는 말씀이 성취된다"는 누가복음 22장 37절 내용이다(참고. 사 53:12). 그러나 마가는 구약을 명백하게 인용하는 경우가 거의 없음을 기억할 필요가 있다(참고. 매츠거, 2005:95).

414) 예수님 당시 로마 군병은 신 포도주, 달걀, 그리고 물을 배급받았다(참고. 알란 콜, 2005:192).

위에서 아래로 찢어져 둘이 된다(38절). 예수님의 육신 성전이 찢어짐으로써 (지)성소가 만인에게 개방된다. 예수님이 이렇게 '숨을 거두시는'(참고. A, C, 다수 사본은 '소리치시며 숨을 거두신')것을 목격한 백부장(*kentyrion*)은 주님을 향하여 "진실로 이 사람은 하나님의 아들이셨다"라고 고백한다(39절). 이방인 백부장이 예수님을 향하여 진실된 고백을 한 것은 로마의 마가 공동체에게 중요한 메시지를 던진다. 갈릴리 출신 막달라 마리아, 야고보와 요세의 어머니 마리아, 살로메도 이 광경을 지켜보았다(40-41절). 이 여인들은 정착 제자들로서 주님의 갈릴리 사역의 든든한 후원자였다.[415]

2.7. 마가복음 15장 42-47절의 메시지

주님이 죽으신 날은 예비일 즉 안식일 전날 저물 때였다(42절). 존귀한 공회원이요 하나님 나라를 기다리던 아리마대 사람 요셉이 빌라도에게 예수님의 시체를 달라고 당돌히 요구한다(43절). 요셉은 산헤드린의 공회원이었기에 예수님을 위해서라면 공직을 박탈당할 것을 감수하고 있다. 그리고 그는 무덤을 소유할 정도로 부유한 사람이었다. 빌라도는 예수님이 '이미'(*ede*, B, D, W, 세타 사본이 지지함; 참고. 시내 산, A, C, 다수 사본은 '전에' [*palai*]) 죽었는지 백부장을 통해서 확인하고는 시체를 요셉에게 주었다(44-45절). 요셉(Joseph)이 세마포에 예수님을 싸서 바위 속에 판 무덤에 장사 지내고, 막달라 마리아와 요세(Joses)의 어머니 마리아가 이 무덤을 보았다(46-47절). 이 두 여인(살로메를 포함하면 세 명)이 주님의 죽음과 부활의 증인이 된다. 여인 즉 교회가 부활의 증인 사명을 감당해야 한다.

3. 오늘에의 적용

로마 군병과 유대인들의 조롱과 메시아의 침묵에서 배울 수 있는 교훈은 무엇인가?
불신자들이 예수님을 향해 조롱하는 말속에 담겨진 진실은 무엇인가?
부활의 증인 역할을 하자.

---

415) 유대 장례식 절차는 다음과 같다. 사망 당일에 최대한 신속히 매장한다. 숨을 거두면 두 눈을 감기고, 시체는 유향과 기름으로 씻고(행 9:37), 몸의 구멍들은 막고, 천(strips of cloth)으로 몸 둘레 및 손과 발을 단단히 묶고(요 11:44), 시체를 관대(bier)에 얹어 가족묘로 가서(눅 7:12), 송덕문(eulogy)을 읽고, 무덤 안에 보석 물품들과 함께 안치한다. 1년 후 가족은 다시 무덤을 방문해서 부패한 시체에서 뼈를 추려서 다시 매장한다. 죽은 조상이 사회에서 여전히 중요한 자리를 차지했던 이방 세계와 달리, 유대에서 죽은 자는 사회에서 지속적인 역할을 하지 못했다. 신약 시대에 유대에서 보편화된 매장 방식은 석회석으로 만든 납골당(ossuary)이었다. 물론 뼈를 납골당에 안치하기 이전에, 시체를 시체실(loculus)에 부패할 때까지 안치했다(참고. McCane, 2000:174-175).

마가복음 16장

1. 본문 및 구조

- 부활의 첫 증인들(1-8)
- 막달라 마리아와 두 제자에게 나타나심(9-13)
- 11사도에게 나타나심(14-18)
- 마가복음 결론적 후기(19-20)

2. 구원 계시사적 메시지

2.1. 마가복음 16장 1-8절의 메시지

안식일이 지나서, 막달라 마리아, 예수님의 이모 마리아(야고보와 요세의 어머니), 살로메(사도 야고보와 요한의 어머니)가 시체에 방부 처리를 위해 바르려고 향품을 가지고 새벽 해가 뜰 때 무덤으로 간다(1-2절).[416] 시체에 향유를 바르는 것은 부패 방지라기보다는 시체가 썩는 냄새를 중화시키기 위해서였다. 여인들이 향품을 가지고 무덤을 찾은 이유는 아리마대 요셉이 예수님의 시신에 향유를 바르지 않고 단지 세마포에 싸서 무덤에 안치했기 때문이다(참고. 막 15:46). 마가복음에는 니고데모가 몰약과 침향 섞은 것을 가지고 와서 예수님의 시신에 발랐다는 언급이 없다(참고. 요 19:39-40). 요한복음에는 니고데모가 여인을 대신하여 향유를 발랐고, 그래서 요한복음에는 주일에 막달라 마리아가 예수님께 향품을 바르기 위해서 무덤을 찾아갔다는 보도가 없다(보라. 최원준, 2010:38).[417]

---

416) 참고로, 성전 제의와 관련된 향을 제조하는 일은 'Euthinos' 가문에 세습되었다(참고. 예레미아스, 1988:43). 그리고 2절의 속격 독립 구문에 포함된 '해가 뜰 때'를 시내 산, A, B, C, 다수 사본은 '아오리스트' 능동 분사 남성 단수 속격(*anateilantos*)으로 쓰는데, 번역하면 '해가 뜬 후에'이다. 하지만 D사본은 2절의 '안식 후 첫날 매우 일찍이'가 일출 직전을 암시하기에 거기에 맞추어 '해가 뜬 후에'가 아니라 '해가 돋을 때'라는 의미로 '현재' 능동 분사 남성 단수 주격(*anatellontos*)으로 쓴다.

417) '안식일'에 대한 해석은 율법과 복음의 관계에 대한 이해의 일부분이다. 안식일의 주인이신 예수님은 안식일의 실체이시다(마 12:8; 골 2:16-17). 안식일은 그림자로서 예수님이 이루실 실체로서의 안식을 내다본다. 예수님이 주시는 안식은 무엇보다 죄로부터의 쉼인데, 그 결과 하나님과 사람이 화목하게 된다. '주일'은 예수 그리스도 안에서 이루어진 그리고 예수님이 이루신 영원한 예배를 되새기는 새 언약 갱신의 날이다. 신약 성도는 안식일이 아니라 영원에 잇대어 산다. 주일은 7일 중 하루로서의 안식일이 아니라, 영원에 속한 하나님 나라를 경험하는 날이다. 따라서 부활의 공동체로서 지역 교회가 함께 모여서 자유하면서 천국을 즐겨야 한다. 참고로, 추론이기는 하지만 아담과 하와 그리고 그들의 아들들은 예배를 드렸을 것이다. 예배 없는 안식일 지킴이란 생각하기 어렵기 때문이다. 따라서 인류의 조상은 이방 나라에서 볼 수 있었던 해와 달 중심의 캘린더가 아니라, 안식일 중심 곧 예배 중심의 캘린더를 가지고 있었을 것이다. 시내 산에서 안식일 준수를 하나의 계명으로 주셨던 것도, 출애굽한 이스라엘 백성이 안식일에 대해서 알고 있었기 때문일 것이다(참고. 박길현, 2010:39-44).

이 여인들은 무덤 문을 가로막은 돌을 어떻게 옮길지 걱정한다(3절). 무덤 입구의 심히 큰 돌이 이미 옮겨져 있었다(4절).[418] 무덤 안에 흰옷을 입은 청년(천사)이 오른편에 앉은 것을 보고 이 여인들이 놀란다(5절). 그 청년이 여인들에게 나사렛 예수님은 살아나셨고 여기 계시지 않는다고 말하면서 주님이 누우셨던 곳을 보여준다(6절).[419] 그 청년은 여인들에게 주님의 제자들에게 갈릴리에서 예수님을 볼 것이라고 말하라고한다(7절). 마가복음에서 '갈릴리'는 예수님이 사역을 시작하신 곳(막 1:9), 제자를 부르신 곳(막 1:16), 그리고 악령 축출과 치유와 기적을 행하신 곳이다(막 1:39, 3:7-8 등; 참고. 그냥 '바닷가'가 아니라 '갈릴리 바닷가', 막 1:16, 7:31). 따라서 마가에게 있어서 '갈릴리'는 단순한 지리적 의미를 넘어서 천국 사역에 있어서 신학적으로 중요한 장소였다(참고. 최원준, 39-40).

예수님의 부활은 요한복음 2장 19절이 성취된 것이다. 여인들이 너무 놀라며 무서워서 아무에게 아무 말도 하지 못했다(8절). 8절이 마지막 절이라면 부활하신 예수님의 현현 없이[420] 여자들이 놀라는 것과[421] 헬라어 접속사 *gar*로 갑자기 끝나는 것은[422] 이상한 일이다.[423] 배성진(2010:14)은 마가가 의도적으로 8절에서 그의 복음서 기록을 마친 것이 아니라, 어떤 상황 때문에 본의 아니게 마친 것이라고 추정한다. 하지만 이런 추측은 성령의 영감성에 어울리지 않아 보인다. 왜냐하면 성령께서 마가의 형편을 통제하지 못하여서 1장 1절-16장 8절 안에 온전한 계시를 주시지 못한 것처럼 보이기 때문이다. 위더링턴(2001:411)은 마가복음 16장 1-8절의 예수님의 부활을 '복음의 시작의 끝'(the end of the beginning of the Gospel)이라고 제목을

418) 4절에 옛 라틴어 번역본 중 하나는 다음 내용을 추가한다(참고. 매츠거, 2005:97): "그러나 그날 3시에 지구 둘레에 온통 어두움이 임하였고, 천사들이 하늘에서 내려왔으며, 그(예수님)가 살아 계신 하나님의 영광 가운데 일어나셨을 때, 동시에 그들은 그분과 함께 올라갔다; 그리고 즉시 밝아졌다. 그 후에 여자들이 무덤으로 왔다……."

419) 라이트(2009:295-296)가 부활에 대해서 설명하는 것에 주목해 볼 필요가 있다. 신약성경이 부활절의 종을 울릴 때, 그것의 주요 울림은 단순히 우리 자신에 대한 것이거나 하늘과 땅이 만나고 드디어 모든 것이 회복될 때 하나님이 궁극적으로 만드실 그 어떤 미래의 세상에 대한 것이 아니다. 예수님의 부활이 우리가 살고 있는 '이 세계 안에서' 일어난 사건이라는 바로 그 이유 때문에, 부활의 함의와 효과는 우리가 살고 있는 지금 여기에서 느껴져야 한다.

420) 혹자는 마가가 마가복음 16장 8절 이전에 이미 예수님의 부활에 대해 언급했기에, 부활 현현 없이 마치는 것은 이상한 일이 아니라고 본다(예. R.C. Tannehill). 혹자는 마가가 부활 현현을 생략한 것은 '영광의 신학'에 대항하기 위해서, 그리고 십자가의 제자도를 가르치기 위한 것으로 본다(예. A. Lindemann; R.W. Swanson).

421) 이것을 임시적인 '존경의 두려움'으로 보는 이도 있다(예. E.S. Malbon; J.L. Magness).

422) 혹자는 마가복음이 갑작스럽게 시작하기에 갑작스럽게 종결되는 것은 이상하지 않다고 본다(예. W. Lane). 혹자는 독자들의 반응을 일깨우기 위해서 갑자기 마쳤다고 본다(예. J.A. Brooks; N. Peterson; T.E. Boomershine; W.L. Knox). 그러나 마가가 복음의 핵심인 부활 현현을 생략하면서까지 갑작스럽게 종결시켜야 했을까? 혹자는 9-20절이 원본에는 있었지만 소실되었다고 본다. 그러나 '성령께서 원본을 사본들을 통해서 보존하고 전수하실 때 그렇게 했을까'라는 의문이 든다. 아니면 누가처럼 마가도 '후편'을 염두에 두었을까?

423) 창세기 18장 15절과 45장 3절의 LXX는 *gar*로 문장을 마친다. 그러나 이런 경우는 매우 희귀하다(참고. 배성진, 2010:8).

붙인다. 주님의 부활은 이제 복음의 본격적인 승리의 진군을 알리는 나팔과 같다.

2.2. 마가복음 16장 9-13절의 메시지

시내 산, B, 그리고 304사본은 마가복음 16장 9-20절을 생략한다. 하지만 A, C, D, K, 다수 사본 등은 12절 모두 포함한다. 개역개정판, 바른 성경, UBS 4판은 [ ]로 처리한다. NIV에서는 마가복음 16장 8절과 9절 사이에, 줄을 긋고 "The earliest manuscripts and some other ancient witnesses do not have Mark 16:9-20"이라고 쓴다. 7-9세기의 대문자 사본 4개(L, 프쉬, 099, 0112)와 옛 라틴어 역본 및 시리아 역본, 콥틱 역본들은 8절 다음에 다음과 같이 짧게 첨가한다. "그러나 그들(여인들)은 자신들이 들은 모든 것을 베드로와 그와 함께한 자들에게 간단하게 고하였다. 그리고 이 일들 후에 예수님께서 친히 그들을 통하여 동에서 서로, 영원한 구원에 대한 성스러운 불멸의 선포를 내보내셨다."424)

이전에 예수님이 일곱 악령을 쫓아내 주셨던 막달라 마리아에게 부활의 예수님이 나타나신다

---

424) 마가복음 16장 9-20절의 본문 비평을 다루어 보자. A.D. 2세기 중반부터 19세기까지 이 단락의 본문 비평에 의문이 제기되지 않았다(참고. Collins, 2007:806). 마가복음 16장 9-20절이 사본상(내증과 외증에 근거해서) 원본에 첨가되어야 하는가?(시내 산, B, 알렉산드리아의 클레멘트, 오리겐, 유세비우스, 제롬은 생략함) 아니라면 왜 그런가?(막 16장의 20절 전체를 포함하는 것은 다수 사본의 지지를 받음). UBS 편집 위원들은 이 부분이 생략되는 것이 원본에 일치한다고 {A} 등급을 매겼다. 우리는 이 부분이 단지 후대에 '첨가된 결어'(added epilogue)가 아니라는 것을 사본상의 증거와 마가복음 전체의 문맥을 통해서 밝힐 수 있는가? 거스리(2002:72-73)는 마가복음의 결론 부분에 대한 유일한 활로는 '모른다'고 시인하는 것이라고 말한 후, 마가복음 16장 9-20절이 마가복음의 일부분으로 간주될 수 없지만, 그럼에도 그것은 부활 현현에 대한 믿을 만한 원작적 설명(authentic account)을 보여준다고 결론을 맺는다(참고. 반더발, 1999:114). 마가복음 16장 9-20절은 8절의 부자연스런 종결을 편집적으로 보충하기 위한 노력으로 후대에 (다른 복음서를 근거로 해서) 삽입된 것인가?(editorial compilation). 타티안 (A.D. 170년경)은 마가복음 16장 1-20절 모두를 포함한 종결을 증거한다. 저스틴 마터가 A.D. 140년경에 이 끝 부분을 첨가했다는 전설도 있다. 만일 마가복음 16장 9-20절을 거쓰리처럼 원래 마가복음의 일부로 보지 않는다면, 성경의 영감성을 파괴하는 것인가? 한글 성경은 [ ] 안에 9-20절을 포함시킨다. 아니면 마가는 원래부터 16장 8절에서 복음서를 마치려고 의도했는가? 아니면 원본의 끝 부분이 손실되었는가? 참고로, 이종윤(1988:264-265)은 그의 책 《신약 개론》에서 명확한 결론을 회피한다. 프렛(2003:1638)은 "9-20절이 오래된 사본에 등장하지 않을 뿐 아니라, 마가복음 16장 8절과 다른 스타일을 가짐으로써 진정성에 관한 심각한 논란을 일으켰다"라고 소개할 뿐 자신의 결론은 내리지 않는다. 여기서 물어볼 것은 "만약 마가복음 16장 9-20절이 후대의 편집적 첨가라면, 하나님은 오늘까지 이것을 보존하신 이유는 무엇인가?"이다. 여러 증거들이 9-20절이 없는 것을 더욱 지지한다 할지라도, 전통적으로 하나님의 말씀으로 수납하여 가르치고 있는 본문이기에 존중해야 한다. 참고로 마가복음 16장 9-20절을 마가복음 원문의 일부로 볼 수 있는 증거는 제자들의 믿음 없음을 지적하기 위해 마가의 독특한 표현인 '마음의 완악함'이란 어구가 사용되고 있다는 것이다(참고. 막 6:14). 다른 복음서 기자들과 대조적으로 마가는 독특하게 '마음의 완악함'이란 표현을 제자들에게 적용하고 있다(참고. 막 6:52, 8:17). 만약 이 본문이 훗날에 다른 사람에 의해 기록된 것이라면, 그들은 왜 마가의 독특한 표현인 '제자들의 마음의 완악함'이란 표현을 사용했겠는가? 또한 마가복음 16장 8절과 9절 사이의 불일치는 문학적 기법으로 설명될 수 있다. 즉 마가는 예수님의 부활에 대한 두 종류의 반응을 대조하고 있다(여인들의 불신앙 반응과 마리아의 신앙적 반응). 그는 독자들로 하여금 예수님의 부활의 메시지에 믿음으로 반응하기를 촉구한다. 그러므로 마가복음 16장 9-20절이 마가복음 원본의 결론으로도 볼 수 있다(contra Boring, 2006:452).

(9절; 참고. 눅 8:2). 막달라 마리아는 슬퍼하며 울고 있던 주님의 제자들에게 부활을 알린다(10절). 하지만 제자들은 듣고도 믿지 않았다(11절). 예수님은 다른 모양으로 시골로 걸어가는 두 제자에게 나타나신다(12절; 참고. 눅 24:13-31). 이 두 제자가 예수님의 11제자들에게 이 사실을 알렸으나 역시 믿지 않았다(13절; 참고. 마 27:3-10). 주님의 제자들의 영적인 우둔함과 불신앙이 강조된다(참고. 김영인, 2010:13).

마가복음 16장 11-14절이 가지는 '간본문성'으로 인해, 김영인(2010:15)은 마가가 다른 복음서(혹은 다른 문서와 자료)를 통해서 예수님의 부활을 알고 있는 사람들을 자신이 밝히는 부활의 메시지로 자연스럽게 유도하고 또 신뢰를 주고 있다고 본다. 김영인(1010:17)은 마가복음 16장 14-18절도 같은 방식으로 설명한다(참고. '음식 먹을 때', 막 16:14; 눅 24:41-43; 요 21:12-15; '너희는 온 천하에 다니며', 막 16:15; 마 28:18-19; 행 1:8; '믿고 세례를 받는 사람은 구원을', 막 16:16; 마 28:19; 요 3:15-18). 즉 마가는 독자들의 성경 지식(특히 예수님의 부활)을 활용하고 있기에, 독자를 잘 고려하는 저자이다. 이것이 옳다면 '마가복음 우선설'은 재고되어야한다.

2.3. 마가복음 16장 14-18절의 메시지

예수님의 11제자가 식사하는 중에, 주님이 나타나셔서 그들의 믿음 없음과 마음의 완악함을 꾸짖으신다(14절).[425] 온 천하에 다니며 복음을 전하라고 사명을 주신다(15절; 참고. 마 28:18). 콜린스(Collins, 2007:807)는 14절과 15절이 매끄럽게 연결되지 않다고 판단하여 후대의 첨가로 본다. 하지만 제자들은 완악함을 버리고, 부활을 중심으로 하는 복음을 전파해야 함을 14-15절이 보여준다. 믿고 세례를 받는 사람은 구원을 얻을 것이요, 믿지 않는 사람은 정죄를 받을 것이다(16절). 믿는 자에게 따르는 표적은 예수님의 이름으로 악령을 쫓아내며(참고. 행 5:16, 8:7, 16:18, 19:13-16), 새로운(*kainais*) 방언(*glossais*)을 말하며(참고. 행 2:4, 10:46, 19:6; 고전 12:10, 28, 30), 두 손으로(*en tais chersin*; 참고. A, W, 다수 사본은 생략함) 뱀을 집으며(참고. 사탄을 물리치며, 눅 10:19; 참고. 멜리데에서의 바울의 경험, 행 28:3-5), 독을 마셔도 해를 받지 않고(즉 부활의 생명을 가지고 있고),[426] 병든 자에게 안수하여 치료하는 것이다(17-18절). 마가는 예수님의 부활·승천 이후의 모든 시대의 성도에게 이러한 표적이 따른다거나 아니면 따르지 않는다고

---

425) 14절 다음에 W사본은 긴 문장을 추가한다. "그러자 그들이 변명하여 이르기를, '불법과 불신의 이 시대가 사탄의 치하에 있고 사탄은 하나님의 진리와 능력이 영들의 더러운 것들을 지배하지 못하도록 하고 있으니, 너의 의를 지금 드러내라'고 말하였다. 그들이 그리스도에게 이렇게 말하자 그리스도께서는 '사탄의 능력의 기간이 찼으나 다른 끔찍한 일들은 다가오고 있다. 그리고 내가 죽음에 넘겨진 것은 죄 지은 자들을 위하여, 곧 그들이 진리로 돌아와 더 이상 죄를 짓지 않도록, 또한 그들이 하늘에 있는 영적이고 썩지 않을 의의 영광을 얻도록 하기 위함이다' 하고 그들에게 대답하셨다."

426) 늦어도 A.D. 200년경에 쓰여진 '12족장의 유언' 중에서 요셉에 대한 부분 6장에 보면, 요셉은 보디발의 아내의 음모로 독을 마시게 되지만 죽지 않았다. 그리고 요한행전 9-10장에 로마의 도미티안 황제 앞에서 독을 탄 물을 마시고도 멀쩡했다는 요한의 이야기가 나온다. 또한 가룟 유다 대신에 12제자 중 하나로 선출된 유스도는 선교 중에 박해를 받아 독을 마셨지만 아무 해를 입지 않았다고 유세비우스는 《초대교회사》3장 39절 이하에서 기록한다(참고. 김영인, 2010:19).

말하지 않는다. 이런 표적은 초대 교회라는 하나님 나라의 지상의 현현 기관의 시초에 매우 필요한 것이었다. 지금도 이런 표적이 완전하게 불필요한 것이 되어 버렸다고 치부해 버릴 수는 없다. 그러나 우리에게 있어서 더 중요한 것은 표적이 아니라, 이미 침노당하고 있는 즉 확장되고 있는 천국이다. 이 표적은 사도행전에 등장하는데 초대 교회가 복음의 역군으로서 승리의 행진을 할 때 수반된 것이다. 표적을 언급한 마가복음 16장 9-20절은 초대 교회의 신앙 고백과 일치한다.

2.4. 마가복음 16장 19-20절의 메시지

예수님이 하늘로 올리우시고 하나님 우편에 앉으셨다(19절).[427] 예수님이 승천하신 장면을 목격한 제자들이 주님이 하늘 보좌 우편에 앉으신 것을 어떻게 알았나?[428] 하나님은 특별한 가시적인 영광의 재위를 제자들에게 현시하셨을 것이다. 제자들이 나가서 두루 전파할 때 부활하신 주님이 함께 역사하사 17-18절에서 밝힌 바로 그 표적들로 말씀을 확실히 증거하셨다(20절). 다수 사본은 '아멘'을 추가하는데, 이 추가로 고대 교회는 마가복음을 예배에 사용하기에 적합했을 것이다(참고. 매츠거, 2005:103)

3. 오늘에의 적용

이성의 시대에 부활의 실재성을 어떻게 증명할 수 있는가?

복음 전파 시에 따르는 표적은 무엇인가?

우리 시대에도 마가복음 16장 9-20절의 이런 표적이 계속 나타나는가? A.D. 1세기의 현상과 영구한 원칙을 구분해 보자.

부활과 같은 초자연적인 사건을 접할 때 우리의 마음의 완악함은 무엇인가?

---

427) 칼빈은 그리스도의 위엄의 임재는 항상 성도와 함께 하지만 그리스도는 승천하사 성부의 우편에 앉아 계시기에 신체의 임재는 항상 우리와 함께 하지 아니하신다는 것을 분명히 했다. 그러므로 승천과 재림 사이에는 그리스도께서 이 세상으로부터 떠나 계신다. 따라서 칼빈은 가톨릭의 화체설과 루터파의 공재설을 반대했다(《기독교 강요》, 4.17.27; 참고. 이환봉, 2007:127).

428) 톰 라이트(2009:220)는 예수님이 올라가신 '하늘'을 우리가 속한 시공간의 세계로부터 아주 멀리 떨어진 곳이 아니라, 그분 자신의 세계, 하나님의 세계, 우리가 하늘이라고 부르는 세계로 본다. 그의 주장을 계속 들어보자. "이 세계(하늘)는 우리의 세계(땅)와는 다르지만 수많은 방식으로 서로 교차되어 있으며, 특히 그리스도인 자신의 내적 삶에서 교차된다. 언젠가 이 두 개의 세계가 완전하게 통합되어 서로를 온전히 다 볼 수 있게 될 것이고, 바울(살전 4:16-17)과 요한(요일 2:28; 3:2)이 이야기하는 그런 변화를 일으킬 것이다."

【 참고 문헌 】

- Bauer, W. 2000. *A Greek-English lexicon of the New Testament and other early Christian literature*. Chicago: Chicago University Press.
- Beale, G.K. 2004. *The temple and the Church's mission: a biblical theology of the dwelling place of God*. Downers Grove: IVP.
- Boring, M.E. 2006. *Mark. New Testament Library*. Louisville: John Knox Press.
- Breytenbach, C. 2009. *The minor prophets in Mark's Gospel*. (In Menken, M.J.J. & Moyise, S., eds. *The minor prophets in the New Testament*. Edinburgh: T&T Clark. p. 27-37.)
- Buth, R. 2000. *Aramaic language*. (In Evans, C.A. & Porter, S.E., eds. *Dictionary of New Testament background*. Leicester: IVP. p. 86-91.)
- Collins, A.Y. 2007. *Mark. Hermeneia*. Minneapoli: Fortress Press.
- Dearman, J.A. 2002. *Jeremiah/Lamentation. NIV Application Commentary*. Grand Rapids: Zondervan.
- ESV Study Bible. 2008. Wheaton: Crossway Bibles.
- Evans, C.A. 2000. *Christianity and Judaism: partings of the ways*. (In Evans, C.A. & Porter, S.E., eds. *Dictionary of New Testament background*. Leicester: IVP. p. 159-170.)
- France, R.T. 2002. *The Gospel of Mark*. NIGTC. Grand Rapids: Eerdmans.
- Garland, D.E. 1996. *Mark. The NIV Application Commentary*. Grand Rapids: Zondervan.
- Guelich, R.A. 1989. Mark 1-8:26. Dallas: WB.C.. Word.
- Innes, D.K. 1996. 지옥(In Douglas, J.D., ed. 《새성경사전》. CLC. p. 1613-1614.)
- Jordan, J.B. 2009. "New creations: how God changes the world". 제4차 대학교회 신학포럼 발제글. 10월 24일.
- Jordan, J.B. 2009. Getting real in the Gospels. Biblical Horizons, 205:1-2.
- Maier, P.L. 2000. *Chronology*. (In Evans, C.A. & Porter, S.E., eds. *Dictionary of New Testament background*. Leicester: IVP. p. 184-194.)
- Malina, B.J. & Rohrbaugh, R.L. 2003. *Social-science commentary on the Synoptic Gospels*. Second edition. Minneapolis: Fortress Press.
- Marshall, I.H. 1992. *Son of Man*. (In Green, J.B et al., eds. *Dictionary of Jesus and the Gospels*. Leicester: IVP. p. 775-781.)

• McCane, B.R. 2000. *Jewish burial practices.* (In Evans, C.A. & Porter, S.E., eds. *Dictionary of New Testament background.* Leicester: IVP. p. 173-175.)
• Moss, C.R. 2010. The man with the flow of power: porous bodies in Mark 5:25-34. *Journal of Biblical Literature*, 129(3):507-519.
• Mounce, W.D. 1993 (2003). *Basics of biblical Greek: grammar.* Grand Rapids: Zondervan.
• Pratt, R.L. (ed) 2003. *Spirit of Reformation study Bible.* Grand Rapids: Zondervan.
• Rogers Jr. C.L. & Rogers III, C.L. 1998. *The new linguistic and exegetical key to the Greek New Testament.* Grand Rapids: Zondervan.
• Stein, R.H. 2008. *Mark. Baker Exegetical Commentary.* Grand Rapids: Baker.
• Strange, J.F. 2000. Galilee. (In Evans, C.A. & Porter, S.E., eds. *Dictionary of New Testament background.* Leicester : IVP. p. 391-398.)
• Thompson, J.A. 1980. *The book of Jeremiah.* NICOT. Grand Rapids: Eerdmans.
• Van der Watt, J.G. 1999. *Ethics in First John: a literary and socio-scientific perspective.* Catholic Biblical Quarterly, 61(3):491~511.
• Wallace, D.B. 1996. *Greek grammar beyond the basics: an exegetical syntax of the New Testament.* Grand Rapids: Zondervan.
• Watts, R.E. 2007. *Mark.* (In Beale, G.K. & Carson, D.A., eds. *Commentary on the New Testament use of the Old Testament.* Grand Rapids: Baker. p. 111-249.)
• Witherington, B. 2001. *The Gospel of Mark: a socio-rhetorical commentary.* Grand Rapids: Eerdmans.
• 게할더스 보스 1991. 《예수의 자기 계시》. 엠마오.
• 김영인 2010. "예수님의 부활에서 우리의 부활로". <그 말씀>, 3월호, 8-21.
• 김재성 2009. "예수의 치유 방식" <신약 논단>, 16(3):789-822.
• 김재성 2008. "예수의 기적에 나타난 하나님의 구원 행동" <신약 논단>, 15(3):569-604.
• 김판임 2009. 예수의 성서 해석: 여성주의 성서 해석 방법론을 위한 제안. <신약 논단>, 16(4):1121-1145.
• 데릭 티드볼 1993. 《신약성서 사회학 입문》. 한국신학연구소.
• 도널드 잉글리쉬 2000. 《마가복음 강해》. BST시리즈. IVP.
• 도널드 거스리 2002. 《신약 서론》. 크리스챤 다이제스트.
• 랄프 마르틴 1993. 《마가 신학》. 엠마오.
• 레이몬드 E. 브라운. 2003. 《신약 개론》. CLC.
• 류호영 2008. "본문의 Contextual, intra-textual and intertextual 읽기의 한 예: 마가복음 2:1-12의 중풍병자 치료 이야기 속의 "믿음" 이해를 중심으로". 진리 논단, 16:29-43.

• 마크 A. 놀 2007.《터닝포인트: 기독교에 획기적인 변화를 가져온 12가지 전환점》. CUP.
• 마크 베일리 & 탐 칸스터블 2004.《신약성경탐험》. CLC.
• 마크 포웰 2003.《복음서 개론》. 크리스찬출판사.
• 매츠거, B.M. 2005.《신약 그리스어 본문 주석》. 제2판. 대한성서공회 성경원문연구소.
• 박길현 2010. 칼렌더와 구속사. 진리와 학문의 세계, 21:27-46.
• 박수암 2003. 《마가복음 어떻게 설교할 것인가》. 두란노.
• 반더발, C. 1999. 《반더발 성경연구 3》. 줄과추.
• 배성진. 2010. <마가복음의 종결>. 제 27차 한국복음주의 신약학회 정기논문발표회. 6월 26일. 백석대학교.
• 알란 콜 2005.《마가복음》. NB.C. 21세기판 IVP 성경주석. IVP.
• 예레미아스, J. 1988.《예수시대의 예루살렘: 신약성서시대의 사회경제사 연구》. 한국신학연구소.
• 오광만 2010. <웨스트민스터 신앙고백서의 성경관과 마가복음 우선설 비판>. 개혁신학회 춘계학술발표회 발표 논문. 4월 10일. 총신대학교.
• 오스본 그랜트 2002.《마가복음 (상)》. LAB주석시리즈. 성서유니온선교회.
• 오스본 그랜트 2003.《마가복음 (하)》. LAB주석시리즈. 성서유니온선교회.
• 오스카 쿨만 1993.《그리스도와 시간》. 도서출판 나단.
• 오스카 쿨만 1991.《신약의 기독론》. 도서출판 나단.
• 유승원 2003.《마가복음 어떻게 설교할 것인가》. 두란노.
• 윤광원 2010. John Calvin의 Abnegatio Nostri의 관점에서 본 주일 성수, 칼빈연구, 7:199-227.
• 이종윤 1988. 《신약개론》. 개혁주의 신행협회.
• 이환봉 2007. 칼빈의 성찬론: 성찬에서의 그리스도의 임재. (In 개혁주의학술원., ed. 《칼빈과 교회》. 고신대 개혁주의학술원. p. 109-145.)
• 존 월튼, 빅터 매튜스, 마크 샤발라스 & 크레이그 키너 2010.《IVP 성경 배경 주석》. IVP.
• 차정식 2010. 예수의 여행과 '교통 공간.' 한국기독교신학논총, 70:31-56.
• 최원준 2010. 복음서 부활 이야기에 관한 신학적 단상. <그 말씀>, 3월호:37-51.
• 카슨, 무, 모리스 1993.《신약개론》. 은성.
• 칼빈, J. 1993.《공관복음 주석 I, II》. 성서교재간행사.
• 쾨스터, H. 1996.《신약 성서 배경 연구: 헬레니즘 시대의 역사, 문화, 그리고 종교》. 은성출판사.
• 킹즈베리 1994.《마가의 기독론》. 나단.
• 톰 라이트 2009.《마침내 드러난 하나님 나라》. IVP.
• 헤르만 리델보스 1990.《마태복음 하》. 여수룬.
• 황창기 2005.《예수님, 교회, 그리고 나》. 성광문화사.

누가복음 주석

들어가면서

누가복음은 신약 중에서 가장 긴 성경이며(총 1,149절, 19,376단어) 사도행전의 빛 속에서 읽게 되면 더 온전한 의미를 찾을 수 있는 복음서이다. 일반적인 동의는 누가복음의 연대가 사도행전보다 앞선다는 것이다. 누가복음과 사도행전을 합한 분량은 신약의 27.5%나 된다. 바울 서신 전체를 합한 것보다 4%가 더 많다. 원래는 누가복음과 사도행전이 합본 형태로 전수되어 온 것 같다. 이방인 저자인 의사 누가(참고. 골 4:14)가 기록한 복음으로 민족주의적이고 유대인의 제한적 구원을 가르치지 않는데, 2세기의 이단 마르키온(Marcion)은 이것을 4복음서 중에서 유일한 정경으로 수용하기도 했다. 누가복음과 마태복음은 17%, 누가복음과 마가복음은 43%가 공통 부분이다. 누가복음에만 나타나는 독립된 자료는 40%이다. 비교적 높은 독자성과 독창적인 메시지를 포함하고 있다는 말이다. 따라서 우리는 다른 복음서에서보다 더욱더 누가복음에서 누가가 강조하고자 하는 메시지(그리고 관점)를 찾도록 노력하는 것이 중요하다. 이 말은 4복음서의 계시의 공통성 및 다양성과 풍요성을 전제로 하는 말이다. 누가복음의 제목인 '*Euangelion kata Loukan*'은 누가복음의 가장 이른 사본인 파피루스 75의 마지막 부분에 나타나는데, 이 사본의 연대는 A.D. 175-225년경이다.

저자

누가[429)]

독자

데오빌로

---

429) A.D. 2세기로 추정되는 '무라토리 정경'에 다음과 같이 기록되어 있다. "누가에 의한 세 번째 복음서. 누가는 바울이 여행 중에 전문가로서 함께 데리고 다닌 자로서, 그리스도께서 승천하신 이후에 자신의 이름으로 자신이 이해한 대로 이 책을 저술했다. 그는 물론 주님을 육적으로는 보지 못했으므로 그 이야기를 요한의 출생으로부터 자신이 얻을 수 있는 한도 내에서 말하고 있다"(3-8행). 누가가 시리아 안디옥에서 왔다는 주장을 처음 한 사람은 유세비우스이다(참고. 《교회사》 2.4.6). 하지만 다수의 비평 학자들(예. 큄멜, 1996:153)은 매우 이른 2세기의 이런 진술에도 불구하고 누가복음(그리고 사도행전)의 누가 저작을 수용하지 않는다.

따라서 현대 독자는 누가복음에 기록된 사건과 말씀들을 예수님의 공생애 기간인 A.D. 30년 무렵의 배경에서 먼저 이해한 후에, 누가가 데오빌로에게 전달하고자 하는 내용을 저작 시기인 A.D. 60년 무렵의 배경 속에서 살펴보아야 한다. 유세비우스는 사도행전이 바울의 로마 재판 이전에 기록된 것으로 보았다(61-62년경). 이 견해는 제롬과 폰 하르낙 그리고 전통주의자들에 의해서 지지를 받아 왔다. 그렇다면 누가복음은 사도행전보다 이전에 기록되어야 한다(참고. Maier, 2000:188).

내용 및 구조

H.N. 리델보스의 제자이며 남아공대학교에서 가르쳤던 이삭 두 플레시(Isak J. Du Plessis, 1993:163-164)는 누가복음의 흐름을 다음과 같이 파악한다.

- 1:1-4:13 서론
  - 예수님의 탄생 및 유아기 이야기
  - 예수님의 소명 및 준비
- 4:14-9:50 첫 번째 주요 부분: 갈릴리에서의 예수님
  - 나사렛과 가버나움에서 첫 사역하시는 예수님
  - 비유, 가르침, 논쟁과 더불어서 나타나는 기적
  - 베드로의 신앙 고백과 변화산에서의 주님의 변형
- 9:51-19:27 두 번째 주요 단락: 예루살렘으로 가시는 도중의 예수님
  - 72(혹은 70)제자의 사역
  - 많은 가르침과 비유
  - 드문 기적
- 19:28-24:53 세 번째 주요 단락: 예루살렘에서의 예수님
  - 예루살렘 입성
  - 선지자적인 강화
  - 주님의 만찬 제정과 겟세마네
  - 체포와 심판
  - 처형, 죽음, 부활, 승천[430]

430) 누가복음의 기록 목적은 여러 가지이다. (1) 데오빌로가 배운 바가 확실함을 확인시키려고, (2) 이스라엘이 예수님을 거부한 것과 이방인이 하나님 나라에 들어온 것이 하나님의 구원 계획임을 이해시키려고, (3) 예수님이 종말에 대해 가르치신 것을 분명히 하려고, (4) (누가 공동체로 하여금) 로마를 두려워하지 않도록 만들려고, (4)는 빌라도는 예수님을 석방시키려 했으며, 사도행전에서는 로마 권세자들도 바울을 구출하려고 도왔다(참고. 행 16:22-39, 19:31; 보라. ESV Study Bible, 2008:1936-1937).

누가복음 1장

1. 본문 및 구조

- 누가복음의 기록 목적(1-4)
- 세례 요한의 수태고지(5-25)
- 예수님의 수태고지(26-38)
- 마리아의 엘리사벳 방문과 마리아의 찬송(the Magnificat, 39-56)
- 세례 요한의 출생과 사가랴의 찬송(the Benedictus, 57-80)

2. 구원 계시사적 메시지

2.1. 누가복음 1장 1-4절의 메시지

누가는 예수님의 제자는 아니지만, 제자들로부터 복음을 전해들은 사람이다. 누가 당시에 복음을 기술하려고 시도한 사람들이 많았다(2절).[431] 누가복음이 기록될 당시에 이 기록자들과 주님의 사역의 원증인들이 생존해 있었다. 그리고 누가는 그 자료들을 사용하여 성령님의 영감으로 누가복음을 기록했다(3절). 사실 누가는 바울의 선교 동역자로서 많은 정보를 가지고 있었다. 누가가 기록한 것은 '우리 중에 이루어진 사실'인데(1절), 예수님의 십자가와 부활을 통해서 성취된 천국 복음을 가리킨다. 천국 복음은 '사실'이지 허구가 아니다. 사실상 누가복음 1장 1절은 마가복음 1장 1절과 일치한다.

누가의 일차적인 저술 목적이 데오빌로 각하(*kratistos Theophilos*)를 위해 진리인 복음을 재확인시키는 것임을 보여준다. 데오빌로는 총독과 비슷한 고위 관리였으며, 기독교로 개종한 초신자이다. 이를 위해 누가는 "모든 일을 근원부터 자세히 살폈다"고 한다. 데오빌로는 말로 복음을 전해 들었는데, 거기에 만족하지 않고 문서화된 자료로 복음을 배우기를 원했던 것이다(4절).[432] 이를 위해 누가는 복음의 역사적 정확성에 주의를 기울이고 차례대로 쓰고 있다(3절). 컴멜(1996:135)은 3절의 '차례대로'(*kathekses*)를 누가가 '원-누가복음'이나 누가가 참고할 수 있었던 특수 자료(예. L)가 아니라, 마가복음과 Q를 참고하여 비교적 그들의 순서를 충실하게 따른 것으로 본다. 하지만 다수의 학자들이 존재했다고 당연시 여기는 Q는 여전히 가설적 문서일 뿐이다.[433]

---

431) 컴멜(1996:132)은 1절의 '우리 가운데'(*en hemin*)는 종말 시의 세대를 가리키며, 2절의 '우리에게'(*hemin*)는 누가복음의 저자의 세대를 가리키는 것으로 구분한다. 하지만 이런 구분은 마치 누가가 종말의 세대에 살고 있지 않았던 것 같은 오해를 불러일으킬 수 있다.

432) 헤이즈(Hays, 2009:103)는 '데오빌로'를 누가가 만들어낸 허구적 수신자(fictive addressee)로 본다. 이 주장은 받아들일 수 없다. 그러나 헤이즈는 누가복음 1장 1절의 '이루어진'(fulfilled; 눅 1-4장에만 *pleroo* 동사가 15회 정도 나타남)에서 구약에서 자기 백성을 구원해 오신 하나님의 사역이 이제 예수님 안에서 계속 이어지고 있음을 주장한다.

2.2. 누가복음 1장 5-25절의 메시지

아비야 반열의 제사장 사가랴는 아론 자손인 엘리사벳을 아내로 두었다(5절). 그 당시 제사장은 다른 제사장 가문의 딸과 결혼하기를 원했다. 그러므로 아비야 제사장 가문에 속한 사가랴는 아론의 후손인 엘리사벳을 아내로 삼았던 것이다. 하지만 제사장 가문이 레위 가문 혹은 이스라엘 평민과 결혼한 경우도 있었다. 평민 중에서 율법학자의 가문은 제사장으로부터 우대를 받았다. 제사장 직위는 세습되었기에, 가문의 순수성을 보존하는 일이 중요했다(참고. 예레미아스, 1988:282-283).[434] 이 부부는 의인으로서 주님의 모든 계명과 규례대로 흠이 없었다(6절). 그러나 이 둘은 무자한 가운데 노인이 되었다(7절). 고대 이스라엘에서 무자는 수치였다. 성경의 위인 중에서 무자하여 하나님에게 간구한 자가 많이 있다(예. 아브라함과 사라, 창 11:30; 이삭과 리브가, 창 25:21-24; 야곱과 라헬, 창 29:31이하; 마노아, 삿 13장; 엘가나와 한나, 삼상 1:1-20). 하나님은 하나님의 때에 하나님의 일꾼을 보내셨다(참고. 전 3:2).

사가랴가 제사장 반열의 차례대로 직무를 행할 때, 제비로 자신이 뽑혀서 성소에서 분향할 때, 주님의 사자가 나타나 향단 우편에 섰다(8-11절). 하루에 두 번 제비 뽑힌 제사장이 성소의 향단에 불을 피웠다. 분향하는 일은 제사장에게 영광이 아닐 수 없었다. 일반적으로 분향하는 것은 기도를 상징한다(참고. 계 5:8). 이때 백성은 밖에서 기도했다(10절). 예수님 당시에 제사장(과 레위인)의 숫자는 약 2만 명이었다. 약 1,000명씩 24조로 나누어 1년에 2번씩 1주일 동안 성전에서 봉사했다(참고. 대상 24:3-19; 보라. 오스본, 2003:40).

사가랴가 주님의 사자를 보고 놀라며 무서워하니(12절), 천사가 "사가랴여, 무서워 말라. 너의 간구함이 들린지라. 엘리사벳이 낳을 아들을 요한이라고 하라"고 말한다(13절). 여기서 누가는 '기도'의 응답을 강조한다. '요한'은 '하나님은 은혜로우시다'는 뜻이다. 가브리엘은 하나님의 심부름꾼인데, 사가랴가 볼 수 있는 방식으로 현현했다. 세례 요한의 출생은 사가랴에게 기쁨이 될 것이며, 많은 사람도 기뻐할 것이다(14절). 요한은 주님의 눈에 큰 자가 될 것이며, 구약의 나실인처럼(참고. 민 6:1-8), 포도주나 소주(fermented drink)를 마시지 않고, 모태로부터 성령의 충만을 입을 것이다(15절). 여기서 누가는 '성령님'을 강조한다. 요한의 사명은 많은 이스라엘을 주 하나님께로 돌아오게 하는 것이다(16절). 세례 요한의 출생은 신구약 중간기 430년의 암흑과

---

433) 이 서론은 고대 문헌의 서론과 유사한 점이 있는데, 당대의 문학적 고안을 수용함으로써 독자들의 주의를 쉽게 끌기 위한 문학적 고안으로도 볼 수 있다(참고. 2마카비 2:19-32; 아리스테아 편지 1-8). 누가복음은 이차 수신자인 누가 공동체를 '위한' 메시지이지만 누가 공동체에 '관한' 메시지는 아니다. 물론 여기서도 투사(혹은 투영)의 원리를 볼 수 있다. 따라서 A.D. 60년경의 누가 공동체를 향한 누가의 목회적 관심사를 찾아볼 수 있으며, 그 공동체 주위를 둘러싼 문제를 해결하기 위한 누가의 신학적인 의도도 찾을 수 있다. 물론 예수님의 인격과 사역에 관한 누가의 신학적 의도를 밝힘으로 이방인 독자들의 믿음은 어떤 역사적인 사실 위에 기초하고 있는지를 밝히고자 한다. 누가는 구원 신학적 역사가이며 목회자이다.

434) 물론 헤롯 대왕과 로마 제국은 대제사장직의 세습을 허용하지 않았고 대제사장의 권한을 축소하는 일을 했다. 헤롯 대왕 때는 대제사장이 취임할 때 기름 붓는 의식이 없었고, 대신 대제사장의 봉헌이 서품식에 의해 거행되었다. 대제사장의 권위가 실추된 이유 중 하나는 대제사장 자신에게서 발견할 수 있는데, 예를 들어 부도덕한 행실과 물질적인 탐욕 및 성경 지식의 미비 등이다(참고. 예레미아스, 1988:210-211).

침묵을 깨고 성령님의 예언적 사역이 회복되는 시점이다.

말라기 4장 5-6절의 예언처럼 세례 요한은 엘리야의 심령(spirit)과 능력(power)으로 주님 앞에 가서(참고. 왕상 17-19; 'forerunner'), 아비의 마음을 자식에게(아버지 하나님의 심장을 교회에게 이식시킴. 혹은 실제 가정에서 부모와 자녀의 관계가 회복됨), 거스르는 자(불순종하는 자)를 의인의 슬기(지혜)에 돌아오게 하고, 주님을 위하여 세운(준비된) 백성을 예비할 것이다(17절). 요한의 사역은 굳은 마음을 부드러운 마음으로 바꾸는 것이었기에, 종말론적인 새 언약이 성취된다(참고. 겔 36:26-28; 렘 31:31-33). 사가랴는 노인이었기에 천사의 말을 믿지 못한다(18절). 사가랴는 아들이 출생할 것에 대한 표적을 구했다. 그러나 아이러니하게도, 그 표적은 다름이 아니라 사가랴 자신이 벙어리가 되는 것이었다. 천사는 가브리엘로서 좋은 소식을 전하려고 하나님으로부터 보냄을 받았다고 답한다(19절). 불신앙으로 인해 사가랴는 천사가 예언한 이 일들이 성취될 때까지 벙어리로 지내야 했다(20절; 참고 창 15:8). 여기서 '이 일들이 성취될 때'에서 '성취될'은 *genetai*(아오리스트 디포넌트 가정법 3인칭 단수)인데, 진입적 아오리스트 이다. 따라서 "이 일들이 일어나기 시작할 때"라고 번역할 수 있다(참고. Mounce, 1993:193). 그때 밖에서 기다리던 백성들이 사가랴가 성소에서 지체함을 기이하게 여겼다(21절). 성소에서 나온 사가랴는 말을 못했고, 백성은 그가 이상을 보고 충격을 받은 줄로 알았다. 단지 형용(sign, 몸짓)으로 의사 소통을 할 뿐이었다 (22절).[435] 사가랴는 1주일 동안 진행된 직무의 날을 마침으로써 집으로 돌아갔다(23절). 엘리사벳이 임신하여 다섯 달을 은거하며 살았다(24절). 엘리사벳은 주님이 자신을 돌아보사 불명예를 없애려고 사람들 가운데서 은혜를 보이셨다고 고백한다(25절; 참고. 창 30:23).

2.3. 누가복음 1장 26-38절의 메시지

엘리사벳이 임신한 지 6개월 된 날에, 가브리엘이 갈릴리 나사렛으로 간다(26절). 나사렛에서 알 수 있듯이, 예루살렘 성전이라는 이스라엘의 중심지를 배경으로 하는 세례 요한의 수태고지와는 차이가 난다. 가브리엘은 다윗의 자손 요셉과 정혼한 처녀(*parthenos*) 마리아에게 '은혜를 받은 자'(*kecharitomene*, 완료 수동태 분사)라고 부르면서, 평안을 빌며, 주님이 함께하심을 인사말로 하니 마리아가 놀란다(27-29절). 정혼은 오직 죽음이나 이혼으로만 파기될 수 있었던 것으로서, 구속력이 현대의 약혼보다 더 강했다. 하나님의 엄청난 구속 사역에 사용되기 위해 특별한 인사를 받은(약 만 15세 정도 된) 마리아가 무서워하지 말아야 할 이유는 주 하나님이 함께 계시기 때문이다(30절; 참고. 예레미아스, 1988:457). 가브리엘은 마리아가 낳을 아들의 이름을 '예수'라고 가르쳐 준다(31절). 예수님은 큰 자가 되고, 지극히 높으신 이의 아들이라 일컬을 것이며, 다윗의 위를 받아 영원히 야곱의 집에 왕 노릇하여 나라가 무궁할 것이다(32-33절). 예수님은 다윗의 후손으로 오셔서 다윗의 언약을 성취하여, 영원한 메시아 왕국을 이루신다

435) 누가복음 1장에는 10대 소녀였던 마리아와 늙은 제사장 사가랴 사이에 믿음의 대조가 나타나는데, 이것은 한나와 엘리 사이의 대조를 연상케 한다(참고. 삼상 1-2장).

(참고. 삼하 7:16). 예수님은 출생 전부터 크신 하나님이시요, 지극히 높으신 하나님의 아들이시다. 비록 마리아는 남자를 알지(성관계를 맺지) 못했지만, 성령과(혹은 성령 즉) 지극히 높으신 이의 능력이 마리아에게 임하여 하나님의 아들이 마리아에게서 태어난다(35절). 35절의 '하나님의 아들'이라는 호칭은 예수님의 신성을 강조하는 것이라기보다는 예수님이 메시아이심을 강조하는 것이다(참고. 유상섭, 2002:28). 늙은 엘리사벳을 수태케 하신 하나님은 말씀으로 마리아에게 임신의 기적을 행하신다(36-37절).

37절의 NIV에서는 '하나님과 함께한다면 불가능이 없다'라고 번역하지만 '*pan ghremā*' 즉 '모든 말씀'이라는 말이 원문에 있다. "주의 계집종이오니 말씀대로 내게 이루어지이다"라고 마리아가 고백하니, 가브리엘이 그녀를 떠난다(38절). 세례 요한의 아버지 사가랴의 불신앙과는 다른 반응을 마리아에게서 볼 수 있다. 마리아는 이 엄청난 예언을 접한 후에 부모와 상의하지도 않았고 곧바로 하나님의 계획을 믿고 자발적으로 순종했다. 인류 구원을 위해서 창조로부터 구약에서 약속된 메시아 예언이 결정적으로 성취되는 시점은 메시아의 출생으로 더불어 시작된 새 창조의 개시 때이다. 예수님의 수태 고지를 다루는 이 단락에서 목수 요셉의 역할은 아무것도 없다.

2.4. 누가복음 1장 39-56절의 메시지

마리아가 유대의 한 동네로 가서 엘리사벳에게 문안한다(39-40절). 마리아와 친척지간이었던 엘리사벳은 마리아의 처지를 누구보다 잘 이해해 주었을 것이다. 마리아가 여행한 나사렛에서 유대의 구릉 지대의 마을까지는 약 100km의 거리이다. 그렇다면 3-5일 정도 걸렸을 것이다(참고. 오스본, 2003:66). 태아 세례 요한이 마리아가 문안할 때 기쁨으로 뛰놀았다(41, 44절). 메시아의 선구자인 세례 요한이 메시아 예수님을 비록 복중에서이지만 만나서 기쁨을 나눈다. 이것은 구약에서 메시아 시대로의 전환을 고대한 세례 요한의 사역이 마감되면 복된 메시아의 통치가 임할 것을 미리 보여주는 것이다. 엘리사벳이 성령의 충만함을 입어, 마리아와 태아 예수님이 복이 있다(*eulogemene*)고 큰소리로 말한다(42절).[436] 오순절 성령 강림 이전이지만, 성령께서 엘리사벳에게 임하셔서 마리아를 통해서 역사하실 하나님의 구원 사역을 깨닫게 하셨다. 처녀 마리아의 임신을 경멸하거나 이상히 여기지 않고 오히려 엘리사벳은 "내 주님의 모친이 내게 나아오니 내가 얼마나 은혜를 입었는가"라고 말한다(43절). 엘리사벳은 마리아의 복중에 있었던 예수님을 자신의 주님으로 믿었다. 여호와께서 말씀하실 때 믿은 여자인 마리아가 복이 있다. 왜냐하면 주님이 그 말씀을 이룰 것이기 때문이다(45절).

---

436) 신약에서 *eulogia*(복)와 *eulogeo*(복을 주다, 축복하다)의 뜻은 다양하다. 높은 자가 낮은 자를 '축복'할 수 있고(히 7:1), 사람은 마땅히 하나님을 '찬양'해야 한다(눅 1:64, 2:28, 34). 메시아를 잉태한 마리아는 '복되며'(눅 1:42), 다윗 언약을 성취하시고 자기 백성을 구원하시는 예수님은 '복되시다'라는 칭송을 받을 만하시다(마 21:9). 예수님은 오병이어의 표적 전에 '축사'하셨고(막 6:41), 어린아이와 제자들을 '축복'하셨다(막 10:16; 눅 24:50). 성도는 악을 악으로 갚지 말고 도리어 '축복'해야 하며(눅 6:28; 벧전 3:9), 성도는 무조건적 사랑에서 우러나오는 '선물'을 동료 성도에게 하지만(고전 14:16), 거짓 선생들은 이익을 얻으려고 '아첨하는 말'을 한다(롬 16:18). 보좌 위의 하나님과 어린양은 '찬송'을 받으시기 합당하시다(계 5:12, 13, 7:12; 참고. Beyer, 1974:754-763).

46절에서 55절까지 마리아의 찬송 즉 'The Magnificat'가 등장한다.[437] 마리아의 영혼이 주 여호와를 찬송한다(46절). 마리아가 하나님 구주를 기뻐한 이유는(47절), 계집종처럼 비천한 자신을 돌아보사 만세에 복이 있도록 해주셨기 때문이다(48절). '계집종의 비천함'이란 이방 압제자나 다른 요인에 의해 압제당하는 하나님의 백성의 상태를 의미한다. 영적으로는 죄와 악과 사탄의 권세하에서 신음하는 이스라엘을 가리킨다. 이를 위해 거룩하시고 능하신 하나님이 마리아에게 메시아를 이 땅에 태어나게 하시는 큰일을 행하셨다(49절). 이 큰일이 약하고 비천하고 억눌리고 가난한 자들을 강하고 높게 만드는 일로 이어진다. 이 역전의 주제는 신앙의 관점에서 이해해야 하기에, 우선적으로 영적인 측면에서 보아야 한다. 여호와를 두려워하는 자에게 하나님의 긍휼이 대대에 있다(50절). 여호와의 권능의 팔로 교만한 자를 흩고(51절), 권세 있는 자를 왕위에서 쫓아내고, 천한 자를 높이며(52절), 주리는 자를 좋은 것으로 배불리 먹이시고, 부자를 빈손으로 보내셨다(53절). 여호와께서 자기의 종 이스라엘을 도우사, 긍휼히 여기시고 기억하시되(54절), 이스라엘의 조상에게 말씀하신 것과 같이 아브라함의 자손에게 영원히 하실 것이다(55절). 여호와께서 예수님을 이 땅에 보내셔서 이루실 큰일은 족장에게 언약하신 것을 이루시는 차원에서 이해해야 한다.

사무엘상 2장 1-10절의 사무엘의 어머니 한나의 노래를 연상시키면서, 마리아는 구약 이스라엘에게 행하신 여호와의 크신 일을 회상하면서, 장차 출생하실 예수님을 통해서 이루어질 새로운 질서를 찬양한다. 이 새로운 질서 속에서 '거룩한 용사'이신 여호와를 경외하는 언약의 백성은 하나님 없는 스스로 강한 자들을 뒤엎고 세상의 주인공으로 우뚝 설 것이다. 마리아가 엘리사벳과 석 달쯤 있다가 나사렛 집으로 돌아갔다. 여자들의 역할이 이 단락에서도 두드러진다. 왜 그럴까? 교회는 여성 즉 그리스도의 신부이기 때문에 상징적인 의미가 있다. 교회는 임신의 기능 즉 영적 자손을 낳고 찬송하고, 성령의 충만을 입어 하나님의 구속사를 성취하는 통로와 도구가 되어야 한다.

2.5. 누가복음 1장 57-80절의 메시지

엘리사벳이 세례 요한을 출생하니, 이웃과 친족들이 하나님이 그녀를 긍휼히 여기심을 알고 함께 즐거워했다(57-58). 유대 전승을 보면, 사내아이가 태어난 날부터 할례 받을 때까지 매일 저녁에 손님들이 모여들었다(참고. 존 월튼, 2010:1424). 8일째 되던 날 할례를 행할 때(레 12:1-3), 사람들이 그 당시의 관례에 따라 '사가랴'라고 명명하려다, 엘리사벳이 요한이라 명명하려고 하니, 이웃과 친척들이 사가랴에게 물어 본다(59-62절). 사가랴가 서판에 요한이라고 썼다(63절). 그때 사가랴의 입이 10개월 만에 열리고 혀가 풀어지고 말하며 하나님을 찬송했다(64절). 사가랴가 다시 말을 할 수 있었던 것은 가브리엘이 가르쳐 준 그대로 순종하여 요한이라고 이름을 지었기 때문이다(참고. 눅 1:13). 근처에 사는 사람이 사가랴가 다시 말함을 보고는 두려워했고

437) 46절에서 이탈라 역본은 '엘리사벳'이 이 찬송을 부르는 것으로 언급하지만, 사본상의 지지도 거의 없고 문맥에 맞지 않다.

소문이 퍼졌다(65절). "이 아이가 장차 어떻게 될꼬?"라고 말했는데, 그 이유는 주님의 손이 요한과 함께 있었기 때문이다(66절).[438] 신구약 중간기를 뚫고 메시아의 선구자로 새 언약의 전령사로 태어난 세례 요한에게 성령께서 함께하고 계심이 분명히 사람들에게 알려졌다.

67절 이하에 사가랴가 성령이 충만하여 예언하며 노래한다('The Benedictus'). 주 이스라엘의 하나님이 찬송을 받을 이유는 자신의 백성을 방문하여 속량하셨기 때문이다(68절).[439] 하나님이 자기 백성을 방문하실 때 구원과 심판을 수반하신다. 여기서는 출애굽기 4장 31절과 룻기 1장 6절 그리고 예레미야 31장 11절처럼 속량하기 위해서(to redeem) 방문하시기에, 하나님의 긍휼이 지배적으로 나타난다. 하나님의 속량은 구약 역사에서 출애굽과 출바벨론을 통해서 나타났다(참고. 룻기의 기업 무를 자). 하나님은 구약 선지자에게 약속하신 대로, 구원의 뿔이신 예수 그리스도를 다윗의 집에 일으키셔서 원수에게서 구원하신다(69-71절; 참고. 삼하 22:3; 시 18:2; 겔 29:21; 암 9:11-12).

구원의 뿔(능력)이신 예수님은 죄악을 물리치신 전사이시다. 하나님은 이스라엘을 긍휼히 여기사 아브라함에게 하신 언약을 기억하셨다(72-73절). 아브라함에게 주신 언약은 창세기 22장 16-18절에서 볼 수 있는데, 이스라엘의 원수가 패망하며, 이스라엘은 순종으로 복을 받을 것이다. 언약을 성취하사 구원을 주신 목적은 새 이스라엘이 성결과 의로 두려움 없이 하나님을 섬기도록 하기 위해서이다(74-75절; 참고. 시 111:9). 구원의 목적은 하나님을 섬기는 것이다. 요한은 지극히 높으신 분이신 예수님의 선구자라고 불릴 것이며, 주 예수님 앞에 가서 그 길을 예비할 것이다(76절; 참고. 말 3:1, 4:5-6). 요한은 주님의 백성에게 죄 사함으로 말미암는 구원을 선포할 것이며(77절), 돋는 해(*anatole*, the rising sun)가 새 이스라엘 위에 임할 것인데, 하나님의 긍휼덕택이다(78절). 돋는 해가 위로부터 임하는 것은 하나님의 구원의 방문을 의미한다. 죄 사함을 통한 용서는 누가복음과 사도행전의 주요 주제이다(참고. 눅 24:47; 행 2:38, 5:31, 10:43, 13:38, 26:18). 어두움과 죽음의 그늘 즉 사탄과 죄악의 영향하에 있던 자들에게 돋는 해이신 예수님이 구원의 빛을 비추실 것이며, 평강의 길로 인도하실 것이다(79절). 이 찬송에서 사용된 많은 아오리스트는 '예언적 아오리스트'(prophetic aorist)인데, 장차 반드시 일어날 것을 확실하게 예언하는 것이다. 요한이 자라날수록 심령이 강하여졌고 빈 들에 있었다(80절).

3. 오늘에의 적용

우리가 전하는 이미 임한 천국의 실체와 사실은 어떠한가?

---

438) 66절에서 D와 이탈라 역본은 동사 '있었다'(*en*, *eimi*의 미완료 능동 직설 3인칭 단수)를 생략한다.

439) 칼빈(1993:100)은 하나님이 열방의 통치자이신데도 불구하고 68절에서 '주 이스라엘의 하나님'이라는 말이 등장하는 것은 구속주가 아브라함의 후손에게 약속되었기 때문이라고 본다. 그리고 그리스도의 속량의 은혜와 효력은 그리스도의 성육신 이전의 사람에게도 미친다고 본다. 따라서 예수님의 성육신 이전에 하나님을 믿고 죽은 사람들은 일평생 죄와 사망의 노예살이로 일관했다고 볼 수 없다. 이것은 예수님의 '온 교회적 인격'과 일맥상통한다.

하나님이 하실 일을 우리가 불신앙하는 경우는 없는가?
하나님의 역설의 역사는 어떻게 나타나는가?
우리에게 언약은 어떻게 성취되었으며 어떤 의의가 있는가?
우리의 찬송은 어떠해야 하는가?

누가복음 2장

1. 본문 및 구조

- 예수님의 탄생과 천사들의 찬양 및 목자들의 방문(1-20)
- 성전에 오신 아기 예수님과 시므온의 찬송(the Nunc Dimittis, 21-40)
- 유월절에 참석하신 예수님(41-52)

2. 구원 계시사적 메시지

2.1. 누가복음 2장 1-20절의 메시지

아우구스투스 황제(옥타비아누스; B.C. 27년-A.D. 14년)가 호적하라고 칙령(decree)을 내린다(1절). 이 인구조사를 로마 제국 전역에 시행된 인구조사로 굳이 볼 필요는 없고 유대 지역에서 정기적으로 시행된 것으로 볼 수 있다. 이것은 구레뇨(Quirinius)가 시리아의 총독으로 있었을 때 행한 첫 번째 호적 조사이다(2절). 아마도 A.D. 6년에 시리아의 총독이 된 구레뇨가 그 이전에 행정관으로 있었을 때, 이 인구조사를 행한 것으로 보인다(참고. 오스본, 2003:87). 구원 역사가요 신학자인 누가는 세상 역사와 구속사를 연결시킨다.[440] 자기가 살던 곳에서 인구조사에 응할 수도 있었지만, 대체로 유대인들은 호적하러 고향으로 갔다(3절). 나사렛에 살던 요셉은 다윗의 동네(참고. 삼상 17:12, 20:6; 미 5:2)인 베들레헴까지 약 120km를 여행한다(4절). 누가복음 1장 32절에서 밝힌 대로, 예수님은 다윗의 왕국을 영원토록 회복할 분이시다(참고. 사 11:1; 렘 33:15; 겔 37:24; 호 3:5). 요셉은 정혼한 상태에서 임신한 마리아와 함께 호적하러

440) 헤롯 아켈라오가 폐위된 A.D. 6년 이후, 유대는 로마의 직접적인 통치하에 들어갔다. 세금 징수를 위해서 인구조사를 시행했고, 간접세나 관세는 세리들에게 하청되었다. 총독이 대제사장을 임명했지만, 유대인들의 성전 제의나 율법 준수에 간섭하지 않았다. 팔레스타인은 11개의 소국가(toparchy)로 나누어졌고, 각각의 소국가는 사소한 소송들을 다루는 유대나 사마리아의 산헤드린에서 관장했다. 보다 중대한 소송은 예루살렘의 산헤드린으로 회부되었다. A.D. 26년까지는 총독의 통치에 별다른 저항이 없었다. 하지만 A.D. 26년에 총독으로 임명된 빌라도 때는 폭동이 잦았다(참고. 쾨스터, 1996:636).

갔다(5절). 시리아 지역에서는 여자들도 인구조사에 응하도록 요구받았다. 무엇보다 요셉이 마리아와 동행한 것은 예수님의 탄생에 대한 신적 계획을 믿음으로 깨달았기 때문일 것이다. 마리아는 여관에서 예수님을 출산하여 강보에 싸서 구유에 뉘었다(7절).[441]

그때 목자들이 밤에 양 떼를 지키고 있었는데, 주님의 사자가 곁에 서고 '주님의 영광'(임재)이 두루 비취매 크게 두려워했다(9절).[442] 목자들이 양 떼를 밖에서 지키는 것을 보면, 이 시기가

441) 당시 여관의 건축 구조는 아래층은 축사나 종들의 숙소가 있었고, 위층은 주인이나 손님의 숙소가 있었다. 이층으로 된 여관의 위층은 로마에 충성된 행정 관료인 구레뇨의 신하들로 가득 찼겠지만 주님은 가축을 먹이거나 종들이 거하는 아래층에서 나셨다. 로마의 정책을 신뢰하는 충성된 관료들은 위에서 새로운 세상을 기대하며 '팍스 로마나'를 외치며 축배를 들었겠지만 하나님은 아래에서 조용히 팍스 크리스티(*Pax Christi*)를 계획하셨다(참고. www.kosebi.org. 신득일 교수의 설교 노트). 참고로, 헤롯 대왕의 아버지 안티파터는 이두매 출신이었고, 어머니 키프로스는 아라비아 족장 가문 출신이었다. 따라서 헤롯 대왕과 그 가문은 유대인의 피를 가지고 있지 않았다가 나중에 유대인으로 완전히 개종한 가문이었다(참고. 예레미아스, 1988:415).

442) 히브리어 '카보드'(*kabod*)는 사람(예. 요셉, 창 45:13; 다윗, 대상 29:28)이나 사물 (예. 병거, 사 22:18; 에덴동산의 나무, 겔 31:18; 성전, 학 2:3, 9)의 '풍부함'이라는 의미를 가진다. 좀더 추상적인 의미로는 '존엄'(시 112:9; 잠 29:23; 렘 48:18)과 '존경'(대하 32:33; 사 42:12; 말 1:6)을 의미한다. 그러나 영광은 현저한 신적 특질로서, 궁극적으로 오직 하나님만 영광을 가지신다(대상 29:11-12; 사 42:8). '여호와의 영광'(*kabod Yahweh*)은 그분의(특히 자기 백성 가운데 심판과 구원을 위한) 가시적이고 활동적인 임재를 가리킨다(출 16:7; 왕상 8:11; 시 63:2; 참고. Gaffin, 2004:884-885).

범위를 좁혀서 하나님의 임재와 현존으로서의 '영광'을 살펴보자. (1) 구약: 구름(*shekinah*)과 하나님의 영광(*kabod*)이 함께 나타난 경우, 구름은 하나님의 영광의 가시적인 표시이다. 이것을 출애굽하여 시내 산에 도착한 지 9달 후, 즉 출애굽 1주년 2주 전에 성막이 세워질 때(출 40:34-35)와 솔로몬이 성전을 봉헌할 때(왕상 8:1-11; 대하 5:14) 볼 수 있다. 모세는 시내 산에서 "주의 영광을 내게 보이소서"라고 말했다(출 33:18). 여호와께서 구름 가운데 강림하셨는데, 주의 영광은 여호와의 선한 것과 그분의 이름과 연관 있다(출 33:19; 34:5-7). 성막과 성전은 하나님의 임재가 있는 장소이므로, 하나님의 영광은 그분의 임재와 연결된다(참고. 계 15:8). 성전에 계신 여호와의 명성과 영광은 만국에 미쳐야 한다(대상 22:5). 다윗이 성전 건축을 위해서 준비한(이방인) 아라우나의 타작마당 및 물자들이 이방 나라의 전리품과 물자였음에 주목해야 한다(대상 21:20-21, 22:4). 법궤 위에 '영광의 그룹들'이 있었다(히 9:5). 영광의 하나님이 법궤 뚜껑에 임재해 계시지만, 신약에서는 법궤를 더 이상 말하거나 생각하거나 기억하거나 찾지 않을 것이다(렘 3:16). 엘리 대제사장 당시 이스라엘은 법궤를 승리하게 만드는 미신처럼 사용했다. 하지만 마음의 변화 없이 법궤는 무용지물이었으며, '이가봇'을 초래할 뿐이었다. 에스겔 당시 남유다의 죄악으로 인해 하나님의 영광이 돌 성전을 떠난다(겔 10:4, 18-19, 11:23; 참고. 이가봇, 삼상 4:21). 거룩한 하나님의 임재는 죄악을 견디지 못하신다. 그러나 하나님의 영광이 회복될 성전의 동쪽 문으로 다시 돌아온다(겔 43:4-5; 학 2:7). 선지자가 종말론적 회복을 예언할 때, 영광은 메시아가 주시는 회복과 관련된다(사 60:1-2, 19, 62:2-3, 66:18-19; 합 2:14). 성전, 구름, 영광, 메시아의 나라는 연결된다.

(2) 신약: 예수님은 하나님의 영광의 궁극적인 표현이다(요 1:14; 히 1:3). 영광의 주 예수님은 이방을 비추는 빛이시며, 주의 백성 이스라엘의 영광이시다(눅 2:32; 고전 2:8; 참고. 사 49:6). 창세 전부터 예수님은 성부 하나님과 영광(*doksa*)을 공유하셨다(요 17:24). 우리 안에 계신 그리스도는 영광의 소망이시다(골 1:27). 요한복음에서 영광은 자발적인 십자가의 고난과 죽으심을 가리킨다(요 17:1, 39; 참고. 히 2:9). 스데반이 성령 충만한 채 순교할 때 하나님의 영광과 예수님이 하나님 우편에 서신 것을 보았다(행 7:55). 변화산에서 모세와 엘리야가 '영광 중에' 나타나서 예수님의 별세(*eksodos*)를 말했고, 베드로와 야고보와 요한은 '예수님의 영광'을 보았다(눅 9:31-32). 예수님의 변모는 영광을 받으신 후 승귀하실 모습이다.

(3) 영광을 받으셔야 하는 하나님: 시편에도 하나님의 영광이 이스라엘의 찬송 가운데 나타난다.

우기(이스라엘에서는 겨울)는 아닌 것 같다. 예수님 당시에 천한 직업에 속한 목자들에게 구주 탄생의 복음이 제일 먼저 전해졌다. 왜 하필이면 목자들에게 구주 탄생의 복음이 전해졌는가? 흥미로운 것은 다윗도 목자이고, 예수님도 양의 목자시라는 점이다. 따라서 예수님이 구약에서 약속된 이스라엘의 목자이심을 암시한다(참고. 시 23:1; 사 40:11; 렘 23:1-4; 겔 34:23; 히 13:20; 벧전 2:25, 5:2). 구유에 누이신 예수님이 가난하고 인정받지 못한 자들의 구주로 오셨음을 암시한다. 예수님에게 사용된 '구주'라는 말은 요한복음 4장 42절 외에는 4복음서에서 누가복음 2장 11절에만 등장한다. 천사는 온 백성에게 미칠 큰 기쁨의 좋은 소식(복음)을 전했다(10절). 다윗의 동네인 베들레헴에 구주이신 그리스도 주님이 태어나셨다(11절). 아기 예수님의 진정한 정체성은 메시아(*Christos*)요 구주(*soter*)이시며 주님(*kyrios*)이시다. '그리스도 주'라는 명칭은 신약에서 여기서만 사용된다. 혹자(예. Hays, 2009:113)는 여기서 반(anti)로마적 메시지를 찾는다.

목자들이 구유에 누이신 예수님을 볼 것인데, 아기 예수님이 표적이다(12절). 허다한 천군(참고. 계 5:11)이 복음을 전한 천사와 함께 하나님께 "지극히 높은 곳에서는 하나님께 영광이고, 땅에서는 하나님께서 기뻐하시는 사람들 중에 중에 평화(eirene)로다"라고 찬양한다(13-14절).[443] 천사들로 구성된 찬양대는 로마 황제를 찬양하던 'Augustiani'라는 합창단과 대조된다(참고. 존 월튼, 2010:1427). 예수님은 하늘과 땅을 연결하시는 중보자이시다. 하늘에서 선재하신 예수님은 성육하심으로써 교회가 하늘의 영광을 평화 가운데 땅에서 누리게 하신다. 예수님의 탄생이 하나님께는 영광이 되며, 하나님의 백성에게는 평화를 가져다준다. 팍스 로마나(*Pax Romana*)를 제창한 옥타비아누스 황제가 평화를 주는 것이 아니다. 천사가 하늘로 올라간 후, 목자들이 베들레헴에 가서 주님이 하신 말이 이루어진 것을 보려고 한다(15절). 베들레헴에 가서 아기 예수님을 본 후, 천사가 아기 예수님에게 말한 바를 요셉과 마리아에게 말한다(17절). 목자의 말을(여관에 있던 모든) 듣는 자들이 다 놀란다(18절). 마리아는 이 모든 말을 마음에 지키어(깊이 명심하다, treasured up) 생각했다(19절). 목자들은 하나님께 영광을 돌리며 찬송하며 돌아갔다(20절).[444]

"주의 영광이 하늘을 덮었나이다"(시 8:1). "너희 권능 있는 자들아, 영광과 능력을 여호와께 돌릴지어다"(시 29:1). 하늘에 영광을 나타내시는 광대하신 하나님은 스스로 낮추셔서 어린아이와 젖먹이를 통해서 역사하신다(시 8:2; 마 21:16). 출애굽을 이루신 구원의 하나님은 거룩하고 영광스럽고 찬송 받을 만한 위엄을 갖춘 유일한 분이시다(출 15:11). 태양을 위하여 하늘에 장막을 펼치시는 하나님의 사역을(시 19:4), 바울은 예수 그리스도의 말씀이 온 땅에 퍼지는 것으로 이해했다(롬 10:18). 출애굽과 온 세상에 복음을 전파하시는 크고 광대하신 하나님은 영광을 받으시기 합당하시다. 새 예루살렘 성(교회) 안으로 만국의 영광과 존귀가 들어와야 한다(계 21:26; 참고. 사 60:3, 5, 19-20). 성부와 마찬가지로 영광을 받으시기 합당하신 어린양이시다(계 5:12). 성령님이 주신 직분은 정죄의 직분이 아니라 의와 영광의 직분인데(고후 3:8-9), 새 언약의 일꾼인 성도가 사람 살리는 이 직분을 감당하는 것이 영광스러운 일이다(고후 3:6). 우리는 예수님과 같은 형상으로 변화되어(즉 성화) 영광에서 영광에 이를 것이다(고후 3:18; 엡 5:27). 새 예루살렘 성인 성도 안에 하나님의 영광이 있다(계 21:11). "너희가 그리스도의 이름으로 모욕을 당하면, 너희는 복 있는 자들이니, 이는 영광의 영, 곧 하나님의 영이 너희 위에 머물러 계시기 때문이다"(벧전 4:14).

443) 14절에서 다수 사본과 그것을 따르는 KJV는 "지극히 높은 곳에서는 하나님께 영광, 그리고 땅 위에는 평화, 사람들에게는 기뻐함"으로 쓴다.

444) 당나귀몰이꾼, 낙타몰이꾼, 뱃사공, 마부, 목동, 소매상인, 의사, 푸줏간 주인, 개똥 수거자, 대장장이,

2.2. 누가복음 2장 21-40절의 메시지

예수님이 생후 8일째 되던 날 할례를 받으시고(참고. 창 17:9-14; 레 12:3) '예수'로 명명된다(21절). 아버지 혹은 지역의 제사장이 할례의 의식을 수행했을 가능성이 있다(참고. 오스본, 2003:103). 모세의 법대로 아들 출산 후 약 40일째 되던 날인 결례의 날이 차매, 요셉 가족은 예루살렘으로 올라간다(22절; 참고. 레 12:2-6). 율법을 잘 지키는 경건한 유대인으로 묘사되는 요셉과 마리아는 베들레헴으로부터 예루살렘으로 여행했던 것이다(참고. Bock, 1994b:235). 자신들의 초태생 아기를 하나님께 드리기 위해서이다(23절; 참고. 출 13:2). 장자는 출생 후 한 달이 되면 하나님에게 바쳐짐으로써, 하나님의 소유가 된다(참고. 민 18:15). 주님의 율법에 말씀하신 대로 비둘기 한 쌍을 제물로 드린다(24절). 이 장소는 여인의 뜰이었을 것이다.

예루살렘에 시므온이라는 의롭고 경건하며 '이스라엘의 위로'를 기다리던 사람이 성령으로부터 예수 그리스도를 보기 전에는 죽지 않는다는 지시를 받았다(25-26절). '이스라엘의 위로'는 이사야 40장 1절, 49장 13절, 51장 3절, 57장 18절, 66장 10-11절에서 유래한 것으로서 메시아에 의한 이스라엘의 회복을 가리킨다.

시므온(Simeon)이 성령의 감동으로 성전에서 아기 예수님을 안고 찬양한다(27-28절; 'The Nunc Dimittis'). 주재이신 하나님이 종 시므온을 이제 평안한 가운데 죽도록 하신다(29절). 제사장 시므온의 역할은 이제 끝나고 새 언약의 예배 질서가 도래한다. 따라서 시므온의 직무가 죽음으로 끝날 것은 계시의 전환을 강조한다. 시므온이 예수님 안에서 주님의 구원을 본다(30절). "아직 갓난아기인 그리스도의 모습이 시므온으로 하여금 그렇게 즐겁고 평안하게 죽음을 맞이할 정도로 강력한 영향을 끼쳤다면, 우리의 구원의 모든 면이 그리스도 안에서 완성되는 것을 보는 오늘날 우리는 얼마나 더 침착하고 평안한 태도를 취해야 하겠는가?"(칼빈, 1993:157) 예수님은 만민 앞에 예비된 구원자이시다(31절). 이 구절은 예수님의 나라의 세계적 전파에 대한 모든 예언을 포함한다. "예수님께서 자신의 깃발을 모든 민족 위에 들어 올리고 자기 자신을 땅 끝까지 보여주시는 오늘 우리는 그분에 대해서 더욱 더 큰 포부를 지녀야 한다"(칼빈, 1993:157). 예수님은 이방을 비추는 빛이시며, 주님의 백성 이스라엘의 영광이다(32절).[445] 구원의 빛 되신 예수 그리스도로 말미암은 구원은 우주적이다. 시므온의 찬송을 들은 요셉과 마리아가 그 내용을 기이히 여겼다(33절). 시므온이 마리아와 요셉을 축복한 후, 마리아에게 예수님이 이스라엘 중 많은 사람의 패하고 흥함을 위하여 비방을 받는 표적이 될 것이라고 말한다(34절). 어떤 이는 구원의 빛이신 예수님을 메시아로 영접하여 흥하게 될 것이지만, 다른 이는 배척하여 패하게 된다. 마리아는 예수님이 많은 사람들로부터 배척을 받고 고난을 당하게 될 것을 알게 된다. 예수님이 여러 사람의 마음을 드러내실 것이며, 칼이 마리아의 마음을 찌를 것이다(35절). 마리아가 장차 아들의 십자가 처형이라는 가장 쓰라린 고통을 듣고 슬픔에 빠질 경우 이 경고는

무두장이, 금세공, 행상인, 직조인, 이발사, 빨래꾼, 사혈 시술자, 목욕탕 관리인, 고리 대금업자, 세리, 비둘기 경주자 등은 천대받던 직업인이었다(참고. 예레미아스, 1988:383).

445) 존 칼빈은 'the Nunc Dimittis'를 부르며 죽었고, 칼빈이 목회할 때 이 노래를 성찬식 후에 불렀다.

그녀의 마음을 북돋아 줄 것이다.

아셀 지파 비누엘의 딸 여선지자 안나(Anna)는 주야로 금식하면서 성전에서 주님을 섬겼는데, 적어도 100세 이상이 되었다(36-37절). 마침 그때 안나는 아기 예수님을 만나서 하나님께 감사하고, 예루살렘의 구속됨을 바라는 모든 사람에게 아기 예수님에 대해서 말했다(38절).[446] '예루살렘의 구속'이라는 말은 이스라엘이 메시아께서 가져오는 구원을 대망하고 있음을 암시한다(참고. 사 52:9). 주목할 것은, 누가는 이 단락에서 주로 이사야의 여호와의 종이 감당할 회복과 관련하여 아기 예수님의 인격과 사역을 소개하고 있다는 점이다. 요셉과 마리아는 주님의 율법을 좇아 모든 일을 마친 후 나사렛으로 돌아왔다(39절). 누가는 반복해서 주님의 율법이 요구하는 모든 바를 아기 예수님이 이행함으로써, 예수님의 사역은 율법을 성취하신 것임을 강조한다. 아이 예수님이 자라나면서 강하여지고 지혜가 충족하며 하나님의 은혜 가운데 사셨다(40절). 예수님은 육체적, 영적, 지적인 성장을 이루셨다.

2.3. 누가복음 2장 41-52절의 메시지

예수님이 이스라엘에서 성년기로 접어든다고 여겨진 12살 때, 유월절에 참석하셨다(42절).[447] 성인 남자는 1년에 3번 예루살렘 성전에 올라가야 했다(참고. 출 23:14-17). 요셉과 마리아가 유월절을 마치고 나사렛으로 돌아가는 길에, 예수님이 동행한 친족과 아는 사람 중에 있는 줄 생각했지만 찾지 못했다(43-44절).[448] 부모는 예루살렘으로 다시 돌아온다(45절). 부모는 예루살렘을 떠나 나사렛으로 간 날로부터 사흘 후에 성전 뜰에서 선생들과 토론하는 예수님을 만난다(46절). 유월절이 되면 랍비들이 진리를 가르치고 토론하기 위해 자발적으로 모여들었다(참고. 오스본, 2003:115). 예수님의 지혜와 대답을 들은 사람들이 놀란다(47절). 마리아가 예수님에게 걱정하면서 찾았다고 말하니, 예수님은 "어찌하여 나를 찾으셨나이까? 내가 내 아버지의 집에 있어야 될 줄을 모르셨습니까?"라고 물으신다(48-49절).[449] 예수님은 하나님을 '내 아버지'라고 부르심으로써 스스로 메시아 의식을 가지고 계심을 밝히신다. 부모는 예수님의 이 말씀을 깨닫지 못했다(50절).

사실 요셉과 마리아는 예수님이 하나님의 아들이시요, 구세주이심을 알고 있었지 않은가? 그런데 그들은 아직도 예수님이 어떤 분이신지, 어떤 사명을 감당해야 할지, 그리고 그 방법에 대해서 구체적으로 잘 모르고 있었다. 지혜로운 예수님과 무지한 부모 사이의 대조가 날카롭다.

446) 38절에서 후대의 몇몇 성구집에서는 '이스라엘의 구속됨'이라고 쓴다.

447) 고대 전기 작가들은 가능한 한 전기 주인공의 어린 시절에 대한 중요한 일화들, 때로는 어린이의 비범함에 대해 쓰곤 했다(예. 키로스와 요세푸스; 참고. 존 월튼, 2010:1428). 하지만 누가에게는 예수님의 어린 시절의 비범함에 대한 전기를 쓸 의향이 없다.

448) 41절과 43절의 '그의 부모'(*hoi goneis autou*)를 A, C, X사본 등은 '요셉과 그 어머니(혹은 '마리아')'로 바꾸었다. 동정녀 탄생 교리를 수호하기 위해서였다(참고. 매츠거, 2005:108).

449) 49절의 '내 아버지의 집에'(*en tois tou patros mou*)를 특이하게도 NKJV은 'about my Father's business'라고 번역한다. 정관사 *tois*가 남성과 중성 모두 가능하며, 한글 번역과 달리 헬라어에 '집'이라는 명사가 나타나지 않기 때문이다. 물론 '내 아버지의 사업'(일)은 '아버지의 집'(성전)과 연관 있다.

예수님이 나사렛에서 부모님을 순종하여 받드셨다(51절). 마리아는 예수님의 말씀을 마음에 간직했다(51절). 예수님은 지혜와 키가 자라시며, 하나님과 사람에게 더 사랑스러워 가셨다(52절). 예수님은 지적, 신체적, 영적, 인격적인 성장을 이루셨다.

여기서 주목할 점은 누가는 '예루살렘'을 아주 중요한 장소로 인식한다는 사실이다. 예수님이 예루살렘 성전에 해마다 올라가셨다(참고. 눅 2:41). 예수님의 시험이 예루살렘 성전에서 끝마쳐졌다(참고. 눅 4:10-11). 예수님은 예루살렘 성전에서 가르치셨다(참고. 눅 19:47, 20:1; 21:37-38, 22:53). 승천 이후에 제자들이 예루살렘 성전에 모여서 찬양하며 지냈다(참고. 눅 24:53; 보라. 유상섭, 2002:47).

3. 오늘에의 적용

우리에게 예수님이 '구주 그리스도 주'이심은 어떤 의미를 주는가?
우리는 정체성을 분명히 하며 살아가는가?
우리의 찬양 내용은 무엇인가?

누가복음 3장

1. 본문 및 구조

- 메시아의 선구자인 요한의 사역(1-17)
- 요한의 투옥과 예수님의 세례 받으심(18-22)
- 예수님의 족보(23-38)

2. 구원 계시사적 메시지

2.1. 누가복음 3장 1-17절의 메시지

누가복음의 수신자는 대부분 이방인 출신 그리스도인으로 보인다. 누가는 세례 요한의 사역을 구체적인 세상 역사 속에서 밝힌다. 그 시점은 양아버지 옥타비아누스 황제로부터 권력을 받은 티베리우스 황제(A.D. 14-37년)가 다스린 지 15년째 되던 해, 즉 A.D. 28년경이며, 본디오 빌라도(A.D. 26-36년)가 유대 총독으로 다스렸던 때이다. 헤롯 대왕의 아들 유대 왕 헤롯 아켈라오는 자신의 폭정 때문에 백성의 탄원으로 쫓겨났다. 그때는 또한 헤롯 안디바(B.C. 4년-A.D. 39년)가 갈릴리 분봉왕으로, 그 동생 헤롯 빌립(B.C. 4년-A.D. 34년)이 이두래와 드라고닛의 분봉왕으로, 루사니아(Lysanius, 이것은 흔하지 않은 이름이 아님)가 (북쪽 지역인)아빌레네(Abilene)의 분봉왕으로, 안나스(A.D. 6-15년)와 가야바(A.D. 18-36년)가 대제사장(archiereos, 단수로 표현됨)으로 있었을 때였다(1절; 참고. 요 18:13). 안나스의 아들 중 다섯이 대제사장이 되었다(참고. 오스본, 2003:121). 현대의 전직 대통령이 '대통령'이라는 호칭을 은퇴 후에도 가지고 있듯이, 안나스는 '대제사장'이라는 호칭을 죽을 때까지 가지고 있었다(참고. Bock, 1994b:284). 빈 들에 있던 요한에게 하나님의 말씀이 임한다(2절). 요단강 부근 각처에서 죄 사함을 얻게 하는 회개의 세례를 전파한다(3절), 세례, 회개, 죄 사함은 연결된다. 이것은 이사야 선지자의 예언이 성취된 것이다.450)

요한의 사명은 주의 길을 예비하는 것이며, 그분의 첩경을 평탄케 하는 것이다(4절). 모든 골짜기가 메워지고, 모든 산과 작은 산이 낮아지고, 굽은 것이 곧아지고, 험한 길이 평탄케 된다(5절). 이것은 이사야 40장 3-5절의 성취이다. 길을 내기 위해서 강력한 건설 작업과 평탄 작업이 동반된다. 굽고 비틀린 모든 죄악 세상은 대격변을 통과해서 바르게 되어야 메시아의 통치를 받을 수 있다. 모든 육체가 하나님의 구원을 볼 것이다(6절). 세례 요한은 "독사의 자식들아(마귀의 자식들아), 누가 너희를 가르쳐 장차 임할 심판을 면하라고 하더냐?"라고 세례 받으러 나오는 자에게 말한다(7절). "회개에 합당한 열매를 맺고, 혈통적인 아브라함의 자손으로 긍지를 삼지 말라. 하나님은 돌로 아브라함의 자손이 되도록 하실 수 있다"(8절). 도끼가 나무에 찍혔듯이 심판이 이르렀다(참고. 시 74:5-6). 좋은 열매가 없는 나무는 불에 던지운다(9절).

그러자 무리가 "무엇을 하리이까?"라고 묻는다(10절). 옷 두 벌 있는 자는 옷 없는 자에게 나눠 주고, 먹을 것 있는 자는 없는 자에게 나눠 주고(11절), 세리는 정한 세만 늑징해야 한다(12-13절). 군인은 사람에게 강포하지 말고, 무소하지도 말고(즉 남이 하지 않은 일을 가지고 고발하지도 말고), 받는 급여로 만족해야 한다(14절). 이스라엘에 부정부패가 널리 퍼진 상태임을 알 수 있다. 백성이 요한을 바라던 메시아가 아닌가 하고 의논한다(15절). 400년 만에 출현한 선지자를 보면서 '메시아가 아닌가?'라고 생각하는 것은 자연스럽다. 세례 요한보다 능력이 많으신 메시아는 물이 아니라 성령 곧 불로 세례를 베푸신다. 요한은 예수님의 신들메를 풀기도 합당치(감당치) 못한다(16절). 메시아는 키를 들고 쭉정이는 꺼지지 않는 불에 던지고 알곡은 곳간에 모은다(17절).

2.2. 누가복음 3장 19-22절의 메시지

요한은 여러 가지로 권하여 백성에게 복음을 전했다(18절). 갈릴리의 분봉왕 헤롯 안디바는 이복동생의 아내 헤로디아(실제로는 질녀)를 취한 것과 다른 악한 일들로 인해 요한에게 책망을 들었다(19절). 헤롯은 간음과 근친상간을 범했던 것이다. 그리고 요한을 투옥시키는 악을 더 행했다(20절). 요한이 투옥되기 전에 예수님도 세례를 받으셨는데, 바로 그때 하늘이 열렸다(21

---

450) 3절과 관련하여 칼빈(1993:184)의 설명을 들어보자. "이것은 성례의 올바른 사용법에 대한 일반적인 지시로서 세례의 제정 이유와 그 내용을 표현하고 있다. 그러므로 성례는 아무런 가르침도 없이 일종의 행렬만 일삼는 벙어리 의식이 아니라, 실제적인 외형적 의식에 생명을 불어넣는 하나님의 말씀이 그 안에 포함되어 있는 것이다."

절). 하늘이 열리는 것은 천상의 왕국이 지상에 강림하는 것을 상징한다(참고. 사 63:19-64:2). 성령이 비둘기같이 예수님 위에 강림하며, 하늘에서 "너는 내 사랑하는 아들이라. 내가 너를 기뻐하노라"라는 음성이 들렸다(22절; 참고. 시 2:7; 사 42:1-17).[451] 참고로, D사본은 "너는 내 사랑하는 아들이다. 오늘 내가 너를 낳았다"라고 쓴다(참고. 시 2:7).

성령님이 예수님 위에 강림하시기에, 사실상 이때부터 메시아 시대와 성령의 시대가 동시에 개시된 것이나 마찬가지이다. 예수님은 사역을 위해서 성령의 충만을 필요로 하시는 분이 아니시다. 예수님은 출생 때부터 성령의 역사를 경험했다. 하지만 예수님의 구속 사역은 성령과 더불어 감당하는 협력 사역이다. 세례를 받으시기 전에도 예수님은 하나님의 사랑하시는 아들이었다(참고. 시 2:7). 그러나 세례 시에 예수님의 정체성이 분명히 다시 계시되었다. 메시아의 대관식을 연상케 하는 시편 2편의 맥락에서 보면, 예수님은 하나님 나라의 왕으로서 하나님의 아들 직분을 감당하신다. 죄가 없으신 예수님은 마치 죄인과 동등하게 되시는 차원에서 세례를 받으셨다. 예수님이 '하나님의 기뻐하시는 자'라는 언급은 이사야 42장 1-17절과 관련되는데, 속죄의 사역을 위해서 고난당하실 메시아이심을 강조한다. 구약의 여호와께서 이제 공적으로 인간의 역사 속에서 예수님을 통해서 역사하기 시작하신다. 그리고 예수님은 세례를 받으심으로써 자신의 선구자인 세례 요한의 사역을 지지하시는 동시에 공적 사역을 알리신다.

2.3. 누가복음 3장 23-38절의 메시지

예수님의 사역이 시작된 시점은 세례 요한의 사역이 시작된 직후이기에 A.D. 28년경이다. 이때 예수님은 약 30세(구체적으로는 34세) 정도 되었다(23절). 나이 30은 제사장으로 사역을 시작할 수 있는 나이이며(참고. 민 4:3), 요셉이 애굽의 바로를 섬기기 시작한 나이이며(참고. 창 41:46), 다윗이 통치를 시작한 시점이었다(참고. 삼하 5:4). 성경에서 30세는 하나님의 일꾼이 중요한 사역을 시작할 시기이다(참고. 오스본, 2003:144). 누가는 예수님을 출발점으로 하여 아담과 하나님에게로 거슬러 올라간다(23절). '－의 아들'(the son of－)은 반드시 부자 관계만을

---

451) 예수님 위에 임하신 이 비둘기는 이미 창세기 8장의 노아 홍수 때 등장했다. 그렇다면 예수님이 세례를 받으실 때 비둘기처럼 임하신 성령님과 노아 홍수 시에 방주에서 내보낸 비둘기 사이에 무슨 관련이 있는가? 베드로전서 3장 20-21절에 의하면, 노아의 홍수는 예수님이 우리를 구원하시는 '세례'를 미리 보여주는 것이라고 말씀한다. 3층짜리 거대한 방주가 물에 의해서 세례를 받았듯이, 예수님도 물로 세례를 받으셨다. 예수님은 구원의 방주이시다. 결국 노아의 방주가 아라랏 산에 머물렀듯이(창 8:4-5), 예수님도 요단강에서 나와서 땅 위에 서신다. 노아가 비둘기를 방주에서 내보냈을 때 다시 돌아왔듯이, 예수님에게서 나오신 성령님은 다시 예수님에게 돌아오신다. 모세의 율법에 의하면 비둘기는 정결한 새인데, 노아가 보낸 비둘기는 자기의 정결한 발을 내디딜 곳을 찾지 못하고 돌아왔듯이(창 8:9), 거룩한 성령님께서 정결하고 죄 없으신 예수님 위에 임하신다. 노아가 방주의 창문을 열고 내보낸 비둘기가 새로 돋아난 올리브 잎을 물고 왔듯이, 성령께서 세상의 빛인 교회를 통하여 어두운 세상을 비추시는 사역은 올리브기름으로 상징된다(참고. 슥 4장). 새 올리브 나뭇잎은 하나님의 백성이 새롭게 회복될 것을 상징한다. 그리고 올리브기름은 제사장과 성막을 정결하게 할 때 사용되었다. 이 모든 사실은 성령이 비둘기 모양으로 예수님 위에 임하심으로써, 성령님의 기름 부음을 받으신 예수님이 정결한 제사장처럼 죄악 세상을 회복하는 재창조의 사역을 시작할 것임을 보여준다.

의미하지 않고, '- 의 후손'이라는 뜻도 가진다. 예수님은 나사렛 목수 요셉의 아들로만 인식될 것이 아니라, 아브라함(34절)과 다윗의 언약을 성취하신 유다의 후손이시다(31, 33절). 예수님은 족장과 왕들 그리고 구약의 모든 위대한 인물의 원형(antitype)이시다. 예수님 안에서 이들이 진정한 의미를 가지며, 서로 연결된다. 예수님은 아담- 셋- 에노스로 이어지는 하나님의 언약 자손이시며, 궁극적으로 예수님의 정체성은 하나님의 아들이시다(38절). 아담에서 예수님까지 총 77세대가 된다.[452)]

천하 만인의 근원이시며, 창조주이신 하나님으로까지 소급시킴으로써, 누가는 예수님이 하나님이시며, 온 세상의 인류를 위해 이 땅에 오신 분이심을 강조한다. 이것은 예수님의 온 교회적 인격과 관련 있다. 즉 예수님 안에는 구약과 신약의 모든 성도가 들어와 있다. 이것은 누가가 그리는 우주적인 구원과 맥을 같이한다(참고. Bock, 1994b:348). 그리고 예수님의 사역이 시작되는 누가복음 4장 앞에 우주적인 족보가 등장하여 주님의 사역이 우주적임을 암시한다. '모든 일을 자세히 미루어 살폈던' 누가는 마태복음의 족보보다 더 자세히 자료를 모아서 기록하고 있다(참고. 눅 1:3). 그러나 누가에게 있어서 마태처럼 철저히 '왕의 족보'를 기록할 의향은 없다. 사실 족보에 등장하는 많은 사람들은 구약에서 잘 알려지지 않은 인물이다. 마태복음 1장 16절에 의하면 예수님의 아버지 요셉의 아버지는 야곱이다. 그러나 누가복음 3장 23절에서는 '헬리'(Heli)로 나온다. 아마도 '형사 취수혼'으로 이해한다면, 헬리와 야곱은 같은 모친을 두었지만, 아버지는 달랐을 것이다. 헬리는 요셉의 법률상의 아버지가 아니라면 실제 육체적 아버지였을 것이다. 23절에서 '사람들의 아는 대로'(so it was thought)라는 표현은 요셉이 예수님의 친아버지가 아니라, 하나님이 친아버지이심을 암시한다. 31절에서 솔로몬 대신 밧세바와 간음한 다윗을 책망한 선지자 나단을 등장시킴으로써 예수님이 대선지자이심을 강조한다.[453)]

이 족보에 의하면 예수님과 아담까지 등장하는 사람은 77명이다. 온 인류와 관련하여 예수님이 제2의 아담으로 대조되고 있다(참고. 롬 5:12-21; 고전 15:20-28, 45-49; 보라. 하워드 마샬, 1983:205). 31절에 의하면, 솔로몬 왕에서부터 여호야김 왕까지 전부 빠져 있다. 이것은 다윗의 왕좌에 후손이 앉지 못할 것을 예언한 예레미야 36장 30절이 반영된 것이다. 예수님만 다윗의 위에 앉아서 영원토록 다스리기에 합당하신 분이다.

---

452) 36절의 '아박삿'의 아들 '가이난'은 실제 인물인가? MT의 창세기 11장 12절은 "아박삿(아르박삿)은 35세에 셀라를 낳았고, 셀라를 낳은 후에 403년을 지내며 자녀를 낳았으며"라고 기록할 뿐 '가이난'을 언급하지 않는다. 그러나 누가복음 3장 35-36절에 의하면, 아박삿은 셀라의 아버지가 아니라 할아버지다. 그리고 누가의 기록이 옳다면, 어떻게 아박삿이 35세에 셀라의 할아버지가 될 수 있는가? 창세기 11장 12-13절 LXX는 MT와 달리, "아르박삿이 135세에 가이난을 낳았고, 아르박삿이 가이난을 낳은 후에 430년을 지내며 자녀를 낳고 죽었더라. 가이난은 130세에 살라를 낳았고, 살라를 낳은 후에 330년을 지내며 자녀를 낳고 죽었더라"라고 쓴다. LXX를 따른다면 누가복음의 족보는 문제가 없다. LXX의 창세기 11장의 족보에 상당수의 이름이 빠진 것인가? 결론적으로, 누가는 LXX를 참고하여 기록한 것 같다(참고. 김경래, 1997:190-191).

453) 다윗의 아들 중 하나인 '나단'이라고 보는 견해도 있다(참고. 삼하 5:14; 대상 3:5). 그러나 그는 장자가 아니며, 그리 잘 알려진 인물이 아니다. 누가는 이 족보에서 선지자와 제사장 그리고 왕직을 결정적으로 성취하신 예수님의 사역을 강조하려는 의도가 있었을 것이다.

3. 오늘에의 적용

메시아의 통치를 받기 위해서 평탄하게 바뀌어야 할 삶은 무엇인가?

설교자로서 사람을 의식하지 않고 죄를 책망할 수 있는가?

세례의 영광스러움은 삼위 하나님의 이름이 교회에게 부여되는 임재의 사건이기 때문이다.

누가복음 4장

1. 본문 및 구조

- 예수님의 광야 시험(1-13)
- 예수님의 갈릴리 사역의 시작과 배척 받으심(14-30)
- 가버나움에서의 사역(31-44)

2. 구원 계시사적 메시지

2.1. 누가복음 4장 1-13절의 메시지

성령의 충만을 입으신 예수님이 세례를 받으신 후 성령에게 이끌리어 광야에서 마귀(*diabolos*; 마가는 '사탄'으로 종종 부름)에게 시험을 받으신다(1절). 시험 기사에서 오직 누가만 성령의 '충만함'을 언급한다. 주님은 40일 동안 아무것도 잡수시지 않아서, 40일이 차매 심히 주리신다(2절). 이 말씀은 40일째 되었을 때 배고픔이 절정에 달했다는 뜻으로 보아야지, 1-39일 동안 배고픔에서 자유하셨다는 의미는 아니다(*contra* 마샬, 1989:217; 박윤선, 1990:120). 예수님이 성령의 충만함을 입으셨지만 동시에 사람이시기에 시험을 받으신다. '시험을 받다'는 동사는 현재형(*peirajomenos*)으로 나타나서, 40일 동안 계속해서 시험을 받으신 것을 강조한다. 하나님의 영으로 인도를 받는 성도의 삶은 유혹이나 핍박이 없는 안전지대가 아니다. 하나님은 자녀를 온실 속에서 훈련시키지 않는다.

첫 번째 시험은 마귀가 예수님이 만일 하나님의 아들이거든 돌들에게 명하여 떡덩이가 되게 하라는 것이다(3절). 예수님이 하나님의 아들이심을 알고 있는 마귀는 굶주리신 예수님에게 떡을 만들어 먹으라고 유혹한다. 이 유혹은 예수님이 자신의 능력을 최고의 사명인 인류 구속이 아니라 자신의 유익을 위해서 사용해 보라는 것이다(참고. Morris, 1989:113). 예수님은 사람이 떡으로만 살 것이 아니라고 대답하신다(4절; 참고. 신 8:3).[454] 여기서 '떡'은 아담과 하와가 먹었던 선악과를 연상시킨다.

마귀의 두 번째 시험이 다가온다. 마귀가 예수님과 순식간에 높은 곳으로 올라가서 천하만국을 보이며, 절하면 주님에게 줄 것이라고 말한다(5-7절). 마귀는 천하만국의 권세와 영광을 받아서 가지고 있다고 거짓말한다(6절; 참고. 요 12:31; 14:30). 만국을 다스리는 권세는 첫째 아담이 가진 권세를 연상시킨다. 마귀는 예수님이 자신에게 절하면 천하만국을 주님에게 주겠다고 시험한다(7절). 마치 마귀 자신이 하나님의 중보자(God's broker)인 것처럼 행세한다(참고. Malina & Rohrbaugh, 2003:241). 마귀는 예수님이 십자가와 부활 없이, 기다릴 필요도 없이 곧바로 로마 제국보다 더 큰 세상의 왕이 되도록 유혹한다. 예수님은 주 너의 하나님께 경배하고 다만 그를 섬기라고 대답하신다(8절; 참고. 신 6:13).

마귀의 마지막 시험이 다가온다. 마귀는 예수님이 만일 하나님의 아들이라면(9절; 참고. 3절) 예루살렘 성전 꼭대기에서 뛰어내리면 발이 돌에 부딪히지 않도록 하나님이 사자들을 보내어 지키리라고 시험한다(9-11절). 마귀의 이 거짓 약속은 아담이 선악과를 먹어도 정녕 죽지 않으리라고 뱀이 말한 것을 연상시킨다. 마귀는 시편 91편 11-12절을 인용하면서 시험한다. 시편 91편은 하나님의 종이 하나님의 일을 하다가 위험을 당하면 건져주시겠다는 내용이지, 인위적으로 하나님의 능력을 시험하거나 무모한 일을 할 때 구원해 주겠다는 약속이 아니다. 그래서 예수님은 주 너의 하나님을 시험치 말라고 대답하신다(12절).[455]

마귀가 모든 시험을 다한 후 얼마 동안 떠나 있다(13절). 예수님의 사역 중에 사탄의 역사는 계속된다(참고. 눅 8:12, 10:18, 11:18, 13:16). 나중에 사탄은 결정적으로 가룟 유다에게 예수님을 팔도록 역사한다(참고. 눅 22:3). 이 단락에서 누가는 결코 사탄의 최후에 대해서 언급하지 않는다. 예수님이 통과하신 시험을 통해서 알 수 있는 것은, 주님은 에덴동산에서 시험을 받아 범죄한 첫째 아담의 실패를 돌이키신다는 사실이다. 둘째 아담의 승리는 교회에게 의와 구원을 준다. 누가복음 3장의 예수님의 족보가 아담까지 거슬러 올라간 것과 관련시켜 볼 때, 마귀의 시험은 온 인류를 타겟으로 삼고 있다. 더 나아가, 광야에서 40년 동안 원망하고 범죄한 이스라엘의 실패도 돌이키신다. 3절과 9절에서 마귀는 예수님에게 "네가 만일 하나님의 아들이거든"(*ei hyos ei tou theou*)이라고 말했기에, 마지막 아담이요 승리한 새 이스라엘이신 예수님은 이 시험을 통과하심으로써 또한 '하나님의 아들'이심을 증명하셨다.

2.2. 누가복음 4장 14-30절의 메시지

시험을 통과하신 예수님은 성령의 권능으로 갈릴리로 돌아 가셨고, 사방에 소문이 퍼졌다(14절). 누가복음 9장 50절까지 갈릴리 사역이 계속된다. 성령과 권능을 연결시키는 것은 누가복음

---

454) 4절에서 A와 다수 사본은 "그러나 하나님의 모든 말씀으로 살 것이다"를 첨가한다(참고. 신 8:3; 마 4:4).

455) 5-12절의 누가의 시험 기사의 순서를 마태복음(마 4:5-11)의 시험 순서와 일치시키려고 이탈라 역본과 벌게이트 역본 하나는 5-8절을 9-12절 뒤에 배치한다.

과 사도행전에 종종 등장한다(참고. 눅 24:49; 행 1:8, 10:38). 예수님에 관한 소문이 퍼진 관계로 주님은 여러 회당에 초빙되어서 설교를 하게 되신 것이다. 예수님은 정기적으로 회당에서 설교하셨다(*edidasken*, 미완료형; 15절). 뭇사람들로부터 칭송을 받으셨다(15절; 참고. 행 26:26). 참고로, 회당 예배는 쉐마를 암송하고(참고. 신 6:4-9), 복의 선언, 시편, 제사장의 복의 선언(참고. 민 6:24-26), 기도(Tephillah와 Shemoneh Esreh 등), 토라 읽기, 선지서 읽기, 그리고 설교의 순서로 진행되었다(참고. Bock, 1994b:403). 예수님의 나사렛 사역은 호의적이고 성공적이었던 갈릴리 사역과 대조된다. 나사렛 회당에서 안식일 강론을 하시는데, 본문은 이사야 61장 1-2절이다(16절; 참고. 사 58:6). 17절에서 두루마리를 '펼쳤다'(*anaptyksas*)라는 동사를 쓴다(참고. A, B사본 등은 '열었다' [*anoiksas*]). 이사야가 예언한 대로 성령의 능력으로 '전인 회복'의 역사를 이루실 것이라는 메시아 예언이 지금 예수님 안에서 성취된다(참고. 21절). 예수님은 은혜로만 회복될 수 있던 희년을 가지고 오신 분이시며(참고. 레 25), 자유를 주시는 분이시다(18-19절).[456] 예수님은 성령의 담지자이신 종(Spirit-anointed Servant)인 동시에 새 이스라엘의 해방자(the Agent of liberation)이시다(참고. Hays, 2009:107). 예수님은 이런 영적이며 실제적인 해방의 사역을 누가복음 5장 이후로 계속하신다. 18절의 '가난한 자들, 포로들, 억눌린 자들'은 영적인 의미와 더불어 실제적으로 경제적·사회적 의미를 가진다(참고. 이민규, 2010:71).[457]

예수님이 책을 덮어 시중드는 자에게 돌려주고 앉으시니, 회당에 있는 모든 이들의 시선이 주님께 집중되었다(20절). 그러자 예수님께서 그들에게 말씀하시기를 시작하여 "오늘 이 성경이 너희가 듣는 가운데 성취되었다"라고 하셨다(21절). 청중은 예수님의 은혜로운 말씀을 기이히 여기면서 예수님이 "목수 요셉의 아들이 아니냐?"라고 서로 말한다(22절). 그런데 19절에서 예수님은 은혜의 해(year of favor)인 '희년'을 언급하셨지만, 이사야 61장 2절의 '신원의 날'은 언급하지 않으셨다. '신원' 즉 '복수의 날'을 생략하신 것은 예수님은 구원의 사역을 위해서 이 땅에 오셨음을 강조하는 동시에, 이사야처럼 이방인만 복수의 대상이 아니라 하나님을 거역하

456) 18절에서 다수 사본은 '주께서 내게 기름을 부으셔서' 다음에 '마음이 상한 자들을 치유하도록'을 추가한다(참고. 사 61:1). 그런데 다수 사본 외의 사본들처럼 누가가 이사야 61장 1절에 나타난 '마음이 상한 자를 치유하는 것'을 생략한 이유는 무엇인가? T. Holtz, M. Rese, G. Haya-Prats 그리고 R. Menzies는 성령님은 '예언의 영'이시기에, 독자들이 치유의 능력으로 잘못 이해하는 것을 막고자 누가가 생략했다고 본다. 하지만 M. Turner는 성령님이 예언과 설교의 영으로 나타나는 것은 오히려 드물기에 기적을 베푸시는 영으로 볼 수 있다고 반박한다. 다른 한편, U. Busse와 M.D. Goulder는 예수님의 실질적인 치유 사역을 강조하기 위해서 은유적 치유로 이해할 수 있는 '마음'이 상한 자의 치유를 생략했다고 주장한다. 하지만 사도행전 28장 27절은 은유로 사용되어 영적 회복을 의미한다(참고. 이민규, 2010:68-69). 19절에서 누가는 이사야 61장 2절의 첫 단어인 *kalesai*(부르다)를 *keryksai*(선포하다)로 바꾼다. 왜냐하면 후자가 초대 교회가 복음을 선포하는 것을 나타내는 용어이기 때문이다. 그리고 누가는 이사야 61장 2절의 '복수의 날'을 생략하여 메시아 예수님의 사역이 마치 이방인들에 대한 복수와 심판으로 이해되지 않기를 바랐다(참고. 이민규, 2010:72). 칼빈(1993:221)은 누가복음 4장 18절의 '내게 기름을 부으시고'를 '주의 성령이 내게 임하셨으니'를 보충하는 것으로 본다.

457) 칼빈(1993:222)은 이들을 '복음이 들어오기 전의 교회의 상태와 그리스도를 떠나 있는 우리 모두의 상태'로(주로 영적으로) 이해한다. 참고로 누가복음 4장 16절 주석에서 칼빈(1993:220)은 신약의 주일이 구약의 안식일을 계승한 것으로 본다.

는 모든 사람들이 복수의 대상이 될 것임을 강조하는 것이다. 예수님은 나사렛 사람들의 마음을 아시고 "'의사여, 네 병이나 고쳐라'는 속담을 내게 적용하여, '가버나움에서 행한 것과 같은 기적을 고향인 여기에서도 해보시오!'"라고 말씀하신다(23절). 이처럼 나사렛 사람들은 표적을 구한다. 그러나 선지자 중 고향에서 환영을 받는 자가 없다(24절). 예수님은 엘리야 시대에 이방 여인 시돈 땅의 사렙다 과부만 3년 6개월 동안 지속된 가뭄으로부터 구원을 받았고(25-26절; 참고. 왕상 17:8-16), 엘리사 때는 많은 나병 환자 중에서 시리아 사람 나아만 장군만 요단강에서 7번 목욕한 후 치료를 받았다(27절; 참고. 왕하 5:1-14)고 말씀하신다. 대신 바알을 섬기는 등 죄악 속에 있었던 이스라엘은 심판을 받았다. 이 말씀은 유대인이 아니라 이방인이 구원의 혜택을 입은 구약을 인용하심으로써, 예수님을 배척한 유대인을 책망하시는 것이다. 이방인이 아니라 오히려 유대인들이 복수의 대상이 될 것이다. 그래서 나사렛 회당에 모인 자들이 다 분이 가득했다(28절). 나사렛 사람들이 동네 밖으로 예수님을 쫓아내었고, 낭떠러지 밑으로 밀어서 죽이려고 했지만, 예수님은 그들 가운데로 지나가셨다(28-30절). 나사렛 사람들은 정치적 메시아, 민족주의적인 메시아를 기대했는데, 예수님은 그것을 거부하셨던 것이다.

2.3. 누가복음 4장 31-44절의 메시지

예수님은 가버나움에서 안식일에 가르치신다(31절; 참고. 마 8:14-17; 막 1:21-39). 예수님의 갈릴리 사역에 대한 첫 번째 기록은 누가복음 4장 14-30절이다. 청중은 주님의 권세 있는 말씀에 계속해서 놀란다(*ekseplessonto*, 미완료 수동태 직설법, 32절). 예수님 당시 랍비들의 설교는 위대한 랍비의 말을 인용하는 방식이었지만, 예수님은 구약 말씀 자체를 가지고 그것이 자신의 인격과 사역에서 성취되었다고 말씀하시는 방식을 취한다. 회당에 귀신 들린 자가 소리를 지르며 예수님을 하나님의 거룩한 자로 알아본다(33-34절). 예수님이 악령에게 "잠잠하고 그 사람에게서 나오라"라고 꾸짖어(*epitimao*) 명하시니,[458] 악령이 그 사람을 넘어뜨리고는 나왔다(35절). '잠잠하다'는 *phimoo*인데 '재갈을 물리다'는 뜻이다. 악령이 그 사람을 땅에 넘어뜨린 것에서, 마귀의 목적은 영과 육, 두 차원에서 하나님의 형상을 파괴하려 한 것임을 알 수 있다. 이 광경을 목격한 자들이 악령을 쫓아내신 예수님의 권세와 능력의 말씀에 놀란다(36절). 이 소문이 근처 사방에 퍼진다(37절). 누가는 예수님과 마귀의 전투를 종종 언급함으로써, 사탄의 세력을 이기신 예수님의 권세를 강조한다. 가버나움에[459] 있었던 시몬의 집에 들어가시니, 장모가 중한 열병(*pyreto megalo*)에 걸려 있었는데, 예수님이 서서 꾸짖으시니(*epetimesen*) 병이 떠나고 시몬의 장모가 곧

---

458) '꾸짖다'라는 동사 배후에는 하나님이 적들을 물리치기 위해 내리시는 명령을 나타내는 히브리어 '가하르'(*ga'ar*) 혹은 아람어 '게하르'(*ge'ar*)가 있다. LXX에서 '가하르'는 예외 없이 *epitimao*로 번역되었다. 따라서 *epitimao*를 거룩한 용사이신 예수님이 악의 세력을 복종시키심으로써 이 땅 위에 하나님의 나라와 의가 구현되도록 하시는 종말론적인 전문 용어로 볼 수 있다(참고. 트럼프 롱맨 & 다니엘 레이드, 1996:125-126).

459) 베드로가 동생 안드레와 장모와 더불어 살던 집은 원래 벳새다에 있었다(참고. 요 1:44). 아마 나중에 가버나움으로 이사했던 것으로 보인다.

일어나 예수님을 수종 들었다(38-39절). 마태복음 8장 26절에서 바람과 바다를 '꾸짖으실 때' 동일한 용어가 사용된다. 그러므로 예수님은 베드로의 장모의 열병 속에 있던 악의 세력을 공격하신 것이다.460)

유대인에게 있어서 하루가 시작되는 시점인 해 질 적에 각색 병자들이 사람들에 의해 예수님께로 이끌려 나아오매, 일일이 그 위에 손을 얹고 고치셨다(40절). 악령이 쫓겨나면서 '예수님이 하나님의 아들'(즉 그리스도)이라고 소리 지르니, 예수님이 꾸짖으시고 말하지 말라고 금하신다(41절). 마귀도 예수님이 그리스도로서 악령을 쫓아내실 능력이 있음을 안다. 예수님은 마귀로부터 '하나님의 아들, 그리스도'라는 고백을 필요로 하지 않으셨고, 치유 받은 사람들의 입에서 그런 고백을 듣기 원하셨다. 그리고 예수님은 아직 메시아로서의 정체성을 공개적으로 밝힐 의사가 없으셨을 것이다. 백성들의 메시아 의식이 정치적인 것과 같은 방향으로 굳어져서 여전히 미흡했기 때문이다. 예수님은 기도하기 위해서(참고. 막 1:35) 그 다음날 이른 아침에 한적한 곳(*eis ereimon*, 광야)에 가셨는데, 무리가 계속해서 찾다가(*epejetoun*, 미완료) 주님을 만나서 다른 곳으로 떠나지 못하도록 '계속' 만류한다(*kateichon*, 미완료, 42절). 예수님은 다른 동네에서도 하나님 나라 복음을 전하는 일로 보냄을 받았다고 말씀하신다(43절). 예수님은 갈릴리 여러 회당에서 전도하셨다(44절). 그러나 헬라어 원문(파피루스 75, 시내 산, B, C, L, W, 바른 성경)에는 '갈릴리 여러 회당'(A, D, 다수 사본, 개역개정판) 대신에 '유대 회당들'(*eis tas synagogas teis Ioudaias*)로 표현되어, 예수님이 갈릴리뿐 아니라 팔레스타인 전체에 산재해 있던 회당에서 천국 복음을 전했다고 밝힌다. 갈릴리는 유대-팔레스타인의 북쪽 지역일 뿐이다.

3. 오늘에의 적용

우리는 마귀의 시험을 왜 받는가?
마귀가 성경을 이용하여 시험하는 대표적인 경우는 이단이다.
복음 전파를 위한 수단인 축귀와 신유에 상응하는 현대의 표적은 무엇인가?

---

460) 누가복음 4장 38절의 '열병' 외에도 의사 누가는 의학적 용어를 여러 차례 사용한다(예. 나병이 번진 한 남자, 눅 5:12; 여자의 출혈이 멈추었다, 눅 8:44; 혼이 떠나다, 행 5:5; 12:23; 일어나 앉다, 눅 7:15; 행 9:40). 이를 근거로 Ellis, Geldenhuys, Rigaux, Harrison, Mariani, Moffatt, Zahn, Harnack은 의사 누가의 특성이 잘 나타난다고 본다. 하지만 이를 반대하는 이들은 누가가 마가보다 더 풍부한 헬라어 소양을 가지고 있다는 증거일 뿐이며, 이런 용어들이 다른 책에서도 발견된다고 본다. 그리고 Leon-Dufour, Feine-Behm 등은 누가복음이 바울 신학과 유사하기에(예. 보편주의, 눅 4:27, 24:47; 믿음에 대한 강조, 8:12, 18:8; 죄인에 대한 하나님의 사랑, 15:1이하; 기쁨의 복음, 2:10, 10:20; 구원, 19:9 등) 바울의 제자가 기록했다고 본다. 그러나 이런 신학적 유사성은 성경의 통일성에서 볼 때 놀라운 일이 아니다(보라. 큄멜, 1996:151-152).

∽ 누가복음 5장 ∾

1. 본문 및 구조

• 기적적인 어획(1-11)
• 나병 환자의 치유(12-16)
• 중풍 병자의 치유(17-26)
• 레위를 부르심(26-32)
• 금식에 관한 질문(33-39)

2. 구원 계시사적 메시지

2.1. 누가복음 5장 1-11절의 메시지

이 단락의 내용 중 일부는 오직 누가복음에만 기록된 것이다. 게네사렛(뜻: 기품 있는 정원, princely garden) '호수' 가에 서신 채로 예수님은 주위의 무리에게 '하나님의 말씀'을 전하셨다(1절). 설교하시는 예수님은 곧 하나님이시다. 이곳은 가버나움 남쪽의 비옥한 땅에 인접해 있는 곳이다. 누가는 여기서도 시간적 배경을 정확하게 밝히지 않는다. 아직 12제자가 한 그룹으로 불러 모아지기 전임은 분명하다. 예수님이 보시니 호숫가에 배 두 척이 있고, 어부들은 그물을 씻고 있었다(2절). 어부들은 빈 배 옆에서 또 다시 고기를 잡아 보려고 그물을 손질하고 있다. 예수님은 시몬 베드로의 배에 올라타시고, 베드로에게 배를 밀어서 육지에서 조금 떨어지게 한 후에 앉아서 설교하신다(3절). 예수님은 베드로로 하여금 자신의 사역에 이미 동참시키고 계신다(참고. Hendriksen, 1988:281). 설교를 마치신 후 예수님은 베드로에게 깊은 데로 가서(deep water) 그물을 내려 고기를 잡으라고 명하신다(4절).

주님이 호숫가에서 설교를 하셨기에(참고. 1절), 이 명령이 주어진 때는 낮이었다. 고기를 잡기에 적합하지 않은 시간인 낮에, 그것도 낮 동안에는 부적절한 위치인 깊은 곳에 가서 그물을 던지라고 명하신다. 베드로의 경험상으로는 밤 동안 깊은 곳이 적절했다. 하지만 "밤이 맞도록 수고하여도 얻은 것이 없지만, 말씀을 의지하여 그물을 내리리이다"라고 베드로는 대답한다(5절). 자신의 어부로서의 오랜 경험을 신뢰하지 않고 주님의 말씀을 신뢰한다. 이것은 일종의 아이러니요 역설이다. 이런 신뢰는 어디에서 나왔는가?

누가복음 4장 38절 이하에서 베드로의 장모가 열병에서 치유 받은 기사가 나온다. 그때 베드로는 예수님의 신적인 위엄과 능력을(비록 완전하게는 아니라 할지라도) 깨달았을 것이다. 물고기가 너무 많아서 그물이 찢어지기 시작했다(*dierreisseto*, 동작 개시적인 미완료, 6절). 다른 배에 있던 동료에게 와서 도와 달라고 말하자, 그들이 와서 두 배에 가득 실으니 가라앉기 시작했다

(*bythizesthai*, 동작 개시적 현재 분사, 7절). 이렇게 엄청난 수확은 장차 베드로가 전도할 사람이 많음을 미리 보여주고 있다. 베드로가 '예수님의 무릎 아래' 엎드려(fell at Jesus' knees; 예수님이 앉아 계시기에: 고기 잡는 현장에도 예수님이 계셨다?!) '주여!'(= 하나님)라고 부르면서, 스스로 죄인임을 고백하면서 자기를 떠나시기를 요구한다(8절). 5절에서는 '선생'(*epistateis*)이라고 불렀지만 이제는 '주여'로 바뀐다.[461] 거룩하신 하나님 앞에 죄인은 떨며 경배해야 한다(참고. 창 18:27, 30, 32; 출 20:19; 신 5:25; 삿 13:20; 욥 42:5-6; 사 6:5, 64:2; 계 1:17).

베드로가 장모의 열병이 치유되었을 때보다, 바로 자신과 직접적으로 연관된 사건을 접하게 되었을 때 예수님이 하나님이심을 고백하고 죄인임을 인정하고 만 것이다(참고. Hendriksen, 1988:284). 베드로의 동업자 야고보와 요한도 많은 생선이 잡힌 것을 보고 놀란다(10절). 하나님의 역사가 자기 자신과 직접적으로 관련되어 일어날 때 참 제자라면 중립적이거나 무관하게 반응할 수 없다. 주님은 베드로에게 "무서워 말라"고 말씀하신 후, 그를 사람을 취하는(catch) 어부로 만드신다(10절). 물고기를 잡는 것은 그 물고기에게는 사망 선고이지만, 사람을 낚을 때는 생명을 부여하는 것이다(참고. 렘 16:16; 합 1:15). 그들은 모든 것들을 버려두고 예수님을 좇았다(11절).[462] 예수님은 베드로에게만 사람 낚는 어부가 되라고 말씀하셨음에도 불구하고, 이 말씀을 들었던 곁에 있던 사람들도 동일한 부름을 받고 헌신하게 된다.

2.2. 누가복음 5장 12-16절의 메시지

나병 환자가 예수님을 보고 "원하시면 주여, 나를 깨끗하게 하실 수 있나이다"라고 고백한다(12절). 예수님이 손을 내밀어서 그에게 대시며 "내가 원하노니 깨끗함을 받으라"고 말씀하시니, 나병이 곧 떠났다(13절). 예수님은 아무에게도 소문을 내지 않도록 경계하시면서, 제사장에게 보이고 율법에 명한 대로 예물을 바치라고 말씀하신다(14절; 참고. 레 14장). 예수님은 이 사람이 제사장에게 가서 보임으로써 치유의 근원이신 자신을 알리기 원하셨다. 주님은 이 나병 환자를 치유하심으로써 그의 육과 영, 그리고 대인·대사회적 관계도 회복하신다. 그럼에도 율법에 명한 대로 예물을 제사장에게 바치라고 하심으로써, 예수님은 율법을 폐하러 오신 것이 아님을 밝히신다. 갈릴리 사역이기에, 이 나병 환자가 예루살렘 성전까지 가서 예물을 드린 것으로 보기 힘들다. 아마도 지방에 산재해 있던 제사장에게 예물을 바쳤을 것이다. 이것은 암시적으로 예루살렘 성전에 관한 예수님의 비판이며 혹은 새 시대에는 그 돌 성전의 기능이 다했음을 의미한다. 예수님의 소문이 퍼져서 허다한 사람이 예수님의 말씀도 듣고 병도 나음을 얻기 위해서 모여 왔지만, 예수님은 물러가사 한적한 곳에서 기도하셨다(15-16절). 이 나병에서 치유함을 받은 자에게 침묵 명령을 내린 것은 아직 예수님이 공적으로 메시아이심을 밝힐 단계가 되지 않았을 뿐더러, 단순한 기적 행사자로 비치는 것을 꺼리셨기 때문이다. 예수님에게 있어서 사역보다

461) 명사 '*epistateis*'는 제자가 선생을 부를 때, '*didaskalos*'는 주로 제자가 아닌 사람이 선생을 부를 때 사용된다. 따라서 베드로는 예수님의 제자가 되어가는 시점에 서 있었다(참고. 하워드 마샬, 1983:263).

462) 어부는 평균 이상의 수입을 올렸기에, 그 직업을 포기하는 것은 헌신의 표시였다.

더 중요한 것은 아버지 하나님과 교제하는 것이다.

2.3. 누가복음 5장 17-26절의 메시지

'하루는'(in one of the days; *egeneto en mia ton hemeron*)이라는 불특정한 표현은 누가가 자주 사용하는 것이다. 갈릴리 각 촌과 유대와 예루살렘에서 몰려 온 바리새인과 교법사들이 그 자리에 앉아서 지켜보고 있었다(17절). 놀런드(Nolland, 1989:234)는 바리새인들이 각양 각처에서 몰려 든 것을 문자적으로 보지 않지만, 예수님의 소문을 듣고서 주님의 사상을 검증하기 위해 실제로 각처에서 대표들이 왔다고 보아야 한다. 병을 치유하는 주님의 능력이 예수님과 함께하셨다(17절).[463] 한 중풍 병자를 사람들이 예수님에게 데려오려고 했지만 무리 때문에 지붕을 뜯고 침상채로 내렸다(18-19절). 예수님이 그들의 믿음을 보시고 죄 사함을 선포하신다(20절). 이사야 40장 2절에 의하면 죄 용서는 메시아 시대의 도래의 증거였다(참고. 욜 2:32). 아마 이 중풍병이 범죄로 발병된 것 같다.

서기관과 바리새인들은 하나님만 죄 사함을 선포하실 수 있기에 예수님이 참람죄를 범했다고 보았다(21절). 누가복음에서 이제 서서히 예수님과 바리새인 사이에 갈등이 발생하고 그 골은 깊어진다. 하나님 나라의 새로운 경륜을 가르치시는 예수님과 예수님을 하나님으로 믿지 않고 오직 율법주의적 발상에만 젖어 있던 유대 종교 지도자들 사이에는 마찰이 있을 수밖에 없었다. 예수님이 바리새인들의 마음을 아시고, 그들에게 "죄 사함을 선포하는 것과 일어나 침상을 가지고 집으로 가라는 말 중에서 어떤 것이 쉽겠느냐"라고 물으신다(22-23절). 예수님에게 있어서 이 중풍 병자를 고치는 것은 그의 근본적인 문제인 죄를 사해 주시는 것을 위한 전조에 지나지 않음을 말씀하신다(24절). 주님은 사람들이 더 쉽다고 생각하는 죄 사함의 선포를 통해서 이제 더 어려운 치유를 행하신다(25절). 모든 사람들이 놀라며 하나님께 영광을 돌리고 오늘날 기이한 것을 보았다고 말한다(26절). 예수님은 눈에 보이는 기적뿐 아니라, 하나님으로서 불가견적인 기적도 행하실 수 있음을 사람들이 깨닫게 되었다.

2.4. 누가복음 5장 27-32절의 메시지

그 후에 예수님이 세리 레위가 세관에 앉은 것을 보시고 "나를 따라오너라"고 말씀하신다. 이것은 권유가 아니라 거역할 수 없는 왕의 명령이다. 레위는 '모든 것을 버리고'(오직 누가만 이것을 세부적으로 설명함) 일어나 예수님을 따른다(27-28절). 아마도 마태는 12제자 중에서 가장 부유했을 것이다. 누가는 세리에 대해 비교적 자주 언급한다. 누가복음 3장 13절에서 세례 요한은 세리에게 구체적인 윤리적 지침을 주었다(참고. 눅 19장의 세리 삭개오). 세리는 친로마주의자로서 회당에서 추방당했다(참고. 오스본, 2003:225). 세리는 예수님이 회당에서 만날 수

---

463) 17절에서 부정사 다음에 목적격 형태의 주어(*auton*, '그가', 즉 예수님)를 A, C, D, 다수 사본은 남성 복수 대격(*autous*)으로 잘못 바꾸었다. 여기서 '그들' 즉 바리새인과 율법 교사에게 치유의 능력이 임한 것은 말이 안 된다.

없는 부류의 사람이다. 다메섹과 지중해의 중간 지점에 있던 가버나움의 지리적인 중요성을 고려해 볼 때, 마태는 아마도 인두세보다는 통행세나 상품 관세를 거두고 있었을 것이다. 마태는 복직이 보장되지도 않는 것을 알고도 모든 것을 완전히 포기하고 주님을 따르기로 결단했던 것이다(참고. Morris, 1989:131). 레위가 예수님을 위해서 자기 집에서 큰 잔치를 베푸니, 세리와 다른 사람이 함께 앉았다(29절). 마태는 아마도 새로운 주님을 그의 동료들에게 소개하고 싶었을 것이다. 거듭난 사람은 혼자서 천국 가지 않는 법이다. 아마 마태의 연회는 외부인이 쉽게 볼 수 있는 공개적인 방식으로 진행되었던 것 같다. 바리새인과 서기관들은 세리와 함께 예수님이 잔치를 벌인다고 비난한다(30절). 예수님은 의원으로 이 땅에 오셔서 스스로 의롭다고 생각하는 거짓된 방식으로 건강한 자가 아니라, 병든 자와 세리처럼 죄인 취급받던 사람들을 회개시키고 고치러 오셨다고 말씀한다(31-32절). 누가복음 19장 10절에도 유사한 말씀이 기록되어 있는데, 흥미롭게도 또 다른 세리인 삭개오가 회심한 직후에 예수님이 주신 말씀이다.

2.5. 누가복음 5장 33-39절의 메시지

바리새인들이 세례 요한의 제자들은 자주 금식하며 '기도'하는데 예수님의 제자들은 먹고 마시기만 한다고 주님을 향해서 비난 섞인 말을 한다(33절).[464] 사실 구약에서는 대속죄일 하루만 금식하라고 명하지 않았던가! 바리새인의 전통(구전)은 더 엄격한 종교적 의무 사항을 많이 첨가하여 구약과 같은 권위를 부여해 버렸다. 예수님은 신랑이 혼인집 손님들과 함께 있을 때 손님들을 금식하도록 할 수 없다고 답하신다(34절). 주님이 신랑이고, 제자들은 혼인집 손님이다. 누가는 예수님과 제자들이 기도하는 것을 자주 강조한다. 여기서 예수님은 제자들이 금식은 자주 하지 않지만, 기도조차 하지 않는다고 말씀하시지 않는다. 예수님께서 천국을 이 땅에 가져오시고 그 결과 메시아 잔치가 벌어지는 시점에서 제자들이 금식하는 것은 어울리지 않는다. 손님들이 신랑을 빼앗길 날이 오면, 그때(자발적으로) 금식할 것이라고 말씀하신다(35절). 예수님이 잡히고 죽으시는 시점이 다가오면 제자들은 금식해야 한다.

낡은 옷에다 새 옷에서 취한 헝겊 조각을 붙일 수는 없다(36절). 마찬가지로, 새 포도주와 낡은 부대가 서로 맞지 않기에, 새 포도주는 새 부대에 담아야 한다(37-38절).[465] 새 옷과 새 포도주는 잡아당기고 발효하는 힘이 있는데, 바로 확장되고 있는 천국을 가리킨다. 따라서 낡은 옷과 낡은 가죽 부대는 신축성도 없고 느슨해져 버린 유대인의 율법주의를 가리킨다. 복음이라는 새로운 포도주를 거부한 채 율법주의를 상징하는 묵은 포도주를 마시고는 새 포도주(복음)를 원하는 사람이 없는데, 이유는 묵은 것(즉 율법주의)이 좋기 때문이다(39절; 참고. D사본은 39절을 삭제함). 누가는 묵은 것이 '좋다'(*chrestos*, 파피루스 4, 시내 산, B)라고 언급하지, '더 좋다'(*chrestoteros*, A, C, 다수 사본)라고 말하지 않는다. 이것은 예수님께서 복음의 진수를 모르는 사람에게 주신 풍자이다.

---

464) 33절을 마가복음 2장 18절처럼 시내 산과 다수 사본은 의문문(*dia ti hoi*……)으로 쓴다.

465) 38절에서 A와 다수 사본은 "그래야 둘 다 보존된다"를 추가한다.

3. 오늘에의 적용

우리에게 사람 낚는 어부로서 부름 받은 결정적인 사건은 무엇인가?
현대 성도가 다 버리고 주님을 좇는 제자도는 어떠한가?
'장모의 하나님'을 만나고 있는가? '나의 하나님'을 만났는가?
우리는 이 땅에서 복음으로 기뻐하며 혼인 잔치를 즐기고 있는가?

누가복음 6장

1. 본문 및 구조

- 안식일 논쟁(1-11)
- 12제자의 선택(12-16)
- 평지 설교 중에서 복에 관한 말씀(17-26)
- 원수를 사랑하라(27-36)
- 남을 비판하지 말라(37-42)
- 삶의 열매(43-45)
- 반석 위에 지은 집(46-49)

2. 구원 계시사적 메시지

2.1. 누가복음 6장 1-11절의 메시지

안식일에(*en sabbato*; 참고. 다수 사본은 '첫째가 지난 둘째 안식일에' [*en sabbato deuteroproto*]) 예수님과 제자들이 밀밭 사이를 가던 중, 제자들은 이삭을 잘라 '손으로 비비어'(rub) 먹는다(1절).[466] 신명기 23장 25절에 의하면, 나그네가 남의 밭에 들어가서 낫을 사용하지 않고 손으로 이삭을 잘라서 먹을 수 있었다. 그러나 이 단락에서는 안식일이라는 특수 상황이다. 바리새인이 볼 때 이것은 곡식을 타작하는 노동 행위이다. 예수님 당시에는 장로의 유전으로 인해 안식일의 주인과 심판자는 다름 아닌 바리새인과 같은 종교 지도자들이었다. 그래서 바리새인들은 안식일에 하지 못할 일을 한다고 비난한다(2절).[467] 새 포도주와 새 옷이 등장하는 누가복음 5장 36-39절에서

466) 다수 사본을 따라 칼빈(1993:460)은 이 안식일을 초실절의 안식일로 본다.

467) 2절의 바리새인들은 고발에 2인칭 복수형(당신들은)이 사용되었기에, 예수님도 비난의 대상에 포함된다.

논의된 새로운 시대에 합당한 새로운 삶의 방식을 바리새인들은 갖추지 못했던 것이다. 출애굽기 34장 21절에 의하면 하나님은 안식일에 추수하는 것을 금하고 있다. 하지만 예수님의 제자들은 밀 추수를 하려는 의도를 가지지 않았다. 제자들이 어긴 것은 출애굽기 34장 21절이 아니라, 장로의 유전이었다.

예수님과 종교 지도자들 사이에 갈등이 점증되고 있다. 예수님은 "사울을 피해 도망 중이던 다윗과 그와 함께한 자들이 시장할 때 성막에 들어가서 한 일을 알지 못하느냐"라고 말씀하신다(3절; 참고. 삼상 21:1-6). 제사장만 먹을 수 있었던 진설병(bread of the Presence)을 다윗이 함께 한 자들과 함께 먹지 않았는가?(4절; 참고. 레 24:5-9)[468] 그래도 하나님은 다윗 일행을 책망하거나 심판하지 않으셨다. 그러므로 바리새인들은 지금 다윗을 정죄하고 있는 것이나 마찬가지이다. 이처럼 제의 율법(ritual law)을 행할 때는 기계적인 시행보다는 바른 분별력을 가져야 했다. 인자는 안식일의 주인이시다(5절). 안식일을 제정하신 분이 안식일의 의미와 시행 방법을 결정하실 권한을 가지고 계신다. 새 포도주를 마시고 새 옷을 입을 메시아 시대에는 교회가 억압된 규제가 아니라 기쁨으로 하나님을 섬기게 된다. 하지만 예수님이 율법의 성취자가 아니라 일방적으로 율법을 폐기한 분으로 비쳐지면 곤란하다.

율법의 본질은 하나님과 이웃을 사랑하는 것이다. 예수님이 파악하신 '사랑'이라는 율법의 본질에서 본다면, 진설병을 먹은 다윗과 천국 운동을 위해 안식일에 밀을 잘라 먹은 예수님의 제자들에게 바리새인들처럼 비난의 화살을 쏠 수 없는 것이다. 기본적인 의식주 문제 해결이 율법을 기계적으로 준수하는 것보다 더 중요하다. 뒤이어 또 다른 안식일 논쟁이 등장한다. 예수님께서 다른 안식일에 회당에서 가르치실 때 오른손 마른 사람이 있었다(6절). 의원 누가는 말라서 뒤틀린 손이 오른손이라고 구체적으로 기록한다. 예수님을 고발하는데 혈안이 되어 있던 서기관과 바리새인들이 안식일에 병 고치시는가를 엿보고 있었다(7절).

여기에 나타나는 흥미로운 아이러니는 안식일 회당에서 예배를 드려야 할 바리새인들이 오히려 예수님을 감시하는 '일'을 함으로써 안식일을 범하고 있다. 바리새인은 생명이 위독한 경우에만 치료를 허락했다. 이것은 율법의 핵심인 사랑의 관점에서 보면 너무나 무자비하고 협소한 견해이다. 안식일은 거룩과 예배의 날이지만, 사랑과 치유와 회복의 날이기도 하다. 바리새인은 오른손 마른 사람이 안식일에 치유를 받아야 할 만큼 생명에 지장이 없다고 판단했다. 예수님은 바리새인들의 계획을 아시고 의도적으로 그 손 마른 사람에게 "일어나 한가운데 서라"고 말씀하시니 그가 선다(8절).

예수님은 "안식일에 선을 행하는 것과 악을 행하는 것, 생명을 구하는 것과 멸하는 것 중에서 어느 것이 옳은가"라고 바리새인들에게 물으신다(9절). 이 질문은 바리새인에게 참으로 곤란한 것이다. 왜냐하면 그들은 안식일에 악을 행하거나 멸하는 것을 할 수 있다고 대답할 수 없다.

선생은 제자들의 행동에 책임을 져야 했다.

468) D사본은 5절을 10절 뒤로 옮기고, 그 자리에 다음의 문장을 넣었다. "같은 날에 그는 안식일에 일하는 사람을 보고 그에게 말했다. 여보게, 만일 네가 무엇을 하고 있는지를 네가 안다면, 너는 복 받은 자이다. 그러나 만일 네가 모른다면, 너는 저주 받은 자이고 율법을 범한 자이다."

그렇다고 선을 행하고 생명을 살리는 일을 할 수 있다고 말할 수도 없다. 왜냐하면 그렇게 말하는 것은 곧 예수님의 치유 사역을 지지하는 것이 되고 말기 때문이다. 그래서 바리새인들은 아무런 대답도 하지 않는다. 예수님이 무리를 둘러보시고는 그 사람에게 "네 손을 내밀라"고 말씀하니, 그가 순종하여 손을 내밀매, 즉시 회복되었다(10절). 이 회복의 역사를 하나님도 기뻐하셨음을 증명한다. 이 놀라운 치유를 목격하고도 함께 기뻐하기는커녕 오히려 바리새인들은 분기가 가득하여 예수님을 어떻게 처치할지 서로 의논했다(11절). 11절은 주님의 고난과 죽으심의 그림자를 드리운다.

2.2. 누가복음 6장 12-16절의 메시지

바리새인들의 살기가 등등한 시점에서, 예수님은 산에서 철야 기도하신다(12절). 누가는 조용한 곳을 찾아서 기도하시는 모습을 종종 언급한다. 기도하신 후 12제자를 불러서 '사도'라고 칭하신다(13절). 누가는 이처럼 예수님의 사역에 있어서 중요한 순간마다 기도하셨다고 강조한다. 12사도는 시몬 베드로, 안드레, 야고보, 요한, 빌립, 바돌로매(뜻: 톨레미의 아들 [Bartholomew, son of Ptolemy], 그의 실제 이름은 '나다나엘', 참고. 요 1:45), 마태, 도마, 알패오의 아들 야고보, 셀롯(the Zealot)이라 불린 시몬, 야고보의 아들 유다(즉 다대오, 참고. 막 3:18; 요 14:22), 그리고 가룟 유다이다(14-16절; 참고. 마 10:2-4; 막 3:16-19; 행 1:13). 베드로의 이름이 항상 먼저 언급되기에 그를 사도 중에서 리더로 볼 수 있다. 반대로, 가룟 유다는 항상 마지막에 언급된다. 유대 종교 지도자들은 예수님을 자신의 메시아로 영접하지 않았지만, 이 12제자는(물론 가룟 유다는 제외) 유대인 중에서 '남은 자'로서 새 이스라엘이다.[469]

2.3. 누가복음 6장 17-26절의 메시지

12사도를 택하신 예수님은 평지(on a level place)에 서서 설교하신다. 이 설교는 마태복음 5-7장의 산상 설교를 상당히 요약적으로 기술하는 방식을 취한다. 아마 마태와 누가가 동일한 설교를 언급하는 것으로 보인다. 설교 장소와 관련하여, 예수님이 산에서 설교하신 것은 분명하지만, 누가는 예수님이 산에서 약간 내려오셔서 평평한 곳에서 설교하셨다고 언급한다. 청중은 허다한 무리로서 병든 자, 악령 들린 자, 그리고 주님의 말씀을 듣기를 원한 자인데 유대 사방, 예루살렘, 두로, 시돈에서 온 사람들이다(17절). 병이 치유되고 악령이 쫓겨난다(18절). 예수님에게서 능력이 나와서 모든 사람을 고치니, 온 무리가 서로 예수님을 만지려고 한다(19절).

예수님께서 눈을 들어 '제자들'을 보신 후 설교하신다.[470] 그러므로 "복 있도다"라는 말은 제자들에게 잘 적용된다. 무소유로 주님을 좇은 제자들은 가난한 자이지만 하나님 나라를 현재적

469) 예수님은 밤새워 성부 하나님에게 허락을 받는 차원에서 기도하셨기에, 가룟 유다를 12사도 중에 포함시킨 것은 하나님의 뜻이었다. 특별히 가룟 유다 때문에 예수님은 철야 기도하지 않으셨을까?(참고. Geldenhuys, 1983:205)

470) 누가복음의 첫 설교는 4장 16-30절에 기록되었고, 이 단락은 두 번째 설교를 기록한다.

으로 상속한다. 이것이 복된 자의 삶이다(20절). 주님을 위해 재산을 포기하고 따라다니던 제자들은 주린 자이지만 복이 있기에 이제 배부름을 얻을 것이다. 자신의 죄악은 물론, 세상에서 하나님의 영광이 실추되는 것 때문에 우는 자는 복이 있는데 이제 웃을 것이다(21절). 인자(the Son of Man) 때문에 사람들이 제자들을 미워하고, 멀리하고, 욕하고, 이름을 악하다 하여 버릴 때는 복이 있다(22절). 오히려 그 날에 기뻐하고 뛰놀아야 한다. 왜냐하면 하늘에서 상이 크기 때문이다(23절). 구약의 참 선지자들이 유대인의 조상들로부터 이런 욕을 받았다. 이 세상의 물질과 명예로 이미 위로를 받은 부요한 자에게는 화가 있다(24절). 세상적인 것으로 배부른 자에게 화가 있는데, 영적으로 주릴 것이다(25절). 세상의 것으로 기뻐하며 웃는 자에게 화가 있어, 울 것이다(25절). 사람들에게 칭찬을 받는 자는 화가 있을 것이다. 거짓 선지자들은 유대인의 조상들로부터 이런 칭송을 받았다(26절).

2.4. 누가복음 6장 27-36절의 메시지

마태복음의 산상 설교가 많은 주제를 다룬다면, 누가복음에서는 사랑에 초점을 둔다(참고. 유상섭, 2002:115). 너희 원수를 사랑하며, 너희 미워하는 자를 선대하라(27절). 저주하는 자를 축복하며, 모욕하는 자를 위해 기도하라(28절). 한쪽 뺨을 맞으면 다른 뺨도 돌려대며, 겉옷을 빼앗는 자에게 속옷도 그렇게 하도록 하라(29절). 구하는 자에게 주며, 누가 네 것을 가져가거든 도로 찾으려고 애쓰지 말라(30절).[471] 대접받고자 하는 대로, 남을 대접하라(31절; 참고. 레 19:18). 너희를 사랑(선대)하는 자를 너희가 사랑(선대)한다면 칭찬 받을 일이 없다. 죄인도 그렇게 하기 때문이다(32-33절). 되돌려 받을 수 있는 사람에게만 돈을 꾸어 준다면 그것은 선한 일이 아니다(34절).[472] 원수를 사랑하고, 선대하며, 아무것도 바라지 말고 꾸어 주라. 그리하면 상이 클 것이며, 지극히 높으신 이의 아들이 되리니, 하나님은 은혜를 모르는 자와 악한 자에게도 은혜로우시다(35절). 사랑을 실천해야만 하나님의 자녀로서 구원을 받는다는 뜻이 아니라, 이렇게 실천하는 사람이 하나님의 참된 아들의 형상으로 변혁되어 간다는 뜻이다. 하늘 아버지께서 주시는 상을 우리의 공로에 대한 보상으로 생각하지 말자. 왜냐하면 그 상조차도 은혜이기 때문이다. 대신 하나님을 사랑하기 때문에 우리는 남을 섬기고 사랑해야 한다.

하늘 아버지의 자비하심을 성도는 닮아야 한다(36절).[473] 이 가르침은 쿰란 공동체와 전혀 다르다. "어둠의 아들들을 미워하라"(1QS 1:10; 9:21). 주님이 가르치는 사랑은 받은 대로 갚는 것(tit-for-tat love)도 아니며, 감성주의적인 것(sentimentalism)이거나 아니면 자선적인(philanthr-opic) 것이 아니라, 메시아 왕국에 들어 와서 하나님의 은혜를 경험한 사람에게서 자연스럽게 나오는 것이다(참고. Ellis, 1974:114).

---

471) 예수님은 고대 근동에서 매우 흔했던 거지와 돈을 빌리려 하는 가난한 사람을 염두에 두신 것 같다. 농부는 농작물을 심기 위해서 돈을 빌렸다(참고. 존 월튼, 2010:1440).

472) 로마 사회의 이자율은 심지어 48%나 되어 고리 대금에 해당되는 경우도 있었다. 유대인들은 채무를 탕감해 주어야 하는 해(면제년)가 가까웠을수록 돈을 빌려 주려 하지 않았다(참고. 레 25; 신 15:9).

473) 바른 성경은 35절과 36절 사이를 띄어 쓴다. 따라서 36-42절을 '판단에 대한 교훈'으로 본다.

2.5. 누가복음 6장 37-42절의 메시지

비판하지 말라. 정죄하지 말라. 용서하라. 그리하면 비판도, 정죄도 받지 않을 것이며, 용서를 받을 것이다(37절).[474] 여기서 '비판하다'는 말은 험담, 비난, 명예 훼손과 관련된 발언을 가리킨다. 주님의 이 말씀은 바리새인들의 비난적인 태도를 염두에 두신 것 같다. 심판과 비난은 하나님이 하실 일이다. 물론 우리는 사람의 행동을 정확하게 분별하고 분간할 수 있어야 한다. "주라. 그리하면 너희에게 주어질 것이니(신적 수동태), 후히 되어 누르고, 흔들어 넘치도록 하여 너희 품에 안겨 주리라"(38절 상반절).[475] 이 구절에서 신적 수동태가 사용되어서 하나님이 채워 주실 것임을 강조한다. 너희의 헤아리는(저울질하는) 그 헤아림(저울질)으로 너희도 헤아림을 받을 것이다(38절).[476] 소경은 소경을 인도할 수 없다(39절). 여기서도 소경 된 인도자인 바리새인을 경계하라는 암시가 있다. 제자가 선생보다 높지 못하나, 온전케 된 자는 그 선생과 같이 된다(40절). 즉 훈련된 제자라야 가르칠 수 있다. '형제' 눈 속의 티(mote; 작은 허물)는 보고, 네 눈 속에 있는 들보(beam; 큰 허물)는 깨닫지 못하는가!(41절) 우리 속의 들보를 먼저 깨닫고 제거한 후에, 밝히 보면서 남의 티를 뺄 수 있다(42절).

본문은 신앙의 동료의 잘못을 무조건 덮어 주고 지적하지 말아야 할 것을 가르치지 않는다. 먼저 자신을 돌아본 후에 지적해야 한다. 그런데 누가가 앞에서 원수 사랑을 다루다가 여기서 형제와 관련된 것을 다루는 이유는 무엇인가? 그것은 형제를 사랑하는 것이 원수를 사랑하는 첫걸음이 되기 때문이다(보라. 유상섭, 2002:121).

2.6. 누가복음 6장 43-45절의 메시지

열매 맺는 것은 정직한데, 좋은 나무만 좋은 열매를 맺는다(43-44절). 플러머(Plummer, 1981:191)는 좋은 열매를 맺는 것을 전도와 관련 짓는다. 찔레와 가시는 소망 없는 일(hopeless task)을 상징한다(참고. Plummer, 1981:192). 선한 사람은 그 선한 마음에서 선한 행동을 하고, 악한 사람은 악한 것이 속에 숨어 있어서 악한 행동을 한다(45절). 내적 성품의 변화 없는 외적인 삶의 열매는 없다. 그럼에도 불구하고 그런 사람에게 만일 외적 삶의 열매처럼 보이는 것이 나타나면 위선이다. 야고보는 야고보서 3장 11-12절에서 예수님의 이 말씀을 반향(echo)시키고 있다.

2.7. 누가복음 6장 46-49절의 메시지

예수님은 자신을 향하여 "주여, 주여!" 하면서, 말씀에 순종치 않는 자를 책망하신다(46절). 말씀을 듣고 실천하는 사람은 주초를 반석 위에 놓은 사람과 같다. 반석이 나올 때까지 모래를 계속해서 파헤쳐서[477] 바로 그 반석 위에 주초를 놓아야 한다. 그래야만 홍수가 잘 지어진

---

474) 비판, 정죄, 용서는 심판 날과 관련된 용어다.

475) 누르고 흔들어 넘치도록 준다는 것은 곡식이 되로 꽉꽉 채워지도록 하는 것이다. 그다음에 되를 흔들어 곡식을 가라앉히고, 되가 넘칠 때까지 곡식을 더 붓는 것이다.

476) 헤아림(저울질)은 되에 곡식을 담고 사정 없이 싹 깎아 버리는 것이다.

그 집을 요동치 못하게 한다. 듣고 행치 않는 사람은 주초 없이 흙 위에 지은 사람과 같아서 탁류에 집이 파괴되고 만다(46-49절).[478] 듣고 행하는 것은 계속해서 연습해야지만 좋은 습관이 된다. 이 비유에서 예수님은 물이 귀한 팔레스타인 지형을 감안하셔서, 물(강, 호수) 근처에 집을 짓는 사람을 염두에 두신 것으로 보인다. 즉 예수님이라는 생명수와 같은 분을 모시고 믿음의 집을 짓는 일은 귀하지만 오히려 그 생명수로 인해서 실족할 수도 있음을 경고하신다. 즉 환난이 닥칠 때 생수의 강이신 예수님을 믿어도 소용이 없다고 포기하는 사람이 있을 것이다. 누가복음의 기록 연대를 A.D. 60년대 중반으로 본다면 누가 공동체를 향한 로마 제국의 박해가 있었다. 그들은 이 환난을 실천적인 믿음으로 극복해야 했다. 아마 누가 공동체 속에 행함을 강조하지 않고 일방적인 이신칭의를 강조한 거짓 선생이 있었을 수도 있다.

3. 오늘에의 적용

안식일과 주일의 관계는 무엇인가?
진정 복된 자로 사는가, 아니면 화 있는 자로 사는가?
우리는 모욕하는 원수를 포기하는가, 아니면 끝까지 기도하고 축복하는가?
우리 신앙의 주초 곧 기초는 무엇인가?

누가복음 7장

1. 본문 및 구조

- 가버나움의 백부장(1-10)
- 나인 성 과부의 아들(11-17)
- 세례 요한이 두 제자를 예수님에게 보냄(18-35)
- 예수님의 발에 기름 붓는 여인(36-50)

2. 구원 계시사적 메시지

2.1. 누가복음 7장 1-10절의 메시지

477) 혹자는 깊이 파는 것을 지하실을 만드는 것으로 본다(참고. 존 월튼, 2010:1441).

478) 48절 마지막의 "그 집이 잘 지어졌기 때문이다" 대신에, 다수 사본은 "반석 위에 기초가 놓여졌기 때문이다"로 쓴다(참고. 마 7:25).

예수님께서 모든 말씀을 마치신 후에 가버나움으로 들어가셨다(1절). 예수님의 갈릴리 사역의 본거지인 가버나움에 로마 군대가 주둔하고 있었기에 이교도의 영향도 받았다. 이방인 백부장의 사랑하는(*entimos*, 가치 있게 여기는) 종이 병들어 죽게 되었다(2절). 마태복음 8장 6절에서는 중풍병이라고 밝힌다. 예수님의 소문을 듣고는 유대인의 장로 몇을 보내어, 오셔서 그 종을 구원하시기를 청한다(3절). 누가는 유대인 장로와 이 백부장 사이의 우호적인 관계를 기술한다. 유대인의 후견인 역할을 했던 백부장을 예수님이 도와줌으로써 결과적으로 예수님이 유대인의 후견인 역할을 하게 된다(참고. 윤철원, 2002:155). 이것은 A.D. 64년경의 시리아 안디옥에 있었던 누가 공동체가 유대인과 이방인이 평등하면서도 포괄적인 공동체를 가꾸어야 함을 암시한다. 유대인이 장로가 예수님에게 와서 간절히 구하며 "이 일을 하시는 것이 이 사람에게는 합당하니이다. 그가 이스라엘 민족을 사랑하고 회당을 지었나이다"라고 말한다. 이 백부장은 일반적인 로마의 군대 장교와는 달리 유대인에게 우호적이었으며, 여호와 신앙을 가지려고 한 하나님을 경외하는 자(God-fearer)로 추정된다. 이제 그는 여호와를 경외하는 자에서 예수님을 믿는 자로 넘어간다.

예수님이 백부장의 집을 향하여 가실 때 백부장이 벗들을 보내어 "주여! 수고하지 마옵소서. 내 집에 들어오심을 나는 감당치 못하겠나이다. 그러므로 내가 주께 나아가기도 감당치 못할 줄을 알았나이다"라고 말한다(6절). 이 백부장은 예수님을 향하여 '주여!'라고 바르게 신앙 고백하고 있다. 백부장은 유대인들이 이방인의 집에 들어오는 것을 부정하다고 여기면서 꺼린 것을 알고 있었다. "말씀만 하사 내 하인을 '낫게 하소서'(*hiatheto*, 아오리스트 수동 명령 3인칭 단수).[479] 저도 남의 수하에 든 사람이요, 제 아래에도 군병이 있으니 이더러 가라 하면 가고, 저더러 오라 하면 오고, 제 종더러 이것을 하라 하면 하나이다"(7-8절).[480] 이 백부장은 복종하는 것을 명령하는 데 익숙해 있던 사람이다. 이 백부장은 자기가 거느린 군병에게 명령하면 자신이 동행하지 않아도 그 명령이 수행되듯이, 예수님이 명령만 하시면 일이 성취될 것임을 믿었다. 그래서 오직 말씀만으로도 치유의 역사가 일어날 것을 신뢰한다. 예수님께서 들으시고는 기이히 여기신다. 이 경우처럼 예수님이 놀라시는 것은 드문 현상이다. 예수님은 무리에게 "이스라엘 중에서는 이만한 믿음은 만나보지 못하였노라"고 말씀하신다(10절). 백부장이 보내었던 사람들이 집으로 돌아와서 보니 백부장의 '종이'(*doulon*, 다수 사본: '병든 종이' [*asthenounta doulon*]) 이미 강건하여졌다(10절). 백부장의 하인이 치유된 이 사건은 이방인이 구원의 대상이 된다는 누가의 강조점에 잘 부합된다.

2.2. 누가복음 7장 11-17절의 메시지

예수님이 나인 성에 들어가니 주님의('많은', *hikainoi*; 다수 사본이 지지함) 제자와 허다한

---

479) 7절에서 시내 산, A, C, D, 다수 사본은 "그가 치료될 것입니다" (*hiathesetai*, 미래 수동 직설 3인칭 단수)라고 쓴다.

480) 로마군 장교들은 제대 후에 결혼하는 경우가 많았다. 백부장도 이 경우에 해당한다면, 종을 가족처럼 친밀히 대해 주었을 것이다(참고. 존 월튼, 2010:1442).

무리가 동행한다(11절). 나인 성은 나사렛 남동쪽에 위치한다.[481] 예수님과 (환호하는)무리가 성문에 가까이 오실 때, 사람들이 한 죽은 자를 메고 나오는데, 죽은 자는 독자이고 어머니는 과부이다(12절). 예수님을 따르는 무리와 애도하는 무리가 만나는 장면은 비애감을 고조시킨다. 누가복음 7장 1-10절 앞 단락에서 이방인 남자를 위해 역사하신 예수님은 이제 유대인 여자를 위해 역사하신다. 여기서도 누가의 독특한 배열 즉 남자와 여자를 쌍으로 언급하는 것을 본다(예. 누가복음 1-2장의 요셉과 마리아, 사가랴와 엘리사벳, 시므온과 안나). 매장지는 성 밖에 있기에, 주님 일행은 성 밖으로 나가는 장례 행렬과 마주쳤다. 누가는 죽은 이가 독자인 동시에 그의 어머니는 과부라고 밝힘으로써 슬픔의 강도가 엄청남을 암시한다(참고. 렘 6:26; 암 8:10; 슥 12:10).

백부장의 하인을 고치신 것과는 달리, 이 사건에서는 그 누구도 예수님에게 도움을 요청하지 않는다. 주님은 과부를 보시고 불쌍히 여기사 울지 말라고 말씀하신다(13절). 예수님이 그 관에 손을 대시니, 관을 멘 자들이 멈춘다(14절). 예수님이 "청년아, 내가 네게 말하노니, 일어나라"고 말씀하신다(14절). 죽었던 자가 일어앉고 말도 하니, 예수님은 그를 어머니에게 돌려주신다(15절; 참고. 왕상 17:23). 이 사건은 사망 권세를 정복하신 예수님의 권세를 강조한다. 그 결과 모든 사람이 두려워하며 하나님께 영광을 돌리며, "큰 선지자가 우리 가운데 일어나셨다. 하나님께서 자기 백성을 돌아보셨다"고 말한다(16절; 참고. 엘리야가 사렙다 과부의 아들을 살림, 왕상 17:23-24; 엘리사가 수넴 여인의 아들을 살림, 왕하 4:8-37). 이 사건의 본질은 예수님을 통하여 하나님께서 자기 백성을 돌아보시는 것이다. 누가복음 1장 48절과 68절에서도 '돌아보신다'는 표현이 등장하는데, 이것은 누가복음에서 중요한 구속사적 용어이다. 예수님께 대한 이 소문이 온 유대와 사방에 두루 퍼진다(17절). 이 기사는 누가복음에만 기록된 것이다.

2.3. 누가복음 7장 18-35절의 메시지

요한의 제자들이 예수님이 행하신 모든 일을 투옥 중이던 스승 요한에게 고한다(18절). 요한이 제자 중에서 두 사람을 '주님께'(참고. 시내 산, A, 다수 사본은 '예수님께') 보내어, "오실 그이(*ho erchomenos*, 참고. 시 118:26)가 당신입니까? 우리가 다른 이를 기다려야겠습니까?"라고 말한다(19절). 지금 요한은 종말에 오실 메시아가 예수님이신지 묻는다. 예수님에게 세례를 베푼 요한이

481) 나인 성은 '수넴' 근처 마을인데, 죽음과 부활 주제에 있어서 중요하다. 다윗이 죽기 전에 신하들은 왕의 원기를 회복시키려고 '수넴' 여자 아비삭을 뽑았다(왕상 1:3). 엘리사는 '수넴'에 살던 한 여인의 죽은 아들을 살렸다(왕하 4:34). 예수님은 '수넴' 근처의 나인 성 과부의 죽은 아들을 살리신다(눅 7:11). '수넴'이라는 말에서 무언가 죽음에서 생명으로의 전환이 일어날 것 같은 예감이 든다. 열왕기상 1장에서 다윗의 신하들의 발상은 그 당시 가나안 땅의 이방신을 숭배하던 사람들의 미신적인 생각을 본받은 것으로 보인다. 다윗의 임종의 침상 곁에는 아비삭이라는 한 여인이 지키고 있었듯이, 예수님이 못 박혀 죽으실 때 어머니 마리아와 여인들이 지켜보고 있었다. 이 여인들은 예수님의 부활의 최초 목격자가 되는 영광도 얻게 된다. 다윗의 죽음과 부활 신앙(시 22:22-31)을 목격한 증인은 아비삭이었다. 다윗은 죽음 직전에 아내와 아들로부터 버림을 받다시피 했는데(참고. 아도니야의 쿠데타), 마찬가지로 예수님도 십자가를 지실 때 제자들은 뿔뿔이 흩어지고 도망가 버렸다. 주님의 제자들은 천국에서 예수님의 오른편과 왼편에 앉아서 한자리를 차지할 야망으로 가득 찼다.

예수님의 정체성에 대해 혼돈하고 있다. 아마도 요한이 생각한 메시아 상과 예수님의 실제 사역 사이에 괴리가 발생했던 것 같다. 구체적으로 죄 사함을 위해 회개의 세례를 전파한 요한은 메시아께서 죄악에 대해 즉각적인 심판을 시행하실 것이라고 기대했지만 예수님은 그렇게 하시지 않았다.[482] 그리고 세례 요한은 예수님이 사역 중에 의식상의 부정함에 노출된 것 때문에 고민했을 수 있다(참고. 존 월튼, 2010:1443).

요한의 두 제자가 예수님께 나아가 "세례 요한이 우리를 보내어 당신께 말하기를 오실 그이가 당신이오니이까? 우리가 다른 이를 기다리오리까라고 하더이다"라고 말한다(20절). 마침 그때 예수님께서 질병과 고통과 및 악귀 들린 자를 많이 고치시며 또 많은 소경을 보게 하셨다(21절). 예수님은 "너희가 가서 보고 들은 것을 요한에게 고하되, 소경이 보며, 앉은뱅이가 걸으며, 문둥이가 깨끗함을 받으며, 귀머거리가 들으며, 죽은 자가 살아나며, 가난한 자에게 복음이 전파된다고하라"(22절)고 말씀하셨다. 예수님은 이사야 35장 5-6절과 29장 18-19절 그리고 61장 1절을 복합적으로 인용하면서, 주님이 행하신 바로 이런 일들은 메시아께서 하실 일임을 설명하신다. '치료와 회복'을 가리키는 적절한 구약 구절을 인용하심으로써 예수님은 자신이 '군사적 정복자'라는 오해를 피하신다. 예수님은 구약 예언의 성취자이시며 동시에 종말에 오신 이스라엘의 회복자이시다(참고. Hays, 2009:110). 누구든지 예수님을 인하여 실족하지 아니하는 자가 복이 있다(23절; 참고. 사 28:16).

요한의 제자가 떠난 후에, 예수님은 무리에게 요한에 대해 말씀하신다. 무리는 무엇 때문에 광야에 갔는가? 바람에 흔들리는 갈대를 보러 갔는가?(24절) 이것은 부정적인 대답을 기대하는 수사학적 질문이다. 바람에 흔들리는 갈대는 예수님의 정체성에 대해 확고한 믿음이 없었던 세례 요한의 모습을 연상시킨다. 그러나 세례 요한은 단순히 바람에 흔들리는 갈대가 아니다. 부드럽고 화려한 옷을 입고 사치스럽게 지내는 자를 보러 갔는가? 이것도 부정적인 대답을 기대하는 수사학적 질문이다. 주님의 대답은 그런 사람은 왕궁에 있다는 것이다(25절). 세례 요한은 사치스럽게 권력을 누리던 사람이 아니다. 아니면 선지자를 보려고 나갔는가? 이것은 긍정적인 대답을 기대하는 수사학적 질문이다. 대답은 '맞다'이다. 세례 요한은 선지자보다 더 나은 자이다(26절). 메시아의 선구자로서 메시아의 인격과 사역을 계시한 차원에서 세례 요한은 구약 선지자들보다 더 나은 자이다. "보라. 내가 내 사자를 네 앞에 보내노니, 그가 네 앞에서 네 길을 예비하리라"한 말씀이 세례 요한에 관한 것이다(27절; 참고. 말 3:1). 여자가 낳은 자 중에 '요한보다'(참고. 다수 사본: '선지자 세례 요한보다') 더 큰 이는 없다. 그러나 하나님 나라에서는 극히 작은 자라도, 요한보다 크다(28절). 세례 요한이 정확히 보지 못한 메시아 왕국의 실체를 신약 백성은 보고 즐긴다. 모든 백성과 세리들은 이미 요한의 세례를 받았다. 이들은 주님의 말씀을 듣고 하나님을 의롭다고 한다(29절). 그러나 바리새인들과 율법사들은 요한이 베푼 세례를 받지 않았고 스스로 하나님의 뜻을 저버렸다(30절).[483]

482) 그러나 예수님은 심판에 대해 교훈하셨다(눅 11:37-53).

483) 계속해서 예수님이 세례 요한을 칭찬하시기에, 요한은 누가복음 7장 23절에 언급된 '실족'에 빠지지

예수님은 '이 세대의 사람들'(*hoi anthropoi teis geneas tauteis*; 바리새인처럼 세례도 받지 않고 예수님도 거부한 자)의 특징을 비유로 설명하신다(31절). '이 세대'는 지혜의 자녀가 활동하는 방식인 '오는 세대'와는 달리 옛 세상의 관점을 견지한다. 아이들이 장터에서 피리를 불고 춤을 추는 혼인 잔치 놀이와, 애곡하고 우는 장례식 놀이에 비유한다(32절). 이들 완고한 종교 지도자들은 세례 요한과 예수님의 시역에 냉소적이었다. 세례 요한이 떡과 포도주를 먹지 않으니, 바리새인은 그를 향해 악령 들렸다고 말하고, 인자를 향해서는 먹기를 탐하고 포도주를 즐기는 사람이요 세리와 죄인의 친구라고 말한다(33-34절). 요한의 사역이 금욕적이며 마치 장례식과 같은 것이라면, 예수님의 사역은 혼인 잔칫집과 같았다. 그러나 세례 요한의 세례를 받지 않고 예수님을 믿지도 않은 바리새인은 이 두 가지 모두를 거부했다. 지혜(예수님, 참고. 잠 8:1)는 자기의 모든 자녀로 인하여 옳다 함을 얻는다(35절).[484]

2.4. 누가복음 7장 36-50절의 메시지

한 바리새인(시몬)이 예수님에게 식사 초청을 하니 응하신다(36절). 그 동네에 어떤 죄인 여자가 예수님께서 식사하시는 것을 알고는, 향유 담은 옥합을 들고 와서, 주님의 뒤에서(발 근처에서) 울며 눈물로 예수님의 발을 적신다.[485] 시몬의 집에서 예수님은 식탁 쪽으로는 머리를 가까이하시고, 발은 식탁에서 멀리 떨어진 자세로 기대어서 식사하고 계셨다. 이 여인은 예수님의 발을 머리털로 씻고, 거기에 입 맞추고 향유를 붓는다(37-38절). 이 향유 부음은 예수님의 사역 말기에 베다니에서 있었던 것과는 다르다. 식사를 초청한 바리새인이 만일 예수님이 '선지자라면'(참고. B사본은 신 18:15을 염두에 두면서 '그 선지자라면') 이 여자가 죄인인 줄 알았을 것이라고 생각한다(39절). 바리새인의 정결법에 익숙했던 시몬은 여전히 예수님께서 이 여자 죄인을 멀리하실 것이라고 생각하고 있다. 실제로 시몬은 이 여인을 정죄하고 있다.

예수님이 바리새인 시몬에게 '오백 데나리온과 오십 데나리온 빚진 자가 탕감을 받았다면 누가 더 탕감해 준 사람을 사랑하겠는가'라고 물으신다(40-42절). 시몬은 많이 탕감 받은 자라고 바르게 대답한다(43절). 예수님은 시몬에게 "이 여자를 보느냐?"라고 물으신다. 이 질문은 네 자신의 눈에 있는 들보(beam)를 먼저 보라는 의미로 들린다(참고. 눅 6:42; 보라. 윤철원, 2002:169). 예수님은 발 씻을 물도 주지 않은 시몬과, 향유를 붓고 눈물로 주님의 발을 씻고 계속하여 입을 맞춘 이 여인의 행동을 대조하신다(44-46절). 그러므로 이 죄인 여자의 죄가

않았을 것이다(참고. 하워드 마샬, 2005:214).

484) 유대인들, 특히 서기관들은 스스로 '지혜의 자녀들'이라고 여겼다. 하지만 예수님은 그들을 염두에 두시고 "너희들이 그렇게 살고도 지혜의 자녀들이라고 할 수 있느냐?"라고 말씀하는 듯하다. 지혜의 순전한 자녀인 주님의 제자들과 사생아와 같은 불신 유대인들 사이의 대조가 나타난다(참고. 칼빈, 1993:439).

485) 이 죄 지은 여인을 누가복음 8장 2절의 질병과 악령 들렸다 치유 받은 막달라 마리아와 동일시하는 것은 근거가 약하다. 죄와 악령 들림은 반드시 일치하는 것이 아니기 때문이다(참고. 하워드 마샬, 2005:215).

사하여졌다. 왜냐하면 이 여인이 주님을 사랑하기 때문이다. 그렇다. 사함이 많은 자는 더 사랑한다(47절). 예수님은 이 여인에게 죄 사함을 선언하신다(48절). 식사 자리에 함께 앉은 자들이 '예수님이 누구이시기에 죄를 사하시는가'라고 말하며 놀란다(49절). 예수님은 여인에게 "네 믿음이 너를 구원하였으니 평안히 가라"고 말씀하신다(50절; 참고. 눅 8:48, 17:19, 18:42). 이 여인은 예수님이 누구이신 줄 알았고 순종했던 믿음의 사람이었다.[486)]

3. 오늘에의 적용

절망 가운데 신앙이 역사하는가?
예수님의 정체성에 대한 바른 고백이 있는가?
사죄의 은총을 받은 자로서 주님께 어떤 반응을 보이는가?

누가복음 8장

1. 본문 및 구조

- 예수님을 섬긴 여 제자들(1-3)
- 씨 뿌리는 자의 비유(4-15)
- 등불 비유(16-18)
- 예수님의 가족(19-21)
- 바다를 잠잠케 하신 예수님(22-25)
- 거라사의 악령 들린 자를 고치심(26-39)
- 야이로의 딸과 혈루증 여인을 고치심(40-56)

2. 구원 계시사적 메시지

2.1. 누가복음 8장 1-3절의 메시지

시간적 배경이 명확하지 않은 시점에, 예수님은 12제자와 더불어 각 성과 촌에 두루 다니시며, 하나님 나라의 복음을 반포하시면서 선포하신다(1절). 일곱 악령이 쫓겨나간 막달라 마리아와

---

486) 이 향유 부은 사건은 마태복음 26장 6-13절, 마가복음 14장 3-9절, 그리고 요한복음 12장 1-8절의 베다니에 살던 나사로의 누이 마리아가 예수님에게 향유를 부은 사건과 다르다.

헤롯 안디바의 청지기(*epitropos*, 상당히 높은 지위)였던 구사(Chuza)의 아내 요안나(참고. 눅 24:10), 그리고 수산나와 같은 여인들은 물질로 '그를'(즉 '예수님을'; 참고. 시내 산, A, 다수 사본 중 일부는 '그들을') 섬겼다(2-3절). 막달라 마리아가 창녀라고 종종 인식되지만, 이를 지지하는 성경적 근거는 불분명하다. 막달라 마리아는 예수님의 십자가 처형장에도 있었고, 무덤을 찾아가서 부활하신 예수님을 본 최초의 증인이다(눅 24:10). 이 여인들은 정착 제자들로서 귀한 사명을 감당했다. 누가는 엘리사벳(눅 1:39-45), 마리아(눅 1:26-56), 안나(눅 2:36-38), 나인 성 과부(눅 7:11-15), 향유를 부은 여인(눅 7:36-50), 치유 받은 여인(눅 8:43-48), 마르다와 마리아(눅 10:38-42), 그리고 18년간 병들었다가 치유된 여인(눅 13:10-17)을 등장시킨다. 누가 공동체는 믿음의 반응을 신실하게 보이는 여 성도의 역할을 중요하게 생각했을 것이다. 하지만 예수님 당시의 유대인 랍비들은 여성을 열등하게 취급하여 가르치는 것을 부끄럽게 생각했다.

2.2. 누가복음 8장 4-15절의 메시지

예수님은 큰 무리에게 비유로 말씀하신다(4절). 씨 뿌리는 자가 씨를 뿌리니, 길가(길: 종종 밭 혹은 논 가운데 길이 나 있었음)에 떨어진 것은 밟히며 공중의 새들이 먹어 버렸다(5절). 바위 위에 떨어진 씨는 습기가 없으므로 말라 버렸다(6절). 가시떨기 속에 떨어진 씨는 가시 때문에 기운이 막혔다(7절). 좋은 땅에 떨어진 씨는 100배의 결실을 한다. 일반적으로 좋은 씨앗이 풍성한 소출을 맺을 때 7-10배가 적정량이다. 예수님은 이것들을 말씀하시고 외치셨다. "들을 귀 있는 자는 들을지어다"(8절).[487] 진정으로 영적인 통찰력을 가지고 말씀을 깨달아야만 열매를 맺는 주님의 제자가 될 수 있다. 제자들이 비유의 뜻을 묻는다(9절). 하나님 나라를 비유로 말씀하신 이유는 주님의 제자들은 듣고 하나님의 나라의 비밀(신비)을 알 수 있지만, 외인들은 보고 들어도 깨닫지 못하게 하기 위해서이다(10절). 하나님 나라의 비밀이 구약 선지자에게는 감추어졌지만, 예수님이 오신 이후로는 주님의 제자들에게 계시되어 더 이상 비밀이 아니다. 하지만 마치 길, 바위, 가시덤불과 같은 마음을 가지고 예수님을 메시아로 영접하지 않은 사람들에게 천국 비유는 여전히 수수께끼 같은 이야기에 지나지 않는 은폐된 말씀일 뿐이다(참고. 시 6:9). 씨는 하나님 말씀이다(11절). 길, 가시밭, 바위, 좋은 밭은 각각 다양한 마음 상태를 의미한다. 길가에 떨어진 씨는 말씀을 믿고 구원을 얻지 못하게 하려고 마귀가 말씀을 빼앗아 버린 것이다(12절). 바위 위에 떨어진 씨는 말씀을 기쁨으로 들으나, 뿌리가 없어 시험을 받을 때 배반하는 것이다(13절). 가시떨기에 떨어진 씨는 이생의 염려와 재물과 향락에 기운이 막혀서(즉 질식하여) 온전히 결실하지 못하는 것이다(14절). 좋은 땅에 떨어진 것은 착하고 좋은 마음으로 말씀을 듣고 지키어 인내로 결실하는 것이다(15절).

---

487) 8절에서 '말씀하신 후 외치고 계셨다'(*legon ephonei*)인데 현재 능동 분사 남성 단수 주격과 미완료 능동 직설 3인칭 단수형이다. 보통 현재 완료는 주동사와 같은 시제의 반복적 행동을 가리킨다고 본다(이 원칙을 따르면 '말씀하시면서 외치고 계셨다'). 하지만 이 경우처럼 현재 분사가 주동사보다 앞에 위치하는 경우에는 주동사보다 한 시제 앞선 경우로 보는 것이 옳다.

2.3. 누가복음 8장 16-18절의 메시지

등불을 켜서 불을 끄는 데 사용하는 그릇으로 덮거나, 평상 아래 두어 불빛을 숨기려고 하지 않고 등경 위에 둔다. 등경 위에 등불을 두는 것은 들어가는 자들이 불빛을 볼 수 있도록 하기 위해서이다(16절). 제자들은 구원의 빛 되신 예수님을 공개적으로 증거해야 한다. 숨은 것은 장차 반드시 드러나고, 감추인 것은 장차 알려지고 나타난다(17절). 구원의 빛 된 진리가 결정적으로 계시되는 시점은 예수님의 부활과 승천이며, 궁극적으로는 재림 때이다. 제자들은 진리의 말씀을 좋은 마음 밭으로 받아서 결실하도록 주의해야 한다(18절). 누구든지 있는 자(듣고 깨닫는 자)는 받겠고, 없는 자(가시, 돌, 길과 같은 마음을 가진 자)는 그 있는 줄로 아는 것까지 빼앗기게 된다(18절). 이것은 영적인 빈익빈 부익부 현상이다.

2.4. 누가복음 8장 19-21절의 메시지

예수님의 모친과 동생들이(참고. 막 6:3-4) 무리 때문에 예수님 근처에 다가가지 못한다(19절). 아마 이때 예수님의 동생들은 신앙이 없었기에, 예수님의 공사역을 반대하려는 의도가 있었을 것이다(참고. 요 7:5). 예수님의 모친 마리아와 동생들은 하나님의 말씀을 듣고 행하는 사람들이라고 정의를 내리신다(21절). 이것은 말씀을 듣고 순종하는 것이 새로운 공동체인 하나님의 가족에 들어오는 자격이다.[488]

2.5. 누가복음 8장 22-25절의 메시지

하루는(one day) 예수님 일행이 갈릴리 호수 반대편인 동쪽으로 건너가신다(22절). 갈릴리 호수는 길이가 20km, 폭이 11km, 수심이 45m 정도 되는 호수이다. 해수면보다 200m나 낮은 호수로서, 종종 폭풍이 불어와서 6m나 되는 물결을 일으켰다(참고. 오스본, 2003:348). 예수님은 배 안에서 잠이 드셨고, 광풍이 호수로 내리쳤고, 배에 물이 가득했다(23절). 제자들은 주무시던 예수님을 깨우면서 "우리가 죽게 되었나이다"라고 말한다. 주님은 바람과 물결을 꾸짖으시니 잔잔해졌다(24절). 예수님이 꾸짖으신 것은 마귀가 이 광풍을 통해서 제자들의 믿음을 시험했기 때문이다. 예수님은 자연에 대한 절대적인 통제권을 쥐고 계신다. 예수님은 제자들에게 "너희 믿음이 어디 있느냐?"라고 물으신다. 제자들의 마음은 돌밭과 같다. 제자들은 두려워하면서, 놀라고 "저가 뉘기에 바람과 물을 명하매 순종하는고"라고 서로 말한다(25절). 아마도 박해 중에 있었던 누가 공동체는 이 사건을 듣고, 박해와 고난의 폭풍도 주님이 잠잠케 하실 수 있음을 믿게 되었을 것이다.

2.6. 누가복음 8장 26-39절의 메시지

주님 일행은 갈릴리 맞은편 이방인의 지역인 거라사인(Gerasenes)의[489] 땅에 이른다(26절).

---

488) 이방인이 개종하여 이전의 혈육의 가족보다 새로운 종교적 가족을 더 중요하게 여기는 경우가 있었다(참고. 존 월튼, 2010:1446).

옷을 입지도 않고 집에 거하지도 않고 무덤 사이에 거하는 악령 들린 자가[490] 예수님을 보고 그 앞에 엎드려 큰소리로 부르짖는다. "지극히 높으신 하나님의 아들 예수님이여, 나와 당신과 무슨 상관이 있나이까? 당신께 구하노니 나를 괴롭게 마옵소서"(27-28절). 악령은 예수님이 메시아로서 마귀의 일을 멸하러 오신 분임을 알고 있었고, 자신을 그냥 내버려 두라고 요청한다. 이렇게 말한 것은 예수님이 이미 이 사람 속에 있는 악령에게 나오라고 명하셨기 때문이다. 악령은 사람을 파멸로 이끌지만, 예수님은 치유와 구원으로 이끄신다. 악령은 이 사람을 붙잡고 있었고, 쇠사슬도 끊어 버리면서 광야로 나갔다(29절). 예수님이 악령에게 이름을 물으시니 '군대'(6,000명)라고 답한다(30절). 악령은 예수님에게 무저갱(abyss, 참고. 계 9:1, 20:1-3)으로 들어가라 하지 마시기를 구한다(31절). 악령은 돼지에게 들어가도록 해주시기를 구하니 예수님이 허락하신다(32절). 아직 마귀의 세력이 결정적으로 파멸될 시점이 이르지 않았다. 악령이 부정한 짐승인 돼지에게 들어가는 것이 적합해 보인다(참고. 레 11:7; 신 14:8). 악령이 들어간 약 2,000마리나 되는 돼지가 호수로 치달아 몰사한다(33절).[491]

악령이 나간 사람은 옷을 입고 정신이 온전하여 예수님의 발아래 앉는다(35절). 거라사 근방 모든 사람이 두려워하여 예수님에게 떠나기를 구한다(37절). 거라사 주민에게는 더 이상의 경제적인 손실을 막는 것이 영생을 얻는 것보다 더 중요했다. 배를 타고 떠나시는 예수님을 따라가려고 하니, 주님은 집에 가서 하나님이 하신 큰일을 전하라고 명하시니 순종했다(38-39절). 거라사 주민들의 완악함을 아신 주님은 바로 이 치유된 사람을 통하여 천국 복음을 전하기 원하셨다. 그러므로 예수님의 거라사 사역이 실패였다고만 볼 수 없다.

2.7. 누가복음 8장 40-56절의 메시지

예수님이 가버나움으로 돌아오시니 무리가 환영한다. 이들은 주님을 기다리고 있었다(40절). 회당장 야이로가 예수님의 발아래 엎드려 자기 집에 오시기를 구한다(41절). 야이로의 12살 된 외딸이 죽어가고 있었다(42절). 예수님이 야이로의 집으로 가시는 동안 무리가 옹위한다(42절). 12년 동안 혈루증으로 고생하던 부정한 여인이 예수님의 옷에 손을 대니 곧 치유되었다(43-44절).[492] 예수님은 자신에게서 능력이 나간 줄 아시고 누가 옷에 손을 대었는지 물으신다(45-46절). 베드로는 무리가 떠밀고 있는 것을 예수님에게 상기시킨다(45절).[493] 결국 여자가 떨며 나아와 엎드리어 손을 댄 이유와 나은 것을 모든 사람 앞에서 말한다(47절). 예수님은 여인을 향해서 "딸아, 네 믿음이 너를 구원하였으니, 평안히 가라"고 말씀하신다(48절). 예수님은

---

489) 26절에서 다수 사본은 '거라사'(파피루스 75, B, D) 대신에 '가다라'로 쓴다.

490) '귀신'보다 '악령'이 옳은 표현임을 인식한 채 이 글에서는 교차적으로 사용한다.

491) 이 사람의 형편은 일곱 악령 들렸던 막달라 마리아보다 더 심각한 형편이다(참고. 눅 8:2).

492) 43절에서 UBS 4판과 바른 성경은 '의사들에게 전 재산을 써 버렸으나'를 [ ]로 처리한다(시내 산 개정판, A, 다수 사본). 하지만 개역개정판은 생략한다(파피루스 75, B).

493) 45절에서 다수 사본은 '베드로와 그와 함께 있던 자들이'로 쓴다. 그리고 45절 마지막에 다수 사본은 "그리고 당신은(즉 예수님) '누가 나를 만졌느냐?'라고 말씀하십니다"를 추가한다.

이 여인이 옷을 만지는 미신적인 방식으로 치유된 것이 아니라, 믿음으로 치유된 것임을 공개적으로 알리기를 원하셨다. 이 여인은 좋은 땅에 떨어진 씨가 결실하는 것을 보여준다(참고. Green, 1997:343).

이때 회당장의 집에서 사람이 와서 야이로의 딸이 죽었다고 말한다. 이제 불치병을 고치신 주님이 죽은 자를 살리는 점층법적 사역을 하실 차례이다.[494] 그들은 야이로에게 선생 예수님을 더 괴롭게(성가시게) 하지 말라고 말한다(49절). 야이로의 종들에게서 부활 신앙을 찾아볼 수 없다. 예수님은 "두려워 말고 믿기만 하라. 그리하면 딸이 구원을 얻으리라"고 말씀하신다(50절). 야이로는 혈루증에서 구원받은 여인의 경우를 통해서 두려워 말고 믿어야 했다.

야이로의 집에 도착하신 예수님은 베드로, 야고보, 요한과 아이의 부모만 들어가도록 허락하신다(51절). 예수님은 훤화하던 사람들에게 "울지 말라, 죽은 것이 아니라 잔다"라고 말씀하신다(52절; 참고. 살전 5:10). 이 말씀은 들은 그들은 비웃는다(53절). 예수님이 아이의 손을 잡고 "아이야, 일어나라" 하시니, 그 영이 돌아와서 아이가 곧 일어나니, 먹을 것을 주라고 명하신다(54-55절). '일어나다'(*egeiro, anisteimi*)는 부활과 관련된 용어이다(참고. 눅 11:32, 20:37, 24:6-7). 부모가 놀랐고, 예수님은 이 일을 아무에게도 말하지 말라고 경계하신다(56절). 예수님은 기적 행사자로만 비쳐질 수 없었다.

3. 오늘에의 적용

바람직한 교회 안에서 여성의 지위와 역할은 어떠한가?
하나님의 가족으로서의 유대관계를 증진할 수 있는 방법은 무엇인가?
오늘날 교회에서 치유와 축귀의 의미는 무엇인가?

누가복음 9장

1. 본문 및 구조

• **12제자를 파송하심**(1-6)

494) 혈루증 여인과 야이로의 딸의 사건에 나타난 유사점은 다음과 같다. 예수님 앞에 엎드림(41, 47절), 딸(42, 48-49절), 12년(42-43절), 절망적인 상황(42, 43, 49절), 치유의 사실과 즉각성(44, 47, 55절), 만짐(44, 45, 46, 47, 50절), 부정결(피가 흐름-43절, 시체-53, 54절), 두려움(45, 47, 50절), 신앙과 구원(48, 50절). 이러한 주제적이며 언어적 병행은 이 두 사건이 동시에 읽혀야 할 것을 암시한다. 야이로의 딸이 구원받는 사건이 열두 해를 혈루증으로 앓던 여인의 사건에 의해 방해되는 듯한 이야기 순서는 오히려 야이로의 딸의 부활을 더욱 극적으로 부각시키는 효과가 있다(보라. Green, 1997:343).

• 헤롯 안디바와 세례요한(7-9)
• 오병이어의 표적(10-17)
• 베드로의 고백(18-22)
• 십자가와 제자도(23-27)
• 변모하심(28-36)
• 악령 들린 아이를 고치심(37-45)
• 천국에서 큰 자(46-48)
• 대적하는 자와 위하는 자(49-50)
• 사마리아인의 배척(51-56)
• 제자도(57-62)

2. 구원 계시사적 메시지

2.1. 누가복음 9장 1-6절의 메시지

12제자를 불러 모으신 예수님은 제자들에게 축귀와 치유의 능력과 권세를 주시고, 하나님 나라를 전파하며, 앓는 자를 고치게 하려고 보내신다(1-2절). 이제 제자들이 주님으로부터 독립해서 실습을 할 차례이다. 하나님 나라는 복음을 전하는 영적인 차원은 물론, 병을 고치는 육체적인 차원도 가진다. 천국의 영육의 두 차원과 관련하여, 예수님이 하나님이시며 사람이시지 않은가! 제자들은 전도 여행을 위해서는 지팡이, 주머니, 양식, 돈, 혹은 옷도 '두 벌씩'(*ana dyo*)은 휴대하지 말아야 한다(3절). 이것은 전도의 긴박성을 강조하는 옷차림인 동시에, 전도 여행에 필요한 것을 하나님이 공급하심을 신뢰할 것을 강조하는 것이다. 제자들이 전도하러 가서 환영하는 집에 유해야 한다(4절).

그런데 누가복음 22장 35-36절에서 주님은 제자들에게 전대와 주머니와 칼을 차고 전도하러 가라고 명하신다. 그 상황은 누가복음 9장의 상황과 다른 것이다. 제자들을 영접하지 아니하는 사람에게는 발에서 먼지를 떨어버려서 그들에게 증거를 삼아야 한다(5절). 이 상징적인 행동은 복음을 거부한 사람과는 아무런 관련이 없으며 그들을 향한 혐오감을 표시하는 것이다. 주님의 말씀에 순종하여 제자들이 각 촌으로 나가서 복음을 전하며 병을 고쳤다(6절).

2.2. 누가복음 9장 7-9절의 메시지

분봉왕(tetrarch) 헤롯 안디바가 예수님과 제자를 통한 천국 확장 운동 소식을 듣고 심히 당황했다. 어떤 이들은 세례 요한이 부활했다고 하며, 어떤 이들은 엘리야(참고. 왕하 2:1-11; 말 4:5; 막 9:13) 혹은 옛 선지자 중 한 명이 부활했다고 말한다(7-8절). 이것은 예수님 당시의 민중이 예수님을 메시아이시며 하나님의 아들이라고 믿는 것이 상당히 어려웠음을 보여준다. 헤롯은 세례 요한이 죽어서 부활하지 못한다고 생각했고(참고. 마 14:1-12), 예수님이 누구신지 궁금해 하면서 보기를 원한다(9절). 누가복음 23장 6-12절에 의하면, 헤롯 안디바가 예수님이 처형되기 전에 재판한다. 헤롯 안디바와 백성들은 예수님의 정체성에 대해 호기심을 가지고 있으며, 당황하기까지 했으나 믿음으로 고백하는 단계에 이르지 못한다.

2.3. 누가복음 9장 10-17절의 메시지

사도들이 돌아와서 전도 보고를 한다. 예수님 일행은 벳새다로 떠나신다(10절).[495] 벳새다로 떠난 것은 예수님께서 제자들의 전도 보고를 무리가 드문 장소에서 경청하기 위해서였을 것이다. 그리고 제자들에게 잠시 휴식을 주시기 위해서였다. 그러나 무리가 알고 거기까지 따라왔기에, 주님은 천국 복음을 전파하시고 치유하셨다(11절). 날이 저물어 갈 때, 12사도는 예수님이 무리에게 빈 들을 떠나서 마을에 가서 유하며 먹을 것을 얻도록 말씀하시기를 청한다(12절). 이곳은 가버나움에서 7km 정도 떨어진 호수 동쪽에 있던 벳새다 근방이다. 예수님은 사도에게 먹을 것을 무리에게 주라고 명하신다. 사도는 오병(*pente artous*) 이어(*dyo ichthyas*)만 가지고는 무리를 먹일 수 없다고 말한다(13절). 남자만 5천 명 되는 큰 무리였다. 아마 남자는 남자끼리, 여자는 여자와 아이들과 함께 구분하여 50명씩 무리를 지어 앉힌다(14절). 예수님이 오병이어를 들고 축사하신 후[496] 제자들에게 나누어 주신다(16절). '나누어 주신다'는 표현은 *edidou*인데 미완료 직설법 능동태 3인칭 단수이다. 제자들은 무리 앞에 생선과 떡을 놓았다(*paratheinai*, 아오리스트 능동태 부정사). 다 배불리 먹고 12바구니를 거둔다(17절). 오병이어의 기적은 예수님의 부활을 제외하면 4복음서에 모두 등장하는 유일한 이야기이다. 이처럼 메시아 시대는 주님의 백성이 연회에 참가하여 풍성한 꼴을 얻고 즐기는 법이다. 예수님은 영적인 말씀뿐 아니라, 육체의 필요도 채워 주신다.

2.4. 누가복음 9장 18-22절의 메시지

예수님이 따로 기도하실 때, 제자들에게 "무리가 나를 누구라 하느냐?"라고 물으신다(18절). 누가는 다시 한 번 기도를 강조한다(참고. 눅 3:21, 6:12, 11:1). 사람들은 예수님에 대해서 세례 요한, 엘리야, 옛 선지자 중 하나가 살아났다고 생각했다(19절; 참고. 신 18:18).[497] 아마도 제자들은 단지 전도 여행 중에 백성들로부터 이런 말을 들었을 것이다. 이런 무리의 신앙 고백은 부족하기 그지없다. 예수님께서 사도의 신앙 고백을 물으시니, 베드로가 "하나님의 그리스도시니이다"(*ton Christon tou theou*, the Christ of God)라고 답한다(20절). 주님은 이 고백을 아무에게도 이르지 말라고 경계하신다(21절). 주님이 말씀하신다. "인자가 많은 고난을 받고 장로들과 대제사장들과 서기관들에게 버린 바 되어 죽임을 당하고 제삼일에 살아나야 하리라"(22절).

---

495) 10절에서 다수 사본은 '벳새다라고 불리는 광야 마을로'라고 늘여서 쓴다.

496) 예수님은 회당 예배 중에 암송된 *Shemone Esreh*의 일부분인 유대인의 축사 즉 "복되도다 여호와 우리 하나님, 세상의 왕이시여. 주님은 땅으로부터 떡을 내시는 분이시도다"를 잘 알고 계셨을 것이다.

497) 팔레스타인의 유대인들은 구약적 의미의 선지자들은 더 이상 없다고 믿었으므로, 예수님을 선지자의 반열에 둔 것은 파격적인 일이었다(참고. 존 월튼, 2010:1449).

예수님은 베드로가 하나님이 보내신 메시아라고 올바르게 대답하자, 메시아는 죽으시고 부활하는 분이라고 설명하신다. 단순한 정치적 메시아를 기대하지 말 것을 경계하시는 차원이다. 산헤드린의 구성원이던 장로와 대제사장 그리고 서기관들이 예수님을 대적하는 주동 세력이다. 아직까지 주님을 따르던 무리가 이런 정확한 메시아의 인격과 사역에 대한 인식을 갖추지 못했기에 제자들이 백성에게 말하지 말라고 경계하신다.

2.5. 누가복음 9장 23-27절의 메시지

예수님이 무리에게 자기를 부인하고, 날마다 제 십자가를 지고 좇으라고 말씀하신다(23절). 참 제자라면 이기적인 욕망과 세상에서 누리는 안전을 포기해야 한다. 대신 하나님이 자신의 삶을 다스리도록 맡겨야 한다. 이것이 자기 부인이다. 위협과 박해 앞에서도 굴하지 않고 죽음을 각오하고서라도 자신의 욕망을 포기하면서 따르는 것이 십자가를 지는 것이다. 십자가를 지는 것은 자기를 부인하는 심층적인 방법이다(참고. 오스본, 2003:404). 자기 목숨을 구원코자 하면 잃을 것이요, 주님을 위해 자기 목숨을 잃으면 구원할 것이다(24절). 메시아 왕국을 위해 전부를 바친 사람은 이 땅에서 하나님을 섬기는 만족과 영생을 얻게 된다. 누가는 여기서 자기 자신의 유익을 위해 노력하며 발버둥치는 자를 자기 목숨을 구원코자 하는 사람이라고 부른다. 사람이 온 천하를 얻고도, 자기를 잃든지 빼앗기든지 하면 아무 유익이 없다(25절).

사두개인들은 현세 지향적으로 살아서 이 땅에서 권력을 유지하기 위해 혈안이 된 사람들이었다. 그 결과 그들은 자신의 목숨을 잃고 말았다. 예수님과 주님의 말씀을 부끄러워하면, 인자도 영광 가운데 올 때 그 사람을 부끄러워할 것이다(26절). 주님이 오실 때 '부끄러워하시는 것'은 수치심을 느끼는 것을 넘어 거부와 심판을 의미한다(참고. 사 44:11). 주님은 여기 섰는 사람 중에 죽기 전에 하나님의 나라를 볼 자들도 있다고 말씀하신다(27절). 예수님이 영광 가운데 오시는 것은(26절) 8일 후에 있을 변화산의 사건, 그리고 부활과 승천, 오순절 성령 강림, 그리고 A.D. 70년 사건 그리고 궁극적으로는 최종 파루시아를 가리킨다.

2.6. 누가복음 9장 28-36절의 메시지

이 말씀을 하신 후 8일쯤 지나, 주님은 베드로, 요한, 야고보를 데리고 기도하러 산에 올라가사, 기도하실 때 용모가 변화되고 옷이 희어져 광채가 났다(28-29절; 참고. 출 34:29-35). 모세와 엘리야가 나타나 예수님께서 예루살렘에서 별세(*ton eksodon*)하실 것을 말한다(30-31절; 참고. 22절). 예수님의 엑소더스는 예루살렘에서 죽으실 것과 부활을 의미한다. 이 주님의 엑소더스는 구약 출애굽의 원형(antitype, reality)이다.[498] 이 예수님의 장차 있을 죽으심과 부활을 구약의

498) 예수님의 엑소더스(exodus, 하지만 NIV, ESV는 'departure'로 번역함)를 예언한 변화산은 모세가 하나님의 현현을 경험한 시내 산과 연결된다. 신 현현 시에 번개와 우레와 음성이 동반되었다(참고. 출 24:1; 눅 9:28; 히 12:18-21). 시내 산 중턱까지 70장로가 모세를 따라 올라갔듯이, 주님의 세 제자는 증인 역할을 하면서 변화산 위로 주님을 따라 올라갔다. 변화산에서 세 제자들은 예수님의 미래의 영광을 미리 맛보았다(참고. Pao, 2000:40-41).

대표자인 모세와 엘리야라는 두 증인이 나타나서 증거하고 있다. 세 제자가 자다가 깨어서 예수님의 영광과 모세와 엘리야를 본다. 모세와 엘리야가 떠날 때 베드로가 예수님에게 여기 있는 것이 좋사오니, 초막 셋을 짓겠다고 말하지만 자기도 무슨 뜻인지 모르고 말했다(32-33절). 이 말을 할 즈음에 구름이 와서 그들을 덮으니 두려워한다(34절). 세례를 받을 때처럼, 구름 속에서 소리가 나서 "이는 나의 아들 곧 택함을 받은 자니,[499] 너희는 저의 말을 들으라"고 말씀한다(35절). 제자들이 예수님의 가르침을 들어야 한 이유는 주님이 가르치신 복음은 모세와 엘리야로 대변되는 구약 율법과 예언을 성취한 것이었기 때문이다(참고. ESV Study Bible, 2008:1973). 35절은 신명기 18장 15절의 성취이기도 하다. 하늘의 소리가 그치매, 오직 예수님만 보이고, 세 제자들은 잠잠하며 본 것을 다른 사람(아홉 제자)에게 말하지 않았다(36절). 이 세 제자들은 예수님이 부활하신 후에야 변화산 사건의 진정한 의미를 깨달았을 것이다(참고. 마 17:9).

2.7. 누가복음 9장 37-45절의 메시지

예수님 일행이 이튿날 산에서 내려오시니, 큰 무리가 맞이한다 (37절). 아마도 변화산 사건이 밤중에 일어났고, 주님은 세 제자와 더불어 그다음 아침에 산에서 내려오셨을 것이다.[500] 무리 중 한 사람이 큰소리를 지르며, 자기 외아들을 돌아봐 달라고 말한다(38절). 악령이 그 외아들을 잡아서 갑자기 부르짖게 하고, 경련을 일으켜, 거품을 흘리게 하며, 심히 상하게 만들고 떠나간다 (39절). 제자들은 이 악령을 쫓아내지 못했다(40절). "믿음이 없고 패역한 세대여, 내가 얼마나 너희와 함께 있으며 너희를 참으리요"라고 제자들을 책망하신다(41절). 패역한 세대는 완고한 마음을 가진 사람이라는 뜻인데, 성령 충만하지 못한 상태이다. 외아들을 예수님에게 데리고 올 때 악령은 그 아이를 거꾸러뜨리고 심히 경련을 일으킨다. 주님은 더러운 악령을 꾸짖으시고 아이를 낫게 하시고 아버지에게 돌려 주신다(42절). 사람들은 하나님의 위엄(greatness)에 놀란다 (43절). 놀라는 제자들에게, 주님은 장차 인자가 사람들의 손에 넘기울 것이라고 말씀하셨으나 깨닫지 못할 뿐 아니라, 이것에 대해 질문하기도 무서워한다(44-45절). 주님은 목격한 모든 사람을 놀라게 만들 정도로 능력 있게 악령을 축출하셨음에도 불구하고, 십자가를 지시는 방식으로 구속을 이루셔야만 했다.

2.8. 누가복음 9장 46-48절의 메시지

제자 중에서 누가 큰가라는 변론이 일어난다(46절). 아마 이 어리석은 논쟁은 변화산에 동참하지 못한 9명의 제자들이 변화산 사건에 동참한 세 제자를 시기하는 마음에서 촉발되었을 수 있다. 예수님은 제자들 사이의 논쟁을 아시고, 어린아이 하나를 데려다가 자기 곁에 세우시고(47

499) 35절에서 A, C, 다수 사본은 "사랑받은 나의 아들이다"로 쓴다.

500) 28-36절과 37절이 '다음날'로 연결되므로, 37-43절의 사건도 예수님의 영광을 드러내는 것으로 볼 수 있다(참고. 43절의 '위대하심'; 보라. ESV Study Bible, 2008:1973).

절), “누구든지 내 이름으로 이 어린아이를 영접하면 곧 나 보내신 이를 영접함이라. 너희 모든 사람 중에 가장 작은 그 이가 큰 자니라”고 말씀하신다(48절). 예수님 당시에 어린아이는 그리 중요한 존재가 아니었다. 그러나 주님은 어린아이를 영접하는 것을 자신을 영접하는 것과 동등하게 여기신다. 낮은 곳에서 섬기는 자가 큰 자이다. 이런 말씀을 하시는 예수님은 누구이신가? 성부와 동등하신 분이시다.

2.9. 누가복음 9장 49-50절의 메시지

사도 요한이 예수님에게 12제자가 아닌 사람이 예수님의 이름으로 악령을 쫓아내는 것을 보고는 금지했다고 보고한다(49절). 여기에 등장하는 익명의 그리스도인은 변화산의 사건 직후에 악령을 쫓아내지 못한 나약한 예수님의 제자들과 대조된다. 주님은 금하지 말라고 말씀하시면서, 12제자를 반대하지 아니하는 자는 12제자를 위하는 자라고 설명하신다(50절; 참고. 마 12:30). 예수님 편에 서서 일하는 사람은 모두가 공동 목표인 하나님 나라의 복음을 전하는 데 충성하는 일꾼이기에 상호 존중과 협력을 해야 한다. 여기서 예수님은 요한의 폐쇄적인 사고를 교정하신다. 요한의 발언은 교단과 학연, 지연, 혈연에 집착하는 현대 성도의 모습을 연상시킨다.

2.10. 누가복음 9장 51-56절의 메시지

예수님은 승천하실 기약이 차가매, 예루살렘으로 가시기로 결심하신다(51절). 예수님은 예루살렘이 죽음과 부활과 승천, 더 나아가 성령 강림이라는 구속사에서 중요한 장소라는 사실을 알고 계셨다. 그러므로 예루살렘으로 가시려면 굳게 결심하셔야 했다. 주님은 사자들을 먼저 앞서 보내신다. 그들은 사마리아 한 촌에 들어가서 예수님이 유하실 곳을 찾아야 한다(52절). 사마리아인들은 예수님 일행이 예루살렘으로 가시는 것을 알고는 영접하지 않는다(53절). 만약 사마리아의 수가 성을 지나가셨다면 예수님 일행이 환영 받았을 것이다(참고. 요 4:30). 그러나 예수님이 사마리아의 다른 마을을 지나가신 이유는 복음을 전하기 위해서이다. 열왕기하 17장 24-41절에 의하면, B.C. 722년 사마리아 함락 후 앗수르가 자국민을 사마리아에 이주시켜서 혼합 현상이 일어났다. 그때 이후로 사마리아인과 유대인 사이의 반목의 골은 깊어만 갔다.[501] 사마리아인의 민족주의가 하나님의 구원 계획을 거부하도록 만들고 있다. 야고보와 요한이 이것을 보고는 “주님, 저희가 하늘에서 불이 내리도록 청하여 그들을 태워버리기 원하시니까?”라고 예수님에게 말한다(54절).[502] 예수님은 이 두 제자를 꾸짖으시고, 다른 촌으로 가신다(55-56절).[503] 주님은 전도자를 영접하지 않으면 신의 먼지를 떨어 버리라고 하셨지, 실제적인 파멸의

---

501) 사마리아인은 이방인 개종자보다 더 비천한 존재였고, A.D. 8년 이후로 성전의 뜰에 들어갈 수 없었다. 미쉬나의 한 규정은 사마리아인으로부터 성전세나 속죄 제물이나 속건 제물을 받지 말라고 규정한다(참고. 예레미아스, 1988:446).

502) 54절에서 A, C, D, 다수 사본은 ‘엘리야가 했던 것처럼’을 ‘하늘에서 불이 내리도록’ 앞에 추가한다. 누가복음 9장 30절에 엘리야가 등장하는데, 변화산에서 야고보와 요한이 그를 목격했다.

503) 55-56절에 K, 세타, 다수 사본 중 일부는 누가복음 19장 10절을 반영하여 첨가한다.

심판을 하라고 말씀하지 않으셨다.

2.11. 누가복음 9장 57-62절의 메시지

예수님이 길 가실 때 어떤 사람(참고. 마 8:19에는 서기관)이 주님께 어디를 가시든지 따르겠다고 말한다(57절). 예수님은 여우와 공중의 새는 거처가 있지만 인자는 머리 둘 곳도 없다고 말씀하신다(58절). 예수님은 세상이 주는 안락함을 포기해야 하는, 제자가 치러야 할 대가를 말씀하신다. 예수님이 다른 사람에게 나를 좇으라 말씀하시니, 자기 부친을 '먼저'(*proton*) 장사하고 오겠다고 답한다(59절). 예수님은 그에게 (영적으로) 죽은 자들로 자기 (실제로) 죽은 자들을 장사하게 하고, 너는 하나님 나라를 전파하라고 말씀하신다(60절). 여기서 예수님은 부모를 섬기지 말라는 것을 명하시지 않는다. 예수님은 섬김의 '우선적인' 대상이 부모가 아니라 주님 자신이라고 답하신다. 또 다른 사람은 '먼저'(*proton*) 가족에게 작별하고 따르겠다고 말한다(61절). 예수님은 손에 쟁기를 잡고 뒤를 돌아보는 자는 하나님 나라에 합당치 않다고 말씀하신다(62절; 참고. 밭 갈던 엘리사가 제자로 부름을 받음, 왕상 19:19-21). 제자에게 있어서 하나님 나라를 섬기는 일이 가장 우선순위를 차지해야 한다. 이 '우선순위'(priority)를 방해하는 것은 그것이 무엇이든지 간에 제거해야 한다.

3. 오늘에의 적용

여기 지금 영광 가운데 임하는 하나님 나라는 어떠한가?
큰 자가 되려는 마음을 어떻게 통제할 수 있는가?
교회 일치와 연합 운동의 원칙과 방법은 무엇인가?
자기를 부인하고 십자가를 지는 제자도는 무엇인가?

누가복음 10장

1. 본문 및 구조

- 70제자들의 사역(1-20)
- 성령으로 기뻐하시는 예수님(21-24)
- 선한 사마리아인의 비유(25-37)
- 마르다와 마리아(38-42)

2. 구원 계시사적 메시지

2.1. 누가복음 10장 1-20절의 메시지

이 일들 후에 주님은 다른 70인 제자를 세워서 예수님 자신이 가시려는 장소로 둘씩 보내신다(1절). 몇몇 사본(B, D, 018 등)에는 '72명'(*hebdomeikonta dyo*)으로 나타나지만, 오래된 사본 대부분과 다수 사본은 '70명'을 지지한다.[504] 70인 제자 파송은 누가복음에만 기록되어 있다. 누가복음 9장에서 예수님은 12제자를 파송하셨다. 아마 12사도를 돕는 차원에서 추가로 70인을 제자로 임명하신 것 같다. 유대인들에게 70은 '이방인'의 숫자이다(참고. 창 10; 신 32:8; 보라. ESV Study Bible, 2008:1975; 존 월튼, 2010:1452). 모세를 도운 장로는 70명이었고(참고. 출 24:1; 민 11:16), 모세에게 임한 성령이 70인 장로에게 임하시며(참고. 민 11:17), 확장되어 모든 백성에게 임할 것이다(참고. 민 11:29). 이것은 요엘 2장 28-29절에서 분명히 예언되며, 사도행전 2장 1절에서 성취된다. 따라서 70인의 파송은 사도행전에서 강조하는 세계적인 선교를 미리 보여주는 것이다(참고. 유상섭, 2002:175). 예수님께서 70인에게 '추수할 것은 많되, 일꾼이 적으니 추수하는 주인에게 청하여 추수할 일꾼을 보내어 주소서 하라'고 말씀하신다(2절). 그렇다. 하나님의 나라가 지금 역동적으로 뻗어나가고 있기에 생명의 주님께로 돌아올 자들이 많다. 보냄받은 제자들은 전도의 미련한 방법으로 추수해야 한다. 예수님은 70인을 마치 어린양을 이리 가운데 보냄과 같다고 말씀하신다(3절). 제자들은 이리처럼 사납고 교활한 세상 속에서 영적 전투를 하면서 추수를 해야 한다. 이들은 전대, 주머니, 신을 가지지 말고 길에서 인사도 하지 말아야 한다(4절; 참고. 9:3). 제자들은 하나님의 공급하심을 믿고 전도 현장에 나아가야 한다. 그리고 인사를 하지 않을 정도로 긴급히 전도를 수행해야 했다(참고. 왕하 4:29).

제자들이 어느 집에 들어가면 먼저 평안을 빌어야 했다(5절). 평안을 받을 사람이 있으면 그 사람에게 머무를 것이지만, 없으면 제자들에게 돌아온다(6절). 복음을 받아들인 그 집에서 제공하는 것을 먹고 마셔야 한다(7절).[505] 전도자가 더 나은 대접을 제공하는 집으로 옮겨 다니는 것은 금지되었다. 전도자와 전도자를 환대하는 사람은 하나님의 가족으로서 식탁 교제를 나눈다. 그런데 제자들은 종종 이 식탁 교제를 이방인들과 함께 이방인의 음식으로 했을 가능성이 크다. 그러므로 예수님은 이 식탁 교제를 통해서 암시적으로 정결과 부정결에 대한 정의를 다시 내리신다. 제자들은 병자를 고치고 하나님의 나라가 가까웠다고 말해야 한다(9절; 참고. 눅 9:2). 동네에서 제자들을 영접지 아니하면, 나와서 발의 먼지를 떨면서 하나님 나라가 가까웠음을 말해야 한다(11절; 참고. 행 22:23). 복음을 거부한 자에게 임할 심판은 현재적인 천국의 다른 양상이다. 저 날에(*en te hemera ekeine*) 소돔이 복음을 거부한 마을보다 견디기 쉬울 것이다(12절; 참고. 창 19:24-28). 예수님이 최종적으로 행하시는 심판의 날에 소돔보다 메시아께서 행하시고 말씀하심으로 계시된 천국 복음을 거부한 자들이 받을 화가 더 크다. 고라신과 벳새다에게 화를 선언하

---

504) 누가복음 10장 1절과 17절에서 바른 성경은 '칠십(이) 명'으로 쓴다.

505) 전도자를 대접하는 것은 고대 지중해 세계, 특히 유대교에서 중요한 미덕이었다.

신다. 두로와 시돈(참고. 사 23:1-18; 렘 25:22; 겔 26-28)에게 복음을 전하고 권능을 행했다면 그들은 회개했을 것이다(13절). 두로와 시돈이 심판 날에 고라신과 벳새다보다 견디기 쉬울 것이다(14절). 가버나움은 음부(*hades*, 정죄된 악인이 거주하는 장소)에까지 낮아지리라(15절; 참고. 사 14:12-15). 성부는 성자를 보내셨고, 성자는 70제자를 보내셨기에, 성부께서 제자들을 보낸 것이나 마찬가지이다. 그러므로 제자의 말을 듣는 것은 곧 예수님과 성부의 말씀을 듣는 것이다(16절).

70인이 돌아와서 전도 보고를 할 때 악령이 항복하는 것을 언급한다(17절). 사탄이 하늘로서 번개같이 떨어지는 것을 주님도 보았다(18절; 참고. 사 14:12-17). 즉 복음 선포와 치유 그리고 축귀로 악령이 항복하는 것은 사탄의 왕국이 줄어드는 것이며, 사탄이 계속해서 추락하는 것이다. 물론 예수님의 부활·승천으로 사탄은 결정적으로 추락하게 된다. 예수님이 뱀과 전갈을 밟으며(즉 악령의 세력을 정복하며), 원수(마귀)의 모든 능력을 제어할 권세를 제자들에게 주셨기에, 제자들을 해할 자가 결단코 없을 것이다(19절). 제자들은 악령이 항복하는 것으로 즐거워 말고, 이름이 하늘에 기록된 것으로 기뻐해야 한다(20절).[506] 축귀도 귀한 일이지만, 구원을 받은 사실이 제자들이 기뻐해야 할 근원적인 사실이다. 이 구원받는 사람이 더해가야 한다. 예수님은 제자들이 축귀와 같은 놀라운 사역으로 인해 교만해질 가능성이 있었기에 경계하신다.

2.2. 누가복음 10장 21-24절의 메시지

예수님은 성령으로 기뻐하신다. 천지의 주재이신 성부께서 지혜롭고 슬기 있는 자에게는 숨기시고 (70인 제자와 같은) 어린아이들에게는 나타내신 것을 감사드린다. 이것이 성부의 뜻이었다(21절). 성부께서 모든 것을 성자에게 주셨다. 성부만 성자를 알고, 성자와 성자의 소원대로 계시를 받는 자만 성부를 안다(22절).[507] 예수님은 제자들을 돌아보시며 "너희가 보는 것을 보는 눈은 복이 있도다"라고 종용히 말씀하신다(23절). 많은 선지자와 임금이 제자들이 보는 바를 보고자 하였으되 보지 못하였으며, 제자들이 듣는 바를 듣고자 하였으되 듣지 못하였다(24절; 참고. 벧전 1:10-11). 구약 선지자와 왕들과는 달리, 제자들은 예수 그리스도께서 하신 말씀과 행하신 일을 통해서 메시아 시대의 실체를 목격하고 있다. 이것은 실제로 엄청난 복인데, 신약의 제자들이 진전된 계시사적 전망대 위에 서 있기 때문이다.

2.3. 누가복음 10장 25-37절의 메시지

예수님을 시험하려고 어떤 율법사가 무엇을 하여야 영생을 얻는지 묻는다(25절). 행위 구원은 신구약 중간기 동안에 유대인 가운데 발생하여 만연했던 이단적 사상이다. 이 율법사는 메시아

---

506) 칼빈(1993:449)은 20절을 예수님께서 자기 제자들을 그냥 지나가 버리는 기쁨으로부터 영생의 영광으로 이끌어 가시기 원하셨다고 본다. 즉 예수님은 악령을 쫓아내는 것과 같은 기적의 근원에 있는 하나님의 은혜로운 선택을 강조하셨다.

507) 22절 첫째 부분에 시내 산, B, D사본과 달리, A, C, W, 다수 사본은 "예수님께서 제자들에게 돌아서서 말씀하셨다"를 추가한다.

시대의 실체를 보지도 듣지도 못한 사람에 불과하다. 예수님은 율법이 무엇을 말씀하는지 되물으신다(26절). 율법사는 마음, 목숨, 힘, 뜻을 다해 주 너의 하나님을 사랑하고, 또 이웃을 네 몸처럼 사랑하는 것이라고 대답한다(27절). 예수님은 '그대로 행하라. 그리하면 살리라'고 대답하신다(28절). 주님의 이 말씀은 결코 행위 구원을 가르치는 것이 아니다. 천국을 상속하는 것은 하나님의 은혜로만 가능하지만, 거기에는 합당한 행위가 필연적으로 따름을 강조하실 뿐이다(참고. 롬 13:8-10; 갈 5:6, 13-14; 약 2:14-26). 이 율법사는 자기를 옳게 보이려고 예수님에게 다시 질문한다. "내 이웃이 누구입니까?"(29절) 율법사에게 있어서 이웃은 이방인이 될 수 없고, 유대인 중에서도 세리나 창녀들은 제외되고 율법을 지키는 사람뿐이었다. 예수님은 선한 사마리아인의 비유로 이웃이 누구인지 답변하신다(30절). 제사장과 레위인은 여리고로 가던 길에서 강도 만난 자(유대인)를 무시하고 지나치지만, 어떤 사마리아인은 기름과 포도주를 상처에 붓고, 짐승에 태워서 주막으로 데리고 가서 돌봐 준다(31-34절).[508] 자비를 베푼 사마리아인이 강도 만난 자의 이웃이며, 율법사도 그처럼 행해야 한다(36-37절). 율법사는 이웃에 대해 편협하면서도 단지 지적으로 정의를 내리지만, 그것은 교정되어야 했으며, 더 나아가 실천이 부족했다.[509]

---

508) A.D. 1세기 유대교에서 명예로운 순서대로 볼 때 다음과 같이 분류된다. (1) 제사장, (2) 레위인, (3) 순수한 혈통의 이스라엘 평민, (4) 제사장의 사생아, 유대교로 개종한 자 혹은 하나님을 경외하는 자, 개종한 자유민, (5) 근친상간이나 부정한 결합으로 태어난 사람, 창녀에게 태어난 자, 버려진 아이, 사람에 의해 만들어진 고자, (6) 태어나면서부터 된 고자, 성적 불구자, 남녀 양성을 가진 자, (7) 이방인. 이 분류는 정결과 부정결 그리고 예루살렘 성전에 대한 근접도의 차이이기도 하다(참고. 말리나, 1999:265, 268). 하지만 예수님은 유대인들의 정결과 부정결 및 참 성전의 규정을 다시 정립하신다.

509) 사마리아인이 강도만난 자를 위해 해준 구체적인 6가지 행동은 다음과 같다.

(1) 보고 다가갔다.

(2) 상처를 싸매어 주었다. 아마 자기 옷을 찢어서 싸매어 주었을 것이다. 여기서 싸매는 것은 예레미야 30장 17절과 호세아 6장 1-10절에 의하면, 하나님께서 자기 백성을 구원하실 때 사용하신 말과 같은 것이다. 사마리아인의 행동은 하나님이 우리를 향해서 베푸시는 구원의 행동을 연상케 한다.

(3) 상처를 가라앉게 하는 기름과 감염을 막는 포도주를 부어주었다. 기름을 붓는 것은 관제를 연상하게 한다. 제물 위에다 포도주를 붓는 것 즉 아낌없이, 남김 없이 희생하는 것을 의미한다.

(4) 그 사람을 나귀에 태운다. 보통 2명이 탈 수 있는 나귀였기에 같이 타고 갔을 수도 있다.

(5) 여관으로 데리고 간다. 여관은 누가복음 2장 7절의 아기 예수님이 태어나기 전에 요셉과 마리아가 찾았던 베들레헴의 여관과는 다른 좀더 고급으로 보인다.

(6) 돌보고 돈을 지불한다. 사마리아인이 지불했던 2데나리온은 1사람이 2-3주간 숙박할 수 있는 금액이었다. 여관의 하루 숙박 비용이 12분의 1데나리온이기 때문이다. 사마리아인은 하루를 함께 머물렀다. 35절에 "내가 갚으리라(지불하리라)"는 말에 "바로 내가"가 강조되어 있다(35절). 유대인의 관습을 통해서 볼 때, 만약 강도 만난 자는 빚을 갚지 못하면 그는 돈을 다 갚을 때까지 여관 주인의 노예가 되어야 했다. 처음 본 사람을 향한 무한 책임성을 본다.

이 6가지 행동은 참된 이웃 사랑은 구체적인 대가를 치러야 가능하다는 사실을 가르쳐 준다. 개인주의, 이기주의, 그리고 소시민적인 가족 이기주의가 만연한 이때, 이런 헌신적이고 대가를 바라지 않는 이웃 사랑, 오른손이 하는 일을 왼손이 모르게 하는 은밀한 구제는 더욱 그 가치가 빛날 것이다. 희생적인 다가감, 연민, 돌봄으로 이웃을 사랑할 수 있다.

2.4. 누가복음 10장 38-42절의 메시지

마르다가 예수님 일행을 '자기 집 안으로'(파피루스 45, 75, B사본은 생략하지만, A, D, W, 다수 사본은 지지함) 영접한다(38절). 가장이 손님을 맞이하여 영접하는 것이 관습인 팔레스타인에서 마르다라는 여자가 예수님 일행을 영접한 것은 남자가 할 일을 여자가 한 것이다. 동생 마리아는 주님의 발아래 앉아서 말씀을 듣는다(39절). 예수님 당시의 남자만 스승의 발아래 앉아서 교육을 받을 수 있었다. 그러므로 마르다와 마리아 둘 다 남자가 할 일을 여자로서 하고 있는 것이다. 이 사실은 누가 공동체 안에서 여자의 역할이 남자 못지않게 적극적이고 중요할 것을 투영한다. 마르다는 준비하는 일이 많아서 마음이 분주하다. 그래서 동생 마리아가 도와주도록 말씀해 줄 것을 예수님에게 요청한다(40절). 마르다는 많은 일로 염려하고 근심하지만 몇 가지 아니면 한 가지만 해도 족한데, 마리아는 좋은 편을 선택했다(41-42절). 앞 단락에서 선한 사마리아인의 비유가 등장했기에, 많은 일로 분주한 마르다가 일방적으로 비난을 받는 것으로 보기 힘들다. 그러나 이 단락에서 분명한 것은 예수님은 배움이 먼저이고, 그 후 섬김이 반드시 뒤따라야 할 것을 강조한다.

3. 오늘에의 적용

배움과 섬김의 관계는?
우리에게 있어서 이웃의 범위와 사랑의 방법은 무엇인가?
계시사의 전진에 있어서 충만한 계시의 시대에 사는 우리의 삶은 어떠해야 하는가?

누가복음 11장

1. 본문 및 구조

- 주님의 기도(1-4)
- 끈질기게 조르는 친구 비유(5-13)
- 바리새인들의 신성 모독(14-28)
- 요나의 표적(29-32)
- 몸의 등불(33-36)
- 서기관과 바리새인을 책망하시는 예수님(37-54)

2. 구원 계시사적 메시지

2.1. 누가복음 11장 1-4절의 메시지

예수님이 기도하기를 마치시매, 제자 중 한 명이 기도를 가르쳐 달라고 요청한다.[510] 다시 한 번 누가는 기도를 강조한다(참고. 눅 1:9-10, 3:21; 6:12, 9:18, 28-29). 흥미로운 점은 예수님이 기도의 모범을 실제적으로 보이신 후에 제자로부터 기도에 대해 질문을 받고 가르치신다는 점이다. 이미 세례 요한도 그의 제자들에게 기도를 가르쳤다(1절). 스승이 가르치는 기도는 그 모임의 운동의 방향성을 제시하는 행동 강령과 같다. 마찬가지로 주님이 가르치신 기도의 내용은 제자들이 힘써야 할 행동 강령이다. 이 단락의 주기도는 마태복음 6장의 주기도문보다 요약된 형식이다. '아버지여!(*Pater*)'는[511] 제자들과 성부 사이의 친밀한 부자 관계 즉 언약 관계가 기도의 기초가 됨을 밝힌다. 하나님을 향한 간구는 두 가지이다. 하나는, 이름이 거룩히 여김을 받으시는 것이다(*hagiastheito*, 아오리스트 수동 명령 3인칭 단수). 신적 수동태로서 근본적으로 하나님만 스스로 이름이 거룩히 여기도록 하실 수 있다. 물론 교회는 하나님의 이름에 합당한 영광을 돌리도록 힘써야 한다. 다른 하나는, 하나님의 나라가 임하는 것이다. 종합해 보면, 하나님의 나라가 임하면 하나님의 이름이 거룩히 여김을 받으신다. 예수님의 구속 사역으로 하나님의 이름이 거룩하게 되었고, 나라가 임했다. 이것을 계속해서 교회가 즐기면서 이루도록 기도해야 한다.

그다음에 간구자의 필요를 위해 3가지를 가르치신다(2-4절). 첫째, 날마다 생존에 필수적인(일용할, *ton epiousion*……*kath hemeran*) 양식을 주옵소서.[512] 둘째, 우리에게 죄 지은 모든 사람을 용서하오니 우리 죄도 사하여 주옵소서. 이것은 우리가 죄 용서해 주는 선행을 제시하면서 우리의 죄를 용서하시라고 하나님에게 명령하는 것이 아니다. 역으로, 일만 달란트 빚진 자였으나 탕감 받은 자로서 남을 용서하며 살겠다는 결단이다. 셋째, 우리를 시험에(*eis peirasmon*, enticement) 들게 하지 마옵소서. '우리'라는 말은 주기도문이 공동체의 기도임을 가르친다.[513]

---

510) 어떤 사람의 기도를 중단시키는 것은 무례하고 경건치 못한 행동이었다. 그래서 제자들은 예수님이 기도를 마치실 때까지 기다렸다.

511) 2절에서 '아버지여'라고 쓰는 파피루스 75, 시내 산, 그리고 B사본과 달리, A, C, D, 다수 사본은 '하늘에 계신 우리 아버지여'로 쓴다. 2절 끝에 파피루스 75와 B사본과 달리, 시내 산, A, C, D, P, 다수 사본은 "당신의 뜻이 하늘에서 이루어진 것같이 땅에서도 이루어지게 하소서"를 추가한다.

512) 3절의 '날마다'와 '일용할'이라는 말은 우리가 빠지기 쉬운 무상한 것에 대한 무제한적인 욕망을 제한하는 것이다. 소유가 필요 이상으로 풍부할 때 우리는 쾌락과 오락과 허식과 기타 사치에 그것들을 허비한다. 그리고 하나님 아버지께서 오늘 우리를 양육하시니, 내일도 반드시 그렇게 하실 것임을 확신하라고 하신다(참고. 《기독교 강요》, 3.20.44).

513) 4절 끝에 A, C, D, W, 다수 사본은 "우리를 그 악한 자로부터 구하소서"를 첨가한다. 누가복음에서 후대의 사본들이 마태복음의 주기도문을 참고하여 추가하려는 경향을 보인 것은 마태복음이 누가복음보다 먼저 기록되었음을 암시하는 것 같다. 참고로, 칼빈은 하나님의 명령과 약속을 기도의 원동력으로 본다(《 기독교 강요》, 3.20.13). 그리고 기도가 필요한 이유를 6가지로 제시한다(《기독교 강요》, 3.20.3). (1) 우리의 마음이 하나님을 찾고 사랑하고 섬기겠다는 열성으

2.2. 누가복음 11장 5-13절의 메시지

어떤 친구가 밤중에 와서 떡 세 덩이를 빌려 달라고 부탁한다(5절). 팔레스타인의 가정에 떡 세 덩이는 항상 비축되어 있었다. 이 친구에게는 먼 곳에서 여행 온 벗에게 줄 음식이 없었다(6절). 이것은 당사자는 물론 그 마을 전체의 수치가 될 것이다. 한 집의 손님은 그 마을 전체의 손님이기 때문이다. 빵을 빌려 달라는 요청을 받은 사람이 문이 닫혔고, 이미 잠자리에 들었기 때문에 친구의 요청을 거부할 것인가?(7절) 이것은 부정적인 대답을 기대하는 수사학적 질문이다. '비록 벗 됨을 인하여는 일어나 빵을 주지 아니하였을지라도, 강청함(*anaideia*, 수치스러움도 모르고 뻔뻔함)을 인하여는 주리라'(8절). 구하라(*aiteite*, 현재 능동 명령). 그리하면 너희에게 주실 것이요(*dothesetai*, 미래 수동 직설 3인칭 단수), 찾으라(*zeiteite*, 현재 능동 명령) 그러면 찾을 것이요, 문을 두드리라(*krouete*, 현재 능동 명령), 그러면 너희에게 열릴 것이다(*anoigesetai*, 미래 수동 직설 3인칭 단수; 참고. 파피루스 75, B, D사본은 현재 수동 직설 3인칭 단수; 9절). 구하는 이마다 받을 것이요, 찾는 이가 찾을 것이요, 두드리는 이에게 열릴 것이니라(10절; 참고. 렘 29:13). 하나님은 때때로 즉각적으로 응답하지 않으시지만 강청하는 기도를 드려야 한다. 아들이 생선을 달라는데 뱀을 주며, 알을 달라는데 전갈(scorpion)을 줄 아비가 있는가?(11-12절) 아버지가 악할지라도 좋은 것을 자식에게 줄 줄 알거늘, 하물며 하늘 아버지께서 구하는 자에게 성령을 주시지 않겠는가!(13절). 성령은 최고 그리고 최선의 은사이시다(참고. 요 15:26).

2.3. 누가복음 11장 14-28절의 메시지

예수님께서 벙어리 악령(*daimonion kai auto en kophon*, 악령 자신이 벙어리임)이 들린 자를 고치신다(14절). 이 광경을 본 사람 중 일부는 예수님이 바알세불(*beelzeboul*; 벌게이트와 시리아 역본은 *beelzebub* 즉 '바알의 처소'로 바꿈)을 힘입어서 악령을 쫓아내었다고 말한다(15절). 일부는 예수님을 시험하여 하늘로서 오는 표적을 구한다(16절). 그들이 구한 이 표적은 예수님이 어떤 권세를 힘입어서 축귀하셨는가를 증명하는 것이다. 하지만 예수님이 성령의 능력을 힘입어 시행한 축귀 자체가 메시아 시대가 도래하였음을 증거하는 표적이다. 예수님의 대답은 "스스로 분쟁하는 나라와 집마다 망한다"는 것이다(17절). 악령의 왕 바알세불을 힘입어서 악령을 쫓아내는 것이 말이 되는가? 사탄이 자기의 졸자를 쫓아내는 일을 할 수 있겠는가? 바리새인들도 축귀를 하는데, 그렇다면 도대체 누구를 의지하여 그런 일을 하는가? 바리새인들은 스스로 답을 알고 있다(19절).[514] 하나님의 손을 힘입어 축귀하면 하나님의 나라가 이미

로 불붙게 하기 위해서, (2) 하나님을 증인으로 세우기에 부끄러운 욕망이나 소원이 우리 마음속에 전혀 들어오지 못하게 하기 위해서, (3) 하나님이 주신 은혜를 진정으로 감사하는 마음으로 받아들이기 위해서, (4) 우리가 찾던 것을 얻고, 기도 응답의 확신을 가지고 주님의 인자하심을 더욱 열심히 묵상하기 위해서, (5) 기도는 기도를 함으로써 얻었다고 인정되는 것들을 더욱 큰 즐거움으로 받아들이도록 하기 위해서, (6) 우리의 연약한 정도에 따라서 습관과 경험으로 주님의 섭리를 확인하도록 하기 위해서. 참고로, 칼빈은 주기도문을 《기독교 강요》 3.20.34 이하에서 다룬다.

514) 유대 문헌 '솔로몬의 시편'(17:21)에서 솔로몬은 치유와 악령 축출의 힘을 가진 자로 등장한다. 요세푸스는

너희에게 임하였다(20절). 강한 자(사탄)가 무장을 하고 자기 집을 지킬 때는 그 소유가 안전하다(21절). 더 강한 자(예수님)가 와서 사탄을 정복하면 사탄은 재산을 빼앗긴다(22절; 참고. 계 20:2).

예수님과 함께 아니하는 자는 예수님을 반대하는 자요, 예수님과 함께 모으지 아니하는 자는 흩고 헤치는 자다(23절). 이것은 에스겔 34장 22-31절의 성취인데, 예수님은 이스라엘의 목자로서 흩어져 버린 자기 백성을 모으실 것이다. 이 모으는 일에 제자들이 동참해야 한다. 그런데 바리새인들은 새 이스라엘을 모으는 예수님의 사역을 마귀의 사역으로 돌림으로써, 흩고 헤치는 일을 하고 말았다. 하나님의 나라와 사탄의 나라 사이의 회색 지대는 없다. 모으든지 흩든지 양자택일해야 한다. 더러운 악령이 사람에게서 나갔을 때 물 없는 곳(광야, 사막)으로 다니며 쉬기를 구하되 얻지 못하고 다시 나온 집으로 돌아간다(24절). 물은 정결을 상징하기에, 악령이 부정한 곳인 물 없는 곳을 찾아 헤맨 것이다. 악령이 떠나가고 난 자리에 말씀과 성령으로 채워져야 했지만, 그렇지 못했을 때 악령이 다시 들어와 버렸다. 악령이 돌아와 보니 그 집이 소제되고 수리되었다 (25절). 더 악한 악령 일곱을 데리고 들어가서 거하니 그 형편이 더 심하게 되었다(26절). 무리 중 한 여자가 "예수님을 밴 태와 먹인 젖이 복이 있도다"라고 외친다(27절). 이 여자는 예수님을 육체대로 알고 있기에 마리아가 복되다고 말한다. 즉 이 여인은 유대인들의 전형적인 생각인 가문과 족보를 중시하는 차원에서 예수님의 인간적인 혈통을 중요시한다. 하지만 예수님은 하나님의 말씀을 듣고 지키는 자가 복이 있다고 말씀하신다(28절).

2.4. 누가복음 11장 29-32절의 메시지

유대인은 악한 세대로서 예수님이 메시아이심을 증명하는 표적을 구한다. 그러나 주님은 요나의 표적만 보이실 것이다(29절). 요나가 앗수르 제국의 수도였던 니느웨 사람에게 표적이 됨같이 인자도 이 세대에게 그리하리라(30절). 요나가 니느웨 사람들에게 표적이 된 것은 그가 물고기 배에서 나와서 회개와 부활의 복음을 선언하니 니느웨 백성이 회개하고 심판을 면한 것이다. 마찬가지로 장차 있을 예수님의 죽음과 부활은 회개와 부활 신앙을 주시는 결정적인 표적이 된다. 솔로몬보다 더 크신 예수님이 심판하실 때 솔로몬의 지혜를 들은 남방 여인이 일어나 이 세대를 정죄하리라(31절; 참고. 왕상 10:1-10). 이방 나라인 시바의 여왕이 먼 곳에서 지혜의 왕을 만나서 들은 것처럼, 유대인들은 참된 지혜의 왕이신 예수님의 천국 복음을 듣고 생명을 얻어야 한다. 요나보다 더 크신 예수님이 심판하실 때, 요나의 전도를 듣고 회개한 니느웨 사람들이 와서 이 세대를 정죄하리라(32절; 참고. 눅 10:12-15).

하나님께서 솔로몬에게 지혜를 주신 것은 병자를 치유하고 악한 영들을 몰아내기 위함이라고 설명한다(《유대 전쟁사》, 8.44-45). 그리고 '솔로몬의 유언'에는 솔로몬이 하나님께 불순종하여 수여 받은 치유와 악령축출의 능력을 상실하게 되었다고 말한다. B.C. 1세기부터 유대인 사이에 솔로몬이 축귀의 힘을 가지고 있다고 믿으면서, 마치 솔로몬을 의지하여 악령을 쫓아내는 것과 같은 마술적인 관행이 있었다. 바리새인들 스스로는 악령을 쫓아낼 때 마귀를 의지한다고 생각하지 않았다.

2.5. 누가복음 11장 33-36절의 메시지

등불을 켜서 움 속이나 '통 밑에'(*hypo ton modion*)[515] 두지 않고, 들어오는 사람이 보도록 등잔대 위에 둔다(33절). 예수님은 구원의 빛으로 오셨는데, 주님 자신이 가장 분명한 메시아로서의 표적이시다. 눈은 몸의 등불이다. 눈이 성하면 온몸이 밝을 것이다. 눈은 '이해와 통찰력'을 상징하는데, 진리를 깨달을 수 있는 바른 통찰력을 가진 제자만 구원의 빛 되신 예수님을 영접할 수 있다. 눈이 나쁘면 즉 예수님을 거역하는 자에게는 온몸도 어두워진다(34절). 사람 속에 있는 빛이 어둡지 아니한지 점검해 보아야 한다(35절). "네 온몸이 밝아 조금도 어두운 데가 없으면 등불의 광선이 사람을 비출 때와 같이 온전히 밝으리라"(36절). 예수님은 열방을 비추는 빛이며 주님의 백성 이스라엘의 영광이신데(참고. 눅 2:32), 많은 유대인은 주님을 거부하고 말았다. 그 결과 그들은 어둠에 거하고 말았다.[516]

2.6. 누가복음 11장 37-54절의 메시지

바리새인이 식사 초청을 하니 주님이 응하신다(37절). 예수님이 세수하지 않고 잡수시니, 바리새인이 이상히 여긴다(38절). 바리새인은 잔과 대접의 겉은 깨끗하나, 속에는 탐욕과 악독이 가득하다(39절). 어리석은 바리새인들이여 밖을 만드신 분이 속도 만들었지 않은가!(40절) 안에 있는 것으로(what is inside) 가난한 자를 구제하면 모든 것이 바리새인에게 깨끗하게 된다(41절). 만일 바리새인이 내적인 정결한 삶을 통해서 공의와 참사랑을 실천하고, 소유를 나눈다면 하나님과 바른 관계 속에 있게 된다. "화 있을진저, 바리새인이여! 박하, 운향(rue, 지중해 연안의 귤과의 상록 다년초인 루타), 모든 채소의 십일조는 드리되, 공의와 하나님께 대한 사랑을 버렸다"(42절). 바리새인들은 세부적인 것에는 치밀하게 반응했지만 제일 크고 중요한 것은 놓치고 말았다.

하나님 앞에서 행하는 것이 아니라, 사람 앞에서 행하면서 회당의 높은 자리와 시장에서 문안 받는 것을 기뻐하는 바리새인에게 화가 있다(43절). 바리새인에게 화가 있는 것은 평토장한 무덤(unmarked graves) 같아서 그 위를 밟는 사람이 알지 못하도록 만들기 때문이다(44절). 바리새인들은 교묘한 방식으로 치장하여 사람들을 부정케 만들고 만다. 한 율법사가 예수님에게 이런 말씀은 자신을 모욕하는 것이라고 말한다(45절). 그러나 이렇게 말하는 율법사에게도 화가 미친다. 장로의 유전과 같은 어려운 짐(burdens they can hardly carry)을 사람에게 지우고 정작 자신은 한 손가락도 짐에 대지 않기 때문이다(46절). 선지자들의 무덤을 쌓는 서기관들은 살인자로서 화가 있다(47절). 서기관들의 조상은 구약의 선지자들을 죽이고, 서기관들은 '그들의 무덤을'(참고. 파피루스 75, 시내 산, B사본은 '그들의 무덤을'을 생략함) 만드니, 조상이 행한 일이 잘한 일이라고 증인 역할을 한다(48절). 하나님의 지혜이시며 구약에 역사하신 예수님이 일렀으

515) 33절에서 '통 밑에'를 UBS 4판은 [ ]로 처리하지만 사본들은 압도적으로 있는 것을 지지한다.

516) 참고로 마태복음 6장 22-23절은 '하늘에 쌓은 보화'를 다루는 바로 앞 19-21절과 '하나님과 재물'을 다루는 뒤따르는 24절과 문맥상 어울리는가? 즉 22-23절은 '재물' 주제를 다루는가? 그렇다. 왜냐하면 "눈이 좋다" 혹은 "눈이 나쁘다"는 것은 이스라엘의 관용어이기 때문이다. 전자는 '관대함'(잠 22:9)을 후자는 '인색함'(신 15:9, 28:54-56; 잠 23:6, 28:22)을 뜻한다.

되, 악한 유대인들이 선지자와 사도를 죽이고 핍박했다(49절). 창세 후로 흘린 모든 선지자의 피를 이 세대가 담당할 것이다(50-51절). 예수님 당시의 유대인들(이 세대)도 이런 살인죄의 대가를 치를 것인데, 부분적으로 A.D. 70년에 성취될 것이다. 유대인들이 저지른 살인죄가 명백해지는 증거는(유대인의 구약 첫 책인 창 4:8의) 아벨로부터(유대인의 구약 마지막 책인 역대하의) 사가랴까지의 피이다(51절; 참고. 대하 24:20-21; 마 23:35). 지식의 열쇠(the key to knowledge)를 가지고 천국 문을 막은 서기관들에게 화가 있다(52절; 비교. '천국의 열쇠들', 마 16:19). 서기관들과 바리새인들이 맹렬히 달라붙어 여러 가지 일로 힐난하고, 예수님의 입에서 나오는 것을 잡고자 하여 목을 지켰다(54절). 유대인들은 믿고 회개하기는커녕 주님의 말씀 가운데 혹 신성 모독죄, 이설, 율법 폐기죄에 해당하는 것이 없는지 주목하면서 주님을 잡으려고 혈안이 되어 있다.

3. 오늘에의 적용

주기도에서 배울 교훈은 무엇인가?
성령의 조명으로 속사람이 정결하며 경건의 능력이 있는가?
신앙생활에서 보이는 표적의 기능은 무엇인가?
우리 삶 속에 "화가 있을지어다"라는 책망을 받을 만한 면은 무엇인가?

누가복음 12장

1. 본문 및 구조

• 외식에 대한 경계(1-12)
• 어리석은 부자의 비유(13-21)
• 염려에 대한 경계(22-34)
• 깨어 있을 것에 대한 권면(35-48)
• 다가올 분쟁과 시대의 분변(49-59)

2. 구원 계시사적 메시지

2.1. 누가복음 12장 1-12절의 메시지

수만 명(*myriadon*)의 무리가 예수님 주위에 몰려든다.517) 주님은 제자들에게 바리새인의 누룩 즉 외식을 주의하라고 말씀하신다(1절). 유대인 사이에 존경을 받던 바리새인들의 외식은 누룩처럼 확산되는 파괴적인 전염성을 가지고 있었다. 예수님은 왜 제자들에게 외식하지 말라고 경고하시는가? 아마도 제자들도 천국 확장 운동에 동참함으로써 자기 의와 인기 혹은 자기 과시욕에 연연할 가능성이 있었을 것이다. 이것은 인본주의와 거짓된 종교성이 표출된 것으로 하나님에게서 멀리 떠나 있다는 증거이다. 감추인 것과 숨은 것은 반드시 드러나고 알려진다(2절; 참고. 전 10:20). 즉 외식적인 행동의 동기와 의도를 일시적으로는 숨길 수 있을지라도 계속 그렇게 할 수 없다. 어두운 데서 말한 것은 광명한 데서 들리고, 골방에서 귀에 대고 말한 것도 집 위에서 전파된다(3절). 은밀하게 자신을 경건한 종교 지도자로 포장한 바리새인의 실체가 언젠가는 탐욕스러운 권력 추구자로 드러나고 말 것이다.

예수님은 제자들을 '친구'(*philos*)라고 부르시면서, 몸만 죽일 수 있는 사람을 두려워 말고, 지옥에(*eis tein geennan*) 던질 권세를 가지신 분을 두려워하라고 말씀하신다(4-5절). 아마도 제자들이 바리새인의 외식을 거부하는 제자도를 실천하려면 엄청난 희생을 각오해야 했을 것이다. 하지만 제자들은 사람이 할 수 있는 가장 큰 위협인 살인조차도 하나님이 시행하시는 영원한 지옥 심판에 비하면 작은 일임을 알아야 했다. 즉 순교를 당하는 것이 영원한 지옥 심판을 받는 것보다 덜 두려운 것이다.

5마리 참새가 2앗사리온(약 8원; 참고. 유상섭, 2002:202)에 팔리는데, 하나님은 이 모든 일을 기억하시고 관여하신다(6절). 세밀하신 하나님은 별로 중요하지 않은 참새의 몸값까지도 알고 계신다. 하물며 제자들은 자신들의 머리털까지도 다 세신 하나님을 믿고 두려워 말아야 한다. 참새보다 더 귀한 제자들이지 않은가!(7절) 사람들 앞에서 예수님을 시인하면 인자도 하나님의 사자들 앞에서 그를 시인하실 것이다(8절). 그 역도 성립 된다(9절). 예수님은 배교 행위에 대해 경고하신다. 유대인들의 박해로 인해서 공개적으로 신앙 고백을 하지 못한 채, 오히려 신앙을 포기하고 옛 생활로 돌아가는 것은 곧 지옥에 빠지는 것과 같다. 하지만 진정으로 자신의 모든 것을 알고 계시는 하나님을 두려워하는 자는 주님을 부인하지 않는다.

누구든지 말로 인자를 거역하면 사함을 받을 것이지만, 성령을 모독하는 자는 사함을 받지 못한다(10절).518) 예수님의 진정한 메시아로서의 정체성에 대해 말로 부인하거나 바르게 고백하지 못한 사람은 용서를 받을 수 있다. 왜냐하면 이 말씀을 하실 때(부활 전), 제자들조차 예수님에 대해 종종 오해하지 않았는가? 때때로 천국의 일꾼으로 훈련 중인 제자들에게 예수님의 신성이 인성에 의해 마치 가려진 것처럼 보였다(참고. Geldenhuys, 1983:349). 하지만 예수님에 대해

---

517) 갈릴리의 수도 세포리스에는 약 4,000-5,000명을 수용할 수 있던 극장이 있었다. 거기서 반로마적 연설을 하는 사람은 즉각 고발당하여 체포되었다. 그러나 로마 당국은 갈릴리의 시골지역까지 감시하지 않았다(참고. 존 월튼, 2010:1461).

518) 부활과 승천 그리고 오순절 성령 강림 이전에는 예수님의 신성과 메시아 되심이 인성에 가려진 부분이 있었다. 그러나 지금은 성령께서 예수님의 성취된 구원 사역을 개인적으로 적용하기에, 예수님을 거역하는 자가 사함을 받는다는 말씀을 예수님의 공사역 기간과 동일하게 적용할 수 없다.

계시하시고 바르게 구주로 고백하시게 하시는 성령님을 모독하는 사람은 사하심을 얻지 못한다. 성령 모독죄를 고의적으로 짓는 사람은 불신자로서 자신이 지은 죄가 죄인지 모른다. 제자들은 회당, 정사 잡은 자, 권세 있는 이 앞에 잡혀갈지라도 어떻게 무엇으로 대답할 것인지 염려하지 말아야 한다. 왜냐하면 마땅히 할 말을 성령님께서 그때 가르치실 것이기 때문이다(11-12절). 이 말씀은 복음 전파자가 아무것도 준비하지 않아도 된다는 뜻이 아니다. 누가 공동체가 회당으로 대표되는 유대인과 권세를 가진 자로 대표되는 로마 제국의 박해를 겪고 있을 것을 투영으로 보여준다. 그러나 오순절에 임한 바로 그 성령께서 제자들(그리고 누가 공동체)을 격려하시고 이기게 하신다.

2.2. 누가복음 12장 13-21절의 메시지

무리 중 한 사람이 예수님에게 자기 형을 명하여 유업을 나누게 해달라고 요청한다(13절). 예수님은 자신이 '재판장'(시내 산과 B사본은 남성 명사 *kriten*, 다수 사본은 여성 명사 *dikasten*)이나 물건을 나누는 자가 아니라고 말씀하신다(14절; 참고. 민 26-27). 예수님은 그 사람에게 "모든 탐심을 물리치라. 사람의 생명은 소유의 넉넉한 데 달려 있지 않다"라고 말씀하신다(15절). 예수님은 밭에 소출이 풍성한 한 부자 비유로 상세하게 설명하신다(16절). 곡식을 쌓아 둘 곳이 없을 정도로 풍성했다(17절). 부자는 소출의 근원에 하나님이 계심을 인정하지 않는다. 곳간을 헐고 더 크게 짓고, 거기에 쌓아 두리라고 계획한다(18절). 이 단락의 부자의 말에 '나의' 혹은 '내가'라는 말이 반복해서 등장한다. 행복과 기쁨을 소유에 바탕을 둔 이 부자는 물질의 청지기로 살지 않았다. 이 부자는 스스로 "영혼아, 여러 해 동안 쓸 물건을 쌓아 두었으니, 평안히 쉬고 먹고 마시고 즐거워하자"라고 말한다(19절). 부자의 이 독백은 고대 무덤의 비문에 종종 등장하는 문구이다(참고. 유상섭, 2002:204). 이 부자는 오직 자신의 안전과 쾌락을 위해 탐욕스럽게 일관하고 있다. 진정으로 영혼에는 관심이 없다. 만일 하나님께서 이 어리석은 부자의 영혼을 오늘밤에 찾으신다면 그의 재산은 누구의 것이 될 것인가?(20절) 자기를 위하여 재물을 쌓아 두고 하나님께 대하여 부요치 못한 자는 이와 같다(21절).[519] 이 부자는 창고에 쌓인 재물을 즐기지 못한 채 죽고 말 것이다. 이 단락에서 예수님은 영원한 하나님 나라의 유업에 대해서 무관심한 자가 받을 큰 심판을 가르치신다. 마태복음 6장 19-21절에서 예수님은 보물을 하늘에 쌓아두라고 말씀하셨다. 청지기 정신을 가지고, 탐욕을 버려야 하나님에게 부요할 수 있다.

2.3. 누가복음 12장 22-34절의 메시지

예수님은 제자들에게 목숨을 위하여 무엇을 먹을까, 몸을 위하여 무엇을 입을까 염려하지 말라고 말씀하신다(22절). 목숨은 음식보다, 몸은 의복보다 더 중요하다(23절). 앞 단락의 어리석은 부자와 달리, 이 단락에서 예수님은 천국을 추구하는 삶을 강조하신다. 까마귀는 파종과

---

519) 21절을 D사본은 삭제한다. 그리고 180, 579사본 등은 21절 끝에 "이것들을 말씀하시면서 들을 귀 있는 자는 들으라고 외치셨다"를 첨가한다.

추수를 하지 않으며, 골방과 창고도 없지만 하나님이 기르신다. 하물며 유대인에게 부정하게 여겨진 까마귀보다 더 귀한 제자들일까 보냐!(24절; 참고. 레 11:13-15) *Poso mallon*이 사용되어, '얼마나 더'(how much more)라는 뜻이 강조된다. 제자는 그들의 필요를 채우시는 하나님의 능력을 절대적으로 신뢰해야 한다. 염려함으로 키(*helikia*, 수명, 신장)를 한 자(*pechys*, 1규빗, 45.7cm) 더 크게 할 사람은 없다(25절). 이렇게 지극히 작은 것도 못하는데, 어떻게 다른 것을 염려하느냐?(26절; 참고. 빌 4:6-7) 백합화는 자신을 단장하기 위해서 실을 만들지도 짜지도 않는다. 그러나 솔로몬이 그의 모든 영광으로도 이 꽃들 중 하나만큼 차려입지 못하였다(27절). 철저히 하나님의 손에 의해 양육된 백합화의 아름다운 자태가 솔로몬의 영광보다 더 낫다. 내일 시들어 아궁이에 땔감으로 던져질 들풀조차도 하나님이 입히시거든, 하물며 제자들일까 보냐!(28절) 제자는 무엇을 먹을까, 무엇을 마실까 하여 구하지 말며 근심하지 말아야 한다(29절). 이런 것들은 세상 사람들이(*ta ethnei tou kosmou*) 구하는 것이다. 천부께서 이러한 모든 것이 제자들에게 있어야 할 줄을 알고 계신다(30절).

의식주를 우선적으로 구하는 대신, 오직 제자들이 하나님의 나라를 구할 때(*zeiteite*, 현재 능동 명령), 하나님은 이런 것들을 더하신다(*prostetheisetai*, 덧붙이다. 미래 수동 직설 3인칭 단수; 31절). 하나님 나라를 구하는 것이란 33절 이하에서 나오는 구제의 삶과 관련된다. "적은 무리여(little flock, 남은 자), 무서워 말라. 아버지께서 하나님 나라를 주시기를 기뻐하신다"(32절). 비록 제자들은 숫자적으로 다수가 아니고 연약하지만, 천부께서 그들에게 왕적 통치를 베푸시며 천국을 상속하도록 해주시기에, 하나님의 은사인 천국을 침노해야 한다(참고. 마 11:12). 소유를 팔아서 구제하라, 닳아 없어지지 않는 주머니를 만들라, 하늘에 보관되어 닳지 않는 보물에 도적이나 좀이 범접하지 못할 것이다(33절). 천국 백성은 어리석은 부자와 같이 되지 말고, 보물이 있는 곳에 마음이 있기에, 천국에 보물을 쌓아야 한다(34절).[520]

2.4. 누가복음 12장 35-48절의 메시지

"허리에 띠를 띠고(dressed for action) 등불을 켜고 서 있으라"(35절). 주인이 혼인집에서 돌아와 문을 두드릴 때, 곧 열어주고 기다리는 사람과 같이 되어야 한다(36절). 주인이 와서 깨어 있는 것을 보면, 그 종들은 복이 있다. 주인은 예수님 자신을 가리키며 돌아오실 때는 승천과 재림 사이의 기간이 끝나는 시점이다. 주인이 띠를 띠고 종들을 자리에 앉히고 수종들 것이다(37절). 주인이 종의 역할을 하는 것은 역전의 주제인데, 천부께서 이처럼 경성하는 백성을 환대하실 것을 의미한다. 밤 이경이나 삼경(밤 9시-새벽 3시)에 주인이 올 때 이렇게 깨어 있는

520) 자선은 (불신)유대인의 신앙생활에서 큰 역할을 감당했다. 힐렐은 "많은 자선은 많은 평화를 가져온다"고 가르쳤다. 이웃에 대한 온정은 아브라함의 혈통을 나타내는 표지로 간주되었다. 예루살렘에서는 '재산의 소금은 사랑의 행위'라는 속담이 유행했다. 그런데 미쉬나에 의하면, 재산의 5분의 1 이상을 자선에 사용해서는 안 된다는 규정이 있었고, 이 규정은 A.D. 1세기에 통용되었다. 그러나 누가복음 19장 8절에서 세리장 삭개오는 재산의 절반을 자선금으로 사용하겠다고 결단했다(참고. 예레미아스, 1988:172-173).

좋은 복되다(38절). 집주인이 도적이 오는 시간을 알고 있다면, 자기 집이 뚫리도록 내버려 두지 않았을 것이다(39절). 39절에서 파피루스 75와 시내 산 사본과 달리, A, B 그리고 다수 사본 등은 '깨어 있었고'(*egregoresen an kai*)를 추가한다. 그러므로 준비하라. 생각지도 않은 때 인자가 오시기 때문이다(40절; 참고. 살전 5:2; 벧후 3:10; 계 16:15).

예수님이 하신 비유를 듣고 베드로가 제자들에게 하신 말씀인지 아니면 모든 무리에게 주신 것인지 묻는다(41절). 아마도 베드로는 일반 무리와 구분되는 사도들의 역할에 대해 궁금증을 가진 것 같다. 예수님은 지혜 있고 진실한 청지기로서 주인을 대신하여 집 종들에게 시의 적절하게 양식을 나누어 주는 사람이 누구냐라고 물으신다(42절). 주님의 이 역질문에서 알 수 있는 것은 청지기(*oikonomos*)와 같은 사도들에게 이 비유를 주셨다는 사실이다. 주인이 올 때 그 종이 이렇게 일하는 것을 보면 복 있다(43절). 주인이 모든 소유를 그 청지기에게 맡길 것이다(44절). 만일 종이 주인이 더디 오실 것이라고 생각하여, 자신의 권리를 남용하면서 노비를 때리고 먹고 마신다면 주인이 와서 이 악한 종을 엄히 때리고(*dichotomeisei*; to cut asunder, "동강을 내어 자르다"; 미래 능동 직설 3인칭 단수) 처벌할 것이다(45-46절). 주인의 뜻을 알고도 고의로 예비치 않고 행치 않는 종은 많이 맞을 것이다(47절). 알지 못하고 맞을 일을 행한 종은 적게 맞을 것이다. 무릇 많이 받은 자(마치 12제자처럼)에게는 많이 찾을 것이며, 많이 맡은 자에게는 많이 달라 할 것이다(48절).

2.5. 누가복음 12장 49-59절의 메시지

예수님은 불을 그 땅(*epi tein gei*)에 던지러 오셨다. 이 불이 이미 붙었다면 예수님이 더 원하지 않으신다(49절). 이 심판의 불이 아직 본격적으로 시작되지 않았다. 예수님이 불 즉 심판을 수행하시는 주체이시다. 이 불과 같은 심판을 수행하시기 전에 주님은 세례를 통과하셔야한다. 예수님이 받을 세례가 이루어지기까지 심히 답답해하신다(50절). 예수님은 인류 구원을 위해서 하나님이 부으실 저주의 세례를 받으실 것이다. 예수님은 분쟁케 하려고 오셨다(51절; 참고. 눅 2:34).[521] 한 집에 5명이 분쟁할 때, 3:2 혹은 2:3으로 나누어질 것이다(52절). 아버지가 아들과, 어머니가 딸과, 시어머니와 며느리가 분쟁할 것이다(53절). 복음이 들어가는 곳에 영접과 영접하지 않음의 대결이 벌어진다. 예수님 당시의 유대인들이 복음을 믿으면, 불신 가족이나 친척에 의해 회당에서 출교를 당했다. 이것은 누가 공동체에게도 마찬가지였다.

구름이 서쪽에서 일어나면 소나기가 올 조짐이다(54절). 사막에서 불어오는 뜨거운 남풍이 불면 덥다는 증거다(55절). "외식하는 자여, 천지의 현상은 분별할 줄 알면서 이 시대는 분별할 줄 모르느냐?"(56절).[522] 왜 옳은 것을 스스로 판단치 못하느냐?(57절) 이것은 메시아이신 예수님

---

521) 대가족 사회였던 유대인들은 가족 간의 유대와 조화를 강조했다. 그런데 여기서 예수님은 가족 사이의 불화를 언급하신다.

522) 56절에서 "왜 너희는……분별할 줄 모르느냐?"(*pos ouk oidate dokimazein*, 파피루스 75, 시내 산, B, L)는 지식의 부족을 암시한다. "왜 너희는……을 분별하지 않느냐?"(*pos ou dokimazete*, 파피루스 45, A, W, 다수 사본)는 자신의 지식을 사용하지 않으려 함을 암시한다(참고. 매츠거, 2005:132).

의 인격과 사역을 보고도 옳은 편을 선택하지 않는 유대인들에게 주신 책망의 말씀이다. 고소하는 자와 함께 법관에게 갈 때 화해하기를 힘써라, 그렇지 않으면 넘겨져서 투옥될 것이다(58절). 로마법에 의하면 원고가 피고와 함께 법정으로 갔다(참고. 오스본, 2003:547). 화해하지 않고 법정까지 갔다면, 가장 작은 동전의 금액인 호리(헬라어로는 '마지막 렙돈'; 1렙돈은 128분의 1데나리온)라도 남김없이 갚지 아니하면, 결단코 감옥에서 나오지 못할 것이다(59절). 이 엄중한 경고의 말씀은 하나님의 심판이 도래하기 전에 복음을 믿고 하나님과 화해하여 구원을 얻도록 현재적이며 실존적으로 결단할 것을 촉구하시는 의도에서 나온 것이다. 이 시대(this present time; 56절)는 외식적인 삶과 불신앙으로 인해 고발을 당하기 직전의 시대인데, 복음을 믿고 결단하여 하나님과 화해해야 할 시점이다.

3. 오늘에의 적용

우리에게 있는 외식은 무엇인가?
하나님을 향하여 부요한 삶이란 무엇인가?
하나님이 책임지시는 인생을 살고 있는가?
주님의 재림을 어떻게 준비하고 있는가?
하나님 나라를 위한 분쟁을 어떻게 효과적인 방법으로 감당할 수 있는가?

누가복음 13장

1. 본문 및 구조

- 회개를 촉구하시는 예수님(1-9)
- 악령 들려 장애가 된 여인을 치유하시는 예수님(10-17)
- 하나님 나라 비유(18-21)
- 좁은 문과 하나님 나라(22-30)
- 예루살렘에 대한 애통(31-35)

2. 구원 계시사적 메시지

2.1. 누가복음 13장 1–9절의 메시지

누가복음 13장은 '그때 마침'(1절)이라는 말로 시작한다. 그러므로 누가복음 13장 1절은 누가복음 12장 54-59절과 연결된다. 그러므로 누가복음 13장 1-5절은 노중에 계신 예수님과 화해하는 것이 무엇인지에 관해서 회개의 주제로 다시 설명하는 것임을 보여준다(참고. 유상섭, 2002:215). 몇 사람이 총독 본디오 빌라도(A.D. 26-36년)가 갈릴리 사람들의 피를 저희의 제물에 섞은 일로 예수님께 고한다(1절). 예루살렘은 빌라도의 관할 구역이었다. 무자비했던 빌라도는 유대인들을 경멸의 대상으로 여겼다. 로마 제국의 골치 아픈 변방에서 승진의 기회조차 제대로 보장되지 않은 자신의 처지를 보면서, 빌라도는 유대인들에게 자기 권위를 확인하는 것으로 만족을 얻었을 것이다(참고. 오스본, 2003:550). 빌라도는 수로를 건설하기 위해 성전 금고의 돈을 강제로 빼앗았고, 황제 상을 예루살렘 성 안으로 가지고 와서 유대인을 모욕했다. 빌라도는 갈릴리 사람들을 살해했다. 왜 하필이면 갈릴리 사람들인가? 갈릴리는 이스라엘의 북쪽 지역에 위치하여 국경 근방이었기에 열성적인 민족주의자들이 많았고 독립적인 기질이 다른 지역보다 더 강했다. 갈릴리는 빌라도의 관할 구역이 아니다. 그러므로 갈릴리인들이 예루살렘으로 순례 왔을 때 빌라도는 이들을 살해했던 것이다.

이 보고를 듣고서 예수님은 고난과 회개와 심판에 대해 교훈하신다. 예수님은 '해를 받은 갈릴리 사람들이 다른 갈릴리 사람들 보다 더 죄가 있는 줄로 생각하느냐'라고 물으신다(2절).[523] 아마도 예수님에게 갈릴리 사람들이 살해된 것을 보고한 사람들은 살해된 갈릴리인들(아마도 열심당)이 다른 이보다 더 많은 죄를 지었기 때문에 합당한 방식으로 심판받았다고 생각했던 것 같다. 만일 회개치 아니하면 예수님에게 질문을 하는 사람도 이와 같이 망할 것이다(3절). 그렇다. 모든 사람이 죄인이기에 회개의 기회를 놓치지 말아야 한다. 이 기회를 놓치면 전체 유대인이 A.D. 70년의 파멸 사건을 맞이할 것이다.

예수님은 유사한 사건을 통해서 동일한 교훈을 주신다. 실로암의 망대가 무너져 죽은 18명이 예루살렘에 거하는 다른 사람보다 더 죄가 많은가?(4절) 아마도 갈릴리 사람들은 친로마적 성향의 예루살렘 사람 18명이 실로암의 망대가 무너졌을 때 죽은 것을 하나님의 심판으로 보았을 것이다. 이 18명은 빌라도가 주도한 상수도 공사에 참여한 자들로 추정된다. 이 18명에 포함되지 않은 사람이라 할지라도 만일 회개치 않으면 마찬가지로 이와 같이 망할 것이다(5절). 예수님은 모든 사람이 죄인이며, 회개해야 한다고 강조하신다.

또다시 예수님이 비유로 말씀하신다. 한 사람(주인, 하나님)이 포도원(이스라엘 나라)에 무화과나무(이스라엘 백성)를 심었는데, 열매를 발견하지 못했다(6절).[524] 주인은 과원지기(예수님)에게 3년 동안 열매를 맺지 못한 나무를 찍어 버리라고 말한다(7절). 과원지기는 한 해 더 기회를 주시면 열심히 가꾸어 보겠다고 말한다. 그래도 결실이 없으면 찍어버리시기를 청한다(8-9절). 하나님은 회개의 기회를 주시지만 그 시간은 무한정 연장되지 않는다. 새 이스라엘 백성은

523) 유대인들은 대개 사람에게 나쁜 일이 일어나면 그 사람이 범죄한 결과라고 보았다.

524) 6절의 '포도원'은 헬라어로 *ampelon*인데, 포도원만 가리키는 것이 아니라, 넓은 의미로 모든 종류의 밭이나 과수원을 가리킬 수 있다. 그러므로 왜 포도원에 무화과나무가 심겼는지 의아해할 필요가 없다.

예수님의 중보의 사역을 힘입어 회개에 합당한 열매를 맺어야 한다.

2.2. 누가복음 13장 10-17절의 메시지

예수님께서 안식일에 한 회당에서 가르치실 때, 18년 동안 악령 들려서 꼬부라진 한 여인을 만난다(10-11절). 이 여인은 '질병의 영을 가진 자'(*gynei pneuma echousa astheneias*)이다. 이 질병의 영은 마귀를 가리킨다(참고. 16절). 이 사건은 누가복음에만 등장한다. 18년 동안 제대로 펴보지 못한 여인의 모습은 마치 앞 단락의 3년 동안 아무 열매도 맺지 못한 이스라엘의 영적 불임 상태와 흡사하다. 누가복음에 예수님이 안식일에 회당에서 가르치신 것이 자주 등장한다(참고. 눅 4:16, 31, 6:6). 예수님이 그 여인에게 네 병에서 놓였다고 선언하신다(12절). 예수님이 이 여인에게 안수하시니, 여인이 곧 펴며 하나님께 영광을 돌린다(13절). 회당장은 안식일에 병 고친 것에 대해 분을 내면서 나머지 6일 동안에 치유를 받을 수 있었겠다고 무리에게 말한다(14절). 예수님은 회당에 모인 사람들을 '외식하는 자들'이라고 부르시면서, 그들이 안식일에 소와 나귀를 마구에서 끌어내어 물을 먹이지 않느냐라고 질책하신다(15절).

유대인들은 율법의 근본적인 가르침인 사랑과 자비를 알지 못하고 오히려 사람을 억누르는 외식적 경건으로 충만했다. 하물며 18년 동안이나 마귀에게 눌려 있던 '아브라함의 딸'을 해방시키는 것이 더욱 합당치 않은가라고 반문하신다(16절). 가축이 중요한가, 사람이 중요한가? 예수님은 안수하신 것밖에 없다. 이것은 소를 마구간에서 끌어내어 물을 주는 노동과 비교해 보면 아무것도 아니지 않은가! 이 말씀을 들은 주님을 반대하던 자들은 부끄러워하고, 모든 무리는 주님이 행하시는 영광스러운 일을 기뻐했다(17절). 예수님의 치유의 기적을 체험한 대다수의 사람들이 기뻐한 이유는 종교 지도자들이 장로의 유전으로 무거운 짐을 지웠지만 예수님은 오히려 수고하고 무거운 짐 진 자들을 자유하게 하셨음을 깨달았기 때문이다.

2.3. 누가복음 13장 18-21절의 메시지

예수님 당시의 유대인들은 메시아가 강림하시면 하나님 나라가 단번에 임하여 완성된다고 믿었다. 예수님은 '하나님 나라가 무엇과 같은가?'라고 물으신다(18절).[525] 하나님 나라의 실재를 비유를 통한 그림 언어로 설명하신다. 사실 풍성한 하나님 나라를 모두 다 설명해 줄 은유나 비유를 찾는 것은 쉬운 일이 아니다. 밭에 심긴 겨자씨 한 알과 같다. 겨자씨 2만 개가 모여야 30g이 된다. 겨자씨가 자라서 '나무가'(참고. 다수 사본: '큰 나무가' [*eis dendron mega*]) 되어 공중의

---

525) 10-17절의 여인이 치유되고 난 후, 18절 이하에서 예수님은 겨자씨 비유와 누룩 비유로 설교하신다. 18절은 '그러므로'라고 시작한다. 여인의 치유와 겨자씨 비유가 별개가 아니라 연결된다는 뜻이다. 예수님을 믿지 않는 유대인들은 "질병에 걸린 여인 한 명을 고친다고 하나님 나라가 임하는가?"라고 비웃을 수 있었다. 그러나 비록 하나님의 나라가 임하는 것이 사람들이 보기에는 초라할지라도, 하나님의 구원의 시간이 도달하면 놀랍게 성장하게 된다. 겨자씨가 자라서 큰 나무가 되고, 새들이 찾아오고 그 그늘에서 쉼을 얻게 되듯이, 천국도 마찬가지다. 누룩이 부풀어지면 밀가루 반죽 전체를 변화시킨다. 온 세상에 하나님의 나라가 눈에 볼 수 있도록 나타날 것이다.

새들이 그 가지에 깃들였다(19절; 참고. 겔 17:22-24, 31:6). 실제로 겨자씨 나무는 몇 주일 만에 3-6m의 큰 나무로 자라날 수 있다. 이처럼 하나님 나라가 강력하게 확장되고 있다(참고. 마 11:12). 주님은 다시 '하나님의 나라를 무엇으로 비유할꼬'라고 물으신다(20절). 여자가 가루 서 말(*sata tria*, three satas, 1saton은 약 13L) 속에 갖다 넣은 누룩과 같다고 말씀하신다(21절).[526] 누룩은 재료에 스며들어 원재료를 변형시키면서 동시에 부풀게 한다. 천국은 변화시키는 힘과 확장되는 능력을 동시에 갖추고 있다.

2.4. 누가복음 13장 22-30절의 메시지

예수님께서 각 성 각 촌으로 다니시며 가르치시되, 여정은 예루살렘을 향하고 있다(22절; 참고. 눅 9:51). 어떤 이가 예수님에게 구원을 얻는 이가 적은지 묻는다(23절). 예수님은 이 질문에 대해 직접적으로 답변하지 않으신다. 대신 구원에 이르도록 힘쓸 것을 설명하신다. "좁은 문으로 들어가기를 힘쓰라. 들어가기를 구하여도 못하는 자가 많다"(24절). 이 말씀은 행위 구원이나 자력 구원을 가르치는 것이 아니라, 그리스도를 간절히 알아가며 힘써 제자로서 살 것을 촉구하는 것이다. '들어가기를 구하여도 못하는 자들'은 예수님의 말씀을 듣고 진정으로 회개하고 돌이키는 대신에, 단지 놀라거나 감탄만 하고 있는 사람들과 같은 부류이다. 집주인(예수님)이 일어나 문을 한번 닫은 후에, 너희가 밖에 서서 문을 두드리며 열어 달라고 말하면, 집주인(예수님)은 너희가 어디로서 온 자인지 알지 못하노라고 말한다(25절). 밖에 있는 자들은 포기하지 않고 계속해서 말한다. '주인 앞에서 먹고 마셨고, 주인은 우리 길거리에서 가르치셨다'(26절). 비록 예수님을 따라다니면서 가르침을 받았을지라도, 구원의 믿음을 얻기 위해서 주님을 영접하고 제자의 대가를 치르지 않은 사람들을 예수님은 모른다고 말씀하시면서 단호히 물리치신다. 주인은 그들이 어디로서 온 자인 줄 알지 못한다고 다시 말한다. 그리고 행악하는 모든 자들아 나를 떠나라고 말한다(27절). 아브라함, 이삭, 야곱과 모든 선지자들은 하나님 나라에 있고, 자신은 밖에 있음을 볼 때 슬피 울며 이를 갊이 있을 것이다(28절).

유대인들은 혈통적으로 아브라함의 후손임을 자랑하고 구원의 백성이라고 믿고 있었지만, 실제로는 그것이 구원을 보장해 주지 않음을 깨달아야 했다. 사람들이 동서남북에서부터 와서 하나님의 나라 잔치에 참석할 것이다(29절). 이것은 이사야 49장 12-13절의 성취이다. 새 이스라엘은 배타적이고 혈통적인 유대인이 아니라, 주님을 영접한 열방을 포함한다. 보라! 나중 된 자로서 먼저 될 자도 있고, 먼저 된 자로서 나중 될 자도 있다(30절).

천국의 새로운 질서는 나중 된 자 즉 이방인처럼 구원의 순서에 있어서 늦게 부름을 받은 자라 할지라도 믿음으로 반응하면 먼저 될 것이다. 반대로, 먼저 부름을 받은 유대인들이 불신앙

526) '사톤'(*saton*)은 구약의 '스아'(*seah*)와 관련 있다. '가루 서 말'에 누룩을 넣는 것은 특별한 경우이다. 아브라함(창 18:6). 사사 기드온(삿 6:18-19), 한나(삼상 1:24)는 가루 세 스아와 관련 있다. 따라서 누가복음 13장 21절과 마태복음 13장 33절의 '가루 서 말은 하나님께 드려지는 제물, 즉 알곡으로서의 하나님 나라의 백성들과 관련되는 듯하다.

으로 일관하면 나중 된 자(엄밀히 말하면 구원에서 탈락한 자)가 될 것이다.[527] 이처럼 구원의 결과를 사람이 예상치 못하기에, 주님은 구원 얻을 자가 적은지 많은지 숫자적으로 답변하시지 않았다.

2.5. 누가복음 13장 31-35절의 메시지

곧 그때 어떤 바리새인들이 헤롯 안디바가 예수님을 죽이고자 하니 떠나시라고 말한다(31절). 이 바리새인들이 진정으로 예수님의 신변을 보호하려는 차원에서 이런 말을 했는지 분명하지 않다. 아마 바리새인들은 자기들의 사역 터에서 예수님을 내보내기 위해서 이런 위협적인 말을 했을 것이다. 예수님은 헤롯을 악랄하고 교활한 '이 여우'(*alopeki taute*, 참고. 개역개정판과 바른 성경은 '저 여우'로 번역함)라고 부르시며, 축귀와 치유 사역을 하시며 제3일에는 완전하여 지리라고 말하라고 말씀하신다(32절). '제3일에 완전하여진다'(*tei tritei teleioumai*; I am perfected, 현재 수동 직설 1인칭 단수)는 말씀은 예수님의 지상 사역이 계속되지 않고, 십자가와 부활을 통한 구속 사역이 성취될 때가 가깝게 다가왔다는 의미이다. 오늘과 내일과 모레는 주님이 가야 하실 길을 가야 하신다. 예루살렘에서 잡히시고 재판받으시고 죽으실 것이지만, 주님은 예루살렘을 향한 걸음을 멈출 수 없다. 선지자가 예루살렘 밖에서는 죽는 법이 없다(33절; 참고. 왕상 19:10; 대하 24:19-21; 렘 2:30, 26:20-23). 예수님은 구약의 신실한 선지자들의 연속 선상에 계신 분이다. "예루살렘아, 예루살렘아! 선지자들을 죽이고 네게 파송된 자들을 돌로 치는 자여. 암탉이 제 새끼를 날개 아래 모음같이 내가 너희의 자녀를 모으려 한 일이 몇 번이냐. 그러나 너희가 원치 아니하였도다"(34절).[528] 구약에서 하나님은 날개 아래 자기 백성을 보호하셨다(참고. 룻 2:12; 시 17:8, 36:7, 57:1, 61:4, 63:7, 91:4). 그러나 일부는 이 사랑의 보호를 받기를 거부했다. 마찬가지로, 유대인들은 예수님이 펼치신 구원의 날개 아래로 들어오기를 거부하고 있다. "보라. 너희 집이 황폐하여 버린 바 되리라(참고. 렘 12:7). 내가 너희에게 이르노니 너희가 주의 이름으로 오시는 이를 찬송하리로다 할 때까지는 나를 보지 못하리라 하시니라"(35절). '황폐하여 버린 바 될' (*aphietai*……*eremos*, 다수 사본, 개역개정판; 참고. 시내 산, A, B, 바른 성경은 '황폐화 되어' [*eremos*]를 생략함) 유대인들의 집은 '성전'을 가리킨다. A.D. 70년에 하나님의 임재가 있던 성전이 유대인의 불신앙으로 인해 파괴된다. 불신앙으로 일관하는 유대인들에게 하나님은 임재하실 수 없으시다. 예수님의 예루살렘 입성 시까지 이 단락에서 주님과 대화한 자들이 예수님을 보지 못할 것이다.

---

527) '나중 된 자'는 구원을 얻지 못한 자를, '먼저 된 자'는 구원을 받은 사람을 가리킨다. 문맥을 통해서 볼 때 이것은 구원과 관련된 문제이지 성화와 관련된 것이 아니다. 그러므로 신앙생활을 오래한 먼저 된 자가 신앙생활을 제대로 하지 않아서 성화의 속도가 느려짐으로써 나중 된 자가 되는 일이 발생해서는 안 된다는 적용은 문맥에 맞지 않다.

528) 쿰란 공동체를 제외한 유대인들에게 예루살렘은 경건의 중심지였다. 그런데 그 장소가 선지자들이 무참히 죽어가는 불의한 장소가 되고 말았다.

3. 오늘에의 적용

주일에 안식을 주는 일을 행하는가?
천국이 확장되고 있는가?
먼저 된 자로 살고 있는가?

누가복음 14장

1. 본문 및 구조

- 고창병 든 자를 고치시는 예수님(1-6)
- 영광과 낮아짐(7-14)
- 큰 잔치 비유(15-24)
- 제자도의 대가(25-35)

2. 구원 계시사적 메시지

2.1. 누가복음 14장 1-6절의 메시지

안식일에 예수님께서 바리새인 중의 한 지도자(*tinos ton archonton*)의 집에 떡을 잡수시러 들어가시니,[529] 다른 바리새인과 율법사들이 주님의 일거수일투족을 주의 깊게 감시한다(*parateiroumenoi*, 현재 중간태 분사, to watch closely; 1절; 참고. 눅 7:36). 주님을 식사에 초청한 바리새인은 자신을 예수님과 동등한 사회적 지위에 있다고 생각했다(참고. Malina & Rohrbaugh, 2003:284). 다른 바리새인과 율법사가 있었던 것으로 보아 이 바리새인의 식사 초청 의도가 그리 순수해 보이지 않는다. 예수님 앞에 고창병(dropsy; 부종; 몸의 조직에 심각한 유액이 비정상적으로 축적되는 병) 든 사람이 있었다(2절). 예수님은 율법사와 바리새인들에게 안식일에 병 고치는 것이 합당한지 아닌지 물으신다(3절). 그들은 대답하지 않는다. 주님은 그 사람에게 안수하여(*epilambano*) 고쳐서 보내신다(4절). 주님은 치유를 위해서 안수하신 것 외에 아무 노동도 하지 않으셨다. 예수님은 안식일에 '아들이나 소'(참고. 시내 산, L 사본 등은 '나귀 혹은 소')가 우물에 빠졌다면 건져내지 않느냐라고 말씀하신다(5절). 이 말씀에 대해서도 그들은 대답하지 않는다(6절). 안식일 논쟁에 관해서는 누가복음 6장 1-9절과 13장 10-17절을 참고하라.

---

529) 유대인들은 안식일 식사 때 저명한 선생을 초대하는 것을 미덕으로 여겼다.

2.2. 누가복음 14장 7-14절의 메시지

초청을 받은 자들이 상좌를 택하는 것을 주님이 보시고는 비유로 말씀하신다(7절). 예수님 당시에 U자 형태로 배열된 잔치 자리의 중앙이 가장 상석이었고 멀어질수록 말석이었다. 혼인 잔치에 청함을 받았다면 상좌에 앉지 말라. 왜냐하면 더 높은 사람이 오면 그 자리를 비켜 주고 수치 가운데 말석으로 가야 하기 때문이다(8-9절). 차라리 처음부터 말석에 가서 앉으면, 초청한 사람이 상석에 앉으라고 말할 것인데, 그것이 명예가 되는 일이다(10절). 무릇 자기를 높이는 자는 낮아지고, 자기를 낮추는 자는 높아지리라(11절). 이 잔치는 메시아께서 베푸실 어린양의 혼인 잔치를 내다보는 것이다(참고. 사 25:6-8; 계 19:7). 스스로 높이고 교만한 자를 하나님은 천국에서 결단코 높여 주시지 않을 것이다.

예수님은 자기를 초청한 사람에게 잔치에 벗, 형제, 친척, 부한 이웃을 청하지 말라고 말씀하신다. 이들은 초청한 사람을 사기 집으로 다시 초청할 수 있는 능력을 가진 사람들이다(12절). 차라리 초청하려면 다시 초청할 능력을 갖추지 못한 부류인 가난한 자들과 병자, 그리고 저는 자들과 소경을 청해야 한다(13절). 이 말씀을 통해서 예수님은 아무런 보답도 기대하지 말고 하나님께서 갚아 주실 것을 믿고 선을 행해야 함을 가르쳐 주신다. 그리하면 그들은 갚을 것이 없기에 초청한 사람에게 명예가 된다. 의인의 부활 시에 이 초청한 자는 갚음을 받을 것이다(14절). 영원한 부활의 날은 곧 상급이 시행되는 날이기도 하다. 하나님이 베푸시는 잔치에 초청을 받은 사람 중에서 그가 아무리 높은 지위에 있고 부요한 자라고 할지라도, 하나님을 초청할 만큼 부요한 자는 없다. 예수님 당시의 문화는 주고받는 문화이다.[530] 이런 문화적 배경에 비추어 볼 때, 메시아 잔치에 초청된 성도는 오직 은혜로 초청을 받은 자임이 분명하다. 마찬가지로, 메시아의 연회에 초청을 받은 자는 아무런 대가를 바라지 말고 남을 섬겨야 한다.

2.3. 누가복음 14장 15-24절의 메시지

함께 식사 중이던 한 사람이 이 말씀을 듣고, "무릇 하나님의 나라에서 떡을 먹는 자는 복되도다"라고 말하니(15절), 예수님은 큰 잔치 비유로 말씀하신다(16절). 이렇게 말한 사람은 아마도 바리새인이었을 것이다. 이 바리새인은 메시아의 잔치에 참여할 줄 확신하고 있었다. 그러나 예수님의 설명은 그의 확신과 거리가 멀다. 어떤 사람이 큰 잔치를 계획하고는 종을 (첫 번째) 보내어 미리 초청할 자에게 연락한다(16절).[531] 잔치 당일에 종을 다시 (두 번째) 보내어 잔치에 오라고 말하니(17절), 어떤 사람은 밭을 샀기에 불가능하고, 어떤 사람은 소 다섯 겨리를 샀으니 시험하러 간다고 불가능하고, 어떤 이는 장가갔으니 불가능하다고 말한다(18-20절). 일하는 것과 결혼 후의 즐거움을 누리는 것이 메시아 잔치를 거절할 만큼 중요하지

---

530) 유대인들의 식사는 배고픔을 해결하는 차원을 넘어, 사회적으로 비슷한 지위에 있는 사람을 초청함으로써 사회적인 교제를 강화하는 것이다. 만일 전혀 사회적 신분이 어울리지 않는 사람을 초청한다면 그것은 다름 아니라 초청하는 자신에게 수치가 된다. 주님은 이런 그 당시의 관습을 깨뜨리신다.

531) 초청에 응하는 사람도 잔치에 참석하겠다는 답신을 미리 보내었다.

않다. 주인은 노하면서 종에게 (세 번째) 빨리 시내의 거리 골목에 가서 가난한 자, 병자, 소경, 저는 자들을 데려오라고 말한다(21절). 실제로 예수님의 사역 중에 스스로 건강하다고 생각한 종교 지도자보다는 병자와 상한 자들이 주님을 영접하는 일이 많았다. 예수님 당시의 관습에 의하면, 아주 낮은 계층의 사람을 초청하는 주인의 행동은 자기 비하의 행동이었다. 하지만 이것은 종말론적인 메시아 잔치에서는 자연스러운 것이다. 예수님의 성육신부터 낮아짐의 결정적 현시가 아닌가!

주인의 명령에 종이 순종하였으나 아직 빈자리가 있다(22절). 누가는 하나님 나라가 특별히 소외되고 가난한 자에게 관심을 기울인다는 사실을 강조한다. 주인은 종에게 (네 번째) 길과 산울로 가서 사람을 강권하여 데려다가 내 집을 채우라고 말한다(23절). 제일 처음에 초청을 받은 자는 주인이 베푼 잔치를 맛보지 못하게 된다(24절). 이 단락에서도 메시아의 구원 잔치에 먼저 초청된 자가 구원의 잔치에서 배제됨으로써 먼저 된 자가 나중 되는 일이 발생한다(참고. 눅 13:30).

2.4. 누가복음 14장 25-35절의 메시지

(베뢰아를 지나서 예루살렘으로 가는 길에) 허다한 무리가 예수님과 함께 갈 때, 주님이 돌이켜서 말씀하신다. "무릇 내게 오는 자가 자기 부모와 처자와 형제와 자매와 및 자기 목숨까지 미워하지 아니하면 능히 나의 제자가 되지 못하고, 누구든지 자기 십자가를 지고 나를 좇지 않는 자도 능히 나의 제자가 되지 못하리라"(26-27절). '미워한다'는 말은 "덜 사랑한다"(to love less)는 뜻이다(참고. 창 29:30-33; 잠 13:24; 마 10:37; 보라. Hendriksen, 1988:735). 누가 망대를 세우고자 할 때, 먼저 비용을 계산한다(28절). 비용을 계산하지 않고 공사를 시작하다가는 기초공사만 할 뿐이기에, 사람들이 보고 비웃을 것이다(29-30절; 참고. 히 6:2).

이제 예수님은 이런 성급한 건축자(rash builder)와는 달리 합리적인 왕(reasonable king)을 등장시키신다. 어떤 임금이 전쟁을 할 때도 자기 군사력으로 이길 수 있을지 먼저 계산해 본다(31절).[532] 만일 승산이 없다면 사신을 보내어 화친을 청해야 한다(32절). 완전한 헌신에 기초하여, 자기의 모든 소유를 버리지 않으면 예수님의 제자가 되지 못할 것이다(33절). 참된 제자가 되기 위해서는 예수님을 따르는 것, 자기 십자가를 지고 가는 것, 가족과 자기 목숨을 덜 사랑하는 것의 대가를 깊이 생각해 보아야 한다. 소금이 좋은 것이지만, 소금도 그 맛을 잃으면 무엇으로 짜게 할 수 있는가?(34절) 그런 맛을 잃은 소금은 땅을 비옥하게 만드는 데도, 거름에도 쓸데없고 내어버려질 것이다(참고. 마 8:12). 사해 부근에서 채취된 소금은 석고(gypsum)와 혼합되면 상하고 맛을 잃어버리게 되었다(참고. Hendriksen, 1988:737). 형식적이고 율법적인 종교 생활을 하던 바리새인들이 바로 맛을 잃은 소금의 대명사이다. 귀 있는 자는 영적으로 깨닫도록 제대로 들어야 한다(35절). 제자가 짠맛을 유지하는 것은 희생이 따르는 힘든 일이다.

---

532) 헤롯 안디바는 당시 인근의 로마 봉신과 벌인 전쟁에서 패했다. 누가복음의 독자는 무모한 전쟁에 대해 잘 알고 있었을 것이다(참고. 존 월튼, 2010:1470).

3. 오늘에의 적용

주일 성수 개념에서 어느 정도로 자유를 허용할 수 있는가?
현대인이 천국 잔치를 거부하는 변명은 무엇이며 그 대책은 무엇인가?
세상의 소금으로 기능하고 있는가?

누가복음 15장

1. 본문 및 구조

- 잃은 양의 비유(1-7)
- 잃어버린 드라크마의 비유(8-10)
- 잃어버린 아들을 용납하시는 아버지 비유(11-32)

2. 구원 계시사적 메시지

2.1. 누가복음 15장 1-7절의 메시지

모든(*pantes*)[533] 세리와 죄인들이 말씀을 들으려고 예수님에게 가까이 나아온다(1절). 세리(*telonai*)는 친로마적 성향의 부도덕한 사람으로 낙인 찍혔다. 죄인(*hamartoloi*)은 랍비의 가르침을 따라 살지 못하는 사람 혹은 바리새인이 설정해 놓은 원칙에서 이탈하여 살았던 사람을 가리킨다. 바리새인과 서기관들은 예수님이 죄인을 영접하고 음식을 같이 먹는다고 수군거린다(*diagongyzo*, 2절). 바리새인들의 비난은 이미 누가복음 5장 30절과 7장 39절에도 등장한다. 어떤 사람이 식사 교제를 한다면 손님과 사회적인 교류를 하는 것이기에, 단순히 배고픔을 해결하는 차원을 넘어선다. 그러므로 1세기 사회적 관점에서 본다면 예수님이 매국노와 반역자와 같은 세리와 율법이나 전통에서 멀어진 경멸받던 죄인들과 식탁 교제를 하는 것은 그들과 똑같은 부정한 사람임을 의미했다. 주님은 이러한 사회적 통념을 깨뜨리시고 정결과 부정결의 개념을 재정립하신다. 예수님의 사역은 병자와 죄인을 불러 회개케 하는 것이지, 스스로 정결하다고 생각하거나 건강하다고 여기는 사람을 위한 것이 아니다.

533) 1절의 '모든'은 누가가 애용하는 표현으로서 누가복음 6장 17절, 30절, 9장 43절, 11장 4절 등에도 등장한다. 1절에서 W사본은 '모든'을 생략하는데, W사본의 필사자가 과장법을 좋아하지 않았던 것 같다(참고. 매츠거, 2005:134).

예수님은 바리새인과 서기관들에게 비유로 말씀하신다(3절). 양 100마리가 있는데, 그 중 하나를 잃으면 아흔아홉 마리를 들에 두고, 그 잃은 것을 찾도록 찾아다니지 않겠는가?(4절). 양 100마리는 전형적인 규모이다. 잃어버린 양들은 마치 세리와 죄인과 같은 부류의 사람들이다. 이 잃어버린 자를 찾는 주도권을 목자이신 예수님이 쥐고 계신다. 그러나 바리새인은 백성의 목자로 스스로 생각했을 것이다. 또 찾은즉 즐거워 어깨에 메고(5절),[534] 집에 와서 벗과 이웃을 불러 모으고 "나와 함께 즐기자. 나의 잃은 양을 찾았노라"라고 말할 것이다(6절). 이처럼 죄인 하나가 회개하면 하늘에서는 회개할 것 없는 의인 아흔아홉을 인하여 기뻐하는 것보다 더하리라(7절).[535] 실제로 이스라엘 사람들은 잃어버린 양 한 마리를 찾았다고 해서 벗과 이웃을 초청하여 잔치를 배설하지 않았을 것이다. 이 비유를 통해서 주님은 잃어버린 자가 돌아올 때 주님 혼자서 기뻐하지 않고 천국의 모든 백성이 함께 기뻐해야 할 것을 강조한다. 죄인이 회개하고 주님이 베푸시는 용서를 받아들일 때 하늘에서 잔치가 벌어진다. 바리새인들은 죄인과 교제하는 것을 꺼리거나 정죄하는 대신 잃어버린 자를 찾으시는 예수님의 기쁨에 동참하여야 한다. 선한 목자이신 예수님은 아무도 잃게 되는 것을 원치 아니하신다. 이것은 시편 23편과 이사야 40장 11절 그리고 에스겔 34장 15-16절의 성취이다.

2.2. 누가복음 15장 8-10절의 메시지

어느 여자가 열 드라크마가 있는데, 하나를 잃으면 등불을 켜고 집을 쓸며 찾을 때까지 주의 깊게(*epimelos*) 부지런히 찾는다(8절). 드라크마는 헬라의 은전인데 로마의 데나리온에 해당한다. B.C. 300년경의 한 드라크마는 양 한 마리에 해당됐다(참고. 마샬, 1991;308). 대개 팔레스타인의 여인은 은전 열 개를 결혼 선물로 받았다. 이 은전은 경제적인 가치 외에도 정서적인 가치를 가지기에 잃어버린다면 당연히 찾아야 했다(참고. 오스본, 2003:603). 농가에 이 여인이 살았다면 집의 문은 낮고 창문은 하나도 없었기에 등불을 켜야만 했다. 이 여인은 찾은 후 벗과 이웃을 불러 잔치를 벌인다(9절). 아마도 작은 규모의 축하 잔치였을 것이다. 이와 같이 죄인 하나가 회개하면 하나님의 사자들 앞에 기쁨이 된다(10절). 목자가 잃어버린 양 1마리를 찾았듯이, 이 여인은 은전 하나를 찾는다. 교회가 목자의 역할을 해야 할 것을 상징적으로 보여준다. 바리새인은 이 비유를 듣고 회개하고 하나님과 화목해야 했다.

2.3. 누가복음 15장 11-32절의 메시지

예수님은 바리새인과 서기관들에게 잃어버린 자가 돌아올 때 하나님께서 맞이해 주신다는 점을 세 번째 절정의 비유로 설명하신다. 어떤 사람에게 아들 둘이 있었는데, 둘째가 아버지에게

---

534) 근동의 관습은 잃은 양을 찾으면 양을 두 어깨 위에 올리고, 양의 배는 목자의 목의 뒷부분에 대고, 네 발은 목자의 얼굴 앞으로 묶는 것이다(참고. Hendriksen, 1988:745).

535) 하늘에서 회개할 것이 없는 의인 99명은 누구를 가리키는가? 의로운 자로서 목자이신 예수님에게 이미 돌아와서 인도를 받는 자들을 가리킨다. 헨드릭슨(1988:746)처럼 이 비유의 청중인 바리새인을 염두에 두는 것으로, 스스로 의롭게 여기던 바리새인과 서기관을 비꼬는 말씀으로 볼 수도 있다.

분깃 즉 유산을 요구한다(11-12절). 그는 차자이기에 3분의 1만 받을 수 있다(참고. 신 21:17; 하지만 아버지가 죽기 전에 받을 경우 9분의 1이 될 수 있음). 예외적인 경우를 제외하면 아버지의 임종 시에 유산이 분배되었다. 아들이 아버지의 생존 시에 유산을 요구하는 것은 무례한 행위였다(참고. 신 21:18-21). 아버지는 살림(*ton bion*, 생명)을 맏아들과 둘째 아들에게 나누어 주었다(12절). 둘째 아들이 미혼임을 미루어 볼 때 A.D. 1세기 팔레스타인에서는 보통 18-20세에 결혼했기에, 약 17세 정도로 추정된다(참고. 마샬, 1991:314). 며칠이 안 되어 둘째 아들이 재산을 다 모아서(즉 현금으로 바꾸어) 이국으로 가서 허랑방탕하게(*asotos*; 참고. 엡 5:18; 딛 1:6; 벧전 4:4) 산다.[536] 돼지를 치던 이방인의 땅에 가서 살다가 결국 궁핍하게 된다(13-14절). 이방 나라 백성 중 한 명이 이 궁핍한 아들에게 돼지 치는 일을 맡긴다(15절). 그는 부정한 돼지를 치는 일조차 시도한다(레 11:2-8). 지중해 동부 연안에서 볼 수 있는 상록수인 콩나무의 열매인 '쥐엄 열매들로 그의 배를 채우고자 해도'(*gemisai ten koilian autou apo ton keration*, 다수 사본; 참고. 시내 산과 B사본은 '쥐엄 열매들로 채워지도록'[*chortasthenai ek ton keration*]) 주는 사람이 없다(16절). 아들은 돌이켜서 아버지 집의 풍요로움을 회상하고, 하늘과 아버지께 득죄한 것을 깨닫는다.[537] 그는 당장 일어나서 아버지께 가려고 한다(17-18절). 아버지의 아들이 아니라 품군의 하나가 되는 것을 감수한다(19절). 상거가 먼데도 불구하고 아버지는 둘째 아들을 알아보고는 측은히 여겨 달려가서 목을 안고 입을 맞춘다(*katephileisen*, 아오리스트 능동태 직설법, 열렬히 입 맞추다; 20절).

일반적인 팔레스타인의 아버지는 아들에게 먼저 안부를 묻지 않았다. 대신 아들이 존경하는 예우를 아버지에게 먼저 갖추는 것이 당시 관습이었다. 하지만 이 비유의 아버지는 당시의 관습을 깨뜨리고 있다. 아들은 '아버지!'라고 부르며, '하늘에 대하여 그리고 당신(즉 '아버지') 앞에'(*eis ton ouranon kai enopion sou*) 지은 죄를 자백하고 '아버지의 아들'이라 칭함을 받지 못하겠다고 말한다(21절).[538] 아버지 하나님의 사랑은 인내심이 있으며 돌이키는 자를 용서하는 사랑이다. 아버지는 제일 좋은 옷을 입히고, 손가락지를 끼우고, 신을 신기고, 살진 송아지를 잡고는 죽었다가 살아난 것과 다름없는 아들을 얻었다고 친구와 이웃을 불러다가 잔치를 배설한다(22-24절).

맏아들이 밭에 있다가 집에 돌아와 보니, 집에서 풍류와 춤추는 소리를 듣는다(25절). 맏아들이 한 종에게 무슨 일인지 물으니, 동생이 돌아옴을 인하여 살진 송아지(the fattened calf)를 잡았다고 답한다(26-27절). 맏아들이 노하여서 잔치 자리에 들어가기를 계속해서 거절하니, 아버지가 나와서 들어가자고 계속해서 권한다(*parakalei*, 미완료 직설 3인칭 단수; 28절). 맏아들은 여러 해 동안 아버지를 (노예처럼) 섬기고 있지만(*douleuō*, 현재 능동 직설 1인칭 단수) 벗과 더불어 잔치하도록 염소 새끼를 준 적 없다고 불평한다(29절). 맏아들은 창기들(*pornōn*, 여성

536) 아버지와 형이 재산을 관리했다면, 둘째 아들에게는 재정 관리 경험이 없었다.

537) '하늘과 아버지께'라는 말에서 아버지는 곧 하나님을 가리킴을 알 수 있다.

538) 21절에서 시내 산과 B사본은 19절의 표현을 추가한다. "저를 아버지의 품꾼들 중 하나로 삼아주십시오."

복수, *prostitutes*)과 함께 아버지의 재산(*ton bion*, 생명)을 탕진한 동생을 위해서는 살진 송아지를 잡아 잔치하는 것을 비방한다(30절). 맏아들처럼 유대 종교 지도자들은 온갖 규정으로 인해 천국의 아들 된 상속자가 아니라 노예처럼 하나님을 섬겼다. 그러므로 그들은 죄인이 은혜로 복음에 초청되는 것을 용납하지 못했다. 아버지는 맏아들에게 자신의 소유는 다 그의 소유임을 언급하신다(31절; 참고. 요 17:10). 실제로 맏아들은 살림을 이미 분배받았기에(12절), 장자의 특권을 활용하면서 아버지의 소유를 즐길 권한이 있었다. 하지만 그는 종처럼 살았다. 그는 아버지의 무한한 자비는 무시한 채 자신의 선한 행위로 얻을 구원을 주장하고 있다. 맏아들은 무자격자를 불러 거듭나게 하사 화목하게 하시는 복음의 본질을 깨닫지 못하고 있다. 그러므로 둘째 아들이 '명백한 탕자'라면, 맏아들은 '은근한 탕자'이다. 아버지는 죽었다가 살아난 동생을 인해 즐거워하고 기뻐하는 것은 마땅하다고 답한다(32절).

여기서 회개는 부활 생명을 얻는 것과 연결됨을 강조한다. 맏아들은 아버지와 함께 동생이 돌아온 것을 보고 기뻐해야 했다. 둘째 아들은 값진 대가를 치르고 아버지에 대해 산 자가 되었고, 죄에 대해서는 죽은 자가 되었다. 잃어버린 양과 드라크마의 비유는 잃어버린바 된 것이 주인을 찾아서 스스로 돌아온 것이 아니라, 주인이 잃어버린 것을 찾아서 자신에게로 회복시킨 것에 초점을 둔다. 마찬가지로 소위 탕자의 비유의 핵심은 둘째 아들이 돌아오는 것이라기보다는, 회개하는 자를 영접하시는 아버지이다(참고. 마샬, 1991:310). 회복의 모든 행동의 주도권을 아버지가 쥐고 계신다. 천국은 용서와 화해를 기뻐하시는 하나님 아버지의 다스림이다.

3. 오늘에의 적용

우리는 죄인이 돌아왔을 때 진정 기뻐하는가?
우리가 가지고 있는 목자의 심정은 어떠한가?
천국의 상속자로 사는가, 아니면 노예처럼 사는가?

누가복음 16장

1. 본문 및 구조

- 불의하지만 지혜로운 청지기 비유(1-13)
- 바리새인과 율법(14-18)
- 부자와 나사로(19-31)

2. 구원 계시사적 메시지

2.1. 누가복음 16장 1-13절의 메시지

누가복음 16장에서 예수님은 주로 돈과 관련된 비유를 말씀하신다. 누가복음 16장 1-13절은 일반적으로 '불의한 청지기 비유'(the parable of the unjust steward)라고 불리지만, '불의하지만 지혜로운 청지기 비유'라고 부를 수 있다. 내용은 다음과 같다. 어떤 부자가 있었다(1절). 재산을 효율적으로 관리하기 위해 청지기를 고용했다. 하지만 그 청지기는 부정을 저질렀고 이 사실을 부자는 알게 되었다(1절). 주인은 청지기를 해고하기로 마음먹는다(2절). 해고를 앞둔 이 청지기는 빌어먹자니 부끄러웠고 막노동을 하자니 힘들어서 못할 것 같았다(3절).[539] 이 청지기는 해고될 것이 분명했기에, 해고 이후의 삶을 위해 묘책을 생각해 냈는데, 그것은 주인에게 빚진 사람들을 찾아가서 빚을 감해 주면 훗날에 자신을 선대해 줄 것이라는 것이었다(4절). 올리브유 100말(3,946L; 150그루에서 수확한 양으로 1,000데나리온에 해당함) 빚진 자(6절)에게는 50말을 감해 주었고, 밀 100석(12만 평의 땅에서 생산되는 양으로서 36,000L로 2,500데나리온에 해당함) 빚진 자(7절)에게는 20석을 감해 주었다(6-7절; 참고. 존 월튼, 2010:1474).

감람유(올리브유)를 빌리면 이자율이 80-100%이었다. 이렇게 이자율이 높은 이유는 감람유의 생산량과 상품의 질이 해마다 유동적이었기에 위험 부담이 컸기 때문이다. 올리브유 100말에는 이미 8-10할의 높은 이자가 포함되었다. 그래서 50말로 삭감해 준 것은 이자 전체를 삭감해 준 것이다. 이제 원금만 갚으면 된다는 말이었다. 그리고 밀에 대한 이자율은 20-25%이었는데, 밀 20석을 감해준 것은 이자를 삭감해 준 것이다. 주인의 입장에서 보면 고리대금을 포기한 것이다. 8절에 의하면, 주인은 옳지 않은 청지기가 일을 지혜롭게 하는 것을 보고 칭찬했다. 주인이 칭찬한 이유는 채무자들로 하여금 자신이 관대한 사람으로 비쳐졌고 고리채를 포기한 사람으로 찬사를 받게 되었기 때문이었다. 이제 이 주인은 그 당시에 많은 고리대금업자들과는 달리 구약의 계명대로 이자를 받지 않는 올바른 사람으로 비쳐졌다.

여기서 살펴볼 것은, 구약에서 하나님은 이스라엘 백성들 사이의 돈 거래에 있어서 이자를 받지 못하도록 하셨다는 사실이다. 구약에서 고리대금은 금지되었다(출 22:25; 레 25:36). 하지만 점차 고리대금이 편법으로 허용되었다. 주인은 청지기로 하여금 할 수만 있으면 고리대금 놀이를 하도록 부추겼다. 고리대금이 문제가 된 경우에는 주인이 아니라 청지기가 협상 테이블로 나갔다. 책임도 청지기가 져야 했다. 청지기는 주인의 가족처럼 대접받았고, 채무자를 향해서 전권을 가지고 있었다. 하지만 청지기가 주인의 재산을 허비할 경우 빈손으로 쫓겨나야 했다. 따라서 누가복음 16장의 이 교활한 청지기의 비유는 예수님 당시에 충분히 일어날 수 있었던 이야기를 배경으로 한다. 밀과 감람유와 같은 농경 문화를 배경으로 한다.

주인이 이 교활한 청지기를 칭찬했음에도 불구하고, 이 불의한(*adikias*) 청지기의 비윤리적인 방법을 본받을 것을 명령하지 않는다. 대신 미래에 대한 관심과 투자를 칭찬하고 있다. 이 세대의

539) 지혜서 40장 28절에는 "구걸하느니 죽는 게 낫다"라고 가르친다.

아들들인 세상 사람들이 빛의 아들들인 하나님의 자녀들보다 적어도 미래를 위한 관심과 전략 그리고 투자하는 점에서는 더 지혜롭다고 주님은 말씀하신다(8절). 왜 주님의 제자들은 하나님 나라를 위해 그리고 미래를 위해 재물을 투자하는 데 인색하고 지혜롭지 못한가?(참고. 대상 29:14). 불의의 재물(NIV: worldy wealth; *ek tou mamona teis adikias*)로 친구를 사귀면, 재물이 없어질 때(*eklipei*, 아오리스트 능동 가정 3인칭 단수) 친구들이 영원한 처소로 영접할 것이다(9절). '영원한 처소'(*eis tas aionious skeinas*)라는 말을 통해서 주님은 참된 구원의 믿음을 가진 자는 재물의 청지기로 살면서 구제하며 살 때 자기 속에 영생이 있음을 확인할 수 있음을 가르치신다. 물론 재물 자체는 불의하지 않고 가치 중립적이다. 그러므로 '불의의'(*adikia*)를 실제로 '부정직하거나 의롭지 못한'이라는 의미보다는, NIV 번역처럼 '세상의'로 번역할 수 있다.540) 그리고 9절은 이 비유의 적용 부분에서 유일한 명령이므로, 악하게 번 돈의 사용에 대해서만 가르친다고 보기 어렵다. 그리고 이 비유의 청중에 제자들이 포함되어 있기에, '불의한'(*adikia*)이라는 형용사가 부정적인 의미만을 가지는 것으로 보기 힘들다. 만일 부정직하게 번 돈으로 친구를 사귀라고 이해해 버리면, 도둑질을 하라는 이상한 명령이 되고 만다. 하지만 '불의한' 이라는 말이 사용됨으로써, 재물을 자칫 잘못 사용하면 악한 결과를 초래할 수 있음을 주의시키고 있다(보라. 오덕호, 1998:217).

지극히 작은 것(재물을 다루는 것)에 충성된 자는 큰 것(참된 것; 하늘의 일)에도 충성되고, 지극히 작은 것에 불의한 자는 큰 것에도 불의하다(10절). 어떤 사람이 불의한 재물에 충성치 아니하면, 누가 참된 것(하늘의 보고를 다루는 일)으로 그에게 맡기겠는가?(11절) "너희가 만일 남의 것(하나님께 속한 세상의 재물)에 충성치 아니하면, 누가 너희의 것(영원한 재물인 천국; 참고. B와 L사본은 '우리[성부와 성자]의 것을')을 너희에게 주겠는가?"(12절) 집 하인이 두 주인을 섬길 수 없듯이, 하나님과 재물을 겸하여 섬길 수 없다(13절).

2.2. 누가복음 16장 14-18절의 메시지

바리새인을 돈을 좋아하는 자이기에, 예수님의 말씀을 듣고 비웃었다(14절). 바리새인은 자기 의에 충만한 자이며, 사람 앞에서 높임을 받기를 좋아한다. 그러나 그들은 마음을 감찰하시는 하나님 앞에서 미움을 받고 만다(15절). 율법과 선지자는 요한의 때까지요, 그 후부터는 천국 복음이 전파되어 사람마다 그리로 침입한다(16절). NIV는 "……everyone is forcing his way into it"으로 번역한다. '침입한다'(*biazetai*, 현재 중간태 직설법 3인칭 단수)는 '힘으로 밀고 나가다' 혹은 '강요하다'(to force)라는 뜻이다. 그러므로 거듭난 사람마다 천국의 원칙에 맞추어 그들의 삶의 방식을 조정하면서 힘 있게 들어가야 한다. 주님은 계속 말씀하신다. 율법의 일점일획(*mian keraian*)이 떨어짐보다 천지의 없어짐이 쉽다(17절). 아내를 버리고 다른 데 장가간 자는 간음함이요, 무릇 버려진 여자에게 장가드는 자도 간음함이다(18절). 예수님은 율법이 성취되어 계속해서 신약 백성의 삶의 규칙이 됨을 이혼과 간음으로 예로 들어 설명하신다.541)

540) 쿰란 공동체에게 있어서 '불의한 맘몬'은 '모든 세상 재물'의 다른 표현이다(참고. 오덕호, 1998:219).

예수님의 간음에 관한 말씀은 문맥에 어울리지 않는 것처럼 보이지만, 이것의 영적이고도 언약적 의미를 파악한다면 자연스러운 것임을 알 수 있다. 즉 이 말씀의 구약 간본문은 말라기 2장 13-16절인데, 바벨론 포로 후기의 종교 지도자들은 바로 이 영적인 간음 때문에 비난을 받았던 것이다(참고 말 2:7, 3:5-8; 롬 2:21-23). 종교 지도자들은 하나님에 의해 버려진 여자 즉 배교한 유대인과 계속해서 연합하려고 하지만, 예수님은 돌이켜 회개하고 새 언약 백성 안으로 들어오라고 촉구하신다. 요약하자면, 바리새인과 서기관은 언약의 남편이신 하나님의 아내인 동시에, 이스라엘 백성에게는 남편이신 하나님의 대리자 역할도 수행해야 했다. 예수님은 바리새인들이 언약적으로 버림받아 이혼 당한 상태에 있던 이스라엘에게 다시 돌아가는 것(혼인 상태)에 대해 경고하시면서 새 언약 공동체 안으로 돌아올 것을 권고하신다.

2.3. 누가복음 16장 19-31절의 메시지

어떤 부자와[542] 거지 나사로의 비유는 단지 아무리 부자라도 예수님을 믿지 않으면 죽은 후에 지옥 불구덩이에 들어가고, 반대로 아무리 가난하더라도 하나님을 믿으면 천국에 간다는 것을 가르쳐 주는가? 이 비유는 전후 문맥에 따라서 하나님 나라와 예수 그리스도 중심으로 계시사적으로 해석되어야 한다.

부자와 나사로의 비유에서 부자는 '자색 겉옷과 고운 베로 만든 속옷'을 입고 있는데, 아마도 누가의 수신자들은 자연스럽게 대제사장을 떠올렸을 것이다(19절). 그리고 부자라는 말을 들었을 때 돈을 사랑하는 자인 바리새인들도 떠올렸을 것이다(참고. 눅 16:14). 따라서 부자는 대제사장과 바리새인과 같은 이스라엘의 종교 지도자를 가리킨다. 예수님 당시의 대제사장을 비롯한 종교 지도자들은 막강한 특권을 가지고 있었고, 부당하게 재물을 탈취함으로써 부유했다. 특별히 바리새인은 사람이 부자이면 그의 생활도 재산에 비례하여 의롭다고 보았다. 따라서 가난은 불의한 생활을 하고 있는 결과요 하나님의 심판이라고 잘못 생각했다. 반대로, 나사로는 걸인일 뿐 아니라 헌데로 만신창이가 되어 마치 나병 환자처럼 살았으며, 이방인을 상징하는(야생) 개들(복수형 *hoi kynes*)이 그의 헌데를 핥아 주었다(20-21절). 나사로의 상태는 의식상으로 (ceremonially) 부정한 자로 취급당해서 사람들로부터 격리될 정도로 보인다. 나사로는 부자의 식탁에서 '떨어진 부스러기들'(*ton psychion piptonton*, A, 다수 사본, 마 15:27; 참고. 시내 산과 B사본은 '떨어진 것들'[*ton piptonton*])을 얻어먹고 살았다. 그것만으로는 영양실조에 걸려 죽을 수밖에 없었다. 부자의 맨션의 큰 대문에 누워 있는(수동형) 것을 통해서 나사로는 스스로 걸을 수 없을 정도로 심각한 다른 병도 앓고 있는 것으로 보인다(20절).

나사로는 이 비유에서 한마디도 말하지 않는다. 예수님의 비유 중에서 유일하게 등장인물의

---

541) 칼빈은 율법과 복음 사이의 대립은 과장되어서는 안 된다고 주장한다. "복음은 구원의 다른 방법을 제시할 만큼 율법 전체를 밀어내고 그 자리를 대신 차지하지 않는다. 오히려 복음은 율법의 약속을 모두 확증하고 만족시키며 그림자에게 실체를 부여하였다"(《기독교 강요》, 1.9.4).

542) 19절의 부자의 이름을 콥틱의 사히딕 역본에서는 '니느웨'로, A.D. 242년경의 '위 키프리안 논문'에서는 '비느아스'라고 제시한다(참고. 매츠거, 2005:135).

이름이 밝혀진 경우는 나사로뿐이다(참고. Morris, 1989:276). 그러므로 나사로라는 이름의 뜻에 우리는 주목해 보아야 한다. '하나님은 나의 도움'이라는 뜻이다. 나사로는 비록 가난하고 병들어 가난과 질병의 굴레에서 벗어나지 못했지만, 하나님의 도움으로 하루하루를 살아간 하나님의 아들이었다. 나사로는 이 세상에 의지할 사람이 없었지만 하나님의 도우심과 자비를 바라보며 살았다. 이 사실은 하나님을 바라보면서 경건하게 살지만 얼마든지 경제적으로 어렵고 병으로 고통을 당할 수 있음을 가르쳐 준다. 부자에게 집 대문 앞에 누워있던 나사로에게 자비를 베풀 기회는 늘 있었지만 율법과 선지자의 강령인 하나님 사랑과 이웃 사랑을 실천하지 않아서 하나님의 말씀을 무시하며 살았다. 누구에게나 예외 없이 죽음이 찾아오지만, 죽음은 마지막이 아니다. 부자가 하데스(지옥)에 간 것은 단지 부자였기 때문이 아니라, 하나님의 말씀을 무시하고 순종하지 않고, 바리새인처럼 돈을 좋아하고 자신의 재산을 우상으로 여겼기 때문이다(23절).[543]

이 비유의 부자처럼 예수님 당시의 제사장은 사두개인으로서 산헤드린을 장악하고 있었으며 그 권력을 유지하기 위해서 로마 권력과 결탁하였다. 제사장의 최고의 목표는 이 땅에서 잘 먹고 잘 사는 것이었다. 그러므로 현세 중심의 인생관을 가지고 있었기에, 부활을 믿지 않았다. 오는 세상을 믿지 않고 오직 모든 수단을 동원하여 권세를 누리면서 호강하는 것이 그들의 목표였다. 그러므로 권력층에 있었던 그들은 이스라엘 백성들로부터 동떨어진 생활을 했고 존경을 받지 못했다. 율법과 선지자의 시대가 지나가고 하나님 나라의 복음의 시대가 도래한다는 누가복음 16장 16절 말씀에 근거해 볼 때, 말씀을 듣지도 순종하지도 않은 대제사장과 사두개인으로 대변되는 유대인이 누린 특권의 시대가 이제 종막을 고한다. 대신 유대인에게 개처럼 취급을 당한 이방인이라 할지라도 그리고 가난하고 병들고 소외된 사람이라 할지라도 주님의 말씀을 믿고 순종하면 새 언약 공동체인 교회의 일원이 되어 구원을 받는다.

바로 앞 16절에 의하면, "율법과 선지자는 세례 요한의 때까지요"라고 주님이 말씀하신다. 이 말씀은 구약의 하나님 나라 즉 옛 세상이 지나가고 이제 새로운 하나님 나라의 국면이 있을 것임을 밝히는 계시사적 메시지이다. 그러므로 이 비유는 계시의 전환의 관점에서 보아야 한다. 그리고 17절에 의하면, 율법의 일획도 떨어지지 않고 성취된 의미로 신약 성도에게 의미를 준다. 그러므로 율법의 일획이 떨어짐보다 천지의 없어짐이 쉬운 것이다. '천지의 없어짐' 즉 옛 세상에서 새 세상으로 변해도 구약 말씀은 영원하다는 의미이다. 대제사장과 바리새인 그리고 유대의 종교 지도자는 구약의 율법을 맡은 옛 세상의 청지기였지만, 실제로 그 말씀을 마음대로 변개하고 파기하고 말았다. 그들에게 있어서 하나님의 말씀은 껍데기뿐이었다. 그러므로 그들이 회개하고 이제 도래할 새로운 하나님 나라에 동참하지 않으면 심판을 받을 것이다. 주님의 죽으심과 부활로 도래할 천국의 새로운 국면에는 율법과 선지자 즉 구약이 성취된 의미로 신약 성도의 삶에 규범이 될 것이다. 그리고 그것이 복음이신 예수님 안에서 성취되어 전파될 것이다(참고. 마 5:17).

죽어서 하데스(음부)에 내려간 부자는 여전히 아브라함을 '아버지'라고 부른다(24절). 이것은

543) 여기서도 반전이 일어난다(참고. 눅 1:48, 51-53, 4:18, 6:20, 24-26, 16:19-31).

이 부자는 혈통과 전통이 구원을 보장해 주는 줄 알고 있었다는 증거이다. 육신적으로 아브라함의 후손이라면 구원을 받는 줄 알고 있었다. 조상의 공로가 자신의 구원에 유효한 것으로 착각했다. 그리고 하데스에 빠진 부자는 아브라함에게 나사로를 보내어서 손가락 끝에 물을 찍어[544] 자신의 갈증을 해결해 달라고 말한다(24절). 부자는 아브라함에게 나사로를 보내어 5형제가 불꽃으로 가득 찬 지옥에 오지 않도록 해 달라고 부탁한다(27-28절). 이 부자는 지옥에 들어가 있으면서도 여전히 나사로가 자기 종인 것처럼 부려먹으려고 한다. 이것도 예수님 당시의 이스라엘의 종교 지도자들의 착취하는 모습과 철저하고 완악한 부패와 타락을 가리키는 것이다. 하지만 아브라함과 부자 사이에는 큰 구렁이 끼어 있는데, 이제 영원한 상태의 역전은 일어날 수 없음을 의미한다(26절).

아브라함이 29절과 31절에서 부자를 향해서 말한다. "부자의 다섯 형제들은 나사로를 통해서가 아니라 모세와 선지자 즉 구약의 말씀을 듣고 믿어야 구원을 받을 수 있다." 여기서도 구약을 상징하는 모세와 선시자가 구원에 여전히 유용하다고 말씀하심으로써, 구약은 폐해지지 않고 신약 교회의 삶의 지침이 됨을 말씀한다. 나사로가 부활하여 다시 세상에 있는 부자의 5형제에게 가서 전도하는 것은 기적이다. 그러나 이런 기적을 통해서 그들은 회개할 것이 아니라, 하나님의 말씀을 듣고 순종함으로 회개해야 구원을 얻을 수 있다고 말씀한다. 하나님은 성경 안에 구원을 얻는 지식을 충분히 계시하셨다. 복음 전도를 통해서 구원받을 기회는 모든 사람에게 공평하게 주어지지만, 살아 있을 동안에만 기회가 주어지고 죽고 난 후에는 운명이 영원히 고착되고 만다.

여기서 더 살펴볼 것은 부자가 간 하데스이다. 하데스(지옥)는 28절에 의하면 불이 있어 고통 받는 곳이다. 죽어서 갈 지옥은 말할 것도 없고, 사실 하나님의 말씀을 듣지 않고 따르지 않는 곳은 어디나 고통 받는 곳이다. 그 곳에는 평안이 없다. 즉 새로운 천국을 개시하신 분이시며 자신이 천국이신 예수님 밖에 있으면 지옥이다. 이 비유는 현재의 삶이 영원을 결정짓는다고 가르쳐 준다. 현재 우리가 예수님 안에서 살면 영원히 예수님 안에서 살게 될 것이다. 그러나 현재 전통이나 혈통, 돈과 지위, 명예와 인기와 건강에 눈이 멀어 예수님 밖에 있다면 영원히 밖에 던져짐으로 슬피 울며 이를 갊이 있을 것이다(참고. 전 12:7). 이 비유는 우리에게 전도의 시급성을 강조한다. 예수님 밖에 있는 자들에게 지금 여기서 속히 주님을 영접하고 회개하여 천국 백성으로 살도록 열심히 초청해야 한다.

중복되는 느낌이 있지만 구원 계시사적으로 누가복음 16장의 비유들을 해석해 보자. 먼저 '불의하면서도 지혜로운 청지기 비유'를 주석해 보자. 누가복음 16장 1절의 어떤 부자(하나님)는 청지기(이스라엘의 종교 지도자)를 고용하고 있다. 청지기가 주인의 재산을 허비한다는 것은 바리새인과 종교 지도자들이 그들의 직무를 남용했음을 의미한다. 그들은 하나님이 주신 선물을 이스라엘 백성을 위해 사용하지 않고 자신의 기쁨을 위해 잘못 사용해 버렸다. 왜냐하면 그들은

544) 이것은 부자가 갈증을 해소할 만한 충분한 물을 요청한 것을 완급법(understatement)적으로 표현한 것으로 보인다(참고. 오스본, 2003:634).

돈을 사랑하는 사람이었기 때문이다. 주인(하나님)은 청지기를 불러서 사실 확인을 하고, 더 이상 직무를 수행하지 못할 것을 통보한다(2절). 이것이 정확하게 예수님께서 공생애 가운데 행하신 것이다. 그래서 유대 지도자들이 예수님을 싫어하게 되었다. 복음의 메시지는 새로운 하나님 나라가 도래하며, 청지기직은 바리새인이 아니라 새로운 지도자들 즉 교회에게 주어질 것이라는 것이다. 16장 3-4절에서 이 불의한 청지기가 지혜롭게 행하는 것을 본다. 청지기는 이전에 자기가 학대한 사람들과 친분을 맺으려고 결심한다. 그래서 그가 그 직에서 해고당한 후 그들이 자신을 그들의 집(교회)으로 인도해 줄 것으로 믿었다. 그 지혜로운 바리새인은 세리와 죄인을 도울 것인데, 그들이 새로운 하나님 나라를 상속할 것이기 때문이다. 만일 바리새인과 서기관이 다가오는 심판을 받지 않는 곳을 원한다면, 이전에 착취한 사람들에게 자비를 베풀고 회개함으로 교회 안으로 들어와야 한다. 16장 5-7절에 의하면, 이 지혜로운 청지기는 가난한 자가 주인에게 진 빚을 삭감해 준다. 이 비유에서 이 청지기의 바로 이 삭감 행위가 부당하거나 부정직하다고 언급되고 있지 않음에 주목해 보아야 한다. 바리새인들은 율법에 많은 짐(빚)을 더하는 죄와 가난한 자들의 속박을 증가시키는 죄를 범했다. 바리새인들은 이렇게 부과된 짐에 한 손가락도 대지 않으려고 했다(참고. 눅 11:46). 누가복음 16장 3절의 청지기의 말이 이것을 지지한다. "땅을 파자니 힘이 없고 빌어먹자니 부끄럽구나." 서기관이 '손을 대지 않으려고 한 것'에서 알 수 있는 것은, 짐은 부정에 관한 율법에 첨가된 것이다. 즉 부정에 관해 추가된 구전 율법이다.[545)]

주인은 청지기가 지혜롭게 행한 것을 보고 칭찬한다(8절). 마찬가지로, 예수님은 바리새인들이 가난한 자를 억압하는 것을 멈추고 화평한다면 하나님이 그들을 칭찬하실 것이라고 말씀한다. 예수님은 이 세대의 아들들이 서로를 다루는 데 있어서 빛의 아들들보다 더 지혜롭다고까지 말씀하신다. 이 말씀은 바리새인을 더 심하게 책망하는 것으로 볼 수 있다. 왜냐하면 이방인들은 예수님이 말씀하신 것에 주의를 기울이는 센스가 있지만, (자칭) 빛의 아들 즉 유대 지도자들은 그렇게 하는데 소경이기 때문이다. 불의의 재물로 친구를 사귀면 그 재물이 없어질 때 저희가(빚진 자들) 영원한 처소로 영접할 것이라고 말씀한다(9절). 가난한 자는 이 새로운 하나님 나라를 상속할 것이다. 예수님은 바리새인들이 가난한 자에게 부과한 짐을 제하고 그들과 화평한다면 도래할 천국에 들어갈 수 있을 것이라고 말씀한다. 이어지는 예수님의 말씀은 다음과 같다. 지극히 작은 것에 충성된 자는 큰 것에도 충성된다. 만일 너희가 재물을 다루지 못한다면, 누가 너희에게 참된 부를 줄 것인가?(10-12절). 여기서도 구원 계시사적인 문맥에 근거한 해석이 요구된다. 이 비유에서 종교 지도자는 많이 가진 자이다. 그들은 작은 것(구약)에 충성하지

---

545) 이것을 염두에 두고, 이 비유에 언급된 빚(debt)의 성격을 좀더 상세히 살펴보자. 서기관과 바리새인들이 사람들 위에 부과한 속박은 종종 실제적인 재정적인 곤란과 관련된다. 어느 정도 이스라엘에서 가난은 성전 제물에 과도한 값을 부과하여 가난한 자들의 돈을 강탈한 것에 연유한다(참고. 눅 19:46). 세리보다 더욱 악한 강탈자가 바로 종교 지도자였다(참고. 눅 7:9-13, 20:47). 그런데 이전에 불의했던 청지기는 적어도 심경의 변화를 겪고 있다. 그는 주인의 해고의 말을 신뢰하고 그것에 따라 행동하고 있다. 예수님은 바리새인들에게 그 청지기와 같이 행할 것을 권면한다. 즉 예수님은 바리새인들에게 그들이 억압한 사람들과 화평할 것을 권면하신다.

않았다. 그래서 그들은 더 큰 것인 새 언약을 상속할 수 없게 되었다. 그들은 종교를 사용하여 사람들을 강탈했기에 자신의 종교적 직무의 재정적인 측면을 남용했다. 그 결과는 그 직무에서 쫓겨나는 것이다. 하나님과 맘몬을 겸하여 섬길 수 없다(13절). 바리새인들은 돈을 좋아하는 사람이었기에, 예수님의 비유를 듣고 비웃고 만다(14절).

16장 15-18절에서도 예수님은 동일한 주제를 계속 언급하신다. 예수님은 이스라엘의 종교 지도자들의 오용된 높은 지위로부터 그들을 끌어내리신다(15절). 예수님은 율법과 선지자의 때와는 차원이 다른 새로운 하나님 나라가 도래할 것을 알리신다(16절). 즉 예수님의 인격과 사역을 통해서 구원 계시사의 큰 전진과 전환이 일어나고 있음을 알리신 것이다. 이스라엘의 종교 지도자들이 불의한 청지기의 비유의 교훈에 귀를 기울이면서 그 천국 안으로 들어올 것을 촉구하신다. 예수님은 모세를 통해서 주신 하나님의 율법은 계속 유지될 것이라고 말씀하신다(17절). 예수님의 인격과 사역으로 도래한 새로운 하나님 나라에서도 구약의 말씀(율법)은 신약 성도의 삶의 원칙을 제시하는 기능을 한다. 이 말씀은 유대 종교 지도자들이 백성에게 지키도록 부여한 구전(oral)의 추가적인 율법은 폐해질 것을 암시한다. 계시사적으로 이 말씀은 세례 요한 때까지 존속된 옛 하나님 나라가 물러가는 일은 이미 발생했지만, 하나님의 율법은 성취된 의미로서 영원히 적합성을 가진다는 의미로 볼 수 있다.

16장 19-31절은 부자와 나사로의 비유에서 부자는 '자색 옷과 고운 베옷'을 입고 있는데, 아마도 누가의 수신자들은 자연스럽게 대제사장을 떠올렸을 것이다. 부자는 이스라엘의 종교 지도자를 상징한다. 그는 특권에 있어서 부유하고, 부당한 재물을 탈취해 부유하다. 반대로, 나사로는 마치 나병환자처럼 살면서 이방인을 상징하는 개와 관련된 가난한 자이다(21절).

3. 오늘에의 적용

우리는 하나님께 부요한 자인가?
돈의 청지기로 살고 있는가?
구약 율법을 어떻게 삶의 규칙으로 삼을 수 있는가?

누가복음 17장

1. 본문 및 구조

• 용서와 제자도에 관한 교훈(1-10)

• 열 나병 환자의 치유(11-19)
• 하나님 나라의 현재적 도래(20-37)

2. 구원 계시사적 메시지

2.1. 누가복음 17장 1–10절의 메시지

실족하게 하는 것이 없을 수는 없으나, 있게 하는 자에게는 화가 있다(1절). 작은 자 중에 하나를 실족하게 하게 하느니 차라리 연자 맷돌을 매고 바다에 빠지는 것이 낫다(2절). '작은 자'는 예수님을 믿고 따르는 제자들을 의미한다(참고. 눅 10:21, 12:32, 17:3; 보라. 유상섭, 2002:256). 그만큼 형제로 하여금 죄 짓게 하는 일을 하지 않도록 스스로 조심하라는 의미이다. "만일 네 형제가 죄를 범하거든(참고. 다수 사본: '너에게 죄를 범하거든') 그를 꾸짖고, 회개하면 그를 용서하라"(3절). 동료의 범죄에 대해서는 권위 있게 책망을 해야 한다. 이 책망을 듣고서 회개하면 용서해 주어야 한다. 일곱 번 죄를 범하고 일곱 번 회개하거든 용서해야 한다(4절). 즉 진정으로 회개하는 자를 무한히 용서해야 한다(참고. 눅 6:37-38, 11:4). 2절과 4절을 문맥적으로 읽어보면 용서하지 않는 것이 곧 형제를 실족하게 하는 것이다.[546)]

이때 사도들이 예수님에게 믿음을 더하소서라고 말한다(5절). 제자들이 믿음을 더해 달라고 요구한 이유는 1-4절의 주님의 말씀을 실천하기 위해서는 믿음이 필요했기 때문이다. 예수님은 겨자씨 한 알만한 믿음이 있다면 이 뽕나무더러 뿌리가 뽑혀 바다에 심기라 하였을 것이며, 그대로 순종했을 것이다(6절). 겨자씨 한 알처럼 아무리 작게 보일지라도 질적으로 진정한 믿음과 온전한 믿음이 있다면 불가능해 보이는 일 즉 형제를 실족하게 하지 않고, 용서하면서 살 수 있다. 하나님이 나를 용서하셨다는 믿음이 있어야 수평적으로 용서하며 살 수 있다.

밭을 갈거나 양을 치는 종이 일을 마치고 돌아오면 어느 주인이 앉아서 먹으라고 하는가?(7절) 예수님 당시에 갚을 수 없을 만큼 엄청나게 빚진 자는 주로 노예로 팔렸다. 그러므로 채무와 같은 이유로 노예가 된 자는 주인의 명령에 절대 복종해야 했다. 그러므로 일하고 돌아와서도 종은 주인이 먹을 것을 준비하고 시중들어야 한다. 그 후에 자신이 먹을 수 있다(8절). 주인이 명한 대로 하였다고 종에게 사례하는가?(9절)[547)] 명령받은 것을 다 행한 후에 우리는 무익한 종이라 우리의 하여야 할 일을 한 것뿐이라고 고백해야 한다(10절). 참믿음이 있다면 하나님이 맡긴 일을 감사하게 여기며 순종할 수 있다. 그리스도와 복음의 종으로서 일할 수 있는 사실만으로도 특권으로 여길 수 있어야 한다. 예수님은 섬김을 무가치한 것으로 말씀하지 않는다. 섬김에 대한 보상이 없다는 의미도 아니다. 영적인 교만을 버리고, 대신 오직 하나님을 섬기고 영광을 드러내는 것이 중요하다. 사람에게 인정을 받거나 보상을 받는 것이 섬김의 목적이어서는 안 된다.

---

546) 참고로, 은밀히 꾸짖는 것, 회복을 동반한 회개, 그리고 용서는 유대주의적 경건의 일반적인 교리였다(참고. 존 월튼, 2010:1477).

547) 9절 끝에 다수 사본은 질문에 대한 답으로 "나는 그렇게 생각하지 않는다"(*ou doko*)를 추가한다.

2.2. 누가복음 17장 11-19절의 메시지

구약의 나병 환자를 위한 규정을 보면, 나병 환자는 진 밖에 따로 격리되어 살아야 했다. 남이 지나가기라도 하면 옷을 찢고 머리를 풀며 윗입술을 가리고 "부정하다, 부정하다!"라고 멀리서 큰소리로 외쳐야 했다(참고. 레 13:45-46; 민 5:2). 혹시 나병이 깨끗해지면 제사장에게 가서 자신의 몸을 보여주면서 치유 여부의 판정을 받아야 했다. 실제로 나병 환자들은 몸뿐만 아니라 사회적 냉대와 무서운 설움을 받아야 했던 소외된 사람(outsider)이었다.

이 단락은 예수님께서 사마리아와 갈릴리 사이의 한 촌을 지나가시다가 생긴 일이다(11절). 나병 환자 10명은 예수님께서 자기 마을을 지나간다는 소식을 들었다(12절). 정상인들로부터 격리되어 그들은 서로 함께 지내었던 것 같다. 그들의 소원은 나병에서 깨끗함을 받아 정상적인 인간 대우를 받고 사는 것이었다. 예수님을 만나자마자 멀리서 "예수 선생님이여, 우리를 긍휼히 여기소서"라고 소리 높여 외쳤다(13절). 예수님께 감히 다가가서 외칠 수 없었던 그들이었다. 예수님은 그들을 보시고 한 말씀만 하신다. "가서 제사장들에게 너희 몸을 보이라"(14절). 제사장을 만나러 가는 동안에 길에서 10명 모두 치유 받는 기적이 일어났다.

그중 한 명이 그 기쁨을 이기지 못하여 큰소리로 하나님을 찬송하고 감격으로 영광을 돌렸다(15절). 그러고는 돌아와서 예수님의 발아래 엎드려 사례했다(16절). 그는 정통 이스라엘 사람들로부터 천대를 받던 사마리아인이었다. 이 사마리아 사람은 몸과 정신 모두 인간 대접을 받지 못했던 사람이다. 몸은 나병으로 고통당했고 그의 정신은 사마리아인이라는 이유 때문에 이방인처럼 푸대접을 받았다.

그에게 예수님께서 다 아시면서 물으신다. "나머지 아홉은 어디에 있느냐? 이 이방인 외에는 하나님께 영광을 돌리러 온 자가 없느냐? 일어나 가라. 네 믿음이 너를 구원하였느니라"(17-19절). 예수님의 믿음을 통한 구원 선포는 하나님의 구원은 몸과 영혼 모두를 포함한다는 사실을 가르쳐 준다. 예수님의 이 말씀을 통하여서 예수님께서 나머지 9명에 대해 서운해하신 것을 알 수 있다. 많은 독자들은 이 말씀을 통하여 하나님의 큰 은혜를 받은 사람으로서 배은망덕한 사람이 되어서는 안 된다고 다짐해 본다. 더 나아가, 늘 하나님의 은혜에 감사하는 사람이 되어야겠다고 다짐해 본다. '예수님을 서운하게 하면 안 되겠구나!' 이런 깨달음과 결심은 중요하다. 하지만, 본문은 이런 겉으로 드러나는 교훈 외에 더 중요한 그 무엇을 말씀한다. 이것을 찾기 위해 치유자로서의 예수님의 신분 말고, 본문에 암시되어 있는 예수님의 인격과 신분을 알아야 한다. 본문에 나타난 예수님은 하나님과 10명의 나병 환자 사이에 중보하시는 분이시다.

그렇다면 어디에 예수님이 중보자로 나타나는가? 15절이다. 그 한 사마리아인이 나병에서 치유함을 받은 후에 큰소리로 예수님께 영광을 돌렸는가? 아니다. 하나님 아버지께 영광을 돌렸다. 이 말씀은 치유를 베푸신 근원은 하나님 아버지라는 말씀이다. 예수님은 하나님의 대리인이요 중보자로서 사역을 했던 것이다. 예수님은 하나님과 하나님의 백성 사이의 중보자로서 일하셨다. 우리의 대제사장으로서 우리를 하나님께로 인도하신다. 중보자이신 예수님의 인격을 잘 이해하려면 예수님 당시의 사회에 있었던 중개인(브로커, broker)의 역할을 살펴보아야 한다.

1세기 지중해 연안의 로마 제국의 세계로 여행을 떠나보자. 그 당시는 약 2-10% 정도의 부유한 자 외에 대부분의 사람들이 가난한 생활을 했다. 따라서 한 명의 부자 후견인(patron)은 여러 사람을 돌보아 주었다. 이 부자 후견인의 도움을 받는 사람을 우리는 단골손님으로 부를 수 있다. 후견인이 여러 명의 손님들을 돌보아준 이유는 불쌍히 여기는 마음이 충만했기 때문에만 그런 것은 아니다. 돈으로 호의를 베풂으로써 그 마을 사람들로부터 존경과 칭찬과 명예를 받을 수 있었기 때문이다. 돈보다는 명예가 더 중요했던 세계가 이스라엘을 포함한 지중해 연안의 세계였다. 이렇게 가문의 명예와 수치를 중요하게 생각한 문화는 한국에도 비슷하게 적용된다. 이스라엘은 유럽이 아니라 아시아의 끝이라고 할 수 있기에 유럽보다는 오히려 아시아인 한국과 더 비슷한 문화 관습과 가치를 가지고 있었다.

이런 문화적인 후견인과 단골손님의 체계 때문에 이른 아침부터 많은 가난한 사람들이 부자 후견인의 집에 와서 양식을 받기 위해 줄을 서 있었다고 한다. 무언가 도움을 받은 손님들은 그 후견인에 대해 좋은 말을 해주면서 명예를 돌리게 되었다. 때로는 후견인(patron)과 단골손님(client) 사이에서 다리 역할을 한 중개인(broker)이 필요했다. 단골손님들은 중개인을 통해서 후견인의 호의를 얻었다. 만일 어떤 일이 중개인을 통해서 잘되었다면 단골손님은 중개인에게 사례를 한다. 여기서 주목해 볼 것이 있다. 단골손님이 중개인을 향해 사례하면서 "감사하다"고 말하는 것은 "나는 이번의 일로는 당신의 도움을 더 이상 필요로 하지 않는다. 감사했다. 우리의 거래는 끝이다"라는 의미를 가진다는 사실이다. "지난번의 도움으로 나와 당신의 거래는 끝났다"라는 뜻이다.548)

그 사마리아인이 예수님 대신에 하나님께 찬송을 돌리고 영광을 돌렸다는 사실은, 예수님은 중보자시요 하나님께서 치유의 근원으로서 은혜를 베푸셨다는 말씀이다. 그리고 사마리아인이 중보자이신 예수님께 사례하고 감사하다는 말을 한 것은 적어도 나병을 치유 받는 일에 있어서는 예수님의 도움이 더 이상 필요 없다는 뜻이다. 이것은 아주 강한 의지적인 표현이요 결단의 표현이다. 환언하면, "저의 나병을 위해 더 이상 예수님의 도움을 필요로 하지 않습니다. 나는 나의 병이 재발하지 않음을 확신하기 때문입니다." 이런 신앙 고백으로 예수님께 감사한 사마리아 사람이었다.

그렇다면 나머지 9명은 어떻게 된 것인가? 예수님께 사례하지도 감사하지도 않았다. 중보자이신 예수님께 다시 찾아오지도 않았다. 치유의 근원이신 하나님께 영광도 드리지 않았다. 왜 그랬을까? 그들에게는 병이 재발하지 않는다는 확신이 없었기 때문이다. 언제든지 병이 재발하기라도 하면 예수님께로 돌아갈 준비가 되어 있었다. 이 이유로 그들은 예수님께 사례하지 않았다. 참된 확신이 없었기 때문에 참된 감사를 돌리지 못했다. 따라서 본문은 단순히 배은망덕하면 안 되며, 늘 감사해야 한다는 것을 가르쳐 주는 것이 아니다. 더 나아가, 참된 믿음이 있어야만 참된 감사와 영광을 하나님께 돌릴 수 있다는 사실을 말씀한다.549)

---

548) Malina & Rohrbaugh(1992:379)를 참고한 문화 인류학적 해석이다.

549) 이 단락의 해석은 주로 문화 인류학적 해석에 의존한 것이기에, 문법 및 구속사적 해석으로 보충되어야

2.3. 누가복음 17장 20-37절의 메시지

바리새인들이 하나님의 나라가 언제 임하는지(*erchetai*, 현재 디포 직설 3인칭 단수) 예수님에게 묻는다. 이 단락을 이해하기 위해서는 시간적인 배경을 고려해야 한다. 지금 주님은 유월절 즈음에 죽음과 부활의 장소인 예루살렘을 향하여 올라가고 계신다. 바리새인을 포함한 유대인들의 사고에 의하면 유월절과 같은 기간에 약속된 메시아가 오시면 영원한 천국이 임한다. 따라서 바리새인이 예수님을 메시아로 영접하지 않았기에 그들에게 현재적인 천국은 없었다. 바리새인의 이 질문은 신앙에서 나온 것이 아니라, 예수님이 메시아라면 천국을 도래시켜 보라는 시험하는 어투로 보인다. 예수님은 누가복음 11장 20절에서 마귀의 권세가 무너지는 현장에 이미 천국이 임했다고 바리새인들에게 말씀하셨다. 예수님의 대답은 천국은 볼 수 있게 임하는 것이 아니요, 또 여기 있다, 저기 있다고도 못하지만, 너희 안에 있다는 것이다(20-21절). 천국은 바리새인이 기대하듯이 정치적인 독립 투쟁이나, 희한한 표적을 통해서 감지되는 것이 아니다. '너희 안에'(*entos hymon*)라는 말은 문맥 상 '너희 안에'(within you)라기보다는 '너희 가운데'(among you)로 보는 것이 옳은데, 바리새인 속에 둘러싸여 계신 예수님 자신이 천국이심을 밝힌다(참고. Morris, 1989:284; 유상섭, 2002:264).[550] 불신자로 규명할 수 있는 바리새인의 마음 가운데 천국이 임하는 것으로 볼 수 없다. 천국이신 예수님은 바리새인이 천국이신 자신을 영접하도록 회개의 기회를 주신다.

예수님은 제자들에게 "너희가 인자의 날 하루(*mian ton hemeron tou hyou tou anthropou*)를 보고자 하되 보지 못하리라"고 말씀하신다(22절). 제자들이 보기 원했던 '인자의 날 하루'란 무엇이며 언제인가? 메시아의 시간 즉 이미 예수님의 인격과 사역으로 도래했으며 도래할 천국을 가리키는 용어이다(참고. Morris, 1989;284). 주님은 여기서 특별히 천국의 미래성을 제자들이 통제할 수 없음을 말씀하신다. 앞 구절에서 천국의 현재성을 바리새인에게 설명하신 주님은 이 구절에서는 천국의 미래성에 대해 계시하신다. 이 미래성은 전적으로 하나님의 소관이며 가까운 미래와 불특정 미래로 나눌 수 있다.

사람들이 제자들에게 "보라, (파루시아 하신 인자가) 저기 있다, 혹은 여기 있다"라고 말해도 가지도 말고 좇지도 말아야 한다(23절).[551] 제자들은 주님의 임하심의 시기를 임의로 추측하고 거짓 메시아가 도래했다고 믿고 따르는 사람들의 미혹을 물리쳐야 한다. 번개가 하늘 이편에서 저편까지 번뜻하여 비취듯이 인자도 자기 날에 그러할 것이다(24절). 파피루스 75와 B사본은 '자기 날에'(*en te hemera autou*)를 생략한다. 참고로, 이탈라와 콥틱 역본은 마태복음 24장 27절처럼 '인자의 파루시아는'(*he parousia tou hyou tou anthropou*)이라고 쓴다. 인자가 임하는 방식은 모든 사람들이 볼 수 있는 방식으로 공개적으로 발생할 것이다.

한다.

550) 카라구니스(Caragounis, 1992:424)는 *entos hymon*을 'within you'로 보면서 천국의 내적인 특성과 역동성을 가리킨다고 본다. 이렇게 보는 근거는 누가복음에서 'among'으로 번역되는 헬라어 표현을 *en meso hymon*으로 보는 것이다. 하지만 아퀼라(Aquila)와 심마쿠스(Symmachus) 등은 *entos*를 'among'으로 번역했다.

551) 23절에서 A와 다수 사본은 '보라, 여기 있다 혹은 저기 있다' (*idou, hode e, idou ekei*)로 쓴다.

인자는 먼저 예루살렘에서 반드시(*dei*) 많은 고난을 받아야 하며 이 세대에게 버린 바 되어야한다(25절). 인자가 파루시아 하시기 위해서 '이 세대'(*apo teis geneas tauteis*) 즉 불신 유대인과 로마 당국으로부터 먼저 고통을 당하시고 십자가에서 죽으시는 사건이 발생해야 한다. 인자의 때는 노아의 때와 비슷하다(26절). 노아가 방주에 들어가던 날까지 사람들이 먹고 마시고, 장가들고 시집가더니, 홍수가 저희를 다 멸해 버렸다(27절). 노아 당시의 상황을 묘사한 동사는 미완료형으로 나타난다. 물론 먹고 마시고 결혼하는 것은 일상생활이기에 정죄 받을 것이 아니다. 문제는 일상생활이 우선순위를 점한다면 하나님의 메시지에 귀를 기울일 수 없다는 것이다. 인자의 날은 롯의 때와 비슷한데, 사람들이 먹고 마시고, 사고팔고, 심고 집을 짓더니, 롯이 소돔을 탈출하던 날 불과 유황이 그들을 멸하였다(28-29절). 롯의 때의 상황도 미완료형으로 묘사된다. 노아와 롯의 때처럼 인자의 파루시아 시, 일상생활이 계속 진행될 것이며, 사람들의 영적인 경성함에 문제가 발생할 것이다.

인자가 나타나는(*apokalyptetai*, 현재 수동 직설 3인칭 단수) 날에, 사람이 지붕 위에 있다면 집 안으로 가서 물건을 가지러 가지 말아야 한다. 밭에 있는 자도 마찬가지이다(30-31절). 롯의 아내처럼 자기 목숨을 보존하고자 하는 자는 잃고 말 것이다(32-33절; 참고. 창 19:17, 26).[552] 이 구절은 감람산 강화 중에서 A.D. 70년 사건의 긴박성을 언급하는 구절(참고. 눅 21:20-24)과 간본문을 이룬다.

밤에 두 남자가 침대에 누워 있을 때 하나는 데려감을 당하고(*paraleimphtheisetai*, 미래 수동 직설 3인칭 단수), 다른 하나는 버려둠을 당할 것이다(*aphetheisetai*, 미래 수동 직설 3인칭 단수, to leave, 34절). 낮에 매를 갈던 두 여자 중 하나는 버려둠을 당하고, 하나는 데려감을 당할 것이다(35절). 다수 사본과 시내 산, A, B 등은 빠뜨리지만, 어떤 열등한 사본(579, 1071, 1243)에서 36절에 "두 남자가 들에 있을 때 하나는 데려감을 당하고, 하나는 버려둠을 당할 것이다"를 포함한다. 영원한 천국과 휴거에 대해 전통적인 생각을 가진 사람처럼 오스본(2003:660)과 헨드릭슨(1988:809)은 주님의 재림 시 성도가 휴거되어 하늘로 올라간다고 보기에, 버려둠을 당한 자를 심판받을 자로 본다. 과연 그런가? 바울은 영원한 천국이 이 땅에 임하는 것으로 말씀한다(참고. 살전 4:14-17). 그렇다면 버려둠을 당한 자를 구원을 받을 사람이라고 볼 수 있다.

제자들이 이 말씀을 듣고, "주여, 어디오니이까?"라고 물으니, 예수님은 "주검(*to soma*) 있는 곳에는 독수리(vultures, *aetoi*)가[553] 모이느니라(*episynachthsontai*, to gather together, 미래 수동 직설 3인칭 복수)"고 대답하신다(37절). 독수리가 모이는 것은 하나님의 심판의 행동이다. 제자들은 이 모든 파루시아와 관련된 일이 어디에서 발생할지 관심을 가진다. 독수리로 상징되는 로마 군대가 심판받을 유대인 주위에 모일 것이기에, 그 장소는 팔레스타인이 된다. 그러나 A.D. 70년 사건은 주님의 최종 파루시아의 전조가 되며, 후자도 이 단락의 의미에 포함된다.

552) 33절에서 파피루스 75와 B사본 등은 '(자기 목숨을) 보존하려고 하는'(*peripoiesasthai*)으로, 시내 산, A, 다수 사본은 '(자기 목숨을) 구원하고자 하는'(*sosai*)으로 쓴다.

553) 헬라어 *aetoi*는 콘도르과의 대머리수리를 가리키는 vulture와 일반적인 독수리를 가리키는 eagle을 둘 다 의미할 수 있지만, 후자는 썩은 시체를 먹지 않는다.

그렇다면 그 장소성은 팔레스타인을 넘어서 온 지구가 된다. 영적으로 죽은 자들에게는 하나님이 보내시는 심판의 독수리가 모여든다. 이 단락에서는 감람산 강화처럼 인자의 임하심이 A.D. 70년 사건과 불특정 미래의 최종 파루시아가 같이 등장한다. 미래적 천국과 주님의 재림을 가장 잘 준비하는 방법은 현재적인 천국을 즐기는 길이다.

3. 오늘에의 적용

우리가 성도를 실족시키는 것은 무엇인가?
참된 감사를 믿음으로 드리는가?
현재적 천국을 어떻게 경험할 수 있는가?
이 시대에 인자의 임하심의 심판적 측면이 어떻게 나타나는가?

누가복음 18장

1. 본문과 구조

• 강청하는 과부 비유(1-8)
• 세리와 바리새인의 기도(9-14)
• 천국과 어린아이(15-17)
• 천국과 부자 청년(18-30)
• 죽으심에 대한 예고(31-34)
• 거지 소경을 고치심(35-43)

2. 구원 계시사적 메시지

2.1. 누가복음 18장 1-8절의 메시지

누가복음 18장의 이른바 '불의한 재판관의 비유' 혹은 '강청하는 과부 비유'(the parable of the persistent widow)를 구원 계시사적으로 하나님 나라의 관점에서 살펴보자.[554] 이 단락이 밝히는 성도의 신분은 무엇인가? 새 언약 백성으로서, 하나님 나라의 불의한 대적과 싸우며 옛 성품을 죽여야 하는 사람이다. 예수님은 비유를 단순히 식전 입맛을 돋우기 위하여 먹는

554) 시 68:5, "그의 거룩한 처소에 계신 하나님은 고아의 아버지시며 과부의 재판장이시라."

간식이나 입가심용으로 먹는 디저트 정도로 생각하지 않으셨다. 예수님에게 있어서 비유는 정찬 자체였다. 다시 말해서 비유는 천국 복음에 대한 부수적인 예화가 아니라 복음 그 자체이다. 그런데 예수님의 비유를 정확히 알기 위해서 먼저 문맥과 역사적인 배경을 살펴야 한다. 본문 바로 앞의 누가복음 17장 20절 이하에 의하면, 바리새인들이 예수님에게 다가와서 하나님 나라가 언제 임하는지 묻는다. 바리새인들의 천국 개념은 정치적인 메시아가 이 땅에 와서, 정치적으로 독립된 이스라엘을 이루는 것으로 생각했기에, 예수님이 활동하실 때 아직 임하지 않은 것으로 보았다.

이 질문에 예수님은 누가복음 17장 21절에서 "하나님 나라는 너희 안에 있느니라"고 말씀하심으로 질문하는 바리새인에게 둘러싸여 있던 자신이 곧 하나님 나라(*autobasileia*)라고 대답하신다. 그러므로 예수님은 하나님 나라가 임하는 시점에 대한 바리새인들의 질문을 스스로 하나님 나라이신 예수님 자신이 임하시는 시점으로 이해하셨다. 누가복음 17장 20절 이하에서 예수님은 스스로 '인자'라고 자주 소개하신다(참고. 눅 17:22, 24, 26). 그래서 인자가 나타나는 날, 인자가 오는 때는 곧 예수님이 오시는 때이며 하나님 나라가 임하는 때이다. 누가복음 17장 20절 이하에서 인자의 때 즉 인자가 오는 날을 설명하시는 주님의 말씀은 예루살렘 멸망을 예언하는 누가복음 21장의 감람산 강화와 비슷하다. 그러므로 하나님 나라가 임하는 때, 인자이신 예수님이 임하시는 때는 예루살렘 성이 파괴되는 A.D. 70년과 관련됨을 알 수 있다. 누가복음 18장 8절의 '인자가 올 때 세상(*ge*)에서'는 세상은 '그 땅'이라는 뜻인데, 이스라엘 땅을 가리킨다. 그러므로 누가복음 18장은 이스라엘 백성이 당할 재난과 관련된 말씀이다. A.D. 70년에 예루살렘이 멸망한 사건은 인자이신 예수님이 영적으로 오신 사건이다. 왜 오셨나? 자신을 죽이고 초대 교회를 여전히 핍박하던 불신 유대인들의 삶의 중심인 예루살렘을 파괴하심으로써 옛 언약의 체제를 완전히 소멸시키고 확실히 새 언약 시대를 여시기 위해서이다.

누가복음 18장 8절에서도 인자이신 예수님이 오시는 시점을 언급한다. 그러므로 누가복음 17장 20절 이하와 누가복음 18장 1-8절 이 두 단락은 예수님 자신이 하나님 나라를 A.D. 70년 예루살렘 멸망이라는 중요한 종말론적인 사건을 통해서 이루실 것을 주제로 하고 있다. 따라서 이 비유를 해석함에 있어서 단순히 불의한 재판관을 향해 강청한 어떤 과부라는 사람에게 초점을 맞출 수 없다. 오히려 A.D. 70년의 예루살렘 멸망 직전의 상황을 염두에 두면서, 신랑이신 예수님의 승천 이후에 살고 있던 초대 교회가 기도함으로 하나님 나라가 실현된다는 구원 계시사적인 안목으로 바라보아야 한다.

예수님의 이 예화를 들었던 예루살렘 교회를 구성한 제자들과 시리아 안디옥의 누가 공동체에 있어서 참으로 중요한 메시지가 아닐 수 없다. 하나님 나라의 대적은 항상 있다. 그 대적은 아주 불의하다. 누가복음 17장 20절에서 질문을 던진 바리새인이 하나님 나라이신 예수님의 대적이다. 바리새인들과 사두개인들은 예수님의 인격과 사역 속에 천국이 이미 임했는데도 불구하고 믿지 않았던 영적인 소경이면서도 이스라엘 사람들을 가르치려 했던 자들이다. 오히려 천국이신 예수님을 십자가에 죽여 버리는 죄를 범하고 만다. 이런 불의에 대한 심판이 바로

A.D. 70년의 예루살렘 멸망이다. 예수님이 죽으시고 승천하신 후 초대 교회 역시 바리새인과 사두개인들로부터 고난과 박해를 당했다. 지중해 연안의 온 로마 제국에 흩어져 있던 유대인들은 기독교인이 있는 곳이면 어디든지 따라가서 핍박했다.[555]

새 언약의 백성 된 우리는 우리의 옛 성품과 이 세상의 불의와 어떻게 싸울 수 있나? 불의를 신원하시는 의로운 주님께 믿음으로 강청해야 한다. 본문이 속한 누가복음은 A.D. 65년경에 기록된 것으로 보인다. 누가는 데오빌로 각하를 위해 누가복음을 기록했다. 그래서 이 불의한 재판관의 모습을 읽고는 데오빌로는 재판관으로서의 자신의 모습을 돌아보았을 것이다. 그리고 누가는 아마도 시리아 안디옥에 있던 자신이 목회하고 있었던 교회를 위해서도 누가복음을 기록했을 것이다. 그들은 A.D. 60년대 초·중반에 살던 사람으로서 로마 제국의 기독교 박해와 디아스포라 유대인들의 박해를 받고 있었던 사람들이다. 그러므로 주님이 승천하신 후에 이들은 때로 낙심할 수도 있었지만 고난 가운데에서도 하나님의 나라가 임하도록 기도해야만 했다. 이들의 기도는 안디옥 교회의 대적을 물리쳐 주시기를 강청하는 것이었다.[556]

누가복음 18장의 기도와 비슷한 내용이 마태복음 21장에 나타난다. 마태복음 21장 19절 이하에 보면, 길가시던 예수님께서 무화과나무를 발견하시고 그 열매를 찾지 못하셨다. 주님께서 보신 것은 잎만 무성한 잎사귀였다. 주님은 무화과나무를 저주하심으로 말라버리는 사건을 19절에서 다룬다. 저주와 메말라 버리는 것은 심판을 의미한다. 열매 없는 것을 계속 두실 수 없으신 것이다. 이 말씀 후 곧 바로 마치 기도의 능력을 강조하는 것 같은 말씀을 한다. "내가 진실로 너희에게 이르노니 만일 너희가 믿음이 있고 의심치 아니하면 이 무화과나무에게 된 이런 일만 할 뿐 아니라 이 산더러 들려 바다에 던지우라 하여도 될 것이요 너희가 기도할 때 무엇이든지 믿고 구하는 것은 다 받으리라 하시니라." 마태복음 21장 21-22절은 마치 우리가 믿음으로 기도하면 산도 옮길 수 있는 능력을 발휘한다는 것을 가리키는 것 같다. 사실 의인의 기도가 역사하는 힘이 큰 것은 진리다(참고. 살전 5:17; 약 5:16). 하지만 이 구절의 문맥은 이스라엘의 심판과 관련 있다. 육신적인 이스라엘 백성이 계속하여 예수님을 믿기를 거부할 때 하나님은 '산'으로 비유되는 이스라엘이 '바다'로 상징되는 이방 나라 속으로 흩어져 버릴 것을 의미한다(참고. 사 41:5; 겔 26:18, 38:20; 1에녹 1:6; 모세의 승천기 10:4).[557] 이스라엘이 멸망해서 온 세상에 포로로 잡혀가고 흩어져 버릴 것을 예언하는 것이다. 이렇게 해석할 수 있는 근거는 뒤따르는 내용들이다.

마태복음 21장 23절 이하에서 예수님은 성전에서 종교 지도자들을 만나서 논쟁하는 것을 본다. 31절에 의하면, 예수님은 이들 종교 지도자들보다 세리와 창기들을 하나님 나라에 더 가까이 있는 사람으로 평가하신다. 마태복음 21장 33절에는 포도원 주인이 종들을 보내니 일꾼

---

555) 지금도 교회와 복음의 대적은 왕성하게 활동한다. 그러므로 본문이 밝히는 우리의 신분은 하나님 나라와 복음의 불의한 대적과 싸우는 사람이다. 그리고 우리는 이 싸움을 통해서 마치 예루살렘이 A.D. 70년에 파멸된 것처럼 우리 속에 있는 옛 성품, 세상적인 요소를 죽여야만 한다.

556) 우리에게 적용한다면 우리 속에 있는 옛사람과 죄성뿐 아니라 우리 사회 속에 있는 복음의 불의한 대적을 물리치시기를 간구하는 것이 우리의 임무이다.

557) 섬과 바다가 사라져 버린 것은 요한계시록 16장 20절의 여섯 째 접시 재앙에 등장한다.

들이 죽여 버렸고 자기 아들도 보내니 역시 죽여 버렸다는 비유를 말한다. 그 죽임 당한 포도원 주인의 아들은 예수님을 가리킨다. 결국 포도원 주인이신 하나님은 그 악한 일꾼들을 진멸해 버리신다. 이 모든 비유들은 불신 유대인들에 대한 심판을 가리킨다. 모두 옛 이스라엘이 물러가고 새 이스라엘인 교회의 시대가 개시될 것을 비유로 말씀한 것이다. 교회의 대적의 심판은 교회에게는 구원이기에 복음이다.[558]

성도가 믿음으로 하나님 나라를 간구할 때 주님은 무슨 약속을 주시는가? 주님은 성도에게 속히 오셔서 성도의 원한을 갚아 주시고 천국을 주신다. 누가복음 18장 7절의 "오래 참으시겠느냐"와 누가복음 18장 8절의 '속히'라는 말은 인자이신 예수님의 날이 멀지 않았음을 뜻하고 있다(참고. 계 1:1, 3). 적용하면, 우리가 우리의 대적을 물리치시도록 주님께 기도할 때 주님은 들으시고 불의를 신원하시기 위해 속히 오신다. 하나님과 불의한 재판관은 정반대의 인물이다. 즉 재판관은 과부의 청원을 듣고도 지체했지만 하나님은 지체하시지 않으며, 불의한 재판관이 마지못해 들어주었다면 의로우신 하나님께서 "밤낮 부르짖는 택하신 자들의 원한을 기꺼이 풀어 주신다."[559] 그러므로 하나님은 공의와 자비의 아버지이시므로 자기 백성의 호소를 듣고 응답하신다. 그러므로 우리는 하나님 나라의 도래를 위해 낙망치 말고 믿음의 간구를 쉬지 말아야 한다. 우리의 아버지이신 하나님은 복음의 대적을 물리치시도록 성도가 기도할 때 반드시 그리고 속히 하나님의 때에 들어주신다. 성도는 신실하신 하나님을 믿고, 응답하시는 하나님을 바라보면서 낙망치 않고 오히려 역동적인 믿음의 기도를 해야 하는 것이다. 예수님은 이 비유를 통해서 새 언약 시대의 하나님의 나라를 소개해 주신다.[560]

2.2. 누가복음 18장 9-14절의 메시지

예수님은 자기를 의롭다고 믿고 다른 사람을 멸시하는 사람들에게 비유로 말씀하신다(9절). 앞 단락에서 강청하는 과부의 비유로 낙망치 말고 기도해야 할 것을 가르치신 예수님은, 이 단락에서는 제자들에게 어떤 자세로 기도해야 할지 가르치신다. 바리새인과 세리가 성전에 기도하러 올라간다(10절). 유대인들은 대제사장의 주도하에 속죄제 희생 제사를 드리던 오전 9시와

---

558) 적용해 보면, 우리는 믿음으로 복음과 교회의 대적을 물리칠 수 있고, 물리쳐야 한다. 비록 우리가 새 언약 백성이 되었음에도 불구하고 우리 안에 있는 죄성을 물리치도록 간구하면 우리의 성화가 확실히 빨라진다는 것이다.

559) 이것은 'Lesser to greater argument'이다. 즉 작은 것이 진실하다면 큰 것도 그러하다(참고. 눅 11:11-13, 12:6-7, 13:15-16; 보라. ESV Study Bible, 2008:1994).

560) 하나님 나라의 도래는 우리의 일상적인 생활 속에서 이루어지는데 우리의 기도와 밀접하게 관련된다. 하나님이 우리의 아버지이시고, 신실하시며, 은혜로우신 분이므로 우리는 낙망치 않고 믿음으로 기도를 드려야 한다. 무슨 기도인가? 우리 속에 있건 밖에 있건 복음의 대적이 무너지는 기도이다. 복음의 대적이 무너짐으로써 하나님 나라가 임하도록 하는 간구이다. 이런 기도를 우리가 드릴 수 있는 것은 우리가 무엇이든 과부처럼 끈기 있게 열심히 구하면 반드시 이루어 주신다는 인본주의적인 것이 아니다. 오히려 하나님의 의로우심과 자신의 인격과 사역에서 천국을 이루신 예수님의 의로우신 통치에 근거를 둔다. 따라서 우리는 하나님께서 오늘도 의로우시고 앞으로도 계속해서 의로운 통치를 하실 것이라는 확실한 믿음 가운데 기도해야 한다.

오후 3시에 성전의 바깥 뜰(이스라엘인의 뜰)에서 기도했다(참고. 유상섭, 2002:272). 바리새인은 서서 자신에 대하여(*pros heauton*)[561] 기도하면서, 토색, 불의, 간음을 행하는 자들과 세리와 같지 않음을 감사한다(11절). 바리새인은 분리주의자였기에 '서서 따로' 기도한다. 바리새인은 일주일에 2번(월요일과 목요일) 금식하며, 소득의 십일조를 드린다고 기도한다(12절). 바리새인의 기도는 자만과 허영, 자기 의로 충만했기에 실제로 자신을 자랑하고 높이는 일만 했고, 아무것도 기도하지 않은 것이나 마찬가지이다. 그러나 세리는 멀리서서 감히 눈을 들어 하늘을 우러러 보지도 못한 채, 다만 가슴을 치면서(참고. 눅 23:48), "하나님이여, 불쌍히 여기시옵소서. 나는 죄인이로소이다"라고 기도한다(13절). 죄인임을 인정하고 긍휼을 바란 세리가 바리새인보다 의롭다고 인정을 받고 집으로 돌아갔다. 이처럼 자기를 낮추는 자는 높아진다(14절).

2.3. 누가복음 18장 15-17절의 메시지

여러 남자들이 어린 아기(*brephos*, 갓난아기; 참고. 딤후 3:15)를 데리고 예수님께 만져 달라고 다가온다. 하지만 제자들은 이들을(*autois*, 남성 복수) 보고 꾸짖는다(15절). 갓난아기는 어머니에게 전적으로 의지하는 존재이다. 그러므로 이 구절에서 *brephos*는 하나님을 전적으로 의존하는 어린아이와 같은 믿음을 가진 자를 가리킨다. 예수님은 아이들(*paidia*; 아기부터 사춘기 직전의 아이들)을 불러 가까이하신 후 그들이 주님 자신에게 오는 것을 용납하고 금하지 말라고 말씀하신다. 왜냐하면 천국이 아이들과 같은 자의 것이기 때문이다(16절). 천국을 어린아이와 같이 받들지(*deksetai*, to receive, to welcome) 않는 자는 결단코 들어가지 못한다(17절). 앞 단락에서 이 어린아이처럼 하나님의 자비만 바라보면서 의지하고 겸손했던 자는 성전에서 기도하던 세리였다.

2.4. 누가복음 18장 18-30절의 메시지

한 관원(ruler)이 예수님을 '선한 선생'(good teacher)으로 부르면서 무엇을 행해야 영생을[562] 얻을 수 있는지 묻는다(18절). 예수님은 관원에게 왜 자신을 선한 선생이라고 불렀는지 물으시면서 선한 분은 하나님 한 분뿐이라고 말씀하신다(19절; 참고. 대하 5:13; 시 34:8, 106:1, 118:1, 29, 136:1). 이 관원이 아첨하고 있을 수도 있다(참고. Bock, 1994b:299; Morris, 1989:292). 여기서 예수님은 스스로 선한 하나님이심을 부정하지 않으신다. 이렇게 반문하심으로써 오히려 예수님 자신이 그러한 분이심을 곰곰이 생각해 보라고 의도하신다(참고. Pratt, 2003:1680). 간음, 살인, 도적질, 거짓 증거하지 말고, 부모를 공경하라는 계명을 이 관원이 어렸을 때부터 다 지켰다고 말한다(20-21절). 분명한 것은 이러한 행위로는 구원을 얻을 수 없다. 예수님이 이 관원에게 한 가지 부족한 것을 아시고는 재산을 팔아서 가난한 자에게 주고 따르라고 말씀하신다. 그리하

---

561) 11절에서 바른 성경은 '자신에 대하여'로 번역하지만, 개역개정판은 '따로 서서'(*kath' heauton tauta*, D사본 등이 지지함)로 번역한다. 사본상 전자가 옳다.

562) 18절의 영생을 얻는 것, 24절의 하나님 나라에 들어가는 것, 그리고 26절의 구원을 받는 것은 동의어이다.

면 하늘에서 이 관원이 받을 보화가 많을 것이다(22절). 이 관원이 큰 부자였기에 주님의 말씀을 듣고는 크게 근심한다(23절). 누가는 이 관원이 구제하고 주님을 좇았는지 언급하지 않는다. 분명한 것은 이 관원이 모든 것을 하나님에게 맡기는 겸손과 믿음을 가진 어린아이와 같은 사람은 아니라는 점이다. 재산을 팔아서 구제하는 것이 이 관원에게 구원을 보증해주지 못하지만, 이러한 순종은 돈을 우상시하기를 포기하는 것이며 구원을 위한 첫걸음이다. 예수님은 그 관원을 보시고[563] 재물이 있는 자는 천국에 들어가기가 얼마나 어려운지 약대(*kamelon*, 시내산, A, B, D, 다수 사본이 지지함)가 바늘귀(*trematos belones*)로 들어가는 것이 부자가 천국에 들어가는 것보다 쉽다고 말씀하신다(24-25절).[564] 주님의 말씀의 요지는 재산이 가치 중립적이라 할지라도 종종 우상으로 자리매김할 수 있기에 주의하지 않으면 영적인 결핍과 구원의 상실을 초래할 수 있다는 것이다.

이 말씀을 듣는 자들이 그렇다면 누가 구원을 받을 수 있는가라고 묻는다(26절). 예수님은 사람이 할 수 없는 것을 하나님은 하실 수 있다고 답하신다(27절). 하나님은 구원 얻는 믿음을 가진 부자에게 청지기 정신을 심어주셔서 섬기도록 하신다(재물의 청지기 정신; 참고. 눅 11:41, 12:33, 14:33, 17:33). 투영으로 보면 누가 공동체 가운데 부자 성도는 물질의 청지기로 살아야 했다. 베드로가 예수님에게 모든 것을 버리고 주님을 좇았다고 말한다(28절). 베드로도 그 당시의 유대인들의 보상주의와 공로주의에 물들어 있는 것으로 보인다. 베드로에게 부자 관원이 하지 못한 것을 자신은 했다는 자부심이 있다. 이때 예수님은 공로주의 없이 진정으로 하나님의 나라를 위하여 집, 아내, 형제, 부모, 자녀를 버린 자는 금세에 있어 여러 배를 받고, 내세에 영생을 받지 못할 자가 없다고 말씀하신다(29-30절). 천국의 복은 현재적인 동시에 미래적이다. 영적인 동시에 물질적이다.

2.5. 누가복음 18장 31-34절의 메시지

예루살렘을 향한 여정의 시작 부분인 누가복음 9장 22절과 43-45절에서처럼, 예수님은 12제자에게 구약 선지자가 예언한 바가 예루살렘에서 인자에게 이루어질 것이라고 말씀하신다(31절; 참고. 시 22:7-8, 14, 16-18, 41:9; 사 50:6, 53:1, 3, 8, 12). 인자가 이방인들에게 넘겨져 희롱과 능욕을 받고 침 뱉음을 받을 것이다(32절). 이방인들이 주님을 채찍질하여 죽일 것이지만 삼일 만에 부활하실 것이다(33절; 시 16:10). 예수님 당시에 경미한 사항은 유대인이 스스로 판결을 할 수 있었지만, 사형 집행권은 로마 당국만 가지고 있었다. 제자들이 이 말씀을 깨닫지 못하였는데, 이유는 감추인 말씀이기 때문이다(34절). 아직까지 예수님의 인격과 사역에 대한 제자들의

563) 24절에서 A, W, 다수 사본, 바른 성경은 "예수님이 '큰 근심에 빠진'(*perilypon genomenon*) 그를 보시고 말씀하셨다"라고 기록한다. 누가가 바로 앞 23절의 비슷한 표현을 중복하여 썼을 수도 있다. 아니면 필사자가 실수로 범한 중복일 수도 있다(참고. 매츠거, 2005: 138).

564) 25절에서 '낙타'(*kamelon*) 대신에, 후기 소문자 사본들(180, 579, 1010, 1424), 성구집 68, 184, 211, 514, 524, 547, 673, 858, 859, 866, 그리고 교부 시릴은 '밧줄' 혹은 '배의 닻줄'(*kamilon*)로 쓴다. 상세한 것은 마태복음 19장 24절 주석을 참고하라.

인식은 낮은 수준이다. 부활하신 후에야 이 말씀을 제대로 깨닫게 된다.

2.6. 누가복음 18장 35-43절의 메시지

예루살렘 북동쪽 30km 지점의 여리고 근처 길가에서 한 소경이 구걸한다(35절; 참고. 마 20:30; 막 10:46; 눅 4:18, 14:13, 21).[565] 이 소경은 앞 단락에서 주님의 죽으심과 부활에 관한 말씀을 듣고도 깨닫지 못한 제자들을 연상시킨다. 이 소경이 무리가 곁으로 지나가는 소리를 듣고는 무슨 일인지 물으니 사람들이 나사렛 예수께서 지나가신다고 말해 준다(36-37절). 소경이 "다윗의 자손 예수여! 나를 불쌍히 여기소서"라고 외친다(38절; 참고. 눅 1:32, 69). '다윗의 자손'이신 예수님은 정치적인 메시아가 아니라 병자를 치유하여 천국을 경험하도록 하시는 분이다. 앞서 가던 자들이 이 소경을 계속 꾸짖어(*epetimon*, 미완료 직설법 3인칭 복수) 잠잠하라고 말하지만, 그는 더욱더 소리를 높여서 "다윗의 자손이여, 나를 불쌍히 여기소서"라고 '계속' 부르짖는다(*ekrazen*, 미완료; 39절). 주님은 이 소경을 데려오라고 명하시고 소원을 물으니, "주여, 보기를 원하나이다"라고 대답한다(40-41절). 하지만 "다시 보기를 원하다"(*anablepso*, I may see again)가 정확한 번역이다. 아마도 태어날 때부터 소경된 자는 아닐 것이다. 이 소경은 강청하는 과부처럼, 예수님에 대한 바른 이해를 가지고 강청하고 있다.

이 소경은 세리처럼 자신을 불쌍히 여겨 달라고 말한다. 이 소경은 어린아이처럼 예수님을 신뢰한다. "다시 보아라!(*anablepson*, 아오리스트 능동 명령 2인칭 단수, See again!) 네 믿음이 너를 구원하였느니라"라고 말씀하시니, 곧 다시 보게 되어(*aneblepsen*) 하나님께 영광을 돌리며 예수님을 좇으니, 이 광경을 목격한 백성이 다 하나님을 찬양했다(43절). 이 사건은 수난 주간 이전에 발생한 마지막 사건이다. 소경이 믿음으로 치유되어 시력을 회복하는 것은 메시아 시대에 일어날 일인데 이사야 29장 18절과 35장 5절의 성취이다. 이제 다윗의 자손이신 예수님은 예루살렘을 향해서 무너진 다윗의 장막을 일으키러 가셔야 한다.

3. 오늘에의 적용

우리에게 있어서 강청하는 기도의 기초는 하나님의 인격에 대한 바른 이해인가?
어린아이와 같은 믿음을 가지는 데 방해되는 것은 무엇인가?
우리에게 있는 영적인 소경의 모습은 무엇인가?

---

565) 경건한 축제 순례자는 순례할 때 자선을 베풀었다. 자선이 예루살렘에서 행해질 경우 그 행위는 특별한 보상을 받을 만한 일로 간주되었다. 여리고의 이 소경이 순례 도로가에 앉아 있었던 일은 우연한 것이 아니다(참고. 예레미아스, 1988:174).

৵ 누가복음 19장 ৶

1. 본문 및 구조

- 삭개오를 구원하신 예수님(1-10)
- 은 열 므나의 비유(11-27)
- 예루살렘 입성(28-44)
- 성전 청결(45-48)

2. 구원 계시사적 메시지

2.1. 누가복음 19장 1-10절의 메시지

이 단락은 예수님이 여리고에서 삭개오라는 부자 세리장(*architelones*, NT *hapax*, chief tax collector)을 구원하시는 사역을 다룬다(1-2절).[566] 헤롯 대왕이 가이사 아우구스투스로부터 받아 수로, 요새, 겨울 궁전 등을 건설했던 여리고는 동서 무역의 교차로에 위치하여 주요 세금을 거두는 지점이었다(참고. ESV Study Bible, 2008:1997). 삭개오는 키가 작았기에 뽕나무에 올라가서 지나가시는 예수님을 본다(3-4절). 예수님이 뽕나무 위의 삭개오를 보시고 속히 내려오라고 말씀하신다. 삭개오의 구원의 주도권을 예수님이 쥐고 계신다. 예수님은 삭개오의 집에 유하여야겠다고 말씀하신다(5절). 삭개오는 급히 내려와 즐거워하면서 예수님을 영접한다(6절). 많은 사람들이 예수님이 죄인의 집에 들어가신다고 수군거린다(7절).

삭개오는 소유의 절반을 가난한 자에게 주며(*didomi*, 현재 능동 직설 1인칭 단수), 착취한 것은 4배나 갚겠다(*apodidomi*, 현재 능동 직설 1인칭 단수)고 말한다(8절; 참고. 눅 11:41; 12:15). 레위기 5장 16절에 의하면 전체 금액의 5분의 1을 더해서 배상하면 되었다. 그러나 삭개오는 율법의 요구를 훨씬 초월하여 현재적인 결단(참고. 현재 시제 동사)에서 우러나오는 배상을 하려고 한다. 이것은 누가복음 18장 13절의 세리의 회개와 유사하다. 누가복음 18장 23절의 부자 관원과는 달리 삭개오는 회개의 증표로써 물질의 청지기로 살려고 다짐한다. 누가복음 18장 27절에 나오는 예수님의 말씀이 삭개오에게 성취된다. "무릇 사람의 할 수 없는 것을 하나님은 하실 수 있느니라." 예수님은 삭개오의 집에 오늘 구원이 임했다고 말씀하신다. 실존적인 결단을 한 삭개오에게 예수님은 현재적인 구원을 선포하신다(참고. 눅 4:21). 삭개오는 아브라함의 자손이다(9절; 참고. 갈 3:7). 인자는 삭개오처럼 잃어버린 자를 찾아 구원하러 오신 새

566) 로마인은 특정 지역에서 세금을 거두는 일을 가장 높은 입찰자에게 팔았다. 그렇게 임명된 사람은 세금 징수에 대해 봉급을 전혀 받지 않았기 때문에, 할 수 있는 한 많은 돈을 세금으로 거두어 들였다. 그리하여 로마인에게 약속한 총액을 지불하고 남은 것은 자기 소유로 챙겼다(참고. 마샬, 2005:237).

이스라엘의 목자이시다(10절; 참고. 겔 34:16; 눅 15:4, 6-7, 10, 24, 32).[567)]

2.2. 누가복음 19장 11-27절의 메시지

삭개오에게 주시는 예수님의 말씀을 무리가 듣고 있을 때 주님은 비유 하나를 더하신다(11절). 갈릴리로부터 예루살렘 근처 여리고까지 주님과 동행한 무리 가운데 하나님 나라가 당장 나타날 줄로 생각한 사람이 많았다(11절; 비교. '먼 나라' 12절). 무리들은 예수님이 예루살렘에 입성하면 무언가 대변혁을 일으켜서 로마에 대항하여 정치적 해방을 일으킬 것이라고 믿었다. 하지만

---

567) 누가복음 18장 15절-19장 10절을 문맥적으로 읽어 보자. (1) 어린 아이와 하나님 나라(18:15-17), (2) 행함으로 영생을 얻기 원한 부자 관리와 천국에 들어감(18:18-30), (3) 죽음과 부활에 대한 예고와 제자들의 무지(18:31-34), (4) 여리고에서 소경을 고치심(18:35-43), (5) 여리고의 삭개오의 회심(19:1-10), (6) 은 열 므나의 비유(19:11-27), 이렇게 여섯 개의 사건은 하나님 나라로 시작하여(18:16) 하나님 나라로 마친다(19:11). 시긴적으로 이 사건들은 예수님이 벳바게와 베다니에서 나귀 타고 예루살렘에 입성하시기 전에 일어난 사건들이다. 누가복음 18장 15-17절의 어린아이가 하나님 나라를 차지할 것이라는 가르침은 부자가 천국에 들어가기 어렵다는 18-30절과 연결된다. 맘몬 숭배는 어린아이의 속성인 (하나님 아버지에 대한)의존성 및 순수성과 거리가 멀다. 어떤 부자 관리는 율법을 행함으로 영생을 어떻게 얻을 수 있는지 예수님에게 묻는다(18:18). 예수님의 대답은 낙타가 바늘귀로 통과하는 것이 부자가 천국에 들어가는 것보다 쉽다는 것이다(18:25). 그러나 사람이 할 수 없는 것을 하나님은 하실 수 있다(18:27). 누가는 18:27절의 진리를 여리고의 부자 세리장 삭개오의 회심 사건으로 설명한다(19:1-10). 죄인을 구원 받을 아브라함의 자손으로 변화시키시는 예수님이시다(19:9). 누가복음 18장 13절에서, 외식과 자기 의에 충만한 바리새인과 달리 죄인임을 고백하며 자기를 낮추었던 익명의 한 세리는 칭의와 높임을 받았다(18:14). 그 세리는 세리장 삭개오의 회심에 대한 예조이다. 은 열 므나의 비유(19:11-27)는 하나님 나라가 당장에 나타날 줄로 생각한 유대인들의 시각을 교정하기 위한 것이다. 왜 천국이 속히 임한다고 믿었을까? '오늘'(19:5, 9)을 유대인들이 자의적으로 해석하여 오해한 것 같다. 즉 유대인들은 삭개오라는 한 개인이 경험한 구원의 현재성을 천국의 완성과 혼동한 것이다. 예수님이 먼 나라(즉 승천)로 갔다가 돌아올 때(재림)까지 받은 종들(교회)은 한 므나(은사 혹은 달란트)를 청지기로서 잘 활용해야 했다. 19장 21절은 예수님을 거듭나기 이전의 삭개오처럼 취급하는, 한 므나를 수건으로 싸두었던 자가 심판을 받게 됨을 암시 한다: "이는 당신이 엄한 사람인 것을 내가 무서워함이라. 당신은 거두지 않은 것을 취하고 심지 않은 것을 거두나이다." 예수님 당시에 세리장은 공개 입찰을 통해서 그 직에 임명을 받았고, 세금 징수하는 일 그 자체에 대해서는 급료를 받지 않았기에 부당하게 세금을 더 거두어들일 수밖에 없었다. 수건에 은 한 므나를 싸놓고 아무 일도 하지 않은 이 악한 사람(19:20, 22)은 예수님의 왕 되심을 원하지 않는 원수들처럼 주님의 심판을 받을 뿐이다(19:27). 18:27절의 말씀을 이해할 때, 하나님은 억지로 사람을 변화시키는 일을 하지 않을 수도 있음을 염두에 두어야 한다. 그렇다면 18:31-34절의 예수님의 죽으심과 부활의 예고와 35-43절의 여리고에서 소경 바디매오를 고치신 것은 문맥상 어떤 역할을 하는가? 바디매오 사건은 같은 장소인 여리고에서 이후의 다른 사건인 삭개오의 회심으로 연결된다. 모형론적으로 볼 때, 여리고에서 일어난 두 사건은 수 2장과 6장에서 여호수아 당시의 여리고의 기생 라합의 구원 사건과 간 본문이다. 예수님은 새 여호수아이시다. 18장 39절의 포기하지 않는 바디매오와 19장 3절('보고자 하여'; 미완료형)의 삭개오의 모습은 강청하는 과부(눅 18:1-8)와 비슷하다. 예수님의 고난과 죽으심과 부활은 앞 단락(18:18-30)의 '영생'(18:18, 30), '하나님 나라'(18:24-25, 29)와 '구원'(18:26)을 위한 것이다. 또한 예수님의 고난, 죽으심, 부활은 뒤따르는 단락의 바디매오 사건(18:35-43)의 '구원'(18:42)을 위함이다. 더 나아가 그리스도 사건은 뒤의 삭개오 사건의 '구원'(19:9, 10)과 은 열 므나 비유의 '하나님 나라'(19:11) 그리고 '왕 위', '왕 됨'(19:12, 14, 15, 27)을 위한 것이다. 하나님 나라와 영생과 구원은 어린아이와 바디매오, 삭개오 그리고 10므나와 5므나를 남긴 사람에게 주어진다. 그러나 부자 관원과 한 므나를 수건에 싸두었던 사람에게는 주어지지 않는다.

예수님은 예루살렘에서 죽으시고 부활하여 승천하시는 방식으로 메시아 직분을 수행하실 것이다. 그리고 언젠가 그 나라를 완성하시려고 재림하실 것이다. 예수님에게 있어서 예루살렘은 천국의 완성의 장소가 아니라 고난의 장소이다. 이처럼 과도하게 실현된 종말론(over-realized eschatology)이나 정치적인 하나님 나라 이해는 위험하다. 누가복음이 아니라 사도행전 3장 16-21절에 가서야, 주님이 승천하신 후 제자들은 하나님 나라의 현재적 확장과 미래적 완성을 바르게 파악했다.

예수님은 어떤 귀인(귀족)이 왕위를 받으러 먼 지방으로 가기 전에 종 10명에게 은 한 므나(*mna*, 영어로는 mina; 그리스의 화폐 단위)씩 나눠 주면서 장사하라(*pragmateuomai*, NT *hapax*, do business)고 명령하는 것으로 비유를 시작하신다(12-13절; 비교. 달란트 비유, 마 25:14-30). 종 10명은 이 비유가 예수님의 12제자에게만 적용되지 않고 모든 성도에게 해당됨을 암시한다(참고. ESV Study Bible, 2008:1997). 이 귀족이 다시 돌아오는 데는 시간이 제법 걸린다.[568] 한 므나는 100데나리온(혹은 60분의 1달란트)에 해당한다. 그런데 이 귀인이 왕이 되는 것을 반대한 자들은 사자를 보내어 반대 의사를 분명히 한다(14절). 이 비유는 예수님 당시로부터 약 30년 전에 헤롯 대왕의 아들 헤롯 아켈라오 때 일어난 일을 염두에 두고 하신 것이다. 헤롯 아켈라오는 유대와 사마리아의 분봉왕이 된 첫 해 유월절에 유대인 3,000명을 살해한 악한 사람이었다(참고. 오스본, 2003:702). 따라서 유대인들이 B.C. 4년에 그의 왕 됨을 원치 않은 것은 당연했고 로마의 아우구스투스 황제에게 50명의 대표단을 보내어서 반대 의사를 밝혔던 것이다. 아켈라오는 왕(ethnarch)이 된 후 반대파를 숙청했다.

마침내 귀인이 왕권을 받고 돌아와서 종이 장사한 것을 결산한다(15절). A와 다수 사본은 "장사하여 각 사람이 얼마나(*tis ti*) 벌었는가"로 구체적으로 쓴다. 첫째 종은 주인의 한 므나로 10을 남겼다고 말한다(16절). 주인은 "잘하였다. 착한 종이여, 네가 지극히 작은 것에 충성하였으니 열 고을 권세를 차지하라"고 말한다(17절). 왕이 된 주인은 종들을 자신의 왕적 통치에 참여시킨다. 둘째 종은 다섯 므나를 남겨서 다섯 고을 권세를 받는다(19절). 어떤 종은 수건에 싸인 한 므나를 그대로 가지고 와서 주인에게 바친다(20절). 그 종은 주인이 엄한 사람이며, 주인 자신이 두지 않은(즉 저축하지 않은) 것을 취하고, 주인 자신이 심지 않은 것을 거두는 사람이라고 말한다(21절). 이것은 주인에 대해 오해한 것을 넘어서 아주 악하고 무례한 행동이다. 주인은 이 종을 '게으르다'라고 부르지 않고 대신 '악하다'고 부르면서 "은행에 돈을 맡겨 이자라도 남기지 않았느냐"라고 책망한다(22-23절).

로마에서 이자율은 연 12%였다. 주인은 그 한 므나를 빼앗아 10므나를 가진 자에게 주라고 명한다(24절). 그들이 주인에게 말한다. "주여, 그는 열 므나를 가지고 있습니다"(25절).[569] 주인은 무릇 있는 자는 더 받고 없는 자는 그 있는 것까지도 빼앗긴다고 답한다(26절). 그리고 왕

---

568) 데오빌로와 누가 공동체는 데살로니가전서와 베드로후서에 나타난 것처럼 예수님의 재림이 연기되는 것 때문에 혼란을 겪지 말아야 했다.

569) 25절을 D와 W사본은 생략하지만, 있는 것이 옳다.

됨을 원치 않은 자들을 끌어다가 죽여 버린다(27절). 이 비유는 예수님의 승천과 재림 사이의 기간에 사는 교회에게 주신 교훈이다. 교회는 받은 사명을 충실히 감당해야 한다. 주님의 성품과 인격을 제대로 알아야 한다. 그리고 상급을 바라보면서 충성하되, 충성된 종이 고을을 차지하듯이 신약 교회는 왕 같은 제사장으로서 살도록 노력해야 한다. 우리의 왕 노릇은 대왕이신 그리스도의 왕권을 인정할 때 바르게 시행된다. 그리고 주님이 다시 오실 때 주님을 왕으로 모시지 않고 산 사람들은 심판을 받을 것이다. 영적인 빈익빈 부익부 현상이 이 땅에서 일어난다.

2.3. 누가복음 19장 28-44절의 메시지

예수님이 드디어 예루살렘에 입성하신다.[570] 이 날은 주님의 마지막 수난 일주일 가운데 주일에 해당한다. 누가복음 9장 51절 이후로 진행된 행진이 드디어 종착점 예루살렘에서 끝마쳐진다. 예수님은 예루살렘으로 가시는 길에 앞장서신다(28절). 시간적 배경은 유월절이다. 예수님이 감람산 동쪽 기슭의 벳바게와 베다니에 도착하셨을 때, 제자 둘을 보내어 아무도 타보지 않은 나귀 새끼가 매여 있는데 풀어서, 주께서 쓰시겠다고 말한 후 끌고 오라고 말씀하신다(30-31절; 참고. 슥 9:9). 제자들은 겉옷을 나귀 위에 깔고 예수님을 그 위에 태운다(35절). 제자들의 겉옷을 길에 편다(36절; 참고. 왕하 9:12-13). 감람산으로 내려가는 길 근처에 도착했을 때 제자들은 자기들의 본 바 모든 능한 일(복음 선포, 치유, 축귀 등) 때문에 기뻐하면서 큰소리로 하나님을 찬양한다(37절). "찬송하리로다. 주의 이름으로 오시는 왕이여.[571] 하늘에는 평화요[572] 가장 높은 곳에는 영광이로다"(참고. 시 118:25-26; 눅 2:14). 예수님이 이 땅에 오신 목적은 하늘의 평화와 화목을 이 땅에 주시려는 것이었다. 무리 중에 있던 바리새인들이 예수님에게 "선생이여 당신의 제자들을 책망하소서"라고 말한다(39절). 바리새인들은 제자들이 예수님을 향해서 사실상 메시아라고 고백한 것을 신성 모독으로 간주하여 꾸짖어 달라고 요청한 것이다. 예수님은 만일 이 사람들이 잠잠하면 돌들이 소리 지르리라고 말씀하신다(40절; 참고. 합 2:11).

예수님이 예루살렘 성을 보시고 우시면서 "너도 이 날에(*en te hemera taute*, 참고. 개역개정판은 '오늘') 평화(참고. 다수 사본은 '너의 평화')에 관한 일을 알았더면 좋을 뻔하였거니와 지금 네 눈에 숨기웠도다"라고 말씀하신다(41-42절; 참고. 시 122:6; 렘 15:5). 평강의 왕이신 예수님을 영접했더라면 예루살렘이 평강을 맛보았을 것인데, 그들은 영적인 소경이었다. 예수님은 '날이 이르면'(참고. 삼상 2:31; 왕하 20:17; 사 39:6; 렘 7:32-34, 33:14, 49:2; 슥 14:1; 심판을 위한 여호와의 날; 보라. Bock, 1994a:314) 원수들이 토성을 쌓고 사면으로 둘러싸서 가두고 땅에

---

570) Pao(2000:41)는 예루살렘에 입성하신 예수님을 예루살렘 거민들이 가지고 있었던 자유를 위한 소망을 충족시키실 '제2의 모세'로 본다. 예수님은 영적인 소경과 같이 제대로 이해하지 못하던 제자들을 이끌고 예루살렘으로 들어오셨는데, 이것은 마치 여호와께서 영적인 소경과 귀머거리 같은 이스라엘 백성을 출애굽시켜서 광야를 지나 가나안으로 인도하시는 것과 유사하다.

571) 38절에서 W사본은 '주의 이름으로 오시는'으로 쓴다. 즉 '왕'을 빼버렸다. 이유는 병행 구절인 마태복음 21장 9절과 마가복음 11장 10절과 맞추기 위해서이다(참고. 시 118:26).

572) 38절의 '하늘'에서는 평화이지만, 영적인 소경이 모인 '예루살렘'에서는 평화가 실현되기가 힘들다.

메치며 돌 하나도 돌 위에 남기지 않을 것인데, 그 이유는 하나님의 권고하시는 날(*ton kairon teis episkopeis sou*; the time of God's coming)을 알지 못했기 때문이다(43-44절). 하나님이 방문하시는 날은 죄인에게는 심판의 날인데, A.D. 70년 사건에서 성취를 본다(참고. 《유대 전쟁사》, 5.11.4). 로마의 디도 장군은 유대인 60만 명을 죽인다.[573)]

2.4. 누가복음 19장 45-48절의 메시지

예수님은 이방인의 뜰에 들어가셔서, 장사하는 자들을 내쫓으신다(45절; 참고. 마 21:12-13; 막 11:15-19; 요 2:13-17). 주님은 장사꾼들에게 "내 집은 기도하는 집이 되리라 하였거늘 너희는 강도의 굴혈을 만들었도다"라고 말씀하신다(46절). 장사꾼들은 산헤드린에게 자릿세를 내고 장사했다. 마치 이들은 성전의 기생충과 같았다. 마음이 부패한 이들은 하나님과의 교제가 이루어지는 장소를 경건의 이익의 재료로 전락시켰다(참고. 딤전 6:5). 성전 청결 사건은 돌 성전의 기능이 다했음을 알리는 계시사적 사건이다. 그림자 성전에 붙어서 기생하던 악한 세력은 진멸되어야 한다. 참 성전이신 예수님은 날마다 그림자 돌 성전에서 가르치셨는데, 대제사장들과 서기관들과 백성의 두목들(사회 여러 분야의 지도자들)이 예수님을 죽이려고 시도한다(47절). 하지만 백성이 예수님의 말씀에 귀를 기울였기에 종교 지도자들이 어찌할 방법을 찾지 못했다(48절).

3. 오늘에의 적용

회개의 합당한 열매를 맺어서 구원 얻을 믿음을 증명하고 있는가?
청지기로 신실하게 섬기며 왕 같은 제사장으로 섬기며 다스리는가?
오늘도 하나님의 방문을 받고 있는가?

누가복음 20장

1. 본문 및 구조

573) "한편 유대인들은 모든 출구가 막혀 성 밖으로 도망칠 수 있는 모든 희망이 사라져 버렸다. 또한 기근이 점점 더 극심해지면서 가족과 식구들이 죽어갔다. 죽음의 고통과 깊은 정적감에 휩싸인 예루살렘은 그보다 더 무섭고 잔인한 적인 강도단들의 손아귀에 아직도 있었다. 강도단들은 개처럼 사람의 시체를 찢어 상처를 내고, 힘없는 약한 자들을 감옥에 죄다 가두는 등 계속적으로 사악한 만행을 저질렀으므로, 어떤 고통의 장면도 그들의 영혼을 움직이게 하지 못했으며 그 어떤 육체적인 고통에도 그들의 몸은 전혀 영향을 받지 않았다"(《유대 전쟁사》, 5.12.3-4).

• 예수님의 권세에 관한 논쟁(1-8)
• 포도원 주인 비유(9-18)
• 가이사의 것과 하나님의 것(19-26)
• 부활 논쟁(27-40)
• 다윗과 그리스도(41-44)
• 외식에 대한 경계(45-47)

2. 구원 계시사적 메시지

2.1. 누가복음 20장 1-8절의 메시지

예수님께서 성전에서 가르치시며 복음을 전하실 때 대제사장들과 서기관들과 장로들이 무슨 권세로 '이런 일들'(these things)을 행하는지 말하라고 요구한다(1-2절). '이런 일들'은 성전에서 날마다 가르치는 것과 치유 사역 그리고 앞 장에서 등장한 성전 청결을 모두 포함한다. 이 질문은 산헤드린의 공식적인 질문처럼 보인다. 예수님은 직접적인 답변을 피하시고, 역질문을 하신다(3절). 요한의 세례가 하늘(즉 하나님)에서부터인가 아니면 사람으로부터인가?(4절) 세례 요한은 예수님의 선구자로서 사역을 했을 뿐 아니라 유대에서 상당히 중요한 종교적인 인물이었기에 예수님의 이 질문은 중요했다. 요한에 대한 입장은 곧 예수님 자신에 대한 입장으로 연결될 수밖에 없었다. 유대 종교 지도자들이 서로 의논하되, 요한이 베푼 세례가 하늘(하나님)에서 기원한 것이라면 자신들이 요한을 믿지 않았기에 문제가 된다(5절). 만일 '사람에게서'라고 답한다면 백성의 대부분이 요한을 선지자로 인정하기에, 요한이 헤롯 안디바에 의해 죽임을 당할 때 적절한 조치를 취하지 못해서 살인에 간접적으로 참여한 자신들을 돌로 칠 것이라고 생각한다(6절).[574] 딜레마 속에서 그들은 요한의 세례가 어디로서인지 알지 못한다고 답한다(7절).

종교 지도자들의 대답에 암시된 것은 세례 요한의 세례가 하나님에게서 기원한 것이며, 많은 백성의 인정을 받았다는 결론에 도달했음을 의미한다. 따라서 예수님의 성전에서의 사역 역시 신적 기원을 가진 것으로 많은 백성에게 공감을 불러일으켰음을 알 수 있다. 예수님도 무슨 권세로 성전 청결과 같은 일을 하시는지 말하지 않겠다고 하신다(8절; 참고. Morris, 1989:309).

2.2. 누가복음 20장 9-18절의 메시지

예수님이 포도원 주인 비유를 통해서 유대 종교 지도자들의 죄악을 고발하신다. 어떤 사람(*anthropos tis*; 참고. 개역개정판은 '한 사람이')이[575] 포도원을 만들어 농부에게 세 주고 타국에 가서 오래 있다가, 때가 이르매[576] 포도 소출 얼마를 받으려고 종을 보낸다(9-10절). 이사야

574) 물론 세례 요한의 사역은 유대 당국의 공식적인 허락하에 행해진 것은 아니었다.

575) 9절에서 C와 D 사본은 마가복음 12장 1절처럼 '어떤 사람이 포도원을 만들고'로 쓴다. 참고로 누가는 '어떤 사람'이라는 표현을 자주 쓴다(참고. 눅 10:30, 12:16, 14:16, 15:11, 16:1, 19, 19:12).

5장에 의하면 포도원은 하나님이 가꾸시는 이스라엘을 상징한다. 농부들은 그 종을 심히 때리고 거저 보내었다(10절). 하나님께서 보낸 선지자와 사자들을 구약 유대인들이 거부하고 박해하고 죽인 것은 흔한 일이 아닌가!(참고. 느 9:26; 렘 7:25; 참고. 마 23:34; 행 7:52; 히 11:36-38) 하지만 하나님은 즉각적으로 심판하시는 대신에 여러 차례 기회를 더 주신다. 주인은 다른 종을 보내지만 그도 상하고 쫓겨난다(11절). 주인은 한 가닥 소망을 가지고 사랑하는 아들(His beloved Son; 참고. 눅 3:22)을 보내었는데, 농부들이 유업을 차지하려고 그를 포도원 밖으로 쫓아내어 죽였다(13-15절). 포도원 밖에서 죽인 이유는, 포도원 안에서 죽인다면 시체가 포도원을 더럽힐 뿐 아니라 포도를 파는 데도 지장이 있었기 때문이다(참고. Morris, 1989:312). 아들이 세를 받으러 왔을 때, 악한 농부들은 주인이 그 아들에게 유산으로 포도원을 넘겨주었다고 생각했을 것이다. 이처럼 유대인들의 하나님 거부는 예수님을 죽이는 데서 절정에 도달한다. 주인은 그 농부들을 진멸하고 포도원을 다른 사람(이방인)에게 주려고 다짐한다(16절).

이 비유를 듣던 사람들이 "그렇게 되지 말아야 한다"(결코 그럴 수 없느니라; *mei genoito*; May this never be!)라고 말한다 (16절). 이 표현은 신약에서 바울 서신 외에서 등장하는 유일한 것이다. 유대인들에게 있어서 포도원으로 상징되는 선민이 누릴 복을 이방인에게 빼앗기는 것은 생각할 수 없는 끔찍한 일이었다. 예수님은 이 비유를 시편 118편 2절, 다니엘 2장 34절과 44절을 인용하면서 적용하신다. 주님은 건축자들의 버린 돌이 모퉁이의 머릿돌이 되었다는 예언은 무슨 뜻인지 물으신다(17절; 참고. 시 118:22). 예수님은 건물의 양면을 연결시키는 모퉁잇 돌이신데, 유대인(즉 악한 건축자들)은 오히려 주님을 버려 버린다. 하지만 하나님은 버림받은 예수님을 통해서 성공적으로 구원의 사역을 이루실 것이다. 예수님은 "이 돌 위에 떨어지는 자는 깨어지겠고, 이 돌이 사람 위에 떨어지면 그 사람을 가루로 만들어 흩어 버릴 것이다"라고 말씀하신다(18절; 참고. 사 8:14이하). 이것은 예수님을 거부하는 사람이 받을 엄중한 심판을 가리킨다.

2.3. 누가복음 20장 19-26절의 메시지

서기관들과 대제사장들이 이 비유는 자신들을 향한 것임을 알고 예수님을 즉시 잡으려고 한다. 그러나 그들은 예수님을 따르는 백성들을 두려워한다(19절). 그 당시 유월절 때 예루살렘에는 약 30만 명 정도의 많은 사람이 모여들었다. 서기관과 대제사장들은 스스로 정직한 체하는 스파이를 보내어, 예수님의 말씀 가운데 책잡을 것을 찾아서 총독 빌라도에게 넘겨주려고 한다(20절). 스파이가 예수님에게 아부의 말로 다가온다. 그들은 예수님이 바로 말씀하시고 가르치시고 차별하시지 않으면서 하나님의 도를 가르치신다고 말한다(21절). 그들은 예수님께 가이사에게 세금을 바치는 것이 가한지 아닌지 묻는다(22절). 이 질문 안에 여러 가지 의도가 내포되어

576) 이방인이 갈릴리 지역에서 포도원을 만들어, 갈릴리인에게 맡기고 떠나는 경우가 많았다. 이방인 주인은 소작농으로부터 소출에 대해 상납 받았다. 그러나 포도원을 만든 지 약 4-5년 동안은 오히려 주인이 소작농에게 계속해서 지원해 주고 아무것도 받지 않았다. 그러므로 이 비유의 시간적 배경은 포도원이 만들어진 지 5년 정도 흐른 시점이다(참고. 유상섭, 2002:304).

있다. 유대인들에게 있어서 가이사에게 세금을 내는 것은 불쾌한 일이었다. 그러므로 예수님이 가이사에게 세금을 내라고 말씀한다면 주님은 친로마주의자로 낙인 찍혀서, 예수님을 정치적 메시아로 믿고 따르던 많은 추종자들이 등을 돌릴 수도 있었을 것이다. 반대로, 주님이 (열심당처럼) 가이사에게 세금을 내지 말라고 한다면 반로마주의자로 분류되어 총독에게 고발당할 수 있었다.

예수님이 이 질문 안에 담긴 간계(*panourgia*, craftiness, unscrupulousness)를 아시고, 로마의 은 동전인 데나리온 하나를 내게 보이라고 명하신 후,[577] 누구의 화상과 글이 새겨졌는지 물으시니 가이사(티베리우스)의 것이라고 대답한다(23-24절). 그러므로 가이사의 것은 가이사에게, '그러나'(kai) 하나님의 것은 하나님에게 바치라고 말씀하시니, 능히 책잡을 사람이 없었다(25-26절). 예수님은 하나님에게 바칠 것조차 가이사에게 바치지 말라고 의도하심으로써, 하나님이 참 신이시요 왕이심을 강조하신다. 즉 가이사의 권한은 무한한 것이 아니다. 투영의 원리에서 보면, 주님의 이 말씀으로부터 독자인 데오빌로와 누가 공동체는 가이사와 하나님 중에서 누구에게 먼저 충성해야 할 것인가에 대해 답을 얻게 되었다.

2.4. 누가복음 20장 27-40절의 메시지

부활이 없다고 주장하는(*hoi antilogentes*, those who speak against, A, W, 다수 사본이 지지함; 참고. *hoi legontes*, 시내 산, B, C가 지지함) 사두개인들이 예수님께 와서 형사 취수혼(levirate law)에 근거하여 시험하는 말을 한다(27-28절; 참고. 신 25:5-10). 형사 취수혼은 신약 시대에 거의 폐지된 제도였기에, 이 논란은 학문적인 차원에 머무를 뿐이다(참고. Morris, 1989:317). 사두개인이 부활을 믿지 않았기에 이 질문은 그들에게도 적합하지 않을 뿐 아니라 현실성이 없는 이론적인 공세에 불과하다. 실제로 현세 중심의 친로마적 귀족 정치인인 사두개인들은 평민의 삶과는 동떨어진 생활을 했다. '사두개인'이라고 불린 것은 누가복음에서 유일하게 여기뿐이다. 사두개인의 설명은 다음과 같다. 칠형제의 맏이가 자녀가 없이 죽어서 바로 아래 동생이 형수를 취하였다. 그러나 그도 무자로 죽었는데 나머지 모든 동생들도 동일한 상황에 놓였으며 결국 그 여인도 죽었다고 가정한다(29-32절). 그렇다면 부활 때 그 여인은 누구의 아내가 되는지 예수님께 묻는다(33절). 사두개인의 가정 속에는 이 땅에서 형사 취수혼의 법이 있음에도 불구하고도 후손을 얻어서 가문을 유지하는 것에 실패한다면, 어떻게 부활을 통하여 저 천국에서 살 수 있겠는가라는 조소가 내포되어 있다.

하지만 주님의 답변은 이런 현재 세상의 법칙이 오는 세상에는 그대로 적용될 수 없다는 것이다. 예수님은 장가를 가고 시집도 가는[578] 이 세상(*tou aionos toutou*, 여기서는 '세상'이 '세대'보다 더 적합한 번역임)의 자녀와는 달리, 오는 세상(*tou aionos ekeinou*)에서 부활에 합당한 사람들에게는 장가가고 시집가는 일이 없으며, 그들은 천사와 동등할 것이고 부활의 자녀, 하나님의

577) 예수님 당시 유대에는 로마, 헬라, 그리고 두로의 화폐가 광범위하게 유통되었다(Morris, 1989:315).
578) 34절에서 D사본은 "장가를 가고 시집도 가고, 태어나고 자식을 낳는다"로 확장한다.

자녀가 된다고 답하신다(34-36절).[579] 성도의 부활은 그들이 가지고 있는 하나님의 아들 됨에 대한 결과요 확증인데, 그때는 영화로운 천사와 유사한 특징을 가질 것이다. 현세 중심의 사두개인들은 예수님이 주신 저 세상의 상태에 대한 가르침을 깨닫지 못한다. 부활은 모세가 오래전에 증거한 것인데, 그는 아브라함, 이삭, 야곱이 육신으로는 죽었지만 그들의 언약을 계속 이루고 계시는 살아 계신 하나님이라고 불렀기 때문이다(37-38절; 참고. 출 3:1-6). 죽음은 육체로 하여금 썩도록 할 수 있지만, 하나님과의 관계조차 단절시키지 못한다. "하나님에게는 모든 사람이 살아 있다(*zosin*, 현재 능동 직설 3인칭 복수; 즉 부활 생명을 가지고 있느니라)"는 말씀은 성도의 죽음조차도 하나님을 향한 생명과 관계를 끊지 못할 것임을 의미한다(38절). 4마카비 16장 25절에 유사한 표현이 있다. "하나님을 위해서 죽은 자는 하나님을 위해서 산다. 마치 아브라함과 이삭과 야곱과 모든 족장들이 그러했던 것처럼." 이 말씀을 들은 서기관 중 한 명이 예수님의 말씀이 옳다고 하면서 감히 더 물을 수 없었다(39-40절).

2.5. 누가복음 20장 41-44절의 메시지

예수님이 질문의 포문을 여신다. "사람들이 어찌하여 그리스도를 다윗의 자손이라 하느냐?"(41절; 참고. 눅 1:27, 32, 69, 2:4, 18:38-39). 예수님의 이 질문 속에는 예수님은 다윗 언약의 성취자요 이제 다윗의 왕국을 죽으심과 부활로 영원히 성취하실 분임이 강조된다. 그리고 이것은 선재하신 예수 그리스도를 전제로 한 질문이다. 서기관은 예수님을 다윗의 후손으로 인정하지 않았다. 예수님은 시편 110편 1절의 다윗의 시를 인용하시면서, 성부 하나님(주)이 성자 예수님(내 주)에게 원수를 발등상으로 취하게까지 우편에 앉아 있으라고 말씀했다면, 어떻게 메시아가 다윗의 후손이 될 수 있는가라고 물으신다(42-44절). 예수님을 육신대로 이해한 사람이라면 선재하신 그리스도께서 다윗의 주님이심을 믿을 수 없다. '솔로몬의 시편'과 같은 유대 문헌에는 메시아를 다윗의 자손으로 이해하되 모든 적을 물리치고 해방을 줄 인물로만 협소하게 이해한 경우가 종종 있었다. 하지만 예수님은 시편 110편 1절에서 '주'로 불리심으로써 모든 삶의 영역에서의 주권을 시행하실 분으로 나타난다.

2.6. 누가복음 20장 45-47절의 메시지

모든 사람들이 예수님의 이 말씀을 들을 때, 제자들에게 긴 옷(long robes)을 입고 다니기를 원하며, 시장에서 문안 받는 것과 회당의 상좌(places of honor)에 앉는 것과 잔치의 상석을 좋아하는 서기관들을 삼가라고 경계하신다(45-46절). 서기관은 과부의 가산을 삼키며 외식으로 길게 기도하는 사람인데(참고. 마 6:5-6), 위선적인 그들이 받을 판결이 실로 중하다(47절; 참고. 마 23:13-36).[580] 예수님 당시에 서기관은 가르친 후에 대가를 받을 수 없었다. 심지어 서기관에

579) 36절에서 "왜냐하면 그들은 더 이상 죽을 수 없다"(*oude gar apothanein eti dynantai*, 시내 산, A, B, 다수 사본)가 옳지만, "왜냐하면 그들은 더 이상 죽지 않을 것이다"(*oude gar apothanein eti mellousin*, D, W, 세타)라는 후대의 이문도 있다.

게 자신의 재산 관리를 맡기는 과부와 같은 사람들이 있었다(참고. 오스본, 2003:753). 이것은 고양이에게 생선을 맡기는 결과이다. 그런데 누가복음 22장 24-27절에서 예수님의 제자들은 서기관의 외식을 경계하기는커녕 누가 큰가라는 논쟁을 주님의 십자가 처형 직전에 벌였다.

3. 오늘에의 적용

우리 시대에 하나님의 권세를 향해 도전하는 것에 어떻게 대처해야 하는가?
국가와 교회의 관계 즉 대사회적 사명을 어떻게 수행할 것인가?
예수님을 육체대로 알 때 발생하는 부작용은 무엇인가?
천국의 새 서기관인 설교자가 받는 사례와 위선은 무엇인가?
교회가 극복해야 할 명예주의와 체면주의는 무엇인가?

누가복음 21장

1. 본문 및 구조

- 과부의 헌금(1-4)
- 감람산 강화(5-28)
- 무화과나무의 비유(29-33)
- 깨어 있으라는 권면과 가르치시는 예수님(34-38)

2. 구원 계시사적 메시지

2.1. 누가복음 21장 1-4절의 메시지

예수님이 부자들이 헌금함(*gazophylakion*)에 헌금(참고. A, D, 다수 사본은 '하나님의 헌금' [*dora tou theou*])을 넣는 것을 보신다(1절).[581] 유월절과 같은 명절에는 성전세와 낙헌 제물과 같은 헌금을 많이 드렸다. 그리고 어떤 가난한 과부가 여인의 뜰에서 100분의 1데나리온에 해당하는 두 렙돈을 넣는 것을 보신 후, "이 가난한 과부가 모든 사람보다 많이 넣었도다"라고 말씀하신다(2-3절). 부자들은 풍족한 가운데 헌금했지만 이 과부는 생활비 전부를 넣었다(4절).

580) 물론 모든 서기관들이 주님의 책망을 들었던 것은 아니다(참고. 막 12:34).

581) 여인의 뜰에 남자와 여자 모두 들어갈 수 있었다(참고. 존 월튼, 2010:1489).

누가복음 18장에는 강청하는 '과부'가 등장한다. 그 말씀과 비교해 볼 때 누가복음 21장의 '과부' 역시 주님의 승천 후에 이 땅에 남겨진 제자들을 가리키는 것으로 볼 수 있다. 그러므로 제자들은 비록 경제적으로 가난할지라도 하나님께 부요한 자로 살아야 했다.

2.2. 누가복음 21장 5–28절의 메시지

어떤 사람들이 성전을 가리키며 아름다운 돌들과 하나님께 바쳐드린 헌물로 장식된 것에 경탄한다(5절; 참고. 마 24:1-25; 막 13:1-23). 이 성전은 헤롯 대왕이 46년에 걸쳐서 대대적인 보수 공사를 통해서 증축된 화려한 건물이다.[582] 하지만 예수님은 돌 하나도 돌 위에 남지 않고 다 무너뜨리우리라고 말씀하신다(6절). 주님의 이 말씀은 제자들에게 세상이 멸망한다는 것과 똑같이 들렸다. 왜냐하면 성전은 영원하다고 생각했기 때문이다. 하지만 예수님은 공사역의 대부분을 갈릴리에서 하셨는데, 그때 이미 예루살렘 성전의 역할을 상당히 축소시키신 것을 알 수 있다. 예를 들어, 예수님은 부정한 병에서 나음을 받은 사람에게 예루살렘 성전까지 가서 제물을 바치라고 말씀하시지 않으셨다. 제자들은 예수님에게 언제 그리고 어떤 징조를 동반하면서 이런 일이 발생할지 묻는다(7절). 주님은 거짓 메시아의 미혹을 받지 않도록 주의하라고 말씀하신다(8절; 참고. 행 5:36-37, 8:9-11; 딤후 3, 벧후 2, 요일 2:18, 4:1-3; 유 18). A.D. 70년 사건 직전에 있을 난리와 소란의 소문을 들을 때 두려워 말아야 한다(9절). 주님은 A.D. 70년 사건의 징조를 계속 설명하신다. 민족과 나라가 서로 싸울 것이다(10절). 큰 지진과 기근과 온역, 무서운 일과 하늘로부터 큰 징조들이 있을 것이(11절). 옛 세상의 질서가 무너져야 새 세상이 도래한다(참고. 고후 5:17; 계 21:1-3).

제자들은 예수님의 이름 때문에 핍박을 받고, 회당과 임금과 관장 앞에 끌려갈 것이다(12절). 13절을 현대어성경은 "그러나 결국 인자는 널리 알려지고 높임을 받을 것이다"라고 번역한다. 제자들은 잡혀갈지라도 변호하기 위해 미리 연구하지 말아야 한다(14절). 예수님께서 친히 대적이 대항하거나 변박할 수 없도록 제자들에게 구재와 지혜를 주시기 때문이다(15절). 심지어 (불신)부모, 형제, 친척과 벗이 제자들을 넘겨줄 것이다(16절). 예수님 이름 때문에 모든 사람으로부터 미움을 받을 것이지만, 머리털 하나도 상하지 않을 것이다(17-18절). 만일 제자들이 인내하면서 굳게 서면 '생명'(참고. 개역개정판은 '영혼')을 얻을 것이다(19절).[583] 예수님은 다시 A.D. 70년 사건을 설명하신다. '예루살렘이 군대들에게 포위되는 것을 보면 멸망이 가까운 것을 알라'(20절). 유대에 있는 자들은 산으로 도망하라. 성내에 있는 자들은 나가야 하고 촌에 있는 자들은 도시 안으로 들어가지 말아야 한다(21절). 이날은 기록된 것이 성취되는 형벌의 날(the

582) 성전의 솔로몬의 행각의 길이는 470m였고, 왕실의 행각은 160개의 기둥으로 장식되었고 그 길이는 280m에 달했다. 부속 건물을 포함하면 예루살렘 성전 부지는 예루살렘 성 전체의 6분의 1을 차지했다. 실제로 예수님 당시에 성전은 가장 경이로운 건축물 중 하나였다(오스본, 2003:759).

583) 19절을 바른 성경은 "너희의 인내로 너희 생명을 얻어라"로 아오리스트 중간 명령 2인칭 복수(*kresasthe*)로 번역하는데, 시내 산, D, 다수 사본이 지지한다. 하지만 A와 B사본 등은 아마도 앞의 17절의 미래 시제 동사에 영향을 받아 미래 능동 직설 2인칭 복수(*kresesthe*)로 쓴다.

time of punishment)이다(22절).

요세푸스는 이때 97,000명이 포로로 잡혀갔고 약 100만 명이 살해당했다고 말한다. 그때는 큰 환난과 진노가 임하는 날인데 임신한 여자와 젖먹이는 자가 특히 화를 당하기 쉽다(23절). 칼에 죽고, 이방에 붙잡혀 가고 '이방인의 때'가 차기까지 예루살렘은 이방인에게 밟힐 것이다(24절). 이방인의 때는 배교한 언약 백성이 대적에게 눌려 있는 기간을 의미한다. 광명체에는 징조가 있을 것이며, 땅에서는 민족들이 바다와 파도의 우는 소리(즉 혼돈의 소리)를 인해 혼란한 중에 곤고를 당할 것이다(25절; 참고. 시 46:2-4; 사 17:12).[584] 이런 일을 생각하면서 기절할 사람도 있을 것이다. 하늘의 권능들도 흔들릴 것이다(26절). 하늘의 광명체와 권능은 문자적으로 이해할 수 없고 세상의 지도자와 권세자를 상징하는 표현이다. 그때 사람들이 인자가 구름 타고 능력과 영광 가운데 오는 것을 볼 것이다(27절). 구름은 신적 임재를 상징한다(참고. 출 13:21; 19:9; 시 97:1-2; 단 7:13). 이런 일이 시작하면 제자들은 두려워 말고 소망 중에 머리를 똑바로 들어야 한다. 왜냐하면 그들의 회복과 구속이 가까웠기 때문이다(28절). 예루살렘의 파멸은 곧 교회에게는 신원이며 구속이다.

2.3. 누가복음 21장 29-33절의 메시지

25-26절의 징조에 대해서 예수님은 비유로 설명하신다. 주님은 무화과나무를 비롯한 모든 나무를 예로 드신다(29절). 싹이 나면 여름이 가까운 줄 안다(30절). 마찬가지로 앞에서 언급된 징조들이 발생하면 하나님의 나라가 가까운 줄 알아야 한다(31절). 28절의 구속과 31절의 하나님 나라가 동의어로 사용된다. 주님은 이 세대가 지나가기 전에 이 모든 일들이 다 이루어진다고 강조하시면서 말씀하신다(32절). 그러므로 29-33절의 메시지는 앞 단락의 연속이다. 천지는 없어지더라도 주님의 말씀은 없어지지 않는다(33절). 주님의 이 예언은 한 세대 즉 약 30-40년 안에 이루어질 가까운 미래적 예언이다(contra ESV Study Bible, 2008:2004).

2.4. 누가복음 21장 34-38절의 메시지

주님은 제자들에게 스스로 조심하라고 말씀하신다. 그렇지 않으면 방탕함과 술 취함과 생활의 염려로 마음이 둔하여지고 뜻밖에 그 날이 덫과 같이 임하게 될 것이다(34절). '그 날'(*he hemera ekeine*)이라는 말을 통해서 볼 때 34-38절도 A.D. 70년과 관련됨을 알 수 있다. 이 날은 온 지구상(*pas teis geis*; NIV: the whole earth)에 거하는 모든 사람에게 임할 것이다(35절).[585] 그러나 '온 지구상'이라는 말보다는 바른 성경의 번역처럼 '온 땅 위에'가 맞다. 즉 '이스라엘 전체'라는 뜻으로 볼 수 있다(contra ESV Study Bible, 2008:2004). 제자들은 장차 올 이 모든 일을 피하고

---

584) 25절부터 예수님의 재림에 대한 것으로 보는 것은 문맥상 설득력이 없다(예. 오스본, 2003:772; 칼빈, 1993:353). 하지만 A.D. 70년 사건을 모형론적으로 주님의 최종 파루시아에 적용할 수 있다.

585) 헬라어 원문에는 구두점 때문에 '덫과 같이'(*hos pagis*)를 34절에 포함시키는 것이 옳은가(시내 산, B사본 등), 아니면 35절에 포함시키는 것이 옳은가의 문제가 있다(A, C, 다수 사본).

인자 앞에 서도록 항상 기도하며 깨어 있어야 한다(36절). 예수님은 이른 아침부터 모인 많은 무리를 성전에서 가르치시고, 밤이면 감람원에서 쉬셨다(37-38절).

3. 오늘에의 적용

헌금의 바른 정신은 무엇인가?
우리 안에 무너져야 할 화려한 옛 성품 및 돌 성전은 무엇인가?
주님의 최종 재림과 심판의 징조는 무엇인가?

누가복음 22장

1. 본문 및 구조

- 유월절 준비(1-13)
- 유월절 최후의 만찬(14-23)
- 큰 자에 관한 논쟁(24-30)
- 베드로의 부인 예고 및 체포되실 것에 관한 예고(31-38)
- 감람산에서 기도하심(39-46)
- 유다의 배신 및 예수님의 체포(47-53)
- 대제사장의 집으로 끌려가심과 베드로의 부인(54-62)
- 모욕 받으심과 산헤드린에서 재판 받으심(63-71)

2. 구원 계시사적 메시지

2.1. 누가복음 22장 1-13절의 메시지

유월절이라고도 불리는 무교절(니산월 15-21일)이 가까워 온 시점에 대제사장들과 서기관들이 예수님을 무슨 방책으로 죽일지 연구한다(1절).[586] 백성을 두려워하여 공개적으로 살인을 자행하지 못한다(2절). 가룟 유다에게 사탄이 들어가서[587] 대제사장과 군관(성전 지역 내부와 주변에 대한 경비를 책임진 파견 부대)에게 가서 예수님을 넘겨줄 방책을 의논한다(3-4절). 여기

586) 이미 판결이 난 재판이나 다름없으므로 부당하다. 대제사장들에게 남은 것은 예수님을 죽이는 것뿐이었다.
587) 요한복음에서는 최후의 만찬 시에도 사탄이 가룟 유다에게 들어갔다고 말한다(참고. 요 13:27).

서 사탄이 등장하며 역사하기에 주님의 부활은 사탄의 세력을 결정적으로 물리친 사건이 된다. 예수님의 사역 중에 바리새인들이 가장 강력하게 대적으로 활동했지만, 여기 마지막 단계에서는 실권을 가진 대제사장 중심으로 살해 음모가 진행되고 있다. 유다는 돈(은 30)을 받기로 하고 무리가 없을 때 예수님을 넘겨주려고 시도한다(5-6절). 유월절 양을 잡는 무교절에, 예수님이 베드로와 요한을 보내시면서 유월절 식사를 준비하라고 말씀하신다(7-8절). 두 제자는 예루살렘 성 안으로 들어가서, 물 한 동이를 가지고 가는 사람을 만나서, 그를 따라 집으로 들어가서, 예수님이 제자들과 함께 유월절 식사를 행할 방을 물어 보아야 한다(9-11절). 그 방은 큰 다락방이다(12-13절). 유월절 어린양이신 주님 자신이 이 식사를 위해서 모든 것을 미리 준비해 두셨다.

2.2. 누가복음 22장 14-23절의 메시지

유월절 식사 시간이 되어서 예수님이 사도들과 함께 앉으셔서, 고난을 받기 전에 그들과 유월절 식사를 하기를 진정으로 원했다고 말씀하신다(14-15절). 이 날은 목요일 저녁(6시 이후)이다(참고. 막 14:12-16). 예수님은 유월절이 하나님의 나라에서 이루기까지 다시 먹지 아니하리라고 말씀하신다(16절). 이 유월절 식사는 장차 어린양의 혼인 잔치에서 완성될 것이다(참고. 계 19:7-9; 참고. 사 25:6-8). 잔을 취하시고 사례하시면서, "이 잔을 취하여 너희끼리 나누라. 하나님의 나라가 임할 때까지 포도주를 다시 마시지 않겠다"라고 말씀하신다(17-18절). 그리고 떡을 취하신 후 사례하시고 제자들을 위해서(*hyper hymon didomenon*, given for you)[588] 주시는 몸이라고 설명하시면서 기념하라고 명하신다(19절). 저녁 드신 후 잔을 취하셔서 "이 잔은 내 피로 세우는 새 언약이니 곧 너희를 위하여 붓는 것이라"고 말씀하신다(20절).[589] 십자가 위에서 흘리신 그리스도의 보혈은 옛 언약의 짐승의 피와 달리 완전한 죄 사함과 죄의 제거를 가져오는 효력이 있다. 이제 새로운 출애굽 공동체인 교회가 성찬을 통해서 어린양의 혼인 잔치에서 신랑 예수님께서 배설하실 큰 상을 미리 맛본다. 예수님은 자신을 팔 사람의 손이 주님과 함께 상 위에 있다고 말씀하신다(21절; 참고. 시 41:9). 인자는 미리 작정된 대로 가지만 인자를 파는 사람에게는 화가 있다(22절). 유다는 멸망의 자식이다(참고. 요 17:12). 제자들은 이 일을 행할 자가 누구인지 서로 물었다(23절).

2.3. 누가복음 22장 24-30절의 메시지

제자들 가운데 누가 큰지 논쟁이 벌어진다(24절). 아마도 예수님이 돌아가신다면 누가 후계자가 될 것인가라는 논쟁이 제자들 가운데 발생한 것 같다. 이방인의 임금들은 이방인들을 주관하며, 집권자들은 은인(*euergetai*, benefactors, 후견인)이라고 칭함을 받지만, 주님의 제자들 가운데

---

588) 이 동사는 마가복음 10장 45절과 누가복음 2장 24절 그리고 갈라디아서 1장 4절에서 예수님 자신의 희생 제물 되심과 관련하여 사용되었다. 참고로 Keith A. Mathison(2002)은 《Given for You: Reclaiming Calvin's doctrine of the Lord's Supper》(P&R Publishing)라는 책을 썼다.

589) 17-20절과 관련하여, 파피루스 75, 시내 산, A, B, C, 다수 사본은 한글 성경 그대로 쓰지만, D 사본은 19절 하반(*to hyper hymon* 이하)-20절을 생략한다.

는 큰 자는 젊은 자(*neoteros*)와 같고 두목(*heigoumenos*, 현재 디포넌트 분사 남성 단수 주격)은 섬기는 자(*diakonon*)와 같다(25-26절). 주님은 그 당시의 후견인 및 단골손님(patron-client)의 관습을 뒤엎으신다. 천국의 새로운 질서 속에서는 아무런 보상이나 대가 없이 섬길 때 진정히 큰 자로 인정을 받게 된다. 섬김의 리더십을 친히 보여주신 예수님은 섬기는 자(*ho diakonon*)로 제자들 가운데 계신다(27절; 참고. 막 10:45). 제자들은 예수님의 모든 시험 가운데 함께한 사람이기에, 성부께서 성자에게 나라를 맡기신 것처럼 성자는 제자들에게 맡길 것이다(28-29절). 주님은 제자들이 메시아의 나라에서 주님의 상에서 먹고 마시며, 보좌에 앉아 이스라엘 열두 지파를 다스리게 하신다(30절). 사도들이 종으로서 섬기는 자세를 취한다면 새 이스라엘인 교회를 돌보고 감독할 일에 쓰임을 받을 것이다.

2.4. 누가복음 22장 31-38절의 메시지

"시몬아 시몬아, 보아라 사탄이 밀처럼 체질하려고 너희를 요구하였으나"(31절). 시내 산, A, D, 그리고 다수 사본은 '시몬아' 대신에 "그러나 주님이 시몬아라고 말씀하셨다"라고 쓴다. 사탄은 베드로를 짓밟아 마침내 마치 바람에 날리는 쭉정이같이 되기를 원했다. 그러나 주님은 베드로의 믿음이 떨어지지 않도록 기도하신다. 이 절에서 '내가'(ego)라는 말이 문두에 나와 강조되어서, 사탄은 믿음을 떨어뜨리려고 시도하지만 예수님은 베드로의 믿음을 위해 기도하심을 대조한다. 베드로는 돌이킨 후(*epistrepsas*, 아오리스트 능동 분사 남성 단수 주격)에 형제를 굳게 해야 한다(*steirison*, to make fast, 아오리스트 명령 2인칭 단수; 32절). 베드로는 주님을 3번이나 모른다고 부인할 것이다. 그러나 결국 회개하고 다시 신실한 일꾼으로서 교회를 강하게 세우는 사역을 감당해야 한다. 베드로는 주님과 함께 옥에도, 죽는 데도 가기를 준비하였다고 말한다(33절). 주님은 베드로에게 닭 울기 전에 3번 부인할 것을 예고하신다(34절).

예수님은 제자들을 이전에 전대와 주머니와 신도 없이 보내셨는데, 그때 그들은 아무것도 부족한 것이 없었다(35절). 이제는 누가복음 9장 3절의 상황과는 다른 상황이 발생한다. 이제는 이전에 제자들이 받았던 환대를 기대할 수 없기에, 제자들 스스로 전대(moneybag), 주머니(knapsack), 그리고 겉옷(cloak)을 준비해야 한다(36절). 이제 이사야 53장 12절의 '불법자의 동류'라는 예언이 주님에게 이루어져야 한다(37절)[590]. 주님은 불법자 즉 죄인들을 위해 대속의 죽음을 죽으실 것이다. 제자들이 예수님에게 칼 두 개가 있다고 말하니, 주님은 "그것이면 충분하다"(*hikanon estin*, That is enough)라고 말씀하신다(38절). 이 검은 방어용이지, 말고의 귀를 자르듯이 공격용이 되어서는 안 된다. '충분하다'는 말은 칼 두 자루가 방어용으로 충분하다는 의미가 아니라, 지금은 칼의 사용에 대해 설명할 시점이 아니며, 예수님이 제자들의 의도와 논의를 충분히 이해했다는 꾸지람의 의미로 보인다(참고. 오스본, 2003:809; Marshall, 1978:827). 이것을 셈어적 표현으로 이해한 복(Bock, 1996:1749)은 칼과 관련된 주제를 더

590) 이사야 53장 12절을 인용할 때 누가는 정관사 *tois*를 생략하고, 전치사 *en* 대신에 *meta*를 사용하는데, LXX(*en tois anomois*) 대신 MT를 따르기 때문이다(참고. Bock, 1996:1747).

이상 논의하지 않으시려고 예수님이 간단히 처리해 버리기를 원한 것으로 설명한다(참고. 신 3:26; 왕상 19:4; 대상 21:15). 그리고 여기서 칼이 언급됨으로써 주님과 제자들이 감당해야 할 싸움이 맹렬함을 암시한다.

2.5. 누가복음 22장 39-46절의 메시지

주님은 습관을 따라 감람산의 겟세마네에 가서 기도하신다(39절; 참고. 기도, 눅 3:21, 5:16, 6:12, 9:18, 28-29, 11:1, 18:1-14, 22:32). 습관을 따라 기도하셨기에, 가룟 유다가 예수님이 기도하고 계신 곳을 쉽게 발견할 수 있었다. 주님은 제자들에게 시험에 들지 않기를 기도하라(*proseuchesthe*, 현재 명령형)고 말씀하신다(40절). 주님은 돌 던질 만큼의 거리를 두고 따로 무릎을 꿇고 기도하신다(41절). "아버지의 뜻이거든 이 잔을 옮기시옵소서. 그러나 내 원대로 마옵시고 아버지의 원대로 되기를 원하나이다"(42절; 참고. 시 16:6, 75:8). 사자가 하늘에서 내려와서 예수님의 기도를 돕는다(43절). 예수님은 힘쓰고 애써 더욱 간절히 기도하시니 땀이 땅에 떨어지는 핏방울같이 되었다(44절).[591] 땀이 실제로 핏방울이 되었다는 의미가 아니라, 죽음을 앞둔 주님의 고뇌가 극심했음을 의미한다. 주님은 기도하신 후에 제자들에게 가시니, 그들이 슬픔 때문에 잠든 것을 보신다(45절). "어찌하여 자느냐? 시험에 들지 않게 일어나 기도하라"고 말씀하신다(46절).

2.6. 누가복음 22장 47-53절의 메시지

이 말씀을 하시는 동안 가룟 유다를 필두로 하여 한 무리가 다가온다(47절). 예수님이 유다에게 "입을 맞춤으로 인자를 파느냐?"라고 물으신다(48절). '파느냐'는 *paradidos*인데 '넘겨주다'라는 뜻이다. 주님 주위의 사람들이 칼로 예수님을 잡으러 온 사람들을 칠 것인지 묻는다(49절). 한 사람이 대제사장의 종 말고의 오른편 귀를 잘라서 떨어뜨린다(50절). 예수님은 "이것까지 참으라" (*beate heos toutou*, 이것까지도 허락하라[버려두라])고 말씀하신다. 그리고는 주님이 귀를 만져서 고쳐 주신다(51절). 예수님이 말고의 귀를 치유하신 것은 누가복음에만 기록되어 있다. 예수님이 대제사장들과 성전의 군관들과 장로들에게 "너희가 강도를 잡는 것같이 검과 몽치를 가지고 왔느냐?"라고 물으신다(52절). 예수님이 날마다 성전에서 가르치실 때는 손을 대지 않았지만 이제는 너희의 때요 어두움의 권세라고 말씀하신다(53절). 예수님은 공개적으로 활동하셨고, 혁명가들은 비밀리에 활동하기에, 예수님은 혁명가와 다르다(참고. ESV Study Bible, 2008:2008). 지금 가룟 유다와 군병들은 어둠의 왕인 사탄의 사주를 받아서 행하고 있다.

591) 43-44절을 생략한 중요한 사본들이 많다(예. 파피루스 75, 시내 산, A, B, T, W 등). 하지만 D, L, 다수 사본은 포함한다. 이런 사본상의 문제가 등장하는 것은 어떤 필사자들에게 있어서 "전능하신 예수님께서 천사의 도움을 받을 필요가 있었겠는가?"라는 신학적 문제가 제기될 수 있었기 때문이다.

2.7. 누가복음 22장 54-62절의 메시지

군병들이 예수님을 잡아서 대제사장(가야바의 장인인 안나스)의 집으로 들어갈 때 베드로는 멀찍이(*makrothen*, from afar) 따라간다(54절). 위험한 장소에 까지 갔던 베드로에게 어느 정도는 용기가 있었다. 사람들이 뜰에서 불을 피우고 쬐고 있는 동안 베드로도 거기에 있었다(55절). 한 여종이 베드로를 알아보고는 예수님과 함께 있었던 사람이라고 말하니, 베드로는 부인한다(56-57절). 자신의 안전 문제에 직면했을 때 베드로의 용기는 사라지고 말았다. 조금 후에 다른 사람이 베드로를 예수님의 제자라고 말하니, 베드로는 다시 부인한다(58절). 한 시간쯤 후에 또 한 사람이 베드로를 갈릴리 사람이요 제자라고 말하니, 베드로는 무슨 말인지 모른다고 말한다(59-60절). 베드로에게 갈릴리 억양이 나타났다(참고. 마 26:73). 예루살렘 사람들은 지방이었던 갈릴리 사람들을 낮게 보았다. 그때 닭이 곧 울었다. 베드로가 세 번째로 부인했을 때 새벽을 알리는 닭이 울었다. 유월절 무렵에 닭은 새벽 12시 20분경에 처음 울었고, 1시 30분경에 다시 울었으며, 마지막으로 3시경에 울었다(참고. 오스본, 2003:825). 주님이 돌아서서 베드로를 보시니, 베드로는 3번 부인하리라는 주님의 말씀을 기억하고 밖에 가서 심히 쓰라린 마음으로(bitterly) 통곡했다(61-62절).[592)]

2.8. 누가복음 22장 63-71절의 메시지

군병들이 예수님을 희롱하고 때리며, 주님의 눈을 가리고 선지자 노릇을 하라고 조롱한다(63-65절). 날이 새매 유대 종교 지도자들(대제사장들과 서기관들로 구성된 백성의 장로회)은 예수님을 산헤드린 공회로 끌어 들여서 주님이 그리스도인지 밝히라고 협박한다(66-67절).[593)] 주님은 스스로 그리스도이심을 말해도 그들이 믿지 않았을 것이며, 그들에게 물으셔도 대답하지 않을 것이라고 말씀하신다(68절). 다수 사본은 68절 끝에 '풀어주지도 않을 것이다'를 추가한다. 인자가 하나님 나라의 권능의 우편에 앉으리라고 말씀하시니, 모두가 "네가 하나님의 아들이냐?"라고 물으니, 주님은 '그렇다'(*hymeis legete hoti ego eimi*)고 대답하신다(69-70절). 예수님은 장차 하나님의 대리자로서 권세 있게 심판을 시행하실 것이다. 무리들은 예수님을 신성 모독죄로 고발하는 데 있어서 더 이상의 증거가 필요 없다고 말한다(71절; 참고. 레 24:16).

3. 오늘에의 적용

성찬을 통해서 어린양의 혼인 잔치를 예행연습하고 있는가?
주님의 고난의 자취를 기도로 경성하면서 따르고 있는가?

---

592) 62절을 포함하는 사본은 파피루스 75, 시내 산, B, D 등이고, 생략하는 것은 0171 사본이다. 그리고 A, W, 다수 사본은 '베드로'를 주어로 추가한다.

593) 대제사장은 은퇴한 후에도 '대제사장'이라는 호칭을 계속 가지고 있었다. 이 이유로 66절에 복수형 '대제사장들'이 등장한다(참고. 예레미아스, 1988:208).

우리에게 있어서 회개하여 교회를 굳게 하는 일은 무엇인가?

누가복음 23장

1. 본문 및 구조

- 빌라도 앞에서 재판받으심(1-7)
- 헤롯 안디바 앞에서 재판받으심(8-12)
- 십자가 처형을 요구하는 유대인들과 빌라도의 허락(13-25)
- 십자가에 매달리심(26-38)
- 한편 강도가 구원을 받음(39-43)
- 예수님의 죽으심과 백부장의 고백(44-49)
- 요셉이 예수님을 장사지냄(50-56)

2. 구원 계시사적 메시지

2.1. 누가복음 23장 1-7절의 메시지

무리가 예수님을 빌라도(A.D. 26-36년)에게 끌고 간다(1절). 예수님이 백성을 미혹하고(즉 국가를 전복하고; subverting our nation) 가이사에게 세금을 바치는 것을 금했으며, 자칭 왕 그리스도라고 주장한 것을 명목으로 고발한다(2절).[594] 무리들은 종교적인 명목이 아니라, 주로 정치적인 명목을 들어 고발한다. 그러나 모두 거짓 증거이다. 빌라도가 예수님에게 유대인의 왕이냐고 물으니 주님은 "네 말이 옳도다"라고 답하신다(3절). 지금 세상 왕 앞에서 예수님의 왕 되심이 계시되고 있다. 이때 빌라도는 예수님을 무죄로 판정한다(4절; 참고. 14-16절과 22절). 빌라도가 무죄로 판정하려고 한 것은 예수님에게 호의를 베풀기 위해서라기보다는 유대 종교 지도자들에게 모욕을 주려는 차원에서였을 것이다. 무리가 빌라도에게 예수님이 온 팔레스타인에서 백성을 소동케 하였다고 힘주어 고발한다(5절). 빌라도가 예수님이 갈릴리 사람인 줄 알고 헤롯 안디바에게 넘기려고 한다. 마침 헤롯 안디바가 예루살렘에 와 있었다(6-7절). 이방 로마 제국과 불신 유대인이 예수님을 처형하는 일에 손을 잡는다. 나중에 이 두 세력은 초대 교회를 박해할 때도 힘을 합친다.

---

594) 2절에 이탈라(itala) 즉 고대 라틴어 역본들 7개는 '그리고 율법과 선지자들을 폐하는 것'을 추가한다.

2.2. 누가복음 23장 8-12절의 메시지

헤롯 안디바가 예수님을 만나서 기적을 행하는 것을 보고 싶어 했다(8절). 그가 여러 말로 예수님에게 질문했으나 대답하지 않으신다(9절). 대제사장과 서기관이 힘써 고소했다(10절). 헤롯이 군병들과 함께 예수님을 업신여기며 희롱하여 빛난 옷(splendid clothing)을 입혀 빌라도에게 돌려보낸다(11절). 헤롯과 빌라도가 이전에는 원수였으나 이 날에는 친구가 되었다(12절). 이전에 빌라도가 예루살렘에 순례 왔던 갈릴리 사람들을 죽인 사건이 발생했다. 하지만 교회와 예수님을 대적하기 위해서 견해 차이가 있는 세상은 하나가 된다.

2.3. 누가복음 23장 13-25절의 메시지

빌라도가 대제사장들과 관원들과 백성을 불러 모으고, 예수님이 백성을 미혹했다는 단서를 찾지 못했다고 말한다(13-14절). 이것은 빌라도가 내린 두 번째 무죄 선언이다. 헤롯 안디바가 예수님을 그냥 돌려보낸 것도 예수님이 무죄임을 입증하는 것이라고 빌라도가 말한다(15절).[595] 그러므로 빌라도는 주님을 때린 후 석방하려고 한다(16절). 빌라도의 무죄 선고를 부각한 이유는 일차 수신자였던 데오빌로에게 주는 시사점이 컸을 것이다. 데오빌로도 교회를 보호해야 했다. 시내 산, W, 다수 사본 등은 17절에 "명절을 당하면 반드시 한 사람을 놓아 주더라"라고 언급한다(참고. 마 27:15; 막 15:6). 무리는 바라바를 놓아주고 예수님을 죽이라고 외친다(18절). 바라바는 민란과 살인의 주동자였다(19절). 빌라도는 예수님을 석방하려고 다시 노력하지만(20절), 무리들은 십자가에 못 박으라고 계속 외친다(21절). 빌라도가 세 번째로 예수님에게 죄가 없기에 때려서 석방하리라고 말한다(22절). 무리가 십자가에 못 박으라고 강력히 요구하니, 빌라도가 그렇게 하라고 허용하고 폭동과 살인 때문에 투옥된 바라바를 풀어주고 예수님을 넘겨주었다(23-25절). 23절에서 다수 사본은 "그들과 대제사장들의 소리가 우세했다"라고 쓴다. 로마 관리에게 평화와 질서의 유지는 개별적인 정의보다 선행했다.

2.4. 누가복음 23장 26-38절의 메시지

주님이 십자가를 지고 가는 동안 만난 구레네 사람 시몬이 대신 십자가를 지고 골고다로 간다(26절).[596] 많은 백성과 여인들이 가슴을 치고 울며 십자가 지신 주님을 따라 간다(27절). 예수님을 그 여자들을 향해서 "예루살렘의 딸들아, 나를 위해 울지 말고 너희 자녀를 위해 울라"고 말씀하신다(28절). 날이 이르면 수태하지 못한 이와 해산하지 못한 배와 먹이지 못한 젖이 복이 있다고 말할 때가 이를 것이다(29절). 그때 산이 우리를 향해서 무너지고 덮쳤으면 좋겠다고 말할 것이다(30절). 이것은 A.D. 70년 사건을 염두에 두고 하신 말씀이다. 사람들이 나무가 푸를 때도 이렇게 하거든, 하물며 나무가 마를 때는 더하지 않겠는가?(31절) 푸른 나무로 상징되는 하나님의 독생자 예수님이 무죄하시지만 십자가에서 죽음을 당하신다면,

595) 15절에서 A, D, W, 다수 사본은 "내가 그에게 너희를 보냈다"라고 잘못 쓴다.

596) 이 장면은 십자가를 지고 가야 하는 제자도를 가르친다.

마른 나무인 배교한 유대인들이 심판을 받고 죽임을 당하는 것은 더 당연하지 않은가? 다른 두 행악자도 골고다를 향해서 가고 있었다(32절). 골고다에 예수님과 두 행악자가 못 박힌다(33절). 예수님은 십자가에 달려서 하나님의 저주를 받으신다(참고. 신 21:23). 예수님은 성부께 알지 못한 채 죄를 범하는 이들을 용서해 달라고 간구한다(34절).[597] 군병은 예수님의 옷을 제비 뽑고(시 22:18), 백성은 서서 구경하고, 관원들은 비웃으면서, "남을 구원한 자여, 그리스도라면 스스로 구원해 보라"고 조롱한다(34-35절). 군병들도 주님을 희롱하면서 신 포도주를 주면서, "유대인의 왕이거든 너를 구원하라"고 말한다(37절). '유대인의 왕'이라는 죄패가 십자가 위에 있었다 (38절). 38절에 다수 사본은 요한복음 19장 20절처럼 '헬라어와 라틴어와 히브리어로 쓴'을 추가한다.

2.5. 누가복음 23장 39-43절의 메시지

이 단락은 누가복음에만 등장한다. 십자가에 달린 한편 행악자 하나도 예수님이 그리스도라면 구원해 보라고 조롱한다(39절). 다른 편 강도는 비방하던 강도를 향해서 "하나님을 두려워하지 않느냐, 우리는 마땅한 형벌을 받지만 의로우신 예수님은 그렇지 않다"라고 말한다(40-41절). 그가 "예수여, 당신의 나라에 들어가실(참고. 다수 사본: '나라 안에서') 때 나를 기억하소서"라고 고백하니, 예수님은 진실로 "오늘 네가 나와 함께 낙원(*en to paradeiso*)에 있으리라"고 말씀하신다(43절; 참고. 고후 12:4; 계 2:7).[598] LXX는 에덴동산을 번역할 때 *paradeisos*를 사용했다(참고. 창 2:8-9). 현재적인 결단은 즉각적인 구원을 확보한다.

2.6. 누가복음 23장 44-49절의 메시지

12시쯤에 어두움이 온 땅에 엄습하여 오후 3시까지 계속되었다(44절). 어둠은 메시아를 죽인 세상을 향한 심판과 저주를 상징한다. 그리고 이 어둠을 출애굽 주제로 설명해 보면, 아홉 번째 애굽에 내려진 재앙인 흑암이 3일 동안 지속되었듯이, 본문에서는 3시간 지속된다. 흑암의 재앙 이후에 애굽에는 장자가 죽는 재앙이 임했는데, 이제 하나님의 장자 예수님이 대속의 죽음을 죽으신다(참고. Pao, 2000:43). 해가 졌고(*tou heliou eklipontos*, 참고. 다수 사본: '해가 어두워졌고' [*tou heliou kai eskotisthe*]), 성소 휘장이 한가운데가 찢어진다(45절).[599] 예수님이 십자가에서 찢기

---

597) 파피루스 75, B, D, W 등은 34절 상반절("예수님께서 말씀하시기를 아버지시여, 저들은 자신들이 무엇을 하는지 알지 못하고 있기 때문에, 저들을 용서하소서")을 생략하지만 대부분의 교부들과 다수 사본은 포함한다. 본문 비평상 내증을 살펴보자. 34절의 괄호 안의 말씀 전후의 문맥의 핵심 인물은 예수님을 처형하는 사람들이다. 따라서 괄호 안의 구절은 문맥상 어색하게 보인다. 하지만 누가는 지식(knowledge)과 죄책(guilt)을 종종 연결한다(참고. 눅 12:35-45; 행 17:30-31). 예수님을 죽이는 사람들의 무지와 그들의 죄책이 함께 등장하는 것은 어색하지 않다. 그리고 마태와 마가는 호격 '아버지'(*pater*)를 아무런 수식어 없이 사용하지 않는 반면에, 누가는 수식어 없이 7번이나 사용한다. 또한 누가는 '용서하다'(*aphes*)와 이유의 접속사(*gar*)를 함께 사용한다(참고. 눅 11:4). 누가의 논증 방식과 문학적 스타일을 고려할 때, 괄호 안의 말씀이 있는 것으로 볼 수 있다(보라. Eubank, 2010:525-526).

598) 43절에 D사본은 "꾸짖은 그에게 말씀하셨다. ……용기를 가져라"를 추가한다.

심으로써 이제 시온의 대로, 즉 새롭고 산 길이 열린다(참고. 히 10:20). 동시에 이것은 A.D. 70년에 성전이 파괴될 것을 내다본다. 그래야만 새롭고 산 길이 공간을 초월하여 열방에게 주어질 수 있다. 예수님은 "아버지여, 내 영혼을 아버지 손에 부탁하나이다"라고 외치신 후 운명하신다(46절). 백부장이 이 광경을 목도한 후 하나님께 영광을 돌리고 예수님이 진실로 의인이었다고 고백한다(47절). 백부장의 고백은 대제사장과 서기관들의 모습과 날카로운 대조를 보인다. 이 백부장은 예수님의 사후에 최초로 믿음으로 고백한 사람이다. 따라서 그의 고백 안에서 열방이 구원 얻을 것을 발견하게 된다. 이 사건을 목격한 다른 무리도 다 가슴을 치며(참고. D사본은 '가슴과 이마를 치며') 돌아갔다(48절).[600] 예수님을 아는 자들과 갈릴리에서 따라온 여자들도 멀리 서서 이 일을 보았다(49절; 참고. 눅 2:35).

2.7. 누가복음 23장 50-56절의 메시지

선하고 의로운 공회 의원인(아마 예루살렘 북서쪽 35km 지점의) 아리마대[601] 출신 요셉은 하나님 나라를 기다리던 사람이다. 그는 예수님의 은밀한 제자였다(참고. 요 19:38). 여기 외에는 아리마대 요셉의 다른 행적이 나타나지 않는다. 그는 예수님의 사형 판결에 찬성표를 던지지 않은 사람이다(50-51절). 그가 빌라도에게 가서 예수님의 시체를 달라고 말하고는, 십자가에서 내려서 삼베로 싸고 장사 지낸 적 없는 무덤에 장사 지낸다(52-53절).[602] 그날은 안식일 예비일이었다(54절). 갈릴리에서 온 여인들이 그 무덤을 확인했고 장사 지내기 위해서 향품과 향유를 준비했다(55절). 이 여인들이 안식일에는 쉬었다(56절). 이 여인들은 그 다음날 새벽에 무덤으로 갔다.[603]

3. 오늘에의 적용

2천 년 전의 주님의 죽으심이 어떻게 생생하게 우리에게 전달될 수 있는가?

아리마대 사람 요셉의 경우에서 보듯이, 예수님을 소유하기 위해 소위 '왕따'를 당하거나 안정된 직장을 포기할 용기가 있는가?

---

599) 개역개정판은 헬라어 원문 45절의 '해가 빛을 잃고'를 44절에 포함시킨다.

600) 48절 끝에 고대 이탈라 역본은 "말하기를, 우리가 오늘 저지른 우리의 죄 때문에 우리에게 저주를! 왜냐하면 예루살렘의 멸망이 가까웠기 때문이다"를 추가한다(참고. 매츠거, 2005:151).

601) 아리마대(Arimathea)가 어디인지 확실치 않다. 4세기의 유세비우스는 '라마다임 소빔'(삼상 1:19)과 동일시했다(참고. ESV Study Bible, 2008:2011).

602) 53절에 D사본은 '그(즉 아리마대 사람 요셉)가 무덤 위에 20명의 남자도 좀처럼 굴릴 수 없는 돌을 놓았다'를 추가한다.

603) 55-56절은 현대 그리스도인의 주일 성수에 어떤 교훈을 주는가?

ঌ 누가복음 24장 ঌ

1. 본문 및 구조

- 여인들의 무덤 방문 및 주님의 부활(1-12)
- 엠마오로 가는 두 제자를 만나신 부활의 주님(13-35)
- 제자들에게 나타나신 부활의 주님(36-43)
- 선교 명령과 승천(44-53)

2. 구원 계시사적 메시지

2.1. 누가복음 24장 1-12절의 메시지

안식 후 첫날 새벽에 갈릴리에서 온 여인들이 준비한 향품을 가지고 무덤에 가보니 이미 돌이 굴려져 있었다(1-2절).[604] 시체가 보이지 않아 근심할 때 찬란한 옷을 입은 두 사람이 "그 살아 계신 분(*ton zonta*)을 죽은 자들 가운데서 찾느냐? 여기 계시지 않고 살아나셨느니라(*egerthe*, 아오리스트 수동 직설 3인칭 단수)"라고 말한다(3-6절). 여인들은 갈릴리에서 주님이 하신 말씀 즉 인자가 죽고 부활할 것을 기억해야 한다(7절). 여인들이 예수님의 말씀을 기억하고 11사도와 다른 이에게 고한다(8-9절). 이 여인들은 막달라 마리아(*he Magdalene Maria*), 요안나, 야고보의 어머니 마리아이다(10절). 누가는 12사도를 특별한 그룹으로 여기지만, 그리스도와 성령에 대한 특별한 경험을 사도에게만 국한하지 않는다. 오히려 남자와 여자로 구성된 모든 교회의 구성원에게 열려 있음을 보여 준다. 이런 맥락에서 다른 복음서와 비교해 볼 때, 한 가지 특이한 점은 누가복음에서 이 여인들은 자신들이 경험한 것을 제자들에게 전하라는 명령을 받고 있지 않다는 점이다. 여인들은 단순한 심부름꾼이 아니라 남자들과 대등한 제자로 자리매김하고 있는 듯하다(참고. 이두희, 2010:29-30). 사도들은 이 말을 듣고 허탄한 것으로 여겼지만 베드로는 무덤에 가서 (상징적으로 볼 때, 대제사장이 입는) 세마포만 있는 것을 확인한다(11-12절).[605] 주님의 부활을 통해서 대제사장으로서의 사역이 성공적으로 마쳐졌음을 알 수 있다.

2.2. 누가복음 24장 13-35절의 메시지

그날에 두 제자가 예루살렘에서 60스다디온(약 25리) 떨어진 엠마오로 간다(13절). 이 두 사람은 주님의 죽으심과 부활에 관해 서로 이야기를 나눈다(14절). 부활하신 주님이 그들과 동행하시지만 그들의 눈이 가려져서 알아보지 못한다(15-16절). 예수님이 대화 내용이 무엇인지

---

604) 1절과 2절 사이에 D사본은 마가복음 16장 3절을 삽입한다.

605) D사본은 12절을 생략한다. 그러나 다수 사본과 오래된 사본 대부분은 포함한다.

물으시니, 두 사람이 슬픈 빛을 띠고 머물러 섰다(17절). 글로바라 하는 사람이 예수님에게 예루살렘에 살면서도 최근에 무슨 일이 일어났는지 혼자서 모르는가라고 말한다(18절).[606] 예수님이 무슨 일인지 물으시니(19절), 하나님과 사람 앞에서 말과 일에 능하신(선지자이신) 나사렛 예수님께서 십자가에서 처형되셨는데, 이 두 제자는 이스라엘을 구속할 분으로 믿고 있었다고 답한다(19-21절).[607] 이 두 제자는 여인으로부터 주님의 부활 소식도 듣고 알고 있었다(22-23절). 이때 주님은 "오, 미련하고 선지자의 말한 모든 것을 마음에 더디 믿는 자들이여, 그리스도가 이런 고난을 받고 자기의 영광에 들어가야 할 것이 아니냐?"라고 책망하시면서 말씀하신다(25-26절). 예수님은 이 둘에게 모세와 선지자의 글을 통해서 메시아 예언을 설명하신다(27절; 참고. 창 3:15; 시 22, 69, 110편; 사 53장; 렘 31장; 슥 9장; 12:10; 말 3장). 엠마오에서 주님은 이 두 제자와 저녁 식사를 하실 때 떡을 떼어 축사하신 후 나누어 주니 그들의 눈이 밝아져서 예수님이심을 알아보았지만 예수님은 보이지 않았다(28-31절).[608] 이 두 제자는 길에서 주님이 말씀하실 때 '우리 안에서'(*en hemin*, 파피루스 75와 B사본은 생략함) 마음이 뜨거움(*kaiomene*, 현재 수동태 분사, to kindle, 불붙이다)을 경험했다(32절). 이 두 제자는 예루살렘에 돌아와서 사도와 함께 모인 자들을 만나니, 시몬 베드로에게 예수님이 나타나셨다는 말을 듣는다(34절). 그리고 이 두 제자도 경험한 바를 사도들에게 설명한다(35절).

2.3. 누가복음 24장 36-43절의 메시지

이 말을 제자들이 할 때, 예수님께서 친히 그 가운데 서서 "너희에게 평강이 있을지어다"라고 말씀하시니, 그들이 놀라고 무서워하여 영(*pneuma*; 참고. D사본은 '유령' [*phantasma*])을 보고 있는 줄로 생각했다(36-37절). 36절 끝에, G와 P사본은 "바로 나다(*ego eimi*). 두려워하지 마라"를 추가한다. 예수님이 '어찌하여 두려워하며 의심하느냐? 손과 발을 만져보라'고 말씀하신다(38-39절). 예수님이 손과 발을 보여주시지만 제자들이 매우 기뻐하므로 오히려 믿지 못하고 기이히 여긴다(40-41절).[609] 예수님은 구운 생선 한 토막을 제자들에게서 받으셔서 드신다(42-43절). 42절에 다수 사본은 '그리고 벌집으로부터'(*kai apo melissiou keriou*)를 추가한다. 초대 교회의 일부 지역에서 꿀이 성찬식과 세례식에 사용되었기 때문에 추가된 것이다(참고. 매츠거,

---

606) 후대 사본들은 엠마오로 가던 두 제자의 이름을 '글로바(베드로가 아님)와 시몬'(S사본, 945년경), 혹은 '글로바와 나다나엘'(V사본, 9세기)로 쓰기도 한다.

607) 21절의 "우리가 소망했다"(*elpizomen*)는 개시적(inceptive) 미완료이므로, "We had hoped"로 번역하는 NIV와 달리, "We were beginning to hope"로 번역할 수 있다(참고. Mounce, 1993:319).

608) 왜 처음에 이 두 제자가 부활하신 예수님과 이야기하면서도 예수님이신 줄 알지 못했는가? 왜 이 두 제자가 예수님이신 줄 알아보자마자 부활하신 예수님은 사라져 버리셨는가? 계시사적 의미가 있다. 예수님은 우리가 주님의 부활을 기적이나 환상만으로 알기 원하지 않으신다. 대신 주님은 우리가 부활의 예수님을 떡을 떼는 성찬식과 선포되는 복음을 통하여 알기 원하신다. 이제 우리는 신비로운 체험보다는 성찬과 말씀을 통하여 예수님의 부활과 그 권능과 임마누엘을 믿어야 한다.

609) D사본은 40절을 생략하지만, 다수 사본과 오래된 대부분의 사본은 포함한다. D사본은 40절을 39절의 군더더기로 보아서 생략한 것으로 보인다.

2005:156).

2.4. 누가복음 24장 44-53절의 메시지

모세의 율법과 선지자의 글과 시편에 주님 자신을 가리켜 쓴 것이 이루어져야 할 것이 성취되었음을 말씀하신다(44절).[610] 예수님이 제자들의 마음을 열어 성경을 깨닫게 하시고(45절), 메시아의 죽으심과 부활 그리고 '죄 용서를 위한 회개'(참고. 다수 사본: '죄 용서와 회개')가 예루살렘에서 온 족속에게 전파될 것인데 제자들은 이 일의 증인이다(46-48절). 예수님(*ego*)이 아버지 하나님의 그 약속(*ten epangelian*; 즉 성령님)을 제자들에게 보내신다. 제자들은 위로부터 능력을 입히울 때까지 예루살렘 성에 유해야 한다(49절). 주목할 사실은, 누가복음은 주님의 부활 현현에서 갈릴리를 중요하게 여기는 다른 복음서들과 달리, 예루살렘과 그 인근 지역에서의 부활 현현만을 보도한다는 점이다. 누가에게 갈릴리는 예비적인 과거에 속한 곳이고, 그리스도의 현현(눅 24:13-43), 제자들에게 사명과 능력을 주심(눅 24:44-53), 세상을 향한 교회의 선교(사도행전)에 있어서 중심은 예루살렘이다(참고. 사 2:3; 미 4:2; 보라. 이두희, 2010:30).

예수님이 제자들을 이끄시고 베다니 앞까지 나가셔서 손을 들어 그들을 축복하시고, 저희를 떠나서 하늘로 올려지셨다(*anephereto*, 미완료 신적 수동태 직설법; 50-51절).[611] 제자들은 주님에게 경배하고 큰 기쁨으로 예루살렘에 돌아가 늘 성전에 있어 하나님을 찬송했다(52-53절). 흥미롭게도 주님의 죽음과 부활 시 제자들이 주님을 경배한 적 없지만, 주님이 승천할 때는 경배했다. 누가는 주님의 부활과 승천의 기사에서 갈릴리를 언급하지 않았는데 이것은 특이하다. 갈릴리에서 주님이 제자들을 만난 것을 다른 복음서는 기록하지만, 누가가 생략한 것은 예루살렘 중심으로 누가복음이 전개되기 때문이다. 53절 끝에 A, B, 다수 사본은 '아멘'을 추가한다.[612] 누가복음이 예루살렘 '성전'에서 제사드리는 장면으로 시작하고(눅 1:15-18), 예루살렘 성전에서 하나님을 찬송하는 장면으로 끝나는 점은(눅 24:53) 우연이 아니다. 이런 '성전 제사·예배'라는 맥락에서 볼 때, 엠마오 장면에서 성경에 대한 가르침(눅 24:27)과 떡을 떼시고 축사하시는 장면(눅 24:30-31) 등과 관련하여 '말씀과 성례'에 대한 누가의 암시와 강조를 주목해야 한다. 누가복음의 1차 독자(들)은 말씀과 성례를 통하여 예수 그리스도를 믿고 인식하게 되었을 것이다(참고.

610) 칼빈(1993:539-540)은 누가복음 24장 44절을 "예수님께서 저희를 향하여 숨을 내쉬며 가라사대, 성령을 받아라"(요 20:22)와 동일한 의미로 본다.

611) 51절의 "하늘로 올려지셨다"를 시내 산과 D사본은 생략한다. 복음서 기록자 중에서 누가만 유일하게 예수님의 승천을 직접적으로 기록한다. 누가는 누가복음의 마지막 부분과 행전의 첫 부분에 승천을 두 번이나 언급함으로써 큰 관심을 보인다. 누가복음 9장에서 예수님이 변화산 위에서 하셨던 예루살렘에서의 별세(출애굽) 예고가 승천으로 성취된다. 누가복음 9장 51절은 예수님의 승천하실 기약이 차가매 예루살렘을 향하여 올라가기로 굳게 결심하였다고 말씀한다. 즉 누가복음 9장에서 주님의 죽음과 부활이 승천의 관점에서 설명된다. 주님의 승천이 사도행전 1장에 등장하기에 신약 교회의 시작은 주님의 승천과 관련됨을 알 수 있다. 그런데 왜 다른 기록자들은 생략할까? 그것은 그들은 부활과 승천을 거의 구분하지 않을 정도로 연결시키기 때문이다. 부활이 없는 승천은 없고, 승천은 부활을 전제로 하기 때문이다.

612) 53절에 A, W와 다수 사본은 "찬양하고 축복했다"라고 쓴다.

이두희, 2010:31-32).[613)]

3. 오늘에의 적용

· 주님의 부활이 우리에게 주는 의의는 무엇인가?
부활 생명을 가진 자답게 성령 충만하여 선교 명령을 수행하는가?

613) 참고로 칼빈의《공관복음 주석》(1555)은 다른 성경 주석처럼 성경의 영감성에 기초하여 '간략함과 명료성'(brevitas et facilitas)의 원리에 입각하여 진행되었다. 알레고리 해석을 반대한 칼빈은 문자적 의미와 문맥을 중요시했기에(예. 사 14:12의 '계명성'을 사탄으로 볼 수 없다고 주장함) 공관복음 각 권이 아니라 병행 구절을 묶어 주석했다. 공관복음 주석 시 먼저 출판된《로마서》(1539)와《요한복음》(1553)을 의존했고 마틴 부처가 사용한 '조화와 대조'의 방법도 사용했다. 공관복음 주석의 특징은 (1) 마태복음의 구조를 기본 골격으로 사용했고, (2) 병행 기록 사이에 차이점에 대한 예리한 통찰력을 발휘했고, (3) 병행 구절 사이의 모순처럼 보이는 표현에 모순이 없음을 변증했다. 아쉬운 점으로는 (1) 공관복음의 내용을 재배열했기에, 각 복음서의 기사의 순서를 훼손한 점, (2) 공관복음의 다양성과 통일성을 인정했지만, 병행 기사의 독특한 관점이나 메시지를 제대로 드러내지 못한 점, 따라서 '공관복음의 조화에 대한 주석'이라고 평가할 수 있다(참고. 유상섭, 2010:76-91).

【 참고 문헌 】

- Beyer, H.W. eulogeo, w. (In Kittell, G., ed. TDNT. Vol. II. Grand Rapids: Eerdmans. p. 754-765.) 1974.
- Bock, D.L. Luke. *The IVP New Testament Commentary series*. Downers Grove : IVP. 1994a.
- Bock, D.L. Luke 1:1-9:50. *Baker Exegetical Commentary on the New Testament*. Grand Rapids: Baker. 1994b.
- Bock, D.L. Luke 9:51-24:53. *Baker Exegetical Commentary*. Grand Rapids: Baker. 1996.
- Caragounis, C.C. *Kingdom of God/heaven*. (In Green, J.B. et al., eds. Dictionary of Jesus and the Gospels. Downers Grove: IVP. 1992.
- Du Plessis, I.J. The Gospel according to Luke: Introduction and Theology. (In Du Toit, A.B., ed. Guide to the New Testament. Vol. IV. p. 144-193.) 1993.
- Ellis, E.E. *The Gospel of Luke*. London: Oliphants. 1974.
- Esler, P.F. *Community and Gospel in Luke-Acts: the social and political motivations of Lukan theology*. Cambridge: Cambridge University Press. 1996.
- ESV Study Bible. Wheaton: Crossway Bibles. 2008.
- Eubank, N. *A disconcerting prayer: on the originality of Luke 23:43a*. Journal of Biblical Literature, 3:521-536. 2010.
- Gaffin, Jr. R.B. 《영광》. (In 데스몬드 알렉산더 & 브라이언 로즈너., eds. IVP성경 신학사전. IVP. p. 884-889.) 2004.
- Geldenhuys, N. *The Gospel of Luke*. NICNT. Grand Rapids: Eerdmans. 1983.
- Green, J.B. *The Gospel of Luke*. NICNT. Grand Rapids: Eerdmans. 1997.
- Hays, R.B. *The liberation of Israel in Luke-Acts: intertextual narration as countercultural practice*. (In Hays, R.B. et at., eds. Reading the Bible intertextually. Waco : Baylor University Press. p. 101-117.) 2009.
- Hendriksen, W. *The Gospel of Luke*. Grand Rapids: Baker. 1988.
- Maier, P.L. *Chronology*. (In Evans, C.A. & Porter, S.E., eds. Dictionary of New Testament background. Leicester: IVP. p. 184-194.) 2000.
- Malina, B.J. & Rohrbaugh, R.L. *Social-science commentary on the Synoptic Gospels*. Minneapolis: Fortress. 1992 (2003).

• Marshall, I.H. *The Gospel of Luke*. NIGTC. Grand Rapids: Eerdmans. 1978.
• Morris, L. Luke. *Tyndale New Testament Commentaries*. Leicester: IVP. 1989.
• Mounce, W.D. *Basics of biblical Greek: grammar*. Grand Rapids: Zondervan. 1993 (2003).
• Nolland, J. Luke 1-9:20. WB.C.. Dallas : Word. 1989.
• Pao, D.W. *Acts and the Isaianic new exodus*. Grand Rapid : Baker Academic. 2000.
• Plummer, A. *Gospel according to St. Luke*. ICC. Edinburgh: T&T Clark. 1981.
• Pratt, R.L. *Spirit of the Reformation study Bible*. Grand Rapids: Zondervan. 2003.
• Rogers, C.L. & Rogers C.L. III. *The new linguistic and exegetical key to the Greek New Testament*. Grand Rapids: Zondervan. 1998.
• 그랜트 오스본 《누가복음》. 성서유니온선교회. 2003.
• 김경래 《사본들을 통해서 보는 성경》. 전주대학교 출판부. 1997.
• 마크 베일리 & 탐 칸스터블 《신약성경 탐험》. CLC. 2004.
• 마크 포웰 《복음서 개론》. 크리스챤출판사. 2003.
• 말리나, B.J. 《신약의 세계: 문화 인류학적인 통찰》. 솔로몬. 1999.
• 매츠거, B.M. 《신약 그리스어 본문 주석》. 제2판. 대한성서공회 성경원문연구소. 2005.
• 박윤선 《성경 주석: 공관복음》. 영음사. 1990.
• 버나드 브랜든 스캇 《예수의 비유 새로 듣기》. 한국기독교연구소. 2006.
• 서인선 신약성서의 통일성과 다양성: 복음주의적 시각에서. 제2차 국제 복음주의 학술대회에서 발표된 글. 2003.
• 예레미아스, J. 《예수 시대의 예루살렘: 신약성서시대의 사회 경제사 연구》. 한국신학연구소. 1988.
• 오덕호 《하나님이냐, 돈이냐? 누가복음 16장의 문학-역사비평적 연구》. 한국신학연구소. 1998.
• 유상섭 "칼빈의 공관복음 주석의 분석과 평가". <신학지남>, 77(1):75-93. 2010.
• 유상섭 《설교를 돕는 분석 누가복음》. 규장. 2002.
• 윤철원 《누가복음서 다시 읽기: 내러티브의 구조와 세계》. 이레서원. 2002.
• 이두희 "마태복음과 누가복음의 부활신학". <그 말씀>, 3월호:22-26. 2010.
• 이민규 "누가의 이사야 인용(눅 4:18)을 통해서 본 나사렛 선언에 대한 연구". 성경과 신학, 54:65-92. 2010.
• 존 월튼, 빅터 매튜스, 마크 샤발라스 & 크레이그 키너 <IVP 성경 배경 주석>. IVP. 2010.
• 칼빈, J. 《공관복음 I, II》. 성서교재간행사. 1993.
• 쾨스터, H. 《신약성서 배경 연구: 헬레니즘 시대의 역사, 문화, 그리고 종교》. 은성출판사. 1996.

· **큄멜**, W.G. 《신약 정경 개론》. 대한기독교출판사. 1996.
· **트럼프 롱맨** III & **다니엘 레이드** 《거룩한 용사》. 도서출판 솔로몬. 1996.
· **하워드 마샬** 《누가행전》. 엠마오. 1993.
· **하워드 마샬** 1991. 《누가복음 I. I》I. 국제성서주석. 한국신학연구소. 1989.
· **하워드 마샬** 《누가복음》. (In 카슨, D.A. & 프란스, R.T. eds. 2005. IVP 성경 주석: 신약. IVP. p. 195-251.) 2005.

요한복음 주석

들어가면서

초대 교회의 전통에 의하면 요한복음은 공관복음 이후에 기록되었다. 알렉산드리아의 클레멘트에 의하면, 사도 요한은 공관복음을 참고하여 영적인 복음서를 기록했다. 이레니우스는 사도 요한이 에베소에서 복음서를 기록했다고 전한다. 요한복음보다 먼저 기록된 로마서가 발전된 신학을 포함하듯이, 요한복음도 그러하기에 A.D. 70년 이전 저작이 힘을 얻는다. 또한 요한복음 5장 2절의 현재 동사("베데스다라는 연못이 있다")는 A.D. 70년 이전 저작을 지지할 수 있다(참고. Maier, 2000:188). 요한복음은 로마서와 더불어 '신약 신학의 최고봉'이라고 불린다(참고. 쾨스텐버그, 2005:408). 요한복음은 로버트 카이저(Robert Kysar, 1996)에 의해 '별난 복음서'(the maverick Gospel)라고 불리기도 한다. 공관복음서와 다르기 때문일 것이다.[614] 분명한 것은 복음서가 기록된 시기는 예수님의 목격자들이 초대 교회에서 중요한 위치를 차지하고 있었고, 구전을 확인할 수 있었던 때였으므로, 복음서의 역사적 신빙성은 확실하다(참고. 존 월튼, 2010:1248).

19세기에서 20세기 중반에 이르는 동안에 전개된 논쟁에 있어서 주요 현안은 요한복음이 사도적이며 역사적(그리고 유대적)인 책인지, 아니면 공관복음에 기초한 신학적(혹은 헬라적) 재구성인지에 대한 것이었다. 적지 않은 학자들은 요한복음은 공관복음서가 묘사하는 예수님의 모습을 다른 용어로 변형시킨 것, 즉 역사적 사건을 독특한 문학 형식 및 신학적 설명과 결합시킨 것으로 본다(예. Marshall, 2004:491). 요한복음의 기록 목적을 밝히는 요한복음 20장 31절의 동사를 현재 가정법(*pisteuete*, 신자로 하여금 믿음을 지속하게 하기 위해서)으로 보면 양육 차원이며, 아오리스트 가정법(*pisteusete*, 불신자로 하여금 믿음을 갖게 하기 위해서)으로 보면 전도 차원이다. 이 두 가능성을 모두 취한다면, 사도 요한은 처음 믿음을 갖는 것과 지속적인 믿음을 갖는 것 모두를 의도했을 것이다(참고. Van der Watt, 2007:11; 카이저,

---

614) 신현우(2005:201)는 요한복음이 공관복음을 자료로 사용했다는 가설을 반대한다. 왜냐하면 요한복음과 공관복음이 서로 다른 부분에 요한복음의 독특한 문체가 등장하지 않고, 요한복음과 공관복음이 일치하는 부분에는 공관복음의 독특한 문체가 나타나지 않기 때문이다. 따라서 요한복음과 공관복음의 공통점이나 차이점은 요한복음이 공관복음을 자료로 사용했다는 가설을 지지하는 단서를 담고 있지 않다. 공관복음이 요한복음의 자료가 아니었다면, 요한복음이 공관복음과 다른 부분들 속에서 요한복음의 저자의 신학적 강조점을 읽을 수 있다. 요한복음의 신학은(우선적으로) 요한복음 자체 문맥에서 읽혀야 한다.

2006:51).[615]

내용 및 구조(참고. Du Rand, 1997:113; Brown, 1971:cxxxviii):

- 서론(1:1-51): 신학적 이야기[616]
- '표적의 책' (2:1-12:50): 예수님이 행하신 표적
    - 가나의 물을 포도주로 바꿈(2:1-11)
    - 가나의 신하의 아들을 고침(4:46-54)
    - 베데스다 연못가의 38년 된 병자를 고침(5:1-9)
    - 5천 명을 먹이심(6:1-14)
    - 물 위를 걸으심(6:16-21)
    - 눈먼 자를 치유하심(9:1-12)
    - 나사로를 살리심(11:1-46)
- '영광의 책' (13-20): 예수님의 고난과 새 언약 공동체의 준비[617]
    - 최후의 만찬(13)
    - 고별 설교(14-17)
    - 예수님의 수난과 부활(18-20)
- 결론(21)[618]

---

615) 요한복음의 제1차 독자들은 누구인가? 대다수 학자들은 요한 공동체를 요한복음의 1차 청중으로 본다. 하지만 요한복음의 부자연스러운 내용 전환(aporias, 예. 요한복음의 다른 부분과 비교할 때 요한복음 1장 1-18절의 상이한 문체; 요한복음 2-4장의 예수님이 유대로부터 갈릴리로 오시고, 다시 유대로 돌아가시고, 그 후 갈릴리로 다시 돌아오신 것이 어색함; 요 5-6장의 사마리아에서 갈릴리에서 예루살렘 그리고 갈릴리로 그 후 예루살렘으로의 이동이 어색함; 요 11:2의 마리아가 향유를 부은 사건의 시간)에 근거하여 요한공동체를 요한복음의 저자(최종 편집자)로 보는 이도 많다(예. Bultmann, Schnackenburg, Culpepper, Zumstein; contra Osborne, 2007:5). 요한 공동체는 사랑 받는 제자 요한 주위에 모여든 유대계 그리스도인과 헬라파 그리스도인으로 구성된 집단으로 추정되며, 이 두 집단 사이에 특별히 기독론에 관해 부조화가 발생한 것으로 보인다(참고. "서로 사랑하라", 요 15:12; "하나 되라", 요 17:11, 21-23; 보라. 스몰리, 1996:226-227). 요한복음의 증거로부터 볼 때 그들(특별히 유대인 출신 그리스도인)은 유대인의 회당에서 적어도 지역적 차원 혹은 간헐적으로 출교를 경험했을 것이다 (요 9:22, 12:42, 16:2, 참고. 카이저, 2006:52-53). 그리고 불트만(그는 요한복음의 원천 자료로 '표적 자료, 담화 자료, 수난 자료'를 제시함)과 케제만에 의해서 제기된 요한복음의 영지주의적 배경에 대한 반박을 위해서는 스몰리(1996:79-85)를 보라. 하지만 스몰리(1996:182-184)가 제시하는 요한복음의 기원 즉 편찬의 세 단계는 가설에 불과하다.

616) 요한복음 1장 전체가 아니라, 요한복음 1장 1-18절을 서론(prologue)로 보는 것이 무리인 이유는, 이 단락 안에 요한복음에서 중요한 예수님의 호칭들(그리스도, 그 선지자, 내 뒤에 오시는 이, 성령으로 세례를 주는 이, 랍비, 메시아, 이스라엘의 임금, 인자 등)이 거의 등장하지 않기 때문이다(참고. 조석민, 2008:71).

617) '표적의 책'(the book of signs)이 그리스도의 인격과 사역을 흑백판으로 보여준다면, '영광의 책'(the book of glory)은 컬러판으로 보여준다.

☙ 요한복음 1장 ❧

1. 본문 및 구조

- 서문: 성육하신 말씀(1-18)
- 세례 요한의 정체성(19-28)
- 세례 요한이 예수님을 메시아로 선포함(29-34)
- 첫 제자들이 예수님을 좇음(35-51)

2. 구원 계시사적 메시지

2.1. 요한복음 1장 1-18절의 메시지

요한복음 1장(구체적으로는 1:1-18)은 요한복음 전체의 '서론'이다. 사도 요한은 요한복음 1장에서 태초에 하나님과 함께 계신 그 말씀(*ho logos*)은 세상을 창조하신 하나님이시라고 밝힌다. 이 말씀은 또한 하나님이 스스로 자신을 밝히 드러내는 수단이며 구원의 수단이기도 하다. 요한복음 1장의 로고스는 헬라 철학적인 개념이라기보다는,[619] 구약에서 볼 수 있는 개념이다. 하나님께서 태초에 창조하실 때 말씀으로 역사하셨고, 하나님의 뜻을 밝히는 구약 율법도 하나님의 말씀이며, 이스라엘에게 구원을 말씀으로 약속하시고 시행하셨다. 이 영원한 하나님의 말씀이신 예수님이 성육신하셔서 구원의 사역을 이루신 것을 요한복음 2-21장에서 이룬다. 요한복음 1장 1절과 2절에 "로고스 예수님이 성부 하나님과 함께 계셨다"라고 말씀할 때, 전치사 *pros*가 사용된다. 이것은 로고스가 하나님과 친밀한 관계를 가지고 계심을 암시한다(참고. 조석민, 2008:56).

---

618) Van der Watt(2007:12)는 다음과 같이 요한복음의 구조를 파악한다.
서론(1:1-18)
예수님의 세상을 향한 사역(1:19-12:50)
예수님의 제자를 향한 사역(13-17장)
예수님의 죽으심, 부활, 나타나심(18-20장)
결론(21)

619) 헬라 철학자들은 이성의 원리 또는 우주에 내재되어 있는 질서, 물질적인 세계에 형식을 부여하는 어떤 것 그리고 사람 속에 있는 합리적인 영혼을 구성하는 원리 등을 지시할 때 '로고스'라는 용어를 사용했다. 요한복음의 독자들은 헬라 세계에 살고 있는 유대인들(이방인들도 부분적으로 포함)이었다. 따라서 저자는 당연히 헬라 사상에 익숙한 사람들을 위한 용어를 사용했을 수 있다. 이는 요한복음 전체에 널리 퍼져 있는 헬라적 언어들과 이원론적 개념들을 통해서도 암시된다. 결국 요한은 유대적 배경의 독자들과 헬라적 배경의 독자들 모두를 염두에 둔 복음서를 기록했을 것이다. 따라서 헬라 철학에서의 로고스의 용례 때문에 헬라 세계에 살고 있던 사람들에게는 이 용어가 예수님에 대한 바른 이해에 이르게 하는 가교 구실을 했다고 볼 수 있다(www.kosebi.org의 신약 강의실 황원하 목사의 요한복음 강의 참조). 그러나 헬라의 로고스 개념은 '원리'이지 '인격'이 아니기에 요한이 헬라 개념을 확실하게 사용했다고 단정 지을 수 없다(참고. Kanagaraj, 2005:38).

‘로고스’를 예수님의 칭호로 적용한 예는 성경에서 요한복음 서론인 요한복음 1장 1-18절에만 나타난다(참고. 계 19:13). 이 구절에서 요한은 예수님이 하나님의 계시를 전달하신 것뿐만 아니라, 예수님의 인격이 곧 계시라고 표현한다. 그리고 예수님은 하나님의 영원한 지혜의 으뜸이 되신다(참고. 칼빈, 1993:22). 창세기에서 말씀으로 천지를 창조하신 하나님은 이제 로고스의 성육을 통해 재창조(인류의 회복)의 사역을 이루신다(3절; 참고. 롬 11:36). 사도 요한이 로고스를 예수님과 동일시한 목적은 무엇인가? 첫째, 로고스가 하나님과 구별되어 독립하여 존재하는 것같이 생각하는 오류를 시정하는 것, 둘째, 하나님과 로고스 사이에 아무런 구별이 없다는 생각이 잘못되었음을 시정하려는 것, 즉 하나님과 로고스가 두 가지 다른 존재가 아니며, 동시에 하나님과 로고스는 동일하지도 않다. 이것은 신비이다. 로고스는 이방 철학에서 흔히 나타나는 어떤 형이상학적 원리나 추상적인 존재가 아니다. 태초에 선재하신 예수님은 말씀으로써 이제 하나님의 구원 사역을 이루시려 실제적인 인격을 입으신다(*dabar Yahweh*, 참고. 잠 8:22-31; 보라. 홍창표, 1993:191-215).

말씀이신 예수님은 이 세상에 오셔서 참 구원에 이르도록 하는 빛이시다(4절; 참고. 9:35-41). 빛 되신 예수님이 어둠에 비취었지만 어둠은 깨닫지 못했다(5절). ‘깨닫지 못했다’(*kataleben*, 계속적 아오리스트 능동태 직설법 3인칭 단수)는 ‘이기지 못했다’라고도 번역할 수 있다. 어둠은 빛을 깨닫지도 이기지도 못한다(참고. Rogers & Rogers, 1998:176). 세례 요한은 그 빛은 아니지만 이 땅에 빛 되신 예수님을 증거하러 왔다(6-8절). 참 빛이신 예수님은 각 사람(유대인과 이방인)에게 비추신다(9절). 요한의 사역을 통해서 사람들이 창조자이신 예수님을 믿어야 했다(10절). 11절에 보면, 예수님이 자기 땅에 오매 자기 백성이 영접하지 아니했다고 한다. ‘자기 백성’은 일차적으로는 유대인을, 이차적으로는 온 세상 사람을 가리킨다(참고. 칼빈, 1993:34). 그러나 12절에, 영접하는 자 곧 그분의 이름을 믿는 자들에게는 하나님의 자녀(*tekna*, 요한복음에서 예수님에게만 *hyos*가 사용됨)가 되는 권세(‘power’라기보다는 ‘right’ 혹은 ‘authority’; 반[semi] 법률적 용어)를 주신다(참고. Brown, 1971:11). ‘자녀’라는 말은 언약적 개념이다(참고. 출 19:5). 구약의 이스라엘이 언약의 자녀였듯이, 예수님을 구주로 영접하는 자가 언약의 자녀이며 새 이스라엘이다.[620] 하나님의 자녀는 혈통으로는 불가능하고, 오직 하나님께로서 난 자들이다(13절). 요한은 영적으로 새로운 출생을 통해서 구원론을 전개한다. 요한은 요한복음의 구원론을 ‘하나님의 가족 은유’로 설명한다(참고. Van der Watt, 2007:51).

말씀이 육신이 되어 우리(일차적으로 요한과 독자들) 가운데 장막을 치고 거하시는데(*eskenosen*, tabernacled), 아버지 하나님의 외아들(monogenous)의 영광이요 은혜와 진리가 충만하다 (14절). 예수님은 하나님의 아들로서 천사보다 더 뛰어나시다(참고. 히 1장). 예수님 안에 하나님의 신성이 충만히 거하신다. 예수님의 인격의 통일성이 그분의 성품을 유지해 줌으로,

620) 브라운(Brown, 1971:19)은 요한복음 1장 11절을 ‘표적의 책’의 요약적 서론으로(갈릴리와 예루살렘 등에서 표적으로 행하셨으나 믿지 않은 백성이 있었음), 12절을 ‘영광의 책’의 요약적 서론으로(예수님이 자신을 영접하는 자를 위해서 성부에게로 가서 생명을 주고 자녀로 만드심) 본다.

신성은 신성대로, 인성은 인성대로 유지되었다(참고. 칼빈, 1993:40). 세례 요한은 예수님을 증거했는데 "내 뒤에 오시는 이가 나보다 앞선 것은 나보다 먼저 계심이니라 한 것이 이 사람을 가리킴이라"고 고백한다(15절). 선재하신 그리스도는 요한보다 훨씬 더 높으신 분이다. 예수님의 충만(*pleroma*)한 데서 받았으니 은혜 위에 은혜이다(16절; 참고. 골 2:9-10). 예수님은 고갈됨 없이 모든 성도에게 부요하시다. 그분은 우리의 의와 능력과 은혜의 원천이시다. 모세의 율법과는 달리 은혜와 진리(즉 실체)는[621] 율법을 성취하신 예수님께서 주신 것이다(17절). 이제 우리는 그림자인 율법이 아니라, 은혜와 진리가 충만하신 하나님을 통하여 하나님을 본다. 이것이 복음이다. 우리가 성부를 계시하시는 '독생하신 하나님'(*monogenes theos*, 파피루스 66, 시내 산, B 사본 등; 참고. A와 다수 사본은 '독생하신 아들')을 통하여 하나님을 알고 믿을 수 있게 된 것이 복된 소식이다(18절).[622] 하나님의 참 형상은 그리스도를 통하여 알 수 있다.

2.2. 요한복음 1장 19-28절의 메시지

유대인들이 예루살렘에서 '그(세례 요한)에게'(*pros auton*, 참고. 다수 사본은 생략함) 제사장들과 레위인들을 보내어 정체성에 대해 묻는다(19절). 요한복음에서 '유대인들'(*hoi Ioudaioi*)은 '이스라엘'과는 달리 불신 유대인들을 가리키는데, 바로 예수님을 대적했던 사람들이다(참고. 바레트, 1984:264). 실제로 요한은 많은 사람에게 세례를 베풀었고, 신구약 중간기를 뚫고 등장한 사람으로서 유대인이 대망하던 바로 그 메시아가 아닐까라는 추측을 낳게 했다(참고. 눅 3:15). 요한은 공개적으로 자신은 그리스도가 아니라고 말한다(20절). 요한의 대답에서 알 수 있는 것은 군중이 메시아를 대망하고 있었다는 사실이다. 하지만 요한복음 1장 7절이 밝히듯이, 세례 요한은 메시아를 증거하는 사람일 뿐이다. 제사장들과 레위인들이 요한에게 엘리야(참고. 말 3:1, 4:5-6; 눅 1:17) 혹은 신명기 18장 15절에 예언된 바로 그 종말론적 선지자인지 묻는다. 비록 요한이 엘리야의 심령을 가지고 유사한 사역을 했음에도 불구하고 명시적으로 동일시할 수 없다. 요한의 답은 역시 '아니오'이다(21절). 그렇다고 요한이 단지 한 명의 순회 선지자였던 것은 아니다. 그들은 요한에게 정체성에 대해 답하라고 재차 강요한다(22절). 요한은 이사야 선지자의 말(참고. 사 40:3)과 같이 주의 길을 곧게 하라고 광야에서 외치는 자의 소리라고 답한다(23절).[623] 요한은

---

621) 칼빈(1993:41)은 14절의 '은혜와 진리'를 '참된 은혜'로 이해한다.

622) 요한복음 서문(1:1-18)에 나타난 주제 가운데 요한복음 전체에 나타나는 것은 다음과 같다. (1) 하나님의 아들의 선재성(1:1, 1:30, 8:58, 17:5), (2) 성자께서 세상의 빛(1:4, 9, 3:19, 8:12, 9:5)과 생명 되심(1:4, 4:14, 6:35, 14:6), (3) 예수님을 증거하는 세례 요한(1:6, 15, 1:19-34, 3:25-30), (4) 성부께서 독생자를 세상 구원을 위해 내어주심(1:10, 14, 3:16, 6:51), (5) 세상에 성자의 영광이 나타나기도 하지만(1:14, 2:11, 12:23, 17:24) 유대 종교 지도자들은 믿지 않음(1:11, 12:41, 16:8-11). 하지만 믿고 영접하는 자들이 있음(1:12, 6:67-69, 12:31-32, 17:6-19). (6) 성자께서 성부를 보여주심(1:18, 3:31-34, 6:46, 14:7-10; 참고. Carson, 1991:111). 참고로 라이트(Wright, 2005)는 요한복음 2장 이후로는 예수님이 '말씀'으로 언급되지 않지만, 계속해서 반영되어 있다고 본다. 이것은 어려운 말씀이다(6:60). 이 말씀은 무엇인가(7:36). 내 말이 너희 안에 있을 곳이 없다(8:37), 내가 한 말이 마지막 날에 그들의 심판자가 되리라(12:48), 빌라도가 이 말을 듣자 더욱 두려워하며(19:8).

623) 이사야는 구약 교회의 폐허 상태를 '광야'로 표현한다. 그러므로 예수님은 교회의 포로 생활을 청산하러

이사야 40장의 문맥을 충분히 알고 있었다. 그 문맥은 출바벨론 시에 이스라엘이 가나안으로 귀환하는 길과 관련 있는데, 이제는 예수님 안에서 더 큰 구원이 발생할 것이다(참고. Carson, 1991:144).

마찬가지로 성도의 정체성은 그리스도와 관계되어서만 정립된다. 바리새인이 보낸 사람들도 요한에게 묻는다. "그리스도도 아니요 엘리야도 아니요 그 선지자도 아니라면 어찌 세례를 주는가?"(25절) 이방인이 유대교로 개종할 때 세례를 받았는데, 오히려 요한은 유대인들에게 세례를 받으라고 말한다. 따라서 요한이 어떤 이유로 세례를 주는지 질문한다. 요한 자신은 물로 세례를 주지만, 요한은 질문의 공세를 퍼붓는 사람들 가운데 계시는 한 분 즉 요한 당시의 유대인들이 잘 알아보지 못했던 분이며 요한 자신의 뒤에 오시는 분의 신들메(the thongs)를 풀기도 감당치 못하겠다고 말한다(26-27절). 이 일은 요단강 건너편 베다니에서 된 일이다(28절). 이 베다니(뜻: '순종의 집')는 요단 서편의 나사로의 고향 베다니와는 다른 장소이다. 어떤 사본에서는 '베다바라'(Bethabara, 뜻: '준비의 집')로 나타나는데, 이것은 예루살렘 근처의 베다니와 혼동을 피하기 위해서이다.

2.3. 요한복음 1장 29-34절의 메시지

'이튿날'은 요한이 예수님에게 세례를 베푼 다음 날로 보인다(참고. Brown, 1966:55). 요한이 예수님을 향해서 "보라. 세상 죄를 지고 가는 하나님의(하나님에 의해 제공된) 어린양이로다"라고 말한다(29절). 이 고백은 유월절 어린양(출 12장)과 속건제를 위해 바쳐진 어린양(참고. 레 14:12)을 연상시킨다(참고. 사 53:7). 대속의 사역을 위해서 예수님은 우리 대신에 세상 죄를[624] 용서하시기 위해 지고 가셨고(*ho airon*) 결국 제거하셨다(take away, 참고. 삼상 15:25, 25:28; 사 53:4-9; 벧전 2:24; 보라. Köstenberger, 1999:70). 예수님이 요한보다 더 앞에 계셨는데, 선재하신 그리스도이시기 때문이다(30절; 참고. 요 1:15). 세례 요한이 예수님과 어릴 적부터 친척 관계로 알고 지냈지만, 주님을 메시아로 인격적으로 고백하면서 안 것은 세례를 베푸는 시점이 되어서였을 것이다. 이제 요한은 예수님에게 세례를 베풂으로써 주님을 이스라엘에게 나타내려고 한다(31절). '이스라엘' 즉 구원의 백성에게 예수님은 구주로 계시될 것이다. 세례 시에 예수님 위에 성령이 비둘기같이 임한 것을 요한이 증거한다(32절; 참고. 마 3:16). 성부께서 요한에게 물로 세례를 줄 때 성령이 내려서 그 위에 머무는 자가 바로 성령으로 세례를 주실 분임을 알라고 말씀하셨다(33절; 참고. 사 61:1). 예수님은 오순절에 성령을 보내 주셨을 뿐 아니라, 공사역 전체가 성령에 의한 사역이었다. 죄 씻음을 상징하는 물세례를 베푼 세례 요한과는 달리, 예수님은 성령의 세례를 베푸셔서 죄를 사하시고 영생을 나누어 주신다. 요한이 예수님 위에 성령이 임하는 것을 보고는 하나님의 아들이심을 증거했다(34절). '증거하다'(*memartyreka*)가 완료형으로 나타나서 요한이 계속해서 예수님이 하나님 아들이심을 증거했음을 의미한다. 이 단락의 세례 요한의 입에서 요한복음의 기독론

오셨다. 그것은 영적 출바벨론이며, 출 사망, 출 사탄, 출 죄악이다.

624) '죄'가 단수로 나타나는데, 이것은 여러 종류의 죄악 된 '행동들'을 가리키기보다는, 죄악 된 '상태'를 가리킨다(참고. Brown, 1966:56).

의 핵심이 계시된다. 예수님은 하나님의 어린양이시며(29절), 선재하신 분이시며(30절), 성령의 담지자(bearer)이시다(32-34절).

2.4. 요한복음 1장 35–51절의 메시지

요한이 자기 제자 두 사람과 함께 섰다가, 예수님이 다니시는 것을 보고 "보라. 하나님의 어린양이로다"라고 말하니, 그 두 제자가 예수님을 좇았다(35-37절). 예수님이 그 두 제자를 보시고 무엇을 구하는지 물으시니, "랍비여, 어디에 머무십니까?"라고 묻는다(38절). 주님은 "와 보라"라고 말씀하셨고, 그들이 와서 보고는 그날 함께 거했는데 10시쯤(즉 로마 시간으로 오전 10시쯤) 되었다(39절; 참고. 조석민, 2008:32).[625] 그중 한 명은 안드레이다(40절). 안드레는 '먼저'(*proton*, 참고. 바른 성경은 번역하지 않음) 자기 형제 베드로에게 가서 메시아를 만났다고 말한다(41절).[626] 안드레가 예수님에게 베드로를 데리고 오니, 주님은 '요한(참고. A와 다수 사본은 '요나'[*Iona*])의 아들 시몬' 베드로에게 '게바'(반석)라는 이름을 주신다(42절). 그 다음날 예수님이 갈릴리로 가시려다가 빌립을 만나사 "나를 좇으라"고 말씀하신다(43절). 빌립은 안드레와 베드로와 더불어 벳새다 출신이다(44절). 빌립이 가나 출신 나다나엘(바돌로매, 참고. 마 10:3; 막 3:18; 요 21:2)을 만나서 율법(참고. 신 18:15-18)과 선지서에서 예언된 그분을 만났는데 바로 목수 요셉의 아들 나사렛 예수라고 말한다(45절). 나다나엘은 "나사렛에서 무슨 선한 것이 나올 수 있는가?"라고 말하지만(참고. 미 5:2), 빌립은 "와 보라"고 말한다(46절).

실제로 구약에서는 '나사렛'이 한 번도 언급된 적이 없다. 예수님은 나다나엘을 향해서 "이는 참 이스라엘 사람이라 그 속에 간사(*dolos*)한 것이 없도다"라고 말씀하신다(47절). 예수님은 나다나엘이 무화과나무 아래 있을 때(즉 성경을 묵상하고 있었을 때)부터 보고 알고 계셨다(48절). 나다나엘은 예수님을 향해서 "랍비여, 당신은 하나님의 아들이시요(참고. 시 2:6-7), 이스라엘의 임금이로소이다"라고 말한다(49절). 장차 나다나엘은 더 큰 일들(증성

---

625) 요한복음의 시간적 언급은 요한복음 1장 39절(10시쯤, approximately the tenth hour), 4장 6절(6시쯤), 4장 52절(7시) 그리고 19장 14절(제 6시쯤)에 나온다. R.E. Brown, R. Schnackenburg, C.K. Barrett, G.R. Beasley-Murray, E. Haenchen, L. Morris, B. Lindars, D.A. Carson, B. Witherington, A.J. Kostenberger, G. Osborne, C.S. Keener 등 다수 학자들이 유대인의 시간으로 보는 반면, 로마인의 시간으로 보는 이는 B.F. Westcott, N. Walker, R.V.G. Tasker, W. Hendriksen, R.A. Culpepper, J. Van Bruggen, P.H.R. Van Houwelingen, 조석민 등이다. 요한복음 11장 9절의 '낮이 열두 시간'이라는 말은 유대인 예수님이 유대 제자들에게 말한 것이기에 유대인의 시간 개념으로 볼 수 있으나, 반대로 에베소에 있던 것으로 추정되는 요한복음의 1차 독자들을 고려한 로마 시간일 가능성도 있다. 요한복음이 기록될 무렵 로마식 시간법이 유대와 로마 제국 전체에 적용되고 있었다. 유대인과 로마인들은 모두 낮을 12시간으로 보았다. 요한복음의 독자들은 유대인의 관습을 잘 이해하지 못한 흔적이 발견된다. 그래서 요한은 유대 관습을 설명할 때 그것이 구체적으로 유대인의 것임을 밝히는 등 자세히 설명하고 있다(요 2:6, 13, 4:9, 6:4, 7:2, 10:22, 11:15, 18:25; 자세한 것은 조석민, 2008:18-19, 25-28을 보라). 참고로 바른 성경은 요한복음의 시간이 등장하는 구절마다 각주에서 '로마 시간'이라고 밝힌다.

626) 41절의 "메시아는 그리스도로 번역된다"를 NIV, 바른 성경 그리고 개역개정판은 괄호로 처리하지만, UBS 4판은 괄호로 처리하지 않는다. 38절의 "랍비는 번역하면 선생이라", 42절의 "게바는 베드로로 번역된다"도 마찬가지이다.

복수 대격)을 볼 것인데(50절), 그것은 하늘이 열리고 하나님의 사자들이 하늘 영광을 가지고 계신 인자(참고. 단 7:13) 위에 오르락내리락하는 것이다(51절; 참고. 창 28:12; 보라. Morris, 1984:173).[627]

벧엘에서 야곱이 본 사다리를 연상시키는 이 본문은 하늘과 땅을 연결하시는 중보자이신 예수님의 사역을 나다나엘이 제자가 될 때 깨달을 것이라는 의미이다. 예수님은 하늘(하나님)과 땅(사람)이 만나는 장소이다. 그러므로 성도의 벧엘이신 예수님 안에서(참고. 창 28:12-19; 보라. Burge, 2000:79), 하늘의 실체가 이 땅에 구현되고 천상의 예배가 이루어진다(참고. Witherington, 1995:72; Morris, 1984:171). "하늘이 열리다"는 말은 하나님이 계시하실 것을 의미한다. 요한은 인자 위에 오르락내리락하는 천사들을 더 이상 언급하지 않기에, 이것은 천상의 환상에 관한 계시 약속이 아니라, 예수님 안에서 계시되는 하나님의 영광에 관한 것이다(참고. Bultmann, 1971:106). 51절에서 주님은 '진실로 진실로'(*amen amen*)를 두 번 사용하심으로써 이 말씀이 반드시 이루어져야 할 중요한 것임을 강조하신다. 신약에서 '진실로 진실로'는 요한복음에만 등장하는데 무려 25회에 이른다. 구약에서는 다른 사람(a second party)이 주어진 진술의 진실성을 확증할 때 아멘이 사용되었지만, 예수님은 자신의 말씀을 무게 있고 권위 있는 방식으로 소개할 때 아멘을 사용하신다(참고. Köstenberg, 1999:82).[628]

3. 오늘에의 적용

말씀이 우리 삶에 성육신되고 있는가?
우리는 '와 보라'고 전도하는가?

---

627) 박창영(2010:80)은 요한복음 1장의 창조와 창세기 1장의 창조 사이의 병행을 다음과 같이 소개한다.
제 1일: 빛 창조(창 1:3-5)　세상의 빛이신 예수님(요 1:4-28)
제 2일: 하늘 창조(창 1:6-8)　하늘로부터 증언된 예수님(요 1:29-34)
제 3일: 땅 창조(창 1:9-13)　지상 생애를 시작하신 예수님(요 1:35-42)
제 4일: 빛 창조(창 1:14-19)　빛의 자녀 및 전령사로 제자들을 부르신 예수님(요 1:43-51)
그리고 요한복음의 7개의 *ego eimi*와 모세 사이의 연관성에 주목해 보라(참고. 박창영, 2010:82).
나는 생명의 떡이다(요 7:35)　광야의 만나(출 16:15-35)
나는 세상의 빛이다(8:12)　창조의 빛(창 1:3-5)
나는 양의 문이다(10:7)　양의 목자인 모세(출 3:1)
나는 선한 목자이다(10:11-14)　이스라엘의 목자인 모세(출 32:34)
나는 부활이요 생명이다(11:25)　하나님은 이스라엘의 생명(신 30:20)
나는 길, 진리, 생명이다(14:6)　광야에서 이스라엘의 길(신 1:31-33)
나는 참 포도나무이다(15:1)　예수님의 지파에 대한 언급(창 49:8-11)
비록 이상의 예수님과 모세와의 관련성이 흥미롭지만, 일부는 정확하게 병행을 보이지 않는다.

628) 레이하르트(Leithart, 2009:171)는 요한복음이 구약의 '성전 구조'를 반영한다고 본다. 요한복음 1장의 세상 죄를 지고 가는 어린양은 번제 단, 요한복음 2-4장의 물 주제는 물두멍, 요한복음 4-7장의 5천 명을 먹이심은 떡 상, 요한복음 8-13장의 빛 주제는 촛대, 요한복음 14-17장의 고별 강화에 묘사된 대제사장 예수님의 기도는 향단, 요한복음 19-20장의 빈 무덤은 새 지성소, 예수님은 새 법궤, 그리고 빈 무덤에 처음으로 들어간 베드로는 대제사장과 연관된다.

우리는 하늘과 땅의 중보자이신 예수님처럼 하늘을 맛보고 있는가?

요한복음 2장

1. 본문 및 구조

- 물을 포도주로 변화시키심(1-12)
- 성전 청결 사건(13-22)
- 유월절에 예루살렘에 계신 예수님(23-25)

2. 구원 계시사적 메시지

2.1. 요한복음 2장 1–12절의 메시지

예수님이 세례를 받은 후 3일이 지났을 때(1절),[629] 이 단락에서 첫 번째 표적이 등장한다. 예수님은 유대 지방에서 가나까지 긴 여행을 하셨다. 비정경적 전승에 의하면 혼인 잔치의 신랑 이름은 '요한'이다(참고. Osborne, 2007:43). 그 당시 문화에 의하면 신랑이 혼인 잔치 경비를 부담해야 했다. 나사렛 북쪽 14km에 위치한 가나(참고. 나다나엘의 고향, 21:2)의 혼인 잔치에서 포도주가 모자랐을 때, 마리아가 예수님에게 없다고 말한다(2-3절).[630] 이 잔치의 주인은 큰 부자가 아니었던 것 같다. 그럼에도 예수님과 제자들 서너 명을 같이 초청했다. 1세기에 부자보다 오히려 가난한 자들이 초청하는 범위가 더 컸다. 따라서 가난한 자들은 호화롭고 사치스럽게 손님들을 대접하지 못해서 부끄러움을 당한다 해도 이를 염려하지 않았다(참고. 칼빈, 1993:73).

하지만 주인이 손님에게 포도주를 제공하지 못하는 것은 수치였고, 그 이유로 신부 가족은 신랑 가족을 고발할 수도 있었다. 마리아는 포도주가 떨어진 것을 누구보다 먼저 알고 있었기에, 이 결혼식의 여자 주인 역할을 했던 것으로 보인다.[631] 예수님 당시의 잔치는 동네 잔치였기에

---

629) 아니면 결혼식이 진행된 지 3일째 되던 날로도 볼 수 있다. 암시적으로 '3일'에서 부활 주제를 엿볼 수 있다. 레이하르트(2010:308-309)는 요한복음 1장 19절이 1일, 29절이 2일, 35절이 3일, 43절이 4일, 그리고 3일 후(즉 7일)에 가나 혼인 잔치가 열렸다고 봄으로써, 예수님이 안식일에 첫 번째 표적을 행했다고 본다. 따라서 유대인의 결례와 정결을 상징하는 물은 안식을 주지 못한다고 본다.

630) 3절에서 두 개의 라틴어 역본에는 "초대 받은 사람들의 큰 무리로 인해 포도주가 동나는 일이 벌어졌다"라고 쓴다. '야고보의 최초 복음'(*Protoevangelium* of James 9:2)은 요셉이 마리아와 결혼했을 때 이미 늙었다고 본다. 이것이 옳다면 마리아는 일찍부터 예수님에게 경제적으로 의존했을 수 있고, 예수님에게 포도주가 떨어졌다고 말한 것은 어색하지 않다(참고. Osborne, 2007:43).

포도주가 떨어진 것은 잔치를 배설한 사람에게 큰 수치가 되었다. 예수님 당시에 물 항아리는 한 가정에 1개 정도밖에 없었기에 5개는 빌려왔다(참고. Malina & Rohrbaugh, 1998:69). 예수님은 마리아에게 "여자여(*gynai*, 'dear woman', NLT) 나와 무슨 상관이 있나이까? 내 때가 아직 이르지 못하였나이다"라고 답하신다(4절; 참고. 왕하 3:13; 대하 35:21). 예수님의 때(*hora*)는 메시아로서 죽으심으로 영광을 받으실 때를 의미한다(요 12:23, 27, 13:1, 16:32, 17:1; 참고. 마 26:18, 45; 막 14:41). 그러므로 포도주는 예수님이 십자가에서 흘린 피를 내다본다.

예수님의 명령대로 유대인의 결례를 따라 준비된 돌 항아리 여섯에다가 아구까지 차도록 물을 채우니 포도주로 변화되었다(6-9절). 항아리 하나는 약 100L 용량이다. 따라서 약 150명이 마실 수 있는 분량이다(참고. 칼빈, 1993:76). 아구까지 물을 부었기에 다른 첨가물이 들어갈 수 없었고, 이것은 동시에 메시아 시대의 복의 풍성함을 상징한다(참고. Osborne, 2007:45).[632] 연회장이 신랑에게 좋은 포도주를 먼저 내고 낮은 것(덜 좋은 것)은 나중에 내는 것이 보통인데, 반대라고 말한다(10절).[633] 이 표적(*semeion*)을 통해서 예수님은 자신의 메시아적 영광을 나타내셨고 제자들은 주님을 믿었다(11절).[634] 예수님이 드러내신 영광은 메시아로서의 신적 계시를 가리킨다(참고. 요 20:31). 첫 표적을 통해서 예수님은 유대교에서 기독교로의 전환을 알리신다. 이사야 25장 6-8절에 의하면 메시아 시대의 특징 중 하나가 포도주를 마시는 것이다(contra 욜 1:10-12). 그러므로 물로 상징되는 구약의 결례가 이제 그리스도의 구원 사역으로 인해 새로운 언약의 시대가 개시될 것을 의미한다. 특히 상징적으로 항아리 여섯 개 역시 유대주의의 불완전을 상징한다(contra Morris, 1984:183).

이 표적은 궁극적으로 어린양의 혼인 잔치를 내다본다. 종말론적인 신랑이신 예수님은 풍성한 복과 만족을 신부인 교회에게 주신다.[635] 첫 번째 표적을 행하신 후 주님은 마리아와 남동생들과

---

631) 요한복음 6장 42절에 근거해 볼 때 목수 요셉이 첫 번째 표적이 발생했을 때 생존했을 가능성이 있다. 단지 그의 이름이 언급되지 않았을 뿐일 것이다(참고. Morris, 1984:178).

632) 손석태(2009:92-99)는 이런 해석을 알레고리로 본다. 대신 첫 표적의 의미는 (1) 예수님은 물을 포도주로 바꾸는 신적 능력을 소유하고 계심, (2) 예수님은 새 이스라엘의 신랑이심, (3) 예수님 자신이 바로 구약의 이스라엘의 신랑이신 여호와 하나님이심을 보여준다고 주장한다. 손석태는 첫 표적부터 예수님 자신이 하나님이심을 명백히 말씀하거나 드러내면 앞으로의 사역에 제약을 받았을 것이기에, 암시적인 방식을 취했다고 본다. 하지만 그의 주장은 성경 신학적 주제와 성경 상징주의를 알레고리와 혼동한 것으로 볼 수 있다.

633) 적어도 헬라의 연회에서는 여흥의 사회를 보고 포도주의 희석 수준을 조정하도록 손님들이 연회장을 뽑았다. 보통 포도주 1에 물 2-3을 희석했다. 때로 헬라의 잔치에서는 덜 희석시키거나 독초를 더함으로써 사람들이 술에 취하도록 유도했다(참고. 존 월튼, 2010:1513).

634) '표적'이라는 말이 요한복음에 약 18회 등장하는데, 어떤 것을 알리기 위한 특별한 표시 혹은 암시로, 그 기적 사건 자체가 목적이 아니라 그 기적을 통하여 암시하고 지시하는 어떤 것에 더 큰 비중을 두는 것이다. 그것은 곧 예수님의 정체성이다.

635) 포도 혹은 포도주와 관련된 구약의 메시아 본문은 창세기 49장 11-12절, 이사야 25장 6-8절, 65장 21, 미가 4장 1-5절, 스가랴 3장 10절 등이다. 위의 본문들을 종합해 보면, 종말의 메시아이신 예수님이 초림하셔서 펼쳐질 천국은 풍요롭고 잔치의 특성을 가지고 있다는 사실이다. 따라서 위의 구약 본문은 예수님의 재림 이후의 잔치를 묘사하는 것으로 보기 어렵다(pace 한정건, 2010:7).

더불어 갈릴리 사역의 전초기지였던 가버나움으로 옮기신다(12절).

2.2. 요한복음 2장 13-22절의 메시지

감람산 강화를 통해서 성전파괴를 언급하지 않는 요한복음에서, 요한복음 2장을 통해서 참 성전이신 예수님의 죽으심과 그 죽음이 우리에게 미친 결과에 대해 살펴보자. 신약 4복음서 가운데 요한복음은 가장 예루살렘에 있던 성전을 중심으로 내용이 전개된다. 실제로 요한복음 1장의 사건들이 성전과 관련된다. 요한복음 1장 14절의 "말씀이(신 예수님이) 육신이 되어 우리 가운데 거하시매 우리가 그(분의) 영광을 보니 아버지의 독생자의 영광이요 은혜와 진리가 충만하더라"에서 '거하시매'(*eskenosen*)라는 말은 '장막을 치시매'라는 의미이다. 예수님께서 우리를 성전으로 삼아서 영광 가운데 거하신다는 말씀이다. 요한복음 1장의 마지막 구절인 51절에서도 "진실로 진실로 너희에게 이르노니 하늘이 열리고 하나님의 사자들이 인자 위에 오르락내리락하는 것을 보리라"고 말씀하신다. 야곱이 벧엘에서 꿈속에서 사닥다리를 본 것을 연상하시면서, 예수님은 스스로 새로운 벧엘(new Beth-El)이라고 말씀한다. '하나님의 집'이란 뜻의 벧엘을 통하여 '성전 주제'가 암시되어 있다. 이것을 성전 기독론(Temple Christology) 혹은 성막 기독론(Tabernacle Christology)으로 부를 수 있다(참고. Kinzer, 1998:447).

예수님이 죽으시기 얼마 전에 성전을 청결케 했다고 기록하는 공관복음과는 달리, 요한복음에는 예수님의 성전 청결(폐쇄) 사건이 앞부분에 기록되어 있다. 이것은 요한의 연대기적인 배열이라기보다는 신학적인 배열로 보인다. 요한복음 2장의 성전 청결은 공생애 초기에 유월절을 배경으로 한다. 성전 청결 사건은 예수님의 첫 번째 표적인 갈릴리 지역의 가나라는 마을에서 열린 혼인 잔치에서 물을 포도주로 만든 사건과 요한복음 3장의 니고데모와의 대화 사이에 위치한다. 가나 혼인 잔치는 신약 교회가 정기적으로 기념하는 성만찬을 상징한다. 반면에, 주님과 니고데모와의 대화는 성령으로 거듭나는 중생과 세례를 강조한다. '성찬과 세례'라는 하나님께서 교회에 주신 두 가지 주요 은혜의 방편들 사이에 본문의 성전 청결 사건이 위치한다. 이런 배열에는 요한의 특별한 의도가 깔려 있다. 그것은 무엇인가? 예수님은 참 성전으로서 그림자인 예루살렘 돌 성전의 기능을 성취하셨기 때문에, 교회 안에서 행하는 성찬과 세례 이 두 가지가 신약 교회에게 중요함을 강조하기 위한 것이다.

본문의 배경을 보자. 갈릴리 가나에 계셨던 예수님은 출애굽을 기념하는 유월절 축제에 맞추어 예루살렘으로 올라가셨다(참고. '유월절', 요 5:1, 6:4, 11:55). 이미 많은 사람들이 이스라엘 3대 명절 중 하나인 유월절을 지키기 위해 예루살렘에 와 있었다. 예루살렘 성전의 한 부분인 이방인을 위한 마당을 둘러보시던 주님은 그곳에서 양과 소와 비둘기를 파는 자 그리고 돈을 바꾸는 사람들을 보게 된다. 이스라엘 땅 밖에 흩어져 살던 디아스포라가 유월절 제물을 드리려면, 짐승을 수천 km나 끌고 올 수 없어서 성전의 바깥뜰에서 환전을 한 후 제물을 사야 했던 형편을 예수님은 잘 알고 계셨다. 그리고 로마 돈을 이스라엘 돈으로 환전을 해야만 성전세를 낼 수 있었던 것도 알고 계셨다. 로마 황제의 초상이 그려진 로마 돈은 성전세를 내기에 부적합한 것이었다. 하지만 주님은 채찍으로 짐승들을 내쫓으시고 환전하는 상들을 뒤엎으셨다.

이방인의 뜰은 폭이 300m, 길이가 450m나 되는 넓은 광장과도 같다. 그러므로 예수님께서 모든 환전상의 돈을 엎고 모든 짐승을 다 쫓아내신 것은 아니다. 일부를 그렇게 함으로써 무언가를 상징적으로 말씀하시려고 한 것이다. 여호와의 전에 대한 열심을 언급한 시편 69편 9절을 성취하신 예수님은 '내 아버지의 집'으로 장사하는 집을 만들지 말라고 경고하신다. 이런 과격한 주님의 행동을 보고 있던 예루살렘 성전 관계자들은 예수님께서 무슨 자격으로 이런 일을 할 수 있는지 권위의 문제를 제기하면서 표적을 보여 달라고 요청한다. 성전 관계자들은 성전 뜰에서 장사하는 사람들로부터 자릿세를 챙겼다. 그러므로 사실상 짐승을 파는 자들을 통해서 성전 관계자들이 잇속을 챙기고 있었던 것이다. 하나님께로 나아가는 통로가 되어야 할 성전 뜰이 이렇게 장사꾼들의 소굴로 전락한 것을 예수님은 용납할 수 없으셨던 것이다.[636]

주님은 "너희가 이 성전(*naos*)을 헐라 내가 삼 일 (동)안에 (다시) 일으키리라"고 말씀하신다. 유대인들은 "이 성전을 46년 동안에 걸쳐서 보수 공사했는데 어떻게 3일 만에 다시 건축한단 말인가?"라고 반문한다.[637] 하지만 예수님은 자신의 몸을 가리켜 성전이라고 불렀던 것이다. 이 후에 새로운 출애굽을 주시는 유월절 어린양이신 예수님은 유월절 축제 동안에 예루살렘에 머무시며 표적을 행하셨고 많은 사람들이 주님을 믿었다.

요한은 예수님을 '참 성전'이라고 밝힌다. 헤롯 대왕이 B.C. 18년경에 완공한 예루살렘 돌 성전(*naos*)과는 구별되는 예수님 자신의 육신 성전을 강조하셨다. 그림자인 구약 성전의 실체로서 참 성전이신 예수님은 그림자의 역할을 이제 완성하시며 깨끗이 청산하신다. 사무엘하 7장 12-13절, 이사야 53장 5절과 스가랴 6장 12-13절의 예언을 성취하신 참 성전이신 예수님이

---

636) 현대 가치로 환산하면, 디아스포라 400만 명, 그리고 팔레스타인의 거주민 80만 명 중 남자 20세 이상이 1인당 반 세겔씩(즉 2데나리온) 바친 1년 성전세는 약 600억 원 정도 되었을 것이다.

637) 예루살렘 성전은 46년 동안 건축되었는가? 요한복음 2장 20절의 한글 개역과 NIV 등은 46년 '동안' 건축되었다고 번역한다. 하지만 이것은 정당한 번역인가? 여기서 성전은 '히에론'이 아니라 '나오스' 이다. 요세푸스는 성전 구내(temple precincts)가 총독 알비누스(Albinus) 때(ca. A.D. 62-64)까지 완성되지 않았다고 전한다. 즉 요한복음 2장 20절이 말해질 때 성전 구내가 여전히 건축되고 있었다는 말이다. 그러나 이 주장에는 몇 가지 문제가 있다. 첫째로, 신약은 *hieron*과 *naos*를 대개 구분한다. *Hieron*은 성전 구내(temple precincts, 건축하기에 많은 시간이 소요될 정도로 거대한 성전 뜰을 포함하여)를 가리키고(요 2:14, 15, 5:14, 7:14, 28, 8:20, 59, 10:23, 11:56, 18:20), *naos*는 성전 자체를 가리킨다(요 2:19, 20, 21). 그렇다면 요한복음 2장 20절의 *oikodomeithei* (was built)는 성전(성소와 지성소)을 가리킨다. 약 9년의 공사를 거쳐서 성소·지성소는 B.C. 18년경에 완공되었다. 그러므로 이때로부터 46년 후는 A.D. 29-30년 즉 예수님의 공생애 기간과 일치한다. 참고로 성전 뜰을 포함하는 콤플렉스 전체(*hieron*)는 A.D. 66년경에 완공되었다. 둘째로, 46년이라는 시간을 가리키는 여격(*tesserakonta* [40, 중성 복수 여격] *kai heks* [6, 중성 복수 여격] *etesin* [years,중성 복수 여격]은 자연스럽게 시간의 한 점을 가리키지 전체 기간을 가리키지 않는다. 이것은 성전의 완공 날짜와 잘 맞아떨어진다. 즉 46년 전이라는 시점에 완공되었다(was built at a point in time forty-six years ago). 셋째로, 만약 46년 동안 건축되는 과정을 언급하는 것이라면 아오리스트보다는 미완료가 더 자연스럽다. 그러므로 이 아오리스트는 완성적 아오리스트로 보아야 자연스럽다. 예수님의 공생애 시작은 A.D. 28년경이다. 그러므로 죽으시고 승천하신 것은 A.D. 30년경이다. 헤롯 대왕이 B.C. 4년에 죽었으니, 예수님의 성육신은 B.C. 7년경이다. 그러므로 예수님의 공생애 시작 시 연령은 35세경이며, 37-38세 정도 이 땅에서 사신 것이 된다(참고. Carson, 1991:184; 존 월튼, 2010:1514).

죽으시고 3일 만에 다시 살아나실 것을 마태복음 12장 39절에서는 '요나의 표적'이라고 말씀한다. 예수님이 참 성전인 이유는 주님 안에 하나님의 영광과 임재가 가장 충만하게 거하기 때문이다(참고. 요 1:14). 그러므로 참 성전이신 예수님이 죽으시면 그림자인 예루살렘 성전은 더 이상 필요 없게 된다. 그래서 A.D. 70년에 예루살렘 성전이 돌 위에 돌 하나도 남김 없이 파멸된 것이다. 하지만 참 성전은 영원토록 파괴된 상태로 있을 수 없다. 반드시 다시 건축되고 부활해야만 한다. 왜냐하면 그리스도의 몸인 교회는 예수님 안에서 하나님의 은혜와 영광 그리고 임재하심을 경험할 수 있기 때문이다.

예수님은 사랑과 자비와 긍휼에 풍성하신 분이 아닌가? 좋은 말로 부드럽게 권면하고 타이를 수 있는 일을 주님은 왜 이런 과격한 행동인 '채찍'(*phragellion*, whip; 파피루스 66, 75는 예수님의 과격한 행동을 부드럽게 만들려고 '채찍 같은 것'[*hos phragellion*]으로 씀)으로 짐승들을 내쫓고(15절) 환전하는 상을 엎으시는가? 우리도 주님의 과격한 행동을 본받아 폭력을 휘두를 수 있는가? 주님은 양과 소와 비둘기 즉 구약 성전 제물을 성전에서 내쫓으심으로 죄인을 구원하기 위해 자신이 참되고 '영원한 유월절 제물'이심을 강조하신다. 비둘기나 짐승이 아니라 자신을 십자가 위에서 영원한 제물로 단번에 드려서 우리를 하나님과 화목하게 하실 것을 말씀한다. 그러므로 참 성전이요 참 제물 되신 주님이 죽으시고 부활하심으로써, 우리가 성찬과 세례를 통한 하나님의 은혜를 계속 누릴 수 있게 된 것이다. 그리고 우리를 성령의 전으로 삼으셨다. 세상 죄를 지고 가신 유월절 어린양이신 예수님의 죽음은 우리를 하나님과 화목하게 하셨고 하나님의 충만한 은혜와 진리를 경험하는 성전이 되도록 하셨다.

17절은 예수님을 대적했던 유대인들의 성전을 사모하는 왜곡된 열심에 대해 말한다. 그들은 성전을 통해서 이득을 추구한 성전 기생충과 같았다. 성전 뜰을 시장바닥으로 만들어 버렸다. 순례자들은 언제든지 예루살렘 성 밖의 감람산에서 희생 제물을 살 수 있었다. 성전 뜰조차도 시장으로 만든 유대인들은 하나님을 섬긴다고 하면서 실상은 종교를 자기의 유익을 위해 오용한 사람들이다. 그러므로 이들의 잘못된 열심이 예수님을 죽음으로 내몰았다. 스가랴 선지자는 구약 스가랴를 마치는 말씀(참고. 슥 14:21)에서 하나님의 나라에서는 더 이상 이러한 성전 기생충들(불신 가나안인 혹은 악덕상인[traffickers])이 발붙이지 못할 것이라고 예언한 적 있다. 이 예언을 예수님께서 성취하신 것이다.

지금은 계시사의 전진을 볼 때[638] 예루살렘 돌 성전의 기능이 다하고, 주님의 육신 성전을 지나, 성령을 모신 성도가 성령의 전으로 이 시대를 책임져야 하는 시대이다. 이미 주님 때문에 성전이 되었으나 계속 성전으로 지어져 가야 함을 명심해야 한다. 지금은 성령의 사람들을 통해 펼쳐지는 성령의 구속의 확장 시대이다. 우리의 정체성을 본문은 성령의 전이라고 말씀한다. 우리는 하나님의 성전이기에 하나님의 성령이 거하심으로 성령을 근심하게 말며 하나님의 거룩을 닮아 성령의 열매를 맺어야 한다(참고. 고전 3:16). 주 안에서 성전으로 지어져 간다는

---

638) 요한복음 2장 22절에 의하면, 예수님의 부활이라는 중요한 계시사적 전기를 경험한 후에야 제자들이 예수님이 참 성전으로 죽고 부활했음을 이해했다고 한다. 부활의 빛 속에서 보면 주님의 사역이 잘 이해된다.

말씀 속에 바울은 우리가 성령의 전답게 사는 것이 우리의 새로운 정체성이지만, 단번에 되는 것이 아닌 성령 안에서의 지속적인 훈련이 필요함을 강조한다(참고. 엡 2:21).[639]

2.3. 요한복음 2장 23-25절의 메시지

유월절에 예수님께서 예루살렘에 계시니, 많은 사람이 행하시는 표적을 보고 예수님의 이름을 믿었다(23절). 우리는 예수님이 행하신 표적들이 무엇인지 알 수 없지만, 아마도 유대인들은 기적을 행하는 자로만 믿었을 것이다. 예수님은 '자신을'(*autorr*; 참고. 다수 사본은 *heauton*으로 씀으로써 의미를 더 분명히 함) 무리에게 의탁하지(*pisteuo*) 않으셨는데, 그들을 알고 계셨기 때문이다(24절). 무리가 예수님을 메시아로 고백하지 않는 이상, 주님은 무리를 신뢰할 수 없었다. 사람의 속에 있는 것을 아시므로, 사람에 대해서 누구의 증거도 받으실 필요가 없으셨다(25절). 예수님은 자기 주위에 몰려든 사람들의 마음과 동기의 변덕스러움을 아셨던 것이다.

3. 오늘에의 적용

우리의 인생에서 물이 포도주로 바뀐 전환을 여전히 경험하는가?
메시아의 결혼 잔치를 여기서 누리자.
우리는 참 성전으로 지어져 가는가?
우리의 마음과 동기조차 아시는 주님을 경외하는가?

요한복음 3장

1. 본문 및 구조

- 니고데모와의 대화(1-21)
- 세례 요한과 예수님의 관계(22-36)

2. 구원 계시사적 메시지

---

639) 요한복음의 '성전'과 관련하여 더 참고할 책은 다음과 같다: 황창기, 《예수님, 교회 그리고 나》(성광문화사, 1988), p. 29-47. N.Q. Hamilton, Temple cleansing and temple bank. *Journal of Biblical Literature*, 83:365-72. 1964. M. Kinzer, Temple Christology in the Gospel of John. SBL paper. Part one. Atlanta : Scholars Press. p. 447-467. 1998. C. Roth, *The cleansing of the temple and Zachariah. Novum Testamentum*, 14(4):21:174-81. 1960.

2.1. 요한복음 3장 1-21절의 메시지

유대인의 관원이며 바리새인인 니고데모(뜻: 대중의 정복자)가 밤에 예수님을 찾아와서 '랍비'라고 부르면서, 주님이 하나님께로서 오신 선생이시며 하나님이 함께 하시기에 표적들을 행할 수 있다고 말한다(1-2절). 시간적인 배경인 '밤'은 니고데모가 동료 관원들을 의식했기 때문인 동시에, 그의 영적인 상태를 반영한다. 예수님을 향해서 랍비 혹은 선생이라고 부른 것에서, 니고데모의 불완전한 신앙 고백이 나타난다. 예수님은 "사람이 거듭나지 아니하면 하나님 나라를 볼 수 없느니라"고 말씀하신다(3절). '거듭나다'는 말은 '위로부터 나다' 즉 '하나님의 가족으로 출생하다'(*gennethe anothen*)라는 뜻이다.[640] '하나님 나라를 본다'라는 뜻은 천국의 시민 됨과 참여라는 넓고 적극적인 개념이다(참고. 히 11:13; 보라. 오스본, 2005:115-116; 칼빈, 1993:96). 여기서 요한복음에서 드물게 등장하는 '하나님의 나라'가 반복적으로 등장한다. 니고데모는 '위로부터 나다'(즉 성령으로 나다)를 '다시 태어나다'로 이해했는데, 이것도 일종의 오해 모티브이다(참고. Köstenberg, 1999:84). 사람이 모태에 어떻게 두 번 들어갈 수 있는지 의아해한다(4절). 예수님은 물과 성령님으로(*hydatos kai pneumatos*, '물 즉 성령님으로'; 참고. 칼빈, 1993:98) 나지 아니하면 하나님 나라(참고. 시내 산 사본: '하늘나라')에 들어갈 수 없다고 말씀하신다(5절; 참고. 요 7:37-39). 육으로부터 난 것은 육이고, 성령님으로부터 난 것은 영이다(6절). 즉 사람은 사람을 낳지만, 성령님(the Spirit)은 영(spirit; 영적 생명)을 낳는다. 그러므로 니고데모는 "거듭나야 하겠다"라는 주님의 말을 기이히 여기지 말아야 했다(7절). 바람이 어디서 와서 어디로 가는지 알지 못하듯이, 성령님으로 난 사람은 다 이러하다(8절). 성령님께서 사람을 거듭나게 하시는 일을 이루시지만, 사람은 성령님을 통제하거나 온전히 이해하지는 못한다. 다만 성령님의 중생의 사역의 결과를 인지할 뿐이다.

여전히 니고데모는 주님의 말씀을 이해하지 못한다(9절). 예수님은 니고데모에게 '이스라엘의 선생으로서 이러한 일을 알지 못하느냐'라고 말씀하신다(10절). 사무엘상 10장 6절, 이사야 32장 15절, 예레미야 31장 33절, 에스겔 36장 25-27절, 요엘 2장 28-29절 등에는 성령께서 사람을 변화시킬 것에 대해서 언급한다. 니고데모는 이런 말씀을 알고 있었을 것이다. 하지만 니고데모는 이런 예언이 예수님의 사역 때 성취되어야 할 것을 알지 못했다. 예수님은 '우리'가 아는 것을 말하고 본 것을 증거하시지만, 니고데모와 같은 바리새인들은 주님의 증거를 받지 않았다(1

---

640) 스테판 차녹(2007:43-52)이 '거듭남'과 관련된 용어를 어떻게 정의하는지 살펴보자. 첫째, 영적인 변화인 '거듭남'과 영적인 활동인 '회심'은 다르다. 거듭남은 하나의 힘을 부여받는 것이며, 회심은 이 힘을 행사하는 것이다. 거듭남으로 우리가 전환할 수 있는 원리를 받고, 회심은 바로 전환하는 것 그 자체이다. 거듭남이 원인이라면 회심은 결과이다. 거듭남에서 인간은 수동적이지만, 회심에서는 능동적이다. 둘째, 거듭남으로 하나님과 동화되고 닮게 되지만, '칭의'에 의해 하나님과 화해한다. 칭의는 죄인의 상태에서 의인의 상태로 바뀌는 관계적 변화이다. 거듭남은 죽은 자가 생명을 가진 자로 바뀌는 실제적 변화이다. 칭의가 그리스도 보혈의 직접적인 열매라면, 거듭남은 성령의 직접적인 역사에 의한 것이다. 칭의가 저주받음에서 무죄 선고로의 변화라면, 거듭남은 오염에서 친교로의 변화이다. 셋째, '입양'이 칭의에서 파생되어 하나님과의 화해를 전제로 하여 우리에게 하나님의 자녀의 특권을 주는 것이라면, 거듭남은 우리에게 자녀 됨의 본성을 준다. 넷째, 새로운 피조물이 가지게 되는 습관인 '성화'도 거듭남과 다르다.

1절). '우리'는 삼위 일체 하나님을 가리키든지 아니면 구약 선지자와 세례 요한 그리고 예수님을 가리킨다. 니고데모가 '땅의 일들'(earthly things, *epigeia*)도 믿지 않는다면 어떻게 '하늘의 일들'(heavenly things, *epourania*)을 믿을 수 있겠는가?(12절) 앞의 문맥, 특별히 요한복음 3장 7-8절을 고려해 보면, '땅의 일들'은 사람이 성령님의 역사로 거듭나는 경험을 제대로 이해하지 못하는 상태로 수용하는 것을 가리키는 것 같다. 그리고 '하늘의 일들'은 인간의 수용에 초점을 두는 대신에, '구원 과정의 천상적 양태'(heavenly facets of the soteriological process)를 언급하는 것으로 볼 수 있다(참고. Van der Watt, 2009:304). 하늘에서 내려온 자, 곧 '인자'(참고. 다수 사본: '하늘에 계시는 인자) 외에는 아무도 하늘에 올라갈 수 없다(13절).[641]

모세가 광야에서 뱀을 든 것같이(참고. 민 21:6-9) 인자도 반드시(dei) 들려야 한다(14절; 참고. 갈 3:1). '들림'(*hysothenai*, 아오리스트 수동태 부정사)은 십자가의 죽음과 영화를 동시에 가리킨다(참고. 요 8:28; 12:32; Double Entendre). 여기서 놋 뱀은 예수님의 모형이다. 놋뱀이 외양만 뱀이지 아무런 독의 요소를 가지지 않았던 것처럼, 그리스도께서도 우리 속에 있는 치명적인 죄의 상처를 고쳐주려고, 죄와 상관없는 분으로 죄 있는 육신의 모양을 입으셨다(참고. 칼빈, 1993:108).

누구든지 높이 들리신 인자를 믿으면 영생을 얻게 된다(15절).[642] 하나님이 세상을 사랑하셔

---

641) 요한복음 3장 13절을 NIV는 "No-one has ever gone into heaven 'except'(헬라어: *ei me*) the one who came from heaven"라 번역하여 오해를 유발한다. NIV는 하늘로부터 오신 예수님이 '예외 규칙'으로 이전에 하늘로 올라가셨다는 뉘앙스를 준다. 더 나아가, 일부 학자들(예. Nicholson, Borgen, Brown)은 요한복음 3장의 일부는 요한복음이 기록된 시대(60년대 중순, 대부분은 80년대로 봄)에서 주님의 승천(A.D. 30년경)을 되돌아보는 것이라고 주장한다. 그러나 13절 바로 뒷구절인 14절도 '미래'(들려야 하리니)로 언급하고 있기에 요한복음 기록 당시로부터 거꾸로 예수님 시대를 돌아보고 있다고 볼 이유는 없다. NIV가 잘못 번역한 헬라어 *ei me*를 어떻게 번역할 것인가? 'Except'가 아니라 'but only'(즉 the only one)로 번역해야 한다. 요한계시록 21장 27절이 힌트를 준다. "무엇이든지 속된 것이나 가증한 일 또는 거짓말하는 자는 결코 그리로 들어오지 못하되 '오직' 어린양의 생명책에 기록된 자들뿐이라" (……'but only' those whose names are written in the Lamb's book of life). 따라서 요한복음 3장 13절의 의미는 "하늘에 올라가신(현재 완료) 유일하신 분은 내려오신 분이다." 여기서 주목할 것은, 이 구절의 논의의 흐름과 독특한 현재완료 동사(*anabebeken*, has ascended)는 다소 다른 방식으로 '예외'(exception)라는 의미를 가진다는 점이다. 예수님은 하늘의 것들(heavenly things)을 말씀하실 수 있다(요 3:12). 그리고(13절이 *kai*로 시작함) 하늘의 일들을 권위 있게 말씀할 정도로 다른 어떤 누구도(no-one else) 하늘로 올라가서 거기에 머물러 있지 않다. 다만 오직(but only the one who……) 하늘에서 내려오신 분만 그런 일을 하실 수 있는 자격을 갖추고 계시다(참고. Moloney, Westcott). 예수님 당시의 유대교에서는 하늘로 올라가서 하나님의 계획에 대한 특별한 통찰력을 받았다고 생각되는 성인(saints)에 관한 많은 이야기를 회람시켰다. 이런 많은 이야기는 모세에게 초점을 맞춘다. 하지만 하늘의 일에 관해서 말씀하시기 위해서(이 땅에) 돌아오시는 바로 그러한 방식대로 하늘로 올라간 사람은 (예수님 자신밖에는)없다고 강조하신다. 오직 하늘 안에서만 참된 지식이 발견된다(잠 30:4). 하지만 예수님은 하늘의 것에 대해 말씀하실 수 있다. 주님이 지상의 고향으로부터 하늘로 올라가셨기 때문이 아니라, 하늘이 예수님의 고향이었기 때문이다. 그러므로 예수님은 본래부터 천상의 지식의 충만(the fullness of heavenly knowledge)이시다. 예수님은 하늘에서 오신 바로 그분이시다. 예수님은(천상의 것들을) 계시하시는 인자(the revelatory Son of Man)이시다. 이런 의미에서 예수님과는 달리, 모세와 에녹 그리고 엘리야는 원래부터 천상의 고향을 가진 자들이 아니기에 천상의 일들에 관해서 설명할 수 없다. 이 말은 엘리야와 같은 인물이 승천하지 않았다는 말이 아니다(참고. Carson, 1991:200-201).

642) 15절에 다수 사본은 '멸망치 않고'를 추가한다.

서 독생자를 주셨는데, 그분을 믿으면 멸망치 않고 영생을 얻는다(16절; 참고. 롬 5:8-10). '독생자'라는 말에서 우리를 사랑하시는 하나님의 열정을 본다. 성부께서 아들을 세상에 보내신 것은 세상을 심판하기 위해서가 아니라, 아들을 통해서 구원을 받게 하려 하심이다(17절; 참고. 벧후 3:9). 우리가 그리스도를 떠나서는 하나님의 진노의 대상이 될 뿐이다. 예수님을 믿는 자는 심판을 받지 아니하는 것이요, 믿지 아니하는 자는 성자의 이름을 믿지 아니하므로 벌써 심판을 받은 것이다(*kekritai*, 완료 수동태 직설 3인칭 단수; 18절). 믿음은 모든 사람의 것이 아니다. 바로 그 정죄(즉 심판의 근거, *he krisis*)는 악한 사람들이 세상에 오신 빛보다 어둠을 더 사랑한 것이다(19절). 악을 행하는 자는 빛(예수님)을 미워하여 빛을 향하여 나아오지 않는데, 악한 행위가 드러날까 두려워하기 때문이다(20절). 진리를 좇는 자는 빛을 향하여 나아오는데, 이는 자기 행위가 하나님 앞에서 행한 것임을 나타내려는 것이다(21절).

2.2. 요한복음 3장 22-36절의 메시지

예수님은 제자들과 유대 땅으로 가서 거기 함께 머무시면서(*dietriben*, 미완료 능동 직설 3인칭 단수) '세례를 주셨다'(*ebaptizen*, 미완료 능동 직설 3인칭 단수; 22절). 하지만 예수님은 직접 세례를 주시지 않았고, 제자들이 세례를 주었다(참고. 요 4:2). 예수님은 물이 아니라 성령으로 세례를 주실 분이다. 살렘 근처 에논(*Ainon*, 벳산 남쪽 10km 지점; 참고. Morris, 1984:237)에서 세례 요한도 세례를 베풀었다(23절). 에논(Aenon)은 '샘'(springs)을 뜻하는 셈어를 소리 나는 대로 헬라어로 번역한 것이다(참고. Carson, 1991:209). 예수님의 사역과 요한의 사역이 중첩되고 있다. 그러므로 옛 세상을 상징하는 메시아의 선구자 세례 요한의 사역은 서서히 종막을 고해야만 한다. 이때는 요한이 헤롯 안디바에 의해 투옥되기 전이다(24절). 요한의 제자 중 몇 사람과 한 유대인 사이에 결례에 대해서 논쟁이 벌어졌다(25절).[643] 이 결례에 관한 논쟁은 아마도 요한의 세례의 출처와 권위와 관련되었을 것이다. 요한 당시의 유대인들은 제사와 여러 종류의 씻음을 통해서 결례를 행했다. 세례 요한의 제자들이 스승 요한에게, 예수님이 세례를 주니 사람이 다 주님에게 갔다고 고한다(26절). 질문을 한 이들은 주님의 제자들을 향해서 경쟁의식을 가지고 있었을 것이다. 세례 요한은 예수님의 제자들이 베푼 세례가 하늘에 기인한 것이며, 사람들이 예수님에게 나아가는 것이 하나님의 계획이 이루어지는 것이라고 말한다(27절). 세례 요한의 제자들은 스승 요한이 이전에 했던 말을 증거해야 한다. "나는 그리스도가 아니요 그의 앞에 보내심을 받은 자이다"(28절). 신랑이 신부를 취하지만, 신랑의 음성을 듣는 친구(신랑 들러리)는 크게 기뻐하는데, 요한은 바로 이 기쁨으로 충만했다(29절). 신랑이시며 메시아이신 예수님이 주인공이시며 모든 관심을 받으셔야 한다.

예수님은 반드시(*dei*, 신적 필연성) 계속해서 흥하여야 하고(*auksanein*), 요한은 계속해서 쇠하여야 한다(*elattousthai*, 30절). 이것은 요한의 인간적인 겸손은 물론이거니와, 계시사적 발언으로서 그 취지는 예수님으로 상징되는 구원과 새 언약은 더욱 흥해야 하고, 세례 요한으로 상징되는

643) 25절을 개역개정판은 모호하게 번역한다. '요한의 제자 중에서 한 유대인과 더불어.'

옛 언약과 어둠은 쇠해야 한다는 것이다.[644] 위로부터 오시는 이(예수님)는 만물 위에 계시고, 땅에서 난 이(세례 요한을 비롯한 모든 구약의 백성)는 땅에 속하여 땅에 속한 것을 말한다(31절). 하늘에서 오시는 이는 만물 위에 계시는데(만물보다 높으신데; 31절), (선재하신) 그분이 보고 들은 것을 증거하되 알아들을 만한 사람이 없다(32절; 참고. 요 8:14-30).[645] 주님의 증거를 받아들이는 자는 하나님은 참되신 분이시라는 사실에 도장을 찍는다(*esphragisen*, sealed, 소유권, 진실성, 동의, 33절). 즉 사람이 그리스도를 영접할 때 단순히 신앙의 동료와 교제 관계 속으로 들어가는 것이 아니라, 하나님께서 말씀하신 것을 수용하는 것이며, 예수님의 신적 기원을 인정하는 것이며, 그리스도 안에 나타난 하나님의 계시의 진실성을 인정하는 것이다(참고. Morris, 1984:245-246).

하나님에 의해 보냄을 받은 자 즉 성부의 사도이신 예수님은 아버지 하나님의 말씀을 하는데, 하나님이 그(예수님)에게 성령을 인색함 없이(no grudging) 한량없이 부어주시기 때문이다(34절). 하지만 성부께서 구약의 선지자들에게는 성령을 무한히 부어주시지 않았다. 따라서 예수님은 선지자들보다 더 크신 바로 '그 선지자'이시다. 성부께서 성자를 사랑하셔서 만물(특별히 '영생')을 성자의 손에 다 주셨는데(35절), 그 아들(the Son)을 믿는 자는 영생이 있고, 그 아들에게 순종하지 않는 자는 영생을 보지 못하고 도리어 하나님의 진노가 그 위에 '머물러 있다'(*menei*, 현재 능동태 직설, 36절). '그 아들'이라는 말속에 예수님의 특별한 아들 됨이 나타난다. 사도 요한은 이 구절에서 불신자들에게 임하고 있는 현재적인 진노를 받음 즉 심판을 언급한다(참고. Carson, 1991:214). 그리고 요한은 종종 성부와 성자 사이의 완전한 사랑을 언급함으로써, 수직 그리고 수평적인 연합과 사랑을 강조하는 요한복음 17장의 대제사장적인 기도를 예고한다.

3. 오늘에의 적용

혹시 우리가 영적 소경으로 인도자 역할을 하지 않는가?
예수님이 나의 삶 속에서 흥하시는가?

∽ 요한복음 4장 ∼

644) Neyrey(2009:141)는 30절을 그 당시의 '제한된 재화'의 관점에서 이해한다. 즉 세례 요한은 자신의 명예가 예수님의 사역으로 인해 감소하고 쇠하게 되는 것을 알고도, "예수님은 흥해야 한다"고 말함으로써 그 당시 문화 체계에 도전하는 'counter-culture'를 의도하고 있다. 이런 분석을 시도하는 것 자체가 틀린 것은 아니지만, 문화인류학적 해석만으로는 계시사적 의미를 찾는 데 역부족이다.

645) 31절에서 시내 산과 D사본 등은 '만물 위에 계셔서'(*epano panton estin*)를 삭제한다.

1. 본문 및 구조

- 수가 성 여인과의 대화(1-26)
- 영적 추수(27-38)
- 사마리아인들의 회심(39-42)
- 갈릴리 전도(43-45)
- 왕의 신하의 아들을 고침(46-54)

2. 구원 계시사적 메시지

2.1. 요한복음 4장 1-26절의 메시지

예수님은 자신이 세례를 준 사람이 세례 요한이 세례를 준 사람보다 많다는 말을 바리새인들이 들은 줄을 아셨다(1절). 그러나 이 세례는 예수님이 친히 주신 것이 아니라 제자들이 준 것이다(2절). UBS 4판은 이 구절을 '-'으로 표시하고, 다수 사본 성경은 ( )로 처리하고 있다(참고. Hodges & Farstad, 1985:299).[646] 그러나 둘 다 각주에는 본문 비평과 관련된 설명을 하지 않는다. 아마 사도 요한과 필사자들에게 예수님은 세례 요한의 모방자가 아니며, 물이 아니라 성령으로 세례를 주시는 분이심을 강조하려는 의도가 있었을 것이다(참고. Rogers & Rogers, 1998:187). 주님은 제자들을 세례의 대리자로 사용하셨다. 예수님은 유대를 떠나서 '다시'(참고. A, B, 다수 사본은 '다시'를 생략함) 갈릴리로 가신다(3절). 그러므로 사마리아를 지나가야 한다(4절). 수가(*Sychar*)는 야곱이 요셉에게 준 땅에서 가까운 마을이다(5절). 제6시경 즉 로마 시간을 따라서 오후 6시에(contra ESV Study Bible, 2008:2027; 존 월튼, 2010:1517), 수가의 우물 곁에 행로 중에 피곤하신 예수님이 앉으신다(6절; 참고. Van Houwelingen, 1997:110).

이 사마리아 여인이 부도덕했기에 사람들의 시선을 피할 수 있는 뜨거운 정오(유대인의 시간법을 따르면)에 물 길으러 왔을 것이라는 주장이 있다(참고. 창 29:7; 보라. Morris, 1984:228; Osborne, 2007:68; 칼빈, 1993:130). 하지만 이 여인은 수가 성의 사람들과 이야기를 하며 모종의 교제를 나누던 사이였다(보라. 요 4:28-29, 42). 사마리아 여인 한 명이 물을 길러 왔을 때 예수님은 물을 달라고 요구하신다(7절). 제자들은 먹을 것을 사러 마을로 들어갔다(8절). 그 여인은 유대인과 사마리아인의 불편한 관계를 언급한다(9절).[647] 사마리아인은 유대인이 볼 때 이방인처럼 언약의 밑바닥에 살고 있었던 죄인과 같은 사람이다. 왜냐하면 B.C. 722년 북이스라엘이 앗수르에게 패망한 이래로 사마리아 땅에 이방인이 정착하여 살았기에 잡혼이 성행했기 때문이다. 하지만 사마리아인은 스스로 정통 유대인이라고 자부하면서 그리심 산에 독자적인 성전을 가지고 거기서 예배를 드렸다. 반면, 사마리아인을 무시했던 유대인들은 예루살렘 성전만이 정통이라고 주장했

646) 2절을 바른 성경은 UBS 4판처럼 '-'로 처리하고, 개역개정판은 다수 사본 성경처럼 ( )로 처리한다.
647) 9절의 둘째 문장(이는 유대인들이 사마리아인들과 상종하지 않기 때문이다)을 시내 산과 D 사본은 생략한다.

다. 그러나 주님은 이런 유대인과 사마리아인의 논쟁은 의미가 없다고 말씀하신다.648)

예수님은 그 여인이 하나님의 선물과 물을 달라고 말한 분이 누구인지 알았다면 예수님에게 구하였을 것이며, 주님은 그녀에게 생수(living water)를 주셨을 것이다(10절). 하나님의 선물은 곧 예수님을 믿고 영생을 얻는 것이다(참고. 칼빈, 1993:133). 여자는 "주여, 물을 길을 두레박도 없고, 이 우물(참고. 현대의 우물 깊이는 약 31m, 고대는 더 깊었을 것임)은 깊은데 어디에서 이 생수를 얻겠습니까?"라고 묻는다(11절). 니고데모처럼 이 여인도 천상의 것을 천상의 방식대로 생각하지 못하고 지상의 방식대로 생각한다. 여인은 예수님이 야곱보다 더 큰지 묻는다(12절). 수가 성의 이 여인은 '야곱'을 자신의 조상으로 부름으로써 스스로 참된 언약 자손으로 생각하고 있다(참고. Dennis, 2008:2027).

예수님은 일시적인 해갈을 주는 우물을 팠던 야곱보다 더 크신 새 이스라엘(새 야곱)이시다.649) 예수님은 "이 물을 먹는 자는 다시 목마르지만(13절), 주님이 주시는 물을 먹는 자는 영원히 목마르지 아니하며 그 물은 그 속에서 영생하도록 솟아나는 샘물(spring of water)이 되리라"고 말씀하신다(14절). 야곱이 판 우물은 '구약의 율법'과 '유대주의'를 상징한다. 율법과 유대의 전통을 지키면 목이 마를 수밖에 없다. 하지만 주님 자신은 다시는 목마르지 않게 하는 영생하도록 솟아나는 샘물인 '성령님'을 주실 것을 약속하시는데, 이사야의 예언의 성취이다(참고. 사 12:3, 44:3, 55:1-3; 요 7:37-39). 야곱의 우물로 대변되는 유대교와 전통은 마치 포도주가 떨어진 가나 혼인 잔칫집과 같다. 그것은 진정한 기쁨도, 구원도 줄 수 없고 사람의 영적인 갈증도 끌 수 없고 만족도 줄 수 없다. 그 여자는 주님의 말씀을 오해하여 그런 물을 주어 다시는 물 길으러 오지 않도록 해달라고 말한다(15절).650)

주님은 "네 남편을 불러 오라"고 말씀하신다(16절). 여인은 남편이 없다고 말하고, 예수님은 그 말이 옳다고 말씀하신다(17절). 예수님은 이 여인에게 남편이 5명 있었으나, 지금 있는 자는 그녀의 남편이 아니라고 말씀하신다(18절). 이때 여인은 예수님을 선지자로 알아본다(19절).

---

648) 하나의 사건 때문에 사마리아인들과 유대인들의 궁극적인 결별이 야기되었다. B.C. 128년에 하스모니안 가문의 요한 히르카누스(B.C. 134-104년)가 그리심 산의 성전을 파괴했다. 20년 후, 그는 사마리아를 정복하고, 파괴했으며, 사마리아 전체를 합병했다. 동시에 그는 사마리아를 예루살렘의 종교 정책하에 두었다. 당연히 사마리아인들은 이러한 종교 통합에 반항했다. 그러나 로마가 팔레스타인을 정복한 후에야 사마리아인들은 독립된 종교 단체로 인정받을 수 있었다. 그런데 신약 시대에 사마리아인들 대부분이 이방인이었으며 혼합주의에 깊이 빠져 있는 분파적인 유대인이라는 주장은 정당화될 수 없다. 왜냐하면 사마리아에서 발견되는 혼합주의는 유대에서도 발견되기 때문이다. 유대인들이 사마리아인들을 거부한 진정한 원인은 사마리아의 종교 공동체가 독립하여 발달한 데 있다(참고. 쾨스터, 1996:398-400).

649) 레이하르트(2010:59-60)의 설명을 들어보자: "야곱의 아버지 이삭이 우물을 많이 팠던 사실은 그가 '새로운 아담'임을 상징한다. 그는 아담과 같이(참고. 에덴동산 주변의 강 4개) 그 땅에서 물이 있는 장소, 즉 우물을 파서 생육하고 번성할 수 있는 장소를 구했다. 마지막 아담이자 새 야곱이신 예수님은 사마리아 사람들을 동산으로 초대하셔서 생명의 물을 제공하신다."

650) (혈통적으로 볼 때) 유대인이신 예수님과 이 사마리아 여인 사이에는 여러 가지 장벽이 있다. 유대인과 사마리아인이라는 인종적 장벽, 오경과 성문서와 예언서를 정경으로 받아들인 유대인과 오경만 수용한 사마리아인 사이의 종교적 장벽, 하나님의 아들이신 예수님과 성적으로 문란해 보이는 여인 사이의 도덕적 장벽. 이제 예수님은 이런 장벽을 허무시고, 영생으로 초청하신다(참고. Köstenberger, 1999:88).

실제로 이 여인은 수차례 재혼했다. 그런데 왜 주님은 이 여인에게 남편을 데리고 오라고 말씀하셨는가? 이 여인이 속한 사마리아인이 어떻게 하면 영생을 얻을 수 있는가를 가르쳐 주시기 위해서이다. 사마리아인들은 자신들을 멸시하던 유대인들을 무시하면서 스스로 정통 율법의 상속자라고 믿었다. 하지만 예수님이 보실 때 사마리아인의 종교는 마치 음란하고 더럽고 멸시를 받는 상태에 있었다. 그러므로 사마리아인들은 참 신랑이신 예수님을 영접해야 한다. 여인은 그녀의 조상들은 그리심 산에서 예배하는데 유대인들은 예루살렘에서 예배한다는 말을 들었다고 말한다(20절). 이제 그리심 산에서도 말고 예루살렘에서도 말고 성부 하나님께 예배할 때가 이르리라(21절).[651] 그리심 산의 성전은 페르시아 제국의 마지막 왕 다리우스가 그의 총독 산발랏을 통하여 유대 지방을 점령하고 있었을 당시에, 대제사장 요한의 아들이며 야두스의 형제인 마낫세(Manasseh)가 건축했다. 마낫세는 총독의 딸과 결혼했고, 스스로 제사장이 되었다. 그는 뇌물을 즐긴 부패한 인물이었다(참고. 칼빈, 1993:139). 21절의 '이르리라'는 현재 시제 동사(*erchetai*)인데, 성전과 제사장 제도와 기타 외적인 의식에 관한 율법이 폐기될 때가 매우 가까이 왔다는 의미이다. 그리고 하나님을 '아버지'라 부르심으로써 예수님은 이 여인이 언급한 조상들에다 하나님 아버지를 간접적으로 대조시키고 있다. 다시 말하면 하나님께서 모든 사람에게 공통된 아버지가 되셔서 장소나 민족의 차별 없이 모든 사람의 공통된 아버지로서 예배를 받으신다는 뜻이다(참고. 칼빈, 1993:142).

사마리아인은 알지 못하는 것을 유대인은 아는 것을 예배하는데, 이유는 구원이 유대인에게서 나기 때문이다(22절). 신령과 진정으로 예배하는 때가 지금이며, 그런 예배자를 아버지께서 찾으신다(23-24절). '진정'(진리 혹은 참)은 '거짓'의 반대말이 아니라, 요한복음에서는 주로 '그림자의 실체'를 가리킨다(참고. 칼빈, 1993:145). 그렇다면 '신령과 진정으로'라는 말씀은 성령님께서 가져오시는 실체라는 의미이다. 예루살렘 성전 제사나 그리심 산의 성전 제사는 실체가 오기 전의 그림자에 불과했다. 이제 성령에 의해 실제적으로 하나님을 알고 교제하면서 드리는 예배가 중요하다. 지상의 예배는 천상의 예배의 그림자이다(참고. 히 8:2, 9:24; 웨스트민스터 신앙 고백 2:1; 웨스트민스터 대교리문답 7, 소교리문답 4; 보라. Pratt, 2003:1707). 하지만 이 여인은 메시아가 장차 오시면 모든 것을 사마리아인들에게 고할 것이라고 예수님에게 말한다(25절). 이때 예수님은 자신이 그 메시아라고 여인에게 가르쳐 주신다(26절).

2.2. 요한복음 4장 27-38절의 메시지

음식을 구하러 갔던 제자들이 돌아왔지만, 여인과 대화하시는 예수님에게 무엇을 원하시는지, 왜 여인과 대화하시는지 묻지 못한다(27절). 여인이 물동이를 버려두고 동네에 들어가서 사람들에

651) 사마리아 사람들은 B.C. 400년경 그리심 산 위에 자신들의 성전을 건축했다(참고. 신 27:4-6). 예루살렘에서만 제사가 드려져야 한다고 믿은 유대인들에 의해 옛 세겜이 정복당하고 그리심 산 위의 사마리아 왕조는 파멸되었다(B.C. 128년경). 따라서 많은 사마리아인들이 옛 세겜에서 북동쪽으로 약 1km 떨어진 '시카'(Sichar)로 이주할 수밖에 없었다(참고. Van Houwelingen, 1997:109). 사마리아인들은 밤에 예루살렘 성전을 더럽히려고 시도한 적이 있다(참고. 존 월튼, 2010:1519).

게 "그리스도에게 와 보라"고 말한다(28-29절).[652] 마을 사람들이 예수님에게 나아온다(30절). 그 사이에 제자들은 예수님에게 음식을 드시라고 권하지만(31절), 예수님은 제자들이 알지 못하는 먹을 양식이 있다고 답하신다(32절). 제자들은 "누가 음식을 예수님에게 갖다 드렸는가?"라고 부정적인 대답을 기대하는 수사학적 질문을 한다(33절). 예수님의 양식은 실제적인 음식보다 더 중요한데, 그것은 성부의 뜻을 행하고 그분의 일을 온전히 이루는 것이다(34절). 예수님에게 있어서 하나님의 뜻을 이루는 것이 생사의 문제처럼 매우 중요하다는 말씀이다. 넉 달이 지나야 추수할 것이지만, 제자들은 추수를 기다리는 곡식을 바라보아야 한다(35절). '넉 달'은 파종의 마지막 시점에서 추수의 첫 시점까지의 기간이다. 일반적으로 파종에서 추수까지는 약 6개월이 소요된다.

이 말씀은 영적인 의미인데, 이제 예수님이 사마리아 여인에게 말씀의 씨앗을 뿌려 놓았으니, 사마리아인들이 주님에게 돌아올 시점이 그리 멀지 않다는 뜻이다. 즉 사마리아인들의 영적인 준비와 경성함을 암시하는 말씀이다(참고. Rogers & Rogers, 1998:190). 추수꾼이 삯도 받고 영생에 이르는 열매를 모으는데, 파종자와 추수꾼이 함께 즐거워하게 하려 함이다(36절).[653] 복음의 씨를 뿌린 사람들은 구약의 선지자와 세례 요한을 포함한다. 예수님의 제자들의 사역 이전에 복음을 위해 수고한 사람들이 많이 있었다. 한 사람이 심고 다른 사람이 거둔다는 말은 옳다(37절). 복음 사역의 결실을 특정 사람의 공로로 돌릴 수 없다. 그래서 예수님은 제자들이 노력하지 않은 것을 거두라고 보내신다. 제자들은 남의 노력에 참예한다(38절).

2.3. 요한복음 4장 39-42절의 메시지

예수님은 수가 성 여인의 모든 과거를 아셨다. 여인의 말 때문에 동네 사람들 중 다수가 주님을 믿게 된다(39절). 사마리아인들이 예수님에게 함께 유하기를 청하자 주님은 이틀을 머무신다(40절). 예수님의 말씀 때문에 믿는 자가 더 많아졌다(41절). 사마리아인들이 더 이상 여인의 말 때문이 아니라, 주님의 말씀을 듣고 '세상의 구주'로 영접했기 때문이다(42절). 예수님에게 사용된 '구주'라는 말은 요한복음 4장 42절 외에는 4복음서에서 누가복음 2장 11절에만 등장한다. '세상의 구주'라는 말에서 사마리아인들은 예수님을 단순히 유대인의 구주로만 생각하지 않았음을 알 수 있다. 그리고 투영을 통해서 볼 때, 에베소의 요한 공동체에게는 로마 황제가 아니라, 예수님이 세상의 진정한 구주라는 확신을 가지고 곤경 속에서도 승리하도록 하는 메시지였을 것이다.

2.4. 요한복음 4장 43-45절의 메시지

이틀 후 예수님은 갈릴리로 가신다(43절). 예수님은 선지자가 고향에서는 높임을 받지 못한다고 말씀하신다(44절). '고향'은 좁게는 나사렛을, 넓게는 예루살렘과 유대 땅을 가리키는 것으로

---

652) 스몰리(1996:213-214)는 '보는 것과 믿는 것'을 요한의 집필 목적이라고 주장한다(참고. 요 9:7, 35-38, 20:8).

653) 35-36절은 구두점의 위치가 논란이 된다. A와 다수 사본은 '이미'(*ede*) 뒤에 마침표를 찍어서, '이미'를 35절에 배치한다. 하지만 C와 D사본 등은 '이미' 앞에 마침표를 찍어, '이미'를 36절에 포함시킨다. 바른 성경은 '이미'를 35절에, 개역개정판은 '이미'를 36절에 포함시킨다.

볼 수 있다. 실제로 예수님은 유대 땅에서 종종 거부당하셨지만, 사마리아에서는 환영을 받으셨다. 예수님은 여기서 사마리아인들의 영접과 유대인들의 거부를 대조하고 계신다. 갈릴리인들이 예루살렘에서 행하신 주님의 일(성전 청결 등)을 보았기에 예수님을 영접한다(45절).

2.5. 요한복음 4장 46-54절의 메시지

예수님이 가나에 도착하신다. 왕(헤롯 안디바)의 신하의 아들이 죽을 정도로 심각한 병에 들어 가버나움에 있었다(46절). 왕의 신하가 예수님에게 아들의 병을 고쳐 달라고 '긴박하고도 끈질기게 간구한다'(*erota*,[654] 미완료 능동 직설 3인칭 단수, asked urgently and repeatedly; 47절; 참고. Ridderbos, 1997:175). 예수님은 "너희는 표적과 기사를 보지 못하면 도무지 믿지 못한다"라고 책망하신다(48절). 여기서 '너희'는 갈릴리 사람 전체를 가리킨다. 갈릴리 사람들이 예수님을 영접한 것은 표적에 근거한 것이기에 온전한 믿음의 표시는 아니었으며 불완전하다. 그 신하는 자기 아이(*paidion*, '어린아이'만을 가리키는 용어는 아님)가 죽기 전에 예수님이 내려오시기를 간구한다(49절). 예수님이 신하에게 "가라. 네 아들이 살았다"라고 말씀하시니, 신하는 이 말씀을 믿고 가니, 가는 도중에 종들을 만나서 '그의 아이'(*pais autou*, 시내 산, A, B 등; 참고. 다수 사본: '당신의 아이')가 살았다는 말을 듣는다(50-51절). 이 신하에게는 표적이 아니라 '말씀'에 근거한 신앙이 있었다. 예수님이 구원을 선포하신 바로 그 시점인 '어제' 제7시에 열이 떨어졌다(52절). 로마 시간법을 따르면 가버나움에 있던 왕의 신하가(참고. 행 4:46) 오전 7시에 약 20km 떨어진 가나에 계신 예수님을 찾아가 만난 시간으로 보기에는 너무 이르기에 오후 7시로 볼 수 있다(참고. 조석민, 2008:37). 이 신하의 집이 있던 가버나움에서 예수님이 계시는 가나까지는 약 23km 거리이다. 결국 왕의 신하의 온 집이 예수님을 믿었다(53절; 온 가족의 회심; 참고. 행 10:2; 11:14; 16:15, 31; 18:8). 이것은 갈릴리로 오신 후에 행하신 두 번째 표적이다(54절). 50, 51, 53절에서 신하의 아들이 살아났다는 언급을 반복적으로 밝힘으로써 예수님이 생명을 주시는 분이심을 강조한다.

3. 오늘에의 적용

이 땅에서 천상의 예배를 드리는가?
생수의 강인 성령님의 은혜가 흘러넘치는가?
전도를 통한 영적 추수에 힘쓰는가?
믿음으로 치유의 역사를 기대하는가?

---

654) 이 미완료형을 진입적(혹은 개시적)으로 본다면, 이 신하가 예수님을 만나서 간구하기 '시작했다'(began to ask)는 의미이다(참고. Rogers & Rogers, 1998:191).

☙ 요한복음 5장 ❧

1. 본문 및 구조

• 베데스다 연못가의 병자 치유(1-18)
• 예수님과 아버지 하나님(19-30)
• 하나님의 아들 되심에 대한 예수님의 증거(31-47)

2. 구원 계시사적 메시지

2.1. 요한복음 5장 1-18절의 메시지

유대인의 명절(*heorte*, 시내 산과 C사본 등은 '그 명절'[*he heorte*])에 예수님이 예루살렘에 올라가신다(1절). 이 명절이 유월절(니산월 14일)인지, 오순절(유월절에서 50일 후)인지 아니면 초막절(제7월)인지 정확하게 알 수 없다. 예루살렘 양문(참고. 느 3:1, 32, 12:39)[655] 곁에 히브리말로 '베데스다'(Bethesda; 뜻: '자비의 집')라는 연못이 있는데,[656] 거기에 행각(*stoa*, covered colonnades, 주랑)이 다섯 개 있고, 그 아래 혈기 마른 자들(*kseron*, 남성 복수; 아마도 중풍병; 참고. 마 9:6; 막 3:1)을 비롯해서 많은 병자들이 누워 있었다(2-3절). 행각은 병자의 집합소였다. 병자들은 물의 동함을 기다리고 있었는데, 천사가 가끔 와서 물을 동하게 한 후에 먼저 들어가는 자가 치유되었다(4절). 개역개정판은 3절 하반절과 4절을 괄호로 처리하고, UBS 4판과 NIV에서는 생략한다. 4절을 포함하는 A, L, Θ 그리고 다수 사본과는 달리, 파피루스 66과 75, 시내 산, B, C, D, W, T 등은 포함하지 않는다.

거기에 있던 38년 된 병자에게 예수님은 낫고자 하는지 물으신다(6절). '38년'에서 구체적인 상징적인 숫자를 도출하는 것은 쉽지 않지만, 신명기 2장 14절이 간본문이다. "우리가 가데스바네아를 떠나 세렛 시내를 건너기까지의 기간은 38년이었다. 그 동안 여호와께서 이스라엘 백성에게 맹세하신 대로 그 세대의 모든 군인들은 진 가운데서 다 죽었으니." 38년은 출애굽한 이스라엘이 광야에 있었던 기간과 일치한다. 38년은 '한 세대'를 가리키는 것으로 볼 수 있다. 따라서 이 사람의 전 세대는 질병 가운데 있어서 소망이 없었음을 강조하는 것으로 볼 수 있다(참고. 이필찬, 2009:89). 38년 된 병자는 새 여호수아이신 예수님을 필요로 한다(참고. 레이하르트, 2010:312).

---

655) 양문은 느헤미야의 지도하에 제사장들과 레위인이 만들었다. 양문으로 들어가는 양은 성전의 제물이 되었다. 많은 병자가 양문 곁에 누웠다는 요한의 묘사는 레위기 20-21장을 생각나게 하는데, 제물로 부적합한 동물의 흠을 설명한다. 베데스다의 물은 사람들을 참 제물로 만들어 줄 수 없었다. 오직 예수님의 말씀만이 흠 있는 제물을 무흠하게 만든다(참고. 레이하르트, 2010:311-312).

656) 베데스다 연못은 오늘날 St. Anne교회당 근처에 위치한다. 이 연못은 중간에 분리하는 담이 있던 두 개의 풀(pool)로 된 연못이다(참고. ESV Study Bible, 2008:2030).

그리고 예수님은 일방적인 치유가 아니라 적절한 반응이 있는 곳에 치유를 베푸신다.[657]

그 병자는 "주여, 물이 동할 때 나를 넣어 줄 사람이 없어, 내가 가는 동안에 다른 사람이 먼저 내려가나이다"라고 말한다(7절). 이 말에 비추어 보면 실제로 베데스다 연못이 동하여 치유 받은 역사가 일어났던 것 같다. 이 병자는 38년 동안이나 다른 사람이 치유되는 것을 목격하고 자신도 치유를 받기 위해 베데스다 연못가에 있었던 것이다. 예수님은 "일어나 네 자리를 들고 걸어가라"고 말씀하신다(8절). 그 사람이 곧 나아서 자리를 들고 걸어갔는데, 이날은 안식일이었다(9절). 이 사람이 자리를 들고 걸어 다닌 것은 안식일 규정을 깨기 위한 것이 아니라 무능력하게 질병의 포로로 살았던 과거에 대한 승리의 행진이었다(참고. Ridderbos, 1997:188). 이사야 35장 3-6절에서 이사야 선지자는 보지 못하는 자, 듣지 못하는 자, 저는 자, 말을 하지 못하는 자가 치유 받으면 메시아 시대가 도래한 증표라고 예언한다. 하지만 유대인들이 예수님을 메시아라고 영접하는 대신에 치유된 사람에게 안식일에 자리를 들고 걸어갔다고 비난한다(10절). 딴지 걸기의 전문가였던 유대인들이 볼 때 이 행동은 '장로들의 유전'의 39개조 중 '안식일 규정' 중 7장 2절을 어긴 것이다(참고. 오스본, 2004:187).

아이러니하게도 유대인의 '안식일 규정' 10장 5절에는 산 자를 자리에 눕혀 운반하는 것은 안식일을 어긴 것이 아니라고 기록한다(참고. 바레트, 1984:411). 만일 이 38년 된 병자가 물이 동했을 때 연못 안으로 걸어가서 치유를 받았다면 유대인들이 비난하지 않았을 것이다. 그러므로 유대인들의 비난에서 그들의 이중성을 볼 수 있다. 치유된 자는 "나를 낫게 한 그가 자리를 들고 걸어가라 하더라"라고 대답한다(11절). 그 사람은 예수님이 이미 피하셨으므로 누가 자기를 치유했는지 알지 못했다(13절). 예수님은 이 사람을 치유하신 후에 자신의 정체성을 알리지 않으셨다. 나중에 예수님은 그 사람을 성전에서 다시 만나셔서, 더 심한 것이 생기지 않도록 다시는 죄를 범하지 말라고 경계하신다(14절). 그러므로 이 경우는 범죄가 질병을 일으킨 예이다. 그 사람은 유대인들에게 가서 치유자는 예수님이라고 말한다(15절). 드디어 이 사람은 예수님을 사람들에게 공개적으로 자랑함으로써 죄에서 해방되었다. 유대인들은 안식일에 일을 행한다고 간주하면서 예수님을 핍박했다(16절).

예수님은 "내 아버지께서 이제까지 일하시니 나도 일한다"라고 말씀하신다(17절). 이 구절에서 예수님은 6일간 창조하신 후 제7일에 성부께서 안식하신 것이 무슨 의미인지 밝히신다. 아버지 하나님께서 안식하신 것은 피조물을 유지하시고 보존하시면서 즐기신 것이다. 만일 성부께서 제7일에 피조세계를 유지하시는 일을 하지 않으셨다면 세상(cosmos)은 혼돈(chaos)으로 바뀌었을 것이다. 그러므로 하나님의 아들이신 예수님도 안식일에 선을 행하심으로써 죄로 인해 안식을 잃어버리고 혼돈에 휩싸인 자에게 회복된 생명의 질서를 부여하실 수 있으셨다. 이것이

657) 베데스다 연못은 7절의 '물이 움직일 때'라는 시간적 한계와 '오직 한 사람'만 치료될 수 있다는 공간적 한계를 가지고 있다. 이것은 옛 세대의 한계이다. 이제 예수님은 시간과 공간의 한계를 초월하는 것 즉 언제나, 누구나 치료받을 수 있는 회복의 새 시대의 능력(참 안식과 역동적인 생명의 회복)을 주신다. 요한복음 2장의 성전 청결 사건에서도 이와 관련 있다(참고. 이필찬, 2009:91). 참고로 그레코-로마 세계에서 치유의 신 아스클레피오스 신전은 샘과 저수지에 몸을 씻는 의식과 연결되었다.

재창조이다. 유대인들은 안식일을 준수하지 않았을 뿐 아니라 하나님의 아들이라고 말한 신성모독죄로 더욱 예수님을 죽이려고 한다(18절; 참고. 레 24:15-16). 병자의 치유와 회복 그리고 죄 사함을 통해서 메시아이심을 계시하셨으나 유대인들은 철저히 거부하고 있다.[658]

2.2. 요한복음 5장 19–30절의 메시지

앞 단락에서는 요한은 명절에 예루살렘에 모인 유대인들이 예수님의 치유의 능력을 목도하고도 안식일을 범한 것과 신성 모독죄로 주님을 비난했다고 언급했다. 따라서 예수님은 자신이 성부의 사도시며, 그리스도이심을 증거해야 한다. 아들이 아버지께서 하시는 일을 보지 않고서는 아무것도 스스로 할 수 없으며, 아버지께서 행하시는 그것을 아들도 행하신다(19절). 선재하신 그리스도께서 영원 전부터 성부와 함께 계셨고, 교회의 구원을 위해 협의하신 바를 이루신다. 여기서 우리는 삼위 하나님 사이의 협력과 조화를 본다. 아들을 사랑하시는(*philei*) 아버지께서 행하시는 모든 것을 아들에게 보이셨고, 또 이것들보다 더 크신 일들을(*meizona*, 중성 복수 대격)(성자에게) 보이실 것인데 유대인들이 기이히 여길 것이다(20절). 성자께서 행하시는 '더 큰 일들'은 무엇인가? 죽은 자에게 생명을 주시고 심판을 행하시는 것이다. 아버지께서 죽은 자들을 일으켜 살리심같이, 아들도 자기의 원하는 자들을 살리느니라(21절).

유대인들은 여호와만 생명을 주시는 분임을 믿었기에(참고. 창 1:20-27; 신 32:39; 삼상 2:6; 왕하 5:7), 이 말씀은 충격이었다. 그러나 요한복음 11장의 죽은 나사로를 살리심으로 예수님은 이 말씀이 참됨을 증거하실 것이다. 아버지께서 아무도 심판하지 아니하시고 심판을 아들에게 맡기셨다(22절). 그 결과 모든 사람이 아버지를 공경하는 것같이(*timosi*, 현재 능동 가정 3인칭 복수) 아들을 공경하게 하려 하심이라. 아들을 공경치 아니하는 자는 성자를 보내신 성부를 공경치 아니하는 것이다(23절).

예수님의 말을 듣고 예수님을 보내신 이를 믿는 자는 영생을 가지고 있고(*echei*, 현재 능동 직설), 현재적으로 심판에 이르지 아니하나니(*ouk erchetai*) 사망에서 생명으로 옮겼다(*metabebeken*, 완료형; 24절; 참고. 골 1:13, *metastesen*, 아오리스트 능동 직설. '옮기셨다'). 여기서 '이미'의 종말론을 본다(참고. 칼빈, 1993:184). 영적으로 죽은 자들이 하나님의 아들의 음성을 듣고 생명을 얻을 때가 올 것인데 바로 지금이다(*nyn estin*, 25절). 성부 안에 생명이 있듯이, 성자 안에도 생명을 주셔서 있게 하셨다(26절; 참고. 요 14:6). 예수님이 인자(son of man)이시기에 심판하는 권세를 성부로부터 받으셨다(27절). '인자'에 정관사가 붙지 않았지만, 성육하셔서 구원을 계시하시는 예수님이 다름 아니라 다니엘

658) 박선희(2009:19-21)는 요한복음 5장에서 4가지의 '패러다임 전환'을 주장한다. (1) 베데스다의 치유 사건(1-9절a)에서는 율법(사람이 노력하여 물에 먼저 들어가야 함)에서 은혜(치유자 예수님을 만나면 됨)로의 패러다임 전환, (2) 안식일 논쟁(9절b-16절)에서는 예수님을 정죄하는 안식일 이해에서 예수님을 하나님의 아들로 인식하는 참 안식일 이해로의 패러다임 전환, (3) 신성 모독 논쟁(17-30절)에서는 유대교의 유일신 사상에서 기독교의 신관으로의 패러다임 전환, (4) 예수님의 증인들(31-47절)에서는 예수님을 정죄하는 구약 해석에서 예수님을 증거하는 구약 해석으로의 패러다임 전환. 이러한 패러다임의 전환들을 통해서 예수님이 하나님이면서도 아버지와 아들의 구분이 소멸되지 않는 기독론의 신비가 나타난다.

7장 13-14절의 바로 그 인자이심은 분명하다(참고. Carson, 1991:257). 성부께서는 십자가를 통해서 승귀하실 예수님에게 심판의 권세를 주신 것이다. 육체의 죽음으로 인해 무덤 안에 있는 자들이 재림의 주님의 음성을 들을 때가 올 것이다(28절). 선한 일을 행한 자는 생명의 부활로, 악한 일을 행하는 자는 심판의 부활로 나오리라(29절). 거듭남이라는 영적인 부활은 미래적 육체의 부활의 보증이요 선취이다. 예수님은 성부의 뜻대로 의로운 심판을하신다(30절).

2.3. 요한복음 5장 31-47절의 메시지[659]

예수님이 스스로 자신에 대해서 증거한다면 신빙성이나 권위가 없게 된다(31절). 신명기 17장 6절과 19장 15절에 의하면 증인은 최소 2명이 되어야 한다. 예수님을 위해 증거하시는 분이 따로 계시는 데 그분의 증거는 참되다(32절). 세례 요한은 '그 진리' 즉 예수님에 대해서 증거했다(33절). 예수님은 세례 요한이라는 증인을 한 명 확보하셨다. 그러므로 또 다른 증인 한 명이 필요하다. 예수님은 불완전한 사람으로부터 자신이 하나님의 아들이심을 증명할 증거를 취하지 않으신다. 예수님이 성부 하나님의 아들 메시아이심을 증명하시는 의도는 이 말씀을 듣던 사람들로 하여금 구원을 얻게 하시려는 것이다(34절). 세례 요한은 세상에 비췬 바로 '그 빛'이 아니라 등불(*ho lychnos*)인데, 일시적으로 사람들이 그 빛 아래 있기를 원했다(35절). 이것은 시편 132편 17절의 성취인데, 세례 요한이 비추는 빛의 근원은 바로 참 빛이신 예수님이시다. 유대인들은 일시적으로 세례 요한의 사역을 따르고 즐거워했을 뿐 예수님에게 돌아오기는 거부했다. 예수님은 세례 요한의 증거보다 더 큰 증거를 가지고 계시는데, 바로 아버지께서 맡기신 일들(*ta erga*; NIV에서는 단수로 잘못 번역함)이 이루어지는 것이다(36절). 성부께서 성자를 증거하셨고 여전히 하고 계신다. 하지만 아무도 성부의 음성을 듣거나 모습을 보지 못했다(37절; 참고. 창 32:30; 출 33:11). 예수님이야말로 불가견적인 성부를 가견적으로 계시하시는 분이다. 성부의 말씀이 유대인들 가운데 거하지 않는 것은 그들이 성자를 믿지 않기 때문이다(38절; 참고. 수 1:8-9; 시 119:11).[660]

예수 그리스도에 관한 증거인 성경(*graphe*)을 읽을 때 영생이 있다(39절).[661] '성경'(혹은 '문서')

---

659) 요한에게 있어서 증인의 수로서 '4'가 중요하다. 요한복음 1장 19-51절에서는 4명 즉 세례 요한(1:29-34), 안드레(1:35-42), 빌립(1:43-46), 그리고 나다나엘(1:47-51)이 예수님의 증인들이다. 요한복음 5장 31-44절에서 예수님을 증거하는 4개는 다음과 같다. 세례 요한(5:33-35), 예수님이 행하신 일들(5:36), 예수님을 보내신 성부 하나님(5:37-38), 그리고 구약성경(5:39-42). 마지막으로 요한복음 20장에서는 부활하신 예수님을 증거하는 네 부류는 막달라 마리아(20:18), 사랑하는 제자(20:2, 30-31), 제자들(20:19), 그리고 도마이다(20:28). 사도 요한은 구약의 증인의 수 '2'를 두 배로 확장시켜 중요한 것을 더 확증하기를 원한다.

660) 37-38절이 암시하는 바는, 예수님은 하나님의 음성을 들은 모세(출 33:11), 하나님의 모습을 본 야곱(창 32:30-31), 여호와의 말씀을 가지고 있었던 여호수아(수 1:8-9)보다 더 크신 분이시다(참고. Carson, 1991:262).

661) 칼빈(1993:197)의 말을 들어보자: "그리스도만이 율법에 생기를 불어넣으실 수 있는 분인데, 율법이 그리스도를 배제하고 어떻게 생명을 공급할 수 있겠는가? ……그리스도에 대한 지식은 성경(여기서는 구약)에서 구하지 않으면 안 된다. ……그리스도는 성경 외의 다른 곳에서는 도저히 알 수 없다.

은 요한복음에 총 12회 등장하며(요 2:22, 5:39, 7:38, 42, 10:35, 13:18, 17:12, 19:24, 28, 36, 37, 20:9), 비슷한 말인 '글'(혹은 '문자', *gramma*)은 두 번 나온다(요 5:47, 7:15). 요한복음의 첫 독자가 살던 시대에 둘 다 '구약성경'을 가리키는 전문 용어이다. 그런데 유대인들은 영생을 얻기 위해서 예수님에게 나아오지 않았다(40절). 예수님은 사람에게서 영광(즉 '찬사')을 취하지 않으신다(41절). 예수님은 유대인의 삶 속에 하나님을 사랑하는 것이 없음을 아셨다(42절). 예수님이 성부의 이름으로 왔지만 사람들이 영접하지 아니했다. 하지만 어떤 사람이 자신의 이름으로 오면 유대인들이 영접했을 것이다(43절). 즉 만일 어떤 사람이 정치적인 해방 투쟁을 기치로 걸고 등장한다면 유대인들은 그를 메시아로 영접했을 것이다. 유대인들이 서로서로 영광(인정)을 받기를 원했고, 대신 유일신 하나님께로부터 오는 영광은 구하지 아니하기에 예수님을 믿을 수 없다(44절). 모세가 유대인을 고소할 것이다(45절). 모세가 예수님을 증거했기에(예. 최초 복음인 창 3:15; 민 21:9, 24:17; 신 18:15 등), 모세를 믿는 자는 곧 예수님을 믿을 수 있는 사람이다(46절). 모세의 글도 믿지 못한다면 어찌 예수님의 말씀을 믿을 수 있겠는가(47절). 이 말씀은 청중에게 충격으로 다가 왔을 것이다. 왜냐하면 유대인 청중 가운데 바리새인, 서기관, 제사장들도 있었을 것인데, 그들은 모세의 제자로 자처했기 때문이다. 투영으로 볼 때, 에베소의 요한 공동체는 디아스포라의 불신 유대인들과의 대결 속에서 대적들이 어떤 명분도 가지고 있지 않은 정죄 받은 집단인 것을 알고 대처해야 했다.[662]

성경은 그 안에서 그리스도를 발견할 목적으로 읽혀야 한다. 이 목표에서 이탈하는 자는 그가 학문을 하면서 일생의 정력을 바쳤다 해도, 절대로 진리를 아는 지식에 이를 수 없다. ……왜냐하면 하나님의 영광의 광채가 모세의 율법에 분명히 비치고 있기 때문이다. ……율법과 선지자들이 증거 했던 분이 복음에 공개적으로 제시되었다."

662) 데이비스 딕스(Davis Deeks, 1993)는 요한복음 4장 46-54절과 요한복음 5장 1-30절을 요한복음의 중심 부분으로 보는데, 다음과 같이 교차대칭구조를 제시한다(재인용. Leithart, 2009:169).

A. 서론: 1:1-18
B. 하나님의 어린양: 1:19-34
C. 제자도: 1:35-51
D. 결혼 잔치: 2:1-12
E. 죽음과 부활: 2:13-25
F. 세례: 3:1-21
G. 묵상: 3:21-36
H. 생명수와 예배: 4:1-45
I. 치유: 4:46-54
I' 치유: 5:1-30
H' 생명수와 예배: 6-7
G' 묵상: 7:1-8:59
F' 세례: 9:1-10:21
E' 죽음과 부활: 11:1-57
D' 결혼 잔치: 12:1-26
C' 제자도: 13:1-17:26
B' 하나님의 어린양: 18:1-19:42
A' 결론: 20:1-31

3. 오늘에의 적용

전통적이고 부수적인 요소(장로의 유전)로 인해 본질(생명을 얻음)이 왜곡되고 있지 않은가?
우리의 사역에 예수님의 하나님 되심은 무슨 의의가 있는가?
구약에서 그리스도를 밝히 증거하고 있는가?

요한복음 6장

1. 본문 및 구조

- 오병이어의 표적(1-15)
- 물 위를 걸으신 예수님(16-21)
- 하늘에서 오신 참 생명의 떡이신 예수님(22-40)
- 하늘의 참 생명의 떡이신 예수님을 거부하는 유대인(41-59)
- 예수님을 버리고 떠나 버린 많은 사람들(60-71)

2. 구원 계시사적 메시지

2.1. 요한복음 6장 1-15절의 메시지

예수님이 디베랴의 갈릴리 바다 건너편으로 가시니, 주님의 치유의 표적들을(*ta semeia*) 본 큰 무리가 따른다(1-2절). 갈릴리 호수가 '디베랴 바다'라고 불린 이유는 헤롯 안디바가 A.D. 20년에 티베리우스 황제(A.D. 14-37년)를 기념하여 그렇게 명명했기 때문이다. 이때는 유월절이 가까운 시점으로서 예수님이 제자들과 함께 산에 앉으신다(3-4절). 예수님은 빌립에서 이 큰 무리를 위해 어디서 떡을 사서 먹게 할 수 있을지 그를 테스트(*peirazo*)하시기 위해 물으신다(5-6절). 이 시험은 실족하게 하여 범죄하도록 하려는 목적이 아니라, 그 사람을 더욱 강하게 만드는 차원으로 보아야 한다. 빌립의 물질적이고 합리적인 관점에서 볼 때 200데나리온어치의 떡을 구입하여 사람들에게 조금씩 나누어 준다고 해도 부족했다(7절). 안드레가 예수님께 한 아이(*paidarion*, NT *hapax*)가 오병이어를 가지고 있는데 이 큰 무리를 위해서는 얼마나 도움이 될 것인지 여쭙는다(8-9절; 참고. 왕하 4:42-44). (봄철) 잔디 위에 앉은 무리는 약 5천 명이었고, 예수님은 떡을 가지고 축사하신

하지만 위의 구조는 요한복음 5장 31-47절과 요한복음 21장을 포함시키지 않은 점과 십자가와 부활보다 치유 사건을 더 중요하게 본 점이 문제다.

후 나눠 주셨고, 고기도 그렇게 무리가 원하는 대로 나눠 주셨다(10-11절).[663]

그들이 배불리 먹은 후 예수님은 남은 조각들을 모으고 조금도 버리지 말라고 말씀하신다(12절). 여기서 '남은 음식을 버리지 말고 다 모으는 것'은 예수님이 구원할 사람들은 빠짐없이 다 모아질 것을 상징적으로 의미한다. 보리떡 다섯 개로 먹고 남은 조각이 12바구니에 찼다(13절). 이것은 메시아 시대에 교회가 누릴 복이 풍성함을 암시한다(참고. 사 25:6-9). 예수님이 행하신 표적을 본 무리는 예수님을 향해서 신명기 18장 15-18절에 예언된 세상에 오실 바로 그 선지자라고 고백한다(14절). 무리가 억지로 예수님을 임금으로 삼으려는 것을 아시고 주님은 혼자 산으로 떠나가셨다(15절).[664] 무리들은 오병이어의 표적 배후에 계시된 예수님의 인격을 파악하지 못하고, 물질적으로만 이해하여 배고픔을 해결하실 그런 왕으로만 생각했다.[665]

---

663) 웨일즈복음주의신학교의 R. Letham(2010:13-14, 47)은 '칼빈의 성찬론' 강의에서, 예수님의 최후 만찬과 유월절 식사는 관련성이 없다고 주장했다. 하지만 다음 이유들로 Letham 교수의 주장은 근거가 약하다: (1) '유월절 음식'을 잡수신다는 예수님과 제자들의 말씀(마 26:17-18)은 최후 만찬이 유월절 식사였음을 지지한다. Letham은 복음서 가운데 가장 신학적으로 접근하고 로마식 시간을 따른 요한복음에만 기초하여 논했기에 공관복음의 진술을 무시한다. (2) 예수님이 그 당시 유대인의 유월절 식사 관습을 따르지 않은 것으로 보기 어렵다. 예수님은 제자들과 그 당시 유대인의 유월절 식사와 동일한 것을 잡수시되, 예수님 자신의 살과 피와 연결시킨 것이 불신 유대인의 유월절 식사와의 차이점이다. (3) 예수님과 제자들이 최후 만찬 후 찬송하며 감람산으로 가신 것(마 26:30)도 그 당시 사람들이 유월절 식사 때 '할렐시편'을 부른 것과 관련된다. 유월절 식사에 대해서 유대문헌이 증거하기에, 자료가 거의 없다는 Letham의 주장과 달리 그것을 1세기 기독교 이전에 대한 자료로 사용할 수 있다. (4) 최후 만찬이 유월절 당일에 시행되지 않았다 해서(요 18:28), 최후 만찬과 유월절 식사가 다르다고 주장할 수 없다. 요한복음 18장 28절의 유월절 식사는 굳이 니산월 14일(유월절 전날)에 먹는 음식만 아니라 유월절 기간 동안에 먹는 모든 희생 제물을 뜻한다(참고. 신 16:2, 3). 공관복음이나 요한복음 모두 예수님이 니산월 14일 저녁에 음식을 드신 것으로 기록한다. 중요한 구절은 '유월절 준비일 육시'(요 19:14)인데, 금요일 오전 6시라는 의미이다. 따라서 예수님은 니산월 14일 목요일 저녁에 드셨다(참고. 마 26:17-20). (5) 최후 만찬의 직접적인 구약 근거 구절을 출애굽기 24장으로 제한하는 것은 무리가 있다. 출애굽기 12장 8절, 시편 23편 5절, 아모스 9장 14절과 같이 성찬 모티브를 가진 구약 구절 전체가 예수님이 성찬을 제정하신 최후 만찬을 통해 성취되었다고 볼 수 있다. 그리고 출애굽기 24장에서 모세와 다른 73명은 짐승과 음료를 먹고 마셨기에(출 24:11), 최후 만찬과 성찬에서 먹는 빵에 대한 언급은 없다. 따라서 출애굽기 24장과 최후 만찬 사이에 불일치점이 있으므로, 구약의 다른 구절을 종합적으로 보아야 한다. (6) 요한계시록 19장의 어린 양의 혼인 잔치가 가지는 '종말론적'인 성찬의 의미를 주장한 것은 옳지만, Letham 교수가 사용한 '종말론적'이라는 용어는 '미래적'이라는 뉘앙스로 들린다. 그러나 요한계시록 19장 9절의 동사는 현재완료와 현재시제이기에 미래적 의미를 일차적으로 볼 수 없다. 계시록의 부분적 과거론에서 볼 때, 요한에게 있어서 어린양의 혼인 잔치의 미래적 뉘앙스는 이차적인 것이다.

664) 15절에서 아오리스트 능동 직설 3인칭 단수 '떠나셨다'(*anechoresen*) 대신에, 시내 산 사본은 현재 능동 직설 3인칭 단수 '도망가다'(*pheugei*)라고 쓴다.

665) 요한복음의 오병이어의 표적과 공관복음의 기록 사이의 차이점들은 다음과 같다. '그 후'(*meta tauta*, 요 6:1)라는 표현, 무리가 예수님을 따른 이유 설명 (2절), 유월절을 '유대인의 명절'로 소개함(4절), 빌립과 안드레와의 대화(6-9절), "사람들로 앉게 하라"는 직접적인 명령과 제자가 아니라 예수님이 친히 음식을 나누어 주신 점(10-11절), 그리고 표적을 목격한 무리의 반응(14-15절). 그런데 예수님이 유월절 즈음에 행한 오병이어의 표적은 성만찬을 내다본다. '유대교 유월절 하가다'에는 요한복음 6장처럼 식사의 내용과 형식에 대한 4명의 아들이 하는 질문과 아버지가 하는 대답이 나타난다. 초대 교회는 예수님의 죽음을 유월절 희생과 연결시켰고, 유월절 식사와 성만찬을 관련시켰다. 오병이어

2.2. 요한복음 6장 16-21절의 메시지

밤에 제자들이 배를 타고 가버나움으로 가다가 큰 파도를 만난다(16-18절). 이때는 밤 사경(새벽 3-6시)쯤 되었다(참고. 막 6:48). 제자들이 노를 저어 10여 리 정도 가다가, 물위를 걸어오신 예수님을 보고 두려워한다(19절). 유월절 배경에서 볼 때 주님이 갈릴리 호수 위를 걸으시는 것은 홍해를 건너는 것에 상응한다. 그리고 시편 29편 3절, 77편 19절, 107편 4-30절, 그리고 이사야 51장 6-16절(특히 *ego eimi*, 12절)이 간본문이다(참고. Brown, 1966:255). 제자들은 아직도 오병이어의 표적을 행하신 예수님의 전지전능하심을 온전히 신뢰하지 못하고 있다. 예수님은 제자들에게 "내니(*ego eimi*) 두려워 말라"고 말씀하시고, 제자들은 배 안으로 주님을 영접하여 가버나움에 무사히 도착한다(20-21절). "내니 두려워 말라"는 신현(theophany)에서 자주 등장하는 인사말이다(참고. Bultmann, 1971:216).

2.3. 요한복음 6장 22-40절의 메시지

이튿날 바다 건너편에 서 있던 무리가 그곳에 배 '한 척'(*hen*)[666] 외에는 다른 배가 없는 것과 어제 예수님께서 자신의 제자들과 함께 그 배에 오르지 않으시고 자신의 제자들만 떠나간 것을 보았다(22절). 무리는 예수님은 여전히 오병이어의 표적을 행한 곳에 계신 줄 알고 그곳으로 왔지만 주님과 제자들을 발견하지 못하자 서쪽 가버나움으로 간다(23-24절). 이들이 예수님을 만나자 "랍비여, 언제 여기에 왔나이까?"라고 묻는다(25절). 그들에게 있어서 예수님은 여전히 '랍비'이시다. 예수님은 이들이 따라온 이유를 표적을 본 이유가 아니라 먹고 배부른 까닭이라고 간파하신다(26절). 이처럼 사람들의 참된 동기를 파악하시는 능력이 예수님 안에 있는 것은 주님이 하나님의 아들이심을 증명한다(참고. 요 1:35-51, 2:24-25).

무리들은 성부의 인 치신('인정' 혹은 '소유'를 의미함) 분이신 인자께서 주시는 영생하도록 하는 양식을 위해서 일해야 한다(27절). 무리는 어떻게 하나님의 그 일들(*ta erga tou theou*)을 할 수 있는지 묻는다(28절). 하나님께서 보내신 자를 믿는 것이 하나님의 일(*to ergon tou theou*) 즉 하나님께서 요구하시는 일이다(29절). 무리들은 바울의 용어로 하면 '율법의 행위'(works of the law)가 아니라. 예수님 안에서 이루어진 하나님의 구원과 은혜를 선물인 줄 알고 믿음으로

의 표적과 성만찬 사이의 연관성에 대한 구체적인 근거는 다음과 같다. (1) 요한복음 6장의 보리빵은 성찬식의 빵을 상기시키며, 공관복음과 달리 유월절 최후 만찬 때처럼 예수님이 친히 빵과 물고기를 나눠주신 점, (2) 예수님이 빵을 들고 축사하신 것을 *eulogein*으로 설명하는 공관복음과는 달리 요한은 성찬식 용어인 *eucharistein*을 사용한 점, (3) 남은 빵을 거둔다는 동사를 공관복음은 *airo*로 표현하지만, 요한은 의도적으로 유월절 어린양 예수님의 죽으심으로써 구원 얻을 백성을 불러모으시는 것을 연상시키면서 *synago* (함께 모은다)로 나타낸 점. 참고로 요한복음에 최후 만찬 보도와 마태복음 28장 19절과 같이 명확한 세례에 대한 명령이 없다는 점을 들어 R. 불트만, G. 보른캄, R. 카이저, E. 로제, R. 브라운, M. 스미스 등은 요한복음의 저자를 '반(反)예전주의자' 혹은 '무(無)예전주의자'로 간주했지만, 요한복음에는 세례와 성만찬과 관련된 구절이 많다(Cullmann, Corell, Bouyer, Hoskyns, Lightfoot, Barrett, Stanley, Vawter, Niewalda, Smalley 등; 요 3:5, 6:51-58, 19:34-35; 보라. 최홍진, 2008:935, 940-945).

666) 22절에서 다수 사본은 '그의 제자들이 올라탔던 배 한 척'이라고 늘려서 쓴다.

받아들여야 했다. 무리들은 예수님이 하나님께서 보내신 분이심을 증명하는 표적을 요구한다(30절). 예수님은 새로운 표적을 보여주는 대신 이미 행하신 오병이어의 표적을 통해서 설명하신다. 예수님은 출애굽 시 광야에서 모세를 통해서 떡을 먹었던 이스라엘과는 달리(참고. 출 16), 하늘에서 세상에 생명을 계속해서 주시려고(*didous*, 현재형) 오시는(*katabainon*, 현재형) 참(*alethinos*; 실체) 떡이라고 스스로 소개하신다(31-33절). 무리는 예수님에게 그런 떡을 항상 주시기를 간구한다(34절). 예수님은 생명의 떡이신데, 주님에게 오는 자는 결코 주리지 않고, 주님을 믿는 자는 영원히 목마르지도 않을 것이다(35절). 예수님은 무리가 주님을(*me*)[667] 보고도 믿지 않았다고 책망하신다(36절). 성부께서 예수님에게 주신 사람은 다(*pan*, 중성 단수 주격) 주님에게로 올 것이고, 그들을 결코 내어쫓지 않을 것이다(37절). 예수님이 하늘에서 오신 것은 성자의 뜻을 이루기 위해서가 아니라, 하나도 잃어버리지 않고 마지막 날에(*en te eschate hemera*) 다시 살리는 성부의 뜻을 이루기 위함이다(38-39절). 성부의 뜻은 아들을 보고 믿는 자마다, 영생을 얻는 것인데, 마지막 날에 예수님이 그들을 다시 살릴 것이다(40절).

2.4. 요한복음 6장 41-59절의 메시지

예수님이 스스로 하늘에서 내려온 떡이라고 말씀하시자 무리가 수군거리면서, 목수 요셉의 아들로만 파악한다(41-42절). 예수님은 성부께서 아들에게 붙여주시는 자만 자기에게로 올 수 있고, 마지막 날에 다시 살릴 것이라고 말씀하신다(44절). 선지자의 글에 "저희가 다 하나님의 가르치심을 받으리라"고 기록되었듯이, 아버지께 듣고 배운 사람마다 예수님에게로 나아온다(45절; 참고. 사 54:13; 렘 31:31-34). 하나님에게서 온 자만 아버지를 보았다(46절). 믿는 자는 영생을 가지고 있는데(*echei*, 현재형) 바로 생명의 떡이신 예수님으로 말미암는다(47-48절).[668] 만나와

---

667) 시내 산 사본과 알렉산드리아 사본은 '나를'(*me*)을 빠뜨리지만, 그 외의 오래된 사본들 특히 바티칸 사본과 다수 사본은 포함한다. '나를'이 있는 독본이 맞다.

668) 48절의 "내가 곧 생명의 빵이다"(바른 성경)에 헬라어 *ego eimi* (I am)가 나타난다. 이것은 출애굽기 3장 14-15절의 반영으로 볼 수 있다. 출애굽을 위해서 모세를 부르신 하나님이 출애굽기 3장 15절에는 '여호와'(야웨, Yahweh)로 나타난다. '여호와'는 '존재하다'는 의미의 히브리어 동사 '하야'에서 온 것이다. '여호와'를 영어 성경은 대개 'the Lord'(주)로 번역한다. 출애굽기 3장 15절의 여호와는 14절의 '스스로 있는 자'(참고. 개역개정판)와 연결된다. '스스로 있는 자'는 영어로 "I am who I am"(나는 나이다, 참고. 바른 성경), "I will be who will be"(나는 미래의 내가 될 것이다), "I will be what I was"(과거의 내가 미래의 내가 될 것이다), "I am who I will be"(나는 미래의 나다) 등으로 번역된다. 창세기에 나타난 이름들과 달리 출애굽기 3장 14-15절의 신명은 하나님의 본성을 구체적인 특성으로 제한시키지 않는다. 즉 하나님은 언제나 그분 자신이다. 하나님의 본성은 변하지 않는다. 그분은 아브라함, 이삭, 야곱의 하나님으로서 이전 세대뿐 아니라 다가올 세대로부터 영원히 경배를 받으실 하나님이시다. 그런데 이스라엘 외에서도 신의 이름이 '야웨' 혹은 '야'(Yah)로 나타나는 경우가 있다. B.C. 2000년경 애굽의 비문에 보면, 오늘날 수단에 해당하는 Nubia의 Shasu 땅에 'Yhw'라는 말이 있다. Shasu는 세일 지역의 베두인과 관련된다. 이것은 미디안 족속으로서 모세의 장인이었던 이드로가 야웨를 예배하는 자였다는 출애굽기 18장과 관련 있는 것 같다. 미디안은 아브라함의 후손이었기에(참고. 창 25:2-4), 이방 나라에도 야웨와 비슷한 이름이 나타날 수 있다고 볼 수 있다(참고. 존 월튼, 2010:113).

달리 생명의 떡이신 주님은 사람을 영생하도록 만드신다(49-50절). 하늘에서 내려온 산 떡이신 예수님은 세상에 생명을 주시기 위해서 자신의 살(*sarks*, 몸)을 주신다(51절). 유대인들은 오해하면서 어떻게 예수님이 살을 줄 수 있는가 서로 말한다(52절). 인자의 살과 피를 먹고 마시지 않으면 생명을 가질 수 없다(53절). 예수님의 살은 참된(*alethes*) 양식이요, 피는 참된(*alethes*) 음료이다(55절). 주님의 살과 피를 먹는 자는 주님 안에, 주님도 그 사람 안에 거하신다(56절).[669] 이것은 가톨릭에서 말하는 화체설(trans-substantiation)을 지지하지 않는다. 성부로 말미암아 성자께서 사시는 것같이, 성자를 먹는 자는 영원히 살 것이다(57-58절). 구약의 만나와는 차원이 다른 예수님은 참된 영적 생명의 수여자이시다. 이 말씀은 가버나움 회당에서 가르치신 것이다(59절). '회당' 앞에 정관사가 없기에, 회당 건물 안을 반드시 가리키지 않고, '모임'이라는 의미일 수 있다(참고. 오스본, 2005:243).[670]

2.5. 요한복음 6장 60-71절의 메시지

제자 중 여러 명이 예수님의 가르침이 어렵다고 말한다(60절). 예수님은 제자들이 수군거리는 것을 아시고 자신의 말씀이 걸림이 되는지(*skandalizo*) 물으신다(61절). 예수님은 주님이 하늘에서 온 분임을 제대로 믿지 않던 그들에게, 인자가 이전에 계시던 하늘로 가는 것을 본다면 믿을 수 있겠는가라고 말씀하신다(62절). 살리는 것은 영이니, 육은 무익하다. 예수님이 제자들에게 하신 말씀이 영이요 생명이다(63절). 63절에서 주님은 "살리는 것은 (성)영이니 육(*sarks*)은 무익하니라. 내가 너희에게 이른 말이 영이요 생명이라"고 말씀하신다. '살리는 것은 영이니'라는 말씀은 "성령님은 계속해서 생명을 주시는 분이다"는 말씀이다(현재 능동 분사). 성령님께서 예수님 안에 있는 생명을 지금도 선물로 나누어 주신다. 즉 예수님의 살과 피를 통해서 영생을 베풀어, 지금도 사람을 살리는 분은 바로 성령님이시다. 예수님은 제자 중에서 믿지 않는 자들이 있고,[671] 유다가 자신을 팔 것도 알고 계셨다(64절). 믿지 않는 자와 주님을 팔 자는 성부께서 성자에게 오도록 주신 사람들이 아니다(65절). 이런 사람들은 가라지들이다.

제자들 중에 많은 사람들이 예수님을 떠나 버린다(66절). 이 시점은 예수님의 사역에 있어서 작은 분수령이다. 예수님의 말씀이 참 제자와 거짓 제자를 구분해 버렸다. 예수님과 유대 지도자

---

669) 56절에 D사본은 "아버지께서 내 안에 계신 것같이 나 또한 아버지 안에 있느니라. 내가 진실로 진실로 너희에게 이르노니 너희가 인자의 몸을 생명의 떡으로 받지 아니하면 너희가 그 안에서 생명을 얻지 못하리라"를 설교체로 첨가한다(참고. 매츠거, 2005:177).

670) 출애굽 주제와 연결된 것으로, 요한복음 6장과 민수기 11장 사이의 간본문성에 주목해 보자(참고. ESV Study Bible, 2008:2033).
(1) 어디서 고기/빵을 얻겠는가?(요 6:5; 민 11:13)
(2) 공급과 현재적 필요 사이의 현저한 대조(요 6:7-9; 민 11:22)
(3) 만나에 대한 묘사(요 6:31; 민 11:7-9)
(4) 무리의 수군거림(요 6:41, 43; 민 11:1)
(5) 고기/빵(예수님의 몸)을 먹는다는 언급(요 6:51; 민 11:13)

671) 64절에서 시내 산과 G사본은 '믿는 자들이 누구이고'로 긍정문으로 쓴다. 하지만 B, C와 다수 사본은 '믿지 않는 자들이 누구이고'라는 부정문으로 쓴다.

들과의 갈등뿐 아니라, 주님의 참 제자와 거짓 제자 사이의 갈등도 나타난다. 예수님은 12제자에게 "너희도 가려느냐?"라고 물으시니, 베드로가 '영생의 말씀'이신 예수님을 버리고 갈 수 없다고 답한다(67-68절). 베드로는 주 예수님을 '하나님의 거룩하신 분'으로 믿고 알았다고 말한다 (69절).[672] 예수님을 '하나님의 거룩하신 분'으로 고백한다는 것은 성부에 의해 성별되어 세상에 파송됨으로써 세상을 위한 희생 제물로 자신을 거룩하게 하신 분을 고백한다는 의미이다. 즉 '거룩한 구속자라'는 뜻이다(참고. Beasley-Murray, 1987:97).

기독교의 인식론은 알고 믿는 것이 아니라 믿고 아는 것이다. 믿음의 순종이 참된 이해의 시초가 된다(참고. 칼빈, 1993:252). 가룟 사람(*Iskariotou*) 시몬의 아들 유다는 무리가 예수님을 버리고 떠날 때 같이 떠나지 않았는데, 예수님은 그를 향해서 '마귀'(*diabolos*)라고 부르신다(70-71절).[673] 유다는 마귀의 대리인(agent) 역할을 한다.

3. 오늘에의 적용

참 떡이요 생명의 떡이신 주님을 먹고 그분 안에서 즐기는가?
가룟 유다에게서 볼 수 있듯이 성부의 예정과 성도의 자유의지적 결단의 관계는 무엇인가?

요한복음 7장

1. 본문 및 구조

- 예수님의 형제들의 조롱(1-9)
- 성전에서 가르치시는 예수님(10-31)
- 종교 지도자들이 예수님을 잡으려 함(32-52)

2. 구원 계시사적 메시지

672) 69절에서 다수 사본은 마태복음 16장 16절처럼 예수님을 '살아 계신 하나님의 아들 그리스도'라고 쓴다.

673) A.D. 2세기경 그리스어로 기록되었으며, 3-4세기경 콥틱어로 번역된 것으로 보이는 '유다 복음'이 최근 소개되었다. 이것은 갈라디아서 1장 8절의 '다른 복음'으로서 이것을 마치 신봉하도록 선전하는 자는 저주를 받을 것이다. 이 책은 가룟 유다의 배반이 없었다면 예수님이 유월절에 죽을 수 없었고 인류 구원을 위해 구속을 수행할 수 없다는 황당한 주장을 편다.

2.1. 요한복음 7장 1–9절의 메시지

요한은 요한복음 7장 이후로 본격적으로 고난 받는 메시아를 소개한다. 이 단락에서 예수님은 육신의 가족에게 불신 받으심을 언급한다. 유대인들이 예수님을 죽이려고 혈안이 되어 있었기에, 주님은 유대가 아니라 갈릴리에서 활동하시려고 하신다(1절). 예수님은 유대 지도자들을 두려워해서가 아니라, 주님의 때 즉 생명을 기꺼이 내놓으실 때가 이르지 않았기에 갈릴리에서 활동하신 것이다(8절). 초막절이 가까워 오고 있었다(2절). 요한복음 7장은 오병이어의 표적을 행하신 지 약 6개월이 지난 시점을 배경으로 한다. 원래 초막절은 가을에 포도를 수확하는 것을 기념했다(참고. 출 23:16; 신 16:13-15). 그러나 초막절이 농경의 의미 대신에 출애굽 시 광야에서 지낸 초막을 기념하는 것으로 바뀌었다(참고. 레 23:33).[674] 예수님의 형제들이 예수님이 초막절을 지키기 위해서 유대로 가서 공개적으로 세상에 나타내라고 말한다(3-4절). 지금 동생들은 예수님이 진짜 메시아라면 무명의 상태로 있을 수 없다고 조롱하고 있다. 아직 예수님의 동생들 즉 야고보, 유다, 요셉, 그리고 시몬은 예수님을 믿기 전이었다(5절; 참고. 마 13:56; 막 3:21). 하지만 예수님은 이미 여러 표적을 통해서 하나님의 아들이며, 생명을 주시는 세상의 빛이심을 밝히 보여주셨다. 예수님의 동생들은 부활하신 후에 메시아로 믿었다. 고린도전서 15장 7절에 의하면 예수님이 부활하신 후에 야고보에게 나타나셨다. 사도행전 1장 14절에 의하면, 예수님이 승천하신 후에 마리아와 동생들이 기도하러 제자들과 함께 마가 요한의 다락방에 모였다.

예수님의 때(*kairos*)는 아직 이르지 않았다(6절). 성부께서 예수님에게 맡기신 사역이 결정적으로 이루어질 바로 그때는 아직 이르지 않았다. 하지만 예수님의 동생들의 때는 늘 준비되어 있다(6절). 주님의 동생들은 하나님의 시간표에 따라 움직이는 것이 아니라, 자기 마음대로 초막절을 지키러 갈 수도 있었고 가지 않을 수도 있었다. 세상이 예수님을 미워하는 것은 빛되신 주님의 사역이 죄악 세상의 어둠을 폭로하는 것이기 때문이다(7절). 하지만 예수님의 동생들은 어두운 세상에 속해 있기에 세상으로부터 미움을 받지 않는다. 이것은 초막절에 예루살렘 성전에 횃불로 밝히는 것을 연상시킨다. 예수님은 세상의 죄악을 밝히 드러낼 뿐 아니라, 구원의 빛을 비추시는 분이시다. 예수님은 초막절 명절에 예루살렘으로 올라가지 않겠다고 말씀하시고 갈릴리에 머물러 계신다(8-9절).[675] 예수님의 이 말씀은 공개적인 방식으로 초막절에 참여하지 않으실 것이라는 뜻이다. 예수님은 다른 사람의 강압이나 설득으로 구원의 사역을 행하시지 않았다. 대신 하나님의 시간표에 따라 행하셨다.

2.2. 요한복음 7장 10–31절의 메시지

예수님도 초막절을 지키러 예루살렘에 올라가셨지만 공개적으로 활동하지 않으신다(10절).

---

674) 요세푸스에 의하면, 초막절은 이스라엘의 3대 절기 중에서 가장 대중적인 것이다(《유대 고대사》, 8.100).

675) 8절에서 '올라가지 않겠다'(*ouk anabaino*, 시내 산, D 등) 대신에 다수 사본은 '아직 올라가지 않겠다'(*oupo anabaino*)로 쓴다.

만일 예수님께서 제자들과 함께 공개적으로 초막절을 지키러 올라가셨다면 군중들은 메시아의 때 이른 승리적 입성으로 오해했을 수 있다(참고. Carson, 1991:311). 유대인들이 예수님을 찾았고, 좋은 사람인지 아니면 미혹하는 사람인지 논란이 벌어졌다(11-12절). 무리들은 유대인(지도자)들을 두려워했기에 예수님에 대해 공개적으로 말하는 것을 두려워했다(13절). 요한복음 9장 22절에 의하면 유대인들은 그리스도인을 회당에서 출교할 수 있었다. 초막절 명절 중간에 예수님이 성전(뜰)에서 가르치시기 시작했다(14절). 예수님의 가르침을 본 유대인들이 주님이 어떻게 글을 아는지 의아해한다(15절). 이들은 예수님의 가르침을 듣고 놀라기는 했지만 믿음으로 반응하지는 않는다. 예수님은 자신의 교훈이 성부 하나님의 것이라고 말씀하신다(16절). 만일 사람이 하나님의 뜻을 선택하려고 하면 예수님의 가르침이 하나님에게서 나온 것인지 아니면 예수님 자신의 말씀인지 알 수 있다(17절). 예수님을 보내신 성부의 영광을 구하는 자는 참되며 그 속에 불의가 없다(18절). 예수님은 무리에게 '모세의 율법을 지키는 자가 없고, 왜 자신을 죽이려 하느냐'라고 말씀하신다(19절). 무리는 예수님에게 "당신은 악령 들렸소(즉 당신은 미쳤소). 누가 당신을 죽이려 한단 말인가?"라고 말한다(20절). 주님을 향해서 악령 들렸다고 말하는 자체가 바로 신성 모독이다.[676]

예수님은 한 가지 기적을 행하셨는데 그것을 모두 기이히 여긴다고 말씀하신다(21절). 그 기적은 요한복음 5장 1-15절의 베데스다 연못가의 38년 된 병자를 고치신 것이다. 유대인들은 조상에게 기인한(참고. 창 17:9-14) 할례를 안식일에도 행하고 있다(22절). 할례를 안식일에 행하는 것이 가하다면 예수님이 안식일에 전신을 건전케 한 것을 두고 노여워할 이유가 어디 있는가?(23절). 겉으로 피상적으로 드러난 외모가 아니라 공의로 판단해야 한다(24절). 예루살렘 사람 중에서 몇이 예수님을 보고는 '사람들이 죽이려고 했던 사람이 아닌가?(25절), 그리고 예수님이 공개적으로 말씀하지만 당국자들이 그리스도라고 결론을 내렸기 때문에 아무 말도 하지 않는가?'라고 서로 말한다(26절). 그들은 예수님이 어디서 오신지 알고 있다(27절). 그들은 예수님이 갈릴리 출신임을 알고 있었다. 그러나 그리스도께서 오실 때 어디서 오는지 아는 사람이 없다(27절). 하지만 메시아의 출생지는 미가 5장 2절에서 베들레헴이라고 예언되어 있지 않은가? 그러나 유대인의 민간 전승에 의하면, 메시아는 그냥 나타나실 것이라고 믿었다(참고. 오스본, 2005:270). 초기 유대주의에서는 메시아에 대한 다양한 의견이 있었다(보라. Witherington, 1995:172). 이 구절은 일종의 아이러니인데, 예수님을 육체대로 알고 있었던 사람조차 진정으로 예수님이 하늘로부터 온 줄은 알지 못했기 때문이다. 따라서 예수님은 그들에게 자신을 보내신 성부를 그들이 모른다고 말씀하시면서, 참되신 성부께서 자신을 보내신 분이심을 밝히 말씀하신다(28-29절). 유대인들이 예수님을 잡고자 하였지만 예수님의 (죽으실) 때가 이르지 아니했기에 손을 대는 자가 없었다(30절). 이 대화와 사건 역시 하나님의 시간표 속에서 움직이고 있다. 많은 사람이 예수님을 믿었고, 그리스도께서 오실지라도 예수님이 행하신 표적보다 더 많이

676) 칼빈(1993:266)은 이 구절을 다음과 같이 적용한다. "만일 우리가 무지한 자들에 의해 터무니없는 정죄를 받았을 때는, 그리스도의 본을 따라서 조용히 그 모욕을 삼켜 버려야 한다."

행할 수 있겠는가라고 말한다(31절).

2.3. 요한복음 7장 32-52절의 메시지

대제사장들과 바리새인들이 하속을 보내어 예수님을 잡으려고 한다(32절).[677] 예수님은 조금 더 있다가 성부에게로 갈 것이라고 말씀하신다(33절). 이것은 죽으심을 시사하는 것이다. 예수님을 찾아도 만나지 못할 것이며, 예수님이 계신 곳에 오지도 못할 것이다(34절). 유대인들은 예수님이 헬라인들(이방 땅의 유대인들)에게 가르치러 가시는 줄로 생각했다(35절). 유대인들은 "너희가 나를 찾을 것이나 발견하지 못할 것이며, 내가 있는 곳에 너희가 올 수 도 없을 것이다"의 말이 무슨 뜻인지 의아해했다(36절).[678]

초막절 끝 날에 예수님께서 "누구든지 목마르거든 내게로 와서 마시라"라고 외치신다(37절).[679] 실제로 초막절 절기 동안 실로암 연못의 물을 떠다가 제단에 붓는 의식을 거행했는데, 이것은 출애굽한 이스라엘이 광야에서 마신 생수를 돌이켜 보도록 한다. 그리고 초막절 제8일째는 비를 달라고 기도했다. 예수님을 '믿는 자들은'(*hoi pisteuontes*, 현재 능동 분사 남성 복수 주격; 파피루스 66, B, L, T; 참고. 아오리스트 능동 분사 남성 복수 주격[*hoi pisteusantes*, 믿은 자들은]; 시내 산, D, 다수 사본) 성경이 말씀하신 것처럼 그의(*autou*) 배 (*koilia*, 존재의 가장 깊은 곳)에서 여러 가지 생수의 '강들'(복수형 *potamoi*, 즉 풍성하신 성령님)이 흘러날 것이다(38-39절).[680] '그의 배'에서 '그의'는 일차적으로는 예수님을 가리키고(참고. Menken, 1996:202), 이차적으로는 성령의 전이 된 신자를 가리킨다.[681] 성경에서 생명을 부어주실 것이라는 예언은 시편 78편 16절, 이사야 12장 2-3절, 44장 3-4절, 58장 11절 등에 나타난다(참고. Sukkah 5:1; Ruth Rabbah 4:8). 예수님은 생명수 강이신 성령을 보내시는 분이시다. 하지만 아직 예수님이 영광을 받지 못하신 관계로 성령이 제자들에게 계시지 않았다.[682]

---

677) 혹자는 바리새인과 대제사장들 사이의 반목의 관계를 들어 이러한 협조는 불가능하다고 본다. 물론 바리새인과 사두개인 사이에 불화가 존재했지만 그들의 공동의 적이신 예수님을 대적하기 위해서는 얼마든지 손을 잡을 수 있었다. 누가복음 23장 12절에 좋은 예가 등장하는데, 이전에 원수 관계였던 헤롯 안디바와 총독 빌라도가 예수님을 재판할 때 협력한다(참고. Carson, 1991:319).

678) 36절 다음에 225 사본은 간음한 여인을 용서하신 사건을 기록한 요한복음 7장 53절에서 8장 11절을 붙인다.

679) 27절의 *pros me* ('나에게') 본문 비평 등급은 {B}이다. 이것을 지지하는 것은 파피루스 66 2판, 시내 산 사본 2판, L, T, W, 다수 사본, 그리고 다수의 교부이다. 비슷하게 B와 파피루스 75는 *pros eme*라고 강세형으로 쓴다. 하지만 파피루스 66 원본, 시내 산 사본 원본, D 그리고 몇몇 교부는 생략한다. 외증 즉 사본상의 지지는 *pros me*가 있는 것이다. 내증 즉 요한의 표현과 문맥을 고려해 볼 때, 38절에도 비슷한 표현(*eis me*)이 있다.

680) 38절의 '강들'(*potamoi*)이라는 말은 에덴동산 주위의 4개의 강들을 연상시킨다.

681) 시편 114편 8절에서 시인은 '반석'을 '연못'과 동일시한다. 그런데 히브리어 '연못'을 아람어(*mein*)로 바꿀 수 있다면 그것은 '내장'(intestines, inside)을 가리킨다. 결국 이것은 헬라어 *koilia*로 번역할 수 있다(참고. Menken, 1996:201).

682) 요한복음에서 '영광'(*doksa*)은 표현상(stylistic)으로 *double entendre*(double meaning)로 볼 수 있다 왜냐하면

이 말씀을 들은 사람 중 일부는 예수님을 '그 선지자'로 혹은 '그리스도'로 인정한다(40절). 그러나 나사렛이 아니라 베들레헴에서 메시아가 난다고 알고 있던 자는 예수님을 메시아로 믿지 못했다(41-42절). 그렇다면 왜 예수님은 부모가 호적하러 갔을 때 베들레헴에서 출생했다고 말씀하지 않으셨는가? 베들레헴에서 출생했다고 밝히는 것보다 메시아 되심을 증명하는 데 더 중요한 것은 예수님의 하신 사역이기 때문이다. 예수님을 두고 쟁론이 벌어졌으며, 체포하려는 사람도 있었지만 감히 손을 대는 자가 없었다(43-44절). 대제사장과 바리새인이 보낸 하속(temple guards)들이 예수님을 잡아오지 못했다(45절). 주로 레위인들로 구성된 하속들은 예수님이 가르치신 말씀은 다른 사람들의 가르침과 비교해 볼 때 전혀 다른 차원의 것이라고 인정한다(46절). 46절에서 다수 사본은 "이 사람처럼(*hos houtos ho anthropos*) 이렇게 말한 사람은 아무도 없었습니다"로 늘려서 쓴다. 바리새인들은 하속들이 예수님에게 미혹당한 것으로 보았다(47절). 바리새인은 율법을 알지 못하는 무리(예. 하속들)는 저주를 받은 자라고 선포한다(49절). 이때 산헤드린의 관원인 니고데모가 등장하여 예수님의 가르침을 들어보지 않고 판단할 수 없다고 말한다(51절). 그러나 바리새인들은 니고데모에게 갈릴리에서는 그리스도가 출생할 수 없다고 말한다(52절). 다 집으로 돌아가고 예수님은 감람산으로 가셨다(53절).

3. 오늘에의 적용

불신 가족을 어떻게 복음으로 설득할 수 있는가?
생수의 근원이신 예수님의 인격을 바로 알고 있는가?

요한복음 8장

1. 본문 및 구조

- 간음하다 잡힌 여자를 회복시키심(1-11)
- 예수님의 증거의 권위(12-20)

'영광/영광을 돌리다'라는 표현이 특정 문맥(요 7:39, 12:16, 23, 13:31-32, 17:1)에서 '신분의 중요성과 탁월함과 무게'라는 일반적인 사전적 정의와는 달리, 그리스도의 십자가의 죽으심과 부활을 의미하기 때문이다. 사용된 용어와 그것이 가리키는 의미 사이에는 의미론적 상호작용이 발생한다. 즉 영광은 십자가 사건으로 정의되고, 십자가 사건은 영광의 관점에서 묘사된다. 이런 일종의 모호함을 요한복음의 1차 독자들이 충분히 간파할 수 있었다. 영광 가운데 선재하셨던 그리스도는 십자가와 부활을 통하여 그 영광을 회복하실 뿐 아니라, 신약 교회에게도 그 영광을 주시려고 하신다(참고. Van der Watt, 2005:468-469).

• 예수님의 권위의 기원(21-30)
• 아브라함의 자손(31-59)

2. 구원 계시사적 메시지

2.1. 요한복음 8장 1-11절의 메시지

UBS 4판, 바른 성경과 개역개정판에서 요한복음 7장 53절에서 8장 11절은 괄호로 처리된다. NIV에는 "가장 이른 사본들(예. 파피루스 66, 75, 시내 산, A, B)과 다수의 다른 사본들(L, N, T, W)은 이 부분을 포함하지 않는다"고 밝힌다. 하지만 다수 사본은 이 부분을 포함한다. 고대 사본들이 포함하고 있지 않다고 해서, 이 사건의 역사성을 의심할 이유는 없다.[683]

예수님이 성전에서 가르치신다(2절). 서기관들과 바리새인들이 간음 중에 잡힌 여인을 데리고 와서 가운데 세우고 예수님께 말한다. 모세의 율법은 간음한 여인을 돌로 치라고 말하는데, 예수님의 생각은 어떤지 묻는다(3-5절). 이 질문은 예수님을 고소할 조건을 찾고 시험하기 위해서였다(6절). 간음을 행한 남자는 데리고 오지 않았기에 이것은 다분히 불공평한 처사이다. 만일 예수님이 여인을 돌로 치는 것을 반대하면 율법을 어기는 자로 낙인 찍혔을 것이다(참고. 레 20:10). 반대로, 여인을 돌로 치는 것을 지지하면 로마 당국에 고발당할 수 있다. 왜냐하면 사형 집행은 로마의 허가를 받아야만 했기 때문이다.

예수님은 몸을 굽혀서 손가락으로 땅에 무언가를 쓰신다(6절; 참고. 렘 17:13). 무엇을 쓰셨는가?[684] 십계명 중 제7계명인가? 아니면 예레미야 17장 13절 말씀 즉 "무릇 여호와를 떠나는 자는 흙에 기록이 되리니 이는 생수의 근원이신 여호와를 버림이니이다"인가? 아니면 단지 바리새인과 서기관들의 질문에 대해 대답을 연기하기 위한 상징적인 행동인가? 혹자는 출애굽기 23장 1절과 23장 7절로 본다(참고. Carson, 1991:334). 우리는 정확히 모른다. 그들이 계속해서 예수님에게 묻자, 주님은 죄 없는 자가 먼저 치라고 말씀하신다(7절; 참고. 신 13:9, 17:7). 다시 몸을 굽히사 손가락으로 글을 쓰시니, 이 말씀을 듣고 양심의 가책을 받아 어른과 젊은이들이 하나씩 나가고 오직 예수님과 그 여인만 남는다(8-9절).[685] 예수님이 여인에게 '여자여'(*gyne*)라고 존경하고 회복하시는 의미로 부르시면서 "너를 고소하던 자들이 어디 있느냐? 너를 정죄한 자가 없느냐?"라고 물으신다(10절). 그 여인은 '주여'(*kyrie*)라고 부르면서, 정죄하는 사람이 아무도 없다고

---

683) ESV Study Bible(2008:2039)는 이 부분이 사도 요한이 쓴 원래 복음서에 포함되지 않았기에, 성경의 한 부분으로 인정되지 말아야 하고, 어떤 교리를 세우는 기초 본문이 되지 말아야 한다고 설명한다.

684) 칼빈(1993:289)은 주님이 아무것도 쓰지 않으셨는데, 고발자의 말은 들을 가치가 없다는 것을 보여주는 행동이라고 본다.

685) 8절에서 예수님이 땅에 쓴 내용을 언급하는 사본들(U, Π, 73, 331, 364, 700, 782, 1592)이 있다. '그들 각자가 지은 죄들을'(*henos hekastou auton tas hamartias*). 9절에서 E, G, H사본 등은 "그리고 자신들의 양심의 질책을 받았다"(*kai hypo tes syneideseos slngchomenoi*)를 첨가한다. 바른 성경과 개역개정판도 이 표현을 넣어 번역했다.

말한다. 예수님도 이 여인을 정죄하지 않으니, 다시는 죄를 범하지 말라고 말씀하신다(11절).

이 사건에서 유대인들의 정죄하는 모습과 예수님의 사죄의 모습이 선명히 대조된다. 주님은 세상을 정죄하는 것이 아니라 구원하러 오셨다. 과거와 현재의 죄악이 어떠하든지 신랑이신 예수님께서 용서하시며 정결한 신부로 맞이해 주신다.

2.2. 요한복음 8장 12-20절의 메시지

예수님은 다시(*palin*) 자신을 세상의 빛이라(*ego eimi*)고 소개하신다. '다시'라는 말에서 알 수 있는 것은 요한복음 8장 12절은 7장 52절과 자연스런 흐름을 보인다는 점이다. 여전히 초막절 배경이다. 초막절 동안 매일 밤에 경건한 남자들이 횃불을 들고 춤을 추었다. 그 빛들은 온 예루살렘을 환하게 비추었다(참고. 미쉬나 Sukkah 5:1-4; Carson, 1991:337). 이런 배경에서 볼 때 주님이 세상의 빛이라는 말씀의 의미가 분명히 드러난다. 빛의 은유는 구약에 깊이 뿌리를 내리고 있다(참고. 시 27:1, 119:105; 잠 6:23; 사 42:6; 겔 1:4, 13; 합 3:3-4; 요 1:4, 9, 3:19-21). 특히 이사야 49장 6절에서 빛이신 메시아는 이방에 구원을 비추는 분이시다. 종말은 빛이신 예수 그리스도의 구원의 조명이 펼쳐지는 시대라고 이사야가 예언했다(참고. 사 60:19-22; 참고. 계 21:23-24). 스가랴 14장 5-7절도 중요한 간본문이다. '그날에는' 즉 종말에는 여름과 겨울에도 생수가 예루살렘에서 솟아나서 동해와 서해로 흐를 것이며, 어둠을 비추는 빛도 나타날 것이다. 주님을 따르면 생명의 빛을 얻고 어둠에 다니지 않는다(12절).

하지만 바리새인들은 예수님이 스스로 증거하시기에 무효라고 말한다(13절). 예수님은 자신이 어디서 왔으며 어디로 가시는지 알기에 스스로 증거하셔도 그 증거는 참되시다(14절). 바리새인들은 육체를 따라(*kata ten sarka*) 즉 인간적인 기준으로 사람을 판단하지만(참고. 고후 5:16), 예수님은 아무도 판단하지(*krino*) 아니하신다(15절). 예수님이 아무도 판단하지 않으신다는 것은 죄악 세상을 정죄하지 않겠다는 말씀이 아니라, 유대인들처럼 육체대로 사람을 판단하는 방식을 취하지 않겠다는 뜻으로 보인다. 성부께서 예수님과 함께하시기에 예수님이 판단하여도 그 판단은 참되다(16절). 예수님은 '너희 율법에도'라고 언급하신다(17절). '너희 율법'이라는 말에 유대인의 율법관이 옳을 수도 있고 틀릴 수도 있음을 암시한다. 예수님은 유대인들이 가지고 있는 불완전한 율법관에 비추어 보아도 예수님의 증거는 참된 것임을 강조한다. 여기서 예수님은 유대인의 기준보다 더 정확한 기준을 제시하신다. 그것은 율법의 제정자와 수여자가 하나님 아버지이신데, 그분이 예수님과 함께 계심으로 예수 그리스도의 모든 증거는 참된 증거가 되는 것이라는 주장이다. 이처럼 '너희 율법'이란 표현으로 예수 그리스도는 율법 위에 존재하는 분이심을 나타내고 있다. 이 이야기는 예수 그리스도가 율법을 폐한다는 말은 절대 아니다. 유대인들의 잘못된 율법관을 지적하고 있을 뿐이다. 예수님 자신과 아버지 하나님이 예수님에 대해서 증거하시는 것은 참될 수밖에 없다(17-18절).[686)]

686) 18절에도 *ego eimi*가 등장하는 데 이것은 여러 번 등장한 하나님으로서의 예수님의 인격을 묘사하는 구절과는 다른 구조를 가진다. 즉 여기서는 예수님을 특정한 인물(즉 '증거하는 이')로 설명하는

바리새인들은 예수님의 아버지가 어디 있는지 묻는데, 주님은 그들이 주님 자신과 성부를 모른다고 말씀하신다(19절). 이 대화는 아마도 여인의 뜰에 위치한 것으로 보이는 연보궤(*en to gazophylakio*) 앞에서 한 것인데(참고. 막 12:41), 주님의 때(*hora*)가 이르지 않았기에(참고. 요 2:4; 7:6, 30) 체포하는 사람이 없었다(20절).[687]

2.3. 요한복음 8장 21-30절의 메시지

21절의 '다시 이르시되'라는 말씀에서 알 수 있듯이, 요한복음 8장 12-20절의 말씀이 이 단락과 그 뒤에서 확대된다. 예수님이 계속해서 바리새인들을 위시한 유대인들에게 말씀하신다. "너희가 나를 찾다가 너희 '죄'(*en te hamartia*, 단수: 주님을 믿지 않은 죄) 가운데서 죽겠고, 나의 가는 곳에는 너희가 오지 못하리라"(21절). 예수님은 유대인들이 예수님 자신을 인격적으로 영접하기 위해서 찾을 것이라고 말씀하시는 것이 아니다. 요한복음에서 유대인들은 일관되게 예수님이 아닌 다른 메시아를 대망하는 불신자로 묘사되기에, 의역하면 예수님 외의 다른 메시아를 기다리면 불신의 죄악으로 인해 죽을 것이라는 경고 차원으로 볼 수 있다. 이 말씀을 들은 유대인들은 예수님이 자살할 것이라는 뜻으로 오해한다(22절). 예수님은 위에서 나서 저세상에 속하였고, 유대인들은 아래에서 나서 이 세상에 속해 있다(23절). 예수님이 하늘에서 오신 하나님의 아들임을 믿지 않으면 죄들 가운데서 죽게 된다(24절). 복수형 '죄들'은 불신앙에서 급속히 뻗어 나온 타락의 다양하고 추한 형태들을 가리킨다. 유대인들은 예수님이 누구인지 묻는데, 예수님은 "내가 처음부터 너희에게 말하지 않았느냐?"라고 답하신다(25절).[688]

예수님은 유대인들에 대하여 말씀하고 판단할 것이 많지만 성부에게서 들은 것을 세상에 말씀하신다(26절). 예수님은 성부의 증인이시다(참고. 사 43:10). 출애굽기 3장 14-15절의 여호와와 더불어, 이사야 40-55장에 등장하는 '*ani hu*' 즉 "내가 그이다" 역시 LXX에서 '*ego eimi*'로 번역된다. "내가 그이다"는 "나는 영원히 동일한 하나님이다"라는 의미이다. 그러므로 예수님은 영원하신 성부 하나님의 사역을 종말에 시행하시는 하나님이시다(참고. 사 41:4, 43:10, 13, 25, 46:4, 48:12). 그러나 유대인들은 예수님이 성부 하나님에 관해서 하시는 말씀인지 알지 못한다(27절). 인자가 들린 후 즉 십자가와 부활 이후에 예수님의 이 말씀의 의미를 알게 될 것이다(28절). 예수님은 십자가에 죽기까지 순종하심으로써 성부를 영화롭게 하실 것이며, 성부는 성자를 살리심으로써 영화롭게 하실 것이다. 예수님은 성부께서 기뻐하시는 일을 행하기에 성부께서 늘 함께하신다(29절). 예수님이 이 말씀을 하시니 많은 사람이 믿었다(30절).[689]

것이라기보다는 증거자이신 예수님의 독특한 특성을 가리킨다(참고. Carson, 1991:340).

687) 이 연보궤는 총 13개 있었는데 나팔 모양처럼 생긴 뿔이 새겨진 연보궤(shofar-chests)로 추정된다(참고. 미쉬나 *Shekalim* 2:1; 6:1, 5).

688) 25절을 다수 사본은 "내가 도대체 왜 너희에게 말하는가?"라고 쓴다.

689) 그런데 요한복음 8장 33절 이하에 보면, 이 믿은 자들이 예수님을 죽이려고 한다(보라. 37, 59절). 33절의 주어 '그들'은 30절의 '믿는 자들'보다 더 넓은 의미로 보는 것이 자연스럽다.

2.4. 요한복음 8장 31-59절의 메시지

예수님을 믿는 유대인들에게 이르시되, "너희가 내 말에 거하면 참 내 제자가 되고, 진리를 알게 될 것이니, 진리가 너희를 자유롭게 할 것이다"(31-32절). 여기서 '그 진리'는 역사하는 힘이 많은 '그 복음'과 동의어로 보인다. 유대인들도 토라를 연구하면 자유케 된다고 믿었다(참고. 피르케 아봇 3:5). 그러나 진리의 복음을 선포하신 예수 그리스도를 전인으로 믿고 신뢰하는 자는 진정으로 자유케 된다. '자유케 하리라'(*eleutheroo*)는 '빚을 탕감하다' 혹은 '해방하다'라는 뜻인데, 신약성경에서는 '죄에서 해방되다'는 의미이다(참고. 요 8:36; 롬 6:18, 22, 8:2, 21; 갈 5:1). 예수님은 속전을 치르고 교회를 해방하시고 사신 '고엘'이시다. 따라서 유대인들은 죄의 종 노릇을 하고 있기에 해방이 필요하다. 유대인들은 아브라함의 자손이기에 종이 된 적이 없다고 말한다(33절). 실제로 유대인들은 로마의 속국이었기에, 유대인들의 말의 뜻은 영적이고 내적인 종교적 독립을 언급하는 것이다. 예수님이 볼 때 유대인들은 정치·경제적으로 속박되어 있을 뿐 아니라, 영적으로도 사탄에 의해 감금된 상태에 있었다.

죄를 범한 사람은 죄의 종이다(34절; 참고. 롬 6:12). 종과는 달리 그 아들은 영원히 집에 거한다(35절). 그 아들(*ho hyos*, 인자이신 예수님)이 유대인들을 자유케 하면 그들은 참으로 자유케 된다(36절; 참고. 롬 8:2). 그러므로 자유케 하시는 주체이신 진리는 곧 예수님이시다. 예수님의 말씀이 유대인들 가운데 거할 곳이 없기에 그들이 주님을 죽이려고 한다(37절).

예수님은 성부에게서 본 것을 말하고, 유대인들은 그들의 아비에게서 들은 것을 행한다(38절). 유대인들이 아브라함의 자손이면 아브라함의 일들을 '해왔을 것이다'(*epoieite*, 미완료 능동 직설 2인칭 복수; 39절). 유대인들은 생물학적으로 아브라함의 자손 됨을 자랑하지만, 예수님은 언약적이며 영적으로 접근해서 유대인들이 자손이 아니라 '노예'(*doulos*)라고 말씀하신다(참고. 롬 9:7; 갈 4:21-31). 유대인들과 달리 아브라함은 하나님의 말씀을 들은 진리를 전하는 사람을 죽이려고 하지 않았다(40절). 유대인들은 음란한 데서 나지 않았고 하나님을 아버지로 모시고 있다고 답한다(41절). 유대인들은 예수님을 믿지 않으면서도 여전히 거룩한 백성이라는 자부심을 가지고 있었다. 예수님은 하나님에게서 나서 오신 분이시기에, 유대인들이 마땅히 주님을 사랑해야 했다(42절). 유대인들은 예수님의 말씀을 영적인 귀를 열어서 들을 수 없었다(43절). 불신자는 영적 귀머거리이다. 유대인들은 처음부터 살인자요, 진리가 없는 거짓말쟁이요, 거짓의 아비인 마귀의 자녀이다(44절). 마귀는 가인을 움직여 아벨을 죽이게 만들었다(참고. 요일 3:15). 사탄이 거짓말쟁이인 것은 창세기 3장 3-4절에서 볼 수 있다. 예수님이 진리를 말씀하시기 때문에, 유대인들이 믿지 않는다(45절). 유대인들 중에서 그 누구가 예수님을 책잡을 때 무흠하신 주님이 짓지 않은 죄를 거론할 수 있겠는가? 예수님은 진리를 말씀하셔도 믿지 않는 유대인을 책망하신다(46절).

하나님에게 속한 자는 하나님의 말씀을 듣는데, 유대인들은 그렇지 못하다(47절). '듣지 않음'은 듣고, 믿고, 따르는 것 전체를 포함한다(참고. ESV Study Bible, 2008:2041). 유대인들은 예수님을 향해서 비정통 유대인인 '사마리아 사람' 혹은 '악령 들린 자'라고 말하는 것이 옳다고 본다(48절; 참고. 요 7:20, 8:52, 10:20). 사마리아인처럼 이교의 영향을 받았거나 유대인처럼 거만하지 않으신 예수님은 성부 하나님을 공경하지만 정작 유대인들은 주님을 무시한다(49절). 예수님은 자신의 영광을 구하지 않지만, 영광을 찾고 판단하시는 일은 성부께서 하신다(50절). 사람이 예수님의 말씀을 믿고 지키면 죽음을 영원히 보지 아니할 것이다(51절). 육체의 죽음은 불가피하지만 영적인 죽음이 성도를 주관할 수 없다는 의미이다. 즉 하나님 나라의 생명은 죄악을 정복한 생명이다. 아브라함과 선지자들도 다 죽었는데 어떻게 사람이 죽지 않을 수 있단 말인가라고 생각한 유대인들은 이 말씀을 하시는 예수님이 귀신 들렸다고 말한다(52절). 여기서 요한은 아브라함과 선지자보다 더 크신 예수님을 소개한다. 유대인들은 예수님이 자기 조상 아브라함보다 더 큰지 묻는 동시에 누구인지 묻는다(53절). 예수님은 하나님 아버지께서 자기에게 영광을 돌리신다고 말씀하신다(54절). 예수님께서 성부의 아들로서 친밀한 교제와 연합 가운데 계시다고 말씀한 것은 유대인들이 볼 때 신성 모독죄에 해당한다. 유대인들과 달리 예수님은 성부를 알고 그분의 말씀을 지킨다(55절).

아브라함은 예수님의 때 볼 것을 매우 즐거워하다가(*agalliaomai*) 보고 기뻐했다(56절; 참고. 창 12:1-3, 17:17, 22:8, 13-18, 요 12:41; 롬 4:13-21). 아브라함에게 약속된 언약의 복들은 결국은 예수님 안에서 성취되어야 하기 때문이다. 즉 아브라함은 희미하게나마 아들 이삭이 출생하며 결국은 많은 후손들이 가나안을 차지하는 것에서 메시아와 하나님 나라를 예상했던 것이다. 예수님이 아직 50세(*pentekonta*)도 안 되었는데 어떻게 아브라함을 보았는가라고 유대인들은 오해한다(57절).[690] 아브라함이 나기 전부터 예수님께서 계셨다고 말하니, 유대인들은 돌로 쳐 죽이려고 한다. 레위기 24장 16절은 신성 모독죄를 범한 사람을 돌로 쳐 죽이라고 명한다(참고. 미쉬나 산헤드린 7:4). 예수님은 숨어서 성전 뜰로부터 나가셨다(59절; 참고. 요 7:30, 44, 8:20, 18:6).[691] 이렇게 피하신 것은 일종의 초자연적인 행동으로 보인다. 그리고 예수님이 성전 뜰에서부터 떠나시는 모습은 마치 성전에서 영광의 구름이 떠나버리는 것을 연상시킨다(참고. Carson, 1991:358). 예수님이 돌 성전에서 떠나니, 돌과 같은 사람들의 마음에서 하나님이 떠나신다! 불신앙과 위협으로 일관하는 자들에게는 영광이 아니라 저주가 임할 뿐이다.

3. 오늘에의 적용

우리는 정죄하며 사는가, 아니면 용서하며 사는가?
우리가 육체대로 주님을 아는 것은 어떤 것인가?
주석적으로 삼위일체 교리를 확립할 수 있는가?

---

690) 57절에서 A, 239, 262, 1355, 1555사본은 누가복음 3장 23절에 맞추려고 '네가 아직 40도 못 되었는데'(*tesserakonta*)로 쓴다. 그리고 파피루스 75와 시내 산 사본은 "그(아브라함)가 너(예수님)를 보았는가?"라고 쓴다.

691) 59절 끝에 다수 사본은 "그들 한 가운데를 지나서 그렇게 가셨다"(*dielthon dia mesou auton kai paregen houtos*)를 추가한다(참고. 눅 4:30).

요한복음 9장

1. 본문 및 구조

- 실로암에서의 소경 치유(1-12)
- 종교 지도자와 소경에서 치유된 사람(13-34)
- 영적인 소경(35-41)

2. 구원 계시사적 메시지

2.1. 요한복음 9장 1-12절의 메시지

안식일에 예수님께서 길 가실 때 '날 때부터 소경되어'[692] 구걸하던 사람을 만나신다(1절; 참고. 16절). 이 단락의 배경에 주목해 보자. 요한복음 9장이 요한복음 8장과 10장과 가지고 있는 연관성으로 인해 추론해 볼 때, 공간적 배경은 여전히 예루살렘이며 시간적인 배경은 장막절과 수전절 사이로 보인다(참고. 요 10:22). 제자들은 그 당시의 팔레스타인의 유대인들의 관념을 따라서 범죄의 결과로 소경이 된 것으로 생각하여 예수님에게 질문한다(참고. Carson, 1991:361). "누구의 죄 때문입니까? 자기입니까, 그 부모입니까?"(2절). 제자들의 질문은 마치 번뇌케 하는 위로자(miserable comforters)였던 욥의 친구들이 인과관계에 기초하여 욥을 더 괴롭힌 것을 연상케 한다. 예수님에게 질문한 제자들은 이 소경의 부모는 물론이거니와, 심지어 이 소경이 모태에서조차 죄를 범할 수 있다고 믿었던 것이다. 예수님은 이 사람이나 그 부모가 범죄한 것이 아니라, 이 사람에게서 하나님의 하시는 일을 나타내고자 하심이라고 설명하신다(3절; 참고. 갈 4:13; 고후 12:7). 예수님은 범죄와 질병의 모든 연관성을 부정하는 대신에, 특수한 연관성을 일반화하는 것을 반대하신다.[693]

때가 낮이기에 성부의 일을 예수님과 제자들이 수행해야 한다. 하나님의 일을 함에 있어서 주님의 제자들은 예수님의 동역자이다(참고. 고전 3:9). 낮은 구원의 참 빛이신 예수님이 이 땅에서 사역을 하시는 기간이다. 반대로 밤이 오면 아무 일도 할 수 없다(4절; 참고. 요 3:2, 11:10, 13:30). 밤은 죽음과 암흑 그리고 어둠의 세력이 지배하는 은유적인 의미를 가진다. 예수님의 지상 사역의 기간의 마지막이 점점 가까워 오고 있다. 예수님과 제자들의 사역에 있어서

---

692) 이것은 상징적으로 모든 사람은 날 때부터 영적 소경임을 암시한다.

693) 요한복음 9장의 소경을 고치는 표적을 통해서 하나님이 하신 일은 다음과 같다. (1) 예수님이 세상의 빛이심을 계시하신 것(5절), (2) 모세의 제자라는 허영심에 빠진 영적 소경이었던 바리새인과 안식일 논쟁을 벌인 것(14, 16, 28, 39절), (3) 소경에게 진흙으로 재창조의 역사를 일으키신 것(6, 11절), (4) 불신 세상을 심판하시러 오신 예수님(39절), (5) 그리스도인들이 회당에서 출교당할 어려움을 예고하심(22절).

긴급성이 나타난다. 예수님이 세상에 계시는 동안에는 '세상의 빛'이시다(5절). 예수님의 바로 이 자기 계시가 이 단락의 핵심 사상이다. '세상의 빛'이라는 말속에 이 단락은 계속해서 초막절의 배경 속에 읽혀야 함을 알 수 있다. 예수님은 이 말씀을 하시고 땅에 침(*saliva*, spittle)을 뱉아 진흙을 이겨서(mud pack) 그의 두 눈에 바르신다(6절). 그리고 '보냄을 받았다'라는 뜻의 '실로암' 연못에 가서 씻으라고 말씀하신다(7절). 기드론 골짜기의 기혼 샘으로부터 터널을 통해서 물이 보내져서(sent) 만들어진(다윗 성의 남서쪽에 있던) '실로암'은 히브리어 '실로아'(siloah)를 음역한 것이다(참고. 사 8:6).

교부들 중 일부가 주장했듯이, 예수님이 진흙에 침을 묻히는 것에서 창조 모티브가 등장한다(참고. 창 2:7). 여기서 재창조자이시며 메시아이신 예수님이 계시된다. 그리고 메시아의 전인 치유 사역을 예언하는 이사야 29장 18절, 35장 7절, 42장 7절, 16절의 성취이다(보라. Leithart, 2009:129). 그리고 예수님은 재창조의 사역을 위해서 성부로부터 보냄을 받으신 대사도이시다(참고. 요 20:21). 이것은 창세기 49장 10절의 '실로가 오시기까지' 즉 유다 지파의 홀이며 통치자이신 예수님에 관한 예언이 성취된 것이다. 이사야 8장 6절에서 구약의 이스라엘 백성이 천천히 흐르는 실로의 물(지속적인 여호와의 은혜와 능력)을 거부했듯이, 예수님을 주님 당시의 유대인들이 거부한다. 결국 그 소경은 씻고 밝은 눈으로 왔다.[694] 이것은 죄와 더러움을 씻는 종말론적인 샘이신 예수 그리스도를 예언한 스가랴 13장 1절의 성취이다. 이웃 사람들과 이전에 이 사람이 걸인인 것을 알던 사람들이 이 사람은 앉아서 구걸하던 사람이 아닌가라고 서로 말한다(8절). 그들은 어떻게 눈이 떠졌는지 묻는다(10절). 그가 예수님이 치유했다고 말하니(11절), 유대인들은 예수님이 어디에 있는지 묻자(12절), 그는 알지 못한다고 대답한다(12절).[695]

2.2. 요한복음 9장 13-34절의 메시지

소경에서 치유된 사람이 다른 유대인들에게 이끌리어 바리새인을 만난다(13절). 안식일이라

694) 브라운(1966:380-382)이 간파했듯이, 이 소경이 실로암에서 씻고 치유되는 것은 '세례 교훈'(baptismal lesson)을 암시하는 것으로 볼 수 있다. 상징주의로 볼 때 이 땅의 모든 죄인을 상징하는 이 소경은 실로암이신 예수 그리스도 안에서 (성령의) 세례를 받은 것이다(참고. 롬 6:3). 초대 교회의 예전 책과 성구집에는 요한복음 9장이 인용되었다. 적어도 3세기부터 세례 전에 문답할 때 요한복음 9장을 읽었다. 따라서 적어도 요한은 비예전적 교회론을 제시하는 데 있어서 적극적이지 않다.

695) 레이하르트(2009:166)에 의하면, 요한복음 9장의 맹인은 '7번' 언급된다. 그리고 이 맹인의 치유는 요한복음의 '6번째 표적'이다. 이 둘을 연결시키고, 창세기의 제6일째 아담의 창조의 빛에서 볼 때, 이 맹인은 완전(7)한 새 아담으로 재창조됨을 의미한다. 비슷하게 M.E. Boismard는 요한복음 전체에 '7일 창조'가 나타난다고 본다(재인용. Leithart, 2009:170):
1일: 요 1:19-2:12 빛
2일: 요 2:13-4:54 궁창
3일: 요 5:1-6:71 떡
4일: 요 7:1-9:41 하늘의 빛
5일: 요 10:1-11:57 생명체
6일: 요 12:1-19:42 사람, 하와의 창조
7일: 요 20-21 안식과 부활. 이런 의견은 흥미롭지만, 요한이 이것을 의도했는지 분명하지 않다.

는 시간적인 배경을 밝히기에 예수님과 바리새인 사이에 논쟁이 일어날 것 같다(14절). 바리새인이 어떻게 치유되었는지 물으니 그가 설명한다(15절). 바리새인은 예수님이 안식일을 어겼기에 하나님에게서 온 자가 아니라고 보지만, 일부 다른 바리새인들은 이런 표적을 행한 자체가 하나님에게서 온 분임을 증명한다고 본다. 바리새인 사이에 분열(*schisma*)이 생겼다(16절). 소경되었던 사람은 예수님을 선지자로 인정한다(17절). 유대인들은 이 사람이 치유된 것을 믿지 않고 부모를 불러서 묻는다(18절). 부모는 소경으로 태어나서 치유되었다고 말한다(19-20절). 그러나 부모는 치유에 관해서 알지 못하니 직접 물어보라고 말한다(21절). 유대인들은 예수님을 그리스도라고 시인하는 자는 회당에서 출교시키고(*aposynagogos*) 있었기에, 그 부모는 이것을 두려워했던 것이다(22절; 참고. 요 12:42, 16:2).

유대인들이 소경되었던 자를 다시 불러서 하나님에게 영광을 돌릴 것을 강요한다. 왜냐하면 예수님을 죄인으로 정죄했기 때문이다(24절). 하지만 소경 된 자는 예수님이 죄인인 줄 알지 못한다고 말한다(25절). 유대인들이 어떻게 치유되었는지 재차 물으니, 그 사람은 설명해도 듣지 않으려고 하는 바리새인들의 태도를 비꼬면서 예수님에 대해서 자꾸 묻는 것을 보니 "당신들도 예수님의 제자가 되려는가?"라고 말한다(26-27절). 유대인들은 그를 향해서 욕하면서, 드문 표현인 자칭 '모세의 제자'(*Moyseos mathetes*)라고 말한다(28절; 참고. 마 23:2). 유대인들은 하나님이 모세에게 말씀을 주셨지만(참고. 출 33:11; 민 12:8), 예수님은 어디서 온 사람인 줄 알지 못한다고 말한다(29절). 소경 된 자는 치유를 베푸신 예수님을 유대인들이 모른다고 말하는 것을 이상하게 여긴다(30절). 소경 된 자는 죄인이 아니라 경건하여 하나님의 뜻대로 행하는 자는 하나님이 들으시는 줄 안다고 말한다(31절). 그는 예수님이 하나님에게서 온 분이기에 치유의 기적을 행했다고 고백한다(33절). 유대인들은 소경 된 자를 향해서 '죄 가운데서 태어난 자로서 자기들을 가르치려 하느냐'라고 말하면서 밖으로 쫓아버린다(*eksebalon auton ekso*; 34절). 이것 역시 회당이 유대인 성도를 출교시키고 있음을 투영으로 보여주는 것이다.

2.3. 요한복음 9장 35-41절의 메시지

예수님이 유대인과 소경 된 자 사이의 논쟁을 다 듣고 아셨는데, 주님이 그 사람을 만나서 '인자'(참고. A와 다수 사본은 '하나님의 아들을')를 믿는지 물으신다(35절). 이 장면에서 예수님이 소경을 만나는 데 주도권을 쥐고 계신다. 이 대목에서 소경 된 자가 부모에게 버림을 당했지만 주님에 의해 영접 받는 것은 다름 아니라 시편 27편 10절의 성취이다. "내 부모는 나를 버릴지라도 여호와는 나를 받아 주실 것이다." 시내 산 사본과 바티칸 사본과는 달리 다른 사본(A, L, 다수 사본)에는 "하나님의 아들을 믿느냐?"라고 나온다. 그 사람은 "주여, 인자가 누구입니까? 내가 믿기 원합니다"라고 답한다(36절). 결국 예수님이 인자이심을 계시하시니, 그 사람이 믿고 절한다(37-38절). 이 소경 된 자는 예수님을 모르다가, 선지자로, 하나님에게서 온 분으로, 결국 주님이요 인자로 신앙하게 된다.

예수님이 행하시는 심판이란 보지 못하는 자는 보게 하며, 보는 자는 못 보게 하는 것이다(39

절).[696] 이것은 이사야 6장 10절과 42장 19절의 성취이며 아이러니이다. 바리새인 중에서 주님의 이 말씀을 들은 자들이 "뭐! 우리 역시 소경인가"라고 불평 섞인 채 조롱하며 말한다(40절). 예수님은 바리새인에게 소경이 아니라 스스로 본다고 말하니 그들의 죄가 그대로 있다고 말씀하신다(41절). 바리새인들의 영적인 무지는 곧 그들의 완악함이다. 결국 예수님께서 소경을 치유하셨을 뿐 아니라, 그를 영적으로도 회복시키셨기에 빛은 승리하며 어둠을 물리친다.

3. 오늘에의 적용

우리에게 있는 영적인 소경적 측면은 무엇인가?[697]
우리가 빛으로 살다가 세상으로부터 당하는 출교와 같은 것은 무엇인가?

요한복음 10장

1. 본문 및 구조

- 목자와 양의 비유(1-6)
- 비유를 예수님에게 적용함(7-18)
- 유대인들의 반응(19-21)
- 성부와 성자의 연합(22-30)
- 신성 모독으로 고발당하시는 예수님(31-39)
- 요단 건너편으로 가시는 예수님(40-42)

2. 구원 계시사적 메시지

2.1. 요한복음 10장 1-6절의 메시지

양의 우리에 문으로 들어가지 않고 다른 데로 넘어가는 자는 절도며 강도이다(1절).[698] 양과

---

696) 38-39절을 파피루스 75, 시내 산, W, 콥틱 역본 등은 생략한다.

697) 요한복음 9장으로 설교를 할 때 수사학적인 질문을 던져서 회중으로 하여금 요한복음 9장의 사건에 등장하는 인물과 동일시 혹은 비동일시를 통해서 결단하도록 하는 것이 필요하다. "소경 되었던 자와 같이 되렵니까? 혹은 바리새인 아니면 예수님처럼 되시렵니까?"(참고. Witherington, 1995:193)

698) 추운 겨울 몇 달 동안 밤에는 양을 우리에 넣어 두었다. 우리에는 보통 돌로 된 벽이 있었으며, 그 위에는 찔레나무 덤불이 덮여 있었다. 유대 율법은 도둑을 강도와 구분했다. 도둑은 어떤 장소에

목자의 관계는 구약에도 자주 등장한다(참고. 창 48:15, 49:24; 민 27:17; 삼상 17:36-37; 삼하 5:2; 왕상 22:17; 시 23:1, 80:1; 전 12:11; 사 40:11, 53:6; 렘 23:1, 31:10; 겔 34:23; 슥 10:2; 벧전 2:25; 보라. 다니엘 도리아니, 2009:309). 특히 거짓 목자와 참 목자를 대비시키는 에스겔 34장이 간본문으로 두드러진다. 하나님은 다윗과 같은 참 목자이신 예수님을 일으켜 세우셨다(참고. 겔 34:23). 문맥상으로 볼 때 앞 장의 소경 되었다가 치유된 사람이 예수님의 음성을 듣고 생명을 얻어 따르는 양으로 부각된다. 예수님 당시에 소규모 목축을 하는 사람들이 하나의 우리를 공유했으며, 우리의 문은 하나뿐이었다. 목자는 우리의 문으로 들어간다(2절). 혈통적인 유대인이라고 해서 모두 예수님을 목자로 모시지 않는다. 문지기는 목자를 위해서 문을 열고, 양은 목자의 음성을 듣는다. 목자는 양의 이름을 불러 인도한다(3절). 생명과 구원의 유일하신 문은 바로 선한 목자이신 예수님이시다. 목자는 양 앞서 인도한다(4절). 양은 타인의 목소리를 알지 못하기에 따르지 않고 오히려 도망간다(5절). 그러나 이 비유를 들은 사람들은 예수님의 취지를 깨닫지 못했다(6절). 목자와 양의 비유는 그리스도와 교회의 연합 사상을 가르친다.

2.2. 요한복음 10장 7-18절의 메시지

이 단락에서 예수님은 비유(*paroimia*; 비교. 공관복음에는 *parabole*)를 상술하신다. 예수님은 양의 문이시다(*ego eimi he thyra ton probaton*; 7절).[699] '나(예수님)보다 먼저'(*pro emou*)[700] 온 자 즉 자칭 목자로 행세하면서도 거짓을 일삼은 유대 종교 지도자들은 다 절도요 강도인데, 참된 양들이 그들의 말을 듣지 않았다(8절; 참고. 마 23:13, 24:5; 렘 10:21-22, 12:10; 슥 11:4-17). 바로 그 유일하신 문(*he thyra*)이신 예수님을 통하여 들어가면 구원을 얻고, 또는 들어가며 나오며 꼴을 얻는다(9절). 도적은 도적질하고 죽이고 멸망시키려고 온다. 하지만 예수님은 양이 생명을 풍성하게 얻도록 하신다(10절). 선한 목자이신 주님(*ego eimi ho poimen ho kalos*)은 양을 위하여 목숨을 '내어 놓으신다'(*tithesin*, 시내 산 사본은 '준다' [*didosin*], 11절).[701] 혹자(W. Temple)는

침입하지만, 강도는 광야에 살면서 지나가는 사람을 공격했다. 목자는 이 두 종류의 대적으로부터 양을 지켜야 한다(참고. 존 웰튼, 2010:1539).

699) 공관복음에서 *ego eimi*가 예수님의 하나님이심을 함축하는 것은 약 10번 정도 등장한다. 예수님이 물 위를 걸어 제자들에게 오셨을 때, "내니 두려워하지 말라"라고 말씀하신 구절(마 14:27; 막 6:45-50)에서, 그리고 예수님이 재판을 받으실 때, "내가 그니라"(막 14:62), 부활하신 예수님이 의심하는 제자들에게 자신을 보여주실 때(눅 24:39) 등. 사도행전 9장 5절과 22장 8절 그리고 26장 15절에서, 다메섹 도상에서 바울에게 예수님이 나타나실 때도 *ego eimi*가 등장한다(참고. 다니엘 도리아니, 2009:310).

700) 8절에서 시내 산과 다수 사본 중 일부는 '나보다 먼저'를 생략한다.

701) 요한복음 10장 11절의 배후에 '다윗과 골리앗' 이야기가 있다. 사무엘상 17장 5절에 보면 골리앗은 '비늘 갑옷'(scale armor)을 입었는데 무게가 무려 60kg이었다. 'Scale'(비늘, 껍질)이라는 말은 골리앗이 상징적으로 '뱀'이라는 말이다. 즉 골리앗은 에덴동산에 나타난 간교한 뱀과 같은 존재였다. 그러므로 이스라엘은 뱀의 머리를 깰 참 아담이며 여인의 후손, 즉 메시아를 찾아야 했다. 다윗은 막대기, 투석기(sling), 매끄러운 돌을 목자의 가방에 넣고 골리앗을 향해 갔다(삼하 17:40). 이 모습은 목자의 모습이지 용사의 모습은 아니다. 다윗은 이스라엘의 목자로 싸움에 임했던 것이다. 사무엘하 17장 49절에 보면, 골리앗은 이마에 돌을 맞아 엎드러져 죽는다. 뱀의 머리가 깨어진 것이다. 양의 목자이신 예수님이 죽으시고 부활하신 것은 사탄(뱀)을 결정적으로 물리친 사건이다.

형용사 '선한'(*kalos, agathos*가 아님)은 선함의 고결함이 아니라, 선함의 매력을 강조한다고 본다(참고. 다니엘 도리아니, 2009:314).

예수님의 죽으심은 생명을 주시기 위한 것임이 4번이나 강조된다. 이 단락의 핵심 용어는 사실상 '생명'이다. 삯꾼은 이리가 오는 것을 보면 양을 버리고 도망간다(12절; 참고. 행 20:29). 예수님은 자신의 양을 알고,[702] 자신의 양들은 예수님을 안다(14절). 성부가 성자를 알고, 성자도 성부를 아시는데, 예수님은 양을 위해서 목숨을 버리신다(15절). 아직 우리 안에 들어오지 않은 다른 양들도 목자이신 예수님의 인도를 받을 것이다(16절; 참고. 요 17:20; 겔 34:11-14, 23).[703] 투영의 원칙으로 볼 때, 요한 공동체는 이방인은 물론 디아스포라를 전도 대상으로 삼고 있었다. 성부께서 예수님을 사랑하시는 이유는 예수님이 목숨을 다시 얻기 위해서 목숨을 버리시기 때문이다(17절). 아무도 예수님의 목숨을 빼앗지 못하며, 예수님은 스스로 목숨을 버리시고 다시 취하시는 권세를 가지고 계신다(18절). 이 계명 즉 주도권을 가지시고 생명을 버리심으로써 생명을 얻게 하시는 사역을 예수님은 성부로부터 부여 받으셨다(18절).

2.3. 요한복음 10장 19-21절의 메시지

예수님이 이 말씀을 하시니 유대인 중에 분쟁(*schisma*)이 다시 일어난다(19절). 어떤 유대인들은 예수님이 악령 들려 미쳤기에 그 말을 들을 필요가 없다고 말하지만(20절), 다른 유대인들은 악령 들린 자가 소경을 고칠 수 없다고 말한다(21절). 유대인들은 종종 미친 것이 악령 들림과 관련 있다고 보았다(참고. 오스본, 2005:357).

2.4. 요한복음 10장 22-30절의 메시지

예루살렘에 수전절(Feast of Dedication)이 이르매 겨울이다(22절). '겨울'이라고 설명한 것은

---

702) 적용을 위해서 '하나님의 아심'과 '하나님의 사랑'의 관계를 정립해 보자. 하나님은 우리의 모든 것을 알고 계신다. 특별히 더럽고 부정하고 부족한 것을 구체적으로 알고 계시지만 우리를 사랑하신다. 우리는 형제와 자매의 허물을 알 때, 여전히 사랑하고 있는가? 요한복음 10장의 적용을 위해서는 다니엘 도리아니(2009:313)를 참고하라.

703) 이사야 48장 21절은 출바벨론을 '새로운 출애굽'(혹은 제2의 출애굽)으로 묘사한다. 모세 때처럼, 출바벨론 하는 이스라엘 백성들은 사막(광야) 여정 중에서라도 목마르지 않고, 바위에서 솟아 흘러나오는 물을 마실 것이다. 출애굽의 구체적인 모습을 '목자와 양'의 관계를 통해서 살펴보자. 출애굽은 야훼께서 세우신 목자가 양무리를 이끌어 내는 것이다(참고. 민 27:15-23). 이것을 시편 기자 아삽이 노래했다(시 77:20). 이사야와 미가는 종말에 하나님이 자기 백성을 여호와께서 선두에 서셔서 이끌어 낼 것을 예언한다(사 63:11; 미 2:12-13; 요 10:11; 계 7:17). 이처럼 모세 당시의 출애굽은 시편 시인의 고백의 기초가 되었으며, 선지자의 종말론적 기대로 이어졌다. 출애굽 주제는 아기 예수님의 출애굽(마 2:13-15)과 예루살렘에서의 출애굽(눅 9:31; 바른 성경은 '죽으심'), 사도 바울의 종말론적·기독론적인 출애굽 이해와 적용(고전 10:2, 11), 유월절 어린양 예수님이 자신의 피로 씻어 속죄하신 백성 위에 장막을 치시고 목자로서 인도하심(요 10:11; 계 7:14-15, 17), 하나님은 고난당하는 백성을 독수리 날개로 업어서 안전한 곳에 보호하심(계 12:14), 자기 백성을 박해하는 세력을 애굽에 내린 10가지 재앙과 유사한 재앙으로 심판하심(계 6, 8-9, 16장), 예수님과 연합된 종말의 백성이 부를 출애굽의 새 노래로 이어진다(계 15:3).

요한복음의 수신자인 요한 공동체 중에서 이방인들은 유대인의 절기에 익숙하지 않은 사람들이 있었기 때문이다. 이때는 장막절 이후 약 3개월이 지난 시점으로 12월 25일경이다. B.C. 164년 안티오쿠스 에피파네스가 제우스의 동양식 버전인 Baal Shamem 우상을 성전에 세움으로써 성전을 더럽혔다(참고. 단 9:27; 마 24:15; 보라. Brown, 1971:402). 유다 마카비가 안티오쿠스 에피파네스를 필두로 한 시리아 군대를 몰아내고 자유를 쟁취하여 성전 제단을 재봉헌한 것을 기념하는 해방의 절기이다(참고. 마카비전서 4:36-59; 마카비후서 1:9; 10:1-8). 수전절은 '하누카'(Hanukkah) 즉 '빛의 절기'로 불리기도 한다. '하누카'는 '봉헌'(dedication)이라는 뜻인데, 헬라어는 '갱신'(renewal)과 관련 있다. 어휘상으로 보면 민수기 7장 10-11절의 출애굽 당시에 회막의 제단을 거룩하게 하여 봉헌하는 것, 열왕기상 8장 63절의 솔로몬 성전의 봉헌 그리고 스가랴 6장 16절의 제2성전의 봉헌과 관련 있다(참고. Brown, 1971:402).

예수님이 성전 뜰의 솔로몬 행각에 다니신다(23절). 행각은 임시적으로 가르칠 수 있었던 장소이다. 유대인들이 예수님을 에워싸면서 더 이상 의혹하게 말고 그리스도이면 밝히 말하라고 요구한다(24절). '그리스도'라는 단어는 유대인들에게 자칫 정치·군사적인 해방 혁명가를 뜻할 수 있었기에, 아마도 주님이 사용을 자제하신 것 같다. 이사야 35장 3-6절에 예언된 것처럼 아버지 하나님의 이름으로 행하는 일들이 예수님이 그리스도이심을 증거하는 것인데 유대인들은 믿으려 하지 않았다(25절). 예수님이 이미 행하신 기적들을 보고도 그들은 주님을 그리스도로 믿지 않았다. 왜냐하면 그들은 예수님의 양이 아니기 때문이다(26절). 예수님의 양은 예수님을 알고 따르며, 예수님도 그들을 아신다(27절). 예수님은 양에게 영생을 현재적으로 주시며(*didomi*, 현재 능동 직설 1인칭 단수),[704] 그 누구도 만유보다 크신 성부의 손에서 양들을 빼앗을 수 없다(28-29절).

28절은 헬라어 부정어 *ou*와 미래 시제 직설법('빼앗을 것이다')을 사용하는 대신에, 의미를 강조하기 위해서 *ou me*와 아오리스트 중간태 가정법 3인칭 복수형(*apolontai*, 빼앗다)을 사용한다(참고. Mounce, 1993:288). 29절을 "그들을 내게 주신 내 아버지(*hos*, 관계대명사 남성 단수 주격)는 만유보다 더 크시다"로 번역할 수도 있고(다수 사본, 바른 성경, 개역개정판), "내 아버지께서 내게 주신 것은(*ho*, 관계대명사 중성 단수 주격) 만유보다 더 크다"로도 번역할 수 있다(예. B, 이탈라). 예수님과 아버지 하나님은 위격적으로는 구분되지만 본질적으로는 하나이시다(30절).

2.5. 요한복음 10장 31-39절의 메시지

유대인들이 예수님을 신성 모독죄를 범한 자로 간주하고 돌로 쳐 죽이려고 한다(31절; 참고. 레 24:16). 예수님은 자신이 성부로부터 오는 놀라운 기적을 행하셨는데 그 어떤 일로 자신을 죽이려고 하는지 물으신다 32절). 한글개역성경에는 '여러 가지 선한 일을 인하여'라고 번역되어 있으나, NIV는 'many great miracles'로 번역한다. 원문에는 '많은 선한 일들'(*polla erga kala*)로 나타난다. 유대인들은 선한 일(*kalou ergou*)이 아니라, 사람으로서 하나님의 아들이라고 말한 이유로 죽이려고 한다고 답한다(33절). 예수님은 율법(즉 구약)에 "내가 너희(여기서는 사사들)를

704) 이 현재 동사는 예수님의 참 양들은 이미 영생을 받았음을 강조한다(참고. 거스리, 2005:291).

신(gods; 그리고 지존자의 아들들)이라 하였노라"라는 구절을 인용하신다(34절). 성경은 폐하지 못할 영원한 하나님의 말씀인데, 특별히 시편 82편 6절에 의하면 하나님의 말씀을 받은 자들은 신들(gods)이다(35절; 참고. 출 4:16, 7:1). 성부께서 거룩하게 하사 세상에 보냄을 받은 예수님이 하나님이라고 말씀하는 것은 당연하다(36절). 예수님이 성부의 일을 하시지 않으면 믿지 말아야 한다(37절). 그러나 성부의 일을 행하신다면 예수님을(즉 예수님의 말씀) 믿지 않더라도 그 일을 믿으면 예수님과 성부 하나님이 연합된 것을 알게 될 것이다(38절). 유대인들이 예수님을 체포하고자 했지만 예수님은 피하셨다(39절). 여기서 주목할 점은, 수전절이라는 시간적 배경에 비추어서 이 단락을 이해해야 한다는 것이다. 그 핵심 사상은 참 목자이신 예수님의 말씀을 듣고 순종하는 양이라면 누구든지 성령의 전으로서 성화를 이루며 살아야 함을 교훈한다.

2.6. 요한복음 10장 40-42절의 메시지

예수님은 세례 요한이 세례를 주던 곳인 요단 동편으로 가셔서 거하셨다(40절). '거하셨다'는 말은 '*emeinen*'인데(다수 사본과 비평 사본 중 다수), 아오리스트 능동태 직설법 3인칭 단수이다. 이것은 지속적 아오리스트(constative aorist) 혹은 행동이 시작되는 것을 의미하는 점입적 아오리스트(ingressive aorist)로 볼 수 있다.[705] 하지만 바티칸 사본은 미완료형인 '*emenen*'을 쓴다(참고. Morris, 1984:530). 많은 사람이 세례 요한은 아무 표적도 행치 않았지만, 예수님에 대해 한 말은 모두 참이라고 말한다(41절). 그 결과 많은 사람들이 예수님을 믿었다(42절). 세례 요한은 주님의 선구자로서 성공적인 사역의 결실을 맺었다.

3. 오늘에의 적용

예수님과 교회의 목자와 양 관계는 목회자와 교인 사이에 충실히 적용되고 있는가?
오늘날 일어나는 불신자들이 짓는 신성 모독죄는 무엇인가?

요한복음 11장

1. 본문 및 구조

- 나사로의 죽음(1-16)
- 예수님과 마르다의 만남(17-27)

705) 요한복음에는 '미완료'가 거의 등장하지 않고 대부분 '아오리스트'로 대체되었다.

- 예수님과 마리아의 만남(28-32)
- 나사로의 부활(33-44)
- 부활에 대한 반응(45-57)

2. 구원 계시사적 메시지

2.1. 요한복음 11장 1-16절의 메시지

요한은 어떤 병든 자를 소개한다. 그는 마리아와 마르다가 살던 베다니의 나사로다(1절).[706] 히브리어 '엘르아살'(Eleazar)의 축약형인 '나사로'는 '하나님은 나의 도움'이라는 뜻이다. 당장 무언가 기적적인 역사가 일어날 것 같은 이름이다. 마리아는 향유를 예수님에게 붓고, 머리털로 주님의 발을 씻었던 적이 있다(2절; 참고. 마 26:6-13; 막 14:3-9). 마리아와 마르다가 사람을 예수님께 보내어 "당신이 사랑하는 자가 병들었나이다"라고 말을 전한다(3절). 예수님은(최종적으로) 죽을병(죽음으로 끝날 병)이 아니며 하나님의 영광을 위함이요, 하나님의 아들로 영광을 얻게 하기 위한 병이라고 말씀하신다(4절). 병으로 죽은 자를 살리는 것을 통해서 영광과 능력 가운데 역사하시는 하나님의 현존이 계시될 것이다. 나사로의 죽음이 하나님과 예수님의 영광을 드러낸다는 사실은 장차 예수님께서 죽으심으로써 아버지 하나님에게 영광을 돌리는 과정을 미리 보여주는 것이다(참고. Ridderbos, 1997:387).

예수님은 마르다, 마리아 그리고 나사로를 사랑하셨다(5절).[707] 나사로가 병들었다는 소식을 듣고도 예수님은 이틀을 더 지체하신다(6절). 제자들과 함께 유대로 다시 가신다(7절). 제자들은 예수님을 '랍비'로 부르면서 유대인들의 살해 위협을 상기시킨다(8절). 예수님은 "낮은 총 열두 시가 아니냐? 낮에 다니면 이 세상의 빛을 보기에 실족하지 않는다"라고 말씀하신다(9절; 참고. 요 9:4). 언제나 해가 떠서 지기까지 낮이 12시간 지속되듯이, 세상의 빛 되신 예수님의 사역도 확실하게 나타나야 한다. 낮이 지나면 밤이 오는데, 밤에는 빛이 그 사람 속에(D사본에는 '밤에') 없어서 실족한다(10절; 참고. 사 8:14; 롬 9:32-33; 고후 6:3; 벧전 2:8). 주님은 나사로를 친구라고 부르면서 깨우러 간다고 말씀하신다(11절). 제자들은 잠들어서 쉬는 것으로 이해하여, 잠들었으면 낫겠다고 말한다(12-13절). '잠들다'(*koimao*)는 동사는 신약에서 성도의 죽음을 뜻한다(참고. 행 7:60; 고전 15:6). 예수님은 나사로가 죽었다고 말씀하신다(14절). 제자들로 하여금 믿게 할 기회가 되기에, 주님은 나사로가 죽는 현장에 계시지 않은 것을 제자들을 위하여 기뻐하신다(15절). 도마는 "우리도 주님과 함께 죽으러 가자"라고 말한다(16절). 유대로 간다면 고난을 넘어 죽음의 위협이 기다리고 있는 것을 도마가 알고 있었던 것이다.

---

706) 바레트(1985:161)는 요한복음 11장 1-2절을 '다소 서투른 도입부'라고 부른다. 그러나 서툰 것이라기보다는 사실적이고 설명적이다.

707) '사랑하다'는 말이 3절에서는 '필레오', 5절에서는 '아가파오'가 사용된다. 5절의 '아가파오'를 3절과 동화시켜서 '필레오'로 바꾼 사본도 있다. 하여튼 다른 표현이지만 동일한 의미이다.

2.2. 요한복음 11장 17-27절의 메시지

나사로가 무덤에 있은 지 나흘이 지난 시점에 주님이 예루살렘에서 한 5리쯤 되는 베다니에 도착하셨다(17-18절). 나사로의 집에는 유대인 중에서 위로하기 위해서 많은 조문객들이 와 있었다(19절). 마르다는 예수님이 오신다는 소식을 듣고 마중 나갔고, 마리아는 집에 앉아 있었다(20절). 여느 때처럼 마르다는 여전히 활동적이다(참고. 눅 10:38-42). 마르다는 예수님이 계셨다면 나사로가 죽지 않았을 것이라고 말한다(21절). 마르다는 지금이라도 예수님께서 하나님에게 간구하는 것은 응답될 줄 믿는다고 말한다(22절). 예수님이 마르다에게 나사로가 다시 살아나리라고 말씀하시니(23절), 마르다는 마지막 날 부활 시에 부활할 것으로 오해한다(24절; 참고. 18축도문 중에서 두 번째 기도문: "오, 주여! 당신은 영원히 전능하신 분입니다. 당신은 죽은 자에게 생기를 불어넣으시고 당신의 전능으로 그를 구해 주십니다"). 마르다는 그 당시의 전통적인 종말관을 따라 언젠가 죽은 자들이 부활할 것이라고 미래적으로 이해했지만 주님은 현재적으로 가르치신다. 그 부활이요 그 생명이신 예수님을 믿는 자는 (육체적으로) 죽어도 (다시) 살겠고, 무릇 살아서 믿는 자는 영원히 죽지 않을 것이다(25-26절; 참고. 요 6:40). 즉 성도에게는 요한계시록 21장 8절에서 말씀하는 '둘째 사망'이 없다. 마르다는 예수님을 향해서 "주는 그리스도시요 세상에 오시는 하나님의 아들"이라고 고백한다(27절).

2.3. 요한복음 11장 28-32절의 메시지

마르다가 마리아에게 "예수님이 오셔서(*parestin*, '파루시아'와 같은 어원) 너를 부른다"라고 말해 준다(28절). 마르다는 예수님에게 급히 나아왔다(*ercheto*, 미완료 직설 3인칭 단수; 29절). '나아오다'라는 동사는 요한복음 6장 35절과 37절에 의하면 구원론과 관련된 중요한 단어이다. 예수님이 베다니 마을 입구에서 마리아를 만나실 때, 그녀는 주님의 발아래에 엎드려 "주님이 여기 계셨더라면 내 오라비가 죽지 않았습니다"라고 말한다(30-32절). 마르다처럼 마리아도 적어도 예수님은 죽을병을 치유하실 수 있는 분임을 믿었다. 하지만 그녀도 죽은 자를 당장 살리시는 능력이 예수님 안에 있음을 모르고 있다.

2.4. 요한복음 11장 33-44절의 메시지

마리아와 같이 온 유대인들이 우는 것을 보시고 예수님은 통분히 여기시고(agitated) 민망히 여기셨다(33절). 성도의 최후의 대적인 사망의 권세에 대해서 분노를 느끼시는 예수님의 모습이다(참고. 고전 15:26). 예수님이 눈물을 흘리신다(35절; 참고. 사 53:3). 유대인들도 예수님이 나사로를 매우 사랑하셨던 것(*ephilei*)을 알았다(36절). 혹은 소경의 눈을 고치신 예수님이 나사로는 죽지 않게 할 수 없었는가라고 말한다(37절). 주님은 심령에 통분히 여기신다(deeply moved, 38절). 주님이 동굴에 있던 무덤 입구의 돌을 옮기라고 명하시니, 마르다가 죽은 지 4일이 지나서 냄새가 난다고 말한다(39절). 참고로 유대인들은 죽은 지 4일이 될 때 완전한 사망에 들어간다고 믿었다. 예수님은 마르다에게 믿으면 하나님의 영광을 보리라고 말하지 않았느냐라고 말씀하신다(40절). 돌을 옮기니, 주님이 하늘을 우러러보시고 "아버지여, 내 말을 들으신 것을 감사하나이다"라고 말씀하신다(41절). 예수님은 자신이 성부께서 파송한 분이심을 무리가 믿게 해달라고 기도한다(42절). 크게 "나사로야, 나오라"로 부르시니, 수족은 베로 동여 있었고, 얼굴은 수건으로 덮인 채 나사로가 나왔고, 주님은 풀어 놓아 다니게 하라고 말씀하신다(43-44절). 나사로는 사망이 있던 무덤이라는 어둠의 권세에서 광명한 빛의 나라로 옮겨졌다. 이것은 요한복음의 마지막 7번째 절정에 해당하는 표적이다. '기적 중의 기적'이다. 동시에 요한복음 5장 25절과 28절의 성취이다.[708] 이 표적이 밝히는 예수님의 정체성은 사망의 정복자이시다. 나사로의 부활은 무덤 안에 죽어 있던 자들이 예수님의 최종 파루시아로 말미암아 부활할 것의 '선취'이다(참고. 바레트, 1985:162).[709]

2.5. 요한복음 11장 45-57절의 메시지

마리아에게 조문 와서 이 광경을 본 사람들이 예수님을 믿었지만, 그중 어떤 자는 바리새인에게 가서 보고했다(45-46절). 대제사장과 바리새인이 공회를 모으고, 많은 표적을 행하신 예수님을 어떻게 할꼬라고 의논한다(47절). 그들은 예수님을 방치하면 모든 사람이 예수님을 믿을 것이며, 만일 반로마 투쟁이라도 벌인다면 로마가 이스라엘을 침략할 것이라고 생각한다(48절). 대제사장 가야바가 "한 사람이 백성을 위해서 죽어서 온 민족이 망하지 않게 되는 것이 '너희에게'(파피루스 45, 66, B 등이 지지함; 참고. A와 다수 사본: '우리에게') 유익한 줄을 생각지 아니하는도다"라고 말한다(49-50절). 가야바는 예수님이 죽으면 이스라엘이 망하지 않을 것이라고 말함으로써 주님의 죽음을 예고한다. 이것은 가야바가 예수님을 죽이겠다는 의지적 표현이기도 하다. 하지만 가야바의 인간적인 말은 결국 하나님의 구원의 사역을 예고하는 것이 되었다.

---

708) 다윗이 길보아 전쟁에서 전사한 사울과 요나단을 추억하며 부른 '활의 노래'(삼하 1장)는 "원수를 사랑하라"는 교훈을 주는가? 사무엘하 1장은 예수님의 그림자인 다윗에게 일어난 일인 동시에 '활의 노래'가 구약의 교회인 이스라엘의 노래로 승화되었기에(삼하 1:18), 예수님과 새 이스라엘인 신약 교회에게 주시는 계시가 있다. 사울과 요나단의 죽음 앞에서 우는 다윗의 모습과 나사로의 죽음 앞에서 우시는 예수님 사이에는 어떤 연관성이 있는가? 다윗은 죽을 수밖에 없는 사람이 죽었을 때 그 죽은 이를 살릴 수 없었고, 다만 그들의 죽음을 계속해서 기억하도록 노래를 지어 가르칠 뿐이었다. 그러나 예수님은 죽은 자를 살리심으로 더 이상 자신과 연합된 교회가 죽음을 최종적인 것으로 여기지 않도록 만드신다. 예수님 때문에 죽음은 끝이 아니라 영원한 부활 생명을 완전 가운데 누리는 시발점이다.

709) 리델보스(Ridderbos, 1995:407)는 여기서 흥미로운 관찰을 한다. 즉 나사로를 살리신 후 '나사로가 기뻐하며 감사했다'라든지, '마르다와 마리아가 눈물겨워했다'라는 언급이 없다는 것을 어떻게 볼 것인가? 혹자는 요한이 사용한 자료가 그렇게 마치기 때문이라고 보지만 근거가 없다. 오히려 나사로를 살리신 예수님이 누구이신가가 중요한 핵심 이슈이지, 사람들의 반응은 부차적인 것이라는 점을 기억해야 한다. 참고로, 요한복음에서 교회론은 개인주의적 성향이 강하다. 일곱 가지 표적 중 네 가지가 개인들과 관련된다. 요한복음 4장의 신하의 아들, 5장의 38년 된 병자, 9장의 소경, 11장의 나사로. 그러나 집합적인 측면도 균형 있게 나타난다. 개별적으로 제자로 부름을 받으나 모두 함께 예수님을 믿음, 포도나무 가지들은 하나의 포도나무에 연결됨, 부활 이후에 보혜사 성령의 내주하심과 그 활동을 집단적으로 체험할 것임(요 14:16 이하; 보라. 스몰리, 1996:360-362).

가야바(A.D. 18-36년)는 그 해의 대제사장으로서 예수님께서 그 민족을 위하시고, 흩어진 하나님의 자녀를 모아 하나가 되게 하기 위하여 죽으실 것을 미리 말한 것이다(51-52절).[710]

예수님의 대속의 죽으심은 유대인과 이방인 모두를 위한 것이었다. 이것은 이사야 2장 3절, 43장 5절, 56장 7절, 60장 6절, 에스겔 34장 12절, 스가랴 14장 16절 등의 예언의 복합적인 성취이다. 이것은 예수 그리스도를 머리로 하는 보편적인 교회를 가리킨다. 그날부터 유대인들은 예수님을 죽이기로 모의했다(53절). 예수님은 이것을 아시고 벧엘 동북쪽 6km 지점의 에브라임에 거하신다(54절). 그 무렵 유월절(*to pascha*) 순례의 행렬이 이어진다(55절). 예수님이 예루살렘에 오실지 안 오실지 사람들이 이야기하고 있었고, 지도자들은 예수님이 계신 곳을 알면 고하라고 말해 둔 상태였다(56-57절).

3. 오늘에의 적용

우리는 부활 소망으로 세상을 이기고 있는가?
매 주일 부활의 의미를 어떻게 드러낼 수 있는가?

요한복음 12장

1. 본문 및 구조

- 마리아가 예수님에게 향유를 부음(1-8)
- 예루살렘 입성(9-19)
- 헬라인의 방문 및 예수님의 죽으심과 영광 예고(20-36)
- 예수님의 공생애에 대한 결어(37-50)

2. 구원 계시사적 메시지

2.1. 요한복음 12장 1-8절의 메시지

예수님은 유월절 엿새 전에 나사로를 살리셨던 베다니에 도착하신다(1절).[711] 예루살렘이

---

710) 가야바의 이 말은 스스로 한 것이 아니다(*touto de aph heautou ouk eipen*, 51절). 구약의 거짓 선지자 발람을 통해서 하나님이 말씀을 하셨듯이, 거짓 대제사장이라 할 수 있는 가야바를 통해서 하나님이 말씀하셨다. 가야바의 말 자체는 하나님의 구원의 계획을 정확하게 예언한 것이지만, 그의 진짜 의중은 예수님을 '정치적인 희생양'으로 삼는 것이었다.

유월절 순례객들으로 붐볐기에 예수님 일행은 베다니에 머무신 것이다. 예루살렘의 대제사장들이 예수님을 죽이려고 하였으므로 안전상의 문제도 있었을 것이다. 이때는 안식일이 끝날 무렵인 토요일 저녁 즉 한 주간의 시작 시점이다.

예수님을 위하여 잔치(*deipnon*, 만찬; 참고. 요 13:2, 4; 21:20)가 배설되고, 마르다는 일(식사 준비)을 하고 나사로는 예수님과 함께 앉아 있다(2절; 참고. 눅 10:40).[712] 2절에서 '나사로'가 등장하기에 주님의 죽으심과 부활이 암시된다. 헌신을 작정한 마리아는 순전한(*pistikos*, pure) 나드(*nardou*) 한 근(*litra*, 약 0.5L)을 예수님의 '발'에 붓고 자기 머리털로 닦으니 향유 냄새가 온 집에 가득했다 (3절). 이 향유는 주로 인도에서 수입해 온 '감송유'(spikenard)로 보이는데, 감람유보다 훨씬 비쌌다. 향유를 붓는 것은 구약에 왕, 제사장, 선지자에게 기름을 붓는 것을 연상시킨다. 그러므로 이 행위는 예수님이 메시아이심을 증거한다. 예수님은 왕으로서 기름 부음을 받으신다. 마리아는 자신의 왕이신 예수님이 죽으셔야 할 것 즉 복음을 깨달았던 것 같다. 유대 관습상 여자가 남자 앞에 머리를 푸는 것은 실례였다. 하지만 마리아에게 관습보다 헌신과 사랑이 더 강했다. 예수님의 '머리'가 아니라(참고. 마 26:7; 막 14:3), '발'에 부은 이유는 무엇인가? 만찬 시에 식사를 위해서 비스듬히 기대어 있기에, 발에 기름을 붓는 것은 자연스러웠다. 그러나 문맥을 고려하고 심층적으로 볼 때, 아마도 뒤따르는 요한복음 13장의 제자들의 '발'을 씻기신 것과 연결하려는 요한의 의도로 보인다(참고. 거스리, 2005:295).

며칠 후면 예수님을 잡아 줄 가룟 유다는 향유를 300데나리온(참고. NIV: worth a year's wages)에 팔아서 가난한 자에게 줘야 한다고 주장한다(4-5절).[713] 유다는 가난한 자를 배려한 것이 아니라, 돈궤를 맡은 자로서 도적질하기 위한 것이다(6절). 유다는 마리아가 향유를 부은 것의 의미를 돈의 관점에서 이해했기에, 복음도 오해했던 것이다. 하나님과 돈을 동시에 섬길

---

711) 1절에서 다수 사본은 "죽었던 나사로가 사는 곳이었다"로 쓴다.

712) 이 장소가 나병 환자 시몬의 집이라면 마르다가 일하는 것이 좀 어색하다. 그러나 작은 마을 베다니에서 시몬과 마르다가 서로 잘 알고 있었을 것이므로, 시몬의 집에서 마르다가 일하는 것은 불가능한 일이 아니다.

713) 간본문인 마태복음 26장 6-13절에 의하면 이 사건은 베다니 '나병 환자 시몬의 집'에서 발생했다. 그리고 무명의 한 여인이 식사하시던 예수님의 발이 아니라 '머리'에 향유를 부었다. 그리고 '제자들'이 분개하여 '비싼 값'에 팔아 가난한 자들에게 주는 것이 좋다고 말한다. 예수님은 이 여인이 '좋은 일'(주님을 위한 사랑과 헌신의 행위)을 했다고 말씀한다. 다른 간본문인 마가복음 14장 3-9절에 의하면, 이 사건이 일어난 장소는 베다니 '나병 환자 시몬의 집'이며, 무명의 한 여인이 순전한 나드 한 옥합을 예수님의 '머리'에 붓는다. 그리고 '어떤 사람들'이 화를 내어 '삼백 데나리온 이상'에 팔아 가난한 자들을 구제하는 것이 낫다고 말한다. 그러나 마태, 마가, 요한이 약간 다르게 기록한 이 사건은 누가복음 7장 36-50절의 사건과 다르다(참고. 거스리, 2005:295). 누가복음 7장의 경우, 향유를 붓는 사건이 발생한 장소는 '한 바리새인의 집'이다. 그리고 무명의 죄를 지은 여자가 회개하면서 눈물을 흘리며 예수님의 발에 향유를 붓고 입을 맞춘다. 향유의 가격은 언급되지 않았다. 대신 예수님은 500데나리온 탕감 받은 자와 50데나리온 탕감 받은 자 중에서 많이 탕감 받은 자가 더 사랑할 것이라고 설명하신 후, 여자에게 "네 믿음이 너를 구원하였으니 평안히 가라"고 말씀하시므로 마무리한다. 전통적으로 이 여자는 뒤따르는 누가복음 8장 2절의 악귀와 병으로부터 치유 받은 '막달라 마리아'와 동일시되어 왔으나 근거는 없다. 전통적인 견해에 따르면, 막달라 마리아는 창녀 행세로 번 돈으로 비싼 향유를 구입하여 예수님에게 부음으로써 자신의 죄악을 회개했다는 것이다.

수 없다(참고. 마 6:24). 마리아의 향유 부음은 예수님의 장사를 준비하는 것이다(7절). 이미 1절의 '유월절'이라는 말이 예수님의 죽으심과 장사를 암시했다. 예수님 당시에 시체를 관에 넣기 전에 향유 병의 긴 목 부분을 깨어서 시체에 바르는 것은 관례였다. 구제를 받아야 할 가난한 자들은 항상 예수님의 제자들과 함께 있지만 예수님은 그렇지 못하다(8절).[714] 윤리도 중요하지만, 주님의 구속 사역이 더 중요하다.[715]

그런데 요한은 향유 부은 사건을 마태복음 26장 13절(그리고 막 14:9)처럼 마무리하지 않는다. "내가 진정으로 너희에게 말하니, 온 세상에서 이 복음이 선포되는 곳이면 어디든지, 이 여자가 행한 일도 말하여 저를 기억하게 될 것이다." 마태와 마가가 강조한 것은 가난한 자를 구제하고 자비를 베푸는 개별적인 행위는 곧 잊혀지게 될 것이지만, 이 여자가 행한 주님의 죽으심을 보여준 일은 십자가의 복음이 전파되는 곳에 헌신의 모델로 남게 될 것이라는 사실이다.

2.2. 요한복음 12장 9–19절의 메시지

많은 유대인들이 예수님과 나사로를 보려고 몰려든다(9절). 나사로가 부활했을 때 이미 베다니 사람들은 나사로를 보려고 모여들었다. 그러므로 9절의 많은 유대인들은 아마 유월절 순례객이었을 것이다(참고. 바레트, 1985:209). 나사로를 통해서 예수님을 믿은 사람이 많았기에, 대제사장들은 나사로조차 죽이려고 한다(10-11절). 11절의 '떨어져나갔다'(*hypegon*)는 말은 불신 유대인의 체계에서 이탈하여 신앙을 가지게 되었다는 의미이다(참고. 요 6:67).

그 다음날 예수님이 예루살렘에 입성하실 때, 무리가 종려나무 가지를 들고 "호산나 찬송하리로다. 주의 이름으로 오시는 이 곧 이스라엘의 왕이시여"라고 외치며 주님을 맞이한다(12-13절; 참고. 시 118:25).[716] 종려 가지를 흔드는 것은 승리자를 높이는 행동이다(참고. 마카비상, 13:51). 이 입성은 종려주일에 일어났다. 마가복음 14장에는 예루살렘 입성 후에 향유를 붓는 사건이 등장하지만 요한복음에서는 그 순서가 바뀌었다. 이유는 요한이 예수님께서 왕으로 입성하셨음을 강조하기 위해서이다(참고. Beasley-Murray, 1987:208). "주의 이름으로 오시는 이가 복되도다"라는 인사말은 원래 성전에 들어오는 순례자에게 하는 말이었으나, 나중에는 메시아에게 적용되었다(참고. 마 11:3; 시 118편의 미드라쉬; 시 118:26; 보라. Beasley-Murray, 1987:210). 스가랴 9장 9절의 성취대로 주님은 어린 나귀 한 마리를 타셨다(14-15절).

무리가 외친 '이스라엘의 왕이여'라는 말은 요한복음 6장 14-15절의 말씀과 같은 맥락에서

---

714) 8절을 D사본은 생략한다. 그리고 0250사본은 7-8절 모두 생략한다. 하지만 시내 산, A, B 그리고 다수 사본은 8절을 포함한다.

715) 이 단락을 적용해 보면, 나사로의 누이 마리아는 주님의 '죽을 몸'을, 아리마대 사람 요셉과 니고데모는 주님의 '죽은 몸'을, 그리고 예수님의 죽으심과 부활 이후를 살고 있는 우리는 예수님의 '살아 있는 몸'인 교회를 섬긴다.

716) 예수님을 '맞이하다'는 동사는 *hypantesis*이다. 예루살렘 성문 근처에서 맞이해서 안으로 들어와야 한다(참고. 행 28:15과 살전 4:17의 *apantesis*). 참고로, 요세푸스는 유월절에 모인 숫자를 270만 명으로 본다. 그러나 예루살렘과 그 주변 마을의 수용 인원을 고려해 볼 때 과장된 것이다(참고. 바레트, 1985:213).

이해할 수 있다. 왜냐하면 무리들은 여전히 예수님을 정치·군사적인 왕으로 이해할 따름이었기 때문이다. 예수님이 말을 타고 입성하셨다면 무리들은 주님을 군사적인 왕으로 이해했을 것이다(참고. 왕상 4:26; 사 31:1-3). 그러나 주님은 평강의 왕이시다. 주님의 제자들은 스가랴 9장 9절이 예수님에 대한 예언임을 예수님이 영광(죽음과 부활)을 얻으신 후에 깨달았다(16절). 즉 제자들은 부활의 빛 안에서 그리스도의 십자가와 부활이 세상에 생명과 구원을 가지고 오는 것임을 알게 되었다. 나사로를 부활시키실 때 함께 있던 무리가 계속해서 주님이 죽음을 정복하신 왕이심을 증거했다(17절). 무리들이 영접하러 온 것은 예수님이 부활의 표적을 행하심을 들었기 때문이다(18절). 바리새인들은 서로에게 온 세상이 예수님을 좇고 있기에 다 틀렸다라고 자조 섞인 말을 한다(19절). 예수님의 구원의 사역을 막거나 방해할 것은 세상에 아무것도 없다. 예수님 당시에도 그러하며, 요한공동체 당시에도 그러하며, 우리 시대에도 그러하다.

2.3. 요한복음 12장 20-36절의 메시지

그러나(*de*) 유월절에 헬라인들도 예배하러 올라왔다(20절). 접속사 '그러나'는 앞 단락의 불신 바리새인과 경건한 헬라인을 대조한다. 비유대계 출신인 이 헬라인들이 빌립에게 예수님을 만날 수 있도록 해달라고 부탁한다(21절). 이방인 가운데서 구원의 첫 열매라고 할 수 있는 헬라인들이 주님을 찾는 것은 바리새인들이 19절에서 한 말이 사실임을 증명한다. 주님의 구원은 우주적인 것이다. 빌립과 안드레가 예수님에게 가서 아뢰니(22절), 예수님은 "인자의 영광을 얻을 때가 왔도다"라고 말씀하신다(23절). 영광을 얻는 것은 구체적으로 죽음을 가리키지만, 확대하면 부활과 승천도 포함된다. 요한에게 있어서 십자가·부활·승천은 구원의 하나의 큰 덩어리이다. 한 알의 밀(*ho kokkos tou sitou*)이 땅에 떨어져 죽으면 많은 열매를 맺지만, 자기 생명을 사랑하는 자는 잃어버릴 것이다. 자기 생명을 미워하는 자는 영생하도록 보존된다(24-25절; 참고. 창 29:31-33; 신 21:15).[717] 하나님의 나라의 원칙은 생명은 죽음을 통해서 제공된다는 것이다. 인자가 죽는 것은 생명을 추수하기 위한 밑거름이다. 예수님을 따르려고 하면 섬겨야 한다. 그러면 성부께서 그를 귀히 여기실 것이다(26절).

예수님의 마음은 민망(고뇌, 초조)하셨는데, 성부에게 '이때를 면케 하여 주소서'라고 기도하신다(참고. 시 42:6, 7, 12). 여기서 예수님의 참된 인성이 증명된다. 하지만 주님은 바로 이 일을 위해 오신 것을 알고 계셨다(27절). 예수님은 성부에게 성부의 이름이 영광을 얻게 하옵소서라고 기도하니(참고. 마 6:9), 하늘에서 "내가 이미 영광스럽게 하였고, 다시 영광스럽게 하리라"는

717) 에스더 4장 16절에 의하면 에스더는 왕후로서의 안전과 부귀영화를 버리고 동족 유대인의 고통에 동참하려고 결심한다. 예수님도 하늘 영광 버리고 죄악 속에 죽게 될 자기 백성을 찾으러 오셔서 동고동락하셨다. 에스더는 아하수에로 왕과 이스라엘 백성 사이의 중재자 역할을 자청했다. 이것은 하나님과 사람 사이의 중보자로서의 예수님의 대제사장적 사역을 내다본다. "죽으면 죽으리라!" 중보 사역은 목숨을 담보로 하여 수행할 수밖에 없는 것이었다. 목숨을 담보로 한 중보 사역의 결과 성도는 살게 되었다. '이때를 위해'(에 4:14) 하나님께서 자신을 왕후로 삼아 주셨음을 믿는 섭리 신앙을 에스더는 가지고 있었다. 요한복음 12장 25-27절이 간본문이다.

음성이 들린다(28절). "내가 이미 영광스럽게 하였고"는 예수님의 공생애는 성부를 영화롭게 한 것임을 의미한다. "다시 영광스럽게 하리라"는 이제 얼마 있지 않으면 예수님이 죽으시고 부활·승천하실 것을 의미한다. 곁에 서서 듣던 무리는 천둥이 울었다고 말하기도 하고, 혹자는 천사가 예수님에게 말했다고 생각했다(29절). 하나님께서 영원한 진리가 무엇인지 보이지 않는 영적 영역에서 계시하신 것을 마치 자연적인 현상으로 파악하려는 것은 영적 소경의 처사이다(참고. ESV Study Bible, 2008:2049). 예수님은 하늘에서 들린 음성이 무리를 위한 것이라고 말씀하신다(30절). 따라서 무리들은 하늘의 음성을 듣고 믿어야 했다.

이제 이 세상의 심판이 이르렀으니, 이 세상 임금이 축출된다(31절; 참고. 요 14:30, 16:11). 주님의 죽으심과 부활·승천은 이 세상 임금노릇을 한 사탄을 파멸시키실 것이다. 죄악 된 이 세상은 이제 현재적으로 하나님의 심판을 받을 것이다. 그래야만 저세상 즉 새로운 차원의 하나님 나라가 임하게 된다(참고. 눅 10:18; 계 12:8-9). 주님이 땅에서 들리면 모든 사람을 주님께로 이끄실 것이다(32절).[718] 이 말씀은 사람을 십자가로 인도하신다는 의미라기보다는, 죽으시고 부활·승천하신 예수님 자신에게로 인도하실 것이라는 뜻이다. 이것은 또한 예수님이 십자가에 달려서 죽으실 것을 미리 말씀하신 것이다(33절). 무리는 말하기를 율법(참고. 시 89:37, 110:4; 사 9:6; contra 4에스라 7:28-29: 메시아의 죽음과 더불어 메시아 왕국은 끝남)에서 그리스도가 영원히 계신다고 들었는데(참고. 삼하 7:13; 시 61:3-7, 89:3-4; 사 9:7; 단 7:13-14; 1에녹 49:1, 62:14; 솔로몬의 시편 17:4), 어찌하여 인자가 들려야 하리라고 말씀하시는지 묻는다. 이 땅에서 들려서 죽으실 그러한 "인자는 도대체 누구냐?"라고 묻는다(34절)[719] 예수님은 아직 빛이 잠시 동안 있기에, 어두움에 붙잡히지 않게 하라고 말씀하시며, 어둠에 다니는 자는 예수님이 어디로 가는지 알지 못한다고 말씀하신다(35절). 빛이 잠시 동안만 있을 것은 빛이신 예수님의 죽음이 가까워 왔기 때문이다(참고. 46절). 빛을 믿으면 빛의 아들이 된다(36절; 참고. 요 9:4-5). 예수님은 무리를 떠나서 숨으신다(36절).

2.4. 요한복음 12장 37-50절의 메시지

이사야가 예언한 것처럼 주님이 많은 표적을 행하셔도 유대인들은 믿지 않았다(37-38절). 요한은 유대인들이 예수님을 믿지 못한 이유를 이사야의 예언에서 찾는다(39절). 이사야가 이렇게 말한 것은 주님의 영광을 보고 다음과 같이 예언했기 때문이다(41절):[720] "주께서 그들의 눈을 멀게 하셨고, 그들의 마음을 '둔하게 하셨는데'(*eporosen*, 아오리스트 능동 직설 3인칭 단수; A, B, L 등이 지지함; 다수 사본은 현재 완료형[*peporoken*]), 눈으로 보지도, 마음으로 깨닫지도,

---

718) 32절에서 시내 산 사본은 "모든 것들을(*panta*) 이끄실 것이다"로 쓴다. 이것을 매츠거(2005:195)는 우주적 구속 사상을 암시하는 골로새서 1장 16-17절의 영향으로 추측한다.

719) 이것은 요한복음 안에 예수님이 메시아이심을 제대로 이해하지 못한 마지막 구절이다(요 7:27, 31, 41-42; 참고. ESV Study Bible, 2008:2049).

720) 41절에서 요한은 이사야 6장의 하나님의 현현을 예수 그리스도에 관한 것으로 이해했던 것 같다. 바른 성경과 개역개정판은 NIV와 달리, 41절의 '왜냐하면'(*hoti*)을 제대로 살려서 번역하지 못한다.

돌이키지도, 고침을 받지도 못하게 하려는 것이다"(40절). 관원들 중에 많은 사람이 예수님을 믿었지만 출회를 두려워하여 공개적으로 믿지 못했다(42절). 이들은 사람의 영광(인정, 찬양)을 하나님의 영광보다 더 사랑했다(43절). 예수님을 믿는 자는 성부를 믿는 자요, 성자를 보는 자는 성부를 보는 자이다(44-45절). 세상의 빛이신 예수님을 믿는 자는 어두움에 거하지 않는다(46절; 참고. 요 1:4-5, 9, 3:19-21, 9:5, 39-41). 사람이 예수님의 말씀을 듣고 지키지 않을지라도, 예수님은 그들을 심판하지 않을 것이다. 왜냐하면 주님이 오신 것은 세상을 심판하려 함이 아니요 세상을 구원하기 위해서이기 때문이다(47절). 예수님을 저버리고 말씀을 받지 아니하는 자를 심판하실 이는 예수님이 하신 바로 그 말씀이다(48절). 성부께서 성자에게 하실 말을 친히 명령하여 주셨다(49절). 성부의 명령은 영생이기에, 그대로 성자께서 말씀하신다(50절). 생명의 원천이신 하나님의 계명이라는 개념은 요한복음 5장 39절에서 볼 수 있다.

3. 오늘에의 적용

매일의 삶 속에서 승리하신 예수님의 왕적인 파루시아를 기대하는가?
말씀을 듣고 믿는 것보다 가시적인 현상을 더 중요한 것으로 추구하지 않는가?

요한복음 13장

1. 본문 및 구조

- 제자들의 발을 씻으심(1-11)
- 섬기는 주/선생(12-20)
- 유다의 배신에 관한 예언(21-30)
- 새 계명(31-35)
- 베드로의 부인을 예고하심(36-38)

2. 구원 계시사적 메시지

2.1. 요한복음 13장 1-11절의 메시지

예수님의 '고별 강화'(the farewell discourse)는 요한복음 13장 1절에서 17장 26절까지 이어진다.[721] 고별 강화는 산상 설교와 감람산 강화와 더불어 예수님의 3대 강화로 불린다. 유월절 잔치 직전에 예수님께서 세상을 떠나 아버지 하나님께로 돌아가실 때가 이른 줄 아시고 세상에 있는 자기 사람들을 사랑하시되 끝까지 사랑하셨다(1절). 예수님이 세상을 떠나 아버지께로 가실 것은 여러 구절에서 언급되었다(참고. 요 7:33; 13:3; 16:28; 17:11).

만찬 때(*deipnou ginomenou*)[722] 마귀가 벌써 시몬의 아들 가룟 사람 유다의 마음속에 예수님을 팔 생각을 넣었다(2절; 참고. 요 6:70). 공식적인 유월절 저녁 식사 중에,[723] 예수님은 모든 것을 성부께서 자신에게 맡기신 것과 주님이 성부에게서 와서 다시 돌아가시는 것을 아시고 제자들의 발을 씻기신다(3-5절). 식사 중 사람의 상반신은 음식을 향하고, 발은 식탁 반대편을 향하고 있었기에, 예수님은 제자의 발을 씻으시려고 원 밖으로 나가셨다(참고. 존 월튼, 2010:1547). 예수님은 종의 형체를 취하신다(참고. 막 10:45; 삼상 25:41). 베드로는 주님에게 "당신이 내 발을 씻으시려고 합니까?"라고 묻는다(6절). 헬라어 본문은 '당신'(*sy*)과 '나'(*mou*)가 강조된 문장이다.

당시의 문화 관습에서 볼 때 심지어 친구들끼리도 발을 씻어주지 않았고, 단지 노예 중에서도 이방인 노예가 발을 씻는 역할을 했다(참고. Carson, 1991:462). 유대 혹은 그레코-로마 문헌에서 윗사람이 아랫사람의 발을 씻었다는 언급을 찾아 볼 수 없다. 예수님은 베드로에게 지금은 주님의 하시는 일을 알지 못하지만 나중에는 알리라고 말씀하신다(7절). 베드로는 예수님이 자신의 발을 씻을 수 없다고 말하나, 예수님은 만일 그렇다면 베드로와 아무 관계가 없다고 말씀하신다(8절). 이 말씀은 예수님께서 십자가에서 죽으심으로써 베드로의 죄를 씻지 않는 한, 베드로는 주님과 관계를 가질 수 없음을 의미한다. 또한 이 씻음은 성령의 정결케 하시는 사역을 내다보도록 한다. "나와 상관이 없느니라"(*ouk echeis meros met' emou*)는 예수님이 제자들의 기업이요 재산이시며, 천국의 '몫'(분깃, *meros*)이심을 의미한다(참고. 눅 15:12; 보라. Witherington, 1995:236). 이 표현은 종종 메시아께서 주시는 종말론적인 복에 동참하는 것을 의미한다(참고. 마 24:51; 계 20:6; 보라. Carson, 1991:464). 이 말씀을 들은 베드로는 주님에게 손과 머리도 씻어 달라고 요청한다(9절). 이미 목욕한 자는 온몸이 깨끗하기에 발만 씻으면 된다(10절). 요한복음 15장 3절에 의하면 예수님의 제자들은 주님의 말씀으로 이미 깨끗하게 되었다. 예수님이 전하신 복음을 수용한 사람은 이미 목욕한 것처럼 중생을 경험한 자이다.[724]

---

721) 레이하르트(2010:314)는 요한복음 13-17장이 모세의 고별 설교인 신명기와 비슷하다고 보면서, 고별 강화를 들은 예수님의 제자들은 새 이스라엘이라고 본다.

722) 2절의 '만찬 때'에서 시내 산, B, L사본 등은 현재 중간태 디포넌트 분사 중성 단수 속격 *ginomenou*을 쓰고, 시내 산 개정판, A, 다수 사본 등은 아오리스트 중간태 디포넌트 분사 중성 단수 속격 *genomenou*로 쓴다. 전자는 '식사 하는 중에', 후자는 '식사를 마친 후에'라는 뜻이다. 전자가 문맥에 어울린다.

723) 요한복음 13장의 식사는 유월절 식사였는가? 답은 '그렇다'이다. 근거로는 모든 사람이 기대어서 식사를 했다(요 13:23). 유월절에 세수했는데, 이것이 세족의 기회가 되었을 것이다. 무교병을 쓴 나물들의 소스에 찍는 것은(요 13:26) 유월절에서 나온 것이다. 유월절 식사에서 떡과 포도주를 사용하는 것은 예수님께서 새 언약을 제시하는데 자연스러운 방법을 제공했다. 요한복음 13장에서 주님과 제자들이 어린양을 먹은 언급이 없는데, 여행 중에 있는 사람은 어린양을 먹지 않고도 유월절을 지킬 수 있었다(보라. 오스본, 2005:437).

그러나 제자들 모두가 목욕해서 깨끗한 것은 아니다. 예수님을 팔 가룟 유다는 목욕하지 못하여 깨끗하지 못한 자 즉 중생하지 못한 자이다(11절).

2.2. 요한복음 13장 12-20절의 메시지

예수님이 제자들의 발을 다 씻기신 후에, 옷을 입으시고 다시 앉아서[725] 제자들에게 자신이 행한 행동을 이해하는지 물으신다(12절). 제자들이 예수님을 향해서 '선생' 혹은 '주'라고 부르는 것은 옳다(13절). 선생/주가 발을 씻어주었다면 제자들도 이렇게 하는 것이 옳다(14절). 예수님은 겸손과 섬김의 본을 보이신 것이다(15절). 아마도 요한 공동체는 포괄적(inclusive)이면서도 평등한(egalitarian) 공동체를 표방했을 것이다. 종이 상전보다 크지 못하고, 보냄을 받은 자가 보낸 자보다 크지 못하다(16절). 제자들이 이 사실을 알고 행하면 복되다(17절). 예수님은 자신의 택한 자가 누구인지, 택함을 받지 못한 자가 누구인지 알고 계신다. "나의 빵을(*ho trogon mou*)[726] 먹는 자가 내게 발꿈치를 들었다"고 기록한 성경이 응해져야 한다(18절). 시편 41편 9절의 성취인데, 다윗의 친구 중 하나(아마도 아히도벨, 참고. 삼하 16:20-17:3, 23)가 다윗을 배신한 것처럼 예수님의 제자 중 유다가 배신할 것이다. 이런 말씀을 하신 것은 이 일이 이루어질 때 제자들이 깨닫도록 하시기 위해서이다(19절). 예수님께서 보낸 자(사도)를 영접하는 것은 곧 예수님 자신을 영접한 것이며, (대사도이신)예수님을 영접하는 자는 예수님을 보내신 성부 하나님을 영접하는 것이다(20절).

2.3. 요한복음 13장 21-30절의 메시지

예수님이 이 말씀을 하신 후 심령에 민망히 여기시면서 제자 중 하나가 자신을 팔 것이라고 말씀하신다(21절). 제자들은 서로를 보면서 누구에게 하신 말씀인지 의아해한다(22절). 예수님의 '사랑하시는 제자'가 예수님의 품에 의지하여 누웠는데, 베드로는 그에게 예수님에게 누구인지 물어보라고 몸짓으로 사인을 보낸다(23-24절).[727] 주님의 사랑하시는 제자가 주님을 팔 사람이 누구인지 예수님에게 물으니, 예수님이(아마도 건포도, 신포도, 대추야자로 만든) 빵을 적셔서 가룟 유다에게 주심으로 행동으로 가르쳐 주셨다(25-26절).[728] 이것은 아이러니이다. 왜냐하면

---

724) 발 씻음(foot-washing)의 핵심은 '의식적'이지 않고 '기독론적'임을 부인할 수 없지만, 기독교의 세례를 전혀 암시하지 않는다고 말할 수도 없다(contra Carson & Witherington). 사족을 달면, 물론 그리스도의 십자가의 대속적 피 흘림과 죽음이 성도의 죄를 씻는 효력을 가지지만, 물세례는 그런 효력을 가지지 않는다.

725) 12절은 예수님이 성부의 보좌로 돌아가실 것을 암시한다.

726) 18절에서 시내 산, A, 그리고 다수 사본 등은 '나와 함께 빵을'(*ho trogon met'emou*)으로 쓴다.

727) 주님의 품에 기댄 '주님이 사랑하는 자'는 이 잔치를 배설한 주인으로 추정할 수 있다. 왜냐하면 예수님이 상좌에 앉으셨고 바로 옆에 앉을 수 있는 자는 주로 잔치를 배설한 집주인이기 때문이다. 예수님이 사랑하시는 제자는 십자가 근처(요 19:26-27), 무덤(20:2-9), 그리고 21장 1절과 20-23절에도 등장한다. 전통적으로 믿어지는 대로 세베대의 아들 요한을 가리킨다면 "내가 바로 예수님이 다른 제자들보다 더 사랑하시던 자다"라고 밝히지 않은 것은 일종의 겸손이다.

통상적으로 주인이 손님에게 떡을 주는 것은 우정의 표시였기 때문이다(참고. 눅 24:47-48). 유다가 떡 조각을 받자 사탄이 그 속에 들어갔고, 예수님은 "너의 할 일을 속히 하라"고 말씀하신다(27절). 제자들은 이 말씀을 이해하지 못했다(28절). 예수님이 가룟 유다에게 하신 말씀을 주님의 제자들은 나름대로 해석했는데, 유월절(구체적으로는 7일 동안 진행되는 무교절) 명절에 필요한 물건을 사라고 하신 것인지, 아니면 구제하라고 하신 것인지 제대로 알지 못했다(29절). 여기서 '구제'가 언급된 이유는 이스라엘의 절기 동안 예루살렘에서 자선을 행하면 특별한 보상을 받게 된다는 그 당시의 관습에 비추어 보면 이해가 된다. 유다가 밖으로 나가니 밤이었다(30절). 상징적으로 볼 때 밤은 가룟 유다가 영적 어둠의 권세하에 있었음을 뜻한다. 유다는 대제사장과 군병들을 만나러 갔던 것이다.

2.4. 요한복음 13장 31-35절의 메시지

유다가 나간 후 예수님은 인자가 지금 영광을 얻었고(*edoksasthe*, 아오리스트 수동 직설 3인칭 단수) 하나님도 인자를 인하여 영광을 얻으셨다(*edoksasthe*)라고 말씀하신다(31절). 아오리스트는 예견적인 것으로 볼 수 있는데 사실의 확실성을 의미한다. 혹은 이 아오리스트를 진입적으로 본다면 이제 인자의 팔리심과 십자가 처형과 부활이 본격적으로 시작되어 영광을 얻으실 것을 의미한다. '만일 성부께서 성자를 통하여 영광을 얻으셨으면'[729] 성부도 자신을 통하여 성자에게 영광을 곧 주실 것이다(32절). 성부께서 성자에게 주시는 영광은 예수님의 부활과 승천과 관련 있다. 주님은 제자들을 '소자들'(*teknia*)이라고 친근히 부르시면서, 잠시 그들과 함께 계실 것이지만, 이전에 말씀하신 대로 주님이 가시는 곳에 제자들은 올 수 없다(33절). 예수님이 제자들을 사랑하신 것처럼 제자들도 서로 사랑해야 하는데, 그것이 바로 새 계명이다(34절). '새 계명'이란 질적으로 새로운 계명을 가리킨다. 서로 사랑하라는 계명은 구약부터 주어진 것이다(참고. 출 20:12-17; 레 19:18; 신 5:16-21; 요일 3-4장). 하지만 예수님은 구약의 사랑하라는 계명과는 질적으로 다른 사랑을 명령하신다. 예수님 자신이 대속의 죽음을 죽으신 바로 그러한 사랑으로 사랑하라고 명하신다. 제자들이 서로 사랑하면 모든 사람들이 주님의 제자인 줄 알게 된다(35절).

2.5. 요한복음 13장 36-38절의 메시지

베드로가 주님에게 어디로 가시는지 물으니, 베드로가 지금은 따라올 수 없지만 후에는 따라오리라고 예수님이 답하신다(36절). 실제로 베드로가 순교함으로써 주님의 자취를 따라갔다고 전해지고 있다(참고. 요 21:15-19). 베드로는 주님을 위하여 목숨을 버릴 각오로 지금 당장 따르겠

---

728) 26절에는 크게 두 가지 이문이 있다. 시내 산, D, 다수 사본 등이 지지하는 "내가 빵을 적신 후(*bapsas*, 아오리스트 능동 분사 남성 단수 주격) 내가 줄 것이다(*episoso*, 미래 능동 직설 1인칭 단수)"와 B와 C 사본이 지지하는 "내가 빵을 적실 것이다(*bapso*, 미래 능동 직설 1인칭 단수). 그리고 내가 줄 것이다(*doso*, 미래 능동 직설 1인칭 단수)." 둘째 표현은 덜 세련되었다.

729) 32절에서 이 표현을 파피루스 66, 시내 산, B, C, D사본 등은 생략하지만, 다수 사본은 포함한다. UBS 4판에는 [ ]로 처리했다.

다고 말한다(37절). 예수님은 베드로에게 '주님 자신을 위하여 목숨을 버리겠느냐'라고 물으신 후, 베드로가 닭 울기 전에 3번 부인할 것이라고 말씀하신다(38절). 베드로의 부인에 대해서는 마태복음 26장 69-75절과 마가복음 14장 66-72절 그리고 누가복음 22장 54-62절을 참고하라. 이 말씀을 들은 제자들은 3번이나 예수님을 부인할 베드로가 혹시 예수님을 팔고 배신할 사람이 아닌지 의심했을 수도 있다.

3. 오늘에의 적용

우리는 섬김을 실천하는가?
우리가 예수님의 대속적 사랑으로 사랑하면 어떤 일이 발생할까?
현대의 세족식은 요한복음 13장의 가르침과 일치하는가?

요한복음 14장

1. 본문 및 구조

- 처소를 예비하시는 그 길이신 예수님(1-7)
- 성부와 성자의 관계(8-14)
- 성령의 오심(15-17)
- 제자들에게 자신을 나타내시는 예수님(18-24)
- 성부에게 가시는 성자 그리고 성령의 역할(25-31)

2. 구원 계시사적 메시지

2.1. 요한복음 14장 1-7절의 메시지

예수님이 제자들에게 마음에 근심하지 말고, 하나님을 믿는 것처럼(*pisteuete*) 자신을 믿으라고 말씀하신다(1절). 이 구절은 "성부를 믿어라. 그리고 나도 믿어라", 즉 둘 다 명령형(*pisteuete*)으로 보는 것이 자연스럽다(참고. Carson, 1991:488).[730] 여기서 믿는 것은 인격적이며 관계적인 신뢰이다(참고. 사 28:16). 예수님의 제자들의 입장에서 볼 때, 기껏 3년이라는 짧은 기간 동안 천국의 일꾼으로 자신들을 훈련시키시고 떠나시려고 하는 예수님을 이해하기 힘들었을지도 모른다.

730) 이 동사를 명령형이 아니라 직설법으로도 볼 수 있다. 혹은 둘 중 하나만 명령형으로도 볼 수 있다.

예수님이 떠나실 것이라는 말씀을 들은 제자들에게 있어서 그날이야말로 '밤중의 밤'이었다. 그러나 그들은 예수님의 정체성과 장차 행하실 사역을 바로 믿어야 했다. 성부 하나님의 집(*oikia*, 즉 하나님의 가족)에는 거할 곳들(*monai*, 여성 복수 주격; Vulgate와 KJV는 'mansions'로, NIV는 'rooms'로 번역하지만, 'dwelling-places'가 나은 번역임)이 많다(참고. 눅 16:9). "만일 그렇지 않다면(성부의 가족에 거할 곳이 많지 않다면) 내가 너희 있을 곳(*topon*)을 예비하러 간다고 너희에게 말하였겠느냐?"(2절)[731] 칼빈(1993:483)의 말을 들어보자. "하늘의 영광이 나 혼자만을 기다리고 있다면 나는 너희를 속이지 않고 내 아버지 집에는 나 혼자밖에 다른 사람이 있을 곳이 없다고 미리 말했을 것이다. 그러나 사실은 반대다. 나는 너희들의 자리를 마련하기 위해 먼저 간다."[732]

주님이 처소(*topos*)를 예비하면, 다시 와서 예수님이 있는 곳에 제자들도 있게 하실 것이다(3절). 주님이 가시는 장소의 그 길을 제자들도 알게 된다(4절). 이 구절에 대한 전통적인 해석은 저 하늘 어딘가에 승천하신 예수님이 성도의 상급을 따라서 다양한 크기의 처소를 짓고 계신다는 것이다(예. 도널드 거스리). 즉 영원한 천국이 이 땅이 아니라, 저 하늘 어떤 공간에 이루어질 것이라는 개념으로 이해한다. 그러나 이 단락을 '장소'보다는(적어도 우선적으로) '인격' 중심으로 읽어야 한다. 주님이 죽으시고 부활하신 후 승천하시면 교회가 예수님과 하나님 아버지께로 인도되어 함께 거하시겠다는 것이다. 그리스도의 승천 이후에, 지상의 교회가 성부와 성자와 함께 거할 곳은 다름 아니라 장차 오순절 성령의 전이 될 것이라는 뜻이다(참고. 요 16:16;[733] 고전 3:16-17; 엡 2:20-22; 히 3:2; 보라. 존 월튼, 2010:1549). 적어도 모형론적으로 오순절 성령이 오셔서 교회를 성령의 전으로 삼으시는 것은 예수님의 최종 파루시아로 말미암아 교회가 신천신지에서 하나님과 함께 살 것을 암시한다고 볼 수 있다.

도마는 "주님이 어디로 가시는지도 모르는데, 어떻게 그 길을 알겠습니까?"라고 말한다(5절). 예수님이 곧 그 길, 그 진리(혹은 성부께서 주신 약속들의 실체), 그 생명이시다. 그러므로 예수님을 통하지 않고는 '아버지께로' 아무도 올 수 없다(*oudeis erchetai*; 6절). 여기서 분명하게 드러나는 것은, 예수님이 가시는 곳은 장소가 아니라 인격체이신 성부 하나님이시다. 성부에게 이르는 길은 곧 구원에 이르는 길인데 오직 예수님을 통해서만 가능하다. 제자들이 예수님을 알았다면

731) 2절에서 파피루스 66과 시내 산, A, B, C, D. L. W와는 달리 다수 사본과 NIV는 *hoti*를 생략했다. 사본상으로 볼 때 *hoti*가 있는 것이 원본에 가까운 것 같으며, 생략한 경우에는 이 접속사를 잉여적인 것으로 보았다. 2절 끝의 의문 부호(;)는 수사학적 의문형을 위해 사용된 것으로 보기도 하지만(예. 바른 성경), 생략하는 것이 자연스럽다고 보는 경우도 있다(예. 다수 사본, NIV, 개역개정판).

732) 유진 피터슨(2010:291)의 번역은 "내 아버지 집에는 너희를 위해 예비된 방이 많이 있다. 그렇지 않으면, 내가 너희 방을 마련하러 간다고 말했겠느냐?"이다.

733) 요한복음 16장 16절은 조금 있으면 예수님께서 다시 제자들에게 보이도록 오실 것이라고 말씀하신다. '조금 있으면'(*mikron*, a little while) 즉 짧은 시간이 지나면 예수님께서 다시 제자들에게 오시기에 주님의 부활과 오순절 성령 강림을 동시에 가리키는 것으로 보인다. 죽음에서 생명으로 돌아오는 예수님의 부활도 하나의 파루시아이며(a parousia), 영광 받으신 그리스도의 살려주시는 영이신 성령이 오순절에 강림하시는 것도 예수님의 하나의 파루시아이다. 여기서 '조금 있으면'이라는 시간적인 표현 때문에 최종 파루시아(the Parousia)와 관련짓기는 힘들다.

성부도 알았을 것이다. 왜냐하면 예수님은 성부 하나님의 가시적인 현현이기 때문이다. 이제부터는(혹은 '확실하게'; 참고. Carson, 1991:493), 제자들이 성부를 알고(*ginoskete*, 현재 시제) 또 보아왔다(*heorakate*; 완료 시제; 7절). 제자들은 확실하게 예수님을 통해서 계시된 성부 하나님에 대해서 올바른 인식을 마땅히 가져야만 한다. 예수님을 아는 것은 성부 하나님을 아는 것의 입문(entrée)이다. 그러나 이러한 인식은 예수님의 부활과 성령 강림 이후에 온전해질 것이다.

2.2. 요한복음 14장 8-14절의 메시지

빌립은 예수님께서 성부를 보여주시면 족하겠다고 말한다(8절). 여기서 다시 한번 '보는 것과 믿는 신앙'의 주제가 등장한다. 예수님은 '3년 동안이나 제자들에게 자신을 본 것이 곧 성부를 본 것과 같다고 가르쳤는데 여전히 성부를 보여 달라고 말하느냐'라고 책망하신다(9절). 성자는 성부 안에 있고, 성부는 성자 안에 있다. 그러므로 예수님이 하신 말씀은 성부께서 성자 안에서 하신 일이다(10절). 성부와 성자가 하나인 것을 믿지 못한다면, 성자께서 하시는 그 일들(*ta erga*)을 통하여 주님을 믿어야 한다(11절). 참고로 기독교의 삼위일체의 존재 증명의 한 방법이 바로 경륜적 삼위일체론이다. 즉 삼위의 존재에서 출발하지 않고 하신 일을 통해서 존재를 추적하는 방법이다. 예수님을 믿는 자는 주님이 행하신 그 일도 행할 것이며, 그것들보다 더 큰 일들(*meizona*, 중성 복수, greater things)도 행할 것이다(참고. 요 5:20). 왜냐하면 성자는 성부에게로 가야 하기 때문이다(12절). 이 약속은 장차 제자들이 수행할 선교 명령으로 이해할 수 있다(참고. 요 15:7-8). 전도, 교육, 구제와 같은 온 세상을 향한 교회의 총체적인 사역을 가리킨다(참고. ESV Study Bible, 2008:2053). 주님의 승천은 하나님의 나라 확장에 있어서 큰 전환점이 되었다. 예수님은 제자들이 예수님 자신의 이름으로(*en to onomati mou*) 무엇이든지 구하면 시행하신다(참고. 요일 5:14-15).[734] 여기서 예수님 자신이 책임지고 시행하시겠다는 의지가 강조되어 있다(보라. *ego poieso*). 왜냐하면 이렇게 기도에 응답하심으로써 성부께서 성자를 통하여 영광을 얻도록 하기 위해서이다(13-14절).

2.3. 요한복음 14장 15-17절의 메시지

제자들이 예수님을 사랑하면 주님의 그 계명들(*tas entolas*)을 지킬 것이다(15절). 그 계명들이란 구체적으로 새 계명을 가리키는 것으로 볼 수 있다(참고. 요 13:34). '지킬 것이다'(*teresete*)를 아오리스트 능동태 명령형(*teresate*)으로 볼 수 있기에, '너희가 지켜라'는 뜻도 가능하다. 성자께서

---

734) 14절을 빼버린 사본은 소문자 14번 사본, 시리아와 아르메니아 역본 등이지만, 대부분 오래된 비평 사본과 다수 사본은 포함한다. 그렇다면 왜 빼버린 것일까? 여러 가능한 설명이 있다. 14절의 첫 구절이 *ean*인데 15절도 *ean*으로 시작해서 필사자들이 혼동했을 수 있다. 아니면 14절이 요한복음 16장 23절과 반대되는 개념을 가지기에 의도적으로 빼버렸을 수도 있다. 아니면 14절은 13절과 내용상 동일하기에 반복을 피하기 위해 생략했을 수도 있다. 아니면 필사자들이 13절의 *poieso*를 14절의 끝의 *poieso*와 혼동했을 수도 있었기에 곧바로 15절로 넘어갔을 수도 있다(참고. Carson, 1991:497; 매츠거, 2005:200).

성부에게 간구해서 다른 보혜사(*allon parakleton*)를 제자들에게 주심으로써 그들과 영원히 함께하시도록 하신다(16절).[735] 성령님은 그 진리의 영이시며, 세상은 그분을 보지도 알지도 못하기에, 성령을 능히 받지(*labein*, 아오리스트 능동태 부정사; 영접하지) 못한다. 그러나 제자들은 성령을 알기에, 성령이 그들 가운데 머물고 계시고(*menei*, 현재 능동 직설 3인칭 단수), 거하실 것이다(*estai*, 미래 디포 직설 3인칭 단수; 17절). 계시사적으로 볼 때 이 두 동사(*menei*와 *estai*)가 흥미롭다.

예수님의 제자들은 거듭난 그리스도인이기에 성령의 중생케 하시는 역사를 체험한 사람들이다. 그러나 아직도 '신구약의 중첩 기간'이기에 장차 오순절에 성령이 강림하시면 그들은 성령이 분명하게 내주하시는 역사를 경험하게 될 것이다. 그러므로 현재형과 미래형이 동시에 등장한다. 오순절을 기점으로 하여 이전과 이후는 성령님의 사역에 있어 차이가 난다. 요한은 예수님의 지상 사역 기간 동안 역사하신 성령님을 한 번도 '보혜사'라 부르지 않는다. 따라서 예수님이 영광을 받으시기 전에도 성령님은 계셨지만, 제자들에게 '보혜사'로서 역사하지 않으셨다고 볼 수 있다. 비록 동일하신 성령님이시지만, 오순절 이후에는 성령께서 '보혜사'로서 오순절 이전보다 더 깊고 충만한 사역을 하실 것이다(참고. 이한수, 2010:123).

2.4. 요한복음 14장 18-24절의 메시지

예수님은 제자들을 고아처럼 버려두지 않으시고 그들에게 다시 오신다(*erchomai*, 18절). 조금 있으면(*mikron*) (불신) 세상은 예수님을 다시 보지 못할 것이지만, 제자들은 다시 볼 것이다. 왜냐하면 예수님이 살았고(*ego zo*, I live) 제자들도 살 것이기 때문이다(19절). 이것도 예수님의 부활과 오순절 성령 강림을 동시에 가리킨다.[736] 그날에는(즉 부활과 성령 강림 시) 성자가 성부 안에, 제자들이 성자 안에, 성자가 제자 안에 있는 것을 예수님의 제자들이 알 것이다(20절). 예수님의 계명을 계속해서 지키는(*teron*, 현재 능동 분사) 자는 주님을 사랑하는 자인데, 그를 성부께서 사랑하실 것이며, 성자도 그에게 나타내실 것이다(21절). '나타내다'는 *emphaniso*인데, 장차 부활과 성령 강림으로 주님 자신을 계시하실 것을 뜻한다. 가룟 유다가 아닌 다른 유다(즉 야고보의 아들 유다(참고. 눅 6:16; 행 1:13)가[737] 예수님에게 '어찌하여 세상에게는 예수님이 나타내시지 않고, 제자들에게는 나타내시는지?' 묻는다(22절). 예수님은 이 질문에 대답하시면서 다시 사랑의 동기에 주목시키신다. 예수님의 말씀을 지키는 자가 주님을 사랑하는 자인데, 성부와 성자가 그 사람에게 와서 거처를(*monen*) 삼으실 것이다(23절; 참고. 2절). 이것은 성도 안에 성령의 내주하심을 가리킨다(contra ESV Study Bible, 2008:2053). 주님을 사랑하지 않는 자는 성부께서 주신 말씀을 지키지 않는다(24절).

---

735) 예수님의 공생애 기간 중에도 제자들에게 성령이 계셨다. 하지만 성령님은 주님의 제자들에게 오순절 이후에 새롭고 더 강력한 의미로 내주하실 것이다(참고. ESV Study Bible, 2008:2053).

736) 하지만 ESV Study Bible(2008:2053)은 18-19절을 예수님의 부활 현현과 오순절 성령 강림을 동시에 가리키는 것으로 보지 않는다. 요한이 예수님과 성령님을 정확하게 구분한다고 보기 때문이다.

737) 22절의 질문한 이 사람을 시리아 역본은 '도마'로 쓴다.

2.5. 요한복음 14장 25-31절의 메시지

성부께서 성자의 이름으로 보내실 보혜사 성령이 오시면 제자들에게 모든 것을 가르치시고, 성자께서 하신 모든 말씀을 생각나게 하실 것이다(26절). 장차 다른 보혜사 성령께서 예수님을 대신해서 가르치시고 생각나게 하시는 일을 하실 것이다.[738] 성령의 기억나게 하시는 역사는 복음서의 기록에도 결정적으로 중요했다. 성경을 읽고 해석하는 자에게는 성령의 조명의 역사가 계속된다. 세상이 주는 것과 다른 평안을 예수님께서 주시기에 제자들은 두려워하거나 근심하지 말아야 한다(27절). '두려워 말라'(*me tarassestho*)는 나사로의 무덤 앞에서 민망히 여기신 것(참고. 요 11:33)과 유월절 만찬 중에 예수님께서 심령에 민망히 여기신 것과 동일한 동사이다(참고. 요 13:21). 예수님은 갔다가 다시 제자들에게 오실 것이다. 그러므로 제자들이 이 말씀을 믿으면 주님의 가심을 기뻐해야 한다.

성부는 성자보다 더 크시다(28절). 예수님은 자신을 파송하신 성부의 뜻을 이루는 사도이며 종이시다. 따라서 '크다'는 말을 문자적으로 볼 것이 아니라 삼위 하나님이 구원의 경륜을 이루시는 차원에서 이해해야 한다. 이 사실을 미리 말씀하신 것은 이 일이 이루어질 때 제자들이 믿도록 하기 위해서이다(29절; 참고. 요 20:31). 이 세상 임금이 올 것인데(참고. 요 12:31), 그는 예수님과 관계할 것이 없다(30절). "관계할 것이 없다"(*ouk echei ouden*)는 "아무런 권한이 없다"라는 의미이다. 사탄은 예수님을 향하여 어떠한 권세도 발휘할 수 없다. 예수님의 죽음은 그 자체로 끝나지 않고 부활-승천으로 연결될 것이기 때문이다. 예수님은 성부를 사랑하셨고, 성부의 명하신 대로 행하신 것을 세상이 알기 원하셨다. 예수님은 "일어나 여기를 떠나자"(*egeiresthe agomen enteuthen*)라고 말씀하신다(31절). 요한복음 14장 마지막 절에서 주님과 제자들이 떠나신 것을 두고, 혹자는 요한복음 15-17장의 고별 강화가 요한 공동체의 손에 의해 후대에 편집된 것으로 본다. 그러나 주님과 제자들이 장소를 옮겼다고 하더라도, 노중에서 나머지 고별 강화 부분인 요한복음 15-17장의 말씀을 하실 수 있었다.

3. 오늘에의 적용

우리는 보혜사 성령의 전으로 살고 있는가?
성령의 기억나게 하심과 조명을 받고 있는가?
사탄을 이기신 주님의 평강 가운데 무시로 기도하고 있는가?

738) 스몰리(1996:358)는 보혜사 성령님을 '제1의 보혜사이신 예수님의 제2의 자아'(alter ego)라고 표현한다(참고. 갈 4:6; 빌 1:19). 하지만 삼위 하나님의 위격의 경계선은 유지되어야 한다.

⸙ 요한복음 15장 ⸙

1. 본문 및 구조

- 참 포도나무(1-16)
- 그리스도를 위해서 당하는 고난(17-21)
- 사람의 죄를 드러내시는 예수님(22-25)
- 성령의 증거(26-27)

2. 구원 계시사적 메시지

2.1. 요한복음 15장 1-16절의 메시지

예수님이 "나는 참 포도나무이다(*ego eimi he ampelos he alethine*). 그리고 나의 아버지는 그 농부(*ho georgos*)이다"라고 말씀하신다(1절). 예수님 안에서 과실을 맺지 못하는 가지는 버려진다. 생수의 근원이며 생명의 떡이신 예수님은 동시에 생명을 주시는 포도나무이다(life-giving vine; 참고. Brown, 1966:672). 과실을[739] 맺는 가지는 더 맺도록 깨끗하게 하신다(2절; 참고. 요 13:10-11). '깨끗하게 한다'(make clean)는 말은 '전지하다'(*kathairei*, prune)라는 뜻을 가진다. 하나님께서 제자를 위해서 시행하시는 영적인 연단이나 신앙 훈련을 암시하는 동사이다. 하지만 농부이신 아버지께서 열매 맺지 않는 죽은 가지를 잘라내지(*airei*, cut off)[740] 않으면 질병이 퍼지고 생산성이 저하되게 마련이다. 이사야 5장 1-7절에서 이사야는 여호와께서 포도나무로 상징되는 이스라엘에게 정성을 쏟으셔서 극상품을 기대하셨지만 죄악만 있을 뿐이었다(참고. 시 80:8-16; 사 5:1-7; 렘 6:9; 겔 15장, 17:5-10, 19:10-14; 호 10:1, 14;7). 구약 이스라엘이 실패한 포도나무였다면(the degenerate vine; 렘 2:21), 예수님은 하나님이 기뻐하시는 열매를 맺는 새로운 이스라엘의 완전하신 실체이시다. 성부 하나님은 포도원을 돌보시고 열매를 맺게 하시는 경작자(vine-dresser)이시다(참고. 고전 3:6).[741] 이처럼 요한복음에서 성자와 성부는 결코 분리된 실체로 나타나지 않는다.

제자들은 예수님의 말씀으로 이미 깨끗하다(3절). '깨끗하다'(*katharoi*)는 2절의 '깨끗하게 하

---

739) 어떤 성격의 열매인가? 그리스도인의 특징을 가리키는 듯하다(참고. 마 3:8, 7:20; 롬 6:22; 갈 5:22-23; 엡 5:9; 빌 1:11 등).

740) 동사 *airo*가 '잘라내다'라는 뜻 외에 '들어 올리다'라는 뜻도 가지는데, 후자가 옳다면 하나님이 열매를 맺지 못하는 가지를 불쌍히 여기사 잘 맺도록 가지를 들어 올리시는 은혜로운 행동으로 볼 수 있다. 하지만 문맥은 회복과 돌봄보다는 심판이다(참고. ESV Study Bible, 2008:2054).

741) 요한복음 10장에는 참 목자이신 예수님이 양들을 돌보시는데, 여기서는 성부께서 직접 심으신 백성인 포도원을 돌보신다. 그러므로 여기서도 우리는 교회를 위한 성자와 성부의 사역적 연합을 본다.

다'(*kathairei*)와 같은 어원을 가진다. 말씀으로 영적인 정결을 받은 자만 결실할 수 있다는 뜻이다. 포도나무이신 예수님 안에 머물러 있어야(abiding in Christ) 포도나무 가지인 교회가 열매를 맺는다(4절). 교회가 예수님 안에 계속해서 머물러 있어야(*ho menon*, 현재 분사) 결실할 수 있지만, 반대로 교회는 예수님을 떠나서 아무것도 할 수 없다(5절; 참고. 빌 4:13). 예수님 안에 거하지 않는 사람은 밖에 버리워 말라질 것이며 땔감이 되고 만다(6절; 참고. 마 3:10). 결실치 못하여 결국은 불 속에 던져져서 심판을 받을 사람은 누구를 가리키는가? 스스로 구원받은 백성(알곡)이라고 생각하지만 실제로는 가라지처럼 구원에 이르지 못한 사람들이다.

제자가 예수님 안에 거하고, 주님의 말씀이 그들 속에 거하면 무엇이든지 원하는 대로 구할 때 응답 받는다(7절). 주님은 지속적으로 열매를 맺는 것(continual fruit-bearing)에서 기도로 주제를 바꾸신다. "너희가 많은 열매를 맺어(*pherete*, 현재 능동 가정 2인칭 복수) 내 제자가 되면(*genesthe*, 아오리스트 중간 디포넌트 가정 2인칭 복수),[742] 이것으로 내 아버지께서 영광을 받으실 것이다"(8절). 성도는 기도할 때 말씀에 합치된 내용으로 하나님의 영광을 위해서 간구해야 한다. 요한복음 13장 31절 이하의 말씀처럼 성부께서 성자를 통해서 영광을 얻으시듯이, 이제는 성부께서 교회를 통해서 영광을 얻으신다. 성부께서 성자를 사랑하신 것처럼, 성자도 제자들을 사랑하시기에, 제자들은 주님 안에 거해야 한다(9절). 예수님이 성부의 계명들을 지켜서 성부의 사랑 안에 거하는 것처럼 제자들이 예수님의 계명들을 지키면 예수님의 사랑 안에 거하게 된다(10절). 주님이 이 말씀을 하시는 것은 주님의 기쁨이 제자들 안에 있어 그들의 기쁨을 충만하게 하기 위해서이다(11절). 성도가 하나님을 기뻐하며 사랑하는 동기에서 계명을 지키면 열매를 맺는데, 그때 예수님은 교회를 통해서 기뻐하신다. 12절에서 10절의 '그 계명들'이 단수로 줄어든다. 예수님의 계명은 서로 사랑하라는 것이다(12절). 이것은 다름 아니라 요한복음 13장 34절의 새 계명이다. 사람이 친구를 위하여 목숨을 버리는 것보다 더 큰 사랑이 없다(13절).[743] 예수님의 사랑을 깨닫는 사람만 사랑을 제대로 실천할 수 있다.

예수님이 명하시는 대로 행하는 자가 예수님의 친구(*philoi*)이다(14절; 참고. 눅 12:4). 제자들이 예수님의 친구가 되기 위해서는 조건이 따른다. "너희가 나의 명대로 (순종)하면." 예수님의 제자들은 주인이 하는 것을 알지 못하는 종이 아니라, 성부께 들은 것을 예수님을 통해서 다 듣고 아는 친구이다(15절). 예수님 당시에 랍비의 제자들은 랍비의 종들로 여겼다. 하지만 예수님은 제자들을 친구로 삼으셔서 복음을 전하도록 세우신다. 예수님이 제자들을 택하여 세웠는데, 항상 과실을 맺고 기도하는 것은 다 받게 하기 위해서이다(16절).[744]

---

742) 8절의 이 동사를 가정법이 아니라(B, D, 바른 성경) 시내 산, A, 다수 사본, 그리고 개역개정판은 미래 중간 디포넌트 직설법 2인칭 복수 "너희가 될 것이다"(*genesesthe*)로 쓴다.

743) 이상원(2010:9)은 요한복음 15장 13절에 근거하여 장기 기증자가 '살아 있는 사람'인 상태에서 장기 적출을 해도 된다고 주장한다. 장기 기증자가 의식이 있을 때, 이웃의 생명을 살리고자 하는 명확한 동기와 본인의 자유로운 결단에 의하여, 그리고 뇌의 기능이 불가역적으로 파괴되어 2-3일 안에 심장사에 이르게 될 것이 분명히 예측되는 시점에서, 그리고 환자가 통증을 느끼지 않도록 마취를 하는 등의 조치를 취한 다음에 장기 적출을 하는 것은 윤리적으로 문제가 되지 않는다고 본다.

2.2. 요한복음 15장 17-21절의 메시지

예수님은 제자들에게 "서로 사랑하라"(Love each other!)라고 재차 말씀하신다(17절). 세상이 제자들을 미워하면 실제로 주님을 먼저 미워한 것이다(18절). 투영으로 볼 때, 요한 공동체도 예수님의 이름 때문에 박해를 받고 있었다. 세상과 제자들 사이에는 정체성 상의 예리한 구분이 있다. 제자들이 세상에 속하지 않고 예수님의 택함을 받았기에 미움을 받는다(19절). 종이 주인보다 크지 못하듯이(참고. 요 13:16), 예수님이 세상에서 핍박을 받았다면 제자들도 동일하게 핍박을 받을 것이다. 그리고 사람들이 예수님의 말씀에 순종했다면 제자들의 말에도 순종할 것이다(20절). 이것은 제자들이 수행해야 할 선교명령이다. 핍박만 있는 것이 아니라 성공적인 복음 전파도 발생할 것이다. 세상은 핍박하는 방식으로 제자들을 취급할 것인데, 세상이 예수님을 보내신 성부를 알지 못하기 때문이다(21절; 참고. 요 16:3). 세상은 예수 그리스도 안에서 계시된 성부 하나님을 거부한다.

2.3. 요한복음 15장 22-25절의 메시지

"만일 예수님이 세상에 와서 말씀하지 않으셨다면, 그들이 죄책감을 가지지 않았을 것이다. 하지만 이제 그들은 죄를 핑계할 수 없다"(22절). 여기서 주님은 만일 예수님 자신이 유대인들에게 나타나지 않으셨다면 유대인들은 무죄했을 것이라는 의미로 말씀하는 것이 아니다. 오히려 만일 유대인들이 예수님을 통하여 나타난 하나님의 계시를 가지고 있지 않았다면, 유대인들이 하나님을 거부한 죄가 유대인들에게 전가되지 않았을 것이라는 뜻이다(참고. Morris, 1984:681). 환언하면, 예수님이 성부의 구원의 뜻을 세상에 보이시려고 이 땅에 오셔서 말씀하시고 사역하셨지만, 유대인들이 거부했기에 죄를 면할 수 없다는 의미이다. 예수님이 오심으로써 불신앙의 죄악이 확연히 드러나게 되었다. 따라서 신약 시대는 오직 은혜만 있고 심판과 정죄가 없다고 믿는 것은 너무 순진한(naive) 생각이다. 신약도 '여호와의 크고 두려운 날'이다(참고. 욜 2:31; 행 2:20). 예수님을 미워하는 자는 또한 성부도 미워한다(23절). 만일 예수님이 아무도 행하지 못한 일을 행하지 않으셨다면, 세상은 죄가 없었겠지만, 이제는 세상이 예수님과 성부를 보아왔고 또 미워해 왔다(24절). 성부의 계획을 분명히 드러낸 예수님이 하신 일들이 사람들로 하여금 그들의 불신앙에 대해서 변명하지 못하게 한다. 그러므로 메시아 시편인 시편 35편 19절과

744) 유병우(2008:58, 63, 73)는 요한복음 15장 1-17절을 화행론(speech-act theory)에 근거하여 분석했다. 화행론은 언표 행위(locution: 인간의 발성 기능을 통해 발화 자체를 생성하는 것), 언표 내적 행위(illocution: 발화를 통해 수행하고자 하는 발화의 목적, 의도를 지칭하는 것), 그리고 언향적 행위(perlocution: 언표 행위와 언표 내적 행위를 통해서 야기된 실제적 효과)를 기초 개념으로 삼는다. 요한복음 15장 1-17절의 화행 구조가 '제시 화행'(발화된 명제가 진실이거나 거짓일 수 있는 모든 화행을 의미하는데, 이 화행의 목적은 화자가 무엇을 언급하는 것이고 따라서 명제에 대한 모든 책임이 화자에게 있는 화행임) 중심으로 서술된 것은 예수님의 주장을 치밀하게 전개하고 있는 내용과 관련된다. 그리고 전체 17개 절 중에서 15개는 '논증형 모형'(호소 화행의 특징을 갖는 주제 전개의 모형으로 간주되는 모형으로서, 텍스트 생산자는 특정 대상에 대한 주관적 관점, 가치, 평가의 근거를 제시하여 텍스트 수용자를 납득시키고 나아가 텍스트 수용자가 어떤 특정한 행동을 하도록 하는 역할을 수행함)에 적합한 텍스트이기에, 독자를 향한 호소에 목적을 둔다.

69편 4절의 "저들이 연고 (까닭)없이 나를 미워하였다"는 구약성경이 이루어진다(25절). 유대인들이 예수님을 핍박하고 죽일 이유는 사실상 아무것도 없었다.

2.4. 요한복음 15장 26-27절의 메시지

성부로부터 성자께서 보내실 보혜사 성령님은 진리의 영이신데, 그분이 오시면 예수님을 증거하실 것이며(26절), 제자들도 예수님과 함께 있었기에 주님을 증거해야 한다(27절).[745] 성령님은 변호자와 증인의 사역을 동시에 감당하신다(참고. 요 14:16). 예수 그리스도를 증거하는 사역을 위해서 교회는 성령과 긴밀히 연결된다. 교회가 증거의 사역을 감당하도록 만들기 위해서 먼저 성령께서 예수님이 그리스도이심을 성도의 마음에 확신시키신다. 예수님의 육신적인 부재로 인해 근심하고 두려워할 수 있던 제자들에게 예수님께서 임마누엘하실 다른 보혜사를 약속하는 것은 그들에게 큰 위로가 되었다.

3. 오늘에의 적용

참 포도나무 가지로서 성령의 열매를 맺고 있는가?
영광 받기를 원하는가, 아니면 주님처럼 핍박을 당하는가?
주님의 대속의 죽음을 본받아 사랑을 실천하고 있는가?

요한복음 16장

1. 본문 및 구조

- 다가올 박해에 대한 경고(1-4)
- 성령의 사역(5-15)
- 제자들이 당황함(16-18)
- 제자들의 기쁨(19-24)
- 제자들의 믿음(25-30)
- 제자들의 평안(31-33)

745) 유대인들은 성령님을 특별히 '예언의 영'으로 보았다(참고. 존 월튼, 2010:1553). 27절은 성도가 예언자 역할을 할 것을 말씀한다. 물론 신약의 선지자들이 죽은 후, 더 이상 선지자는 없다. 예수님은 대선지자이시다. 하지만 복음을 전한다는 의미에서 모든 성도는 선지자라 할 수 있다.

2. 구원 계시사적 메시지

2.1. 요한복음 16장 1-4절의 메시지

예수님이 고별 강화를 주신 목적은 제자들이 실족하지 않도록 하기 위해서이다(1절). 유대인들이 회당에서 제자들을 쫓아내고, 심지어 죽일 것인데, 그들은 이렇게 하는 것이 하나님을 섬기는 방식이라고 생각하기 때문이다(2절; 참고. 요 9:34; 행 7:54-60, 12:1-2). 이미 출회는 요한복음 9장 22절과 12장 42절에서 언급되었다. 회당에서 제자들이 쫓겨나는 것은 옛 성전이 무너지고 새로운 성전인 새 이스라엘이 세워지는 계시사적 사건이다(참고. 정연해, 2005:346). 이것은 에베소에 있던 요한 공동체의 경험이기도 한데, 에베소의 디아스포라는 그리스도인들과 자신들이 다름을 로마에 고발하여 그리스도인으로 하여금 황제 숭배를 면제 받지 못하도록 했을 것이다(참고. 존 월튼, 2010:1554). 바울은 스데반을 죽일 때 당연히 죽어야 하는 것으로 여겼을 뿐 아니라 그것을 여호와를 섬기는 열심이라 이해했다(참고. 행 9:1-2, 26:9-11; 갈 1:13-14; 빌 3:6; 딤전 1:13). 불신 유대인들이 성도를 출회시키는 근본적인 이유는 그들이 아버지 하나님과 예수님을 모르기 때문이다(3절). 아들 예수님 안에서 역사하시는 성부의 뜻을 모르는 사람은 진정으로 아버지 하나님도 알지 못하는 것이다. 종교가 이데올로기화 될 때 심각한 결과를 초래한다. 하나님에 대한 올바른 지식이 있어야 올바로 섬길 수 있다. 적용해 보면, 교회 교육이 중요한 이유가 여기에 있다. 제자들은 이런 일을 당할 때 주님이 하시는 말씀을 기억해야 한다. 예수님이 처음부터 이런 박해 상황에 대해 말씀하지 않은 것은 제자들과 함께 계시기 때문이다(4절). 육신적으로 예수님이 제자들과 함께 계시는 동안에는 그들을 친히 보호해 주셨다.

2.2. 요한복음 16장 5-15절의 메시지

예수님이 이제 성부에게로 가는데, 제자들 중에 어디로 가시는지 묻는 자가 없고, 오히려 근심이 가득했다(5-6절). 앞 장들에서 제자들은 예수님이 어디로 가시는지 묻지 않았던가?(참고. 요 13:36,[746] 14:5) 그러나 이 최후의 만찬을 즐기실 때 제자들은 묻지 않았다(*erota*, 현재형 능동 직설 3인칭 단수). 예수님이 영광을 받으시면, 즉 죽으시고 부활하시고 승천하셔야만 다른 보혜사가 오실 것이다(7절; 참고. 요 7:39).[747]

성령께서 오셔서 하실 일은 무엇인가? 8절에 의하면 3가지로 요약된다. 이 구절은 성경에서

---

746) 베드로의 질문이 실제로 주님의 행선지에 대한 심각한 문의였는지는 의문이다. 37절에서 베드로는 주님의 행선지에 대한 탐구를 더 이상 하지 않고 주님과 떨어질 것에 관심을 둔다(참고. Morris, 1984:695).

747) 보혜사 성령의 오심의 문맥이 중요하다. 출교와 같은 박해 상황 속에서 성령의 오심을 약속하고 있기에 위로의 메시지가 강하다. 회당에서의 출교는 육신적인 소유와 관계의 손실을 가지고 올지라도, 성령의 공동체라는 반사회(anti-society)에 속하도록 한다(참고. Morris, 1984:692). '반사회'는 신학적 용어가 아니라 사회과학적 용어이다.

거의 유일하다시피 세상 속에서 역사하시는 성령의 사역을 다룬다. 성령은 일반적으로 성도와 관련되어 역사하신다. 성령님은 (1) 죄에 대해서, (2) 의에 대해서, 그리고 (3) 심판에 대해서 세상을 '책망하실 것이다'(*elencho*). '책망하실 것이다'의 뜻은 '진리를 납득시키다, 사실을 폭로하다, 고소하다, 반대하다' 등이다.

(1) 주로 성령님은 믿는 자를 위해서 역사하는 분으로 소개된다. 그러나 성령님은 불신 세상을 향해서는 검사의 일을 하시는데, 그들의 죄를 밝히고 지적하시고 정죄하신다. 세상 사람이 '예수님'을 믿지 않는 것을 책망하시는 분은 바로 성령님이시다. 성령님은 '예수님'을 구주로 믿지 않는 것이 가장 근본적이며 큰 죄인 것을 가르쳐 주신다(참고. 요 3:18). 나쁜 짓을 하는 것이 죄이지만, 불신앙은 근본적인 죄이다(9절). (2) '예수님'이 하늘 아버지께로 올라가신 승천은 예수님이 영원 전부터 계시던 곳으로 돌아가시는 것이다. '예수님'께서 아버지 하나님께로 돌아가시는 것은 아버지 하나님께서 맡겨주신 모든 일을 마치신 후에 일어난 일이다. 예수님의 부활과 승천은 하나님의 정의로운 신원·심판임을 세상에 확인시키는 분은 성령님이시다(10절). (3) 성령님은 이 세상 임금인 사탄이 심판을 받은 것을 증거하신다(11절; 참고. 눅 10:18; 히 2:14; 요일 3:18; 계 20:10). 사탄이 벌을 받았다는 것은 십자가에서 '예수님'이 죽고 부활하실 때 사탄이 파멸되었다는 뜻이다. 그러므로 사탄이 패배당한 것은 하나님의 심판이요 예수님의 승리이다. 위에서 살펴본 결과, 성령의 사역은 철저히 기독론적으로 정의된다.

예수님이 제자들에게 하실 말씀이 많으나 제자들이 감당치 못하기 때문에 많이 말씀하시지 않는다(12절). 아직 부활 전이며 성령 강림 이전이었기에 제자들의 인식은 제한적이었다. 진리의 성령이 오시면 제자들을 '진리 가운데로'(A, B, 다수 사본이 지지함; 참고. 시내 산 개정판, L, W사본 등은 '진리 안에서') 인도하실 것인데, 성령은 (예수님에게서) 듣는 것을 말씀하시며 장래 일(십자가와 부활의 성취된 의미 및 교회의 시작과 그리스도의 재림 등)을 말씀하실 것이다(13절).[748] 성령은 예수님의 영광을 나타내실 것인데, 예수님의 것을 가지고 제자들에게 알리실 것이다(14절). 성령의 사역은 그리스도 중심적(Christocentric)이다. 성령과 성자의 사역의 연속성이 나타난다. 성부의 것은 성자의 것이다. 그러므로 성령께서 성자의 것을 가지고 제자들에게 알리실 것이다(15절). 여기서 우리는 삼위 하나님의 협력 사역을 본다.

2.3. 요한복음 16장 16-18절의 메시지

조금 있으면 제자들이 예수님을 보지 못하겠고, 조금 있으면 다시 볼 것이다(16절). 조금 있으면, 즉 다음 날에 예수님이 잡히셔서 죽으실 것이며, 다시 부활하셔서 나타나실 것이다.

---

748) 칼빈은 '말씀'과 '성령님'이 분리될 수 없음을, 크리소스톰의 말을 인용하여 강조한다. "그리스도께서 율법과 선지자들을 따라서 말씀하시기 때문에(요 12:50) 자의로 말씀하시는 것이 아니라고 단언하신 것과 같이(요 12:49, 14:10), 우리도 복음과는 관계없이 성령의 이름만으로 제시되는 것은 일체 믿지 말아야 한다. 그리스도께서 율법과 선지자를 완성하심과 같이(롬 10:4), 성령은 복음의 완성이시다"(《기독교 강요》, 4.8.13). 이 진리를 현대 교회에 적용해 보면, 말씀의 근거나 지지 없이 진행되는 '사이비 성령 운동'을 경계해야 한다.

그리고 오순절 성령님으로 다시 영적으로 찾아오실 것이다. 제자들이 16절 말씀을 반복하면서 그 의미에 대해 질문한다(17절). 제자들은 '조금 있으면'(a little while)이라는 말씀의 뜻이 무엇인지 알지 못했다(18절).

2.4. 요한복음 16장 19-24절의 메시지

예수님은 제자들의 질문을 간파하시고 되물으신다(19절). 제자들은 곡하고 애통하되, 세상은 기뻐하리라. 주님이 죽으신 것 때문에 제자들은 일시적으로 근심하고 애통할 수밖에 없지만, 불신 세상은 헛된 승리감에 도취될 것이다. 하지만 조금 있으면 제자들은 근심하되 그 근심이 기쁨이 될 것이다(20절). 복음을 위하여 인내하는 슬픔은 결실하게 된다. 눈물로 씨를 뿌리는 자는 기쁨으로 단을 거둔다. 그것은 주님의 부활 때문이다. 이처럼 주님의 부활이 교회의 기쁨의 이유가 된다. 여자가 해산하기 전에는 근심하되, 출산 후에는 기뻐한다(21절). 예수님의 십자가와 부활은 교회를 출산하는 것이다. 십자가 죽으심은 교회를 위한 산고(birth pang)이다. 구약에서 메시아 시대를 낳기 위한 산고를 자주 예언했다(참고. 사 66:7-10; 호 13:13-14; 미 5:1-4). 예수님이 다시 제자들에게 나타나시면 제자들은 누구도 빼앗을 수 없는 기쁨으로 기뻐할 것이다(22절).[749] 그때(부활의 때)에는 제자들이 아무것도 예수님에게 묻지 않을 것이다. 십자가와 부활의 의미가 확연히 드러날 것이기 때문이다. 아버지 하나님에게 구하는 것은 예수님의 이름으로 주실 것이다(23절).[750] 지금까지는 제자들이 예수님의 이름으로 아무것도 구하지 않았지만, 구하면 받고 기쁨이 충만할 것이다(24절).

2.5. 요한복음 16장 25-30절의 메시지

지금까지 예수님은 비유(*paroimia*)로 말씀하셨지만, 때가 이르면(부활 시) 아버지에 대한 것을 밝히 말씀하실 것이다(25절). 부활은 제자들의 인식의 전환점이다. 그때 제자들이 예수님의 이름으로 기도할 것이다. 그러나 이 말씀은 예수님이 제자들을 위해서 아버지께 구하겠다는 것이 아니다(26절). 이 말씀은 그리스도의 중보자로서의 사역을 부인하는 것이 아니라(참고. 롬 8:34; 히 7:25), 제자들은 이제 성부 하나님에게 직접 간구할 수 있다는 뜻이다. 성부의 뜻을 다 이루신 그리스도의 이름으로만 가능하다. 제자들이 성부를 사랑하고, 성자를 성부의 사도(보내심을 받은 분)로 알고 있기에, 성부께서 친히 제자들을 사랑하신다(27절). 성부께서 친히 제자들을 사랑하기 때문에, 예수님이 성부에게 그들을 향해서 자비를 베풀어 달라고 기도할 필요가 없다. 성부에게서 세상으로 오신 예수님은 이제 세상에서 성부에게로 가신다(28절). 예수님이 성부에게서 오셨기에 '구원자'가 되실 수 있었고, 예수님이 성부에게로 돌아가심으로써 공생애를 통해서 성취하신 구원

749) 22절에서 현재 시제 '빼앗지 못한다'(*airei*, 파피루스 22, 시내 산, A, C, 다수 사본)와 미래 시제 '빼앗지 못할 것이다'(*arei*, 파피루스 5, B, D, E, G)가 맞선다. 22절에 미래 동사가 몇 개 등장하기에, 문맥상 '미래 시제'가 자연스럽다.

750) 23절에서 A, D, W, 다수 사본과 달리, 시내 산, B 그리고 C사본 등은 "아버지께 구하면, 그분께서 내 이름으로 너희에게 주실 것이다"로 쓴다.

의 사역에 대해 성공적으로 재가를 받을 수 있다(참고. Morris, 1984:711). 제자들은 예수님이 비유가 아니라, 밝히 말씀하시니, 명백히 이해하고 예수님을 성부께서 보내신 분임을 명백히 믿게 된다(29-30절). 드디어 제자들은 예수님이 누구이신지 명백하게 알게 되었다.

2.6. 요한복음 16장 31-33절의 메시지

예수님은 "드디어 너희들이 믿는구나!"라고 말씀하신다(31절). 원문에는 의문형으로 나타나지만 감탄문적 성격이 있다. 제자들은 예수님 혼자 내버려두고 흩어질 때가 다다랐지만(참고. 겔 34:6; 슥 13:7), 성부께서는 아들 예수님과 늘 함께하신다(32절). 이 단계에서 제자들의 믿음은 여전히 불완전하다. 이 말씀을 주신 것은 제자들이 예수님 안에서 평안을 누리게 하려 하심이라. 세상에서는 너희가 환난을 당하나 담대해야 한다. 왜냐하면 예수님이 세상을 이기셨기 때문이다(33절).[751] 세상은 사탄의 통치를 받는 죄악 된 불신 체계를 가리킨다. 아직 죽으시고 부활하시기 전이지만 십자가와 부활이 확실한 실재이기에 이미 이겼다고 완료형(*nenikeka*)으로 말씀하신다. 그것도 '내가'(*ego*)를 강조해서 강세형으로 말씀하신다. 따라서 예수님은 십자가의 길을 우울하게 걸어가신 것이 아니라, 정복자로 걸어가셨다.

3. 오늘에의 적용

성도는 핍박을 어떻게 극복할 수 있는가?
성령의 3대 사역을 바르게 믿고 적용하고 있는가?
세상을 이기신 예수님의 승리가 교회 안에 어떻게 나타나는가?

요한복음 17장

1. 본문 및 구조

- 예수님 자신의 영광을 위한 기도(1-5)
- 제자들을 위한 기도(6-19)
- 장차 믿을 자를 위한 기도(20-26)

---

751) 유대인들은 메시아가 오셔야 죄악에 대한 승리가 가능하다고 믿었지만, 제자들은 예수님이 이미 오셨으므로 죄악 세상에 대한 승리가 이미 시작되었음을 믿어야 했다. 유대인의 종말론이 미래 지향적이라면, 그리스도인은 '이미와 아직 아니'라는 종말론적 시간표를 가지고 있다.

2. 구원 계시사적 메시지

2.1. 요한복음 17장 1-5절의 메시지

예수님은 대제사장적(High-Priestly Prayer) 중보 기도를 드리신다.[752] 이것은 겟세마네 동산에서 드린 기도는 아니다(참고. 요 12:27-28; 18:1).[753] 요한복음 17장의 대제사장적 기도는 요한복음 13-16장의 고별 강화를 끝맺는 결론에 해당한다(참고. Beasley-Murray, 1987:293). 구약과 유대 문헌의 고별 강화에서 기도를 포함하는 것이 종종 발견된다(예. 모세의 예언적 기도 혹은 유언, 참고. 신 33; 4에스라 8:19-36; 2바룩 48; 희년서 1:19-21, 10:3-6,20-22, 36:17). 하지만 고별 강화를 말하는 주체가 돌아올 것이라는 언급은 찾아볼 수 없다. 그리고 나사로의 무덤 앞에서 기도하실 때처럼(참고. 요 11:41-42), 여기서도 주님은 제자들을 가르치시기 위한 의도로 기도하신다. 1절의 '이 말씀을 하시고'(*tauta elalesen*)는 넓게 보면 요 13-16장 전체를 가리킨다(참고. 바레트, 1989:363).

이 단락에서 예수님은 자신을 위해서 먼저 기도하신다. "아버지, 때(*he hora*)가 이르렀사오니, 당신의 아들을 영화롭게 하셔서, 아들이 아버지를 영화롭게 하게 하옵소서"라고 기도하신다(1절). 성자께서 영화롭게 되는 것은 성자의 복종의 결과이다. 진정한 명예는 그리스도의 구원의 사역을 통해서 이 세상에 천국의 구원이 주어질 때 발생한다. 고별 강화의 중심 주제 중 하나가 바로 '영광'이다. 하나님의 때 예수님께서 십자가에서 죽으심으로써 성부에게 영광을 돌린다면, 잠시 후에 성부는 성자를 부활시키심으로써 성자에게 영광을 주시고, 그 결과 교회에게 영생이 주어진다. 그것은 교회에게는 한없는 영광이다. 성부와 성자 사이에 나타난 조화로운 영광은 결국 교회의 영광으로 이어진다. 따라서 교회가 하나님의 영광을 온전히 공유하는 것이 구원사의 최종 목표이다. 성부께서 성자에게 주신 모든 자들에게 영생을 주시려고, 만민(*pases sarkos*)을 다스리는 권세를 성자에게 주셨다(2절). 그리스도의 통치의 주권은 우주적이다. 영생은 유일하신 참 하나님과 그분이 보내신 예수 그리스도를 아는 것이다(3절). 전인적이며 인격적으로 하나님과 그리스도를 '아는 것'(*ginosko*)이 구원이다. 예수님은 성부께서 맡기신 일인 천국 복음 전파를 수행하여 성부를 영화롭게 하셨다. 더 나아가 얼마 후에 예수님이 십자가를 지심으로써 성부를 영화롭게 하실 것을 확실한 의미로 말씀하시기 위해서 아오리스트(*edoksasa*)를 사용하셨다(4절). 창세 전에 성부와 함께 가지고 계신 바로 그 영화로써(참고. 요 1:1, 18), 지금도 성부와 함께 예수님 자신을 영화롭게 해달라고 기도하신다(5절). 예수님의 부활·승천은 영원한 영광을 회복하는 것이다.

---

752) 요한복음 17장을 '대제사장적 기도'라고 부른 최초의 사람은 16세기 루터파 신학자인 David Chytraeus였다(참고. Beasley-Murray, 1987:294). 참고로 스코틀랜드의 개혁가 존 낙스가 임종 시 아내에게 요한복음 17장을 읽어 달라고 부탁했다고 한다. 우레의 설교자였던 그가 구약의 선지서들이 아니라 대제사장적 기도에서 영원한 안식을 찾으려고 한 점이 인상 깊다.

753) '요한복음의 겟세마네 기도'(Johannine Gethsemane)라고 불리는 요한복음 12장 27-28절을 주의 깊게 신학적으로 확장한 기도가 요한복음 17장이라는 견해가 있다(참고. 바레트, 1989:361).

2.2. 요한복음 17장 6-19절의 메시지

이 단락에서 예수님은 제자들을 위해서 기도하신다. 세상과 싸워야 하는 주님의 제자들은 '남은 자'이다. 세상 중에서(*ek tou kosmou*) 예수님에게 주신 사람들에게, 예수님은 성부의 이름을 나타내셨다.[754] 예수님이 성부의 이름을 나타내셨다는 것은, 구속과 관련된 것은 물론 성부의 거룩함과 신성함과 같은 인격과 속성 전체를 계시하셨다는 뜻이다(참고. 존 월튼, 2010:1556). 그들은 성부의 것이었는데, 성부께서 성자에게 주신 사람들이며, 그들은 성부의 말씀을 '지켜왔다'(*teterekan*, 6절). 제자들은 성부의 말씀을 준행하며 그 빛 속에서 살았고, 살아야 한다. 성부께서 성자에게 주신 사람들은 예수님의 소유인 동시에 예수님을 섬겨야만 한다. 주님의 제자들은 여전히 온전한 믿음을 가지고 있지 못했지만, 계속해서 예수님께서 계시하신 성부의 말씀을 지켜왔다. 그들은 성부께서 성자에게 주신 것이 모두 성부에게서 온 것인 줄 안다(7절). 성자는 성부께서 주신 말씀을 그들에게 주셨고, 그들은 그것을 받고 성자가 성부에게서 나오신 분이심을 믿었다(8절). 예수님은 성부께서 자기에게 주신 자들을 위해서 간구한다(9절). 성자의 것은 다 성부의 것이며, 성부의 것은 성자의 것인데, 성자는 구원받은 백성으로 말미암아 영광을 '계속해서 받으셨다'(*dedoksasmai*, 10절). 성자는 이제 세상을 떠날 것이기에, 성부의 이름으로 그들을 보전하사 성부와 성자가 하나 된 것같이 그들도 하나가 되도록 예수님께서 기도하신다(11절). 성자의 부재중에 제자들을 세상으로부터 보호하시는 것은 긴급한 일이었다. 그래서 예수님은 '거룩하신 아버지'에게 기도하신다. '거룩하신 아버지'는 복음서에서 유일한 표현이다. "아버지께서 거룩하시다"는 것은 초월과 친밀성을 동시에 함의한다(참고. Beasley-Murray, 1987:299).

승천은 성부와 성자가 하나 되는 사건이다. 그러므로 하나가 되신 성부와 성자께서 보혜사 성령을 보내셔서 교회와 하나가 되시기를 소망한다. 성령은 교회를 보존하시며 하나가 되도록 하시는 분이신 동시에, 하나님과 교회를 하나 되게 하신다. 예수님이 지상에서 그들과 함께 계셨을 때, 성부의 이름으로 그들을 보호하셨다. 하지만 성경에 예언된 것처럼(참고. 시 41:9; 요 13:18) 그 멸망의 자식(*ho hyos tes apoleias*,[755] the son of perdition; 참고. 삼하 12:5; 시 57:4; 살후 2:3)만 멸망한다(12절). 정관사(*ho*)를 통해서 볼 때 그 멸망의 자식은 가룟 유다를 가리킨다. 예수님이 성부에게로 가시는데, 이 말씀을 하시는 것은 주님의 기쁨이 그들 안에 충만하게 하기 위해서이다(13절). 주님의 고난과 죽으심은 기쁜 일이 아니지만, 장차 부활 시에는 기쁨이 충만할 것이다. 예수님은 성부의 말씀을 그들에게 주셨지만 세상은 그들을 미워한다. 왜냐하면 예수님과 제자들이 세상에 속하지 않았기 때문이다(14절). 성도는 이 세상에 살지만 이 세상에 속한 자는 아니다.

예수님은 성부께서 제자들을 세상에서 데려가시기를(*airo*, 들어올리다) 위함이 아니라, 오직

---

754) 하나님은 모세에게 하나님의 이름을 계시하라고 말씀하셨다(참고. 출 3:13, 15). 하나님은 자신의 이름을 계시하셨을 때, 자신의 성품과 속성도 계시하셨다(출 33:19, 34:5; 사 52:6). 예수님은 주기도문에서도 아버지 하나님의 이름이 거룩히 여김을 받도록 기도하라고 가르치셨다(참고. 마 6:9). 요한복음 17장 15절의 악한 자에게서 제자를 지키시도록 기도하신 것도 주기도문과 일치한다(참고. 마 6:13).

755) 이 속격이 '속성'을 가리키든 소위 '운명'을 가리키든, 이 멸망의 아들의 파멸은 확실하다.

'그 악'(*tou ponerou*)에 빠지지 않게 보전하시기를 원하신다(15절). '그 악'을 남성 단수 속격으로 본다면 '바로 그 악한 자' 즉 사탄을 가리킨다. 여기서는 남은 자(the remnant)는 세상에 머물러 있으면서 하나님의 보호를 받아 사탄과 싸우는 사람이다.[756] 하지만 남은 자는 세상에서 데려감(*airo*)을 당한 자인 것도 암시되어 있다. 예수님도 제자들도 사탄이 지배하는 악한 세상에 속하지 않으셨다(16절). 예수님은 성부께서 성부의 말씀인 그 진리로(*en te aletheia*) 제자들을 거룩하게 하옵소서라고 기도하신다(17절). "진리로 거룩하게 하옵소서"는 11절 하반절의 "아버지의 이름으로 저희를 보전하옵소서"라는 간구를 심화(강화)시킨 것이다. '거룩하게 하다'(*hagiazein*)는 구약에서 사람이건 짐승이건 하나님에게 바치는 것과 관련된다. 성경은 성도의 성화를 위해 꼭 필요하다. 성부께서 성자를 세상에 보내신 것같이 성자도 제자들을 세상에 보내셨고(18절), 제자들을 위하여 예수님께서 자신을 거룩하게 하시는데, 제자들이 진리로(*en aletheia*) 거룩함을 얻게 하려 함이다(19절). 예수님 스스로 거룩하게 하시는 것(*ego hagiazo emauton*)이란 특별히 예수님이 십자가에서 희생 제물이 될 것을 예고하는 것이다. 따라서 이 구절은 스스로 유월절 희생 제물로 바치시려는 의지적 결단이 담긴 대제사장의 기도이다. 이것은 마치 성찬식 때 주님의 살과 피를 상징하는 빵과 포도주로 기념하도록 제정하시는 것과 같다. 대사도이신 예수님이 제자들을 사도로 세상 안으로 보내실 때, 그들이 먼저 말씀으로 거룩하게 훈련되기를 원하신다.

2.3. 요한복음 17장 20-26절의 메시지

예수님은 제자들만을 위해서 비는 것이 아니라, 제자들의 전도를 받아서 주님을 믿을 모든 사람들을 위해서도 기도하신다(20절). 여기서 앞의 구절인 18절의 가룟 유다를 제외한 11제자의 파송이 결실할 것을 예상할 수 있다.[757] 예수님 자신을 위한 기도에서, 11사도를 위한 기도로 확대되어, 전체 성도를 위한 기도로 확장된다.[758] 이것은 주님의 십자가·부활·승천·오순절 성령 강림이라는 구원의 커다란 핵심적 사건 덩어리가 하나님 나라의 확장을 필연적으로 이루고 말 것임을 강조한다. 계속해서 예수님이 기도하신다. "성부께서 성자 안에, 성자께서 성부 안에 있는 것같이, 성도(11제자와 장차 그들의 전도로 돌아올 모든 성도)도 모두 하나가 되어 성부-성자 안에 있게 하사, 세상으로 성부께서 성자를 보내신 것을 믿게 하옵소서"(21절). 21절에 세상이 장차 복음화될 것이라는 사상이 나타난다. 성부와 성자가 하나 됨같이 우주적 교회가 하나 되는 것은 단순히 영적 연합이 아니라 세상이 그것을 인지할 수 있는 가시적인 것이기도 하다(참고. Brown, 1972:776).

성부께서 주신 '영광'을 성자는 제자들에게 주셨는데(참고. 요 1:14, 2:11; 17:10),[759] 이것은

---

756) '남은 자'에 대해서는 이사야 10장 20-22절, 요엘 2장 32절, 아모스 9장 8-12절을 보라. 참고로 쿰란 공동체는 스스로 남은 자라고 보았지만, 세상을 피해서 스스로를 격리시켰다.

757) 만약 맛디아를 포함하면 12사도이다(행 1:26).

758) 우리가 태어나기도 전에 예수님은 우리를 위해서 기도하셨다. 이 이유로 '새 창조'로 요약할 수 있는 성경의 종말론이 시간 중심이 아니라 예수님 중심으로 이해되어야 한다.

759) 이것은 '번영의 신학'을 가르치는 것이 아니다. 오히려 세상의 대적과 적개심을 싸워 이김으로써

성부와 성자가 하나된 것같이 그들도 하나가 되게 하려 하심이다(22절). 22절의 '영광'은 무엇인가? 이 영광은 예수님이 성부에게 받아 성도에게 주신 것이며, 성도가 하나로 연합되는 기초인데, 한마디로 정의하기 어렵다. 이 영광은 선재하신 예수님이 성부와 함께 가지고 계셨고, 예수님이 승천하심으로 받으실 것이며, 성도도 죽음과 최종 파루시아 이후에 받을 하늘의 영광인가?(참고. 고후 3:18; 엡 1:4; 요일 3:2)[760] 이 영광은 성부께서 예수님이 공사역 동안 인자와 메시아로서 사역을 감당하시도록 덧입혀 주신 영광으로 볼 수 있다(참고. 요 3:34, 35, 5:20, 27, 10:17, 17:2). 따라서 22절의 '영광'은 하나의 은사라기보다, 예수님이 가지고 계시는 모든 것을 포함하는 능력과 권세 그리고 그것들이 주님의 공사역 동안 분명히 나타난 것이라고 보는 것이 옳다. 예수님은 자신의 영광 즉 권세와 능력을 제자들에게도 주셨다(참고. Ridderbos, 1997:563; Barrett, 1978:514).

성부와 성자의 연합은 도덕적인 연합의 차원 그 이상이다. 성부는 성자에게 생명을 주셨으므로(참고. 요 6:57), 생명으로 인한 연합 관계라 부를 수 있다. 마찬가지로 그리스도인이 서로 연합하고, 성부와 성자와도 연합할 수 있는 것은 바로 이 생명을 받았기 때문이다. 따라서 그리스도의 몸 된 교회 안에는 여자와 남자, 종과 주인, 유대인과 이방인의 구분에 근거한 차별은 사라져야 한다(참고. 엡 4:3-6). 성자가 신약 성도 안에, 성부가 성자 안에 계셔서, 성도들로 온전함을 이루어 하나가 되게 하는 것은 성부가 성자를 보낸 것과 성부가 성자를 사랑하심같이, (성부가) 성도들도 사랑하신 것을 세상으로 알게 하려 함이다(23절). 성자와 성부의 하나 됨은 이미 요한복음 14장 10-11절에 나타났다. 피타고라스, 스토아학파, 영지주의, 그리고 쿰란 공동체도 하나 됨을 강조했다. 그러나 그들이 주장하는 하나 됨은 삼위일체의 사역의 결과로서 하나 됨과 무관하다.

장차 성도가 예수님이 계신 곳에 함께 있어, 창세 전부터 성자를 사랑하시므로 성자에게 주신 '영광'을 그들도 보게 하시기를 간구한다(24절). 22절에 의하면, 예수님은 성도에게 이미 영광 (권세와 능력)을 주셨지만, 24절에 의하면 성도는 예수님의 영광을 보아야 한다. 따라서 이 영광은 '이미와 아직 아니'의 차원을 가진 종말론적인 것이다. 24절의 "내가 있는 곳에 나와 같이 있게 하시고"는 미래적 차원을 함의한다. 그렇다면 24절의 영광은 미래적인 것이다(참고. 엡 1:23; 살전 4:17; 요일 3:2). 공사역 동안 예수님이 가지고 계셨던 영광이 있어야 십자가-부활-승천이라는 영광의 사역을 감당하실 수 있었고, 궁극적으로 미래적인 하늘의 영광도 취하실 수 있다. 그리스도인도 이 땅에서 주님의 영광(권세)을 받아 충성함으로써, 미래적 하늘 영광에 참여하게 된다. 그러므로 요한복음에서 '영광'의 의미는 단차원이 아니라 다차원적이므로, 의미를 결정할 때 문맥을 잘 살펴야 한다(참고. Ridderbos, 1997:564).

획득하는 영광이다(참고. 요 16:33).

760) 바레트(Barrett, 1978:513)는 22절의 영광을 다음과 같이 설명한다. 요한이 예수님께서 구속 사역을 성취하신 후 아버지께로 돌아온 것을 회상한다고 본다. 따라서 이 영광은 성자께서 성부께로 돌아오실 때 받은 것이다. 예수님은 이 영광을 무엇보다도 십자가에서 죽으심으로써 받으셨다. 교회도 예수님의 십자가와 부활에 연합함으로써 이 영광을 받을 것이다. 따라서 이 영광은 '번영의 신학'과 무관하다.

불의한 세상이 의로우신(*dikaios*) 성부를 알지 못하여도(참고. 시 116:5, 119:137; 렘 12:1), 성자는 성부를 아셨고, 성도도 성부께서 성자를 보내신 줄 알았다 (25절). 의로우신 예수님은 자신의 임박한 십자가 수난을 앞두고, 그 일을 작정하신 아버지 하나님도 의로우심을 말씀하신다. 성자가 성부의 이름을 성도에게 알게 하셨고 알게 하실 것인데, 이는 성자를 사랑하신 사랑이 성도 안에 있고, 성자도 성도 안에 있게 하려 하심이다(26절).[761] 에스겔의 예언을 성취하시기 위해서 예수님은 아버지 하나님의 이름을 알리러 오셨다(참고. 겔 39:7). 이 단락은 '고별 강화'(farewell discourse)의 결론 부분인데, '고별과 부재'(absence)로 끝나지 않고 '현존'(presence)으로 마친다. 승천하신 후에도 예수님은 보혜사 성령님, 말씀, 제자들의 기억, 기도, 상호 사랑 등을 통해서 제자들과 함께하신다. 예수님은 성부와 교회 사이의 교통의 수단이시다.

3. 오늘에의 적용

교회의 일치를 위해서 중보 기도를 하고 있는가?
구원, 반석, 산성이신 하나님을 신뢰하면서 하나님의 때를 잠잠히 기다리는가?
그리스도 안에서 하나 된 교회는 성령으로 승천하신 예수님과 교통하고 있는가?

요한복음 18장

1. 본문 및 구조

- 체포되신 예수님(1-12)
- 예수님의 재판과 부인(13-27)
- 빌라도 앞으로 인도되는 예수님(28-32)
- 빌라도의 심문(33-40)

2. 구원 계시사적 메시지

2.1. 요한복음 18장 1–12절의 메시지

761) 26절의 "나도 그들 안에 있다"는 말씀은 언약의 특징으로 가득하다(참고. 요 14:20; 17:23). 시내산에서 율법을 주신 후, 하나님은 성막 안에 거하심으로써 이스라엘 가운데 계셨다(참고. 출 40:34). 광야 40년 동안 하나님은 역시 이스라엘 가운데 거하셨다(참고. 출 29:45-46; 신 7:21, 23:14; 보라. ESV Study Bible, 2008:2060).

이 단락은 요한복음의 결론 부분의 시작에 해당한다. 넓게는 고별 강화를, 좁게는 요한복음 17장의 말씀을 마치시고, 예수님은 제자들과 함께 기드론 시내 건너편 동산으로 떠나신다(1절).[762] 평소에 잘 가시던 장소인지라 가룟 유다도 그곳을 잘 알고 있었다(2절). 주님과 제자가 그 동산에 계실 때 유다가 '약 200명' 정도의(로마) 군대와 대제사장과 바리새인의 하속(아마도 성전 경비병들, temple police)을 데리고 잡으러 온다(3절; 참고. Carson, 1991:577). 대제사장들이 로마 군병의 도움을 구한 것으로 보이기에, 예수님을 잡아 죽이기 위해서 로마 군대의 비호 하에 유대인들이 악역을 담당하고 있다. 이것은 장차 초대 교회의 두 대적이었던 불신 유대인과 로마 제국의 협력에도 나타난다. 이 시간은 밤인지라 군인들이 등(torches)과 홰(lanterns)와 병기(weapons)를 가지고 온다. 이때는 유월절 배경이기에 보름달이 떠 있었을 것이지만 군병들이 등과 홰를 가지고 온 것은 이상하지 않다. 가룟 유다가 예수님을 배신하기 위해서 밤에 나간 시점에서 불과 몇 시간이 흘렀을 뿐이다(참고. 요 13:30). 로마 군병과 대제사장의 하속들 역시 빛 되신 예수 그리스도를 영접하지 않은 밤에 속한 사람이다.

모든 것을 아셨지만 예수님은 "누구를 찾느냐?"라고 물으시니, 그들은 '나사렛 예수'라고 말한다(4-5절). 예수님이 자신이 "내가 곧 그이다"(*ego eimi*) 라고 말씀하셨을 때 잡으러 온 사람들이 뒤로 물러가 땅에 엎드러졌다(6절). 예수님의 분명한 능력과 담대함과 신적 계시 앞에 사람들이 부복한다.[763] 예수님의 신적 계시는 폭풍과 같은 위력이 있다(참고. 히 4:12). 실제로 예수님의 이런 능력은 군병들이 체포하지 못하도록 막을 만한 위력이 있었기에, 주님은 자발적으로 체포되신 것이다. 주님은 다시 "누구를 찾느냐?"라고 물으셨고, 그들은 '나사렛 예수'라고 대답한다(7절). 주님은 제자들이 가는 것을 용납하라고 말씀하신다(8절). 성부께서 성자에게 주신 자 중에서 하나도 잃지 않게 하시기 위해서이다(9절; 참고. 요 6:39, 17:12).[764] 베드로가 대제사장의 종 말고(Malchos)의 귀를 쳤고, 주님은 검을 집에 꽂으라고 말씀하신 후, 성부께서 주신 잔을 마셔야 한다고 말씀하신다(10-11절). 이때 제자들에게는 칼 두 자루가 있었다(참고. 눅 22:38). 잔(poterion)은 하나님의 진노를 쏟아 붓는 것을 가리킨다(참고. 시 75:7; 사 51:7; 렘 25:15; 겔 23:31-34; 계 14:10). 예수님은 세상 죄를 담당하시는 어린양으로서 유월절 희생 제물이 되셔야 했기에 고난과 저주와 죽음을 담당하셔야 했다. 결국 군인들이 예수님을 잡아서 결박한다(12절).

---

762) 주님이 다락방이 있던 예루살렘을 떠나시는 것은 상징적으로 하나님의 영광이 예루살렘에서 떠나시는 것이다. 메시아를 죽이는 도시에 하나님의 영광이 머물 수 없기 때문이다(참고. Carson, 1991:576).

763) 6절과 관련하여, 혹자(예. Lindars)는 군병들이 뒤로 물러가서 땅에 엎드러진 것을 신현(theophany) 앞에 두려움으로 경배하는 것이라고 본다(참고. 겔 1:28; 단 10:9; 행 9:4; 계 1:17). 하지만 '뒤로 물러가서'(drawing back) 땅에 자빠지면서(falling to the ground) 경배하는 모습은 등장하지 않는다. 더구나 이 군병들은 경배하기는커녕 체포하는 일에만 열중한다.

764) 무덤에서 나오던 나사로를 풀어 놓아 다니게 하라고 외치신 말씀과 겟세마네 동산에서 자신의 제자들을 가게 하라는 말씀은 동일한 구조를 가진다(요 11:44, 18:8). 나사로가 수족의 결박에서 풀려나고 예수님이 죽음을 위해서 결박된 것과, 나사로가 죽음에서 자유롭게 된 것과 같이 그의 제자들이 죽음에서 자유롭게 되는 것은 우연일 수 없다. 나사로를 죽음과 결박에서 해방하신 예수님은, 이제 자신의 결박과 죽음으로 제자들에게 부활과 자유를 준다(참고. 유상섭, 1999:385).

2.2. 요한복음 18장 13-27절의 메시지[765)]

예수님이 잡혀서 가야바의 장인인 안나스(A.D. 6-15년)에게 호송된다(13절).[766)] 안나스의 사위 가야바는 한 사람이 유대인을 위해서 죽은 것이 유익하다고 말한 사람이었다(14절; 참고. 요 11:50). 예수님의 강력한 천국 운동이 자칫 로마 제국의 눈에는 사회 불안 요인처럼 비칠까봐 걱정했던 사람이 대제사장 가야바였다. 베드로와 다른 제자 한 명(아마도 사도 요한)이 예수님을 따라 대제사장의 뜰로 간다(15절). 문 밖에 서 있던 베드로를, 대제사장과 아는 관계에 있던 주님의 다른 제자(요한)가 안으로 들어오도록 한다(16절). 대제사장의 집 뜰에서 여종으로부터 부정적인 대답을 기대하는 질문(*me kai sy ek ton matheton*······)을 받고 베드로는(기회를 놓치지 않고) 예수님을 모른다고 첫 번째로 부인한다(17절). 첫 번째 부인 후에도, 베드로는 대제사장의 종과 하속들과 함께 불을 쬔다(18절). 대제사장 안나스가 예수님에게 제자들(의 규모)에 대해서 그리고 (신학적) 교훈에 대해서 묻는다(19절). 예수님은 자신이 회당과 성전과 같은 공개적인 장소에서 가르쳤다고 답하신다(20절). 대제사장 앞에서도 당당하신 예수님과 겁 많은 베드로의 대조를 본다. 대제사장의 질문은 아마도 예수님이 군중을 선동하여 거짓 메시아 행세를 하려고 했지 않았는가를 캐물으려는 의도에서 나온 것이다. 예수님은 공개적으로 가르쳤기에 말씀을 들은 사람들에게 물어보라고 대답하신다(21절). 이 말을 듣고 대제사장을 모욕한다고 생각한 대제사장의 하속 하나가 예수님을 때린다(22절; 참고. 행 23:3-5). 예수님은 자신의 말에 잘못이 없다고 변증하신다(23절). 안나스는 예수님을 자신의 사위인 대제사장 가야바에게 보낸다(24절). 불을 쬐던 베드로가 2번 더 예수님을 부인하니 닭이 즉시 울었다(25-27절). 이때는 새벽 3-5시 사이로 보인다.

2.3. 요한복음 18장 28-32절의 메시지

유대인들은 예수님을 가야바의 집에서 로마 총독의 관정(praetorium, palace)으로 끌고 간다(28절). 때는 새벽이었고,[767)] 유대인들은 유월절 식사를 위해서 스스로 더럽히지 않으려고 관정(praitorion) 즉 이방인의 관할 사령부에 들어가지 않았다(28절; 참고. Oholoth, 18:7, 9).[768)]

---

765) 13-27절의 순서를 '시내 산 시리아 역본'에서 다양하게 바꾸지만(예. 13, 24, 14-15, 19-23절), 현재 위치가 옳다.

766) 13절에서 보듯이, 예수님이 대제사장 안나스에게 제일 먼저 호송되는 것은 로마 세력이 아니라 유대인이 예수님의 체포에 주도적인 역할을 했음을 가리킨다. 이 단락은 물론 요한복음 전체에서 '유대인'이라는 말은 대체로 부정적으로 배교한 언약 백성 혹은 아브라함의 후손이라는 혈통만 자랑하는 자, 혹은 율법의 외식적인 준수에만 관심 있는 모세의 제자들을 가리킨다. 로마가 A.D. 15년에 안나스를 대제사장직에서 면직했지만, 대제사장직은 죽을 때까지 지속된다고 믿었던 유대인들은 안나스가 면직된 후에도 그를 존경했다(참고. 존 월튼, 2010:1258).

767) 로마 관리들은 새벽부터 대중(특별히 그들의 가신)을 만났다. 로마를 위해서 유대를 지배하던 제사장 귀족들은 미리 연락을 하지 않아도 빌라도를 만날 수 있었을 것이다(참고. 존 월튼, 2010:1560).

768) 공관복음은 예수님께서 총독 빌라도의 관저에서 재판 받으시기 전에 이미 제자들과 유월절 만찬을 하셨다고 기록한 반면에(마 26:17절 이하), 요한에 의하면 제사장들이 그 날 밤에 유월절 식사를 하려고 준비하고 있다. 시간적인 차이는 왜 발생하는가? 유대인 그룹들은 서로 다른 달력을 가지고

유대인이 이방인의 뜰이나 현관에 서 있는 것은 율법을 어긴 것이 아니었다. 이 단락에서 유대인들은 한편으로는 장로의 유전을 지키려고 하지만, 다른 한편으로는 예수님을 죽이기 위해서 살기등등하다. 빌라도(A.D. 26-36년)가 밖으로 나와서 무슨 일로 예수님을 고소하려는지 묻는다(29절). 빌라도는 주로 가이사랴에 주둔했지만 명절 동안에는 치안 유지를 위해서 예루살렘에 주로 머물렀다(참고. 오스본, 2005:580).

유대인들은 예수님이 악한 일을 하는 자(*kakon poion*, 참고. 다수 사본은 '행악자'[*kakopoios*])라고 말하는데(30절), 빌라도는 알아서 처리하라고 말한다. 그러나 유대인들은 사형의 권한이 없다고 답한다(31절). 유대 종교 지도자들에게 예수님을 처형한 책임을 지지 않으려는 속셈이 있었기에 빌라도에게 데려온다. 여기서 예수님이 로마식 처형방법인 십자가형으로 죽으실 것이 암시되어 있다(32절). 요한복음 11장 47-53절에 의하면, 유대인들은 예수님을 하나님을 모독한 거짓 선지자로 보고 스데반처럼 돌로 쳐 죽일 수 있었다. 하지만 예수님은 미리 여러 차례 말씀하신 대로 들려서 죽으셔야 했다(참고. 요 2:14).

2.4. 요한복음 18장 33-40절의 메시지

이때는 유월절 직전이었다. 총독 빌라도가 총독 관정에서 예수님을 심문한다. 처음에 빌라도는 유대인이 공회에서 알아서 해결하라고 말한다. 그러나 유대인의 회유와 은근한 협박 때문에 어쩔 수 없이 자신이 심문한다. "네가 유대인의 왕이냐?"(33절) 이 질문에서 유대인들이 예수님을 자칭 '왕'이라고 불렀다는 식으로 정치적 명목으로 고발한 것임을 알 수 있다. 환언하면 빌라도가 이렇게 "왕이냐?"라고 물은 것은 유대인들이 예수님이 로마를 대항하여 일어나는 정치적-군사적 인물이라고 고발했기 때문이다. 그러므로 유대인들은 예수님이 로마법대로 십자가에서 사형을 당해야 한다고 보았다(참고. 요 12:32-33). 대제사장과 유대 종교 지도자들이 직접 돌로 예수님을 죽이는 대신, 십자가에서 죽는 자는 하나님께 저주를 당한 자라는 구약 말씀대로 예수님을 십자가형에 처하게 함으로써 예수님과 제자들을 저주하려고 한다(참고. 신 21:23). 심문하는 빌라도를 향하여 예수님은 스스로 하는 말인지, 아니면 사람들이 주님 자신에 대해 하는 말을 빌라도가 묻는 것인지 되물으신다(34절). 예수님의 나라는 자신의 제자들을 동원해서 주님 자신을 잡으러 온 사람들로부터 보호하는 방식으로 펼쳐질 그런 나라가 아니다. 예수님은 자신의 나라가 이 땅에 속한 것이 아니라고 말씀하신다(36절). 그리고 37절에서 예수님은 자신이 진리를 증거하는 왕이라고 대답하신다.[769]

이 말씀은 예수님이 이 땅의 왕이 아니라 진리, 즉 하늘의 실체를 드러내는 왕이라는 의미이다. 구약의 다윗의 왕조는 물론 헤롯 왕조와 로마 황제의 나라는 하나님 나라의 불완전한

있어서, 유월절을 같은 날에 지키지 않아서 그런가? 아니면 요한복음과 공관복음 중 한쪽(아마도 요한복음)이 상징적으로 설명하고 있는가? 분명한 것은 요한은 예수님을 유월절 양이라고 강조한다(요 19:14, 36; 참고. 존 월튼, 2010:1560).

769) 37a절을 NIV는 감탄문으로 번역하나(You are a king, then!), 헬라어 원문에는 의문문으로 되어 있다.

그림자이거나 악한 나라에 불과하다. 그러므로 예수님은 참 하나님의 나라를 다스리는 왕이심을 증거하고 계신다. 37절에서, '이를 위하여'(for this reason)는 예수님은 자신이 이 세상에서 왕이신 것을 드러내기 위하여 세상에 오셨다는 의미이다. 성육신의 목적은 주님이 왕이라는 것을 드러내는 것이며, 그 결과 주님은 왕 노릇 하시기 위해 오신 것이다. 예수님이 왕이심을 증거하는 것은 곧 그 진리에 대하여 증거하는 것이다(37절). 그러므로 왕이신 예수님 자신이 바로 그 진리이시다(*auto-aletheia*). 이 '진리'는 그림자의 반대말인 '실체'로 볼 수 있는데, 지상에 그 기원을 두지 않은 천상의 하나님 나라의 실체와 본질과 관련된다. 그러므로 예수님은 스스로 하나님 나라이시다(*auto-basileia*). 이 진리에 속한 자는 예수님의 소리를 듣는다. 교만하고 폭력적이고 위선적이고 기회주의적인 세상 나라(빌라도)와 의와 공의의 하나님 나라(예수님)가 충돌하고 있지만, 주도권과 승리는 후자에 있다. 이 장면은 역설적이게도 예수님의 지상의 대관식이라 할 수 있다.

38절에서 빌라도는 "진리가 무엇이냐?"라고 물으며, 예수님에게서 아무 죄도 찾지 못했다.[770] 예수님이 진리이시기에, 빌라도는 진리도 모르는 흑암에 속한 사람으로서 진리이신 예수님을 재판하는 아이러니를 본다(참고. 요 14:6). 바른 질문은 "진리가 무엇이냐?"가 아니라, "진리가 누구냐?"이다. 왜냐하면 예수님이 바로 그 진리이시기 때문이다. 빌라도는 가장 가까이에 계신 그 진리를 보고도 제대로 알지 못했던 것이다. 유대인을 향하여 빌라도가 유월절 전례대로 "유대인의 왕을 놓아 주랴?"라고 말하니(39절), 유대인들은 강도 바라바를 놓아 달라고 계속해서 소리치면서 말했다(*legontes*, 현재 분사; 40절). 총독 빌라도는 계속해서 예수님을 '유대인의 왕'(*ho basileus tōn Ioudaion*)이라고 부름으로써 유대인의 심기를 불편하게 만들었다. 하지만 역설적이게도 그 말은 진실이었다.

3. 오늘에의 적용

그리스도의 왕권은 어떻게 시행되는가?
삶으로 주님을 부인하는 것은 무엇인가?
하나님의 신적 계시의 능력은 어떻게 나타나는가?

---

770) 빌라도는 예수님을 아무도 답할 수 없는 추상적인 철학적 질문에 관한 선생으로 여겼던 것 같다. 그리고 빌라도는 예수님의 사상은 로마에 별다른 해를 끼칠 수 없었다고 판단한 것 같다(참고. ESV Study Bible, 2008:2063).

⁓ 요한복음 19장 ⁓

1. 본문 및 구조

- 군병에게 조롱당하시는 예수님과 무죄 입증(1-7)
- 빌라도의 두 번째 심문과 석방 노력(8-12)
- 십자가 처형 선고(13-16)
- 십자가에 못 박힘, 죽음, 장사(17-42)

2. 구원 계시사적 메시지

2.1. 요한복음 19장 1–7절의 메시지

빌라도가 예수님에게 채찍질을 가했다(1절). '채찍질했다'는 *mastigoo*의 아오리스트 능동 직설 3인칭 단수 동사 *emastigosen*(flogged)인데, 경범죄에 대해 로마의 가장 가벼운 형벌인 '*fustigatio*'에 해당한다. 이 형벌은 경한 범죄에 대한 채찍질이다. 따라서 이것은 빌라도가 예수님에게 사형 판결을 내리기 전에 가한 형벌이다. 참고로, 빌라도가 극형인 사형 선고를 내린 이후에 예수님에게 가한 채찍질은[771] 마태복음 27장 26절과 마가복음 15장 15절의 *phragelloo*의 아오리스트 동사(scourged)로 나타난다(참고. ESV Study Bible, 2008:2064). 빌라도는 군병들로 하여금 예수님에게 채찍을 적당히 가하여 유대인의 노를 누그러뜨린 후 예수님을 석방시키려고 의도했다(참고. 눅 23:16). 이 채찍은 끝에 금속 조각이 붙어 있어서 십자가형에는 미치지 못하더라도 심한 체벌 방식이었다. 군병들은 예수님에게 가시 면류관과 자색 옷을 입힌다(2절).[772] 자색은 왕을 나타내는 색깔이다. 군병들은 "유대인의 왕이여, 평안할지어다"라고 조롱하면서 손바닥으로 때린다(3절). 이것은 이사야 50장 6절과 52장 14절-53장 6절의 여호와의 고난당하는 종에 관한 예언의 성취이다. 빌라도는 예수님에게서 죄를 찾지 못한다고 유대인들에게 말한다(4절). 이것은 두 번째 무죄 판결이다. 빌라도는 "보라, 그 사람!"(*idou ho anthropos*; Here is the man!; 라틴어: *Ecce Homo!*)이라고 유대인들에게 말함으로써, 채찍에 맞아 피투성이가 된 예수님이 도대체 어떻게 정치적인 반역을 꿈꾼 왕이 될 수 있는가라고 말하고 있는 것이다.[773] 대제사장들과 하속들이 예수님을 보고 십자가에 못 박으라고 외치니, 빌라도는 다시 한 번 예수님이 무죄하다고 선언하면서 유대인 너희가 직접 십자가에 못 박으라고 말한다(6절). 이것은 세 번째 무죄 판결 선언이다.

---

771) 이것은 로마의 형벌 'verberatio'에 해당한다.

772) 가짜 왕 복장은 알렉산드리아 사람들이 아그립바 1세를 조롱하기 위해서 입혔던 경우와 같이 폭도에게 예수님을 참 왕이 아니라 바보로 묘사한다(참고. 존 월튼, 2010:1563).

773) 이것도 일종의 아이러니 기법이다. 예수님은 빌라도의 말처럼 죄가 없고 완전하신 분이다.

유대인들은 자신들의 법대로 하면 신성 모독죄로 예수님이 당연히 사형에 처해져야 한다고 말한다(7절; 참고. 레 24:16).

2.2. 요한복음 19장 8-12절의 메시지

이 말을 들은 빌라도는 더욱 두려워한다(8절). 아마도 빌라도는 예수님에게 무죄 판결을 최종적으로 내린다면 유대인들이 폭동을 일으킬 수 있다고 직감했던 것 같다. 빌라도가 다시 관정에 들어가서 예수님의 출처에 대해서 묻지만, 주님은 답하지 않으신다(9절). 말씀이신 예수님이 침묵하면서 계시를 주시지 않으신다(참고. 사 53:7). 빌라도는 예수님에게 죽이고 살리는 권세가 자신에게 있는데 왜 대답하지 않느냐라고 다그친다(10절). 예수님은 위(하늘)에서 주지 아니하시면 주님을 해칠 권세가 없는데, 주님 자신을 빌라도에게 넘겨준 유대인의 죄는 더 크다고 말씀하신다(11절).

예수님은 빌라도보다 더 위에 계신 하나님의 권세를 믿었다. 그리고 하나님의 권세에 복종해야 할 유대인들의 교만함을 지적하셨다. 빌라도는 예수님을 놓으려고 하지만, 유대인들은 스스로 왕이라고 말한 사람은 가이사를 반역한 사람이기에 그를 석방하면 빌라도 자신이 '가이사의 충신'(*philos*, 친구)이 아니라고 협박한다(12절). 베스파시안(A.D. 69-71)과 같은 로마 황제는 충성스러운 신하에게 '가이사의 친구'(*amicus Caesaris*)라는 호칭을 수여했다(참고. 오스본, 2005:593). 그 당시 유대인들은 빌라도를 고발하기 위해서 사절단을 가이사에게 보냈기에, 이 협박은 빌라도에게 큰 위협이 되었다(참고. Osborne, 2007:269).[774]

2.3. 요한복음 19장 13-16절의 메시지

이 말을 들은 빌라도는 예수님을 끌고 박석(*lithostroton*, stone pavement; 히. *Gabbatha*, 뜻: 높은 곳 혹은 언덕; 참고. 《유대 전쟁사》 5.2.1)이라는 곳에 앉아서 재판한다(13절). 이때는 유월절 예비일 제6시쯤(*hos hekte*; 참고. 시내 산 수정본, D수정본, L, 델타, 프시, 053, 72, 88사본 등에서는 막 15:25에 맞추어 '3시쯤' [*hos trite*])이었다.[775] 요한복음에서 예수님은 유월절 예비일

---

774) 빌라도는 총독으로서 사형 사건에 관해서 법적인 구속력을 행사할 수 있었다. 심지어 그는 자신의 콘실리움(*consilium*) 즉 심의 회의 건의를 거부할 수도 있었다(참고. 존 월튼, 2010:1563). 불행하게도 '정치'가 '정의'보다 우선하는 경우는 교회의 정치와 기독교 기관에 흔한 일이다. 원칙보다는 사람의 이익에 따라 인본적으로 문제를 해결하고 결정하는 것은 비극이다.

775) '예비일'(*paraskeue*, 준비일)은 현대 헬라어에 '금요일'이라는 뜻이다. NIV는 다음과 같이 의역하여 공관복음과의 조화를 시도한다. 14절: 유월절 주간의 준비일(the day of Preparation of Passover Week). 42절: 이날은 준비일이고 다음날은 특별한 안식일(it was the day of Preparation, and the next day was to be a special Sabbath). 유월절(무교절 [the Feast of Unleavened Bread]이라고도 함) 축제 기간은 아빕월(니산월) 15-21일이다(참고. 요세푸스, 고대사 3.10.5:249). 그리고 유월절의 준비일은 아빕월 14일이다. 유대인들은 유월절의 준비일에 집안에서 유교병을 없애고, 집을 깨끗하게 청소하고, 유월절 양을 잡고, 저녁에는 유월절 양으로 만찬을 벌인다. 따라서 때로는 유월절의 준비일인 14일을 유월절 축제 기간에 포함시키기도 한다(참고. 요세푸스, 유대고대사 2.15.1:317; 레 23:5; 스 6:19). 공관복음에서도 *paraskeue*는 안식일 전날(금요일)을 의미한다. "그 이튿날은 준비일(*paraskeue*) 다음날이라"(마 27:62).

즉 유월절 전날 즉 양을 잡는 날에 처형되셨다고 말하는데(참고. 요 19:31), 유월절 당일을 처형일로 보는 공관복음과는 다르다.

그렇다면 요한복음 19장 14절의 '제6시'는 언제인가? 로마 시간법을 따르면 십자가 사형 집행이(오후 6시라는 늦은 시간에는 불가능하기에) 오전 6시가 된다(contra Osborne, 2007:270). 근거로는 요한복음 18장 27절에서 베드로가 세 번째 예수님을 모른다고 부인했을 때 곧 닭이 울었는데, 예루살렘에서 3-4월에 닭이 운 시간은 새벽 3-5시 사이였다. 그렇다면 대제사장 안나스에 의해 진행된 예수님에 대한 심문과 베드로의 부인은 새벽 3-5시경이었다. 그리고 요한복음 18장 28절의 '새벽'은 글자 그대로 새벽인데, 새벽 3-6시 사이를 의미한다. 그리고 요한복음 19장 14절의 제6시를 오전 6시로 해석할 때, 마가복음 15장 25절에서(유대인의 시간법을 따라) 언급된 예수님의 처형 시간인 '제3시'(바른 성경, '오전 9시')와 조화를 이룬다. 그렇다면 시체를 두기에 부적당한 유월절 때문에 예수님은 밤새도록 심문을 받으신 후, 오전 6시경에 빌라도에 의해 사형 선고를 받고, 오전 9시에 못 박히셨고 정오쯤 돌아가셨다. 즉 사형 선고가 내려진 오전 6시부터 처형 장소로 이동하는 전체 시간은 약 3시간 정도 소요되었을 것이다(참고. 조석민, 2008:40-43; Van Bruggen, 1998:264-265).

빌라도가 유대인에게 예수님을 가리키면서 "너희 왕이다"라고 말한다(14절). 빌라도가 다시 한 번 예수님을 '너희 왕'이라고 부르면서 "십자가에 못 박으랴"라고 말하니, 유대인들과 대제사장들은 "십자가에 못 박으소서……가이사 외에는 우리에게 왕이 없나이다"라고 외친다(15절).[776] 빌라도는 힘없이 매 맞아 가련해 보이는 예수님을 향해서 유대인의 왕이라고 부름으로써 실제로 유대인을 조롱하고 있다. 유대인들은 로마의 식민 통치를 싫어했지만 정교 분리를 통해서 가이사를 섬기는 아이러니를 스스로 보인다. 종교적으로는 하나님을 섬기지만, 정치적으로는 가이사를 섬기겠다는 이원론적인 사상이 유대인의 실패의 원인이었다. 유대인이 자신의 왕이신 하나님을 버리는 것은 자신이 누리던 특권적 위치를 포기하는 것이며 결국 하나님 나라를 포기하는 행위이다(참고. 삿 8:23; 삼상 8:7). 이때는 정교가 분리되면 안 되는 상황이었다. 사실 유대인의 관점에서 보더라도 "우리에게 가이사 외에는 왕이 없다"라는 대제사장들의 말보다 더 큰 신성 모독을 생각할 수 없다(참고. Malina & Rohrbaugh, 1998:261). 큰 왕이시며 대재판장이신 예수님 앞에서 유대인들은 스스로 사형 선고(death sentence)를 내리고 있다(참고. Brown, 1966:894). 대제사장들은 유월절에 얼마나 자주 '하가다'(Haggadah)를 되뇌이면서 여호와의 왕권을 찬양했던가! 또한 그들은 유월절은 여호와를 떠난 세상을 향한 하나님의 심판의 시간으로 인식했다(참고. Brown, 1966:895). 그런 그들이 역설적이게도 철저히 여호와의 왕권을 무시하고 있다. 대제사장들은 구약에서부터 전해 내려오던 메시아 소망을 스스로

이 사실도 예수님이 십자가에 달리신 다음날(즉 준비일 다음날)은 안식일(금요일 저녁-토요일 저녁)임을 보여준다. 그러므로 요한복음에서도 예수님이 금요일에 죽으신 것으로 볼 수 있다.

776) "가이사만 왕이다"라는 외침을 유대 종교 지도자인 대제사장들이 비꼬면서 하고 있다. 그러나 이 외침은 아이러니하게도 그들의 삶의 참된 실체를 보여준다(참고. Morris, 1984:802). 참고로 라틴어 '왕'(*rex*)은 가이사에게 적용된 적이 없다. 그러나 헬라어 *basileus*는 '왕' 혹은 '황제'를 의미한다.

포기한 채 지옥(*Inferno*)을 선택하고 있다(참고. Bultmann, 1971:665).[777]

더 나아가, 이것은 메시아이신 예수님만 거부한 것이 아니라, 모든 메시아적 예언을 포기한 것이며 동시에 메시아께서 주시는 복을 이방에 전해야 할 제사장 나라로서의 이스라엘의 복된 지위조차 포기한 것이다(참고. Beasley-Murray, 1987:343). 그러므로 이제는 참 유대인 곧 새 이스라엘인 교회가 하나님의 좌소이다. 빌라도는 예수님을 십자가에 못 박도록 대제사장들에게 넘겨준다(16절).[778]

2.4. 요한복음 19장 17-42절의 메시지

예수님은 십자가를 지고 해골이라는 곳으로 가신다(17절). 요한복음에는 예수님 대신 십자가를 지고 간 구레네인 시몬이 등장하지 않는다. 십자가 지신 예수님의 모습은 창세기 22장 6절의 자신의 번제단이 될 나무를 지고 간 이삭을 연상시킨다(참고. 스몰리, 1996:349). 다른 두 사람 가운데 예수님이 십자가에 못 박힌다(18절; 참고. 신 21:23). 이것은 "이는 그가 자기 영혼을 버려 사망에 이르게 하며 범죄자 중 하나로 헤아림을 입었음이라"라는 이사야 53장 12절의 성취이다. 빌라도가 쓴 '나사렛 예수 유대인의 왕'이라는 죄패를 예수님의 머리 위에 붙인다(19절).[779] 그 죄패는 히브리어(즉 아람어), 로마어(군대 및 사회의 공식 언어), 헬라어(로마 제국의 상용어로 갈릴리 지역에서도 잘 알려졌음)로 기록되었다(20절; 참고. 조석민, 2008:23). 3가지 언어로 기록된 것은 모든 사람이 이해하도록 하기 위해서인 동시에, 예수님이 히브리어-종교, 로마어-군사-정치, 헬라어-문화의 왕이시라는 상징적 의미도 있다. 그리고 히브리어를 사용하든, 라틴어 혹은 그리스어를 사용하든 믿음으로 영접하는 자 모두를 구원하시는 분이 예수님이심을 의미한다(참고. Carson, 1991:611).

대제사장들이 '자칭 유대인의 왕'이라고 쓸 것을 요구하나, 빌라도는 "내가 쓸 것을 썼다"라고

---

777) 요한복음 18장 29절에서 19장 16절까지 총독 빌라도는 한편으로는 유대 군중을 만족시키고, 다른 한편으로는 예수님을 석방시키기 위해서 일종의 꼭짓점 댄스 혹은 탭댄스(tap dance)를 추며 줄타기 외교(shuttle diplomacy)를 한다. 그가 춘 춤은 다음과 같이 총 7번이다.
장면 1: 관정 밖으로 나오는 빌라도(요 18:29-32): 무슨 이유로 예수님을 고발하느냐?
장면 2: 관정 안에 있는 빌라도(요 18:33-38a): "네가 유대인의 왕이냐?"
장면 3: 관정 밖으로 나오는 빌라도(요 18:38b-40): 무죄 판결을 선포함.
장면 4: 관정 안에 있는 빌라도(요 19:1-3): 예수님을 채찍질하는 군병.
장면 5: 관정 밖으로 나오는 빌라도(요 19:4-7): 무죄 판결을 선포함.
장면 6: 관정 안에 있는 빌라도(요 19:8-11): "너는 어디서 온 사람이냐?"
장면 7: 관정 밖으로 나오는 빌라도(요 19:12-16): 가이사만 유대인의 왕이라고 외치면서 만일 십자가에서 못 박지 않으면 빌라도는 가이사의 친구(충신, *philos*)가 아니라는 협박에 굴복하여 예수님을 내어 줌.
빌라도가 춘 꼭짓점 댄스는 관정 안에서는 예수님을 심문하는 것으로, 관정 밖에서는 무죄 판결을 하는 것으로 요약할 수 있다.

778) 요한복음 전체에서 유대인들은 예수님을 재판정에 세우려고 했다. 특히 서기관과 바리새인들은 자주 예수님을 정죄하고 비난했다. 사람이 하나님을 정죄하고 재판관의 자리에 스스로 앉는 것은 죄다(참고. 레이하르트, 2010:321).

779) 사형수는 종종 십자가에 처형되는 이유를 진술한 '티툴루스'(*titulus*)를 지고 가야 했다(참고. 존 월튼, 2010:1565).

말한다(21-22절). 빌라도의 말 속에 예수님의 진정한 신분에 관한 계시가 드러난다. 군병들이 예수님의 겉옷과 속옷을 4등분하여 제비 뽑아서 취한다(23-24절). 그 당시의 관점에서 보면 죄인의 옷은 십자가형을 집행한 군병들이 받을 보상이다. 그리고 "저희가 내 옷을 나누고 내 옷을 제비 뽑았나이다"라는 시편 22편 18절의 성취이다.

십자가 밑에는 모친 마리아, 이모(아마도 사도 요한의 어머니인 살로메; 참고. 마 27:55), 글로바의 아내 마리아(아마도 작은 야고보와 요세[*Joses*]의 어머니; 참고. 막 15:40), 그리고 막달라 마리아가 서 있다(25절). 이 여인들은 예수님의 남자 제자들과는 대조적으로 신실하다. 특별히 예수님의 어머니 마리아는 누가복음 2장 35절(칼이 네 마음을 찌르듯 하리라)을 기억했을 것이다. 십자가에 달리신 예수님은 마리아에게 "여자여(*gynai*) 보소서. 아들이니이다"라고 말씀하신다(26절). 또한 예수님은 사랑하시는 제자에게 마리아가 이제 너의 어머니라고 말씀하신다(27절).[780] 그 제자가 그때부터 마리아를 자기 집에 모셨다(27절).

예수님은 왜 마리아를 예수님의 이모에게 부탁하지 않았는가? 이것은 제자도와 관련하여 이해할 수 있다. 요한복음 13장에서 예수님의 사랑하시는 제자로 처음 등장하기 시작한 요한은 이상적인 제자의 모델로 등장했다. 유월절 식사 중에 요한은 예수님의 품에 기대어 있었는데, 마치 성부의 품에 계신 예수님의 모습과 유사하다. 요한은 예수님과 아주 친근한 교제를 나누고 있었던 제자였다. 요한은 대제사장의 관정까지 따라가는 이상적인 제자이다. 요한은 제자 중에서 유일하게 십자가 아래에까지 따라온 신실한 사람이었다. 따라서 주님이 마리아를 이모 대신에 요한에게 맡기심으로써 그는 이상적인 제자의 모델로 제시된다(보라. 유상섭, 1999:409-410).

주님은 이 모든 일이 성경대로 응하는 줄 아시고는, "내가 목마르다"라고 말씀하신다(28절). 예수님은 우슬초에 매달린 신 포도주(wine vinegar)를 머금은 해융(sponge)을 받아서 드시고는 "다 이루었다"(*tetelestai*, 완료 신적수동태, 삼위의 협동 사역)라고 말씀하시고, 영혼이 떠나셨다(29-30절; 참고. 시 69:21). 이 순간은 하나님의 구원 역사의 절정의 시간이다. 왜냐하면 구약에 약속된 모든 구원의 계시가 예수님의 죽으심으로 성취되기 때문이다. 예수님은 구원의 사역을 이루기 위해서 무언가 부족하거나 미흡한 것이 없도록 완전히 값을 치르셨다. 예수님은 죄에 대해서 궁극적이고 완전한 제물이 되신 것이다. "다 이루었다"라는 말은 아무리 위대한 전쟁 영웅 혹은 황제라 할지라도 할 수 없는 말씀이다. 오직 구세주로서 아버지 하나님이 맡기신 사역을 완수하신 예수님의 외침이다.

유대인들은 이날이 유월절 예비일(즉 금요일)이고 그 안식일이 큰 날이었기에 십자가 위에 시체를 두지 않으려고 신속히 무덤에 장사 지낸다(31절; 참고. 신 21:22-23). 군병들이 죽음을 앞당기려고 주님 좌우편의 강도들의 두 다리를 꺾는다(32절). 예수님은 이미 돌아가셨기에 다리를 꺾지 않았다. 이것은 유월절 양의 뼈는 꺾이지 않아야 한다는 출애굽기 12장 46절과 민수기

---

780) 가상칠언은 다음과 같다. (1) 자신을 십자가에 죽이는 자를 아버지 하나님에게 용서해 달라고 구하는 것(눅 23:34). (2) 한편 강도에게 낙원에 있을 것을 약속하신 것(눅 23:43). (3) 요한에게 어머니 마리아를 돌볼 것을 부탁하신 것(요 19:26-27). (4) 엘리 엘리 라마 사박다니(마 27:46). (5) 내가 목마르다(요 19:28). (6) 다 이루었다(요 19:30). (7) 아버지여, 내 영혼을 아버지 손에 부탁하나이다(눅 23:46).

9장 12절의 성취이다(33, 36절). 군병이 창으로 예수님의 옆구리를 찌르니, 피와 물이 나왔다(34절).[781] '피와 물'은 예수님의 죄 사함의 속죄 사역의 결과로 장차 오순절에 성령이 오실 것을 상징적으로 의미한다.[782] 이 모든 것은 증인인 사람(아마도 요한)이 증거하였기에 참이며, 이것을 믿으면 생명이 있다(35절).[783] 또 다른 성경(참고. 슥 12:10)에 저희가 그 찌른 자를 보리라 하였다(37절; 참고. 계 1:7). 즉 예수님의 부활하신 몸에는 찔리고 상하신 자국이 남아 있을 것이다.

예루살렘 북서쪽 32km 지점으로 추정되는 아리마대 출신 요셉은 예수님의 제자였지만 유대인을 두려워하여 공개적으로는 믿음을 표현하지 못했다. 그는 부자였으며 존귀한 공회원이었다(참고. 마 27:57). 무엇보다 그는 하나님 나라를 기다리던 자였다(참고. 막 15:43). 하지만 그는 빌라도에게 가서 시체를 달라고 요구했다(38절). 그는 선하고 의로운 사람이었다(참고. 눅 23:50-51). 그는 더 이상 밤이나 회색 지대에 속한 자가 아니라, 공개적으로 예수님의 제자임을 밝히는 자리에까지 나아간다. 이것은 "내가 높이 들리면 많은 사람을 내게로 이끌겠노라"는 요한복음 12장 32절의 성취이기도 하다. 그리고 이전에 예수님을 찾아와서 중생에 대해 교훈을 받았던 유대인의 관원 니고데모도 몰약(myrrh)과 침향(aloe)을 섞은 것(*migma*)을 약 100근(*litras hekaton*, 약 75파운드; 33kg)이나 가지고 와서 유대인의 관례대로 장사 지낸다(39-40절; 참고. 요 3:1절 이하).[784] 이렇게 많은 양은 왕의 장례임을 상징한다(참고. 사 53:9). 무덤은 동산 안에 있고 아무도 장사 지낸 적 없는 새 무덤이었다(41절). 새 무덤도 예수님이 왕으로 죽으시고 묻히심을 의미한다. 이날은 유대인의 예비일이며(금요일 저녁 전), 무덤이 가까운 고로 예수님을 거기에 두었다(42절). 안식일이 오기 전에 속히 장례를 마쳐야 했다.

3. 오늘에의 적용

781) 창은 쇠 꼭지가 달린 가벼운 나무로 만든 것이며 1.1m 정도 되었다. 창은 물 같은 액체를 함유하고 있는 심낭을 쉽게 관통시킬 수 있었다(참고. 존 월튼, 2010:1567).

782) 여기서 예수님의 옆구리에서 흐른 '피와 물'을 더 설명해 보자. 이 둘은 여호와의 날 안에서의 구원적 재창조(redemptive recreation) 주제와 연결된다. 구약 제의에서 정결하게 하는 물이 사용되었다(출 19:4, 29:4; 레 14:8-9; 겔 16:4, 9). 그리고 물뿐 아니라 피도 구약에서 정결하게 하는 요소이다(히 9:19-22). 구약의 정결케 하는 물과 피는 죄를 씻는 예수님의 구원적 재창조 사역을 내다본다. 요한복음에서 성령이 종종 물의 이미지로 묘사되는데, 예수님의 옆구리에서 흐른 물도 마찬가지이다. 즉 예수님이 죽으시고 부활하심으로써, 믿는 자에게 성령의 종말론적인 복과 재창조의 역사가 일어난다(참고. 레이하르트, 2010:323). 예수님이 창에 찔린 '옆구리'도 재창조의 상징을 담고 있다. 왜냐하면 옆구리(*pleuran* 혹은 *koilia*)는 '자궁' 혹은 '후손'을 상징하기에(창 25:23-24, 30:2; 신 28:4; 삼하 7:12, 16:11; 왕상 8:19; 대상 17:11 등), 십자가에 죽으시고 부활하신 예수님으로부터 정결함을 입어 새 창조된 백성이 탄생할 것을 예고한다. 죽음처럼 깊은 잠을 자던 아담의 갈비뼈에서 하와가 나왔듯이(창 2:21), 대속의 죽음을 겪으신 예수님에게서 자신의 새로운 신부가 출생한다(참고. Kline, 2005:762-766).

783) 35절의 본문 비평(*pisteu[s]ete*)은 20장 31절의 경우를 참고하라.

784) 로마 제국에서 몰약 325g에 약 11-16데나리온이었다.

우리에게 십자가는 무엇인가?

예수님은 모든 영역의 왕으로 인정되시는가?

예수님을 신앙하는 것을 공개적으로 드러내지 못하는 부분은 무엇인가?

요한복음 20장

1. 본문 및 구조

- 빈 무덤의 베드로와 요한(1-10)
- 막달라 마리아에게 나타나신 예수님(11-18)
- 제자들에게 나타나신 예수님(19-23)
- 도마를 포함한 제자들에게 다시 나타나신 예수님(24-29)[785]
- 요한복음의 기록 목적(30-31)

2. 구원 계시사적 메시지

2.1. 요한복음 20장 1-10절의 메시지

안식 후 첫날 즉 주일 새벽에 막달라 마리아가 무덤에 와보니 입구의 돌이 옮겨져 있었다(1절). “그 돌이 옮겨져 있다”(*ton lithon ermenon*; 완료 수동 분사 남성 단수 대격)는 신적 수동태이다. 마리아는 베드로와 사랑하시던 제자에게 달려가서 주님의 시체가 어디 있는지 모르겠다고 말한다(2절). 이것은 여인 즉 교회가 주님의 부활을 전해야 함을 상징적으로 보여주는 대목이다. 실제로 초대 교회는 주님의 부활을 선포의 중심에 두었다. 그것이 복음이기 때문이다. 베드로와 그 다른 제자가 무덤으로 달려간다(3-4절). 사랑하시는 제자가 구부려서 세마포 놓인 것을 보았지만 들어가지 않았고, 베드로가 먼저 무덤 안으로 들어가서 세마포와 수건을 본다(5-7절).[786]

---

785) 요한복음 20장 1-29절의 구조를 다음과 같이 볼 수 있다(참고. 조석민, 2010:54).

(1) 1-18절: 안식 후 첫날 이른 새벽-예수님의 무덤에서
 1-10절: 막달라 마리아와 예수님의 두 제자
 11-18절: 막달라 마리아와 부활하신 예수님

(2) 19-29절: 안식 후 첫날 저녁-예수님의 제자들이 모인 집에서
 19-23절: 도마를 제외한 열 제자와 부활하신 예수님
 24-29절: 도마를 포함한 열한 제자와 부활하신 예수님

786) 예수님의 세마포와 수건이 놓인 위치를 통해서 빈 무덤이 법궤 뚜껑 즉 두 그룹 아래의 시은소라고 보는 이도 있다(예. Rowan Williams). Lunn(2009:732-735, 746)은 이 연관성을 구체적으로 다음과 같이

예수님의 머리를 쌌던 수건과 가는 베(세마포)가 개켜져 있었다(folded up)는 사실은 시체 도적설과 무관하다(참고. 마 28:11-15). 만일 시체 도적설이 옳다면, 왜 도적들이 수건과 세마포를 정돈해 두었단 말인가?

그 후 예수님이 사랑하시는 제자도 들어가서 보고 믿었다(8절). 여기서 그가 '믿은 것'은 예수님의 부활이 아니라, 예수님의 시신이 없어지고, 그 몸을 감쌌던 세마포와 머리를 싸맸던 수건만 있는 상황을 확인하고 이해했다는 의미이다. 9절이 이것에 대한 이유를 설명한다(참고. 조석민, 2010:57). 이 두 제자는 예수님이 죽고 부활하여야 하리라는 말씀을 아직 알지 못했다(9절).[787] 두 제자가 예수님의 시신이 무덤에서 없어진 사실만 확인하고 실망 가운데 집으로 돌아갔다(10절).

2.2. 요한복음 20장 11-18절의 메시지

베드로와 요한은 집으로 돌아갔지만, 막달라 마리아는 여전히 무덤 밖에서 울고 있고, 구부려 무덤 속을 들여다본다(11절). 흰옷을 입은 두 천사가 예수님의 발과 머리 부분에 앉아 있다(12절). 이 두 천사의 역할은 앞 단락의 두 제자의 역할처럼 예수님의 시신이 없어진 것에 대한 증인이다(참고. 조석민, 2010:58). 천사들이 마리아에게 왜 우는지 물으니, 마리아는 내 주님이 어디 계신지 모른다고 말한다(13절). 막달라 마리아는 예수님이 뒤에 서 계신 줄 보고도 모른다(14절). 마리아는 예수님을 '동산지기'(*ho kepouros*)인 줄 알고 "당신이 옮겼거든 어디 두었는지 가르쳐 달라"고 말한다(15절). 예수님이 '마리아야'(*Mariam*)라고 부르시니, 마리아는 주님을 알아보면서 '랍오니(*rabbouni*)여' 라고 대답한다(16절). 양의 이름을 아는 선한 목자이신 예수님은 마리아에게 "나를 만지지 말라"(*me mou haptou*, Do not hold on to me!; Do not cling to me!; 내게 매달리지 말라!)고 말씀하시고는(참고. 요 10:3-4), 예수님이 자신의 아버지 곧 성도의 아버지, 자신의

설명한다. (1) 법궤와 무덤 안에 누이신 예수님의 시체 사이의 '공간적 관련성'이 있다. 둘째 휘장으로 구분된 지성소 안에 법궤가 위치했다(출 40:3, 21). 예수님의 시체는 무덤 안 즉 바위로 외부와 분리된 공간에 놓여졌다(요 20:1). (2) 동사 *airo*(carry)가 법궤를 옮길 때(출 25:14)와 주님의 시체를 옮길 때 사용되었다(요 19:39에 2회). (3) 동사 *tithemi*(put, place)가 출애굽기 20장 2-3절 등에서 법궤와 관련하여, 요한복음 19장 42절에는 주님의 시체와 관련되어 사용된다. (4) 법궤는 운반되기 전에 포장되어야 했고(민 4:5), 주님의 시체도 마찬가지였다(요 19:40). (5) 향료(spices, 혹은 거룩한 기름)가 공통적으로 언급된다(출 30:26; 요 19:39). (6) 동산(garden)이 공통적이다. 성소/성전은 상징적으로 에덴동산이다(예. 나무와 열매, 창 2:9, 3:2; 출 25:31-36; 그룹, 창 3:24; 출 25:18; 봉사와 지킴의 사역, 창 2:15; 민 3:7-8; 8:25-26), 동쪽 출입구(창 3:24; 출 27:13-15). 그리고 요한복음 20장 15절에서 '동산지기'라 불리신 예수님을 고려해 보라. (7) 고핫 자손은 거룩한 물건들을 보려고 들어가는 것(go in to see)이 금지되었다(민 4:20). 비슷한 용어가 요한과 베드로가 무덤 안으로 들어가서 본 것에 등장한다. (8) 고핫 자손은 성물들을 만지지 말라는 명령을 받았다(민 4:15), 이것과 요한복음 20장 17절이 유사하다. (9) 막달라 마리아가 무덤에 도착한 때는 '아른 아침'인데(요 20:1), 성막에서 아침 제사가 드려진 시간이다(출 29:39). 그리고 부활하신 주님이 제자들을 찾아가신 '저녁'은 저녁 제사 시간과 일치한다(출 30:8; 요 20:19). 법궤와 부활하신 주님의 몸 사이에는 '영광'이라는 개념상의 간본문성이 있다(출 40:34-35; 요 12:16).

787) 개역개정판과 NIV는 9절을 ( )로 처리하지만, UBS 4판과 다수 사본 성경은 별다른 본문 비평상의 문제를 제기하거나 설명하지 않고 그대로 수용한다.

하나님 곧 성도의 하나님에게로 올라가시는 것을 제자들에게 가서 말하라고 말씀하신다(17절). 예수님이 부활하셨지만 승천으로 영광을 받으셔야 하기에, 마리아에게 잡혀서 같이 사실 수는 없는 것이었다.[788]

'랍비와 제자'라는 옛 관계에 머물 수도 없었다(참고. Osborne, 2007:288). 다시는 주님을 잃어버리지 않겠다고 매달리는 마리아를 예수님은 만류하신다. 그렇다면 다른 보혜사가 오실 수 없게 된다. 성령이 오셔서 제자들을 예수님의 '형제'처럼 살도록 만드신다(참고. 마 28:10; 히 2:11-14). 부활의 주님을 처음으로 목격한 증인인 마리아는 제자들에게 "내가 주님을 보았다"고 말하며, 들은 말씀을 전한다(18절).[789] 사도 요한 당시에 여자는 법정이나 여러 곳에서 증인 역할을 하지 못했다. 하지만 예수님은 바로 그런 여자를 자신의 부활을 증거하는 첫 사람으로 파송하신다. 예수님은 멸시 받던 여자 마리아를 최초의 사도('보냄을 받은 자'라는 의미로 볼 때)로 파송하신다.

이 단락을 성경 상징주의(biblical symbolism)에 입각하여 주석해 보자. 요한은 복음서 기자 중에서 유일하게 예수님의 십자가와 무덤이 '동산'에 있다고 밝힌다. 따라서 에덴동산을 주제로 살펴보는 것은 중요하다. 주님의 십자가는 에덴동산에 있던 생명 나무를, 에덴동산에 살던 아담과 하와는 통치자인데 마지막 아담이신 예수 그리스도를, 에덴동산 자체는 거룩한 땅 즉 시온(예루살렘)을 상징하는 것으로 볼 수 있다. 새 아담(New Adam)이신 예수님은 '동산지기'(gardener, tiller)로서 부활 후에 온 세상을 경작하고 가꾸신다. 이 사역은 첫째 아담이 에덴에서 추방됨으로써 박탈당했던 일이다. 예수님은 지금도 성령으로 하나님 나라를 일구고 계신다. 에덴은 '기쁘다'는 뜻인데 주님의 무덤이 정원에 있었다는 사실에 비추어 볼 때 기쁨의 메시지를 전하려는 의도가 있는 것으로 보인다. 그리고 예수님의 옆구리에서 쏟아진 물과 피는(참고. 요 19:34) 에덴동산 사방에 흐른 강들로서 생명의 강수인 성령의 소성케 하는 역사를 연상케 한다. 부활의 주님은 하나님의 낙원의 참되시며 생명을 주시는 통치자(the true, life-giving ruler of the ParA.D.ise [Garden] of God)이시다(참고. Wyatt, 1990:21-38). 예수님이 막달라 마리아를 히브리어 이름 '미리암'으로 부르신 것(참고. 16절)은 자신이 '새로운 모세'(New Moses)로서 사망의 바다를 통과하여 약속의 땅으로 인도하시는 분임을 강조하는 듯하다. 미리암이 홍해를 건넌 후 소고 치며

---

788) 요한복음에 최후 만찬 시 언약의 피에 대한 말씀이 없다고 해서 요한이 언약에 대한 인식을 갖지 못했다고 말할 수 없다(참고. 막 14:24). 왜냐하면 요한복음 20장 17절에 다른 형식으로 표현되어 있기 때문이다: "……나를 만지지 마라. 내가 아버지께 올라가지 않았기 때문이다. 내 형제들에게 가서 그들에게 내가 내 아버지, 곧 너희 아버지, 나의 하나님, 곧 너희 하나님께 올라간다고 말하여라 하시니." 이 말씀은 출애굽기 6장 7절과 레위기 26장 12절에 나오는 언약 형식인 "나는 너희 하나님이 될 것이다"가 새로운 기독교 상황에 적합하게 변안된 것이다(참고. 브라운, 2010:287).

789) 부활하신 예수님이 사람들에게 나타나신 순서는 다음과 같다. (1) 막달라 마리아(막 16:9-11), (2) 무덤에 있는 다른 여인들(마 28:8-10), (3) 예루살렘의 베드로(눅 24:34; 고전 15:5), (4) 엠마오 도상의 두 제자(막 16:12-13), (5) 문이 닫힌 집의 열 제자(도마 제외, 막 16:14), (6) 도마를 포함한 열한 제자 모두(요 20:26-31), (7) 갈릴리 바다에서 고기 잡는 일곱 제자(요 21:1-14), (8) 갈릴리 산 위의 열한 제자(마 28:16-20; 막 16:15-18), (9) 500명의 무리(고전 15:6), (10) 예수님의 동생 야고보(고전 15:7), (11) 예수님의 승천을 목격한 사람들(막 16:19-20; 눅 24:44-49; 행 1:3-5).

찬송했듯이, 신약 교회는 부활하신 예수님을 따라가면서 새 출애굽을 축하하는 새 노래를 부를 수 있어야 한다. 예수님의 부활 기사에 새 창조 주제와 새 출애굽 주제가 연결된다.

2.3. 요한복음 20장 19-23절의 메시지

부활하신 예수님은 곧바로 하늘로 올라가지 않으시고 제자들과 40일 동안 함께 계셨다. 부활의 예수님이 제자들에게 나타나서 성령의 힘과 권세를 약속하시면서 일터로 보내신 사건을 살펴보고자 한다. 요한복음 20장 19절 이하에 나타나는 교회는 어떤 존재인가? 교회는 예수님의 부활하심으로써 성령님을 모신 하나님의 가족이다. 요한복음 14장 16절 이하 고별 설교에서 예수님은 "다른 보혜사이신 성령을 너희에게 보낼 것이며 내가 너희를 고아와 같이 버려두지 아니하고 너희에게로(다시) 오리라. 너희가 나를 (다시) 보리라. 평안을 너희에게 주노니 세상이 주는 것 같지 않다. 너희는 마음에 근심도 말고 두려워하지도 말라"라고 말씀하셨다. 이 말씀 그대로 부활하신 주님은 부활하신 날 주일 저녁에 예루살렘에 무서워 숨어 있던 제자들을 찾아가서 평강을 비신다(19절). 예수님을 죽인 유대인들을 두려워하여 '문들'(복수)을 잠그고 숨어 있다(19절). 제자들은 집 대문과 방문 모두 잠그고 있었던 것이다.

아무도 문을 열어주지 않았지만 잠긴 문을 통과하여 주님이 나타나신다. 부활하신 주님의 몸은 영광을 받으신 육체이기에, 성령님처럼 원하는 곳이면 어디든지 그리고 언제든지 시간과 공간을 초월하여 나타나실 수 있다.[790] 부활하신 주님은 "평안이 너희에게 있을지어다"라고 2번이나 제자들에게 말씀하시면서 두려워하던 그들을 위로하신다. 사실 예수님이 잡히셨던 금요일을 생각하면 제자들은 주님께 책망받아 마땅하다. 3년 동안 주님을 따라다니면서 동고동락하고 천국 복음을 듣고 많은 기적을 보았지만, 십자가 지신 예수님을 버리고 떠나 뿔뿔이 도망가 버렸기 때문이다. 그리고 제자들은 부활하신 예수님이 막달라 마리아에게 나타나셔서 주신 말씀을 듣고 위로와 용기를 얻어야 했는데도 그렇지 못했다. 마리아가 전한 복음은 남자 제자들을 변화시키기에 역부족이었다. 부활하신 주님은 두려워하는 제자들에게 못자국 난 두 손(손목을 포함)과 창자국 난 옆구리를 보여주셨고, 그들은 그제서야 기뻐한다(20절). 아직 눈으로 보아야만 믿을 수 있는 제자들의 신앙의 수준이다. 요한복음 21장 3절 이하에 의하면, 이렇게 기뻐했던 제자들은 얼마 후 다시 사람이 아니라 고기를 잡으러 갈릴리 호수로 가버린다. 그럼에도 불구하고 주님은 승천하신 후를 대비하여 제자를 성령의 일꾼으로 만들어 자신이 하셨던 천국 확장 사역을 맡겨서 세상에 파송하셔야 했다.

교회의 신분을 위해 근접 문맥인 요한복음 20장 17절을 주의해 보자. 예수님은 막달라 마리아에게 "너는 내 형제들에게 가서 이르되 내가 내 아버지 곧 너희 아버지, 내 하나님 곧 너희 하나님께로 올라간다 하라"고 말씀하셨다. 예수님의 부활로 예수님의 아버지 하나님은 곧 우리 아버지 하나님이 되셨고 예수님은 우리를 형제라고 부르시면서 친히 형님이 되셨다. 주님의 부활은 교회를 하나님의 가족의 일원으로 만들었다는 말씀이다. 요한복음에서 우리가 구원받아 영생을

---

790) 다른 가능성으로는 문들이 기적적으로 열렸을 수 있다(참고. 행 12:10; 보라. ESV Study Bible, 2008:2070).

얻는 것을 '거듭나는 것'으로 말씀한다. 주님은 니고데모에게도 거듭나야만 하나님 나라를 볼 수 있다고 말씀하셨다(참고. 요 3:3). 거듭난다는 말은 하나님의 가족의 일원으로 다시 태어난다는 말씀이다. 주님의 부활은 교회가 하나님을 아버지로 모시고 사랑을 받는 자녀로 만드셨다. 부활의 주님은 성령님을 통해서 교회를 어둠의 나라에서 그리고 온갖 실패와 두려움으로부터, 하나님의 가족으로 그리고 어떤 상황 속에서도 평안을 누릴 수 있도록 불러 주셨다. 교회는 주님의 부활로 더 이상 세상을 두려워하며 마치 고아처럼 버려진 존재가 아니라 성령으로 거듭난 양자가 되었다.

그렇다면 부활하신 예수님은 성령님을 모신 하나님의 가족인 교회에게 무슨 사명을 주셨나? 세상을 향해 현재적인 구원과 심판을 시행하는 전권대사로 보내신다. 제자들 가운데 나타나신 주님은 그들을 향하여 숨을 내쉬면서 "성령을 받아라!"고 말씀하신다(22절).[791] 사도행전 2장의 오순절 성령의 강림으로 성령을 받아서 제자들이 일할 것을 미리 보여주신 것이다. 구약의 하나님의 백성처럼 예수님의 제자들은 예수님을 믿었음에도 불구하고 성령께서 항상 그들 속에 거하시는 것을 경험할 수 없었다. 이것은 하나님의 구속의 경륜 속에서 예수님의 초림과 오순절 성령 강림 사건 이전에 있었던 특수한 상황이다. 그래서 "성령을 받아라"고 말씀하신 것이다.[792]

"성령을 받아라"고 말씀하시면서 숨을 내쉬는 것은 구약의 여러 사건을 연상시킨다. 먼저, 천하 만물을 창조하실 때 제6일째 되던 날 하나님은 아담을 흙으로 빚으신 후 코에 생기를 불어넣어 주셔서 살아 있는 사람이 되게 하셨다(참고. 창 2:7). 하나님께서 아담의 코에 생기를 불어넣으심으로 창조가 끝나게 되었다. 두 번째 구약 사건은 에스겔 37장 9-10절에 나타나는데, 하나님께서 골짜기를 가득 메운 마른 뼈에게 "생기야, 사방에서부터 와서 이 사망을 당한 자에게 불어서 살게 하라"고 말씀하심으로 생기를 불어넣어 극히 큰 군대로 만드신 사건이다(참고. 존 월튼, 2010:1571). 이것은 이스라엘이 죽음과 같은 바벨론 포로 생활을 청산하고 새로운 생명의 회복의 역사가 일어날 것을 상징한다. 그리고 선지자 엘리야가 과부의 죽은 아들의 코에 생기를 불어넣었던 것을 연상시킨다(참고. 왕상 17:21). 그러므로 부활하신 예수님께서 성령을 선물로 우리에게 불어넣어 주시는 것은 부활의 새 생명으로 우리를 회복시키고, 예수

---

791) 요한이 상징주의를 사용하지만, 하나의 상징으로 자신의 복음서 밖에 있는 하나의 사건을 가리키는 방식으로는 사용하지 않는다는 점이다. 예수님이 숨을 내쉬는 것은 일종의 상징적 행동이지만, 제자들은 실제 성령을 받았다(참고. Kanagaraj, 2005:655). 부활절과 오순절에 성령이 점진적으로 오심같이, 두려워하던 제자들이 담대하게 변화되는 것도 그러하다.

792) 요한복음 20장과 사도행전 2장의 성령 강림을 비교해 보자. 요한복음 20장에서 제자들에게 성령의 은혜가 뿌려졌으나(참고. 조석민, 2010:61), 그들에게 흠뻑 적셔지지 않았다. 제자들이 성령으로 흠뻑 적셔진 것은 오순절 성령 강림 때이다. 요한복음에서 그 당시 꼭 필요한 은사를 주긴 했으나, 오순절 때 불의 혀로 성령이 임할 때 비로소 제자들은 완전히 새롭게 되었던 것이다. 다시 말해서, 오순절 성령 강림 사건이 본론이고 요한복음의 사건은 서론이다. 요한복음의 성령의 은사는 전환기적이며 예견적인 반면에, 오순절 성령 은사는 완전하고 결정적이다. 우리는 요한복음 20장의 잠시 흩뿌려진 성령이 아니라, 오순절에 사모하며 기도하던 제자들에게 임하신 흠뻑 적셔버리신 성령을 받았기에, 사모하기만 하면 충만한 은혜를 받을 수 있다. 요한복음 20장에서는 성령님을 주심이 예수님의 사역의 계승자로서 제자들을 준비시키는 것이어서, 사도행전 2장의 성령님을 부어 주심과 그 결과 능력이 임하는 것과는 차이가 있다(보라. 칼빈, 1993:147; ESV Study Bible, 2008:2070).

그리스도의 좋은 군사로 만드시고, 새롭게 창조하시는 사건이다. 예수님을 믿고 성령을 받은 사람은 재창조함을 받은 사람이다. 새롭게 창조된 사람은 성령의 생기로 사는 사람이다. 성령의 생기가 없는 자는 살아 있어도 죽은 사람이나 마찬가지다. 새로운 피조물은 성령님이 주시는 생동감과 힘과 새롭게 하심을 날마다 경험하는 사람이다.[793]

성령으로 새롭게 창조된 제자들을 향하여, 20장 21절에서 주님은 "아버지 하나님께서 나를 보내신 것같이 나도 너희를 보내노라"고 말씀하신다. 그런데 주님은 왜 보냄 받을 제자들이 무슨 말을 어떻게 선포해야 하는가를 가르쳐 주시지 않는가? 주님은 단지 자신의 상처 난 두 손과 옆구리를 보여주셨다. 그러므로 주님으로부터 보냄 받은 제자들이 선포할 내용은 다른 것이 아니라 주님의 죽으심과 부활이었다. 주님은 특별한 말씀하시지 않아도 행동으로 가르쳐 주셨던 것이다. 성령으로 재창조함을 받은 교회가 선포할 내용은 주님의 죽으심과 부활이다. 교회는 주님의 부활 생명과 새 창조의 역사를 전해야 하는 증인이다.

그런데 예수님은 23절에서 얼핏 보기에 이상한 말씀을 하신다. "너희가 누구의 죄든지 용서하면 그들이 용서함을 받을 것이요, 누구의 죄든지 그대로 두면 그대로 남아 있을 것이다."[794] 성도에게 남의 죄를 용서하고 용서하지 않을 권세가 있는가? 교회가 사람을 향해서 예수의 이름으로 너희 죄를 용서한다고 말할 수 있는가? 아니다. 부활하신 주님은 이제 제자들을 통해서 역사하시기 때문에, 교회가 예수님의 죽음과 부활을 선포하는 현장에, 우리가 회개와 구원의 복음을 선포하는 현장에 믿음의 반응이 있으면 하나님께서 죄 용서와 구원을 주시고, 그렇지 않으면 하나님의 정죄와 심판이 있을 것이라는 의미이다. 교회의 전도를 통해서 하나님은 현재적인 심판과 구원을 이루신다. 주목할 것은 '사하여질 것이요'(*apheontai*)와 '그대로 있으리라'(*kekratentai*)는 말씀이 시내 산 개정판, A, D사본 등에 '현재완료 신적 수동태'로 묘사된 점이다(참고. 마 16:19, 18:18; 보라. Ridderbos, 1997:644).[795] 이 말은 주님으로부터 보냄 받은 교회의 사명은 이미 하늘에서 작정되고 이루어진 뜻을 이 땅에 계속하여 실현하는 것이라는 사실이다(참고. Morris, 1984:849). 따라서 주기도문의 "뜻이 하늘에서 이루어진 것같이 땅에서도 이루어지이다"라는 말씀과 같은 것이다. 누가복음 24장 47절에서도 예수님의 이름으로 죄 사함을 얻게 하는 회개가 예루살렘으로부터 시작하여 모든 족속에게 전파될 것이며 우리들은 이 일의 증인이라고 하신다.

적용해 보면, 이런 사역을 감당하기 위해 교회는 어떻게 준비되어야 하는가? 예배의 생활을 통해서 주님의 부활의 권능과 성령의 새롭게 하심을 더욱 알아가야 한다. 요한복음 20장 19절 이하를 자세히 살펴보면, 현대 교회의 '주일 예배 순서'와 유사하다. 주님이 제자들에게 부활하신 날 저녁 즉 주일에 나타나셨다. 신약 교회도 주님이 부활하신 주일에 모여 예배드린다. 주님이

---

793) 예수님이 실제로 숨을 내쉬신 것은 영지주의자와 가현설주의자를 반박한다. 부활하신 후 갈릴리에서 생선을 잡수신 것과 도마에게 창자국 난 옆구리와 못자국 난 손을 보이신 것도 마찬가지이다. 일종의 '반(anti)영지주의적 기독론'이다(참고. 조석민, 2010:61).

794) 23절의 '사하여질 것이요'(*apheontai*)와 '그대로 있으리라'(*kekratentai*)는 둘 다 완료 신적 수동태이다.

795) 23절의 이 동사가 다수 사본에서는 현재형(*aphientai*)으로, 시내 산 사본에서는 미래형(*aphethesetai*)으로 나타난다.

나타나셨을 때 제자들이 비록 근심과 두려운 마음을 가지고 있었을지라도 부활의 예수님은 그들에게 평안을 주신다. 예배로 나아올 때 세상 근심과 불안이 있을지라도 말씀과 성령으로 예배 가운데 주님은 세상이 줄 수도 없고 알 수도 없는 평안을 주신다. 제자들이 주님의 십자가의 흔적인 두 손과 옆구리를 보았듯이 교회는 정기적으로 주님의 죽음과 부활을 성찬을 통해 기념한다. 그래서 교회는 죽음을 이기신 주님의 승리가 우리의 승리가 된 것임을 믿고 기뻐한다. 그리고 예배를 통해서 성령의 충만함과 새 힘을 받아 세상을 향해 나아간다. 예배 자체로 끝나는 것이 아니라 주님의 보냄을 받는다. 교회의 삶이 이런 회복을 경험하는 예배의 생활이 될 때 하늘에서 계획되고 이루어진 것을 이 땅에서 그리스도의 전권대사로서 시행할 수 있다. 예배의 삶을 통해 빌립보서 3장 10절에서 바울이 고백한 것처럼 교회는 그리스도와 그 부활의 권능을 알고 그 고난에 동참하기를 두려워하지 않게 된다.

참고로 구약에도 부활 신앙이 나타난다. 에스겔 37장에서 에스겔은 이스라엘이 회복될 것을 죽고 말라버린 뼈들이 다시 살아나서 큰 군대를 이루는 환상을 보고 안다. 다니엘 12장 2절에서 다니엘도 땅의 티끌 가운데서 자는 자 중에 많이 깨어 영생을 얻는 자들이 있을 것이라고 부활을 언급한다. 시편 16편 10절에서 다윗도 주의 거룩한 자로 썩지 않게 하실 것이라고 확신한다. 욥기 19장 25-26절에서 고난 받던 욥은 "나의 구속자가 계시니…… 나의 이 가죽, 이것이 썩은 후에 내가 육체 밖에서 하나님을 보리라"고 부활의 소망에서 자신의 고난을 돌아본다.

이런 구약의 모든 부활 소망은 우리가 예수님의 부활을 통해서 믿고 아는 것과 비교해 볼 때 그림자처럼 너무 희미하다. 예수님은 공생애 가운데 3명을 부활시켰다. 야이로의 딸, 나인 성 과부의 아들, 그리고 나사로. 하지만 이들은 다시 죽을 수밖에 없었다. 마태복음 27장 52-53절에도, 주님이 십자가에서 죽으실 때, 성전 휘장이 찢어지고, 무덤 문이 열리고 많은 사람들이 부활하여 예루살렘 성 안으로 들어갔다. 그러나 이들 역시 살다가 죽고 만다. 오직 부활의 첫 열매이신 예수님이 부활하셔야만 비로소 온전한 부활이 발생한다.

2.4. 요한복음 20장 24-29절의 메시지

부활의 주님이 처음으로 제자들 가운데 나타나셨을 때 도마는 거기 없었다(24절). 그는 제자들의 말을 듣고도 손가락을 못자국에, 손을 옆구리에 넣어 보지 않고는 믿지 않겠다고 말한다(25절). 여드레를 지나서,[796] 제자들이 모인 곳에 다시 주님이 오셔서 평강을 비신다(*eirene hymin*; 26절). 도마에게 '손가락과 손을 넣어 보고 만져 보라. 그리고 믿으라'고 말씀하신다(27절). 도마는 "나의 주시며 나의 하나님이시니이다"(*ho kyrios mou kai ho theos mou*)라고 고백한다(28절). 도마의 이 고백은 예수님의 구주와 하나님 되심을 요한복음의 결론 부분에서 멋지게 보여주는 것이다. 예수님은 자신을 보고 믿는 것보다, 보지 못하고 믿는 자들이 복되다고 말씀하신다(29절).

---

796) 숫자 8은 '새로운 시작'을 상징적으로 의미한다. 예를 들어, 할례는 생후 8일째에 시행되었으며, 주님의 부활은 제8일째 날 즉 주일에 발생했다. 그리고 초대 교회의 세례탕은 8각형으로 되어 있었다.

2.5. 요한복음 20장 30-31절의 메시지

그러므로(*men oun*) 예수님이 제자들 앞에서 요한복음에 기록되지 않은 많은 다른 표적도 행하셨지만 요한복음의 기록자는 선별해서 기록했다(30절).[797] 요한복음의 기록 목적을 밝히는 구절(31절)에서 하나님의 아들이신 예수 그리스도를 '믿게 하려 함이라'라는 동사가 현재 능동태 가정법 2인칭 복수냐, 아오리스트 능동태 가정법 2인칭 복수냐의 논쟁이 있다.[798] 현재 가정법(*pisteuete*)이라면 이미 믿은 자를 계속해서 양육하는 것이 목적이며, 아오리스트 가정법 (*pisteusete*)이라면 불신자 전도가 기록 목적이다. 이 둘을 종합해서 볼 수도 있다. 그러나 바로 뒤의 "생명을 얻게 하려 함이니라"(*zoen echete*)는 '현재' 능동태 가정법으로 등장한다. 그러므로 이미 믿은 성도를 계속해서 신앙으로 성장하도록 하려는 의도가 더 나은 해석으로 보인다.[799]

요한복음에서 '복음'은 '믿음'으로 표현된다. 하지만 '믿음'이란 단어는 요한복음에서는 명사 형태로는 한 번도 등장하지 않고 총 98회 사용되는 모든 용례가 동사 형태이다. 요한복음에서 '믿는다'는 말은 영생을 얻어 예수 그리스도의 제자가 되는 것을 의미한다(요 20:31). 요한이 명사가 아닌 동사로 믿음을 표현한 것은 단순한 그가 동사를 즐겨 쓰는 경향이 있음을 뜻하지 않는다. 오히려 요한은 믿음이란 명사 형태로 고정될 수 없는 '계속적인 행위'여야 함을 강조하고 있다. 복음서에서 예수 그리스도를 믿는 사람의 믿음은 계속적으로 도전받는 것이고, 계속 발전

---

797) 30절이 '그러므로'(*men oun*)로 시작하기에 24-29절과 관련이 있다. 30절의 *men*은 31절의 *de*와 연결된다. 24-31절의 논리적 흐름은 다음과 같다. 부활하신 예수님을 목격한 도마와 달리 이후의 사람들은 예수님을 육체적으로 보지 못할 것이지만 믿게 된다. '그러므로' 요한복음이 기록되었다. 요한복음을 통하여 사람들은 예수님을 육체적으로 보지 않고도 만나며 믿을 수 있게 될 것이다.

798) 슈낙켄부르크(2009:396-400)는 공관복음과 요한복음의 예수님을 다음과 같이 비교한다. (1) 공관복음의 예수님은 따뜻하고 자비롭다. '자비'와 '동정'이라는 말은 요한복음에 등장하지 않는다. 인간을 사랑하고, 고통을 감수하며, 온전히 희생할 준비가 된 예수님의 친인간성은 요한복음에 겉으로 잘 드러나지 않는다. (2) 요한복음의 구원론적이며 기독론적 신앙(예. 치유 사건에서도 핵심은 예수님을 메시아로 믿는 믿음)은 공관복음과 다소 차이가 난다. 공관복음의 경우 신앙은 지상에서 활동하신 예수님에 대한 체험과 더 긴밀히 연관되어 있다. (3) 메시아로서의 신분을 수난 직전까지 드러내지 않으시는 듯한 공관복음서 기록과는 달리, 요한은 예수님께서 직접 "나는……이다"라는 표현으로 신적 계시를 하고 있음을 밝힌다. (4) 공관복음에는 하나님 나라를 기다리는 것이 중심이라면, 요한복음에는 신적 생명의 현재적 보장으로 중심이 이동한다.
결론적으로, 요한의 기독론에는 공관복음의 여러 개념을 도입, 발전시켜 활용한 흔적도 여러 곳에 나타난다. 요한은 공관복음에 기초하여 새롭고 독특한 기독론을 발전시켰다. 하지만 (1)과 관련하여 요한복음 11장 5절에서 예수님의 자비의 모습을 볼 수 있다. (3)과 관련하여 요즘은 마가복음의 '메시아 비밀 개념'을 무비판적으로 따르지 않는다. (4)와 관련하여 공관복음에도 천국의 예기는 물론 현존이 강조되어 있다 (참고. 마 11:11-12). 슈낙켄부르크의 결론과 관련 하여 요한의 기독론이 공관복음과 비교해 볼 때 독특한 면이 있음은 부인할 수 없지만, 공관복음에 기초하여 발전시킨 것이라는 단정을 내리기에 이른 면이 있다.

799) "요한복음 20장 31절의 '이것들'(*tauta*)은 *semeia*를 대신하는 지시대명사이다. 일반적인 견해에 의하면 '이것들'이 지시하는 것은 요한복음 1-12장에 기록된 예수님의 일곱 기적이다. 하지만 '이것들'이 지시하는 것은 요한복음에 나타난 모든 기적으로 확장된다. 그리고 이것들에 예수님의 부활 사건도 포함되는데 예수님의 부활 사건도 초자연적 능력에 의해 일어난 초자연적 사건이 틀림없기 때문이다" (참고. 배성진. 2009. 한국복음주의 신약학회 홈페이지). 하지만 '이것들'에 요한복음 13장 이후의 내용도 포함되지 않을까?

해 나가는 것이다. 요한은 복음이란 단순한 예수 그리스도를 영접하고 끝나는 것이 아니라 계속적으로 개인적인 교제 속에서 이루어지는 제자화의 과정을 포함하고 있다고 밝힌다. 믿음과 영생의 역사를 일으키는 복음은 영원한 현재형이며 따라서 계속적으로 제자화라는 과정을 통해 이루어지고 열매 맺어져야 하는 것이다.[800]

3. 오늘에의 적용

우리는 이성주의 시대에 부활의 확실성을 어떻게 전할 수 있는가?
주님의 승천 이후를 사는 우리에게 보지 않고 믿는 믿음이 얼마나 중요한가?

요한복음 21장

1. 본문 및 구조

- 갈릴리 해변가의 예수님(1-14)
- 예수님, 베드로 그리고 요한(15-24)
- 예수님의 위대하심(25)

2. 구원 계시사적 메시지

2.1. 요한복음 21장 1-14절의 메시지

요한복음 21장을 후기로 본다면 요한복음이 20장으로 일차적으로 완결된 것으로 볼 수 있다. 이 말은 요한복음 21장을 사도 요한이 기록하지 않았다는 의미는 아니다. 오히려 후대의 요한 공동체가 아니라 사도 요한이 그의 복음서를 완결한 후에, 성령의 영감으로 자신의 죽음과 예수님의 파루시아 사이의 오해를 해명하기 위해서 이 장을 덧붙인 것으로 보인다. 그리고 갈릴리에서 제자들을 만나서 목양의 사명을 주시는 것은 요한복음 내러티브의 자연스럽고 매끄러운 마무리를 제공한다(참고. 오스본, 2005:637). 예수님이 디베랴 바다에서 다시 제자들에게 나타나신다(1절). 유대인에게 익숙한 갈릴리 바다 혹은 게네사렛 호수라는 말을 사용하지 않고, 요한은 헤롯 안디바가 디베리우스 황제를 기념하여 붙인 이름인 '디베랴 바다'라는 공식적인

800) 자세한 것은 한국복음주의 신약학회 홈페이지 자료실의 김철해 교수의 글("요한복음에 나타난 복음과 율법 용어의 분석", 2009)을 참고하라.

로마식 명칭을 사용한다. 아마 에베소의 1차 독자들을 염두에 두었거나, 요한이 당시 그 지역에 미친 로마의 정치적 영향을 고려했던 것 같다(참고. 조석민, 2008:24). 베드로와 도마와 나다나엘 그리고 세베대의 두 아들과 다른 제자 둘, 이렇게 총 7명이 고기 잡았지만 밤새도록[801] 아무것도 잡지 못한다(1-3절). 제자들이 사람을 낚는 것 대신에 물고기를 낚는 일을 재개할 때 베드로가 주동했다(3절). 날이 새어갈 때 예수님이 '바닷가에'(*eis ton aigialon*, 직역: '바닷가 안으로'; 참고. 시내 산, A, D사본 등은 더 쉬운 표현인 *epi ton aigialon*으로 씀) 서셨으나 그들은 주님을 알아보지 못한다(4절). 예수님이 "얘들아 고기가 있느냐?" 물으시니 "없다"고 답한다(5절; 참고. 눅 5:5). 그물을 배 오른편에 던지라는 주님의 말에 그들이 순종하여 던지니, 그물을 들 수 없을 정도로 많이 낚았다(6절). 사랑하시는 제자가 베드로에게 "주님이시다"(*ho kyrios estin*)라고 말하니, 베드로가 겉옷을 두른 후에 바다로 뛰어 내려 약 90m나 수영한다(7절). 다른 제자들은 고기 든 그물을 끌고 갈릴리 바닷가로 나온다(8절). 그들이 육지에 와보니, 예수님이 준비해 두신 숯불에 생선과 떡이 올려져 있었다(9절).

아마 베드로는 젖은 옷을 말리기 위해서 불 가까이에 다가갔을 것이고, 자연스럽게 대제사장의 집 뜰에서 불을 쬐면서 주님을 부인한 것도 떠올렸을 것이다. 예수님은 조금 전에 잡은 생선을 가져오라고 말씀하셨고, 제자들이 잡은 물고기는 총 153마리였다(10-11절). 이것은 장차 제자들이 전도의 많은 결실을 맺을 것을 보여주는 것이다.[802] 물론 제자들의 사역의 배후에는 부활·승천하시고 성령을 보내주신 그리스도께서 역사하실 것이다. 예수님이 조반을 먹으라고 말씀하시니, 제자들이 주님이신 줄 알고 아무도 말하는 자가 없었다(12절). 제자들은 면목이 없었던 것이다. 주님이 떡과 생선을 나눠주셨다(13절). 이것은 주님이 부활 후 제자들에게 3번째 나타나신 것이다(14절).

2.2. 요한복음 21장 15-24절의 메시지

조반을 먹은 후, 예수님은 베드로에게 3번에 걸쳐서 "이 사람들보다 나를 더 사랑하느냐?"라고 물으시고, 베드로도 사랑한다고 답한다. 그때마다 주님은 베드로에게 내 양을 먹이라/치라고 분부하신다. 이제 베드로가 참 목자이신 예수님을 사랑하면서 목자의 심정으로 사역을 해야 한다. 어휘 의미론적으로 볼 때 예수님과 베드로의 대화에 나타나는 *agapao*는 늘 선한 사랑이나 희생적인 사랑, 신적인 사랑을 가리키는 것이 아니며, 분명히 어근도 그러한 의미를 전혀 시사하지 않는다(참고. Carson, 2002:62; 유상섭, 199:445).[803] 많은 사람들이 70인역의 역자들이 하나님

---

801) 제자들은 다시 '어둠'에 속한 자로 전락했다. 빛에 속하여 사람을 낚아야 하는데, 그들은 다시 물고기 잡는 자로 환원되었다. 그러나 역설적이게도 고기를 잡지 못한 것이 그들에게 복이 되었다. 이 실패가 부활의 주님의 능력과 소명을 다시 깨닫는 계기가 되었기 때문이다.

802) 요한은 "약 150마리쯤 되었더라"라고 말할 수 있지 않았을까? 이것을 A.D. 1세기 사람들에게 익숙했던 삼각형 숫자로 이해할 수 있다. 즉 '153'은 '17'의 삼각형 숫자이다. '17'은 '10+7'로서 두 완전수의 합이다. 그래서 하나님께서 제자들을 통해서 복음의 사역을 왕성하게 일으킬 것을 보여주는 것으로 볼 수 있다.

의 사랑을 표현하기 위해 *agapao*와 *agape*에 특별한 의미를 부여해 왔다고 주장하지만 주석적인 설득력은 빈약해 보인다. 또한 '어린 양'(*ta probata*, lambs)과[804] '양'(*ta arnia*, sheep), '치다'(*poimaine*, to shepherd)와 '먹이다'(*boske*, to feed)의 차이는 이야기하지 않으면서 *agapao*와 *phileo*만을 구별하려는 것은 무리다(보라. Carson, 2002:66). 따라서 17절에서 베드로가 근심(고민)하였던 이유는 예수님과 자신의 표현의 차이때문이 아니라, 예수님께서 세 번이나 동일한 질문을 그에게 하셨기 때문으로 이해하는 것이 옳다. 결론적으로 말하면, 사도 요한은 동일한 뜻을 나타낼 때 동일한 표현을 반복하는 것을 피했다.[805]

예수님은 베드로에게 "젊어서는 스스로 띠 띠고 원하는 곳으로 다녔지만 늙어서는 네 팔을 벌리리니, 남이 네게 띠 띠우고 원치 아니하는 곳으로 데려가리라"고 말씀하시는데, 이것은 장차 베드로가 어떠한 죽음을 죽어 영광을 돌릴 것인가를 보여주는 것이다(18-19절). 실제로 베드로는 네로 치하에서 로마에서 십자가에 거꾸로 달려 순교한 것으로 알려진다. 주님은 베드로에게 "나를 (계속해서) 따르라"(*akolouthei moi*)는 명령을 주신다(19절). 사랑하시는 제자가 주님을 따르는 것을 본 베드로는 예수님에게 어떻게 될지 묻는다(20-21절). 주님이 올 때까지 사랑하시는 제자를 머물게 하고자 할지라도 베드로에게 무슨 상관이 있겠는가? 계시사적으로 볼 때 이것은 주님의 하나의 파루시아인 A.D. 70년까지 요한이 살 것을 뜻하는 것으로 볼 수 있다. 주님은 베드로에게 다시 "너는 나를 따르라"(*sy moi akolouthei*)고 대답하신다(22절). 이 말씀이 형제들에게 오해되게 전해져서 "그 제자는 죽지 않는다"라고 와전되었다(23절). "그것이 네게 무슨 상관이냐?"(*ti pros se;*)를 시내 산 개정판, A, B, C, W, 델타, 세타, 프시, 다수 사본은 지지한다. UBS 4판과 바른 성경은 이 부분을 [ ]로 처리한다. "이 일을 증거하고 이 일을 기록한 제자가 이 사람이라 우리는 그의[806] 증거가 참인 줄 아노라"(24절). 여기서 '우리'는 누구인가?(참고. 요 1:14, 3:2, 11, 6:69; 20:2; 요일 1:2, 4, 5, 6, 7; 요삼 12). 우리는 요한 자신과 주님의 제자들을 비롯하여 요한 공동체로 보인다.

2.3. 요한복음 21장 25절의 메시지

예수님이 행하신 일이 이외에도 많지만, 만일 낱낱이 기록된다면 이 세상이라도 이 기록된 책을 두기에 부족하다. 이것은 단순한 허풍이나 과장이 아니다. 실제로 주님이 메시아로서 행하신 표적이 매우 많았지만, 요한복음의 기록자는 예수님이 하나님의 아들이시며 그리스도이심을

---

803) 베드로후서 1장 7절에서는 형제·자매 우애(형제·자매 사랑, *philA.D.elphia*)와 사랑(*agape*)을 다른 명사를 사용하여 구분한다.

804) 16절에서 예수님은 베드로에게 "내 양을 치라"(*poimaine ta probata mou*)라고 말씀하신다. 그러나 그것은 '어린양이다. 그러나 한글개역성경은 오히려 15절에서 '내 어린 양'(*boske ta arnia mou*)이라고 밝히지만 그것은 어린양이 아니다.

805) 15-17절에서 시내 산, B, C사본 등과 달리, 다수 사본은 '요한'(*Ioannou*)을 '요나'(*Iona*)로 쓴다.

806) 24절의 '그의'를 요한복음의 저자가 자신을 3인칭으로 객관화시켜서 묘사한 것으로 볼 수 있다(참고. 요 19:35).

믿고 영생을 얻도록 선별해서 기록했다. 독자들로 하여금 읽고 결단할 것을 촉구한다. 이것은 마치 요한이 복음서를 기록한 목적이 다름 아니라, 특별히 불신자를 전도하기 위한 것임을 짐작하게 한다. 넓게 보면, 요한은 '전도와 양육'이라는 이중 목적을 동시에 성취하기를 원한 것으로 볼 수 있다. 다수 사본은 25절 끝에 '아멘'을 추가한다.

3. 오늘에의 적용

옛 세상으로 돌아가려는 우리의 연약함은 무엇인가?
하나님을 사랑하는 것은 곧 양 떼를 먹이는 것이다.
전도와 양육이 어떻게 연속성을 가지면서 조화를 이룰 수 있는가?

【 참고 문헌 】

- Balz, H. & Schneider, G. *Exegetical dictionary of the New Testament.* Grand Rapids: Eerdmans (3 volumes). 1990.
- Barrett, C.K. *The Gospel according to St. John.* London: SPCK. 1978.
- Bauer, W. *A Greek-English lexicon of the New Testament and other early Christian literature.* Chicago: Chicago University Press. 2000.
- Beasley-Murray, G.R. *John.* WB.C.. Waco: Word. 1987.
- Brown, R.E. *The Gospel according to John.* I-XII. London: Geoffrey Chapman. 1966 (1971).
- Bultmann, R. *The Gospel of John: a commentary.* Oxford: University of Oxford Press. 1971.
- Burge, G.M. *John. NIV Application Commentary.* Grand Rapids: Zondervan. 2000.
- Carson, D.A. *The Gospel according to John.* Grand Rapids: Eerdmans. 1991.
- Coetzee, J.C. *Keys to God's revelation in the New Testament: part one: evangel, world-view, Kingdom.* Potchefstroom: EFJS Drukkers. 1995.
- Dennis, L.T., ed. *ESV study Bible.* Wheaton: Crossway Bibles. 2008.
- Du Rand, J.A. *Johannine perspectives: introduction to the Johannine Writings-part 1.* Johannesburg: Orion. 1997.
- ESV Study Bible. 2008. Wheato: Crossway Bibles.
- Hodges, Z.C. & Farstad., A.L. *The Greek New testament according to the majority text.* Nashville: Nelson. 1985.
- Jordan, J.B. *Judges: a practical and theological commentary.* Eugene: Wipf and Stock Publishers. 1999.
- Kanagaraj, J.J. *The Gospel of John.* Secunderabad: OM Books. 2005.
- Kline, J.B. *The day of the Lord in the death and resurrection of Christ.* Journal of the Evangelical Theological Society, 48(4):757-770. 2005.
- Köstenberger, A.J. *Encountering John: the Gospel in historical, literary, and theological perspective.* Grand Rapids: Baker. 1999.
- Leithart, P.J. *Deep exegesis: the mystery of reading Scripture.* Waco: Baylor University Press. 2009.
- Lunn, N.P. *Jesus, the ark, and the day of atonement: intertextual echoes in John 19:38-20:18.* Journal of the Evangelical Theological Society, 52(4):731-746. 2009.
- Maier, P.L. *Chronology.* (In Evans, C.A. & Porter, S.E., eds. Dictionary of New Testament

background. Leicester : IVP. p. 184-194.) 2000.

- Malina, B.J. & Rohrbaugh, R.L. *Social-science commentary on the Gospel of John*. Minneapolis : Fortress Press. 1998.
- Marshall, I.H. *New Testament theology*. Downers Grove: IVP. 2004.
- Matsukas, A. *Greek: a complete course for beginners*. London: Teach Yourself Books. 1997.
- Menken, M.J.J. "Rivers of living water shall flow from his inside"(John 7:38). Kampen: Pharos. 1996.
- Morris, L. John. NICNT. Grand Rapids: Eerdmans. 1984.
- Mounce, W.D. *Basics of biblical Greek: grammar*. Grand Rapids: Zondervan. 1993 (2003).
- Neyrey, J.H. *The Gospel of John in cultural and rhetorical perspective*. Grand Rapids: Eerdmans. 2009.
- Osborne, G.R. *The Gospel of John. Cornerstone Biblical Commentary*. Carol Stream: Tyndale House Publishers. 2007.
- Pratt, R.L. *Spirit of the Reformation study Bible*. Grand Rapids: Zondervan. 2003.
- Ridderbos, H.N. *The Gospel of John: a theological commentary*. Grand Rapids: Eerdmans. 1997.
- Rogers, C.L. & Rogers C.L. III. *The new linguistic and exegetical key to the Greek New Testament*. Grand Rapids: Zondervan. 1998.
- Van Bruggen, J. *Christ on earth: the Gospel narrative as history*. Grand Rapids: Baker. 1998.
- Van der Watt, J. *Knowledge of earthly things?: the use of epigeios in John 3:12*. Neotestamentica, 43(2):289-310. 2009.
- Van der Watt, J. *An introduction to the Johannine Gospel and Letters*. Edinburgh: T&T Clark. 2007.
- Van der Watt, J. *Double Entendre in the Gospel according to John*. (In V. Belle et al., eds. Theology and christology in the Fourth Gospel. Leiden: Brill. p. 463-481.) 2005.
- Van Houwelingen, P.H.R. *Johannes: het evangelie van het Woord*. CNT. Kampen: Kok. 1997.
- Witherington, B. *John's wisdom: a commentary on the Fourth Gospel*. Louisville: Westminster John Knox Press. 1995.
- Wright, N.T. *The Easter Vocation*. Sermon script on Easter morning. www.ntwrightpage.com/sermons/Easter06.htm. 2006.
- Wright, N.T. *What is this word? Sermon script on Christmas morning.*

www.ntwrightpage.com/sermons/Christmas05.htm. 2005.
- Wyatt, N. "Supposing Him to be the gardener"(John 20,15): a study of the Paradise motif in John. ZNW, 81(1-2):21-38 1990.
- 게르트 타이센 《복음서의 교회 정치학》. 대한기독교서회. 2002.
- 노재관 《요한신학》. 성광문화사. 1997.
- 다니엘 도리아니 《적용, 성경과 삶의 통합을 말하다》. 성서유니온선교회. 2009.
- 도널드 거스리 《신약서론》. 크리스챤 다이제스트. 2005.
- 도널드 거스리 《요한복음》. (In 카슨, D.A. & 프란스, R.T., eds. IVP 성경주석: 신약. IVP. p. 252-315.) 2005.
- 레이몬드 E. 브라운 《신약개론》. CLC. 2003.
- 레이하르트, P.J. 《새로운 관점의 구약성경 읽기》. CLC. 2010.
- 로버트 케이사르 《요한복음서 연구》. 성지출판사. 1996.
- 레탐, R. 2010. The theology of the Lord's Supper. 제5회 종교개혁기념 학술세미나. 고신대 개혁주의학술원. 10월 28일.
- 마크 베일리 & 탐 칸스터블 《신약성경탐험》. CLC. 2004.
- 마크 알란 포웰 《복음서 개론》. 크리스챤출판사. 2003.
- 매츠거, B.M. 신약 그리스어 본문 주석. 제2판. 대한성서공회 성경원문연구소. 2005.
- 바레트, C.K. <요한복음 I (II)>. 국제성서주석. 한국신학연구소. 1984 (1985).
- 박선희 "요한복음 5장에 나타난 유대교의 유일신 사상과 고 기독론 논쟁." 한국기독교학회 제38차 정기 논문 발표회 발제 글. 10월 16일 침신대(p. 15-32.) 2009.
- 박창영 "요한복음에서 모세의 역할." <신약논단>, 17(1):73-105. 2010.
- 브라운, R.E. 2010. 요한복음 개론. CLC.
- 손석태 "그리스도의 첫 표적." (In 은퇴 기념 논총 출판위원회., ed. 주는 영이시라: 성산 박형용 박사 은퇴 기념 논총. 합신대학원 출판부. p. 89-101). 2009.
- 슈낙켄부르크, R. 《복음서의 예수 그리스도》. 분도출판사. 2009.
- 스몰리, S.S. 《요한신학》. 생명의샘. 1996.
- 스테판 차녹 《바로 알아야 할 거듭남의 본질》. 지평서원. 2007.
- 신현우 《공관복음으로의 여행》. 이레서원. 2005.
- 오스본, G. 《요한복음》. 성서유니온선교회. 2005.
- 오스카 쿨만 《그리스도와 시간》. 나단출판사. 1993.
- 유병우 "요한복음 15:1-17의 텍스트-화행론적 연구". 한영논단, 12:57-74. 2008
- 유상섭 《설교를 돕는 분석 요한복음》. 규장출판사. 1999.
- 유진 피터슨 <메시지: 신약성경>. 복있는사람. 2010.
- 이상원 "기독교윤리적 관점에서 본 장기 이식". 2010.

기학연 춘계학술발표회. 경북대. 6월 12일.
- 이필찬 "요한복음 5장에 나타난 안식일 개념 연구." <개혁 신학>, 21:79-119. 2009
- 이한수 초대 교회의 회심 전도에서 믿음과 성령 받음의 역학 관계.
  신약연구, 9(1):97-131. 2010.
- 정연해 <누가-행전에 나타난 '성전' 이해>. 고신대학교 신학박사 학위 논문. 2005.
- 조석민 "요한복음의 예수님 부활: 요한복음 20장 1-29절." <그 말씀> 3월호:52-66. 2010.
- 조석민 《요한복음의 새 관점》. 솔로몬. 2008.
- 존 월튼, 빅터 매튜스, 마크 샤발라스 & 크레이그 키너 《IVP 성경배경주석》. IVP. 2010.
- 최홍진 "많은 무리를 먹인 이적과 성만찬." 신약논단, 15(4):931-960. 2008.
- 카슨, D.A. 《성경 해석의 오류》. 성서유니온선교회. 2002.
- 카슨, 무, 모리스 《신약 개론》. 은성출판사. 1993.
- 카이저, R. 《요한복음 해석》. 한국장로교출판사. 2006.
- 칼빈, J. 《요한복음 I, I》I. 성서교재간행사. 1993.
- 쾨스터, H. 《신약성서 배경 연구: 헬레니즘 시대의 역사, 문화, 그리고 종교》. 은성출판사.
  1996.
- 쾨스텐버그, A. 《요한복음》. (In 데스몬드 알렉산더 & 브라이언 로즈너., eds.
  IVP 성경 신학사전. IVP. p. 408-415.) 2005.
- 한정건 《포도주를 만드신 메시아》(요 2:1-11). 선지동산, 55:6-7. 2010.
- 홍창표 《하나님 나라와 종말론》. 도서출판 하나. 1993.

사도행전 주석

들어가면서

초기 교부들과 심지어 A.D. 2세기 중반의 이단 '마르시온'(c. 144년경) 같은 저술가들은 신약성경의 책들을 함께 묶어서 '복음과 사도'라고 표현했다. 이것은 복음서들과 서신서들을 뜻한다. 이것은 자연스런 구분이기는 하지만 한 가지 분명히 빠진 것이 있다. 즉 교회의 시작과 발전에 대한 묘사를 포함시키지 못한 것이다. 사도행전이 바로 그와 같은 역할을 감당하는 책이다(참고. 랄프 마틴, 2000:87).

저자

저자와 관련하여 외증(예. 2세기 후반의 무라토리안 정경, 저스틴 마터, 이레니우스, 로마의 클레멘트, 터툴리안, 반(反)마르시온 서론 [Anti-Marcionite prologue to Luke, 160-180년경] 등)은 누가를 지지한다(참고. 발톤 외, 2003b:10). 누가는 상당히 엄격한 의학 훈련을 받았으며 그의 고상한 헬라어 문체에 이것이 묻어난다. 이미 1882년에 호바트(W.K. Hobart)는 《The medical language of St. Luke》이라는 책에서 누가가 헬라의 의료 기관에서 사용하는 언어를 매우 잘 알고 있으며, 사도행전과 누가복음 전체에 걸쳐 군데군데 나타난 의학 용어는 의술에 종사하는 사람임을 나타낸다고 주장했다(참고. 존 스토트, 2002:17-18).[807]

내증은 (1) 누가복음과 사도행전의 고상한 헬라어 문체와 어휘의 유사성, (2) 바울 (b. A.D. 5-10, 가족은 다소에서 예루살렘으로 A.D. 10년경에 이사했고 A.D. 33년경에 개종한 것으로 보임. 참고. Witherington, 1998:82-83)의 길동무요(아마 시리아 안디옥 출신) 의원 누가를 지지한다(참고. 골 4:14). 그는 의술 이외에 지리적인 배경에도 박식하다. 예를 들어, 갈릴리를 '바다'가 아니라 '호수'라고 부르는 유일한 복음서 기자인데, 아마 지중해 연안의 헬라-로마 세계 여행을 통해서 알게 된 지식으로 지중해와 갈릴리를 비교해 보았기 때문일 것이다. '우리 본문'(we-sections, 행 16:10-17, 20:5-15, 21:1-17, 27:1-28)이 밝히듯이, 바울의 동역자요 실제 선교 목격자만 할 수 있는 묘사의 사실성, (3) 1세기 지리에 밝은 저자의 감각, (4) 각 책의 서론 부분 즉 사도행전 1장 1-2절과 누가복음 1장 1-4절의 유사성, 이 모든 것은 누가복음 저자와

807) A.D. 1세기에 의사는 하급 계층이었으며, 수입은 좋았다. 여성도 의료 활동에 참여했다(예. 산파). 다른 사람보다 의사는 여성에 대한 깊은 인식을 가질 수 있었다(참고. 존 월튼, 2010:1574).

동일 인물을 지지한다.

역사가로서의 누가와(내레이터 및) 신학자로서의 누가를 서로 반대되는 것으로 볼 이유는 없다. 왜냐하면 누가는 역사가이면서 동시에 신학자였으며 이 둘은 상호 보완적이기 때문이다. 누가는 '구원의 신학자'였다. 누가에 의하면 구원은 하나님에 의해 예비된 것이며(참고. 눅 2:30-31), 그리스도에 의해 주어진 것이며(참고. 눅 2:11, 19:10), 인종이나 민족의 차별 없이 모든 사람에게 제공된다(참고. 눅 2:31-32). 사도행전의 지리적 확장은 그 자체로 의의가 있다기보다는 이방 세계에 기독교의 승리를 계시하는 신학적인 의미가 담겨 있다(참고. 거스리, 2002:333). 조지 래드(1993:21)의 설명으로 결론지어 보자. "사도행전은 신학적인 동시에 변증적인 목적을 위해 기록되었다. 그러나 그 목적은 바로 누가가 역사 안에서 발견한 것이다. 그것은 역사로 읽혀진 신학도 아니고 신학을 왜곡시킨 역사도 아니다. 그것은 하나님의 구속 역사의 신학적 해석이다." 신학을 위해서 역사를 희생한 누가는 아니다. 역사성과 신학은 상충되지 않는다.

기록 연대

A.D. 60년대 초반, 즉 아마 바울이 1차 로마 투옥에서 풀려난 후로 볼 수 있다.

내용

사도행전 안에 누가는 이야기가 새로운 방향으로 전환될 때마다 요약하는 듯한 말을 기록해 주고 있다(행 6:7, 9:31; 12:24, 16:5, 19:20). 이러한 실마리를 근거로, 사도행전은 6개의 단락 혹은 구획으로 구성되었다고 볼 수 있는데, 이를 통해서 이야기는 베드로를 중심으로 하는 예루살렘에서의 유대적 정황으로부터 바울을 중심으로 하는 다분히 이방인 교회를 향해서, 그리고 이방 세계의 수도였던 로마라는 목표를 향해서 진행되어 가고 있음을 보여준다. 이 요약적 진술을 근거로 하여 다음과 같이 내용을 구분할 수 있다.

예루살렘에 있는 초대 교회에 대한 묘사(행 1:1-6:7)

헬라파 사람들에 의해서 복음이 디아스포라 유대인들이나 사마리아 사람들과 이방인에게까지 지리적으로 확장된 사건에 대한 묘사(행 6:8-9:31)

최초로 이방인에게 복음이 전파된 사실에 대한 묘사(행 9:32-12:24)

바울이 주도한 이방 세계로의 첫 지리적인 확장에 대한 묘사(행 12:25-16:5)

복음이 서방의 이방 세계로 확장되어 유럽에까지 이르는 과정에 대한 묘사(행 16:6-19:20)

바울과 복음이 로마에까지 이르게 한 사건들에 대한 묘사(행 19:21-28:30)[808)]

---

808) 박형대(2010:3-4)의 사도행전의 구조 구분은 약간 다르다. (1) 서론(1:1-3): "하나님 나라의 일을 말씀하시니라", (2) 1:4-6:7상(A.D. 34/35): "*예루살렘*을 떠나지 말라"로 시작하여 "하나님의 *말씀이 점점 왕성*하여"로 마침, (3) 6:7하-12:24(A.D. 34/35-46년): "*예루살렘*에 있는 제자의 수가 더 심히……"로 시작하여 "*하나님의 말씀은 흥왕*하여 더하더라"로 마침, (4) 12:25-19:20 (A.D. 46-55): "바나바와 바울이 부조하는

사건의 주요 전환점마다 성령께서 주도권을 가지고 역사하심을 알 수 있기에, 복음의 전파는 사람의 계획이 아니라 하나님의 뜻이 이루어지는 것임을 알 수 있다(보라. 피 & 스튜어트, 2002:161-163).

사도행전 1장

1. 본문 및 구조

- 서론과 성령의 약속(1-8)
- 예수님의 승천(9-11)
- 예루살렘 다락방에서 기도하는 120제자(12-14)
- 맛디아 선출(15-26)

2. 구원 계시사적 메시지

2.1. 사도행전 1장 1-8절의 메시지

누가가 데오빌로에게 다시 글(*logos*)을 쓴다. 먼저 쓴 글인 누가복음에는 예수님이 행하시며 가르치시기 시작하심부터, 택하신 사도에게 '성령을 통하여' 가르치시고 승천하신 날까지의 일을 기록했다(1-2절).[809] 이것은 누가복음의 내용을 핵심적으로 요약한 것이다(참고. 유상섭, 2002:54). 부활하신 이후에는 예수님께서 분명하게 성령을 통하여 일하셨다. 왜냐하면 성령님은 '예수님의 영'이시기 때문이다(참고. 행 16:7, 5:9, 8:39). 승천으로 끝난 누가복음은 복음의 시작의 끝이다. 그러므로 이제 본격적인 시작이 개시되어야 한다. 그러므로 이제 고난을 받으신 후, 확실한 많은 증거로 사도들에게 부활을 나타내셔서 40일 동안 '천국의 일'을 말씀하셨다(3절). 부활과 승천 사이 기간에 예수님은 제자들에게 지상 사역의 '총복습 겸 총정리'를 하셨다(참고. 변종길, 2003:107). 하지만 단순한 총정리가 아니라, 주님은 제자들에게 구원의 빛 속에서 천국을 이해할 수 있도록 성숙한 계시사적 안목을 갖추게 해주셨다. 성령 강림 이후에 선교를 감당해야

일을 마치고 *예루살렘*에서 돌아왔다"로 시작하고 "이와 같이 *주의 말씀이 힘이 있어 흥왕*하여 세력을 얻게 되었다"로 마침, (5) 19:21-28:31(A.D. 55-62년): "바울이 마게도냐와 아가야를 거쳐 *예루살렘*으로 가기로 작정하여……"로 시작하고 "하나님 나라를 전파하며 주 예수 그리스도에 관한 모든 것(즉 하나님의 말씀)을 담대하게 거침없이 가르치더라"로 마친다.

809) 2절부터 짧은 형태의 알렉산드리아 계통(파피루스 45, 74, 시내 산, A, B, C, 프시, 33, 81, 104, 326, 1175 등)과 확장된 형태의 서방 계통의 사본(D, 파피루스 29, 38, 48 등)이 차이를 보인다. 알렉산드리아 계통을 원본에 가까운 것으로 보는 것이 합당하다.

할 제자들에게 이 총복습은 중요한 것이었다. 제자들은 예루살렘을 떠나지 말고 성부께서 약속하신 성령을 기다려야 했다(4절; 참고. 요 14:16, 26, 15:26). 승천하신 예수님이 행하신 첫 번째 사역으로 볼 수 있는 것이 바로 오순절에 성령을 보내 주신 사건이다. 3-4절 문맥에서 볼 때, 성령의 오심은 하나님 나라의 도래와 적어도 간접적으로 연결된다. 성령은 하나님 나라의 종말론적인 도래를 촉진시키신다.

물로 세례를 준 요한과는 달리, 예수님은 몇 날이 지나지 않아서 성령으로 세례를 주실 것이다(5절; 참고. 마 3:11). 세례 요한의 세례는 (죄 사함을 받게 하는) 회개의 외적 증표이기에 실제로 죄를 사하는 효력이 없었고 상징에 불과했다. 하지만 성령님은 죄를 사하시며 회개하도록 하신다. 세례 요한은 세례의 수종자이며 그림자를 통해서 일했고, 예수님은 세례의 주인공이시며 실체를 이루신다.

제자들이 예수님에게 이스라엘 나라를 회복하실 때가 언제인지 묻는다(6절). 제자들은 부활의 주님이 당장 이스라엘의 정치·군사적인 독립을 쟁취하실 분인지 묻는다. 아직도 하나님 나라가 아니라 민족적인 이스라엘에 관심을 더 두고 있다. 때들(*chronous*; 일정한 기간)과 기한들(*kairous*; 특정한 때)은 성부의 소관이고, 제자들이 알 바가 아니다(7절). '때와 기한'이 복수형으로 나타남으로써 회복이 점진적으로 일어날 것으로 예상할 수 있다. 제자들이 관심을 가진 이스라엘의 회복과 독립의 시기는 새 이스라엘, 즉 교회의 미래적인 최종적 회복과 종말을 내다보게 한다. 그러나 이 두 시기 모두 하나님의 소관이다. 예수님은 '때' 대신에 제자들의 '사명'을 가르치신다. 오직 성령이 제자들에게 임하면 권능을 받고 예루살렘(행 1-7장)과 온 유대와 사마리아(행 8-12장)와[810] 땅 끝(*heos eschatou tes ges*, 행 13-28장)까지 이르러 예수님의 증인이 되어야 한다(8절).[811] 제자들은 이미 성령을 받았지만, 오순절에 오실 성령으로 세례를 다시 받아야 한다. 이것은 A.D. 70년 이전의 신약 시대의 특이한 언약 중첩적 현상이다.

2.2. 사도행전 1장 9-11절의 메시지

지상명령을 주시고, 예수님은 제자들이 보는 가운데 하늘로 올라가시는데(*eperthe*, was taken up; 신적 수동태), 실제 구름이 가리워 보이지 않게 한다(9절). 9절의 시야에서 사라지는 것과 10절의 흰옷 입은 두 사람을 '의식이 변화된 상태'(ASC: Alternate States of Conscience)로 설명하는 것은 오해다(예. Malina & Pilch, 2008:23). 주님의 제자들은 승천하시는 예수님을 의식이 분명한 가운데 바라보았기 때문이다. 그리고 흰옷 입은 두 사람들도 단지 '천사들'을 가리킬 뿐이지, 의식의 변화와 무관하다. 성령님께서 예수님을 승천하게 하심으로써 영광스럽게 한다.

---

810) '온 유대와 사마리아'(*en pase te Ioudaia kai Samareia*)는 하나의 정관사(*te*)로 연결된다. 누가는 유대와 사마리아를 한 지역처럼 여긴다. 복음의 확장 시대에 유대와 사마리아와 같은 인종적 갈등은 사라져야 했다. 사도행전 8장 1절도 마찬가지다.

811) Malina & Pilch(2008:23)는 '땅 끝까지'(the ends of the land)를 '팔레스타인의 끝' 즉 이스라엘 땅과 지중해 연안이 접한 도시들인 가자, 아소도, 욥바, 가이사랴 등으로 본다. 하지만 헬라어 명사 *ge*는 'land'보다 더 넓은 의미도 가지고 있다.

주님이 승천하실 때, 제자들 곁에 흰옷 입은 두 사람(천사)이 곁에 서서(10절), "갈릴리 사람들아, 어찌하여 서서 하늘을 쳐다보느냐? 너희 가운데서 하늘로 올리우신 예수님은 하늘로 가심을 본 그대로 오시리라"라고 말한다(11절). 제자들은 승천의 현상에만 정신을 쏟을 것이 아니라, 분부 받은 사명을 수행해야 한다. 그리스도의 최종 파루시아는 가견적이며 공개적이다.[812]

2.3. 사도행전 1장 12-14절의 메시지

제자들이 감람원에서 예루살렘에 돌아오니, 안식일에 걷기에 알맞은 거리이다(12절; 참고. 요 11:18). 랍비들에 의하면 이 거리는 출애굽 시 광야에서 머문 이스라엘이 설치한 장막의 거리에 기준하여 2천 규빗(약 900m)이었다(참고. 출 16:29; 민 35:5; 보라. 슐라터, 1994:9). A.D. 1세기에 구속력을 가진 규율 즉 안식일에 2마일 이상 여행하지 못하도록 제사장들의 공동협의회에 의해서 정해진 것으로 짐작된다. 제롬은 알가시아(Algasia)에게 보낸 편지에서 이 규율은 랍비 아트리바(Attriba)와 랍비 시몬 헬리(Simon Heli)에 의해 유래되었다고 말했다(참고. 칼빈, 1993:52). 제자들이 다락에 올라갔는데, 가룟 유다 외에 다 모였다(13절). 그리고 사도들이 예수님의 모친 마리아와 예수님의 아우들 그리고 여인들(혹은 사도의 아내들, 참고. 고전 9:5; 보라. 칼빈, 1993:53)이 함께 확고부동하게 그리고 지속적으로(*proskarterountes*, 현재 능동태 분사, continuing steadfastly; 참고. 행 2:4; 6:4; 롬 12:12; 골 4:2; 엡 6:18) 기도하기를 힘썼다(14절). 120문도는 성령께서 오시도록 합심해서(with one mind) 전심으로 기도했다.

2.4. 사도행전 1장 15-26절의 메시지

120명 정도 모였는데, 베드로가 일어나서 설교한다(15절).[813] 120이라는 숫자는 12×10인데, 하나님의 백성이 완전히 회복될 것임을 상징한다. 예수님을 팔 것이라는 다윗의 예언이 가룟 유다의 배반으로 성취되었다(16절; 참고. 시 69:25; 109:8). 유다는 사도의 직무를 수행했지만(17절), 불의의 삯으로(from reward of unrighteousness) 밭을 사고, 후에 곤두박질하여 창자가 터져 죽었다(18절). 이 일이 예루살렘 사람들에게 소문이 났고, 그 밭은 '아겔다마'(*hakeldamach*, 피밭)라고 불렀다(19절). 시편에 "그의 거처로 황폐하게 하시며 거기 거하는 자가 없게 하소서. 그 직분을 타인이 취하게 하소서"라는 말씀이 있다(20절). "그의 거처가 폐허가 되어 그 곳에 사는 자가 없게 하여 주십시오"(시 69:25). 그리고 "그의 직분을 다른 사람이 취하게 하여 주십시오"(시 109:8). 얼핏 보면 이 시편 구절들은 뜻밖의 구절로 보인다. 그러나 베드로는 시편에서

812) 칼빈은 《기독교 강요》 2.16.14에서 '승천'을 부활만큼이나 중요하게 다룬다. 그는 승천을 '하나님의 가장 위대한 승리'(the greatest victory of God)라고 본다(참고. 엡 4:8-10 주석). "하나님께서 거두신 승리 중에 가장 위대한 승리로서 그리스도께서 죄를 이기시고 사탄과 죽음을 정복하신 후 교회를 구원하시기 위해 절정의 순간을 맞이한 것은 그분이 하늘에 오르셔서 영광스러운 통치를 시작하신 때였다." 따라서 예수님의 육체가 모든 하늘 위에 높이 들리워진 것과 같이 그의 권능과 효력도 하늘과 땅의 모든 한계를 넘어 전파 확대되었다. 칼빈(1993:49)은 예수님이 올라가신 '하늘'을 존엄과 영광스런 하나님 나라로 본다(참고. 행 1:10 주석).

813) Malina와 Pilch(2008:23)는 베드로의 설교를 ASC('의식의 변화')로 설명하지만 전적으로 부적합하다.

두 구절을 연결시켜서 해답을 찾는다. 시편 69편 25절은 이미 초대 교회에서 예수님의 죽음과 연관된 본문으로 이해되었다(참고. 롬 11:9-10; 15:3; 보라. Fernando, 1998:75).

세례 요한의 세례로부터 주님이 승천하신 날까지, 예수님이 제자들 가운데 출입하실 때(21절), 사도들과 항상 함께 다니던 사람 중에 택하여 주님의 부활을 증거할 사람이 되도록 해야 한다(22절). 제자들이 두 사람을 추천한다. '안식의 아들'이라는 뜻의 바사바-유스도-요셉[814] 그리고 '하나님의 선물'이라는 뜻의 맛디아(23절). 제자들이 "뭇사람의 마음을 아시는 주여, 이 두 사람 중에 누가 주님의 택하신 바가 되어, 봉사 및 사도의 직분을 대신할 자를 보이소서. 유다는 사도의 직무를 버리고 그가 속한 곳으로 갔나이다"라고 기도한다(24-25절). 제자들이 제비 뽑아서 맛디아를 얻으니, 그가 열한 사도의 수에 가입했다(26절). 제비 뽑기는 레위기 16장 9-10절, 여호수아 15장 1절, 16장 1절, 역대상 26장 13-16절, 잠언 16장 33절, 요나 1장 7절 등에 하나님의 뜻을 묻는 데 사용되었다(참고. 1QS 5:3; 6:16). 누가는 이 제비 뽑기에 문제가 있었다는 암시를 조금도 주지 않는다. 그러나 제비 뽑기는 더 이상 신약성경에 나타나지 않으므로, 사도 시대에 한정된 제도로 볼 수 있다.

이렇게 맛디아를 보충함으로써 구약 12지파처럼 신약의 사도도 12명으로 구성되어 새 이스라엘임을 밝힌다.[815] 사도행전 14장 23절에서는 '손을 들어 즉 투표하여'(*cheirotoneo*) 장로들을 세웠다. 그러므로 제비 뽑기만 하나님의 뜻을 아는 방식이라고 할 수 없다. 맛디아가 사도로 선출된 후에 교회 안에 아무런 분쟁이 일어나지 않은 것은 참으로 은혜이다. 현대에도 자격이 있는 두 사람(혹은 적당한 배수의 후보자)을 추천하여, 제비를 뽑든 아니면 투표를 하든 이 모두가 하나님의 방식이라고 할 수 있다.

3. 오늘에의 적용

사도의 '12' 정족수가 가지는 의의는 무엇인가?
현대의 제비 뽑기는 그 자체만으로 완전하며 성경적인가?
지정의가 성령의 통제를 받아서 성령의 열매를 맺는 상태인 성령 충만을 사모하는가?
승천 기념 주일을 지키자.[816]

---

814) 성경의 이름(요셉) 외에 헬라어 혹은 라틴어 이름을 가지고 있는 유대의 관습에 따라(헬라식) '바사바'와 (로마식) '유스도'라는 두 개의 이름을 더 가지고 있었다. 요셉이라는 성경의 이름은 유대 신앙의 동료들 사이의 교제에 필요했고, '바사바'와 '유스도'라는 이름은 외국인과의 교제에서 필요했다(참고. 슐라터, 1994:17). 그리고 요셉이 이렇게 다양하게 불린 것은 그만큼 유명한 인물임을 암시한다. 따라서 그가 사도에 가입하지 못한 것은 사람이 볼 때 의외의 결과라 할 수 있다. 존 월튼(2010:1582)은 본래 이름이 흔한 경우, 구별할 필요 때문에 보조적인 이름이 필요했다고 본다.

815) 예수님의 동생 야고보가 후보에 오르지 않은 것이 흥미롭다. 아마도 그가 부활절 이전에 신자가 아니었기 때문에 후보에서 탈락한 것으로 보인다(참고. 요 7:5; 보라. Witherington, 1998:126).

816) 칼빈은 《기독교 강요》 2.16.16에서 예수님의 승천이 우리에게 주는 유익을 다음과 같이 설명한다. (1) 주님의 승천이 아담 이후 계속 닫혀 있던 하늘나라에 들어가는 길을 열었다(요 14:3). 우리는

∽ 사도행전 2장 ∼

1. 본문 및 구조

- 오순절 사건(1-13)
- 베드로의 요엘 인용(14-21)
- 예수님에 대한 베드로의 증거(22-41)
- 예루살렘 교회의 모습(42-47)

2. 구원 계시사적 메시지

2.1. 사도행전 2장 1-13절의 메시지

유월절 첫째 날부터 계산하여 제50일 후인 오순절(*pentekoste*, 칠칠절, 맥추절; 참고. 레 23:15-16; 신 16:9)이 이미 이르매 그들이 모두(*pantes*, 남성 복수 주격; 즉 120문도)가 한 곳에 모였다(1절).[817] 갑자기 하늘에서 급하고 강한 바람 '같은' 소리가 있어 그 집에 가득했다(2절). '바람'은 하나님께서 성령으로 임재함을 보여주는 것이다(참고. 삼상 22:16; 욥 37:10; 겔 1:4; 13:13; 요 20:22). 또한 바람은 창세기 1장 2절에서 옛 창조 시 하나님의 바람 곧 성령이 불어서 새 질서를 이루게 하셨듯이, 그리고 아담에게 생기를 불어넣어서 생령이 되게 하셨듯이, 그리고 에스겔이 환상 가운데서 보았던 마른 뼈들이 극히 큰 군대로 회복되었듯이(겔 37장), 또 이 모습은 시내 산의 현현과도 유사하다(참고. 출 19:16-20; 20:18). 예수님이 보내신 성령님은 그림자 예루살렘 성전에서 새 언약 백성을 참 성전으로 창조하신다(참고. 유상섭, 2002:112).

'그 집'이 사도행전 1장 13절의 다락방인지, 아니면 성전의 많은 방들 중 하나인지는 불분명하다(참고. 눅 24:53; 행 2:46). 예루살렘에서 부유한 지역은 윗도시(Upper City)로서 다락방이 더 많고 넓었다. 대부분의 팔레스타인 가정의 다락방은 작은 고미다락이었지만, 고대의 기록을 보면 많은 현자들이 좀더 넓은 다락방에 모였다(참고. 존 월튼, 2010:1580). '혀들이 불처럼'(*glossai hosei pyros*) 갈라지는 것이 120문도에게 보여 '각 사람'(*hena hekaston*) 위에 임하여 있었다 (3절). 120문도가 본 것은 '갈라진 혀들'이 아니라, '불의 혀들' 즉 여러 갈래로 갈라진 불꽃(히. leshon esh; 사 5:24, 30:27-30)이었다(참고. 김경래, 1997:299). 비슷하게 시내 산에서 여호와는 모세에게

이미 예수님과 함께 하늘에 앉게 된 것과 같아서(엡 2:6), 이제 우리는 하늘을 비단 하나의 희망뿐으로 기다리는 것이 아니라, 우리의 머리 되시는 그리스도를 통하여 하늘을 이미 소유한 것이다. (2) 그리스도께서 아버지와 함께 거하신다는 것은 우리가 받은 큰 은혜이다. 왜냐하면 예수님이 성부의 면전에서 우리를 위해 부단히 변호하시고 중보하시기 때문이다(롬 8:34; 히 7:25; 9:11-12). (3) 그리스도의 강함, 힘, 권능, 음부를 이김이 우리에게 넘어와 있다(엡 4:8).

817) 누가는 오순절 성령님을 받은 120명의 제자를 '남성'으로 표현한다.

불 가운데서 말씀하셨다. 오순절의 불 같은 혀들은 '종말의 시내 산 현현'이라 할 수 있다. 성령의 임하심은 전체적인 동시에, 개별적으로 구체적으로 발생했다. 누가복음 3장 16절에서 누가는 예수님께서 불과 성령 즉 불 같은 성령으로 강력히 세례를 베푸실 것이라고 밝혔다. 성령의 오심은 사람의 심령을 부드러운 영으로 변화시키시기 위해 말세에 부으시는 하나님의 새 창조 역사는 물론 심비에 말씀을 새기신다는 새 언약과 관련 있다(참고. 렘 31:31-34; 겔 36:36-37:14; 욜 2:28-32). 예수님의 오심도 옛 시대에 대한 심판이지만 성령의 오심도 그러하다. 그러므로 주님의 성육신-십자가-부활-승천은 오순절 성령 강림과 더불어 큰 구원의 사건 덩어리이다. 신구약의 중첩의 긴장이 마감된 A.D. 70년 사건도 여기에 포함될 수 있다. 오순절 성령은 새 언약의 복이며 종말론적인 은사이다.

오전 9시에(참고. 행 2:15) 120문도가 다 성령의 충만함을 받고, 성령이 말하게 하심을 따라 '다른 방언들'(직역: 다른 혀들로; *heterais glossais*)로 말하기를 시작했다(4절).[818] 3절의 '혀들'과 4절의 '혀들'(방언들) 사이에 '언어 유희'가 있다(참고. 김경래, 1997:299). 그때 경건한 유대인들이 천하각국으로부터 예루살렘에 오순절을 지키러 와 있었다(5절).[819] 그들이 120문도가 방언(외국어)하는 소리를 듣고 소동하면서, 갈릴리 사람들이 어떻게 로마 제국의 다양한 외국어를 할 수 있는지 의아해한다(6-8절). 이 디아스포라들의 출신 성분은 다양했다. (1) 카스피 해 서쪽의 바대, 메대, 엘람, 메소포타미아, (2) 유대, (3) 터키 지역의 갑바도기아, 본도, 아시아, 브루기아, 밤빌리아, (4) 북아프리카의 애굽, 구레네에 가까운 리비아 여러 지방에 사는 사람들, (5) 로마에서 온 유대인과 유대교에 입교한 사람들, (6) 그레데인과 아라비아인들(9-11절).[820] 이들은 120문도가 외국어(*glossolalia*)로 하나님의 큰일을 말하는 것을 들었다(11절). 다 놀라며 의혹하여 "이 어찐 일이냐?" 하며, 어떤 이들은 조롱하면서 새 술에 취하였다고 말한다(13절).

여기에 아이러니가 등장한다. 유대인들은 120문도를 아직 다 발효되지 않은 달콤하고 신선한 포도주를 가리키는 '새 술'에 취했다고 조롱하지만 그것은 사실이다. 왜냐하면 유대인들은 옛 술에 여전히 취해 있었지만 성도는 메시아께서 주신 새 포도주에 취해 있었기 때문이다(참고. 사 25:6; 눅 5:39).

---

818) 120제자는 이미 예수님을 믿은 '그리스도인들'이다. 이들은 그리스도인이 된 후에 성령의 세례를 나중에 체험한 특별한 사람들이다. 대개 믿음으로 복음을 받아들이는 순간 성령의 세례를 받는다. 따라서 오순절 성령 강림 이전의 그리스도인들은 하나님의 특별한 구원의 경륜에 있던 예외적인 경우이기에 현대 그리스도인이 이들을 모델로 삼을 수 없다. 따라서 오순절 교회의 제2의 성령 세례와 경험은 신구약 중첩기의 특성을 제대로 간파하지 못한 오해로 평가할 수 있다(참고. 이한수, 2010:122). 하지만 이한수는 '신구약 중첩기'를 논할 때 필수불가결한 A.D. 70년 사건을 언급하지 않는다.

819) 5절의 '머물고 있었는데'로부터 추론할 수 있는 것은 디아스포라 순례객은 물론 예루살렘에 이미 거주하고 있던 유대인도 오순절 절기에 함께 참여했다는 사실이다. 디아스포라에 살다가 예루살렘으로 이주하여 생을 마감한 사람들이 있었다(참고. ESV Study Bible, 2008:2083).

820) 로마 황제가 자신이 정복한 지역을 일일이 기록해 둔 관습에 비추어 본다면, 이 단락의 지명들은 그리스도의 복음이 세상을 정복할 것이라는 일종의 반로마적 메시지를 가지고 있다. 그러나 오순절에 성령님의 강림으로 언어가 통일되고 의사소통이 되므로, 바벨탑 사건의 역전으로도 볼 수 있다.

'하나님의 큰일'은 예수 그리스도를 통해서 이루신 구원의 사역을 가리킨다. 그러므로 이 구원의 사역이 로마 제국 전체의 언어로 이해할 수 있도록 선포된 것은 복음이 장차 온 세상에 전파될 것을 의미한다. 이것은 초대 교부들 이래로 창세기 11장의 바벨탑의 언어 혼잡의 역전 현상으로 여겨졌다. 그리고 로마 황제가 정복한 지역의 이름을 나열하듯이, 디아스포라의 지역이 열거된 것은 반로마적 메시지가 있는 것으로 볼 수 있다. 즉 온 세상을 정복할 분은 승천하신 그리스도이지 가이사가 아니라는 것이다. 인종과 언어 그리고 민족의 경계를 초월한 복음 전파를 통해서 열방이 성령 안에서 연합을 이루게 된다. 창세기 10장에 등장하는 셈, 함, 야벳 족속의 분리가 끝나고 복음으로 하나가 된다. 이 외국어의 능력은 120문도가 사는 동안 계속 유효해서 복음 전하는 도구로 사용되었을 것이다.[821]

오순절은 신약 교회의 생일이며, 신약 교회는 성령을 받은 공동체이다. 이 성령은 교회 안에 내주하셔서 구원의 보증이 되신다. 오순절 사건은 중복될 수 없는 단회적 사건이다(참고. 하이델베르크 교리문답 53문). 그것은 단회적이되 신구약의 중첩 기간에 발생한 사건이다. 물론 오순절 성령님의 역사는 지속적이다.

2.2. 사도행전 2장 14-21절의 메시지

베드로는 12-13절의 질문에 대해 순서를 바꾸어 대답한다. 베드로가 열한 사도와 같이 서서 소리를 높여서 유대인들과 예루살렘에 사는 모든 사람들에게 선포한다(14절). 이것은 여러 사도들이 설교한 것의 핵심 요지이다. 오전 9시이기에 120문도가 술에 취한 것이 아니다(15절). 성령을 받아서 방언을 하는 것은 요엘 선지자의 예언(참고. 욜 2:28-32)의 성취이다. "말세에 내가 내 영으로 모든 육체에게 부어 주리니 너희의 자녀들은 예언할 것이요 너희의 젊은이들은 환상을 보고 너희의 늙은이들은 꿈을 꾸리라"(17절). 종말에 성령이 임하시면 자녀, 젊은이, 그리고 늙은이들이 예언을 하며, 환상을 보며, 꿈을 꿀 것인데, 이것은 진리를 통해서 세상을 바르게 분변할 것이라는 의미이다.[822] 이제 구약 선지자의 활동인 예언, 꿈, 환상은 신약 성도의 일반적인 사역으로 연결된다. 성령의 조명을 받는 신약의 교회는 복음을 증거하고 말씀을 해석할 수 있기에 모두 그리스도의 복음을 전파하는 선지자들이다(참고. 렘 31:34). 이방인들인 남종과 여종들에게도 성령이 임하여 그들이 예언을 할 것이다(18절).

성령은 유대인과 이방인의 경계를 초월해서 역사하는 분이다. 이것은 이미 민수기 11장 29절에서 모세가 했던 "여호와께서 그 신을 그 모든 백성에게 주사 다 선지자 되게 하시기를 원하노

---

821) 오순절 성령 강림 때 기독교로 개종한 사람들 대부분은 디아스포라의 유대인들이었다. 그러나 그때 개종한 유일한 이방인들은 사도행전 2장 11절의 '유대교로 개종한 자들'(하나님을 경외하는 자들)이다. 유월절에 예루살렘으로 순례를 온 유대인들 가운데 오순절까지 머물렀던 사람도 있었을 것이다. 이미 오순절 때부터 그리스도인은 온 세상에 복음을 전하기 시작했다.

822) 칼빈(1993:78)은 '말세' 혹은 '때가 찼다'는 말은 그리스도의 현현을 통해서 이루어지는 교회의 견고한 상태를 의미한다고 본다. 예수님의 성육신을 통해서 그리고 승천하신 그리스도의 영이신 성령의 강림으로 교회는 새로워진다. 그것이 말세이다.

라"의 성취이다. 하나님께서 위로 하늘에서는 기사와 아래로 땅에서는 징조를 베풀 것인데, 곧 피와 불과 연기이다(19절). 사실 요엘은 제2의 출애굽인 출바벨론의 맥락에서 예언하면서 출애굽 시의 불과 구름 기둥 그리고 유월절 어린양의 피의 이미지를 염두에 둔 것으로 보인다. 이제 새 언약 백성들 속에 성령께서 마치 불과 구름 기둥처럼 동행하신다. 구름 기둥과 불 기둥은 성령의 임재와 동행 그리고 인도의 그림자에 불과하다. '주님의 크고 영화로운 날'이 이르기 전에, 해가 변하여 어두워지고 달이 변하여 피같이 되리라(20절). '주님의 크고 영화로운 날'은 예수님이 복음을 선포하시던 때에서 시작하여 최후의 부활의 날까지 즉 초림에서 재림까지의 기간이다(참고. 칼빈, 1993:82). 부분적이기는 하지만, 해가 빛을 잃고 온 땅에 어둠이 임한 것은 예수님이 십자가에 달릴 때 문자적으로 성취되었다(참고. 눅 23:44). 성경에서 광명체가 빛을 잃는 것은 권력자와 권세를 가진 나라가 하나님의 심판을 받아 패망하는 것을 상징한다. 예수님의 권세에 도전하는 자는 심판을 받을 것이다. 하지만 누구든지 주님의 이름을 부르는 자는 구원을 얻으리라(21절). 구원의 문은 모든 사람에게 개방되어 있다. 불신앙 외에는 그 문으로 들어가는 것을 방해하지 못한다.

2.3. 사도행전 2장 22-41절의 메시지[823)]

오순절에 베드로가 계속 설교한다. 유대인들도 아는 것처럼, 하나님께서 나사렛 예수님을 통해서 큰 권능과 기사와 표적을 유대인들 가운데 베푸사, 성자는 성부께서 보내신 분임을 증명하셨다(22절). 유대인들도 예수님이 공생애 가운데 행하신 기적을 알고 있었는데, 베드로는 그 예수님이 메시아이심을 증명한다. 성자는 성부의 정하는 뜻과 미리 아신 대로 내어준 바 되었는데, 유대인들이 법 없는 자들의 손을 빌려서 못 박아 죽였다(23절). 하지만 유대인들은 예수님이 자신들의 메시아이심을 알지 못하고 로마인의 손에 붙여서 죽이고 만다. 그러나 성부는 성자를 사망의 고통에서 풀어 살리셨는데, 성자께서 사망에게 매여 있을 수 없기 때문이다(24절).[824)] 사망 권세를 이기신 예수님의 부활은 사도행전에 나타나는 설교의 토대가 된다(참고. 행 2:32, 3:15, 26, 4:10, 5:30, 10:40, 13:30, 33-34, 37, 17:31, 26:23). 예수님은 부활 생명의 창조자이시기에 사망의 권세에 매여 있을 수 없으셨다.

베드로는 다윗의 시편인 시편 16편 8-11절을 인용한다. 다윗은 여호와를 항상 자기 앞에 계신 분으로 여기면서 뵈었고, 여호와는 다윗의 우편에 계셔서 그가 요동함을 허락지 않으신다(25절). 따라서 다윗의 마음과 입술이 기뻐하며 즐거워하고, 그의 육체는 희망에 거한다(26절). 여호와는

---

823) 베드로의 설교에 나타난 교차 대구법을 위해서는 존 월튼(2010:1584-1585)을 보라.

824) 예수님이 무덤에서 나오신 것은 가나안 정복 전쟁을 수행할 때 아이 성의 왕과 아모리 5왕들을 나무에 달고 해 질 무렵에 시체를 내려 무덤에 넣고 돌로 입구를 막은 것과 대조된다(수 8:29, 10:26-27). 가나안 족속들은 여호와의 날의 심판을 받아 사망에 갇혀 나올 수 없었지만, 여호와의 날의 저주를 몸소 당하시고 십자가에 달리시고 무덤 안에 갇히신 예수님은 무덤의 권세에 갇혀 계실 수 없는 분이셨다. 사자 굴에 갇힌 다니엘처럼 예수님도 무덤에 갇혀 계셨다. 그러나 하나님은 둘 다 죽음과 어둠의 권세를 이기도록 하셨다(참고. Kline, 2005:766-769).

다윗의 영혼을 음부에 버리지 아니하시며, 주님의 거룩한 자(다윗, 궁극적으로는 예수님)로 썩음을 당치 않게 하실 것이다(27절). 여호와께서 생명의 길로 다윗에게 보이셨는데, 여호와 앞에서 다윗으로 하여금 기쁨이 충만하게 하신다(28절). 다윗은 부활 소망으로 충만하다. 그러나 이 시편은 '메시아 시편'으로서 하나님의 거룩하신 분이신 예수님의 부활로 결정적으로 성취된다. 베드로는 다윗에 대해 담대히 말할 수 있는데, 다윗의 묘실이 베드로 시대까지 여전히 있었다(29절). 다윗은 선지자인데, 그는 하나님께서 자신의 자손 중에 한 명을 보좌에 앉게 할 것을 알았다(30절; 참고. 삼하 7:15-16; 시 132:11). 다윗의 후손이신 예수님이 바로 유대인들이 구약에서 기대하던 메시아이시다. 이 메시아께서 다윗의 무너진 천막을 일으켜서 영원한 제국으로 만드셨다.

다윗이 그리스도의 부활을 두고, "저가 음부에 버림이 되지 않고 육신이 썩음을 당하지 아니하시리라"고 예언했다(31절). 시편 16편에서 다윗이 자기 자신에 대해서 말한 것은 부인할 수 없지만, 그는 선지자로서(참고. 30절) 마치 '생명의 거울'을 대하듯이 그리스도 안에서 자신을 바라본 것이다(참고. 칼빈, 1993:96). 예수님을 하나님이 살리셨고, 12사도는 이 부활의 증인이다(32절). 하나님께서 오른손으로 예수님을 높이셨는데, 성자는 약속하신 성령을 성부에게 받아서 유대인들이 보고 들은 것(성령)을 부어 주셨다(33절). 다윗은 승천하지 못했지만, 성부께서 성자에게 이르신 말씀을 알고 있다(34절). 성부께서 성자의 원수를 발등상 되게 하기까지, 성자는 성부의 우편에 앉아 있어야 한다(35절; 시 110:1).[825] 성부는 예수님을 '주와 그리스도'로 만드셨다(36절). 베드로의 설교의 결론은 예수님이 주/여호와이시며 메시아라는 점이다. 이 설교를 들은 유대인들이 마음에 찔려 "형제들아, 우리가 어떻게 할까?"라고 말한다(37절).

이것은 성령께서 유대인들의 죄가 분명히 드러나도록 깨닫게 하신 결과이다. 유대인들이 살 길은 회개하고, 예수님의 이름으로 세례를 받고, 죄 사함을 얻어서, 성령을 선물로 받는 것이다(38절).[826] 예수님을 믿고 죄 사함과 그 외적인 표시인 물세례를 받는 것이 성령을 선물로 받는 것과 관련된다. 성령 세례는 예수님을 믿고 회개할 때 가능하다. 이 약속은 이 설교를 듣던 유대인들과 그들의 자녀들(유대인들) 그리고 얼마든지 하나님께서 부르시는 먼 데 있는 사람(즉 팔레스타인 밖에 있는 유대인과 이방인)에게도 주어졌다(39절). 믿고 회개하고 성령을 받을 것이라는 예언은 개인적으로, 세대별로, 그리고 온 세계적으로 적용된다. 베드로는 유대인들에게 "이 패역한 세대에서 구원을 받으라"라고 말한다(40절). 그 날에 3,000명이 세례를 받고 제자가 되었다(41절). 성전 산에는 예배자가 의식상 정결을 위해서 씻을 수 있도록 연못이 많이 있었다. 사도들은 세례를 위해서 그 연못을 사용했을 수 있다(참고. 존 월튼, 2010:1586).

---

825) 베드로는 시편 16편과 110편을 종합해서 인용하는데, 공통 사상은 그리스도의 승귀이다. 일종의 *gezera shawah*기법이다.

826) 세례의 능력과 효과를 그리스도 안에서만 구하며, 우리를 깨끗이 씻어주는 것은 그리스도의 보혈이므로 세례에서 우리가 씻음을 받는 줄 알게 될 때만, 이 구원의 증표는 우리에게 유효하게 된다(참고. 칼빈, 1993:111).

2.4. 사도행전 2장 42-47절의 메시지

유대인들이 사도의 가르침을 받아 서로 교제하며, 기도하기를 전심으로 힘썼다(42절).[827] 예루살렘 교회는 말씀에 근거한 교제와 기도가 충만했다. 사도들이 민간에 표적(*terata*)과 기사(*semeia*)를 행하니 사람들이 사도를(존경심에서 우러나오는 좋은 의미에서) 두려워한다(43절; 참고. 유상섭, 2002:140). 표적과 기사는 말씀을 확증하는 가시적인 도구였다. 믿는 사람이 다 함께 있어(*esan*; 미완료 능동 직설 3인칭 복수), 모든 물건을 서로 통용하고(44절; *eichon*, 미완료 능동 직설 3인칭 복수), 재산과 소유를 팔아서(*epipraskon*, 미완료 능동 직설 3인칭 복수) 각 사람의 필요를 따라 '나눠 주었다'(*diemerizon*, 미완료 능동 직설 3인칭 복수; 45절). 44-45절의 동사들이 미완료로 묘사된 것에 주의해야 한다. 예루살렘 교회의 재물 공유는 과거 진행형이기에, 단회적으로 끝난 것이 아니라 계속된 행위였다. 그러므로 모든 교인들이 한꺼번에 재산을 다 팔아서 사도에게 넘겨주고 재산 분배를 마친 것이 아니다. 오히려 교회 중에 궁핍한 성도가 발견되면 여유 있는 사람들이 자원해서 그때그때마다 돕고 재물을 공유했다는 것이다. 영적인 변화가 일상적인 삶의 변화로 이어졌다. 예수님과 제자들도 재산을 공유하지 않았던가!(참고. 요 13:29) 아마도 '유월절'에 예루살렘에 순례 온 사람 가운데 '오순절' 사건을 목격한 디아스포라도 있었을 것이다. 만약 이것이 사실이라면 그들은 예루살렘에 온 지 50일이 지나간다. 그러므로 예루살렘 교회가 그들의 재산을 팔아서 이들을 공궤하기 위해서 물건을 통용해야 했을 것이다. 그리고 예루살렘 교회는 궁핍한 성도를 많이 포함하고 있었을 것이기에, 강압이 아니라 성령의 자원하게 하시는 심령을 따라 물질을 나누었던 것이다.[828]

교회는 날마다 마음을 같이하여 성전에 모이기를 힘쓰며(큰 모임), 집에서(*kat' oikon*, 집집마다, 매 집마다) 떡을 떼며(일상적인 식탁 교제 혹은 성찬을 행하며), 기쁨과 순전한 마음으로 음식을 먹었다(46절; 작은 모임).[829] 식탁 교제와 더불어 성만찬이 소그룹 모임 중에 시행된

---

827) 칼빈(1993:116-118)은 '사도의 가르침을 받아'는 교회의 혼이라고 할 수 있는 교리와 복음을 설교하는 것으로, '서로 교제하고'는 상호 교제, 시혜(施惠), 형제간의 사귐으로, '떡을 떼며'는 성찬 거행으로, 그리고 '기도하기를'은 글자 그대로 기도하는 것으로 이해했다. 서로 교제하는 것과 기도하는 것은 사도의 가르침을 받을 때 맺는 열매이다. 따라서 우리가 진정으로 하나님 앞과 천사들 앞에서 참 교회로 인정을 받으려고 한다면, 반드시 이 4가지 질서를 준수하도록 노력해야 한다.

828) 사도행전에 나타난 예루살렘 교회의 모습을 살펴보자. 다음의 총 4기(period)는 사도행전의 요약적 진술인 사도행전 6장 7절, 12장 24절, 19장 20절에 따라서 사도행전의 구조를 나눈 것에 기초한 구분이다. 제1기(행 1:4-6:7 상반 절)에 예루살렘 교회는 복음 전파와 구제가 활발했다(행 2:42-47; 4:32-37). 제2기(6:7하-12:24)에 복음 전파로 활발했으나(6:8-10) 점점 사라지고 말았다. 제3기(12:25-19:20)는 약 9년 동안인데 복음 전파와 구제는 거의 이루어지지 않은 것 같다. 마지막 제4기(19:21-28:31)에 복음 전파했다는 기록은 없고, 이방인 교회에게 헌금을 가져 온 바울에게 결례 비용을 지출하라고 요구했다(21:23-24). 예루살렘 교회가 투옥된 베드로를 위해서 기도했지만(12:5; 2기 동안) 투옥된 바울을 위해서는 기도했거나 도왔다는 언급이 없다. 사도행전은 예루살렘 교회가 30년도 못 되어 부정적인 모습으로 변해 버렸지만, 하나님은 말씀이 점차 흥왕하여 구원의 역사가 이방 지역에 더 왕성하도록 하셨음을 보여준다(참고. 박형대, 2010:8-9, 12).

829) 자신의 재산을 팔지 않고, 대신 작은 모임의 장소로 집을 제공하는 사람도 있었다(참고. 행 2:46, 5:42, 8:3, 12:12, 20:33-35). 혹자(예. 정훈택)는 예루살렘 교회는 지상 교회의 시초 교회라는 특수성을

것으로 보인다. 실제로 식탁 교제는 공동체성 함양에 중요한 수단이 된다(참고. 행 5:31-35, 7:34, 15:1-2, 19:5-10). 예루살렘 교회의 식탁 교제는 죄인들은 물론 온갖 종류의 사람들과 함께 나눈 예수님을 본받은 것이다. 예루살렘 교회는 계속해서 하나님을 찬미하며, 또 온 백성에게서 계속해서 칭송을 받으니, 주께서 구원 받는 사람을 날마다 계속해서 더하게 하셨다(47절). 누가복음 2장 52절의 아이 예수님이 칭찬을 받은 것처럼 이제 교회가 칭찬을 받는다. 성령의 인도를 받아서 기도하며 구제와 교제에 힘쓰는 질적인 성장을 이룬 공동체는 자연스럽게 숫자적인 성장도 이룬다. 이런 아름다운 모습을 사도행전 4장 32-37절에서 다시 본다. 이 모습은 새 언약 공동체의 모습이며, 후대 교회를 위한 모델이다. 타락한 세상 속에서 새롭게 창조된 교회가 되려면 성령으로 예수님의 자취를 따라가야 한다. 이것이 세상에 영향력을 미치는 건강한 공동체이다.[830]

3. 오늘에의 적용

우리에게 성령의 강력하신 임재는 어떻게 가능한가?
예수님을 닮고 성령의 인도를 받은 공동체는 어떤 모습을 갖추어야 하는가?
성령 충만과 말씀 그리고 성도의 교제가 균형을 이루는가?

사도행전 3장

1. 본문 및 구조

• 다리를 저는 사람이 고침을 받음(1-10)
• 솔로몬 행각에서 행해진 베드로의 설교(11-26)

2. 구원 계시사적 메시지

2.1. 사도행전 3장 1-10절의 메시지

사도행전 1장 8절에 비추어 보면, 사도행전 3-5장은 복음 전파의 시작 지점인 예루살렘에서의 복음 전파를 언급한다. 어떤 의미에서 예루살렘은 유대인의 중심지로서 복음 전파자에게 가장

가지므로, 후대 교회가 문자 그대로 따라야 하는 모델이 되기에 어렵다고 본다.
830) 예루살렘 교회의 간본문은 요한계시록 21-22장의 새 예루살렘이다.

힘들고 위험한 지역이다. 왜냐하면 예수님을 처형하는 데 일등공신이었던 대제사장과 율법사와 같은 종교 지도자들이 여전히 건재했기 때문이다. 제9시(오후 3시) 기도 시간에 베드로와 요한이 성전(뜰)에 기도하러 올라간다(1절).[831] 유대인들은 오전 9시, (저녁 번제를 드리는) 오후 3시, 해 질 무렵 이렇게 하루 3번 기도하는 관습이 있었다. 이것은 참 교회인 제자들이 그림자 성전에 올라가는 것이다. 이것은 전투적 개념으로 이해할 수 있는데, 두 제자는 그리스도의 은혜와 자유의 복음을 들고, 율법주의적 옛 세상을 고집하는 사람들을 성전에서 만날 의도가 있었을지도 모른다. 나면서부터 앉은뱅이 된 자를 사람들이 메고 오니, 그는 성전에 들어가는 사람들에게 구걸하기 위하여 날마다 미문(아마 '니카노문') 앞에 앉아 있었다(2절). 유대인의 출입이 많은 성전 미문에서 구걸하는 사람에게 동냥을 주는 것은 공개적으로 명예를 획득하기에 안성맞춤이었다. 그가 성전에 들어가는 베드로와 요한에게 구걸한다(3절). 이 앉은뱅이 걸인은 불신 유대인과 그들이 우상시한 돌 성전의 무능과 비참함을 보여준다. 마치 베데스다 연못가의 38년 된 병자처럼! 이런 소망이 없는 배경은 승귀하신 그리스도께서 성령 충만한 제자들을 통해서 극적으로 역사하시기에 적합한 배경을 제공해 준다.

베드로와 요한이 그를 주목하면서(*atenisas*, 응시하다), "우리를 보라"라고 말한다(4절). 그는 '제자들에게서 무엇을 얻을까'라고 생각하면서 바라본다(5절). 베드로는 그에게 은과 금은 없지만 나사렛 예수 그리스도의 이름으로 일어나 걸으라고 말한다(6절). 베드로와 요한이 가지고 있었던 '나사렛 예수 그리스도의 이름'은 다름 아니라 승귀하신 그리스도의 권능과 권세를 가리킨다. 세상을 정복하는 그리스도의 제자들에게 이런 권세와 권능은 필수불가결하다. 여기서 '나사렛'이라는 지명은 사람에게 멸시와 천대를 받으신 예수님이 결국은 하늘과 땅의 권세를 받으신 참 메시아이심을 강조한다(참고. 칼빈, 1993:129). 베드로가 그의 오른손을 잡아 일으키니,[832] 발과 발목이 힘을 얻고(*estereothesan*, 관절과 관련된 의학 용어, 7절), 뛰어 서서 걸으며, 제자들과 함께 성전에 들어가면서 걷기도 하고 뛰기도 하며 하나님을 찬미했다(8절). 이 앉은뱅이 걸인은 금과 은보다 더 귀한 육신의 치유뿐 아니라, 영혼의 치유를 은사로 받았다. 이것은 메시아 시대에 저는 자가 사슴같이 뛰고, 벙어리의 혀는 노래할 것이라는 이사야 35장 6절의 성취이다.

모든 백성들이 그가 걷고 뛰며 하나님을 찬미하는 것을 보고(9절), 그의 이전 상태를 알기에 심히 기이히 여겼다(10절).[833] 복음서에서 기적은 그 자체로 끝나지 않고 군중의 반응을 일으켰

---

831) '기도'를 언급함으로써 치유의 근원이 하나님이심을 강조한다.

832) 사도행전 2장 33절과 관련지어 볼 때, 베드로가 이 걸인의 오른손을 잡아 일으키는 것은 부활과 승귀의 모티브로 볼 수 있다.

833) 사도행전 안에서 베드로의 사역과 바울의 사역은 병행을 이루는데, 이 치유 사건은 사도 바울이 사도행전 14장 8-18절에서 소개된 나면서부터 저는 자를 고친 사건과 관련 있다. 그리고 예수님께서 누가복음 5장 17-26절의 중풍병자를 고치는 장면과도 유사하다. 예수님의 치유 사건은 첫 제자들을 부르신(눅 5:1-11) 직후에 일어났던 것처럼, 이 첫 번째 기적은 사도행전 2장의 3,000명의 회심 직후에 일어났다(참고. Witherington, 1998:173).

듯이, 여기서도 군중이 반응한다. 군중이 즉각적으로 기독교로 개종한 것은 아니었지만, 적어도 감정적으로 큰 충격과 놀람과 감동을 받은 것은 의의가 있다(참고. Witherington, 1998:176). 예수님의 이름의 권세로 치유 받은 사람이 이제 성전(옛 세상) 안에 있던 사람들을 놀라게 만든다.

2.2. 사도행전 3장 11–26절의 메시지

예루살렘 성전 미문에 앉아서 구걸하던 그 사람이 완전히 치유된 후 베드로와 요한을 붙잡으니(*kratountos*, 현재 능동 분사 남성 단수 속격), 모든 백성이 놀라며 달려 나아가 솔로몬의 행각(Solomon's portico)에 모여든다(11절). 이곳은 헤롯 대왕이 스룹바벨 성전을 보수 공사할 때 성전 뜰 동편에 지은 부속 건물이다. 베드로가 이 기회를 놓치지 않고 설교한다. 개인의 권능과 경건으로 이 사람을 걷게 한 것처럼 기이히 여기지 말라고 한다(12절). 아브라함, 이삭, 야곱의 하나님이 그의 종 예수님을 영화롭게 하셨다. 여기서 예수님을 '종'이라고 부르는 것은 이사야의 여호와의 메시아 종(Messiah-Servant)을 연상시킨다(참고. 사 42:1, 49:6-7, 52:13, 53:11). 하지만 유대인들은 예수님을 죽이도록 넘겨주었고, 빌라도의 석방 노력을 허사로 만들어 버렸다(13절). 유대인들은 '거룩하고 의로운 자'(예수님)를 부인하고(참고. 눅 1:35, 4:34, 23:47), 도리어 살인자 바라바를 놓아 주기를 구하여 '생명의 주님'을 죽였다(14절; 참고. 눅 23:19, 25). 그러나 하나님은 예수님을 부활시키셨고, 사도들은 이 부활의 증인들이다(15절). (베드로와 요한 그리고) 미문에 앉아서 구걸하던 사람이 예수님의 이름을 믿었고, 예수님의 이름은 그를 낫게 했다(16절).

베드로는 유대인들을 '형제들아'라고 친근히 부르면서, 유대인들과 지도자들은 무지해서 예수님을 죽였다고 말한다(17절; 참고. 행 17:30). 하나님의 진리에 무지한 것도 죄다(참고. 사 1:3; 29:11). 그러나 하나님이 모든 선지자들의 입을 통하여 그리스도께서 해 받으실 것을 미리 알게 하신 것을 이와 같이 이루셨다(18절; 참고. 사 50:6, 53:11-12, 53장). 구약에 그렇게 기록되어 있음에도 불구하고 유대인들은 고난 받고 약한 모습을 보이는 메시아를 상상할 수 없었다. 그래서 예수님을 메시아로 인정하지 않았다. 이제 유대인들이 회개하라(*metanoesate*) 그리고 '돌이키라'(*epistrepsate*; 참고. 말 4:5-6), 그리하면 죄 없이 함을 받으며 '유쾌하게 되는 날들'(*kairoi anapsykseos*; times of refreshing)이 주님으로부터 올 것이다(19절).[834] '유쾌하게 되는 날'은 호흡을 회복하는 것(recovery of breath) 즉 숨통을 다시 트는 것처럼 안도하는 것을 의미한다(참고. 출 8:15). 이 회복의 날은 재림 때까지 계속된다. 하나님이 유대인들을 위하여 예정하신 그리스도 곧 예수님을 보내실 것이다(20절). 즉 하나님께서 회개하는 유대인들을 위해서도 재림의 예수 그리스도를 보내신다. 그때는 성부 하나님의 때이기에, 성자도 천사도 사람도 모른다(참고. 마 24:36).

구약 선지자들이 예언한 것처럼, 만유를 회복하실 때까지는 하늘이 마땅히 예수님을 받아둘

---

834) 칼빈(1993:139)은 유쾌하게 되는 날을 '최후 심판의 날'과 연결한다. 근거는 20절의 예수님은 최후 심판자이기 때문이다.

것이다(21절). 이스라엘의 회복에 관한 예언은 이사야 40장 9-11절, 예레미야 32장 42-44절, 에스겔 37장 21-28절, 호세아 11장 9-11절, 14장 4-7절, 아모스 9장 11-15절 등에서 볼 수 있다. 예수님은 이스라엘의 회복을 넘어 만유를 회복하고 계신다. 지금은 천상의 그리스도께서 다스리시며 만유를 회복하여 숨통을 트이게 하시는 시기이다. 하나님께서 모세와 같은 선지자 한 명을 세울 것인데, 백성들은 그 분의 말씀을 들어야 한다(22절; 참고. 신 18:15). 누구든지 그 선지자(예수님)의 말을 듣지 않는 자는 백성 중에서 멸망 받을 것이다(23절). 첫 번째 선지자라고 할 수 있는 사무엘 이래로 사람들이 이날(메시아께서 유쾌하게 하시는 회복의 날)에 관해서 말해왔다(24절). 즉 사무엘 이래로 선지자들이 천국 복음을 전파하여 다윗 왕국을 회복시키는 예수 그리스도에 대해 예언했다. 베드로는 유대인들을 '선지자들의 자손이요, 또 언약의 자손'이라고 부른다. 유대인들이 회개하면 땅 위의 모든 자손을 복되게 하는 아브라함의 언약의 자손으로 살 수 있다(25절). 족장 언약이 그리스도 안에서 성취되었기에, 베드로 당시에 이미 유쾌케 되는 날로 변하고 있다. 하나님이 그의 종(예수님)을 세워(부활시키사) 유대인들에게 복 주시려고, 그들에게 먼저 보내사 악함을 버리고 돌이키게 하셨다(26절). 성부께서 승귀하신 그리스도를 보내셔서 성전 미문에 앉은 걸인을 고치신 것은 유대인들을 돌이키시려는 계획이 성취된 것이다. 그러나 유대인들이 시간적으로 볼 때 하나님의 언약적 복의 첫 번째 수혜자가 될 수 있었지만 모두가 그렇지는 못했다. 그러나 베드로의 이 설교는 5천 명을 돌이키게 했다(참고. 행 4:4).

3. 오늘에의 적용

예수님의 권세 있는 이름을 체험하는가?
선지자들과 언약의 자손으로 어떻게 살 수 있는가?

사도행전 4장

1. 본문 및 구조

- 베드로와 요한이 체포됨(1-4)
- 공회 앞에 선 사도들(5-22)
- 담대한 복음 전파를 위한 사도들의 기도(23-31)
- 물건을 통용한 예루살렘 교회(32-37)

2. 구원 계시사적 메시지

2.1. 사도행전 4장 1-4절의 메시지

사도들이 설교하고 있을 때 대제사장들과 성전 맡은 자들(captain of temple guard; 대제사장 다음 위치를 차지한 고위층 사두개인)과 사두개인들이 도착한다(1절).[835] 그들은 사도들이 백성을 가르치는 것과 예수님을 통하여 죽은 자 가운데서 부활하는 도(道) 전함을 싫어한다(2절). 모세오경만 성경으로 받아들인 사두개인들은 부활의 흔적을 모세오경에서 찾을 수 없다고 보았기에 부활을 믿지 않았다. 그러므로 사도들의 설교의 중심 주제인 주님의 부활을 전하지 못하도록 했다. 유대 지도자들은 저녁 무렵에 사도들을 잡아서 옥에 가둔다(3절). 밤에 재판하는 것은 불법이었다. 사도의 설교를 듣고 회심한 사람이 남자만 5천 명이었다(4절). 이것은 오병이어의 표적의 재현이다. 말씀의 떡을 먹여서 남자만 5천 명을 생명 얻도록 인도한 것이다. 예수님 당시의 예루살렘 인구를 25,000명 혹은 85,000명으로 보는데, 남자만 5,000명이라면 엄청난 숫자이다(참고. 오스본, 2003:102). 따라서 집권층으로서 현상 유지에 관심이 많은 사두개인들이 많은 숫자가 사도를 좇는 것을 편안히 볼 수 없었던 것이다.

2.2. 사도행전 4장 5-22절의 메시지

그 다음날, 관원과 장로와 서기관들이 예루살렘에 모였다(5절). 대제사장 안나스와(사위) 가야바와 요한과 알렉산더와 대제사장의 문중이 다 참예했다(6절). 그들은 사도들을 가운데 세우고 무슨 권세와 누구의 이름으로 이 일을 행하는지 묻는다(7절). 베드로가 성령이 충만하여 만일 앉은뱅이 걸인을 고친 것에 대해 당신들이 질문한다면, 유대인들이 죽였으나 하나님이 살리신 나사렛 예수 그리스도의 이름이 그를 건강하게 만들었다라고 말한다(8-10절; 참고. 행 2:21). 예수님은 유대 건축자들의 버린 돌로서 집 모퉁이의 머릿돌이 되었다(11절; 참고. 시 118:22). 다윗이 이스라엘 백성의 지도자들에 의해서 거부당한 일은 그리스도의 버림받은 것의 그림자이다. 예수 그리스도의 이름 외에는 하나님께서 천하 인간에게 구원을 얻을 다른 이름을 주신 일이 없다(12절). 베드로는 '이름'이라는 말로써 구원의 '원인'과 '수단'을 강조한다. 그리스도 외의 수단으로 구원을 얻을 수 없다.

베드로와 요한이 용감하게 말하는 것을 본 유대 지도자들은 학문 없는 범인(바른 성경: '무식한 자들')으로 알았다가 이상히 여기며, 또 이전에 예수님과 함께 있던 것도 알았다(13절). 베드로는 헬라 수사학에 능통하지 않았을 것이다. 유대 종교 지도자의 눈에는 그 당시 정통 교육을 제대로 받지 못하신 예수님도 무식한 사람으로 보였을 것이다. 그러나 유대인들은 병에서 치유된 자가 사도들과 함께 있는 것을 보고 힐난할 수 없었다(14절). 유대인들은 사도에게 공회에서 나가라 하고, 서로 의논하여(15절), 유명한 표적이 나타나 예루살렘에 사는 모든 사람에게 알려졌으니

---

835) 성전 맡은 자들은 '사간'(*sagan*)이라고 불리는데, 로마의 허락을 받아 구성된 레위인 출신 경찰이었다(참고. 존 월튼, 2010:1589).

부인할 수 없다고 말한다(16절). 이 표적과 말씀이 민간에 더 퍼지지 않도록 예수님의 이름으로 말하거나 가르치지 못하게 한다(17-18절). 베드로와 요한이 하나님 앞에서 유대인의 말을 듣는 것이 옳은지, 아니면 하나님의 말씀을 듣는 것이 옳은지 묻는다(19절). 여기서 불의한 권세에 대한 시민 불복종의 원칙을 도출할 수 있다(참고. 칼빈, 1993:166). 사도들은 보고 들은 것을 말하지 아니할 수 없다(20절). 가르치는 직책을 가진 자는 인간의 협박에도 두려움을 느끼지 않아야 한다. 백성이 40여 세 정도 된 사람의 치유 사건을 보고는 하나님께 영광을 돌렸기에 유대 지도자들은 사도들을 어쩔 수 없이 놓아 줄 수밖에 없었다(21-22절).

2.3. 사도행전 4장 23-31절의 메시지

베드로와 요한이 석방되어 동료들에게 가서 대제사장들과 장로들의 말을 전한다(23절). 동료들이 듣고는 한마음으로 하나님에게 "대주재여(*despota*) 천지와 바다와 그 가운데 만유를 지은 이시요, 또 다윗을 통하여 어찌하여 열방이 분노하며 족속들이 허사를 경영하였는고, 세상의 군왕들이 나서며 관원들이 함께 모여 주와 그의 그리스도를 대적하였도다라고 말씀하신 이로소이다"라고 목소릴 높여 말했다(24-26절). 사도들은 박해의 소식을 접하자, 시편 2편 1-2절이 성취된 것으로 보면서 원수를 짓밟으시는 우주의 대주재이신 하나님을 높이고 있다.[836] 시편 2편은 다윗이 몇몇 이방 나라가 이스라엘을 행해서 음모를 꾸미고 있던 시점에 기록한 것인데, 그는 열방의 통치자이신 하나님이 이스라엘의 대적들의 계획으로부터 무효화시키며 그들을 정복하실 것을 기대하면서 찬양한다. 다윗의 찬양은 근저에는 다윗 언약이 흐르고 있다. 사도행전 4장의 문맥에서는 '세상의 관원'은 빌라도를, '세상의 군왕'은 헤롯 안디바를 가리킨다.

헤롯과 빌라도가 예수님을 대적하기 위해서 합동했다(27절). 유대인들은 하나님의 권능과 뜻대로 이루려고 예정하신 것을 행하려고 예루살렘에 모였다(28절). 28절은 예수님의 처형을 가리킨다. 그러나 그것은 이방 세력과 연합한 헤롯의 승리로 끝나는 것이 아니라, 하나님의 계획이 이루어지는 것이었다. "주여, 이제도 유대인들의 위협을 내려다보시옵소서. 또 종들로 하여금 담대히 하나님의 말씀을 전하게 하여 주옵소서"(29절). 예수님의 죽으심조차 자신의 뜻대로 이루신 하나님께서 유대인들의 위협 속에서도 계속 수행해야 했던 사도들의 복음 전파를 주관해 달라고 기도한다. "손을 내밀어 병을 낫게 하옵시고, 표적과 기사가 거룩한 종 예수님의 이름으로 이루어지게 하옵소서"(30절). 사도들은 복음의 확증을 위해서 필요한 가시적인 기적을 간구한다. 빌기를 다하매, 모인 곳이 진동하더니 무리가 다 성령이 충만하여 담대히 하나님의 말씀을 전했다(31절). '모인 곳이 진동하더니'라는 구절을 통해서 알 수 있는 것은 출애굽기 19장 16절 이하의 하나님의 현존처럼, 예루살렘 교회의 기도 후에 하나님의 강력한 임재가 나타나서 기도에 응답하심을 의미한다. 이 단락에서 성령 충만은 개인의 성화에 초점이 맞추어지

836) 초대 교회는 시편을 그리스도 중심적 그리고 그리스도 완결적으로 이해할 수 있었다.

지 않고, 대신 공동체로 하여금 복음을 전하도록 한다(참고. Witherington, 1998:204). 유대인들의 위협이 가시지 않았지만 복음은 계속 전파된다.

2.4. 사도행전 4장 32-37절의 메시지

'믿은' 남자들이(*ton pisteusanton*, 아오리스트 능동 분사 남성 복수 속격) 영적으로 한마음과 한뜻이 되어, 모든 물건을 통용하고, 자기 재물을 조금이라도 제 것이라 하는 이가 하나도 없었다(32절). '믿은 남자들'은 구체적으로 사도행전 4장 4절의 5천 명을 가리킨다. 그러므로 이들이 사도행전 2장의 3천 명처럼 서로 나누고 섬기며 살게 되었던 것이다. 영적인 일치는 물질적인 일치와 교제로 나타난다. 사도들이 큰 권능으로 주 예수님의 부활을 증거하니 무리가 큰 은혜를 얻어(33절), 핍절한 사람이 한 사람도 없었는데, 밭과 집을 가진 자가 팔아서 돈을 사도의 발 앞에 두매 각 사람의 필요를 따라 나눠 주었기 때문이다(35절).[837] 이제 "너희 중에 핍절한 자가 없을 것이라"는 신명기 15장 4절이 성취되고 있다.

예루살렘 교회는 마치 '희년 공동체'와 같다. 구브로(Cyprus) 출신 레위인 요셉(바나바)이 밭을 팔아서 사도들의 발 앞에 두었다(36-37절).[838] 바나바가 등장하는 것은 사도행전 중반부에서 그가 차지하는 중요한 역할을 위해 서론적으로 적합하기 때문이다. 장차 성도의 수가 많아지자 구제의 일을 12사도들만으로는 감당할 수 없게 되어 문제가 발생한다(참고. 행 6장). 사도행전 4장은 합심 기도, 소유, 박해, 그리고 선포라는 주제가 어우러져 있다. 사도행전의 1차 수신자 데오빌로는 이상적인 헬라인이라면 친구를 위해서 한마음으로(*mia psyche*) 소유를 나누어야 할 것을 알고 있었다. 여기에다 누가는 재물을 공유하는 것이 단지 이상적인 윤리적 동기의 발현이 아니라, 성령의 역사임을 밝히고 있다(참고. Witherington, 1998:205).

여기에는 주었으니 나중에 받아야 한다는 주고받음(reciprocity)이라는 그레코-로마적 '후견인-단골손님'(patron-client)의 개념과는 다른 측면이 있다(참고. 마 25:35-40). 즉 예루살렘 성도가 재산을 팔아 사도들에게 가져오고, 원래 주인이 아니라 사도들이 분배함으로써, 재산의 원래 주인은 '후견인'으로서의 자격과 권리(즉 단골손님으로부터 되돌려 받음)를 스스로 포기했다(참고. Malina & Pilch, 2008:47). 그렇다면 누가에게 있어서 데오빌로와 같은 이방인 고위 관리에게 초대 교회는 사회적으로 볼 때도 이상적인 공동체를 이루고 있음을 변증하는 목적도 있었다. 투영으로 본다면 누가 공동체 역시 박해 상황 속에서도 교회의 일치를 이루어 복음을 전해야 할 사명을 가지고 있었던 것으로 추정된다.

---

837) 부유한 성도가 재산의 일부(some)를 팔아서, 그 전체(all)를 사도에게 가져왔다고 이해하는 것이 자연스럽다. 칼빈(1993:180)은 예루살렘 교회의 분배는 모든 사람이 반드시 따라야 할 법으로 볼 수 없다고 본다.

838) 누가는 아나니아와 삽비라 부부의 부정적인 예(행 5:1-11) 앞에 바나바의 긍정적인 예를 제시한다. 긍정적인 예와 부정적인 예를 대조하는 것은 고대에서 권장되던 문학 기법이었다(참고. 존 월튼, 2010:1591).

3. 오늘에의 적용

교회의 구제 활동은 적극적인가?
영적 일치가 물질적인 일치로 표출되고 있는가?
합심 기도와 교회의 일치 및 복음 전파 사이의 연관성은 무엇인가?

사도행전 5장

1. 본문 및 구조

- 아나니아와 삽비라(1-11)
- 사도들의 치유 사역(12-16)
- 사도들이 반대에 직면함(17-42)

2. 구원 계시사적 메시지

2.1. 사도행전 5장 1–11절의 메시지

사도행전 4장 36-37절의 바나바는 나눔과 구제의 긍정적인 본보기였다. 이 단락에서는 교회 내부의 문제를 다룬다. 예루살렘 교회의 아나니아와 삽비라가 재산을 팔아 그 값에서 얼마를 감추고 일부만 사도의 발 앞에 가지고 온다(1-2절). 이 부부가 이렇게 부정직하게 행동한 것은 아마도 바나바가 교회로부터 칭송을 받는 것을 보고 자신들도 명예를 얻고자 하는 욕망 때문이었을 것이다. 베드로가 이것을 알고 아나니아에게 "어찌하여 사탄이 너의 마음에 가득하여 성령을 속이고 땅값 얼마를 감추었느냐"라고 묻는다(3절). '감추다'(*nosphisasthai*, 아오리스트 중간태 부정사; 떼어먹다, 횡령하다)라는 동사는 여호수아 7장 1절(*enosphisanto*)의 아간의 착복 행위를 묘사할 때도 사용되었다(참고. 딛 2:10; 마카비하 4:32). 아간의 범죄는 가나안 정복 전쟁의 시발점에 일어난 사건이었다. 하나님의 백성의 승리의 행진에 찬물을 끼얹은 행위였다. 아나니아가 땅을 팔기 전에도 여전히 자신의 소유였고, 판 후에도 임의로 판 돈을 처리할 수 있었다(4절). 계속해서 베드로가 묻는다. "무엇이 너로 하여금 그렇게 행동하도록 만들었느냐?" 아나니아는 사람이 아니라, 하나님에게 거짓말한 것이다(4절; 참고. 왕하 5:20-27).[839]

839) 쿰란 공동체가 아나니아 부부의 범죄와 같은 경우를 치리할 때, 공동 식사에서 1년간 제외하고, 식량 배분도 4분의 1로 줄였다. 그러나 사도행전 5장의 경우는 사형으로 마무리한다. 지상의 교회의 시초에 엄격한 규칙을 적용하여 후대의 모델로 삼기 위함이다(참고. 존 월튼, 2010:1592).

아나니아가 베드로의 말을 듣고 땅에 엎드러져 혼이 떠났고, 이 일을 들은 사람들이 다 크게 두려워했다(5절). “혼이 떠나다”(*eksepsyksen*, breathe one's last)는 “마지막 숨을 쉬다”라는 뜻의 의학 용어이다. 젊은 사람들(*hoi neoteroi*)이 아나니아의 시신을 싸서(*synesteilan*, 의학 용어) 메고 나가 장사 지냈다(6절). 어떤 사람이 하나님의 심판에 의해 죽었다면 아내에게 알릴 필요 없이 즉각적으로 장사 지내야 했다. 비록 아나니아의 범죄가 개인적인 일처럼 보이지만, 예루살렘 공동체 전체에 악영향을 끼쳤기 때문에 베드로는 공적으로 처리했다. 3시간쯤 지나서 삽비라가 발생한 일을 모른 채 들어온다(7절). 베드로가 삽비라에게 '땅 판 돈이 이것뿐이냐'라고 묻는다. 삽비라는 그렇다고 답한다. 이때 베드로는 “너희가 어찌하여 주님의 영을 시험하려느냐? 보라 네 남편을 장사하고 오는 사람들의 발이 문 앞에 이르렀으니 또 너를 메어 나가리라”라고 말한다(8-9절). 삽비라는 베드로의 발 앞에 엎드러져 죽는다. 젊은 사람들이 삽비라를 아나니아 곁에 장사 지낸다(10절). 온 교회와 이 일을 듣는 사람들이 다 크게 두려워했다(11절). 누가는 '크게 두려워했다'를 5절과 11절에서 반복하여 두 사람의 죽음을 병행시킨다. 아나니아와 삽비라 부부의 죽음을 통해서 교회가 시작되는 시점에서 반드시 척결되어야 하는 영적인 불순물이 제거됨을 보여 준다. 이 사건은 마치 성소 예배가 시작된 시점에 번제단의 불이 아닌 다른 불을 가지고 성소의 향단의 불 피우러 들어갔던 아론의 아들 나답과 아비후가 죽은 것에 상응한다(참고. 레 10:1-5). 뒤 단락인 12-16절에는 복음이 다시 힘 있게 확장된다. 이것은 아간의 범죄 후에 이스라엘이 가나안 정복 전쟁에서 승리하는 것에 상응한다.[840]

2.2. 사도행전 5장 12-16절의 메시지

사도들의 손으로 민간에(백성 가운데) 표적과 기사가 많이 되매 믿는 사람이 다 마음을 같이하여 솔로몬 행각(colonade, porch)에 모인다(12절). 나머지 사람들 즉 관심은 있되 온전히 기독교로 개종을 하지 않은 불신 유대인들은 사도들을 존경하면서도 감히 그들과 어울리려고 하지 않았다(13절). 주님을 믿는 남녀 신도의 수가 점점 더 늘어났다(14절). 병든 자를 침대나 요위에 눕히고 베드로가 지나갈 때 그림자라도 스치기를 바랐다(15절).[841] 고대인들은 사람에게 그림자가 붙어 있다고 믿었다. 그림자가 치료하는 사도에게 접촉하면 낫게 된다는 것은 주술적 미신이었을 것이다(참고. 존 월튼, 2010:1592). 이것은 바울의 사역 중에 일어난 치유를 언급한 사도행전 19장 9-12절과 병행을 이룬다. 그리고 예수님의 치유 사역의 연속선상에 있다(참고. 눅 4:40, 5:16, 6:17, 8:2). 따라서 그리스도의 천상의 통치가 계속되고 있다는 증거이다. 예루살렘 가까운 동네에서 병든 자와 악령 들린 자들이 나아와서 치유 받았다(16절).

2.3. 사도행전 5장 17-42절의 메시지

많은 사람들이 치유 받고 회심하는 것을 안 대제사장과 사두개인들이 시기 나서 사도들을

---

840) 여기서 칼빈(1993:181)은 마음의 정절과 교회의 공정한 치리를 본다.

841) 15절 끝에 D사본은 “그들은 각자 가지고 있던 모든 질병으로부터 자유롭게 되었다”를 추가한다.

투옥한다(17-18절). 앞 장인 사도행전 4장 3절에서 베드로와 요한은 투옥된 경험이 있다. 그러나 여기서는 모든 사도들이 투옥된다. 주님의 사자가 밤에 옥문을 열고 사도들을 끌어내면서(19절), 성전에 서서 '생명의 말씀'을 다 백성에게 말하라고 말한다(20절). 사도들이 새벽(이른 아침; 참고. 눅 21:38)에 성전 뜰에 들어가서 가르치니, 대제사장과 사두개인들이 산헤드린 공회 즉(*kai*) 이스라엘의 원로회(*gerousian*, 여성 단수 명사, a council of elders)를 모은 후 사람을 보내어 옥에 있는 사도들을 잡아오라고 말한다(21절).[842] 이른 아침은 제사를 드리는 시간이다. 천사와 같은 영적 존재를 믿지 않은 사두개인들이었기에 사도의 기적적인 탈출은 상상도 못했을 것이다. 성전에서 경찰 역할을 했던 레위인으로 구성된 관속들이 옥에서 사도들을 발견하지 못한다(22절).[843] 옥을 군병이 지키고 잠겨 있었지만 사도들을 발견하지 못했다(23절). 성전 맡은 자와 제사장들이 의혹하면서 어찌된 일인지 묻는다(24절). 성전 맡은 자가 관속들과 같이 가서 사도를 잡아 왔으나, 강제로 못했는데, 백성들을 두려워했기 때문이다(26절). 사도들이 공회 앞에 섰고, 대제사장이 심문한다(27절). 유대 지도자들이 사도들에게 예수님의 이름으로 가르치지 말라고 엄금했지만(참고. 행 4:17-18), 사도들은 기독교를 예루살렘에 가득하게 하고, 예수님을 죽인 죄를 유대 지도자들에게 돌리려고 했다(28절). 이때 사도들은 사람보다 하나님에게 순종하는 것이 마땅하다고 대답했다(29절).[844]

십자가에 달린 예수님을 하나님이 살리셨고(30절), 이스라엘로 회개케 하사 죄 사함을 얻게 하시려고 예수님을 오른손으로 높이사 임금과 구주를 삼으셨다(31절). 예수님이 임금과 구주라는 선포는 로마 권력에 기생하며 살던 권력층인 사두개인들에게 위협이 되었다. 사두개인들은 체제의 변화보다는 기득권을 유지하기를 원했다. 사도는 이 일에 증인이요, 하나님이 자기를 순종하는 사람에게 주신 성령도 증인이다(32절; 참고. 행 1:8). 유대 지도자들이 듣고는 사도를 죽이고자 한다(33절). 이 시간은 절기 때가 아니므로, 로마 총독과 같은 행정관이 예루살렘에 머물지 않았으므로, 사두개인들이 독단적으로 아무런 방해를 받지 않고 사도를 처형하려고 했다(참고. 존 월튼, 2010:1593).

힐렐의 아들로 추정되며, 모든 백성에게 존경을 받는 율법 교사(교법사) 가말리엘 1세가 공회 중에서 일어나 사도들을 밖으로 내보낸 후(34절), 사도들을 다루는 문제를 조심하라고 말한다(35절). 가말리엘은 바울의 이전 선생이었으며 예루살렘의 귀족이었다. 가말리엘은 B.C. 4년경에

---

842) 21절을 바른 성경은 '공회와 이스라엘 자손의 모든 원로들을 불러 모으고'라고 번역한다. 개역개정판도 거의 동일하게 번역하지만, 각주에 '공회 즉 이스라엘 족속의 원로들을 다 모으고'도 가능하다고 언급한다.

843) 22절에서 서방 본문(D, 이탈라, 벌게이트, 시리어 역본 등)은 "그러나 관속들이 와서 옥을 열었을 때, 그들은 그 안에서 그들을 찾지 못하였다"라고 생세하게 설명한다.

844) 29절에서 *apokritheis*…… *eipan*을 바른 성경은 '대답하여 말하였다'라고 번역한다. 그러나 아오리스트 수동태 분사 남성 단수 주격(*apokritheis*)은 유사한 뜻의 직설법 동사 *eipan*(아오리스트 능동 직설 3인칭 복수, 그들이 말했다)과 '반복적 용례'(pleonastic use)이기에, '대답했다'로 번역하면 된다. 직설법 동사는 3인칭 복수이지만 분사는 남성 단수인 것은 베드로가 사도들을 대표하여 답변했기 때문이다(참고. Rogers & Rogers, 1998:240).

메시아 운동을 일으키다가 실패하고 말았던 드다(Theudas)의 예를 든다(36절). 비슷한 경우인 A.D. 6년 갈릴리 유다의 예도 든다(37절). 바리새인 사독(Saddok)의 도움을 받았던 갈릴리 유다는 세금 반란을 주도했고, 이후의 열심당의 모델이 되었다. 바리새인의 지도자 가말리엘은 로마 권력의 후원을 받았던 사두개인들보다는 이런 혁명가들에게 더 호의적이었다. 가말리엘은 중도적 입장을 표명하는데, "사도들을 상관 말고 내버려 두라. 사상과 소행이 사람에게서 났으면 무너질 것이다"라고 말한다(38절). 그리고 가말리엘은 하나님께로부터 왔다면 사람이 사도들을 무너뜨릴 수 없고, 도리어 하나님을 대적하는 것이 되고 만다고 염려한다(39절).[845] 드다와 유다와는 달리 사도들의 사역은 실패로 끝나지 않았고, 죽음으로 일시적으로 끝나고 말 그런 성격의 운동이 아니었다. 유대 지도자들이 사도들을 불러들여서 채찍질하며(아마 39대, 참고. 마 10:17), 예수님의 이름으로 말하는 것을 금한다(40절). 사도들은 예수님의 이름을 위하여 능욕받는 일에 합당한 자로 여기심을 기뻐하면서 공회를 떠난다(41절). 능욕받는 것이 세상적인 눈으로 보면 수치이지만, 하나님의 눈으로 보면 명예가 된다(참고. 헨헨, 1987:394).[846] 사도가 날마다 성전에 있든지 집에 있든지 예수님은 그리스도라 가르치기와 전도하기를 쉬지 않았다(42절).

3. 오늘에의 적용

성령을 속이는 일은 무엇인가?
전도를 위해서 말씀 전파에 수반되는 가시적인 현상이 있는가?

사도행전 6장

1. 본문 및 구조

- 일곱 집사 선출과 결과(1-7)
- 스데반의 사역과 고소당함(8-15)

845) 38-39절을 확장된 형태의 서방 본문을 따라 들어보자(참고. 매츠거, 2005:283). "형제들아, 내가 말하노니 이 경우에는, 너희의 손을 더럽히지 말고, 이 사람들을 상관 말고 보내 주어라. 이 계획이나 이 일이 사람에게로서 났으면 무너질 것이요, 만일 하나님께로서 났으면 너희가 저희를 무너뜨릴 수 없을 것이나, 너희나 왕들이나 전제 군주들이라도 못하리라. 그러므로 이 사람들을 상관 말라. 너희가 하나님을 대적할까 하노라."

846) 명예와 수치가 지배하던 그레코-로마 세계에서, 불의한 지도자의 명령에 굴복하지 않는 용기 있는 행동은 명예로운 일이었다.

2. 구원 계시사적 메시지

2.1. 사도행전 6장 1-7절의 메시지

예루살렘 교회에 제자가 더 많아졌는데, 헬라파 유대인들의 과부들(*hai cherai*)이 음식 구제(*diakonia*)에서 매일(참고. 행 2:46) 간과되었다(1절).[847] 제자가 많아진 것은 출애굽기 1장 20절의 애굽에 있던 유대인들이 점점 많아진 것(*eplethynen ho laos*)에 상응한다(contra 행 5:38). 예루살렘 교인들이 이제 '믿는 자'가 아니라 '제자'로 불리기에, 하나님께서 주신 영적인 성장이 이루어 졌음을 암시한다. 헬라파 유대인들(*hellenistai*)은 아람어를 말하는 히브리파 유대인(*hebraioi*)이 아니라, 그리스어를 말하는 유대인들을 가리킨다. 팔레스타인의 유대인들이 아람어와 헬라어를 다 구사할 수 있었기에, 더 정확하게 말하면 헬라파 유대인들은 팔레스타인으로 이주해 온 디아스포라 유대인 출신 그리스도인이다. 실제로 예루살렘에는 팔레스타인 외의 지역에서 태어난 유대인들이 많이 살았다. 그들은 예루살렘 안에서도 그들의 회당을 소유하고 있었다(9절). 이들 헬라파 유대인들 가운데 예수님을 믿게 된 사람들이 많았다. 열두[848] 사도가 제자들을 불러 모아 놓고 사도가 공궤의 일을 하는 것이 마땅치 않다고 말한다(2절). '마땅치 않다'(*ouk areston*)는 '적절하지 않다' 혹은 '기뻐하지 않다'는 뜻이다. 이것은 출애굽 후 모세가 크고 작은 재판까지 다 감당한 것을 본 장인 이드로가 한 말('선하지 못하다', *ouk orthos*)을 연상시킨다(참고. 출 18:17). 그 후 모세는 재덕이 겸전한 자, 하나님을 두려워하며, 진실 무망하며, 불의한 이를 미워하는 자를 천부장, 백부장, 오십부장, 그리고 십부장으로 삼았다(참고. 출 18:21).

사도들은 성령과 지혜가 충만하여 칭찬을 듣는 사람 일곱 명에게 공궤의 일을 맡기려고 한다(3절; 참고. 딤전 3:7 이하).[849] 숫자 '일곱'에 신비한 영적 의미가 있는 것은 아니다. 왜냐하면 예루살렘 교회의 형편상 적절한 숫자였기 때문이다(참고. 칼빈, 1993:221). 집사의 자격 중 가장 중요한 것은 달란트나 능력이 아니라 인품이다. 물론 능력도 중요했는데 예를 들어, 지혜(*sophia*)는 성령의 감동으로 어떤 결정 시에 바르게 분별하는 능력을 가리킨다(참고. Witherington, 1998:250). 사도는

---

847) 이방 땅에서 살던 경건한 유대인들은 노년이 되면 거룩한 도시 예루살렘에 묻히기 위해서 이 도시에 와서 살았다. 이것이 헬라파 유대인들의 과부가 많은 이유로 보인다. 따라서 이 과부들을 봉양할 친척들이 예루살렘에 거의 없었다(참고. 헨헨, 1987:403). 아마도 이들 헬라파 유대인 성도는 히브리파 유대인 성도에 비해서 소수였을 것이며, 따라서 구제에서 제외되고 간과된 경우가 종종 발생했을 것이다. 참고로, 이 당시 유대교는 두 가지 구제 프로그램을 운영하고 있었다. (1) 실직자에게 매일 음식을 제공하는 것, (2) 일주일에 한 번씩 도시 빈민에게 음식과 옷을 나눠 주는 것(참고. 유상섭, 2002:217).

848) 누가는 이 구절에서만 사도의 수를 열두 명으로 밝힌다. 따라서 일곱 집사와 구분하고 있다.

849) 예레미아스(1988:176-177)는 예루살렘 교회의 집사들이 담당한 구제를 유대인들의 구제 제도인 '탐구이'(tamchuj: 뜻: 가난한 자들의 주발)와 '쿠파'(kuppa: 뜻 가난한 자들의 광주리)의 영향을 받은 것으로 본다. 전자는 방랑하는 걸인에게 날마다 배급된 음식물(빵, 콩, 열매, 그리고 유월절에는 포도주)이며, 후자는 예루살렘의 가난한 자들에게 매주 배급된 음식물과 의복이었다.

기도하는 것과 말씀 전하는 것에 전무하려고 한다(4절). '전무하다'(*proskarteresomen*)는 '끊임없이 돌보다' 혹은 '정성을 들이다'라는 뜻이다. 온 무리가 이 말을 기뻐하여 믿음과 성령이 충만한 스데반, 빌립,[850] 브로고로, 니가노르, 디몬, 바메나, 유대교에 입교한 안디옥 사람 니골라를 택하여 사도들 앞에 세우니, 온 무리와 사도들이 함께 기도하고 안수한다(5-6절; 참고. 민 27:15-23).[851] 로마에서 헬라어가 포함된 이름을 가진 유대인들은 40% 이하였는데, 일곱 사람 모두가 헬라어 이름을 가지고 있기에 이들은 전부 헬라파 유대인들이다(참고. 존 월튼, 2010:1596). '바른 성경'은 회중이 7명을 선출하였지만 안수는 사도들이 한 것으로 되어 있다. 그러나 회중이 7명을 선출하였을 뿐만 아니라 회중과 사도들이 그들에게 안수한 것으로 보는 것이 낫다(참고. Rogers & Rogers, 1998:241).

7명의 (소위)집사들은 대부분 헬라파 유대인으로 추정되기에, 헬라파 유대인 성도의 사정을 잘 파악할 수 있었을 것이다. 사도들이 집사 제도를 제시했고, 결정은 온 교회가 했다. 물론 누가가 여기서 '집사'(deacon)라는 말을 사용하지 않지만 '집사'(*diakonos*)를 '구제하다'(*diakonein*)라는 말에서 유추해 볼 수 있다. 왜 7명을 선출했는가? 7은 유대인들에게 있어서 한 그룹의 전체를 상징하는 숫자이다(참고. 《유대 전쟁사》, 2.571). 하나님의 말씀이 점점 왕성하여(*euksanen*),[852] 예루살렘에 있는 제자의 수가 더 심히 많아지고 허다한 제사장의 무리도 이 도에 복종했다(7절). 7절은 누가의 '요약적 설명'(summary statement)인데, 이런 구절이 종종 본문 해석에 열쇠를 제공한다(참고. 행 12:24, 19:20). 참고로, 예수님 당시에 약 18,000명의 레위인과 제사장이 있었다. 대제사장들은 권력과 부를 독점했지만, 일반 제사장들과 레위인들은 성전 봉사 일을 한 1개월을 제외하면 나머지 11개월은 일반 직업을 가져야 했을 정도로 넉넉하지 못했다. 따라서 그들은 대제사장과는 달리 복음을 받아들이기 쉬웠을 것이다. 옛 언약의 핵심 인물이 새 언약으로 넘어오고 있다. 이처럼 사도행전은 신구약의 중첩 기간 동안 새 언약이 승리함을 다양한 방식으로 보여준다. 사도행전은 이 중첩 기간 동안 일어난 새 언약의 승리의 역사이다.

2.2. 사도행전 6장 8–15절의 메시지

스데반이 은혜와 권능이 충만하여 큰 기사와 표적을 민간에 행했다(8절). 이 단락을 읽는 독자는 집사의 구제 사역이 원만히 진행되었더라는 기대를 가지고 있다. 그러나 그런 언급을 발견할 수 없다. 7절 안에 구제의 원활한 진행이 암시되어 있기 때문이다. 리버디노(libertinon,

---

850) 첫 번째 두 집사는 교회 안의 일만 감당한 것이 아니라, 복음을 전한 인물이다. 따라서 이 둘은 사도와 집사의 '다리 역할을 하는 인물들'(the bridge figures)이다(참고. Witherington, 1998:251).

851) 칼빈(1993:222)은 니골라를 요한계시록 2장 15절의 '니골라당'과 일치시킨다. 따라서 예루살렘 교회는 니골라를 집사로 잘못 뽑았다고 본다. 그러나 니골라를 요한계시록 2장 15절과 일치시킬 만한 근거는 약하다.

852) 사도행전을 이사야의 '새 출애굽' 주제로 분석한 트리니티 복음주의신학교의 파오(Pao, 2000:167-168)는 동사 *euksanen*이 LXX에서 하나님 나라의 백성이 증가한 것을 묘사하는 데 사용되었다고 밝혔다(참고. 창 1:22, 28, 8:17, 9:1, 7, 17:20, 28:3, 35:11, 47:27, 48:4; 출 1:7; 레 26:9; 렘 3:16; 23:3). 구약 출애굽과 마찬가지로 사도행전에 나타난 새 출애굽의 목표는 하나님 나라의 새로운 백성을 만드는 것이었다.

자유민, the Freedmen)[853] 구레네인, 알렉산드리아인, 길리기아와 아시아에서 온 사람들의 회당(단수형)에서 사람들이 일어나 스데반으로 더불어 변론이 일어난다(9절). 후대의 전승에 의하면 그 당시 예루살렘에 약 480개의 회당이 있었으며 헬라어를 사용하는 회당도 다수 있었다(참고. 유상섭, 2002:224). 회당도 성전처럼 옛 세상을 상징한다. 왜냐하면 복음을 거역하고 있기 때문이다. 스데반이 지혜와 성령으로 말함을 반대하는 자들이 당하지 못한다(10절).

이것은 복음과 새 세상이 옛 세상을 이긴 것이며, 누가복음 21장 15절의 성취이다. 반대자들이 사람들을 비밀히 설득하여, 스데반이 모세(즉 율법)와 하나님(즉 성전)을 모독하는 말을 한 것을 들었다고 말한다(11절). 반대자들이 백성과 장로와 서기관들을 충동시켰는데, 신성 모독죄로 스데반을 잡아 공회 앞에 세운다(12절). 거짓 증인들을 세워 스데반이 거룩한 곳과 율법을 거스려 말했다고 고소한다(13절).[854] 거짓 증인들에 의하면, 스데반이 나사렛 예수님이 성전을 헐고(즉 A.D. 70년 사건이 암시됨) 또 모세가 전해준 규례를 고치겠다고 말씀한 것을 그대로 말했다고 한다(14절; 참고. 마 26:61; 막 14:57-58; 눅 21:6). 유대인들은 실체가 아니라 그림자가 영원하기를 원했다.[855]

공회 중에 앉은 자들이 모두 스데반을 주목해 보니, 그 얼굴이 천사의 얼굴과 같았다(15절). 피고 스데반에게는 하나님의 영광이 머물러 있었다. 스데반은 하나님의 새 성전이다. 이제 하나님의 영광을 상실한 산헤드린 안에 스데반을 통하여 하나님의 영광이 비춰다. 새 성전의 복음이 옛 성전을 상징하는 산헤드린을 정복할 것이다. 그러므로 스데반을 붙잡아 고소하고 정죄한 사람들은 실제로 하나님을 향해서 정죄하고 있다.

3. 오늘에의 적용

현대 교회는 집사 선출 시 성경이 명시하는 자격을 충족시키고 있는가?
목회자가 기도와 말씀의 봉사가 아니라 구제와 같은 일에 전무하지 않는가?
교회의 직분의 역할 분담을 어떻게 효율적으로 할 수 있는가?
교회 내의 문제를 오히려 결속과 성장의 동인으로 바꿀 수 있는 지혜를 구하자.

---

853) 폼페이 장군의 이스라엘 침입 시, 로마의 포로로 잡혀간 유대인들이 나중에 자유인이 되었다.

854) 율법을 모욕한 것은 바리새인을, 성전을 모욕한 것은 사두개인을 특별히 자극했다. 스데반의 설교에도 성전 문제는 핫이슈였다(행 7:46-50).

855) 거짓 증언은 증언자가 증언을 위해서 맹세한 그들의 신들에 대한 모독이었다. 따라서 위증은 불명예스런 행동이었다.

사도행전 7장

1. 본문 및 구조

- 이스라엘 역사를 통한 스데반의 변증(1-50)
  - 아브라함 이야기(2-8)
  - 요셉 이야기(9-19)
  - 모세와 출애굽 한 이스라엘 이야기(20-43)
  - 증거 장막과 성전(44-50)
- 유대인을 책망하는 스데반(51-53)
- 스데반의 마지막 증언과 순교(54-60)

2. 구원 계시사적 메시지

2.1. 사도행전 7장 1-50절의 메시지

스데반의 설교는 사도행전에서 가장 긴 설교인 동시에 비사도가 행한 첫 번째 설교로서 의의가 있다. 그렇다면 왜 누가는 여기에 스데반의 긴 설교를 배치시키는가? 스데반의 설교가 중요한 이유는 그 내용상 예루살렘 사역의 결론이며, 장차 있을 온 유대, 사마리아, 땅 끝까지의 사역을 위한 기초에 해당하기 때문이다. 스데반은 사도행전에서 첫 번째 순교자로 등장한다. 이때는 사도 중심의 예루살렘 사역이 비사도 중심의 사역으로 전환되고 있는 시점이다. 스데반의 설교는 구약 이스라엘의 구원 역사를 개괄하는 형식이다. 론제네커(Longenecker, 1981:337)에 의하면, A.D. 70년 이전의 대중적인 유대교의 경건을 이루는 3개의 큰 기둥은 '땅과 율법과 성전'이었다. 히브리서 기자가 독자들이 다시 유대교로 돌아가는 것을 경고하면서 설명했던 방식과 유사하게, 여기서 스데반은 이 3요소를 그리스도의 성취된 관점에서 설명한다. 요약하면, 아브라함에게 약속된 땅, 모세에게 주어진 율법, 그리고 솔로몬이 지은 성전은 그림자에 불과하다는 것이다.

대제사장(가야바, A.D. 18-36년)은 스데반이 성전과 율법을 무시한 것이 사실인지 묻는다(1절). 스데반은 '형제들과 아버지들이여'라고 부르면서 설교를 시작한다. "우리 조상 아브라함이 메소포타미아에 있을 때, 영광의 하나님이 나타나셔서 고향과 친척을 떠나 보일 땅으로 가라고 명하셨다"(2-3절; 참고. 출 3:12).[856] 아브라함이 갈대아를 떠나 하란에 거하다가 아버지 데라가

856) 스데반은 '우리'라는 1인칭 복수형을 사용하여, 공회의 청중과 자신을 동일시하고 있다(참고. 행 7:2, 11, 12, 15, 19, 38, 39, 44, 45). 그러므로 율법과 성전을 무시한 죄목은 스데반 자신에게 엄밀한 의미에서 해당되지 않음을 변증하고 있다. 그러나 사도행전 7장 51절 이하에서는 '너희'라는 말을 사용하여 스데반 자신과 공회원들을 구분한다.

죽은 후, 하나님이 그를 가나안으로 인도하셨다(4절). 아브라함이 자녀가 없었지만 하나님은 그 땅을 유업으로 주시겠다고 약속하셨다(5절). 아브라함의 자손은 400년 동안 이방인의 종이 될 것이다(6절). 이스라엘을 지배한 그 나라를 하나님이 심판하사, 결국 가나안으로 돌아와서 여호와를 섬기도록 하실 것이다(7절). 할례의 언약을 따라, 아브라함이 이삭을 낳아서 8일 만에 할례를 행했다. 그 후 이삭은 야곱을, 야곱은 12아들을 낳았다(8절).

야곱의 아들들이 요셉을 시기하여 애굽에 팔았지만, 하나님은 요셉과 함께하셨다(9절). 여호와께서 요셉을 모든 환난으로부터 건져내시고 은총과 지혜를 주시매, 바로의 치리자가 되었다(10절). 애굽과 가나안 온 땅에 흉년이 들어 환난이 닥치자 야곱의 아들에게 양식이 없었다(11절). 야곱이 양식을 구하러 아들을 애굽으로 보내었고(12절), 요셉이 형제들을 알아보았고, 바로도 그들을 알게 된다(13절). 요셉이 온 가족 75명을 초청했다(14절). MT에는 70명이지만, LXX는 75명이다(참고. 창 46:27; 출 1:5; 보라. 칼빈, 1993:247). 사해 사본에 나타나는 히브리어 본문은 LXX와 일치한다. 야곱의 가족 전체가 애굽으로 이주해서 살다가 죽었다(15절). 요셉은 새로운 이스라엘에게 생명을 주신 예수님의 그림자이다. 그들의 시체는 아브라함이 세겜 하몰의 자손에게서 산 무덤에 장사 지내졌다(16절). 창세기 49장 29절에서 50장 13절에 의하면 아브라함과 이삭과 야곱과 그들의 아내들은 헤브론의 막벨라 굴에 묻혔다. 그러므로 세겜에 묻힌 자는 요셉과 그의 가족이다(수 24:32).

하나님이 아브라함에게 약속하신 때가 가까우매, 이스라엘이 애굽에서 번성하여 많아졌다(17절; 참고. 창 15:13-15). 요셉을 알지 못하는 새 임금이 애굽 왕위에 오르매(18절), 궤계를 써서 이스라엘의 조상들을 괴롭게 하며 어린아이들을 살지 못하게 했다(19절; 참고. 출 1:15-22). 그때 하나님 보시기에 아름다운 모세가 태어난다(20절). 바로의 딸이 모세를 아들로 기르니(21절), 모세는 애굽의 학술을 다 배워 말과 행사가 능했다(22절). 모세가 40세가 되자 형제 이스라엘을 돌아볼 생각이 났다(23절). 모세는 한 사람이 원통한 일을 당함을 보고 압제하던 애굽인을 죽인다(24절). 모세는 이스라엘 사람들을 구원하시려는 하나님의 계획에 자신이 사용될 줄로 알았지만 이스라엘 사람들은 몰랐다(25절).[857] 이스라엘 사람들끼리 싸울 때 화목시키려 했으나, 오히려 모세는 관원과 재판장 노릇 하지 말라는 말을 그들로부터 듣는다(26-27절). 모세가 애굽 사람을 죽인 것이 들통 나자 미디안으로 도망간다(28-29절). 40년이 지나서 시내 산 가시나무 떨기 불꽃 가운데서 하나님이 모세에게 나타나셔서(30절), 아브라함, 이삭, 야곱의 하나님으로 계시하시자, 모세는 무서워서 감히 알아보지 못했다(31-32절). 하나님이 모세에게 "신을 벗으라, 네가 섰는 곳은 거룩한 땅이라"고 말씀하신다(33절).

하나님은 애굽에서 이스라엘이 괴로움을 받는 것을 보시고 탄식 소리를 들으시고 구원하시려 강림하셔서 이제 모세를 보내신다(34절).[858] 하나님은 모세를 관원과 속량하는 자로 보내신다(35

857) 애굽의 종살이하던 이스라엘 백성이 하나님이 예비하신 출애굽의 구원자 모세를 몰랐던 것처럼, 율법주의와 죄와 사탄의 종살이하던 스데반 당시의 유대인들도 예수 그리스도께서 새로운 모세이심을 알지 못하고 거부했다.

858) 31-34절에서 하나의 '콥틱 역본'은 광범위한 첨가를 했다(참고. 매츠거, 2005:295): "모세가 그 광경을

절). 모세가 출애굽의 일꾼이 되어 40년간 기사와 표적을 행했다(36절). "이스라엘에게 나와 같은 선지자를 세우리라"고 말한 사람이 모세이다(37절; 참고. 신 18:15). 모세는 광야교회와 함께 있었고 생명의 도(즉 '생명을 주시는 말씀')를 받아 이스라엘에게 전해 준 사람이다(38절; 참고. 신 30:19, 32:47; 롬 7:10). 모세는 본향인 천성을 향하여 순례하는 신약의 나그네와 행인 된 광야 교회에게 생명의 도를 전해 주신 예수님의 그림자이다.

이스라엘 자손은 모세에게 복종치 않고 오히려 애굽으로 향하고자 했다(39절; 참고. 민 14:1-4). 이런 구약 이스라엘의 불순종과 거역하는 모습은 다름이 아니라 스데반을 죽이려고 모인 산헤드린 공회의 모습이다. 아론을 중심으로 금송아지 우상을 만들고 그 앞에 제사하며 기뻐했다(40-41절; 참고. 출 32:1-6). 하나님은 이스라엘이 하늘의 군대(heavenly bodies, 현대어성경의 번역은 '태양과 달과 별들') 섬기는 일에 버려 두셨다(42절; 참고. 신 4:19, 17:3; 렘 8:1-2). 이것은 암몬 족속의 신인 몰록의 장막(*ten skenen tou Moloch*)과 애굽의 신인 레판(Rephan)의 별을 섬겨서 결국 바벨론 포로로 잡혀 가게 하리라는 예언과 같은 것이다(43절).[859] 광야의 증거의 장막(*he skene tou martyriou*)은 하나님이 모세에게 보여주신 식양(*typos*, 모형)대로 만든 것이다(44절; 참고. 출 25:9; 히 8:5, 9:11). 증거의 장막은 다윗 때까지 있었다(45절). 다윗이 하나님 앞에 은혜를 받아서 '야곱의 집을 위하여'(하나님의) 처소를 준비하려고 했지만(46절; 참고. 시 132:5) 솔로몬이 건축했다(47절).

여기에 성막에서 돌 성전으로의 계시사적 전진이 나타난다. 그리고 스데반은 궁극적으로는 하나님이 머무실 집이 아니라, 야곱의 집(자손들)이 하나님을 예배하기 위한 장소를 의도하고 있다. 그러므로 여기에 예루살렘 돌 성전에서 성령의 전인 교회로의 전환도 의도되어 있다. 그러므로 지극히 높으신 하나님은 사람이 손으로[860] 지은 곳에 계시지 않는데(48절; 참고. 왕상

보고 놀라 자세히 알아보려고 가까이 가니 주의 소리가 있어 말씀하시기를, 주께서 그에게 말씀하시어 '모세야, 모세야' 부르시되, 그가 말하기를 '주여 당신은 누구시니이까?' 그분이 그에게 말씀하시되, 이리로 가까이하지 말라. 네 발에서 신을 벗으라. 너의 선 곳은 거룩한 곳이니라. 그분이 그에게 말씀하시되 나는 네 조상의 하나님, 곧 아브라함과 이삭과 야곱의 하나님이니라 하신대, 모세가 무서워 감히 알아보지 못하고 하나님을 똑바로 뵈옵기를 두려워하여 얼굴을 돌리매, 하나님께서 모세에게 이렇게 말씀하시되 내가 애굽에 있는 내 백성의 학대받음을 보고 그들이 노예 노동으로 인하여 탄식함을 들었나니 나는 그들의 고통을 앎이니라. 내가 애굽 사람의 손에서 그들을 건져 내려고 내려왔노라. 지금 내가 너를 애굽으로 보내니 네가 그들을 그 땅에서 인도하여 아름답고 풍부한 또 다른 땅, 젖과 꿀이 넘치는 땅, 곧 가나안 족속, 헷 족속, 아모리 족속, 브리스 족속, 히위 족속, 기르가스 족속, 여부스 족속의 지방에 이르게 하리라. 이스라엘 자손의 부르짖음이, 애굽 사람이 그들을 괴롭게 하는 고난이 내게 달하였도다. 이제 내가 너를 애굽 왕 바로에게 보내고, 너는 내 백성 이스라엘 자손을 애굽 땅에서 인도하여 내리라."

859) 사도행전 7장 42-43절에 인용된 아모스 5장 25-27절은 이스라엘이 광야에서 제사 드린 것은 하나님에게 바친 것이 아니라, 몰록과 하늘의 별 레판을 섬긴 것이다(여기서 누가는 MT[메소포타미아의 하늘의 신들인 '식굿'과 '기윤'을 언급함]가 아니라 LXX를 따름; 참고. Bock, 2007:298-299). LXX를 따라 아모스가 예언한 이스라엘의 포로 장소 '다메섹'이 아니라 '바벨론'으로 바뀌었다. 스데반과 누가는 이스라엘의 가장 강력한 대적 바벨론을 염두에 두었다.

860) '사람의 손으로'라는 말이 예루살렘 돌 성전을 묘사하는 용어로 사용됨으로써(48절), 41절의 '사람의 손'으로 만든 것인 금송아지 우상과 연결된다. 스데반 시대에도 성전이 우상화되어 버렸던 것이다.

8:27; 사 66:1-2), "하늘은 나의 보좌요 땅은 나의 발등상이니 너희가 나를 위하여 무슨 집을 짓겠으며 나의 안식할 처소가 어디뇨? 이 모든 것이 다 내 손으로 지은 것이 아니냐?" 함과 같다(49-50절).

여기서 이사야 66장 1-2절을 간본문으로 본다면, 이 구절은 예루살렘 성전에서 형식적이고 가식적인 거짓 예배를 드리는 이스라엘에게는 하나님의 임재가 없음을 심판으로 언급한다. 그러므로 스데반은 당시의 사두개인들과 같이 우상화된 성전을 중심으로 거짓된 예배를 드리던 사람을 비판하고 있다. 그러므로 스데반은 구약 이사야 선지자의 대를 잇는 선지자 역할을 하고 있다. 스데반이 볼 때, 자기 당대의 공회원들은 구약 이스라엘의 죄악상을 그대로 본받고 있는 사람들로서 범죄와 심판의 사이클이 반복되고 있다.

2.2. 사도행전 7장 51–53절의 메시지

스데반은 자신을 고소하던 사람들을 행해서 "목이 곧고 마음과 귀에 할례를 받지 못한 사람들아, 항상 성령을 거스려 '너희' 조상들과 같이 행하는도다"라고 책망한다(51절; 참고. 출 33:5; 레 26:41; 신 9:31, 10:16; 렘 4:4, 9:26). 이스라엘의 조상들이 의로운 분(메시아)이 오리라고 예언한 자들을 죽였는데, 유대인들이 바로 그 의로운 분을 잡아 죽였다(52절). 의로운 선지자들을 죽였던 구약 이스라엘처럼(참고. 왕상 19:1-2; 렘 26:20-23, 38:1-6; 암 7:10-13), 유대인들은 의로운 그리스도를 죽였고, 이제 의로운 스데반을 죽이려고 한다. 유대인들은 천사가 전하여 준 율법을 받고도 지키지 않았다(53절; 참고. 갈 3:19; 히 2:2). 누가복음 2장 34절에 예언된 것처럼, 예수님을 통하여 이제 흥하는 사람과 패하는 사람의 구분이 명확해진다.

2.3. 사도행전 7장 54–60절의 메시지

그들이 스데반의 말을 듣고 마음에 찔려 이를 간다(54절). 스데반이 성령이 충만하여 하늘을 우러러 주목하여 하나님의 영광과 및 예수님께서 하나님 우편에 서신 것을 보고(55절), 하늘이 열리고[861] 인자가[862] 하나님 우편에 서신 것을 본다고 말하니(56절), 유대인들이 큰소리를 지르며, (영적 귀머거리처럼) 귀를 막고, 일심으로 스데반에게 달려든다(57절). 스데반에게 육안과는 다른 눈이 주어져서 그 눈의 투시력으로 하나님의 영광을 보았다(참고. 칼빈, 1993:296). 사도행전 1장의 승천 이후에 처음으로 등장하는 승천하신 예수 그리스도께서 서 계신 것은 스데반을 의롭다고 인정하는 변호사의 모습이다(어거스틴).[863] 여기서 성령론적인 계시사적 이해가 요청된다. 스데반은 성령이 충만한 상태에서 목이 곧은 유대인들의 죄악을 지적한다. 그러나 그들은 회개하기를 거부한다. 마치 성령 충만한 구약의 선지자들이 목이 곧은 백성에게 예언했지만

---

861) '열린 하늘'은 하나님의 임재와 계시의 증표이다(참고. 오스본, 2003:198).

862) 예수님은 마태복음 26장 64절에서 제자들이 공회 앞에서 '재판'을 받을 때 '인자'의 임재와 계시를 약속하셨다.

863) 그러나 칼빈(1993:298)은 예수님이 보좌 우편에 앉으시건 서시건 통치의 권세를 시행하고 계신다는 의미는 동일하다고 본다.

거부하다가 성전의 파괴와 더불어 심판을 받았던 것처럼, 스데반 당시에도 동일한 역사가 벌어지고 있다. 유대인들이 스데반을 성 밖에 내치고 돌로 치니, 증인들이 옷을 벗어 사울이라는 청년(14세-28세. 혹은 14-40세)의 발 앞에 두었다(58절).[864]

돌에 맞으면서도 스데반은 "주 예수님, 내 영혼을 받으시옵소서"라고 부르짖는다(59절; 참고. 눅 23:46). 무릎을 꿇고 큰소리로 "이 죄를 저들에게 돌리지 마옵소서"라고 말한 후 잔다(60절). 스데반은 십자가에서 자신을 죽이던 사람의 죄악을 용서해 달라고 기도하신 예수님의 모습을 그대로 닮고 있다. '자는 것'은 부활 소망을 간직한 채 죽는 것에 대한 완곡적 표현이다(참고. 고전 11:30, 15:6; 살전 4:13-15).

3. 오늘에의 적용

순교적 신앙을 가지고 있는가?
구약을 그리스도 중심으로 보는가?
성령의 성전으로 성취된 율법을 좇아 사는가?

사도행전 8장

1. 본문 및 구조

- 박해를 당해 흩어지는 성도(1-3)
- 빌립의 사마리아 전도(4-25)
- 빌립과 에디오피아 내시(26-40)

2. 구원 계시사적 메시지

2.1. 사도행전 8장 1-3절의 메시지

사울이 스데반의 죽임 당함을 마땅히 여겼다(1절). 예루살렘의 교회에 큰 핍박이 나서, 사도 외에는 다 유대와 사마리아 모든 땅으로 흩어졌다(1절). 예루살렘에서 비교적 평안하게 신앙

864) 58절에서 왜 옷을 벗는가? A.D. 1세기 유대 관습에 의하면, 죄인의 옷을 벗기고 돌로 쳐 죽였다. 그런데 이 경우는 돌로 쳐 죽이는 사람들이 옷을 벗는다. 누가는 진정으로 누가 죄인인지 옷을 벗음을 통해서 역설적으로 보여주는 듯하다(참고. 존 월튼, 2010:1601). 참고로 헬라식 이름 '바울'은 이방 선교 활동 시에 등장한다.

생활하던 시대가 끝나고 흩어진다. 이 단계까지 예루살렘 교회는 사도행전 1장 8절의 사명을 적극적으로 수행하려고 시도하지 않았던 것 같다(contra 칼빈, 1993:308). '흩어지다'(diesparesan)는 씨앗의 파종과 결실과 관련된 용어이다. 예루살렘 교회의 흩어짐으로 인해 유대인과 이방인 사이의 막힌 담이 본격적으로 무너진다(참고. 엡 2:14). 경건한 사람들이 스데반을 장사 지내고 그를 위하여 크게 통곡했다(2절). 사울이 교회를 잔멸하며 각 집에 들어가 남녀를 끌어다가 옥에 넘겼다(3절). '잔멸하다'(*elymaineto*)는 시편 80편 13절의 들돼지가 포도원을 파괴하는 것(ravage)을 묘사할 때 사용된다.

2.2. 사도행전 8장 4-25절의 메시지

그 흩어진 사람들(*hoi diasparentes*, 아오리스트 수동[865] 분사 남성 복수 주격)이 두루 다니며 복음의 말씀을 전한다(4절). 집사 빌립이 사마리아 성에서 그리스도를 전한다(5절). 이 빌립은 스데반과는 달리 수십 년간 복음을 전하는 사역을 감당한다(행 21:8). 무리가 빌립의 말도 듣고, 행하는 표적들(복수형)도 보고, 일심으로 그의 말하는 것을 좇았다(6절). 많은 사람에게 붙었던 더러운 악령들이 크게 소리를 지르며 나가고, 또 많은 중풍병자와 앉은뱅이가 나았다(7절). 그 성에 큰 기쁨이 있었다(8절). '기쁨'은 사도행전의 주요 주제이다(참고. 행 2:46, 5:41, 8:8, 39, 11:23, 12:14, 13:48, 52, 14:17, 15:3, 31, 16:34).

사마리아 성에 시몬이라는 사람이 전부터 있었는데, 그는 마술을 행하여 사마리아 백성을 놀라게 하는 자칭 큰 자이다(9절). 낮은 사람부터 높은 사람까지 다 그를 청종하면서, "이 사람은 큰 자라고 불리는 하나님의 능력(즉 메시아)이다"고 말한다(10절). A.D. 2세기 어떤 기독교 작가에 의하면, 시몬은 자신을 가리켜 신의 남성형의 화신(avatar)라 하고 그의 아내 헬레나는 신의 여성형이라고 주장했다고 한다(참고. 존 월튼, 2010:1603). 사탄은 기만하기 위해서 하나님의 이름을 악용하고 있다. 사마리아인들이 오랫동안 그의 마술에 놀라면서 그를 따랐다(11절). 빌립이 하나님 나라와 예수 그리스도의 이름에 관하여 전도하니 그들이 믿고 남녀가 세례를 받는다(12절). 마술에 기만당한 사람들이 이제 하늘의 지혜에 참여하는 것은 기적이 아닐 수 없다. 마술사 시몬도 믿고 세례를 받은 후, 전심으로 빌립을 따라 다니며, 그 나타나는 표적과 큰 능력을 보고 놀란다(13절).[866] 마술사 시몬의 개종은 많은 사람들의 개종에 영향을 미쳤음이

---

865) 이 동사는 신적 수동태이기에 흩어짐은 하나님의 뜻이요 역사이다.

866) 불치병은 돈으로 해결이 안 된다. 하나님의 은혜도 돈으로 받을 수 없다. 이것을 분명히 하기 위해서 열왕기하 5장과 사도행전 8장 사이의 모형론적, 계시사적인 해석을 해 보자. 엘리사 시대에 이방 나아만 장군이 나병에 걸려서 황제가 보낸 예물과 편지를 가지고 이스라엘로 와서 요단강에서 씻고 치유를 받는다. 그러나 엘리사의 종 게하시가 나아만으로부터 돈을 받았고 결국 나병에 걸리고 만다. 물로 씻고 치유되는 것은 하나님의 은혜이지 돈이 개입되거나 돈으로 해결될 문제가 아니다. 사도행전 8장 27절에 의하면 전도자 빌립이 이디오피아 내시를 만난다. 빌립이 내시가 읽던 이사야에서 예수 그리스도를 설명해 준 후 물에서 내시에게 세례를 주었다. 사도행전 1장 8절 말씀처럼 복음이 예루살렘에서 시작하여 온 유대와 사마리아 그리고 땅 끝까지 전파되어야 한다. 나아만과 이디오피아 내시는 둘 다 이방인으로서, 높은 지위와 권세를 가지고 있었다. 그 둘 다 이스라엘로 와서 치유받기

분명하다.

예루살렘에 있는 사도들이 사마리아도 하나님의 말씀을 받았다는 소식을 듣고, 베드로와 요한을 보내매(14절), 이 둘이 그들에게 성령받기를 위해서 기도한다(15절). 이는 아직 한 사람에게도 성령 내리신 일이 없고, 오직 주 예수님의 이름으로 세례만 받을 뿐이다(16절). '-의 이름으로'(into the name)가 고대 상업 문서에 쓰인 언어가 반영된 것이라면, 그 뜻은 회심자가 자신의 삶의 소유권을 그리스도께 양도했다이다(참고. 존 월튼, 2010:1603). 이 두 사도가 그들에게 안수하니 성령을 받는다(17절). 흥미로운 것은 누가복음 9장 51-55절에서 예수님을 영접지 않은 사마리아인을 불로 멸하자고 주장한 사람이 바로 사도 요한이었다는 점이다. 그는 성령으로 변화를 받았다. 사도들이 안수하자 사마리아인에게 성령이 임한 것은 유대인에 의해 이방인 취급당한 사마리아 성도 역시 동일한 하나님의 백성임을 공개적으로 증명하는 표적이다. 그러므로 이 사마리아의 성령 강림 사건은 사도행전 2장의 오순절 성령 강림사건에 상응한다. 따라서 '사마리아인의 오순절'이라고 불릴 만하다.[867] 예수님의 이름으로 세례를 받았기에 이 사마리아인들은 이미 성도가 되었다. 그러나 성령의 분명한 역사가 그들에게 나타나지 않은 것은 신구약 중첩기의 특수 현상이다. 오순절의 성령 강림으로 새 시대가 개시되었는데, 사마리아인도 이제 후발 주자로서 그 새 시대에 동참하게 된다.

시몬이 사도들의 안수함으로 성령 받는 것을 보고 돈을 주면서(18절), "이 권능을 내게도 주어 내가 안수하는 자가 성령을 받도록 해달라"고 요구한다(19절). 여기서 시몬의 위선이 백일하에 드러난다. 물론 그가 이전에 거짓으로 주님을 믿었다는 의미는 아니다. 왜냐하면 그는 복음을 믿어 그리스도에게 진지하게 굴복했기 때문이다. 시몬처럼 거듭난 후에 옛 자아 그대로 남아 있어 그리스도와 사탄을 혼합하는 경우가 많다(참고. 칼빈, 1993:324). 시몬은 베드로와 요한을 자기와 같은 직업 즉 마술사의 차원으로 이해했다. 베드로가 시몬에게 "하나님의 선물을 돈 주고 살 줄로 생각하였으니 네 은과 네가 함께 망할지어다"라고 말한다(20절). 하나님 앞에서 시몬의 마음이 바르지 못하니, 이 도에는 시몬이 관계할 것이 없고 분깃 될 것도 없다(21절). 만일 시몬이 자신의 악함을 회개하고, 주께 기도하면 혹 마음에 품은 것을 하나님께서 사하여 주실 것이다(22절). 시몬은 악독이 가득하여 불의에 매인 바 되었다(23절). 시몬이 베드로에게

원하고 예배를 드린다. 그리고 하나님의 성령 충만한 종들이요 말씀의 사람들인 엘리사와 빌립을 만나서 문제가 해결된다. 이디오피아 내시와 나아만은 세상적인 권세를 포기하고 어린아이와 같이 순종함으로써 하나님의 은혜로운 구원을 경험하게 된 것이다(참고. 마 19:13-15). 그런데 게하시와 마술사 시몬(행 8:9, 18)은 부정적으로 서로 관련 있다. 둘 다 돈을 밝히거나 돈으로 하나님의 선물을 사려다가 심판을 받는다. 게하시와 시몬은 어린 성도를 실족하게 만들었다(참고. 마 18:6). 하나님은 이방인에게도 구원을 베푸시는 구주이시다. 자비의 하나님은 은혜로 그들에게도 치유와 세례를 주신다. 은혜이지만 값싼 것이 결코 아니다.

867) 칼빈(1993:321)은 사마리아 성도가 성령의 중생하게 하시는 은혜를 받지 못했다는 의미가 아니라, 예수 그리스도의 나라의 영광이 더욱 완전하게 비칠 비상한 은사가 아직 나타나지 못한 것으로 본다. 이제 양자 되게 하시는 영을 받은 사마리아 교인들에게 성령의 특출한 은사가 최고의 상태로 첨가된다고 본다.

자신을 위하여 주님께 기도하여 말한 것이 하나도 자신에게 임하지 말도록 해 달라고 요구한다(24절). 베드로와 요한은 예루살렘으로 돌아가면서 사마리아 여러 촌에 복음을 전했다(25절). 유대 교회와 사마리아 교회가 성령의 가시적인 강림으로 인해서 하나가 된다.

2.3. 사도행전 8장 26-40절의 메시지

주의 사자(천사)가 빌립에게 남쪽으로 가서 예루살렘에서 가사(Gaza)로 내려가는 길까지 가라고 말한다(26절). 이 길은 약 100km 거리이다. 지리적·공간적인 정보를 넘어 이 배경적 설명은 계시사적인 중요성을 가진다. 이제 예루살렘이라는 지역이 더 이상 특별한 중요성을 가지지 않음을 밝힌다. 에디오피아[868] 여왕 간다게(Candace)의[869] 국고를 맡은 내시(*eunouchos*, 즉 재무부 장관)가 예루살렘에 예배하러 왔다가(27절), 돌아가는데 병거를 타고 LXX 이사야를 읽고 있었다(28절). 이 내시는 반드시 거세된 자로만 볼 수 없고, '하나님을 경외하는 자'로 보인다(참고. 헨헨 1987:464).[870] 신명기 23장 1절은 내시가 성전에 들어가는 것을 금한다. 그러나 이사야 56장 3-4절은 여호와께 헌신된 이방인과 내시를 용납하신다(참고. 솔로몬의 지혜서 3:14). 이처럼 모세 시대와 이스라엘 왕조 말엽의 시대 사이에 계시사의 전진이 나타난다. 이 내시는 이사야 두루마리를 가지고 있을 정도로 권세가 있고 부유한 사람이었다.

성령이 빌립에게 그 병거로 가까이 나아가라고 하시니(29절), 빌립이 달려가서 읽고 있는 이사야를 깨닫느냐라고 묻는다(30절). 내시는 지도하는 사람이 없으니 어찌 깨달을 수 있겠는가라고 답하고, 빌립을 청하여 병거에 올라와서 같이 읽도록 한다(31절; 참고. 시 37:31). 읽는 성경 구절은 다음과 같다. "저가 사지로 가는 양과 같이 끌리었고, 털 깎는 자 앞에 있는 어린양의 잠잠함과 같이 그 입을 열지 아니하였도다(32절). 낮을 때에 공변된 판단을 받지 못하였으니 누가 가히 그 세대를 말하리요. 그 생명이 땅에서 빼앗김이로다 하였다"(33절; 보라. 사 53:7-8). 예수 그리스도께서 고난을 당하시고 낮아지셨을 때 사람으로부터 불의한 대우를 받으셨고 결국은 죽으셨다는 구절이다. 이 내시에게 이사야 53장의 여호와의 종이 이사야인지 메시아인지 확신이 서지 않았다. 그 당시 유대인들은 고난의 메시아가 아니라 승리의 메시아를 기대하고 있었다. 내시가 빌립에게 이사야가 한 이 말씀이 누구를 가리켜 한 말인지 묻는다(34절). 빌립이 예수님을 가르쳐 복음을 전하니(35절), 길 가다가 물 있는 곳에 이르러, 내시가 '물을 보라!'(*Idou hydor*) 라고 말한 후 세례를 받는데 있어서 아무 거리낌이 없다고 말한다(36절). 가사 근처에는

---

868) 에디오피아는 '구스'라고 불린다. 현대의 이집트와 에티오피아 사이의 '수단'에 해당하는 지역이이다. 당연히 함족의 후손이다. 에디오피아 왕은 태양의 아들로 숭배될 정도로 신성화 되었기에 세상사를 맡아보지 않았고, 그의 어머니인 여왕이 맡아 보았다(정창균, 2003:202-203).

869) '간다게'는 애굽의 '바로' 그리고 로마의 '가이사'와 비슷한 에디오피아(애굽 남쪽의 수단) 여왕의 왕조를 일컫는 칭호이다.

870) 존 스토트(1992:184)는 이 내시가 디아스포라일 가능성이 있다고 본다. 그렇다면 이 내시가 사도행전에 언급된 최초의 이방인 개종자가 아니라 사도행전 10장의 고넬료이다. 하지만 에디오피아 내시를 에디오피아인으로 보는 것이 자연스러워 보인다. 그리고 건장한 재무장관으로도 볼 수 있지만 신체적 불구를 지닌 내시라고도 볼 수 있다(참고. 유상섭, 2002:304).

오아시스인 와디가 몇 군데 있었다.

바른 성경과 한글개역성경에는 37절이 없다. 어떤 서방 사본(예. E)과 교부들의 글에는 "빌립이 가로되 네가 마음을 온전히 하여 믿으면 가하니라. 대답하여 가로되 내가 예수 그리스도께서 하나님 아들인 줄 믿노라"를 포함한다. 이 구절은 초대 교회의 세례 문답을 반영하는 것으로 보인다. 내시가 병거를 멈추도록 명하고, 빌립과 더불어 물에 들어가 빌립에 의해 세례를 받는다(38절). 에디오피아인이 구원의 하나님에게 손을 뻗칠 것이라는 시편 68편 31절이 성취되는 동시에 복음이 이방인의 세계를 정복한다. 몸을 완전히 잠그는 침례이건 물을 뿌리는 의식이건 세례의 방식은 비본질적인 것이다. 구약 제의가 신약에서는 간편하고 이동성을 띠게 되었으므로 물을 뿌리는 의식도 추천할 만하다. 이 두 사람이 물에서 올라올 때, 주의 영이 갑자기 빌립을 이끌고 가신다. 내시는 더 이상 빌립을 볼 수 없었고, 흔연히(즉 마음이 흐뭇하고 기뻐하면서) 길을 갔다(39절).[871] 빌립은 아소도(Azotus)에 나타나서 여러 성을 지나다니며 복음을 전하고 가이사랴에 이르렀다(40절; 참고. 왕상 18:12; 왕하 2:16).

이 단락의 사건은 누가복음 24장 13-35절과 비슷한 구조를 가지고 있다. 엠마오로 가던 두 제자에게 부활의 주님이 나타나셔서 구약 말씀을 그리스도 중심적으로 풀어서 설명하니 그들은 뜨거움을 느꼈다. 그리고 예수님은 그들과 함께 유하시며 성찬식과 비슷한 식사에 참석하신 후 그들 앞에서 갑자기 사라지셨다. 그렇다면 빌립은 부활하신 예수님의 사역을 계속하고 있는 것이다. 초기 교부들(예. 이레니우스의 '이단에 대항하여' 3.12.8-10)은 이 내시가 에디오피아에 복음을 전했다고 증거한다(참고. Witherington, 1998:301).

3. 오늘에의 적용

우리는 성령과 복음 안에서 하나 되는 일치와 연합 운동에 열심인가?
성령의 인도를 받아 전도하고 가르치는가?

871) 이전의 한글개역성경은 39절을 모호하게 번역한다. "내시가 흔연히 길을 가므로 그를 다시 보지 못하니라." 마치 내시가 즐거운 마음으로 길을 갔기 때문에 빌립을 더 이상 보지 못한 것 같은 뉘앙스를 풍긴다. 그러나 성령이 빌립을 갑자기 다른 곳으로 취해 버렸기에(*harpazo*, take by force) 내시가 그를 더 이상 볼 수 없는 현상이 발생한 것이다(참고. 개역개정판: "내시는 기쁘게 길을 가므로 그를 다시 보지 못하니라"). 여기서 다시 '기쁨'의 주제가 등장한다. 그리고 주목할 점은 이 내시의 회심은 철저히 말씀에 의한 것이다. 하지만 사도행전 9장의 바울의 회심은 초자연적인 환상이라는 가시적인 현상이 동반되었다. 그리고 사본상으로 볼 때 몇몇 소문자 사본(36, 307, 453, 610, 945 등)과 역본들을 중심으로 "그 내시 위에 성령이 임했다. 그리고 주의 사자가 빌립을……"라는 말이 추가되고 있다.

↜ 사도행전 9장 ↝

1. 본문 및 구조

- 바울의 회심(1-31)
- 베드로가 애니아를 고침(32-35)
- 베드로가 다비다를 살림(36-43)

2. 구원 계시사적 메시지

2.1. 사도행전 9장 1-31절의 메시지

사울은 주님의 제자들을 대하여 위협과 살기가 등등했다(1절; 참고. 빌 3:6). (위협과 살기가) '등등했다'(*empneon*, 현재 능동 분사)는 '숨을 내뿜다'(to breathe)라는 의미이다. 사울은 주님의 제자들을 행해서 계속해서 숨을 내뿜듯이 위협과 살기를 내뿜고 있었다. 대제사장으로부터 다메섹 여러 회당에 갈 공문을 청하여 '그 도'(the Way, 道; 참고. 행 16:17, 18:25-26, 19:9, 23, 22:4, 24:14, 22)를 좇는 사람을 잡아 예루살렘으로 잡아오려고 한다(2절). '그 도'는 그 길이신 예수 그리스도의 도를 가리킨다(요. 14:6). 바리새인인 사울이 사두개인의 수장인 대제사장을 찾아간 것은 자존심을 꺾는 행동이었다. 교회를 대적하기 위해서라면 바리새인과 사두개인의 구분은 그리 중요하지 않았다. 예루살렘 북동쪽 250km 지점에 위치한 다메섹 근처에서 정오쯤 홀연히 하늘에서 빛이 바울을 둘러 비춘다(3절; 참고. 행 22:6, 26:13).[872] 승천하신 예수님이 영광과 구원의 빛을 비추신다(참고. 고후 4:4).[873] 사울이 땅에 엎드러지고, 하늘에서 "사울아, 사울아, 네가 어찌하여 나를 핍박하느냐"라는 음성이 들린다(4절). 여기서 사울은 부활하신 주님을 만났기에 사도로서 충분한 자격을 갖추게 된다(참고. 고전 9:1). 구약에서는 여호와께서 종종 빛으로 현현하셨지만(참고. 출 19:16; 삼하 22:15; 시 17:14; 겔 1:4; 단 10:6), 여기서는 승천하신 그리스도께서 현현하신다. 그러므로 예수님은 하나님이시요 주님이시다. 바울은 "주여, 뉘시오니까"라고 묻자, "나는 네가 (계속해서) 핍박하는 예수라"는 승천하신 주님의 음성이 들린다(5절).

사울이 교회는 물론 그리스도를 핍박하고 있었기에 예수님과 성도는 연합되어 있음이 분명하다(참고. 마 25:40). 사도행전 26장 16-18절에 의하면 바울은 바로 이때 이방인의 사도로서의 소명을 받는다.[874] 주님은 바울에게 일어나 성으로 들어가면 행할 일을 말해 줄 자가 있을 것이라

---

872) 누가는 바울의 회심 사건을 사도행전 9, 22, 26장에서 세 번 반복하지만 표현은 다르다. 누가 시대에 반복되는 이야기를 기록할 때 중복적 표현을 피함으로써 독자로 하여금 더 흥미롭게 읽도록 했다(참고. 존 월튼, 2010:1606).

873) 칼빈(1993:348)은 이 빛을 섬광, 번개, 낙뢰에 비유한다.

고 말씀하신다(6절).[875] 길을 같이 가던 사람들은 소리만 듣고 (그리고 빛도 보았다; 참고. 행 22:9) 일어난 일의 의미를 깨닫지 못했다(7절). 바울이 볼 수 없었기에(참고. 창 19:11; 왕하 6:17-20), 사람의 손에 이끌려 다메섹에 들어갔다(8절). 사흘 동안 보지 못하고 식음을 전폐했다(9절).[876] 육신의 눈이 멀고 금식 기도하는 동안 사울은 유대교의 거짓됨을 부활의 그리스도의 빛 속에서 깨닫게 되었을 것이다. 주님은 환상 중에 다메섹에 살던 경건한 아나니아라는 제자를 부르신다(10절; 참고. 행 22:12). 아나니아는 히브리어 이름 '하나니아'(참고. 렘 28:1; 단 1:6)의 헬라형이다.

예수님은 아나니아에게 일어나 직가(Straight Street, 곧은 길)로 가서 유다 집에서 기도하고 있는 다소 사람 사울을 찾으라고 말씀하신다(11절). 사울은 환상 중에 아나니아가 자신에게 안수하여 다시 볼 수 있게 된 것을 보았다(12절). 그러나 확신이 서지 않은 아나니아는 사울이 예루살렘에서 기독교의 박해자로 활동한 것을 주님에게 고한다(13절). 그리고 바울이 다메섹에도 박해를 위해서 대제사장의 권세를 받아 왔음도 주님께 아뢴다(14절). 그러나 주님은 사울을 주님의 이름을 이방인과 임금들과 이스라엘 자손들 앞에 전하기 위한 택한 그릇(my chosen instrument, 선택 받은 도구)이라고 말씀하신다(15절). 예수님은 주님 자신의 이름을 위하여 사울이 얼마나 고난을 받아야 할지 보이실 것이다(16절). 아나니아가 사울을 만나 안수하며 '형제 사울'이라고 부르면서 예수님이 다시 보게 하시며, 성령으로 충만하게 하신다고 말한다(17절). 아나니아의 안수 행위는 바울을 성별시키고, 성령의 은사가 임하도록 하기 위함이다. 즉시 사울의 눈에서 비늘 같은 것이 벗어져서 다시 보게 되었고, 일어나 세례를 받았다(18절). 바울이 가말리엘 문하생이라는 자부심을 가지고 있었지만 실제로는 영적 소경에 불과하다. 의의 태양이시고 하나님의 계시의 결정체인 예수님을 떠난 자는 다 소경이다. 사울이 음식을 먹고 강건해졌다(19절). 바울은 더 중요한 세례를 먼저 받고나서 먹었다.

사울이 다메섹에 있던 제자들과 함께 며칠 있었는데, 즉시로 회당에서 예수님이 하나님 아들이심을 전파했다(20절). 바울은 하나님의 아들에 관한 복음을 전한다(참고. 롬 1:3-4). 바울은 율법과 선지자가 예언한 메시아, 만물을 회복하실 메시아가 바로 예수님이시라고 증거한 것이다(참고. 칼빈, 1993:361). 전도의 말을 듣던 유대인들이 다 놀라며 이전의 박해자 사울을 회상한다(21절). 사울은 힘을 계속해서 더 얻어(*enedynamouto*, 미완료 수동 직설 3인칭 단수, 신적수동태) 예수님을 그리스도라 증명하여 다메섹의 유대인들을 계속해서 굴복시켰다(22절). '굴복시키다'(*synechynnen*, 미완료 능동 직설 3인칭 단수)는 '혼란시키다'(to confuse) 혹은 '소란케 하다'라는 뜻이다. 만일 유대인들이 복음에 굴복해 버렸다면 사울을 죽이려고 하지 않았을 것이다. 많은

874) 바울의 회심이 위치한 문맥이 중요하다. 앞에서는 빌립이 이디오피아 내시를 전도했고(행 8:26-40), 뒤에서는 베드로가 룻다와 욥바 그리고 가이사랴에서 전도한다(행 9:32-10:48). 따라서 이 문맥이 보여주는 바는 바울도 장차 이방인 전도에 헌신할 것이라는 점이다.

875) 5-6절에서 공인 본문은 26장 14절과 22장 10절을 참고하여 긴 구절을 추가한다. KJV을 따라 번역하면 다음과 같다. "가시채를 뒷발질하기가 네게 고생이니라. 그리고 그가 떨며 놀라 말했다. 주여 제가 무엇을 하기를 원하시나이까? 그러자 주께서 그에게 말씀하셨다."

876) 칼빈(1993:354, 356)은 바울이 음식을 먹지 못할 정도로 겁에 질려 있었다고 본다.

날이 지나서 유대인들이 사울을 죽이기로 공모한다(23절). '많은 날이 지나서'에서 바울이 복음을 전할 기회를 많이 가졌음을 알 수 있다. 바울에게 살인 음모가 알려졌고, 바울의 제자들이 그를 밤에 광주리(*spyridi*)에 태워서 달아나도록 한다(24-25절; 참고. 수 2:15; 삼상 19:12). 이 짧은 기간 동안에 바울은 다메섹에 그리스도인 '제자 그룹'을 형성했던 것이다.[877)]

사울이 예루살렘에 가서 제자들을 사귀고자 하나, 제자들은 두려워하면서 그의 제자 됨을 믿지 않았다(26절). 이때는 바울이 아라비아에서 3년을 보낸 후였다(참고. 갈 1:17-18). 위로의 사람 바나바가 사울을 데리고 사도들에게 가서 사울의 회심 사건과 다메섹에서의 전도를 설명한다(27절). 사울이 예루살렘의 제자들과 함께 있으며 출입했다(28절). 주 예수님의 이름으로 담대히 말하고 헬라파 유대인들과 함께 말하며 변론하니 그들이 변절자로 여겨서 사울을 죽이려고 한다(29절). '죽이려고 하다'(*anaireo*)는 '제거하다'(take away) 혹은 '쓸어버리다'(take up)라는 뜻이다. 사도행전 6장 9절 이하에 의하면, 스데반을 죽인 사람들이 바로 헬라파 유대인들이었다. 따라서 바울이 순교를 각오하고 복음을 전했을 것이다. 형제들이 사울을 가이사랴로 데리고 가서 결국 안전하다고 생각된 길리기아 다소로 보낸다(30절). 온 유대와 갈릴리와 사마리아 교회(단수형)가 평안하여 든든히 서 가고 주님을 경외함과 성령의 위로로(즉 성령이 위로하심으로써) 진행하여 수가 더 많아졌다(31절). 여기서 단수형 '교회'는 유대 땅에서 예수님을 믿는 모든 성도들이 유기적 관계 속에서 모두 하나임을 시사해 준다.

2.2. 사도행전 9장 32-35절의 메시지

베드로가 룻다(Lydda)의 교회에게 내려갔다(32절). 애니아라는 남자 성도가 중풍병으로 고생하지 8년이 지나간다(33절). 베드로가 애니아에게 "예수 그리스도께서 너를 낫게 하시니 일어나 네 자리를 정돈하라"고 말하니 곧 일어났다(34절). '일어나다'(*anastethi*)는 부활 신앙과 관련된 용어이다. 이 기적을 통해서 룻다와 샤론(Sharon)에 사는 사람들이 그를 보고 주님께로 돌아왔다(35절). 샤론은 도시가 아니라 룻다로부터 북쪽의 갈멜 산까지 펼쳐진 해안 평지다. 물론 이 기적과 복음 전파는 승천하신 예수 그리스도의 역사이다.

2.3. 사도행전 9장 36-43절의 메시지

사도행전 9장에서는 부활 생명이 일관성 있게 강조된다. 9장 1절 이하에서는 다메섹으로 가던 사울을 부활의 주님이 만나서 부활 생명을 주신 사건이 나오고, 중풍으로 고생하던 애니아를 베드로가 고친 기적의 결과로 룻다 사람들이 부활 생명을 얻게 된 것이다. 사도행전 9장에서 베드로가 기적을 행한 두 도시는 룻다와 욥바이다. 사도행전 8장 40절에 의하면, 룻다에 있던 교회와 욥바에 있던 교회는 전도자 빌립이 세운 교회로 보인다. 이제 이 두 도시에 베드로가

877) 교회사적으로 바울의 이 도망 사건에 비유되는 것이 있다. 칼빈은 1533년 11월 1일 니콜라스 콥(Nicolas Cop)이 루브르 대학 학장 취임 연설을 반가톨릭적 내용으로 했는데, 칼빈이 이 사건에 연루되어 도망 다녀야 했다. 칼빈은 침대 시트를 이용하여 창문을 타고 내려와서, 포도원 일꾼으로 변장하여, 호미를 어깨에 메고 파리를 빠져 나갔다(참고. 박용규, 2009:29).

순회 사역을 한다. 룻다와 욥바는 항구에 인접한 도시로서 아주 헬라화 혹은 로마화가 된 이방 도시였다. 헤롯 대왕이 대규모의 극장을 비롯한 많은 건축을 시도했던 도시들이다. 이런 이방인의 도시에 하나님께서는 특별한 신유의 기적으로 복음을 심고 계신다. 신유의 기적이 종종 이방인을 믿도록 하는 데 효과적이었기 때문이다. 사도행전의 저자인 의원 누가는 병든 자와 치유에 대해 많은 관심을 보인다.

이 단락 바로 앞에는 한 기적 사건이 나타나는데, 욥바에서 16km 떨어진 룻다라는 마을에서 베드로가 8년 동안 (혹은 8살부터) 중풍병으로 고생하던 남자 성도인 애니아를 고친 사건이다. 룻다에서 40리 떨어진 욥바에도 이 소문이 났을 것이다(행 9:35). 욥바는 A.D. 6년부터 로마의 통치를 받았는데, 그 이전에는 유대인의 영향력하에 있었으며 번성했던 지중해 해안 도시였다. 욥바는 또한 구약의 요나가 니느웨로 가지 않고 다시스로 도망가기 위해 배를 탔던 항구이다. 현재 욥바의 인구는 5,000명 정도이며 그중 기독교인은 600명으로 추정된다. 누가는 종종 남자와 여자가 한 쌍을 이루도록 같이 언급한다. 여기서도 남자 성도 애니아를 고친 후 이제 욥바에 있던 여 제자 다비다를 살린다. 남자와 여자를 같이 언급하는 것은 예수님의 구원의 은혜가 남자와 여자에게 동등하게 임한다는 것을 말씀한다. 더 나아가, 신약 교회에 남자와 여자가 같은 성령의 은사와 부활 생명을 가지고 동등하게 하나님을 섬길 것을 강조하는 누가의 의도이다. 룻다의 애니아는 중풍으로 오랫동안 고생하다가 치유 받았다. 하지만 여 제자 다비다는 죽음에서 부활한다. 부활하신 예수님께서 점점 더 강하게 베드로를 통해 역사하신다. 그 강도가 치유에서 부활로 더 세어진다. 또 주목해 볼 것은, 남자 성도 애니아보다 여 제자 다비다의 활동상이 더 상세히 설명되어 있고, 긍정적으로 나타난다는 점이다. 애니아보다 다비다가 더욱 그 지역 교회에 중요한 일꾼이라고 소개한다. 여기서 누가는 교회에서 남자보다 더 뛰어나게 일할 수 있는 여자 일꾼이 많음을 강조한다.

여 제자 다비다(아람어; 누가의 독자들이 아람어를 몰랐기에 헬라어 '도르가'로 설명함)는 '영양'(염소, 암사슴)이란 뜻이다. 36절에 보면, 힘센 영양처럼 선행과 구제하는 일에 저돌적이며 적극적이었다. 하지만 다비다의 남편에 대해 누가는 침묵한다. 다비다는 옷을 만들어 가난한 과부를 구제했던 신앙의 여장부였다. 어느 정도 부자였을 것으로 추정된다. 사도행전에서 누가는 종종 관원, 부자 장수, 귀부인과 같은 부자들이 예수님을 영접했다고 언급한다(참고. 행 16:11-15, 17:4, 34). 이것은 아마도 누가의 의도적인 강조점인데, 다름 아니라 사도행전의 수신자인 데오빌로가 부자요 영향력을 가진 사람이었기 때문에, 그에게 더 효과적인 메시지를 전하기 원했을 것이다. 다비다의 죽음은 과부들뿐 아니라 교회 전체에 큰 손실이 아닐 수 없었다. 교회의 후원을 받지 않고 손수 일해서 옷을 만들어 많은 과부들을 섬겼던 다비다였다. 다비다는 명예의 전당에는 이름이 올라있지 않지만, 열성적인 선행과 구제로 부활 생명을 전하며 살아서 생명책에 이름이 올라오는 영광을 누린 것이다.[878] 적용해 보면, 우리가 은혜로 받은 부활 생명은 우리의

878) 베드로 당시 유대 여인들은 구제에 열심이었다. 그레코-로마 문화권에서 여성들은 때때로 후견인 역할을 수행했다(참고. 존 월튼, 2010:1608).

선행과 구제라는 실천으로 증명되고 전파되어야 한다.

37절에 의하면, 여 제자 다비다가 병들어 죽게 된다. 너무 구제와 선행을 열심히 해서 과로사한 것은 아닐까? 하나님은 다비다를 그녀의 업무로부터 쉬도록 부르신 것이 아닐까? 사람들은 다비다를 무덤에 장사 지내는 대신 다락에 눕힌다. 다락은 아마 오순절 성령 강림 때 120문도가 모인 마가 다락방처럼(행 1:13) 교회 건물로 사용된 곳인 것 같다. 아마도 다비다의 집이 욥바의 교회당으로 사용된 것 같다. 즉 교회당 안에 죽음이 놓인다. 다비다의 시체는 깨끗이 씻어진 상태이다. 시체를 씻는 것은 유대인의 장례에 있어 정상적인 절차 중 한 부분이다.[879)]

여기서 다비다를 다락방에 누인 과부들의 부활 소망을 본다. 옆 마을에서 8년 된 병자 애니아를 고친 바로 그 베드로가 즉시 온다면 다비다는 부활할 수 있다는 믿음이 있었기에 무덤에 장사 지내지 않았던 것이다. 의사를 불러오기에는 너무 늦었으나, 베드로를 불러오기에는 아직 늦지 않았다. 룻다에서 욥바로 오는 16km 즉 4시간 동안 베드로는 주님께서 '달리다굼'(참고. 막 5:41)을 외치심으로 12살 난 야이로의 딸을 살리신 일을 기억하면서, '다비다굼'의 역사를 이루어 주시도록 간절히 기도했을 것이다. 부활하신 주님은 이제 베드로의 기도를 통해서 부활의 역사를 계속 이루어 가신다. 다락에 도착한 베드로는 사람들을 내보낸 후, 간절히 기도한 후 다비다를 향해 '다비다굼'(다비다야 일어나라!)이라고 외친다(40절; 참고. 왕하 4:32-33). 그 결과 다비다가 살아나고, 많은 욥바 사람들이 부활 생명을 믿게 되었다(참고. 겔 37:4; 요 5:25). 예수님의 부활의 생명의 역사를 목격한 베드로가 이제 부활의 새 생명의 역사를 '기도와 말씀'으로 일으키고 있다. 모든 사람을 내보내고 다락에서 베드로가 기도했다는 사실은 이 부활의 기적의 근원에 바로 부활의 예수님이 역사하셨음을 인정하는 것이다. 다락으로 상징되는 교회 안에 부활의 주님의 권세로 죽음이 부활 생명으로 변했다. 다비다의 부활은 개인 차원에 머물지 않고, 욥바 사람들의 믿음의 유익을 위한 것이었다(41-42절).

이 부활의 사건이 있은 후 43절에서 욥바에서 죽은 짐승의 가죽을 다루어 상품을 만들던 피장(피혁상, 무두장이) 시몬의 집에 거하는 베드로를 본다.[880)] 사람을 직업에 따라 부르는 것은 관례였다. 이제 부정하고 천한 직업에 종사하던 시몬에게도 베드로를 통하여 부활 생명이 주어진다. 욥바 교회는 중산층과 평민이 다수를 차지한 것 같다. 시몬 역시 같은 마을에 살았던 다비다가 부활한 것을 들었을 것이기 때문이다. '영양'처럼 열정적으로 일했던 다비다는, '죽은 영양'으로 남아 있을 수 없었다. 결국 기도와 말씀으로 다시 살아난다. 죽은 짐승의 가죽을 다루어 물건을 만들던 천한 시몬도 부활 생명을 얻었을 것이다.

3. 오늘에의 적용

한 사람의 회심의 중요성을 인식하자.

879) 여자만 여자의 시체를 씻을 수 있었다.

880) A.D. 2세기 랍비들은 무두장이는 예루살렘에 들어갈 수 없다고 보기도 했다(참고. 존 월튼, 2010:1609).

주님의 이름을 증거하는 일에 수반되는 능력의 현상을 사모하자.

∽ 사도행전 10장 ∾

1. 본문 및 구조

• 고넬료가 베드로를 부르러 사람을 보냄(1-8)
• 환상을 보는 베드로(9-23a)
• 베드로가 고넬료 가족에게 복음을 전함(23b-48)[881]

2. 구원 계시사적 메시지

2.1. 사도행전 10장 1-8절의 메시지

욥바(Joppa) 북쪽 50km 지점의 지중해 연안의 이방인이 주류를 이루었던 도시 가이사랴에 이탈리아 군대의 백부장(centurion) 고넬료(Cornelius)가 살고 있다(1절).[882] 팔레스타인에서 종종 발생한 반란을 진압하는 것이 그의 임무였을 것이다. 일반적으로 17세부터 37세까지 복무했는데, A.D. 1세기 후반에는 복무 기간이 20년에서 25년으로 늘었다(참고. 존 월튼, 2010:1609). 고넬료는 경건하여 온 집으로 더불어 하나님을 경외하며 백성을 많이 구제하고 항상 기도하는 사람이다(2절).[883] 고넬료는 하나님을 경외하는 자(God-fearer)였다. 따라서 여호와를 믿었지 예수님을 믿는 단계에는 이르지 못했다. 오후 3시쯤, 환상 중에 하나님의 사자가 와서 고넬료를 부른다(3절). 고넬료가 두려워하면서 "주여, 무슨 일입니까?"라고 묻는다. 고넬료의 마음이 종교성(경건)으로 가득 차 있었기 때문에, 그는 당장 그가 상대하는 분이 하나님이라는 것을 깨달았다(참고. 칼빈, 1993:384). 그러자 천사는 "네 기도와 구제가 하나님 앞에(마치 받으심직한 희생 제물처럼) 상달하여 기억하신 바가 되었으니, 지금 사람들을 욥바에 보내어 시몬 베드로를 청하

---

881) 23절의 '절 구분'(verse division)이 어색하다.

882) 지중해 연안의 도시 가이사랴는 'Caesrea Maritima'라고 불린다. 헤롯 대왕이 B.C. 22에서 10년까지 12년에 걸쳐서 건설한 도시이다. 주요 로마 도시를 모델로 삼아 건축된 가이사랴는 흰 돌로 지어졌고 아름다운 궁전이 있었다. 결국 로마 총독의 공식 거주지(*praetorium*)가 되었다(요세푸스의 《고대사》 1.21.5; 15.9.6).

883) 군인은 보통 결혼을 하지 않았다. 군인은 첩을 불법적으로 두기도 했다. 고넬료처럼 여러 장소를 옮겨 다녀야 했던 백부장이 한 지방에서 첩과 오랜 기간 동안 관계를 유지하는 것은 더 어려운 일이었다. '고넬료의 집'에서 '집'은 종이나 자유민이 된 노예를 가리키는 용어일 수 있다. 참고로, 백부장은 일반 사병의 15배에 해당하는 급료를 받았다(참고. 존 월튼, 2010:1610).

라. 그는 피장 시몬의 집에 우거하는데, 그 집은 해변에 있느니라"고 말한다(4-6절). 천사가 떠나니, 고넬료가 하인 둘과 경건한 종졸 한 명,[884] 총 3명에게 환상에 대해 설명(*eksegesamenos*, 아오리스트 디포넌트 분사 남성 단수 속격; *eks* + *hegeomai*; 길을 가르쳐주다, 설명하다)한 후 욥바로 보낸다(7-8절). 고넬료는 여전히 종교적인 인물이었지, 그리스도인은 아니었다. 이제 다시 한 번 그리스도 안에서 유대인이나 헬라인의 구별이 없어진다(참고. 갈 3:28).

2.2. 사도행전 10장 9-23a절의 메시지

그 다음날 정오에 고넬료가 보낸 사람들이 욥바 가까이 갔을 때, 베드로는 기도하러 지붕에 올라간다(9절). 베드로가 기도하는 모습은 사도행전 1장 14절, 2장 42절, 3장 1절, 4장 24절, 6장 4절, 9장 40절 등에 등장한다(참고. 벧전 4:7). 고넬료처럼 베드로도 기도하는 중에 하나님의 인도를 받고 있음에 주목해야 한다. 베드로가 시장하여 먹고자 하여 사람이 준비하는데, 베드로는 비몽사몽간에 하늘이 열리며 그릇 하나가 내려오는 것을 보니 큰 보자기 같고 네 귀를 매어 땅에 드리웠다(10-11절).[885] 그 안에는 땅에 있는 각색 네 발 가진 짐승과 기는 것과 공중에 나는 것들이 있었다(12절). 여기서 이 짐승들 전체를 부정한 것으로 볼 필요는 없다. 아마도 정한 것과 부정한 것이 섞여 있었을 것이다. "베드로야, 일어나 잡아먹어라"는 음성이 들린다(13절).[886] '잡아먹는 것'은 부정하다고 여겨지는 사람들을 전도해서 영접하고 교제하라는 의미이다. 레위기 11장의 정결·부정결법을 잘 알고 있었던 베드로는 속되고 깨끗지 않은 것은 먹지 않았다고 답한다(14절; 참고. 신 14:7-20; 겔 4:13-15; 희년서 22:16). 하나님께서 깨끗하게 하신 것을 '속되다'라고 말하지 말라는 음성이 들린다(15절). 이런 일이 3번 있은 후 그 그릇이 곧 하늘로 올리워간다(16절).[887] 하지만 베드로는 욥바의 죽은 짐승의 가죽으로 물건을 만드는 피장 시몬의 집에서 머물고 있었기에 유대인의 법에 의하면 부정해진 것이나 마찬가지였다. 그러나 베드로는 스스로 여전히 정결하다고 생각했다. 환상이 3번 반복됨으로써, 베드로의 마음에 아무런 주저함이나 불안이 없게 되었다.

베드로는 당혹하면서 본 환상이 무슨 뜻인지 속으로 의심했는데, 마침 고넬료가 보낸 사람들이 시몬 피장의 집 문 밖에 서서(17절), 베드로가 있는지 묻는다(18절). 베드로가 환상에 대해서 생각할 때, 성령께서 '세 사람'(*andres treais*)이[888] 베드로를 찾고 있으니 의심하지 말고 함께

884) 고넬료의 영향은 그의 종들에게도 미치고 있었다. 따라서 어떤 직업이건 하나님을 순수하게 예배하는 것을 면제하는 직업은 없다(참고. 칼빈, 1993:389).

885) 사도행전 9장 12절 이하처럼 여기서도 '이중 환상'이 등장하는데, 하나님의 섭리를 강조한다.

886) 베드로에게 '일어나' 잡아먹으라는 말씀(행 10:13)은 사도행전 9장에서 성령의 능력으로 충만한 베드로가 애니아와 다비다를 향하여 "일어나라"라고 했던 것과 유사하다. 이제 베드로는 새로운 경험을 위해서 일어나야 한다.

887) 베드로에게 '3'이란 숫자는 인상적이다. 그는 예수님을 3번 부인했고(요 18:17, 25-27), 3번 사랑한다는 고백과 양을 먹이라는 사명을 들었고(요 21:15-17), 이 단락에서는 3번씩이나 동일한 환상을 본다. 그리고 베드로를 찾아온 사람은 3명이었다(19절). 그리고 베드로가 피장 시몬의 집에 머물고 있다고 3번이나 언급한다.

가라고 말씀하신다(19-20절; 참고. 유상섭, 2002:371). 드디어 베드로가 고넬료가 보낸 사람들을 만난다(21절). 그들은 거룩한 천사의 지시를 받은 고넬료가 베드로를 청하여 말씀을 들으려고 한다고 말하니, 이날 함께 유숙한다(22-23절).[889] 23절에서 개역성경은 '욥바 두어 형제'라고 번역했다. 그러나 정확한 인원은 사도행전 11장 12절에 의하면 '여섯 명'이다. 헬라어 *tines ton adelphon*을 '두어 형제'가 아니라 바른 성경처럼 '형제 몇 명'으로 번역하는 것이 옳다. 이 무렵 베드로는 사도행전 9장의 사마리아인에게 임한 성령 사건을 목격하여 알고 있었기에, 이방인에게 복음이 전파되는 것에 대해 나름대로 준비했을 것이다.

2.3. 사도행전 10장 23b-48절의 메시지

이튿날 일찍 일어나서 베드로는 욥바의 형제 6명과 함께 가이사랴로 간다(23b; 참고. 행 11:12). 그 다음날 가이사랴에 도착해 보니, 고넬료가 일가와 가까운 친척을 모아 기다리고 있었다(24절). 그는 확실히 베드로가 올 것이라고 믿었다. 마침 베드로가 들어올 때 고넬료가 맞아 발 앞에 엎드려 절한다(25절).[890] 고넬료는 하나님께서 천사를 통하여 베드로를 초청하라고 명하셨기에 베드로가 천사보다 더 높다고 생각했을 수도 있다. 베드로는 고넬료를 일으키면서 "나도 사람이다"고 말하고 더불어 말하면서 들어가 여러 사람이 모인 것을 보고 말한다(26-27절).[891]

베드로는 유대인으로서 이방인과 교제하는 것이 위법이지만 하나님이 지시하사 아무도 속되거나 깨끗지 않다고 하지 말라 하셨기에, 부름을 사양하지 않고 왔는데 무슨 일로 자신을 불렀는지 묻는다(28-29절).[892] 이방인과 교제함으로써 유대인의 법을 어기는 것은 이방인 전도를 위해 새로운 질서에 순종하는 것과 비교해 보면 중요하지 않다. 고넬료는 4일 전 오후 3시, 기도할 때 빛난 옷을 입은 한 사람이 나타나서 한 말을 설명한다(30-32절). 고넬료는 주님이 베드로에게 명하신 모든 것을 들으려고 하나님 앞에 있다고 말한다(33절). "우리 모두가 하나님 앞에 있다"(*pantes hemeis tou theou parasmen*)는 고넬료의 말에서 베드로 개인의 말이 아니라 하나님의 계시로 들으려고 함을 알 수 있다. 베드로가 하나님은 사람의 외모를 취하지 않으시며(34절), 각 나라 중 하나님을 경외하며 의를 행하는 사람은 하나님이 받으시는 줄을 깨달았다고 말한다

888) 19절을 개역개정판은 '두 사람'으로 번역하지만 본문 비평을 요한다. '3명'이라고 밝히는 사본은 파피루스 74, 시내 산, A, C, E, 그리고 바른 성경이고, '두 명'을 지지하는 것은 B이다. 그리고 사람 숫자를 언급하지 않은 사본은 D와 다수 사본 그리고 여러 교부들이다. 사본상으로 볼 때 그리고 사도행전 10장 7절은 '3명'을 지지한다. NIV도 세 사람을 지지한다. 한글개역성경이 오직 B사본 하나만 지지하는 독법을 따른 것은 아이러니이다. 현대어성경은 '세 사람'으로 번역한다.

889) 부정한 사람 피장 시몬, 유대인의 사도 베드로, 그리고 하나님을 경외하는 이방인이 한 지붕 아래에서 유숙한다. 결국 이들은 모두 예수 그리스도의 복음으로 하나가 된다.

890) '하나님을 경외하는 자'는 유대인 사회를 향해서 아무런 반대 의사를 가지고 있지 않았지만, 심지어 온건한 정통 유대인들은 이방인의 거주지로 들어가는 것을 꺼렸다(참고. Bruce, 1984:217).

891) 그레코-로마인들은 초자연적인 능력을 가지고 있고 신의 아들로 여겨진 '반신'(半神)도 믿었다(참고. 행 14:11, 28:6). 그러나 고넬료가 베드로를 반신으로 여긴 것 같지는 않다.

892) 28절은 고넬료가 유대교로 완전히 개종한 것이 아님을 암시한다. 따라서 사도행전 10장 2절의 '하나님을 경외하는 자'는 할례 받지 않은 의로운 이방인이라는 넓은 의미로 사용된 것으로 볼 수 있다.

(35절). 이제 유대인에게만 특정하게 주어진 선민사상이나 특정주의는 종막을 고한다. '만유의 주'(*panton kyriois*) 되신 예수 그리스도로 말미암아 화평(화해)의 복음을 전하사 이스라엘 자손들에게 보내신 말씀 곧 세례 요한이 세례를 반포한 후에 갈릴리와 온 유대에 두루 전파된 것을 고넬료 일가도 알고 있다(36-37절).

하나님이 나사렛 예수님에게 성령과 능력을 기름 붓듯 하셨으매(참고. 사 61:1-3; 눅 4:16-21), 두루 다니시며 착한 일을 행하시고 마귀에게 눌린 모든 자를 고치셨으니 이는 하나님이 함께하셨음이다(38절). 베드로는 이 일에 증인인데, 유대인들이 예수님을 십자가에 달아 죽였다(39절). 그러나 하나님이 사흘 만에 다시 살리셨고(40절), 예수님은 음식 먹던 제자들에게 나타나셨다(41절; 고전 15:5-7). 제자들은 전도할 때 하나님께서 산 자들(신자)과 죽은 자들(불신자)의 재판장(*krites*)으로 정하신 분이 바로 예수님이심을 전해야 했다(42절). 모든 선지자들도 예수님을 증거했는데, 믿는 사람들은 예수님의 이름을 힘입어 죄 사함을 받는다고 말했다(43절).

이 말을 하는 동안 성령이 말씀을 듣던 사람들에게 내려오시니(*epepesen*, to fall upon, 아오리스트 능동 직설 3인칭 단수; 44절), 베드로와 함께 온 할례 받은 유대인 '신자들'이 이방인에게도 성령이 부어짐을 보고 놀란다(45절). 누가가 아직도 오류에 빠진 자들을 '신자들'이라고 부른 것은 하나님께서 자기 백성에게서 모든 무지의 구름을 단번에 추방하시는 것은 아님을 보여준다(참고. 칼빈, 1993:421). 안수도 없었고 성령의 임재를 위한 기도도 없었지만, 성령은 내려오셨는데, 이것을 '이방인 세계의 오순절'(Pentecost of the Gentile world)이라고 부를 수 있다. 그들은 고넬료 일가가 방언들(복수)을 말하며 하나님을 높이는 것(즉 찬양)을 들었다(46절). 다양한 방언들과 하나님을 높이는 말을 하는 것은 성령이 임한 것을 확증하는 표적이다.[893] 이 표적은 베드로와 함께 온 유대인 성도에게 이방인들이 확실하게 자신들과 동일한 성령을 받았음을 깨닫도록 했다. 베드로는 이들이 성령을 받았으니, 예수 그리스도의 이름으로 물세례를 주는 것을 금할 수 없다고 말한다(47절). 그들은 베드로에게 수일 더 유하기를 청한다(48절). 성령의 세례와 물세례를 받은 후 그들은 베드로에게 복음에 대해 더 듣기를 원했던 것이다.

3. 오늘에의 적용

우리에게 정결·부정결의 기준은 무엇인가?
우리는 사람을 외모로 취하여 차별하지 않는가?

893) 사도행전 2장 4절에는 '다른 방언들'(외국어들)이라는 표현이 있지만, 여기서는 '방언들'이기에 외국어로 보기 어렵다. 따라서 고린도전서 12-14장의 방언과 동일한 것을 보인다. 방언의 성격은 다르지만 예루살렘 다락방에 임한 오순절의 성령 강림과 고넬료의 일가에게 임한 성령의 사건은 유사하다(행 11:15).

사도행전 11장

1. 본문 및 구조

- 예루살렘에서 베드로의 변증(1-18)
- 시리아 안디옥 교회가 복음의 전초기지로 부각됨(19-30)

2. 구원 계시사적 메시지

2.1. 사도행전 11장 1-18절의 메시지

유대에 있는 사도와 형제들이 가이사랴의 이방인들도 하나님의 말씀을 받았다 함을 들었다(1절). 유대 교회 가운데 할례자도 있었는데, 그들은 예수님을 믿는 그리스도인이지만 유대인의 관습을 따라 할례와 같은 율법을 준수하는 데 열심이었다. 예루살렘 교회가 사도행전 8장 14절에서 사마리아 사람들이 성령을 받았던 것을 확인했듯이, 이방인이 성령을 받은 것도 확인해 보려고 한다. 할례자들이 예루살렘에 올라간 베드로를 힐난한다(2절).[894] 그 명목은 이방인과 식탁 교제를 나누었다는 것이다. 하지만 사도행전 10장에는 식탁 교제에 대한 언급이 없다. 이 단락에서 베드로를 대항하여 등장하는 유대인들의 편견과 전통적인 입장은 장차 바울이 전도하면서 당할 일들(예. 유대인과의 논쟁)을 미리 보여주는 것이다(참고. 브레이크록, 1980:127). 할례자들이 베드로가 무할례자의 집에 들어가 먹었다고 비난하니(3절), 베드로가 차례대로 설명한다(4절). 이 비난의 기초는 하나님의 율법이 금하는 규정이 아니라 조상의 유전이다. 베드로는 환상을 그대로 서술하는 것을 최상의 선택으로 여겼을 것이다. 베드로처럼 누가복음 15장에 보면, 예수님께서 죄인들을 영접하자 유대인들이 비난했는데, 주님은 자신의 행위를 변호하셨다. 베드로는 욥바에서 보자기 환상을 본 것을 반복한다(5-10절). 6절에서 들짐승(wild beasts)을 추가한다(비교. 행 10:12; 참고. 창 1:24이하; 시 148:10).

보자기는 할례자와 무할례자를 차별 없이 포함하고 있는 교회를 상징한다. 고넬료가 보낸 세 사람이 욥바에 있던 베드로를 찾아왔고, 베드로는 욥바에 있던 6형제와 더불어 고넬료 집에 들어갔는데, 이것은 성령의 명령에 순종한 것이다(11-12절). 고넬료는 천사의 지시로 구원의 말씀을 듣기 위해서 베드로를 초청했다(13-14절). 복음이 고넬료의 집에 들어오기 전에 그가 행한 기도하고 구제하는 행위로는 구원을 받을 수 없다. 복음을 듣고 회개해야만 구원이 가능하다. 이제 가정 교회(household church)가 출범된다. 따라서 성령이 임한 가정 교회가 성령과

894) D사본과 Vulgate 등은 2절을 많이 확대시킨다(참고. 매츠거, 2005:326). "베드로가 상당한 시간 동안 예루살렘으로 여행하기를 간절히 원했으며, 형제들을 자기에게 불러모았으며, 그 지역(가이사랴와 예루살렘 중간)에서 설교하고 가르쳤으며 마침내 자진하여 그리로 갔다. 베드로는 예루살렘에서 그들에게 하나님의 은혜에 대해 말했다. 그러나 할례자들은 베드로와 다투었다."

하나님의 영광이 떠나버린 예루살렘 성전을 대체한다.

베드로가 설교를 시작할 때 오순절에 예루살렘 다락방에 성령이 임하시듯이 임하셨다(15절). 그때 베드로는 예수님은 세례 요한과 달리 성령으로 세례를 주리라는 말씀을 기억했다(16절; 보라. 행 1:5). 하나님께서 베드로를 비롯한 유대인 성도가 믿을 때 주신 것과 동일한 선물을 고넬료 가족에게도 주셨기에 베드로는 이 일을 막을 수 없었다(17절). 17절의 '내가 누구라고 감히'라는 말에 고넬료 가족의 구원을 시작하시고 주관하신 분은 하나님임을 알 수 있다. 물세례를 주었다고 명시적으로 언급하지 않지만 17절에 암시되어 있다. 예루살렘의 유대인 성도들이 베드로의 말을 듣고 잠잠하여 하나님께 영광을 돌리며, "하나님께서 이방인에게도 생명 얻는 회개를 주셨도다"라고 말한다(18절). 베드로를 향하여 유대의 할례를 받은 그리스도인들이 어떤 반론도 펴지 못했다. 이것은 베드로를 통해서 하나님이 자신의 뜻을 분명히 나타내셨기 때문이다(참고. Bruce, 1984:236).

2.2. 사도행전 11장 19-30절의 메시지

스데반의 순교로 인하여 흩어진 자들이 베니게(페니키아)와 구브로(키프로스)와 시리아 안디옥에까지 이르러 '그 도'(*ton logon*, message)를 유대인들에게만 전한다(19절; 참고. 행 8:4). 여전히 복음이 유대 출신 그리스도인들의 '종교적인 옹고집' 때문에 우주적으로 전파되지 못하고 있다. 그중에서 구브로와 북아프리카의 구레네 출신 몇 사람이 안디옥에 이르러 '헬라인' (*hellenistas*, 헬라어를 말하는 이방인과 유대인 모두)에게도 주 예수님을 전했는데(20절), 주님의 손이 그들과 함께하시매 많은 사람이 믿고 주님께로 돌아왔다(21절).[895] 서서히 인구 50만 명의 문화적 다원주의 대도시였던 시리아 안디옥이 선교의 중심지로 부각된다(참고. 오스본, 2003:293). 안디옥에서 약 500km 떨어진 예루살렘 교회가[896] 이 소문을 듣고 바나바를 안디옥에 파송한다(22절). 바나바는 구브로 출신이었기에 안디옥에서 이방인 전도를 시작한 구브로 출신 전도자들과 친분이 있었을 수 있다. 권위자 바나바가 안디옥에서 하나님의 은혜를 보고 기뻐하여, 모든 사람에게 굳은 마음으로 주께 붙어 있으라고 권한다(23절). 바나바는 착한 사람이요 성령과 믿음이 충만한 사람이다. 그 결과 많은 사람이 주님께로 더해졌다(A crowd was added, 신적 수동태, 24절). 혼자서 안디옥 교회를 감독하기보다는 협동하는 것이 더 낫다고 판단한 것으로 보이는 바나바가 사울을 찾으러 160km 떨어진 다소로 가서(25절), 둘이 안디옥에서 협동 목회를 1년 동안 한다(26절). 수년 전에 바나바는 회심한 사울을 예루살렘의 사도들에게 소개한 적이 있다.

---

895) 20절에서 *Hellenas*를 지지하는 사본은 파피루스 74, A 등인데, 'Grecians'혹은 'Hellenists'(헬라화된 사람들)라는 뜻이다. 그러나 사본상으로는 물론, 문맥상으로도 유대인과 구분되는 넓은 의미의 '헬라어를 말하는 사람들'(*hellenistas*)을 지지한다. 이것은 더 어려운 독법이기도 하다. 그러므로 이들은 셈어를 말하는 자들과 대조를 이룬다. 따라서 헬라의 말이나 관습을 사용하고 따르는 유대인과 이방인 모두를 포함한다. 19절의 *Ioudaioi*와 대조를 이룬다(참고. 매츠거, 2005:331-332).

896) 스데반의 순교로 흩어진 예루살렘 교회가 다시 모여들었던 것이다.

제자들이 안디옥에서 비로소 '그리스도인'(*Christianos*, 비교. 벧전 4:16)이라 일컬음을 받게 되었다(26절).[897] '그리스도'라는 말에 소속을 뜻하는 'ianos'가 합성된 단어이다. '그리스도의 사람' 혹은 '그리스도의 추종자'라는 뜻이다. 이것은 바울과 바나바에 의해 1년 동안 집중 훈련을 받은 결과이다. 예루살렘 교회가 시리아 안디옥 교회보다 먼저 설립되었지만, 전자에게는 '그리스도인'이라는 명예로운 호칭이 주어지지 않았다. 안디옥 교회는 유대인과 이방인 출신이 혼합된 공동체였으며, 신앙을 공개적으로 고백하는 용기가 예루살렘 교회보다 높게 평가된 것으로 볼 수 있다(참고. 칼빈, 1993:487). 시리아 안디옥 교회의 에토스는 예루살렘 교회의 그것과 약간 차이가 나는 것 같다. 안디옥 교회는 자신의 신앙에 대해 침묵하지 않았고, 가는 곳마다 증거했기에 안디옥의 이방인들조차 그들이 누구인지 알 정도였기 때문이다(참고. Bruce, 1984:241).

그때 선지자들이 예루살렘에서 안디옥에 이르니(27절), 그중에 아가보라는 선지자가 성령으로 천하에 큰 흉년이 들 것이라고 예언했는데, 글라우디오 황제(A.D. 41-54년) 때 (구체적으로 A.D. 44-46년경; 참고. 갈 2:1-10; 고후 8-9; 《유대 고대사》 15권) 그대로 되었다(28절).[898] 하나님의 심판이 예고됨으로써, 성도로 하여금 자신을 돌아보고, 인내하도록 하며, 기근이 우연한 자연 재해가 아님을 알게 하려는 의도가 있었다. 고린도전서 12장 28절에도 등장하는 신약 교회의 '선지자'는 정경이 완성되기 전에 하나님의 계시를 받아 전해 준 사람이다. 선지자들은 그들의 일상 언어로 계시를 전했다는 점에서 방언을 말하는 것과는 차이가 난다. 물론 선지자들의 말씀과 방언의 공통점도 있는데 그것은 둘 다 성령의 감동으로만 가능하다는 점이다. 안디옥 교회의 제자들이 힘대로 유대에 사는 형제들에게 부조를 보내기로 작정하고(29절), 이를 실행하여 바나바와 사울 편으로 예루살렘의 장로들에게 보낸다(30절; A.D. 46년경). 이때 바나바와 바울은 예루살렘 교회의 지도자들(베드로, 요한, 예수님의 동생 야고보 등)로부터 이방인의 사도로서 공적인 인정을 받았을 가능성이 있다. 안디옥 교회가 예루살렘 교회를 도운 것은 나중에 그리스와 같은 이방 지역의 교회들이 부조한 일에 좋은 본이 되었다(참고. 행 20:35; 고전 16:1-3). 기근이 모교회와 자교회를 연결시키는 촉매 역할을 감당한다.

3. 오늘에의 적용

우리는 전통에 매여서 복음을 오해하지 않는가?

897) 25-26절에서 D사본은 "그리고 그가 사울이 다소에 있다는 말을 듣고 그를 찾으러 갔다. 그리고 그가 그를 만났을 때 그에게 안디옥에 와 달라고 간청하였다. 그들이 왔을 때, 1년간 큰 무리의 사람들이 동요하였다. 그리고 그런 후에 제자들이 안디옥에서 비로소 그리스도인이라 일컬음을 받게 되었다"라고 확장한다.

898) 요세푸스의 《고대사》3.15.3과 20.2.5 그리고 20.5.2에도 이 기근을 언급한다. 이 무렵 티그리스 강 동편의 아디아베네(Adiabene)에 살던 유대인 황태후(queen-mother) 헬레네가 예루살렘의 굶주린 자들을 돕기 위해서 이집트에서 옥수수를, 구브로에서 무화과를 구입해서 나누어 주었다고 한다(참고. 존 월튼, 2010:1615).

교회가 어떻게 바람직한 방식으로 다른 교회를 후원할 수 있는가?

사도행전 12장

1. 본문 및 구조

- 헤롯 아그립바 1세의 교회 핍박(1-4)
- 예루살렘 교회의 기도와 베드로의 구출(5-12)
- 베드로의 구출과 교회의 반응(13-17)
- 헤롯의 음모와 하나님의 심판(18-23)
- 교회의 성장과 바울과 바나바의 귀환(24-25)

2. 구원 계시사적 메시지

2.1. 사도행전 12장 1-4절의 메시지

그때(바울과 바나바가 후원금을 가지고 예루살렘에 간 때) 헤롯 대왕의 손자 헤롯 아그립바 1세(b. B.C. 11)가 예루살렘 교회 중 몇 사람을 해하려고 한다(1절).[899] 아리스토불루스의 아들인 헤롯 아그립바는 A.D. 41년에 글라우디오 황제에 의해 유대의 왕으로 임명되었는데, 유대교를 믿고 유대교의 관습을 따랐던 자였고 자신이 이두매인인 것을 부끄럽게 여겼다. 그러나 그의 친유대교 정책 때문에 유대인들은 그를 형제처럼 생각했다. 헤롯 아그립바 1세는 이두매 출신의 헤롯 대왕과 하스몬 왕조의[900] 공주인 마리암네(Mariamne) 사이에서 태어난 손자이기에 유대 혈통이 남아 있었다. 이것도 유대인으로부터 인기를 받은 한 가지 이유이다. 짧은 휴전을 허락 받음으로써 예루살렘 교회가 숨을 돌릴 수 있었고, 새로운 용기를 회복할 수 있었다.

이때 사도 요한의 형 야고보가 순교한다(2절). 이것은 예수님이 야고보에게 예언한 '잔과 세례'를 그가 받은 것인데 마가복음 10장 39절의 성취이다. 야고보의 동생 요한도 요한계시록 1장 9절에 의하면 복음 때문에 밧모 섬에서 고난을 겪었다.[901] 헤롯이 유대인들이 야고보의 순교를 보고 기뻐하는 것을 보고, 베드로도 잡으려고 하는데 시간적 배경은 무교절이다(3절).

---

899) 바울이 재판을 받는 사도행전 25-26장의 헤롯은 아그립바 2세이다.

900) '하스몬'(Hasmonean)이라는 말은 유다 마카비의 맏형 시몬(Simon)에서 나온 이름으로 추정된다.

901) E. Schwart (1910), A. Loisy(1920), 그리고 R. Eisler(1938)은 12장 2절을 '야고보와 그의 동생 요한'으로 읽어서 야고보와 요한이 이때 같이 순교했다고 본다(보라. Bruce, 1984:247). 그러나 헬라어 독법은 그것을 지지하지 않는다.

헤롯 아그립바 1세는 베드로를 잡아 옥에 가둔다. 감금 장소는 안토니아 요새일 가능성이 높다. 군사 4명이 4개 조로 베드로를 지키고, 유월절 후에 백성 앞에 끌어내고자 한다(4절). 베드로도 예수님처럼 유월절 희생 제물이 될 위기에 처한다.

2.2. 사도행전 12장 5–12절의 메시지

베드로는 옥에 갇혔고 예루살렘 교회는 그를 위해 간절히 하나님에게 빈다(5절; 참고. 시 50:15). 이때 바울과 바나바는 부조의 일로 예루살렘에 와 있었기에 이 기도 모임에 동참했을 것이다. 헤롯이 베드로를 옥에서 끌어내려고 하는 바로 그 전날 밤에 쇠사슬에 매여 자고 있던 베드로를 주의 사자가 깨우고 쇠사슬을 벗긴다(6-7절). 개역개정판의 '홀연히'(7절)는 '보라'(*idou*)의 오역이다. 다음날 죽을지 모르는 베드로가 자고 있다. 이것은 누가복음 8장 23절의 풍랑이 이는 갈릴리 바다를 향해 중이시던 예수님이 주무시는 것과 흡사하다. 이제 베드로는 하나님의 손에 전적으로 의탁하는 신앙을 가지고 있다. 7절의 감옥 안에 비친 '빛'은 베드로로 하여금 감옥에서 빠져나오도록 도왔을 것이며, 또한 하나님의 영광과 임재를 상징했다(참고. 칼빈, 1993:448). 천사가 "띠를 띠고 신을 신어라"고 말하니, 베드로가 그대로 하고, "겉옷을 입고 따라 오라"고 하니, 베드로가 따라간다(8-9절). 베드로는 환상을 보는 줄로 착각할 정도이다. 첫째와 둘째 파수를 지나 성으로 통하는 쇠문에 이르자 문이 저절로 열리니, 나와서 거리를 지나매 천사가 곧 떠나간다(10절).

하나님께서 베드로로 하여금 모든 난관을 한꺼번에 극복하게 하시지 않고, 하나씩 지나고 극복하도록 하심으로써 세밀히 역사하고 계신다. 이에 베드로가 정신이 나서 가로되, 이제야 참으로 주께서 그의 천사를 보내어 헤롯의 손과 유대 백성의 모든 기대에서 벗어나게 하신 줄을 안다고 고백한다(11절). 베드로가 마가 요한의 어머니 마리아의 집에 가니 여러 사람이 모여서 기도하고 있었다(12절). '마가'는 라틴어 이름인데, 성(姓)이 아니라 이름(praenomen)이다. 마리아가 유대인들의 살해 위협이 등등한 시점에 자기 집을 기도의 처소로 제공한 것은 믿음의 행위였다.

2.3. 사도행전 12장 13–17절의 메시지

베드로가 대문을 두드리니 로데라는 여자아이가 영접하러 나온다(13절). 흥미롭게도 예수님의 구출(부활)의 첫 목격자도 막달라 마리아와 같은 여자였다. 베드로의 음성인 줄 알고 기뻐하며 베드로가 문 밖에 섰다고 알려 준다(14절). 집안에 있던 사람들은 로데를 향해서 미쳤다고 말하고, 계집아이는 참말이라고 하니, 그들은 베드로의 천사라고 말한다(15절; 참고. 시 91:11; 단 10:13, 20; 마 18:10; 창세기 랍바 78; 수호천사는 보호를 받는 사람과 같은 모습을 가지고 있음). 여기서 기도를 한 후에 실제적인 응답이 이루어졌을 때 불신앙으로 일관하는 제자들의 아이러니를 본다. 베드로가 계속해서 문을 두드리니 사람들이 베드로를 보고 놀란다(16절). 베드로가 그들을 진정시킨 후 주님이 자신을 이끌어 옥에서 나오게 하던 일을 말하고, 이 사실을 야고보(참고. 행 15:13; 고전 15:7; 갈 2:9)와 형제들에게 전하라고 말한 후에 다른 곳으로 떠나간다(17절). 여기서 '형제들'은 예루살렘 교회의 모든 성도라기보다는 사도와 장로들로 볼 수 있다(참고. 칼빈, 1993:452).

2.4. 사도행전 12장 18-23절의 메시지

날이 새매 군사들은 베드로가 어떻게 옥에서 나간지 몰라서 크게 소동한다(18절). 헤롯 아그립바가 베드로를 찾지 못하자 파수꾼들 총 16명을 죽이라고 명하고 가이사랴로 내려간다(19절; 참고. 행 16:27, 27:42). 헤롯은 두로와 시돈 사람들과 불편한 관계에 있었다. 그러나 그들은 헤롯의 양식에 의존해 있었기에 헤롯의 신하(chamberlain) 블라스도(Blastus)를 통해서 화목하기를 청한다(20절). 왕복을 입은 헤롯이 왕좌에 앉아 백성들을 모아 놓고 연설을 한다(21절). 백성들은 헤롯의 소리를 신의 소리라고 말한다(22절). 요세푸스는 헤롯의 휘황찬란한 의복에 대해서 언급한다(《유대 고대사》, 19. 346-350). 그때 신하들이 헤롯을 마치 신처럼 아부하며 떠받들었다. 헤롯은 이런 아첨을 꾸짖지도 않았고 신격화되는 것을 거부하지도 않았다(참고. Witherington, 1998:389). 그리고 요세푸스는 헤롯이 심한 복통으로 5일간 고생하다가 54세에 죽었다고 기록한다. 헤롯이 영광을 하나님에게 돌리지 않으니 주의 사자가 쳐서 곧 충(worms)이 먹어 죽고 만다(23절). 이것은 신성 모독죄를 범한 사람의 비참한 종말이다.[902)]

2.5. 사도행전 12장 24-25절의 메시지

하나님의 말씀은 흥왕하여 더해 간다(24절; 참고. 행 6:7, 9:31). 헤롯의 비극적이고 급작스런 죽음과 대조되는 방식으로 복음의 지속적인 전진이 강조되고 있다. 바나바와 사울이 부조의 일을 마치고 마가라 하는 요한을 데리고 예루살렘에서 시리아 안디옥으로 돌아온다(25절). 그 거리는 약 640km이다. 그리고 바울과 바나바가 예루살렘에 머물 때 마가 요한의 어머니 마리아의 집에 유숙했을 가능성도 있다. 이제 제1차 전도 여행을 위한 준비 단계에 돌입하게 된다.

3. 오늘에의 적용

교회의 곤경과 기도의 관계가 얼마나 분명한가?
우리가 하나님의 영광을 가로채는 것은 무엇인가?

902) "성경은 인간의 지혜, 덕, 그리고 의에 대한 모든 공로를 모조리 부정하고 있으므로, 이 영광의 가장 미미한 점 하나라도 자신의 것으로 횡령하는 자는 하나님의 것을 도둑질하는 신성 모독자가 아닐 수 없다"(칼빈, 1993:456).

∽ 사도행전 13장 ∾

1. 본문 및 구조

- 안디옥 교회가 바나바와 바울을 선교사로 파송함(1-3)
- 1차 전도 여행(4-12)
- 비시디아 안디옥에서 전도함(13-43)
  설교의 서론: 구약(16-25)
  설교의 초점: 예수님의 죽음과 부활(26-37)
  설교의 결론: 삶과 죽음 간의 선택(38-41)
  설교의 결과: 여러 반응들(42-43)
- 바울이 이방인에게로 감(44-52)[903)]

2. 구원 계시사적 메시지

2.1. 사도행전 13장 1-3절의 메시지

시리아 안디옥 교회를 섬기던 선지자들(칼빈 [1993:460]은 '성경에 뛰어난 주석가들'로 봄)과 교사들은 다음과 같다(참고. 엡 4:11; 고전 12:28, 14:29). 바나바, 니게르(라틴어식 이름으로 '흑인'[negro]을 뜻함)라 하는 시므온, 구레네 사람 루기오, 분봉왕 헤롯 안디바의 젖동생(*syntrophos*, foster brother, 수양 형제 혹은 유모가 같은 사람) 마나엔(뜻: '위로자'), 사울(1절). 사도행전 11장 26절에 의하면 바울과 바나바는 교사로 섬겼다. 이 명단에서 바나바가 제일 먼저 등장함으로써 그가 지도자 역할을 수행했음을 암시한다. 바울이 제일 나중에 언급된 것은 그가 가장 늦게 회심했거나, 아니면 두 번째로 중요한 역할을 감당했기 때문일 것이다. 이처럼

903) 바울은 언제부터 이방인에게 관심을 가졌을까? A.D. 1세기 보편적 유대주의(Jewish universalism)는 두 가지 형태로 나타났다. 첫째로, 종말론적 순례의 전통인데, 그 내용은 다음과 같다. 이스라엘의 대적이 타파되고(사 29:8, 54:3; 욜 3:9-21; 4에스라 12:31-33; 1바룩 4:25; 2바룩 39:7-40:2; 1에녹 91:9 등) 예루살렘이 영광을 회복하고(사 60:1-22; 렘 31:23; 1에녹 90:28-29; 1바룩 5:1-4; 2바룩 4:2-4 등), 흩어진 포로들이 시온으로 돌아오고(사 61:6; 욜 2:26; 암 9:13-15; 1에녹 90:33; 희년서 1:15-16; 시빌 신탁 3:702-704 등), 여호와와 메시아가 우주적인 통치를 하신다(사 24:23; 겔 20:33; 미 4:6-7, 5:2-4; 슥 14:8-11; 희년서 1:28; 2바룩 40:3, 73:1 등). 둘째는, 이방인이 유대교로 개종한다는 전통이다(출 22:20, 23:9; 신 5:14; 마카비 2서 9:1-29; 아브라함의 묵시 1:1-3 등). 바울의 경우는 어떠했을까? 이사야 66장 19-20절의 종말론적인 순례의 전통과 관련 있는 로마서 15장 16절에서 스스로 '이방인의 사자'로 여긴다. 할례를 전파했던 유대교 전도자(갈 5:11)와 관련 있는 마태복음 23장 15절의 '개종자'(*proselytos*)는 학자들 간에 논쟁이 있으나 유대교로 끌어들이려던 '이방인'으로 볼 수 있다. 아마 개종 이전에 이미 바울은 이방인에게 할례를 전했던 것으로 보인다. 그렇다면 바울이 개종한 후에는 이전부터 관심을 가졌던 이방인들에게 할례 대신에 예수님을 전파했다는 결론이 가능하다(보라. 김태훈, 2009:135-151).

다양한 배경을 가진 그들이 주님을 섬겨 금식할 때 성령이 가라사대 "내가 불러 시키는 일을 위하여 바나바와 사울을 따로 세우라" 하시니(2절), 금식하고 기도하여 두 사람에게 안수하여 보낸다(3절). 안디옥 교회는 예루살렘 교회처럼 박해의 소용돌이 속에 빠진 형편은 아니지만, 금식 기도에 열심을 낸다. 적어도 안디옥 교회의 5명의 지도자들에게 있어서는 금식 기도가 곤경을 헤쳐나가기 위한 최후의 수단이 아니었다. 그리고 성령은 안디옥에서 성공적으로 목회하여 검증된 바나바와 바울을 해외 선교를 위해 부르셨다. 담임목사격인 두 사람을 선교로 내보냄으로써 안디옥 교회에게 선교의 중요성을 뼈저리게 일깨워 주었을 것이다.

2.2. 사도행전 13장 4-12절의 메시지

바울과 바나바가 성령님의 보내심을 받아 실루기아로 가서 배타고 구브로로 간다(4절). 성령은 선교 지역조차도 인도하신다. 구브로는 안디옥에서 약 170km 정도 서쪽에 위치한 섬으로 남북의 길이는 100km, 동서의 길이는 225km이다. 살라미에 이르러 유대인의 여러 회당에서 하나님의 말씀을 전했는데 마가 요한은 수종자이다(5절). 선교에 있어서 회당이 중요한 것은 복음의 능력이 첫째는 유대인에게요 또한 헬라인에게 나타나기 때문이다(참고. 롬 1:16). 바울 일행이 총독 관저가 있으며 그리스 여신 아프로디테의 신전이 있었던 바보(Paphos)에서 '바예수'라는 유대인 거짓 선지자 곧 박수(*magos*)를 만나니(6절), 그는 총독 서기오 바울(Sergius Paulus)과 함께 있다. 이 당시 총독이 박수를 고용하는 관습이 있었다. 서기오 바울은 지혜로운 사람인데 하나님의 말씀을 듣고자 한다(7절). 박수(sorcerer) 엘루마가 바울 일행을 대적하여 서기오 바울로 하여금 믿지 못하도록 한다(8절). 바울이[904] 성령 충만하여 엘루마를 주목하고, 모든 궤계와 악행이 가득한 자요 마귀의 자식이요 모든 의의 원수요, 주님의 바른길을 굽게 하기를 멈추라고 말한다(9-10절). 주님의 손이 엘루마 위에 있어, 얼마 동안 소경이 되어 해를 보지 못할 것이라고 말하니 즉시 안개와 어두움이 엘루마를 덮으니, 그가 자기를 인도해 줄 사람을 찾는다 (11절). 총독이 이것을 보고 믿으며 주님의 가르치심을 기이히 여긴다(12절). 서기오 바울은 신약에 기록된 개종자 가운데 가장 신분이 높은 사람이다. 이 사실은 사도행전의 수신자 총독 데오빌로에게 복음을 받아들이고 성숙해야 할 것을 촉구하는 메시지로 다가왔을 것이다.

2.3. 사도행전 13장 13-43절의 메시지

바울 일행이 바보에서 배타고 밤빌리아에 있는 버가에 이르니, 마가 요한은 예루살렘으로 돌아가 버린다(13절). 바울과 바나바는 비시디아 안디옥에 이르러 안식일에 회당에 들어가 앉는다 (14절).[905] 비시디아 안디옥은 B.C. 281년에 셀루쿠 1세가 건설한 도시로, 그의 아버지 안티오쿠스의 이름을 따서 명명되었다. 율법과 선지자의 글을 읽은 후 회당장들이 바울과 바나바에게 사람을

904) 이제 '사울' 대신 '바울'이라는 이름이 본격적으로 등장한다. 로마 시민은 세 개의 이름을 가지고 있었다. 바울의 다른 로마식 이름 하나를 알 수 없다.

905) '안식일'(*ton sabbaton*)이 복수형인 것은 안식일마다 으레 함께 모였음을 알 수 있다.

보내어 백성을 권할 말이 있으면 하라고 말한다(15절). 바울이 일어나 손짓하며 말한다. "이스라엘 사람들과 및 하나님을 경외하는 사람들아 들으라(16절). 이스라엘의 하나님이 우리 조상들을 택하시고, 애굽 땅에서 나그네 된 백성을 높여 큰 권능으로 인도하셨다(17절). 광야에서 40년간 이스라엘의 소행을 참으시고(18절), 가나안 땅 일곱 족속을 멸하사(참고. 신 7:1; 수 3:10), 그 땅을 기업으로 주시고(19절), 그 후 선지자 사무엘 때까지 사사를 주셨다(20절)."

바울은 이스라엘이 애굽에 머물던 400년, 광야에서의 40년, 그리고 여호수아의 땅 분배 10년, 이렇게 총 450년 동안의 역사를 회고한다. 그 후 사울을 왕으로 40년간 주셨고(21절; 참고. 삼상 9:1-2), 그를 폐하시고 자신의 마음에 합한 이새의 아들 다윗을 세워 자신의 뜻을 이루셨다(22절). 약속하신 대로 다윗의 씨에서 이스라엘을 위하여 구주를 세우셨으니 곧 예수님이시다(23절). 바울은 다윗에게서 곧바로 예수님을 언급한다. 예수님이 다윗처럼 이스라엘의 왕이요 구주이기 때문이다.

예수님 오시기 전에 세례 요한이 먼저 회개의 세례를 이스라엘 백성에게 전파했다(24절). 요한이 사명을 끝마칠 때 자신은 그리스도가 아니라 뒤에 오시는 분의 신들메 풀기도 감당치 못하겠다고 말한다(25절). 바울은 청중을 '형제들이며 아브라함의 후예'라고 부르며 이 구원의 말씀(*ho logos tes soterias tautes*)을 받은 사람들이라고 말한다(26절). 이 구원의 말씀은 말씀이신 예수님을 가리키는데 하나님에게 의해 세상으로 보내졌다(*eksapestale*, 아오리스트 수동 직설 3인칭 단수). 예루살렘에 사는 자들과 그들의 관원들이 예수님과 선지자들의 글을 알지 못하므로 예수님을 정죄하여 선지자들의 말을 응하게 하였다(27절). 예수님에게서 죽일 죄를 찾지 못하였으나 빌라도에게 죽여 달라고 요청했다(28절). 예수님이 죽으심으로써 성경의 예언이 이루어졌고, 그 후 무덤에 장사 지내었다(29절).

하나님이 죽은 자 가운데서 예수님을 살리시니(30절), 갈릴리에서 예루살렘에 온 사람들에게 여러 날 나타나셨는데, 그 목격자가 증인으로 활동한다(31절). 바울도 하나님이 조상들에게 주신 약속을 증거하고 있다(32절). 구약의 백성은 예수님을 통한 복의 본질에 대해 약속만 받은 상태였지만, 신약 백성은 그 복을 누리고 있다(참고. 칼빈, 1993:489). 하나님이 예수님을 일으키셔서 이 약속을 이루셨는데, 시편 2편에 기록된 것처럼 "너는 내 아들이라. 오늘 너를 낳았다"고 하셨고(33절), 부활로 다시 썩음을 당치 않게 하실 것을 "내가 다윗의 거룩하고 미쁜 은사를 너희에게 주리라"고 하신 말씀으로 가르치신다(34절). 시편 16편 10절도 부활을 언급한다(35절). 다윗은 하나님의 뜻대로 살다가 죽어 썩었지만 예수님은 썩지 않으신다(36-37절). 여기서 그림자 다윗과 실체 예수님 사이의 질적 차이를 본다. 그러므로 바울은 이 예수님을 힘입어 죄 사함을 전한다(38절). 모세의 율법으로는 의롭게 되지 못하며, 바로 예수님을 믿음으로 의롭다 하심을 얻게 된다(*dikaioutai*, 의로워지다, 신적 수동태, 39절). 바울은 믿음과 칭의를 연결한다. 그리스도가 나타나셔도 믿지 않고 멸시하는 자들은 놀라고 망할 것이라는 선지자들의 예언이 이루어지지 않도록 해야 한다(40-41절).

바울과 바나바가 설교를 마치고 나갈 때, 사람들이 다음 안식일에도 설교해 달라고 부탁한다

(42절). 폐회한 후에 많은 유대인과 유대교에 입교한 사람들이 바울을 좇으니, 항상 하나님의 은혜 가운데 있으라고 권한다(43절).

2.4. 사도행전 13장 44–52절의 메시지

그다음 안식일에 온 비시디아 안디옥 성이 거의 다 하나님의 말씀을 듣고자 하여 모인다(44절). 바울과 바나바가 설교한다. “유대인들이 영생 얻음에 합당치 않은 자로 자처했기에 우리가 이방인에게로 향하노라.” 이사야 49장 6절을 인용하면서 이스라엘이 이방의 빛으로 살아야 했음을 상기시킨다(47절). 이방인들이 듣고 기뻐하여 하나님의 말씀을 찬송하여 영생을 주시기로 (*tetagmenoi*, 완료 수동 분사 남성 복수 주격, having been disposed) 작정된 자는 다 믿었다(48절). 주님의 말씀이 그 지방에 두루 퍼졌다(49절). 이에 유대인들이 경건한 귀부인들과 그 성내 유력자들을 선동, 바울과 바나바를 핍박하게 하여 그 지경에서 쫓아낸다(50절). 여기서 교회를 박해하기 위한 유대교와 로마의 협력을 본다. 고대 비문의 증거에 의하면, 하나님을 경외하는 자의 80%, 개종자의 50%가 여성이었다(참고. Bock, 2007:465). 바울과 바나바가 발에 티끌을 떨어버리고(참고. 막 6:11) 이고니온으로 갔고, 안디옥의 제자들은 기쁨과 성령이 충만했다(52절). 박해 상황 가운데서도 성령이 주시는 ‘기쁨’의 주제가 다시 등장한다.[906]

3. 오늘에의 적용

그리스도 중심의 설교의 힘을 깨닫자.
주님의 말씀이 두루 퍼지게 하자.
우리는 무엇 때문에 기뻐하는가?

사도행전 14장

1. 본문 및 구조

- 이고니온에서의 사역(1-7)
- 루스드라와 더베에서의 사역(8-20)
- 시리아 안디옥으로 돌아옴(21-28)

---

906) 바울 일행이 사도행전 13장 13절-14장 26절에 나타나는 도시들을 방문할 때, 약 반세기 전에 닦아 놓은 ‘Via Augusta’라는 로마의 군사 도로를 이용했다(참고. 존 월튼, 2010:1620).

2. 구원 계시사적 메시지

2.1. 사도행전 14장 1–7절의 메시지

두 사도, 즉 바울과 바나바가 이고니온의 유대인의 회당에 들어가 설교하니 허다한 유대인과 헬라인의 무리가 믿었다(1절).[907] 그러나 순종치 않는 유대인들이 이방인들의 마음을 선동하여 형제들에게 악감을 품게 한다(2절). 두 사도가 거기에 오랫동안 머물면서 주님을 힘입어 담대히 말하니, 주님이 그들의 손으로 표적들(*semeia*)과 기사들(*terata*)을 행하게 하사 주님 자신의 은혜의 말씀을 증거하셨다(3절). '오랫동안'이라는 말에서 바울 일행은 반대가 있다고 해서 쉽게 다른 장소로 옮기지 않았음을 알 수 있다. 그리고 '담대히'라는 말에서 전도를 위협하는 어떤 요소가 있었음을 알 수 있다. 이고니온 사람 중 유대인을 좇는 자와 두 사도를 좇는 자로 나누인다(4절). 복음이 전파되는 곳에 흥하는 자와 쇠하는 자가 항상 있다. 이방인과 유대인과 그 관원들이 두 사도를 능욕하여 돌로 치려고 달려드니(5절), 바울과 바나바가 알고 도망하여 루가오니아의 루스드라와 더베 근방으로 가서 복음을 전한다(6-7절). 능욕하며 돌로 치는 것은 예수님의 능욕 받음과 돌에 맞아 죽은 스데반의 순교를 연상시킨다(참고. 눅 18:32, 23:35; 행 7:59).

2.2. 사도행전 14장 8–20절의 메시지

루스드라에 발을 쓰지 못하는 자를 만나서, 바울이 구원받을 만한 믿음(*pistin tou sothenai*)이 있는 것을 보고는 "네 발로 바로 일어서라"라고 큰소리로 말하니 치유된다(8-10절). 이것은 베드로와 요한이 사도행전 3장의 성전 미문 앞에 앉아 있던 사람을 고친 사건에 상응한다. 따라서 사도행전의 독자들은 바울을 베드로와 대등한 복음의 일꾼으로 인정할 수 있었을 것이다. 이 장면을 목격한 사람들이 루가오니아 방언으로 신들이 사람의 형상으로 나타났다고 말한다(11절).[908] 바나바는 '쓰스'(Zeus, 로마식으로는 주피터), 바울은 '허메'(Hermes; 신들의 메신저, 로마

---

907) 주목할 점은 한글개역성경에서 1절과 3절은 바울과 바나바를 '두 사도'라고 언급하지만, 원문에는 두 사도라는 말이 없다. 대신 4절과 14절에서 '그 사도들'(*hoi apostoloi*)이라는 언급이 있다. 사도는 주님의 12제자와 바울에게만 한정적으로 사용되는 것을 고려해 볼 때, 여기서 사도라는 말은 일반적인 의미로 사용되어서 안디옥 교회가 파송한 선교사를 가리키는 듯하다. 바울과 바나바는 12사도처럼 주님의 죽음과 부활을 합법적으로 증거한 증인이었다(참고. 유상섭, 2002:473).

908) 갈라디아 지방의 루스드라의 경우, 그 도시에 살던 사람들이 바울에게는 헬라어로 대화하지만, 자기들끼리 의논할 경우에는 루가오니아 말을 사용했다. 이와 같이 둘 이상의 언어가 같은 지역에서 사용되는 것을 '이중 언어'(bilingualism)라고 부른다. 참고로 A.D. 1세기 팔레스타인의 경우는 사중 언어(quardrilingualism, 아람어, 헬라어, 히브리어, 라틴어)라 불러야 하지만, 아람어와 헬라어가 많이 사용되었으므로 이중 언어라 불러도 무방하다: 팔레스타인에서 발굴된 '비석'의 언어는 헬라어가 52%, 아람어/히브리어가 40%이다. 이중 언어는 로마 제국 전체의 공통된 현상이다. A.D. 1세기의 공통어였던 헬라어가 그 지방 고유 언어를 완전히 대체하지 않았던 것이다. 이중 언어는 군사적 정복, 이주, 국제 결혼, 교육, 직업 등에 의해 촉진되었다. 따라서 예수님의 말씀이 구전 형태로 전수될 시기에, 주님이 아람어로 말씀하신 것이 나중에 헬라어로 번역되어 기록되었다고만 볼 수 없다(불트만과 디벨리우스는 헬라어로 번역된 장소를 시리아 안디옥으로 추정함). 대신에 예수님이 아람어로 말씀하신 그 당시에 헬라어로 번역되었을 가능성이 크다. 그러므로 복음서의 아람어식 표현이 헬라어식 표현보다 더 이른 것이며,

식으로는 머큐리)라고 불린다(12절). 성 밖 제우스 신당의 제사장이 몇 마리 소와 화관들을 가지고 대문 앞에 와서 무리와 함께 제사하려고 하니(13절), 두 사도는 옷을 찢고 무리 가운데 뛰어 들어가서 만류하면서 말한다(14절)[909]: "어찌하여 이러한 일을 하느냐? 우리도 똑같은 사람일 뿐이다."

복음을 전하는 것은 이렇게 헛된 일(즉 신들을 인간으로 형상화하거나, 인간을 신격화시켜 섬기는 일)을 버리고 살아 계신 하나님에게로 돌아오게 하려 함이다(15절). 하나님의 영광이 사람들의 모독적이고 어리석은 행위로 인해 침범되는 것을 볼 때, 하나님의 종들은 거룩한 분노를 느끼게 마련이다(참고. 칼빈, 1993:28). 하나님께서 지나간 세대(즉 예수님 오시기 전의 세대, 복음을 듣지 못한 세대)에는 자기의 길(즉 어둠과 사망의 길)을 가도록 묵인하셨지만(16절; 비교. 행 17:30), 그렇다고 하나님 자신을 증거하지 아니한 것은 아니다. 이 구절은 이방인들의 우상 숭배를 죄악으로 인정하지 않았다는 것이 아니라, 하나님이 그들을 오래 참으셨다는 것이다. 하나님은 비를 주시고 추수하도록 하심으로써 너희의 마음을 만족하게 하셨다(17절). 참고로 브루기아인들은 비옥한 토지 위에서 살았는데, 땅에 생식력을 제공한다고 믿은 모신(母神)을 숭배했다(참고. 존 월튼, 2010:1624). 이렇게 말함으로써 바울 일행은 겨우 제사 드리는 것을 막을 수 있었다(18절). 바울은 이방인들에게 설교를 하기에 구약을 인용하기보다는 창조주 하나님의 일반 은총적 측면을 따라 말씀을 전했던 것이다.

루스드라에는 유대인 집단 거주지나 회당이 언급되지 않는다. 하지만 유대인들이 안디옥과 이고니온에서 와서 무리를 설득하여 돌로 바울을 쳐서 죽은 줄로 알고 성 밖에 버린다(19절). 바울의 전도를 받아서 회심한 제자들이 바울 주위에 모여들었을 때, 바울이 일어나(*anastas*, 아오리스트 능동 분사 남성 단수 주격) 루스드라 성에 들어갔다가, 다음날 바나바와 함께 더베로 간다(20절). 이 제자들은 바울을 적극적으로 변호하고 보호할 만큼의 믿음을 소유하지 못했지만, 바울의 생명을 염려할 정도는 되었다.[910] 누가는 부활 사상을 '일어나다'라는 말을 통해서 강조한다. 돌에 맞아서 죽은 것처럼 되었던 바울이 그 다음날 약 60km 떨어진 더베로 간 것은 기적이고 하나님의 특별한 돌보심이다.

2.3. 사도행전 14장 21-28절의 메시지

더베에서 많은 제자들이 발생했고, 루스드라, 이고니온, 비시디아 안디옥으로 돌아가서(21절), 제자들의 마음을 굳게 하며, 천국에 들어가려면 많은 환난을 당하여야 할 것이라고 말한다(22절). 종종 하나님의 백성은 세상의 찌꺼기처럼 취급을 당하며, 그리스도를 위해서, 그리스도와 함께

아람어식 표현이 역사적 예수 탐구(예수님의 입에서 나온 말씀)의 중요한 기준이 된다는 것은 무리가 있는 주장이다(참고. 이상일, 2010:263).

909) 자신을 신격화하려는 것을 반대한 바울과 바나바의 모습은 스스로 신격화하다가 죽은 사도행전 12장 23절의 헤롯 아그립바 1세의 비극적인 종말과 대조를 이룬다. 참고로, 비문에 의하면 헤르메스와 제우스가 브루기아 지역에서 함께 경배를 받았다.

910) 디모데후서 3장 11절에 의하면 이 모든 광경을 디모데가 보고 들었다.

고난을 당한다(참고. 고후 1:5). 바울을 죽이려고 했던 유대인들의 기세가 여전히 등등했기 때문에 그 지역의 성도 역시 필연적으로(*dei*) 고난을 감내해야 했다. 각 교회에서 장로들(복수)을 택하여(*cheirotonesantes*, 아오리스트 능동 분사 남성 복수 주격)[911] 임명한 후 금식 기도하며 그들을 주님에게 부탁한 후(23절), 밤빌리아에 도착한다(24절). 아직까지 이런 도시들에는 말씀의 전문 사역자들이 없었기에, 이 장로들이 말씀을 전했을 것이다. 그 도(*ton logon*)를 버가에서 전하고 앗달리아로 가서(25절), 거기서 배타고 시리아 안디옥에 도착한다(26절). 바울과 바나바가 시리아 안디옥 교회를 모아서 하나님이 함께하신 모든 일과 '이방인들에게' 믿음의 문을 여신 것을 보고하고 제자들과 함께 오래 있었다(27-28절).[912]

바울의 선교 보고는 자신을 내세우지 않고 대신 '하나님'이 주어로 등장한다(*epoiesen ho theos*). '믿음의 문'은 천국과 무관한 자들이 아브라함의 씨와 연합된 것, 즉 그들이 믿음을 갖도록 효과적인 부르심을 받았음을 의미한다(참고. 칼빈, 1993:44). 바울은 유대인들이 주님께로 돌아온 것을 보고하지 않는다. 시리아 안디옥이 이방인의 도시였기 때문이다. 그리고 이방인이 믿게 된 것을 언급함으로써 이방인 성도가 기독교로 넘어올 때 발생할 만한 일을 다루는 사도행전 15장과 자연스럽게 연결된다. 1차 선교 여행은 약 1년 정도 소요되었을 것이며, 돌아왔을 때는 A.D. 48-49년으로 추정된다. 즉 예루살렘 공회가 일어나기 직전이었다.

3. 오늘에의 적용

선교 보고의 바람직한 모델은 무엇인가?
설교자가 받을 만한 신격화의 유혹은 무엇인가?

사도행전 15장

1. 본문과 구조

• 안디옥 교회의 할례 문제(1-5)

---

911) "손을 뻗어 투표하다"(to vote by stretching out the hand)는 *cheir*(손)와 *teino*(뻗다)의 합성어이다. 그러므로 예루살렘의 7집사를 선출하는 제비 뽑기와 방식에 있어서 차이가 나지만 거수를 통한 투표도 하나님의 뜻을 이루는 방편이다.

912) 바울 일행은 안디옥에 오래 머물면서 안식년을 보내었을 것이다. 그리고 바울이 시리아에 있을 때 이방인 성도의 개종과 율법 준수 사이의 관계에 대한 신학적 논쟁이 일어났다. 이것도 하나님의 자비로운 섭리였다.

- 예루살렘 회의 소집(6-11)
- 야고보의 연설과 제안(12-21)
- 예루살렘 회의의 가결(22-29)
- 교회의 반응(30-35)
- 바울의 2차 전도 여행이 시작됨(36-41)

2. 구원 계시사적 메시지

2.1. 사도행전 15장 1–5절의 메시지

사도행전의 중심에 위치한 사도행전 15장은 바울의 2-3차 전도 여행의 사상적 기조를 보여주는 중요한 장이다. 뿐만 아니라 사도행전 15장의 예루살렘 공의회의 결정에 따라서 바울의 1차 전도 여행이 제대로 결실하느냐, 아니면 수포로 돌아가느냐의 문제도 달려 있다고 할 수 있다.

어떤 사람들이 유대로부터 내려와서 형제들을 가르친다(1절).[913] 이들은 이전에 바리새파에 속해 있었던 정통 유대인 그리스도인들(the orthodoxy Jewish Christians)인데(참고. 5절) 모세의 관습(*to ethei to Moyseos*; 한글개역성경은 '법'으로 번역함)대로 할례(즉 '모든 율법')를 받지 아니하면 능히 구원을 얻지 못하리라 하니(1절), 바울과 바나바와 이 사람들 사이에 큰 다툼과 변론이 일어난다(2절). 비평 사본 및 다수 사본과는 달리 D사본은 2절을 확대시켜서 다음과 같이 말한다. "바울은 그들이(개종자들이) 개종할 때와 같이 머물러 있어야 한다고 굳게 주장하며 말했지만, 예루살렘에서 온 사람들이 이 문제에 대해 그들로 즉 바울과 바나바와 및 그중에 몇 사람으로 예루살렘에 있는 사도와 장로들에게 올라가 그들 앞에서 재판을 받게 명하니라." 이 유대 그리스도인들의 주장은 사도행전 14장에 이르도록 하나님께서 역사하신 이방인의 전도를 무시하는 것이다. 그리고 '모세의 관습'이라는 말에서 추론해 볼 수 있는 것은 구약과 달리 신약 시대에는 할례가 언약 백성을 결정하는 절대적인 법이 아니라 '관습'(*ethos*, 풍속, 관습)에 지나지 않는다는 사실이다. 안디옥 교회는 이 문제를 다루기 위해서 바울과 바나바를 예루살렘의 사도와 장로들에게 보내기로 결정한다(2절).[914] 이미 예루살렘 교회는 사마리아 사람이 성령을 받았을 때, 그리고 고넬료와 같은 이방인이 성령을 받았을 때 제기된 문제를 성공적으로 처리한 경험이 있다.

바울과 바나바가 베니게(페니키아)와 사마리아를 지나가면서 이방인들이 주님에게 돌아온 일을 말하면서 형제들을 기쁘게 했다(3절). 베니게와 사마리아의 성도는 이방인이 회심한 것을 듣고 기뻐하지 유대인 성도처럼 문제를 제기하지 않는다. 여기서 다시 한 번 기쁨의 주제가 등장한다. 예루살렘에 도착하여 교회와 사도와 장로들에게 영접을 받고 하나님이 자기들과 함께

---

913) 칼빈(1993:47)은 이들을 예루살렘 교회의 사도들이 승인해 주었던 자들처럼 행세한 '사기꾼'이라고 부른다.

914) 2절에 의하면, 예루살렘 교회의 사도들은 단독으로 다스리지 않고 장로와 함께 교회를 다스렸다.

계셔서 행하신 모든 일을 말하니(4절; 참고. 행 14:27), 바리새파에 속하였다가 예수님을 믿는 자들이 일어나 이방인에게 할례 주고 모세의 율법을 지키라고 명하는 것이 마땅하다고 주장한다(5절). 이 유대인 성도들은 이방인이 그리스도인으로 개종하려면 안디옥에서는 말하지 않았던 "율법을 준수해야 한다"라고 말한다. 이들은 예수님을 믿는 믿음이 신앙생활에 기초적으로 필요하다면, 율법 준수는 구원의 성장과 완성에 필요하다는 논리를 펴고 있다. 이전의 바리새인들이었던 이 사람들 안에 예수님을 믿기 전의 기질에 대한 흔적이 많이 남아 있다.

2.2. 사도행전 15장 6-11절의 메시지

사도와 장로들이 이 일을 의논하러 모여서(6절) 많은 변론이 있은 후에 베드로가 설명한다(7절). 6절에 '회중과 함께'(*syn to plethei*)라는 말을 첨가하는 사본도 있다(예. 소문자 사본들인 614, 1799, 2412, 그리고 시리아 역본). 그리고 7절에서 베드로 앞 혹은 뒤에 '성령으로'(*en pneumati*)라는 말을 첨가한 소수의 서방 사본과 역본도 있다(예. D, 614, 1799, 2412, 시리아 역본). 하지만 누가는 온 교회가 모여서 토론했다고 말하지 않는다. 이 경우처럼 전체 교회보다 식견을 갖춘 대표가 모여 토론하는 것이 더 효율적인 경우가 있다. 마음을 아시는 하나님은 유대인처럼 이방인들도 복음을 듣고 성령을 받도록 하셨다(8절). '마음을 아시는'에서 이 땅에 속한 이해력을 따라 판단하며 밖으로 깨끗하게 하려고 애쓰는 사람과 마음 속을 보시는 하나님 사이의 대조를 본다. 하나님은 믿음으로 이방인의 마음을 깨끗하게 하시고 유대인 성도와 이방인 성도를 분간치 아니하신다(9절). "그런데 어찌하여 너희가 하나님을 시험하여 우리 조상과 우리도 능히 메지 못하는 멍에를 제자들의 목에 둘 수 있단 말인가?"(10절) 아브라함의 경우 할례는 의롭게 된 후의 일이었다(참고. 롬 4:10). 장로들의 유전은 물론 구원의 조건으로 대두된 율법 준수는 무거운 멍에이다. 베드로는 유대인 성도가 이방인 성도와 동일하게 주 예수님의 은혜로 구원받는 줄을 믿는다고 말한다(11절). 사람이 최소한의 자기 의를 내세워도 예수님의 은혜는 무시를 당하고 만다.

2.3. 사도행전 15장 12-21절의 메시지

온 무리가 잠잠히 이방인 중에서 행하신 표적과 기사를 설명하는 바울과 바나바의 말을 경청한다(12절). 이 잠잠함과 경청은 청중 가운데 일어난 성령의 역사이다. 예수님의 동생 야고보가 연설한다(13절; 참고. 갈 2:9).[915] 시몬(개역성경에는 '시므온') 베드로가 이방인 중에서 하나님의 이름을 위할 백성을 취하시려고 그들을 권고하신 것을 고했는데, 선지자들(복수형; 참고. 소선지서)의 말씀이 이와 합치된다(14-15절). "이후에 내가 돌아와서 다윗의 무너진 장막을 다시 지으며 또 그 퇴락한 것을 다시 지어 일으키리니(16절; 참고. 암 9:11-12), 이는 그 남은 사람들과 내 이름으로 일컬음을 받는 모든 이방인들(즉 인류의 남은 자)로 주를 찾게 하려 함이다(17절).[916]

---

915) 야고보가 회의를 주도한 것을 보면 가톨릭이 내세우는 '베드로 수위권'은 참이 아니다. 베드로는 12제자의 선임자로 나타나지만, 그렇다고 전체 교회의 대표는 아니다(참고. 칼빈, 1993:74).

태초부터 이것들을 알게 하시는 주께서 말씀하신다"(18절). 무너진 다윗의 장막이 예수 그리스도 안에서 회복되어 이방인도 그 속에 거할 수 있는 남은 자가 된다. 야고보의 의견으로는 이방인 중에서 하나님에게 돌아온 자들을 괴롭게 말고(19절), 다만 우상의 더러운 것(즉 우상에게 바쳐진 음식, 29절; 넓게는 우상 숭배와 관련된 모든 부정한 것; 참고. Witherington, 1998:462)과 음행과 목매어 죽인 것과 피를 멀리하라고 편지하는 것이 가하다(20절). 목을 매어 죽였든 하여튼 피를 제대로 빼지 않은 고기를 먹지 말아야 한다(참고. 레 7:27; 신 12:23-34). 이는 예로부터 각 성에서 모세(오경)를 전하는 자가 있어 안식일마다 회당에서 그 글을 읽음이니라 하더라(21절). 즉 이러한 금지 사항은 이방인들도 옛날부터 회당에서 낭독된 오경을 통해서 확실히 알 수 있었다. 이런 것을 삼가면 이방인 성도는 유대인 성도와 원만한 교제를 나눌 수 있었다.

여기서 중요한 질문은, 이 3가지 금지 사항 중에서 음행을 제외한 우상 제물을 먹는 것과 피가 섞인 고기를 먹는 것은 영구한 금지 사항인가라는 점이다. 바울은 믿음이 강한 자에게 우상 제물을 먹어도 된다고 말한 적이 있다(참고. 롬 14:14-15; 고전 8:5-8). 그리고 현대의 성도는 날것에 가까운 스테이크와 '선짓국'과 같은 것을 먹으면 안 되는가?[917] 예루살렘 공회의 결정이 유대인 성도와 이방인 성도의 관계 문제를 배경으로 하고 있는 잠정적이고 특수한 것이라면[918] (물론 음행은 보편적으로 금지되어야 함) "먹을 수 있다"는 결론을 현대 그리스도인은 내릴 수 있다. 그렇다고 해서 이런 음식을 자유하면서 먹는 사람들은 예루살렘 공회의 결정이 영구한 것이라고 믿고 먹지 않는 자들을 정죄해서는 안 될 것이다. 신구약의 중첩이 끝난 시점에 살고 있는 현대 성도에게 적용해 보면, 아디아포라의 문제를 다룰 때, 사랑으로 서로의 견해를 존중해야 한다.

2.4. 사도행전 15장 22-29절의 메시지

예루살렘 교회가 바울과 바나바와 함께 시리아 안디옥 교회로 보낼 대표로 바사바라고 불리는 선지자 유다와 실라를 '선출한다'(*eklego*, to select, 22절; 참고. 32절). 바로 이 실라는 바울의 2차 선교의 동역자가 되며 로마 시민권을 가지고 있었다(참고. 행 16:38). 이들에게 편지를 부치는데, 안디옥과 시리아와 길리기아의 이방인 형제들에게 문안한다(23절). 안디옥은 물론 시리아와

---

916) 17절에 인용된 아모스 9장 12절은 '에돔의 남은 자'로 표현하는데, 야고보는 '아담의 남은 자'(개역개정판: '그 남은 사람들')로 바꾼다. 일종의 우주화 혹은 보편화이다.

917) 이교도들은 피를 마심으로써 열광적인 방식으로 영적인 고양을 추구하기도 했다. 구약은 피를 생명의 근원으로 보는 동시에 제물용으로만 허용했으며, 식용으로 허용한 적은 없다. 도덕적인 금지 명령이 아니라 의식적인(ritual) 금지 명령은 시간적 제약을 가진다(참고. 쉴라터, 1994:189). 메레디스 클라인(1994:97)은 이것을 신구약의 중첩 기간에 특수하게 해당하는 결정이라고 정확하게 지적한다.

918) 예루살렘 교회는 유대인 성도가 특권처럼 여겨 왔던 할례를 절대적인 것으로 여기지 못하게 하는 반면, 이방인 성도들이 이전에 행했던 우상 제물을 먹고 음행과 목 졸라 죽여 피가 다량으로 함유된 고기를 먹는 것도 금지한다. 서로 양보를 해야만 이방인 성도와 유대인 성도 사이에 교제가 가능했다. 이방인 성도가 위에서 금지된 3가지를 행함으로써 자신의 자유를 나타내려고 하면 유대인 성도와 마찰을 불러일으킬 수밖에 없었을 것이다.

길리기아에도 할례 논쟁이 일어났던 것으로 보인다. 편지 내용은 다음과 같다. "예루살렘 교회가 시킨 것도 아닌데 바리새파 출신 성도가 안디옥에 가서 성도를 괴롭게 하고 마음을 혹하게 했다(24절). 예루살렘 교회는 '우리 주 예수 그리스도'의 이름을 위해서라면 목숨도 아끼지 않는 바울과 바나바와 더불어서 예루살렘 교회 중에서 몇을 선출하여 안디옥으로 보내는 것을 가결했다(25-26절). 예루살렘 교회는 바울과 바나바를 아주 헌신된 이방인의 사도로 존경하면서 공인했다. 유다와 실라는 예루살렘 교회가 편지로 전하고자 하는 바를 확증하는 사람들이다(27절). 2명이 가서 증거하기에 법적인 효력을 가진다. 성령과 예루살렘 교회는 이 요긴한 것들 외에 아무 짐도 안디옥 교회에게 지우지 아니한 것이 가한 줄 안다(28절). 예루살렘 교회가 결정한 3가지 금지 사항은 성령의 인도를 통해서 도출된 것이다. 우상의 제물과 피와 목매어 죽인 것과 음행을 멀리해야 한다." 그리고 편지에서 마지막으로 평안을 빈다(29절).

2.5. 사도행전 15장 30-35절의 메시지

바울과 바나바 그리고 유다와 실라가 시리아 안디옥 교회에 도착하여 성도들에게 편지를 전달한다(30절). 안디옥 교회가 편지를 읽고 위로의 말로 인해 기뻐한다(31절). 짧은 내용을 담고 있던 편지에서 얻은 것은 무슨 위로인가? 3가지 결정 사항을 통한 위로는 물론이거니와, 사도 바울과 예루살렘 교회의 지도자 사이에 어떤 갈등이 없었음을 확인한 것은 시리아 안디옥 교회에게 위로가 되었을 것이다(참고. 칼빈, 1993:89-90). 유다와 실라도(D사본에 의하면 '성령이 충만한') 선지자였기에 여러 말로 안디옥 교회를 권면하고 굳게 했다(32절). 여기서 선지자의 역할은 미래의 사실을 예언하는 것과는 다르다. 여기서는 하나님의 뜻을 잘 이해하는 능력을 가진 자라는 의미가 더 적합하다. 안디옥에서 얼마 동안 지낸 후 유다와 실라는 전송을 받고 예루살렘으로 돌아온다(33절). 다수 사본과 비평 사본의 경우처럼 한글개역성경에서 생략된 34절은 소수의 서방 사본은 다음과 같은 내용을 첨가한다. "실라가 저희와 함께 유하기로 작정했다. 유다 혼자 여행을 떠났다." 이런 추가는 실라가 2차 전도 여행에 동참하기 위해서 안디옥으로 돌아온 것을 설명하기 위한 것이기에, 원본에는 없는 것으로 보아야 한다. 바울과 바나바는 안디옥에서 다른 사람들(리더들)과 함께 주님의 말씀을 가르치고 전파했다(35절). 바울과 바나바가 1차로 선교했던 동안에 안디옥 교회는 크게 성장하여 지도자들이 많이 세워졌다.

2.6. 사도행전 15장 36-41절의 메시지

얼마 후에 바울이 바나바에게 1차 전도 여행 동안 세운 교회를 다시 방문하자고 제안한다(36절). 바울에게 있어서 전도도 중요했지만 양육도 중요했다. 바나바는 마가 요한을 데리고 가려고 한다(37절). 하지만 바울은 밤빌리아에서 선교를 포기해 버린 요한을 데리고 가려고 하지 않는다(38절).[919] 바울과 바나바가 서로 심히 다투어(*paroksysmos*, '발작하다'라는 *paroksyno*의 명사형.

919) 다수의 사람은 바울의 지나친 엄격성과 관대함의 부족이 문제였다고 본다. 그러나 바울 나름대로 견지한 '원칙 고수'를 탓할 수 없다.

혹독한 비방과 분개, 남성 단수 주격 명사; 참고. 행 17:16) 피차 갈라서서, 바나바는 마가와 함께 구브로로 가고(39절), 바울은 실라를 데리고 수리아와 길리기아로 다니며 교회들을 굳게 한다(40-41절). '굳게 하다'(*epistrerizon*, 현재 능동 분사)는 'to make stronger'라는 뜻이다. 그런데 바나바와 마가가 아니라 바울과 실라는 안디옥 교회에 의해서 주님의 은혜로 위탁을 받은 후에 떠난다고 언급한다. 따라서 누가는 바나바와 다투었을 때 바울의 결정이 옳았음을 암시적으로 지지하고 있다(참고. 칼빈, 1993:94). 그렇다고 해서 바나바가 사촌 마가 요한을 데리고 가려고 한 것을 혈육의 정 때문으로만 보는 것은 무리가 있다. 그는 위로의 사람이었기에, 마가 요한이 아닌 다른 사람이라고 할지라도 한번 실패한 것을 용인하고 포용하려는 자세를 가지고 있었을 것이다. 그러나 바울은 준비되지 않은 사람을 중요한 선교에 동참시키는 데 원칙적으로 반대했고 적극적이지 않았다.

3. 오늘에의 적용

진리 안에서 자유케 하지 못하도록 하는 전통과 관습은 무엇인가?
전도와 양육은 동전의 양면처럼 조화되고 있는가?
교회에서 포용과 원칙은 어떻게 조화되는가?

사도행전 16장

1. 본문과 구조

- 디모데가 선교에 동참함(1-5)
- 마게도냐로부터의 선교 요청(6-10)
- 빌립보의 루디아의 개종(11-15)
- 빌립보 감옥의 바울과 그곳 간수 가족의 회심(16-40)

2. 구원 계시사적 메시지

2.1. 사도행전 16장 1-5절의 메시지

2차 전도 여행을 통해서 이방인들이 주님께로 돌아와서 하나님 나라가 확장된다. 바울이 더베와 루스드라에 도착하니, 거기에 디모데라는 제자가 있었다(1절). 1차 전도 여행 중에 루스드라에서 바울은 돌에 맞아 죽을 뻔했다(참고. 행 14:6-21). 디모데는 루스드라와 이고니온에 있는 형제들에게 칭찬을 받는 자이다(2절; 참고. 딤후 1:5). 바울이 디모데를 선교에 동참시키려고 할 때,[920] 디모데의 부친이 헬라인인 것을 알고 있던 그곳의 유대인들 때문에 디모데에게 할례를 행한다(3절). 1차 전도 여행 시에 마가 요한이라는 보조자가 있었듯이, 2차 전도 여행 중에는 디모데라는 보조자를 필요로 한 것이다. 예루살렘 공회에서 할례를 시행할 필요가 없다고 결정을 했지만, 바울 일행이 디아스포라를 대상으로 복음을 전하기 위해서는 디모데가 할례를 받는 것이 효율성의 관점에서 볼 때 유리했다.[921] 이 3명이 여러 성으로 다녀갈 때 예루살렘 공회의 결정 사항들을 전해주면서 지키게 하니(4절), 여러 교회가 믿음 안에서 더 굳어지고 믿는 자의 수가 날마다 더해간다(5절). 이처럼 성숙과 성장이 동시에 일어나는 것이 참된 부흥이다.

2.2. 사도행전 16장 6-10절의 메시지

바울 일행에게 성령께서 아시아에서 말씀을 전하지 못하게 하시니, 브루기아와 갈라디아 땅으로 다녀가(6절), 무시아 앞에 이르러 비두니아로 가고자 힘쓰되, 예수님의 영(the Spirit of Jesus; 성령)이 허락하지 않는다(7절; 참고. 롬 8:9; 갈 4:6; 빌 1:19). 드로아에서(8절) 밤에 환상이 바울에게 보이니, 그리스 북부 지역인 마게도냐 사람 하나가 서서 마게도냐로 건너와서 우리를 도우라고 말한다(9절). 바울이 환상을 본 후 마게도냐로 떠나기를 힘썼는데 이것을 하나님의 뜻으로 받아들였다(10절). 이 단락에서 '우리'가 등장하여 적어도 바울, 실라, 디모데, 그리고 누가 이렇게 4명이 한 조가 되어 전도를 수행하고 있었던 것이다.[922]

2.3. 사도행전 16장 11-15절의 메시지

드로아에서 에게 해의 작은 섬 사모드라게로 직행하여 이튿날 네압볼리로 가고(11절), 그 후 마게도냐 지경의 첫 성인 빌립보에 수일을 유한다(12절). 빌립보에는 로마 시민권을 받고 세금 면제를 받은 자들이 많았고, 로마의 수비대가 주둔하는 전략적 요충이었다(참고. 오스본, 2003:415). 안식일에 기도처를 찾다가 '문밖 강가'(*ekso tes pyles para potamon*)에 나가 거기 앉아서 모인 여자들에게 말한다(13절).[923] 바울 일행이 정기적으로 강가에서 회집한 것(참고.

---

920) 2차 전도 여행 시작 직전, 마가 요한을 데리고 가기를 거부했던 바울이 이제 디모데를 자신의 선교팀에 동참시킨다. 그렇다면 기준은 무엇인가? 바울은 디모데전서 3장 1-7절의 감독의 자격을 적용하고 있는 것 같다(참고. 칼빈, 1993:97).

921) 갈라디아서 2장 3-5절에 의하면 바울이 디도에게는 할례를 시행하지 않았는데, 할례가 칭의의 수단인 것처럼 주장하는 사람들에게 교훈을 주기 위해서이다.

922) 참고로 A.D. 2세기의 어떤 누가복음 서문에 의하면, 누가는 수리아 안디옥 출신의 의사였으며, 사도의 제자였고, 후에 바울을 만나 순교하기까지 따라다녔다. 누가는 아내도 자녀도 없이 살다 84세를 일기로 베오디아에서 성령에 충만하여 잠들었다고 한다.

923) 13절에서 바른 성경은 다수 사본을 따라, '성문 밖 강가'(*ekso tes poleis para potamon*)로 번역하지만, 개역개정판은 '문밖 강가에'로 번역한다. 필사자가 '문(*pyle*)'과 '도시(*polis*)'의 유사한 발음을 혼동한 것 같다. 그리고 다수 사본은 3인칭 주어(기도)를 사용하지만, 비평 사본은 1인칭 복수 주어(우리)를

enomozomen, 미완료 능동 직설 1인칭 복수, 우리가 습관을 따르다)은 빌립보에 회당이 없었기 때문이다. 두아디라 성의 자주(purple cloth) 장사로서 하나님을 공경하는 루디아라 하는 여자가 듣고 있는데 주님이 그녀의 마음을 열어 바울의 말을 청종하게 하신다(14절).[924] 이 여인은 바울의 선교를 통해서 유럽인 가운데 첫 번째 개종자가 된다. 루디아는 비싼 제품인 자주 옷감을 거래했기에 부유한 사업가로 보이는데, 바울 당시에 여성들은 높은 위상과 영예로운 공식 칭호를 가질 수 있었다. 루디아와 그녀의 집이 다 세례를 받고 '우리에게'(누가를 포함한 바울 일행) 청하여 만일 자신을 주님을 믿는 자로 안다면 집에 들어와 유하라 하고 강권하여 있게 한다(15절). 바울과 루디아가 빌립보에서 결혼을 했다고 주장하는 이(예. S. Baring-Gould)가 있는데, 공상에 불과하다(참고. Bruce, 1984:332).

2.4. 사도행전 16장 16–40절의 메시지

바울 일행이 기도하는 곳으로 가다가 점치는 악령(*pneuma pythona*, Pythian spirit, '피손이라는 영') 들린 여종 하나를 만나니 그녀는 주인들(복수)에게 경제적으로 큰 도움이 되는 사람이었다(16절). 피손(Python)은 아폴로의 신전을 경호하던 신화적 비단뱀이자 아폴로의 신탁의 상징이었지만, 결국 아폴로에 의해 살해되는데, 나중에 '점치는 악령'을 가리키게 되었다. 복화술을 하는 사람은 Python이라는 악령이 들린 자로 여겨지기도 했다(보라. Longenecker, 1981:462). 많은 날 동안 그녀가 바울 일행을 향해 계속해서 좇아와서(*katakolouthousa*, to follow after, 현재 분사) 계속해서 소리 지르기를(*ekrazen*, 미완료 능동 직설 3인칭 단수) "이 사람들은 지극히 높은 하나님의 종들로서 구원의[925] 길을[926] 너희에게 전하는 자들이라"고 말한다(17절; 참고. 눅 8:28). '지극히 높으신 하나님'(*ho theos ho hypsistos*, Most High God)이라는 용어는 유대인들이 야웨에 대해서(참고. 민 24:16; 시 78:35; 사 14:14; 단 3:26, 4:32, 5:18, 21), 그리고 헬라인들은 주로 제우스와 같은 높은 신들에게 붙인 칭호이다. 이것은 예수님이 축귀하실 때 일어난 현상과 유사하다(참고. 막 1:24, 3:11, 5:7; 눅 4:34, 8:28).

이 악령 들린 여자의 말이 표면적으로는 옳지만 바울은 듣고 심히 괴로워한다. 왜냐하면 바울이 만일 그대로 이 여종의 말을 받아들이면 바울 자신이 전한 복음이 마치 악령의 활동과 관련된 것으로 비춰질 수 있었기 때문이다. 그리고 '지극히 높으신 하나님'이라는 개념도 성경이 말하는 것과 다르기 때문이다. 그리고 '구원'이라는 개념도 이방인에게는 단순히 건강, 구출,

---

사용한다. 하지만 비평 사본처럼 13절에 1인칭 복수형 동사를 두 번 일관되게 보는 것이 더 자연스럽다.

924) 브루스(1984:331)는 '루디아'를 여자 이름이 아니라 지역명으로 본다. 따라서 '루디아 출신의 여성'(the Lydian woman)으로 본다.

925) 여기서 바울은 '구원'을 우선적으로는 죄로부터의 해방으로 이해한다. 물론 전인적 구원을 염두에 두었을 것이다. 그러나 이방인들은 물질 세계나 인간의 운명을 결정짓는다고 여겨진 세력으로부터의 해방, 혹은 단순히 치유와 건강을 가리키는 것으로 이해했다(참고. Longenecker, 1981:462).

926) 17절의 '길' 앞에 정관사가 없어서 구원의 상대성이 암시된다. 점치는 여종이 기독교를 구원에 이르는 하나의 종교로 인정했던 것이다.

치유를 뜻하기도 했다(참고. Witherington, 1998:495). 이같이 여러 날을 하기에 바울이 심히 괴로워하며 돌이켜 그 여종의 배후에서 역사하는 악령에게 "예수 그리스도의 이름으로 내가 네게 명하노니 그 여자에게서 나오라"고 말하니 악령이 즉시(즉 바로 그 시간에, *te hora*) 나왔다(18절). 승귀하신 그리스도께서 계속 역사하신다.

악령 들렸던 여종의 주인들은 자기 이익의 소망이 끊어진 것을 보고 바울과 실라를 잡아 가지고 관원들(*archontas*, 당국, authorities)이 있던 재판소 역할을 했던 저자(*eis ten agoran*, the marketplace)로 끌고 간다(19절; 참고. 헨헨, 1991:154). 바울 일행은 악령을 쫓아낸 것이 아니라 빌립보 성을 요란케 하는 사람으로 상관들(*strategois*,[927] magistrates)에게 고소당한다(20절).[928] 즉 로마 사람이 받지도 행하지도 못할 풍속(에토스)을 전하는 자로 고소당한다(21절). 즉 바울과 실라는 팍스 로마나(*Pax Romana*)를 해치는 불법 종교(*religio illicita*)를 퍼뜨리는 사람으로 고소당한다. 20절에서 고소자들이 바울과 실라를 '유대인'이라고 부름으로써, 더 우월한 로마인과 구분한다.[929] 여종의 주인들의 고소는 다름 아니라 사탄의 나라가 하나님 나라에 저항하는 것이다.

상관들이 바울 일행의 옷을 찢고 벗겨 매로 치라고 명하니(22절), 많이 친 후에 옥에 가두고 간수에게 분부하여 든든히 지키라고 말한다(23절; 참고. 행 12:3-7; 고후 11:25). 발이 차꼬에 차인 채 감옥에서 가장 깊은 곳에 갇힌다(24절). 밤중에 바울과 실라가 계속해서 기도하고(*proseuchomenoi*, 현재 분사) 계속해서 찬미하매(*hymnoun*, 미완료) 죄인들이 듣는다(25절; 참고. 요셉의 유언, 8:5). 갑자기 큰 지진이 나며 옥터가 '움직이고'(*saleuthenai*, 아오리스트 수동태 부정사) 감옥의 모든 문들(*hai thyrai pasai*, 복수형, all the prison doors)이 곧 '열리며' (*eneochthesan*, 신적 수동태) 모든 사람들을 매고 있던 족쇄가 '벗겨진다'(*anethe*, 신적 수동태, 26절; 참고. 행 4:31). 바울 일행의 족쇄만 아니라 그 감옥에 있던 모든 사람들의 매인 것이 풀린다. 왜 그런가? 다른 죄수들이 바울의 찬양과 기도를 '계속해서 관심을 가지고 주의 깊게 경청'하고 있었기 때문이다(*epekroonto*; 미완료 디포넌트 직설법 3인칭 복수, NT *hapax*). 그들에게도 복음이 전파되어야 하기 때문이다.

간수가 죄수들이 도망간 줄 알고 칼로 자결하려고 한다(27절).[930] 바울은 간수를 향해서 "우리가 다 여기에 있으니, 네 몸을 상하게 말라"고 큰소리로 외친다(28절). 바울 일행 외의

---

927) 로마 식민 지역의 높은 재판관을 가리키는 용어는 *duoviri*인데, 빌립보에서는 *praetores*(혹은 *strategoi*)라고 더 명예스러운 호칭으로 불렸다.

928) 악령 축출 자체가 법적으로 징계를 받을 사유가 된 것은 아니다. 고발은 오직 바울에게 복수하려고 했던 주인들의 구실이었다. 합법적인 종교로 인정을 받은 유대교와 유대교의 한 분파처럼 인식된 그리스도교는 로마인들 가운데 개종자를 만들 수 없었다. 그리고 빌립보는 로마의 식민지였다(참고. 헨헨, 1991:154).

929) 그러나 아이러니는 빌립보 사람들이 로마 시민권자인 바울과 실라를 제대로 심문하지도 않고 매질하고 투옥한 것인데, 이것이야말로 비로마적 행동이다(참고. 콘라드 갬프, 2005:351).

930) 간수는 초자연적인 현상으로 죄수가 도망친 경우에는 책임을 면할 수 있었다. 그러므로 여기서 간수가 자결하려고 한 것에서 알 수 있는 것은 이 지진이 하나님의 초자연적인 현상인 것을 그가 몰랐다는 점이다.

죄수들은 왜 도망가지 않았는가? 아마도 바울로부터 복음을 듣기 위해서였을 것이다. 이제 그들도 쇠사슬이라는 족쇄가 아니라 복음에 매인 자들이 되고 만 것이다. 사도행전 12장의 베드로 개인의 구원을 위한 출옥과 달리, 여기서는 바울과 실라를 위한 것이 아니라 감옥에 있던 사람들을 위한 기적이 나타난다.

간수가 바울과 실라 앞에 무서워 떨며 부복한다(29절).[931] 간수가 바울과 실라 앞에 부복하는 것을 족쇄가 여전히 발에 차여 있는지를 확인하는 차원으로만 이해할 수 없다. 오히려 이 간수가 바울과 실라를 통해서 하나님의 능력이 나타난 것을 시인하는 행위이다. 간수가 바울과 실라를 데리고 나가, "주님들이여!(*kyrioi*) 구원을 얻기 위해서 무엇을 반드시(*dei*) 내가 행하여야 합니까?"라고 묻는다(30절; 비교. 눅 10:25, 18:18). 30절과 관련하여 D사본은 간수가 바울과 실라에게 말을 걸기 전에 "(자유롭게 된) 나머지 죄수들을 (다시) 감금하였다(secured the rest)"라고 삽입한다(참고. 매츠거, 2005:390). 그러므로 차꼬에서 풀린 사람들을 바울과 실라에게만 한정할 수 없다. 바울의 대답은 "주 예수님을 믿으라. 그리하면 너와 네 집이 구원을 얻으리라"이다(31절). 바울과 실라는 주님의 말씀을 간수와 식구들에게 전했다(32절). 간수의 집이 감옥 바로 곁에 있었던 것으로 보인다. 간수가 바울과 실라가 매 맞은 상처를 씻어주고, 온 가족(*panoikei*)이 세례를 받는다(33절). 믿음은 즉각적으로 올바른 행동의 실천을 유발시킨다. 간수는 바울과 실라를 씻어주고, 바울은 간수와 가족을 세례로 씻어준다. 바울 일행을 간수 집에 초청하여 음식을 같이 먹고 하나님을 믿음으로 크게 기뻐했다(34절). 여기 다시 '기쁨'의 주제가 등장하는데, 하나님께서 베푸시는 종말론적 구원을 온 힘 다해 기뻐할 때 사용되는 *agalliaomai* 동사가 등장한다.

다음날 상관들이 아전(법 집행관들)을 보내어 바울과 실라를 석방하라고 말한다(35절). 상관들이 바울 일행을 석방한 이유는 분명치 않은데, 아마도 바울 일행이 사회·종교적 불안 요소가 아니며 지진으로 인해 무언가 두려움을 느꼈을 수 있었을 것이다. 간수가 상관의 석방의 말을 바울에게 전하면서 평안히 가라고 말한다(36절). 바울이 로마 사람인 자신과 실라를 범죄에 대한 사실 확인 없이때리고 투옥한 후 이제는 비밀스럽게 석방하려고 하는데, 상관들이 친히 와서 자신들을 데리고 나가야 하리라고 말한다(37절). 아전들이 상관에게 그대로 고하니, 바울과 실라가 로마 사람들이라는 말을 듣고 두려워한다(38절). 로마 시민권자를 재판 없이 때리고 투옥하는 것은 금지되었다(참고. Cicero, Pro Rabirio 12).[932] 상관들이 와서 권하여(*parekalesan*, besought) 데리고 나가 성에서 떠나기를 '계속해서 요청한다'(*eroton*, 미완료 능동 직설법, 39절). 빌립보의 상관들은 자주 장사 루디아와 간수와 달리 구원의 전령사들을 그저 멀리 떠나 보내기를 원할 뿐이다. 투옥되었던 바울과 실라 두 사람이 옥에서 나가 루디아의 집에 들어가서 형제들을 만나보고 위로하고(*parekalesan*, exhorted) 떠난다(40절).[933]누가와 디모데는 투옥되지 않은 것으

931) 29절에서 서방 본문들은 '부복하다'(엎드리다)라는 말씀에 '발 앞에'(*pros tous podas*)라는 말을 첨가한다.

932) 물론 행정관이 로마 시민권자의 요구를 그냥 무시해 버리는 경우가 있기도 했다(참고. Witherington, 1998:499).

로 보인다. 왜냐하면 이 둘은 빌립보 사람처럼 이방인으로 취급되었을 수 있다. 루디아의 집이 빌립보의 가정 교회로 자리를 잡았을 가능성이 크다(참고. Witherington, 1998:499).

3. 오늘에의 적용

투옥 중에서도 찬양하는 사도의 모습에서 참된 기쁨과 평안에 대해 무엇을 배울 수 있는가? 성도가 고난을 기도와 찬미로 통과하는 모습이 불신자에게도 영향을 미침을 기억하자.

사도행전 17장

1. 본문 및 구조

- 데살로니가 전도(1-9)
- 베뢰아 전도(10-15)
- 아덴 전도(16-21)
- 바울의 아레오바고 연설(22-31)
- 아덴 사람들의 반응(32-34)

2. 구원 계시사적 메시지

2.1. 사도행전 17장 1-9절의 메시지

바울 일행이 암비볼리와 아볼로니아를 지나 데살로니가의 회당에 들어간다(1절). 이 길은 동양 세계를 로마로 잇는 '에그나티아 대로'(the Egnatian Way)를 따라간 것이다. 현대의 '살로니키'(Saloniki)인 데살로니가의 인구는 바울 당시 20만 명으로 추정된다(참고. Bruce, 1984:343). 바울은 3번에 걸친 안식일 동안 성경을 강론하며(2절) 뜻을 풀어 그리스도께서 고난을 받고 죽으시고 부활하신 것을 증명하고, 예수님이 그리스도이심을 말한다(3절). 그들 가운데 몇몇 사람이 승복하여 바울과 실라를 따르고, 또 많은 경건한 헬라인들(즉 하나님을 경외하는

---

933) 39-40절을 D사본은 다음과 같이 쓴다. "(39절) 많은 친구들과 함께 감옥에 도착하여, 그들이 '우리가 당신들에 관한 진실과 당신들이 의로운 사람들임을 알지 못했다'고 말하며, 그들에게 떠나기를 청했다. 그리고 그들이 그들을 데리고 나가 '그들이 당신들을 대적하여 외치며 다시 우리에게 모여들지 않도록, 이 성에서 떠나시오'라고 말하며 그들에게 청했다. (40절) 그들이 감옥에서 나가 루디아를 찾아가서 형제들을 만나보고 주께서 자신들에게 행하신 일들을 고하고, 그들을 위로하고 떠났다."

자들)과 적지 않은 귀부인들(a considerable number of women of high station)이 그렇게 하였다(4절). 바울을 따른 사람들 중에 데살로니가의 회당에 있던 유대인들도 포함된다(참고. 김경래, 1997:298).[934]

그러자 유대인들은 시장의 불량배들(some bad characters)을 동원하여 성을 소동케 하여 야손(Jason)의 집에 들어가 바울 일행을 잡으려고 한다(5절). 그들이 바울 일행을 발견치 못하자 야손과 형제를 끌고 읍장들(politarchas, 시의 지도자, the chief magistrates) 앞에 가서, 천하를 어지럽히던 바울 일행을 자기 집에 초대하여 가이사의 명을 거역하고 예수님을 다른 임금으로 믿었다고 큰소리로 말한다(6-7절). 이 구절에서 "가이사 외에는 다른 왕이 없다"는 요한복음 19장 15절이 메아리친다. 물론 바울은 데살로니가에서 예수님이 왕이심을 가르쳤을 것이고 종말론적인 색채가 강한 메시지를 던졌을 것이다(참고. 살전 1:9-10). 무리와 읍장들(즉 성읍 관원들)이 소동하여(8절), 야손과 나머지 사람들에게 보석금(bond)을 받고 놓아준다(9절). 여기서 '보석금'이라는 말은 바울의 지인 중에서 바울이 적어도 그 읍장(성읍 관원)의 임기 동안에는 다시 오지 않겠다고 보증하는 것으로 보인다(참고. Bruce, 1984:345). 사도행전 20장 4절에 의하면, 이 무렵 데살로니가의 아리스다고와 세군도가 개종했다.

2.2. 사도행전 17장 10-15절의 메시지

밤에 데살로니가의 형제들이 즉각적으로 바울과 실라를 서남쪽으로 80km정도 떨어진 베뢰아(Berea)로 보내는데, 바울 일행은 유대인의 회당에 들어간다(10절). 데살로니가인보다 더 신사적인(*eugenesteroi*, more noble character, 더 고상한)[935] 베뢰아의 유대인들(과 아마도 하나님을 경외하는 자들)은 간절한 마음으로 말씀을 받고 날마다 성경을 상고한다(11절). 믿는 사람이 많았고 헬라의 귀부인과 남자들도 적지 않았다(12절).[936] 사도행전 20장 4절에 의하면 부로(Pyrrhus)의 아들 소바더(Sopater)가 이때 회심했다. 데살로니가의 유대인들이 베뢰아까지 와서 무리를 움직여 소동을 일으킨다(13절). 참으로 유대인들이야 말로 천하를 어지럽히는 사람들이다. 실라와 디모데는 베뢰아에 유하지만 바울은 근처 바다(아마 Mathone 혹은 Dium)까지 간다(14절). 바울을 인도(escort)하는 사람들이 배를 타고 아덴까지 이르는데, 바울은 실라와 디모데를 속히 자신에게 보내달라고 부탁한다(15절; 참고. 행 18:5).[937]

---

934) 그런데 바른 성경과 개역개정판은 마치 경건한 헬라인들과 많은 귀부인만 바울을 따른 것처럼 번역한다. 그러나 NIV는 올바로 번역한다. "Some of the Jews were persuaded and joined Paul and Silas, as did a large number of God-fearing Greeks and not a few prominent women."

935) 고린도전서 1장 26절에서 이 단어는 '문벌 좋은'(noble birth)으로 번역된다. 칼빈(1993:142)은 '신사적'이라는 말을 사람의 정신적인 측면에 관한 것이 아니라 '혈통'과 관련하여 설명한다. 상술하면, 혈통적으로 고귀한 사람들이 복음을 믿은 것은 성령의 역사의 결과이며, 지도적 위치에 있는 사람들과 혈통에 있어서 뛰어난 사람들이 복음을 믿는다면 그렇지 못한 사람들에게 좋은 영향을 미친다.

936) 여자가 남자보다 먼저 언급된 경우이다.

937) 14-15절을 D사본은 다음과 같이 고쳐 썼다. "(14절) 형제들이 곧 바울을 내어 보내어 바다까지 가게 하되 실라와 디모데는 아직 거기 유하더라. (15절) 인도하는 사람들이 바울을 데리고 아덴까지 이르렀고,

2.3. 사도행전 17장 16-21절의 메시지

바울이 아덴에서 디모데와 실라를 기다리다가 온 성에 우상이 가득한 것을 보고 마음에 분을 느낀다(16절; 참고. 고전 10:21). B.C. 4-5세기 이래로 아덴의 문화는 굉장히 발전된 상태였다. 철학적으로 볼 때 아덴은 소크라테스, 플라톤, 아리스토텔레스, 에피쿠로스(B.C. 342-270년), 제노(B.C. 340-265년) 등의 사상으로 가득했다. 그리고 민주주의의 요람이기도 했다. 따라서 로마 제국이 아덴을 정복한 후에도 자치적으로 문화를 계속해 유지할 수 있도록 허용했다. 그래서 'Greco-Roman World'라고 불린다. 바울이 날마다 회당과 시장(저자, agora)에서 변론하며(17절), 에피쿠로스 학파 및 스토아 학파 철학자들(*philosophon*)과 쟁론하는데, 그들은 말쟁이(*ho spermologos hytos*, 씨를 줍는 자, 단편적인 지식을 줍는 사람, ignorant plagiarist) 바울이 무슨 도를 전하는지 주목한다.[938]

'변론하다'는 의미는 전도설교와 관련되어 "주장을 제시하고, 견해가 다른 사람과 논증하는 과정에서 그 논리를 하나씩 풀어간다'는 것이다(참고. 피터 마스터스, 2004:39). 그러나 바울은 예수님과 몸의 부활을 전한다(18절). 18절의 '신들'은 복수형인데, 아덴 사람들은 바울이 전한 '부활'을 'Anastasis'라는 여신으로 오해했을 수 있다(참고. 존 월튼, 2010:1637). 그들이 바울을 붙들어 아레오바고로 데리고 가서, 이 새 교리(*didache*)가 무엇인지 그들이 알 수 있는지 묻는다(19절). 그들은 낯설고 이상한 것을 들었기에 무슨 뜻인지 알고자 한다(20절). 아덴 사람들은 새로운 사상(the latest ideas)에 대해서 듣고 말하는 데 시간을 쓴다(21절).

2.4. 사도행전 17장 22-31절의 메시지

바울이 아덴에서 '아레오바고 연설'(Areopagitica)을 시작한다. 아덴 사람들은 범사에 종교성이 많다(22절). '종교성이 많다'는 '*deisidaimonesterous*'인데 '*deido*'(두려워하다)와 '*daimon*'(악령)의 합성어이다. 따라서 악령을 두려워하는 것이 종교성이라고 말함으로써 바울은 아덴 사람들의 악령 숭배적 거짓 종교성을 질책하고 있는 것이다. 아레오바고 연설은 이방인을 대상으로 하기에, 바울이 이전에 루스드라에서 행한 설교인 사도행전 14장 15절과 유사하다. '알지 못하는 신에게'(*agnosto theo*, to an unknown god)라는 글귀가 새겨진 단도 보았는데, 바울은 이 알지 못하는 것을 알게 하려고 한다(23절). 그리스의 범신론 혹은 다신론적인 배경에서 출발하여 바울이 유일신 하나님을 어떻게 소개하는지 주목해 보자. 우주와 만유를 지으신 신은 천지의 주재이신데 손으로 지은 전에 계시지 않는다(24절). 바울은 '손으로 지은 전'을 언급할 때 현대까지도 불가사의로 여겨지는 아크로폴리스를 염두에 두었을 것이다. 하나님은 사람의 손으로 섬김을 받지 않으시는데, 만민에게 생명과 호흡과 만물을 주시는 분이시다(25절; 참고. 시 50:9-12). 하나님은 인류를 한 혈통으로 만드시고, 연대를 정하시고, 거주의 경계를 한하셨는데(26절),[939]

그는 데살리(Thessaly)를 지나갔다. 말씀을 그들에게 전하지 못하도록 하였기 때문이다. 바울에게서 실라와 디모데를 자기에게로 속히 오게 하라는 명을 받고 그들이 떠나갔다."

938) 바보를 'birdbrain'이라고 쓴다.

이렇게 하심으로써 사람으로 하나님을 더듬어 찾아 발견케 하려 하시기 위해서이다. 인류를 한 혈통으로 만드셨다는 말은 헬라인 외의 모든 사람을 야만인으로 여긴 헬라인들에게는 불쾌하게 들렸을 것이다. 하나님은 각 사람에게서 멀리 떠나 계시지 않는다(27절). 사람은 그 분을 힘입어 기동한다.

아덴의 어떤 시인이 한 말처럼 "우리는 그의 소생이다"(28절). 이 시인은 B.C. 600년경의 크레타 섬 출신의 시인 에피메니데스(Epimenides)의 글을 인용한다. "우리는 그를 힘입어 살며 기동하며 있느니라." "우리가 신의 소생이라"는 말은 바울이 B.C. 315-240년의 길리기아 출신의 스토아 철학자인 아라투스(Aratus)의 《*Phanomena*》(현상들)라는 책에서 인용한 것이다.[940] 우리가 하나님의 자손이기 때문에, 신의 존재를 금이나 은이나 돌에다 사람의 기술과 고안으로 새긴 것들과 같이 여기지 말아야 한다(29절). 알지 못하던 시대에는 하나님이 허물치 아니하셨거니와(*hyperidon*,[941] 아오리스트 능동태 분사 남성 단수 주격, having overlooked, 눈감아 주다) 이제는(*nyn*) 어디든지 사람을 다 명해서 회개하라 하셨다(30절). 하나님이 정하신 그 사람(심판장, 예수님)을 통해서 공의로 심판하실 날을 작정하시고 계신다. 이를 위해서 사람들에게 예수님의 죽음과 부활을 믿을 만한 증거를 주셨다(31절). 헬라인에게 있어서 부활과 심판이라는 개념은 그리 유쾌한 것이 아니었다. 그러나 바울은 유일신 창조주 하나님께서 부활의 그리스도를 통해서 심판하실 것을 선포하고 있다.

2.5. 사도행전 17장 32-34절의 메시지

죽은 자들의 부활을 듣고 어떤 이는 기롱하거나 다시 말을 듣고자 한다(32절).[942] 아덴 사람들이 기롱한 배경에는 아덴의 후견인 신인 아테네에 의해 아레오바고 법정이 건축되었을 때 아폴로 신은 "일단 사람이 죽으면 땅이 그 사람의 피를 삼키고 다시는 부활이 없다"고 말한 것이 있다(참고. Bruce, 1984:363-364). 바울이 그들을 떠날 무렵(33절), 몇 사람은 믿고 바울의 추종자가 되었는데, 그중에 아레오바고의 관원 '디오누시오'와 '다마리'라고 불리는 여자와 다른 사람들이 있었다(34절). 디오니시우스가 아덴의 첫 번째 주교(first bishop)가 되었다고 전하는 A.D. 170년경의 고린도의 주교 유세비우스의 주장은 확실하지 않다(참고. 유세비우스의 《교회사》,

939) 이 구절은 남아공의 '아파르트헤이트'의 근거 구절로 오용되었다. 즉 하나님의 뜻에 의하면 흑인과 백인은 분리되어야 한다는 것이었다.

940) 참고로 고린도전서 15장 33절에서 바울은 헬라의 시인인 Menander(B.C. 342-292년)의 "Thais"라는 글 중에서 "악한 동무들은 선한 행실을 더럽히나니"라는 구절을 인용한다. 그리고 디도서 1장 12절에서 B.C. 600년경의 에피메니데스가 지은 "De Oraculis"의 "그레데인들은 항상 거짓말쟁이며 악한 짐승이며 배만 위하는 게으름뱅이라"는 구절을 인용한다(참고. 오스본, 2003:458).

941) 30절의 '허물치 않는다'(*hyperorao*, 바른 성경: '눈감아 주셨으나')는 동사는 LXX에서 흔하게 등장하는데, "호의적인 도움도 없이, 그렇다고 심각한 체벌도 없이 버려두는 것"을 의미한다(참고. Rogers & Rogers, 1998:276).

942) 헬라 철학파 중에서 에피쿠로스 학파만 영혼의 불멸을 인정하지 않았다. 영혼도 몸과 함께 죽는다고 보았다. 영혼도 물질로 보았다(참고. 존 월튼, 2010:1638).

3.4.11). 아덴에 교회가 설립되었다는 언급은 없으나 개종자가 발생했기에 여기서의 선교 사역이 순전히 실패한 것은 아니다.

3. 오늘에의 적용

악령 곧 우상적 종교성을 기독교성으로 어떻게 바꿀 수 있는가?
세상 학문은 성경의 진리를 밝히는데 어떤 유용성을 가지는가?

사도행전 18장

1. 본문 및 구조

- 고린도에서 바울이 아굴라 부부를 만남(1-4)
- 디도 유스도와 회당장 그리스보의 회심(5-11)
- 바울이 재판 받음(12-17)
- 안디옥으로 돌아옴(18-23)
- 에베소에서 활동한 아볼로(24-28)

2. 구원 계시사적 메시지

2.1. 사도행전 18장 1-4절의 메시지

바울 일행이 고린도에 도착한다(1절). 고린도는 B.C. 27년 이래로 아가야 지역의 수도이다. 바울 당시 고린도의 인구는 65만 명이었으며 노예는 40만 명으로 추산된다. 헬라 철학과 성적인 부도덕, 그리고 많은 이교 신전이 있었다. 복음이 성공적으로 뿌리를 내리기에 힘들어 보이는 도시였다(참고. 오스본, 2003:466). 본도 출신 아굴라('독수리'라는 라틴어식 이름)와 브리스길라 부부가 글라우디오의 칙령(A.D. 49년)으로 인해 로마에서 축출된 후 고린도에 살고 있었다(2절). 혹자는 아굴라가 유대인 노예의 신분으로 있다가 자유인이 되었고, 로마 시민권자인 브리스길라를 만나 결혼한 것으로 추측한다. 역사가 타키투스가 전하는 바에 의하면 글라우디오는 친헬라-로마 정책을 펼쳐서 옛 로마의 종교를 보존하려고 했기에 반셈족적 경향을 보이기도 했다. 그러나 갈리굴라만큼 심하게 유대인들을 무시하지는 않았다(보라. Witherington, 1998:541). 이 부부는 장막을 만드는 직업을 가진 자였기에 바울과 더불어서 일한다(3절).[943] 이 부부는 오순절 성령이 강림했을 때 로마에서 순례 왔던 사람들로부터 복음을 들었을 것이다.[944] 그리고 아마도 바울은 아굴라 부부에게 복음을 분명하게 설명해 주었을 것이다. 안식일마다 바울은 회당에서 강론하고 유대인들과 헬라인들(즉 하나님을 경외하는 자들)을 권면한다(4절).[945]

2.2. 사도행전 18장 5-11절의 메시지

실라와 디모데가 마게도냐에서 와서 바울과 합류한다. 아마도 실라와 디모데는 마게도냐 교회로부터 헌금을 가지고 와서 바울에게 전달했을 것인데, 그 헌금은 바울로 하여금 '파트타임' 선교사에서 '풀 타임' 선교사로 사역하도록 만들었을 것이다(참고. Fernando, 1998:492). 바울은 말씀에 붙잡혀서 예수님이 그리스도임을 증거한다(5절). 유대인들이 바울을 대적하여 훼방하는데, 바울은 옷을 떨며 "너희 피가 너희 머리로 돌아갈 것이요, 나는 깨끗하니라. 이후에는 이방인에게로 가리라"고 말한다(6절). 옷을 떠는 것은 발에 묻은 먼지를 떨어버리는 것과 비슷한 행동이다(참고. 행 13:51). 유대인들의 영적인 파멸과 하나님의 심판의 책임은 전적으로 유대인의 몫이다(참고. 겔 33:4; 행 20:26). 하나님을 공경하는 디도 유스도(Titus Justus)라는 사람을 만나는데 회당 바로 옆에 산다(7절). '디도'는 로마식 이름인데, 아마 그는 로마 시민권자였을 것이다. 디도 유스도의 집이 영적으로 어린 고린도 교회의 회집 장소로 제공되었을 것이다(참고. 고전 1:14). 그리고 혹자는 로마서 16장 23절의 고린도 교회의 신자('집주인'[*ksenos*]; 바른성경) 가이오를 디도 유스도와 동일인물로 추정하기도 한다(예. Bruce, 1984:371).

회당장 그리스보의 온 집이 예수님을 믿고 수다한 고린도 사람이 믿게 된다(8절). 회당장의 개종은 유대인들에게 큰 영향을 미쳤을 것이다. 이것 역시 계시사적으로 볼 때 옛 사상과 세계의 종교인 유대교가 물러가고 새 언약과 복음과 천국이 확장되는 것으로 보아야 한다. 로마서를 고린도에서 기록했다면 로마서 16장에서 바울과 함께 있는 것으로 묘사된 사람들은 고린도 교인들로 추정된다. 밤에 환상 중에 주님이 바울에게 두려워 말고 또한 잠잠치도 말라고 하시면서, 임마누엘 하리니 아무도 바울을 해롭게 할 자가 없을 것이며, 고린도 성 중에 하나님의 백성이 많다고 말씀하신다(9-10절). 이 말씀에 용기를 내어 바울은 고린도에서 1년 6개월을 가르쳤다(11절).

---

943) 바울은 왜 고린도에서 장막 만드는 일을 다시 시작했을까? 장막은 군대 막사로 사용될 뿐 아니라, 고린도의 이스미안 경기(Isthmian Game)를 관람하기 위해 찾아온 방문객들에게도 제공되었다. 따라서 바울이 텐트를 이들에게 제공한다면 복음 전파의 접촉점으로 용이했을 것이다. 그리고 현란한 수사학으로 청중의 지갑을 열고 사라지는 떠돌이 철학자와는 다른 면을 자비량 선교사로 살면서 보여주기를 원했을 것이다. 바울은 돈을 직접 벌어서 복음을 전파함으로써 주님의 복음의 은혜는 거저 주어진 것임을 분명히 한다(참고. Witherington, 1998:548). 하지만 상징적인 의미를 간과할 수 없다. 즉 바울은 구약에서부터 내려오는 중요한 주제인 장막, 즉 하나님의 교회를 건축하는 사람임을 보여준다.

944) 고린도전서 3장 6절에 의하면 바울 자신이 고린도 교회를 설립했다. 그러므로 아굴라 부부는 바울 외의 고린도에서 활동한 어떤 다른 복음의 전파자에 의해서 개종한 것으로 보이지 않는다. 바울이 고린도에 오기 전에도 기독교의 형태가 있었을 수는 있지만, 회중의 형식으로는 없었던 것으로 보인다(참고. Conzelmann, 1987:151).

945) 3-4절에서 D사본은 여러 단어를 첨가한다(예. 3절에 '종족이 같고', 4절에 '주 예수님의 이름을 알리고').

2.3. 사도행전 18장 12-17절의 메시지

갈리오(A.D. 51-52년)가 아가야의 총독이 되었을 때, 유대인들이 바울을 대적하며 재판 자리로 끌고 간다(12절).[946] 유대인들은 바울을 율법을 어기는 방식으로 하나님을 공경하라고 가르친다고 고발한다(13절). 부정하고 괴악한 행동으로 고소하면 갈리오가 유대인의 편을 들어 줄 것이지만(14절), 언어와 명칭과 유대인의 법에 관한 문제라면 유대인 스스로 처리해야 한다(15절). 로마인들이 볼 때 유대교와 기독교는 비슷한 것이었고, 기독교는 유대교의 한 분파 정도로 보였던 것이다. 그러므로 갈리오 총독은 유대교의 신학적 논쟁이라면 알고 싶어 하지도 알 필요도 없다고 말한 것이다. 갈리오에게서 호의를 얻지 못한 유대인들은 회당장 그리스보의 후임으로 추정되는 인물인 회당장 소스데네를 잡아서 갈리오 앞에 끌고 와서 때리지만 갈리오는 별로 상관치 않는다(17절). 아마도 유대인들은 갈리오에게 고소한 것에 대한 실패의 책임을 회당장 소스데네에게 묻고 있으며 화풀이를 하고 있는 것이다. 고린도전서 1장 1절에 의하면 소스데네는 바울의 신실한 동역자가 되었다. 참고로 바울 당시에 로마 세계에서는 근거 없는 소추가 심각한 문제로 부각되고 있었으며, 확실한 잘못이 없는데도 적을 일시적으로 억류하기 위해서 기소하는 것을 금하는 법률이 통과되고 있었다(참고. 콘라드 갬프, 2005:355).

2.4. 사도행전 18장 18-23절의 메시지

여러 날 후에 바울이 형제들을 작별하고 배타고 수리아로 떠날 때,[947] 브리스길라와 아굴라도 함께했다. 장막을 만드는 부유한 아굴라 부부가 바울의 여행 자금을 조달했을 것이다(참고. 존 스토트, 1992:358). 바울이 서원을 따라 고린도의 동쪽 항구인 겐그레아에서 머리를 깎았다(18절). '머리를 깎다'(*keiro*)는 말은 '가위로 자르다'(to cut with scissors)라는 뜻인데, 사도행전 21장 24절의 '머리를 깎다'(*ksyreo*)는 '면도하다'(to shave)라는 뜻이다(참고. Witherington, 1998:557). 이 서원은 민수기 6장 18절의 나실인의 서원(Nazaritic vow)으로 보인다(참고. 행 21:23-26).[948] 이 서원은 위험한 상황에서 건져 주셨을 때 행하기도 했는데(9-10절) 아마도 머리를 미는 것은 감사의 표시였을 것이다(참고. 콘라드 갬프, 2005:355).[949] 구체적으로 고린도에서 당한 위험

---

946) B.C. 27년-A.D. 15년 그리고 A.D. 44년 이후로 로마 총독이 아가야를 다스렸다.

947) 수리아는 수리아 주(the province of Syria)를 가리킬 수도 있고, 바로 그 수리아(Syria proper)도 가리킬 수 있다. 전자가 옳다면 바울이 수리아 주의 일부인 가이사랴에 도착한 것을 자연스럽게 설명할 수 있다. 그러나 후자처럼 22절에서 바울은 수리아의 안디옥에 갔다(참고. Witherington, 1998:556).

948) 혹자는 이 서원을 'Nazirite-like vow'라고 부른다. 왜냐하면 바울과 같이 기독교 복음의 전파자가 구약의 나실인 서원을 할 수 없다고 보기 때문이다. 그러나 바울은 3차에 걸친 전도를 마친 후 사도행전 23장 6절에서 자신을 '바리새인이요 또한 바리새인의 아들'이라고 자신을 소개하고 있다. 이것을 유대인을 얻기 위해서는 유대인처럼 된 바울의 선교 전략으로 이해해야 한다. 물론 이교의 머리 제사(hair offering)와 연결 짓는 것은 바람직하지 않다(참고. Longenecker, 1981:488; 헨헨, 1989:215).

949) 바울이 겐그레아에서 머리를 깎은 것은 나실인의 서약과 유사한데, 둘 다 서약의 시작 시점이 아니라 '만료' 시점에 삭발을 했다는 점이다(참고. 《유대전쟁사》 15.1). 차이점은 바울이 삭발한 장소가 성막이나 예루살렘 성전이 아니라는 점이다(민 6:18). 바울이 구약의 서약을 행한 것을 신구약 중첩기적 현상으로 이해해야 한다(참고. 유상섭, 2002:157).

상황에서 건져내신 하나님에게 감사하는 표시로 머리를 민 것으로 보인다. 머리를 예루살렘이 아닌 다른 지역에서 깎았더라도 나중에 예루살렘으로 가지고 올 수 있었다(참고. 존 스토트, 1992:358).

에베소에 아굴라 부부를 머물게 하고, 바울은 회당에서 유대인과 변론한다(19절). 여러 사람이 더 오래 있기를 요구하지만, 바울은 작별하여 가이사랴로 간다(20-22절). 시간적인 배경을 살펴 보면, 이때는 A.D. 52년경으로 4월 초의 유월절을 지키기 위해서 항해에 적합한 계절은 3월 5-10일경이었다. 따라서 항해하는 기간과 가이사랴에서 예루살렘으로 가는 도보 여행 기간을 고려해 볼 때 유월절이 시작되는 시점까지는 시간이 넉넉지 않았다.

"하나님의 뜻이라면(if God wills) 다시 에베소로 오리라"는 21절 말씀은 3차 전도 여행 초기인 사도행전 19장 1절에서 성취된다.[950] 가이사랴에서 '예루살렘 교회'의 안부를 묻고 안디옥으로 간다(22절). 예루살렘 교회를 언급할 때 정관사를 붙여서 '그 교회'라고 부르기도 한다(참고. 행 8:3, 12:1, 5, 15:3-4). 그리고 '올라가다'는 예루살렘과 관련된다. 그렇다면 누가가 바울이 겐그레아에서 행한 삭발과 관련이 있는 예루살렘 방문을 이렇게 짧게 언급하고 넘어가는 이유는 무엇인가? 이것은 계시사적으로 이해해야 한다. 성전과 관련하여 계시사적 전환이 일어났기 때문이다. 바울이 예루살렘 교회를 방문하여 안부를 물은 것은 구약의 성전으로 순례하는 것에 상응한다. 바울은 돌 성전이 아니라 지금 하나님의 새로운 성전인 예루살렘 교회를 방문한다. 바울의 서원은 새로운 성전을 방문함으로써 성취된다(참고. 유상섭, 2002:160).

바울의 2차 전도 여행은 약 2년이 소요되었고, 고린도에서 제일 오랫동안 머물렀다. 얼마 후에 갈라디아와 브루기아를 지나다니면서 제자들을 굳게 했다(23절). 23절은 바울의 3차 전도 여행이 시작되는 구절이다. 3차 전도 여행은 이전의 전도 여행을 통해서 세워진 교회들을 굳게 하는 양육을 목적으로 수행되었다.

2.5. 사도행전 18장 24-28절의 메시지

알렉산드리아 출신 아볼로가 에베소에 이르는데 학문이 많고(혹은 수사학을 훈련받고), (구약)성경에 능한 사람이다(24절). 알렉산드리아는 LXX와 필로라는 인물을 배출한 로마 제국의 제2의 도시였으며, 디아스포라가 매우 많았다. 일찍 주님의 도를 배워서 열심히 예수님에 관한 것을 자세히 말하며 가르치지만 세례 요한의 세례만 알고 있었다(25절). 따라서 아볼로의 지식은 불완전해 보인다. 세례 요한이 외친 "회개하라, 천국이 가까웠느니라"를 그 역시 외쳤을 것이고, 그리스도로 말미암아 실현된 하나님 나라의 충만한 영광과 성령의 거듭나게 하시는 세례에 관해서는 충분하게 전파하지 못했던 것 같다. 아볼로가 회당에서 담대히 말하니, 아굴라와 브리스길라가 듣고 그를 데려다가 하나님의 도를 더 자세히(*akribesteron*, more accurately) 풀어서 말해 준다(26절).[951] 이미 아굴라 부부는 바울을 통해서 구체적으로 복음을 듣고 알고 있었다.

---

950) 서방 사본은 21절 끝에 "나는 어떤 일이 있어도 예루살렘에서 곧 있을 절기를 지켜야 한다"라는 바울의 굳은 의지가 담긴 말을 첨가한다.

아볼로는 자신의 학문이 많음을 내세우지 않고 겸손히 아굴라 부부로부터 복음을 듣고 배웠다. 하지만 사도행전 19장 1-7절의 에베소에 살던 세례 요한의 제자들은 여전히 복음과 성령에 대해서 불완전한 지식을 가지고 있었다. 신구약 중첩적 현상으로 파악할 수 있다.

아볼로가 그리스 남부의 아가야 지방으로 가려고 하니 에베소 교회의 형제들이 아가야 지역의 교인들에게 그를 추천해 준다(27절).[952] 고린도전서 4장 1절 이하에 의하면 아볼로는 고린도 교회에서 상당한 영향을 미쳤다. 실제로 27절 하반절에서 아볼로는 아가야 지역 교회에게 많은 유익을 주었다고 밝힌다. 왜냐하면 그는 성경으로 예수님은 그리스도라고 증거하고 공중 앞에서(publicly) 유력하게(*eutonos*, 강력하게, 참고. 눅 23:10) 유대인의 말을 이기었기 때문이다(28절). '철저하게 논박하다'라는 뜻의 '*diakatelengcheto*'라는 미완료형 동사가 사용된다. 나중에 바울은 아볼로를 형제로 여긴다(참고. 고전 16:12).

3. 오늘에의 적용

바울이 디아스포라와 하나님을 경외하는 자들에게 복음을 전했듯이, 우리 시대에는 어떻게 어중간하게 복음을 알고 오해하는 자를 전도할 수 있는가?

소위 '세례 요한의 세례'에만 머물고 있는 그리스도인을 어떻게 양육할 수 있는가?

사도행전 19장

1. 본문 및 구조

- 에베소의 요한 제자들이 성령을 받음(1-7)
- 스게와의 7아들과 에베소 사람들이 마술을 포기함(8-20)
- 데메드리오의 선동과 연극장에서의 소요(21-42)

---

951) 공적인 모임이 아니라 사적으로 아굴라와 브리스길라가 아볼로에게 말씀을 풀이해 주었다. 그러므로 이 구절을 통해서 여성이 공적인 모임에서 가르치는 것을 지지하는 것으로 확대 해석하는 것을 주의해야 한다.

952) 27절을 D사본은 "에베소를 방문하던 중에 그의 말을 들은 어떤 고린도 사람들이 자신들의 고향으로 함께 건너가자고 그를 초대했다. 그가 응하자, 에베소 사람들이 제자들에게 편지하여 그 사람을 영접하라 하였다. 그가 아가야에 거주할 때 교회들에게 많은 유익을 주었다"라고 확대한다.

2. 구원 계시사적 메시지

2.1. 사도행전 19장 1–7절의 메시지

여기서 바울의 3차 전도 여행 중인 A.D. 52년경에 터키의 에베소에 살던 세례 요한의 영향을 받은 제자들에게 임한 성령님을 살펴볼 것이다. 사도행전 19장 1-7절의 내러티브의 전개 흐름에 따라 주석을 해보자.[953]

2.1.1. 본문 및 문맥과 배경

사도행전 19장 1절은 간략하게 이 단락의 배경을 소개한다. 아볼로가 그리스의 고린도에 있을 때였다.[954] 누가는 아볼로의 에베소와 아가야 사역(참고. 행 18:24-28)과 바울의 에베소 사역(행 19:1-7)을 붙여 놓음으로써 독자들로 하여금 서로 비교해 보도록 한다.[955] 이 두 단락에 '아볼로'와 '요한의 세례' 그리고 '지식적으로 부족한 그리스도인'이 공통적으로 나타난다. 사도행전 19장 1절의 바로 앞 구절은 아볼로가 예수 그리스도의 복음으로 아가야 지방의 불신 유대인을 유력하게 이겼다고 말씀한다. 그러므로 사도행전 19장 1-7절도 바울이 에베소에서 유대적 요소 혹은 옛것을 이기고 그리스도의 교회 즉 새것을 세우는 일과 관련이 있음을 알 수 있다. 이것은 계시사의 전진에서 불가피한 일이다.

3차 전도 여행 중에 바울은 남갈라디아 지방의 교회들을 방문한 후에(참고. 행 18:23), 골로새와 라오디게아를 지나지 않고(참고. 골 2:1), 대신 '윗 브루기아'(Upper Phrygia)라고 알려진 지역 즉 카이스터(Cayster) 골짜기를 지나 지름길을 따라 에베소에 도착한다. 거기서 바울은 세례 요한의 영향을 받은 어떤 남자 제자들을 만난다(행 19:1). 이 구절에서 예수님의 선구자인 세례 요한이 언급된 것은 사도행전 전체로 볼 때 5번째이다(참고. 행 1:5, 11:16, 13:25, 18:25). 세례 요한의 명성과 영향력은 팔레스타인을 넘어 멀리 소아시아에까지 퍼졌다.

2.1.2. 바울의 첫 번째 질문과 대답

2절은 일부 오순절파와 은사주의자들의 입장 즉 기독교 입문의 두 단계인 믿음과 회심으로 시작해서 나중에 성령을 받는 일이 뒤따른다는 주장을 위한 증거 본문으로 사용되었다. 과연

---

953) 이 책에서 '내러티브'는 꾸며낸 설화나 전설을 가리키지 않고, 성경 저자가 역사적 사건을 진술하는 이야기 형식을 의미한다.

954) 비평사본과 다수 사본은 사도행전 19장 1절의 한글개역성경의 번역을 지지한다. 외적 증거가 빈약하지만, 소수의 서방 본문(D)이 기록하는 1절을 소개하면 다음과 같다. "바울이 자신의 계획에 따라 예루살렘에 가기를 원하였지만, 성령께서 아시아에 돌아가라고 명하셨다. 그가 윗지방으로 다녀 에베소에 와서 어떤 제자들을 만났다." 보라. 브루스 M. 매츠거, 《신약 그리스어 본문 주석》(장동수 옮김, 서울: 대한성서공회 성경원문연구소, 2005), 403.

955) 아볼로의 불완전한 지식과 바울의 완전한 지식 사이의 대조를 통해서, 누가가 사도적 교회와 나란히 독자적으로 심지어 대립하면서 활동하는 (불완전한) 선교사를 비판하려는 의도를 가지고 있었는지는 의문이다. 참고. E. 헨헨, 《사도행전》, 국제성서주석(박경미 옮김, 서울: 한국신학연구소, 1989), 232.

그런가? 바울이 에베소의 제자들에게 다소 갑작스럽게 "너희가 믿을 때 성령을 받았느냐?"라고 묻는다(19:2). '믿을 때'는 성령을 받는 것과 동시간을 가리키는 '동시 아오리스트 분사'(coincident aorist participle)이다(참고. 엡 1:13).[956] 바울의 이 질문은 "예수님을 믿은 후에 별도로 특별히 받아야 할 성령을 받았느냐?"라는 뜻이 아니라, 성령을 받는 것은 곧 예수님을 믿는 것이고 그것은 곧 구원이라는 뜻이다. 따라서 바울의 질문을 풀어 써보면, "너희가 예수님을 믿어 구원받았을 때 성령님으로 세례를 받았느냐?" 즉 "너희는 성령을 소유한 참 그리스도인인가?"이다.[957] 바울의 이 질문에는 그들이 예수님을 믿을 때 성령님에게서 비롯된 은사와 현상이 다른 교회에서와 마찬가지로 그들에게도 주어졌는가도 이차적으로 함축되어 있는 것 같다.[958]

하지만 이 열둘의 대답은 매우 의아하다. "우리는 성령이 있음도 듣지 못했다"(19:2).[959] 이 세례 요한의 제자들과 이전에 에베소에서 사역했던 (알렉산드리아 출신 유대인 신자)아볼로(참고. 행 18:24) 사이에는 유사점과 차이점이 동시에 나타난다. 이 12제자들은 아볼로의 미성숙한 목회의 흔적으로 볼 수 있다. 공통점으로는 이 둘 모두 구약의 마지막 주자인 세례 요한의 가르침에 충실했다(참고. 행 18:25). 차이점으로는 아볼로는 ('주 예수님의 이름으로' 세례를 다시 받지 않았고) 예수님을 알고 믿는 데 열심 있었던 그리스도인이었지만, 이 12제자들은

---

956) W.D. Mounce, *The Basics of Biblical Greek: Grammar* (Grand Rapids: Zondervan, 2003), 257. 그리고 C.L. Rogers Jr. & C.L. Rogers III, *The New Linguistic and Exegetical Key to the Greek New Testament* (Grand Rapids: Zondervan, 1998), 279-435. 구원의 필수 조건(*sine qua non*)으로 거듭나게 하시는 성령이 역사하여야 그 결과로 사람이 예수님을 믿을 수 있다. 예수님을 믿는 것과 성령을 받는 것은 논리적으로나 시간적으로 나눌 수 없고, 항상 같이 간다. 그렇다면 에베소의 12명은 '제자'이고 '믿은 사람'이었기에 성령(세례)을 이미 받았다. 참고. 헨헨, 《사도행전》, 232. 이들을 불신자로 보는 주석가로는 R.N. Longenecker, *Acts, Expositor's Bible Commentary* (Grand Rapids: Zondervan, 1981), 493. 변종길, "신약 교회의 확장과 성령" <개혁교회와 신학> 12호 (2001):44, 46. 그리고 Fernando, *Acts*, 506. 불신자로 보는 이들은 '제자'를 '예수님의 제자'로 보지 않고, '믿을 때'를 '예수님을 믿을 때'로 보지 않는다.

957) 참고. J.L. De Villiers, *Die Handelinge van die Apostels, Deel 2* (Kaapstad: NG Kerk-Uitgewers. 1983), 90. 존 스토트는 이 12제자들을 '불신자'로 본다. 참고. 존 스토트, 《사도행전 강해》, 362. Contra 헨헨, 《사도행전》, 227. 바울이 이들을 처음 만났을 때 이 12명을 '신자'로 착각했다는 것이다. 존 스토트는 사도행전에서 성령을 받는 것을 구원으로 자주 묘사하는 것에 근거하여, 성령의 이름과 내주하시는 사역을 알지 못했던 불신자들이었던 이들이 물세례를 받을 때 성령 세례도 동시에 받았다고 본다. 존 스토트는 "그들은 뒤늦게 오순절 속으로 휩쓸려 들어갔다"고 말한다. 참고. 존 스토트, 《사도행전 강해》, 363.

958) A. 슐라터, 《사도행전 강해》(김희보 옮김, 서울: 종로서적, 1994), 232. 칼빈은 바울의 이 질문을 중생의 성령에 관한 것이 아니라, 하나님께서 복음의 시초에 건덕을 위하여 자신이 원하시는 자들 위에 주신 성령의 특별한 은사를 가리킨다고 본다. 참고. 칼빈, 《사도행전 II, 데살로니가전후서》, 203. 하지만 바울의 이 질문에서 '중생의 성령'과 '성령의 은사'를 포괄적으로 보지 않을 이유가 있을까?

959) Witherington은 요한복음 7장 39절에 근거하여 "우리는 성령을 알지만 성령이 지금 명백하게 되어 현존하고 있으며 부어졌음을 들어보지 못했다"라는 의미로 이해한다. 참고. Witherington, *The Acts of the Apostles*, 571. 비슷한 견해로는 슐라터, 《사도행전 강해》, 232. E.M. 브레이크록, 《사도행전》 틴델 주석, 나용화 옮김(서울: 기독교문서선교회, 1980), 200. 변종길, "신약 교회의 확장과 성령," 45, 47. 칼빈, 《사도행전 II, 데살로니가전후서》, 204. 왜냐하면 이들이 그리스도인이면서도 바울을 만나기 전에 (오순절 사건을 알고 있던)다른 그리스도인과 거의 접촉할 기회가 없었기 때문이다. 하지만 동사 *estin*을 이렇게 풀어서 이해할 수 있는지 의문이다.

성령을 모르고 심지어 예수 그리스도조차 '분명하게' 믿고 있었다고 보기 힘든 면이 없지 않다.[960] 더구나 그들은 스승 세례 요한이 "내 뒤에 오시는 분은 불과 성령으로 세례를 주시리라"(눅 3:16)고 말한 것을 듣고 알았다면, 분명히 성령에 대해서 알고 있었을 법한데 그것조차도 모르고 있다(참고. 막 1:8).[961] 이 세례 요한의 제자들은 세례 요한의 사역조차 제대로 알지 못한 자들이며, 구약에 예언된 성령조차도 모르고 있기에 이방인 출신 성도로 추정된다(참고. 렘 31:31-33; 겔 37; 욜 2: 28-32).[962] 아니면 이들은 예수님의 공생애가 시작되기 전에 팔레스타인에서 에베소로 이주했을 수 있다(참고. ESV Study Bible, 2008:2125).

우리는 이전에 고린도에서 바울과 교제하면서(참고. 행 18:1-4) 복음을 배웠던 아굴라와 브리스길라 부부로부터 에베소의 아볼로가 하나님의 도를 더 자세히 배웠지만, 왜 아볼로와 교제가 있었던 것으로 보이는 에베소의 12제자들이 '성령'에 대해서 들어보지도 못했는지 그 이유를 정확히 알 수 없다.

2.1.3. 바울의 두 번째 질문과 대답

성령에 대해서 들어보지도 못한 이들에게, 바울은 "너희가 진정한 신자인가?"라는 의아한 뉘앙스를 가지고 "너희가 무슨/어떤 세례를 받았는가?"라고 묻는다(19:3). 여기서 바울은 "너희는 누구의 세례를 받았느냐?"라고 물을 만하다. 왜냐하면 성령을 들어보지도 못했다면, 그것은 예수님의 이름으로 시행되는 세례와는 다른 세례였을 수 있기 때문이다. 예수님의 이름으로 시행되는 세례는 성령의 약속과 결부되어 있었기 때문이다. 즉 예수님의 이름으로 세례를 받는 사람은 성령의 이름도 불러야 했기 때문이다(참고. 마 28:19). 아마 바울은 자신의 동역자인 아볼로로부터 세례를 받은 이 12명이 복음에 관해 완전한 설명을 듣지 못했다고는 생각하지 못했을 것이다. 하지만 바울은 '누구의 세례'가 아니라 '어떤 세례'라고 묻는다. 왜냐하면, 다른 한편으로, 이때 바울은 예수님의 이름 외에 다른 이름으로 세례가 베풀어졌다고는 생각하지 못했을 수도 있었기 때문이다. 그들은 예비적이며 회개의 징표인 "요한의 세례로다"라고 답한다(19:3).[963] 바울은 2절의 '성령'과 3절의 '세례'를 연결한다. 바울에게는 물론, 사도행전의 수신자

960) 따라서 Joubert는 이 12명을 교회의 일원으로 간주하지만, '이름뿐인 성도'(in naam as gelowiges)로 본다. 바울이 에베소서 1장 13-14절에서 말한 것처럼, 종말론적 은사이시요 변혁자이신 성령님은 이들을 '온전한 가치를 가진 성도'(volwaardige gelowiges)로 인치시고 변혁시킨다. 성령님은 그리스도의 구속의 은덕을 신약 성도에게 적용하시며 그리스도의 몸 된 교회를 변혁시키신다. 참고. Joubert, "Handelinge," 1424.

961) 참고. 헨헨, 《사도행전》, 227. 이들은 세례 요한으로부터 직접 가르침을 받지 않았고, 요한의 메시지를 간접적으로 들었을 수 있다. 아니면 메시아의 선구자로서 요한의 역할보다는, 예수님의 부활·승천이 완료된 시점이기에 요한의 윤리적인 가르침(눅 3:7-14)에 집중했을 수도 있다. 참고. 콘라드 갬프, 《사도행전》 IVP 성경주석: 신약(김재영 외 옮김, 서울: IVP, 2004), 356.

962) 다른 주장도 있다. 칼빈은 이들이 세례 요한의 세례를 받았기에 유대인들이라고 주장한다. 참고. 칼빈, 《사도행전 II, 데살로니가전후서》, 203. 혹자는 이들이 성령의 현존에 대해서 들어 알고 있었지만, 완전한 복음을 듣지 못한 관계로 성령의 역사를 제대로 알지 못했다는 것이다. 참고. W.J. Larkin Jr., *Acts, IVP New Testament Commentary*(Downers Grove: IVP, 1995), 273.

데오빌로(와 누가 공동체)에게 있어서 세례를 받는 것과 성령의 역사는 불가분이었을 것이다.

2.1.4. 바울의 설명과 세례 베풂

세례 요한이 베푼 '회개의 세례'(19:4; 참고. 막 1:4; 눅 3:3; 행 13:24)만 알고 있었던 이 12제자들은 성령을 통한 그리스도의 계시를 온전히 깨닫지 못하고, 이미 임한 천국의 충만한 실체를 경험하지 못한 구약의 백성과 유사한 형편 즉 마치 '반(半)그리스도인'(semi-Christian)의 형편에 처해 있었다.[964] 이들은 예수님을 받아들일 사전 준비인 회개를 목표로 하는 세례 요한의 세례만 알 뿐이다. 바울은 이들에게 세례 요한이 "(한글 개역: 내) 뒤에 오시는 이를 믿어라"라고 말할 때, 그분은 바로 예수님이시다라고 설명한다(다수 사본은 "이분은 그리스도 예수님이시다"; 19:4). 바울의 이 설명이 암시하는 바는 이 12제자에게 부족한 것은 세례 요한이 예언한 분은 약속된 메시아라는 사실을 '분명하게' 믿지 못한 것이다. 바울은 세례 요한의 세례를 받은 그들에게 "성령의 세례를 받아라"고 말하는 대신에, 세례 요한이 예언한 메시아 예수님을 '분명하게' 믿으라는 의도를 가지고 말하는 듯하다. 따라서 예수님을 믿는 것과 성령의 세례를 받는 것은 밀접한 관련이 있다(참고. 행 11:17). 바울의 설명을 들은 후, 에베소의 12제자들은 "주 예수님의 이름으로 세례를 받았다"(19:5).[965] 이것은 신약에 나타나는 유일한 '재세례'(re-baptism)이다.[966]

---

963) *Eis*는 이들이 메시아로 믿은 세례 요한 안으로 세례를 받았다는 뜻이 아니라, 그 당시의 물속으로 잠그는 침례의 관습을 반영하는 전치사이다. 참고. Knowling, *The Acts of the Apostles*, 403. 이들은 세례 요한에게서 직접 요단강에서 세례를 받아서 에베소로 이주한 사람들로 볼 수 없는데, 이유는 만일 그렇다면 스승 세례 요한이 언급했던 성령에 대해 들어보지 못했다고 말할 수 없었을 것이다. 이들은 아볼로로부터 세례를 받았을 것이다. 그들이 받은 '요한의 세례'가 기독교의 세례와 본질적으로 죄 사함과 새사람이 됨이라는 동질성을 가지고 있다 하더라도 그것은 기독교의 세례가 아니라 여전히 구약에 속한 세례이다. 참고. F.W. Grosheide, *Handelingen. Korte Verklaring* (Kampen: Kok, 1963), 88. 구약의 가장 큰 인물인 세례 요한(마 11:11)의 세례는 완전한 신약의 세례는 아니지만, 그것을 예기하고 선취하는 성격을 가지고 있다. 참고. R.L. Pratt, Ed. *The Spirit of Reformation Study Bible* (Grand Rapids: Zondervan, 2003), 1790. 신약 교회는 승천하신 예수님이 주시는 성령 세례를 내다보는 요한의 세례보다 더 나은 세례를 받은 천국에서 큰 자이다.

964) Contra Bruce, *Acts*, 385. Witherington은 이들을 불신자로 볼 수 없다고 말하면서, '이상한 그리스도인'(strange Christians) 혹은 '기독교 운동의 가장자리에 있던 그리스도인'(Christians on the fringes of the Christian movement)이라고 부른다. 참고. Witherington, *The Acts of the Apostles*, 570. Conzelmann은 '성령이 없는 기독교'(the Spirit-less Christianity)라고 부른다. 참고. Conzelmann, *Acts of the Apostles*, 159. 사도행전 1장 8절의 선교 명령과 맥을 같이 하여, 사도행전 2장에 성령이 유대인에게 임했다. 그 후 사도행전 8장의 사마리아에 임한 성령은 유대인과 이방인의 중간에 있는 자들을 대상으로 하며, 사도행전 10-11장의 고넬료의 집에 임한 성령은 (하나님을 경외하는) 이방인들을 대상으로 한다. 그리고 사도행전 19장의 에베소의 세례 요한의 제자들에게 임한 성령은 semi-Christian(디벨리우스의 용어)에게 임한 것이다. 그러므로 성령 강림은 유대인이건, 유대인과 이방인의 중간에 있는 자이건, (하나님을 경외하는) 이방인이건, 신자와 유사한 상태의 사람이건 모두 예수님을 영접할 때 구원의 은사인 성령을 받게 된다는 사실을 가르쳐 준다. 보라. 유상섭, 《분석 사도행전 1, 2》(서울: 생명의 말씀사, 2002), 177. 여기서 '반(semi)그리스도인'은 가톨릭에서 견신례(confirmation)를 받지 못한 사람을 '반(half)그리스도인'이라고 부르는 것과 무관하다.

965) 서방 본문은 5절에 '죄를 사하기 위하여'가 첨가되어 있다. 하지만 이들은 죄 용서를 위한 회개의 세례를 이미 받았다. 참고. 매츠거, 《신약 그리스어 본문 주석》, 404. 그리고 사도행전 19장 5절을

바울은 이들이 '재세례'를 받는다고 생각하기보다는, 그리스도 안으로 '영단번의 세례'를 받는다고 생각했을 수 있지 않을까? 물론 바울의 설명을 들은 이 12명의 제자들이 예수님을 구주로 '분명하게' 믿었기에 바울이 주 예수님의 이름으로 세례를 주었을 것이다. 더 나아가, 이들은 이전에 받았던 요한의 세례가 예수님이 주시는 성령 세례의 예비적 성격임을 깨닫게 되었을 것이다. 이제 12명은 오순절 이전(pre-Pentecostal)의 구약적 세례가 아니라, 주 예수님의 이름으로, 말하자면 그림자가 아닌 실체의 방식 즉 오순절 방식(Pentecostal fashion)으로 세례를 받게 되었다(참고. 요 3:30).[967]

바울이 이들에게 베푼 세례는 세례 요한의 세례와는 달리 '주 예수님의 이름'으로 베푼 것이었다(참고. 《기독교 강요》, 4.15.7). 이들은 세례를 두 번 받았는데, 특별하고 예외적인 경우이다. 왜냐하면 정상적인 그리스도인은 일평생 세례를 한 번만 받기 때문이다. 그렇다면 세례 요한의 세례를 이미 받은 이들에게 왜 바울은 다시 예수님의 이름으로 세례를 주었는가? 1-2절에서 이 12명은 '제자'라고 불리며 믿고 있다고 말씀한다. 누구든지 예수님을 믿을 수 있는 것은 성령님의 역사가 아니고는 불가능하다. 그렇다면 이 12명이 바울로부터 예수님의 이름으로 다시 세례를 받기 전에 이미 성령을 받아서 믿고 있는 성도임이 분명하다. 이들에게 분명히 성령이 거하고 계셨다. 하지만 이들은 자신 속에 거하시는 성령을 느끼지도, 알지도, 심지어 '성령'이라는 말을 들어 보지도 못했던 것이다. 어떻게 이런 희한한 일이 일어날 수 있는가? 계시사적으로 답하자면, 이때는 초대 교회가 시작된 지 얼마 지나지 않은 시점이고, 구약과 신약이 중첩되는 시점이기 때문이다.

또한 이미 예수님을 믿어 성령을 소유한 에베소 교회에게 성령이 이렇게 특별히 다시 임한 것은 이들 이방인 성도도 예루살렘에 있는 유대인 성도와 마찬가지로 하나님의 새 언약 백성임을 확증하는 차원에서 볼 수 있다. 그러므로 예수님의 이름으로 시행되는 가시적인 물세례가 다시 필요했을 것이다. 따라서 이 사건은 불신자를 신자로 거듭나게 하는 사건으로 볼 수 없다. 이것은

바울이 아니라 세례 요한의 말을 들은 사람들이 '주 예수님의 이름으로' 세례를 받았다고 볼 수 없다. Contra Knowling, *The Acts of the Apostles,* 403. 요한이 자신의 세례는 불완전하다고 인정하지만, 그가 예수님의 이름으로 세례를 주었다는 언급은 없기 때문이다.

966) 다른 주장도 있다. 예수님은 세례 요한의 제자들이 자신의 제자가 되었을 때, 자신의 이름으로 다시 세례를 받을 것을 요구하지 않았기에 세례 요한의 세례와 예수님 자신의 이름으로 시행되는 세례 사이에 연속성과 동질성이 있다. 칼빈은 사도행전 19장 5절의 "주 예수님의 이름으로 세례를 받았다"를 실제 물세례로 보지 않고, 예수님이 시행하신 '성령으로의 세례'를 의미한다고 본다(contra ESV Study Bible, 2008:2125). 참고. 칼빈, 《사도행전 II, 데살로니가전후서》, 207. 하지만 초대 교회에서 물세례(행 19:5)와 안수(행 19:6)가 같이 시행된 경우가 종종 있었다.

967) Bruce, *Acts,* 386. 그렇다고 '오순절 이전에서 오순절 이후로 이동하는 과도기 사건'으로 좁게 보는 것은 오해를 초래할 수 있다. 예. 변종길, "신약 교회의 확장과 성령," 52. 오히려 신구약의 중첩은 오순절을 기점으로 하기보다는, 예수님의 초림에서 A.D. 70년까지를 아우른다. 구속사의 전진에서 신구약의 중첩의 특징들(예. 옛것과 새것의 공존, 심판과 구원의 동시성, 새 언약이 옛 언약으로부터 선물을 취함, 옛 언약 속의 남은 자를 구원하여 새 시대로 영입하기 위해 동원된 다양한 기적과 표적)을 위해서는 조경락, 《에베소 성령 강림의 그리스도 중심적 이해: 행 19:1-7을 중심으로》, 고신대 Th.M. 논문(2006): 42-54를 보라.

'표적'(sign)이다. 왜냐하면 이것은 초대 교회가 시작하고 발전하는 단계에서 이방인 성도와 유대인 성도가 동일한 성령의 사람이요, 형제자매임을 가르쳐 주려는 목적으로 일어난 특별한 구속사적 사건이기 때문이다.

2.1.5. 성령의 임함과 그 결과

바울이 그들에게 두 손으로 안수하니, 성령님이 그들 위에 오셨으므로, 모두 방언은 물론 예언을 하게 되었다(19:6-7; 참고. 행 2:4, 11, 8:14-17, 10:44-46). 이들이 세례 요한의 예비적인 물세례를 받았을 때는 성령과 성령의 은사를 받지 못했음이 분명하다. 누가는 '방언과 예언'을 구체적으로 언급함으로써 기독교의 세례와 세례 요한의 세례 사이의 차이점을 구분하기를 원한다. 흥미로운 점은 바울은 이 사건이 일어난 에베소에서 고린도전서를 기록한 것으로 보이는데, 고린도전서 12장 10절에서 방언과 예언을 성령의 은사로 언급한다는 점이다. 하지만 사도행전 19장 1-7절에서 만약 방언과 예언을 규범적이거나 본질적인 것으로 주장한다면 본문이 우리에게 가르치는 것을 넘어선다. 방언과 예언은 에베소의 12제자들에게 성령이 임하심을 가시적으로 증거하는 데 동반된 구원의 증거이기 때문이다.[968] 우리는 이 성령이 임한 사건에서 그리스도인으로서 승천하신 예수님을 증거하며 살도록 하시는 성령의 즉각성과 충만함도 볼 수 있다.

혹자는 사도행전 19장의 에베소 교회에 성령님이 임하신 사건을 사도행전 2장의 예루살렘 교회의 오순절 사건과 비교하여, '에베소의 오순절' 혹은 '작은 오순절'이라고 부르는데, 언약의 중첩은 시간을 두고 점진적으로 해소되기에 가능한 이름이다. 에베소의 12제자들은 마치 포도원에 오후 5시에 일하러 온 나중 되었다가 먼저 된 사람과 같다(마 20:1-16). 이들도 포도원 고용인의 은혜로 일찍 포도밭에 일하러 온 예루살렘 성도와 동일한 품삯(성령과 가시적인 증거인 방언과 예언)을 받았다.

이제 이 12제자들은 그리스도의 선구자인 세례 요한에 속한 시대를 벗어버려야 하며, 옛 언약을 벗어버리고 성령의 역사가 확연히 드러나는 새 언약 백성의 반열에 본격적으로 오르게 된다. 오순절 성령의 강림으로 유대인 성도가 성령의 사람이 되었듯이(행 2), 이제 이들은 마치 후발 주자와 같이 성령의 분명한 역사를 경험하며 사는 사람의 대열에 동참하게 된 것이다. 이제 에베소에서도 '구약과 신약의 중첩기적 현상'이 물러가고 '12명쯤'이라는 이상적인 제자의 수를 통해서 천국 복음이 확장되기 시작한다.[969]

---

968) 성령이 임할 때 동반된 가시적 현상인 '예언'은 정경 완성 전의 상황을 고려해 보면 이해가 간다. 방언은 사도행전 2장의 외국어로 보기 어렵다. 그렇다고 구약에서 방언이 다른 민족이 이스라엘을 쳐들어 올 것이라는 예언에 담긴 심판적 의미로 보기도 힘들다. 본문의 방언은 고린도전서 12-14장의 '천사의 말'로서의 방언으로 보는 게 자연스럽다.

969) 이들은 에베소의 오는 시대 즉 새 시대의 통치자로서 열두 제자들이다(참고. 엡 1:21). 황제 숭배 사상이 만연했던 에베소에서 이 12제자들이 진정한 세상의 왕이신 그리스도의 통치를 대행하기에 반(anti)로마적 메시지를 볼 수 찾을 수 있겠다. 보라. 조경락, 《에베소 성령 강림의 그리스도 중심적 이해: 행 19:1-7을 중심으로》, 78-79. '쯤'이라는 부사로 인해 여러 주석가들이 '12' (א A B D 등)의 상징적인 의미를 찾는 데 반대한다. 참고. Witherington, *The Acts of the Apostles*, 572. 헨헨, 《사도행전》, 229. Conzelmann,

참고로 여기서 오순절 성령 강림 후 그 '결과'로 발생한 사마리아(행 8:14-17)와[970] 가이사랴의 고넬료 가정(행 10:44-45) 그리고 에베소의 성령 강림(행 19:6) 사이에 어떤 관련이 있는가를 살펴보는 것이 유익하다. 예루살렘의 마가의 다락방에 성령이 이미 임했는데도 불구하고, 이런 성령의 임함이 나중에 다시 몇 차례 일어난 것에는 특별한 목적이 있다. 그것은 예루살렘 교회가 소위 이 '작은 오순절 사건들'의 의미를 바르게 깨닫도록 하기 위해서일 것이다. 이미 예수님을 믿어 성령을 소유한 이방인 교회에게 성령이 이렇게 특별히 다시 임한 것은 구약의 남은 자와 비슷한 형편에 있었던 이들 이방인 성도 역시 유대인 성도와 마찬가지로 하나님의 새 언약 백성임을 확증하는 차원에서 보아야 할 것이다. 따라서 이 사건들은 불신자를 신자로 회심시키는 차원으로 이해할 수 없으며, 신약 교회의 생일인 단회적인 오순절 성령 세례와 같은 차원으로도 볼 수 없다. 오순절 사건은 교회라는 매개체를 거치지 않은 성령의 주권적 사역인 반면, 그 이후의 성령 강림 사건은 오순절 성령을 받은 사람을 통해서 일어난 후속적 사건들이다. 소위 '작은 오순절 사건들'은 '표적적인 차원'을 가진 계시사에 있어서 특수하고 예외적인 경우로 이해해야 한다. 왜냐하면 이것은 교회의 초기 단계에서 주님 안에서 이방인 성도나 유대인 성도나 동일한 형제자매임을 가르쳐 줄 목적으로 일어난 것이기 때문이다.

2.1.6. 오늘날의 현실과의 상응점

사도행전 19장에서 일어난 사건과 똑같은 사건이 오늘날에 일어날 필요는 없다.[971] 이 말은 성령의 특별한 회심의 사건이나 변화를 주시는 사건이 우리 시대에 일어날 필요가 없다는 뜻은 아니다. 하지만 만일 사도행전 19장의 사건과 동일한 것을 우리가 여전히 기다린다면 우리는 우리 안에 내주하시는 성령의 역사를 너무 초라한 것으로 제한하고 말게 된다. 만일 사도행전 19장의 역사를 우리가 기다린다면, 성령의 회심케 하시는 역사와 내주하시는 역사가 부족하기에 다시 능력을 부으시는 역사가 특이하게 계속 있어야 함을 의미한다. 우리 개인 안에는 성령의 소욕과 육체의 소욕이 싸우는 중첩이 있지만, 하나님의 구속사의 큰 경륜에서 볼 때 우리는 더 이상 언약의 중첩기에 살지 않기 때문이다.

세례 요한이 요단강에서 이스라엘 사람들에게 세례를 베풀 때, 세례 받은 사람의 죄가 사해진

Acts of the Apostles, 160. Knowling, *The Acts of the Apostles*, 404. 그리고 De Villiers, *Die Handelinge van die Apostels*, 93.

970) 베드로와 요한이 사마리아 교인을 위해서 성령 받기를 위해 기도하기 전에 이미 그들은 (요한의 세례가 아니라) 주 예수님의 이름으로 세례를 받았다(행 8:16). 사마리아 교회는 성령의 역사로 거듭난 하나님의 참된 백성이기에 성령을 소유한 사람들이다. 그런데 요한과 베드로가 안수했을 때 사마리아 교회는 성령을 받았다고 말씀한다(행 8:17). 이것은 사마리아 교회 가운데 이미 거하고 계셨던 성령이 이제 가시적으로 확실하게 나타난 사건으로 볼 수 있다. 즉 눈에 보이는 '표적적 사건'이다. 요약하자면 하나님의 선물인 성령을 사마리아 교회가 가시적으로 소유하여 유대인 성도와 동일한 지위를 누리며 새 언약 공동체 속에 포함된 것을 천명한 것이다(행 8:20).

971) 참고. 존 스토트, 《사도행전 강해》, 363. 우리는 신구약의 중첩 시기의 특수한 하나님의 경륜을 현대의 보편적인 법칙으로 만들 수 없다.

것은 아니다. 그러나 신약 백성이 예수님의 이름으로 세례를 받는 것은 하나님과 온 교회 앞에 우리가 성령으로 거듭나서 죄를 용서받았음을 확인하는 것이다. 예수님의 이름으로 세례를 받은 우리는 회개만 하는 단계에 머물러 있지 않고 죄 용서와 성령을 모시고 사는 사람이 되었다. 그러므로 우리는 여자가 나은 자 중에서 가장 큰 구약의 마지막 주자인 요한보다 더 큰 사람이 되었다. 우리는 죄 사함과 성령의 세례를 받아 세례 요한보다 큰 자로 산다.

우리 공동체 안에 하나님을 믿기는 하지만 성령의 실재와 역사에 무지한 채, 옛 시대에 속한 성도가 있지 않은가? 먼저 된 자들이 그들을 판단하거나 정죄하지 말고, 성령의 실재와 능력을 맛보도록 돕자. 마치 언약의 중첩의 기간 동안 오래 참으신 하나님처럼! 본문을 교회의 세례 교육에 적용할 수 있다. 어떤 사람이 성령의 세례로 거듭난 것을 하나님과 교인 앞에서 서약하고 물세례로 확증할 때, 그 사람 안에 성령의 내주하심과 은사를 깨달아 살도록 교육해야 한다.

덧붙여, 아볼로가 '주 예수님의 이름으로' 다시 세례를 받지 않았다는 사실로부터 현대 교회가 적용할 사항을 발견할 수 있다. 에베소의 사역자 아볼로에게는 브리스길라와 아굴라 부부로부터 하나님의 도를 더 자세히 듣는 것으로 충분했다(참고. 행 18:26, 28). 에베소의 12제자에게 있었던 언약의 중첩을 종식시킨 '주 예수님의 이름으로 시행되는 세례'와 더불어, 아볼로 개인에게 있었던 언약의 중첩을[972] 종식시킨 '더 자세한 예수님의 복음'(참고. 행 18:26)이 현대 교회의 '반(半)성도'와 그림자(구약)를 붙잡고 신앙생활하는 사람들을 완전하게 하며, 그들의 언약 중첩을 종식시키는 방편임을 교훈 받는다. 이런 의미에서 '더 자세한' 그리스도의 복음과 성례(여기서는 세례와 관련된 성찬)는 우리가 하나님과 맺은 언약을 갱신함으로써, 새롭게 되는 방편이다. 우리를 살려주시는 영이신 그리스도 안에서 홍하게 만드는 이런 갱신은 가능하면 정기적으로 자주 행하는 것이 좋다(참고. 눅 2:34; 요 3:30; 고전 15:45). 우리의 종말론적 변혁자이신 성령님의 충만을 사모하자![973]

---

972) 사도행전 18장 26절은 아볼로가 에베소의 '회당'에서 가르쳤지만, 바울이 에베소 회당에서 경험한 반대(행 19:8-9)를 겪었다는 언급은 없다. 아볼로의 메시지와 비교해 볼 때 바울의 메시지는 디아스포라 유대인의 세계관, 종교적인 기본 신념들, 그리고 목표와 상충되는 예수님의 것을 훨씬 정확하고도 폭발력 있게 담고 있었기 때문일 것이다. 바울의 회당 설교는 불신 유대인들이 부담 없이 고개를 끄덕이며 들을 수 있는 성격의 것이 아니었다. 참고. N.T. Wright, *Jesus and the Victory of God* (Minneapolis: Fortress Press, 1996), 137-144.

973) 사도행전 19장 1-7절 주석을 위한 참고 문헌은 다음과 같다.

·갬프, 콘라드. 《사도행전》. IVP 성경주석: 신약. 김재영 외 옮김. 서울: IVP. 2004.

·매츠거, 브루스 M. 《신약 그리스어 본문 주석》. 제2판. 장동수 옮김. 서울: 대한성서공회 성경원문연구소 2005.

·변종길. "신약 교회의 확장과 성령." <개혁교회와 신학>. 12호 (2001):35-53.

·브레이크록, E.M. 《사도행전》. 틴델 주석. 나용화 옮김. 서울: 기독교문서선교회. 1980.

·슐라터, A. 《사도행전 강해》. 김희보 옮김. 서울: 종로서적. 1994.

·스토트, 존. 《사도행전 강해》. 정옥배 옮김. 서울: IVP. 1992.

·유상섭. 《분석 사도행전 1, 2》. 서울: 생명의 말씀사. 2002.

·유상섭. 《설교를 돕는 분석 누가복음》. 서울: 규장. 2002.

2.2. 사도행전 19장 8-20절의 메시지

바울이 에베소의 회당에서 석 달 동안 담대히 하나님 나라를 강론하며 권한다(8절). 바울이 전한 하나님 나라는 분명히 그리스도의 죽으심과 부활-승천의 맥락에서만 이해할 수 있는 것이었다. 혹자는 마음이 굳어 순종치 않고 도를 비방하니, 바울이 그들을 떠나 제자들을 따로 세우고 두란노 서원에서 날마다 강론한다(9절). 서방 본문(D, 614, 1409 등)은 제5시부터 제10시까지(오전 11시-오후 4시) 강론했다고 설명한다. 낮잠(*siests*, midday nap)을 자는 시간에 강론함으로써 자비량으로 선교 사역을 감당할 수 있었다. 이같이 2년 동안 가르치니, 소아시아에 사는 자는 유대인이나 헬라인이나 다 주님의 말씀을 듣는다(10절). 하나님이 바울의 손으로 희한한 능력을 행하시니(11절), 심지어 바울의 손수건이나 앞치마를 병든 사람에게 얹으면 치유되고 축귀되었다(12절; 참고. 행 5:15-16). 떠돌이 유대인 마술사들이 시험적으로 악령 들린 자에게 주 예수님의 이름을 불러 "내가 바울의 전파하는 예수를 빙자하여 너희를 명하노라"라고 말한다(13절). 유대의(자칭?) 대제사장(archiereos) 스게와의 7아들도 이런 일을 행한다(14절). 악령이 대답하되, "예수님도 내가 알고 바울도 내가 알거니와 너희는 누구냐" 하며(15절), 악령 들린 사람이 스게와의 7아들에게(한글개역성경에는 '그 두 사람에게'라고 잘못 번역됨) 뛰어오르니, 그들이 상하여 벗은 몸으로 도망한다(16절). 에베소의 유대인과 헬라인들이 이 일을 알고 두려워하며, 주 예수님의 이름이 높여지고(*emegalyneto*, 미완료 신적 수동태, 17절), 믿은 사람들이 많이 와서 자복하여

·조경락. <에베소 성령 강림의 그리스도 중심적 이해: 행 19:1-7을 중심으로>. 고신대 Th.M. 논문. 2006.

·칼빈, 존. 《사도행전 II, 데살로니가전후서》. 존 칼빈 원저 성경 주석. 존 칼빈 성경주석출판위원회 옮김. 서울: 성서교재간행사. 1993.

·헤세링크, 존. 《개혁주의 전통》. 최덕성 옮김. 서울: 본문과 현장 사이. 2003.

·헨헨, E. 《사도행전》. 국제성서주석. 박경미 옮김. 서울: 한국신학연구소. 1989.

·Bruce, F.F. *Acts. NICNT.* Grand Rapids: Eerdmans. 1984.

·Conzelmann, H. *Acts of the Apostles.* Hermeneia. Philad.elphia: Fortress Press. 1987.

·De Villiers, J.L. *Die Handelinge van die Apostels.* Deel 2. Kaapstad: NG Kerk-Uitgewers. 1983.

·Fernando, A. *Acts. NIV Application Commentary.* Grand Rapids: Zondervan. 1998.

·Grosheide, F.W. *Handelingen. Korte Verklaring.* Kampen: Kok. 1963.

·Joubert, S. "Handelinge". *In Die Bybellennium: Eenvolumekommentaar.* Ed. Vosloo, W. & Van Rensburg, F.J. Vereeniging: CUM. 1999.

·Knowling, R.J. *The Acts of the Apostles. The Expositor's Greek Testament.* Grand Rapids: Eerdmans. 1961.

·Larkin Jr., W.J. *Acts. IVP New Testament Commentary.* Downers Grove: IVP. 1995.

·Longenecker, R.N. *Acts. Expositor's Bible Commentary.* Grand Rapids: Zondervan. 1981.

·Pratt, R.L. Ed. *The Spirit of Reformation Study Bible.* Grand Rapids: Zondervan. 2003.

·Rogers Jr., C.L. & Rogers III, C.L. *The New Linguistic and Exegetical Key to the Greek New Testament.* Grand Rapids: Zondervan. 1998.

·Witherington, B. *The Acts of the Apostles: a Socio-Rhetorical Commentary.* Grand Rapids: Eerdmans. 1998.

·Wright, N.T. *Jesus and the Victory of God.* Minneapolis: Fortress Press. 1996.

행한 일을 고한다(18절). 에베소는 마술과 신비주의가 만연한 곳이었다. 마술사들이 마술책을 모아 불사르니 은 5만 드라크마어치나 되었다(19절).[974] 일당을 5만 원으로 잡는다면 약 25억 원어치이다. 주님의 말씀이 흥왕하여 세력을 얻었다(20절).

2.3. 사도행전 19장 21-41절의 메시지

바울이 마게도냐와 아가야로 다니면서 예루살렘으로 가기를 성령 안에서 작정하는데, 결국은 로마도 반드시(*dei*) 보아야 하리라고 말한다(21절; 참고. 23:11). '성령 안에서 작정하다'(*etheto en to pneumati*)라는 말은 "(성)영으로 결정(결심)하다"라는 뜻이다. 그러므로 예루살렘으로 가며 로마까지 가려는 것은 바울의 사적인 계획이 아니라 성령의 인도하심이었다(참고. 행 20:22절의 심령은 성령 [그 영에게]을 가리킴). 바울이 디모데와 에라스도를 마게도냐로 보내고, 자신은 아시아에 얼마 동안 더 머문다(22절). 그때쯤 복음으로 인해서 적지 않은 소동이 발생한다(23절). 데메드리오라는 어떤 은장색이 제우스의 딸인 아데미(Artemis, 뜻: '건강하다'; 로마 신 '다이에나'에 상응함)의 은감실(즉 은으로 된 아데미 신전 모형)을 만들어 직공들과 함께 돈을 잘 벌고 있었다(24절). 아데미 신전은 길이가 130m, 폭이 70m, 높이는 20m나 되는데, 아테네의 파르테논 신전의 4배 크기로 세계 7대 불가사의에 속한다. 아데미는 약 24개의 가슴(유방)을 가지고 있는 '다산의 신'이다.

데메드리오가 직공들과 그 영업을 하는 자들을 불러 모아 놓고는, 손으로 만든 것은 신이 아니라고 말하고 다니는 바울 때문에 장사가 안 될 수 있다고 말한다(25-26절). 바울 당시에 에베소에는 길드 조직이 잘되어 있었기에 사람들이 모이는 것은 별 어려움이 없었다. 그들은 아데미의 전각(temple)도 경홀히 여김을 받고 그 위엄(divine majesty)도 떨어질 것을 우려한다(27절). 그들은 "크도다 에베소 사람의 아데미여"라고 외친다(28절). 바울의 여행 동료인(마게도냐 출신) 가이오 그리고(데살로니가 출신) 아리스다고가 붙잡혀 연극장으로 끌려간다(29절). 이 연극장은 피온(Pion)산의 서쪽 경사면에 있는 야외 극장으로 25,000명을 수용할 수 있다. 바울이 백성 앞에 등장하려고 했으나 제자들이 말린다(30절). 아시아의 관원 중 바울의 친구들도 바울에게 연극장에 들어가지 말라고 통보한다(31절). 연극장에 모인 사람들은 혼란스러웠는데, 무슨 이유로 모인지조차 모르는 사람이 많았다(32절). 누가는 군중의 어리석음을 지적한다.

유대인들이 알렉산더를 권하여 대변인격으로 앞으로 밀어내니, 그가 손짓하며 백성 앞에서 변론하려고 한다(33절). 즉 알렉산더는 군중 앞에서 유대교인은 기독교인인 바울 일행과 같이 문제를 야기시키는 무리가 아님을 증명하려고 한 것 같다.[975] 하지만 군중은 알렉산더가 유대인

---

974) 바울 당시에 마술 비법을 담은 파피루스는 말아서 작은 원통에 넣거나, 부적을 넣어 목에 거는 금함에 넣었다(참고. 존 월튼, 2010:1644).

975) 소아시아에 거주하던 유대인들은 지역 주민들의 감정을 상하게 하지 않으려고 무척 주의했다(참고. 존 월튼, 2010:1646).

인 것을 알자 "크다. 에베소 사람의 아데미여!"를 2시간 동안이나 외친다(34절). 야외 극장에 모인 무리는 반기독교와 반유대교 정서를 동시에 가지고 있었다. 에베소의 '시장'(major)격인 서기장이 무리를 안돈시키고, 에베소는 아데미와 제우스에게서 내려온 우상의 전각지기(the guardian of the temple, 신전 봉사자)인 것을 누가 알지 못하느냐라고 말한다(35절). 이 일이 사실이기에, 사람들이 경솔하게 행하지 말고 소요를 진정시켜야 한다고 말한다(36절). 서기장은 전각의 물건을 도둑질하거나 아데미를 훼방하지도 않은 이 사람들(바울 일행)을 잡아왔는데(37절), 데메드리오와 직공들이 송사할 일이 있으면 총독에게 고소할 수 있다고 말한다(38절). 총독은 시민의회의 장으로서 분쟁들을 조사하고 소송을 해결할 책임을 지고 있었다(참고, 오스본, 2003:508). 그 외에 무언가를 더 건의하려면 매달 정기적으로 모이는 시민회의인 민회에서 다룰 수 있었다(39절). 서기장은 소요로 인해 에베소에 파견된 로마의 관리가 황제에게 책망 받을 위험이 있고, 이런 불법 집회에 관해서는 제대로 변호하거나 설명할 수도 없다고 말한 후, 군중을 해산시킨다(40절).[976] 서기장의 관점에서 보면 이런 불법 집회(*ekklesia*)가 에베소 전체의 안녕에 해를 끼칠 수 있기에 해산되어야 했다.

3. 오늘에의 적용

우리가 외치는 '크도다, 아데미여'는 무엇인가?
오늘에도 군중 심리와 맹목적인 신앙으로 복음을 거부하는 것은 무엇인가?

사도행전 20장

1. 본문 및 구조

- 마게도냐와 헬라로 간 바울(1-6)
- 바울의 드로아 방문(7-12)
- 여러 지역을 배타고 지나감(13-16)
- 바울이 에베소 장로들을 만남(17-35)
- 바울과 에베소 장로들의 이별(36-38)

976) 바른 성경과 UBS 4판에 따르면 사도행전 19장은 40절까지 있다. 그러나 다수 사본 성경과 개역개정판은 41절까지다.

2. 구원 계시사적 메시지

2.1. 사도행전 20장 1-6절의 메시지

에베소에서의 소요가 그친 후 바울이 그곳의 제자들을 권면한 후(*parakalesas*, 아오리스트 능동 분사 남성 단수 주격) 마게도냐로 간다(1절). 바울이 권면하는 것은 보혜사 성령께서 권면하는 것과 관련된다. 마게도냐 지경에 다니면서 여러 말로 제자들을 권면하고(*parakalesas*) 그리스(특히 고린도)에 도착한다(2절). 바울이 시리아로 돌아가고자 할 때 유대인들이 자신을 죽이고자 하는 것을 알고 마게도냐로 돌아가려고 한다(3절). 바울과 함께 소아시아까지 가는 자는 베뢰아 사람 부로의 아들 소바더와 데살로니가 사람 아리스다고와 세군도와 더베 사람 가이오와 디모데와 아시아 사람 두기고와 드로비모이다(4절).[977] 고린도후서 8-9장에 의하면 이때 바울 일행은 기근으로 고생하던 예루살렘 교회를 돕기 위해서 그리스 교회들로부터 거둔 부조를 가지고 가던 중이다. 이들은 먼저 가서 바울 일행을 드로아에서 기다렸다(5절). 바울 일행은 무교절 후에 빌립보에서 배로 떠나 닷새 만에 드로아에 도착한다(6절).

2.2. 사도행전 20장 7-12절의 메시지

드로아(Troy)에서 안식 후 첫날 즉 주일에 떡을 떼려고 모였는데, 다음날 떠나려고 했기에 강론을 밤중까지 계속한다(7절). 드로아 교회는 로마식 시간을 따른 이방인이 다수를 차지한 교회로 보인다. 따라서 아마도 애찬을 나눈 후, 강론이 시작된 시점은 주일 저녁이었다. 강론(*dialegomai*)은 정식 설교라기보다는 질문과 대답 형식의 '마라톤 대화'(marathon talking)이다. 윗 다락에 등불을 많이 켜 두었는데(8절), 유두고(뜻: 행운, 복된 자)가 깊이 졸다가 3층 창문에서 떨어져 죽는다(9절). 아마 바울은 사도행전 19장에 기록된 에베소에서의 성령 강림 사건과 소동 사건에 관해서 간증했을 것이다. 많은 사람들과 횃불로 인해 달아오른 뜨거운 열기와 기름기가 느껴지는 분위기는 낮에 직장에서 일하여 피곤한 젊은 유두고가 깨어 경청하지 못하도록 했을 것이다. 설교 전에 친교의 식사를 거행했다면 포만감 속에 잠이 더 잘 왔을 수 있었다. 아마도 청년(*neanias*) 유두고는 실내의 탁한 공기로 인해 졸음을 더 쉽게 느꼈을 것이고, 잠을 쫓기 위해서 통풍이 잘된 창문에 걸터앉았을 것이다.[978]

바울은 유두고 위에 엎드려 끌어안았다(10절, 참고. 왕하 4:30). 아마 바울은 유두고가 살아났

977) 3-4절을 D사본은 "(3절) 거기 석 달을 있다가 유대인들이 자기를 해하려고 공모할 때 배타고 시리아로 가기를 원하였으나, 성령님께서 마게도냐로 다녀 돌아가도록 말씀하시니, (4절) 그가 떠나려고 할 그때 아시아까지 함께 가는 자는 베뢰아 사람 부로의 아들 소바더와 데살로니가 사람 아리스다고와 세군도와 두베리오(*Douberios*) 사람 가이오와 및 디모데라. 그러나 에베소 사람 유두고와 드로비모……"로 확대한다.

978) 칼빈(1993:230)은 유두고가 다락방에 사람이 가득 차서 창문에 걸터앉았다고 본다. 그리고 칼빈은 유두고가 존 것 자체를 비판하는데 반대한다. 한밤중에 피곤하여 조는 것은 자연스런 현상이기 때문이다.

을 때까지 그를 안고 있었을 것이다(참고. 칼빈, 1993:231). 바울이 말씀을 듣다가 유두고가 죽은 것을 안 사람들에게 "너희들은 소란하게 하지 말라(*me thorybeisthe*; 현재 중간 명령 2인칭 복수; 참고. 마 9:23; 행 17:5). 왜냐하면(*gar*) 그의 목숨(*psyche*)이 그의 안에 있기 때문이다"라고 말한다. 함께 있었던 의사 누가는 생물학적으로 유두고가 죽었다고 판정했을 것이다. 그러나 유두고가 다시 살아나고, 바울은 날이 새기까지 이야기(*homileo*, 참고. 영어 'homily') 했다(10-11절).[979] 유두고의 부활은 성경에 등장하는 8번의 부활 기사(예수님의 부활을 제외할 때)의 마지막 사건이다(예. 엘리야 때 사르밧 과부의 아들[왕상 17:17-24], 엘리사 때 수넴 여인의 아들[왕하 4:32-37], 나사로[요 11], 나인 성 과부의 아들[눅 7:11-17], 회당장 야이로의 12살 된 딸 [눅 8:40-56], 예수님 죽으실 때 무덤에서 일어난 자들[마 27:52], 욥바의 여 제자 다비다[행 9:36-42]). 동시에 이 사건은 바울이 재판 받기 전에 행한 마지막 기적이다. 현장에서 이 사건을 목격한 사람들은 아이(*pais*) 유두고의 부활로 인해 큰 위로(*pareklethesan*, 아오리스트 신적 수동 직설법 3인칭 복수)를 받았다(12절).[980]

이 단락에서 바울은 드로아 교회를 위로했다. 어떻게 위로했는가? (1) 그들을 찾아오는 현존이다. 위대한 사도 바울이 드로아를 찾아오는 것은 엄청난 사건이었을 것이다. 마치 오랜만에 만나는 친구를 대하듯이 바울과 드로아 교회는 밤새 대화를 나누었다. (2) 바울은 하나님의 말씀으로 교회를 위로했다. 12절의 "큰 위로를 받았다"처럼 사도행전 20장 2절에도 '권하고'라는 말이 나오는데, '위로했다'는 뜻이다. (3) 바울은 교회를 행동으로 위로했다. 어떤 의미에서 유두고를 부활시키는 행동은 100마디 말, 10시간 설교보다 더 효과적이었을 것이고, 거기에 참석한 성도에게 큰 위로를 주었을 것이다. 유두고를 통하여 드로아 도시에 큰 부흥의 역사가 일어났을 것이다. (4) 성찬식을 통해서 위로했다. 떡을 떼러 모인 드로아 교회는 유두고의 부활을 목격한 후 성찬식을 거행했다(11절; 참고. 칼빈, 1993:230). 드로아 교회에 예수님의 부활의 생명이 바울을 통해서 계속 나타나고 있었다.[981]

2.3. 사도행전 20장 13-16절의 메시지

누가 일행은 앗소를 향해서 바울을 태우려고 가는데, 바울은 도보로 가고 있었다(13절). 터키의 에게 해 주변의 도시인 미둘레네를 지나(14절), 기오, 사모, 밀레도를 지나간다(15절). 아시아

979) 의사 누가의 판단을 능가하시는 성령님은 유두고를 살리셔서 드로아 교회를 위로하시고 부흥케 하신다. 이 내용은 불치병에 걸린 성도를 심방할 때 권면으로 적당하다.

980) 12절의 유두고를 묘사하는 명사 '아이'(청년, *pais*)는 9-14세 아동을 가리킬 수 있지만, '노예'라는 뜻을 가지기도 한다. 그렇다면 유두고는 30세 정도 된 노예일 수도 있다. 그렇다면 그는 하루 종일 일하여 피곤했을 것이다

981) 이 4가지를 오늘날에 적용하면 다음과 같다. (1) 교회의 머리이신 예수님은 출 사망한 성도 안에 성령으로 현존하신다. 눈에 보이지 않지만 성령님이 우리와 동행하신다. (2) 주님은 송이 꿀과 같은 말씀으로 교회를 위로하신다. (3) 예수님의 이름으로 간구할 때 나타나는 응답과 능력으로 성도를 위로하신다. 하나님의 행동과 역사하심이 교회의 위로이다. (4) 성찬을 통하여 보혜사 성령 하나님은 성도의 삶이 장례식과 같이 되지 않고 잔치의 삶이 되도록 역사하신다.

에서 지체하지 않기 위해서 바울은 에베소를 지나치는데, (무교절이 아니라) 오순절 안에 예루살렘에 도착하기 위해서이다(16절).

2.4. 사도행전 20장 17-35절의 메시지

바울이 밀레도에서 사람을 에베소에 보내어 장로들을 초청한다(17절). 바울은 아시아에서 사역한 첫날부터 겸손과 눈물로 유대인의 시험(*peorasmon*, trials, 남성 복수 속격)을 견디며 주님(예수님)을 종으로 섬겼다(*douleuon*, 현재 능동 분사; 18-19절). 예수님도 시험을 당하셨지만 통과하셨듯이 바울도 그러하다. 바울에게는 뜨거운 심령과 사랑이 있었기에 눈물을 흘리며 섬겼다. 그리고 유익한 것은 공사적으로 꺼림 없이(즉 움츠리거나 물러섬 없이) 전하고 가르친 것을 말한다(20절). 바울은 유대인과 헬라인들에게 하나님에 대한 회개와 예수 그리스도께 대한 믿음을 증거했다(21절). 바울은 모든 사람들에게 회개와 믿음을 핵심 주제로 선포했다. '보라'(*idou*), 이제 바울 자신(*ego*)은 성령(*to pneumati*, 한글개역성경은 '심령')에 매임을 받아(*dedemenos*, 완료 수동태) 예루살렘으로 가는데 무슨 일을 만날지 알지 못한다(22절). 오직 성령이 각 성에서 바울에게 증거하여 결박과 환난이 기다리신다고 말씀하시나(23절; 참고. 롬 15:31), (운동의 은유를 사용하여) 달려갈 길과 주 예수님께 받은 하나님의 은혜의 복음을 증거하는 사명을 마치려 함에 생명을 조금도 귀한 것으로 여기지 않는다(24절). '보라 이제' 바울은 에베소 장로들이 다시는 하나님 나라를 전파해 온 바울 자신을 보지 못할 줄을 안다(25절). 바울은 모든 사람의 피에 대해서 깨끗하다(26절). 바울은 자기가 전도한 지역의 사람들이 "나는 구원을 받지 못했다"라고 말하는 경우가 발생한다면 책임이 없다. 왜냐하면 바울은 꺼리지 않고(*hypesteilamen*, 움츠리다, 물러서다) 하나님의 뜻을 전파했기 때문이다(27절).

에베소 장로들은 자신과 온 양 떼를 위해서 삼가야 하는데, 그들은 성령이 감독자(*episkopous*)로 삼고 '자신의'(*tou idiou*) 피로써 사신 하나님의 교회를 치게 하신 자들이다(28절).[982] 참고로 영어 'bishop'은 헬라어 '*episkopos*'에서 '*biscop*'을 거쳐 발전한 변형이다. 바울이 에베소 전도를 마치고 떠난 후 흉악한 이리(이단)가 에베소에 들어와서 양 떼를 아끼지 않고(29절), 일부 제자들을 끌어내어 좇게 하려고 어그러진 말을 하는 사람들이 일어났다(30절). 그러므로 장로들은 정신을 차리고, 바울이 3년이나 에베소에서 복음을 위해서 수고한 것을 기억해야 한다(31절). 바울은 주님(하나님)과 그분의 은혜의 말씀에게 장로들을 부탁하는데, 그 말씀이 장로들을 능히 든든히 세워서 거룩하게 하심을 입은 모든 자(즉 성도) 가운데 기업이 있게 하신다(32절). 장로는 먼저 말씀에 붙들린 사역자가 되어야 한다. 바울은 만족과 자기 절제를 통해서 그 누구의 은, 금, 의복을 탐낸 적 없고(33절), 근면했기에 자비량했으며(34절), 범사(*panta*)에 본을 보였는데(*hypedeiksa*, 아오리스트 능동 직설 1인칭 단수, 직역: 우리가 복사해서 보이다), 수고하고 약한 사람들을 돕고, 주는 것이 받는 것보다 복이 있다는 예수님의 말씀대로 실천했다(35절).[983]

---

982) 28절에서 이전의 한글개역은 '하나님이 자기의 피로 사신 교회'로 번역했다. 이것은 성부께서 피를 흘리신 것처럼 오해하도록 하는 부적절한 번역이다.

2.5. 사도행전 20장 36-38절의 메시지

이 말을 한 후에 무릎을 꿇고 모든 사람들과 함께 기도하니(36절), 다 크게 울며 바울의 목을 안고 입을 맞추고(37절), 다시 얼굴을 보지 못하리라 한 말 때문에 더욱 근심하고 배에까지 바울을 전송한다(38절). 마치 예수님이 죽으시고 부활하신 후 승천하실 것을 제자들에게 말씀하실 때 제자들이 근심한 것과 흡사하다.

3. 오늘에의 적용

복음을 위해서 일사 각오로 충성하는가?
장로의 자격과 사역은 무엇인가?
교역자는 본보기 교육을 하고 있는가?

사도행전 21장

1. 본문 및 구조

- 밀레도에서 두로를 거쳐 가이사랴까지의 여정(1-16)
- 예루살렘 교회의 환영 및 결례 행함(17-26)
- 성전에서의 체포와 구출(27-36)
- 천부장과 바울의 대화(37-40)

2. 구원 계시사적 메시지

2.1. 사도행전 21장 1-16절의 메시지

누가는 바울이 예루살렘에서 가이사랴로 이송되기까지 12일간의 사건을 사도행전 21-23장에서 기록한다. 마치 복음서 기록자들이 예수님의 공생애 마지막 1주일의 사건을 집중적으로 복음서에서 기록하듯이, 누가는 바울이 예루살렘에서 겪은 사건을 매우 중요하게 다루고 있다. 예루살렘으로 올라가시기로 굳게 결심하시고(참고. 눅 9:51) 실제로 고난을 당하신 예수님의

983) 복음서에 없지만 사도행전이나 서신서에 등장하는 예수님의 말씀(미기록어)으로는 이 구절 외에 사도행전 1장 5절과 1장 16절 그리고 고린도전서 11장 24-25절이 있다. 일부는 유사하지만 정확하게 일치하지 않는다.

자취를 바울이 그대로 따라가고 있다. 따라서 이 장들을 '바울의 고난장'이라고 부를 수 있다.

바울 일행이 에베소 장로들을 작별하고 밀레도 남쪽 64km 지점의 고스(Cos), 로도(Rhodes), 바다라, 베니게, 구브로를 지나 두로에 상륙하여 짐을 풀려고 한다(1-3절). 바다라에서 두로 항까지는 640km 정도인데, 순풍만 불면 5일 정도 소요되었다. 바울은 두로에서 제자들을 찾아 7일 동안 머물렀는데, 그들은 성령의 감동으로 바울에게 예루살렘에 들어가지 말라고 말한다(4절).[984] 바울이 1-3차 전도 여행 중에 두로에 머문 적 없기에 아마도 이들은 그가 처음으로 만난 사람들일 것이다. 두로의 제자들이 처자와 함께 성문 밖까지 나와서 바울 일행을 전송하니, 그들 모두 바닷가에서 무릎을 꿇고 기도하고 작별한다(5-6절; 참고. 행 20:36). 마치 예수님께서 갈릴리에서 천국 확장 운동을 성공적으로 마무리하시고 예루살렘으로 올라가셨듯이, 바울의 이방인 사역은 여러 교회들로부터 인정을 받은 성공적인 것이었다.

두로로부터 바닷길을 다 행하여 즉 여정을 다 마치고 돌레마이(다른 이름은 '악고', 참고. 삿 1:31)에 이르러 형제들에게 안부를 묻는다(7절). 다음날 바울 일행은 돌레마이에서 46km 떨어진 가이사랴의 전도자 빌립의 집에 들어가는데(8절), 그의 네 딸은 처녀이며 예언자들이다(9절). 그때 선지자 아가보가 유대로부터 와서(10절), 바울의 띠로 자신의 수족을 묶고 유대인들이 이 띠의 임자를 이방인에게 넘겨줄 것(*paradidomi*, 참고. 눅 9:44, 18:32, 20:20, 22:4, 21, 48,; 24:7, 20)이라고 성령으로 예언한다(11절). 이 아가보는 사도행전 11장 27-28절에서 기근을 예언한 사람이다. 누가를 비롯한 바울의 동역자들과 그곳 사람들이 바울에게 예루살렘에 올라가지 말라고 권면한다(12절). 바울은 동역자들이 울면서 간청하는 말을 듣고 마음이 매우 상하고 찢어지는 듯했다(*synthryptontes*, 현재 능동 분사, '산산조각내다'). 바울은 주 예수님의 이름을 위해서라면 결박을 당하고 죽을 것도 각오가 되어 있다고 말한다(13절). 바울이 권함을 받지 않기에 누가 일행은 "주님의 뜻대로 이루어지이다"라고만 말한다(14절). 이것은 누가복음 22장 42절의 주님이 드린 겟세마네 동산의 기도와 비슷하다.

여러 날 후에 행장을 준비하여 예루살렘으로 올라간다(15절). 한글개역성경은 "바울 일행이 예루살렘으로 갈 때 가이사랴의 몇 제자가 함께 가며, 구브로 사람 나손도(즉 '나손을', 직접목적어처럼 대격으로 번역함; 개역개정판도 마찬가지임) 데리고 가는데 그의 집에서 머물고자 하기 위해서"라고 번역한다(16절). 그러나 원문은 "가이사랴에서 온 제자들 몇 사람이 바울 일행과 함께 예루살렘에 도착하자, 바울 일행을 구브로 출신으로 오래전부터 제자였던 나손(*Mnason*)이라는 사람(*Mnasoni tini*; 간접목적어로 사용된 여격)의 집으로 안내해 주어서 우리가 거기에서 머물렀다"이다(참고. NIV와 바른 성경).

---

984) 예루살렘으로 가고자 하는 바울에게 감동을 주신 성령님과 바울에게 예루살렘에 가지 말라고 말하는 사람들에게 말씀을 주신 성령님은 모순되는가? 아니다. 그들은 이방인에 대한 사도 바울의 소명(calling)이 무엇을 요구하는지 또는 무엇이 이로운 것인가를 제대로 알지 못했다. 한 분 성령께서 바울과 여러 사람들에게 각각 다른 은사를 주신 것이므로, 성령님 안에 모순이 없다(참고. 칼빈, 1993:259).

2.2. 사도행전 21장 17-26절의 메시지

예루살렘에 도착하니(나손의 집에 있던) 형제들이 바울 일행을 맞이한다(17절). 다음날 바울은 야고보와 장로들도 만난다(18절). 사도가 언급되지 않은 것은 이미 그들이 흩어져서 사역을 하고 있었기 때문일 것이다. 바울은 하나님이 자신의 봉사로 말미암아 이방인 가운데서 행하신 일들을 다 고한다(19절). 그들이 듣고 하나님에게 영광을 돌린다. 그들이 바울에게 유대인 중에 믿는 그리스도인 중에 율법에 열심이 있는 자가 많은데(20절), 그들은 바울이 전도하면서 모세의 가르침을 배반(*apostasia*, 배교)하고 할례를 행하지 않도록 하며, 규모('관습들', *ethesin*, 참고. 단수형은 *ethos*)를[985] 지키지 말라고 한 것을 들었다고 말한다(21절). 예루살렘의 유대인 성도와 불신 유대인 사이의 차이점은 오직 예수님을 믿는가 아니면 믿지 않는가의 차이점밖에 없다.

22-24절에 의하면, 예루살렘 교회 지도자들(장로들)이 예루살렘의 유대인 성도로부터 바울을 구하기 위해서 서원한 네 사람을 데리고 결례를 행하고, 머리를 깎는 등 율법을 지키는 자라는 흔적을 보이라고 말한다. 민수기 6장의 규례에 비추어 보면, '나실인의 서원'을 한 사람들이 서원의 기한이 다 차가지만 가난하여 희생 제물(1인당 숫양 2마리와 암양 1마리 그리고 소제물과 전제물)을 드릴 수 없었던 형편에 있었던 사람과 유사한 4명과 함께 바울이 결례를 행하고 그들을 대신하여 희생 제물을 바치라고 한 것이다. 바울은 그 제안을 수용하여, 그 네 사람을 데리고 이튿날 성전에 들어가 그들과 함께 정결 의식을 행하고, 정결 기한이 차서 각 사람을 위해서 예물을 바쳐야 하는 날짜를 신고하였다(26절).[986] 이것은 바울이 구약의 의식법을 맹목적으로 따르는데 동의한 것이라기보다는 야고보를 대표로 하는 예루살렘 교회의 간곡한 요청을 받아들여 전도를 위해서라면 '유대인에게는 유대인처럼' 된 것이다(참고. 고전 9:20).

2.3. 사도행전 21장 27-36절의 메시지

27절 첫 부분의 번역과 관련하여, '칠 일의 기간이 거의 끝나갈 때'(바른 성경), '그 이레가 거의 차매'(개역개정)는 올바른 번역인가? 직역하면 '그 이레가 이루어지려고 하였을 때' 혹은 '그 이레가 이루어지기 시작하였을 때'이다. '이레가 차갈 무렵에'로 번역하면 된다(참고. 김경래, 1997:308). 아시아에서 온 유대인들(the Asian Jews)이 성전에서 바울을 보고 모든 무리를 충동하여 바울을 붙들고(27절), "이스라엘 사람들아 도우라. 바울이 율법과 성전을 훼방하였는데 이방인을 데리고 성전(즉 이스라엘 남자의 뜰)에 들어와 더럽혔다"라고 말한다(28절; 참고. 스데반을 고소한 내용들, 참고. 행 6:9, 13). 유대인들은 바울이 이전에 에베소 사람 이방인 드로비모와 함께 예루살렘 성에 있었던 것을 이스라엘 남자의 뜰에 들어간 줄로 알았다(29절). 이방인이

985) 21절에서, 개역개정판은 단수형 '관습'으로 번역하지만, 바른 성경은 복수형 '관습들'로 올바로 번역한다.

986) 바른 성경은 26절을 "……그들 각 사람을 위하여 제사드릴 때까지 정결 의식 기간이 만료되었음을 알렸다"로 번역한다. 개역개정판도 비슷하게 번역한다. 그러나 바울이 4명과 함께 성전에서 결례를 행한 날은 성결 기간이 만료된 날이 아니라 시작된 날이다. 그리고 바울이 보고한 내용은 앞으로 언제 그 기간이 끝나는가 하는 것이었다. 그 기간은 27절에서 언급된 대로 '7일'이다(참고. 김경래, 1997:302).

이방인의 뜰이 아니라 이스라엘 남자의 뜰로 들어가면 사형 당한다는 경고문이 이방인의 뜰에서 여인의 뜰로 넘어가는 벽에 헬라어와 라틴어로 적혀 있었다(참고. Bruce, 1984:434). 유대인들에게 예수 그리스도 안에서 유대인이나 헬라인 사이에 차별이 없는 복음은 요원했다(참고. 엡 2:14). 격분한 유대인들이 바울을 잡아 성전 밖으로 끌고 가니, 바깥뜰(the outer court)에서 성소(the inner court)로 들어가는 문들이 곧 닫혔다(30절). 성전 문들이 닫힌 것은 성전을 경비하던 레위인들(the temple police)이 성전을 보호하기 위해서 취한 조치로 보인다. 이것도 계시사적 해석을 필요로 한다. 복음의 전령사요 새 성전인 바울이 성전을 떠나니, 돌 성전의 기능은 마감되고 끝나야 한다. 이 구절은 성전의 기능이 끝났기에 하나님의 영광이 떠나는 것을 의미한다. 이것은 배교한 백성을 향한 하나님의 언약적 심판이다.

무리들이 바울을 죽이려고 할 때, 온 예루살렘이 요란하다는 소문이 성전 북서쪽 모서리에 위치한 안토니아 요새에 있던 천부장에게 들린다(31절; 참고. 행 9:15). 가이사랴의 총독 벨릭스를 대신하여 예루살렘의 치안을 책임졌던 천부장이 군사들과 백부장들을 거느리고 달려가니, 바울을 치던 자들이 치기를 그친다(32절; 참고. 고후 11:23-24). 천부장이 바울을 잡아 두 쇠사슬로 결박하라고 명하고(보라. 행 21:10-11), 바울이 누구이며 무슨 일을 했는지 묻는다(33절). 여러 사람이 각각 바울에 대해서 말하기에 천부장은 바울을 영문 안으로 데리고 가라고 명한다(34절). 층대에 이를 때 무리의 폭행을 인해서 군사들이 바울을 호위한다(35절). 군중이 천부장에게 "너는 그를 죽여라"(*aire auton*)라고 외치며 따라 간다(36절). 이 구절은 누가복음 23장 18절에서 유대인들이 빌라도를 향해서 예수님을 죽이라고 외친 것을 연상시킨다.

2.4. 사도행전 21장 37-40절의 메시지

병영으로 끌려 들어갈 즈음에 바울이 천부장에서 말할 기회를 얻을 수 있는지 물으니, 천부장은 바울에게 헬라어를 할 수 있는지 묻는다(37절). 천부장은 바울에게 이전에 난을 일으켜 사천의 자객(*sikarios*, assassin, 유대인 테러리스트)을 거느리고 광야로 간 애굽인이 아닌지 묻는다(38절).[987] 천부장의 질문을 오늘날에 적용해 보면, 성도는 예상치 못한 비난에 익숙해지고, 좋은 일을 하는데 비난을 받을 각오를 해야 한다. 천부장의 질문에 대한 역사적 배경을 요세푸스가 증언하는데, 이 난을 일으킨 거짓 선지자는 3만 명의 무리를 이끌고 광야로 끌고 가서 조직화한 후에 감람산으로 돌아와서 예루살렘에 있던 로마 군대를 정복하려고 시도했다. 그러나 총독 벨릭스에 의해 400명이 살해당하고, 200명은 포로로 잡혔고, 나머지는 두목과 함께 도망갔다(참고. 《유대 전쟁사》, 2. 13.5; 《유대 고대사》, 20.7.6). 누가는 이 3만 명 중에서 핵심 요원들 4,000명을 언급하는 것 같다. 바울은 자신이 유대인이며 길리기아 다소의 시민이니 백성에게 말하기를 허락하라고 요청한다(39절). 바울은 무력으로 적을 제거하는 그런 사람이 아니라 평범한 시민임을 밝힌다. 천부장이 말하기를 허락하니, 바울이 층대 위에 서서 백성에게 손짓하여 조용히 한 후, 히브리말로 말을 시작한다(40절).

987) '광야'는 새로운 출애굽을 염두에 둔 메시아 운동가가 선호한 장소였다(참고. 존 월튼, 2010:1655).

3. 오늘에의 적용

효율적인 전도를 위해서 어떻게 여러 모양으로 될 수 있는가?
우리에게 있어서 문들이 닫혀져 버린 돌 성전적 요소는 무엇인가?

사도행전 22장

1. 본문 및 구조

- 층대 위에서의 바울의 변증 연설(1-21)
  - 서론(1-2)
  - 열심 있는 유대인으로 훈련된 바울(3-5)
  - 바울이 예수님을 만남(6-11)
  - 아나니아와 그의 도움(12-16)
  - 성전에서 본 바울의 환상(17-21)
- 유대인들의 반응과 천부장의 조치(22-30)

2. 구원 계시사적 메시지

2.1. 사도행전 22장 1-21절의 메시지

바울은 무리를 향해서 '부형들아'라고 따뜻하게 부르면서 자신의 변호하는 말을 들으라고 말한다(1절; 참고. 행 7:2). 무리는 바울이 히브리말(아람어)로 말하는 것을 듣고는 더 조용히 한다(2절). 바울은 자신을 길리기아 다소 출생, 가말리엘 문하에서 배움,[988] 바리새파의 전통을 따라 율법의 엄격한 교훈을 받음, 하나님을 향하여 열심 있는 자라고 소개한다(3절). 바울은 '현재 시제'(*ego eimi*)를 사용하여 자신이 유대교와 관련 있음을 설명한다(참고. Willimon, 1988:166). 유대인이 볼 때 바울은 조금도 손색이 없는 사람이다. 그리고 자신이 기독교를 핍박했으며, 다메섹의 기독교인을 잡으러 간 사실을 말한 후(4-5절), 다메섹 도상에서 승천하신 예수님을 만남으로써 회심한 사건을 언급한다(6-8절). 사도행전 9장에 등장하는 바울의 회심과 이 단락을 비교해 보면, 여기서는 바울의 회심보다는 소명이 더 강조되어 있다(참고. Fernando,

988) 3절의 원래 뜻은 "가말리엘의 발아래에서 배우다"(educated at the feet of Gamaliel)이다. 스승은 높은 곳에, 제자들은 스승의 발아래 바닥에 앉아서 배웠던 바울 당시의 관습을 배경으로 한다(참고. 행 4:35, 37, 5:2; 보라. Williams, 1990:378).

1998:564).

누가는 다시 한 번 바울이 드디어 불신 유대인에서 기독교인으로 개종한 것을 밝힌다. 바울과 함께 다메섹으로 가던 사람들은 하늘에서 비친 빛은 보면서도 예수님의 음성은 듣지 못했다(9절). 그런데 사도행전 9장 7절에 의하면 바울과 같이 동행한 자들은 소리는 들었으나 아무도 보지 못했다. 그렇다면 사도행전 9장 7절과 22장 9절은 어떻게 조화될 수 있는가? 바울과 함께 다메섹으로 가던 사람들은 빛을 보았지만 예수 그리스도는 보지 못했고, 하늘의 음성은 들었으나 그것이 정확하게 무엇을 말씀하는 것인지 깨닫지 못했던 것이다. 사도행전 9장에서 바울은 단지 예수님이 누구신지 물었지만, 사도행전 22장에서는 자신이 무엇을 해야 하는지 예수님께 적극적으로 묻는 것으로 나타난다.

바울은 다메섹에 들어가서 아나니아를 만나서 증인으로서의 소명을 확인한다(11-15절). 바울은 아나니아로부터 세례를 받고, 하나님께서 주시는 죄 씻음의 은혜를 받았다고 말한다(16절). 그런데 '세례를 받고 죄 씻음을 받았다'는 표현은 수동태가 아니라 중간태이다. 그러므로 여기서는 바울이 단순히 무언가를 받는 것이 아니라, 스스로 무언가를 행하는 것을 암시한다. 바울이 세례라는 외적인 표를 추구하는 것은 하나님의 은혜를 향하는 신앙적 반응이다(참고. Williams, 1990:379).

후에 바울이 예루살렘으로 돌아와서(참고. 행 9:26) 성전에서 기도할 때, 비몽사몽간에 예수님이 나타나셔서 증거의 말을 듣지 않는 유대인들을 떠나기 위해서 예루살렘에서 나가라고 말씀하시는 것을 듣는다(17-18절).[989] 바울의 이 증언은 독특한 것으로서 회심 후에 성전에서 일어난 것이다. 성전을 떠나라는 명령을 두 번이나(18, 21절) 주신 것도 계시사적으로 이해해야 한다. 이제 돌 성전이 하나님의 심판을 받을 것이기 때문에 떠나야 한다(참고. 눅 21:20-21). 따라서 돌 성전이 아니라 바울을 통해서 온 세상에 새로운 성령의 전이 활동하는 시대가 열리게 될 것이다. 유대인들도 바울이 이전에 스데반을 비롯한 기독교의 박해자였음을 알고 있다(19-20절). 예수님은 바울에게 이방인에게로 멀리 떠나가라고 말씀하신다(21절).

2.2. 사도행전 22장 22-30절의 메시지

이 말까지 듣던 무리는 바울을 향해서 "이러한 놈은 땅에서 없애버리자. 그는 살려둘 자가 아니다" 하고(22절), 떠들며 옷을 벗어 던지고 티끌을 공중에 날린다(23절). 옷을 벗어 던지고 티끌을 날리는 것은 어떤 신성 모독적 언행으로 인해 촉발된 극렬한 반대와 거부와 저항을 뜻하는 상징적 행동이다. 천부장은 바울을 병영 안으로 데리고 가라고 명한 후 그를 신문(訊問)하려고(24절), 가죽줄로 매고 채찍질하려고 할 때 바울이 곁에 있던 백부장에게 로마 사람을 사실 확인도 없이 채찍질하려는가라고 말한다(25절). 백부장이 천부장에게 바울이 로마 시민권 소유자임을 말하니(26절), 돈(즉 뇌물)을 주고 시민권을 산 천부장과 나면서부터 시민권 자인 바울 사이에

989) 참고로 고대 근동에서 성전이나 거룩한 곳에서 계시(혹은 꿈)를 받는다는 전통이 있었다(참고. 존 월튼, 2010:1656).

말이 오고 간다(27-28절). 바울의 시민권이 더 가치 있어 보인다. 천부장은 바울을 결박한 사실로 인해 두려워한다(29절). 이튿날 천부장이 무슨 일로 유대인들이 바울을 송사하려고 하는지 실상을 알고자 하여 제사장들과 온 공회를 모으고 바울을 데리고 그들 앞에 세운다(30절).[990]

3. 오늘에의 적용

우리가 전도와 변증을 위해서 사용할 수 있는 로마 시민권은 무엇인가?

청중의 마음을 여는 파토스적 기법은 무엇인가?

사도행전 23장

1. 본문 및 구조

- 산헤드린 공회 앞의 바울(1-10)
- 바울을 죽이려는 음모(11-30)
- 가이사랴의 총독에게 호송되는 바울(31-35)

2. 구원 계시사적 메시지

2.1. 사도행전 23장 1–10절의 메시지

바울이 공회를 주목하여 '여러분 형제들아'라고 말한 후 양심을 따라 하나님을 섬겼다고 말한다(1절). '섬기다'(*pepoliteumai*, 완료 디포넌트 직설 1인칭 단수)는 '시민으로 살다'라는 뜻이기에, 바울은 천국의 시민권을 행사하며 살아왔던 것이다.[991] 대제사장 아나니아는 바울 곁에 섰는 사람에게 바울의 입을 치라고 명하니 친다(2절). 대제사장이 바울의 입을 침으로써 바울의 말이 망령된 것이라고 그가 판단했던 것이다. 바울은 아나니아에게 "회칠한 담이여, 하나님이 너를 (곧) 치시리로다. 네가 율법을 어기고 나를 판단하느냐. 그리고 나를 치라고 하느냐"라고 말한다(3절). 속에 있는 더러운 것을 덮고 위장하기 위한 '회칠한 담' 혹은 '회칠한 무덤'은 '평토장한 무덤'과 유사하다(참고. 마 23:27; 눅 11:39, 44). 곁에 선 사람들은 하나님의 대제사장을 욕한다고 바울을 책망한다(4절). 바울은 그가 대제사장인 줄 알지 못했다고 말한다(5절). 실제로

---

990) 로마 시민권자를 적법한 절차 없이 심문하여 두려움을 느낀 천부장이 겉으로는 이 일에 대해 두려워하지 않는다는 표시로 바울을 이튿날까지 투옥시켰을 수 있다(참고. 칼빈, 1993:298).

991) 피고가 지난 삶을 부끄럽지 않게 살았다고 말하는 것은 수사학적으로 유리하게 자신을 변호한 것이다(참고. 존 월튼, 2010:1658).

바울은 대제사장의 이름은 듣고 알았더라도 얼굴로는 몰랐을 가능성이 있다. 아니면 바울은 아나니아가 대제사장에 어울리지 않는 행동을 하고 있기에 책망하는 어조로 말한 것일 수 있다.

바울이 군중의 성분이 바리새인과 사두개인으로 나뉜 것을 알고는 부활을 전하다가 신문을 받는다고 말하니, 사두개인은 바울을 반대하고 바리새인은 바울을 옹호하여 그들 사이에 분란이 일어난다(6-9절). 천부장이 바울을 영문 안으로 들어가도록 할 것을 군사에게 명한다(10절).

2.2. 사도행전 23장 11-30절의 메시지

그 다음날 밤에(*te epiouse nykti*; 한글개역성경은 오역이다. '그날 밤에') 주님께서 바울 곁에 서서 "담대하라. 네가 예루살렘에서 나의 일을 증거한 것같이 로마에서도 증거하여야 하리라"고 말씀하신다(11절). 날이 새매 40여 명의 유대인들이 당을 지어 바울을 죽이기 전에는 먹지도 마시지도 않겠다고 맹세한다(12-13절). 이들은 대제사장들과 장로들을 찾아가서 만일 천부장에게서 허락을 받아 바울을 심문하기 위해서 공회로 데리고 오면 그 도중에 죽이겠다고 자신들의 음모를 설명한다(15절). 이 40명의 암살단들은 안토니아 요새와 산헤드린 사이의 공간에 매복하다가 바울이 지나갈 때 죽이려고 한다. 바울의 생질이 이 음모를 알고는 삼촌 바울에게 고한다(16절). 로마의 죄수들에게는 종종 가족이 면회 와서 사식과 생필품을 넣어 줄 정도로 자유로웠다(참고. 오스본, 2003:592). 곤경 가운데서 바울은 하나님의 보호하심을 믿되, 자신의 로마 시민권, 생질에게서 들은 정보 그리고 적절한 청중 분석 등을 총동원하고 있다. 이처럼 우리는 하나님의 주권을 믿되, 사람이 할 수 있는 모든 것을 사람 측에서는 해야 한다.

바울이 백부장에게 생질이 천부장에게 가서 말을 할 수 있도록 요청한다(17절). 천부장이 생질에게 조용히 할 말이 무엇인지 물으니(19절), 바울의 생질은 유대인들의 살해 음모 일체를 설명한다(20-21절). 천부장은 백부장 두 명에게 밤 제3시(즉 밤 9시)에 가이사랴까지 갈 보병 200명과 마병 70명과 창군 200명을 준비하라고 명하니, 바울을 태워서 가이사랴에 있던 총독 벨릭스(A.D. 52-59)에게 무사히 보내도록 한다(23-24절).[992] 이렇게 많은 수의 군인을 동원하는 것은 천부장이 로마 시민권자인 바울을 보호하려고 철저하게 주의를 기울이고 있는 증거이다. 천부장은 또한 편지를 써준다(25절). 천부장 글라우디아 루시아가 총독 벨릭스 각하에게 문안한다는 글로 시작한다(26절). 천부장은 바울이 고소당한 명목이 유대인의 율법에 관한 문제이기에 사형 요건에 해당되지 않는다고 편지한다(29절). 천부장은 바울을 송사하려는 사람들이 벨릭스 앞에서 송사하도록 허락했다고 말한다(30절). 30절 중반부를 직역하면, "나(글라우디아 루시아)

---

992) 총독 벨릭스(Felix)는 해방 노예 출신이다. 전통적으로 기사 계층의 사람들만 임명되었던 총독 자리에 자격이 없는 전직 노예가 임명된 것은 로마 제국의 막강한 장관이었으며 벨릭스의 형제였던 Pallas의 후광 덕분이었다. 벨릭스의 총독 통치 시기에 소요와 난동이 빈번했던 것은 부분적으로 그의 무능함에 원인이 있었다. 이 시기에 '시카리'(Sicarii) 당이 처음으로 등장했다. 벨릭스를 이어 유능한 베스도가 A.D. 59년에 총독으로 임명된 것 같다. 그 후 부패한 인물인 알비누스(62-64년)와 플로루스(64-66년)가 총독으로 다스렸다. 네로 말기에 팔레스타인의 총독에 대한 감독이 잘 시행되지 않았기에 총독의 이런 부패상이 심각했다(참고. 쾨스터, 1996:640-643).

는 그(바울)를 너(벨릭스 총독)에게 보냈다(*epempsa*, I sent)"이다. 이 구절은 글라우디아 루시아가 총독 벨릭스에게 보내는 편지의 일부이다(참고. 25-26절). 31절에 보면, 보병들이 이 편지와 함께 바울을 총독 벨릭스에게 데리고 간다. 즉 이 편지를 쓰고 있을 동안에는 글라우디아 루시아가 아직 바울을 벨릭스에게 보내지 않았지만, 이 편지가 전해진 시점을 고려하여 '보낼 것이다'(미래)가 아니라 '보냈다'라고 아오리스트형으로 표현한 것이다. 따라서 이것은 서신적 아오리스트이다(참고. 갈 6:11; 빌 2:28; 보라. Wallace, 1996:562-563).

2.3. 사도행전 23장 31-35절의 메시지

보병들이 밤에 바울을 데리고 예루살렘에서 60km 떨어진 안디바드리에 도착한다(31절). 이튿날 마병 70명이 바울을 호송하게 하고는 보병들은 예루살렘 영문으로 돌아온다(32절). 안디바드리에서부터 가이사랴까지는 마병 70명만 바울을 호송했는데, 그 이유는 예루살렘에서 안디바드리까지는 매복의 장소로 용이해서 특별한 주의가 필요했기 때문이다.

마병들이 편지와 바울을 벨릭스에게 넘기니(33절), 공문을 읽고 난 후 총독이 바울에게 어느 지역 출신인지 묻는다(34절). 벨릭스는 바울을 송사하는 사람들이 가이사랴에 올 때까지 바울을 헤롯 궁에 머물게 한다(35절). B.C. 6년부터 총독 관저로 사용된 건물은 원래 헤롯 대왕의 궁전이었다. 장차 2년 동안이나 바울은 미결수로 이곳에 머물게 된다. 사도행전에서 로마의 세력은 비교적 기독교에 호의적인 것으로 나타난다. 그러나 유대인들은 로마 세력에게 기독교를 고소하는 악역을 감당하고 있다. 이 무렵 하나님은 로마의 체제를 기독교의 보호를 위해 사용하셨다.

3. 오늘에의 적용

산헤드린에서 행한 바울의 연설에서 변증과 설교 시 청중 분석의 중요성을 배우자.

사도행전 24장

1. 본문 및 구조

- 벨릭스 앞에서 더둘로가 바울을 고소함(1-9)
- 바울의 자기 변호(10-21)
- 총독의 재판 연기 선언(22-23)
- 바울과 벨릭스의 대화(24-27)

2. 구원 계시사적 메시지

2.1. 사도행전 24장 1-9절의 메시지

바울이 가이사랴에 도착한 지 닷새 후에 대제사장 아나니아가 장로들과 변사(*rhetoros*, NT *hapax*) 더둘로와 더불어 총독 벨릭스를 찾아와서 바울을 고소한다(1절). 이때는 A.D. 57년경으로 추정된다. 법정 수사학에 능숙한 더둘로가 바울을 송사하는데, 먼저 벨릭스의 호의를 찬양한다(2-3절). 하지만 벨릭스는 타락한 지도자로 낙인찍힌 사람이었다. 바울은 디아스포라를 소요케 하는 염병이요[993] 이단 나사렛의 괴수이다(5절). A.D. 57년경은 나사렛 예수 그리스도를 따르는 자는, 유대교에서 일탈하여 마치 당파를 형성한 이단으로 보였던 시대였다. 더둘로는 바울이 성전을 더럽게 했기에 붙잡았는데, 벨릭스가 직접 심문하면 이것이 사실인 줄 알게 된다고 말하니, 다른 유대인들도 그러하다고 말한다(6-9절). 여기서 더둘로가 성전을 언급한 것은 그것은 유대인 스스로 바울을 사형에 처할 수 있는 죄목이기 때문이다. 한글개역성경과는 달리 NIV 등은 7절을 생략한다. E사본과 몇몇 소문자 사본을 따라서 표준새번역은 각주에서 "천부장 루시아가 와서 그를 우리 손에서 강제로 빼앗아 갔나이다. 그리고 그를 고발하는 사람들에게 각하께 가라고 명하였나이다"라는 설명을 붙인다. 유대인들이 볼 때 잘못을 범한 바울을 붙잡은 사람은 자신들이고, 오히려 루시아가 잘못했다는 것이다. 그러나 이 구절은 사본상 후대의 첨가로 볼 수 있다. 더둘로는 사회 불안 요소와 더불어 성전을 더럽혔다는 종교적인 이유를 함께 제시한다. 이것은 빌라도 앞에서 유대인에 의해서 예수님이 고소당한 것과 유사하다(참고. 눅 23:1-16).

2.2. 사도행전 24장 10-21절의 메시지

더둘로의 고소 이후에 총독이 바울에게 변명할 기회를 주니 바울이 변호를 시작한다(10절).[994] 이것은 제자들이 핍박을 당하지만 세상 임금 앞에서 예수님을 증거할 것이라는 누가복음 21장 12-13절의 성취이다. 바울이 변호를 시작하는 10절은 더둘로의 아부적 발언으로 가득 찬 시작말(3절)보다 훨씬 간결하다. 바울은 3차 전도 여행을 마치고 예루살렘 예배하러 올라간 지 12일밖에 되지 않았고 무리를 소동케 한 일이 없다고 말한다(11-12절). 즉 바울은 예루살렘 성전에서 결례를 행한 날로부터 12일이 흘렀다고 말한다. 결례의 기간인 7일과 사도행전 24장 1절의 5일만

---

993) 구약에서 '염병'(*loimos*)은 불량배(삼상 2:12, 10:27), 지옥에 들어갈 사람(사 5:14), 포악한 자(겔 28:7)를 가리킨다.

994) 로마 제국은 B.C. 3세기에 해외에 있는 속주에 '총독'을 파견하기 시작했다. 총독들은 관할 속주의 주민들과 그곳에 주둔하고 있던 군대 사령관에 대해 절대 권력을 가지고 있었다. 총독은 속주의 법을 수정하거나 폐지할 수도 있었다. 일반적으로 총독들은 군대를 이끌고 로마 정부에 반란을 일으키거나 속주들이 혁명을 일으키게 허용하지 않는 한 자기들이 하고 싶은 대로 무슨 일이든지 행했다. 공공질서의 유지야말로 총독들이 가장 중요하게 생각해야 할 일이었다. 총독과 그의 부하들은 민요가 발생하면 더 이상 손을 쓸 수 없는 상태로 발전되기 전에 재빨리 진압했다(참고. 행 19:40). 총독은 대개 자기가 맡은 속주의 큰 마을들을 순회하면서 몇 주 또는 몇 달 동안 총독이 오기만을 기다리며 대기하고 있는 법적인 송사의 문제를 청취하였다(참고. 앨버트 벨, 2001:182-186).

합쳐도 12일이 되기에, 바울이 민중 봉기나 소동을 일으키는 것은 불가능하다.

바울은 나사렛 예수님을 믿는 방식으로, 조상의 하나님을 섬기고, 율법과 선지자의 글을 다 믿고(14절), 부활의 소망도 가지고 있다고 변호한다(15절). 바울은 부활의 첫 열매이신 예수님의 부활이 성도의 부활을 초래했음을 강조한다(참고. 행 1:22, 2:31, 3:26, 4:33, 5:31, 13:33, 17:18). 바울은 구약에 기록된 약속을 믿으면서 부활의 소망을 가지고 양심에 거리낌이 없도록 하나님과 사람들 앞에서 항상 힘썼다(16절). 바울은 자신의 민족 중 가난한 자를 구제할 것(gifts for the poor; 선교 여행 중에 모은 구제 헌금)과 '제물'(offerings; 나실인의 서원을 위해 바친 양과 소제물)을 가지고 와서(17절) 드리는 중에 조용하게 결례를 행했다(18절). 바울이 예루살렘을 떠나라는 주님의 명령을 반복적으로 들었음에 불구하고(참고. 행 22:17-21), 예루살렘 성전에서 제물을 바친 것에서 여전히 신구약의 중첩기적 특성을 본다. 돌 성전과 성령의 새로운 성전이 둘이 여전히 같이 존속하고 있다.

그런데 소아시아에서 온 유대인들이 바울을 고소했는데, 그들은 마땅히 벨릭스 총독 앞에서 바울을 송사해야만 한다(19절). 바울은 며칠 전에 산헤드린 공회 앞에 자신이 섰을 때 옳지 않은 일이 무엇인지 가이사랴에 온 대제사장들과 더둘로와 장로들로 하여금 말하게 하라고 담대히 주장한다(20절). 바울은 자신을 고소하는 유대인들에게 물증이 없음을 알았다. 바울은 단지 부활만 언급했을 뿐이다(21절).

2.3. 사도행전 24장 22-23절의 메시지

벨릭스는 기독교에 대해서 자세히 알고 있었기에 재판을 연기하여 천부장 루시아가 가이사랴에 오면 결정할 것이라고 말한다(22절).[995] 벨릭스는 백부장에게 바울을 지키되, 자유를 주며 친구들이 수종 드는 것을 금하지 말라고 한다(23절). 벨릭스는 바울에게서 심각한 죄를 발견하지 못했기에 이런 자유를 허용한 것이다. 여기서 재판받는 바울은 예수님의 자취를 따라가는 사람으로 묘사된다. 예수님은 3번 재판을 받으셨고, 빌라도로부터 3번 무죄 판결을 받으셨다. 바울 역시 3번 재판을 받고 3번 무죄 판결을 받았다.

2.4. 사도행전 24장 24-27절의 메시지

벨릭스와 그의 유대인 아내 드루실라가 예수 그리스도를 믿는 도를 바울로부터 듣는다(24절). 드루실라는 사도행전 12장의 헤롯 아그립바 1세의 막내딸이다. 그녀의 언니는 사도행전 25장 23절의 헤롯 아그립바 2세의 아내 버니게(Bernice)이다. 감옥에서 바울은 여전히 전도자로 사역한다. 바울은 의와 절제와 장차 오는 심판을 강론하니, 벨릭스가 두려워하여 "지금은 가라. 내가 틈이 있으면 너를 부르리라"고 말한다(25절). 의와 절제와 장차 있을 심판은 무엇인가? 의는 칭의를 가리킬 수도 있지만, 도덕적으로 의롭게 사는 것을 가리키는 것으로 보인다. 왜냐하

---

995) 도키티안 황제 때도 구속된 한 철학자를 석방해 주었는데, 그러고 나서도 개인적으로 그에게 문의하기 위해서 그를 계속 감금한 적이 있다(참고. 존 월튼, 2010:1664).

면 돈을 밝히는 벨릭스와 (벨릭스와 결혼하기 이전에) 두 번에 걸친 결혼 생활에 신실하지 못한 드루실라의 모습이 불의해 보이기 때문이다. 절제는 돈을 사랑하며 결혼을 3번이나 한 이 부부에게 꼭 필요한 것이다. 장차 있을 심판은 의인과 악인의 부활과 관련된다. 이 3주제를 전파한 것은 바울이 십자가와 부활을 증거한 것이나 마찬가지다. 이 부부는 말씀을 듣고 충격을 받았지만, 불행하게도 행동의 변화로는 이어지지 않았다.

벨릭스는 바울에게서 돈을 받을 줄로 생각하고 더 자주 불러서 같이 이야기했다(26절).[996] 2년이 지나서 벨릭스의 후임으로 베스도(Porcius Festus)가 A.D. 59년 여름에 부임했는데, 그때까지 유대인들의 마음을 얻기 위해서 바울을 구류해 두었다(27절). 벨릭스의 입장에서 볼 때, 바울로부터 돈을 얻으려면 투옥해 놓아야 하고, 반대로 바울을 석방한다면 유대인들의 저항이 거셀 것이 분명했기에 편리한 선택인 바울을 미결수로 구류할 것을 결심했던 것이다. 이와 비슷하게 사도행전 28장에서 바울은 로마에서 2년 동안 구금되어 있으면서 천국 복음을 전한다. 사도행전의 1차 수신자인 데오빌로는 자신과 거의 같은 지위에 있었던 총독 벨릭스의 처신을 통해서 반면교사의 교훈을 받았을 것이다.

3. 오늘에의 적용

우리는 어떤 상황 속에서도 복음을 변증할 수 있는가?
의와 절제와 심판의 교훈을 세상 권세자들에게 가르쳐 주자.

사도행전 25장

1. 본문 및 구조

- 예루살렘에서의 유대인과 총독 베스도(1-5)
- 베스도 앞에서 유대인과 바울의 변론(6-12)
- 아그립바 2세 앞에서 베스도가 바울의 무죄를 선언하고 조언을 구함(13-27)

2. 구원 계시사적 메시지

996) 요세푸스에 의하면, 벨릭스 이후에 부임한 알비누스(Albinus) 총독은 친척이 뇌물을 바치면 혁명에 가담했던 자도 풀어주었다고 기록한다.

2.1. 사도행전 25장 1-5절의 메시지

총독 베스도(A.D. 59-62년)가 부임한 지 3일 후에 가이사랴에서 예루살렘으로 올라간다(1절). 베스도가 총독으로 취임한 후 제일 먼저 해야 할 일은 바로 2년 동안이나 끌고 온 바울의 고소 사건을 처리하는 것이었다. 2년 동안 복음의 전파자 바울이 구금되어 있었기에 천국 확장 운동에 있어서 상당히 손실을 본 것처럼 보이지만, 감옥에서도 복음은 매이지 않았다. 예루살렘에 있던 대제사장들과 유대인 중 높은 사람들이 바울을 베스도에게 고소한다(2절). 그들은 베스도의 호의로 가이사랴에 구금된 바울을 예루살렘으로 옮겨 달라고 요구하는데, 매복하다가 죽이려는 계산이 깔려 있다(3절).[997] 유대인들의 제안은 사도행전 23장 12-13절에 등장하는 바울 살해를 위해 조직된 40여 명의 매복조의 음모와 다를 바 없다. 베스도는 유대인 중 지도자들이 송사할 일이 있으면 가이사랴로 같이 가자고 말한다(4-5절).

2.2. 사도행전 25장 6-12절의 메시지

베스도가 예루살렘에서 8-10일 정도 지내다가 가이사랴로 내려가서, 이튿날 재판을 시작하기 위해서 바울을 데려오라고 명한다(6절). 바울을 향해서 예루살렘에서 온 사람들이 중대한 사건으로 송사하지만 증명하지 못한다(7절). 바울은 유대인의 율법이나 성전 혹은 가이사에게 아무런 죄를 짓지 않았다고 스스로 변호한다(8절). 베스도가 유대인들에게 인심을 얻기 위해서 바울더러 예루살렘에서 재판을 받으려는가라고 묻는다 (9절). 이제 부임한 지 며칠 안 되는 베스도였기에 유대인과 좋은 관계를 맺어야 했다. 바울은 자신의 무죄를 다시 한 번 언급하면서 가이사 앞에서 재판을 받을 것이라고 말한다(10절). 바울은 만일 죽을 죄를 지었으면 마땅히 죽을 것이지만, 유대인들의 고소가 거짓이라면 자신을 그들에게 내어 줄 수 없다고 말한 후 가이사에게 호소한다(11절). 베스도가 배석자들과 의논한 후에 바울이 가이사에게 갈 것이라고 말한다(12절). 베스도의 입장에서 보면 바울을 로마로 보내 버린다면 자신의 통치 관할 구역 밖으로 밀어버리는 것이기에 골치 아픈 일에서 해방되는 유쾌한 일이었다. 그러나 이것은 "로마에서도 복음을 증거하여야 하리라"는 예수님의 말씀이 성취되는 것이다(참고. 행 23:11).

2.3. 사도행전 25장 13-27절의 메시지

수일 후에 아그립바 1세의 아들인 아그립바 2세(로마 이름은 Marcus Julius Agrippa 2, A.D.

---

997) 후견인과 단골손님(피보호자)의 관계는 고대 사회 전체를 풍미했다. 마태복음 2장에 의하면 헤롯 대왕은 가이사 아구스도의 피보호자였고, 사도행전 25장 2-3절에는 총독 베스도가 그의 피보호자인 유대의 대제사장들과 높은 사람들에게 호의를 베풂으로써 후견인처럼 행동했다. 호의(은혜)는 다른 어떤 사람으로부터 획득할 수 있는 것보다 더 유리한 조건으로 얻은 무엇이거나 혹은 다른 어떤 사람으로부터 전혀 획득할 수 없는 것을 얻게 된 무엇을 말한다. '후견인'은 헬라어와 라틴어의 '아버지'(*pater*)에서 파생한 것인데, 성경에서 생물학적인 아버지가 아닌 사람이 아버지로 불리면 그는 후견인으로 간주된다. 하나님은 이스라엘에게 아버지로 불린다. 후견인은 아버지와 같고, 피보호자는 그들의 나이에 상관없이 사랑스럽고 감사가 넘치는 자녀들과 같다. 때로 이 둘 사이에 중개인이 필요했다(참고. 말리나, 1998:224-226).

27-100년)와[998] 그의 아내(헤롯 아그립바 1세의 딸이자 아그립바 2세의 누나이며 드루실라의 언니) 버니게가[999] 신임 총독 베스도에게 문안하러 가이사랴로 왔다(13절). 마치 누가복음 23장에서 예수님을 재판하고 죽이기 위해서 헤롯 안디바와 총독 빌라도가 거래하는 것을 연상시킨다. 총독 베스도가 33살의 젊은 왕 아그립바에게 14-21절에 보듯 길게 그동안 있었던 일을 설명한다. 그의 설명의 밑바탕에는 대부분 자신은 전임 벨릭스와는 달리 어려운 결정 앞에서도 신속하게 일을 처리하는 로마의 유능한 관리라는 점을 선전하는 내용으로 가득하다. 16절의 로마 사람의 법(*ethos*)은 법적인 관습을 가리킨다. 베스도가 볼 때 바울이 고소당한 것은 단지 예수 그리스도의 부활과 유대교와 관련된 종교적인 문제 때문이었다(19절). 이 말을 한 이튿날 아그립바가 바울의 말을 듣게 된다(22절).

이튿날 아마도 자주색 왕복과 금 왕관을 착용한 아그립바와 버니게가 크게 위의(great pomp, *phantasia*)를 갖추고 와서 천부장들과 성 중의 높은 사람들과 함께 심문 장소에 들어오니, 사람들이 베스도의 명으로 바울을 데려온다(23절). 아그립바의 위의를 통해서 누가는 독자들에게 청문회 장소가 마치 왕의 유흥을 위한 극장으로 바뀐 것 같다는 인상을 준다. 하지만 피고 바울은 아마도 남루한 옷에다 사슬에 묶여 있었을 것이다. 가이사랴에는 5개의 보병대가 있었다. 베스도는 모든 유대인들의 고소에도 불구하고 아그립바를 비롯해서 모인 자들에게 바울이 사형에 해당하는 죄를 짓지 않았다고 말한다(24절). 유대인들이 제시한 죄목은 있었지만 입증되지 않았다. 빌라도가 예수님을 무죄로 선언한 것에 상응한다(참고. 눅 23:4, 14). 물론 예수님은 부당한 판결의 절정으로서 십자가형을 당하셨지만 사도행전에서 누가는 바울이 그런 극형을 선고받았다고 언급하지 않는다. 베스도는 바울이 가이사에게 재판을 받도록 할 것이라고 말한다(25절).[1000] 베스도는 가이사에게 바울을 보내기 전에 심문한 후에 무언가를 발견하여 상소문을 적을 수 있다고 말한다(26절). 베스도는 죄목을 구체적으로 살펴본 후에 죄수를 보내는 것이 합당한 일이라고 말한다(27절). 아그립바와 예루살렘에서 온 사람들은 바울에게서 구체적인 죄목을 발견하여 가이사를 설득할 만한 명목을 제시해야 했다. 주목할 만한 점은 바울이 아그립바 왕, 왕비 버니게, 총독 베스도, 유대 종교 지도자들, 그리고 천부장들을 비롯한 가이사랴의 고위 관리들 앞에서 복음을 전할 매우 중요한 기회를 얻었다는 사실이다.

---

998) 친로마적 성향의 아그립바 2세는 로마 글라우디아 황제로부터 성전 관리, 대제사장 임명, 대 속죄일에 입는 대제사장의 의복 관리, 성전 보고를 관리하는 일을 일임 받았다. 비문들에 그의 이름은 '가이사와 로마를 사랑하는 자'라는 글귀가 새겨져 있다(참고. Witherington, 1998:727).

999) 13절의 버니게는 31살 때(A.D. 41년) 삼촌 헤롯 칼키스와 결혼했다. A.D. 48년에 칼키스가 죽자 남동생인 아그립바 2세의 정부가 되었다. A.D. 63년에는 길리기아 왕 폴레몬과 결혼했으나, 70년대 초 베스파시안의 아들 디도의 정부가 되었다. 그러나 79년에 황제가 된 디도는 정치적 야망으로 인해 그녀를 파면해 버렸다(보라. 오스본, 2003:632).

1000) 25절을 서방 본문은 "그러나 우리가 황제로부터 받은 명령으로 인하여 그를 넘겨 줄 수 없어, 내가 이르되 만일 누구든지 그를 고소하려는 자는 나를 따라 그가(바울이) 구류되어 있는 가이사랴로 갈 것이라 하였나이다. 그들이 와서는 그를 죽여야 한다고 소리 지르되 내가 사건의 양쪽을 다 들어보건대 죽일 죄를 범한 일이 없더이다. 그러나 내가 '네가 예루살렘에서 저들 앞에서 재판을 받으려느냐' 이르니 저가 가이사에게 호소한 고로"로 확대한다.

3. 오늘에의 적용

서로 다른 입장을 취한 세상 권력들이 합세하여 교회를 대적하는 것은 어떤 경우인가? 합력하여 선을 이루시는 하나님을 잠잠히 바라보자.

∽ 사도행전 26장 ∾

1. 본문 및 구조

- 아그립바 2세 앞에서 바울이 변호함(1-23)
- 바울에 대한 재판관들의 반응(24-29)

2. 구원 계시사적 메시지

2.1. 사도행전 26장 1-23절의 메시지

아그립바 2세가 바울에게 변호(*apologeomai*, 참고. 변증학: apologetics)할 기회를 준다(1절).[1001] 바울은 유대인의 송사와 유대인의 풍속과 문제에 대해서 잘 알고 있는 아그립바 왕 앞에서 변명하게 된 것을 다행으로 생각한다(2-3절). 유대인들도 바울이 정통 바리새파 유대인으로 성장한 것을 알고 있다(4-5절). 칼빈(1993:354-356)은 바울이 따랐던 종교(*threskeia*)의 '가장 엄한 파'(5절)는 더 거룩한 생활을 두고 하는 말이 아니라, 가르침의 순수한 진실성이 거기에 남아 있었으며 보다 많은 지식이 거기서 특출하게 드러난 것을 의미한다고 본다. 즉 바리새인들은 성경에 대한 은밀한 이해가 있다면서 빼긴 자들이다.

바울은 하나님께서 유대인에게 약속하신 것을 바라는 이유 때문에 신문을 받고 있다(6절). 그 소망이란 이스라엘 12지파가 밤낮으로 간절히 하나님을 섬김으로써 얻기를 바라는 것이다(7절). 그것은 고난당하는 메시아께서 부활하심으로써 생명을 주시는 것이다. 바울은 '하나님께서 죽은 자를 살리실 수 있음을 왜 믿지 못하느냐'라고 책망한다(8절). '부활'이 여전히 바울의 변증의 핵심으로 자리 잡고 있다. 바울은 9-23절에서, 이전에 기독교의 박해자로 살았던 자신의 행적과 다메섹 도상에서 승천하신 예수님을 만나서 증인의 사명을 감당한 것을 설명한다(보라. 행 9, 22장). 이 단락에서 바울은 다메섹 도상에서 시력을 잃고 아나니아에 의해 회복된 것을

1001) 재판은 재판관을 향한 발언(행 26:2-3), 사건의 서술(*narratio*, 26:4-18), 사건의 증거를 제시하는 논증(*argumentio*, 26:19-23)의 순서로 진행되었다(참고. 존 월튼, 2010:1667).

언급하지 않는다. 이방인 청중에게는 이것이 별로 흥미로운 것이 아닐 수 있었을 것이다.

다메섹 도상에서 바울은 하늘에서 나는 히브리말(아마도 아람어)을 들었다. "사울아, 사울아, 네가 어찌하여 나를 박해하느냐? 가시채를 차면 너만 고생이다"(14절). 바울이 교회를 박해한 것은 가시채(goads, 가시 돋친 막대기)를 뒷발질하는 고생스런 일이었다.[1002] 가시채는 가축을 몰 때 사용하던 뾰족한 막대기를 가리킨다. 이것은 헬라 격언인데, 바울의 박해는 자신을 상하게 하는 것일 뿐 아니라, 예수님이 바울을 바른길로 가도록 막대기로 찌르고 계심을 암시한다. 바울의 사역은 눈을 뜨게 하여 어두움에서 빛으로, 사탄의 권세에서 하나님께로 돌아가게 하고, 죄 사함과 하나님을 믿어 거룩하게 된 무리 가운데서 기업을 얻도록 하는 것이다(18절; 참고. 고후 4:4; 엡 1:18; 골 1:12-13). 이것은 아브라함의 언약이 성취된 것이다. 바울은 회개에 합당한 일을 행하라고 전했고, 그가 증거한 것은 다름이 아니라 선지자들과 모세가 반드시 되리라고 예언한 것이다. 그것은 메시아 예수님이 고난을 받고 죽은 자 가운데서 살아나셔서 이스라엘과 이방인들에게 빛을 선전하시리라는 것이다(20, 23절). 바울은 천국을 기업으로 받기 위해서는 두 가지 회개와 믿음이 필요함을 설명한다.

2.2. 사도행전 26장 24-32절의 메시지

바울의 변호의 말을 들은 베스도가 크게 소리내어 "바울아, 네가 미쳤도다. 네 많은 학문이 너를 미치게 한다"라고 말하니(24절), 바울이 "베스도 각하여, 내가 미친 것이 아니요 참되고 정신 차린 말을 하나이다"라고 답한다(25절).[1003] 바울은 아그립바가 이 모든 소송과 관련된 일을 알고 있다고 믿었고, 복음의 사건은 한편 구석에서 행한 것이 아니라고 설명한다(26절). 예수님의 십자가와 부활은 물론 오순절 사건으로 촉발된 교회를 통한 천국 확장 운동은 매우 공개적인 사건이었다. 바울이 아그립바에게 "선지자를 믿는가?"라고 묻고, 바울은 그가 믿는 줄 안다고 말한다(27절). 아그립바는 경건한 유대인이라는 명성을 가지고 있었다(참고. ESV Study Bible, 2008:2140). 아그립바가 바울에게 "네가 적은 말로 나를 권하여 그리스도인이 되게 하려 하는도다"라고 말한다(28절). 바울은 말이 길건 짧건 간에(long or short) 아그립바는 물론 법정에 선 모든 사람이 결박당한 것을 제외하고는 바울 자신처럼 되기를 원한다고 말한다(29절).

왕과 총독과 버니게와 함께 앉은 모든 사람들이 다 일어나 물러가서 서로 말하기를 바울은 사형이나 결박을 당할 만한 행사가 없다라고 말한다(30-31절). 아그립바가 베스도에게 '바울이 가이사에게 호소하지 않았다면 놓을 수 있었을 것이다'라고 말한다(32절).

1002) 아마도 로마인도 이 속담(To kick against the goads)을 알고 있었을 것이다(참고. ESV Study Bible, 2008:2140).

1003) 칼빈(1993:369)은 사도행전 26장 24절의 바울의 변호에서 '참된 교수법'을 발견한다. 그것은 어떤 오류도 없을 뿐 아니라, 사람들의 마음에 쓸데없는 질문으로 가득 채우는 일이 없는 방법 즉 무절제한 호기심에 적당한 수준 이상의 것을 캐도록 자극하지 않고 온건하며 순수한 교회를 목표로 하는 것이다.

3. 오늘에의 적용

박해자가 전도자로 바뀌는 회심의 역사를 사역 현장에서 보기를 소망하자.

∽ 사도행전 27장 ∾

1. 본문 및 구조

• 가이사랴에서 그레데로의 항해(1-12)
• 지중해에서 만난 풍랑(13-20)
• 바울의 세 가지 조언(21-38)
  용기를 잃지 말라(21-26)
  함께 머물러 있어라(27-32)
  음식을 먹어라(33-38)
• 배에서 탈출함(39-44)

2. 구원 계시사적 메시지

2.1. 사도행전 27장 1–12절의 메시지

바울 일행이 배를 타고 이탈리아로 가려는 계획이 결정되었을 때, 바울과 다른 죄수들이 아구사도 대(the Imperial Regiment, 황제 부속 부대)의 백부장 율리오에게 넘겨진다(1절).[1004] '우리 본문'이 등장하기에 누가는 이 여행에 동참하여 알게 된 것을 생생하게 기록하고 있다. 이때는 A.D. 59년 10월경으로 보인다. 아시아 해변 각처로 가려는 아드라뭇데노(Adramyttium) 배를 타고 갈 때 데살로니가 사람 아리스다고도 함께 간다(2절). 아리스다고는 에베소에서 발생한 폭동 때 극장에 끌려간 인물이다(참고. 행 19:29; 20:4). 가이사랴에서 출항하여 이튿날 북쪽 112km 지점의 시돈에 도착하니 율리오가 바울을 친절히 대해주면서 바울이 친구들로부터 대접받기를 허락한다(3절). 바람을 고려하여 구브로 북쪽 해안을 따라 가면서 길리기아와 밤빌리아를 건너 루기아의 무라 성에 도착한다(4-5절). 율리오가 바울 일행을 이탈리아로 가려는 알렉산드리아 배를 만나서 거기에 태운다(6절). 이집트에서 로마로의 곡물 수송선들은 풍향 사정으로 인해

1004) 다른 죄수들은 바울처럼 로마 시민으로서 재판을 받기 위해서 호송되고 있었을 것이다(참고. 존 월튼, 2010:1669).

항상 무라를 거쳤기에 백부장은 여기서 이탈리아로 가는 배를 발견할 수 있었다(참고. 헨헨, 1989:418).[1005] 이탈리아로 가는 이 배는 대형 식량 수송선으로 보인다. 배가 천천히 그리고 간신히 니도(Cnidus) 맞은편에 도착하는데, 풍세가 허락지 않자 살모네(Salmone) 앞을 지나 그레데 해안을 의지하고 행선하여 라새아(Lasea) 성에서 가까운 미항(Fair Havens)에 도착한다(7-8절).

대속죄일의 금식하는 절기(유대 월력으로 7월 10일)가 지났기에 행선하기가 위태하여, 바울이 이번 행선은 하물과 배뿐 아니라 생명에 위협이 된다고 말한다(9-10절). 실제로 가을과 겨울에 북서풍을 맞으면서 동에서 서쪽으로 지중해를 가로지르는 것은 위험한 일이었다. 백부장이 선장과 선주의 말을 바울의 말보다 더 믿었다(11절). 그럼에도 불구하고 이방인 선원이 아니라 바울이 주인공으로 등장한다(참고. Willimon, 1988:184). 미항이 과동하기에 불편하기에, 그곳을 떠나 뵈닉스(Phoenix)에서 과동하려고 하는 사람이 많았다. 뵈닉스는 그레데에 있는 항구인데, 동북과 동남을 향했다(12절).

2.2. 사도행전 27장 13-20절의 메시지

때마침 온화한 남풍이 불기 시작하여 항해하기 좋으니, 사람들은 자신들이 원한 바를 얻은 줄 알고 닻을 올리고 그레데 해변을 따라서 항해한다(13절). 얼마 가지 못해서 그레데 섬 가운데로부터 유라굴로(Northeaster)라는[1006] 광풍(*typhonikos*, typhoon)이 몰려온다(14절). 배가 바람에 밀려 가우다(Cauda)라는 작은 섬 뒤로 밀려가자, 배 뒤편에 매달려 있던 거루(구명선, lifeboat)가 손상을 입으려고 하니 그것을 잡아 배 위로 끌어올리고 줄로 둘러 감는다. 배가 오늘날 아프리카 대륙 북쪽의 리비아인 스르디스(Syrtis)의 모래톱(the sandbars)에 처박힐까 두려워서 돛(연장)을 내리고 그냥 밀려 간다(15-17절). 배가 600km 이상 남쪽 지점에 있던 스르디스까지 밀려갈 리는 없었지만 그만큼 상황이 급박했음을 알 수 있다. 풍랑이 더 심해지자 다음 날 사공들이 짐을 바다에 던져 버린다(18절). 사흘째 되던 날에는 사공들은 배의 짐과 식량은 물론 이제 기구들을 바다에 던져 버린다(19절). 여러 날 동안 나침반 역할을 하는 해와 별이 보이지 않고, 큰 풍랑이 여전하니 구원의 여망이 사라졌다(20절).

2.3. 사도행전 27장 21-38절의 메시지

여러 날을 먹지 못해서 기진맥진한 사람들 앞에 바울이 서서 자기가 주장했듯이 처음부터 미항을 떠나지 않았다면 이런 손해를 입지 않았을 것이라고 말한다(21절). 바울은 생명의 손상은 없고 배만 손상될 것이라고 말하면서 안심시킨다(22절). 하나님의 사자가 어젯밤에 바울 곁에 서서 말하기를(23절), "바울아, 두려워 말라. 너는 가이사 앞에 서야 하겠고, 너와 함께 행선하는 자를 다 구원해 주겠다"라고 말했다(24절). 바울은 하나님을 믿기에 안심하라고 말한다(25절).

1005) 애굽의 곡물선은 길이가 55m, 너비가 14m, 깊이가 12m였다. 애굽에서 이탈리아로 매년 15만t의 곡물을 운송했다. 이것은 17세기까지 유럽에서 가장 큰 선단으로 알려졌다(참고. 존 월튼, 2010:1670).

1006) 14절의 유라굴로는 동풍(*euros*)과 북풍(*aquilo*)의 합성어이다. 지중해 동부에서 순한 남풍이 갑자기 북동풍으로 돌변하는 것은 매우 위험했는데 늦가을에 발생했다(참고. 유상섭, 2002:388).

파선은 되지만 생명에 해를 입지 않는 것도 기적이다.

그레데 섬을 떠나서 표류한 지 2주일 즉 14일째 되던 날 밤에 이탈리아와 그레데 그리고 아프리카 북부 해안 사이의 아드리아 바다에 도착하여 사공들은 육지에 가까워지는 것을 알고(27절), 수심을 측량해 보니 스무 길(37m)이었고, 조금 더 행선하니 열다섯 길(27m)이었다(28절). 암초에 걸리지 않도록 고물에서 브레이크 역할을 하는 닻 4개를 내려놓고 날이 밝기를 기다린다(29절). 사공들이 이물에서 닻을 내리는 척하면서 기회를 엿보다가 구명선을 타고 도망가려고 한다(30절). 이 사공들은 파선되되 죽지 않을 것이라는 바울의 말을 믿지 못했던 사람들이다. 바울이 이 계획을 알고는 백부장과 군사들에게 "저 사람들이 도망치면 당신들은 다 죽게 된다"라고 말한다(31절). 군사들이 구명선 줄을 잘라버림으로써 몇몇 선원들의 탈출 계획을 무산시킨다(32절). 바울이 음식을 먹도록 권하면서 머리카락 하나라도(참고. 삼상 14:45; 삼하 14:11; 왕상 1:52) 상하지 않으며 생명에 손상이 없을 것이라고 말한다(33-34절). 바울이 떡을 가지고 하나님께 축사하고 떼어 먹기 시작하니 배에 탄 사람들도 같이 먹는다(35-36절).[1007]

바다 배 위에서의 성찬은 복음이 열방을 정복할 것을 상징적으로 의미한다. 성찬은 "폭풍과 환난 가운데서 주님이 주시는 확신의 양식"이다. 투영으로 본다면 1차 수신자인 데오빌로는 물론 누가 공동체 역시 고난 가운데서라도 성찬을 시행하여 힘을 얻어야 했다(참고. Willimon, 1988:185). 이 배에 총 276명이 승선했다(37절). 배부르게 먹고 밀을 바다에 버려서 배를 가볍게한다(38절).

2.4. 사도행전 27장 39-44절의 메시지

날이 새어 경사진 항구가 눈에 띄었는데, 접선할 수 있는지 의논한 후(39절), 닻을 끊어 바다에 버리고 키를 묶었던 밧줄을 늦추고 앞 돛을 올려서 바람을 타고 해변 쪽으로 나아갔다(40절). 그런데 배가 두 물살이 합치는 곳에 이르러 모래톱에 얹혀버리자 이물은 모래에 박혀 움직이지 않고, 고물은 심한 파도로 깨어지기 시작했다(41절). 군사들은 죄수가 도망가지 못하도록 죽이려고한다(42절). 백부장이 바울을 구원하려고 죄수를 죽이지 못하게 하고 수영할 줄 아는 사람은 육지로 가도록 하고(43절), 나머지는 널조각이나 배 조각에 달려서 가도록 하니, 모든 사람이 육지에 도착했다(44절). 그리스와 로마 사람들은 죄인은 바다의 신의 노여움으로 죽게 된다고 믿었는데, 따라서 이처럼 무사히 상륙한 것은 바울과 같은 죄수가 무죄임을 증명하는 것이다.

3. 오늘에의 적용

인생의 항로에서 경험을 믿을 것인가, 아니면 말씀을 믿을 것인가?

1007) 전통적 유대인의 가정에서 가장이 하나님께 감사드리고 식사하는 모습과 유사하다. 바울은 가장 혹은 지도자 역할을 하고 있다.

사도행전 28장

1. 본문 및 구조

- 멜리데에서 독사에게 물린 바울(1-6)
- 바울의 치유 사역(7-10)
- 로마에 도착하는 바울(11-16)
- 유대인과 이방인을 향한 복음(17-28)
- 바울이 셋집에서 전도함(30-31)

2. 구원 계시사적 메시지

2.1. 사도행전 28장 1-6절의 메시지

바울 일행이 구원을 얻은 후에 알고 보니 그 섬은 로마에서 510km 떨어진 멜리데(현대의 몰타)이다(1절). 원주민(*hoi barbaroi*, 비헬라인)들이 특별한 동정을 보이면서 비가 오고 날이 찼기에 불을 피워 영접해 주었다(2절).[1008] 이 원주민들은 '퓨닉어'(Punic) 즉 카르타고 방언을 말한 사람이었다(참고. Conzelmann, 1987:223). 그러나 일부는 헬라어를 말할 수 있었다. 그러므로 'barbaroi'를 '야만인'이라는 부정적인 뜻으로 보기 어렵다. 바울이 나뭇가지 한 아름을 모아다가 불 속에 넣으니 동면중이던 독사가 나와서 바울의 손을 문다(3절). 토인들이 그 광경을 보고, 바울이 살인한 사람인데 풍랑 속에서는 구원을 얻었지만 공의가 바울을 살지 못하게 한다고 말한다(4절; 참고. Palatine Anthology, 7.290).[1009] 정의의 여신 '디케'(Dike, 뜻: justice)가 범죄자를 벌한다는 전설이 있었다(참고. Statyllius Flaccus의 묘비 글). 그들은 악을 행한 자는 심판을 받게 된다는 사상에 젖어 있었다. 바울이 독사를 불에 떨어버렸고 그는 무사했다(5절; 참고. 막 16:18). 물린 곳이 붓거나 갑작스럽게 죽을 것으로 예상한 토인들의 기대는 빗나가고 말았다. 토인들은 바울을 신으로 여긴다(6절; 참고. 행 14:11-15). 현대 몰타 섬에는 독사(viper)가 없기에 이 이야기는 사실이 아니라고 말하는 것은 트집 잡기 위한 비난(carping criticism)에 불과하다. 19세기 이래로 사람이 거주했기에 독사가 사라졌을 것이다(참고. Williams, 1990:443).

1008) 멜리데인들은 뵈니게의 후손으로 그곳의 평민은 오직 퓨닉어(Punic) 즉 카르타고인이 사용했던 후대의 뵈니게 방언만 말할 수 있었다. 그러나 로마 시민들과 은퇴한 군인들도 그곳에 살았고, 그 섬은 문화적으로 원시적 상태에 있지 않았다(참고. 존 월튼, 2010:1673).

1009) 참고로, 로마인들은 법정에서 자신이 바다 풍랑에서 살아남은 것은 자신의 경건성과 무죄를 입증하는 것이라고 논증했다(참고. 존 월튼, 2010:1673).

2.2. 사도행전 28장 7-10절의 메시지

멜리데 섬에서 가장 높은 아마도 총독과 같은 위치에 있었던 '보블리오'(Publius)라는 사람이 바울 일행을 사흘이나 친절하게 유숙하도록 한다(7절). 보블리오의 아버지가 열병과 이질로 고생하니, 바울이 안수 기도하여 낫게 한다(8절). 멜리데의 토인들이 볼 때 바울은 폭풍에서 구원 받았고 독사에게서도 생명을 잃지 않은 의인이다. 그러므로 하나님을 믿는 의인의 기도는 역사하는 힘이 많음을 알았을 것이다(참고. 약 5:16). 여기서 누가는 일반적으로 알려진 정확한 의학 용어를 사용하고 있다(contra 헨헨, 1989:438). 다른 병든 사람들도 와서 고침을 받고, 극진히 바울 일행을 대접해 주고 떠날 때 필요한 물자도 공급해 주었다(9-10절).[1010] 이 치유는 누가복음 4장 38절 이하에 기록된 베드로의 장모의 열병이 떠나가는 것에 상응한다. 전도를 통해서 발생한 하나님의 물질적으로 공급하시는 역사가 놀랍다. 먼저 하나님 나라와 그 나라의 의를 구할 때 의식주가 해결된다. 이것은 복음을 전하는 자들이 복음으로 말미암아 살리라는 말씀이 성취된 것이다(참고. 고전 9:14).

2.3. 사도행전 28장 11-16절의 메시지

석 달 후에 멜리데에서 과동한 디오스구(제우스의 쌍둥이 아들이며 항해의 수호신인 Castro and Pollux, 쌍둥이 형제 호)라는 이름을 가진 알렉산드리아 배를 타고 가서(11절), 수라구사(Syracuse)에 도착하여 사흘 머문다(12절).[1011] 이 배에 탄 사람들 중에 이방인들은 배의 이름에 담긴 신화적인 뜻을 알고 평안을 얻었을 수 있다. 하지만 바울 일행에게는 전능하신 하나님뿐이었다. 거기서 떠나 레기온(Rhegium)에서 하루를 지난 후, 남풍이 일어나므로 이튿날 보디올(Puteoli)에 도착한다(13절). 보디올에서 바울은 형제들(성도)의 청함을 받고 이레를 머문 후 로마로 간다(14절). 로마의 형제들이 로마에서 70km 떨어진 압비오 저자(Appii Forum)와 삼관(three taverns)까지 마중 나왔는데(*apantesis*) 바울이 그들을 보고 하나님께 감사하고 담대한 마음을 얻었다(15절).[1012] 이들 로마 성도는 사도행전 2장의 오순절에 믿게 된 디아스포라로부터 복음을 들었을 것이다. 다른 가능성은 보디올과 알렉산드리아 사이의 무역이 B.C. 2세기 이래로 있었기에 알렉산드리아의 성도가 복음을 전했을 수도 있다(참고. Williams, 1990:447). 로마에서 바울은 경비병 한 사람과 따로 지내도록 허락을 받았다(16절).

2.4. 사도행전 28장 17-28절의 메시지

사흘 후에 바울이 유대인 중에서 높은 사람을 청하여 연설한다. 글라우디오의 칙령(A.D.

1010) 멜리데의 지도자 보블리오의 아버지와 많은 병자를 바울이 치유했기에, 그들은 항해를 위해 필요한 물자를 공급한다. 여기서도 지중해 연안의 주고받는 문화가 나타난다. 그리스도인과 이방인 사이의 주고받음은 오직 복음을 매개로 할 때만 진정한 의미를 가진다(참고. Witherington, 1998:776).

1011) 바다는 기후에 따라 빠르게는 2월 8일에, 늦게는 3월 10일에 열렸다(참고. 존 월튼, 2010:1674).

1012) 마태복음 25장 6절에서 명사 *apnatesis*는 신랑을 맞으러 나가는 신부 들러리의 모습을 설명한다(참고. 살전 4:17).

49년)으로 추방된 유대인들이 네로 황제 때 돌아와서 머물고 있었다. 바울은 가택 연금된 죄수의 신분이기에 회당에 가지 못하고 유대인들을 초청한다. 자신은 이스라엘 백성으로서 조상의 규모를 배척한 일이 없었지만 예루살렘에서 로마인의 손에 죄수로 넘겨졌다라고 말한다(17절). 로마인은 바울을 석방하려고 했지만, 유대인들이 반대했기에 가이사에게 송사했다. 그러나 유대민족을 송사할 의사는 없었다고 말한다(18-19절). '이스라엘의 소망'(참고. 행 23:6, 24:15, 26:7, 28:20) 즉 부활하신 메시아께서 주시는 구원을 전하다가 바울은 사슬에 묶였다(20절; 참고. 행 23:6, 24:15, 26:8, 23). 이 말을 듣던 유대인들은 바울이 고소당한 것에 대해서 들은 바가 없다고 말한다(21절). 그들은 그리스도인들은 어디서든지 반대를 당하고 있는 것을 알고 있었는데, 바울에게 자세히 설명해 달라고 말한다(22절).

약속한 강론의 날짜가 되자 많은 유대인들이 바울에게 나아와서 아침부터 저녁까지 하나님 나라라는 주제에 대해서 설교를 들었다, 바울은 율법과 선지서를 통해서 예수 그리스도를 증거했다(23절). 믿는 자와 믿지 않는 자로 나뉘었다(24절). 바울은 이사야 6장 9-10절을 가지고 유대인들의 영적 소경이요 영적 귀머거리 됨을 책망한다(참고. 마 13:14-15). 그러므로 이제 이방인들이 복음을 들을 것이다(25-28절). 한글성경에 없는 29절을 어떤 사본들(예. 다수 사본, 36, 307, 453, 610 등)은 포함하는데, 내용은 "바울이 이것을 말한 후 유대인들은 떠났는데 그들 가운데 심각한 변론이 일어났다"이다.

2.5. 사도행전 28장 30-31절의 메시지

바울이 2년 동안(A.D. 60-62년)자기 셋집(rented house)에[1013] 유하며 자기에게 오는 자들을 영접하고, 담대히 하나님 나라를 전파하며, 주 예수 그리스도께 관한 것을 가르치되 금지하는 사람이 없었다(30-31절). 이때는 네로의 박해 이전이다. '담대히'에서 바울은 자발적으로 위험에 빠져들었음을 알 수 있다. 즉 소명을 목숨보다 더 귀중하게 여긴 사도 바울이 만약 감옥에서 가만히 침묵했다면 안전할 수 있었겠지만 복음을 전함으로 위험을 자초했다는 것이다(참고. 칼빈, 1993:408). 사도행전은 '하나님 나라'(행 1:3)로 시작하여 바로 그 말로 마친다. 바울은 평생 예수 그리스도의 죽음과 부활로 임한 하나님 나라를 전했고, 로마 감옥(셋집)에서도 전하고 있다.[1014] 여러 증거들은 바울이 로마에서 석방되어 스페인으로 전도 여행을 떠난 것으로 전한다(참고. 325년경의 유세비우스의 《교회사》 2.22). 바울의 1차 로마 투옥 중에 에베소서, 빌립보서,

---

1013) 투옥과 쇠사슬의 형벌의 장소가 아니라, 재판 때까지 구류를 위해 머문 곳이다. 따라서 면회의 자유가 많이 보장되었다.

1014) 바울은 예수님 자신이 곧 '하나님 나라'이심을 알았다 (참고. 칼빈, 1993:408). 그리고 감옥 안에서 복음을 전파하는 것으로 마쳐지는 사도행전이 예를 들어, 감옥에서 능력의 사도 바울이 기적적으로 풀려나는 것과 같은 기적으로 끝나지 않은 것은 사도 이후의 교회에게 무언가를 교훈한다. 그것은 신약 교회가 말씀을 제쳐두고 오직 기적만 바라보면서 살 수 없다는 것이다. 성경 전체의 흐름도 이것을 증명한다. 구약의 모세오경과 열왕기상하에 많이 등장한 기적이 시가서와 예언서에 많이 줄어든 것처럼, 신약에서도 복음서와 사도행전에 기적이 많이 등장하다가 서신서와 예언서(요한계시록)에서는 찾아보기 힘들다.

골로새서, 빌레몬서를 기록한 것으로 전해진다. 로마를 배경으로 마감하는 사도행전 28장 다음에 로마서가 뒤따르는 것은 자연스럽다.

3. 오늘에의 적용

우리 인생에 있어서 천국 확장을 위한 목표인 "로마도 보아야 하리라"는 무엇인가? 육신의 상황과 상관없이 늘 복음의 진보를 이루자.

【 참고 문헌 】

• Bock, D.L. *Acts. Baker Exegetical Commentary.* Grand Rapids: Baker. 2007.

• Bruce, F.F. *Acts. NICNT.* Grand Rapids: Eerdmans. 1984.

• Conzelmann, H. *Acts of the Apostles.* Hermeneia. Philadelphia: Fortress Press.
ESV Study Bible. 2008. Wheaton: Crossway Bibles. 1987.

• Fernando, A. *Acts. NIV Application Commentary.* Grand Rapids: Zondervan. 1998.

• Kline, J.B. *The day of the Lord in the death and resurrection of Christ.* Journal of the Evangelical Theological Society, 48(4):757-770. 2005.

• Longenecker, R.N. *John-Acts. Expositor's Bible Commentary.* Volume 9. Grand Rapids: Regency Reference Library. 1981.

• Malina, B.J. & Pilch, J.J. *Social-science commentary on the book of Acts.* Minneapolis: Fortress. 2008.

• Pao. D.W. *Acts and the Isaianic New Exodus.* Grand Rapids: Baker. 2000.

• Rogers, C.L. & Rogers C.L. III. *The new linguistic and exegetical key to the Greek New Testament.* Grand Rapids: Zondervan. 1998.

• Wallace, D.B. *Greek grammar beyond the basics.* Grand Rapids: Zondervan. 1996.

• Williams, D.J. *Acts. New International Biblical Commentary.* Peabody: Hendrickson. 1990.

• Willimon, W.H. *Acts. Interpretation.* Atlant: John Knox Press. 1988.

• Witherington, B. *The Acts of the Apostles: a socio-rhetorical commentary.* Grand Rapids: Eerdmans. 1998.

• 김경래 《사본들을 통해 보는 성경》. 전주대학교 출판부. 1997.

• 김태훈 《다메섹 이전 바울과 이방인》. 신약 연구, 8(1):125-153. 2009.

• 매츠거, B.M. 《신약 그리스어 본문 주석》. 대한성서공회 성경원문연구소. 2005.

• 박용규 《종교 개혁자로서 존 칼빈의 생애》. (In 오정호., ed. 칼빈과 한국교회. 생명의 말씀사. p. 15-106.) 2009.

• 박형대 <사도행전에 소개된 예루살렘 교회 재조명>. 한국복음주의 신약학회 제25차 정기논문발표회 발제글. 3월 27일. 백석대 기독신대원. 2010.

• 변종길 사도행전 1장. (목회와 신학 편집부 엮음. 《사도행전 어떻게 설교할 것인가》. 두란노. p. 105-121). 2003.

• 브레이크록, E.M. . 《사도행전》. 기독교문서선교회. 1980.

• 슐라터, A. 《사도행전 강해》. 종로서적. 1994.

• 스테판 차녹 《바로 알아야 할 거듭남의 본질》. 지평서원. 2007.
• 앨버트 벨 《신약 시대의 사회와 문화》. 생명의 말씀사. 2001.
• 예레미아스, J. 《예수 시대의 예루살렘: 신약성서 시대의 사회 경제사 연구》. 한국신학연구소. 1988.
• 오스본, G. 《사도행전》. 성서유니온선교회. 2003.
• 유상섭 《분석 사도행전 1, 2》. 생명의 말씀사. 2002.
• 유해무 《개혁교의학》. 크리스찬 다이제스트. 1997.
• 이상일 예수 전승과 복음서 전승의 이중 언어적 전달. <신약 논단, 17(2):257-294. 2010.
• 이한수 초대 교회의 회심 전도에서 믿음과 성령 받음의 역학 관계. <신약 연구>, 9(1):97-131. 2010.
• 정연해 <누가-행전에 나타난 "성전" 이해>. 고신대학교 Th.D. 논문. 2005.
• 정창균 사도행전 8장. (목회와 신학 편집부 엮음. 《사도행전 어떻게 설교할 것인가》. 두란노. p. 189-206). 2003.
• 존 스토트 《사도행전 강해》. IVP. 1992.
• 존 월튼, 빅터 매튜스, 마크 샤발라스 & 크레이그 키너 《IVP 성경 배경 주석》. IVP. 2010.
• 칼빈, J. 《사도행전 주석 I, II》. 성서교재간행사. 1993.
• 콘라드 갬프 사도행전. (In 카슨, D.A. & 프란스, R.T., eds. IVP 성경 배경 주석. 신약. IVP. p. 316-371.) 2005.
• 쾨스터, H. 《신약성서 배경 연구: 헬레니즘 시대의 역사, 문화, 그리고 종교》. 은성출판사. 1996.
• 피, G.D. & 스튜어트, D. 《성경을 어떻게 읽을 것인가》. 성서유니온선교회. 2002.
• 필치 J. & 말리나, B.J. 《성서 언어의 사회적 의미》. 한국장로교출판사. 1998.
• 메레디스 클라인 《성경의 권위의 구조》. 크리스챤 다이제스트. 1994.
• 헨헨, E. 《사도행전 I (II)》. 국제성서주석. 한국신학연구소. 1987(1991).

로마서 주석

들어가면서

1522년 9월, 독일어 성경 로마서 번역판 서문에서 루터는 다음과 같이 말했다. "로마서는 바울 서신 중 가장 길고 신학적으로 가장 중요하며, 가장 순수한 복음이다(the purest Gospel). 매일 영혼의 양식으로 로마서가 읽혀야 한다." 알려진 바에 의하면 루터는 로마서 1장 16-17절을 통해서 교회 개혁의 불씨를 점화했다. 칼빈은 《기독교 강요》를 로마서의 전개에 따라 진행시켰다. 수용하기에 좀 무리가 있지만, 루터의 친구요 후계자인 필립 멜란히톤은 '기독교 교리의 총체'(a compendium of Christian doctrine)라고 로마서를 치켜세웠다.

로마서가 논리적임을 부인할 사람은 없다. 사실 로마서에는 논리적인 설명을 위해 '왜냐하면'이란 접속사가 140회 이상 사용된다. '그러므로'는 11회 등장한다. 비록 로마서가 특정한 상황을 염두에 둔 목회·선교적 관점에서 기록된 서신이지만 신학적인 논문 양식을 띤 서신이라 할 수 있다. 하지만 교회론(특히 로마서 12장 3-8절과 14장의 강자와 약자를 언급할 때 강조됨), 기독론, 교회의 직제에 대한 언급과 종말론이 강하게 나타나지 않는다. 사실 로마서 1-13장에서 바울은 로마 교회의 특정 인물이나 특정 상황을 거의 언급하지 않았다. 바울은 로마서 15장 15절에서 '대강 썼다'(have written you on some points)고 한다. 이것은 몇몇 요점만 썼다는 뜻의 관용적 표현이다.[1015]

성경 66권 중 로마서는 특별한 위치를 차지한다. 정경비평의 입장에서 보면 로마서는 바울

1015) Van Bruggen(2005:299-300)은 바울의 생애 연대기를 다음과 같이 설명한다. 다소에서 출생(A.D. 1년), 예수님의 승천(33; 그렇다면 예수님의 지상에서의 생애는 40년이 됨), 다메섹 도상에서 회심(34년), 아라비아에서 설교(35-37년), 예루살렘의 베드로를 방문(갈 1:18, 38-40년 초), 시리아와 길리기아 전도(갈 1:21, 40년 초-42년), 안디옥으로부터 예루살렘으로 헌금을 가지고 옴(43년 초), 1차 전도 여행 (43/44년-46/47년), 예루살렘 회의 (47년), 브리기아, 갈라디아, 트로이, 마게도냐(48-49년), 고린도에 도착(49년 말), 고린도를 떠남(51년 7-8월), 예루살렘 방문(갈 2:1, 51년 가을), 적어도 2년 이상 머물기 위해 에베소에 도착(53년 봄), 마게도냐, 고린도 등의 선교 여행 시작(55년 오순절), 에베소로 돌아와서 거기서 제 3년째를 보냄(55년 가을-56년 봄), 에베소에서 마케도니아로 출발(56년 가을-57년 봄), 고린도 사역(57년 겨울), 예루살렘으로 떠남 (58년), 벨릭스 앞에서 재판 받음 (58년), 가이사랴 감옥(58년), 로마에 도착(61년), 로마 감옥(61년), 순교(63-68년 초). 그리고 Van Bruggen(2005:313-314)은 바울 서신의 기록 연대를 다음과 같이 본다. 데살로니가전서(50), 데살로니가후서(51), 고린도전서(55년 봄), 디모데전서(55년 여름/가을), 디도서(55년 가을), 고린도후서(57년), 갈라디아서(57년/58년), 로마서(57년 겨울), 골로새서(58년), 빌레몬서(58년), 빌립보서(58년), 에베소서(61년), 디모데후서(61년).

서신의 처음에 위치한 책이다. 아마도 정경을 수용한 교회에서 로마서가 바울 서신의 전체적인 서론(길 안내) 역할을 하도록 의도적으로 맨 앞에 위치시킨 것 같다. 로마서의 교회에서의 역사적인 중요성은, 2-3세기의 오리겐으로부터 교회 개혁을 거쳐 지금까지도 거의 모든 시대의 교회의 신앙 고백은 로마서를 그 출발점으로 삼는다는 점이다.

내용적 측면에서 보면 여러 요소들이 로마서의 중심주제로 부각될 수 있으나, '복음'을 로마서의 핵심으로 볼 수 있다(롬 1:16-17; 참고. 최갑종, 2009:70). 이 복음은 하나님의 의, 구원, 그리고 교회와 무관한 것이 아니다. 로마서는 서신 형식의 복음 설교이다. 사실 서신의 전체적인 틀을 형성하는 서론(롬 1:1, 2, 9, 15-17)과 결론(15:16, 19, 16:25)에서 복음과 그것의 관련 용어들이 집중적으로 등장한다. 로마서에서 '복음'은 하나님의 아들 예수 그리스도 안에 나타난 하나님의 구원의 역사 혹은 이것을 전파하는 일을 가리키는 전문 용어이다.

저자

바울(롬 1:1). 더디오는 바울의 대서인이다(롬 16:22). 대서인의 자유는 어느 정도 보장되었지만, 이것을 지나치게 강조하다 보면, 대서가에게도 성령의 영감이 주어졌다고 주장해야 하는 더 복잡한 데까지 나아가게 된다. 바울이 로마서를 '고린도'에서 쓴 증거는 다음과 같다. (1) 바울이 겐그레아에서 온 뵈뵈를 추천하는데(롬 16:1-2), 겐그레아는 고린도로 가는 항구 도시들 중 하나였다. (2) 가이오(롬 16:23)는 바울이 세례를 베풀었던 고린도전서 1장 14절의 가이오와 동일인물로 볼 수 있다. (3) 에라스도(롬 16:23)는 조영관(造營官, aedile; 로마 제국의 공공건물, 도로, 궁중 위생을 담당한 관리)으로 섬겼던 고린도에 있던 동일인물로 볼 수 있다(참고. 딤후 4:20). 로마서가 기록될 당시의 상황은 사도행전 20장 2-3절의 문맥과 일치한다고 결론 내릴 수 있다 (보라. Schreiner, 1998:4).[1016]

수신자 및 기록 연대

로마서 1장 7절과 15절에 근거해 보면 로마의 그리스도인들이 수신자이다. 문제는 저자 바울이 이들을 만난 적이 없다는 사실이다(롬 1:13, 15:22). 따라서 바울이 그 당시 세계의 중심이었던 로마 교회의 설립자란 주장은 설득력을 잃는다. 그리고 유세비우스의 《교회사》2장 14절에 근거한 가톨릭의 주장처럼, 만일 베드로가 로마 교회의 설립자라면 왜 바울이 그를 언급하지 않았겠는가? 아마 오순절 성령 강림 때 로마로부터 온 유대인들 중에서 회심한 디아스포라가(참고. 행 2:10) 로마에 복음을 전했을 것이다. 이들은 사도의 도움 없이 로마 교회를 설립할 수 있었다. 아니면 로마로 여행한 그리스도인에 의해서 교회가 설립되었을 수 있다.[1017] A.D. 49년경에

1016) 신약성경 중에 사도 바울은 13개의 편지를 썼다. 그중 주요 서신으로는 '로마서, 고린도전서, 고린도후서, 갈라디아서', 옥중서신으로는 '에베소서, 빌립보서, 골로새서, 빌레몬서', 종말론적 서신으로는 '데살로니가전후서', 그리고 목회 서신으로는 '디모데전서, 디모데후서, 디도서'이다.

1017) 바울 당시 로마 도시에 적게는 5천 명, 많게는 2만-3만 명의 유대인들이 살고 있었다. 역사적으로 볼 때, 마카비 당시에 로마로 이주한 유대인들과(참고. 1마카비 8:17-22), B.C. 63년경 폼페이 장군의

로마에 살던 유대인들이 폭동을 일으켜 글라우디오 황제에 의해 추방되었다고(A.D. 120년경) 역사가 수에토니우스가 '글라우디오의 생애'(Vita Claudii, 25장 4절)에서 기록한다(참고. 행 18:2의 브리스길라와 아굴라). 수에토니우스는 '*Chrestus*'(*Christus*)의 추종자들이 폭동을 일으켰다고 기록하는데, 이미 성도가 '그리스도의 사람들'이라는 이름으로 불렸다. 이것은 아마도 세상 역사 기록 중 가장 이른 시기의 역사적인 예수님에 대한 증거일 것이다. 로마서 16장 3절에 의하면, 브리스길라와 아굴라가 다시 로마에 거주하는 것으로 나타난다. 이 추방 명령이 오래가지 않았다는 말이다. A.D. 54년에 이 명령이 네로 치하에서 철회되었다. 아마도 이런 추방 명령의 영향으로 여러 가정집에서 예배를 드린 것 같다. 유대인 성도가 추방당했을 때 로마 교회는 이방인 성도 중심으로 유지되었을 것인데, 네로 때 유대인 성도가 돌아왔을 때 여러 차이점으로 인해 교회 내의 연합과 일치의 문제점이 대두되었을 것이다. 로마서는 바울의 3차 전도 여행 말엽인 A.D. 55-58년 사이에 고린도에서 기록된 것 같다(참고. Schreiner, 1998:5).

내용

- 서신의 서론(1:1-17)[1018)]
- 죄의 보편성과 이신칭의(以信稱義)로서의 복음의 핵심(1:18-4:25)[1019)]
- 구원과 성화를 위한 하나님의 능력으로서의 복음(5:1-8:39)
- 복음과 이스라엘(9:1-11:36)
- 복음의 변화시키는 힘: 성도의 삶(직설법에서 명령법으로의 전환; 12:1-15:13)
- 결론(15:14-16:27)[1020)]

예루살렘 정복 당시에 로마로 잡혀간 유대인들이 있었다(《유대 고대사》14.4.5; 《유대 전쟁사》1.7.7). 로마서 16장 7절의 '안드로니고와 유니아'는 바울보다 먼저 예수님을 믿었던 로마 교회 성도였다. 따라서 이 진술은 바울의 회심이 A.D. 34년경이기에, 로마 교회의 시작은 그보다 더 이르다는 증거이다.

1018) 바울 서신 중 가장 긴 서론이다. 전체 회중이 모인 예배 시에 이런 공적이며 형식적인 서론적인 인사말의 언급은 송신자를 대신한 서신의 공적인 색조를 강조한다(비교. 단 4:1). 이렇게 긴 서론은 바울이 처음부터 서신 전체의 핵심을 주의 깊게 다루기를 원함을 볼 수 있다(특히 16-17절).

1019) 교회 개혁가의 전통을 따라서 '이신칭의'를 로마서의 핵심 사상으로 볼 수 있는 한 가지 근거는, '의', '의롭게 하다', '의로운', '의롭다 하심'과 '믿음', '믿는다', 그리고 이신칭의와 불가분의 관계에 있는 '율법', '율법의 행위' 등이 바울 서신 중에서 로마서에 집중적으로 나타난다는 사실이다. 그런데 로마서 3장 20-21절에서 의와 믿음은 제휴 관계를 가지고, 의와 율법은 대조 관계를 가지고 있다. 로마서의 '의'를 간략히 정의하면, 하나님이 죄인을 구원하시기 위해서 언약적 신실함을 보여주심으로써, 자신과의 관계를 회복하신 구원론적이며, 종말론적인 의이다. 그것은 동시에 죄와 사망이라는 저주 하에 있던 택자를 자유의 자리로 옮기신 법정적인 의이며, 하나님의 선물이다. 동시에 성령님을 통하여 성도 안에서 생명에 이르게 하시는 종말론적 의이다(롬 8:10).

1020) 로마서의 서론(롬 1:1-17), 본론(1:18-15:13), 결론(15:14-16:27)은 계획된 문학적 구조를 가지고 있다. 본론의 경우, 직설법(1:18-11:36)과 명령법(12:1-15:13)으로 구분된다. 직설법의 경우, 보편적인 문제(1:18-8:39)와 특수한 이스라엘의 문제(9:1-11:36)로 구분된다. 명령법도, 보편적인 문제(12:1-13:14)와 로마 교회의 유대인과 이방인 성도 사이의 구체적인 문제(14:1-15:13)로 구분된다. 참고로 로마서의 통일성을 자료 비평에 근거하여 부정하는 이들이 있다(예. Schmithals, Kinoshita, O'Neill 등). 하지만

이 가설은 로마서에서 전개된 바울의 논증 방식의 복잡성을 간파하지 못한 결과이며, 바울의 신학적 일관성을 진지하게 고려하지 못한 결과이다(참고. Schreiner, 1998:5).

☙ 로마서 1장 ❧

1. 본문 및 구조

• 바울의 인사(1-7)
• 복음의 능력을 선포하는 바울(8-17)
• 죄를 향한 하나님의 심판(18-32)

2. 구원 계시사적 메시지

2.1. 로마서 1장 1-7절의 메시지

바울은 로마서를 시작하면서 1절에서 자신의 신분과 사명을 소개한다. "예수 그리스도의 종 바울은 사도로 부르심을 받아 하나님의 복음을 위하여 택정함을 입었으니." 사울의 로마식 이름인 '바울'을 사용하여 로마 교회에게 문안인사를 한다. 바울은 자신을 예수님의 '종'(bondservant)이라고 부르면서, 주인이신 예수님에게 소속되어 주인의 처분에 전적으로 달려 있음을 고백한다(참고. Rogers & Rogers, 1998:3165). '사도'는 특별한 목적을 위해 권위를 위임받아 보냄을 받은 사람인데, 12제자와 바울이 여기에 속한다. 이들은 구체적으로 주님의 부활을 증거하기 위해서 보냄을 받았다(참고. 행 1:22; 고전 9:1, 15:7-8; 갈 1:15-16). 바울은 '하나님의 복음'(*euangelion theou*)을 전해야 했다. 하나님은 복음의 근원이요 중심 메시지이시다. 구약에서 복음은 하나님의 통치와 포로의 귀환 그리고 승리의 소식을 의미했다(참고. 사 41:27, 52:7). 신약에서는 성도가 예수 그리스도 안에서 성령으로 누리게 된 아주 독특한 기쁜 소식으로서, 특히 전인적인 구원과 하나님의 통치 그리고 영적인 출애굽을 가리킨다.

2절에서 바울은 자신이 전하는 복음이 오래 전에 하나님께서 선지자들을 통해서 성자 예수 그리스도에 관하여 성경에 미리 약속하신(*proepengeilato*, to promise before) 것이라고 밝힌다. 바울이 전한 예수 그리스도의 복음은 구약 선지자가 약속한 것이기에, 바울은 구약 선지자의 대를 잇는 말씀의 사역자이다. 3-4절에서 바울은 자신이 선포한 복음의 핵심인 예수 그리스도를 소개한다. "그분의 아들에 관한 것이니(concerning his Son), 육신으로는 다윗의 혈통(*ek spermatos Dayid kata sarka*)에서 나셨고, 성결의 영으로는(*kata pneuma hagiosynes*) 죽은 자들 가운데서 부활하여, 능력으로 하나님의 아들로 선포(혹은 임명)되셨으니(*horisthentos*), 곧 우리 주 예수 그리스도시니라." 이 구절이 NT *hapax*(*horizo, pneuma hagiosynes*)와 병행을 이룬다는 사실에 주목하고, 바울에게 흔하지 않은 신학적 표현(예. 다윗의 후손으로서의 예수님)을 고려하여, 바울이 이전의 찬양 혹은 신조를 변형시킨 것이라고 주장하는 이들이 있다(예. Reumann, Bultmann, Dunn, Linnemann, Stuhlmacher, Jewett 등. contra J.M. Scott, V.S. Poythress). 그러나 이 양식 비평에 입각한 이 가설은 확실하지 않으며, 바울이 어떤 신조를 변형시킨 것인지에 대해서도 학자들 사이에 일치가 없다(보라. 개핀, 1992:129). 여기서 예수님이 '아들'로 불린 것은 구약 이스라엘이 '하나님의 아들'로 불린 것과 유사하다(참고. 출 4:22-23; 렘 31:9; 호 11:1). 예수님은 참 이스라엘이시며 성육신 이전에도 선재하신 분이시다. 구문적으로 볼 때, 3절이 '그분의 아들에 관한 것이니'로 시작하고 두 개의 분사(나셨고, 선포/임명되셨으니)가 뒤따르기에, 예수님이 다윗의 후손이 되시고 부활로 하나님의 아들로 선포(임명)되시기 전에 이미 하나님의 아들이셨음을 강조한다(참고. Schreiner, 1998:38).

로마서 1장 3-4절의 주석은 다양하다. 전통적으로 3-4절이 예수 그리스도의 '신성'(4절의 '성결의 영', '하나님의 아들')과 '인성'(3절의 '육신')을 대조하는 것 즉 존재론적으로 이해되었는데(예. 크리소스톰, 찰스 하지, 워필드; 참고. 칼빈, 1993:38), 오늘날에는 거의 수용되지 않는 입장이다. 이 주장이 설득력이 없는 세 가지 이유를 들어보자(참고. 개핀, 1992:137-138). 첫째, 4절의 '성결의 영'을 예수님의 신성으로 보기 힘들고, 오히려 '성령님'으로 보는 것이 낫다(참고. 사 63:10; 시 51:13의 '성신'; 레위의 유언, 18:11; 롬 8:4-9; 갈 5:16-26; 빌 3:3; 보라. ESV Study Bible, 2008:2157). 둘째, 바울에게 있어서 그리스도의 부활(4절)은 예수님의 신성보다는 인성과 관련된다(참고. 고전 15:45; 고후 3:17). 셋째, 혹자(예. 워필드)는 로마서 1장 3-4절을 1절의 '복음에 대한 요약적 진술'로 본다. 하지만 그리스도의 양성 이론(doctrine of the two natures)이 바울이 전한 복음에 대한 핵심적인 요약인지 의문이다. 비록 예수님의 양성 이론이 중요한 것은 사실이지만, 그것이 구원을 주시는 하나님의 능력이라고 보기에는 무리이다.

다른 한편, 3-4절을 존재론적인 것으로 보되, 예수님의 부활 이전의 존재 방식인 '육신으로는'과 예수님의 부활 이후의 존재 방식인 '성결의 영으로는'의 대조로 볼 수 있다(예. A.B. Du Toit). 이 입장을 따르면, 예수님에게 일어난 존재 방식의 변화는 죽을 몸이 아니라 부활의 몸을 가질 성도에게도 일어날 것임을 예상할 수 있다.[1021]

듀 토잇, 리더보스, S. 흐레이다누스, 그리고 머레이와 맥을 같이하여, 개핀(1992:143)은 로마서 1장 3절과 4절 사이의 병행을 '이 세대'('육신으로는', *kata sarka*)와 '오는 세대'('성결의 영으로는', *kata pneuma*) 사이의 구속사적 발전을 파악한다.

3절	4절
'나다' '육신으로는' (성육하신 예수님이 악한 현재 세대 즉 땅에 속한 질서에 들어오심) '다윗의 혈통에서'	'선포(임명)되다' '성결의 영으로는' (성령이 이루시는 새 세계의 질서) '죽은 자 가운데서 부활하여'

그리고 개핀(1992:144)에 의하면, 이 두 절에는 예수 그리스도의 비하와 승귀 사이의 대칭도

1021) 존 스토트를 따라 최갑종(2009:1123)은 '육신을 따라'와 '성령을 따라'를 예수님의 부활 이전의 사역과 부활 이후의 사역을 가리키는 것으로 본다.

나타난다(참고. 빌 2:6-11; 딤전 3:16). 즉 다윗의 혈통으로 육신을 입고 이 세상(옛 질서)에 오셔서 낮아지신 예수님은 부활로 말미암아 오는 세대(새 세대, 성령의 영역)의 새롭고 영적인 존재를 입으셨다. 예수님 한 분 안에서 이런 변혁이 이루어진 것은 종말론적으로 새 창조가 그리스도에게 연합된 성도에게도 이루어질 것을 보여 준다. 하나님의 아들로 선포되신 그리스도는 곧 '살려주시는 영'(life-giving Spirit)으로 역사하시기 때문이다. 따라서 성도의 부활 신앙은 육적인 옛 세대를 벗고 영적인 새 세대 안에 살도록 격려한다.

동시에 3-4절을 예수 그리스도의 '사역'을 설명하는 것으로 볼 필요가 있다. 즉 예수님은 다윗의 언약을 성취하는 분으로(참고. 마 1:1, 20:30-31, 21:9, 15; 눅 1:27; 행 2:30, 13:22-23; 딤후 2:8; 계 5:5, 22:16) 성육신하셔서 영원한 하나님의 왕권을 이 땅에 심으셨다. 또한 바울이 예수님이 다윗의 후손 즉 유대적 뿌리를 가지고 계심을 밝힘으로써 자신이 전한 복음이 팔레스타인의 교회와 연속성을 가지고 있으며, 이방인 출신 성도가 유대인에게 빚지고 있음을 상기시키는 것 같다(참고. 롬 11:15-18, 15:12, 27). 예수님은 부활 시에 '성결의 영' 즉 성령으로 승귀하여 하나님의 아들로 영광을 받으셨다.[1022] 4절의 '우리 주'라는 호칭에서 주님의 신성이 재차 강조된다. 영원 전 그리고 부활 이전에도 하나님의 아들이셨던 예수님은 부활로 더 높은 하나님의 아들의 지위를 얻으셨는데 그것은 '메시아 왕'이다(참고. 시 2:7; 행 2:36, 13:33; 보라. Schreiner, 1998:42).

"그로 말미암아 우리가[1023] 은혜와 사도의 직분(*apostolē*)을 받아 그분의 이름을 위하여 모든 이방인 중에서 믿어 순종케 하나니 너희도 그들 중에 있어 예수 그리스도의 것으로 부르심을 입은 자니라"(5-6절). '믿음에서 나오는 순종'이라는 말은 신앙은 하나님의 부르심에 순종적인 복종을 동반함을 의미한다. 믿음은 지식은 물론 행함의 문제이다. 바울은 이방인의 사도이다(참고. 행 9:15; 롬 11:13-14; 엡 3:8).

바울은 수신자를 7절에서 언급한다. "로마에 있는(*en hRome*)[1024] 하나님의 사랑하심을 입고 성도로 부르심을 입은 모든 자에게, 하나님 우리 아버지와 주 예수 그리스도로 좇아 은혜와 평강이 있기를 원하노라." 사도행전 마지막 부분은 바울이 로마의 셋집에서 2년을 보내면서 전도하는 것으로 마무리 짓는다. 자연스럽게 로마서는 로마 교회를 향한 메시지로 시작한다. 정경적인 배열이 아주 합리적으로 보인다. 로마서를 기록할 당시에, 바울은 로마를 방문한 적이 없지만, 로마 교회를 방문하기를 원한다. 사도행전 2장 10절에 나오는 디아스포라 중에서 복음을 들어 믿은 사람이 로마에 교회(들)를 설립했을 것이다. 성도는 교회 안으로 하나님의 영광을

1022) 예수님의 죽으심과 부활의 관계에 대해서 칼빈은 《기독교 강요》(2.16.13)에서 중요한 사실을 지적한다. "따라서 그의 죽으심만이 언급될 때면 언제나 동시에 그의 부활하심에 속한 내용을 함께 이해해야 함을 상기하자. 역시 동일한 대유법이 '부활'이란 단어에도 적용된다. 즉 그의 부활이 그의 죽으심과 분리되어 언급될 때면 언제나 그것이 특히 그의 죽으심에 속한 내용도 포함하고 있음을 이해해야 한다"(참고. 개핀, 1992:151).

1023) 1인칭 단수 '나' 대신에 복수형 '우리'를 사용함으로써 바울 자신을 가리키는 '나'라는 표현을 피하고 있다. 이것은 바울의 독특한 표현이다(참고. Rogers & Rogers, 1998:315).

1024) 7절에서 G사본은 '로마에 있는'을 생략한다. 하지만 대문자 사본과 다수 사본 모두 이것을 포함한다.

위해 부르심을 입어, 성별되게 구별된 존재이다. 여기서 우리는 성도의 새롭고 거룩한 신분을 본다(참고. 벧전 2:9-10).

2.2. 로마서 1장 8-17절의 메시지

바울의 감사가 이어진다. "첫째는 내가 예수 그리스도로 말미암아 너희 모든 사람을 인하여 내 하나님께 감사함은, 너희 믿음이 온 세상에 전파됨이로다"(8절). 하나님께서 다른 사람들의 삶 속에 역사하신 은혜를 감사하는 것은 바울의 감사의 특징이다(참고. 고전 11:4; 빌 1:3; 딤전 1:2; 딤후 1:3; 몬 4). 로마 제국 전체에 로마 교회의 믿음의 소문이 퍼졌다.

9절에서 바울의 수신자를 향한 사랑을 소개한다. "내가 그의 아들의 복음 안에서 내 심령으로 섬기는 하나님이 나의 증인이 되시거니와 항상 내 기도에 쉬지 않고[1025] 너희를 말하며." 성도를 위해 기도하는 바울의 모습에서 전심으로 성도의 영적인 유익을 위해 섬기는 그의 모습을 본다. 바울은 로마 교회의 방문을 위해 하나님의 뜻(*en to thelemati theou*)과 허락을 구한다(10절). 바울이 로마 교회를 방문하기를 원한 목적은 무엇인가? 어떤 한 가지 신령한 은사(*charisma pneumatikon*)를 나눠 주어 그들을 견고케 하기 위해서이다(11절). 바울은 사람이기에 예를 들어, 로마서 12장 6-8절과 고린도전서 12장 8-11절에 등장하는 은사를 나누어 줄 수 없다. 여기서 바울은 영적인 은사의 결과요 산물 즉 '성도가 다른 사람에게 주는 유익'을 언급한다. 혹은 바울이 로마에 도착하여 교회에게 나누어 줄 통찰력이나 가르침을 가리킬 수 있다(참고. 오스본, 2002:57). 영적 은사를 '사도적 은사'(apostolic gift)로 보면서 로마 교회의 유대인 성도와 이방인 성도가 하나가 되도록 하려는 로마서의 기록 목적과 관련된 것으로 보는 이도 있다(참고. Schreiner, 1998:54).[1026] '견고케 하다'(*sterichthenai*, 아오리스트 신적 수동태 부정사)가 수동태이기에 바울이 아니라 하나님께서 로마 교회를 은사로 견고하게 하심을 강조한다. 바울은 12절에서 성령의 은사는 그리스도의 몸을 강화하기 위해 서로 격려하여 세우는 작업과 관련 있다고 밝힌다.

바울은 열매를 얻기 위하여 여러 번 로마 교회를 방문하려고 했으나 실현되지 않았다(참고. 행 19:21, 23:11). 13절의 '다른 이방인 중에서와 같이'라는 말에서, 로마 교회는 대다수가 이방인 출신임이 암시되어 있다. "헬라인이나 야만이나 지혜 있는 자나 어리석은 자에게 다 내가 빚진 자라"(14절)는 말씀에서 알 수 있는 것은, 바울은 교육을 받은 헬라인, 교육을 받지 못한 야만인(barbarois)과 같은 지혜가 없는 자의 구분 없이 모든 이방인에게 복음을 전하고자 했다는 점이다. '빚진 자'(*opheiletes*, a debtor)라는 말에서 바울이 자신을 이방인의 사도로서 복음을 전하는 것을

1025) 9절의 *adialeiptos*(without ceasing)는 계속해서 기침을 하는 것을 묘사할 때, 그리고 요세푸스가 로마 군대가 요타파타(Jotapata)를 계속 공격할 때와 예루살렘 벽을 무너뜨리기 위해 망치(hammer)로 치는 것을 묘사할 때 사용한 단어이다(《유대 전쟁사》, 5:298-302; 보라. Rogers & Rogers, 1998:315).

1026) 최갑종(2009:127)은 '신령한 은사'를 바울이 로마서를 통하여 제시하는 그의 '복음적 메시지'와 분리되지 않는 것으로 본다. 즉 바울이 다메섹에서 받은 복음, 그의 이방 선교를 낳았던 '동일한 복음'을 지칭한다. 로마서 15장 19절에 나온 대로, 바울이 복음을 전할 때 '말과 행위로 표적과 기사의 능력과 성령의 능력'이 동반되었기 때문이다. 즉 바울은 아직 미성숙한 로마 교회를 성령의 능력이 동반된 복음으로 성숙시키기를 원했다.

'구속된 의무'(binding obligation)로 여겼음을 알 수 있다. 바울은 할 수 있는 대로 '로마에 있는 사람들에게도'(참고. G사본은 이 구를 생략함) 복음을 전하기를 원했다(15절).

로마서 1장에서 핵심 구절이라고 할 수 있는 16절을 살펴보자. "내가 복음을 부끄러워하지 아니하노니 이 복음은 (계속해서) 모든 믿는 자에게 구원을 주시는 하나님의 능력(*dymanis theou*)이 됨이라 '먼저는'(*proton*, 참고. B와 G사본은 생략함) 유대인에게요 또한 헬라인(즉 모든 비유대인들)에게로다." 로마 교회는 이방 세상 속에서 차지하는 규모가 작았고, 영향력과 힘이 약한 상태에 있었기에 복음을 부끄러워할 가능성이 있었다(참고. ESV Study Bible, 2008:2158). 하지만 바울은 복음에 대한 긍지와 자부심을 가졌는데, 이유는 복음 속에 담긴 사람을 변화시키는 능력에 대한 확신 때문이다. 하나님의 능력은 복음이 전파될 때 나타나는데, 죄로 인해 발생하는 인간의 약함과 영적인 무능력을 극복하도록 한다. "첫째는 유대인에게요 또한 헬라인에게로다"는 구절은 구원의 역사에 있어서 유대인이 먼저 부름을 받았고, 나중에 이방인에게로 전환되었음을 의미한다(참고. 요 4:22). 이것은 바울의 전도에도 적용되는데, 로마 세계에 도착하면, 먼저 유대인의 회당을 방문하여 율법의 성취이신 그리스도를 증거했다(참고. 행 9:20, 13:5, 14, 14:1, 17:1, 17, 18:4, 19, 26, 19:8). 따라서 단지 회당이 사람이 많이 모이는 곳과 직업소개소와 같이 디아스포라의 삶의 구심점 역할을 했기 때문만은 아니다.

"복음에는 하나님의 의(*dikaiosyne theou*; 즉 하나님으로부터 오는 의)가[1027] 나타나서 믿음으로(*ek pisteos*, out of faith, 속격은 '근원'이라는 의미) 믿음에(*eis pistin*) 이르게 하나니, 기록된 바(*gegraptai*, 완료 수동 직설 3인칭 단수) 오직 의인은 믿음으로 말미암아 살리라 함과 같으니라"(17절; 참고. 합 2:4; 롬 10:5; 갈 3:11). '하나님 의'는 하나님이 자기 백성을 향해서 가지고 계시는 의무를 성실히 수행하는 것, 특별히 자기 백성을 구원하시고 대적을 물리치시는 것과 같은 '언약적으로 신실한 관계'로 이해할 수 있다(참고. 출 9:27; 삼상 12:7; 단 9:16; 미 6:5; 보라. Dunn, 1988:40-41). 그리고 의로우신 예수님의 의를 성도가 믿음으로 전가 받는다는 '이신칭의' 교리는 로마서의 핵심 주제 중 하나이다(참고. 롬 3:21-22, 5:19, 9:30, 10:3, 6).[1028] '믿음으로

1027) 혹은 '하나님의 의'를 '하나님이 주시는 의로운 입장', '하나님의 의로운 특성', '하나님으로부터 나오는 의로운 행동'으로 볼 수 있다(참고. Rogers & Rogers, 1998:316).

1028) 바울의 새 관점주의자들인 E.P. Sanders, J.D.G. Dunn, N.T. Wright는 이신칭의와 관련하여 강조점을 개인보다 공동체로, 하나님과의 수직적 관계보다 인간 상호 간의 수평적 관계로, 죄와 죽음과 하나님의 진노로부터 자유보다 선교현장에서 만나게 된 유대인과 이방인 사이의 인종적 갈등의 해소로 이동시킨다. 그 결과, 옛 관점에서 강조된 죄와 율법과 하나님의 진노 아래 있는 인간의 비참, 죄의 심각성, 율법의 저주, 범죄한 인간의 죄책, 예수 그리스도의 속죄와 구속 사상, 예수 그리스도에 대한 개인의 믿음과 회개 등이 무시 혹은 약화되거나 재해석된다. 그리고 이와 함께 옛 관점에서 바울 복음의 중심 혹은 상수로 간주되는 이신칭의가 선교현장의 산물, 변두리 혹은 변수로 취급된다. 과연 '이신칭의의 교리'가 바울에게 어떤 의미를 지니고 있는가? 바울에게 있어서 이신칭의의 교리는 루터, 칼빈 등 종교개혁자들이 주창한 것처럼 죄인인 한 사람이 예수 그리스도에 대한 믿음을 통해서 하나님과 새로운 관계를 맺어 하나님의 자녀가 되는 수직적인 구원 문제는 배제되어 있었는가? 이신칭의의 메시지는 이방인과 유대인의 갈등 문제가 주된 이슈가 아닌 고린도전후서와 빌립보서 및 에베소서에서도 분명히 드러나고 있다(고후 5:11-21; 빌 3:2-11; 엡 2:8-9). 이와 같은 사실은 바울에게 있어서 이신칭의 교리는 그의 선교 현장에서, 유대주의자들과의 갈등에서 자신의 이방인 신자들을 보호하고,

믿음에 이르게 하나니'는 '처음부터 끝까지 믿음으로 이르나니'라는 의미이다. 즉 성도가 의롭게 되고 구원을 받는 일에 어떤 공로(기여)를 할 수 없다는 의미이다. 그러므로 우리의 경건하고 의로운 삶의 처음과 나중은 하나님의 은혜를 의존하는 것이어야 한다.[1029]

2.3. 로마서 1장 18-32절의 메시지

바울은 이제 죄의 보편성과 심각성을 다룬다. 하나님의 진노(*orge*)가 불의로 진리를 막는 사람들의(하나님을 향해서) 모든 경건치 않음과(사람을 향한) 불의에 대하여 하늘로 좇아 나타난다(18절). 성도에게 복음이 필요한 이유는 모든 사람이 죄악 세상 속에 살기 때문이다. 이스라엘과

그들의 지위의 합법성을 마련하기 위해서, 혹은 유대주의자들을 대적하기 위해서 고안한 것이 아님을 보여준다. 오히려 이신칭의 교리가 바울의 이방 선교를 낳았다. 새 관점 주창자들의 율법/율법의 행위에 대한 사회학적인 접근이 정당한가? 먼저 지적되어야 할 사실은, 갈라디아서나 로마서에서 의의 수단인 예수 그리스도에 대한 믿음과 대립되고 있는 '율법의 행위'는, 단순히 언약 백성인 유대인의 정체성의 표지에만 한정되는 것이 아니라, 모세의 율법이 요구하는 모든 규정들과 관련되어 있다고 보아야 하며, 이런 점에서 율법의 행위와 율법은 서로 교차적으로 사용될 수 있다는 점이다. 왜냐하면 바울이 로마서 3장 19-21절의 문맥에서 율법은 의와 구원을 가져오기보다 온 세상을 하나님의 심판 아래 있게 하고, 죄를 깨닫게 하는 기능을 가지고 있다고 말한 다음, '율법의 행위'로 의롭게 되지 못한다고 말하면서 사실상 율법과 율법의 행위를 동일시하고 있기 때문이다. 역시 그가 갈라디아서 2장 16절에서 거듭 율법의 행위가 의의 수단이 아님을 강조한 다음 2장 21절에서 "의롭게 되는 것이 율법으로 말미암으면"이라고 하면서 사실상 '율법의 행위'와 '율법'을 동일시하고 있기 때문이다. 1세기 유대인에 대한 이해의 지평을 넓히는 등 일정 부분 공로를 한 새 관점의 주창자들은 1세기 유대교의 다양성을 외면하고 획일적인 '언약적 율법주의'라는 단정 아래, 바울이 '율법', '율법의 행위', 혹은 '자기의 의'와 '행위'를 비판할 때, 그것은 유대주의자들의 구원관에 대한 비판이 아니라, 그리스도께서 십자가를 통해 폐지하였음에도 불구하고 여전히 이방인들을 분리시키고 차별하게 하는 유대인들의 민족적 특권과 정체성의 표지들인 모세의 율법, 할례, 안식일, 절기, 음식법 등과 이들에 근거를 둔 민족적 의를 비판하고 있다고 성급하게 결론을 내리는 점이다. 이러한 결론은 성경 본문은 물론 다양성을 보여주고 있는 유대교 문헌 자체의 가르침과도 맞지 않을 뿐더러, 바울보다 자신들이 1세기의 유대교를 더 잘 알고 있다는 오만하고 외람된 주장이 될 수 있다. 동시에 새 관점은 예수의 죽음을 일차적으로 이방인들을 차별하는 유대인들의 민족적 정체성과 특권들의 폐지와 관련시킴으로써 예수의 죽음이 가져온 인류(유대인과 이방인의 범죄)의 범죄에 대한 속죄, 죄와 사망의 권세에 대한 심판, 하나님과의 화해, 전 피조 세계의 회복 등의 의미를 제한 혹은 약화시키고 있다는 오해를 불러일으킬 수 있다(보라. 최갑종, 2009:582-586. 그리고 최갑종. 2008년 12월. "새 관점의 바울 연구[the New Perspective on Paul], 무엇이 문제인가? 로마서를 중심으로." 한국신약학회 콜로키움 자료).

1029) '새로운 출애굽과 유월절 주제'를 중심으로 한 칭의의 '공동체적 이해'도 중요하다. 하나님 앞에서 의롭다고 인정되는 칭의는 한 개인이 무죄하다고 선언 받는 것을 포함하여 공동체적으로 확장된다. 구약 선지자들에 의하면 의는 포로 생활로부터의 이스라엘 민족의 귀환과 관련 된다(참고. 톰 홀랜드, 2005:268). 즉 의는 이스라엘이 포로에서 자신의 유업으로 돌아와서 새로운 언약 관계를 맺는 것이다. 유월절과 출애굽은 칭의의 이미지의 일부이다. 왜냐하면 칭의는 단순히 속죄를 의미하는 것이 아니라, 언약 공동체의 해방과 창설을 발생시키는 것이기도 하기 때문이다. 새로운 언약 관계의 회복은 포로 생활을 초래했던 죄가 처리되어야 하기에 칭의는 법정적인 차원을 가진다. 이 '의'라는 회복은 공동체적이며 구속, 속죄, 그 밖의 모든 복을 포괄하는 총괄적인 개념이다. 즉 칭의는 구원 경험의 전체를 묘사하는 전문 용어(technical term)라고 볼 수 있다(사 55:3이하; 렘 31:31-33; 겔 36:22-32).

성경을 접하지 못한 이방인들은 하나님의 계시를 위반한 삶과 하나님의 도덕적인 요구를 충족시키지 못한 채 살았기에 죄인인데 복음을 필요로 한다. 도덕적이지 못한 사람들에게 의로우신 하나님의 진노가 임한다. 하늘의 진노를 촉발하는 '경건치 않음'과 '불의함' 즉 '불경건한 불의'는 순서상 도덕적인 부패(불의함)는 하나님을 향한 반역(불경건)의 결과로써 일어남을 암시적으로 의미한다. 바울은 19절에서 일반 계시를 언급한다. "이는 하나님을 알 만한 것이[1030] 저희 속에 보임이라. 하나님께서 이를 저희에게 보이셨느니라." 자연 계시(revelation in nature; 일반 계시, general revelation)는 하나님에 관한 잠재적인 지식(potential knowledge)일 뿐 아니라, 모든 사람에게 하나님을 나타내 보이는 것이다(참고. 20절). 양심과 자연 계시를 통해서도 사람은 하나님의 창조주 되심을 알 수 있다. 일반 계시로 인해서 그 누구도 하나님의 능력과 신성에 대해서 핑계할 수 없다(20절). 창세로부터 영구하게, 하나님은 자연 만물 안에서 그리고 자연 만물을 통하여 하나님의 신성과 능력을 계시하기에, 사람들이 무지(ignorance)라는 변명을 주님 앞에 제시할 수 없다.

바울은 일반 계시의 실재(reality)와 보편성(universality)을 언급한다.[1031] 그럼에도 불구하고 죄인들은 하나님을 알되 하나님으로 영화롭게도 아니하며 감사치도 아니하고 오히려 그 생각이 허망하여지며 미련한 마음이 어두워졌다(21절). 바울은 비록 모세의 율법을 가지고 있지 않은 이방인들조차 하나님을 알 수 있는 정보를 자연 질서 속에서 찾을 수 있다고 주장한다. 사람들은 하나님이 살아 계심을 믿지만, 그분을 인정하고 감사와 영광을 돌리려고 하지 않는다. 그 결과 그들의 마음은 어리석고 어두워진다.

죄인들의 죄악상이 계속 소개된다. "스스로 지혜 있다 하나 우준하게 되어 썩어지지 아니하는 하나님의 영광을 썩어질 사람과 금수와 버러지(reptiles, 파충류) 형상의 우상으로 바꾸었다"(22-23절). 하나님 앞에서 지적인 교만은 가치의 역전된 의미로 나타난다. 즉 하나님을 경배하는 것을 인간이 만든 우상 숭배로 전락시킨다. 무언가를 섬기려는 인간의 지울 수 없는 본능은 창조주가 아니라, 피조물을 숭배하는 것으로 변질되어 버렸다. 하나님은 자유의지를 방종의 기회를 위해 사용한 사람들을 마음의 정욕대로 더러움에 내어 버려 두사 저희 몸을 서로 욕되게 하셨다(24절). 하나님의 일반 계시에 대한 반역은 한번만 일어나는 것이 아니라 세대에서 다음

1030) '하나님을 알 만한 것'은 '하나님에 관해서 알려질 수 있는 것'이라는 뜻이다. 인간은 알려질 수 있는 정도의 하나님의 지식을 가지고 있다. 그러므로 타락한 인간이 스스로 참 하나님을 인식할 수 없다는 것이다. 출애굽기 33장 20절과 신명기 4장 12절에서 인간 스스로는 하나님을 알 수 없다고 말씀한다(보라. 이한수, 2002:144).

1031) 칼빈은 자연 세계를 하나님의 존재와 완전함을 드러내는 '아름다운 옷', 창조주 하나님의 행위가 펼쳐지는 '하나님의 영광의 극장' 그리고 하나님을 반영하고 드러내는 '거울'에 비유했다(《기독교 강요》, 1.5.1). 칼빈의 말을 들어보자. "……아무리 야만스런 민족이거나 또 아무리 미개한 사람들이라 할지라도 그들의 마음 깊은 곳에 하나님은 있다는 신념을 가지고 있다.……천지 창조 이후로 종교 없이 산 지역, 도시, 가정은 없었다. 이것이 바로 하나님에 대한 감각이 모든 인간의 마음에 새겨져 있다는 무언의 고백이 되는 것이다"(《기독교 강요》, 1.3.2). 칼빈은 로마서 1장 19-20절을 인용하면서 이 하나님을 아는 지식을 '종교의 씨앗'이라고 불렀다(《기독교 강요》, 1.5.1). 자연 계시의 불충분성을 위해서는 《기독교 강요》1.5.14와 1.6.4를 보라.

세대로 계속해서 발생한다. 마치 하나님이 인간의 반역을 허용하여 주도하시고 그 책임을 지시는 것같이 말씀하는 것처럼 보이지만, 반역의 책임은 사람에게 있다. 그 결과 그들은 하나님의 진리를 거짓 것으로 바꾸어 피조물을 조물주보다 더 경배하고 섬겼다(25절).

죄악은 성적인 타락으로 이어진다. "이를 인하여 하나님께서 저희를 부끄러운 욕심에 내어 버려 두셨으니 곧 저희 여인들도 순리대로(natural) 쓸 것을 바꾸어 역리로(unnatural) 쓰며"(26절). 일반 계시를 거역한 이방인들은 이처럼 변질되어 하나님의 뜻을 거역한다. 창조주를 예배하는 것으로부터 돌이킨 것의 한 양태는 동성애와 같이 가장 기본적인 성 도덕(sexual morality)의 변질로 나타난다(참고. 레 18:22). 헬라 남성은 대체로 양성애자들이었다(참고. 존 월튼, 2010:1687). 당연히 동성애를 행한 자는 상당한 보응을 받게 된다(27절). 로마 제국에서는 남자와 여자 모두 동성애를 행했다. 네로 황제도 예외는 아니었다(참고. 앨버트 벨, 2001:426).

이 모든 죄악의 원인은 무엇인가? 바로 마음에 하나님 두기를 싫어했기 때문인데, 하나님께서 그들을 그 상실한(부패한) 마음(*nous*)대로 내어 버려 두사 합당치 못한 일을 하게 하셨다 (28절). '마음'(정신, *nous*)은 중립적인 의미를 지니지만, 역시 부패한 상태에 있다(예. 마음/정신의 허망한 것, 엡 4:17; 육신의 생각/정신, 골 2:18; 보라. 제임스 던, 2003:144). 실제로 유대와 헬라의 문헌에는 동성애를 부자연스러운 죄악이라고 증거한다(참고. 필로의 '아브라함' 26:135; 아피온 반박문 2:25; 레 18:22; 보라. Witherington, 2004:69). 죄인은 하나님에 관한 지식을 가지는 것을 무의미한 것으로 여긴다. 죄는 경건한 가치(godly value)에 대해 경멸감을 가지게 만들고 29-31절에 열거되어 있는 방종(licentiousness)의 영으로 채운다. 모든 불의, 추악,[1032] 탐욕, 악의가 가득한 자요, 시기, 살인, 분쟁, 사기, 악독이 가득한 자요, 수군수군하는 자요. 비방하는 자요, 하나님의 미워하시는 자요, 능욕하는(업신여겨 욕보이는) 자요, 교만한 자요, 자랑하는 자요, 악을 도모하는 자요, 부모를 거역하는 자요, 우매한 자요, 배약하는(약속을 지키지 않는) 자요, 무정한 자요,[1033] 무자비한 자라.

이러한 '악의 목록'(vice list)은 바울 서신과 쿰란 문헌, 그리고 헬라 철학자들에게서 종종 등장한다(참고. 롬 13:13; 고전 5:10-11, 6:9-10; 고후 12:20-21; 갈 5:19-21; 골 3:5, 8; 1QS 4:9-11; 플라톤의 '공화국' 4:441).[1034] 이런 목록 중에서 처음과 마지막이 중요하며, 중간의 순서에는 특별한 의미를 부여하기 곤란하다(참고. 윌리엄 클라인 외, 1997:695).

이 죄악들은 개인적이기보다는 사회적인 것이 많고, 또한 사소하게 보이는 것도 많다. 따라서

1032) 29절에서 다수 사본은 '추악' 앞에 '간음'(*poneria*)을 추가한다.

1033) 31절에서 다수 사본은 '무정한 자' 다음에 '화해하지 아니하는 자'(*aspondos*)를 추가한다.

1034) '악의 목록'(vice list) 그리고 '덕의 목록'(virtue list)과 관련하여 성경과 유대인 혹은 로마인 사이에 차이점이 있다. (1) 헬라-로마인들은 사람이 미덕을 훈련을 통해서 얻을 수 있다고 말한다. 하지만 성경은 미덕과 예수님을 닮은 성품을 하나님의 자녀들 안에서 일하시는 하나님의 역사로 본다. (2) 목록의 내용이 다르다. 그리스도인들은 겸손과 인내를 높이 친다. 하지만 아리스토텔레스는 교만(자존심)을 허영과 겸양이라는 미덕의 중간으로 높이 친다. 헬레니즘의 4가지 주요 미덕은 '지혜, 절제, 용기, 정의'이다. 하지만 예수님은 8복에서 달리 설명하신다(참고. 다니엘 도리아니, 2009:181-182).

사소하게 보이는 죄악들은 사회적인 관계 속에 해를 끼침을 교훈한다. 죄악은 연쇄적으로 다른 종류의 죄악을 초래하고, 그 결과 하나님의 진노를 더욱 촉발한다. 이러한 죄악은 어느 정도 모든 죄악 된 인류를 특징짓지만, 바울은 특별히 이방인에게 좀더 해당된다고 소개한다. 자연계시는 하나님의 도덕적 특성을 계시하여 인간의 도덕성을 고양한다. 하지만 이것을 거역한 사람들은 더욱 전염성을 가지고 부패시키는 데 담대하다(32절).

3. 오늘에의 적용1035)

성도에게 여전히 역사하는 죄악의 심각성을 깨닫자.
오늘날 범죄에 대한 하나님의 심판은 어떻게 나타나는가?

로마서 2장

1. 본문 및 구조

- 하나님의 공평한 심판(1-11)
- 율법은 안전한 대책이 못 됨(12-16)
- 유대인의 특권이 안전한 대책이 되지 못함(17-24)
- 할례도 안전한 대책이 되지 못함(25-29)

2. 구원 계시사적 메시지

1035) 다니엘 도리아니(2009:296-299)는 대부분의 교리적인 본문들은 하나님과 인간에 대한 다음의 영속적인 질문들을 다룬다고 설명한다. (1) 하나님은 어떤 분인가? 누가 그분과 좋은 관계를 누리는가? 어떤 근거에서? (2) 나는 왜 자신을 통제할 수 없는가? 나는 왜 내가 결심하는 일을 그대로 할 수 없는가? (3) 우리는 죽음에서부터 실직에 이르기까지 삶의 역경들을 어떻게 이해할 수 있는가? 하나님은 나의 슬픔에 관심이 있으신가? 자신과 가족을 부양하고자 하는 나의 바람에……? 교리 본문을 적용하기 위한 점검표는 다음과 같다. (1) 누구에게 이 교리가 필요한가? 개인인가, 집단인가, 성도인가, 불신자인가, 청년인가, 노인인가? (2) 하나님은 무엇을 요구하시는가? 이 교리적 가르침을 실천하려면 어디에서 시작할 것인가? 우리는 무엇을 믿거나 행해야 하는가? (3) 하나님은 무엇을 약속하시는가? 하나님이 무언가를 하시겠다고 말씀하실 때, 그것은 약속의 기능을 한다. (4) 언제 어디서 우리는 이 교리를 구체적으로 실천해야 하는가? (5) 왜 우리는 이 교리를 실천해야 하는가? 이것은 동기 유발에 대한 질문이다. (5) 전인적으로 적용하라. 즉 머리, 가슴, 손, 입, 즉 어떤 사상, 태도, 감정, 행동, 표현들이 본문과 일치하는가를 물어라. (6) 은혜를 기억하라. 하나님의 은혜를 바탕에 두고, "이것이 진리를 실천하는 것이니 이런 식으로 믿고 행동하라"를 생각해 보자.

2.1. 로마서 2장 1-11절의 메시지

1절은 '그러므로'(*dio*)로 시작한다. 마치 이방인에 대해 언급한 로마서 1장의 내용이 2장 1절에서도 연속적으로 나타나는 것처럼 보이지만, 꼭 그렇게 볼 이유는 없다. 로마서 2장은 유대인에 대해 말씀하는 것이다. 그렇다면 '그러므로'는 삼단논법의 결론 부분을 제일 먼저, 즉 로마서 2장 1절 이하에서 다루고 그 근거(롬 2:17절 이하)를 나중에 다루는 방식을 취하는 것이다(참고. Murray, 1984:56). 로마서 1장에서 바울은 복음을 듣지 못한 이방인들은 자연 세계 안에 나타난 하나님의 계시를 알고 감사해야 하는데 그렇게 하지 않았다고 책망한다. 도리어 이방인들은 우상 숭배와 동성애와 같은 온갖 죄악으로 치닫고 말았다.

로마서 2장에서 바울은 이제 유대인들도 자신의 범죄에 대해 변명할 수 없음을 밝힌다. 유대인은 스스로 의인의 자리에 서서, 이방인보다 도덕적으로 우월하다는 특권 의식을 가지고, 남을 판단하는 사람이었다. 바울 당시의 유대인들은 여전히 선민의식과 배타적인 우월의식을 가지고 있었다. 이방인이 아니라 자신들만 하나님의 자비와 긍휼의 대상이라고 믿었다. 유대인들은 여전히 선하시고 인자하시고 긍휼을 베푸시고 용납하시는 언약의 하나님임을 믿었다(참고. 4절).[1036] 이런 하나님의 신실함을 믿되 회개치 않음으로 결국 하나님의 심판을 초래하고 말았다(참고. 5-6절; 비교. 시 62:12; 잠 24:12). 유대인들은 회개의 자리로 나아가는 대신 하나님이 언약에 신실함을 악용하고 만 것이다. 바울은 유대인들이 마치 하나님의 자리에 서서 이방인을 부정한 개처럼 죄인 취급하고 함부로 반복해서 판단하는 것(*krinon*, 현재 분사, judging repeatedly)을 경고한다(1-3절). 그 결과 이방인은 마치 사악하고 버림받은 사람처럼 취급당했다.

여기서 말하는 '판단'은 재판이라기보다는, '비난의 선언'(condemnatory sentence) 즉 '정죄하다'(to condemn)라는 의미이다(참고. Murray, 1984:57).[1037] 유대인들은 이방인들의 삶과 그들의 미래적 운명(?)조차 담대하게 함부로 판단하고 말하는 데 익숙해 있었다. 하지만 유대인들이야말로 악하고 음란한 세대였고(참고. 마 12:39). 독사의 자식들이었으며(참고. 마 3:7), 악하고 죄 많은 세대였고(참고. 마 12:45; 막 8:38), 교만과 위선으로 가득 찬 사람이 아니었던가? 유대인들은 하나님의 인자하심과 용납하심과 길이 참으심의 풍성함을 알고 실천해야 했다(4절).

5절에서 바울은 고집과 회개치 아니하는 마음을 따라 산다면 하나님의 의로운 심판의 날 곧 진노의 날에 진노를 쌓는 것이라고 말씀한다. 그렇다면 '하나님의 진노'란 무엇인가? 창조자 하나님이 자신에게 반역하는 인간에게 자신의 의로움을 나타내는 방식이다. 하나님은 무한대로 참으시지 않는다. 진노는 하나님의 때, 하나님의 의가 나타나는 방식이다. 그러므로 이 진노를 최후 심판에만 한정 지을 이유는 없다. 하나님은 각 사람이 행한 그대로 보응하신다(참고. 시

1036) 로마서 2장 4절이 유대인을 향한 진술임을 증거하는 것은 무엇인가? 첫째로, 헬라 사상에서는 신들을 인자하다든지 선하다고 표현하는 것이 드물다. 둘째로, 회개란 개념은 헬라 문헌이나 스토아 철학에서 잘 등장하지 않는다. 그러나 이 두 개념이 구약과 유대문헌에는 자주 등장한다(참고. 이한수, 2002:192; contra Witherington, 2004:81).

1037) 로마서 2장 1절의 '판단'은 로마서 14장 3-4절에 다시 등장한다. 로마서 1장 18절-5장 21절과 로마서 14-16장 사이의 간본문성을 위해서는 Gathercole(2003:40-48)을 보라.

62:12). 하나님은 외모 즉 편애를 따라 판단하지 않으신다. 7-8절에 의하면, 만일 우리가 참고 선을 행하여 영광과 존귀와 썩지 아니함을 구하면 하나님은 영생으로 보응하시지만, 편을 가르고 당을 지어 진리를 좇지 아니하고 불의를 좇아 행한다면 노와 분으로 보응하신다. '노와 분'(*orge kai thymos*)은 '불타는 분'(burning anger)이다. 악을 행하는 자에게 환난과 곤고가 있다. 선을 행하는 자에게는 영광, 존귀, 평강이 약속된다. 말씀을 행하는 사람이 의롭다 하심을 얻는다. 은혜로 구원을 받았으나, 우리가 행한 대로 하나님은 심판하시고 보상하신다(참고. 막 9:14; 눅 19:16-19; 요이 1:8). 우리는 주님의 심판의 관점에서 인생을 바라보아야 한다.

이 단락에 나타나는 하나님의 속성 3가지인 '인자하심과 용납하심과 길이 참으심'은 구약 이스라엘 백성의 역사에 나타난다. 인자하심은 자비나 호의, 그리고 헤세드를 의미한다. 용납하심은 하나님이 진노를 억제하며 붙들고 계시거나 죄에 대한 불쾌감을 나타내지 않고 참으시는 것을 의미한다. 길이 참으심은 노하시기를 더디 하시고, 죄를 처벌하지 않고 오래도록 관용하시는 것을 뜻한다. 예를 들어, 하나님은 노아 홍수 이전에 세상에 죄악이 관영했을 때도 참으셨고, 120년 방주 건조 기간에도 참으셨다. 출애굽한 이스라엘이 광야에서 저지른 40년간의 악행을 보시고도 참으셨다(참고. 행 13:18). 가나안에 들어가서 이방인의 우상 숭배에 빠졌을 때도 선지자를 보내셔서 회개를 촉구하시고 참으셨다. 그리고 하나님의 인자, 용납하심, 길이 참으심은 바울이 로마서를 기록할 당시에도 나타난다. 예수님을 십자가에 처형하고, 더 나아가 교회를 박해하고 있던 불신 유대인들은 속히 주님께로 돌아와야만 했다. 바울이 로마서를 기록한 후 10년 정도 지나서, 유대인들은 결국 A.D. 70년 사건을 경험하고 만다. 하나님은 유대인들이 예수님을 십자가에 못 박아 죽인 후에도 40년간 회개의 기회를 주셨다. 그 40년 동안 오순절에 성령을 부으셨고, 구원의 방주인 교회도 설립하셨고, 회개와 은혜의 해를 주셨다. 이방인들이 주님께 돌아와서 유대인을 시기 나게 했다. 그러나 그들은 돌아오지 않았다. 인자와 용납과 인내의 하나님이라고 해서 무한정 참으시지 않는다.

하나님은 공의로운 심판자이시다. 공의의 하나님이 내리신 진노로 아담과 하와가 에덴에서 추방당했고, 노아 홍수가 발생했고, 이스라엘이 포로로 잡혀갔고, A.D. 70년 사건이 터졌던 것이다. 그러나 인간의 죄악에 대해 가장 크게 진노하신 경우는 예수님이 십자가에서 죽으실 때였다. 하나님께서 죄악에 대한 심판과 진노를 예수님 위에 다 쏟으신 것이다. 십자가는 하나님의 저주가 임한 장소이다. 우리가 본받아야 할 하나님의 성품은 인자, 용납, 길이 참는 것이다.

2.2. 로마서 2장 12-16절의 메시지

바울은 12절에서 율법에 초점을 모은다. "무릇 율법 없이 범죄한 자는 또한 율법 없이 망하고, 무릇 율법이 있고 범죄한 자는 율법으로 말미암아 심판을 받으리라." 하나님의 영원한 도덕적인 뜻인 모세의 율법은 십계명(참고. 출 20:1-17; 신 5:1-22)과 모세 5경의 다른 율법 조항에 나타나 있다. 로마서 1장 18-32절에서 말씀한 것처럼 율법 없이 범죄한 이방인들은 자연 안에 나타난 하나님을 거역하여 망하게 되었다. 율법이 있고, 즉 율법 아래에 있는 유대인들도 하나님의 말씀의 표준에 이르지 못하여 심판을 받게 된다. 율법을 가진 자는 그렇지 못한 자보다 더 심각한 벌을 받게 될 것이다(참고. 벨직 신앙고백 4).

13절의 "하나님 앞에서는 율법을 듣는 자가 의인이 아니요 오직 율법을 행하는 자라야 의롭다 하심을 얻으리니"라는 말씀에서 알 수 있는 것은 행함이 없는 믿음은 죽은 것이라는 점이다. 말씀을 듣고 행치 않는 자는 거울을 보고 잊어버리는 자요 스스로 속이는 자이다. 야고보서 2장 25절도 말씀을 행하는 자가 복되다고 말씀한다. 14절의 "율법 없는 이방인이 본성으로(by nature) 율법의 일을 행할 때는, 이 사람은 율법이 없어도 자기가 자기에게 율법이 되나니"라는 말씀은 그 누구도 자기 스스로의 의에 기초하여 의롭게 될 수 없음을 뜻한다. 그러나 도덕적인 표준의 편재성과 그러한 표준에 순종할 보편적인 의무를 그 누구도 피할 수 없다. 이것은 사람의 양심과 양심의 판단과 가책에 의해서 분명해진다.

15절은 "이런 이들은 그 양심이 증거가 되어 그 생각들이 서로 혹은 송사하며 혹은 변명하여 그 마음에 새긴 율법의 행위를 나타내느니라"고 말씀한다. 비록 기록된 율법을 가지지 못한 사람일지라도, 그들의 마음에는 옳고 그른 것을 판단할 수 있는 하나님의 율법이 있다. 사람이 양심의 가책이나 위로를 받는 것이 다 이런 이유 때문이다. 16절은 "곧 내 복음(즉 바울이 전한 복음)에 이른 바와 같이 하나님이 예수 그리스도로 말미암아 사람들의 은밀한 것을 심판하시는 그 날이라"고 말씀한다. 성부 하나님은 모든 심판을 예수님의 권한 하에 두셨다(참고. 마 7:21-23, 25:31-33; 요 5:22; 고후 5:10). 예수님의 심판은 인간의 비밀 즉 내면에 숨겨진 동기와 의도와 모든 것을 꿰뚫어 공평하게 시행될 것이다(참고. 히 4:12-13). 인간의 몸을 입으신 예수님은 사람의 모든 것을 간파하신다. 그러므로 하나님께서 하나님의 법과 표준에 이르지 못한 사람을 심판하시는 것이 불공평하다고 변명하거나 이의를 제기할 수 없다. 바울이 전한 복음에는 죄에 대한 심판도 포함된다. 왜냐하면 의인은 악인이 심판을 받기 이전에는 영원한 상급을 받을 수 없기 때문이다(참고. 웨스트민스터 신앙고백 33.1).[1038]

2.3. 로마서 2장 17-24절의 메시지

"유대인이라 칭하는 네가 율법을 의지하며, 하나님을 자랑하며, 율법의 교훈을 받아 하나님의 뜻을 알고, 지극히 선한 것(*ta diapheronta*,[1039] 현재 능동 분사 중성 복수 대격)을 좋게 여기며"(17-18). 바울은 17-24절에서는 율법을 가지고 있다고, 25-29절에서는 할례를 받았다고 특권의식을 가지고 있었던 유대인에게 명백히 말한다. 그들은 율법을 통해서 하나님의 뜻을 알고 자신은 옳은 것만을 좋아한다는 자부심을 가지고 있다. "네가 율법에 있는 지식과 진리의 규모(embodiment, 구체화)를 가진 자로서 소경의 길을 인도하는 자요 어두움에 있는 자의 빛이

1038) UBS 4판과 바른 성경에는 개역개정판과 달리 14-15절에 괄호가 없다.

1039) 문자적으로는 "the things which excel"이라는 뜻인데, 여기서는 유대인들이 우월하다고 밝히는 법률적인 궤변(legal casuistry)을 암시하는 도덕적인 삶의 가장 근소한 차이(the most delicate shades of the moral life)를 가리킨다(Rogers & Rogers, 1998:320).

요"(19절)는 유대인들이 율법을 통해서 안내자(*hodegos*, guide)와 빛의 역할을 한다고 자부했음을 가리킨다. 사실 유대인은 이방인의 빛이요 제사장 나라로 부름을 받았다(참고. 출 19:6; 사 42:6-7). 이 사명을 감당하기 위해서는 마음의 할례와 진실된 순종이 요청되었다. 20절은 유대인이 자칭 스승임을 밝힌다. "어리석은 자의 훈도(*paideutes*, instructor)요[1040] 어린아이의 선생이라고 스스로 믿으니." 유대인은 자칭 스승이다. 유대인은 이방인을 무시하고 어리석은 자로 여겼기에 스스로를 선생이라고 여겼다.

"그러면 다른 사람을 가르치는 네가 네 자신을 가르치지 아니하느냐 도적질하지 말라 반포하는 네가 도적질하느냐"(21절). 다른 사람은 가르치면서 왜 스스로는 가르치지 않느냐? 특권에 걸맞은 책임성은 무시되고 있다. 바울은 구체적으로 어떻게 유대인들이 위선의 죄를 지었는가를 밝힌다. 22절은 "간음하지 말라 말하는 네가 간음하느냐 우상을 가증히 여기는 네가 신사(神社) 물건(*ta eidola*, the idols)을 도적질하느냐"라고 함으로써 출애굽기 20장 4-5, 14-15절에 나타난 죄악을 유대인에게 적용시킨다. "율법을 자랑하는 네가 율법을 범함으로 하나님을 욕되게 하느냐"(23절)는 NIV, KJV, NASB, RSV처럼 수사학적인 질문이 아니라, NA, JB, NEB처럼 선언(statement)으로 보아야 한다(참고. Moo, 1996:165). 유대인의 선민의식과 특권 의식은 율법에서 나온 것이다. 선민이라는 특권적 신분은 행위와는 별개다. "기록된 바와 같이 하나님의 이름이 너희로 인하여 이방인 중에서 모독을 받는다"(24절)라고 함으로써 이방인을 비난했던 유대인들의 외식적인 죄악으로 인해 오히려 하나님의 이름이 이방인 가운데서 욕을 받는다.

이사야 52장 5절에서는 이방인이 언약 백성을 압제함으로써 하나님의 이름이 욕을 받았지만, 바울은 그 원인을 하나님의 백성의 불순종으로 돌린다. 이방인이 아니라 하나님의 백성이 모욕의 책임을 져야 한다. 구원과 신령한 은사를 받았음에도 불구하고 그 복에 걸맞은 순종과 삶이 없다면 하나님에게 욕이 된다.

2.4. 로마서 2장 25-29절의 메시지

"네가 율법을 행한즉 할례(peritome)가 유익하나(*ophelei*, profits, 금언적 현재[gnomic present]), 만일 율법을 범한즉 네 할례가 무할례가 되었느니라"(25절)에서 알 수 있는 것은 유대인들이 할례를 받음 즉 율법을 행하면 유대인이라는 것이 어느 정도 가치가 있겠지만, 율법을 범하면 이방인보다 나을 것이 없다는 점이다. "그런즉 무할례자가 율법의 제도(즉 율법의 의로운 요구)를 지키면 의문과 할례를 가지고 율법을 범하는 너를 판단치 아니하겠느냐"(26절). "또한 본래(by nature) 무할례자(혹은 이방인 성도)가 율법을 온전히 지키면 의문과 할례를 가지고 율법을 범하는 너를 판단치(*krino*) 아니하겠느냐"(27절). 사실 '의문과 할례'는 동일한 의미가 반복된 중언법(hendiadys)적 표현이다. 의인이 불의한 자를 심판할 것이라는 사상은 바울 당시에 퍼져 있었다. 유대인의 세계관에 따르면 유대인은 의롭고 이방인은 불의했다. 그러나 바울은 그리스도로 말미암은 새로운 질서가 도래했음을 알기에 이것을 역전시킨다(Moo, 1996:171).

1040) 20절의 *paideutes*의 의미는 가르침뿐 아니라 '징계와 교정'(discipline and correction)도 포함한다.

"대저 표면적(outwardly; *en to phanero*) 유대인이 유대인이 아니요, 표면적 육신의 할례가 할례가 아니니라"(28절)는 유대인들은 육신적인 아브라함의 후손임에 자부하면서 할례의 의미를 공수표로 만들었음을 고발하는 것이다. 할례는 진정으로 구원의 믿음을 가져야 함을 가르쳐 준다. 따라서 신명기 30장 6절을 기억해야 한다. "네 하나님 여호와께서 네 마음과 네 자손의 마음에 할례를 베푸사 너로 마음을 다하며 성품을 다하여 네 하나님 여호와를 사랑하게 하사 너로 생명을 얻게 하실 것이며." 그러므로 구약은 외적인 율법 준수, 신약은 내면적인 준수라는 도식으로 단순하게 이해할 수 없다(비교. 이한수, 2002:261).[1041]

28절과 대비되는 말씀이 29절이다. "오직 이면적(inwardly; *en to krypto*) 유대인이 유대인이며 할례는 마음에 할지니 신령에 있고 의문에 있지 아니한 것이라 그 칭찬이 사람에게서가 아니요 다만 하나님에게서니라." 구약에서 할례는 어떤 사람을 이스라엘의 언약의 하나님과 교제하도록 만들었다. 그러나 할례라는 외적인 의식 그 자체가 영생과 하나님과 화목한 교제를 보장하는 것이 아니다. 구원에 이르는 믿음으로써 여호와를 사랑하는 내면적인 결단을 촉구하는 것이 바로 외적인 할례의 진정한 의미이다. 바울은 우리에게도 이렇게 외친다. "위선적이고 형식적이며 거짓 전통에 자만하고 있는 껍데기 신앙을 버리라!" 우리는 오직 심령으로(즉 성령으로) 변화를 받아 하나님의 선하시고 기뻐하시고 온전하신 뜻이 무엇인지 분변하여 순종해야 한다.

3. 오늘에의 적용

마치 우리에게 구원을 보장해 줄 것처럼 믿는 율법, 특권, 할례는 무엇인가?

로마서 3장

1. 본문 및 구조

- 하나님의 신실함과 유대인(1-8)
- 모든 사람은 죄인임(9-20)
- 하나님의 의로움(21-31)

1041) 바울 당시는 물론이거니와 16-17세기 영국에도 인본주의적이고 정치적인 종교의 행태가 나타났다. 그것은 펠라기우스와 아르미니우스의 영향이었는데, 존 오웬과 같은 청교도들이 반대했다. 오늘날 한국 교회 안에도 그리스도의 구속 사역이라는 전적인 은혜 대신에 인간의 자발적인 의지적 행위를 강조하는 경향이 있다. 이것에 대해서는 김홍만(2009:84-85)을 참고하라.

2. 구원 계시사적 메시지

2.1. 로마서 3장 1-8절의 메시지

바울은 이 단락에서 할례를 받아서 하나님의 백성이 되어 이방인들보다 나은 지위에 있다고 믿었던 유대인들의 전형적인 오류를 다룬다. 바울의 논지는 하나님은 신실하시지만 유대인들은 그렇지 못했다는 것이다. 바울의 질문이 1절에 나온다. "그런즉 유대인의[1042] 나음(*to perisson tou Ioudaiou*, 이점, 유익)이 무엇이며 할례의 유익(*opheleia*, 효용성, 소득, 이익)이 무엇이뇨." 헬라어 본문에 의문 부호(;)가 있는데, 이것은 수사학적 질문이다. 유대인이라는 정체성을 가지기 위해서 그들은 할례를 받았는데, 그렇다면 그 할례의 유익은 무엇인가? 로마서 2장 11절의 하나님은 외모로 사람을 취하지 아니하신다는 말씀은 유대인의 유리함을 완전히 무시하는 말씀이 아니다. 그 말씀은 단지 하나님께서 자신의 의로운 기준으로부터 그 어떤 사람도 면제시키지 않겠다는 의미이다.

이런 맥락에서 바울은 스스로 질문에 답한다. "범사에 많으니 첫째는 저희가 하나님의 말씀을 맡았음이니라"(2절). '하나님의 말씀'(*ta logia tou theou*)은 여기서 구약을 가리킨다. 구약의 약속 즉 하나님의 말씀을 가지고 있는 것은 큰 특권이지만 동시에 불순종하면 더 큰 책임을 져야 한다. 율법은 순종할 때만 유익한 것이다. 불순종할 때, 예수님이 하신 말씀대로 먼저 된 자가 나중 되고 만다. '맡았음이니라'(*episteuthesan*)는 '믿었다, 신뢰했다'라는 의미보다는 한글 번역처럼 '맡았다, 위임받았다'(they have been entrusted with the very words of God)라는 의미로 보는 것이 적합하다. 따라서 유대인들은 하나님의 말씀을 지키고 보존하고 다른 사람에게 전해야 할 임무를 가지게 되었다. 구속사적 경륜의 관점에서 볼 때, 창조와 구속의 계시가 유대인들을 통해서 주어졌고 열방에 전파되어야 했다.

3절에서 바울은 유대인의 불성실과 하나님의 신실함을 대조한다. "어떤 자들이(즉 유대인들이) 믿지 아니하였으면(*epistesan*, 원형은 *apisteo*, '믿지 않다') 어찌하리요 그 믿지 아니함이 하나님의 미쁘심을 폐하겠느뇨." 3절 초두에 접속사(*gar*)가 있는데 이유를 밝히는 것으로 본다면, 유대인들 전부가 아니라 일부(*tines*, some)가 불신 혹은 불신실하다는 이유로 해서 지금까지 말한 바울의 논지가 뒤죽박죽되지 않는다는 것을 의미한다(참고. 이한수, 2002:268). 구약에서 유대인들은 종종 하나님에게 불순종으로 반응했다. 그럼에도 불구하고 하나님은 신실하게 그들을 대하셨다(참고. 민 23:19; 롬 9:6-7; 딤후 2:13). 3절에 대한 바울의 대답이 4절에 나온다. "그럴 수 없느니라 사람은 다 거짓되되 오직 하나님은 참되시다(*alethes*, 즉 '미쁘다') 할지어다 기록된 바 주께서 주의 말씀에 의롭다 함을 얻으시고(*dikaiothes*, 아오리스트 수동 가정 2인칭 단수, '바르다고 선언되다') 판단 받으실 때(krinesthai, 현재 수동/중간 부정사)에 이기려 하심이라 함과 같으니라." 여기서 바울은 시편 51편 4절을 인용한다. 이스라엘의 불순종에도 불구하고 하나님의 언약은 파기되지 않았다. 이 언약이 무효화되지 않기 위해서는 유대인들이 복음을

1042) 속격은 '출처'를 가리킨다(genitive of source)이다. "Benefit derived from the Jews".

믿고 순종해야 했다. 하나님께서 말씀하실 때 하나님은 의롭다고 판명되시고, 하나님이 판단하실 때 이기려고(즉 재판에서 승소하려고) 하실 것이다. 인간의 죄악상이 드러날 때 동시에 하나님의 의로움도 드러난다. 여기에 법정적 용어(judicial term)와 뉘앙스가 풍긴다.

또다시 바울은 5절에서 스스로 질문한다. "그러나 우리 불의가 하나님의 의를 드러나게 하면(*synistemi*, to demonstrate) 무슨 말 하리요 내가 사람의 말하는 대로(*kata anthropon lego*; 즉 인간적인 관점에서)[1043] 말하노니 진노를 내리시는 하나님이 불의하시냐." 바울은 불신앙으로 살았던 유대인들의 실패에 관해서 로마서의 독자들이 제기할 만한 두 가지 이슈에 대해서 답한다. 첫째로, 유대인의 불의가 오히려 하나님의 의를 드러나게 하는 긍정적인 기능을 했다면, 하나님이 유대인을 심판하실 수 있는가? 즉 악으로 선을 드러나게 하는 기여가 있는데도 하나님이 심판하신다면 하나님이 잘못된 것이 아닌가? 5절에 대한 바울의 대답은 6절에 나온다 "결코 그렇지 아니하니라(*me genoito*).[1044] 만일 그러하면 하나님께서 어찌 세상을 심판하시리요." 만일 하나님께서 그러한 죄악을 눈감아 주시고 심판하시지 않는다면, 주님이 어떻게 세상 사람을 심판하시겠는가?

바울은 7절에서 두 번째 제기 가능한 질문을 다룬다. "그러나[1045] 나의[1046] 거짓말로 하나님의 참되심이 더 풍성하여 그의 영광이 되었으면 어찌 나도 죄인처럼 심판을 받으리요."[1047] 만일 유대인들의 거짓됨이 하나님의 진실성을 더욱 분명하게 했다면 하나님이 유대인을 심판하시는 것이 정당한가? "또는 그러면 선을 이루기 위하여 악을 행하자 하지 않겠느냐(어떤 이들이 이렇게 비방하여 우리가 이런 말을 한다고 하니)[1048] 저희가 정죄(즉 심판) 받는 것이 옳으니라"(8절). 만일 사람이 범죄함으로 하나님의 의와 진실됨이 분명히 드러나게 된다면, 결국 악하면 악할수록 하나님께 더 좋은 일이 된다는 결론에 도달할 것이다. 이런 거짓 논리를 전개하는 사람은 정죄당하고 파멸을 당해야 한다. 바울이 이렇게 잘못 가르치고 있다고 정죄하는 사람도 있다. 로마 교회 안에 로마서 5장 20절-6장 1절에 의하면 이러한 유사한 오해가 있었다.

1043) NIV에서는 괄호 안에 "I am using a human argument"라고 쓰지만 UBS 4판을 따르는 한글 개역성경에는 괄호가 없다.

1044) 결단적 희구법(volitive optative)의 전형적인 형태인 *me genoito*는 신약에 15회 사용되는데(바울 서신에 14회), 희구법적 냄새가 사라져 버린 것으로서 오히려 희망과 간구적 의미 대신에 혐오적 냄새(abhorrent flavor)를 풍기는데, 매우 강한 부정을 뜻하는 형식인 *ou me* + 아오리스트 가정법과 같은 의미이다 (롬 3:3-4; 보라. Wallace, 1996:480-484).

1045) 7절에서 '그러나'(시내 산, A) 대신에 '왜냐하면'(B, D, 다수 사본)도 가능하다. 하지만 '그러나'가 5절과 7절의 병행적인 논증 구조를 더 지지한다(참고. 매츠거, 2005:435).

1046) 7절에서 '나의 거짓말'(*emo pseusmati*)이라고 말함으로 바울 자신도 신실하지 못한 죄성을 가진 인간임을 웅변적으로 고백한다.

1047) 로마서 3장 3절의 '하나님의 미쁘심', 5절의 '하나님의 의', 7절의 '하나님의 참되심'이 서로 평행적으로 나타난다. 이런 하나님의 풍성하고 신실하고 의로운 성품은 인간의 불신실과 거짓됨과 대조된다.

1048) 8절에서 바른 성경, 개역개정판, UBS 4판에는 괄호가 없다. 괄호는 이전의 한글개역성경에 있었다.

2.2. 로마서 3장 9-20절의 메시지

"그러면 어떠하뇨 우리는 나으뇨 결코 아니라 유대인이나 헬라인이나 다 죄 아래 있다고 우리가 이미 선언하였느니라"(9절). 바울은 '우리'라는 말을 사용하여 자신이 유대인임을 가리킨다. 유대인이 특권적 위치를 한 때 차지했다고 해서 죄로부터 자유로운 것은 아니다. 유대인은 도덕적으로 우월한 위치에 있지 않다. '나으뇨'(*proechometha*, 현재 중간 직설 1인칭 복수)라는 말은 수동태도 되지만 중간태로 볼 때, 변명이나 자기 변호를 위해서 "어떤 것을 자신 앞에 제시하다"라는 뜻이다. 그렇다면 바울은 "우리는(유대인과 이방인 모두 포함) 무엇을 변명거리로 제시하겠는가?"라는 뜻으로 말한다(참고. 이한수, 2002:290). 이 구절은 죄의 보편성을 제시하는 단언이다. "기록한 바 의인은 없나니 하나도 없으며 깨닫는 자도 없고 하나님을 찾는 자도 없고 다 치우쳐(*ekklino*, 벗어나다, 피하다) 한가지로 무익하게 되고(*achreioo*, 무용지물이 되다, 맛이 상하다) 선을 행하는 자는 없나니 하나도 없도다"(10-12절)는 말씀은 죄의 보편적인 성격과 그 결과인 모든 인류의 저주를 설명하는 것이다(참고. 시 14:3, 36:2, 53:3; 잠 1:16; 전 7:20; 사 59:7).[1049] '무익하다'의 해당 히브리어는 '나빠지다' 혹은 "상한 우유 같은 맛이 나다"(to go bad or sour like milk)라는 뜻이다(참고. 욥 15:16; 시 14:3, 53:4; BDB, 47; 보라. Rogers & Rogers, 1998:321). 죄인은 하나님을 의도적으로 피하기에 '맛이 간' 인생을 산다.

여기서 바울은 시편 14편 1절을 인용한다. "저희 목구멍은 열린 무덤이요 그 혀로는 속임을 베풀며 그 입술에는 독사의 독이 있고"(13절). 13절이 밝히는 바는 죄인의 언어생활에는 열린(*aneogmenos*, 지속의 현재 완료 수동 분사형) 무덤과 독사의 독처럼 사람을 부정케 하고 속이고 죽이는 권세가 있다는 점이다. 언어로 성도를 실족하게 하는 경우가 얼마나 많은가? 바울은 시편 5편 9절과 140편 3절을 인용한다. 다윗이 자기의 원수를 하나님에게 고발하는데, 만일 유대인이 여전히 말로 사람을 죽인다면 복음과 교회의 원수가 될 것임을 말씀한다. "그 입에는 저주(*aras*)와 악독(*pikria*, bitterness)이 가득하고"(14절). 죄인의 언어생활에는 남을 축복하고 은혜로운 말이 아니라 저주와 악독이 있다. 러시아 속담에 "빵보다 말은 더 잘 씹어야 한다"는 말이 있다. 여러 번 생각하고 신중하게 말을 해야 한다. 바울은 시편 10편 7절을 인용한다.

"그 발들은 피 흘리는 데 빠른지라"(15절)는 말씀은 죄인은 남을 사랑하는 것이 아니라, 죽이고 살육하는 데 익숙함을 지적한다. "파멸(destruction)과 고생(misery)이 그 길에 있어 평강의 길(*hodon eirenes*)을 알지 못하였고(*ouk egnosan*, 아오리스트[1050] 능동 직설 3인칭 복수)"(16-17절). 악인에게는 파멸과 고난이 평강을 대신한다. 바울은 이사야 59장 7-8절을 인용한다. 바울은 15-17절에서 이스라엘이 포로로 잡혀가게 된 이유를 설명하는 구절을 인용함으로써, 이러한

1049) 성경 구절을 연쇄적으로 인용하여 논증하는 방식(*catena*)은 흔하다(참고. 벧전 2:6-8; 히 1:5-14; 4QFlorilegium; 보라. Johnson, 2001:46). 참고로 12절 마지막의 "하나도 없다"(*ouk estin heos enos*)에서 B사본은 *ouk estin*을 잉여적인 것으로 보고 삭제한다. 왜냐하면 12절 중간에 이 표현이 등장하기 때문이다.

1050) 시간을 언급함 없이, 지속적인 행동을 강조하는 지속적 아오리스트(constative aorist)이다(참고. Rogers & Rogers, 1998:322).

죄악에 대해서 하나님은 반드시 심판하실 것임을 부각시킨다. "저희 눈앞에 하나님을 두려워함(*phobos*, 즉 경외)이 없느니라 함과 같으니라"(18절; 참고. 신 6:2; 잠 1:7). 죄인의 눈이 죄악에 고정되어 있을 때 하나님을 경외할 수 없다. 하지만 분명한 것은 하나님을 경외함은 대신(對神) 및 대인(對人) 관계를 위한 근본적인 전제라는 사실이다. 이것이 결여되면 '실제적인 무신론'(practical atheism)으로 빠져든다.

바울은 시편 36편 1절을 인용한다. "우리가 알거니와 무릇 율법이 말하는 바는 율법 아래(정확한 표현은 '안에', *en*) 있는 자들에게 말하는 것이니, 이는 모든 입을 막고, 온 세상으로 하나님의(*to theo*)[1051] 심판 아래 있게 하려 함이니라"(19절). 여기서 '율법'은 구약성경을 가리킨다. 바울의 인용은 주로 시편, 전도서, 이사야에서 나온다. '율법 아래(안에) 있는 자들'은 구약성경을 가지고 있는 자들 즉 유대인들이라는 의미이다. 구약이 인간의 죄악 됨에 대해 말씀한 바는 확실히 구약을 받은 자들에게 적용됨을 바울이 설명한다. '(법정의 피고의) 모든 입을 막고'(*pan stoma phrage*)라는 말씀은 그 누구도 범죄에 대해 호소하거나 변명할 수 없음을 의미한다. 마치 아무도 변호해 줄 수 없도록 정죄선언을 받은 피고의 상태와 같다. 율법은 모든 사람을 정죄하기에, 율법을 행함이 아닌 다른 방식 즉 믿음으로 의롭게 되는 이신칭의를 필요로 한다. "그러므로 율법의 행위로(*eks ergon nomou*) 그의 앞에 의롭다 하심을 얻을 육체가 없나니 율법으로는 죄를 깨달음이니라"(20절). 우리가 의롭게 되는 길을 제시하는 대신, 율법은 우리의 죄를 드러낸다. 그러나 율법이 죄를 드러내게 하는 유일한 것은 아니다. 이 구절의 '율법의 행위'(롬 3:20, 28; 갈 2:16[3회], 3:2, 5, 10)를 이방인과 구분되는 유대인들의 '종교적인 신분 표지 행위들'이라고 보는 이들도 있지만(예. 던, 샌더스; 참고. 이한수, 2002:305), 전통적인 해석처럼 행위로 의로워질 수 있는 사람은 없음을 주장하는 구절이다(참고. 최갑종, 2009:210). 믿음이 아니라 행위를 의지한 것을 비난하는 다음 27절과 로마서 9장 32절을 보라.

2.3. 로마서 3장 21-31절의 메시지

이 단락에서 바울은 하나님의 구원을 필요로 하는 인간을 다룬다. "이제는 율법 외에(apart from law) 하나님의 한 의가 나타났으니, 율법과 선지자들에게 (즉 구약성경) 증거를 받은 것이라"(21절).[1052] 모든 사람이 죄인이며 율법을 지킴으로 구원을 얻을 수 없기에, 바울은 그 답으로 칭의에 대해 설명할 차례이다. 그리스도를 믿음으로 의롭게 됨을 설명한다. '그러나 지금'(*nyni de*, but now)을 통해서 알 수 있는 바는 구약에서 제시된 칭의보다 훨씬 분명한 칭의가 그리스도

1051) 19절에서 속격('하나님의')으로 표현된 한글개역성경과는 달리, 헬라어 원문에는 '하나님에게' 혹은 '하나님 앞에' 즉 여격으로 나타난다. 이 여격은 심판의 권한(judicial authority)이 하나님에게 있음을 뜻한다.

1052) 율법과 복음을 대조시켜, 바울에게 있어 율법은 적대적이고 마귀적인 세력 혹은 죄와 같은 폭군이라고 부정적으로 결론을 내리는 것은 일방적이다(예. Caird, Bultmann, Westerholm 등). 로마서에서 바울은 율법의 긍정적인 면을 언급하기 때문이다. 하나님의 구원의 의를 확인해 주고 있는 것은 율법과 선지자들이다(롬 3:21). 율법은 거룩하고 의롭고 선하고 신령하다(롬 7:12, 14).

의 오심으로 계시되었다는 사실이다. 예수님을 믿음으로 의롭게 되는 것은 구약의 율법과 선지서에 예언된 것이다. 이런 이유로 구약과 신약 전체가 가르치는 바는 율법이 아니라 복음이다. "곧 예수 그리스도를 믿음으로 말미암아(*dia pisteos Iesou Christou*)[1053] 모든 믿는 자에게 미치는 하나님의 의니 차별이 없느니라"(22절). 여기서 강조된 믿음은 지식뿐 아니라 예수님을 구주로 신뢰하는 삶의 문제와도 관련된다. 이신칭의는 유대인 혹은 헬라인의 차별이 없다.

"모든 사람이 죄를 범하였으매(*hemarton*, 지속적 아오리스트 능동 직설 3인칭 복수) 하나님의 영광에 이르지 못하더니 그리스도 예수님 안에 있는 그 구속(*dia tes apolytroseos*, through the deliverance of the payment of a price)으로 말미암아 하나님의 은혜로 값없이 의롭다 하심을 얻은 자 되었느니라"(23-24절; 참고. 모세의 묵시록, 20:2; 21:6). 여기서 '모든 사람'(*pantes*)은 유대인과 헬라인의 구별이 없음을 강조하는 가운데 특별히 구원 얻은 자(22절) 즉 의롭게 된 자를 가리킨다(24절). 죄의 결과는 인간이 하나님의 그 영광에 이르지(*hysterountai*, to fail to reach) 못하는 것이다(참고. 롬 1:23).[1054] 영광스런 하나님의 형상으로 창조된 인간은 범죄로 말미암아 그 영광스러운 하나님의 형상을 우상의 형상으로 바꾸어 버렸다. 오직 믿음으로 말미암은 은혜만이 이 왜곡된 형상을 회복하고 갱신할 수 있다(참고. 롬 5:2, 8:18; 고전 15:42-49; 고후 3:18; 엡 4:24; 빌 3:20-21; 골 3:10). 의롭다 하심 즉 칭의는 성경에서 정죄의 반대말이다(참고. 잠 17:15). 칭의는 하늘의 법정에서 예수님 안에서 전가된 의로 말미암아 죄인이 아니라

1053) 22절의 이 속격을 어떻게 해석할 것인가? 바른 성경과 개역개정판(즉 through faith in Jesus Christ)의 번역과는 달리 '주격적 속격'으로 본다면 예수님이 성부의 뜻을 존중하고 순종한 그 신실함(즉 the faithfulness of Jesus Christ) 때문에, 즉 예수님의 믿음과 순종 때문에 우리가 의롭게 된다는 뜻이 된다. 즉 구원과 칭의의 근거는 사람의 믿는 행위가 아니라 그리스도의 구속 사역이다. 갈라디아서 2장 20절도 마찬가지로 해석이 가능하다. 2008년 12월 한국신약학회 콜로키움 자료에서 최갑종은 '목적격적 속격'이 더 정당하다고 주장하는데, 몇 가지 근거는 다음과 같다. 첫째, 바울은 로마서에서는 물론 그 밖의 다른 서신에서 '믿는다'라는 동사가 42번 사용되고 있지만 단 한 번도 예수 그리스도 자신의 믿는 행위를 언급한 적이 없다. 둘째, '율법의 행위'에 대한 대칭 언어로서, '그리스도에 대한 믿음'은 하나님의 선취적인 은혜에 대한 인간의 응답으로 보는 것이 가장 자연스럽다. 사실상 믿음은 자신에 대한 신뢰를 포기하고 전적으로 그리스도를, 그리스도 안에 나타난 하나님의 의를 신뢰하는 것이다. 셋째, 갈라디아서 2장 16절에서 그리스도가 주절의 동사 '믿는다'의 목적어라는 사실은 그리스도가 주절 전후에 나오는 절에 있는 명사 '믿음'의 목적으로 간주되어야 할 것을 보여준다. 그런 점에서 명사 '믿음'과 동사 '믿는다'가 나란히 나오는 로마서 3장 22절의 문구에서 전자는 예수 그리스도의 신실성을 가리키는 것으로, 후자는 우리가 예수 그리스도를 믿는 것으로 보는 것은 불합리하다. 바울이 명사와 동사를 함께 사용하고 있는 것은, 1장 17절의 경우처럼, 믿음의 중요성을 강조하기 위함일 것이다(보라. 최갑종, 2009:234-242). 참고로 Johnson(2007:60)은 절충하여 "through the faith of Jesus Christ for all who believes"로 본다.

1054) 바울은 죄의 보편성을 특별히 창세기 1-3장을 염두에 두고 진술하는 듯하다. 하지만 유대 문헌에도 유사한 주장이 나타난다(참고. 제임스 던, 2003:149-161). 아담은 명령을 어겼고, 그리하여 곧바로 하나님께서 그와 그의 후손들에게 죽음을 정하셨다(에스라 4서 3:7). 오! 아담아, 네가 무슨 일을 저질렀더냐? 죄를 범한 것은 너였으나, 타락은 네 것만이 아니라 너의 후손들의 것이기도 하니라(에스라 4서 7:118). 아담의 어둠이 그에게서 난 자들의 수명을 단축시켰고 또한 그들에게 죽음을 가져왔다. 첫날부터 범죄한 자들에게 죽음이 작정되었고, 또한 장차 날 자들에게도 죽음이 작정되었다(참고. 바룩 2서 17:3; 18:2; 19:8; 23:4).

의인으로 선포하는 것을 의미한다. 칭의는 최종적이고 돌이킬 수 없는 것이다(참고. 롬 8:1, 33-34). 예수님의 의로움을 그분과 연합된 교회가 함께 누린다. '값없이' 의롭게 되었다는 말에서, 우리는 하나님의 주도권을 보는 동시에, 십자가 위에서 예수님이 속전을 지불하심을 본다.

"이 예수님을 하나님이 그분의 피를 믿음으로 말미암는 화목 제물(*hilasterion*,[1055] propitiation; substitutionary sacrifice)로 세우셨으니(즉 공개적으로 임명하셨으니) 이는 하나님께서 길이 참으시는 중에 전에 지은 죄를 간과하심으로 자기의 의로우심을 나타내려 하심이니"(25절). 여기서 바울은 22절 말씀을 반복한다. 예수님은 하나님의 진노를 누그러뜨리고 폭발 직전의 화선(the line of fire)을 꺼버리신 화목 제물이시다. 믿음은 칭의를 위한 수단이다. 레위기 17장 11절에서 "생명이 피에 있으므로 피가 죄를 속하느니라"고 말씀한다. 생명을 얻기 위해서는 피 흘림이 필요하다. 그리스도의 피 흘림으로 이루신 구속을 받아들이는 것이 믿음이다.

"곧 이때 자기의 의로우심을 나타내사 자기도 의로우시며 또한 예수 믿는 자를 의롭다 하려 하심이니라"(26절). 바울은 법정적으로 의로운 하나님을 알고 있다(참고. 롬 2:5, 3:5). 그렇다면 하나님은 인간의 죄악을 어떻게 묵과하시는 동시에 의로우실 수 있는가? 하나님은 구약 시대에는 희생 제사 제도를 통해서 인간의 죄악에 대해 참으셨다. 이것은 실제적인 용서와는 다소 차이가 있다. 반복적으로 드려진 구약의 짐승의 희생은 완전한 속죄를 이루지 못했다. 단지 그리스도의 완성적인 속죄를 내다볼 뿐이다. 하나님은 예수님에게 진노를 부으심으로 공의를 만족시키셨고, 동시에 예수님을 믿는 자에게 구원을 주시는 은혜를 보여주셨다. 참으로 공의와 사랑의 하나님의 공존은 십자가에서만 찾을 수 있다. 이것이 하나님의 놀라운 지혜이다(참고. 고전 1:23-24).

"그런즉 자랑할 데가 어디뇨 있을 수가 없느니라(*ekseklesthe*, It was shut out; 아오리스트 신적 수동태 직설 3인칭 단수) 무슨 법으로냐 행위로냐 아니라 오직 믿음의 법(*dia nomou pisteos*)으로니라"(27절). 선행-공로-행위는 물론 심지어 우리는 우리의 믿음도 자랑할 수 없다. 왜냐하면 믿음도 하나님의 선물이기 때문이다. 환언하면 믿음은 내가 이룬 일이 아니라, 하나님께서 나를 위해 이루신 일을 인정하는 것이다. "그러므로 사람이 의롭다 하심을 얻는 것은 율법의 행위에 있지 않고, 믿음으로 되는 줄 우리가 인정하노라"(28절).[1056] 선한 행실이나 율법을 지켜 구원을 얻으려는 사람은 고기를 문 개가 물속에 비친 고기를 보고 입을 벌려서 먹으려고 하다가 입 속의 고기조차 잃어버리는 꼴이 된다(마르틴 루터). "하나님은 홀로 유대인의 하나님뿐이시뇨. 또 이방인의 하나님은 아니시뇨 진실로 이방인의 하나님도 되시느니라"(29절). 긍정적인 답을 기대하는 수사학적 질문이다. 구약에서 이미 이방인이 구원에 포함된 것을 볼 수 있다(참고. 창 12:3). 적용해 보면, 하나님은 나의 하나님이 되시지만, 우리의 하나님, 다른 교단의 하나님도 되신다. "할례자도 믿음으로 말미암아 또는 무할례자도 믿음으로 말미암아 의롭다 하실 하나님

1055) LXX에서 이 단어는 21회에 걸쳐 '법궤 뚜껑'(시은좌, mercy seat)을 지칭한다. 그러므로 예수님은 새 언약의 속죄소이시다. 예수님의 십자가는 화목의 속죄가 베풀어지는 장소이다.

1056) 28절의 접속사 '그러므로'를 개역개정판과 B, C 그리고 다수 사본이 지지한다. 하지만 시내 산, A, D사본 등은 '왜냐하면'을 지지한다. 바른 성경은 접속사를 번역하지 않았다.

은 한 분이시니라"(30절). 신명기 6장 4절은 하나님은 한 분뿐이라고 선포한다. 그러므로 유대인을 다루신 하나님은 이방인도 동일한 방식으로 다루신다. 구원의 방식은 한 가지밖에 없다. "그런즉 우리가 믿음으로 말미암아 율법을 폐하느뇨 그럴 수 없느니라 도리어 율법을 굳게 세우느니라"(31절). '세운다'(*histano*)는 '폐한다'(*katargeo*)의 반대말로 '붙들다, 성취하다'라는 뜻이다. 그리스도께서 율법을 지키신 것에 기초하여 우리는 의롭게 되었다. 여전히 율법은 그리스도 밖에 있는 사람을 정죄하며, 구원받은 백성의 삶에도 원칙이 된다. 율법은 이제 성취된 생명의 법, 자유와 성령의 법 그리고 그리스도의 법으로 우리에게 주어졌다.

3. 오늘에의 적용

죄의 보편성과 심각함을 깨닫자.
전통의 허영과 폐해를 깨닫자.
우리의 발목을 잡는 과거 회귀적 전통과 특권 의식은 무엇인가?

로마서 4장

1. 본문 및 구조

- 믿음과 행위(1-8)
- 믿음과 할례(9-12)
- 믿음, 약속, 율법(13-22)
- 아브라함의 믿음과 성도의 믿음(23-25)

2. 구원 계시사적 메시지

2.1. 로마서 4장 1-8절의 메시지

바울은 믿음의 조상(*propator*, 'forefather', NT *hapax*; 다수 사본은 *patera*로 씀) 아브라함의 칭의의 경험을 소개한다.[1057] "그런즉 육신으로 우리의 조상인 아브라함이 무엇을 얻었다고 말할 수 있겠는가?"(1절) 유대인이건 이방인이건 모든 믿는 자의 조상인 아브라함이 발견한

1057) 아브라함의 경우에는 의(義)의 모형(模型)이 나타나 있고, 그 의는 온 교회에 공통되는 것이기 때문에, 바울이 아브라함 개인에 대해 기록된 것을 교회 전체에 적용하는 것은 옳다(참고. 칼빈, 1993:129).

것(*heurekenai*)은 무엇인가? 바울은 구약의 아브라함의 일생을 예로 들면서 믿음으로 의롭게 됨을 증명한다. "만일 아브라함이 행위로써 의롭다 하심을 얻었으면(*edikaiothe*) 자랑할 것이 있겠으나, 하나님 앞에서는 없다. 성경이 무엇을 말하는가? 아브라함이 하나님을 믿으매 이것이 그에게 의로 여기신 바 되었다"(2-3절). 아브라함은 하나님의 명령에 충성함으로 의롭게 되었고 하나님과의 언약 관계 속에 살았던 것은 아니다. 창세기 15장 6절에 의하면, 아브라함이 의롭게 된 것은 믿음으로 된 것이지, 율법을 지킴으로 된 것이 아니라고 밝힌다. 그러므로 로마서 3장 27절 말씀처럼 아브라함 역시 자기의 행위와 순종을 내세우거나 자랑할 수 없다. 유대인들은 종교적인 교만을 가지고 있었는데, 그것은 바로 어떤 한 일 때문에 하나님께 상을 받고, 더 나아가 하나님께 무언가 요구할 수 있다는 생각이다. 주기도문의 구절도 유대인은 "우리가 남의 죄를 용서해 준 것을 보고, 우리의 공로를 보고, 하나님은 우리 죄를 용서하셔야 합니다"라고 잘못 주장하지 않았는가? 그러므로 아브라함은 그 순종으로 인해 하나님께 의롭게 되는 칭찬을 받을 수 있다고 보았고, 그 후손들인 유대인 자신도 자긍심을 가질 수 있다고 거짓 확신했다. 이것은 인간의 죄악의 심각성을 몰라서 그렇다.

"(그러나, *de*) 일하는 자에게는[1058] 그 삯을 은혜로 여기지 아니하고 빚으로 여기거니와 일을 아니할지라도 경건치 아니한 자를 의롭다 하시는 이를 믿는 자에게는 그의 믿음을 의로 여기시나니"(4-5절). 삯(wage)은 노력하고 수고하여 일을 할 때 당연히 받게 된다. 일한 사람에게 고용인이 주는 월급은 은혜가 아니다. 노동자가 마땅히 받아야 할 권리이다. 하지만 창세기 15장 6절은 아브라함이 일한 것을 전혀 언급하지 않는다. 대신 아브라함이 자신과 언약을 맺으시는 하나님을 믿은 것만 언급한다. 그 믿음 역시 하나님의 선물이다. 하나님의 의로우심이 아브라함에게 넘어간 것이다. '여겨지다'(*elogisthe*, to credit, count, evaluate)는 말은 원래 사람이 불의한데, 하나님에 의해서 의롭게 간주되는 것을 강조하는 동사이다.

"일한 것이 없이 하나님께 의로 여기심을 받는 사람의 행복에 대하여 다윗의 말한 바, 그 불법을 사하심을 받고 그 죄를 가리우심을 받는 자는 복이 있고, 주께서 그 죄를 인정치 아니하실 사람은 복이 있도다 함과 같으니라"(6-8절). 바울은 시편 32편 1-2절을 언급한다. 다윗 역시 믿음으로 의롭게 됨을 지지한다. 다윗은 간음과 살인죄를 지은 사람이지만 회개했을 때 사죄의 은총과 기쁨을 맛본 사람이다. 이처럼 하나님과의 언약의 교제와 그 복됨과 구원은 인간의 공로가 아니라, 사죄의 은총의 결과물이다. 우리는 오직 그리스도의 공로로 의롭게 되고, 의의 결과들을 누리게 된 것이다. 진급, 승진, 합격, 돈을 많이 버는 것, 건강한 것과 같은 것도 복이지만, 사죄 은총, 불의를 미워하는 것, 마음이 정결한 것, 의를 위해 고난을 받는 것도 복이다. 이런 고통 속에서도 하나님의 새롭게 하시는 은혜를 깨달을 수 있기 때문이다.

2.2. 로마서 4장 9-12절의 메시지

1058) 칼빈(1993:132)은 '일하는 자'를 좋은 의미에서 선행에 열심을 내는 하나님의 자녀가 아니라 자기 자신의 행적을 내세워 자기 공로를 자랑하려는 사람을 가리킨다고 본다.

"(일한 것이 없이 하나님께 의로 여기심을 받는) 이 복은 할례자에게만 내리는가? 아니면 무할례자에게도 내리는가? 우리가 말하기를 아브라함에게는 무할례 시에 그 믿음을 의로 여기셨다 하노라"(9-10절). 아브라함은 갈대아 우르에서 75세에 부름을 받았다(참고. 창 12장). 하지만 그가 할례를 받은 것은 99세 때의 일이다(참고. 창 17장). 할례는 아브라함의 믿음으로 받은 의와 신앙을 상기시켜 주고 외적으로 지탱해 준다. 아브라함이 할례를 받은 것은 무할례 시에 믿음으로 된 의를 인친 것이다. 할례는 언약의 표징이요 인을 친 것이다(11절; 참고. 창 17:11). 아브라함은 무할례자로서 믿는 모든 자의 조상이 되어 그들로 의로 여기심을 얻게 했다. 믿음이 할례보다 앞선다. 그러므로 할례와 의식, 희생 제사 등은 믿음을 인친다. 아브라함은 할례자의 조상도 되었다(12절).[1059]

2.3. 로마서 4장 13-22절의 메시지

유대인이 할례를 받았기 때문에 아브라함의 후손이 되는 것이 아니라, 믿음을 가졌기 때문이다. 따라서 아브라함은 믿음의 자취를 좇는 모든 자의 조상이다. 믿음의 의로 아브라함과 하나님의 언약을 받은 사람들이 세상의 후사(*to kleronomon kosmou*)가 된다(13절). 아브라함과 믿음의 사람들이 세상의 후사가 되는 것은 많은 후손을 얻고, 복이 되고, 가나안을 차지함으로 가능하다. 이것은 신약의 교회가 받을 하나님 나라의 구성 요소인 하나님의 백성, 주권, 영토와 관련된다.

율법에 속한 자가 후사이면 믿음은 헛것이고, 약속은 폐하여졌다(14절). 율법을 따라 사는 자들 즉 믿음이 없는 유대인들이 천국의 상속자가 된다면 믿음도 언약도 모두 무의미하게 된다. 율법은 진노를 이루게 한다. 그러나 (*de*; 참고. 다수 사본은 '왜냐하면') 율법이 없는 곳에는 범함도 없다(15절). 율법은 우리의 죄를 밝히고 깨닫게 한다. 율법이 '옳다' 혹은 '그르다'라고 명시하기에 우리는 범죄한 것을 알게 된다. 후사가 되는 것은 은혜에 속하기 위하여 믿음으로 된다(16절). 우리의 구원과 칭의는 우리의 선한 행실이 믿음에 첨가된 결과가 아니다. 율법에 속한 자에게뿐 아니라 아브라함의 믿음에 속한 자에게도 해당되는데, 아브라함은 하나님 앞에서 우리 모든 사람의 조상이다(16절).

아브라함에게 많은 후손을 약속하신 하나님은 죽은 자를 살리시며, 없는 것을 있는 것같이 부르시는 이시다(17절). 많은 후손을 주실 것이라는 약속은 사실 예수님 안에서 성취되었다. 신약 교회는 인종과 민족 그리고 그 어떤 구별이나 차별을 초월한다. 하나님은 죽은 자를 살리신다는 말씀에서 예수님의 부활도 여기에 암시된다. 하나님이 생명의 수여자(life-giver)라는 사실은 유대인의 '18축도문'의 두 번째 기도에 상응한다. 아브라함은 바랄 수 없는 가운데 믿었으니 많은 후손의 조상이 되게 하시기 위해서이다(18절). 아브라함은 자신의 몸의 상태나 경험을 믿지 않고 오직 하나님의 능력과 신실함을 믿었다. 사실 아브라함은 그 어떤 것을 의지할 만한

1059) 겉으로 볼 때 이 단락에서 바울은 할례와 무할례만 다루는 것 같다. 하지만 바울이 다루는 것은 '할례'라는 단 하나의 의식이라기보다 율법의 모든 행위 즉 유대인들이 스스로 의를 추구하고 보상을 기대하는 모든 행위를 다루고 있다. 왜냐하면 유대인들에게 있어서 할례는 율법적 의를 추구할 때 기초가 되었기 때문이다(참고. 칼빈, 1993:138).

것이 없었다. 단지 하나님의 약속의 말씀으로 충분했다.

아브라함과 사라는 고령임에도 불구하고 믿음이 약해지지 않았다(19절). '약해지지 않다'(*me asthenesas*)는 진입적(ingressive) 아오리스트이다(without becoming weak).[1060] 하나님의 약속을 의심치 않고 믿음에 견고하여져서 하나님께 영광을 돌렸다(20절). 사실 아브라함의 인생에는 아내를 누이로 속이고 후처를 취하는 등 여러 가지 부족한 면이 발견된다. 하지만 그런 일 가운데서 하나님은 은혜를 더 주셨고, 믿음의 조상으로 더욱 다듬어지고 훈련되어 갔다. 약속하신 것을 하나님이 능히 이루실 줄을 확신했다(21절). 하나님은 두 마음을 품고 혼란 중에 있는 자가 아니라 온전한 확신으로 일을 추진하는 사람을 칭찬하신다. 그러므로 이것을 의로 여기셨다(22절).

2.4. 로마서 4장 23-25절의 메시지

이것은 아브라함만 위한 것이 아니라, 의로 여기심을 받은 우리도 위함이니 곧 예수님 우리 주를 죽은 자 가운데서 살리신 이를 믿는 자니라(23-24절). 아브라함이 노년에 아들을 얻은 것이 기적이라면, 예수님이 죽음에서 다시 사신 것은 더 큰 기적이다. 그리고 죄인인 우리가 사죄와 의를 덧입는 것도 기적이다. 예수님은 우리 범죄함을 위하여(*dia ta paraptomata*, 즉 '그 범죄들 때문에') 내어줌이 되고(*paredothe*, 신적 수동태; 참고. 사 53:12) 또한 우리를 의롭다 하심(*dikaiosis*, the judicial vindication and justification)을 위하여(for the sake of, 혹은 '우리의 칭의 때문에') 살아나셨느니라(25절). 우리를 하나님과 바른 관계 속에 살게 하시며 의롭다고 하시기 위해 죽음에서 다시 사신 주님의 부활은 곧 우리의 부활이다. 바울의 논의는 아브라함에게 역사하신 하나님은 예수님 안에서 더 큰 부활의 역사를 온 땅에 이루실 분임을 강조하는 것으로 끝맺는다. 더욱이 부활의 주님은 우리의 지속적인 의의 행실을 위해 계속 중보 기도하고 계신다.

3. 오늘에의 적용

우리가 아브라함의 후손으로 사는 길은 무엇인가?
실천적 칭의(practical justification)로 구원 얻을 믿음을 증명해 보이자.

1060) 19절에서 시내 산, A, B사본 등이 지지하는 *katenoesen*(그가 생각했다. 혹은 그가 알았다)과 다수 사본이 지지하는 *ou katenoesen*(그가 생각지 않았다)라는 이문이 있다. 사본상으로는 전자가 옳다. 전자의 의미는 "그가……을 생각할 때 그의 믿음이 약하여지지 아니하고"이다. 후자의 의미는 "그가 믿음이 너무 강하여……을 생각하지 아니하고"이다. 둘 다 의미는 통한다(참고. 매츠거, 2005:438)

로마서 5장

1. 본문 및 구조

- 칭의에서 구원으로(1-11)
- 은혜로 사는 삶(12-21)

2. 구원 계시사적 메시지

2.1. 로마서 5장 1–11절의 메시지

의롭다 하심을 얻은 자(*dikaiothentes*, 아오리스트 신적수동태)는 예수님으로 말미암아 화평을 누린다(1절).[1061] 칭의는 화평이라는 결과를 가져온다. 그리스도께서 평화를 주시기 위해 형벌을 당하셨고(참고. 사 53:6), 평강의 왕(참고. 사 9:6)으로서 사역을 감당하셨다. 먼저 죄를 없애심으로 영적, 정신적, 관계적, 물질적 평화가 임하게 된다. 그리고 예수님으로 말미암아 믿음으로써 우리는 지금 은혜에 들어감을 얻었다(2절). 일상생활 속에 우리는 하나님의 은혜 속에 살게 된다. "은혜로만 들어가네, 어린양의 보혈로, 그분의 임재 가운데 오라 하시네"라는 복음송은 이 구절에 잘 부합한다. 우리는 하나님의 영광을 바라보면서 즐거워한다. '즐거워하다'(*kauchometha*, 현재 디포넌트 직설법/가정법, We are boasting 혹은 Let us continue to boast, 자랑하다)는 하나님 안에서 승리를 확신하며 자랑하는 것을 의미한다(참고. Rogers & Rogers, 1998:324). 하나님의 임재와 권능과 나타남을 사모할 때 기뻐할 수 있다. 그리고 하나님의 영광의 최종적인 나타남인 파루시아는 우리의 삶에 더욱 소망을 불러일으킨다.

구원받은 자는 환난 중에도 즐거워한다(3-4절; 참고. 약 1:2). 왜냐하면 환난은 인내를, 인내는 연단을, 연단은 소망을 이루는 줄 앎이로다. NIV에서는 '연단' 대신에 '인격'(approved character, *dokime*-시험의 결과로 인정받은 인격)이라고 번역한다. 환난은 우리의 인격 가운데 잃어버린 하나님의 형상을 회복하기 위한 하나님의 손길이다. 물론 우리는 환난 그 자체로 기뻐하지는 않지만, 환난이 우리의 인격과 믿음을 온전케 하기에 소망 중에 기뻐한다. 어려움 그 자체는 우리를 돌보시는 하나님의 사랑(*he agape tou theou*, 주격적 속격: the love which God has for us)을 의심하도록 허용하지 말아야 한다. 오히려 어려움 속에서 굴복하지 않고 하나님의 사랑을 확인하여 인내하도록 하신다. 바울은 전도 여행 가운데 있었기에 이것을 체험에서 권면하고 있다. 성도는 그리스도와 함께, 그리스도를 위해 받는 고난을 피할 수 없다(참고. 빌 1:29, 3:10;

1061) 1절의 *echomen*(현재 능동 직설 1인칭 복수, F, G, 다수 사본 중 일부) 대신에 *echo*(오메가)*men*(현재 능동 가정 1인칭 복수; 시내 산, A, B, 다수 사본 중 일부)도 사본 외증상 가능한데, 후자가 옳다면 "우리가 평화하자"라는 청유형(hortatory)이 된다(Let us enjoy the possession of peace). 참고로 개역개정판은 청유형으로, 바른 성경은 직설법으로 번역했다.

골 1:24; 벧전 2:21, 4:13).

(환난 가운데서라도) 우리가 가지고 있는 소망, 즉 하나님의 영광에 참여(하고 있으며)할 것이라는 소망이 우리를 실망시키지 않는 이유는, 성령으로 말미암아 하나님의 사랑이 우리에게 (풍성하게) 부은 바(*ekkechytai*, has been poured, 신적 수동태) 되었기 때문이다(5절; 참고. 롬 5:2). 성령은 우리 안에 소망을 두고 행하시고 우리를 계속적으로 격려하시는 분이시다(참고. 요 7:38; 딛 3:5-6). 우리가 연약할 때, 바로 그 적절한 시점(참고. 갈 4:4)에 그리스도께서 경건치 않은 자 곧 우리를 위해 죽으셨다(6절). 우리의 이전 상태를 보여주는 두 가지 표현은 다음과 같다 '우리가 연약할 때'(*onton hemon asthenon*) 즉 죄의 능력 때문에 하나님의 뜻을 행할 수 없는 상태에 있었을 때, 그리고 '경건치 않았을 때'(*hyper asebon*, for ungodly ones 혹은 instead of ungodly ones) 즉 하나님을 떠나려고 했을 때이다.

"의인을 위하여 죽는 자가 쉽지 않고, 선인을 위하여 용감히 죽는 자가 혹 있지만." 사람이 사람을 위해 죽어서 생명을 건지는 것만큼 고귀한 사랑의 표현은 없다(7절). 대부분 이런 일이 일어나는 것은 이미 목숨을 대신 버리는 사람과 건짐을 받는 사람 사이에 어떤 관계가 있기 때문이다. 하나님께서 (죄인으로 경건치 않고 연약한) 우리에 대한 자기의 사랑을 계속해서 확증하신다(현재 시제, 8절). 그 방법은 그리스도께서 우리를 위해 죽으심으로. 우리가 선했기 때문이 아니라, 죄인이었음에도 불구하고 하나님께서 우리를 그만큼 사랑하셨기 때문에 이제 사랑받는 자로 살고 있다.

예수님의 피로 의롭다 함을 얻은 자는 더욱(*mallon*, much more) 그로 말미암아 진노하심에서 구원을 얻을 것이다(9절). 불경건한 죄인을 의롭게 하시는 더 어려운 일을 하나님께서 행하셨다면, 이미 의로워진 사람을 진노에서 구원하는 더 쉬운 일도 반드시 행하실 것이다. 성도에게 법적인 의로움이 주어졌기에 어떤 정죄와 심판 가운데서도 두려워할 이유가 없다. 이전에 원수였던 사람이 이제 예수님의 대속의 희생을 통해서 화목하게 된 사람은 예수님의 생명을 통하여(through his life, 즉 예수님의 부활을 통하여) 구원을 얻을 것이다(10절; 참고. 골 1:21-22). 주님의 죽으심이 우리에게 의를 가져다주고 화목하게 만들었다면, 주님의 부활은 우리의 (미래적이고 최종적인) 구원을(까지도) 보증하는 것이다. 우리는 화목을 주신 예수님을 통하여 하나님 안에서 기뻐한다(11절; 참고. 빌 4:4).

2.2. 로마서 5장 12-21절의 메시지

바울은 '아담-그리스도 모형론'(Adam-Christ typology)으로 아담의 불순종과 예수님의 순종을 비교한다(12절). 아담과 예수님의 관계는 '전형, 질문, 예언과 원형, 대답, 성취'의 관계이다(참고. 칼 바르트, 1997:248).[1062] 바울은 단순히 아담과 예수님을 대조하지 않고, 아담의 범죄의 결과인

1062) 아담은 인류의 조상이다. 그러나 범위를 좁혀 볼 때, 아담의 일생은 모형론적으로 구약 '이스라엘의 역사'를 미리 보여주는 측면이 있다. 창세기 1장에서, 하나님께서 창조 세계에 질서를 부여하셔서 혼돈과 무질서가 사라진 후 아담이 창조되었다. 이스라엘도 하나님께서 갈대아 우르와 애굽이라는 우상 숭배와 억압의 뒤틀린 질서를 정복하신 후 아브라함과 출애굽한 이스라엘을 창조하셨다.

사망과 예수님의 순종의 결과인 생명을 대조적으로 설명한다(참고. Witherington, 2004:141). 사망과 생명의 대조는 신명기 30장 15-20절이 잘 보여준다. 고전 수사가 퀸틸리안에 의하면, '대조'는 세밀한 논증에 있어서 필수적인 것이다. 대표적으로 예가 될 인물들 사이의 대조는 논지를 분명하게 하는데, 바울이 이런 기법을 사용하고 있다. 아담과 예수님은 머리(headship) 혹은 대표적인 존재(representative figure)이다. 아담은 전 인류를, 예수님은 교회를 대표한다. 창세기 2장 17절에서 하나님은 아담에게 선악과를 먹으면 정녕 죽으리라고 말씀하셨다. 그 말씀을 거역하자 말씀대로 반드시 죽어야만 했다. 옛것을 상징하는 아담과는 달리 새로운 인류를 창조하신 둘째요 마지막(고전 15:45) 아담이신 예수님은 길, 진리, 생명이시기에, 우리가 믿음으로 생명을 얻는다. 바울은 궁극적으로 아담의 죄가 예수님 안에서 구원받을 자에게 미치는 영향을 염두에 두고 있다. 12절의 짧은 구절 안에 교차 대칭 구조가 나타난다(참고. Moo, 1996:321).

A. 죄(12a)가 생산되다
　B. 사망을(12b)
　B'. 모두가 사망한다(12c)
A'. 죄 때문에(12d)

12절은 '연대성'에서 오는 원죄와 '개체성'에서 오는 자범죄의 양면을 말한다. 만약 아담과 인류의 연대성에서 오는 원죄를 인정하지 않는다면, 예수님 한 분의 구속 사역이 인류 전체에 영향을 끼친다는 점을 이해하기 힘들다(참고. 최갑종, 2009:294). 모세 시대의 율법 제정 이전에도 죄가 있었다(13절). 그러나 그때는 죄를 죄로 여기지 않았다. 이 말은 선악과를 먹은 아담과 아벨을 죽인 가인에게 죄가 없다는 말이 아니다. 오히려 아담과 모세 사이의 사람들에게는 무엇이 죄인지 아닌지 통일되고 구체적인 지침이나 명령이 없었다는 의미이다. 모세 때 율법이 주어짐으로써 사람은 죄에 대해 명백하게 이해할 수 있었다.

아담과 율법의 수여자인 모세 사이에 살았던 모든 범죄자들에게도 사망이 왕 노릇 했다(14절). 그 증거는 이 사람들이 죽었다는 사실이다. 원형(prototype)인 아담은 오실 분 예수 그리스도의 표상(*typos*, type, pattern)이다. 고린도전서 15장 45절에서 예수님을 '마지막 아담'이라고 부른다. '마지막' 아담이신 예수님은 새롭게 창조된 인류를 대표한다.[1063] 첫째 아담 이전에 사람이 없었다. 마지막 아담 뒤에 올 새 창조자도 없다.[1064]

하나님은 아담에게 선악과를 먹지 말라는 소위 '문화명령'이라는 법을 주셨듯이, 시내 산에서 이스라엘에게도 법을 주셨다. 아담이 타락 후 동산 밖으로 추방 됐듯이, 이스라엘도 가나안에서 추방되어 포로 생활을 겪었다. 아담이 가죽옷으로 회복되었듯이, 이스라엘은 포로에서 귀환했다.

1063) 최갑종(2009:291)은 아담과 예수님의 관계를 단순한 '수평적 대조'가 아닌, 예수님의 인격과 사역이 훨씬 크고 넓다는 '비교급의 대조'로 본다.

1064) 로마서 5장 12-21절의 아담-그리스도 모형론과 고린도전서 15장 42-49절의 아담-그리스도 모형론의

첫 사람 아담을 통한 범죄와 원죄의 영향을 설명한다(15-16절). 둘째 아담이신 그리스도를 통한 구원과 대속의 은혜도 빛난다. 성도는 이제 사망이 아니라, 생명 안에서 왕 노릇 한다(17절). 왜냐하면 그리스도 안에서 사망은 그 쏘는 것을 잃어버리기 때문이다(고전 15:50-57). 주님의 대속의 사역인 '그 의의 한 행동'(*tou henos dikaioi*) 즉 십자가에서의 희생으로 많은 사람이 의롭게 된다(18절).

주님 한 분의 순종으로 많은 사람이 의인이 된다(19절). '그리스도의 의' 즉 그리스도께서 하나님 앞에서 구속 사역을 이루신 바로 그 의로 우리가 의를 입게 된다. 예수님을 믿음으로써 우리는 전가된 의를 받게 된다. 율법은 죄를 더하게 한다(20절). 죄가 더한 곳에 은혜가 더한다. 우리가 얼마나 많은 죄를 지었든지 하나님의 은혜는 그보다 크다. 예수님의 대속 안에 나타난 하나님의 은혜는 새로운 인류의 범죄보다 크다. 구약에서도 언약을 이루시기 위해 이스라엘의 죄를 책망하시되 참으시고 용서하시는 하나님을 본다. 죄가 사망 안에서 왕 노릇 했지만, 이제는 은혜가 의로 말미암아 왕 노릇 한다(21절). 결국 예수님으로 말미암아 종말론적인 영생에 이르게 한다.[1065]

바울은 아담의 '죄'를 세 가지 용어로 표현한다. *parabasis*(넘어서는 것, 허물, 범죄, 참고. 롬 5:14), *paraptoma*(그릇된 걸음, 범죄, 참고. 롬 5:15-20에서 6회 사용됨), 그리고 *parakoe*(순종하지 아니함, 참고. 롬 5:19). 이 세 단어들은 모두 '*hamartia*'(죄)보다 의미가 강한 단어들이며 동시에 의미를 분명하게 해준다(참고. 제임스 던, 2003:167).[1066]

차이점은 다음과 같다(참고. Son, 2001:51-52). (1) 로마서는 더 구체적이다(예. 롬 5장의 '한 사람' 및 아담과 그리스도 앞에 정관사를 사용; 고전 15장의 '사람'). (2) 고린도전서 15장에서 생략된 아담의 죄가 롬 5장에서 반복적으로 강조된다(예. 5:12). (3) 로마서 5장에서는 아담의 죄와 불순종이 예수님의 은혜, 의 그리고 순종과 반복적으로 대조된다. (4) '한 명'과 '다수' 사이의 상호 관계가 로마서 5장에서 강조된다.

1065) 바울은 로마서 1장 18-32절과 마찬가지로 로마서 5장 12-21절에서도 아담과 이스라엘의 특수한 경험을 인류 전체의 보편적인 경험으로 확대시키는 점에 주목할 필요가 있다. 즉 바울은 아담과 이스라엘의 죄와 사망을 인류 전체의 전형(典型)을 제시하는 것(paradigmatic)으로 보고 있다(참고. 제임스 던, 2003:168).

1066) 다음은 단락별로 살펴본 로마서 1장 18절-5장 21절의 교차대칭적 흐름이다.

A. 인류
  모든 불의한 자에게 내리는 하나님의 심판(1:18-32)
B. 유대인
  하나님의 의로운 심판(2:1-11)
  유대인의 율법은 안전한 대책이 못 됨(2:12-16)
  유대인의 특권이 안전한 대책이 되지 못함(2:17-24)
  유대인의 할례도 안전한 대책이 되지 못함(2:25-29)
  하나님의 신실함과 유대인(3:1-8)
  유대인이나 헬라인이나 모두 죄인임(3:9-20)
C. 예수 그리스도
  예수 그리스도를 믿음으로 가능한 하나님의 의(3:21-31)
B'. 아브라함(유대인)
  아브라함과 이신칭의(4:1-12)

3. 오늘에의 적용

은혜로 사는 생활이란 무엇인가?
예수님의 전 교회적 인격을 바로 알자.

❧ 로마서 6장 ❧

1. 본문 및 구조

• 그리스도와의 연합으로 죄에 대해 죽은 성도(1-11)
• 성도의 순종과 새로운 책임(12-23)

2. 구원 계시사적 메시지

2.1. 로마서 6장 1–11절의 메시지

바울은 로마서 5장까지 모든 사람이 죄인이며, 구원이 필요하며, 그리스도를 통하여 의가 전가됨 즉 칭의의 문제를 주로 다루었다. 이어서 바울은 로마서 6-8장에서 성화의 문제를 주로 다룬다. 즉 칭의의 은혜를 경험한 성도는 점진적으로 죄에서 떠나 하나님을 닮아가야 한다. 그렇다면 성도는 죄의 지배에서 벗어나서(롬 6장), 죄와 싸워야 하고(롬 7장), 죄를 어떻게 이길 수 있는가?(롬 8장) 그리스도인도 죄를 범한다. 우리가 이 땅에 사는 동안, 칭의와 범죄라는 어울리지 않는 이 둘 사이에는 긴장이 있다. 그러나 우리는 죄의 종 노릇을 계속할 수 없다.

성도는 하나님의 은혜를 더하려고(to be in abundance) 습관적인 죄(현재 능동 가정 1인칭 복수)에 거할 수 있는가? 그럴 수 없다. 왜냐하면 우리는 이미 죄에 대해 죽었으므로(*apethanomen*, 아오리스트 능동 직설법) 죄 안에 살 수 없기 때문이다(1-2절). 바울은 수사학적 질문으로 논지를

아브라함의 믿음을 통하여 실현된 약속(4:13-22)
아브라함의 믿음과 성도의 믿음(4:23-25)
A'. 인류(성도)
칭의에서 구원과 화평으로(5:1-11)
택함 받은 모든 사람이 마지막 아담 안에서 누리는 생명(5:12-21)
로마서 1장 18절-5장 21절에서 저자 바울의 사고의 흐름(thought flow)은 '인류→유대인→예수님'에서 '예수님→유대인(아브라함)→인류'로 흐른다. 이것은 우연한 일이 아니라, 고도의 문학적인 구도 속에 바울 자신의 신학적 함의를 담고 있는 것이다. 그것은 남은 자와 마지막 아담이신 예수 그리스도이다. 예수님은 구약 백성을 자신의 인격 안으로 포섭하시고, 신약 백성을 재창조하여 확대하시는 분이시다.

강화한다. 바울이 '죽다'(*apothnesko*)라는 말을 사용함으로써 도덕 폐기론자들에 대항하여 성도가 죄에 대해 죽는 것을 그리스도의 죽음과 연결시키려는 의도를 가진 것으로 볼 수 있다. 더 나아가 성도가 최종적이고 결정적으로 죄와 단절해야 함을 강조한다(참고. Moo, 1996:356). 오직 어리석은 부모만 자녀의 습관적이고 반복적인 죄악을 계속해서 용서할 것이다. 우리가 하나님의 용서와 자비를 받을 수 있다는 사실 때문에, 우리의 삶을 죄악과 방종(licentiousness)과 부도덕에 방치할 수 없다. 그렇다면 언제 성도는 죄에 대해서 죽었는가? 뒷 절(4-6절)에서 그리스도의 죽으심, 장사 지냄, 부활이 언급되기에, 그리스도 사건이 발생한 시점은 곧 성도가 죄에 대해 죽은 때이다(참고. 갈 2:20).

그리스도 예수님과 (연)합하여 세례를 받은(*ebaptisthemen eis Christon Iesoun*, were baptized into Christ Jesus; 아오리스트 신적 수동태) 성도는, 예수님의 죽으심과 합하여(*eis ton thanaton* autou; 예수님의 죽으심 안으로) 세례를 받았음을 기억해야 한다(3절). '*eis*'(into)라는 전치사를 통해서 볼 때 성도가 그리스도와 관련되기 위하여 안으로 들어가는 움직임을 강조하는 표현이다. 이것은 교회와 그리스도의 연합(communality, incorporation)에 기초한다. 바울은 성도의 성화를 세례의 중요성에 비추어 언급한다. 하나님은 우리가 죄에 대해서는 죽어 장사 지낸 자가 되었다고 말씀하시는데, 우리는 자꾸 죄에 대해 죽지 않은 것처럼 행동하지는 않는가? 초대 교회가 받은 세례는 물속에 들어갔다가 나오는 것이다. 물에 몸이 들어가는 것은 죽음과 장사 지냄을, 물 밖으로 나오는 것은 부활과 새 생명의 시작을 상징한다. 크리소스톰은 "만약 당신이 세례 받을 때 죽었다면 계속 죽은 채로 있어라"고 말했다. 즉 죄의 유혹에 대해 매력을 느끼지 말아야 한다. 그러므로(*oun*을 바른 성경은 번역하지 않음) 성도는 예수님과 함께 장사되었으므로, 예수님을 죽은 자 가운데서 살리신 것처럼 하나님은 성도를 새 생명 가운데 행하게 하려고 살리셨다(4절).[1067] 갈라디아서 2장 20절에서 바울은 그리스도와 함께 십자가에 못 박혔나니 자신 안에 자아가 아니라 그리스도께서 사신 것이라고 고백한다.

우리가 주님의 죽으심을 본받아(*to homoiomati*, likeness, copy) 연합한 자(symphytoi)가 되었으면, 주님의 부활을 본받아 연합한 자가 되어야 한다(5절). 우리가 영적으로 예수님과 함께 죽은

1067) 성부 하나님은 죽은 자들 가운데서 예수님을 부활시키는 분으로, 성자는 수동적인 부활의 대상으로 종종 묘사된다. 그러므로 예수님은 부활하시는 것이 아니라 부활 되신다(아오리스트 수동태, 롬 4:25, 6:4, 9, 7:4, 8:34; 고후 5:15; 완료 중간태 혹은 수동태 고전 15:4, 12, 14, 16, 17, 20; 딤후 2:8). 그리스도는 '아버지의 영광으로 말미암아'(롬 6:4), '그의 권능으로'(고전 6:14), '베푸신 능력의 지극히 크심으로'(엡 1:19; 골 2:12) 부활하심을 입었다. 로마서 6장 4절은 우리가 성령과 성부의 영광을 연결하도록 한다. 그리고 이 두 위격의 영광은 성자와 성도의 영광을 보장하면서 동참하도록 초청한다. 왜냐하면 부활하신 예수 그리스도의 몸은 영광을 받으신 상태이고, 이제 '살려주는 영'(성령, 고전 15:45)이 되시어 성도에게 영광스런 몸을 주시기 때문이다(빌 3:21). 성부의 능동성과 성자의 수동성을 논하면서 이렇게 자연스럽게 성령의 사역이 언급되는 것은 삼위일체의 신비 때문이다. 엄밀히 말하자면 부활 이후에 성자는 성령으로 역사하시기에 더 이상 수동성을 가지고 있지 않다. 아버지께서 역사하시기에 아들도 지금 능동적으로 역사하시는 것이다. 성부가 성령을 통해서 성자의 부활을 주도하신 것처럼, 성자는 성령을 통해서 교회의 부활을 주도하는 것으로 볼 수 있겠다. 그러므로 성령은 여전히 그리고 변함없이 '-을 통하여'라는 도구적인 성격의 사역을 감당하신다.

것은 세상과 죄와 옛사람에 대해 죽음이다. 십자가에서 죄의 권능은 사라졌다. 이것은 부정적 혹은 소극적 개념이다. 그러나 주님과 함께 살아남은 긍정적이고 적극적으로 의와 새 생명(*kainoteti zoes*, 직역하면 '생명의 새로움')을 향해서 사는 것이다. '생명의'의 속격을 동격의 속격(genitive of apposition)으로 보면 '새로움 즉 생명'(newness, that is, life)으로 번역할 수 있다(참고. Rogers & Rogers, 1998:326). 우리 옛(*palaios*)[1068] 사람이 예수님과 함께 십자가에 못 박힌 것은 죄의 몸(*to soma tes hamartias*, the body as dominated by sin)이 멸하여(*katargethe*, 아오리스트 수동 가정 3인칭 단수) 다시는 우리가 죄에게 종 노릇 하지 아니하려 함이다(6절). '죄의 몸'(to soma tes hamartias)은 개별적인 죄가 나오는 '체계'(system)를 가리킨다. '몸'(*soma*)은 '육체'(*sarks*)보다는 중립적이지만 역시 부정적인 뉘앙스를 가진다('이 사망의 몸', 참고. 롬 7:24; 보라. 제임스 던, 2003:143). 죽은 사람은 이미 죄에서 해방되어 의롭다 하심을 얻었다(7절). 이 말씀의 배경은 바울 당시에 노예가 죽어 자유롭게 되는 관습이 있는 것 같다. 마찬가지로 우리가 죄에 대해 죽어야, 죄에 대해서 자유하게 되어 새로운 생활을 시작하게 된다.

우리가 그리스도와 함께 죽었으면, 또한 주님과 함께 살 줄을 믿는다(8절). 비록 '함께 살다'의 미래형(*syzesomen*, 미래 능동 직설 1인칭 복수, *syn+zao*)이 등장하지만 그리스도의 부활의 유익을 우리는 이미 종말론적으로 경험하고 있다. 왜냐하면 그리스도와의 신비로운 연합(the mysterious union with Christ)으로 인해 주님 부활이 우리의 부활이기 때문이다. 예수 그리스도의 죄악과 사망을 이기신 구속 사역은 2천 년 전에 한정될 수 없다. 예수님께서 죽은 자 가운데서 사셨으매, 다시 죽지 아니하시고, 사망이 다시 주님을 주장하지 못한다(9절). 주님의 부활은 사망 권세를 깨뜨리신 것이기 때문이다. 우리에게 부활의 생명이 있는 것, 놀랍지 않은가!

예수님의 죽으심은 죄에 대해 단번에 죽으심이요, 예수님의 사심은 하나님께 대하여 사심이다(10절). 예수님은 십자가에서 마치 하나님의 저주를 받아 교제가 단절되는 듯한, 즉 음부의 고통을 겪는 것 같은 상황 속에 계셨지만 부활로 다시 하나님과 교제하시며 신원을 받게 되셨다. 이와 같이 우리도 우리 자신을 죄에 대하여 죽은 자요, 그리스도 예수님 안에서(참고. 다수 사본은 '우리 주 그리스도 예수님 안에서') 하나님을 대하여(*to theo*, 혹은 '하나님을 향하여는', '하나님을 위하여') 산 자로 계속해서 여겨야 한다(11절). 죽은 몸, 시체는 유혹에 반응할 수 있는가? 없다. 마찬가지로 죄의 유혹에 우리는 마치 죽은 자처럼, 눈감고 귀 막고 입 막고 살아야 한다. 그러나 하나님을 향해서는 살아야 한다.

2.2. 로마서 6장 12-23절의 메시지

12절부터 바울은 성화의 실천적인 면을 언급한다. 죄가 우리 죽을 몸에 왕 노릇 하지 못하게 하여(Don't let sin reign),[1069] 몸(즉 죄의 본성)의 사욕(*tais epithymiais*, the evil lust)에게 순종치

1068) '옛'은 옛 언약하의 상태 혹은 그리스도를 믿기 이전의 첫 사람 아담의 영향을 받은 악한 상태를 가리킨다.

1069) 로마서 6장 12절의 명령형은 22절에서 서술형으로 언급된다. "그러나 이제 너희는 죄에서 해방되고

말아야 한다(12절). 그렇다면 우리 몸에 죄가 왕 노릇 하지 못하게 하는 실제적인 방법은 무엇인가? 실천적으로 적용해 보며 답을 찾아보자. 자신의 약점을 발견하라, 유혹을 인정하라, 죄악된 욕망에 맞서라, 유혹의 근원이 되는 것을 멀리하라, 자기 절제를 훈련하라, 의식적으로 좋은 습관을 들이라, 하나님의 은혜를 의지하라, 그리스도의 평강이 당신의 마음을 다스리게 하라.

우리 지체들(*mele*, members)을 불의의 병기(*hopla*, 중성 복수 대격, instruments or weapons)로 죄에게 드리지 말고, 오직 우리 자신을 죽은 자 가운데서 다시 산 자같이 하나님께 드리며 너희 지체를 의의 병기로 하나님께 드려야 한다(13절). 지체라는 부분으로 몸 전체를 표현하는 대유법(synecdoche)이다. 비슷하게 로마서 12장 1절에서는 하나님이 기뻐하시는 산 제사 즉 영적 제사를 위해 드리라고 말씀한다. 우리 몸은 하나님의 의를 촉진시키는 도구가 되어야 한다. 죄가 너희를 주관치 못하리니, 이는 너희가 법(아담) 아래 있지 아니하고 은혜(예수 그리스도) 아래 있음이니라(14절). 우리가 법 아래에 있지 않다(*ouk esmen hypo nomon*)는 말씀의 의미는 무엇인가? 죄의 통제와 저주 아래에 있지 않다는 뜻이다. 법을 준수하지 못했을 때 부과되는 저주 아래에 있지 않다는 의미이다. 우리는 의식법(ritual law) 아래에도 있지 않으며 율법의 요구에 미치지 못할지도 모른다는 두려움 아래에도 있지 않다. 우리가 법 아래 있지 않고, 은혜 아래에 있기에 죄를 지을 수 있는가?

바울은 부정적인 대답을 기대하는 수사학적 질문을 한 후 자신의 전형적인 대답을 한다. "결코 그럴 수 없다"(15절, *me genoito*, 이것은 가장 대표적인 신약의 희구법적 표현임). 은혜는 우리 마음대로 할 기회가 아니라, 하나님을 위해 살 기회를 의미한다. 즉 하나님의 종이 될 때 우리는 은혜의 의미를 바로 알게 된다.[1070)]

혹은 죄의 종으로 사망에 이르고, 혹은 순종의 종으로 의에[1071)] 이른다(16절). 비슷한 맥락에서 마태복음 6장 24절에 의하면 예수님은 두 주인을 섬길 수 없다고 말씀하셨다. 우리의 삶은 선택의 연속이고, 결국 그 결정은 우리가 누구와 무엇을 섬기는가에 달려 있다. 죄와 순종 중에서 누구를 주인으로 섬길 것인가를 결단하라고 촉구한다. "하나님께 감사하리로다 너희가 본래 죄의 종이더니 너희에게 전하여 준 바 교훈의 본(*typon didaches*, terse presentation of teaching)을 마음으로 순종하여 죄에게서 해방되어 의에게 종이 되었느니라"(17-18절). 로마 교회는 그리스도의 죽으심과 부활에 관한 복음을 듣고 전심으로 순종했다. 이처럼 순종하여 의의 종이 되는

하나님께 종이 되어……" 그렇다면 바울이 같은 내용을 명령형과 서술형으로 언급하는 이유가 무엇인가? 긴장을 유발하기 위해서이다. 즉 하나님으로부터 오는 선물이 또한 그분으로부터 오는 명령이라는 것을 암시한다. 직설법은 하나님의 구원, 은혜, 통치가 이미 시작되었다는 것을 의미하며, 명령법은 악의 패배가 불완전하다는 것을 의미한다(참고. 다니엘 도리아니, 2009:186-187).

1070) "성도는 죄에서 해방되었다"는 직설법과 "죄가 왕 노릇 하지 못하게 하라"는 명령법 사이에는 창조적인 긴장이 있다.

1071) 여기서 '의'는 로마서 1-4장의 칭의를 가리키기보다는, 하나님을 기쁘게 하는 도덕적이고 의로운 행동을 가리키는 것으로 볼 수 있다. 문맥을 볼 때 이 해석이 설득력 있는데, 로마서 6장 이하는 주로 성화를 다루고 있기 때문이다. 물론 '의'를 공동체적으로 이해하여, 문맥에 따라 '교회가 받은 구원'으로 이해할 수도 있다(참고. Moo, 2000:210).

것은 은혜인 동시에, 노력과 훈련으로만 가능하다.

"너희 육신(*sarks,* the human condition apart from God)이 연약하므로 내가 사람의 예대로 말하노니(*anthropinon lego,* in human terms), 전에 너희가 너희 지체를 부정과 불법에 드려 불법에 이른 것같이, 이제는 너희 지체를 의에게 종으로 드려 거룩함(*hagiasmos*)에 이르라"(19절). 여기서 '의'는 성화의 상태(state)와 성화의 과정(process) 모두를 가리킨다. 바울은 로마 교회가 잘 알고 있었던 노예제도의 빛 속에서 성화를 설명한다. 로마 제국 인구의 반이 노예였고, 그들은 주인의 소유에 불과했으며, 불의와 학대를 감수해야 했다. 하지만 의의 종, 하나님의 노예는 다르다. 은혜를 받고 하나님의 아들로 살 수 있기 때문이다.

"왜냐하면(*gar*)[1072] 너희가 죄의 종이 되었을 때는 의에 대하여 자유하였으나"(20절). 개종 이전에 의에 대해서 자유한 것은 참된 자유가 아니다. "너희가 그때(*tote*) 무슨 열매를 얻었느뇨 이제는(*nyn*) 너희가 그 일을 부끄러워하나니 이는 그 마지막이 사망임이니라"(21절). '그때'와 '이제' 사이의 대조가 나타난다. 죄의 종으로 살았을 때 얻은 것이라고는 부끄럽게 하는 것, 그리고 사망뿐이다. 마찬가지로 우리가 거듭나기 이전의 삶, 아니 성화가 되기 이전의 삶을 돌아보면 참으로 부끄러워서 얼굴을 들지 못한다. "그러나 이제는 너희가 죄에게서 해방되고 하나님께 종이 되어(*doulothentes*, 아오리스트 신적 수동태 분사; 직역하면 "하나님이 종으로 만드셨다") 거룩함에 이르는 열매를 얻었으니 이 마지막(*to telos*)은 영생이라"(22절). 그러므로 지난 과거와는 달리 거룩한 열매를 맺어 그 결과인 영생을 이루어야 한다. "죄의 삯(wages)은 사망이요 하나님의 은사(*charisma*, grace gift)는 그리스도 예수님 우리 주 안에(*en Christo*, 장소의 전치사라기보다는 '도구적 여격'을 취하는 전치사이다; 'through Christ') 있는 영생이니라"(23절). 죄의 대가는 육적, 영적 사망이다. 그러므로 이런 형벌에 대한 책임을 하나님께 돌릴 수 없다. 영생은 하나님의 은사이다. 사랑의 선물을 받고 돈을 지불하려는 것은 어리석은 행동이다. 단지 선물을 받고 그 선물을 사용하면서 즐거워해야 한다.

3. 오늘에의 적용

날마다 그리스도와 함께 죽고 살자.
우리 몸을 의의 무기들(weapons)로 드리는 방법은 무엇인가?

1072) 한글개역성경과 NIV에도 이유의 접속사가 번역되지 않았다. 한글성경의 약점 중 하나는 이렇게 접속사를 종종 빠뜨리고, 인칭과 수를 정확하게 언급하지 않는 것이다.

൞ 로마서 7장 ൟ

1. 본문 및 구조

- 율법에 대해서 죽은 성도(1-6)
- 율법 아래서의 삶(7-13)
- 성도 안의 하나님의 법과 육신의 법(14-25)

2. 구원 계시사적 메시지

2.1. 로마서 7장 1–6절의 메시지

"형제들아 내가 법(*nomos*, 모세의 율법) 아는 자들에게 말하노니 너희는 율법이 사람의 살 동안만 그를 주관하는 줄(*kyrieuei*, 현재 능동 직설 3인칭 단수, to lord over; 금언적 현재) 알지 못하느냐"(1절). 유대인 성도는 물론 이방인 성도 역시 모세의 율법을 알고 있었다. 모든 법은 살아 있는 사람에게 구속력이 있다. 시체에게 법은 아무런 의미가 없다. 곧 이어서 바울은 결혼의 비유를 통해서 그리스도인과 율법의 관계를 설명한다. 랍비의 말을 기억해 보자. "만일 사람이 죽으면, 그는 토라와 계명들의 성취에 대해 자유롭다"(b. Shabb 30a).

"남편 있는 여인이 그 남편 생전에(즉 살아 있는 남편, living husband)는 법으로 그에게(under [subjected to] a husband) 매인 바 되나 만일 그 남편이 죽으면 남편의 법에서 벗어났느니라"(2절). 남편이 죽으면 아내로 하여금 결혼 서약으로부터 자유케 한다. 죽음이 결혼 서약을 깨뜨리듯이 예수님과 함께 죽으면 죄와의 결혼도 깨지게 된다. 특별히 유대인에게 있어서 율법은 항상 가까이에 있는 남편과 같은 존재였다. 성도가 예수 그리스도 안에 있는 것은, 율법 및 죄악된 본성과 이혼하고 예수님과 결혼하는 것이다. 예수님과의 재혼은 성령에 의해 지배되는 삶이며, 성령은 하나님의 법을 지킬 수 있도록 힘을 공급해 주신다.

"그러므로 만일 그 남편 생전에 다른 남자에게 가면 음부(*moichalis*)라 이르되 남편이 죽으면 그 법에서 자유케 되나니 다른 남자에게 갈지라도 음부가 되지 아니하느니라"(3절). '그 법'(*apo tou nomou*)은 아내에 대하여 남편에게 이혼할 수 있도록 부여한 법을 가리킨다(참고. 신 24:1). "그러므로 내 형제들아 너희도 '그리스도의 몸'으로[1073] 말미암아 율법에 대하여 '죽임을 당하였으니'(*ethanatothete*, 신적 수동태), 이는 다른 이 곧 죽은 자 가운데서 살아나신 이에게 가서 우리로 하나님을 위하여 열매를 맺히게 하려 함이니라"(4절). 새 이스라엘은 극상품 포도 열매를 맺어야 한다(참고. 사 5:1-7). 성도의 옛 자아에 대한 죽음은 율법과의 결속을 깨뜨린다. 유대인(및 이방

1073) 문맥상 '그리스도의 몸'은 교회가 아니라, 십자가에 못 박히신 그리스도 자신을 가리킨다(참고. 골 1:22; 보라. 이한수, 2002:554).

인) 성도는 율법과 그리스도라는 두 주인을 섬길 수 없다. 율법에 대한 헌신과 그리스도에 대한 헌신을 동시에 가진다면 영적인 간음이다. 우리가 그리스도에게 속하게 되는 것은 그리스도의 몸 즉 십자가에 달려서 죽으신 예수님으로 말미암아 교회 공동체에 속하게 됨으로 가능하게 된다. 그러므로 결혼하면 일반적으로 자녀가 태어나듯이, 예수님과 결혼한 사람은 하나님이 기뻐하시는 열매를 맺으며 살아야 한다.

"우리가 육신 (욕망이나 죄의 지배를 받으려는 인간의 성향)에 있을 때는 율법으로 말미암는 죄의 정욕(*ta pathemata*, the strong physical desire)이 우리 지체 중에 역사하여, 우리로 사망을 위하여 열매를 맺게 하였더니"(5절). '육신에 있을 때는'(*en sarki*)이라는 말씀은 단순히 육체나 몸을 가리키지 않고 '죄 된 본성의 지배를 받을 때는'이라는 의미이다. 옛 세대와 죄악에 의해 통제를 받는 육신 안에 있었을 때는(*en te sarki*) '율법을 통한 죄의 정욕들'(*ta pathemata ton hamartion ta dia tou nomou*)이 계속하여 작용했다(미완료, *energeito*, 롬 7:5).

죄의 정욕들이 율법을 통해서 작용한다는 것은 무엇을 뜻하는가? 즉 죄의 정욕(sinful passions, *pathema*는 '고난'이 아니라 *epithymia*와 동의어; 참고. 갈 5:24)과 율법의 관련성은 무엇인가? 율법의 기능에 대한 유대인의 전형적인 사고에 의하면 율법은 사람이 범죄하지 못하도록 억제하는 것이다. 그런데 여기서 바울은 거꾸로 율법이 범죄를 촉진시키고 돕는다고 말한다. 그런데 옛 언약 시대의 이스라엘의 역사를 잠시만 살펴보아도 바울의 논지가 옳음을 알 수 있다. 율법 아래에서 구약 이스라엘은 범죄 때문에 포로 생활을 하고 말았다. 율법이 주어진 이후에도 여전히 이스라엘은 죄의 속박 가운데 있었다. 바울은 율법이 가지고 있는 정죄의 기능만 염두에 두지 않고, 더 나아가 율법이 인간 위에 영향을 미치는 힘을 간파한다(참고. Schreiner, 1998:350-351). 율법 조항은 범죄를 완전히 억제할 수 없다. 그리고 율법은 죄를 촉진시킴으로써 사람의(영적, 정신적, 육체적) 지체들을 통제하는 힘을 가지고 있다. 율법은 옛 세대에 속한 것으로 사람을 얽매이게 만드는 힘이었다(롬 7:6). 그 결과 죄의 종이었던 사람들은 하나님을 위한 열매가 아니라 사망의 열매를 맺게 되었다(롬 7:5; 참고. 롬 6:20). 죽음은 죄의 결과로서의 저주이다(참고. 롬 6:23).

그러나 그리스도의 죽으심으로 엄청난 변화가 발생했다. 성도는 죄의 세력은 물론 율법의 세력으로부터 자유하게 되었다. 이제 그리스도인은 육신에 있지 않기에(롬 7:5) 율법에서 벗어났다. 그리스도인은 문자(옛 언약의 법령으로서의 구약)의 낡은 것(*palaioteti grammatos*)이 아니라 성령의 새로운 것(*kainoteti pneumatos*)으로 섬긴다(롬 7:6). 성령의 새로움은 그리스도인으로 하여금 율법을 행할 능력을 부여한다(참고. 렘 31:31-34; 겔 36:26-27).[1074]

그리스도인은 하나님과 올바른 관계를 맺기 위해 성취되어야 하는 외적인 규정들이나 의식법으로부터 자유로워졌다. 우리는 더 이상 어떤 규칙의 목록에 초점을 두면서 그것을 지킴으로써

1074) 6절을 약간 다르게 번역할 수 있다. "영(성령)의 새로운 것으로(in the new way; '성령의'를 동격의 속격으로 보면, '성령 곧 새로움으로') 섬길 것이요, 의문의 묵은 것으로(in the old way; '의문 곧 묵은 것으로') 아니할지니라"(참고. Rogers & Rogers, 1998:328).

하나님께 이르려고 애쓸 필요가 없다. 이제 우리의 눈은 우리 자신의 성취 혹은 어떤 명령 조항 자체에서 벗어나서, 성령과 그리스도를 향하도록 해야 한다. 성령님은 우리가 사랑과 감사의 마음 때문에 하나님을 섬길 수 있게 자유를 주신다. 이것이 성령의 새로운 방식으로 섬기는 삶이다.

2.2. 로마서 7장 7-13절의 메시지

"그런즉 우리가 무슨 말하리요 율법이 죄냐 그럴 수 없느니라. 율법으로 말미암지 않고는 내가 죄를 알지 못하였으니 곧 율법이 탐내지 말라 하지 아니하였더라면 내가 탐심을 알지 못하였으리라"(7절). 욕심은 모든 죄악의 근원이다(모세의 묵시록, 19:3). 이것을 현대적인 이야기로 설명해 보자. 해변에서 수영을 하던 사람이 파도에 휩쓸려 바닷속으로 빠져 들어간다. 바로 그때야 '수영 금지, 상어 출몰'이라는 표지를 보았다. 그러나 그 경고 간판은 그로 하여금 죽음에서 건져 주지 못한다. 경고 간판 자체가 상어의 출몰을 방지하지 못하며, 죽어 가는 사람을 살려주지 못한다. 왜냐하면 경고 간판은 '위험하다, 조심해야 한다'라는 경각심을 일깨워 주지만, 사람은 그 경고를 알면 알수록 더 하고 싶은 욕망을 느끼기 때문이다. 마찬가지로, 율법은 경고 간판처럼 죄를 멀리하도록 하는 기능을 하지만, 죄의 결과인 사망으로부터 사람을 건져 주지는 못한다. 그리고 죄인은 '하지 말라'는 율법을 보면 더 하고 싶어 하는 죄성을 가지고 있다. 율법은 무엇이 죄인지 아닌지를 분명하게 밝혀 준다. 그러나 세상의 죄악상을 밝힌 율법이 세상을 더럽힌 장본인은 아니다. 바울은 아담과 하와의 타락은 물론, 탐심 즉 10번째 계명에서 금하고 있는 것을 예로 들어 설명한다(참고. 출 20:17; 신 5:21).

"그러나 죄가 기회를 타서 계명으로 말미암아 내 속에서 각양 탐심(*pasan epithymian*, every illicit lust)을 이루었나니(to work out) 이는 법이 없으면 죄가 죽은 것(즉 잠재되어 있는 것)이니라"(8절).[1075] 죄는 율법을 교두보로 하여(기회를 타서) 사람을 공격한다. 죄가 죄로 드러나는 것은 율법을 통해서이다. 그러므로 율법은 나름대로 적절한 기능을 하기에, 우리를 죽이는 것은 하나님의 뜻을 보여주는 율법이 아니라 죄이다. "전에 법을 깨닫지 못할 때는 내가 살았더니 계명이 이르매 죄는 살아나고 나는 죽었도다"(9절). 율법을 어기려고 하는 죄성의 심각성을 깨닫기 전에는 우리 자신이 살아 있다고 믿었다. 하지만 '탐내지 말라'는 계명의 중요성을 분명히 알게 되면, 우리가 죄로 죽어 있다는 사실을 깨닫게 된다(참고. 롬 4:15, 5:13-15, 20). 바울은 죄의 필연적인 결과인 사망을 깨닫게 된다. 동시에 바울이 여기서 이스라엘 백성 전체를 염두에

1075) 시내 산에서 율법이 주어지기 전에도 하나님의 규례와 계명은 있었다. 출애굽기 15장 26절의 '마라의 쓴 물을 만난 사건'에서 하나님은 이스라엘에게 '명령과 규례'를 주셨다. 이때는 출애굽기 20장의 시내 산에서 십계명을 받기 이전이다. 시내 산에서 계명을 받기 이전에도 이스라엘에 법도와 율례가 있었다는 뜻이다. 예를 들어, 십계명을 받기 전이지만, 출애굽기 16장 23절에서 안식일 규례를 본다. 시내 산에서 받은 십계명은 이스라엘이 광야를 지나면서 알고 있던 것을 반복한 것이다. 광야에서 이스라엘이 우상을 만들지 말고, 하나님만 섬겨야 하고, 도적질하지 말고, 부모에게 순종해야 하는 법도를 몰랐을까? 알았다. 출애굽기 15장 26절의 '명령과 규례'는 하나님의 백성이 하나님의 인도에 순종해야 하는 구체적인 법도였을 것이다.

두고 있기에 8-9절의 내용을 공동체적으로 확장시키면 다음과 같다. '이스라엘에게 제시된 율법과 계명의 순종에 관한 분명하고 명료한 책임을 부가함으로써 율법은 그들의 죽음을 날인하였다고 말하고 있다'(참고. 더글라스 무, 2007:200).

"생명에 이르게 할 그 계명이 내게 대하여 도리어 사망에 이르게 하는 것이 되었도다"(10절). 헬라어 원문에는 '나는 죽었다'(*ego apethanon*)가 문두에 위치하여 강조된다. 레위기 18장 5절은 "사람이 규례와 법도를 행하면 살리라"고 말씀한다. 하지만 바울은 죄로 인해서 계명은 사망의 불가피성만을 분명히 알려 준다고 말한다. "죄가 기회를 타서 계명으로 말미암아 나를 (완전히) 속이고(*eksepatesen*, to deceive completely and successfully 혹은 to make someone to lose the way) 그것으로 나를 죽였는지라"(11절). 죄는 사람들이 율법을 오용하도록 속인다. 죄는 우리가 일정 부분 율법을 지키면 마치 의로운 사람인 것처럼 착각하게 만든다.[1076]

"이로 보건대 율법도 거룩하며 계명도 거룩하며 의로우며 선하도다"(12절). 율법은 원래 하나님의 선하신 뜻과 성품을 보이는 것이기에 거룩하고 의롭고 선하다. 계명 자체는 죄를 규정하지만 죄가 아니다. 율법은 우리에게 죄를 깨닫게 하고, 윤리적인 지침을 주고, 결국은 율법을 완전히 지킬 수 없는 우리가 자기 의에 빠져 살지 못하도록 한다. "그런즉 선한 것이 내게 사망이 되었느뇨 그럴 수 없느니라 오직 죄가 죄로 드러나기 위하여 선한 그것으로 말미암아 나를 죽게 만들었으니 이는 계명으로 말미암아 죄로 심히 죄 되게 하려 함이니라"(13절). 선한 계명이 우리에게 사망을 주는 것으로 끝나버릴 것인가? 아니다. 죄가 죄로 인식되는 것은 율법을 통해서이다. 죄는 사람들 안에서 계속해서 사망을 만들기 위해 선한 율법의 계명을 이용한다. 사람은 자기 힘으로는 율법을 지킬 수 없기 때문이다. 율법 자체가 우리로 하여금 율법을 지키도록 능력 있게 만들지도 못한다.

2.3. 로마서 7장 14-25절의 메시지

율법은 신령한 줄(*pneumatikos*) 알지만 바울 자신은 육신에 속하여(*sarkinos*, fleshy) 종처럼 죄 아래 팔렸도다라고 말한다(14절).[1077] 율법은 구원받은 백성에게는 성취된 그리스도의 법으

1076) 제임스 던(2003:170)은 바울이 로마서 7장 7-11절에서 창세기 2-3장을 '알레고리 비슷하게'(semi-allegorical) 읽고 있다고 본다. 즉 선악을 알게 하는 나무의 과실을 먹지 말라는 명령(창 2:17)을 "탐내지 말라"(롬 7:7)라는 계명의 하나의 특수한 표현으로 읽는다고 본다. 그리고 바울은 로마서 7장 7-11절의 '나'를 실존적인 의미에서 '아담'과 동일시한다고 본다. 죄가 바울을 속이고 죽인 것(롬 7:11)은 뱀이 하와를 속이고 사망에 이르게 한 것과 유사하다. 그리하여 삶을 정상화하고자 하는 의도로 주어진 명령(창 2:16-17)이 오히려 사망을 이루는 수단이 되어 버린 것이다(롬 7:10, 13). 제임스 던(2003:171)은 바울이 아담 이야기를 통해서 인류의 범죄와 죽음을 논의할 뿐 아니라 '나의 경험'이 구약 이스라엘의 경험과도 연루되어 있다고 본다. 그렇다면 로마서 7장의 논리는 '아담의 범죄-구약 이스라엘의 범죄-신약 시대 바울의 범죄'로 이어진다. 로마서의 유대인 그리스도인 독자들은 이스라엘 역시 이방인들과 똑같이 인간의 연약함과 실패 속에 있었고, 또한 죄와 사망의 고리 속에 굳게 붙잡혀 있었다는 것을 잊어버리지 않도록 교훈을 받는다.

1077) 14절의 주어는 1인칭 복수이다. 1인칭 복수 동사(*oidamen*) 대신에, 33사본 하나만 1인칭 단수(*oida*)로 쓴다. 7-25절에 1인칭 단수 동사가 많이 등장하기 때문에 혼동한 것 같다.

로 신령하다. 그러나 그 누구도 육신을 입고 있는 동안에는 죄의 유혹과 죄 지을 가능성으로부터 자유롭지 못하다. 그래서 바울은 죄의 노예처럼 죄의 지배를 받고 있다고 고백한다. 바울은 자신이 행하는 바를 알지 못한다고 말한다(15절). 대신 원하는 것을 행하지 않고 미워하는 것을 행한다. 회심한 것이 죄로부터 자유하도록 하지 못한다. 성령의 소욕이 아니라 육체의 소욕을 따라 행하도록 죄가 유혹한다.

만일 바울이 원치 아니하는 것을 행하면 이로 율법의 선한 것을 시인하노라고 고백한다(16절). 바울은 자신이 율법을 어기는 것도, 어기고 있는 율법이 선하다는 것도 잘 알고 있다고 고백한다(현대어성경). "내가 아니라 내 안에 있는 죄가 원치 않는 것을 행한다"(17절). 자신의 범죄에 대해 책임을 지지 않으려고 이렇게 말하는 것이 아니다. 대신 바울은 자기 속의 죄가 계속해서 갈등을 일으키고 있다고 말한다. 예레미야 17장 9절 "만물보다 거짓되고 심히 부패한 것은 마음이라 누가 능히 이를 알리요." 육신에 선한 것이 거하지 않기에 원함은 있어도 선을 행하는 것은 없다(18절).[1078] 우리의 죄 된 본성 안에는 선한 것이 없다. 원하는 바 선은 행하지 않고 원치 아니하는 바 악은 행한다(19절). 선한 것인지 알지만 그대로 행할 능력이 없는 사람의 비참함을 언급한다. 원치 아니하는 바를 행하면 바울 자신이 아니요 죄가 행하는 것이다(20절). 범죄에 대해 책임을 져야 한다.

선을 행하기 원하는 바울에게 악이 함께 있는 법(*ton nomon*, 원칙)을 깨달았다(21절). 선을 행하고자 노력하면 할수록 악의 영향력이 얼마나 큰가를 알 수 있다. 속사람으로는 하나님의 법을 즐거워하되, 지체 속에서 한 다른 법이 마음의 법(하나님께 순종하려는 충성스러운 준비된 마음)과 싸워(*antistrateuomenon*, 현재 디포넌트 분사, to war against) 지체 속에 있는 죄의 법 아래로 사로잡아 오는 것(*aichmalotizonta*, 복종시키다, 전쟁 포로로 잡다)을 본다(22-23절). 여기서 '마음의 법'과 대조되는 '죄의 법'은 거듭나지 못한 사람뿐 아니라, 거듭난 사람의 육신 안에서 불법이 행사하는 세력을 가리킨다(참고. 칼빈, 1993:227). 성화를 추구하는 성도에게는 영적 전쟁이 불가피한데, 하나님께 순종하는 법과 죄의 법이 우리 안에서 계속 싸우고 있다. 바로 이때 요한일서 4장 4절 즉 우리 안에 거하시는 예수님이, 성령님이 세상에 있는 이보다 더 크다라는 말씀을 기억해야 한다. "오호라,[1079] 나는 곤고한 사람이로다. 이 사망의 몸(인간 전체를 형성하고 있는 구성 요소로서의 죄 덩어리)에서 누가 나를 건져내랴"(24절). 죄의 영향력으로 인해 고뇌하는 거듭난 바울의 모습이다. '건져내다'(*hryomai*, to rescue)는 동사는 도움을 요청하는 동료 병사에게 달려가서 구해주는 군인의 모습을 묘사할 때 사용된다(참고. Rogers & Rogers, 1998:329). 바울은 그 해결책을 죄에서 자유케 하신 예수님에게서 찾는다. "우리 주 예수 그리스도로 말미암아 하나님께 감사드린다.[1080] 그런즉 내 자신이 마음(성령에 의해 조명을 받아 결단

1078) 18절은 부사 *ou*(not)로 갑작스럽게 끝나 버린다(시내 산, A, B). 따라서 다수 사본은 "내가 발견하지 못한다"(*heurisko*)를 추가하여 문장을 매끈하게 다듬었다.

1079) 24절의 헬라어 원문에는 '오호라!'(개역개정판)라는 감탄사가 없다. 바른 성경은 '아'라는 감탄사를 넣었다.

1080) 25절 첫 단락에 동사가 없다(*charis de to theo*; 시내 산 개정판, C 개정판). 시내 산, A 그리고 다수 사본은 1인칭 단수 동사를 사용한다(*eucharisto to theo*). 후자가 사본상의 지지를 더 받는다. 그러나

한 부분, 참고. 칼빈, 1993:231)으로는 하나님의 법을, 육신으로는 죄의 법을 섬기노라"(25절). 성도는 이 땅에서 몸을 입고 사는 동안 결코 의의 목표에 도달할 수 없고, 영육 간의 투쟁의 길을 걷게 된다(참고. 칼빈, 1993:230). 실로 엄청난 긴장 속에 산다. 그러나 이런 때 자유와 승리를 주시는 예수님을 의지해야 한다. 바로 그때 승리의 함성을 지를 것이다. 죄악의 유혹을 이긴 자만 그 승리의 값짐을 체험적으로 알 수 있다.

3. 오늘에의 적용

하나님의 계명을 받아 순종해야 했던 '아담-구약 이스라엘-바울'로 이어지는 연결고리가 우리에게 주는 교훈은?

죄의 소욕과 성령의 소욕의 대결이 어떻게 펼쳐지는가?

구약 율법의 선함을 삶의 규범으로 적용하여 맛보는가?

로마서 8장

1. 본문 및 구조

- '생명의 성령' 을 가진 성도(1-13)
- '양자의 성령' 을 가진 성도(14-17)
- '영광의 성령' 을 가진 성도(18-30)
- 예수님 안에 있는 하나님의 사랑(31-39)

2. 구원 계시사적 메시지

2.1. 로마서 8장 1-13절의 메시지

"그러므로 이제 그리스도 예수님 안에 있는 자에게는 결코 정죄함이 없나니,[1081] 이는 그리스

UBS 4판 편집위원들은 전자를 원문으로 인정했는데, 그것이 다른 이문들의 발생을 가장 잘 설명할 수 있는 것으로 보았기 때문이다.

1081) 로마서 8장 1절은 본문비평이 요구된다. 후대 사본들은 구절의 끝에 뒤따르는 4절('육신을 좇지 않고 그 영을 좇아 행하는 우리에게')을 삽입했다. 짧은 본문이 원본에 더 가까운 것으로 보인다. 이 첨가된 표현은 4절에 있는 것으로 충분하다. 물론 다수 사본이 지지하는 것처럼 동일한 표현을 1절과 4절에서 두 번 반복하는 것이 원본에 가깝고, 필사자가 반복된 표현을 1절에서 생략한 것으로 볼 수도 있다. 외증상으로 볼 때 바른 성경처럼 짧은 것이 맞다.

도 예수님 안에 있는 생명의 성령의 법(*nomos tou pneumatos tes zoes*)이 죄와 사망의 법(*tou nomou tes hamartias kai tou thanatou*)에서 너를(참고. A, D, 다수 사본은 '나를'; 프시 사본은 '우리를') 해방하였기 때문이다"(1-2절).[1082] 바울은 다소 갑작스럽게 성령을 자주 언급하면서 성도가 죄를 이길 수 있다고 로마서 8장에서 말씀한다. 즉 우리는 생명의 성령의 능력으로 죄를 이기게 된다. 이것이 하나님이 마련해 두신 해결책이다. 그러므로 성도는 과거와 현재의 죄책과 실패 때문에 죄에 빠져 정죄 당할 수 없다. 성령은 우리 안에 죄와 사망을 몰아내고 생명을 불어 넣으시는 분이시다. "율법이 육신으로 말미암아 연약하여 할 수 없는 그것을 하나님은 하시나니 곧 죄를 인하여(*peri hamartias*, '죄에 관하여' 혹은 NIV처럼 '속죄 제물로', as a sin offering; 보라. Rogers & Rogers, 1998:330) 자기 아들을 죄 있는 육신의 모양(*homoioma*, likeness)으로 보내어 (그) 육신 (안)에 죄를 정(죄)하사"(3절). 율법은 육신 곧 죄 된 본성으로 인하여 연약하기에 우리를 도울 수 없다. 하지만 하나님은 예수님을 통해서 우리를 도우시고 해방하셨다. '죄 있는 육신의 모양'(in the likeness of sinful man)이라는 말을 통해서 알 수 있는 것은 예수님은 사람이 되심으로써 죄에 굴복하려는 유혹을 받았지만 죄를 범하지 않았음을 뜻한다. 그러므로 흠 없는 속죄 제물이 되실 수 있었다.

"육신을 좇지 않고 그 영(성령)을 좇아 행하는 우리에게 율법의 요구를 이루어지게 하려 하심이니라"(4절). 육신 즉 죄의 본성을 좇으면 율법 곧 하나님의 뜻이 담긴 말씀과 계명을 우리가 이룰 수 없지만, 성령의 능력을 덧입어서는 가능하다. 성령은 우리가 말씀에 순종하도록 하는 분이시며 우리의 성화의 동인이시다. "육신을 좇는 자는 육신의[1083] 일을, 영을 좇는 자는 영의 일을 생각하나니 육신의 생각은 사망이요 영의 생각은 생명과 평안이니라"(5-6절). 여기에 육신 및 사망과 성령, 생명, 평안이 대조된다. 죄 된 본성을 따를 것인가? 아니면, 선택 및 결정과 범사에 성령을 좇아 행할 것인가? 성령으로 행하는 사람에게는 생명과 평안이 있고, 하나님과 친교를 누리고, 사랑을 실천하여 선한 영향력을 미친다.

"육신의 생각은 하나님과 원수가 되나니 이는 하나님의 법에 굴복치 아니할 뿐 아니라 할 수도 없음이라"(7절). 죄로 가득 찬 마음으로는 우리가 하나님에게 굴복할 수 없다.

"육신에 있는 자들(*hoi en sarki*)은 하나님을 기쁘시게 할 수 없느니라"(8절). 육신 즉 세상에 속해 있는 연약하고 부패성을 지닌 사람, 혹은 동물적인 욕망들이 존재를 지배하는 삶은 거룩하신 하나님을 기쁘시게 할 리 없다(참고. 제임스 던, 2003:143). "만일 너희 속에 하나님의 영이 거하시면 너희가 육신에(육신 안에, *en sarki*) 있지 아니하고 영에('성령 안에', *en pneumati*) 있나니 누구든지 그리스도의 영이 없으면 그리스도의 사람이 아니라"(9절). 바울은 성령을 '그리스도의 영' 그리고 '하나님의 영'이라고 부른다. 따라서 삼위일체 하나님을 본다(참고. 마 3:17; 마 28:19; 눅 1:35; 고후 13:13). 성령을 소유한 사람만 그리스도의 사람이요,[1084] 육신 즉 죄의 본성에

1082) 2절에서 바른 성경과 달리 개역개정판은 '이유'(*gar*)의 뉘앙스를 잘 살려서 번역하지 못했다.

1083) 5절에서 풀어서 쓰면 '육신의'는 '육신에 의해 결정되는'이라는 뜻이다.

1084) 9절의 "그리스도의 사람이 아니라" 대신 원문에는 "이 사람은 그의 것이 아니다"(*houtos ouk estin*

매여 살지 않는다.1085) "성령의 나라에서는 육신이 폐지된다. 성령께서 내주하시어 왕 노릇 하지 않는 사람들은 그리스도에게 속한 것이 아니다. 그러므로 육신의 요구를 충족시키는 자들은 그리스도인이 아니다. 왜냐하면 그리스도를 그리스도의 영과 분리시키는 자들은 그리스도를 죽은 형상이나 시체로 만들기 때문이다"(칼빈, 1993:243).

"또 그리스도께서 너희 안에 계시면 몸은 죄로 인하여 죽은 것이나 영은 의를 인하여 산 것이니라"(10절). 거듭난 우리의 육신은 여전히 죄의 지배를 받아 죽지만, 동시에 우리가 의롭게 되었으므로 우리의 영혼은 살며 성령의 인도를 받는다. "예수님을 죽은 자 가운데서 살리신 이의 영이 너희 안에 거하시면 그리스도 예수님을 죽은 자 가운데서 살리신 이가 너희 안에 거하시는 그의 영으로 말미암아 너희 죽을 몸도 살리시리라"(11절).1086) 성부께서 성령으로 예수님의 부활을 주도하셨듯이, 우리의 몸의 부활도 성부께서 성령을 통하여 이루실 것이다. 우리의 몸은 부활하여 영생에 이를 것인데, 이것도 삼위의 협동 사역이다.1087)

---

autou)라고 나타난다.

1085) De Vries(2009:303-304)는 로마서 8장 3-9절의 명사 *sarks*를 화란어 성경(NBT, 2004)이 한 의역을 다양하게 소개한다, 몇 가지만 소개하면, 3절은 'menselijke natuur'(인간 본성), 4절은 'onze eigen natuur'(우리 자신의 본성), 5절은 'door zijn eigen natuur'(그 자신의 본성)이다. 이러한 의역은 바울이 로마서 8장에서 *sarks*와 *pneuma* 사이의 의도적으로 강조한 수사학적인 대조라는 특징을 약화시키고 만다. 즉 이런 번역은 저자가 의도한 수사학적이며 신학적인 연결을 희생시킨 대가를 치른, 문맥적이고 의역에 충실한 번역이다.

1086) 11절의 '그의 영으로 말미암아'(*dia tou enoikountes* [현재 능동 분사 중성 단수 속격]; 시내 산, A, C) 대신에, B, D 그리고 다수 사본은 '그의 영 때문에'(*dia to enoikou* [현재 능동 분사 중성 단수 '대격'])로 쓴다.

1087) 성자의 '교회 대표성'과 성령의 '중재성'에 주목해 보자. 예수님의 부활은 그분의 죽음처럼 시종일관 메시아적이고 아담적이다. 주님의 부활은 주님의 죽으심과 마찬가지로 교회 대표적이다. 이것을 위해 성령의 중재하시는 사역이 필요하다. 환언하면 성령은 성자의 부활과 교회의 부활을 위한 인격적으로 도구적인 사역(instrumentality)을 감당하신다. 성부께서 성자를 부활시키시되 성령을 통하여(도구로 하여) 역사하신다. 그러므로 그리스도의 부활을 성령의 역사로 보는 것도 정당하다. 이 논의는 자연스럽게 바울의 성령론과 연결된다. 로마서 8장 11절을 중심으로 이 문제를 살펴보자. 로마서 8장 1-9절에서는 성령과 육체가 대조된다. 9절에서 바울은 성령을 하나님의 영과 그리스도의 영으로 각각 표현한다. 신자의 경험에 있어서 '영 안에'(9절), '너희 안의 영' (9절, 11절), '너희 안의 그리스도'(10절)는 모두 상호 연관된다. 문맥에 있어서, 로마서 8장 1절의 '그리스도 예수 안에'라는 말로 시작하고(이 단락의 사고의 끝인) 17절의 '그리스도와 함께'라는 말로 마치는 것을 보아서 '성령 안에'보다는 '그리스도 예수님 안에'가 더 보편적인 것임을 암시한다. 여기서 시간성에 주의를 기울여 보자. 로마서 8장 10절은 부활의 현재성을, 로마서 8장 11절은 미래성을 강조한다. 성도는 그리스도를 성령을 모시고 있기에 몸은 죄 때문에(미래적으로 즉 앞으로) 죽을 수밖에 없지만, (성도의) 영은 의롭게 됨을 인해(현재적으로) 살아 있다. 그러나 앞으로 죽을 몸도 하나님의 구속의 대상이기 때문에 그대로 죽음 가운데 방치해 두시지 않는다. 그래서 11절의 미래성에서, 예수 그리스도에게 부활의 몸을 입히신 성부께서 우리의 몸조차도 성령을 통하여 살리실 것이라고 확언한다. 예수님은 부활의 첫 열매이고 성도는 부활의 둘째, 셋째 그리고 계속되는 후속 열매이다. 부활하신 예수 그리스도의 아버지 하나님은 곧 우리 아버지 하나님이시다. 그러므로 성부 하나님이 살아 계시는 것만큼이나 성도의 부활은 확실하다. 성도의 자녀 됨은 부활적인 존재성으로 설명 가능하다. 이것을 바울은 빌립보서 3장 21절에서 "우리의 낮은 몸을 자기 영광의 몸(신령한 몸, 고전 15:44, spiritual body)의 형체와 같이 변케 하시리라"고 하시는데 그 주체는 부활 승천하여 만물을 다스리시는

"우리가 빚진 자로되(*opheiletai*, debtors; 우리에게 의무가 있는데, 바로 곧) 육신에게 져서 육신대로 살 것이 아니니라"(12절). 우리는 그리스도와 함께 이미 십자가에 못 박아 버린 육신 즉 죄의 본성을 따라 살 수 없다. 하나님께서 우리를 위한 구원 사역을 이루셨다면 우리 편에서 마땅한 반응이 있어야 한다. 그것은 우리의 의무요 빚이다. "우리가 육신대로 살면 반드시 죽을 것이로되 영으로써 (그릇된) 몸의 행실을 죽이면 살리니"(13절). 성도가 육체의 정욕대로 산다면 영적인 죽음 즉 하나님의 교제와 임재하심을 상실하게 된다. 대신 성령을 좇아서, 죄를 억제하며 살아야 진정으로 살아 있는 삶이다.

2.2. 로마서 8장 14-17절의 메시지

하나님의 영으로 인도함을 받는 이가 하나님의 아들이다(14절). 하나님의 가족으로 입양된 교회는 성령을 소유하고 있으며 성령의 인도를 받아야 한다. 이것이 하나님의 가족의 삶의 방식이다. 우리는 무서워하는 종의 영(*pneuma douleias*)을 받지 아니하였고 양자의 영(*pneuma hyiothesias*)을 받았으므로 아바 아버지(*abba ho pater*)라 부르짖는다(15절). 15절 중반까지 2인칭 복수 동사(*elabete*, 너희가 받았다)가 사용되고, 하반절에서는 1인칭 복수 동사(*krazomen*, [확신을 가지고] 우리가 부르짖다)가 사용된다. 이런 인칭 변화는 모든 성도들의 공통된 운명을 표현하기 위한 것이다(참고. 칼빈, 1993:251). '아바 아버지'는 아람어로서, 기도 시에 사용되거나 아니면 일상의 가족 안에서 사용되는 용어이다. 율법과 사망의 종 노릇 한 데서 해방되어 하나님의 자녀로 입양되었다. 디모데후서 1장 7절을 들어보자. "하나님이 우리에게 주신 것은 두려워하는 마음이 아니요 오직 능력과 사랑과 근신하는 마음이니"(참고. 호 2:23). '아바 아버지'는 하나님과 그분의 자녀 사이의 친밀한 관계를 나타낸다.

"성령이 친히 우리 영으로 더불어 우리가 하나님의 자녀인 것을 증거하시나니"(16절). 성령께서 영적인 친자 관계를 우리에게 확신을 주신다. 따라서 16절은 '아바 아버지'를 언급하는 15절과 자연스럽게 연결된다. "자녀이면 또한 하나님의 후사 그리스도와 함께한 후사니 우리가 그와 함께 영광을 받기 위하여(*syndoksasthomen*, 신적 수동태) 고난도 함께 받아야 될 것이니라"(17절). 성도는 하나님 나라를 상속할 사람이다. 이 영광스러운 천국을 상속하려면 많은 고난도 받아야 한다.[1088] 바울 당시의 로마 교회는 여러 가지 박해 속에서 그리스도와 함께 한 후사로 살았다. 우리는 세상의 편리와 안정을 위해 이 고난을 외면하고 있지 않은가? 고난이 없는 영광스러운 후사를 꿈꾼다면 하나님의 복음은 참으로 값싼 싸구려가 되고 말 것이다.

그리스도이다. 물론 이런 미래의 일을 위해서 성령의 사역이 암시되어 있다고 볼 수 있겠지만, 언급되지 않은 이유는 성령은 승천하신 그리스도의 사역과 동일한 일을 하시기 때문이다.

1088) "그리스도께서 십자가를 지나서 그 기업에 도달하셨다. 그러므로 우리도 같은 길로 그것에 도달해야 하는 것이다"(칼빈, 1993:253).

2.3. 로마서 8장 18-30절의 메시지

"생각건대 현재의 고난은 장차 우리에게 나타날 영광과 족히 비교할 수 없도다"(18절). 천국을 상속할 자로 살 때 당하는 고난이 일시적인 것이면 영원한 영광과는 비교할 수 없다. "피조물의 고대하는 바는(*apokaradokia*, 목을 빼고 학수고대하는 것, watching eagerly with outstretched head) 하나님의 아들들의 나타나는 것이니"(19절). '하나님의 아들들의 나타남'은 '하나님의 아들들의 영광'을 의미할 수 있다(참고. 요일 3:2). 아담의 범죄 이후로 온 피조물은 고통을 당하고 있다. 질병, 유전자 이상, 공해, 홍수, 가뭄 등을 생각해 보라. 하지만 주님이 최종 파루시아 하실 때 이 고대함은 성취될 것이다. "피조물이 허무한 데 굴복하는 것은 자기 뜻이 아니요 오직 굴복게 하시는 이로 말미암음이라"(20절). 범죄 후 피조물이 썩어지는 것 공허한 것, 헛된 것에 굴복하는 것은 첫 번째 사람 아담 혹은 사탄이 아니라 바로 하나님이 계획하신 바이다.

"그 바라는 것은 그 피조물도 썩어짐의 종 노릇 한 데서 해방되어 하나님의 자녀들의 영광의 자유에 이르는 것이니라"(21절). 피조물이 썩어짐의 종 노릇 즉 허무한 데 굴복하는 것에서 벗어나서 하나님의 자녀들의 영광의 자유에 이르는 길은 오직 주님이 다시 오실 때만 가능하다. 그리고 주님의 백성이 거듭난 이성으로 다시 하나님의 형상과 창조 질서를 회복하려는 노력에서 그 영광을 선취할 수 있다. "피조물이 다 이제까지 함께 탄식하며 함께 고통하는 것(*synodyno*, 산통을 묘사하는 동사, to suffer birth pains)을 우리가 아나니"(22절). 온갖 자연 재해를 통해 닥치는 고통을 볼 때 우리는 참으로 새 하늘과 새 땅이 필요하다.

"이뿐 아니라 또한 우리 곧 성령의 처음 익은 열매(*ten aparchen tou pneumatos*)를 받은 우리까지도 속으로 탄식하여 양자 될 것 곧 우리 몸의 구속을 기다리느니라"(23절). 우리는 성령의 처음 열매(the firstfruit)를 가지고 있다. '성령의'는 동격적 속격이다. 그러므로 '성령은 곧 첫 열매'이시다. 성령은 우리의 구원의 보증이시다. 우리가 양자가 이미 되었지만 완성될 그 날 즉 우리 몸의 구속을 소망하고 학수고대한다(*apekdechomai*). "우리가 소망으로(이 소망 안에서) 구원을 얻었으매 보이는 소망이 소망이 아니니 보는 것을 누가 바라리요[1089] 만일 우리가 보지 못하는 것을 바라면 참음으로 기다릴지니라"(24-25절). 우리가 소망하는 바는 이 땅에서 볼 수 없는 것이다. 새 하늘과 새 땅, 몸의 부활, 죄와 슬픔이 없는 영원한 복락을 믿음으로 소망한다. 이를 위해 성령의 열매인 인내로써 기다려야 한다.

이와 같이 성령은 우리 연약함을 도우신다(26절). '이와 같이'(*hosautos*)라는 말씀은 25절까지 언급된 바대로 소망이 우리로 인내하도록 하는 것과 같이 성령도 우리를 강건케 하시며 소망 중에 인내하게 하신다는 의미이다. 우리가 마땅히 빌 바를 알지 못할 때 성령이 말할 수 없는 탄식으로(with unuttered[1090] groaning) 우리를 위해 간구하신다. 그러므로 성령은 우리 대신 그리고 우리를 위해 하나님께 기도하시는 우리의 중보자이시다. 그러므로 우리는 기도 안에서 하나님 아버지는 물론 성령과 교제를 한다. 그리고 기도 중에 성령께서 우리를 위해 간구하시는

1089) 24절의 '바라리요'(*elpizei*) 대신에, 시내 산과 A사본은 '기다리리요'(*hypomenei*)로 쓴다.

1090) 26절의 '말할 수 없는'(*alaletois*, 바른 성경: '말로 표현할 수 없는')은 방언으로 볼 수 없다.

바를 듣는 훈련을 해야 한다. 마음을 감찰하시는 분 즉 하나님께서 성령님의 생각을 아신다(27절). 즉 하나님은 성령께서 교회를 위해 비는 바를 알고 계신다. 성령님은 하나님의 뜻대로 성도를 위해 간구하신다. 로마서 8장 33-34절과 요한복음 8장 34절에서 예수님이 우리를 위해 간구하신다고 말씀하신다. 그러므로 삼위 하나님은 서로를 잘 알고 계시고, 간구의 내용도 아시고, 그 간구를 들으신다. 여기서 교회를 위해서 기도 가운데 역사하시는 일체 되신 삼위의 협동 사역을 본다. 하나님을 사랑하는 자 곧 그분의 뜻대로 부르심을 입은 자들에게는 모든 것(*panta*)이[1091] 합력하여 선을(*eis agathon*) 이룬다(28절). 교회는 하나님의 뜻 곧 목적에 따라 세상으로부터 부름을 입은 자들이다. 바울은 선교 사역 중에 갇히고 매 맞았지만 그 결과는 복음의 진보였지 않은가! 마찬가지로 교회는 합력하여 결국은 선을 이루시는 하나님을 신뢰하면서 승리해야 한다.

"하나님이 미리 아신 자들로 또한 그 아들을 본받게 하기 위하여 미리 정하셨으니 이는 그로 많은 형제 중에서 맏아들(*prototokon*, firstborn)이 되게 하려 하심이라"(29절). 예정 받은 자들은 이제 힘을 내어 우리의 맏형님이신 예수 그리스도를 닮아 가야 한다. '맏아들'은 그리스도의 우월성과 우선성을 의미한다. 예수님은 맏형님으로서 우리 삶의 구체적인 본을 보여주셨다. 마치 우리가 예수님의 동생들인 것처럼 묘사하지만 주님은 본질적으로 하나님의 아들이시고, 우리는 양자의 영을 받아 입양된 자녀들이다. 또 미리 정하신 그들을 부르시고, 의롭다 하시고, 영화롭게 하셨다(30절).[1092] 예정, 부르심, 칭의, 그리고 영화를 구원의 서정으로 소개한다. 성화가 빠진 것은 영화와의 유사성 때문일 것이다. 우리가 여기서 하나님의 영광스런 임재 가운데 사는 것, 하나님의 영광을 위해 사는 것이 곧 영화의 삶이다. 물론 주님이 다시 오실 때 우리는 완전한 영화의 삶을 누릴 것이다.

2.4. 로마서 8장 31-39절의 메시지

"이 일에 대해 우리가 무슨 말 하리요 만일 하나님이 우리를 위하시면 누가 우리를 대적하리요"(31절). 사탄(롬 8:31-32), 죄(8:33-34), 역경들(8:35-39)은 우리를 망하게 할 것인가? 아니다. 하나님은 교회를 위하시며 교회 편이다. "자기 아들을 아끼지 아니하시고 우리 모든 사람을 위하여 내어 주신 이가 어찌 그 아들과 함께 모든 것을 우리에게 은사로 주지 아니하시겠느냐"(32절). 하나님은 우리가 선을 이루기 위해서 즉 우리의 성화와 영화를 이루는 데 필요한 모든 것을 은사로 주신다(참고. 마 6:33).

"누가 능히 하나님의 택하신 자들을 송사하리요. 의롭다 하신 이는 하나님이시니 누가 정죄하

1091) 28절의 '모든 것이'를 목적어로 보면, 하나님께서(주어) 모든 것을(목적어) 합력하여 선을 이루신다라는 의미이다.

1092) 30절의 "그가 또한 영화롭게 하셨다(*edoksasen*, glorified)"를 예견적(proleptic)으로 보는 월리스(Wallace, 1996:564)와는 달리, 이것을 예견적 아오리스트로 보지 않고, 과거 사건을 설명하는 '(술정적) 직설법' 즉 의롭다고 선언된 사람들의 영화는 이미 시작되었다고 볼 수 있다. 이것은 영화의 종말론적인 견해 즉 '이미와 아직 아니'로 설명이 된다. 월리스의 종말론적인 견해의 부재가 이것을 예견적으로 본 원인이다.

리요"(33-34절). 죽고 부활하시고 재위하신 그리스도께서 우리를 위해 간구하신다. 하나님은 예수님의 보혈을 통과한 우리를 죄 없다고 선언하시는 재판장이시다. 또한 우리의 대변자 되시는 예수님이 의로우신 재판장의 오른편에 앉아 계신다. 주님의 부활은 주님이 의로운 분으로서 죽으셨음을 의미한다. 바로 이 의로우신 예수님이 우리를 변호하시고 간구하신다. "누가 우리를 그리스도의 사랑에서 끊으리요? 환난, 곤고, 핍박, 기근, 적신, 위험, 칼이랴"(35절). 바울의 수신자인 로마 교회는 네로 치하에서 무시무시한 환난을 겪을 것이다. 그럼에도 불구하고 박해 자체가 하나님의 사랑을 소멸하지 못한다. "기록된 바 우리가 종일 주를 위해 죽임을 당케 되며 도살할 양같이 여김을 받았나이다 함과 같으니라"(36절). 바울은 시편 44편 2절을 인용한다. 주님을 위해 살고자 하는 신자들에게도 고난은 예외가 아니라 삶의 한 부분이다. "그러나 이 모든 일에 우리를 사랑하시는 이로 말미암아 우리가 넉넉히 이기느니라"(37절). '넉넉히 이긴다' (*hypernikao*, to more than triumph over)는 성도의 승리의 확실성을 강조하기 위해서 바울이 사용한 드문 용어이다. 곤경과 시련 속에서도 하나님의 사랑으로 우리가 넉넉히 이긴다. 주님의 사랑은 넉넉한 이김의 보장이다.

"내가 확신하노니(현세대를 지배하는 죄의 권세가 가져다주는 궁극적인 결과인) 사망이나 (구원론적인 생명이라기보다는 고난의 때인 현 세대 속에서의 삶을 가리키는) 생명이나 (선하거나 특히 악한 천사들을 통칭하는, 참고. 고전 6:3, 11:10; 고후 12:7; 갈 3:19; 골 2:18) 천사들이나 (천사나 악령같은 존재를 비롯한 세상의 통치자들인) 권세자들이나 현재 일이나 장래 일이나 (천상적인 존재를 가리키는 것으로 보이는, 참고. 왕하 17:16; 4 마카비 5:13) 능력이나 '높음이나 깊음이나'(천체, 점성술적인 능력,[1093]) 아니면 천국과 지옥, 혹은 하늘 위에 있는 것이나 땅 아래에 있는 것들) 다른 아무 피조물이라도 우리를 우리 주 그리스도 예수님 안에 있는 '하나님의 사랑'에서 끊을 수 없으리라"(38-39절; 참고. 이한수, 2002:714).[1094]) 35절의 '그리스도의 사랑'이 여기서는 '하나님의 사랑'으로 나타난다. 교회는 독생자를 주신 아버지의 사랑과 자신을 주신 성자의 사랑을 모두 받았다(참고. Murray, 1984:334). 그러므로 삼위 하나님의 구속 사역을 방해할 요소가 세상에 어디 있을까?[1095])

1093) '깊음이나 높음'은 점성술적 용어로서 한 별의 최대의 거리를 나타낸다는 주장이 있다. 여기서는 인격화된 별자리의 권능들을 의미하는 것 같다(참고. 케제만, 1986:410).

1094) 38절의 '현재 일이나 장래 일이나 능력이나'의 순서(시내 산, A, B)를 다수 사본은 바꾼다. '능력이나 현재 일이나 장래 일이나.' 이 순서는 비슷해 보이는 '권력들'과 '능력'을 곁에 두기 위함이다. 참고로 Jewett(2007:32-38)에 의하면, 로마서에는 '10의 시리즈'(series of ten)가 로마서 8장 38-39절에 나타나고, '5의 시리즈'는 2장 17-18절, 19-20절, 21-23절, 3장 1-8절, 4장 3-22절, 5장 3-5a절, 8장 24-25절에 나타나고, '7의 시리즈'는 3장 10b-18절, 8장 28c-29c절, 8장 31a-35b절, 12장 6-8절에 나타나고, '3의 시리즈'는 8장 17절 등에 나타나고, '4의 시리즈'는 10장 14-15절 등에 나타난다. 이런 시리즈는 헬라어 단어 발음, 내용, 접속사, 리듬 등을 종합적으로 고려한 것이다.

1095) 로마서 8장의 '삼위일체' 사상은 다음과 같다(참고. ESV Study Bible, 2008:2171). 성부(아들을 보냄-3절, 죄를 심판하심-3절, 성령을 통해서 죽을 몸에 생명을 주심-11절, 미리 알고 예정하고 부르시고 의롭게 하시고 영화롭게 하심- 29-30절, 우리를 위하심-31절, 그의 아들을 주심-32절, 의롭다 하심-33절, 사랑하심-39절), 성자(성도 안에 계심- 10절, 죽으시고 부활하시고 아버지 보좌 우편에서 성도를

하나님의 사랑과 섭리 그리고 주권에 대해서 칼빈의 말을 들어보자, "여러 가지 병이 우리를 계속적으로 괴롭힌다. 혹은 전염병이 퍼지기도 하며, 전쟁의 참화를 비참하게 입기도 한다. 얼음과 우박이 일 년 추수를 전멸시켜 우리를 가난에 빠지게도 한다. 처자와 부모와 이웃을 죽음에 빼앗기며, 집이 불에 타버리기도 한다……그러나 이런 일들을 당할 때도 믿는 사람은 하나님의 자비와 진정한 아버지로서의 사랑을 바라보아야 한다……경건의 법칙은 좋거나 나쁘거나 간에 운명을 정하고 지배하는 것은 하나님의 손뿐이라는 것이다. 또한 하나님의 손은 부주의한 힘으로 밀어닥치는 것이 아니라, 가장 정연하고 공정하게 우리들에게 행복과 불행을 분배한다고 본다"(《기독교 강요》, 3.7.10)

3. 오늘에의 적용

성령의 담지자로 공적 예배는 물론 일상생활에서 송영적 삶을 살자.
하나님의 사랑의 길이, 높이, 깊이, 넓이를 깨닫자.

로마서 9장

1. 본문 및 구조

- 이스라엘의 불신앙(1-5)
- 구원을 보증 받은 사람은 누구인가(6-13)
- 하나님의 자유로운 구원의 권능(14-23)
- 하나님의 예정의 목표(24-29)
- 부딪히는 돌과 반석(30-33)

2. 구원 계시사적 메시지

2.1. 로마서 9장 1-5절의 메시지

로마서 9-11장은 '이스라엘의 과거, 현재, 미래'를 다룬다. 바울은 진심에서 우러나오는 진실된 말을 '그리스도 안에서'(*en Christo*) 즉 그리스도와 신비롭게 연합해서 한다(*unio mistica*). 그의

위해 간구하심-34절, 사랑하심-35, 39절), 성령(성도 안에 내주하심-9절, 성도를 인도하심-14절, 성도의 영과 함께 성도가 하나님의 자녀임을 확신하도록 증언하심-16절, 성도가 연약할 때 도우시고 간구하심-26-27절).

마음에 큰 근심과 고통이 있다. 그것을 바울의 양심이 성령 안에서(*en pneumati hagio*) 증거한다(1-2절). 성도는 그 속에 성령이 거하기에 바른 양심에 따라 진실을 말해야 한다. 이방인의 사도인 바울이 개종한 이방인들을 볼 때마다 동족 유대인들의 구원 문제로 인해 근심했던 것이다. 사실 이방인 지역에서 바울의 복음 전도의 중심지는 유대인의 회당이었다. 골육의 친척을 위하여 바울 자신이 저주(anathema)를 받아 그리스도에게서 끊어질지라도 원하는 바이다(3절; 참고. 레 27:28, 29; 신 7:26, 13:16; 수 6:17, 7:1; 행 23:14; 고전 12:2, 16:22; 갈 1:8-9). 바울은 유대인이 구원을 받는다면 스스로 구원에서 끊어질 것도 감수하고 있다.[1096]

유대인에게는 양자 됨과 영광과 언약들(*hai diathekai* ; 참고. 파피루스 46, B, D사본은 단수형을 씀)과 율법을 세우신 것과 예배와 약속들이 있다(4절). 출애굽기 4장 22절은 이스라엘의 양자 됨을 밝힌다. "이스라엘은 내 아들 장자라." 이스라엘에게는 불과 구름 기둥과 같은 하나님의 영광, 보이는 임재가 있었다(참고. 출 13:21-22). 구약 백성은 아브라함 언약, 모세의 시내 산 언약, 모압 언약, 다윗 언약, 예레미야와 세운 새 언약을 가지고 있었다. 기록된 율법과 성전 예배, 메시아 약속도 받았다. 세상에 이런 복을 받은 민족이 어디 있는가? 유대인들은 구약의 하나님께서 특별히 사랑하신 대상이요 선민이었다. 바울 당시 유대인들은 이 사실을 알고 있었지만, 예수님을 믿는 믿음으로 그것들이 성취되었음을 알지 못했다. 불신 유대인들은 요즘의 이름뿐인 성도처럼, 조상들, 남편, 자녀의 하나님을 간접적으로 알고 있을 뿐이지, 자신의 것으로 만들지 못했고 종교 생활만 하고 있었다. 육신적으로 하면 예수님도 유대인이다(5절). 예수님은 만물 위에 계셔서 세세토록 영광을 받으실 분이시다. 다른 그 어떤 나라보다 이스라엘은 이처럼 예수님을 영접하기에 잘 준비되어 있었던 것이다. 그럼에도 불구하고 복음을 영접하지 않았다. 그 결과 유대인들은 새 이스라엘, 영적인 이스라엘이 되지 못했다. 그럼에도 불구하고 바울은 유대인을 향한 구원의 계획이 끝난 것으로는 말하지 않는다.

2.2. 로마서 9장 6-13절의 메시지

하나님의 말씀이 폐하여진 것이 아니다(6절). 이스라엘에게서 난 그들이 다 이스라엘이 아니다. 아브라함의 씨(*sperma Abraam*)가 다 그 자녀가 아니다. 오직 이삭으로부터 난 자가 아브라함의 씨다(7절). 이스마엘이 아니라 이삭을 통해서 언약 백성이 일어난다(참고. 창 21:12). 이삭이 이스마엘보다 더 뛰어났기 때문이 아니라 하나님의 은혜로운 선택의 결과이다. 육신의 자녀가 하나님의 자녀가 아니라, 오직 약속의 자녀가 씨로 여기심을 받는다(8절). 약속의 자녀는 믿음의 자녀이다. 이들만 진정으로 언약 백성이 된다. 이 사실을 육신적인 유대인들은 놓치고 있다.

하나님은 아브라함과 사라가 내년에 아이를 낳을 것이라는 약속을 주셨다(9절; 창 18:10). "그리고 리브가는 이삭을 통해서 아들들을 잉태했는데, 그 자식들이 아직 나지도 아니하고

1096) 칼빈은 '참 교회'와 '거짓 교회'를 비교하면서 로마서 9-11장을 인용하는데, 바울 당시의 유대인들은 교회의 외형에 필요한 것을 결하고 있지는 않지만 그들은 진리의 적으로서 교회가 아니라고 말한다. 그들이 예수 그리스도를 영접하지 않았기 때문이다(참고. 기독교 강요, 3.22.4; 4.2.3).

무슨 선이나 악을 행하지 아니한 때, 택하심을 따라 되는 하나님의 뜻이 행위로 말미암지 않고 오직 부르시는 이에게로 말미암아 서게 하려 하사"(10-11절). 쌍둥이 야곱과 에서 중에서 하나님은 야곱을 선택하셨다. 이것 역시 야곱이 에서보다 뛰어났기 때문에, 혹은 행위로 인해 그런 것이 아니다.[1097]

"리브가에게 이르시되 큰 자가 어린 자를 섬기리라 하셨나니, 기록된 바 내가 야곱은 사랑하고 에서는 미워하였다 함과 같으니라"(12-13절; 참고. 말 1:2-3).[1098] 우리가 하나님의 선택과 결정을 선한 것으로 존중해야만, 하나님이 임의적이고 변덕적인 방식으로 편애하시는 분이 아님을 알 수 있다. 에서를 미워하셨다는 말씀은 누가복음 14장 26절과 요한복음 12장 25절처럼 '덜 사랑한다'는 의미이다. 즉 "I prefer Jacob to Esau"라는 뜻이다. 따라서 이스마엘과 에서는 구원의 은혜에서 완전히 배제된 적이 없다. 이처럼 하나님은 주권적으로 행하시되, 주로 장자 대신 둘째를 통해서 믿음의 가문을 일으키셨기에 어떤 장점이나 혈통을 선택의 기준으로 삼지 않으셨다. 그러므로 유대인들도 더 이상 혈통이나 과거의 선민의식을 버리고 믿음으로 하나님의 자비와 긍휼을 바라보아야 했다.

2.3. 로마서 9장 14-23절의 메시지

이스마엘 대신 이삭을, 에서 대신 야곱을 주권적으로 선택하신 하나님이 불의하다고 우리는 말할 수 없다(14절). 로마에 살던 유대인들은 아마 이렇게 생각했을 수도 있다. "하나님은 우리처럼 율법을 지켜 행하는 사람을 선택해야지 누구를 선택한단 말인가?" 생각해 보라. 이삭과

1097) '율법의 행위들'에 대한 새 관점주의자들(예. James Dunn)의 해석은 신약 시대의 유대교가(구약처럼) '언약적 율법주의'였으며, 선행을 통해 의를 얻는 종교가 아니었다는 공리에서 출발한다(참고. Sanders, 1977:422). 따라서 '율법의 행위들'을 '율법이 하나님의 백성으로서의 이스라엘에게 요구한 것'으로 규정한다. 즉 율법의 행위는 하나님께서 그들을 자신의 백성으로 선택하신 은혜에 대한 이스라엘의 반응이었다. 환언하면, 이스라엘이 하나님께로 따로 성별되었고, 이방인과 구별되었다는 것을 표시하는 것이었다고 주장한다. 그 결과 '새 관점주의자들'은 로마서 9장 11절의 '행위들'이라는 말이 하나님의 은혜의 선택과 대조하여 '선이나 악을 행하는 것'을 분명히 언급하고 있는데도, 그 '행위들'이라는 말이 유대의 언약적 독특성을 말하는 것이라고 잘못 주장한다. 로마서 9장 32절과 11장 6절에서도 각각 하나님의 의 및 은혜와 대조되는 '행위들'이라는 말도 마찬가지이다. 바울은 던(Dunn) 등이 주장하듯이, '율법의 행위들'이 이방인들이 하나님의 백성의 일원이 되지 못하도록 막는다고 생각하기 때문에 반대하는 것이 아니라, 그것을 의를 얻으려는 인간적인 부적절한 시도라고 인식하기 때문에 반대한다(보라. 김세윤, 2002:106-107).

1098) 하나님은 족장 '에서' 대신에 '야곱'을 사랑하셨다(말 1:2)에서 완료형 '사랑하셨다'는 하나님께서 유대인들을 사랑하시겠다고 선언하신 이래로(참고. 신 7:7, 10:18; 호 11:11) 말라기 당시에도 여전히 사랑하심을 강조한다(참고. Kaiser, 1992:440). 하나님은 불변하시다(참고. 말 3:6). 말라기 1장 2절의 '사랑하다'는 선택(choice, 혹은 편애하다)을, 3절의 '미워하다'는 악의(animosity)보다는 거절(rejection)을 의미하는데(참고. 사 61:8; 암 5:21; 말 2:16), 둘 다 언약적 용어이다. 이 쌍둥이들이 태어나기 전에 그들의 운명(?)은 결정되었다(참고. 창 25:23). 하나님이 야곱의 마음을 미리 아셨기 때문일 수도 있지만(참고. 롬 8:29), 은혜로우신 하나님의 주권적인 섭리 때문이었다(참고. 신 7:6-8). 상징적으로 에서와 야곱은 에돔과 이스라엘을 대표한다. 야곱이 은총을 입은 것은 하나님의 무조건적인 선택의 사랑이다.

야곱에게 무슨 선한 구석이 있었는가? 아내를 누이라고 속이며, 형과 아버지를 속인 교활한 사람들 아닌가? 그럼에도 불구하고 이런 사람을 선택하신 하나님의 예기치 못한 은혜가 더욱 분명히 나타난다. 그러므로 하나님은 불의하시지 않고 자비로우시다.

출애굽기 33장 19절에서 하나님은 모세에게 "내가 긍휼히 여길 자를 긍휼히 여기고(*eleeso*, to show mercy with the compassion of the heart) 불쌍히 여길 자를 불쌍히 여기리라(*oiktireso*, to be inwardly moved with the manifestation of the compassion)"고 말씀하셨다(15절). 사실 하나님은 그 누구에게도 긍휼과 자비를 보이실 의무가 없으시다. 따라서 긍휼과 자비를 베푸시는 것은 하나님의 주권적인 선택이다. "원하는 자, 달음박질하는 자로 말미암음이 아니라, 오직 긍휼히 여기시는 하나님으로 말미암음이라"(16절). 바울은 육상 경기(athletic contest)의 은유를 사용한다. 하나님의 자비와 긍휼은 원하고 성취하려고 달음박질 곧 노력한다고 임하는 것이 아니라, 주권적인 일이다. 만일 사람이 원하고 노력해서 달성할 수 있는 자비와 긍휼이 있다면 그것은 진정한 자비와 긍휼이 아니다.

"성경이 바로에게 이르시되, 내가 이 일을 위하여 너를 세웠으니 곧 너로 말미암아 내 능력을 보이고 내 이름이 온 땅에 전파되게 하려 함이로라 하셨으니"(17절; 참고. 출 9:16). 애굽의 바로의 마음이 얼마나 강퍅했던가? 하나님은 10가지 재앙으로 바로의 마음에 벌을 내리셨다 애굽의 10가지 재앙과 더불어서 시행된 것은 바로의 마음을 강퍅하게 하는 것이다(참고. 출 7:22, 8:15). 사실 바로는 모세로부터 많은 조언을 들을 기회가 있었을 것이다. "그러므로 하나님께서 하고자 하시는 자를 긍휼히 여기시고 하고자 하시는 자를 강퍅하게 하시느니라"(18절). 여기서 바로의 마음의 강퍅함을 하나님의 책임으로 돌릴 이유가 없다. 그것은 바로에게 있어서 자유의지의 남용이다.

바울은 유대인들의 질문을 예상한다. '하나님이 어찌 우리를 허물(비난)하시느뇨? 누가 그분의 뜻을 대적하느뇨?'(19절). 즉 하나님께서 긍휼히 여길 사람과 강퍅하게 할 사람을 정해 놓으셨다면, 하나님께서 어찌하여 강퍅한 사람을 벌하실 수 있는가? 그들은 하나님의 뜻대로 살았을 뿐이지 않은가? 하지만 이런 질문은 자신의 범죄에 대한 핑계에 지나지 않는다. 우리에게 주어진 자유의지는 범죄하는 데 사용되어서는 안 된다. "이 사람아 네가 뉘기에 감히 하나님을 힐문하느뇨 지음을 받은 물건이 지은 자에게 어찌 나를 이같이 만들었느냐 말하겠느뇨"(20절). 바울은 이사야 29장 16절과 45장 9절을 인용한다. 설령 하나님께서 우리를 책망하신다고 해도 우리는 아무 말 할 수 없다. 주권적으로 세상을 다루시는 하나님의 방식에 대해 우리는 시비를 걸 수 없다. 우리는 진흙, 주님은 토기장이이시다(참고. 사 64:8). 피조물에게는 창조주를 판단할 권한이 없다. 참고로 고린도후서 4장 7절에 의하면, 바울이 로마서를 쓴 고린도는 토기로 유명한 도시였다.

토기장이(*ho kerameus*, the potter)에게 귀한 그릇 혹은 천하게 쓸 그릇을 만들 권한이 있다(21절). 이것은 예레미야 18장에서 따온 이미지이다. 그 누구도 "나를 왜 이렇게 만드셨는가?"라고 불평할 수 없다. 지음 받은 대로 사용되면 영광이다. "만일 하나님이 그 진노를 보이시고 그 능력을 알게 하고자 하사 멸하기로 준비된 진노의 그릇을 오래 참으심으로 관용하시고"(22절). '진노의 그릇'(skeue orges)은 불신자 중 유대인 불신자를 가리킨다(참고. 롬 1:18). 유대인들의 반역과 불신앙을 보시고도 오래 참으신 하나님. 그러나 언젠가 죄인은 죄에 대해 심판하시는 하나님의 능력을 알게 될 것이다. 하나님의 관용하심 때문에 우리가 살아 있다. "또한 영광 받기로 예비하신바 긍휼의 그릇에 대하여 그 영광의 부요함(*ton plounton tes dokses*)을 알게 하고자 하셨을지라도 무슨 말 하리요"(23절). '긍휼의 그릇'(*skeue eleous*)은 그들을 통하여 하나님께서 영광을 받으시기로 예비하신 이방인 성도를 가리킨다. 우리는 하나님께서 어떤 이는 귀한 그릇으로 선택하시고 어떤 이는 천히 사용하시려고 선택하셨다는 사실보다는, 긍휼을 베푸신다는 사실에 감사해야 한다.[1099]

2.4. 로마서 9장 24-29절의 메시지

"이 그릇은 우리니 곧 유대인 중에서뿐 아니라 이방인 중에서도 부르신 자니라"(24절). 대부분 이방인으로 구성된 로마 교회는 하나님의 부르심을 받아 영광의 부요함을 맛본 긍휼의 그릇이다. "호세아 글에도 이르기를 내가 내 백성 아닌 자를 내 백성이라, 사랑치 아니한 자를 사랑한 자라 부르리라 너희는 내 백성이 아니라 한 그곳에서 저희가 살아 계신 하나님의 아들이라 부름을 얻으리라 함과 같으니라"(25-26절). 25절은 호세아 2장 23절을, 26절은 호세아 1장 10절의 인용이다. 이 구절에서 하나님의 구원은 유대인에게만 한정되지 않고 이방인도 포함함을 밝힌다. 선지자 호세아의 아들 가운데 로루하마와 로암미가 있었다. 이들은 '내 백성이 아닌 자'와 '사랑치 아니한 자'라는 뜻의 이름을 가진다. 하지만 하나님은 이스라엘을 언젠가 다시 자신의 백성으로 부르실 것이다. 또한 하나님은 이방인에게도 구원의 문을 여셨다. 바울은 예수 그리스도를 통해서 호세아의 예언이 성취됨을 알고 있다. 우주적인 구원이 벌써 개시되었다. 바울은 예수님의 십자가와 부활-승천으로 성취하신 구원의 빛 속에서 호세아를 바라보고 있다.

"또 이사야가 이스라엘에 관하여 외치되 이스라엘의 뭇 자손의 수가 비록 바다의 모래 같을지라도 남은 자만 구원을 얻으리니"(27절). 이사야 1장 9절과 10장 22-23절을 인용하면서 아무리 많은 유대인이 있더라도 남은 자만 구원을 얻을 것을 설명한다. 사실 바울의 선교 활동 가운데서도 이 일이 일어났는데, 회당에서 복음을 전하더라도 단지 소수의 유대인만 회개했지 않은가! "주께서 땅 위에서 그 말씀을 이루시고, 속히 끝내실 것이다"(28절).[1100] 이사야 10장 23절을 인용한다. 이스라엘의 범죄에 대해 포로와 추방의 벌을 내리신 하나님. "또한 이사야가 미리 말한바 만일 만군의 주께서 우리의 씨를 남겨 주시지 아니하셨더면 우리가 소돔과 같이 되고

1099) 칼빈은 로마서 9장 23절을 인용하면서, 한 교회의 거룩이 불완전하다는 이유로 성도가 교회를 떠나는 것은 정당한 이유가 될 수 없고, 오히려 교회 내에서 죄 용서를 실천할 기회가 된다고 말한다(《기독교 강요》, 4.1.17). 이것은 교회 안에 문제가 있다고 쉽게 교회를 옮기는 현대 성도에게 경고가 되는 말이다.

1100) 28절에서 다수 사본은 "속히 끝내실 것이다" 대신에, "이미 작정되었기 때문에(*hoti logon syntetmenon*) 의롭게(*en dikaiosyne*) 끝내실 것이다"로 늘려서 쓴다.

고모라와 같았으리로다 함과 같으니라"(29절). 창세기 19장의 소돔의 멸망을 기억하면서 유대인 가운데 남은 자를 돌보시는 하나님의 긍휼을 찬송하고 있다.

2.5. 로마서 9장 30-33절의 메시지

"그러면 우리가 무슨 말을 하겠느냐? 의(혹은 의를 낳는 율법)를 따르지 아니한 이방인들이 의를 얻었으니 곧 믿음에서 난 의요, 의의 율법을 따르던 이스라엘은 율법(*nomon*)에 이르지 못하였다"(30-31절). 바울은 믿음에서 나는 의와 행위에서 나는 율법의 의를 대조한다. 율법 조항을 다 지킴으로 의로워지려고 했던 유대인은 율법 조항 중 하나도 빠짐없이 다 지켜야 할 의무를 지녔는데, 그 일은 불가능했다. 사실 유대인들이 생각하는 이러한 방식을 하나님은 의도하신 적이 없다. 하나님의 유일한 의인 예수님을 배척하면서 행위로 의로워지려는 것은 어리석은 일이다. '따르다'(혹은 좇는다, *dioko*)는 말에서 알 수 있듯이 바울은 경주의 은유를 사용한다. 이방인들은 원래 의의 경주에 참여하지 않았지만 믿음으로 결승점에 도달했다. 그러나 유대인들은 의를 좇는 경주에 적극적으로 참여했지만 목적지에 도달하지 못했다. 유대인들은 경주의 참된 목표인 예수 그리스도를 바라보지 못했던 것이다. 행위 구원은 이신칭의의 최대 장애물이다.

"왜 그렇게 되었는가? 이는 그들이 믿음에 의지하지 않고 '행위로'(*eks egron*, 참고. 다수 사본: '율법의 행위로') 의를 얻는 것처럼 하였기 때문에 걸림돌에 걸려 넘어졌다"(32절). 베드로전서 2장 4-8절에서 부딪힐 돌(*to litho tou proskommatos*, 건축자들이 버린 요긴하고 보배로운 모퉁잇돌)은 예수님을 가리킨다. 유대인들은 예수님을 믿기보다 오히려 예수님을 배제하고 불신앙으로 걸려 넘어지고 말았다. 경주에 참여한 유대인들은 예수님에게 걸려 넘어지고 만 것이다. 이 구절은 이사야 8장 14절의 성취로서, 예수님이 유대인에게 거치는 반석(돌), 함정 그리고 올무가 되고 말았다. "기록된바 보라! 내가 부딪히는 돌과 거치는 반석을 시온에 두노니, 저를 믿는 자는 부끄러움을 당치 아니하리라 함과 같으니라"(33절). 바울은 이사야 28장 16절을 인용하는데, 이사야는 앗수르가 이스라엘을 파멸시킬 것을 예언한다. 하지만 시온에는 의로운 남은 자가 있을 것이며, 그 남은 자는 결국 예수님을 믿는 사람이다. 남은 자는 반석이신 예수님 위에 자신을 믿음으로 건축하는 자이다. 결코 예수님의 말씀을 무거운 짐으로 여겨서 걸려 넘어지고 믿음에서 낙오하거나 뒤로 물러가 침륜에 빠져서 낙심하거나 불순종하는 사람이 아니다.

3. 오늘에의 적용

우리에게 부요함과 부끄러움은 무엇인가?
우리가 추구할 것은 귀하게 쓰이는 그릇인가 큰 그릇인가?[1101]

1101) 실적주의 혹은 성과주의는 엘리트주의, 일등주의 혹은 성장지상주의(성장중독주의)와 맞물려 있다. "크면 좋다"는 사고에서 한국 교회는 자유로운가?

긍휼의 그릇으로서 진노의 그릇을 변화시키자.
그리스도께서 거치는 반석이 되는 경우는 언제인가?

로마서 10장

1. 본문 및 구조

- 지혜가 부족한 이스라엘(1-4)
- 믿는 자를 위한 의(5-13)
- 전파된 복음과 구원(14-21)

2. 구원 계시사적 메시지

2.1. 로마서 10장 1-4절의 메시지

이방인의 사도 바울이 원하면서 하나님께 간구한 것은 이스라엘이 구원을 받는 것이다(1절). 하나님은 믿되 예수님은 믿지 않는 유대인들에게 구원이 없기 때문에 바울이 크게 근심하면서 그들의 구원을 위해 간구하고 있다. 예수님이 하나님의 완벽한 계시이기에 예수님을 통하지 않고는 하나님을 모르는 것이다. 따라서 유대인들은 사실 하나님을 모르는 것이나 마찬가지다. 바울처럼 우리도 유대인들이 구원에 이르도록 기도해야 한다. 이스라엘은 하나님을 향해서 열심(*zelon*)이[1102] 있었지만 지식(*epignosin*)을 좇은 것이 아니었다(2절). 유대인들의 율법을 준수하려는 열심이 오히려 예수님을 통한 하나님의 구원계획을 오해하도록 만들었다. 유대인들은 하나님의 의를 모르고 자기 의(*ten idian dikaiosynen*)를 세우려고 힘써 하나님의 의를 복종치 아니하였다(3절). 유대인들은 율법을 준수함으로써 하나님의 의를 성취하려고 하니, 예수 그리스도를 믿어 전가된 의를 받을 수 없었다. "그리스도는 모든 믿는 자에게 의를 이루기 위하여(전가된 의를 주시기 위해) 율법의 '마침'(*telos nomou Christos*)이 되시니라"(4절).

예수님 안에서 율법은 '완성'(종료)되었다. 그리스도는 율법의 마침인 동시에 '목표'(goal)이신데, 일시적으로가 아니라 직접적이고 '목적론적'으로 그러하시다(not temporally but directively and teleolgically; 참고. Rogers & Rogers, 1998:334). 동시에 달성된 '목표'는 곧 시간적으로

1102) 로마서가 기록될 무렵 로마에 대항하여 투쟁하던 열심당(zealots)이 팔레스타인에서 활동했다. 그들은 마카비의 정신을 계승하여 이방 세력을 몰아내는 일과 민족적인 의와 율법 준수에 열심이었다. 따라서 여기서 바울은 이러한 민족적이고 전통적이며 행위 구원적인 열심을 경계한다(참고. Dunn, 1988:595).

도달된 '끝'이다(참고. 제임스 던, 2003:510).[1103] 바울은 *telos*의 목적론적 의미와 시간적 의미를 동시에 염두에 둔다.

율법을 통해서 의를 얻으려고 힘쓰는 대신에 믿음으로 의롭다 함을 받아야 하며, 율법은 하나님께 순종하도록 우리를 인도하는 역할을 했다. 예수님은 율법의 요구와 목적을 지키심으로써 율법 조항들을 만족시키셨으며, 율법의 완성이 되셨다. 율법의 목적인 그리스도는 율법을 폐기처분하지 않으셨고, 대신 율법을 성취, 완성하셔서 우리의 삶의 원칙으로 주셨다.

2.2. 로마서 10장 5-13절의 메시지

율법으로 말미암는 의를 행하는 사람은 그 의로 살아야 한다(5절). 바울은 레위기 18장 5절을 언급한다. 문맥상으로 볼 때 율법을 행함으로 의를 얻을 수 있다는 말씀이 아니다. 구약 이스라엘이 출애굽하여 가나안에 들어가기 전에 주신 말씀인데, 율법을 좇아 살 때 이방인과는 구분되는 경건한 삶의 방식을 찾게 될 것이라는 말씀이다. 즉 구원을 받았다면 말씀에 순종하여 일상에서 불신자와는 구별되는 의로운 방식으로 살아야 한다는 말씀이다. "믿음으로 말미암는 의는 이같이 말하되, 네 마음에 누가 하늘에 올라가겠느냐 하지 말라 하니, 올라가겠느냐 함은 그리스도를 모셔 내리려는 것이요"(6절). 그 누구도 예수님을 이 땅에 모셔 오려고 하늘로 올라갈 수 없다. 예수님은 이미 성육하셔서 구원의 사역을 성취하셨다. 믿음으로 의롭게 된 사람은 성육하신 예수님이 임마누엘하심을 믿고 예배로 반응해야 한다. "혹 누가 음부에 내려가겠느냐 하지 말라 하니 내려가겠느냐 함은 그리스도를 죽은 자 가운데서 모셔 올리려는 것이라"(7절). 예수님을 부활시키려고 음부에 내려갈 사람은 없다.[1104] 예수님은 이미 부활하셨다. 믿음으로 의롭게 된 우리는 예수님의 부활로 주님이 우리 가까이 계심을 믿고 동행해야 한다.

"그러면 무엇을 말하느뇨. 말씀이 네게 가까워 네 입에 있으며 네 마음에 있다 하였으니 곧 우리가 전파하는 믿음의 말씀이라"(8절). 이 구절은 신명기 30장 11-14절을 연상시킨다. 우리가 전파하는 믿음의 말씀은 주님 자신은 멀리 계시지 않을 뿐만 아니라, 주님의 말씀과 명령도 멀리 있지 않고 우리 가까이에 있다는 것이다.

바울은 6-8절의 논의를 9-10절에서 신명기 30장 12-14절을 인용하면서 결론적으로 요약한다.

1103) 김추성(2009:141-143)은 *telos*를 목적론적 의미로 본 사람으로 Badenas, Cranfield, Rhune, Murray, Howard, Kaiser를 언급한다. 다의적 의미(목적론 더하기 시간적)로 본 사람으로는 Bandstra, Bring, Bruce, Barrett, Moo, Seifrid, Wilckens가 있다. 시간적 의미로 본 사람은 Linse, Westerholm, Dunn, Schreiner, 그리고 Räisänen이다. 김추성(2009:154)은 *telos*의 시간적 의미가 대부분의 용례에 해당한다고 보면서 동의한다. 그럼에도 율법 폐기와 무용론에는 반대한다.

1104) A.D. 390년경의 것으로 추정되는 아퀼레이안(Aquileian) 형태의 라틴어 사도신경과 이것을 따르는 다른 사도신경에는 '음부에 내려가사'(He descended into Hades, *descendit in inferna*)라는 말을 '장사 지낸 바 되시고' 다음에 덧붙였다. 이 구절을 천주교에서는 지옥 주위에 구약의 성도가 죽어서 가 있는 선조 림보(*Limbus Patrum*)에 예수님께서 가셔서 복음을 전해서 해방시킨 것으로 본다(참고. 유해무, 1997:302).

"네가 만일 네 입으로 예수님을 주(*kyrios*, 구약의 야웨와 동일)로 시인하며 또 하나님께서 그를 죽은 자 가운데서 살리신 것을 네 마음에 믿으면 구원을 얻으리니, 사람이 마음으로 믿어(*pisteuetai*, 현재 수동 직설 3인칭 단수) 의에 이르고 입으로 시인하여(*homologeitai*, 현재 수동 직설 3인칭 단수)[1105] 구원에 이르느니라"(9-10절). 현재 수동태 직설법 동사가 사용된 것은 신적 수동태가 아니라, 비인칭(impersonal) 동사로 번역해야 한다. 그러므로 "It is believed" 그리고 "It is confessed"(즉 One believes or One confesses)라는 뜻이다(참고. Rogers & Rogers, 1998:335). 그리스도께서 부활의 구주이심을 마음으로 믿고 입으로 시인하면 구원을 얻는다. 믿고 시인하는 것은 전인적인 헌신을 의미한다. 이것은 성령의 사역이다. "누구든지 저(시온의 돌)를 믿는 자는 부끄러움을 당하지 아니하리라"(11절). 바울은 이사야 28장 16절을 인용하면서 하나님의 백성이 세상에서 바벨론 포로로 잡혀가는 것과 같은 수치를 당하지 않을 것을 말씀한다. 부끄러움은 심판 때 정죄 받음을 의미한다. 우리의 삶이 하나님으로부터 버림을 당하는 것은 부끄러운 일이다. 하나님의 돌보시는 역사가 없는 것이 우리의 수치이다. "유대인이나 헬라인이나 차별 (distinction)이 없음이라 한 주께서 모든 사람의 주가 되사 저를 부르는 모든 사람에게 부요하시도다"(12절). 주님을 부르는 즉 신뢰하는 유대인과 이방인 모두 수치가 아니라 부요함을 누릴 것이다.

"누구든지 주의 이름을 부르는 자는 구원을 얻으리라"(13절). 바울은 요엘 2장 32절을 인용한다. 이것은 구약에 나타난 선교 명령이다. 주님의 이름을 부르며 주님을 신뢰하면 구원을 얻는다. 요엘 2장 28절 이하에 나타난 성령의 임함을 받은 자, 말씀을 깨닫는 자는 전도해야 한다. 바틀릿(Bartlett, 1995:98)은 우리 시대의 말씀을 듣고 선포하고 심비에 새기는 것은 지루하고 내키지 않는 것이 아닌지 묻는다. 그러나 바울에게 있어서 말씀을 듣고 고백하는 것은 삶을 변화시키는 위대한 구속적 사건이다.

2.3. 로마서 10장 14-21절의 메시지

"그런즉 저희가 믿지 아니하는 이를 어찌 부르리요 듣지도 못한 이를 어찌 믿으리요 전파하는 이(*keryssontos*, 현재 능동 분사 남성 단수 속격)가 없이 어찌 들으리요"(14절). 진리를 전하는 사람이 없다면 하나님을 부르는 일도, 믿는 일도, 듣는 일도 없다. 아직도 복음을 제대로 듣지 못한 사람이 얼마나 많은가? 우리는 과연 얼마나 많은 사람에게 복음의 핵심을 전하고 있는가? 우리는 복음의 통로로 살고 있는가?[1106] "보내심을 받지 아니하였으면 어찌 전파하리요 기록된 바 아름답도다. '좋은 소식을'(참고. 다수 사본: '평화의 좋은 소식을') 전하는 자들의 발이여

1105) *Homologeo*는 법적인 용어인데, 누구와 구속력 있는 관계가 있음을 공적으로 선언(public declaration)하는 것이다(참고. Rogers & Rogers, 1998:335).

1106) "만일 죽을 수밖에 없는 사람이 우리를 중생시킬 수 있는 능력을 가지고 있는 것으로 말한다고 할 것 같으면, 지나친 명예가 인간에게 주어지는 것이 될 것이다.……그러나 인간의 연약성 때문에 하나님이 인간의 육성을 빌려서 효과적으로 역사하실 수 없다거나 우리 안에서 인간의 봉사로 말미암아 믿음을 창조하실 수 없게 되는 것은 아니다"(칼빈, 1993:340).

함과 같으니라"(15절). 이사야가 말하는 '아름다운 소식'은 바벨론 포로에서 귀환하는 것이다. 복음을 전하기 위해 보냄을 받은 사람이 없다면 사람들이 듣고 결단할 수 없다.

바울은 이사야 52장 7절을 인용하면서 바벨론 포로에서 돌아오는 복된 소식을 예수님을 믿어 온 세계 사람이 구원을 얻는 것으로 적용한다. 예수 그리스도 안에서 죄와 사탄과 지옥의 권세에서 해방되는 것이 복음이다.

"그러나 저희가 다 복음을 순종치 아니하였도다. 이사야가 가로되 주여 우리의 전하는 바를 누가 믿었나이까 하였으니"(16절). 바울은 이사야 53장 1절을 인용한다. 이사야의 예언을 그 당시 이스라엘인이 순종하지 않았다. '다'(*ou pantes*, not all)라는 말에서 남은 자 사상이 나타난다(참고. 롬 11:5). 바울이 전도했을 때 유대인들이 복음을 듣고 모두 순종한 것은 아니다. 예수님의 복음 전파 시에도 거부한 사람이 있었다. 믿느냐 안 믿느냐는 우리의 책임이 아니고, 다만 복음을 전파할 임무가 우리에게 있다. "그러므로 믿음은 들음에서 나며 들음은 '그리스도의 말씀으로'(참고. 다수 사본: '하나님의 말씀으로') 말미암았느니라"(17절). 그럼에도 불구하고 예수 그리스도의 십자가와 부활을 전할 때 복음을 수용하는 역사가 일어난다. 이 방식 외의 다른 전도의 방식이 없다. "그러나 내가 말하노니 저희가 듣지 아니하였느뇨. 그렇지 아니하다. 그 소리가 온 땅에 퍼졌고 그 말씀이 땅 끝까지 이르렀도다 하였느니라"(18절). 시편 19편 4절을 인용하면서 바울은 유대인들이 복음을 듣지 못한 것이 아니라 들었다고 말한다. 그러므로 복음을 듣지 못했다는 것을 변명거리로 내세울 사람이 없다. 시편 19편에서는 자연에 나타난 하나님의 계시를 다루지만 여기서 바울은 특별 계시의 선포를 다룬다(참고. 골 1:23).

"그러나 내가 말하노니 이스라엘이 알지 못하였느뇨. 먼저 모세가 이르되 내가 백성 아닌 자로써 너희가 시기나게 하며(*parazeloso*, provoke to jealousy) 미련한 백성으로써 너희를 노엽게 하리라 하였고"(19절). 바울은 신명기 32장 21절을 인용한다. 자기 백성이 아니었던 이방인을 구원하시는 것은 자기 백성이 돌아오도록 시기 나게 하는 방편이다. "또한 이사야가 매우 담대하여 이르되 내가 구하지 아니한 자들에게(*tois me zetousin*, 현재 능동태 분사) 찾은 바 되고 내게 문의하지 아니하는 자들에게(*tois me eperotosin*, 현재 능동태 분사) 나타났노라 하였고"(20절). 바울은 이사야 65장 1절을 인용하면서 이방인들이 이전에는 하나님을 유대인의 하나님만으로 이해하여 하나님을 구하지도 찾지 않았다고 말한다. 하지만 하나님은 믿음으로 반응하는 모든 사람을 위한 구원자이시다. "이스라엘을 대하여 가라사대 순종치 아니하고 거스려 말하는 백성에게 내가 종일 내 손(들)을 벌렸노라 하셨느니라"(21절). 바울은 이사야 65장 2절을 인용하는데, 하나님은 자기 백성에게 손을 벌리고 부르심으로써 은혜를 베푸셨지만 그들은 하나님을 버리고 말았다. 손을 벌려서 환영하시고 은혜를 베푸신 하나님이 유대인으로부터 퇴짜 맞고 말았다. 이방인은 이제 그 손의 호의를 받아들인다. 주목할 만한 점은 바울이 이 단락에서 이사야 53장과 65장을 인용함으로써 '여호와의 종'을 통한 복음의 전파와 구원의 확장을 다루고 있다는 점이다.

3. 오늘에의 적용

참 지식을 좇아 열심을 내자.
우리에게 가까이 있는 구원의 복음을 전하는 아름다운 발이 되자.
우리를 향해서 뻗쳐진 하나님의 손을 붙잡자.

♤ 로마서 11장 ♤

1. 본문 및 구조

- 이스라엘의 남은 자를 통해서 나타난 하나님의 신실함(1-6)
- 이스라엘의 현재의 상황(7-10)
- 이스라엘의 거부에 나타난 하나님의 목적(11-15)
- 하나님의 목적과 이방인의 교만(16-24)
- 온 이스라엘이 구원을 받음과 요약(25-32)
- 바울의 찬가적(讚歌的) 송영(誦詠)(33-36)

2. 구원 계시사적 메시지

2.1. 로마서 11장 1–6절의 메시지

"하나님이 자신의 백성(*ton laon autou*, 참고. 파피루스 46, F사본은 '그의 소유를')을 버리셨는가?(*aposato*, to push away, to repel) 결코 그럴 수 없다"(1절). 바울은 반론을 예상하며 논리를 전개한다. "그리스도께서 오셔서 행위 구원을 추구한 유대인들이 구원 받을 소망조차 박탈하셨는가? 이제는 유대인들 전부가 이방인들이 구원 안에 들어오기 전의 바로 그 상태에 빠져버렸는가?" 그건 사실이 아니다. 구원받은 바울도 이스라엘인이요, 아브라함의 씨(*spermatos*, seed; 가족관계를 규명하는 속격임)에서 난 자요, 베냐민 지파이다.

예레미야 7장 29절에서 하나님은 지독스럽게 죄에 빠져 있던 이스라엘을 끊어 버리시겠다고 말씀하셨다. 그러나 이스라엘과 영원한 언약을 맺으신 하나님은 구원의 대상에서 한 번도 유대인을 제외시킨 적 없으시다. 만일 그랬다면 바울도 구원받지 못했을 것이다. 성경의 언약은 쌍방 언약이되 그 주도권을 하나님이 쥐고 계시기에, 이스라엘의 완악함에도 불구하고 하나님은 언약을 파기하지 않으신다. 그러기 위해서 남은 자를 항상 보존하신다. 남은 자는 언약의 보루이다.

물론 예수님이 바로 그 남은 자(the Remnant)이시다(참고. 삼상 12:22; 시 94:14; 렘 31:36-37). "하나님이 그 미리 아신 자기 백성을 버리지 아니하셨나니 너희가 성경이 엘리야를 가리켜 말한 것을 알지 못하느냐 엘리야가 이스라엘을 하나님께 송사하되 주여 저희가 주의 선지자들을 죽였으며 주의 제단들을 헐어 버렸고 나만 남았는데 내 목숨도 찾나이다 하니"(2-3절; 참고. 왕상 19장). 엘리야는 자기만 남은 자인 것같이 느꼈다. 하지만 시대마다 남은 자는 항상 보존된다(참고. 사 7:3; 렘 23:3; 미 2:12; 습 3:12-13).

하나님의 대답은 바알에게 무릎을 꿇지 아니한 7천 인을 남겨 놓으셨다는 것이다(4절). 남은 자가 엘리야 혼자뿐이었다면 엘리야는 자신의 존재를 과대 평가했을 것이고, 하나님의 능력은 과소 평가했을 것이다. 이제도 은혜로 택하심을 따라 남은 자가 있다(5절). 하나님의 남은 자 선택이 은혜가 아니라 행위로 된 것이라면, 은혜가 은혜 되지 못한다(6절).[1107] 여기서 에베소서 2장 8-9절을 기억하자. "너희가 그 은혜를 인하여 믿음으로 말미암아 구원을 얻었나니 이것이 너희에게서 난 것이 아니요 하나님의 선물이라 행위에서 난 것이 아니니 이는 누구든지 자랑치 못하게 함이라."

2.2. 로마서 11장 7-10절의 메시지

이스라엘이 아니라 오직 택하심을 입은 자들이 하나님의 영접하심 즉 구원을 얻었다(7절). 완악하여진(*etorothesan*, 아오리스트 수동 직설 3인칭 복수, were hardened)[1108] 유대인들은 혼미한 심령(*pneuma katanykseos*, a spirit of torpor, 감각이 마비된 영)과 보지 못할 눈(*ophthalmous tou me plepein*)과 듣지 못할 귀(*ota tou me akouein*)를 가지고 있다(8절). 바울은 신명기 29장 4절과 이사야 29장 10절을 인용한다. 하나님의 말씀을 듣기를 거부할 때 들을 수도, 이해할 수도 없게 된다. 영적인 마비로 인해 지금도 유대인들은 성경을 오해하여 예수님을 메시아로 영접하지 않고 있다. "다윗이 가로되 저희 밥상이 올무와 덫과 거치는 것과 보응이 되게 하옵시고, 저희 눈은 흐려보지 못하고 저희 등은 항상 굽게 하여 주옵소서 하였느니라"(9-10절).

시편 69편 22-23절에서 다윗은 이스라엘의 대적을 향한 저주를 선포하지만, 바울은 방향을 바꾸어 유대인에게 적용시킨다. '그 밥상'(*he trapeza*)은 종교적인 행위들(롬 11:6; 참고. 최종상, 2003:275) 혹은 하나님이 이스라엘에게 주신 복을 상징한다. 그 복이 오히려 교만의 근거가 되어, 올무 및 덫, 거치는 것과 보응이 되고 말았다. 그리고 영안이 어두워지고 등이 굽을 정도로 무거운 짐을 지고 살아가게 된다. 우리가 받은 복과 은혜에 대해 늘 감사하게 생각해야지, 마치

1107) 6절 끝에 다수 사본은 "그러나 만일 행위로 말미암은 것이면 그것은 더 이상 은혜가 아니다. 그렇지 않으면 행위는 더 이상 행위가 아니다"를 첨가한다. 만일 이 첨가가 원문에 있었다면, 생략되어야 할 이유가 없어 보인다. 그러므로 이 첨가가 없는 것이 원문에 가깝다(참고. 매츠거, 2005:450).

1108) 7절에서, 이 동사를 신적 수동태로 보면, 그들 스스로 강퍅해진 것이 아니라 하나님께서 그렇게 하셨다는 뜻이다(참고. Cranfield, 1979:549; Stuhlmacher, 1994:162-165). 그러나 문맥을 보면, 강퍅해지는 행위는 하나님을 거부한 이 백성들에게 임하는 하나님의 심판이라고 볼 수 있다(참고. Wright, 1998:247). 로마서 11장 11절에서 바울은 유대인들 스스로가 넘어진 것을 암시하는 능동형 동사(*eptaisan*)를 사용했다(보라. 최종상, 2003:272).

당연한 것으로 생각한다면 우리 역시 영적인 무감각, 영적인 혼수상태에 있게 된다. 하지만 예수님은 소경을 고쳐주시고, 죄악에서 해방하시고, 영적인 눈을 열어 주셨다.

2.3. 로마서 11장 11-15절의 메시지

"저희가 넘어지기까지 실족하였느뇨 그럴 수 없느니라 저희의 넘어짐으로 구원이 이방인에게 이르러 이스라엘로 시기나게 함이니라"(11절). 유대인들이 영원히 일어설 수 없을 정도로 넘어져 버렸는가? 영원히 보지 못할 정도로 눈이 멀어 버렸는가? 이스라엘의 넘어짐과 죄악은 이제 이방인에게로 구원의 역사가 베풀어지도록 한다. 유대인은 이방인이 구원받는 것을 보고 돌이켜야 했다. 이방인이었던 서구의 기독교 국가가 하나님의 복을 받는 것을 보고 이스라엘은 무엇을 느꼈을까? "저희의 넘어짐(*paraptoma*)이 세상의 부요함(*ploutos*)이 되며 저희의 실패(*hettema*)가 이방인의 부요함이 되거든 하물며 저희의 충만(*pleroma*)이리요"(12절). 바울은 여기서 이방인의 선교와 구원이 단지 유대인들의 구원에 비교하면 부차적인 것이라고 말하지 않는다(참고. 최종상, 2003:283). 로마 교회도 이방인 성도와 유대인 성도가 혼합되어 있기에 예수님 안에서 동등한 입장에서 연합을 이루어야 했다. 유대인이 구원을 얻게 되면 이방인 성도는 하나님의 구원의 풍요로움을 함께 기뻐한다.

바울은 '이방인의 사도'(*ethnon apostolos*)로서 그 직분을 영광스럽게 생각한다(13절; 참고. 행 9:15).[1109] 바울의 이방인의 사도라는 정체성은 그의 구원론적 진술에 영향을 미치고 있다. 즉 이방인의 구원을 유대인의 구원에 종속되는 것으로 보지 않고 대등한 것으로 본다. 실제로 로마 교회의 다수는 이방인 출신으로 보인다. 하나님은 이방인의 구원을 통해서 유대인을 시기하여 그중 얼마를 구원하려 하신다(14절). 그러므로 이방인이 구원을 얻는 것을 보고 유대인은 불평하는 대신 시기나서 돌아와야 한다. 바울은 유대인 전체가 돌아오도록 하는 것이 아니라 유대인 중에서 남은 자를 회복하는 일을 감당했다. "저희를 버리는 것이 세상의 화목이 되거든, 그 받아들이는 것이 죽은 자 가운데서 사는 것이 아니면 무엇이리요"(15절). 유대인들이 주님께로 돌아오는 것은 부활과도 같다. 약간 다르게 머리(Murray, 1984:84)는 이 구절을 유대인의 회심으로 말미암은 전례 없이 활기를 띤 부흥을 언급하는 것으로 비유적으로 본다.

하나님은 유대인을 마치 잠시 제쳐두시듯이 이방인에게 구원의 기회를 주셨다. 유대인이

1109) 신약 헬라어 성경에서 '명사+소유격 명사'(혹은 명사구)의 어순에서, 바울 서신의 경우 98%가 소유격 명사(혹은 명사구)가 수식하는 명사 뒤에 위치한다. 누가복음의 경우는 99%이다. 그런데 로마서 11장 13절의 경우는 소유격 명사가 수식하는 명사 '앞에' 위치하는 예외 경우인데, 바울은 '이방인의'(*ethnon apostolos*)를 강조한다. 참고로 '명사+형용사'의 경우, 마가복음과 누가복음의 경우 약 75%가 형용사가 수식하는 명사 뒤에 위치한다(예외. 막 3:3의 *ten kseran cheira*[마른 손]의 경우 '마른'을 강조함). 하지만 바울 서신의 경우는 반대의 어순 즉 형용사가 수식하는 명사 앞에 위치하는 경우가 65%이다(예. 고전 5:7의 '그 묵은 누룩'[*ten palaian zymen*]). 하지만 고린도전서 5장 8절은 '명사+형용사' 어순으로 되어 있기에 '명사'(누룩 없는 떡, *azymois*)를 강조한다. 그리고 누가복음의 78%와 바울 서신의 85%는 '명사+지시대명사'의 순서를 따른다. 하지만 지시대명서가 수식하는 명사 앞에 위치하는 경우에 강조(혹은 현저성)는 지시대명사에 있다(예. 눅 5:35의 '그 날'[*en ekeinais tais hemerais*]; 참고. 박윤만, 2010:8-9).

다시 받아들여지는 것은 부활처럼 생생한 경험이 될 것이다. 이 구절을 몸의 부활이 있기 이전에 유대인의 회심의 역사가 일어날 것이라는 뜻으로 즉 유대인의 개종이 세상 역사의 종말과 관계있는 것처럼 이해할 수 없다.

2.4. 로마서 11장 16-24절의 메시지

"제사하는 처음 익은(*aparche*, firstfruit) 곡식 가루가 거룩한즉 떡덩이도 그러하고 뿌리가 거룩한즉 가지도 그러하니라"(16절). 민수기 15장 20절에서 모세는 이스라엘이 여호와께 드릴 '거제'에 대해 언급한다. 이스라엘은 곡식의 거제를 드림으로써 풍성한 양식을 주신 하나님께 감사해야 했다. 하나님을 위해 따로 구별한 첫 열매가 거룩하면 다른 모든 열매도 거룩하다. 첫 열매는 전체를 대표한다. 원천인 뿌리는 가지와 같은 다른 부분의 특성을 결정한다. 뿌리는 유대인(의 조상인 아브라함)이 가진 믿음과 같은 것이다. 이 믿음의 뿌리는 이방인을 포함하는 나무 전체의 상태를 결정한다. 이 말씀은 로마 교회 안의 이방인 성도와 유대인 성도의 연합을 강조하는 것이기도 하다. "또 한 가지 얼마가 꺾여졌는데 (야생)돌감람나무(*aglieraios*, a wild olive)인 네가 그들 중에 접붙임이 되어 (다듬고 경작된)참감람나무(*elaios*, the cultivated olive-tree) 뿌리의 진액을 함께 받는 자(*syngkoinonos*, partaker) 되었은즉(17절; 참고. 렘 11:6; 호 14:6)."[1110] 야생감람나무(돌감람나무)는 참감람나무에게 생명을 얻기 위해 접붙임을 당한 것이다. 하나님은 범죄한 이스라엘 전체를 물리치지 않으시고 몇몇 가지만 꺾으셨다. 그(원 감람나무) 가지들을 향하여 자긍하지 말아야 한다.[1111] 자긍할지라도 자신이 뿌리를 보전하는 것이 아니요, 뿌리가 보전하는 것이다(18절). 뿌리인 하나님께서 유대인과 맺으신 언약이 이방인을 보전한다. 출애굽과 아브라함의 언약 그리고 출바벨론의 언약 시에 이방인의 구원이 분명히 나타난다. 바울이 갑자기 이방인의 구원을 언급하는 것이 아니라 예수님 안에서의 보편적 구원의 관점에서 언급할 뿐이다.

"그러면 네 말이 가지들이 꺾이운 것은 나로 접붙임을 받게 하려 함이라 하리니"(19절). 유대인 중 일부가 꺾어졌기에 이방인이 기회를 얻어 대신 그 자리를 차지한다. "옳도다(*kalos*). 저희는 믿지 아니하므로 꺾이우고, 너는 믿으므로 섰느니라. 높은 마음을 품지 말고 도리어 두려워하라"(20절). 불신앙으로 꺾어지는 패망을, 믿음으로 접붙임과 생명을 얻는다. 불신앙은 열매를 맺지 못하기에 꺾어질 뿐이다. 포도나무이신 예수님에게 붙어 있어야만 열매를 맺을 수 있다.

1110) 17절에서 A와 다수 사본은 '뿌리의 진액을' 대신에 '뿌리와 진액을'이라고 쓴다. 하지만 '뿌리의 진액을'이 옳다.

1111) 이 구절을 로마 교회의 다수를 차지하던 이방인 성도가 소수였던 유대인 성도를 무시하는 것과 관련지어 갈등 상황으로 이해하는 사람이 많다(예. Schoeps, Martin, Wagner, Käsemann, Beker, Lincoln, Schrenk 등). 하지만 바울은 실제로 이런 일이 발생했기 때문이 아니라 미리 경고하고 있는 것으로 볼 수 있다. 18절처럼 *mē*+현재 중간태 명령형(-하지 말라)이 로마서에 종종 등장하는데(롬 6:12, 11:20, 12:14, 16, 13:14) 이것은 현재에 진행 중인 것을 금하는 명령이기보다는 개시적 혹은 기동적 의미로 볼 수 있다. 즉 그렇게 될 것을 예상하고 금하는 명령이다(참고. 최종상, 2003:289).

"하나님이 원가지들도 아끼지 아니하셨은즉 너도 아끼지(*pheidomai*, to spare) 아니하시리라" (21절). 이방인 성도 역시 불신앙으로 일관한다면 꺾이우게 된다. "그러므로 하나님의 인자(*chrestotes*, kindness)와 엄위(*apotomia*, sternness, '짧게 자르다'는 동사에서 유래함)를 보라. 넘어지는 자들에게는 엄위가 있으니 너희가 만일 하나님의 인자에 거하면 그 인자가 너희에게 있으리라. 그렇지 않으면 너도 찍히는 바 되리라"(22절). 하나님의 엄격하심은 꺾어진 유대인들처럼 넘어지는 자들에게 나타났다. 반대로 하나님의 인자하심은 새로 접붙인 자들에게 나타났다. 이방인 성도도 불신앙으로 일관하면 끊쳐지고 만다. "저희도 믿지 아니하는 데 거하지 아니하면 접붙임을 얻으리니 이는 저희를 접붙이실 능력이 하나님께 있음이라"(23절). 신앙으로 반응할 때 접붙임의 주체인 하나님이 역사하신다.

"네(이방인 성도)가 원 돌감람나무에서 찍힘을 받고 본성을 거스려 좋은 감람나무(이스라엘의 남은 자)에 접붙임을 얻었은즉, 원가지인 이 사람들(유대인 성도)이야 얼마나 더 자기 감람나무에 접붙이심을 얻으랴"(24절). 참감람나무에서 떨어진 사람이 돌이켜 참감람나무에 다시 접붙임을 받는 것은 자연스럽지 않은가! 바울은 유대인의 구원을 갈망하고 있다. 이 단락은 요한복음 15장의 포도나무와 가지의 비유처럼 성도는 예수 그리스도와의 연합을 통해서 극상품 포도를 맺어야 할 것으로 적용할 수 있다(참고. 사 5장).

2.5. 로마서 11장 25-32절의 메시지

바울은 로마서 독자들이 모르기를 원치 않는 하나님의 비밀(*to mysterion touto*)을 밝힌다(참고. 롬 16:26의 '비밀의 계시'). 그 비밀은 이방인의 충만한 수(*to pleroma ton ethnon*)가 들어오기까지[1112] 이스라엘의 더러는(in part, not all) 완악하게 된 것(*porosis*, 우둔함)이라(25절). 그러므로 로마의 이방인 성도는 '스스로(*par' heautois*; 시내 산, C, D, 다수 사본; 참고. A와 B사본은 뜻이 더 잘 통하는 '*en heautois*') 의롭다거나 지혜 있다고 말할 수 없다. 이방인의 충만한 수는 무한정이 아니다. 그러므로 이방인 중에서 주님께로 돌아올 사람의 수를 하나님은 알고 계신다. '충만함'이란 이방인이 개종함으로써 유대인의 거부로 궐이 난 것을 '보충하여 많게 하다'라는 의미를 배제하지는 않지만 말 그대로 '많음'(multitude)을 뜻한다(참고. 창 48:19; 사 31:4. 보라. Hodge, 1993:373).

"그리하여(*kai houtos*, and accordingly) 온 이스라엘이 구원을 얻으리라. 기록된 바 구원자가 시온에서 오사 야곱에게서 경건치 않은 것을 돌이키시겠고"(26절). 어거스틴과 칼빈은 '온 이스라엘'(*pas Israel*)을 육적인 이스라엘 국가가 아니라, 영적인 이스라엘 즉 유대인과 헬라인을 포함하는 '교회'로 보았다. 최근에는 리처드 헤이스(2002:629)가 이 견해를 따른다. 이것이 옳다면 과연 이것을 바울은 '하나님의 비밀'이라고 말할 수 있겠는가? 아닐 것이다(참고. Murray, 1984:97). 주목할 것은 로마서 9-11장에서 10번에 걸쳐서 '이스라엘'은 이방인과 구별되는 '민족

1112) '들어오다'(*eiserchomai*)라는 말은 하나님 나라로 들어오는 것을 뜻한다(참고. 마 5:20, 7:13, 18:3; 막 9:43, 45, 47; 눅 13:34; 요 3:5; 행 14:22).

적인 이스라엘'(ethnic Israel)을 가리킨다는 사실이다. 따라서 26절에서 바울이 '이스라엘'을 민족적 의미에서 종교적인 의미로 바꾸었다고 볼 수 없다. 물론 '이스라엘'이라는 말이 민족적인 이스라엘 전체가 아니라 모든 세대의 '남은 자'를 가리키기도 한다(참고. 롬 9:6).[1113] 따라서 '온 이스라엘'은 유대인과 이방인을 포함하는 전체 교회가 아니라, 이방인과 구분되는 민족적인 유대인 중에서 모든 남은 자를 의미한다(참고. Moo, 1996:723; Murray, 1984:98). 온 이스라엘의 구원은 30절의 '이제'(지금, *nyn*; 시내 산, B사본 등이 지지함; 참고. 다수 사본은 '이제'를 생략함)라는 말이 가리키듯이 '이미와 아직 아니'로 이해해야 할 종말론적인 것이다.[1114] 바울은 언약을 지키시기 위해서 말씀으로 역사하시는 성령님을 소개하는 이사야 59장 20-21절을 인용한다. 예수님은 예루살렘-시온에서 온 구원자이시다. 주님은 시온에서 활동하셨고, 거기서 죽으시고 부활하셨다. 하지만 이 구절은 그 이상의 의미를 가진다. 구원자가 시온으로부터 오며(그래서 유대인들이 먼저 구원의 은혜를 입고), 이스라엘 밖의 다른 사람들을 위하여 나갈 것이라는 의미도 함께 지닌다. 바울은 시온을 구심적인 중심이라기보다 원심점으로 여긴다(참고. 최종상, 2003:297). 주님은 야곱 즉 이스라엘에서 경건치 않은 것을 돌이키시고 구원하실 것이다. 여기서 야곱이 언급된 것은 하나님의 구원 계획에 유대인이 배제되지 않음을 의미한다.

"내가 저희 죄(*tas hamartias*)를 없이할(*aphaireo*, '사죄하다', 참고. 히 10:4) 때 저희에게 이루어질 내 언약이 이것이라 함과 같으니라"(27절; 참고. 롬 9:4). 예레미야 31장 33-34절의 '새 언약'에서 하나님은 우리의 죄를 사하시는 분으로 묘사된다. "복음으로 하면(as regards the gospel) 저희(유대인)가 너희(이방인 성도)를 인하여 원수 된 자요, (저희는) 택하심으로 하면(as regards the election) 조상들을 인하여(for the sake of the fathers) 사랑을 입은 자라"(28절). 바울은 '원수'와 '사랑을 입은 자'라는 날카로운 대조를 드러내기 위해서 '논쟁적인 용어'(polemic term)를 사용한다(참고. Dunn, 1988:693). 이방인들이 구원을 얻게 된 것은 하나님이 유대인을 마치 (일시적이지만) 원수 취급하셨기 때문이다. 하지만 유대인은 조상들 때문에(즉 조상들과 맺으신 하나님의 언약 때문에) 하나님의 사랑을 입었다. "하나님의 은사(*ta charismata*)와 부르심(*he klesis*)에는 후회하심이 없느니라"(29절). 로마서 9장 4-5절에 등장하는 이스라엘에게 주어진 은사와 특권과 초대는 파기될 수 없다. 하나님은 허락하신 것들을 거두어들이지 않으시지만, 사람은 그것을

1113) '온 이스라엘'을 이스라엘이라는 국가 전체로 보는 던(1988:679-680)은 '온'(*pas*)을 디아스포라를 포함한 이스라엘 백성 전체를 의미하는 것으로 보는데(참고. 구약에서 이스라엘 전체의 회복을 약속하는 구절들 – 신 30:1-5; 느 1:9; 렘 23:3, 29:14; 겔 11:17, 36:24; 미 2:12, 4:6-7; 습 3:19-20; 슥 10:8-10), 형용사 '온'(all)을 로마서 11장 5절의 *leimma*(남은 자)와 로마서 11장 17절의 *tines*과 대조되는 것으로 본다. 요즘은 칼빈(1993:371)과 같은 전통적인 견해를 버리고 Moo와 Dunn의 주장에 동조하는 사람이 점증하고 있다. 이들은 '온' 이라는 말을 이스라엘 백성 개인 한 명 한 명 모두를 포함하는 것으로(every Israelite) 보지 않고, 민족적인 전체로 본다(예. Luz, Mayer, Kümmel, Hofius, Witherington, 2004:275). 하지만 이 구절에 근거하여 주님 재림 이전에 세대주의자의 입장처럼 한 사람도 남김없이 이스라엘 전체의 대대적인 개종을 주장할 수 없다. 참고로 ESV Study Bible(2008:2177)은 역사의 마지막에 있을 유대인들의 구원으로 보면서, 모든 역사에 걸쳐서 유대인들의 남은 자들이 구원을 받는 것을 '비밀'로 보기 어렵다고 설명한다.

1114) 최갑종(2009:442)은 모든 이스라엘의 구원을 미래의 예수님의 재림과 연결지어 이해한다.

거부할 수 있다. "너희(이방인 성도)가 전에 하나님께 순종치 아니하더니 이스라엘에(즉 '이스라엘의', *touton*, 속격이 맞다) 순종치 아니함으로 이제 긍휼을 입었는지라"(30절).

"이와 같이 지금 이 사람들이 순종하지 않는 것은, 너희에게 베푸신 긍휼로 이제 그들도 긍휼을 얻게 하려는 것이다"(31절). 비록 하나님께서 은혜로 유대인들을 자기 백성으로 선택하셨지만 그들은 순종하지 않았다. 이 이유로 유대인들은 하나님의 긍휼이 필요하다. 이스라엘의 조상과 맺으신 언약으로 인해 이스라엘은 여전히 긍휼을 받고 있다. 바울은 로마서 11장의 논의의 포괄적인 풍자적 절정(comprehensive epigrammatic climax)에 해당하는 결론을 32절에서 도출하는데 30-31절의 용어들을 사용한다(참고. Dunn, 1988:695). "하나님이 모든 사람을 순종치 아니하는 가운데 가두어 두심은, 모든 사람에게 긍휼을 베풀려 하심이로다"(32절). 하나님이 불순종에 가두어 두신 것은 죄인이 자신의 죄악 된 욕망대로 사는 것이다. '순종'과 '긍휼'은 유대적 용어이기에 이스라엘의 회복을 결론 짓는 이 구절에 적합하다. 이스라엘의 완악함과 진노의 그릇됨은 죄수처럼 갇힌 일시적인 상태(temporary condition)인데, 하나님의 궁극적인 목적은 그들에게 긍휼을 베푸시는 것이다(참고. Witherington, 2004:26-277). 불순종하는 사람은 불순종 안에 자신을 가두고 만다. 하나님은 자신이 이전에 하나님께 불순종했음을 인정하는 사람에게만 긍휼을 베푸실 것이다. 그렇다고 하나님이 사람에게 빚진 것처럼 말할 수 없다. 왜냐하면 우리는 이 단락을 긍휼과 은혜의 빛 속에서 이해해야 하기 때문이다. 불순종으로 인한 진노와 순종으로 인해 주어지는 긍휼을 통해서 바울은 복음의 구원과 심판이라는 양면성을 동시에 다룬다.

2.6. 로마서 11장 33-36절의 메시지

"깊도다(*O! bathos*) 하나님의 지혜와 지식의 부요함이여 그의 판단(*krimata*)은 측량치 못할 것이며 그의 길(들)은 찾지 못할 것이로다"(33절; 참고. 시 77:19). 유대인과 이방인을 향한 구원 계획을 세우시고 이루신 하나님의 지혜와 지식은 참으로 놀랍다. "누가 주의 마음을 알았느뇨, 누가 그의 모사(*symboulos*, counsellor)가 되었느뇨"(34절). 이사야 40장 13절을 인용하면서, 바울은 하나님만 하나님의 계획을 알고 계심을 강조한다. 인간이 하나님께 조언하거나 새로운 제안을 할 수 없다(참고. 사 40:13; 렘 23:18). "누가 주께 먼저 드려서 갚으심을 받겠느냐?"(35절). 다르게 의역해 보면, "또 누가 보상을 받을 만큼 충분히 주께 드렸습니까?"(현대어성경). 바울은 욥기 41장 11절을 인용하여 하나님이 온 천하를 주권적으로 통치하심을 언급한다. 하나님은 우리에게 빚진 것이 없고, 우리가 하나님에게 빚졌다. "이는 만물(*ta panta*)이 주에게서 나오고(*eks autou*), 주로 말미암고(*di' autou*), 주에게로 돌아감이라(*eis autou*) 영광이 그에게 세세에 있으리로다 아멘"(36절). 36절은 35절을 확증하는데, 성도가 자신의 선한 것을 결코 자랑할 수 없는 것은, 우리 자신이 하나님으로 말미암아 무에서 창조되고, 우리 존재 자체가 하나님에게 달려 있기 때문이다(참고. 칼빈, 1993:380). 바울은 만물의 창조주, 유지자, 생명의 마지막이 되시는 알파와 오메가가 되시는 하나님을 송영한다. 이것은 계시록의 우주적인 경배와 유사하다(참고. 케제만, 1986:524). 오직 하나님께 영광을 돌리는 것이 하나님의 의를 입은 자의 마땅한 태도이다. 학문, 가정, 교회,

각 영역의 처음과 나중은 하나님이시다. 그 분만이 영광을 받으셔야한다. 할렐루야!

3. 오늘에의 적용

구원의 접붙이는 일에 힘쓰자.

새 이스라엘 즉 남은 자로서 삶의 모든 영역에서 송영적 삶을 살자.

로마서 12장

1. 본문 및 구조

- 거룩한 산 제사(1-8)
- 선으로 악을 이김(9-21)

2. 구원 계시사적 메시지

2.1. 로마서 12장 1-8절의 메시지

로마서 1-11장은 죄의 보편성과 죄인을 향한 하나님의 구원, 그리고 구원에 있어서 이스라엘과 이방인의 관계 등 이론적인 면을 주로 다루었다. 12장부터는 실천적인 내용을 본격적으로 언급한다. '이론과 실천!' 실천으로만 기독교의 이론이 해석된다.[1115] 믿음과 실천이 따로 가는 것이 아니라, 성도에게 '신실한 순종'(faithful obedience)이 요구된다. 그래서 이제 바울은 성도가 어떻게 예수님 안에서 하나님을 향하여 살 수 있을까라는 실제적인 문제를 다룬다. 바울이 권면하는[1116] 바는 로마 교회가 몸을 하나님이 기뻐하시는 거룩한 산 제사(*thysian zosan hagian euareston to theo*, living sacrifice; '지속적인 헌신'을 뜻함)로 드려야 한다는 것이다(1절). 이것은 우리의 드릴 영적(*logiken*, reasonable, well-pleasing, acceptable) 예배이다.[1117] 우리의 몸(전인)

1115) 로마서 12장 이하의 교훈은 단순한 윤리적 권면으로 구성되었는가? 로마서 전체의 핵심 주제라고 불려도 손색이 없는, 이신칭의와 관련해서 볼 때 이신칭의의 구체적인 표현이요 적용으로 볼 수 있다. 특히 로마서 15장 7절에서 그리스도께서 로마 교회를 받아들이신 것 즉 하나님이 예수 그리스도 안에서 이루신 의와 연결된다면, 성도 역시 수평적 관계 속에서 바로 이 의를 이루어가며 살아야 한다는 교훈으로 볼 수 있다(참고. 최갑종, 2009:454).

1116) 바울은 여기서 사도의 권위로 명령하지 않는다. 대신 '권면한다'(*parakaleo*, to exhort). 로마 교회의 상황 속으로 깊이 들어가 그들과 인격적인 교제를 나누는 자상한 사도의 모습을 본다(참고. 롬 1:11-12).

1117) 바울 당시의 헬라 세계의 교육받은 경건한 자들은 거칠고 피가 넘치는 성전 제사로부터 멀어지게

즉 외적 사람과 내적 사람 곧 지정의를 하나님의 통치 아래 두고, 제물처럼 거룩히 구별해 드리고, 하나님께서 자유롭게 사용하시도록 바쳐 드리면서, 하나님의 생각대로 사는 것이 영적 예배이다(참고. 미 6:6-8).[1118] 이제 남아 있는 제사는 우리의 감사의 반응이다. 우리는 이 세대(*to aioni touto*)를 본받지 말고(*me syschematizesthe*, not conformed),[1119] 오직 마음(*tou noos*)을 새롭게 함으로 변화를 받아(*metamorphousthe*, be transformed),[1120] 하나님의 선하시고, 기뻐하시고, 온전하신 뜻이 무엇인지 분별해야 한다(2절). 합리적인 것을 무시하고 황홀경에 몰입하려는 헬라의 제사와 도덕적으로 난잡한 의식을 행하는 대부분의 로마의 제사와 달리 바울은 마음의 올바른 사용을 강조한다(참고. 존 월튼, 2010:1713). 적용해 보면, 성도는 마음으로부터 철저한 변화를 받으면, 세상의 가치관을 따라 살지 않고, 옛사람의 습성을 버리고 성령으로 새롭게 되어야 한다. 하나님의 뜻을 모든 상황 속에서 아는 것은 쉽지 않다. 하나님의 뜻을 찾는 어떤 비상한

되었기에, 자연스럽게 더 합당한 제사는 불가견적이고 영적인 것이라는 인식이 있었다(참고. Stuhlmacher, 1994:187). 하지만 바울이 이러한 헬라적 종교 관념을 염두에 두었다기보다는, 그리스도의 완결적 속죄 희생 제사가 로마 교인에게 주는 예배적 의의를 정확히 간파하고 있다고 보아야 한다. Kiuchi(2006:256-257)는 로마서 12장 1절의 빛 속에서 성도는 아사셀 염소(Azazel-goat; 참고. 레 16:8-10) 같은 산 제사(living sacrifice)를 드려야 한다고 본다. 후기 유대주의(AD 2세기 미쉬나 Yoma 4:2; 6:6)는 숫염소를 '보내어진 염소'(sent-away goat)라 부르면서, 광야로 이끌고 간 사람이 골짜기의 절벽에서 밀어 떨어뜨려 죽였다고 설명한다. 하지만 레위기 16장에서 '아사셀 염소'는 다른 사람의 죄를 위한 속죄제물(레 16:5)로 운명 지어졌으나 죽었다는 언급이 없다. 마찬가지로 성도는 순교하지 않는다고 하더라도, 산 제물 즉 자기희생적으로 살아야 한다. 왜냐하면 예수님의 죽으심과 부활에 연합하여 세례를 받은 성도는 죄에 대해서 죽고 하나님에게 살아났기 때문이다(롬 6:3, 5, 10-11). 남의 죄를 지고 간 아사셀 염소처럼 성도는 자신은 물론 남을 위해서도 헌신해야 한다.

1118) 칼빈(1993:382-386)의 설명을 들어보자. 로마서 12장 1절의 "너희 몸을 하나님이 기뻐하시는 거룩한 산 제물로 드리라"와 관련하여, 우리가 주님께 성별되어 있다는 점을 아는 것이야말로 선한 일을 달성하려는 참된 인생의 시작이라고 주석한다. 우리의 몸을 제물로 드리려면 우리가 주님의 소유임을 인정하고 자기 부정을 해야 한다. 우리가 '산' 제물이라는 말에, 우리의 이전 생활은 파괴되고, 새로운 생명으로 세워지기 위해서 우리가 주님께 제물로 바쳐진다는 의미가 있다. 우리가 우리 자신을 정직과 성결에 몰두할 때 우리의 수고가 하나님께 기쁨이 되고 받아들여진다는 점을 가르쳐 준다. '몸'이라는 표현 속에는 우리의 살과 뼈뿐 아니라, 우리를 형성하는 모든 요소를 포함한다. 바울이 우리의 모든 부분에 대한 대유법적 표현을 사용한 것은 몸의 각 부분이 우리의 행동을 수행하는 도구이기 때문이다. 1절 끝의 '영적 예배'(혹은 합당한 예배)라는 말은 하나님의 말씀의 원칙에 위배되는 인간의 모든 시도를 어리석고, 얼빠지며, 무모한 시도로 따돌리고 있다. 2절의 '이 세대'는 인간적인 성격과 행동을 의미한다. "마음을 새롭게 함으로"는 데살로니가전서 5장 23절처럼 하나님께서 우리의 혼과 영의 정결을 요구하는 것이다. '하나님의 선하시고 온전하신 뜻'은 인간적인 고안에 의한 것이 아니라 하나님의 명령에 따른 것만 의미한다.

1119) '이 세대'는 죄악의 세대, 우리의 의로 율법을 준수하려다 실패한 세대, 그리고 그리스도 밖에서 옛 세상을 좇던 세대이기에, 성도는 이러한 이전 것들을 버리고 신실한 순종의 새로운 시대의 시민(citizens of the new age of faithful obedience)으로 살아야 한다는 계시사적 의미가 담겨 있다(참고. Bartlett, 1995:110).

1120) '변화를 받다'는 영어 'metamorphosis'인데, 마치 모충(caterpillar)에서 나비로 바뀌는 것을 연상케 한다. 변형 혹은 변혁과 관련하여 성도는 세례를 통해서 옛 세상을 떠나 새 세상으로 진입한다. 바울 자신이야말로 기독교의 박해자에서 복음의 역군으로 변혁된 사람이 아닌가! 로마 교회도 이러한 변혁의 대상이자 주체로 살아야 했다.

법칙이 없기 때문이다. 그러나 하나님을 의지하고 순종하려는 자세가 있다면 알 수 있다. RSV에서는 강한 의조로 하나님의 뜻을 우리의 삶 속에서 분변할 뿐 아니라 증명하라고 번역한다. 하나님의 뜻은 선하며, 하나님을 기쁘시게 하며, 성도에게는 온전한 것이다.

"내게 주신 은혜로 말미암아 너희 중 각 사람에게 말하노니 마땅히 생각할 그 이상의 생각을 품지 말고 오직 하나님께서 각 사람에게 나눠 주신 '믿음의 분량대로'(*metron pisteos*, a measure of faith) 지혜롭게 생각하라"(3절). 3절은 4절 이하에서 소개되는 은사 활용법을 위한 서론이다. 바울은 하나님에게서 받은 은혜 즉 사도로서 권면을 한다. 각 사람은 하나님을 섬기도록 은사와 힘을 받았다. 이 힘과 은사는 그리스도의 몸을 섬기는데 사용해야 한다. 우리는 우리가 받은 믿음의 분량이나 은사로 인해 교만하지도 열등감을 가지지도 말아야 한다. 건전한 자존감을 가지고 섬겨야 한다.

"우리가 한 몸에 많은 지체(*polla mele*)를 가졌으나 모든 지체가 같은 직분(*praksin*, practice, activity, function)을 가진 것이 아니니 이와 같이 우리 많은 사람(*hoi polloi*, 즉 모든 사람)이 그리스도 안에서 한 몸이 되어 서로 지체가 되었느니라"(4-5절). 바울은 고린도전서 12장 12절 이하에서도 몸과 지체의 은유를 사용한다. 몸에는 여러 가지 다른 기능을 하는 지체가 있다. 한 교회 안에서 성도는 참으로 다양하다. 그러므로 그리스도의 몸이 작용하도록 성도는 같이 협동하며 일해야 한다. 지금 바울은 공동체 의식을 강조한다. 교회는 개인의 개성을 초월하여 연합해야 한다. 다른 동역자를 인정해야 한다. "우리에게 주신 은혜대로 받은 은사(*charismata*)가 각각 다르니 혹 예언(*propheteian*)이면 믿음의 정도대로,[1121] 섬기는 일(*diakonian*, 구체적으로 가난한 자를 구제하는 것, *alms*)이면 섬기는 일로, 가르치는 자(*didaskon*)면 가르치는 일로, 권위하는 자(*parakalon*)면 권위 하는 일로, 구제하는 자(*metadidous*)는 성실함으로, 다스리는 자(*proistamenos*, taking the lead)는 부지런함으로, 긍휼을 베푸는 자(*eleon*)는 즐거움으로 할 것이니라"(6-8절).

다른 사람에게 하나님의 은혜로 임한 은사를 존중해야만 교회가 든든히 설 수 있다. 예언 즉 하나님의 말씀을 전하는 것은 기독교의 믿음 즉 복음의 진리에 입각해서 해야 한다. 여기에 묘사된 은사는 모든 은사를 포함하지 않는다. 그리고 특별하고 희한한 것만 은사라고 말하지 않는다. 남을 위로하고 섬기는 것도 은사라고 한다. 인간의 노력으로 획득할 수 없는 은사는 자기의 영적 교만이 아니라 다른 지체의 유익을 위해서 사용되어야 한다. 우리가 받은 은사는 무엇인가? 그리스도의 몸 된 교회를 위해 활용하자. 한두 가지 은사만으로는 교회가 제대로

1121) 은사 중에서 가장 먼저 등장하는 '예언'(행 11:28, 21:10-11; 고전 12:28, 14:29-33; 엡 2:20, 4:11)과 '믿음'은 무슨 관련이 있는가? 여기서 예언은 포괄적인 설교라기보다는 하나님이 특정 상황에 실제적인 지침을 위해서 주시는 계시이다. 예언을 시행하는 '믿음의 정도(표준, 규칙)'는 성도가 공통으로 견지하던 '교리 체계'라면, 예언은 자칫 환상이나 열광주의로 인도하기 쉽기에 사도적 교리에서 이탈하면 안 된다는 의미이다. 혹은 '믿음의 정도'를 로마서 12장 3절의 '믿음의 분량'과 연결하여 해석할 수 있다. 즉 '예언하는 사람의 개인적인 믿음의 분량에 따라서'라는 의미로 볼 수 있다. 하나님으로부터 받은 믿음의 분량을 넘어서 은사적 능력(charismatic ability)을 과시하려는 의도로 예언할 수 없다(보라. Schreiner, 1998:655). ESV Study Bible(2008:2179)은 예언하는 사람이 성령께서 그 예언을 자신에게 계시하셨다는 확신을 가지고 있을 때만 예언을 해야 한다고 설명한다.

기능할 수 없다. 그러므로 모든 은사가 총동원되고 활용되도록 사람을 발견하고 세우고 일을 맡기는 데 협력하자.

2.2. 로마서 12장 9-21절의 메시지

"사랑(*he agape*)에는 거짓이 없나니(*anypokritos*)[1122] 악을 미워하고 선에 속하라"(9절).[1123] 바울은 지금까지 하나님의 사랑을 언급하다가(참고. 롬 5:5, 8:35), 이 구절에서는 성도가 동료에게 보여야 할 사랑을 언급한다. 은사를 언급한 후에 곧바로 바울은 사랑을 언급한다. 모든 은사들은 사랑으로 활용되어야 한다. 성도의 영적 건강의 지표는 사랑이다. 무언가를 바라면서 행하는 것이나 무언가를 하는 척하는 위선 혹은 속임이 없는 사랑이 참사랑이다. 거짓 없는 사랑은 선과 악을 분별할 수 있는 사랑이다. "형제를(*te philadelphia*) 사랑하고 서로 우애하고, 존경하기를 서로 먼저하며, 부지런하여 게으르지 말고, 열심을 품고(*to pneumati zeontes*) 주를 섬겨라"(10-11절). '우애하고'(*philostorgoi*, the dedicate affections)라는 말은 가족 구성원들 간에 보이는 성실이나 애정 같은 것을 의미한다. 이런 사랑은 약점과 불완전함을 용납하고 유대 관계를 가지게 한다. 다른 사람을 하나님의 형상으로 가치 있게 보는 것이 존경이다. 성도마다 교회에 독특하게 기여를 하고 있기에 서로 존경해야 한다. 이런 사랑을 가지고 은사를 활용하여 열성적으로 주님을 섬겨야 한다. 우리는 너무 편하게 신앙생활을 하려고 하지 않는가? 그것은 자칫 값싼 은혜가 되고 만다. 신앙생활한다고 핍박하는 사람도 없고, 먹을 것, 입을 것이 있는데도 영적인 침체와 나태 속에서 스스로 힘들게 만들고 있지는 않은가?

"소망 중에 즐거워하며 환난 중에 참으며 기도에 항상 힘쓰며 성도들의 쓸 것을 공급하며 '손 대접하기'(*philoksenia*, hospitality, fond of strangers, to receive strangers and treat them as guests by providing lodging, food, and friendship; 참고. Rogers & Rogers, 1998:340)를 힘쓰라"(12-13절). 이 구절에서 모두 현재 명령적 분사형이 사용되어, 바울은 지속적으로 즐거워하고, 참고, 기도에 힘쓰고 여행 중인 그리스도인을 대접할 것을 강조한다. 우리를 위해서 하나님이 예비하신 것을 바라보면서 근심하지 말고 소망 중에 기뻐해야 한다. 환난도 주님의 손아래 있음을 알고 인내해야 한다. 기도를 통해서 기뻐하고 인내할 수 있다. 다른 성도의 필요를 살펴보고 채워 주어야 한다. 손님 대접하는 것은 훈련하면 할수록 더 잘할 수 있는 것이다. 적용해 보면 '나' 중심에서 '너' 중심으로의 발상의 전환이 필요하다.

"너희를 핍박하는 자를 축복하라 축복하고(*eulogeite*) 저주하지 말라(*me katarasthe*)"(14절). 로마 교회는 이방 세계의 중심에 위치하면서 박해에 노출되어 있었다. 그러나 혁명적으로 투쟁하는 것이 아니라, 축복하라고 권면한다. 선으로 악을 이기라는 권면이다. 이것이 그리스도의 말씀에

1122) 바울이 '사랑에는 거짓이 없다'고 말할 때, 사랑에 솔직하고 진실을 말하라는 뜻이라기보다는, 사랑이 참되고(genuine) 실제적인 것(real thing)이 되어야 하고 위조품(counterfeit)이 되어서는 안 됨을 강조하는 듯하다(참고. Cranfield, 1979:630).

1123) 9절의 'hate the evil, cleave to the good'은 두 개의 현재 분사형(*apostygountes*, *kollomenoi*)으로 기록되어 있다. 이 분사형은 특이하게도 '명령적(imperatival) 의미'를 가지고 있다(참고. Wallace, 1996:650).

순종하는 것이다. "너희 원수를 사랑하며 너희를 핍박하는 자를 위하여 기도하라"(마 5:44; 눅 6:27-28). 예수님과 스데반은 죽으면서도 원수를 축복했다(참고. 눅 23:34; 행 7:60). "즐거워하는 자들로 함께 즐거워하고 우는 자들로 함께 울라"(15절). 동고동락하는 것이 사랑하는 것이다. 남의 입장을 헤아려 볼 수 있어야 한다. "서로 마음을 같이하며 높은 데 마음을 두지 말고 도리어 낮은 데 처하며 스스로 지혜 있는 체 말라"(16절).

공동체 생활에 있어서 합심하며 겸손한 것이 꼭 필요하다. 어떤 사람을 이용하듯이 교제하는 것은 성도의 교제가 아니다. 로마 교회는 유대인의 축출로 이방인 중심으로 명맥을 유지하다가 네로 치하에서 유대인 성도가 다시 들어와서 재결합했다. 그러므로 유대인 성도와 이방인 성도 사이의 연합이 이슈가 되었기에 바울의 연합과 합심에 관한 권면은 적절하다. "아무에게도 악으로 악을 갚지 말고 모든 사람 앞에서 선한 일을 도모하라"(17절). 우리가 악을 악으로 갚을 때 악의 세계에 참여하고 만다. 성도의 삶은 모든 사람 앞에 참으로 선하고 경건한 것이어야 한다.

"할 수 있거든 너희로서는(*ei dynaton*, If it is possible, as far as it depends on you) 모든 사람으로 더불어 평화하라(*eireneuontes*, 현재 명령적 분사, live in peace)"(18절; 참고. 마 5:9). 불신자와의 관계 속에서도, 까다로운 사람과의 관계에서도 화평하자. 성도는 화평케 하는 자이다. 물론 성도는 남의 죄악을 눈감아 주고 죄악과 타협하면서까지 평화를 유지하려고 해서는 안 된다. "친히 원수를 갚지 말고, 진노하심에 맡기라(*dote topon te orge*, Give place to 'the' wrath). 원수 갚는 것이 하나님에게 있으니 하나님께서 갚으실 것이다"(19절). 바울은 신명기 32장 5절을 인용한다. '그 진노'라고 함으로써 하나님의 진노를 가리킨다(참고. Moo, 1996:786). 공의로운 복수는 하나님이 하실 일이다. "네 원수가 주리거든 먹이고, 목마르거든 마시우라. 그리함으로 네가 숯불을 그 머리에 쌓아 놓으리라……(그) 선으로 (그) 악을 (계속) 이기라(*nika en to agatho to kakon*)"(20-21절). 바울은 잠언 25장 21-22절을 인용한다. 고대 애굽에서는 공적인 회개 행위로 머리 위에 숯불 판을 올려놓는 관습이 있었다. 원수들이 자기 죄를 부끄럽게 여겨서 돌이키게 한다는 의미이다. 이것이 선으로 악을 이기는 것이다.

3. 오늘에의 적용[1124)]

삶의 예배 즉 거룩한 산제사를 드리자.
어떻게 선으로 악을 이길 수 있는가?

1124) 다니엘 도리아니(2009:320-321)는 윤리적 본문을 적용할 때 필요한 질문을 제시한다. (1) 해석의 원리들을 사용해서 첫 독자들에게 그것이 무슨 의미였는지 알아보라. (2) 윤리적 명령이 그 상황에 한정된 것인지 다른 상황에서도 적용할 수 있는 것인지 판단하라. 한정된 것이라면 그 윤리 명령 배후에 있는 원리를 발견해서 그것을 새로운 상황에 적용하라. (3) 사람들이 던지는 4가지 질문에 대답하라. 우리는 무엇을 해야 하는가? 우리는 어떤 사람이 되어야 하는가? 우리는 어디로 가야 하는가? 우리는 어떻게 볼 것인가? 더 나아가 누구에게 그 명령이 가장 필요한가도 물어보라. (4) 그 규칙들을 이용해서 사람들을 하나님께로 인도하라. 그 명령은 어떻게 성부, 성자, 성령의 성품과 사역을 반영하는가?

ᔕ 로마서 13장 ᔓ

1. 본문 및 구조

- 권세에 순종하라(1-7)
- 하나님의 요구를 이루는 사랑(8-14)

2. 구원 계시사적 메시지

2.1. 로마서 13장 1–7절의 메시지

"각 사람은(*pasa psyche*)[1125] 위에 있는 권세들(*eksousiais hyperechousais*)에게 굴복하라 권세(특히 civil authorities)는 하나님께로 나지 않음이 없나니(참고. 《기독교 강요》, 4.20.6), 모든 권세는 다 하나님의 정하신 바라 권세를 거스리는 자는 하나님의 명을 거스림이니 거스리는 자들은 심판(*krima*)을 자취하리라"(1-2절). 로마 제국의 수도인 로마에 살고 있던 수신자들에게 정부와의 바른 관계에 대해 권면하는 것은 적절하다. A.D. 19년에 티베리우스 황제에 의해 유대인들이 로마에서 추방당했다. A.D. 49-50년에도 글라우디오 황제가 추방명령을 다시 내렸다. 황제의 손 안에 유대인-유대인 성도의 생활이 달려 있던 시기였다. 바울은 성도가 정부 권세에게 순복하여 협력하고 충성할 것을 명한다. 불필요하게 로마 제국의 안정을 위협하는 세력으로 낙인 찍히게 된다면 복음 전파는커녕 추방되고 말 것이다. 열심당처럼 무력투쟁을 하라고 선동하지도, 에센파처럼 은둔생활을 하라고 권면하지도 않는다. 권세에 순종함으로써 하나님께 순종하는 법을 배운다. 그리스도인은 책임성 있는 시민이 되어야 한다. 하지만 정부가 하나님의 뜻에 반하는 것을 명할 때는 순복하지 말아야 한다(참고. 단 6:22-23; 행 5:29; 보라. 《기독교 강요》, 4.20.32). 신앙을 따라 행하는 양심적인 거부는 존중되어야 하지 않을까? 다니엘은 왕이 주는 우상에게 바쳐진 음식을 거부했다(참고. 단 1장). 다니엘의 세 친구도 신상에 절하라는 명령을 거부했다(참고. 단 3장). 예수님은 유대 종교가 명한 안식일에 일하는 것을 지키지 않고 치유하시고 일하셨다(참고. 눅 6, 14장). 정부와 정치의 영역도 하나님의 영역으로서 성도가 적극적으로 진출해서 하나님의 뜻을 이루어야 한다. 하지만 어느 시대이건 정치 세계는 너무 세속적이고 인간적인 권모술수가 횡행하고 있는 영역임을 부인할 수 없다.

"관원들(*hoi archontes*)은 선한 일에 대하여 두려움이 되지 않고 악한 일에 대하여 되나니 네가 권세를 두려워하지 아니하려느냐 선을 행하라 그리하면 그에게 칭찬을 받으리라"(3절). 정부는 백성이 선을 행하도록 장려해야 한다. 백성이 선을 행한다면 정부의 권세를 두려워할 이유가

1125) 1절에서 로마 교회 성도 중 한 사람도 예외가 없다는 강세형 표현이다(참고. Cranfield, 1979:656). 참고로, 파피루스 46은 '각 사람은'을 삭제하고 '위에 있는 모든 권세에게 너희는 복종하라'로 쓴다.

없다. "그(관원)는 하나님의 사자(*diakonos*)가 되어 네게 선을 이루는 자니라 그러나 네가 악을 행하거든 두려워하라 그가 공연히 칼을 가지지 아니하였으니 곧 하나님의 사자가 되어 악을 행하는 자에게 진노하심을 위하여 보응하는 자(*ekdikos*, avenger)니라"(4절). 인간 정부는 악을 행하는 사람을 제어한다. 디모데전서 2장 1-2절에서 바울은 임금과 높은 지위에 있는 자를 위해 기도하여서, 단정하고 고요한 중에 고요하고 평안한 신앙생활을 하라고 권면한다. 혹자는 '칼'(*ten machairan*)은 사형을 시킬 수 있는 정부의 권세를 함의하고 있다고 본다. 그러나 이런 해석은 확실치 않다(참고. 행 25:11).[1126]

"그러므로 굴복하지 아니할 수 없노니, 노를 인하여만 할 것이 아니요 또한 양심을 인하여 할 것이라"(5절). 백성은 형벌을 피하기 위해서 뿐 아니라, 양심에 따라서 순종해야 한다. "너희가 공세(*phorous*)를 바치는 것도 이를 인함이라. 저희가 하나님의 일꾼(*diakonos*)이 되어 바로 이 일에 항상 힘쓰느니라"(6절). 세금을 왜 바쳐야 하는가? 국가가 하나님이 맡기신 일을 수행하기 위해서이다. "너희는 모든 이에게 의무를 다하여라. '조세'(*phoros*)를 바쳐야 할 자에게 조세를 바치고, '관세'(telos, 바른 성경)를 바쳐야 할 자에게 관세를 바치고, 두려워할(*phobos*) 자를 두려워하고, 존경(*time*)할 자를 존경하라"(7절; 바른 성경 역).

바울은 세금을 두 가지로 나눈다. *phoros*(tax)와 *telos*(custom). 먼저 *phoros*를 살펴보자. 이 세금은 피지배국이 바친 세금을 가리키기도 한다(참고. 눅 20:22, 25; 마카비 1서 10:33). 이 세금에는 재산세(property tax)와 인두세(poll tax)가 포함되며, 직접 납입(direct payment)하는 방식이었다. 로마 시민권자들은 이 세금을 면제 받았다. *Telos*에 대해 살펴보자. 이 세금은 물품을 구입할 때와 통행료 등에 부과되므로 간접세에 해당된다. 바울이 직접세와 간접세를 언급한 것은 로마에서 세금과 관련하여 긴장 혹은 논란이 있었기 때문으로 보인다. 참고로 네로 황제는 모든 간접세를 폐지하려고 고려했으나, 감세했다고 한다(참고. Schreiner, 1998:686).

2.2. 로마서 13장 8-14절의 메시지

"피차 사랑의 빚 외에는 아무에게든지 아무 빚도 지지 말라 남을 사랑하는 자는 율법을 다 이루었느니라"(8절). 현대어성경은 "여러분이 남에게 진 빚은 다 갚으십시오. 그러나 언제까지라도 사랑의 빚은 다 갚을 수 없습니다"라고 번역한다. 물론 부주의하거나 남을 속이는 빚은 신자에게 허용되지 않는다. 하지만 현대의 우리에게 적용해 보면 바울이 여기서 주택 담보나 학비 대출까지 금하는 것은 아니다. 우리는 하나님과 성도의 사랑을 받으며 살 수밖에 없다. 사랑의 빚을 지면서 살 수밖에 없다. 그러나 하나님과 성도의 사랑의 빚은 아무리 갚아도 다 갚을 수 없다. 그리고 우리는 이 사랑을 사람과의 관계 속에 나타내어야 한다. 간음, 살인, 도둑질,[1127] 탐내는 것을 금하는 것과 그 외에 다른 계명이 있을지라도, 네 이웃을 네 자신과

1126) '칼'을 칼빈처럼 '엄격하게 통제할 수 있는 권한'으로 이해하는 것이 무난하다(《기독교 강요》, 4.20.9). 그런데 칼빈은 모세가 애굽인을 죽인 것(출 2:12)과 신성 모독자를 죽인 것(출 32:27-28) 그리고 다윗이 죽기 전에 요압과 시므이를 죽이라고 명령한 것(왕상 2:5-6, 8-9)을 실례로 든다(《기독교 강요》, 4.20.10). 하지만 이 예들이 구약 시대에 속한 것임을 기억할 필요가 있다.

같이 사랑하라 하신 그 말씀 가운데 다 들어 있다(9절). 마태복음 22장 37-40절의 율법과 선지자의 강령인 하나님 사랑과 이웃 사랑을 실천한다면 하나님의 계명을 지키며 살 수 있다. 여기서 놓치지 말아야 할 것은, '네 자신과 같이'라는 말씀에서 자기 자신을 학대하지 말고 사랑하는 것을 하나님께서 인정하신다는 사실이다.

"사랑은 이웃에게 악을 행치 아니하나니, 그러므로 사랑은 율법의 완성(*pleiroma*)이니라"(10절). 사랑의 법은 종교법과 시민법보다 더 우위에 있다. 사랑받고 사랑하는 것이 율법이 궁극적으로 목표로 하는 것이다(참고. 막 12:31). 이 시기는 자다가 깰 때가 벌써 되었으니, 이는 이제 우리의 구원(final salvation)이 처음 믿을 때보다 가까워졌기 때문이다(11절). 주님이 오실 때가 가까워 오고 있다. 그러므로 영적으로 경성해야 한다. 밤이 깊고 낮이 가까웠으니 그러므로 우리가 어두움의 일을 벗고 빛의 갑옷을 입자(12절). '밤'(*he nyks*)은 현재의 악한 시대(this evil age)를, '낮'(*he hemera*)은 오는 세대(the age to come)의 복으로서 경성함으로 주님의 오심을 기다리는 것과 관련된다. 빛의 자녀들은 선한 행실로 빛의 갑옷을 삼아야 한다(참고. 엡 5:8; 빌 2:15).

"낮에 행동하듯이 단정히 행하고, 방탕과 술 취하지 말며, 음란과 호색하지 말며 쟁투와 시기하지 말고, 오직 주 예수 그리스도로 옷 입고 정욕을 위하여 육신의 일을 도모하지 말라"(13-14절). 주 예수님의 옷 즉 빛의 갑옷을 '입는 것'(*endysasthe ton kyrion Iesoun*)은 악을 멀리하는 소극적인 것을 넘어, 올바르게 그리고 단정히 하나님을 기쁘시게 하는 삶의 방식으로 행하는 것이다. 요한복음 3장 19절에서 주님은 빛으로 세상에 오셨으나 세상 사람들은 빛보다 어둠을 더 사랑했다고 말씀한다. 우리 삶 속에서 어두운 부분이 하나님의 조명으로 드러나서 빛으로 변화되어야 한다. 빛의 자녀에게 방탕, 술 취함, 음란, 호색, 쟁투, 시기는 자리 잡을 곳이 없다(참고. 갈 5:19-21). '그리스도로 옷 입는다'는 말은 그리스도를 주님으로 언제나 인식하며 사는 것을 의미한다. 우리의 욕망과 의지와 소망을 그리스도의 통치 아래 두는 것을 의미한다. 그리스도께서 보여주신 성품과 삶의 방식을 따라가야 한다.

3. 오늘에의 적용

교회는 세상 권세가 하나님의 공의를 실천하도록 어떻게 돕고 감시할 수 있는가?
빛이신 예수님의 옷을 입기 위해 우리가 벗어야 할 것은 무엇인가?

1127) 9절에서 시내 산과 다수 사본 중 일부는 "도둑질하지 말라" 뒤에 '거짓 증거하지 말라'를 추가한다.

∽ 로마서 14장 ∾

1. 본문 및 구조

• 서로를 판단하지 말라(1-3)
• 주 예수님의 종(4-9)
• 심판자이신 하나님(10-12)
• 걸림돌이 되지 말라(13-16)
• 하나님 나라의 가치(17-18)
• 성도를 실족하게 말라(19-23)

2. 구원 계시사적 메시지

2.1. 로마서 14장 1–3절의 메시지

"믿음이 연약한 자를 받되 그의 '의심하는 바'(*dialogismon*, 생각, 의견)를 비판하지 말라"(1절). 바울은 유대인이나 이방인이나 동등하다고 말했다. 이 장에서는 일상 신앙생활 가운데 이 동등함이 어떻게 나타나야 하는가를 다룬다. 특별히 음식 규례와 절기와 날과 관련하여 유대인과 이방인이 나뉘었다. 믿음이 강한 성도 즉 자유하는 성도는 연약한 성도를 환영하고 도와주어야 한다. 연약한 성도가 '의심하는 것', 즉 '논쟁이 되는 문제'를 두고 강한 성도는 정죄하지 말아야 한다. 논쟁이 되는 것은 정죄하거나 배척할 것이 아니라, 수용하고 해결해야 할 문제이다. "어떤 사람은 모든 것을 먹을 만한 믿음이 있고, 연약한 자(*ho asthenon*)는 채소를 먹느니라"(2절). 바울은 고린도전서 8-10장에도 우상 제물을 먹는 문제를 다룬다. 바울 당시 이방 신전에 바쳐진 고기의 3분의 1은 태우고, 3분의 1은 제물을 바친 사람이 가지고 가고, 나머지 3분의 1은 제사장 몫이었다. 제사장 몫은 때로 시장에 팔리기도 했다. 이방인 출신 성도는 고기를 먹을 때 그 출처를 짐작할 수 있었기에 고기 대신 채소만 먹으려고 했을 수 있다. 유대인 출신 성도는 우상은 아무것도 아니기에 그 고기를 먹을 수 있다고 생각했을 수 있다. 다른 한편, 율법이 말하는 정결한 음식(코쉐르)을 구하는 것이 로마에서 쉽지 않았기에, 유대인 가운데서도 고기를 먹지 않으려고 하는 사람이 있었을 것이다.

"먹는 자는 먹지 않는 자를 '업신여기지 말고'(*me eksoutheneo*, to treat with contempt, to disregard) 먹지 못하는 자는 먹는 자를 판단하지 말라(*me krineto*, Do not judge) 이는 하나님이 저를 받으셨음이니라"(3절). 하나님은 자유롭게 고기를 먹는 자나, 채소만 먹는 자 모두 영접하시고 인정하신다.[1128] 이것을 현대의 음악에 적용할 수 있다. 헤비메탈이나 록 음악에 가까운

1128) 이집트에 살면서 헬라식 교육을 받은 유대인들 중 일부는 음식 규정을 상징적으로 해석했다. 그러나

음을 가진 가스펠송을 젊은이들이 좋아하는 것을 기성세대는 인정하며 올바른 찬양에 대해 가르쳐야 할 것이다.

2.2. 로마서 14장 4-9절의 메시지

"남의 하인을 판단하는 너는 누구뇨 그 섰는 것이나 넘어지는 것이 제 주인에게 있으매 저가 세움을 받으리니 이는 저를 세우시는 권능이 '주께'(참고. 다수 사본은 '하나님께') 있음이니라"(4절). 하나님만 신자를 판단하신다. 그러므로 신자는 다른 신자를 판단할 권한이 없다. 신자는 하나님 앞에 책임성 있게 살아야 할 종이다. "혹은 이 날을 저 날보다 좋게 여기고, 혹은 모든 날을 같게 여기나니 각각 자기 마음에 확정할지니라"(5절). 유대인 성도는 절기나 안식일 혹은 주일을 성도가 된 후에도 다른 날보다 더 중요하게 생각했을 수도 있다. 다른 성도는 모든 날이 동일하게 거룩하다고 주장했을 수도 있다. 하지만 성도는 하나님 앞에서 결정하여 이 둘 중 하나를 취사선택할 수 있다.[1129)]

"날을 중히 여기는 자도 주를 위하여 중히 여기고[1130)] 먹는 자도 주를 위하여 먹으니 이는 하나님께 감사함이요 먹지 않는 자도 주를 위하여 먹지 아니하며 하나님께 감사하느니라"(6절). 신자의 양심의 문제에 있어서 의견이 다를 때 자신의 양심이 지시하는 대로 행해야 한다. 자신의 양심이 어떤 결정을 따를 때 하나님 앞에 자유롭다면, 그리고 하나님 앞에 책임질 만한 것이라면 허용 가능하다. 적용해 보면, 현대의 복잡한 구조를 고려할 때, 주일 외에 평일에도 예배를 드릴 수도 있다는 결론에 도달할 수 있는가? 하지만 사람의 편의가 성경의 원칙보다 앞설 수 없으며, 예수님의 부활을 기념하기 적합한 날은 바로 주일이다. "자기를 위해 살고 죽는 자가 없다. 우리가 살아도 주를 위하여 살고, 죽어도 주를 위하여 죽나니, 그러므로 사나 죽으나 우리가 주의 것이로다"(7-8절). 우리의 삶은 공동체 안에서의 삶이고 남에게도 영향을 미친다. 자신이 자유한다면 남의 자유와 결정도 존중해야 한다. 우리의 삶과 죽음은 주님을 섬기는 것이어야 한다. "이를 위하여 그리스도께서 죽었다가 다시 살으셨으니, 곧 죽은 자와 산 자의 주가 되려 하심이니라"(9절).[1131)] 우리를 자유롭게 하시기 위해서 주님이 죽으시고 부활하셨다. 주님이 주이시기에 사람이 다른 사람의 결정과 양심을 판단할 수 없다.

2.3. 로마서 14장 10-12절의 메시지

"네가 어찌하여 네 형제를 판단하느뇨 어찌하여 네 형제를 업신여기느뇨(make slighting or

대부분의 디아스포라는 이 규정을 계속 지켰다(참고. 존 월튼, 2010:1718).

1129) 칼빈은 신약 성도는 주님의 부활 때문에 주일을 지킨다고 본다. 하지만 어떤 경우에라도 '제7일'이라는 숫자에 집착하여 일요일만 주일로 지켜야 한다는 주장에 동의하지 않는다(《기독교 강요》, 1.8.34).

1130) 6절에서 다수 사본은 "날을 중요하게 여기지 않는 자는 주님을 위하여 중요하게 여기지 않고"를 추가한다. 이 추가는 6절 하반부의 "먹지 않는 자도 주님을 위하여 먹지 않으며"를 참고한 것으로 보인다.

1131) 9절에서 다수 사본은 "죽으셨다가 일어나셨고 (다시) 사셨다"로 쓴다(참고. 살전 4:14).

condemnatory remarks about those who disagree) 우리가 다 하나님의 심판대(참고. 다수 사본: '그리스도의 심판대') 앞에 서리라"(10절). 신자의 삶대로 판단을 받는 심판대 앞에서 우리는 성도에 대해 했던 우리의 판단을 해명해야 한다. "주께서 가라사대 내가 살았노니 모든 무릎이 내게 꿇을 것이요 모든 혀가 하나님께 자백하리라 하였느니라"(11절). 이사야 45장 23절을 인용하면서, 바울은 이사야가 이방 나라가 하나님 앞에 설 심판날을 언급한다. 우리도 언젠가 하나님 앞에 설 것인데, 그때 우리의 삶에 대해 해명해야 한다. 그러므로 우리는 남을 사랑하며 진리 안에서 자유함으로 대해야 하지 깎아내리거나 정죄하지 말아야 한다. 물론 사람의 행동은 남을 고려하고 교회의 덕을 생각해야 한다. "이러므로 우리 각인이 자기 일을 하나님께 직고하리라"(*logon dosei to theo*, give an account of himself/herself to God, 12절; 참고. 마 12:36; 눅 16:2; 행 19:40; 히 13:17; 벧전 4:5). 이것은 매우 의미를 하나씩 강조하는 구문인데(참고. Dunn, 1988:810), 각 사람은 자기 자신에 대해서만 대답하게 될 것이다. 그리고 하나님 앞에 심판을 받을 때 변명 및 보고를 해야 한다(참고. 고전 3:12-15; 고후 5:10).

2.4. 로마서 14장 13–16절의 메시지

"그런즉 우리가 다시는 서로 판단하지 말고(*krino*, to judge, to determine) 도리어 부딪힐 것(stumbling-block)이나 거칠 것(an occasion to fall)으로 형제 앞에 두지 아니할 것을 주의하라"(13절).[1132] '부딪힐 것이나 거칠 것'(*proskomma, skandalon*)은 죄를 짓게 만드는 것을 가리킨다. 주님도 실족하게 하는 자는 차라리 연자 맷돌을 목에 드리우고 깊은 바다에 빠지는 것이 낫다고 말씀하셨다. 각 사람은 나름대로 신념을 가지고 있을 수 있으나, 다른 사람의 신념을 누르고 그들의 영적 성장에 방해로 작용할 수 있음을 주의해야 한다. 바울이 '예수님 안에서' 알고 확신하는 바는, 무엇이든지 스스로 속된 것(음식)이 없으되, 다만 속되게 여기는 그 사람에게는 속되다는 사실이다(14절). 예수 그리스도 안에서 구약의 정결·부정결의 구분이 성취되었다는 말씀이다(참고. 막 7:15-23). 예루살렘 공의회에서 우상 제물은 먹지 말라고 결의한 바가 있다(참고. 행 15). 아마 사도행전 15장의 문맥을 통해서 볼 때 바울은 사역하고 있던 시리아 안디옥 교회가 그 우상의 음식을 먹는 자체가 문제된다기보다는, 그것을 먹음으로써 예루살렘 교회에게 상처를 줄 수 있다고 생각했을 것이다.

"식물을 인하여 형제가 근심하게 되면 이는 네가 사랑으로 행치 아니함이라 그리스도께서 대신하여 죽으신 형제를 네 식물로 망케 하지 말라"(15절). 자유하는 믿음이 강한 자는 약한 성도를 대할 때 상처를 주지 않도록 해야 하며 도리어 사랑으로 품어야 한다. 자신의 성경적인 통찰이나 자유함을 먼저 내세우지 말아야 한다. 이것이 공동체의 하나 됨을 위해 중요하다. "너희의 선한 것이 비방을 받지 않게 하라"(16절). '선한 것'은 무엇을 가리키는가? 복음, 그리스도인의 고백, 하나님 나라 등 여러 가지 의견이 있다. 그러나 문맥을 고려해 보면, 먹고 마심에

1132) 넘어지게 하는 문제와 관련하여, 칼빈은 약한 사람들만이 넘어지는 경우와 악한 성품과 바리새적 교만을 가진 사람들이 걸려 넘어지는 두 종류로 구분한다(《기독교 강요》, 3.19.11).

있어서 '자신의 자유로운 신념과 삶의 방식'을 계속 고집한다면 결국 그 자유가 비방을 당할 수 있다는 의미이다(참고. Murray, 1984:193). 자신의 방식만 유일한 자유 행사 방식이라고 주장해서는 안 된다.

2.5. 로마서 14장 17-18절의 메시지

"하나님의 나라는(이방 신에게 바쳐졌다가 정육점에서 팔린 고기를) 먹는 것과 (이방 신에게 바쳐진 포도주를) 마시는 것이 아니요 오직 성령 안에서 의(*dikaiosyne*)와 평강(*eirene*)과 희락(*chara*)이라"(17-18절; 참고. 마 6:31-33). 로마 교회 안에는 믿음이 연약한 자와 강한 자 사이의 갈등이 있었다. 강한 자는 자유하는 자로서, 우상의 제물을 먹을 수 있다고 본 (주로) 이방인 성도였고, 연약한 자는 우상 제물을 금하고 채식을 했던 (주로) 유대인 성도였다(참고. Contra Gathercole, 2003:38).[1133]

바울은 이 두 그룹에게 자기의 입장만 고집하지 말고 상대방과 교회 전체의 덕을 고려하라고 권면한다(참고. 롬 14:19; 《기독교 강요》, 3.19.12). 성도는 아디아포라(비본질적인 문제: 예. 흡연, 음주 등)의 문제를 접할 때 자유할 수 있되(참고. 《기독교 강요》, 3.19.6), 공동체의 화평을 촉진하고, 남을 고려할 수 있어야 한다는 의미이다. 아무리 아디아포라의 문제라 해도 우리 마음대로 행할 수 없다는 것이다(참고. 《기독교 강요》, 3.19.9). 성도의 자유함이 절제되지 않고 악용되고 일방적이며 분파적으로 나타난다면, 하나님과의 올바른 관계인 '의'(*dikaiosyne*), 동료 성도끼리의 연합적인 '화평'(*eirene*), 그리고 영적인 만족함인 '희락'(*chara*)이 상실될 것이다. 의와 희락과 평화의 창시자(author)는 성령님이시다. 모든 삶의 방식은 하나님과의 바른 관계와 성도의 연합과 기쁨 속에서 추진되어야 한다. 바로 그때, 그리스도를 섬기는 자는 하나님께 기뻐하심을 받으며 사람에게도 칭찬을 받게 된다.

2.6. 로마서 14장 19-23절의 메시지

"이러므로 우리가 화평의 일과 서로 덕을 세우는 일을 힘쓰나니 식물을 인하여 하나님의 사업(*to ergon tou theou*)을 무너지게 말라 만물(즉 모든 종류의 음식)이 다 정하되 거리낌으로 먹는 사람에게는 악하니라"(19-20절).[1134] 하나님의 사업(the work of God)은 구원받은 성도를 가리킨다(참고. 엡 2:10; 보라. Hodge, 1993:425). 그리스도인의 교제의 특징은 평화와 서로 덕을 세우는 것이다. 남의 신앙이 흔들리고, 남이 상처를 받음에도 불구하고 계속 자신의 신념을 주장한다면 교회를 혼란케 하는 악한 일이다(참고. 고전 10:23-24). "고기도 먹지 아니하고 포도

1133) 예수님을 믿은 후에 우상은 아무것도 아니라고 믿었던 일부 이방인 성도는 자유함으로써 반율법주의자 혹은 율법 폐기론자로 유대인 성도의 눈에 곱지 않게 비쳤을 것이다. 반대로, 계속해서 문자적으로 율법을 준수하려고 했던 일부 유대인 성도는 자유를 모르는 율법주의자로 이방인 성도에게 여겨졌을 가능성이 있다.

1134) 본문 비평 등급이 {D}인 19절의 '힘쓰다'를 직설법으로 보는 게 맞다(시내 산, A, B, 개역개정판). 하지만 1인칭 복수 가정법으로 보면서 청유형으로도 해석할 수 있다(C, D, 다수 사본, 바른 성경).

주도 마시지 아니하고 무엇이든지 네 형제로 걸려 넘어지게 하는 일을 아니함이 아름다우니라"(21절).[1135] 고린도전서 8장 13절에서 바울은 형제를 실족하게 한다면 영원히 고기를 먹지 않겠다고 고백했다.

"네게 있는 믿음을 하나님 앞에서 스스로 가지고 있으라 자기의 옳다 하는 바로 자기를 책(비난)하지 아니하는 자는 복이 있도다"(22절). 자신의 신념을 가지고 있어야 한다. 이 신념은 그리스도 안에서 성취된 관점에서 성경을 바라보는 것이어야 한다. 그러나 남에 대해서도 무감각해서는 안 된다. 성도의 행실은 동료를 실족하게 하지 말아야 하는 도덕적인 의무를 지니고 있다. "의심하고 먹는 자는 정죄되었나니 이는 믿음으로 좇아 하지 아니한 연고라 믿음으로 좇아 하지 아니하는 모든 것이 죄니라"(23절).[1136] 어떤 사람이 옳다, 옳지 않다는 신념 없이 행하는 것은 옳지 않다. 성경이 어떤 일에 대해 명백한 입장을 가르쳐 주지 않는 일에 대해서 우리가 양심에 따라 결정을 내리고 행하지 않는다면 오히려 그것은 불안과 이중적인 삶으로 나타날 것이다. 여기서 말씀하는 '믿음'은 "하나님을 믿는다"라고 말할 때의 믿음이라기보다는, 어떤 결정과 관련된 신념에 가깝다.

3. 오늘에의 적용

서로를 정죄하거나 판단하지 말라.
아디아포라 문제를 어떻게 다룰 것인가?
하나님 나라의 속성인 의와 화평과 희락을 어떻게 맛볼 수 있는가?

로마서 15장

1. 본문 및 구조

- 다른 사람을 기쁘게 하며 살라(1-13)
- 바울의 과거 사역(14-21)
- 바울의 임박한 여행 계획(22-29)
- 기도 요청(30-33)

1135) 21절에서 B, D, 그리고 다수 사본은 '죄 짓게 하거나, 걸려 넘어지게 하거나, 병들게 하는'으로 확장한다(참고. 고전 8:11-13).

1136) 23절 뒤에 다수 사본은 로마서 16장 25-27절을 추가한다. 하지만 이런 추가는 사본상의 지지를 받지 못한다.

2. 구원 계시사적 메시지

2.1. 로마서 15장 1-13절의 메시지

"우리 강한 자(*hemeis hoi dynatoi*)가 마땅히 연약한 자(*ton adynaton*)의 약점(*asthenemata*)을 담당하고(*bastazein*)[1137] 자기를 기쁘게 하지 아니할 것이라"(1절). 바울은 스스로 '강한 자'라고 부름으로써, '자유의 복음'을 확신하고 있다. 강한 자가 연약한 자를 돌볼 때 교회의 연합이 이루어진다. 강한 자(자유 하는 자)가 먼저 연약한 자를 배려해야 한다. 이웃을 기쁘게 하되, 선을 이루고 덕을 세워야 한다(2절). 강한 자는 이웃 즉 신앙의 동료들을 고려하고 세워 줄 수 있어야지 자신의 신념을 강요하지 말아야 한다. 먼저 선을 행하고 덕을 세워야 한다. 예수님은 자신을 기쁘게 하지 아니하셨을 뿐 아니라, 비방도 견디셨다(3절; 참고. 시 69:9). 주목할 것은 바울이 시편 69편의 저자인 다윗의 고백을 예수님의 것으로 아무 설명도 없이 돌리고 있다는 점이다. 여기서 추론해 볼 수 있는 것은, 바울이 로마서를 기록하기 전에 이런 해석 방식이 자리 잡고 있었다는 사실이다. 비슷한 현상이 로마서 15장 9절에 나타나는데, 바울은 인용된 시편 18편 49절을 '예수님 자신의 음성'으로 간주한다. 그렇다면 바울은 구약의 시인(여기서는 다윗)이 살던 시대에 선재하신 예수님을 염두에 두고 있는가? 여기서 바울은 '그리스도 완결적'(Christotelic)으로 시편을 이해하고 있다. 그리스도 완결적 해석의 예는 신약에 적지 않다. 예를 들어, 예수님이 성전 청결하신 것을 두고 예수님의 제자들은 요한복음 2장 17절에서 시편 69편 9절과 연결시켜서 이해하는 데도 나타난다. 또 다른 예로는 히브리서 10장 5-7절에 나타난 시편 40편 7-절을 들 수 있다. 그리스도 완결적 해석은 '모형론적 상호 연관'(typological correlation: 예. 예수님과 다윗 사이의 모형론적 연관성)을 고려하는 해석 방식이다(참고. Hays, 2005:102-103).[1138]

예수님이야말로 절대 강자이셨으나, 자신을 기쁘게 하기 위해 일하지 않으셨다. 오직 하나님을 기쁘시게 하는 것이 예수님의 목적이었다(참고. 요 4:34). 역설적이게도 그리스도의 강함은 죽음과 십자가에서 나타났다. 바울은 자신이 약할 때 강하게 되었다고 하나님의 은혜를 찬양한다(참고. 고후 12:7-10). 진실로 강한 자는 남의 종이 되는 것이다. 강함은 하나님을 의지하는 것이다. 참된 강함은 자신의 자유를 남의 유익을 위해 제한할 수 있는 것이다.

우리는 강하시나 약한 분이 되신 예수 그리스도의 본을 배울 수 있다(4절). 그리고 인내와 성경의 안위로 소망을 가질 수 있다. 성경의 인물 중에서 우리는 약자를 돌본 사람의 예를 발견하고 배울 수 있다. 물론 하나님의 성품과 사역을 통해서 우리는 위로를 얻고 인내할 수

1137) 이것은 설명 보족적 부정사(epexegetical infinitive)이다. 즉 이 부정사는 로마서 15장 1절의 제일 앞에 등장하는 헬라어인 *opheilomen*(현재 능동 직설 1인칭 복수, to owe someone, '~에게 빚지고 있다')을 설명한다(참고. Rogers & Rogers, 1998:343).

1138) 다윗의 시편들인 18, 40, 69편의 표제는 LXX에서 '*eis to telos psalmos to Dayid*'(For the end, a Psalm of David)는 독특한 표현으로 시작한다. 이것은 LXX가 번역된 이래로 유대인들이 시편을 '종말론적'으로 읽었다는 증거이다. 그리고 신약 저자들은 유대인들의 이 종말론적인 해석 관점을 기독론적으로 이해했을 것이다(참고. Hays, 2005:107).

있다. 이 모든 것은 하나님 중심으로, 성도가 연합하는 그리스도를 닮아가는 교회를 이루기 위해서이다. "인내와 안위의 하나님이 너희로 그리스도 예수님을 본받아 서로 뜻이 같게 하여 주사 한 마음과 한 입으로 하나님 곧 우리 주 예수 그리스도의 아버지께 영광을 돌리게 하려 하노라"(5-6절). 요한복음 17장의 대제사장적 기도에서 예수님은 교회의 하나 됨을 위해 기도하셨다. 왜 교회는 하나 되어야 하는가? 하나님께 영광을 돌리기 위해서이다. "이러므로 그리스도께서 '너희를'(UBS 4판, 시내 산, A, C, 다수 사본, NIV가 지지함; 참고. '우리를' B, D, 바른 성경, 개역개정판) 받아들여 하나님께 영광을 돌리심과 같이 너희도 서로 받아들여라"(7절). '서로 받아들여라'(*proslambanesthe allelous*)는 로마서 14장 1절에도 등장하는데 'to receive, to welcome'이라는 뜻이다. 하나님의 영광을 위해 우리가 하나가 되어야 한다면, 우리는 불화와 부조화 속에 살 수 없다. 상호 인정과 존중 그리고 용납이 필요하다. 죄악으로 가득 찬 우리를 주님이 용납해 주셨던 것처럼 그러해야 한다.

"그리스도께서 하나님의 진실하심을 위하여 할례의 수종자(*diakonon peritomes*)가 되셨으니 이는 조상들에게 주신 약속들을 견고케 하시고 이방인으로 그 긍휼하심을 인하여 하나님께 영광을 돌리게 하려 하심이라 기록된 바 이러므로 내가 열방 중에서 주께 감사하고 주의 이름을 찬송하리로다 함과 같으니라"(8-9절). 하나님께서 예수님을 이 땅에 보내신 것은 할례의 수종자 즉 유대인의 종(servant of the Jews)으로서 구약에서 약속하신 바를 이루기 위해서이다. 특별히 아브라함에게 주신 언약(참고. 창 12:3, 22:18)은 예수님 안에서 성취되어야만 신약 교회에 가치를 준다. 이방인에게도 이 긍휼의 복을 확장시키신다. 시편 18편 49절과 사무엘하 22장 50절에서 원수의 위협 속에서라도 다윗은 이스라엘과 열방 가운데서 하나님을 찬송할 것이라고 말한다. "열방들아 주의 백성과 함께 즐거워하라 하였으며, 또 모든 열방들아 주를 찬양하며, 모든 백성들아 저를 찬송하라 하였으며"(10-11절). 바울은 신명기 32장 43절을 인용하면서, 모세가 이스라엘과 함께 복을 받기 위해서 이방 족속을 초청한 구절을 언급한다. 그리고 시편 117편 1절의 이 인용구에서 시편 기자는 하나님을 찬양하기 위해서 이방인을 부르고 있다. 이방인도 그리스도의 왕국에 온전히 참여해야 한다. 그리스도의 구원의 사역은 우주적인데, 그 관점에서 바울이 구약을 인용하고 있다.

"또 이사야가 가로되 이새의 뿌리 곧 열방을 다스리기 위하여 일어나시는 이가 있으리니 열방이 그에게 소망을 두리라 하였느니라"(12절). 이사야 11장 10절을 인용하면서 바울은 이새의 뿌리는 궁극적으로 예수님을 가리킨다. 이방인의 소망은 예수님뿐이다. 시종일관 바울은 이방인과 유대인으로 구성된 하나님의 가족을 강조한다.[1139] "소망의 하나님이 모든 기쁨과 평강을 믿음 안에서 너희에게 충만케 하사 성령의 능력으로 소망이 넘치게 하시기를 원하노라"(13절). 소망, 기쁨, 평강은 믿음으로 성령 안에서 누릴 수 있다. 성령의 감동, 감화 없는 소망과 평강과 기쁨은 거짓이다. 소망과 평강과 기쁨은 우리 자신의 경험이나 능력에서 나오지 않고 하나님에게

1139) 예수님께서 무너뜨리신 인종 차별을 다시 세우는 것은 이단이다. 하나의 보편적 교회란 인종과 민족적 경계선을 넘어서는 화목을 추구하는 공동체이다(참고. 리처드 헤이스, 2002:665).

서 환경을 초월하며 나오기에 절대적이다. 믿음으로 그리고 성령의 능력을 의지하면서 여호와를 기뻐하는 자에게 소망과 희락과 샬롬이 임한다.

2.2. 로마서 15장 14-21절의 메시지

"내 형제들아 너희가 스스로 선함이 가득하고 모든 지식이 차서 능히 서로 권하는 자임을 나도 확신하노라"(14절). 비록 로마에 있는 교인을 한 번도 방문한 적 없지만, 바울은 그들이 선하고, 지식을 구비하여 서로 인도하고 돕고 권면할 수 있음을 알고 있었다. 바울이 소문을 통해 듣는 바로는 로마 교회는 성숙한 그리스도인이었다. 하나님께서 자기에게 주신 은혜 때문에, 바울은 몇 가지 사항에 대해서 담대하게 썼다(15절). 비록 로마 교회가 성숙한 성도였다고 하나, 바울은 기독교의 진리를 생각나게 하려고 담대히 썼다. 바울은 이방인의 사도로 부름을 받았기에, 방문한 적 없지만 이런 글을 쓸 수 있다.[1140]

예수님의 일꾼인 바울은 이방인을 제물로 바치는 '하나님의 복음의 제사장'(*hierourgounta to euangelion tou theou*)의 직무를 감당했는데, 이방인들은 성령님의 역사로 거룩하게 되어 받으심직하게 된다(16절). 바울이 수행한 복음의 제사장 직무란 무엇인가? 이방인에게 복음을 전하여 그들이 옛 생활을 버리고 거룩한 제물로 자신을 드릴 수 있도록 성령의 역사를 의존했다. 이방인 선교는 바울에게 있어서 예배 행위였다. 우리의 삶 전체가 하나님의 뜻을 이룬다면 예배적 삶이요 섬기는 삶이다.[1141] 바울은 예수님 안에서 하나님의 일에 대해서 자랑하는 것이 있다(17절). 바울은 예수님께서 자신을 통해서 이루고 계시는 일 때문에 자신의 사역을 자랑하고 있다.

바울은 그리스도께서 이방인을 순종케 하기 위하여 자기에게 말과 일, 표적과 기사의 능력으로 역사하신 것만 말했다(18절). 하나님의 일을 자랑하는 것은 죄가 아니라 간증이다. 바울의 선교 보고를 보면, 늘 하나님이 주어로서, 바울 자신은 수단임을 밝힌다(예. 행 14:27). 바울은 하나님의 택한 그릇이지, 영광을 취할 존재가 아니다. 표적(*semeia*)은 하나님이 누구이신가를 알게 하기 위해 베푼 기적을 가리킨다. 기사(*terata*, miracles)는 하나님의 구원 사역을 사람들이 더 많이 알도록 사람의 관심을 사로잡기 위해 행하는 기적을 말한다. 표적과 기사는 주로 사도행

1140) 바울의 '사도로서의 파루시아'(the apostolic parousia)를 살펴보자. 로마서 15장 14-32절은 편지로서의 방문 단락(15:14-21)과 실제 방문으로서의 단락(15:22-32)으로 나누인다. 이 파루시아의 목적은 복음 증거와 양육이다. 다른 바울 서신과는 달리 바울은 여기서 다른 사람을 특사로 보낸다는 언급을 하지 않는다(비교. 고전 4:14-21; 갈 4:11-20; 빌 2:19-24; 몬 21-22; 살전 2:17-3:13). 사도적 파루시아의 5요소들로는 (1) "내가 너희에게 쓴다." (2) 바울과 수신자와의 관계의 기초를 언급함, (3) 방문의 이행(대사의 파송 언급 혹은 방문의 지연 이유 설명 등), (4) 하나님의 방문에 대한 승인을 언급, 그리고 (5) 사도적 방문의 유익이다.

1141) 김태훈(2010:771)은 E.P. Sanders의 견해를 따라 바울이 구제 헌금을 들고 이방인 성도와 함께 예루살렘 교회로 가는 것은 '종말론적인 순례'의 전통을 보여준다고 본다(참고. 사 2:2-4; 미 4:1-4). 이 주장은 1세기 유대교가 선민사상으로 무장한 배타적 집단이 아니라, 이방인을 포함하려는 보편주의적 성격을 가지고 있다고 보는 것이다.

전에서 사도가 전한 말씀을 증거하기 위해서 동반된 기적을 가리킨다. 바울은 예루살렘에서 일루리곤까지 복음을 전했다(19절). 디모데후서 4장 10절에는 달마디아로 알려진 일루리곤은 이탈리아와 그리스 사이의 아드리아 해에 있는 로마의 영토이다.

바울은 남의 터 위에는 건축하지 않기 위해 주님의 이름을 부르는 곳에는 복음을 전하지 않았다(20절). NIV는 바울이 '열망'(*philotimoumenou*, 현재 디포넌트 분사, to have as one's ambition, to aspire)을 가지고 있다고 번역한다. 바울의 야망은 그리스도가 아직 전해지지 않은 곳에 복음을 전할 포부를 가리킨다. 자신의 입신양명이 아니라 하나님을 향한 야망이다. "기록된 바 주의 소식을 받지 못한 자들이 볼 것이요, 듣지 못한 자들이 깨달으리라 함과 같으니라"(21절). 바울은 이방인들이 메시아의 사역을 보고 놀랄 것을 언급하는 이사야 52장 15절의 일부를 인용한다. 바울은 예수 그리스도께서 오셔서 이루신 구원의 사역의 우주성이라는 빛 속에서 구약을 이해했으며 동시에 자신의 사역을 평가하고 있다. 여기서도 그리스도 완결적 해석을 본다. 그리스도께서 이루신 구원의 사역의 연장선상에 바울 자신의 사역이 있다. 비록 바울은 이사야의 한 절 중에서도 일부를 인용하지만 이사야 52장 13-15절 전체의 문맥을 고려하여 바울이 하고자 하는 의미를 파악해야 한다.

2.3. 로마서 15장 22-29절의 메시지

바울이 로마를 방문하려고 여러 번 시도했으나 하나님이 허락하지 않으셨다(22절). 교회를 방문하는 것은 선한 것이고 하나님이 기뻐하시는 일이다. 하지만 이런 일조차도 하나님의 때를 기다려야 한다. A.D. 44년경의 로마에서 유대인의 추방명령이 원인일 수 있고, 아니면 그리스 선교가 바빠서 연기했을 수도 있다. 바울에게 더 이상 그리스에서는 일할 곳이 없기에 로마를 경유하여 스페인으로(*eis ten Spanian*) 가려고 계획한다(23절).[1142] 로마를 경유할 때 약간의 만족 즉 스페인 선교 후원금을 모금할 계획을한다(24절). 바울 당시까지 복음이 제대로 전파되지 않은 스페인도 로마의 식민지였고, 디아스포라가 있었다. 바울은 성도를 섬기는 일(*diakonon tois hagiois*)로 예루살렘으로 간다(25절; 참고. 행 24:17; 고전 16:1-4; 고후 9:13). 바울은 헌금 전달을 마치 예배 행위로 보았다.

마게도냐와 아가야 성도가 예루살렘 성도를 위해 기쁘게 동정했기 때문에 바울은 그 구제헌금을 전달하러 간다(26절; 참고. 미 4:2). 이것은 고린도후서 8-9장에 상세히 설명되어 있다. 이방인 교회는 예루살렘 교회에게 신령한 복음에 빚진 자이기에 육신의 것으로 섬기는 것은 당연하다(27절). 더군다나 1세기 지중해 연안의 그레코-로마 세계는 주고받는 문화이다. 이방인 교회와 예루살렘 교회 사이의 연합을 촉진시킨 것은 구제 헌금이었다. 예루살렘 교회는 대부분 유대인이었기에 경제적으로 곤궁에 처해 있었다. 유대인이 기독교인이 된다면 가족과 친구들로부터 외면 당했기에 경제적인 손실도 감수해야 했다. 이 구제 헌금을 전달한 후에 로마를 경유하여 스페인

1142) A.D. 95년경의 클레멘트 1서 5:5-7, 무라토리 정경(A.D. 170년경), 그리고 A.D. 200년경의 베드로행전 1장 3절은 바울의 스페인 여행을 언급한다.

으로 갈 것이다(28절). 바울은 그리스도의 충만한 복(*en pleromati eulogias Christou*)을[1143] 가지고 로마를 방문할 것이다(29절; 참고. 롬 1:11-12). 바울이 전달하고자 하는 그리스도의 충만한 복은 무엇인가? 로마 교회에 이미 임한 하나님의 영적인 복을 상기시키는 것인가? 아니면 바울이 로마 교회와 누리는 교제의 유익함을 가리키는가? 로마서 1장 11절의 신령한 은사들과 유사한 것으로 보인다. 그리스도께서 바울의 사역에 은혜와 권능으로 역사하심으로써 동반된 복들을 로마 교회에게도 충만히 부어 주실 것이다(참고. Murray, 1984:220).

2.4. 로마서 15장 30-33절의 메시지

바울은 예수님을 말미암고(*dia tou kyriou*) 성령의 사랑으로 말미암아(*dia tes agapes tou pneumatos*) 로마 교회를 권하는데,[1144] 로마 교회가 기도할 때 자신과 힘을 같이하여 바울 자신을 위하여 하나님께 빌어 달라고 한다(30절). 기도 부탁은 흔한 일이다(참고. 엡 6:19-20; 골 4:3-4; 살전 5:25; 살후 3:1-2; 몬 22). '나와 힘을 같이하여'라는 말은 팀을 이루어 하는 운동 경기에서처럼 역할 분담이 되어야 함을 연상케 한다. 성도는 그리스도의 몸의 지체이기에 다른 이들은 바울을 위해 기도로 동역해야 한다. 우리가 기도로 동역해야 할 사람은 누구인가? 후원하는 교회, 선교사, 유학생, 기관, 가족 등.

유대의 순종치 않는 불신자들로부터 구원을 받게 하고, 예루살렘 교회를 구제하는 일을 그 교회가 받음직하게 하도록 기도를 부탁한다(31절; 참고. 행 20:22-24). 유대인들은 이전에 바리새인이었던 바울이 기독교의 복음을 전하는 것을 보고 죽이려고 한다. 그래서 바울은 안전하게 예루살렘에 헌금을 전달하고 돌아오도록 기도해 달라고 부탁한다. 이 기도 덕분에 바울은 군대의 호위를 받으며 로마로 돌아온다. "하나님의 뜻을 좇아 기쁨으로 너희에게 나아가 너희와 함께 편히 쉬게 하라"(32절). 바울은 로마에서의 성도의 교제와 영적 재충전도 기대한다. "평강의 하나님이(*ho theos tes eirenes*) 너희 모든 사람과 함께 계실지어다 아멘"(33절). 평강은 유대인의 인사이지만 이방인 성도에게도 필요한 것이다.

3. 오늘에의 적용

하나님 나라 확장을 위해 구제 헌금을 통해 교제를 나누자.

1143) 29절에서 프시와 다수 사본은 '그리스도의 복음의 충만한 복을'으로 쓴다.

1144) 로마서 12장 1-2절, 15장 30절, 16장 7절에서 바울은 '권하다'(I beg, *parakaleo*)라는 동사를 사용한다. 바울이 이 동사를 사용할 때는 특정한 순서가 있다. 이 동사는 주로 접속사 *oun*과 함께 쓰인다. 그리고 목적어인 3인칭 대명사 *hymas*가 뒤따른다. 종종 '형제들아'라는 호격이 등장하기도 한다. 그리고 전치사구 즉 속격을 취하는 전치사 *dia*가 뒤따르고 부정사 구문이나 명령법 혹은 *hina*절로 표현된 실제적인 권면이 등장한다. 이 '권면하다'라는 동사는 헬라와 유대의 역사가들이 종종 사용했는데, 주로 친구와 같은 대등한 사이에서 사용되거나 대사가 무언가를 요구하는 외교적인 뉘앙스를 풍기기도한다. 그래서 로버트 주 (Robert Jewett)은 로마서를 'ambassadorial letter'라고 불렀다(보라. Wedderburn, 2004:68).

기도의 협력 부대원을 확보하자.

↜ 로마서 16장 ↝

1. 본문 및 구조[1145]

• 훌륭한 일꾼을 칭찬함(1-2)
• 문안(3-16)
• 논쟁을 일으키는 자를 경계함(17-20)
• 마지막 문안(21-27)

2. 구원 계시사적 메시지

2.1. 로마서 16장 1-2절의 메시지

다양한 사람들이 복음에 동참하였다. 여기서 사람을 통하여 일하시는 하나님을 만난다. 바울은 고린도 동쪽 항구 도시인 겐그레아 교회(아마 고린도 교회의 지교회)의 '일꾼'(*diakonon*: 남성 명사, '여 집사'[1146])[예. 박윤선, 칼빈, RSV에는 'deaconess']. 혹은 일반적인 의미

1145) 로마서 16장이 후대에 편집된 것이 아니라 원래 로마서의 마지막 부분이라는 주장을 위해서는 슈레이너(Schreiner, 1998:8-9)를 보라. 만일 바울이 로마서 15장까지 썼다면, 바울 서신 중에서 가장 긴 서론을 가진 로마서(1:1-7)가 가장 짧은 결론(15:33)으로 마치는 것은 어색하다. 그 당시에 흔했던 여행 상황을 감안하면 바울이 26명의 로마 교회 성도를 들어 알고 있었다는 것은 어색하지 않다. 그리고 로마서 1장과 16장의 간본문성에 주목해 보라. 로마서 1장 1절과 16장 25절의 복음, 1장 3절과 16장 25절의 '아들.' 1장 2절과 16장 26절의 '성경.' 1장 1, 5절과 16장 25절의 '나의 복음,' 1장 5절과 16장 26절의 '이방인 가운데 믿어 순종함,' 1장 5절과 16장 27절의 '그분의 이름을 위하여/영원한 영광'(참고. ESV Study Bible, 2008:2157).

1146) 헬라 사회의 '집사'는 상위 계층의 대리인 역할을 했는데, 무역의 중개상, 감독(supervisor), 혹은 외교관의 역할을 했다. 아마 뵈뵈는 겐그레아의 그리스도인들의 후견인 역할을 했을 것이다(참고. Malina & Pilch, 2006:292). 혹자(예. F.M. Gillman, 최갑종)는 남성 명사 '일꾼'(*diakonos*)에 근거하여 뵈뵈를 목회자로 간주할 수 있다고 본다. 로마서 16장 1절의 '일꾼'으로 번역된 헬라어 남성 명사 *diakonos*를 KJV와 ASV는 대부분 'minister'로 번역하는데, 여기서는 'servant'로 번역한다. 따라서 뵈뵈가 '목회자 혹은 사역자'가 아니라 '일반 성도'임을 함의한다. NRSV는 'deacon'으로 번역하며 이는 'minister'로 번역할 수 있다고 각주를 달았다. 이런 다양한 번역을 여성주의학자들은 '의심의 해석학'이라는 렌즈를 통해서 바라보면서, 뵈뵈의 인격과 사역이 평가절하되었다고 짐작한다. 오히려 뵈뵈를 '능력 있는 목회자'로 본다. 그리고 여성주의자들은 로마서 16장 2절의 *prostatis*를 'benefector'(NRSV), 'helper'(RSV), 'a good friend'(NEB)로 번역하는 것을 반대하고, 지도력을 가진 통치자와 관련지어 이해하기를 원한다(예. 유소정, 2010:101, 110, 116). 그러나 이를 증명할 길은 없다.

의 일꾼)으로 있는 뵈뵈(Phoebe)를 추천한다(1절). 뵈뵈는 여자이며, 아마 넉넉한 재력으로 바울을 영접하고(*prosdechomai*) 섬겼을 것이다. 2절의 '영접하다'라는 단어는 후견인으로서 호의를 베푸는 것과 관련된다(참고. Malina & Pilch, 2006:292).[1147] 케제만(1986:662)은 바울 당시 여인들이 법적인 기능을 행사할 수 없음을 들어 뵈뵈가 여자 후견인이 될 수 없다고 말하지만, 그녀는 바울의 보호자(참고. 바른 성경)요 도움을 준 자(*prostatis*, protectress, NRSV는 'benefactor'로 번역함)였다(참고. Branick, 1989:51).

바울이 뵈뵈를 추천한다는 말에서 추론해 볼 만한 것은 아마도 바울이 로마서를 기록한 장소인 고린도 지역을 방문하고 있던 뵈뵈가 바울이 쓴 로마서를 로마로 가지고 갔을 것이라는 점이다(참고. ESV Study Bible, 2008:2184). 바울은 로마 교회로 떠나는 뵈뵈를 추천한다. "성도들의 합당한 예절(*aksios*, 방식)로 그녀를 영접하고, 그녀가 쓸 것을 공급해 주라"(2절). 로마서 16장에 총 9명의 여자 성도가 등장하며 모두 동역자로 불린다.

2.2. 로마서 16장 3-16절의 메시지

바울의 문안인사가 이어진다. 이처럼 긴 문안인사 목록은 다른 바울 서신에 등장하지 않는 특이한 것이다. 아마도 이렇게 긴 문안 인사가 등장하는 것은 바울의 다양한 선교 활동과 로마 교회의 다양한 구성 성분이 요소들로 작용했을 것이다(참고. 케제만, 1986:663). 문안인사는 다음의 3가지 요소로 구성된다. '문안 인사하다'라는 동사, (로마 교회가) 인사해야 하는 많은 사람들의 이름, 그 사람들의 장점. 바울은 예수 그리스도 안에서 자신의 동역자 된 브리스가(*Priskan*, 참고. 다수 사본은 지소사 형태의 *Priskillan*)와 아굴라에게 문안하라고 말한다. 이들은 바울을 위하여 목숨도 내놓을 각오가 된 부부이다. 이방인 성도도 이들에게 감사한다(3-4절). 이 둘은 A.D. 49년 글라우디오 칙령으로 추방된 부부이다. 그리고 2차 전도 여행 중에 바울을 만났다. 그리고 이 부부는 바울이 곤경에 처했을 때 구해 주었다(참고. 행 19:23-41). 사도행전 18장 26절에 의하면, 이 부부는 아볼로에게 복음을 설명해 주었다. 이 부부는 네로 때 유대인 추방 칙령이 철회되자 로마로 돌아왔을 것이다. 바울은 로마 교회가 브리스가와 아굴라의 가정교회(house church)에게 문안하라고 말한다(5절; 참고. 고전 16:19). "아시아에서 복음의 첫 열매인 에베네도에게 문안하라." 아마도 에베네도는 3차 전도 여행 시에 바울의 전도로 믿게 된 사람일 것이다.

"로마 교회를 위해 많이 수고한 마리아에게 문안하라"(6절). "바울의 친척이요 함께 투옥된 안드로니고(남자)와 유니아(Junias, 남자?)에게 문안하라"(7절).[1148] 이들은 사도에게(*en tois apostolois*) 유명히 여김을 받고(*episemoi*, notable, 혹은 '사도 가운데서 유명하고' [among the apostles; NIV, KJV, NRSV]: 이 번역이 옳다면, 유니아가 여 사도일 가능성이 있음) 바울보다

1147) '영접하다'라는 말은 바울의 선교 사역에 동참하라는 전문 용어로 볼 수 있다(참고. Branick, 1989:18).

1148) 다수의 학자들은 이 둘을 부부로 간주하지만, 둘 다 남자 성도일 가능성이 있다. 하지만 윤소정(2010:99)은 '유니아'를 여자로 본다.

먼저 개종했던 사람이다. 즉 25년 전에 개종했다. 아마도 이 둘은 부부였을 것이다. 바울의 투옥이 여러 번이기에 이들의 투옥이 언제인지는 모른다. "암블리아에게 문안하라"(8절). 암블리아는 왕족 이름으로 흔한 이름이다(참고. 빌 4:22).

바울은 '누구에게 문안하라'(*aspasasthe*, 아오리스트 디포넌트 명령법, 'greet')는 표현을 반복한다. "바울의 동역자인 (로마식 이름)우르바노와 사랑하는 (유대식 이름)스다구에게 문안하라"(9절). "그리스도 안에서 인정함을 받은 아벨레와(아그립바 1세의 형제인) 아리스도불로의 권속에게 문안하라"(10절). "바울의 친척 헤로디온에게 문안하라." "나깃수의 권속 중 주 안에 있는 자들(아마 노예들)에게 문안하라"(11절). 나깃수(Narcissus)는 티베리우스 당시 유력한 자였으나 네로가 황제가 되었을 때(A.D. 54년) 자살했다고 전해진다. "주 안에서 많이 수고한(*tas kopiosas en kyrio*)[1149] 드루배나(여자), 드루보사(여자), 버시에게 문안하라"(12절). 앞의 두 인물은 유사한 이름 때문에 쌍둥이로 추정된다. "주 안에서 택하심을 입은 루포(참고. 막 15:21)와 그의 어머니에게 문안하라"(13절). 루포의 어머니는 바울 자신의 어머니와 같았다. "아순그리도, 블레곤, 허메, 바드로바, 허마, 그들과 함께 있는 형제들에게 문안하라"(14절). "빌롤로고, 율리아, 네레오와 그의 자매, 올름바와 저희와 함께 있는 성도에게 문안하라"(15절). "거룩하게 입맞춤(*philemati* ; 따뜻한 애정을 상징함)으로 서로 문안하라"(16절; 참고. 고전 16:20). "그리스도의 모든 교회(아마 예루살렘에 헌금을 보낸 교회)가 너희에게 문안하느니라."[1150] 참고로 A.D. 2세기의 클레멘트와 저스틴은 로마에 교회(a city-church)가 있었고, 태양의 날(주일)에 모였다고 기록한다(참고. Branick, 1989:70).

로마서 16장에 언급된 26명을 통해서, 로마 교회가 인종적 다양성(유대인 [브리스길라, 아굴라, 안드로니고, 유니아, 헤로디온], 헬라인), 사회 신분적 다양성, 그리고 성 구분(여성: 뵈뵈, 브리스가, 마리아, 드루배나, 드루보사, 버시, 율리아, 유니아, 루포의 어머니, 네레오와 그의 자매)과 차별을 극복한 공동체임을 알 수 있다. 로마 교회는 더 나아가 바울 서신의 수신자들은 최상위와 최하위 계층은 거의 없고, 중간 단계의 수준에 있는 사람들이 다수를 이루고 있었던 것 같다. 즉 다양한 사회적 지위에 속한 사람들의 혼합된 공동체로 보인다(참고. 믹스, 1993:132-133).

2.3. 로마서 16장 17-20절의 메시지

"교훈을 거스려 분쟁을 일으키고, 거치게 하는 자들을 주의하고 멀리하라"(17절). 순수한 복음을 변질시키고 왜곡시키는 거짓 선생들은 어디에나 있다. 이들은 현대에 이단은 물론이거니와, 무의미한 신학적 논쟁을 일삼는 사람들, 익명성을 이용하여 기본적인 신앙적 교양과 소양조차도 갖추지 못한 인터넷 논객들에게 적용할 수 있다. 거기에는 교회의 하나 됨과 건설적인

1149) '수고하다'(*kopiao*)라는 동사는 바울 자신이 사도로서 집중적으로 일한 것을 묘사할 때 여러 번 사용된 것이다(참고. 고전 15:10, 16:16; 갈 4:11; 빌 2:16; 골 1:29).

1150) 이 무렵 '베드로'가 로마에 있었다면, 바울이 여기서 그를 언급했을 것이다(참고. 칼빈, 1993:459).

세움은 없다. 이들은 예수님을 섬기지 않고, 다만 자신의 배만 섬기나니, 공교하고 아첨하는 말로 순전한 자들의 마음을 미혹한다(18절). 불순한 이익을 위해 말씀을 전달하는 곳에는 순수 복음이 전파될 리 없다. 이들은 교묘하게 복음을 가감하고 사람에게 아첨하는 말을 할 뿐이다.

바울은 로마 교회가 선한 데 지혜롭고 악한 데 미련하기를 원한다(19절). 그리스도인은 하나님의 뜻을 아는 데는 지혜롭되, 악에 대해서는 미련해야(즉 순수해야, unmixed) 한다. 따라서 순수한 면이 없고 영악한 사람은 예수 그리스도의 향기를 낼 수 없다. 바울은 기도한다. "평강의 하나님께서 속히 사탄을 로마 교회의 두 발 아래서 상하게 하시리라"(20절). 바울은 수신자를 격려하면서 주 예수님의 은혜를 빈다. 이 격려와 기도는 뱀의 머리를 밟아 깨뜨리신 예수님의 승리를 연상케 한다. 즉 원시 복음(참고. 창 3:15)의 성취이다. 바로 이 정복된 사탄을 평강의 하나님께서 종말론적으로 계속해서 정복하실 것이다(참고. 칼빈, 1993:463). 거짓 선생의 사역 속에는 평강이 없고 분열만 있으며, 거짓 선생의 배후에서 혼잡케 하는 사탄이 계속하여 패배당할 때, 교회가 누릴 평강은 회복될 것이다.

2.4. 로마서 16장 21-27절의 메시지

바울과 함께 고린도에 거하고 있는 디모데와 누기오('루기오'가 옳은 번역임, Loukios, 참고. 행 13:1), 야손, 소시바더가 로마 교회에게 문안한다(21절). 이들은 바울이 밝힌 로마서의 내용에 동의하는 사람들이다. 대서가 더디오도 문안한다(22절).[1151] 호의를 베푸는 집주인(*ho ksenos*) 가이오(참고. 고전 1:14; '더베의 가이오'가 아님, 참고. 행 19:29; 20:4)와 이 성의 재무 (*oikonomos*, treasurer or director of public works) 에라스도, 그리고 구아도가 문안한다(23절). '더디오'와 '구아도'는 노예의 이름으로 보인다(참고. Malina & Pilch, 2006:293). 따라서 로마 교회는 예수 그리스도 안에서 종과 주인이 함께 모이는 포괄적이며 평등한 공동체를 표방했을 것이다. 이것은 바울 당시에 혁명적인 일이었다.

다수의 사본들(예. D, F, G, 6, 365, 424, 다수 사본)은 24절에서 "우리 주 예수 그리스도의 은혜가 너희 모든 사람과 함께 있을지어다. 아멘"을 첨가한다. 이른바 '사도적 송영'(apostolic doxology)이 25-27절에 이어진다. 바울이 전한 복음은 영세 전부터 감취었다가, '이제는'(즉 새 언약 시대에는) 나타난 바 되었으며, 영원하신 하나님의 명을 좇아 선지자들의 글로 말미암아 모든 민족으로 믿어 순종케 하시려고 알게 하신 바 그 비밀의 계시를 좇아 된 것이다. 바울은 구약에서 예언은 되었지만 온전히 계시되지 않은 이방인의 구원과 메시아의 오심과 사역을 성취된 관점에서 선포했다. 이 복음을 믿어 순종케 하는 것이 바울의 사역의 최종 목적이었다.

1151) 김문현(2009:10-11)은 바울이 대필자를 사용할 때 기본적으로 두 가지를 선택했을 것으로 본다. (1) 단어 하나하나 또는 한 음절 한 음절씩 비서에게 받아 적게 하였거나, (2) 일반적인 의미를 가진 메시지를 비서에게 주고 난 뒤, 구체적인 것들은 비서 스스로 채워가도록 허용했을 것이다. 바울은 아마도 대필가의 성격과 재능, 그리고 그 서신의 성격에 따라 알맞은 대필가를 고용했을 것이다. 바울 서신은 바울에 의하여 승인되었고, 바울이 그 서신의 내용에 대해서 완전한 책임을 맡았다. 그러나 가장 중요한 것은 성령의 영감하에 이루어진 최종 본문이다.

다메섹 사건 이후 바울은 그리스도의 성취하신 사역의 관점에서 구약을 이해했고 그것을 선포했다. 즉 바울의 선포의 특징은 구약의 그리스도 완결적 설교였다. "이 복음으로 교회를 견고케 하실 예수 그리스도로 말미암아 지혜로우신 하나님에게 영광이 세세무궁토록 있을지어다. 아멘"(27절).[1152] 예수 그리스도로 말미암아 하나님의 영광이 나타난다. 교회는 복음으로 견고케 된다. 이것이 부흥이다. 이것이 하나님의 지혜로운 계획하심이다. 아멘.[1153]

3. 오늘에의 적용

건강한 교회는 빈부귀천의 구분이 없고 청지기로 섬기는 모임이다.

성도의 가정과 교회 사이의 협동 시스템을 구축하자.

성도의 교제의 풍성함을 위해 기도와 물질 나눔 및 친교에 더 힘을 쓰자.

일반 성도(소위, 평신도)와 전임 교역자의 협력과 균형을 어떻게 이룰까?(참고. 《기독교 강요》, 4.4.12)

1152) 27절의 서명을 단지 '로마인들에게'(*pros Romaious*)라는 말로 마치는 사본들이 있다(시내 산, A, C, 그리고 B와 D의 후대 수정본 등). 그리고 "고린도에서 로마인에게 썼다"는 B와 D의 후대 수정본, "로마인에게 고린도에서 썼는데 뵈뵈를 통해서"는 35와 201과 같은 소문자 사본들이 지지한다(참고 매츠거. 2005:463).

1153) 25-27절을 바른 성경과 개역개정판처럼 이 위치에 포함하는 것은 파피루스 61, 시내 산, B, D사본 등이다. 하지만 다수 사본은 로마서 16장 25-27절을 로마서 14장 23절 뒤에 위치시킨다. 사본상으로 볼 때 현재의 위치가 맞다. 그리고 UBS 4판이 괄호로 처리한 25-27절의 송영이 삭제될 이유는 없다(contra 바르트, 1997:826).

【 참고 문헌 】

- Bartlett, D.L. *Romans*. Louisville: Westminster John Knox Press. 1995.
- Branick, V. *The house church in the writings of Paul*. Wilmington: Michael Glazier. 1989.
- Brown, F. *The new Brown-Driver-Briggs-Gesenius Hebrew and English lexicon*. Peabody: Hendrickson. 1979.
- Calvin, J. *Institutes of the Christian Religion*. Trans. F.L. Battles. Philadelphia: The Westminster Press. 1960.
- Cranfield, C.E.B. *Romans*. ICC. Edinburgh: T&T Clark. 1979.
- De Vries, L. *The (Dis)advantages of verbal consistency and contextual consistency in the translation of New Testament 'theological' term sarx*. 개혁신학, 21:295-306. 2009.
- Dunn, J.D.G. *Romans 9-16*. Dallas: WB.C. Word. 1988.
- Dennis, L.T., ed. *ESV Study Bible*. Wheaton: Crossway Bibles.
- Gathercole, S. *Romans 1-5 and the "Weak" and the "Strong": Pauline theology, pastoral rhetoric, and the purpose of Romans*. Review and Expositor, 100(1):35-51. 2003.
- Hays, R.B. *The conversion of the imagination: Paul as interpreter of Israel's Scripture*. Grand Rapids: Eerdmans. 2005.
- Hodge, C. *Commentary on the epistle to the Romans*. Grand Rapids: Eerdmans. 1993.
- Jewett, R. *Romans*. Hermeneia. Minneapolis: Fortress. 2007.
- Johnson, L.T. *Reading Romans: a literary and theological commentary*. Macon: Smyth & Helwys Publishing. 2001.
- Kaiser Jr., W.C. *Micah-Malachi. The Communicators Commentary*. Dallas: Word Books. 1992.
- Kiuchi, N. 2006. *Living like the Azazel-goat in Romans 12:1B*. Tyndale Bulletin, 57(2):251-261.
- Malina, B.J. & Pilch, J.J. *Social-science commentary on the book of Acts*. Minneapolis: Fortress. 2008.
- Malina, B.J. & Pilch, J.J. *Social-science commentary on the letters of Paul*. Minneapolis: Fortress. 2006.
- Moo, D.J. *The epistle to the Romans. NIGTC*. Grand Rapids: Eerdmans. 1996.
- Moo, D.J. *Romans. The NIV application commentary*. Grand Rapids: Zondervan. 2000.
- Murray, J. *The epistle to the Romans*. NICNT. Grand Rapids: Eerdmans. 1984.
- Rogers Jr. C.L. & Rogers III, C.L. *The new linguistic and exegetical key to the Greek New*

Testament. Grand Rapids: Zondervan. 1998.

- Sanders, E.P. *Paul and Palestinian Judaism: a comparison of patterns of religion.* Minneapolis: Fortress Press. 1977.
- Schreiner, T.R. *Romans.* Baker Exegetical Commentary. Grand Rapids: Baker. 1998.
- Son, S.W. *Corporate elements in Pauline anthropology.* Roma: Editirice Pontificio Istituto Biblico. 2001.
- Stuhlmacher, P. *Paul's letter to the Romans.* Edinburgh : T&T Clark. 1994.
- Van Bruggen, J. *Paul: pioneer for Israel's Messiah.* Phillipsburg : P&R. 2005.
- Wallace, D.B. *Greek grammar beyond the basics: an exegetical syntax of the New Testament.* Grand Rapids: Zondervan. 1994.
- Wedderburn, A.J.M. *The reasons for Romans.* Edinburgh: T&T Clark. 2004.
- Witherington, B. *Paul's letter to the Romans: a socio-rhetorical commentary.* Grand Rapids: Eerdmans. 2004.
- Wright, N.T. *The climax of the covenant: Christ and the law in Pauline theology.* Edinburgh: T&T Clark. 1998.
- 개핀, R.B. 《부활과 구속》. 엠마오. 1992.
- 김문현 <바울의 대필자 사용에 관한 소고>. 한국기독교학회 제38차 정기 논문 발표회 발제글. 10월 16일. 침신대(p. 1-14). 2009.
- 김세윤 《바울 신학과 새 관점: 바울 복음의 기원에 대한 재고》. 두란노. 2002.
- 김추성 "로마서 10장 4절의 Telos 연구". <신학 정론>, 27(1):139-154. 2009.
- 김태훈 2010. 유대주의 보편주의 관점에서 본 종말론적 순례의 전통. 신약논단, 17(3):755-788
- 김홍만 《영적 바이러스를 치료하라》. 솔로몬. 2009.
- 다니엘 도리아니 《적용, 성경과 삶의 통합을 말한다》. 성서유니온선교회. 2009.
- 매츠거, B.M. 《신약 그리스어 본문 주석》. 제2판. 대한성서공회 성경원문연구소. 2005.
- 더글라스 무 《로마서의 신학적 강해》. 크리스찬출판사. 2007.
- 믹스, W.A. 《바울의 목회와 도시 사회》. 한국장로교출판사. 1993.
- 칼 바르트 《로마서 강해》. 한들. 1997.
- 박윤만 신약성서 헬라어의 현저성 표지들(prominence markers). 한국복음주의신약학회 홈페이지. 2010.
- 엘버트 벨 《신약 시대의 사회와 문화》. 생명의말씀사. 2001.
- 브루스, F.F 《신약사》. 기독교문서선교회 1978..
- 오스본, G. (ed). 《로마서》. LAB주석시리즈. 성서유니온선교회. 2002.
- 유해무 《개혁교의학》. 크리스챤 다이제스트. 1997.
- 윤소정 "초대 교회의 목회자 뵈뵈에 대한 여성 신학적 고찰". 한국기독교신학논총, 67:99-11

9. 2010.
• 제임스 던 《바울 신학》. 크리스챤 다이제스트. 2003.
• 존 월튼, 빅터 매튜스, 마크 샤발라스 & 크레이그 키너 《IVP 성경 배경 주석》. IVP. 2010.
• 최갑종 《로마서 듣기: 온 세상을 향한 기독교 복음의 진수》. 대서. 2009.
• 최종상 《이방인의 사도가 쓴 로마서: 바울의 사도적 자기 인식과 그것이 로마서의 구원론 논쟁에 미친 영향》. 아가페출판사. 2003.
• 칼빈, J. 《로마서, 빌립보 주석》. 성서교재간행사. 1993.
• 에른스트 케제만 《로마서》. 국제성서주석. 한국신학연구소. 1986.
• 윌리엄 클라인, 크레그 블롬버그 & 로버트 하버드 《성경 해석학 총론》. 생명의말씀사. 1997.
• 리처드 헤이스 《신약의 윤리적 비전》. IVP. 2002.
• 톰 홀랜드 《바울신학개요》. 크리스챤 다이제스트. 2006.

고린도전서 주석

들어가면서

기록 시기

고린도전서는 A.D. 55년경에 기록되었다. 그러면 고린도후서의 경우는 어떠한가? 고린도후서 8장 10절과 9장 2절에 나오는 '1년 전'이라는 말에 의해 결정된다. 이 말은 만 1년 이내에 고린도후서가 기록되었다는 말이다. 그렇다면 A.D. 55년은 어디에 근거한 연대인가? 유대인들이 갈리오가 총독으로 부임한 지 얼마 후에 고린도에서 바울을 대적했다(참고. 행 18:12). 이것은 A.D. 51년경의 일이다. 그 후 바울은 고린도에 잠시 더 머무르다 A.D. 52년 봄에 수리아로 떠났다. 바울이 2년 반 동안 에베소에서 체류한 것을 포함하면 A.D. 55년경이었을 것이다. 고전은 이미 A.D. 1세기 말에, 고린도후서는 2세기 중반부터 정경으로 인정되었다.

저자

고린도전서는 바울과 소스데네가 같이 썼다(고전 1:1). 고린도후서의 저자는 바울과 디모데이다(고후 1:1). 이런 공동 저자는 서신의 사적인 성격 대신 공적인 성격을 보여준다. 바울은 로마 시민권자였으며, 헬라 문화의 중심지 중 하나였던 다소(Tarsus) 출신이었고, 정통 유대교에 어릴 때 입문한 자로서, 이 세 부류의 영향을 받았다(참고. 행 22:3-5). 이 중에서 아마도 유대적 배경이 가장 강했을 것이다. 하지만 헬라의 영향 역시 컸다. 힐렐과 같은 사람도 헬라화의 영향을 받았다. 사실 가말리엘 문하 중 반(半)은 수사학을 포함하여 헬라의 지혜를 배웠다. 바리새교 역시 전도하는 종교(?)였기에(참고. 마 23:15) 그 당시의 공통어였던 '코이네 헬라어'로 디아스포라 유대인들과 심지어 이방인조차 설득시키는 양식을 필요로 했다. 이러한 복합적인 바울의 배경은 그가 이방인의 사도로 사역하는 데 도움이 되었을 것이다. 바울의 로마 시민권은 그가 로마 제국 전역을 자유로이 여행할 수 있도록 했다.

수신자

그리스의 고린도에 있던 교회. 고린도후서는 좀더 넓게 수신자의 범위를 아가야 지방의 성도로 확대한다. 고린도는 B.C. 146년에 로마의 집정관 'Mummius'가 이끈 군대에 의해 완파되었으나 B.C. 44년에 율리우스 시저로부터 도시 재건을 명받아, A.D. 29년부터는 그리스의 아가야

(Achaea) 지방의 수도이며 로마 총독의 소재지인 부유한 요충이었다. 플루타르크는 파트래(Patrae), 아테네와 더불어 고린도를 그리스의 3대 금융 도시로 꼽는다. 사실 바울 당시에 고린도는 그리스의 가장 큰 도시였으며[1154] 가장 번성했던 도시였다. 그 당시 인구는 약 7만-8만 명이었다. 애굽과 이탈리아로부터 물자가 수입되었고, 라틴어가 공식 언어로 자리 잡았다. 사실 고린도에는 로마의 영향이 아주 컸다. 항구도시는 거의 예외 없이 방탕함과 악덕으로 점철되는 역사를 지니고 있다. 고린도 역시 예외는 아니어서 방탕의 대명사가 되었다. 고린도 여자는 창녀의 대명사가 되었다. 스트라보(Strabo)에 의하면, 많은 신전의 창녀들이 섬겼던 아프로디테(Aphrodite) 여신이 후견 신(patron god)으로 있었던 것 같으며, 고린도는 로마인, 그리스인, 근동인, 그리고 유대인 등이 혼합된 국제 도시적 성격의 도시였다. A.D. 1세기 말의 역사가 디오 크리소스톰에 의하면, 고린도에는 많은 'hetaerae'(기생)이 부자들의 저녁 식사의 한 부분으로서(참고. 고전 10:7) 성적인 유희를 제공했다. 당연히 혼합주의가 만연했을 것이라는 추측을 자연스럽게 해볼 수 있다. 사실 아시아와 이집트로부터 신비 종교가 유입되었다. '아스클레피오스'(Asklepios)라는 육체와 영혼의 건강의 신도 숭배했다. 이 신을 위한 건물은 정결을 위한 우물과 잠자는 곳 그리고 신전으로 구성되었다. 아마 고린도 교인들은 이곳에서 우상에게 드려진 고기를 먹었을 것이다(고전 10:27 이하). 시장 근처에는 결혼과 여자의 성적인 생활을 관장했던 'Hera Argaea'라는 여신도 있었다(참고. 고전 7:14).

고린도는 로마의 'Gladiatorial Contest'(검투사 대회)가 처음으로 개최된 도시로서 경쟁심이 대단한 도시였다. 그리고 아마도 부유층이 귀족 계급으로 자리를 잡으면서 가난한 사람들이 무시를 당했다(고전 11:17-22). 따라서 고린도전후서는 다른 것이 아니라 이방인 환경 속에서의 교회의 역할 문제를 다루고 있다고 단순화시켜 말할 수 있다.

고린도 교회의 기원을 사도행전 18장에 근거해 보면, 바울의 2차 전도 여행 중, 아덴에서 고린도로 옮겨온 바울이 그곳에서 글라우디오 황제(A.D. 41-54년)의 칙령으로 로마에서 추방된 브리스길라와 아굴라 부부와 함께 기거하며(참고. 행 18:1-3) 천막을 만들어 자비량 사역을 했으며,[1155] 회당에서 전도 사역을 시작한 것이다. 바울이 율법을 어긴다는 이유로 유대인들이 반대하므로(참고. 행 18:6), 바울 일행은(디모데와 실라 포함) 이방인에게 전도를 집중적으로 하면서(비문에 의해서도 그 존재가 증명된) 회당 옆에 있었던 디도 유스도(Titus Justus)의 집을 중심으로 펼친 전도는 성공적이어서 많은 이방인들이 복음을 받아들였다. 디도 유스도의 집이 회당 옆이었다는 것은 교회와 불신 유대인의 한판 대결을 의미한다. 고린도 교회는 유대인(회당장인 그리스보와 그 가족도 구원을 받음, 참고. 행 18:8)과 이방인 성도가 혼합된 교회로 보인다. 이 사역은 18개월 지속되었다(참고. 행 18:11). 고린도를 떠난 후 바울은 에베소에 도착한다(참고. 행 18:19). 에베소가 고린도서의 저작 장소일 것이다. 이때 아볼로와 베드로가 고린도 교회에서

1154) 사실 바울은 전략적으로 로마의 큰 도시들을 복음화하는 데 주력했다. 에베소, 빌립보, 데살로니가, 고린도 등.

1155) 제임스 조던(James B. Jordan)은 '천막'을 성전 모티브로 보아서, 교회를 세우는 상징적인 의미로 이해한다. *Biblical Horizons*를 참고하라. http://www.hornes.org/biblicalhorizons/

사역을 한 것 같다(고전 3:6). 영적으로 어린 고린도 교회는 지도자를 주님보다 더 따르는 우를 범하고 말았다.

바울이 고린도에서 사역을 시작할 때는 고린도전서 2장 3절이 밝히듯이, "약하고 두려워하며 심히 떨었다." 그 이유는 고린도 이전에 활동했던 도시인 빌립보(참고. 행 16장)와 데살로니가와 베뢰아(참고. 행 17장)에서 고난을 많이 받았기 때문에 후유증이 있었을 것으로 보인다. 이들의 사회적 신분은 도시에서 전체 계층을 아우르는(cross-section of urban society) 것이다. 고린도전서 1장 27-28절에 근거하여 이전의 대부분의 학자들은 고린도 교인이 가난하고 하류 계층이 주류를 이룬다고 보았으나, 요즘은 부자로부터 가난한 사람 모두가 혼합된 공동체로 본다. 교인 중에는 노예도 있었다(고전 7:21-23). 즉 소수이기는 하지만 부유층과 권력층에서 온 사람들이 있었다. 근거는 무엇인가? (1) 회당장 그리스보(참고. 행 18:8), 그리고 (2) 성찬식 때 '가진 자'와 못 가진 자의 구분이 있었다(고전 11장), (3) 고린도전서 6장 1-11절의 세상 법정에의 소송은 돈 없는 자는 할 수 없는 것이며, (4) 고린도전서에 나타나는 지혜와 지식 역시 교육을 통해서만 가능하기에 어느 정도의 부를 가진 사람이었을 것이고, (5) 부자가 숫자적으로 적었다 하더라도 영향력은 커서(고전 16:15, 19)에서 부자들이 회집 장소를 제공했고, (6) 고린도전서 16장 2절과 고린도후서 8장 14절에 근거하여 일부는 마음대로 돈을 저축할 수 있던 사람이었다고 볼 수 있다(참고. 웨인 믹스, 1993:133; 타이센, 1986:291-292).

인종으로는 다수의 이방인 성도(고전 12:2)와 소수의 유대인[1156] 성도로 구성되었다(할례, 율법, 구약의 인용 등이 나타난 구절들을 참고하라; 고전 1:22-24, 7:18, 9:8-10; 고후 6:2, 9:9, 10:17). 아마도 바울의 고민은 어떻게 이렇게 다양한 이방인과 유대인, 자유인과 종, 남자와 여자를 다 포괄하는 교회로서의 정체성을 가지고 이방 세상 속에서 살도록 할 것인가였다.

참고로 고린도 교회를 가리키는 헬라어는 단순히 '*Corinthius*'이지, 라틴화된 형용사(Latinized adjective)인 '*Corinthiensis*'가 아니다. 반대로, 빌립보의 경우는 라틴화된 형용사인 '*Philippensis*'가 사용되어 로마의 식민 도시임을 강조한다. 이 사실은 로마의 식민지로서의 고린도를 강조하기보다 오히려 고린도가 속한 주의 수도로서의 입지를 강조하려는 의미가 담겨 있다. 예를 들어, 사도행전 18장에서 고린도는 로마적 색채를 강하게 가지고 있지 않고 헬라적 색채를 가진 것으로 나타난다. 로마 총독과 그의 법정이 고린도에 있었던 것은 식민지로서라기보다는 주도(州都)로서의 위치를 의미한다(보라. Ramsay, 1996:33-34).

기록 목적 및 내용

고린도에 있는 바울의 대적들은 누구인가? 분명한 것은 성도의 자유를 잘못 이해한 방종한

1156) 로마 인구의 7%가 유대인이었고, 전체 유대인 중 디아스포라 유대인은 3분의 2 이상이다. 디아스포라 유대인들은 분파주의자 혹은 분리주의자로부터 아주 헬라화된 사람까지 다양했으며 회당 중심의 예배를 드렸다. 팔레스타인의 유대인들보다는 종교와 사고에 있어서 더 자유했다. 고린도전서의 저작 장소인 에베소는 인구 20만 명의 대도시로서, 고대 지중해 세계에서 로마와 알렉산드리아 다음으로 큰 도시였던 시리아 안디옥과 라이벌이었다.

사람들(음행: 고전 5:1-5, 6:12-20; 성찬식의 남용: 고전 11:17-34), 혹은 금욕주의자들(결혼 문제: 고전 7장), 신비주의자들(은사 문제: 고전 12-14장), 그리고 거짓 선지자들(고후 11:16)과 같은 특성을 가진 사람들이었을 것이다. 따라서 이런 사람들에 대한 변론과 이 사람들이 교회 안에 일으킨 문제들에 대한 교정이 목적이었을 것이다. 바울은 고린도전서 5장 9절에 언급된 '내가 너희에게 쓴 것' 즉 고린도전서 이전에 보내진 분실된 서신을 통해 이 문제들을 다루었으나 고린도 교회는 그 내용을 오해했다(고전 5:9-13). 흥미로운 것은 고린도후서 2장 4절과 9절에 나오는 '눈물의 편지' 혹은 '혹독한 편지' 역시 분실되었다는 점이다(참고. 강창희, 2007:125).

고린도전서의 내용

1. 서신의 서론(1:1-3)
2. 서신의 감사와 서론(1:4-9)
3. 주장(1:10)
4. 진술부(1:11-17): 글을 쓰게 된 동기를 밝힘
5. 증명(1:18-6:12): 이 부분이 핵심
   a. 지도자를 따라 나누인 문제와 지혜(1:8-4:21)
   b. 성적 부도덕과 세상 법정에의 고발(5-6장)
   c. 결혼과 독신(7장)
   d. 우상 음식을 먹는 문제(8-10장)
   e. 예배 중에 머리에 쓰는 문제(11:1-16)
   f. 주님의 만찬의 오용(11:17-34)
   g. 영적 은사(12-14)
   h. 부활의 문제(15)
   i. 헌금(16:1-12)
6. 결론(16:13-18)
7. 감사의 말로 마침(16:19-24)

고린도전서 1장

1. 본문 및 구조

- 인사(1-3)
- 감사(4-9)
- 교회의 분열(10-17)
- 하나님의 어리석음: 십자가에 못 박히신 그리스도(18-25)
- 하나님의 어리석음: 고린도 성도(26-31)

2. 구원 계시사적 메시지

2.1. 고린도전서 1장 1-3절의 메시지

다른 편지에서처럼 바울은 전형적인 헬라의 편지의 형식 즉 'A가 B에게'라는 형식을 따른다. 그러나 바울의 표현은 헬라적인 것과 분명하게 구분된다. 바울은 스스로 하나님의 뜻을 따라 그리스도 예수님의[1157] 사도로 부름을 받은 자라고 소개한다(1절; 참고. 살전 2:7). 바울은 자신의 사도성의 신적 소명과 뜻을 강조한다. 고린도전서는 바울이 동역자(형제) 소스데네와 공동으로 저술한 편지이다(1절; 참고. 행 18:17). 바울은 그의 서신서들 중 총 8회에 걸쳐 공동 저작을 밝혔다. 그러나 대부분의 주석가들은 소스데네가 편지 작성에 큰 공헌을 한 것으로는 보지 않는다. 그리고 바울이 1인칭 복수형 '우리'(혹은 나와 다른 사도, 나와 다른 그리스도인)라는 표현을 쓸 때 단순히 '편집상의 우리'(editorial we)라는 뜻으로 본다(참고. Blomberg, 1995:36). 수신자인 고린도 교회는 하나님의 교회로서, 그리스도 예수님 안에서 거룩하여지고 성도라 부르심을 입은 자들이다. '거룩하여지고'와 '성도라 부름을 입은 자'는 중복적 표현이다. 그리고 교회는 각처에서 예수님의 이름을 부르는 자들이다(2절). 바울은 수신자에게 하나님 아버지와 주 예수 그리스도로 좇아(헬라적 인사말인) 은혜와(유대적 인사말인) 평강이 있기를 기원한다(3절). '은혜와 평강'의 기원을 성부와 성자 하나님에게 둠으로써 헬라식 혹은 유대식이라는 인사라는 것은 별 의미가 없게 된다.

2.2. 고린도전서 1장 4-9절의 메시지

헬라 편지의 두 번째 내용인 감사의 말을 바울도 한다. 그러나 바울은 대부분 영적인 복에 초점을 맞춘다. 이 감사의 내용은 나중에 언급될 사항들을 미리 보여주는 기능을 한다. 예를

1157) 1절의 '그리스도 예수님'(파피루스 46, B, D, F, G)을 시내 산, A, 다수 사본은 '예수 그리스도'로 바꾸어 썼다.

들어, 은사는 오용 시에는 문제가 되지만 제대로 사용하면 감사할 일도 되는 이중성을 가지고 있다(참고. Witherington, 1995:87; 브루스 윈터, 2005:447). 예수님 안에서 고린도 교회가 하나님에게서 받은 은혜 때문에 바울은 늘 '나(바울)의 하나님께'(*theo mou*) 감사한다(4절).[1158] 고린도 교회는 예수님 안에서 모든 구변(*logos*)과 지식(*gnosis*)에 풍족하다(5절; 참고. 고전 12:8-10). 그리스도의 증거(*to martyrion tou Christou*)가 고린도 교회에게 견고케 되어, 모든 은사에 부족함 없이 그리스도의 나타나심(*ten apokalypsin tou kyriou*)을 기다린다(6-7절). 그리스도께서 증거하신 것 혹은 그리스도를 증거하는 것이 고린도 교회 안에 견고하게 되어야 한다. 주님이 예수 그리스도의 날(참고. 구약의 '여호와의 날'에 해당)에 책망할 것이 없는 자로 고린도 교회를 견고케 하실 것이다(8절). 사람을 불러서 예수님과 교제하게 하시는 하나님은 미쁘시다(9절). 8-9절은 온갖 분열과 죄악으로 점철되다시피 한 고린도 교회가 어떻게 바울의 감사와 긍정적인 진술을 받게 되었는가에 대해 답을 준다. 고린도 교회가 아니라 하나님의 견고케 하심과 미쁘심이 원인이다. 즉 고린도 교회는 새 생명을 가진 자로서 합당하게 살도록 리모델링 중에 있었다.

위의 바울의 모든 감사는 하나님을 향하고(God-oriented), 그리스도 중심적(Christ-centered)이다. 즉 이 모든 것들은 하나님이 그의 아들 그리스도 안에서 행하신 구원의 은덕들이다. 동시에 이 감사들의 내용은 종말론적이다. 즉 고린도 교회는 은사를 가지고 책망할 것이 없으며, 견고케 되어 하나님과 교제를 하고 있지만, 완전에는 도달하지 못했다(참고. Fee, 1987:36).

2.3. 고린도전서 1장 10-17절의 메시지

바울은 주 예수 그리스도의 이름으로 고린도 교회에게 다 같은 말을[1159] 하고 분쟁(*schismata*, 중성 복수 주격, schism; 정치적인 권력 다툼이나 옷이 찢어짐)이 없이 같은 마음과 같은 뜻으로 온전히 합하라(knit together, perfectly united; 참고. 막 1:19)고 정중하게 명령한다(10절). 고린도 교회는 '주 예수 그리스도'라는 공통분모가 있기에 연합하지 못할 이유가 없다. 바울은 글로에(Chloe, 여자 이름으로 '푸른 새싹'이란 뜻)의 집에서 온 사람들 편으로, 고린도 교회의 분쟁(*erides*, strifes, quarrels) 소식을 접했다(11절). 글로에는 에베소에 살던 부유한 사람으로 보이며, 그녀의 집 사람들이(고전의 기록 장소인) 에베소에서 사업상 고린도를 왕래하는 가운데 고린도 교회의 소식을 접하고서 바울에게 알려주었던 것으로 보인다(참고. Fee, 1987:54). 고린도 교회는 바울(*ego eimi Paulou*, I am of Paul), 아볼로, 게바(Cephas; 참고. 고전 9:5), 그리스도에게 속한 자로 나누어졌다(12절).[1160] 바울, 아볼로, 베드로의 선교 활동으로 거듭난 사람들은 그들을 배타적인

1158) 4절에서 시내 산과 B사본은 '나의'를 제외하고 '하나님께'로 쓴다.

1159) '같은 말'은 정치적인 함의를 가지는 데 대립되는 두 정당이 합일점에 이르러 서로 화해하는 것을 뜻한다. 동시에 아내와 남편이 조화롭게 살았음을 밝히는 비문에도 발견된다(참고. Rogers & Rogers, 1998:347).

1160) 고린도 교회가 분쟁 중에 있었다고 해도 모두 그리스도에게 속한 자라는 인식이 있었지 않을까? 과연 "나는 그리스도에게 속했다"는 말을 고린도 교회의 특정 그룹만 했을까? 십자가를 피하려는 고등 기독론을 강조하는 자들 혹은 그리스도를 저주한 영지주의자들은 "나는 그리스도에게 속했다"는

방식으로 추종하였다. 그렇다고 해서 튀빙겐의 바우어(F.C. Baur)가 주장하듯이, 초대 교회 안에 베드로-그리스도의 유대파와 바울-아볼로의 헬라파의 대결이 심각해서 1세기 말이나 2세기 초에 종합되었다고 볼 이유는 없다(참고. Fee, 1987:57). 바울 당시 제자는 스승을 맹목적으로 추종하는 경향이 있었다. 그렇다면 그리스도께서 나누어졌는가? 여기서 '그리스도파'는 신앙의 비중을 영광 받으신 그리스도에게 두고 하나님의 구원의 역사도 그렇게 영으로 현존하시는 그리스도에게 그 원인을 돌린 사람들로서, 영으로 현존하시는 그리스도에 대한 믿음과 사도의 가르침과 증언을 분리한 무리로 보인다(참고. 문병구, 2009:689).

그리스도께서 나누어지셨는가?[1161] 바울이 고린도 교회를 위해서 십자가에서 대속의 죽음을 죽고, 그들은 바울의 이름으로 세례를 받았는가(13절). 바울은 십자가의 죽음과 세례를 종종 연결한다(참고. 롬 6:2-3; 골 2:12-15). 세례를 받는 것은 그리스도의 십자가의 구속 사역을 믿는 것에 기초한다. 바울은 일찍 개종한 것으로 보이는 그리스보(참고. 행 18:8)와 가이오(참고. 롬 16:23), 그리고 스데바나의 집 사람에게만(참고. 고전 16:15-17) 세례를 주었다. 이 이유로 바울은 '하나님께'(*to theo*) 감사한다(14, 16절).[1162] 바울에게는 세례를 줌으로써 그들을 자기 사람(추종자)으로 만들려는 의도가 없었다. 예수님은 바울로 하여금 세례를 주는 것이 아니라 복음을 전하도록 하셨는데, 바울이 말의 지혜(*en sophia logou*, 즉 rhetoric, reason)로 아니함은 그리스도의 십자가가 헛되지 않도록 하기 위해서이다(17절).[1163] 물론 바울에게는 세례의 중요성을 평가절하할 의향이 없다(참고. 롬 6:3-7). 대신 "누가 누구에게 세례를 주었다"는 말 자체가 분쟁의 여지가 될 수 있기에 그것을 경계하고 있다. 바울 당시 연설가는 현란한 수사학을 동원하여 설득하려고 했다. 만일 그렇게 했더라면 바울의 선포는 청중이 바울 자신에게만 관심을 돌리도록 만들었을 것이며, 십자가는 아무것도 아닌 게 되어 버렸다.

2.4. 고린도전서 1장 18-25절의 메시지

십자가의 도(*ho logos tou staurou*, the message of the cross)가 멸망하는 자에게는 미련한 것이요, 구원을 얻는 우리에게는 하나님의 능력이다(18절). 17절의 *logos*와 같은 단어가 18절에도 사용되었지만 그 뜻은 따르다. 전자는 인간적인 수사학적 표현을, 후자는 복음의 메시지를 가리킨다.

말을 피했는가? 만일 그러하다면 그들은 구원 얻을 믿음을 가진 그리스도인이 아니다. 아마도 고린도 교인들은 그들의 스승의 가르침에서 지혜를 가지고 있다는 영적 엘리트 의식을 가지고 있었던 것으로 보인다. 혹자는 바울의 지혜를, 혹자는 베드로의 지혜를, 혹자는 아볼로에게서, 혹자는 예수 그리스도의 가르침에서 지혜를 얻었다고 말한 것으로 보인다.

1161) 13절에서 일부 사본들(1912, 2464)은 "그리스도께서 나누어지지 않으셨는가?"라는 부정 의문문으로 쓴다. 현대어성경은 다음과 같이 번역한다. "그게 바로 여러분 스스로 그리스도를 산산조각이 나게 한 것이 아니고 무엇입니까?"

1162) 14절에서 시내 산과 B사본은 '하나님께'를 생략한다.

1163) 칼빈은 고린도전서 1장 17절의 '말의 지혜로 아니함은'을 바울이 교양 지식들을 전적으로 정죄하고 있는 것으로 주석하지 않는다. 이런 입장은 1559년에 설립된 '제네바 아카데미'의 교과 과정에도 잘 반영되어 '신앙 교육과 교양 교육'이 유기적으로 연관되었다.

그리스도의 십자가와 부활은 이 세대와 오는 세대를 구분 짓는 전환점이다. 바울은 이사야 29장 14절을 인용한다. "지혜 있는 자들의 지혜를 멸하고, 총명 있는 자들의 총명을 폐하리라"(19절). 지혜 있는 자(*sophos*, 헬라 철학자), 학자(*grammateus*, 유대 서기관), 이 세대(*tou aionos toutou*, this age)에 변론가(*syzetetes*, debater)가 어디 있는가? 바울은 수사학적 질문을 계속 던진다. 하나님은 '세상의'(*kosmou*)[1164] 지혜를 미련하게 하신 것이 아닌가?(20절; 참고. 사 33:18) 하나님의 지혜에 있어서는 이 세상(즉 타락한 인간 세상의 체계)이 자기 지혜로 하나님을 알지 못하기에, 하나님은 전도의 미련한 것으로(*dia tes morias tou kerygmatos*) 믿는 자들을 구원하기를 기뻐하신다(21절). 케리그마는 말씀 선포 행위를 가리키기보다는, 그 선포의 내용 즉 십자가에 달리신 그리스도의 메시지를 가리키는 것으로 보인다(참고. Fee, 1987:73). 인간적인 지혜와 하나님의 어리석음이 대조된다. 십자가에서 죽으신 그리스도를 전파하는 것은 미련하고 어리석게 보이지만 역설적으로 하나님의 구원을 선포하는 확실한 길이다. 하나님은 인간의 교만을 지적하는 이성적인 추론이 아니라, 십자가를 통한 구원을 확증함으로써 이 세대를 심판하셨다.

유대인은 표적을, 헬라인은 지혜를 구하나(22절), 우리는 십자가에 못 박히신 그리스도를 전하니, 이것이(십자가를 하나님의 저주로 여겼던) 유대인에게는 걸림돌처럼 거리끼는 것이고(참고. 신 21:23) 이방인에게(*ethnesin*; 참고로 공인 본문은 '*Hellesi*')는 '미련한 것'(참고. Hengel은 지적인 우둔함이 아니라 '미친 것'으로 번역함; 보라. Fee, 1987:76)이다(23절). 부르심을 입은 자들에게는 유대인이나 헬라인이나 그리스도는 하나님의 능력이요 하나님의 지혜이다(24절). 하나님의 지혜와 능력은 추상적인 힘이 아니라, 그리스도의 사역과 인격 안에 나타난 인격적인 특질이다. 하나님의 미련한 것이 사람보다 지혜 있고 하나님의 약한 것이 사람보다 강하다(25절).

2.5. 고린도전서 1장 26-31절의 메시지

고린도 교회는 육적으로 볼 때(*kata sarka*, 즉 세상적인 기준에 의하면, by human standards) 지혜 있는 자, 능한 자(*dynatoi*, influential), 문벌 좋은 자(*eugeneis*, noble birth)가 많지 않다(26절). 구원은 인간적인 자질에 달린 것이 아니다(참고. 롬 9:24; 엡 2:8-9). 물론 고린도 교회에는 고위층 사람들을 일부 포함하고 있었다. 그러나 하나님은 세상의 미련한 것들을 택하셔서 지혜 있는 자들을 부끄럽게 하려 하시고, 세상의 약한 것들을 택하셔서 강한 것들을 폐하려 하신다(27절). 그리고 비천한 것들과 멸시 받는 것들, '없는 것들'(*ta me onta*, 참고. B와 다수 사본은 '그리고 없는 것들' [*kai ta me onta*])을 택하셔서 있는 것들을 쓸모없게 하신다(28절). 아무 육체라도 하나님 앞에서 자랑하지(혹은 신뢰하지) 못하게 하려 하심이다(29절). 십자가에서 최대의 역설을 보이신 하나님의 새로운 질서가 이미 작용하고 있다. 성도는 하나님께로부터 나서 그리스도 예수님 안에 있는데, 예수님은 하나님께로서 나와서 성도에게 지혜와 의로움과 거룩함과 구속함

1164) 20절에서 '세상의'로 번역하는 바른 성경과는 달리, 개역개정판은 '이 세상의'(*kosmou toutou*; 시내산 3판, C 3판 등)로 번역한다. 사본상 '세상의'가 옳다.

이 되셨다(30절). 참된 지혜는 그리스도께서 이루신 구원의 사역인 의로움과 거룩과 구속을 깨달을 때 주어진다.[1165] 의로움, 거룩, 구속은 구원의 서정을 밝히는 것이 아니라 동일한 구원의 다른 측면들을 가리킨다. 바울은 예레미야 9장 24절을 인용하면서 30절의 구원을 받은 자에게 "자랑하는 자는 주 안에서 자랑하라"고 권면한다(31절).

3. 오늘에의 적용

신앙이 리모델링 중에 있는 성도에게 실망하지 말자.
우리는 혹시 말의 지혜로 복음을 전하지 않는가?
교회 내의 분쟁을 어떻게 해결할 수 있는가?
성경적 확신을 가진 자신과 다른 생각을 가진 자를 어느 정도 틀렸다고 말할 수 있는가?

고린도전서 2장

1. 본문 및 구조

- 하나님의 어리석음－바울의 설교(1-5)
- 성령에 의해 계시된 하나님의 지혜(6-16)

2. 구원 계시사적 메시지

2.1. 고린도전서 2장 1-5절의 메시지

A.D. 51년, 2차 전도 여행 중에 바울이 고린도에서 '하나님의 비밀'(*to mysterion tou theou*, 참고. 개역개정판은 B와 D 사본을 따라 '하나님의 증거')을[1166] 전할 때(참고. 행 18:1-18), 말과 지혜의 '아름다운 것'(*ou kath' hyperchen*, not according to excellence)으로 하지 않았다(1절).[1167] 바울 당시의 수사가들이 볼 때 웅변의 성공 여부는 논리적인 연설에 달려 있었다. '아름다운 것'은 '뛰어남, 우월성, 탁월함'이라는 뜻이다(참고. Rogers & Rogers, 1998:350). 하지만 바울은 탁월하면서도 명석한 논리와 언변에 의존하여 전도하지 않았다. 물론 바울이 여기서 전도자의 지적인 준비를

1165) 지혜의 의인화는 잠언 8-9장에서 분명히 볼 수 있다.

1166) 1절에서 몇몇 성구집(*l* 598, 593, 599)은 '하나님의 구원을'로 기록한다.

1167) '증거'(*martyrion*)와 '신비'(*mysterion*)는 쉽게 교차적으로 사용 가능했다(참고. 바레트, 1985:84).

도외시하는 것은 아니다. 바울은 예수 그리스도와 그분의 십자가에 못 박히신 것 외에는 아무것도 알지 아니하기로 작정했다(2절). 단순한 십자가 복음을 성령의 능력으로 전함으로써 고린도에 교회가 설립되었다. 바울이 고린도 사역을 할 때 약하고 두려워하며 심히 떨었다(3절). 바울의 고린도 사역 이전에 그리스의 빌립보, 데살로니가, 베뢰아, 그리고 아덴의 사역은 힘겨웠고 때로 열매가 많지 않았다. 바울의 말(*ho logos*)과 전도함(*to kerygma*)은 지혜의 권하는 말로(즉 '지혜의 설득력 있는 말로'; 참고. 다수 사본은 '지혜의 설득으로') 하지 않고, 다만 성령의 나타남과 능력으로(*en apodeiksei pneumatos kai dynameos*) 된 것이다(4절).[1168] 회심을 위해서는 전도자에게 '성령의 능력의 나타남'이 필수이다(참고. 행 1:8; 롬 15:19; 살전 1:5). 믿음이 바울 당시의 현란한 수사가들의 경우처럼 사람의 지혜에 있지 않고, 하나님의 능력에 있기 때문이다(5절). 설교자의 논리적이고 수사학적인 능력에 따라 그 효과가 좌우되었던 설교는 다만 그 설교를 지지하는 사람들의 신앙만 불러일으킬 수 있었을 뿐이다. 이와 같은 신앙은 논리학이나 웅변술의 특출한 기교에 근거하고 있었을 것이며 따라서 매우 불완전한 신앙이었을 것이다(참고. 바레트, 1985:89).

2.2. 고린도전서 2장 6-16절의 메시지

바울은(성령에 의해 깨우침을 받은) 온전한 자들 가운데에(*en tois teleiois*) 있을 때 지혜를 말하는데, 이것은 이 세상의 지혜(*sophian ou tou aionos toutou*, 즉 철학적 논쟁) 혹은 이 세상의 무효하게 되어 없어질(주님을 못 박았던 유대 지도자들과 로마 총독과 같은) 관원의 지혜가 아니다(6절). 비밀로 감춰어진 하나님의 지혜는 우리의 영광을 위하여(*eis doksan hemon*) 만세 전에 미리 정하신 것이다(7절). 하나님의 비밀스러운 지혜란 무엇인가? 예수님을 통해서 얻게 되는 구원의 복음이다. 이 세대의 관원 중 한 명도 이 지혜를 알지 못했는데, 만일 알았더라면 영광의 주님을 십자가에 죽이지 않았을 것이다(8절). '솔로몬의 지혜' 6장에 의하면, 관원은 하나님의 가장 위대한 지혜를 많이 알 수 있는 특권적 위치에 있다고 믿어졌다(참고. Witherington, 1995:127).

'그러나'(*alla*) 기록된 바와 같이, 하나님이 자신을 사랑하는 자들을 위하여 예비하신 모든 것을 사람들은 눈으로도, 귀로도, 마음으로도 알지 못했다(9절; 참고. 사 52:15, 64:4, 65:17).[1169] '왜냐하

1168) *Apodeiksis*(나타남, proof, demonstration)는 고전 수사학에서 사용될 때, 확실한 제제 위에서 연설의 몸통 부분의 논증적이고 질서정연하며 변증적인 논의를 가리킨다(참고. 존 월튼, 2010:1734). 하지만 바울은 고린도전서 2장 4절에서 이러한 인간적인 의미를 배제한다. 성령의 나타남의 비수사학적(non-rhetorical) 형태가 설득을 위해 절대적임을 강조한다. 이것은 인간의 지혜가 아니라 하나님의 성령의 능력에 기초한 설교다. 그러므로 고린도전서 2장 4절에서 '성령의'는 주격적 속격(subjective genitive)이다(참고. Dautzenberg, G. 1990. *Exegetical dictionary of the New Testament*. Volume 1. Grand Rapids: Eerdmans. p. 127).

1169) 고린도전서 2장 9절의 이사야 64장 4절 사용과 관련하여 칼빈(1993:360-362)의 설명을 그대로 인용해 본다. "바울은 본 절(사 64:4)을 '다르게 설명'할 뿐 아니라, 다른 목적에 따라 '곡해'하고 심지어 이것을 '다른 말로 인용'한다. 왜냐하면 그는 헬라어역(LXX)을 따랐기 때문이다. 이런 문제에 있어서 사도들이 까다롭게 나오지 않았다. 곧 그들은 단어보다는 핵심에 더 관심을 가지면서 자신들이 가르치고자 하는 내용을 성경에서 한 구절 인용하는 것으로 만족했을 뿐이다. 바울은 '하나님께서

면'(*gar*) 하나님은 성령님을 통하여 이것을 보이셨는데, 성령님은 모든 것 곧 하나님의 깊은 것(*ta bathe tou theou*, the deep things of God; 참고. 계 2:24의 '사탄의 깊은 것')이라도 '통달하신다'(*erauna*, searches, 10절).[1170] 오직 성령님만 하나님의 깊은 것 즉 '그분의 위대함과 심오한 본성과 의지 및 그분의 놀라운 계획'을 성도에게 계시해 주실 수 있다(참고. 롬 11:33; 보라. Fee, 1987:111; Godet, 1985:148). '하나님의 깊은 것'이라는 표현에서 바울이 영지주의적 신념을 가지고 있었다고 볼 수 없다(참고. 바레트, 1985:98). 주님의 십자가와 부활이 교회의 구원이 됨을 믿도록 하시는 분은 성령님이시다(참고. 오스본, 2004:75). '왜냐하면'(*gar*) 사람의 사정(*to en auto*, 사람 안에 있는 것, 바른 성경: '사람의 생각')은 사람 속의 영이 알듯이, 하나님의 사정(the things belonging God, 바른 성경: '하나님의 생각')은 하나님의 영만 아신다(11절).

세상의 영(*to pneuma tou kosmou*, 사탄이라기보다는 이 세상의 철학적 지식; 참고. 롬 8:15, 11:8; 고후 11:4)이 아니라 하나님의 영을 받은 성도는 하나님이 은혜로 주신 것(즉 십자가와 부활을 믿음으로 주어지는 구원)을 알 수 있다(12절). 바울은 사람의 지혜의 가르친 말로 아니하

자기를 사랑하는 자들을 위하여 예비하신 모든 것은……사람의 마음으로도 생각지 못하였더라'고 자신의 말을 덧붙이는데, 이것은 그 뜻을 보다 명백하게 설명하려는 뜻에서였다. 그는 선지자의 가르침과 완전하게 일치하지 않는 것은 아무것도 덧붙이지 않았다. 바울이 이사야와 얼마나 철저하게 일치하는가 하는 점을 이해하려면 먼저 그의 의도를 파악할 필요가 있다. 그 구절에서 그는 복음의 가르침을 다루면서 그것이 인간의 이해를 능가하는 것으로 말한다.……이사야 선지자가 하나님의 경이로운 은총을 곰곰이 생각하고서 넋을 잃은 사람처럼 '그거야말로 금시초문이구나!' 하고 소리치는 것처럼… 바울 역시 본 절을 멋있게 자신의 이론에 적용하면서 하나님께서 자기 교회에 베푸신 특수한 은혜가 이 세상의 수준을 벗어나는 것으로 말한다. 여기서 남은 문제는 선지자가 일시적인 성격의 복에 대해서 말하는 것을 바울이 영적 복에 적용한다는 점이다. 그러나 선지자는 여기에서 눈으로는 비록 당시의 상황을 보고 있었지만, 마음으로는 그 은혜의 원인을 바라보는 것으로 말할 수도 있다.……선지자가 외적인 구원과 이 세상의 혜택에 대해서만 언급하는 것처럼 보이지만, 그는 눈을 더 높이 들어 주로 특별히 하나님의 백성에게 속한 일을 파악한다." 이사야 64장 4절의 문맥은 하나님의 구원의 계획의 은밀함과 관련되는데, 이사야 64장 1-2절의 신적 개입에 대한 탄원에 대한 응답으로서 하나님의 대적에 대한 심판도 나타난다. 바울에게 있어서 이사야가 예언한 하나님의 구원 계획의 은밀함과 신적 개입에 대한 간구가 예수님의 십자가 사건으로 명백히 성취되었다(고전 2:8). 바울은 예수님의 십자가 사건이라는 새로운 맥락에서 이사야의 예언을 재조명했다. 바울에게 있어서 예수님이 하나님의 참 지혜이시고, 구원 계획을 성취하신 분이다(고전 2:7). 예수님의 십자가 사건은 하나님의 사랑 때문이다(고전 2:9e). 자신의 아들 예수님을 내어주신 하나님의 사랑은 사람의 이해를 초월하는 것이다. 이제 성숙한 성도는 주님의 마음을 알고, 그리스도의 마음을 가지고 있다(고전 2:16). 고린도 교회의 자만심으로 가득 찬 사람들은 바로 이 마음을 가져야 했다(참고. Ciampa & Rosner, 2007:701).

1170) 바른 성경은 9절의 접속사 '그러나', 10절의 '왜냐하면', 그리고 11절의 '왜냐하면'을 번역하지 않았다. 10절을 '그러나'(*de*, 시내 산, A, C, D, F, G, 다수 사본이 지지함)) 대신에 '왜냐하면'(*gar*, 파피루스 46과 B사본 등이 지지함)으로 시작하는 것으로 볼 수 있는 근거로 바울이 고린도전서 2장 8-10절을 다음과 같이 파악하는 것으로 볼 수 있기 때문이다. 8절과 9절을 연결하는 *alla*로 시작하는 9절은 8절과 반대되는 것을 언급한다. 그리고 8절에서(하나님의 감추어진 지혜에 대한) '무지'가 다루어지기에 그 반대인 '지식'은 9절에서 다루어진다. '지식'이라는 단어가 9절에 등장하지 않기에 이 견해가 설득력이 없다고 반대할 수 없다. 왜냐하면 9절의 첫 단어 *alla*가 '무지'(ignorance)에 대한 반대를 암시하고, '지식'(knowledge)에 대해서 언급하는 뒤따르는 10절이 *gar*로 시작하기 때문이다(보라. Frid, 1985:606).

고, 오직 성령의 가르치신 것으로 했는데, 신령한 일(*pneumatika*, spiritual things)은 신령한 것으로 (*pneumatikois*, with spiritual things) 분별해야 한다(13절). '분별하다'(*syngkrino*)의 뜻은 '결합하다' 혹은 '비교하다'이다. 육에 속한 자(*psychikos anthropos*,[1171] a natural man who does not possess the Holy Spirit)는 성령의 일(*ta tou pneumatos tou theou*)을 받지 아니한다. 왜냐하면 그것이 미련하게 보이며, 또 깨닫지 못하는데, 그들에게는 영적인 분별력이 없기 때문이다(14절). 신령한 자(*ho pneumatikos*, '영적인 자', the person with the Spirit)는 모든 것들을 판단(분별, to discern)하지만, 자기는 아무에게도 판단을 받지 않는다(*hypo oudenos anakrinetai*, 15절). 성령을 모신 사람들은 이 세상의 모든 것을 제대로 분별할 수는 없을지라도, 적어도 신령한 일에 대해서는 올바르게 판단할 수 있다. 성도가 아무에게도 판단을 받지 않는다는 말씀은 무엇을 의미하는가? 그리스도인이 믿고 있는 내용을 성령을 소유하지 못한 불신자들이 판단할 수 없다는 것이다(참고. 사 40:13;[1172] 보라. 오스본, 2004:81). 성도는 그리스도의 마음 (*noun Christou*, '마음' [LXX]은 히브리어로 *ruah*)을 계속해서 가지고 있다(16절).[1173] 그리스도의 성령을 가진 자가 그리스도의 마음을 잘 헤아린다. 성도는 성령의 조명으로 인해 예수님의 사고와 계획과 지식을 알고 있다(참고. Fee, 1987:120).

3. 오늘에의 적용

전도와 설교를 성령의 나타남과 능력으로 수행하고 있는가?
이 세상 지혜의 한계는 무엇인가?
성경적 세계관을 가지고 세상을 바라보자.
성령의 분별력과 깨닫게 하심을 사모하자.

고린도전서 3장

1. 본문 및 구조

• 고린도 교회의 분쟁(1-9)

1171) 이것은 '영지주의적 영향'을 반영하는 단어가 아니다.

1172) 바울은 고린도전서 1장 31절처럼 여기서도 구약을 인용하면서 논의를 마무리한다. 그렇게 함으로써 경험에 의존하던 고린도 교회에게 말씀으로 논증을 마무리함으로써 말씀의 반석 위에 세우고자 한다(참고. Witherington, 1995:129).

1173) 16절에서 B, D, F, G사본은 '주님의 마음'으로 쓴다.

• 공력이 남는 지혜로운 건축자(10-15)
• 만유이신 하나님의 성전(16-23)

2. 구원 계시사적 메시지

2.1. 고린도전서 3장 1-9절의 메시지

바울은 성숙한 신령한 자들(*pneumatikois*)을 대함같이 고린도 교회를 대할 수 없어서, 육신에 속한 자(*sarkinois*) 즉 그리스도 안에서 어린아이들(*nepiois*, infants)을 대함같이 한다(1절).[1174) 그래서 '밥'(broma, '단단한 음식', 심오한 진리를 의미함) 대신 '젖'(*gala*, '신앙의 기초'를 의미함)으로 먹였다(2절; 참고. 히 5:12; 벧전 2:2). 신령한 자는 성령님의 역사에 의하여 하나님의 구원의 진리에 대하여 이해하는 자요, 그리스도의 마음을 소유한 자이다. 고린도 교회는 '지금도'(*eti nyn*; 파피루스 46과 B는 이것을 생략함) 단단한 식물을 감당치 못한다. 고린도 교회는 아직도 육신에 속해 있다. 즉 그들은 하나님으로부터 독립하여, 이기적이고 죄악 된 성향(evil inclination)에 따라 통제되고 있다. 즉 그들은 육의 소욕을 따라 살면서, 영적 이해와 분별력을 가지지 못한 자이다. 그래서 그들 가운데 시기(*zelos*)와[1175) 그것의 외적인 결과인 분쟁(다툼, *eris*)이 있다(3절; 참고. 약 4:1).

바울은 고린도전서의 서론(1:7)에서 고린도 교회는 은사가 충만한 교회라고 밝힌바 있다. 그런데 여기서는 그들을 '육에 속한 자'라고 평가하고 있기에 서로 모순되는 것이 아닌가? 바울은 고린도 교회가 영적 은사의 풍요로움 속에서도 현실의 삶은 아직 그렇게 충족되지 못한 상태임을 지적하고 있다(참고. 문병구, 2009:678).

혹자는 바울, 혹자는 아볼로에 속해 있다고 말한다(4절; 참고. 고전 1:12-13). 바울과 아볼로는 개인적인 권위와 이해관계를 내세울 수 없는 주님의 사역자들('봉사자들', '섬기는 자들', *diakonoi*) 그 이상도 그 이하도 아니다(5절; 참고. Rogers & Rogers, 1998:352).[1176) 은사는 섬김의 사역 없이 홀로 존재하지 않는다. 그렇다면 고린도전서 12장에서 전개될 은사의 다양성에 대한 견해가 이미 '봉사자들'의 의미를 정의하면서 언급되고 있다고 볼 수 있다(참고. 문병구, 2009:680)

바울은 5절에서 아볼로와 바울은 '누구인가?'(*tis*; 의문 대명사 남성 단수 주격, 다수 사본이 지지함)가 아니라 '무엇인가?'(*ti*, 의문 대명사 중성 단수 주격)라고 수사학적으로 묻는다.[1177)

1174) 여기서 바울은 헬라어 *teknon*(child)를 사용하지 않는다. 명사 *nepios*(mere infant)는 믿음 안에서 자라지 못한 고린도 교회를 꾸짖는 성격이 있다.

1175) 3절의 '다툼'은 원래 좋은 의미로는 '경쟁'이라는 뜻이다(바레트, 1985:106). 그리고 3절에서 다수 사본은 '시기(*zelos*)와 다툼(*eris*)과 분열(*dichostasiai*)이 있으니'로 쓴다.

1176) 여기서 바울은 권면을 할 때, 개념 언어를 통한 직설적 교훈이 아니라 은유적 수사법을 활용하여 공동체로 하여금 명확하게 깨닫게 할 뿐 아니라, 소통과 훈계의 조화도 꾀하는 목회적 배려까지 아끼지 않고 있다(참고. 문병구, 2009:673).

1177) 5절에서 다수 사본은 '바울'을 '아볼로'보다 먼저 언급한다. 이유는 아마도 '바울'이 '아볼로'보다

답은 "아무것도 아니다"이다. 바울은 심었고(교회를 설립했고), 아볼로는 신앙 성장을 위해 물을 주었으나(참고. 행 18:27-19:1), 실제로 주님께서 자라게 하셨다(6절). 심고 물 주는 것이 아오리스트인 데 반해, 주님이 자라게 하신 것은 미완료형이기에(*eyksanen*), 하나님은 바울과 아볼로의 사역에 계속해서 복을 주시고 계셨다. 심는 이와 물을 주는 이는 아무것도 아니고, 오직 자라나게 하시는 하나님이 중요하다(7절).

그러나(*de*; 바른 성경은 이것을 번역하지 않음) 심는 이와 물 주는 이는 하나인데(*hen eisin*, 중성 단수 주격, '한 가지 일'), 일한 대로 상을 받을 것이다(8절). 교회를 개척하고 일하는 사람들은 목표와 결과 그리고 사역의 동기에 있어서 하나가 되어야 한다(참고. 바레트, 1985:111). 바울과 아볼로는 하나님의 동역자(*theou synergoi*, fellow workers for God; 목적격적 속격: '하나님을 위하여 함께 일하는 자들')요, 고린도 교회는 하나님의 밭(*georgion*, 경작, 농토)이며 집(*oikodome*, 건축물)이다(9절).[1178] 바레트(1985:112)는 이 두 명사를 구체적인 명사(밭, 집)이라기보다는 동작 명사(nomina actionis)로 보면서 "여러분은(비유적으로) 하나님께서 농사를 지으신 산물이고 건축물이다"라고 풀이한다. 고린도의 많은 이방 신전이나 건물과는 달리 고린도 교회는 하나님께서 역사하시는 활동의 장이다.

2.2. 고린도전서 3장 10-15절의 메시지

바울은 하나님의 은혜를 따라 지혜로운 건축자(*sophos architeknon*)처럼 기초(*themelios*)를 놓았고, 다른 이(즉 아볼로)가 그 기초 위에 세운다. 바울은 전문 건축자(master architect)이기에 건축의 계획과 진행 과정에 총책임을 져야 했다. 그러므로 고린도의 다른 사역자들은 바울의 지침을 따라서 통제받고 협력해야 했다. 각 사람은 자기가 세우는 것을 주의하며 조심해야 한다(10절). 여기서 바울은 아볼로를 부주의했다고 비난하지 않는다. "이 닦아 둔 것 외에 능히 다른 기초를 닦아 둘 자가 없으니 이 기초는 예수 그리스도시다"(11절). 그러나(*de*, 바른 성경은 이 접속사를 번역하지 않음) 금, 은, 보석(즉 대리석같이 귀한 돌), 나무, 풀, 짚으로 이 기초 위에 세우면(12절), 각각 그 업적(공력, *to ergon*)이 나타날 것인데, 불에 의해서 그 공력의 질이 시험될 것이다(13절; 참고. 민 31:23).[1179] '그 업적'은 하나님께서 종말의 심판 때 판단하실 복음 사역자들의 수고의 사역을 가리킨다. 불의 시험을 통과하려면 금, 은, 보석과 같은 고귀한 재료가 사용되어야 한다. 가치 없는 세상의 지혜를 상징하는 나무, 풀, 짚으로는 건축할 수 없다(참고. 사 33:11). 그것들은 불에 타 버릴 것이기 때문이다. 그러므로 여기서 나무, 풀, 그리고 짚을 기둥이나 지붕을 엮을 때 사용하는 정당한 건축 재료로 볼 필요는 없다(참고. 오스본, 2004:91).

더 중요한 점을 고려했거나, 4절의 '바울-아볼로'의 순서를 따른 결과로 보인다(참고. 매츠거, 2005:469).

1178) 요한계시록 17-18장의 큰 성 음녀 바벨론과 요한계시록 21장의 새 예루살렘 성도 사람을 가리키는 건축물 은유이다.

1179) '나타나다'의 주어를 '업적'으로 볼 수 있지만, 동시에 '그 날'로도 볼 수 있다. 후자가 옳다면 "그 날이 불로 나타날 것이다." 즉 '불의 심판' 사상이 나타난다(참고. 잠 17:3; 벧전 1:17; 지혜서 3:6). 참고로, 가톨릭은 연옥설 교리를 이 단락에서 추론한다(참고. 칼빈, 마 5:25 주석).

기초 위에 세운 공력(행위)이 그대로 있으면 상을 받고(14절), 공력(행위)이 불타면 해를 받으리니(*zemiothesetai*, 상을 잃으리니), 불 가운데서(*hos dia pyros*, as through fire) 구원을 얻게 된다(15절; 예. 소돔에서 구원 받은 롯). 이신칭의와 업적에 따른 상급은 충돌하지 않는다. 불을 통과하면 생명을 잃지 않지만 불에 그슬린 냄새는 남게 된다. 만일 어떤 사람이 실컷 일했지만 그것이 교회의 머리이신 그리스도를 위한 사역이 아니라면 그는 구원은 받겠지만 아무런 상을 기대할 수 없다.[1180]

2.3. 고린도전서 3장 16-23절의 메시지

바울은 긍정적인 대답을 기대하면서 수사학적 질문을 던진다. 고린도 교회는 하나님의 종말론적인 성전(*naos theou*, inward shrine)이며, 성령이 거하시는 처소인 줄 알지 못하는가?(16절; 참고. 고후 6:16; 엡 2:22; 사 28:16-17; 1에녹 91:13; 희년서 1:17) 누구든지 하나님의 성전을 멸하면 하나님이 그 사람을 '멸하실 것이다'(*phtherei*, 미래 능동 직설 3인칭 단수).[1181] 성령님의 전은 구약의 돌 성전처럼 거룩해야 한다(17절; 참고. 레 15:31; 민 19:20). 바울은 종말의 성전이라는 교회론을 성령론과 결합시킨다. 여기서 '성전'을 신자 개인보다는 우선적으로 공동체적 개념 즉 지역 교회와 전체 교회로 보아야 할 것이다.[1182] "자기를 속이지 말라. 이 세상에서(즉 이 세상의 표준으로 판단해서) 스스로 지혜 있는 줄로 생각하는 사람은 스스로 미련한 자가 되어야 한다. 그래야 지혜로운 자가 된다"(18절). 이 세상(즉 이 세대)의 지혜는 하나님에게 미련한 것이니, 하나님은 지혜로운 자들로 하여금 자기 궤휼(꾀)에 빠지게 하신다(19절). 하나님은 지혜 있는 자들의 생각을 헛것으로 만드신다(20절; 참고. 욥 5:13; 시 94:11). "그런즉 누구든지 사람을 자랑하지 말라. 왜냐하면 만물(*panta*)이 다 너희 것임이라"(21절).

고린도 교회는 바울, 게바, 아볼로와 같은 특정인을 자랑하지 말아야 한다. 고린도 교회는 지도자들에게 속하지 말아야 한다. 왜냐하면 바울과 아볼로와 게바는 고린도 교회를 섬기는 종들이기 때문이다(참고. Blomberg, 1995:76). 바울, 아볼로, 게바, 세계, 생명(*zoe*), 사망, 지금 것(*enestota*, things present), 장래 것(*mellonta*, things coming), 모든 것이 전부 고린도 교회의 것이요(22절),[1183] 고린도 교회는 그리스도의 것이며, 그리스도는 하나님의 것이다(23절). 성도는

1180) 건축물 은유 가운데 자주 언급된 '기초'(터, *themelion*)라는 명사는 쿰란 공동체의 건설을 위한 은유로 사용되었고(1QS 8:5), 영지주의 문헌에 가장 일반화되어 나타나는 은유이다. 하지만 바울이 이들의 영향을 받았는지는 의문이다(참고. 문병구, 2009:683).

1181) 17절에서 L, 0150과 몇몇 소문자 사본들은 현재 능동 직설 3인칭 단수(*phtheirei*, '멸하다')로 쓴다.

1182) 열왕기상 6장 7절에 의하면, 솔로몬이 성전을 건축할 때 돌을 뜨는 곳에서 돌을 다듬어서 예루살렘 성전 건축 현장으로 옮겨 왔다. 그 결과 성전 안에는 철 연장 소리가 들리지 않았다. 이 사실은 하나님께서 성령의 전이 된 성도를 태초에 선택하시고 다듬어서 교회로 불러주셨다는 계시사적 의미를 미리 보여 준다. 성도가 나기도 전에 하나님은 기쁘신 뜻대로 불러 주셨다. 성도를 불러 주시되 아무렇게나 추한 모습 그대로 불러 주신 것이 아니라 주님의 몸인 교회의 한 부분을 맡을 적합한 자들로 다듬어서 모아주셨다.

1183) 에스라 7장 21-23절에 보면, 에스라가 귀환할 때 받은 풍성한 예물은 그가 아닥사스다 왕에게 요구한

만유이신 그리스도를 소유하고 있다(참고. 고후 6:10).[1184] 성도는 심지어 사망을 소유하는 것도 두려워하지 말아야 한다. 왜냐하면 부활 생명이 있기 때문이다. 사망은 이미 생명에 의해 삼킨 바 되었다. "그리스도는 하나님의 것이다"(Christ is God's)라는 말씀은 성자가 성부보다 존재론적으로 열등하다는 의미가 아니라, 성자가 성부에게서 지음 받지 않으셨고, 대신 나셨고, 성부의 사역의 대리인이기 때문이다. 이것은 존재론적이 아니라 사역적 종속(functional subordination not ontological)이다(참고. Fee, 1987:155). 성자는 성부에게 완전한 사랑의 복종을 보이셨다. 예수님은 성부의 자발적인 대행자이시다(참고. 바레트, 1985:125).

3. 오늘에의 적용

교회의 분쟁을 예방하며 해결하는 원칙은 무엇인가?
목사는 성도를 그리스도의 제자가 아니라 자신의 제자로 만들고 있지 않은가?
성령의 전으로 거룩한 열매를 맺자.
예수 그리스도의 만유적 인격을 깨닫자.

∽ 고린도전서 4장 ∾

1. 본문 및 구조

- 일꾼과 판단 받음(1-5)
- 참된 사도 됨의 표지(6-13)
- 호소와 격려(14-21)

것이다. 이것으로 성전 제사를 드리는 데 사용해야 했다. 은 100달란트는 양과 같은 제물을 구입하기 위해 필요한 돈이다. 밀은 100고르 즉 22,750L이며, 소제를 위해 사용된다. 포도주는 100밧 즉 2,100L로서 전제(drink offering)를 위해 사용된다. 기름은 100밧 즉 2,100L로 제사와 성전의 등잔을 위해 사용된다. 이 분량은 에스라가 영적 회복을 위해 집중적으로 헌신할 약 2년간의 기간 동안 성전에서 사용할 수 있는 양이었다. 전적으로 하늘의 하나님의 선하신 손과 성령이 역사하신 결과였다. 신약의 성령의 전인 성도는 이 세상의 모든 것이 하나님의 것임을 알고 기도로 구하여 주님을 섬기고 영화롭게 하는 데 사용해야 한다. 그리고 우리를 통해서 하나님의 성전, 하나님의 나라가 영화롭게 되며 이방인이 하나님께 예물을 드리며 경배하는 역사가 일어나 천국 영토가 확장되도록 해야 한다.

1184) 스토아 학파는 모든 것을 소유하면 자기 충족적인 인간이 되며 결국은 자기중심적이고 독립적인 존재가 된다고 보았다. 그러나 바울은 성도가 그리스도 안에서 모든 것을 가지고 있기에, 실제로 그리스도의 주권을 인정하라고 촉구한다(참고. Fee, 1987:154).

2. 구원 계시사적 메시지

2.1. 고린도전서 4장 1-5절의 메시지

고린도 교회는 바울과 아볼로 등을 마땅히 그리스도의 일꾼(hyperetas Christou)이요 하나님의 비밀을 맡은 자(*oikonomos*, steward)로 여겨야 한다(1절). '일꾼'은 다른 사람을 봉사하기 위해서 돕는 사람을 뜻한다. '비밀'은 고린도전서 2장 7절에 의하면 만세 전에 미리 정하신 구원 계획이다. 맡은 자들(*oikonomois*)에게 구할 것은 충성이다(2절).[1185] 청지기는 일을 맡기신 주인에게 책임성과 신뢰성을 보여야 한다. 실제로 바울 당시에 부자는 집안일을 맡아서 볼 관리인을 두었는데, 그들은 충성스러워야 했다. 사람에게 판단 받는 것(*anakritho*, 아오리스트 수동 가정 1인칭 단수, I am judged)이 바울에게는 매우 작은 일이다. '판단 받는 것'은 최종 판결을 앞두고 법적으로 조사를 받는 것을 뜻한다. 즉 게바나 아볼로를 따르던 교인들이 바울을 평가한 것에 대해서 바울은 개의치 않았다. 바울도 자신을 판단치 않는다(3절). 바울은 자신의 사역에 대해서 스스로 내린 평가에도 개의치 않았다. 바울은 자책할 아무것도 깨닫지 못하지만, 이를 인하여 의롭다 함을 얻지 못한다. 즉 바울은 양심에 거리끼는 것이 없다고 해서 자신을 완벽한 사람으로 간주할 수 없었다. 다만 바울을 판단하실(*anakrino*, to question, to examine, to interrogate) 이는 주님이시다(4절). 때가 이르기 전 곧 주께서 오시기까지 아무것도 판단치 말아야 한다. 주님이 어두움에 감추인 것들을 드러내고 마음의 뜻을 나타내시리니, 그때 각 사람에게 하나님께로부터 칭찬이 있을 것이다(5절; 참고. 사 29:15). 하나님만 일꾼의 진실한 내면의 동기를 알고 공정하게 판단하실 수 있다. 충성스러운 일꾼에게는 주님이 오실 때 상급과 칭찬이 있다.[1186]

2.2. 고린도전서 4장 6-13절의 메시지

고린도전서 4장 6-13절은 고린도전서에 나타나는 유일한 '고난 목록'이다. 바울이 고린도의 분열된 상황을 하나 되도록 만들기 위해서 사용한 방안은 (1) 세례(고전 1:13, 12:13), (2) 성만찬(고전 10:16-17, 11:23-26), (3) 고난 목록이다(참고. 최영숙, 2010:43).

고린도 교회를 '형제들아'라고 부르면서, 바울은 이 일에 자신과 아볼로를 통해서 본을 보였는데(*metaschematizo*, to change form), 기록한 말씀 밖에 넘어가지 말라 한 것을 배워 서로 대적하여 교만한 마음을 먹지 말게 하려고 한다(6절). 고린도 교회 안에 특정 지도자를 추앙하는 파당을 극복하려면 고린도 교회는 기록한 말씀대로 순종해야 한다. 바울은 고린도 교회는 남과 다르다는 교만한 마음을 가지고 구별되어서는 안 됨을 수사학적 질문으로 강조한다.

1185) 고린도전서 4장 2절의 동사들 *zeteitai*와 *heurethe*는 모두 수동형으로 표현되었는데, 전자는 *zeteo*의 현재 수동태 직설법 3인칭 단수이고, 후자는 *heurisko*의 아오리스트 수동태 가정법 3인칭 단수이다. 적어도 *heurethe* 만큼은 신적 수동태로 보이는데, 고린도전서 4장 2절의 요지는 하나님에 의하여 충성스럽다고 발견되는 것이 중요하다는 말씀이다. 따라서 "이제 더욱이 청지기들에게 요구되는 것은 그들이 충성스럽다고 발견되는 것이다"로 번역될 수 있다.

1186) 성도에게 있어서 가장 중요한 최후의 명예는 마지막 심판 때 하나님이 주시는 것이다.

"누가 너를 구별하였느뇨?" 그리고 고린도 교회가 받은 은사와 모든 것들은 하나님에게서 온 선물이기에 자랑할 수 없음을 상기시킨다. "네게 있는 것 중에 받지 아니한 것이 무엇이뇨 네가 받았은즉 어찌하여 받지 아니한 것같이 자랑하느뇨"(7절). 바울에 의해 설립되고 아볼로와 같은 사역자의 헌신에 기초하여 자라난 고린도 교회는 이미 배부르고 부요하며 왕 노릇하고 있다. 바울은 고린도 교회와 함께 왕 노릇 하기 위하여 참으로 교회가 왕 노릇 하기를 원한다(8절). 이것은 일종의 풍자이며 반어적인 표현이다. 즉 고린도 교회가 왕 노릇 하며 배불러 하는 것은 바울과 같은 이의 사역 없이 된 것이었는지 묻고 있는 것이다. 바울은 8절에서 '배부름, 부유함, 다스림'이라는 더 상승된 수사학적 표현을 통하여 고린도 교회를 비판하고 있다(참고. 최영숙, 2010:50).

하나님은 죽이기로 작정한 자같이 바울과 사역자들을 미말(*eschatous*, as the last, at the end of the procession)에 두셨는데, 세계 곧 세계의 구성원인 천사와 사람에게 구경거리(*theatron*, theater, play, spectacle, gladiatorial game)가 되었다(9절; 참고. 고후 2:14-15의 승전 행진 시에 피운 '향기').[1187] '미말'(끄트머리)이란 승전한 로마의 장군이 자신의 군대와 포로들을 이끌고 행진할 때 제일 끝에 따라오는 포로들을 가리킨다. 결국 그들은 검투사 대회가 열리는 경기장(sporting arena)에서 관중들의 수치스러운 구경거리(spectacle)가 되어 사자의 밥이 되든, 아니면 (서로 혹은 검투사와) 싸우다가 죽음을 맞게 될 것이다(참고. Fee, 1987:174).

그렇다면 '천사'에게 구경거리가 되었다는 말씀의 뜻은 무엇인가? '천사'는 고린도전서 6장 3절, 11장 10절, 그리고 13장 1절에도 등장한다. 악한 천사인가 선한 천사인가? 악한 천사는 '권세와 정사'로 종종 불린다. 여기서는 단지 세상의 구성 요소인(선하건 악하건) 모든 사람과 천사들이 미말에 처한 사도의 모습을 다 지켜보고 있음을 뜻하는 것 같다(참고. 바레트, 1985:138; Godet, 1985:225). 이러한 약하고 수치스러운 사도의 모습을 통해서 하나님은 자신의 강함을 나타내시기 원하셨던 것이다.

고린도 교회가 왕 노릇 할 때 바울을 비롯한 사역자들은 복음을 위하여 고난을 겪고 있었다. 바울은 예수 그리스도의 연고로 미련하되, 고린도 교회는 그리스도 안에서 지혜롭고, 바울은

1187) 혹자는 9절을 바울 스스로 사도 가운데서 가장 작은 자라는 의미로 본다(참고. 고전 15:9; 엡 3:8). 그러나 바울이 이렇게 개인적인 고백을 할 때 복수형('우리')을 쓴 것은 어울리지 않는다(보라. Godet, 1985:223-224). 참고로, 로마의 콜로세움(Colosseum, *Amphitheatrum Flavium*) 원형경기장(arena; '모래'를 뜻하는 라틴어)은 베스파시안(A.D. 69-790년)이 건축한 것으로, 156×128×50m 크기이다. 수용 인원은 4만-5만 명 좌석에, 5,000명이 서서 관람할 수 있었다(고린도의 원형극장은 18,000명 수용). 이 극장은 로마 제국 전체의 원형극장(amphitheater)의 모델이 되었다. B.C. 264년경부터 시작된 'Gladiatorial Contest'는 오후에 열렸다. 최고 검투사의 몸값은 12,000세스테르세스(약 1억 2천만 원)였다. 헤롯 대왕은 하스몬의 반발에도 불구하고 유대 외곽 도시들에 원형극장을 건축하여 헬레니즘을 수용했다. 원형 극장은 로마 제국의 소우주(microcosm)로서 제국의 가치를 보여준 건축물이다. 로마의 그리스도인들은 장차 세상이 불 심판을 받을 것이라고 믿었는데(참고. 벧후 3장), A.D. 64년 로마 대화재 시에 로마의 장관(prefect)이었던 파비우스 사비누스(Fabius Sabinus)는 그리스도인을 방화범으로 몰았다. 종종 그리스도인들은 원형극장에서 처형되었다(참고. 고전 15:32; 딤후 4:17; 보라. Pucci, 2000:111-113).

약하고 비천하되 교회는 강하고 존귀하다(10절). 바로 이 시간까지 바울은 주리고 목마르며(참고. 롬 8:35; 고후 11:27; 빌 4:12), 헐벗고, 매 맞으며(참고. 막 14:65), 정처가 없었다(11절). 이것은 다름 아니라 천국 운동을 하시던 예수님의 모습이다(참고. 마 5:38-45, 23:8-12; 막 8:34-38). 또 바울과 사역자들은 수고하여 친히 손으로 일을 하며 모욕을 당한즉 축복하고(참고. 눅 6:28), 핍박을 당한즉 참고(12절), 비방을 당한즉 권면하니, 지금까지 세상의 더러운 것과 만물의 찌끼같이 되었다(13절). 세상의 기준으로 보면 바울의 사역은 고생과 실패와 수치로 가득했지만, 기꺼이 교회를 위해서 자원함으로 감당하고 있다. 바울은 자신이 마치 세상의 더러운 것(발 밑의 먼지)과 만물의 찌끼(쓰레기)같이 되었다고 밝힌다.[1188]

'더러운 것'(*perikatharmata*, 중성 복수 주격)과 '찌끼'(*peripsema*, 중성 단수 주격) 이 두 단어는 비슷한 말인데 주로 설거지 한 후에 버리는 구정물을 가리킬 때 사용된다.[1189] 따라서 사람에게 적용될 때는 모욕적인 말이다. 즉 인간쓰레기(scum), 말자 혹은 폐물과 같이 사회에서 경멸을 받고 버림받은 사람을 가리킨다. '더러운 것'이라는 말은 잠언 21장 18절에서 '속전'(ransom)이라는 의미로 쓰였다. 이 말은 전염병으로 죽어 가는 형제를 돌보고 난 후 서서히 죽어 가는 사람을 가리키기도 한다(보라. Rogers & Rogers, 1998:355). 이 말은 어떤 더러운 것을 정결케 하기 위해서 자신이 먼저 더러운 것을 모두 빨아들이고 더러워져야 한다는 말이다. 마치 걸레가 더러운 것을 깨끗케 하기 위해 자신은 더러워지는 것과 같은 이치다. 그리고 '찌끼'란 말은 레위기 26장 21-22절에 나오는 속죄 짐승(scapegoat)을 가리킨다. 하나님을 거슬러서 청종치 않을 때 하나님은 그 죄인을 죽이는 대신에 그 사람의 소유 중에서 짐승을 죽이겠다고 말씀하셨다. 따라서 이 모든 의미를 종합해 보면, 바울은 세상을 정결케 하기 위해, 세상을 구원하기 위해, 모든 것을 정결케 하기 위해, 모든 것을 구원하기 위해 스스로 부정하게 되었고 죽어갔던 것이다.

2.3. 고린도전서 4장 14-21절의 메시지

바울은 교회를 부끄럽게 하려고 이것을 쓰는 것이 아니라, '내 사랑하는 자녀같이' 권하려고 한다(14절; 참고. 몬 10). '내 사랑하는 자녀'(*hos tekna mou*)라는 말속에 바울이 전한 복음을 듣고 개종한 것이 암시되어 있다. 바울은 '아버지와 자녀'라는 은유를 통해서 자신의 정당한 사도적 권위를 확보하려고 한다. 바울이 진술한 앞 단락의 내용을 듣고 고린도 교회는 겸손히 자신의 모습을 돌아보고 회개해야 한다. 그리스도 안에서 일만 스승(*paidagogos*, guardians,

1188) 바울은 고린도전서 11장 18절 이하의 '분열'이 등장한 후 성찬식(11:23-26)을 언급한다. 성만찬은 분열된 고린도 교회를 하나가 되게 했다. 성찬식 중 예수님의 십자가의 죽음을 선포하는 것은 그리스도의 고난을 현재화하는 것이다. 마찬가지로, 어떤 의미에서 바울의 고난 역시 고린도 교회에게 십자가에 달리신 그리스도를 현재화하는 것이다. 따라서 고린도 교회를 하나 되게 하는 효과를 가지고 왔을 것이다(참고. 최영숙, 2010:56).

1189) 흥미롭게도 이 단어는 공중목욕탕에서 반어법적 인사말로 사용되었다. 'Your off-scouring'은 'Your humble servant'라는 뜻이다(참고. Rogers & Rogers, 1998:355).

instructor, child trainer, 자녀의 행실을 감독하도록 주인의 신임을 받은 노예)이 있지만, 아비(*pater*)는 많지 않은데, 바울은 그리스도 예수님 안에서 복음으로써 고린도 교회를 낳았다(15절; 보라. Fee, 1987:185). 바울은 스승에서 그치지 않고 영적인 아버지로서 권위를 가지고 책임성 있는 사역을 감당했다. 바울에게는 고린도 교회라는 영적 자녀를 돌볼 책임과 권위가 있다.

"너희는 나를 (계속해서) 본받는 자 되라"(*mimetai mou ginesthe*, Become imitators of me, 16절).[1190] 복음은 합당한 행동으로 나타나야 한다. 바울은 고린도 교회의 멘토였다. 고린도전서 11장 1절에서 "내가 그리스도를 본받은 자 된 것같이 너희는 나를 본받아라"고 말한다. 바울 서신에 복음서에 등장하는 예수님의 가르침이 직접적으로 많이 등장하지 않지만 실상은 바울의 말과 행실 속에 담겨 있다. 고린도 교회가 본받아야 할 바울의 모습은 17절의 '예수님 안에서의 바울의 행사'이다. 바울이 아들 디모데를 고린도 교회에게 보내었는데(*epempsa*,[1191] 참고. 행 19:22), 그는 고린도 교회로 하여금 '예수님 안에서 바울의 행사' 곧 각 교회에서 가르치는 것을 생각나게 하고 있다(17절; 참고. 행 19:22).[1192] 환언하면, 바울이 디모데를 복음으로써 출산했듯이, 고린도 교회도 그러하다는 것이다. 어떤 이들은 바울이 고린도 교회를 방문하지 아니할 것으로 생각하여 스스로 교만해졌다(18절). 사실은 바울에게 고린도 교회를 방문할 의향이 있었지만 여러 요인으로 인해 지연되었다. 이것을 반대자들은 방문 의향이 없는 것으로 자의적으로 확대해석했다. 그러나 주님이 허락하시면 바울이 고린도 교회에 가서(참고. 고전 16:5-9), 교만한 자의 말이 아니라 오직 그 능력을 알아볼 것이다(19절).

하나님의 나라는 말에 있지 아니하고, 오직 능력에 있다(20절). 바울에게는 인간적인 지혜와 말하는 방식보다 성령을 통해서 나타나는 능력의 복음이 중요하다. 사람으로 하여금 그리스도 안에서 거듭나게 하는 성령의 능력이 그럴듯하게 말할 줄 아는 교만한 자들에게는 없다. 아버지인 바울이 자녀인 고린도 교회로 갈 때 가지고 가야 할 것이 매인가, 아니면 사랑과 온유한 마음인가(21절). 그것은 고린도 교회의 태도에 달려 있다. 고린도 교회가 계속 교만하다면 매를 맞게 될 것이지만, 돌이키면 아버지의 사랑과 온유함을 경험할 것이다. 이 단락은 고린도전서 1-4장의 결론 부분이다. 사랑과 온유는 모두 성령의 열매이다. 그리고 동시에 예수님의 인품이다. 그러므로 고린도 교회는 그리스도의 사랑과 온유를 소유한 바울을 닮아야 한다.

1190) 바울은 자신이 설립한 교회에게는 자신을 닮으라고 권면했다(고전 4:16, 11:1; 갈 4:12; 빌 3:17; 살전 1:6; 살후 3:7, 9).

1191) 서신적 아오리스트(epistolary aorist)가 아니다. 즉 과거형을 통해서 디모데를 안 보내었지만 마치 보낸 것처럼 말하는 것이 아니다. 디모데는 바울과 함께 고린도전서의 기록 장소인 에베소에 있지 않고 이미 떠난 후이다.

1192) 고린도전서 1장 1절에 보면 디모데는 바울과 함께 고린도전서의 기록 장소인 에베소에 있지 않다. 그리고 고린도전서 16장 10절에 보면 디모데가 고린도전서를 전달할 사람으로 직접적으로 언급되지 않는다. 디모데는 바울의 2차 전도 중 고린도에서 일정 기간 같이 사역했다. 그러므로 바울의 의중을 고린도 교회에 전할 적임자였다.

3. 오늘에의 적용

그리스도를 인하여 세상의 명예 대신 더러운 것과 찌끼로 살자.
우리는 스승에 머무는가 아니면 아버지인가?

고린도전서 5장

1. 본문 및 구조

- 고린도 교회의 음행(1-8)
- 치리에 대한 고린도 교회의 오해를 시정함(9-13)

2. 구원 계시사적 메시지

2.1. 고린도전서 5장 1-8절의 메시지

이방인 가운데서 찾아보기 힘든 아비의 아내를 취하는 음행(*porneia*)이 고린도 교회에 있다(1절; 참고. 레 18:8; 20:11). 키케로(B.C. 106-43년) 당시의 로마인도 근친상간을 금하는 법을 시행하고 있었다(참고. 오스본, 2004:118). 로마에서 근친상간죄를 지은 사람은 섬으로 유배시켰다. 그런데도 교회는 왜 통한히 여기지 않고, 행음한 자를 교회에서 물리치지 않았는가라고 바울이 책망한다(2절). '물리치는 것'(*airo*, to remove)은 단순히 미워서 복수하려는 것이 아니라, 영적으로 치료하려는 것이다. 치리(discipline)를 시행하지 못한 것을 볼 때 이 성적 부도덕을 행한 자가 지도자급에 속한 사람으로 보인다. 바울의 몸이 떠나 있지, 영은 함께 있어 고린도 교회의 행음한 자를 이미 판단하였다(*kekrika*, have judged, 3절). 바울은 고린도 교회의 아버지로서 음행에 대해 자신의 견해를 강력하게 피력하고 있다. 바울은 자신의 의견을 따라서 처리할 것을 촉구하고 있다. 주 예수님의 이름으로 고린도 교회는 '바울의 영과 함께 모여서'(*synachthenton hymon kai tou emou pneumatos*) 주 예수님의 능력으로 행음한 자를 사탄에게 내어주었으니, 육신 (*tes sarkos*, the flesh)은 멸하고, 그 영(*to pneuma*, NIV: his spirit)은 '주님의 날에'(참고. 다수 사본과 개역개정판은 '주 예수님의 날에') 구원 얻게 하려 함이다(4-5절).[1193]

1193) "사탄에게 내어주다"(*paradounai ton toiounton to Satana*, handing over to Satan)를 더 살펴보자. '사탄에게 넘겨주는 것'은 다양하게 이해되었다. (1) 죄인이 고통당하던 육체의 질병을 없애버리는 것으로 결말남, (2) 출교로 범죄자의 죄악 된 본성을 파괴하는 것(스 10장 ; 느 9장; 참고. Fee, 1987:210-214; 다른 지지자로는 Pfitizer, Robertson & Plummer, South, Thiselton 등), (3) 사탄의 손에 의해 육체적으로

여기서 치리의 원칙을 배운다(참고. 마 18:15-17). 치리 시에 주 예수님의 이름으로 모여야 한다. 즉 온 회중이 그러한 조치에 대해 증인이 되어야 하고 지지해야 한다. 바울은 에베소에 머물고 있기에 영적으로 고린도 교회와 함께 있다고 밝힌다. 그리고 '너희가 내 영과 함께 있어' 즉 권위 있는 사도 바울의 공적인 고발이 있어야 한다. 그리고 영적인 조치가 예수님의 능력과 권위로 취해져야 한다. 사탄에게 내어준 것은 공동체에서 추방함으로써(회개할 때까지 일시적으로) 하나님의 보호 밖 즉 사탄의 영향력 아래 살게 하는 것을 의미하는 것으로 보인다(참고. 고후 2:6; 딤전 1:20). 이런 조치의 목적은 육신을 멸하는 것이다. 즉 사탄의 영향력을 수용한 죄의 본성을 멸하기 위한 것이다. 따라서 사탄의 권세는 하나님이 허용한 만큼이며 제한적이다. 징계를 받는 사람은 죄악 된 본성을 십자가에 못 박아야 했다.

음행의 문제를 덮어 둔 고린도 교회가 자랑하는 것은 옳지 않다. 적은 누룩(*zyme*, leaven)이 온 덩어리(*holon to phyrama*, all the lump)에 퍼지는 것을 알아야 한다(6절). 새 덩어리가 되기 위해서 묵은 누룩(*palaian zymen*)을 버려야 한다. 유월절 양이신 그리스도께서 희생이 되셨다(7절). 만약 전염성이 강한 죄악을 덮어 둔다면 그리스도의 사죄의 은총은 헛된 것이 되고 만다. 묵은 누룩 혹은 괴악하고 악독한 누룩이 아니라, 순전하고 진실함의 누룩 없는 떡으로 명절을 지키자(8절). 유월절(*pascha*)을 지킬 때 집안의 누룩을 감추거나 제거하는 관습이 있다.[1194] 예수님의 죽으심으로 인해(*thyo*, to slay) 그리스도의 몸인 교회 안에는 죄악의 누룩이 제거되어야 한다. 괴악하고 악독한(*kakias kai ponerias*) 묵은 과거의 죄악 된 생활은 포기해야 한다. 대신 새로운 피조물처럼 순전하고 진실함(*eilikrineias kai aletheias*)의 선한 영향력을 발휘해야 한다.

2.2. 고린도전서 5장 9-13절의 메시지

음행하는 자(*pornois*)를 사귀지 말라고[1195] (우리가 알 수 없는 행방불명된) 편지에 썼는데, 음행하고 탐하고 토색하며 우상 숭배하는 자를 도무지 사귀지 말라는 것이 아닌데, 만일 그렇다면 세상 밖에 나가서(*ek tou kosmou ekselthein*) 살아야 한다(9-10절). 어떤 형제가 음행하고 탐람하

죽임을 당하는 것('저주'의 결과로 사탄에 의해 [갑작스럽게] 육체적으로 죽을 것이다; 참고. 행 5:1-11, 13:8-11; Bowie & Scherer; 그러나 고전 5:5에 저주 사상이 아니라 치료와 회복의 사상이 최종적이다), (4) 로마의 정부 권세자(Roman civil authority, 예. Derrett)의 손에 넘겨주는 것(참고. 마 27:2이하; 쿰란 공동체도 이방인의 손에 범죄자를 처벌하기 위해서 넘기는 것을 허용했다; 그러나 바울은 고린도전서 6장에서 세상 법정에 고소하지 말라고 강조한다), (5) 비밀스러운 처형, (6) 자기 대속적(self-atoning) 육체적 죽음(유대 문헌에서 죄를 회개하는 범죄자의 육체적인 죽음은 자신의 죄를 사하는 수단이 된다는 언급이 있다.(미쉬나, 산헤드린 6.2), (7) 연옥(혹은 일시적인 고통, purgatory)으로 던짐, (8) 이교도의 풍습인 지하 세계의 신들이나 복수의 신들에게 사람을 바치는 주술적 저주의 행위와 유사함(참고. 이상규, 2006:42-67; 존 월튼, 2010:1740).

1194) 유월절을 지키기 위해서 현대의 이스라엘 정부는 누룩이 들어간 음식(예. 빵)을 아랍계 상인에게 판다. 유월절이 끝나면 다시 구입한다(www.amennews.com 중 '이강근 목사의 이스라엘 리포터'를 참고하라).

1195) 'Not to associate intimately with' 혹은 'to mix together'. 현재 부정사(*synanamignymi*)이기에 정규적인 혹은 지속적인 결합을 경계하고 있다.

고 우상 숭배를 하고 후욕(비방)하고 술 취하거나 토색(강탈)하거든 사귀지 말고 그런 자와는 함께 먹지도 말라는 것이다(11절).[1196] 자칭 성도라고 하면서도 하나님이 금하는 죄악을 계속 범하는 자들은 교정하고 징계해야 한다(참고. 신 17:7, 19:19). 교회 밖의 사람(*tous ekso*, 불신자)을 판단하는 것은 바울과 무슨 상관이 있는가? 그것은 바울의 일이 아니다. 안에 있는 교인들은 고린도 교회가 판단해야 한다(12절). 외인은 하나님이 판단하시려니와 이 악한 사람은 너희 중에서 내어쫓으라(13절). '내어쫓으라'(*eksarate*, to drive away, to exclude)는 아오리스트 능동태 명령형 2인칭 복수이다. 이 동사에 권징의 단호함이 나타난다.

3. 오늘에의 적용

음행의 덫에 빠지지 말자.
참 교회의 표지인 치리를 어떻게 시행할 수 있는가?

고린도전서 6장

1. 본문 및 구조

- 성도가 세상 법정에 고발하는 문제(1-8)
- 몸으로 하나님께 영광을 돌림(9-20)

2. 구원 계시사적 메시지

2.1. 고린도전서 6장 1-8절의 메시지

고린도 교회는 교회 안의 일을 구태여 불의한 자들 앞에서(*epi ton adikon*, 즉 세상 법정) 송사(litigation)하고 성도 앞에서 하지 않았다(1절). 바울은 고린도전서 5장에서 교회가 법정의 역할을 해야 함을 교훈했다. 세상 법정의 재판관은 교회의 일을 잘 모르며, 더 나아가 성도가 성도를 고발함으로써 교회의 화합은 깨어지고 교회의 이미지가 실추된다. 바울은 안타깝게 생각하며 고린도 교회를 책망한다. "성도가 세상을 판단하는데, 지극히 작은 일(trivial cases)을 판단할 능력도 고린도 교회 안에 없는가?"(2절).[1197] "성도는 천사도 판단할 것인데(*krinoumen*, will

---

1196) 쿰란 공동체에도 특정 범죄자는 공동 식사에 참여하지 못하도록 했다.

1197) '가장 작은 일'이란 고린도 교회의 송사가 심각한 손상을 초래하지 않을 것이라는 의미가 아니라,

judge), 하물며 세상 일(*biotika*, things of this life)일까 보냐?"(3절; 참고. 단 7:22)

여기서 천사는 마귀를 가리키는 것으로 볼 수 있는데, 그리스도의 재림 시에 성도는 악한 천사들을 관장하게 될 것이다. '세상 사건'(교회 안의 일이 아니라 일상에서 벌어지는 문제)이 발생할 때 교회에서 경히 여김을 받는 사람(즉 세상의 불신 재판관)을 세우는가?(4절)[1198] 2절 하반부의 수사학적 질문처럼 여기서도 수사학적 질문으로 보아야 한다(참고. Blomberg, 1995:117).[1199] 고린도 교회 안에 형제간 일을 판단할 만한 지혜 있는 자(*sophos*)가 없는 것은 부끄러운 일이다(5절). 형제가 형제로 더불어 송사할 뿐더러 믿지 않는 자들 앞에서 할 것인가?(6절).[1200] 차라리 불의를 당하며(일반적 의미에서 법적으로 부당한 처우를 받는 것) 속는 것(구체적으로 재물과 관련하여 속임수로 빼앗김)이 낫지 않은가?(7절; 참고. 신재철, 2008:73) 형제에게 불의를 행하거나 속이지 말라(8절). 이 가르침은 산상 설교 중 예수님의 가르침과 일치한다(참고. 마 5:39-42; 벧전 2:23).

2.2. 고린도전서 6장 9-20절의 메시지

불의한 자는 하나님 나라를 유업으로 받지 못한다(참고. 마 5:20). 미혹을 받지 말라. 음란하는 자, 우상 숭배하는 자, 간음하는 자, 탐색하는 자(고린도 신전에서 일한 남자 성창), 남색하는 자(동성애자), 도적, 탐람하는 자(greedy), 술 취하는 자, 후욕(비방)하는 자, 토색(돈을 사취)하는 자들은 하나님 나라를 유업으로 받지 못한다(*ouch kleronomesousin*, they will not inherit; 9-10절). 여기서 바울의 의도는 이러한 죄악을 아무런 양심의 가책도 없이 습관적으로 행함으로 회개하지 않는 사람을 염두에 두고 있다. 고린도 교회 안에 이전에 이런 자들이 주 예수님의 이름과 하나님의 성령 안에서 씻음(*apelousasthe*, were washed)과 거룩함(*hegiasthete*, were sanctified)과 의롭다 하심을 얻었다(*edikaiothete*, were justified; 아오리스트 신적 수동태, 11절). 그러므로 삼위 하나님의 사역으로 거룩한 백성이 되었다면 과거의 죄악으로 돌아가면 안 된다. 여기서 바울은 이런 다양한 죄악도 버렸다면 세상 법정에 소송하는 것도 하지 말 것을 간접적으로 촉구한다.[1201]

최후 심판의 견지에서 볼 때 인간의 모든 송사는 작은 일이라는 뜻이다(참고. Blomberg, 1995:117).

1198) 바울은 세상 사건을 처리하기 위해 (교회에게) 경히 여김을 받는 이방 불신자를 '고린도 교회의'(*en te ekklesia*, of the assembly) 재판관으로 삼는 것은 있을 수 없다고 말한다. 만일 예수님의 왕적 영광을 가진 왕의 자녀인 교회가 이방인에게 재판을 받는다면 주객이 전도된 것이 되고 만다. 성도는 '세상 사건'으로도 성도를 세상 법정에 고소할 수 없다(4절). 하물며 교회 안의 일, 즉 영적이고 신앙적인 일로는 더욱 세상 법정에 호소할 수 없다.

1199) 4절을 명령의 의미로 보면서 마침표로 마치는 성경도 있다(KJV, NIV).

1200) 칼빈은 바울이 무조건 모든 법정 소송을 금한 것이 아니라고 본다. 대신 자기의 손해를 감수할 생각은 전혀 않고, 남이 가진 것을 게걸스레 탐내며 이유 없이 서로를 공격하며 손해를 입히기 위해서 미친 듯이 소송하려는 욕구를 배격한 것이라고 본다(《기독교 강요》, 4.20.21).

1201) 고린도전서 6장을 1-11절과 12-20절로 나눌 수도 있다. 그렇다면 9-12절도 세상 법정에 고발하는 문제를 다룬다. 그렇다면 1절의 불신자를 가리키는 '불의한 자'와 9절의 천국을 상속하지 못할 '불의한 자' 사이에 무슨 연관이 있는가? 바울은 재산 분쟁으로 세상 법정에 고발하여 '불의한 자'

모든 것이 바울에게 가하지만(*eksestin*, lawful, permissible; 참고. 10:23)[1202] 다 유익한 것(*sympherei*, expedient)이 아니다. 바울은 아무에게도 제재를(to exercise authority over, 권세 부림을) 받지 아니할 것이다(*ouk ego eksousiasthesomai*, 12절). 즉 바울은 거룩한 양심을 따라 살았기에 어느 누구, 그 무엇의 종살이를 하지 않으려고 한다(참고. Godet, 1985:311). 바울은 남으로부터 정죄 받지도 않으려고 했으며, 더 나아가 자신을 따라다니던 죄의 지배를 받지 않으려고 노력했다. 성도가 자유하면서 기쁘게 살 때 그것은 남을 고려하면서 책임 있는 윤리적 행동으로 나타나야 한다. "식물(*bromata*, 중성 복수)은 배(여성 단수, *koilia*)를 위하고 배는 식물을 위하지만" 장차 하나님은 이것(원문에는 *tauten*, this, 여성 단수 대격 즉 '배')저것(원문에는 *tauta*, these, 중성 복수 대격, 즉 음식들) 모두 다 폐하실 것이다. 위(stomach)는 음식을 소화하기 위해서 만들어졌다. 육체와 음식은 영존하는 것이 아니다. 사람은 몸과 영혼으로 구성되어 있다. 그러므로 우리의 몸을 어떻게 사용하고 관리하는가는 영적인 면에 영향을 미친다. 부활한 몸에 더 이상 먹고 마시는 것이 꼭 필요한 것은 아니다. 몸(육체와 영혼)은 음란이 아니라 주님을 위하고, 주님도 몸을 위하신다(13절). "하나님께서 주님을 다시 살리셨으니, 또한 그분의 능력으로 우리도 다시 살리실 것이다"(14절).[1203]

15-17절은 삼단논법(syllogism)으로 논의가 진행된다. 곧 성도의 몸은 그리스도의 지체이다(전제 1). 성교는 두 사람을 연합시킨다(전제 2). 그러므로 창기와 음행함으로써 연합하지 말라(결론). 그리스도의 지체인 성도의 몸을 창기(*pornes*, harlot)의 지체(*mele*)로 만들지 말라(15절). 창기와 합하는(*kollao*, 아교로 붙이다, 명사형은 *kolla*, '풀') 자는 그 창기와 한 몸이 된다(16절).[1204] 주님과 합하는 자는 한 영이다(*hen pneuma estin*; one spirit, 17절). 그리스도와 연합하는 성도는 영이신 그리스도와 하나가 된다. 음행을 (계속해서) 피하라(*pheugete ten porneian*, Flee from fornication!). 음행은 대면하여 해결하는 것이 아니라 유혹을 피하는 것이 상책이다(예. 요셉과 보디발의 아내, 창 39:12). 사람이 범하는 죄마다 몸 밖에 있지만,[1205] 음행은 자기 몸에게 죄를 범한다(18절). 그 어떤 범죄보다 음행은 자기 몸(육체와 영혼의 전인)에 영향을 직접적으로 미치는 것이다. 물론 폭음, 자해, 마약이나 약물의 남용, 자살 등은 몸과 직접적인 관련이 있는 범죄이다. 하지만

즉 불신자처럼 행동하지 말 것을 경고한다(참고. 신재철, 2008:79-80).

1202) 바울은 고린도 교회의 자유방임주의자(libertines)와 다르다. "모든 것이 내게 가하다"는 고린도 교회의 자유주의자들의 슬로건이었을 수 있다.

1203) 14절의 미래 동사 "그가 일으킬 것이다"(*eksegerei*, 시내 산, C, 다수 사본) 대신에 현재 동사(*eksegeirei*, A, D)와 아오리스트 동사(*eksegeiren*, B)도 나타난다.

1204) 고린도의 음행은 유명하다. 참고로 A.D. 40년에 갈리굴라(Caligula) 황제에 의해 창녀에게 부과된 세금 제도의 주요 동기는 막대한 세입을 거두기 위해서였다. 이것은 로마 제국 안의 매춘이 광범위하게 퍼졌으며 심지어 제국의 비호하에 시행되었음을 간접적으로 증거하는 것이다. 이 세금이 걷히는 동안, 매춘은 공식적으로 합법화되었다(보라. McGinn, 1989:79, 99).

1205) "모든 죄는 몸 밖에 있다"는 죄를 정당화하려는 고린도 교회의 잘못된 슬로건이었을 것이다. 안셀름(Anselm)은 "만일 우리가 다른 죄들과 더불어 싸운다면, 우리는 음행을 멀리해야 한다"라고 상당히 의역하는데, Godet(1985:311)이 동의한다.

이러한 죄들은 음행만큼 자신의 몸과 인격에 똑같은 오점을 남기는 것이 아니다(참고. 바레트, 1985:183-184). 음행은 자신의 '바로 그 몸으로' 짓는 범죄이다. 우상 숭배가 성전을 더럽히듯이, 다른 어떤 죄보다도 더욱더 음행은 성전인 성도의 몸과 정체성에 직접적이고 특별한 결과를 초래한다. 거기에는 영적인 웰빙이 없으며, 자신을 주님 대신 다른 음란한 사람에게 맡겨서 종살이하게 한다(참고. Pratt, 2003:1850; Witherington, 1995:195).

성도의 몸은 하나님에게서 받은 성령의 전(*naos tou hagiou pneumatos*)이기에 우리 것이 아니다(19절). 성도는 자신의 몸의 소유권을 바르게 인식해야 한다. 값으로 산 것(*egorasthete*, you were bought)이 되었으니 우리 몸으로 하나님께 영광을 돌려야 한다(20절).[1206] 마치 바울 당시에 노예가 시장에서 팔리듯이, 성도는 그리스도의 피값으로 산 바 된 성령의 전이다(참고. Rogers & Rogers, 1998:360).

3. 오늘에의 적용

성도가 세상 법정에 고소할 수 있는 경우는 무엇인가?
기독교 법조인들이 복잡 다양한 교회 문제를 법정에서 다루는 것은 허용할 수 있는가?
몸으로 하나님께 영광을 돌리는 방법은 무엇인가?

고린도전서 7장

1. 본문 및 구조

- 혼인에 대한 일반적인 진술(1-7)
- 그리스도인이 불신 배우자를 둔 경우(8-16)
- 현재의 상태에 만족하라(17-24)
- 독신으로 사는 것과 관련된 문제(25-40)

2. 구원 계시사적 메시지

2.1. 고린도전서 7장 1-7절의 메시지

1206) 20절 끝에 다수 사본은 '하나님의 것인 너희 영으로'를 추가한다(참고. KJV: and in your spirit, which are God's).

고린도 교회는 에베소에 있었던 바울에게 편지를 써서 다양한 문제에 대해 조언을 구했다. 고린도전서 7장 1-7절은 고린도 교회의 성적 부도덕을 교훈하는 6장 12-20절과 독신, 이혼, 결혼, 재혼에 대해 교훈하는 7장 6-40절 사이에 위치하여 남편과 아내의 성적인 관계에 대한 바울의 사고를 보여준다(참고. 이준호, 2009:693).

고린도 교회의 혼인 문제에 대해 답하면서 바울은 남자가 여자를 가까이하지(*haptesthai*, to touch, have sexual intercourse) 않는 것이 좋다고 말한다(1절; 참고. 창 20:4, 6; 잠 6:29). 바울의 이 대답은 얼핏 보면 금욕주의 냄새가 풍긴다.[1207] 2세기 교부 터툴리안도 바울의 교훈을 오해하여 부부간의 성관계를 부정적으로 이해했다. 이것은 유대인의 가르침 즉 '결혼은 인간에게 부과된 의무'라는 주장에 상반된다(참고. 바레트, 1985:188). 바울은 계속해서 설명한다. 그러나 음행 즉 성적인 방종을 방지하기 위해서라면 자기 아내와 남편을 두어야 하고 결혼해야 한다(2절). '자기 아내'(*gynaika*)와 '자기 남편'(*andra*)이라는 단수 명사에서 일부일처의 암시가 있다. 2절을 음행을 방지하기 위해서 결혼하라는 권면으로 보는 이가 많지만, 오히려 금욕주의자가 되려고 하는 자에게 결혼 관계 안에서 성관계를 유지해야 함을 교훈하는 것으로 보는 이도 있다. 즉 고린도 교회 안에 부부의 성관계를 중단하고 음행으로 욕구를 충족시키려는 이가 있었을 것이다(예. Fee, Garland; 참고. 이준호, 2009:705). 남편과 아내는 스스로 의무(*ten opheilen*, 결혼 안에서 마땅히 치러야 할 응분의 대우로서 '성교'에 대한 완곡 어법)를 다해야 한다 (3절).[1208] 결혼이라는 울타리 안에서 성(性)은 정당하게 사용되어야 한다. 아내의 몸은 남편이, 남편의 몸은 아내가 주장한다(4절). '주장하다'(*eksousiazei*, 현재 능동 직설 3인칭 단수)는 '권위를 행사하다'(to exercise authority over)라는 뜻이다. 남편과 아내의 권리는 동등하다. 이 동등함은 3-4절에서 '남편'과 '아내'라는 말이 교차적으로 등장하는 데서도 알 수 있다. 합의상 얼마간 기도할 틈을 얻기 위하여 분방할 수 있다.[1209] 그 후 다시 합쳐야 한다. 그렇지 않으면 사탄의 시험을 받게 된다(5절).

바울이 '이것을'(*touto*) 말하는 것은 권도(허락)이지 명령은 아니다(6절). 여기서 '이것을'은 무엇을 가리키는가? '이것을'이 결혼 안에서 부부의 성적 관계를 가지라는 권면인 2절의 내용을 가리킨다면, 부부의 성관계는 명령이 아닌 허락에 해당된다. 하지만 바울이 부부의 성관계를 허락하는 것은 어색하다. 혹자(예. J.C. Laney)는 '이것'을 2절 내용으로 보되, 2절을 부부의 성적 관계로 보지 않고 결혼하라는 의미로 본다. 이것이 옳다면 바울은 독신을 명령으로, 결혼을

1207) '신성한 독신'(sacral celibacy) 사상이 고린도 교회 안에 일어난 것으로 보인다. 이것은 고린도에 미치고 있던 이집트 사상의 영향이다. 하지만 랍비들은 부부는 주로 안식일이 시작되는 금요일 밤에 부부관계를 맺어야 한다고 가르쳤다(참고. Rogers & Rogers, 1998:361). 칼빈은 《기독교 강요》 4.12.28에서 독신 제도의 폐해에 대해 논했다.

1208) 3절에서 다수 사본은 '의무'라는 성적인 뉘앙스를 가진 표현을 부드럽게 하기 위하여 '그녀가 마땅히 받아야 할 친절'(*opheilomenen eunoian*)이라고 쓴다(참고. 매츠거, 2005:473).

1209) 5절에서 다수 사본은 '금식(*te nesteia*)과 기도할 틈을 얻기 위하여'로 쓴다. 참고로, 랍비들은 부부간에 분방할 수 있는 기간을 1-2주로 보았다. 그러나 아내의 의지와 상관없이, 율법을 연구한다는 명목으로 한 달이나 분방한 경우가 있다(참고. Rogers & Rogrers, 1998:361).

허락으로 본다. 그렇지만 바울을 독신을 명령하는 '독신 선호자'로 보기 어렵다. 혹자(예. S.J. Kistemaker)는 '이것을'이 5절을 가리킨다고 본다. 그럴 경우 바울이 허락하는 것은 결혼 자체에 대한 것이 아니라, 일시적으로 부부가 성적인 관계를 중단하는 것에 대한 것이다. 하지만 5절의 "다시 합하라"는 명령조차도 허락으로 보는 것은 무리다. 혹자(예. B.W. Winter; W.F. Orr)는 '이것을'이 바울처럼 독신으로 지내라는 내용인 7절을 가리킨다고 본다. 그렇다면 바울은 독신을 명령이 아닌 허락으로 본다. 이것이 옳다면 바울은 허락 차원의 독신보다는 명령 차원의 결혼을 더 선호하는 것이 된다(참고. 이준호, 2010:229-235).

고린도 교회 안에 영적인 순결을 유지하기 위해서 배우자와 별거 상태에 있었던 기혼자가 있었던 것 같다.[1210] 바울은 모든 사람이 자기와 같기를 원한다. 그러나 사람마다 하나님께 받은 은사(*charisma*)가 다양하다(7절). 결혼도 흔한 은사이며, 독신도 덜 흔한 은사이다.

2.2. 고린도전서 7장 8-16절의 메시지

이 단락에서 바울은 결혼에 대한 구체적인 지침을 제시한다. 혼인하지 않은 자들과 과부들에게 미혼인 바울 자신처럼 그냥 지내라고 권면한다(8절; 참고. 딤전 5:14). 절제할 수 없으면 혼인하라(*gamesatosan*, 진입적 아오리스트; Let them seek marriage). 정욕이 불같이 타는 것(*pyroo*, to burn with sexual passion)보다 혼인하는 것이 낫다(9절). 기혼 여자는 남편에게서 갈리지 말라(10절; 참고. 막 10:1-12). 유대 문화와는 달리 헬라 문화에서는 아내가 남편을 버리고 떠날 수 있었다(참고. 오스본, 2004:164). "갈릴지라도 그냥 지내든지 다시 남편과 화합하든지 하라. 남편도 아내를 버리지 말라"(11절). 유대법에 의하면 이혼 증서가 접수되기 전에 아내는 남편에게 돌아올 수 있었다. 10절의 한글개역성경의 괄호는 UBS 4판에는 없다. 예수님으로부터 계시를 받은 바울과 예수님 사이에 의견의 불일치가 없다. 그리고 11절의 한글개역성경의 괄호는 헬라어 원문에는 '– –'로 되어 있다. 11절에 대한 특별한 본문 비평 논의가 없기에 원문에 있는 것으로 보아야 한다.

그리스도인 남편에게 불신 아내가 있는데, 아내가 같이 살기 원하면 버리지 말아야 한다(12절). 한글개역성경은 괄호 안에 "이는 주의 명령이 아니라"는 말씀이 있지만, 헬라어 원문에는 괄호가 없다.[1211] 그 뜻은 주님이 이 주제에 관해서 복음서에 말씀하신 것이 없지만, 바울은 사도의 권위를 가지고 성령의 영감으로 권면을 하고 있다는 것이다. 그리스도인 아내에게 불신 남편이 있는데, 남편이 같이 살기를 원하면 남편을 버리지 말아야 한다(13절).[1212] 그리고 만일 불신 남편이 믿는 아내 때문에 거룩하게 되고, 불신 아내가 '믿는 남편'(*to adelpho*, 직역: '그

1210) 부부가 정욕을 인내하여 그것을 자신의 영적인 표지로 삼기 위해 끝없이 성적 금욕을 시도해서는 안 된다. 그것은 영적 훈련을 위해서 배우자의 육체적 필요를 무시하는 이기적 태도이다(참고. 이준호, 2009:708).

1211) 바른 성경은 - -로 표시한다.

1212) 대부분 1세대 그리스도인들은 대개 부모에 의해서 성사된 결혼을 한 후 회심했기에, 본문은 그리스도인이 알면서도 이교도와 결혼한 경우를 염두에 둔 것 같지 않다(참고. 존 월튼, 2010:1745).

형제'; 참고. 다수 사본은 '그 남편' [*to andri*]) 때문에 거룩하게 된다. 그렇지 않으면 너희 자녀는 부정하게 된다. 그러나 지금은 자녀들이 거룩하다(14절). 그러므로 이 구절은 소위 '짝 믿음의 가정'의 자녀에게 세례를 베풀 수 있다는 증거 본문으로 사용된다. 혹 믿지 아니하는 자가 갈리거든(떠나거든) 갈리게 하라. 형제나 자매나 이런 일에 구속받을 것이 없다.

그러나 하나님은 화평 중에서(*en eirene*) 너희를 부르셨다(15절). 하나님은 평강 안으로 우리를 부르셔서 그 안에서 살게 하신다. 실제로 바울 당시 이방 세계에는 배우자가 다른 종교를 가진 경우 이혼하려는 경향이 많았다. 그리스도인 남편과 아내는 각각 불신 아내와 남편을 구원할지 어찌 알 수 있겠는가?(16절) 신자는 불신 배우자를 전도하는 데 힘써야 한다.

2.3. 고린도전서 7장 17-24절의 메시지

오직 주님께서 각 사람에게 나눠 주신(*emerisen*, to distribute, 즉 the place in life, 삶의 자리) 대로, 하나님이 각 사람을 부르신 그대로 행하라. 무리하게 신분 상승을 꿈꾸지 말아야 한다. 바울은 모든 교회들에게 이와 같이 명한다(17절). 할례자로 부르심을 받는(*eklethe*, 신적 수동태) 자는 무할례자가 되지 말고(*epispao*, a method used to conceal circumcision, 의학 전문 용어임), 무할례자로 부르심을 받은 자는 할례를 받지 말라(18절). 바울 당시 할례자가 수술을 통해서 무할례자로 되려는 노력이 있었는데, 이방 세계 속에서 융화되어 살기 원했던 유대인에게서 발견할 수 있다.[1213] 하지만 할례 받는 것과 할례 받지 않는 것은 아무것도 아니다(*ouden estin*, nothing).[1214] 다만 하나님의 계명을 지킬 따름이다(19절). 외적인 변화는 전혀 중요하지 않았고, 심비에 계명을 새기고 지키는 내적 변화가 중요하다. 각 사람은 부르심을 받은 그대로 지내야 한다(20절). 종이었을 때 부르심을 받았더라도 염려하지 말라. 성도는 신분 때문에 염려하지 말아야 한다. 종이 자유를 얻을 수 있다면 얻으라고 바울은 권면한다(21절). 희년을 제외하고서라도, 대개 유대인들은 7년이 지나면 종에서 해방될 기회를 얻었다(참고. 브루스 윈터 2005:460).

종이라도 주님에게 속한 자유자이며, 자유자는 그리스도의 종이다(22절). 바울 당시 '후견인-단골손님' 체계 속에서 이 구절을 이해해 보면, 어떤 후견인이 종을 자유자로 만들어 준 경우, 자유를 얻은 사람은 후견인의 성(family name)을 따른다. 그리고 후견인의 집에 살면서, 그 후견인의 덕을 널리 전파해야 한다. 마찬가지로 예수 그리스도로 말미암아 사탄과 죄의 권세에서 해방된 사람은 그리스도의 이름을 가지고(그리스도인) 그리스도의 집인 교회를 이루며 그리스도의 구원의 역사를 선포해야 한다(참고. Rogers & Rogers, 1998:363). 성도는 값으로 사신 것이기에, 사람들의 종이 되지 말아야 한다(23절). 부르심을 받은 그대로 하나님과 함께 머물러야 한다(24절).

1213) 바울 당시 일부 대제사장의 아들들도 받았던 할례를 제거하는 수술은 '*epispasm*'이라 불렸다.
1214) 헬라인이나 로마인은 할례 받는 것을 불구가 되는 것으로 여겼다(참고. 존 월튼, 2010:1746).

2.4. 고린도전서 7장 25-40절의 메시지

바울이 처녀(*parthenos*, marriageable virgin)에 대해서 주님으로부터 받은 계명(*epitagen*, commandment or order)이 없지만, 주의 자비하심을 받아서 충성된 자가 되어 의견을 제시한다(25절). 복음서에서 처녀에 대해 예수님이 주신 교훈을 보기 어렵다. '내 생각에는'(*nomizo*)이라고 해서 바울의 권면이 성령의 영감과 무관하다는 뜻이 아니다. 임박한 환난을 인하여 사람이 그냥 지내는 것이 좋다(26절). '임박한 환난'(*dia ten enestosan angken*, impending crisis, NIV의 'the present crisis'는 적절하지 못한 번역임)은 로마 제국이 장차 교회에게 가하게 될 핍박을 의미한다. 아내에게 매였으면(결혼했으면) 놓이기를(이혼하려고) 구하지 말고, 놓였으면 매이지 말라(27절). 장가가도 죄 짓는 것이 아니요, 처녀가 시집가도 죄 짓는 것이 아니지만 육신에 고통이 있다(28절). 때가 단축하여진 고로(즉 로마 제국이 교회를 향해서 가할 핍박의 날이 멀지 않으므로) 이후부터 아내 있는 자는 없는 자같이 하라(29절). 때가 얼마 남지 않은 것을 고린도 교회 당시에 임할 주님의 최종 재림으로 볼 수 없다(참고. ESV Study Bible, 2008:2201). 우는 자들은 울지 않는 자같이 하며, 기쁜 자들은 기쁘지 않은 자같이 하며, 매매하는 자들은 없는 자같이 하라(30절). 이 세상에서는 우는 일, 기쁜 일, 그리고 매매 모두 가변적이고 일시적이다. 그리고 세상 물건을 쓰는 자들은 다 쓰지 못하는(not using it completely up) 자같이 하라. 왜냐하면 이 세상의 형적(바른 성경: '이 세상의 형상', *to schema tou kosmou toutou*, present form of this world)은 사라져 가고 있기 때문이다(31절).[1215] 이 세상에서 일어나는 일들은 영원하지 않다.

칼빈은《기독교 강요》 3.10.4에서 이 구절을 다음과 같이 설명한다. "세상 물건을 쓰되 쓰지 않는 것같이 하라는 것은 폭음, 폭식, 식도락, 건물, 의복에의 탐닉을 멀리하라는 것이다. 그리고 야심, 자만, 거만, 지나치게 까다로움뿐 아니라, 천국 생활을 생각하며 영혼을 가꾸려는 열심을 방해하거나 왜곡시키는 모든 관심과 성향까지도 파기해 버리라는 뜻이다." 이 세상의 체제와 구성 요소는 영원하지 못하다. 성도는 새 하늘과 새 땅을 바라보면서 이 땅에서 촌음을 아껴서 살아야 한다. 성도는 '세상적 금욕주의자'(worldly ascetic; 즉 세속에 물들지 않는 자)로 살 필요가 있다(참고. Blomberg, 1995:152). 장가가지 않은 자는 주님을 기쁘시게 하려고 주의 일(*ta tou kyriou*, the Lord's affairs)을 염려한다. 그러나 장가간 자는 세상 일(*ta tou kosmou*, the affairs of this world)을 염려하여 아내를 기쁘게 하려고 노력한다(32-33절). 여자의 경우도 마찬가지이다 (34절).[1216] 기혼 성도는 하나님이 주신 직무에 충성하지 못할 가능성을 안고

1215) 바울은 고린도의 성도가 살고 있던 시대에 예수님이 재림하실 것이라고 말하지 않는다. 바울이 고린도전서에서 다양한 일상생활에 대해 교훈을 주는데, 만일 주님의 재림이 몇 주 혹은 몇 달 안에 임한다면 그런 권면과 조언은 중요하지 않았을 것이다. 31절에서 바울은 단지 이 세상에서 일어나는 매일매일의 사건들과 일들은 영원한 것이 아니기에, 성도는 관계와 물질 소유 등에서 우선권을 제대로 고려해야 한다(참고. ESV Study Bible, 2008:2201).

1216) 34절의 본문 비평 등급은 {D}이다. 이문이 다양한데, UBS 4판의 본문에 나타난 파피루스 15, B, P사본은 "그리고 마음이 나뉘어 있다. 그리고 결혼하지 않은 여자와 처녀는"이라고 쓴다. "그리고 마음이 나누어져 있다"(*kai memeristai*) 다음에 마침표가 있다. 반면에 다수 사본은 '('그리고'도 없음)

산다. 시종일관 바울은 가정은 교회를 위한 가정이 되어야 하고, 미혼도 교회를 위한 결정이어야 함을 강조한다.

이런 말은 고린도 교회에게 올무를 놓으려고 하는 것이 아니라, 그들의 유익을 위한 것인데, 이치에 합하게 하여 흐트러짐 없이(in undivided devotion; contra 33절의 '마음이 나누이며') 주님을 섬기도록 하기 위해서이다(35절). 만약 어떤 사람이 자기 처녀 딸(*ten parthenon autou*, 혹은 '그의 처녀 약혼녀')에 대한 일이 합당하지 않은(*aschemonein*, 주로 성적인 어조를 띠는 부정사) 것으로 생각하고, 혼기도 지나고, 또 결혼할 필요가 있다고 생각하면 그가 원하는 대로 하라. 이것은 죄 짓는 것이 아니니, 결혼하게 하라(36절). 참고로, 로마법은 50세까지는 결혼할 것을 정했다(참고. 브루스 윈터, 2005:461). 본인이 결혼하지 않으려고 작심하고, 부득이한 일(예. 친척의 강요, 어떤 약조나 압력)도 없고, 그렇게 할 정당한 권리를 가진 아버지는 딸을 결혼시키지 않는 것도 좋다(37절). 딸을 시집보내는 자도 잘하지만, 안 보내는 자는 더 잘한 것이다(38절). 바울 당시 자녀의 혼인의 결정권을 대개 가장이 쥐고 있었다. 과부는 '주 안에서만' 재혼할 수 있다(39절). 로마법은 60세가 되지 않은 과부는 남편과 사별한 후 18개월 이내에 재혼해야 했다(참고. 브루스 윈터, 2005:462; Lex Papia Poppaea). 그러나 바울이 보기에는 그냥 지내는 것이 복 있다. 바울의 이런 생각은 하나님의 영의 감동에서 나온 것이다(40절). 파피루스 15와 33사본은 '그리스도의 영'으로 표현한다. 외증과 내증이 압도적으로 '하나님의 영'을 지지하기에, 이것은 필사자의 오류로 보인다.

3. 오늘에의 적용

독신은 은사인가, 아니면 결단을 내릴 선택 사항인가?[1217]

마음이 나누어지며, (마침표가 없음) 그리고 여자와 결혼하지 않은 처녀는'으로 쓴다. 다수 사본은 '결혼하지 않은'(*he agamos*)을 '처녀' 뒤에 둔다.

1217) 신원하 교수(2004:17-18)는 Albert Y. Hsu를 참고하면서 '독신(singleness, celibacy)의 은사'라는 개념은 결혼의 규범성을 강조한 교회가 만들어 낸 것이기에, 신학적이거나 성경적인 타당한 근거가 없는 개념이라고 본다. 따라서 독신은 결혼처럼 성도가 선택할 수 있는 삶의 한 방식이라고 주장한다(참고. 마 19:12). 그는 다른 근거를 고린도전서 7장 7절에서 찾는데, 바울이 고린도의 모든 성도가 자신처럼 독신으로 살기를 원한다고 말했다고 본다. 따라서 이것은 "혼자 사는 것이 좋지 못하므로"(창 2:18)의 창조의 언명을 벗어나는 것이라고 단언할 수 없다. 신원하(2004:18)의 주장을 더 들어보자. "고린도전서 7장에서 바울이 사용하는 '은사'라는 말은 하나님이 부여하신 어떤 특별한 능력을 의미하는 것이 아니다. (고린도전서 7장 8절에서 바울은) 은사라는 용어를 독신자에게 한정시키지 않고, 결혼한 자에게도 함께 적용시켜 사용한다. 여기서 은사의 의미는 어떤 자가 처해 있는 '객관적인 상태'를 나타내는 것이지, 그 이상의 다른 의미를 지니고 있는 말이 아니다." 신원하 교수는 결과적으로 고린도전서 7장과 12장의 '은사'는 뜻이 다르다고 본다. 하지만 바울이 동일한 단어로 다른 뜻을 의도했는지 의문이다. 여전히 다수의 사람(예. Fee)은 독신을 '은사'로 본다(보라. ESV Study Bible, 2008:2200; Rogers & Rogers, 1998:361). 결혼은 하나님이 주신 복이며 평범하게 보이는 은사이다(참고. 잠 18:22). 그러나 이혼율이 높은 현재의 형편을 고려할 때, 건강한 결혼 생활은 결코 흔하고 평범한 은사라고 보기 어렵다.

교회와 주님을 위한 가정인가?
불신 배우자를 어떻게 전도할까?

고린도전서 8장

1. 본문 및 구조

• 우상에게 바쳐진 고기를 먹는 문제(1-13)

2. 구원 계시사적 메시지

사도행전 15장 29절에 보면, A.D. 49년경에 열린 예루살렘 회의는 우상 제물을 먹지 말라고 결의했다. 우상 제물(*eidolothytos*, sacrificed to idols)에[1218] 관하여 바울과 고린도 교회는 지식(*gnosis*)을[1219] 가지고 있다.[1220] 즉 우상은 아무것도 아니며 하나님만 참 신이심을 알고 있었다. 그러나 그 문제에 접근할 때 지식은 교만하게 하고 사랑은 덕을 세운다(1절). 사랑이 없는 지식은 아무런 가치가 없다. 누가 무엇을 아는 줄로 생각하면 아직도 마땅히 알 것을 알지 못하는 것이다(2절; 참고. 고전 13:2). 지나치게 지식을 강조하는 것은 사람을 교만하게 만든다. 물론 지식이 없는 사랑은 감상주의로 인도한다. 여기에 예수님의 십자가에서 볼 수 있고, 자신이 고백했던 약할 때 강하다는 바울의 신학이 암시되어 있다. 빛(지식)과 열(사랑)이 함께 가야 힘이 있다. 누구든지 하나님을 사랑하면 하나님에 의해서 아시는 바 되었다(3절). '아시는 바가 되어 왔다'(*egnostai*)는 하나님에 의해 과거로부터 지금까지 아시는 바가 되었다는 뜻이다.[1221]

1218) 그들은 흠이 없는 짐승을 우상에게 바쳤다. 지방으로 덮여진 뼈가 있는 고기는 신의 몫으로 신전 밖의 제단 위에서 태워지고, 나머지는 제사를 드리는 사람과 제사장의 몫이었다. 제사장의 몫으로 돌려진 고기는 시중에 유통되었다. 우상 제물은 특별한 잔치를 위해 사용되기도 했는데, 신이 특별 손님으로 초청된다는 미신적 사고가 있었다(참고. Rogers & Rogers, 1998:365).

1219) 바울은 순전히 지적인 지식을 의도하지 않고, 종교적인 행동을 결과로 초래하는 지식을 염두에 두고 있다.

1220) "우리 모두는 우상 제물에 관해서 지식이 있다"(고전 8:1)와 "우상은 세상에 아무것도 아니며 또한 하나님은 한 분밖에 없는 줄 안다"(4절)는 고린도 교회의 거짓 선생들의 슬로건이었을 가능성이 크다. 그러나 바울이 볼 때 고린도 교회의 모든 성도가 우상 제물에 관하여 바른 지식을 소유한 것은 아니었다. "먹는 것에 대해서는, 그대가 감당할 수 있는 것을 취하시오. 우상에게 바쳐진 음식은 아주 주의하시오. 왜냐하면 그것은 죽은 신들을 섬기는 예배이기 때문이오"(디다케 6:3).

1221) 3절에서 '하나님을'(*ton theon*)이라는 표현이 생략된 사본이 있다(파피루스 46 등). 생략된 이유는

우상 제물을 먹는 문제를 접근할 때는 다음 사실을 기억해야 한다. 우상은 세상에 아무것도 아니며(*ouden eidolon en kosmo*, An idol is nothing in the world; 참고. 시 115:4-8; 사 46:6-7) 또한 하나님은 한 분뿐이시다(4절). 하늘에나 땅에나 신이라고 칭하는(*logomenoi*, 현재 수동 분사, '소위', to be called) 자가 있어 많은 신과 주가 있지만(5절), 한 분 아버지 하나님과 주 예수 그리스도는 창조주이시고, 성도는 그 하나님을 위해서 산다(6절). 고린도의 만신전 (pantheon)을 생각해 보라. 그리고 고린도의 시장을 따라 길에 늘어선 우상들은 금, 은, 구리, 상아로 만든 것인데, 눈은 보석으로 박아 놓았다. 고린도 교인 중 일부는 아직까지도 우상에 관한 '습관'(*synetheia*; 참고. 다수 사본은 '양심' [*syneideisei*])이 있어(즉 마치 우상이 살아 있는 것처럼 생각하여) 우상의 제물로 알고 먹는 고로, 그들의 양심이 약하여지고 더러워졌다(7절). '우상 숭배'와 '우상 제물'을 구분할 줄 모르는 고린도 교인이 있었다. 상황에 대한 부적절한 이해로 인해 그들은 실제로 우상 숭배 자체에 빠져들고 만 것이다. 식물은 우리를 하나님 앞에 세우지(*parastesei*, to present, 누구를 비난하거나 칭찬하기 위해 데려오는 것을 뜻하는 전문 용어; 참고. Rogers & Rogers, 1998:366) 못하는데, 먹지 아니하여도 부족함(손해)이 없고, 먹어도 풍성함(이득)이 없다(8절).

"하나님은 여러분이 그것을 먹든 먹지 않든 상관하지 않습니다. 우리가 그것을 먹는다고 더 나아질 것도 없고, 먹지 않는다고 해서 더 나빠질 것도 없습니다"(8절; 현대어성경). 우상에게 바쳐진 고기 그 자체가 우리를 하나님 앞에 더 가까이 인도하거나 멀어지도록 하는 것은 아니다. 음식 자체는 가치 중립적인 것이다. 자유함(원문에는 *he eksousia*, '그 권리')이 약한 자들에게 거치는 것(*proskomma*)이 되지 않도록 조심해야 한다(9절). 지식이 있는 사람이 우상의 집에(*en eidoleio*, 신전 식당) 앉아 먹는 것을 약한 자들이 보면 양심이 담력을 얻어 우상의 제물을 먹게 될 것이다(10절). 신전 식당은 거룩한 식사뿐 아니라 저녁 만찬이나 생일잔치를 위해서 사용되었다(참고. Witherington, 1995:186).

"그러면 너의 지식으로 그 약한 자가 멸망하나니 그는 그리스도께서 위하여 죽으신 형제라"(11절). 형제에게 죄를 지어 그 약한 양심(양심의 가책을 많이 느끼는 경우)을 상하게 하는 것이 곧 그리스도에게 죄를 짓는 것이다(12절; 참고. 행 9:1-4). 자유도 좋지만 그리스도의 몸을 생각해야 한다. 만일 식물이 내 형제로 실족하게 하면 바울은 영원히 고기를 먹지 아니하여 실족지 않게 할 것이다(13절; 참고. 롬 14:21). 성숙한 성도라면 교회의 덕을 위해서 스스로 자유를 억제할 수 있어야 한다. 예수님이 연약한 성도를 위해 영광의 자리를 버리셨다면, 강한 자가 연약한 성도를 위해 자유와 권리를 제한하는 것은 당연하다.[1222)]

2절 끝에 '하나님을'이라는 표현이 없는 것에 동화된 것으로 보인다. 그러나 외증과 내증은 있는 것을 지지한다(참고. 매츠거, 2005:476).

1222) 주일 성수 방식에서도 마찬가지이다. 주일에 모든 것을 할 수 있다고 자유하는 사람들은 청교도식으로 성수하려는 사람을 고려하여 절제해야 한다.

3. 오늘에의 적용

우리 시대의 우상 제물은 무엇인가?
성도가 불신 가족이 행하는 제사에 어떻게 지혜롭게 대처할 수 있는가?
진리 안에서 자유하되 교회의 덕과 형제 사랑을 늘 고려하자.

고린도전서 9장

1. 본문 및 구조

- 바울의 사도성에 대한 도전(1-15)
- 바울의 사도성에 대한 도전에 대한 변증(16-27)

2. 구원 계시사적 메시지

2.1. 고린도전서 9장 1-15절의 메시지

바울은 스스로 자유자, 사도, 예수 그리스도를 본 자라고 수사학적 질문으로 강조하며 소개한다. 논쟁적인 단락에서 사용된 '자전적인 말'(autobiographical remarks)을 통해서 바울은 종종 '에토스'(ethos)를 확보한다. 자전적 진술을 통해서 확보된 에토스는 논쟁에 있어서 중요한 방어적 무기이다(참고. Witherington, 1995:204). 예수님을 본 것은 사도의 요건 중 하나이다. '보았다'(*heoraka*)를 완료형으로 말함으로써 다메섹 도상에서의 체험의 지속적인 결과를 언급한다(참고. 고전 1:1). 그리스도의 합법적인 대사인 바울이 주 안에서 행한 자신의 그 일(*to ergon mou*)은 고린도 교회이다(1절).

바울이 다소 갑작스럽게 자신을 변호하는 이유를 3절이 밝힌다. 바울의 사도성에 도전하는 사람이 고린도 교회 안에 있었다. 바울의 사도 됨을 주 안에서 인친 것(*sphragis*, seal)이 고린도 교회이다(2절; 참고. 고후 10-13). 이 모든 사실이 바울을 비난하는 자에게 변증할 것이다(3절). 고린도 교회가 바울로부터 복음을 듣고 거듭났다면 그것이야말로 바울의 사도 됨을 증명하는 것이 아니고 무엇이겠는가? 열매가 그 나무의 정체성을 증명한다.

바울에게는 먹고 마시는 권한(*eksousia*)이 없는가?(4절) '권리'(right)가 '권위'(authority) 혹은 '권세'(power)보다 나은 번역으로 보인다.[1223] 다른 사도와 주님의 동생들처럼 결혼하여 부인과

1223) 바울은 고린도전서 8장에서 자유하는 강한 자에게 교회의 덕을 위해서 권리를 포기하라고 권면했다.

같이 지내면서 전도 여행을 다닐 권한이 바울에게 없는가?(5절) 따라서 예수님의 동생들, 예를 들어, 야고보 같은 이는 예루살렘에만 한정되어서 사역을 한 것으로 보이지 않는다. 바울과 바나바만 손으로 노동하지(to do manual labor) 아니할 권리(right)가 없는가?(6절; 참고. 행 18:3) 누가 자기 비용을 쓰며(*idiois opsoniois*, at his own wages) 군복무를 하고(*strateuetai*, to serve in the army, 진리를 밝히는 금언적 현재), 포도를 심고 그 과실을 먹지 않으며, 양을 치고 그 젖을 먹지 않겠는가?(7절) 군인은 군대에서 지급되는 것으로 활동하며, 과수원지기와 목자는 그 소출을 마음대로 처분할 권한을 가지고 있다. 바울의 이 말은 단지 사람의 관점에서만 말하는 것인가? 구약 율법도 이렇게 말하지 않는가?(8절) 신명기 25장 4절에서 곡식을 타작하는 소에게 망을 씌우지 말라고 기록되어 있는데, 하나님이 소(즉 일하는 모든 짐승의 '종'; all laboring species)를 위해 염려하시는 것이냐?(9절) 바울은 하나님께서 소를 전혀 돌보지 않으신다는 것을 의미하지 않는다. 대신 인간의 유익을 위해서 주신 말씀임을 상기시킨다. 즉 이것은 주의 일꾼을 위해서 말씀하시는 것인데(참고. 눅 10:7), 밭 가는 소는 소망을 가지고 갈고, 곡식 떠는 자는 함께 얻을 소망을 가지고 떤다(10절). 결국 소보다 더 중요한 사람을 위한 권면인데, 바울은 '콸 와호메르'(*qal wahomer*) 기법을 쓴다(참고. 존 월튼, 2010:1751).

바울이 신령한 것(*ta pneumatika*)을 심었다면, 고린도 교회로부터 물질(*ta sarkika*)을 거두는 것이 지나친가?(11절) (아마도 아볼로와 같은) 다른 일꾼들도 고린도 교회에게 이런 권한을 가지고 있지만, 바울은 그리스도의 복음에 아무 장애가 없도록 하기 위해서 이 권한을 다 쓰지 않았다(12절). 자비량 사역자 바울이 교회로부터 사례를 받지 않은 것이 오히려 고린도 교회의 일부 성도가 그의 사도성에 도전하도록 하는 빌미가 되었다.

성전(혹은 이방 신전)과 제단에서 일하는 자들은 성전과 제단으로부터 먹지 않는가?(13절; 참고. 민 18:8-24) 이것은 긍정적인 대답을 기대하는 수사학적 질문이다. 주님도 복음을 전하는 자는 복음으로 말미암아 먹고 살리라고 말씀하셨다(14절). 누가복음 10장 7절에 의하면 복음을 전해들은 사람은 복음 전파자에게 숙식을 제공해야 한다(참고. 딤전 5:18). 그렇다면 예수님의 말씀을 자비량 선교사 바울이 어긴 것인가? 예수님의 취지는 복음 전파자는 그러한 공궤를 받기에 합당하다는 것이다. 바울이 이렇게 기록한 것은 이대로 해달라고 하는 것이 아니라, 차라리 죽을지언정……누구든지 바울이 자랑하는 것을 헛된 데로 돌리지 말아야 한다(15절). 실제로 15절은 불완전한 문장이다. 현대어성경은 "사실 나는 여러분에게 무상으로 복음을 전할 때 얻는 기쁨을 잃어버리기보다는 차라리 굶어 죽는 편이 나을 것입니다"로 번역한다. 이전의 한글개역성경의 '……'은 헬라어 원문에 '−'로 나타난다. 이것은 '돈절법'이라고 불리는 수사학적 장치이다. 하지만 개역개정판에서는 '……'를 생략했다.[1224]

고린도전서 9장에 의하면 바울도 사도의 권리를 다 행사하지 않았다. 바울은 삶으로 가르쳤다.

1224) 15절에서 다수 사본은 '−'를 생략하고, '사람이 나의 영광을 헛되게 하는 것보다'(*ta kauchema mou hina tis kenosei*)라고 쓴다.

2.2. 고린도전서 9장 16-27절의 메시지

바울이 부득불(*anangke*, 강제, 긴급한 필요, 고통) 복음을 전하는데, 그렇지 않으면 화가 있다(16절). 하나님으로부터 복음 전파자로 부름을 받았기에, 바울은 그 사명을 수행할 뿐이다. 바울이 임의로(*hekon*, 자원해서, voluntarily, willingly) 이것을 행하면 상을 얻을 것이지만, 임의로 아니한다 할지라도 바울은 직분을 맡았다(17절). 마치 군인이 자원해서 군복무를 하지 않듯이, 바울이 사도로서 복음을 전하는 것은 의무이다. '직분을 맡았다'는 말은 '복음을 위임 받은 청지기'라는 뜻이다. 복음을 값없이 전하고, 복음으로 인하여 권한을 다 쓰지 아니한 것이 바울에게 상(*ho misthos*)이다(18절). 바울은 더 많은 사람을 (개종자로) 얻고자 하여(*kerdeso*, 즉 그리스도에게 인도하고자 하여) 자유자 대신 종이 되고(19절),[1225] 유대인처럼,[1226] 율법 아래 있는 자처럼,[1227] 율법 없는 자처럼(즉 이방인), (자유하지 못하고 강하지 못한) 약한 자처럼 되고, 여러 사람에게 여러 모양이 되었다(20-22절).[1228] 바울은 복음을 위해서 이렇게 행했는데, 그 결과 그는 복음(의 복)에 참여할 것이다(23절).

운동장에서 달리기 경주하는 사람 중 상을 얻을 자는 한 명뿐인데, 고린도 교회도 그러해야 한다(24절). '이스미안 경기'(Isthmian Game)이 고린도에서 2년에 한 번씩 열렸다.[1229] 그 경기의 우승자에게는 최고의 영예가 주어졌다. 그러나 그들이 얻는 면류관은 썩을 수밖에(*phtharton stephanon*, a corruptible crown) 없다. 성도가 썩지 아니할 면류관을 얻고 이기려면 모든 일에(*panta*) 절제해야 한다(25절). 향방 없는 것같이(*hos ouk adelos*, 목표가 불분명한 상태로) 달음질하지 않고, (권투 경기에서) 허공을 치듯이 싸우지(to box) 아니한다(26절). 바울이 몸을 쳐서 종처럼 복종하게 함(*doulagogeo*)은 복음을 전한 후 바울 자신이 버림이 되지 않도록 하기 위해서이다(27절). '치다'(*hypopiazo*)는 멍이 들도록 눈 밑을 세게 가격하는 것을 의미한다(참고. Rogers & Rogers, 1998:370). 여기서 우리는 신실하게 복음을 전하기 위해서 그리스도의 종이 되고,

---

1225) 바울 당시에 높은 계층의 사람이 의도적으로 낮은 계층에 속한 사람처럼 행동하는 것은 명예로운 것이 아니었다. 따라서 바울은 그 당시의 가치 체계에 도전하고 있다. 빌립보서 2장의 찬송에서 유추해 볼 때 바울이 이렇게 낮아짐의 리더십과 전도 정책을 펼칠 수 있었던 것은 예수님의 모습에서 배운 결과이다.

1226) 태생적으로는 바울이 유대인이었지만, 그리스도를 믿고 난 후에는 불신 유대인처럼 율법의 멍에에 매여 있지 않았다.

1227) 율법 아래 있는 자는 유대인 혹은 유대교로 개종한 하나님을 경외하는 자를 가리킨다. 다수 사본은 20절의 '율법 아래 있지 아니하면서도'(*me on autos hypo nomou*)를 생략한다. 하지만 시내 산, A, B사본 등은 있는 것을 지지한다.

1228) 흥미롭게도 바울은 "강한 자에게 강한 자처럼 되어서 복음을 전했다"고 말하지 않는다. 왜냐하면 바울이 고린도전서에서 강한 자에게 많은 지적을 동반한 권면을 하고 있기 때문이다. 물론 바울은 우상 숭배자에게는 우상 숭배자처럼, 음행하는 자에게는 음행하는 자처럼이라고 말할 수 없었다. 왜냐하면 복음이 밝히는 윤리와 신학의 본질을 변질시키면서까지 전도할 수 없기 때문이다(참고. Witherington, 1995:212).

1229) 이스미안 경기는 4년마다 열린 올림픽보다는 작은 규모였다. 올림픽 경기에 나가는 사람은 10개월간 강훈련을 하겠다고 제우스의 이름으로 맹세했다(참고. 존 월튼, 2010:1752).

스스로 모든 것을 매우 엄격하게 절제하고 통제하는 바울의 모습을 본다. 이것은 운동선수가 자신의 몸을 훈련시키는 이미지이다. '버림을 받다'(*adokimos*)는 문자적으로 금속이나 동전이 기준에 미달되어 거절되는 것을 의미한다(참고. Rogers & Rogers, 1998:370). 주님만을 상급으로 여겼던 바울은 복음 전파에 신실하지 못하면 어떻게 하나라는 거룩한 근심을 하고 있다. 이와 같이 성도는 두렵고 떨림으로 맡은 사명을 감당해야 한다.

3. 오늘에의 적용

교회에서 사례를 받는 사역자가 (다른 교회에서)설교 후 사례를 받을 수 있는가?
가정을 책임져야 하는 부교역자의 사례(생활비)는 현실적인가?
사역자의 권력 남용은 어떤 것이 있으며 방지책은 무엇인가?
전도를 위해서 어떻게 '여러 모양'이 될 수 있는가?
희생이 요구되는 상황 속에서라도 하나님의 기쁨과 처분에 우리의 모든 것을 기꺼이 의탁할 수 있는가?
자기희생적(self-sacrificial)이며 신분 거절적 행위(status-rejecting behavior)를 배우자.

고린도전서 10장

1. 본문 및 구조

- 구약 이스라엘에게서 배우는 교훈(1-13)
- 우상 숭배를 경계함(14-22)
- 우상 제물을 먹는 것과 하나님의 영광(23-33)

2. 구원 계시사적 메시지

2.1. 고린도전서 10장 1-13절의 메시지

바울은 고린도전서 9장 마지막에서(27절) 자신을 엄격하게 쳐서 복종시키는 영적으로 성숙한 사람의 표본으로 제시했다. 이제 10장에서는 미성숙했던 구약 이스라엘 백성을 언급하면서 대조시킨다. 1절에서 바울은 설명적 '*gar*' 즉 '왜냐하면'으로 시작한다. 그들 중에는 자기 절제의 훈련이 안 되어서 버림을 받은 사람들이 있었다. 이스라엘의 조상들이 '다'(*pantes*) 구름 아래 있었고 그 바다를 가로질렀으며, 모세에게 속하여(*eis ton Moysen*, 모세 안으로 함몰하다. 즉 모세와 긴밀한 연합을 이루다; 참고. Rogers & Rogers, 1998:370) '다' 그 구름(구름 기둥, 하나님의 임재) 안(*en te nephele*)과 그 바다(홍해) 안에서(*en te thalasse*) 세례를 받았다(1-2절; 참고. 출 13:21; 시 105:39).[1230] 여기서 모세는 이스라엘의 지도자요 구원자로 등장하기에, 모형론적으로 볼 때 예수님은 고린도 교회와 같은 새로운 이스라엘의 영적 출애굽의 주체이심을 강조한다.[1231]

이제 신약 교회는 '예수님 안으로'(into Jesus) 신비로운 연합을 이루기 위해서 들어간다. 유월절을 애굽에서 지켜서 사망에서 건져주시는 어린양의 보혈의 권능을 경험했다면, 구원의 외적인 증표인 세례를 홍해에서 받아야 한다. '다' 같은 그 신령한 식물(만나와 메추라기)을 먹고 그 신령한 음료를 마셨다(3-4절). 이것은 저희를 따르던 그 신령한 반석(the spiritual Rock)이신 그리스도로부터 마신 것이다(4절; 참고. 출 17:1-7; 민 20:2-13; 시 18:31). 구약의 그리스도께서 모든 복의 근원으로서 출애굽 여정에 동행하셨다. 그러나 하나님은 저희의 다수를 기뻐하지 않으셨기에 그들은 광야에서 멸망당했다(5절). '멸망하다'(*katastronnymi*)는 '침상처럼 쭉 뻗다' 혹은 '허리케인에 의해서 낮게 쭉 펼쳐지다'라는 뜻인데, 여기서는 '때려눕히다' 혹은 '전멸시키다'라는 뜻이다. 그 일은 고린도 교회의 거울(*typoi*, an awful and warning example)이 되어 악을 행하지 말도록 한다(6절). 히브리서 3-4장에서도 기자는 이스라엘의 불순종으로 인해서 안식을 얻지 못한 것을 타산지석으로 언급한다. 집단적이며 민족적으로 출애굽했다고 해서 한 개인 모두가 구원을 받은 것은 아니다. 왜냐하면 그들 가운데 우상을 숭배하고 죄악 가운데 살다가 죽은 사람도 있기 때문이다.

우상 숭배하며 먹고 마시고 일어나서 뛰놀면 안 된다(7절; 참고. 출 32). 간음하다가 하루에 23,000명이 죽었지 않았는가?(8절; 참고. 민 25:1-9) "그들 가운데 어떤 이들은 시험하다가 뱀들에게 멸망당하였으니 우리는 그들처럼 '주님을'(시내 산, B사본이 지지함; 참고. 다수 사본은 '그리스도를') 시험하지 말자"(9절; 참고. 민 21장). 원망하다가 멸망시키는 자(*hypo tou olothreutou*, by the destroyer)에게 멸망당했는데, 고린도 교회는 원망하지 말아야한다(10절; 참고. 민 14; 21:5). 이 일들은 거울이 되고 말세(*ta tele ton aionon*, the ends of the ages)를 만난 고린도 교회의 경계(*nouthesia*, warning)로 기록되었다(11절). '말세(*ta tele*, 단수는 *to telos*)가 복수형으로 나타나기에, 옛 시대와 새 시대가 맞닥뜨리는 중첩의 시대로 볼 수도 있지만, 그리스도의 죽으심과 부활로 말미암아 세상 역사가 목표로 하여 진전해 가고 있는 바(즉 온 세상 구원의 역사)가 바울 당시에 성취되고 있다는 뜻이다(참고. Witherington, 1995:223).

1230) 2절에서 '세례를 받았다'를 수동태(*ebaptisthesan*)로 쓰는 반면, 다수 사본은 중간태(*ebaptisanto*; '그들 자신을 위하여[스스로에게] 세례했다')로 쓴다. 수동태가 자연스럽다.

1231) 칼빈의 설명이 흥미롭다. "우리의 바로인 마귀가 여전히 우리를 괴롭히며 피곤하게 할지라도, 그는 이미 물에 빠져 익사했다는 것을 세례는 우리에게 약속하며 상징한다. 그러나 애굽인들의 시체가 바다 깊은 속에 잠기지 않고 바닷가에 있어서 그 무서운 모습으로 여전히 이스라엘 백성을 놀라게 했지만 그들을 해칠 수 없었던 것과 같이(출 14:30-31), 우리의 이 원수도 여전히 위협하고 무기를 휘두르며 그 존재를 느끼게 하지만 우리를 이길 수 없다"(《기독교 강요》, 4.15.9).

선 줄로 생각하는 자는 구약 이스라엘 백성처럼 넘어질까 조심해야 한다(12절). 하나님은 사람이 감당할 시험(*perirasmos*, testing)만 주시고, 피할 길(*ten ekbasis*, escape)을 내사 감당하게 하신다(13절). '감당할'(*anthropinos*, bearable)은 '인간의 능력을 따라'(according to human strength)라는 뜻이다. 고린도 교회의 소위 '강하고 지혜가 있는 자들'은 아직 특별한 시험을 만나지 못했는가? 아니다. 그들은 이방 신전에서 먹고 마시는 시험에 부닥칠 때 하나님께서 피할 길을 주셔서 신앙을 지키고 교회의 덕을 세우도록 해야 했다.

2.2. 고린도전서 10장 14-22절의 메시지

"너희는 계속해서 우상 숭배를 멀리하라"(*pheugete*, to flee, 현재 능동 명령 2인칭 복수, 14절). 바울은 지혜 있는 자에게 말하듯이 고린도 교회에게 말하는데, 고린도 교회는 바울의 말을 판단해야 한다(15절). 고린도 교회를 '지혜 있는 자'처럼 인정하는 것은 실제로 그들의 행동에 있어서 성숙하지 못한 점이 있기에 '수사학적 아이러니'(rhetorical irony)로 볼 수 있다(참고. Withrrington, 1995:224). '판단하라'(*krinate*, 아오리스트 능동 명령 2인칭 복수)는 바울이 말하는 바를 바르게 분별하고 반응하라는 뜻이다.

바울은 우상 숭배를 금하기 위해서 주님의 만찬의 요소들을 예로 들어 설명한다. 우리가 축복하는 '복의 잔'(*to poterion tes eulogias*, 감사의 잔, cup of blessing)은[1232] 그리스도의 피에[1233] 참예함(*koinonia*)이며, 우리가 떼는 떡은 그리스도의 몸에 참예함이다(16절; 참고. 마 26:17-30).[1234] 왜냐하면 떡이 하나이며, 우리 많은 성도가 한 몸으로 한 떡에 참예하기 때문이다(17절). '참예함'(common participation)은 하나님과 성도 사이의 수직적 차원, 그리고 성도와 성도 사이의 수평적 차원 모두를 포함한다. 즉 성찬에 참여하는 공동체는 단순한 그리스도의 임재의 상징이 아니라, 실제로 영적인 교제와 유익(예. 용서와 사죄와 재림의 소망 그리고 그리스도의 강력한 연합 등)을 얻는다. 육신을 따라서 이스라엘 백성이었던 사람(historical Israel)을 보라. 제물을 먹는 사람들은 제단에 참예하는 자들이다(18절). 구약 이스라엘 백성은 제사를 드리고 제물을 나눠 먹음으로써 제단에 참여하는 자, 즉 하나님과 신비롭게 교제하여 유익을 얻는 자가 되었다(참고. 신 12:17-18, 14:22-27).

그러므로 우상의 제물은 무엇이며 우상은 무엇이냐?(19절; 참고. 사 44:12-20) 이방인이 제사하는

1232) 유대인의 관습에 의하면 가장 명예로운 손님이 주인 옆에 앉아서 '잔'을 높이 들고 축복하는 말을 했다(참고. Rogers & Rogers, 1998:372). 그리고 유월절 식사 중에 총 4번에 걸쳐서 포도주를 마시는데, 세 번째 잔을 마시고는 포도를 주신 여호와께 감사의 말을 하는 관습이 있었다. 여기서 바울은 그리스도의 죽으심과 관련된 새 언약의 피를 염두에 두고 있다(참고. Witherington, 1995:224).

1233) 즉 '그리스도의 죽음에.' 결국은 우리를 위해서 죽으신 그리스도에게 위임하다(committal to Christ who died for us)는 뜻이다.

1234) "그리스도의 몸에 참여한다"는 말은 그리스도의 몸 된 교회와 성도의 사귐에 참여한다는 뜻이다. 그리스도의 몸은 언약 공동체이며 그 언약으로부터 교회가 감당해야 할 사명이 나온다. 참고로, 칼빈은 성찬 시 말씀이 가진 신적 능력에 의해서 "성찬의 요소들(떡과 포도주)은 단순히 배에 들여보내기 위한 보통 음식과는 종류가 다른 것으로 변한다. 그 요소들에서 영혼을 위한 영적 양식과 음료가 제시된다"라고 주장함으로써 그 요소들의 기능적 변화를 인정한다(《기독교 강요》, 4.17.14).

것은 하나님이 아니라 악령에게 하는 것이다(20절).[1235] 주님의 잔과 악령의 잔을 겸하여 마시지 못하고, 주의 상(table)과 악령의 상에 겸하여 참여할 수 없다(21절). 금언적 현재(gnomic present) 시제가 사용되어(*ou dynasthe*), 이 사실은 늘 진리이다. 양다리 걸치지 말고 하나님만 섬기고 교제하도록 결단하라. 성도가 주님을 노여워하시게(시기나게 하시도록) 할 수 있는가? 우리가 주님보다 강한가?(22절) 잘못된 지식을 가진 사람이 악령과 교제하는 동시에 하나님과 교제함으로써 그렇게 하지 아니하시는 주님보다 더 강한 것처럼 행세할 수 없다.

2.3. 고린도전서 10장 23-33절의 메시지

모든 것이 허용되나(*panta eksestin*, All things are lawful) 유익하지 않고, 모든 것이 허용되나 덕을 세우는(*oikodomei*) 것이 아니다(23절). 여기서도 금언적 현재 시제가 사용 된다(*sympherei*, to confer a benefit). 누구든지 자기의 유익(*to heautou*)을 구하지 말고 남의 유익(*to tou heterou*)을 구해야 한다(24절). 시장(*makellon*, a meat market)에서 파는 것은 양심을 위하여(*dia ten syneidesin*, 양심 때문에) 묻지 말고(즉 조사하지 말고) 먹어라(25절). 이는 땅과 땅의 충만한 것(*to pleroma*)이 주님의 것이기 때문이다(26절; 참고. 시 24:1). 불신자가 너희를 초청하여 음식을 차려놓거든 양심을 위해서 묻지 말고 먹어라(27절).[1236] 초대받은 그리스도인이 음식의 출처를 묻지 않으면 어디서 구한 것인지 모르기에, 그것을 먹는다고 해도 양심에 상처를 받지 않는다. 누가 그 음식이 우상에게 바쳐진 제물(*hyerothyton*)이라고 말하면 제물이라고 말한 사람과 그 사람의 양심을 위해서 먹지 말아야 한다(28절).[1237] 이 양심은 너희 양심이 아니라 남(불신자 혹은 특히 약한 자)의 양심이다. 바울은 고린도 교회가 제기할 질문을 언급한다. "어찌하여 내 자유가 남의 양심으로 말미암아 판단(제약)을 받아야 하는가?(29절) 만일 하나님께 감사함으로 음식을 먹는데 참여하면, 왜 감사하는 것 때문에 남으로부터 비방을 받아야 하는가?"(30절)

바울은 이 질문에 답을 한다. "그런즉 먹든지 마시든지 무엇을 하든지 다 하나님의 영광을 위하여(*eis doksan theou*) 하라"(31절). 고린도 교회는 유대인에게나 헬라인에게나 하나님의 교회에나 거치는 자가 되지 말아야 한다(32절). '거치는 자'(*aproskopos*)는 다른 사람을 걸쳐 넘어지게 하는 자이다. 파피루스에는 상처나 해를 끼치지 않는다는 뜻으로 사용되었다(참고. Rogers & Rogers, 1998:373). 바울처럼 고린도 교회는 모든 일에 모든 사람을 기쁘게 하여, 자신의 유익을 구하지 말고 많은 사람의 유익을 구하며 그들로 구원을 얻게 해야 한다(33절).

1235) 20절에서 다수 사본은 "이방인이(*ta ethne*) 제사하는(*thyei*, 현재 능동 직설 3인칭 단수) 것은 악령에게 하는 것이지 하나님에게 하는 것이 아니다"라고 쓴다. 시내 산, A, 다수 사본에 있는 '이방인이'가 B, D, F사본 등에는 없다. 시내 산, B, A 등은 3인칭 복수 동사(*thyousin*)를 쓴다.

1236) 유대인들이 많이 살던 이방 지역의 도시에는 유대인들이 자체적으로 운영한 정육점이 있었다(참고. 존 월튼, 2010:1754).

1237) 28절 끝에 다수 사본은 26절 내용을 추가한다. 하지만 추가되지 않은 것이 옳다(시내 산, A, B 등).

3. 오늘에의 적용

구약에서 교훈을 얻지만 성경의 윤리적 교훈은 핵심 계시인 구속사에 비교하면 부수적인 계시이다.

성찬을 통해서 하나님과 동료 성도 사이의 신비로운 연합을 어떻게 촉진시킬 수 있는가?

↜ 고린도전서 11장 ↝

1. 본문 및 구조

- 공적 예배 시의 여성의 복장(1-16)
- 성찬식과 관련된 문제(17-34)

2. 구원 계시사적 메시지

2.1. 고린도전서 11장 1–16절의 메시지

바울은 자신이 그리스도를 본받은 자 된 것같이 고린도 교회는 자신을 본받는 자들(*mimetai*)이 되라고 말한다(1절). 여기서의 강조는 "그리스도를 본받아라"라는 점이다. 로마서 15장 3절에 의하면, 그리스도께서는 자신을 기쁘게 하시지 않고 구원받을 자를 위해서 기꺼이 모욕을 감당하셨다. 그런데 문맥상으로 볼 때 고린도전서 11장 1절은 오히려 고린도전서 10장 마지막 절이 되면 좋았을 것이다.[1238]

고린도 교회는 모든 일에 바울을 기억하고, 바울이 전해 준 대로 그 유전(*tas paradoseis*, teaching, tradition)을 지켰기에 바울이 칭찬한다(2절). 과연 문제가 많았던 고린도 교회는 바울의 교훈을 잘 기억하고 지켰는가? 이것을 수사학적 표현 혹은 조롱으로 보는 이도 있다. 하지만 고린도 교회가 바울의 유전을 따랐지만, 그 방법에 있어서 종종 적절치 못했음은 분명하다. 각 남자의(은유적인 의미로) 머리(*kephale*,[1239] '권위'라기보다는 '기원 혹은 생명의 원천' [source of life and existence])는 그리스도요,[1240] 여자의 머리는 남자요(참고. 창 2:21-22), 그리스도의 머리는 하나님

1238) 피(Fee, 1987:490)는 고린도전서 11장 1절을 'one of the more unfortunate chapter divisions in the NT'라고 평가한다. 왜냐하면 11장 1절은 고린도전서 10장 23-33절의 결론이기 때문이다.

1239) 헬라 문헌에서 은유적인 의미로 '머리'가 쓰일 때 우두머리 혹은 가장 높은 위치에 있는 사람이라는 의미로는 거의 나타나지 않는다(참고. Fee, 1987:502).

1240) 창조의 제6일에 그리스도께서 아담을 창조하셨다. 물론 그리스도는 모든 사람의 재창조주(the recreator)

이시다(3절).[1241] 그리스도는 성부에게 존재론적이 아니라 '기능적으로 종속'되신다.

남자가 공중 예배 시에(문자적 의미로서) 머리에 무엇을 쓰고 기도나 예언을 하는 것은 그의 (은유적 의미로서) 머리이신 예수 그리스도를 욕되게 하는 것이다(4절; 참고. 에 6:12).[1242] 여자가 머리에 쓴 것(head covering)을 벗고 기도나 예언을 하는 것은 그녀의 머리(즉 남편)를 욕되게 하는 것이며 머리를 민 것(면도한 것)이나 마찬가지다(5절). 만일 여자가 머리에 쓰지 않으면 깎을 것이며, 깎거나 미는 것이 부끄러움이 되면 써야 한다(6절). 분명히 고린도 교회의 공예배 시에 여자의 복장이 문제가 되었다. 남자는 하나님의 형상(*eikon*)과 영광(*doksa*)이니, 그의 머리에 마땅히 쓰지 않지만, 여자는 남자의 영광이다(7절). 여자가 남자에게서 났다(8절). 바로 이것이 머리의 은유적 의미이다. 여자가 남자를 위해서 지음을 받았다(9절). 여자는 천사들 때문에 권세 아래에 있는 표를 그 머리 위에 두어야 한다(10절).

천사에 대해서는 다음의 설명을 보라. 그러나 주님 안에는 남자와 여자 모두 중요하며, 남자도 여자에게서 났고 모두 하나님에게서 났다(11-12절; 참고. 창 1:26). 여자가 쓰지 않고 하나님께 기도하는 것이 마땅한가를 고린도 교회는 판단해야 한다(13절). 남자에게 긴 머리가 있으면 자기에게 욕되는 것을 본성(human nature)이 가르친다(14절). 여자의 긴 머리는 영광인데, 긴 머리는 쓰는 것을 대신하여 주신 것이다(15절). 이상에서 말한 바울의 논지에 대해서 이견을 제시하면서 변론하려는 태도를 가진 사람이 고린도 교회 안에 있을지라도, 여자가 머리에 무언가를 쓰고 기도와 예언을 하는 것은 모든 교회의 일치된 의견이다(16절).

고린도 교회의 여성도가 공적인 예배 모임 중 특히 기도나 예언을 할 때 머리에 무엇을 쓰는 외적인 품행의 문제를 살펴보자. 이를 위해 바울 당시의 관습을 살펴보자. 바울이 말하는 머리에 쓰는 것은 얼굴 전체를 가리는 베일(face-veil)이라기보다는 머리카락만 덮는 숄(shawl)이다.[1243] 여성이 대중 앞에서 머리에 숄을 덮어 쓰는 이유에 관한 몇몇 설명들은 다음과 같다.

(1) 바울 당시의 여성의 활동의 장은 주로 가정에 제한되었기에 공개적으로 드러내는 것을 금기시했다. 유대인의 한 지혜 문서에는 "처녀는 자물쇠를 꼭 채운 방 안에 두고 지켜라. 그렇게 하여야 결혼식까지 집 앞의 어느 누구에게도 눈에 띄지 않을 것이다"라고 기록한다. 사실 로마 제국에서 어떤 남편은 아내가 베일을 가리지 않은 채로 사람들 앞에 나타났다는 것을 이유로 아내와 이혼했다. 덕망 있는 여성은 대개 남편과 함께 있을 때만 자신을 드러내 보여야 했으며, 남편이 없을 때는 자신을 숨기고 집 안에만 머물러 있어야 했다. 이렇게 여성의 활동을 주로 가정에 제한한 이유는 여성이 다른 남성에게 너무 매력적으로 보일까 봐 두려워했기 때문이다. 이 이유로 어떤 유대 랍비는 여성이 머리에 무언가를 써야 한다고 주장했다. 로마 제국의 서방으

이시다(고후 5:17).

1241) "그리스도의 머리 곧 기원은 하나님이시다"는 말씀은 그리스도의 선재성이 아니라 그리스도의 성육신의 관점에서 이해해야 한다(참고. 오스본, 2004:254).

1242) 무언가를 쓴 남자는 이방 신전의 사제 혹은 동성애자와 관련된 것이 아닐까?

1243) 15절의 '*peribolaion*'은 베일(veil)이라기보다는 망토(cloak)나 숄을 끌어 당겨 머리 위에 덮어씌우는 것을 가리킨다(참고. 신 22:12; 마 23:5).

로 갈수록 머리에 무언가를 쓰는 비율이 낮다는 연구 결과가 있다(참고. 김판임, 2009:509).

(2) 고대의 창녀들은 주로 머리를 풀고 다녔고, 기혼 여성들은 머리에 무언가 쓰고 다녔다(참고. 민 5:18).[1244] 때때로 유대인들에게 풀어헤친 머리는 여자 악령의 특징이었다. 그래서 바울이 고린도전서 11장에서 여성도가 머리에 무언가를 써야 한다고 말한 이유를 창녀나 음란한 여자와 구별되는 정숙한 몸가짐을 가지도록 하기 위해서라고 보는 사람도 있다.

(3) 그리스의 여성들은 머리에 아무것도 쓰지 않은 채로 예배에 참석했다. 반대로, 로마(남자 사제들과) 여성들은 희생 제물을 드릴 때 머리에 무언가를 써야 했다. 그러므로 고린도전서 11장을 기록한 바울은 로마의 관습을 염두에 두고 있을 수도 있다. 종교사적으로 이해하려는 이들(예. E.S. Fiorenza)은 고린도 교회의 예배 모습과 디오니소스 제의,[1245] 피티아 제의, 시빌 제의에서 여자가 머리를 흐트러지게 한 채 황홀경적 제사를 드린 것이 유사하다고 본다(보라. 김판임, 2009:500).

(4) 일반적으로 머리가 노출되는 것은 몸이 노출되는 것과 같은 것이다. 즉 여자들이 머리를 풀어놓는 것은 헬라와 유대 전통에서 아름다움을 뽐내는 것임과 동시에 남자의 정욕을 유발하는 것이었다. 따라서 머리 덮개는 가부장적인 문화와 성문화를 동시에 반영한다(참고. 김판임, 2009:506). 머리를 늘어뜨린 채 대중 앞에 나서서 자신을 드러내거나 남자와 시시덕거리는 행동으로 비난을 받았던 유대 여자는 결혼 계약에 명시된 위자료도 받지 못한 채 이혼을 당한 경우도 있었다. 칼빈(1994:22)은 고린도전서 11장을 설교하면서 다음과 같이 언급한다. "만일 여자들이 자기들의 머리를 드러내고 머리카락을 보이는 일을 허락받게 된다면, 그들은 결국 자기들의 젖가슴을 드러내도록 허락받게 될 것이고, 마치 그것이 선술집의 쇼나 되는 것처럼 스스로를 웃음거리로 만들고 말 것이다. 그들은 너무나 무감각해져서 어떤 겸손이나 부끄러움도 남아 있지 않게 될 것이다." 따라서 가정 밖에서 수로보니게 여인과 대화를 나누신 예수님의 모습은 주목할 만하다.

(5) 고린도 교회의 여 성도가 자유의 복음을 받아들임으로써(참고. 고전 12:13; 고후 5:17), 그 당시의 전통적인 가부장적 사회의 구조를 뛰어넘어 모든 면에서 남자와 같이 될 수 있다고 생각한 것 같다. 즉 복음을 받아들임으로써 그들은 헬라-로마 여인들의 최고 이상인 남성과 같은 영적인 존재에 도달할 수 있다고 생각한 것 같다. 그래서 공예배 시에 긴 머리나 숄을 쓰는 것을 거부하고, 남자와 똑같이 짧은 머리로 예언이나 기도를 하려고 했던 것 같다. 이것은 헬라의 플라톤적 이원론의 구조에 따라 잘못 이해한 것이다. 공예배 중에 여자가 머리에 숄을 쓰는 것이 시대를 초월하는 불변의 진리는 아니다. 하지만 바울은 여성도가 하나님께서 창조 시에 주신 여자의 신분 그 자체를 외면하고, 남자와 같이 되려고 하는 비복음적인 동기와 그로

1244) *Hetairai*라고 불린 그리스의 창녀들은 시민권자와 결혼하지 못했는데, 오히려 이들은 시민권자와 결혼한 여인들보다 더 큰 자유를 누렸다. 창녀들은 지적으로나 신체적으로 아테네 남자들의 동료가 되었다(참고. 찰스 라이리, 1983:14).

1245) 고대 헬라 세계에서 여성들은 여성의 신분을 벗어버리고 남성화되기 위해서 헬라의 주신(酒神) 디오니소스(Dionysus)의 제식 행사에 적극적으로 참여했다(참고. 최갑종, 2009:9).

인한 교회의 수치와 선교장애를 염려하고 있는 듯하다(참고. 최갑종, 2009:6).

여러 주장들이 있어 왔지만, 고린도 교회에서 여자들이 머리에 쓰는 것에 대해 확실하게 설명해주는 주장은 없는 것 같다. 따라서 고린도전서 11장 2절 이하의 바울의 논증을 주의 깊게 살펴보아야 한다. 여기서 한 가지 반드시 기억해야 할 것은, 바울은 고린도 교회의 여성도가 기도나 예언을 공중 예배 중에 할 수 있다는 사실을 전제로 한다는 사실이다. 교회의 섬김이나 예배 중에 여성의 역할을 제한하려는 의도가 없다는 말이다. 로마서 16장 7절에서도 바울은 여자 성도를 하나님을 섬기는 동료요 심지어 사도들과 같이 귀하게 여겼다.

바울은 고린도전서 11장 3절 이하에서 4가지 이유를 들면서 여자가 머리에 솔을 착용해야 한다고 주장한다.

(1) '남편이 아내의 머리이기에' 솔을 착용해야만 한다(11:3-6). 여자의 머리는 남자이다(3절). 이 머리가 가리키는 바는 '근원',[1246] '영광', '존귀', 혹은 '리더'(leader)라고 볼 수 있다.[1247] 남자와 여자의 근원은 하나님이시다. 8절은 여자가 남자에게서 났다고 한다. 사실 하와는 아담의 갈비뼈에서 만들어졌다. 바울 당시의 고린도 교회에서는 여자가 머리에 아무것도 쓰지 않거나 머리를 미는 것은 자신의 육체적인 머리뿐 아니라, 자신의 머리인 남편에게도 치욕을 가져다주었다. 좀더 확대해서 설명해 보면, 가정의 명예 특히 가장의 명예를 세워 주기 위해서는 대중 앞에서 어떤 식으로든지 아내의 옷차림이 남편을 불편하게 한다면 그 옷차림을 그만두어야 한다.

이것을 조금 다르게 설명해 보자. 바울은 11장 7-12절에서 여자가 머리에 무언가를 써야 할 이유를 '창조 질서'에 호소한다. 창세기 2장에 의하면, 하와는 아담에게서 나왔기에 남자의 형상을 반영한다. 물론 여자는 하나님의 형상을 따라 지음 받았다. 옷차림이 정숙한 아내는 남편의 명예를 잘 드러내는 반면에, 그렇지 못한 아내는 영광을 훼손한다. 그리고 아내는 예배 시에 남자의 마음을 혼란하게 만들면 안 된다. 여자가 머리에 씀으로써 예배 중에 자신의 영광이 아니라 하나님의 영광을 드러내야 했다.

(2) 고린도전서 11장 10절에 보면, '천사들을 인하여' 권세 아래 있는 표를 그 머리 위에 두어야 한다. 여자의 옷차림, 특히 머리에 쓰는 것은 천사들에게도 영향을 미친다는 이 말은

1246) 머리를 통치자(ruler)로 보면 문제가 크다. 왜냐하면 예수님의 통치자를 하나님 아버지라고 볼 수 없기 때문이다. '근원'(source)으로 보아도 약간 문제가 된다. "그리스도의 '머리' 즉 '근원'은 하나님이신가"라는 질문이 제기되기 때문이다. 본체론적으로는 그렇지 않다. 하지만 성자의 성육신의 근원을 성부(그리고 성령)로 본다면 무난하다. J.A. Fitzmyer(*NTS*, 35:503-511)를 따라서 Witherington(1998:237)은 머리를 '리더(leader)의 은유적 의미'로 본다.

1247) 고린도전서 11장 3절의 '머리'(*kephale*)의 구약과 LXX 그리고 신약 시대의 헬라어의 용법은 다양하다. 머리에 해당하는 히브리어는 로쉬(*rosh*)인데 180회 정도 우두머리 혹은 지도자(의 권위)의 의미로 사용되었다. 하지만 신약 시대의 헬라어에는 '*kephale*, 우두머리'라는 의미로 거의 사용되지 않았다. 오히려 우두머리를 의미할 때는 *kephale*보다는 *archon*이란 용어를 사용한다. LXX 번역자는 *rosh*를 번역할 때, 14가지 다른 헬라어를 사용했다. *Kephale archon*, *archegos*, *arche hegeomai*, *protos*, *patriarches* 등이다. 자세한 것은 알베라 미켈슨(2001:135-136)을 보라.

무슨 말인가? 창조 질서의 파수꾼인 천사도 예배에 참여한다는 사상이 바울 당시에 있었고, 천사도 남자처럼 여자들에 의해 성적인 유혹을 받았다는 유대 문헌(예. 창 6:1 이하, 12족장의 유언)의 기록이 있다. 그렇다면 예배에 참석하는 여자 성도가 천사의 비위도 맞추어야 한다는 결론은 합당한가? 잘못하다가는 여자가 호색꾼으로서의 천사들의 희생물이 될 수 있단 말인가? 고린도전서 6장 3절과 7장 5절 그리고 11장 10절에 천사와 사탄이 성적인 것과 관련하여 언급되었다. 하지만 이 구절의 의미는 분명하지 않은데 바울이 짧게 언급하고 넘어가고 있기 때문이다. 더 이상의 설명은 추론에 불과하다.

(3) 고린도전서 11장 14절은 '본성에 호소하면서' 여자들이 머리에 써야 한다고 설명한다. 여자가 긴 머리를 가지고 있고 머리에 쓰는 것을 덮고 있다면 본성에 맞다는 것이다. 남자는 남자다워야 하고, 여자는 여자다워야 한다. 반대로, 성전환 수술을 받거나 옷차림을 통해 성 구별을 무시하는 것은 본성을 거스르는 것이 된다. 여기서 우리는 남자들의 복장 역시 예배를 방해할 수 있음을 본다. 디아스포라 유대인들은 남자가 머리를 길게 기르거나 여자가 머리를 짧게 깎는 것에 대해 반감을 가지고 있었다. 즉 바울은 인간의 본성을 사회적 관습과 연결시켜서 여자들의 합당한 옷차림을 언급한다. 고린도의 여성도는 여성으로서 합당한 옷차림을 준수해야 했다. 남자의 남성다움과 여자의 여성다움은 예배 가운데서도 지켜져야 한다.

(4) 고린도전서 11장 16절에서 바울은 그 당시의 교회의 일치된 '관습과 규례에 호소함'으로써 제기될 수 있는 반론을 염두에 두면서 여자가 머리를 덮는 것이 옳음을 확증한다. 즉 고린도 교회가 일치되게 따르고 있는 바를 존중하면서 여자는 기도나 예언을 할 때 머리에 써야 한다고 한다. 바울은 하나님의 창조 질서와 본성, 그리고 남자와 여자의 상호 의존성에 호소하면서 예배 중에도 남성다움과 여성다움이 지켜져야 할 것을 가르친다. 즉 바울이 머리에 무언가를 쓰는 것을 논하면서 여성의 역할을 축소하거나 제한하려는 의도는 없는 것으로 보아야 한다.

이러한 내용들은 오늘날에도 적용해 볼 수 있다. 현대 교회의 예배에 여자가 비키니 수영복을 입고 온다면 남자들뿐 아니라 동료 여자 성도에게도 피해를 줄 것이다. 남자 성도가 비키니나 여자 치마를 입고 온다면 역시 문제다. 이것은 우리의 교회의 관습과 창조 질서에 맞지 않다. 그리고 아내가 비키니를 입고 교회에 온다면 머리인 남편의 명예를 손상시키는 것이 되고 만다. 여성은 교회에서 머리에 쓰는 것뿐 아니라, 지나친 몸치장을 통해서 자신을 과시하지 말아야 한다. 남자든 여자든, 예배 시의 성적 호소를 하는 복장을 통해 남의 시선을 끌어서 예배에 집중하지 못하게 방해하지 말아야 한다. 더 나아가, 우리의 모든 신앙의 방식은 남을 고려할 줄 알아야 한다. 너무 진리 안에서 자유하여 남의 눈살을 찌푸리게 만들어서는 곤란하다. 교회의 덕을 세우는 신앙의 자세가 필요하다. 실족하게 하는 튀는 신앙 습관은 바람직하지 않다. 하지만 외적인 복장 문제로 본질인 예배와 섬김이 손상을 입어서는 안 된다. 본질인 예배와 섬김은 정숙한 외적인 모습으로 나타나야 한다.

2.2. 고린도전서 11장 17-34절의 메시지

바울이 아래에 명하는 이 일에 관해서는 고린도 교회를 칭찬하지 아니하는데, 그들의 성만찬 모임이 유익이 못되고 해롭기 때문이다(17절). 고린도 성도가 교회에(*en ekklesia*) 모일 때 그들 가운데 분쟁들(*schismata*)이 있다는 말을 바울이 듣고 어느 정도는 사실이라고 믿었다(18절). "왜냐하면(*gar*; 바른 성경: '그러나') 너희 가운데 옳다고 인정받는 자들이 드러나기 위해서는 너희 가운데 분파(*hairesis*, different opinion, division)도 있어야 할 것이다"(19절). 19절은 고린도전서 중에서 가장 수수께끼 같은 구절이다. 19절은 고린도 성도 가운데 교육을 받아 지식이 있는 자들(혹은 부자)은 '나누어짐'(dissensions)을 불가피한 것으로 생각하면서, 거리낌 없이 지식이 없는 연약한 자들(혹은 가난한 자)과 거리를 두었을 가능성을 언급하는가? 아니면 혹자(R. Hays)가 주장하듯이, 고린도 교회의 분파는 하나님의 어떤 목적을 이루기 위한 뜻이었는가? 이제 바울은 교회의 분열을 인내하면서 용납하려고 작정하고 마는가?(참고. 갈 5:20). 아니면 바울은 19절에서 고린도전서 11장 28-32절에 나타난 심판을 '아이러니' 기법으로 암시하고 있는가?(예. G. Fee) 아니면, 미래 종말론적 의미 즉 고린도 교회의 분파의 잘잘못이 심판자 하나님 앞에 다 드러나서 심판을 받을 것을 의미하는가? 아니면 분파들이 있음으로 그들 가운데 부정적 의미에서 가장 특출한 자들이 누구인지 분명하게 될 것이라는 비꼬는 아이러니인가?(예. Horsley; 참고. Garland, 2003:539)

분명한 것은 사회·경제적인 형편 때문에 애찬과 성찬에서 분열이 발생하는 것은 그 분열에 가담한 사람과 분열의 원인 제공자들 중에서 그 누구도 옳다고 인정하지 않는다는 사실이다.[1248] 이상의 견해를 종합적으로 살펴볼 필요가 있다(보라. Thiselton, 2000:857-859).

주님의 만찬(*kyriakon deipnon*) 시에 먼저 자기 것을 가져다 먹는 사람도 있었는데, 혹자는 시장하고 혹자는 취해 버렸다 (20-21절).[1249] 먹고 마실 집이 없어서 교회에서 이렇게 행함으로 하나님의 교회를 업신여기고 빈궁한 자들을 부끄럽게 하는가?(22절) 성찬에 관한 교훈은 바울 자신이(ego) 주님께 받은 것인데, 주 예수님이 잡히시던 밤에 떡을 가지고 축사하시고 제자들을 위한 자신의 몸이라고 하시면서 기념하라고 하셨다(23-24절).[1250] 식후에 잔을 들어 제자를

1248) 그레코-로마 세계에서 후견인들은 자기가 속한 상류층 사람들을 '트리클리니움'(*triclinium*)에, 그 보다 낮은 계층의 사람들은 40명을 수용하는 '아트리움'(*atrium*)에 앉게 했다(참고. 존 월튼, 2010:1757). 교회는 세상의 이런 차별을 닮아서 안 된다.

1249) 예수님께서 유월절 최후의 만찬을 행하신 후에 성찬식을 제정했듯이, 고린도 교회에서도 성찬식을 거행하기 전에 '교제의 식사' 즉 '애찬'(love feast)을 거행했다(참고. 오스본, 2004:262). 매 주일 시행된 것으로 보이는 고린도 교회의 애찬은 부자는 부자끼리 고급 음식을 많이 먹었고, 가난한 성도에게는 거의 음식을 주지 않았다. 바울은 이런 행동은 주의 만찬을 준비하기는커녕 위화감을 조성할 뿐임을 간파했다. 부자 성도에게 가난한 성도를 배려하거나 나누고자 하는 마음이 결여되었다. 그 결과 어떤 이는 포만감을 느끼며 만취된 상태에서, 어떤 이는 굶거나 아니면 시장한 상태에서 성찬식에 참여하고 말았다. 이것은 성찬을 우롱하는 처사였다. 바울은 성찬식에 배설되는 떡과 포도주는 물론이거니와 거기에 참석하는 형제자매가 얼마나 중요한가를 말하고 있다. 이러한 차별을 방지하기 위해서 고린도 교인들은 차라리 집에서 식사를 하고 성찬식에 참여하는 것이 더 나았다.

1250) 24절에서 다수 사본은 "말씀하시기를, '받아먹어라'(*labete phagete*). 이것은 나의 몸이다……"로 쓴다(참고.

위해 흘릴 피로 세운 새 언약(*he kaine diatheke*)이니 마실 때마다 주님을 기념(*anamnesis*)하라고 하셨다(25절; 참고. 렘 31:33). 여기서 '기념'은 과거의 것을 떠올리는 정도가 아니라, 의식(ritual)을 반복하면서 어떤 기념될 사건이 다시금 새롭게 경험되는 실체적 행위를 가리킨다. '기억하는 것'은 무엇을 생각하는 것을 포함하여 행하는 것이다(참고. 스투키, 1998:45). 떡과 잔을 받을 때마다 주님의 죽으심을 오실 때까지 엄숙하게 '선포해야 한다'(*katangello*, 26절).[1251] 주님의 몸을 범하지 않기 위해서 사람이 자기를 살피고 그 후에야 떡과 잔을 받아야 한다(27-28절). 그리스도의 궁극적인 희생을 존중하기는커녕 무례하게 먹는 자들은 그분을 십자가에 못 박은 자들과 동일한 죄를 범하게 된다. 주님의 몸을 분변치 못하고 먹고 마시는 자는 '자기가 받을 형벌을'(*krima heauto*, 바른 성경; 참고. 개역개정판은 '자기의 죄를') 먹고 마시는 것이다(29절). 표준새번역은 "자기에게 내릴 심판을 먹고 마시는 것이다"라고 번역한다.

이때문에 고린도 교회 안에 약한 자와 병든 자가 많고 잠자는 자도 많은데(30절), 스스로 살폈으면 판단(심판)을 받지 않을 것이다(31절). 실제로 성찬을 잘못 시행했다가 고린도 교회 안에 질병과 여러 심판이 임했던 것이다. 은혜의 방편이 심판의 명목이 되어 버렸다. 그러나 '잠자는 자'라고 말함으로써 이 벌이 영원한 지옥에 떨어지게 하는 그런 종류의 심판과는 다른 것임을 알 수 있다.

우리는 대제사장 아론의 아들 나답과 아비후가 번제단의 불 외에 다른 불을 가지고 성소에 들어갔다가 즉사한 것을 알고 있다. 하나님을 섬기는 방식은 우리 마음대로 자유하면서 섬길 수 없다. 하나님이 인정하시는 방식대로 바르게 섬겨야 한다. 판단(즉 심판)을 받는 것은 주님으로부터 징계를 받는 것인데, 영원한 사망의 형벌을 당할 이 불신 세상처럼 영원한 정죄를 받지 않게 하려 하심이다(32절). 그러므로 주의 만찬에 참예하는 자는 기다려야 한다(33절). 고린도 교회는 성찬식 전의 애찬보다는 성찬식에 초점을 맞추어야 했다. 시장하거든 집에서 먹고 와야 판단 받는 모임이 되지 않는다. 나머지 교훈에 관해서는 바울이 방문하여 처리(귀정) 지침을 줄 것이다(34절).

3. 오늘에의 적용

교회에서 여성의 위치와 역할에 대한 성경의 가르침은 무엇이며, 그것은 전통과 일치하는가? 성찬식이 추도식이 되지 않으려면 과거, 현재, 미래적인 차원을 아울러야 한다.

마 26:26). 하지만 파피루스 46, 시내 산, A, B사본 등은 '받아먹어라'를 생략한다. 그리고 다수 사본은 "이것은 너희를 위하여 '쪼개어지는'(*klomenon*, 현재 수동 분사 중성 단수 주격) 나의 몸이다"라고 쓴다.

1251) 예전학자 스투키(2008:50)는 고린도전서 11장의 성찬에 대한 가르침에서 5가지를 추론한다. (1) 성찬은 '개념'이 아니라 '행위'(떡을 취함, 축사, 뗌, 나눠 줌, 잔을 취함, 축사, 나눠 줌)이다. (2) 이 행위는 교회 공동체적이다. (3) 이런 공동체적 행위를 통해서 과거와 미래가 현재의 경험의 일부가 된다. (4) 이런 행위를 통하여 그리스도의 전체 사역이 복음 전도의 힘을 가지고 선포된다. (5) 이 모든 것은 궁극적으로 그리스도께서 구하고자 오신 세상을 위하여 구체적으로 이루어져야 한다.

주님의 영적인 임재가 실제적인 유익이 되기 위해서는 예전적인 행위가 필요하다. 하나님의 방법대로 섬기자.

고린도전서 12장

1. 본문 및 구조

- 영적 은사(1-11)
- 한 몸 그리고 많은 지체들(12-31)

2. 구원 계시사적 메시지

2.1. 고린도전서 12장 1-11절의 메시지

바울은 고린도 교회가 신령한 것(*ton pneumatikon*, 중성과 남성 모두 가능하다)에 대해 알기를 원한다(1절). 개종 전에는 고린도 교회가 우상들(*eidola*)에게 끌렸다(2절). 하나님의 영으로(*en pneumati theou*) 말하는 자는 누구든지 예수님을 저주할 자(*Anathema*, 신들로부터 버려진 저주 받은 자)라 하지 않고,[1252] 또 성령으로 아니하고는 누구든지 예수님을 주라고 시인할 수 없다(3절). 아마 디아스포라의 회당은 예수님을 주라고 고백한 유대인 성도를 축출했을 것이다.

은사는 여러 가지이지만 성령은 같고(4절), 직임(*diakonia*)은 여러 가지이나 주는 같으며(5절), 역사(*energema*, performance accomplished through energy)는 여러 가지이나 모든 것을 모든 사람 가운데 역사하시는 하나님은 같다(6절). 각 사람에게 성령의 나타남(*he phanerosis tou pneumatos*, the manifestation of the Spirit, 즉 은사)을 주심은 유익하게 하려 하심이다(7절). 성령으로 말미암아 지혜의 말씀(*logos sophias*), 지식의 말씀(*logos gnoseos*),[1253] 믿음(*pistis*, 직분 수행 혹은 기적과 관련된 특별한 믿음), 병 고치는(*hiamaton*, 복수형 'gifts of healings'는 다양한 사람들이 다양한 질병을 치유한 것을 염두에 둠; 참고. ESV Study Bible, 2008:2209) 은사, 능력 행함

1252) 고린도 교인들이 개종 전에 사탄의 영향력 아래 있을 때 사탄이 그들을 통해서 황홀경적 말의 은사(the gift of ecstatic speech)를 통해서 예수님을 저주하도록 했을 것이다(참고. Rogers & Rogers, 1998:377).

1253) 8절의 '지혜와 지식의 말씀'을 하나님께서 어떤 상황 속에서 사람에게 주시는 초자연적인 지식과 지혜로 보는 이가 있다. 반대로 상황에 적절하게 말할 수 있는 자연스러운 지혜와 지식으로 보는 이도 있다. 후자의 근거는 고린도전서 12장 10절의 '예언'을 하나님이 갑자기 사람의 마음속에 주시는 말씀으로 본다면, 바울이 '지혜와 지식의 말씀'을 통해서는 '예언'과 다른 자연스런 의미를 의도했을 것이라는 추론이다(예. ESV Study Bible, 2008:2209).

(*energemata dynameos*, 참고. 행 8:13, 14:8-10, 19:11-12; 롬 15:19; 갈 3:5; 히 2:4), 예언함,[1254] 영들 분별함(*diakriseis pneumaton*, 참고. 요일 4:1), 각종 방언들 말함,[1255] 그리고 방언들 통역함(hermeneia glosson)을 주셨다 (8-10절).[1256] 이 모든 일은 같은 한 성령이 행하시는데, 그분의 뜻대로 각 사람에게 나눠 주신다(11절).[1257]

1254) 예언의 은사에 관해 크게 3가지 입장이 있다. (1) 고린도전서에서 바울이 '예언'이라는 용어를 사용한 것처럼, 10절에서 이 용어(*propheteia*)는 하나님이 자연스럽게 말하는 사람(speaker)의 마음에 계시하신 것을 하나님의 말이 아니라(not words of God) 단순히 사람의 말(in merely human words)로 보고하는 '말'(speech)을 가리킨다. (2) 구약의 예언자 그리고 성경과 동일한 권위로 어떤 사람이 하나님 자신의 말씀을 하는 것이다. (3) 사도행전 2장 17-18절, 11장 27-28절, 로마서 12장 6절, 고린도전서 11장 2-5절, 12장 28-29절, 13장 2절, 14장 1-40절, 데살로니가전서 5장 19-21절, 디모데전후서 1장 18절, 요한일서 4장 1절 등에서 볼 수 있는 설교 혹은 가르침의 은사와 비슷한 것으로 보는 입장이다. 예언은 회중을 격려하고 세운다(고전 14:3). 또한 예언은 불신자들의 마음의 비밀을 드러내어 하나님을 예배하도록 인도하는 복음 전파의 기능도 한다(고전 14:24-25; 참고. ESV Study Bible, 2008:2209).

1255) "Speech in a language the speaker does not know, and that sometimes does not follow the patterns of any human language." 바울이 8-10절의 은사 목록에서 '방언'과 '방언 통역'을 제일 마지막에 배치한 이유는 무엇인가? 고린도 교회가 방언에 대해 과도하게 강조한 결과 다른 은사들을 무시했기 때문일 것이다. 즉 은사에 대한 이해와 사용에 있어서 불균형을 해결할 의도가 있었다. 방언이 사도 시대에만 국한되는지, 아니면 오늘까지 지속되는지에 대해 여전히 논란이 있다. 하지만 두 입장 모두, 성도는 반드시 방언을 말해야 한다는 것을 의미하지 않는다(ESV Study Bible, 2008:2209).

1256) 9절 마지막에서 A와 B사본은 '한 성령님으로'(*en to heni pneumati*)로(개역개정판), 시내 산과 다수 사본은 '같은 성령님으로'(*en to auto pneumati*)로 쓴다(바른 성경). 두 이문의 무게는 대등하다. 반복적인 표현('같은 성령님으로')을 피하기 위해서 '한 성령님으로'로 썼을 수 있다.

1257) 다양한 은사에 대한 칼빈의 설명에 주목할 필요가 있다. '지혜의 말씀'(고전 12:8)은 거룩한 것들에 대한 철저한 파악과 가장 비밀스럽고 높은 성격의 것들에 대해 통찰하는 것으로 해석한다. '지식의 말씀'(고전 12:8)은 거룩한 것들에 대한 이해로 본다. '믿음'(고전 12:9)은 구원에 이르는 믿음으로 보기보다는 이적이 수행되는 믿는 믿음, 즉 이적 신앙으로 해석한다. '신유의 은사'는 나머지 이적들과 마찬가지로 복음의 선포를 위하여 일시적으로 필요했기에, 지금은 사라졌다고 본다(《기독교 강요》 4.19.18). '예언의 은사'는 고린도전서에서 말하는 선지자들이 성경을 사용하여 하나님의 뜻을 알게 하는 독특한 은사를 가진 사람들, 즉 하나님의 뜻을 알게 하는 사자들이라고 보았다. '영들을 분별함'은 그리스도의 참된 사역자들과 거짓 사역자들을 분별해 줄 수 있는 은사로 본다. '방언을 통역함'은 어떤 특정 교회를 위해서 외국어(foreign language)를 통역해 주는 것으로 본다. '서로 돕는 은사'(고전 12:28)는 집사 직분으로 보기를 선호한다. '다스리는 은사'(고전 12:28)는 장로에게 주어진 은사로 본다. 칼빈은 무엇보다도 은사의 '기독론적 기초'를 강조했다(보라. 이신열, 2010:85-107). 은사의 '시여자'는 예수님이시다(엡 4:7-11). 예수님은 대선지자로서 예언의 은사를 주셨다. 로마서 12장 6절 주석에서 예언의 은사를 하나님의 뜻을 정확하게 설명하는 주석가의 임무와 연결한다. 칼빈은 은사의 '성령론적 차원'도 잊지 않는다(롬 12:6-8; 엡 4:11). 성령은 복음을 통해서 은사와 직분을 연결하시고, 주권적으로 은사를 부여하시고, 교회의 각 지체에 차별적으로 은사를 부여하시지만 통일성과 질서를 창출하신다. '사도'와 사도의 보조자인 '복음 전하는 자'(고전 12:28; 엡 4:11)를 사도 당시에 한정된 일시적인 직분으로 본다. 선지자(롬 12:6; 고전 12:10; 엡 4:11)는 성경에 대한 탁월한 해설자이지, 미래에 대한 예언자가 아니다. 따라서 현대의 설교자에 해당된다. '목사와 교사'(롬 12:8; 고전 12:28; 엡 4:11)는 하나의 직분이 아니다. 개별 교회의 양무리를 돌보는 직무는 목사에게, 치리와 성례에는 참여하지 못하고 다만 성경해석에 관여하는 직무는 교사에게 주어졌다. '믿음과 능력 행함'(혹은 기적 행함, 고전 12:9-10, 29-30)을 복음이 잘 알려지지 않은 상태에서 밝히 드러내기 위해서 사도 시대에 한정적으로 주어진 것으로 본다. '영의 분별'은 그리스도의 참 사역자와 거짓 사역자를 분별하는 능력이다. 화란의 압펄도른신학교의 마리스(Maris) 교수(2010:1-8)도 칼빈의 사상과

2.2. 고린도전서 12장 12-31절의 메시지

그 몸(*to soma*)은 하나인데 많은 지체(*mele polla*)가 있고, 몸의 지체가 많으나 한 몸임과 같이 그리스도도 그러하시다(12절). 여기서 우리는 그리스도의 온 교회적 인격을 본다. 유대인, 헬라인, 종, 자유자나 다 한 성령으로 세례를 받아 한 몸이 되었고 또 다 한 성령을 마시게 하셨다(13절). 성령으로 세례를 받는 것은 물세례를 가리키지 않고, 성도로 하여금 예수 그리스도 안에 연합된 상태로 계속 있게 하며 성령의 은사를 받도록 하는 것을 의미한다.[1258] 몸은 한 지체로만 구성되지 않고, 여럿인데(14절), 발, 손, 귀, 눈, 머리와 같은 지체가 모두 요긴하도록 한 몸에 붙어 있다(15-22절). 몸의 덜 귀히 여기는 그것들을 더욱 귀한 것들로 입혀 주며, 아름답지 못한 지체는 더욱 아름다운 것을 얻고(23절), 아름다운 지체는(특별히 잘 보이도록) 요구할 것이 없으니, 오직 하나님이 몸을 고르게 하여 부족한 지체에게 존귀를 더하사 분쟁이 없이 서로 돌아보게 하셨다(24-25절). 지체끼리 고통과 영광을 함께 나눈다(26절). 성도는 그리스도의 몸이요 지체의 각 부분이다(27절). 하나님은 교회에 사도, 선지자, 교사, 능력, 병 고치는 은사, 서로 돕는 것(*antilempseis*, helps), 다스리는 것(*kyberneseis*), 그리고 각종 방언을 하는 것을 세우셨다(28절). 모든 성도가 사도가 될 수 없고, 병 고치는 은사를 가질 수 없다(29-30절). 29절과 30절은 헬라어 부정어 *me*로 시작하는 의문형이기에, 부정적인 대답을 기대한다(참고. Mounce, 1993:296). 더욱 큰 은사들(*ta charismata meizona*, the greater gifts)을 사모하라. '더 큰 은사들'이라는 복수형은 우리가 사랑을 최고의 은사로 볼 수 없도록 한다. 오히려 교회의 덕을 세우는 데 기여를 많이 하는 것이 더 큰 은사이다. 바울은 고린도 교회에게 제일 좋은 길(*hyperbolen hodon*)을 보인다(31절). 사랑이 바로 그 길이다(참고. Conzelmann, 1975:216)

3. 오늘에의 적용

직분(ministry)과 은사(gift)의 관계는 무엇인가?
은사의 바른 목적을 깨닫고 사랑으로 올바르게 시행되도록 해야 교회가 건강해진다.

일치하여, 은사주의자들이 중요하게 여기는(특히 방언, 신유, 축귀와 같은) '경험'과 '제2의 복'보다는 하나님과의 친밀한 관계 유지를 위해서 믿음과 은혜를 강화하여 교회의 덕을 세우는 것이 더 중요하다고 본다. 따라서 마리스 교수는 교회가 퇴보하는 시대에 산다고 해서 성장을 위하여 무분별하게 은사주의를 도입할 수 없다고 본다. 이와 같은 사실은 은사를 성령론적 차원과 개인적 차원에서 주로 이해하려는 한국 교회에 교훈하는 바가 크다. 그리고 은사를 그리스도의 3직에서 파생한 직분과 연결 지어서 이해하는 것이 안전하다.

1258) "성령으로 세례를 받는다"는 성령님이 회심하는 순간에 그 회심자에게 정결함과 힘을 주시는 사역을 가리키는 경우도 있다(참고. 마 3:11; 막 1:8; 눅 3:16; 요 1:33; 행 1:5, 11:16; 보라. ESV Study Bible, 2008:2210).

∽ 고린도전서 13장 ∾

1. 본문 및 구조

• 은사의 통로인 사랑(1-13)

2. 구원 계시사적 메시지

은사를 다루는 고린도전서 12장과 14장 사이에 사랑장이 위치한다. 그리고 고린도전서 12장 마지막에서는 2인칭 복수형이 등장하다가 13장 1절에는 1인칭 단수로 바뀌는데, 이것은 바울 개인의 모범에 독자들이 주목하도록 돕는다.[1259] 문맥상 사랑(*agape*)은[1260] 최고의 은사(*charisma*)가 아니라(contra 오스본, 2004:316), 은사들이 시행되는 통로, 규범, 가이드, 그리고 운용 방식(*hodos*, modus operandi)이다(참고. Witherington, 1998:264; Turner, 2004:904). 만일 바울이 사람의 방언(즉 사람이 알아듣지 못하는 방언)과 천사의 말(참고. 욥의 유언 48-50장)을 할지라도, 사랑이 없으면 소리 나는 구리(sounding copper or brass; noisy gong)와 울리는(*alalazo*) 꽹과리(*he kymbalon*)가 된다(1절; 참고. 고전 8:1).[1261] 고린도전서의 사랑은 고린도 교회의 분열과 파당에 대한 반대말이다. 분열과 파당은 영적인 어린아이의 일인데 이것에 대한 해독제(antidote)가 사랑이다(참고. 고전 13:11). 그리고 만일 바울이 예언하는 능이 있어(고전 12:10) 모든 비밀과 모든 지식을 알고 또 산을 옮길 만한 모든 믿음이 있을지라도 (참고. 막 11:23 이하; 고전 12:9), 사랑이 없으면 "바울(나)은 아무것도 아니다"(*outhen eimi*, 2절). 헬라어 '*outhen*'은 은사의 무익함을 넘어서, 바울 자신의 무익함까지 강조하는 표현이다(참고. Garland, 2003:611). 모든 것으로 구제하고 몸을 불사르게 내어줄지라도[1262] 사랑이 없으면 아무 유익이 없다(3절).

4-7절은 마치 사랑의 예수 그리스도의 성품과 삶을 묘사하는 듯하다. 사랑은 느낌의 문제가

1259) 실제로 고대 수사가들에게 있어서 법정적 변론(forensic argument) 가운데 제의적 부설(epideictic excursus)을 논쟁이 아니라 제시(presentation)를 위해 삽입하는 것은 드물지 않다.

1260) '아가페'를 다른 종류의 사랑(예. *philia*, *eros*)보다 영원하고 자기희생적이며 특출한 것으로 볼 수 없다. 이 세 용어는 상호 교차적으로 사용된다(contra 오스본, 2004:301; Witherington, 1998:269).

1261) 바울은 이방 극장에서 음향 효과(acoustic effect)를 증가시키기 위해서 사용된 악기를 염두에 두고 있을 수 있다. 꽹과리는 유대 예배는 물론 키벨레(Cybele)와 바쿠스(Bacchus)와 같은 이방인 예배에도 동원되었다(참고. Rogers & Rogers, 1998:379).

1262) '불사르다'(*kauthesomai*, I shall be burned; C, D, F, G, K, L, 다수 사본, 개역개정판) 대신에 *kauchesomai*(자랑하다, 기뻐하다)를 지지하는 이른 사본들로는 파피루스 46, 시내 산, A, B, 그리고 바른 성경('내가 자랑하려고') 등이다. 사본상으로는 후자에 더 무게가 있다. 사실 후자는 바울 서신에 총 35회나 등장한다. 어떤 이는 자랑하고자 하는 마음에서 자비를 베풀고자 했을 수 있다. 바울이 고린도전서를 기록할 당시는 네로 박해 이전인데 화형이 있었는가? 물론 다니엘 3장 15절 이하의 다니엘의 세 친구가 풀무 불에 들어간 사실을 바울은 잘 알고 있었을 것이다. 어느 경우이건 사랑은 자기희생적이다.

아니라 타인을 고려한(other-directed) 행동과 실천의 문제이다. 사랑은 오래 참고, 온유하며, 투기하는 자가 되지 아니하며, 자랑도 교만도 아니한다(4절). 사랑은 무례히 행치 않고, 자기의 유익을 구치 않고(참고. 고전 10:33), 성내지 아니하며(*ou paroksynetai*, 현재 수동 직설 3인칭 단수; 직역: '성내게 하지 않으며', to be irritated),[1263] 악한 것을 생각지 아니하고(*logizetai to kakon*, 5절),[1264] 불의(*adikia*)를 기뻐하지 않고 진리와 함께 기뻐한다(6절). 사랑은 모든 것들(*panta*, 혹은 '항상'; 참고. Garland, 2003:619)을 참고 믿고 바라고 견딘다(7절).[1265] 사랑은 언제까지든지 떨어지지 않는데(*oudepote piptei*, never falls), 예언, 방언, 지식은 폐해질 것이다 (8절). 부분적으로 알고 부분적으로 예언하지만, 온전한 것(*to teleion*)이 올 때는 부분적으로 하던 것이 폐하리라(9-10절).

어떤 개혁주의 학자들은 신약성경이 기록된 이후로는 방언과 예언과 같은 은사가 폐해졌다고 주장한다. 그렇다면 이런 해석과 실제로 지금도 발생하는 은사적 현상은 어떻게 조화되며, 무엇이 옳은가? 고린도전서 13장 10절은 방언, 예언 그리고 지식의 은사가 온전한 것(주님 재림 시)이 올 때는 폐하여진다(*katargethesetai*, 미래 수동 직설 3인칭 단수, 효력이 없다, 폐지하다)고 말씀한다(참고. 고전 13:8). 그렇다면 '온전한 것'(*to teleion*)은 무엇인가? 기록된 신약성경인가, 아니면 예수님의 재림인가? 개혁주의 진영 안에 이 부분의 해석에서 의견이 나누인다. 필자의 입장과 동일하게 ESV Study Bible(2008:2211)과 미국 리폼드(Reformed) 신학교의 프랫(Pratt, 2003:1863)이 편집한 《*Spirit of Reformation Study Bible*》에서는 '그 온전한 것'을 '주님의 재림'으로 본다(참고. 8절과 10절의 미래 동사; 보라. 이한수, 2008:172).[1266] 물론 기록된 하나님의 말씀인 성경과 동일한 권위를 가진 그 어떤 계시도 바울 당시의 고린도 교회가 예배드리는 중에 예언이나 방언 그리고 지식의 은사를 통해서 주어지지 않았다고 보아야 한다. 정경은 닫혀 있다(Canon is closed). 그렇다면 언제부터 정경이 닫혀 있는가? 성경 66권이 기록되고 난 후는 당연하며, 기록되기 전에도 초대 교회의 예배 도중에 하나님께서 신약의 예언자를 통해서 말씀하셨던

1263) 갈랜드(Garland, 2003:618)의 설명을 들어보자. "사랑은 분노의 격발(*paroxysm*)로 빠져들지 않으며, 남을 화나게 만들지도 않는다. 사랑이 가득한 자는 화를 잘 내는 경향의 사람(irascible)도 아니며 논쟁을 불러일으키는 사람도 아니다. 남이 나를 화나게 만들어도 사랑으로써 화를 내지 않아야 한다."

1264) '악한 것을 생각하는 것'은 보복하기 위해서 남의 잘못을 기록해 두는 것의 이미지이다(참고. Garland, 2003:618).

1265) 그레코-로마의 라이벌 관계에 있던 철학자들의 사랑 개념에 있어서 자신의 스승을 사랑한다는 것은 자동적으로 다른 스승을 미워하는 것이다. 그들은 배타적으로 공적인 명예와 인정을 얻기 위해 혈안이 되어 있었다(참고. Witherington, 1998:269).

1266) 칼빈(1993:382)의 말을 들어보자: "온전한 것이 언제 올 것인가? 그것은 참으로 죽음과 함께 시작된다. 왜냐하면 그때 우리는 육체와 함께 많은 연약함을 벗게 되기 때문이다. 그러나 그것은 심판 날까지 완전히 이루어지지 않을 것이다." 칼빈(1993:413)은 고린도전서 14장 주석에서 "오늘날 우리는 우리 자신의 빈약한 재능과 결핍을 사실상 보게 된다. 그러나 이것은 틀림없이 우리의 망은(忘恩)의 대가로서 우리가 마땅히 받아야 할 형벌인 것이다. 왜냐하면 하나님의 풍요함은 결코 다함이 없으며, 또한 그의 관대하심이 줄어드는 법이 없기 때문이다"라고 말했다. 위의 진술 자체만 두고 볼 때, 칼빈은 사도 시대뿐 아니라 항상 은사의 풍요함이 지속된다고 믿었다.

동안에도 닫혀 있었다. 왜냐하면 그런 예언의 말씀은 66권 성경 안에 들어오지 않았기 때문이다. 이것은 정경의 범위를 정하시기 위한 하나님의 주권적인 섭리이다.[1267)]

예언, 방언, 지식이라는 계시와 관련된 성령의 은사들은 성경이 기록된 시점 이후에도 계속되며, 그리고 예수님 다시 올 때까지 계속될 것이다. 그렇다면 특별 계시가 기록된 이후의 이런 은사들의 기능은 무엇인가? 오늘날의 예언은 기록된 성경과 동일하거나 동등한 권위를 가질 수 없다. 지속되는 예언은 신앙과 생활의 유일한 규범이 될 수 없다. 단지 특별한 사람을 통해서, 제한적으로, 특수한 상황에서, 하나님께서 말씀하실 수 있다고 볼 수 있다(예. 성경이 번역되지 않은 선교지).[1268)] 그러나 우리 시대에 필요한 '진정한 예언'은 기록된 말씀의 빛 속에서 교회와 세상의 현실을 진단하고 선지자적 목소리를 내는 것이다. 이 부분은 민감하고 대단히 조심스러운 부분이다. 자칫 불건전한 신사도 운동에서 주장하듯이, 계시의 연속성 즉 계시가 닫혀지지 않았다고 오해할 여지가 있기 때문이다. 그렇다면 '방언'은 어떠한가? 주로 개인의 신앙의 유익을 위해서 주시는 경우이다. 그러나 방언으로 기도하는 것보다 자기 나라 말로 똑똑히 기도한다고 해서 기도의 질이 떨어지는 것이 아니다. '지식의 은사'는 말씀을 바로 분별하고 가르치는 데 필요한 것이다. 성령의 조명과 계시의 정신이 말씀의 사역자에게 필요하기 때문이다. 말씀의 사역자들은 히브리어와 헬라어와 같은 성경 언어를 습득해야 하는데, 이 능력이 부족할 경우 지식의 은사는 제약을 받게 된다. 그러므로 말씀의 사역자로 부름 받은 외적 증거 중 하나가 바로 성경 언어의 능력이 될 수 있다. 예언이건, 방언이건, 지식이건, 주님이 다시 오실 때는 '참으로 이런 것들은 부분적인 것이었구나'라고 우리가 깨달을 정도의 은사들에 지나지 않을 것이다. 사람은 이런 은사를 가지고 있더라도 하나님을 온전히 알 수 없다. 그러므로 주님의 재림은 계시사적 사건이며, 완결적 사역이다.[1269)]

1267) 김익두 목사를 비롯한 부흥사들의 사역에 기적적 현상이 많이 동반되었다. 따라서 황해노회는 1923년 장로회 총회에 "今日에 異蹟 行하는 權能이 停止되었느니라"라는 장로교헌법 3장 1조를 수정하고자 헌의하였으나, 찬성 6, 반대 10, 기권 3으로 부결되었다. 장로교 헌법에(초자연적) '은사 중지론'의 표현이 들어간 것은 프린스턴 신학교와 매코믹 신학교에서 공부한 미국 북장로교 선교사들의 영향으로 보인다. 이 선교사들은 특별히 사도 시대에 정경이 기록된 이후에는 은사가 중지되었다고 주장한 워필드(B.B. Warfield)의 영향을 받았다. 워필드는 《*Counterfeit Miracles*》(위조된 기적들)라는 책을 썼다. 워필드 훨씬 이전에, 일부 교부들(예. 크리소스톰, 어거스틴, 아퀴나스)은 초자연적 은사는 초대 교회의 특수한 필요와 기독교 메시지를 확증하기 위한 차원이었다고 주장했다. 계몽주의 시대에는 초자연적 은사의 중지를 더 지지하는 분위기였다. 그런데 워필드처럼 정경이 기록된 이후로 은사나 기적이 중지되었다고 주장할 수 있는가? 정경 66권이 완성되기 이전, 특히 출바벨론 이후 시대에도 기적은 잘 나타나지 않았다. 그리고 속사도 시대에도 기적과 초자연적 은사들이 계속되었다. 그리고 기적이 사도가 전한 메시지를 확증하는 차원을 가지기는 하지만, 오직 그 기능만 가지는지 의문이다. 오히려 기적이나 초자연적 은사는 교회의 덕을 세우려는 광범위한 목적이 있지 않을까?(참고. 이한수, 2008:158-178)

1268) "치유, 방언, 예언과 같은 극적인 은사들을 포함하여 어떤 영적인 경험을 갈구하는 것은, 안정되고 자신감이 있는 교회에서의 현상이라기보다 내적 성찰이 요구되는 역사적으로 불안정했던 시대의 교회에 나타난 특징이다"(이한수, 2008:169).

1269) 기사와 표적들은 말씀 선포와 더불어 하나님 나라가 역사 속에 뚫고 들어온 현재적 실재라는 것을 보여주는 가시적인 징표들로서, 복음을 선포하는 선교 현장에서 오늘날에도 지속되고 있다. 하지만

영적으로 어렸을 때는(*nepios*, infant, childish) 말하는 것과 깨닫는 것과 생각하는 것이 어린아이와 같다가, 영적으로 장성한 사람(*aner*, an age appropriate)이 되어서는 어린아이의 일을 버렸다(11절). "지금은 우리가 거울을 통해서(*di' esoptrou*) 보는 것과 같이 희미하게 보지만(*en ainigmati*, 수수께끼, 모호함; 참고. 고전 13:9), 그때는(즉 주님의 재림 시) 얼굴과 얼굴을 마주 대하여 볼 것이다.[1270] 지금은 부분적으로 알고 있지만(*ginosko*, 현재) 그때는 주께서 나를 아셨던 것같이(*epegnosthen*, 과거 신적 수동 직설), 내가 온전히 알 것이다(*epignosomai*, 미래 디포넌트, 혹은 미래 신적 수동태, 12절). 그런즉 믿음, 소망, 사랑은 항상 있을 것인데(*menei*; 참고. 롬 5:1-5; 갈 5:5-6; 엡 4:2-5; 골 1:4-5; 살전 1:3, 5:8; 히 6:10-12, 10:22-24; 벧전 1:3-8), 이들 중에서 제일은(*meizon touton*, '더 큰 것은'; 최상급의 의미, 'the greatest', 보라. Rogers & Rogers, 1998:380) 사랑이다(13절)." 로마서 8장 24절과 고린도후서 5장 7절 등에서 믿음과 소망은 내세에서 완전해질 것처럼 말씀한다. 그러나 사랑은 이생과 내세를 연결하는 영원한 것이다(참고. Witherington, 1998:271-272).[1271]

3. 오늘에의 적용

은사는 사랑의 동기로 시행되어야 한다.
은사의 남용은 어떻게 나타나는가?

고린도전서 14장

1. 본문 및 구조

• 더 큰 은사인 예언(1-5)

일단 복음 선포를 받아들여 교회가 확립되어 제도화되고 하나님 나라를 경험한 자들에게 그것의 실재를 논증할 수 있는 객관적인 증거들은 반드시 필요로 하는 것은 아니다. 기사와 표적들이 점차 희소해지고 초자연적 은사들이 고갈되는 데는 역사, 문화, 실존적 요인들이 복잡하게 얽혀 있다(참고. 이한수, 2008:178).

1270) 12절의 얼굴과 얼굴을 맞대어 본다는 '신현'의 용어는 예수님의 재림에 적합하다(참고. 이한수, 2008:171).

1271) 칼빈(1993:385-386)의 설명을 들어보자. "믿음과 소망은 우리의 불완전한 상태에 대하여 함께 공존하는 것이지만, 사랑은 완전한 상태에 이른 이후에도 계속될 것으로 본다. 믿음이 많은 경우 그 결과 면에서 사랑보다 우월하다. 따라서 사랑이 모든 면에서 더 위대한 것이 아니라, 그 영원성 때문에, 또한 교회를 존재하게 하는 주요한 역할 때문에 더 위대하다는 평가를 받는다."

- 이해 가능함을 위한 유비들(6-12)
- 공동체 안으로의 적용(13-19)
- 불신자들에게 적용(20-25)
- 방언과 예언의 활용법에 대한 권면(26-33)
- 교회 안에서 여자에 대한 권면 및 결론(34-40)

2. 구원 계시사적 메시지

2.1. 고린도전서 14장 1-5절의 메시지

은사의 시행 통로인 사랑을 따르며(follow the way of love), 신령한 것을 사모하되(참고. 고전 12:31), 특별히 예언을 하려고 하라(1절). 예언이 방언보다 더욱 교회의 덕을 세우기 때문이다. 예언은 미래적인 어떤 것을 내다보는 것을 배제하지 않지만, 무엇보다도 통찰력과 분별력을 가지고 말씀으로 교회를 양육하고 교화시키는 것을 가리킨다. 현대에는 이 예언의 은사가 직통계시가 아니라, 설교와 밀접하게 관련된다. 성령의 사역을 제한하지 말고, 열린 마음으로 그러나 조심스럽게 은사에 접근해야 한다. 방언을 말하는 자는 사람이 아니라 하나님에게 하나니(즉 하나님과 기도와 찬양 가운데 교제하나니), 성령으로써(*pneumati*) 비밀들(*mysteria*)을 말하는 것이다(2절). 성령이 말씀하시는 비밀은 말하는 자와 듣는 자의 이해를 초월한다(참고. 고전 13:2).

예언은 사람에게 말하여 덕을 세우고 권면하고 안위하는 것이다(3절). 방언은 자기의 덕을 세우고, 예언은 교회의 덕을 세운다(4절).[1272] 바울은 고린도 교회가 다 방언 말하기를 원하지만,

---

1272) 방언을 천상(혹은 천사)의 언어가 아닌 외국어로 보는 칼빈(1993:388-391)의 입장을 들어보자. "왜 바울은 예언을 다른 은사보다 더 우위에 두는가? 고린도 교회가 다른 사람들이 외국어를 하는 것을 들을 때, 놀라움을 금치 못하므로 다른 은사보다 더 화려한 전시 효과를 나타내게 되어, 그들이 지나치게 이 방언의 은사에 관심을 집중하였기 때문이다. 방언은 사람이 아니라 하나님께 말하는 것이라는 말씀은(그 당시 관용어적 표현으로 하자면) '자기 자신에게 그리고 벽에 대고 설교하는 것과 같다'라는 뜻으로 해석한다. 그리고 '아무도 알아들을 수 없다'는 외국어를 말하는 자신만 그 뜻을 안다는 의미이다. '영으로 말하다'는 것도 칼빈은 나쁜 의미로 해석하여 제시하면서 '알 수 없게, 아무 효과도 내지 못하는, 수수께끼 같은 말을 한다'는 뜻으로 본다. "방언을 말하는 자는 자기 자신을 세운다"(고전 14:4)는 말씀도 '자신에게 말하다'는 뜻이든지, 바울이 양보하는 방식(by way of concession)으로 말하는 것이라고 본다. 문제의 핵심은 교회 공동체가 모였을 때는 자신의 유익을 추구하기보다는 다른 이들을 위하고 도움을 주려는 열망이 있어야 한다는 사실이다. "방언으로 기도할 때 내 영으로 기도한다"는 말씀(고전 14:14)도 바울이 '양보하는 방식'으로 표현한 것인데, 즉 '당신의 영이 당신에게 부여된 은사를 스스로 자랑하려고 하는데 그것이 교회에 유용성이 없다면 무슨 소용이 있느냐'는 뜻으로 본다. 칼빈과 맥을 같이하여 반더발(1999:329)도 방언은 메시아 예수님이 구약의 예언을 따라 성령을 부어주신 것을 증거하는 일시적인 표적이라고 본다(참고. 사 14:21). 따라서 지금도 예배 중에 방언을 말하려고 한다면 구속사의 발전을 간과한 것으로 자신의 영광과 개인주의를 조장할 뿐이라고 주장한다. 만일 방언에 대해 칼빈과 다른 해석을한다고 할지라도, 적어도 다음과 같은 칼빈의 설명에는 동의를 해야 한다(참고. 이승구, 2009:76). "바울은 교회 공동체 안에서 공개적으로 하는 것과 다른 사람들이 모르게 혼자 말하는 것을 구별하고 있다. 그리고 교회 공동체 안에서 공개적으로 하는 것은 금하는 것이다" (고전 14:28 주석).

특별히 예언하기를 원한다. 방언의 경우 교회의 덕을 위해서 통역을 세워야 한다(5절). 통역과 더불어 수행되는 방언이 교회의 덕이 된다.

2.2. 고린도전서 14장 6–12절의 메시지

바울이 고린도 교회에 가서 방언을 말하지만, '계시(*apokalypsis*), 지식(*gnosis*), 예언(*propheteia*), 가르치는 말(*didache*)'을 하지 아니하면 고린도 교회에게 무엇이 유익할 것인가?(6절). 계시, 지식, 예언, 가르치는 말은 교회의 유익을 위해 성령의 도우심으로 이해할 수 있는 방식으로 이루어지는 다양한 형태의 말씀이다. 미래에 관한 것이라기보다 공동체를 위한 현재적 메시지이다.

피리(*aulos*, flute)나 거문고(*kithara*, harp)처럼 생명이 없는 것이 소리를 낼 때 그 음의 분별(*notes*)을 내지 아니하면, 저 부는 것인지 거문고 타는 것인지 알 수 없다(7절). 악기는 음색(tune)을 정확하게 내어야만 소음이 되지 않고 아름다운 멜로디가 된다. 나팔(*salpingks*, trumpet)이 분명치 못한 소리를 내면 누가 전쟁을 예비할 것인가?(8절). 파수꾼이 분명한 소리를 내어야만 군대가 일사불란하게 움직일 수 있다(참고. 겔 33). 혀로 알아듣기 쉬운 말을 하지 아니하면 허공에다 말하는 것이 되며 그 말하는 것을 어찌 알 것인가?(9절) 바울 당시 고린도는 국제 도시(cosmopolitan)였기에 서로 알아들을 수 없는 다양한 언어가 공존했다. 소리의 종류가 많되, 뜻(의미) 없는 소리는 없는데(10절), 그러므로 그 소리의 뜻을 알지 못하면 말을 듣는 자에게 야만(*barbaros*, 외국인)이 된다(11절). 두 외국인이 서로 자기 나라 말로 말하면 의미가 통하지 않듯이, 방언도 통역 없이는 의미가 통하지 않는다. 교회의 덕(*oikodome*)을 세우기 위하여 신령한 것들을 사모하고 풍성하게(*perisseuete*, 현재 능동 가정 2인칭 복수) 되기를 원한다(12절).[1273]

2.3. 고린도전서 14장 13–19절의 메시지

방언을 말하는 자는 통역하기를 위해 기도하라(13절). 그래야만 공적 예배에 가치가 있다. 방언으로 기도하면 기도하는 사람의 영이 기도하는 것인데, 기도하는 사람의 마음(이성)은 열매를 맺지 못한다(14절). 즉 기도하는 자의 영은 성령께서 주시는 내용을 따라 기도하지만, 스스로 무슨 말을 하는지 알지 못한다. 영으로 기도하고 마음으로 기도하며, 영으로 찬미하고 마음으로 찬미해야 한다(15절). 기도와 찬양을 드릴 때 영혼과 이성이 총동원되고 일치되어야 한다. 그렇지 아니하면 (성)영으로 축복할 때(*euloges*, 현재 능동 가정 2인칭 단수), 즉 예배 시에 방언으로 하나님을 찬양할 때(참고. Fee, 1987:672), 무식한 처지에 있는 사람(즉 방언이나 통역의 은사를 받지 못한 자 혹은 불신자와 신자 중간의 구도자[inquirer]; 고전 14:23 참고)이 무슨 말인지 알지 못하고 아멘(동의)할 수 없다(16절). 고린도 교회는 감사를 잘하였으나, 다른 사람은 덕

1273) 방언은 '말하다'(*laleo*)와 '언어'(혀, *glossa*)가 합성된 명사이다. 영어로는 종종 'glossolalia'라고 번역된다. 바울이 로마서 12장 6-8절과 에베소서 4장 11절 등에서 방언을 언급하지 않은 이유는 무엇인가? 방언이 그 당시 너무 흔한 것이어서, 방언을 사용함에 있어 문제가 되었던 고린도 교회의 경우에만 지침을 주기 위해서였는가? 아니면 오용되기 쉬운 은사인 방언을 하기를 고린도전서에서만 언급함으로써 다른 나라와 지역의 교회에 장려할 의도가 없어서인가?(참고. Robeck, 1993:939-940).

세움을 받지 못한다(17절). 즉 만일 어떤 사람이 감사를 알아들을 수 있도록 한다면 다른 사람에게 덕(*edification*)이 될 것이다. 바울은 다른 모든 사람보다 방언을 더 말하므로 하나님께 감사한다(18절). 남을 가르치기 위해서(즉 덕을 세우기 위하여) 깨달은 말(intelligible words)로 5마디 하는 것이 방언으로 1만 마디 하는 것보다 낫다(19절).[1274)]

2.4. 고린도전서 14장 20-25절의 메시지

지혜(*phresin*, 사고, thinking)에는 영적으로 아이(*paidia*)가 되지 말고, 악에는 어린아이(*nepiazete*)가 되라.[1275)] 악에 대해서는 순수해야 한다. 여기서 바울은 방언의 사용에 있어서 유치한 태도를 가진 고린도 교회를 책망한다. 지혜에 장성한 사람이 되라(20절). 율법(참고. 사 28:11-12)에 기록된 바 주께서 "내가 다른 방언하는 자와 다른 입술로 이 백성에게 말할지라도 저희가 오히려 듣지 아니하리라" 하셨다(21절). 이사야는 이사야 28장에서 앗수르가 불신실한 이스라엘의 선생이 되어 가르칠 것이라고 말한다. 그러나 선지자의 말에도 귀를 기울이지 않았던 이스라엘이 이방인의 말에 귀를 기울일 리가 없었다. 마찬가지로, 고린도 교회 안에 방언으로 말하는 것은 남의 이목을 끌지 못할 뿐더러 남에게 확신도 주지 못한다. 방언은 믿는 자들을 위하지 않고(방언의 의미가 해석이 안 될 때) 믿지 아니하는 자들을 위하는 표적이지만, 예언은 믿는 자들을 위함이다(22절). 방언이 통역되지 않으면 불신자들은 아무것도 깨닫지 못하고 그 결과 믿음을 얻지 못하기에, 그것은 부정적인 의미에서 표적이다(참고. Fee, 1987:682). 그러므로 온 교회가 다 함께 모여 다 방언으로 말하면 무식한 자들(즉 방언을 이해하지 못하는 신자들)이나 불신자가 들어와서 미쳤다고 말할 것이다(23절).[1276)] 그러나 다 예언을 하면[1277)] 그들이(즉 공예배에 방문한 불신자) 들어와서 책망(설교를 통해서 양심의 가책)을 들으며 모든 사람에게 판단(양심의 가책)을 받고(24절), 그 마음의 숨은 일(비밀)이 드러나게 되므로(속에 품은 생각을 다 털어놓고) 엎드리어 하나님께 경배하며 하나님이 교회 가운데 계시다고 전파(고백)할 것이다(25절; 참고. 사 45:14; 슥 8:23). 성령께서 예언 즉 말씀의 선포를 통해서 불신자 속에 있는 죄악을 드러내고 결국은 믿음으로 경배하도록 하신다. 불신자를 위한 조명과 회개케 하시는 성령의 사역은 신자에게도 중요하다. 아마도 고린도 교회는 예언보다 방언을 더 사모했던 것처럼 보인다. 그 이유 중 하나가 바로 예언의 죄악을 폭로하는 기능을 꺼림칙하게 생각한 것이었을 수 있다.

1274) 고린도 교회의 방언이 예배의 순서 중 하나였다는 사실은 단순한 기도의 차원 그 이상인 것 같다. 이 방언은 공동체를 향한 하나님의 뜻을 알리는 어떤 예언적 요소를 포함한 것 같다. 오늘날 방언은 이런 예언적 요소가 없는 순수한 개인적인 기도 차원이다. 따라서 사도 시대의 방언과 그 후의 방언에는 성격과 기능에 있어 차이가 있다고 볼 수 있다.

1275) 고린도전서 13장 11절에서 바울은 "생각하는 것이 어린아이(*nepios*)와 같다"라고 말한다. 그러므로 바울은 고린도전서 14장 20절에서 '아이'와 '어린아이'를 교차적인 의미로 사용하고 있다(참고. Fee, 1987:679).

1276) 고린도 교회의 예배는 불신자에게도 쉽게 개방되어 있었을 것이다.

1277) 이 구절에서 예언은 성령을 소유한 모든 신자들에게 잠재적으로 활용 가능함(potentially available)이 암시된다(참고. 욜 2:28-32; 행 2:17-18).

2.5. 고린도전서 14장 26-33절의 메시지

교회가 모일 때 찬송시(*psalmos*),[1278] 가르치는 말씀(즉 설교), 계시(알아듣도록 선포되는 영감된 말씀), 방언, 통역함(*hermeneia*)이 있는데, 덕을 세우기 위해서(to edify) 해야 한다(26절). 이것은 초대 교회의 예배 순서에 대한 모범을 제시하는 것이 아니다. 방언은 두 사람 많으면 세 사람이 순서를 따라 하되 통역자를 세워야 한다(27절).[1279] 한 번의 예배 동안 방언을 말하는 사람 모두 다 말하려고 해서는 안 된다. 통역자가 없으면 교회에서는 말하지 말아야 하고 자기와 하나님 사이에만 해야 한다(28절). 예언은 둘 혹은 셋이 말하고 다른 이들은 성경의 말씀과 일치하는지 분별해야 한다(29절).[1280] 곁에 앉은 다른 이에게 계시가 있으면 먼저 (예언)하던 자는 잠잠해야 한다(30절). 이 계시는 인간이 고안해 낸 것이 아니라, 성령께서 예기치 않게 그 예언의 말씀과 관련하여 설명해 주는 것을 의미한다. 모든 사람이 다 배우고, 권면을 받게 하기 위해서는 하나씩 하나씩 예언해야 한다(31절). 동시에 두 사람이 예언을 하거나, 혹은 동시에 한 사람은 예언하고 다른 사람은 계시의 말씀을 하는 것은 불가능하다. 예언하는 자의 영이 예언하는 자의 영(사람의 심령)에 의해 제재를 받는다(32절). 즉 예언하는 사람은 자기의 심령을 자제할 수 있어야 하고, 자기 차례가 올 때까지 기다릴 수 있어야 한다(참고. 오스본, 2004:340). 고린도 교회에게 은사를 주신 분은 무질서와 혼란 그리고 어지러움의 하나님이 아니요, 화평의 하나님이시다(33절). 하나님의 성품에 맞는 예배를 드려야 한다.

2.6. 고린도전서 14장 34-40절의 메시지

모든 성도의 교회에서 함같이 여자는 교회에서 잠잠하라(*sigatosan*, 현재 능동 명령형, to be silent).[1281] 고린도 교회에서 여자가 말하는 것은 불허되었고 오직 복종할 따름이다(34절). 여자가 배우려거든 집에서 자기 남편에게 묻되, 교회에서 말하면 부끄러운 일이다(35절).[1282] 바울이

1278) '찬송시'(개역개정판; 참고. 바른 성경은 '찬송')란 예수 그리스도에 대해서 그리고 하나님께 부르는 찬양을 가리킨다. 성령의 감동으로 부르는 찬송으로서, 아마 고린도 교회가 하나님과 그리스도에 대해 무엇을 믿고 있었는가를 고백하는 신앙 고백과 같은 것이었을 것이다. 초대 교회는 구약의 시편처럼 예배를 위해 새로 만든 찬송가를 사용했다.

1279) 참고로 유대 회당 예배에는 적어도 7명이 최소 3절씩 순서대로 읽었다(참고. Rogers & Rogers, 1998:383).

1280) 이 예언은 미래에 대한 것을 예언하는 것뿐 아니라, 고린도 교회의 상황에 대한 하나님의 뜻과 계획을 알려주는 말씀을 가리킨다.

1281) 참고로 유대 회당에서 여자가 공적으로 말하는 것은 금지되어 있고 봉사에서 적극적으로 봉사할 수 없었다(참고. Rogers & Rogers, 1998:384).

1282) 참고로, 플루타르크는 "단아한 여성의 팔과 목소리는 공개되지 않도록 조심해야 한다. 그리고 옷이 벗겨지듯이 목소리가 들리게 된다면 그 여성은 부끄러워해야 한다"고 말했다(참고. Rogers & Rogers, 1998:384). 사본상으로 볼 때, 고린도전서 14장 34-35절을 40절 뒤에 배치하는 사본들이 있다(D F G 등). 그래서 혹자(예. 김세윤, 2004. <목회와 신학>. 5월호)는 고린도전서 14장 34-35절을 바울이 쓴 것이 아니라 후대에 첨가된 것으로 보기도 한다. 하지만 오래된 사본과 다수 사본은 현재의 위치를 지지한다. 고린도전서 14장 34-35절이 후대에 첨가된 것이라는 주장의 근거는 다음과 같다. (1) D, E, F, G, 88과 같은 사본은 이 구절을 생략하거나 40절 이후에 배치한다. (2) 고린도전서

여 성도가 제기한 질문은 자기 남편들에게 물을 수 있다는 점을 언급하고 있는 것을 볼 때 방언, 예언, 계시라기보다는 오히려 말씀에 대한 가르침일 가능성이 크다. 바울 당시에 교회에서 여 성도가 자기 남편을 제쳐두고 다른 남자에게 질문을 한다면, 일종의 성적 유혹으로 간주될 만큼 자신은 물론 남편에게도 수치스러운 일이 되었다(참고. 최갑종, 2009:11).

교회에서의 여성의 침묵의 문제는 지금도 민감한 사항이다. 바울 당시 일부 회당에서는 여자가 회당장과 같이 지도적인 역할을 한 곳이 있기에 모든 경우에 여성이 침묵을 요청 받았던 것은 아닌 것으로 보인다. 하지만 바울이 여기서 공중 예배 중에 여성의 침묵을 강조하는 것은 그들이 어떤 주제에 대해 완전한 지식을 갖기 전에 일단 침묵으로 배워야 했음을 말한다. 혹은 여 성도가 성령 체험을 통해서 자신들은 이미 모든 영역에서 남녀의 역할과 신분의 차이를 극복한 자들로 자처하고 있었을지도 모른다(참고. 최갑종, 2009:9).

사실 그 당시 어떤 선생은 제자들에게 도덕적인 훈련의 한 형태로 침묵 훈련을 시킨 적 있다. 바울이 의도한 것은 여성이 배워야 하지만, 부적당하고 어리석은 질문으로 전체 회중에게 방해되어서는 안 된다는 것이다. 잠잠하고 남편에게 배우라는 말씀은 먼저 경솔히 말하지 말고 무엇을 말하고 있는지 주의를 기울이라는 경고일 수 있다(참고. 행 15:12, 21:4; 22:2). 그렇다고 여성이 예배 중에 무조건 그리고 영원히 조용해야 하는 것은 아니다. 그 당시 많은 젊은 여성들이 여기저기 돌아다니면서 어리석은 말을 하고 가르치는 일을 일삼고 있었을 수 있다(참고. 딤전 5:13). 사실 '침묵'이란 용어는 정중하게 주의를 기울이는 것이나 조용한 행동을 언급한다(참고. 딤전 2:2).[1283]

하나님의 말씀이 고린도 교회에서 나온 것인가? 복음의 출처는 하나님이시다. 고린도 교회만 말씀을 유일하게 받아 독점하는 교회인가? 아니다(36절). 고린도 교회 중 스스로 선지자(예언의 은사를 받은 자) 혹은 신령한 자로 생각한다면 바울이 기록한 것을 주님의 명령(계명, entole)으로 여겨야 한다(37절). 바울은 고린도전서의 영감성과 신적 권위를 확신한다. 이런 사실을 무시하는 자는 그 자신이 무시당할 것이다(38절).[1284] 예언을 사모하며 방언 말하기를 금하지 말라(39절). 모든 것을 '적당하게 하고 질서대로'(in a fitting and orderly way) 하라(40절).

14장 34-35절은 교회에서 여성의 기도와 예언을 허용하는 고린도전서 11장 5절과 불일치한다. (3) 34-35절은 예언의 문제를 언급하고 있는 전후 문맥과 일치하지 않는다. 하지만 이상의 3가지 주장 중에 확실한 것은 없다(참고. 최갑종, 2009:7).

1283) 참고로, 조선 시대에 성진중앙교회 담임목사였던 김춘배는 '장로교 총회에 올리는 글'을 써서 <기독신보> 977호에 실었는데, "여자는 조용하라. 여자는 가르치지 말라고 하는 것은 2천 년 전의 지방교회의 교훈과 풍습이요, 만고불변의 진리는 아니다"라는 내용이 문제가 되었다. 1935년 제24회 조선예수교장로교 총회는 "성경의 파괴적 비평을 가르치는 교역자들과 성경을 시대사조에 맞도록 해석하는 교역자들을 우리 교회 교역계에서 제외해야 한다"고 판결하여, 김춘배의 목사직을 박탈하려고 했다. 이 사건을 숭실대의 구미정(2009:259)은 1934년경의 '아빙돈 성경 주석 사건'과 더불어 '근본주의 신학의 횡포가 빚은 또 하나의 야만적인 사건'으로 혹평하면서, 지금도 여성 안수를 허용하지 않는 고신과 합동 같은 보수 교단을 비판한다.

1284) B와 다수 사본은 38절을 직설법이 아니라 명령법("인정받지 못하도록 하라")으로 쓴다.

3. 오늘에의 적용

예언의 은사를 활용하기 위해서 성령이 주시는 지혜와 계시의 정신이 필요하다.[1285)]은사를 활용해서 드리는 예배와 봉사는 무엇인가?[1286)]

고린도전서 15장

1. 본문 및 구조

- 그리스도의 부활(1-11)
- 부활의 확실성(12-34)
- 부활의 몸(35-58)

2. 구원 계시사적 메시지

2.1. 고린도전서 15장 1-11절의 메시지

예수 그리스도의 죽음은 하나님의 공의를 만족시켰다고 분명하게 주장했던 안셀름(Anselm) 시대 이후로, 특히 그때의 교의학적인 성찰 이래로, 서방신학은 부활보다는 그리스도의 죽으심에 집중해 왔다. 바울의 구원론에서 그리스도와 교회의 부활은 그리스도의 '고난과 죽음' 주제보다 관심을 덜 받아 왔다고 볼 수 있다. 하지만 바울은 그리스도의 부활을 성도의 구속의 성취를 위해 결정적이며, 그리스도와 그분과 연합된 성도의 죽음에 의미를 부여하는 것이라고 본다. 부활이 없는 죽음, 죽음이 없는 부활은 생각할 수도 없다(참고. 《기독교 강요》, 3.25).

이 단락의 첫 부분인 1-2절과 마지막 부분인 11절 모두 "복음을 믿는다"는 말로 시작하고 마친다. 바울은 오직 복음 하나만을 처음부터 끝까지 강조하기 위해서 처음과 마지막에 같은 말을 의도적으로 배치해 놓는다. 바울이 고린도 교회에게 전한 복음(*to euangelion*)을 알게 하는데, 고린도 교회가 받고 그 가운데 서 있는 복음이다(1절). '알게 하다'(*gnorizo*)는 엄숙한 진술을

1285) '지혜와 계시의 정신'(엡 1:17)에서 정신은 '성령' 혹은 '인간의 정신'을 가리킨다. 여기서는 둘을 혼합했다.

1286) 음악적 재능과 은사를 예배 가운데 활용할 수 있다. 우리 개인과 찬양대는 '송영적 성령' 즉 우리로 하여금 하나님을 찬양하도록 새로운 마음을 주시는 성령님 안에서 기쁨으로 찬양을 해야 한다. 그것은 예배적 삶으로도 확대 적용되어야 한다. 현대 교회의 예배 시 영상과 방송과 관련된 은사를 활용할 수 있다.

할 때 사용하는 용어이다. 바울은 고린도 교회의 모든 문제의 근원에는 복음을 제대로 깨닫지 못하고 행하지 못한 것이라고 본다. 복음을 굳게 지키고 헛되게 믿지 않으면 구원을 얻을 것이다(신적 수동태, 2절). 바울이 받은 것을 고린도 교회에게 전했는데, 성경대로 그리스도께서 우리 죄를 위해 죽으시고(*apethanen*, 아오리스트 능동 직설), 장사 지낸 바 되시고(*etaphe*, 아오리스트 수동 직설) 성경대로 사흘 만에 다시 살리심을 받아(*egegertai*, 현재 완료 수동 직설)[1287] 게바에게 보이시고(*ophthe*, 아오리스트 수동 직설) 후에 열두 제자와 5백여 형제에게 보이셨는데, 그중 태반이나 살아 있다(3-6절; 참고. 막 14:72, 16:7, 14; 눅 24:34, 36-43; 요 20:19-31). 바울이 전한 복음은 '죽으셨다', '장사 지내신 바 되셨다', '살아나셨다' 그리고 '보이셨다'라는 구체적인 설명이 생략된 4개의 동사로 나타난다.

맨 나중에 만삭되지 못하여 난 자 같은 바울에게 부활의 예수님이 나타나셨다(7-8절).[1288] 바울은 다른 사도처럼 주님의 지상의 사역에 동행한 적도 없고 교회를 핍박하다가 사도로 부름 받았기에 스스로 만삭되지 못한(*ektromati*, 조산한, a fetus born before its time, stillborn child) 사람이라고 고백한다. 실제로 바울의 개종은 매우 급작스러운 것이었다. '만삭되지 못한 자'는 스스로 생명을 유지할 수 없기에 하나님의 은혜로운 개입을 필요로 하는 의존적인 존재를 가리킨다(참고. Rogers & Rogers, 1998:385). 그래서 바울은 스스로 사도 중에 지극히 작은 자라고 소개한다. 사도라 칭함을 받기를 감당치 못하겠다고 고백하는 것이다(9절). 그러나 바울의 바울된 것(*ho*, 중성 관계 대명사, what I am)은 하나님의 은혜인데, 그 은혜가 헛되지 아니하여, 바울과 함께하신 하나님의 은혜로 다른 사도보다 더 많이 수고했다(10절). 다른 사도와 더불어 바울도 이렇게 복음을 전파했기에 고린도 교회가 믿게 되었다(11절).

2.2. 고린도전서 15장 12-34절의 메시지

고린도 교회 안에는 죽은 자 가운데 부활(*anastasis*)이 없다고 말하는 사람이 있었다(12절). 아마도 물질이 악하기에 물질로 된 몸으로 다시 살아나는 것은 악하다는 헬라의 이원론에 근거하여 철학적으로 생각한 사람이 있었을 것이다. "죽은 자의 부활이 없으면 그리스도도 다시 살지 못하셨으리라"(13절). 그리스도께서 다시 살지 못하셨다면 바울이 전파하는 것과 고린도 교회의 믿음은 헛것(*kenon*)이다(14절). 부활을 빼버리면 공허하고 복음이 아니다. 따라서 부활을 증거한 바울은 하나님의 거짓 증인(*pseudomartys*)으로 드러나고 말 것이다(15절). '드러나다'(*heuriskometha*)는 종종 어떤 인물의 도덕적인 판결과 관련된다(참고. Rogers & Rogers, 1998:386). 죽은 자가 다시 사는 것이 없으면 하나님께서 그리스도를 다시 살리지 아니하셨으리라(16절). 그리스도께서 다시 사신 것이 없으면 믿음도 헛되고(*mataios*, aimless, vain) 여전히

1287) 4절의 '살리심을 받아'는 신적 수동태인데 예수님의 부활은 성령님의 사역이다. 그리고 복음을 설명하는 다른 동사와는 달리 현재 완료형으로 나타남으로써 그리스도의 부활의 현재적인 결과를 강조한다. 바른 성경과는 달리, 개역개정판은 '살아나사'라는 능동태로 번역한다.

1288) 7절의 '모든 사도들'은 5절의 '12제자'와 다른 무리로 보인다. 즉 여기서 '사도들'은 부활의 주님을 보고 복음을 전한 사람들의 총칭으로 보인다(참고. 최원준, 2010:84).

죄 가운데 있을 것이다(17절). 부활은 성도에게 믿음을 주는 칭의적 사건이다. 부활이 없으면 그리스도 안에서 잠자는 자도 망했을 것이다(18절). 그리스도 안에서 우리가 바라는 것이 다만 이생뿐이면 모든 사람 가운데 우리는 가장 불쌍한 자이다(19절). 바울은 13-19절에서 "……이 없다면 ……도 없다"라는 '부정에 의한 부정의 논증'을 보인다. 이를 통해서 예수님의 부활은 교회의 부활의 선취(先取)임을 강조한다(참고. 최원준, 2010:84).

그러나 이제(*nyni*) 그리스도께서 부활하셔서 잠자는 자들의 첫 열매(*aparche*)가 되셨다(20절; 참고. 레 23:10; 고후 1:22).[1289] 첫 열매는 나중에 수확할 열매를 보증하는 신호이다. 주님의 부활은 자신과 연합된 성도의 몸의 부활을 보증하신다. 사망이 사람으로 말미암음 같이, 부활도 사람으로 말미암는다(21절). 아담 안에서 모든 사람이 죽은 것같이, 그리스도 안에서 모든 사람이 삶을 얻는다(22절). '생명을 얻을 것이다'(*zoopoiethesontai*, 미래 신적 수동태 직설법 3인칭 복수)는 바로 하나님께서 그리스도 안에서 성도에게 부활의 생명을 주시는 분이심을 강조한다. 부활은 각각 자기 차례대로 되는데, 먼저는 첫 열매인 그리스도요, 다음은 그리스도의 강림하실 때 그에게 붙은 자요(23절), 그 후에는 나중(*telos*)이니, '정사(*arche*, 악한 통치), 권세(*eksousia*), 능력(*dynamis*)' 즉 사탄의 세력을 멸하시고 나라를 하나님 아버지께 바쳐 드릴 때이다(24절). '하나님 아버지께'(*to theo kai patri*)에 정관사는 하나뿐이다. 따라서 하나님은 곧 아버지이시다. "그리스도께서 모든 원수를 그 발아래 두실 때까지 불가불(반드시, *dei*) 왕 노릇 하시리라"(25절; 참고. 시 110:1).

"왕 노릇 하신다"(*basileuein*)는 현재 부정사이기에 현재적으로 계속해서 예수님이 원수 정복 사역을 하고 계심을 강조한다(참고. Mounce, 1993:299). 그리스도의 부활은 왕적 통치의 시작이며 재림은 통치의 완성이다. 맨 나중에 멸망받을 원수는 사망이다(26절; 참고. 계 20:14). 만물을 그리스도의 발아래 두실 때 만물을 발아래 두신 이(성부)는 만물 안에 포함되지 않는다(27절). 성부는 자신을 제외한 만물의 통치권을 그리스도에게 주셨다. 성자도 성부 아래 계심으로써 하나님이 만유의 주로서 만유 안에 계시게 하려 하심이다(28절). 성자가 성부에게 복종하는 것은 본체적으로 이해할 수 없고 기능적으로 보아야 한다. 이러한 기능적인 복종(functional subordination)은 주로 예수님의 지상 사역에 한정된다(참고. Blomberg, 1995:304).

"부활이 없다면 죽은 자들을 위하여 세례 받는 자들이 무엇을 하겠는가? 어찌 저희를 위해서 세례를 받는가?"(29절) 고린도 교회의 일부 신자는 세례 받지 않고 죽은 성도를 위해서 대신 세례를 받았던 것 같다. 바울은 이런 관습이 나쁘다고 정죄하지 않는데, 분명한 것은 이런 관습은 부활의 확실성을 증명하는 것이라는 점이다. "부활이 없다면 어찌 우리(바울과 사도들)가 때마다(매 시간마다) 위험을 무릅쓰고 있는가?"(30절) "형제들아(참고. 다수 사본은 이것을 생략함), 내가 그리스도 예수님 우리 주님 안에서 너희를 자랑하는 나의 자랑으로 단언하는데, 나는 날마다 죽는다"(*kath' hemeran apothnesko*, I die every day, 31절).

1289) 명사 *aperche*는 출생증, 상속세, 신에게 매해 바치는 제사, 권위에 대한 증명 등의 의미도 가진다(참고. Rogers & Rogers, 1998:386).

여기서 바울이 고린도 교회를 자랑하는데 무슨 측면을 자랑한다는 의미인가? 문맥상 예수님이 재림하심으로써 죽음을 정복하실 때 고린도 성도의 몸이 영광스럽게 변모하는 것으로 볼 수 있다. 바울이 '범인처럼'(*kata anthropon*, 단지 인간적인 이유로; 바른 성경: '인간적인 생각을 가지고'; 개역개정판: '사람의 방법으로') 에베소에서 맹수(즉 에베소의 바울의 대적들)와 더불어 싸웠으면 무슨 유익이 있을까? 바울은 로마 시민권을 가지고 있기에 원형극장에서 실제 야수와 싸우지 않아도 되었다. 만일 부활이 없다면 '내일 죽을 터이니 먹고 마시자'라고 했을 것이다(32절). "악한 동무들은 선한 행실을 더럽히는데(33절), 깨어 의를 행하고 죄를 짓지 말라." 이 말씀은 메난더(Menander)가 쓴 《Thais》라는 희곡에 나오는 잠언이다. 부활을 부인하는 악한 사람들과 사귀는 것은 신자들을 타락시킬 가능성이 있다. 하나님을 알지 못하는 자가 고린도 교회에 있기로 그들을 부끄럽게 하기 위해서 바울이 지금 말하고 있다(34절). 부활의 뜻을 모르는 자는 곧 하나님을 모르는 자이다. 부활이 하나님의 구원 사역과 복음의 중심이기 때문이다.[1290]

2.3. 고린도전서 15장 35-58절의 메시지

어떤 이들은 부활 자체와 부활의 몸에 대해 물을 것이다(35절). 어리석은 자여(호격, *aphron*, fool), 씨가 죽어야 살아나는 이치를 모르는가?(36절) 네가 뿌리는 것은 장차 생겨날 몸이 아니라, 다만 밀이나 다른 것의 알갱이뿐이다(37절). 땅에 떨어진 씨의 형체가 사라진 후 죽으면(불연속성), 그 씨의 성분은 발전된 열매를 맺는다(연속성). 하나님이 자신의 뜻대로 그것에게 형체(몸, *soma*)를 주시되, 씨앗에게 각각 그 자체의 형체(몸, *soma*)를 주신다(38절). 사람, 짐승, 새, 물고기의 육체(*sarks*)가 각각 다르다(39절). 하늘과 땅에 속한 형체(몸, *somata*)도 있고, 하늘과 땅에 속한 자의 영광이 따로 있다(40절). 해, 달, 별의 영광은 서로 다르다(41절). 천체의 아름다움과 밝기가 각기 다르고 다양하다. 썩을 것(멸망할 것)으로 심고 썩지 아니할 것(멸망하지 않을 것)으로 다시 살아난다(42절). 유진 피터슨(2010:475)은 42절을 "죽은 것 같은 씨를 심었는데, 살아 있는 식물을 거둡니다. 이 이미지는 기껏해야 밑그림 정도에 불과하지만, 부활한 몸의 비밀에 접근하는 데 도움이 될 것입니다"라고 의역한다. 욕된 것으로 심고 영광스러운 것으로 다시 살아나며, 약한 것으로 심고 강한 것으로 다시 살아난다(43절). 육의 몸으로 심고 영적인 몸으로 다시 살아난다(44절).

첫 사람 아담은 산 영(*psychen zosan*, living-being)이 되었고, 마지막 아담은 살려주는 영(*pneuma zoopoioun*, the life-giving Spirit)이 되셨다(45절).[1291] 부활하신 그리스도는 성령으로 교회에게 부활 생명을 주시는 일을 계속하신다. 처음에는 육신의 몸으로, 나중에는 신령한 몸을 입을

1290) 1572년 11월 24일 주일 정오, 스코틀랜드의 개혁가 존 낙스가 사망하던 당일, 그는 아내 매거렛에게 고린도전서 15장을 읽어줄 것을 부탁했다. 그다음 낙스가 처음으로 닻을 내린 성경인 요한복음 17장을 읽어 달라고 부탁했다(참고. 리이드, 1984:348).

1291) 영생(*zoe*)과 목숨(*psyche*)은 구분된다. 이것을 고린도전서 15장 45절에서 볼 수 있다. 바울은 마지막 아담이신 '예수님은 살려주는 영'(*zoopoioun*) 즉 '영생을 창조하시는 영'으로, 첫째 아담은 '살아 있는 생명'(*psyche zosa*)으로 소개한다(참고. 최원준, 2010:91).

것이다(46절). 첫 사람은 땅에서 나서 흙에 속한 자이나, 둘째 사람(*ho deuteros anthropos*)은 하늘에서 나셨다(47절). 흙에 속한 자는 흙에 속한 자들과 같고, 하늘에 속한 자는 저 하늘에 속한 자들과 같다(48절). 우리가 흙에 속한 자의 형상(*eikona*)을 입은 것같이 또한 하늘에 속한 분의 형상을 '입을 것이다'(49절; 개역개정판은 미래 능동 직설 3인칭 복수로 번역함). 바른 성경은 49절의 마지막 동사를 이오리스트 능동 가정법 1인칭 복수로 이해하여 청유형으로 번역한다. '입읍시다'(시내 산, A, 다수 사본).

'혈과 육'(죽을 특성을 가진 현재의 육체)은 영원한 하나님 나라를 유업으로 받지 못할 것이다. '썩은 것'(썩었다는 과거의 의미 없이 단지 '부패, 썩음', *he phthora*, the corruption)은 썩지 아니할 것(문자적으로는 미래적 의미 없이 단지 '썩지 않음', *aphtharsia*, incorruption)을 유업으로 받지 못할 것이다(50절). 혹자(J. Jeremias)는 '혈과 육'을 살아 있는 자로 보고, '썩은 것'은 죽은 자로 본다. 하지만 영원한 천국에 걸맞은 다른 형태의 변형이 필요하다는 의미이다(참고. Fee, 1987:799). 바울이 전하는 비밀은 우리가 다 잠잘 것이 아니라(참고. 요 11:11; 살전 4:13), 마지막 나팔 소리에 순식간에 홀연히 다 변화할 것이라는 것이다(51절). '변화하다'(*allagesometha*, 미래 수동 직설 1인칭 복수)는 주님 재림 시에 우리의 몸이 순식간에 부활체로 변형될 것을 가리킨다. 죽은 자들이 썩지 아니할 것으로 다시 살고 변화하리라(52절).[1292)]

썩을 것이 썩지 아니할 것을 입고, 죽을 것이 죽지 아니할 것을 입을 것이다(53절). 그때는 사망이 이김의 삼킨 바 되리라는 예언이 이루어진다(54절). 직역하면 "사망이 승리 안으로 삼킨 바가 된다." 여기서 '승리 안으로'(*eis nikos*)에 상응하는 셈어는 '영원하다'라는 뜻을 가지는데, 부활 시에 육체의 죽음은 영생으로 바뀐다는 것이다. 즉 '一生'이 '永生'이 되는 것이다. "사망아 너의 승리(*to nikos*, the victory)가 어디 있느냐? 사망아 너의 쏘는 것(*to kentron*, the sting, 현대어성경: 독침)이 어디 있느냐?"(55절)[1293)] 사망의 쏘는 것은 죄요, 죄의 권능(*dynamis*)은 율법이다(56절). 죄의 삯은 사망이고, 율법은 사람을 정죄한다. 그러나 죄를 물리치시고 율법의 정죄를 이기신 예수님으로 말미암아 우리에게 이김(*to nikos*)을 주시는 하나님께 감사하자 (57절). 그러므로 부활과 승리를 약속받은 성도는 흔들리지 말고, 견고하며, 더욱 주의 일에 힘쓰는 자들이 되어야

1292) 51절의 '변화'는 부활(resurrection) 시의 변형(transformation)을 가리킨다(참고. Witherington, 1995:310). 바울은 당시 유대교에서는 전례가 없던 내용을 첨가한다. 즉 죽은 자들이 두 단계에 걸쳐서 부활한다는 것(먼저는 메시아, 그 후에는 그분이 다시 오실 때 그분의 백성)과 불연속성의 형태(썩음/썩지 않음이라는 구분과 새사람을 만드는 성령님의 역할)에 관한 상세한 설명이다. 바울이 두 단계의 부활을 믿는 것은 메시아가 다른 사람들보다 앞서서 다시 살아나셨기 때문이다. 그리고 바울이 현재와 장래의 몸 사이의 연속성은 물론 불연속성을 믿은 것은, 그가 그런 일이 예수님의 부활에서 일어났다고 믿었기 때문이다. 바울은 예수님이 죽은 자로부터 몸으로 부활하셨다는 것만 믿은 것이 아니라, 그 능력이 어디에서 왔고(창조주 하나님의 성령님) 십자가 위에서 죽은 몸과 부활한 몸의 차이가 무엇이었는지(썩음과 썩지 않음)를 알았다는 의미에서 자기가 그 일이 어떻게 이루어진 것인지를 알고 있다고 믿었다(참고. 라이트, 2005:569-570). 참고로 개역개정판은 52절에 있는 '순식간에 홀연히'를 51절에 넣어 번역한다.

1293) 55절에서 파피루스 46, B, 시내 산 사본과 달리, 다수 사본은 '쏘는 것'(*to kentron*)을 '승리'(*to nikos*)보다 먼저 언급한다.

한다. 주님 안에서 성도의 수고(*kopos*, effort, labor)가 헛되지 않을 것이다(58절).

톰 홀랜드(2005:212)는 고린도전서 15장의 부활의 배후에는 에스겔이 본 '마른 뼈가 살아나는 환상'이 있다고 본다(참고. 라이트, 2005:588). 이것은 가능한 추론이다. 에스겔 36-37장에서 성령은 골짜기에 있던 마른 뼈들이 살아나는 환상을 통해서 새로운 하나님의 백성을 창조하는 '생명의 호흡'으로 묘사되었다. 이 사실은 성령께서 예수님과 독립적으로 따로 역사하지 않음을 보여준다. 성령님은 부활 생명을 성도에게 주셔서 부활의 예수님과 연결시켜 교제하게 하신다. 성령님은 교제(*koinonia*)를 창조하시는 분이시다(참고. 고후 13:13). 성령은 우리의 미래의 부활을 보증하시는 분이시다(deposit, 참고. 고후 1:22). 그리고 성령 안에서, 부활하신 예수님은 하늘 보좌 우편에 앉으시고 동시에 지상의 우리의 삶 속에 임재하신다. 그러므로 죽음을 이기셔서 무덤 문을 열 뿐 아니라 영생을 주시기 위해 하늘 문도 열었던 예수님의 부활 사건은 성령의 역사로 하늘과 땅에 동시적으로 변혁을 일으키셨다. 성령님은 부활하신 예수님을 보좌 우편에 앉히셨고, 우리도 이 땅에 살면서 보좌 우편에 앉은 자답게 살도록 만드셨다. 우리가 주님과 함께 영원히 보좌 우편에 앉아서 섬길 날은 예수님의 재림 때 완성될 것이다. 하지만 주님의 재림 이전에도 성령으로 우리는 부활 생명을 하늘에 속한 자답게 맛볼 수 있다. 성령님은 부활 생명을 가지고 있는 우리를 주님이 강림하실 때 함께 나타나도록 보호하신다.[1294]

3. 오늘에의 적용

부활의 현재성을 인식하자.

부활 생명은 우리로 하여금 더욱 힘을 내어 주의 일을 위해 수고하게 만든다.[1295]

1294) 헬라 철학에서 사람의 몸을 어떻게 보는가? 플라톤은 소멸되는 신체와 불멸의 정신 사이를 정확하게 구분하면서 정신이 신체의 영향에서 벗어나 자유롭게 되는 것을 이상시한다. 그러나 육체와 긴밀히 관계되는 체육에 대해서는 대단히 강조하였다. 이와 같은 사실은 그가 무용·유희·레슬링·운동경기·수렵·권투·레저생활 등에 대해서 언급한 내용을 통해서 알 수 있는데, 이렇게 체육을 강조한 이유는 신체운동을 신체의 발달과 영혼을 돕기 위한 수단, 즉 신체와 정신이 서로 조화를 이루어 그 자신이 그리는 이상국가 내의 민주 시민으로서 소양을 갖추기 위하여 중요시하였던 것이다. 반면, 아리스토텔레스는 사람의 신체는 단순한 질료가 아니라 유기적으로 조직된 몸이라고 말한다. 또한 몸의 구조는 조종할 수 있도록 되어 있고, 이 특성은 몸을 움직이고 사용하는 영혼과 관계되어 있다. 그에게 있어서 신체와 영혼의 관계는 나무와 책상의 관계와 같이 생명이 부여되지 않은 단순한 질료와 형상의 관계가 아니라, 형상에 의하여 움직이고 성장하는, 살아 있는 질료라는 것이다(참고. 김옥태, 2010:5-6).

1295) 존 칼빈의 나이 41세 때, 그의 결혼 10년째인 1549년에, 그의 아내가 죽기 2시간 전에 외친 고백을 들어보자. "오, 영광스런 부활이여! 오, 아브라함과 우리 조상의 하나님이여! 과거에 성도는 당신을 헛되게 신뢰하지 않았습니다. 그리고 저도 그러합니다!" 참고로, 칼빈은 'the Nunc Dimittis'(눅 2:28-32)를 부르며 죽었다(참고. Calvin, 2001: 52-53).

고린도전서 16장

1. 본문 및 구조

- 헌금에 관한 교훈(1-12)
- 서신의 결론(13-24)

2. 구원 계시사적 메시지

2.1. 고린도전서 16장 1–12절의 메시지

바울의 3차 전도 여행에서 구제 헌금을 모금하는 것은 큰 비중을 차지한다. 기근 중에 있던 예루살렘 성도를 위하는 연보(*logia*, collection)에 대해서 갈라디아 교회에게 명한 것같이 고린도 교회도 그렇게 하라(1절; 참고. 행 6:1, 11:28-29, 20:4; 롬 15:25-31; 고후 8-9; 사 2:2-4; 60:6-7; 미 4:13). 예루살렘 교회의 가난의 직접적인 원인은 기근이었지만, 예루살렘 교회는 사도행전 2장 44-47절에 나타난 소유를 나눌 정도의 대단한 교제를 더 이상 할 수 없었던 것 같다. 연보는 사랑의 교제의 수단인데, 유대의 모교회와 이방인 자교회들을 그리스도 안에서 연결하는 고리역할을 했다. 이 연보의 다양한 이름은 그 신학적 의미의 풍성함을 반영한다. 곧 '은혜'(gift), '교제' 혹은 '나눔'(참고. 고후 8:4), '거액의 연보'(참고. 고후 8:20), '구제할 것과 재물'(참고. 행 24:17), '섬기는 일'(참고. 고후 9:1), '봉사의 직무'(참고. 고후 9:12).

"매 주일 첫날(즉 주일마다)에 예배로 모였을 때 각 사람이 소득을 얻는 대로 저축하여 두어서 바울이 갈 때 (구제)연보하지 않도록 하라"(2절).[1296] 고린도 교회의 주일 예배 중에 헌금은 고정된 순서로 자리 잡았던 것 같다. 고린도 교회가 인정하는 사람(이름들은 행 20:4에 등장)에게 바울은 추천 편지를 써주어 예루살렘으로 헌금을 보낼 것이다(3절). 그 결과 추천 편지를 받은 예루살렘 교회는 바울이 주도적으로 헌금을 모은 것인 줄 알고 정당하게 받을 수 있었다. 그들과 더불어 바울이 함께 갈 수 있다(4절). 4절까지가 고린도전서의 몸통 부분이다.

바울은 마게도냐를 방문한 후 다시 고린도로 갈 것이다(5절; 참고. 행 20:1-6). 고린도에서 과동할 듯한데, 바울의 여정에 고린도 교회가 도움을 줄 것이다(6절). 하지만 지금 에베소에 머물고 있던 바울에게 당장 지나가는 길에 잠시 고린도를 방문할 의향은 없다. 대신 주님이 허락하시면 얼마 동안 고린도에 머물 것이다(7절). 고린도전서를 기록할 때 바울이 에베소에 머물러 있었는데, 거기서 오순절(*pentekoste*)까지 머물고자 하는데, 그 목적은 효과적인(*energes*, 공효를 이루는) 사역을 위한 큰 문이 열리고 대적하는 자가 많기 때문이다(8-9절; 참고. 행

1296) 칼빈(1993:474)은 안식일이 주일로 대치되었다는 크리소스톰의 견해를 비판한다. 칼빈은 주님의 부활이(안식일이라는 의식법이라는) 율법의 그림자를 폐지하였기 때문에, 주일은 그리스도인들의 자유를 생각하는 날로 간주한다.

19장).

"디모데가 고린도에 도착하면(*ean de elthe Timotheos*, If Timothy comes; NIV) 담대하게 고린도에서 머물게 하라"(10절). 바울은 디모데를 고린도에 보내었다(참고. 고전 4:17). 그러므로 "Whenever Timothy comes"로 번역하는 것이 좋다. 디모데를 멸시하지 말고 평안하게 형제들과 함께 바울에게 올 수 있도록 해줄 것을 요청한다(11절). 바울은 아볼로에게 형제들과 함께 고린도로 가라고 권면했으나 그는 아직 때가 이르지 않았다고 보면서 거부했다(12절). 사도행전 18장 24-28절에 의하면 아볼로는 그리스에서 전도하고 있었는데, 자신이 고린도로 가면 교회 안의 분당이 더 심화될 수 있었음을 인식했던 것 같다.

2.2. 고린도전서 16장 13-24절의 메시지

"계속해서 깨어(*gregoreite*, to stay awake, 현재 능동 명령 2인칭 복수) 믿음에 굳게 계속해서 서서(*stekete*, 현재 능동 명령 2인칭 복수, to stand fast) 계속해서 남자답게(*andrizesthe*, 현재 명령형; 참고. 수 1:6, 7, 9)[1297] 계속해서 강건하여라(*krataiousthe*, 현재 명령형, 13절)." 수많은 문제들로 어려움을 겪고 있는 고린도 교회는 늘 깨어 있어야 한다. 모든 일을 사랑으로 하라(14절). 사랑이 없으면 문제는 더 심각해질 것이다. 아가야의 첫 열매(*aparche*)인 스데바나의 집은 성도를 섬기기로 작정했는데(참고. 고전 1:16), 고린도 교회는 그들에게 복종해야 한다(15-16절). 스데바나의 권속들이 고린도 교회로부터 부당한 대우를 받고 있었다. 고린도 교회가 바울에게 준 것 중에서 부족한 것을 보충하기 위해서 스데바나, 브드나도, 그리고 아가이고가 에베소의 바울에게 온 것을 바울이 기뻐한다(17절). 그들은 바울과 고린도 교회의 마음을 시원케 하였는데(anapauo, 쉬게 하다, 참고. 마 11:28; 계 6:11, 14:13), 고린도 교회는 그들을 인정해야, 즉 감사의 표시를 해야 한다(18절).

바울과 함께 있는 소아시아의 교회가 고린도 교회에게 문안하고, 에베소에 있는 아굴라, 브리스가(Priska, 시내 산, B사본 등이 지지함; 참고. A, C, D, 공인 본문은 축소형 Priskilla) 및 그 집에 있는 가정 교회가 고린도 교회에게 간절히 문안한다(19절). 글라우디오의 칙령으로 로마에서 추방당한 후(A.D. 49년), 아굴라와 브리스가 부부는 고린도에서 장막을 만들며 전도한 경험이 있었다(참고. 행 18:1-3). 바울과 교제하며 복음을 배운 이 부부는 고린도 교회의 지도자 중 한 사람인 아볼로에게 복음의 세밀한 부분까지 가르쳐 주었다(참고. 행 18:26). 모든 형제도 고린도 교회에게 문안하니, 거룩한 입맞춤으로 서로 문안하라(20절). '거룩한 입맞춤'(the holy kiss)은 분파를 극복하게 하며 사랑의 교제를 촉진시키는 바울 당시의 인사법이다(참고. 롬 16:16; 고후 13:12; 살전 5:26; 벧전 5:14).[1298]

1297) 파피루스에서 이 단어는 '소심하지(fainthearted) 말고 남자답게 용감하라'는 권면에 사용되었다. 요세푸스(《유대 전쟁사》, 3.268)는 이 단어로 갈릴리 근처의 '요세프타'에서 로마 군대와 싸운 유대 병사의 용맹성을 묘사했다. 디도 장군도 예루살렘을 정복하지 못한 로마 군사들에게 이 말로 용기를 불어넣어 주었다(《유대 전쟁사》6.50; 참고. Rogers & Rogers, 1998:390).

1298) 20절의 '입맞춤'은 헬라의 한 가정의 식구들이 집의 문에서 하는 인사법이었다. 그러므로 교회

바울이 친필로 이 인사의 말씀을 쓴다(21절). 친필로 편지를 마무리하는 것은 거짓 교사들이 바울의 이름을 도용하면서 편지를 쓰지 못하게 하는 효과가 있다. "만일 누구든지 주님을 사랑하지 않으면, 저주가 있을 것이다. 우리 주님, 오시옵소서(*Marana tha*)"(22절). 주 예수님의 은혜가[1299] 고린도 교회와 함께하고, 바울의 사랑이 예수님 안에서 고린도 교회 모두에게 함께하기를 기원한다(23-24절). 헬라어 구문상 24절의 제일 마지막에 위치하는 '그리스도 예수의 안에서'라는 이전의 한글개역성경의 번역은 직역하다보니 어색해졌다. 그러나 '*en Christo Iesou*'는 '그리스도 예수님 안에서'라고 번역해야 한다. '그리스도 예수 안에서'가 제일 뒤에 위치하기에 그 앞의 문장 요소들을 모두 수식할 수 있다. '그리스도 안에 있는 바울의 사랑' 혹은 '그리스도 안에 있는 여러분'이라는 뜻도 가능하다(참고. 바레트, 1985:452). 시내 산, A, C, D 그리고 다수 사본은 '아멘'을 추가한다. 여기서 '아멘'은 초대 교회의 예배 중에 사용하기에 적합한 형태로 보인다(참고. 매츠거, 2005:488).

3. 오늘에의 적용

현대 교회의 헌금의 다양한 종류와 사용 출처는 성경적인가?
건강한 교회를 위해 성도의 교제를 어떻게 촉진시킬 수 있는가?
개교회주의를 극복하기 위해서 교회 간의 교제도 중요하다.[1300]

안에서 거룩한 입맞춤은 한 식구임을 증명한다. 신약 성경 외에 2세기 중반의 저스틴 마터가 입맞춤을 처음으로 언급했다(참고. Witherington, 1995:322-323).

1299) 23절에서 '주 예수님의 은혜가'로 쓰는 시내 산과 B사본과 달리, 다수 사본은 '주 예수 그리스도의 은혜'로 쓴다.

1300) 고린도전서 주석의 참고 문헌은 고린도후서 주석 다음에 나오는 '참고 문헌'에 포함되어 있다.

고린도후서 주석

고린도후서의 내용

1. 서신의 서론(1:1-2)
2. 서신의 감사와 서론(1:3-7)
3. 진술부(1:8-2:14)
4. 주장(2:17) 논란이 되는 기본적인 사실을 언급함
5. 증명(3:1-13:4)
   a. 바울의 사역과 그의 반궤변 수사학적 접근(anti-Sophistic rhetorical approach)에 대한 묘사(3:1-6:13)
   b. 의도적인 다른 논쟁(6:14-7:1). 이방 신전에 참여하지 말 것을 촉구함
   c. 혹독한 편지에 대한 변호(7:2-16)
   d. 연보에 대한 논의(8-9)
   e. 바울과 그의 경쟁자들 간의 비교(10-13:4)
6. 결론(13:5-10)
7. 감사의 말로 마침(13:11-13)

∽ 고린도후서 1장 ∾

1. 본문 및 구조

- 인사(1-2)
- 바울의 고난의 사역(3-11)
- 바울의 깨끗한 양심(12-14)
- 바울의 원래 고린도 방문 계획(15-17)
- 바울의 신실함에 대한 증인들(18-22)
- 고린도 방문 연기의 이유(23-24)

2. 구원 계시사적 메시지

2.1. 고린도후서 1장 1-2절의 메시지

바울과 고린도 교회의 관계는 7년에 걸쳐 계속되었다. 2차 전도 여행 중이던 A.D. 50-52년에 바울은 고린도에서 일 년 반을 보내면서 교회를 개척했다. A.D. 55-56년경 바울은 두 번째로 고린도 교회를 방문했는데(참고. 고후 13:2), 그는 그 방문이 교회 내의 긴급한 징계 문제를 다루기 위해 '근심으로 나아간 것'이라고 말한다(참고. 고후 2:1). 고린도전서를 기록한 이후에 있었던 이 방문을 '바울의 고통스러운 방문'이라 부른다. 이 고통스러운 방문 이후에 바울은 '엄한 서신'을 고린도에 보내어, 잘못된 교인들(참고. 고후 2:1-4, 7:8)을 징계하라고 도전했다. 그런데 이 '엄한 서신'은 지금은 분실되었고, 바울이 쓴 세 번째 편지로 보인다.[1301] A.D. 56-57년에 바울은 세 번째로 고린도를 방문했으며(참고. 고후 13:1) 석 달을 머물렀다(참고. 행 20:3). 두 번째 방문 후, 고린도 교회가 바울의 세 번째 방문이자 마지막 방문을 준비하기 위해 고린도후서를 기록했다(참고. 폴 바네트, 2002:13).[1302]

고린도후서는 바울의 3차 전도 여행 중에 마게도냐(아마 빌립보)에서 기록한 것으로 추정된다(참고. 고후 7:5, 8:1, 9:2). 하나님의 뜻대로 예수님의 사도 된 바울과 디모데가[1303] 로마령인

1301) '고린도전서'가 고린도후서 2장 1-4절과 7장 8절에 암시되어 있는 '엄한 서신'이라고 볼 수 없는 이유는 엄한 서신의 배경인 바울의 극심한 슬픔이 고린도전서에는 대체로 나타나지 않기 때문이다. 혹자는 비교적 따뜻한 고린도후서 1-9장의 어조와 심한 질책을 띠는 10-13장 사이의 차이를 들어, 고린도후서 10-13장을 엄한 편지로 본다. 하지만 고린도후서 10-13장의 어조는 바울이 고린도후서 1-9장을 기록한 후에 좋지 않은 소식을 듣고 어조를 바꾼 결과로 설명할 수 있다(참고. 오스본, 2001:18-19).

1302) 바울이 고린도에 보낸 첫 번째 편지는 고린도전서 5장 9절에 암시되고, 두 번째 편지는 고린도전서이고, 엄한 편지는 지금은 분실되었고, 마지막 네 번째 편지가 고린도후서이다.

1303) 바울 서신 가운데 6곳의 서두에서 디모데의 이름이 바울과 나란히 등장한다(고후 1:1; 빌 1:1; 골

그리스 남부의 아가야의 수도 고린도에 있는 하나님의 교회와 온 아가야에 있는 성도에게 하나님 아버지와 주 예수 그리스도께로부터 오는 은혜와 평강이 있기를 원한다(1-2절). 고린도후서는 회람 서신이다.

2.2. 고린도후서 1장 3-11절의 메시지

"찬송하자. 성부는 예수 그리스도의 하나님이시요, 자비의 아버지시요,[1304] 모든 위로의 하나님이시다"(3절). 이것은 구약 성경에서 예배자들이 사용했던 찬양의 선언이었으며(참고. 시 66:20, 68:35), 유대 회당에서 드려진 '18축도문' 중 첫 번째 축도문과 비슷하지만 기독론적인 색채가 강하다. 성부 하나님을 예수 그리스도의 아버지라고 선언함으로써 고린도의 유대주의자의 영향을 받고 있던 자에게 회심을 촉구한다. 즉 예수님을 거부하는 것은 성부 하나님을 거부하는 것이 되고 만다. 이 송영은 아마도 바울이 시편 41편 13절의 찬송을 참고하여 독특한 기독교적 찬송으로 만들었을 것이다(참고. Pratt, 2003:420).

성부께서는 모든 환난 중에서 성도를 위로하사 하나님께 받는 위로로써 성도가 모든 환난 중에 있는 자들을 능히 위로하게 하신다(4절). 이 찬송도 이사야 40장 1-3절, 51장 12절과 66장 13절을 연상케 한다. 그리스도 안에 있는 성도의 새로운 출바벨론은 위로의 기초이다. 그리스도의 고난이 바울에게 넘친 것같이 바울의 위로도 그리스도로 말미암아 넘친다(5절). 예수님의 고난이 성도에게로 흘러넘치는 것은 바울 자신이 개종할 때 "사울아, 사울아, 왜 나를 핍박하느냐?"라는 예수님의 말씀에서 알 수 있다. 바울이 환난 받는 것은 고린도 교회의 위로와 구원을 위함이요, 혹 위로받는 것도 고린도 교회의 위로를 위함이다. 이 위로가 고린도 교회 안에 역사하여 바울이 받는 것 같은 고난을 그들이 견디게 한다(6절). 고린도 교회를 위한 바울이 가지고 있는 소망이 견고함은 그들이 고난에 참예하는 자가 된 것같이 위로에도 참예할 줄 앎이다(7절).[1305]

8절 이하에서 바울은 고린도 교회를 계획대로 방문하지 못한 이유를 설명한다. 바울이 아시아에서 당한 환난을 고린도 교회가 알아야 하는데, 힘에 지나도록(*hyper dynamin*) 심한(*kath' hyperbolen*) 고생을 받아 살 소망까지 끊어지고(8절), 마음에 사형 선고를 받은 줄 알았는데, 이것은 자신이 아니라 하나님만 의뢰하게 하도록 하심이다(9절; 참고. 요 19:19-37; 행 13:45, 14:5, 16:22-23, 17:8-10, 19:23-24, 31절 이하). 하나님께서 큰 사망에서 바울을 건지셨고 또 건지실 것이라고 믿고 의지한다(10절).[1306] 부활의 하나님을 의지할 때 '큰 죽음'(*ek kelikoutou thanatou*,

---

1:1; 살전 1:1; 살후 1:1; 몬 1:1). 그 가운데 4곳은 다른 동역자의 이름 없이 디모데만 거론된다(고후 1:1; 빌 1:1; 골 1:1; 몬 1:1).

1304) 반면에 헬라의 신들은 인간의 고통에 대해 상당히 무관심했던 멀리 있던 엄격한 신이었다. 성부의 자비와 위로(*paraklesis*)가 교회에게 전달되려면 그리스도라는 통로를 거쳐야 한다.

1305) 시내 산, A, C, P 사본 등과 달리, 다수 사본은 6절의 '너희의 위로와 구원을 위한 것이니' 다음의 '위로를 받는 것도 너희의 위로를 위한 것이니'를 7절의 '너희에 대한 우리의 소망이 견고하니' 뒤로 옮겼다.

1306) 10절에서 F, G와 다수 사본은 미래 시제(*hrisetai*) 대신에 '건지신다'(*hrietai*)라고 현재 시제로 쓴다.

다수 사본: '큰 죽음의 위험에서'; 개역개정판: '큰 사망에서')에서 구원을 받을 수 있다. 고린도 교회도 수백 km 떨어진 곳에서 고군분투하는 바울을 위하여 간구함으로 도와야 한다(바울의 기도 요청: 참고. 롬 15:20-32; 엡 6:18-20). 바울이 많은 사람의 기도 덕분에 은사(호의)를 받았는데, 이제 많은 사람들이 그 은혜를 입은 바울을 보고 하나님께 감사하게 될 것이다(11절).

2.3. 고린도후서 1장 12-14절의 메시지

바울이 고린도 교회에게 하나님의 순수함(*en haploteti*)과[1307] 진실함(*eilikrineia*)으로 일하되, 육체의(세상적인, *sarkike*) 지혜로 하지 아니하고 하나님의 은혜로 행한 것은 자기의 양심이 증거하는 바요 자신의 자랑이다(12절). 사역 방법으로써의 세상적 지혜와 하나님의 은혜가 대조된다. 오직 고린도 교회가 읽고 알 수 있는 것 외에는 바울이 다른 것을 쓰지 않는데, 그들이 끝까지(완전히, fully) 알기를 원하는 것은(13절), 그들이 대강(*apo merous*, 부분적으로, in part) 바울을(신실한 지도자요 사역자로) 아는 것같이, 주 예수님의 날에 그들이 바울의 자랑(*kauchema*)이 되고 바울이 그들의 자랑이 되기를 원한다(14절). 이 땅을 심판하시고 공의를 드러내셔서 구원하시고 신원하실 주님의 날(참고. 사 13:6; 욜 1:15; 암 5:18)에 바울의 진실한 동기와 행위가 드러날 것이다.

2.4. 고린도후서 1장 15-17절의 메시지

바울은 이 확신을 가지고(고린도전서를 기록한 에베소에서) 고린도 교회로 두 번(두 배로) 은혜(*deuteran charin*; 참고. 시내 산 2판과 B는 '두 번 기쁨')를 얻게 하기 위해서 먼저 고린도 교회에게 갔다가(15절), 고린도를 지나 마게도냐에 갔다가, 다시 마게도냐에서 고린도에 가서 고린도 교회의 도움으로 유대로 가기로 계획했다(16절). 고린도전서 16장 3-7절에서는 바울이 먼저 마게도냐를 지나서 그 후 고린도에 가기로 했지만, 여기서는 고린도 교회의 유익을 위해서 여행 계획을 수정한다. 그런데 바울이 고린도를 잠시 방문한 후, 마게도냐로 갔다가 사정상 고린도로 돌아오지 못했다. 바울은 이런 계획 변경은 경솔한 것이 아니며 세상적인 방식으로 한 것이 아니라고 말한다. 하지만 이 변경에 대해 고린도 교회가 바울을 오해했다. 그러나 바울이 이중적인 모습으로 한 입으로 '예, 예' 하면서 '아니, 아니라' 했겠는가?(17절; 참고. 마 5:37)

2.5. 고린도후서 1장 18-22절의 메시지

하나님은 미쁘신데 바울도 그 미쁘심을 본받아 활동했다. 바울이 고린도 교회에게 한 말은 '예'(*nai*)하고 '아니라'(*ou*)하는 일이 없었다(18절). 바울, 실라, 그리고 디모데를 통해서 전파된 하나님의 아들 예수님은 '예' 하고 '아니라' 함이 되지 아니하였으니('아니오'라는 뜻으로 '예'라고 하지 않았으니), '예'만 되셨다(19절). 바울은 예수 그리스도께서 하나님의 아들이시라는 복음에

1307) 12절에서 '순수함'(혹은 단순함, 정직함; 참고. 바른 성경) 대신 파피루스 46, 시내 산, A, B 등은 '거룩함'(*hagioteti*)으로 쓴다. 개역개정판도 '거룩함'으로 번역한다.

는 이중성이 전혀 없다고 강변한다. 구약에서 주신 수많은 하나님의 약속들은 얼마든지 그리스도 안에서 '예'가 되니, 그런즉 예수님을 통하여 바울은 '아멘'하여 하나님께 영광을 돌리게 된다(20절; 참고. 계 3:14). 바울의 복음 전파는 구약의 성취자이신 예수 그리스도 안에서 이루어진 하나님의 약속들을 신실하고 견고하게 만들었다.

바울을 고린도 교회와 함께 그리스도 안에서 견고케 하시고(*bebaion*)[1308] 바울에게 기름을 부어(*chrisas*, *chrio*의 아오리스트 능동 분사 남성 단수 주격) 거듭나게 하시고 직무를 감당하게 하신 분은 하나님이시니(21절), 하나님은 바울에게 인치시고 보증(*ton arrabona*)으로 성령을 주셨다(22절). 바울이 방문 계획을 제때 지키지 못했지만, 그에게는 자신의 신실함을 지지하시는 성령의 내주하심과 기름 부음 그리고 하나님의 인침과 보증이 있었다.

2.6. 고린도후서 1장 23-24절의 메시지

바울이 하나님을 증인으로 하여 말하는데, 고린도로 가지 않은 것은 그들을 아끼려 (*pheidomenos*) 함이었다(23절). 고린도후서 2장 1절에 보면 바울은 고린도 교회를 고통스럽게 방문하지 않으려고 했다. 가르침과 책망은 진실해야 할 뿐 아니라 시기가 적절해야 한다. 고린도전서를 기록한 후 고린도를 방문했을 때 바울은 그들을 책망했을 것이고, 또다시 마게도냐에서 고린도로 돌아와서 책망했다면 그것은 고린도 교회를 아끼는 것이 아니라고 판단했던 것 같다. 바울이 고린도 교회의 믿음을 주관(*kyrieuomen*, 지배)하려고 하지 않고 오직 그들의 기쁨을 돕는 자(*synergoi*)가 되려 했는데, 실제로 그들이 믿음으로 그리스도 안에 살 수 있었음을 확신했다(24절).

3. 오늘에의 적용

고난 가운데서 부활의 하나님을 의지하는 법을 배우자.
시의 적절한 훈계가 지혜롭고 효과적이다.
우리의 사역을 신실하다고 증거하는 것은 무엇인가?

1308) '견고케 하시고'는 매매의 유효성을 확증하는 법적 보증을 위한 전문 용어로서(to make a legal guarantee), 모든 매매 조건들이 그 약속대로 이행되어야 했다. 신약에서는 이 단어가 하나님께서 실제로 시간과 장소에서 역사하시고 계셨다는 것을 확증하는 표적과 영적 은사를 나타낼 때 사용되었다(참고. 막 16:20; 고전 1:6). 바울은 여기서 이 용어를 통해서 하나님 자신이 예수님을 믿는 사람에게 구원의 보증이 되심을 의미한다(참고. Rogers & Rogers, 1998:394; 오스본, 2001:61).

∽ 고린도후서 2장 ∾

1. 본문 및 구조

- 고린도 방문이 늦어진 이유(1-4)
- 징계와 순종(5-11)
- 바울의 성공적인 복음 전파 사역(12-17)

2. 구원 계시사적 메시지

2.1. 고린도후서 2장 1-4절의 메시지

바울은 근심으로 고린도 교회를 다시 방문하지 않기로 결단했다(1절).[1309] 바울은 자신의 고통스런 방문 시에 어떤 일이 일어났는지 구체적으로 언급하지 않는다. 바울이 고린도 교회를 근심하게 하면, 바울이 근심하게 한 자(고린도 교회)밖에(외에는) 바울을 기쁘게 하는 자가 누구인가?(2절). 바울은 여전히 고린도 교회만 자신의 기쁨이 된다고 고백한다. 바로 그들을 근심에 빠지게 하지 않으려고 한다. 바울이 이같이 (지난 서신에서) 썼던 것은 (*egrapsa*, I wrote, 고린도전서와 후서 사이에 바울이 쓴 편지) 고린도로 갈 때 마땅히 바울을 기쁘게 할 자(고린도 교회)로부터 도리어 근심을 받지 않도록 하기 위함이며, 또 고린도 교회에 대해 가지고 있는 바울의 기쁨이 그들의 기쁨인 줄 확신함이다(3절).[1310] 바울에게 큰 환난과 애통하는 마음이 있어 많은 눈물로 고린도 교회에게 썼는데, 근심하게 하려는 목적이 아니요 바울이 그들을 향해서 가지고 있던 넘치는 사랑을 알게 하려 함이다(4절).

2.2. 고린도후서 2장 5-11절의 메시지

이 단락은 바울이 마게도냐에서 디도로부터 전해들은 내용을 기초로 해서 기록한 것으로

1309) 1절 시작 부분에 접속사 '왜냐하면'(*gar*)이 있다. 바울이 고린도 교회를 방문하려는 것이 지연된 이유를 밝히기 위함이다(참고. 매츠거, 2005:493). 하지만 시내 산, A, C, 다수 사본은 '그러나'(*de*)로 쓴다.

1310) 혹자(J. Weiss, R. Bultmann, P. Vielhaur, J.H. Kennedy)는 고린도후서 2장 14절-7장 4절 (고후 6:14-7:13 제외)과 고린도후서 10-13장을 '눈물의 편지' 혹은 '혹독한 편지'로 본다 (참고. 4절의 '많은 눈물'). 그들은 이 두 본문 모두 바울이 자신의 사도직을 변호하는 내용으로서 매우 강력한 표현들이 많기 때문이라고 본다. 그리고 고린도후서 10장 6절과 2장 9절, 12장 15절과 2장 4절, 그리고 13장 2절과 2장 3절이 서로 일치한다고 본다. 그러나 '눈물의 편지'의 주제는 바울을 대항한 형제에 대한 것인데 (고후 2:3-11, 7:8-12), 고린도후서 10-13장에는 이에 대한 암시조차 없다. 그리고 '눈물의 편지'는 바울이 고린도 교회 방문을 취소한 대신에 쓴 편지인데(고후 1:23-2:4), 고린도후서 10-13장에는 오히려 방문을 예상하며 쓰고 있다. 결론적으로 고린도후서는 여러 단편들의 모음집이 아니다 (참고. 강창희, 2007:125-126).

보인다(참고. 행 20:1-6). 고린도 교회 안에 바울을 근심하게 했던 한 명의 남자(*tis*)가 있었는데, 그는 실제로 바울을 근심하게 한 것이 아니라 오히려 어느 정도(*apo merou*, in part) 고린도 교회를 근심하게 한 것이다. '어느 정도'는 그 문제를 일으킨 사람이 고린도 교회의 일부만 근심케 했다는 뜻도 되며, 그 문제의 결과와 영향이 제한적이라는 뜻도 된다(참고. Rogers & Rogers, 1998:395). 그리고 바울은 그 사람을 필요 이상으로 너무 심하게 책망하지 않으려고 한 것 같다(5절). 그래서 문제를 일으킨 사람이 고린도 교회의 많은 사람으로부터 벌(*epitimia*, penalty) 받은 것이 족하다(6절). 그런즉 고린도 교회는 차라리 그 (문제 일으킨 사람, 남성 단수)를 용서하고 위로하여, 그 사람이 너무 많은 근심에 잠길까(*te perissotera lype katapothe*, overwhelmed by excessive sorrow) 두려워한다(7절).

"그러므로 나는 너희가 사랑을 그에게(*auton*, 한글 개역에는 '저희에게') 나타내 보이기를 권한다" (8절). '나타내다'(confirm)는 판결을 확증하는 것과 관련된 법적 용어이다(참고. 존 월튼, 2010:1780). 바울은 고린도 교회가 범사에 순종하는지 알고자 하여 이것을 쓴다(9절).[1311] 즉 고린도 교회가 문제를 일으킨 사람을 사랑으로 바르게 한다면 주님에게 신실하고 충성하는 것이다. 고린도 교회가 무슨 일이든지 용서하면 바울도 용서할 것이고, 바울이 만일 용서한 일이 있으면 그것은 고린도 교회를 위하여 그리스도의 얼굴 앞에서 즉 그리스도 앞에서(*en prosopo Christou*) 한 것이다 (10절). 범죄자를 용서한 것은 교회가 사탄에게 속지 않게 하기 위해서이다. 교회는 사탄의 궤계(*ta noemata*, the evil schemes)를 알고 있다 (11절). 사탄의 궤계(책략)는 미움과 증오 그리고 지나친 시별로 성도를 완전한 파멸로 몰아 붙이는 것이다. 권징의 궁극적인 목적은 정죄가 아니라 회복이다.

2.3. 고린도후서 2장 12-17절의 메시지

바울이 그리스도의 복음을 위하여 드로아(*Troy*)에 도착했을 때, 주님 안에서 문(*thyras*)이 열렸다(*aneogmenes*, 현재 완료 신적 수동태 분사 여성 단수 속격, 12절). 문이 열린 것은 복음 전파의 기회가 열렸다기보다는 복을 주셔서 성공적으로 사역을 하게 하셨다는 뜻이다(참고. Pratt, 2003:442). 바울이 거기서 형제 디도를 만나지 못하여 마음이 편치 못했는데, 그러나 드로아 교인들과 작별하고 마게도냐로 갔다(13절). 디도는 예루살렘 교회를 위한 모금을 위해 고린도 교회로 갔는데, 그는 바울에게 고린도의 상황을 전해 주기에 적격자였다. 마게도냐에서 바울은 디도를 만나 비교적 긍정적인 내용 및 고린도 교회의 여러 문제들에 대해 전해 들었다. 항상 성도를 그리스도 안에서 이기게 하시고 즉 승리의 행렬로 이끄시고(*thriambeuonti*, 현재 완료 능동 분사 남성 단수 여격),[1312] 성도로 말미암아 각처에서 그리스도를 아는 냄새(*osme*)를 나타내시는 하나님께 감사한다(14절).

1311) 9절에서 A와 B 사본은 '~하는지'(*ei*, if) 대신에, 비슷한 발음의 *hei* (관계대명사 여성 단수 여격; '그것에 의하여')로 쓴다.

1312) 이 동사는 로마의 개선장군의 행렬을 묘사한다(참고. Rogers & Rogers, 1998:396).

이기게 하시는 사역과 냄새 사이의 연관성은 고린도의 상황에서 이해해야 한다. 승전한 군대는 개선 행진 시에 주피터를 위해 향을 피웠고, 전쟁 포로들은 결국 죽임을 당했다. 그러므로 포로들에게는 그 향기가 죽음의 냄새였다. 다른 한편 바울은 여기서 레위기 23장 18절의 제사에서 풍기는 향기를 염두에 두었을 수 있다. 성도는 구원 얻는 자에게나 망하는 자에게나 하나님 앞에서 그리스도의 향기(*euodia*, sweet smell)이다(15절). 복음은 구원과 사망이라는 두 가지 반응을 동반한다. 성도는 사망으로 좇아 사망에 이르는 냄새(*osme*) 혹은 생명으로 좇아 생명에 이르게 하는 냄새인데, 누가 이런 직무를 감당할 것인가(16절). 바울은 '많은 사람과 같이'(*hos hoi polloi*)[1313] 하나님의 말씀을 혼잡하게 하지(*kapeleuontes*, to hawk; 바른 성경: '팔아먹지') 아니하고, 곧 순전함으로(*eks eilikrineias*, of sincerity) 하나님께 받은 것같이 하나님 앞에서와 그리스도 안에서 말한다(17절). 바울은 당시 떠돌이 연설가들처럼 청중의 지갑을 열기 위해서 복음을 팔아먹는 직업꾼(huckster)처럼 행하지 않았다. 대신 신실한 자비량 사역자였다.

3. 오늘에의 적용

권징을 올바로 시행하기 위해서 필요한 것은 무엇인가?
동시에 사탄의 궤계를 알고 문제를 일으킨 사람을 용서하자.
세상에 그리스도의 승리의 향기를 풍기자.

고린도후서 3장

1. 본문 및 구조

- 새 언약의 주는 확신(1-6)
- 옛 언약과 새 언약의 대조(7-18)

2. 구원 계시사적 메시지

2.1. 고린도후서 3장 1-6절의 메시지

바울은 고린도 교회에게 혹은 고린도 교회로부터 다시 스스로 추천하기 위해서 편지들(*systatikon epistolon*, commendatory epistles)을 필요로 할 것인가?(1절; 참고. 행 9:2, 22:5) 1세기

1313) 17절에서 파피루스 46, D, F, G 사본 등에서는 '다른 사람들같이'(*hos hoi loipoi*)로 쓴다.

순회 선교사들은 자신의 신임을 확증하는 추천서를 지니고 다닌 것으로 보인다. 그런데 바울은 스스로 왜 이런 질문을 하는가? 이전에 바울이 고린도를 방문했을 때, 바울의 대적들이 바울을 향해서 그가 스스로 교만스럽게 높였다고 비난했을 가능성이 있다. 그렇다고 해서 바울은 자신의 신임을 확인하기 위해서 추천서를 고린도 교회에 보내야 하는가? 아니다. 고린도 교회가 바울의 편지인데, 바울의 마음에 썼고 뭇사람이 알고 읽는 바다(2절). 고린도 교회는 바울로 말미암아 나타난 '그리스도의 편지'인데 먹으로 쓰지 않고 성령으로 한 것이며, 돌비가 아니라 육체의 마음판들 안에(*en plaksin kardiais sarkinais*) 쓴 것이다(3절). 고린도 교회는 그리스도께서 기록한 살아 있는 편지이며, 그 전달자는 바울이다(참고. Bruce, 1990:189). 고린도 교회가 성령의 역사로 말미암아 변화된 삶을 산다면 그것이야말로 가장 확실하게 바울이 참된 사도임을 증명하는 것이다.

바울에게는 그리스도로 말미암아 하나님을 향하여 이 같은 확신을 가지고 있다(4절). 그러나 바울은 어떠한 것이든지 자신에게서 나온 것처럼 생각하여 스스로 능력 있다고 생각하지 않는다. 능력은 오직 하나님께로부터 나온다(5절). 바울과 함께 동역한 사람들의 사역은 하나님의 은혜와 능력으로 수행된 것이다. 하나님은 바울을 새 언약의 일꾼(*diakonous kaines diathekes*)이 되기에 만족케 하셨으니, 죽이는 의문(*gramma apoktennei*)이 아니라 살리는 성령(*pneuma zoopoiei*)으로 함이다(6절; 참고. 렘 31:31-33; 롬 7:6, 8:2). 새 언약은 그리스도의 희생으로 성령께서 세우신 것이다(참고. 고전 11:25).

2.2. 고린도후서 3장 7-18절의 메시지

돌에 써서 새긴 죽게 하는 의문(구약)의 직분(*he diakonia tou thanatou en grammasin*)도 영광스러워 이스라엘이 모세의 얼굴의 없어질 영광 때문에 그의 얼굴을 주목하지 못하게 하였다(7절; 참고. 출 34:29-30).[1314] 하물며 신약의 성령의 직분(*he diakonia tou pneumatos*)은 더욱 영광스럽지 않은가?(8절) 모세가 회막에 나아가 하나님의 현존을 경험할 때만 그의 얼굴에 영광의 광채가 있었다. 그러나 신약 성도에게는 사라지지 않는 하나님의 현존과 영광이 있다. 정죄의 직분에(*te diakonia tes katakriseos*)[1315] 영광이 있다면, 하물며 의의 직분은 더욱 영광스럽지 않은가?(9절) 율법을 범한 죄인에게 정죄를 했던 의문의 직분과 달리 새 언약 백성은 그리스도의 의를 전가 받았다. 영광되었던 것이 더 큰 영광을 인하여 영광될 것이 없으나(10절), 없어질 것(옛 언약)도 영광으로 말미암았다

1314) 칼빈(1993:81-85)은 고린도후서 3장 6절 이하의 주석에서 율법과 복음의 관계에 대해 논한다. "모세의 사역은 일시적인 것인데, 그림자들이란 그리스도께서 오실 때 사라질 수밖에 없기 때문이다(참고. 마 11:13). ……율법의 광채가 인간을 일깨우기보다는 그들의 눈을 부시게 하지만, 복음에서는 그리스도의 영광스러운 얼굴이 뚜렷하게 보여지고 있다. ……율법 그 자체도 그것의 목적인 그리스도와 관련되기 전에는 그들 (유대인들)에게 곡해되고 심연과 같이 되게 마련이다. ……그들이 그리스도 없이 지내려 하는 한 그들은 흑암 중에 방황할 것이요, 율법의 참된 의미에 도달하지 못할 것이다. 그리고 율법에 대해서 이야기되고 있는 것이 전체 성경에도 적용되는 것은 그것이 그리스도와 관련되는 것으로 보지 않을 경우 그 자체의 목적과 핵심이 비뚤어지고 곡해되기 때문이다."

1315) 9절에서 B와 다수 사본은 주격 '정죄의 직분이'(*he diakonia tes katakriseos*)로 쓴다.

면 없어지지 아니할 것(새 언약)은 더욱 영광 가운데 있다(11절).[1316]

바울에게 이 같은 소망이 있으므로 담대히 말하는데(12절), 모세의 얼굴에 사라져 버릴 영광을 이스라엘이 주목하지 못하게 한 것처럼 하지 않는다(13절). 그러나 유대인의 마음이 아직도 완고하여 (회당에서) 구약(*tes palaias diathekes*)을 읽을 때 그리스도 안에서 없어질 수건이 벗겨지지 않았다(14절). 그리스도에게로 돌아오면 모세의 글을 읽을 때 수건이 벗겨지게 된다(15-16절; 참고. 출 34:34). 실제로 바울은 다메섹 회심 이후 '바리새인의 눈'이 아니라 '그리스도인의 눈'으로 구약을 이해해 왔다. 마틴(Martin, 1986:73)은 이것을 '종말론적 해석'이라고 부른다. 주님은 영(*to pneuma*)이시니, 주님의 영이 계신 곳에는 자유(*eleutheria*)가 있다(17절).[1317] 바울은 여기서 출애굽 주제를 통해서 자유를 설명한다(참고. 고전 9:1, 10:29; 롬 6:18, 8:2; 갈 2:4, 5:1). 즉 율법, 죄와 죽음과 어둠의 권세에서 해방시키시는 성령의 역사를 강조한다(참고. 바레트, 1986:168). 우리가 수건을 다 벗은 얼굴로 거울을 보는 것같이 주의 영광을 보매, 주님과 같은 형상으로 변화하여 영광으로 영광에 이르니(*apo dokses eis doksan*) 곧 주의 영으로 말미암음이다(18절). 이것은 신격화는 아니지만 그러한 신격화와는 거리가 멀지 않다(참고. 바레트, 1986:169). 여기서 성도의 영화의 '이미'의 측면을 본다. 성령께서 신약 교회에게 주시는 영광은 모세가 경험한 것보다 더 크다. 따라서 새 언약 백성의 책임도 더 큰데, 그리스도 안에서 경험한 새 언약 공동체의 새로운 출애굽은 성도의 삶의 완전한 변화를 촉구한다. 그 변화의 정도는 그리스도의 장성한 분량의 충만한 데에까지 이르는 것이다.

3. 오늘에의 적용

옛 언약의 의문의 정죄의 직분과 대조되는 새 언약의 일꾼으로서의 자긍심을 가지자.
수건을 벗고 구약을 그리스도 중심으로 설교하자.

1316) '문자'(*gramma*)와 '영'(*pneuma*)이 어떻게 해석되었는지 살펴보면 다음과 같다. (1) 문자적 의미와 영적인 의미로 보는 유형(예. 오리겐), (2) 본문과 성령으로 보는 유형(예. P. 리처드슨), (3) 율법과 복음(성령) 혹은 옛 언약과 새 언약으로 보는 유형(예. R. 불트만), (4) 오용되는 율법과 성령으로 보는 유형(예. C.E.B. 크랜필드), (5) 성령이 없는 율법과 성령이 있는 율법으로 보는 유형(예. S.J. Hafemann). 김병모(2009:34-35, 46-48)는 다음과 같이 주장한다. "새 언약 및 새 시대의 성령과 대조를 이루는 '문자'는 옛 언약 및 옛 시대의 특성을 가장 잘 함축하고 있다. '문자'는 율법 그 자체를 가리키는 것이 아니라, 옛 언약의 시대에 그 율법과 관련돼서 초래된 '죽음과 정죄라는 결과의 렌즈'(lens)를 통해서 바라보는 율법을 가리킨다; 불순종에 사로잡혀 있는 율법을 가리킨다. 바울은 옛 언약과 그 율법과 그 사역 자체를 부정적으로 보지 않는다. 다만 새 시대에 새 시대의 관점을 가지고 새 언약과 그 사역의 우월성을 강조하려다 보니 옛 언약과 그 율법과 그 사역은 자연스럽게 부정적으로 묘사할 수밖에 없는 것이다. 바울이 정작 부정적으로 보는 것은 그 옛 시대의 사람들의 잘못 때문에 초래된 죽음과 정죄라는 옛 시대의 결과물이다. ……새 언약은 예레미야의 새 언약이다. ……'영'은 에스겔의 하나님의 영이다." 하지만 김병모가 주장하듯이 '문자'와 '성령' 사이의 연속성과 갱신을 강조하기보다는(참고로 바울의 새 관점주의자들이 이 입장을 따름), 바울은 본질적으로 이 둘이 다르다는 것을 반위 관계(antithesis)로 설명한 것은 아닌가?

1317) 17절에서 공인 본문은 '자유' 앞에 '거기에'(*ekei*)를 추가한다.

↜ 고린도후서 4장 ↝

1. 본문 및 구조

- 바울의 복음 전파 사역(1-6)
- 복음을 위한 고난(7-12)
- 고난을 통한 확신(13-18)

2. 구원 계시사적 메시지

2.1. 고린도후서 4장 1–6절의 메시지

바울은 성령을 통해서 수행되는 의와 화목을 이루는 새 언약의 직분을 받아 긍휼하심을 입은 대로 낙심하지 않는다(1절; 참고. 고후. 3:8-9, 5:18). 바울 자신의 능력이 아니라 하나님의 긍휼이 복음 사역을 소망 중에 지탱하고 있다. 대신 바울은 숨은 부끄러움의 일(hidden things of shame, 불의하고 은밀한 동기나 방법)을 버리고, 궤휼(*panourgia*, 속임) 가운데 행하지 아니하며(목적을 위해서 불의한 모든 방법까지 동원할 준비가 된 상태, 참고. Rogers & Rogers, 1998:399), 하나님의 말씀을 혼잡하게 아니하고,[1318] 오직 진리를 나타냄으로써 하나님 앞에서(*enopion tou theou*, *Coram Deo*) 각 사람의 양심에 대하여 스스로 천거한다(2절). 2절은 진실된 신전 의식을 가진 사역자 바울과 그 당시 바울을 공격하면서 돈을 밝히던 떠돌이 선생의 모습을 대조한다. 만일 복음이 가리웠으면(*kekalymmenon*, *kalypto* [덮다, 가리다]의 현재 완료 수동 분사 중성 단수 주격), 즉 곡해되고 불분명하게 되었으면 망하는 자들에게 가리운 것이다(3절). 복음은 망하는 자들에게는 사망의 냄새이다(참고. 고후 2:15).

이 세상 신(즉 죄와 죽음이 부분적으로 지배하는 이 세대의 신, *ho theos tou aionos toutou*, 사탄, 참고. 요 14:30)이 믿지 아니하는 자들의 마음을 혼미케 하여 그리스도의 영광의 복음의 광채가 비취지 못하게 하는데 그리스도는 하나님의 형상이다(4절; 참고. 골 1:15). 바울은 이 세대를 물리치고 오는 세대의 첨병 역할을 한다(참고. 요 3:30). 바울은 바울 자신을 전파하는 것이 아니라, 오직 그리스도 예수님의 주 되신 것과 또 예수님을 위하여(*dia Iesoun*, 직역: '예수님 때문에') 바울이 고린도 교회의 종 된 것을 전파한다(5절). '전파하다'(*keryssomen*)는 지속적 현재(durative present)이다. 바울이 문제 많고 자신을 실망시켰던 고린도 교회를 향하여 종이 되고자 할 수 있었던 것은 바로 예수님 때문이다. 어두운 데서 빛이 비취리라 하시던 그 하나님께서

1318) '혼잡하게 하다'(*dolountes*, 현재 능동 분사 남성 복수 주격, 질을 나쁘게 하다, 올무를 놓다)라는 말은 원래 돈을 더 벌기 위해서 재화를 변경하는 것을 의미한다. 에베소서 4장 14절은 거짓 교사들을 주사위에 납을 박아서 속이는(loaded the dice) 도박꾼으로 묘사한다. 바울은 이기적인 목적을 위해 하나님의 말씀을 희석하고 변개시키는 자들을 경고한다(참고. 오스본, 2001:118).

예수 그리스도의 얼굴에 있는 하나님의 영광을 아는 빛을 우리 마음에 비취셨다(6절; 참고. 요 10:30; 빌 2:6; 히 1:3). 창조 시의 혼돈과 어둠을 물리친 그 빛은 이제 죄악으로 가득 찬 혼돈의 시대를 끝내시고 세상을 재창조하신 예수님 안에 있는 구원의 빛으로 나타난다(참고. 창 1:2-5; 시 119:5; 사 9:2, 42:16; 단 2:22; 요 8:12, 9:5). 그러므로 구원의 빛으로 말미암아 정신적인 계몽의 차원을 넘어 전인이 재창조된 성도는 그리스도의 빛을 비추는 빛의 자녀로 살아야 한다(참고. 마 5:14; 엡 5:8; 살전 5:5; 요일 2:8-10; 보라. Pratt, 2003:466).

2.2. 고린도후서 4장 7-12절의 메시지

성도는 이 보배(*ton thesauron touton*, 새 언약의 일꾼이 전파하는 그리스도의 생명의 복음)를 평범하고 별 가치 없고 깨어지기 쉬운 질그릇(*en ostrakinois skeuesin*, in earthenware vessels, 즉 성도 자신 속)에 가지고 있는데, 이는 (재창조의) 능력의 심히 큰 것(*hē hyperbole*, abundance)이 하나님께 있고 우리에게 있지 아니함을 알게 하려 하심이다(7절).[1319] 더 중요한 것은 그릇(용기, *skeuos*)이 아니라 내용물이다.[1320] 보석이 질그릇에 담겨 있다고 해서 그 가치가 줄어드는 것은 아니다. 그러므로 내용물 때문에 용기는 자존감을 가질 수 있다. 아래에서 질그릇 같은 바울은 영광스러운 복음을 통해서 역설적으로 역사하시는 성령의 사역을 소개한다(참고. 고후 6:1-10의 'the hardship catalog'). 우리가 사방으로 우겨쌈을 당하여도 싸이지(*stenochoroumenoi*, 현재 수동 분사 남성 복수 주격; 좁은 공간 안으로 밀어 붙이다, 압축하다) 아니하고, 답답한 일을 당하여도 낙심하지 아니하며(8절; 참고. 고후 11:23-33), 주로 디아스포라의 불신 유대인들로부터 핍박을 받아도 버린 바 되지 아니하며, 거꾸러뜨림을(*kataballo*, 문자적으로는 '아래로 던지다') 당하여도 망하지(*apollymi*) 아니하고(struck down, but not destroyed, 9절; 참고. 행 14:19-20), 항상 예수님 죽인 것(*ten nekrosin tou Iesou*, the dying of Jesus, 예수님의 죽으심)을 몸에 짊어짐은, 즉 예수님께서 죽으신 것처럼 전도자들도 죽음의 위협에 노출되어 있어도 두려워하지 않는 것은 예수님의 부활 생명(이것은 '죽음의 권세'와 반대말)이 자신의 몸 안에 나타나게 하려 함이다(10절; 참고. 롬 8:17; 갈 6:17; 골 1:24).[1321]

바울은 빌립보서 2장 5-11절의 예수님의 모습을 본받은 자이다. 우리 산 자(*hoi zontes*, the livings, 부활 생명을 가지고 새로운 존재 양태로 사는 자)가 항상 예수님을 위하여 죽음에 계속해서 넘기움은 예수님의 부활의 생명이 또한 우리 죽을 육체(*en te thnete sarki*, in the mortal flesh)에

1319) 구약에서 질그릇은 약함과 값쌈이라는 두 가지 의미를 모두 포함한다(참고. 레 6:21, 15:12; 보라. Savage, 1996:165).

1320) 바울 당시 고린도의 도자기는 유명했다. 바울은 아마도 작은 도기 램프 혹은 도자기 꽃병이나 항아리를 염두에 두고 있는 것 같다(참고. Rogers & Rogers, 1998:399).

1321) '죽음'을 가리킬 때 바울이 일반적으로 사용한 용어인 *thanatos* 대신에 *nekrosis*를 사용함으로써 '죽음의 최종 상태'라기보다는 '죽음의 과정'을 의도한 것으로 보인다. 그리고 바울이 '예수'라는 호칭을 반복해서 사용한 것은 '신앙의 그리스도'(the Christ of faith)와 반대되는 '역사적 예수님'(historical Jesus)을 의도한 것이 아니라, 지상에서 인간으로서 사시고 결국은 십자가를 지신 바로 그 예수님을 소개하기 위함이다(참고. Savage, 1996:172).

나타나게 하려 함이다(11절). 바울은 스스로 살아 있는 먹잇감(living prey)처럼 여긴다. 사는 것이 곧 죽은 것과 같았다. 그런즉 사망은 바울 안에서 역사하고 생명은 고린도 교회 안에 역사한다(12절; 참고. 고후 1:6, 13:9). 사역자의 고난이 사역 대상자에게는 부활의 생명으로 나타난다. 바울은 그레코-로마의 명예와 수치의 체계에 도전한다. 그 당시는 수치를 통해서 명예를 확보할 수 없었고, 자신의 명예를 지키기 위해서 여러 도전으로부터 잘 응전하여 보존해야 했다. 그러나 바울은 수치를 통해서 명예를, 약함을 통해서 강함과 구원을 얻어야 한다고 주장한다. 이것이 역설적인 그리스도인 사역자의 태도이다.

2.3. 고린도후서 4장 13-18절의 메시지

시편 기자가 "나는 믿었다. 그러므로 나는 말했다"(*episteusa, dio elalesa*)라고 말한 것처럼 바울도 (그 시인과) 같은(*auto*)[1322] 믿음의 마음을 가지고 믿기에 말한다(13절). 바울은 시편 116편 10절(LXX)을 인용한다. 바울은 시편 116편 3절에서 사망의 줄과 음부의 고통을 경험했다고 고백한 시인과 동일시한다. 고난 중에서도 그 시인은 하나님을 믿고 부르짖었다(참고. 시 116:4). 그리고 감사했다(참고. 시 116:17-18). 바울은 주 예수님을 다시 살리신 성령께서 예수님과 함께(*syn Iesou*) 자신도 다시 살리사 고린도 교회와 함께 그분(하나님) 앞에 서게 하실 줄을 안다(14절). '서게 하다'(*paristemi*)는 신부를 신랑 앞에 나타내는 것을 의미한다(참고. 고후 11:2; 골 1:22; 엡 5:6; 보라. Plummer, 1956:134). 바울은 복음의 중매쟁이이다. 부활 소망이 현재의 고난을 견디게 한다. 고린도전서 15장 12절에서처럼 여기서도 바울은 다시 한 번 부활을 의심했던 고린도 교회에게 부활의 확실성을 강조한다. 바울이 모든 것(*ta panta*, 특히 바울의 고통과 죽음)을 고린도 교회를 위하여 하는 것은 은혜가 많은 사람의 감사함으로 말미암아 더하여(*pleonasasa*, 아오리스트 능동 분사, to increase) 넘쳐서(*perisseuse*, to make extremely rich) 하나님께 영광을 돌리게 하려 함이다(15절).

그러므로 우리가 낙심하지 아니하노니, 우리의(이 세대에 속한) 겉사람(*ho ekso hemon*, the external, our outward person)은 계속해서 후패하나(오는 세대에 속한) 우리의 속(*ho eso hemon*, the inner person, 영혼, 참고. 롬 7:22)은 날로(*hemera kai hemera*, 날마다) 계속해서 새로워진다(*anakainoutai*, 현재 신적 수동태 직설 3인칭 단수, 16절; 폴 바네트, 2002:130).[1323] 신앙의 인격과 영혼과 같은 속사람이 날로 새로워지는 것은 바울이 날마다 죽기 때문이다(참고. 고전 15:31). 이것은 부활의 현재적 경험이다. 스토아학파는 내적인 선택이 외적인 상황보다 더 중요하다고

1322) 혹은 바울이 7-12절에서 밝힌 바로 그러한 믿음을 가리킬 수 있다(참고. Savage, 1996:179).

1323) 영지주의나 헬라 사상에 의하면 속사람은 부활 소망이 아니라 흡수(absorption)에 의해 갱신된다고 믿어졌다. 바울 당시의 이분법적인 헬라 사상과 대비하면서 인간을 나누어질 수 없는 하나이며 전체(the person is one, indivisible whole)로 보는 바울의 인간론(Pauline anthropology)을 추적해 보는 것은 흥미롭다(참고. Martin, 1986:91). Savage(1996:182)는 '속사람'을 영혼으로 보지 않고, 전인으로 보아서 성도가 전인적으로 날마다 그리스도의 형상으로 재창조되어 가는 것으로 본다. 종말론적인 성화의 관점에서 보면, 겉사람은 옛 성품을 가진 전인이고, 속사람은 성령의 성품을 가지고 변화 중인 전인으로 볼 수 있다.

보았다. 아마도 바울은 고린도 교회가 잘 알고 있던 당시의 그레코-로마의 철학 사상이나 격언을 바꾸어서 종말론적인 부활의 확실성과 부활을 예기적으로 지금(day by day) 여기서 맛볼 수 있음을 강변한다(참고. Keener, 1993:500). 바울은 육체를 영혼보다 덜 중요하거나 부정한 것으로 보지 않는다. 대신 복음 사역을 위해 헌신한 바울 자신의 육체와 물리적인 것은 불가피하게 낡고 닳고 있다는 것이다.

우리의 잠시 받는 환난의 경한 것이 지극히 크고(*kath' hyperbolen*) 영원한 영광의 중한 것(*baros*, weight)을 우리에게 이루게 함이니(17절),[1324] 우리의 돌아보는 것은(*skopeo*, NIV: 우리의 눈이 고정하는 바는) 보이는 것이 아니요 보이지 않는 것이니, 보이는 것은(*blepomena*, 현재 수동 분사 중성 복수 주격; '보이는 것들은', 즉 고난) 잠깐이요 보이지 않는 것은(보이지 않는 것들은) 영원하다(18절). 겉사람과 속사람과 같이 얼핏 보면 물질적인 것과 영적인 것 사이의 이원론적 구별을 암시하고 있는 것 같지만, 바울은 그가 나날이 경험하는 일들의 가시적인 부분을 이루고 있는 고난과 앞으로 올 그러나 신앙의 눈으로만 볼 수 있는 영광에 대해 설명하고 있다(참고. 바레트, 1986:196).

참고로 바울 당시의 플라톤 학파는 무거운 육체는 가벼운 영혼의 감옥으로, 일단 육체가 죽으면 영혼이 자유로워지는데, 그때 영혼은 그 출처인 순수한 하늘(the pure heavens)로 올라간다고 믿었다. 또한 플라톤은 변하는 이 세상은 그림자처럼 일시적이지만, 이데아의 세계는 불변하는 영원한 것으로 보았다. 하지만 바울은 이 세상의 것들의 가치나 실재를 부정하지 않는다. 보이는 것과 보이지 않는 것을 대조하는 바울은 여기서도 자신의 사역과 모세의 사역을 대조하고 있는 것처럼 보인다. 바울은 모세와 달리 돌판에 새겨진 외적인 율법을 가르치지 않았고 성령으로 사람의 내면에 새겨진 그리스도의 법을 가르쳤다(보라. Keener, 1993:500).

3. 오늘에의 적용

신전 의식을 가진 신실한 복음의 사역자로 살자.
깨끗한 질그릇이 되어 생명의 복음이라는 보배를 빛내자.
그리스도의 고난에 실제적으로 동참하는 방법은 무엇인가?
영원에 잇대어 성령이 주시는 역설적인 은혜를 사모하자.

1324) 흥미롭게도 히브리어에서 '무게'와 '영광'은 동일한 어근(*kbd*)에서 나왔다(참고. Bruce, 1990:199; Keener, 1993:500).

⊱ 고린도후서 5장 ⊰

1. 본문 및 구조

- 땅의 장막과 하늘의 장막(1-5)
- 변치 않는 확신(6-10)
- 긴박한 바울의 복음 사역(11-15)
- 화목하게 하시는 그리스도(16-21)

2. 구원 계시사적 메시지

2.1. 고린도후서 5장 1-5절의 메시지

1절은 '왜냐하면'(*gar*)으로 시작한다. 따라서 고린도전서 4장의 결론에 해당하는 단락으로 그리스도인의 존재 전반에 관해서 진술하는 부분이다(참고. 바레트, 1986:198).[1325] 고린도후서 5장 1-5절의 중심 주제는 '죽음과 생명'이다. 이 죽음과 생명 주제는 고린도후서 5장 1-10절에 계속 나타난다. 바울은 '그리스도인이 죽은 후에 어떤 모습으로 존재할 것인가'라는 문제에 대답하기 위해 세 가지 대조되는 개념을 사용한다. '땅의 장막/하늘의 집'(고후 5:1), '벗음/덧입음'(고후 5:2-4b), 그리고 '죽음/생명'(고후 5:4c).

만일 땅에 있는 우리의 장막 즉 집(*hemon oikia tou skenous*, 동격의 속격)이 무너지면 하나님께서 지으신 집 곧 손으로 지은 것이 아니요 하늘에 있는 영원한 집이 우리에게 있는 줄 안다(1절).[1326] 영혼 불멸을 믿은 헬라인들은 육체의 부활은 믿지 않았다. 과연 우리가 여기 있어 탄식하며(*stenazomen*, to groan, 참고. 롬 8:21-23) 하늘로부터 오는 우리의 그 처소(*to oiketerion*, 즉 부활체)를 덧입기를 간절히 사모한다(2절). 여기서 '탄식하다'는 바람직하지 않은 상황 속에서라도 무언가를 갈망하여 한숨을 내쉴 때 사용하는 말이다(참고. 오스본, 2001:139).

"우리가 그것을 덧입음으로(*endysamenoi*)[1327] 벗은 자들로 드러나지 않을 것이다"(3절). 옷을 갈아입을 때 일시적으로 몸은 벌거벗겨진다. 하지만 바울은 은유적으로 먼저 입었던 옷 위에다 새로운 옷을 입는다고 말한다. 그리스도의 재림 전에 죽은 성도 역시 영적으로는 벗은 사람이

1325) 바울은 고린도후서 4장 16-18절에서 의인의 인내에 대해 말했는데, 헬라 철학자들도 비슷한 가르침을 주었다. 하지만 고린도후서 5장에서 바울은 인내의 근거가 되는 미래의 소망을 부각시킨다(참고. 존 월튼, 2010:1785).

1326) '땅의 몸'(=손으로 지은 집)은 고린도전서 15장 47절의 '흙에 속한 자인 아담'과 비슷하다. '하늘의 몸'(=하나님께로부터 오는 처소)은 고린도전서 15장 48절의 '하늘에 속한 분'이신 예수님과 관련된다. 여기서 구약의 '장막절 모티브'가 나타난다.

1327) 3절에서 UBS 4판, D, G 사본 그리고 마르시온, 크리소스톰의 글에서는 '우리가 그것(장막)을 벗을 때는'(*ekdysamenoi*)이라고 쓴다. 하지만 파피루스 46, 시내 산, B, 다수 사본은 '입다'로 쓴다.

아닌데, 세례를 통해서 그리스도와 함께 옷을 입고 있기 때문이다. 물론 중간 상태의 성도는 영혼이 육체와 분리된 상태에 있는데, 그것을 영혼이 벗은 상태라고 할 수 있다. 그러나 그 영혼도 그리스도와 함께 있기에 '벗은 영혼'이라고 굳이 부를 필요는 없다. 그리고 바울은 영혼이 부활의 몸을 입지 못한 중간 상태를 현재의 상태보다 못하다고 말하지 않는다. 물론 바울은 중간 상태를 경험하지 않고 지상의 육신이 곧바로 부활의 몸을 입기를 소망하는 것으로 보인다. 이 장막에 있는 우리가 짐 진 것같이 탄식하는 것은 벗고자 함이(*ekdysasthai*, to put off) 아니요, 오직 덧입고자 함이니(*ependysasthai*, to put on) 죽을 것이 생명에게 삼킨 바 되게 하려 함이라(4절).[1328] 바울은 부활체와 현재의 육신 사이의 단절성이 아니라 '연속성'을 설명한다. 곧 이것(부활체를 우리에게 주시는 것)을 우리에게 이루게 하시고 보증으로 성령을(*ton arrabona tou pneumatos*, 즉 '성령의 보증을') 우리에게 주신 이는 하나님이시다(5절). 성령은 우리가 부활의 때 부활체를 입을 것을 보증하시는 분이시다(참고. 고후 1:22). 우리 겉사람의 후패함과 질병도 이 부활체에 대한 소망을 약화시키지 못한다. 더불어 성령께서는 성도의 속사람을 지금 여기서 점진적으로 변화시켜서 그런 부활의 몸을 입기에 합당한 자 즉 하늘에 속한 사람의 형상으로 바꾸신다(참고. 고전 15:44-49; 보라. Bruce, 1990:204).

2.2. 고린도후서 5장 6-10절의 메시지

이러므로 항상 우리가 담대하여 몸에 거할 때는 주와 따로(떨어져) 거하는 줄을 안다(6절). 성도는 승천하신 예수님과 얼굴과 얼굴을 맞대어 보듯이 육체적으로는 이 땅에서 같이 살 수 없다. 그러므로 성도는 믿음으로 행하고 보는 것(겉으로 드러난 것)으로 행하지 말아야 한다(7절). 성도 안에 성령으로 거하시는 그리스도의 현존이 영적이지만 실제적인 것을 알아야 한다. 우리가 담대하여 원하는 바는 차라리 몸을 떠나 주와 함께 거하는 그것이다(8절). 바울은 육체적인 죽음과 그리스도의 재림 때 있을 몸의 부활 사이의 중간 상태를 암시한다. "그런즉 우리는 거하든지(육체로 살든지) 떠나든지(육체가 죽든지) 주를 기쁘시게 하는 자 되기를 힘쓰노라"(9절). 이는 우리가 다 반드시 그리스도의 심판대(*tou bematos tou Christou*, the judgment seat of Christ) 앞에 드러나 각각 선악 간에 그 몸으로 행한 것을 따라 받으려 함이다(10절; [성부]하나님의 심판대, 참고. 롬 14:10). '받는다'(*komisetai*, to receive what is one's own)는 말은 상급의 실제성을 암시하는 것으로 보인다. 로마인들은 총독 앞에 재판을 받았다. 그러나 신자이건 불신자이건 간에 그들을 심판할 분은 그리스도이시다.

2.3. 고린도후서 5장 11-15절의 메시지

"우리가 대심판자이신 주님의 두려우심을[1329] 알고 있기에(즉 주님을 경외하기에) 사람들에

1328) 오직 고린도후서 5장 2절과 4절에만 등장하는 동사 '덧입다'(*ependyomai*)는 고린도전서 15장 53-54절의 '입다'(*endyomai*)와 구분된다. 후자는 입던 옷을 벗어버리고 새옷을 입는다는 뜻이기에, 벗은 몸의 상태를 피할 수 없다. 그러나 전자는 '……위에 덧입다'라는 뜻으로, 벗은 몸의 상태가 나타나지 않는다(참고. 최원준, 2010:106-107).

게 권한다. 복음을 위해서 신실하게 일한 우리가 하나님 앞에 알려졌고(바른 성경: 드러나 있으며) 또 너희의 양심에도 알려졌기를(바른 성경: 드러나기를) 원하노라"(11절). 주님을 경외하는 것은 종처럼 주인을 두려워하는 것이 아니다. 왜냐하면 그것은 '자유의 성령'의 인격과 사역을 밝히는 고린도후서 3장 17절에 대치되기 때문이다. "우리가 다시 너희에게 자천하는 것이 아니다." 즉 새삼스럽게 바울 일행은 스스로 자랑하는 것이 아니다. 대신 오직 우리를 인하여 자랑할 기회를 너희에게 주어 마음으로 하지 않고 외모(즉 얼굴, 처지, 세상적인 것)로 자랑하는 자들을 대(항)하게(*pros tous*) 하려 하는 것이다(12절; 참고. 고후 11:18). "우리가 만일 미쳤어도(*eksestemen*, 엑스터시, 황홀한 영적인 은사와 경험, 참고. 고후 12:1 이하) 하나님을 위한 것이요, 만일 정신이 온전하여도(*sophronoumen*) 너희를 위한 것이니(13절), 그리스도의 사랑(*agape tou Christou*)이 우리를 강권하시는도다(*synechei*, constrains, 단단히 붙잡다, 14절)." '그리스도의'를 목적격적 속격으로 보면 바울이 그리스도를 사랑함이라는 뜻이다. 더 가능성 있어 보이는 것은 주격적 속격으로 보는 것인데 '그리스도께서 바울을 사랑함이'라는 뜻이다. 바울은 이 둘 모두를 의도했을 것이다(참고. Rogers & Rogers, 1998:402).

"우리가 생각건대 한 사람이 모든 사람을 대신하여(*hyper*, ~의 유익을 위해서) 대표로 죽었은즉 모든 사람이 죽은 것이라"(14절). 그리스도는 생명을 주시는 성령이시며 마지막 아담이시다. 주님이 모든 사람을 대신하여 죽으심은 산 자들로 하여금 다시는 저희 자신을 위하여 살지 않고 오직 저희를 대신하여 죽었다가 다시 사신 자를 위하여 살게 하려 하심이다(15절). 이 단락의 '모든'은 로마서 5장 15절과 19절의 '많은'과 동의어이다(참고. Bruce, 1990:207). 구원받은 사람이 자기 자신을 위해서 산다면 그 구원은 값싼 은혜가 되고 만다. 그러므로 성도는 옛 자아를 따라 살지 말고 새로운 피조물로 만드시기 위해서 대신 죽으시고 부활하신 예수님을 위해 살아야 한다.

2.4. 고린도후서 5장 16-21절의 메시지

"그러므로 이제부터는 아무라도 육체를 따라(*kata sarka*, 인간적인 기준이나 세상적인 관점대로) 알려 하지 않는다. 비록 전에는 우리가 그리스도도 육체를 따라 알았으나, 이제는 더 이상 그렇게 알지 않는다"(16절). 개종하기 전의 바울과 유대인들은 나무에 달린 자는 하나님께 저주받은 자로 알았는데, 이것이야말로 육체대로 그리스도를 안 것이다. 새로운 창조는 가치의 전환을 동반한다. "그런즉 누구든지 그리스도 안에 있으면 새로운 피조물(*kaine ktisis*)이라. 이전 것(*ta archaia*, the old things)은 지나갔으니 보라(*idou*) 새것들(*kaina*, 중성 복수 주격)이[1330] 되었도다(*gegonen*, 현재 완료형, 17절)." 이것은 성령께서 그리스도 안에서 행하신 새로운 창조이다.

1329) 주님의 두려우심을 인정해야 성도는 의로운 삶을 산다. 고린도후서 5장 10절에서 예수님은 심판자로 나타나기에, 그분은 두려운 분이다.

1330) 17절에서 파피루스 46, 시내 산, B, C, D, F, G사본 이외의 사본들은 '모든 새것들'(*ta panta kaina* 혹은 *kaina ta panta*)로 쓴다. 뒤따르는 18절이 "*ta de panta*"로 시작하기에, 필사자가 혼동하여 첨가했거나, "*kaina*"의 의미를 분명히 하려고 첨가한 것 같다(참고. 매츠거, 2005:496).

'지나갔으니'(*palelthen*)는 완료적 아오리스트로서(perfective aorist) 옛 자아가 없어져 버린 것의 최종성(finality)을 가리킨다(참고. Rogers & Rogers, 1998:403). 성도는 옛 세대와 새 세대를 연결하는 다리를 이미 건넌 자이다.[1331] 모든 것(*ta panta*, '만유'라기보다는 14-17절에 소개된 것들; 참고. Martin, 1986:152)이 하나님께로 났나니(즉 하나님이 주도하셨으니), 하나님이 그리스도로 말미암아 우리를 자기와 화목하게 하시고, 또 우리에게 화목하게 하시는 직책(*ten diakonian tes katallages*)을 주셨다(18절; 참고. 엡 6:15). 그리스도는 화목의 통로이다. 하나님께서 주도권을 가지고 화목의 사역을 이루셨기에 우리는 화목하게 되었고, 이제는 화목의 직무를 받아 수행하게 된다. 그 결과 하나님께서 그리스도 안에(참고. 18절의 '그리스도로 말미암아') 계시사 인간 세상을 자기와 화목하게 하시며, 저희의 죄를 저희에게 돌리지 아니하시고 화목하게 하는 말씀(*ton logon tes katallages*)을 우리에게 부탁하셨다(19절). 화목 사역을 위해서 역사하시는 성부와 성자의 일치를 본다.

"이러므로 우리가 그리스도를 대신하여(*hyper Christou*, 혹은 그리스도를 위하여) 사신(대사)이 되어(*presbeuo*, 그리스 동부 지역에서 사절을 가리키는 공식적인 용어였다; 참고. Rogers & Rogers, 1998:403) 하나님이 우리로 너희를 권면하시는 것같이 그리스도를 대신하여 간구하노니 너희는 하나님과 화목하라(20절). 그리스도의 전권 대사가 전해야 할 내용은 "너희는 화목 하라"는 것이다.[1332] "하나님이 죄를 알지도 못하신 분 그리스도로 우리를 대신하여 죄를 (*hamartia*) 삼으신 것은 우리로 하여금 그분 안에서 하나님의 의(*dikaiosyne theou*)가 되게 하려 하심이니라"(21절). 이 구절에서 바울은 이사야 53장의 어린양 혹은 '속죄제' 혹은 대속죄일의 속죄 염소

1331) 레이하르트(2000:143-146)는 고린도후서 5장 17절을 중심으로 '복음'이 무엇인지 정의 내린다. 복음은 하나님이 예수님 안에서 행하신 것이다. 즉 복음은 우리가 어떻게 구원을 받을 것인가에 대한 안내가 아니라, 예수님의 삶과 죽으심, 부활과 승천에 관한 역사를 말하는 역사 레슨(history lesson)이다. 바로 이 그리스도 사건을 통하여 만물의 새로운 질서가 도래했다고 신약은 밝힌다. 예수님이 이 땅에 오심으로 옛 시대가 종식된 말세라는 갱신된 전기가 마련되었다(고전 10:11). 종말의 가장 두드러진 특징이라 할 수 있는 부활 생명의 첫 열매인 예수님은 처음으로 새 창조 안으로 들어가셨다(고전 15:20, 35-49). 그리스도 안에서 새 창조된 모든 이가 이 복에 동참하게 된다(고후 5:17). 그리스도의 부활 이전에 새 창조는 단지 먼 미래의 약속에 불과했다. 그러나 이제 미래가 현재적 실재가 되었고, 이 실재는 지금 여기서 부분적으로 나타났지만 점증하고 있다. 예수님은 최종적이고 결정적인 신기원(epoch)을 도래시키셨는데, 자신이 죄와 그 결과인 죽음의 통치에서 의와 생명의 성령의 통치로 전환시키신 '마지막 아담'이시기 때문이다(롬 5:12-21). 요약하면 우리가 승귀하신 그리스도와 연합을 통하여 그리고 그분 안에서 죽음과 정죄에서 생명과 의와 희락과 영광과 능력으로 옮겨진 것이 바로 복음이다. 우리가 의로운 것은 부활로 의로운 분임을 신원 받으신 그리스도 덕분이며(롬 4:25), 우리가 하나님의 자녀인 것은 본래부터 영원하신 독생자이신 예수님과 연합되어 있기 때문이다. 우리가 거룩하게 된 것은 하나님의 거룩이신 예수님 안에 우리가 하나님의 은혜로 거하기 때문이다(고전 1:30). 우리가 새 생명을 가진 것은 자신 안에 있는 생명을 우리로 하여금 얻도록 자신을 내어주신 예수님 덕분이다(요 5:26).

1332) '화목'(*katallage*)에 대한 구약의 중요한 용례(참고. 사 9:4-5)는 하나님의 백성들과 이방인들의 적대감을 종식할 다윗의 아들에 대한 소망적인 예언의 맥락에서 나타난다. 전투에서 피 묻은 옷을 벗어 던짐으로써 화목이 이루어진다. 평강의 왕이요 전능하신 하나님이신 예수 그리스도께서 이 예언을 성취하셨는데, 죄악으로 증오의 관계에 있던 죄인들을 하나님과 화목하게 하셨다(보라. Pratt, 2003:503).

(scapegoat)를 염두에 두었을 수 있다. 따라서 무죄하신 예수님을 죄로 만드셨다는 것은 예수님이 우리의 죄와 형벌을 대신 지셨다는 의미이다. 그 결과는 성도의 칭의이다(참고. 갈 3:13; 보라. Bruce, 1990:210).

3. 오늘에의 적용

부활체를 입을 소망으로 극복해야 할 육신과 영혼의 이원론적 사고는 무엇인가?
새로운 피조물로서 그리스도의 화목을 전하는 대사로 살자.

고린도후서 6장

1. 본문 및 구조

- 그리스도의 대사로서의 바울의 고난(1-10)
- 성도의 구별된 삶(11-18)

2. 구원 계시사적 메시지

2.1. 고린도후서 6장 1-10절의 메시지

"하나님과 함께 일하는 자로서 권하는데, 하나님의 은혜를 헛되이 받지 말라"(1절). 성도는 율법주의와 우상 숭배를 하던 이방인의 생활로 돌아가지 말아야 한다. "하나님께서 은혜 베풀 때 너희를 듣고, 구원의 날에 너희를 도왔다 하셨으니, 보라 지금은 은혜 받을 만한 때요 보라 지금은 구원의 날(구원을 위한 날)이로다"(2절; 참고. 눅 4:18-21). 바울은 자신의 논증을 위하여 이사야 49장 8-12절과 23-26절을 인용하는데, 출바벨론이 은혜와 구원의 시간이었다. 하지만 예수님 안에 있는 구원은 더 크다. 구원과 의는 공로로 얻을 수 없는 것이며 은혜이다. 이 직책(*diakonia*)이 훼방을 받지 않게 하려고 무엇에든지 아무에게 거리끼지(실족하지) 않게 하려고 했다(3절). 바울은 자신을 변호하기보다는 그리스도의 대사의 직분을 변호한다.

바울은 9가지 시련과 9가지 내적 특질을 균형 있게 소개한다(보라. 라우리, 1988:187). 이는 바울이 복음 사역자로서 진실했음을 증거하는 것이다. 따라서 강력한 에토스가 확보된다. 바울은 모든 일(*en panti*)에 하나님의 일꾼으로 자천하여 많이 견디는 것과 환난과 궁핍(*angke*, 고문도 가능한 의미임. 참고. Rogers & Rogers, 1998:404)과 곤란(*stenochoria*, 좁은 공간, 투옥, 4절)과,

매 맞음(5번이나 39대를 맞고, 3번의 태장, 참고. 고후 11:23-25)과 갇힘(참고. 행 16:23-36 21:30-28:31)과 요란한 것(군중의 소요; 참고. 행 16:22; 21:35)과 수고로움(*kopos*, 즉 자비량 선교사로 지치도록 일함)과 자지 못함과(자발적인 금식을 포함한) 먹지 못함과 (5절), 실천적인 의인 깨끗함과 (복음에 대한)지식과 오래 참음과 자비함과 성령의 감화(*en pneumati hagio*)와 거짓이 없는 사랑과(6절), 진리의 말씀과 하나님의 능력 안에 있어 의의 병기로[1333] 좌우(왼손에는 방패, 오른손에는 칼 및 창을 잡고)하고(7절), 영광과 욕됨에 연연하지 않고, 악한 이름(중상모략, 악한 소문)과 아름다운 이름에도 연연하지 않고, 속이는 자 같으나 참되며(8절), 무명한 자 같으나 유명한 자요(참고. 룻 4:14; 딤후 2:19), 사형선고를 받아 죽은 자 같으나 보라 살고, 징계를 받는 자 같으나 죽임을 당하지 아니하고(9절), 근심하는 자 같으나 항상 기뻐하고, 가난한 자 같으나(*ptochos*, 즉각적으로 기아에 처할 극한 가난) 많은 사람을 부요하게 하고(참고. 엡 3:8), 아무것도 없는 자 같으나 모든 것을 가진 자로다(10절; 참고. 고전 3:21-23; 엡 1:3; 빌 4:12).

소유를 포기했지만 영적으로는 부유하다고 생각한 견유학파 철학자는 물론 스토아 학파의 철학자들도 만물을 소유한 신들의 친구라고 자처함으로써 자신들은 모든 것을 소유하고 있었다고 보았다(참고. Keener, 1993:503). 하지만 바울은 만유이신 그리스도를 소유한 사람으로서 부유했다.

바울 당시에 역설(paradox)과 아이러니는 헬라 철학자들에게 있어서 표준적인 수사학적 연설의 기교였다. 이러한 바울의 삶은 예수님의 삶을 닮은 것이었다. 예수님의 삶은 역설로 가득하다. 하늘 영광을 버리고 천하게 되신 분이며, 가난하지만 부요하신 분이요, 죽으심으로 승리하신 분이시다. 그 결과 고린도후서 8장 9절에서 예수님이 부요함을 포기하신 것이 우리에게 부요함이 되었다고 말씀한다. 더 나아가 예수님은 마태복음 5장의 역설적인 팔복에서 심령이 가난하고, 애통하고, 의에 주리고 목마르고, 의를 위하여 핍박을 받고, 욕과 핍박과 악한 말을 들을 때 하늘에서 받을 상이 크기에 복되다고 말씀하셨다.

2.2. 고린도후서 6장 11-18절의 메시지

고린도 교회를 향하여 바울의 입이 열리고 마음이 넓었으니(11절), 그들이 바울 안에서 좁아진 것이 아니라(바울의 사랑이 고린도 교회로부터 철회된 것이 아니라) 그들의 심정에서 좁아진 것이다(12절). 고린도 교회가 하나님의 대사인 바울을 거부하고 그와 화해를 하지 않는 것은 곧 하나님과 화해하지 않는 것이다. 바울의 헌신적인 사역에도 불구하고 고린도 교회는 마음 문을 닫고 있었다. 바울이 자녀에게 대하듯이 권면하는데 보답하는 양으로 고린도 교회도 마음을 넓혀야 한다(13절). 고린도 교회는 거짓 선생 혹은 대적들과는 거리를 두고 바울과는 친밀하게 지내야 했다. 그러므로 바울은 여기서 거짓 선생들 혹은 문제를 일으킨 사람들을 간접적으로 비난하고 있다.

1333) '의가 제공하는 병기' 혹은 '의를 변호하기 위한 병기' 모두 가능하다(참고. Rogers & Rogers, 1998:404).

바울은 이제 고린도 교회와의 관계를 회복하는 데 방해되는 외적인 요소들을 언급한다(참고. Witherington, 1995:402). 바울은 내부의 작은 문제에서 외적인 큰 문제로 발전시키는 기법을 사용한다.[1334] (그리스도를 향한 사랑과 헌신에 방해를 초래할 가능성이 있는) "믿지 않는 자와 멍에를 같이 하지 말라"(참고. 신 22:10). 불신 결혼을 금지하는 구절로 애용되었는데, 여기서는 교회적 모임이 주요 관심사이다(참고. 라우리, 1988:190). 의와 불법이 어찌 함께하며, 빛과 어둠이 어찌 사귀며(14절; 참고. 신 7:3; 느 13:25), 그리스도와 벨리알(NT *hapax*, 신구약 중간기 문헌에서 많이 등장하는 용어로서, 히브리어의 헬라어 음역인데 사탄을 가리킴)이 어찌 조화되며, 믿는 자와 믿지 않는 자가 어찌 상관하며(15절), 하나님의 성전과 우상이 어찌 일치가 되리요(참고. 고전 3:16, 6:19, 10:20-21). "우리는(*hemeis*, 시내 산, B, D; 참고. 다수 사본: '너희는') 살아 계신 하나님의 성전이다"(16절). 주님께서 말씀하시되 "너희는 저희 중에서 나와서 따로 있고(참고. '출애굽 주제', 사 52:7-15; 계 18:4), 부정한 것을 만지지 말라. 내가 너희를 영접하여 너희에게 아버지가 되고, 너희는 내게 자녀가 되리라. 전능하신 주의 말씀이니라 하셨느니라"(17-18절; 참고. 출 25:8, 29:45; 레 26:12; 삼하 7:14; 사 43:6, 52:11; 렘 3:19; 겔 20:34). 이런 이분법적인 권면은 고린도 교회의 사회적 경계(social boundary)를 강화하여 하나님과 사도 바울과 더욱 강한 유대 관계를 맺도록 한다(참고. Witherington, 1995:405).

3. 오늘에의 적용

역설적인 은혜를 맛보자.
불신자와 구별된 삶을 살자.

❧ 고린도후서 7장 ☙

1. 본문 및 구조

- 바울의 결백(1-4)
- 바울이 마게도냐에서 받은 위로(5-7)
- 진정한 회개(8-13)
- 부가적인 바울의 권면(14-16)

1334) 바울은 14-16절에서 수사학적 의문문을 연속적으로 사용한다.

2. 구원 계시사적 메시지

2.1. 고린도후서 7장 1-4절의 메시지

고린도후서 7장 1절은 고린도후서 6장 14-18절과 연결되어 한 단락을 이룬다. "이 약속들(복수, *tas epangelias*)을 가진 우리가 하나님을 두려워하는 가운데(*en phobo theou*) 거룩함(*hagiosyne*)을 온전히 이루어(*epitelountes*, perfecting; 거룩을 온전히 이루다) 육과 영의 온갖(*apo pantos*, from all) 더러운 것에서 자신을 깨끗하게 하자"(1절).[1335] '이 약속들'이란 하나님께서 자기 백성과 함께 사시며(참고. 고후 6:16), 그들을 자기 백성으로 삼으시고(참고. 고후 6:17), 사랑하시겠다는 것이다(참고. 고후 6:18). 바울은 예루살렘 성전을 정화시키는 것과 예배자가 정결 의식을 행하는 것의 이미지를 사용하여 성령의 전인 교회가 하나님을 경외함을 통해서 거룩함을 위해서 겉과 속을 정결케 해야 한다고 말한다(참고. 출 30:20-21). 바울이 영은 물론 몸을 언급한 것은 고린도의 우상 숭배 및 성창과 맺은 음행을 염두에 두었을 수 있다. 즉 우상 숭배는 몸을 통해서 시행되기에 몸도 더럽히는 것이 되고 만다(참고. Pratt, 2003:520).

바울은 고린도 교회가 마음으로 바울의 전도 팀을 영접해 줄 것을 요청한다. 직역하면 "우리를 위해서 (마음속에) 자리를 만들어 달라(*choreo*, 긴급성과 특정한 행동을 의도하는 아오리스트 명령형, to make room for)"이다(참고. 고후 6:3; Rogers & Rogers, 1998:406). 바울은 자신을 향한 비난에 대항하여 자신의 결백을 재차 언급한다. 아무에게도 불의를 행치 않고, 해롭게 하지 않고 속여 빼앗은 일이 없다(2절). 바울은 공정한 금전 거래의 이미지를 사용한다(참고. 오스본, 2001:193-19). 그리고 '속여 빼앗다'는 고린도후서 2장 11절에서 사탄의 활동을 묘사하는 용어로 등장했다.

바울이 정죄하기 위해서(feel guilty) 이 말을 하는 것이 아니라, 이전에 말한 것처럼(고후 6:12) 고린도 교회가 바울의 마음에 있어 함께 죽고 함께 살게 하고자 함이다(3절). 바울과 고린도 교회는 죽음조차도 갈라놓을 수 없을 정도로 신앙으로 연합되어 있음을 밝힌다. 바울이 고린도 교회를 향하여 하는 말이 담대한 것(*parresia*)도 많고, 고린도 교회를(디도에게) 자랑하는 것도 많으니, 바울은 당하고 있던 환난 가운데서도 위로가 가득하고 기쁨이 넘친다(4절). '기쁨이 넘치다'(*hyperperisseuomai te chara*, to be overflowing with joy)는 이스라엘을 인해서 기쁨을 이기지 못하여 하시는 여호와를 언급하는 스바냐 3장 17절을 연상시킨다. 바울은 여전히 고린도 교회 대부분에 대해서 선한 감정을 가지고 있으며 긍정적인 평가를 내린다.[1336] 혹자는 여기에 언급된 바울의 기쁨은 문제가 해결된 후의 것이기에, 고린도후서 10-13장에 나타난 문제들이 완화된

1335) 바울은 왜 여기서 '깨끗하게 하자'라고 말하는가? 바울과 고린도 교회의 관계의 정상화는 옛 성품과 이교의 예배와 관련된 모든 것을 청산할 때 그 사귐이 회복될 수 있기 때문이다(참고. 콜린 크루즈, 2005:495).

1336) 설득을 위한 파토스(*pathos*)가 확보된다.

이후에 기록된 것으로 본다. 그러나 바울의 기쁨은 문제와 환난 가운데서도 가능한 상황 초월적인 것이다(참고. 바레트, 1986:262).

2.2. 고린도후서 7장 5-7절의 메시지

바울이 드로아를 떠나 그리스 북부의 마게도냐에 이르렀을 때 육체가 편치 못하고(몸이 쉬지 못하고) 사방으로(*en panti*, 모든 면에 있어서) 환난을 당했는데 밖으로는 다툼(*machai*, fightings)이요 안으로는 두려움(*phoboi*, fears)을 느꼈다(5절; 참고. 행 17:5-14, 18:9; 빌 3:2). 아마도 바울은 디도가 거액의 구제 연보를 무사히 가지고 올 것인지 그리고 바울의 메시지를 고린도에 잘 전달할 것인지 걱정했을 것이다(참고. 바레트, 1986:265). 물론 바울은 고린도 교회가 그의 메시지를 수용하여 관계를 회복할 것인가를 염려했을 것이다(참고. Witherington, 1995:409). 그러나 비천한 자들(*tous tapeinous*, the humble, 굴욕당한 자)을 위로하시는 하나님이 디도를 마게도냐에서 만나게(*parousia*) 하심으로써 바울을 위로하셨다(6절). 디도의 파루시아(도착)는 마치 왕의 칙서를 전달하는 사자가 도착한 것과 같다. 고린도후서 1장에서 집중적으로 등장한 '위로'가 여기에 다시 등장한다. 바울은 원수로 인해 고통당한 자들을 위로하시는 하나님을 의뢰했다(참고. 삼상 2:8; 사 49:13). 바울의 편지를 전달하며 예루살렘 교회를 위해서 헌금을 모으러 고린도 교회에 파송되었던 디도는 고린도 교회로부터 받은 위로로 바울을 위로했는데, 고린도 교회는 바울을 사모하고(바울의 마음을 괴롭게 했던 일에 대해서) 애통하고 바울을 위해서 열심이 있었다(7절). 즉 고린도 교회는 바울을 다시 만나기를 원했고, 바울의 가르침대로 문제를 해결하기를 원했다.

2.3. 고린도후서 7장 8-13절의 메시지

그러므로 바울이 이전에 보낸 혹독한 편지로(the painful letter, 고후 2:1-4) 고린도 교회를 근심하게 한 것을 한편으로는 후회했는데, 그러나 다른 한편으로는 지금은 후회하지 않으나 잠시만(*pros horan*) 그들을 근심하게 만들었기 때문이다(8절). 바울이 기뻐하는 이유는 고린도 교회를 근심하게 한 까닭이 아니라, 그들이 근심함으로 회개(*metanoia*)에 이르게 한 까닭이다. 고린도 교회가 하나님의 뜻대로(*kata theon*) 근심하게 된 것은 바울에게서(*eks*, -때문에, 참고. Rogers & Rogers, 1998:407) 그들이 아무런 해로움과 영적인 손실도 받지 않게(*medeni zemiothete*) 하려 함이다(9절). 하나님의 뜻대로 하는 근심은 후회할 것이 없는 구원에 이르게 하는 회개를 이루는 것이요, 세상의 근심(*he tou kosmou lype*, 해를 끼치는 근심)은 사망을 이루는 것이다(10절; 참고. 롬 6:23; 예. 가룟 유다). 여기서 회개의 결과로 구원을 언급하는 것은 현재의 성도의 잘못된 행동이 배교의 길로 빠질 수 있는 심각한 것임을 암시한다(참고. Witherington, 1995:410).

회개함이 없는 후회는 세상 근심만 초래한다.[1337] 그러나 바울은 하나님의 뜻대로 하게 하는 근심 즉 교회 안의 여러 문제들을 심각하게 받아들이고 말씀으로 해결하려는 결단이 고린도

1337) 브루스(1990:218)는 '회개 없는 후회'를 모순어법(*oxymoron*, 예. 'a wise fool')이라고 부른다.

교회 안에 발생하게 했던 것들을 열거한다. 얼마나 간절하게 하며(*spoude*, 문제를 진지하게 받아들이고 해결하려는 신실함, 열심), 변명하게 하며(*apologia*, 잘못된 것을 고치려고 하는 자세를 취하는 변증함), 분하게 하며(이전의 행실을 혐오함), 두렵게 하며(과거의 죄에 대해 두려워 함), (의와 거룩을)사모하게 하며, (범죄치 않도록; 현대어성경)열심 있게 하며, (죄지은 자를) 벌하게 하며(*ekdikesis*, 원수를 갚음, 형벌), 스스로 일절 깨끗함을 나타내었다(11절). 바울이 고린도 교회에게 쓴 것은 불의를 행한 자(아마도 바울의 사도성에 도전한 자)를 (비난하기) 위한 것도 아니고, 그 불의 당한 자를 (여기서는 바울 자신을 변호하기) 위한 것도 아닌데(참고. 콜린 크루즈, 2005:495), 바울을 위한 고린도 교회의 간절함(신실함)이 하나님 앞에서 고린도 교회에게 나타나게 (고린도 교회 스스로 알 수 있도록) 하려 함이다(12절). 이때문에 바울이 위로를 받았고(완료형), 바울이 받은 위로 위에 디도의 기쁨으로 바울이 더욱 많이 기뻐하는 이유는 유쾌하지 못한 소식을 고린도에 전했던 디도의 마음이 고린도 교회를 인하여 안심함(바른 성경: 새 힘)을 얻었기 때문이다(13절).

2.4. 고린도후서 7장 14-16절의 메시지

바울이 고린도로 떠나던 디도에게 고린도 교회를 자랑스럽게 생각한다고 말했는데, 그것에 부응하여 고린도 교회도 바울을 부끄럽게 하지 않았고, 결과적으로 바울이 고린도 교회에게 대해서 디도에게 한 말이 다 참된 것으로 드러났다(14절). 디도가 고린도 교회 모든 사람들이 두려워하고 떪으로 자신을 영접하여 순종한 것을 생각하고 고린도 교회를 향하여 그의 심정(문자적으로는 창자, 의미는 'affection')이 더욱 깊었다(15절). 디도가 전한 내용의 심각성으로 인해 고린도 교회는 그를 두려워하며 떪으로 영접했던 것이다. 그 결과 바울이 고린도 교회를 인하여 범사에 담대한 고로(*tharro*, 신뢰하기에, 자신감을 가지기에) 기뻐한다(16절). 고린도후서 7장 2-16절은 디도와 마게도냐에서 일어난 일, 고린도 교회를 자랑함, 그리고 기쁨과 은혜 등을 언급함으로써 고린도후서 8-9장에서 말할 바를 독자에게 미리 준비시킨다(참고. 고후 8:1, 8, 16, 9:2; 보라. Witherington, 1995:410).

3. 오늘에의 적용

하나님의 뜻대로 하는 참된 회개의 모습은 무엇인가?
단지 근심이나 후회하도록 만들거나 참된 회개를 방해하는 요소는 무엇인가?
교역자와 성도 사이 혹은 교인 사이의 불화를 어떻게 화해로 바꿀 수 있는가?

고린도후서 8장

1. 본문 및 구조

• 예루살렘 교회를 위한 구제 헌금에 동참하라(1-15)
• 바울이 고린도 교회에 파송한 일꾼들(16-24)

2. 구원 계시사적 메시지

2.1. 고린도후서 8장 1-15절의 메시지

고린도후서 8-9장은 구제헌금에 대한 내용이다. 비록 자신의 사도성조차도 의심을 받았지만 바울은 고린도 교회에게 구제 헌금을 강력하게 요청한다. 바울은 자신의 사도성을 하나님 앞에서 정직과 성실 위에서 변증한 후이기에 얼마든지 이러한 요청을 할 수 있었다. 바울은 고린도전서 16장 1-4절에서 예루살렘 교회를 위해서 매 주일 구제 연보를 하라고 권면한 적 있다. 1차 전도 여행 전에 수리아 안디옥 교회는 구제 헌금을 이미 전달했다(참고. 행 11:27-30). 이 헌금은 나중에 시행될 큰 규모의 구제 헌금의 원형이라고 불릴 만하다. 이 헌금은 이방 교회와 예루살렘 교회의 연합과 그리스도의 교회의 보편성을 확보하기 위한 촉매제 역할을 했다(참고. 래리 크라이처, 2000:130, 135). 예루살렘 교회는 글라우디아 황제 때 닥친 기근으로 궁핍했다(A.D. 41-54년). 고린도후서를 기록한 A.D. 56년경까지 이 기근의 영향이 미치고 있었던 것으로 보인다. 아마도 고린도후서 2장 17절에 등장하는 거짓 선생들은 바울을 향하여 돈을 착취하는 거짓 사도라고 비난했을 수 있다. 따라서 헌금 모금의 열기가 식었을 수 있다. 그러나 바울은 요청에 앞서 먼저 헌금의 모범적인 실례를 든다.

마게도냐 교회는 바울이 2차 전도 여행 중에 설립한 빌립보, 데살로니가, 그리고 베뢰아 교회들이다. 바울은 하나님이 마게도냐 교회에게 주신 은혜(*charis*)를 고린도 교회가 알기를 원한다(1절). 수직적인 은혜가 수평적으로 나타나야 하기에 '은혜'가 계속 등장한다(참고. 고후 8:1, 6, 7, 9, 19, 9:8, 14). 환난의 많은 시련 가운데서라도(참고. 빌 1:29-30; 살전 1:6, 2:14; 살후 1:4)[1338] 마게도냐는 넘치는 기쁨과(참고. 빌 1:25-26) 극한(더 깊이, 밑바닥, *kata babrous*) 가난이 그들로 하여금 예루살렘 교회를 위해서 풍성한 연보(*to plountos tes haplotetos*, rich generosity)를 넘치게 했다(2절). 그들은 힘에 지나도록(*para dynamin*) 연보했다(3절). 이 은혜(*charis*, 인간의 사랑의 행위)와[1339] 성도를 섬기는 일(*diakonia*)에 참여할 수 있도록 마게도냐 교회가 바울에게

1338) 마게도냐는 농업, 광업, 그리고 목재 산업으로 융성했던 지방인데도, 극한 가난이 언급된 것은 박해 때문이었을 것이다(참고. 바레트, 1986:280).

1339) NIV는 이것을 '특권'(privilege)으로 번역한다.

간절히 청원했다(4절). 즉 바울이 아니라 마게도냐 교회가 바울에게 헌금할 기회를 달라고 자원해서 요청했던 것이다(참고. 마 10:8).

바울이 기대했던 것은 물론 이루어졌고, 마게도냐 교회는 먼저 자신을 주님께 드리고(참고. 창 4:4-5) 또 하나님의 뜻을 좇아 연보했다(5절). 바울은 디도를 고린도에 보내어 이 연보에 동참하도록 한다(6절). 고린도 교회가 바울을 향하여 믿음(참고. 고전 12:9, 13:2)과 말과 지식(참고. 고전 12:5)과 간절함과 사랑하는 일에 풍성한 것같이, 이 은혜(연보)에도 풍성하게 되라고 바울이 권한다(7절). 이것은 명령이 아니고, 다른 사람(마게도냐 교회)의 간절함(구제에 대한 열심)을 가지고 비교함으로써, 고린도 교회의 사랑의 진실함을 증명하고자 하기 위함이다(8절).

이제 바울은 마게도냐 교회의 예를 초월하는 더 확실한 모델을 제시한다(참고. 롬 15:3). 예수님의 은혜를 고린도 교회가 아는데, 부요하신 분으로서 가난하게 되심은 자신의 가난함 때문에 교회를 부요하게 하려 하심이다(9절; 참고. 빌 2:6-11). 여기서 '자기 비하적 기독론'(kenoptic Christology; 참고. 마 8:20; 눅 9:58)을 본다. 헌금은 무언가를 바라는 보상심리가 아니라 하나님의 사랑에 대한 자발적인 헌신이다. 바울은 이 일에 대해서 최선의 것이 무엇인지 조언을 주는데, 고린도 교회는 이미 1년 전에(*apo perysi*, from last year) 이 구제 헌금에 그 어느 교회보다 먼저 동참하려고 계획하고 노력했다(10절). 이제는 계획한 대로 이 일을 성취할 때이다(11절). 의지만 있으면 그들이 가지고 있는 것을 따라서 드리면 하나님이 받으실 것이요, 그들이 가지고 있지 않은 것을 따라서 하라는 것이 아니다(12절).[1340] 바울이 마게도냐 교회가 드린 헌금의 액수를 밝히지 않았고 단지 그들의 헌신된 태도를 소개했듯이, 고린도 교회에게도 중요한 것은 액수 자체가 아니라 의지와 태도이다. 이것은 교회들을 '평균'(*isotetos*)하게 하려는 일이다(13절). 이것은 초기 예루살렘 교회의 모습이다(참고. 행 2:44-45). 바울은 여기서 공평한 분배의 원리를 강조한다. 여기서 '평균'(equality)은 '공평'(equity)이라는 의미도 된다. 바울은 그 어디서도 모든 성도가 똑같은 수입을 가지고, 똑같은 재산을 가질 것을 말하지 않는다.

그러므로 바울은 아마도 여기에서 가난한 예루살렘 교회를 돌보기 위해서 고린도 교인 모두가 공평하게 짐을 떠맡아서 책임을 지고 헌금할 것을 강조한다. 그리고 평균케 하는 일은 레위기 19장과 신명기 24장에서 명령된 구제를 수행하는 것이다. 바울은 헌금으로 인해 고린도 교회가 곤고하게 되는 것을 원치 않았다. 고린도 교회의 여유가 있는 것으로 예루살렘 교회의 부족한 것을 보충함은 후에 예루살렘 교회의 여유가 있는 것으로 고린도 교회의 부족한 것을 보충하여 평균하게 할 것이다(14절). 많이 거둔 자도 남지 않고, 적게 거둔 자도 모자라지 않았다는 출애굽 시의 만나와 메추라기 사건과 유사하다(15절; 참고. 출 16:18). 출애굽 후 광야에서 기적적으로 이스라엘을 균등하게 먹이신 하나님은 자기 백성들 안에서도 이런 평균케 되는 역사가 서로 돌봄을 통해서 일어나기를 원하신다.

1340) Pratt(2003:551)은 이 구절을 가난한 이들을 돕는 자선에 관한 것이지, 교회의 후원에 관한 것은 아니라고 본다. 그러나 문맥은 예루살렘 교회를 위한 구제 헌금을 지지한다.

2.2. 고린도후서 8장 16-24절의 메시지

이 단락에서 바울은 고린도 교회로 향하는 디도와 두 익명(아마 두기고와 드로비모; 행 21:29)의 형제들에 대해서 추천서를 쓰고 있다. 바울은 디도의 마음 안에도 동일한 관심을 하나님이 두신 것을 감사한다(16절). 디도는 바울의 권함을 받고 더욱 자원하여 고린도 교회를 방문했다(17절).[1341] 바울은 디도와 함께한 형제를 증인으로 같이 보내었는데, 그는 복음의 봉사로 인해 모든 교회에 칭찬을 듣는 사람이다(18절). 그리고 그는 동일한 주의 영광과 바울의 소원을 나타내기 위하여 여러 교회들(아마도 예루살렘이 아니라 마게도냐 교회들)의 택함을 입어(*cheirotoneo*, to stretch out the hand, to vote by holding up, 투표나 거수를 통한 선출) 바울이 맡은 은혜의 일로 바울과(예루살렘으로) 동행할 사람이다(19절; 참고. Rogers & Rogers, 1998:409). 바울이 돈을 직접 다루지 않는 것은 지혜로운 처사이다. 거액의 연보로 인해서 아무도 바울을 비방하지 못하도록 주의한다(20절). 바울은 주님과 사람 앞에서 선한 일에 조심하기를 원한다(21절). 바울은 디도와 그 형제 외에 다른 형제를 한 명 더 보내는데, 그는 여러 면으로 열심이 있음이 증명되었고 고린도 교회를 크게 신뢰하는 자이다(22절).[1342] 디도는 바울의 동무요 고린도 교회를 위한 바울의 동역자이다. 바울이 추천한 형제들로 말하면 그들은 여러 교회의 일반적인 의미의 사도들(사자들, *apostoloi*, official messengers)이요 그리스도의 영광(the glory designed for Christ, the credit to Christ)이다(23절). 그들은 부활하신 그리스도의 빛과 승리를 전달할 메신저이다(참고. 고후 8:19, 9:13; 보라. Hughes, 1962:320). 그러므로 고린도 교회는 여러 교회 앞에서 바울이 그들을 사랑하고 자랑한 것이 옳다고 증명되도록 하기 위해서 바울의 사신들을 맞이해 주어야 한다(24절).

3. 오늘에의 적용

양극화 시대를 사는 우리가 취할 구제 헌금의 올바른 정신은 무엇인가?
건강한 교회를 만들기 위해서 교회의 재정을 투명하게 하는 방법은 무엇인가?

1341) A.D. 55년에 에베소에 머무를 때 바울은 혹독한 편지를 디도 편으로 고린도에 보냈을 것이다. 이것이 디도와 고린도 교회의 첫 번째 대면이었다. 그리고 디도가 바울의 신실한 동역자로 긍정적으로 묘사되지만 사도행전에서 언급되지 않은 이유는 무엇인가? 아마도 누가는 사도행전에서 할례와 같은 민감한 문제에 연루된 적 있었던 디도를 의도적으로 언급하기를 기피한 것으로 보인다(참고. 래리 크라이처, 2000:139).

1342) 고린도후서 12장 16-18절에서 바울은 자신의 대리인을 고린도 교회로 파견했다고 과거 사건으로 말하지만 고린도후서 8장에서는 미래적 분위기이다. 그러므로 이 사실은 고린도후서 10-13장이 고린도후서 8장 이후에 기록된 것으로 볼 수 있도록 한다(참고. 래리 크라이처, 2000:142).

고린도후서 9장

1. 본문 및 구조

- 준비된 헌금을 통해서 성도를 섬김(1-5)
- 많이 심는 자가 되기를 권면함(6-15)

2. 구원 계시사적 메시지

2.1. 고린도후서 9장 1-5절의 메시지

구제 헌금을 다루는 고린도후서 9장은 동일한 주제를 다룬 고린도후서 8장에 대한 부연 설명이다. 1절은 '왜냐하면'으로 시작한다. 1절의 논의는 8장 24절과 연결된다. 바울이 성도를 섬기는 일(*tes diakonias tes eis tous hagious*)에 대하여는 고린도 교회에게 쓸 필요가 없다(1절). 왜냐하면 바울은 고린도 교회가 다른 교회를 돕기에 열심인 것을 알기 때문이다. 바울은 이전에 고린도에 18개월 머물면서 사역했기에 그들을 잘 알고 있었다(참고. 행 18:11). 고린도 교회가 먼저 구제 헌금에 동참하겠다고 바울에게 제안했다(참고. 고전 16:1-4). 성도를 섬기는 일과 관련된 신약에서의 기원은 예루살렘 교회의 7집사이다(참고. 행 6:1; 보라. Hughes, 1962:322). 바울은 마게도냐에서 고린도 교회가 1년 전부터 구제 헌금을 진행하고 있다고 자랑했는데(*kauchomai*, 현재형, 고린도후서를 기록할 당시까지도 자랑하고 있음), 그 열심이 마게도냐의 많은 사람들을 감동시켰다(2절; 참고. 고후 8:10). '감동시키다'(*erethizo*)는 긍정적인 의미로서 '건강한 경쟁심을 촉진시키다'는 뜻이다(참고. Rogers & Rogers, 1998:410).

그러므로 바울이 디도와 익명의 두 명을 고린도에 보낸 것은(*epempsa*, 서신적 아오리스트가 아님) 이런 자랑이 헛되지 않도록 준비시키기 위해서이다(3절). 혹시 마게도냐인들이(참고. 행 20:4) 바울과 함께 고린도 교회에 가서 고린도 교회의 준비되지 못한 것을 본다면, '너희(고린도 교회)는 고사하고'(*me lego hymeis*)[1343] 바울이 '이 믿던 것에'(*en te hypostasei taute*)[1344] 부끄러움을 당할까봐 바울이 염려한다(4절). 이제 마게도냐 교회의 열심이 고린도 교회를 감동시킬 차례이다. 바울이 파송한 3명이 고린도에 가서 구제 헌금을 미리 준비하도록 해야 억지(*pleoneksia*, 이기심, 탐욕, 속임수, 갈취)가 아니라 참 연보답게(*eulogia*, a blessing) 될 것이다(5절).[1345] '참

1343) 4절의 *lego*(현재 능동 가정법 1인칭 단수) 대신에, 시내 산, B, 다수 사본은 *legon*(현재 능동 가정법 1인칭 복수)으로 쓴다. 1인칭 복수형은 앞의 1인칭 복수 동사(*kataischynthomen*, '우리가 부끄러움을 당하다')와 어울린다.

1344) 4절의 이 표현을 시내 산 2판과 다수 사본은 '이 자랑의 믿던 것에' 혹은 '이 자랑의 확신에'(*en te hypostasei taute tes kaucheseos*)로 쓴다. 이것은 고린도후서 11장 17절의 영향으로 보인다.

1345) 고린도전서 16장 1절에서 이 헌금을 *logeia*로 쓴다. 따라서 바울이 고린도후서 9장 5절에서 이와

연보'는 '복'이라는 말인데, 관대함과 열정을 가진 심정으로 시행되는 구제는 그 대상자에게 복이다. 고린도후서 9장 1-5절은 고린도후서 8장을 무의미하게 반복하는 것이 아니라, 고린도후서 8장과 고린도후서 9장 6절 이하를 연결한다.

2.2. 고린도후서 9장 6-15절의 메시지

이것이(*touto de*)[1346] 곧(*touto de*, the point is this), 적게 심는 자(연보하는 자)는 적게 거두고(즉 연보의 결과), 많이(*ep' eulogiais*, with blessing) 심는 자는 많이 거둔다는 말이다(6절; 참고. 잠 11:24-26, 22:8-9; 히 6:7). 농경 문화에 익숙한 독자들은 심은 대로 거두는 법칙을 잘 알고 있었다. 인색함을 버리고 관용을 가지고 자비롭게 많이 구제하면 많은 것을 거두게 된다. 주는 것은 잃어버리는 것이 아니라 뿌리는 것이다. 자신의 능력을 고려하여 신중하게 각자 그 마음에 작정한 대로 할 것이요, 인색함으로나(*ek lyptes*, out of pain, grudgingly) 억지로(*eks angkes*) 하지 말라(예. 아나니아와 삽비라, 행 5장). "하나님은 즐겨(*hilaros*, joyfully) 내는 자(cheerful giver)를 사랑하시느니라"(7절).

헌금과 구제 중에 참 기쁨이 찾아온다. 헌금의 액수도 중요하지 않은 것은 아니겠으나, 동기와 헌신이 더 중요하다(예. 과부의 두 렙돈, 참고. 막 12:41-44). 마태복음 25장 34절 이하에서 예수님은 구제를 하나님 나라를 상속하는 것과 관련시킨다(참고. 마 10:8). 하나님이 능히 '모든'(*pasan*) 은혜를 너희에게 넘치게 하시나니, 성도로 '모든' 일에(en pantin) 항상 '모든' 것이(*pasan*) 넉넉하여 '모든'(*pan*) 착한 일을 넘치게 하려고 하신다(8절). 바울은 고린도후서 8장 1절에서 최선을 다해서 자발적으로 정성어린 헌금을 한 마게도냐 교회에게 하나님이 은혜를 주셨다고 밝힌다. 여기서 '모든'이라는 말이 강조된다(참고. 말 3:10). 하나님은 성도가 '선한 일'(*ergon agathon*) 즉 막연히 '좋은 게 좋다'는 식이 아니라, 여기서는 자매 교회를 도와 결국은 하나님 나라의 확장과 관련된 일을 하는 데 필요한 모든 것을 채우시는 분이시다(참고. 고전 15:58). 하나님의 은혜는 모든 것을 더욱 넘치게 하는 충분한 것(all-prevailing sufficiency)이다.

"그들이 흩어 가난한 자에게 주었으니 그의 의가 영원토록 있느니라" 함과 같다(9절). 씨를 뿌리는 농경적 은유가 계속 사용된다. 하나님을 경외하고 주님의 계명을 크게 기뻐하는 의인이 물질적인 복을 받을 것을 언급하는 시편 112편 9절을 인용한 바울은 베푸는 자가 받을 영적인 유익을 강조한다(참고. 신 15:7-11; 단 4:27; 마 6:1). 하나님은 의인이 베푼 관용(의)을 영원히 잊지 않으신다(참고. Pratt, 2003:558). 심는 자에게 씨와 먹을 양식을 주시는 분(하나님)이

유사한 단어인 *eulogia*를 통해서 '언어유희'를 하고 있을 수 있다. 즉 바울은 고린도 교회의 헌금이 '참으로 좋은'(*eu*), 혹은 '일등급'(first-rate), 혹은 '풍성한'(bountiful) 헌금이 되기를 소망했을 것이다(참고. Harris, 2005:628).

1346) 이 구를 NIV는 'Remember this'로 번역한다. 그러나 다양한 번역이 가능하다. 문자적으로는 '그리고 이것'이지만, '이제 이것을 생각하라' 혹은 '이제 이것이 중요하다'와 같은 문장이 일부 생략된 것일 가능성이 있다(Pratt, 2003:556).

고린도 교회가 심을 것을 주시며, 풍성하게 하시고, 그들의 '의의 열매'(*ta genemata tes dikaiosynes*)를 더하게 하실 것이다(10절; 참고. 사 55:10). 고린도 교회가 베풀기만 하면 하나님은 채우시고 그것을 의의 열매 즉 상급으로 인정하시어 헛되지 않도록 하신다(참고. 호 10:12). 물론 이런 보상을 받기 위해서 연보를 하는 것이 아니라, 베풂과 연보를 하면 이런 하나님의 역사를 보게 된다.

고린도 교회가 모든 일에 부요(liberality)하여(참고. 고전 1:5, 7) 너그럽게 연보를 하는 목적은 받는 자들(특별히 예루살렘 교회)로 하여금 고린도 교회로 말미암아 하나님께 감사하게 하기 위함이다(11절). 이 봉사의 직무(*leitourgia*,[1347] 연보)가 (예루살렘) 성도들의 부족한 것만 보충할 뿐 아니라, 받는 사람들이 하나님께 드리는 감사가 넘쳐흐르게 한다(12절).

구제는 두 가지 유익을 수반한다. 물질로 돕는 것과 영적으로 감사를 촉진시킨다. 고린도 교회 자신의 믿음의 진정성을 증거하는 이 직무(구제 헌금) 때문에, 도움을 받는 예루살렘 교회는 고린도 교회가 그리스도의 복음을 고백하고 복종하는 것과 받는 자들(즉 예루살렘 교회)과 모든 사람을 섬기는 후한 연보 때문에 하나님께 영광을 돌릴 것이다(13절). 마치 바울은 이 구제 헌금이 예루살렘에 전달되어 많은 유익한 결실을 맺은 것처럼 예상하면서 말한다(참고. Hughes, 1962:338). 헌금은 예루살렘 교회와 이방 교회를 연결시킨다. 또 받는 자들이 고린도 교회를 위하여 중보 기도하며, 하나님이 고린도 교회에게 주신 지극한 은혜를 인하여 고린도 교회를 사모한다(14절). 바울은 이 생각이 매우 감동적이기에, 바다를 먹물 삼고 하늘을 두루마리 삼아도 다 기록하거나 말할 수 없는 하나님의 은사(*dorea*, gift)를 예상하면서 미리 하나님께 감사한다(15절). 이 은사는 하나님께서 구주 예수님을 교회에게 주신 수직적인 것인데, 각양 다양한 은사를 수평적으로 촉진시킨다(참고. Hughes, 1962:342).

3. 오늘에의 적용

강요된 것이 아니라 참된 헌금의 정신은 무엇인가?

건드리기 민감한 부분이지만 기복적인 동기가 아니라, 하나님께서 그것을 통해서 역사하시고 성도의 유익을 드러내는 헌금에 대해서 바르게 가르치자.

1347) 원래 이 명사는 고전 헬라어에서 부유한 시민이 공적인 봉사를 위해서 자금을 모금하고 제공하는 것과 관련된다. 유대교와 코이네 헬라어에서는 '종교적인 봉사와 자유의사에 따른 봉사'를 가리킨다(참고. Rogers & Rogers, 1998:411). 바울은 여기서 제의적인 봉사(sacred service)의 뉘앙스를 풍기며 사용하는 듯하다(참고. 롬 15:27; 빌 2:17, 30; 보라. Bruce, 1990:229).

ঌ 고린도후서 10장 ঌ

1. 본문 및 구조

- 바울이 받은 오해와 변증(1-11)
- 합법적인 자랑(12-18)

2. 구원 계시사적 메시지

2.1. 고린도후서 10장 1-11절의 메시지

고린도후서 10-13장은 고린도 교회의 일부가 바울에 대해 비판한 것에 대해 바울이 직접적으로 대응한 것이다. 따라서 고린도후서에서 대부분 '우리'라는 1인칭 복수형을 사용하다가 이 단락에서는 '나' 혹은 '바울'이라는 이름을 강조하여 사용한다(*autos de ego*). 사도성조차도 오해 받은 바로 그 바울이 권면한다(참고. Bruce, 1990:229). 고린도 교회를 대면하면 겸비하고(*tapeinos*, humble), 떠나 있으면 담대한 바울은 이제 그리스도의 온유(*praytetos*, meekness, 참고. 마 11:29)와 관용(*epieikeias*, forbearance, 아량)으로 친히 고린도 교회를 권면한다(1절). 바울은 고린도전서를 기록한 후 고린도를 방문하고서 '겸비하게' 떠났으나, 그 후 혹독한 편지를 '담대하게' 썼다. 이 예수님을 닮은 바울의 모습을 반대자들이 이중적인 모습인 양 비난했을 것이다(참고. 콜린 크루즈, 2005:498; Pratt, 2003:572). 바울은 고자세로 고린도 교회의 믿음을 주관하려는 입장을 포기했다.

바울 자신을 육체대로(세상의 기준을 따라) 행하는 자로 여기는 반대자들을 대하여 담대히 대하려는 것같이 고린도 교회를 방문하여 함께 있을 때 이 담대한 태도로(즉 책망하는 엄격한 모습으로) 대하지 않도록 해달라고 구한다(2절). 바울은 육체에 있어(*en sarki*) 행하지만(living his life in the world) 육체대로(*kata sarka*) 싸우지 않는다(3절). 우리의 싸우는 병기(*hopla*, weapons)는 육체에 속한 것이 아니요, 오직 하나님 앞에서[1348] 견고한 진(*ochyroma*, fortress)을 파하는 강력이다(4절; 참고. 잠 21:22; 엡 6:12). 영적인 전쟁에 물리적인 무기를 사용하는 것은 어리석은 일이다. 모든 이론(*logismos*, reasoning, thought)을 파하며,[1349] 하나님 아는 것을 대적하여(*kata tes gnoseos tou theou*, 하나님의 지식을 대항하여) 높아진 것을 다 파하고, 모든 생각(*pan noema*)을 사로잡아 그리스도에게 복종케 한다(5절).[1350] '모든 이론'과 '모든 생각'은 하나님의 지식 즉 복음을 거스르고 하나님의 진리를 반역하는 헬라 철학과 같은 사상적 바벨탑이요 견고하

1348) '하나님을 위하여'(divinely powerful) 혹은 최상급으로 '매우 강한'이라는 뜻이다(참고. 바레트, 1986:317).

1349) 헬라어 원문에는 여기까지 4절이다.

1350) '사로잡고 복종케 하는 것'은 전쟁 용어인데, 복음으로써 잘못된 이론과 사상이라는 견고한 진(망루)이 무너지면 그 안에 있는 사람과 사물(잘못된 사상의 영향을 받고 있는 것)은 사로잡히게 된다.

게 보이는 진이다. 바울은 고린도 교회의 복종이 온전히 될 때(복음을 향해서) 모든 복종치 않는 자들을 벌하려고 예비하는 중에 있다(6절). 바울이 보낸 고린도전서와 '혹독한 편지'를 읽고도 여전히 회개하지 않은 무리가 있었다.

고린도 교회는 외모(*ta kata prosopon*) 즉 사물의 겉만 본다(blepete를 NRSV처럼 명령법이 아니라 NIV처럼 직설법으로 본다면). 혹은 고린도 교회는 그들 앞에 일어나고 있는 일 즉 분명한 사실에 직면한다고 번역할 수 있다. 만일 사람이 자신이 그리스도에게 속한 줄을 믿을진대, 자기가 그리스도께 속한 것같이 바울도 그러한 줄을 자기 속으로 다시 생각해야 한다(7절). 거짓 선생들은 스스로 그리스도에게 속한 자라고 자랑했을 것이다. 주님이 바울에게 주신 권세는 고린도 교회를 파하기 위한 것(넘어뜨리기 위한 것)이 아니라 세우려고 하신 것인데, 바울이 이(권세)에 대해 지나치게 자랑하여도 부끄럽지 않다(8절). 그러나 바울의 대적들은 바울이 권세를 가지고 있지 않다고 말했다. 바울에게는 편지들(복수)로 고린도 교회를 놀라게(위협) 하려는 의도가 없다(9절). 대적들은 바울이 고린도 교회에게 쓴 편지로 질책하여 놀라게 하려고 했다고 보았다. 고린도 교회의 어떤 이들은 바울이 편지로는 중하고 힘이 있으나(weighty and strong, paper tiger, 참고. Martin, 1986:459), 몸으로 대하면(*parousia*) 약하고(NIV: unimpressive, 감동을 주지 못하고) 말이 시원하지 않다(*ho logos eksouthenemenos*, 그 말이 무시되어 왔다)고 말한다(10절). 말이 시원치 않은 이유를 아마도 바울이 그 당시의 수사학을 일차적으로 의존한 것이 아닌 데서 찾을 수 있다. 이렇게 말하는 사람들은 바울이 떠나 있을 때 편지들로 말하는 자가 어떠한 자이면 (방문하여) 함께 있을 때 행하는 자도 그와 같은 줄을 알아야 한다(11절). 편지 내용대로 바울은 시행할 것이다. 동일한 한 인물 바울은 일관성을 가지고 있다.

2.2. 고린도후서 10장 12-18절의 메시지

바울은 자기를 칭찬하는 자로 더불어 감히 짝하며(분류하며) 그들과 견주어 비교할 수 없다. 이 말은 바울의 열등감을 내포하지 않고 비꼬는 것이다(참고. Pratt, 2003:576). 그러나 바울은 대적들이 스스로 평가하고 자신들을 자기와 비교하는 것 즉 자화자찬은 지혜롭지 못한 처사라고 책망한다(12절).[1351] 그러나 바울은 한계를 넘어서(즉 '아무 표준 없이'; 참고. 바레트, 1986:332) 자랑을 자랑하지 않고, 오직 하나님이 주신 분량의 한계 즉 이방인의 사도요 고린도 교회의 설립자라는 표준을 따라 한다(13절). 여기서 바울은 자신의 인간적인 업적을 자랑하지 않고, 주님이 맡기신 사명과 책임을 인식하고 있다. 바울은 고린도 교회에게 미치지(가지) 못할 자로서 (too far) 스스로 지나쳐 나아간 것이 아니라, 그리스도의 복음을 들고 고린도 교회에까지 갔다(14절). 바울은 이전에 고린도 교회를 설립했고 그 지역을 자신의 복음 사역의 영역으로 보았다.

바울은 남의 수고를 가지고(*en allotriois kopois*) 분량 밖에 자랑하는 것이 아니라, 오직 고린도 교회의 믿음이 더할수록 바울의 한계를 따라(*kata ton kanona*, according to the rule, 바울의

1351) 12절의 제일 마지막 동사('지혜가 없다')는 동일한 동사(*syniemi*, 이해하다, 통찰력을 가지다)의 현재 능동 직설 3인칭 복수인데, 두 형태이다. *syniasin*(파피루스 46, 시내 산) 그리고 *syniousin*(다수 사본).

한계 안에서) 그들 가운데서 더욱 위대해지기를(*eis perisseian*, in abundance, 영역이 확장되기를) 원한다(15절). 즉 바울은 남의 터 위에 복음을 전하려고 하지 않았고, 계속해서 복음 전파의 영역을 확장하기를 원했다. 바울은 16절에서 15절과 비슷한 말을 반복한다. 바울은 남의 한계 안에(*en allotrio kanoni*, in another's rule, 남의 영역 안에) 예비한 것으로 자랑하지 아니하고 고린도 교회의 지경을 넘어 복음을 전하려 한다(16절). 자랑하는 자(*ho chauchomenos*, 영광을 구하는 자)는 주 안에서 자랑해야 한다(17절). 옳다 인정함을 받는 자는 자기 자신을 칭찬하는 자가 아니요, 오직 주께서 칭찬하시는 자다(18절; 참고. 렘 9:23-24; 고전 4:1-4). 자기의 업적에 도취되어 스스로 교만하지 말고 하나님을 알기에 힘쓰는 동시에 하나님의 인정을 받도록 노력해야한다.

3. 오늘에의 적용

삶의 변화를 위해 전제조건이 되는 기독교 세계관을 확립하자.
우리는 무엇으로 자랑할 것인가?

고린도후서 11장

1. 본문 및 구조

- 바울의 어리석은 자랑(1-6)
- 바울의 자비량 사역(7-11)
- 거짓 사역자를 경계함(12-15)
- 바울의 또 다른 어리석은 자랑(16-22)
- 복음 전파를 위한 고난(23-33)

2. 구원 계시사적 메시지

2.1. 고린도후서 11장 1-6절의 메시지

바울은 자신의 조금 어리석은 것(*mou mikron ti aphrosynes*, a little foolishness)을 용납하라고 말하면서 아이러니가 두드러지는 진술(Fool's Discourse)을 시작한다(1절; 참고. Witherington, 1995:443). 들리기에 어리석은 것 같으나 바울의 진심이 담겨 있다. 표면상으로는 고린도후서 10장 17절에서 "주 안에서 자랑하라"고 말한 원칙에 맞지 않는 것 같다. 그러나 바울 자신이 행한 일을 말하지 않는다면 고린도 교회는 거짓 선생들에게 계속해서 속을 수 있었기에 말하지 않을 수 없다.[1352] 바울은 하나님의 열심으로(*theou zelo*, NIV: a godly jealousy, 경건한 질투로) 고린도 교회를 위하여 열심을 내는데, 고린도 교회를 정결한 처녀(*parthenon hagnen*, chaste virgin)로 한 남편인 그리스도에게 드리려고 중매하기를(armozo, to betroth, to fit together) 원한다(2절; 참고. 호 1:1-3:5; 요 3:29; 엡 5:25-27; 계 19:7-9). 바울 당시 신부는 결혼식 날까지 처녀성을 간직해야 했는데, 일정 부분 신부의 아버지에게 그 책임이 있었다.

마찬가지로, 고린도 교회의 영적 아버지인 바울에게는 유사한 책임이 있다(참고. 고전 4:15; 보라. 오스본, 2001:267). 뱀이 그 간계로 이와(Heua, Eve)를 미혹하게 한 것같이, 고린도 교회의 마음이 예수 그리스도를 향하는 진실함과 깨끗함(참고. 파피루스 46, 시내 산, B와 달리 다수 사본은 '깨끗함'을 생략함)에서 떠나 부패할까 바울은 두려워한다(3절; 참고. 호 2:2-13; 4 마카비 18:8).[1353] 만일 누가 다른 예수(another Jesus)를 전파하거나 다른 영(different Spirit)을 받게 하거나(참고. 고전 12:2-3). 다른 복음(different gospel이지 another gospel이 아님; 참고. 갈 1:6-9)을 받게 할 때 고린도 교회는 어처구니없게도 잘 용납했다(4절). 바울은 다른 예수, 다른 영, 다른 복음으로 무엇을 책망하려고 하는가? 아마도 고난과 약함, 십자가와 부끄러움이 없는 화려함과 영광이라는 변질된 가르침이었을 것이다(참고. 콜린 크루즈, 2005:499). 이 대적들은 유대주의자로 보이며, 영지주의자들은 아니다(참고. Bruce, 1990:235).

바울은 자칭 '지극히 큰 사도들'(*hyperlian apostolon*, NIV: super-apostles; 역설적이며 비꼬는 호칭) 즉 고린도 교회를 미혹했던 거짓 선생들보다 부족한 것이 조금도 없는 줄 안다(5절). 바울은 말에는 졸하나(*idiotes*, unskilled), 바른 복음을 이해하는 지식에는 그렇지 아니한데, 이것(바른 복음)을 바울이 모든 사람 가운데서(*en panti*, 모든 면에서) 모든 일로(*en pasin*, '모든 것 안에서') 고린도 교회에게 나타내었다(6절). 바울의 올바른 복음에 관한 지식은 전도, 편지, 환상에 대한 간증 등 다방면에서 증명되었다. 고린도에서 이스미안 경기가 벌어지면 즉석에서 제시된 주제를 가지고 웅변대회를 열었다. 화려한 수사학적 연설이 우승의 기준이었다. 그러나 그런 수사학자에게는 바울의 언변이 어리석고 초라해 보였을 수 있다(참고. 오스본, 2001:271-272).

2.2. 고린도후서 11장 7-11절의 메시지

바울은 고린도 교회를 높이려고 스스로 낮추어 하나님의 복음을 값없이 전함으로 죄를 지었는가?(7절) 바울 당시에 공짜로 연설을 했다면 그 연설가는 형편없는 수준의 사람으로 낙인 찍혔다. 자비량으로 복음을 전파한 바울도 그러한가? 아니다. 고린도 교회를 섬기기 위해서 다른 여러 교회들로부터 요(*opsonion*, wages)를 받은 것이 탈취인가?(8절) '탈취하다'(*sylao*)는 전쟁에서 적군을 쓰러뜨리는 것과 관련 있다. 따라서 힘으로 위협하면서 강제로 빼앗은 것이 아니라는 의미이

1352) 바울 당시에 여러 모습(예. 어리석은 체하는 것)으로 화자 자신을 드러내 보이도록 하는 것은 수사학적 기법이었다(참고. 존 월튼, 2010:1796).

1353) 다수 사본은 '깨끗함에서'를 생략한다. 그러나 사본상으로 볼 때 있는 것이 맞다.

다(참고. Pratt, 2003:580). 바울이 고린도에서 무언가 부족할 때, 누를 끼치지(*katanarkao*, to be a burden) 않으려 했는데, 마게도냐에서 온 형제들이 바울의 부족한 것을 보충하였다(참고. 행 18:5). 바울은 모든 일에 고린도 교회에 폐를 끼치지 않기 위하여 스스로 조심하고 또 조심한다(9절). 그리스도의 진리(*aletheia Chrisou*)가 바울 속에 있으니 아가야 지방에서 바울의 이 자랑이 막히지 아니한다(10절). 왜 그런가?(*dia ti*). 바울이 고린도 교회를 사랑하지 않아서 그런가? 아니다. 바울이 고린도 교회를 사랑하는 것을 하나님은 아신다(11절).

2.3. 고린도후서 11장 12-15절의 메시지

바울은 앞에서 계속하던 것(즉 자랑하는 것)을 앞으로 계속할 것인데, 바울과 같은 방법으로 하나님의 일을 한다고 자부하는 사람들의 입을 막을 것이다(현대어성경, 12절).[1354] 그런 사람들은 거짓 사도요 궤휼의 역군(*ergatai dolioi*, deceitful workmen, 속이는 일꾼들)이니, 그리스도의 사도로 가장하는 자들이다(13절). 이것이 이상하지 않음은 사탄도 자기를 광명의 천사(*angelon photos*)로 가장한다(14절). 그러므로 사탄의 일꾼들도 자기를 의의 일꾼(*diakonoi dikaiosynes*)으로 가장하는 것이 또한 큰일이 아니다(예. 왕상 22장의 시드기야 선지자). 저희의 결국(*to telos*)은 그 행위대로 된다(15절). 이상에서 종합해 보면, 성령의 능력 대신 인간적인 방법을 동원하고, 거짓 일꾼의 특징은 자신을 드러내고, 속여서 돈을 착취하고, 교회를 분열시키고, 참된 진리를 비방하는 것이다. 그들은 마지막에 행한 대로 심판을 받을 것이다.

2.4. 고린도후서 11장 16-22절의 메시지

다시 바울은 이런 자랑의 말을 하는 자신을 어리석은 자로 여기지 말라고 부탁한다. 만일 고린도 교회가 바울을 어리석은 자로 취급하더라도 할 수 없는데, 바울 자신으로 조금 자랑하도록 해달라고 부탁한다(16절).[1355] 바울이 지금 말하는 것은 주님을 따라(주님이 명령해서) 하는 말이 아니요, 오직 어리석은 자처럼 기탄없이 말하는 것이다(17절). 여러 사람이 육체를 따라(세상적인 외모의 관점에서) 자랑하듯이 바울도 그렇게 하려고 한다(18절). 고린도 교회는 스스로 지혜로운 자처럼 생각했지만 어리석은 자들을 기쁘게 용납하고 말았다(19절). 19절은 일종의 '풍자'다. 누가 고린도 교회를 종으로 삼거나, 잡아먹거나(*katesthiei*, 삼키다), 사로잡거나(미끼로 덫을 놓아 새와 물고기를 잡듯이, 참고. Rogers & Rogers, 1998:415), 자고하다 하거나(*epairetai*, 세상적으로 스스로 높임), 뺨을 칠지라도(*derei*, strike) 잘 용납했다(20절). 1세기 종교 기관에서 신성 모독죄를 지은 사람은 뺨을 맞았다(참고. 행 23:2). 거짓 선생들은 고린도 교회에서 상당한

1354) 유진 피터슨(2010:501)은 12절을 "이와 관련해서 나는 나의 입장을 바꾸지 않을 작정입니다. 여러분의 돈을 받느니 차라리 죽는 편을 택하겠습니다. 나는 악착같이 돈을 모으면서도 자신들을 특별한 존재로 자처하는 설교자들과 나를 한통속으로 취급할 빌미를 누구에게도 주지 않을 것입니다"라고 의역한다.

1355) 고대 수사학자들은 화자 자신을 변호하거나 합당한 이유가 있는 경우를 제외하고는 자신을 자랑하지 말아야 한다고 보았다(참고. 존 월튼, 2010:1798).

지배력을 가지고 있었다. 따라서 고린도 교회는 사탄의 장난감이 되어 농락당했다.

바울은 약한 것같이 욕되게 말한다(*kata atimian lego*, 약하게 된 것처럼 내가 불명예를 따라 말한다): "부끄럽게도 나는 그렇게(거짓 선생들처럼) 대담하지 못합니다. 그러나 이 역시 내가 어리석은 탓에 하는 말입니다만"(현대어성경). 여기서 바울의 신랄한 풍자를 본다. 자신은 약하고 어리석고 담대하지 못해서 자칭 위대한 사도들의 행태를 도무지 따라 하지 못하겠다는 것이다(참고. 콜린 크루즈, 2005:501). 바울은 어리석은 방식을 따라 어리석은 자에게 대답하고 있다. "부끄럽긴 하지만, 우리는 너무 '약해서'(*esthenekamen*, 현재 완료; 하지만 다수 사본은 아오리스트 시제의 *esthenesamen*) 그렇게 할 수 없음을 인정한다. 그러나 만일 누가 감히 무엇을 자랑한다면, 어리석지만 나도(바울)도 감히 자랑하겠다"(21절). 그들이 히브리인, 이스라엘인 그리고 아브라함의 씨인가? 바울도 그렇다(22절). 아마도 바울을 대적한 거짓 선생들은 유대인 출신으로 보이는데, 혈통적 우월주의와 율법주의적인 가르침으로 유혹했을 것이다. 바울은 그러한 세상적인 관점에서 보아도 거짓 선생보다 우월하다.

2.5. 고린도후서 11장 23–33절의 메시지

바울은 유대교적 자격에서 기독교적 자격으로 화제를 돌린다(참고. 바레트, 1986:369). 바울의 대적들은 그리스도의 일꾼(*diakonoi*)인가? 바울이 정신없는 말 같은 것을 하는데, 바울은 더욱 그리스도의 일꾼이다. 그 증거로 바울 자신이 당한 고난을 상술한다. 바울은 수고를 넘치도록 하고 투옥되고(참고. 행 16:22-24), 죽도록 매 맞고(23절; 참고. 행 14:19), 유대인으로부터(회당에서) 39대 매를 다섯 번 맞고(24절; 참고. 신 25:3), 3번 태장으로 맞고(beaten with rods; 참고. 행 16:22), 한 번 돌로 맞고(참고. 행 14:8-20), 3번 파선했는데(참고. 행 27), 1주일 동안 망망대해에서 지냈으며(25절), 여행 중에 강과 시내, 광야와 바다 그리고 거짓 형제의 위험을 당했다(26절). 수고하며 애쓰며(참고. 행 18:1-3), 여러 번 자지 못하고, 주리며, 목마르고, 여러 번 굶고, 춥고 헐벗었다(27절).[1356] 이 모든 고난은 예수님이 이방인의 사도인 바울에게 고난을 예언하신 사도행전 9장 16절의 성취이다.

이외의 일은 고사하고 오히려 날마다 바울 속에 눌리는 일이 있었는데, 모든 교회들을 위해서 염려하는 것이다(28절). 만일 누가 약하면 바울도 약하고, 누가 실족하게 되면 애타해했다(29절). '애타하다'(*pyroumai*, to set on fire)는 (안타까움과 슬픔으로) '불탔다'는 뜻이다. 바울은 부득불(*dei*) 자신의 약한 것을 자랑한다(30절). 주 예수님의 아버지, 영원히 찬송할 하나님이 바울이 거짓말하지 않는 줄 아신다(31절). 다메섹에서 아레다 왕(B.C. 9–A.D. 40년)의 방백이 갓 개종한 바울을 잡으려고[1357] 다메섹 성을 지킬 때, 광주리를 타고 들창문(벽에 있는 창문)으로 성벽을 내려서 그의 손에서 벗어났다(33절; 참고. 행 9:23-25). 로마의 갈리굴라(A.D. 37-41년) 황제는 아레다 4세에게 다메섹의 나바테아인들을 감독할 방백을 임명할 수 있는 권한을 주었던 것으로

1356) 신앙 때문에 고난당한 것은 명예였다.

1357) 32절의 '나를 잡으려고'(*piasai me*) 대신에 다수 사본은 '나를 잡기를 원해서'(*piasai me thelon*)로 쓴다.

보인다(참고. 오스본, 2001:292).

3. 오늘에의 적용

복음의 중매쟁이로 살기 위해서 당한 우리의 고난의 목록은 얼마나 긴가?
교회를 배교의 길로 인도하는 거짓 선생들의 위장 전술은 무엇인가?
교역자가 성도와 동고동락할 수 있는 길은 무엇인가?

고린도후서 12장

1. 본문 및 구조

- 바울이 본 환상과 계시(1-10)
- 참된 사도의 표(11-13)
- 재물에 대해 깨끗한 바울(14-18)
- 고린도 교회의 유익을 생각하는 바울(19-21)

2. 구원 계시사적 메시지

2.1. 고린도후서 12장 1-10절의 메시지

자랑하는 것이 유익하지 않으나(*ou sympheron*, not expedient; 참고. 다수 사본은 '나에게 유익하지 않으나') 바울이 부득불(*dei*),[1358] 주님의 환상들(*optasia*)과 계시들(*apokalypsis*)을 말한다(1절; 참고. 고후 11:16-17).[1359] 이것은 주님이 주신 환상들과 계시들 혹은 주님을 나타내는 계시들과 환상들이다. 바울은 여기서 왜 환상들과 계시들을 언급하려고 하는가? 아마도 고린도 교회의 거짓 선생들은 바울이 환상과 계시를 받지 못한 참 사도가 아니라고 비난했을 것이다(참고. Witherington, 1995:459). 혹은 고린도 교회에 들어온 새로운 교사들과 거짓 사도는 자신들의 신비로운 영적 체험을 자랑거리로 길게 늘어놓았을 것이다. 그렇게 하면서 자신들이 바울보다 우월하다고 여기도록 만들어 바울의 자리를 넘보았을 것이다(참고. 고후 11:20).

1358) 1절에서 시내 산과 D사본은 '부득불' 대신에 '그러나'(*de*)로 쓴다.

1359) 유진 피터슨(2010:503)은 "여러분 때문에 나는 이런 식으로 말할 수밖에 없습니다. 나는 본의 아니게 이렇게 말하는 것입니다"라고 의역한다.

'환상들'과 '계시들'은 동의어로 볼 수 있는 복수형 명사이지만 바울은 한 가지 영적 체험만 소개한다. 왜냐하면 대적자들의 영적 체험의 남용이 부당함을 지적하기 위해서이다(참고. 강창희, 2007:1169).

바울은 그리스도 안에 있는 한 사람(바울 자신)을 아는데, (고린도후서를 기록하기) 14년 전에 (A.D. 42-44년경)[1360] 셋째 하늘(*tritou ouranou*, the third heaven)에 이끌려 올라갔다. 그다음 구절은 괄호 안에 등장한다. ("그가 몸 안에 있었는지[*en somati*] 몸 밖에 [*ektos tou somatos*] 있었는지 바울은 모르거니와 하나님은 아신다"; 2절; 비교. 단 8:18, 10:8; 계 1:11).[1361] 유대 랍비들도(1인칭 혹은 2인칭으로) 자신을 언급할 때 '어떤 사람'(3인칭)이라는 대체 용어를 사용했다(참고. Rogers & Rogers, 1998:417). 더 나아가, 바울이 자신을 3인칭으로 묘사한 것은 영적 경험을 자랑하려는 대적자와 달리 '겸손'하게 말하기 위해서이다. 그리고 바울의 경험은 '그리스도 안'에서 자신이 배제된 철저히 수동적 체험이었으므로 3인칭을 썼다(참고. 강창희, 2007:1172-1173).

바울은 14년 전에 그 환상을 경험한 자신과 고린도후서를 기록하는 현재의 자신을 구분한다. A.D. 1세기 사람들은 하늘이 3층 혹은 7층으로 구성된다고 믿었다(참고. 신 10:15; 왕상 8:27; 대하 2:6, 6:18; 느 9:6; 시 68:33, 148:4). 첫째 하늘은 공기층, 둘째 하늘(즉 하늘들의 하늘)은 별들이 있는 궁창을 가리킨다. 바울은 하나님이 계시는 보이지 않는 하늘을 제3층천으로 이해하고 있다. 히브리서 4장 14절은 예수님이 승천하실 때 하늘들을(*tous ouranous*) 통과하셨다고 말씀한다(참고. 엡 4:10). 히브리서 7장 26절은 예수님이 '하늘들'보다 더 높으신 분으로 묘사한다. 바울은 우리에게 하늘이 여러 층으로 구성되었다는 정보를 제공하지 않는다. 대신 '삼층천'이라는 용어를 통해서 계시를 주시는 하나님이 가장 높고 영화로운 분임을 강조하는 듯하다(참고. 강창희, 2007:1180).

바울은 이 사람을 안다(그가 몸 안에 있었는지[1362] 몸 밖에 있었는지 바울은 모르지만 하나님은 아신다)(3절).[1363] 그가 낙원으로(*eis ton paradeison*) 이끌려 가서(*herpage*, 아오리스트 신적 수동

1360) 바울은 왜 14년 전의 경험을 이제 말하는가? 고린도후서가 A.D. 55년에 기록되었기에, 바울은 A.D. 41년에 이 경험을 했다. 대적자들이 영적 경험의 자랑을 하고 있지만, 바울은 14년 전 즉 오래 전에 이런 경험을 했음을 강조하기 위해서인가? 영적 경험이 사도직의 정당성과 관련된 것이 아니기에 말할 필요가 없었기 때문인가? 이 경험이 가장 깊고 소중한 것이었기에 쉽게 말하지 말았어야 했는데, 이제야 말하게 되었다는 뜻인가? 이 경험을 공개하지 말라는 하나님의 명령을 받았기 때문인가? 이런 가능성들을 종합적으로 고려하면 된다(참고. 강창희, 2007:1174-1176).

1361) 한글 개역개정판이 괄호로 처리하는 이 본문을 본문 비평으로 살펴보자. UBS 4판에서는 괄호 없이 본문에 등장한다. 다수 사본 헬라어 성경(참고. Hodges & FarstA.D., 1985:565)도 이 구절을 괄호 없이 본문에 위치시키고, 매츠거(2005:500)도 '신약 그리스어 본문 주석'에서 이 부분에 대해서 설명하지 않는다. 어떤 본문에서는 이 구절을 '- -'로 처리한다. 바른 성경은 이 구절에 괄호를 제거했다.

1362) '몸 안에 있었다'는 개념은 거룩한 영혼만 하나님(신)에게로 올라간다는 헬라적 사상을 반박하는 것이다. 요한계시록과 유대 묵시 문헌에서 '하늘 여행'(heavenly journey)은 흔한 개념이다. 바울의 환상은 메르카바 환상(chariot-throne vision)을 기초로 한 것은 아니다(참고. Witherington, 1995:460).

1363) 2절처럼 UBS 4판에는 이 구절이 괄호 없이 본문에 등장한다. 개역개정판과 달리 바른 성경은 괄호를 제거했다.

태) 말할 수 없는 말(*arreta hremata*)을 들었으니 사람이 감히 말해서는 안 되는 것들이다(4절). 여기서 '낙원'(*paradeisos*, 울타리 즉 울타리가 쳐진 동산)은 '셋째 하늘'의 대체 용어로 보인다(참고. 계 2:7; 눅 23:43; 비교. 창 2:9; 신 10:14; 느 9:6).

바울은 환상을 경험한 '이 사람'을 위하여 떠벌리면서 자랑할 수 있지만, 바울 자신을 위하여 약한 것들 외에는 자랑치 아니하려고 작심한다(5절). 즉 바울은 이 환상을 통해서 자신을 드러내고 있다는 인상을 주지 않으려고 한다. 바울은 자신의 참 사도성의 증표를 영적인 체험에 두지 않으려고 한다. 바울이 만일 자랑하고자 하여도, 어리석은 자가 되지 아니할 것은 그가 참말을 하기 때문이다. 그러나 누가 바울을 보는 바와 바울에게 듣는 바에 지나치게 생각할까 두려워하여 바울은 환상에 대한 설명을 그만둔다(6절). 여러 계시를 받은 것이 지극히 크므로 너무 자고하지 않게 하시려고 바울의 육체에 가시(*skolops*, 고문을 위해 사용되는 뾰족한 막대기 혹은 말뚝; 참고. 민 33:55) 곧 사탄의 사자(*angelos Satana*)를 주심은, 바울을 계속해서 쳐서(*kolaphize*, 현재형, "주먹으로 가격하다") 너무 자고하지 않게 하려 하심이다(7절).[1364] 환상을 본 바울이 자칫 교만해져서 마치 공중에 붕붕 떠 있는 것 같은 상태에 빠지지 않도록 하나님은 그를 끌어내려서 말뚝으로 땅에 박아 버리신 것과 같다(참고. 문장환, 2009:117).[1365]

'육체의 가시'란 무엇인가? 영적인 유혹인가, 아니면 복음 사역에 반대하는 세력인가? 아니면 안과 질환과 같은 육체적인 질병인가? 정확히 알 수 없다. 바울은 3번에 걸쳐(혹은 여러 번에 걸쳐) 육체의 가시를 제거해 달라고 기도했지만(8절), 하나님의 은혜가 바울에게 족하며, 하나님의 능력이 바울의 약한 데서 온전하여짐이라(*teleitai*, 완전하게 되다)는 말씀을 하나님께서 하셨다(*eireken*, 현재 완료형, he has spoken).[1366] 흥미롭게도 겟세마네에서 예수님은 3번 기도하셨고, 세례를 받으신 후 유대 광야에서 마귀에게 3번에 걸쳐 시험을 받으셨다. 그러나 3번 기도하는 자체가 어떤 마술적 힘을 가진 것은 아니다. 바울은 기뻐하면서 자신의 여러 가지 약한 것들에 대하여 자랑하는데, 그리스도의 능력이 자기 위에 머물게 하려 함(*episkenose*, to dwell)이다(9절; 참고. 삼상 14:6). 바울은 그리스도를 위하여 약한 것들과 능욕(*hybris*, 공개적인 모욕)과 궁핍과 핍박과 곤란을 기뻐하는데, 약할 그때 곧 강하게 됨을 안다(10절).[1367]

1364) 7절에서 B와 다수 사본과 달리, 시내 산, A, D사본은 '너무 자고하지 않게 하려 하심이다"를 생략한다.

1365) 고린도후서 12장의 환상 체험은 고린도전서 12장의 고린도 교회의 은사를 남용하는 문제에 대한 또 하나의 해결책일 수 있다. 즉 바울이 그 누구보다 더 굉장한 환상 체험을 가지고 있음에도 불구하고, 성령님의 역사나 은사에 대해 자랑하거나 남용하지 않으며 겸손과 덕을 세우는 모습을 수신자들에게 모델로 제시하는 것 같다.

1366) 하나님의 뜻과 상반되게도, 고린도후서 10장 10절에서 대적들은 바울의 약함을 참 사도가 아니라는 근거로 사용했다.

1367) 고린도후서 12장은 바울 당시의 묵시 문학적 특성과 차이가 많기에, 사도는 반묵시 혹은 비묵시적 묵시를 기록하고 있다. 일반적인 묵시 문학은 가명을 사용하나, 바울은 익명으로 쓴다. 철저히 수동태 동사들을 사용하여, 바울 자신의 자발적인 행동이나 소원 혹은 덕목을 제시하지 않고 하나님의 역사임을 강조한다, 그리고 환상의 내용을 거의 소개하지 않는 점도 특이하다(참고. 문장환, 2009:111-112).

바울의 환상과 그 결과는 기독론적 뉘앙스를 강하게 가진다. (1) 예수님께서 십자가(*stauros*)에서 고난당하신 것같이 바울은 가시('말뚝', *skolops*)로 고난당했다. (2) 예수님이 3번 간구하시고도 십자가를 지신 것처럼, 바울도 3번 간구했음에도 가시(말뚝)는 사라지지 않았다. (3) 말씀이신 예수님이 교회 가운데 거하신(*skenoo*) 것같이(참고. 요 1:14), 그리스도의 능력이 바울의 연약함 속에 머물게 되었다(*episkenoo*, 고후 12:9). (4) 십자가에서 하나님의 구속 사역이 완성되었는데(*teleo*, 참고. 요 19:28), 바울의 연약함 속에서 하나님의 능력이 완성되었다(*teleo*, 고후 12:9). (5) 예수님이 연약함으로 십자가에 못 박히셨으나 부활하셨듯이, 바울도 연약함 속에서 말뚝 (가시)에 찔렸지만 하나님의 능력으로 교회를 세워 갔다. 바울은 예수님을 닮아 그 자취를 신실하게 따라간 사도였다(참고. 문장환, 2009:122-123).

2.2. 고린도후서 12장 11-13절의 메시지

고린도 교회의 대적들이 억지로 그렇게 만들어(*enangkasate*, '강요하여', you compelled) 즉 바울 스스로 자랑하게 만들어, 결국은 바울이 어리석은 자가 되어 버린 것 같다. 그러나 영적인 아버지인 바울이 그들로부터 칭찬을 받아야 마땅하다. 바울은 아무것도 아니지만(*ouden eimi*) 자칭 지극히 큰 사도들(super-apostles, 고린도의 거짓 선생들)보다 조금도 부족하지 않다(11절). 바울이 사도인 것을 증명하는 표들(*ta semeia*)은 고린도 교회 가운데서 모든 참음과 표적들(*semeiois*)과 기사(*terasin*, wonders)와 능력(powerful deeds)을 행한 것이다(12절). 참 사도의 표시는 말이 아니라 능력에 있다. 바울이 고린도 교회에 폐를 끼치지 아니한 일 즉 자비량으로 사역을 한 것 외에는 다른 교회보다 부족하게 한 것이 무엇인가? 고린도 교회에게 바울은 자신의 이 공평치 못한 것(*ten adikian tauten*, this wrong act)을 용서하라고 풍자적으로 말한다(13절). 바울은 수사학적 질문으로 야유조로 말하고 있다.

2.3. 고린도후서 12장 14-18절의 메시지

'보라'(*Idou*). 이것이 3번째인데(*triton touto*),[1368] 바울은 고린도 교회로 가기로 예비하였으나 그들에게 폐를 끼치지 않을 것이다.[1369] 바울이 구하는 것은 그들의 재물(*ta hymon*, 너희들의 것들)이 아니라 그들 자신(*hymas*)이다. 어린아이가 부모를 위하여 재물을 저축하는 것이 아니라, 부모가 어린아이를 위해서 한다(*opheilei*, 금언적 현재, 14절). 1세기의 부모는 딸의 결혼 지참금이나 아들을 위해 유산을 물려주려고 저축했다. 그러나 이것보다 더 나아가 바울은 자신의 모든 것을 고린도 교회를 위해서 소진할 준비가 되어 있다. 바울이 고린도 교회의 영혼을 위하여 크게 기뻐함으로 재물을 허비하고(*dapaneso*, to spend money) 또 자신까지 허비(*ekdapanethesomai*, 미래 수동 직설 1인칭 단수, I[1370] will be spent out, '완전히 소비')할 것인데, 그들을 더욱

1368) 한글개역성경에 '이제'는 모호한 번역이다.

1369) 바울은 사도행전 18장의 1차 방문에서 고린도 교회를 설립했고, 2차 방문 시에 회개치 않는 자들을 책망했다(참고. 고후 2:1, 13:2). 2차 방문 이후에 혹독한 편지를 써 보내었다.

사랑할수록 바울 자신은 덜 사랑을 받겠는가?(15절). 하여간 어떤 이의 말이 바울이 고린도 교회에 짐을 지우지는 아니하였을지라도 공교한 자(*panourgos*, crafty)가 되어 궤계로 그들을 취하였다고 하니(16절), 바울이 파송한 자를 통해서 바울이 이를 취했는가?(exploit, 17절) 바울이 파송한 디도와 두 형제들이 바울과 동일한 성령과 이타적인 섬김이라는 동일한 보조(*tois autois ichnesin*, in the same footsteps)로 행했지 않은가?(18절) 이것은 긍정적인 답을 기대하는 수사학적 질문이다.

2.4. 고린도후서 12장 19–21절의 메시지

이때까지 바울이 '여전히'(*palai*, 다수 사본은 '다시') 변명하는 줄로 고린도 교회가 생각하고 있지는 않은지 궁금해한다. 그러나 바울은 '책임성 있는 신학자'로서(참고. 바레트, 1985:409) 그리스도 안에서(*en Christo*) 하나님 앞에(*katenanti theou*) 말한다. "사랑하는 자들아, 이 모든 것은 너희의 덕을 세우기 위함이다"(19절). 바울이 고린도에 갈 때 자신이 원하는 것과 같이 그들을 발견하지 못하며, 바울이 고린도 교회가 원치 않는 것같이 자신이 보여질까 봐 염려한다. 또 다툼과 시기와 분냄과 당 짓는 것과 중상함과 수군수군(고자질)하는 것과 거만함과 어지러운 것(즉 특히 예배를 방해하거나 분열을 조장함)이 고린도 교회 안에 있을까 두려워하고(20절), 또 바울이 다시 갈 때 하나님이 바울을 고린도 교회 앞에 낮추실까(*to humiliate*, 부끄러움을 당하지 않을까) 염려하고, 전에 죄를 지은 여러 사람의 행한 바 더러움과 음란함과 호색(성적으로 짐승처럼 절제가 안 된 상태)을 회개치 아니함을 인하여 근심할까 두려워한다(21절). 지금까지 바울 자신이 품고 있던 자랑과 자부심이 고린도 교회의 회개치 않음으로 인해 물거품이 되고 만다면 그것은 굴욕이 아닐 수 없다. 아마도 바울은 구제 헌금을 바친 마게도냐의 성도와 같이 고린도를 방문할 것인데, 다른 교인들 앞에서 수치를 당할 것도 염려하고 있다.

3. 오늘에의 적용

그리스도 안에서 우리의 약함을 자랑하자.
신비로운 체험이 있다면 덕스럽게 사용하자.
우리에게 있는 육체의 가시는 무엇인가?
교역자는 성도로부터 오해를 받을 때 어떻게 처신해야 하는가?

1370) 15절의 헬라어 구문은 '나'(*ego*)를 강조한다.

고린도후서 13장

1. 본문 및 구조

- 마지막 경고(1-10)
- 인사(11-13)

2. 구원 계시사적 메시지

2.1. 고린도후서 13장 1-10절의 메시지

바울은 3번째로 고린도 교회를 방문할 것인데(참고. 고후 12:14), 다시 비난을 받는다면 두 세 증인을 세워서 모든 말(*pan hrema*)을 확정(증거)할 것이다(1절; 참고. 신 19:15; 마 18:16). 바울이 1차로 고린도를 방문했을 때 교회를 설립했다(참고. 행 18:1-8). 바울의 2차 방문은 '고통스런 방문'(painful visit)으로서 고린도후서 2장 1절에 언급된다. 바울이 고린도에 도착하면 실제로 2-3명의 증인을 세울 것이라는 뜻으로 볼 수 있다. 아니면 바울의 3번에 걸친 방문이 충분한 증인 역할을 하는 것으로도 볼 수 있다. 혹은 바울은 여기서 특정 숫자를 염두에 두지 않고 지금까지 충분히 대적의 죄악을 드러내었음을 강조하는 것으로 볼 수 있다(참고. Martin, 1986:470). 바울이 두 번째 방문했을 때 이미 말한 것처럼, 죄 지은 자들을 그냥 두지 않을 것이다(2절). 하지만 바울이 그들을 용서하지 않고 어떤 징계를 내리려고 하는지 확실하지 않다. 왜냐하면 그들은 그리스도께서 바울 안에서 말하고 계신다는 증거(*dokime*)를 요구했기 때문이다. 그리스도는 고린도 교회를 대하실 때 약하지 않고 강하시다(3절). 바울은 예수님의 방식을 따라서(참고. 고후 1:5, 8:9; 빌 2:7-8) 약한 모습으로 고린도에 복음을 전하고 사역했는데, 바울의 약함이 성령의 역사의 통로로 적합했기 때문이다(참고. 고후 1:3-11, 2:14-16, 4:7-15, 6:3-10, 11:23-33, 12:7-10; 보라. ESV Study Bible, 2008:2239). 바울이 다시 방문할 때 그들은 바울 안에서 역사하시는 그리스도의 능력을 목격하게 될 것이다.

그리스도께서 약하심으로 십자가에 못 박히셨지만 오직 하나님의 능력으로 사셨으니, 바울도 '그분 안에서'[1371] 하나님의 능력으로 주님과 함께 살 것이다(4절). 여기서 '함께 살 것이다'는 예수님의 재림 후의 몸의 부활을 가리키기보다는, 살아 계신 그리스도의 능력으로 사역 중인 바울이 주님의 심정으로 고린도 교회를 세 번째 방문하는 것을 가리키는 것 같다(참고. Pratt, 2003:605). 분명한 것은 예수님처럼 바울도 자신의 약함이 능력의 사역을 이루는 방편이 되었다는 점이다. "믿음 안에 있는가 자신을 시험하고(반성하고), 자신을 확증하라. 예수 그리스도께서

1371) 4절의 '그분 안에서'(*en auto*)는 '주님 안에서'라는 뜻이다. 참고로 시내 산과 A사본은 '그분과 함께'(*syn auto*)라고 쓴다. 그리고 B와 D사본은 '그분 안에서 약하지만 너희(고린도 교회)를 위하여'를 생략한다. '너희를 위하여'(*eis hymas*)를 NIV는 '섬기기 위하여'라고 번역한다.

너희 안에 계신 줄을 스스로 알지 못하는가? 그렇지 않다면 버려진 자(*adokimoi*, disapproved, 검사 후에 거절당함)이다"(5절). 바울은 자신이 버려진 자가 되지 아니한 것을 고린도 교회가 알기를 원하고 바란다(6절). 따라서 바울의 사역을 고린도 교회가 의심하는 것은 곧 바울이 그리스도인이 아니라는 것을 함의한다. 바울은 하나님께서 고린도 교회가 악을 조금도 행하지 않게 하시기를 기도하는데, 바울이 거짓 선생처럼 옳은 자(인간적으로 성공한 자)임을 나타내고자 함이 아니라, 오직 바울은 버려진 자 같을지라도 고린도 교회가 선을 행하게 하고자 함이다(7절; 참고. 빌 2:12-13). 의로우신 예수님이 죄인처럼 죄를 떠맡으셨듯이, 바울도 마치 버려진 자처럼 낙인 찍히는 것을 두려워하지 않는다.

바울은 그 진리(다른 복음과 반대됨)를 거슬러 아무것도 할 수 없고 오직 그 진리를 위할 뿐이다(8절).[1372] 바울이 약할 때마다 고린도 교회의 강한 것을 기뻐하고 또 온전케 되기를 위해서 기도한다(9절). 이렇게 편지를 쓰는 것은 바울이 고린도에 도착할 때, 그리스도께서 고린도 교회를 파하지 않고 세우려 하심이다. 권징은 교회의 덕을 세우기 위함이다. 바울은 자신이 주님으로부터 받아 가지고 있는 권세를 치리를 위해서 심하게 사용하지 않으려고 한다(10절). 바울은 가능하면 고린도 교회가 자발적으로 회개하여 벌을 받지 않기를 소망한다.

2.2. 고린도후서 13장 11-13절의 메시지

바울은 독자를 격려하는 말로 서신을 마감한다. "형제들아, 기뻐하라. 온전케 되며(*katartizesthe*, 현재 수동 명령 2인칭 복수, restore yourselves), 위로를 받으며, 분열을 극복하고 마음을 같이 하며 평안할지어다. 또 사랑과 평강의 하나님이 너희와 함께 계시리라. 거룩하게 입맞춤으로 서로 문안하라"(11절). 고린도후서를 기록할 당시 바울과 함께 있던 마게도냐의 모든 성도가 고린도 교회에게 문안한다(12절). "주 예수 그리스도의 은혜와 하나님의 사랑과 성령의 교통하심(*he koinonia tou hagiou pneumatos*)이 너희 무리와 함께 있을지어다"(13절). '성령의 교통하심'을 주격적 속격으로 보면 '성령으로부터 나오는 교제'이고, 목적격적 속격으로 보면 '성령을 목적어로 하는 교제'인데 모두 가능하다. 다수 사본은 '아멘'을 추가한다. 13절의 성부-성자-성령의 순서 대신에, 성자-성부-성령의 순서를 보이는 것은 초대 교회에서 차지하는 기독론의 중요성을 반영한다(참고. 쿨만, 1991:11).[1373]

3. 오늘에의 적용

교회 간의 연합을 어떻게 이룰 수 있을까?

1372) '진리' 앞에 정관사가 있지만 일반적인 진리를 가리키는 듯하다(참고. 바레트, 1986:423).

1373) 예배 마지막에 '복의 선포'에서 성경 구절 그대로 읽는 것이 바람직하다. 너무 많은 내용을 추가하면 삼위 하나님이 주시는 복의 내용을 잊어버릴 수 있다. 물론 고린도후서 13장 13절 이외에도 복의 선포 구절로 사용할 수 있는 구절이 여럿 있다. 그러나 하나님을 송영하는 구절은 복의 선포로서 적절하지 못하다. 삼위일체에 대해서는 웨스트민스터 소요리문답 5-6번 해설을 참고하라.

성도가 치리를 받기 전에 스스로 회개하도록 하는 방편은 무엇인가?

하나님으로부터 버려진 자가 아니라 성령의 교통하심을 누리는 자로 살자.

【 참고 문헌 】

- Blomberg, C. *1 Corinthians. The NIV application commentary.* Grand Rapids: Zondervan. 1995.
- Bruce, F.F. *I & II Corinthians.* Grand Rapids: Eerdmans. 1990.
- Calvin, J. *John Calvin: writings on pastoral piety.* Trans. E.A. McKee. New York: Paulist Press, 2001. 2001.
- Ciampa, R.E. & Rosner, B.S. *1 Corinthians.* (In Beale, G.K. & Carson, D.A., eds. Commentary on the New Testament use of the Old Testament. Grand Rapids: Baker. p. 695-752.) 2007.
- Conzelmann, H. *1 Corinthians.* Hermeneia. Philadelphia: Fortress. 1975.
- ESV Study Bible. Wheaton: Crossway Bibles. 2008.
- Fee, G.D. *The first epistle to the Corinthians.* NICNT. Grand Rapids: Eerdmans. 1987.
- Frid, B. *The enigmatic ALLA in 1 Corinthians 2.9.* New Testament Studies, 31:603-611. 1985.
- Garland, D.E. *1 Corinthians. Baker Exegetical Commentary.* Grand Rapids: Baker. 2003.
- Godet, F.L. *Commentary on First Corinthians.* Grand Rapids: Kregel. 1985.
- Grosheide, F.W. *Commentary on the first epistle to the Corinthians.* Grand Rapids: Eerdmans. 1984.
- Harris, M.J. *The Second Epistle to the Corinthians.* NIGTC. Grand Rapids: Eerdmans. 2005.
- Hodges, Z.C. & Farstad, A.L. *The Greek New Testament according to the majority text.* Second edition. Nashville: Thomas Nelson Publishers. 1985.
- Hughes, P.E. *The second epistle to the Corinthians.* NICNT. Grand Rapids: Eerdmans. 1962.
- Keener, C.S. *The IVP Bible background commentary: New Testament.* Downers Grove : IVP. 1993.
- Kreitzer, L.J. 《고린도후서》. 신약성경 가이드. 이레서원. 2000.
- Leithart, P. *1 & 2 Kings. Brazos Theological commentary on the Bible.* Grand Rapids : Brazos Press. 2006.
- Leithart, P. *Blessed are the hungry: meditations on the Lord's Supper.* 2000. Moscow: Canon Press.

- Maris, J.W. "교회와 은사에 대한 새로운 견해?" 고신대 강연. 2010년 5월 31일. 2010.
- Martin, R.P. *2 Corinthians*. WB.C.. Waco: Word. 1986.
- McGinn, T.A.J. *The taxation of Roman prostitutes*. Helios, 16(1):79-110. 1989.
- Mounce, W.D. *Basics of biblical Greek: grammar*. Grand Rapids: Zondervan. 1993 (2003).
- Ortlund, R.C. "결혼". (In 데스몬드 알렉산더 & 브라이언 로즈너., eds. <IVP 성경신학 사전>. IVP. p. 552-555.) 2004.
- Pilch, J.J. "벌거벗음". (In 필치 & 말리나., eds. 《성서 언어의 사회적 의미》. 한국장로교출판사. p. 206-213.) 1998.
- Plummer, A. *2 Corinthians*. ICC. Edinburgh: T&T Clark. 1956.
- Pratt, R.L. *Spirit of the Reformation study Bible*. Grand Rapids: Zondervan. 2003.
- Pucci, M. Arenas. (In Evans, C.A. & Porter, S.E., eds. *Dictionary of New Testament background*. Leicester: IVP. p. 111-114.) 2000.
- Ramsay, W.M. *Historical commentary on First Corinthians*. Grand Rapids: Kregel. 1996.
- Robeck Jr., C.M. Tongues. (In Hawthorne, G.F. et al., eds. *Dictionary of Paul and his letters*. Leicester: IVP. p. 939-943.) 1993.
- Rogers Jr. C.L. & Rogers III, C.L. *The new linguistic and exegetical key to the Greek New Testament*. Grand Rapids: Zondervan. 1998.
- Savage, T.B. *Power through weakness: Paul's understanding of the Christian ministry in 2 Corinthians*. Cambridge: Cambridge University Press. 1996.
- Thiselton, A.C. *The First Epistle to the Corinthians*. NIGTC. Grand Rapids: Eerdmans. 2000.
- Turner, M. "영적 은사". (In 데스몬드 알렉산더 & 브라이언 로즈너., eds. <IVP 성경신학 사전>. IVP. p. 898-907.) 2004.
- Witherington, B. *Conflict and community in Corinth: a socio-rhetorical commentary on 1 and 2 Corinthians*. Grand Rapids: Eerdmans. 1995.
- 강창희 《고린도후서》. 도서출판 횃불. 2007.
- 구미정 "경계에서 피어난 꽃: 장공 김재준과 여성신학의 만남" 한국기독교 신학논총, 65:249-273. 2009.
- 그랜트 오스본 《고린도전서》. LAB주석 시리즈. 성서유니온선교회. 2004.
- 그랜트 오스본 《고린도전서》. LAB주석 시리즈. 성서유니온선교회. 2001.
- 권호덕 "세분화된 '구원의 서정'에 대한 비판적 고찰" 한국개혁신학, 20:275-310. 2006.
- 김병모 <문자와 영: 고린도후서 2장 14절-3장 6절을 중심으로>. 한국기독교학회 제38차 정기논문 발표회 발제글. 10월 16일. 침신대(p. 33-49) 2009.
- 김옥태 "헬레니즘과 헤브라이즘의 신체관에 대한 소고". 기독학문연구회 춘계 학술대회.

6월 12일. 경북대. 2010.
• 김판임 "왜 여자만 머리를 덮으라고 하는가? 고린도전서 11장 2-16절에 대한 연구" <신약 논단>, 16(2):495-533. 2009.
• 라우리, D.K. 《고린도전후서》. 두란노서원. 1988.
• 라이트, N.T. 《하나님의 아들의 부활》. 크리스챤 다이제스트. 2005.
• 리이드, W.S. 존 낙스의 생애와 사상. 기독교문서선교회. 1984.
• 리처드 L. 프랫 주니어 《메인 아이디어로 푸는 고린도전후서》. 도서출판 디모데. 2003.
• 매츠거, B.M. 《신약 그리스어 본문 주석》. 대한성서공회 성경원문연구소. 2005.
• 문병구 "공동체의 본질을 회복하라!: 고전 3:1-17에 대한 해석학적 이해". <신약 연구>, 8(4):673-692. 2009.
• 문장환 "천상의 계시와 지상의 가시". 본문과 설교, 2:108-123. 2009.
• 바레트, C.K. 《고린도전후서》. 국제성서주석. 한국신학연구소. 1985.
• 바레트, C.K. 《고린도전후서》. 국제성서주석. 한국신학연구소. 1986.
• 반더발, C. 반더발 성경연구 3. 줄과추. 1999.
• 브루스 윈터 고린도전서. NB.C. 21세기판. 《IVP 성경 주석 신약》. IVP. 2005.
• 스투키, L.H. 《성찬, 어떻게 알고 시행할 것인가?》 대한기독교서회. 2008.
• 신원하 《시대의 분별과 윤리적 선택》. SFC. 2004.
• 신재철 《성경과 신학의 창으로 본 소송 문제》. 쿰란출판사. 2008.
• 알베라 미켈센 《복음주의와 여성 신학》. 솔로몬. 2001.
• 웨인 믹스 바울의 목회와 도시사회. 한국장로교출판사. 1993.
• 유진 피터슨 《메시지: 신약》. 복있는사람. 2010.
• 이상규 "Hand over to Satan": exegetical and theological perspectives on 1 Corinthians 5. Th.M. dissertation. Bloemfontein: University of Orange Free State. 2006.
• 이상규 "평양 대부흥의 교회사적 의의". 제9회 한상동 기념 강좌. 고신대학교. 2006.
• 이승구 "칼빈과 이단 문제: 이단 문제에 대한 칼빈 신학의 의의" 제4회 종교개혁 기념 학술세미나. 고신대 개혁주의학술원(p. 41-89) 2009.
• 이신열 "칼빈의 은사 이해" <성경과 신학>, 53:79-107. 2010.
• 이준호 "독신과 이혼에 대한 바울의 견해(고전 7:6-16)" <신약 연구>, 9(2):227-249. 2010.
• 이준호 "결혼 안에서 남편과 아내의 성적인 관계(고전 7:1-5)" <신약 연구>, 8(4):693-715. 2009.
• 이한수 "신약의 전망에서 평가한 은사 중지론". <신학지남>, 295:157-178. 2008.
• 존 월튼, 빅터 매튜스, 마크 샤발라스 & 크레이그 키너 《IVP 성경 배경 주석》. IVP. 2010.

- 존 칼빈 《기독교 강요》. 성문출판사. 1989.
- 찰스 C. 라이리 《교회에서 여성이 할 일》. 생명의말씀사. 1983.
- 최갑종 "성경과 여성 안수: 사도 바울은 여성 안수에 관하여 말하고 있는가?" 예장 브니엘 교단 여성 안수에 대한 공청회에서 발제한 글(9월 14일. 브니엘교회당). 2009.
- 최영숙 "바울의 고난과 교회의 하나 됨: 고린도전서 4장 6-13절을 중심으로." <성경과 신학>, 54:35-63. 2010.
- 최원준 "고린도전후서에 나타난 바울의 부활 신앙" <그 말씀>, 3월호: 82-111. 2010.
- 카슨, 무, 모리스 《신약 서론》. 은성. 1993.
- 칼빈 《칼빈이 말하는 교회에서의 여성과 남성과의 관계》. 솔로몬. 1994.
- 칼빈 《고린도전후서 주석》. 성서교재간행사. 1993.
- 칼빈 《이사야 IV》. 성서교재간행사. 1993.
- 쿨만, O. 《신약의 기독론》. 나단. 1991.
- 콜린 크루즈 《고린도후서》. IVP 성경 주석. 신약. IVP. 2005.
- 타이센, G. 《원시 그리스도교에 대한 사회학적 연구》. 대한기독교출판사. 1986.
- 톰 홀랜드 《바울 신학 개요》. 크리스챤 다이제스트. 1986.
- 폴 바네트 《고린도후서 강해》. IVP. 2002.

갈라디아서 주석

들어가면서

바울 서신의 집성

A.D. 2세기의 '무라토리안 정경'과 이단 '마르시온의 정경'(144년경)의 목록에 바울 서신이 포함되어 있는 것을 보아서 바울 서신의 집성이 이미 아주 이른 시기에(아마도 2세기 초) 이루어졌음을 알 수 있다. 그러면 누가 모아서 집성했는가? 바울 사후에 어떤 한 사람이 했는가? 아니면 교회에서 바울의 서신을 예배 중 성경 낭독을 위해 사용하기 위해 교회적인 차원에서 흩어진 서신들을 모았는가? 정확한 답은 없다. 19세기 비평 시기 이후 현대 비평학계에서 바울의 진정성이 인정되는 것은 '로마서, 고린도전후서, 갈라디아서, 빌립보서, 데살로니가전서, 빌레몬서' 7권뿐이다. 참고로, 신약성경 배열 시 길이를 참고했는데, 에베소서보다 조금 짧은 갈라디아서가 앞에 위치한 이유는 아마 '규범'(canon)이라는 표현을 사용하고 있으며(갈 6:16), 이때문에 옥중 서신(에베소서, 빌립보서, 골로새서)에 대한 권두언으로 여겨졌기 때문일 것이다(참고. 윌리엄 클라인 외, 1997:144).

갈라디아서의 중요성

루터는 "갈라디아서는 내가 좋아하는 편지(pet epistle)이다. 나는 그것과 약혼하였다. 그것은 내 아내다"라고 말했다(참고. Witherington, 1998:v). 루터는 갈라디아서를 자기 아내의 이름을 따라 'Katie von Bora'라 부를 만큼 어떤 성경보다 중요하게 생각했다. 바울처럼 루터 역시 행함으로 구원받는다고 주장하는 천주교의 세력과 맞서 싸운 사람이기에 갈라디아서를 이렇게 중요하게 생각하는 것은 당연하다. 사실상 갈라디아서는 기독교 역사의 기원과 뿌리를 밝혀 줄 수 있는 현존하는 가장 초창기 기독교 문헌 중의 하나일 뿐 아니라, 또한 지난 2천 년간의 기독교 역사를 통하여 가장 결정적이고 큰 영향력을 미친 신약성경의 한 부분이다. 그렇기 때문에 갈라디아서는 바울 신학은 물론 기독교 정체성과 신학을 파악하는 데 있어서 가장 좋은 출발점과 안내서로 불릴 수 있을 것 같다. 갈라디아서 설교는 감리교의 창설자인 존 웨슬리(1741년)에게 큰 평안을 주기도 했다. 갈라디아서는 '기독교의 자유의 대헌장'(the Magna Carta)으로 불린다(갈 5:1, 13). 갈라디아서의 해석은 어렵다. 왜냐하면 바울의 논증들이 조밀하고 난해하며, 바울이 응답하고 있는 사건과 상황이 완전히 명확하지 않기 때문이다.

저자

갈라디아서의 저자 문제는 논란이 되지 않는다. 바울이라고 갈라디아서 1장 1절의 서언에서 밝히고 있기 때문이다. 실제로 서신서 중에서 가장 진정성의 논란이 없었던 서신이 갈라디아서이다. 18세기말의 회의적인 네덜란드 학파에서만 이 서신의 진정성을 부인했다. 18세기 말의 이 네덜란드 학파는 무엇인가? 아마 이들은 레이덴(Leiden) 대학교의 'Teunen'과 관련된 것으로 보이며 아마도 독일의 합리주의의 영향을 받았던 것 같다. 즉 성경의 고등 비평을 그대로 수용하여 파괴적인 작업을 한 좌파로 보인다. 갈라디아서는 비평학자들로부터 진정성이 인정되는 7개 서신 중, 만일 그가 복음을 전해서 설립한 교회가 아닌 로마 교회를 향한 서신만 제외한다면 유일하게 공동 저작으로 쓴 편지가 아니다.

수신자

정확히 갈라디아서 1장 2절의 여러 교회들이(복수형) 언제 설립되었는지 모른다. 바울 서신의 역사적인 배경의 재구축을 위해 중요한 사도행전의 도움을 받아 설명해 보자. 사도행전 16장 6절에는 성령이 아시아에서 말씀을 전하지 못하게 하시자 바울과 동료들이(제2차 전도 중) 갈라디아와 브루기아 땅을 지나간 것을 언급한다. 사도행전 18장 23절은 제3차 전도를 시작할 때 바울이 브루기아와 갈라디아의 제자들의 믿음을 굳게 했다고 언급한다. 바로 이 교회들에게 바울이 편지를 쓰고 있는 것인가? 수신자와 관련하여 두 의견으로 나뉜다(참고. 거스리, 2002:423-430).

(1) 남부 갈라디아설(혹은 넓은 지방 가설)

이 가설은 안디옥, 더베, 이고니온, 루가오니아 등 1차 전도 여행 중에 설립된 교회들과(참고. 행 13:14-14:20-21), 2차 전도 여행 중에 바울이 다시 방문했던(참고. 행 16:1이하) 도시들에 있는 교회들과 연관 있다. 남부 가설은 슈미트(Joachim Schmidt)가 1748년에 주장했고, 윌리엄 램지(William Ramsay)와 잔(Theodore Zahn), 헤머(C.J. Hemer), 던(J.D.G. Dunn), 미첼(Mitchel), 한센(G.W. Hansen), 브루스(F.F. Bruce), 론제네커(R.N. Longenecker), 버튼(E. de W. Burton)등이 옹호한다. 19세기 이후에 큰 호응을 얻었다.

그렇다면 근거는 무엇인가? (a) 바울은 자신이 통과하는 바로 그 지역 명칭보다는 로마의 속주들로서의 (넓은) 행정적인 명칭을 사용한다(예. 아가야, 아시아, 마게도냐 등). 사도행전 16장 6절의 갈라디아라는 말은 로마의 넓은 행정 구역을 가리킨다고 윌리엄 램지가 주장한다. 바울은 자기가 세운 교회들을 행정 구역별로 분류했다고 주장한다. (b) 갈라디아 교회는 나면서부터 유대인들이 있었는데(3:2, 13, 23, 4:2, 5, 5:1) 실제 갈라디아 '지역'에 유대인이 있었다는 증거를 우리는 가지고 있지 않다. (c) 사도행전 20장 4절에 남갈라디아 '지방' 출신의 성도를(베레아 사람 소바더와 데살로니가 사람 아리스다고와 세군도, 더베 출신의 가이오와 디모데, 아시아 사람 두기고와 드로비모) 임명하여 헌금을 가지고 가라고 했지 갈라디아 '지역'에서 임명하지 않았다. (d) 누가는 터키의 갈라디아 지방의 남쪽 지역의 도시들을 많이 언급하지만 북쪽 지역의 도시들을 거의 언급하지 않는다(누가는 시리아 등의 지역도 언급하지 않음을 예로 들어 모팻(J. Moffatt)이 이 주장을 반박함). (e) 갈라디아서 4장 13절에는 바울이 병에서 회복되는 동안에 갈라디아 교회들을 처음으로 방문한 것으로 나온다. 하지만 앙카라를 비롯한 북쪽 지역은 험해서 병약한 사람이 여행하기에는 어려운 지역이다. (f) 갈라디아 교회의 문제 야기자들은 유대주의적 기독교인들이었는데 이들은 외진 북부 지역보다는 주로 남부의 번성한 도시에 거주했다.

하지만 데살로니가전서 2장 14절과 고린도후서 1장 16절은 유대 '지역'을 지칭한다. 그리고 사도행전 16장 6의 브루기아와 갈라디아는 '지역'을 가리키는 지명으로 볼 수 있다(상세한 것은 카슨, 무, 모리스, 1993:327-330을 보라).

(2) 북부 갈라디아설

좁은 의미에서 갈라디아인들은 B.C. 3세기 전반부에 소아시아 중앙 지역으로 용병으로서 이주해 온 켈트(Celt)족 혹은 골(Gaul)족들로서, 이들이 거의 19세기까지만 해도 이 편지의 유일한 수신자였다고 인정되어 왔다. A.D. 3세기경에는 남쪽 지방은 갈라디아에서 분리되고 북쪽 지역만 갈라디아로 불리게 되었다. 이 가설은(=지금 터키의 수도인 앙카라를 중심으로 한 좁은 지역 가설)은 실제 갈라디아 땅에서 수신자를 찾는다. 지역 이론 즉 북부 갈라디아설의 근거는 무엇인가? 누가는 지방의 이름을 소개할 때는 분명히 도시나 지역 이름 앞에 붙였다. 즉 사도행전 14장 4절의 비시디아 지방의 안디옥(이것은 시리아의 안디옥과 달리 터키 내륙에 위치함) 그리고 사도행전 14장 6절의 루가오니아 지방의 루스드라와 더베라고 소개한다. 따라서 지방 이름 없이 사용된 갈라디아라는 이름은 지역 혹은 구체적인 도시를 언급하다. 주창자로는 라이트풋(J.B. Lightfoot), 모팻(J. Moffatt), 큄멜(W.G. Kümmel), 베츠(H.D. Betz), 뤼어만(D. Lührmann) 등이다.

(3) 수신자 논의에 대한 결론

갈라디아의 수신자는 터키의 수도 앙카라(좁은 의미의 지역)에 살았던 골족/멜트족일 수도 있고, 또는 로마의 영토 갈라디아라는 이름을 지녔던 광대한 동일 지방의 남부에서 살던 사람들일 수도 있다. 즉 이고니온, 루스드라, 더베(참고. 행 14:1-21)를 포함한 남부 갈라디아 지방의 도시들이었다고 조심스럽게 결론 내리는 것이 좋을 것이다. 하지만 무역 및 사업상 여행하는 사람이 많았으며 코이네(Koine)헬라어를 공통적으로 사용했던 당시의 상황을 고려해 본다면 북갈라디아 지역설을 완전히 배제하지 못하며, 오히려 남갈라디아 지방설을 기초로 해서 북지역설을 포괄하는 입장이 더 나을 것 같다. 따라서 넓은 지역에 퍼진 회람 서신이다.[1374]

1374) 참고로 남아공 대학(University of South Africa)에서 학위를 받은 판 덜 발(C. Van der Waal, 1999:351)은 'Golland'(홀란트)는 원래 한 지방 이름이었으나 지금은 네덜란드 전체를 의미하게 되었듯이 '갈라디아인'이라는 명칭도 보다 점차 넓은 의미를 가지게 되었다고 설명한다.

기록 연대

갈라디아서의 수신자만큼이나 기록 연대도 불분명하다. 갈라디아서의 저작 연대는 수신자에 의해 결정된다. 북갈라디아설은 바울이 북쪽 지역을 방문했다는 사실을 인정해야 하므로 저작 연대를 늦추어야 한다(예를 들어, 바울의 3차 전도 여행 중). 바울은 갈라디아 교회에서 문제들이 '속히'(*tacheos*) 시작되었다고 말하고(1:6), 자신이 처음 그들을 방문했던 것을 회상한다(4:13-14). 이것은 갈라디아서의 이른 연대를 가리킬 수도 있다. 하지만 갈라디아서의 주제(5:4: 이신칭의)가 로마서의 주제와 유사하기 때문에 후기로 보는 사람도 있다(예. Lightfoot). 교리의 완전한 체계는 후대의 것을 암시한다.

바울의 예루살렘으로의 여행 및 14년 후 그와 바나바 그리고 디도가 다시 예루살렘에 가서 '기둥 같은 이들을' 만난 이야기(갈 1:18, 2:1 이하)가 사도행전 15장과 어떤 관련이 있는지에 따라 갈라디아서의 연대가 결정된다. 이 두 가지는 같은 방문사건인가 아니면 다른 방문인가? 여기에 대해 두 가지 견해가 있다.

(1) 갈라디아서 2장 1-10절이 사도행전 15장의 예루살렘 회의를 위한 방문이었다는 견해(전통적인 견해이며 한국에서는 최갑종 등이 지지함[1375])

이것은 두 장들 사이의 유사점에 근거한 전통적인 견해이다. 사도행전에는 바울이 예루살렘 공회 이전에 예루살렘을 두 번 방문한 것으로 나온다. 첫 번째는 사도행전 9장 26절에 회심 직후였고, 두 번째는 사도행전 11장 30절에 나타나는데 안디옥에서 구제헌금을 바나바와 함께 가지고 예루살렘으로 온 경우이다. 따라서 갈라디아서 2장 1절의 '다시'라는 말은 사도행전 11장 30절의 방문을 가리키는 것이다. 하지만 사도행전 15장과 갈라디아서 2장의 차이점은 사도행전 15장의 결정 사항이 갈라디아서 2장에는 빠져 있다는 것이다. 오히려 갈라디아서 2장 6절에서 바울은 "예루살렘의 지도자들이(유명한 사람들) 바울의 메시지에 더 첨가해 준 것이 없다"고 한다. 더 큰 난점은 유대인과 이방인 사이의 식탁 교제 문제로 바울이 베드로를 책망한 것은 예루살렘 공의회 이전으로 보는 것이 더 타당해 보인다. 따라서 갈라디아서 2장의 예루살렘 방문과 사도행전 15장의 예루살렘 공회의 참석을 위한 방문은 다른 것이라고 본다.

(2) 갈라디아서 2장 1-10절이 사도행전 11장 30절의 예루살렘 방문과 같다는 견해(예. F.F. Bruce, I.H. Marshall, 이한수 등)

첫 번째 주장의 난점을 극복하기 위한 주장으로 최근에 많은 지지를 받고 있다. 즉 예루살렘 공의회 이전의 두 번째 방문과 갈라디아서 2장의 방문이 동일하다는 것이다. 따라서 예루살렘 공회 이전의 방문이었기에 공회의 결정이 갈라디아서 2장에 생략된 것은 자연스럽다. 예루살렘 공회 전에 있었던 갈라디아서 2장의 안디옥에서의 베드로와 바나바의 외식의 사건을 다루기 위해서 안디옥 교회는 사도행전 15장에 나오듯이 예루살렘으로 바울과 바나바를 파송한 것

1375) 최갑종(1992:41)은 자신의 책 《바울 연구 1》에서 갈라디아서 2장과 사도행전 15장의 예루살렘 방문을 동일한 사건으로 보면서 차이점이 나타나는 것은 바울이 동일 사건을 다르게 기록할 뿐이라고 한다. 그리고 사도행전에 나타난 바울의 회심 사건 역시 동일한 사건을 3번이나 약간 다르게 묘사하고 있음에 독자의 시선을 주목시킨다.

같다. 이 추측이 옳다면 갈라디아서는 바울이 1차 전도 여행에서 안디옥으로 돌아오기 전에 보내졌을 것이다. 하지만 이 주장(예. 이신칭의)은 갈라디아서에 나타난 상황이 충분히 전개될 만한 시간적 여유를 주지 못하는 단점이 있다. 도널드 거스리(2002:436)는 갈라디아서가 바울이 예루살렘 공회에 참석하러 가던 길에 쓰였을 것으로 추측한다(A.D. 49년경: 이렇게 되면 갈라디아서는 가장 이른 바울의 서신이다). 이 주장의 단점으로는 사도행전 11장 30절에 예루살렘의 사도에 관한 언급은 없고 '장로들'만 언급된다. 사도행전 15장과 16장 4절에서는 사도와 장로가 구분되어 있다. 그리고 사도행전 11장 30절에 바울과 바나바만 언급되어 있기에 갈라디아서 2장 1절처럼 디도가 동행했다고 볼 수 없다.

(3) 연대 논의의 결론

명확한 결론은 어렵겠지만 갈라디아서 2장 1-10절이 사도행전 11장 30절과 같은 때의 예루살렘 방문이라는 의견이 사도행전 15장과 동일시하는 것보다 좀더 신빙성 있어 보인다. 이 결론은 이른 연대를 기초로 하는 남부 지방 가설과도 조화를 이룰 수 있다.[1376]

기록 장소

우리는 발신지에 대해서도 모른다. 고린도, 마게도냐, 에베소 등이 후보지로 거론된다. 이단 마르시온을 비롯해서 많은 사람들이 에베소를 유력한 후보지로 본다. 이유는 갈라디아와 가깝고 바울이 2년 3개월 이상 체류했기 때문이다(참고. 행 18-19장).

어조

갈라디아서의 어조는 특이하다. 수사법은 처음부터(1:1) 끝까지(6:17) 다소 감정적이고 논쟁적이다(참고로 '악한 세대', 갈 1:4). 바울은 1장 6절에서 감사 대신 "내가 이상히 여기노라"고 말한다. 문제를 일으키는 사람에게는 두 번씩이나 저주(*anathema*)를 퍼붓는다(1:8, 9). 문제 야기자에게 적개심을 표현한다(5:12). 이원론적인 대립도 강하다. 종 노릇과 자유(11회 등장), 영과 육, 율법(32회 등장)과 믿음, 그리고 죽음과 생명. 이런 이원론적인 대립은 독자로 하여금 바울의 관점을 따르도록 하는 효과와 적대자들과 독자들 사이의 경계(boundary)를 강화하는 효과가 있다. 즉 내부 결속 차원의 효과를 겨냥한 것으로 보인다. 따라서 갈라디아서는 변증적인 수사적 서신으로 분류된다(forensic rhetoric). 더 세분화하면 질책과 요구(rebuke-request),[1377] 그리고

1376) 판 브럭흔(Van Bruggen, 2001:269)은 갈라디아서를 바울의 3차 전도 여행 중인 A.D. 57-58년에 기록된 것으로 본다.

1377) 한센(1994:195-196)은 갈라디아서에 나타난 10개의 질책 요소(rebuke elements)를 나열한다.
1. 놀람과 질책의 이유에 관한 진술(갈 1:6)
2. 이전에 주었던 가르침을 되새김(갈 1:9)
3. 어리석음을 질책함(갈 3:1, 3)
4. 태만과 부주의를 질책함(갈 4:9)
5. 마음을 바꾼 것을 질책함(갈 1:6)
6. 고뇌의 표현(갈 4:9)

변증적인(apologetic) 성격을 띤 서신이다. 물론 '하늘의 편지'인데, 이는 바울의 사도성이 신적 기원을 가지며 그리스도의 사도로서의 바울이 부각되어 있기 때문이다(참고. 한스 벳츠, 1987:96).

내용 및 구조

아래의 한스 벳츠(1987:78-92)의 갈라디아서의 내용 분석은 고전 수사학의 틀에 기초한 것이다. 하지만 엉뚱하게도 벳츠는 갈라디아서를 '마술의 편지'라고 불렀다. 마술을 바울이 옹호할리는 만무하다. 바울은 거짓 선지자를 저주했다(참고. 갈 1:9). 바울이 헬라의 서신 형식을 무조건적으로 수용한 것이 아니라 적당히 참고했다는 말이다. 유사한 수사학적 분석을 위해서는 몰랜드(Morland, 1995:127-138)를 보라.

편지의 서문(Epistolary prescript): 1:1-5-공동 발신인(1:1-2), 수신인(1:2), 인사(1:3-4)
서론(Exordium): 1:6-11-복음은 과연 두 개인가?
진술부(Narratio): 1:12-2:14-바울의 사도성의 신적 기원이 명제
주장(Propositio): 2:15-21-주로 이신칭의에 대해
증명(Probatio): 3:1-4:31-갈라디아인들의 성령 체험은 믿음에 기인한다, 율법의 제한적 기능 등
권고(Exhortatio): 5:1-6:10[1378]
추신 및 결론(Conclusio): 6:11-18

넓게는 다음과 같이 형식상 구분할 수 있다.

- 서론: 1:1-5
- 감사: 없음 (다른 서신에는 감사가 거의 빠짐없이 등장한다. 아마 갈라디아서에서는 5절의 영광송이 감사를 대신한 것 같다. 그리고 복음의 진리를 떠난 갈라디아 교인들을 보고 감사하기가 쉽지 않았을 것이다)
- 본론: 1:6-6:10
- 결론: 6:11-18

남아공의 신약 교수들인 펠서(G.M.M. Pelser), 두 토잇(A.B. Du Toit), 크뤼어(M.A. Kruger), 그리고 로버츠(J.H. Roberts) (1992:1-41)는 공동으로 담론분석을 갈라디아서에 적용하여 다음과

7. 질책하는 질문들(갈 3:1-5; 4:9)
8. 요구의 표현(갈 4:12)
9. 방향을 바꿀 것을 호소함(갈 4:12)
10. 뒤따르는 가르침(갈 5:1-6:10)

1378) Ben Witherington(1998:viii)은 '증명과 권고'를 하나로 묶는다.

같은 구조를 발견했다.

- 서언: 복음의 신적인 기원(1:1-5)
- 기본적인 전제: 복음의 유일성(1:6-9)
- 바울의 논증
  첫 번째 논증(1:10-2:21): 바울 복음의 진정성
  두 번째 논증(3:1-4:7): 갈라디아 교인들은 율법을 지킴으로써가 아니라 복음을 믿음으로써 성령 체험을 했음
  세 번째 논증(4:8-5:12): 갈라디아 교인들에게 주어진 자유에 대한 책임
- 바울의 권면: 주어진 자유를 사랑으로 서로 봉사하라(5:13-6:10)
- 결론: 육체를 자랑하는 할례주의자들을 거부하라(6:11-17)
- 결언(6:18)

갈라디아서 1장

1. 본문 및 구조

- 인사(1-5)
- 다른 복음(6-10)
- 바울의 회심과 계시로 받은 복음(11-17)
- 바울의 회심 후의 행적(18-24)

2. 구원 계시사적 메시지

2.1. 갈라디아서 1장 1–5절의 메시지

갈라디아서 1장 1절에서 보듯이, 바울 자신의 사도성의 변증이 맨 먼저 나오는 이유는 갈라디아 교회 안에서 바울의 사도성에 문제를 제기한 사람이 있었다는 증거다(참고. 1:12). 바울 자신의 사도성은 사람에게서 그 출처를 가지지 않고 예수님과 하나님에게서 나온 것이다. 비록 예수님의 12제자에는 포함되지 않았지만 부활하신 예수님을 만난 바울이었기에 특별한 경우로 사도권을 가지게 되었다. 더 나아가, 이렇게 서두에서 사도성을 변호하는 것은 앞으로 전개될 보다 적극적인 공격, 논증 그리고 권면을 위하여, 즉 바울 자신이 부활하신 그리스도와 하나님으로부터 직접 복음 전파자로 파송되었다는 사실이 함축되어 있다고 볼 수 있다. 그렇다면 이후의 논증은 바울의 개인의 주장이 아니라 신적인 권위를 입고 말하는 것이 된다. 이것은 고전 수사학에서 효과적이고 권위 있는 메시지의 전달에 필수적인 '에토스'(ethos: 저자가 신뢰할 만한 권위를 가질 때에야 메시지는 권위와 힘을 가짐)를 확보하기 위해 중요한 것이었다. 바울은 함께 있는 모든 형제로 더불어 갈라디아 여러 교회들에게 인사한다(2절).

여기서 3절의 인사말을 좀더 살펴보자. '은혜'는 바울 당시의 헬라 세계의 인사였고, '평화' 곧 샬롬은 유대인의 인사였다. 은혜란 예수님 안에 있는 죄 용서와 화목하게 됨에 기초한 하나님의 호의를 가리킨다. 평화는 예수님께서 오심으로 온 세상이 누리는 복된 상태를 가리킨다. 바울은 이 둘을 묶어서 인사한다. 이것은 갈라디아서만 가지는 인사말이 아니다(참고. 롬 1:7; 고전 1:3; 고후 1:2; 엡 12:2; 빌 1:2; 골 1:2; 살후 1:2; 몬 1:2). 갈라디아서 1장 4절에 근거해 볼 때, '아버지 우리 하나님과 주 예수 그리스도로부터'[1379] 오는 이 평강과 은혜는 교회를 위해서 마련된 예수님의 십자가 사건 때문에 가능하게 되었다는 사실을 밝힌다. 그래서 바울은 갈라디아서 마지막 부분(갈 6:18)에서 이 은혜를 '주 예수 그리스도의 은혜'라고 부른다. 교회가 누리는 은혜와 평강은 예수님의 십자가라는 대가를 지불하여 받은 것이다. 따라서 바울은 갈라디

1379) 3절에서 B, D, F와 다수 사본은 '하나님 아버지와 우리 주 예수 그리스도로부터'라고 쓴다.

아서 1장 4절에서 세상 역사를 구속사의 관점인 '창조-타락-구원'의 관점에서 본다. 하나님 곧 우리 아버지의 뜻을 따라(창조), 이 악한 세대에서(타락), 우리를 건지시려고 우리 죄를 위하여 자기 몸을 드리셨다(구원). 사람에게 참 평안과 은혜는 죄 사함을 받아 하나님과 화목한 사람에게만 있다. 불신자에게는 참 평안과 은혜가 없다. 이런 은혜와 평안은 사람이 해칠 수 없는 하늘로부터 온 절대적인 은혜와 평안이다.

4절의 '이 악한 세대'라는 말은 갈라디아 교회가 살던 그 당시의 시대가 악하다는 말이다. 물론 우리 시대도 악하다. 우리는 결코 현재의 악한 세대를 벗어나서 살 수 없다. 하지만 현재의 악한 세대 가운데서도 주님의 자유케 하심 그리고 은혜와 평강을 맛볼 수 있다. 현재의 악한 세대 안으로 하나님의 뜻대로 예수님으로 말미암은 구원이 들어와 있다. 옛 창조와 새 창조를 이어주는 무지개 열차는 없다. 반드시 예수님의 십자가와 부활을 통해서만 가능하다. 더구나 인간의 프로그램으로 구원이 현재 임하는 것은 더욱 아니다. 구속의 은혜를 입은 사람은 환경이 비록 어려울지라도, 당장은 사업이 잘 안될지라도, 가족 중에 병이나 여러 문제로 고생하여 근심하고 있을지라도, 도무지 소망이 없어 보이고 하나님만 해결하실 수 있는 문제에 처해 있을지라도 이미 예수님 안에 임한 은혜와 평안을 맛볼 수 있다. 이러기 위해서는 어려움 가운데서도 우리를 은혜와 평안으로 인도하실 하나님의 능력과 사랑을 믿는 우리의 신앙이 필요하다. 따라서 바울의 인사말은 통상적으로 그냥 한 번 해보는 그 무엇이 아니다. 사실 갈라디아 교회에는 '은혜의 복음'을 깨닫지 못하고, 율법을 지킴으로 구원을 얻으려고 하는 사람이 있었다. 그리고 갈라디아 교회 안에서 '화평'이 아닌 분쟁도 있었다. 바울은 이 문제를 다루기 위해서 미리 인사말에서 은혜와 평강을 다루고 있다.

그래서 바울은 갈라디아서 1장 5절에서 "영광이 세세토록 저에게 아버지 하나님에게 영원히 있을지어다"라고 영광송을 올린다. 예수님의 구원 사역으로 은혜와 평강을 얻은 사람의 마땅한 삶의 방식은 하나님 아버지를 송영하는 삶이다. 우리의 삶이, 우리의 환경이, 우리 가족의 진로가 하나씩 잘 풀려갈 때만 하나님을 찬송한다면 우리와 불신자는 무엇이 다른가? 우리는 구원의 은혜 하나만 생각해도 영원토록 하나님을 찬송해야 할 이유가 있다. 평안과 은혜를 매일 맛보기 위해서는 우리의 신앙의 의지적인 결단이 필요하다. 즉 하나님께서 도와주실 것이다. 하나님의 사랑은 그 누구도 그 무엇도 나에게서 빼앗아 갈 수 없음을 믿고 은혜와 평안을 지금 나의 것으로 만들어 버려야 한다.

2.2. 갈라디아서 1장 6-10절의 메시지

갈라디아서 1장 6, 7, 8, 9절에서 바울 자신이 갈라디아에서 전한 복음과 다른, 변질된 '다른 복음'(*heteron euangelion*)을 전하던 거짓 선지자들을 경계할 것을 권면한다.[1380] 이 다른 복음은

1380) "그러나 만일 가르치는 사람 그 자신이 변절하여 파괴하려고 다른 가르침을 가르친다면 여러분은 그의 말을 듣지 마십시오. 그러나 주님의 의로움과 지식에 보탬이 되기 위해 그가 가르친다면 여러분은 그를 마치 주님처럼 받아들이십시오"(디다케 11:2).

갈라디아서 2장 4절의 '거짓 형제'가 전한 것으로 보인다. 거짓 형제는 갈라디아 교회를 자유케 하지 않고 종으로 삼고자 한 유대 율법주의자이다. 여기서 갈라디아서의 주요 대적은 로마 제국이나 로마 이방신 숭배가 아니라 유대주의자임이 드러난다. 바울의 강조점은 그리스도의 은혜다. 만약 다른 복음을 바울 혹은 하늘로부터 온 천사가 전한다면 저주를 받게 된다(8-9절). 만일 바울이 하나님이 아니라 사람들을 기쁘게 하려고 한다면 그는 그리스도의 종이 아니다(10절).

2.3. 갈라디아서 1장 11–17절의 메시지

바울이 전한 복음은 사람을 따라 된 것이 아니다(11절). 바울은 복음을 사람에게서 받지 않았고, 배우지도 않았으며, 오직 예수 그리스도의 계시를 통하여 받았다(12절). 13-14절에서 조상의 전통과 유대교에 열심이었던 교회의 박해자 바울이 회심한 것을 설명한다. 바울이 과거에는 거짓 형제요 바리새파 율법주의자였음을 실토한다. 그는 하나님의 교회를 계속 박해했다(*ediokon*, 미완료). 그리고 교회를 파괴하려고 시도했다(*eporthoun*, 시도 [attempt]의 의미를 가진 미완료; 참고. Mounce, 2003:180). 이것은 마치 군대가 도시를 휩쓸고 가면서 파괴하는 이미지이다(참고. Rogers & Rogers, 1998:422). 교회를 파괴하려는 온갖 시도에도 불구하고, 교회는 하나님의 소유이기에 도리어 음부의 권세를 이긴다. 하나님은 어머니의 태로부터 바울을 따로 세우시고 은혜로 바울을 부르셨다(15절). 바울은 자신의 회심을 설명하면서 율법 준수가 아니라 하나님의 은혜로 구원받았음을 명시한다. 하나님께서 자기 아들을 이방인들 가운데 전하게 하시려고 그분을 바울 안에 나타내기를 기뻐하셨을 때, 바울은 혈육과 의논하지도 않았다(16절). 바울은 자신보다 먼저 사도 된 자들을 만나려고 예루살렘으로 올라가지도 않았으며, 아라비아로 갔다가 다메섹으로 돌아왔다(17절). 바울이 아라비아에서 휴식하고 묵상했던 것이 아니라, 즉시 복음을 전했던 것 같다. 이렇게 추론해 볼 수 있는 두 가지 이유는 (1) 바울이 다메섹 도상에서 회심한 직후 다메섹의 유대인의 회당에서 곧바로 예수님이 하나님 아들이심을 전파했기 때문이다(참고. 행 9:20-22). (2) 바울은 고린도후서 11장 32절에서 아레다 4세(B.C. 9-A.D. 40년)의 박해를 언급하고 있다. 만일 바울이 아라비아에서 조용히 기도나 묵상만 했다면 회심 직후부터 전도한 것과 맞지 않다.

2.4. 갈라디아서 1장 18–24절의 메시지

바울은 다메섹에 3년 머문 후 예루살렘을 방문하여 15일을 머물면서 예루살렘 교회의 대표 사도들인 게바(*Kephan*, 공인 본문은 *Petron*)와 야고보를 만났다(18-19절).[1381] 아마 이때 예수님의 사역을 목격했던 베드로와 야고보는 예수님의 지상 사역을 바울에게 설명해 주었을 것이다. 바울의 이 진술은 하나님 앞에서 말하는 것이며, 거짓말이 아니다(20절). 맹세는 자신의 정직함을 강조하기 위해 법정에서 사용될 수 있었다. 그 후 바울은 시리아와 길리기아 지역으로 가서

1381) 18절의 '삼 년'과 관련하여, 첫해의 일부만 지나도 만 1년으로 계산하는 고대의 계산법에서는 '3'은 '2'나 '3' 둘 중 하나를 의미할 수 있다(참고. 존 월튼, 2010:1810).

전도했다(21절; 참고. 행 9:30, 11:25-36, 13:1). 그러므로 그리스도 안에 있는 유대의 교회들에게 바울의 얼굴이 알려지지 않았다(22절). 다만 유대 그리스도인들은 "전에 우리를 박해하던 자가 전에 파괴하려던 그 믿음을 지금 전하고 있다" 하는 소문을 듣고(23절), 바울로 말미암아 하나님께 영광을 돌렸다(24절). 죄인이 회심하여 변화된 생활을 한다면, 그 일을 이루신 하나님께서 마땅히 영광을 받으셔야 한다.

3. 오늘에의 적용

우리 시대의 다른 복음은 무엇이며 어떻게 퇴치할 수 있는가?
회심 직후부터 복음의 전령사로 살도록 훈련을 어떻게 시킬 수 있는가?

갈라디아서 2장

1. 본문 및 구조

- 2차 예루살렘 방문(1-10)
- 안디옥 사건(11-14)
- 이신칭의(15-21)

2. 구원 계시사적 메시지

2.1. 갈라디아서 2장 1-10절의 메시지

바울이 14년 후에 바나바와 디도와 함께 예루살렘으로 '다시' 올라갔다(1절). 바울이 회심한 후 3년이 지나 이루어진 1차 예루살렘 방문(참고. 갈 1:18)부터 제 2차 예루살렘 방문이 이루어지기까지 14년이 걸렸다.[1382] 이 2차 방문을 사도행전 11장 27-30절에 나타나는 대로 시리아 안디옥 교회가 예루살렘 교회를 위해 모은 구제 헌금을 전달하기 위한 방문으로 볼 수 있다. 바울은 이 14년 동안 예루살렘 교회의 지도와 감독을 받지 않고 예수 그리스도의 권위 아래 독자적인 사역을 감당했다(참고. 오스본, 2006:84-85). 계시(*apokalypsis*, 참고. 행 11:27-30)를 인하

1382) 1절의 '14년 후'를 혹자는 바울의 회심 후 14년 후로 본다(예. W.M. Ramsay, 김세윤). 하지만 바울은 갈라디아서 1장 21절의 예루살렘 방문을 시간 계산의 시점으로 삼고 있는데, 2장 1절의 첫 단어 *epeita*(then, 참고. 1:18, 21; 한글성경에는 번역 안 됨)는 사건을 연대기적으로 기술하는 것이다(참고. 이한수, 2006:137).

여(in response to revelation; 즉 하나님이 그렇게 하라고 계시하셨기에)[1383] 예루살렘에 올라가서, 바울은 '그들'(예루살렘 교회의 일반 성도)에게 이방인들 가운데서 전파하는 복음을 제시했지만, '유명한 자들'(예. 예수님의 동생 야고보, 베드로, 요한, 참고. 6, 9절)에게는 따로 했다. 바울이 복음을 제시한 것은 예루살렘 교회로부터 승인받기 위함이 아니었다. 그 이유는 바울이 열심히 복음을 위해서 달음질(*treko*)하는 것이나 달음질한 것이 헛되지 않도록 하기 위해서였다(2절). 즉 바울은 혹시나 율법주의자들의 의견에 예루살렘 교회의 지도자들이 동조하지나 않을까 염려했던 것 같다. 그러나 헬라인 디도로 하여금 억지로 할례를 받도록 하지 않았다(3절; 참고. 고후 2:13, 7:6, 8:6, 12:18; 딛 1:4). 3절의 주체는 누구인가? 바울이 아니라 예루살렘 교회의 지도자들이 (바울과 함께 예루살렘을 방문한)이방인 성도 디도로 하여금 억지로 할례를 받지 않도록 했다.[1384] 할례는 이방인의 개종을 위해 필수요건이 될 수 없다. 왜냐하면 가만히 들어온 거짓 형제(형제들로 가장한 자들, 즉 유대주의자) 때문이다. 그들이 가만히 들어온 것은 예수님 안에서 바울이 가진 자유를 엿보고 종으로 삼으려고 하기 때문이다(4절).

바울은 거짓 형제들에게 일시라도 복종치 않았는데, 복음의 진리가 갈라디아 교회 가운데 항상 있도록 하기 위해서이다(5절). 유명하다는 사람들 중에(본래 어떤 이들이든지 바울에게 상관이 없으며, 하나님은 외모[외적인 지위, 부, 배경 등]를 취하지 아니하시나니)[1385] 바울의 메시지에 무언가 더하여 준 사람은 없다(6절). 도리어 거짓 형제들은 바울이 무할례자에게 복음 전함을 맡기를 베드로가 할례자에게 맡음과 같이 한 것을 보았다(7절). 베드로의 사역에 역사하셔서 할례자의 사도로 삼으신 하나님께서(참고. 행 1-12), 또한 바울에게 역사하사 이방인의 사도로 삼으셨다(8절). 예루살렘 교회의 기둥과 같이 여겨진 인물들인 야고보와 게바와 요한이 바울에게 주어진 하나님의 은혜를 인식했을 때 바울과 바나바에게 교제의 손을 내밀었다. 그들은 할례자에게, 바울과 바나바는 이방인에게 가는 데 동의했다(9절). 바울이 예루살렘 교회의 지도적인 유명한 사도들을 만났을 때 그들로부터 선교 활동 중에 가난한 자들(1차적으로는 예루살렘 성도)을 구제할 것을 요청 받았다(10절; 참고. 롬 15:26). 바울은 이 구제를 본래 힘써 행했다.

1383) 바울의 2차 예루살렘 방문을 구제 헌금 전달을 위한 방문과 동일한 것으로 본다면, 이 단락에서 예루살렘 교회가 당한 기근이나 공의회에 대한 구체적인 언급이 없지만, 자신의 방문이 계시에 근거한 것이라는 바울의 언급은 그 기근에 대한 아가보의 환상을 가리킬 수 있다 (참고. 행 11:28). 이 아가보의 예언을 계기로 바울은 예루살렘으로 파송되었을 것이다(참고. 오스본, 2006:87).

1384) 그런데 사도행전 16장 3절에 보면, 바울은 디모데에게 할례를 베풀었다. 디모데와 디도의 형편은 다르다. 디모데는 유대인 어머니를 두어 유대인으로 간주될 수 있었기 때문에, 유대인이 유대인으로서 할례를 받는 것을 바울이 반대하지 않았던 것이다. 할례는 구원론의 문제가 아니라, 유대인의 신분을 나타내는 삶의 패턴이었다. 즉 디모데는 유대인을 전도하기 위해서 유대인처럼 된 것이다(참고. 이한수, 2006:151).

1385) 본문 비평상으로 한글개역성경의 괄호는 제거해도 무방하다. 현대어성경: "따지고 보면 교회의 주요한 지도자라는 위치가 무슨 대수이겠습니까?" '유명한 이들' 안에 담긴 다소 부정적인 뉘앙스는 예루살렘 교회의 지도자들에게 문제가 있어서가 아니라, 유대주의자들이 바울의 신분과 명성을 평가절하시키려고 예루살렘 교회의 지도자들에게 내민 주관적인 주장(편견) 때문으로 볼 수 있다(참고. 이한수, 2006:161).

바울이 구제 헌금을 전달할 목적으로 2차로 예루살렘을 방문한 것으로 볼 수 있기에 바울의 이 진술은 당연한 것이다(참고. 행 24:17; 고후 8-9). 이 구제의 요청 외에 율법 준수나, 할례의 시행 혹은 다른 요구를 받았다는 언급은 없다.[1386]

2.2. 갈라디아서 2장 11-14절의 메시지

이 단락에서 바울은 소위 '시리아 안디옥 사건'을 다룬다. 이 단락은 '그러나'로 시작하여, 기둥 같은 사도들이 바울에게 교제의 악수를 청한 사실(9절)과 바울이 안디옥에서 베드로를 면책한 사실(11절)을 대조시킨다(참고. 이한수, 2006:187). 게바(참고. 공인 본문은 '베드로')가 시리아 안디옥에 왔을 때 이방인과 식탁 교제를 나누다가, 예루살렘에서 온 야고보파 유대주의(할례주의)적 어떤 사람들이(*tinas*, 부정 대명사 남성 복수 대격) 왔다(*elthon*, 아오리스트 중간디포 직설 3인칭 복수; 참고. 파피루스 46, 시내 산, B, D 등은 *elthen*, 3인칭 단수). 베드로는 그들을 두려워하여 자리를 피해 버리는 외식을 했기에 바울이 책망했다(11-12절). 이런 베드로의 외식에 바나바와 다른 유대인들이 동참하게 되었다(13절). 베드로는 예루살렘 교회 아니 초대 교회의 대표격이 아닌가? 로마 가톨릭에서는 베드로를 제1대 교황으로 높이 숭상하지 않는가? 개인적으로 베드로는 바울의 신앙의 선배가 아닌가? 하지만 바울은 이들이 복음 안에서 완전히 자유를 누리지 못하고 사람을 두려워할 정도로 의식하면서 외식하는 모습을 보고 책망했다.[1387] 바울은 베드로가 복음의 진리를 따라 바로 행하지 않았다고 모든 사람 앞에서 공개적으로 질책한다(14절). 바울이 책망한 이유는 무엇인가?[1388]

아마도 바울의 책망에는 다음과 같은 내용이 담겨 있었을 것이다. "당신이 이방인도 하나님의 백성이 된다는 것을 믿고 있으면서 어떻게 유대인 성도의 눈치를 보면서 그 자리를 떠날 수 있단 말인가? 당신이 사람의 눈치를 보고 겉과 속이 다르게 행동한다면 내가 안디옥에서 가르친 자유의 복음은 어떻게 되겠소! 이방인 성도는 이류 성도이고 유대인 성도는 특별히 구별된 일류 성도란 말이오? 당신의 그런 위선적인 행동은 안디옥 교회의 유대인 성도와 이방인 성도의 연합을 깨뜨리는 것인 줄 모르오? 당신은 편의에 따라 유대인이면서도 이방인처럼 생활하기도 했는데, 왜 이제 와서 이방인들을 억지로 유대인처럼 생활하도록 강요하는가? 유대인으로서 이방인처럼 살면서, 이방인을 유대인의 관습을 따라 살도록 할 수 있는가?"

좀더 상술해 보면, 베드로는 이미 이방인 백부장 고넬료가 회심하는 데 결정적인 역할을 했으며(참고. 행 10), 피장 시몬의 집에서 이방인 성도와 교제를 나눈 경험이 있었다(참고. 행

1386) 여기서도 예루살렘 공의회가 개최되었다거나, 결정 사항 3가지가 등장하지 않는다. 그러므로 공의회 이전을 배경으로 하는 것으로 볼 수 있다.

1387) 사실 A.D. 49년 경 즉 갈라디아서가 기록될 당시에 열심당원을 비롯한 철저한 유대인들은 율법을 지키지 않는다는 이유로 이방인 성도와 유대인 성도를 박해했다(참고. 살전 2:14-16).

1388) 바우어(F.C. Baur)의 튀빙겐 학파의 논리에 따라 베드로로 대변되는 유대 기독교와 바울로 대변되는 이방인 기독교의 갈등으로 볼 이유는 없다. 신약의 서신은 이 둘 사이의 차이를 이처럼 날카롭게 분리적으로 대조하지 않기 때문이다.

9:43). 따라서 베드로가 이방인 성도와 함께 식사를 하는 것은[1389] 자연스러운 것이었다. 하지만 이방인과의 식탁 교제 중에 예루살렘에서 온 유대주의적 성도를 만나자 급히 자리를 전략적으로 빠져나가 버렸다.[1390] 12절 끝의 '떠나 물러가매'라는 말은 베드로가 의도적으로 전략적으로 피한 것을 의미하는데 마치 부정한 것으로 보고 스스로 분리했다는 군사적이면서도 제사적인 말이다. 예루살렘에서 온 이 사람들은 성도이지만 여전히 유대교의 관습을 지키며 이방인과 식탁 교제하는 것을 꺼렸던 사람들이다. 이런 행동은 베드로와 같이 식사를 하고 있었던 이방인 성도에게 상처와 혼란을 주었음에 틀림없다. 그 이유는, 그 이방인 성도는 유대인 성도보다 신앙적으로 열등한 사람이라는 인상을 받았을 것이고, 더 나아가 자신들의 목회자인 바울과 바나바의 가르침이 진실한 것이었는지 혼란스러웠을 것이다. 실상 이것은 복음의 진리 자체가 위협당하는 일이었고, 안디옥 교회 안에 유대인 성도와 이방인 성도의 불화를 조성할 만한 사건이었다. 아직까지도 유대주의에 근거하고 있던 성도가 이방인과 함께 식탁 교제하는 베드로의 모습을 본다고 해서, 베드로가 이방인 성도와 교제를 중단한다면, 사실상 베드로는 그 이방인 성도가 마치 유대인 성도라도 되어야만 교제할 수 있다고 생각했기에 그의 행동은 외식적인 것이다. 따라서 이런 행동은 '복음의 진리를 따라서 바로 행하지 않은 것'으로 책망 받기에 당연한 것이었다. 바울은 베드로가 복음의 진리에 맞지 않게 일관성 없이 처신한 것, 상황주의적이며 기회주의적이며 위선적인 행동을 책망하고 있다.

여기서 주의해 볼 것은 바울이 책망하기 전에 하나님께서 먼저 베드로를 책망하셨다는 사실이다. '책망할 일이 있기로'(*kategnosmenos*, 11절)는 현재 완료 신적 수동태로 표현되어서 '책망 받아 왔기 때문에'(having been condemned)란 뜻인데, 하나님께서 베드로의 행동을 계속해서 책망하고 계심을 강조한다. 하나님은 베드로의 이런 위선적인 행동을 그냥 넘어가지 않고 책망하셨다(참고. 잠 29:25).[1391]

물론 공개적인 책망을 받은 베드로는 다음과 같이 반박을 했을 수 있었다. "그것은 사도 야고보가 예루살렘에서 보낸 유대인 성도를 고려한 행동이었다. 왜냐하면 유대인 성도는 내가 이방인과 교제하는 것을 보면 실족할 것이 분명하기에 그들이 실족하지 않도록 식사자리를 떠난 것뿐이다." 하지만 갈라디아서 2장에서는 이런 베드로의 반박이 언급되지 않다. 바울은 사도의 권위를 가지고 교회의 연합을 깨뜨리며 진리의 복음의 순수성을 파괴하는 행위를 공개적으로 바로잡고 있다.

여기서 바울이 갈라디아 교회에 편지를 써야만 했던 주요 목적을 기억해 보자. 바울이 몇 년 전에 설립한 갈라디아 교회를 해치는 거짓 선생들이 와서 다른 복음을 전했다. 바울은 이

1389) '함께 먹는다'는 미완료형이므로 여러 번 습관적으로 이런 식사를 했던 것 같다.

1390) '물러가매'(*hypostello*)라는 동사는 군사적인 의미를 담고 있다. 즉 베드로가 전략적으로 어떤 비밀스런 위치로 옮겨 가는 의도성을 고발하는 용어이다. '떠나'(*aporizein*)라는 동사는 유대인이 부정한 것으로부터 격리하는 제의적인 동사이다.

1391) 하지만 이한수(2006:188)는 이 수동태 분사를 수동의 의미 대신에 형용사로 간주하여 '죄 있는', 혹은 '잘못된'으로 본다(참고. 행 8:7; 갈 1:22; 엡 2:12; 골 1:21).

문제를 해결하기 위해서 갈라디아서를 기록했다. 이 거짓 선생들은 유대주의에 철저했던 성도였다. 이들의 주장은 복음을 믿는 것만으로는 부족하고 율법을 행해야 더 성숙한 성도가 된다는 것이다. 이방인도 구원을 받을 수 있지만 이방인 성도는 율법을 지켜야 한다고 믿었다. 바울이 보기에 이제 사도 베드로가 이런 문제를 야기하고 있다.[1392]

2.3. 갈라디아서 2장 15-21절의 메시지

바울과 베드로는 본래 유대인이지 '이방 죄인'은 아니다(15절). 여기서 유대인이 이방인을 정죄할 때 사용한 '죄인'이라는 표현에서 알 수 있는 것은, 이방인들이 유대교로 개종하지 않으면 여전히 죄인이라는 태도가 베드로에게 있었다는 점이다. 이것이 베드로의 외식이다. 바울은 이신칭의를 주장하면서, 율법 준수로 의롭게 되는 것이 아니라고 밝힌다(16절). 율법의 행위(*eks ergon nomou*)로서 의롭다 함을 얻을 사람은 없다. '의롭다 함을 얻는다'(*dikaioutai*)는 표현은 신적 수동태로서 법정적인 용어인데, 하나님께서 예수님의 구원 사역을 통해서 우리를 바라보심으로써 더 이상 죄인으로 보지 않으신다는 말이다. 대속자이신 예수님의 중보적 사역은 법정적인 효력을 나타나게 한다. 왜냐하면 예수님이 우리가 법적으로 갚아야 할 죗값을 대신 치러 주셨기 때문이다. 법정에서 한 번의 선고로 의로워지는 것처럼 칭의도 단회적인 사건이다. 은혜와 행위의 대조와 관련된 것은 '율법의 행위'(=율법을 행함)와 '그리스도 예수님을 믿음'(*dia pisteos Christou*) 사이의 대조이다. 16절 마지막의 "육체(*sarks*)가 없느니라"는 말은 모든 사람이 예외 없이 그러하다는 강조적 용법이다.

만일 우리가 그리스도 안에서 의롭게 되려 하다가 죄인으로 드러나게 되면, 그리스도께서 죄를 짓게 하는 분이신가? 유대주의자들의 다음과 같은 궤변을 바울이 염두에 두었을 가능성이 있다. "성도가 죄를 짓는다면 어떻게 믿음으로 얻는 칭의를 주장할 수 있는가?" 바울의 답은 성도가 범죄하더라도 그리스도께서 죄의 조성자가 아니기에 "결코 그럴 수 없다"이다(17절). 만일 바울이 유대주의의 공로주의의 시스템을 헐어 버린 것을 다시 건축한다면, 바울은 스스로 범법한 자(lawbreaker)로 만드는 것이다(18절). 바울은 구원을 줄 수 없는 율법으로 말미암아, 율법을 향하여 죽어서 하나님을 향하여 살려고 한다(19절). 이제 바울 안에 사시는 분은 그리스도

1392) 김세윤(2002:66-69, 83)이 제임스 던(James Dunn)을 비판하는 것을 들어보자. "단지 다메섹 사건이 일어난 순간까지 바울이 지니고 있었던 '유대교'에 대한 '열심'이 다메섹 사건 이후에 바울의 신학과 선교의 발전에 있어 한 요소였다고 간주하기를 거부하기 위해서만 그 열심의 의미를 강조하거나 실로 극대화하는 것이 바로 제임스 던의 근본적인 문제다." 즉 제임스 던은 할례와 음식법의 문제가 예루살렘 회의와 안디옥 사건 때까지 바울에게 인식되거나 제기되지 않았다고 주장한다. 그렇다면 그 논쟁들이 바울이 이방인 선교를 시작한 지 약 16년이 지나 처음으로 제기된 것이 되고 만다. 바울이 이방인의 사도로 소명을 받은 것에 자극을 받아, 그의 교리가 형성되었으며, 그의 이방인 선교는 그 교리에 의해 신학적 지지를 받았다. 김세윤에 따르면, 다메섹 사건 시 바울은 이방인의 사도로 부름을 받았을 뿐 아니라 율법에 대해 전면적으로 재고했기에, 시리아 안디옥에 있었던 음식법으로 인한 유대인 그리스도인과 이방인 그리스도인 사이의 긴장을 신학적으로 설득할 수 있었을 것이다. 그러나 예루살렘 회의에 의해 승인을 받았지만(갈 2:1-10), 바울의 복음은 유대주의자들에게 끊임없이 도전을 받았다.

이시고, 바울은 '하나님의 아들을'(*tou hyiou tou theou*, 목적격적 속격, 혹은 하나님의 아들이 가지고 계신 신실함 때문에, 주격적 속격) 믿는 믿음으로 산다고 고백한다(20절).[1393] 율법을 행함으로 의롭게 된다면 예수님은 헛되이 죽으신 것이다(21절). 그렇게 되면 택하신 자들을 의롭게 하시는 그리스도의 대속의 죽음은 아무 효력을 갖지 못하기 때문이다.

3. 오늘에의 적용

외식하는 행동이 성도를 실족시키는 경우는 무엇인가?
어떻게 교회의 덕을 세우는 조언을 할 수 있는가?

갈라디아서 3장

1. 본문 및 구조

- 율법에 대한 신앙의 우위성(1-6)
- 아브라함의 복(7-9)
- 율법의 저주(10-14)
- 약속의 우선성과 영원성(15-18)
- 율법의 목적(19-22)
- 율법으로부터의 해방(23-25)
- 그리스도 안에서의 유대인과 이방인의 연합(26-29)

2. 구원 계시사적 메시지

2.1. 갈라디아서 3장 1-6절의 메시지

이 단락은 "오(Ω), 어리석도다, 갈라디아 사람들아"라는 책망으로 시작한다. 이 책망의 원인은

1393) 이것과 관련하여 다른 주장이 있다. 이 소유격을 동격적 소유격 곧 '예수 그리스도=신앙'으로 혹은 저자의 소유격 곧 '예수 그리스도가 창조한 신앙'으로 이해할 수 있다. 여기서 이 동격적 소유격 혹은 저자의 소유격이 보여주는 점은 예수 그리스도를 더 이상 지상의 예수님의 행위의 측면과 관련해서 이해하기보다는 오히려 승귀하시고, 모든 피조물들의 왕과 주로 등극하셔서, 우주를 지배하시는 주님께서 지상에 있는 우리들과 관계하는 방식을 보여주고 있다(참고. 이승봉. 2009. 한국복음주의 신약학회 홈페이지 자료실).

갈라디아 교회가 거짓 가르침의 유혹에 넘어갔기 때문이다(1절). 갈라디아 교회는 이신칭의를 주신 그리스도의 구속 사역을 눈으로 보는 것처럼 바울로부터 배워서 분명히 알고 있었다. 여기서 우리는 갈라디아 교회의 구성원 중 상당수는 디아스포라였음을 추론할 수 있다. 흩어진 유대인들이 유대교에서 기독교로 개종하여 성령을 받았는데, 어린 교회였기에 짧은 신앙의 연륜으로 인해 '율법의 행위'라는 미끼에 쉽게 미혹되어 다시 과거의 본성으로 회귀해 버린 것 같다. 하지만 바울은 성령을 받은 것이 '믿음의 들음에서'(*eks akoes pisteos*; 주격적 소유격으로 보면 '믿음에서 나오는 들음으로') 된 것이라고한다(2절; 참고. 롬 10:10; 보라. 이한수, 2010:117). 즉 사람이 믿음으로 예수님이 그리스도이심을 고백하는 순간 '성령 세례'를 받게 된다는 말이다. 성령 세례는 믿는 순간 성령이 성도 안에 내주하시는 사건이지 무언가 뜨거운 체험을 가리키지 않는다.[1394] 5절에서도 바울은 갈라디아 교회가 성령을 받아 체험했음을 강조한다. 율법을 지키려고 옛 생활로 돌아가는 자는 육체(칭의를 위한 인간적인 노력, 죄)로 마치는 자다(3절). 여기서 육체와 성령이 대조를 이룬다. 여기서 육체는 행위 구원(human effort, NIV)과 동일한 뜻을 가진 부정적인 의미로 사용되었다.

바울은 '갈라디아 교회가 이같이 많은 괴로움을 헛되이 받았는가?'라고 묻는다(4절). 이 구절은 복음을 지켜 나가려고 많은 어려움을 겪었던 갈라디아 교회가 이제 그 복음을 버리려고 하는 것을 보고 바울이 책망하는 것이다. 바울이 갈라디아 지방에서 전도할 때 유대인들이 가장 심각한 박해를 가했다. '바로 그 유대인들의 율법관을 따르려는 것이 합당한가?'라고 캐묻고 있다. 유대주의자를 따른다면 그들이 바울을 향해 가한 박해는 옳은 것이라는 것을 증명하는 꼴이 되고 만다. 하나님이 성도에게 성령을 주시고 능력을 행하시는 것은 복음을 듣고 믿음으로 가능하다(5절). 바울이 이신칭의를 위해서 실례로 드는 아브라함도 의롭게 된 것은 하나님을 믿었기 때문이다(6절).

2.2. 갈라디아서 3장 7-9절의 메시지

믿음으로 말미암은 자들, 진심으로 하나님을 믿는 자들은 모두 아브라함의 아들이다(7절). 즉 계시사적으로 볼 때 구약 이스라엘을 진실로 계승한 사람들은 혈통적인 이스라엘 백성이 아니라 신약 교회이다. 교회는 새 이스라엘이요 진정한 이스라엘이다. 지금 중동의 이스라엘은

1394) 개혁주의 교의학자들 가운데 '믿음'은 성령님의 중생(혹은 성령 세례)시키는 '결과'인가, 아니면 '믿음'으로(즉 믿음이 '원인'이 되어) 중생(혹은 성령 세례)에 이르는 것인가에 대해 혼선이 있는 것 같다. 그렇다면 신약 성경 자체는 이것에 대해 어떻게 말씀하는가? 믿음과 성령님을 받음 간의 관계에 대해 사도행전은 여러 구절에서 언급한다(행 2:38-39, 8:4-24, 10:44-11:18, 19:1-7). 사도행전 2장에서 오순절 성령님은 회개와 세례를 거쳐 구원의 공동체 안에 들어오는 모든 신자에게 약속된 선물이다(21, 38절). 요한복음 7장 39절에서는 요한은 보혜사 성령님은 영광을 받으신 예수님께서 자신을 '믿는 자들에게' 주실 선물이라고 언급한다. 마찬가지로 누가는 사도행전 2장에서 성령님이 믿음을 산출한다는 식의 표현을 하지 않는다. 성령님은 주 예수 그리스도를 믿는 자에게 주어진다(행 11:17). 갈라디아서 3장 2절에서 바울은 성령님의 선물은 믿음의 들음에 기초해서 즉 믿음을 가지고 복음을 들을 때 주어진다고 언급한다. 따라서 (하나님의 은혜인) 믿음은 성령님을 받게 하는 수단이요 통로이다(참고. 이한수, 2010:103-121).

교회의 전도의 대상 그 이상도 그 이하도 아니다. 굳이 말하자면, 가톨릭이 개신교의 큰집이 아니라, 구약의 남은 자가 큰집이다.

8-9절은 창세기 12장에 나타난 아브라함의 언약이 신약 시대에 성취되었음을 가리킨다. "땅의 모든 족속(이방)이 너를 인하여 복을 받을 것이다"(창 12:3). 여기서 바울은 갈라디아 교회의 대적인 유대주의자들의 다음의 주장에 답하고 있다. 만약 모든 나라가 아브라함 안에서 복을 받게 된다면, 갈라디아 교회도 할례를 통하여 아브라함과 연결되어 있어야 한다. '미리 복음을 전하다'(*proeuangelizomai*)는 신약에서 8절에만 등장하고 LXX와 유대 묵시 문헌에도 나타나지 않는다. 하나님은 아브라함에게 율법이 아니라 복음을 미리 전하셨다는 사실로써 바울은 할례를 행함으로 아브라함과 연합된다고 주장했던 유대주의자를 논박한다(참고. Longenecker, 1990:115). 아브라함은 믿음이 있는 할례자와 무할례자의 조상이다(참고. 롬 4:11-12). 아브라함은 모세가 율법을 받기 430년 이전에 믿음으로 이 언약의 복을 받았다(참고. 갈 3:17). 그러므로 아브라함과 율법은 무관하다. 아브라함의 연대는 B.C. 1900년경이고, 출애굽하여 율법을 받은 연대는 B.C. 1446년경이다. 그러므로 이방인들은 복음을 듣고 믿음으로 믿은 아브라함과 함께 복을 받을 것이다(9절).

2.3. 갈라디아서 3장 10-14절의 메시지

저주 아래에서 율법 행위에 속한 자들의 상태를 묘사하는 10절을 다음과 같이 설명할 수 있다. "만일 풍선을 불고 그 위에 유대 랍비들이 말하는 구약의 613개의 율법 조항을 적은 후 바늘로 그 조항 중 하나를 찌르면 그 하나만 아니라 나머지 모든 조항들도 같이 터지고 만다. 율법을 지킴으로 구원을 받으려는 사람에게는 하나의 계명만 어겨도 모든 계명을 어기는 것이 된다." 이런 율법주의의 속박과 저주에서 우리를 속량하신 분은 예수님이시다. 이것은 예수님께서 그 대가를 십자가에서 치르셨기에 성도는 칭의의 법적인 효력과 은덕을 입고 있다. 따라서 의인은 믿음으로 산다(11절). 율법은 믿음에서 난 것이 아니기에, 율법을 행하는 자는 율법으로 말미암아(불가능하지만) 살아야 한다(12절). 분명한 것은, 10절에 근거하여 볼 때, 율법을 행함으로써 의롭게 될 사람은 없다. 그렇다면 무엇이 해결책인가? 13절에 나타난다.

예수님의 죽으심은 교회를 율법의 저주에서 건져주신 것이다(13절). 물론 하나님께서 율법을 모세를 통해 시내 산에서 주실 때 그 동기는 선한 것이었다. 율법을 통해 이스라엘 백성들은 하나님의 뜻을 깨달을 수 있었고 행동을 삼갈 수 있었다. 즉 예수님 오시기 전에, 신약 시대 이전에는 율법이 그 긍정적인 기능을 했다. 하지만 율법 자체가 구약과 신약 사람들에게 구원을 준 적은 없다. 구약의 하나님의 백성들은 아브라함처럼 하나님을 믿어 구원을 얻었지 율법을 지켜 구원을 얻은 것이 아니다.

믿음으로 아브라함의 복을 누리는 성도가 받는 '성령님의 약속'(*ten epangelian tou pneumatos*, 개역개정판; 참고. 바른 성경은 '약속된 성령')은 성령님 자신을 가리킨다(14절).[1395] 갈라디아서

1395) 14절에서 파피루스 46, D, F, G 사본 등은 '성령님의 복을'(*ten eulogian tou pneumatos*)이라고 쓴다.

4장 6절에서 성령님은 '그분의 아들의 영'이라 불린다. 즉 성령님은 성자 예수님의 영이시다. 여기서 다시 한 번 삼위일체의 신비를 본다. 성령님은 종종 영광 받으신 그리스도의 영으로 불린다. 이런 차원에서 볼 때 성령님의 오심은 예수님의 오심으로 볼 수 있다. 따라서 예수님의 파루시아(*parousia*, coming, visit, presence)는 현재적이다. 지금도 예수님은 영광 받으신 그리스도의 영이신 성령님과 말씀으로 교회를 찾아오시고 불신자를 찾아오셔서 인격적인 반응이 있는 곳에 내주하시기를 원하신다.

참고로 갈라디아서 3장은 복과 저주가 번갈아 가며 나온다. 갈라디아서 3장의 '저주'와 '복'은 특별히 창세기 12장의 아브라함의 언약과 그리심 산과 에발 산에 선 이스라엘 백성들을 향해 선포된 신명기 27-30장에 나타난 언약적 저주와 복과 관련된다. 이런 언약적 복과 저주는 종종(참소자인 마귀 그리고 율법의 저주와 정죄라는 차원에서 볼 때) 법정적이고, (예수님의 속량하심과 십자가의 관점에서 볼 때) 제의적인 성격을 띤다. 갈라디아서 3장 8-14절을 중심으로 '저주와 복'의 구약 간(間)본문과 그 연관성을 살펴보자.

(1) 갈라디아서 3장 8-9절은 신명기 11장 26-29절과 비슷하다. "내가 오늘날 복과 저주를 너희 앞에 두나니 너희가 만일……여호와의 명령을 들으면 복이 될 것이요……명령을 듣지 아니하고……다른 신들을 좇으면 저주를 받으리라."[1396] 복과 저주의 조건은 분명하다. '하나님의 명령을 들으면 혹은 듣지 않으면.' 물론 출애굽한 이스라엘 백성들 즉 구약의 구속함을 받은 교회가 그 대상임을 기억해야 한다. 따라서 신명기 11장의 내용의 빛 아래서 갈라디아서 3장 8-9절을 해석할 때, 갈라디아 교회가 당면한 구원이냐 지옥이냐의 문제로는 볼 수 없다. 오히려 이것은 구원받은 우주적인 성도(universal church)의 현재적인 복이냐 저주냐의 문제이다. 신명기 11장에는 이방인에 대한 언급이 빠져 있다. 이유는 이 말씀을 들은 사람들은 출애굽한 이스라엘 백성이기 때문이다.

(2) 갈라디아서 3장 10절에 율법을 파괴하는 자를 향한 저주는 신명기 27장 26절을 인용한 것이다. "이 율법의 모든 말씀을 실행치 아니하는 자는 저주를 받을 것이라 할 것이요 모든 백성은 아멘 할지니라."

(3) 갈라디아서 3장 13절(나무에 달린 자마다 저주를 받은 것이라)은 신명기 21장 23절을 인용한 것이다. "나무에 달린 자는 하나님께 저주를 받았음이니라."

"그리스도께서 우리를 위하여 저주를 받은 바 되사"는 "그리스도께서 우리를 위하여 저주 자체가 되사"로 번역할 수 있다.

(4) 기타 간본문은 잠언 3장 33절, 24장 23-25절, 시편 37편 21-22절, 민수기 23장 11절 이하(발람의 이스라엘 백성을 향한 저주와 축복) 등이다.

범위를 더 한정시켜, 인격체인 사람이(단수이건 집합적이건) '저주'가 된다는 것은 구약에서

1396) 갈라디아서 3장 9절에 "아브라함과 함께 복을 받느니라"는 현재 신적 수동태이다. 따라서 하나님께서 현재 계속해서 복을 주신다는 말씀이다. 반면에, 갈라디아서 3장 10절의 저주도 *eimi*의 현재형을 사용하여 현재적인 저주를 나타낸다.

여러 선례가 있다.

(1) 예레미야 선지자가 이스라엘을 향해 탄식하며 예언했을 때 이스라엘 백성 전체를 저주로 말했다(참고. 렘 24:9; 42:18). "세상 모든 나라 중에 흩어서 그들로 환난을 당하게 할 것이며 또 그들로 내가 쫓아 보낼 모든 곳에서 치욕을 당하게 하며 말거리가 되게 하며 조롱과 저주를 받게 할 것이며."

(2) 스가랴 8장 13절: "유다 족속아, 이스라엘 족속아, 너희가 이방 가운데서 저주가 되었었으나, 이제는 내가 너희를 구원하여 너희로 복이 되게 하리니 두려워 말지니라. 손을 견고히 할지니라."

(3) 민수기 5장 27절에는 부인의 간음을 의심하는 남편이 아내를 고발하여 판결을 받을 경우이다. 만일 이때 부인이 간음한 것으로 드러나면 판결을 위해 마신 물은 저주가 되었다.

즉 구약의 불순종한 이스라엘 백성 전체가 받을 저주를(민 5:27 제외), 바울은 갈라디아서 3장 13절에서 새 이스라엘을 위해서 예수님 한 분이 받을 저주로 말한다. 여기서 예수님의 온 교회적 인격(whole church person of Jesus)을 볼 수 있다(참고. 신 33:3). 이 이유로, 예수님 때문에, 예수님 안에서 우리는 저주에서 해방되어 복을 받는 사람이 되었다. 이런 구약의 본문들을 종합해 볼 때, 아마 갈라디아 교회에 다른 복음을 전했던 유대주의자들은 다수의 갈라디아 교인들처럼 원래 이방인이었던 아브라함이(참고. 창 11장) 하나님의 부름에 할례(참고. 창 17)와 같은 행위(참고. 창 22장)로 순종한 것을 예로 들어서 행함으로 인한 구원과 복을 강조한 것 같다. 하지만 바울은 아브라함이 율법이 있기 전에 하나님의 약속을 받았으며, 믿음으로 의롭다 함을 받은 사실에 초점을 모은다. 따라서 믿음으로 의롭게 된 사람들은 성령의 사람들이며 참 복을 받아 자유하는 사람들이며 아브라함의 참 후손들이다. 갈라디아서 3장 8-14절과 관련된 복과 저주의 주제는 먼저 창세기 12장의 아브라함의 언약으로부터, 신명기 27-30장의 복과 저주의 선포를 지나서, 몇몇 선지자들의 복과 저주의 예언을 넘어, 예수님께서 이루신 복과 저주에 초점이 모아져서, 바울 당시의 이방인 성도가 다수였던 갈라디아 교회에게 현재적으로 적용된다. 아브라함과 출애굽한 이스라엘 백성에게는 각각 하나님의 약속과 계명에 대한 순종이 복을 위한 필요조건이었다. 선지자 당시에도 역시 이스라엘의 순종이 복의 조건이었다. 이것은 구원을 위한 조건은 아니었다. 하지만 갈라디아 교회에게는 하나님의 계명과 율법에 대한 순종이 아니라 나무에 달려 저주가 되신 예수님을 믿는 믿음을 구원(이신칭의)의 차원의 복을 위한 필요조건으로 한다. 갈라디아서 3장 9-10절의 복과 저주의 현재적 특성은 구원의 차원이라기보다는, 현재적인 삶과 관련된 복과 저주의 차원을 말한다.[1397]

1397) 라이트(N.T. Wright, 1992:138)는 갈라디아서 3장 10-14절을 바울의 '속죄 신학'(atonement-theology)의 관점에서 이해하는 것은 추상적인 교의학적 진술로 오해하는 것이며, 더 나아가 본문을 곡해하는 것이라고 주장한다. 즉 라이트(Wright)는 '율법의 의로는 흠이 없는 자'라는 바울 자신의 진술(빌 3:6)에 근거하여 갈라디아서 3장 10절에서 바울은 그 누구도 율법을 다 지킬 수 없음을 말하지 않는다고 본다(contra 칼빈, 1993:563-564). 대신 그는 이 단락을 '이스라엘의 언약'(신 27-30장; 특히 신 27:26)이라는 관점에서 해석한다. 즉 언약을 어긴 집단적인 이스라엘을(즉 범죄한 개인이 아니라) 언약에 신실하신 의로운 하나님께서 회복시키시며, 이제 행위가 아닌 믿음으로 의롭게 된다고 본다. 그리고 10절의 '저주'는 언약적 저주인데, '유배'(exile)를 의미한다고 본다. 그는 갈라디아서

2.4. 갈라디아서 3장 15-18절의 메시지

사람의 언약(유언, *diatheke*)이라도 정한 후에는 아무나 폐하거나 더하지 못하는 것이 분명하다면, 하물며 아브라함과 맺은 하나님의 언약은 430년 후에 생긴 율법에 의해 변개되거나 무효화되지 않는 것은 당연하다(15, 17절).[1398] 따라서 하나님의 은혜의 언약에 무언가를 첨가하려는 율법주의자들은 어리석은 자이다(18절). 아브라함의 바로 그 씨(*to spermati*, 그 자손)이신 예수님 안에서 언약의 복이 영적인 아브라함의 자손들인 이방 나라에 전파된다(16절). 아브라함의 자손을 결정하는 것은 인종이 아니라 믿음의 유무다. 믿음으로 우리는 아브라함의 자손이 될 뿐 아니라 아브라함의 언약의 복을 예수님 안에서 받게 된다.

2.5. 갈라디아서 3장 19-22절의 메시지

바울은 약속의 언약이 중보자를 필요로 하는 율법보다 우월한 것임을 강조한다(19절). 율법의 기능과 효력은 약속하신 자손이신 예수님이 오실 때까지라고 밝힌다. 율법은 '범법함으로 더해진 것'이다(19절).[1399] 즉 율법 이전에 사람이 규범으로 삼고 살았던 그 무언가가 존재했다는 말이다. 그것은 바로 하나님의 은혜이다. 아담, 노아, 아브라함, 모두 은혜의 통치를 받았던 사람들이

3장 13절에서 바울이 예수님을 이스라엘의 대표자로 묘사한다고 본다. 즉 이스라엘을 대표하는 메시아 예수님의 죽음은 이스라엘에 임한 '유배'라는 언약의 저주의 진수이며 절정이라고 본다. 13절의 '우리'를 유대인이나 이방인 모두에게 적용하지 않고, 유대인만을 가리킨다고 본다. 그는 이렇게 보아야만 14절에 가서야, 아브라함의 복이 이방인에게 어떻게 미치게 되는가를 설명할 수 있다고 주장한다. 만약 그의 주장이 옳다면 13절을 통해서 우리는 교회의 일반 성도에게 적용되는 말씀으로 가르칠 수 없다. 그는 14절의 '약속된 성령'을 갱신된 언약의 복과 증거이며 유배로부터 돌아옴의 시작으로 본다. 그리고 14절의 '우리'는 유대인 성도라고 본다. 따라서 그는 갈라디아서 3장 10-14절을 이방인보다는 이스라엘 중심으로 해석한다. 그리고 라이트의 주장대로 '우리'가 유대인만을 가리키기에 예수님을 통한 이스라엘의 구원(즉 언약 백성으로의 갱신)이 선행되어야만, 그다음에 이방인이 구원을 받을 수 있을까? 과연 Wright가 주장하듯이, 이스라엘의 구원이 이방인의 구원을 위한 선행 조건인가? 오히려 십자가 사건은 유대인과 이방인을 위한 동시적인 구원 사건이 아닌가? 이러한 두 단계의 구원 이론은 정당한가? 그리고 전체적으로 볼 때, 라이트의 이러한 유대인 중심의 해석은 과연 정당한가? 바울은 이 단락에서 이스라엘의 유배와 회복에 대해 논하려는 의도보다는, 오히려 율법과 복음이 혼합된 다른 복음에 유혹받던 갈라디아 교회에게 구약(레 18:5; 신 27:26; 합 2:4)을 인용하여 오직 믿음으로만 의롭다 함을 얻을 수 있음을 변호하고 논증하려는 것이 아닌가? 라이트의 입장에 대한 구체적인 비평을 위해서는 김현광(2010)을 보라.

1398) 17절에서 다수 사본은 '하나님에 의해서 그리스도를 위하여(*eis Christon*) 미리 정해진 언약을'로 쓴다. KJV는 *eis Christon*을 '그리스도 안에서'로 의역한다.

1399) 19절에서 NIV는 '범법함 때문에 더해졌다'(It was added because of transgressions)로 번역한다. 하지만 바른 성경은 '범법함을 위하여'라고 잘못 번역한다. 율법이 '범법함을 인하여' 주어졌다는 말씀은 범죄로 인해 확실하게 된 죄성을 드러내기 위하여 율법이 주어졌다는 의미이다. 즉 율법은 우리가 얼마나 죄인인지를 증명하기에, 우리는 율법의 정죄로부터 자유하기 위해서 하나님의 칭의와 구원과 자유케 하시는 은혜를 더욱 절실히 필요로 한다. 약속의 자손이신 예수님이 이 일을 성취하여 이루어 놓으셨다. 특별히 의식법은 예수님 안에서 폐지되었고 도덕적인 법은 더 강화되고 내면화되어 지금도 효력을 가지고 있다. 누가 제5계명을 폐지된 것이라고 할 수 있는가? 물론 우리는 안식일 준수를 명하는 4계명과 같은 곤란한 문제를 직면하게 되지만, 예수님 안에서의 성취와 내면화된 능동적이고 적극적인 의미를 철저히 연구해서 우리 삶에 적용해야 한다.

다. 그들과 맺은 모든 언약도 은혜의 언약이 아닌가! 물론 모세 이래로 율법이 주어졌을 때도 사람들은 근본적으로 은혜로 살았던 사람이다. 모세의 율법은 은혜를 제거하는 것이 아니라 은혜와 나란히 놓이게 된 것으로서 더해진 것이다. 인간사의 전 과정은 은혜의 시대에서 예외일 수 없다. 그 중보자(*ho mesites*)는 한 편만 위한 자가 아니다. 그러나 하나님은 한 분이시다(20절). 그러면 율법은 하나님의 약속들과 반대되는가? 결코 그럴 수 없다(*me genoito*). 만일 살릴 능력이 있는 율법이 주어졌다면, 참으로 의가 율법으로 말미암았을 것이다(21절). 그러나 성경은 '모든 것을 죄 아래 가두었으니'(NIV: the whole world is a prisoner of sin), 이는 예수 그리스도를 믿는 자들이 믿음으로 말미암아 약속을 받게 하려는 것이다(22절).

2.6. 갈라디아서 3장 23-25절의 메시지

이 단락에서 몽학선생과 관련하여 바울이 설명하는 율법의 두 가지 기능은 무엇인가?

(1) 사람이 죄의 종 노릇을 함을 밝히는 데 기여했다. 율법이 죄를 사하고 생명을 줄 수 없지만 이것이 없다면 사람은 자신의 죄를 알지 못했다.

(2) 인간을 최소한의 도덕으로 인도하는 몽학선생(바른 성경: '가정교사', 개역개정판: '초등교사')의 역할을 한다(24절). 하나님의 경륜 가운데 율법은 모세 시대로부터 중요한 기능을 감당했다. 하지만 구원의 의를 가져다 줄 수는 없었다. '몽학선생'은 '*paidagogos*'인데 교사라기보다는 어린 소년의 관리인으로서 노예이다.[1400] 즉 그는 어린이를 회초리로 교육하고 훈계할 수 있었고 학교에 데려다 주는 임무도 지녔다. 율법 역시 우리의 마음에 징계를 가하며, 믿음으로 말미암은 자유를 바라보게 한다. 율법은 우리를 큰 스승이신 예수님께로 인도한다. 윤리적 규범 곧 율법을 준수하는 것은 의롭다고 불림(칭의)의 필수조건이 아니라 그 결과이다. 믿음이 오면 일시적인 성격을 띤 몽학선생인 율법의 역할은 끝난다(25절).[1401]

1400) 톰 홀랜드(2005:275)는 몽학선생을 '신랑의 들러리'로 본다. 즉 결혼하는 주인의 아들(신랑)을 위하여 신부를 안전하게 지키는 역할을 맡은 자이다. 이런 방식으로 율법은 구속받은 공동체를 그리스도에게 데려가서 그의 신부가 되게 하는 몽학선생의 역할을 하는 것이다. 이렇게 해서 교회는 자신의 남편의 법 즉 그리스도의 법 아래로 오게 된다. 하지만 바우어(Bauer, 2003:748)에 의하면, *paidagogos*에 신랑의 들러리라는 개념이 등장하지 않는다.

1401) 여기서 전통적인 '율법의 3가지 기능'(Tertius Usus Legis)을 살펴보자:
(1) 정치적 기능(political use of the Law): 시민 질서의 유지를 위한 법으로서의 가치이다. 주로 악한 자를 억제하고 선한 자를 보호하는 기능이다.
(2) 징벌의 기능(punitive use of the Law): 몽학선생으로서의 율법의 기능을 의미하는데, 죄를 고발하고 책망하는 율법의 기능이다.
(3) 교육적 기능(didactic use of the Law): 이것을 칼빈은 율법의 제3의 기능이라 불렀다. 그리스도인의 삶을 위해 긍정적인 기능을 하는 율법인데, 성도가 지켜야 할 하나님의 뜻으로서 즉 하나님의 말씀으로서의 율법을 의미한다. 이 세 가지는 서로 중복되는 경우도 있으며, 이 세 가지로 범주화시키기 어려운 율법이 있을 수 있다.

2.7. 갈라디아서 3장 26-29절의 메시지

갈라디아 교회는 믿음으로 예수님 안에서 하나님의 아들이 되었다(26절). 그러므로 유대인이나 헬라인이나, 종이나 자유자나, 남자나 여자나 차별이 없으며, 모두 그리스도 예수님 안에서 하나이다(28절).[1402] 예수님 안에 속한 자는 아브라함의 자손이다(29절). 여기서 바울은 그 당시의 사회 체제를 허물거나 부정하려는 의도를 가지고 있지 않다. 종은 구원의 백성이 되었지만 여전히 그 사회에서는 종이다. 아직도 교인이라고 하면서 지역, 성별, 인종, 학별 등을 따지는 사람은 복음을 제대로 알지 못하는 사람이다. 27절의 '그리스도와 합하는 세례'는 그리스도로 옷 입는 것 즉 그리스도와 영적으로 연합하는 것이다. 이것은 칭의의 다른 표현인데, 그리스도께서 가지신 의로 옷을 입는 것으로 설명될 수 있기 때문이다. 세례는 우리의 믿음(26절)의 외적 확증이다(참고. 벧전 3:21).

3. 오늘에의 적용

믿고 성령으로 행할 것인가, 아니면 우리의 공로로 살 것인가?
율법의 성취된 의미를 어떻게 실천할 수 있는가?

갈라디아서 4장

1. 본문 및 구조

- 종에서 양자로(1-7)
- 종으로 돌아가지 마라(8-11)
- 개인적인 호소(12-20)
- 성경으로부터의 교훈(21-5:1)

2. 구원 계시사적 메시지

2.1. 갈라디아서 4장 1-7절의 메시지

교회는 유업을 이을 자(*ho kleronomos*)인데, 어렸을 동안 즉 성인이 되기 전에는 종과 같다(1절). 이 말씀은 갈라디아서 3장 24절 이하의 문맥에서 볼 때, 율법 아래에 있는 자는 상속자가 아니라

1402) 28절에서 파피루스 46과 시내 산 사본은 "너희는 그리스도의 것이다"(*este Christou*)로 짧게 쓴다.

종이라는 뜻이다. 후견인(*epitropos*)과 청지기(*oikonomos*) 그리고 이 세상 초등학문(*ta stoicheia*, NIV: the basic principles)은 유대 율법주의와 관련 있다(2-3절). '세상 초등학문'은 그것이 유대주의이건 이방 종교이건, 기독교로 개종하기 이전의 죄악 되고 우상 숭배적인 관행과 관련되는 것으로 보인다.[1403] 하지만 유업을 이을 자는 아버지께서 정한 때가 지나면 더 이상 종 노릇 할 수 없다. 성부께서는 자신의 때가 찼을 때(*to pleroma tou chronou*) 예수님을 이 땅에 보내셨다(4절).[1404] 예수님은 율법 아래에 나셔서 율법을 준수하시고 성취하셨다. 주님은 할례를 받으셨고 절기 때는 예루살렘 성전에 올라가셨다. 그리고 성전세도 내셨다. 이렇게 하신 이유는 그때가 신구약의 중첩 기간이었기 때문이다. 율법 아래에 있는 사람들을 속량하시기 위해 예수님이 율법 아래 태어나신 것이다 (5절). 이것은 율법의 저주와 정죄에서 교회를 속량하시고 하나님의 아들로 입양하시기 위한 것이다.

'그('그의' 즉 성부 하나님의)[1405] 아들(예수님)의 영'(개역개정판; 참고. 바른 성경: '자기 아들의 영')은 곧 성도 안에 내주하시는 '성령'이시다(6절). "아바 아버지"(*abba ho pater*)라고 진심으로 부를 수 있는 자는 모두 성령님을 받은 사람들이다. 성자와 성령 사이에 위격적인 구분은 되나 사역에 있어서는 연속성이 강하다. 그러므로 개종을 위해서 성령이 오셔서 역사하시는 것은 곧 승천하신 그리스도께서 오셔서 역사하시는 것과 다를 바 없다. 성령을 받은 자는 종이 아니라 아들로서 하늘나라를 기업(유업)으로 받게 된다(7절). 성도는 그리스도로 말미암은 하나님의(*theou dia Christou*, 다수 사본; 참고. '하나님으로 말미암은', 파피루스 46, 시내 산, A, B) 상속자(*kleronomos*)로 산다(참고. 롬 8:15-17).

2.2. 갈라디아서 4장 8-11절의 메시지

성령을 받은 사람은 이전에 하나님을 알지 못할 때, 하나님이 아닌 자들에게 종 노릇 했는데, 이제는 하나님을 알고, 하나님의(하나님에 의해서) 아신 바가 되었기에(*gnosthentes hypo theou*, 아오리스트 수동 분사 남성 복수 주격), 다시 약하고(*ta asthene*) 천한(*ptocha*) 초등학문으로 돌아가서 종 노릇 할 수 없다. 즉 천국을 유업으로 주시는 하나님을 아는 사람은 다시 사람을 구원할 수 없을 뿐 아니라, 천박하고 파산된 옛 생활로 돌아갈 수 없다(8-9절).

날(*hemeras*)과 달(*menas*)과 절기(*kairous*)와 해(*eniautous*)를 지킨다는 말은 안식일, 무교절, 오순절, 장막절, 희년, 그리고 안식년과 같은 유대인의 관습을 구원을 위해 지킨다는 의미이다(10절).

1403) 칼빈(1993:592)은 세상 초등학문을 '보다 높은 것에 이르기 위한 기본 혹은 초보'를 의미한다고 본다.

1404) 바울은 여기서 '때'를 위해 헬라어 *chronos*(사건이 발생하는 불특정 기간이 주의미임)를 사용한다(UBS 4판, 다수 사본도 마찬가지임). 하지만 갈라디아서 4장 4절과 동일한 의미를 가진 에베소서 1장 10절에서는 *kairos*를 사용한다. 헬라어 명사 *kairos*의 주요 의미는 수평적으로 전개되는 시간의 연속이 아니라 '결정적인 시간'이기에, 약속이 성취되는 때 더 어울린다(참고. BDAG, p. 498). 하지만 바울은 이 두 명사를 교차적으로 사용한다.

1405) 개역개정판에서는 여전히 속격 대명사를 '그'라는 정관사처럼 번역함으로써 많은 혼란을 초래한다.

바울도 절기를 지키러 예루살렘에 올라간 적이 있기에, 신구약 중첩기적 특성을 고려해 볼 때 그런 절기를 지키는 자체를 부정한 것은 아니다(참고. 골 2:16). 만일 갈라디아서의 수신자들이 여전히 이런 것들을 구원의 수단으로 인정하면서 의존한다면 바울이 전한 복음은 헛된 것이 되고 만다(11절).

2.3. 갈라디아서 4장 12-20절의 메시지

바울이 갈라디아 교회와 같이 되었는데, 갈라디아 교회도 바울처럼 되기를 청구한다(12절). 바울은 갈라디아의 성도에게 율법주의를 따라야 한다고 가르친 적이 없다. 바울은 갈라디아교인의 입장에 서서 정직했고, 사랑했으며, 복음 안에서 자유하는 입장을 취했는데, 교회도 이 사도의 모습을 닮아야 한다. 갈라디아 교회가 바울에게 해롭게(즉 잘못을, *edikesate*, 아오리스트 능동 직설 2인칭 복수) 하지 않았다. 즉 바울이 처음으로 갈라디아를 방문했을 때 그들은 바울의 육체적 연약함을 감싸 주었고, 진정으로 환대해 주었다.

바울의 육체가 약했기 때문에(직역: *di' astheneian*) 갈라디아인이 복음을 들었다(13절). 이 질환의 정체에 대해서 안과 질환(갈 4:15), 간질, 말라리아 등이 후보로 거론되었다. 하지만 아마도 사도행전 13-14장의 1차 전도 여행에서 겪은 어려움 때문에 발생한 질병으로 보인다. 분명한 것은 하나님은 질병조차 사용하셔서 복음을 전하신다는 사실이다.

갈라디아 교회를 시험하는 것(*ton peirasmon hymon*, '너희의 시험거리')이 바울의 육체에 있었다(14절). 그렇다면 '너희의 시험거리' 즉 '너희를 시험하는 것'(개역개정판)은 무엇인가? 바울의 병은 갈라디아 교회를 시험하는 것이었다. 즉 전도자의 질병은 교회에게 부담이 되었을 것이다. 바울의 질병이 바울을 경멸하거나 업신여길 수 있도록 갈라디아 교회를 유혹을 했을 수 있다. 하지만 바울의 육체의 질병(아마 안과 질환?; 참고. 고후 12:7-10)에도 불구하고 갈라디아 교회는 바울을 목회자로 환대했다. 더 나아가 갈라디아 교회는 바울을 하나님의 천사(*hos angelon*)와 그리스도 예수님(*hos Christon Iesoun*)처럼 마치 신적 존재를 영접하듯이 존경했다.

갈라디아 교회는 바울을 외모로 판단하지 않았다. 권위'주의'는 비성경적이나 목회자의 건전한 '권위' 자체는 반드시 서야 한다. "너희의 '그' 복(*ho makarismos*)이 지금 어디 있느냐?"(15절)[1406] 이전에 바울이 전한 복음을 듣고 갈라디아 교회는 참으로 복된 존재가 되었는데, 지금은 유대주의로 돌아가서 그 복을 상실할 위기에 처해 있다는 것이다. 이전에는 가장 귀한 자신의 두 눈이라도 빼내어 줄 만큼 바울을 사랑하고 존경했던 갈라디아 교인들이었다(15절). 두 눈을 빼내어 바울에게 준다는 것에서 바울이 안과 질환으로 고생했다는 것을 암시하는 것으로 볼 필요는 없다(참고. 오스본, 2006:229).

그러나 바울이 교회를 설립하고 떠난 후에는, 참된 말을 했기에 갈라디아 교회에게 마치

1406) 칼빈(1993:603)은 "뭐냐! 모든 것을 상실해도 좋단 말인가?", "너희가 한번 나를 통해 말씀하시는 그리스도를 알게 된 것을 무익하게 만들어도 좋단 말인가?", "너희가 나로 말미암아 믿음 안에 세워진 것을 헛되게 할 것인가?" 혹은 "지금의 너희의 반역으로 인해 하나님 앞에서 너희 순종의 영예를 사라지게 해도 괜찮다는 말인가?"로 이해한다.

원수처럼 되고 말았는가?(16절) 17절의 '저희'는 갈라디아 교회를 미혹하려고 열성으로 덤벼든 유대주의자를 가리킨다. 거짓 선생들은 갈라디아 교인들을 바울과 이간 붙이고, 그리스도에게서 멀어지도록 하며 자기편으로 만드는 데 열심이었다. 만일 거짓 선생들이 좋은 일에 대해서 갈라디아 교회를 향하여 열심을 낸다면 그것은 항상 유익하다. 거짓 선생들은 자신의 열심을 갈라디아 교회가 바울과 함께 있을 때뿐 아니라, 같이 있지 않을 때도 늘 가지고 있어야 했다(18절). 18절은 거짓 선생의 표리부동한 위선을 바울이 책망한 것이다.

영적으로 어린 갈라디아 교인들에게 그리스도의 형상(*morphothe Christos*)이 이루기까지(직역: 그리스도께서 너희 안에 형성될 때까지), 환언하면 그리스도의 장성한 분량의 충만한 데까지 자라도록 바울은 '다시'(즉 갈라디아 교회 설립을 전제함) 계속하여 해산의 수고를 해야(*odino*, 현재 능동 직설 1인칭 단수, to have birth pangs) 한다(19절).[1407] 산모가 10개월 동안 태아를 품듯이, 바울은 갈라디아 교회가 영적으로 예수님을 닮아 성숙하도록 돌보려고 결심한다(참고. 살전 2:7). 목회자와 교사는 어머니의 헌신적인 사랑으로 하나씩 돌보고 가르치고 양육해야 한다. 간본문인 로마서 8장 27-29절에 의하면, 성령께서는 성도를 위해서 탄식하시면서 기도하시고, 그 결과 합력하여 선이 이루어지는데, 그 목적은 그리스도의 형상을 입기 위해서이다.

그러므로 합력하여 이루는 '선'은 성도가 그리스도의 형상으로 변해 가는 것이고, 성령의 역사로만 가능하다. 그런데 갈라디아서 4장 20절에서 바울은 다시 책망한다. 바울이 자신의 음성을 변하게 하는 것(*allaksai ten phonen mou*, 개역개정판, '내 언성을 높이려 함은')은 갈라디아 교회를 향하여 의심이(당황, 혼동되다, *aporoumai*, 현재 중간 직설 1인칭 단수, I am perplexed) 있었기 때문이다.

2.4. 갈라디아서 4장 21절–5장 1절의 메시지

바울은 "내게 말하라. 율법 아래 있고자 하는 자들아!(*hoi hypo nomon*). 율법을 듣지 못하였느냐?"라고 강한 어조로 말한다(21절).[1408] 이 말씀은 '진정으로 율법이 의미하는 바를 제대로 이해하지 못했느냐?' 라는 책망이다. 이 구절에서 율법 아래에 있도록 만드는 거짓 선생들의 활동이 암시되어 있다.

22절 이하에서 바울은 아브라함의 두 아내인 사라와 하갈의 대결 구도를 통해서 율법과 은혜의 구도를 설명한다. 22-26절의 구조는 다음과 같다(참고. 이한수, 2006:434).

1407) 칼빈(1993:607)은 갈라디아서 4장 19절을 교역자의 수고에 관해 언급한 특이한 구절로 본다. 영적 자녀를 낳는 것은 하나님께 속한 일이지만, 이 일을 위해서 하나님은 교역자와 설교를 도구로 사용하신다. 하나님은 교역자에게 이 일을 맡기시면서 성령의 능력을 인간의 노력과 합력하도록 하신다.

1408) "내게 말하라"는 가상적인 대적에게 말하는 통렬한 비난이다(참고. 존 월튼, 2010:1821).

A 옛 언약 (모세의 율법)
B 하갈
C 육체를 따라난 아들 이스마엘
D 시내 산
E 종
F 지금 있는 예루살렘
F' 위에 있는 예루살렘
E' 자유
D' 시온 산
C' 약속으로 태어난 아들 이삭
B' 우리 어머니
A' 새 언약 (그리스도의 복음)

바울이 갈라디아서 4장 22-31절에서 하갈/이스마엘과 사라/이삭의 예를 통해서 말하고자 하는 바는 무엇인가? 갈라디아서 3장 17절에서 바울이 아브라함의 예를 들어 의도했던 바는 아브라함은 율법을 받기 430년 이전의 믿음의 사람이라는 것이다. 창세기 21장에 근거하여 갈라디아인들은 하나님께서 아브라함에게 그 종 하갈과 아들 이스마엘을 내보내라고 명령하셨던 사실을 기억해야 한다. 왜냐하면 이스마엘은 육체를 따라 난(*kata sarka*, 즉 정상적인 부부관계를 통해서 태어난) 여종(*paidiskes*)의 아들이며, 옛 언약에 속한 자로서 약속의 후사가 아니었기 때문이다. 그러므로 갈라디아인들은 하나님의 후사가 아닌 유대 회당과 관계를 끊어야 한다. 왜냐하면 다시금 종의 신분으로 돌아갈 수 없기 때문이다. 만일 그렇다면 자유를 누리지 못하고 십자가의 능력을 상실하게 된다. 반면에 이삭은 약속으로 기적적으로 태어난 자유하는 후손이다(23절). 여종 하갈-이스마엘과 자유하는 여자인 사라(*eleutheras*, free woman)-이삭의 사건은 실제 역사적 사건이지만, 영적 진리를 추출하기 위해 알레고리화 된(*allegoroumena*) 방법으로 모든 시대에 적용될 수 있다(24절).[1409] 바울 당시에 자녀의 지위는 모친의 지위에 의해 주로 결정되었기

1409) '알레고루메나'(*allegoreo*의 분사, NT *hapax*)를 '이것은 알레고리로 해석할 수 있다'로 직역할 수 있다. 이 동사는 *allo*와 *agoreuo*의 합성어로 문자적 뜻은 '다른 것을 말하다'이다. 단어가 한 가지를 의미하며 말하지만, 지금은 다른 것을 언급하기 위해서 사용되는 경우이다. 이것은 '더 깊은 의미'(*sensus plenior*)라기보다는, 다른 지시 대상물에 관한 개념(concept of another referent)이다. 즉 하나의 역사적 본문을 알레고리화 하는 것은 그 본문을 해석자의 당시대화(contemporizing)하는 것으로써, 그 본문에 더 깊은 의미를 제공하는 것이 아니라 2차적 지시 대상(secondary referent)을 주는 것이다. 수사학에서 알레고리는 '확장된 은유'(extended metaphor) 혹은 '확장된 유비'이다(참고. Witherington, 1998:330). 그러나 바울이 알렉산드리아의 필로에 의해서 유명해진 알레고리 즉 풍유적 해석을 사용하고 있다고 보기 힘들다. 왜냐하면 필로의 수사법은 구약 내러티브의 역사성을 심하게 훼손했고 심지어 부인하기까지 했기 때문이다. 창세기의 저자 모세는 사라와 하갈을 통해서 새 언약과 시내 산 언약을 구분하거나 기독교과 유대교를 구분할 의도가 없었다. 그렇다면 모세의 의도와 달리 즉 탈문맥적으로 바울이 구약을 잘못 사용하고 있는가? 우리는 구속사의 발전을 통해서 볼 때 모형과 실체를 발견할 수

에, 종이었던 사라에게서 태어난 이스마엘도 역시 종이었고, 시내 산 언약과 관련 있다(참고. 창 16:1). 하지만 사라는 아브라함의 언약과 관련 있다(참고. 창 17:15-17). 이 아브라함의 언약은 자유의 언약이며, 그리스도에 의해 성취될 새 언약을 내다본다. 그러나 유대주의자들은 이미 도래한 이 새 언약을 무시했다. 율법에 순종하여 구원을 얻고자 하는 사람은 여전히 하갈의 아들 이스마엘처럼 종이 되는 것이다.

시내 산 언약과 율법의 종을 상징하는 하갈은 이스라엘의 바울 당시의 지상의 예루살렘과도 상징적으로 연관된다(25절). 바울 당시 예루살렘은 로마의 식민지였고, 또한 율법과 타락한 유대교의 본산이었다. 반면에 사라는 믿음과 자유의 언약인 다른 차원의 '천상의 예루살렘'을 상징한다(26절). 이 천상의 예루살렘(*ano Ierousalem*)은 '우리(바울과 갈라디아 교회의; 참고. 다수 사본은 '너희') 어머니'(*meter hemon*)라고 불린다. 천상의 예루살렘은 새 언약 공동체이고, 믿음의 조상 아브라함의 후손들이다. 옛것(즉 육, 세상, 율법, 죄, 죽음)에 속한 지상의 예루살렘은 새로운 천상(즉 성령, 구원, 새 언약)의 예루살렘에 의해 대치되어야 한다(참고. 히 12:22, 13:14; 4에스라 7:26; 1에녹 90:28). 영에 속한 천상의 예루살렘은 예수님 때문에 발생한 실체요 새 시대에 속한 것이다. 그런데 바울은 천상의 예루살렘을 왜 '우리 어머니'라고 불렀는가? 바울은 자녀의 신분은 어머니에 달려 있었음을 알고 있었다. '어머니'는 유대교와 기독교 사이의 양극을 만들려고 하는 바울의 의도에 적합하기 때문일 것이다. 즉 바울은 유대교의 금언이었던 "예루살렘(시온)은 우리의 어머니이다"를 염두에 두며(참고. 사 49:14-21, 50:1, 51:18, 54:1, 60:4), 이제 그리스도인과 관련하여 적용한다.[1410]

구약에서 시온은 '어머니'와 '딸' 혹은 '아내'로 다양한 방식으로 가족 이미지와 관련하여 불렸다. 바울은 스스로를 갈라디아 교회의(신앙의) '어머니'로 생각했다(갈 4:19). 그러므로 갈라디아 교회는 바울의 영적 자녀들이다. 그런데 천상의 예루살렘이 '우리 어머니'라 불리기에 바울도 '우리'에 포함된다. 따라서 어머니로서의 '바울'과 바울을 포함하는 '우리 어머니'는 구분된다. 또한 갈라디아 교회는 '약속의 자녀들'(28절)로 불린다.[1411] 따라서 하늘의 예루살렘 어머니와 갈라디아 교회도 완전하게 동일하지 않다.[1412] 바울은 '하늘과 땅에 있는 우주적인 교회'

있다. 특별히 구약은 인간이 자신의 힘으로 하고자 하는 것과 하나님의 능력에 의존하여 성취하고자 하는 것을 구분한다. 이 원리는 하갈의 아들 이스마엘과 사라의 아들 이삭에게서도 나타난다. 시종일관 하나님은 구원을 위해서 하나님을 의지하라고 백성에게 가르치셨다. 그러므로 바울이 이 원리를 갈라디아서의 논쟁에 적용하는 것은 적절하다. 바울은 창세기의 이야기가(영적으로 볼 때) 당시의 기독교와 유대교 사이의 문제와 관련이 있음을 발견했던 것이다. 바울은 성경의 역사를 종말의 관점으로 보고 있다. 즉 바울은 그리스도의 오심은 앞으로 올 새 시대를 도래케 했다는 관점을 견지했다(참고. 갈 1:4, 3:23-25; 보라. 모세 실바, 2005:520). 바울의 그리스도 완결적 해석이 이런 유추를 가능하게 만든 것이 아닐까?

1410) "교회를 어머니로 모시지 않으면 하나님을 아버지로 모실 수 없다"(키프리안).

1411) 28절을 파피루스 46, B, D 사본 등과 달리, 시내 산, A, C, 다수 사본은 "형제들아, '우리는' 이삭과 같이 약속의 자녀이다"로 번역한다.

1412) 리델보스(1984:179)는 하늘의 예루살렘이 어머니라고 불린 것은, 하늘의 예루살렘에 소속되어 있는 사람들의 '영적인 존재'(spiritual existence)가 하늘의 예루살렘에 달려 있기 때문이라고 설명한다.

즉 본향 하늘에 실체를 두고 지상에 살아가는 공동체, 또한 죽은 성도의 영이 가 있는 하늘과 육체적으로 살아 있는 성도가 활동하는 지상을 총망라하고 있다(참고. 벳츠, 1987:501-504).

"잉태치 못한 자여, 즐거워하라. 산고를 모르는 자여, 소리 질러 외치라. 왜냐하면 홀로 사는 자(출산치 못한 여자, *tes eremou*)의 자녀가 남편 있는 자의 자녀보다 많기 때문이다"(27절; 참고. 사 54:1). 이 구절은 포로 생활에 직면한 유대인들을 위로하는 이사야에서 인용한 말씀이다. 문맥을 통해서 볼 때 잉태치 못한 자요, 산고를 모르던 자유하는 여인 사라가 이삭을 낳았다는 것이다. 사라의 수치가 명예로 변했다. 이것은 은혜이다. 계시사적으로 볼 때, 갈라디아 교회에서 다수를 차지하던 이방인 성도처럼, 혈통적인 이방인들도 아브라함의 자손이 되어 그 수가 번성하고 있다.

갈라디아 교회는 이삭처럼(직역: 이삭을 따라서) 약속의 자녀(*epangelias tekna*)이다(28절). 이삭이 하나님의 기적으로 출생되었다면 갈라디아 교회도 하나님의 은혜와 기적같은 역사로 거듭났다. 자유하는 어머니에게서 기적으로 태어난 이삭은 육체를 따라서 난 자가 아니라 성령을 따라서 난 자이다(29절). 그런데 지금도(*kai nyn*) 성령의 자녀가 육체를 따라 난 자로부터 핍박을 받고 있다(29절; 참고. 창 21:10). 바울도 전도 여행 중에 불신 유대인에게서 핍박을 받았다. 그러나 계집종의 자녀는 쫓겨나서 자유하는 약속의 자녀와 함께 유업을 얻지 못하게 된다(30절). 갈라디아 교회도 이러한 회개치 않는 율법주의자들을 내쫓아야 한다.

31절은 갈라디아서 4장 21-30절, 더 나아가 3장 1절-4장 30절의 결론이다. 갈라디아 교회는 자유를 주신 그리스도를 믿고, 계속해서 굳건히 서서(*stekete*, 현재 능동 명령, 'Stand firm!') 다시는 종의 멍에를 메지 말아야 한다(갈 5:1; 참고. 고후 3:17). 만일 갈라디아 교회가 예수님 안에서 자유를 행사하지 않으면 그 자유를 상실하게 될 것이다. '굳게 서라'는 말은 자유를 실제로 행사함으로써 그리스도인의 자유를 보호하라는 말로 볼 수 있다(참고. 벳츠, 1987:512). 문맥상 '종의 멍에'는 율법의 멍에(5:2-12)와 육에 의한 타락과 관련 있다(5:13-24).

3. 오늘에의 적용

우리는 실체 대신 그림자를 붙잡고 신앙생활을 하지 않는가?

우리는 이미 하늘에 앉힌 자로서(참고. 엡 2:6; 빌 3:20) 어떻게 살 수 있는가?

우리는 신앙의 어머니로서 계속해서 자녀를 낳고 양육하고 있는가?

핍박 가운데서도 자유하는 새 언약 백성은 어떻게 살아야 하는가?

갈라디아서 5장

1. 본문 및 구조

- 율법 전체를 행할 의무(2-6)
- 대적에 대한 엄한 경고(7-12)
- 육체의 일과 성령의 일(13-26)

2. 구원 계시사적 메시지

2.1. 갈라디아서 5장 2-6절의 메시지

갈라디아서 5-6장에서 직설법(indicative)과 명령법(imperative)의 적절한 조화가 반복적으로 나타난다. 갈라디아서 5장 1-12절에서는 자유자가 되었기에, 성령, 사랑, 믿음으로 살라고 한다. 5장 13절은 자유를 위해 부르심을 받았으므로, 성령과 사랑으로 살라고 말씀한다. 갈라디아서 5장 25절-6장 10절에서는 성령이 사람이 되었으므로 성령을 위해 심고, 서로 짐을 지고, 선한 일을 행하라고 권면한다. 이 모든 내용들은 같은 주제를 약간 다른 관점에서 바라보는 것이다. 기독교의 윤리는 직설법에서 '그러므로 이렇게 살라'는 명령법으로 발전하는 것이다. 우리의 신분의 변화에 기초한 윤리를 강조한다. 이 순서가 바뀌면 안 된다.

"그리스도께서 우리로 자유케 하시려고 자유를 주셨으니, 그러므로 굳게 서서 다시는 종의 멍에를 메지 말라"(1절).[1413] 율법의 속박에서 예수님이 교회를 해방시켜 주셨다. 요한복음 8장 32, 36절은 "그 진리가 너희를 자유케 하리라"고 말씀하시는 동시에 "아들이 너희를 자유케 하면"이라고 말씀하신다. 그러므로 예수님은 우리를 자유케 하시는 진리이시다. 예수님은 정죄 그리고 정죄가 가져다주는 두려움과 절망으로부터 교회를 자유케 하셨다. 자유케 못하도록 하는 율법의 멍에는 곧 종의 멍에이다. 우리는 현대판 율법주의(modern legalism)를 경계해야 한다.

만일 할례를 받으면 그리스도께서 너희에게 아무 유익이 없다(2절)는 말씀을 하려고 바울은 뜸을 들인다. '*ide ego Paulos*'(보라! 나 바울은)라고 말함으로써 무언가 중요한 것을 말하려고 한다(참고. Witherington, 1998:365). '할례를 받으면'(*peritemnesthe*)은 현재 수동태 가정법이고, 주동사(유익이 없을 것이다, *ophelesei*)는 미래형이다. 따라서 아직까지 갈라디아 교인 중 일부가 할례를 받고 율법주의로 빠지는 구체적인 행동을 행한 것은 아닌 것으로 보인다. 갈라디아 교인 중 일부는 거짓 선생들을 따라서 그렇게 하려고 현재 고려 중인 것이다. 율법주의 중에서 가장 끈질기게 유혹한 것은 다름 아니라 '할례'였다. 할례를 받는 것과 같은 방식으로 율법을 따르는 것은 값없이 주신 은혜로운 선물을 무색하게 만드는 것이다. 할례 자체가 우리와 하나님

1413) 예수님은 하나님의 도덕적 규범(갈 5:14-6:1)에 순종하는 것으로부터 성도를 해방시키지는 않으셨다.

의 관계를 온전하게 할 수 없다. 심지어 현대의 우리의 봉사도 하나님의 사랑이나 호의를 얻는 수단이 되어서는 안 된다.

바울은 할례를 받는 각 사람에게 다시 증거하는데, 그들은 율법 전체를 행할 의무를 가진 자다(3절). 할례를 받는 자는 그리스도의 대속의 희생을 불완전한 것으로 만드는 자인데, 그렇다면 그들은 모든 율법을 다 행해야 구원에 이를 것이라고 생각했을 것이다. 물에 빠진 사람은 살려고 자기 힘으로 허우적거리지 말고 인명 구조원에게 자신을 온전히 의탁해야 한다. 야고보 2장 10절을 기억하자: "누구든지 온 율법을 지키다가 그 하나를 범하면 모두 범한 자가 되나니."

율법 안에서 의롭다 함을 얻으려 하는 자는 그리스도에게서 끊어지고 은혜에서 떨어진 자이다 4절). 여기서 바울이 염두에 둔 자는 율법만 지키려는 자가 아니라, 율법과 그리스도를 혼합하는 자들이다(참고. 칼빈, 1993:624). '은혜에서 떨어진 자'(*tes charitos eksepesate*)는 하나님과의 올바른 관계를 포기한 자이다. 여기서는 '의롭다 함을 얻으려 하는'에서 현재 시제(*dikaiousthe*)를 사용하여 마치 지금 갈라디아 교회 일부가 율법을 의존하고 있는 것으로 보면서 책망한다. 그리스도냐, 율법이냐? 양자택일해야 한다. 둘 다 선택할 수 없다.1414)

성도는 성령으로 믿음을 좇아 의의 소망(*elpida dikaiosynes*)을 학수고대한다(5절). 즉 성도는 성령께서 주시는 그리스도를 믿는 믿음으로 의롭게 된다. 그리스도 예수님 안에서는 할례나 무할례가 효력이 없되, 사랑으로써 역사하는 믿음뿐이다(6절). 고린도전서 7장 17-20절에서 바울은 할례를 받은 사람도 그대로, 받지 않은 사람도 그대로 지내라고 권면했다. 하나님의 구원의 은덕들은 그리스도 안에서 우리에게 주어진다. 성도는 그리스도로 옷 입고 성령으로 충만하여 주님의 사랑의 부요함을 찬양하며 산다. '사랑을 통하여 역사하는 믿음'이란 무엇인가? 믿음으로 구원을 받았다면 사랑을 실천해야 한다는 뜻이다. 믿음이 뿌리라면 사랑은 열매이다. 믿음과 은혜로운 구원을 검증하는 것은 사랑의 실천이다.

2.2. 갈라디아서 5장 7-12절의 메시지

"너희가 달음질을 잘(*kalos*) 하더니(*etrechete*, 미완료; 참고. 갈 4:13-15), 누가(*tis*, 단수, 아마 유대주의자들 중 지도자 한 명) 너희를 막아(*enekopsen*, hindered, 결과의 아오리스트) (그)진리를 순종치 않게 하더냐?"(7절). 갈라디아서 5장 7절은 갈라디아서 3장 1절처럼 수사학적 의문문이다. 달음질(*trecho*, athlete running)의 은유는 바울이 즐겨 사용한 것이다(참고. 갈 2:2; 고전 9:24-27; 빌 3:13-14; 딤후 4:7). 그리스의 축제 기간 중에 열린 육상 경기에서 다른 선수를 걸려 넘어지게 하거나 끼어드는 경우에 관한 규칙이 있었다. 미완료형 동사는 갈라디아 교회가 과거에는 잘 달렸지만, 현재에는 끼어들어 방해하는 유대주의자들(*Judaizers*)로 인해 그렇지 못함을

1414) 론제네커(1990:223-225)는 갈라디아서 1장 6-10절과 갈라디아서 5장 2-12절 사이의 병행에 주목한다. (1) 바울의 단호하고 엄격한 어조, (2) 갈라디아서 1장 6절과 5장 8절의 '떠나다' 혹은 '버림받다'라는 의미, (3) 갈라디아서 1장 6절과 5장 4절의 그리스도의 은혜, (4) 갈라디아서 1장 9절과 5장 3절의 '다시'라는 표현. 따라서 갈라디아서의 서론인 갈라디아서 1장 6-10절의 주제가 갈라디아서 5장 2-12절의 논의에 다시 명확하게 등장한 것이다.

암시한다(참고. Longenecker, 1990:230). 성도의 삶이란 장애가 있더라도 믿음으로 계속 달려가야 하는 것이다. 갈라디아 교회는 구원의 복음을 믿고 잘 달리고 있었다. 그들은 진리에 순종하고 있었다. 그런데 누군가 그 경주를 못하도록 막았다. 달리기 트랙에서 이탈하도록 즉 진리를 역행하도록 누군가가 끼어들어 방해하고 있다.

그 권면(*he peismone*, 설득; NT *hapax*)은 너희를 부르신 이(하나님)에게서 난 것이 아니다(8절).[1415] 유대주의자들 즉 거짓 선생의 설득은 행위구원에 기초한다. 따라서 그 설득은 갈라디아 교회를 부르신 하나님(참고. 갈 1:6)에게서 나온 것이 아니다. 적은 누룩(*mikra zyme*, a little leaven)이 온 덩어리에 퍼진다(9절; 참고. 마 13:33; 고전 5:6). 바울은 악의 전염성을 언급하면서 거짓 교리를 가리키는 '누룩 전술'을 사용하는 거짓 선생들을 경계한다.

바울(*ego*, 거짓 선생과 대조되는 '나'는 강세형)은 갈라디아 교회가 아무 다른 마음(*allo phronesete*)도 품지 아니할 줄을 주 안에서 확신한다. 그러나 너희를 요동케 하는 자(ho tarasson, 단수, 아마도 대표자를 염두에 둠)는 누구든지(신분의 고하를 막론하고) (하나님의) 심판을 받을 것이라고 경고한다(10절). '다른 마음'(*allo phroneste*)은 다른 복음을 받아들이는 것이다(참고. 갈 1:6). 성경에서 이탈한 거짓 인간적 지식을 전달하지 말아야 한다. 10절에서 바울의 어조는 다소 긍정적으로 바뀐다.

만일 바울이 할례 즉 율법 준수로 구원을 얻는다는 사상을 전했다면 유대주의자들로부터 박해를 받지 않았다(11절). 그렇게 했다면 십자가의 거치는 것(걸려 넘어지게 하는 것)이 그쳤을 것이다(없어졌을 것이다).[1416] 십자가의 거치는 것은 무엇인가? '거치는 것'은 걸림돌(*skandalon*)인데, 이것은 원래 함정, 당황과 공격의 원천, 분개와 저항을 유발시키는 자극적인 것을 가리킨다. 유대인들에게 있어서 메시아가 십자가에서 죽으셨다는 것은 큰 수치요 걸림돌이었다. 유대인들에게 이 걸림돌이 제거되려면 십자가의 복음을 전하지 않으면 된다. 따라서 바울이 만일 할례를 수용했다면 십자가 복음 때문에 겪는 곤란과 유대인들의 원한을 경험하지 않았다는 말이다. 그러나 이런 것은 십자가의 복음을 포기하는 것이다. 현재에 적용해 보면, 설교자에게 있어서 설교 내용이 청중을 걸려 넘어지게 할 수 있다는 염려로 인해 제대로 메시지를 전달하지 못하는 경우는 없는가?(참고. Lux Mundi, 2006년 호) 인간의 눈치를 보는 것도 잘못이지만, 물론 설교자는 고압적인 자세로 정죄하는 설교를 하면 안 된다.

"갈라디아 교회를 어지럽게 하는 거짓 교사들이 스스로 베어 버리기를(*apokopsontai*, 미래 중간 직설 3인칭 복수, will cut themselves off) 원하노라"(12절). "저 거짓 교사들에 대해서는 스스로 아주 거세해 버렸으면 좋겠다!"라는 말이다. 거세된 남자들을 조롱하는 것은 풍자를 사용했던 견유학파와 같은 철학자나 수사학자들이 자주 사용했던 방식이다. 거짓 교사들은 할례를 행했던 사람들인데, 바울은 이들이 스스로 거세당하여, 사람에게 수치를 당하고 사람 취급받

1415) 8절의 '설득'을 크리소스톰은 '수사학적 아부'(rhetorical flattery)로, 아피파니우스는 '공허한 수사학'(empty rhetoric)으로 보았다(참고. Witherington, 1998:371).

1416) 바울은 회심하기 전에 유대 회당과 성전에서 하나님을 경외하는 자들과 이방인 개종자들에게 할례를 전했다.

지 못했으면 한다고 말하고 있다. 이방인 가운데서도 아시아에서 '키벨레'(Cybele) 여신을 섬기는 이교도 사제들은 거룩한 의식의 일환으로 거세를 하기도 했다.[1417] 그러므로 할례는 이방인 종교 의식과 다를 바 없다고 말하고 있는 듯하다(참고. 오스본, 2006:274).

2.3. 갈라디아서 5장 13-26절의 메시지

자유를 얻은 것은(부정적인 의미의) '육체'(*sarks*)의 기회 즉 방종이 아니라 서로 사랑으로 종 노릇 하며 살도록 하기 위해서다(13절). '기회'(*aphorme*)는 출발 지점 혹은 도약판이라는 뜻이다. 그리스도인의 자유가 방종이 되면 죄에 대한 노예와 욕망의 노예의 도약판이 되고 만다(참고. 갈 5:19 이하). 대신에 성도는 사랑하면서 자신을 낮추어 종 노릇 해야 한다.

율법의 요약과 성취는 '하나님 사랑, 이웃 사랑'이다(*agapeseis*, 미래형은 명령의 뜻이다; 14절; 마 22:35-39). 바울은 여기서 율법의 긍정적인 기능을 설명한다. 사랑은 율법을 대치하거나 무효화하지 않고 완성한다고 한다. 즉 바울은 반(反)율법주의자가 아니라는 말이다. 그는 율법 폐기론자가 아니라 율법의 성취(이루어졌나니, *peplerotai*, 완료 수동형)를 주장한다(보라. 갈 6:2).

"서로 물고 먹으면 피차 멸망한다"는 말씀 속에 갈라디아 교회 안에 분쟁이 있음이 암시된다(15절). 물고(*daknete*, 뱀처럼 물어뜯는 것), 먹으면(*katesthiete*, 삼키고 파괴하는 것), 멸망한다(*analothete*, 먹어 없애다, 무효화하다)는 것은 강도가 세어지는 의미이다. 그리고 모두 현재 능동태형이다. 즉 갈라디아서를 기록할 당시에 이 분쟁이 계속 진행되고 있었음을 의미한다. 적의에서 나오는 중상과 고발, 비난과 기타 모든 언쟁을 의미할 뿐 아니라, 기만과 폭력에서 야기되는 모든 불의한 행동을 의미한다(참고. 칼빈, 1993:633). 이것은 바로 위 구절 14절의 '사랑하라'는 계명의 정반대이다.

바울은 5장 16-21절에서 성도가 성령의 능력으로 살 것에 대해 권면한다. 16절은 '그러므로'(de)로 시작한다. 성도는 육체(즉 본성, 옛사람)의 욕심을 버리고 성령을 따라 계속 걸어가야 한다(*peripatete*, 현재형). 바울은 성령의 소욕과 육체의 소욕을 대립되는 것으로 설명한다(참고. 롬 8:7). 죄악 된 본성과 성령이 싸워서 틈바구니에 끼어 있는 사람이 원하는 일을 하지 못하게 한다(17절).[1418] 성령의 인도를 받는 자는 율법 아래 있지 않다(18절). 성도는 율법의 감독이 아니라 성령의 감독을 받는다. 이것은 방종 혹은 율법을 폐기하는 것은 아니다. 바울은 계속해서 음행으로부터 시작하여 방탕함(음행, 더러움, 방종, 우상 숭배, 마술, 원수 맺는 것, 다툼, 시기, 분노, 당 짓는 것, 불화, 이단, 질투, 술 취함, 방탕함)까지 육체의 소욕을 따르는 자는 하나님 나라를 유업으로 얻지 못하게 된다고 말씀한다(19-21절).[1419] 성도가 거듭났음에도 불구하고

1417) 하드리안 황제는 '반(反)거세법'으로 할례를 금지하기도 했다(참고. 존 월튼, 2010:1824).

1418) "인간성 전체가 하나님의 영에 대하여 완고하게 반역하고 있기 때문에, 성령께 순종하려면 분투 노력하며 전심전력하지 않으면 안 된다. 그러기 위해서 먼저 우리 자신을 부인하는 일부터 시작해야 한다"(칼빈, 1993:634).

1419) 21절에서 A, C, D, 다수 사본은 '질투' 다음에 '살인'(*phonoi*)을 추가한다. 로마서 1장 29절을 기억한 필사자들의 첨가로 보인다(참고. 매츠거, 2005:513).

죄성이 남아 있기에 우리는 육체의 소욕과 싸워야 한다. 육체의 죄 된 소욕과 싸워 이기면 이길수록 우리의 성화는 빨라지고 예수님을 닮은 사람, 성령의 인도를 받는 사람이 된다. 반대로, 성도가 계속해서 의도적으로 옛사람의 습관으로 돌아가서 육체의 소욕을 좇아 산다면 그것이야 말로 성령을 근심케 하는 것이다. 성도가 성령을 근심케 할 수 있는데, 그 결과는 구원에서 끊어지는 것이 될 수도 있다. 그렇다면 이것과 성도의 견인(하나님은 택한 백성에게 성령을 주시고 구원을 이루도록 인도하시고 책임지신다는 이론)은 어떤 관계에 있는가? 하나님의 은혜로 구원받은 성도는 계속하여 구원을 이루어가야 할 존재, 몸의 구속을 이루어야 할 존재, 성령으로 살아야 할 존재이다. 만일 그렇지 못할 때 즉 습관적인 죄악 속에 있는 자는 구원을 잃어버릴 수도 있다(참고. 오스본, 2006:295). 결과론적으로 이런 사람은 하나님의 선민이 아니었다고 볼 수밖에 없다. 이 사실은 가시적인 교회 안에 쭉정이(이 규례를 행하지 않고 진실로 재창조함을 받지 못한 자, 참고. 갈 6:15)가 있다는 사실을 강력하게 증명하는 경고의 메시지이다.

갈라디아서 5장 17절을 세밀히 살펴보고 적용해 보자. 갈라디아서 5장 17절은 성령 안에서의 성도의 삶을 말씀한다. 우리가 의롭게 되고 자유함을 얻었음에도 불구하고, 우리 마음에는 여전히 육체의 소욕과 성령의 소욕이 싸우고 있다. 이 싸움은 성령을 따라 사는 것과 육체를 따라 사는 것 사이의 전쟁인데 아주 격렬하다. 이것은 개인에게 적용되는 언약의 중첩이다. 어떤 사람은 요가나 명상을 통해서 이 싸움에 종막을 고하려고 한다. 어떤 사람은 상담이나 내면의 심리를 강화하여 해결해 보려고 한다. 그러다 보니 근본적인 해결책을 찾지 못하고 성령의 능력조차 제한해 버리기도 한다. 성령을 따라 사는 삶은 하나님께 적극적으로 순종할 때만 가능하다. 그래서 바울은 로마서 8장 13절에서 "너희가 육신대로 살면 반드시 죽을 것이로되 성령으로써 몸의 행실을 죽이면 살리니 하나님의 영으로 인도 받는 사람이 하나님의 아들이라"고 말씀한다.

성령님의 인도하심을 받고 있는가? 성령님은 말씀으로 인도하시고 양심에 호소하시면서 우리를 인도하신다. 성령의 소욕을 따라 사는 것 그리고 성령의 인도를 받고 사는 것의 의미를 알기 위해서는 성령과 대조되는 육체라는 말의 뜻을 살펴보아야 한다. 바울은 '육체'라는 말을 사람을 지칭하면서 사용하기도 하며 그리고 본문 갈라디아서 5장 17절의 경우에는 하나님께 적대적인 사람의 타락한 본성을 가리키지만, 종종 육체와는 무관하게 종말론적이며 도덕적이며 부정적인 의미로도 사용된다(비교. 롬 7:4-6). 환언하면, 육체는 주님을 알지 못한 채 하나님의 원수로 살고 있는(특히 회심 이전의) 사람의 타락성을 의미한다. 그러므로 인간의 타락의 관점에서 바라볼 때 악한 생활이 육체를 따라 사는 삶이다. 어떤 사람이 모든 일들을 내게 이익이 되는지 혹은 돈이나 명예나 쾌락의 관점에서 판단한다면 육체의 소욕을 따라 사는 사람이다. 반대로, 모든 가치가 성령으로 새롭게 되어 달라진 사람은 성령의 생각과 소욕을 따라 사는 사람이다. 성령의 사람은 바뀐 가치를 따라 사는 사람이다. 돈이나 사회적 지위가 능력을 주지 않고, 속에서 역사하시는 성령의 인도를 받는 사람이 능력 있는 사람이다.

성령의 9가지 '열매'(*karpos*, 단수형은 19-21절의 '육체의 일들'과 대조되는 것으로 사람이 획득하는 일들[*erga*]이라기보다는 성도 안에서 역사하시는 성령의 사역임을 강조함)는 거듭난 자라면 자연스럽게 가지고 있어야 할 삶의 양태이다(22절).[1420] 열매로 우리가 성령의 사람인 줄을 증명한다. 특별하고 신기한 은사보다 성령의 열매를 맺어야 한다. 성령의 열매가 많은 자는 성령 충만한 자다. 성령의 열매는 예수님께서 이 땅에서 사신 방식을 반영한다. 거듭난 자는 성령의 은사와 역사를 믿는 가운데, 적극적인 순종의 삶으로 성령의 열매를 맺는 일에 동참해야 한다(참고. Longenecker, 1990:260).[1421]

다른 한 가지 사실 역시 우리의 주의를 요한다. 성령의 '열매'(the fruit of the Spirit)라는 단수형(*ho karpos tou pneumatos*)이 중요하다. 9가지를 열거했음에도 불구하고 '성령의 열매들'이라고 복수형으로 말하지 않는다는 사실은 이 모든 것들이 불가분의 관계에 있다는 것이다. 예를 들어, 제일 먼저 언급된 사랑이 있는 자(참고. 롬 5:5)는 온유할 수밖에 없지 않은가! 이런 성령의 열매를 맺기 위해 성령을 좇아 살아가는 사람에게, 율법의 사항들 예를 들어 "살인하지 말라"와 같은 명령이 주어질 필요가 없다. 성령의 열매를 맺으며 사는 사람들은 이미 율법을 성취하신 예수님을 따라 살고 있다는 말이다.[1422] 열매라는 말에 '성장'의 개념이 있다.

참고로 이것과 관련하여 베드로후서 1장 3절에서 베드로는 고백하기를 하나님은 이미 우리에게 능력, 생명, 경건, 복과 모든 것을 주셨다고 한다. 성령의 은사와 열매도 포함된다면 성령의 열매 역시 '이미와 아직 아니'의 구조로 이해해야 한다.

그리스도의 사람들(*hoi tou Christou*)은 이미 예수님이 죽으실 때 모든 정욕(*pathemasis*)과 욕심(*epithymiais*)을 십자가에 못 박았다(24절). 이것은 과거(*estaurosan*, 아오리스트 능동 직설 3인칭 복수)의 일이다. 하지만 매일 바울의 고백처럼 죽어야 하고 정과 욕심을 십자가에 못 박아야 한다. "이미와 아직 아니"의 관점에서 우리의 성화를 이해해야 한다. 성령으로 살면 성령으로 행해야 한다(25절). 헛된 영광을 구하여 서로 격동하고 투기하지 말아야 한다(26절).

1420) 아리스토텔레스의 '수사학' 1.9.4 이하(자연인의 특성인 정의, 용기, 자기 절제, 웅장함, 자유, 온유, 실제적이며 사변적 지혜 등), 1QS 4장 2-8절, 그리고 요세푸스의 '아피온에 반박하여' 2.146에 'lists of virtues'가 등장한다. 하지만 성경 외적 자료에는 '사랑'은 거의 언급되지 않고, 갈라디아서 5장 22-23절에 나타난 9개의 특성이 나열된 경우도 잘 없다. 물론 바울이 언급하는 것은 성령님의 역사로 성도가 맺는 열매이지(참고. 고후 6:6; 딤전 4:12, 6:11; 딤후 2:22; 벧후 1:5-7), 자연인(natural human)의 특성은 아니다. 성령은 그리스도의 영이시기에, 성령은 성도로 하여금 그리스도를 닮고 그분의 형상을 이루시기를 원하신다(갈 4:19; 참고. Witherington, 1998:403, 407).

1421) 성령의 열매는 9개밖에 없는가? 9가지 열매만을 맺게 하신다면 성령님은 너무 제한적이지 않은가? 고린도전서 12장 8-12절, 로마서 12장 9-21절 그리고 골로새서 3장 12-13절의 목록들도 성령의 열매에 첨가될 수 있다. 주의해 볼 것은, 이런 열매들은 개인의 내면적인 것에 초점을 두기보다는 교회 공동체 안에서 함께 더불어 살기 위해 꼭 필요한 것들이다. 환언하면, 하나님과 맺은 관계가 형제자매의 관계 속에 적용되어야 한다는 말이다. 마지막 은사인 절제만 개인적인 성격을 강하게 지닌 것 같다. 이 사실은 성령의 은사는 교회를 섬기기 위한 도구일 때 자연스럽게 열매화된다는 진리를 반영한다.

1422) 23절의 '절제' 다음에, 0122, 104 사본 등은 '인내'(*hypomone*)를 추가하고, D, F, G 사본 등은 '순결'(*hagneia*)을 추가한다.

3. 오늘에의 적용

우리 안의 육체의 소욕을 죽이는 방법은 무엇인가?
세상 속에서 성령의 열매를 맺는 비결은 무엇인가?

갈라디아서 6장

1. 본문 및 구조

- 서로 돕고 봉사함(1-10)
- 결론 및 인사(11-18)

2. 구원 계시사적 메시지

2.1. 갈라디아서 6장 1-10절의 메시지

"형제들아, 어떤 사람에게 범죄한 일이 드러나면 영적인 자들(*hoi pneumatikoi*)은 온유한 심령으로(*en pneumati prautetos*) 이런 사람을 바로잡아 주고, 자신을 살펴 유혹에 빠지지 않도록 조심하여라"(1절). 교회 안에 잘못이 발생하면 타산지석으로 근신해야 한다. 때로는 개인의 범죄가 공동체 전체에 영향을 미치기에 바로잡아야 한다. 그러나 방법은 성령의 열매인 '온유한 심령'으로 그러해야 한다. '바로잡고'(*katartizete*)라는 말은 '그물을 수선하다'와 같다(참고. 마 4:21). 그러므로 '회복하다'는 의미로 볼 수 있다.

"너희가 짐을 서로 지라 그리하여 그리스도의 법을 성취하라"는 무슨 의미인가?(2절) 중성 복수형 '짐들'(*ta bare*, burdens, loads)은 교회 안의 공동체가 함께 감당해야 하는 '재정적인 짐'일 수도 있고(참고. 마 5:42; 고후 12:16; 갈 2:10; 살전 2:5-9; 살후 3:8; 약 2:15-16), 내면적인 의미로 '유혹의 짐'일 수도 있다. 하지만 바울은 가난한 사람의 재정적인 짐을 덜어주는 것보다 더 넓은 의미를 염두에 둔 것 같다. 갈라디아서 1장 3-4절에 의하면 예수님은 'the ultimate burden bearer'이시다. 따라서 바울의 윤리는 예수님 중심이다(참고. Witherington, 1998:423). 그리고 '그리스도의 법'은 아마도 예수님께서 본을 보이심으로 세우신 사랑하라는 명령인 것 같다(참고. 롬 13:10). 하지만 넓게 볼 때 그리스도의 법은 율법을 가리킨다. 이 말은 예수님 안에서 율법과 성령이 서로 제휴 관계를 맺게 된다는 의미이다. 따라서 그리스도의 법(*ton nomon tou Christou*)을 성취하는 것은 성령님을 좇아 행하는 것이다(참고. 고전 9:21). 즉 사랑으로 그리스도의 법을 성취하는 것이 성령을 좇아 행하는 것이다.[1423] 하지만 유대교 안에서는 율법을 행하는 것은 능동형이 보여주듯이 어디까지나 인간의 자유의지를 전제로 하는 낙관주의적인 인간관에 기초한 것이다. 반면에 바울이 말하는 '율법을 성취하는 것'은 인간의 노력으로 되는 것이 아니라 성령을 통해서 이루어지는 하나님의 선물이다. 구약의 언약 백성의 정체성의 근거가 율법이었다면, 이제 성령은 새 언약 백성의 정체성의 근거이다. 율법을 행하는 시대에서 이제 성령을 좇아 사는 시대로의 전환이 이루어졌다. 하지만 성령을 따라 사는 책임은 우리에게 있다. 실제로 갈라디아 교회에 성령으로 시작해서 육체로 마감하여 하나님 나라를 유업으로 받지 못한 사람들이 있지 않았는가? 따라서 성령은 성도의 신분과 삶의 핵심 열쇠가 된다.

아무것도 되지 못하고 된 줄로 생각하면 스스로 속이는 것이다(3절). 자신을 중요한 사람으로 부풀려 과장되게 생각하는 것은 오히려 스스로 무가치함을 드러내고 만다. 각각 자기의 일을 살펴야 한다(4절). 그리하면 자랑할 것이 자기에게만 있고 남에게는 있지 않다. 각각 자기의 짐(*phortion*, 자기의 책임과 의무)을 져야(수행해야) 한다(5절).

말씀을 배우는 자는 말씀을 가르치는 자와 모든 좋은 것들(*en pasin agathois*, the good things)을 나누어야 한다(6절). 신약에서 종종 '좋은 것들'은 물질적인 후원과 도움을 가리킨다(참고. 눅 1:53, 10:7, 12:18-19; 고전 9:11). 성도는 말씀 사역자들을 재정적으로 후원해야 할 이유가 여기에 있다. "자신을 속이지 말라. 하나님은 조롱(*mykterizetai*, to turn up one's nose at, 코웃음 치다, 멸시하다; NT *hapax*)을 받지 않으시니, 사람이 무엇을 심든지 그대로 거둔다"(7절; 참고. 욥 4:8; 잠 22:8; 렘 12:13; 살후 3:13; 레위의 유언 13:6). 간본문인 고린도후서 9장 6절에서도 재정적인 문제가 이슈다. 단순히 기도만 하고 있을 수 없다. 성도는 물질의 청지기로 말씀 사역을 후원해야 한다. 이런 일을 보시고 하나님은 정확히 판단하신다.

육체(죄악 된 본성)를 위하여 심는 자는 육체로부터 썩어진 것(파멸, *phthoran*)을 거둔다 (8절). 성령을 위하여 심는 자는 성령으로부터 영생을 거둔다. 성도는 성령의 열매를 맺도록 투자해야 한다. 그러나(*de*) "그 선(*to kalon*)을[1424] 행하되 낙심하지 말지니 피곤하지(*ekkyo*, 지치다, 포기하다 -개역개정판) 아니하면 때가 이르매 거두리라"의 의미는 무엇인가?(9절) 성도는 뿌리고 난 후 결실하기 까지 오래 참아야 한다. 하나님의 때(농경적 표현으로는 'in due season')에 성도는 추수할 것이다(참고. 딤전 2:16, 6:15). 기회 있는 대로 모든 이에게 착한 일을 하되, 더욱 믿음의 가정들(*tous oikeious tes pisteos*)에게 그렇게 하자(10절). '믿음의 가정들'은 성도를 가리킨다. 그리고 '-하자'라는 청유형(1인칭 복수 가정법, 바른 성경; 참고. 1인칭 복수 직설법, A, B 2판, 다수 사본 중 일부, 개역개정판)은 시내 산, B, C, 다수 사본 중 일부가 지지한다. 착한 일은 성령의 열매를 맺는 일과 관련된다. 믿음의 가정 중에서 특별히 가난하고 곤란을 겪는 사람들을 위해서 격려와 사랑을 아끼지 말아야 한다.

1423) 2절의 '성취하라'(*anaplerosate*, 아오리스트 능동 명령 2인칭 복수; 시내 산, A, C, 다수 사본, 개역개정판), 혹은 '성취할 것이다'(*anaplerosete*, 미래 능동 직설 2인칭 복수; B, F, G, 바른 성경)로 나뉜다. 명령형이 사본의 지지를 더 많이 받는다.

1424) *Kalon*과 *agathon*은 동의어로 쓰인다(살후 3:13).

2.2. 갈라디아서 6장 11-18절의 메시지

지금까지 대서가가 기록했던 것으로 보인다. 이제 바울은 친필로 크게 글을 쓰고 있다(11절). 시력이 나빠서라기보다는 이 편지가 진본이며, 무언가를 강조하기 위해서일 것이다(참고. 오스본, 2006:333). 갈라디아 교인 중에서 육체의 모양을 내려고 즉 외적으로 좋은 인상을 주려고(NIV: to make a good impression outwardly) 억지로 강요하여 할례를 받게 하려는 사람은 유대인의 박해를 피하려는 기회주의자들이요 혼합주의자들이다(12절). 이런 혼합주의자들은 예수님을 믿는 동시에 할례를 받음으로써 유대교의 한 분파로서 인정을 받을 수 있다는 계산을 했을 것이다. 할례를 수용하면 극단적인 민족주의적인 유대주의자들의 박해에서 교회를 보호할 수 있다는 논리도 펼쳤을 것이다. 할례당 가운데서 스스로 율법을 지키지 않으면서 다른 사람으로 하여금 할례를 받게 하려는 의도는 다른 사람의 육체로 자랑하려 하기 위함이다(13절). "다른 사람의 육체로 자랑한다"는 말은 할례를 받은 유대주의자를 한 명 확보했다는 숫자적인 놀음을 가리킨다.[1425]

율법을 준수함으로 구원을 받으려는 사람들은 자연스럽게 자신의 노력과 선행 혹은 고행을 자랑하게 된다. 하지만 바울은 예수 그리스도의 십자가 외에 결코 자랑할 것이 없었다(14절). 세상이 바울을 대하여 못 박히고 바울은 세상을 대하여 못 박혔다. '못 박힌다'(*estaurotai*)는 말은 계속적 의미로서, 현재 완료 수동 직설법 꼴이다. 세속적이고 이기적인 욕망 그리고 하나님 없는 성공과 명예는 십자가에 다 못 박혀서 역사하지 못하게 해야 한다. 이 말은 계속적으로 못 박히는 것이다. 한번 성령을 좇아 살아서 세상에 대해 못 박히고 마는 것이 아니라 매일

1425) 안양대의 권연경 교수의 상반된 다음의 주장을 참고하라. "율법주의적 의미에서건 언약적 신율주의의 관점에서건, '율법 준수에 열심인 유대인들'이란 그림은 바울 자신의 명시적 진술과 어긋난다. 갈라디아 선동자들에 대한 바울의 진술로부터는, 전통적 율법주의건 언약적 신율주의건 율법을 충실히 지키는 혹은 지키려는 이들을 도출할 수 없다. 바울은 그들이 할례에는 열심이면서도 율법을 지키는 일에는 무관심하다는 사실을 비판하고(갈 6:13), 갈라디아인들에게도 그런 순종의 필요를 제대로 가르치지 않은 것으로 묘사한다(5:3). 그러니까 갈라디아 교회에 침투하여 문제를 일으키고 있는 이들은 학자들이 발견해 낸 통상적 유대교 초상과 일치하지 않는다……바울이 믿음과 대조하고 있는 "율법의 행위"는 결코 율법의 도덕적 실천을 의미하지 않는다는 입장을 견지한다. 바울의 논법을 이해하는 가장 자연스런 방법은, 바울 자신의 논법처럼, 이 '율법의 행위들'을 할례, 음식 규정, 절기 규정 등, '율법의 실천과 구분되는 의미'로 사용하는 것이다. 구약 내에서 이미 제의와 윤리적 순종의 구분이 이루어지고, 할례와 참된 언약적 정체성이 구분된 것이 분명하다면, 바울이 할례와 율법 순종을 구별하는 것은 전혀 이상할 것이 없다.……A.D. 1세기의 유대교가 어떤 성격의 것이든, 바울이 갈라디아서와 로마서에서 비판하고 있는 대상은 율법을 충실히 지키는 언약적 신율주의자들이 아니라 외적 근거들로 선민의 정체성을 내세우면서도 율법 실천을 바탕으로 한 내적 정체성은 보이지 못했던 위선자들이다.……바울의 믿음과 은혜의 칭의론은 율법주의나 언약적 신율주의가 아니라, 바로 당시 유대인들의 '값싼 은총 교리'를 배경으로 한다. 이 점에서 바울의 비판은 '회개에 합당한 열매'는 없이 아브라함의 자손이라는 외적 정체에 기대를 걸었던 자들을 향한 세례 요한의 비판 및 속은 더러우면서도 겉을 꾸미는 것으로 해답을 삼고자 했던 바리새인들을 향한 예수의 비판과 정확하게 일치한다"(권연경. 2008년 12월. "바울 연구의 '새 관점'-공헌과 한계." 한국신약학회, 콜로키움 자료). 하지만 여전히 바울의 새 관점에 관한 논의는 다양하게 진행 중이다. 2010년 봄 정기학술대회에서, 한국성경신학회를 필두로 하여, 한국복음주의신학회와 개혁신학회가 바울의 새 관점을 집중적으로 다루었다.

순간마다 자기 부인의 삶을 힘써서 추구해야 한다.

'할례'나 '무할례'가 중요한 것이 아니라, NIV에서 밝히듯이 "What counts is a new creation" 즉 중요한 것은 새로운 창조(*kaine ktisis*)이다(15절). 시내 산, A, C, 다수 사본은 접속사 '왜냐하면'(*gar*) 다음에 '그리스도 예수님 안에서'를 추가한다.

바울은 이 규례(*kanon*, rule)를 행하는 자에게와(*kai*, 혹은 '곧') '하나님의 이스라엘'에게 평강과 긍휼이 있도록 기원한다(16절; 참고. 시 125:5). '하나님의 이스라엘'(*epi ton Israel tou theou*)은 갈라디아서의 수신자를 포함한 신약의 모든 성도를 가리킨다.[1426)] 이들은 '규례' 즉 '그리스도의 법'으로서의 복음의 메시지를 행하는 자, 즉 성령을 좇아 행하는 사람들을 가리킨다. 론제네커(1990:297)에 의하면 '평강과 긍휼'이라는 순서는 바울 서신에서 익숙하지 않다. 왜냐하면 '긍휼과 평강'이 논리적으로 자연스러운데, '긍휼'이 원인이라면 '평강'은 결과이기 때문이다 (참고. 딤전 1:2; 딤후 1:2; 요이 3; 유 2). 하지만 결과인 평강을 먼저 언급하고 원인인 긍휼을 나중에 언급할 수 있다.

이제부터는(*tou loipou*) 누구든지 바울을 괴롭게 하지 말아야 한다(17절). Witherington(1998:453)은 *tou loipou*를 '마지막으로'라고 번역 하여 편지의 '*peroratio*'를 결론 짓는 것으로 본다(참고. 엡 6:10; 빌 4:8; 살전 4:1; 살후 3:1). 바른 성경처럼 '이제부터는'이라고 번역하면 갈라디아서 6장 17절이 다소 'anti-climactic'한 특성을 가진다. 갈라디아 교회는 율법주의자들의 잘못된 주장을 수용함으로써 바울을 괴롭게 하지 말아야 한다. 17절 중반에 주어 '나는'(*ego*)이 강조되어, 바울 자신의 참 사도다운 면모를 강조한다. 그렇다면 바울이 몸에 계속해서 지니고 있는(*bastazo*, to bear) 예수님의 흔적들(*ta stigmata*, the marks of Jesus)이란 무엇인가? 바울이 십자가의 복음을 전한다는 의미에서 세상에 대해서 못 박혔다는 상징적인 의미일 수 있다(참고. Witherington, 1998:454). 그리고 문자적으로 선교 여행 중 매 맞은 흔적을 가리킬 수 있다(참고. 고후 11:23-27). 그리고 흔적(*stigmata*, marks)은 도장 찍힘 즉 주님의 소유가 되었다는 뜻도 된다.[1427)] 바울이 지니고 있는 흔적들은 수신자들에게 목청 높여 외치는 어떤 고함소리보다 더 크게 외친다.

1426) '하나님의 이스라엘'과 관련하여 여러 가지 설명이 있어 왔다. 먼저 16절에서 전치사 *epi*가 두 번, 접속사 *kai*가 두 번씩 사용되어, 마치 두 그룹('규례를 따라 사는 자들'인 이방인 그리스도인과 '하나님의 이스라엘'인 유대인 그리스도인)을 염두에 둔 것이 아닌가라는 의문이 있다. *Kai*를 '곧'(that is)으로 본다면 하나의 그룹이다. 왜냐하면 예수님 안에서는 유대인의 표지였던 할례나 이방인의 표지였던 무할례가 중요하지 않기 때문이다(15절). 그리고 '하나님의 이스라엘'은 바울 서신에서 한 번만 등장하는 표현이다. 그리고 제2성전 시대의 현존하는 유대 문헌과 후기 랍비 문헌에도 찾아볼 수 없다. 따라서 갈라디아 교회를 미혹하고 바울을 대적한 무리가 사용한 용어였을 수 있는데, 바울이 나름대로 변개해서 사용한 것일 수 있다. 혹은 모든 이스라엘에게 '평강과 행복과 복과 은혜와 자비를 주옵소서'라고 기도하는 '18축도문'(*Shemone Esreh*)의 구절을 염두에 두고 바울이 '19번째 축도문'을 자신의 목적을 위해서 창안해 낸 것이라고 보기도 한다(참고. Longenecker, 1990:298). 하지만 18축도문이 바울 당시에 회당에서 암송되었는지 의문이다(참고. Witherington, 1998:452).

1427) 수사학의 관점에서 볼 때, 연설의 마지막에 상처(scar)와 같은 가시적인 증거를 보임으로써 청중의 감정적 반응을 불러일으키는 것은 다소 위험할 수 있다. 하지만 그런 관례는 에틱(Attic) 수사학보다는 '아시아 스타일의 수사학'(Asiatic-style rhetoric)에서 발견되었다(참고. Witherington, 1998:454).

흔적들을 '가지고 있다'(have) 대신에 '지니다'(bear)라는 동사를 쓴 것은 십자가를 지신 예수님과 자기 십자가를 지고 주님을 따르는 그리스도인의 제자도를 연상시킨다.

갈라디아 교회는 문제 많은 교회이지만 여전히 바울의 형제였고 주님의 은혜를 필요로 한다(18절). 자매들을 제외하고 '형제들아'(*adelphoi*)라고 한 것은 여자들은 문맹자였기 때문이다.

마지막으로 살펴볼 것은 갈라디아서가 오늘 우리에게 주는 교훈이다. 이 부분은 적용 부분으로서, 갈라디아서가 특별히 현대 성도의 자유를 속박하고 혼란하게 만들며 다른 복음을 전하는 이단에 대한 경종을 울리는 적합성을 가진다. 종종 이단의 주장은 어린 성도에게 자칫하면 구원을 흔들고 마는 근본적인 위협이 된다. 성도는 자유하는 사람이다. 행위구원을 위해 율법을 지키려는 어리석은 사람이 여전히 있으며 과거의 죄로 인해 여전히 율법의 정죄하는 힘에 눌려 있는 사람도 있다.

3. 오늘에의 적용

그리스도의 법을 따라 살며 그리스도의 흔적을 지니고 살자.
그리스도인으로서의 신분 표지와 그것에 합당한 실천은 무엇인가?

【 참고 문헌 】

- Bauer, W. *Greek-English lexicon of the New Testament and other early Christian literature.* Third edition. Chicago: University of Chicago Press. 2003.
- Burton, E.D.W. *The epistle to the Galatians.* ICC. Edinburgh: T&T Clark. 1980.
- Dunnam, M.D. *Galatians, Ephesians, Philippians, Colossians, Philemon. The communicator's commentary.* Waco: Word. 1982.
- Du Toit, A.B. *Guide to the New Testament.* V. Pretoria: NGKB. 1985.
- Fung, R.Y. *The epistle to the Galatians.* Grand Rapids: Eerdmans. 1953.
- Hansen, G.W. *A paradigm of the apocalypse: the gospel in the light of epistolary analysis.* (In Gospel in Paul: studies on Corinthians, Galatians and Romans for Richard N. Longenecker. Sheffield: Journal for the Study of the New Testament Supplement Series 108. p. 194-209.) 1994.
- Longenecker, R.N. *Galatians.* WB.C.. Dallas: Word Books. 1990.
- Lührmann, D. *Galatians. A continental commentary.* Minneapolis: Fortress Press. 1992.
- Malherbe, A.J. *Ancient epistolary theorists.* The Society of Biblical Literature. 1988.
- McKnight, S. *Galatians. NIV application commentary.* Grand Rapids: Zondervan. 1995.
- Morland, K.A. *The rhetoric of curse in Galatians.* Atlanta: Scholars Press. 1995.
- Morris, L. Galatians: Paul's charter of Christian freedom. Leicester: IVP. 1996.
- Mounce, W.D. *Basics of biblical Greek: grammar.* Grand Rapids: Zondervan. 2003.
- Pelser, G.M.M., Du Toit, A.B., Kruger, M.A., Lemmer, H.R. & Roberts, J.H. *Discourse analysis of Galatians.* Addendum to Neotestamentica 26 (2):1-41. 1992.
- Ramsay, W.M. *Historical commentary on Galatians.* Grand Rapids: Kregel. 1997.
- Ridderbos, H.N. *The epistle to the Galatians.* London: Marshall, Morgan & Scott. 1961.
- Ridderbos, H.N. *Galatians.* NICNT. Grand Rapids: Eerdmans. 1984.
- Rogers Jr., C.L. & Rogers III, C.L. *The new linguistic and exegetical key to the Greek New Testament.* Grand Rapids: Zondervan. 1998.
- Silva, M. *Explorations in exegetical method: Galatians as a test case.* Grand Rapids: Baker. 1996.
- Van Bruggen, J. *Paulus: pionier voor de Messias van Israël.* Kampen Kok. 2001.
- Witherington, B. *Grace in Galatia: a commentary on St. Paul's letter to the Galatians.* Grand

Rapids : Eerdmans. 1998.
- Wright, N.T. *The climax of the covenant: Christ and the law in Pauline theology.* Minneapolis: Fortress.[1428] 1992.
- 권연경 "복음주의 신약학회", 한국신약학회 공동 송년 학술 세미나. 12월 16일. 서울 영동교회당. <그 말씀>, 1998. 12월호. '갈라디아서를 어떻게 설교할 것인가?' 2006.
- 김세윤 《바울 신학과 새 관점: 바울 복음의 기원에 대한 재고》. 두란노. 2002.
- 김현광 <N.T. Wright의 갈라디아서 3장 10-14절 해석에 대한 비판적 고찰>. 제25차 한국성경신학회 정기 논문 발표회 발제글. 2월 8일. 신반포중앙교회당. 2010.
- 도널드 거스리 《신약 서론》. 크리스챤 다이제스트. 2002.
- 매츠거, B.M. 《신약 그리스어 본문 주석》. 제2판. 대한성서공회 성경원문연구소. 2005.
- 모세 실바 《갈라디아서》. (In D.A. 카슨 & R.T. 프란스 eds. 《IVP 성경 주석 신약》.IVP. p. 505-525.) 2005.
- 반더발 《반더발 성경연구》. 신약 편. 줄과추. 1999.
- 샌더스, E.P. 《바울, 율법, 유대인》. 크리스챤 다이제스트. 1996.
- 오스본 《갈라디아서》. LAB 주석 시리즈. 성서유니온선교회. 2006.
- 윌리엄 람세이 《여행자와 로마 시민으로서의 사도 바울》. 생명의말씀사. 1988.
- 윌리엄 클라인, 크레그 블룸버그, & 로버트 하버드《성경 해석학 총론》. 생명의말씀사. 1997.
- 이한수 "초대 교회의 회심 전도에서 믿음과 성령 받음의 역학 관계". 《신약 연구》, 9(1):97-131. 2010.
- 이한수 《갈라디아서》. 선교횃불. 2006.
- 존 월튼, 빅터 매튜스, 마크 샤발라스 & 크레이그 키너《IVP 성경 배경 주석》. IVP. 2010.
- 최갑종 《바울 연구 1.》 기독교문서선교회. 1992
- 최갑종 《바울 연구 2.》 기독교문서선교회. 1997.
- 카슨, 무, 모리스 《신약 개론》. 은성. 1993
- 칼빈, J. 《고린도전서, 갈라디아서 주석》. 성서교재간행사. 1993.
- 톰 홀랜드 《바울 신학 개요》. 크리스챤 다이제스트. 2005.
- 한스 디이트 벳츠 《갈라디아 주석(국제성서주석)》. 한국신학연구소. 1987.

1428) 남아공 신약학회 공식 저널인 *Neotestamentica*, 1992년 Vol. 26 (2)호는 갈라디아서를 특집으로 다루었다.

에베소서 주석

들어가면서

4개의 '옥중 서신'(the captivity epistles; [im]prison[ent]epistles; 에베소서, 골로새서, 빌립보서, 빌레몬서) 중 에베소서와 골로새서는 '쌍둥이 서신'(혹은 자매 서신)이다. 이와 관련된 자세한 것은 링컨(Lincoln)의 《에베소서 주석》(WB.C.) p. xlix를 참고하라.

에베소서와 골로새서가 '쌍둥이 서신'이라 불린 것은[1429] 표현, 어휘, 용어, 구조, 사상 등 여러 측면에서 유사하기 때문이다. 다음을 비교해 보라.

'두기고'에 대한 언급(엡 6:21-22; 골 4:7-8), 신학 주제적인 면에서는 '교회론'[1430]과 '가정'에 대한 언급(엡 6:1이하; 골 3:18). 넓게는 에베소서 1-3장과 골로새서 1-2장, 그리고 에베소서 4-6장과 골로새서 3-5장이 병행을 이룬다. 좁게는 에베소서 4장 1-2절과 골로새서 3장 12-13절, 그리고 에베소서 5장 19-20절과 골로새서 3장 16-17절, 그리고 에베소서 6장 21-22절과 골로새서 4장 7-8절이 유사하다. 골로새서의 단어 중 3분의 1이 에베소서에 나타난다. 에베소서의 155절 중 73절이 골로새서와 병행을 이룬다. 상호 의존하면서도 서로 교묘하게 독립된 두 개의 서신을 두 사람이 기록한 것은 불가능해 보인다.

반대로, 혹자는 이런 유사한 두 개의 편지를 한 사람이 썼을 이유가 희박하다고 본다. 하지만 우리는 더 나아가서, 종종 크리스마스 카드를 쓸 때 수신자 이름만 바꾸고 같은 내용을 보내지 않는가? 그렇다고 바울이 에베소서를 골로새서의 일부분으로 혹은 그 역으로 의도했다고 볼 필요는 없다. 많은 학자들은 에베소서는 골로새서를 참고하여 어떤 인물이 흉내 낸 것으로 본다. 데베테(De Wette)와 같은 이는 에베소서를 골로새서의 장황한 확대판으로 본다. 이보다 좀더 정확한 설명은, 바울이 골로새서를 기록한 후 얼마 안 되어서 에베소서를 기록했기에 그의 머리에는 골로새서의 내용이 남아 있어 에베소서에 반영된 것 같다. 주제뿐 아니라 연대,

---

1429) 골로새서와 빌레몬서의 유사점도 크다. (1) 옥중 서신, (2) 아리스다고, 마가, 에바브라, 누가, 데마 그리고 아킵보와 같은 인물이 공통적으로 언급됨, (3) 형제 디모데가 서두 인사말에서 바울과 나란히 등장한다.

1430) 논쟁적인 성격의 골로새서가 '교회의 머리 되시는 그리스도의 신성'을 강조한다면, 비논쟁적인 성격의 에베소서는 '그리스도의 몸이 되는 교회의 고귀성'을 강조한다.

그리고 두 교회가 처한 상황과 기록 장소도 별 차이가 없어 보인다. 참고로, 에베소와 골로새는 약 150km 떨어진 터키의 도시들이다.

다드(C.H. Dodd)는 에베소서를 '바울 사상의 극치'(the crown of Paulinism)라 부른다. 무어헤드(Moorhead)는 "우리가 에베소서로 들어가 보면 성소의 고요와 정적(靜寂) 속으로 통과한다. 여기에 휴식과 명상과 예배와 평화의 분위기가 단연 우세하다"고 한다. 하지만 에베소서 주석에서 굿스피드(E.J. Goodspeed, 1933)는 에베소서는 "주석가의 워털루(Waterloo)이며 그들을 당황케 만든다"라고 했다. 개신교 학자들은 갈라디아서와 로마서를 자주 언급해 왔으나, 최근의 에큐메니컬 운동의 영향으로 에베소서의 교회론은 많이 연구되고 있다. 가톨릭 학자들에게 교회론이 그들의 주요 신학 주제였기에 에베소서가 즐겨 애용된다.

저자

많은 현대 학자들은 에베소서를 골로새서를 참고하여 바울의 제자가 쓴 'post-Pauline'(또는 deutero-Pauline. 예. 엡, 골, 살후, 딤전후, 딛)으로 본다. 이것이 옳다면 바울의 신학을 잘 알고 있던 바울의 학파 혹은 제자가 A.D. 80-90년경에 기록했다. 하지만 내증은 감옥(엡 3:1, 4:1)에 있던 바울이다(엡 1:1, 3:1). 바울은 에베소 교회와 긴밀한 친분이 있었음이 분명하다(1:15, 16, 3:1, 4:1, 6:19-20). 마르시온(A.D. 140년 경. 그는 에베소서를 라오디게아 교인을 위한 '라오디게아서'라고 부른다.[1431] 하지만 바울의 저작을 인정함)을 비롯한 이단들도 바울의 저작을 인정한다. 바울은 사도행전 19장 8-10절(특히 10절) 그리고 사도행전 20장 17-38절에서 밝히듯이, 두란노 서원을 중심으로(자비량으로) 에베소에서 오랫동안(3년) 사역했다.

수신자

터키의 에베소 교회. 하지만 에베소서 1장 1절의 헬라어 원문에는 '에베소에'(*en Epheso*)라는 말이 생략된 오래되고 중요한 사본들(파피루스 46, 시내 산, B)이 있어 논란이 일어난다. 하지만 모든 역본들과 다수 사본은 '에베소에'라는 표현을 첨가하고 있다. '에베소에'라는 표현이 빠진 것을, 간접적이지만 달리 설명할 수 있는 방법은 이 편지가 회람되어 에베소 외의 지역에서 사용되었다면 '에베소에'라는 말이 더욱더 필요 없게 되었다(유사하게 롬 1:7의 '로마에 있어'라는 말이 몇몇 사본에는 빠져 있음). 일반 교회를 그 수신인으로 하는 공개 서신은 아닌 것 같다. 두기고(엡 6:21)를 통해서 에베소서가 전달되었다.

에베소는 어떤 곳인가? 나중에 요한이 활동했던 곳이며 요한계시록을 맨 먼저 받아 보았던 도시다. 풍요와 다산을 주관한다고 믿었던 아데미 여신이 수호신 및 후견신이었다. 지금도 로마 제국의 유물이 로마와 아테네 다음으로 많이 보존되어 있는 곳이 에베소이이며, '아시아의 빛'이라 불릴 정도로 헬라와 아시아 문명의 접촉점이 되었던 도시였다. 에베소는 마리아가 말년을

1431) 알렉산드리아의 클레멘트나 터툴리안 등이 '라오디게아서'라 부르는 것을 반대한다.

사도 요한과 함께 보낸 곳이라는 전설이 전해진다. A.D. 431년에는 네스토리안 이단을 정죄한 교회 회의가 거행된 곳이기도 하다.

문체

난해한 헬라어 구문이 사용되었다고 본다. 특히 에베소서 1장 15-23절과 3장 1-7절은 각각 긴 하나의 문장이다. 그리고 에베소서 6장 21절 이하에서만 개인적이고 친밀한 면이 나타나고, 전체적으로는 간접적이며 인간적인 감정이 결여된 문체로 나타난다. 에베소서의 문체는 대결하는 듯한 논쟁적 어조라기보다는 오히려 기도체이다(엡 1:3-14, 15-23, 3:14-21).

기록 장소

로마 감옥. 아마 골로새서와 빌레몬서의 기록 장소와 동일하다.

기록 연대

아마 바울의 생애 마지막 무렵 로마 감옥에 투옥 중. 아마 A.D. 62년경, 골로새서가 기록된 후. 따라서 골로새서 4장 16절의 '라오디게아로서 오는 편지'는(지금은 분실된) 제3의 편지일 것이다.

에베소서에는 바울이 그의 다른 서신에서 통상적으로 구체적인 상황을 염두에 두고 기록하던 관례가 분명히 나타나지 않는다. 즉 '상황 서신'이라기보다는 '논문 서신적' 성격'이'('만'은 아님) 있다는 말이다. 1세기의 특정한 상황을 염두에 두지 않고, 넓고 일반적인 목적(예를 들어, 기독교 진리에 대한 설명)을 위해 기록된 서신으로 볼 수도 있겠다. 하지만, 혹자는 골로새서에 나타난 거짓 교리가 에베소를 포함한 소아시아 지역에 퍼졌을 것을 전제로 하여 거짓 교리에 대항한 것으로 보기도 한다.

내용

유대인이나 헬라인이 차별 없는 '보편적인 교회'를 에베소서의 중심으로 본다면 다음과 같다.

- 서론(1:1-2)
- 교회의 설립(1:3-14)
  아버지에 의해(1:3-6)
  아들에 의해(1:6-12)
  성령에 의해(1:13-14) 이 부분에서 삼위 하나님의 구원 사역을 볼 수 있다.
- 교회의 의식: 기도(1:15-23)
- 교회를 지으심(2:1-10)(신학적-교리적인 부분)

재료: 분노의 자녀들로
수단: 은혜로 말미암아
목적: 선한 일들을 위해

- 교회의 화합(2:11-22)
- 교회를 부르심(3:1-21)
- 교회의 활동(4:1-6:9)(실천적인 부분). 에베소서 3장 끝에 '아멘'이 있기에 4장부터 새 단락으로 볼 수 있다.
- 교회의 투쟁(6:10-20)
- 결론(6:21-24) 이 부분에 개인적인 인사말이 부재

에베소서의 수사학적인 개요(outline)는 다음과 같다.

- 서론(1:1-23)
  Prescript(1:1-2)
  하나님의 복(1:3-14)
  감사와 기도(1:15-23)
- 감사의 근거를 위한 논증 서술(2:1-3:21)
  독자의 그리스도 안의 구원을 상기시킴(2:1-10)
  이방인 성도로서 새 언약 안에 거하게 된 특권을 서술(2:11-22)
  독자들이 바울과 그의 사역에 빚지고 있음을 언급(3:1-13)
  바울의 도고와 송영(3:14-21)
- 권면(4:1-6:9)
- 결론(6:10-24)

에베소서 1장

1. 본문 및 구조

- 서론(1:1-2)
- 삼위의 협동 사역으로서의 교회의 설립(1:3-14)[1432)]
  과거–아버지에 의해(1:3-6)
  현재–아들에 의해(1:6-12)
  현재적 선취 및 미래–성령에 의해(1:13-14)
- 교회의 의식: 기도(1:15-23)

2. 구원 계시사적 메시지

2.1. 에베소서 1장 1–2절의 메시지

하나님의 뜻으로 그리스도 예수님의 사도가 된 바울은('에베소에 있는', A, D, F, G, 다수 사본이 지지함; UBS 4판과 바른 성경은 이것을 꺾쇠로 처리함) 성도와 그리스도 예수님 안에 있는 신실한 자들에게 편지를 쓴다(1절). 원문에는 '편지를 쓴다'는 말이 없다. 바울은 A.D. 34년경에 회심한 것 같다. '사도'는 예수님의 지상 사역 동안에 함께 있었고, 주님의 죽음과 부활을 목격한 제자들을 가리킨다(참고. 행 1:21-22). 바울은 다메섹 도상에서 예수님을 만나 사도가 된 특별한 사람이다(참고. 행 9:1-9). 바울은 교회의 핍박자였기에 사도로 부름을 받을 수 없는 자였다(참고. 고전 15:9). 바울은 이제 예수님의 권위 있는 대리자로 임명된다. 바울은 예수님 안에 있는 신실한 에베소 성도에게 성부와 성자로부터 오는 은혜와 평강을 빈다(2절). 구약에서 '성도'는 하나님의 백성으로 부름을 받은 이스라엘을 가리켰다(참고. 출 19:5-6). 성도는 거룩한 무리인데, 도덕적으로 깨끗한 것도 의미하지만, 무엇보다 하나님의 것으로 구별되었다는 뜻이다. 우리가 거룩한 것은 예수님을 통하여 하나님의 소유라는 특별한 관계를 맺고 있기 때문이다. 성도는 그리스도 예수님 안에 즉 예수님과 연합한 구별된 백성이다. 성도는 예수님과 함께 죄에 대해 죽고, 함께 부활의 생명을 얻은 사람이다. 과거에 에베소에서 이방인으로 살던 이들이 이제 성도로 부름을 받았던 것이다.

'평강'(*eirene*, 평화)은 개인적이고 내면적인 말이라기보다는 관계적인 의미를 포함한다. 즉 불화나 전쟁이 없는 상태는 물론, 복지나 웰빙의 개념까지 포함하는 히브리어 '샬롬'을 번역한 것이다. '있을지어다'라는 말은 원문에 없다. 이 '은혜와 평강'은 바울 개인의 인사이되 간구이다.

1432) 에베소서 1장 3-14절은 하나님을 향한 하나의 긴 찬양이다. 물론 문장은 여러 개다. 회당에서 유대인들은 "……을 하신 하나님을 찬양하라"라고 노래했다. 하지만 바울은 '그리스도 안에서'라는 말을 중심으로 하여 찬양한다(참고. 1:3, 6, 9, 10, 12, 13).

에베소 교회는 하나님의 은혜로 구원을 받았다(참고. 엡 2:5, 8). 그리고 하나님과 화목하게 되어 평화를 누리고 있었다(참고. 엡 2:16). 그러나 이들은 더 깊은 은혜와 평화를 매일 맛보아야 했다. 성도로 살기 위해서 은혜와 평화가 매일 체득되어야 한다. 참 은혜와 평강은 우리 아버지 하나님과 예수님으로부터 온다. 하나님의 자녀만 참 은혜와 평화의 수혜자이다. 진노의 자녀와 하나님이 없는 자에게는 은혜와 평화가 없다(참고. 엡 2:3, 12). 예수님은 우리가 하나님의 자녀로 입양하도록 중보 사역을 하셨다. 예수님은 '주'(*kyrios*)이시다. '주'는 구약의 '야웨'에 해당하는 이름이기에, 예수님은 야웨와 동등한 권위와 영광을 가지신 분이다. 그러므로 우리는 예수 그리스도로부터 오는 은혜와 평강을 받을 수 있다(참고. 갈 1:6; 골 3:15).[1433]

적용해 보면, 현대 교회의 모든 직분은 직분자가 자신을 과시하거나 영광을 취하기 위해서가 아니라, 오직 예수님의 영광과 교회의 유익을 위해서 주어진 것이다. 불순종의 아들이요 진노의 자식들이었던 우리에게 영광스런 직분을 맡겨주신 하나님께 감사하며 즐거이 순종하자.

2.2. 에베소서 1장 3-14절의 메시지

이 단락에서 바울은 '고백적이며 예배적인 언어'를 동원하여 삼위 하나님을 찬양한다. 내용상 3-14절은 한 단락인데(4문장으로 된 UBS 4판과 달리 다수 사본 성경은 한 문장임), 아마 바울은 하나님의 복과 은혜에 감동하여 단숨에 이 찬송을 폭발적으로 읊조리고 있는 것 같다. 특별히 바울은 6, 12, 14절에서 삼위 하나님을 각각 반복하여 찬미하고 있다. 그러나 삼위 하나님이 개별적으로 사역한다기보다 협동 사역을 하고 있음에 초점을 모아야 한다.

"우리 주 예수 그리스도의 아버지 하나님을 찬양하자. 하나님께서는 그리스도 안에서 하늘에 속한 모든 신령한 복으로 우리에게 복을 주신 분이다"(3절). 3절 이하는 확장된 베라카(*berakah*, 개인 혹은 이스라엘 전체가 하나님의 구원과 은혜를 찬송하는 짧은 문장, 예. 창 14:20; 24:27; 대상 29:10; 왕상 8:15, 56; 시 41:13, 72:18-19, 89:52; 눅 1:68-75; 고후 1:3-4; 벧전 1:3-5)이다. 예수님을 주로 고백하는 모든 자들에게 성부는 신령한(*pneumatikos*, 성령에 속한, 혹은 하늘에 속한) 복을 주셨다.[1434] 복 받은 자는 마땅히 찬송해야 한다.[1435] 복의 내용은 은혜로운 선택(4절), 우리를 입양하도록 예정하심(5절), 죄 사함(7절), 하나님의 비밀을 알려주심(8-10절)이다.[1436] 성부는 '그리스도 안에서' 하늘과 성령에 속한 복을 주셨는데, '그리스도 안'(*en Christo*)은

1433) 에베소서 1-2장 주석을 위해서 길성남, 《에베소서, 어떻게 읽을 것인가》(성서유니온선교회, 2005)를 주로 참고했다.

1434) 칼빈(1993:260)은 바울이 모세의 복과 그리스도의 복을 대조하고 있다고 본다. 왜냐하면 구약에는 율법적 복이 있었지만, 복의 완성은 오직 그리스도 안에서만 가능하기 때문이다. 좀더 상술하면, 바울은 율법적인 복이 내포된 모든 유대교의 상징과 그리스도를 대조하고 있는데, 그리스도께서 계신 곳에서는 이런 것들이 모두 무용(無用)한 것임을 보여주기 위함이다.

1435) 3절에서 바울은, 구원의 확신이 복음을 통해서 하나님께서 그리스도 안에 있는 자신의 사랑을 나타내신 구원의 사건에 있음을 명시한다(참고. 칼빈, 1993:259).

1436) 유대인들은 내세를 궁극적인 기업과 복으로 보았다. 그러나 바울은 그 복이 예수님 안에서 성도의 삶에(부분적으로) 실현되었다고 말한다. 한국의 적지 않은 성도는 불신-세속적 복 개념과 구분되지

무슨 의미인가? 장소로 보면 그리스도를 영적 존재의 장소로 보는 것이며, 연합의 의미로 보면 성도는 예수님에게 소속된다는 뜻이며, 수단으로 보면 예수님이 구원을 이루시는 통로라는 뜻이다. 예수님을 떠나서는 하늘과 성령에 속한 구원과 복이 없다. '그리스도 안에서' 일어난 일은 '우리 밖에서' 일어난 일이므로, 전적인 하나님의 은혜이다.

성부께서 창세 전에 우리로 사랑 안에서[1437] 그분 앞에 거룩하고 흠이 없게 하시려고 우리를 그리스도 안에서 택하셨다(4절). 선택이 창세 전에 일어났기에 사람의 공로가 개입할 수 없다. 우리를 부르신 목적은 구약에서 드려진 흠 없는 제물처럼 모든 면에서 정결한 삶이다(참고. 고후 7:1; 골 1:22; 살전 4:3, 7; 벧전 1:15). 성도에게 있어서 성화는 하나님과 교제하기 위한 전제 조건이며 필수 사항이다. 거룩함과 흠이 없음과 성도가 지닌 모든 미덕은 선택의 열매이다. 바울은 다시 한 번 인간의 공로를 배제하고 있다. 성부의 기쁘신 뜻을 따라 우리를 예정하시어 예수 그리스도로 말미암아 그분의 아들로 받아들이셨다(5절). 사랑 안에서 하나님은 우리를 예정하셨다. '아들'(*hyothesia*)은 '양자 삼음'이라는 뜻인데 법적 용어이다. 로마 세계에서 양자가 되면 과거의 모든 빚을 탕감 받고 새 가족의 일원이며 새 아버지의 상속자가 된다. 아바 아버지라 부르신 예수님처럼(참고. 막 14:36), 성도는 입양된 상속자가 되어 하나님을 '아바 아버지'라 부르게 된다(참고. 요 1:12; 롬 8:15; 갈 4:5).

여기서 칼빈(1993:263)은 구원에 대한 세 가지 원인을 발견한다. (1) 동력인(動力因)은 하나님의 기쁘신 뜻이며, (2) 질료인(質料因)은 그리스도이시며, (3) 목적인(目的因)은 하나님의 은혜를 찬양하는 것이다. "이는 그분의 사랑하시는 아들 안에서(*en to egapemeno hyio autou*, D, F, G, 바른 성경 등이 지지함)[1438] 우리에게 거저 주시는 그분의 은혜의 영광을 찬미하게 하려는 것이다"(6절; 참고. 사 60:21, 61:3; 렘 13:11). 진노의 자녀, 죽음의 존재이었던 우리를 미리 정하시고 양자요 상속자로 부르신 하나님을 향해서 우리는 감사 찬송과 성화된 삶으로 보답해야 한다.

우리가 그분 안에서 하나님의 은혜의 풍성을 따라 그분의 피로 말미암아 구속 곧 죄 용서를 받았다(7절). 우리를 죄의 세력에서 해방시키기 위해서 흘리신 예수님의 피가 속전이다(참고. 벧전 1:18-19). 이것은 은혜가 풍성하신 하나님이 주신 선물이다. 우리를 하나님께서 용납하도록 하며 마귀와 죽음의 결박을 풀어주는 의(義)는 예수님의 보혈로 말미암은 죄 용서로부터 온다. 이것은 더 없이 귀중한 자유이다(참고. 칼빈, 1993:265). 하나님께서 모든 지혜와 총명으로 우리에게 넘치게 하시어(8절), 그리스도 안에서 미리 세우신 그분의 기뻐하시는 의도를 따라 그분의

않는 복을 추구한다. 현세에서는 돈을, 미래에서는 천국을 얻기를 소망한다. 한국 성도의 미래 중심적인 천국 개념은 유대인들의 내세 개념과 유사하다. 연초에 성행하는 '축복 대성회'처럼 기복적인 신앙의 행태를 극복해야 한다. 복 받기 위해서 예배와 집회로 모이는 것은 어불성설이다.

1437) 하나님께서 성도를 예정하신 것은 사랑 때문이다. 이것을 약간 다르게, 칼빈(1993:263)은 성도가 하나님을 경외하고 사랑할 때 완전하게 된다고 이해한다.

1438) 하지만 6절에서 파피루스 46, 시내 산, A, B, 다수 사본 및 개역개정판은 '그가 사랑하시는 자 안에서'라고 쓴다. 이 표현이 사본상의 지지를 압도적으로 많이 받는다.

뜻의 비밀을 우리에게 알리셨다(9절). 바울은 복음에 '모든(즉 충분한) 지혜와 총명'이라는 장엄한 칭호를 붙이는데, 이는 에베소 교회에게 이것과 상반된 모든 거짓 교훈을 멸시하도록 하기 위함이다. 하나님이 자신의 비밀을 자녀 된 성도에게 계시하신다. 이 비밀은 (구원의) 때가 찬 경륜을 위한 것이며(참고. 갈 4:4), 그리스도 안에서 만물(*ta panta*), 곧 하늘에 있는 것들과[1439] 땅에 있는 것들을 다 통일시키려는 것이다(10절). '만물의 통일'은 에베소서의 중요한 주제인데, 만물을 중심이신 그리스도의 주권 아래 굴복케 하고 하나님과 바른 관계를 맺게 하는 것이다. 타락 이후 만물(영적 존재이건 물질적 존재이건)은 각기 죄성을 따라 그리스도의 통치를 거부하고 있지만, 이제 질서, 조화, 통일 그리고 회복의 역사가 우주적이고 종말론적으로 일어나고 있다. '통일시키다'(*anakephalaiosasthai*)는 그리스도 밖에서는 모든 것이 흩어진 상태이지만, 그리스도를 통하여 질서 있는 상태로 회복되었다는 의미이다. 그리스도 밖에서는 죄와 불화가 있기에 흩어질 수밖에 없다. 만유의 정상적인 화목의 상태는 그리스도 안에서만 가능하다(참고. 칼빈, 1993:267).

모든 것을 자신의 뜻대로 행하시는 그분의 의도대로 우리가 예정되어 그분 안에서 유업이 되었다(11절). 마치 제비 뽑아 유업을 정하듯이, 우리를 하나님의 몫으로 만드신 분은 하나님이시다. 이는 그리스도 안에서 먼저 소망을 가진 우리(유대인 성도로 보임. 13-14절의 '너희'와 구분됨)가 그분의 영광의 찬미가 되게 하려는 것이다(12절). 칼빈(1993:269)은 '영광'을 하나님의 자비로 비추는 영광이라고 본다. 왜냐하면 하나님은 자신의 자비로써만 영광을 받으시기를 원하시기 때문이다.(유대인) 성도는 하나님의 영광을 찬송하도록 그리고 하나님의 찬송이 되도록 구원을 받았다.

이제 바울은 이방인 성도의 구원을 다룬다. 그리스도 안에서 '너희도'(*kai hymeis*) 진리의 말씀, 곧 너희의 구원의 복음을 듣고, 또한 그 안에서 믿어 약속의 성령으로 인치심을 받았다(13절). '너희도'에서 바울은 에베소 교회를 동등하게 여긴다. 왜냐하면 그들도 자신처럼 그리스도와 복음을 신뢰하기 때문이다. 바울은 '예정'과 같은 하나님의 주권을 강조하는 용어를 사용하지 않고, 구원의 복음을 듣고 믿은 이방인 성도의 능동적인 행동과 체험을 부각한다. 이것은 그들의 구원의 확실성을 강조하기 위함이다. '너희의 구원의 복음'이라는 말에 복음은 구원하는 능력이 있음을 알 수 있다. '믿어'(*pisteusantes*, 아오리스트 능동태 분사 남성 복수 주격)와 '인침을 받았다'는 동시간적인 동작을 가리킨다. 사람이 구원의 복음을 믿었을 때 하나님의 소유로 확증되었다. 그러므로 믿고 난 후 성령의 인침을 나중에 받는 것으로 볼 수 없다.

"성령님이 우리 기업의 보증(*arrabon*)이 되시니, 이는(이 성령은) 하나님의 소유가 된 백성의 구속을 위한 것이며(구속의 때까지), 또한 그분의 영광을 찬미하게 하려는 것이다"(14절).[1440]

1439) 10절의 '하늘에 있는 것들'(*ta epi tois ouranois*)에 천사가 포함된다. 천사도 그리스도 안에서 통일되어야 하는 이유는 그들도 그리스도의 능력에 의하여 보호를 받지 못한다면 타락할 수밖에 없고, 그리스도의 은혜로만 견고한 상태에 머물 수 있기 때문이다(참고. 칼빈, 1993:268).

1440) 14절의 첫 단어 *ho*(관계 대명사 중성 단수 주격; 파피루스 46, A, B, F, G) 대신 시내 산, D, 프시, 다수 사본은 관계 대명사 남성 단수 주격(*hos*)을 쓴다. 중성은 '성령님'의 성(性)을 따른 것이며,

'보증'은 성령과 관련하여 바울 서신에만 3번 등장한다(참고. 고후 1:22, 5:5; 엡 1:14). 이것은 물건을 살 때 완불하기 전에 미리 지불하는 계약금이나 선수금을 가리킨다. 성령은 장차 성도가 누릴 기업에 대한 현재의 보증금이시다. 보증금은 무엇을 구입하는 사람이 지불하는 것이 관례가 아닌가? 그런데 아버지 하나님은 우리에게 기업과 은혜를 주시는 분임에도 불구하고, 동시에 우리에게 기업의 계약금 명목으로 성령도 주셨다. 이것은 성부와 성령의 이중적인 은혜가 아니고 무엇이겠는가? 성도는 성령으로 미래에 받은 천국 기업의 일부를 현재에 미리 맛보게 되고, 미래에는 완전히 누릴 것이다(참고. 벧후 1:3-4). '우리의 기업'이라는 말은 유대인 성도나 이방인 성도나 함께 동일하게 누릴 기업을 가리킨다. 구원의 복음을 믿고, 하나님의 소유가 되었으며, 현재와 미래적인 복을 확신하며 사는 성도가 할 일은 하나님의 영광을 찬미하는 것뿐이다.

2.3. 에베소서 1장 15-23절의 메시지

이 단락은 바울의 감사와 기도를 담고 있는 하나의 긴 문장이다. "이로 말미암아(*dia touto*) 주 예수님 안에 있는 너희의 믿음과 모든 성도를 향한 사랑을[1441] 나도 듣고(15절), 너희를 위해 기도하고 감사한다"(16절). '주 예수님 안에 있는 믿음'이란 믿음이 효력을 발휘하거나 명백히 드러나는 영적인 자리이다. 그리스도께서 믿음의 목표요 대상이 되시기 때문이다(참고. 칼빈, 1993:273). 그리고 '모든 성도를 향한 사랑'에서 다수 사본과 달리 오래된 사본들은 '사랑'을 생략하는데, 원문에 있던 것을 실수로 빠뜨린 것 같다. 여하튼 바울은 에베소 교회의 '믿음과 사랑' 때문에 감사하고 있다.

"예수님의 하나님, 곧 영광의 아버지께서 지혜와 계시의 영(*pneuma sophias kai apokalypseos*)을 주시어 하나님을 알게 하시옵소서"(17절; 참고. 출 28:3, 31:3; 시 119:18; 사 11:2). '영광의 아버지'라는 말에서 '영광'은 임재의 광채와 거룩(참고. 딤전 6:16) 그리고 능력(참고. 롬 6:4)의 성부 하나님과 관련 있다. 적용해 보면, 거룩과 능력의 초월적 성부 하나님이 예수님 안에서 친밀한 우리의 아버지가 되셨다. 지혜와 계시의 영은 사람의 영인가? 아니면 성령님인가?(참고. NIV: the Spirit of wisdom and revelation) 에베소서 1장 8절과 3장 16절을 참고해 볼 때, 성령님이 에베소 교회에게 지혜를 주시고 계시하신다(참고. Snodgrass, 1996:73). 성령은 하나님의 비밀을 알리시고, 사람이 그것을 계속해서 이해하도록 역사하시는 분이시다. 성령께서 우리 마음의 눈을 열어주시기 전에는 우리는 소경이다. 우리가 안다고 하는 모든 지식은 우리가 성령님에 의해서 가르침을 받기까지는 어리석고 무식한 것뿐이다.

그리고 성령께서 "너희의 마음의 눈들을 밝히셔서 그분의 부르심의 소망이 무엇이며, 성도 안에 있는 그분의 유업의 영광의 풍성함이 무엇인지" 알게 해 달라고 기도한다(18절). '부르심의 소망'이란 성도가 하나님의 기업을 이을 자녀(참고. 엡 1:14, 5:5)와 영광스런 신부(참고. 엡 5:26-27)로 부름을 받은 소망이다. 이 소망은 그리스도 안에서 만물이 온전히 통일될 때까지

남성은 '보증'(*arrabon*)의 성을 따른 것이다. 이 둘의 사본상의 지지는 대등하다.

1441) 15절에서 파피루스 46, 시내 산, A, B 사본 등은 '사랑을'(*ten agapen*)을 생략한다.

교회가 품어야 할 비전이다. 그리고 '그분의 유업'은 다름 아니라 성도 자신인데(참고. 신 4:20, 9:26; 시 33:12), 하나님의 유업은 성도로 구성되어 있고 성도 안에서 발견된다(참고. 신 4:20, 9:26; 시 33:12; 보라. Snodgrass, 1996:74). 성도는 천국의 복과 은혜 그리고 성령을 기업으로 삼고, 하나님은 성도를 기업으로 삼고 계신다. 성도는 하나님의 기업으로서 얼마나 풍성한 영광을 소유하고 있는가?

"그분의 강력한 능력의 활동하심(*energeia*)을 따라[1442] 믿는 우리를 위해 베푸신 그분의 능력(*dynamis*)의 지극히 크심(*to hyperballon megethos*)이 무엇인지 알게" 하시도록 기도한다(19절). 우리가 성령의 조명으로 알아야 할 '하나님의 지극히 크신 능력'은 무엇인가? 바울은 하나님의 능력이 무한함을 '힘', '능력', '활동'이라는 비슷한 말을 반복함으로 강조한다. 하나님의 능력의 활동에 대해서는 아무리 말해도 지나침이 없다. 그럼에도 불구하고 사람은 이것을 잊어버리기 쉽기에 바울은 강조하고 있다. 하나님의 능력의 분명한 모습은 20절 이하에 등장하는 그리스도의 부활에서 볼 수 있다. 따라서 여기서 하나님의 능력은 구체적으로 '생명을 주시는 힘'이다(참고. Snodgrass, 1996:75). 십자가가 하나님의 무한한 사랑을 보여준다면 그리스의 부활은 하나님의 능력을 보여준다. 이 하나님의 능력은 '믿는 우리를 위한' 것이다.

하나님께서 그리스도 안에서 그 능력을 행하시어(*energesen*, 비교. 19절의 *energeia*) 그분을 죽은 자들 가운데서 살리시고, 하늘에서 자신의 오른쪽에 앉히시어 (20절), 모든 통치와 권세와 능력과 주권과 이 시대(this age: 죄와 죽음이 지배하는 현재의 시대)뿐 아니라 오는 시대(the age to come; 죽음과 죄가 사라지과 만물이 통일되는 종말의 시대)에 일컫는 모든 이름들 위에 뛰어나게 하셨다(21절; 참고. 사 9:6). 그리스도의 탁월하심은 일시적인 것이 아니라 영원하다. 예수님이 하나님 보좌 우편에 재위하심은 문자적으로 해석하지 말아야 하는데, 상징적으로 예수님이 만주의 주가 되심을 가리킨다(참고. 행 2:33-36; 보라. 칼빈, 1993:277). 그리스도의 통치를 받아야 할 '모든 통치(*arche*, 정사, 영적인 세력, 참고. 눅 12:11), 권세(*eksousia*, 영적인 세력, 참고. 인간의 지배자나 관리, 참고. 롬 13:1-3), 능력(*dynamis*, 권능을 가진 영적 존재)과 주권(*kyriotes*, 통치권을 가진 영적 존재)'은 무엇을 가리키는가? 모든 영적인 권세 즉 천사들을 가리킨다(참고. 단 4:35, 10:13; 보라. 칼빈, 1993:278).

또한 만물을 그분의 발아래 복종하게 하시고, 그분을 만물 위에 교회의 머리(*kephalen hyper panta te ekklesia*, head over all things)로 주셨다(22절). 만물과 교회의 머리(최고 권위자)이신 그리스도는 오는 시대를 이 시대 안에 심으셔서 만물을 통일하고 계신다(참고. 대상 29:11). 영적인 세력은 물론 만물을 다스리시고 통일하신다. 성부께서 예수님이 만물을 지배하도록 하기 위해 그를 교회의 머리가 되게 하셨다(참고. 고전 12:12). 교회는 그분의 몸이며, 만물 안에서 만물을 충만하게 하시는 분의 충만(*to pleroma*)이다(23절; 참고. 4:10; 렘 23:24).[1443] 승천으로

1442) 19절의 첫 부분(원문에는 마지막 부분)을 직역하면 '그분의 힘(*ischys*, strength)의 능력(*kratos*, power)의 활동(*energeia*, working, operation)을 따라서'이다.

1443) 23절은 세계 전체에 대한 통치에 관한 말씀이다. 하지만 특별히 그리스도께서 교회를 영적으로 통치하시는 것에 관해 말하는 것이다. 예수님은 교회가 자신의 몸에 연합되지 않는다면 무언가

그리스도는 본격적으로 만물을 충만케 하신다. 승천하신 예수님은 자신의 통치와 능력과 영광과 임재로 온 세상을 가득 채우신다. 만물을 충만하게 하시는 이 일을 위해서 마귀와 죄와 사망의 세력이 정복을 받아야만 한다. 교회는 그리스도의 역사로 말미암아 충만하게 되었고, 되어 가고, 되어 갈 것이다. 이 충만하게 되어가는 일은 성령의 역사이다. 바울은 교회가 만유의 머리이신 그리스도로 말미암아 승리할 것이지만(church triumph), 세상을 섬기는 대신 다스리는 '교회 승리주의'(ecclesiastical triumphalism)는 가르치지 않는다.

3. 오늘에의 적용

삼위 하나님의 협동 사역의 결정체인 우리 자신을 제대로 알자.
만물의 머리이신 그리스도께서 교회 안에 임재하시기에 송영의 생활을 하자.
성령께서 우리 마음 눈을 여셔서 기업과 하나님의 능력과 통치를 알게 해 달라고 기도하자.

에베소서 2장

1. 본문 및 구조

- 교회를 지으심(2:1-10)
  재료: 분노의 자녀들로
  수단: 은혜로 말미암아
  목적: 선한 일들을 위해
- 이방인과 유대인의 화합(2:11-22)

2. 구원 계시사적 메시지

2.1. 에베소서 2장 1-10절의 메시지

1-3절에서 바울은 구원 받기 이전의 인간의 상태를 설명한다. 1-2절에서 '너희'라는 말을 통해 이방인의 비참한 상태를 지적한다. 3절에서는 '우리'를 통해 바울을 포함한 유대인들의 비참을 언급한다. 하나님께서 허물과 죄로 죽었던[1444] '너희'를 살리셨다(1절). 이것은 영적인

부족하다고 여기신다는 것은 교회에게 큰 위로가 된다(참고. 칼빈, 1993:280).

1444) 2장 1절에서 '죽었던'이라고 과거 시제로 표현해야 하는 것은 1절에서는 현재 분사(*ontas*)가 사용되었지만,

사망 상태이다. '허물'은 경계선을 넘거나 정로를 이탈한 것인데, 사람이 하나님의 뜻과 범위를 벗어난 것을 가리킨다. '죄'는 하나님의 뜻과 법에 어긋나는 것이다. 그러므로 '허물'(*paraptomasin*)과 '죄'(*hamartiais*)는 동의어로 볼 수 있다. 1절의 '살리셨다'는 원문에 없지만, 5절의 '함께 살리셨다'(*synezoopoiesen*)를 미리 당겨 번역한 것이다. "그때 너희가 이 세상의 풍조를 따라(*kata ton aiona tou kosmou toutou*, 직역: 이 세상의 세대, 오는 세대 이전의 죄악 된 상황) 죄 가운데 행하고 공중의 권세 잡은 자(사탄)를 따라 행하였으니, 그는 곧 지금 불순종의 아들들 가운데서 활동하는 영이다"(2절). 여기서 사탄이 '공중의 권세를 잡은 자'라고 불릴 때, '공중'(*aer*)은 인간이 사는 세계에 가까이 거하여 쉽게 영향을 행사한다는 점을 강조한다. '불순종의 아들들'은 하나님에게 불순종하는 모든 사람들이다.

그때도 '우리'도 다 그들(즉 불순종의 아들들) 가운데 속하여 육체와 마음이 원하는 것들을 행하여서 우리 육체(*sarks*, 죄성)의 정욕 가운데서 살았고, 그들과 같이 본질상(태생으로 결정된 조건이나 상황) 진노의 자녀들이었다(3절).[1445] 유대인 출신이었던 바울은 선민의식을 철두철미하게 가지고 있던 유대인들도 이방인 출신인 에베소 성도처럼 진노를 받아 마땅한 자였다고 자백한다. '진노의 자녀'는 유죄 선고를 받은 자라는 뜻이다(참고. 칼빈, 1993:284).

그러나(*de*, 바른 성경은 번역하지 않음) 자비가 풍성하신 하나님께서 우리를 사랑하신 그분의 크신 사랑으로 말미암아(4절), 허물로 죽은 우리를 그리스도와 함께(참고. 파피루스 46, B는 '그리스도 안에서') 살리셨다(은혜로 구원을 받았다; 5절; 참고. 요일 4:10, 19).[1446] 4절의 '우리'는 '너희'(이방인 성도)를 포함한 우리로 보면 자연스럽다. 바울은 "은혜로 구원을 받았다"라고 기쁨의 탄성을 외친다(참고. 8절). 사람은 그리스도에게 접붙여질 때 비로소 살기 시작한다. 5절 마지막 구절이 개역개정판에는 '괄호'로 처리되었지만, 바른 성경과 UBS 4판은 '— —' 로 처리한다. 그리고 하나님은 성도를 예수님 안에서 함께 일으켜서(*synegeiren*) 하늘에 함께 앉게 하셨다 (*synekathisen*, 6절).

4-6절의 죄인을 살리고, 일으키고, 하늘에 앉힌 모든 구속의 행동은 그리스도 안에서 '이미' 일어난 것들이다. 즉 바울은 이 모든 것을 성령의 능력과 믿음으로써 가능한 예수님과 성도의 신비로운 연합으로 설명한다(참고. 칼빈, 1993:287). 6절의 성도가 하늘에 앉힌 것은 영적인 의미인데, 예수님처럼 하늘 보좌 우편에서 통치할 수 있는 상태를 가리키는 동시에(참고. 계 3:21), 7절의 지극히 풍성한 은혜 가운데 사는 복된 상태를 가리킨다. 첫 아담과의 연합으로 원죄와 사망이 들어왔다면, 마지막 아담과의 연합으로 의와 생명이 들어왔다.

"이는 예수님 안에서 우리에게 인자하심으로써 그분의 은혜가 지극히 풍성함을 (현재와 장차)

이어지는 2절에는 아오리스트 동사(*periepatesate*)가 사용되었기 때문이다. 현재 분사는 주동사(여기서는 과거)와 동시간적 행동을 가리킨다. 바울은 에베소서 2장에서 에베소교인들의 과거 상태를 회상시킨다.

1445) 뱀이 독을 그 어미 뱀의 배 안에서부터 받아 나오듯이, 사람도 죄를 입고 태어났다. 원죄를 부인하는 이단으로는 펠라기우스파가 있다(참고. 칼빈, 1993:285).

1446) 종말론을 새 창조로 요약한다면, 우리가 태어나기 전에 예수님이 이 일을 이루셨다. 그러므로 종말론은 시간을 초월하신 분, 즉 시작과 종말(마지막)이신 예수님 중심으로 이해해야 한다.

오는 여러 세대에 나타내시려는 것이다”(7절). 우리를 구원하신 목적은 하나님의 은혜를 입증하기 위함이다. 바울이 ‘그리스도’를 반복하는 것은 중보자 예수 그리스도 없이는 하나님의 은혜와 사랑을 기대할 수 없기 때문이다. 이 구원의 은혜는 자자손손에게 전수되어야 한다. “믿음으로 말미암아(*dia pisteos*) 은혜로(*te chariti*) 구원을 받았으니(*este sesosmenoi*; 지속적인 결과를 강조하는 *eimi* 동사와 완곡적 현재 완료 분사가 결합한 형태; 참고. Mounce, 1993:279), 이것은 너희에게서 나온 것이 아니라(*touto ouk eks hymon*) 하나님의 선물이다”(8절). 이 구원의 선물은 아들을 사람으로 보내셔서 죽이신 희생을 치른 결과이다. “행위에서 나온 것이 아니니, 이는 누구도 자랑치 못하게 하려는 것이다”(9절).[1447] 허물과 죄로 죽은 자가 그리스도와 함께 일으켜지고 하늘에 재위하는 것은 불가능하다. “왜냐하면 우리는 그분의 피조물로서 예수님 안에서 선한 일들(*ergois agathois*)을 위하여 지음을 받은 자(새 창조의 작품)니, 이는 하나님께서 미리 정하시어 우리로 그것들 가운데 행하게 하려는 것이다”(10절). 새 창조된 사람이 선한 일을 하는 것은 절대적으로 필연적인 것이다(참고. 딛 2:14). 마치 세상 창조 시에 하나님이 바다를 먼저 만들고 그 후 물고기를 만드신 것과 마찬가지이다. ‘선한 일들’은 이방인처럼 행하지 않는 것(4:17), 사랑 가운데서 행하는 것(5:2), 빛의 자녀로 사는 것(5:8), 지혜자로 사는 것(5:15)을 총괄한다. 선행은 오래 전부터 간직해 둔 하나님의 보고에서 끄집어내 오는 것과 같다. 우리가 자력으로 거룩한 생활을 할 수 없듯이, 선행도 우리가 태어나기 전에 하나님에 의해서 준비된 것이다(참고. 칼빈, 1993:292).

2.2. 에베소서 2장 11-22절의 메시지

바울은 그리스도 밖에 있던 이방인들의 비참함을 다룬다. 바울은 ‘그때’와 ‘이제’를 대조한다. “그러므로 기억하라. ‘그때’에 너희는 육체적으로 이방인들이었고, 육체에 손으로 행한 할례자라고 불리는 자에 의해 무할례자(*akrobystia*)라 불리는 자들이었다”(11절). 할례는 유대인들에게 선민의 표시였다. “너희는 ‘그 당시’ 그리스도 밖에 있었고, 이스라엘 백성에서 제외된 자들이고, 약속의 언약들과 무관한 외인들(*ksenoi*, 방문자)이며(참고. 창 22:18), 세상에서 소망도 없고 하나님도 없는 자들(*atheoi*, 무신론자, NT *hapax*)이었다”(12절).[1448] 이방인들은 메시아가 가져다 줄 구원을 기대할 수 없었다. 더구나 그들은 구약의 언약의 복과 소망을 기대할 수도 없었고 하나님 없이 살았다. 비록 이방인들은 그들의 여러 신들을 섬겼지만, 참 신이신 하나님이 주시는 생명과는 무관한 자들이었다.

그러나 ‘그때’(*pote*)에 멀리 있던 너희가 ‘이제’(*nyni*)는 예수님 안에서 그리스도의 피로 가까워졌다(13절; 참고. 고후 1:20). 멀리 있는 것은 11-12절의 과거의 상황을, 가까워진 것은 그리스도

1447) 칼빈(1993:289)은 에베소서 2장 8-9절 주석에서 이신칭의를 부정하는 가톨릭을 길게 비판한다.

1448) 바울은 에베소 사람들을 과거 디아고라스(Diagoras)나 그의 동료들이 비난 받은 그런 의미의 ‘무신론자’라고 비난하고 있는 것이 아니다. 오히려 바울은 자신을 아주 경건한 자로 자처하는 자가 그런 죄로 비난을 받아야 한다고 말한다. 우상은 신성이 없고 다만 위조품이요, 거짓되기 때문이다(참고. 칼빈, 1993:295).

안에서 변화된 현재의 상황을 가리킨다. 할례 시에 흘린 피가 아니라 그리스도의 피로 하나님께로 나아 올 수 있게 된 것이다. "왜냐하면 그분은 우리(이방인 성도와 유대인 성도)의 화평이시다. 자신의 육체 안에서 둘을 하나로 만드시고, 중간에 막힌 담, 곧 원수된 것(유대인과 이방인이 서로를 향해 가지고 있었던 적대감 혹은 적개심)을 제거하신 분이시다"(14절; 참고. 신 32:8-9). 화평이신 그리스도의 화해의 사역은 유대인과 이방인을 통일하시는 것이다.[1449]

"여러 규정으로 된 계명의 율법을 폐하신 분이시니, 이는 그분께서 자신 안에서 그 둘로 한 새사람을 창조하여 화평을 이루게 하셨다"(15절). 15절은 예수님이 이방인과 유대인 사이의 적개심을 허문 것의 방법을 설명하는 분사절이다. 예수님이 폐하신 '계명의 율법'은 구약의 도덕법을 제외한 의식법으로 볼 수 있다. 의식법은 유대인들의 선민의식을 더욱 고취하여 이방인을 무시하도록 만들었다. '한 새사람'(*hena kainon anthropon*, one new humanity)은 집합적인 개념인데, 그리스도에 의해 '새롭게 창조된 우주적인 새로운 한 인류'이다(참고. 갈 6:15; 엡 1:23). 이 표현은 바울의 교회론을 요약하는 것으로 볼 수 있다. "또 십자가로 말미암아 그 둘을 한 몸으로 만들어 하나님과 화목하게 하려는 것이다.[1450] 원수된 것을 십자가로 죽이시고(*apokteino*, 16절), 또 오셔서 멀리 떨어져 있는 너희에게 화평을 전하셨을 뿐 아니라, 가까운 데 있는 자들에게도 화평을 전하셨다"(17절; 참고. 마 15:24). 그리스도의 십자가로 인간에 대한 하나님의 적개심은 사라졌다. '멀리 떨어져 있는 너희'는 이방인을, '가까운 데 있는 자들'은 유대인을 가리킨다(참고. 사 57:19). 화평은 내면적인 안정이라기보다 회복되어 원만한 관계를 가리킨다. 승천하신 이후에 그리스도의 화목의 사역은 본격적으로 우주적인 것이 되었다.

"이는 그분으로 말미암아 우리 둘이 한 성령 안에서(*en heni pneumati*) 아버지께 나아감을 얻게 하려는 것이다"(18절). 한 새 인류가 된 공동체는 한 분 하나님에게 한분 성령 안에서 나아간다. '나아감'(*prosagoge*)은 왕을 알현할 허가를 받고 자유롭게 나아가는 권리를 가리킨다. 하나님의 성소와 임재로 나아가는 성도의 특권을 생각해 보라. "그러므로 너희는 이제 더 이상 외국인들이나 나그네들이 아니라, 오히려 성도와 동일한 시민이며 하나님의 가족(*oukeioi tou theou*)이다"(19절).[1451] 에베소 교회의 이방인 출신들은 예수님 때문에 합법적인 시민과 같은 권한을 가지고 있지 못했던 외국인과 나그네의 상황으로부터 벗어났다. 에베소서의 경우처럼, '하나님의 가족' 은유는 요한복음과 요한일서에서 중요한 교회론적 은유이다. "너희는 사도와(신약의) 선지자들

1449) 바울은 에베소서를 로마 감옥에 갇혀서 쓰고 있다. 그가 로마 감옥에 갇힌 이유 중 하나는 성전 안에 비유대인을 데리고 들어갔다는 오해 때문이다(참고. 행 21:28). 로마 제국은 유대인 지도자들에게 성전 구획을 임의로 넘는 자를 죽일 수 있는 권한을 부여했다. 바울 당시에 유대인과 비유대인 사이의 막힌 담은 견고하게 보였다(참고. 존 월튼, 2010:1835).

1450) 칼빈(1993:298)은 마치 어떤 임금이 지금까지 서로 불화했던 두 국민을 정복하고 자기의 통치권 아래 두며 그들이 화목하게 살기를 바랄 뿐 아니라, 그들의 오랜 적대적인 기장(記章)이나 표시까지 제거하기를 바라는 것과 똑같은 의미라고 설명한다.

1451) 구약의 성전에 있던 구분은 제사장과 일반 백성 사이의 구분뿐이었다(참고. 왕상 8:41-43). 그런데 신약에서는 이스라엘 남자, 여자 그리고 이방인을 제사장과 구분했다. 구약보다 더 추가된 장벽을 예수님이 허무셨다.

의 터(*themelios*, 흔들림 없는 교훈) 위에 세우심을 받은 자들이며(참고. 계 21:14), 그리스도 예수님께서 친히 모퉁잇돌(*akrogoniaios*, foundation stone 혹은 cornerstone이지 capstone은 아님)이 되셨다"(20절). 예수님은 교회의 연합을 이루신다. "그 안에서 건물마다(*pasa oikodome*) 서로 연결되어 주 안에서 함께 성전(*naon hagion*)이 되어 간다"(21절).

교회는 공동체성과 개체성 모두 중요하다. "너희도 성령 안에서 하나님의 거하실 처소가 되기 위하여 그 안에서 함께 지어져 가고 있다"(22절). 칼빈(1993:306)은 '지어져 가고 있다'(*synoikodomeisthe*)를 현재 중간 '명령형' 2인칭 복수로 이해한다. 예수님께서 이방인이 성소에 들어오지 못할 것이라는 예언을 담고 있는 에스겔 44장 9절을 폐지하셨다. 믿음으로 이방인도 하나님의 거처가 된다. 20절의 '주님(예수님) 안에서'와 22절의 '성령 안에서'는 밀접히 연결된다.

3. 오늘에의 적용

교회의 영광스러움을 어떻게 회복할 수 있는가?

성도 안에 있는 지역 감정, 적개심과 심각한 이데올로기의 대립 상황 속에서 화해를 이룰 수 있는가?

성령의 전으로 함께 지어져 가는 공동체성을 회복하자.

▣ 부록 : 에베소서 1-2장의 삼위 완결적 해석

1. 본문과 구조

1.1. 에베소서 1-2장의 구조

유대인이나 헬라인이 차별 없는 '보편적인 교회'를 에베소서의 중심 주제로 본다면 에베소서 1-2장의 사고의 흐름은 삼위의 협력 사역을 중심으로 다음과 같이 전개된다.

서론(1:1-2)

- 삼위의 협동 사역으로서의 교회의 설립(1:3-14)
  과거-아버지에 의해(1:3-6)
  현재-아들에 의해(1:6-12)
  현재적 선취 및 미래-성령에 의해(1:13-14)
- 교회의 의식: 기도(1:15-23)
- 교회를 지으심(2:1-10)
  재료: 분노의 자녀들로
  수단: 은혜로 말미암아
  목적: 선한 일들을 위해
- 교회의 화합(2:11-22)

1.2. 에베소서 1장 3-14절의 본문과 구조

에베소서 1장 3-14절은 송영(eulogy) 부분인데 에베소서 전체의 서론이라고 할 수 있다. 구조는 아래와 같다(참고. Thomson, 1995:233).

- 하늘의 복을 주시는 성자의 아버지는 복 되심(3)

A 성자 안에서 예정하시고 거룩하고 흠이 없도록 하심(4)
  B 성부의 예정과 성자를 통한 자녀 삼으심(5)
    C 은혜의 영광을 찬미하게 하시기 위함(6)
      D 성자의 피를 통하여 구속 곧 죄 사함을 받음(7ab)
    C' 풍성한 은혜, 지혜와 총명(7c-8)
  B' 성자 안에서 의도된 성부의 뜻의 비밀을 알리심(9)
A' 천상, 천하의 것들이 성자 안에서 통일되게 하심(10)

성부의 예정과 교회가 기업이 됨. 영광의 찬송이 됨(11-12)
복음을 믿어 구원의 보증인 성령으로 인침을 받음. 영광을 찬송함(13-14)

• 에베소서 1장 3-14절의 삼위 일체적 구조
A. 성부의 사역(3-6절)-영광의 찬송이 되도록(6절)
B. 성자의 사역(7-12절)-영광의 찬송이 되도록(12절)
C. 성령의 사역(13-14절)-영광의 찬송이 되도록(14절)[1452)]

1.3. 에베소서 1장 15-23절의 본문과 구조

이 부분은 바울의 감사 기도문이다.
A. 에베소 교회의 믿음과 사랑(15절)
B. 바울의 감사와 기도: 성령의 깨닫게 하심, 부르심, 상속, 능력을 알도록(16-19절)
C. 예수 그리스도를 향한 하나님의 능력(20-23절)

2. 에베소서 1장의 삼위의 인격과 사역

에베소서의 기독론은 '우주적 기독론'(cosmic Christology)이라고 불린다. 하늘의 정세와 권세 잡은 자를 포함한 모든 대적을 물리치신 그리스도의 승귀와 역사의 모든 것들을 모아서 완성시키는 사역에서 나온 말이다(엡 1:10, 21-22). 그러나 화목을 위한 그리스도의 고난도 언급한다(엡 1:7, 2:16). 에베소서는 강한 '실현된 종말론적' 성격을 띠고 있다. 물론 미래적 종말론이 배제되지 않지만(엡 1:10, 14, 4:30, 5:6, 27), 현재적 구원이 상당히 강조된다. 이 사실은 특별히 2장 5절, 8절의 완료 시제로 구원받았음을 표현하는 구절에서 분명해진다(참고. 롬 6:1-13; 골 3:1). 아마도 유대주의자들과의 논쟁이 없었던 관계로 '칭의'에 관한 용어가 에베소서에 등장하지 않지만 행함이 아니라 믿음으로 말미암은 구원이 강조된다(엡 2:8-9). 그리스도의 화해의 사역은 성도가 현재적으로 하나님 아버지에게로 나아갈 수 있음과 더불어 강조된다(엡 2:16, 18, 3:12; 참고. Arnold, 1993:246-247). '그리스도 안에서'라는 용어가 에베소서에 34회 등장한다. 따라서 바울은 성도와 부활-승귀하신 예수 그리스도의 긴밀한 집합적 연대성(the corporate solidarity of believers with their resurrected and exalted Christ)을 강조한다.

2.1. 에베소서 1장 1-14절의 삼위 완결적 해석

2.1.1. 성부의 교회 설립을 위한 사역(엡 1:3-6)

바울은 에베소 교회에게 문안한 후에 3절부터 곧바로 하나님을 송영하며 감사 찬송한다.

1452) 성령은 천국의 완전한 구원을 상속받을 때까지 하나님에 의해 신자에게 주어진 현재적 보증(deposit)이다.

교회를 위해 하신 성부 하나님의 사역은 1장 3-6절에 나온다. 바울은 먼저 우리 주 예수 그리스도의 아버지 하나님을 찬양하면서 시작한다. 성부 하나님께서 하늘에 속한 모든 신령한 복(참고. 벧후 1:3)을 예수님과 연합된 우리에게 주셨다. 하늘에 속한 모든 신령한 복은 무엇인가? 그것은 승귀하신 그리스도와 성령 하나님께서 새로운 시대를 사는 우리에게 주시는 모든 복이다. 왜냐하면 에베소서에서 말씀하는 하늘은 예수님이 보좌에서 다스리시는 영역이기 때문이다. 신명기 28장 1-14절은 계명을 지키는 자에게 주시는 물질적인 복들을 언급한다. 많은 자녀, 소출의 풍성함, 열국의 종주권 등. 하지만 에베소서 1장에서는 주로 영적인 신령한 복을 언급한다. 하늘은 그리스도께서 우리를 자신의 보좌에 앉히셔서 이미 왕으로 다스리시는 영역이다. 그러므로 우리가 이 땅에서도 주님의 왕권을 드러낸다면 하늘의 신령한 복을 맛볼 수 있다. 그리고 하늘의 신령한 복이라고 말씀할 때 '신령한'은 성령으로 볼 수 있다. 성령의 열매를 맺으며 성령과 동행하는 것이 곧 신령한 복을 누리는 것이다. 그러므로 성경의 복은 복의 근원이신 하나님 아버지와 예수 그리스도와 성령을 배제하고는 이해할 수 없다. 신령한 하늘의 복은 영원토록 변함없는 존재론적인 것인 동시에 또한 매일 느낄 수 있는 실제적인 것이다. 이를 위해서 바울은 하늘의 신령한 복들을 구체적으로 4절 이하에서 언급한다. 우리가 영원 전에 택정을 입은 것, 죄의 용서, 양자가 됨, 구원의 복음을 깨달음, 예수님과 연합함, 성령의 인치심. 우리는 하늘의 신령한 복을 늘 기억하면서 여기서 누려야 한다.

성부 하나님은 창세 전에 예수님 안에서 우리를 택정하셨다. 그리고 하나님께서 보실 때 우리가 거룩하고 흠이 없도록 하시려고 계획하셨다. 이런 하나님의 예정은 사랑의 동기에서 나온 것이다. 그 성부의 사랑이 예수님과 연합된 우리를 양자로 만들었다. 우리는 하나님의 가족이다. 교회는 하늘 가족이다. 이 모든 것은 성부께서 사랑하시는 분인 성자 안에서 우리가 성부의 영광스런 은혜를 찬송하게 하기 위해서이다. 성자도 성부의 사랑의 대상이고, 교회도 성부의 사랑의 대상이다. 여기서 우리는 성자와 교회의 결합을 본다.

여기서 기억할 것은 에베소서 1장은 '예배'를 배경으로 하고 있다는 점이다(참고. 요하힘 그닐카, 1989:140). 그러므로 예배의 초점은 하나님이 예수님 안에서 이루신 일들을 기념하고 찬송하는 것이어야 한다. 예배는 하나님을 기리면서 우리의 진정한 신분을 재확인하는 것이다. 예배는 언약과 영생과 우리의 복을 갱신하는 것이다. 예배를 통해서 하나님의 참된 실제와 우리의 참된 실제를 확인한다. 불행하게도 예배를 통해서 많은 사람들은 자신을 비추기만 하지 하나님을 만나지는 못한다. 그러나 예배는 멀리 계시는 하나님이 아니라 가까이서 우리와 관계를 맺고 계시는 하나님을 만나는 것이다. 하나님은 우리의 아버지이시고 우리는 그분의 양자이며, 우리는 그분 앞에서 생명을 가지고 산다. 송영(찬송)은 신학이고 신학은 송영(찬송)이다.

2.1.2. 성자의 교회 설립을 위한 사역(엡 1:7-12)

성자의 교회 설립을 위한 사역은 에베소서 1장7-12절에 나온다. 에베소서 1장 1-14절에서 예수님을 가리키는 명칭이 15번이나 등장하고 '예수님 안에서'(그리스도 안에서, 그 안에서)라는 말은 11번이나 등장한다. 교회는 첫 사람 아담 안에서는 타락한 존재였으나 둘째 아담이신 예수님 안에서는 새로운 피조물이다. 우리의 구원은 예수님 안에서 이루어진 일이다. 우리는 성부 하나님의 풍성한 은혜를 따라 예수님의 피로 구속 즉 죄 사함을 가지고 있다(현재형). 성부는 자신의 모든 지혜와 총명으로 우리에게 넘치게 주셔서 자신의 뜻의 비밀을 우리에게 알리셨다. 지금이야말로 하나님의 감추어진 계획이 드러나고 성취될 하나님의 충만한 때이다. 지금이야말로 하늘에 있는 것이나 땅에 있는 모든 것이 그리스도를 머리로 하여 모일 때이다. 지금이야말로 하늘에 계시는 하나님과 땅에 있는 죄인이 더 이상 적의 속에 있지 않고 예수 그리스도의 구원 사역으로 화목하게 될 시간이다. 이것이 주님 오시기 전까지는 감추어진 하나님의 비밀이었다. 이 비밀이 이제 예수님이 오심으로 시작된 종말에 계시되었다. 바로 지금 교회가 하나님과 형제자매와 연합하고 화목함으로써 예수 그리스도의 우주적인 왕권이 시행되고 있다는 것을 증명해야 한다.

에베소서 3장 6절에서 바울은 이방인도 유대인 성도처럼 주님께로 돌아오고 하나 되기를 소망한다. 우리가 사는 종말은 만유의 후사(상속자)이신 예수님께서(참고. 히 1:2), 유대인이건 이방인이건, 부요한 자건 가난한 자건, 모든 택한 사람들을 불러 모아 다스리시는 시대이다. 예수님 안에서 만물이 새롭게 되었고 될 것이다. 우리가 하나님의 기업이 되고 예수님의 통치를 받는 것은 하나님께 영광을 돌리며 살기 위해서이다. 교회는 종말론적인 찬양 공동체이다. 우리가 예수님 안에서 그분을 왕으로 모시고 살고 있다는 것이 우리 삶의 열쇠이다.

2.1.3. 성령의 교회 설립을 위한 사역(엡 1:13-14)

교회 설립을 위한 성령의 사역은 에베소서 1장 13-14절에 나온다. 바울은 12절까지 '우리'라는 말을 사용한다. 13절부터 '너희'라는 말을 사용하고 다시 14절에서 '우리'라는 말을 사용한다. 그러므로 '너희' 곧 에베소 교회는 '우리'의 한 부분이다. 이것은 주님의 교회는 선교하는 공동체가 되어야 함을 암시한다. 주님을 영접한 모든 사람은 십자가와 부활로 이루신 진리의 말씀 즉 구원의 복음을 믿고 약속된 성령님으로 인침을 받았다(아오리스트 수동태. 과거의 단회적 사건). 성령의 인침을 받았다는 말은 우리가 믿음으로 그리스도의 사람이 되었음을 성령께서 보증하신다는 말이다. 이 성령은 구약에서 약속되었고 실제로 오순절에 마가 요한의 다락방에 오셨고 모든 믿는 자에게 임하고 계신다. 옛날 왕의 반지로 찍은 도장을 지울 수 없듯이, 성령은 우리가 구원받은 하나님의 소유가 되었음을 보증한다. 성령은 성부께서 우리를 값 주고 사셔서 자기 소유로 삼으신 것을 보증하신다. 성령은 우리 속에 거하셔서 우리를 성전으로 삼아주신다. 더 나아가 성령은 우리를 영원한 천국으로 인도하는 보증이 되신다. 그러므로 성령을 통하여 우리는 영생과 오는 세상을 여기서 맛볼 수 있다. 성령은 하나님의 소유인 교회를 구속하시고 그의 영광을 찬송하게 하신다.

2.1.4. 삼위의 사역에 대한 송영적 결론

에베소서 1장 1-14절은 성부, 성자, 성령 하나님의 사역을 1-6절, 7-12절, 13-14절에서 각각 설명한다. 그리고 각 단락의 끝 절인 6, 12, 14절은 하나님의 영광을 찬송하는 것이 우리의 본분이라고 말씀한다. 그러므로 구원받은 우리는 송영의 삶을 살아야 한다. 하나님의 백성인 교회는 신령한 복을 받은 자로서 하나님의 영광을 위해 사는 사람이다. 오늘도 우리는 성부의 하신 일, 성자의 하신 일, 성령의 하신 일을 기억하고 송영하자. 우리가 할 수 있는 것은 오직 감사와 기도뿐이다. 구원의 잔을 높이 들고 주께 감사하자. 우리의 택정 받음, 양자 됨, 죄 사함 즉 구원 얻음, 그리고 성령의 인치심을 기억하자. 그리고 우리가 받은 신령한 하늘의 복을 기억하자.

2.2. 에베소서 1장 15-23절의 삼위 완결적 해석

2.2.1. 성부 하나님께서 교회를 부르신 소망(엡 1:18)

바울은 에베소서 1장 1-14절에서 삼위 하나님의 교회를 향한 복된 사역과 교회가 찬양의 삶을 살아야 할 것을 언급한 후에, 15절부터 에베소 교회가 자기처럼 영적인 눈을 떠서 그 복들을 깨닫도록 해주시기를 기도한다. 우리의 신앙과 생명은 근본적으로 삼위일체적이다. 성부 하나님은 예수님 안에서 성령을 통하여 우리에게 복을 주셔서 교제하시고, 우리는 예수님 안에서 성령을 통하여 아버지 하나님께 찬양과 섬김의 삶을 살 수 있다. 바울은 영광의 아버지께서 지혜와 계시의 성령님을 에베소 교회에게 주시기를 기도한다(17절). '영광의 아버지'라는 말은 우리가 성령님을 통하여 깨달아야 할 것이 영광스럽고 굉장할 것을 의미한다. 성도는 이미 성령의 인치심 즉 하나님의 양자됨을 받았기에, 이제 성령의 깨닫게 하심과 조명을 위해 기도해야 한다.

바울은 첫 번째로, 하나님의 부르심의 소망을 알게 해주시기를 간구한다. 하나님의 부르심은 우리의 존재와 삶의 첫걸음이다. 우리가 요청했기 때문이 아니라, 하나님께서 친히 은혜로 우리를 불러주셨다. 하나님이 우리를 부르실 때는 무슨 목적을 가지고 부르셨다. 무슨 이유와 목적으로 하나님은 우리를 자녀로 부르셨는가? 이 하나님의 부르심은 우리에게 소망을 주고 풍성하다(18절; 참고. 엡 4:4). 하나님은 우리를 성도로 부르셔서 거룩과 은혜와 평강 가운데 우리 주 예수님과 교제하도록 허락하신다(참고. 롬 1:6-7). 우리는 자유를 위해 부르심을 받았기에 다시는 죄와 사탄의 종의 멍에를 메면 안 되고 대신 사랑으로 서로 종 노릇 해야 한다(참고. 갈 5:1, 13). 또한 하나님은 우리를 천국의 영원한 영광에 들어가도록 부르셨다(참고. 살전 2:12). 이 얼마나 새롭고 영광스러운 하늘에서의 부르심인가! 이 부르심은 오직 성령으로 깨닫게 되며, 성령 충만할 때 나의 것으로 누릴 수 있다.

2.2.2. 예수 그리스도 안에서 성도가 누릴 기업의 풍성함(엡 1:18)

성도는 하나님의 자녀이기에 동시에 하나님의 후사-상속자이다. 그러므로 하나님의 독생자 예수님이 아버지 하나님께 받으신 것은 곧 그리스도와 함께 한 후사가 된 우리에게도 주어졌다(참고. 롬 8:17). 하나님은 우리를 위해 썩지 않고 쇠하지 않고 더럽지 않은 기업을 하늘에 간직하고 계신다(참고. 벧전 1:4). 그리고 그 기업을 이 땅에서도 누릴 수 있도록 하신다. 그런데 우리가 하나님의 상속자로 이 땅에서 받을 것은 복과 은혜만 아니라, 고난도 포함한다. 주님을 위해서, 의를 행하다가 당하는 고난 가운데서도 아버지의 소유 됨을 누릴 수 있다. 주님의 말씀대로 살다가 당하는 불이익과 아픔은 우리가 주님의 기업으로 바르게 살고 있다는 증거이다. 우리가 상속받을 천국이라는 유산은 우리가 주님을 영접하는 순간에 주어졌다. 이 유산은 상속세를 낼 필요도 없고 사용한다고 줄어드는 것도 아니며 여기서도 누리고 죽어서도 누리는 아주 특이한 것이다.

2.2.3. 교회를 통해 성자를 만물의 머리로 만드시는 성령의 능력(엡 1:21-22)

바울은 성령 하나님의 능력이 예수님을 부활하게 하셨고, 하늘 보좌에 앉히셨고, 천상 천하의 모든 영광을 얻게 하셨다고 고백한다. 예수님의 부활과 승천과 재위는 하나님의 측량할 수 없는 능력의 결정적인 현시이다. 우리의 최대의 원수인 죽음과 죄를 통제하시는 능력은 오직 하나님에게서만 나온다. 그리고 하나님의 능력은 예수님을 교회와 만물의 머리가 되게 하셨다. 하나님의 능력은 예수님 안에서 만물을 충만케 하신다. 예수님이 만물을 충만케 하신다는 말은 무슨 뜻인가? 예수님의 머리 되심은 교회에만 머무르지 않고 미치지 않는 영역이 없다. 예수님은 우주 안에서 가장 높으신 위치를 차지하시며 교회를 위하여 만물을 다스리고 계신다는 의미이다. 자신의 신부인 교회가 없는 예수 그리스도의 충만한 왕권은 생각할 수 없다.

예수님은 먼저 몸 된 교회 안에서 자신의 왕권을 드러내시며, 결국 모든 영역에 이 다스림이 미치도록 하신다. 주님은 교회인 우리를 자신의 능력과 영광으로 충만케 만드셔서 세상을 충만하게 다스리신다. 예수님은 성령의 전인 우리에게 하나님의 임재와 영광으로 충만케 하시며 세상에도 그 영광으로 충만케 하신다. 왜냐하면 이 세상 만물은 주님이 힘 있게 밟고 계시는 발등상이기 때문이다. 우리도 주님과 함께 세상을 밟고 있다. 우리도 세상을 이기신 주님과 함께 왕 노릇한다. 하지만 우리는 어두움의 세상 주관자와 싸우면서 왕 노릇 해야 한다. 예수님은 교회의 머리로서의 역할을 감당하시기를 즐기신다. 바로 이렇게 예수님을 영화롭게 하신 하나님의 지극히 크신 능력이 우리 성도 안에서도 역사하신다. 지혜와 계시의 주인이신 성령님으로 말미암은 지식은 우리의 믿음을 더욱 강하게 한다. 하나님은 자신을 인식하도록 지혜와 계시의 성령을 주신다. 성령은 교회에게 이미 부어졌지만 계속해서 하나님에 대한 새로운 인식의 충만함을 위해 임하신다.

3. 에베소서 2장의 삼위 완결적 해석

3.1. 본문과 구조

3.1.1. 에베소서 2장 1-10절의 본문과 구조

A. 옛사람: 허물, 죄, 사탄, 육체, 진노(1-3)

B. 새사람: 하나님의 은혜로 그리스도와 함께(4-6)[1453]

1. 은혜를 증거하기 위해서(7)
2. 구원은 하나님의 선물(8-9)
3. 선한 일을 위해 지음 받음(10)

3.1.2. 에베소서 2장 11-22절의 본문과 구조(참고. Thomson, 1995:234)

A 육체로 이방인이었던 에베소 교회(11a)

B 무할례당이라 불린 에베소 교회(11b, c.)

C 그리스도 밖에 있었던 에베소 교회(12a)

D 이스라엘 밖에 있었던 에베소 교회(12b)

E 언약 밖에 있었던 에베소 교회(12b)

F 소망도 하나님도 없었던 에베소 교회(12c)

G 멀리 있었지만 성자의 피로 가까워짐(13)

H 막힌 담을 허신 화평이신 그리스도(14)

I 계명의 율법을 폐하신 그리스도(15a)

I' 그리스도 안에서 한 새사람이 됨(15b)

H' 화평을 이루어 원수 된 것을 십자가로 소멸하심(15c-16)

G' 모든 사람에게 평안을 전하심(17)

F' 모든 사람이 성령 안에서 성부에게 나아감(18)

E' 이제 외인도 손도 아님(19a)

D' 동일한 시민과 하나님의 권속이 됨(19b)

C' 사도와 선지자의 터, 모퉁잇돌이신 그리스도(20)

B' 성도의 연합과 성전이 되어감(21)

A' 하나님의 거처로 지어져 감(22)

1453) 에베소서 2장 5-6절에서 '살리셨고, 일으키셨고, 앉히셨고'라고 아오리스트로 설명함으로써, 성도의 구원은 과거 사건임을 언급한다. 그러나 동시에 구원은 현재적 경험이며(10절), 미래적 소망이다. 그리고 이 단락에서 사용된 '현재 완료 시상'은 과거에 결정된 구원의 지속적인 현재적 결과와 상태를 강조한다(5, 8절; 참고. Rogers & Rogers, 1998:437).

3.2. 에베소서 2장의 삼위의 인격과 사역

3.2.1. 에베소서 2장 1-10절의 삼위 완결적 해석

3.2.1.1. 성부와 관련이 없는 상태- 옛사람(엡 2:1-3, 10)

허물과 죄로 죽었던 상태는 곧 세상 풍속을 좇고 공중 권세를 잡은 사탄을 따른 것이다. 그때는 육체의 욕심을 따라 행한 본질상 진노의 자녀였다. 이것은 하나님의 자녀와 반대되는 것으로 아버지 하나님과 무관한 삶이었다. 그러나 아버지 하나님은 성자 안에서 에베소 교회를 재창조하셨다(참고. Rogers & Rogers, 1998:437).

3.2.1.2. 그리스도와 함께 살아나고 일으킴을 받고 앉힘(엡 2:5-6)

긍휼에 풍성하신 하나님이 에베소 교회를 그리스도와 함께 살리시고, 그리스도와 함께 일으키시고, 그리스도와 함께 하늘에 앉히셨다. 그것은 성부께서 에베소서 1장 20절 이하에서 성자를 승귀케 하신 것을 묘사한 동사에 '함께'(*syn*)라는 전치사를 첨가한 것이다. 그리스도에게 일어난 일은 교회에게 일어날 것을 예시한다.

3.2.1.3. 성령으로 선한 일을 행함(엡 2:7-10)

은혜로 구원을 받은 성도는 성령의 능력으로 그리고 그리스도 예수 안에서 선한 일을 행해야 한다. 하나님이 미리 정하신 것으로서 교회가 반드시 성령으로 행해야 할 선한 일(중성 복수, good works)은 무엇인가? 아마도 하나님 자신의 특성과 행동 그리고 하나님의 뜻을 따라 행하는 것으로 보인다(참고. 엡 6:6; 보라. Bruce, 1984:291).

3.2.2. 에베소서 2장 11-22절의 삼위 완결적 해석

3.2.2.1. 성부의 성화의 사역- 하나님의 거하실 처소(엡 2:22)

성령 안에서 '하나님의 거하실 처소'가 되기 위하여, 예수님 안에서 함께 지어져 간다. 교회가 아버지 하나님의 거처가 되어 감은 곧 성령의 전이 되어 감과 동일하다. 그리고 이것은 개인적인 차원을 넘어 예수님 안에서 공동체적으로 함께 지어져 가는 것이다.

3.2.2.2. 성자의 성화의 사역-모퉁잇돌을 중심으로 연결됨(엡 2:13-17, 20-22)

여기서 바울은 교회의 성화를 위한 그리스도의 온 교회적 인격을 언급한다(참고. Snodgrass, 1996:134). 한 새사람이신 주님과 연합된 새 피조물인 교회를 언급한다. 먼 데 있는 자를 그리스도 안에서 가까이 부르신 것은 이사야 28장을 인용한 것이다. 이것은 출바벨론의 이미지이다. 그러므로 하나님이 포로중인 유대인들을 부르신 것은 동시에 바울에게 있어서 에베소서 2장 11절 이하의 문맥에서 이방인에게도 적용된다. 바울은 출바벨론의 주제를 통한 구원론을 전개한다. 교회의 새로운 출바벨론의 근거는 주님의 죽으심과 부활이다. 이것은 아브라함의 언약(참고.

창 12:2-3)과 구약의 이방인이 돌아와서 경배할 것이라는 언급들과 언약이 주님 안에서 성취되는 것이기도 하다.

3.2.2.3. 성령의 성화의 사역-하나님께 나아가는 통로 성령의 전이 되어 감(엡 2:12, 18, 22)

약속의 언약(12절)은 구약의 언약(들)과 특별히 그리스도와 성령을 가리킨다. 구체적으로 성령을 부으시겠다는 약속의 언약을 가리키기에 이전의 상태는 성령과 무관하다. 바울은 2장 18절에서 성도가 하나님께 나아감은 그리스도를 통해('저로 말미암아') 성령 안에서 이루어진다고 설명한다. 예수님은 교회가 성부 하나님께로 나아가도록 통로를 열어 주시는 중재자로서 구원 사역을 하신다. 성령은 이 그리스도의 통로를 열어 주신 사역을 교회에게 가능하도록 만든다. 성령은 하나님께 나아가는 통로이다(참고. 김희성, 2003:69). 그 결과 교회는 성령 안에서 하나님의 처소가 되어 간다(22절). 성령은 하나님의 모든 충만이 교회에게 이르게 하는 길이며(참고. 엡 3:16), 하나님의 성전을 존재케 하는 원동력이다. 아버지 하나님의 현존을 예수 그리스도 안에서, 성령을 통하여 교회가 즐긴다(참고. Snodgrass, 1996:139).

4. 에베소서 1-2장의 간본문성

4.1. 에베소서 1-2장과 구약의 간본문성

이사야 28장 16절의 '성전' 주제와 에베소서 2장 20절의 '돌'의 이미지가 관련 있다. 교회의 모퉁잇돌-기초 돌은 예수님이신데, 구약의 성전 돌의 이미지는 바울의 기독론, 구원론, 교회론에 중요하다. 예수님은 공동체로서의 재창조된 새 성전을 자신의 인격 안에 포함하신다(엡 2:22; 참고. Snodgrass, 1996:138).

4.2. 에베소서 1-2장과 골로새서의 간본문(참고. DeSilva, 2004:719; 브라운, 2003:886)

- 서두(엡 1:1-2; 골 1:1-2)
- 구속, 죄 사함(엡 1:7; 골 1:14, 20)
- 모두를 포함하는 그리스도(엡 1:10; 골 1:20)
- 바울의 독자들을 위한 중보(엡 1:15-17; 골 1:3-4, 9)
- 영광스런 기업의 풍성함(엡 1:18; 골 1:27)
- 교회의 머리이신 그리스도의 통치(엡 1:21-23; 골 1:16-19)
- 하나님이 너희를 살리셨다(엡 2:5; 골 2:13)
- 십자가를 통한 교회와 하나님의 화목(엡 2:13-18; 골 1:20-22)
- 계명의 율법을 폐하심(엡 2:15; 골 2:14)

성부는 온 교회적 인격을 가지신 성자 그리스도 안에서 구속을 이루셔서 화목하게 하셨다.

이제 교회는 새 언약 속에서 그리스도의 통치를 받고 있으며 성령으로 그 풍성한 천국 기업을 현재적으로 누리고 있다.

4.3. 에베소서 1(-2)장과 사도행전 20장의 간본문(참고. 랄프 마틴, 2000:346)

• 하나님의 예정과 교회를 기업을 삼으신 뜻: 엡 1:11=행 20:27

• 기업이 됨: 엡 1:11, 14, 18=행 20:32

• 교회의 믿음: 엡 1:15=행 20:21

바울은 밀레도에 도착하여 작별인사를 나누기 위해서 에베소의 장로들을 그곳에 불렀다. 하나님의 예정하심으로 교회가 믿음을 통하여 하나님의 기업이 된다. 그리고 교회가 누릴 천국의 기업을 공통적으로 언급한다.

4.4. 에베소서 1-2장과 그 외의 신약 간본문

(1) 편지 서두: 엡 1:1-7=고전 1:1-3; 고후 1:1-2; 갈 1:1-5; 빌 1:1-2; 골 1:1-2; 살전 1:1; 살후 1:1-2; 몬 1-3

(2) 송영: 엡 1:3-23=고후 1:3-11; 롬 8:28-30, 9:19-29; 갈 4:1-7; 골 1:3-14; 살후 2:13-15; 몬 4-7

(3) 하나님이 살리셨다. 엡 2:1-10=롬 3:21-26, 27-31, 6:1-10, 9:14-18, 11:1-6, 17-24; 고전 3:1-4, 4:6-7; 고후 5:14-21; 갈 2:15-21; 빌 3:17-21; 골 2:8-15, 3:1-11; 살후 2:1-12, 16-17

(4) 하나님의 처소, 화해: 엡 2:11-22=롬 5:6-11, 9:1-5, 11:17-24, 15:7-13; 고전 3:5-9, 16-17, 12:1-3, 12-13; 고후 5:14-21; 갈 2:11-14, 4:8-11; 골 1:21-23(참고. Francis & Sampley, 1992:249-255).

이런 많은 병행 구절은 바울 신학의 통일성 즉 편지의 양식은 물론 하나님이 살리시고 화해시키사 자신의 처소로 삼으심으로 송영의 삶을 살도록 하신 것을 분명히한다. 이런 통일성 있는 신학적 주제는 에베소서 1-2장의 삼위 완결적 사역에 기인한 교회 완결적 적용을 지지한다.

5. 에베소서 1-2장의 교회 완결적 적용

5.1. 에베소 교회의 상황

에베소 교회는 바울에 의해 설립되었으며, 에베소서가 기록될 당시인 A.D. 60-62년경에는 영적으로 비교적 어린 교회이다. 이때는 네로의 박해가 있었기에 교회의 정체성조차도 흔들릴 수 있는 상황이다. 그러므로 실현된 승리의 종말론은 이들을 위로할 뿐 아니라 정체성의 문제를 극복할 수 있도록 한다. 로마의 황제나 관리가 아니라 그리스도의 승리와 통치하심에 대한 확고부동한 신뢰가 절실히 요청된 시기였다. 그러므로 이런 역사적 정황은 에베소서의 신학적 강조점과 더불어 이해되어야 한다.

5.2. 교회 완결적 적용: 송영하는 삶

에베소서에서 '교회'(*ekklesia*)는 총 9번 나타나며(엡 1:22, 3:10, 21, 5:23, 24, 25, 27, 29, 32), 그리스도의 몸으로서 거룩하고(5:26-27), 보편적이며(1:22-23), 사도적이며(2:20) 우주적이다(4:4-6).[1454] 교회는 우주의 중심으로 우주적인 그리스도의 활동 영역이다. 승귀하신 그리스도를 강조하듯이 바울은 승귀된 교회론(high ecclesiology)을 강조한다. 에베소서의 종말론은 하나의 신학이라기보다는 에베소서에서 강조되고 있는 모든 주요 신학들(신론, 기독론, 교회론, 성령론, 윤리론)이 제시되는 구조요 틀이다. 즉 에베소서의 모든 신학은 종말론적이다. 미래적 종말론이 배제되지 않은 채(주로 미래적 완성을 바라보면서 계속 이루어가야 할 윤리적 권면들) 실현된 종말론이 강조되고 있다. 에베소서 1장 3-14절의 송영은 에베소서의 서론인데 실현된 종말론을 아오리스트 시상으로 강조한다. 그리고 에베소서 2장 4-10절은 에베소서의 실현된 종말론의 결정체라고 할 수 있다. 이 부분에서도 아오리스트와 완료 시제가 자주 등장한다. 그리고 '함께'라는 말로 그리스도와 연합됨이 실현된 종말론을 강조한다(참고. 최갑종, 2003:21-23).

에베소서는 그리스도의 죽음(엡 1:7, 2:13, 16, 5:2)보다는 부활 승천으로 인해 자신과 교회가 연합됨을 더 강조한다(참고. 최갑종, 2003:18). 에베소서에는 갈라디아서나 로마서의 경우와는 달리, 죄와 율법의 저주로부터의 구원보다는 어둠과 악한 사탄의 권세로부터의 구원이 부각된다(엡 2:2, 6:11-12). 예수님은 구속자인 동시에 정복자이시며, 그 정복과 승리를 교회와 공유하신다. 그러므로 교회는 이미 임한 구원을 승리로 누리는 종말론적 공동체이다(엡 1:7, 18, 2:6, 8, 18-19, 3:12).

6. 에베소서 3-6장의 삼위 완결적 해석과 적용

6.1. 에베소서 3장

교회는 속사람이 성령으로 강건하게 된다(엡 3:16). 속사람은 겉사람과 대조되는 것으로서 하나님과의 교제가 일어나는 인간의 더 고등한 부분이다. 성령의 인침을 통하여 생겨난 영적인 인격이며 새롭게 된 자아이다. 신자의 마음이다. 그러므로 성령이 강건케 하는 속사람은 그리스도께서 내재하실 수 있는 공간이기도 하다. 하나님은 역동적인 성령을 통하여 속사람을 강화시킴으로써 성도로 하여금 그리스도의 사람으로서의 인격을 강화하고 하나님을 향한 열정과 능력이

1454) 논쟁적인 성격의 골로새서가 '교회의 머리 되시는 그리스도의 신성'을 강조한다면, 비논쟁적인 성격의 에베소서는 '그리스도의 몸이 되는 교회의 고귀성'을 강조한다. 에베소서에서 교회(에클레시아)는 '지역 교회'를 지칭하지 않는다. 모두 단수로 되어 있으며, 보편적 교회를 지칭하여 우주적인 성격을 가진다(엡 1:21-23; 참고. 브라운, 2003:881).

활성화되도록 하신다. 그리고 교회는 기도한 것보다 더욱 넘치도록 응답하실 이(성부)에게, 그리스도 예수 안에서, 영광이 영원무궁하기를 진실로 송영해야 한다(엡 3:20).

6.2. 에베소서 4장

교회가 하나 되어야 할 이유는 삼위 하나님 즉 성령이 하나이요(엡 4:4),[1455] 주(예수 그리스도)도 하나이요(엡 4:5), 하나님도 하나이시기 때문이다(엡 4:6). 이처럼 바울의 윤리관도 삼위 중심적이다. 진리가 예수님 안에 있다(엡 4:21). 그리고 교회는 오직 심령으로 즉 '성령으로' 새롭게 되어(엡 4:23), '하나님'을 따라 의와 진리의 거룩함으로 지으심을 받은 새사람을 입어야 한다(엡 4:24).

6.3. 에베소서 5장

교회가 성령을 근심케 말아야(참고. 엡 4:30; 성령 충만을 받으라, 5:18) 할 이유는 성도가 구속의 날까지 인치심 즉 구원의 현재적 선취를 받았기 때문이다. 교회는 하나님을 본받으며(엡 5:1), 그리스도께서 자신을 사랑하신 것같이(엡 5:2) 서로 사랑해야 한다. 교회는 예수님의 이름으로 항상 아버지께 감사해야 한다. 성령에 의해 인도받는 사람은 피차 복종해야 한다(엡 5:20). 여기서도 삼위 완결적 해석이 나타난다(참고. Snodgrass, 1996:292).

에베소서 5장 22절-6장 9절에서 바울이 에베소 교회의 가족 구성원들에게 삶에 관한 구체적인 지침을 줄 때 예수님과 교회의 관계에 기초하여 말하고 있다. 바울에게 있어서 성도의 윤리는 예수님 중심이다. 왜 아내가 남편에게 복종해야 하는가? 예수님이 교회의 머리라는 사실 때문이다. 그리고 남편이 아내를 사랑해야 하는 것도 예수님이 교회를 사랑하신 사실에서 나온 권면이다. 자녀는 예수님 안에서 부모에게 순종해야 하고, 부모는 자녀를 예수님의 교양과 훈계로 양육해야 한다. 그리고 바울은 가족에게 행동 지침을 말하기 전에 에베소서 5장 18절에서 술 취하지 말고 오직 성령의 충만함을 받으라고 말씀한다. 그러므로 모든 가족 구성원이 어머니, 아버지, 자녀로서 역할을 제대로 감당하려면 성령 충만해야 함을 전제로 한다. 가정에서 천국을 이루려면 예수님 중심으로 살아야 하며 성령 충만하게 살아야 한다는 의미이다.

6.4. 에베소서 6장

교회는 주 예수 그리스도 안에서 그 분의 힘의 능력으로 강건해져야 한다(엡 6:10). 이것은 영적 전쟁과 연결된다. 교회는 영적 전쟁을 수행하기 위해서 '하나님'의 전신 갑주를 입되, '성령'의 검 즉 '하나님'의 말씀(엡 6:17)을 취해야 한다. 그리고 무시로 성령 안에서 기도해야 한다(엡 6:18).

1455) 에베소서 4장 3절은 교회의 통일성을 확립시키는 분이 '성령님'이라고 밝힌다.

나오면서

에베소서 1-2장은 삼위 완결적 해석으로 보아야 한다. 삼위 하나님은 교회의 창시자인 동시에 구원의 완성자이시다. 삼위의 사역은 만물에게도 충만히 미친다. 에베소서 3장과 윤리를 다루는 에베소서 4-6장도 마찬가지로 삼위 완결적으로 다루어야 한다. 교회의 신분적 변화를 삼위의 협력으로 이루셨기에 교회의 윤리는 삼위 중심으로 이해되어야 한다. 이것은 계시와 적용의 풍요로움이다.[1456)]

1456) 에베소서 1-2장의 삼위 완결적 해석의 참고 문헌은 다음과 같다.

Arnold, C.E. *Letter to the Ephesians.* (*In* Hawthorne, G.F., Martin, R.P. & Reid, D.G., eds. *Dictionary of Paul and his Letters.* Downers Grove: IVP. p. 238-249.) 1993.

Bruce, F.F. *The Epistles to the Colossians, to Philemon, and to the Ephesians.* NICNT. Grand Rapids: Eerdmans. 1984.

Desilva, D.A. *An introduction to the New Testament: contexts, methods & ministry formation.* Downers Grove: IVP. 2004.

Enns, P. *Apostolic hermeneutics and an evangelical doctrine of Scripture: moving beyond a modernist impasse. Westminster Theological Journal,* 65:263-287. 2003.

Floor, L. *Efeziërs: eén in Christus.* CNT. Kampen: Kok. 1995.

Francis, F.O. & Sampley, J.P. *Pauline parallels.* Minneapolis: Fortress Press. 1992.

Pratt Jr., R.L. *Spirit of the Reformation Study Bible.* Grand Rapids: Zondervan. 2003.

Roberts, J.H. *The letter to the Ephesians.* Cape Town: Lux Verbi. 1991.

Snodgrass, K. *Ephesians. The NIV Application Commentary.* Grand Rapids: Zondervan. 1996.

Tolmie, D.F. *Salvation as redemption: the use of 'redemption' metaphors in Pauline literature.* Paper read at New Testament soteriology seminar. Pretoria University. 2002.

Thomson, I.H. *Chiasmus in the Pauline Letters.* Sheffield: Sheffield Academic Press. 1995.

Rogers Jr., C.L. & Rogers III, C.L. *The new linguistic and exegetical key to the Greek New Testament.* Grand Rapids: Zondervan. 1998.

요아힘 그닐카. 《에베소서》. 국제성서주석. 국제신학연구소. 1989.

길성남 《설교자를 위한 에베소서 기독론 연구. 에베소서, 빌립보서, 골로새서: 어떻게 설교할 것인가》. 두란노. 2003.

김형국 《엡 2장: 만물을 충만케 하시는 자의 충만인 교회. 에베소서, 빌립보서, 골로새서: 어떻게 설교할 것인가》. 두란노. 2003.

김희성 《에베소서의 성령론. 에베소서, 빌립보서, 골로새서: 어떻게 설교할 것인가》. 두란노. 2003.

랄프 P. 마틴. 《신약의 초석 I》. 크리스챤 다이제스트. 2000.

레이몬드 E. 브라운. 《신약 개론》. CLC. 2000.

리델보스, H.N. 《바울 신학》. 개혁주의신행협회. 1985.

리델보스, H.N. 《하나님 나라》. 엠마오. 1988.

유해무 《개혁 교의학》. 크리스챤 다이제스트. 1999.

조병수 《엡 1:1-14: 삼위 하나님의 구원 사역. 에베소서, 빌립보서, 골로새서: 어떻게 설교할 것인가》. 두란노. 2003.

존 스토트 《데살로니가전후서 강해》. IVP. 1993.

최갑종 《에베소서의 문학적 구조와 주요 신학 사상. 에베소서, 빌립보서, 골로새서: 어떻게 설교할 것인가》. 두란노. 2003.

한천설 《엡 1:15-23: 하나님과 그분의 부르심 알기를 바라는 기도. 에베소서, 빌립보서, 골로새서: 어떻게 설교할 것인가》. 두란노. 2003.

∽ 에베소서 3장 ∽

앞에서 에베소서 1-2장의 삼위 완결적 해석과 교회 완결적 해석을 통해서 '이미'의 종말론에 맞추어 살펴보았다. 에베소서 2장 20-22절을 염두에 두고 에베소서 3장으로 넘어가 보자.

1. 본문 및 구조

- 하나님의 계획에서 바울이 담당하는 역할(1-13)
- 바울의 기도(14-19)
- 바울의 송영(20-21)

2. 구원 계시사적 메시지

2.1. 에베소서 3장 1-13절의 메시지

그리스도 예수님의[1457] 일로 이방인 교회인 에베소 교회를 위해서 갇힌 바울이 말을 잇지 못한다(1절). '그리스도 예수님의……갇힌 자'란 무슨 의미인가? 이방인을 위하여 예수님에게 갇힌 자 즉 이방인의 사도를 가리키는 다른 표현으로 볼 수 있다(참고. 배종열, 2005:84). 한글성경의 말줄임표(……)는 헬라어 원문 및 NIV에서는 하이픈(-)으로 처리되어 있다. 에베소서 3장 1-13절을 삽입구로 보는 이들도 있고(참고. Lincoln, 1990:167), 3장 2-13절을 삽입구로 보는 이들도 있지만, 이 구절은 삽입 구절이 아니라 에베소서 2장 20절에 있는 사도들과 선지자들의 터를 설명하는 구절이다(참고. 배종열, 2005:81).

에베소 교회를 위해 하나님께서 바울에게 주신 은혜의 경륜(*ten oikonomian tes charitos tou theou*)을 에베소 교인들도 들었다(2절). 하나님께서 계시로(결정적으로 다메섹 도상에서) 바울에게 그 비밀(*to mysterion*)을 알게 하신 것은 바울이 이미(엡 1-2장에서) 대강 기록했다(3절).[1458] 에베소 교회가 이 편지를 계속 읽어 가면 그리스도의 그 비밀(*to mystrio tou Christou*) 즉 '그리스도에

1457) 개역개정판과 달리 바른 성경의 에베소서 번역은 '그리스도 예수' 대신 '그리스도 예수님'으로 옳게 쓴다.

1458) '근접 과거 아오리스트 직설법'(immediate past aorist, dramatic aorist)은 다소 최근에 일어났던 사건을 묘사하는 데 사용된다. 그러므로 이 아오리스트의 힘은 '바로 지금'(혹은 조금 전에, just now)과 같은 의미를 지닌다는 점이다. 이 아오리스트는 감정과 이해의 동사와 함께 발생할 수 있으며, 흔히 셈어의 상태적 완료(Semitic stative perfect)를 반영하는 셈어적 색채로 등장한다. 때로 이 아오리스트가 극적 현재(the dramatic present)를 언급하는지 구분하기가 힘들다. 에베소서 3장 3절의 "내가 이전에 쓴 것"(*proegrapsa*, I previously wrote)이 이에 해당한다. 바울은 여기서 유대인과 이방인 사이의 평화에 대한 계시를 하나님에 의해 알게 된 것을 말한다. 유대인과 이방인은 하나의 새로운 몸을 이루고 있다는 계시이다. 이 아오리스트는 알려지지 않은 서신을 가리키기 보다는 바로 앞의 2장 11-22절을 가리킨다(참고. 마 3:17, 6:12; 막 1:8; 눅 1:47, 16:4; 요 21:10; 계 12:10; 보라. Wallace, 1996:564-565).

관한 비밀'을 바울이 깨달은 것을 알 수 있다(4절). 이제(신약 시대) 주님의 거룩한 사도들과 선지자들에게 성령으로 나타내신 것같이, 다른 세대(구약)에서는 사람의 아들들(*tois hyois ton anthropon*)에게 알게 하지 아니하셨다(5절). 그렇다면 구약에서는 은폐되었다가 신약에서 계시된 이 비밀이란 무엇인가? 그것은 이방인이 복음으로 말미암아 그리스도 예수님 안에서 함께 후사(joint-heirs)가 되고, 함께 지체(joint-body)가 되고, 함께 약속에 참예한 자(joint-sharers)가 된 것이다(6절; 참고. 엡 2:12). 이 복음을 위하여 주님의 능력이 역사하시는 대로 바울에게 주시는 하나님의 은혜의 선물을 따라 바울이 일꾼이 되었다(7절).[1459]

모든 성도 중에서 지극히 작은 자보다 더 작은 바울에게 이 은혜를 주신 것은 측량할 수 없는 그리스도의 풍성(*to aneksichniaston ploutos tou Christou*, the unsearchable riches of Christ)을 이방인에게 전하게 하려 하심이다(8절). 그리고 영원부터 만물을 창조하신[1460] 하나님 속에 감춰있던 그 비밀의 경륜(*he oikonomia tou mysteriou*, the administration of this mystery)이 어떠한 것을(이방인들에게도) 드러나게 하려 하신다(9절). 주님의 의도는 이제 교회로 말미암아 하늘에 있는(형용사구: 그러나 한글개역성경에서는 '하늘에서'가 '드러낸다'를 수식하는 부사구 역할을 함) 정사와 권세들에게 하나님의 각종 지혜를 알게 하려 하심인데(10절), 곧 영원부터 우리 주 예수님 안에서 예정하신 뜻대로 하신 것이다(11절). 교회의 사역은 이방인의 경계를 넘어 이제 천상의 존재들에게도 보인다. 천사들도 하나님의 구원의 계획을 알기 원했다(참고. 벧전 1:12). 천사들이 하나님이 교회를 재창조하신 일을 알면 알수록 더욱더 하나님을 찬양할 수 있을 것이다(참고. 시 148; 보라. ESV Study Bible, 2008:2266; contra 칼빈, 1993:315). 유대인이나 이방인이나 할 것 없이 지구상의 모든 교회가 하나님의 계획대로 섬기는 것은 참으로 장관이 아닐 수 없다. 이것은 영원 전에 예수님 안에서 예정하신 것이다.

우리는 주님 안에서 주님을 믿음으로 말미암아 담대함(*parresia*)과 하나님께 당당히 나아감(*prosagogen en pepoithesai*)을 얻는다(12절). 칼빈(1993:317)은 '그리스도의 믿음'(*tes pisteos autou*) 즉 그리스도 안에서 우리에게 나타내신 완전무결한 믿음으로 본다. 신앙을 담대함과 분리시키는 것은 빛과 열을 분리하는 것과 마찬가지다. 그러므로 에베소 교회는 바울이 당한 환난으로 낙심치 말아야 한다(13절). 아마 에베소 교회 중 일부는 사도 바울이 환난을 당하고 투옥된 것을 보고, 하나님의 능력을 의심하거나 바울의 사도성에 의문을 제기한 사람도 있었던 것 같다. 즉 진정으로 하나님의 계획에 따라 선교 활동을 한다면 어떻게 저렇게 고생만 하고 투옥될 수 있단 말인가라는 의구심이 들었던 것 같다. 그러나 바울은 자신의 환난은 에베소 교회의 '영광'이라고 말한다.[1461]

1459) 문맥상으로 보면 바울 자신을 묘사하는 '복음의 일꾼'은 '그리스도 예수님에게 갇힌 자'와 동의어로 볼 수 있다(참고. 배종열, 2005:90).

1460) 9절에서 다수 사본은 '예수님을 통하여 만물을 창조하신'으로 쓴다.

1461) 13절에서 파피루스 46, C 33, 81등은 '너희의 영광' 대신에 '우리의 영광'이라고 쓴다.

2.2. 에베소서 3장 14-19절의 메시지

바울은 하늘과 땅에 있는 각 족속에게 이름을 주신(현대어성경: 이미 하늘에 있거나 아직도 땅 위에 있는 당신의 거룩한 가족들에게) 아버지께[1462] 무릎을 꿇고 빈다(14-15절). 이 기도를 통해서 목회자들은 자신의 수고가 열매를 맺거나 그렇지 못하는 것은 그들이 교육하고 권면한다고 할지라도 주님께 간구하는 데 달려 있음을 알아야 한다. 이름을 주는 것은 아담이 짐승에게 이름을 지어주듯이, 통치하신다는 의미이다. 따라서 다시 한 번 하나님이 만유의 통치자이심을 알 수 있다. 바울은 하나님의 영광의 풍성을 따라 성령으로 말미암아 에베소 교회의 속사람(*ton eso anthropon*)을 능력으로 강건하게 하시도록 기도한다(16절; 참고. 고후 4:16). 이것은 속사람 즉 감정과 지성, 인격, 그리고 영성이라는 보이지 않는 내면적인 건강과 평안과 성숙을 위한 기도이다. "그리고 믿음으로 말미암아 그리스도께서 그들 마음에 계시게 하옵시고, 교회가 사랑 가운데서 뿌리가 박히고 터가 굳어지게 하옵소서"(17절). 성도는 마음의 왕좌를 그리스도에게 내놓아야 한다(참고. 칼빈, 1993:322). 믿음으로 우리는 예수님과 동거한다. 사랑은 구원의 뿌리와 기초가 된다. 모든 성도와 함께 그리스도의 사랑의 너비(*platos*)와 길이(*mekos*)와 높이(*hypsos*)와 깊이(*bathos*)가 어떠한지 깨닫기를 바란다(18절). 그리스도 안에 나타난 하나님의 사랑은 측량 불가능하다.

지식을 초월한(surpasses knowledge) 그리스도의 사랑을 알아 하나님의 모든 충만하심(*to pleroma tou theou*)으로 충만하게 하시기를 빈다(19절). 인간의 지식을 초월하는 것을 아는 것이야말로 그리스도인에게 특권이다. 시내 산, A 그리고, 다수 사본과 달리, 파피루스 46, B, 462 사본 등은 '하나님의 모든 충만하신 것이 충만해지기를'로 번역한다. 그리고 한글 개역개정판은 헬라어 원문의 19절을 18절로, 18절을 19절로 바꾸어 번역하지만, '바른 성경'은 제대로 번역했다.

2.3. 에베소서 3장 20-21절의 메시지

바울이 기도하면서 확신하고 있는 바를 마지막으로 20-21절에서 고백한다. "우리 속에 역사하시는 능력을 따라, 우리가 구하는 것이나 생각하는 것에 더 넘치도록 능히 하실 하나님에게 교회와 그리스도 안에서 영광이 대대로 있습니다. 아멘." 바울이 확신하는 바에 의하면 우리가 작은 것으로만 만족하지 말고 풍성하신 하나님을 바라보고 큰 것도 구해야 한다.[1463] 하나님의 크심을 믿고 바르게 간구하라는 말이다. 그리고 성전이 된 우리의 영광스런 신분과 자존감을 확신할 때 우리는 더 크고 영광스럽고 풍성한 것을 구할 수 있다. 우리가 하나님을 예배하고 간구하는 것을 하나님이 얼마나 기뻐하시는가를 알아야 한다. 하나님은 구하는 자에게 영광과 능력으로 충만하게 해주시기를 기뻐하신다. 주님의 보좌로 나아가는 자를 하나님은 기뻐하신다.

1462) 14절에서 시내 산 2판과 다수 사본은 에베소서 1장 3절처럼 '우리 주 예수 그리스도의 아버지께'라고 풀어 쓴다.

1463) 칼빈(1993:326)은 20절을 지나치게 욕심을 부리지 말고 신앙으로 구하라는 소극적인 의미로 본다. 사람의 과욕 때문에 하나님이 제한을 받으신다.

우리에게 은혜의 경륜을 깨닫게 하신 하나님은 우리가 간구할 때 하나님 나라의 확장을 위하여 독생자를 주신 그 사랑으로 모든 것을 은사로 주시기를 기뻐하심을 알아야 한다.

3. 오늘에의 적용

바울이 말하는 하나님의 구원의 우주적인 경륜의 비밀이 어떻게 그리고 얼마나 우리의 사역 가운데 밝히 드러나는가?

바른 기도를 통해서 그리스도의 풍성한 사랑을 깨닫자.

에베소서 4장

1. 본문 및 구조

- 교회의 통일성 속의 다양성(1-16)
- 새사람의 통일성(17-24)
- 새사람의 구체적인 모습(25-32)

2. 구원 계시사적 메시지

2.1. 에베소서 4장 1-16절의 메시지

주 안에서 갇힌 바 된(즉 주님 안의 죄수, *ho desmios en kyrio*) 바울이 에베소 성도가 부르심을 입은 부름에 합당하게 행해야 한다고 권면한다(1절; 참고. 엡 3:1). 그것은 곧 겸손, 온유, 오래 참음으로 사랑 가운데서 서로 용납하고(2절), 평안의 매는 줄로 성령의 하나 되게 하신 것을 힘써 지키는 것이다(3절). 그렇다. 그리스도 안에서 교회는 장벽을 허물고 통일되어야 한다(보라. 엡 1:10). 몸도 하나고, 성령님도 한 분이듯이(참고. 고전 12:13), 성도는 부르심의 한 소망(*hen elpidi*) 안에서 부르심을 입었다(4절). 사람 안에 하나의 영혼이 작동하듯이, 교회 안에는 한 분 성령께서 역사하신다. 주, 믿음, 세례,[1464] 그리고 만유 위에서(*ho epi panton*) 만유를 통하여(*dia panton*; 개역개정판은 '만유를 통일하시고') 만유 가운데 계시는(*en panton*) 하나님도 한 분이시다(5-6절; 참고. 렘 23:24). '성부, 성자, 성령' 삼위일체 하나님 때문에 교회는 하나가 되어야 한다.[1465] 4절에서 성령님이 한 분이며, 5절에서 주 예수님도 한 분이며, 6절에서 아버지 하나님도

1464) 기독교 세례가 반복될 수 없다는 의미가 아니라, 모든 사람에게 세례는 공통적인 것이라는 의미다.

한 분이시라고 말씀한다. 즉 우리에게 영원한 생명을 불어 넣으신 분은 동일한 성령님이시고, 교회의 머리로서 소망과 믿음을 주신 분은 동일한 예수님이시며, 성도를 한 가족으로 묶으신 분은 동일한 아버지 하나님이시다. 삼위 하나님을 쪼개어 분열시킬 수 없듯이 교회도 그렇다.[1466] 그러므로 교회를 찢고 나누는 죄는 가장 무거운 교회법의 벌로 다스려야 한다. 요한복음 17장의 '대제사장적 기도'에서, 예수님은 삼위 하나님이 하나이신 것처럼, 교회도 하나님과 하나가 되고 형제자매끼리 지체 의식을 가지고 하나가 되도록 기도하셨다.

그리스도의 선물의 분량대로(*kata to metron tes doreas tou Christou*) 하나님은 은혜를 주셨다(7절). 교회의 통일성은 예수님이 주시는 은사(선물)의 다양함 속에서 하나 됨이다(참고. 고전 12:4). 모든 은사를 받은 사람은 없으므로, 서로서로 도와야 한다. 성도가 받은 은사의 다양함을 설명하기 위해서 바울은 8절에서 유대인들이 오순절에 읽었던 시편 68편 18절을 인용한다. 시편 68편에서 다윗은 출애굽 시에 이스라엘 앞서 행하심으로 시내 산에서부터 계속 이스라엘을 인도하시며 적을 물리치시고 결국 시온 산에서 높아지신 승리의 하나님을 바라보면서 다윗 시대에도 승리를 주시기를 간구한다. 바울은 이것을 예수님께서 죽으시고(낮아지심; 9절) 무덤에서 부활 승천하심(높아지심)으로써 원수 사탄을 물리치시고 성령의 은사를 주신 것으로 설명한다.[1467]

칼빈(1993:332)은 예수님의 승천을 하나님이 거두신 승리 중에 '가장 위대한 승리'로 본다. 그리고 칼빈(1993:333-334)은 바울이 시편 68편을 인용할 때 의도적으로 말을 바꾸었다고 본다. 그 이유는 바울 당시의 형편에 맞는 자기 자신의 표현 방법을 사용하기 위함이다. 바울은 그리스도의 모습으로 승천하신 하나님이 이전까지의 교회의 승리들보다 훨씬 더 큰 것임을 보여주고자 한다. 왜냐하면(죄, 사망, 사탄에 대한) 정복자(예수님)가 모든 사람에게 자기의 선물을 값없이 나누어 주는 것은, (다윗과 같은 구약의 왕들이) 패전한 사람들로부터 전리품을 빼앗아 나누어 갖는 것보다 훨씬 훌륭하기 때문이다.

승천하신 예수님이 그 권세로 교회에게 성령과 은사를 주셔서 만물 가운데 그 통치의 권세를 충만하게 하신다(10절). 따라서 성도는 받은 능력과 분량대로 일을 함으로써 그리스도의 몸이 균형 있게 자라가도록 해야 한다. 예수님이 성도를 온전케 하며 봉사의 일을 하여 그리스도의 몸을 세우도록 사도(12제자, 바울과 같은 이들), 선지자(정경이 완성된 후로는 선지자가 없음),

1465) 나지안젠의 그레고리(Gregory of Nazianzen)는 "높으신 삼위 하나님에 대한 생각에 곧바로 사로잡히는 것 없이는 나는 한 분 하나님에 대해서 생각할 수 없고, 또한 갑자기 그 한 분 하나님에게로 이끌려 가는 것 없이 나는 삼위 하나님에 대해 명확하게 깨달을 수 없다"고 진술하고도 의미심장하게 고백했다.

1466) E. 케제만과 마틴(J.L. Martyn)과 같은 역사비평가들은 에베소서를 바울 이후의 저작이라고 주장하는데, 초기 가톨릭주의(the early or incipient catholicism)가 이방인과 유대인을 섭렵하는 우주적 교회의 통일성이라는 주제에 나타나는 것으로 본다. 하지만 교회의 통일성이라는 주제는 에베소서보다 더 일찍 기록된 것으로 여겨지는 고린도전서 1장 1절과 12장 4-6절에도 등장하는 주제이다(참고. Bruce, 1984:237).

1467) 9절의 B와 다수 사본은 '먼저(*proton*) 내려오셨던'으로 쓴다. 그리고 '땅의 낮은 곳'에서 '곳'에 해당하는 명사 *mere*(part, 부분)를 파피루스 46, D, F, G 사본 등은 생략한다. NIV는 9-10절을 괄호로 처리하는데, 삭제하는 것이 옳다.

복음 전하는 자(모든 성도는 전도자이지만, 그러나 복음전도의 특별한 은사를 받은 자를 지칭하는 것 같음), 목사 그리고 교사(혹은 목사 곧 교사)로 주셨다(11-12절; 보라. 권성수, 2003:192, 《에베소서, 어떻게 설교할 것인가》). 여기서 은사가 직분과 연결되어 있다(참고. 벧전 4:10). 크리소스톰과 어거스틴과 달리 칼빈(1993:338)은 목사와 교사를 구분한다. 즉 전자는 양 무리를 돌보고 가르치는 자이며, 후자는 성경 해석에 특별한 은사를 받은 자이다. 칼빈은 사도, 선지자, 그리고 복음 전하는 자는 사도 시대에 한정되는 것으로 본다(참고. 행 21:8; 엡 2:20, 3:5; 딤후 4:5).

예수님을 믿는 것과 아는 일에 하나가 되어, 온전한 사람을 이루어 그리스도의 충만하심의 장성한 분량에까지(*eis metron helikias tou pleromatos tou Christou*) 이를 것인데(13절; 참고. '성도의 푯대이신 그리스도', 빌 3:10-14), 어린아이가 되지 아니하여 사람의 궤술과 간사한 유혹에 빠져 모든 교훈의 풍조에 밀려 요동치 않게 하려 함이다(14절; 참고. 벧전 2:1; 요일 4:1-3; 유 4). 그리스도는 교회가 열망해야 하는 성숙의 표준이다. '그리스도의 충만하심'이란 예수님의 신성과 인간적 완전함에 관한 온전한 표현이다(참고. 엡 1:23, 3:19). 오히려 사랑 안에서 참된 것(진리)을 (말)하여 (NIV) 범사에 그분에게까지 자라야 한다. 그분은 교회의 머리이신 그리스도이시다(15절; 참고. 엡 5:23). 예수님에게서 온몸이 각 마디를 통하여 도움을 입음으로 연결되고, 결합하여 각 지체의 분량대로 역사하여 그 몸을 자라게 하며 사랑 안에서 자신을 세워간다(16절). 바울은 '몸의 은유'를 통해서 성도 각 자가 나름대로 중요한 역할을 해야 함을 설명한다. 교회는 성도의 어머니이다.

2.2. 에베소서 4장 17-24절의 메시지

이제부터는 이방인이 그들의 마음의(참고. 바른 성경과 개역개정판은 '그 마음의'로 모호하게 번역함) 허망한 것으로 행함같이 에베소 교회도 행하지 말아야 한다(17절). '마음'은 사람의 생활 가운데 가장 우위에 위치한 것으로서 이성의 거처이며, 의지를 관할하고 사악한 욕망을 억제시켜 주는 기능을 말한다(참고. 칼빈, 1993:348). 그들의 지각(*dianoia*)은 어두워져 있으며, 그들 속에 있는 무지와 완고함 때문에 하나님의 생명에서 떠나 있다(18절). '하나님의 생명'은 하나님께서 중생의 성령으로 말미암아 택하신 백성에게 주신 생명을 가리킨다. 성도의 하나됨과 성숙을 위해서 옛사람의 특성인 '무지와 완고함'을 버려야 한다. 무지와 독단은 하나님의 생명에서 떠나 죽음에 이르게 한다(참고. 롬 1:18-32). 적용해 보면, 하나님의 뜻과 소원, 성경과 말씀의 원칙을 무시하고 옛사람으로 살면서 방탕하게 살면서 독단적으로 판단하고 사는 사람만큼 위험한 사람이 없다. 아무리 말씀으로 권면하고 가르쳐 주어도 귀를 막고 듣지 않으면서 그릇된 길을 걸으면서도 자기가 옳다고 생각한다면 아무도 도와줄 수 없다.

그들은 '감각 없는 자'(*apalgeo*, 무디다, 감각 없다)가 되어[1468] 자신을 방탕에 방임하여 모든 더러운 것을 욕심으로 행하되(19절), 오직 에베소 교회는 그리스도를 이같이 배우지 아니했다(20

1468) 19절에서 D, F, G 사본은 '감각 없는 자들이 되어'(*apelgekotes*) 대신에, '절망한 자들이 되어'(*apelpikotes*)로 쓴다.

절). '방탕'은 하나님의 성령으로 통제되지 않을 때 육체의 무절제와 방종으로 생활하는 것을 가리킨다. "진리가 예수님 안에 있는 것같이, 너희가 과연 그분에게서 듣고 또한 그분 안에서 가르침을 받을진대(21절; *ei ge*, 확신 있는 가정), 유혹의 욕심을 따라 썩어져 가는 구습을 좇는 옛사람을 벗어버리고, 오직 성령으로써(*to pneumati*)[1469] 계속해서 새롭게 되어(*ananeousthai*, 현재 수동태 부정사, 23절), 하나님을 따라 의와, 진리의 거룩함으로 지으심을 받은 새사람(*kainon anthropon*)을 입어라"(24절). 새사람은 그리스도 안에서 회복된 하나님의 형상을 가지고 있다(참고. 고후 3:18, 5:17). '옛사람'은 모태로부터 선천적으로 타고나는 죄악 된 자연적인 성품, 첫 사람 아담의 후손이 가지고 있는 성품을 의미한다. NIV는 3개의 부정사(22절의 *apothesthai*, to put off, 23절의 *ananeousthai*, to be made new, 24절의 *endysasthai*, to put on)를 '직설법'으로 번역함으로써, 진리를 아는 사람에게 나타나는 마땅한 결과로 소개한다. 하지만 23절과 24절의 부정사를 '명령형'으로 기록하는 사본들도 많다. 바른 성경은 '진리의 의와 거룩함으로'라고 번역한다. 오히려 '진리의 의와 진리의 거룩함으로'라고 번역할 수 있다.

2.3. 에베소서 4장 25-32절의 메시지

이 단락에서 바울은 새사람의 구체적인 모습을 네 쌍으로 설명한다. 거짓 대신 참된 것, 분 대신 화해, 도적질 대신 구제, 더러운 말 대신 선한 말. 성도가 거짓을 버리고 이웃으로 더불어 참된 것을 말해야 하는 것은 성도가 서로 지체(*mele*)가 되었기 때문이다(25절). 성도는 범죄와 무관한 거룩한 분노를 가지고, 혹 분을 품더라도 신속히 풀어야 할 것을 "분을 내어도 죄를 짓지 말며, 해가 지도록 분을 품지 말라"고 표현한다(26절; 참고. 신 23:13-15; 시 4:4; 마 5:21-26). 분노의 감정을 사용하여 역사하는 마귀에게 기회를 주지 말아야 한다(27절). 도적질 하는 자는 '자신의'(*idiais*, 파피루스 46과 B는 생략함) 두 손으로 직접 부지런히 일하여 빈궁한 자를 도와야 한다(28절; 참고. 롬 12:11; 살후 3:10). "저주와 악독이 가득한 더러운 말은 입 밖에도 내지 말라. 덕을 세우는 데 '필요한 대로'(*tes chreias*; 참고. D, F, G 사본은 '믿음으로') 선한 말을 하여 듣는 자들에게 은혜를 끼치게 하라"(29절; 참고. 골 4:6).

인격적이신 하나님의 성령을 계속해서 근심하게 하지 말아야 한다(*me lypeite*, do not grieve). 왜냐하면 성도는 성령 안에서 구속의 날(예수님의 재림 때)까지 인치심을 받았기 때문이다(30절; 참고. 롬 8:23). 성령께서 성도 안에서 편안하고 즐거운 거처를 삼아 기쁘게 거하시도록 하라는 의미이다(참고. 칼빈, 1993:358). 모든 악독(bitterness, 쓴 마음과 쓴 말, 화해를 거절하는 앙심)과 노함(wrath, 뜨거운 분노)과 분냄(anger, 차가운 분노)과 떠드는 것(clamor, 싸우면서 혈기를 부리고 버럭버럭 소리 지르는 것)과 훼방하는 것(slander, 남에 대해 나쁜 말을 하는 것)을 모든 악의(악한 음모)와 함께 버려야 한다(31절; 참고. 권성수, 2003:201). '악독'이 먼저 언급된 이유는 그 뒤의 목록을 초래하기 때문이다(참고. ESV Study Bible, 2008:2270). 대신 서로 인자하게 하며 불쌍히 여기며 서로 용서하기를 하나님이 그리스도 안에서 우리를(B, D, 다수 사본; 참고.

1469) 이것이 사람의 마음이라면 로마서 12장 2절에 적합하다.

'너희를', 파피루스 46, 시내 산, A 등) 용서하심같이 해야 한다(32절).[1470]

3. 오늘에의 적용

직분의 다양함과 공동체의 하나 됨을 조화시키자.

외모 지상주의, 얼짱, 몸짱, 생얼 미인을 찾는 시대에 진정으로 중요한 것은 우리 속에 있는 하나님의 형상을 가꾸는 것이다.

분노와 성을 내는 것의 파괴력은 얼마나 큰가?

에베소서 5장

1. 본문 및 구조

- 사랑을 입은 자녀(1-2)
- 빛의 자녀들처럼 행하라(3-14)
- 지혜 있는 자가 되라(15-21)
- 부부가 지켜야 할 것들(22-33)

2. 구원 계시사적 메시지

2.1. 에베소서 5장 1-2절의 메시지

닐 알렉산더(Neil Alexander)는 에베소서를 '오늘을 위한 편지'라고 불렀다. 현대인에게 주는 메시지가 분명하다는 의미이다. 우리가 믿고 알아야 할 이론과 행해야 할 실천을 에베소서 5장은

1470) 배재욱(2010:11-18)은 에베소서 4장 25-32절 전체를 '분노'(*orge*)에 초점을 모아 설명한다. 바울은 인간 심성 깊이 남아 있는 '분노'라는 본성을 인정한다. 누구든지 분을 낼 수 있지만, 한계치를 벗어나면 자신과 타인에게 상처를 입힌다. 그런데 바울은 왜 25절과 29절에서 말과 관련하여 하지 말아야 할 것과 해야 할 것을 따로 구분하여 교훈하는가? '말'은 '분노'(26절, 31절)와 밀접히 연관되어 있기 때문이다. 바울은 분노를 극복할 수 있는 적극적인 대책을 교훈한다. 그것은 상처 입은 자아를 치유하며 자기 연민으로부터 건져 내도록 하는 효과를 가지며 자신보다 더 어려운 사람을 돌보는 '구제'와 분노를 잊게 만들고 인간의 정신과 육체를 강건하게 하는 '노동'이다(28절). 그리고 분노에 대한 다른 적극적인 대책은 인격적인 성령님께서 말과 분노로 인해 근심하시지 않도록 하는 것이다(30절). 성령님은 사람의 분노를 치유하시고 긍정적으로 바꾸신다. 또한 분노는 남에게 친절과 인애와 용서를 베풀 때 극복 가능하다(32절). 그것은 노하기를 더디 하시고 참으시는 하나님을 기억하고 닮음으로써 가능하다(시 103:8).

가르쳐 준다. 바울은 1절에서 에베소 교회를 향하여 '사랑을 입은 자녀'(*tekna agapeta*)라고 부른다.[1471] 2절에서도 에베소 교회를 '그리스도의 사랑을 받는 자'(*ho Christos egapesen hymas*)라고 부른다. 예수님이 죽기까지 우리를 사랑하듯이 서로 사랑하는 자가 되라고 권면한다. 우리가 누구를 본받는 것은 목표가 분명하기에 즐거운 일이다. 그때 우리는 어느 정도까지 닮아 가고 있는지 알 수 있기에 구체적으로 계획을 세우고 점검해 갈 수 있다. 마찬가지로 우리가 하나님을 본받는 것은 고역이 아니라 복된 초청이다. 그것은 억지로 할 일이 아니다. 주님을 닮아 가는 것은 우리 전 인생에 있어서 최고의 목표이다.

2절에 의하면, 하나님을 본받는 것은 곧 예수 그리스도를 본받는 것이다. 예수님은 향기로운 제물과 생축(*thysia*, 희생)으로 드려진 삶, 즉 철저히 자신을 버리는 삶을 사셨다. 주님은 이 세상에 속한 분이 아니셨다. 예수님의 삶은 하나님을 드러내는 삶, 아버지 하나님이 맡겨 주신 사명을 이루는 것이었다. 예수 그리스도 안에서 우리는 하나님의 사랑을 입은 자녀가 되었다. 사랑을 입은 자녀답게 예수님을 닮는 것이 하나님을 본받는 생활이다. 사랑받고 있다는 자부심을 가지고 살아야 한다. 하나님의 사랑이 아직 우리가 죄인 되었을 때 그리스도께서 향기로운 제물로 죽으심으로 확증되셨다(롬 5:8). 우리에게 주신 달란트를 가지고 충성하고 헌신하여 주님이 맡겨 주신 사명을 이루는 것이 주님을 본받고 닮아 가는 삶이다.

2.2. 에베소서 5장 3-14절의 메시지

이 단락에서 명령형 동사는 총 9개 등장한다. 따라서 성도의 실천을 강조한다. 에베소서 5장 3-14절에서 바울은 빛의 자녀는 어떻게 살아야 하는지를 설명한다. 한때 어둠에 속했지만, 우리는 빛의 자녀로 살고 있다. 빛은 본래부터 어둠을 이기게 되어 있다. 아무리 캄캄해도 일단 전등이 켜지면 어둠이 물러간다. 하나님은 빛이시다. 그러므로 우리는 빛 되신 하나님을 반영하고 드러내면서 살아야 한다. 하나님은 완전한 빛 가운데 거하시는 거룩하신 분이시다. 그러므로 우리가 빛의 자녀로 살기 위해서는 완전해야 한다. 우리가 하나님을 닮는 것은 하나님의 완전하심을 닮아 가는 것이다. 창세기 17장 1절에서 하나님은 아브라함에게 내 앞에서 행하여 완전하라고 명하신다. 마태복음 5장 48절에서도 예수님은 제자들에게 하늘에 계신 너희 아버지의 온전하심과 같이 너희도 온전하라고 말씀하셨다. 하지만 이것은 우리가 완전무결해야 한다는 명령이 아니다. 우리는 이 땅에서 그렇게 될 수 없다. 우리는 하나님의 뜻대로 살고 하나님을 닮기에는 너무 부족하고 부적합한 사람이다. 그럼에도 불구하고 우리 삶 속에서 나의 자아를 죽이고, 주님이 주신 사명을 이루면서, 하나님의 모습을 드러내며 살려고 노력해야 한다. 분명한 것은 하나님이 우리를 향해서 가지고 계시는 뜻은 완전하다는 사실이다. 그러나 우리는 삶의 구석구석에 어느 정도, 몇 % 그 뜻을 이루고 있는가?

하나님을 닮기 위해서 빛의 자녀인 우리가 버려야 할 성품도 많다. 음행(불법적인 성행위),[1472]

1471) 2절에서 '우리를 사랑하시어'(바른 성경, 파피루스 46, 시내 산 2판, D, F, G, 다수 사본), '너희를 사랑하신'(개역개정판, 시내 산, A, B, P)으로 나뉜다. '너희를'이 사본상의 지지를 더 받는다.

(성적인) 온갖 더러운 것(성적 및 도덕적), 탐욕들(참고. 출 20:17), 누추함(저속한 행동), 어리석은 말(어리석고 죄악 된 말), 희롱의 말(저속하고 외설적인 말, 천한 농담)을 버리라고 3-4절에서 말씀한다. 심지어 그 이름도 부르지 말아야 한다. 교회는 말과 행실을 모두 경계해야 한다. 이런 경고를 이해하려면 배경을 살펴보아야 한다. 바울은 지금 터키의 에베소 교회에게 편지를 쓴다. 그 당시 에베소에는 아데미 여신을 위한 축제가 있었다. 풍요와 다산을 주관한다고 믿어진 아데미를 위해 에베소 사람들은 술을 마시고, 음행을 했다. 에베소인들이 음행을 하니 언어생활에 있어서 누추하고 어리석고 희롱의 말을 많이 했던 것이다. 마찬가지로 이것은 우리 시대에 성적인 타락과 사주팔자, 오늘의 운세, 궁합 보는 것, 제사 지내는 것, 노름, 뇌물과 로또 복권과 관련된 물질에 대한 탐욕과 다를 바 없다.

5절에 의하면, 음행, 더러운 자, 탐하는 자는 우상 숭배자로서 그리스도와 하나님 나라를 기업으로 받지 못한다.[1473] '그리스도와 하나님 나라'라는 표현은 성부께서 자신의 나라를 그리스도께 주셨는데, 우리는 그 아들을 통해서 그 나라를 상속하기 때문이다(참고. 칼빈, 1993:364). 바울은 탐심하는 자를 '우상 숭배자'(*eidololatres*)로 규정한다(참고. 골 3:5). 왜 그런가? 하나님 한 분으로 만족하지 못하고 다른 그 무엇을 계속 욕심내고 하나님보다 더 사랑하기에 그것이 곧 우상 숭배가 되기 때문이다. 즉 하나님의 자리에 물질을 올려놓았기 때문이다. 하나님의 진노는 비(非)진리로 교회를 미혹하는 불순종의 아들들에게 임하는데, 빛의 자녀인 교회는 거기에 동참하면 안 된다(6-8절). "빛의 자녀들처럼 행하라"는 8절은 긍정적 명령이다.

9절에서 바울은 그 빛의 그 열매(*ho karpos tou photos*)를 맺으라고 권면한다.[1474] '열매'는 단수형이다. 성령의 열매와 비슷하다(참고. 갈 5:22-23). 그리고 어둠의 일에 참예하지 말고, 그 어둠의 일에 참여하는 사람을 책망해야 한다(11절). 불법을 행하는 것을 권장하는 친구의 요구를 거절해야 한다. 즉 그릇된 일은 동참하지 말고, 불법을 행하는 자를 사랑으로 지적해 주고 거부하라는 뜻이다. 요한복음 8장 12절은 세상의 빛은 어두움에 다니지 아니한다고 말씀한다. 빛의 열매를 맺기 위해서는 주님이 무엇을 기뻐하시는지 분변해 보아야 한다(10절). 개역개정판은 '시험하여 보라'로 번역하지만 *dokimazo*는 '입증하다, 분변하다'라는 뜻을 가진다(참고. 바른 성경). 빛의 열매는 착함(선함, 관대함), 의로움, (거짓이 없는) 진실함에 있다. 그러나 어둠의 일은 은밀하고 부끄러운 것이며 장차 책망 받을 것이고 결국은 아무 열매도 없는 것이다(11-13절; 참고. 눅 8:17; 요 3:20-21). 13절은 '빛으로 폭로되는 모든 것들(즉 열매 없는 어두움의 일들, 11절)은 드러나게 된다'라고 번역할 수 있다. 어둠은 죄를 덮어 두지만, 빛은 죄를 드러낸다. 빛에 의해서 드러나고 폭로되는 모든 것들은 또한 빛이 된다(14절). 그리스도의 복음의 빛은 죄인을 회개시키고 변화시켜서 빛의 자녀로 만든다. '은밀히 행하는 것들'을 신비스러운 제의만 가리키는 것으로

1472) 명사 *porneia*는 간음, 음행, 동성애 등을 총망라한다.

1473) 5절의 "유업을 얻지 못한다"는 현재 능동 직설 3인칭 단수(*echei*)를 사용한다. 범죄 가운데 있을 때 천국을 경험할 수 없다.

1474) 9절에서 다수 사본은 갈라디아서 5장 22절처럼 '성령님의 열매'로 쓴다. 하지만 뒷구절에서도 '빛'의 기능을 언급한다.

제한해서 볼 이유는 없다.

바울은 14절에서 "잠자는 자여, 깨어서 죽은 자들로부터 일어나라. 그리스도께서 너에게 비추실 것이다"라고 말한다(참고. 사 26:19, 51:17, 60:1).[1475] '책임을 다하지 않고 세상 재미에 빠진 자들이여 깨어나서 마땅히 빛을 비추며 살아라'는 의미이다(참고. 요 5:25).

2.3. 에베소서 5장 15-21절의 메시지

하나님을 닮기 위해서 성령 충만하여 지혜 있는 자처럼 하나님의 뜻을 알고 세월을 아끼면서 (*eksagorazoo*, to redeem, 즉 시간을 바른 방향으로 사용함) 지혜롭게 살아야 한다고 말씀한다 (15-16절). 이유는 때(*hai hemerai*)가 악하기 때문이다. 즉 교회와 복음의 대적이 왕성하게 활동하고 있기 때문이다. 구원을 받지 않고는 하나님께 시간을 바칠 수 없다.

성도가 어리석은 자가 되지 말고 주님의 뜻이 무엇인가 이해하기 위해서(17절), 술 취하지 말고, 성령의 충만을 계속해서 받아야 한다고 말씀한다(18절). 이 시대는 술기운으로 살 수 있는 세상이 아니다. 건전한 정신으로 살아야 한다. 거듭난 이성(the regenerated reason)으로 판단하며 살아야 한다. 성령 충만은 지정의가 성령의 인도와 통제를 받는 상태이다. 즉 주님의 뜻을 분별할 수 있는 상태이다. 성령 충만한 사람은 예배의 삶 즉 '시'(*psalmois*)와 '찬미'(*hymnois*)와 '영적인 노래'(*odais pneumatikais*)를 부른다(19절).[1476] 성도는 성령께서 주시는 기쁨의 열매인 찬양으로 신앙을 고백한다. 그 입에는 마음에서 흘러나온 찬양과 감사와 곡조 담긴 기도가 늘 있다. 그리고 범사에 예수님의 이름으로 하나님께 감사한다(20절). 성령 충만한 사람은 그리스도를 경외하는 사람이기에 피차 복종하는 삶을 산다(21절). 부모, 선생, 권세자, 그리고 직분자의 권위를 무시하지

1475) 14절에서 개역개정판에서는 '그리스도께서'로 올바르게 쓰지만, 바른 성경은 '주께서'로 잘못 쓴다. 하지만 바른 성경은 '죽은 자들로부터'(*ek ton nekron*)라고 올바르게 번역하지만, 개역개정판은 '죽은 자들 가운데서'라고 의역한다. 참고로 D사본은 14절 마지막 절을 "네가 그리스도를 만질 것이다"로 이상하게 쓴다(참고. 매츠거, 2005:523).

1476) 19절에서 파피루스 46과 B는 '영적인'을 생략한다. 그런데 '시와 찬미와 신령한 노래'는 찬양의 상이한 주제(subjects)를 지칭하는가?(제롬) 아니면 세 가지 다른 근원(sources)을 가리키는가?(베자, 그로티우스) 아니면 세 가지 다른 형식(forms)을 가리키는가?(어거스틴) 아마 시편에 대해 언급하는 삼중 묘사로 보인다. 왜냐하면 에베소 교회에 시편 외에 다른 노래가 있었다는 명백한 증거가 없다. '찬미'는 마 26:30절에서도 '할렐 시편'(시 113-118편)을 가리키는 용어로 사용되었다. '신령한 노래'(spiritual songs)는 성령께서 영감시키신 노래라는 뜻으로 에베소 교회가 알고 있었던 시편송이다. 그리고 LXX에서는 시편의 표제가 있는데, '시'라고 되어 있는 것은 총 67편, '찬미'는 6편, 그리고 '신령한 노래'는 35편이다. 나머지는 이 3개 중 두 가지가 혼합된 형태이다. 일반적으로 '시'는 가장 넓은 의미로 사용되어 하나님의 위대하심과 그분에 대한 성도의 반응을 나타낸다. '찬미'는 하나님께 찬양을 드리는 하나님의 백성들의 영혼을 고양시키고, '신령한 노래'는 하나님께서 성도의 모든 생활 영역에서 얼마나 중요한 분이신가라는 사실을 분명하게 표현한다. 한국교회는 개인의 신앙의 체험과 고백 중심의 찬송에서 시편송으로 전환할 필요가 있다(참고. 대상 16:7-9; 마 26:30; 엡 5:19). 물론 공예배에서 구약은 물론 신약 성경에 나타난 구속사의 성취적 내용을 기리는 찬송도 불러야 한다(보라. Kortering, 2007:146-148). 참고로, 위의 주장과 다른 설명도 있다. 하재송(2010:18)은 '시'를 구약의 시편을, '찬송'은 하나님을 찬양하는 노래로서 일차적으로 성경에 있는 많은 노래를, '신령한 노래'는 성령님으로 말미암는 영적이며 일반적인 노래로서 즉흥적인 성격을 띠기도 한다고 주장한다.

않고 세우고 인정한다. 사람을 차별하지 않고, 특히 연소자와 약자의 권리를 무시하지 않고 존중한다. 적용해 보면, 성령 충만하면 고난까지도 감내하여 하늘의 기쁨을 맛본다. 진리를 기뻐한다. 원망 대신에 쉬지 말고 기도한다. 불평 대신 범사에 감사한다. 성령 충만하지 못하면 눈동자에 힘이 없고, 표정이 어둡다. 무언가에 눌린 것 같다. 삶에 활기가 없다. 성령 충만한 사람은 하나님의 다스림으로 충만하기에 다른 사람에게 좋은 영향력을 미친다.

2.4. 에베소서 5장 22-33절의 메시지

바울은 먼저 아내들에게 권면을 준다(22절; 참고. 골 3:18-4:1). 동사가 없는 22절에 다수 사본은 의미를 분명히 만들기 위해서 '복종하라'(*hypotassesthe*, 현재 중간태 명령 2인칭 복수)를 추가한다. 부부 관계가 부모와 자녀의 관계보다 우선한다는 뜻이 담겨 있다. 부부 관계는 사회 관계보다도 우선한다. 적용해 보면, 세상적으로 성공하더라도 부부 관계가 원만하지 못한 것은 무엇이 우선적인 것인지 몰라서 그렇다. 직장과 자녀 교육보다 더 중요한 것이 부부 관계이다. 건강한 부부 관계를 이루고 그 속에서 천국이 이루어진다면, 그것을 보고 자란 자녀들은 건강하게 자랄 수밖에 없다. 그래서 하나님은 기도할 시간을 얻는 것 외에 다른 이유로 부부가 장기간 별거하는 것을 허용하지 않으셨다. 합의상 기도하는 것 외에 부부가 오래 떨어져 있으면 사탄이 역사하기 때문이다(참고. 고전 7:5). 부부 관계가 성령의 인도하심 속에 유지되지 못하면 부모와 자녀 관계 그리고 사회 관계에 실패한다. 하나님이 기뻐하시는 부부 관계는 결혼과 동시에 자연스럽게 유지되는 것이 아니라 힘을 쏟아부어야 유지된다. 성도의 부부 관계에서 하나님 나라가 이루어지기 위해서는 아내들이 리더십을 발휘하는 머리인 남편에게 복종해야한다(23절; 참고. 고전 11:3). 하나님은 남편을 가정의 가장으로 삼으셨기에 아내는 남편의 권위를 인정해야 한다. 이것은 예수님이 교회의 머리이시기에 교회가 순종하는 것과 같은 원리이다(24절).[1477] 예수님의 신부인 교회가 신랑 예수님의 요구와 명령이 힘들다고 뿌리치고 떠나 버릴 수 있는가? 우리가 생각할 때 예수님은 보수적이고 고리타분한 분이기에 성격이 맞지 않다고 주님과 이혼해 버릴 수 있는가? 이것을 종합해 보면, 성령 충만한 상태에서 아내가 남편에게 범사에 복종한다면 성격차이로 인해 이혼할 수 없다. 부부관계는 우리와 하나님의 관계 다음으로 중요하고 기본적인 관계이기에, 성령 충만한 가운데 그리스도를 닮는 가운데 반드시 지켜야 한다. 이혼은 하나님께서 미워하시는 것이며, 사탄이 하나님의 가정을 파괴하는 것이다. 아내들은 남편에게 모든 일에 순종하여 가장으로서의 권위를 세우는 데 힘써야 한다. 이것은 성령 충만 없이는 안 된다. 아내가 범사에 순종하는 것은 남편보다 열등하기 때문이 아니다. 이것은 성도의 가정에 하나님이 세우신 은혜의 질서이다.

예수님이 생명 바쳐서 교회를 사랑하셨듯이 남편은 아내를 사랑해야 한다(25절). 적용해 보면, 남편의 권위는 지배적이며 명령적일 때 나오는 것이 아니다. 오히려 사랑하고 책임지는 모습에서 가장의 권위가 생긴다. 가장의 권위는 가정에서 군림하라고 주신 것이 아니라 섬기고 책임지라고

1477) 24절의 접속사 '그러나'는 반대의 뜻을 강하게 가지지 않는다(참고. Bruce, 1984:385).

주신 것이다. 이 권위를 잘못 사용할 때 아내도 자녀도 그 권위를 인정하지 않고 벗어나려고 한다. 남편이 밖에서 돈 벌어다 주면 권위가 생기는가? 아버지로서 아내와 자녀를 위해서 헌신과 사랑 그리고 희생하는 권위가 필요하다. 이것이야말로 우리 예수님이 세상 사람을 섬기신 모습이 아닌가! 예수님은 십자가에서 죽으시기까지 우리를 사랑하셨고, 간음한 여인도 불쌍히 여기시고 사랑하셨다(참고. 요 8장). 이것이 예수님의 사랑이 아닌가! 그렇다면 이 예수님의 교회를 향한 사랑에 기초한 남편의 사랑은 목숨을 아끼지 않고 사랑하는 것이어야 하고, 아내의 허물을 용서하는 사랑이 되어야 한다(28절). 26절의 물로 깨끗하게 씻는 것은 세례를 가리킨다(참고. 겔 16:1-13; 롬 6:3-4). 26절의 '말씀으로 깨끗하게 하여'는 말씀을 떠난 성례는 아무런 효력이 없음을 의미한다. 26-27절을 적용하면, 남편은 하나님의 말씀으로 자기 아내가 거룩하고 티나 주름 잡힌 것이 없도록 도와야 한다. 자기 아내를 사랑하는 것은 자신을 사랑하는 것이다. 결혼은 두 사람이 하나가 되는 연합이기 때문이다. 물론 티나 주름이 없는 완전한 상태는 몸의 부활 때 가능하다.

누구라도 언제든지 자신의 육체를 미워하지 않고 자신을 양육하고 보살피기를 그리스도께서 교회를 위해 하시듯이 한다(29절). 왜냐하면 우리가 그분의 몸의(참고. 개역개정판은 '그 몸의'라고 모호하게 번역함) 지체들이기 때문이다(30절). 다수 사본은 30절 끝 부분에 '그분의 살과 그분의 뼈 중의'를 추가한다(참고. 창 2:34).

남편과 아내는 한 몸이기에(31절), 아내를 사랑하는 것이 곧 남편 자신을 사랑하는 것이다(참고. 창 2:24; 마 19:5; 막 10:8; 고전 6:16). 남편과 아내가 서로 사랑하고 경외해야 함을 교훈하면서, 바울은 예수님과 교회의 연합(*unio mystica*)을 '신비'(신비주의가 아님)로 본다(32-33절).[1478)]

3. 오늘에의 적용

성령 충만이 모든 관계와 일의 기초임을 기억하자.
천국을 맛보는 가정을 이루는 결혼의 실체는 그리스도와 교회의 관계임을 기억하자.

1478) "그리스도께서는 모든 은혜와 함께 자신을 그들에게(성도) 나눠주셔서 그의 것은 모두 그대의 것이 되고, 그대는 그의 지체가 되며, 실로 그와 하나가 되고, 그의 의는 그대의 죄를 가리우며, 그의 구원은 그대가 받을 정죄를 도말하신다.……우리는 그리스도를 우리에게서 분리시키거나 우리를 그리스도에게서 분리시켜서는 안 된다. 오히려 우리는 그리스도께서 자신과 우리를 결합시키신 그 친교를 용감하게 양손으로 굳게 붙잡아야 한다.……그리스도께서는 끊을 수 없는 교제의 유대로 우리와 결합하실 뿐 아니라 놀라운 영적 교제에 의해서 날이 갈수록 더욱더 우리와 한 몸이 되시며, 마침내는 우리와 완전히 하나가 되신다"(칼빈, 《기독교 강요》, 3.2.24; 비교. 《기독교 강요》 3.1.1; 3.11.10).

꧁ 에베소서 6장 ꧂

1. 본문 및 구조

- 자녀와 부모 사이의 지침(1-4)
- 종과 주인 사이의 지침(5-9)
- 그리스도인의 전투적 자아(10-24)
- 마지막 인사와 축복(21-24)

2. 구원 계시사적 메시지

2.1. 에베소서 6장 1–4절의 메시지

에베소서 5장과 6장에서 사도 바울이 에베소 교회의 가족 구성원들에게 삶에 관한 구체적인 지침을 줄 때 성령의 충만함(참고. 엡 5:18)과 예수님과 교회의 관계에 기초하여 말하고 있다. 바울에게 있어서 성도의 윤리는 예수님 중심이다. 왜 아내가 남편에게 복종해야 하는가? 예수님이 교회의 머리라는 사실 때문이다. 그리고 남편이 아내를 사랑해야 하는 것도 예수님이 교회를 사랑하신 사실에서 나온 권면이다. 자녀는 예수님 안에서 부모에게 순종해야 하고, 부모는 자녀를 예수님의 교양과 훈계로 양육해야 한다. 그리고 바울은 가족에게 행동 지침을 말하기 전에 에베소서 5장 18절에서 "술 취하지 말고 오직 성령의 충만함을 받아라"(*plerousthe*, 현재 수동 명령)고 말씀한다. 그러므로 모든 가족 구성원이 어머니, 아버지, 자녀로서 역할을 제대로 감당하려면 성령 충만해야 함을 전제로 한다. 가정에서 천국을 이루려면 예수님 중심으로 살아야 하며 성령 충만하게 살아야 한다. 적용해 보면, 성도가 가정에서 천국을 맛보고, 하나님의 의와 평강을 경험할 수 있어야 한다. 부부 관계 속에 천국이 이루어지기 위해서는 초막이나 궁궐이 문제가 아니다. 서로 혼인 서약대로 정절을 지키며 주님을 모시고 살아야 한다. 주일에 교회에서 예배드린 후에 집에 가서도 천국이 유지되고 있는가? 이를 위해 우리에게 성령 충만, 즉 성령님이 우리를 지배하시는 것이 필요하다는 말씀이다.

자녀는 '주님 안에서'(*en kyrio*, 참고. B, D, F, G 사본은 이 표현을 생략함) 부모에게 순종해야 한다 (1절).[1479] 제5계명은 "네가 잘되고 땅에서 장수하리라"는 약속이 있는 첫째 계명이다(2-3절).[1480] 십계명 이전의 계명에 약속이 동반된 경우가 있었다(참고. 창 17:1-2). 하지만 십계명 중에서 제5계명은 약속을 동반한 첫 번째 그리고 유일한 계명이다(참고. ESV Study Bible, 2008:2272). 아버지들

1479) UBS 4판은 '주님 안에서'를 [ ]로 처리한다.

1480) 주님 안에서 효도하는 사람이 일찍 죽거나, 부모에게 불순종하는 자들 가운데 장수하는 경우를 보고, 이 말씀에 의문을 제기하지 말아야 한다. 제5계명에 약속된 '땅에서의 장수'는 문자적인 의미라기보다는 '영생'으로 볼 수 있다. 그렇다고 바울이 행위 구원을 가르치는 것은 아니다.

은 주님의 교양과 훈계로 자녀를 양육하고, 노엽게 하지 말아야 한다(4절; 참고. 골 3:21). 그러기 위해서는 아버지의 신앙적인 모습이 가정에 나타나야 하고, 가정에서 영적인 제사장의 역할을 감당해야 한다. 부모가 자신의 감정대로 대하여 자녀에게 상처를 입혀서는 안 된다. 부모의 권위를 잘못 사용하거나 하나님의 언약의 자녀라는 것을 망각하고 나의 자녀라는 소유 의식을 가질 때 자녀에게 강요하고 상처를 입힌다. 바울 당시의 상황은 남자가 글을 배웠기에 자녀 교육에 아내보다 아버지가 더 적극적으로 참여해야 했을 것이다. 적용해 보면, 우리 시대의 자녀 교육은 대부분 아내의 몫인데 성경적으로 볼 때 바람직하지 않다. 욥을 보라. 그는 하나님 앞에서 자녀를 양육했다. 잔치가 마치면 자녀들이 마음으로 죄를 범했을까 봐 성결케 하고 번제를 드렸다. 욥은 자녀를 주님의 교양과 훈계로 양육한 모델이 된다(참고. 욥 1:5).

2.2. 에베소서 6장 5-9절의 메시지

종과 주인의 관계에 대해서 종은 (그리스도를 향하여) 두렵고 떨림으로(참고. 고전 2:3; 고후 7:15; 엡 5:21; 빌 2:12) 그리고 성실한 마음으로 그리스도에게 하듯이 상전을 섬겨야 한다(5절; 참고. 골 3:22-4:1; 대상 29:17; 디다케 4:11; 보라. Bruce, 1984:400).[1481] 사람을 기쁘게 하기 위해서 눈가림으로 일하지 말고(eye-service as men-pleasers), 그리스도의 종들처럼 마음으로 하나님의 뜻을 행해야 한다(6절). 종들은 전심으로 섬기기를 주님께 하듯 하고 사람들에게 하듯 하지 말아야 한다(7절; 참고. 골 3:23). 왜냐하면 각 사람이 어떤 선을 행하면, 종이든지 자유인이든 주께로부터 그대로 되돌려 받으리라는 것을 알기 때문이다(8절). 상전도 종에게 공갈(위협)을 그쳐야 한다. 주인과 종들의 하늘의 상전께서는 외모(차별적인 편애, favoritism)로 사람을 판단하지 않으심을 알기 때문이다(9절). 바울은 노예 제도를 비성경적인 것이라고 주장하면서 폐지하라는 급진적인 논리를 전개하지 않고, 대신에 그리스도인 고용인과 종은 동료 그리스도인으로서 협력하라고 권면한다. 바울은 높은 자 혹은 강한 자에게도 권면을 주기에 A.D. 1세기 그레코-로마 세계의 관습에 도전한다.[1482]

2.3. 에베소서 6장 10-24절의 메시지

바울은 마지막으로 에베소 교회가 주님 안에서 하나님의 강력한 힘으로 강건해지기를 권면한다(10절; 참고. 삼상 30:6; 수 1:7; 슥 10:12; 고전 16:13). 하나님의 강력한 힘은 이미 에베소서 1장 19-20절에서 밝히듯이 예수 그리스도의 부활을 가능하게 만든 것이다. 그리고 에베소서 3장 16절에 의하면, 그 강력한 힘은 바로 속사람을 강건하게 만드는 힘이다. 십자가 군병은 무력을 사용하거나 사람을 대항하여 싸우지 않는다(참고. 고후 10:3-4). 오히려 겉으로 드러나는

1481) 에베소 인구의 3분의 1이 노예였다(참고. ESV Study Bible, 2008:2272).

1482) 바울이 사용하는 '가정 규례'(Household Code, 루터가 사용한 독일어로는 Haustafeln)는 그리스도 중심으로 재정의 된 것으로 그 당시의 일반 사회의 규범과 '급진적인' 차별성을 가진다(참고. 골 3:18-4:1; 벧전 2:13-3:7; 보라. 윌리엄 클라인 외, 1997:691). 더 나아가 이 가정 규례는 그리스도 안에서 연합되어 한 새사람이 된 에베소 교회의 '교회 규례'(Church code)로 자리매김하게 된다.

교회와 복음의 대적이 활동하는 그 배후에 있는 사탄('통치자들과 권세자들과 이 어둠의 세상 주관자들과 하늘에 있는 악한 영들', 12절; 참고. 엡 3:10)을 대항하여 싸운다(참고. 엡 4:27; 골 2:15).[1483] 그러므로 영적인 방법으로 싸워야 하지 인간적인 방법으로 싸우면 안 된다. 우리의 힘으로 싸우지 말고 하나님의 힘으로 싸워야 한다. 바울은 하나님의 전신갑주를 소개할 때 로마 군병의 무장과 구약의 하나님과 메시아의 이미지를 혼합하고 있다. 그러므로 여기서도 삼위 하나님의 관점에서 전신갑주를 이해해야 한다.

이 전신 갑주는 바울 당시의 로마 보병의 모습과 흡사하다. 전신갑주(*panopolia=pan* [전체]+*hopla* [무기들]; 참고. panoply, 참고. 눅 11:21-22)와 그것의 의미를 차례로 살펴보면 다음과 같다(14-17절).

(1) 진리의 띠: 커다란 허리끈은 허리를 받쳐주는 동시에 하복부를 보호한다. 그리고 칼을 꽂도록 하며, 활동하기 편하도록 군복을 조이고 모아 준다. 진리의 허리띠라고 말씀함으로, 우리가 가져야 할 하나님의 진리의 말씀에 대한 확신을 염두에 두고 있다.

(2) 의의 흉배(바른 성경: '가슴 막이'): 금속으로 된 가슴판이다. 물론 등도 감싸준다. 이것은 의의 흉배이기에, 예수님에 의해서 우리에게 전가된(imputed) 의와 성령의 능력으로 우리가 적극적으로 행하는 의를 확신하면 참소자 사탄의 공격에도 굳건히 설 수 있음을 의미한다. 우리가 빛의 자녀로 살 때 의로움이라는 열매를 맺게 된다(참고. 사 11:5; 엡 5:9; 살전 5:8).

(3) 평화의 복음이 준비한 신발: 로마 군인의 튼튼한 샌들(구체적으로는 반장화였던 '칼리가') 인데, 전쟁 중에 안전성과 보호를 제공한다. 아이러니하게도, '평안'의 복음으로 준비된 자는 영적 '전쟁'에 동참한다. 예수 그리스도의 승리로 인해 가능하게 된 평화의 복음으로 준비되지 못한 사람은 세상에 동화되어 세상과 평화하기 원한다. 하나님과 평화하는 것은 세상과 평화하는 것의 반대다.

(4) 믿음의 방패: 로마 보병은 길 다란 타원형의 방패를 가지고, 머리부터 발까지 자신을 방어했다. 길이는 1m 30cm, 너비는 80cm이다. 방패는 나무로 만들었지만, 여러 겹의 가죽으로 덮고, 위와 아래 부분은 쇠로 덮었다. 역청에 적신 불화살이 날아와도(16절),[1484] 방패를 일단 물에 적셔서 방어하면 끄떡없었다. 사탄이 계속해서 비방하고 유혹해도, 그리고 우리의 감정을 상하게 하여 분노와 의심과 좌절의 불화살을 쏘아도, 성도는 하나님과의 바른 관계 속에서 주님의 신실함을 믿음으로써 사죄와 의롭게 됨을 믿고 불화살을 진화하면서 강하게 맞설 수 있다.

(5) 구원의 투구: 적의 공격에 쉽게 노출되는 머리를 보호하기 위해 구리로 만든 헬멧을 써야 한다(참고. 살전 5:8). 성도가 확신하는 구원은 현재적인 동시에 미래적이다.

1483) 11절의 '술책'(궤계, deceitful schemes)은 은밀히 수행하는 마귀의 매복 공격을 암시한다(참고. 엡 4:14; 요이 7).

1484) 그레코-로마 사람들은 (에로스와 큐피드로 불리는) 열정의 신이 불화살로 공격을 가한다고 믿었다. 그러므로 에베소서의 독자들 중 일부는 '불화살들'을 들었을 때 육욕의 시험에 대해 생각했을 수 있다(참고. 존 월튼, 2010:1847).

(6) 성령의 검: 로마 군인의 짧고(약 30cm) 곧은 칼(gladius)인데, 창을 쓸 수 없는 상황에서 마지막으로 일대일로 싸울 때 유용한 무기이다(참고. 존 월튼, 2010:1847). 이것은 하나님의 전신갑주 중에서 유일한 공격용 무기이다. 주님도 마태복음 4장 1-11절에서 좌우에 날선 그 어떤 검보다 더 예리하여 역사하는 능력의 말씀으로 마귀의 유혹을 이기셨다(참고. 고후 10:5; 히 4:12). 그런데 바울 당시의 로마 보병이 완전 무장한다면 창과 정강이 보호대(greave)가 여기에 추가된다.

바울은 그 당시의 로마 보병의 이미지뿐 아니라, 구약의 용사이신 하나님과 메시아의 이미지를 주로 이사야와 관련시켜 인용한다.1485) 이사야 59장은 1-13절에서 바벨론 포로를 초래한 죄에 대해 회개를 촉구하고, 14절 이하에서는 이스라엘의 회복과 구원을 다룬다. 여호와께서 용사같이 대적을 친히 무찌르신다(참고. 사 42:17). 이사야는 가까이는 바벨론('원수, 섬들'; 참고. 사 59:18) 포로에서의 귀환과 이스라엘의 회복을 예언하지만, 멀리는 예수님께서 원수를 물리치실 것도 예언한다(참고. 사 59:20). 바울은 하나님의 전신갑주를 설명하면서, 교회를 위한 삼위 하나님의 구원의 사역이 완결되었다는 입장에서, 이사야를 인용하고 있다. 이사야에 나타난 하나님의 전신갑주를 살펴보자.

(1) 주님은 공의로 '허리띠'를 삼으시고, 성실(신실)로 몸의 띠를 삼으신다(참고. 사 11:5). 바울은 여기서 의로우신 예수님께서 '십자가-부활-승천'으로 이미 승리하여 교회에도 승리를 보장하신 관점에서 구약의 메시아께서 치르실 전쟁을 해석한다.

(2) 구속자이신 예수님은 의로 '호심경'(흉배)을 삼으신다(참고. 사 59:17). 이사야 46장 13절에서 '의'를 메시아가 주시는 '승리의 구원'과 동의어로 소개한다(참고. 사 51:6-8; 56:1).

(3) 복음을 전하는 자의 '발'이 아름답다(참고. 사 52:7). 이 복음은 하나님의 구원과 이스라엘의 회복-승리를 가리킨다.

(4) 주님은 구원을 '투구'로 삼으신다(참고. 사 59:17). 투구는 승리의 상징 역할을 한다. 이사야가 했던 보수로 속옷을, 열심으로써 겉옷을 삼으신다는 말씀을 바울은 생략한다. 하지만 전신갑주를 입으라는 현재 수동 명령형이기에, 신적 수동태로 보면, 원수 사탄을 물리치기 위해서 전신 갑주를 입히시는 일을 이루시는 열심과 지속성을 의미한다.

(5) 성령('나의 신', 참고. 사 4:4, 32:15-20; 44:3-4)과 '말씀'(나의 말 성령의 검)이 영원토록 이스라엘과 함께하리라는 '언약'을 이루시는 신실한 하나님(참고. 사 11:4-5, 59:17, 21, 61:8). 이사야 59장에는 믿음의 방패가 빠져 있지만, 언약에 신실한 하나님을 신뢰해야 할 것을 전반적으로 전제로 하여 말씀하고 있다.

에베소서 6장 18절에 의하면, 이런 하나님의 전신갑주가 제 기능을 하려면 기도와 간구, 특히 무시로 성령 안에서 드리는 기도를 항상 깨어서 힘써서 해야 한다고 말씀한다(참고. 눅 21:36).1486) 마치 고린도전서 12-14장의 성령의 은사가 사랑으로 활용되어야 하는 것과 마찬가지

1485) 로마 보병의 이미지와 이사야 본문은 충돌하는 것이라기보다는 상호 보충적인 간본문으로 이해하는 것이 바람직하다.

1486) 칼빈은 《기독교 강요》 3.20.3에서 '기도를 해야 하는 이유'를 다음과 같이 6가지로 설명한다. (1) 우리의 마음이 하나님을 찾고, 사랑하고, 섬기겠다는 열성적이며 불타는 소원으로 불붙게 하기

이다. 진리의 허리띠, 의의 흉배, 평안의 복음의 신, 구원의 투구, 믿음의 방패, 그리고 성령의 검은 기도할 때 더욱 연결되어 강해지고 잘 활용할 수 있다. 반대로, 성령의 인도함 속에 기도하지 않으면 사탄에 의해 불의한 자로 정죄 당하고, 구원의 기쁨과 은혜가 사라지고, 말씀이 살아 역사하지 못하며, 하나님과 바른 관계가 유지되지 못하고, 모든 일을 믿음으로 행하지 못하고 인간적인 방식대로 살기 쉽다. 기도에 항상 힘쓰고 기도에 감사함으로 깨어 있어야 한다(참고. 골 4:2). 기도는 하나님의 전신갑주를 종합적으로 운용시키는 열쇠이다.

에베소서 6장 19-20절에 의하면 바울은 (로마) 감옥에 갇혀 있다. 바울이 복음을 전한 삶 자체가 영적 전투였다. 따라서 그는 복음 전파를 위해 에베소 교회에게 기도를 부탁한다(참고. 딤후 4:17). 바울은 기도라는 전투적 지원이 없이는 복음을 전할 수 없음을 알았다. 전도도 전투이지만, 기도도 전투다. 골로새서 4장 3-4절에서도 바울은 동일한 부탁을 골로새 교회에게 한다. "우리를 위하여 기도하되 하나님이 전도할 문을 우리에게 열어 주사 그리스도의 비밀을 말하게 하시기를 구하라. 내가 이것을 인하여 매임을 당하였노라. 그리하면 내가 마땅히 할 말로써 이 비밀을 나타내리라." 담대한 복음 전파를 위해 기도를 요청하는 바울에게서, 이 영적 싸움은 혼자서 치를 수 있는 성격이 아니라, 공동체의 전쟁임을 알 수 있다.[1487]

2.4. 에베소서 6장 21-24절의 메시지

두기고가 바울의 사정을 에베소 교회에게 알린다(21절). 골로새서 4장 7-8절에서 골로새 교회에게 바울의 소식을 전한 사람 역시 두기고이다. 에베소서와 골로새서가 같은 시기에 같은 장소에서 기록되었기 때문이다. 바울은 수신자들에게 평안과 믿음을 겸한 사랑을 빈다(23절). 믿음에 의해서 동반된 사랑(love accompanied by faith)이란 무엇인가? 바울은 믿음으로 에베소 교회가 우주적 교회의 일원이 되었을 뿐 아니라 남을 향해서 사랑을 실천함을 보고 기뻐하는 것과 관련 있어 보인다(참고. 엡 1:5, 15). 바울은 주 예수님을 변함없이 사랑하는 자에게 은혜가 있기를 빈다(24절; 참고. 고전 16:22). 다수 사본은 24절 끝에 '아멘'을 첨가하지만, 사본상의 무게로 볼 때 '아멘'이 없는 것이 맞다.

위해서. (2) 하나님을 증인으로 세우기에 부끄러운 욕망이나 소원이 우리 마음속에 전혀 들어오지 않게 하기 위해서. (3) 하나님이 주신 은혜를 진정한 감사와 고마움으로 받아들이기 위해서. (4) 우리로 하여금 찾던 것을 얻고 하나님이 우리의 기도에 응답해 주셨다는 확신을 가지고 그의 인자하심을 더욱 열심히 명상하기 위해서. (5) 기도를 함으로써 얻었다고 인정되는 것을 더욱 큰 즐거움으로 받아들이기 위해서. (6) 우리의 연약한 정도에 따라서 습관과 경험으로 하나님의 섭리를 확인하기 위해서.

1487) 20절 중반에 *en auto*('복음의 비밀 안에') 대신에, 파피루스 46과 B 사본은 *auto*(19절의 선행사 '복음의 비밀'을 직접적으로 가리킴)로 쓴다(참고. 매츠거, 2005:526).

3. 오늘에의 적용

가정 천국을 이루는 길은 무엇인가?
하나님의 전신갑주를 입고 영적 전쟁에서 승리하자.

【 참고 문헌 】

- Bruce, F.F. *The epistles to the Colossians, to Philemon and to the Ephesians.* Grand Rapids: Eerdmans. 1984.
- ESV Study Bible. Wheaton: Crossway Bibles. 2008.
- Kortering, J. 2007. 개혁주의 유산으로서의 시편 찬송. 진리와 학문의 세계, 16:132-153.
- Lincoln, A.T. *Ephesians.* WB.C.. Dallas: Word Books. 1990.
- Mounce, W. *Basics of biblical Greek. Grammar.* Grand Rapids: Zondervan. 1993.
- Snodgrass, K. *Ephesians. NIV AApplication Commentary.* Grand Rapids: Zondervan. 1996.
- Wallace, D.B. *Greek grammar beyond the basics.* Grand Rapids: Zondervan. 1996.
- 그랜트 오스본(ed). 《에베소서 주석》. 성서유니온선교회. 2001.
- 길성남 《에베소서, 어떻게 읽을 것인가》. 성서유니온선교회. 2001.
- 데스몬드 알렉산더 & 브라이언 로즈너(eds). 《IVP 성경 신학 사전》. IVP. 2004.
- 매츠거, B.M. 《신약 그리스어 본문 주석》. 제2판. 대한성서공회 성경원문연구소. 2005.
- 배재욱 <신약성경에 나타난 분노에서 자유를 통한 영성 회복: 에베소서 4장 25-32절을 중심으로>. 한국복음주의 신약학회 제25차 정기 논문 발표회 발제글. 3월 27일. 백석대 기독신대원. 2010.
- 배종열 《문맥에 따라 읽는 에베소서》. CLC.
  에베소서, 빌립보서, 골로새서. 어떻게 설교할 것인가. 2003. 두란노서원. 2005.
- 윌리엄 클라인, 크레그 블룸버그 & 로버트 하버드 《성경 해석학 총론》. 생명의말씀사. 1997.
- 존 월튼, 빅터 매튜스, 마크 샤발라스 & 크레이그 키너. 2010. 《IVP 성경배경주석》. IVP.
- 칼빈, J. 《기독교 강요》. 성문출판사. 1989.
- 칼빈, J. 《에베소서 주석》. 성서교재간행사. 1993.
- 하재송 <바울의 교회음악 사상: 엡 5:18-20과 골 3:16을 중심으로>. 개혁신학회 춘계 학술발표회 발표 논문. 4월 10일. 총신대학교. 2010.

빌립보서 주석

들어가면서

빌립보서는 에베소서, 골로새서, 빌레몬서와 함께 옥중 서신으로 분류되며, '기쁨의 서신'으로 불린다.

저자

바울과 디모데(빌 1:1). 문제가 된 부분은 빌립보서 2장 5-11절의 송영 부분인데, 혹자(예. 1840년대의 F.C. Baur)는 바울의 리듬이나 단어가 아니라고 한다. 혹자는 주장하기를, '이 송영 앞뒤는 도덕적인 권면인데, 어떻게 도덕적인 권면 중간에 이런 뛰어난 시를 써넣을 수 있었겠는가?'라고 의문을 제기한다. '이 송영은 바울 이전에 팔레스타인에서 기인한 것이 아닌가?'라고 추측하기도 한다. 그들은 이 송영에서 바울은 십자가를 통한 구원, 부활 그리고 교회를 거의 언급하지 않는다고 주장한다. 하지만 빌립보서 2장 8절은 분명히 십자가와 '종의 신학'(servant theology)을 언급하고 있다. 그리고 다른 바울 서신에서도 논리/논증 내용이 갑자기 바뀐 경우가 있기에, 도덕적 교훈 사이에 송영이 위치하지 못할 이유는 없다. 빌립보서 3장에서 갑자기 등장하는 듯한 비판적인 어조가 1-2장의 정중함과 다른 것도 이해할 만하다(참고. O'Brien, 1991:9-11).

수신자

빌립보에 사는 모든 성도, 감독, 집사들(빌 1:1). 그렇다면 빌립보는 어떤 도시인가? 빌립보는 마게도냐의 북동부, 데살로니가 근처에 위치한다. 빌립보는 그리스의 알렉산더 대왕의 아버지 즉 마게도냐의 '빌립' 2세에 의해 B.C. 358-360년에 건립되었기에 '빌립보'라 불렸다. 사도행전 16장 12절에서 누가는 빌립보의 중요성을 언급한다. '마게도냐 지역 첫 성이요 로마의 식민지.' B.C. 42년경 퇴역 로마 군인들이 안토니와 옥타비안에 의해 빌립보에 옮겨 와서 살게 됐다. 따라서 로마의 주(Roman province)가 아니라 로마의 시민권[1488]이 부여된 식민지(Roman colony)가 되었다. 옥타비안 황제는 빌립보 도시에 'ius italicum'(Law of Italy)을 수여했는데, 이것은 로마의 주 도시(provincial city)에 부여하는 아주 명예로운 권리로서, 로마의 '법률적인 성격'(legal character)을 빌립보가 받았다는 뜻이다. 쉽게 말하면 빌립보에는 인두세(poll)나 토지

1488) 빌립보 시민들이 시민권을 특권으로 여긴 암시가 등장하는 사도행전 16장 20, 21절을 참고하라(참고. 오스본, 2007:21).

세가 없었고 시민들이 자유롭게 재산을 구입, 양도, 매매할 수 있었다. 따라서 로마의 이데올로기, 문화와 법이 지배하던 도시였다. 빌립보서 1장 27-30절의 전투적인 용어는 빌립보의 군사적인 분위기를 반영하며, 아마 빌립보 교회의 다수는 퇴역 로마 군인들이었을 것이다. 빌립보서 2장 3절의 '서로 낫다'고 교만한 것 역시 과거의 군인 사회의 위계질서를 반영한 것이 아닐까? B.C. 168년에 로마가 페르시아를 정복한 이래 빌립보는 로마와 동양을 잇는 길인 'Via Egnatia'의 중요한 전략적 요충이 되었다. 근처에는 금광이 있었으며 바다와 비옥한 토지가 있었기에 더욱 중요했다.

역사적인 상황을 좀더 설명하면, B.C. 42년에는 율리우스 시저(Julius Caesar)를 암살한 브루투스(Brutus)와 카시우스(Cassius)가 마크 안토니(Marc Antony)와 옥타비안(Octavian)을 대항하여 싸운 곳이 빌립보이다. 빌립보 교회는 A.D. 48-49년에 바울의 전도로 세워진 유럽의 첫 번째 교회이다. 사도행전 16장 9-12절은 기록하기를 2차 전도 여행 중 바울은 도와 달라는 환상을 드로아에서 보았고, 마게도냐의 빌립보로 실라, 디모데와 누가와 더불어 갔다. 사도행전 16장은 빌립보에서의 바울의 사역을 길게 설명한다. 그곳에 유대인의 회당이 없었던 것 같으나 그들은 강가에서 기도를 했으며, 첫 회심자는 여자 루디아였고,[1489] 점치는 여자의 악귀를 쫓아내었으며, 바울과 실라는 감옥에 투옥되었다. 유대인은 소수였다. 사도행전 16장 40절은 루디아의 집이 빌립보 교회의 본거지라고 밝힌다. 그 교회는 이방인 성도가 다수였을 것이다.

기록 장소

감옥(1:7, 13, 17). 바울은 곧 석방되어 빌립보 교회를 다시 만날 수 있을 것이라고 소망한다 (1:25-26; 2:23-24). 그렇다면 어느 감옥일까?

(1) 가이사랴 감옥에서 2년간 갇혔을 때(참고. 행 23:33, 24:27)

빌립보서 1장 23절의 '시위대'는 가이사랴의 헤롯의 시위대(the whole palace guard)라는 주장이다. 이것이 맞다면 좀 이른 시기일 것이다. 여기서도 문제는 가이사랴는 빌립보에서 먼 거리에 있었다는 사실이다. 그리고 '바울을 후원해 줄 만큼 큰 교회가 가이사랴에 있었는가?'라는 문제도 대두된다.

(2) 로마 감옥이 아니라는 증거

'로마 감옥'은 전통적인 주장이다. 빌립보서 1장 13절의 '시위대'(경호대)는 약 9,000명으로 구성된 로마의 시위대라는 주장이다(참고. O'Brien, 1991:20, 93). 빌립보서 2장 19, 25절에서 바울이 디모데와 에바브라디도를 빌립보로 보낸 것은 로마 감옥에서의 일이다. 빌립보서 1장 20절과 2장 17절에서 바울의 죽음의 암시도 로마에 적합하다. 하지만 반론도 만만치 않다.

1489) 이것은 여자가 점차 빌립보의 중심적 사명을 감당할 조짐으로 보인다.

(a) 빌립보서 4장 10절은 빌립보 교회가 바울에게 선물을 보낼 수 있는 기회가 없었다고 했는데, 로마 감옥에서는 충분히 누구든지 면회할 수 있었다.

(b) 바울은 출옥하면 빌립보로 가겠다고 하는데(빌 2:24), 이 말은 로마 감옥에서 석방 후 스페인으로 가겠다던 로마서 15장 24, 28절과 상반되는 듯하다. 일정이 변경되었다면 이유를 밝혔을 것인데 밝히지 않은 것은 이상하다.

(c) 여행에 대한 언급들(빌 2:25). 빌립보는 로마에서 약 2,000km 떨어진 곳이라 여행하는데 수개월씩 소요되었다. 즉 빌립보에서 비교적 가까운 감옥이어야 여행 계획을 더 쉽게 이해할 수 있다.

(3) 에베소 감옥

고린도후서 11장 23절(참고. 고전 15:32; 고후 1:8-11)은 흔히 생각하는 것보다 더 자주 바울이 투옥되었음을 말한다. 에베소와 같은 다른 장소일 가능성도 있다는 뜻이다. 에베소는 빌립보에서 160km 떨어진 곳이기에 바울의 여행 계획에 문제가 없다. 빌립보서에 나타난 유대인과의 갈등(빌 3:2)도 로마 감옥과 같은 후기의 것보다 이른 서신과 더 일치한다. 비문은 에베소에도 시위대(palace guard, praetorian guard)가 있었다고 증거한다. 로마 감옥도 가능하지만(참고. 오스본, 2007:18; O'Brien, 1991:26), 아마 에베소 감옥일 것이다(참고. 브루스, 1978:385-386).[1490]

기록 목적

(1) 에바브로디도는 "너희(빌립보 교회가 바울에게 보낸) 사자요 나의 쓸 것을 돕는 자"였는데, 바울을 잘 돌보았으나 병에 걸려 죽게 된다. 빌립보 교회 중 일부는 에바브로디도가 너무 오랫동안 바울과 함께 거한다고 불만을 품은 자도 있었던 것 같다. 그리고 빌립보 교회는 그의 병에 대한 심각성을 잘 인식하지 못하고 있었던 것 같다. 여기에 관해 바른 정보를 제공할 필요성이 바울에게 있었을 것이다.

(2) 빌립보서 2장 25절과 4장 15-18절은 빌립보 교회가 바울에게 선물을 보냈는데, 바울은 감사의 표시를 전달해야만 했을 것이다.

(3) 빌립보 교회의 문제에 대한 지적을 위해서이다. 특히 4장 2절의 불일치와 불화의 문제, 그리스도의 십자가의 원수(3:18) 그리고 거짓 교사들(3:2-4). 빌립보 교회의 대적은 교회 내외적으로 여러 부류이었겠지만, 특히 3장 2절 이하의 강력한 대적들은 유대주의자들이었다. 혹자는 1장 28-29절을 근거해서 이방인 박해자가 있었다고 보고 이것에 대한 대응책이 기록 목적의 일부로 본다.

(4) 바울이 보내는 디모데를 빌립보 교회가 잘 환영하도록 하기 위해서(2:19).

1490) 폴크스(2005:560)는 저작 장소를 에베소와 로마 모두에게 가능성을 열어둔다.

기록 연대

에베소 감옥이라면 A.D. 55년경. 로마 감옥이라면 62년경.

내용

- 서론(1:1-2)

  감사(1:3-11) 복음 전파와 관련되어 빌립보 교회의 지지에 관한 바울의 기쁨.
- 편지 본문(1:12-4:20)

  서론(1:12-26) 투옥에도 불구하고 복음을 섬길 수 있게 되어서 바울이 기쁨.

  주요 논의(1:27-4:9)

  첫째 권면(1:27-2:2) 만일 빌립보 교회가 이단에 대항해 서 있으면 바울의 기쁨이 됨.

  둘째 권면(2:3-18) 예수님의 겸손한 낮아지심이 빌립보 교회에 있으면 바울의 기쁨이며 그들의 기쁨임.

  여행 계획(2:19-30) 빌립보 교회의 기쁨을 위해 에바브라를 보냄.

  셋째 권면(3:1-4:1) 빌립보 교회가 주님 안에서 기뻐하면 이단에 대항해서 견고히 서게 됨.

  위로(4:2-9) 성도의 기쁨은 헌신과 기도의 삶에 기초하며 하나님의 평안의 약속과 함께 함.[1491)]
- 결론(4:10-20) 빌립보 교회의 헌금에 대한 바울의 감사와 기쁨.

  편지 결론(4:21-23)

빌립보서를 수사학적으로 분류해 보면 다음과 같다.

- 서신의 서언(Prescript, 1:1-2)
- 서신적 감사와 서론(Exordium, 1:3-11)[1492)]
- 본론(body) '너희가 알기를 원하노라'로 시작하고 짧은 진술부가 뒤따름(1:12-26)
- 주장(1:27-30)
- 독자를 설득하기 위한 논의의 핵심 부분인 증명(2:1-4:3; 3:2-21은 Refutatio인데 대적의 논쟁을 다룰 필요가 있기에)
- 결론(4:4-20)
- 서신의 인사와 결론(4:21-23)

1491) 빌립보서 4장 9절에서 편지를 마치는 느낌이 들기에, 그 이후 구절들을 후대의 첨가로 보는 이도 있다. 하지만 이런 현상은 로마서에도 나타난다.

1492) 서론과 뒤따르는 부분에서 반복된 단어로는 '기쁨'(1:4, 2:2, 3:1, 4:1 등), '코이노니아'(교제, 1:5, 7, 2:1, 3:10, 4:14-15); '복음과 변증'(1:5, 7, 2:22, 4:3, 15), '확신함'(1:6, 2:24, 3:3), '생각하다'(1:7, 2:2, 5, 3:15), '사랑'(1:8-9, 1:16; 2:1-2), '그리스도 안에'(1:1, 13, 1:26, 2:1, 5, 3:14, 4:7, 19, 21), '그리스도의 날'(1:6, 10, 2:16, 3:10-11, 20-21) 등.

∽ 빌립보서 1장 ∼

1. 본문 및 구조

- 바울의 인사와 감사와 확신(1-8)
- 바울의 기도(9-11)
- 바울의 큰 소망과 기쁨(12-26)
- 연합과 외부의 대적에 대한 태도에 관한 권면(27-30)

2. 구원 계시사적 메시지

2.1. 빌립보서 1장 1–8절의 메시지

현대의 편지 작성 시 대체로 송신자의 이름을 제일 나중에 쓰지만, 바울 당시에는 송신자의 이름을 주격으로 제일 먼저 썼고, 그다음에 여격으로 된 수신자 이름, 마지막으로 부정사 *chairein*(greeting)을 썼다. '그리스도 예수님의 종 바울[1493]과 디모데는'(1절)에서 '종들'(*douloi*)은 '노예들'을 가리킨다. LXX에서 '종'은 모세(느 10:29), 여호수아(수 24:29), 다윗(시 89:20), 요나(왕하 14:25)처럼 하나님이 말씀하시는 통로 혹은 특별한 임무를 위해서 사용한 사람을 가리킨다. 하지만 여기서는 영적으로 죄에서 구원받아 자유자가 된 바울과 디모데가 주님을 섬기는 자가 된 것을 말한다. 그러나 바울 당시의 노예처럼 좋든 싫든 억지로라도 섬기는 자를 염두에 둔 것이 아니다.[1494] 바울의 사도성에 대한 도전이 없었던 빌립보, 마게도냐, 데살로니가에서, 바울은 '사도'라고 자신을 소개할 필요가 없었다(참고. 살전 1:1; 살후 1:1; 비교. 롬 1:1; 딛 1:1).

'그리스도 예수님의'(*Christou Iesou*)라는 말을 사용하여 바울은 자신이나 디모데에게 시선을 집중하지 못하도록 만든다. 가장 중요한 분은 예수 그리스도이시다. 그러므로 빌립보서는 인간 바울과 디모데의 말이 아니라 하나님의 계시임이 분명하다. '그리스도 예수님' 즉 기름부음을 받은 예수님이라는 말을 통해서 세상의 주관자는 로마 황제가 아니라 왕으로서 하나님의 기름부음을 받은 분이신 예수님임을 강조한다. 바울은 지금 감옥에서 편지를 쓴다. 복음의 전파자인 자기를 투옥해 버린 로마 황제를 세상의 주로 인정하지 않는다.

빌립보서, 데살로니가전후서, 그리고 빌레몬서에서만 편지의 인사말에서 바울은 자신을 '사도'로 소개하지 않는다. 빌립보서에서 바울이 자신을 '종'이라고 부르면서 사도라고 소개하지 않은 이유는 무엇일까? 사도라는 말을 사용하지 않아도 빌립보 교회에게 자신은 이미 확고한 신임과

1493) 유대인 이름인 사울 대신에 헬라식 이름인 바울을 쓴 것은 그 당시의 문화가 헬라 문화였기에, '바울'(*Paulos*)이라는 이름을 사용할 경우 이해력과 호소력이 더욱 있었을 것이다.

1494) 오브라이언(O'Brien, 1991:43)은 빌립보서 1장의 편지 서론과 다니엘 4장 1절의 느부갓네살의 칙령 사이의 형식상 유사점에 주목한다.

권위를 가지고 있었기 때문일 것이다.

바울은 빌립보 교회의 '그리스도 예수님 안의 모든 성도'(*pasin tois hagiois*)에게 편지 쓴다. 여기서 '그리스도 예수님 안의'는 바울이 즐겨 사용한 표현으로서(참고. 빌 1:26; 2:5; 3:3, 14; 4:7, 19), 성도가 그 안에서 살고 활동하는 영역으로서의 예수님과 관련된다. 따라서 성도와 예수님 사이의 연합 사상과 관련 있다(참고. O'Brien, 1991:46). 바울은 특정 교회의 지도층이나 인물에게만 편지를 써 보내어 관심을 보이지 않는다. 사실 바울은 교회 내의 파벌이나 분쟁을 책망했고(참고. 빌 4:2), 모든 사람을 위해 기도했으며(1:4), 모든 사람을 사랑했으며(1:7), 사모했으며(1:8), 그들 모두와 함께 계속하여 소망을 가졌고(1:25), 모두에게 문안하였다(4:21). 바울은 빌립보 교인들이 '예수 그리스도 안에 있는 성도'라고 부른다. 즉 그 누구도 자기 의로 성도가 된 것이 아니라, 예수 그리스도 안에서 즉 예수님과 연합된 덕분에 성도가 된 것이다.

바울은 빌립보 교회의 감독들(*episkopois*,[1495] 즉 말씀의 사역자들, overseers, 참고. 행 20:17; 딛 1:5-7)과 집사들(*diakonois*, 구제하는 자들)에게도 편지를 쓴다. 감독직(목사직 혹은 장로직)은 공동체 안에서 그들의 '지위'였고, 감독하는 것은 그들의 '책임'이었다(참고. 폴크스, 2005:564). 감독(목사 혹은 장로)과 집사라는 직분은 바울이 선교할 동안에 교회에 세운 것으로 매우 오래된 직분이다(참고. A.D. 44년경의 행 11:27-30; A.D. 44-50년경의 행 14:23; A.D. 52년경의 살전 5:12-13; A.D. 57-58년경의 행 17-38).

바로 이들 모두에게 "우리 아버지 하나님과 주 예수 그리스도로부터 은혜와 평강이 있기를" 기원한다(2절). 은혜란 하나님의 무조건적인 인자하심을 가리킨다. 바로 이 무조건적인 은혜의 결과가 평강이다. 즉 하나님의 인자하심과 은혜를 맛보아 아는 사람에게만 진정한 평강(샬롬)이 있다. 이 평강은 주님의 십자가 사역으로 우리와 하나님 사이의 화목하게 된 것을 전제로 한다. 그리고 물론 성령님의 역사로 십자가 사건을 믿는 것을 전제로 한다. 따라서 성부와 성자만 나타나지만 성령의 사역도 암시되어 있다. 우리 삶은 삼위 하나님을 즐거워하고 교제하는 복된 삶이다.

바울은 빌립보 교회를 생각할 때마다 자기의 하나님께 감사했다(3절). 투옥된 바울은 간구할 때마다 빌립보 교회를 위하여 기쁨으로(*meta charas*, with joy) 항상 간구했다(4절).[1496] 관련 구절인 빌립보서 4장 1절에 보면, 바울에게 있어서 빌립보 교회는 사랑받은 존재, 사모하는 존재, 기쁨, 그리고 면류관이었다. 이런 기쁨과 감사의 이유가 5-6절에 나온다.

직접적인 이유는 첫날부터 지금까지 복음에(*eis to euangelion*, with the furtherance of the gospel, 복음의 촉진을 위해서) 빌립보 교회가 교제(동참, *koinonia*)했기 때문이다(5절). 이 말은 빌립보 교회가 바울의 복음 전도 사역을 촉진함에 있어서 시작부터 호의적으로 도우며 동참했다는

1495) 빌립보에서 이 단어가 종교 단체(religious guilds)의 지도자들을 가리킬 때 사용되었다(참고. Rogers & Rogers, 1998:448). 1절에서 본문 비평상, 바티칸 3판, K, 다수 사본은 '감독들과'(*syn episkopois*) 대신에 '동료 감독들'(*synepiskopois*)로 쓰지만, 1절에서 바울은 스스로 '종'이라고 소개했고, '동료 감독들'은 사본상의 증거가 약하다. 더욱이 바울은 스스로를 '감독'(*episkopos*)이라고 부른 적 없다(참고. O'Brien, 1991:43).

1496) 바울에게 있어서 '기도'와 '기억'은 연결된다(예. 롬 1:9.

말이다. 이것을 재정적인 것이든(참고. 빌 4:10-20), 아니면 기쁨과 고난에 동참하는 것이든 넓은 의미로 보아야 한다(참고. Rogers & Rogers, 1998:448). 사도행전 16장 14-15절에 의하면, 빌립보의 루디아라는 여인이 자기 집을 교회당으로 제공했고, 거기가 선교 본부 겸 가정 교회가 되었다. 사도행전 16장 19-34절에는 빌립보 감옥의 간수가 복음을 믿고 바울과 실라를 친절히 접대했다. 빌립보서 4장 16절에 보니 바울의 2차 선교여행 중 데살로니가에 도착한 바울에게 헌금으로 도운 교회는 빌립보 교회였다. 빌립보서 4장 18절에는 빌립보 교회는 에바브로디도 편으로 바울을 계속해서 도와서 궁핍함이 없었다고 한다. '복음'이란 말은 빌립보서에서 9번 등장하는데, 빌립보서보다 4배나 긴 로마서에도 역시 9번 등장한다. 이 말은 빌립보서 전체를 묶어주는 줄이 '복음'이란 말이다. 빌립보서에서 바울은 복음을 선포하는 것을 그리스도를 선포하는 것으로 여기기에 복음은 곧 예수님의 말씀과 사역을 가리킨다(참고. 빌 1:15-16). 빌립보서 1장 27절에서 빌립보 교회는 "복음의 신앙을 위해 협력했다"고 밝힌다. 복음을 촉진하기 위한 교제는 자발적인 동시에 지속적이었다. 그러므로 빌립보 교회를 생각할 때마다 바울은 감사했고 간구할 때 기쁨으로 할 수 있었다. 여기서 알 수 있는 것은 성도의 교제는 복음 사역을 장려하는 교제여야 한다는 사실이다.

바울은 감사의 궁극적인 이유를 설명한다. "너희 속에 착한 일을 시작하신 이(하나님)가 그리스도 예수님의 날까지 이루실 줄을 우리가 확신하노라"(6절). 참된 영적인 성장은 하나님이 성도 안에 행하신 것, 하고 계신 것, 앞으로 하실 일에 뿌리를 둔다. 하나님은 선을 행하다가 지치는 사람과 같지 않으시다(참고. 칼빈, 1993:473). 그렇다면 하나님께서 빌립보 교회 안에 시작하신 '착한 일'(*ergon agathon*)은 무엇인가? 좁게는 빌립보 교회가 바울을 위해서 했던 선교후원이다. 넓게는 그들을 통해서 이루시려던 복음 전파와 구원의 사역이다. 그리고 개별적으로는 성도의 성화이다.[1497] 이 모두는 하나님의 은혜로 되는 것이며 성도의 성장과 성숙 그리고 성화를 동반한다. 싸움은 그리스도의 재림의 날까지 계속된다(참고. 빌 1:10, 2:16).[1498]

빌립보서 1장 7절은 빌립보 교인을 향한 바울의 태도를 보여준다. "내가 너희를 마음에 품고 있으며." 바울의 마음속에 늘 자리 잡고 있는 빌립보 교회의 모든 교인들이었다. 빌립보 교회가 완벽한 것이 아니었음에도 불구하고 말이다. 적용해 보면, 교사의 마음에는 늘 학생이 자리 잡고 있어야 한다. 그것도 모범적인 학생이건 그렇지 않건 차별 없이 그들을 품을 수 있어야 한다. 부모의 마음에는 자녀가, 목자의 마음에는 양이, 전도회 회장의 마음에는 회원이 늘 자리 잡고 있어야 한다.

1497) 오브라이언(1991:64)은 '선한 일'을 하나님이 빌립보서의 독자가 복음을 받아 들였을 때부터 시작하신 '은혜의 역사' 그리고 하나님이 그들 안에 시작하신 '새 창조'로 본다(참고. 창 1:4의 '좋았다'). 오브라이언은 빌립보 교회가 바울을 후원한 그 자체는 '선한 일'이 아니라, 하나님의 구원의 역사에 대한 하나의 증거라고 본다.

1498) 여기서 '성도의 견인'(perseverance of the saints)의 교리를 본다. 하나님은 우리를 처음 믿은 순간부터 예수님께서 다시 오셔서 인간 역사를 완성하실 때까지 인도하신다. 계획을 세우시고 이루시는 분은 하나님이시다. 성도에게 있어 미래는 보장된 것이다. 그러므로 성도는 미래의 은사와 구원을 현재에 종말론적으로 맛볼 수 있다.

"나의 매임과 복음을 변명(변증)함(*apologia*)과 확정함(*bebaiosis*, confirmation)에 너희가 다 나와 함께 은혜에 참예한 자가 됨이라"(7절). 바울이 투옥 중에 있었으므로, '변증', '확증', '석방'과 같은 법적 용어를 즐겨 사용한다(참고. 존 월튼, 2010:1851). 빌립보 교회는 바울의 매임 즉 투옥을 두려워하거나 모른 체 하지 않았다. 그를 위해 기도하고 물질로 도왔다(참고. 빌 2:25, 4:10-14, 18). 빌립보 교회는 바울이 복음을 변증(변호, defense against a judicial accusation)하는 일과 확정하는 일에 참여했다.[1499] 빌립보서 1장 29-30절에 의하면, 바울이 경험한 투옥과 고난과 싸움을 빌립보 교인도 겪고 있는 것이었다. "순교자의 피는 교회의 씨앗이다"(터툴리안). "거룩한 피 곧 하나님의 영광의 우승자는 자녀들을 자라게 하는 씨가 된다"(칼빈). 성도는 하나님께서 주신 특별한 은혜인 그리스도의 십자가와 친구 되는 것을 기꺼이 그리고 즐겁게 여겨야 한다(참고. 칼빈, 1993:476).

바울은 빌립보 교인이 그의 마음에 있다고 했는데 이것이 결코 과장된 말이 아님을 8절에서 증명한다. "내가 예수 그리스도의 심장으로 너희 무리를 어떻게 사모하는지 하나님이 내 증인(*martys mou*)이시니라." 바울은 마음을 꿰뚫어보시고 판단하시는 하나님 앞에 마치 맹세하는 것처럼 말한다. 바울은 그 만큼 하나님 앞에 자신감 있게 빌립보 교인을 얼마나 사모하는가를 말한다. 그것도 예수 그리스도의 심장으로! 그러면 예수 그리스도의 심장이란 말은 무슨 뜻인가? 심장(*splangkna*)은 원래 창자 혹은 내장(the inward parts)을 가리키는데, 감정의 좌소이다. 이것이 마음 혹은 깊이 느끼는 애정과 친절과 자비와 온유한 사랑의 감정을 의미하게 되었다. 바울은 예수님의 마음을 소유한 사람이었다. 그는 자신의 이익을 위해서 사랑하는 것이 아니라, 신적이고 거룩한 사랑을 했다.

2.2. 빌립보서 1장 9-11절의 메시지

이제 3-6절에서 언급된 기도의 내용이 밝히 드러난다. "너희 사랑(*he agape*)이 지혜와 모든 총명(*pase aisthesai*, all perception, insight)으로 더욱 풍성하게 되어"(9절). '사랑'의 대상이 언급되지 않기에, 정관사가 있음에도 불구하고 포괄적인 의미로 볼 수 있다(비교. 살전 3:12; 보라. O'Brien, 1991:74). 사랑은 지식과 총명 즉 실제적인 적용과 관련된 도덕적이고 영적인 분별력으로 아름다운 협력을 이룬다. 지식과 분별력이 없는 사랑은 지나친 열광주의자로 만들거나 무분별한 헌신으로 인도한다. 혹은 이단에 빠지게 한다. 성도는 종종 무지 때문에 방황하거나 자빠진다.

"지극히 선한 것(*ta diapheronta*, 현재 능동태 분사 중성 복수 대격, the things differing, 구별되는 것들, 특출난 것들, 특별한 것들; above what is best, 참고. Silva, 1992:63)을 분별하며(*dokimazein*, to discern; 참고. 롬 2:18)[1500] 진실하고 허물없이 그리스도의 날까지 이르고" (10절).

1499) '변호'(defence against a judicial accusation; 참고. 행 25:16; 딤후 4:16)와 '확정'(guaranteeing or furnishing security; 참고. 히 6:16)은 하나의 정관사로 연결된다. 이 둘은 파피루스에 전문적인 법률 용어로 나타난다. 그리고 이런 법률적인 의미를 넘어, 바울이 복음의 진리를 증명하고 선포한 사도적 사역으로도 이해할 수 있다(참고. O'Brien, 1991:69).

1500) 동사 *dokimazo*는 주로 무언가를 시험하여 증명함으로써 분변하는 것을 뜻한다(to approve after careful

지식과 분별력을 겸비한 사랑이 더 풍성하게 되어야 하는 목적은 악한 것을 버리고 대신 지극히 선한 것(즉 예수 그리스도 안에서 사는 성도의 삶에 있어서 가장 본질적인 것; 참고. Fee, 1995:101)을 선택하여 진실하고 허물없이 살도록 하기 위해서이다. '진실하다' (*eilikrineis*)는 말은 불순물과 혼합되지 않는다는 말이다(참고. 벧후 3:1). 즉 도덕적으로 순결함을 의미한다. '흠 없이'(*aproskopoi*, without stumbling)는 길에서 장애물에 걸려 넘어지지 않고 (혹은 남을 실족시키지 않고) 무사히 목적지에 도착하는 것을 의미한다. 따라서 손상되지 않고 흠 없이 결백한 것을 의미한다. 언제까지인가? '그리스도의 날까지'(참고. O'Brien [1991:79]: '그리스도의 날을 준비하도록'), 즉 주님 최종적으로 다시 올 때까지(참고. 6절), 개인적으로는 신자의 목숨이 다할 때까지이다. 그러므로 그리스도인의 성화는 계속되어야 하고 우리의 영적인 싸움은 방학도 공휴일도 없다.

"예수 그리스도를 통하여 의의 열매가 가득하여 하나님의 영광과 찬송(*epianos*, 참고. 롬 2:29절에는 '칭찬')이[1501] 되게 하시기를 원하노라"(11절). 11b의 송영은 빌립보서 1장 9-11a절의 결론인 동시에 3-11a절의 결론이다. 빌립보서 1장 1-11절은 '기쁨의 서신' 빌립보서의 밝은 분위기를 미리 보여준다(참고. "내가 기뻐한다", 빌 1:18, 2:17, 18, 28, 3:1, 4:4 [2회]; '기쁨', 1:25, 2:2, 29, 4:1). 4절에서 밝힌 대로, 바울의 기도는 '기쁨으로 간구하는 것'이다. 참고로 구약에서 송영은 기도를 마칠 때 종종 등장한다(참고. 삼하 22:50; 시 21:13, 35:28, 41:13; 보라. O'Brien, 1991:82).

10절의 '허물이 없다'는 소극적인 의미가 11절에서는 적극적인 의미로 바뀐다. 예수님 안에서 우리는 의로운 자가 되었다(참고. 빌 3:9; 사 32:17; 히 12:11; 약 3:18). 그러므로 하나님의 영광과 찬송이 된다. '의의 열매'(*karpon dikaiosynes*)는 무엇인가? 많은 주석가는 속격을 동격의 속격으로 보면서 '의 즉 열매'로 본다. 환언하면, 의 자체가 열매라는 뜻이다. 하지만 의를 성령의 열매인 사랑, 희락, 평강, 오래 참음과 같은 도덕적인 특성으로도 볼 수 있다(참고. O'Brien, 1991:80).[1502] 포도나무이신 예수님을 떠나서는 성도는 아무 열매도 맺을 수 없다(참고. 요 15). 우리가 성령으로 행하지 않고는 의의 열매를 맺을 수 없다. 복음의 진보가 된 바울의 투옥! 얼마나 역설인가! 바울은 지금 옥중에서 기쁨의 서신을 쓰고 있다. 따라서 바울은 낙천적인 죄수다.

2.3. 빌립보서 1장 12-26절의 메시지

사탄은 바울을 투옥시키면 복음도 매이는 줄 알았지만 복음은 오히려 방해받지 않고 진보되었다(12절; 참고. 25절). '진보가 된다'(*prokopen*)는 말은 원래 공병 대원들이 본 부대가 진군해 갈 길을 앞서서 닦아 놓는 것을 의미한다(참고. 동사형은 갈 1:14). 빌립보 교회는 사도 바울이

---

testing; 참고. 고전 11:28; 고후 13:5; 갈 6:4; 엡 5:10; 살전 2:4, 5:21; 딤전 3:10; 보라. Fee, 1995:101; Rogers & Rogers, 1998:449).

1501) 11절에서 D사본은 '그리스도의 찬송'으로 쓴다. F와 G사본은 '나에게 찬송이'(*epianon moi*)로 쓴다.

1502) 바울이 의의 열매가 그리스도를 통하여 가능하다고 말하는데, 이것은 이 열매가 그리스도의 은혜로 말미암기 때문이다. 왜냐하면 우리의 선한 행동은 성령으로 성별될 때 시작하기 때문이요, 우리는 그리스도의 풍성을 따라 모든 것을 할 수 있기 때문이다(참고. 칼빈, 1993:478).

당한 핍박 때문에 다소 용기를 잃었던 것 같다. 바울의 투옥과 고난 가운데서 열심히 복음을 확증한 것은 복음이 전진해 가는 데 있어서 장애물들을 제거한 것이었다. 앞을 향해 전진하는 성도는 과거나 현재의 문제에 빠져 허우적거릴 수 없다.

바울의 매임은 시위대(경호대) 안과 기타 모든 사람에게 나타났다(13절). 시위대(*to praitorio*, praetorian guard)는 원래 진영에서 집정관이 거하는 막사인데, 총독의 관저를 가리키기도 하며(참고. 마 27:27), 황제의 사람들을 지키는 근위병들(imperial guard)을 의미하기도 한다. 즉 막사와 군병 모두를 가리킨다(참고. Rogers & Rogers, 1998:449). 바울을 간수들이 교대로 지켰다면 많은 사람과 접촉할 수 있었을 것이다. 간수들은 감옥 안에서도 기뻐하며 감사하며 복음을 전파하려는 이상한 죄수를 처음에는 제대로 인정조차 하지 않았겠지만 결국은 바울의 진심어린 복음에 대한 열정과 예수 그리스도를 사랑함에 감동을 받았을 것이다.

형제 중 다수가 바울의 투옥 때문에 주님 안에서 신뢰하였기에 그들은 더욱 담대히 '말씀을'(*logon*, 파피루스 46, 다수 사본; 참고. '하나님의 말씀을', 시내 산, A, B) 전했다(14절). 이 형제들은 누구인가? 바울이 지금 로마가 아니라 에베소 감옥에 갇혀 있다면 아마도(유대인 출신과 이방인 출신으로 구성된) 에베소 교인들일 것이다.

어떤 이들은 시기(*phthonon*, envy)와 다툼(*erin*, strife, rivalry)으로 그리스도를 전파하고, 어떤 이들은 '좋은 뜻'(*eudokian*, goodwill)으로 그리스도를 전파한다(15절).[1503] 두 그룹 모두 그리스도를 전파하기는 했지만, 동기가 모두 순수한 것은 아니었다(참고. 16-17절). 바울이 투옥된 에베소에는 바울이 투옥되기 전에 이미 교회가 서 있었던 것 같다. 그 교회의 어떤 전도자들은 다른 성도보다 더 탁월한 위치에 있었던 것 같다. 바울이 에베소에서 복음 전파자로 이름이 알려지자 이들은 상대적으로 바울보다 덜 중요한 사람으로 비쳐졌다. 그래서 이들은 복음을 시기와 다툼(라이벌 의식을 가지고)의 동기로 전했다. 물론 어떤 이들은 착한 뜻으로 복음을 전했다.[1504] 복음을 착한 뜻으로 전한 사람들은 사랑으로 전했는데, 바울이 복음을 변호하기 위해 세우심을 입은 줄 알았기 때문이다(16절). 이들은 하나님께서 복음 전파를 위해 세우신 바울의 권위를 시기하지 않았다. 이들은 바울이 받은 은사도 시기하지 않았을 것이다. 하지만 복음을 투기와 분쟁으로 전한 자들은 자신의 야망(*eritheia*, selfishness; 원래는 자신의 돈벌이를 위해서 일하는 사람을 가리킴)으로 그리스도를 전파했다(17절). 이들이 이런 부당한 동기로 복음을 전하면 전할수록 옥중에 있던 바울은 더 힘들었을 것이다.

1503) '시기'는 악의 목록(vice-list)에 자주 등장하는 윤리적 용어이다(참고. 마 27:18; 막 15:10; 갈 5:21; 딤전 6:4; 딛 3:3; 벧전 2:1-2). '다툼'은 로마서 13장 13절, 고린도전서 3장 3절, 고린도후서 12장 20절 등에 등장한다(보라. O'Brien, 1991:99).

1504) 15절의 시기와 다툼으로 복음을 전한 자들은 빌립보서 3장의 유대주의자로 볼 수 없다. 구약으로 돌아가려는 자들이 전한 것을 복음이라 부르기 어려울 뿐 아니라 바울이 그것을 기뻐했다고 보기 어렵기 때문이다. 이들은 바울에게 모종의 적대감을 가진 그리스도인들인데, 바울의 언변이 좋지 않다고 보았거나(참고. 고전 1-2), 바울의 약함과 고난당함을 바울에게 문제 있는 것으로 폄하했을 것이다. 그들이 복음을 전한 것은 옳지만, 사랑의 동기에서 나온 것이 아니므로 바울을 괴롭힌 것이었다(참고. ESV Study Bible, 2008:2281).

"그러면 무엇인가?(그것이 무슨 문제가 되는가? 중요한 것은 이것이다) 가식(혹은 거짓 동기)으로 하든지 참으로 하든지 그리스도께서 전파되고 있으니, 내가 이것 때문에 기뻐한다" (18절). 바울에게 중요한 것은 그리스도가 전파되는 것이었기에 악한 동기로 복음을 전파하여 자신을 괴롭게 만드는 사람조차도 이해할 수 있었다. 자신이 괴로움을 당하더라도 주님의 영광의 복음만 전파되면 그것으로 만족한 바울이었다. 바울은 자신의 투옥이 복음의 진보를 위한 것임을 알 뿐 아니라 자신의 몸에서 그리스도께서 존귀하게 되실 것도 확신하고 있는 낙천적인 죄수이다.

"나는 이것이 너희의 간구와 예수 그리스도의 성령의 도우심(*epichoregia*)을 통하여 나를 구원에 이르게 할 줄로 안다"(*oida*, 19절). 에베소 감옥에 갇힌 바울에게 기쁨을 주신 분은 변함없이 합력하여 선을 이루게 하시는 성령님이셨다. 이것이 가능하게 된 것은 특별히 빌립보 교인들의 간구이다. 성령님을 '예수 그리스도의 영'으로 언급한 것은 성령께서 예수님의 사역을 주도하신 것처럼 바울의 사역도 책임지시고 계시다는 의미이다. 그리고 예수 그리스도의 성령의 도우심이라고 할 때 '도우심'(*epiksoreigias*)은 (동사형으로 쓰면) '힘을 주다', '준비하다', '공급하다'는 뜻이다. 성령의 힘 주시고 공급하시는 은혜를 확신한다면 어떤 상황 속에서라도 성도는 기뻐할 수 있다.[1505] 그런데 '구원'(*soteria*)은 무슨 의미인가? 바울은 의도적으로 모호함을 남겨둔 것 같다. 한편으로, '구원'은 자신의 투옥을 언급한 앞의 12-14절과 연결해 보면, 감옥에서 석방되는 것을 의미할 수 있다. 다른 한편, '죽음과 영생'을 언급하는 뒷 구절(23절)의 빛에서 보면, 궁극적인 구원을 가리킬 수 있다. 일시적인 구원과 영원한 구원 사이에 긴장이 있다(참고. ESV Study Bible, 2008:2281).

바울은 자신의 간절한 기대(*apokaradokia*, 목을 쳐들고 다른 것에는 일체 관심을 두지 않고 어떤 것에만 열렬히 관심을 두는 것, intense expectation)와 소망을 밝힌다(20절). 그는 항상 그러하듯이(*hos pantote*, 바른 성경; 하지만 개역개정판은 '이전처럼'으로 잘못 번역함) 아무 일에든지 부끄럽지 않고 온전히 담대하여 살든지 죽든지 그리스도가 존귀케 되기를 원한다는 것이다(참고. 롬 14:8). 바울이 석방되어 살게 된다면 그는 복음을 다시 전할 것이다. 만일 바울이 사형선고를 받게 된다면 그는 죽음으로 신앙의 절개를 지켜서 그리스도께 영광을 돌릴 것이다.

"왜냐하면 나에게 사는 것(*to zen*, 현재 능동태 부정사. 관사와 함께 쓰여 주어 역할을 함)은 그리스도이시기 때문이다"(21절; 참고. 롬 6:4; 갈 2:20; 골 3:4). 그리고 죽는 것(*to apothanein*, 아오리스트 능동태 부정사: 육신적인 죽음의 단회성. 정관사와 더불어 주어 역할을 함)과 사는 것은 우리를 복되게 하시는 그리스도 때문에 유익하다.[1506] 21절에서 '나에게'(*emoi*)가 문두에 강조되는데, 21-24절에서 바울의 개인적 고백이 강조된다. 바울이 그리스도와 가지고 있었던 관계가 매우 친밀하여, 그의 존재 전부는 그의 주님으로부터 의미를 찾게 되었다(참고. Thielman, 1995:78). 우리가 "주님은 나의 생명입니다"라고 고백할 때 그 뜻은 우리 중심적이 아니라 주님

1505) Thielman(1995:76)에 의하면, '도우심'의 동사형이 갈라디아서 3장 5절에 사용되는데, 거기서 바울은 갈라디아 교회에게 성령을 주신 하나님에 관해 언급한다. 따라서 빌립보서 1장 19절에서도 '도우심'이라는 명사가 성령님 자신을 가리킬 수 있다. 19절에서 '간구'와 '도우심' 앞에 정관사(*tes*)가 하나만 사용되어, 성령님의 도움과 기도는 불가분의 관계에 있음을 강조한다.

1506) 21절에 *eimi*동사가 2번 생략되어 있다.

중심으로 사는 것을 의미한다. 환언하면, 소망과 믿음을 주님께만 두며 주님 안에서 기뻐하고 주님의 성품을 가지고 주님 주신 의를 덧입고 사는 것을 말한다. "죽는 것은 유익하다"(*kerdos*)는 말은 육신의 죽음으로 바울은 영원히 예수님과 함께 있을 것이기 때문이다. 성도의 육신의 죽음은 영생과 본향으로 들어가는 관문이기 때문이다. 성도가 문제 많은 일평생(trouble-filled life) 동안 믿음을 저버리지 않고 주님을 섬기다가 죽는다면 이것만큼 그리스도께서 존귀케 되는 경우도 없을 것이다.

바울은 여기서 사는 것과 죽은 것 중 선택해야만 한다면 무엇을 선택할지 모르겠다고 고민한다(22절). 만일 바울이 육신으로 사는 것 즉 감옥에서 석방되어서 살게 된다면 자신의 일의 열매 즉 더욱 교회를 세우고 섬기게 될 것이라고 말한다. 이 땅에서 영적으로 아직 어린 빌립보 교회를 위해 해야 할 일들이 많은 것을 바울이 알고 있기에, 막연하게 그리스도와 함께 거하는 저 천국만 사모할 수 없었던 것이다. 바울은 이 땅에서 사는 것과 떠나(*to analysai*, to depart, 죽어) 천국에서 영원히 주님과 사는 것 중에서 후자를 더 사모한다(23절). 죽음은 존재의 멸절이 아니라, 육체에서 영혼이 놓이는 것이다. 우리의 죽음은 곧바로 주님과의 교제로 인도한다. 저 천국에는 눈물과 고통, 더 이상의 전쟁도 없고 온전한 평화와 기쁨만 있기에 바울이 더 사모했던 것이다. "믿는 자들은 죽음을 두려움으로 바라보지 않고 죽음 뒤에 오는 생명을 바라봄으로써 하나님께서 주신 위로로 죽음을 쉽게 정복한다"(칼빈, 1993:486).[1507]

"(내가) 육체에(*en te sarki*) 사는 것이 너희 때문에 더욱 필요하다"(24절). 바울은 교회 중심으로 유익을 생각하고 판단하는 참된 목회자요 참 목자이다. 빌립보서 3장 1-3절과 4장 2절 등에 의하면, 여전히 빌립보 교회는 불신 유대인들을 비롯한 많은 대적의 위협과 교회의 내분의 위험성을 안고 있는 10년도 채 되지 않은 어린 교회였다. 바울 자신이 설립한 교회의 절실한 요구가 자기 개인의 영적인 욕망보다 더 중요했던 것이다. 참 목자는 늘 양들 곁에 있어 그들의 필요를 살피고 돌보고 싶어 한다.

바울은 석방되어 살게 될 것과 믿음의 진보와 믿음의 기쁨(*prokopen kai charan tes pisteos*)을 확신한다(25절).[1508] '믿음의 진보'는 주님을 사랑하고 순종함으로 열매를 맺어서 성장하는 것을 의미한다. 성도는 매일 믿음의 진보(advancement)를 이루지 않으면 퇴보하여 뒤로 물러가 침륜에 빠지게 될 것이다. 진보가 있는 곳에 기쁨이 있고 생기가 있다.

바울 석방은 빌립보 교회에 기쁨과 자랑(의 근거)이 된다(26절). 실제로 바울은 사도행전에 의하면 2차 전도 여행 중에(참고. 행 16:11-40) 그리고 3차 전도 여행을 떠나면서(참고. 고후 8:1-5) 그리고 귀환하면서(참고. 행 20:5-6) 빌립보를 방문하게 된다. 하나님의 섭리였다. 빌립보서 1장 27절에서 "너희에게 무슨 일이 일어나든지 간에, 오직 너희는 그리스도 복음에 합당하게

1507) 죽음과 부활을 기쁨으로 기다리지 않는 사람은 그리스도의 학교에서 진보하지 못한 사람이다(《기독교 강요》 3.9.5). 그리고 O'Brien(1991:137)의 설명을 들어 보자. "죽을 때 그리스도와 함께 사는 것은 사도 바울에게 아무런 문제가 되지 않았다. 그것은 부활절의 승리로부터 깨끗한 샘물처럼 흐르기 때문이다"(참고. 롬 8:31-39).

1508) O'Brien(1991:140)은 '믿음 안에서 너희의 진보와 기쁨'으로 이해한다.

생활하라. 그러면 내가 너희에게 가서 확인하든지 아니면 소문으로 듣든지 간에 너희가 한마음으로 굳건히 서 있는 것과 복음의 신앙을 위해 협력하는 것을 내가 알 것이다'라고 말씀한다.

2.4. 빌립보서 1장 27-30절의 메시지

27절에서 '복음'이 2번이나 등장한다. 복음이 무엇인가? 복음은 하나님께서 예수 그리스도 안에서 이루어 놓으신 구원의 기쁜 소식이다(참고. 고전 15:1-6). 예수님께 일어난 모든 것이 우리에게도 일어난다는 기쁜 소식이다. 주님의 죽음이 곧 나의 죽음이요, 주님의 부활이 곧 나의 부활이라는 기쁜 소식이다. 주님이 내 안에, 내가 주님 안에 살아서 천국을 맛보는 것이 기쁜 소식이다. 이 복음을 모든 성도가 함께 알고 즐기도록 우리는 협력해야 한다. 빌립보 교인은 바울이 자기들과 함께 있든지 없든지 간에 성도로서 확신 있게 행동하라고 말한다. 특별히 "그리스도 복음에 합당하게 생활하라"는 말씀은 '*politeuo*'인데 '시민권을 행사하라'는 말이다(27절). 즉 하늘의 시민권을 가진 자답게 살아라는 말이다(참고. 행 23:1; 빌 3:20). 눈에 보이는 많은 특혜를 보장했던 로마의 시민권이 아니라, 비록 고난을 당할지언정 온갖 신령한 은사를 맛보는 '하늘의 시민권자답게 살라'는 말씀이다.[1509] 바울과 빌립보 교회는 복음 신앙으로 거룩한 동맹을 맺어, 공동의 대적을 향해서 갑옷을 입고 대적해야 한다. 악의 세력이 사탄의 지휘 아래 하나로 단결하듯이, 성도는 복음과 믿음의 깃발 아래 한마음으로 싸워야 한다.

"너희를 대적하는 자를 어떤 방식으로든 두려워하지 말라(*pthyromenoi*, 현재 수동 분사, 겁이 많은 말 [馬]이 놀라는 듯이 두려워하다). 그러면 이것이 너희의 대적에게는(영생을 잃어버리는) 멸망(*apoleia*)의 증거(*endeiksis*, 표)이지만,[1510] 너희에게는 하나님에게서 나온 구원의 증거이다"(28절). 대적을 무서워하지 않을 때 우리는 하나님께서 우리를 구원하심을 더욱 분명히 알 수 있다. 복음의 능력을 믿는 자는 결코 두려워해서는 안 된다. 그렇다면 빌립보 교회의 대적자들은 누구인가? 빌립보서 3장 2절에 의하면, '개, 행악자, 손(損)할례당'이다(바른 성경: '거짓 할례자들'). 대적들은 율법주의자, 쾌락주의자, 그리고 황제를 신으로 받들고 있는 사람들 모두 가리키는 듯하다. 율법을 준수해야만 의롭고 구원을 얻을 수 있다고 생각하는 사람들과 방종으로 부도덕하게 사는 사람, 우상 숭배자 모두가 어린 빌립보 교회의 대적으로 보인다. 이들을 두려워하지 말라는 말씀이다. 바울은 아마 'Cassius'가 빌립보 전투에서 패배의 두려움으로 자살했던 역사적인 사실을 염두에 두었을 것이다(참고. Rogers & Rogers, 1998:450).

"왜냐하면 그리스도를 위해 은혜를 준 것은 너희가 주님을 믿을 뿐 아니라 주님을 위해서

1509) 빌립보 교인은 로마 시민권자라는 사실에 자긍심을 가지고 있었다. 이제 그들은 빌립보의 불신자들의 박해 상황 가운데서라도(참고. 행 16:20-21), 빌립보의 좋은 시민이 되기 위한 조건을 충족시키는 일보다는 오히려 복음의 원칙과 하나님의 나라의 시민으로서의 자부심을 가지고 살아야 함을 배워야 했다. 왜냐하면 성도에게는 국가보다는 하나님 나라의 원칙과 표준이 우선하기 때문이다. 이것은 오늘날 국가법과 교회법이 상충하는 경우, 성도가 어떤 것을 우선적으로 따라야 하는가에 대해 답을 준다(참고. Thielman, 1995:92).

1510) 그러므로 영생을 잃어버리는 영원한 멸망에 빠질 이 대적들은 빌립보서 1장 15-18절의 대적과 다르다.

고난도 받게(*paschein*) 하기 위해서이다"(29절). 주님을 위해 힘에 넘치는 수고를 하고 고난을 받는 것은 성숙한 성도의 복이요 특권이다. 왜냐하면 고난을 잘 극복하는 것은 성도 자신의 미래의 구원을 증거하는 것이기 때문이다(참고. 28절). 또한 신앙을 위해서 고난을 당하는 것은 그리스도의 고난에 동참하는 것이기 때문이다(참고. 빌 3:10). 사도행전 5장 41절에 이 진리가 잘 드러난다. 대제사장과 사두개인들이 사도들의 전도 열매가 많은 것을 보고 시기했다. 그들은 사도들을 채찍으로 때리고 예수님의 이름으로 말하는 것을 금지시켰다. 하지만 매를 맞고 만신창이가 된 사도들은 예수님의 이름을 위하여 능욕 받는 일에 합당한 자로 여기심을 기뻐하면서 공회 앞을 떠났다. 주님을 위해 고난을 당하는 특권을 하나님께서 우리에게 주신 사실이야말로 하나님께서 우리를 사랑하시는 가장 분명한 증거다(참고. 마 5:10-12). 불행하게도 현대 교회의 설교는 고난 대신에 물질의 복과 출세를 자주 강조하지 않는가? 설교가 믿음과 십자가는 분리될 수 없다(참고. 칼빈, 1993:491).

"왜냐하면 너희도 내가 겪었던 것과 같은 싸움을 겪고 있기 때문이다. 그리고 너희는 내가 여전히 그 고통을 당하고 있음을 듣고 있다"(30절). 전도자 바울이 당한 고난(참고. 행 16:19-24)을 빌립보 교회도 동일하게 당하고 있다. 어두움과의 전쟁에는 모든 그리스도인이 참여해야 한다. 모든 성도에게 예외가 없다. 바울의 삶은 복음의 진보를 위한 싸움 자체였다.[1511]

3. 오늘에의 적용

복음의 진보를 위한 성도의 교제를 어떻게 이룰까?
목회자는 성도를 늘 품고 기도하며 사랑하고 있는가?
여러 교회가 한 장소에서 동시에 전도할 때 발생하는 마찰을 어떻게 해결해야 하는가?
주님을 위해 당하는 고난을 어떻게 은혜로 여길 수 있을까?

빌립보서 2장

1. 본문 및 구조

- 하나 됨에 대한 권면(1-4)
- 그리스도인의 겸손(5-11)

1511) 복음의 진보를 위해서 고난을 겪었던 바울 자신의 경험을 빌립보 교회에게 주는 권면을 위해서 적용하기에, 화자인 바울의 '에토스'가 확보되고, 메시지가 고난당하던 청자의 '파토스'에 더욱 설득력 있게 다가갔을 것이다.

- 그리스도인의 복종(12-18)
- 바울의 선교 보고의 재개(19-30)

2. 구원 계시사적 메시지

2.1. 빌립보서 2장 1-4절의 메시지

우리는 이 짧은 4구절 안에서 바울의 4중 강조와 3중 권면을 본다. 여기서 바울의 '4중 강조'가 나타난다(조건절; protasis. 하지만 실제로는 조건절이기보다는 전제절이라 할 수 있기에 'since there is'로 번역 가능함. 전제절이기에 다음 구절에서 명령할 수 있음). "(1) 만일 너희가 그리스도와 연합함으로써 무슨 위로(*paraklesis*, consolation; 참고. 바른 성경: '격려' [권고, exhortation])가 있다면,[1512] (2) 만일 너희에게 예수님의 사랑으로부터 어떤 위로가 있다면, (3) 만일 너희에게 성령님과 가지는 교제가 있다면, (4) 만일 너희에게 긍휼과 자비가 있다면." 바울은 계속해서 '만일-있다면'이라고 말한다. 바울이 빌립보 교회에게 격려와 위로, 성령의 교제와 긍휼과 자비가 있는 줄 몰라서 이렇게 말하는 것이 아니다. 반대로, 바울은 이런 것들이 빌립보 교회에 지금 있는 줄 알기에 그 결과도 현재에 나타날 것을 안다는 말이다.

귀결절(*apodosis*)은 "나의 기쁨을 같은 마음과 같은 사랑과 하나의 뜻과 목적을 가짐으로써 완전하게 하라"이다(2절). 이런 4중적인 복을 소유한 사람이 교회라면 교회는 마땅히 같은 마음, 같은 사랑, 하나의 뜻과 목적을 가져야 한다. 왜냐하면 교회 공동체의 구성원들의 개성과 특성과 성격이 다 다르지만 동일한 삼위 하나님을 섬기고 있기 때문이다. 즉 4중 강조 다음에 3중 권면 중 첫 번째인 "하나가 되라"는 말씀이 2절에 나온다. 바울은 이미 빌립보서 1장 27절에서 "한 뜻으로 복음의 신앙을 위해 협력하라"고 말한 적 있다.

이기적인 야망(selfish ambition)이나 헛된 속임수로 하지 말고, 남을 더 낫게 여겨서 겸손 가운데 행하라(3절). 3중 권면 중 두 번째는 "겸손 가운데 남을 낫게 여기라"이다. 이기적인 야망(*eritheia*)은 원래 '일일 노동자'를 뜻했는데, 이것은 나중에 정치인이 정치적 지위를 얻기 위해서 불공정한 방법까지 동원해서 쟁취하는 것을 의미하게 되었다(참고. Rogers & Rogers, 1998:451). 즉 삯 혹은 이권을 위해서만 일하는 것이기에 봉사와 섬김과는 관련이 없는 것이다. 겸손이 없이는 남을 나보다 낫게 대할 수 없고 하나가 될 수 없다. 겸손은 사람의 불충분성과 하나님의 충분성을 인정하는 것이다. 겸손을 위해 이기적인 야망과 허영/헛된 속임수는 금물이다. "너희 각 사람은 너희 자신의 관심을 살펴볼 뿐 아니라 다른 사람들의 관심도 살펴보라"(4절). 3중 권면 중 마지막은 "서로 돌아보라"(*skopeo*)이다.

2.2. 빌립보서 2장 5-11절의 메시지[1513]

1512) 빌립보서 2장 1-4절은 겸손으로 하나가 되어야 한다는 '권면'(exhortation)이다. 하지만 1절은 그 권면의 '근거'이지, 권면 자체는 아니다. 따라서 '위로'라고 번역할 수 있다.

소위 'Hymn of Christ'라고 불리는 이 단락에서는 우리를 구원하기 위해 자신을 버리신 그리스도의 모범을 강조한다. "너희 안에 이 마음을 계속 품으라. 곧 그리스도 예수의 마음이다"(5절).[1514] 1-4절의 겸손히 남을 섬기는 모습은 곧 예수님의 모습이다. 우리는 주님의 대속의 죽음 이외의 모든 모습을 본받아야 한다. 어느 정도까지인가? 주님의 장성한 분량까지이다. 바른 성경은 6-11절을 들여쓰기함으로써 시적 운율을 가지고 있음을 표시한다. 그런데 바울이 그 당시 예전에 불린 어떤 찬양을 참고했는지 확인할 수 없으며, 그가 빌립보서의 문맥에 적절한 내용을 직접 작성한 것으로 보는 것이 자연스럽다.

예수님은 근본 하나님의 본체(참고. 바른 성경: '형상')이면서도 하나님과 동등 되심(*isa*, equal)을 취할 것으로 여기지 아니하셨다(6절). 여기서 '본체'(*morphe*)란 무엇인가? 내적이며 근본적이며 영구적인 어떤 인격 혹은 사물의 본질이 겉으로 드러난 것을 가리킨다. 그러므로 예수님은 영원 전부터 지금까지 항상 그리고 앞으로 영원 후까지 하나님이시라는 의미다. 성부 하나님의 모든 속성과 성자의 속성 사이에는 어떤 질적인 수준 차이가 있을 수 없다. A.D. 325년경의 '니케아 신경'은 이것을 *homoousios* 라고 불렀는데 '동일 본질'이라는 의미이다. 고린도후서 3장 18절은 "우리가 저와 같은 형상으로 변하여 영광으로 영광에 이르니"라고 말씀한다. 우리도 영원한 주님의 신적 성품에 참여할 것이라는 뜻이다. 만일 우리가 이 세대를 본받지 말고 오직 마음을 새롭게 하여 변화를 받아서 새사람으로 산다면 신적 성품에 이미 참여한 자로 사는 것이다(참고. 벧후 1:4-7).

오히려 자기를 비워(*kenosis*, 즉 낮추시어) 종의 형체(*schema*, outward appearance)를 가져 사람들과 같이 되었고 사람의 모양으로 나타나셨으매 자기를 낮추시고 죽기까지 복종하셨으니 곧 십자가에 죽으심이라(7-8절). 그렇다면 예수님은 무엇을 비우셨는가? 하나님의 신성은 아니다. 만일 그렇다면 예수님은 더 이상 하나님이 아니고 사람일뿐이다. 예수님이 비우신 것은 만세 전에 아버지와 함께 하셨던 영화이며(참고. 요 17:5) 독자적으로 행할 수 있었던 권세(참고. 요 5:30; 히 5:8)와 자신의 부요하신 상태였다(참고. 고후 8:9). 인류를 구원하시기 위해 기꺼이 영화와 권세와 부요하심을 포기하셨던 것이다. 그 결과 우리가 그 풍요를 누리게 되었다. '종의 형체'는 종으로서의 외적이며 일시적인 모양을 의미한다. 기꺼이 종이 되신 주님이시다. 성육신신 순간이 종의 형체를 취한 순간이다. 누가복음 22장 27절에서 예수님은 말씀하신다. "나는 너희 가운데 섬기는 자로 있느니라." 그러므로 빌립보 교회도 예수님처럼 자기를 낮추고 비워야 하고 종으로 섬겨야 한다.

"이러므로 하나님이 그를 지극히 높여 모든 이름 위에 뛰어난 '그 이름'(*to onoma*; 파피루스

1513) 만일 이 단락이 초대 교회의 '시'를 반영한 것이라면, 고대 교회의 헬라 혹은 시리아 말을 사용한 주석가 중에서 그 누구도 이 단락에서 시적인 특징을 인식하지 못한 것은 놀라운 일이다(참고. Thielman, 1995:111).

1514) 5절에 파피루스 46, 시내 산 2판, D, F, G, 다수 사본은 '왜냐하면'(*gar*)을 추가한다. 그리고 다수 사본은 '품어라'를 현재 능동 명령 2인칭 복수(*phroneite*) 대신에, 어색하게 현재 수동 명령 3인칭 단수(*phroneistho*)로 쓴다.

46, 시내 산, A, B)을 주사"(9절).[1515] 부활, 승천, 보좌 우편에 앉음은 예수님의 승귀로서 하나님의 역사이다. "하늘에 있는 자들과 땅 아래 있는 자들로 모든 무릎을 예수의 이름에 꿇게 하시고"(10절). 예수님이 높아지신 이유 혹은 목적은 만물의 왕이 되시기 위해서이며 영원히 영광을 받기 위해서이다. 빌립보 교회는 네로 박해를 예기하는 시점에서 세상의 주를 로마 제국의 황제라고 고백하도록 강요를 받았으나 예수님이 세상의 주이심을 고백해야 한다. "모든 입으로 예수 그리스도를 주라 고백하게 하여 하나님 아버지께 영광을 돌리게 하셨느니라"(11절).[1516] 파피루스 46, 시내 산, B, 다수 사본 일부가 지지하는 '고백하게 하여'(*eksomologesetai*, 아오리스트 중간 가정법 3인칭 단수)를, A, C, D, F, G, 다수 사본 중 일부는 미래 중간 직설법 3인칭 단수(*eksomologesetai*)로 쓴다. 둘 중에서 아오리스트 가정법이 10절의 가정법 동사(*kampse*, '꿇게 하시고')와 잘 연결된다(참고. 매츠거, 2005:529).

2.3. 빌립보서 2장 12-18절의 메시지

"너희가 나 있을 때(*en te parousia mou*, 나의 현존)뿐 아니라 더욱 지금 나 없을 때(*en te apousia mou*)에도 항상 복종하여 '두렵고'(*meta phobou*) 떨림으로(*tromou*) 너희 구원을 계속해서 이루어지도록 하라(*katergazesthe*, 현재 중간 디포 명령 2인칭 복수)"(12절). 빌립보 교회는 바울이 부재 중일 때도 받은 바 하나님의 말씀과 교훈에 항상 복종해야 했다. 사람의 감시나 체면이 아니라 하나님 앞에 사는 훈련을 해야 했다. 수신자들은 바울의 도움 없이 이제는 자발적으로 구원을 이루어 가야만 했다. 우리의 구원은 믿었을 때 이미 이루어진 것이지만 계속해서 이루어 가야 하는 과정이다. 우리의 구원은 계속되는 영적 전쟁이며, 마라톤이다. 여기서 말하는 구원은 다른 말로 하면 '성화'이다.[1517] 주님을 닮아가고 성령의 사람, 말씀의 사람으로 변해 가는 것은 계속되는 성화의 과정이다. 이 과업이 중요하기에 두렵고 떨림으로 감당해 가야 한다. 두려움과 떨림은 하나님의 공의를 인정하는 것이며, 전심으로 혹시나 하나님의 마음을 상하게 할까 봐 조심하는 것이다.

"너희 안에서 행하는 이(*ho energon*)는 하나님이시니 자기의 기쁘신 뜻(*eudokia*)을 위하여 너희로 소원(*to thelein*)을 두고 행하게(*to energein*) 하시나니"(13절; 참고. 행 17:28).[1518] 우리 안에

1515) 9절에서 D와 다수 사본은 '그 이름'이 아니라 '이름'으로 쓴다. 정관사(*to*)를 바로 앞의 '주셨다'(*echarisato*)의 마지막 철자 -*to*와 혼동해서 빠트렸을 수 있다(참고. 매츠거, 2005:528)

1516) 김세윤(2009:49)은 '파루시아(*parousia*, visit), 아판테시스(*apantesis*, meeting), 평화와 안전(*pax et securitas*)'와 같은 단어들이 나오는 데살로니가전서 4장 13절-5장 11절과 마찬가지로, 빌립보서 2장 6-11절과 3장 20-21절은 (모든 무릎을 꿇게 하실) 그리스도와 로마 황제를 비교하면서 그리스도와 그의 구원이 우월하다고 단언하는 것 같은 느낌을 준다고 할지라도, 빌립보의 교인들을 제국에 대항하도록 정치적으로 부추기려는 의도가 없다고 주장한다. 이상의 김세윤의 주장은 정치적 해석이기는 하지만, 식민 후기적 해석과 같은 급진적인 정치적 해석과는 다르다.

1517) 가톨릭은 12절의 '구원'에서 '영생의 공로'를, '이루어라'에서 자유의지를 도출한다. 이렇게 되면 하나님과 인간이 반씩 기여한다는 신인 협력적 구원관이 형성된다(참고. 칼빈, 1993:508). 12절은 오히려 '성화'를 촉진시키는 언급으로 보아야 한다.

역사하시는 분은 하나님이시기에 우리는 구원과 성화를 이루어 갈 수 있다. 우리가 먼저 일했기에 하나님이 일하시는 것이 아니라, 하나님이 먼저 일하시니 우리도 일해야 한다(참고. 호돈, 1999:217). 우리 스스로 성화를 이루어 갈 수 없다는 말이다. 여기에 우리의 소망이 있다. 우리 안에 착한 일을 시작하신 하나님은 그 과정과 결말까지 책임지시고 동참하시기 때문이다. 하나님은 우리가 하나님의 선한 목적에 따라서 의지적인 결단을 하고 행하도록 우리 안에서 역사하신다.[1519)]

"모든 일을 원망과 시비가 없게 하라"(14절). 원망과 시비는 광야의 출애굽한 이스라엘 백성의 특징이었다(참고. 고전 10:9-10). 하나님께 순종하는 것과 모든 일을 함에 있어서 억지로 하는 것이 아니라 기꺼이 순종해야 한다. 그 결과 성도는 흠 없고 순전하여 어그러지고 거스리는 세대 가운데서 하나님의 흠 없는 자녀로 세상의 빛으로 살게 된다(15절). '흠 없고 순전하다'는 말은 악이 섞이지 않은 온전한 상태를 가리킨다. 하나님의 자녀가 이미 되었지만 계속하여 흠 없도록 우리는 성화되어야 한다. 빌립보 도시 역시 믿음 없고 패역한 도시였기에 그런 사회 속에서 흠 없이 살 때 빛처럼 더욱 빛날 것이다(참고. 사 60:2; 마 5:14). 세상에 죄악의 밤이 짙게 드리우면 드리울수록 거룩한 주님의 백성은 더욱더 빛나게 된다. 따라서 세상이 죄악의 밤에 빠져 있다고 너무 절망하지 말라. 오히려 이것은 우리에게 빛을 발할 수 있는 기회이기도 하다.

빌립보 교회가 생명의 말씀을 굳건히 붙잡고 있다면 주님의 판단의 날(문자적으로는 '그리스도의 날')에 바울이 행한 모든 달음질, 즉 사역이 헛된 것이 아닌 것으로 판명 나게 된다(16절). 주님이 다시 오실 때, 만일 빌립보 교회가 성화에 힘쓰고 말씀에 충실하게 산다면 그것은 바울에게 있어 큰 자랑이다. 그 당시의 경주는 1등만 상을 받을 수 있기에 요즘보다 경쟁이 더 치열했다. 그러므로 바울은 주님 앞에서 1등의 상을 받도록 빌립보 교회를 위해 얼마나 힘을 썼는지 모른다.

"만일 너희 믿음의 제물과 봉사 위에 내가 나를 관제로 드릴지라도 나는 기뻐하고 너희 무리와 함께 기뻐하리니"(17절). '관제'(*thysia*, 바른 성경: '부어 드리는 제물')는 신에게 경의를 표하기 위해서 희생 제물 혹은 땅에 붓는 포도주 한 컵을 가리킨다('전제', drink offering; 참고. 민 28:7; 왕하 16:13; 렘 7:18; 호 9:4; 딤후 4:6). 관제가 가끔 '포도의 피'라고 불렸다(참고. 솔로몬의 지혜서, 50:15). "내가 관제와 같이 계속해서 부어진다 할지라도"(현재 수동 직설 1인칭 단수; *spendomai*). 여기서 관제는 바울 자신이 흘릴 피 즉 순교를 상징한다. 한 번만에 죽은 것이 아니라 사역 가운데서 계속적인 희생을 가리킨다.[1520)] 그리고 (신적) 수동형이기에 바울 자신의 죽음을

1518) *Energein*(일하다)은 신약에서 20회 등장하는데 그중 바울이 18회를 사용했다. '효과적으로 일하다'라는 뜻이다. 하나님은 일하시는 위대하신 분(the Great Energizer)이시다(참고. 호돈, 1999:218).

1519) 하나님께서 우리 안에 자유롭게 선택을 할 수 있는 능력을 회복시키시어 올바르게 행하도록 하셨다. 따라서 자유의지와 하나님의 은혜는 충돌하지 않는다. 선한 의지와 올바른 행동은 하나님의 은혜이다. 하나님의 은혜 없이는 올바른 선택은 물론 선을 조금도 행할 수 없다(참고. 칼빈, 1993:505).

1520) 호돈(1999:226)은 다른 입장을 취한다. 그는 '부어진다'가 현재형이기에 바울의 미래의 죽음을 가리키지 않는다고 주장한다. 그리고 문맥상 순교를 염두에 두고 함께 기뻐하는 것은 어색하다고 본다. 불과

하나님이 통제하신다는 확신을 보여준다. 디모데후서 4장 6절도 비슷하게 말한다. "관제와 같이 내가 이미 부음이 되고"(신적 수동태). 우리의 매일의 영적인 죽음은 하나님이 주장하신다. 우리는 날마다 죽어야 한다. 따라서 이 구절을 가지고 바울의 육체적 죽음이 가까웠다고 하면서 연대를 늦게 잡을 이유는 없다. 비록 에베소 감옥에서 죽을지언정 사역의 결과인 빌립보 교회의 신앙의 성장을 기억한다면 기뻐할 수 있다.

"이와 같이 너희도 기뻐하고 나와 함께 기뻐하여라"(18절). 바울은 빌립보 교회에게 용기를 불러일으키기를 죽음이란 믿는 자들에게는 아무런 해도 끼칠 수 없으므로 기쁘게 그리고 두려움 없이 죽음을 대하라고 한다. 우리는 무엇 때문에 기뻐하는가? 우리 안에 착한 일을 시작하신 하나님의 뜻이 이루어지는 것 즉 성화를 보고 우리는 기뻐해야 한다. 비록 우리는 사역 때문에 힘에 겨운 일을 만나더라도, 우리가 가르치는 아이와 학생의 신앙의 성장을 보면서 사역의 결실을 보면서 우리는 기뻐해야 한다. 무슨 말인가? 성도의 기쁨은 공동체적인 기쁨이다.

2.4. 빌립보서 2장 19–30절의 메시지

감옥에서 바울은 목자로서의 사명을 다한다(19절). 바울은 '하나님을 영화롭게 함'이라는 뜻을 가진 '디모데'를 빌립보 교회에 보내어 빌립보 교회의 사정을 살피고자 한다. 마치 전쟁터에서 증원 부대가 당도할 것을 예상하는 자들은 더욱 용감해지듯이, 디모데를 기다리는 빌립보 교회는 더 힘을 얻었을 것이다(참고. 칼빈, 1993:513). 바울은 복음으로 낳은 자식과 같은 교회의 소식을 듣고 확인해야만 위로를 얻을 수 있었던 참 목자이다.

디모데는 진실한 마음으로 빌립보 교회의 유익을 생각한 사람이어서 바울의 대사로 적임자였다(20절). 디모데후서 3장 15절에 의하면, 디모데는 어려서부터 신앙 훈련을 받았고 성경을 알았고 온순하고 순종을 잘하는 사람이었다. 신앙의 기초가 어려서부터 잘 다져진 것이다. 사도행전 16장 2절에 보니, 성장한 후에도 가장 잘 아는 루스드라와 이고니온의 형제들로부터 칭찬을 받았다. 고린도전서 4장 17절에 보면, 바울에게 있어서 디모데는 주님 안에서 가장 사랑하는 성실한 아들과 같았다. 만일 바울이 에베소 감옥에서 석방된다면 디모데를 곁에 두고 계속 동역하는 것이 좋았을 것이다. 하지만 바울은 자신의 유익을 구치 않고 빌립보 교회의 유익을 구했기에 즉 주님 안에서 그런 소망을 가졌기에(19절) 디모데를 보내기로 작정한다.

바울은 자기와 한때 함께 동역한 모든 사람들(*hoi pantes*, 예. 누가, 아리스다고 등, 참고. 골 4:10, 14; 몬 24)이 더 이상 자기와 함께 있지 않고 각자 자기 일로 떠나가 버린 것을 말한다. 그리스도의 일들(*ta Iesou Christou*)을 구한 디모데는 예외였다(21절). 그리고 그리스도의 일(*to ergon Christou*)에 힘쓴 에바브로디도도 예외였다(참고. 25, 30절). 참고로, 가톨릭은 이 무렵 베드로는 로마 교회를 다스리고 있었다고 본다.

몇 개의 문장만 지나가면 바울은 빌립보 교회를 다시 만날 것을 소망하지 않는가!(2:24) 결론적으로 호돈은 이 구절을 사도 바울의 현재적인 고통을 생생하게 묘사하는 것으로 본다. 그러나 현재가 미래적인 의미도 가질 수 있기에 미래적인 순교를 암시하고 있음도 분명해 보인다.

디모데의 연단은 마치 자식이 아버지에게 하는 것처럼 복음을 위해 바울을 철저히 도운 것이다 (22절).[1521] 디모데는 복음 전파를 위해서 영적 아버지인 바울의 권위에 순종하면서 '멘토'로 여기면서 따랐다. 이때 디모데는 30대 중반으로 보인다. 그는 젊었지만 고생을 해본 사람이었고 열정과 영적인 통찰력을 겸비한 사람이었다.

바울은 자신에 대한 판결이 무죄로 나타나서 속히 빌립보 교회를 방문하게 될 것이라고 믿음 가운데 확신하고 있다(23-24절). 믿음은 바라는 것들의 실상이다. 바울에게서 주님을 원망하거나 영적으로 침체된 모습을 발견할 수 없다.

바울은 '사랑스러운'이라는 뜻을 가진 에바브로디도를 비록 지금은 자기와 함께 감옥에 있지만 빌립보 교회에 돌려보내기로 작정한다(25절).[1522] 그는 바울의 형제이며, 동역자이며, 동료 영적 군사이고, 함께 수고한 자이다(25절). 그는 또한 빌립보 교회가 바울을 돕기 위해 헌금을 주어 보내었던 사자(메신저, *apostolos*)였다(25절). 하지만 그는 위독한 중병에 걸렸다(26절). 아마도 빌립보에서 에베소까지 와서[1523] 옥중의 바울을 돌보는 등 힘겨운 사역이 그의 병을 초래했을 것이다. 그리고 '너희를'(*hymas*, 빌립보 교회를)[1524] 간절히 사모했고 자신이 병든 것을 교회가 들었다는 소식을 듣고 심히 근심했다(26절). 주님은 에바브로디도를 긍휼히 여기사 회복시켜 주셨다(27절; 참고. 빌 1:21). 그러므로 빌립보 교회에 그를 보내면(미래적 의미를 가진 서신적 아오리스트, *epempsa*) 병의 회복의 기쁨을 함께 나눌 수 있었다(28절).[1525] 능력의 종 바울이 왜 에바브로디도가 그토록 죽을 지경까지 되었는데 신유의 기적을 간구하지 않았나? 바울 정도면 기도로 에바브로디도를 고칠 수 있지 않았을까? 하지만 신유와 기적은 하나님의 주권에 속한 것이지 아무리 사도라 할지라도 아무 때나 할 수 없고 하나님의 때와 목적에 일치해야만 가능했다. 바울은 자기 곁에 있던 에바브로디도를 빌립보로 보내기에, 개인의 유익보다는 공동체의 유익을 우선시했다.

바울은 빌립보 교회가 예수님 안에서 모든(풍성한) 기쁨으로(*meta pases charas*) 에바브로디도를 영접하고 존귀하게 여기도록 권면한다(29절). 에바브로디도는 자기의 목숨을 아끼지 않고(*paraboleusamenos te psyche*, 즉 '죽음에 거의 가까이 갔다' 혹은 '목숨을 걸고 모험했다') 그리스도의 그 일(*to ergon Christou*)을[1526] 위해 죽기까지 바울을 도왔다(30절).[1527] 죽기까지 섬긴 에바브로디

1521) 그레코-로마 세계에서 교사와 제자는 '아버지와 아들'로 묘사되었다.

1522) 그의 이름의 축약형은 '에바브라'이다. 그는 골로새서 1장 7절, 4장 12절 그리고 빌레몬서 23절의 '에바브라'와 동일 인물인가? 에바브로디도는 빌립보의 사역자이고, 에바브라는 골로새의 교역자였기에 다른 인물인가? 아마도 에바브라디도가 골로새에서 목회하다가 나중에 빌립보로 옮겨 봉사했지 않았을까?(참고. 두란노, 2003:335).

1523) 칼빈(1993:520)은 빌립보서가 로마에서 기록되었다고 본다.

1524) 26절에서 시내 산, A, C, D 사본 등은 '너희를 보기를'(*hymas idein*)이라고 쓴다.

1525) 28절의 '보낸 것은'을 서신적 아오리스트로 본다면 바울과 에바브로디도는 옥에 같이 있다. 그러므로 에바브라디도가 빌립보서를 빌립보 교회에 전달했을 것이다(참고. 두란노, 2003:336).

1526) 30절에서 시내 산과 A사본은 '주님의 일'(*to ergon kyriou*)로 쓴다(참고. 고전 15:58; 16:10).

1527) '자기 목숨을 돌아보지 않았다'는 말은 전염병이 창궐할 때 자신의 목숨조차 돌보지 않고 환자를

도에게서 예수님의 모습을 본다. 에바브로디도는 빌립보 교회가 바울을 섬기는 일에 부족함을 채우려고 했다. 빌립보 교회가 보낸 것은 충분했다(참고. 빌 4:18). 그러면 무엇이 부족한가? 아마도 빌립보 교회 전체가 바울에게 와서 바울을 섬기려고 했지만, 결과적으로 에바브로디도 혼자서 그 일을 다 감당해야 했다. 그는 목숨 바쳐서 주연(여기서는 바울)이 아니라 조연의 역할을 감당했다. 아마 에바브로디도의 병은 과로로 인한 것이었을 것이다. 따라서 그의 질병은 '열심의 표징'이다.

3. 오늘에의 적용

성도를 대할 때 겸손하자.

모든 원망과 시비가 없게 하기 위해서 일을 열심히 하는 사람은 일을 하지 않는 사람들에게 양심을 속박하는 방식으로 강요하거나 그들을 정죄하지 말아야 한다.

봉사에 있어서 주연의 그늘을 즐기는 조연의 아름다움은 무엇인가?

빌립보서 3장

1. 본문 및 구조

- 신학을 위한 배경으로서의 유대주의자들(1-6)
- 바울 신학의 핵심(7-11)
- 좌절과 소망(12-14)
- 복종을 통한 성장(15-16)
- 행동의 양식들(17-19)
- 하늘의 시민권(20-4:1)

2. 구원 계시사적 메시지

2.1. 빌립보서 3장 1-6절의 메시지

"마지막으로(*to loipon, finally*),[1528] 나의 형제들아 주 안에서 기뻐하라"(1절). '종말로'라는 말은

치료하는 사람들(*parabolanoi*)에서 나온 말로 보인다(참고. 호돈, 1999:249).

1528) 한글개역성경은 '종말로'라고 번역함으로써, 이 표현과 종말론을 혼동하도록 할 가능성을 지녔다.

뒤에 아직 44절이나 남아 있기에 편지를 종결 지으려는 의도로 한 말이 아니다. 오히려 더 중요한 주제로 넘어가려는 의미로 사용된다(참고. 살전 4:1). 우리가 기뻐하되 주 안에서 즉 주님과 연합한 가운데서, 주님의 공로 안에서, 주님의 인격 안에서 기뻐해야 한다. 그러므로 우리의 기쁨은 공통적인 요소를 갖춘 기쁨이다.

"개, 행악하는 자, 손할례당을 삼가라"(계속해서 주의하라; *blepete*가 3회 등장함, 현재 명령형. 2절). 이들은 유대주의자들이다. 즉 구원을 위해서는 이방인들도 할례와 같은 외적인 율법의 준수사항을 지켜야 한다고 주장한 사람들이다. 이것은 오직 은혜와 믿음으로 구원을 받는 것과 다르다. 여기서 '개'(*kyon*, 애완용 개가 아니라 몸집이 큰 개로서 길거리의 더러운 것을 먹고 다녔음)는 흔히 유대인이 이방인에게 경멸적인 의미로 붙여준 이름이다(참고. 사 56:10-11). 바로 이것을 바울은 유대주의자들에게 경멸적인 의미로 붙여준다. 이렇게 함으로써 참된 유대인, 참 이스라엘은 육신적인 것이 아니라 이방인이라 할지라도 믿음으로 복음을 받아들일 때 가능하다고 말한다. '행악하는 자들'은 헬라어로 '*tous kakous*'인데, 바울은 경계 대상 모두 수사학적 기법을 동원하여 'k' 발음이 나도록 한다(참고. 호돈, 1999:256). 손할례당(*ten katatomen*)이라는 말은 마음에 할례를 받은 자와 반대된다(참고. 롬 2:29).[1529] '손할례당'은 몸을 손상시키고 상하게 하는 무리라는 뜻이다. 이들은 표면적-외적-신체적인 유대인이지 이면적(내면적)인 유대인이 아니었다. 할례는 마음에 해야 했다(참고. 롬 2:28-29). 성도는 마음과 손과 귀와 입과 발에 할례를 행해야 한다. 우리 몸을 불의의 병기가 아니라 하나님이 기뻐하시는 도구로 드리기 위해서이다.

"그러나 우리는 하나님의 성령으로(*hoi pneumati theou*) 봉사하고"(3절).[1530] '그러나 우리는'(*hemeis de*)이 문두에 있어 강조되고 있다. 성령의 인도하심을 받아서 봉사하고 예배하는 사람이 참 할례자들(*he peritome*) 즉 아브라함의 참된 후손들이다. 개역개정판은 '그리스도 예수로 자랑하고'이지만, 원문에는 "그리스도 예수님 안에서 자랑하라"이다(참고. 빌 1:26). 바른 성경의 번역은 '그리스도 예수님을 자랑하며'이다. "육체를(*en sarki*) 신뢰하지 말라." 예수님을 떠난 모든 것 그리고 예수님과 관련 없는 모든 것을 '육체'라고 볼 수 있다.

바울은 자신도 세상적인 안목에서 본다면 육체를 자랑할 만한 사람이라고 말한다(4절). '나도'(*ego*)라는 말이 강조되어 있다. 자랑할 근거가 될 만한 '명예'를 좀더 살펴보자. 명예는 부여되거나 획득될 수 있다. 부여된 명예(ascribed honour derived from one's status at birth)는 출생,

---

개역개정판은 '끝으로'로 번역한다.

1529) 바울은 여기서 할례를 가리키는 일반적인 표현인 *peritome* 대신에 *katatome*를 사용한다. 후자는 '훼손시키다'는 의미를 함의한다. 유대인들은 진정으로 마음의 할례를 받을 만한 준비를 갖추지 못했다. 특권을 손상시키고 상실하고 말았다(참고. 호돈, 1999:258). 2절 마지막 단어 *ten katatomen*을 바른 성경은 '거짓 할례자들을'로, 개역개정판은 '몸을 상해하는 일을'로 번역한다.

1530) 3절에서 '하나님의 성령으로'는 남성 복수 주격 정관사 *hoi*와 중성 단수 여격 명사 *pneumati*가 같이 등장하는 파격적인 구문이다. 이런 어려움을 풀기 위해서, 시내 산 2판과 D, P 사본 등은 '하나님께 영으로'(*hoi pneumati theo*)로 쓴다.

가족의 연줄을 통해서, 또는 권력을 가진 유명한 사람들로부터의 수여를 통해서 사람에게 수동적으로 발생하거나 얻어진다. 획득된 명예(acquired honour)는 거의 대부분 도전[1531]과 응전의 사회적인 경쟁에서 자신과 동등한 자들의 희생을 통해 능동적으로 구해지고 축적된 명예이다(참고. 말리나, 1999:101). 여기서 바울의 예가 적합하다. 빌립보서 3장 5절에 바울에게 생득적으로 부여된 명예가 등장한다. 난 지 8일 만에 할례를 받음[1532], 이스라엘 족속[1533], 귀족 가문인 베냐민 지파[1534], 히브리인 중의 히브리인[1535]이었다. 빌립보서 3장 5-6절은 바울이 나중에 노력으로 획득된 명예는 율법으로는 바리새인이요[1536], 열심히 교회를 핍박한 자며, 율법의 의로는 흠이 없는 자였다. 하지만 바울은 빌립보서 3장 7-8절에서 그리스도 중심적인 명예와 수치를 재정립한다(참고. 사 49:23). 예수 그리스도를 아는 지식이 가장 고상하다. 이러한 명예의 재정립은 그 당시의 불신 사회의 기존 체제에 대한 도전이었다.

2.2. 빌립보서 3장 7-11절의 메시지

"그러나 내게 유익하던 것을 내 주 예수 그리스도를 위해(*dia ton Christon*, 그리스도를 인해)

1531) 도전의 의도를 '시험하기, 함정에 빠뜨리기, 올무 놓기(예수님의 제자들에게 질문을 던짐으로써 예수님께 간접적으로 행하여진 질문들, 복음서에서 주로 사두개인들이 던진 조롱의 질문들)'에서 찾아 볼 수 있다. 그리고 도전을 받거나 수치를 당한 것에 대한 인식은 사람과 관련된 복수, 분노, 노여움, 죄에 관한 어휘(범과, 허물, 죄, 악)로부터 알 수 있다(참고. 말리나, 1999:106).

1532) 유대교로 개종한 이방인들은 난 지 8일 만이 아니라 성인이 되어서 할례를 받았다. 그러므로 정통 유대인으로서 8일 만에 할례를 받은 것은 유대인 사회에서는 명예가 되었다.

1533) 바울의 부모는 이방인으로서 이스라엘로 개종한 사람이 아니라 순수 혈통을 갖춘 이스라엘 사람이었다. 바울이 이스라엘에서 태어나지 않고 지금의 터키의 길리기아 다소 출신이라는 사실이 그가 이방인과 섞인 혼혈적인 혈통을 가지고 있었음을 의미하는 것은 아니다. 오히려 이스라엘 안에 살던 사람 중에도 많은 사람들이 잡혼의 혈통을 이어받고 있었다. 따라서 유대인이라는 말은 지리적으로 결정지을 성격의 것이 아니다. 이스라엘 족속이라는 말은 야곱의 족속이라는 말과 같은 것으로 언약의 자손이라는 특권적인 의미가 담겨 있다. 이 말은 적어도 혈통적으로 볼 때 '아브라함과 이삭의 자손(족속)'이라는 말보다 더 명예로울 수 있다. 왜냐하면 야곱의 형 에서의 후손인 에돔 족속도 아브라함과 이삭을 자신의 조상으로 여기고 있기 때문이다. 하지만 그들은 스스로 이스라엘(야곱) 족속이라 부를 수는 없다.

1534) 구약의 베냐민 지파는 항상 거룩하고 뛰어나고 복만 받았던 지파가 아니었다(참고. 삿 19-21; 삼하 16:5-14). 하지만 이스라엘의 첫 번째 왕이라 할 수 있는 사울이 베냐민 지파 출신이었다. 사울보다 더 일찍이, 베냐민은 이스라엘(야곱)의 가장 사랑받았던 아내 라헬의 아들이 아니었던가?(창 35:17-18). 그리고 남북 분열 왕국 시대에 유다 지파와 더불어 베냐민 지파만이 남쪽 유다를 형성하게 되었다. 포로기 중에는 이스라엘의 구원을 위해 큰 역할을 했던 모르드개가 베냐민 지파였다(참고. 에 2:5).

1535) 바울의 이스라엘인으로서의 순수 혈통을 의미한다.

1536) 사도행전 23장 6절에 의하면 바울의 아버지도 바리새인이었을 것이다(참고. 행 25:6). 하지만 바리새인과 서기관은 예수님의 질책의 주요 대상이 아니었던가!(참고. 마 23) 그렇다면 바울은 바리새인 됨을 어떻게 자랑할 수 있는가? 원래 바리새인은 신구약 중간기 동안에 헬레니즘에 물든 유대인들로부터 스스로 분리했던 사람들이었다. 따라서 원래는 어떤 의미에서 좋은 뜻에서 출발했던 구별된 사람들이었다. 물론 나중에 이들은 율법의 정신보다는 사람의 유전을 더 중요하게 여기는 등 여러 가지 변질을 초래했다.

다 해(*zemia*, loss, 손실, 손해)로 여긴다"(7절). '내 주 예수 그리스도를 위해서' 혹은 '예수 그리스도 때문에'라는 조건이 빠지면 우리의 모든 삶은 불신자와 다를 바가 전혀 없게 된다. '잃다' 그리고 '얻다'라는 용어는 마태복음 16장 25-26절의 예수님의 가르침을 연상케한다.

예수 그리스도를 알고 얻기 위해서는 이전의 유익하던 것을 배설물들(*skybala*, refuse, 쓰레기, 오물)로 여긴다(8절). 바울은 여기서 자기가 이전에 유익으로 여기면서 자랑하던 모든 것을 개에게나 던질 쓰레기(*to tois kysi ballomenon*)라고 말함으로, 다시 한 번 육신적인 유대인을 간접적으로 공격한다. '배설물'은 마지못해서 포기하는 것이 아니다. 바울은 그리스도를 완전한 자기의 소유로 여기기를 원한다. 은혜로 구원받은 자는 지식에까지 새롭게 되어야 한다. 모든 가치관이 바뀌어야 한다. 아직도 학벌, 소득, 가문, 외모, 건강, 배경을 예수님보다 더 자랑한다면 완전히 거듭난 사람이 아닐 것이다.

바울은 예수님 안에서 발견되기 원한다(*heuretho en auto*, 9절).[1537] 그 표현은 '죽음으로 말미암아 발견된다', 즉 '심판주 예수님 앞에서 인정을 받는다'는 의미로 볼 수 있다. 바울의 의는 율법으로부터가 아니라 믿음으로 하나님에게서 난 의이다(9절 중반). 아무리 적은 것이라도 자기 의나 자기 공로에 빠져 있는 자는 예수 그리스도의 완전한 의를 소유할 수 없다. 예수 그리스도를 위해 모든 것을 버릴 수도 없다. 율법의 저주로부터 완전히 자유할 수도 없다. 교회는 예수 그리스도 한 분만으로 만족하고 헛된 영광을 구하지 않아야 한다.

바울은 "내 주 그리스도를(목적격적 속격) 아는 지식이 가장 고상하다"고 고백한다(8절). 이것을 10절에서 구체적으로 말한다. 바울은 그리스도와 그의 부활의 권능과 그의 고난에 참예함을 알기 원한다. '부활의 권능'(*te dynamin tes anastaseos*)은 성도를 의롭다 하신다(참고. 롬 4:25, 8:1, 16; 고전 15:17). 바울은 그리스도의 남은 고난을 그의 몸 된 교회를 위하여 그의 육체에 채우기를 원했다(참고. 골 1:24). 예수님의 구속이 불완전해서가 아니라 그리스도를 위하여 그리고 교회를 위하여 고난을 감수하겠다는 말이다. 그리스도를 증거하기 위해 매 맞고 헐벗고 돌에 맞고, 주리고 목마르며 헐벗음을 당한 것을 견디어야 했다.

바울은 주님의 죽으심도 본받기를 원한다. 완전한 거룩함을 추구하기 위해 죄에 대하여 죽는 것을 말한다. 10절에서 우리가 예수님과 연합되어 있음을 확인한다. 주님과 함께 죽고, 함께 장사 지낸 바 되고, 함께 부활하고, 함께 하늘에 앉혀서 왕 노릇 하는 것을 말한다. "어찌하든지 죽은 자들 가운데서(*ek nekron*) 부활(*eksanatasis*, *ek* + *anastasis*, 앞의 *ek*와 소리를 맞춤)에 이르려 하노니"(11절). 이 말은 바울이 아직 구원의 확신이나 부활 생명을 소유하지 못했다는 말이 아니라 자신의 죄를 초월하여 온전히 구원 사역의 일꾼이 되기를 원한다는 말이다.

2.3. 빌립보서 3장 12-14절의 메시지

바울은 이미 붙잡았다거나 이미 온전해진 것이 아니기에,[1538] 하지만 오직 그리스도에 의해서

1537) 칼빈(1993:530)은 디포넌트 동사(*heuriskomai*)를 원형으로 삼아, "자기가 자진해서 포기했던 것을 재발견한다"라는 능동형 의미로 해석한다.

붙잡혔기 때문에, 또한 그것을 잡으려고 좇아간다(12절). 여기서 완전을 향해 좇아가는 바울의 모습을 본다. 신앙과 행위, 그리고 하나님의 부르심과 성도의 책임이 조화를 이루어야 한다. 바울은 이것을 '달리기'에 비유한다. 그리스 아테네에 있었던 육상경기 트랙은 182m였다. 출발선에는 돌로 된 발판이 있었다. 한 손은 발판에 대고 몸을 앞으로 약간 숙여 최대한 빨리 출발하도록 긴장하면서 서 있다. 구원을 받았다면 인생에 있어서 최선의 경주를 해야 한다. 예수님은 다메섹 도상에서 바울을 사로잡아서 그의 인생을 굳게 붙들고 계신 분이시다.

"나는 나 자신이 잡았다고 생각하지 않는다(*ou logizomai*, 참고. 시내 산, A, D 등은 '아직 아니다', [*oupo*]). 다만 한 가지, 곧 뒤에 있는 것은 잊어버리고, 앞에 있는 것을 잡으려고, 푯대(*skopos*)를 향하여 하나님이 예수님 안에서 위로부터 부르신 부르심의 상을 위하여 좇아가노라"(13-14절). '뒤에 있는 것들'(*ta opiso*, the things behind)은 바울이 복음과 상관없이 살았던 옛 생활을 가리킨다. 바울에게 남아 있는 목표는 오직 하나뿐이었다. 이 땅에서 비록 우리가 완전에 이르지 못한다 해도 그렇게 노력하는 자만 성화의 기쁨과 보람을 누릴 수 있다. 우리의 푯대 곧 최종 목표는 그리스도이다.

성도의 경주에는 상급이 따른다. 고대 헬라 세계에서 승리자는 월계관을 쓰고 500드라크마의 상금을 받고 국가에서 제공하는 돈으로 식사를 하고 연극 관람 시 맨 앞 줄의 로열 석에서 무료로 관람할 수 있는 특권을 받았다. 이 땅에서의 시상은 경주를 마친 후에 한 명에게만 주어지는 것이다(참고. 고전 9:24). 하지만 영적인 신앙의 세계에서는 경주를 시작할 때부터 시상자를 이미 호명한다. 주님의 나타나심을 사모하는 모든 성도가 상을 받도록 되어 있다는 말이다(참고. 딤후 4:8). 상을 보장받고 경주하는 것이 신앙의 경주다.

2.4. 빌립보서 3장 15-16절의 메시지

온전하게 되어 성숙한 성도는 14절까지 말한 견해를 견지해야 한다. 만일 빌립보 교인이 푯대를 향해 달려가는 동안 사소한 잘못된 의견을 가지고 있다면 성령께서 분명히 밝혀 줄 것이다(15). 15절의 동사는 '우리가 생각하자'(*phronomen*)인가?(파피루스 16, 46, A, B, D, 다수 사본, 바른 성경) 아니면 "우리는 생각하다"(*phronoumen*)인가?(시내 산, L, 개역개정판) 전자가 사본상의 지지를 훨씬 강하게 받는다. "오직 우리가(성도는) 어디까지 이르렀든지 같은 길을 좇아가야 한다"(16절). '좇아가자'도 운동 경기 은유와 관련된다. 16절에서 다수 사본은 빌립보서 2장 2절과 유사하게 '똑같은 규칙을 따르고, 똑같은 생각을 하자'라고 확장한다.

2.5. 빌립보서 3장 17-19절의 메시지

"나를 본받으라"(*symmimetai mou ginesthe*, 직역: "너희는 나의 동료 모방자들[fellow-imitators]이 되라", 17절).[1539] 이 말은 바울이 오직 그리스도라는 푯대를 향하여 옛일을 잊어버리고 상을

1538) 12절에서 공인 본문은 '이미 붙잡았거나'와 '이미 온전해진 것이 아니므로' 사이에 '이미 내가 의롭게 되었거나'(*ede dedikaiomai*)를 추가한다. 이것은 교리적인 관심을 반영한 추가이다.

바라보면서 완전을 향해 경주하는 것을 본받으라는 말이다. 바울의 인간적인 교만을 암시하는 것이 아니다. 빌립보 교회에게 헌신에 대한 구체적인 모범(모델)이 필요했다. 17절 하반절에 바울은 바울 자신 외에도 이런 삶의 원칙대로 사는 사람들(예. 디모데, 에바브로디도)을 주목해 보라고 말한다. 그러므로 바울에게는 신앙의 독불장군식의 교만이 없었다.

여러 사람들이 그리스도 십자가의 '그' 원수들(*tous ekthrous*)로 행한다고 지적한다(18절). 특정한 이들의 수가 많았고 유럽의 첫 교회인 빌립보 교회를 위협하고 있다고 생각하니 바울은 눈물을 흘리지 않을 수 없었다.

"저희의 최후는 멸망이요, 저희의 신은 배(즉 위)요, 그들의 영광은 부끄러움에 있고 땅의 일(예. 음란, 부정, 사욕, 악한 정욕, 탐심, 분과 악의와 훼방과 부끄러운 말; 참고. 골 3:2, 5, 8)을 생각하는 자이다"(19절). 죄의 삯은 사망이다. 탐식과 방종하는 일에 자기 몸을 맡겨버린 자들이다. 그들의 영광은 부끄러운 일을 당하는 데 있다.

2.6. 빌립보서 3장 20-4장 1절의 메시지

하지만 우리의 시민권(*to politeuma*)은 오직 하늘에 있다(20절; 참고. 빌 1:27). 하늘로서 오실 우리의 구원자 예수님을 기다리고 있다. 빌립보 교회는 비록 로마의 시민권과 로마의 문화 속에 살고 있지만 근본적으로는 하늘에 시민권을 두고 사는 사람들이다. 빌립보서 3장 20-21절은 데살로니가전서 5장 1-11절과 비슷한데, 이 두 구절은 신자들에게 '팍스 로마나'보다 월등한 종말론적인 구원을 약속하지만, 그 구원을 '팍스 로마나'와 비슷한 실체라는 관점에서가 아니라, 절대적으로 다른 관점에서 하나님의 진노로부터 건짐을 받는 것과 우리 몸이 변하여 하나님의 영광에 참여하는 것으로 소개한다(참고. 김세윤, 2009:49-50). 성도가 위로부터 난 자로서의 특징을 가지고 살아야만 대적들인 땅의 일만 추구한 자와 구별되게 살 수 있다.

예수님이 만물을 다스리시는 능력(*energeia*)으로 우리의 낮은 몸(비천한 몸, *to soma tes tapeinoseos*, the body of humiliation)도 자신의 영광스러운 것으로 변화시킬 것이다(21절). 몸이 부정하다는 식으로 생각한 그 당시의 사람들과는 달리, 몸도 영혼처럼 구원의 대상으로서 영화되어야 할 존재임을 밝힌다. 이 땅에서 우리는 낮은 몸으로 살고 있다. 이 말은 죄와 질병과 약함으로 고통당하기도 한다는 뜻이다. 하지만 장차 변화될 몸에서는 영광만 있을 것이다. 고통은 사라지게 된다(참고. 고전 15:12-28).[1540]

4장 1절에서 바울은 '그러므로'(*hoste*)라는 말로 시작한다. 빌립보서 3장까지 논의했던 내용을

1539) 흥미롭게도 바울은 자신이 직접 설립한 교회에게는 자신을 닮을 것을 권면했다(고전 4:16, 11:1; 갈 4:12; 빌 3:17; 살전 1:6; 살후 3:7, 9).

1540) 30대 중반부터 합병증을 앓았던 칼빈(1993:541)은 "많은 불행과 수많은 질병을 겪는 육신을 '온전히 악하고 추한 것'이라고 부를만 하다"라고 설명한다. 칼빈은 육체를 긍정적이고 적극적으로 거의 설명하지 않는다. 21절의 '변화시키실 것이다'(*metaschematisie*)는 한국 정원을 이태리식 정원으로 바꾸는 정도가 아니라, 옛 도시를 재개발하여 혁신적으로 탈바꿈시키듯이 완전히 다른 무엇으로 바꾸는 것이다(참고. Rogers & Rogers, 1993:456).

숙지한다면, 이 접속사는 빌립보서 3장 17-21절의 결론을 이끈다. 빌립보 교회는 천국 시민권을 가지고 있고 온전한 부활의 몸을 장차 가질 것으로 소망하면서 산다. 바로 이들이 바울에게는 '사모하는 형제들', '기쁨', '면류관'(참고. 사 62:3), 그리고 '사랑하는 자들'이다. 바울은 빌립보 교회가 지금 그러하다고 말한다. 물론 앞으로 바울이 석방되어 빌립보 교회의 성화를 위한 사역에 헌신한 후에는 더욱더 그러할 것이다(참고. 살전 2:19-20). 이들에게 구체적인 권면을 마지막으로 한다. "사랑하는 자들아 이와 같이 주 안에 서라." '서다'가 현재 능동태 명령형(*steikete*)이기에 굳게 서는 훈련을 계속해야 한다. 특히 대적들을 대항해서 믿음의 주이신 예수님 안에 온전히 서야 했다.

3. 오늘에의 적용

나를 본받는 자가 되라고 말할 정도로 성숙해 가자.
천국 시민권을 활용하자.

빌립보서 4장

1. 본문 및 구조

• 연합, 기쁨, 근심, 복종, 평강에 관한 권면들(2-9)
• 자족함의 비결 및 감사의 말(10-20)
• 결어(21-23)

2. 구원 계시사적 메시지

2.1. 빌립보서 4장 2-9절의 메시지

"내가 유오디아(뜻: '향기' 혹은 '순조로운 여행')를[1541] 권하고 순두게(Syntyche, 뜻: '다행스런')를 권하노니, 주님 안에서 같은(*to auto*) 마음을 품어라"(2절).[1542] 빌립보서 2장 2절의 권면을 기억해야 할 유오디아와 순두게는 빌립보의 여자 교인들인데, 한때 바울이 빌립보에서 복음을 전했을 때

1541) 유오디아는 빌립보서 4장 18절의 '향기로운 제물'(*osmen euodias*)에서 '향기로운'과 같은 발음이 난다.
1542) 빌립보서 4장 2절에서 바울이 권면을 위해서 사용한 언어는 빌립보서 2장 2절의 언어와 유사하다. 유오디아와 순두게는 빌립보서 2장 1-4절의 특성을 따라 살면 된다. 그들은 성령이 만들어 내시는 교제에 따라서 해결해야지, 인간적인 방법을 따라서 문제를 해결할 수 없다(참고. Thielman, 1995:217).

뜻을 모아 동역했다. 하지만 지금은 서로 의견이 충돌되고 있다. 바울은 이들에게 주님 안에서는 같은 마음을 품는 것이 가능하다고 각각 권면한다(참고. *parakalo*를 두 번이나 씀).

"그렇다(*nai*, 3절; 바른 성경은 이것을 제대로 번역하지 않음). 참으로 나와 멍에를 같이한 자 네게 구하노니 복음 안에서 나와 함께 힘쓰던 저 부녀들(these women; 유오디아와 순두게)을 돕고 또한 클레멘트와 그 외에 나의 동역자들을 도우라. 그 이름들이 생명책에 있느니라." 바울은 유오디아와 순두게 사이의 분쟁을 조정하기 위해 빌립보 교회들 곧 자기와 같이 '멍에를 같이 한 자들'(*syzyge*, yokefellow)의 도움을 청하고 있다.1543) 클레멘트 외에는 바울의 동역자들의 이름이 구체적으로 언급되지 않지만 하나님은 알고 계신다. 그들의 이름이 생명책에 기록되어 있기 때문이다.

"주 안에서 항상 기뻐하라(*chairete en kyrio pantote*). 내가 다시 말하노니 기뻐하라"(4절).1544) 이 말에서 알 수 있는 것은 형편과 관계없이 기뻐하는 것은 성도의 특권이라는 점이다. 왜냐하면 희락(기쁨)은 성령의 열매이기 때문이다(참고. 갈 5:22). 모든 일을 합력하여 선을 이루시는 주님을 생각하면 기뻐할 수 있다(참고. 롬 8:28). 예수님은 이 세상의 기쁨을 정죄하시기까지 했다(참고. 눅 6:25). 그러므로 하나님 안에 있는 기쁨만이 유일하게 성도가 빼앗기지 않는 기쁨이다(참고. 칼빈, 1993:546).

"너희 관용을 모든 사람에게 알게 하라. 주께서 가까우시니라"(*ho kyrios engys*, 5절). 관용(*to epiekes*, the forbearance, the gentleness)은 인내, 자비, 친절, 아량, 이 모든 의미의 종합이다(참고. 고후 10:1). 여기서의 관용은 특별히 보복이 자연스러운 반응인 상황 속에서 보이는 태도이다(참고. Thielman, 1995:218). 주님의 재림을 사모하면 할수록 모든 사람에게 관용을 베풀기가 쉬울 것이다. 6절을 살펴보기 전에 빌립보서 4장 8-9절을 먼저 살펴보자. 무엇에든지(*hosa*, whatever) 참된 것(선한 양심의 총화와 그 열매), 경건한 것(성결함), 옳은 것(특히 타인을 속이거나 괴롭게 하지 말 것), 정결한 것(삶에서의 순결), 사랑할 만한 것, 칭찬할 만한 것, 덕과 칭찬되는 것이 무엇인가에 대한) 신중한 숙고와 검토가 필요하다(8절; 참고. 칼빈, 1993:549). (배우고 받고 듣고 본 바를) 행동으로 옮기는 일, 즉 실천이 그다음에 필요하다(9절). 그러면 삶 속에서 하나님의 평강을 경험하게 된다. 그러나 이것만으로는 부족하다.

모든 일들에(*en panti*) 염려 없이 기도하는 것이 필요하다(6절). 염려에 대한 치료와 해결책은 하나님께 우리의 마음을 털어 놓는 것이다. 염려하는 것(*merimnao*)은 자신이 통제할 수 없는

1543) 3절의 '함께 수고하던 자' 혹은 '멍에를 같이한 자'를 '쉰지구스'(*Synzygus*)라는 고유 명사로 보는 이도 있다(예. Vincent; 참고. Rogers & Rogers, 1998:457). 개역개정판은 3절을 잘못 번역한다. "저 여인들을 돕고 또한 클레멘트와 그 외에 나의 동역자들을 도우라." 하지만 바른 성경과 NIV는 헬라어 원문에 일치되게 번역한다. "……이 여자들을 도와라. 이들은 클레멘트와 나의 다른 동역자들과 함께 복음 안에서 나와 함께 수고하던(정확히 말하면, '수고했던') 자들이다 …."

1544) 빌립보서 4장 4-9절은 대체로 앞선 문장과 접속사로 연결되지 않는다. 6절의 '그러나', 7절의 '그리고', 8절의 '마지막으로'가 있다. 접속사가 없는 문학적 고안을 'asyndeton'이라고 부른다. 이것은 주로 담론의 마지막 부분에 효과적인 강조를 위해서 사용되는 수사학적 기교이다. 접속사 생략은 간결하면서도, 설득력 있고 강조하기에 안성맞춤이다(참고. Thielman, 1995:218).

것에 대한 부당한 걱정을 가리키는데, 종종 박해의 상황과 관련된다(참고. 마 10:19; 눅 12:11; 보라. 두란노, 2003:380; Thielman, 1995:219). 모든 일에 있어서 그러해야 한다. 베드로전서 5장 7절을 기억하자. "모든 염려를 다 주께 맡겨 버리라. 이는 저가 너희를 권고하심이니라." 마음을 쏟아 놓는 방법이 감사함으로(*meta eucharistia*) 드리는 기도(*proseuche*)와 간구(*deesis*, entreaty, supplication)이다. 하나님의 뜻이 최선임을 알고 겸손히 순종하겠다는 마음 자세로 간구하는 것을 말한다. 감사 없는 간구는 날개 없는 새와 같기에 응답받을 수 없다. 이 감사는 7절의 '평강'과 연결된다.[1545]

무엇을 간구해야 하는가? 빌립보 교회의 구할 것들(*ta aitemata*, 중성 복수 대격: '그 요구들을'; 6절) 즉 명확하고 특별한 사항을 따라서 기도해야 한다. 피상적으로 기도하면 피상적인 응답이 온다. 하나님께 (앞에) 기도해야 한다. 우리 아버지는 아무리 작은 기도라도 물리치시지 않고, 아무리 큰 기도라도 이루시기에 불가능하지 않다. 그 결과는 무엇인가? 하나님의 평강이 임하게 된다. 평강은 하나님께서 기도하는 자에게 주시는 사랑의 선물이다. 평강은 성도 안에 비친 하나님의 미소다. 이 평강은 모든 지각(이해)을 초월한다. 우리의 생각을 초월한 평강을 주신다. 기도하는 자의 마음(*kardia*; 사상과 감정이 흘러나오는 사람의 중심)과 생각(*noema*; 마음에서 나오는 것으로서 의지의 행위[act of the will])을 지켜 주신다. '지켜 주신다'(7절)는 헬라어로 '*phroureo*'인데, 전쟁 상황에서 도시 안에 주둔한 유격 수비대의 행동과 관련 있다(참고. 고후 11:32). 즉 성문 안에서 바깥으로 나가는 것을 통제하는 군인의 역할을 묘사한다(참고. Rogers & Rogers, 1998:457). 기도의 사람은 난공불락의 요새 안에 거하면서 평강을 누리는 사람이다.

종합해 보면, 이 단락에서 4개의 간구가 등장한다. "기뻐하라, 관용을 모든 사람에게 보이라, 근심하지 말라, 하나님께 너희 구할 것들을 간구하라." 얼핏 보면 이 4개의 간구는 별개의 것처럼 보인다. 하지만 모두 박해의 상황과 관련된다. 바울과 실라 처럼 빌립보 교인들도 박해의 위협 하에 있었는데(참고. 행 16장), 그럼에도 그들은 보복하는 대신에, 주님 안에서 기뻐해야 하고, 근심 대신에 간구해야 했다.

2.2. 빌립보서 4장 10-20절의 메시지

빌립보 교회가 바울을 도와주게 된 것을 인해 바울은 크게 기뻐한다(10절). 아마 그 교회는 바울에게 선교비를 보냈을 것이다. 바울은 '기뻐했다'(*echaren*)는 아오리스트형을 사용하여, 자신이 선물을 받았을 때 기뻐했고, 이 편지를 쓸 때도 기뻐하고 있음을 의미한다. 마치 겨우 내내 나무가 죽었던 것처럼 있다가 움이 다시 돋는 것처럼, 빌립보 교회의 섬김에 대한 바울의 기쁨이 이제 다시 분명한 표시로 나타나고 있다.

이런 말을 하는 것은 바울의 형편이 어려워서가 아니라 모든 형편 가운데서라도 자족(*autarkes*, self-sufficiency)하기를 배웠기 때문이다(11절). 바울은 빌립보 교회로부터 받은 그 무엇 때문에 기뻐한다. 하지만 그것이 근본적인 기쁨의 이유는 아니다. 설령 그런 선물이 없었다 해도 바울은

1545) 빌립보서 4장 6절은 마태복음 6장 25-34절을 상기시킨다.

기뻐했을 것이다. 그리스도 안에서 얻는 만족을 이미 체험으로 훈련한 바울이었기 때문이다. 이것은 빌립보와 같은 도시에서 돈을 뜯어내던 허풍쟁이 철학자(charlatan philosopher)와는 다른 모습이다(참고. Thielman, 1995:234). '자족'은 스토아 철학자들이 최고의 덕으로 내세운 바로 그것이다. 그들은 인간 속에 있는 모든 욕심과 욕망을 제거하면 인간의 노력으로 자족할 수 있다고 가르쳤다. 그러나 바울은 자족을 그렇게 이룰 수 있다고 주장하지 않는다. 즉 욕망을 끊음으로가 아니라, 하나님으로 만족함(God-sufficiency)으로 자족이 가능하다는 입장이다.

비천과 풍부에 처할 줄을 알고 풍부와 궁핍에 관한 일체의 비결을 배웠다(12절). 사실 비천에 처하는 것은 그리스도의 낮아지심에서 그 절정을 볼 수 있다(참고. 빌 2:8). 풍부에 처하는 비결은 교만치 않고 심지를 곧게 하여 그 풍부의 근원이신 그리스도를 생각하는 것이다. 바울은 가난할 때도 긍정적이며 적극적인 태도를 가졌고, 풍부해도 교만이나 물질의 탐욕에 탐닉하지 않았다. '배웠다'(*memyemai*)는 신비 종교에서 사용된 전문 용어인데, 그 종교가 가지고 있는 비밀과 특권에 들어가기 위한 "입교 의식을 치렀다"는 뜻이다. 배우다(*myeo*)의 어간 *my*에서 명사 *mysterion*(비밀)이 파생된 것으로 보인다. 그래서 한글 번역에서는 "일체의 '비결'을 배웠다"고 번역한다. 그러므로 바울은 직접 궁핍과 풍부에 들어가서 배우고 체험했다는 것이다(참고. 두란노, 2003:394).

"내게(계속해서) 능력 주시는 자 안에서(*en to endynamounti*) 내가 모든 것들(*panta*)을 할 수 있느니라"(13절).[1546] 다수 사본과 KJV는 13절 마지막에 '그리스도'(*christo*)를 첨가하여, 능력 주시는 분이 그리스도이심을 설명한다(참고. 칼빈, 1993:552).[1547] 성부와 성령이라기보다는 '예수 그리스도 안에서' 모든 것을 할 수 있다는 뜻이다. 13절의 헬라어 원문은 "나를 능하게 하신 우리 주 예수 그리스도"라고 언급하는 디모데전서 1장 12절과 거의 동일하다. '모든 것들'(*panta*)은 12절의 '모든'과 관련된다. 그러므로 그리스도 안에서 바울은 비천에도 풍부에도 처할 줄 알게 된다는 뜻이다. '안에서'(*en to*)는 *en Christo*와 유사하다(참고. Martin, 1983:177). 적용해 보면, 우리가 하나님의 능력을 의존하는 것은 우리의 노력을 배제시키지 않고, 우리가 일하는 것은 은혜의 실재와 상충하지도 않는다는 위대한 역설을 보게 된다(참고. Silva, 1992:235).

바울과 빌립보 교회 사이에는 괴로움을 함께 나누는 동반자적 관계의 교제가 있었다(14절). 이것에 대해 바울은 감사한다. 바울은 과거의 일을 회상한다. 빌립보와 데살로니가를 포함하는 마게도냐를 떠나서 다른 지역의 전도 활동을 하려고 할 때 바울을 도왔던 교회는 빌립보 교회밖에 없었다(15절). 바울이 데살로니가에 있었을 때도 빌립보 교회는 사도의 필요를 채우기 위해 한두 번 도움을 주었다(16절).

1546) 스토아 학파는 어떤 상황에서도 만족한다는 말을 사용했다. 견유학파는 적은 것에 대해 그들이 이때까지 가져 보았던 것은 그것뿐이라고 단언함으로써 그들의 만족을 입증하기까지 했다(참고. 존 월튼, 2010:1860). 그러나 바울의 만족은 '능력 주시는 분' 안에서 가능했다.

1547) 본문 비평을 해보면, '그리스도'를 첨가하는 것으로는 다수 사본과 4세기경의 시내 산 사본의 2번째 교정본 등이다. 그러나 사본상 '그리스도'가 빠지는 것이 시내 산, A, B, D와 같은 무게 있는 사본들로부터 더 지지를 받는다. 그러나 '그리스도'의 유무가 의미상 차이를 발생시키지 않는다.

바울에게 있어서 선물은 최종적인 관심의 대상이 아니다(17절). 오히려 그 선물을 보내준 빌립보 교회가 관심이었다. 바울은 그 선물로 인해 하나님께서 큰 보상으로 함께하실 것을 소망한다. 구제를 좋아하는 자는 풍족해진다(참고. 잠 11:25). 바울은 모든 것을 가지고 있고 더욱이 풍부하도록 가지고 있다(18절). 에바브로디도 편으로 보내어준 선물은 향기로운 제물이며 하나님을 기쁘시게 하는 것이다. '향기로운 제물'(fragrant offering)은 구약의 제물은 물론(참고. 창 8:21; 출 29:18, 25, 41; 레 1:9, 13, 17; 겔 20:41-42) 예수님의 십자가에서의 희생을 연상케 한다(참고. 엡 5:2). 여기서 바울은 제사 용어를 은유적으로 사용하고 있다. 빌립보 교회가 바울에게 선물로 준 재정적 후원은 구약의 제물처럼 직접적으로 하나님에게 바쳐진 것은 아니라 할지라도, 바울이 복음을 전파하여 하나님을 기쁘시게 하는 것과 같은 것이었다(참고. O'Brien, 1991:542). 사랑의 실천은 단순히 사람 사이에서만 행해질 문제에 불과한 것이 아니라, 하나님께 드려야 할 영적이고 거룩한 예배가 된다는 것을 보여준다.

바울은 이제 자신의 하나님께서 그리스도 예수 안에서 빌립보 교회의 모든 필요를 '영광 가운데'(*en dokse*)[1548] 풍성히 채우실 것을 확신한다(19절). 이런 하나님의 큰 은혜의 기초는 예수님의 대속의 희생이다. 따라서 성도가 그리스도 안에서 누릴 은혜의 풍성함은 놀라운 것이다. 이런 하나님 아버지께 영광을 돌리는 것은 마땅하다(20절).[1549] 바울은 단순히 무미건조한 교리를 말하는 사람이 아니라 늘 뜨거운 마음으로 하나님을 송영하는 사람이다. 그의 가슴 속에는 하나님을 끊임없이 사랑하면서 찬송하고자 하는 들끓는 소망이 있다.

2.3. 빌립보서 4장 21-23절의 메시지

바울과 함께 있는 형제들이 빌립보 교회에게 문안한다(21절). 디모데를 포함한 몇몇은 바울의 에베소 감옥의 투옥 기간에도 동고동락했다. 특별히 가이사 집 사람 중 몇 사람이 빌립보 교회에 문안한다(22절). 가이사 황제의 직계 가족이라기보다는 그의 신하와 노예 그리고 궁중 관리인들이 에베소와 로마 등 주요 도시에 퍼져 있었다는 뜻으로 보인다(참고. 두란노, 2003:404; ESV Study Bible, 2008:2287). 황제를 신으로 숭배하는 대신 이들은 하나님을 섬기고 있었다. 즉 비교적 높은 신분을 가진 자들에게 복음이 이미 전파된 것을 알 수 있다. 바울은 주 예수 그리스도의 은혜가 빌립보 교회(너희, 복수)의 심령(단수, *pneuma*)에 있기를 축원한다(23절).[1550] 이것의 근원은 성부이시고, 적용은 성령이시기에 삼위 하나님의 은혜임을 함축한다. 23절 끝에, 파피루스 46, 시내 산, A, D, 다수 사본은 '아멘'을 추가한다.

1548) 19절의 '영광 가운데'는 방식(manner)의 부사적 의미로 사용된다. '영광스럽게'(참고. Rogers & Rogers, 1998:458). 비슷한 맥락에서 이것을 부사로 보는 칼빈(1993:555)은 '가장 좋은 것으로'라는 의미로 설명한다.

1549) 빌립보서 4장 20절처럼 빌립보서 2장 5-11절도 성부 하나님께 찬양을 드리는 것으로 마무리되었다. 바울은 편지를 송영으로 마친다.

1550) 23절에서 복수와 단수가 같이 등장하여, 빌립보 교회가 한마음으로 활동하고 있었음을 암시한다.

3. 오늘에의 적용

자족하는 일체의 비결을 배우자.
주님 안에서 기뻐하면서 능력을 주시는 하나님 안에서 모든 것을 감당하자.

【 참고 문헌 】

- ESV Study Bible. Wheaton: Crossway Bibles. 2008.
- Fee, G.D. *Paul's letter to the Philippians.* Grand Rapids: Eerdmans. 1995.
- Martin, R.P. *Philippians. Tyndale New Testament Commentaries.* Leicester: IVP. 1983.
- O'Brien, P.T. *The epistle to Philippians.* NIGTC. Grand Rapids: Eerdmans. 1991.
- Rogers, C.L. Jr. & Rogers, C.L. III. *The new linguistic and exegetical key to the Greek New Testament.* Grand Rapids: Zondervan. 1998.
- Silva, M. *Philippians. Baker Exegetical Commentary.* Grand Rapids: Baker. 1992.
- Thielman, F. *Philippians. NIV Application Commentary.* Grand Rapids: Zondervan. 1995.
- 그랜트 오스본 (ed). 《빌립보서, 골로새서, 빌레몬서》. LAB주석 시리즈. 성서유니온선교회. 2007.
- 김세윤 그리스도와 가이사: 바울과 누가의 저작에 나타난 복음과 로마 제국. 두란노아카데미. 2009.
- 매츠거, B.M. 《신약 그리스어 본문 주석》. 제2판. 대한성서공회 성경원문연구소. 2005.
- 목회와 신학 편집부. 《에베소서, 빌립보서, 골로새서. 어떻게 설교할 것인가》. 두란노. 2003.
- 브루스, F.F. 《신약사》. 기독교문서선교회. 1978.
- 브루스 J. 말리나. 《신약의 세계》. 솔로몬. 1999.
- 제랄드 호돈. 《빌립보서》. WB.C.. 솔로몬. 1999.
- 존 월튼, 빅터 매튜스, 마크 샤발라스 & 크레이그 키너. 《IVP 성경 배경 주석》. IVP. 2010.
- 칼빈, J. 《빌립보서 주석》. 성서교재간행사. 1993.
- 프란시스 폴크스. "빌립보서". (In D.A. 카슨 & R.T. 프란스 eds., 《IVP 성경 주석》. 신약. IVP. p. 558-578.) 2005.

골로새서 주석

들어가면서

골로새서는 바울 저작이 의심되지 않는 서신들과 그렇지 않은 바울 후기의 서신들(post-Pauline letters)을 연결하는 역할을 한다고 해서 학계에서는 가장 흥미로운 바울 서신으로 여겨진다. 골로새서는 에베소서와의 많은 유사점에도 불구하고, (학계에서 바울의 저작으로 인정되지 않은) 에베소서와 목회서신보다는 기독론과 교회론이 발달되지 않은 상태로 보인다. 하지만, 바울 저작성이 의심 없이 받아들여지는 서신들보다는 골로새서의 교회론과 기독론이 더 발달된 것으로 보인다. 즉 바울 후기 서신의 선구적인 위치를 차지하는 골로새서를 기준으로 하여 바울의 신학 사상과 바울 후기의 사상의 발전을 가늠해 볼 수 있다는 논리이다. 하지만, 우리는 바울 서신들의 서론에 분명히 밝히고 있는 바울의 저작성을 의심치 않고 수용하기에 이런 논의는 추측에 지나지 않을 뿐이다.

저자

바울과 디모데(골 1:1, 23, 4:18). 혹자는 신학적인 이유로 바울의 제자 중 하나를 저자로 본다. 칭의, 의 , 율법, 구원과 같은 주제가 나타나지 않는다는 것이 이유인데, 다른 바울 서신들에도 한결같이 이런 주제가 나타나는 것이 아니기에 이 주장은 설득력 없다. 바울은 자신의 모든 신학적인 개념과 주제를 모든 서신에서 다 쓸 이유가 없었다.

수신자

골로새 도시의 교인들(골 1:2). 골로새서 4장 15절을 근거로 해보면 골로새 안에 여러 개의 가정 교회들이 있었던 것 같다. 골로새서 2장 1절에 보면 바울이 골로새 교회를 설립한 것이 아니라, 에바브라의 전도로 A.D. 50년대 중반에 세워진 것 같다(골 1:6-7). 이제 6-7년 정도 되어 보이는 아주 어린 교회였다. 골로새서 4장 12절에(너희에게서 온) 에바브라는 골로새 출신이라고 밝힌다. 아마도 바울이 이전에(52년 경) 선교 차 지나가 보았던 지역인 골로새에, 그의 선교의 절정기에(아마도 에베소에서 선교하던 중; 행 19:10) 에바브라를(에베소에서 80마일 떨어진 비옥한 리쿠스[Lycus] 계곡 지방에) 파송하여(히에라폴리스와 라오디게아 지방을 포함) 복음을 전하고 교회를 설립하지 않았을까?[1551] 골로새서 2장 11절과 3장 11절에 할례가 언급된

1551) 바울이 어떤 도시를 선교 중심 캠프로 정했다면, 그는 그 주변 지역에도 동역자를 파송하여 전도했다

사실은 유대인 성도가 있었던 것으로 보인다. 골로새서 2장 16절의 안식일 준수 언급 및 2장 8절의 '사람의 유전'은 '장로의 유전'일 가능성이 있기에 유대 성도가 골로새 교회의 구성원 중 일부임은 분명하다. 이런 유대주의적 성격을 가진 성도 중에 문제를 일으킨 사람이 있었던 것 같다.

골로새는 어떤 도시인가? 골로새는 로마의 아시아 주의 남쪽 지역 혹은 서부 아나톨리아(Anatolia=Asia Minor=Modern Turkey)의 남쪽 지역에 있었다. 골로새는 고대의 브루기아(터키의 서부)의 리쿠스(Lycus) 강의 계곡에 위치한 도시다. 리쿠스 강의 비탈에서 자라난 양들에게서 취한 양털로 직조 산업이 융성했다. 골로새라는 이름은 염색된 양모의 특정한 색깔을 일컫는 이름(콜로시누스; colossinus)에서 기원했다. B.C. 4세기에는 크고 융성한 도시였다. 에베소와 사데에서 유브라데로 가는 길목에 있었고 양모 산업이 번성했기 때문이다. 하지만 로마 제국의 초기부터 인근 히에라폴리스(미네랄 온천으로 관광객을 많이 끌었고, 지금도 유네스코가 지정한 고대 유물이 많아서 그렇다)와 그 지방의 금융과 행정의 중심지가 된 라오디게아가 융성하는 바람에 골로새의 상업적 중요성은 퇴보되었다.

라이트풋(Lightfoot)이 주장하듯이 골로새 지역은 바울 서신의 수신자 중 가장 중요성이 (사회-상업-경제적으로 볼 때) 떨어진 도시가 아닐까? 이 도시의 주요 구성원은 브루기아 토착민과 헬라인들이었는데, B.C. 2세기 초부터 유대인들이 정착했다. 안티오쿠스 대왕 때(B.C. 223-187년) 메소포타미아로부터 유대인 2,000세대가 이곳으로 이주해 왔다. 아마 골로새에는 2-3,000명의 유대인들이 거주했으며, 여신 키벨레 숭배가 유행했는데 황홀경 속에서 진행되는 축하 행사와 금욕주의(골 2:23)가 그 특성이다. 아마 골로새 도시는 유대주의, 헬라주의, 철학들, 신비주의 등이 혼합된 특성(syncretism)을 강하게 가지고 있었을 것이다.

기록 연대

바울은 투옥 중(골 4:3, 10, 18). 빌레몬서와 골로새서에 언급된 사람이 비슷한데, 이것은 빌레몬서와 골로새서가 같은 감옥에서 기록된 옥중서신임을 암시한다. 아마 로마 감옥이었을 것이다. 따라서 A.D. 60년[1552]경이다.

기록 목적

바울은 혼합 사상과 종교의 온상인 골로새 교회를 위협하는 거짓 교리[1553]에 대한 방어를

(행 19:26, '거의 아시아 전부를'). 바울이 약 3년간 사역한 에베소에서 193km밖에 떨어지지 않은 골로새에 동역자를 보내어 복음을 전했음은 충분한 개연성을 가진다. 바울이 비록 골로새 교인들과 개인적인 친분이 없었지만, 이런 이유로 바울은 '너희를 위하여'라는 용어를 사용할 수 있었다(골 1:2, 25).

1552) 지진학자(seismologist)에 의하면 A.D. 61-62년에 골로새에 큰 지진이 발생했는데(라이트풋 38-40년으로 추정함), 그 여파가 골로새서에 암시되지 않은 것 같다. 따라서 저작 시기는 그 이전일 것이다.

1553) 던(Dunn)은 'the Colossian heresy/false teaching'이란 용어를 사용하기 주저한다. 이유는 골로새서가 기록될 당시에 아직 'Christianity'라는 용어조차도 공식적으로 만들어지지 않았기 때문에 이것에

위해, 그리스도의 인격적 우월성을 강변한다(골 1:15-19). 골로새서 2장 8절의 철학과 헛된 속임수, 금욕주의(2:23), 천사 숭배(2:18)도 문제점이었다(골 2:8-23). 철학, 영적 능력, 의식 준수 그리고 절제 등은 그리스도의 탁월성에 비추어 보면 부차적인 것임을 강조한다. 타이센, 로메이어, 브루스, 보른캄, 콘첼만, 디벨리우스, 그리고 로제(Lohse)와 같이 적지 않은 사람들은 골로새서를 헬라 영지주의와 혼합주의자에 대한 반박서로 이해한다('철학', '지혜', '이해', '총명'이란 용어를 이들은 중요하게 생각함).[1554] 영지주의와 골로새서의 거짓 교리 사이의 사상적 차이점이 드러나자, 그닐카(Gnilka)는 '이방 신비제의'를 거짓 교리로 본다. 다른 한편으로 골로새 교회의 기원을 회당으로 보는 던(Dunn)은 유대인의 회당의 가르침이 바울의 주요 대적으로 본다.

최근에는 프란시스(F.O. Francis), 롤런드(C. Rowland), 링컨(A.T. Lincoln), 오브라이언(P.T. O'Brien) 그리고 예이츠(R. Yates)와 같은 사람들은 (1) 엄격한 금욕적인 훈련으로 가능한 '천상 여행'(heavenly journey)과 (2) '지상의 교회가 천사와 함께('천사를'이 아님) 예배드려 천상의 천사 예배(the heavenly angelic liturgy)에 참여하는 것'과 같은 특징을 가진 유대 신비주의(Jewish mysticism)라고 본다. 아놀드(Arnold)는 특히 마귀를 내쫓기 위한 목적으로 천사를 마술적으로 부르는 행위를(유대교의 영향을 주로 받았지만 브루기아, 페르시아, 시리아의 사상에도 영향을 받은) '천사 숭배'(골 2:18)로 본다. 하지만 골로새서의 거짓 가르침이 무엇인지 정확하지 않다.

내용

탁월하신 그리스도를 강조하는 차원에서.

인사(1:1-2)

- 인격적인 관계에서 탁월하신 그리스도(1:3-2:7)
  - 인격적인 만남에서(1:3-8)
  - 인격적인 표현에서(1:9-23)
  - 인격적인 목적에서(1:24-2:7)
- 교리에서 탁월하신 그리스도(2:8-3:4)
  - 거짓 철학과 그리스도(2:8-15)
  - 거짓 숭배와 그리스도(2:16-19)
  - 거짓 금욕주의와 그리스도(2:20-3:4)
- 윤리에서 탁월하신 그리스도(3:5-4:6)
  - 부정적으로: '벗어 버리라'(3:5-11)

대항하는 이단이란 용어도 사용하기 곤란하다는 것이다. 하지만 순수 복음에 거스르는 거짓 교리를 퍼뜨리는 사람이 실제로 있었음이 분명하다.

1554) '영지주의'에 대해서는 한스 콘첼만의 《신약성서 어떻게 읽을 것인가?》(한국신학연구소 p. 305-318)을 참고하라.

궁정적으로: '입어라'(3:12-17)
가족 관계에서(3:18-4:1)
일반 윤리에서(4:2-6)
• 결론 및 개인적인 문안(4:7-18)

골로새서 1장

1. 본문 및 구조

- 인사(1-2)
- 인격적인 만남에서 탁월하신 그리스도(3-8)
- 인격적인 표현에서 탁월하신 그리스도(9-23)
- 인격적인 목적에서 탁월하신 그리스도(24-2:7)

2. 구원 계시사적 메시지

2.1. 골로새서 1장 1-2절의 메시지

하나님의 뜻으로 그리스도 예수님의 사도 된 바울과 형제 디모데가(소아시아의 리쿠스 강의 남쪽 뚝에 위치한) 골로새에[1555] 있는 성도들 곧(*kai*) 그리스도 안에서 신실한 형제들에게 편지한다.[1556] '그리스도 예수님의 사도'라고 자신을 밝힌 것은 골로새 교회를 바울이 설립한 것이 아니어서 그들을 잘 몰랐기에, 그들에게 자신의 신분을 밝히기 위해서이다(참고. 오스본, 2007:209; ESV Study Bible, 2008:2293). 바울이 수신자를 '신실한 형제들'이라고 따뜻하게 부름으로써 자신의 말에 귀를 기울이도록 유도하고 있다(참고. 칼빈, 1993:536). 아마도 에바브라('에바브로디도'의 축약형)가 골로새 교회를 세운 것으로 보인다(참고. 빌 1:7; 골 4:12). 바울은 1차 전도 여행 시에 루스드라를 방문했는데, 그때 디모데를 만났을 것이다(참고. 행 14:8-21; 딤후 1:5). 디모데가 골로새에서 1,600km 떨어진 로마 감옥에 바울과 함께 투옥된 것은 아니었지만, 바울 곁에서 여전히 도와주고 있었다. 바울은 성부 하나님으로부터 은혜와 평강을 빈다.[1557]

2.2. 골로새서 1장 3-8절의 메시지

바울과 디모데가 골로새 교회를 위해서 기도할 때마다 우리 '주 예수 그리스도'의 하나님 아버지께 감사드린다(3절).[1558] '주 예수 그리스도의 하나님 아버지'라는 표현에 두 가지가 강조

1555) 시리아의 왕 안티오쿠스 3세는 골로새가 위치한 프리기아(Phrygia)와 루디아(Lydia)로 유대인 2,000명을 메소포타미아에서 이주시켰다. 그중 일부는 에센파로 보인다(참고. Rogers & Rogers, 1998:459).

1556) 오브라이언은 디모데를 골로새서의 공동 저자로 보지 않고, 동일한 참 복음을 전파한 사람으로 본다(참고. Rogers & Rogers, 1998:459).

1557) 2절에서 B, D, K, L, 프시 사본과 달리, 다수 사본은 '우리 하나님 아버지로부터' 다음 '주 예수 그리스도로부터'를 추가한다.

1558) '감사하다'(*eucharistoumen*, 현재 능동 직설 1인칭 복수)는 '서신적 복수'(epistolary plural) 혹은 바울과 디모데 두 사람이 실제로 감사하는 것(real plural)으로 볼 수 있다. 칼빈(1993:537)은 "우리가 하나님께 감사를 드릴 때마다 기도한다"라고 해석한다.

된다. (1) 예수님의 주 되심, (2) 성부와 분리되지 않으시는 성자 예수님. 왜냐하면 그리스도 예수님 안에 골로새 교회의 그 믿음(*ten pistin en Christo Iesou*)과 모든 성도(골로새, 라오디게아, 히에라폴리스를 포함)에 대한 사랑을 들었기 때문이다(4절).[1559] 바울은 소위 '중보 기도'의 전문가였다. '주 예수 그리스도'라는 3중 명칭(1, 3, 4절)은 예수님의 신성, 인성 그리고 메시아직을 나타낸다고 볼 수 있다(참고. 오스본, 2007:215). '그리스도 예수님 안에 믿음'은 '그리스도 예수님에 대한 믿음'이라는 뜻이다(참고. 바른 성경, 표준새번역). 교회는 그리스도 예수님을 믿음의 진정한 대상으로 삼아야 한다(참고. 칼빈, 1993:538). 골로새 교회가 가지고 있던 수직적인 믿음이 수평적인 사랑으로 표출되었기에 건강한 교회였다.

바울이 감사를 드리는 이유는 믿음과 소망이 골로새 교회를 위해서 하늘에 쌓아둔(간직된) 소망에서 나온 것이기 때문인데(참고. 골 3:1-4), 이전에 그들이 복음의 진리의 말씀(혹은 '복음 곧 진리의 말씀'; contra '헛된 속임수', 골 2:8)을 들었을 때 이 소망이 발생했다(5절). 이 단락에서 기독교의 중요한 주제인 '믿음, 소망, 사랑'이 같이 등장한다(참고. 롬 5:1-5; 고전 13:13; 갈 5:5-6; 엡 1:15-18, 4:2-5; 살전 1:3, 5:8; 히 6:10-12, 10:22-24; 벧전 1:3-8, 21-22). 칼빈(1993:538)은 생명의 보배를 하늘에 쌓아두기를 원하는 사람마다 하늘을 바라보고 이 세상을 '멸시'하지 않으면 안 된다고 설명한다. 바울은 골로새 교인들에게 새로운 것이 아니라 이전에 그들이 들었던 복음을 확고하게 하려고 한다.

이 복음이 이미 골로새 교회에게 임하여, 듣고, 참으로(*en aletheia*, in truth)[1560] 하나님의 은혜를 깨달은 날부터 그들 중에서와 같이 또한 온 세상에서도 열매를 맺어(*karpophoreo*, to bear fruit, 열매를 맺는 개인의 내적인 역사를 가리킴) 자라난다(*auksano*, to grow, 외형상 자라나는 것을 의미함, 6절). 복음은 유기적인 생명체와 같은 것이다(참고. 막 4:8). 주님이 승천하신 지 약 30년 만에, 복음은 온 세상 즉 예루살렘에서 시리아, 소아시아, 그리스, 로마, 이집트, 북아프리카에까지 전파되었다(참고. 행 1:8; 계 11:15). 바울이 복음에 대한 믿음을 '하나님의 은혜에 대한 지식'이라고 부른 것은 자신과 하나님이 화해하고 그리스도 안에서 구원을 받은 것을 깨달은 사람을 제외하고는 복음을 맛볼 수 없기 때문이다(참고. 칼빈, 1993:539). 바울과 함께 종 된 에바브라에게 골로새 교회가 배웠는데(참고. 골 4:12), 그는 '너희를 위한'(개역개정판과 바른 성경, 시내 산 2판, C, D, 다수 사본; 참고. 파피루스 46, 시내 산, A, B, D, F, G는 '우리를 위한') 신실한 일꾼(*diakonos*)이요 (7절), 성령 안에서(*en pneumati*) 골로새 교회의 사랑을 바울에게 알려준 사람이다 (8절).[1561] 헬라어 원문은 '성령 안에서'를 '사랑을' 바로 뒤에 위치시키는데, 골로새 교회가 바울을 사랑한 것이 개인적인 동정이나 친숙함 때문이 아니라, 성령의 역사에 속한 것임을 알 수 있다.

1559) 칼빈(1993:538)은 어떤 사람이 성도를 사랑한다고 할 때, 그 사랑이 성도에게 국한되지 않고 온 인류에게 확대되어야 함을 주석에서 여러 차례 언급했다.

1560) 개역성경에는 '참으로 하나님의 은혜를 깨달은'이라고 번역되지만, NIV에서는 "하나님의 은혜를 그 모든 진리대로 깨달았다"라고 번역한다. 둘 다 가능한 번역이라고 볼 수 있다.

1561) 칼빈(1993:540)은 특이하게도 '성령 안에서 너희 사랑'을 '영적인 사랑'이라고 이해한다.

2.3. 골로새서 1장 9-23절의 메시지

이 이유 때문에(*dia touto*), 바울도 소식을 듣던 날부터 골로새 교회를 위하여 기도하기를 그치지 않고 구하는데(to ask), 그 내용은 그들로 하여금 모든 신령한(*pneumatike*, 성령에 의해 주어진) 지혜(*sophia*)와[1562] 총명(*synesis*, understanding, insight, 이해력에서 나오는 분별력)에[1563] 하나님의 뜻을 아는 지식(*epignosis*)으로 충만하게 하소서이다(9절). 바울은 골로새 교회 안에 아직도 부족한 것이 있음을 알고, 그들이 더욱 충분한 교훈의 진술에 귀를 기울이도록 준비시키고 있다. 바울은 에베소서 1장 17-18절의 기도에서는 '지혜와 계시의 정신'을 주시기를 간구했다(참고. 고전 2:14). '지혜'와 '총명'을 언급하는 것을 볼 때, 아마도 배아기적 영지주의(proto-gnosticism)의 잘못된 지식을 반대하기 위한 의도가 있었던 것으로 보인다(참고. 골 2:4, 8, 16-23). 그리고 바울의 기도는 주님께 합당히 행하여[1564] 범사에 기쁘시게 하고, 모든 선한 일에 열매를 맺게 하시며, 하나님을 아는 것에 자라게(아는 것 안에서 자라게, 혹은 아는 것으로 자라게) 하시옵소서이다(10절). 칼빈(1993:542)은 10절을 "우리는 마땅히 하나님의 학교에서 정진해 나가야 한다.……우리 자신의 생각을 포기하고 우리의 육적인 모든 기질과도 작별해야 한다. ……죽을 때까지 거룩함의 교훈에서 항상 자라가야 한다"라고 주석한다.

바울의 기도는 계속된다. "그(하나님)의 영광의 힘(*to kratos tes dokses*; 영광스러운 권능, his glorious might)을 좇아 (따라) 모든 능력으로 능하게 하시며, 기쁨으로 모든 견딤(*hypomone*)과 오래 참음(*makrothymia*)에 이르게 하시옵소서"(11절). '견딤'은 장애물에도 불구하고 목표물을 향해서 계속 나아가는 것이다. '오래 참음'은 까다로운 사람들을 만나더라도 포기하지 않고 반대를 무릅쓰고 견고히 서는 능력이다(참고. 오스본, 2007:229). 그레코-로마 세계에서 영적인 힘은 주요 이슈였다. 사람들은 악으로부터 자신을 보호하려고 다양한 신들과 이방 제의에 심취했다. 하지만 바울은 자신의 안녕이 아니라 하나님을 기쁘시게 하기 위해서 하나님의 능력이 골로새 교회에 임하기를 기도한다(참고. 사 30:15).

"우리로 하여금'(A, C, D, 다수 사본, 개역개정판; 참고. '너희로 하여금', 바른 성경, 시내산, B 등) 빛 가운데서 성도의 기업(*tou klerou*, the lot)의 부분(*ten merida*, the part, the portion)을[1565] 얻기에 합당하게 하신 아버지께 감사하게 하시기를 원하노라"(12절). '빛'은 오는 시대의 빛의 영역 즉 하늘의 영역을 가리킨다(참고. 5절; 보라. 오브라이언, 2005:586). 원래 '기업'은 구약 용어인데(참고. 창 13:14-17; 민 26:52-56; 수 19:9), 바울이 그것을 이방인 성도에게 적용한

1562) 지혜(*sophia*)에 해당하는 히브리어는 '호크마'인데, 이것은 하나님의 뜻의 지혜를 삶의 상황에 적용하는 것을 뜻한다.

1563) '총명'이란 사실들과 정보들을 종합해서 결론을 도출하거나 관련성을 살피는 것을 의미한다.

1564) 10절의 '행하다'는 원래 '걷다'(*peripateo*)이다. '걷다'는 '행하다'는 의미의 유대식 관용어이다. 히브리어로 '걷다'는 *halak*인데, 랍비들은 '할라카'라는 구전을 가지고 있었으며 나중에 구전은 특별히 <미쉬나>와 <탈무드>에 기록되었다. 바울은 할라카라는 구전이 아니라 주 예수님을 기쁘시게 하는 방식으로 행하라고 권면한다(참고. ESV Study Bible, 2008:2294).

1565) '기업의 부분'을 '기업 즉 부분'으로 동격의 속격으로도 이해할 수 있다.

다. 하나님이 이방인을 '성도'로 만드셨기 때문이다. '아버지'에서 두려움과 경외심보다는 하나님의 인자하심과 자비하심을 볼 수 있다. 골로새 교회는 그들이 받은 복을 헤아려 보아야 한다. 하나님이 우리를 흑암의 권세(*tes eksousias tou skopous*, 참고. 행 26:18; 골 1:21)에서 건져 내사 그의 사랑의 아들(*tou hyou tes agapes autou*, 그분이 사랑하시는 아들, 참고. 마 17:5; 막 1:11; 골 1:22)의 나라로 옮기셨다(13절; 참고. 사 60:2). 바울은 아오리스트 능동 직설 3인칭 단수 동사(*metestesen*, transferred)를 사용한다. 우리가 그리스도의 나라로 옮겨지는 때는 우리의 복이 시작되는 때이다. 왜냐하면 그때 우리가 사망에서 생명으로 옮겨지기 때문이다(참고. 칼빈, 1993:546). 예수님 안에서 우리가 구속(*apolytrosis*, ransoming) 곧 죄 사함을 얻었다(14절; 참고. 엡 1:7).[1566] 하나님이 우리의 죄를 사해 주셨을 때 우리를 영원한 사망의 정죄에서 면해 주심이 분명하다. 하나님은 그리스도인의 죄 용서를 위해서 엄청난 속전을 치르셨다. 그러므로 가톨릭의 고해성사는 그리스도의 피가 단번에 영원한 효력을 낸 것을 부인하는 것이다.

15-20절은 바울 당시의 찬송에서 빌려온 부분인지 논란이 되고 있다. 골로새서 전체에서 중심 단락인데, 놀랍게도 '예수님', '그리스도', '주'라는 표현이 나타나지 않는다. 대신 주어는 '그'로 나타난다. 예수님은 보이지 않는 하나님의 형상이요, 모든 창조물보다 먼저 나신 자(*prototokos*, firstborn)이시다(15절).[1567] '장자'는 그리스도의 우월성, 독특성, 선재성을 의미한다(참고. 히 1:6). '형상'(*eikon*, image)은 바울 당시 사용되던 동전이나 초상화에 새겨진 비슷한 모습을 가리킨다. 즉 원본과 동일하다는 개념을 갖는 말로, 오늘날 사진과 비슷한 개념으로서 '대표'(representation)와 '증명'(manifestation)이라는 뜻을 함의한다. 따라서 예수님은 완벽하게 하나님을 계시하시는 분이시라는 뜻이다(Christ is the perfect likeness of God; 참고. 요 1:18; 보라. 앤더스, 2003:402; Rogers & Rogers, 1998:461).[1568]

그리스도께서 하나님의 형상이 되는 것은 그분이 우리에게 하나님을 볼 수 있도록 해주시는 수단이 되기 때문이다. 하나님은 그리스도 안에서 자신의 의와 인자, 지혜, 능력, 그리고 모든 것을 우리에게 보여주셨다. 그러므로 그리스도 밖에서 얻어지는 모든 하나님의 모습은 우상에 불과하다(참고. 칼빈, 1993:547).[1569] 계속해서 바울은 그리스도의 인격을 소개한다. 만물이 예수님에게(원문: *en auto*, 안에서)[1570] 창조되되, 하늘과 땅에서 보이는 것들과 보이지 않는 것들과 혹은 보좌들이나 주관들이나 정사들이나 권세들이나 만물이 다 그분으로 말미암고(*di' autou*)

1566) 공인 본문은 14절에서 에베소서 1장 7절처럼 '그분의 피를 통하여 구속, 곧 죄 사함'이라고 늘려서 쓴다.

1567) 바른 성경은 15-20절을 들여쓰기 함으로써 마치 바울이 시적인 운율을 가진 그 당시의 기도나 신앙 고백을 참고한 것처럼 나타낸다.

1568) 형상을 'copy'로 번역하기도 하는데, 이 번역에는 원본이나 실체보다 무언가 희미한 느낌이 든다.

1569) 따라서 칼빈(1993:547)은 '형상'을 '본질'로 보지 않는다.

1570) "그리스도를 '통하여' 창조되었다"라고 표현되었다면 이해하기 더 쉬울 것 같다. 'in him'(*en auto*)라는 표현에서 알 수 있는 것은 그리스도는 태초부터 선재하신 분이시며, 창조 사역이 발생한 영역(sphere)은 바로 그리스도 안에서라는 점이다(참고. Bruce, 1984:61).

그분을 위하여(*eis auton*) 창조되었다(16절; 참고. 요 1:3). '주관들(바른 성경: '주권들'), 정사들(바른 성경: '통치들'), 권세들'은 천사들을 가리키는 듯하다. 천사들은 예수님을 위해서 창조되었기에, 천사 숭배는 잘못이다(참고. 골 2:18).

예수님은 만물보다(시간상 그리고 질적으로) 먼저 계시고, 만물이 그분 안에 함께 섰다(*synesteken*, 유지되다, 지탱되다, 17절; 참고. 고전 11:3; 골 2:10; 히 1:3). 예수님은 만물의 본체 혹은 기반이 되신다. 만물의 통치자요 섭리자이신 예수님은 특별히 교회의 머리가 되신다. 예수님은 몸인 교회의 머리(*kephale*, 기원, 권위)이시다(참고. 고전 12:27; 엡 1:22-23; 5:25). 그리고 예수님은 근본(*arche*, 혹은 시작, beginning)이시요, 죽은 자들 가운데서 먼저 나신 분이시니, 친히 만물 가운데 으뜸(*proteuon*)이 되시려는 것이다(18절). 명사 *arche*를 '시작'으로 보면, 예수님 자신이 시작이신데, 그분의 부활은 만물의 회복의 신호탄이며, 부활이야말로 제2의 시작이라는 뜻이다(참고. 칼빈, 1993:550).

(왜냐하면) 아버지 하나님께서는 모든 충만(*to pleroma*)으로 예수님 안에 거하게 하신다(19절; 참고. 골 2:9). '그 충만함'은 예수님이 가지신 신적 권능과 속성의 충만함 혹은 구원자에게 요구되는 구원의 은총과 권능의 충만함을 의미한다(참고. Rogers & Rogers, 1998:461). 만물은 그리스도의 다스림하에 있다. 그리고 그리스도께서는 하나님의 모든 속성과 행위, 즉 말씀과 지혜와 영광을 완전히 드러내신다(참고. 오스본, 2007:243). 이것은 예수님은 하나님인 동시에 사람이 될 수 없다는 헬라 사상을 반박하는 것이다. 하나님은 예수님의 십자가의 피(즉 자발적이고 희생적인 죽으심)로 화평(화해)을 이루사, 만물 곧 땅에 있는 것들이나 하늘에 있는 것들을 '그분(예수님)으로 말미암아'(*di autou*, 참고. B, D, F, G는 생략함) 자기와 화목하게 되기를 기뻐하신다(20절; 참고. 사 9:6; 고후 5:19).[1571] 그리스도의 화목하게 하시는 사역은 우주적이다(참고. 롬 8:19-21). 예수님의 십자가의 피는 그리스도께서 우주를 화목하게 하시는 근거이다. 적용해 보면, 공해, 오염, 질병 등 왜곡된 창조 질서가 회복될 것이다. 그리스도의 손길이 미치지 않는 중립적인 부분은 없다.

전에 악한 행실로 멀리 떠나 마음(혹은 의향)으로 원수가 되었던 골로새 교회를(21절; 참고. 엡 2:12, 4:18), 이제는 예수님의 육체의 죽음으로 말미암아 화목하게 하사, 그들을 거룩하고(참고. 벧전 1:14-16) 흠 없고(참고. 엡 1:4-5, 5:27; 빌 2:15-16; 흠 없는 짐승 제물을 가리키는 용어), 책망할 것이 없는(참고. 롬 8:33) 자로 하나님 앞에(*katenopion autou*, in his sight) 세우고자 하셨다(22절; 참고. 고전 1:30). 예수님의 대속의 죽으심은 관계의 회복을 이루었다(참고. 렘 31:33). 화목은 적의가 사라진다는 소극적인 뜻을 넘어, 영적인 복과 전인적인 웰빙이 임하는 것을 적극적으로 의미한다. 성도의 거룩하고 흠이 없는 생활은 이미 시작되었고, 그리스도께서 만물의 회복이 나타나도록 하실 때까지 완전해질 수 없다(참고. 칼빈, 1993:556). 21-22절은 '전에'와

1571) 칼빈(1993:552)은 하늘에 있는 것들을 '천사들'로 본다. 그렇다면 천사들은 왜 그리스도로 더불어 화목이 필요한가? 칼빈의 설명을 들어보자. (1) 천사도 그리스도의 은혜로 말미암아 확증되지 않았다면 타락의 가능성을 넘어서지 못한 피조물이었기 때문이다. (2) 욥기 4장 18절이 밝히듯이, 천사들도 하나님과 완전하게 연합할 만큼 의를 갖추지 못하므로 화목하게 하는 그리스도를 필요로 한다.

'이제'가 대조되는데, 바울은 골로새 교회의 개종 이전과 이후를 대조한다.

만일 골로새 교회가 믿음에 거하고 터 위에 굳게 서서, (에바브라로부터) 들은 복음의 소망에서 흔들리지 아니하면 그렇게 된다(참고. 마 7:24-27). 이 복음은 천하 만민에게(*en pase ktisei te hypo ton ouranon*, 하늘 아래의 모든 피조물 안에) 전파된 것이요(참고. 골 1:6), 바울은 이 복음의 일꾼(*diakonos*)이다(23절; 참고. 막 16:15). 골로새서가 기록될 당시에 복음은 지구상의 모든 나라와 사람들에게 전파되지 못했다. 하지만 꽤 넓은 지역에 전파된 것은 맞다.

2.4. 골로새서 1장 24절-2장 7절의 메시지

바울은 골로새 교회를 위해 받는 괴로움을 기뻐하고, 그리스도의 남은 고난(*ta hysteremata ton thlipseon tou Christou*)을 그분의 몸 된 교회를 위하여 자신의 육체에 채운다(24절; 참고. 행 14:22; 롬 8:17). 대속물이신 그리스도의 고난은 대속을 위해서 온전하시다(참고. 롬 8:23-25; 히 9:12; 10:14). 몸인 교회가 그리스도와 연합되어 있기에 고난을 피할 수 없으며, 그 고난은 곧 그리스도께서 당하시는 고난이다. '채우다'(*antanapleroo*)는 단순히 '가득히 채우다', '보충하다'라는 동사가 아닌데, 그 앞에 '*anti*'라는 전치사가 덧붙은 복합 동사이다. 전치사 '*anti*'는 '맞은편'을 나타내며, 이는 곧 그리스도께서 그의 몸 된 교회를 위해 고난 받으신 것처럼, 바울도 '자기편에서' 고난을 받는다는 것을 의미한다(참고. 고후 1:8-10, 4:10; 보라. 두란노, 2003:526).[1572] 그리스도와 연합된 자, 그리스도의 친구는 고난도 당해야 한다(참고. 칼빈, 1993:560). 고난의 열매는 복음의 진보이다(참고. 빌 1:12).

바울이 교회의 일꾼이 된 것은 하나님이 골로새 교회를 위하여 바울에게 주신 경륜(직분, *oikonomia*, commission)을 따라 하나님의 말씀을 이루기 위한 것이다(25절). 이 비밀은 만세와 만대로부터 옴으로 감춰었던 것인데, 이제는 그의 성도들에게 나타났다(26절; 참고. 골 4:4; 계 10:7, 11:15). 이 비밀은 에베소서 1장 9절과 3장 1-6절에 열방이 그리스도를 믿고 천국을 상속하는 것이다. 하나님이 그들로 하여금 이 비밀의 영광이 이방인 가운데 어떻게 풍성한 것을 알게 하려 하심이다. 이 비밀은 교회 안에 계신 그리스도시니 곧 영광(혹은 현존)의 소망이시다(27절). 구약에서는 이 비밀이 충분히 계시되지 않았다. 하나님은 구약 시대에 율법과 의식의 어두운 덮개 밑에서 교회를 다스려 오시다가, 갑자기 복음의 교훈으로 그 빛을 밝게 드러내셨다(참고. 칼빈, 1993:563). 하나님은 예수 그리스도의 인격을 통하여 직접적으로 그리고 인격적으로 성도의 삶에 거하신다. 그 임재와 현존은 예수님의 재림 때까지 성도에게 미래적 생명이 있음을 보증한다(참고. ESV Study Bible, 2008:2295). 그리스도 안에 있는 모든 비밀과 모든 하늘의 풍성한 지혜는 사람이 그리스도를 소유할 때 얻어지는 것이다. 영광의 소망이신 그리스도를 소유하게 되면, 완전한 복 가운데서 아무것도 부족함이 없게 된다. 깨어질 육체를 가진 이 땅에서 하늘 영광 가운데 살 소망을 가지는 것은 하나님의 신비로운 역사가 아닐 수 없다(참고. 칼빈, 1993:565).

1572) 동사 *anapleroo*(to complete)와 명사 *hysterema*(lacking)가 사용된 빌립보서 2장 30절을 참고하라.

바울이 그리스도를 전파하여, 각 사람을 권하고, 모든 지혜로써 각 사람을 가르침은, 각 사람을 그리스도 안에서 완전한 자(*teleios*)로 세우기 위함이다(28절; 비교. 엡 4:14). 이 일을 위해서 바울도 자기 속에서 능력으로(*en dynamen*) 역사하시는 분(*ten energoumenen*, 그리스도)의 역사를 따라(*kata ten energeian*, 그리스도의 능력의 효율적인 작용) 힘을 다하여 수고한다(29절). '수고하다'(*kopiao*)는 힘에 지나도록, 즉 지칠 정도로 열심히 일하는 것을 뜻한다(참고. 고전 9:14; 빌 1:17-18).

바울은 골로새 교회와 라오디게아 교회와 바울의 얼굴을 보지 못한 자들을 위하여 얼마나 힘쓰는 것(큰 싸움, *helikon agona*, great conflict, 운동 경기 용어임)을 골로새 교회가 알아주기를 바란다(골 2:1).[1573] 라오디게아는 골로새에서 14.5km 떨어진 도시이다. 바울은 골로새 교인을 만난 적 없지만 이렇게 바울이(거짓 교사들에 대항하여) 복음의 진보를 위해서 큰 싸움을 하는 이유는 골로새 교회가 마음에 위안을 받고, 사랑 안에서 연합함으로써(*symbibazo*, 상생, 공생), 그리고 원만한 이해의 부요(a full discerning, 확실한 이해의 풍성함, 개역개정판)에 이르러, 하나님의 비밀인 그리스도를 깨닫게 하려 함이다(2절; 참고. '비밀', 마 13:11, 17; 롬 16:25-26; 골 1:26, 27, 4:3).[1574] 거짓 선생들은 자신들만 하나님의 비밀에 접근할 수 있다고 생각한 것 같다. 그러나 바울은 그리스도께서 하나님의 비밀이라고 말한다. 복음과 그리스도가 '비밀'인 이유는 오직 믿음으로만 이해할 수 있기 때문이다.

예수님 안에는 지혜와 지식의 모든 보화(*pantes hoi thesauroi tes sophias kai gnoseos*)가 감추어져 있다(3절; 참고. 잠 2:3-6).[1575] '보화'는 '창고'라는 뜻도 된다. 유대 묵시 문헌에서 이 용어는 땅 위의 사람 눈에는 감추어진 하늘의 보물들을 가리켰다. 그리스도와 상관없는 지혜와 지식의 보화는 초기 영지주의자들이 가르친 것 같다. 이 부류에 속한 거짓 교사들은 초자연적인 존재들과 연관을 맺고 있기에, 일반 신자들이 소유한 것보다 더 높은 지혜와 지식을 신비한 체험과 더불어 갖추고 있다고 주장했다(참고. 오스본, 2007:267). 모든 보화가 감추어져 있는 것은 이 보화들이 밝고 빛나게 보이지 않고 말할 수 없는 겸손과 십자가의 단순함 아래 있기 때문이다. 그래서 십자가를 전파하는 것은 세상에게는 미련한 것이다.

바울이 이것을 말하는 것은 아무도 교묘하게 그럴듯한 말로 교회를 속이지 못하게 하기 위해서이다(4절). 왜냐하면 바울이 육신으로는 떠나 있으나, 심령(혹은 성령)으로는 골로새 교회와 함께 있어 그들의 규모(an orderly arrangement, good order, 군대의 질서)와 그리스도를 믿는 믿음의 굳은 것(solidity, 밀집 군대, a close phalanx, 군사 용어: 패배하지 않는 굳건한

1573) 골로새서 2장 1절은 '왜냐하면'(*gar*)으로 시작한다. 헬라어 성경은 골로새서 2장 1절과 1장 마지막 절과 사이에 줄을 띄어 쓰지 않는다.

1574) 다수 사본은 2장 2절에서 '하나님과 아버지와 그리스도의 비밀'이라고 쓴다. 그리고 시내 산 2판은 '그리스도의 아버지 하나님의 비밀'로 쓴다.

1575) 유대 묵시 문헌(예. 1 에녹 46:3)에는 종종 감추어진 보화를 언급하는데, 그것은 하나님의 선민에게 결국은 계시될 것이지만, 그 전까지는 비밀스럽게 존재하기에, 독자로 하여금 바른 지식을 찾도록 관심을 고조시킨다(참고. Lohse, 1971:82).

것)을 기쁘게 보고 있기 때문이다(5절). 바울과 골로새 교회는 그리스도 안에 있으며, 성령을 소유하고 있기에, 실제로 함께 있는 것이다(참고. 고전 5:3-5). 5절에는 두 가지 군사 은유가 돋보인다. 즉 질서 정연함과 굳셈. 골로새 교회의 신앙의 견고함은 거짓 선생들이 발을 붙이지 못하도록 했다.

그러므로 골로새 교회가 그리스도 예수님을 주님으로 받았으므로, 그분 안에서 계속 살아야 한다(6절). 골로새 교회는 그리스도의 교훈만 수동적으로 받은 것이 아니라, 그 교훈의 주체이신 바로 그분 자체를 받았다(*parelabete*, received through transmission, 참고. Harris, 1991:88). '받았다'(*paralambano*)는 그리스도를 마음에 모셔 들인 것 이상을 의미한다. 바울은 아마도 유대교에서 이 동사를 차용하여, 한 세대에서 다음 세대로 전통과 교훈이 전달되고 보호되는 것을 설명하려고 의도했을 것이다. 유대교의 전통에 의하면, 시내 산의 율법을 모세가 받아서 여호수아에게, 그 후 장로들, 선지자들, 에스라 당시의 위대한 회당의 사람들에게로 전수된 것이 곧 장로들의 유전이다(참고. Bruce, 1984:93; 오브라이언, 2005:591). 즉 골로새 교회는 그들에게 선포된 교훈을 받음과 그들의 신앙 고백, 세례 그리고 그리스도의 몸의 지체로서 갖게 된 새로운 신분을 상기시키고 있는 것이다(참고. 오스본, 2007:270). 그리고 그리스도 안에 (나무처럼) 뿌리를 박으며(*errizomenoi*, 완료형 수동 분사; 참고. 고전 3:9; 엡 3:17), (건물처럼) 계속하여 세움을 입어(*epikodomeo*, to build up), 교훈을 받은 대로 기독교 믿음에 (법적인 계약 체결에서처럼) 있어서[1576] 계속해서 굳게 서서, 감사함을 계속해서 넘치게 하라(7절; 참고. 고전 3:6-11). 이 이미지는 주님을 신뢰하는 자에게 주시는 여호와의 복을 언급하는 예레미야 17장 8절과 유사하다(참고. Garland, 1998:140).

3. 오늘에의 적용

모르는 교인들을 위해서 어떻게 효율적으로 기도할 수 있는가?
이 시대에 나타나는 흑암의 권세와 사랑의 아들의 나라의 특징은 무엇인가?
예수님 안에 있는 지혜와 지식의 보화를 활용하자.
우리 안에서 능력으로 역사하시는 분의 능력을 따라서 일하자.

1576) 7절에서 개역개정판은 '믿음에 굳게 서서'(*bebaioumenoi te pistei*, B, D, H)로, 바른 성경은 '믿음 안에 굳게 서서'(*bebaioumenoi en te pistei*, A, C, 다수 사본)로 번역한다. 그리고 B와 다수 사본은 "감사가 넘치게 하라" 대신에 "믿음 안에서(*en aute*, *pistis*를 받는 여성 단수 여격 대명사) 감사가 넘치게 하라"로 쓴다.

↜ 골로새서 2장 ↝

1. 본문 및 구조

- 거짓 철학과 그리스도(8-15)
- 거짓 숭배와 그리스도(16-19)
- 거짓 금욕주의와 그리스도(20-3:4)

2. 구원 계시사적 메시지

2.1. 골로새서 2장 8-15절의 메시지

이 단락에는 반시적(semi-poetic expression)인 표현이 등장하는데, 9-12절에서는 '그 안에'라는 표현이 중복되고 13-15절에는 분사가 반복된다. 그래서 혹자는 이 부분을 기독교 신앙 고백이나 찬양에서 빌려온 것이 아닌가라고 추론하지만 증거는 빈약하다(참고. Dunn, 1995:146). 사도 바울 당시에 (그 거짓) 철학(*tes philosophia*)과 헛된 속임수(*kenes apates*; 직역하면, '그 철학의 속임수와 헛된 속임수')로 골로새 교회를 (인질처럼) 사로잡으려고 했던 거짓 선생들이 있었다 (8절).[1577] 이 단락에는 갈라디아서의 책망보다는 강렬하지 않지만 바울의 경고가 등장한다. 골로새 교회는 이 거짓 선생들에게 노략당하거나 유괴되거나 사로잡히지 않도록 주의해야 한다. 아마도 이 거짓 선생들은 충만한 신성(*theote*, divine nature, deity)을 육체 안에 가지고 계신 예수님에 대해 잘못 가르친 것으로 보인다(9절). 여기서 '신성'은 신적 속성이라기보다는(참고. 롬 1:20), '신적인 본질'을 가리킨다. 거짓 선생들은 행위 구원과 율법주의로 무장한 유대인과 헬라 궤변론자들이 예수 그리스도에 대해서 왜곡하고 거역하는 방식인 '세상의 초등학문'(*stoicheia*)을 가르칠 뿐이다. 초등학문은 이신칭의의 복음을 배격하는 인본주의적인 가르침으로 볼 수 있다.[1578]

1577) 갈런드(Garland, 1998:141)는 '철학'은 현대인이 생각하는 사고의 사변적 체계에만 한정되지 않고, 바울 당시에는 마술적 관습을 포함하여 그룹들, 경향, 관점 등을 포함하는 광의의 지적인 운동과 관련된 개념으로 본다. 또한 여러 가지 옛 관습들을 언급하는 16절에 근거해 볼 때 '철학'보다는 '종교'라고 번역해도 무방하다고 본다. 고대 세계에서 '철학'은 현대보다 더 넓은 의미였다. 요세푸스는 바리새인과 사두개인의 가르침을 철학이라 불렀다. 그리고 마술사도 철학자들이라고 불리었다. 하지만 8절의 '철학' 앞에 정관사가 있기에, 일반적인 의미는 아닌 것 같다. 따라서 바울은 플라톤주의, 아리스토텔레스주의 혹은 스토아 철학을 비판한 것이 아니다. 바울이 염두에 둔 그 철학은 세상의 초보적인 원리(*stoicheia*, 아마 '악한 영들', 참고. 10절과 15절의 통치들과 권세들)를 따른 철학으로서 골로새 교회 안에 분파를 조장하는 거짓 가르침이었다. 예수님과 사도가 가르침 복음과 일치하지 않는 이 철학의 근원에 마귀가 있었다(참고. ESV Study Bible, 2008:2296). 존 월튼 등(2010:1871)은 초등학문을 갈라디아서 4장 9절처럼 자연, 영적 존재 혹은 혼들(spirits)이라는 의인화된 세력을 언급할 수 있다고 본다. 동시에 초등학문을 초보적 원리들로 볼 수 있다고 설명한다.

1578) '세상의 초등학문'을 천상의 영적 존재 중에서 거짓 영들로 보는 경향이 많다. 그런 거짓 영의 영향을 사람이 받는다는 것이다(참고. Garland, 1998:444). 복음을 이탈한 세상의 초등학문은 거짓 영들의 활동의 결과이기에 이 둘은 연결된다. 칼빈(1993:575)은 초등학문을 할례(참고. 11절)와 같은

그러나 골로새 교회는 그런 세상의 초등학문(*ta stoicheia tou kosmou*, the basic principles of this world; NIV)을 따를 필요가 없고, 대신 예수님 안에서 구원과 사랑과 진리와 능력을 받아서 하나님과의 올바른 관계를 맺는 데 있어서 조금도 부족하지 않도록 충만해졌다(8, 10절). 삼위 하나님은 그리스도 안에 자신을 충만히 계시하셨다. 그리고 성도가 그리스도를 소유하는 것은 하나님의 충만(완전함)을 소유하는 것이다. 이런 충만함은 오직 예수님이 죽으시고 부활하심으로써, 그리고 우리가 그분과 연합함으로써 선물로 받은 것이다. 골로새 교회가 그리스도와 함께 장사되고(*syntaphentes*), 함께 일으킴을 받았고(*synegerthete*)는 아오리스트 신적 수동태이며, 함께 살리심을 받았다(*synezoopoiesen*)는 말씀은 '아오리스트 능동태 직설법'이다. 따라서 하나님께서 주님의 죽으심과 부활 시에 즉 과거에 우리를 위해서 행하신 사역이라는 뜻이다(12-13절).

성도는 그리스도의 할례(*te peritome tou Christou*)를 통해서 '육적 몸'(*tou somatos tes sarkos*, 악들로 뭉쳐진 집합체 혹은 부패한 성품), 즉 '죄의 몸'을 벗어 버렸다(11절; 참고. 칼빈, 1993:577). 11절에서 유추할 수 있는 것은 거짓 선생들이 '복음(은혜)과 율법(행위)' 즉 행위 구원의 요소를 강조했다는 사실이다. 하지만 바울은 로마서 6장 6절에서 다음과 같이 말한다. "우리 옛(*palaios*)[1579] 사람이 예수님과 함께 십자가에 못 박힌 것은 죄의 몸(*to soma tes hamartias*, the body as dominated by sin)이 멸하여(*katargethe*, 아오리스트 수동 가정 3인칭 단수)[1580] 다시는 우리가 죄에게 종 노릇하지 아니하려 함이다"(6절). '그리스도의 할례'는 그리스도께서 십자가에서 피를 흘리시고 죽으심으로써 우리를 정결케 하신 것을 의미한다. 그 십자가의 죽으심은 우리의 죄악을 잘라버리는 영적인 할례의 효력을 가지고 왔다. 그래서 그리스도의 할례는 우리에게 의와 새 생명을 준다(참고. 롬 6:4). 우리는 물세례를 통하여 '그리스도와 함께' 장사한 바 되었다. 그리고 죽은 자들 가운데서 예수님을 일으키신 하나님의 부활의 역사를 믿음으로 말미암아 예수님 안에서 함께 일으키심을 받았다(12절; 참고. 엡 2:5-6). 우리가 받은 세례는 우리가 주님과 함께 죽고 살아난 것을 확증한 표이다(참고. 롬 6:4-6). 그리스도께서 행하신 할례인 세례를 통하여 하나님의 성령에 의해 우리가 새롭게 되었고 그리스도의 몸에 들어오게 되었다. 그리스도와 합하여 세례를 받은 자는 계속해서 그리스도로 옷 입어야 한다(참고. 갈 3:27). 성도는 그리스도의 성품을 닮아가야 한다.

골로새 교회는 이전에 죄와 육체(죄성)의 무할례로 죽었다(13절). 사망을 초래한 '육체의 무할례'는 이방인처럼 하나님과 무관하게 동떨어진 상태를 의미한다(참고. 엡 2:11-12). 구약에서도 무할례는 죽음의 원인이 아니었기에, 이 용어를 상징적으로 해석해야 한다. 예수님은 세례를 받은 우리의 죄악과 의문에 쓴 (채무) 증서(*cheirographon tois dogmasin*, 바른 성경: '빚 문서' [the record of debt])를 도말하셨다(13-14절).[1581] 범죄한 사람은 누구나 하나님에게 빚을 지고 있다.

유대 의식(ritual)으로 본다.

1579) '옛'은 옛 언약하의 상태 혹은 그리스도를 믿기 이전의 첫 사람 아담의 영향을 받은 악한 상태를 가리킨다.

1580) 이 동사 *katargeo*는 신약의 총 26회 용례 중 25회가 바울 서신에 등장한다(참고. 롬 3:31, 4:14, 7:2, 6; 갈 3:17, 5:4; 엡 2:15).

의문과 수많은 율법 조항을 통해서 역사하는 사탄은 우리의 죄악을 밝히 드러내어 우리가 사형에 해당하는 자라고 소리치지만, 예수님은 성도의 죄악을 십자가에 장사 지내 버리심으로써 그 저주의 채무 증서를 도말해 버리셨다(참고. 겔 18장 롬 5:12, 6:23). 율법은 성도를 정죄하는데, 바로 그 정죄의 권능이 십자가로 깨어지고 만 것이다. 십자가에 달리신 예수님이 자신의 피 값으로써 우리 죄를 낱낱이 기록한 기록장으로부터 죄의 목록을 지워 버리신 것이다. 우리 공로와 힘으로는 감당할 수 없는 너무 무거운 죄의 부채를 십자가에서 주님이 다 갚아주신 것이다. 이전에 세상의 초등학문을 따르던 우리는 마치 엄청난 국가 차원의 부도를 내어 도무지 죽음 외에는 갚을 길이 없는 신용 불량자였다. 그런데 예수님이 죽으실 때 흘리신 보혈로 그 빚을 탕감하시고 채무 증서를 불태워 버렸다. 그 채무 증서를 가지고 계속해서 신용 불량자라고 억압하고 저주를 퍼붓던 정사와 권세도 이제 자유자 된 우리를 괴롭힐 수 없다. 의로우신 예수님과 연합된 우리는 더 이상 영적 신용 불량자가 아니다. 더 이상 율법과 계명을 지키지 못하면 죄와 사망의 종이 되지는 않을까 고민하지 말자. 그 어떤 율법도 그 누구도 그리스도와 함께 죽고 살아난 우리를 정죄할 수 없다. 이것이 우리 주님이 주신 참된 자유이다. 그러므로 우리는 계속해서 우리의 죄를 벗어 버려야 한다.

십자가로 승리하신 예수님은 교회의 대적 역할을 하는 '통치자들과 권세자들'(마귀의 세력들)을 무장 해제하고 무력화하여(*apekdyomai*, 벗어 버려) 그들을 구경거리로 만들었다(15절; 참고. 마 1:19).[1582] 15절은 바울 당시의 개선 행진의 모습이다. 예수님이 언제 그렇게 만드셨는가? 예수님의 십자가와 부활 때이다. 예수님이 마귀를 무장해제하셨는데, 그것은 우리에게는 충만한 자유이며 전리품이다. 바울 당시에 전쟁에서 승리한 개선장군은 패장과 살아남은 적군을 개선 행렬 안에 두어 공개적으로 수치를 가했다. 교회를 대적하던 마귀와 세상의 악한 권세를 주님은 심판하셨다. 자칭 이 세상의 임금을 하늘에서 내어 던져 버리셨다(참고. 눅 10:18). 한때는 예수님의 옷을 벗기고 제비 뽑아 나누었지만, 이제 부활로 승리하신 그리스도는 교회의 대적의 옷을 마치 패잔병의 옷을 벗기듯이 벗겨서 수치를 당하게 하신다.

2.2. 골로새서 2장 16-19절의 메시지[1583]

(고기를) 먹고 (포도주를) 마시는 것과[1584] 절기나 월삭이나 안식일을 인하여 누구든지 골로새

1581) 13절의 '그리스도와 함께'와 더불어 '그리스도 안에서'는 골로새서의 중심 주제이다(골 1:14, 16, 19, 22, 2:3, 6, 7, 9, 10, 11, 12, 15, 3:20, 4:7, 17).

1582) 통치자들과 권세자들은 마귀의 세력과 초등학문이라는 이단 사설을 가르치는 자들인데, 그들은 '채무 증서'를 가지고 일했다.

1583) 팔레스타인 유대교는 금욕주의를 반대했지만, 로마 제국의 다른 지역에 살던 유대인들은 종종 주변 문화의 특징을 흉내 냈다. 이교도들은 지역의 유대교를 금욕주의와 연관시키기도 했다. 이방인들은 유대인들이 할례, 먹고 마시는 것에 관한 법, 그리고 거룩한 날들에 관해서 분리주의자라고 비방했던 것 같다(참고. 존 월튼 외, 2010:1872).

1584) 마시는 것은 먹는 것만큼 정결과 부정결의 영향을 받지 않는다. 그러나 디아스포라(그리스도인)는 이방신에게 바쳐진 헌주(libation)를 먹음으로써 자신을 더럽힐 가능성을 가지고 있었다(참고. 단

교회를 폄론하지 (바른 성경: 판단하지) 못하게 해야 한다(16절; 참고. 갈 4:10).[1585] 이 모든 음식법과 절기법과 관련된 유대 의식주의는 장래 일의 그림자(*skia*, shadow, type)이지만, 몸(즉 실재, 바른 성경: '실체')은 그리스도의 것 즉 그리스도 안에서 발견된다(17절; 참고. 히 10:1). '몸'이라고 함으로써, 그리스도의 몸인 교회가 제의와 율법이라는 그림자의 실체를 제시해야 할 사명을 지니고 있음도 암시한다(참고. Dunn, 1995:177).[1586] 플라톤의 이원론적인 철학에 익숙한 골로새 교회는 바울의 논증을 잘 이해했을 것이다. 우리도 이러한 그림자를 붙들고 신앙생활을 하는 우를 범하고 있지 않은가? 누구든지 일부러 겸손함과 (중보자로 격상시켜서) 천사를 숭배함을 인하여 골로새 교회의 상을 빼앗지 못하게 하라. 그러한 사람은 자신이 '본 것들을'(*ha heoraken*)[1587] 의지하여 그 육체의 마음(죄성)을 좇아 헛되이 과장하고(18절), 교회의 머리 예수님을 붙들지 아니한다. 성도가 머리이신 그리스도와 연결되지 않으면 죄악 가운데 거한다.

18절의 '겸손'은 긍정적인 의미가 아니라, 신비로운 체험을 하려고 자기를 부인하는 것을 가리키는 듯하다(참고. 존 월튼 외, 2010:1873). 이단들은 이런 자기 부인으로 천사 숭배(혹은 천사에 의한 하나님 예배)라는 천상의 영역에서 일어나는 영적 체험을 할 수 있다고 주장했을 수 있다(참고. 오브라이언, 2005:593-594). 유대 신비주의자들과 묵시주의자들은 때로 천사와 의사소통했다고 주장했다(참고. 갈 1:8). 온몸(교회)이 머리(예수님)로 말미암아 마디와 힘줄로 공급함을 얻고 연합하여, 하나님이 자라게 하심으로 자라난다(19절; 참고. 고전 11:3). 헬라의 의학 사상은 머리가 관절과 인대를 이용하여 힘과 영양을 몸에 공급한다고 보았다. 그리스도의 몸은 그리스도 아래 서로 연결되어 있어야만 힘을 얻고 성장한다.

2.3. 골로새서 2장 20절-3장 4절의 메시지

세상의 초등학문(바른 성경: '세상의 초보적 원리')에서 그리스도와 함께 죽었거든 어찌하여

1:3-16; 10:3). 르우벤의 유언 1장 10절과 유다의 유언 15장 4절에서 고기와 포도주를 먹고 마시지 않는 것을 회개의 표시로 설명한다(롬 14:21; 보라. Dunn, 1996:173).

1585) 안식일은 의식법(ceremonial law)에 포함된다.

1586) 칼빈(1993:583-586)의 설명을 들어보자. 16절의 '먹고 마시는 것, 절기, 초하루, 안식일'과 관련하여, 바울은 그리스도께서 죽으심으로 폐지하신 '의식들'을 우리에게 종속시키려고 하는 사람들의 세력이 자기들이 고안해 낸 율법으로 우리를 방황하게 할 수 있음을 부인한다고 주석한다. 중요한 것은 칼빈이 안식일을 의식법으로 간주하여 신약에서 폐지된 것으로 보기에, 주일은 안식일의 성취라고 단순하게 보는 것을 허용하지 않는다. 17절은 이런 의식들은 '장래 일의 그림자'이며 실제는 그리스도에게 속했다고 말씀한다. 의식들이 그림자이기에 신약 성도는 그림자를 지키는 것에서 자유할 수 있다. 여기서 칼빈은 성례를 구약의 그림자 의식과 동일시하는 것을 반대한다. 왜냐하면 성례는 텅 빈 그림자가 아니라 그리스도께서 임재하심을 상징하기 실제적으로 상징하기 하기 때문이다. 칼빈은 18절의 '천사 숭배'를 가톨릭의 성인 숭배와 연결한다. 그러나 성경은 천사나 성인을 중보자로 인정하지 않는다.

1587) 18절에서 시내 산 2판, C, D 2판, 다수 사본은 '보지 못한 것들을'(*ha me heoraken*)로 쓴다. 하지만 사본상의 증거는 '본 것들을'을 지지한다. 거짓 선생의 가르침의 일부로서 신비로운 환상이었던 것 같다.

세상에 사는 것과 같이 의문(즉 사람이 만든 종교적이며 율법적인 규정들)에 순종하는가?(20절; 참고. 두란노, 2003:533) 그것들을 붙잡지도 말고(Hands off this!), 맛보지도 만지지도 말라(Do not eat and touch that!, 21절).[1588] 바른 성경과 ESV 번역은 21절을 " "로 표시함으로써, 금욕주의적 성격이 있는 거짓 선생들의 가르침을 바울이 인용한 것으로 간주한다. 이것은 거짓 선생들이 제시한 일종의 금기(taboo)이다. 그러나 사람이 먹는 음식이 사람이 영적 삶에 결정적인 것은 아니다(참고. 막 7:18-19).[1589]

이런 것들은 모두 사용되다가 없어질 것이다(22절; 참고. 롬 14:17; 고전 6:13). 여기서 바울은 지상의 모든 것과 관계를 끊으라는 금욕주의를 가르치는가? 아니다. 세상의 초등학문을 버리라는 것이다. 그리스도인들은 장로들의 유전과 같은 사람의 계명과 가르침을 좇을 수 있는가?(22절) 이런 것들은 자의적 숭배(self-imposed worship)와 가식적이고 외향적인 겸손과 몸을 괴롭게 하는데(*apheidia somatos*, severity to the body, 외식적인 경건) 지혜의 모양을 가지나, 오직 육체의 욕망을 제어하는 데는(육욕의 탐닉과 방종을 금하는데, indulgence of the flesh) 유익이 조금도 없다(23절). 인간의 문제는 내면에 깊숙이 자리 잡고 있기에 종교적인 규율로는 죄악의 문제를 해결하기에는 역부족이다. 바울은 형식적인 전통주의와 금욕주의를 경계한다. 답은 마귀를 정복하셨고, 성도에게 마음의 할례를 주신 하나님의 지혜 예수 그리스도 안에 있다.

"그러므로 그리스도와 함께 다시 살리심을 받았으니, 위의 것을 찾아라(*ta ano zeteite*). 거기는 그리스도께서 하나님 우편에 앉아 계신다"(골 3:1).[1590] 함께 일으킴을 받는 것은 동거 이상의 의미를 가지며, 단순한 거주의 관계가 아니라 생명의 관계이다(참고. 골 2:12-13). 즉 죽음으로부터의 해방이다. '하나님의 우편'은 하늘에만 국한되지 않고 온 세상에 충만하다. 즉 승천하신 그리스도께서 그분의 권능으로 성도를 에워싸고 계시다는 의미인데, 그리스도와 성도 사이에 간격이 없음을 뜻한다(참고. 칼빈, 1993:595).

위의 것을 생각하고 땅의 것을 생각지 말라(2절). '위'는 예수님이 하나님 아버지와 함께 앉아 계신 곳이다.[1591] 성자께서 성부와 관계를 지속하듯이, 교회도 성부와 관계를 지속해야 한다. 위에 있는 것은 구약의 의식법을 성취하신 예수님 자신의 깊은 지식과 예수님을 위해서 살고 예수님과 함께 사는 것이다(참고. 빌 3:10). 반대로 땅의 것은 문맥상 이 땅의 물질 자체가 아니라 그리스도께서 폐지하신 의식법이다. "이는 골로새 교회가 죽었고, 그들의 생명이 그리스도와 함께(*en to Christo*) 하나님 안에(*en to theo*) 감추어졌기 때문이다"(3절). 바울은 시편 27편

1588) 창세기 3장 2절에서 하와가 아담이 자기에게 한 말에 무언가를 첨가한다. "만지지도 마라." 수많은 주석가와 설교자들은 하와가 아담에게서 들은 하나님이 주신 첫 명령에 이 말을 추가했다고 본다. 그리고 많은 이들은 하나님의 말씀에 무언가를 첨가함으로써 하와가 저지른 죄라고 지적한다. 하지만 그렇지 않은 것 같다. 바울은 골로새서 2장 21절에서 분명히 말씀한다. "붙잡지도, 맛보지도, 만지지도 말라." 이 세 가지는 연결된다. 바울이 창세기 3장을 염두에 두었다면, 하와는 올바로 추론한 것이다(참고. Jordan, 2009).

1589) 혹은 거짓 가르침을 맛보지도, 만지지도, 접하지도 말라는 의미로 볼 수 있다.

1590) 헬라어 성경은 골로새서 2장 23절과 3장 1절 사이를 띄워 쓰지 않는다.

1591) '위'를 거짓 선생과 연결하여 설명한다면, 바울은 그들이 추구했던 천상의 신비로운 체험을 비판한다.

5-6절과 31편 19-20절 그리고 이사야 49장 2절을 염두에 두면서, 성도가 하나님을 신뢰할 때 안전함을 설명한다. 성도의 생명은 감추어진 것처럼 신비롭기도 하다. 우리의(*hemon*, 개역개정판, B, 다수 사본; 참고. '너희의', 바른 성경, 파피루스 46, 시내 산, C, D) 생명이신 그리스도께서 나타나실 때 골로새 교회도 그분과 함께 영광 가운데 나타날 것이다(4절). 그리스도의 재림은 그분과 연합된 성도의 재림이며 부활을 초래한다.

3. 오늘에의 적용

이 시대의 세상의 초등학문은 무엇인가?
우리는 어떻게 실재와 위의 것을 찾을 수 있는가?

골로새서 3장

1. 본문 및 구조

• 윤리에서 탁월하신 그리스도: 부정적으로- '벗어버리라' (5-11)
• 윤리에서 탁월하신 그리스도: 긍정적으로- '입어라' (12-17)
• 윤리에서 탁월하신 그리스도: 가족 관계에서(18-4:1)

2. 구원 계시사적 메시지

2.1. 골로새서 3장 5-11절의 메시지

땅에 있는 지체들(*ta mele*, 몸의 부분들)을 죽이라. 음란, 부정, 사욕(pathos, 악한 유혹들), 악한 정욕, 우상 숭배인 탐심(5절; 참고. 롬 6:13, 19).[1592] '부정'은 음란한 사람이 범하는 온갖 종류의 부패하고 방탕한 생활을 가리킨다. 골로새 교회는 이런 것들에게 그리스도와 함께 죽었다(골 2:20). 우상 숭배는 모든 것이 자신의 즐거움과 욕망을 위해서 존재한다고 믿는 무례하고 거만한 신념이다(참고. Garland, 1998:204). 성적인 범죄를 경고하는 요소들도 많이 포함되어 있다. 이런 것들 때문에 하나님의 진노가 임한다(6절; 참고. 롬 1:18-32).[1593] 골로새 교회도

1592) 바울의 목록과 그레코-로마 세계의 목록 사이에 유사점이 있다, 그러나 바울에게는 단순히 윤리적인 이상을 제시할 의도가 없다. 바울은 성도가 '그리스도'를 닮기 위해서 옛 성품을 벗어 버려야 한다고 말한다(참고. Garland, 1998:204).

1593) 6절에서 시내 산, A, C, D, F, G, 다수 사본은 "하나님의 진노가 '불순종의 아들들 위에' 임하니"로

전에 이것들 가운데 살 때는 이것들 안에서 행했지만(7절; 참고. 롬 1:18-32), 이제는 이 모든 것들을 벗어 버려야 한다. 분노(*orge*, anger)와 격분(*thymos*; *orge*보다 더 격렬한 노), 악의, 비방, 입에서 나오는 더러운 말(filthy language, 8절). "너희가 서로 거짓말을 말라. 옛사람과 그 행위를 벗어버리라"(9절). 바울은 7-8절에서 '전에'와 '이제'를 다시 대조한다(참고. 골 1:21-22). "새사람을 입어라. 이 새사람은 자기를 창조하신 자의 형상을 따라 지식에까지 계속해서 새롭게 되는 자이다"(10절; 참고. 롬 8:29; 갈 6:15; 엡 4:24). 성령의 조명이라는 참 지식으로 성도의 삶은 지속적으로 변혁되어야 한다. 유대인과 헬라, 할례당과 무할례당, 야만인과(흑해 북쪽 해안의 가장 야만적이라 평가 받은) 스구디아인, 종과 자유자의 차별이 있을 수 없다. 오직 그리스도는 만유시요, 만유 안에 계신다(11절; 참고. 갈 3:28). 그리스도는 처음과 나중을 붙들고 계신다. 계시사적으로 본다면 구약에서 의식법을 제정하신 분도 그리스도요, 신약에서 그것을 성취하신 분도 그리스도시다(참고. 칼빈, 1993:601). 만유의 창조자이신 그리스도께서는 자신을 만유 안에 계시하신다. 예수님은 혈통과 신분의 차등 없이 모든 사람을 자신 안에 연합시키신다.

골로새서 3장 9-10절에서 믿는 자들이 옛사람(*ton palaion anthropon*)을 벗고 자기를 창조하신 자의 형상(*eikona*)을 좇아 새사람(*ton neon ton anakainoumenon*)을 입는다고 하는 표현에 주의를 기울일 필요가 있다. 여기서 '형상'이라는 말은 창세기 1장 26-27절의 제6일에 사람이 창조될 때 '하나님의 형상'에 따라 만들어진 것을 염두에 둔 표현이다. 그리고 '자기를 창조하신 자의 형상'이라고 하는 말은 골로새서 3장 5-17절의 권면이 바로 앞의 골로새서 3장 1-4절의 예수님과 관련된 말씀으로부터 나온다는 점에 유의할 때 예수님을 가리킨다고 볼 수 있다. 그러므로 '자기를 창조하신 자의 형상을 따라'라고 하는 말은 '하나님의 형상이신 그리스도의 모델을 따라'라는 뜻으로 이해할 수 있다. 바울은 골로새서 1장 15-16절에서 예수님은 가장 완벽하게 보이지 아니하시는 하나님의 형상을 반영한 분이라고 말씀한다(참고. 골 1:15-16). 골로새서 3장 10절의 "새사람으로 옷 입는다"는 말씀은 '새사람'이 '하나님의 형상인 그리스도를 본받는 사람'이기 때문에 예수님을 닮도록 날마다 계속 새로워져야 한다는 말씀이다.[1594]

2.2. 골로새서 3장 12-17절의 메시지

이 단락에서는 새사람과 관련된 덕(virtue)의 목록이 등장한다. 하나님의 택하신 거룩하고 사랑하신 자처럼 긍휼(연민)과 자비(친절한 행동으로 다른 사람의 필요를 채우는 친절한 심령)와 겸손(자신의 약함과 하나님의 능력을 인정하는 것)과 온유(하나님의 뜻에 순종적으로 복종함)와 오래 참음을 옷 입고(12절; 참고. 엡 4:2), 혐의(*momphe*, 불평, 비난, '누구에게서 잘못을 찾다'라는 동사에서 온 명사임)가 있어도 서로 용납하여 용서하되, 주께서(참고. 다수 사본은 '그리스도께

쓴다(참고. 엡 5:6). 하지만 파피루스 46과 B는 '불순종의 아들들 위에'(*epi tous hious tes apeitheias*)를 생략한다. 바른 성경은 UBS 4판처럼 [ ]로 처리한다.

1594) '벗고 입는다'는 은유가 세례를 염두에 둔 것인지는 의문이다. 유대의 의식용 목욕에서 바리새적 세례는 옷 벗고 행했다. 그러나 세례 요한의 세례와 초대 교회의 세례가 나체로 행했다고 보기는 어렵다(참고. 존 월튼, 2010:1875).

서') 너희를 용서하신 것처럼 하라(13절; 참고. 마 6:12; 18:21-22).

그러나 이 모든 것 위에(*epi pasin de toutois*, 칼빈: '이 모든 것보다 먼저') 온전하게 매는 띠(즉 '온전함을 생산하는 띠')인 사랑을 더하라(14절; 참고. Rogers & Rogers, 1998:468). 사랑은 모든 미덕을 제자리에 위치하도록 하며 묶어 주는 역할을 한다(참고. 고전 13장). 그리스도의 평강이 우리의 마음을 주장하게 해야 한다. 평강을 위하여 우리는 한 몸으로 부르심을 받았으니 감사하는 자가 되자(15절; 참고. 엡 2:14; 살후 3:16). 그리스도의 말씀이(참고. A, C는 '하나님의 말씀이')[1595] 우리 안에 풍성히 거하여 모든 지혜로 피차 가르치며, 권면하고, 시(psalm, 구약의 시편)와 찬미(hymn, 하나님에게 찬양을 돌리는 노래)와 신령한 노래(spiritual song, 여러 종류의 노래에 관한 일반적인 단어; 바른 성경: '영적인 노래')를 부르며(참고. 엡 5:19), 마음에 감사함으로 하나님께 찬양하라(16절; 참고. 다수 사본은 "주님께 찬양하라").[1596]

바울은 거듭나기 전에 바리새적 전통 안에서 훈련을 받았기에 음악 전통에 매우 익숙했을 것이다. 바울은 회당의 소박한 음악은 물론 예루살렘 성전의 풍성한 음악도 알았을 것이다. 그는 어린 시절부터 레위인 찬양대의 합창을 들었을 것이며, 제사장과 랍비들이 히브리 성경과 기도를 낭창하는 것을 들었을 것이고, 유대교 예전의 회중 시편과 응답 구절을 노래하는 것을 들었을 것이다. 바울은 시편을 20회나 인용했고, 모세의 노래(신 32:1-43)도 3번이나 인용했다. 혹자(예. 랄프 마틴)는 바울이 구약과 초대 교회의 예전에서 인용한 것으로 보이는 12찬송을 다음과 같이 분류한다. (1) 성례전적(엡 5:14; 딛 3:4-7), (2) 묵상적(롬 8:31-39; 고전 13장; 엡 1:13-14), (3) 고백적(딤전 6:11-16; 딤후 2:11-13), (4) 기독론적(빌 2:6-11; 골 1:15-20; 딤전 3:16) 유형들(참고. 하재송, 2010:2).

"또 무엇을 하든지 말에나 일에나 다 주 예수 그리스도의 이름으로 하고, 그분을 힘입어 '하나님 아버지께'(*theo patri*) 감사하라(17절).[1597] 골로새서의 그리스도 중심성은 성부를 축소시키지 않고, 그분에게 영광을 돌리게 한다.

2.3. 골로새서 3장 18절-4장 1절의 메시지

이 단락에 'House Table' 혹은 'Household Code'가 등장한다(참고. 엡 5:22-6:9; 딤전 2:8-15).

1595) 계시의 주체이신 그리스도, 혹은 계시의 중심이신 그리스도를 의미한다.

1596) 여기서 시와 찬미와 신령한 노래를 다른 것처럼 나누지 않고(구분하는 예는 칼빈, 랄프 마틴, O. Söhngen, 오늘날 대부분의 교회 음악가들), 동일한 노래의 3가지 측면으로 볼 수 있다(예. A.T. Lincoln, K.W. Osbeck). 칼빈(1993:605)은 '시'를 어떤 악기의 반주에 맞추어 노래하는 것으로, '찬미'를 적절한 찬송의 노래로서 단지 입으로만 하든지 혹은 다른 방법으로 하든지 다 포함하는 것으로, '신령한 노래'를 단순한 찬송만이 아니라 권면과 다른 주제들을 포함하는 것으로 본다. 그러나 이 셋을 어느 정도 확실히 구분할 수 있는지 의문이다(W. 핸드릭슨, D.B. Pass). 참고로, 새로 개정된 한글 찬송가에 제네바 시편(1562년) 두 곡이 실려 있다(1장과 548장).

1597) 17절에서 다수 사본은 '하나님 아버지께'를 *theo kai patri*로 씀으로서, 에베소서 5장 20절과 비슷하게 수정했다.

'주'라는 표현이 반복되기에, 주 예수님의 통치가 미치지 않는 영역은 없음을 강조한다(참고. 오브라이언, 2005:598). "아내들아, 남편들에게 복종하라. 이것은 주님 안에서 합당한 일이다"(18절). '복종하다'는 *hypotasso*(submit)이지 그레코-로마 세계에서 흔히 사용된 *hypakouo*(obey)가 아니다. 전자는 하나님으로부터 남편이 부여 받은 리더십을 전제한다(참고. ESV Study Bible, 2008:2299). 에베소서처럼 여기서도 부부 관계에 관한 가정 규례가 제일 먼저 등장한다(참고. 엡 5:22-6:9). 가족 관계 중에서 부부 관계가 제일 우선적이기 때문이다. 바울은 골로새서 3장 18절-4장 1절에서 7번 이상 '주님'(그리고 그것의 상응어)을 언급함으로써, 가정 윤리가 예수님과 그분의 가르침에 부합되어야 함을 강조한다. "남편들아, 아내를 사랑하고 괴롭게 하지 말라"(19절).

"자녀들은 모든 일에 부모에게 순종하라. 이것은 주님 안에서 기쁘게 하는 것(*euareston estin en kyrio*) 즉 주님을 기쁘시게 하는 일(바른 성경)이다"(20절; 참고. 엡 6:1). 바울 당시 그레코-로마 세계에서 여자와 어린이는 가장에게 복종해야 했다. 로마법은 아버지가 성인이 된 자녀에게까지 순종을 요구했다(참고. 존 월튼, 2010:1877). 남자 아이는 장성할 때까지, 여자는 평생 복종해야 했다. 아내가 남편에게 복종하는 것이 어찌해서 '마땅한 일'인가? 하나님께서 남편을 가장 즉 지도자로 세우셨기 때문이다. 그러나 가장에게 거의 무제한적인 권력을 부여한 로마의 관습과는 달리, 그리스도인 남편은 아내를 존중하고 사랑해야 한다. 하나님은 남편이 리더십을 남용하는 것을 허용하지 않으신다(참고. 엡 5:21).

아비들은 자녀들을 노엽게(마음을 상하게, *erethizete*)[1598] 하지 말아야 한다. 그들이 낙심할 수도 있기 때문이다(21절). 부모는 자녀를 향하여 심한 잔소리나, 인격을 비하하면서까지 징계를 할 수 없다. 징계의 목적은 성나게 하고 분노하게 하거나 낙심하게 만드는 것이 아니라, 신앙과 인격의 성장을 돕는 것이어야 한다.

신약에서 종에 관한 가장 긴 권면이 나타난다(골 3:22-4:1). 골로새에 그리스도인 노예가 직면한 문제가 있었을 것이다(예. 오네시모). 종들은 모든 일에 육신의 상전들에게 순종하되, 사람을 기쁘게 하는 자와 같이 눈가림만 하지 말고, 오직 주님을 두려워하여 성실한 마음으로 해야 한다(22절). 골로새에 노예가 많았다. 골로새에 살던 빌레몬은 노예를 거느린 사람이었다(참고. 골 4:9). 종은 무슨 일을 하든지 마음을 다하여 하늘의 주님께 하듯 하고, 사람에게 하듯 하지 말아야 한다(23절). 이는 유업의 상을 주님께 받을 줄 앎이다. 종들은 주 그리스도를 섬긴다(24절). 그리스도인 종은 죄에서 해방되었지, 주인을 섬기는 데서 해방된 것은 아니다. 종들은 상전을 바르게 섬김으로써 예수님을 섬길 수 있었다. 그 결과는 하나님 나라의 기업을 받는 것이다. 주종관계가 상대적으로 긴 것은 바울 당시 이것이 이슈가 되었기 때문이다(참고. 두란노, 2003:552). 종과 주인의 관계에 원칙은 오늘날에도 노사 관계에 적용된다.

불의를 행하는 자는 자기의 행위의 대가를 받을 것이다. 주님은 외모로 사람을 취하시지 않는다(25절). 25절은 종은 물론 상전에게도 적합한 말씀이다. 상전들은 의와 공평을 종들에게

1598) 21절에서 A, C, D, F, G, L 사본은 에베소서 6장 4절의 동사(*parorgizete*)와 일치시킨다. 이런 동화 현상은 '쌍둥이 서신'이라 불리는 에베소서와 골로새서의 간본문성 때문에 발생한다.

베풀어야 하는데, 하늘에 상전이 계심을 알아야 한다(골 4:1). 바울 당시 노예는 주인의 재산이었기에, 인권을 보장받지 못했다(참고. 눅 17:7-10). 따라서 종들은 마음을 다하여 일을 하기보다는 주인이 시키는 일만 수동적으로 했을 가능성이 크다. 그러나 그리스도인 상전은 하늘의 상전에게 자신의 종들을 어떻게 대우했는지 보고해야 할 책임이 있음을 알아야 했다.

특이한 점은 가정 규례에서, 바울이 약자(아내, 자녀, 종)에게 먼저 권면을 주고 난 후에 강자(남편, 부모, 상전)에게 권면을 준다. 이유는 강자에게 먼저 권면을 주었다면, 약자에게 주는 권면이 약화될 수 있었을 것이기 때문이다.

3. 오늘에의 적용

교회의 머리는 물론 만유 안에 거하시는 그리스도를 깨닫자.
성경적 가정 규례를 확립하자.
우리 시대의 노예 제도처럼 보이는 것과 약자를 향한 인권탄압은 무엇인가?

골로새서 4장

1. 본문 및 구조

- 일반 윤리(2-6)
- 결론 및 개인적인 문안(7-18)

2. 구원 계시사적 메시지

2.1. 골로새서 4장 2-6절의 메시지

"기도를 항상 힘쓰고(*proskartereite*, persist at, occupy oneself diligently with), 기도 가운데 감사함으로 (파수꾼처럼) 깨어 있어라"(keep awake, 2절; 참고. 느 7:3; 막 14:38; 롬 12:12; 엡 6:18; 빌 4:6; 살전 5:17). 여기서 '감사함으로'라는 말은 골로새서 1장 3절, 12절, 2장 7절, 3장 17절, 그리고 4장 2절에 계속 나타나서 골로새서를 신약 가운데 가장 '감사로 가득한 글'(thankful document)로 만든다(참고. Dunn, 1996:262). 성도는 두려움이나 걱정으로 깨어 있지 말고 확신과 감사함으로 기도해야 한다. 골로새 교회는 바울 일행을 위하여 기도하되, 전도할 문(*thyran tou logou*, 직역: '그 말씀의 문'; a good opportunity to preach his message, Good News Bible;

참고. 행 14:27; 고전 16:9; 고후 2:12)을 하나님이 여셔서 '그리스도의 비밀'(B, L 사본은 '하나님의 비밀')이 전파되도록 해야 한다. 바울은 이 일 때문에 투옥되어 있다(3절; 참고. 골 1:26-27). 그러나 복음은 매이지 않는다(참고. 딤후 2:9). 바울은 마땅히 해야 할 말로 이 비밀을 나타낼 수 있기를 바란다(4절; 참고. 골 2:27).

5-6절은 그리스도인의 일반적인 행실에 대한 권면이다. 성도는 외부 사람들을 향하여(*pros tous ekso*, outsiders, 불신 이웃) 지혜로 행함으로써 세월을 아껴야 한다(5절; 참고. 엡 5:16).[1599] 여기서 지혜는 '비밀의 계시 및 전파'와 관련된다. 그러므로 지혜롭게 행하는 것은 세상적인 처세술로 사는 것이 아니라, 하나님의 비밀이신 예수 그리스도의 관점에서 사는 것이다(참고. Dunn, 1996:265). 불신자들은 성도의 잘못된 행실에 대해 이해하기보다는 정죄하려고 달려들 것이기에 더욱 지혜롭고 신중해야 한다. 말은 항상 은혜 가운데서 소금으로 양념함같이 하라(*ertymenos*, 완료 수동 분사 남성 단수 주격, 양념을 쳐서 맛을 냄, to season). 이것은 재치와 현명한 말로 대화를 감칠맛 나게 하는 것을 의미한다(참고. Rogers & Rogers, 1998:469). 그리하면 각 사람에게 마땅히 대답할 것을 알게 된다(6절). 그리스도를 전할 수 있는 기회를 확보한 상황이라면, 성도의 대화는 재미가 있어야 하고, 맛이 나도록 해야 하고, 또한 흥미로워야 하지만, 진부하거나 지루하지 않아야 한다(참고. "싱거운 것이 소금 없이 먹히겠느냐?", 욥 6:6; 비교. 막 9:50; 눅 14:34).[1600]

2.2. 골로새서 4장 7-18절의 메시지

두기고가 바울의 형편을 골로새 교회에게 알려 줄 것이다. 그는 사랑을 받는 형제요, 신실한 일꾼이요, 주 안에서 함께 된 종이다(7절; 참고. 행 20:4). 바울이 두기고를 특별히 골로새 교회에게 보내는 것은, '너희가 우리의 형편을 알게 하고'(*gnote ta peri hemon*)[1601] 위로를 받게 하기 위해서이다(8절). 신실하고 사랑을 받는 형제 오네시모도 함께 골로새 교회에게 보낸다. 그는 골로새 교회에서 바울에게 온 사람인데, 바울의 형편을 설명해 줄 것이다(9절). 아마도 골로새서와 빌레몬서는 동시에 작성되었을 것이다. 그렇다면 골로새로 파송된 두기고가 오네시모를 도와주었을 것이다.

바울과 함께 투옥된 아리스다고(참고. 행 20:4, 27:2)와 바나바의 사촌(*anephios*, cousin, 바른성경, ESV; 그러나 KJV처럼 '생질'이나 '조카'로 번역하기 어려움) 마가와 유스도(*Ioustos*)라고 불리는 예수(*Iesous*)도 골로새 교회에게 문안한다(10-11절). 바울은 그 당시 '예수'라는 이름이

1599) '지혜롭게 행하다'(직역하면, "지혜 안에서 걷다")라는 표현은 골로새서 1장 9-10절과 골로새서 2장 6-7절과 inclusio를 이룬다.

1600) B.C. 3세기의 'Timon'이라는 사람은 플라톤 학파의 학자들(the Academics)의 말을 소금 맛이 없는 무미건조한 것(*analistos*, unsalted, insipid)으로 보았다. 플루타르크도 여담이나 대화 가운데 가장 맛있는 조미료(the tastiest condiment)인 위트를 중요시했다(참고. Dunn, 1996:266).

1601) 8절에서 파피루스 46번, 시내 산 2판, C, 다수 사본은 '그(두기고)가 너희(골로새 교회)의 형편을 알게 하고'로 쓴다.

혼했기에 '유스도라고 불리는' 특정한 예수를 분명하게 지시한다. 이들은 할례당으로서(유대인 출신으로서) 하나님 나라를 위하여 함께 일하는 자들이며 바울에게 위로가 되었다(11절). 아마도 디아스포라 유대인들을 위해서 복음을 전한 유스도와 같은 이는 동족 유대인의 구원을 위해 심혈을 기울였던 바울에게 위로가 되었을 것이다.[1602)]

그리스도 예수님의(참고. 다수 사본은 '그리스도의') 종인 골로새에서 바울에게로 온 에바브라가 골로새 교회에게 문안하는데, 그는 항상 골로새 교회를 위해서 애써(즉 운동선수가 분투하듯이) 기도하여 하나님의 모든 뜻 가운데서 완전하고 확신 있게 서기를 구한다(12절). 에바브라는 골로새와 라오디게아에 있는 자들과 히에라폴리스(오늘날 '파묵칼레')에 있는 자들을 위하여 많이 수고(*ponos*, toil; 참고. 다수 사본은 '많은 열심'[*zelon polyn*])한 것을 바울이 증거한다 (13절; 참고. 골 1:7). 히에라폴리스는 아폴로, 레토(Leto), 플루토(Pluto) 숭배로 유명했으며, 그곳 무덤의 비문에 의하면 유대인들도 살았다(참고. ESV Study Bible, 2008:2300).

바울의 투옥 중에서라도 보필했던 사랑을 받는 의사 누가와 또 데마가 골로새 교회에게 문안한다(14절; 참고. 딤후 4:10). 누가는 전도 여행은 물론 투옥 중에서도 바울의 주치의 역할을 했을 것이다(참고. 딤후 4:11; 몬 24). 바울은 골로새 교회가 서쪽으로 16km 떨어진 곳에 위치한 라오디게아에 있는 형제들과 눔바(*Nymphan*, 여성 단수 대격)와[1603)] '그 여자의'(*autes*, 참고. 시내산, A, C는 '그들의'[*auton*]) 집에 있는 교회에게 문안하라고 부탁한다(15절). 가정 교회에 대해서는 고린도전서 16장 19절을 참고하라.

이 편지를 골로새 교회가 읽은 후, 이웃에 있던 라오디게아 교회에게 전달하여 그들도 읽게 하고, 또한 라오디게아 교회에서 오는 편지를 골로새 교회가 읽어야 했다(16절). 바울이 보낸 '라오디게아서'는 소실되었다.[1604)] 바울이 고린도 교회에게 보낸 편지 네 통 중에서 두 통도 소실되었다. 골로새 교회는 아킵보(Archippus)에게 주 안에서 받은 직분을 삼가 이루라고 권면해야 한다(17절). 아킵보를 빌레몬과 압비아 부부의 아들로 보는 이도 있지만 불명확하다(참고. 몬 2). 바울은 친필로 문안하는데, 자신의 투옥된 것을 생각하라고 말한 후 골로새 교회에게 은혜를 빈다(18절).[1605)] 이것은 바울이 투옥된 자신을 생각하고 기도해 줄 것을 요청하는 것으로 볼 수 있다. 시내 산 2판, D, 프시, 그리고 다수 사본은 18절 끝에 '아멘'을 추가한다.

1602) 골로새 교회가 영접해야 할 마가(요한)를 언급하는 부분의 본문 비평을 해보자. "이 마가에 대하여 너희가 명을 받았으매 그가 이르거든 영접하라." 다수 사본과 비평 사본의 증거는 어떠한가? 다수 사본과 UBS 4판에도 괄호로 처리되어 있으나, 본문 비평과 관련된 사항을 각주에서 처리하지 않는다.

1603) 15절에서 D, 프시, 다수 사본은 '눔바와 그의 (남성 단수 속격) 집에서'(*Nymphan kai ten kat oikon autes*)로 번역한다. 다수 사본이 '눔바'를 남성으로 번역한 이유는 여성 주격 *Nympha*가 아니라, 남성 주격 *Nymphas*에서 온 대격으로 보기 때문이다. 하지만 바른 성경과 개역개정판은 '그녀의'로 번역한다 (참고. 매츠거, 2005:541).

1604) 칼빈(1993:616)은 이 편지를 라오디게아 교회가 바울에게 보낸 편지라고 확신한다.

1605) 만약 바울이 디모데를 대필가로 고용했다면, 골로새서 마지막 부분에서 직접 펜을 들고 마무리 짓는 것이 된다(참고. ESV Study Bible, 2008:2300). 친필이 필요한 이유는 그 당시 위조 편지들이 나돌고 있었기 때문이다.

3. 오늘에의 적용

전도를 위해서 어떻게 효과적으로 합심해서 기도할 수 있는가?
우리의 언행은 불신자에게도 온유하고 맛있는가?

【 참고 문헌 】

- Arnold, C.E. *The Colossian syncretism: the interface between Christianity and folk belief at Colossae*. Grand Rapids: Baker. 1996.
- Bruce, F.F. *Colossians, Philemon, Ephesians*. NICNT. Grand Rapids: Eerdmans. 1984.
- Calvin, J. *Institutes of the Christian Religion*. Trans. F.L. Battles. Philadelphia: The Westminster Press. 1960.
- Dunn, J.D.G. *The epistles to the Colossians and to Philemon NIGTC*. Grand Rapids: Eerdmans. 1996.
- ESV Study Bible. Wheaton: Crossway Bibles. 2008.
- Garland, D.E. *Colossians/Philemon. The NIV Application Commentary*. Grand Rapids: Zondervan. 1998.
- Harris, M.J. *Colossians & Philemon*. Grand Rapids: Eerdmans. 1991.
- Jordan, J.B. "The glory of Adam". 10월 25일 부산 삼일교회 설교문. 2009.
- Lincoln, A.T. *Ephesians*. WB.C. Waco: Word. 1990.
- Lohse, E. *Colossians and Philemon*. Hermeneia. Philadelphia: Fortress Press. 1971.
- O'Brien, *Colossians, Philemon*. WB.C.. Waco: Word. 1982.
- Rogers, C.L. Jr. & Rogers, C.L. III. *The new linguistic and exegetical key to the Greek New Testament*. Grand Rapids: Zondervan. 1998.
- 그랜트 오스본 (ed). 《빌립보서, 골로새서, 빌레몬서》. 성서유니온선교회. 2007.
- 매츠거, B.M. 《신약 그리스어 본문 주석》. 제2판. 대한성서공회 성경원문연구소. 2005.
- 맥스 앤더스 《Main Idea로 푸는 갈라디아서, 에베소서, 빌립보서, 골로새서》. 도서출판 디모데. 2003.
- 목회와 신학 편집부 "에베소서, 빌립보서, 골로새서" 두란노. 2003.
- 송인규 <하나님과의 관계: 기독 신앙에 대한 이론적 접근>. 아볼로 성경 공부 시리즈 1. IVP. 1994.
- 오브라이언, P. 골로새서. (In 카슨 D.A. & 프란스, R.T., eds. 《IVP 성경 주석: 신약》. IVP. p. 579-601.) 2005.
- 존 월튼, 빅터 매튜스, 마크 샤발라스 & 크레이크 키너 《IVP 성경 배경 주석》. IVP. 2010.
- 칼빈, J. 《골로새서》. 칼빈주석. 성서교재간행사. 1993.
- 하재송 <바울의 교회음악 사상: 엡 5:18-20과 골 3:16을 중심으로>. 개혁신학회 춘계 학술 발표회 발표 논문. 4월 10일. 총신대학교. 2010.

데살로니가전서 주석

들어가면서

데살로니가는 그리스의 일부인 마게도냐의 수도로, 상업 도시이며 교통의 요지이다. 사도행전 17장 1절에 보면 거기에 유대인의 회당이 있었다. 바울이 실라와 디모데와 함께 데살로니가를 방문한 것은 2차 선교 여행 때로서 빌립보에서의 투옥 직후였다. 그들의 선교 사역은 성공적이었다. 성공의 이유는 무엇이었나? 능력과 성령과 큰 확신으로 전파된 말씀 때문이다(살전 1:5). 이것은 지금도 불변하는 진리이다. 사람의 기교나 말재주, 혹은 프로그램 자체가 복음과 교회의 성공의 열쇠가 아니다.

약 3주에 걸친 유대인의 회당에서 행한 바울의 '그리스도 중심의 구속 계시사적인 구약 설교'(참고. 행 17:2)를 통해서 많은 경건한 사람들(하나님을 경외하는 사람들) 그리고 헬라의 귀부인들이 회심했다(참고. 행 17:4). 하지만 불신 유대인들은 여전히 데살로니가 교인들을 향해 적의를 품었다. 데살로니가전서 1장 5-8절에 의하면, 데살로니가 교회의 믿음의 소문은 각처에 퍼져 마게도냐와 아가야 지역의 성도의 본이 되었고 주님을 본받는 자가 되었다. 데살로니가전서 1장 9절을 보면 데살로니가 교인들은 이전에 우상 숭배자들이었다. 실제로 유대인들은 폭력배(괴악한 사람들)를 동원하여 야손의 집에 머물고 있었던 바울 일행을 습격하기도 했다. 따라서 야손은 행정관(읍장) 앞에 소환되기도 했다(참고. 행 17:5-6). 결국 바울 일행은 서쪽으로 40km 떨어진 베뢰아로 이동해야만 했다. 하지만 베뢰아에도 데살로니가의 유대인들이 와서 바울을 괴롭혔다.

여기서 좁게는 서신서, 넓게는 신약에 나타난 교회의 두 종류의 적들을 다시 확인하게 된다. 불신 유대인들(살전 2:15; the apostate Jews)과 이방 로마 제국(the pagan Rome)이다. 로마 제국은 주로 유대인들의 고발을 법상으로 허락하여 기독교인들을 단속하는 차원이었다. 그 이유는 하나다. 로마 제국의 평화(*Pax Romana*)를 위해서였다. 예수님의 처형을 보라. 유대인의 고발과 요구로 로마가 허락하는 형식이 아닌가! 이 둘(배교한 유대인과 이방 로마 제국)은 식민지와 정복자의 관계이었지만 교회를 대적하는 데는 공조했다. 아마 소수이지만 유대인 성도가 데살로니가 교회에 있었던 것 같다. 왜냐하면 바울의 설교와 선교의 중심은 유대인의 회당이었기 때문이다.

기록 목적

기록 목적은 다양하다. (1) 디모데의 보고를 듣고 교회가 믿음으로 성장하며 좋은 소식이 들린 것을 칭찬하기 위해서. (2) 그리고 유대인들의 비난에 대한 변증이 필요했다(살전 2:14-16). (3) 기독교로 개종한 사람이 다시 옛 생활로 돌아가는 것을 방지하기 위해서 기독교인의 삶이 이교도의 삶보다 우월한 것임을 강조하기 위해서(살전 4:4-12). (4) 예수님의 재림에 대한 오해를 바로잡기 위해서. 예수님의 재림 전에 죽은 사람들을 위해 걱정하는 사람들과 재림을 고대하면서 일을 하지 않는 사람들 두 부류 교인들의 실수에 대한 교정(살전 4:11, 13-18). (5) 5장 12절에서는 지도자들을 존경하도록 권면하기 위해서. 이것은 교회의 지도자에 대한 갈등이 있었음을 암시하는 것 같다. (6) 성령의 은사를 더욱 진지하게 수용하도록 권하기 위해서(살전 5:19-20).

기록 연대

본 서신의 저작 연대는 바울이 고린도에 체류할 때와 일치하기에 비교적 정확히 알 수 있다. 그때는 갈리오가 총독으로 재임 중이었는데 델피 지역의 한 비문에는 갈리오의 활동 시기를 글라우디오가 황제로 통치한 지 12년 때라고한다. 이때는 A.D. 52년 8월경(참고. 행 18:12)이다. 아마 살전은 바울이 고린도에 도착한 직후인 A.D. 51년경에 기록되었을 것이다. 갈라디아서 다음으로 이른 서신인 것 같다.

저자

튀빙겐학파와 네덜란드 학파에서만 바울의 저작설을 부인한다. 그러나 A.D. 140년경의 이단 마르시온의 정경과 A.D. 180년경의 무라토리안 정경 그리고 교부들과 일부 역본들은 데살로니가전서를 바울 저작으로 돌린다.

데살로니가전서 5장 12절에는 유일한 교회의 직분자로 '다스리며 권하는 자'가 있는데 교회의 조직과 체계가 그리 발달된 것이 아닌 이른 연대임을 알 수 있다.[1606] 다른 바울 서신과 비교해 보면 문체나 어휘 등도 바울의 것이며, 재림의 긴급성 혹은 임박함을 기대한 사실 역시 이른 시기의 현상으로 볼 수 있다. 환언하면, 재림의 긴박성이 약하면 약할수록 재림의 기대가 식어짐으로써 후대의 것일 가능성이 크다.

사도행전 17장 2절에 의하면, 바울은 데살로니가에 3주간 머물렀다고 한다. 그래서 혹자는 바울의 3주 기간 동안 데살로니가전서 2장 7-11절에 나타난 일들이 모두 일어난 것이 불가능하다

1606) 여기서 'The Early Catholicism'을 살펴보자. 이 말은 '초기 가톨릭주의'라고 번역되는데, 초대 교회가 시간이 지남에 따라 점점 체계 잡힌 교회 조직을 갖추게 되었다는 이론이다. 원래는 개신교 학자들이 사용한 용어이다. 초기 가톨릭주의의 특징으로는 (1) 카리스마적인 지도 체제에서 위계 질서적인 교회 체계로의 전환, (2) 건전한 교리와 거짓 가르침의 분명한 구분, (3) 윤리에 대한 강조, (4) 구원의 도구로서의 교회에 대한 묘사, (5) 사도적인 전승과 전수된 권위에 대한 언급, (6) 성례에 대한 강조, 그리고 (7) 신앙을 담지하고 있는 전승에의 호소 등. 상세한 것은 McDonald, *Early Catholicism in 'A Dictionary of Biblical Interpretation.'* London: SCM. 1996. p. 182-183을 보라.

고 생각하여, 체류기간을 더 오래 잡아서 은연중에 사도행전과 데살로니가전서의 불일치를 부각시킨다. 하지만 3주라는 시간에 이런 일들이 일어날 수 없다고 단정 지을 수 없다. 주목해 볼 것은 바울 일행이 데살로니가에서 복음을 전했을 때 그들의 인간적인 노력이나 말로만 전해진 것이 아니었다. 데살로니가전서 1장 5절에 의하면 '오직 능력과 성령과 큰 확신'으로 복음이 증거되었다. 이방 도시였던 데살로니가에서 그것도 3주 만에 교회가 설립될 수 있었던 것은 사람을 살리는 복음이 능력 가운데 전파되었고, 성령의 감동과 성령님의 역사하심 속에서 진행되었으며, 큰 확신을 가지고 전파되었기에 가능했다.

기록 장소

사도행전 17-18장에 근거해 보면 바울은 데살로니가 → 베뢰아 → 아덴 → 고린도로 이동했다. 아덴에서 바울은 데살로니가 교회의 형편을 확인하기 위해 실라와 디모데를 보내었다. 실라와 디모데가 '고린도'에 돌아와서 보고한 후 바울이 (고린도에서) 데살로니가전서를 기록한 것 같다(참고. 행 18:5).

데살로니가전서 1장

1. 본문 및 구조

- 인사와 감사(1-3)
- 데살로니가 교회와 복음(4-10)

2. 구원 계시사적 메시지

2.1. 데살로니가전서 1장 1-3절의 메시지

바울과 실라(히브리식 이름인 Silas의 라틴어 형태: *Silouanos*, 뜻: '나무')와 디모데는 성부와 성자 안에 있는(그리스 북부 지역에 위치하며, 바울 당시에 인구는 약 20만 명으로 추산되는 부유한 상업 도시) 데살로니가인의 교회에게 편지한다.[1607] 먼저 은혜와 평강을 빈다(1절). 교회의 근본적인 좌소는 어떤 지역이기 전에 하나님 아버지와 예수 그리스도 안이다. 여기서 '안에'는 '안에 뿌리를 박고 있는'이라는 뜻이다(참고. 존 스토트, 1993:24). 인사말에서 자주 등장하는 '은혜와 평강'은[1608] 복음의 핵심이라고 할 수 있다. 살전의 기록 연대를 A.D. 51년으로 본다면, 예수님이 승천하신 지 약 20년이 지난 시점인데, 이미 예수님은 하나님 아버지와 동일한 하나님으로 교회에서 인정을 받았음을 알 수 있다.

바울 일행은 A.D. 50년경에 데살로니가에서 전도했지만, 생명의 위협을 받고 떠나야 했다(참고. 행 17:1-10). 데살로니가 교회를 설립한 사람이 바로 바울 자신이었기에, 다른 편지에서처럼 자신의 사도성을 변증하기 위해서 '사도'라고 소개할 필요가 없었다. 사도행전 17장 4절에 의하면 데살로니가 교회의 구성원 중 다수의 경건한 헬라인(God-fearer)과 적지 않은 귀부인이 있었다. 회당을 버리고 교회당으로 넘어가는 사람들을 본 불신 유대인들이 바울 일행을 박해했다.

바울 일행이 데살로니가 교회를 인하여 항상 하나님께 감사하고 기도할 때마다 그들 모두(*panton*)를 말하는 것은(2절), 그들의 (하나님을 향한) 믿음의 역사와, (타인을 향한) 사랑의 수고

1607) 데살로니가와 같은 도시는 로마 황제와 그의 호의에 의존해 있었기에 황제의 후원을 확보하기 위해 두 가지 방법을 사용했다. (1) 신전과 사제를 둔 황제 숭배는 한편으로는 받은 은혜에 대한 감사의 형태였고, 다른 한편으로는 그 후원을 받는 도시의 미래의 이익을 간청하는 수단이었다. 황제를 칭송하는 동전들은 B.C. 27년에 데살로니가에서 주조되었고, 이는 로마인들의 얼굴이 새겨진 첫 번째 동전이었다. (2) 데살로니가는 그 도시에 거주하는 로마 시민들과 좋은 관계를 유지했다. 왜냐하면 로마 시민권자들은 제국의 권력에 연결되는 통로로 작용했기 때문이다. 특별히 그 도시를 다스리는 군주는 '데살로니가 시민'으로 인정되어 '시민 후원자'라는 명예를 받았다(참고. 김형동, 2010:335). 하지만 바울은 황제 숭배와 로마 시민권의 가치를 내세우지 않는다.

1608) 1절에서 시내 산, A, 그리고 다수 사본은 '은혜와 평강' 다음에 '우리 아버지 하나님과 주 예수 그리스로부터'를 추가한다.

(*kopos*)와, 예수님에 대한 소망의 인내를, 성부 앞에서 쉬지 않고 기억하기 때문이다(3절). 데살로니가 교회는 박해를 받고 있었다(1:6; 3:3). 그 와중에서도 데살로니가 교회의 믿음이 삶 속에서 선한 역사로 나타났다. 그리고 사랑에 의해서 촉진되는 수고도 나타났다. 예수 그리스도에 대한 소망이 난관에 부닥치더라도 인내하도록 했다. 예수님의 미래적 재림에 대한 소망은 물론, 현재적인 신원에 대한 기대도 포함하고 있다. 우상에서 돌이키는 것과 관련된 믿음(참고. 9-10절), 사랑, 소망은 추상적이지 않고 실제적이다.

2.2. 데살로니가전서 1장 4-10절의 메시지

바울은 하나님의 택하심을 받은 형제들인 데살로니가 교회를 주님이 선택했음을 안다(4절). 믿음, 사랑, 소망의 열매가 나타나는 것을 보고 바울은 이들의 선택 받음을 알 수 있었다. 바울이 전한 '우리의 복음'(*to euangelion hemon*)은[1609] 말로만 데살로니가 교회에게 이른 것이 아니라, 오직 '능력과 성령과 큰 확신'으로 된 것이다. 능력과 확신은 성령으로부터 나온다. 성령의 능력이 있어야만 복음 전파가 효과적이게 된다. 이 능력에는 조명과 내적인 확신을 심어주는 것은 물론이거니와, 신유와 같은 가시적인 기적도 포함된다. 이런 능력은 설교자는 물론 청중의 심령에 복음의 진리에 대한 큰 확신을 심어 주었다. 단순히 추정해서 복음을 전하면 성령께서 역사하시지 못하며 청중에게 확신도 줄 수 없다. 그들은 바울 일행이 어떤 사람인지 잘 안다(5절). 바울 일행은 전한 대로 실천했던 사람 즉 삶으로 복음을 선포했던 사람이다. 데살로니가인들은 많은 환난 가운데서 '성령의 기쁨으로' 도를 받아 바울과 주님을 본받은 자가 되어(6절), 마게도냐와 아가야 모든 믿는 자의 본(*typon*)이 되었다(7절).[1610] 주님과 바울을 본받던 자가 이제 타인의 본이 된다. 데살로니가 교회는 그리스 전체에 믿음의 선한 영향력을 나타냈다. 그들은 복음을 받아들임으로써 불신 헬라인과 유대인들로부터 고난을 받게 되었다(참고. 행 17:5). 성령께서 그들에게 역사하사 지적인 동의에서 멈추지 않고 실천으로 나타나게 했다.

주님의 말씀이 데살로니가 교회로부터 마게도냐와 아가야에 전파되었을 뿐 아니라, 하나님을 향하는 데살로니가 교회의 믿음의 소문이 각처(모든 장소)에 계속해서 퍼지고 있는 연고로 바울은 아무것도 할 말이 없다(8절). 사실 바울은 고린도후서 8장 1-2절에서 고린도 교회가 데살로니가 교회의 훌륭한 점을 알도록 다음과 같이 말한다. "형제들아 하나님께서 마게도냐 교회들(데살로니가와 빌립보 교회)에게 주신 은혜를 우리가 너희에게 알게 하노니 환난의 많은 시련 가운데서 저희 넘치는 기쁨과 극한 가난이 저희로 풍성한 연보를 넘치도록 하게 하였느니라." 데살로니가 교회가 어려움 가운데에서도 기근을 겪고 있던 예루살렘 교회를 사랑으로 돌보는 데 앞장섰고

1609) 5절에서 시내 산 사본 오리지널은 '우리 하나님의 복음'으로, 반면에 시내 산 사본 3판과 C는 '하나님의 복음'으로 쓴다.

1610) 7절에서 시내 산, A, C 등은 '너희가'(*hymas*)와 수(number)를 맞추어 단수형 '본'을 남성 복수 대격형(*typous*)으로 바꾸었다. 참고로 데살로니가전서 1장에는 바울이 데살로니가 교인들을 칭찬하는 말로 가득하다. 일단 수신자들의 장점을 먼저 언급한다면 더욱 효과적으로 말을 전할 수 있기 때문이다. 이것은 '파토스'(pathos)에 호소하는 수사학적인 기법이다.

헌금을 많이 했는데 이 모든 것은 하나님의 은혜라고 한다. 그러므로 바울은 하나님의 은혜로 말미암아 어리지만 믿음의 본이 되고 선교하는 교회로 일취월장한 데살로니가 교회를 없는 것을 만들어서 무작정 칭찬하는 것이 아니라, 실제로 어떤 근거를 가지고 칭찬하고 있는 것이다. 실제로 바울이 이렇게 추켜세울 만한 일을 많이 한 교회였다.

바울이 데살로니가에서 전도했을 때, 그들이 (죽은) 우상을 버리고 살아 계시고 참되신 하나님에게 돌아와서(*epistrpho*, 전문 용어: 회심하여),[1611] 그분을 섬기며, 부활하신 예수님 곧 장래 노하심에서 우리를 구원하실 예수님(뜻: 구원자)을 하늘로부터 강림하시는 것을 기다린다고 마게도냐와 아가야 지방의 성도가 바울에게 고한다(9-10절). 제우스, 헤라, 아폴로, 아르테미스와 같은 온갖 신들과 우상의 집합소인 올림푸스 산에서 불과 80km 떨어진 곳에 위치한 데살로니가 교회는 우상을 잘 알고 있었다. 죄악 된 세상을 향해서 하나님은 진노하시는데, 그 절정은 주님의 최종 파루시아로 임할 여호와의 날이다. 그러나 복음 때문에 핍박을 받고 있는 데살로니가 성도는 그날의 진노에서 구원을 받을 것이 분명하다. 그러므로 주님의 재림을 소망 중에 기다리게 되었다.[1612]

3. 오늘에의 적용

성도에게 믿음, 소망, 사랑이 왜 중요한가?
주님을 본받는 자에서 타인에게 본이 되는 사람으로 살자.
설교와 전도를 성령의 능력과 확신으로 하고 있는가?

데살로니가전서 2장

1. 본문 및 구조

• 하나님을 향한 사도적 책임성(1-4)

1611) 아마도 이방인 회심자들인 이들은 이교도의 우상 숭배(로마 황제 숭배를 포함; 참고. 행 17:7)의 유치함과 대조되는 유대교의 유일신론이라는 고상한 개념에 끌린 것 같다. 즉 하나님을 경외하는 자들이 되었다. 하지만 이들은 후에 유대교의 편협한 민족주의와 의식상의 요구들에 불만을 품은 것 같다. 이 이유로 해서 이 회심자들은 유대인으로부터 박해를 받게 되었다. 참고로, 대부분의 엄격한 유대인들은 '하나님을 경외하는 자들'에게 종말에 하나님의 심판이 있을 것이라고 주장한다. 이것 역시 지극히 편협한 선민사상이 그들 가운데 여전했다는 것을 보여 준다(참고. 김세윤, 2002:17).

1612) 10절에서 바울은 예수님의 죽음, 부활, 재림 그리고 최후 심판이라는 중요한 구속 사건을 모두 언급한다. 특히 하나님의 최후의 심판 때 성도에게 무죄를 선언하여 구원을 주시는 것은 은혜 중의 은혜이다. 우리를 무죄로 선언하신다는 말은 곧 우리를 의롭다고 인정하셨다는 말씀과 같다(참고. 김세윤, 2002:101).

- 바울의 사도적 사역, 돌봄, 양육(5-12)
- 데살로니가 교인에게 초점을 맞춘 두 번째 감사(13-16)
- 바울의 방문 계획 좌절과 소망(17-20)

2. 구원 계시사적 메시지

2.1. 데살로니가전서 2장 1-4절의 메시지

데살로니가전서 1장에서 파토스(pathos)에 호소한 바울은 2장에서 에토스(ethos)에 호소한다. 바울이 선교를 위해서 데살로니가를 방문한 것이 헛되지 않은 줄을 그들이 안다(1절; 참고. 행 17:1-10). 3주 정도 복음을 전하다가 불가피하게 베뢰아로 떠나버린 바울 일행을 두고, 거짓 선생들은 데살로니가 교회에게 그들을 실패한 전도자로 폄하했을 것이다. 바울 일행은 데살로니가로 오기 전에 빌립보에서 고생했지만, 하나님을 힘입어 많은 싸움 중에 하나님의 복음을 데살로니가에 전했다(2절). 바울의 권면은 간사나 부정(거짓 선생의 특징인 성적인 죄나 선정성) 혹은 궤계에서 난 것이 아니다(3절). 오직 하나님의 옳게 여기심을 입어(*dokimasia*) 복음을 전할 부탁을 받아서 일했다. '옳게 여김을 받다'는 말은 주화가 진짜인지 가짜인지 시험할 때 쓰인 말이다. 바울은 하나님의 테스트를 거쳐서 복음 전파자로 합격한 일꾼이다. 바울은 사람이 아니라 하나님을 기쁘게 하기 위해서 노력했다(4절).

2.2. 데살로니가전서 2장 5-12절의 메시지

바울이 아첨의 말(flattering speech, 반대말은 boldness of speech)이나, 탐심의 탈(with a motive of greed, 참고. 롬 1:29)을 쓰지 않은 것을 하나님이 증거하신다(5절).[1613] 바울은 청중의 귀만 즐겁게 하는 감언이설로 돈을 뜯어내는 설교꾼이 아니었다. 바울이 여러 사람에게 여러 모양이 된 것과 아첨은 별개다(참고. 고전 9:19-23). 바울은 그리스도의 사도로 사람에게서 존중을 받을 자격이 있지만, 사람에게서 그런 영광을 구하지 않는다(6절). 그리스도에 의해 보냄을 받은 사도는 보내신 분 즉 그리스도만 전해야 하는 증인 그 이상도 그 이하도 아니다. 바울은 사도로서 재정 후원과 같은 정당한 권리를 내세울 수 있었다. 바울은 유순한(*nepioi*)자로서[1614] 유모처럼 자녀인 데살로니가 교회를 목양했다(7절).[1615] 바울에게서 거짓 선생의 거만하고 교만

1613) Dio Chrysostom과 같은 견유 철학자들도 메시지의 진정성을 희석시키며 동기에 의구심을 자아내도록 만드는 아첨의 말을 사용하지 않았다(참고. Wanamaker, 1990:97).

1614) 7절에서 A와 다수 사본에는 *epioi*(형용사. '유순한'; NT *hapax*, 참고. 바른 성경)로 나타난다. 바로 앞에 *n*가 등장했기에 필사자가 실수로 생략했을 수도 있다. UBS 4판에서는 우세한 외적 증거 (세내산, B, C 등)로 인해 *nepioi*(어린아이)를 택했다(참고. 매츠거, 2005:543).

1615) 바울은 어머니와 같았다. 갈라디아서 4장 19-20절은 '나의 자녀들아'라고 부르면서 갈라디아 성도에게 그리스도의 형상을 이루기 위해서 노력하는 것을 해산의 고통이라는 이미지로 설명한다. 고린도전서 3장 1-3절은 초신자를 단단한 음식이 아니라 부드러운 젖으로 먹였다고 말한다.

한 모습을 찾아볼 수 없다. 바울은 복음과 목숨도 데살로니가 교회를 위해서 주려고 하는 것은 그들을 사랑하기 때문이다(8절). 바울은 진정으로 양 떼를 사랑하고 그들을 위해서 헌신한 목자였다. 데살로니가 교회는 바울의 수고와 애쓴 것을 기억하고 있는데, 바울은 그들에게 누를 끼치지 않으려고 밤과 낮으로 일하면서 복음을 전했다(9절). 데살로니가 교회에게 재정적인 부담을 주지 않기 위해서, 바울은 장막을 만들어 팔아서 생계를 유지했다. 바울이 거룩하고, (하나님의 법에 순종하여 주님의 기준에 부합하고 사람을 바르게 대하는 방식인) 옳고, (책망할 것이 없는 상태인) 흠 없이 행한 것에 대하여 데살로니가 교회와 하나님이 증인이다(10절). 바울은 아버지가 자녀에게 하듯 권면하고, 위로하고, (엄격한 훈련과 연단을 암시하는) 경계했는데(11절), 이렇게 한 목적은 하나님의 나라와 영광으로 '부르신'(*kalountos*, 현재 능동 분사 남성 단수 속격)[1616] 하나님께 합당히 행하게 하려 함이다(12절).

2.3. 데살로니가전서 2장 13-16절의 메시지

바울은 하나님께 쉬지 않고 감사하는데, 데살로니가 교회가 말씀을 받을 때 사람의 말이 아니라 하나님의 말씀으로 받아서 그들 속에서 역사했기 때문이다(13절). 그들은 복음 속에 있는 신적 기원과 능력을 믿었다. 헬라인으로부터 박해를 받은 데살로니가 교회는 불신 유대인으로부터 고난을 받은 유대에 있는 형제들을 본받은 자가 되었다(14절). 1세기 교회의 대적은 불신 유대인과 이방 로마 세력 둘 다였다. 이 구절에서 알 수 있는 것은 유대인 성도는 주로 불신 유대인 동족으로부터, 이방인 성도는 불신 이방인 동족으로부터 박해를 받았다는 점이다. 유대인들은 주 예수님과 '선지자들을'(참고. 다수 사본은 14절의 *idion*의 영향을 받아 '동족 유대인 선지자들을'[*idious prophetas*]) 죽이고, 바울을 쫓아내고, 하나님을 기쁘시게 아니하고, 모든 사람에게 대적이 되었다(15절).

또한 유대인들은 바울이 이방인에게 복음을 전해서 구원을 얻게 함을 금하여, 스스로 죄를 항상 채우는데(참고. 창 15:16; 마 23:32) '진노'(참고. D, F, G 등은 '하나님의 진노')가 끝까지(*eis telos*, 완전히) 그들에게 임했다(16절). '임했다'(*ephthasen*)를 아오리스트 시제 그대로 본다면 데살로니가전서가 기록되기 전에 있었던 A.D. 45-47년경의 유대에 임한 기근, 요세푸스가 증거하듯이 A.D. 49년에 있었던 예루살렘 성전 구내에서의 잔인한 살육, 혹은 글라우디오 황제가 로마에서 유대인을 추방한 사실 등을 가리킬 수 있다. 그러나 이것이 '서신적 아오리스트' 즉 앞으로 임할 것을 과거형으로 말한 것이라면, 특별히 A.D. 70년 예루살렘 멸망을 예언하는 것이 될 수 있다(참고. 살후 2:4).[1617] 빌립보와 데살로니가의 디아스포라는 바울의 전도를 방해했고

1616) 12절에서 시내 산 사본과 A 사본 등은 현재 분사 대신에 아오리스트 분사(*kelesantos*, '부르신 후')를 쓴다.

1617) 교회 역사상 크리소스톰은 A.D. 386-388년 사이에 유대인들을 반대하는 8편의 설교를 안디옥에서 행했는데, 유대인들을 짐승이며 술주정꾼이며 부도덕하고 사람을 잡아먹는 사람으로 고발한다. 루터도 죽기 전인 1543년 '유대인들과 그들의 잘못된 신념에 관하여'라는 논문에서 유대인들이 회심하리라는 소망을 포기하고 유대인들을 공격한다. 이런 기독교인들의 저술에 나타난 사상은 반셈족주의 즉 인종적인 편견

심지어 베뢰아까지 따라와서 방해했다(참고. 행 16-18장). 유대인들은 예수님을 거짓 선지자 혹은 실패한 혁명가로 보았고, 주님을 따르는 그리스도인들도 박해했다. 이방인들이 기독교로 개종하는 것도 그냥 곱게 바라만 볼 수 없었다.

2.4. 데살로니가전서 2장 17-20절의 메시지

고린도에서 편지를 쓰고 있는 바울은 얼굴로는 떠나 있었지만, 마음으로는 아닌데, 그들의 얼굴 보기를 열정으로 힘썼다(17절). 바울은 한두 번 데살로니가 교회를 방문하려고 했으나 사탄이 막았다(18절). '막았다'(*enekopsen*)는 말은 원래 다리를 끊어 버리는 것을 의미한다. 방문길을 차단하기 위해서, 사탄은 아마도 바울에게 병을 주었든지 아니면 직접적으로 환경과 상황 속에서의 방해 공작을 펼쳤을 것이다. 바울은 이런 방해 공작이 하나님에 의한 것이 아니라, 사탄에 의한 것임을 영적인 눈으로 분별할 수 있었다. 이 구절의 의도는 아마 일부 바울의 대적들이 바울이 갑작스럽게 데살로니가를 떠난 것은 다시는 돌아오지 않기 위한 것이라고 거짓 소문을 퍼뜨린 것에 대한 변론일 것이다. '형제들아'라는 친근한 말로 시작하고 있음에 주목해야 한다. 바울은 데살로니가를 자발적으로 떠나지 않고, 유대인들의 박해와 방해 공작으로 어쩔 수 없이 떠났지 않았던가! 바울의 소망, 기쁨, 자랑의 면류관이 무엇인가?[1618] 예수님이 강림하실 때의 데살로니가 교회가 아닌가?(19절) 그들은 바울의 영광이요 기쁨이다(20절). 데살로니가 교회의 경제적 혹은 교육적인 배경이 탁월해서 바울이 기쁨이요 영광이요 면류관이라고 말하고 있지 않다. 그들의 형편은 극한 가난과 고난 가운데 있었다. 그러나 신앙의 성장과 성숙이 빨라서 타인의 모범이 되고 구제와 사랑의 봉사 활동에 적극적인 모습을 보고는 바울이 이렇게 말하는 것이다.

적용해 보면, 목회자는 교인을 자신의 영광이요 기쁨으로 여기고, 교인들은 목회자를 기쁨이요 소망이요 면류관으로 여길 수 있다면 얼마나 아름다운 신앙의 공동체가 될 것인가? 단순히 입에 발린 말로 '사랑하는 성도 여러분' 혹은 '사랑하는 형제자매 여러분'이라고 말하는 것이 아니라, 목회자가 진심으로 그리고 삶으로 성도를 사랑하고 아끼고 존귀히 여긴다면, 참으로 하나님이 기뻐하시는 교회가 될 것이다. 목회 전반에 걸쳐서 참으로 보람과 사랑이 넘치는 사역이 될 것이다. 심방이나 설교를 할 때도 정말로 교인을 사랑하는 마음으로 최선을 다해 열심히 할 것이다. 특별히 어려움 가운데 있는 형제자매를 정성껏 주님의 사랑으로 돌보고 동고동락할 수 있을 것이다.

을 반영하는 것이 아니라, 반유대주의 즉 예수 그리스도를 부인한 자들을 대적하는 신학적인 확신에 기인한 것이다. 하지만 바울은 개별적으로 모든 유대인들이 필연적으로 하나님의 저주를 받아야 하며 어떤 유대인도 구원의 가능성을 더 이상 가지고 있지 못하다고 가르치는 것은 아니다. 여전히 바울은 회당에서 디아스포라를 전도 대상으로 삼았고 일부는 믿기도 했다(참고. 존 스토트, 1997:62-64).

1618) 여기서 면류관은 왕관이 아니라(참고. 사 62:3), 승리자의 화관으로 보인다(참고. 사 61:3).

3. 오늘에의 적용

교회의 짐이 되지 않도록 목회하는 방법은 무엇인가?
우리 시대의 교회의 대적과 박해 세력은 무엇인가?
불완전한 성도라도 목회자의 고민거리가 아니라 영광이요 기쁨인가?

데살로니가전서 3장

1. 본문 및 구조

- 디모데를 데살로니가 교회에 파송함(1-5)
- 디모데의 보고와 바울의 반응(6-13)

2. 구원 계시사적 메시지

2.1. 데살로니가전서 3장 1–5절의 메시지

1절에서 바울은 "결국 참다 못해(더 이상 참을 수 없어) 우리만 아덴에 머물러 있기로 결정했다"고 말한다. 데살로니가 교회가 바울에게 있어서 영광이요 기쁨이기에 속히 방문하고 싶었고, 소식을 듣고 싶었지만 길이 막히자 답답하여 참을 수 없었다. 바울은 2차 전도 여행 중이었기에 다른 도시들에 계속 전도해야 했다. '우리만'은 헬라어로 '*monoi*'(남성 복수 주격 형용사)인데, 디모데를 제외한 바울과 실라를 가리킨다.

바울은 형제요 그리스도 복음 안에서 '하나님의 동역자'(*synergon tou theou*, fellow-worker; 참고. 행 14:27; 롬 10:14; 고전 3:9; 고후 5:2-6:1)인 디모데를 아덴에서 데살로니가로 보내었다(2절).[1619] 그 목적은 데살로니가 교회를 굳게 하고, 믿음을 위하여 위로하며(*parakaleo*), 환난 가운데서 요동치(*sainesthai*, 흔들리지) 않도록 하기 위해서이다.[1620] 바울 일행도 이러한 환난을 당하도록 예정되었다(3절). '굳게 하다'(*steriksai*)는 말은 회심한 사람을 견고히 세우는 것을

1619) 2절에서 다수 사본은 '하나님의 일꾼(*diakonon*)이며 그리스도의 복음 안에서 우리의 동역자인'으로 확대한다. 개역개정판과 바른 성경은 시내 산과 A 사본을 따라 '그리스도의 복음 안에서 하나님의 일꾼'으로 쓴다.

1620) '요동하다'는 말은 개가 꼬리를 흔든다는 의미로 쓰인다. 나중에 목적격과 함께 쓰여서 누구에게 꼬리치며 아양을 떤다는 의미로 사용되었다. 하지만 이런 의미는 본문과는 상관이 없다(참고. 브루스 1999:136).

가리키는 전문 용어이다(참고. 행 14:22, 15:32). 모든 그리스도인에게 이런 어려움은 하나님의 계획 중 일부이다. 바울은 사도행전 14장 22절에서 "제자들의 마음을 굳게 하여 이 믿음에 거하라 권하고, 또 우리가 하나님 나라에 들어가려면 많은 환난을 겪어야 할 것이라 하고"라고 말한 적 있다. 바울은 성도의 고난의 불가피성에 대해 계속 강조한다(3절). 예수님도 이 사실을 강조하셨다. "사람들이 나를 핍박하였은즉 너희도 핍박할 터이요"(요 15:20). "세상에서 너희가 환난을 (계속) 당하나 (계속) 담대하라. 내가 세상을 이기었느니라 하시니라"(요 16:33).

바울은 데살로니가 교인과 함께 있었을 때, 이 환난에 대해 말한 적 있는데 그대로 이루어졌다(4절).[1621] 그래서 바울은 디모데를 보내어 데살로니가 교회의 믿음을 확인하기를 원했던 것이다. 바울은 계속하여 시험하는 자(*ho peirazon*) 즉 사탄의 역사로 지금까지 데살로니가 교회를 위해 해온 모든 수고가 헛되게(*eis kenon*) 즉 물거품이 되지는 않았나 근심했다(5절).

2.2. 데살로니가전서 3장 6-13절의 메시지

디모데가 방금 전에(*arti*, now)[1622] 돌아와서 바울에게 데살로니가 교회가 (1) 믿음과 (2) 사랑의 반석 위에 여전히 굳건히 서 있는 기쁜 소식을 전했을 뿐 아니라(*euangelizomai*),[1623] (3) 바울 일행을 여전히 보고 싶어 한다고 말해 주었다(6절). 이 3중적 기쁜 소식은 바울로 하여금 기쁨을 이기지 못하도록 만들었다. 바울은 이 보고 때문에 자신이 겪고 있었던 여러 (물질적인) 궁핍과 (타인에 의해서 당하는) 환난 가운데서라도 위로를 받았다(7절). 데살로니가 교회가 주님 안에 계속하여 굳게 서 있는(*stekete*, 참고. 고전 16:13; 갈 5:1; 빌 1:27) 한 가지 이유만으로 바울은 '아! 이제야 살았다'(*nyn zomen*, we really live)라고 안심할 수 있다(8절).[1624] 고린도후서 11장 29절에서 바울은 "누가 약하면 내가 약하지 아니하며, 누가 실족하게 되면 내가 애타하지 않더냐?"라고 고백했다. 바울 개인적인 성화의 차원에서의 죽음과 삶은 물론, 자신의 사역에서 조차도 그는 죽고 사는 것을 설립한 교회들과 더불어 계속 경험했다(참고. 롬 15:32; 고전 16:18; 고후 7:13; 몬 7, 20; 보라. Marshall, 1983:96).

바울은 데살로니가 교회의 믿음의 소식을 듣고 매우 기뻐서 하나님께 감사할 방법을 알지 못함을 수사학적 질문으로 말한다(9절; 참고. 시 116:12). 바울은 데살로니가 교인들을 위해 밤낮 심히(*hyperekperissou*, exceedingly, 최상급의 의미) 간구한다. 그 내용은 그들을 다시 만나서 그들의 믿음 중 부족한 부분을[1625] 보충하기 위해서이다(10절). 11절에서 바울이 기도한다. "하

1621) 사회과학적 용어를 사용하면, 데살로니가 교인들이 개종 이전에 속해 있던 보다 큰 이교 사회로부터 자신을 구분시켜 새로운 하나님의 가족의 공동체를 형성할 때 즉 재사회화 시에 발생하는 어려움이다. 분리가 아니라 구분이며, 그들은 변혁적 사명을 띠게 되었다(참고. 박익수, 1994:96).

1622) 바울은 데살로니가전서를 디모데가 데살로니가에서 돌아온 직후에 썼다.

1623) *Euangelizomai*를 통해서 추론해 볼 것은, 마치 바울 자신이 복음을 전하듯이, 디모데의 이 보고는 바울에게 복음을 전해 받은 것과 같았다.

1624) 우리 시대에 교회가 퇴락하는 이유는 돈 없이는 못 살아도, 교회의 성장과 부흥 없이는 거뜬히 살 수 있는 교인들이 많기 때문일 것이다(참고. 벨드캄프, 1988:81, 84).

나님 아버지와 예수님은 데살로니가로 가는 직행 길(*kateuthynai ten hodon*)을 열어 주옵소서." 성부와 성자를 동시에 언급함으로써 바울은 방문에 대한 열정을 표출한다(참고. 마륵쎈, 1986:86). 11절 문두에 '*autos*'라는 강세형 남성 단수 주격 대명사를 사용한 것과 성부와 성자가 주어이지만 동사는 단수형(*kateuthynai*, 아오리스트 능동태 희구법 3인칭 단수, '곧 바르게 하다') 이다(참고. 눅 1:79의 '인도하시리로다').[1626]

사탄이 한두 번 길을 막아 버렸던 것을 이제 하나님께서 곧게 해 주시기를 간구하고 있다. 사실 이 기도는 5년 후 바울의 3차 전도 여행 때 이루어졌다(참고. 행 20:1-3). "그리고 하나님께서 바울 일행이 데살로니가 교회를 사랑함같이 그들도 서로 사랑하고 (교회 밖의) 모든 사람을 사랑하도록 해주옵소서"(12절). "그리고 주님께서 데살로니가 교인들을 굳게 하사, 주님이 모든 성도와 함께(*meta panton ton hagion autou*, 아마도 천사와 성도 모두; 비교. 박익수, 1994:103; 참고. 욥 5:1, 15:15; 시 89:7-8; 단 4:34, 7:18, 8:13; 에녹 1서 1:9; 롬 8:19; 살후 1:10) 강림하실 때(*en te parousia*) 하나님 앞에서(하나님의 관점에서 볼 때) 거룩함에 흠 없이(blameless in holiness) 설 수 있도록 하옵소서"(13절; 참고. 막 8:38; 슥 14:5).[1627]

주님의 최종 재림 시에 우리의 거룩은 완전해질 것이지만, 성도의 성화는 주님이 다시 오실 때까지 계속되어야 하는 것이다.[1628] 이처럼 미래적인 소망은 현재에 동기를 부여해 준다.[1629] 13절 끝에 시내 산 사본, A, D 사본 등은 '아멘'을 추가한다.

3. 오늘에의 적용

세상 풍파 중에 있는 자들을 어떻게 위로할 수 있는가?

사역자들은 무엇으로 살맛나는가?

주님의 최종 재림 때까지 성화를 이루어 가자.

1625) 믿음의 어떤 면이 부족하다는 말인가? 6절에서 바울은 그들의 믿음을 칭찬했기에, 믿음이 질적으로 부족하다고 보기는 힘들고, 그 대신 아마도 더 가르치고 싶어 했던(additional instruction) 어떤 그 무엇이 있었던 것으로 보인다. 그들이 믿음의 길을 걷고 있었지만, 그럼에도 불구하고 이 길에 대해 더 큰 확신을 가져야 함을 의미한다(참고. 마륵쎈, 1986:85). 수신자에게 여전히 필요한(things needed) 그 내용은 데살로니가전서 4장 1절-5장 22절의 내용이 아닐까? 디모데가 그 가르침을 어느 정도 수행했지만 바울은 친히 그들을 방문하기를 원한다(참고. Holmes, 1998:114; 마륵쎈, 1986:101)

1626) 바울은 성부와 성자를 동등하게 언급한다. 이것은 삼위일체(Trinitarian), 적어도 이 구절에서는 이위일체(Binitarian)를 증거하는 구절이다(contra E. Best).

1627) 몇몇 사본과 역본들이 13절 끝에 '아멘'을 첨가한다. 바울은 데살로니가전서 1장 10절과 2장 19절에 이어서 세 번째 재림에 대해 언급하고 있다.

1628) 13절의 '거룩함'은 *hagiosyne*인데, 이것은 거룩한 상태를 가리킨다. '성화' 즉 거룩해져 가는 과정을 의미하는 *hagiasmos*와는 구별된다(참고. Holmes, 1998:116).

1629) 데살로니가전서 1-3장의 결론 구절인 데살로니가전서 3장 13절은 예배 중 '복의 선포'(benediction) 구절로 적합하다(참고. Holmes, 1998:113).

ঌ 데살로니가전서 4장 ঌ

1. 본문 및 구조

- 성도의 거룩과 성 윤리(1-8)
- 상호 사랑(9-12)
- 그리스도의 최종 재림과 부활(13-18)

2. 구원 계시사적 메시지

2.1. 데살로니가전서 4장 1-8절의 메시지

데살로니가전서 1-3장에서는 바울이 거짓 선생의 가르침과 공격에 대해서 변증했다면, 4-5장에서는 데살로니가 교회의 현재와 미래적 사안에 관해서 권면을 준다. 바울은 이 단락에서 데살로니가 교인들이 성(性)과 일에 관련된 거룩한 삶의 원칙을 제시하면서, 잘하고 있는 것은 더욱 열심히 할 것을 권면한다. 데살로니가에는 남성의 성기를 숭배하는 '디오니소스 제의'(Dionysus-cult)가 있을 정도로 아주 문란한 도시였다.[1630] 성적 문란과 술 파티와 방종이 데살로니가에 만연했다(참고. 김세윤, 2002:13). 그 당시 남자는 정부와 첩을 둘 수 있었고 창녀와 접촉하는 것도 쉬웠다(참고. 존 스토트, 1993:95). 일부일처제가 제대로 지켜지지 않았다. 성 자체는 하나님의 피조물이기에 원래 선한 것이지만, 인간의 죄성으로 인해 심각하게 왜곡되기 일쑤다. 바울은 현대 기독교인들이 쉽게 말할 수 없고 꺼리고 조심하는 성적인 권면을 아주 구체적으로 하고 있다. 이 문제를 쉬쉬하면 음지에서 더 심각한 문제가 발생할 수 있다.

바울이 가르쳐 준대로 마땅히(*dei*) 행해야 할 것과 하나님을 기쁘게 하는 것을 '너희가 행하는 대로'(*kathos kai peripateite*, 참고. 다수 사본은 이것을 생략함) 더욱더 행하기를 힘쓰라고 권면한다(1절). 그리스도인의 가장 중요한 삶의 지침은 하나님을 기쁘게 하는 것이다. 바울이 가르쳐 준 복음과 삶의 원리는 예수 그리스도로 말미암아 즉 예수님의 권위에서 나온 것이다(2절). 이것을 아주 강한 의미의 명령(군사적 명령 혹은 민사적 명령, *parangelias*)이라고 언급한다. 그것은 반드시 지켜야 할 삶의 원칙이다.

거룩한 삶이 하나님의 뜻이기에 음란(*porneia*)을 버려야 한다(3절; 참고. 고전 6:13-20; 고후 12:21). 바울 당시 이교 문화권에서는 우상 숭배와 성적인 타락은 관련 있었다. 음란은 모든 종류의 비합법적인 성관계 즉 혼전 성관계, 혼외 성관계, 동성애를 다 포함한다. "거룩하고 존귀한 방식으로 아내와 더불어 사는 것을 배워라"(4절). 직역하면 '너희 각자는 거룩과 존귀 안에서 너희 각자의 그릇을 취하는(소유하는) 것을 알라.' 여기서 그릇은 아내를 가리키는 말이

1630) 터키에 애굽에서 유래한 'Bes'라는 신이 이와 유사하다.

다. 그리고 후기에는 그릇이 성교를 완곡하게 가리켰다. 성이 적절하게 사용될 수 있는 것은 거룩한 방식으로 오직 아내와 남편 사이뿐이다. 우리 시대의 문화는 부부 사이의 성관계에 있어서 거룩이나 존귀한 방식을 강조하지 않는다. 그리고 이 적법한 성의 사용의 제한성을 심히 왜곡하여 확대하려고 한다. 그리고 심지어 미화하려고 하고 정당성을 부여하려고 한다.

"하나님을 모르는 이방인처럼 색욕을 좇지 말라"(5절). "이방인들의 음란하고 문란한 성 문화를 닮지 말라. 남의 아내를 가로채는 일이 없도록 하십시오. 이 역시 주님의 명령입니다"(6절: 현대어성경). 바울은 그 당시의 문화를 고려하여 주로 남자에게 권면을 주지만 여자에게도 적용된다.

하나님이 우리를 부르심은 부정이 아니라 거룩함을 위한 것이다(7절). "내가 거룩하니 너희도 거룩하라"고 말씀하시는 하나님의 거룩에의 초청과 요구를 우리는 받는다.[1631] 이를 위해 하나님의 거룩한 영이신 성령님이 우리의 성화를 주도하신다. 그러므로 이 교훈을 거절하는 자는 사람이 아니라 성령을 주신 하나님을 거부하는 것이다(8절).

2.2. 데살로니가전서 4장 9-12절의 메시지

바울은 성 윤리에서 형제 사랑에 관한 실천적 교훈으로 주제를 바꾼다 (9절). '형제 사랑에 관하여는'(*peri de tes philadelphias*)이라는 말속에서 데살로니가 교회가 바울에게 서신으로 질의한 것에 대한 답변의 뉘앙스가 있다(참고. 브루스, 1999:174). 하나님의 가르침(*theodidaktoi*, 복합 형용사, taught by God, NT *hapax*)을 따라 형제 사랑을 실천 중인 데살로니가 교회는 마게도냐 모든 형제들도 사랑하고 있는데, 바울은 더욱 사랑하는 일에 힘쓰라고 권면한다(10절). 조용(*hesychazein*, 현재 능동 부정사)한 삶을 살도록 힘써야(*philotimeisthai*, '야심을 가지다') 한다. 조용한 것과 역동적으로 야심을 가지는 것은 대립되는 것이기에 이것은 수사학적으로 모순 어법(oxymoron)이다(참고. 브루스, 1999:176). 그리고 "'너의 자신의 손으로' 맡은 일을 성실히 수행하라"(11절). 뒤 단락의 재림에 대한 오해의 문맥에서 볼 때 아마도 주님의 재림을 기다리던 사람들이 일을 팽개치고 있었기 때문에 일하라는 권면을 주는 것 같다(참고. 존 스토트, 1997:104). 후견인에게 지나치게 의존하는 단골손님의 안일한 자세를 지적한 것일 수도 있다. 바울은 실업 상태 자체가 아니라, 게으름을 책망하고 있다. 바울 본인은 장막을 만들면서 복음을 전했기에 이런 권면을 위한 에토스를 제대로 갖추었다.

그 목적은 데살로니가 교인의 이런 윤리적인 삶으로 인해서, 불신 외부인들(*apo ton eksothen*)로

1631) 칼빈이 최고로 중요하게 여긴다고 말하기까지 한 성도와 그리스도와의 신비로운 연합 그리고 그리스도를 소유함으로써 은사와 은총을 성도가 공유하는 것은 성도의 '실천'과 관련된다. 여기서 《기독교강요》 3.19.2 중 한 구절을 들어보자. "그리스도인들은 성화의 생활을 하도록 부르심을 받았으므로, 우리의 전체 생활은 일종의 경건의 실천이어야 한다(살전 4:7; 참조. 엡 1:4; 살전 4:3)." 칼빈에게 있어서 그리스도인은 삶을 통해 경건을 실천함으로써 예수님의 온전함에까지 자라가는 평생의 여정에 참여하고 있는 사람이다. 따라서 칼빈은 내면과 실천 그리고 개인과 공동체 사이의 균형을 갖춘 일종의 '통전적 영성'을 가르치고 있다.

부터 존경을 얻고(*euschemonos*, 단정하고 예의 바르게 행하고, becomingly), 다른 사람을 의존하지 않게 하기 위함이다(12절). 불신자들로부터 존경받는 교회가 되어야 하고, 신자에게는 짐이 되지 않도록 힘써야 한다(참고. 벧전 2:12). 우리 시대에 반드시 그리고 시급히 회복되어야 할 부분은 불신자로부터 존경을 받는 신자상의 확립이다.

2.3. 데살로니가 4장 13-18절의 메시지[1632)]

데살로니가전서 중에서 주석가의 주목을 가장 많이 받는 단락이다. 바울의 미래적 종말과 내세에 대한 신학이 담겨 있지만, 이 단락만 고립시킨 채로 의미를 밝힐 수 없다. 아마도 바울은 2차 전도 중에 데살로니가에서 죽은 자들의 부활에 대해서 언급하지 않은 것으로 보인다. 왜냐하면 이렇게 짧은 기간 안에 그들이 바울의 말을 오해했거나 아니면 잊어 버렸거나, 혹은 이것에 관한 이단의 가르침에 미혹되었다고 보기는 힘들기 때문이다(참고. 마륵쎈, 1986:100).

바울은 데살로니가 교인의 가족이나 친척 중에서 죽은 사람들(*koimomenon*, '자는 자들', 현재 중간 분사 남성 복수 속격. 참고. 다수 사본은 현재 완료 분사를 씀)을 염려하는 것에 대해 답하고 있다(13절). 여기서 현재 분사는 그들의 잠자는 지속적인 죽음의 상태를 의미한다. 아마 몇몇 데살로니가의 '열광주의적인 경향을 가진' 교인들은 주님의 재림이 가깝다고 생각해서 주님 다시 오실 때까지 죽지 않을 것이라고 믿었을 것이다(참고. 마륵쎈, 1986:97).[1633)] 그래서 사랑하는 사람이 주님 오시기 전에 죽는 것을 보고 충격을 받았던 것으로 보인다. 바울은 '형제들아!'라고 친근히 부르면서 소망 없는 다른 사람들처럼 슬퍼하지 말라고 한다. 바울은 죽음을 보고 슬퍼하지 말라고 말하지 않고 소망 없는 사람처럼 비통해하지 말라고 말한다. 왜 그렇게 할 수 있는가? 주님의 부활과 재림에 대한 소망 때문이다. 성도의 삶이 이생뿐이라면 참으로 불쌍한 사람이 되고 말지만 부활과 주님의 미래의 재림을 기다리고 있기에, 비록 이 땅에서의 사별이 아주 큰 슬픔을 주는 것은 사실이지만, 소망도 있다. 이것이 우리에게 기쁜 소식, 복음이다. 바울은 죽음을 잠으로 완곡하게 말한다. 왜 그런가? 자다가 깨어나듯이, 죽음 이후에는 부활이 있기 때문이다(참고. 단 12:2). 사람이 죽으면 영혼이 잠자듯이 무의식 상태에 있는 것이 아니라 육체가 무덤 안에서 쉬고 있을 뿐이다.

우리가 예수님의 부활을 믿을 때, 예수님으로 말미암아(*dia tou Iesou*)[1634)] 잠자는 사람들(*koimethentas*, 아오리스트 수동 분사 남성 복수 대격)이 주님과 함께 다시 이 땅으로 올 것을 믿게 된다(14절). 잠자는 자들은 구체적으로 예수님 때문에 죽은 자들 즉 순교자들을 의미하는데, 아오리스트 분사도 이를 지지한다(참고. 김형동, 2010:348). 그러나 '잠자는 사람들'의 의미를

1632) 존 월튼(2010:1890)은 이 단락을 대개의 비업무적 서신의 일반적인 형태 중 하나인 '위로의 서신'과 유사하다고 보면서, 바울이 예수님의 가르침에서 직접 취한 유대 묵시적 주제들로 가득 채운다고 본다.

1633) 데살로니가 교회가 부활의 소망을 부정하는 발아기적 영지주의의 영향을 받은 것 같지는 않다(참고. 브루스, 1999:183).

1634) 14절에서 개역개정판은 '예수 안에서'라고 잘못 번역한다.

확대하면, 신자로 죽은 자들 모두가 주님과 함께 이 땅에 온다는 것으로 볼 수 있다. 여기에 성도가 죽으면 즉시 그 영혼은 하늘로 올라가는 것임이 암시되어 있다. (지상 사역 중에 하신 것이지만 복음서에 기록되어 있지 않은) 예수님의 말씀에 의하면, 주님의 강림(*parousia*) 시(참고. 고전 15:23; 요일 2:28), 이 땅에 '우리'(1인칭 복수이기에 바울을 포함) 살아 있는 자는 잠자고 있는 자보다 앞서지(앞지르지) 못한다(15절). 바울은 자신이 살아 있을 때 주님이 재림하실 수도 있다는 것을 말할 뿐이다. 왜냐하면 그 날은 주님 자신도 모르기 때문이다(참고. 마 24:36; 막 13:32; 행 1:6-7; 살전 5:1). 바울은 주님 재림 시에 이 땅에 살아 있기를 확신한 것이 아니라(참고. 살전 5:10) 열망했던 것이다. 분명한 것은 잠자는 자들이 살아남아 있는 자들보다 불리할 것이 전혀 없다는 사실이다.

15절은 물론 16-17절도 예수님이 친히 하신 말씀으로 보인다.[1635] 주님이 친히 호령(상관이 부하에게 명령하는 말)과 천사장(*archangelos*, principal angels, 참고. 유 9)의 소리와 하나님의 나팔 소리(참고. 출 19:16; 대상 16:6; 시 47:5; 욜 2:1; 슥 9:14; 계 11:15)가 울려 퍼지는 가운데 이 땅에 오실 때(참고. 미 1:3), 죽은 자들이 먼저 일어날 것이다(16절; 참고. 고전 15:51-52).[1636] 주님의 파루시아는 만인이 들을 수 있도록 분명한 방문이 될 것이다. 그 후에 살아남은 자들도 죽었으나 부활한 자들과 함께 구름 속으로(in the clouds; 하나님의 현존을 상징하는 '영광의 구름', 참고. 출 13:21, 33:9-10; 민 12:5; 왕상 8:10-11; 시 97:2; 단 7:13; 보라. ESV Study Bible, 2008:2310)[1637] 올리워(*harpazein*, caught up; 참고. 창세기 5장 24절의 LXX에 에녹의 승천을 묘사한 단어; 지혜서 4:11) 공중에서 주님을 만나서 영원히 함께 거하게 될 것이다(17절; contra Witherington, 2006:141).[1638] 성도가 주님을 영접하고 만나는 것을 중요한 전치사구 '*eis apantesin*'으로 묘사하는데, 이것은 로마 황제나 고관이 도시를 방문할 때 방문을 받는 도시 사람들이 마중 나와서 그 방문자를 자기 도시 안으로 모셔 들이는 것을 가리키는 전문 용어이다(참고. Wanamaker, 1990:175; 톰 라이트, 2009:211). 그러므로 주님의 강림 시 우리가 주님을 만나기

1635) 역사 비평에 충실한 마륵센(1986:104)은 15-16절을 지상의 예수님이 직접 하신 말씀으로 보지 않는다. 승천하신 예수님이 바울에게 직접 주신 말씀으로도 보지 않고, 초대 교회의 전승으로 바울에게 전해 내려온 것에 불과하다고 본다. 하지만 Witherington(2006:136)은 데살로니가전서 4장 16-17절을 마태복음 24장 30-31절, 40-41절과 연결시켜 이해한다.

1636) 에녹1서 20장 1-7절에 보면 천사장들은 우리엘, 라파엘, 라구엘, 미가엘, 사리엘, 가브리엘 그리고 레미엘이다. 주로 신구약 중간 시대에 천사들의 다양한 이름과 위계 질서가 확립되었다. 이 7천사장들은 성도의 기도를 가지고 거룩하신 자의 영광 앞에 선다(토빗, 12:15; 참고. 계 8:2).

1637) 구름은 옮기는 수단이지, 목적지는 아니다(참고. Marshall, 1983:130).

1638) 가능성은 약하지만 구름과 공중은 상징적으로 해석될 수 있다(참고. 출 13:21, 14:19, 19:16, 24:15, 40:34-38; 막 9:7; 행 1:9). 구름은 하나님의 임재를 상징하고, 공중은 주님이 사탄의 영역을 정복하시는 장소를 상징한다. 이것이 맞다면 문자적인 휴거는 없게 된다. 여기서 우리가 주의할 것이 있다. 바울은 주님의 재림과 휴거를 간략히 언급하기에 이것을 임의로 확대 해석하거나 마음대로 상상의 나래를 펼 수 없다. 예를 들어, 전환난주의(pre-tribulation), 중환난주의(mid-tribulation), 후환난주의(post-tribulation)와 같은 주장이 이에 속한다. 혹은 데살로니가전서 4장 17절을 근거로 해서 (성도를 데리러 오시는) 휴거와 주님이 통치를 위해 재림(엄격히 말하는 제3림)하시는 것을 구분하는 것도 바람직하지 않다(참고. 존 스토트, 1997:124-125; 오스본, 2002:103).

위해 비록 잠시 공중으로 들려 올라가더라도(snatched up) 다시 이 땅으로 모시고 내려 올 것을 암시한다(참고. 톰 라이트, 2009:217; ESV Study Bible, 2008:2310). 왜냐하면 땅과 하늘(heaven) 사이의 공간인 공중(air)에서 영원히 주님과 살 수 있다고 말하는 것은 어색하기 때문이다(참고. Marshall, 1983:131). 이것과 반대되는 의견은 하늘 혹은 하늘의 어떤 공간에서 영원히 살 것이라고 보는 것인데 워너메이커(Wanamaker, 1990:175) 등이 주장한다.[1639] 상징주의와 묵시적 표현으로 인해 이해하기 쉽지 않기에 주의가 필요하다.

마치 로마의 형제들이 로마에서 70km 떨어진 압비오 시장(Appii Forum)과 삼관(three taverns; 세 개의 여관)까지 바울을 마중 나왔는데(*apantesis*), 다시 로마로 함께 들어간 것과 같다(행 28:15; 참고. 마 25:6; 《유대 고대사》 11.327 이하). 요한계시록 21장에서도 새 예루살렘이 위로부터 강림하여 이 땅에 임하는 것처럼 말한다(참고. 김세윤, 2002:192-193). 그들은 죽은 신자를 위해서 걱정하지 말고, 장차 있을 부활과 재림 소망으로 서로 위로해야 했다(18절; 참고. 요일 3:2).

3. 오늘에의 적용

성적 정결을 유지하자.

불신 세상이 교회를 걱정하는 것이 아니라, 불신 세상으로부터 존경을 받는 성도가 되자.

재림에 대한 소망이 식지 않도록 하자.

주님 재림 시 임할 신천지를 염두에 둔다면 그리스도인은 자연의 청지기로 어떻게 살아야 하는가?

데살로니가전서 5장

1. 본문 및 구조

- 주님 최종 재림의 시기와 때(1-11)
- 공동체적 행동(12-22)

1639) 성도가 공중으로 올라가는 것은 이 땅으로 주님을 모시고 오는 *apantesis*와 정반대의 개념으로 보인다. 그렇다면 위로 올라가는 것이 맞는가 아니면 이 땅으로 내려오는 것이 맞는가? 공중은 사탄이 권세 잡아서 권력을 시행하는 곳이지 성도가 영원히 머무를 곳은 아니다(참고. 엡 2:2). 우리는 하나님이 계시는 하늘에 영원히 사는가, 아니면 이 땅에 사는가? *apantesis*의 일반적인 용례가 그 답(이 땅)을 제공하는 것으로 볼 수 있다. 바울은 명백히 말하지 않고 다만 주님과 영원히 사는 것을 강조한다. 바울은 파루시아 혹은 휴거를 소상히 밝힐 의도가 없다(참고. 김세윤, 2002:194).

• 기도와 마지막 축복(23-28)

2. 구원 계시사적 메시지

2.1. 데살로니가전서 5장 1-11절의 메시지

1-2절에서 바울은 때와 시기에 대해 묻고 있는 데살로니가 교인들에게 바울은 주님의 날이 도적같이 임할 것을 데살로니가 교회가 잘 알고 있다고 대답한다. '주님의 날'은 구약 선지자들도 종종 외친 주제이다. 아모스 5장 18-20절에서 아모스는 '여호와의 날'(the day of the Yahweh)을 사모하는 자에게 화가 있을 것이라고 말한다. 왜냐하면 그날은 어두움이고 빛이 아니고, 크고 두려운 심판의 날이기 때문이다. 데살로니가 교인들이 주님의 날의 시간을 알기 원했던 이유는 아마도 심판을 실제적으로 준비하기 위해서였을 것이다. 하지만 바울은 그때(*chronoi*; 일정 기간)와 시기(*kairoi*; 특정한 한 시점)를 아는 것이 관건이 아니라고 말한다(참고. 행 1:7).[1640] 때와 기한은 성부 하나님의 권한하에 있는 것이기에, 예수님 자신도 그 날을 모른다고 말씀하셨다(마 24:36; 막 13:32; 참고. 행 1:7). 아무 경고나 예고 없이 찾아오는 도적같이 주님도 오실 것이다.

'평안하다, 안전하다'고 말하면서 방심하는 자들에게 멸망이 홀연히 임할 것이다(3절). '평안하다, 안전하다'를 팍스 로마나의 빛 속에서 일차적으로 반로마적 메시지로 해석할 수 없다(예. 김형동, 2010:234 이하).[1641] 임신을 한 순간부터 어느 정도 태아의 움직임을 감지할 수 있지만, 갑자기 출산의 진통이 찾아와서 해산하는 것을 피할 수 없듯이, 주님의 오심은 어느 정도 예상을 할 수는 있되 갑작스러운 것이며 피할 수 없는 것이다(참고. 존 스토트, 1997:131).

바울은 주님의 날에 대한 시간을 아는 것이 해답이 아니고, 깨어 있는 것이 해답이라고 설명한다(4-6절). 그러나 데살로니가 교회는 어두움에 있거나 속하지 않고 빛과 낮의 아들이기에 주님의 날이 도둑같이(*hos kleptes*; 참고. A와 B 사본은 복수형 '도둑들'로 씀으로 매우 어색함) 임하지 않을 것이다. '빛의 아들', '낮의 아들'은 깨어 있는 자들을 가리킨다.[1642]

1640) 고전 헬라어 시기에는 이 두 명사의 의미상의 차이가 잘 지켜졌으나, 코이네 헬라어 시기 동안에는 거의 구분이 사라졌다. 이 두 명사가 의미상의 차이 없이 관용어처럼 같이 등장한 것으로 볼 수 있다(참고. 브루스, 1999:202).

1641) *Pax Romana*는 *Pax Deorum*(신들의 평화)에 기초한다. 왜냐하면 로마 제국의 경제, 정치, 사회적 혼란은 신들의 노여움의 표출이며, 신들을 숭배하지 않은 그리스도인들을 제거해야 했기 때문이다(참고. 김형동, 2010:327).

1642) 성경의 '잠'을 구속사적으로 살펴보자. (1) 인류 최초의 잠: 성경에서 최초로 잠이 언급된 구절은 창세기 2장 21절이다. 아담이 깊이 잠든 상태에서 하나님은 24개의 갈비뼈 중 하나를 뽑아내어 그 빈자리에 살로 채우고, 그 갈비뼈로 하와를 만드셨다. 아담이 잤던 잠은 거의 죽음과 같이 깊은 잠이었기에, 갈비뼈가 빠져도 깨어나지 않았다. 이것은 상징적으로 매우 중요한 의미를 가르쳐 준다. 둘째 아담이신 예수님이 십자가에서 피 흘려 죽으시고 3일 동안 무덤에서 계셨기에, 우리가 예수님의 신부가 되었다.

(2) 구약의 잠: 대홍수가 끝나자, 노아가 포도 농사를 지어 수확한 후, 포도주를 마시고 취해서 벌거벗은 채 잠을 잤다(창 9:24). 혹자는 노아가 메시아 시대의 복을 상징하는 포도주를 하나님으로부터

선물로 받아(사 25:6), 안식을 누리는 모습이라고 긍정적으로 본다. 하지만 아버지 노아의 추태를 발설한 노아의 막내아들 함이 저주를 받게 되었다(대상 1:5, 8; 참고. 술 취한 롯과 두 딸의 동침, 창 19:33). 아브라함은 하나님의 계시를 꿈속에서 받는다(창 15:12). 사사 드보라 시대에 '시스라'라는 가나안 왕 야빈의 군대 장군이 겐 사람 야엘의 천막으로 도망간다. 시스라가 그 안에서 깊이 잠을 잘 동안 복 받은 여자 헤벨의 아내 '야엘'이 말뚝을 망치로 머리에 박아 죽였다. 말뚝이 관자놀이를 관통하여 땅에 박힐 정도였다(삿 4:21; 5:26). 잠은 하나님이 악인에게 내리는 심판과 연관 있다. "너희가 일찍 일어나고 늦게 누우며 수고의 양식을 먹는 것이 헛되도다. 그러므로 주께서 자신의 사랑하는 사람에게 잠을 주신다"(시 127:2). 잠을 잘 잘수록 하나님의 사랑을 많이 받는다는 말씀이 아니라, 하나님께 우리의 모든 것을 맡길 때만, 진정한 안식이 있음을 가르친다(참고. 시 4:8). 출애굽한 이스라엘 백성이 광야에 머물 때, 내일 양식을 위하여 걱정하지 않고 잠을 자고 아침에 일어나 보니, 밖에는 만나가 내려와 있었다. 그리고 투옥된 베드로가 사슬에 매여 군인 2사람 사이에서 편안히 잠을 자고 있었다(행 12:6). "조금만 더 자야지. 조금만 더 눈을 붙여야지. 조금만 더 손을 모으고 누워 있어야지 하면, 너에게 가난이 강도같이 궁핍이 군사같이 덮칠 것이다"(잠 24:33-34; 참고. 잠 26:14). 잠을 아껴 가며 '시간의 청지기'로 열심히 일하는 자가 결실을 맺는다. 이 진리는 일반은총에도 적용된다. 이사야 26장 19절은 사망의 잠을 자던 사람이 깨어 노래하며, 다니엘 12장 2절은 티끌 속에서 자는 자들의 무리가 깨어날 것이라고 예언한다. 이사야와 다니엘 당시에 실제로 죽은 자가 일어났다는 의미가 아니라, 이스라엘을 회복시키시는 하나님의 능력을 이렇게 표현한 것이다. 이 예언은 종말에 성취되었다. 앗수르의 니느웨가 아니라 다시스로 가던 선지자 요나는 배 밑창에 내려가 깊은 잠을 잤다(욘 1:5). 요나는 민족주의라는 이데올로기에 빠져서 하나님이 맡겨주신 사명을 망각한 채 잠에 빠져 있었다.

(3) 예수님의 잠: 포대기에 싸여 구유에 누워서 주무시는 아기 예수님이 동방박사로부터 경배를 받으신다(눅 2:12). 이방인도 예수님을 믿어 구원을 받으실 것을 보여준다. 하루 종일 사역하신 후 피곤하신 예수님은 풍랑이 이는 배 안에서 주무셨다(막 4:38). 자연의 창조자요 통치자이시기에 풍랑조차 예수님을 해칠 수 없었다.

(4) 신약 성도의 죽음으로서의 잠: 신약에서는 그리스도인이 죽었을 때 '잠들었다'라고 말한다. 요한복음 11장 11절에 의하면, 나사로가 죽은 지 4일이 지났을 때, 예수님은 나사로가 자고 있는데, 깨우러 간다고 말씀하셨다. 예수님이 나사로를 살리심으로 자신이 부활임을 분명하게 보여주셨다면, 유대인들은 메시아가 임한 증거인 구약의 부활 구절을 생각하고 믿어야 했지만 그렇지 못했다. 성도는 죽어도 다시 살기에 영원한 죽음의 잠을 잘 수 없다(참고. 왕상 2:10). 예수님이 재림하실 때 죽은 성도는 잠에서 깨어 부활할 것이다. 오직 부활의 권능만 죽음의 잠을 깨우는 능력이다. 예수님이 죽으시고 부활하신 후, 예루살렘 부근에 매장된 잠자던 많은 성도가 살아났다(마 27:52). 부활하신 예수님은 '잠자는 자들의 첫 열매'이시다(고전 15:20).

(5) 잠과 복: 요한복음 16장 15절, "보아라. 내가 도둑같이 올 것이니, 누구든지 깨어서 자기의 옷을 지켜 벌거벗은 채 다니지 않고 자기의 부끄러움을 보이지 않는 자가 복이 있다." 예수님이 다시 오실 때 까지 성령 충만한 채 깨어 영적인 잠을 자지 않는 사람은 명예로운 사람이요 복이 있다. 첫째 부활에 참여하는 자들 즉 사망과 죄에서 해방되어 거듭난 자들은 복이 있다(계 20:6).

(6) 잠자는 자를 깨우러 오실 재림의 예수님: 예수님이 다시 오실 때는 사망이 죽은 자들을 내어준다(계 20:12-13). 그래서 성도이건 불신자이건 죽은 자들이 부활하여 영생과 영벌의 심판을 받는다. 데살로니가전서 4장 14-15절 "우리가 예수님께서 죽으셨다가 다시 사신 것을 믿으니, 이와 같이 하나님께서 예수님으로 말미암아 잠자는 자들도 그분과 함께 데려오실 것이다. 우리가 주님의 말씀으로 너희에게 이것을 말하는데, 주께서 오실 때까지 우리 살아남아 있는 자들이 잠자는 자들보다 결코 앞서지 못할 것이다."

(7) 지금은 자다가 깰 때: 신랑이 늦게 오자 모두 졸고 잠자고 있었지만, 등과 기름을 준비한 슬기로운 다섯 처녀만 혼인 잔치에 참여한다(마 25:5). 마태복음 26장 40절 이하에 보면, 겟세마네 동산에서 예수님이 기도하실 때 제자들은 눈이 피곤하여 기도하지 못하고 잠잤다. 그때 예수님은 "시험에 들지 않도록 잠에서 깨어 기도하라"고 말씀하셨다. 로마서 13장 11-12절 "또한 너희가 이 시기를 알고 있으니, 너희가 잠에서 깰 때가 벌써 되었도다. 이는 이제 우리의 구원이 처음 믿을 때보다

바울은 일상생활을 통해서 설명한다. "자는 자는 밤에 자고, 취하는 자는 밤에 취한다"(7절). 어두움과 잠과 술 취함은 사람들이 밤에 강도가 침입하는 것을 대비하지 못하게 만드는 요인이다(참고. 마 24:48-51; 눅 12:45-46). 그렇다면 주님은 밤에 오시는가 아니면 낮에 오시는가? 어둠의 시대에 살고 있는 불신자들에게는 (영적인) 밤에 오시고, 광명의 새 시대에 살고 있는 성도에게는 (영적인) 낮에 오시는 것이다. 그러므로 우리가 살고 있는 이 시대는 여전히 밤과 낮이 '중첩된 시대'이다. 빛의 자녀들은 계속하여 이 밤의 시기를 물리쳐야 한다. 문제는 '어느 시대에 속해서 실천하고 있는가?'이다. 낮에 속한 자는 근신하고, 믿음과 사랑의 흉배를 붙이고, 구원의 소망의 투구를 쓴다(8절; 참고. 사 59:17; 롬 13:12; 엡 6:11-18; 지혜서 5:17-20). 깨어 있는 것은 곧 영적인 전투를 수행하는 것과 같다. 성도는 믿음과 사랑과(구원의) 소망으로 무장해야 한다.

하나님께서 성도를 예정하여 지명하신 것은 진노(*orge*)를 받아 고생하게 하시려는 것이 아니라, 주 예수 그리스도를 통하여 구원을 얻게 하려 하심이다(9절). 우리가 구원의 소망의 투구를 쓸 수 있는 것은 예수 그리스도 때문이다(참고. 갈 5:5). 예수님께서 우리를 위해 죽으신 결과, 우리가 살아 있든 아니면 죽든 예수님과 함께 있을 수 있게 된다(10절). 주님의 대속의 죽으심은 우리에게 주님 안의 생명을 얻도록 하셨다. 이런 주님의 사랑의 구원을 믿으면 소망이 있게 된다. "그러므로 지금 너희들이 하고 있는 것처럼 서로 권면하고 덕을 세우라"(11절). 주님의 십자가와 재림과 심판은 성도에게 위로의 견고한 토대가 된다.

이제 데살로니가전서의 결론 부분에 이른다. 여기서 바울은 몇몇 실제적인 권면을 한다. 특별히 '형제들아'라는 말을 5번이나 반복한다(12, 13, 25, 26, 27절). 왜 그런가? 교회는 하나님의 가족이기 때문이다.

2.2. 데살로니가전서 5장 12-22절의 메시지

12-13절에서 바울은 데살로니가 교회를 위해 (1) 수고하고 (2) 다스리고(목회적 지도와 돌봄) (3) 권면하는 사람들을 존중하라고 권면한다. 이들은 누구인가? 데살로니가 교회의 목회자들이다. 그들이 한 일 때문에 사랑 안에서 가장 존경하고 서로 화목하며 살아라. 사도행전 19장 29절과 사도행전 20장 4절에는 아리스다고와 세군도를 데살로니가 교회의 지도자로 언급한다.

여기서 바울은 형제들이 돌보아야 할 3부류의 사람들을 언급한다(14-15절): (1) 규모 없는 자들 즉 일하지 않고 꾀만 부리는 나태한 사람들을 권계하고, (2) 마음이 약한 자들, 즉 죽은 자들에 대해 염려하고 자신의 구원에 대해 걱정하던 사람들을 안위하고, (3) 힘이 없는 자들 즉 아마도 4장 3-8절에 언급된 성적인 자제를 할 수 없었던 사람들을 붙들어 주며, (특별히 이런 사람들을 포함하여) 모든 사람을 대하여 (성령으로) 오래 참으라, 대인 관계에서 악을

가까워졌기 때문이다. 밤이 깊었고 낮이 가까이 왔으니, 그러므로 우리가 어두움의 행위를 벗어 버리고 빛의 갑옷을 입자." 사람이 자는 동안 악한 원수 사탄은 몰래 와서 가라지를 덧뿌리고 간다(마 13:25). 우리에게 소망이 있음은 우리를 악한 사탄과 가라지로부터 지키시는 하나님이 졸지도 주무시지도 않기 때문이다(시 121:4). 하지만 열방의 신은 마치 자는 것처럼 역사하지 못한다(왕상 18:27).

악으로 갚지 말라, 오히려 누구를 대하든지 선을 행하고 친절하라는 것이다. 이것은 성도의 바른 교제를 위한 중요한 지침이다.

바울은 16-18절에서도 매우 실천적인 권면을 준다. "항상 기뻐하라." 이것을 존 스토트(1993:150)는 "즐거운 예배를 드리라"는 좁은 의미로 본다. 그러나 이런 좁은 의미를 배제하지는 않되 이것에 제한시킬 필요는 없는 것으로 보인다. 고린도후서 12장 10절에서 바울은 그리스도를 위하여 겪는 능욕과 궁핍과 핍박과 곤란을 기뻐한다고 말한다. "쉬지 말고 기도하라"를 두고 존 스토트는 공적인 예배에서의 (중보) 기도로 본다. 하지만 누가복음 18장 1절에서 주님은 항상 기도하고 낙망치 말 것을 강청한 과부의 예로 설명하셨다.

"범사에 감사하라"는 구절을 존 스토트 (1993:152)는 예배 가운데서의 감사 기도로 본다. 하지만 범사에 감사해야 하기에, 모든 상황에서 즉 감사의 이유가 있든 없든 '그리 아니하실지라도'의 감사 생활을 해야 한다. 이것들은 그리스도 예수 안에서 교회를 향한 하나님의 뜻이다.

"성령을 소멸치 말라"(성령의 불을 끄지 말라; *me sbennyte*, Do not quench the Spirit). 불로 종종 비유된 성령의 무한하신 사역을 제한시키지 말라는 뜻이다(19절; 참고. 마 3:11; 눅 3:16, 12:49; 행 2:2; 롬 12:11).[1643] 데살로니가인들의 재림에 대한 열광적인 태도에 대한 반작용으로 성령의 사역을 제한시켜 버린 경향이 있었을 것이다(참고. Marshall, 1983:157). 혹은 데살로니가 교회에 성령의 은사를 제대로 시행하지 못하도록 제한시킨 경우가 있었을 것이다(참고. 고전 12, 14). 혹은 범죄로 인해 성령을 근심케 하는 일이 있었을 수도 있다. 성령이 소멸되면 개인과 교회는 힘을 잃게 된다.

"예언을 멸시치 말라"(20절; 참고. 고전 14:1). 아마도 공적인 예배 가운데 성령으로 예언의 은사를 받은 사람이 행한 것으로 보인다(참고. 행 11:28, 21:9-11; 고전 12:10, 28). 여기서 바울은 신비가 계시되는 예언이라기보다는, 특별히 격려를 위한 하나님의 말씀이 공동체에게 미치는 영적인 효과를 염두에 두고 있다(참고. Marshall, 1983:158). 예레미야는 예언을 하지 않으면 골수에 사무치는 불을 경험했고, 이스라엘이 아모스에게 예언을 하지 말라고 하여 저주를 받았다(참고. 렘 20:9; 암 2:12). 이 예언의 은사는 말씀을 전하는 것과 관련되었을 것이다. 이때는 기록된 신약 정경이 거의 없었을 때임을 감안하라. 초대 교회의 선지자들은 계시의 기록 전이라는 특별한 시점에서 말씀의 사역자 역할을 했다. 그러므로 이 '예언'은 정경이 닫히고 기록된 시대인 현대의 신비한 은사주의자들이 말하는 직통계시와 같은 미래 예언과는 무관한 것이다.

모든 것을 테스트하여 (범사에 헤아려) 좋은 것을 취하라(21절). 무엇을 검증하고 테스트하는가? 아마 앞에서 언급한 '예언'일 것이다. 과연 그것이 하나님에게서 온 것인가, 아니면 사람이 임의로 말한 것인가를 이미 받은 계시와 일치하는지 검증하고 난 후 받아 들여야 했다(참고. 요일 4:1-3; 행 17:1-11). "악은 모든 모양이라도 버리라"(22절; 참고. 사 1:16-17). 신자는 비록 죄악 된 환경 속에 살고 있다 하더라도 죄의 유혹을 받을 만한 상황에서 지혜롭게 피할 줄

1643) 성령을 소멸치 말라는 권면은 하나님의 영감을 억누를 수 없는 선지자들에 대한 구약의 묘사에 잘 들어맞는다(참고. 렘 20:9).

알아야 한다.

2.3. 데살로니가전서 5장 23-28절의 메시지

평강의 하나님(참고. 롬 15:33, 16:20; 고후 13:11; 빌 4:9)이 온전히 거룩하게 하시고, 영(*pneuma*, spirit)과 혼(*psyche*, soul; 참고. 마음, *kardia*)과 몸을 주님의 강림 시까지 흠 없이 보전하시기를 원한다(23절). 우리의 전인격에 성령이 역사하사 모든 삶의 영역에서 그리스도를 닮아가게 하신다. 바울은 여기서 인간을 3등분하는 인간학적인 관점에 관심을 두지 않는다(참고. 말크쎈, 1986:113).[1644] '보전되다'(*teretheie*, 아오리스트 수동태 희구법 3인칭 단수)는 단수형으로 나타나, 사람의 영혼과 몸은 일체임을 강조한다.

성도를 계속하여 부르시는(현재형, *ho kalon*) 하나님이시다(24절). 자기 백성을 끊임없이 거룩으로 부르시는 미쁘신 평강의 하나님께서 성도의 온전한 성화와 보전을 이루신다(참고. 출 34:6; 시 117:2; 살후 3:3). 우리의 구원과 몸의 구속과 성화는 근본적으로 우리의 능력이나 신실함에 달려 있는 것이 아니다. 하지만 우리의 책임임을 간과해서도 안 된다. "형제들아 우리를 위해[1645] 기도하라"(25절). 바울은 데살로니가전서 1장부터 얼마나 데살로니가 교회를 위해 간구했는가를 밝혔다. 여기서 기도를 부탁하는 것은 그의 사역과 삶에서 기도의 능력을 체험했기 때문이다. "거룩하게 입맞춤으로 서로 문안하라"(26절). 모든 성도 간의 하나 된 교제를 확인하는 방식이다.

"내가 주님을 의지하여 너희에게 명령하니, 이 편지를 모든 형제들에게[1646] 읽어 주어라"(27절). 바울은 다시 1인칭 단수형으로 돌아온다. 아마 이 부분에서 바울이 친필로 서신을 마감하고 있는 것 같다. 이 편지는 고난 가운데 있던 어린 교회를 향한 사랑이 담긴 '위로의 편지'다. 참고로, 바울 당시는 기록된 문서 시대가 아니라 구전의 시대이며, 필사본조차도 비쌌다. 따라서 예배 가운데서 한 사람이 이 편지를 크게 읽고 다른 사람들은 들었다(참고. 최승락, 2002:130). 바울은 은혜를 빌며 서신을 마무리한다(28절). B, D, F, G 사본과 달리 28절 끝에 A, D, 다수 사본은 '아멘'을 추가한다.

3. 오늘에의 적용

우리에게 현재적으로 임하는 여호와의 날은 무엇인가?
우리 자신을 주님의 재림 시까지 거룩하고 흠 없이 보존하자.

1644) 마샬(Marshall, 1983:163)은 바울이 그리스도인의 인격(personality)을 구성하는 세 측면(aspects)을 묘사하는 것으로 간주한다. 성도는 하나님과 교제하는데 그 영역은 그의 본성의 영적인 부분과, 인간적인 인격(personality) 혹은 혼과, 행동하고 자신을 표현하는 육체이다.

1645) 25절에서 파피루스 30, B, D 등은 골로새서 4장 3절처럼 *kai*를 추가하여 '우리를 위해서도'(*kai peri hemon*)로 쓴다. 하지만 시내 산, A, 다수 사본은 *kai*를 생략한다.

1646) 27절에서 A와 다수 사본은 '모든 거룩한 형제들에게'로 쓴다.

데살로니가후서 주석

들어가면서

저자

바울의 진정성은 많이 도전 받아 왔다. 주로 내증을 가지고 바울 저작의 진정성을 부인하는데 그 주장들은 다음과 같다.

(1) 종말론: 데살로니가전서와 데살로니가후서는 종말론에서 다르다는 주장인데, 데살로니가후서에는 주님의 재림이 덜 임박하다는 것이다. 혹자는 주장하기를 데살로니가후서 2장 8절의 '불법한 자'를 네로라고 본다면 바울 사후의 저작설이 될 가능성이 크다. 왜냐하면 바울은 네로 치하에서 베드로와 더불어 순교했다고 기독교 전설상으로 전해지기 때문이다. 하지만 종말론의 차이를 부각시키는 이 주장에는 무리가 따른다. 데살로니가전서가 기록될 때 발생하지 않았던 문제에 대해 데살로니가후서는 답변을 해야 했기에 같은 종말론이라 할지라도 그 강조점은 다를 수 있음을 인정해야 한다. 종말론 자체의 변화라기보다는 변화된 상황에 따라 종말론에 대한 이해가 변화된 것이다. 종말론 자체가 과연 데살로니가전서와 데살로니가후서의 기록 사이라는 짧은 기간 동안 근본적으로 변화될 수 있었겠는가? 아마 불가능했을 것이다. 즉 데살로니가전서와 데살로니가후서의 종말론에 있어서 근본적인 차이점은 크지 않다(참고. 존 월튼, 2010:1896).

(2) 어조의 변화: 애정이 많이 묻어 있는 데살로니가전서보다 데살로니가후서는 더욱 공식적이며 굳어 있다(예. 살전 1:2 - 우리가 감사하고/ 살후 3:6, 12 - 우리가 명하노니). 이 주장에 대해서도 우리는 상황의 변화가 어조의 변화를 초래했다고 볼 수 있다. 즉 이것이 결정적인 단서가 될 수 없다는 것이다.

(3) 수신자: 데살로니가전서는 대다수의 이방인들을 위해 기록되었고, 반면에 데살로니가후서는 구약의 암시로 인해 유대적 배경을 가진 수신자를 가정한다는 주장이다. 하지만 데살로니가후서와 비슷한 마가복음의 묵시적 내용(막 13장) 역시 이방인을 위해 쓰인 것임을 볼 때(마가

공동체가 소아시아 혹은 특히 로마에 있었다는 의미) 이런 구약의 암시를 이방인 수신자라고 해서 몰랐다고 볼 수 없다. 즉 데살로니가후서 역시 주로 이방인 독자들을 위해 기록된 것이다.

(4) 유사성: 바울은 왜 유사한 편지를 두 번이나 썼는가? 데살로니가후서는 어떤 모방자의 글이 아닌가? 변화된 상황 속에서 유사하지만 다른 접근법으로 글을 쓴 것으로 보면 별 문제가 안 된다. 오히려 강한 유사성들이 차이점들과 같이 공존한다면 바울의 저작일 가능성은 더욱 크다.

하지만 (1)-(4) 중 어느 것도 바울 저작의 진정성을 뒤엎을 만한 것이 없다.

다른 대안적 성격의 주장들이 있다.

(1) 익명의 저자설: 이것은 위조 이론과 비슷한데, 데살로니가후서에서는 저자가 데살로니가 교회의 모습을 잘 알고 있는 그 어떤 사람이라는 인상을 많이 준다(참고. 살후 3:6-15). 따라서 저자를 바울로 단정 짓지 않는다.

(2) 공동 저작설: 디모데와 실라가 공동 저자로 데살로니가후서 1장 1절에 언급되어 있다는 사실에 기초하여, 실라와 디모데를 저자로 보고 바울은 뒷부분에서 서명만 한 것으로 본다. 본문 안에서 이 주장을 지지하는 근거를 밝히기는 불가능하다.

(3) 교회 분리설: 살전은 이방인 교회에게, 데살로니가후서는 유대인 교회에게 보내졌다는 주장이다. 이방인도 구약을 이해할 수 있었다는 위의 설명을 참고하라.

(4) 공적·사적 서신 이론: 디벨리우스는 데살로니가후서가 공적인 예배에서 낭독될 것으로 의도되었다고 보는 반면에, 데살로니가전서는 개인적인 것으로 돌린다. 하지만 데살로니가전서 5장 27절의 "모든 형제에게 이 편지를 읽어 들리라"라는 구절 역시 공적인 낭독을 가리킨다.

하지만 (1)-(4) 역시 바울 저작설을 대체하기에는 불충분한 주장들이다.

데살로니가후서를 데살로니가전서보다 앞에 위치시키려는 시도들의 근거

(1) 우리가 가지고 있는 전통적인 정경의 순서는 대체로 분량에 의해 결정되어 긴 것이 앞에 나온다. 이들의 주장은 분량이 결정적인 증거가 될 수 없기에 데살로니가후서가 데살로니가전서 앞에 올 수 있다는 말이다. 그러나 참고로, 분량에 영향을 별로 받지 않은 말시온 정경 목록에서는 전통적인 순서 그대로다.

(2) 데살로니가후서 2장 5절(……너희가 기억하지 못하느냐?)과 3장 10절에는 데살로니가 교회가 바울을 오해한 것 같은 인상을 주나, 살전에는 이런 인상이 없기에(데살로니가전서가 더 원만한 의사소통을 가지기에) 후대의 것일 것이다.

(3) 데살로니가전서는 마치 환난이 끝난 것같이 묘사되나, 데살로니가후서는 지속적인 것으로 나타난다. 데살로니가전서처럼 끝난 것이 더 후대 아닌가? 하지만 이 주장도 데살로니가전서가 앞으로 있을 환난을 완전히 배제한 상태로 위로만 주는 목적이었다고 단정 짓기 어렵다는 것을 고려하면 답은 달라진다.

전통적인 순서 즉 데살로니가전서를 먼저 기록된 것으로 보는 입장을 지지하는 근거

(1) 데살로니가후서에는 데살로니가전서의 내용이 심층적으로 다루어지고 있다.

(2) 이전의 편지에 대한 언급이 데살로니가후서 2장 2절, 15절, 3장 17절에 나옴.

기록 목적

데살로니가 교회는 '주의 날'이 지났다는 이단의 주장에 현혹된 것 같다(살후 2:2: '우리에게 받았다 하는 편지로나'; 이것은 바울을 위장한 편지일 것이다). 즉 데살로니가후서는 올바른 종말론을 제시하려는 목적으로 기록되었다.

기록 연대

데살로니가후서는 데살로니가전서가 기록된 지 얼마 되지 않아서 바울이 고린도에서 기록된 것 같다. 아마도 A.D. 52년경이다.

~ 데살로니가후서 1장 ~

1. 본문 및 구조

- 인사(1-2)
- 감사와 박해 상황 속에서의 격려(3-12)

2. 구원 계시사적 메시지

2.1. 데살로니가후서 1장 1-2절의 메시지

데살로니가후서는 데살로니가전서가 기록된 후 1년도 안 되어, 바울과 실루아노와 디모데가 고린도에서 기록한 것으로 보인다(1절). 데살로니가후서 1장 4절에 보면, 데살로니가 교회는 모든 핍박과 환난 가운데 있었던 고난당하던 공동체였다. 그리고 데살로니가후서 2장에서 주님의 재림의 날이 임박했다고 주장하여 물의를 일으킨 거짓 교사들도 있었다. 그리고 데살로니가후서 3장에서는 규모 없는 자들이 언급된다. 그러므로 바울은 핍박에 믿음으로 맞서고, 재림에 관한 거짓 교사들을 반박하고, 규모 없는 자들을 꾸짖어야 할 목적으로 데살로니가후서를 기록한 것으로 보인다. 데살로니가후서 1장 1-2절은 데살로니가전서 1장 1-2절과 거의 동일하다. 2절의 '하나님 우리 아버지와 주 예수 그리스도 안에 있는'(예. 시내 산, A, F, 다수 사본)을 B, D, P 등은 '우리'를 생략한 채 '하나님 아버지와 주 예수 그리스도 안에 있는'으로 쓴다. 저자들은 독자들의 '은혜와 평강'을 빈다(2절).[1647]

2.2. 데살로니가후서 1장 3-12절의 메시지

바울은 3-4절에서 하나님께서 데살로니가 교회에게 은혜를 베풀어 주심에 감사를 드린다. 나무가 눈에 보일 정도로 빨리 자라듯이 데살로니가 교회의 믿음이 더욱 자라났고(*hyperauksanei*, 현재 능동 직설 3인칭 단수, grows exceedingly), 홍수가 범람하듯이 이 교회의 사랑이 더욱 풍성해졌고(*pleonazei*, increases, 현재 능동 직설 3인칭 단수), 환난 가운데서 인내와 믿음의 소문이 퍼졌다. 이것은 데살로니가전서 3장 12절의 바울의 기도의 응답이다. 성도의 사랑과 믿음과 인내는 정체되어 있지 않고 자라나고 살아 움직이는 역동성이 있어야 한다. 이런 자라남은 하나님의 은혜이다. 왜냐하면 바울은 지금 이런 성장으로 인해 하나님께 감사하고 있기 때문이다. 그리고 바울은 데살로니가 교회의 믿음과 사랑과 인내가 자라난 것을 하나님께 감사할 뿐 아니라 자랑하고 있다. 하나님께 감사하는 것과 사람에게 자랑하는 것은 서로 어울리지 않는 것 같다. 그러나 감사와 주 안에서의 자랑은 동전의 양면이다. 하나님께 감사하는 것은

1647) 2절의 '하나님'과 '주' 둘 다 구약에서 신적 칭호였다(참고. 존 월튼, 2010:1898).

우리가 하나님의 은혜를 사람에게 자랑하는 것과 불가분적이다. 그러므로 우리는 여기서 중요한 한 가지 지혜로운 삶의 원칙을 배울 수 있다. 형제자매의 장점과 신앙의 성장을 발견한 경우에, "나는 형제의 그런 모습을 볼 때마다 하나님께 감사드리며, 참으로 자랑스럽다"라고 말할 수 있다. 감사와 자랑은 하나님께는 영광을 돌리는 동시에, 형제와 자매에게는 격려해 주는 이중 효과를 가진다.

5-10절은 하나님의 공의에 대해 설명하는 것이다. 하나님의 공의는 교회를 핍박하는 자들을 심판하시고 교회에게는 안식을 주시는 것이다. 5절에 '하나님의 공의로운 심판의 표'(*endeigma tes dikaias kriseos*)라는 말이 등장한다. 그러면 무엇이 하나님의 공의로운 심판의 표인가? 그것은 데살로니가 교회가 그리스도를 위해 당하는 고난 자체와 그 고난 중에서도 하나님의 은혜로 견고히 지키고 있는 믿음과 사랑과 인내를 가리킨다. 이 표를 가지고 있는 사람만 하나님의 나라에 합당한 자로 여김을 받는다. 이것은 하나님의 '선언적이며 판정적 화행'(verdictive speech act)이다(참고. 최승락, 2002:138). 하나님은 우리가 하나님 나라에 합당한 자로 훈련되도록 우리를 잠시 고난 가운데 두신다. 잠시 마치 악이 승리하는 것처럼 허용하신다. 하지만 결국 하나님은 공의로운 심판을 공개적으로 하실 것이다. 그러므로 우리가 고난 가운데 있을 때, 그리고 주님 때문에 어려움을 당할 때 영안을 열어서 하나님의 공의를 볼 수 있어야 한다. 고난을 불평하지 말고, 그 고난이 우리가 하나님 나라에 합당한 사람임을 증명하는 하나님의 공의의 표인 줄 알고 감사할 수 있어야 한다.

하나님의 공의로운 심판은 언제 시행되는가? 7절에 보면, 주 예수님께서 능력 있는 천사들과 함께 하늘로부터 불꽃 중에(*en pyri phlogos*, in blazing fire, '불꽃 중에'는 헬라어 원문에는 8절에 속함) 나타나실 때이다.[1648] '불꽃'은 하나님의 거룩하시고 소멸하시는 성격을 의미한다(참고. 출 13:21; 신 4:12, 24; 사 66:15; 계 1:13-14). 이 공의로운 심판(형벌)을 받을 대상은 누구인가? 하나님을 모르는 자들과 우리 주 예수님의 복음을 복종치 않는 자들이다(8절; 참고. 신 32:41; 사 35:4). 이들이 받을 공의의 심판은 어떤 성격인가? 9절에 의하면, 영원한 멸망(*olethron aionion*)의 형벌이다. 지옥의 형벌은 어떤 것인가? 바로 예수님의 현존으로부터 단절되는 것이며, 하나님의 권세의 위엄으로부터 단절되는 것이다. 성경은 분명히 영원한 지옥 형벌이 있다고 말씀한다(참고. 계 20:11-15).

이러한 공의로운 심판은 모두 부정적인 것만 의미하는 것이 아니다. 10절에 보면, 주님은 공의로운 심판의 날 즉 주님이 오실 때(*elthe*, 아오리스트 능동태 가정법 3인칭 단수; 참고. 시 96:13) 성도로부터 영광을 얻으시고(*endoksasthenai*, 아오리스트 수동태 부정사), 기이히 여김을 얻으실 것이다(*thaumasthenai*, 아오리스트 수동태 부정사; 참고. 시 65:35, 89:7; 롬 8:17; 골 3:4). 이것은 서신적 아오리스트로 미래의 확실성을 과거형으로 묘사한 것이다. 그래서 바른 성경은 미래 시제로 번역했다. 한글 성경에는 "왜냐하면 우리의 증거가 너희에게 믿어졌기 때문이다"를

1648) 7절의 '능력 있는 천사들'은 누구인가? 바울이 이사야 66장 15절을 염두에 두었을 수 있는데, 거기서는 여호와의 군대를 가리킨다(참고. 존 월튼, 2010:1898).

괄호 안에 처리한다. 하지만 NIV, UBS 4판과 다수 사본 성경에서는 이것을 본문에 정상적으로 기록하고 있다.

11-12절에서 바울은 하나님의 능력을 구하는 기도를 드린다. 바울은 장차 있을 하나님의 공의로운 심판을 믿는 가운데 가만히 있는 것이 아니라, 현재의 거룩함을 추구하도록 자극한다. 이를 위해 진지한 기도를 드린다. 하나님께서 데살로니가 교회로 하여금 부르심에 합당한 자로서 모든 선을 기뻐함과 믿음의 일을 능력으로 이루도록 역사해 주실 것을 항상 간구한다. 12절에서 바울은 예수님의 이름이 데살로니가 교회 안에서 영광을 얻으시고, 데살로니가 교회는 예수님 안에서 영광을 얻게 되기를 간구한다. 적용해 보면, 미래의 종말 전에 우리가 고난 가운데서도 하나님의 능력을 덧입어서 인내하며 믿음과 사랑의 성장을 보인다면 주님이 우리를 통해 영광을 받으시고, 우리 역시 주님 안에서 영광을 얻게 된다. 이것은 성도의 현재적인 영화의 삶이다.

3. 오늘에의 적용

환난 중에서 안식으로 갚으시는 공의의 하나님을 바라자.
우리는 영원한 형벌은 물론 현재적인 심판과 지옥을 어떻게 전할 것인가?

데살로니가후서 2장

1. 본문 및 구조

- 불법의 사람과 주님의 날의 도래(1-12)
- 감사와 격려(13-17)

2. 구원 계시사적 메시지

2.1. 데살로니가후서 2장 1–12절의 메시지

데살로니가후서 1장에서 교회를 향한 물리적인 박해를 언급한 바울은 2장에서는 바울의 이름을 도용한 거짓 선생들의 교리적인 공격을 언급한다. 곧 데살로니가후서 2장 1-12절에는 어려운 표현이 많이 등장한다. 주님의 강림과 그 앞에 모이는 것,[1649] (도덕법이나 민사법을

1649) 세대주의적 성경 해석의 원조 격인 영국의 다비(J.N. Darby, 1800-1882)는 1절의 예수님의 강림과 그 앞에 성도가 모이는 것을 별개의 것으로 보아, '이중 강림설'을 주장했다. 즉 성도가 그 앞에 모이는 것을 예수님이 구원받은 자를 위해 일차적으로 강림할 때 이루어지는 휴거에 해당하는

폐기하려고 시도하는) 불법의 사람, (장차 파멸될 것이 분명한) 멸망의 아들, (하나님을) 대적하는 자, (스스로 신격화하여) 자칭 하나님, 그 배교(*he apostasia*)하는 일, 불법의 사람을 막는 것, 막는 사람(중성 혹은 남성), 예수님의 오심. 이 모든 것들은 이해하기가 상당히 난해하다.[1650]

바울은 데살로니가 교회에게 다음과 같이 말한다. "주의 날은 이미 임한 것이 아니다. 불법의 사람이 먼저 일어나야 한다. 그러나 지금은 불법의 사람이 활동하지 못하도록 막는 것이 있다. 예수님께서 불법의 사람을 폐하실 것이다. 그러나 불법의 사람은 패망 전에 많은 사람을 유혹하고 현혹시킬 것이다. 그러나 너희 마음이 흔들리거나 두려워하지 말라." 데살로니가후서 2장 1-12절을 시간적인 순서대로 배열해 보자.

1. 지금(*nyn*): '막는 것이 있고' (살후 2:6). 그렇다면 '불법의 사람을 막는 것'(*to katechon*, the restraining, 6절-중성)과 '막는 사람'(*ho katechon*, 7절- 남성)의 정체는 무엇인가? 불법의 사람인 네로가 현재 등장하지 못하도록 '막는 것과 막고 있는 자'는 데살로니가 교인들이 살던 바로 그때의 '제국의 법과 질서' 혹은 네로의 선임자인 '글라우디오 황제'로 볼 수 있다(예. 터툴리안, E. Stauffer, J.A.C. van Leeuwen, O. Betz).[1651] 바울은 제국의 힘과 황제 그리고 법을 불법의 사람이[1652] 출현하는 것을 막고 있다고 언급하는 반면에, 요한은 요한계시록 13장과 17장을 중심으로 바다에서 올라오는 짐승은 로마 제국 자체라고 본다. 그렇다면 바울과 요한은 서로 대립되는 개념을 가지고 있는 것인가? 반드시 그런 것은 아니다. 바울이 말한 불법의 사람을 막는 로마 제국의 힘이 동시에 적그리스도와 불법의 사람이 되기 때문이다(참고. Bruce, 1982:188).

2. 먼저(*proton*): '배교(*he apostasia*)하는 일이 있고'(살후 2:3). 로마 제국과 황제의 신격화 등으로 인한 배교를 가리키는 듯하다. 9절에 의하면, 이 배도를 위해서 사탄은 능력과 표적과 거짓 기사와 불의의 모든 속임수를 시행한다(참고. 마 24:24). 진리를 믿지 않고 불의를 좋아하고

것으로 보았다. 그리고 다비는 1절의 예수님의 강림하심의 경우는 최종 심판을 위해 구원받은 백성들과 더불어 임하는 두 번째 강림으로 보았다. 그러나 이것은 문맥을 무시한 *eisgesis*이다. 미국의 스코필드(C.I. Scofield, 1843-1921)는 다비의 주장을 수용해서 세대주의를 보급했다. 참고로, 미국에서는 조나단 에드워즈의 각성 운동의 영향으로 일어난 후천년주의적인 분위기가 남북전쟁을 기점으로 비관적인 전천년주의로 전환되었다. 세대주의자들은 임박한 그리스도의 재림을 강조했기에 세계 선교에 매우 열성적이었다(보라. 최승락, 2002:154).

1650) 바울은 이 모든 것들에 대해서 이미 선교 중에 설명했기에 다시 구체적으로 언급할 필요가 없었지만 21세기 우리에게는 난해하여 추측을 동원할 수밖에 없다(살후 2:5).

1651) 불법의 사람의 활동을 현재적으로 억제하며 막고 있는 것을 사탄, 유대 나라, 네로의 스승 세네카, 혹은 전파되는 복음으로 보는 이도 있다(예. Marshall). 혹자는 악한 존재가 악을 막을 수 없기에, 이 불법의 사람을 막는 것을 복음 전파(예. 교부들, 칼빈, 쿨만, J. Munck) 혹은 하나님의 능력(혹은 하나님에 의해 명해진 초자연적인 권세나 지배자, 참고. 리델보스, 1985:621)으로 보아야 한다고 주장한다(참고. 최승락, 2002:164; 자세한 것은 Weima, 2006:81-82를 보라). 사탄은 다른 악한 존재를 이용하고 돌보기는커녕 결국은 파멸로 몰아붙이고 만다. 악의 세력은 상호 협조도 가능하지만 상호 파괴도 가능하다(참고. 계 17:16).

1652) 이것과 관련된 사도 요한의 용어로는 '적그리스도'(요일 2:18; 'false christs', 참고. 삼상 20:31; 마 24:24; 요 17:12)이다.

멸망하는 자들만 이 배교에 넘어 가는데, 이것은 하나님의 심판이다(10-12절).

3. 그다음에(*tote*): '불법의 사람(*ho anthropos tes anomias*[3절],[1653] *ho anomos*, 남성 단수 주격, the man of lawlessness[8절]) 곧 멸망의 아들(즉 멸망의 운명을 지닌 사람)이 출현하고'(3절). 그는 예수님의 재림 직전에 등장하는 적그리스도와 같은 미래적인 인물이나 조직이 아니라, '네로 황제'를 가리킨다. 초대 교회가 제국에 의해 박해를 받을 때, 적그리스도의 위치를 로마 제국이 차지하게 되었다(참고. Bruce, 1982:183). 하지만 이 '불법의 사람'이 4절에서 스스로 신격화하여 하나님의 성전에 '앉아 있는'(*kathisai*)[1654] 것으로 묘사되기에, 불신 유대인의 세력일 가능성을 배제할 수 없다. 왜냐하면 데살로니가 교회를 디아스포라의 유대인들도 박해하고 있었기 때문이다. 바울은 이런 일이 일어날 것에 대해서 수신자들과 함께 있었을 때 설명한 적 있다(5절).

4. (3 직후에) 불법의 사람을 멸하기 위한 주 예수님의 출현(*parousia*, 2:8b). 이 예수님의 파루시아는 최종적인 것(the Parousia)이 아니라, 네로를 정점으로 한 로마 세력을 심판하시는 하나의 파루시아(a parousia)로 볼 수 있다(참고. 계 19:20).

바울 당시에 비밀스러운 양식으로 불법의 사람이 활동한 것은, 데살로니가후서의 기록 시점으로부터 볼 때 장차 올 네로 황제의 활동을 언급한 것이다(참고. 살후 2:7). 마카비 1서 1장 54절, 2장 48절과 62절에, '죄의 사람' 혹은 '불법의 사람'이라는 단어가 B.C. 167-169년경의 안티오쿠스 에피파네스에게 적용되었다(참고. 단 8:13, 9:27, 11:31, 12:11). 바울도 안티오쿠스와 같은 사람의 운명을 강조하려고 '불법의 사람'이라는 명칭을 사용했을 것이다. 실제로 안티오쿠스는 1세기 몇몇 유대교 진영에서 하나님의 백성을 최종적으로 핍박하는 폭군의 전형으로 간주되었다.[1655] 데살로니가후서가 A.D. 52-53년에 기록되었다면 네로는 아직 역사에 공적으로 등장하지 않아서, 그의 진짜 성격은 데살로니가 교인들에게 아직 비밀에 가려 있었다. '네로'는 '제2의 에피파네스'였다.[1656]

1653) 3절에서 '불법의 사람'(예. 시내 산, B)을 A, D, F, G, 프쉬, 그리고 다수 사본은 '죄의 사람'(*ho anthropos tes hamartias*)으로 쓴다.

1654) 4절에서 시내 산, A, B, D 사본과는 달리, 다수 사본은 '하나님처럼 앉아 있는'(*hos theon kathisai*)으로 확장한다.

1655) B.C. 168년의 에피파네스 외에, B.C. 63년에 예루살렘을 정복하여 지성소에 침입했던 폼페이 장군 역시 멸망의 가증한 것(abomination of desolation; 마 24:15)을 세운 불법한 자로 솔로몬의 시편 2, 17, 18편에 등장한다. 마태복음 24장 15-16절에서 주님은 에피파네스와 폼페이 장군이 세운 멸망의 가증한 것 외에 다른 무엇이 발생할 것을 예언하셨다. 그것이 가이오(= 갈리굴라. A.D. 40년) 황제인가, 아니면 A.D. 66-70년경의 로마-유대 전쟁일까? 거룩한 곳인 예루살렘 성전이 먼저는 열심당에 의해 나중에는 로마 군대에 의해 더럽혀졌다. 그러므로 감람산 강화에서는 66-70년 사건과 관련된 것으로 보인다. 그렇다면 데살로니가후서 2장의 바울의 경우는 어떠한가? 10년 전의 갈리굴라를 언급하는 것인가? 아니다. 왜냐하면 불법한 자는 여전히 비밀스럽게 활동하고 앞으로 본격적으로 활동 할 것이기 때문이다. 하지만 이것은 약간의 미래적이며 구체적인 사건이지 먼 종말적이며 우주적인 사건을 가리키는 것으로 볼 이유는 없다(참고. 존 스토트, 1993:197).

1656) 프랫(Pratt, 2003:1947)은 '불법의 사람'을 사탄의 하수인으로서 적그리스도와 동일한 인물로 보는데, 동시에 불법의 사람의 활동을 막는 것에 관한 여러 의견을 제시하면서 자신만의 견해를 밝히지

데살로니가후서의 전반적인 분위기가 A.D. 1세기 중반의 것이다. 비록 A.D. 1세기에 교회를 향한 공적인 박해가 드문 것이 사실이지만, 이것은 교회가 비공식적인 적의와 핍박에조차 노출되지 않았다는 것을 의미하지 않는다. 요세푸스와 필로에 의하면, 비공식적인 박해가 오히려 더욱 폭력적인 형태를 취하기도 했다. 네로 박해 이전이기에 데살로니가전후서의 상황은 공적인 박해가 아니라(물론 순교에 대한 언급도 없다), 성도의 삶이 로마 제국의 일상적인 삶의 방식에서 볼 때 일탈된 것으로 여겨진 상황이다. 데살로니가후서 2장과 요한계시록 13장은 1세기 중반의 교회의 두 대적인 유대인과 로마에 대한 심판을 경고하고 있다. 예루살렘뿐 아니라 불법의 사람인 네로도 로마-유대 전쟁 중에 비참하게 죽었다(A.D. 68년 6월 8일).

요약하면, A.D. 52년경의 데살로니가 교회는 박해 상황 가운데 있었다. 그러나 본격적인 박해자인 불법의 사람 네로가 등장하기 전이다. 그러나 네로의 기운이 비밀스럽게 활동하고 있다. 네로가 아직 역사의 전면에 등장하지 않은 것은 글라우디오 황제가 그 당시 다스리고 있었기 때문이다. 불법의 사람 네로는 장차 스스로 하나님이라고 부를 것이며 숭배를 받고 하나님의 성전에 앉아 신격화될 것이다. 그는 마치 적그리스도처럼 그리스도를 패러디한다. 그러나 교회의 박해자 네로는 예수님의 심판을 받아 죽게 될 것이다.

어느 시대이건 교회와 복음의 대적과 불법의 사람은 있게 마련이다. B.C. 169년경에는 안티오쿠스 에피파네스, B.C. 68년에는 폼페이 장군, A.D. 40년에는 갈리굴라, A.D. 54-68년에는 네로 등이다. 이들은 사탄의 조종을 받아서 진리를 따르지 않는 사람들을 미혹하고 배교하도록 만든다. 그리고 교회와 복음의 대적으로 활동한다. 때로는 여러 상황 때문에 이 박해자가 본격적인 활동을 하지 못할 때도 있고 출현의 시기가 늦어질 수도 있다. 그러나 결국은 이들이 하나님의 심판을 받게 될 것이다.

2.2. 데살로니가후서 2장 13-17절의 메시지[1657]

"하나님이 '처음부터'(*ap' arches*, 시내 산, D, 프시, 다수 사본이 지지함)[1658] 너희를 택하사 성령의 거룩하게 하심과 진리를 믿음으로 구원을 얻게 하심을 감사한다"(13절). (이 구원을 위하여) 바울이 전한 복음으로 데살로니가 교회를 부르시고, 예수 그리스도의 영광을 얻게 하셨다(14절). 이 두 구절은 구원에 대한 놀라운 진술이다. 태초에 하나님은 언약 백성을 예정하셨다

않는다. 프랫은 이상주의적 해석을 따른다.

1657) 하지만 데살로니가후서 2장 1-12절과 2장 13-17절을 하나의 큰 문단으로 연결해서 보아야 할 근거는 다음과 같다. (1) 2절과 15절의 언어적 인클루시오('말로나 편지를 통하여'), (2) 2절에 설명된 정신적인 불안정의 문제와 15절에 설명된 정신적인 안정을 위한 명령 사이의 주제적 인클루시오, (3) 3-12절의 불신자에 대한 묘사와 13-17절의 신자에 관한 묘사의 대조, (4) 데살로니가전서 3장 11-13절의 희구법이 사용된 기도 이후의 '그러므로 형제들아' (4:1)와 데살로니가후서 2장 16-17절의 희구법이 사용된 기도와 '마지막으로 형제들아'(3:1)라는 구조적 병행(보라. Weima, 2006:71-72).

1658) 13절에서 '처음부터' 대신에, UBS 4판, B, F, F, P 사본 등은 '첫 열매'(*aparchen*)로 쓴다. 바울은 *aparche*를 속격과 자주 같이 사용하지만, *ap' arche*는 잘 사용하지 않는다. UBS 4판의 본문이 옳다면 "하나님이 너희를 첫 열매로 택하셔서"가 된다(참고. 매츠거, 2005:550).

(참고. 롬 8:30). 그리고 성령님의 거룩하게 하시는 역사를 통해서 그리고 진리를 믿게 하시는 역사를 통해서 구원을 얻도록 하신다. 칭의와 성화와 믿음은 근본적으로 하나님의 은사이다. 그런데 아무렇게나 구원받을 자를 부르시는 것이 아니라 전도의 미련한 것으로, 복음이 전해지는 곳에 하나님의 부르심의 역사가 일어난다.

왜 하나님은 죄인을 부르시는가? 하나님의 부르심의 목적은 무엇인가? 예수님의 영광을 우리에게 주시기 위해서이다. 하늘과 땅의 권세를 가지신 바로 그 예수님의 영광, 하늘 보좌에 앉으신 그 영광, 천군천사의 찬양을 받으시는 그 영광을 우리에게 주시기를 원하신다. 바울은 13-14절 짧은 구절에서 태초부터 영원까지의 모든 구원의 일을 언급하고 있다. 바로 앞 2장 1-12절에서 거짓 선생이 퍼트린 주님의 날의 임박한 도래와 불법의 사람들과 배교의 일 등으로 위축되었을 법한 데살로니가 교회에게, 바울은 이렇게 영광스런 주님의 은혜와 구원의 소망과 영광을 소개함으로써 위로를 준다.

"그러므로 말로나 글로나 전해준 가르침(유전, the teaching, *paradoseis*)에[1659] 굳게 서서 지키라"(15절). 이렇게 13-14절에서 놀라운 주님의 은혜와 구원을 받았다고 해서 긴장을 풀고 느긋하게 가만히 있을 수 있는가? 우리가 주님의 영광을 얻기 위해서, 함께 나누기 위해서는 이 땅에서 주님의 말씀과 가르침에 굳게 서서 붙잡아야 한다. 날마다 주님의 말씀 위에 굳게 서도록 노력해야 한다. 주님의 은혜를 진실로 깨닫는 사람은 더욱 주님의 은혜를 사모하고 말씀대로 살고자 하는 자극을 받는다. 가진 자는 더 가지게 되는 법칙이다. 부익부빈익빈 현상은 신앙생활에 있어서 불변하고 정확한 법칙이다.

16절의 바울의 기도를 들어 보자.[1660] 굳게 서서 말씀을 붙들라고 권면한 후에 그대로 될 수 있도록 하나님께 도움을 기도로 요청한다. 하나님의 구원의 은혜와 약속을 확신하는 사람은 그것이 이루어지도록 더욱 간구해야 한다. 그러므로 기도는 하나님께서 하시겠다고 약속하신 것을 하나님으로 하여금 하시도록 상기시키고 부탁하는 것이다. 그러므로 참된 기도는 하나님의 약속의 말씀을 우리가 그대로 듣고 그대로 하나님께 다시 돌려 드리는 것이다. "하나님께서 우리에게 그리고 우리 조상에게 이렇게 말씀하신 적 있으시죠? 그러므로 주님의 말씀대로 이렇게 이루어 주세요!" 이것은 기도의 모델이다.

"우리 주 예수 그리스도와 우리를 사랑하시고 영원한 위로와 좋은 소망을 은혜로 주신 하나님 아버지"라는 표현에서 바울은 성자를 성부보다 앞에 둔다. 그리고 성자와 성부를 같이 언급하더라도, 앞에는 단수 재귀 대명사(*autos*), 뒤에는 단수 동사를 사용한다. 우리 예수님과 아버지 하나님은 곧 우리를 사랑하시는 분이시다. 그리고 우리에게 영원한 위로를 주시는 분이시다. 또한 좋은 소망을 은혜로 주시는 분이시다. 바른 성경 성경은 우리를 사랑하고 위로와 소망을

1659) 이 유전은 예수 그리스도로부터 사도 바울이 직접 받아 데살로니가 교회에 전한 것이지, 초대 교회가 나중에 고백하여 만들어 낸 유전은 아니다. 전자는 신약 성경에(일부) 기록된 것이며, 초대 교회의 실제적인 기초가 된 말씀이다. 그러므로 후자는 전자에 종속된다.

1660) 바울은 편지를 쓰든 무엇을 하든 자유롭게 하나님을 부르며 기도하고 축복하고 있다. 그는 참으로 진리 안에서 범사에 자유한 사람이었다.

주시는 분은 성자가 아니라 성부에게만 해당하는 것처럼 번역하는데, 성자에게도 적용해야 한다. 여기서 삼위일체의 신비를 발견한다.

"하나님이 너희 마음을 위로하시고 모든 선한 일과 말에 굳게 하시기를 원하노라"(17절). 여기서 감사와 권면 그리고 간구의 흐름을 본다. 적용해 보면, 하나님의 구원의 은혜에 감사하자. 이 은혜와 감사로 인해 더욱 힘쓰는 자들이 되자. 그리고 우리의 힘씀만으로 안 되는 것을 알고 주님의 약속에 따라서 하나님께 이루어 주시기를 기도하자.

3. 오늘에의 적용

우리 시대의 여호와의 날에 심판을 받을 적그리스도는 무엇인가?
환난 가운데서도 굳게 설 수 있는 이유는 무엇인가?

데살로니가후서 3장

1. 본문 및 구조

- 바울의 사역을 위한 기도(1-5)
- 게으름의 위험성(6-16)
- 마지막 인사(17-18)

2. 구원 계시사적 메시지

2.1. 데살로니가후서 3장 1-5절의 메시지

데살로니가전서 5장 25절에서처럼 여기서도 데살로니가 교회의 기도를 요청하는 바울을 만난다(1절). 여기서는 그 내용이 더 구체적이다. 이 기도 요청을 통해서 알 수 있는 것은 특별한 지위에 있지 않고, 신앙의 동료와 동일한 사람 중 하나로 자신을 보았던 바울이다. 이 기도 요청은 지속적인 기도의 요청이지 마지못해서 하는(perfunctory) 기도 요청은 아니다. 2차 전도 여행 중에 '주님의 말씀'이 빨리 달음질하여 전파되기(spread rapidly) 위해 중보기도를 요청한다(참고. 시 19:5, 147:15). 바울은 자신이 지혜의 권하는 말이 아니라 주님의 말씀의 대변인이었다. 바울은 데살로니가후서를 고린도에서 쓰고 있는데 고린도는 고대 육상 경기(이스미안 경기)가 열린 장소이기에, 달음질에 대해 잘 알고 있었다. 운동 경기의 은유를 복음 전파를 위해 사용한다.

복음이 달음질할 뿐 아니라 복음이 영광스럽게 되기를 위해 기도를 요청한다. 복음이 가는 곳에 영광스러운 환영이 일어나기를 기도한다. 마치 성화가 통과하는 곳마다 환영을 받는 것과 같다.

그리고 바울은 '그' 무리하고 악한 사람들로부터 주님께서 구원해 주시기를(아오리스트) 간구한다(2절). 이것은 아주 특정한 대적과 특정한 구출의 상황(a definite and particular situation)을 염두에 둔 것이다(참고. Morris, 1984:245). 왜냐하면 모든 사람이('그', 정관사가 있다) 믿음을 가진 것이 아니기 때문이다. 모든 사람이 전파되는 주님과 복음을 영광스럽게 신앙하는 것이 아니다. 그 믿음이란 기독교 가르침의 체계(the body of Christian teaching)를 의미하는 것 같다. 모든 사람이 기독교 가르침의 체계(복음, 거룩한 삶, 교리를 망라하여)를 수용하는 것도 아니다(참고. Morris, 1984:246).

이제 바울이 기도한다(Paul's intercessory prayer). "(그러나) 주님은 신실하셔서 데살로니가 교회를 굳게 하시고 악한 자에게서 건지시리라"(3절). '신실하시다'는 말은 *pistos*인데, 바로 앞의 믿음(*pistis*)과 비슷한 소리를 가진다. 주님의 신실함과 우리의 신앙은 닮은 꼴이어야 한다.

바울은 데살로니가 교회가 자신이 명한 것을 그대로 행할 것을 확신한다(4절). 여기서 '명하다'는 말은 군사적인 상명하복적 뉘앙스를 가진다. 주님의 말씀은 온 세상에 전해져야 할 뿐 아니라 교회 안에서 지켜야 한다. 교회의 성장은 밖으로는 복음의 전파를 통해서, 안으로는 복음을 행함으로 가능하다. 이 둘의 조화가 필요하다.

주님께서 너희 마음을 '인도하여'(May the Lord direct your hearts) 하나님의 사랑과 그리스도의 인내에 들어가게 하시기를 원하노라(5절: aorist optative, 참고. 살전 3:11). '하나님의 사랑'은 '우리가 하나님을 사랑하는 것'인가(목적격적 속격) 아니면 '하나님이 우리를 사랑하시는 것'인가?(주격적 속격) 둘 다 가능하다, 후자가 더 자연스럽다. '그리스도의 인내'는 그리스도께서 우리를 참아 주시는 것을 의미하는가? 아니면, 주님의 인내를 우리가 본받자는 것인가? 이 둘을 결합하면 좋을 것 같다. 주님이 인내하사 길이 참으신 것을(참고. 히 12:3) 우리 역시 우리의 삶 속에서 재현해야 한다(참고. 살후 1:4).[1661]

2.2. 데살로니가후서 3장 6-16절의 메시지

바울은 '우리 주 예수 그리스도'의 이름으로 명령한다(6절). 사도로서의 바울의 권위는 예수 그리스도에게서 나온 권위이다. 명령의 내용은 규모 없이 행하는 자들(every brother who conducts himself in a disorderly manner)과 사도로부터 '받은'(*parelabosan*, *paralambano*의 아오리스트 능동 직설 3인칭 복수; 시내 산, A 사본이 지지함)[1662] 그 전통(*ten paradosin*)대로 행하지

1661) "주님의 오심을 길이 참으면서 기다리자"라는 의미로도 볼 수 있다. 왜냐하면 데살로니가전후서의 전체적인 메시지에 어느 정도 부합되기 때문이다. 그러나 여기 문맥에서는 적합하지 않아 보인다(참고. Bruce, 1982:202).

1662) 6절에서 *parelabosan*의 '사투리 어미'(*-osan*)가 후대에 *parelabon* (아오리스트 능동 직설 3인칭 복수)으로 수정되었다 (시내 산 2판, D 2판, 프쉬, 다수 사본; 참고. 매츠거, 2005:551). 반면에 B, F, G 사본은

않는 모든 형제로부터 멀리하라(keep aloof from, 참고. 고후 8:20)는 것이다(6절).

바울은 데살로니가에서 전도하면서 규모 없이 행하지 않았고, 오히려 장막을 만들면서 자비량으로 밤낮으로(*nyktos kai hemeras*)[1663] 열심히 전도한 모습을 본으로 보였기에 그들이 닮을 것이라고 말한다(7-8절). 바울 자신을 닮으라는 명령은 반복적으로 나타난다(참고. 살전 1:6; 비교. 고전 4:16, 11:1; 빌 4:9). 어린 교회가 실족지 않고 교회에 누를 끼치지 않기 위해서 그리고 본을 보여주려고 최선을 다하고 세심한 배려를 했다. 이것은 데살로니가전서 2장 9절의 반복이다. 앞에 선 자의 언행과 신행의 일치는 분명한 모델을 제시한다.

바울은 복음을 전하는 자로서 이런 물질적인 후원을 요청할 권리를 가지고 있었으나 본을 보이기 위해 그렇게 하지 않았다(9절). 모든 것이 가하나 모든 것이 유익한 것은 아니다. 그러므로 '우리는 하고 싶은 대로, 내 것 가지고 내 마음대로 하는데 당신이 왜 참견하느냐'라는 말은 얼마나 저급한지를 알 수 있다.

"일하기 싫어하거든 먹지도 말라"(If a man will not work, he shall not eat; 10절). 아마 창세기 3장 19절 즉 "네가 얼굴에 땀이 흘러야 식물을 먹고"에 기초한 속담으로 보인다. 바울은 이렇게 살았기에 이런 명령을 할 수 있다. 에토스(ethos)는 권위 있는 설득을 위해 중요하다. 참고로 랍비 압바후(Abbahu)도 비슷한 말을 했다. "내가 일하지 않으면 나는 먹지 않는다." 그리고 디다케에는 방문객이 2-3일 정도 머문다면 먹을 것을 정성껏 준비해서 대접하되, 그 이상 머물고자 한다면 일을 맡기라고 기록한다(디다케 12:2-5).

데살로니가 교회 안에 규모 없는 자들이 있다. 바로 일하지 않고 일만 만드는 자들이다(11절). 예수님 안에서 권하노니 종(조)용히 일하고 자기 양식을 먹어라(12절). 'Quiet behaviour'는 다른 사람의 일을 방해하고 일만 만드는 것과 반대된다. 바울이 말하려는 것을 영어로 표현하면 다음과 같다. "Stop fussing, stop idling, stop sponging. Do your own work orderly and quietly!" 규모 없는 자들에 대해 데살로니가전서에서 훈계를 주었지만 시정이 되지 않아서, 데살로니가후서에서 바울은 더 엄격하게 재차 권면하고 있다. "'그러나 너희들은'(*hymeis de*) 선을 행하다가 낙심하지 말라"(13절). 규모 없는 자들과 반대되는 것을 강조하기 위해 '그러나 너희들은'을 문두에 두었다. 낙심하지 않고 인내하는 것은 바울 서신에 자주 등장하는 주제이다(참고. 고전 15:50, 58, 16:13; 빌 1:27-28; 2:15-16, 4:1; 살전 3:5, 13, 5:23).

"편지 내용대로 살지 않는 사람은 지목하여(take note of this man) 사귀지 말고 부끄럽게 만들어라"(14절; 참고. 고전 5:9, 11). 참 교회의 표지 중 하나는 '징계'이다.[1664] 범죄자들과 잠시 거리를 둠으로써 그들이 스스로 무가치한 행동을 한 것임을 느끼도록 만든다. 이방 문화 속에 살고 있던 데살로니가인들에게 이렇게 엄격한 윤리적인 명령을 주는 것은 이방인으로부터 게으른

문맥을 고려하여, 2인칭 복수형 '너희가 받았던'(*parelabete*)으로 쓴다.

1663) 8절의 '밤낮으로'를 A, D, K, L, P, 다수 사본은 속격 대신에 시간의 한도를 나타내는 '목적격'(*nykta kai hemeran*)으로 쓴다(참고. 메이첸의 헬라어 문법, 문법 사항 343번).

1664) 회당과 달리 교회에서는 신체에 가하는 벌을 인정하지 않는다.

자 혹은 다른 비방을 받지 않도록 하기 위해서이다. “그러나 원수같이 생각지 말고 형제같이 권하라” (15절). 사랑의 동기에서 행하는 징계가 성경적이다. 16절은 마지막 인사이다. “평강의 주께서 친히 때마다 일마다(*dia pantos en pantoi tropo*,[1665]) continually and in every way, 혹은 그 변형을 반복적으로 사용하여 수사적 효과를 노림. 예. 행 24:3) (주님의 바로) ‘그’ 평강을 주시고(아오리스트 능동태 희구법 3인칭 단수) 임마누엘하시기를 원하노라”(참고. 골 3:15).

2.3. 데살로니가후서 3장 17-18절의 메시지

친필로 문안하는 바울을 본다(17절). 편지마다 표적(*semeion*, mark)이다. 바른 성경은 “이것이 모든 편지에 표가 되므로 내가 이렇게 쓴다”로 번역한다. 필사자(*amanuensis*, 참고. ‘더디오’, 롬 16:22)를 고용해서 쓰다가, 마무리 부분에서 친필로 바울이 기록한 것은 위조를 방지하려는 목적도 있었다(참고. 살후 2:2; 친필로 마무리 지은 경우를 위해서는 고전 16:21; 골 4:18; 갈 6:11을 보라). 여기서 표적은 그의 서명이라기보다는 그의 친필 자체를 가리키는 듯하다. “우리 주 예수 그리스도의 은혜가 너희 무리에게 있을지어다”(18절; 참고. 롬 16:24). A, D, F, G와 다수 사본은 18절 마지막에 ‘아멘’을 추가한다.

3. 오늘에의 적용

선을 행하다가 어떤 경우에 낙심하는가?
교회에서 징계는 어떻게 시행해야 하는가?

1665) 16절에서 A, D, F, G 등은 *tropo*(way, manner) 대신에 고린도전서 1장 2절, 고린도후서 2장 14절 데살로니가전서 1장 8절, 디모데전서 2장 8절처럼 좀더 흔한 표현인 *topo*(장소)로 쓰지만 후대의 변형으로 보인다(참고. 매츠거, 2005:551).

【 참고 문헌 】

- Calvin, J. *Institutes of the Christian Religion.* Trans. F.L. Battles. Philadelphia: The Westminster Press. 1960.
- ESV Study Bible. Wheaton: Crossway Bibles. 2008.
- Holmes, M.W. *1&2 Thessalonians. NIV Application Commentary.* Grand Rapids: Eerdmans. 1998.
- Marshall, I.H. *1 and 2 Thessalonians. New Century Bible commentary.* Grand Rapids: Eerdmans. 1983.
- Morris, L. *Thessalonians.* NICNT. Grand Rapids: Eerdmans. 1984.
- Pratt, R.L. *Spirit of the Reformation study Bible.* Grand Rapids: Zondervan. 2003.
- Wanamaker, C.A. *Commentary on 1 & 2 Thessalonians.* NIGTC. Grand Rapids: Eerdmans. 1990.
- Weima, J.A.D. The slaying of Satan's superman and the sure of salvation of the saints: Paul's apocalyptic word of comfort(2 Thessalonians 2:1-17). Calvin Theological Journal, 41:67-88. 2006.
- Witherington, B. 1 and 2 Thessalonians: a socio-rhetorical commentary. Grand Rapids: Eerdmans. 2006.
- 그랜트 오스본 (ed). 데살로니가전후서. 성서유니온선교회. 2002.
- 김세윤 《데살로니가전서 강해》. 두란노. 2002.
- 김형동 "데살로니가전서에 나타난 환난과 로마 제국의 상관성에 대한 재조명." <신약 논단>, 17(2):325-356. 2010.
- 말크쎈, W. 《데살로니가전서》. 국제성서주석. 한국신학연구소. 1986.
- 매츠거, B.M. 《신약 그리스어 본문 주석》제2판. 대한성서공회 성경원문연구소. 2005.
- 박익수 《바울과 데살로니가 전서》. 성광문화사. 1994.
- 벨드캄프, H. 《데살로니가전서 강해》. 개혁주의신행협회. 1988.
- 브루스, F.F. (1982, 영어본). 《데살로니가전후서》. WB.C.. 솔로몬. 1999.
- 임영효 《데살로니가전서 강해 연구》. 영문. 2004.
- 존 스토트 《데살로니가전후서 강해》. IVP. 1993.
- 존 월튼, 빅터 매튜스, 마크 샤발라스 & 크레이그 키너 《IVP 성경 배경 주석》. IVP. 2010.
- 최승락 《말씀 사역의 본질과 능력》. 좋은씨앗. 2002.

• 톰 라이트 《마침내 드러난 하나님 나라》. IVP. 2009.
• 폴 하우스 & 장세훈 《주의 날, 어떻게 이해할 것인가》. 그리심. 2006.
• 헤르만 H. 리델보스 《바울 신학》. 개혁주의신행협회. 1985.

디모데전서 주석

들어가면서

디모데전후서와 디도서는 '목회서신'(pastoral epistles)이라고 불린다. 목회를 하고 있던 디모데와 디도에게 바울이 목회적, 교리적, 윤리적 지침을 준 편지이다. 4세기의 어거스틴과 13세기의 토마스 아퀴나스는 '목회적'이란 형용사를 목회서신에다 붙였다. 혹자는 '목회서신'이란 용어를 폴 앤턴(Paul Anton)이 1726년에 처음 사용했다고 하지만, 1703년에 벌돗(D.N. Berdot)이 처음 사용한 것으로 보인다(참고. 존 스토트, 1998:43). 1753-1755년 그의 사후에 출판된 책에서, 앤턴은 이 용어를 3권 모두에 적용한 사람이다(참고. Knight, 1999:3).

저자

바울(1:1)

수신자

디모데(1:2)

기록 연대

발전된 교회 조직의 언급은 A.D. 2세기 초의 초기 가톨릭주의를 반영하는 것인가? 반드시 그런 것은 아니다. 하지만 디모데후서에 교회 조직의 형태에 대한 언급이 없다. 바울이 로마에 도착한 연대는 A.D. 59년경인데(참고. 행 28장), 로마에서 풀려난 이후 즉 63-64년경에 디모데전서(디모데후서)를 기록한 것으로 보인다.

기록 목적

노사도 바울이 에베소에서 목회하던 디모데에게 목회적 조언을 주기 위해서. 구체적으로는 거짓 선생들의 가르침을 봉쇄하기 위해서이다(딤전 3:15). 아마 이들은 유대주의자들이었을 것이다(딤전 1:4, 7, 10, 4:3, 7, 6:20).[1666]

1666) Witherington(2006:172)은 디모데전서를 고위 관리가 하급자에게 명령조로 쓴 편지를 가리키는 *mandata principiis* (mandate letters)와 비슷하다고 본다. 다른 바울 서신과 비교해 볼 때 실제로 디모데전서에는 '명령하다' 혹은 '가르치다'라는 동사(*parangello*)가 자주 등장한다(딤전 1:3, 4:11, 5:7, 6:13, 17). 하지만 디모데전서는 목회적 조언이다.

∽ 디모데전서 1장 ∽

1. 본문 및 구조

- 인사(1-2)
- 거짓 선생들에 대한 묘사(3-7)
- 율법의 합법적인 사용(8-11)
- 복음의 진리에 관한 실례인 바울의 회심(12-17)
- 디모데에게 준 부탁(18-20)

2. 구원 계시사적 메시지

2.1. 디모데전서 1장 1-2절의 메시지

하나님은 우리(바울과 독자들) 구주이시고(참고. 신 32:15; 대상 16:35), 예수님은 우리 소망이시다(1절; 참고. 골 1:27; 딤전 4:10). 바울은 하나님의 '명령'(*epitagen*; 참고. 시내 산 사본은 '약속'[*epangelian*])을 따라 예수님의 사도가 되었다. 하나님이 '우리의 구주'(*soteros hemon*)라는 말씀은 바울이 그 당시를 하나님의 구속 사역이 전개되는 시대로 보았다는 증거가 된다. 그리고 이 구원의 역사 속에서 교회는 예수 그리스도 안에 소망을 둔다. 궁극적으로 그분은 재림의 왕이시기 때문이다. 이렇게 하나님의 구원 역사가 주님의 소망을 바라보는 가운데 진행되고 있는 시점에 바울은 3차에 걸친 전도 여행으로 복음을 온 세상에 전했다. 적용해 보면, 우리의 역사 이해는 하나님 중심 곧 하나님 나라 중심의 구속사인가, 아니면 정치, 여론, 레저 및 오락, 혹은 경제 중심인가? 바울의 사도 됨은 아버지 하나님과 예수님의 명령으로 된 것이다. '명령을 따라'라는 말은 '지시를 따라'라는 말인데, 공적인 것을 알리는 일에 사용된 표현이다. 즉 반드시 복종해야 할 왕의 명령과 같은 것이 바울의 사도 됨의 명령이었다. 바울은 순종하지 않을 수 없었다. 사도 됨에 대한 소명을 확신하고 있는 바울이다. 소명이 확실하면 사명도 확실하다.

바울은 디모데를 믿음 안에서 참 아들로 여긴다(2절; 참고. 고전 4:17; 빌 2:22). 디모데는 누구인가? 지금은 갈라디아 지방의 루스드라 출생으로 바울의 첫 전도 여행 중에 첫 만남이 이루어졌고(참고. 행 14:8-21; A.D. 49년 2-3월경), 2차 전도 여행부터 조력자로 활동했고(참고. 행 16:1-3; A.D. 50년 여름경), 아버지는 헬라인이었기에 사생아 취급을 받았지만, 외조모 로이스와 유대인 어머니 유니게로부터 신앙을 전수받은 사람이었다. 만일 디모데가 바울의 전도 여행에 20대 초반에 동참했다면, 3차 전도 여행을 마치고 로마 감옥에서 풀려난 후인 지금(A.D. 62년경)은 13-14년이 지난 후이기에 30대 (초)중반으로 보인다. 고대인들은 30대 (초)중반을 '연소한'(*neotetos*) 부류로 보았다(참고. 딤전 4:12; 비교. 마 19:20, 22; 행 7:58; 보라. Liefeld, 1999:165).

이레니우스에 의하면, 40세까지 젊은이로 보았다. 아직 목회적인 경험이 부족한 디모데였다. 디모데후서 1장 7절에 의하면, 디모데는 두려워하는 마음을 가진 약간은 소심한 사람으로 보인다. 그리고 디모데전서 5장 23절에 의하면, 자주 나는 병을 인해 포도주를 사용하라는 권면은 그의 육체적인 허약함을 증명한다. 디모데전서 3장 14절에 의하면, 바울은 에베소의 디모데를 속히 만나기를 원했으나 사정이 허락지 않아서 이렇게 편지를 쓰게 되었다. 비록 바울이 디모데 개인에게 편지를 쓰고 있지만 공인으로서의 디모데에게 권면하는 것이므로 공적인 성격을 가지고 있다. 그래서 디모데전서 6장 21절 마지막 구절에서 '너희에게'라고 복수형으로 쓰고 있다.

바울은 디모데를 향하여 성부와 성자의 '은혜와 긍휼 그리고 평강'을 기원한다. 이 3단어는 기독교 신앙의 본질을 대변해 준다(참고. Knight, 1999:65). 은혜는 죄로 인해 도무지 소망이 없는 자들에게 베푸시는 하나님의 구원론적 사랑이다. 긍휼(헬. *eleos,* 히. *hesed*)은 127번이나 사용된 것으로, 곤경에 처한 상황에서 도움을 의미한다. 즉 구원의 소망이 없는 자들이 불행과 고뇌에 허덕일 때 하나님의 불쌍히 여기심이다. 평강은 죄로 인해 불안과 불화 속에 있는 자들을 하나님이 화해시키시는 것을 말한다. 은혜, 긍휼, 그리고 평강의 원천은 성부와 성자 예수님이다. 이 원천이신 성부와 성자는 1절의 바울이 사도로 부름 받은 바로 그 동일한 원천이기도 하다.[1667]

2.2. 디모데전서 1장 3-7절의 메시지

바울은 젊은 목회자인 디모데에게 본격적으로 조언과 권면을 준다. 바울이 마게도냐로 떠날 때, 다른 교훈(*heterodidaskaleo* ; 참고. 딤전 6:3)을 따르지 못하게 하려는 목적으로 에베소에 디모데를 머물게 했다(3절). 디모데전서 6장 3절의 '예수님의 바른 말'과 비교해 볼 때 '다른 교훈'은 단순히 '다른'(different) 것이 아니라, '거짓'(false) 교훈이다(참고. Liefeld, 1999:53). 바울이 에베소를 떠나자 바울의 가르침과 다른 가르침을 전파하는 사람들이 혼란스럽게 만들었던 것이다. 바울은 5년 전 쯤에 이미 사도행전 20장 29절 이하에서 에베소 교회 안에 흉악한 이리가 일어나 양 떼를 아끼지 아니할 것이라고 거짓 교사의 출현을 예언한 적 있었다. 7절에 보면, 이 흉악한 이리와 같은 거짓 선생은 '율법의 선생'(*nomodidaskaloi*, law-teachers)이라고 밝힌다. 율법을 가르치는 자체는 나쁘지 않지만, 하나님의 말씀인 율법을 임의로 '주의'(ism)화하여 오용하는 것은 심각한 범죄이다.

바울은 신화(*mythois*)와 끝없는 족보(*genealogiais aperantois*)에 착념(주의)하지 못하게 했다. 이것은 하나님의 경륜 혹은 계획(*oikonomia*)이[1668] 이루어지지 못하게 하며 변론만 만든다(4절). 디모데전서 4장 7절에서 바울은 신화를 '망령되고 허탄한 것'이라고 불렀다. 신약 성경은 '신화'에 대해 부정적이다(참고. 딤후 4:4; 딛 1:4). '허탄하다'는 말은 참된 기초나 올바른 전통 위에 서

1667) 1-2절에 바울과 디모데는 1번, 성부 하나님은 2번, 성자 예수님의 이름은 3번 등장한다. 이것은 의미 없는 반복이 아니라 은혜와 긍휼과 평강이 구속 역사 속에서 나타나는 것은 성부께서 성자를 통해서 역사하신 결과임을 강조한다(참고. 렌스키, 1976:24).

1668) D와 시리아 역본은 *oikodomen*('건축' 혹은 은유적인 의미로는 '교화')로 쓰지만, 사본상 증거는 매우 약하다.

있지 않은 동시에 진리에서 떠났다는 의미이다(참고. 딤후 4:4; 딛 1:14; 벧후 1:16). 이런 것들은 '논쟁'(*zeteseis*, 다수 사본이 지지함, debate)만 일으킬 뿐이다.[1669] 그렇다면 신화와 족보(myths and genealogies)는 무엇을 가리키는가? 바울이 알고 있었을 B.C. 130년경으로 추정되는 '희년의 책'(the Book of Jubilees)과 필로의 '성경 고대사'(The Biblical Antiquities)는 널리 퍼지고 있던 헬레니즘에 대항하여 구약 조상들의 족보를 언급함으로써, 당대의 유대인과 율법은 영원하다고 가르치며 선민의식을 고취시키고 있다(참고. 딛 1:14; 3:9).[1670] 디모데전서 4장 3절 이하에 보면, 이 거짓 율법 선생들은 결혼을 금지하고 특정 음식을 멀리하라는 경건의 모양만 강조하는 금욕주의적인 성격도 지녔다(참고. 딤후 3:5). 말씀의 의도를 떠난 거짓 자부심과 거짓 가르침은 하나님의 계획을 무시하는 것이며, 불필요한 의문과 논쟁만 불러일으키는 것이다. 불신 유대인들에게 있어서 구약은 자기들의 선민 이데올로기를 지지하는 근거구절에 불과했다.

바울이 이러한 경계를 주는 목적은 모든 사람들이 정결한 마음과 선한 양심과 거짓이 없는 믿음으로 굳세게 되고 사랑으로 가득 차게 되는 것이다(5절). 바울은 허탄한 족보와 신화를 가르치지 않고 하나님의 말씀을 가르친다. 하나님의 말씀에 기초한 교훈은 변론과 의문 대신에 믿음과 사랑을 불러일으킨다. 참된 가르침과 거짓된 가르침은 열매로 알 수 있다. 거짓 선생들은 율법을 가르치지만, 왜곡되게 가르치기에 진정으로 그 율법을 통해서 하나님께서 무엇을 가르치시기를 원하시는지 깨닫지 못하고 있다(7절).

2.3. 디모데전서 1장 8-11절의 메시지

율법을 제대로 사용하면 율법은 선하다(8절). 교회 개혁가들은 율법의 긍정적인 기능을 강조했다. 루터는 1533년 그의 《갈라디아서 주석》에서 율법은 자기 의를 부수고, 사람의 죄를 드러냄으로써 예수 그리스도 안에 있는 은혜를 갈망하게 하는 기능을 가지고 있다고 보았다. 이런 의미에서 율법은 성도를 그리스도에게로 인도하는 몽학선생이다.[1671]

9-19절에 '악의 목록'이 나타난다. 법은 불법한 자와 복종치 않는 자와 경건치 않은 자와 죄인과 거룩하지 않은 자(내적 정결의 부족, 참고. Rogers & Rogers, 1998:488)와 망령된 자(참고. 제3계명을 어김)와 아버지와 어머니를 치고 죽이는 자(5-6계명), 살인하는 자(6계명), 음행하는

1669) 디모데전서 1장 4절에서 UBS 4판, 시내 산, A 사본 등은 *ekzeteseis*(useless speculation, 무익한 추측)라고 쓴다.

1670) 혹자는 신화와 족보를 대적의 가르침에서 발견되는 공허한 내용이 아니라, 그들의 가르침의 불필요한 복잡함에 대한 공격을 의도하는 수사학적 기교로 본다(예. Bassler, 1996:39). 다른 이는 신화와 족보를 우주적 인물들(cosmic figures)의 목록을 담고 있는 영지주의로 본다. 그러나 이것은 영지주의가 발흥한 2-3세기를 무시한 시대 착오적일 뿐 아니라, 목회 서신의 문맥은 유대주의자들과 관련된다(참고. Liefeld, 1999:54).

1671) 1577년 루터교의 일치 신조(Formula of Concord)에서는 율법의 3대 기능을 확정했다. (1) 인간 사회를 유지하기 위해 악을 제어하는 정치적 기능, (2) 사람의 죄를 지적하여 회개와 믿음으로 인도하는 기능, (3) 교회의 방향성을 제시하는 기능. 즉 성도의 삶 속에서의 품행을 지도하는 기능이다. 칼빈은 율법의 세번째 기능을 중요시했다. 율법이 신자의 삶의 원칙을 가르치는 기능을 한다는 말이다. 하나님의 법에 자발적으로 순종하는 것이 진정한 자유임을 알았던 것이다.

자(7계명), 남성 동성애자(*arsenokoites*, sodomites, 7계명; 참고. 고전 6:9-10), 사람을 유괴하는 자(8계명, 참고. 출 21:16), 거짓말하는 자(9계명), 거짓 맹세하는 자(9계명)를 위해 있는 것이다(9-10절). 율법은 법을 지키려는 사람을 위해서 존재하지 않고 어기려고 하는 사람이 있기에 존재한다.

따라서 위에서 언급한 교회 개혁가들의 율법의 3대 기능 중에서 여기서는 특별히 율법이 9-10절에 열거된 악한 자들로 하여금 마음대로 행하지 못하게 제어하는 기능을 하고 있음을 바울은 강조한다. 십계명은 지금도 우리에게 유효한 하나님의 명령이다. 구약 시내 산에서 모세가 받은 것이라고 해서 오늘날에는 폐기되어야 할 것이 아니다. 물론 구약의 제의적인 계명들은 문자적으로 지킬 이유가 없지만 그 속의 정신은 우리 시대에 여전히 지켜져야 한다. 그러므로 십계명을 범하는 것은 복음을 거스르는 것과 연결된다. 왜냐하면 신약의 복음은 구약의 계명을 심화, 내면화시킨 것이기 때문이다. 따라서 율법과 복음이 가르치는 것은 대치되는 것이 아니라 연속적이다(참고. 《기독교 강요》2.10.10). 물론 율법은 우리의 죄를 드러내고 정죄하는 기능을 복음보다 더욱 분명하게 하지만, 복음에 그런 기능이 없는 것도 아니다. 분명한 것은 율법은 우리를 구원할 수 없기에, 우리는 율법을 지켜서 구원을 얻는다는 저주에 더 이상 매여 있지 않다. 구약은 오실 메시아를 내다보기에, 구약 율법을 예수 그리스도 중심으로 계시사적으로 이해해야 한다. 율법이 그리스도 안에서 성취된 것을 알아야만 복음이 된다. 그래야만 모든 시대에 적용할 수 있는 영원한 진리가 된다. 신구약의 모든 말씀이 주어진 상황이 다를지라도 그 내용은 복음으로 동일하다. 이 명령은 복되신 하나님의 영광의 복음에 일치하는 것으로 바울이 받은 것이다(11절).

2.4. 디모데전서 1장 12-17절의 메시지

바울은 에베소 교회를 위협했던 거짓 선생과 그들이 율법을 잘못 사용한 것을 언급한 후, 자기 자신과 자신에게 맡겨진 복음에 대해 쓴다. 바울은 12절에서 "나를 능하게 하신 그리스도 예수 우리 주께 내가 감사함은"으로 시작하여 17절에서 "만세의 왕……하나님께 존귀와 영광이 세세토록 있기를 기원한다"라고 감사와 찬송으로 마무리짓는다. 여기서뿐만 아니라 바울의 삶 전체가 감사와 찬송으로 가득한 것을 본다. 왜 그런가? 하나님께서 바울을 구원하셨고, 더 나아가 사도로 불러 주셨기 때문이다. 12절은 하나님께서 바울에게 사도로서의 능력이 있음을 보시고 사도의 직분을 맡기셨다는 의미가 아니다. 오히려 사도 직분을 감당하는 데 필요한 능력을 먼저 주시고 직분을 맡기셨다는 것이다.

13절에서 이전의 바울 자신의 모습 속에는 사도의 직분을 맡을 만한 자격이 없었음을 설명한다. 그는 이전에 훼방자(*blasphemos*, blasphemer), 핍박자(*dioktes*, persecutor). 포행자(*hybristes*, sadist, violent person; 참고. 롬 1:30)였다. 개종 전에 바울은 그리스도를 악하게 말했던 훼방자, 교회를 핍박했던 핍박자, 매우 고의적으로 거만과 불손함으로 나타나는 포행자였다(보라. Rogers & Rogers, 1998:488). 하나님이 주시는 직분은커녕, 사랑도 받기 힘든 교회와 복음의 대적이었던 바울을 건진 것은 하나님의 긍휼이었다. 바울의 삶에 은혜가 믿음과 사랑과 더불어 넘쳤다(14절). 하나님의 은혜가 바울에게 임하니 불신앙이 물러가고 믿음이 넘치게 되었다. 하나님의 은혜가 바울에게 임하니 미움의 마음이 사랑으로 변했다. 하나님의 은혜로 우리는 불신앙을 버리고 믿음 위에 살 수 있고, 미움을 버리고 사랑하며 살 수 있다

바울은 미쁜 말(*pistos*, 신뢰할 만한 말)을 소개한다.[1672] 무엇이 신뢰할 만한 말인가?(15절) 예수님이 죄인을 구원하시려 세상에 임하신 것이다. 즉 복음이 미쁜 말이다. 이 복음은 누구나 온전히 신뢰해야 할 말씀이다. 이 복음을 개인적으로 믿는 순간 바울은 자신이 누구인지 알게 되었다. "죄인 중에 내가 괴수니라"(on[관계대명사 남성 복수 속격, 선행사는 *hamartolous*] *protos eimi ego*,[1673] NIV: of whom I am the worst). "세상에서 별 해가 없어 보이고, 탁월한 덕을 지니고 있으며, 모든 칭송을 받을 만한 생활을 한다고 해도, 복음의 교의에 반대하고 자신의 불신을 고집할 경우, 그는 가장 지독한 죄인 가운데 하나로 취급을 받을 것이다"(참고. 칼빈, 1996:425). 갈릴리 바다에서 예수님을 인격적으로 처음 만난 베드로의 고백은 무엇이었나? 예수님의 무릎 앞에 엎드려 "주여 나를 떠나소서. 나는 죄인이로소이다"(참고. 눅 5:8). 사람이 주님을 인격적으로 만날 때, 복음을 인격적으로 받을 때만 자기 의를 버리고 자신이 죄인인 것으로 제대로 파악한다. 자신이 죄인임을 모르는 사람은 자신에 대해 제대로 모르는 사람이다.

16절은 13절에 이어 다시 한 번 '하나님의 긍휼'을 언급한다. 바울은 왜 긍휼을 입었는가? 하나님이 긍휼과 자비의 하나님이시기 때문이다. 예수님께서 무지한 상태로 교회의 대적 노릇을 하던 바울을 버리거나 심판하지 않으시고 오래 참으셨기 때문이다. 바울은 예수 그리스도가 메시아이심을 몰랐기 때문에 교회를 핍박했다. 그가 고의로 교회를 핍박한 것은 아니다. 무지 가운데 핍박했다. 그러나 모르고 지은 죄도 죄이기 때문에 회개해야 한다. 하나님은 바울을 모델로 삼으셨다. 누구의 모델인가? 주님을 믿어 영생을 얻는 자들의 모델이다. 바울의 회심은 그 이후의 모든 사람들에게 이런 교훈을 준다. "죄인 중의 괴수인 나에게조차 긍휼을 베풀어 회개하게 하시고 직분을 맡겨 주셨다면 여러분에게도 긍휼을 베풀어 주실 것입니다." 바울은 마음 깊은 곳으로부터 하나님의 긍휼과 오래 참으심 그리고 은혜를 느끼고 있었기에, 복음을 전하지 않고는 견딜 수 없었다. 하나님의 깊고 크신 은혜를 알면 자신의 죄악이 얼마나 무서운 것인 줄 알게 된다. 그래서 참으로 하나님을 신뢰하고 감사하게 된다. 시간이 지나더라도 구원의 은혜에 감격할 수 있는 사람은 복음을 전하기를 좋아한다.

바울은 만세의 왕, 썩지 아니하고 보이지 아니하고(*aphtharto aorato*, imperishable and invisible),[1674] 오직 한 분이신 하나님께 존귀와 영광을 세세토록 있기를 찬양한다(17절). 하나

1672) 15절에서, 이탈리아어 역본과 몇몇 교부들은 '인간적인'(*anthropinos*)으로 쓰지만, 문맥에 어울리지 않을 뿐더러 지지를 받지 못한다. 디모데전서 3장 1절에도 동일한 본문 비평상의 문제가 등장한다.

1673) 바울은 현재 죄인의 괴수'이다'고 말하지, 이전에 괴수'였다'고 말하지 않는다. 이 구절을 통해서 바울이 계속해서 죄책감에 사로잡혀 있었다고 볼 이유는 없다. "용서받았더라도 죄인은 죄인으로 남는다. 과거는 항상 거기에 있어서 깊은 회개와 봉사를 촉구한다"(참고. Lock와 Kelly를 인용하는 Rogers & Rogers, 1998:489).

님은 왕이시다. 어떤 왕이신가? 만세 즉 영원한 왕이시다. 부패와 죽음을 초월하는 썩지 않는 왕이시다. 시공간을 초월하시는 거룩하시고 보이지 않는 왕이시다. 그 어떤 비교도 허용하지 않으신 유일하신 홀로 하나이신 왕이시다. 참으로 바울의 삶은 복음에 빚진 자로서 열정적인 사역과 귀한 열매가 많은 삶이었지만 동시에 감사와 찬송이 영혼 깊은 곳에서 늘 넘치는 멋진 삶이었다. 우리가 죄인이었을 때 주님의 참으심과 긍휼로 신앙을 가지고 직분을 맡도록 해 주셨다. 주도권을 하나님이 쥐고 계신다. 그렇다면 이 왕이신 하나님을 송영해야 한다.

2.5. 디모데전서 1장 18-20절의 메시지

바울은 디모데에게 예전에 예언으로 지도해 준 적 있다. 그 예언을 따라서 디모데는 선한 싸움을 싸워야 했다(18절). 이 예언은 무엇에 관한 것인가? 디모데전서 4장 14절에 보면, 디모데가 목회자로 임직할 때 장로들이 그에게 안수를 했다. 그때 디모데는 은사를 받았고 예언이 주어졌다. 디모데의 목회 사역에 필요한 은사와 권위를 하나님이 주셨다. 그때 받았던 예언을 따라 디모데는 선한 싸움을 싸워야 했다. 이 선한 싸움은 군인이 수행해야 할 급박한 임무와도 같았다. 그런데 무엇과 관련된 선한 싸움인가? 디모데전서 6장 12절에서 "믿음의 선한 싸움을 싸우라"고 권면하는 것을 보니, 여기서 말한 선한 싸움도 동일한 것으로 보인다. 디모데는 에베소 교회의 젊은 목회자로서 하나님의 말씀을 가지고 믿음의 선한 싸움을 싸워야 한다. 바로 거짓 교사들과 이단을 대항하여 진리의 싸움을 싸워야 했던 것이다. 이것이 군인이 수행해야 할 임무처럼 급박한 것이었고 긴장감이 도는 것이었던 것이다.

이 선한 싸움을 성공적으로 수행하기 위하여 필요한 것은 믿음과 선한 양심을 가지는 것이다(19절). 디모데가 지켜야 할 '그' 믿음은 무엇인가? 예수 그리스도를 구주로 믿는 믿음, 그리고 성경을 진리와 생명의 말씀으로 믿는 믿음과 같은 객관적인 믿음을 가리킨다. '착한 양심'(*agathen syneidesin*)이란 무엇인가? 윤리적으로 선과 악을 분별할 줄 아는 디모데의 주관적인 양심이다. 양심은 하나님이 주신 선물이요 하나님의 음성을 듣는 귀다. 우리가 죄와 악을 직감적으로 더러운 것으로 판별하고 멀리해야 할 것으로 알 수 있는 것은 우리의 양심이 정상적으로 작용하기 때문이다. 디모데전서 4장 2절이 말씀하듯이, 양심에 화인을 맞지 않는 이상, 양심이 무감각해지지 않는 이상, 우리는 성령의 감동으로 거듭난 양심을 가지고 있다. 죄를 범하고 나면 양심이 가책을 받아 편하지 않다. 우리의 양심은 불신자들의 양심과 다르다. 우리의 거듭난 양심은 불신자의 양심보다 훨씬 죄에 대해 민감하고 주님의 인도하심에 적절히 반응하며 깨끗하다.[1675)]

객관적인 믿음과 개인의 착한 양심은 함께 보존되어야 하는데, 후메내오와 알렉산더와 같은 이들은 이 둘을 함께 지키는데 실패했다. 디모데후서 2장 17-18절에 보면, 후메내오는 부활이

1674) 17절에서, D사본과 몇 몇 교부들은 '죽지 않고 보이지 않는'(*athanato aorato*, immortal and invisible)으로 쓴다. F와 G 사본은 '썩지 아니하고 보이지 아니하고 죽지 않고'(*aphtharto, aorato, athanato*)로 쓴다. 하지만 이 두 이문의 사본상 증거는 약하다. 그리고 17절의 '한 분 하나님께'(*mono theo*) 대신에, 공인 본문은 로마서 16장 27절처럼 '한 분 지혜로운(*sopho*) 하나님께'로 표기한다(참고. 매츠거, 2005:553).

1675) 칼빈(1996:429)은 이 구절을 주석하면서 "나쁜 양심이야말로 모든 이단의 어머니이다"라고 말했다.

이미 지나간 것처럼 잘못 주장하여, 미래에 있을 부활을 믿는 사람들을 혼란하게 만들었던 사람이다. 알렉산더에 대해서 별다른 정보가 없지만 아마 그는 후메내오처럼 이단적인 가르침을 펼쳤던 사람으로 보인다. 이들은 양심을 저버리고(*apotheoo*, 신약에서 이 동사는 중간태로만 사용되어서 매우 강렬히 거부하는 것을 뜻함), 믿음을 파선시켜(*enausgesan*, 아오리스트 능동 직설 3인칭 복수) 버렸다(19절).[1676] 선한 양심을 가지고 있는 사람이 믿음을 지킬 수 있다. 그러므로 양심과 믿음은 긴밀하게 연결된다. 왜냐하면 하나님의 진리의 말씀을 믿는 믿음은 윤리적이고 양심적인 삶으로 표출되어야 하기 때문이다. 믿음이 있는 사람은 도덕적으로 깨끗하게 살아야 한다. 신앙과 도덕적 삶은 항상 병행되어야 한다.

후메내오와 알렉산더의 이단적인 가르침과 성령의 일깨워 주시는 것에 무디어져 버린 그들의 양심으로 인해, 결국은 사탄에게 내어준 바 되었다(20절). 이것은 출교를 의미한다. 에베소 교회 안에 진리를 보호하고 교회의 순결을 유지하려는 정당한 권징-치리가 시행되었다는 증거이다. 고린도전서 5장 5절에서 근친상간의 죄를 범한 사람에게도 동일한 표현을 사용하여 출교시킬 것을 명령한 적 있다. 출교를 당했더라도 진실로 회개하여 변화된 삶의 증거가 있으면 다시 교회 안으로 들어올 수 있다. 디모데가 할 일은 믿음과 선한 양심을 지켜서 모범을 보여줌으로써 이런 잘못된 가르침을 바로잡는 것이었다.

3. 오늘에의 적용

우리 시대의 허탄한 족보와 신화는 무엇인가?
바울의 고백으로부터 배울 수 있는 바른 간증의 원리는 무엇인가?
무엇이 출교를 보기 힘든 시대로 만들었나?

디모데전서 2장

1. 본문 및 구조

- 한 분 하나님과 중보자 앞에서 한 바울의 기도(1-8)
- 여자 성도에게 주는 가르침(9-15)

1676) 바울은 디모데전서를 쓸 때까지 적어도 4번이나 파선(shipwreck)을 경험했다(참고. Rogers & Rogers, 1998:489).

2. 구원 계시사적 메시지

2.1. 디모데전서 2장 1-8절의 메시지

바울은 디모데를 향해서 '첫째로' 권한다(1절).[1677] 최상급으로 나타난 '첫째로'(*proton*, firstly)는 중요성에 있어서 우선적이라는 말이다(참고. Marshall, 1999:418). 성도는 모든 사람을 위해 간구, 기도, 도고, 감사를 해야 한다. 교회는 우선적으로 기도하고 예배하는 공동체이다. 예배는 전도보다 우선적이다. 전도는 로마서 15장 16절에 근거해 보면 불신자를 하나님께 드리는 제사이기에 예배의 한 행위이다. 바울은 여기서 기도를 포함한 예배가 교회 안에만 머물러서 되지 않고, 이방인과 모든 사람을 포함하는 것이라고 한다(1, 3-4, 6, 7절). 바울은 1가지 종류의 기도를 4가지 뉘앙스로 말한다(참고. Knight, 1999:114-115). (1) '간구'(*deesis*)는 특정한 유익과 필요를 아뢰는 간청(*entreaty*, petition; 참고. 딤후 1:3)이고, (2) '기도'(*proseuke*)는 포괄적인 용어이지만(참고. 롬 1:10), 특별한 필요와 보호를 위해 하나님 앞으로 가져오는 것이며, (3) '도고'(*enteuksis*, appeal)는 그것들에 대해 긴급함과 담대함을 가지고 높은 분 즉 하나님께 호소하는 것이며, 마지막으로 (4) '감사'(*eucharistia*, thanksgiving)는 그것들에 대해 하나님께 감사하는 것이다(참고. 고전 14:16).

이 4가지 기도의 종류들은 모든 사람을 위해 드려져야 한다.[1678] 우리는 모든 사람을 위해서 기도해야 하기에 개교회 중심적인 좁은 범위의 기도를 책망하는 것이다. 온 세상을 위하여 기도해야 하는데 자신이 속한 교회만을 위해 기도하는 것은 세상의 복음화와 정의의 실현에 방해가 된다.

성도는 특별히 임금들과 높은 지위에 있는 '모든 사람들을' 위해서 기도해야 한다(2절). 왜 기도를 해야 하는가? 모든 경건과 단정한 중에 고요하고 평안한 생활을 하기 위해서이다. 디모데전서를 기록할 때, 그리스도인 임금들은 없었다. 대신 로마 제국의 이방인 왕들만 있었을 뿐이다. 이때는 로마의 네로 황제가 다스리고 있었을 때이다. 그는 허영심이 많고 잔인했던 기독교의 박해자였다. 구약도 이방나라 임금들을 위해 기도하라고 가르친다(참고. 스 6:10; 렘 29:7). 왜 임금이 이방인이지만 그를 위해 기도해야 하는가? 정부의 권세는 하나님으로부터 나온 것이고, 정부는 전쟁으로부터 안정을 주기 때문이다. 국가와 사회가 안정되고 질서가 있어야만 교회도 사명을 잘 감당하게 된다.[1679]

1677) 디모데전서 2장 1절의 문두에 위치한 동사(*parakalo*)를, D, F, G 등은 "너는 권면하라"(*parakalei*, 현재 능동 명령 2인칭 단수)로 바꾸었다. 이것은 바울이 디모데를 향한 명령의 형태가 되도록 필사상에 가한 수정이다(참고. 매츠거, 2005:554).

1678) 여기서 반유대주의가 발견된다. 왜냐하면 유대인들은 이웃을 위해 기도했지만 모든 사람을 위해서는 기도하지 않았기 때문이다(참고. Marshall, 1999:420).

1679) A.D. 1세기 중반까지 회당에서 로마 황제를 위해서 기도를 드렸다. 이 사실은 유대인들의 로마에 대한 충성을 보여준다. 그러나 A.D. 66년에 열심당은 '하나님을 위하여' 로마의 굴레를 벗으려고 투쟁했다. 이것이 유대-로마 전쟁의 기폭제가 되었다(참고. 존 월튼, 2010:1901).

이 기도는 우리 구주 하나님 앞에 선하고 받으실 만한 것이다(3절). 성도가 왕이 정의롭게 통치하여 법과 질서를 보존하며 안정된 사회를 유지하도록 기도하는 것은 하나님이 보실 때 선하고 받으실 만한 것이다. 국가가 평안한 가운데서 교회가 예배를 드리고 복음을 전하는 것이 효과적이기 때문이다. 국가는 교회를 보호해야 하고 교회는 국가를 위해 기도해야 한다.1680)

하나님은 '모든 사람'(*pantas anthropous*)이 구원을 받으며(*sothenai*, 아오리스트 수동 부정사, to be saved), 진리를 아는 데(*epignosin aletheias*, 진리의 인식) 이르기를 원하신다(4절). '진리의 인식'은 기독교를 나타내기 위해서 목회 서신에서 사용된 공식 용어로 보이는데, 기독교 신앙에로의 개종과 관련된다. 이 표현이 디도서 1장 1절에서는 '믿음'과 나란히 등장한다(참고. 딤후 2:25, 3:7; 보라. 디벨리우스, 1983:69). 하나님은 모든 사람이 구원을 받기를 원하시기에 우리의 기도는 교회 구성원들을 위해서만 제한되면 안 된다. 그러므로 우주적인 교회를 위해서 개교회 안에 있는 인종 차별주의, 민족주의, 국수주의, 지역주의는 사라져야 한다. 하나님은 인종과 민족의 차별 없이 모든 사람(all kinds of people)이 구원 받기를 원하신다. 이 말은 한 사람도 예외 없이 인류 전체가 구원을 얻는다, 혹은 '만민 속죄'를 가리키는 말은 아니다(참고. 칼빈, 1996:10).

하나님은 한 분이시다. 하나님과 사람 사이의 중보도 한 분이신데 바로 사람이신 그리스도 예수님이시다(5절). 만일 하나님이 여러분이라면, 그리스나 로마의 여러 신들처럼 서로 싸우며 경쟁할 것이다. 하나님은 오직 하나이시며 어떤 경쟁자도 용납하지 않으시며, 자신의 영광을 다른 사람에게 나누어 주지 않는 유일하신 분이시다. 오직 하나님 앞에 만민이 무릎을 꿇고 영광을 돌리기를 원하신다. 질투하시는 하나님에게만 구원이 있다. 하나님은 구원을 위해 중보자를 세우셨는데 바로 참 하나님이시며 참 사람이신 예수님이시다.

예수님은 자신을 '모든 사람을 위해서'(*hyper panton*) 속전(ransom)으로 주셨다. '모든 사람'은 마가복음 10장 45절의 '많은 사람'과 같은 의미이다(참고. Marshall, 1999:431). 기약이 이르면

1680) 16세기 화란의 개혁주의 설교가 귀도 드브레가 작성한 벨직 신앙 고백 제 36조 '시민 정부'에 대한 설명을 들어보자. "우리는 인간의 타락 때문에 우리 은혜로우신 하나님께서 왕들과 군주들과 공직자들을 임명하셨다는 것을 믿습니다. 하나님께서는 사람들의 방탕함이 억제되고, 모든 것이 선한 질서로 그들 가운데서 행해지게 하기 위해, 세상이 법률과 정책에 의해서 다스려지기를 원하십니다. 이런 목적으로 하나님께서는 범죄자를 처벌하시고 선을 행하는 자들을 보호하시기 위하여 정부의 손에 칼을 쥐어 주셨습니다. 억제하고 보호하는 정부의 일은 공공질서에만 제한된 것이 아니라 그리스도의 왕국이 도래하고, 복음의 말씀이 모든 곳에서 설교되게 하여 하나님께서 당신의 말씀에서 요구하신 대로 모든 사람들에 의해서 영광을 받으시고 섬김을 받으시도록 하기 위한 교회의 사역과 교회를 보호하는 것도 포함합니다. 더욱이 모든 사람들은 자신의 사회적 신분이나 조건이나 계급을 막론하고 공직자들에게 다스림을 받아야 하고 세금을 내야 하며 정의와 존경으로 그들을 대해야 하고, 하나님의 말씀과 일치하는 모든 일에 있어서 그들에게 순종해야 합니다. 우리는 그들을 위해 기도하여 하나님께서 그들의 모든 길을 지도해 주시어 우리가 조용하고 평화로운 삶 곧 모든 면에 있어서 단정한 중에 살도록 해야 합니다. 이런 이유로 우리는 재세례파들과 다른 반역하는 사람들과 일반적으로 권세들과 공직자들을 배격하고 공의를 파괴시키며 물품의 나눔을 소개하고 하나님께서 사람들 가운데 세우신 예의범절을 혼란하게 하는 모든 자들을 정죄합니다."

증거할 것이다(즉 정해진 때 구원의 복음이 전파될 것이다; 6절). 예수님이 자신을 희생하셔서 속전(대속물)과 희생 제물이 되셨다(참고. 사 53:12). 죄의 노예였던 우리를 구원하기 위해 치르신 대가는 자신의 생명이었다.

이를 위하여(증거를 위하여) 바울은 전파하는 자와 사도로 세움을 입은 것은 참말이요 거짓말이 아니다(7절). "내가 진리를 말한다"(*aletheian lego*)는[1681] 표현을 통해 추론해 볼 만한 것은, 전도자와 사도로서의 바울의 신분에 도전하는 사람이 있었을 것이라는 점이다. 바울은 하나님의 유일하심과 예수 그리스도의 속전 되심을 전파했다. 믿음과 진리 안에서 바울은 '이방인'의 스승이 되었다. 바울은 '믿음과 진리 안에서' 가르쳤다. 바울은 확신과 말씀 위에서 가르쳤다. 바울은 디모데가 목회하던 에베소 교회가 비록 어린 교회이고 작은 교회일지라도 전 세계를 향하여 구원의 사역을 이루시는 하나님의 의도에 맞추어서 세계적인 사명을 감당하기를 원한다. 바울은 각처에서(참고. 말 1:10-11), 모든 남자들이 분노와 다툼이 없이 거룩한 손을 들고 기도하기를 바란다(8절). '거룩한 손'은 기도에 있어서 거룩성과 경건성을 강조한다(참고. 출 9:29; 왕상 8:22).

2.2. 디모데전서 2장 9-15절의 메시지

여기서 우리는 2천 년이라는 세월의 간격이 성경주석에 미치는 영향을 실감한다. 디모데전서 2장 9-15절은 성경 전체에서 여성의 가르침을 분명하게 금지하는 유일한 구절이다. 이것은 또한 창조 질서 즉 남자가 먼저 되었고 여자는 그 후에 창조되었다는 사실에 호소하여 어느 정도 여성의 '종속성'을 명하는 것으로 보이는 두 개의 본문 중 하나이다. 다른 하나의 본문은 여성이 머리에 무언가를 써야 한다는 것을 명령하는 고린도전서 11장 5절이다. 만일 성경 66권 중에서 오직 디모데전서 2장 9-15절에만 교회 안에서의 여성의 가르치는 사역을 금지하는 주장이 있다면, 이것은 놀라운 사실이며, 여성의 사역을 권하고 있는 바울의 다른 구절과 상충되기도 한다(예. 고전 11:5). 이 이유로 디모데전서 2장 9-15절의 1세기 당시의 역사적이고 문화적인 상황을 조사해 보아야 한다.[1682]

디모데전서 2장 9-15절은 고린도전서 11장처럼 공중기도를 할 수 있는 여성들의 권리에 대해 언급하는 것 같다. 이 사실은 디모데전서 2장 1-8절이 남자들의 기도를 언급하고 있는 사실로부터 분명해진다. 디모데전서 2장 1-2절은 통치자들을 위해(디모데가 목회하던 에베소 도시 안에서의) 공적 기도를 할 것을 권고한다. 실제로 A.D. 66년까지 성전에서 로마 황제의 건강을 위한 기도가 드려졌다. 그해 유대-로마 전쟁이 발발하자 이 기도는 중단되었다. 이런

1681) 7절에서 시내 산, D, 다수 사본은 '내가 그리스도 안에서 진리를 말한다'로 쓴다.

1682) 참고로, '중세 스콜라 신학의 아버지'라 불리는 토마스 아퀴나스는 '신학대전'의 '여자의 창조'에서 여자는 남자에게 종속되어 있음을 동물의 암컷과 수컷에 비유하여 설명한다. 능동적인 것과 수동적인 것의 힘이 연합되는 것같이 동물들 중에서도 능동적인 힘을 가진 것이 수컷이고 수동적인 힘을 가진 것이 암컷이라고 설명한다. 여자는 남자를 타락시킨 존재이다. 아퀴나스의 이 사상은 가톨릭은 물론 개신교에까지 영향을 미쳤다.

종류의 기도는 기독교인들에게도 중요했는데, 그 이유는 기독교가 로마 제국에 해로운 것이 아님을 증명하기 위해서이며, 더 나아가 평안한 가운데 신앙생활하기 위해서이다.

9절은 '또 이와 같이'라고 말함으로써, 바울은 이제 여자에게도 공적인 기도에 대해 설명하고 있다. 고린도전서 11장과는 달리 디모데전서 2장에서는 여성이 교회에서 침묵할 것을 명령받지 않았음을 알 수 있다. 왜냐하면 바울은 여성의 공적인 기도를 권면하고 있기 때문이다. 주목해 볼 것은 남자들의 기도보다 여자들의 기도에 바울이 더 세밀하게 주의를 기울이고 있다는 점이다. 이 사실은 에베소에서 행해진 여자들의 공중 기도에 무언가 더 심각한 문제가 발생했음을 의미한다(참고. 딤전 5:13). 이 문제는 두 가지다. 하나는 복장과 관련된 것이고(딤전 2:9), 다른 하나는 가르침과 관련된 것이다(딤전 2:12).

먼저 여성의 복장에 관해 먼저 살펴보자. 여기서 바울은 최신의 유행하는 옷을 금하고 있다기보다는, 이성의 눈길을 끌기 위한 (야릇한) 옷이나 부를 과시하기 위해 사치스럽게 치장하는 것을 금하고 있는 것 같다. 2세기 이후의 유대 선생들은 특정한 장식품을 허용했다. 랍비 아키바(Akiba)는 남편이 아내보다 더 아름다운 여인을 발견했을 경우 이혼하는 것을 허락했다. 이 말은 아내는 남편'만을' 위해 화장과 치장을 할 수 있다 혹은 해야 한다는 사실을 의미한다. 유대인 중 후기 선생들 중에는 하나님께서 하와를 아담에게 데려가기 전에 하와의 머리를 땋아 주었다고 말하는 사람도 있었다. 9절의 '땋은 머리'는 지나치게 화려한 장식을 의미한다.

고대에는 고귀한 인격뿐만 아니라, 육체의 아름다움을 미덕으로 여겼다. 헬라 작품들 속에는 키가 크고, 진하고 굵은 눈썹, 그리고 하얀 피부에 금발을 미인으로 보았다. 때로는 통통한 볼을 첨가한다. 여성의 아름다움이 미덕이기는 하지만, 남성을 유혹하는 위험한 것이기도 했다. 그래서 아름다움 때문에 결혼해서는 안 된다고 말하기도 한다. 성적 범죄의 도구가 될 수 있던 금이나 다른 장식으로 남자를 유혹하여 타락으로 인도한 경우가 있었다. 여기서 바울 역시 과도한 사치와 장식의 문제점을 성적인 부정과 연관시켜 지적하고 있다. 아마도 디모데가 목회를 하고 있었던 에베소의 교회는 일부 부자들을 포함하고 있었던 것 같다. 우리 시대의 말로 한다면 야하고 비싼 명품을 걸치고 BMW를 타고 교회에 오는 여자들을 가리킨다(참고. 벧전 3:3).

바울은 참된 장식으로 선행을 디모데전서 2장 10절에서 제시한다. 아름다움은 인격과 삶에서 나오기에, 복장은 정숙해야 한다. 옷은 단정하고 유혹적이지 않아야 하지만, 영혼은 풍성해야 한다. 바울은 복장 문제로 여성이 남성보다 문제를 더 일으켰기에 여성을 대상으로 권면하고 있다.

복장의 문제를 넘어, 여성이 가르치는 것에 대한 문제는(딤전 2:12) 이해하기가 더 어렵다.1683) 바울은 여자가 종용히 배울 것을 부탁한다. 남자들을 주관하는 것 즉 남자들에 대해 권세를 취하는 것을 금하고 있다. 이 권면도 바울 당시의 문화적 배경 속에서 이해되어야 한다.1684)

1683) 최갑종(2009:11)은 12절의 여자를 일반 여성 전체가 아니라 특수한 기혼 여성으로 본다. 왜냐하면 바울이 *gyne*를 여자를 가리키는 용어로 사용하는데, 이것은 여러 곳에서 기혼 여성을 가리킨다(참고. 딛 1:6; 딤전 3:2, 12, 5:19). 그리고 13절에 하와는 아담의 부인이다. 또한 15절은 기혼 여성의 해산 문제를 다룬다.

여성의 침묵의 문제를 다루어 보자. 바울 당시 일부 회당에서는 여자가 회당장과 같이 지도적인 역할을 한 곳이 있기에 모든 경우에 여성이 침묵을 요청 받았던 것은 아니다. 하지만 바울이 여기서 공중 예배 중에 여성의 침묵을 강조하는 것은 그들이 어떤 주제에 대해 완전한 지식을 갖기 전에 일단 침묵으로 배워야 했음을 말한다(비교. 고전 14:34). 사실 그 당시 어떤 선생은 제자들에게 도덕적인 훈련의 한 형태로 침묵 훈련을 시킨 적 있다. 바울이 의도한 것은 여성이 배워야 하지만, 부적당하고 어리석은 질문으로 전체 회중에게 방해되어서는 안 된다는 것이다. 종용히 배우라는 말은 먼저 경솔히 말하지 말고 무엇을 말하고 있는지 주의를 기울이라는 경고일 수 있다(참고. 행 15:12, 21:40, 22:2). 그렇다고 여성이 예배 중에 무조건 그리고 영원히 조용해야 하는 것은 아니다. 이 침묵에 대한 권면은 디모데전서 5장 13절에 암시된 에베소의 특수한 상황과 연관된 듯하다. 그 당시 많은 젊은 여성들이 여기저기 돌아다니며 어리석은 말을 하고 가르치는 일을 일삼고 있었다. 사실 '침묵'이란 용어는 정중하게 주의를 기울이는 것이나 조용한 행동을 언급한다(참고. 딤전 2:2).

다른 문제에 주의를 기울여 보자. 바울이 남자를 다스리려는 권세를 여성에게서 빼앗으려고 하는가? 여기서 남자를 주관하는 것의 의미는 분명하지 않다(딤전 2:12). 바울은 여성이 남성에 대해 권세를 부리는 방법으로 가르치는 것을 금지하고 있다. 아담과 하와가 범죄 타락한 후 창세기 3장 16절 ("……남편은 너를 다스릴 것이니라")에서 하나님께서 말씀하신 대로 여자들이 남편에게 순종하지 않고 오히려 그들을 권세를 가지고 횡포하여 지배하고자 하는 사실에 바울이 호소하고 있다. 여성이 교회에서 남자들을 주관하는 것을 금지하는 바울의 권면은 디모데가 목회를 하고 있던 A.D. 1세기의 에베소 교회에만 제한되는 것인가 아니면 모든 교회, 모든 시대에 적용되는 것인가? 최근에 에베소 교회에게만 특정적으로(ad hoc) 적용되는 권면으로 보는 견해가 늘어가는 듯하다.[1685]

가정에서 남자가 가장으로 다스리듯이 교회에서도 그 당시의 상황을 고려해 볼 때 남자가 지도자의 역할을 수행했다. 아마 교회 밖의 사람들은 여성이 교회 안에서 가르치는 일을 수행하고자 했던 여성들로 인해 부정적인 인상을 받았던 것 같다. 아마 여성의 가르침을 금하는 더 중요한 이유는 에베소의 많은 잘못된 가르침이 여성을 통해서 전파되었기 때문이다. 여성은 거짓 선생들(주로 남자)이 거짓 교훈을 퍼트리는 통로 역할을 했는데, 이것은 여성의 교육이 미비했던 점을 악용한 결과이다. 바울은 여성이 가르칠 수 있을 정도로 먼저 배우기를 원했던 것 같다. 여성이 충분히 배운 후라면 가르침을 허용했을 것이다.

디모데전서 2장 13-15절을 살펴보자. 여자가 남자를 주관하여 가르칠 수 없는 이유는 아담이

1684) 디모데가 목회했던 에베소의 아데미 제의는 남성에 대한 여성의 우위를 강조했다. 아마도 에베소 교회의 기혼 여성은 이런 영향을 받았을 수 있다. 하와가 뱀의 유혹을 받아 남편 아담을 잘못 인도한 것처럼, 에베소 교회의 일부 기혼 여성도도 잘못된 교훈으로 자기 남편이나 다른 남자 성도를 가르치거나 주관하려는 경향이 있었던 것 같다(참고. 최갑종, 2009:12-13).

1685) 12절을 주석하면서 칼빈(1993:447)은 구약에서 드보라와 같은 여성이 활동한 특별하고 예외적인 경우를 보편화시킬 수 없다고 못박는다.

하와보다 먼저 지음 받았고,[1686] 아담이 아니라 하와가 꾀임을 보아 죄에 빠졌기 때문이다. 유대 랍비들은 하와의 최초의 범죄를 신랄하게 비난한다. 디모데전서 2장 13절에서 말하는 이와는 하와를 가리키지 여자 전체를 가리키지 않는다. 창세기에서 하와가 아담의 갈빗대에서 나중에 창조되었다고 하여 아담에게 종속된 것으로 보지 않는다. 오히려 아담의 갈빗대 즉 동등성을 강조한다. 바울은 창세기의 문맥을 그대로 사용하여, 여자의 종속성을 말하지 않을 뿐더러, 여자 전체가 남자보다 유혹에 잘 넘어가고 범죄를 잘할 것이라고 보편화시켜 말하지도 않는다. 하와가 범죄했을 때는 선악과를 먹지 말라는 경고를 하나님에게서가 아니라 남편 아담에게서 받은 후였다. 하와는 가르침을 아담에게 의존했다. 여기서 유비가 있는데, 에베소 교회의 여성들도 남자에게 성경 지식을 의존했다. 또한 하와가 쉽게 속아 넘어간 것처럼, 에베소 여성들도 거짓교리에 쉽게 넘어갔다. 바울이 의도하는 바는, 하와처럼 유혹에 빠져 범죄할 수 있기에 에베소 교회 여자들은 조심하고 가르치지 말라는 의미이다.

결론 구절인 15절의 "그 해산함으로 구원을 얻으리라"는 무슨 의미인가? 여성이 정절, 믿음, 사랑, 거룩으로 산다면 하나님의 구원의 대상 중 일부라는 말은 아닐 것이다. 이유는 이것이 행위구원을 가르치기 때문이다. 안전하게 출산을 겪어 내는 여성들을 언급하는 것인가? 여기서 '구원함을 받는다'(*sothesetai*, 미래 수동 직설 3인칭 단수)는 말은 문맥상으로 볼 때 죄로부터의 구원을 가리키기보다는 '아이를 낳는다' 혹은 '안전하게 극복하다'라는 의미로 쓰였다(참고. 출 14:13, 30; 1마카비 4:25; 솔로몬의 시편 16:5).[1687] 하지만 바울은 그 어디서도 '구원함을 받는다'를 출산(아이를 낳는다)을 통해 구원함을 받는다는 문자적인 의미로 사용하지 않았다. 세상에 누가 출산하여 구원받을 수 있는가?

바울은 구원을 설명하기 위해서 그 당시의 문화적 배경과 창세기의 하와 사건에 호소한다. 먼저 바울 당시의 문화적 배경에 호소하는 것을 살펴보면, 사실 바울의 독자가 출산과 관련하여 구원을 이해하는 가장 자연스런 방식은 '안전한 분만'을 연상하는 것이다. 고대에는 출산 과정에서 산모가 죽은 경우가 지금보다 더 허다했기에 출산을 관장하는 아데미 여신을 부르기도 했다. 다음으로 우리는 바울이 암시하는 창세기의 하와 사건에 주의해 보아야 한다. 하와의 범죄는 '고통스런 출산'이라는 '저주'와 직접 연결된다(참고. 창 3:16). 바울이 출산함으로 구원을 얻는다고 말할 때, 그 의미는 저주의 전체가 아니라 '일부'로부터의 구원을 의미할 수 있다. 왜냐하면, 성도는 예수님의 재림 때까지 혹은 우리(여자)가 이 세상에 사는 날 동안, 저주로부터 완전히 자유로울 수 없기 때문이다. 에베소 교회의 여성들이 구원을 얻을 길은 정절, 믿음, 사랑, 그리고 거룩으로 사는 길이다.[1688] 물론 이것은 '아직 아니'(not yet)의 측면을 가지기에 저주로부터

1686) 13절에서 아담이 하와보다 먼저 지음 받았다는 것을 언급한 이유는 창조에 있어서 시간적 우선성이 아니라, 아담이 가지고 있는 인류의 대표성 때문에 우위성을 가진다는 의미이다. 만약 시간적 우선성이라면 동물이 사람보다 더 우월해야 한다.

1687) 그레코-로마 세계에서 출산을 앞둔 여성은 특정 신에서 안전한 출산을 위해서 기도했다. 하와에게 임한 저주는 유대교의 몇몇 지역에서는 해산 시의 죽음과 연관되었다(참고. 존 월튼, 2010:1912).

1688) 칼빈(1993:450)은 "아이를 낳는 것마저도 그것이 믿음과 사랑에서 나오는 것일 때만 하나님께 기쁨이

온(완)전한 구원을 의미하지 않는다.

그렇다면 '출산'의 이미지를 통한 구원의 설명과 '종용히 배우라'는 무슨 관련이 있는가? 여성은 가르치기 전에 경건한 삶을 통해서 말씀을 먼저 배워야 한다는 말씀인가? 아니면 에베소 여성도가 하와가 받았던 저주로부터 경건한 삶으로 구원을 받을 수 있다면 가르칠 자격을 갖춘다는 것을 의미하는가? 말씀을 배울 수 있는 가장 확실한 길이 탁상공론이 아닌 삶임을 강조하는가? 에베소의 여자 성도가 출산의 고통스런 저주로부터 구원받는 길은 그들의 정절과 믿음 그리고 거룩과 사랑의 삶이다. 이런 경건한 삶을 통해서 먼저 말씀을 배우라는 말씀인 것 같다. 결론적으로, 에베소 교회의 여성이 침묵과 가르침을 삼가야 했던 이유는 여자였기 때문이 아니라 제대로 교육받지 못했기 때문이다. 이 사실을 우리 시대에 적용해 본다면, 설령 남자라 할지라도 제대로 말씀을 분별할 수 없다면 가르치기 전에 먼저 종용히 배워야 함을 말씀한다(참고. 딤후 2:15). 디모데전서 4장 12절에는 디모데전서 2장 15절과 거의 똑같은 표현을 사용하여 남자 디모데에게 권면한다. 이런 의미에서 우리는 말세에 '여종도 예언을 하리라'는 사도행전 2장 18절을 깊이 음미해 보아야 한다.[1689]

3. 오늘에의 적용

우리는 교회와 국가의 관계 정립이 시급한 시점에 살고 있다. 교회가 세상 수구보수의 온상이라는 인상을 심어주지 않는가? 우리는 어떻게 기도해야 하는가?

교회에서의 여성의 역할의 범위는 무엇인가?

디모데전서 3장

1. 본문 및 구조

- 감독의 자격(1-7)
- 집사의 자격(8-13)

되는 순종의 행위이다. 정절은 그리스도인 여성이 갖추어야 하는 순결에 대한 종합적인 묘사이다. ……해산과 관계된 무서운 고통과 여인이 감당해야 할 모든 임무를 수행하는 것을 거절하지 않고, 하나님께서 여자에게 정해 놓으신 상태를 하나님의 소명으로 여기며 거기에 복종하는 여자를 하나님이 기뻐하신다"고 설명한다.

1689) 참고로 한국에서 여성의 목사 안수가 처음으로 시행된 것은 1951년 예수교 재건교회가 최덕지 전도사를 잠정적이나마 명예 목사로 허락한 것이다.

• 직분에 관한 지침의 기초(14-16)

2. 구원 계시사적 메시지

2.1. 디모데전서 3장 1-7절의 메시지

디모데전서 3장 1-7절은 감독(*episkopoi*, NIV, NASB, overseer; KJV, NRSV, bishop)의 자격에 대해서, 8-13절은 집사의 자격에 대해서 쓴다. 그러나 감독과 집사가 어떤 일을 했는가에 대한 언급은 자세하지 않다.[1690] 신약 시대에는 감독과 장로(*presbyteros*, presbyter, elder)는 같은 직책을 가리키는 두 칭호였다(참고. 행 20:17, 28; 빌 1:1; 딛 1:5-7; 벧전 5:1-2; 보라. Rogers & Rogers, 1998:492; 칼빈, 1993:454). 감독은 헬라적 배경을 한 용어로서 기능을, 장로는 유대적 배경을 한 용어로서 위엄을 나타낸다(참고. 존 스토트, 1998:119).[1691] 다음은 감독이 갖추어야 할 도덕적이고 영적인 자질이다.

(1) 감독/목회자의 직분(*episkope*, office of bishop)을 얻으려 하면(*oregomai*, to stretch oneself out, to desire), 자격 중 첫 번째는 선한 일을 열망하는(*epithymei*, desires) 자이다(1절). 즉 감독의 일을 하기 위한 열망이 그 사람 안에 있어야 한다. 즉 목회에 대한 소명 의식이 있어야 한다.[1692]

(2) 반드시(*dei*) 책망할 것이 없는 자(*irreproachable*, unimpeachable, 2절). 이 말은 죄를 전혀 짓지 않는 완벽함을 의미하지 않는다. 이것은 평판이나 눈에 띄는 행동이 책망할 것이 없는 것을 의미한다. 객관적인 공격과 비난에 노출되어 있는 사람은 곤란하다. 이후로는 좀더 개인적인 자격이 언급된다.

(3) 한 아내의 남편이 되며(one-woman man). 하나뿐인 아내에게 신실하며 충실한 사람이어야 한다. 성과 결혼의 영역에서 흠이 없는 자로서의 평판을 들어야 한다.[1693]

(4) 절제하며, 근신하며, 아담하며. '절제하며'는 술 취하지 않는 것을, '근신하며'란 지각을 갖추어 내면적으로 절제의 훈련이 된 것을, '아담하며'(*kosmios*, orderly)는 절제가 외적으로 훈련

1690) 디모데전서 3장 1절의 '미쁘다, 이 말이여'(*pistos ho logos*, The saying is faithful)를 UBS 4판에서는 2장 15절의 말씀과 연결시킴으로써, 감독과 집사의 자격을 밝히는 단락과 단절시킨다. 디모데전서 1장 15절에도 동일한 표현이 등장하는 데, 흥미롭게도 2장 15절처럼 '구원론적' 메시지가 담겨 있다. 따라서 디모데전서 3장 1절 이하의 말씀이 미쁜 것으로 나타나는 한글개역성경과 NIV는 재고되어야 할 것 같다. 하나의 사본과 역본(D*, 이타카 역본)은 *pistos* 대신에, *anthropinos*(인간적인)를 사용하나, 내증과 외증상 맞지 않다.

1691) 헬라 세계에서 도시와 협회에서 어떤 직무자들은 '감독들'(overseers)로 불리었다. 쿰란에서는 감독에 상응하는 히브리어를 지도자에게 적용했다. 회당에서도 회당 예배에 관한 책임을 지니고 있었던 사람에게 감독이라는 용어를 붙였다. LXX에서는 14번 등장한다(민 4:16, 31:14; 삿 9:28; 등; 참고. Keener, 1993:612; Knight, 1999:155).

1692) 칼빈(1993:452)은 1절의 "선한 일을 열망하다"를 플라톤이 자주 인용한 속담 "탁월한 것은 힘들고 어렵다"를 빗대어 말한 것으로 본다.

1693) 팔레스타인 밖의 로마 세계에서 일부다처제는 일반화되지 않았다. 하지만 불법적인 중혼(bigamy)과 간통이 있었다(참고. Keener, 1993:612).

된 것을 의미한다. 즉 외유내강형이 어울린다.

(5) 나그네를 대접하며. 낯선 사람을 사랑하고 대접하는 것을 잘해야 한다.[1694] 특별히 바울 당시의 순회 전도자의 숙식을 감독들이 제공해야 할 경우가 많았을 것이다.

(6) 가르치기를 잘하며. 목사는 교사이다. 가르치는 은사가 있어야 한다.

(7) 술을 즐기지 아니하는 자(*paroinos*, one who sits long at his wine, 3절). 이사야 28장 7절은 제사장과 선지자가 술에 취한 것을 비판한다. 술은 가르치는 자에게 적합하지 않고 건덕상 좋지 않기에 아예 금하는 것이 좋다.

(8) 구타하지 아니하며(*plekten*, without fighting),[1695] 오직 관용하며 다투지 아니해야 한다. 목사가 성령의 열매인 온유를 겸비할 때 관용을 베풀며 살 것이며 부정적(소극적)으로는 구타하지 아니할 것이며 다투지도 아니할 것이다. 육신의 혈기대로 살지 않을 것이다.

(9) 돈을 사랑치 아니하며(*aphilargyros*). 디모데전서 6장 10절은 "돈을 사랑함이 일만 악의 뿌리다"라고 말씀한다. 바울은 자비량 선교사였다. 재정에 대해 자족하고 깨끗해야 한다.

(10) 자기 집을 잘 다스려 자녀들로 모든 단정함으로 복종케 하는 자(4절). 자기 집을 잘 돌볼 수 있는 사람이 교회도 잘 돌볼 수 있다. 참고로, 구약의 제사장 엘리는 자녀 교육에 실패한 대명사이다(참고. 삼상 3장). 자녀를 주님의 말씀으로 잘 다스릴 수 있는 사람이 교회에서도 말씀으로 바른 권위와 기강을 확립할 수 있다(5절).

(11) 새로 입교한 자(*neophytos*, a recent convert, 문자적 의미는 '새로 심은 나무')도 말지니, 교만하여져서 마귀를 정죄하는 그 정죄에 빠질까 함이요(6절). 회심한 지 얼마 안 되는 사람은 목회자로 곤란하다. 영적으로 미성숙한 사람이 목회자가 되면 너무 빠른 시간에 너무 많은 책임을 부여 받기에 교만할 수 있다. 그 결과 마귀에게 내려진 심판과 똑같은 것을 받을 가능성이 있다.

(12) 외인에게서도 선한 증거를 얻은 자(7절). 비방과 마귀의 올무에 빠질까 염려하라. 외인은 불신자를 가리키기에 불신자들에게도 좋은 평판을 얻을 수 있어야 한다. 불신자와 사회로부터 좋은 평판을 얻지 못한다면 쉽게 비방을 받고 마귀의 올무에 걸리고 된다.[1696] 마귀는 목회자의

1694) "주님의 이름으로 오는 모든 사람을 영접하십시오. 그 후에 여러분이 그를 시험할 때 여러분은 그를 알 것입니다. 왜냐하면 여러분은 참 선지자와 거짓 선지자를 알 수 있기 때문입니다. 만일 오는 사람이 여행자라면 여러분이 할 수 있는 대로 그에게 도움을 주십시오. 그러나 혹시 필요가 있더라도 그는 이틀이나 사흘 이상 여러분과 함께 머물지 않아야 합니다. 만일 그가 장인(匠人)으로서 여러분과 함께 거주하기를 원하면, 그가 일을 하여 먹고 살도록 하십시오. 그러나 만약 그에게 아무런 기술이 없다면, 여러분의 판단으로 그가 게으름을 피우지 않고 여러분과 함께 어떻게 살아갈 수 있는가에 대해서 미리 생각하십시오"(디다케 12:1-4).

1695) 후대의 사본으로 구성된 공인 본문은 디모데전서 3장 3절의 '구타하지 아니하며' 뒤에 *aischrokerde* (부당한 이익을 좋아하지 않으며)를 삽입한다(참고. 딛 1:7). 이것은 3절 끝의 '돈을 사랑하지 않으며'와 중복된다.

1696) 크리소스톰을 따라서 칼빈(1993:460)은 "하나님의 교회 위에 세움을 받은 자가 자신의 교만으로 마귀와 같은 동일한 정죄에 빠지는 일이 없도록"으로 이해한다. 그러나 "마귀에게 자신을 정죄할 계기를 준다"는 의미로 해석하는 것을 배제하지 않는다.

평판을 훼손시키려는 전술을 항상 사용한다. 마귀는 목회자의 단점을 부각시키고 허물을 과대포장하기를 원한다. 교회는 목회자를 선택할 때 이런 기준에 비추어 보아야 한다. 왜냐하면 성경이 제시하기 때문이다. 그리고 교회는 일단 선택하여 초빙한 목회자가 이런 면을 계속 견지하도록 기도해야 한다. 그리고 병행 구절인 디도서 1장 6-9절과 비교해 보라.

2.2. 디모데전서 3장 8-13절의 메시지

이 단락에서 바울은 집사(*diakonoi*)의 자격에 대해서 언급한다. 집사의 자격 중 장로/감독의 자격과 일치하는 것이 있다(8절).[1697] 단정하고 즉 존경받을 만하고, 일구이언을 하지 아니하고(*dilogos*, double-tongued) 즉 이중적인 말을 하지 아니하고, 술에 인 박이지(to occupy oneself with) 아니하고 즉 술을 즐기지 아니하고, 더러운 이를 탐하지 아니하고 즉 돈에 대해 부당한 탐욕을 버려야 한다.

그리고 깨끗한 양심에 믿음의 비밀을 가진 자라야 한다(9절). 여기서 '믿음의 비밀'(*to mysterion tes pisteos*)은 아마도 하나님 말씀을 믿는 믿음을 의미하는 것으로 보인다. 이것을 '비밀'이라고 부르는 이유는 신앙의 깊은 진리를 알아야 한다는 말이다. 하나님의 말씀과 신앙에 대한 깊은 이해와 체험이 있어야 한다. 그러기 위해서는 말씀을 그대로 순수하게 믿는 깨끗한 양심이 있어야 한다. 집사로 임명받기 전에 시험을 거쳐야 한다(10절). 일정기간 후보자의 성품과 은사, 믿음을 종합적으로 테스트하여 지켜보는 기간이 필요하다.[1698]

"여자들도 단정하고 참소하지 말며"(11절). 여기서 '여자들'(*gynaikas*)은 누구인가? 여자 집사 후보자인가 아니면 남자 집사의 아내인가? 아마 여자 집사를 가리키는 것으로 보인다. 왜냐하면 '이와 같이'(*hosautos*, 11절)라는 말은 남자 집사와 같이 여자집사도 이러이러해야 한다는 것을 가르쳐주며, 장로/감독의 아내는 언급하지 않으면서 집사의 아내만 언급하는 것은 어색하기 때문이다. 그리고 로마서 16장 1절의 뵈뵈는 겐그리아 교회의 여자 집사로 보인다. 여자 집사들은 단정하고, 존경받고, 참소하지 말며, 사람을 악하게 말하지 말고, 혀를 다스리며, 절제하며, 모든 일에 충성된 자라야 한다.

바울은 다시 남자 집사의 자격에 대해 말한다(12절). 집사는 한 아내의 남편이어야 한다. 자녀와 자기 집을 잘 다스려야 한다. 집사의 직분을 잘 감당한 사람은 두 가지 상을 받는다(13절). 첫째로, 아름다운 지위(*bathmon kalon*)를 얻는다. 둘째로, 그리스도 예수 안에 있는 믿음의 큰 담력(*pollen parresian*)을 얻는다. 아름다운 지위에서 '지위'(*bathmos*)라는 말은 '계단, 걸음, 층, 지위'라는 뜻이다. 하나님과 교회 앞에서 영예로운 지위를 얻는 것으로 볼 수도 있고, 앞으로 장로라는 직무를 행할 수 있음을 의미할 수도 있다. 분명한 것은 충실한 집사의 영향력이 공동체 전체에

1697) 참고로 회당의 '카잔'(*chazan*)은 회당 건물에 대한 책임을 맡았다.

1698) 예수님이 '그리스도'로서 왕, 제사장, 선지자 직분을 가지고 계셨기에, 교회의 '유일한 직분자'라 부를 수 있다. 신약 교회에서 그리스도의 선지자직은 목사가, 왕직은 장로가, 제사장직은 집사가 계승했다. 그리스도의 3직이 평등하듯이, 목사, 장로, 집사의 직분도 평등하다.

크게 미칠 것을 의미한다(참고. Rogers & Rogers, 1998:492). 성공적으로 집사의 직무를 감당한 사람이 받는 그리스도 예수 안의 믿음의 큰 담력은 무엇인가? 예수님 안의 믿음의 담력 즉 믿음으로 하나님과 사람 앞에서 담대함을 얻는다. 예수님을 믿는 믿음의 큰 확신을 얻는다. 그리고 집사 직분의 충실한 수행은 교회의 믿음의 증진을 촉진시킨다. 집사와 장로의 자격은 여러 면에서 유사하다. 이 유사점은 술, 돈 즉 경제적인 면, 혈기, 언어 생활에서 스스로 절제할 수 있어야 한다는 것이다. 가정에 충실하고 가정에서 먼저 권위를 얻는 자여야 한다. 세상 사람들로부터도 인정을 받아야 하고 말씀 위에 굳건히 선 믿음이 필요하다.

여기서 주목할 점은 감독(*episkopos*)과 집사(*diakonos*)라는 말은 예수님에게 적용된 말이다. 베드로전서 2장 25절에 의하면, 예수님은 우리 영혼의 목자와 감독이시다. 그리고 마가복음 10장 45절에 의하면, 예수님은 섬김을 받으려는 것이 아니라 섬기는 자로 이 세상에 오셨다. '섬긴다'는 말은 디아코니아 즉 집사와 같은 부류에 속한다. 그러므로 우리가 목사, 장로로 섬기든, 집사로 섬기든 우리 예수님의 발자취를 따라가는 일이다.[1699] 그리고 우리 주님이 맡겨 주신 영광스런 일에 동참하는 특권임을 기억하자. 감사함으로 직분에 수종을 들어 아름다운 지위와 믿음의 큰 담력을 복으로 받자.

2.3. 디모데전서 3장 14-16절의 메시지

디모데전서 3장 13절까지 감독/장로와 집사의 자격에 대해 말한 후 그들이 섬기는 교회에 대해 말씀한다. 이 구절은 신약성경에서 교회의 정체성과 사명에 대해서 가장 분명하게 설명하는 구절 중 하나이다(참고. ESV Study Bible, 2008:2330). 바울은 젊은 목회자 디모데가 목회하고 있었던 에베소 교회를 방문하려고 했다. 하지만 어떤 이유 때문인지 방문 일정이 연기된 것 같다. 그래서 편지를 보내어 목회 지침을 주었던 것이다. 바울은 이 짧은 구절에서 교회를 3가지로 설명한다. '하나님의 집/가족, 하나님의 교회, 진리의 기둥과 터'(15절). 교회에 관한 은유가 3가지이듯이, 교회의 사명도 3가지이다.

첫째, 성도는 하나님의 집이기에 아버지 하나님의 사랑과 형제자매의 우애를 가져야 한다. '집'이라는 명사는 '*oikos*'인데 건물 혹은 가족(household)을 의미한다. 교회는 하나님의 집이요 가족이다(참고. 고전 4:1; 갈 6:10). 히브리서 3장 6절에서도 성도는 '하나님의 집'이라고 말씀한다(참고. 벧전 4:17). 아마 사도 요한이 가장 분명하게 성도는 하나님의 가족의 일원임을 언급한다. "영접하는 자 곧 그 이름을 믿는 자들에게는 하나님의 자녀가 되는 권세를 주셨으니"(요 1:12). 예수 그리스도를 구주로 영접하는 자는 하나님의 자녀요 하나님의 가족이 된다. 요한은 구원을 하나님의 집에 태어나는 것으로 설명한다. 바울도 디모데전서 3장 15절에서 믿는 자는 '하나님의 가족'이라고 말한다. 이것은 성령님의 사역이다. 성령께서 우리를 거듭나게 하셨기에 우리는

1699) 예수님은 '유일한 직분자'이시다. 예수님의 3직 즉 왕, 제사장, 선지자 직분에서 장로, 집사, 목사의 직분이 생겼다. 항존직은 차등 계급이 아니라 동등하다. 그러므로 안수 집사에서 장로로 임직할 때 승진했다는 식으로 축하하지 말아야 한다.

하나님의 가족의 일원이 되었다. 그러므로 하나님은 우리의 아버지이시다. 비록 디모데전서를 받아 읽었던 수신자들은 A.D. 62년경 소아시아의 에베소에서 네로 황제의 박해의 기운이 서서히 일어날 때 살았지만 그 어떤 세상의 위협과 고난도 자신들을 향한 아버지 하나님의 사랑을 끊을 수 없음을 알게 되었다. 그리고 형제자매의 아름다운 관계를 수평적으로 맺어야 했다. 우리가 하나님의 집(가정)이라고 할 때 특별히 성부 하나님의 사랑을 받는 존재가 부각된다.

둘째, 성도는 살아 계신 하나님의 교회이기에, 삶 속에서 성령 하나님의 살아 계심을 나타내야 한다. 회심은 거짓 우상으로부터 사시고 참되신 하나님에게 돌아와서 섬기는 것이다(참고. 살전 1:9). 여호수아 3장 10절에 보니, 출애굽한 이스라엘 백성들이 약속의 땅 가나안을 바로 저쪽에 두고 요단강을 건널 때였다. 하나님은 요단강을 마른 땅처럼 바꾸시려고 계획하셨다. 하나님은 여호수아에게 말씀하신다. "살아 계신 하나님이 너희 가운데 계셔서 가나안 족속과 헷 족속과 히위 족속과 브리스 족속과 아모리 족속과 여부스 족속을 너희 앞에서 반드시 쫓아내실 줄을 이 일로 너희가 알리라." 이것이 하나님께서 구약 이스라엘과 맺으신 언약의 핵심이다. "살아 계신 하나님이 이스라엘 가운데 계셔서 승리를 주신다." 오늘날 우리는 살아 계신 하나님의 교회로 살고 있다. 살아 계신 성령님이 우리와 함께 동행하시고 우리 안에 거하신다. 그러므로 교회는 하나님의 살아 계심을 분명하게 그리고 생생하게 느껴야 한다. 우리는 예배를 통해 살아 계신 하나님의 음성을 듣는다. 우리는 성찬을 통해 살아 계신 하나님을 만난다. 우리는 교제를 통해서 살아 계신 하나님이 우리를 사랑하신 것처럼 서로 사랑하게 된다. 그렇다면 우리는 어느 정도까지 하나님이 살아계셔서 우리 안에 거하심을 나타내 보여야 하는가? 불신자들이 볼 때도 '과연 저 사람 안에는 하나님이 살아 계신다'라고 말할 정도까지이다. 우리가 살아 계신 하나님의 교회라고 할 때 특별히 성령 하나님의 임재하심이 강조되어 있다. 그러므로 성령의 은사와 충만을 간절히 찾고 사모하자.

셋째, 성도는 진리의 기둥과 터이기에, 진리이신 예수 그리스도를 전하고 확증해야 한다.[1700] 성도는 하나님의 가족이며 교회인데, 진리에 대해서 어떤 의무를 가진다. 우리는 진리의 기둥과 터이다. '기둥'이라는 말은(*stylos*, pillar)인데, 건물을 받쳐줄 뿐 아니라 건물을 높이 들어서 멀리서도 바라볼 수 있게 한다. 디모데전서의 수신자들이 살았던 에베소에는 세계 7대 불가사의 중 하나인 아데미 신전이 있다. 아데미 신전은 100개나 되는 거대한 기둥이 받치고 있다. 이 기둥의 높이는 18m이다. 대리석 지붕을 받치고 있는데, 어디서나 멀리서도 이 신전을 볼 수 있었다. 교회는 기둥이기에 잘 보이지 않을 수 있다. 그러나 진리라는 건물이 멀리서도 볼 수 있도록 해야 한다. 우리는 진리를 세상에 알려야 할 책임이 있다. '터'(*hedraioma*, bulwark)라는 말은 '성채, 보루, 방파제'를 의미한다. 즉 건물을 받쳐주는 대들보나 부벽 혹은 보루를 가리킬 수 있다. 건물을 비바람 속에서도 안전하게 지켜주고 받치는 역할을 하는 것이 기둥이다. 그러므로 진리를 이단이나 세상의 어떤 위협과 유혹 속에서도 안전하게 지켜야 할 책임이 우리에게 있다.

1700) 칼빈은《기독교 강요》4.1.10에서 참 교회의 표지로 '말씀의 선포'와 '성례의 준수'를 제시한다. 전자를 위해서 칼빈은 디모데전서 3장 15절을 증거 구절로 언급한다.

우리는 진리를 변호하고 확증해야 할 사명이 있다. 교회는 진리의 기둥과 터로서 진리를 전파하고 확증하기 위해 부름 받았다.

그렇다면 교회가 전하고 변호하고 확증해야 할 진리는 도대체 무엇인가? 바로 16절의 경건(*eusebeia*)의 비밀(*mysterion*)이신 예수 그리스도이다. "크도다, 경건의 비밀이여(혹은 '경건 곧 비밀이여', 참고. 황창기, 2000:70), 그렇지 않다 하는 이 없도다(*homologoumenos*, the unanimous convictions of Christians)." 사도행전 19장 28절에 의하면, 바울의 3차 전도 여행 중에, 바울이 에베소의 야외 극장에 붙잡혀 갔을 때 모인 군중은 2시간 동안이나 "크도다, 에베소 사람의 아데미여!"라고 외쳤다. 이제 바울은 아데미가 큰 것이 아니라, 경건의 비밀이신 예수 그리스도가 크다고 확증한다.

예수 그리스도는 '경건'(라틴어로는 *pietas*; KJV, NKJV-godliness; piety-DBY; religion-RSV, NASB, NJB)이시다(16절).[1701] 이것은 무슨 의미인가? 경건은 예수 그리스도의 인격 중심으로 정의되어야 한다. 예수 그리스도는 '비밀'이다. 즉 하나님께서 우리에게 비밀이신 주님을 이 땅에 보내셨기에 우리가 알게 되었다. 이것은 예수님의 인격(person)에 관한 진술이다. 16절 중반부터는 예수님의 사역(works)을 설명한다. 그분은(*hos*)[1702] 육신으로 이 땅에 오셨다. 교회는 주님의 성육신(출생)을 전해야 한다. 예수님은 영으로 의롭다 하심을 입으셨다. 성령님은 예수님의 부활을 통해서 죄인이 아니라 의로운 분이심을 증명하셨다. 예수님은 천사들에 의해서 보이셨다. 예수님의 생애 중에서 천사들의 시중을 받으신 적이 있다. 승천하실 때도 천사들이 시중을 들었다. 예수님은 만국에서 전파되셨다. 부활하신 주님을 교회는 온 세상에 전파했다. 예수님은 세상에서 믿은 바 되셨다. 복음이 교회에 의해 성공적으로 전파되어 결실한 것을 의미한다. 예수님은 영광 가운데서 올리우셨다. 승천하신 주님은 또한 재림하실 주님이시다. 예수 그리스도는 온 세상에 생명을 주시기 위해서, 온 땅에 하나님 나라를 이루시기 위해서 오셨음을 교회는 전해야 한다. 교회는 주님의 성육신과 부활과 승천을 전해야 한다. 이것이 복음의 핵심이 아닌가.

우리는 성부 하나님의 사랑을 받는 하나님의 가족이다. 성령 하나님의 살아 계심을 증거해야 하는 살아 계신 하나님의 교회이다. 진리이신 예수 그리스도를 높이고 전해야 할 진리의 기둥과 터이다. 예수 그리스도가 누구이신지 어떤 일을 하셨는가를 전해야 한다. 이렇게 영광스런 사명

1701) 경건과 관련하여 '영성'(spirituality)이란 말은 1960년대 가톨릭의 제2바티칸 회의 이후에 널리 퍼진 말로서, 서구 사회에서 종래의 가치관이 허물어지고 각종 범죄 현상에 따른 급격한 변혁으로 교회의 사회에 대한 새로운 책임감과 영적 각성을 통감하는 분위기와 맞물려 널리 퍼지게 되었다. 한국에서는 이 용어에 신비주의적 색채가 다소 강하게 묻어난다. 하지만 경건은 그리스도를 출발점으로 해서 이해해야 한다. 그리고 '신령한'(*pneumatikos*)과 '경건'(*eusebeia*) 모두 오순절 사건 이후에 등장하는 단어들이기에, 성령론적과 계시사적 전진을 고려해야 할 용어들이다(참고. 황창기, 2000:59, 77).

1702) 16절의 남성 단수 주격 관계대명사 *hos* 대신에, 시내 산 2판, 다수 사본 등은 '하나님'(*theos*)으로 쓴다. 하지만 8-9세기 이전의 어떤 사본도 '하나님'을 지지하지 않는다. D사본은 선행사 *mysterion*과 성(性)을 일치시키려고 중성 단수 주격 관계대명사 *ho*를 쓴다. 하지만 경건의 비밀이신 예수님이 남성으로 표현되기에 D사본은 지지를 받기 어렵다(참고. 매츠거, 2005:555).

을 주신 삼위 하나님을 찬송하며 맡겨 주신 직분을 충성 되게 감당하여 영광을 돌리자. 아멘.

3. 오늘에의 적용

우리는 성경적인 직분자를 적절히 세우고 일을 맡기고 있는가?
가정 교회를 장로교 체제 안에서 건설적으로 도입할 방법은 무엇인가?
그리스도 인격 중심의 경건상을 확립하자.

디모데전서 4장

1. 본문 및 구조

• 배교와 거짓 선생(1-5)
• 디모데를 향한 직접적인 목회적 권면(6-16)

2. 구원 계시사적 메시지

2.1. 디모데전서 4장 1-5절의 메시지

"후일에(*en hysterois kairois*) 어떤 사람들이 믿음에서 떠나 미혹하게 하는(*planois*, misleading) 영과 악령들의 가르침을 좇으리라"(1절). '믿음을 떠난다'는 말은 구약에서 이스라엘 백성이 하나님을 떠날 때 사용된 말이다. 이런 배교가 후일에 일어날 것이다. 그러나 바로 뒤 3-5절에 의하면, 바울 당시에 이미 이런 일이 벌어지고 있다. '후일'이란 말세와 같은 말인데 예수님이 오신 때로부터 다시 오실 때까지 전체를 가리킨다. 이런 거짓 가르침은 미혹하게 하는 영 곧 악령의 소행이다.[1703] 1절에서 성령과 미혹하게 하는 영을 같이 언급함으로써 바울 자신은 성령의 능력 가운데 있고, 거짓 교사는 악한 영의 지배하에 있음을 대조한다. 요한복음 8장 44절은 마귀를 거짓말쟁이요 거짓의 아비라고 부른다. 마귀는 쉽게 지적 수준이 높은 사람도 잘 미혹하여 이단 가운데 빠지게 한다.

이들 거짓 선생들은 양심이 화인 맞아서(*kekausteriasmenon*, 현재 완료 수동 분사 남성 복수

1703) 쿰란 공동체를 포함하여 유대인들은 종말에 악한 영들의 영향을 받아서 배교가 만연할 것이라고 믿었다. 그러나 종말은 악의 세대의 끝이므로, 승천하신 예수님은 남은 자를 통하여 악의 정복 사역을 이루신다(참고. 시 110:1).

속격, having been branded on by a red hot iron) 외식함(*hypokrisei*)으로 거짓말을 하는 자들이다(2절).[1704] 이들은 다리미로 도장이 찍혀서 마귀의 소유가 되어 버렸다. 마귀의 가르침은 외식하여 거짓말하는 사람을 통해서 전파된다. 외식한다는 말은 가식적이라는 말이다. 양심이 마비(마취)되어서 범죄시 무감각하게 되어 가식적인 행동을 자연스럽게 하고 거짓말을 일삼는 사람들이 거짓 선생들이다.

거짓 교사들은 혼인을 폐하고 식물을 폐하라고 가르친다(3절). 하지만 식물은 하나님의 피조물이기에 감사함으로 받으면 된다. 결혼 금지와 음식(육식)을 절제하는 것 즉 성욕과 식욕을 금하는 것은 지나친 금욕주의적인 발상이다. 인간의 기본적인 욕구들을 절제해야만 거룩한 삶을 살 수 있다는 생각에서 나온 것이다. 육은 악하기 때문에 육의 힘은 될 수 있는 대로 약화시켜야 한다는 논리이다. 쿰란의 에세네파와 영지주의가 이런 경향을 보였다.

모든 피조물은 하나님이 선하게 지은 것이므로 감사하게 받으면 버릴 것이 없다(4절). 결혼제도는 하나님이 정하신 것이기에 신성한 것이다. 그러므로 결혼을 금할 사람은 아무도 없다. 그리고 하나님이 보시기에 좋았던 피조물을 사람에게 주시면서 다스리고 정복하고 충만하라고 명령하신 분이 하나님이시기에 우리는 식물을 감사함으로 받아야지 임의로 금할 이유가 없다. 모든 것이 선한 것이 아니라 하나님이 지으신 모든 것, 하나님이 인정하신 모든 것만 선하다. 왜냐하면 하나님의 말씀과 기도로 거룩해지기 때문이다(5절). 하나님의 창조의 말씀과 성도의 감사의 기도는 결혼과 음식물을 거룩하게 만든다. 하나님이 창조 시에 말씀하신 것, 그리고 결혼을 제정하실 때 말씀하신 것을 사람은 인정하고 이것들 위에 하나님이 복을 주시도록 기도하면 된다. 적용하면, 우리는 이 세상에 있는 하나님이 인정하시는 모든 것들을 감사함으로 받아서 즐기도록 노력해야 한다. 하늘과 땅, 아름다운 자연, 숲, 새와 나무, 짐승 이 모두를 우리는 감상하고 즐길 수 있어야 한다. 그리고 가정, 친척, 친구, 동료와의 관계에 대해서도 감사함으로 즐길 수 있어야 한다. 음악, 문학, 미술, 연극, 영화, 스포츠, TV 등을 우리는 감사함으로 즐길 수 있어야 한다. 이 모든 것들을 즐김으로 하나님께 영광을 돌려야 한다. 그러나 이 모든 것에 탐닉되어 버린다면 이들이 우리에게 우상이 된다.

2.2. 디모데전서 4장 6-16절의 메시지

디모데는 거짓 교사의 가르침과는 달리 하나님의 창조와 사람의 감사함으로 받는 것을 통해서 모든 것이 가하고 선함을 가르쳐야 했다(6절). 망령되고 허탄한[1705] 신화(*bebelous kai graodeis mythous*)를 버리고 오직 경건(*eusebeia*)에 이르기를 연습해야 한다(7절). 이 경건은 디모데전서 3장 16절에 의하면 예수 그리스도 자신이다. 육체의 훈련은 약간의 유익이 있으나, 경건에 이르

1704) 바울 당시에 화인은 특별히 가축에게 사용되었다. 따라서 인 맞는 것은 배교자들의 양심이 악한 영의 소유물이 되어버린 것을 의미한다(참고. 존 월튼, 2010:1915).

1705) 이 단어는 늙은 여자(old-womanish)의 특징을 가리킨다. 철학 논쟁에서 비꼬는 표현으로서 무한한 고지식함을 가리킨다(참고. Rogers & Rogers, 1998:494).

는 연습은 우리에게 영원한 생명을 약속한다(8절).[1706] 우리는 예수 그리스도를 닮아 가는 훈련을 더 중요하게 해야 한다(참고. 엡 4:15). 경건에 이르도록(즉 경건에 이르기 까지, 그리스도에게 이르기까지) 우리가 스스로 수고하고 '힘쓰는 것'(*agonizometha*)은[1707] 소망을 구주이신 살아 계신 하나님께 두기 때문이다(10절). 적용해 보면 우리는 선한 양심을 가지고 바른 진리 위에 서 있어야 한다. 마귀는 여러 방법으로 우리에게 거짓 영을 불어넣으려고 한다. 우리는 진리를 분변할 수 있어야 한다. 모든 것을 하나님 안에서 즐길 수 있어야겠다. 그리고 경건이신 예수님을 닮아 가는데 앞장서고 더욱 진력하고 수고하고 투자하자. 왜냐하면 우리에게 이생과 내생의 약속을 주시기 때문이다. 그러므로 모든 것을 즐길 수 있되, 예수 그리스도를 닮고 하나님을 경외하는데 도움이 안 되는 것은 과감히 끊어 버리자. 이것이 경건의 훈련이다.

디모데는 이것들을 즉 바울이 디모데에게 전한 지침들을 명하고 가르쳐야 했다(11절). "네 연소함(*neotetos*, youth)을 업신여기지 못하게 하며"(12절). 아마 디모데는 20대 후반 혹은 30대 초반이었을 것이다. 교회 안에 디모데보다 연장자들이 디모데를 업신여긴 경우가 있었던 것으로 보인다. 이때 디모데는 어떻게 행동해야 하는가? 말, 행실, 사랑,[1708] 믿음, 정절(purity)에 본(*typos*)이 되어야 했다(12절). 베드로전서 5장 3절에서 베드로도 주장하는 자세 대신에 양 무리의 본이 되라고 가르쳤다. 이것은 섬김의 리더십인데, 예수님이 보여주신 리더십이기도 하다. 리더는 힘이나 강요가 아니라 본을 보여서 따라오고 싶은 마음을 불어넣어서 인도해야 한다. 언행일치, 신행일치, 사랑 그리고 거룩함에 탁월해야 한다. 그러므로 이것은 목회자의 자질이다.

바울이 디모데를 방문할 때까지 디모데는 읽고 권하고 가르치는 것에 열중해야 했다(13절). 디모데는 구약성경과 사도 바울의 편지를 공중 앞에 읽어야 했다. 권하고 가르치는 것은 성경을 읽고 난 후에 강해하고 설교하는 것을 가리킨다. 설교자의 권위는 하나님의 말씀에 기초한 신실한 말씀의 선포와 선포된 대로 살 때 나오는 것이다.

디모데는 목사 안수식 즉 장로의 무리 가운데서 안수 받을 때 예언으로 받은 은사(*charismatos*)를 잘 활용해야 했다(14절; 참고. 딤후 1:6). 디모데가 받은 은사는 무엇인가? 가르치는 것, 혹은 거짓 가르침을 분별하는 것, 혹은 특별한 능력 행함……. 무엇인지 확실히 알 수 없다. 목회서신에서 성령님 자신이 은사로 등장한다. 물론 성령의 영향으로부터 다른 영적인 특질들이 세분화된다. 분명한 것은 이 은사가 디모데로 하여금 목회자로서의 사명을 감당하도록 만들었다는 점이다(참고. Marshall, 1999:564). 디모데는 하나님에 의해 목회자로 부름을 받았고 교회의 장로의 안수로 외적 소명을 확증받았고 성령의 은사를 받아서 사명을 감당해야 했다. 은사는 교회를 위해 활용되어야 한다. 여러분의 은사는 무엇인가? 여러분이 어떤 일을 할 때 자연스럽고 즐겁고 열매가 많이 맺히는 것은 무엇인가?

1706) 칼빈(1993:481)은 '경건'을 순결한 양심에서만 찾아볼 수 있는 영적인 하나님 예배를 뜻하는 것으로 본다. 그리고 '육체적 단련'(딤전 4:8)을 사냥, 달리기, 레슬링 등이 아니라, 철야 기도 등으로 오래 땅에 엎드려 금식 기도하기 및 수도원의 금욕 생활과 같은 외형적인 신앙 행위 등으로 본다.

1707) 다수 사본은 10절의 '힘쓰는' 대신에 '비난을 받고'(*oneidizometha*)로 표기한다.

1708) 12절에서 다수 사본은 '성령님 안에서의 사랑'(*agape en pneumati*)이라고 풀어 쓴다.

디모데는 이 모든 일(*tauta*, 12-13절의 다양한 일들)에 전심전력(total commitment)하여 모든 측면에서(*pasin*, 중성 복수 여격, in every aspects)[1709] 진보(*prokope*)를[1710] 나타내어야 했다(15절). "전심전력하라"는 권면은 디모데의 모든 것을 본을 보이며 가르치는 것과 은사를 활용하여 섬기는데 바치라는 의미이다. 디모데의 모든 것을 그 일에 푹 담그라는 말이다. 바로 그때 진보가 있을 것이다. 물론 진보도 하나님의 은사이다.

디모데는 자기 자신과 그의 가르침을 주의 깊게 반성하고 돌아봐야 한다(16절). 자신을 돌아본다는 말은 자신의 성품과 삶을 돌아본다는 말이다. 자신의 삶이 자신의 가르침에 일치하고 있는가? 리더는 신행 합일, 언행 일치가 되고 있는가를 살펴야 한다. 그리고 그 일을 계속해야 한다. 그러면 자신과 다른 사람을 구원할 것이다. 구원은 하나님의 은혜로만 가능하다. 자력구원은 이단이 가르치는 것이다. 그러므로 여기서 바울이 디모데가 디모데 자신과 남을 구원하리라고 말한 것은 무슨 의미인가? 이것은 항상 복종하여 두렵고 떨림으로 너희 구원을 이루라(참고. 빌 2:12)는 의미와 같은 것이다. 인내하면서 주님을 섬기는 것은 우리 속에 구원이 있다는 증거이다. 그러므로 인내하면서 일하는 자체가 구원의 공로나 원인은 아니다. 그리고 디모데가 전하는 복음을 통해서 다른 사람이 구원을 받도록 역사하시는 하나님을 본다. 하나님만이 구원을 베푸시는 것을 마치 디모데의 목회로 사람이 구원을 받는 것처럼 말씀하는데, 이것은 복음 전파자를 통한 구원의 수여를 실감나게 그리고 극적으로 묘사하는 것이다.

3. 오늘에의 적용

경건의 연습 중에서 즐기는 인생을 살자.
모범의 리더십을 발휘하자.
외적·내적 소명을 확인하자.

디모데전서 5장

1. 본문 및 구조

1709) 마샬과 칼빈도 주석(1996:487)에서 이 형용사를 중성으로 볼 수 있다고 설명한다. 그러나 한글개역성경을 비롯한 대부분의 번역은 남성 복수 여격으로 간주하여, '모든 사람에게'(to everybody)로 번역한다(참고. Marshall, 1999:571).

1710) 이 단어는 스토아 학파에서 학생들이 윤리적, 영적 혹은 학업에 있어서 발전을 보일 때 즐겨 사용된 것이다(참고. Rogers & Rogers, 1998:494).

- 교역자는 타인을 어떻게 권면할 것인가(1-2)
- 과부를 돌봄(3-16)
- 보상, 권징, 장로의 임명(17-25)

2. 구원 계시사적 메시지

2.1. 디모데전서 5장 1-2절의 메시지

이 단락에서 바울은 디모데가 여러 연령층의 사람을 대하되, 남녀 모두 대해야 하는 것을 알고 지침을 준다. 먼저 늙은 남자 성도(*presbyteros*, an older man)를 대할 때는 명령조로 말하지 말고 존경하면서 권하는 방식을 취해야 하는데, 마치 아버지를 대하듯이 해야 한다(1절). 나이 많은 남자는 교회의 장로를 가리키는 말이 아니다(contra 존 월튼, 2010:1917). 마치 요한이서 1절과 요한삼서 1절의 '장로'가 교회에서 일반적으로 치리의 직무를 맡은 장로가 아닌 것과 마찬가지다. 그리고 늙은 여자들은 어머니를 대하듯이 해야 한다. 그리고 젊은이를 대할 때는 내려다보지 말고 형제처럼, 자매처럼 대해야 한다(2절).[1711] 젊은 목회자이기에 특별히 자매를 대할 때는 일절 깨끗함으로 대해야 한다. 무슨 말씀인가? 교회는 가족 분위기가 나야 한다는 말이다. 교회는 하나님의 가정이며, 한 식구이다.

2.2. 디모데전서 5장 3-16절의 메시지

디모데전서 5장은 교회 안의 과부와 장로에 대해 밝히는 부분이다. 3-16절에 도움을 필요로 하는 과부 그리고 사역을 위해 그들이 갖추어야 할 자격을 다룬다. 17-25절에서는 장로들의 급료와 선출 그리고 징계의 문제를 다룬다.

교회는 곤핍한 과부(*chera*, widow)를 인정하고 돌보아야 한다(3절). 성경은 고아, 과부, 나그네 즉 부모, 남편, 가정을 잃은 사람들을 향해서 특별한 관심과 돌봄을 제공해야 할 것을 가르친다. 시편 68편 5절에 의하면, 하나님은 고아의 아버지이시며 과부의 재판장이시다. 신명기 10장 18절에 보면, 하나님은 고아와 과부를 신원하시는 분이시다(참고. 출 22:22). 그러므로 하나님의 백성도 이런 태도를 가져야 한다. 예수님도 나인 성 과부의 아들을 살리셨고(참고. 눅 7:11-12), 불의한 재판관에게 강청한 과부의 기도를 칭찬하셨고(참고. 눅 18:1), 성전의 연보궤에 동전 두 닢을 넣은 가난한 과부를 칭찬하셨다(참고. 막 12:41-42). 예루살렘 교회의 과부를 돌보기 위해 7명의 재능 있는 사람을 선출하기도 했다(참고. 행 6:1이하). 야고보서 1장 27절은 "하나님 앞에서 정결하고 더러움이 없는 경건은 곧 고아와 과부를 그 환난 중에 돌보는 것"이라고 말씀한다.

디모데전서 5장 3-8절에 의하면, 디모데는 과부를 존경하고 돌보아야 한다. 9-16절에는 교회의 후원을 받고 일할 수 있는 과부로 등록할 수 있는 사람의 자격을 다룬다. 3-8절의 도움을 받아야

1711) 디아스포라 회당에서 저명한 사람은 '회당의 아버지' 혹은 '회당의 어머니'라고 불렸다(참고. 존 월튼, 2010:1917).

할 과부는 누구인가? 바울 당시에 여자가 남편을 잃으면 결혼 지참금을 받아서 친정집으로 돌아올 수 있었다. 이 경우, 친정 아버지와 결혼 지참금이 과부의 생계를 책임지었기에, 교회가 재정적인 지원을 할 필요가 없었다. 3, 5, 16절의 '참 과부'는 실제 도움을 필요로 하는 과부(widows who are really in need)라는 말이다.[1712] 이들은 결혼 지참금도 없고 돌봐줄 사람도 없는 사람이다. 4절에 의하면, 자녀나 손자에게 과부 어머니나 할머니를 존경하고 돌보아야 할 의무가 있음을 가르쳐야 했다. 효는 하나님을 기쁘게 하는 것이다. 이 경우는 자녀나 손자에 의해 돌보아질 수 있는 과부이다.

참 과부는 외로운 자이며 소망을 오직 하나님께 두고 기도하는 자이다(5절). 누가복음 2장 36절의 안나와 같은 사람이다. 그러나 6절의 일락을 좋아하는 과부, 즐기고 쾌락을 위해 사는 과부는 살았지만 죽은 사람과 같다. 자기 만족을 추구하는 사람의 삶은 사실 영적으로 죽은 것이다. 교회가 돌보아야 할 과부의 조건은 물질적으로 가난하고, 영적으로는 경건한 사람이다. 7절에서 교회는 과부를 돌보아야 할 체계적인 준비를 해야 한다고 권면한다. 효는 모든 인간이 본능-본성적으로 행하는 것이다(8절). 간단히 적용해 보면, 교회가 이들을 지원할 때 가족이 기본적인 의무를 수행하고 있는가를 살펴야 한다.

9-16절에서 명부에 올려야 할 과부들을 언급한다. 그 조건은 무엇인가? 9절에 보니, 나이가 60세 이상이 되어야 한다.[1713] 즉 경제적인 능력이 없고 재혼을 포기한 사람이어야 한다. 그리고 한 남편의 아내였던 자라야 한다(9절). 그리고 선한 행실을 가진 증거가 있어야 한다(10절). 선한 행실은 자녀를 돌보고, 나그네를 대접하고, 성도의 발을 씻기고, 환난 당한 자를 구제하고, 모든 선한 일을 좇는 것이다. 이들은 이타적인 봉사정신으로 충분히 교회를 섬길 수 있는 사람이다.

그러나 11절에서 젊은 과부는 거절하라고 말씀한다. 이유는 젊은 과부는 독신 생활을 힘들어 하고 재혼하려고 하는 사람들인데, 성적인 욕구가 독신으로 남아서 교회를 섬기겠다는 헌신보다 강렬해지면 처음 믿음을 저버리기 때문이다(12절). 그리고 젊은 과부는 봉사를 게을리하고 집집으로 돌아다니면서 망령된 말을 퍼뜨리고 문제를 야기할 가능성이 있기 때문이다(13절). 이들은 이단의 도구로 전락한 어리석은 여자들로 보인다(참고. 잠 26:22; 딤후 3:6-7). 젊은 과부는 오히려 재혼하여, 자녀를 낳고 가정을 돌보는 게 낫다. 바로 그때 사탄의 유혹에 넘어가지 않을 것이다(14절). 에베소 교회에 젊고 부유한 과부가 더러 있었던 것으로 보인다. 그녀들은 숫자적으로 작았던 것으로 보이는 홀아비들에게 인기가 있었을 것이다. 그녀들은 자칫 방종한 삶으로 빠져들어 사탄의 손에 빠질 위험이 있었다(15절; 참고. Liefeld, 1999:175).

만약 어떤 믿는 여자에게(*ei tis piste*)[1714] 과부 친척이 있으면 자기가 도와주어야 한다(16절).

1712) 참 과부는 단지 남편과 사별한 사람만 의미하지 않고, 교회의 기도 사역에 전념하며(딤전 5:5), 구약에 나오는 전형적인 과부의 곤경 즉 궁핍을 경험하고 있는(딤전 5:4) 여성을 가리킨다(참고. 존 월튼, 2010:1918).

1713) 플라톤에 의하면 60세는 제사장으로 섬기기에 최상의 시점으로 본다(참고. Liefeld, 1999:181).

1714) 16절에서 다수 사본은 '만약 어떤 믿는 남자 혹은 여자에게'(*ei tis pistos e piste*)로 확장해서 쓴다. 이 확장은 4절을 참고한 결과로 보인다.

교회는 진정으로 도움이 필요한 사람과 그렇지 않은 사람을 구분하여 보조해야 한다. 그리고 그들이 교회를 섬길 수 있는 장을 마련해 주어야 한다. 교회의 후원이 인간의 무책임함을 조장해서는 안 된다. 건강한 교회는 경제적으로 궁핍하지만 경건한 과부를 돌보는 교회이며 그들에게 섬김의 장을 마련해 주는 교회이다.

2.3. 디모데전서 5장 17-25절의 메시지

장로에 대한 권면 부분이다. "잘 다스리는 장로를 배나 존경하라"(17절). 특별히(*malista*) 말씀과 가르침에 수고하는 장로들은 더 존경하라. '잘 다스리는 장로'는 말 그대로 장로를 가리키고, '말씀과 가르침에 수고하는 장로'는 목사를 가리킨다.[1715] 존경하는 방법에 뒤 따르는 18절에서 언급하듯이 재정적인 사례 지급도 포함한다(참고. ESV Study Bible, 2008:2333). 곡식을 타작하는 소의 입에 망을 씌우면 안 되듯이, 교회의 일꾼이 그 삯(*misthos*; 참고. 시내 산 사본은 마 10:10처럼 '음식' [*trophe*]으로 씀)을 받는 것이 마땅하다(18절; 참고. 레 19:13; 신 24:14-15; 마 10:9-10; 고전 9:4-14). 목회에만 전념하는 목회자가 사례금(*honorarium*)을 받는 것은 당연하다. 구약의 제사장이 성전 봉사에 전념하기 위해 이스라엘 백성이 그들의 생계를 책임졌던 것과 같다(참고. 신 25:4; 대하 31:4). 목회자가 탐욕에 빠지면 안 되지만 그렇다고 궁핍함으로 사역에 전념하지 못하는 것도 안 된다.

장로에 대한 고소는 증인이 적어도 두세 명이 있을 때 가능하다(19절). 장로와 목회자를 비난하고 고발하는 경우 한 명의 말만 듣고 처리할 수 없다. 그러나 책임성 있는 몇 사람이 동일한 목소리를 내어서 장로/목회자를 비난한다면 교회는 귀담아 들어야 한다. 장로/목회자에 대한 비난과 송사가 두세 사람에 의해 확정되고 사실로 드러났다면, 그리고 회개할 기미가 없다면 공개적으로 교회 앞에 벌을 내리고 전체에게 교훈을 주어야 한다(20절). 하지만 개인적인 범죄는 개인적으로, 공적인 범죄는 공적으로 처리할 수 있어야 한다. 이 모든 치리의 일은 공평하게 집행되어야 한다(21절; 참고. 신 19:15; 고후 13:1). 편벽되이 즉 편견이나 불공평하게 치리의 일이 집행된다면 큰 문제가 발생한다. 원칙에 입각하여 일관성 있게 누구에게나 이것이 적용되어야 한다. 교회 세습에 나타나는 족벌주의(nepotism) 그리고 인맥 등으로 인해 봐주기 등은 하나님의 속성인 공평과 정직을 훼손한다.

"아무에게나 경솔히 안수하지 말고"(22절).[1716] 목회자로 임직할 때 안수를 받는데, 사전에 충분한 검증이 있어야 한다는 의미이다. 에베소 교회 안에 이기적인 목적으로 안수를 끈질기게 요청한 부류가 있었을 것이다(참고. 칼빈, 1996:509). 디모데는 "다른 사람의 죄에 간섭(참여, *koinonei*)하지 말고" 즉 다른 사람의 불미스러운 일에 휩쓸리지 말아야 했다.

1715) 크리소스톰은 이 장로를 감독과 집사를 모두 포함하는 집합적 명사로 본다. J. 예레미아스와 C.K. 바레트는 이 장로를 교회 안의 연로자로 본다. 하지만 대부분의 주석가들은 교회의 장로를 가리키는 것으로 본다(보라. Marshall, 1999:610).

1716) 바울 이후 1세기가 지나서, 출교한 자가 회복될 때 'bishop'이 안수했던 관습이 있지만, 이 본문에서 그런 의미를 도출하는 것은 시대 착오적이다(참고. Liefeld, 1999:196).

디모데의 위장(*stomachos*, stomach)과 자주 나는 병을 위해 물만 마시지 말고[1717] 포도주를 조금씩(a little wine) 쓰라(23절).[1718] 민수기 6장 3-4절의 나실인의 서원 중에, 포도주를 마시지 않는 것이 포함된다. 세례 요한도 누가복음 1장 15절에 의하면 포도주를 마시지 않았다(참고. 눅 7:33). 장로는 술을 즐기지 말아야 했다(딤전 3:3). 디모데는 포도주를 전혀 마시지 말아야 할 것인지 바울에게 문의를 했던 것으로 보인다(참고. Liefeld, 1999:196). 금욕주의자들(참고. 딤전 4:3)은 포도주를 마시지 않았는데, 디모데는 포도주를 마시지 않음으로 그들에게 약점을 보이지 않으려고 했을 것이다(참고. 존 월튼, 2010:1920). 하지만 디모데가 목회를 효과적으로 그리고 지속적으로 감당하기 위해 자신의 건강을 돌보아야 했다. 고대에 술이 강장제나, 질병 예방용 혹은 치료제로 사용된 기록이 있다. 그러나 이 구절이 오늘날 음주를 허용하거나 장려하는 본문으로 사용될 수 없다.

사람들의 죄는 밝히 드러나게 마련인데, 시간의 차이만 있을 뿐이다(24절). 마찬가지로 선행도 결국 드러난다(25절). 죄건 선행이건 빙산의 원리가 적용된다. 어떤 사람은 자신의 약점과 죄를 숨기고 있고, 어떤 사람은 자신의 장점과 선행을 숨긴다. 사람을 볼 때 겉으로 드러나는 것은 적은 부분이다. 그러므로 장로-목회자를 세우기 전에 분별력을 가지고 그들의 숨겨진 내면을 볼 수 있어야 한다.

3. 오늘에의 적용

현대 교회의 참 과부는 누구인가?
현대 교회가 권징을 회복하는 방법은 무엇인가?
아디아포라(비본질적인 문제)로 분류되는 술 문제는 어떻게 은혜롭게 다루어야 하는가?
목회자는 건강 관리를 잘하자.

디모데전서 6장

1. 본문 및 구조

1717) 22절의 자신을 정결케 하기 위한 방편으로 디모데는 물만 마시고 술을 마시지 않은 것으로 보인다. 크리소스톰은 물만 마신 것을 디모데의 금식 습관에서 찾지만 확실치 않다. 포도주는 즐기기 위해서가 아니라 질병 치료와 관리 차원에서 허용되어야 한다(참고. Oden, 1989:153).

1718) 많은 사람들이 이 권면은 문맥에 맞지 않다고 본다. 하지만 바울은 말하는 내용의 순서나 배열에 있어서 항상 관심을 가지고 있는 것은 아니다(보라. 칼빈, 1996:510).

• 종을 향한 권면(1-2)
• 거짓 선생에 관한 마지막 경고(3-5)
• 만족과 경건 그리고 돈을 사랑함(6-10)
• 디모데를 향한 마지막 권면(11-16)
• 부자를 향한 권면(17-19)
• 디모데를 향한 마지막 부탁(20-21)

2. 구원 계시사적 메시지

2.1. 디모데전서 6장 1-2절의 메시지

이 단락은 종에 관한 교훈이다. 복음이 노예들에게 전해졌을 때 마치 완전한 자유가 주어질 것이라는 소망이 일어났을 수도 있다(참고. 칼빈, 1996:514). 하지만 종은 주인을 섬기고 있기에 주인의 재산의 일부에 불과하다. 그래서 멍에 아래 있는 자라고 말씀한다. 바울 당시의 로마제국의 전체 인구 중에서 반, 즉 5천만 명이 노예였다고 한다. 사람을 짐승처럼 멍에를 멘 노예 제도를 왜 속히 없애야 하는 것이라고 말씀하지 않으시는가? 너무나도 사회에 깊이 뿌리박고 있는 체계이므로, 급격한 폐지 주장은 오히려 사회의 붕괴와 노예들의 약탈로 이어지게 됐을 것이기 때문이다. 그렇다면 에베소 교회에 출석하던 종들은 어떤 행동 지침을 따라야 하는가? 종이 예수님을 믿는다고 해서 사회에서 주인이 되는 것이 아니다. 주인이 에베소 교회 안에 들어오면 그리스도 안에서 자신의 종과 형제가 된다. 그러나 종은 범사에 (심지어 믿지 않는) 주인을 마땅히 공경할 자로 여겨야 한다. 왜냐하면 하나님의 이름과 교훈으로 훼방을 받지 않게 하려 함이다. 예수님 믿는 종이 주인에게 충성한다면 역시 예수님 믿는 종들은 다르다는 소리를 듣게 되어 하나님의 이름과 가르침이 더 빛나게 된다.

2.2. 디모데전서 6장 3-5절의 메시지

이 단락은 거짓 교사들에 관한 명령이다. 다른 교훈을 말하는 자(*tis heterodidaskalei*, 3절)는 예수님의 바른 말씀과 경건에 관한 교훈을 저버리는 자이다. 바른 교훈(*hygianousin logois*)은 예수님의 말씀이며 우리의 경건을 증진시키는 것이어야 한다. 이단은 교만하고, 사실은 무식하고 싸움을 좋아하고 분쟁을 일으킨다(4절). 궤변은 교회를 분열시킨다.

이단은 마음이 부패하고, 진리를 잃어버린 자이며 경건을 재정적인 이익을 위한 수단으로 생각한다(5절).[1719] 그들은 경건 자체에는 관심이 없고 돈벌이에 급급하다. 이단은 종교를 상업화한다. 교주에게 재산을 다 바치도록 유혹하고 협박한다. 중세 시대에는 면죄부를 팔았다. 참 감사와 헌신은 온데간데없고 물질적인 복과 세상의 성공을 허위 과장하여 헌금을 강요한다.

1719) 5절 끝에 다수 사본은 "너는 이런 자들로부터 멀리하라"를 추가한다. 이것은 경건한 표현이기는 하지만 후대의 첨가이다.

디도서 1장 11절에서도 '더러운 이를 취하려고'라고 말씀한다. 이단 뿐 아니라 목회자에게 있어서 경제적인 목적이 종교의 지배적인 요소(controlling factor)가 되는 것을 막아야 한다.

2.3. 디모데전서 6장 6–10절의 메시지[1720]

6절부터는 돈과 관련된 권면이다. 아마도 이단들은 부자가 되는 복음을 전한 것 같다. 즉 신앙생활을 잘하면 부자가 되며, 가난한 것은 신앙생활을 잘못하고 있다는 증거라는 가르침일 것이다. 지족(문자적으로는 '자족'이 더 어울린다)하는 마음(*autarkeias*, self-sufficiency, contentment)이 있으면 경건이 큰 이익(*porismos megas*)이 된다. 디모데 개인에게 적용해 보면, 청중의 돈주머니나 노리는 이단과 달리 목회에서 돈을 밝히지 말아야 했다. 경건이 만족과 더불어 갈 때 큰 유익이 된다. 빌립보서 4장 12절에서 "내가 비천에 처할 줄도 알고 풍부에 처할 줄도 알아 모든 일에 배부르며 배고픔과 풍부와 궁핍에도 일체의 비결을 배웠노라"고 바울이 고백했다. 예수님 안에서 발견한 만족감 그리고 하나님이 나의 기업이 되신다는 만족감과 감사에 기인한 것이다. 바로 그때 경건이 큰 이익이 된다. 바울처럼 견유학파와 스토아 학파는 자족과 경건을 연결시켰다(참고. 디벨리우스, 1983:127).

바울은 '공수래공수거'를 언급한다(7절).[1721] 이것은 욥기 1장 21절, 허마의 목양서,[1722] 그리고 키케로의 말과 다른 본문들과 간본문이다.[1723] 이것은 궁핍한 삶을 미화시키고 금욕주의를 권장하는 것이 아니다. 대신 단순한 삶을 통한 만족을 강조한다. 우리 인생은 나그네길이다. 그러므로 짐이 가벼워야 한다.

"먹을 것, 입을 것으로 만족할 줄 아는 자들이 되라"(8절). 견유학파들과 농민은 주로 외투 한 벌밖에 없었다. 먹을 것과 입을 것은 최소한의 필수품을 가리킨다. 자족하는 사람은 호화로운 것을 그리 즐기지 않는다. 무엇을 먹을까, 무엇을 입을까 걱정하지 말라. 들의 풀과 공중의 새를 먹이시고 입히시는 하늘의 하나님께서 자녀들의 생계를 책임지신다. 신분 과시용, 체면 유지비, 허영심, 체면 문화, 지나친 유행을 따르는 것 대신 검소한 생활을 해야 한다.

부자가 되려는 자들은 시험과 올무(*pagida*; 참고. D, F, G 사본은 '마귀의 올무')에 빠진다(9절). 어리석고 해로운 정욕에 빠진다. 침륜과 멸망에 빠진다. 마약과 같아서 돈은 중독성을 가진다. 그래서 황금만능주의 곧 돈으로 안 되는 일이 없다는 돈의 우상화가 발생한다. 잠언 30장 7절을 들어보자. "가난하게도 마옵시고 부하게도 마옵시고 오직 필요한 양식으로 먹여주소서." 우리의

1720) 이 용어는 헬라 철학에서 현자들이 환경에 대해 독립하는 것을 가리키는 전문 용어였다(참고. Rogers & Rogers, 1998:498).

1721) 다수 사본은 7절 중간의 접속사 *hoti* 앞에 형용사 *delon*('분명한')을 추가한다.

1722) "너는 주의하라. 마치 네가 외국 땅에 살고 있을 때처럼 자신의 충분한 능력 외에 다른 어떤 준비를 하지 말라. 그리고 법을 거역했다고 해서 이 도시의 통치자가 너를 쫓아내려고 할 때마다 네 고향으로 돌아갈 준비를 하라"(허마의 목양서, 1:6).

1723) 애굽의 하프를 연주하면서 노래했던 어떤 사람의 가사의 일부는 다음과 같다. "인간은 벌거벗은 채로 세상에 와서 벌거벗은 채로 세상을 떠난다" (참고. 디벨리우스, 1983:128).

생명은 우리의 소유의 넉넉한 데 있지 않다. 우리가 가진 모든 것을 다 누릴 수 없다.

돈을 사랑함(*philagyria*, love of money)이 일만 악(*panton ton kakon*, 복수형, 모든 악들)의 뿌리(*hriza*, 참고. 마 3:10, 13:6, 21; 막 4:6, 11:20; 눅 3:9, 8:13)이다(10절).[1724] 이 표현도 바울 당시의 철학자들이 종종 했던 표현이다(예. The sentence of Pseudo-Phocylides의 저자도 동일한 말을 함).[1725] 미혹을 받아 믿음에서 떠나 많은 근심에 빠지고 자신을 찌른다. 여기서 '찌른다'(*periepeiran*, 아오리스트 능동 직설 3인칭 복수)는 표현은 부를 추구하는 끝없는 욕망으로 발생하는 고통은 마치 말뚝으로 찌르는 형벌(impale)과 같음이 암시되어 있다(참고. Marshall, 1999:653). 돈 자체가 나쁜 것은 아니다. 돈으로 우리는 하나님께 감사의 표시인 연보를 한다. 더 많이 가진 자는 만족하지 않고 또 더 많이 가지길 원한다. 그러므로 미혹을 받고 믿음을 저버린다. 돈 되는 일이라면 부동산 투기하고, 세금을 떼먹고, 사람을 배반하고, 음란물을 판매하고, 가짜 명품도 팔고, 못할 일이 없다. "금은 바닷물과 같다"(쇼펜하우어). 마시면 마실수록 더 갈증이 난다. 하나님을 섬길 것인가 맘몬을 섬길 것인가? 이 둘을 동시에 섬길 수 없다. 우리 시대는 "억울하면 출세하라"고 가르친다. 하지만 하나님 한 분만으로 자족하자. 이것이 경건에 유익하다.

2.4. 디모데전서 6장 11-16절의 메시지

이 단락은 하나님의 사람(*anthrope theou*, man of God)인 디모데에게 주는 권면이다(11절). '하나님의 사람'이란 영예로운 호칭은 모세(신 33:1), 사무엘(삼상 9:6), 다윗(느 12:24, 36), 스마야 선지자(왕상 12:22), 엘리야(왕상 17:18), 엘리사(왕하 4:7), 레갑 사람 익다랴(렘 35:4), 세 명의 익명의 선지자(삼상 2:27; 왕상 13:1; 대하 25:7)에게 주어졌다. 이 영광스러운 호칭은 하나님의 사람이 아닌 거짓 선생들과 대조된다(참고. ESV Study Bible, 2008:2334). 디모데후서 3장 17절에서는 하나님의 사람은 모든 선한 일을 행하는 온전케 된 성숙한 사람이다. 디모데는 하나님의 사람으로 돈을 사랑하는 것을 포함한 모든 죄를 피해야 하는 반면에 의, 경건, 믿음, 사랑, 인내 그리고 온유를 좇아야 했다.

"(그 즉 진리를 믿는 바로 그) 믿음의 선한 싸움을 싸우고(*agonizou*, 현재 디포 명령형, Carry on a contest oneself) 영생을 취하라"(12절). 바울은 전쟁 용어로 설명한다. 진리를 위한 싸움의 선봉에 서 있는 젊은 목회자인 디모데는 피할 수 없는 선한 싸움을 수행하고 있다. 거짓 교사를 향한 싸움은 진리의 변호를 위한 선한 싸움이다. 영생을 취하는 것은 무한대의 시간 속에서

1724) '뿌리' 앞에 정관사가 없는 것은 악의 특질을 강조하기 위함이다. 그리고 '악'이 복수형으로 나타나서 모든 종류의 악들을 강조한다(참고. Rogers & Rogers, 1998:498).

1725) 폴리캅의 말을 들어보자. "그러나 모든 악의 시작은 돈을 사랑하는 것이다"(참고. 디벨리우스, 1983:129). 성경은 하늘에서 갑자기 뚝 떨어진 말씀이 아니다. 구체적인 시간과 상황을 염두에 두고, 효과적인 의사소통을 위해서 저자 당시의 속담과 격언을 이용할 수 있다. 성경의 유기적 영감론과 관련하여 기억할 것은 저자와 독자의 시간을 고려한 'time-oriented'이지 그 당시에만 국한되는 'time-bound'는 아니다.

사는 양적인 개념이라기보다는 오는 세상의 생명을 여기서 취하는 것, 누리는 것으로 보인다. 디모데는 예수 그리스도 안에 있는 새 시대의 생명을 소유하고 있음을 많은 사람 앞에서 증거(고백)했다(*homologeo*).[1726] 아마 입교와 같은 개인의 신앙 고백을 통해서 그럴 것이다.

만물에게 생명을 주신 하나님 앞과 본디오 빌라도 앞에 (자신이 왕이심을) 선한 것을 증언하신 예수 그리스도 앞에서 바울이 디모데에게 명한다(13절; 참고. 요 18:33-34). "주님의 재림 시까지(*epiphaneia*)[1727] 점(흠)도 책망도 없이 이 교훈을 지켜라"(14절). 흠과 책망 받을 것이 없는 것은 순결한 제물을 가리키는 용어이다(참고. 레 1:3, 10, 3:1, 6, 4:3, 23, 32, 딤전 3:2). 주님의 재림은 기약이 이르면 이루어진다(15절). '기약이 이르면'(*kairois idiois*)은 정한 때가 되면 즉 '하나님의 때'와 같은 말이다. 하나님은 복되시고, 홀로 한 분이신 능하신 분이시며, 만왕의 왕이요 만주의 주이시다. 따라서 로마의 황제가 왕이 아니라 하나님이 왕이요 주이시다.

"오직 하나님에게만 죽지 아니함(*athanasia*, immortality)이 있고, 가까이 가지 못할 빛에 거하시고, 아무 사람도 보지 못하였고, 또 볼 수 없는 자시니, 그에게 존귀한 영원한 능력을 돌릴지어다. 아멘"(16절). 바울의 송영이다. 하나님의 불멸성, 거룩성, 불가견성, 영광, 능력, 그리고 존귀함 앞에 사람의 반응은 영광과 찬송을 드리는 것이다. 하나님을 떠나서는 어떤 행복, 가치, 탁월성, 생명도 있을 수 없다. 하나님을 떠나는 자체가 죽음이요 지옥이다.

2.5. 디모데전서 6장 17-19절의 메시지

'이 세상의'(this present age) 부유한 그리스도인에게 주는 권면 부분이다(17절). '이 현재 시대'는 15-16절의 미래적인 예수님이 나타나실 때와 대조된다. 풍요로운 도시 에베소에는 부자 성도들이 적지 않았을 것이다. 초대 교회는 상·중·하층민이 혼합된 공동체였다. 마음을 높이지 말고 즉 교만하지 말라. 불확실한 재물에 소망을 두지 말라. 오직 우리에게 후히 주시고 누리게 하시는 하나님에게 소망을 두어야 한다. 물론 우리는 재물을 하나님의 선물로 인정하면서 누리고 즐길 수 있어야 한다. 청부론도 틀린 것은 아니다. 재산을 포기하는 대신 적극적으로 하나님 나라와 의를 위해 즉 구제를 위해 사용해야 한다.

"부자여, 하나님이 맡겨 주신 재물로 선한 일을 하며 선한 사업에 부하고 나눠 주기를 좋아하며 동정하는 자가 되라"(18절). 구제와 선한 일을 통해서 하늘에 보화를 쌓자. 이것은 장래를 위한 투자로서 좋은 터를 쌓아 참된 생명(*tes ontos zoes*)을[1728] 취하는 것이다 (19절). 하늘의 상급을 획득하고 확보하는 투자를 하자.

1726) 참고로, 클레멘트의 제자인 오리겐(A.D. 185-254)은 성경을 '호모로구메나'(혹은 아난티레이타, 논쟁 없이 정경으로 수용된 것으로서 4복음서, 바울 13서신, 벧전, 요일, 행, 계)와 '암피발로메나'(혹은 260-339년의 유세비우스는 안티레고메나라고 부름. 정경성이 논란이 된 것으로 히, 벧후, 요 2-3서, 약, 유)로 구분했다.

1727) 이 단어는 '헬라의 왕이나 신의 자기 계시'를 나타내는 전문 용어였다(참고. Rogers & Rogers, 1998:498).

1728) 19절에서 다수 사본은 '영원한 생명'으로 쓴다.

2.6. 디모데전서 6장 20-21절의 메시지

"이 모든 교훈을 지켜라. 거짓되게 나오는 지식의 말과[1729] 생각과 모든 것을 피하라"(20절). 20-21절에서 바울은 디모데전서 1장 3-5절과 18-20절에 언급한 디모데가 해야 할 일들을 재차 상술한다. "망령된 지식을 좇아서 믿음에서 탈선한 자들이 있음을 기억하라. 은혜가 너희와 함께 있을지어다"(21절).[1730] 다시 한 번 바울은 거짓 교사를 경계한다. 오직 하나님의 은혜로 디모데와 에베소 교회 전체(2인칭 복수)가 믿음의 선한 싸움을 수행할 수 있다.

3. 오늘에의 적용

받은 은혜에 감사하며 만족하는 삶을 살자.

돈의 청지기 정신을 확립하자.

1729) 이 단어는 바울이 염두에 둔 거짓 선생들이 '영지주의자'임을 증거하지 못한다(참고. ESV Study Bible, 2008:2334). 왜냐하면 대부분의 철학자들도 '지식'을 강조했기 때문이다(참고. 존 월튼, 2010:1923).

1730) 21절에서 다수 사본은 2인칭 단수형을 사용하여 "은혜가 너에게 있을지어다, 아멘"으로 쓴다. 하지만 디모데후서 4장 22절에서는 다수 사본이 2인칭 복수형을 쓴다.

디모데후서 주석

들어가면서

저자
바울(1:1)

수신자
디모데(1:2)

기록 연대
바울의 순교 전 즉 A.D. 60년 중반(딤후 4:6-8). 아마 디모데전서가 기록된 후 2년이 지난 시점이다. 디모데후서 4장 7절의 "내가 선한 싸움을 싸우고 나의 달려갈 길을 마치고 믿음을 지켰으니"는 바울의 인생 말년 시점임을 암시한다. 따라서 바울은 순수한 신앙을 디모데와 같은 후세대 주자에게 물려주어야 했다. 기독교 전승에 의하면 바울은 로마 시 밖으로 5km 떨어진 오스티안 가도(the Ostian Way)에서 참수당했다.

기록 장소
아마 로마의 감옥. 디모데후서 1장 8절의 '주를 위하여 갇힌 자 된 나'를 살펴보라. 그리고 여러 구절에서 바울의 임박한 죽음이 암시되어 있다.

기록 목적
디모데전서와 거의 동일하다. 에베소에서 목회하고 있던 아들 디모데에게 목회적 권면을 주기 위해서이다.[1731] 디모데후서 1장 15절에 의하면, 네로 황제의 박해 시기에 많은 변절자들이 교회 안에 발생했다. 그러므로 바울은 지금까지 목숨 걸고 전했던 바로 그 복음을 디모데에게 전하고 싶었다. 그래서 디모데는 디모데후서 1장에서 '복음을 지키라는 부탁'을, 2장에서는 '복음을 위하여 고난을 받으라는 부탁'을, 3장에서는 '복음 안에서 계속 거하라는 부탁'을, 4장에서는 '복음을 전파하라는 부탁'을 받았다. 따라서 디모데후서의 핵심은 '복음'이다.

1731) 여러 모로 디모데후서는 철학자가 제자들에게 쓰는 도덕적 권고의 편지와 닮았다. 하지만 바울이 죽기 전에 보낸 편지로서, '유서'라고 불리는 유대 소책자들과 비슷하다. 사족을 달면, 이런 유사성이 디모데후서의 영감성을 훼손하는 것은 아니다(참고. 존 월튼, 2010:1925).

⁂ 디모데후서 1장 ⁂

1. 본문 및 구조1732)

• 인사와 감사(1-5)
• 고난을 이길 인내(6-14)
• 부끄러워하는 자와 부끄러워하지 않는 자(15-18)

2. 구원 계시사적 메시지

2.1. 디모데후서 1장 1-5절의 메시지

하나님의 뜻으로 예수님 안에 있는 생명의 약속대로 예수님의 사도가 된 바울이다(1절). 예수님의 12제자와 동일한 권위를 가진 사도가 바울이었다. 다메섹 도상에서 부활의 주님을 만난 것은 바울의 회심 사건인 동시에 사도로서의 취임식이었다(참고. 행 26:16-18). 그것은 1절에 보니 하나님의 뜻(*thelema*)이었다.1733) 분명한 소명 의식을 가지고 있었다. 바울의 사도직은 그리스도 예수 안에 있는1734) 생명의 약속을 '위하여'/'따라서'(*kata*) 된 것이다. '생명의 약속'(*epangelian zoes*)은 죄인에게 영생을 주시는 복음을 가리킨다(참고. 딛 1:2). 복음은 자신이 생명이신 예수 그리스도 안에 있다. 예수님과 무관한 복음은 없다. 10절에 보니, 예수님은 복음으로써 사망을 폐하시고 생명과 썩지 아니할 것을 드러내셨다. 바울은 사도로서 예수님 안에 있는 생명의 복음을 전하기 위해 부름을 받았다.

디모데는 바울의 사랑하는 영적 아들이었다(2절).1735) 아마 바울의 1차 전도 여행 시 루스드라에서 바울이 전한 복음을 듣고 디모데가 회심한 것으로 보인다(참고. 행 14:6-7). "성부와 성자로

1732) 세부적인 단락으로 나누는 것이 쉽지 않다. 왜냐하면 디모데후서 1장 3절-4장 8절에서 바울이 두 가지 주제를 동시에 다루기 때문이다. (1) 복음을 위한 고난당함(딤후 1:8, 12, 2:3, 9-10, 3:11-12, 4:16-18), (2) 전해 받은 것을 잘 보존·발전시킬 것(딤후 1:13-14, 2:2, 15, 3:14, 4:1-5). 바울은 되풀이해서 자신을 모델로 제시하는 동시에(딤후 1:11-12, 2:9-10, 3:10-13, 4:6-8, 16-18), 이름이 거명되건 안 되건 다양한 대적자들은 닮지 말아야 할 예(counter-examples)로 제시한다(딤후 1:15, 2:17-18, 3:1-9, 4:3-4, 9-15).

1733) 디모데전서와 디도서와는 달리, 디모데후서에서 바울은 하나님의 '명령'으로 사도 된 것이 아니라, 더 자발적인 의미로 하나님의 '뜻'으로 사도가 되었다고 인사한다. 똑같은 말이 고린도후서, 에베소서, 골로새서에도 나타난다.

1734) '예수님 안에'는 바울 서신에서 종종 등장하는 그리스도와의 신비로운 연합을 가리키기보다는, 생명의 원천이 그리스도이심을 강조한다(참고. 딤후 1:10). 비슷한 방식으로 디모데후서 2장 1절은 은혜의 원천이 그리스도 예수님임을 말씀한다(보라. Bassler, 1996:126).

1735) 디모데가 바울과 가지는 관계가 강조된 '참 아들'로 나타나는 디모데전서 1장 2절과는 달리, 바울이 디모데와 가지는 관계가 강조된 표현인 '사랑하는 아들'로 디모데후서에 나타난다(참고. 고전 4:17; 보라. Bassler, 1996:125).

부터 은혜와 긍휼과 평강이 있기를 원하노라.” 무가치한 자에게 주시는 은혜(*charis*), 무력한 자에게 주시는 긍휼(*eleos*), 안식이 없는 자에게 주시는 평강(*eirene*)을 기원한다.

바울의 기도 가운데 항상 디모데가 있었다(3절). 그리고 바울은 하나님께 감사드린다. 왜 감사하는가? 지금의 젊은 목회자 디모데가 있도록 만드신 분이 하나님이시기 때문이다. 바울은 디모데의 눈물을 생각한다. 아마 헤어져 있어서 그럴 것이다(4절; 참고. 행 20:37-38; 딤전 1:3).[1736] 바울은 디모데 속에 있는 거짓이 없는 믿음(*anypokritou pisteos*, unhypocritical faith)을 생각한다(5절). 이 믿음은 외할머니 로이스와 어머니 유니게로부터 전수받은 것이다. 디모데의 아버지는 이방인으로서 불신자로 보인다.[1737] 이때 바울이 영적인 아버지 역할을 했다. 경건한 믿음의 가정에서 거짓이 없는 믿음이 후손에게 상속되었다.[1738] 이처럼 전통에 좋은 면도 있다. 디모데후서 3장 15절에 보니, 디모데는 어려서부터 성경을 알았다. 디모데는 ‘그의 어머니의 젖을 빨아먹을 때 경건도 동시에 빨아먹었다’고 말한다. 3-6절에서는 ‘기억하고’(remembering) ‘상기시키는’(reminding) 두 단어가 지배적인 동사이다.

2.2. 디모데후서 1장 6-14절의 메시지

바울은 디모데가 목회 위임식 때 장로의 회(the council of elders)에서 안수를 통해서 받은 그 은사(*to charisma*)를 생각나게 하고 불 일듯 하기 원한다(*anazopyrein*, 현재 능동태 부정사, keep on fanning into flame, 6절).[1739] 무슨 은사인가? 아마 가르치고 전도하고 교회를 다스리는 권위와 능력으로 보인다. 즉 목회적 은사이다. 디모데가 이 은사를 아주 등한히했다는 데까지 추론할 필요는 없다(참고. Bassler, 1996:129). 은사는 불과 같다. 은사는 한번 반짝할 것이 아니라, 계속 새롭게 계발되고 시행되어야 한다. 은사는 계속해서 이글이글 타올라서 교회를 섬기는데 활용되어야 한다.

(왜냐하면, *gar*) 하나님은 우리에게 두려워하는 마음이 아니라 능력, 사랑, 근신(self-control)하는 마음을 주셨다(7절). 은사를 활용할 때 두려워하는 마음으로 할 것이 아니다. 오히려 능력의 하나님을 바라보면서, 교회를 섬기고 사랑하는 마음으로, 그리고 자제하고 질서 있게 사용해야 한다. 성령의 은사를 사모하자. 그리고 성령의 은사를 능력과 사랑 그리고 근신하는 마음으로 사용하자.

1736) 디모데후서 4장 9절과 21절에서 ‘재회’(reunion)를 소망하지만, ‘이별’(separation)의 진한 감정만큼 감정이 강하게 묻어나지 않는다.

1737) 아나톨리아의 유대인들은 다른 디아스포라보다 이방인과 결혼이 빈번해서 빈축을 샀다.

1738) 칼빈(1996:544)은 로이스와 유니게 속에 있던 믿음을 그리스도인으로 개종한 믿음이 아니라, 기독교 밖의 믿음으로 본다. 즉 그리스도께서 아직 그들에게 계시되지는 않았지만, 그들이 중보자에 대한 믿음 안에서 살다가 죽은 것으로 말하는 것은 모순된 말이 아니다. 하나님은 유대인 가운데 언제나 아브라함에게 약속한 은혜의 담보들이 남아 있도록 하셨다. 이것은 ‘구약 백성들이 성육하신 예수님을 믿지 않고 어떻게 남은 자가 될 수 있는가’라는 문제에 답을 준다.

1739) 안수할 때 성령 자체가 주어지는 것은 아니다. 왜냐하면, 성령은 신자가 성령 세례를 받을 때 주어지기 때문이다.

우리 주님의 증거(*to martyrion*)와 주님을 위해 갇힌 바울을 부끄러워 말라. "오직 하나님의 능력을 좇아 복음과 함께 고난을 받아라"(8절). 하나님의 능력을 받아야만 복음을 위한 고난을 감내할 수 있다. 로마서 1장 16절을 들어보자. "내가 복음을 부끄러워하지 아니하노니 이 복음은 모든 믿는 자에게 구원을 주시는 하나님의 능력이 됨이라."

"하나님의 구원과 거룩하신 부르심은 우리 행위대로 하심이 아니요, 오직 하나님의 뜻과 영원 전부터 예수님 안에서 우리에게 주신 은혜대로 하심이라"(9절). 하나님은 우리를 구원하셨을 뿐 아니라 우리를 거룩한 부르심으로 우리를 부르셨다. 우리가 구원받은 후 성화를 이루어가야 한다. 구원의 원천은 우리 행위가 아니라 하나님의 기뻐하시는 뜻과 영원 전부터 예수님 안에서 예정된 은혜이다. 그러므로 주님의 구원과 성화의 부르심에 우리는 겸손과 감사로 반응해야 한다.

예수님의 성육신으로 복음과 구원이 나타났다(10절). 예수님은 사망을 폐하시고 복음으로써 생명과 썩지 아니할 것(*aphtharsian*, incorruption)을 드러내셨다. 예수님은 육체의 사망, 영혼의 사망, 육과 영의 영원한 사망을 모두 폐하셨다. 주님이 사망의 권세를 깨뜨리시고 썩지 않을 영원한 부활 생명을 주신 것이 복음 아닌가! 복음을 위한 반포자(*keryks*, herald), 사도, 교사로[1740] 세움을 입은 바울(11절). 하나님은 복음을 이방인에게도 전파하고 가르치려고 바울을 사도로 부르셨다.

복음을 위해서 고난을 받되 부끄러워하지 않음은 바울이 의뢰한 자(믿는 분)를 알고(*oida*), 바울이 의탁한 것(*ten paratheken*, deposit, 비교. 바른 성경: 내게 맡겨진 것)을 그분께서 그 날까지 지키실 줄을 확신하기 때문이다(12절; *pepeismai*, 현재 완료 수동, 과거부터 지금까지 계속 확신하고 있다). 바울이 복음을 위하여 고난을 받고 있는데 바로 로마의 감옥에 갇혀 있는 고난이다. 그러나 죄수 신분을 부끄러워하기는커녕 그리스도의 흔적을 지니고 있는 것으로 감사한다. 바울은 자신이 의뢰한 (성부-성자) 하나님을 (체험적으로 확실히) 알고 있었다. 바로 그 하나님은 바울이 하나님께 맡긴 자신의 생명과 자신과 관련된 모든 것을 보호하실 것이다(참고. Marshall, 1999:711). 혹은 (덜 신빙성 있지만) 하나님이[1741] 바울에게 맡긴 복음을 보호하실 것이다. 이런 바울의 확신은 '확신되어 왔다'(완료 신적 수동태). 하나님에 의해 과거로부터 계속 확신되었다(참고. Knight, 1999:379-380).

디모데는 예수님 안에서 믿음과 사랑으로써 바울에게 들은 바 바른말을 본받아 지켜야 했다(13절). 바울은 종종 "나를 본받는 자가 되라"고 말했다. 행동과 삶으로 구체적인 표준적인 본을 보인 바울이었다.

"우리 안에 거하시는 성령으로 말미암아 네게 부탁한 아름다운 것(*kalen paratheken*) 즉 복음을 지키라"(14절). '아름다운/좋은 것'(*kalos*)은 목회 서신에서 항상 하나님으로부터 인정을 받은

1740) 11절에서 다수 사본은 '이방인의 교사로'(*didaskalos ethnon*)로 쓴다. 이것은 디모데전서 2장 7절과 일치하는 표현이다.

1741) 하나님이 주어가 되면, '나의(*mou*) 의탁한 것'에서 '나의'가 주격적 의미가 아니라, 간접 목적어가 되고 만다.

것이며 복음과 관련 된다(참고. 딤후 4:7; 딤전 1:18; 2:3; 보라. Marshall, 1999:714). 바울로부터 전해 받은 보물인 복음을 지키고 전파할 책임이 디모데에게 주어졌다. 약탈자에게서 궁전을 지키고, 도둑에게서 재산을 지키는 것처럼 말이다(참고. 눅 11:21; 행 22:20). 복음을 부패시키려는 온갖 거짓 선생들의 시도로부터 복음의 순수성을 지켜야 한다. 성령의 도우심으로 복음을 지킬 수 있다. 성령은 복음의 원저자이시기 때문이다. 성령은 복음을 깨닫도록 지혜와 조명을 주시기 때문이다. 성령은 복음을 믿도록 하시기 때문이다.

2.3. 디모데후서 1장 15-18절의 메시지

(소)아시아에 있는 모든 사람이 (즉 대부분의 사람이) 바울을 버렸다(15절; 참고. 딤후 4:16). 네로 박해 기간 동안 복음에 기초해 있지 못하고 흔들린 사람들과 배교자가 많이 발생했다. 부겔로(Phygelus)와 허모게네(Hermogenes)가 그 예다. 왜 아시아의 교인들 중 대부분이 바울에게 등을 돌렸는가? 아마 그들은 바울을 상당히 의존한 것 같다. 하지만 아마도 바울이 로마 감옥에 갇혔을 때, 실망하여 복음의 진리를 포기한 것으로 보인다. 그들은 '복음을 전한 사도가 감옥에 갇히는 것은 과연 기독교에 능력이 있다는 말인가?'라고 회의를 품었을 수 있다. 디모데후서를 기록하기 수년 전에 바울이 에베소에 2년 반 동안 머물 때, "아시아에 사는 모든 사람들이 다 주의 말씀을 듣고 믿었다"고 사도행전 19장 10절에서 말씀한다. 하지만 이제는 아시아의 모든 사람이 투옥된 바울을 외면한다.[1742] 기도 응답이 더디거나 어려울 때 마치 하나님이 없다고 생각하고 신앙을 포기하는 경우가 요즈음도 종종 있지 않은가?

하지만 예외도 있다. 이런 사도 바울의 투옥과 같이 외형적으로 교회와 복음이 위축되는 상황 속에서도 신실함을 저버리지 않은 사람들이 있다. 바로 '오네시보로'이다. "원컨대 주께서 오네시보로의 집(가정 교회)에 긍휼을 베푸시옵소서"(16절).[1743] 그가 바울을 자주 유쾌케 하고, 바울의 죄수 신분을 부끄러워하지 아니했다. '유익을 주는 자'라는 뜻을 가진 오네시보로가 바울을 유쾌하게 한 것(*anepsyksen*, 아오리스트 능동 직설 3인칭 단수, refreshed, 직역하면 '다시 숨 쉬게 하다')은 숨통이 트일 정도로 환대했다는 말이다. 더 나아가 오네시보로는 바울이 로마 감옥에 투옥되었을 때, 찾으려고 부지런히 다녔다(17절). 그래서 바울은 이 신앙의 동지의 집에 하나님께서 긍휼을 베푸시기를 기도한다. 성경에서 종종 복이 임할 때 집처럼 가족이나 집단적으로 임하는 것을 볼 수 있다.

"주님께서 오네시보로에게 그날에 긍휼을 베풀어 주소서"(18절).[1744] 바울은 이제 오네시보로 개인을 위해 기도한다. '그날에'(*en ekeine te hemera*)는 '심판의 날에'라는 의미이다(참고. 딤후 1:12).[1745] 바울의 이 기도는 이 땅 위의 어떤 보상을 바라지 않고 성도에게 선을 행하는 사람에게

1742) 바울을 외면한 사람들과 대조로 신실한 디모데는 바울의 기쁨이었다(딤후 1:4).

1743) 오네시보로의 축약형은 '오네시모'일 수 있다. 하지만 이 구절의 오네시보로를 빌레몬의 종이었던 오네시모로 보기 어렵다(참고. 존 월튼, 2010:1928).

1744) UBS 4판과 다수 사본 성경은 18절에 괄호가 없다. 그리고 NIV와 매츠거의 본문비평 주석에도 18절의 한글개역성경에 괄호로 처리된 부분에 대해서 일체 언급이 없다.

하나님은 당장 인간의 손에서 보상을 받는 것보다 훨씬 더 풍성한 보상이 기다리고 있음을 보여 준다. 또한 오네시보로는 에베소에서 바울의 사역을 여러 방면으로 섬기고(*diakoneo*) 도와주었다. 오네시보로는 디모데의 본이 되었다. 왜냐하면 그는 복음을 부끄러워하지 않고, 섬기는 본을 보였기 때문이다.

3. 오늘에의 적용

어려울 때 신앙의 성숙도가 판가름 난다. 어려울수록 복음을 믿음으로 붙들어야 한다. 그리고 주님의 상급을 바라보며 섬기자.

후배 목회자에게 조언을 주며, 신실한 선배 목회자로부터 조언을 구하자.

디모데후서 2장

1. 본문 및 구조

- 그리스도의 좋은 군사가 되라는 권면(1-13)
- 거짓 선생과 관련된 디모데의 책임(14-26)

2. 구원 계시사적 메시지

2.1. 디모데후서 2장 1-13절의 메시지

바울은 디모데에게 그리스도 예수 안에 있는 은혜 속에서 계속해서 강하여지라(*endynamou*, 현재 신적 수동 명령)고 권면한다(1절). 디모데 스스로 힘을 내어 강하라고 말하지 않는다. 예수님 안에 있는 은혜를 통하여 강해지라는 말이다. 그리스도 예수 안에서 우리의 것이 된 하나님의 은혜로부터 힘을 얻어야 한다. 에베소 교회의 사역의 기초는 디모데 자신의 본성이 아니라 예수님의 은혜에서 찾아야 한다. 우리의 힘은 예수님의 은혜에 달려 있다.

바울은 제자화(disciple-making)의 원칙을 밝힌다. 바울은 여러 증인 앞에서 디모데에게 부탁 말을 전했다. 이제 디모데는 바울로부터 들은 것(참고. 딤후 1:13, 2:8)을 충성된 사람에게 또 부탁/전하여야 한다(*parathou*). 그다음 그 사람들이 또 다른 사람들에게 그 말씀을 가르칠 것이다

1745) 디모데후서 4장 19절에서 바울이 오네시보로의 집(가족)에 문안하므로, 혹자는 오네시보로(Onesiphorus)가 이미 죽었는데, 그의 명복을 빌고 있다고 본다. 그러나 전혀 근거가 없다. 명복은 성경적이지 않다. 정당한 비평을 위해서는 마샬(1999:720)을 보라.

(2절). 예수님이 바울에게 명하신 것을 디모데가 이어받고, 다시 충성된 사람이 받아서 다른 사람에게 전한다. 마치 올림픽 성화의 봉송처럼 이 사람에게서 저 사람으로 계속 복음이 전해져야 한다. 좁게는 에베소에 디모데와 같이 복음을 전하는 사람이 많지 않았을 것이고, 넓게는 에베소 주변 지역들에(local congregation) 사람들을 준비시켜서 복음의 확장을 위해서 디모데는 힘써야 했다. 복음을 전수 받고 전파하는 일은 공간적으로 확장될 뿐 아니라, 시간적으로 후세대에게까지 미쳐야 한다(참고. Marshall, 1999:726-727)

예수 그리스도의 좋은 군사(*kalos stratiotes*)로서 바울과 디모데는 함께 고난을 받는다(3절). 군사는 하사관(NCO, noncommissioned officials)과 같은 직업 군인을 가리키지 징집병(conscripts)이나 장교(officials)를 가리키지 않는다(참고. Marshall, 1999:727). 바울은 지금 로마 감옥에서 글을 쓰기에 로마 군사의 특성에 대해 익숙하게 알고 있었을 것이다. 성도는 모두 사령관 예수님의 군사로서 선한 싸움을 위해 부름 받았다. 훈련과 고난을 감내하는 헌신적인 사람이 되어야 한다. 군사는 온갖 종류의 복음의 대적과 싸우는 사람이다.[1746)]

군사는 자기의 사생활에 매이지 않고 자기를 군사로 부른 사람을 기쁘게 해야 한다(4절). 바울 당시에 로마 군인은 결혼을 할 수 없었으며, 20년 동안 엄격하게 복무해야 했다. 살아서 제대하는 사람은 절반에 못 미쳤다(참고. 존 월튼, 2010:1928). 군인은 자기 사생활을 즐길 수 있다. 하지만 그것이 군인으로서 의무를 감당하는 데 올무가 되어 얽히게 하거나, 그것에 몰두하여 매이면 곤란하다. 적용하면, 주님의 말씀을 맡은 사람은 양 떼를 돌보기 위해 단순하게 살아야 한다. 말씀 연구하고 전하고 기도하고 심방하는 것이어야 한다. 불필요하게 많은 사람을 만나거나 취미나 세상 오락에 바쁘면 우선순위를 놓치고 만다.

이제 바울은 군복무 은유에서 운동 경기 은유로 전환한다. 운동 선수는 규칙에 따라 경기(*athleo*)에 임해야 면류관을 얻을 수 있다(5절). 바울 당시에 올림픽 경기에 참가하는 사람은 10달 동안 엄격히 훈련하겠다고 신의 이름으로 맹세를 해야 했다(참고. 존 월튼, 2010:1928). 성도는 법을 준수하는 선수가 되어야 한다.[1747)] 자신의 힘이나 기술을 제멋대로 자랑하는 자는 승리의 월계관을 받을 수 없다. 적용해 보면, 우리가 따라야 할 규칙은 무엇인가? 우리 삶의 규범은 무엇인가? 주님의 말씀과 그것이 가르치는 규범이다. 그 후 의의 면류관이라는 상급이 있다.

이제 바울은 운동 경기 은유에서 농사 은유로 전환한다. 부지런히, 그리고 열심히 일하며 수고한 농부가 추수 곡식을 먼저 받는 것이 마땅하다(6절). 기계화가 이루어지기 전의 농사법에서 아무리 땅이 척박하더라도 일단 농부의 입장에서는 열심히 일해야 수확이 있다. 수확은 농부의 수고와 인내의 결실이다. 그런 우리는 성령으로 썩지 아니할 것을 심어야 한다(참고.

1746) 4절은 가끔 그리스도인이 군복무와 같은 세속적인 시민의 임무를 하지 말아야 한다고 오석되어 왔다. 하지만 바울은 세상적인 것과 영적인 것을 나누지 않는다(참고. ESV Study Bible, 2008:2339).

1747) G.I. 윌리암슨 목사(1978)는 《웨스트민스터 소교리 문답 해설》(개혁주의 신행협회)에서 십계명의 제1계명을 설명하면서, 성도가 불법을 의지하는 것은 그 계명을 어기는 것이라고 본다. 목표 달성을 위해서 불법, 편법, 혹은 탈법을 의지하지 말자.

갈 5장; 엡 4:28). 디모데는 복음을 위해서 선한 군사, 법대로 경기하는 선수, 수고하는 농부로서 사역을 감당하도록 바울이 말한 것들(위의 3비유)을 생각하여야 한다. 왜냐하면(*gar*)(바울이 디모데에게 교훈한) 범사에 주님이(성부라기보다는 예수님, 참고. 1:18)[1748] '종합적인 통찰력'(*synesis*, 종합해서 이해함)을 주실 것이기 때문이다(7절; 참고. 마 13:51). 성도가 힘쓸 때 주시는 이 통찰력은 하나님의 은사이다(참고. 왕상 3:9; 단 2:21; 참고. ESV Study Bible, 2008:2339).

8절에서 디모데가 기억해야 할 것이 있다. 그것은 바울이 전한 복음은 다윗의 후손으로 오신 부활의 예수 그리스도를 중심에 둔다는 점이다. '예수' '그리스도'라는 순서가 디모데후서에서는 여기만 등장하고 목회서신에는 디모데전서 6장 3절, 14절, 디도서 1장 1절, 2장 13절, 3장 6절에 등장한다. '예수 그리스도'라는 말은 아마 초대 교회의 예배시의 찬송이나 신앙고백에서 차용한 것으로 추측해 볼 수 있다. 하지만 성육신 시에 받은 이름인 '예수'라는 주님의 인성을 먼저 강조하려는 의도가 있는 것으로 보인다(참고. Knight, 1999:397). 예수님의 인성은 다윗의 혈통으로 오신 것이고(참고. 롬 1:3; 삼하 7:12 이하), 신성은 죽음에서 부활한 것이다. 죽음에서 부활한 것은 구주로서 우리의 대속과 관련된다. 주님의 부활은 완료 수동태 분사(*egegermenon*)로 등장하여 (성부에 의해) 예수님은 여전히 부활의 주님이심을 강조한다. 그러므로 바울이 전한 복음의 핵심은 예수님이 왕이요 구주라는 점이다. 복음은 약속된 다윗의 혈통에서 나온 메시아이신 예수님은 고난으로 구주와 왕이 되셨다는 사실이다.

바울은 비록 복음을 위하여 죄수로 쇠사슬에 묶여 감옥에 매였지만, 주님의 복음은 매이지 않는다(9절). 투옥도 복음이 전해지는 데 방해가 되지 않는다. 고난을 감내하는 것은 택하신 백성이 구원을 영원한 영광과 함께 얻게 하려 함이다(10절). 전도는 하나님의 택하신 자를 만나서 구원을 얻도록 하는 것이다. 구원은 내세의 모든 휘황찬란한 영원한 영광의 상태를 약속한다.

우리가 믿을 만한 사실은 우리가 주와 함께 죽으면 주와 함께 산다는 것이다(11절). '우리'와 '그'가 '*syn*'이라는 전치사로 연결된다. 고린도후서 4장 10절에서 바울은 예수님의 죽음을 항상 몸에 짊어지고 다닌다고 고백한다. 그리스도와 연합하여 죄에 대해 죽은 사람은 자아에 대해서도 날마다 죽는다. 우리가 이 땅에서 그리스도의 죽음을 공유할 때만 예수님의 생명도 공유하게 된다(참고. 롬 6:8-11).

만일 우리가 참으면 주님과 함께 왕 노릇 할 것이요, 주님을 부인하면 주님도 우리를 부인할 것이다(12절). 우리가 이 땅에서 주님의 이름을 위해서, 그리고 자아가 죽는 일에 대해 인내하면 주님과 함께 다스릴 것이다. 그러나 환경에 굴복하고, 죄성에 굴복하여 왕이요 구주이신 주님을 부인하면 주님도 우리를 부인하실 것이다. 마태복음 10장 33절을 기억하자. "누구든지 사람 앞에서 나를 부인하면 나도 하늘에 계신 내 아버지 앞에서 저를 부인하리라." 바울 당시의 상황은 네로의 통치하의 상황이어서 편안한 가운데 신앙생활하는 현대 교회의 형편과 다르다. 그러나 예수님을 주로 고백하고 생활 속에 인정하는 것은 참으로 힘들다. 우리 시대에는 눈앞의

1748) 8절에서 예수님에 관한 명칭(nomenclature)이 다양하다는 것이 주님을 예수님으로 볼 수 없도록 만들지 못한다. 왜냐하면 7절과 8절 사이에는 단절이 있다(참고. Marshall, 1999:731).

이익 앞에서, 세상의 유혹과 쾌락 앞에서, 세상과의 혼합주의 물결 앞에서 주님을 인정하고 고백할 수 있어야 한다. 우리가 날마다 죽을 때 생명을 얻고 왕 노릇 한다. 죄 된 자아가 살아 있을 때는 왕 노릇도 생명도 없다.

우리에게는 종종 신실함이 없지만 주님은 늘 신실하시고 자신을 부인하실 수 없다(13절). 하나님은 전능하시지만 자신의 속성에 맞지 않는 일은 하실 수 없다. 주님은 언약 백성을 향해서 변덕스럽게 복을 취소하거나 벌을 내리시는 분이 아니다.[1749)]

2.2. 디모데후서 2장 14-26절의 메시지

14절에서 거짓 교사는 진리의 말씀을 가지고 말다툼을 하여 듣는 사람을 망하게 한다고 말씀한다. 16절에서 바울은 이것을 버려야 할(*periistaso*, 현재 중간태 명령형) 망령되고 헛된 말(*bebelous kenophonias*, empty talk)이라고 부른다. 거짓 가르침은 독한 창질(*gangrene*, 악성 종양) 즉 부상으로 피 공급이 방해를 받은 신체의 일부의 조직이 부패하여 썩어 문드러지는 병에 걸려서 썩어져 감과 같다고 한다(17절). 이런 의학 이미지(medical image)는 거짓 교훈의 반발력과 위험성을 강조한다. 이런 사람들의 대표자는 후메내오(Hymenaeus, 참고. 딤전 1:20)와 빌레도(Philetus)이다.[1750)]

하지만 디모데는 진리의 말씀을 옳게 분변하기 위해(*orthotomounta*, 똑바로 자르기 위해[cutting straight, cutting right]; 도로를 곧게 내듯이 '자르다'라기보다는 '바르게'라는 말에 초점을 둠)[1751)] 부름을 받았다(15절). 디모데는 이를 위해 최선을 다해야 한다(*spoudazo*). 말씀의 사역자는 진리의 말씀을 바르게 이해하고 전하는 데 있어서 부끄러울 것이 없는 인정된(*dokimon*) 일꾼이 되어야 한다. 고린도전서 4장 2절을 기억하자. "(말씀의 사역자는) 하나님의 말씀을 혼잡하게 아니하고 진리를 드러낸다." 적용해 보면, 설교자는 성령과 인간 저자의 의도를 밝히고 그것의 의미를 적절하게 전해야 한다(참고. 칼빈의 《로마서 주석》서론).

거짓 교사는 진리에 관해서 그릇되었다(18절). '그릇되다'(*estochesan*)는 말은 화살이 표적을 벗어나는 것(missed aim)을 의미한다. 디모데가 목회하던 에베소 교회 안에는 부활이 이미 지나갔다고 가르치는 무리가 있었다. 성도가 예수님과 함께 영적으로 영화롭게 부활해 버려서 미래에 영원한 몸을 입는 부활은 없다고 주장한 무리이다(참고. ESV Study Bible, 2008:2340). 아마 이들은 영혼은 거룩하고 육체는 부정하다고 보는 입장을 가진 자이다. 16절에 보면, 이런 거짓 가르침은 경건함에서 멀어져서 믿음을 파괴한다. 바울도 이와 유사한 부활에 대한 문제에 대해서 교훈을 준 바 있다(참고. 고전 15:12, 20).

하지만 하나님의 기초(터)는 견고하게 서 있다(19절). 이 기초는 진리의 기둥과 기초인 교회를

1749) 요한계시록 4장 3절에 하나님의 보좌 위에 무지개가 걸려 있다. 하나님은 언약의 통치를 신실하게 하신다.

1750) 12절의 '하나님 앞에서'(*enopion tou theou*) 대신 다수 사본은 '주님 앞에서'(*enopion tou kyriou*)로 쓴다. 전자는 디모데후서 4장 1절 그리고 디모데전서 5장 4절과 21절과 일치한다.

1751) 바울은 장막을 만드는데 있어서 숙련공이었다. 자신의 경험에서 나온 은유일 수 있다.

가리킨다(참고. 10절). 참 교회를 위해서 하나님은 2가지 인침(seal)을 주신다. (1) 하나님은 자기 백성을 아신다(참고. 민 16:5). (2) 주님의 이름을 고백하는 사람은 불의로부터 돌이켜야 한다(참고. 민 16:26). 주님은 보이지 않게 자신의 백성을 아시고 인치셨다. 그리고 참 교회는 마음을 감찰하시는 하나님 앞에서 행하여 불의를 미워하고 돌이키는 가견적 표지를 가지고 있어야 한다.

큰집 즉 교회에는 귀하게 쓰이는 금은 그릇과 천하게 쓰이는 나무와 질그릇도 있다(20절). 그릇(*skeuos*, vessels)은 무엇을 담는 도구이다. 성도는 보배이신 예수 그리스도와 복음을 담아 나르고 있다. 그러므로 이런 거짓 교훈으로부터 자신을 깨끗하게 하면 귀히 쓰는 그릇이 되어 거룩하고 주인(*despotes*, 주재)의 쓰심에 합당하게 된다(21절). 그리고 그들은 선한 일(*ergon agathon*)에 사용되도록 준비된다. 교리적 순결과 생활의 순결을 통해서 주님의 귀히 쓰시는 그릇이 되어 간다. 20절의 '천하게 쓰인다'는 표현은 딤후의 전체 문맥을 고려해 볼 때, 교리적 오류와 도덕적인 오류와 관련 있는 듯하다.

"또한 네가 청년의(*neoterikos*, youthful) 정욕(*epithymia*, strong desire)을 계속해서 피하고(*pheuge*, flee, 현재 명령),[1752] 주를 깨끗한 마음으로 부르는 자들과 함께 의와 믿음과 사랑과 화평을 따르라"(22절). 청년의 정욕은 젊은이의 성적인 욕망은 물론 일반적인 의미의 죄성(sinful desires)을 가리킨다. 23-25절에 의하면, 이 죄성은 논쟁과 싸움으로 표출된다. 디모데가 하나님의 집에서 귀히 쓰이는 그릇이 되려면 우선 청년의 정욕을 피해야만 했다. 이때 디모데는 약 30세 정도로 추정된다. 청년의 정욕은 성적인 욕구, 방종, 이기적인 야망, 완고한 고집, 여러 충동들을 모두 포함한다. 이런 것은 '피하고', 의와 믿음과 사랑과 화평은 좇아야 했다. 이런 것을 좇을 때는 주님을 깨끗한 마음으로 부르는 자들과 함께 공동으로 행해야 한다. 항상 남은 자가 있듯이 주님을 간절히 그리고 진실히 찾는 사람들은 어느 시대, 어느 장소이건 있기 마련이다. 우리는 죄악을 사정없이 배척해 버리고, 선은 사정없이 좇아야 한다. 오직 그럴 때만 우리는 주님이 귀히 쓰시는 그릇이 된다.

"어리석고 무식한 변론(*tas moras kai apaideutous zeteseis*, the foolish and uninstructed arguments)을 버리라(*paraitou*, 현재 명령형, 거절하라). 왜냐하면 이것이 다툼을 만들기 때문이다"(23절; 참고. 딤후 2:14). 어리석고 무식한 변론이란 무엇인가? 이것은 칼빈(1996:580)이 설명하듯이 '싸우기를 좋아하는 사색'(quarrelsome speculation)이다. 우리는 진리를 위해 논쟁하고 믿음의 선한 싸움을 싸워야 한다. 그러나 우리가 금해야 할 것은 말씀을 떠나서 사색적으로 어리석고 언쟁만 낳는 논쟁이다. 이 논쟁은 무의미하고 소득이 없고, 서로에게 상처만 입히는 파괴적인 것이다.

24-26절은 교회 안에서 문제를 일으키는 사람을 어떻게 다루어야 하는가에 대한 핵심적인 교훈을 제공한다. "마땅히 주의 종(*doulos*)은 다투지 말고,[1753] 모든 사람을 대하여 온유하며

1752) 디모데전서 6장 11-12절에서는 '피하는 것'이 아니라 '추구해야 할 것'이 있다.

가르치기를 잘하며 참아야 한다"(24절). 주님의 종은 복종심과 책임성 그리고 의무감이라는 특성을 가진 일꾼을 가리킨다(참고. Knight, 1999:423). 주님의 종 즉 말씀의 사역자는 잘 가르치는 은사를 가지고 있어야 한다. 무엇보다도 주의 종에게 필요한 덕목은 부드럽건 까다롭건 간에 모든 사람을 대해서 '반드시'(*dei ou*) 다투지 않고 대신 온유하고 참는 것이다. 불친절한 사람에 대해서도 관용할 줄 알아야 하고, 잘못과 어리석음에 대해서도 화내지 않고 인내할 줄 알아야 한다. 싸우려고 달려드는 사람과 싸우려는 것은 파국으로 치달을 뿐이다. 무엇 때문에 그런가? 바른 행실의 본과 말로 주님의 말씀을 가르치기 위해서다. 마태복음 11장 29절에 의하면 이렇게 마음이 온유하고 겸손하신 분은 바로 예수님 자신이었다. 바울은 주님의 마음을 품어야만 말씀의 사역이 효과 있고 결실이 있을 것을 말한다(참고. 고후 10:1; 갈 6:1; 엡 4:2; 벧전 3:15). 모든 일꾼들에게 주님의 온유하심과 관용을 성령 충만으로 허락하소서!(참고. 갈 5:23).

"거역한 자(*tous antidiatithemenous*)들을 온유함으로 징계할지니"(*paideuonta*, to train by discipline; 25절; 참고. Rogers & Rogers, 1998:504). 하나님이 그들에게 진리를 알도록 인도하는 회개를 주실 수 있다는 소망을 가지고 징계해야 한다. 교회 안에 복음을 대적하는 사람이 있다면 원수처럼 대하지 말고 온유함으로 가르치고(instruction) 징계(discipline)해야 한다. 징계의 목적은 그 사람을 미워하여 벌을 주는 자체에 있지 않다. 다시(절대적인 진리로서의 기독교의 내용인) '진리를 알고'(목회 서신의 특징적 표현) 돌아오도록 사랑으로 돌보는 것이다. 그러므로 진리를 거역하는 사람이 있다면 온유함으로, 긍휼히 여김으로, 인내함으로 바르게 가르쳐야 한다. 그렇게 할 때 하나님은 바른 진리를 알도록 회개의 역사를 주실 것이다.

"저희로 깨어(*ananeipsosin*, to sober up, to return to one's senses; NT *hapax*) 자신(마귀, 참고. Knight, 1999:426)의 뜻을 좇게 만드는 마귀의 올무에서 벗어나 하나님께 사로잡히게 함이라(*zogreo*, to capture alive, to make captive, 참고. Rogers & Rogers, 1998:504)"(26절). 이전에 악한 영향을 받아서 진리를 떠난 사람을 온유함으로 바로잡을 때, 우리가 소망해야 할 것은 그들이 바른 정신을 가지고, 사탄의 올무에서 벗어나서 오히려 하나님께 사로잡히도록 하는 것이다(참고. 고후 4:4). 사탄은 오늘도 우리 앞에 올무를 놓는다. 그것은 때로 지적인 혼란, 복음을 어지럽힘, 다른 복음을 전하는 형태를 띤다. 진리의 기둥과 터인 교회는 이런 올무를 근원부터 뿌리 뽑아 버려야 한다.

3. 오늘에의 적용

그리스도의 좋은 직업 하사관과 같은 군사로 살자.
우리 시대의 거짓 선생은 누구인가?
권징의 목적을 인식하면서 치리하자.

1753) 바울은 명사 *doulos*를 자기 자신처럼 복음을 전하는 자들을 가리키는 용례로 사용했다(예. 롬 1:1; 갈 1:10; 골 4:12; 딛 1:1).

∽ 디모데후서 3장 ∾

1. 본문 및 구조

• 마지막 시대의 특징(1-9)
• 배운 것을 따라 지속적으로 신실하라(10-17)

2. 구원 계시사적 메시지

2.1. 디모데후서 3장 1–9절의 메시지

"네가 이것을 알라. 말세에(*en eschatais hemerais*) 고통하는 때(바른 성경: 어려운 때)가 이르리니"(1절).[1754] 진리에 대한 반대는 일시적인 유행처럼 반짝거리는 것이 아니다. 그러므로 바울은 재차 디모데에게 이 사실을 회상하게 한다. 말세에 고통하는 때가 이르렀다. 말세는 언제인가? 예수님이 그 언젠가 미래에 다시 오실 즈음을 가리키는가? 성경은 말세를 그렇게 말씀하지 않는다. 구약에 약속된 새로운 시대가 예수 그리스도와 함께 도래했으므로 예수님의 성육신과 더불어 옛 시대가 사라지기 시작했고 종말이 시작되었다. 사도행전 2장에서 베드로는 오순절에 성령이 오신 것은 '말세'에 성령을 모든 육체에 부어 주시겠다던 선지자 요엘의 예언의 성취라고 말한다(참고. 행 2:14-17; 히 1:1-2). 말세는 예수님이 태어나신 날로부터 다시 오실 날까지인데, 그러므로 우리는 지금 말세에 살고 있다(참고. 고전 10:11; 딤전 4:1). 그러므로 디모데후서 3장의 내용은 바울 시대는 물론 우리 시대, 지금 일어나는 일을 묘사한다. 디모데와 바울도 말세에 살았다. 말세는 고통하는 때 즉 거칠고 위험하고 어려운 시기이다. 그렇다고 말세는 이런 고통만 있는 것이 아니다. 말세에는 복음이 뻗어나가고 하나님 나라가 확장되기도 한다. 바울은 여기서 어렵고 고통스러운 말세의 면에 초점을 맞춘다.

그 이유는 무엇인가? 사람들이 자기를 사랑하며, 돈을 사랑하며, 자긍하며, 교만하며, 훼방하며, 부모를 거역하며, 감사치 아니하고, 거룩하지 않기 때문이다(2절).[1755] 이것을 요약해 보면, 우리가 사는 세상에 고통이 찾아오는 이유는 사람들의 사랑의 방향이 잘못되었기 때문이다.

1754) 사도행전 2장 17절은 성령님의 오심과 더불어 종말이 시작되었다고 증거한다. '어려운 때'는 바울 당시에 이미 시작되었다(참고. ESV Study Bible, 2008:2341).

1755) 2-5절의 '악의 목록'(list of vices)은 바울과 디모데를 반대하던 사람들의 행태를 생생하게 묘사한다. 이 목록은 '사랑의 오용'으로 시작하고 마친다. 자기를 사랑하며(2절), 쾌락 사랑하기를 하나님을 사랑하는 것보다 더 사랑하며(4절).

하나님과 선 대신에 이기적인 방향으로 사랑이 향하고 있기 때문이다. 그러므로 인간관계가 깨어지게 된다. 심지어 부모를 거역하는 것과 같이 가정에서도 관계가 허물어지고 만다. 기본적인 감사조차도 실종되었다.

"무정하며(unloving), 원통함을 풀지 아니하며(hostility without truce), 참소하며(*diabolos*, slanderous), 절제하지 못하며(*akrates*, without self-control), 사나우며(not tamed, savage), 선한 것을 좋아하지 아니하며(*aphilagathos*)"(3절). "배반하여 팔며(traitor), (도망가는 말처럼) 조급하며(hasty, hothead; 참고. Rogers & Rogers, 1998:504), 자고하며, 쾌락을 사랑하기를(pleasure-lover) 하나님 사랑하는 것보다 더하며"(4절). 순종, 감사, 겸손, 인내, 온유, 믿음, 사랑, 소망, 존경은 사라진다. 자신에는 관대하고 남에게는 엄격한 잣대를 들이대어 이기적으로 산다. 성령의 열매와 반대되는 육신의 열매로 가득하다. 성령 충만하지 못한 사람이 많다는 말이다. 성령 충만 없는 모임에 쉽게 고통이 찾아온다.

경건의 모양(*morphosin*)은 있으나, 능력은 부인하는 사람에게서 돌아서야 한다(5절). '능력'은 하나님이 성도의 삶 안에서 힘 있고 효과적으로 일하시는 것이다. 하나님을 믿는 것은 하나의 종교인이 되는 것이 아니라, 예수님 안에서 생명 자체를 얻고 누리는 것이다. 하나님 나라는 말에 있지 않고 능력에 있다. 마찬가지로 경건이신 예수님을 닮아가는 실천이 있어야 능력이 있다. 이것은 먼저 자신을 사랑하는 대신에, 우선적으로 하나님을 사랑하고 사람을 사랑함으로 회복될 수 있다. '돌아서라'(avoid such people)는 출교로 볼 수 있다. 디모데후서 2장 24-26절에서는 대적자를 회개시키는 데 초점을 두었다면, 디모데후서 3장 5절에서는 불가피한 출교를 암시한다(참고. ESV Study Bible, 2008:2341).[1756)]

"남의 집에 가만히 들어가 어리석은 여자를 유인하는 자들이 있으니, 그 여자는 죄를 중히 지고 여러 가지 욕심에 끌린 바 되어"(6절). 이렇게 세상을 고통스럽게 만든 자들이 이제는 거짓 가르침으로 사람을 교활하게 유인하고 있다. 전쟁에서 포로를 사로잡듯이 거짓 가르침으로 지적-의지적, 감정적으로 연약한 여자들을 대상으로 속이고 있다. "항상 배우나 마침내 진리의 지식(*eis epignosin aletheias*)에 이르지 못하느니라"(7절). 이 여자들은 어떤 사람들의 말이든지 경청하며 배우려고 하지만 거짓 교리 때문에 진리에는 도달할 수 없다. 따라서 이들에게 필요한 것은 주님이 주시는 총명이다(참고. 딤후 2:7, 25-26).

"얀네(Iannes, 남성 고유명사, Jannes)와 얌브레(Iambres, 남성 고유명사, Jambres)가 모세를 대적한 것같이 저희도 진리를 대적하니 이 사람들은 그 마음이 부패한 자요 믿음에 관하여는 버리운 자들이니라"(8절). 모세를 대적한 얀네와 얌브레는 구약에서 언급되지 않았지만, 유대인 전승에 의하면 애굽의 바로의 궁전에서 활동한 마술사였다.[1757)] 반대로, 모세는 하나님의 율법을

1756) 경건의 모양도 중요하다. 모양은 능력을 담는 그릇이기 때문이다. 그런데 한국 교회는 자유한다는 명목 아래 경건의 모양조차 포기하지 않는가?

1757) 성령님은 바울이 디모데후서를 기록할 때 '유대 전승'을 사용하도록 인도하신 것 같다. 이 두 인물은 에베소 교인들에게 익숙했을 것이다. 바울이 하나님의 주요 원형적(archetypal)인 대적을 직접 거명하는 것은 논증에 있어서 '수사학적 힘'을 가진다(참고. ESV Study Bible, 2008:2341).

선포했다. 모세처럼 바울과 디모데는 하나님의 진리를 선포해야 한다. 마술과 같이 사람을 속이는 이단 교리를 따르는 자는 진리를 대적하는 자이며, 믿음에 관하여는 파선한 자가 되고 만다.

"그러나 저희가 더 나가지 못할 것은 저 두 사람의 된 것과 같이 저희 어리석음이 드러날 것임이니라"(9절). 이단이 가끔 널리 전파되는 것 같지만, 결국은 더 나아가지 못하고 어리석음이 드러나게 된다. 역사가 이것을 증거하지 않는가? 어느 시대건 교회 안에도 알곡과 가라지가 공존한다. 오염되지 않고 담대히 버티어야 한다.

2.2. 디모데후서 3장 10–17절의 메시지

10절은 '그러나 너는'(*sy de*)이라는 말로 시작한다. 14절도 그렇게 시작한다. "아무리 많은 사람이 말세에 자기와 쾌락을 사랑하고 믿음에서 파선되고 거짓 교리를 따른다고 할지언정 그러나 너 디모데는 달라야 한다, 너는 귀히 쓰이는 그릇이 되어야 한다, 너는 경건의 능력을 갖추어야 한다"는 바울의 강조를 본다. 그리스도인은 바람이 부는 대로 흔들리는 갈대처럼 시대의 조류에 편승할 수 없다. 일관성 있게 지킬 것은 지키고 버릴 것은 버려야 한다. 디모데는 바울의 가르침, 삶의 방식, 목적, 신앙, 오래 참음, 사랑, 인내, 핍박, 고난을 '보고 알았다.' 헬라어 원문에는 '가까이에서 따랐다'(*parekolouthesas*, 아오리스트 직설 능동 2인칭 단수)로 말씀하는데, 디모데가 바울의 충실한 제자였다는 의미이다.[1758] 말세에 고통하는 시대의 자기를 사랑하는 모습과는 정반대의 모습이다. 그것은 주님의 복음과 나라 그리고 성령과 관련되어 산 결과이다. 바울이 전도했던 안디옥, 이고니온,[1759] 루스드라에서 직접 당한 모든 고난 가운데서도 주님께서 건져주셨다(11절; 참고. 행 13-14). 디모데는 루스드라 출신이고(참고. 행 16:1-2), 사도행전 14장 19-20절에 의하면, 바울은 거기서 돌에 맞아 거의 죽게 되었다. 이 광경을 디모데가 목격했을 것이다.[1760] 10-11절은 사도 바울의 체험에서 나오는 '참 교사상'을 제시한다.[1761]

진실로, 그리스도 예수 안에서 경건하게 살고자 하는 자는 핍박을 받으리라(12절; 참고. 요 16:33; 딤후 2:3). 그리스도 예수님과 연합하여 경건한 삶을 소망하는 사람은 핍박을 받을 것이다. 요한복음 15장 18절 이하에서 주님은 세상이 너희를 미워하는 것은 우리가 세상으로부터 택함을 입어서 세상에 속한 자가 아니기 때문이라고 말씀하신다.

악한 자와 속이는 자는 더욱 악하여져서 속이기도 하고 속임을 받을 것이다(13절). '그러나 너는'(*sy de*) 배우고 확신한 일에 거하라(*mene*, 현재 능동 명령; 14절). 왜냐하면 디모데는 누구로부터 배운 것을 알기 때문이다. '누구로부터'는 남성 복수형으로 되어 있다. 그러므로 디모데의

1758) 칼빈(1993:588)은 디모데후서 3장 10절이 '훌륭한 교사상'을 소개한다고 본다.

1759) 11절에서, 181번 소문자 사본은 '이고니온' 앞에 '그가 Thecla 때문에 고난당한 것들'이라는 부적절한 표현을 추가했다.

1760) 디모데는 바울의 행적과 사상을 이미 잘 알고 있었다. 그러므로 디모데전후서에 바울이 즐겨 강조하던 사상이나 용어가 등장하지 않는다고 해서 바울 저작을 의심하는 것은 무리다.

1761) 그러나 멘토는 자신의 경험으로 멘티를 교육하는 데 한계가 있음을 알아야 한다. 왜냐하면 바울이 뒤따르는 16-17절에서 멘토링의 핵심으로 하나님의 말씀의 운동력을 언급하기 때문이다.

신앙의 선배를 포함한다. 그의 할머니 로이스와 어머니 유니게 그리고 특별히 바울 모두가 해당된다. 외조모 로이스와 어머니 유니게를 포함할 수 있는 이유는 뒤따르는 구절에서 밝히듯이 디모데는 어려서부터 가정에서 성경을 배워서 알았기 때문이다. 디모데는 어려서부터 성경을 알았다. 성경은 능히 그리스도 예수 안에 있는 믿음으로 말미암아 구원에 이르는 지혜를 준다(15절). 성경은 구원의 안내서이다. 성경은 근본적으로 하나님의 구원 계시를 밝히는 책이다. 그러므로 예수 그리스도 안에 나타난 하나님의 구원 계시를 점진적으로 해석해야 한다.

모든 성경(일차적으로는 구약성경)은 하나님의 감동으로(*theopneustos*, God-breathed, expiration) 된 것으로 교훈과 책망과 바르게 함과 의로 교육하기에 유익하다(16절). 바울 당시에 신약도 성경으로 인정을 받았다(참고. 딤전 5:18; 벧후 3:15-16). 성경이 우리에게 유익한 것은 단순한 이유 때문이다. 바로 하나님으로부터 나온 것이며 우리 삶을 변화시키기 때문이다.[1762] 그 결과 하나님의 사람으로 온전케 하며 모든 선한 일을 행하기에 온전케 하려 함이다(17절). '모든 선한 일'(every good work)은 하나님이 성도에게 기대하시는 모든 행동들을 가리킨다. 구체적으로 볼 때, 선한 일은 '성경의 충분성'(sufficiency of Scripture)과 연관 있다(참고. ESV Study Bible, 2008:2342). 즉 성경 안에 담긴 진리는 교리와 도덕적 행동과 관련된 모든 일들에 충분하다. 하나님은 성경을 통해서 자신의 사람들을 성숙으로 인도하신다. 그러므로 성경에 무지한 것은 그리스도의 사람, 하나님의 사람으로 성숙해 가는 데 걸림돌이 된다.[1763]

3. 오늘에의 적용

우리가 살고 있는 말세의 악한 특징을 간파하자.
성경의 유기적 영감과 역사하는 능력을 믿고 삶에 적용하자.

1762) 오랫동안 성경을 읽고, 기도하고, 신학을 하지만 성품이 변화되지 않는 이유는 무엇인가? 스콜라 철학의 방법론을 따라 논리적으로 따지는 신학을 통해서는 품성의 변화를 기대할 수 없는가? 이런 고민을 가지고 있는 사람은 다음의 책을 참고하라. 박노권.《렉시오 디비나를 통한 영성 훈련: 심리적 치유와의 관계 분석》. 한들출판사(p. 25-44). 2008.

1763) 16절에는 동사가 없다. 따라서 '-이다'를 한두 군데 넣어야 의미가 전달된다. "모든 성경은 하나님의 감동으로 된 것(이다). 그리고 유익하다." 혹은 "모든 하나님의 감동으로 된 성경은 유익한 것(이다)." 두 번째 번역은 다음의 이유들로 인해 지지할 수 없다. (1) 둘째 번역은 어떤 성경은 영감 되지 않았거나, 유익하지 않거나, 혹은 둘 다일 수 있다는 것을 암시한다. (2) '감동으로 된'과 '유익한'이라는 형용사를 하나는 수식적으로, 다른 하나는 서술적으로 번역하여 일관성이 없다. 하지만 첫째 번역은 둘 다 서술적으로 일관성 있게 번역했다. (3) 한정적 형용사는 명사 앞에 나타나는 경우가 많은데, 둘 다 '성경' 뒤에 나타난다. (4) 16절의 구조는 디모데전서 4장 4절과 병행을 이루는데, 거기 보면 두 형용사('선한', '버릴 것이 없는')가 다 서술형으로 나타난다. 더 나아가, 우리는 성경을 숙고하려는 노력은 물론, 적용하려는 노력을 통해서 성경을 이해할 수 있다. 혹자는 이것을 '해석학적 나선'(hermeneutical spiral)을 넘어, '가슴과 손의 나선'이라고 부른다.《기독교 강요》1.6.2.에서 칼빈도 순종에 대한 추구가 하나님과 그분의 말씀에 대한 지식을 증진한다고 주장한다(보라. 다니엘 도리아니, 2009:81, 104).

ঌ 디모데후서 4장 ঌ

1. 본문 및 구조

- 디모데를 향한 마지막 부탁(1-5)
- 바울의 마지막 증언(6-8)
- 죽음을 앞둔 바울의 개인적인 교훈과 진술(9-18)
- 인사(19-22)

2. 구원 계시사적 메시지

2.1. 디모데후서 4장 1-5절의 메시지

바울은 디모데에게 하나님 앞과 산 자와 죽은 자를 심판하실 그리스도 예수 앞에서 그의 나타나실 것과[1764] 그의 나라를 두고 엄히 명한다(1절). '엄히 명한다'(*diamartyromai*)는 말은 마치 '법정에서 서약하는 말'과 같다. 바울은 지금 자신의 권위로 명하지 않고 성부와 성자의 권위로 명하고 있다. 무엇보다도 재판장이신 주님의 최종 나타나심(*epipaneia*)의 관점에서 명하고 있다. 바울 당시의 신념에 따르면, 신의 이름으로 맹세를 한 사람이 그 맹세를 어긴다면, 침해를 당한 그 신이 그 사람에게 복수를 한다고 믿었다(참고. 존 월튼, 2010:1933).

"말씀을 전파하라. 때를 얻든지 못 얻든지 항상 힘쓰라. 오래 참음과 가르침으로 경책하며(correct) 경계하며(rebuke) 권하라(encourage)"(2절). 구원을 주는 좋은 소식이기에 말씀을 항상 힘써서 전해야 한다. '힘쓰라'는 표현은 '곁에 서 있다' 즉 절박한 심령을 가지고 끈덕지게 선포하라는 의미를 내포한다. 왜 복음을 전할 때 절박해야 하는가? 생사의 문제를 다루는 작업이기 때문이다. 죄로부터의 구원이라는 세상에서 가장 중요한 문제를 다루면서 어떻게 냉담하게 전할 수 있겠는가? 적절한 선포를 위해 의심하는 자에게는 논증을 통한 경책의 방법으로, 죄에 빠진 사람에게는 경계의 방법으로, 두려움 속에 있는 자에게는 위로하며 권해야 한다. 지성적이고 도덕적이고 정서적인 모든 면을 아우르는 전도방법이 개발되어야 한다. 그리고 선포를 한 후에 오래 참아야 한다. 왜 그런가? 성령의 사역은 선포된 결실을 맺도록 하는 것이기에, 우리는 하나님의 때를 기다려야 한다. 그리고 말씀을 '가르쳐야' 한다. 지속적으로 가르치는 것은 말씀 선포만큼이나 중요하다. 가르침으로 제자 삼아야 한다. 그리고 그들이 또 제자를 삼을 수 있을 정도로 가르쳐야 한다.

"왜냐하면 때가 이르면 사람이 바른 교훈을 받지 아니하고 귀가 가려워서 자기의 사욕을

1764) 디모데후서 4장 1절에서, 시내 산, A, C, D, F, G 등은 *kai ten epiphaneian autou*('그리고 그분의 나타나실 것')으로 쓰지만, 다수 사본은 *kata ten epiphaneian autou*(그분의 나타나실 것을 따라서)로 쓴다. 후자가 더 쉬운 표현이다(참고. 매츠거, 2005:561).

좇을 스승을 많이 둘 것이기 때문이다"(3절). 디모데가 말씀을 긴급히 그리고 열심히 전해야 할 이유는 바로 많은 사람들이 진리를 거부하고 떠나고 있기 때문이다. 귀가 가렵다는 말은 새로운 무엇을 듣기 위해 안달이 난다는 의미이다. 바울 당시에 사람들이 듣기 좋아하는 것만 말했던 연설가가 활동했다. 구약에서 그런 연설가는 거짓 선지자로 정죄 받았다(참고. 렘 6:14; 8:11; 겔 13:10; 미 3:5; 눅 6:26). 적용해 보면, 성경의 의미를 찾고 묵상하기보다, 흥미롭고 그럴싸한 다른 그 무엇에 호기심을 가지는 어리석은 사람을 가리킨다.

"또 그들은 그 귀를 그 진리에서 돌이켜(turn away) 허탄한 이야기(*tous mythous*)를 따를 것이다"(4절). '허탄한 이야기'는 신화처럼 거짓된 이야기를 경멸하며 부르는 용어이다(참고. 존 월튼, 2010:1933). 그러나 디모데는 모든 일에 근신하여 고난을 받으며 전도인의 일을 하며 직무를 완수해야(*plerophoreson*, 혹은 '입증하다', 참고. 칼빈, 1993:601) 한다(5절). 많은 사람이 허탄한 이야기를 따르고 진리에 귀를 막더라도 '그러나 너는'(sy de) 고난 가운데서라도 전도인의 직무를 완수해야 한다. 하나님이 맡겨 주신 일을 완수할 때까지 고난을 감내해야 한다. 이것이 말씀의 사역자를 향한 하나님의 뜻이다. 인내가 꼭 필요하다. 전해도 듣지 않는 것을 인해 낙심하지 말라. 대신 안타까워하라. 그것도 거짓 가르침에 현혹되지 않도록 근신하여 깨어 있어야 한다.[1765)]

2.2. 디모데후서 4장 6-8절의 메시지

관제와 같이 바울은 벌써 부음이 되고 떠날 기약이 가까웠다(6절; 참고. 빌 2:17). 로마 감옥의 사도 바울은 노쇠했다. 제사 용어인 관제(전제, 헌주, *spendomai*, 현재 수동 직설 1인칭 단수, libation, to pour out, 희생 제물이 되다)에 자신의 삶을 비유하고 있다. 약 30년 동안 오직 복음을 위해 쉬지 않고 달려온 바울의 삶은 이제 마감 직전이기에 디모데가 바통을 이어받아야 한다.

바울은 (그) 선한 싸움(*kalon agona*)을 싸워 왔고(*egonismai*, 현재 완료) (그) 달려갈 길을 마치고(*teteleka*, 현재 완료) (그) 믿음을 지켰다(tetereka, 현재 완료; 7절). 바울은 현재 완료형으로 된 전투 용어로 자신의 전체 삶을 정리한다. 사도행전 20장 24절에서 바울은 밀레도 해변에서 에베소 교회의 장로들에게 "나의 달려갈 길과 주 예수님께 받은 사명 곧 은혜의 복음 증거하는 일을 마치려 함에는 나의 생명을 조금도 귀한 것으로 여기지 아니하노라"고 고백했다. 말한 대로 책임성 있게 살았던 사도가 바울이었다. 그가 고난으로 점철된 생애 속에서라도 믿음을 저버리지 않은 것은 성령의 사역이다. 이제 후로는 바울을 위하여 의의 면류관이 예비되었으므로 주 곧 의로우신 재판장이 그 날에 주실 것이니, 주의 나타나심을 사모하는 '모든'(*pasi*; 참고. D는 생략함) 자에게 주실 것이다(8절).[1766)] 비록 네로가 바울에게 사형의 판결을 내릴 수 있었지

1765) 칼빈이 바르게 말했듯이, 사람들이 귀를 막아 듣지 않으려 하면 할수록 전도자는 더욱 열정적이어야 한다.

1766) '의의 면류관'은 성도의 최종적으로 의로운 상태를 가리키는가, 아니면 의인에게 주시는 상으로서의 승리의 면류관인가? 후자가 옳다면 성경의 지지를 많이 받는다(참고. 마 5:12, 46, 6:1-6, 16-18, 10:41-42; 고전 3:14; 골 3:24; 히 10:35, 11:26; 요이 8).

만 예수님은 공의로우신 재판장이시기에 의롭다고 선언하시고 승리의 의의 면류관을 주신다. 우리는 과연 의의 면류관을 바라보면서 달려가고 있는가? 그리고 주님의 나타나심을 사모하고 있는가? 그날은 우리에게 상급의 날이 된다. 이 단락에서 우리는 끊임없이 이어지는 진리를 본다.

2.3. 디모데후서 4장 9-18절의 메시지

"너는 어서 속히 내게로 오라"(9절). 영적 아들 디모데가 영적 아버지 바울이 죽어가는 순간에 함께 있는 것은 당연했다. 바울은 앞에서 인생의 여정을 회고하고 미래의 상급을 내다보았다. 하지만 여전히 로마 감옥에 갇힌 죄수의 신분이기에 혈육을 가진 우리와 성정이 같은 사람으로서 디모데의 면회를 독려하고 있다.

"데마(Demas; 데메드리오의 축약형으로 보임)는 이 세상을 사랑하여 나를 버리고 데살로니가로 갔고, 그레스게(라틴식 이름)는 갈라디아로,[1767] 디도는 (니고볼리 근처의 아드리해 연안의) 달마디아로 갔다"(10절). 바울에게 있어 한때 신앙의 동지들이 이제 뿔뿔이 떠나버렸다. 데마는 누가와 함께 언급될 정도로 한 때 바울에게 매우 중요한 동역자로 보인다(참고. 골 4:14; 몬 24). 데마가 사랑한 것은 세상(the present world) 즉 이 세대(*ton aiona*)이다. 오는 세상의 영생을 맛본 데마였지만 옛 시대를 선호하고 집착하게 된 것은 바울에게 견디기 힘든 고통을 안겨 주었을 것이다. 그 외의 다른 동역자들은 바울로부터 소원해졌거나, 아니면 주님의 일을 위해 다른 곳에서 사역하고 있었다.

"누가만 나와 함께 있느니라. 네가 올 때 마가(요한)를 데리고 오라. 저가 나의 일에 유익하니라"(11절; 참고. 골 4:10). 바울은 1차 전도 여행 중에 돌아가 버린 마가 요한을 데려오라고 부탁한다. 바울은 마가 요한을 용서했다.

바울은 두기고를 에베소에 보내었다(12절). 아마 디모데전후서 이 서신을 에베소의 디모데에게 전달한 사람이 두기고였을 것이다. 그는 사랑을 받는 형제요 신실한 일꾼이요 주 안에서 함께 된 종이었다(참고. 행 20:4; 엡 6:21-22; 골 4:7-8; 딛 3:12). 아마 디모데가 로마 감옥을 방문했을 때 두기고가 에베소 교회를 잠시 돌보았을 수 있었다.

바울은 디모데가 자신에게 올 때, 드로아(Troy)의 가보(Karpos)의 집에 둔 겉옷을 가져오고 바울의 책들(*ta biblia*, the scrolls, 중성 복수 대격) 즉 파피루스로 만든 두루마리들과 특별히 양피지(parchments, vellum sheets)에 쓴 책들(*tas membranas*, 여성 복수 대격)을 가지고 올 것을 부탁한다(13절).[1768] 겉옷은 두꺼운 외투로서 머리를 넣어서 입을 수 있도록 구멍이 뚫린 담요와 같은 것이다. 이 옷은 감옥의 한기를 막을 수 있는 중요한 물품이 될 것이다(참고. 21절). 이

1767) 10절에서 A와 C 사본은 '갈라디아'(*Galatian*) 대신에 '갈리아'(*Gallia*)로 쓴다. 필사자가 기원후 초기 몇 세기 동안에 흔히 '갈라디아'로 불렸던 '갈리아' 혹은 '골'(Gaul)을 떠올리며 수정한 것 같다(참고. 매츠거, 2005:562).

1768) 두루마리들은 필기도구 및 바울의 개인적인 서류나 서신들을, 양피지들은 LXX를 가리키는 것이 아닐까?(참고. ESV Study Bible, 2008:2343)

책들은 바울이 사용했던 구약성경으로 보인다.[1769] 감옥에서 읽는 성경은 더욱 바울의 심령 깊은 곳에 잘 박힌 못처럼 각인되었을 것이다.

구리 세공업자(*chalkeus*, metalworker, coppersmith)인 알렉산더가 바울에게 (고소인처럼)해를 많이 끼쳤는데, 주님께서 그의 행위대로 갚으실 것을 예상한다(14절; 참고. 딤전 1:19-20). 바울은 여기서 개인적인 원한을 위해 주님이 심판해 주실 것을 기도하지 않는다. 왜냐하면 15절에서 볼 수 있듯이 알렉산더를 주님의 복음의 대적으로 파악하고 있기 때문이다. 시편 17편 13-14절, 35편 1-8절, 55편 15절 등은 자신의 원수를 갚아 달라는 탄원시이다. 신약 성도는 교회와 하나님의 대적을 물리치도록 탄원해야 한다.

디모데도 구리 장색 알렉산더를 주의해야 한다(15절). '너는'(*sy*)이 강조되어 있다. 그는 바울이 전한 복음을 심하게 대적했다. 바울이 처음에 변명 곧 변호할 때 바울과 함께한 자가 한 사람도 없고 다 그를 버렸으나 그들에게 허물을 돌리지 않으려고 한다(16절). 바울이 했던 처음 변명은 무엇인가? 바울이 로마 감옥에 갇힌 후에 열린 첫 재판(*actio prima*)일 가능성이 크다(참고. Liefeld, 1999:299). 그러나 로마 교인 중에서 바울을 법정에서 변호하고 소송 절차에 조언을 준 사람은 아무도 없었다. 아마 이 순간이야말로 바울에게는 겟세마네였을 것이다. 바로 이때 네로의 박해의 기운이 로마에서 일어나기 시작한 무렵이었다. 예수님을 겟세마네에서 다 버리고 도망간 제자들이나, 법정에서 외로이 변호하는 바울을 남겨두고 떠나버린 로마 교인이나 매한가지이다. 주님처럼 바울은 자신을 버린 사람들에게 허물을 돌리지 않으려고 한다.

그러나(*de*) 주님은 바울 곁에 서서 그를 강건하게 하심은 이방인에게 말씀(*kerygma*)이 전파되어 듣게 하려 하심이다(17절). 그리고 바울은 사자의 입으로부터 건져냄을 받았다. 모든 사람들이 바울을 떠나 버렸으나, 주님은 바울과 임마누엘하셨다. 바울은 로마 시민권자였기에 원형극장에서 사자와 싸울 일은 없었던 것으로 보인다. 그렇다면 바울이 건짐을 받은 '사자'는 누구 혹은 무엇인가? 네로 황제를 이렇게 은유적으로 표현한 것인가?(참고. Liefeld, 1999:299) 아니면, 로마 법정에서 바울을 향해서 예리한 비난의 직격탄을 퍼부은 검사인가? 아마 이 모두일 것이다.[1770] 주님 외에는 아무도 도와주지 않는 생사가 걸린 재판의 순간에 바울은 여전히 이방인이 구원을 받아야 한다는 사실에 모든 초점을 맞추고 있다. 얼마나 감동적인가! 눈물 없이 읽지 못하는 서신이 디모데후서가 아닌가! 법정을 가득 메운 로마 사람들의 위협! 아마 네로 황제가 배석했을 수도 있다. 죽음을 두려워하지 않고 제국의 한가운데에서 주님의 죽음과 부활을 설교한 바울이었다. 바울은 이제 달려갈 길을 거의 다 마쳤다. 바로 거기서 바울은 때를 얻든지 못 얻든지 담대하게 복음을 전했던 것이다.

주님께서 모든 악한 일에서 건져내시고 천국에 들어가도록 구원하실 것을 확신한다(18절). 그리고 주님에게만 영광이 세세토록 있기를 송영한다. 죽음 앞에서 구원의 확신을 가지고 자신의

1769) 혹자는 두루마리들이 바울의 시민권을 입증하기 위한 증명서라고 본다. 하지만 그 시기에 그런 서류는 널리 인증되지 않았다(참고. 존 월튼, 2010:1935).

1770) 칼빈(1996:611)은 '일반적인 어려움'으로 본다. 그의 다른 주석에서와 마찬가지로 디모데후서 주석에서도 일관되게 칼빈은 반교황적 메시지로 적용한다.

목숨의 주인을 송영하는 바울의 모습을 보라. 이것은 우리 예수님이 십자가 지실 때 보이신 모습과 같다. 목숨을 아버지께 의탁하신 우리 주님이 아닌가! 십자가의 죽음을 영광으로 여기셨던 주님이 아닌가! 주님과 바울처럼 우리도…….

2.4. 디모데후서 4장 19-22절의 메시지

"에베소에 머물고 있는 브리스가(*Priska*), 아굴라(*Akyla*), 오네시보로의 집에 문안하라"(19절). 아마 가정 교회일 것이다. 에라스도는 고린도에 머물렀고, 드로비모는 병듦으로 밀레도에 남겨두었다(20절). 우리는 이들의 구체적인 상황을 알 수 없다. "겨울 전에 너는 어서 오라"(21절). 겨울에는 터키의 에베소에서 이탈리아의 로마까지 항해가 어려웠기에, 겨울 전에 면회 오라고 바울이 디모데를 독려한다. 으불로와 부데와 리노(로마의 초대 감독?)와 글라우디아(여자)와 모든 형제가 디모데에게 문안한다.

디모데('너의', 2인칭 단수)의 심령에 주님께서(참고. 다수 사본은 '주 예수님께서') 계시기를 바라며, 너희(2인칭 복수, 에베소 교회)에게 은혜가 있기를 원하노라(22절). 그러므로 디모데후서는 단순한 사적인 서신은 아니다.[1771)]

3. 오늘에의 적용

우리 시대에 효과적으로 복음을 전파하는 방법은 무엇인가?
우리의 유언은 어떠해야 하는가?

1771) 22절 끝에 다수 사본은 '아멘'을 추가한다.

【 참고 문헌 】

- Bassler, J.M. *1-2 Timothy, Titus. Abingdon New Testament Commentaries.* Nashvillc: Abingdon Press. 1996.
- ESV Study Bible. Wheaton: Crossway Bibles. 2008.
- Hwang, C.K. *The judgment of the Lord in the sermon on the mount.* Th.D. Thesis. Potchefstroom University. 1985.
- Keener, C.S. *The IVP Bible background commentary.* New Testament. Downers Grove: IVP. 1993.
- Knight Ⅲ, G.W. *The pastoral epistles.* NIGTC. Grand Rapids: Eerdmans. 1999.
- Liefeld, W.L. *1 & 2 Timothy/Titus. NIV application commentary.* Grand Rapids: Zondervan. 1999.
- Marshall, I.H. *The pastoral epistles.* ICC. Edinburgh: T&T Clark. 1999.
- Oden, T.C. *First and Second Timothy and Titus.* Interpretation. Louisville: John Knox Press. 1989.
- Rogers, C.R. Jr. & Rogers C.R. III. *The linguistic and exegetical key to the Greek Testament.* Grand Rapids: Zondervan. 1998.
- Witherington, B. *Letters and homilies for Hellenized Christians.* Volume I: a socio-rhetorical commentary on Titus, 1-2 Timothy and 1-3 John. Downers Grove: IVP. 2006.
- Zerwick, M *A grammatical analysis of the Greek New Testament.* Roma: Editrice Pontificio Istituto Biblico. 1993.
- 김재수 《디다케: 주님의 가르침》. 엘도른. 2009.
- 다니엘 도리아니 《적용, 성경과 삶의 통합을 말한다》. 성서유니온선교회. 2009.
- 데스몬드 알렉산더 & 브라이언 로즈너 《IVP 성경 신학 사전》. IVP. 2004.
- 렌스키, R.C.H. 《디모데전후서, 디도서, 빌레몬서 주석》. 백합출판사. 1976.
- 마르틴 디벨리우스 《목회 서신》. 국제성서주석. 한국신학연구소. 1983.
- 매츠거, B.M 《신약 그리스어 본문 주석》. 제2판. 대한성서공회 성경원문연구소. 2005.
- 바클레이 《디모데, 디도, 빌레몬서》. 기독교문사. 1973.
- 존 스토트 《디모데전서, 디도서 강해》. IVP. 1998.
- 존 월튼, 빅터 매튜스, 마크 샤발라스 & 크레이그 키너 《IVP 성경 배경 주석》. IVP. 2010.

• **최갑종** “성경과 여성 안수: 사도 바울은 여성 안수에 관하여 말하고 있는가?” 예장 브니엘 교단 여성 안수에 대한 공청회에서 발제한 글(9월 14일. 브니엘 교회당). 2009.

• **칼빈, J.** 《목회 서신 강해》. 지평서원. 1996.

• **칼빈, J.** 《목회 서신 주석》. 성서교재간행사. 1993.

• **황창기.** 《그리스도 중심의 성경 이해》. 이레서원. 2000.

디도서 주석

들어가면서

독일 할레(Halle)의 주석가인 파울 안톤(Paul Anton; 1661-1730)은 처음으로 디모데전후서와 디도서를 '목회 서신'이라 불렀다고 추측된다. 하지만 1703년에 D.N. Berdot가 이 용어를 처음으로 사용한 것 같다. 목회 서신(가톨릭의 용어로는 '사목서간') 중 하나인 디도서는 목회 신학의 교과서는 아니지만 중요한 원리를 제공해 준다.

저자

바울(딛 1:1)

수신자

바울의 조력자요 참 아들인 디도(딛 1:4; 3:12-15). 그는 그레데에서 목회하고 있었다. 이전에 그는 헬라파 기독교 신자로서 시리아 안디옥 교회의 회원이다. 그는 바울과 바나바와 함께 예루살렘 공회에 참여하기 위해 여행했다(참고. 갈 2:1-5). 바울의 3차 전도 여행 무렵 바울은 디도를 에베소에서 고린도로 보내었다(참고. 고후 2:13, 7:6).

기록 연대

바울의 선교 여행 중. 그레데(Crete)에 대한 언급이 사도행전 27장에 나온다. 바울은 그레데(딛 1:5)와 니고볼리(딛 3:12)를 방문하여 목회한 경험이 없기에(참고. 행 27:7이하) 다른 목회 서신들과 마찬가지로 이 서신의 연대를 바울의 로마 수감 직후 무렵으로 볼 수 있다. 그의 임종에서 멀지 않은 시기이다(A.D. 64-65년; 참고. Witherington, 2006:86). 이 서신을 위서로 보는 사람은 늦은 연대로 2세기를 주장하지만 근거는 없다.

기록 장소

로마?(딤후 1:17) 혹은 가능성은 낮지만 에베소?(딤전 1:3; 딤후 1:18, 4:12)

기록 목적

그레데에서 목회하던 디도에게 목회적이며 실제적 조언을 주기 위해서. 디도서 3장 12절에

의하면, 바울은 디도를 니고볼리에서 만나기로 계획한다. 디도서를 디모데전서와 비교해 보면 덜 신학적일 뿐 아니라 분위기가 덜 급박하기에, 더 실천적이고 윤리적인 성격을 띤다(참고. Witherington, 2006:86).

∽ 디도서 1장 ∾

1. 본문 및 구조

- 인사(1-4)
- 교회 직분자들의 자격(5-9)
- 거짓 선생들과 그들을 논박해야 할 필요성(10-16)

2. 구원 계시사적 메시지

2.1. 디도서 1장 1-4절의 메시지

"하나님의 종[1772](*doulos*, 참고. 고전 7:21-22; 엡 6:5-8; 골 3:11, 22, 4:1; 딤전 6:1; 딛 2:9; 몬 16, 18)이요, 예수 그리스도의 사도(*apostolos*)인 바울[1773] 곧 나의 사도 된 것은 하나님의 택하신 자들(*eklektoi tou theou*)의[1774] 믿음과 경건함에 속한 진리의 지식을 위한 것이며"(1절).[1775] 또한 영생의 소망 때문이니, 이 영생은 거짓이 없으신(*apseudes*, NT *hapax*) 하나님 (the unlying God)이 영원한 때 전부터 약속하신 것이다(2절). 거짓이 없으신 하나님과 달리 헬라 신화에서 신들은 사람을 쉽게 속였다(참고. 존 월튼, 2010:1939). 하나님께서 정하신 때 복음 선포 전도(*kerygma*, proclamation)를 위해서 자신의 말씀을 나타내셨는데, 이 선포는 우리 구주 하나님의 명령대로 바울에게 맡기신 것이다(3절). 바울이 부름 받은 목적인 '하나님의 택하신 자들의 믿음'(촉진)이라는 구절은 지금 주님을 믿거나 장차 믿게 될 선택받은 사람들의 믿음을 가리킨다. 또한 바울은 경건에 이르도록 하는 진리의 지식을 위해 부름을 받았다. 바울은 단지 불신자를 거듭나게 하는 도구로 사용될 뿐 아니라, 성도가 경건한 삶으로 자라도록 진리의 지식을 가르치는 사역을 위해 부름을 받았다. (예수님의 죽으심과 부활에 기초해 있는 확고한) '영생의 소망'(*elpidi zoes aioniou*) 위에 근거한 신앙과 지식을 하나님은 영원 전에 성도에게 약속하셨다. '소망'(*elpis*)은 목회 서신에서 4회 등장하는데(참고. 딤전 1:1; 딛 1:2, 2:13, 3:7), 여기서는 하나님의 약속에 근거해 있는 '확신 있는 기대감'(confident expectation)을 뜻한다.

"같은 믿음(common/shared faith)을 따라 된 나의 참 아들 디도에게 편지하노니, 하나님

1772) 구약에서 '종'은 아브라함(시 105:42), 야곱(사 48:20), 모세(시 105:26), 여호수아(수 24:29; 삿 2:8), 그리고 다윗(시 89:3)에게 적용되었다.

1773) 사도가 아닌 사람들과 공동으로 쓴 편지(빌립보서, 데살로니가전후서, 빌레몬서)를 제외하면, 바울은 자신을 '예수님의 사도'라고 소개한다(참고. Knight, 1999:281).

1774) 신약에서 '하나님의 택하신 자'라는 표현을 사도 바울만 사용한다(롬 8:33; 골 3:12; 딛 1:1).

1775) '인함이라'를 '~에 따라서'(in accordance with)로 번역할 수 있지만, '~를 위해서/ ~의 유익을 위해서 (in the interest of)'로 번역하면 더 분명하다(참고. Knight, 1999:283).

아버지와 그리스도 예수 우리 구주로 좇아 은혜와 평강이 네게 있을지어다"(4절).[1776] 디도는 아마도 바울의 1차 선교 여행 시 개종한 것으로 보인다. 바울은 예수님의 신성(divinity)을 '구주'(*soteros*)라는 말을 성부와 성자에게 교차적으로 사용함으로써 강조한다.

2.2. 디도서 1장 5-9절의 메시지

디도를 그레데(Crete)에 남겨둔 이유는 부족한 일들을(*leiponta*, 중성 복수 대격, 끝마쳐지지 않은 일들) 바로잡고 바울이 명한 대로 각 성(city by city)에 장로들을 세우게 하려 함이다(5절). '남겨 두었다'라는 말에서 1차 로마 투옥에서 석방된 후, 바울이 디도와 함께 일시적으로 그레데에 머물렀음을 알 수 있다. 그레데 교회를 조직하는 것이 디도의 사명인데, 적절한 자격을 갖춘 장로 즉 감독을 세움으로 수행해야 했다. 장로는 한 지역 교회를 총괄적으로 돌보는 사명을 감당해야 한다.

"장로(elder)는 책망할 것이 없고, 한 아내의 남편이며 방탕하다 하는 비방이나 불순종하는 일이 없는 믿는 자녀를 둔 자여야 한다"(6절; 참고. 딤전 3:4).[1777] 장로는 일부다처제를 따를 수 없고, 결혼 생활의 정절을 지켜야 한다. 그러나 바울은 장로가 반드시 결혼해야 한다고 주장하고 있는 것은 아니다. 교회를 돌보기 이전에 먼저 믿음 위에 바로 서있는 자신의 건강한 가정을 위해 장로는 자녀의 본이 되어야 한다.[1778]

감독(overseer)은 하나님의 청지기(*theou oikonomon*)로서 책망할 것이 없고, 제 고집대로 하지 아니하며(*me authade*, self-pleasing), 급히 분내지 아니하며, 술을 즐기지 아니하며, 구타하지 아니하며, 더러운 이를 탐하지 아니해야 한다(7절). 대신에 오직 나그네를 잘 대접하며(*philoksenon*, hospitable), 선을 좋아하며(*philagathon*, a lover of good), 근신하며(*sophrona*, self-controlled; 12-13절의 그레데인의 모습을 참고하라), 의로우며, 거룩하며, 절제해야 한다(*engkrate*, 8절). 가르침을 받은 신실한(*pistou*) 말씀을 견고히 붙잡아야 할 것이니, 이는 능히 바른(건전한) 교훈으로 권면하고, 거슬러 말하는 자들(*antilegontas*)을 책망할 수 있게 하려는 것이다(9절).[1779]

'감독'과 '장로'는 교차적인 용어이다(딤전 3:2-7; 참고. 행 20:17, 28; 장로는 곧 양 떼의 감독자). 하지만 장로는 영적인 성숙을 강조하는 뉘앙스를 띠고, 감독은 직무를 강조하는 뉘앙스를 가진다. 장로는 말씀과 관련된 2가지 일을 수행해야 한다. 바른 교훈을 전파하고, 진리를 거부하는 자를 책망하는 일. 진리에 순종하지 않는 자를 바르게 권면하고 인도하기 위해서는 장로가

1776) 4절에서 다수 사본은 "은혜와 자비(*eleos*)와 평강이 있을지어다"라고 쓴다.

1777) 이 말씀이 장로의 자격 중 하나는 반드시 '기혼'이어야 한다는 뜻은 아니다.

1778) 국무총리나 장관이 임명되기 전에 청문회를 개최하여 주로 도덕성을 검증한다. 교회와 기독교 기관은 세상보다 더 높은 도덕성을 검증하고 있는가? 아니면 재력과 능력만 있으면 도덕성은 문제가 안 된다는 거짓 실용주의에 빠져 있는가?

1779) 13세기의 사본 460번은 9절 끝에 "두 번 결혼한 사람들을 임명하지 말고, 그들을 집사로 만들지도 말며, 재혼으로 아내를 맞이하지 말라. 그들이 하나님을 섬기러 제단으로 오도록 하지 말라. 불의한 재판관이고, 도둑들이고, 거짓말쟁이들인 무지한 지도자들을, 하나님의 종으로서 책망하라"를 추가한다(참고. 매츠거, 2005:565). 하지만 5-9절은 '장로의 자격'을 다루지 '집사의 자격'을 다루지 않는다.

먼저 지정의 즉 전인으로 변화되어야 했다.

2.3. 디도서 1장 10-16절의 메시지

"복종치 아니하고 헛된 말을 하며(mere talkers)[1780] 속이는 자(거짓 선생들)가 많은 중, 특별히(malista) 할례당(*hoi ek tes peritomes*, the circumcision group) 가운데 심하니,[1781] 저희의 입을 막을 것이라. 이런 자들이 더러운 이(*aischrou kerdous*, dishonest gain)를 취하려고 마땅치 아니한 것을 가르쳐 집들(*holous oikous*, 가정 교회들, household churches)을 온통 뒤엎어놓는다(*anatrepousin*, overturn, upsetting whole families; 10-11절)." 모든 유대인 출신 성도가 할례당은 아니다. 할례당은, 좁은 의미에서, 유대인의 전통을 구원의 조건으로 여전히 생각하고 있는 무리를 가리킨다. 이들은 할례를 강요하되, 실상은 율법을 지키지 않는 위선자이다(참고. 행 15:1, 5; 갈 6:12-13). 우리 시대에 할례당은 누구인가? 거듭났음에도 불구하고 옛 성품, 율법주의적이며 화석화된 전통, 죄악, 혹은 뒤틀린 세속주의적 세계관을 가지고 사는 사람이다.

"그레데인 중에 어떤 선지자가 말하되, 그레데인은 항상 거짓말쟁이며, 악한 짐승이며, 배만 위하는 게으름쟁이라 하니, 이 증거가 참되도다. 그러므로 네가 저희를 엄히 꾸짖으라. 이는 저희로 하여금 믿음을 온전케 하고, 유대인의 허탄한 이야기(유대인의 신화 성경 인물에 대한 신화로서 외경에 등장하는 내용)와[1782] 진리를 배반하는 사람들의 명령(거짓 선생들이 구약 율법을 임의로 해석한 것)을 좇지 않게 하려 함이라"(12-14절; 참고. 행 2:11). 알렉산더의 클레멘트도 증거하듯이, 바울은 그레데의 크노소스(Knossos) 출신의 시인이며, 헬라의 7대 현인 중의 한 사람인 에피메니데스(Epimenides)를 인용한다(참고. Bassler, 1996:190). 그는 B.C. 6세기 인물로 예언과 지혜로 명성을 날렸다. 바울은 에피메니데스를 구약의 선지자와 동일시하지 않는다. 대신 그의 논증을 위하여 그레데인으로부터 존경을 받으며 자기 비판적(self-deprecating)인 이 사람을 인용하고 있다.[1783]

"(양심이) 깨끗한 자에게는 모든 것이 깨끗하나, 더럽고 믿지 아니하는 자들에게는 아무것도 깨끗한 것이 없고 오직 저희 마음과 양심이 더러운지라"(15절). 구약에서 정결한 음식에 대한 규정이 있다. 하지만 바울은 도덕적이며 영적인 정결에까지 확대시킨다. 거짓 선생들은 분명하게 무언가를 금했다. 디모데전서 4장 3절에 보면, 혼인과 식물을 금한 거짓 선생들이 등장한다.

1780) NIV의 번역처럼 단지 말만 하는 사람들이라는 뉘앙스보다는, (불복종으로) 함부로 말하여 위협이 되는 사람들을 뜻하는 것으로 보인다(참고. Liefeld, 1999:315).

1781) 이 구절은 일반적으로 할례당이 문제를 더 많이 발생시킨다는 의미보다는, 그레데 교회 안에서 문제를 일으킨 사람들이 거의 모두 할례당이었다는 뜻이다.

1782) 존 월튼(2010:1941)은 유대인의 허탄한 이야기는 '학가돗'(haggadot) 즉 성경 설화를 확대하거나 설명하고 있는 이야기일 수 있다고 본다.

1783) 이 속담의 진짜 출처는 B.C. 3세기 칼리마쿠스(Callimachus)의 '제우스에게 바치는 노래'(Hymn to Zeus)에 나오는 헤시오드(Hesiod)일 가능성이 더 많다. 그레데에 제우스의 출생지와 무덤이 있다고 전해진다. 그리고 한 주석가는 '그레데화되다'라는 말이 '거짓말하다'라는 말을 나타내는 은어가 되었다고 주장한다(참고. 존 월튼, 2010:1941).

그러나 깨끗한 자 즉 복음 진리에 합치되는 건전한 교리를 믿고 순종하는 자에게는 진리 안에서 변화된 정결한 삶과 자유함이 있다.

혹자는 16절이 속임을 당한 그레데인을 염두에 둔 것이라고 말한다. 하지만 바울의 거짓 선생을 향한 공격이 절정에 도달한다. "저희가 하나님을 (말로는) 시인하나 행위로는 부인하니, 가증한 자요(*bdelyktoi*, abominable, NT *hapax*), 복종치 아니하는 자요, 모든 선한 일(*pan ergon agathon*)을 버리는 자니라"(16절). 복음으로 변화된 삶이 없는 사람이 가증한 자요, 불순종하는 자요, 선한 일을 포기한 자이다.

3. 오늘에의 적용

유교주의나 군사 문화에서 벗어나서 직분자가 제대로 직분을 감당하도록 인도하자.
우리는 거짓과 다원주의 그리고 죄악으로 가득한 세상을 향해서 무엇이라고 외쳐야 하는가?

디도서 2장

1. 본문 및 구조

- 기독교인의 행동 규범
  노년층(1-3)
  청년층(4-8)
  종들(9-10)
- 은혜와 양육하는 능력(11-15)

2. 구원 계시사적 메시지

2.1. 디도서 2장 1-3절의 메시지

이 단락에서 바울은 특정한 그룹(가정 규례와 연관된 늙은 남자, 늙은 여자, 젊은이와 종)을 위해서 교훈을 준다.[1784] 1절과 15절에서 바울은 디도에게 주는 권면으로 시작하고 마친다. "오직 너는 바른 교훈에 합한(*hygiainouse*, healthy) 것을 말하며." 바울은 그레데의 목회자 디도에

1784) 바울은 교회와 관련하여 다양한 은유를 사용한다. '가정 교회'와 '그리스도의 몸' 사이에는 어떤 차이가 있는가? 그리스도의 몸은 여러 가정 교회 사이의 연합을 강조할 수도 있지만, 하나의 가정 교회보다 더 확대된 형태의 교회 안에서의 지체 의식을 강조하는 것으로 보인다.

게 각 그룹에게 건전한 교훈(교리; 참고. 딛 1:9)을 가르쳐야 하는 책임감을 부여한다. 만약 말씀의 사역자가 사람을 즐겁게 하고 두려워한다면 결코 바른 교훈을 가르칠 수 없게 된다. 그리고 바울은 디도에게 성도 중에서 각 연령별 및 성별 필요성과 요구사항이 다르기에, 잘 분석할 것을 권면한다.

"늙은 남자(*presbytas*)로는 절제하며(temperate), 경건하며, 근신하며(*sophronas*, self-controlled, sound mind), 믿음과 사랑과 인내함에 온전케(건강하게) 하고"(2절). 근신 즉 자기 절제는 디도서 2장 4-6절, 12절에서 반복적으로 나타나는 것으로 성도의 중요한 덕목이다(참고. 딛 1:8). "늙은 여자(*presbytidas*)로는 이와 같이 행실이 거룩하며, 참소(비방)치 말며, 많은 술(*oino pollo*)의 종이 되지 말며, 선한 것을 가르치는 자들(*kalodidaskalous*)이 되고"(3절). 늙은 여자는 바울 당시의 짧은 수명을 고려하면 현대의 중년에 해당한다(참고. Oden, 1989:115). 이러한 자격들은 디모데전서 3장과 디도서 1장의 감독과 집사의 자격과 유사한 점이 많다.

2.2. 디도서 2장 4-8절의 메시지

"저들(늙은 여자)로 젊은 여자들을 교훈하되,[1785] 그 남편과 자녀를 사랑하며, 근신하며(self-controlled), 순전하며, 집안 살림을 잘하며(*oikourgous agathas*, to be busy at home, contra 딤전 5:13), 선하며,[1786] 자기 남편에게 복종하게 하라(참고. 엡 5:22; 골 3:18). 이는 하나님의 말씀이 훼방을 받지 않게 하려 함이라"(4-5절). 늙은 여자가 선한 것을 가르쳐야 한다는 것은 가정에서 자녀에게 선한 것을 가르치는 것과 젊은 여자들(젊은 과부를 포함해서)을 가르치는 것을 의미한다. 디도가 직접 젊은 여인을 가르치지 않고, 늙은 여자로 하여금 가르치도록 하라는 바울의 권면에서, 목회자 디도가 젊은 여자로부터 받을 수 있는 유혹을 피하게 하려는 것과, 늙은 여자 중 가르침의 은사를 활용해야 함을 알 수 있다. 젊은 여자가 집안일을 해야 한다는 말씀은 가정의 일은 오직 여자의 몫이라는 의미가 아니라, 결혼한 젊은 여자의 가정에 대한 책임성을 의미한다. 바로 이렇게 살 때, 그리스도인의 행동으로 인해 복음의 전진이 방해를 입지 않을 것이다. 성도의 행실은 복음을 긍정적으로 반영하는 것이어야 한다.

"너는 이와 같이 젊은 남자들(*tous neoterous*)을 권면하여 근신하게(self-controlled) 하되, 범사에 네 자신으로 선한 일(*kalon ergon*)의 본(*typon*)을 보여(참고. 딤전 4:12), 교훈의 부패치 아니함(*en te didaskalia aphthorian*)과[1787] 존엄함과 비난할 것이 없는 바른(건강한) 말을 하게 하라. 이는 대적하는 자(*ho eks enantias*, the one comes from contrary side)로 하여금 부끄러워 우리를 악하다 할 것이 없게 하려 함이라"(6-8절). 목회 서신을 이해하려면 반복해서 등장하는 '선한 일을 하는 것'과 '근신하는 것'을 잘 이해해야 한다(참고. Liefeld, 1999:328). 불신자들이 성도의

1785) 4절의 '교훈하되'(*sophronizosin*)는 5절의 '근신하며'(*sophronas*)와 유사한 헬라어이다. 이 단어군은 합리적이며, 자기 절제, 정신을 차리고 적당함이라는 뜻을 가진다. 이 동사는 '좋게 조언과 격려를 하다'는 뜻으로 발전했다(참고. Liefeld, 1999:328).

1786) '집안일을 하며, 선하며' 대신에 '집안일을 잘하며' 라고 번역할 수 있다.

1787) 7절에서 다수 사본은 '교훈의 진실함과'(*en te didaskalia adiaphthorian*)로 쓴다.

삶을 보고 정죄하고 비난하지 못하도록 바른 교훈에 근거한 언행심사를 경건하게 훈련해야 한다. 이를 위해 목회자는 범사에 본을 보여야 한다. 여기서도 목회자가 먼저 본을 보임 즉 먼저 섬김으로써 권위가 발생하는 것을 알 수 있다.

2.3. 디도서 2장 9-10절의 메시지

"종들로는 자기 상전들에게(*idiois despotais*) 범사에 순종하여, 기쁘게 하고(well-pleasing), 거스려 말하지 말며(*antilegontas*, talk back), 떼어 먹지 말고, 오직 선한 충성(*pistin*, 신실함)을 다하게 하라. 이는 범사에 우리 구주 하나님의 교훈을 빛나게(*kosmosin*, attractive, adorn) 하려 함이라"(9-10절). 종에 관한 권면은 여러 곳에 나타난다(참고. 엡 6:5-8; 골 3:22-23; 딤전 6:1-2). 만일 그리스도인 노예가 주인에게 순종하며 산다면, 그들의 주님의 교훈이 그(불신) 상전에게 매혹적이고 설득력 있게 된다. 성도는 삶 속에서 복음과 관련된 선한 행실로 전도해야 한다(lifestyle evangelism).

2.4. 디도서 2장 11-15절의 메시지

"(성, 인종, 나이, 사회적 신분을 초월한) 모든 사람(*pasin anthropois*, all types of believing people; 참고. 롬 5:18; 고전 15:22; 보라. Liefeld, 1999:337)에게 구원을 주시는 하나님의(예수님 안에서) 은혜가 나타나,[1788] 우리를 양육하시되, 경건치 않은 것과 이 세상 정욕을 다 버리고 근신함(self-control)과 의로움(upright)과 경건함(godly)으로 이 세상(*en to nyn aioni*, 지금 세대 안)에 살고"(11-12절). 11-14절은 2-8절의 실제적인 교훈을 위한 신학적 기초를 밝히는 부분이다. 죄인에게 은혜를 확장시키는 이유는 그리스도 안에서 구원을 얻도록 하기 위함이다. 그레데인은 거짓말쟁이, 악한 짐승, 배만 위하는 게으름뱅이인데(참고. 딛 1:12), 그것에 대한 해독제가 '근신함과 의로움과 경건함'이다.

"복스러운 소망(blessed hope)과 우리의 크신 하나님(과) 구주(이신) 예수 그리스도(*tou megalou theou kai soteros hemon Iesou Christou*)의 영광이 나타나심을 기다리게 하셨으니"(13절). 성도는 신성을 가지신 예수님의 최종 파루시아(*epiphaneia*)를 기다린다(참고. 딤전 6:14; 딤후 4:1, 8). 11절이 그리스도의 초림과 관련된다면, 13절은 최종 재림과 관련 된다(참고. Liefeld, 1999:336). 그렇다면 이 단락의 권면은 종말론적이다.[1789]

"그가 우리를 대신하여 자신을 주심은, 모든 불법에서 우리를 구속하시고, 우리를 깨끗하게

1788) 예수님의 '만유적 인격'은 말 그대로 모든 사람을 위한 대속적 피 흘림을 지지하고, 예수님의 '온 교회적 인격'은 알곡에게만 구주이신 그리스도를 가르치는가? 그리스도의 대속의 범위는 무한하되(구원의 보편성, contra 제한적 속죄), 그 효력은 교회에만 제한적인가? 그러나 만유적 인격과 온 교회적 인격은 상충되지 않는다. 교회는 만유의 핵심이요 그 위에 있기 때문이다.

1789) 위더링턴(2006:146-147)은 라이트(N.T. Wright)를 언급하면서, 디도서 2장 11-14절은 로마 황제(예. 율리우스 시저)가 스스로 신이라고 부르면서 평화와 안전과 구원을 주는 후견인 노릇을 한 것을 염두에 둔다고 본다. 이 '제국의 수사학'(imperial rhetoric)은 진정한 왕이요 하나님이시며 구원과 평화를 주시는 예수님의 패러디에 불과하다.

하사, 선한 일(*kalon ergon*)에 열심하는(*zeloten*) 친백성(*periousion*)이 되게 하려 하심이니라" (14절).[1790] 그리스도는 우리를 위해 속전이 되셨다. 두 가지 목적에서 그렇다. (1) 모든 불법에서 우리를 구속하시려고. 이것은 개인적인 차원이다. (2) 우리를 깨끗하게 하기 위해서이다. 친백성은 '둘러싸인 존재'(peri + ousios)라는 의미이다. 그러므로 성도는 하나님의 보호와 안전을 받고 있다.

명사 '불법'(NT *hapax*)은 디도서 1장 16절의 형용사 '가증한'(detestable)과 비슷한 의미를 가지는데, 동족 동사는 시편 93편 1절 LXX의 *ebdelychthesan*(아오리스트 수동 직설 3인칭 복수, '싫어하다')이다. "우리를 대신하여 자신을 주신 것은"은 바울이 알고 있던 복음서의 내용이 간본문으로 메아리친다(참고. 막 10:45; 갈 1:4, 2:20; 엡 5:2; 딤전 2:6). 디도서가 기록될 무렵이 사도행전 28장의 로마 투옥 이후 석방된 후 그리고 A.D. 65년경 바울의 순교 이전이라면 62년경으로 볼 수 있는데, 그렇다면 바울이 들어 알고 있는 내용을 '예수 전승'(Jesus tradition)이라는 용어보다 '기록된 복음서'라고 불러도 무방하다. 왜냐하면 마가복음서가 A.D. 60년 이전에 기록된 것으로 많이 보기 때문이다. *Hina* 이하의 목적절은 그리스도의 속죄의 죽으심의 결과를 밝히는데, 구약 본문들이 메아리친다. 그리스도의 죽으심은 성도를 죄의 영역으로부터 옮기셨다. 이 배후에 있는 바울 당시의 은유는 노예를 돈 주고 사서 자유롭게 하는 것이다(to ransom, *lytroo*, 참고. 눅 24:21; 벧전 1:18; 출 6:6; 신 7:8; 삼하 7:23; 시 106:2, 118:134). 이것은 하나님의 위대한 해방 사역인 구약 출애굽 사건을 상기시킨다. 더 나아가 디도서 2장 14절의 '모든 불법에서'라는 말은 시편 129편 8절 LXX(한글 성경은 시 130:8)에서 하나님이 이스라엘을 이스라엘의 모든 불법에서 구속하실 분이라는 구절과 관련된다. 시편 129편 8절 LXX의 '이스라엘'이, 디도서 2장 14절에서는 '우리'라고 그리스도 안에서의 우주적인 구원의 색채를 띠도록 바뀌었다. '불법'은 구약에서 종종 하나님의 법을 대적하는 것으로 나타나는데, 단수형으로 이 명사는 '죄악 된 상태', '사악함'과 '죄악 됨'을 의미하며 의와 반대 개념이다(참고. 롬 6:19; 고후 6:14; 살후 2:3, 7). 그리스도의 대속은 죄악 된 속박 상태로부터의 구원이다.

그리고 그리스도의 죽으심의 결과는 우리는 '깨끗하게 씻으시는 것'이다. 씻음은 세례를 떠올리게 하지만(참고. 딛 3:5; 비교. 엡 5:25-26; 히 9:14, 22-23; 벧전 1:2; 요일 1:7, 9), 구약 배경에서 본다면 제사를 드리기 전의 제의적 정결과 관련되는 것으로 볼 수 있다. 씻음은 구약의 연쇄 구절들을 떠올린다. 에스겔 36장 25절, 29절, 33절, 37장 23절. 씻음의 구약 간본문은 에스겔 37장 23절에서 시작하는 듯하지만, 하나의 구절에 한정 지을 수 없다. '친백성'(그 자신의 한 백성)은 에스겔의 구절들을 주제적으로 떠올리는 동시에 시내 산 사건과도 연결된다. 에스겔 36장 28절; 37장 23절 출 19:5 신명기 7장 6절. 씻음은 '선택'이라는 주제와 연결된다. 에스겔 37장 23절과 36장 25절의 '마음이 부정한 것'은 포로기의 우상 숭배와 관련되는데, 그레데 교회의 상황과 연관된다(딛 1:10-16). 그레데 교회는 그리스도의 대속으로 말미암아 하나님의 백성이 됨으로써 이전의 우상 숭배의 죄악에서 깨끗하게 되었다. '친백성이 되다'는 하나님의 (새) 언약

1790) 14절에서 바울이 열심당의 '열심'과 비교하려는 의도를 가지고 있었는지는 의문이다.

과 (새) 창조 및 출애굽 행위와 관련 있다(참고. 출 19:5; 23:22; 신 4:20, 26:18). 이것이 하나님의 백성의 독특함인 것은 바울이 새 언약의 문맥에서 설명하기 때문이다(참고. 겔 36:26-28). 그리스도의 정결하게 하시는 구원 행위는 구약의 여호와의 정결하게 하시는 행동 및 선택과 포개어진다(참고. 겔 37:23; 신 7:6; 14:2). 하나님의 백성은 귀하고 값진 존재로서 하나님의 거룩을 닮은 유일한 소유이다.

디도서 2장 14절의 "선한 일에 열심하다"는 말은 기독론적인 용어인데, 선한 일은 디도서 2장 2-10절에 구체적인 윤리적 내용이 나온다. 바울의 윤리는 언제나 그리스도의 구속 사역에 기초한 성령론적 윤리이다. 성령론적 윤리라 함은 그리스도의 완결된 사역에 기초한 윤리를 교회가 실천하도록 하시는 분이 성령이시라는 뜻이다. 선한 일은 그리스도인의 존재의 가시적인 외적 차원이다. 이런 윤리는 깨끗하게 못된 반대자들의 모습과 반대된다(참고. 딛 1:14-16). 인과 관계에서 보면, 진정한 그리스도인으로서의 정체성은 그리스도인이라는 존재(being)의 특성을 창출하는 것인 구원과 정결로 되는(becoming) 재창조적 성화(윤리)와 관련된다. 구약에서 여호와의 은혜에 대한 적절한 반응은 토라에 헌신하는 것이다(참고. 출 19:5; 신 26:18). 바울의 종말론적인 성령의 관점에서 보면, 성령으로 하나님의 법에 따라 행하는 것이다(참고. 딛 3:5-6; 겔 36:25-29, 31-33). 즉 구약의 "율법을 지키다"(겔 36:27)를 "선한 일에 열심 내다"라고 바꿈으로써, 바울은 여호와의 궁극적인 구속 행위는 그리스도의 구속이며, 그 결과 성령의 역동적인 사역으로 살고 있는 신약 교회가 새 언약 백성으로 사는 것이라고 소개한다(보라. Towner, 2007:913-918).

"너는 이것(들, *tauta*)을 말하고, 권면하며, 모든 권위(*meta pasēs epitages*,[1791]) 모든 특정한 명령/지시)로 책망하여, 누구에게든지 업신여김을 받지 말라"(15절). 바울이 말한 대로, 디도는 권면/격려와 책망/꾸짖음을 권위를 가지고 해야 한다. 이런 교훈을 적절히 행함으로써, 사람들에게 멸시를 받지 않게 된다. 디도는 하나님이 세워주신 말씀의 사역자로서의 권위를 가지고 있다. 동시에 디도는 바울의 대표자로서의 권위도 가지고 있다.

3. 오늘에의 적용

매력적인 삶으로 전도하자.

실버 목회와 청년 사역이라는 특성화를 하되, 모든 세대가 어우러진 교제와 섬김을 이루자.

목회자의 정당한 권위는 어디서 나오는가?

1791) 여기서 권위는 '특정한 명령'을 가리키는데, 디도서 1장 3절의 동일한 명사에 비추어 볼 때, 목회자의 권위는 하나님의 명령에 순종할 때 발생함을 알 수 있다. 물론 디모데에게는 바울과 같은 사도로서의 권위는 없다.

∽ 디도서 3장 ∾

1. 본문 및 구조

• 기독교 교리와 성도의 삶
  사회 속의 기독교인(1-2)
  이교 신앙과 기독교의 대조(3-7)
• 마지막 교훈
  선한 일에 힘쓰라(8)
  거짓 교훈을 피하라(9-11)
• 결론(12-15)

2. 구원 계시사적 메시지

2.1. 디도서 3장 1-2절의 메시지

"너는 그들로(늙은 남자와 여자, 종들) 하여금 통치자들(*archais*, rulers)과[1792] 권세자들(*eksousiais*, authorities)에게 복종하고, 순종하게 하여,[1793] 모든 선한 일(*pan ergon agathon*)을 위하여 준비하게 하라"(1절). 연령과 성별로 권면을 준 후에 전체 성도에게 주는 권면으로 넘어간다. 로마서 13장 1-7절과 유사하게, 바울은 성도가 권세에 순종할 것을 권면한다. "모든 선한 일을 행하라"는 권면은 디도서 2장 7절, 3장 1절, 8절, 14절에 반복해서 나타나는 중요한 것이다. 바울 당시의 가정 규례에 있어서 세속 정부를 향해서 담당해야 할 시민으로서의 의무(civic obligations)는 주요 요소였다.

"아무도 비방하지 말며(*blasphemein*, slandering, 현재 능동 부정사), 다투지 말며(*amachous*, not fighting, uncontentious), 관용하며(*epieikeis*, forbearing), 범사에 온유(*praytes*, 겸손과 신사다움)로 모든 사람을 대하게 하여라"(2절; 이것은 예수님의 모습임; 참고. 마 5:5, 11:29, 21:5, 고후 10:1). 성도는 권세자에게만 아니라 모든 사람들에게 존경과 겸손을 보여야 한다. 로마 당국은 선동적이라 생각되는 사교(邪教)를 매우 싫어했다(참고. 존 월튼, 2010:1944). 기독교가 이런 오해를 받을 필요는 없었다.

1792) 1절에서 시내 산, A, C, F와는 달리 다수 사본은 *arhcais kai*로 씀으로 접속사를 추가한다. 하지만 1절 중반의 두 부정사들 사이에도 *kai*가 없기에, 다수 사본이 원문에 없는 *kai*를 1절 초반에 첨가한 것이다(참고. 매츠거, 2005:566).

1793) '복종하며, 순종하며' 이렇게 따로 언급된 것은, 모든 복종이 순종을 요구하지 않음을 가리킨다(참고. 엡 5:22; 보라. Liefeld, 1999:349).

2.2. 디도서 3장 3–7절의 메시지

"왜냐하면(*gar*)[1794] 우리도 전에는(*pote*, once, preconversion experience) 어리석은 자요(*anoetoi*, senseless; 참고. 롬 1:14), 순종치 아니한 자요(딛 3:1), 속은 자요(참고. 딤전 4:1-2), 각색 정욕(*epithymiais*, lusts)과 행락(*hedonais*, pleasures)에 종 노릇 한 자요, 악독(*kakia*)과 투기 (*phthono*, envy)로 지낸 자요, 가증스러운 자요(*stygetoi*, hated), 피차 미워한(hating) 자이었으나"(3절). 디도서 2장 11-14절처럼, 디도서 3정 3-7절에서도 성도의 적절한 삶을 위한 신학적 반성을 제공한다. 3절은 인간이 하나님을 떠나 있을 때의 상황을 구체적으로 묘사한 것이다. 어리석음, 불순종, 속음, 정욕, 악독, 투기, 가증함, 증오를 복음을 믿어 거듭난 사람은 버려야 한다.

"우리 구주 하나님의 자비와 사람 사랑하심(*philanthropia*)을 나타내실 때"(4절; 참고. 엡 2:4). 죄인이 하나님의 자비와 사랑을 경험하는 것은 곧 예수님이 오심으로 죄인이 새로운 피조물 된 것과 관련된다. "우리를 구원하시되, 우리의 행한 바 의로운 행위로 말미암지 아니하고,[1795] 오직 그의 긍휼하심을 좇아 중생의 씻음과 성령의 새롭게 하심으로 하셨나니"(5절). 영적인 새롭게 됨의 외적인 표시가 세례로 나타난다.[1796] '중생의 씻음'(*loutrou palinggenesias*)과 '성령에 의한 새롭게 하심'(*anakainoses pneumatos hagiou*)은 밀접한 관련을 가지는데, 그리스도를 믿는 순간 새로운 삶이 시작되고, 중생을 통하여 삶의 변혁이 발생한다. 이것은 우리 안에 일어난 성령의 사역이다. '성령의 중생의 씻음과 성령의 새롭게 하심으로'라고 이해할 수 있다. 이 구절을 성령 세례를 제외한 채, 물세례에만 제한할 이유가 없다(참고. Liefeld, 1999:352).

"성령을 우리 구주 예수 그리스도로 말미암아 우리에게 풍성히 부어(*eksekeen*, 아오리스트 능동 직설 3인칭 단수), 우리로 저의 은혜를 힘입어 의롭다 하심을 얻어, 영생의 소망을 따라 후사가 되게 하시려 함이라"(6-7절; 참고. 롬 8:16-17). 4-6절에서 삼위 하나님의 협력 사역을 본다. 우리가 '후사'(*kleronomoi*)가 된 것은 성부의 사랑의 계획을 성자께서 이루시고 그것을 성령께서 우리에게 적용하셨기에 가능했다. 하나님의 자비와 사랑은 우리를 구원하는 데 멈추지 않고 우리를 하나님의 상속자로 만드는 데에까지 나아간다.

2.3. 디도서 3장 8–11절의 메시지

"이 말이 미쁘도다(소위 'faithful sayings'; 딤전 1:15, 3:1, 4:9; 딤후 2:11).[1797] 원컨대 네가 이 여러 것에 대하여 굳세게 말하라(*diabebaiousthai*, to affirm confidently). 이는 하나님을 믿는 자들로 하여금 조심하여 선한 일을 힘쓰게 하려 함이라(참고. 1절).[1798] 이것은 아름다우며(*kala*)

1794) 한글 개역과 NIV에서 번역이 되지 않았다. 바울은 3절에서 앞의 1-2절의 근거가 되는 정보를 제공한다.

1795) 바울은 거짓 선생들이 가르친 구원의 잘못된 근거(false ground)를 배격한다.

1796) 세례는 죄에 대해서 죽는 장례식이요, 정결한 신부로 결혼하는 날이며, 성도의 진정한 생일이다.

1797) 4-7절이 미쁜 말일 수 있다.

1798) 교회당 안에서 성도를 위해서 기도하고 종말론에 관해서 논의하는 것도 유익하지만, 지금은 우리에게 불신 사회를 향해서 어떻게 선한 일을 행할 것인가를 더 고민해야 할 시점이 아닌가?

사람들에게 유익하니라(*ophelima*)"(8절). 3장 전반부(1-2절)의 권면을 지킬 때 성도는 유익을 얻을 수 있다.

"그러나 어리석은 변론(stupid[1799] questions)과 족보 이야기(*genealogia*, speculation about the origins and descendents of persons)와 분쟁(strifes)과 율법에 대한 다툼(battles about things pertaining to the OT law)을 (계속해서) 피하라.[1800] 이것은 무익한 것이요(contra 8절) 헛된 것이니라"(9절). 바울 자신의 권면을 마감하면서, 거짓 선지자들을 상기시킴으로 대조하고 있다. 디모데가 피해야 할 것은 4가지이다. 어리석은 변론은 거짓 선생들의 전형적인 특징인 논쟁하기를 좋아하는 것을 가리킨다. 모세의 율법에 대한 논쟁을 일삼는 것은 선을 행함으로 얻는 유익과는 반대로 무익한 것이다. 분쟁 즉 나누임은 거짓 선생의 가르침을 따를 때 생기는 결과이며 그들이 목표하는 바이다. 어리석은 족보에 관한 논쟁도 그만두어야 한다. 사람의 기원은 하나님이시고, 우리의 새로운 정체성은 혈과 육이 아니라 그리스도 안에서 새로운 피조물이기 때문이다.

"이단에 속한(*haretikon*, heretical, factious, NT *hapax*) 사람을 한두 번 훈계한 후에 멀리하라"(10절). 진리를 떠나고 양심에 화인이 맞은 이단들은 몇 차례 권고/경고를 한 후에 물리쳐야 한다(참고. 마 18:17). 참고로 유대교는 어떤 사람을 징계하기 전에 사적으로 서너 번 훈계할 것을 요구했다(참고. 존 월튼, 2010:1945). "바로(*ho*) 이러한 사람은(such a person) 네가 아는 바와 같이 부패(*eksestraptai*, 바른길에서 떠남)하여서, 스스로 정죄한 자로서(*autokatakritos*, NT hapax) 죄를(지속적으로) 짓느니라(*hamartanei*, is sinning, 현재 능동 직설법)"(11절). '죄를 짓는다'는 현재 시상을 통해서 반복적으로 수행된 올바른 권면에도 불구하고 범죄자가 지속적으로 거역한다면 출교를 당할 수밖에 없음이 강조된다(참고. Knight, 1999:355). 이단은 진리를 떠난 책임을 자신이 져야 한다.

2.4. 디도서 3장 12-15절의 메시지

"내가 아데마나 두기고(참고. 행 20:4; 엡 6:21; 골 4:7; 딤후 4:12)를 네게 보내리니, 그때 네가 급히 이탈리아 동쪽 280km에 위치한 니고볼리(아드리아해 연안 중에서 서부 그리스의 해변 도시)로 내게 오라. 내가 거기서 과동하기로 작정하였노라"(12절). 디도의 그레데에서의 사역은 이제 끝나가고 있다. "교법사(*nomikon*, 율법 교사, lawyer) 세나와[1801] 및 아볼로(참고. 행 18:24-26, 알렉산드리아 출신으로 고린도에서 사역했으며, 말을 잘했음)를 급히 먼저 (내게) 보내어(보낼 때) 그(세나와 아볼로)로 궁핍함이 없게 하고"(13절). 세나와 아볼로는 아마 디도서

1799) '어리석은'이라는 말은 지혜 문헌과 필로에게 있어서 지적인 것은 물론 종교적인 뉘앙스를 가진다(참고. Marshall, 1999:335).

1800) 유대인들 사이에 히브리어 단어의 철자 혹은 모음 부호 사용 등에 대한 논쟁이 있었다.

1801) Rogers & Rogers(1998:512)는 세나가 히브리법이 아니라, 로마법을 잘 알고 있었을 것으로 추정한다. 세나는 유대 비문에 증장하는 유대인 이름이기에, 그가 로마법 학자라고 해서 비유대인이라고 단정할 이유는 없다. 아마 그와 아볼로는 알렉산드리아에서 교육 받은 유대인 엘리트였을 것이다(참고. 존 월튼, 2010:1946).

를 디도에게 전달해 주었을 것이다. 이 두 사람이 바울을 만나기 위해서 떠날 때 필요한 모든 것을 그레데 교회는 도와주어야 했다.

"또 우리에게 속한 사람들(*hoi hemeteroi*)도 열매 없는 자가 되지 않게 하기 위하여, 필요한 것을 예비(제공)하는 좋은 일(*kalon ergon*)에 힘쓰기를 배우게 하라"(14절). 세나(Zenas; 남자)와 아볼로(Apollos)를 바울에게 보낼 때와 같이, 성도는 도움을 필요로 하는 사람들을 앞장서서 도와주는 습관을 길러야 한다(참고. 고후 9:6-8; 갈 6:6-10). 그래야만 보람 있는 열매를 맺을 수 있다. "나와 함께 있는 자가 다 네게 문안하니, 믿음 안에 우리를 사랑하는 자들에게 너도 문안하라. 은혜가 너희 무리에게 있을지어다"(15절). '너희'(*hymon*)라는 말을 통해서 알 수 있는 것은 디도서가 디도가 목회한 그레데 교회 전체에게 읽히도록 의도된 것이라는 점이다. 15절 끝에 다수 사본은 '아멘'을 추가한다.

3. 오늘에의 적용

복음과 하나님의 인정을 받는 선한 일에 힘쓰자.
이단에 잘 대처하는 방법은 무엇인가?

【 참고 문헌 】

- Bassler, J.M. *1-2 Timothy, Titus. Abingdon New Testament Commentaries.* Nashville: Abingdon Press. 1996.
- Knight Ⅲ, G.W. *The pastoral epistles.* NIGTC. Grand Rapids: Eerdmans. 1999.
- Liefeld, W.L. *1 & 2 Timothy/Titus. NIV application commentary.* Grand Rapids: Zondervan. 1999.
- Marshall, I.H. *The pastoral epistles.* ICC. Edinburgh: T&T Clark. 1999.
- Oden, T.C. *First and Second Timothy and Titus.* Interpretation. Louisville: John Knox Press. 1989.
- Rogers, C.R. Jr. & Rogers C.R. III. *The linguistic and exegetical key to the Greek Testament.* Grand Rapids: Zondervan. 1998.
- Towner, P.H, *Titus.* (In Beale, G.K. & Carson, D.A. eds. *Commentary on the New Testament use of the Old Testament.* Grand Rapids: Baker Academic. p. 913-918.) 2007.
- Witherington, B. *Letters and homilies for hellenized Christians. Volume I: a socio-rhetorical commentary on Titus, 1-2 Timothy and 1-3 John.* Downers Grove: IVP. 2006.
- 매츠거, B.M. 《신약 그리스어 본문 주석》. 제2판. 대한성서공회 성경원문연구소. 2005.
- 존 월튼, 빅터 매튜스, 마크 샤발라스 & 크레이그 키너. 《IVP 성경 배경 주석》. IVP. 2010.

빌레몬서 주석

들어가면서

저자

바울과 디모데. 바울의 가장 사적인 성격의 서신이다.

수신자

빌레몬. 그는 누구인가? 아마 바울을 통해 개종한 골로새 교회의 일원이었다(참고. 골 4:9에 오네시모가 골로새 교인으로 나타남). 빌레몬의 뜻은 '키스하는 사람.' 그리고 다른 수신자로는 압비아(빌레몬의 아내?), 아킵보(빌레몬의 아들 혹은 친척?)와 집에 있는 교회. '네 집에 있는 교회에게'라는 말은 2인칭 단수이기에, 빌레몬의 가정 교회를 가리키는 듯하다. 따라서 압비아와 아킵보는 아마도 빌레몬의 가족이었을 것이다.

오네시모는 누구인가? 빌레몬의 종이었다. 아마 도둑질해서 도망간 것 같다(18절). 골로새서 4장 9절에 보면, 그는 골로새 교인이다. 빌레몬서가 로마의 감옥에서 기록된 것이라면 오네시모는 로마로 도망가서 바울을 만났다. 아니면 로마의 같은 감옥에서 바울과 함께 투옥된 것 같다(10절: 갇힌 중에서 나은 아들). 오네시모의 뜻은 '유익하다'(참고. 딤후 4:11의 마가 요한). 바울 당시에 종에게 '유익하다'라는 이름을 붙이는 것은 보편적이다. 실제로 유익해서 그럴 수도 있지만, 그렇게 되기를 소망해서 지은 이름도 있다(참고. Bruce, 1984:213). 존 낙스는 오네시모는 바울이 붙여준 기독교식 이름이지 실제 이름이 아니라고 본다. 하지만 그것은 원래부터 가지고 있던 실제 이름이며, 그의 인격이 변화된 것에 바울이 초점을 두고 있다(참고. Bruce, 1984:214).

기록 연대

바울은 갇힌 시점인데(1절), 나이가 많았을 때이다(9절). 아마 두기고(참고. 골 4:7)와 오네시모가 골로새서와 빌레몬서를 로마에서[1802] 골로새 교회로 가지고 가서 전해 주었다는 설이 유력해 보인다. 사실 바울이 안부를 묻는 사람들이(몬 23-24) 골로새서와 같다(참고. 골 4:10-14). 실제로 이러한 가설들은 신약 서론 부분에서 자주 등장할 수밖에 없다. 아마 A.D. 60년대 초반이다.

1802) 혹자는 에베소를 서신의 기록 장소로 본다. 근거는 무엇인가? 바울이 빌레몬에게 방문 시 숙소를 제공해 줄 것을 요청한 사실은(몬 22) 기록 장소는 골로새에서 멀지 않은 곳이었다. 하지만 노예가 도망가려면 먼 곳이면서 대도시일 것이라는 추측 때문에 로마인 것 같다. 기록 장소가 로마가 옳다면, 골로새서와 거의 비슷한 연대인 60년대 초반일 것이고 에베소라면 A.D. 50년대 말일 것이다.

정경으로서의 수납

이미 A.D. 2세기 마르시온과 무라토리안 정경의 목록에 포함되었다.

내용

교회 내의 노예 문제를 통한 용납의 문제가 주요 이슈인데 바울은 교회 안에서 노예제도가 폐지되어야 할 것을 직접적으로 분명하게 언급하지 않는다. 하지만 빌레몬서 16절에서 오네시모가 더 이상 종으로 돌아가지 않고 사랑받는 형제로 빌레몬에게 돌아간다고 말한다. 이 말씀은 골로새 교회 안에 노예 제도의 근본적인 변혁이 있어야 할 것을 함의한다. 그리스도 안에는 종이나 자유자의 구분이 없다(참고. 갈 3:28; 골 3:11).[1803]

빌레몬서가 '라오디게아에서 오는 편지'(참고. 골 4:16)라는 존 낙스의 주장을 들어보자. "빌레몬이 라오디게아 사람이라고 본다. 이 빌레몬서를 골로새 교인들이 읽는 것도 좋으나 우선 라오디게아에 있던 빌레몬에게 보내었다고 주장한다. 아킵보를 오네시모의 주인으로 본다." 하지만 빌레몬서를 라오디게아서와 별개의 것으로 마르시온이 보았다. 그리고 수신자 중 가장 먼저 언급된 빌레몬을 수신자로 보는 것이 자연스럽다.

1. 본문 및 구조

- 인사(1-3)
- 빌레몬의 믿음과 사랑에 대한 칭찬(4-7)
- 오네시모를 위한 변호(8-22)
- 결론(23-25)

2. 구원 계시사적 메시지

2.1. 빌레몬서 1-3절의 메시지

"그리스도 예수님을 위해서 갇힌 자 된 바울(*desmios Christou Iesou*)과 형제 디모데는 우리의 사랑을 받은 자이며 동역자인 빌레몬과 자매(*te adelphe*)[1804] 압비아와 우리와 함께 군인이 된(*systratiote*) 아킵보와 너의 집에 모이는 교회에게(*te kat' oikon sou ekklesia*) 편지를 쓴다"(1-2절). 바울과 디모데는 복음을 위한 죄수 신분이다. 빌레몬이 바울의 동역자이기에, 오네시모와 관련된

1803) 모형론적이며 풍유적인 구속사적으로 빌레몬서를 해석해 보면, 노예에서 사랑받는 형제로 회복된 오네시모는 죄인에서 의인이 된 성도를 가리킨다. 바울은 아버지 하나님께 죄인을 영접하시기를 간구하는 예수 그리스도의 모형이다. 그리고 주인 빌레몬은 성부 하나님의 모형이다. 그리고 디모데는 다른 보혜사인 성령을 내다본다.

1804) 2절에서 다수 사본은 '자매 압비아' 대신에 1절의 *agapeto*와 맞추어 '사랑하는 압비아'(*Apphia te agapete*)라고 쓴다. 사본 629는 '사랑하는 자매 압비아'로 확장시켰다.

민감한 문제를 해결하기 위해 접촉할 수 있다. 압비아는 아마 빌레몬의 아내였을 것이다. 아킵보는 골로새의 지역 교회의 목회자로 보인다. 아킵보의 집에서 가정 교회 형태로 모였을 것이다(참고. 골 4:17). 혹은 빌레몬의 집이 가정 교회의 회집 장소로 제공되었을 수도 있다. 바울은 빌레몬서의 내용이 아킵보에게 알려지기 원하는 것은 빌레몬을 향한 바울의 호소를 아킵보도 공유하기 원했기 때문이다. 바울은 빌레몬에게 오네시모와 관련하여 정중하게 부탁을 해야 하기에, '사도'라는 공식적인 직함을 쓰지 않는다(참고. O'Brien, 1982:272; Bruce, 1984:205). "하나님 우리 아버지와 주 예수 그리스도로 좇아 은혜와 평강이 너희에게 있을지어다"(3절). '너희'라는 복수형은 빌레몬, 압비아, 아킵보와 그 가정 교회 구성원 전체를 의미한다.

2.2. 빌레몬서 4-7절의 메시지

"내가(바울) 항상 하나님께 감사하고 기도할 때 너를 말함은, 주 예수님과 및 모든 성도에 대한 네 사랑과 믿음이 있음을 들음이니, 이로써 네 믿음의 교제(*he koinonia tes pisteos*, 믿음의 나눔; 참고. Rogers & Rogers, 1998:513)가[1805] '우리 가운데 있는'(*en hemin*)[1806] 선을 알게 하고 그리스도께 미치도록 역사하셨느니라"(4-6절). 6절을 직역하면 다음과 같다. "너의 믿음의 교제가 효과적으로 되어서, (목표이신) 그리스도께로 향하도록(*eis Christon, unto Christ*) 우리 안에 있는 모든 좋은 것에 관한 지식 안에서 그러하다."

바울은 이전에 빌레몬이 동료 성도에게 행한 사랑과 믿음의 행위들을 칭찬하고 있다. 빌레몬은 믿음과 사랑으로 좋은 명성을 얻고 있었던 것이다. 따라서 바울은 빌레몬이 오네시모에게도 동일한 호의를 베풀 것을 기대하고 있다. 바울은 디모데와 더불어서 예수 그리스도 안에서 가지고 있는 모든 선한 것들을 빌레몬도 믿음을 나눔으로 말미암아 이해하기를 원한다. 여기서 선한 것들(*pantos agathou*)은 무엇인가? 그리스도인인 빌레몬에게 속한 모든 복들을 의미한다(참고. O'Brien, 1982:280). 즉 수직적으로는 대속의 은혜와 수평적으로는 동료를 향한 사랑과 용납을 가리킨다.

"형제여 성도들의 마음(*splangchna*)이 너로 말미암아 평안함(*anapepautai*, has been refreshed, 혹은 휴식을 주다)을 얻었으니, 내가 너의 사랑으로 많은 기쁨과 위로를 얻었노라"(7절). 사랑과 동정으로 가득 찬 빌레몬은 바울과 하나님의 백성들에게 복된 존재였다. 빌레몬은 골로새 교회의 일원으로서 바울의 전도로 개종한 사람으로 보인다.

1805) '그리스도 그리고 타인과 더불어 믿음으로 즐기고 있는 교제', '믿음 안에서의 교제', '너의 믿음 안에서 다른 사람이 가지고 있는 교제', '믿음을 나눔'이라는 번역도 가능하다(보라. Bruce, 1984:209; Rogers & Rogers, 1998:513).

1806) 6절에서 파피루스 61, 시내 산, F, G, P 등은 '너희 가운데 있는'(*en hymin*)으로 쓴다. 6절과 7절에 2인칭 단수 대명사 '너의'(*sou*)가 있기에 후대에 '우리 가운데 있는'을 '너희 가운데 있는'으로 바꾼 것 같다(참고. 매츠거, 2005:569).

2.3. 빌레몬서 8-22절의 메시지

"이러므로 내가 그리스도 안에서 많은 담력(*parresian*)을 가지고 네게 마땅한 일로 명할 수 있으나, 사랑을 인하여(의역하면, '사랑에 기초하여') 도리어 간구하노니(*parakalo*), 나이 많은(*presbytes*, 바울은 57세 전후로 추정됨)[1807] 나 바울은 지금 또 예수 그리스도를 위하여 갇힌 자(*desmios*) 되어 갇힌 중에서 낳은 아들[1808] 오네시모를 위하여 네게 간구하노라"(8-10절). 바울은 사도의 권위로 빌레몬에게 오네시모를 그리스도 안에서 형제로 받아들이고 그의 범죄에 대해 책망하지 말 것을 요구할 수 있었다. 그러나 바울은 사도적 권위로 명령하지 않고 정중히 요청한다. 늙고 갇힌 사람의 부탁을 거절하는 것은 어렵다. 바울이 감옥에 갇힌 동안(자신을 방문하러 온?) 오네시모를 만나서 복음으로 그를 변화시켰다. 강요가 아니라 자발적인 결단으로 오네시모를 받아들인다면, 하나님은 빌레몬의 그 용납을 보시고 상을 주실 것이다.

오네시모가 전에는 빌레몬에게 무익하였으나(*achreston*), 이제는 바울과 빌레몬에게 유익하다(*euchreston*, 11절). "내가 그를 너에게(*soi*) 돌려보내니, 그는 내 심복(*splangchna*, heart)이다" (12절).[1809] '유익하다'(useful)이라는 뜻의 오네시모가 이전에는 무익했지만(useless), 이제 복음으로 변화되어 유익하게 되었다. 바울은 오네시모의 이름으로 '언어 유희'를 하고 있다. 오네시모는 영적으로 새롭게 리모델링되었지만, 사회적인 신분 즉 주인에게 범죄 후 도망친 노예였기에 먼저 돌아가는 것이 힘들었던 것이다. 바울 당시의 도망친 노예는 주인에게 돌아오면 심하게 매를 맞든지 아니면 생명의 단축을 초래할 만큼의 엄청난 고역을 감수해야 했다. 주인이 노예를 해방시켜 어떤 신을 위해서 신전의 종이되게 하는 관습이 있었다(참고. 존 월튼, 2010:1952). 그러나 바울은 오네시모를 복음의 종으로 삼기 원한다. '심복'이라는 말은 '심장' 혹은 '내장'을 가리키는데 바로 감정의 좌소(seat of emotion)이다. 그러므로 바울은 가장 따뜻한 감정을 가지고 오네시모를 소개하고 있다.

"저(오네시모)를 내게 머물러 두어 내 복음을 위하여 갇힌 중에서 네(빌레몬) 대신 나를 섬기고자 하나, 다만 네 승낙이 없이는 내가 아무것도 하기를 원치 아니하노니, 이는 너(빌레몬)의 선한 일(*to agathon*)이 억지같이 되지 아니하고 자의로 되게 하려 함이니라"(13-14절). 바울은 빌레몬이 오네시모를 따뜻하게 영접해 줄 것을 기대하고 있다. 더 나아가 오네시모가 바울의 복음의 동역자로 일하도록 허락해 줄 것도 기대하고 있다.

"(왜냐하면) 저가 잠시 떠나게 된 것은 이를 인하여 저를 영원히 두게 함이니, 이후로는 종과 같이 아니하고 종에서 뛰어나(*hyper doulon*) 곧 사랑받는 형제(*adelphon agapeton*, as a dear

---

1807) 9절의 '노인'(*presbytes*)을 에베소서 6장 20절처럼 '사신'(*presbeutes*)으로 바꾸려는 시도가 있었지만, 문맥에 어색하고 설득력은 없다. 고대의 한 정의에 따르면, '노인'은 49-56세의 나이에 적용되었다(참고. 존 월튼, 2010:1951).

1808) *Emou teknou*(나의 아들)와 비슷한 용어가 종종 등장한다. 디모데(딤전 1:2; 딤후 1:2), 디도(딛 1:4), 고린도 교회(고전 4:14), 갈라디아 교회(갈 4:19).

1809) 12절에서 다수 사본은 "내가 보냈다(서신적 아오리스트). 그리고 너는(*sy*) 나의 심복인 그를 받아주어라"로 확장한다. 즉 "너는 받아주어라"(*proslabou*, 아오리스트 중간 디포넌트 명령형 2인칭 단수)가 추가되었다.

brother)로 둘 자라. 내게 특별히 그러한데 하물며 너에게는 육신으로나 주님 안에서 더욱 그렇지 않겠느냐"(15-16절). 지금 바울은 오네시모의 범죄를 변명하거나 간과하는 것은 아니다. 대신 오네시모의 범죄 속에서도 역사하시는 하나님의 손길을 신뢰하고 있다. 도망친 노예이지만, 이제 오네시모는 그리스도 안에서 빌레몬과 형제가 되었다.[1810] 바울은 빌레몬이 하나님의 용서를 받았기에, 오네시모도 용납해 줄 것을 기대하고 있다. 성도 안에 거하는 하나님의 사랑은 성도의 대인 관계를 변화시킨다.

"그러므로 네가 나를 동역자(*koinonon*, partner)로 여긴다면 그를 영접하기를 내게 하듯 하고, 저가 만일 네게 무슨 잘못을 하였거나 네게 빚진 것이 있거든 그것을 나에게 계산하여라"(17-18절). '동역자'는 사업 용어이다. 설득을 위해서 끝까지 바울은 애교스럽게(winsome) 말한다(참고. Dunnam, 1982:415). 바울은 그리스도의 본을 본받아서, 그리고 오네시모를 향한 사랑의 깊이를 보이면서, 바울은 자신을 오네시모를 위한 대속물처럼 간주하고 있다. 따라서 만일 빌레몬이 바울의 이 제안을 거부한다면, 곧 바울을 거부하는 것이 되고 만다. 18절은 바울 당시에 부채를 떠맡을 때 공식적으로 사용하던 용어이다. 빌레몬이 바울이 전한 복음으로 회심하는 은혜를 입었다면, 바울의 요청에 따라 그가 갚을 차례가 되었다.

"나 바울이 친필로 쓰노니 내가 갚으려니와(*ego apotiso*), 너는 이외에 네 자신으로 내게 빚진 것을 내가 말하지 아니하노라"(19절). 빌레몬은 바울에게 빚졌다. 즉 빌레몬은 바울의 전도를 통해서 복음을 영접한 것으로 보인다. 그러므로 인간적인 표현을 쓰자면, 빌레몬의 생명은 바울에게 빚지고 있다. 오네시모의 유익을 위해서, 바울은 이 빚을 언급하고 있다. 바울의 이런 강력한 논증은 빌레몬이 그의 제안을 따르도록 만들었을 것이다. "오 형제여! 나로 주 안에서 너를 인하여 기쁨을 얻게 하고 내 마음이 그리스도 안에서 평안하게 하라"(20절). '평안하게 하라'(*anapauson*)는 아오리스트 능동 명령 2인칭 단수인데, 뜻은 'to refresh', 'to take rest'이다. 바른 성경은 "새 힘을 얻게 하여라"로 번역한다.

"나는 네가 순종함을 확신하므로 네게 썼노니, 네가 나의 말보다 더 행할 줄을 아노라"(21절). 바울은(빌레몬의 후견인으로서의 자신의 이전의 역할을 밝힘으로써 나타낸) 에토스와(빌레몬의 사랑과 믿음을 칭찬함으로 인정한) 파토스를 적절히 조화시키면서 설득하고 있다. "오직 너는 나를 위하여 처소(*ksenian*)를 예비하라. 너의 기도로 내가 너희에게 나아가게 하여 주시기를 바라노라"(22절). 바울은 투옥에서 석방되어 빌레몬이 살고 있는 골로새를 방문하고자 한다. 그러나 그의 방문이 실제로 언제 성취되었는지는 확실치 않다. 유명한 손님을 위해서 숙소를 제공하는 것은 명예로운 일이었다.[1811]

1810) 로마 제국에서 노예는 자유민 농부들과 경쟁했다. 광산 노예는 가장 열악한 환경에서 노동했다. 하지만 노예들은 모든 직업을 다 가질 수 있을 정도였으며, 일반적으로 자유민 농부보다 사회적으로 진보할 수 있는 기회를 더 많이 확보했다. 자유민이 된 노예들은 자수성가하여 부자가 되기도 했다. 노예 소유주의 입장에서 보면, 도망친 노예는 도둑맞은 재산이나 마찬가지였으므로 그를 숨겨주는 사람은 그에 대해 손해 배상을 해야 했다. 신명기 23장 15-16절은 도망친 노예를 주인에게 돌려보내지 말고 숨겨주라고 명한다(참고. 존 월튼, 2010:1947-1949)

2.4. 빌레몬서 23-25절의 메시지

"그리스도 예수 안에서 나와 함께 갇힌 에바브라와 또한 나의 동역자 마가, 아리스다고, 데마, 누가가 문안하느니라"(23-24절). 특별히 바울이 1차 전도 여행 시에 돌아가 버린 마가 요한을 칭찬함으로써 성도가 용서하며 화해하지 못할 사람이 없음을 알 수 있다. "우리 주(*kyriou hemon*, A, C, D, 다수 사본; 참고. 시내 산, P 등은 '우리의'를 생략함) 예수 그리스도의 은혜가 너희 심령과 함께 하실지어다"(25절). 25절 끝에 시내 산, C, 다수 사본은 '아멘'을 추가한다.

적용해 보면, 예수님의 대속의 은혜를 기억한다면 우리가 누구를 용서하지 못하겠는가? 주기도문을 진정으로 드리고 싶은가? "우리가 우리에게 죄 지은 자를 사하여 준 것같이 우리 죄를 사하여 주옵시고" 자기 의에 빠져서 살지 말고, 진정으로 사죄의 은총을 입은 자답게 용서하며 살자.

3. 오늘에의 적용

권위를 다 쓰지 않고 은혜롭게 일을 풀어가는 방법을 배우자.
너그럽게 용서를 어떻게 해야 하는가?
사역을 통해서 무익한 자를 유익한 자로 만들자.

1811) 빌레몬이 오네시모를 자유롭게 해주지 않았다면, 그는 이 편지를 보관하지 않았을 것이며 후에 그것이 회람되도록 허용하지도 않았을 것이다. 빌레몬에게 보낸 이 편지는 바울 서신 중 가장 짧은데, 파피루스 한 장 분량이다(참고. 존 월튼, 2010:1949).

【 참고 문헌 】

- Bruce, F.F. *Colossians, Philemon, Ephesians*. NICNT. Grand Rapids: Eerdmans. 1984.
- Dunnam, M.D. *Philemon. The Communicator's Commentary*. Waco: Word. 1982.
- O'Brien, P.T. *Colossians, Philemon*. WB.C.. Waco: Word. 1982.
- Rogers, C.R. Jr. & Rogers C.R. III. *The linguistic and exegetical key to the Greek Testament*. Grand Rapids: Zondervan. 1998.
- 매츠거, B.M. 《신약 그리스어 본문 주석》. 제2판. 대한성서공회 성경원문연구소. 2005.
- 존 월튼, 빅터 매튜스, 마크 샤발라스 & 크레이그 키너. 《IVP 성경 배경 주석》. IVP. 2010.

히브리서 주석

들어가면서

히브리서의 구조는 신중하고, 신학적으로 깊이가 있으며, 논증에 힘이 있다.[1812] 히브리서의 메시지는 실재에 대한 우리의 이해에 도전하는데, 우리로 하여금 세상에 보이는 것보다 보이지 않는 것이 더 심오하며 더 힘이 있음을 묵상하도록 만든다. 그러나 히브리서는 신약성경에서 가장 어려운 책 중 하나이며, 그 결과 약간 무시되어 왔다. 특별히 다양한 구약 제의에 대한 언급은 물론이거니와 옛것과 새것, 그리고 일시적인 것과 영원한 것, 그리고 지상의 것과 천상의 것 사이의 모형론적 유사성을 파악하는 것은 쉽지 않다. 히브리서 저자의 치밀한 논의가 어떻게 그 다음 논의로 연결되는가를 파악하는 것도 쉽지 않다. 저자의 논의가 연결되는 도중에 끼어든 권면들도 얼핏 보면 저자의 사고의 흐름을 깨트리는 것 같게 보인다. 히브리서가 어려운 다른 이유는 신약의 편지로 분류되지만 형식이 파격적일 뿐 아니라, 히브리서 저자와 수신자의 역사적 배경도 모호하기 때문이다(참고. O'Brien, 2010:1-2). 히브리서 13장 22절에서 저자는 '권면의 말을 간단히 썼노니'라고 한다. 하지만 이것은 통상적인 문학적인 표현인데, 히브리서는 로마서와 고린도전서 다음으로 긴 서신이다. 그리고 히브리서는 멜기세덱처럼 '아비도 어미도 족보도 없는 서신'으로 불린다(참고. 히 7:3). 저자와 수신자가 불명료하다는 말이다. 여기에 우리는 '후손도 없다'는 말을 첨가할 수 있을 것 같다. 형식상 후례도 찾아보기 힘든다.

저자

파피루스 46은 3세기 초의 것으로 사본 연구를 위해 아주 중요한데, 히브리서를 바울 서신인 로마서 다음에 위치시킨다. 2세기의 이집트의 알렉산드리아의 클레멘트(A.D. 150-215)와 오리겐(185-253)은 난점에도 불구하고 '사도 바울'을 히브리서의 저자로 인정했다. 동방 교회에서도 알렉산드리아의 전통을 수용했다. 하지만 서방 교회에서는 4세기 후반까지 바울 저작을 거부했다. A.D. 419년 제6차 카르타고 공회에서 바울 서신을 히브리서를 포함한 14개로 결정했다(참고.

1812) 존 월튼(2010:1954)은 히브리서 기자는 누가와 더불어 가장 뛰어난 헬라어 문체로 기록했는데 고도의 수사학적 훈련을 받았다고 본다.

O'Brien, 2010:2-3). 이후로 서방 교회에서는 대체로 히브리서의 바울 저작을 인정했다. 이레니우스, 히폴리투스, 무라토리안 정경도 바울의 저작을 거부했다. 터툴리안은 바나바를 저자로 본다. 칼빈은 로마의 클레멘트나 누가를 저자로 본다. 루터와 최근의 다수의 학자들은 알렉산드리아 학파의 수사법과 철학적 훈련을 갖춘 아볼로로 본다(참고. 존 월튼, 2010:1955). 루터는 '야고보서, 유다서, 요한계시록, 히브리서'를 정경성이 의심스러운 것으로 여겼다.[1813)]

저자를 바울로 보기 어려운 이유는 무엇인가? 일반적으로 바울이 그의 서신에서 했던 것처럼, 히브리서의 서론에서 자신의 이름을 저자로 거론하지 않았고, 바울 서신에서 흔히 등장하는 주제가 없는 것과, 히브리서 2장 3절에서 밝히듯이 바울이 부활하신 예수님께 직접 복음을 듣지 않고 다른 사람을 통해 복음을 들었다고는 생각할 수 없다. 결론을 내려 보면, 히브리어 성경보다는 LXX에서 구약을 인용한 것으로 보아, 아마 저자는 LXX에 정통한 헬라파 유대인이었을 것이며 고상한 헬라어를 구사할 수 있었던 고등 교육을 받은 그리스도인이었을 것이다(이 이유로 누가가 추천됨). 바울은 아닌 것 같다(참고. O'Brien, 2010:9).

1813) 약 150년 전부터 '초기 가톨릭주의'(Early Catholicism, 혹은 '초기 공교회주의')와 연결시켜서 히브리서 그리고 '야고보서, 베드로전서, 베드로후서, 요한일서, 요한이서, 요한삼서, 유다서, 요한계시록' 이렇게 총 9권을 설명하는 경향이 있어 왔다. 초기 가톨릭주의라는 단어는 사도 이후의 교회에서 권위적 구조 체계, 분명히 규정된 교리, 구체적인 윤리적 가르침, 신성한 글들인 정경 등이 출현한 것을 지칭한다. 그런데 바우어(F.C. Baur, 1826-1860년에 튀빙겐 대학에서 교수함)는 기독교가 초기 두 세기 동안, 바울적 교회(이신칭의 및 성령 등을 강조)와 유대의 배타적 교회(베드로 중심)가 대결하다가, 2세기 후반 이레니우스 시대에 초기 공교회가 이 둘을 종합시켜 출범했다고 본다. 바우어는 이 9권은 사도 이후 시대의 산물로 보고, 바울적 교회와 유대의 배타적 교회라는 두 가지 상충하는 힘의 공회적 통합을 위한 운동의 증거로 보았다. 홀츠만(H.J. Holzmann, 1874)은 기독교가 '구 가톨릭교회'로 진화하면서 더욱 율법화되고, 교회의 사도적 권위와 정경적 권위를 위한 기초에 많은 관심을 가지게 되었다고 주장한다. 또한 기독교는 초대 교회가 기대한 것과는 대조로 세상이 곧 끝날 것이라는 현실에 대한 반응으로 구조와 고백적 진술 모두를 발전시키기 시작했다. '요한일서, 야고보서, 베드로전후서, 유다서, 요한계시록' 등은 이 발전의 일부였다고 본다. 하르낙(A. Harnack, 1899-1900)은 바우어의 헤겔식 변증법은 포기하지만, 기독교의 제도화에 관한 바우어의 확신을 계승한다. 트뢸치(E. Troeltsch, 1911)는 바울 이후 기독교의 주요 발전이 교회가 전통, 주교직, 성례전에 관한 책임을 맡고 있는 정규 성직자 등을 만들어 냈다고 주장한다. R. 불트만(1948)은 교회가 임박한 종말의 기대를 포기하고, 점차 세상 속에 있는 교회의 유지에 대해 염려하기 시작했다고 본다. 교회는 세상 안에서 살면서 기능하고 있는 부르주아 계급의 사람들에게 구원을 증거해 주는 기관으로 여기게 되었다. 불트만에 의하면, 종말론적 긴장이 느슨해지면 율법주의가 대신 발달하기 시작했고, 이 기간 동안 살았던 그리스도인은 특정 집단에게만 알려진 비밀스런 지식에 관심이 있었기 때문에, 이 9권은 영지주의로 기우는 경향과 맞서 투쟁했다. 이상의 초기 공교회주의에 대한 가설을 평가해 보면, 학자들 나름대로 철학적 전제와 신학적 전제를 가지고 있었기에, 그것이 역사적 분석을 왜곡하고 말았다. 또한 이 학자들은 충돌했다고 가정된 바울과 야고보(혹은 베드로) 사이에 공통점이 컸다는 사실을 축소하고 말았다. 즉 학자들은 차이로 보이는 것을 대립으로 과장시키고 말았다. 그리고 시간이 지날수록 조직과 교리가 체계화되어 가는 경향은 있지만, 임박한 주님의 재림에 대한 기대와 교회의 직분에 대한 언급은 이른 서신이건, 후대 서신이건 동일하게 밝히는 바이다. 따라서 이상의 9권을 후대에 반(anti)바울적 경향으로 발생한 산물로 볼 수 없다.

수신자

유대교의 제의에 대한 언급과 구약 인용이 많다는 이유로 모두 유대인 성도라고 볼 필요는 없다. 따라서 사해 근처의 쿰란 공동체와의 관련성은 더 모호하다. 이방인 성도[1814] 역시 구약을 LXX로 읽으므로 잘 알고 있었다. 혼합된 성도로 볼 수 있다. 그러나 혹자(예. Westcott)는 반대하는데, 히브리서에 분명히 혼합 수신자라고 명시되어 있지 않고 이교도 문제를 언급하지 않는다고 보기 때문이다. 다수는 유대인 성도였을 것인데(참고. 히 2:16의 '아브라함의 자손'; 그리고 히브리서의 표지는 비록 2-3세기에 첨가된 것이라 할지라도 '히브리인들에게'라고 분명히 밝힘) 이들 중 많은 사람은 유대교로 복귀할 위험성이 있는 사람들이었다.

수신자들은 이미 신앙 때문에 이미 어떤 고통을 겪었고(히 10:32-35, 12:3-13), 앞으로 또 고난을 겪을 것이다(13:13-14). 이들 중 일부는 재산까지 몰수당한 것 같다(10:34). 그 결과 '피곤한 손과 연약한 무릎'을 보이고 있었다(12:12). 여러 가지 이상한 교훈의 유혹도 있었다(13:9). 따라서 수신자의 신앙의 견고함과 지속성이 문제가 되는 것 같다. 이 이유로 믿음을 강조하며, 특히 유대주의라는 옛 세상으로 돌아가지 않게 하려고 새 예루살렘의 현재성을 강조하여 힘을 실어 주고 있다(히 11-12).

기록 장소

로마인가? 히브리서 13장 24절은 이탈리아를 떠나온 성도가 이탈리아에 있던 히브리서의 수신자에게 안부를 전하는 것으로 볼 수 있는가? 아니면 팔레스타인 혹은 예루살렘인가? 많은 구약 제의의 언급이 이를 지지하는가? 하지만 히브리서 수신자의 구제에 대한 언급(히 6:10, 10:34)과 A.D. 1세기 예루살렘 교회의 가난한 형편은 불일치한다.

기록 연대

수신자가 제2세대 성도(히 2:3)이기에 A.D. 60년경이었을 것이다(참고. 오스본, 2002:15). 그리고 클레멘트 1서에[1815] 히브리서가 인용되었는데, 클레멘트서가 네로의 박해 시기에 기록되었다면, 히브리서 역시 네로 이전으로 보아야 한다(히 12:4: 네로의 박해 직전?). 히브리서 13장 23절에 디모데가 저자의 동역자로 언급되는데, 이것 역시 이른 시기로 볼 수 있다. 중요한 것은 제의를 묘사할 때 현재형으로 언급된 점이다(히 7:8, 9:6-7, 9, 13, 13:10). 이것을 예루살렘 멸망 이전으로 해석하는 것이 자연스럽지, 역사적 현재형(과거 사실을 현재형으로 설명하는 것)으로 보는 것은 부자연스럽다(contra O'Brien, 2010:18). 결론적으로 A.D. 70년 이전이며 아마 60년 전반부일 것이다.[1816]

1814) 히브리서의 저자는 독자에게 그리스도의 구속의 유일성과 절대성을 강조하고 있다. 하지만 히브리서에 이방 종교에 대한 기독교의 우월성이란 주장은 거의 언급되어 있지 않다.

1815) 로마의 클레멘트가 고린도 교회에 보낸 편지. 히브리서와의 유사성은 클레멘트 1서 9장 4절, 12장 1절과 히브리서 11장 7절 그리고 히브리서 1장 3절 이하와 클레멘트 1서 36장 1절 이하. 이 공통점에 근거하여 히브리서 기자가 클레멘트 1서를 참고했다고는 보기 힘들다.

특징

요한일서처럼 서신의 일반적인 형식을 따르지 않는다. 그러나 편지에 등장하는 축도와 작별인사는 있다(히 13:20-25). 혹자는 '설교문'(homily)으로 본다. 히브리서 13장 22-25절 이전까지 저자는 글을 쓴다거나 읽는다는 언급을 피하는데, 자신과 독자 사이의 거리감 혹은 분리됨을 제거하고 저자 자신이 그들 가운데 현존하는 것처럼 느끼게 하기 위해서이다. 히브리서는 독자의 모임 가운데 크게 낭독되었을 것이다(참고. O'Brien, 2010:22).

히브리서의 교훈은 다른 신약성경의 내용과 유사하다. 곧 사망을 이기신 그리스도의 죽음(히 2:14), 제의 율법의 폐기(7:11-19), 새 언약(7:22; 8:6-13; 9:15), 그리스도의 승귀(1:1-14), 그리스도의 성도를 위한 중보 기도(7:25), 그리스도의 재림(9:28), 성부께서 만물을 그리스도에게 복종하게 하심(2:8). 또한 히브리서는 회개와 믿음, 세례, 안수, 부활, 심판을 언급한다(6:1-2). 그리스도인의 삶은 경주를 마칠 때까지 순종과 신실한 인내여야 한다(12:1-2). 히브리서가 다른 신약성경과 가지는 이상의 유사성은 히브리서가 초대 기독교의 주류 안에 있었음을 짐작하게 한다. 그럼에도 불구하고 히브리서가 신약성경과 비교할 때 독특성과 구별되는 면이 있기에, 바울 서신이나 베드로전서를 의존하여 기록되었다고 볼 수 없다(참고. O'Brien, 2010:43).

내용

- 기독교의 우월성(1:1-10:8)
  - 옛 계시보다 더 우월함
  - 천사보다
  - 모세보다
  - 여호수아보다
  - 예수님의 우월한 제사장직
  - 예수님의 제사장 사역의 우월성
- 권면(10:9-13:17)
- 결론(13:18-25)[1817]

1816) 오브라이언(2010:16)은 기록 연대를 A.D. 50-90년 사이라고 넓게 본다. 오브라이언(2010:19-20)의 설명을 더 들어보자. 기록 연대를 A.D. 70-90년으로 본다면 돌 성전 파괴와 성전 제의가 중단된 후이다. 그렇다면 히브리서에 나타난 성전 제의가 현재 시제로 나타난 것을 어떻게 설명할 수 있는가? 히브리서 저자처럼 로마의 클레멘트와 요세푸스도 성전 파괴 이후에 글을 쓰면서 성전 제의를 (역사적)현재형으로 묘사했다. 그럼에도 불구하고 여러 증거는 A.D. 70년 이전 저작을 지지한다.

1817) '신약의 구약 사용'이라는 주제로 볼 때, 그리스도 중심으로 섬세하게 구약을 주해한 히브리서는 요한계시록과 더불어 '신약의 여왕'이라 불릴 만하다. 히브리서에는 구약의 직접 인용(약 29-40개; 예. "성경에 기록된 바", "주께서 말씀하시기를")과 암시(약 40회)는 물론, 구약 주제에 관한 일반적인 언급(약 13회)과 구약 역사적 사건에 대한 암시 등이 많다. 예를 들어, 히브리서의 19개의 인용과 약 15개의 암시는 시편에서 온 것이다. 이사야는 3개의 인용과 약 4개의 암시를 보인다. 오경은 9개의 인용과 약 15개의 암시를 가진다. 일반적으로 히브리서 저자는 주로 LXX를 사용하였고 구약을 자유롭게 변형시키면서 그리스도 안에서 성취된 의미를 찾은 것으로 평가된다. 성령께서

내용을 좀 다르게 분류해 보면

- 선포: 하나님의 아들, 인류의 구세주 예수 그리스도(1:1-3:6)
- 권면(혹은 교훈)(3:7-4:13; 참고. 시 95:7-11)
- 선포: 대제사장이신 예수님(4:14-5:10)
- 권면: 성도의 성숙(5:11-6:20)
- 선포: 대제사장이신 예수님(7:1-10:18)
- 권면(10:19-39)
- 선포: 믿음의 개척자요 완성자인 예수님(11:1-39)
- 권면(12:1-13:17)
- 마지막 축복과 인사(13:18-25)

히브리서 저자에게 구약 사용 시 변경의 자유를 주시되 그리스도 완결적 의미를 찾도록 인도하신 것이다.

☙ 히브리서 1장 ❧

1. 본문 및 구조

• 하나님 아들의 위대성(1-4)
• 천사보다 뛰어나신 예수님(5-14)

2. 구원 계시사적 메시지

2.1. 히브리서 1장 1-4절의 메시지

1절에서 저자는 수신자, 송신자, 인사말을 언급하지 않는다. 대신 히브리서 저자는 히브리서를 수사학적으로 볼 때 웅변적이고, 신학적으로 볼 때 넘치는 사상으로 시작한다. 1-4절은 히브리서의 서론인데, 매우 신중하게 짜인 문장으로[1818] 이후에 상술될 주요 주제들을 포함하고 있다(참고. O'Brien, 2010:44-45).

하나님은 옛적에 '그 선지자들 안에서'(*en tois prophetais*) 여러 부분(*polymeros*, in many parts)과 여러 모양(*polytropos*, in many ways)으로 우리 조상들에게 말씀하셨다(1절). 하나님은 '선지자들을 통해서'(바른 성경) 말씀하시기보다는 '선지자들 안에서' 말씀하셨다는 것이다. 이것은 구약의 선지자들이 하나님의 도구로서만 사용된 것이 아니라, 그들의 인격 속에 하나님이 역사하셨음을 나타낸다. 하나님은 구약에서 환상이나 선지자 안에서(그리고 선지자를 통한) 예언 혹은 꿈이나 직접적인 계시로 말씀하셨다. 혹은 '구약 선지자들 안에서' 대신 '구약 선지서들 안에서'로도 이해할 수 있는데, 히브리서 저자에게 있어서 '선지자들'이라는 사람과 그들이 기록한 '책들'을 구분할 의도가 없기 때문이다(참고. O'Brien, 2010:48). 분명한 것은 구약의 계시는 예수 그리스도 안에 나타난 최종적이고 궁극적인 계시의 준비였다는 점이다. 구약에서 계시의 통로와 방편의 다양성은 불완전의 증표였다(참고. 칼빈, 1993:370). 1절에는 'p' 발음을 가진 단어가 무려 5개가 있기에, 저자는 '두운법'이라는 기교를 사용한다(참고. 존 월튼, 2010:1958).

이 마지막 날들에(*epi eschatou ton hemeron touton*, 비교. 창 49:1 LXX; 민 24:14) '아들 안에서'(*en*

1818) 다음의 히브리서 1장 1-4절의 교차대칭구조를 참고하라(참고. D.J. Ebert 재인용 in O'Brien, 2010:46).
A 선지자와 대조되는 아들(1-2a)
B 메시아적 상속자로서의 아들(2b)
C 아들의 창조 사역(2c)
D 아들이 아버지와 가지고 있는 3중 중보적 관계(3a-b)
C' 아들의 구속 사역(3c)
B' 메시아 왕이신 아들(3d)
A' 천사와 대조되는 아들(4)
위의 구조에서 핵심 부분(D)은 성자께서 성부 하나님의 최상의 자기 계시자로서 새 언약의 중보 역할을 하심을 강조한다. 이제 성부의 재창조의 구속 사역은 아들 안에서 그리고 아들을 통하여 성취된다.

hyio) 말씀하셨다(*elalesen*; 아오리스트는 '말씀의 종료성'을 의미함; 참고. Bruce, 1964:2). 하지만 바른 성경은 '아들을 통하여'라고 번역한다. 예수님은 만유(*panton*)의 상속자이시며,[1819] 모든 세계(*aionas*, 여기서는 '영원이나 시대'보다는 '온 우주'를 가리킴)의 창조주이시다(2절; 참고. 요 1:1-3; 골 1:16-17).[1820] 종말(참고. 사 2:2; 겔 38:16; 호 3:5; 미 4:1)에 계시자이신 예수님은 만유적(*panta*) 인격을 가지고 계신다. 예수님은 하나님의 영광의 광채이시고, 그 본체의 형상이시다. 예수님의 인격과 사역은 영광의 하나님을 결정적이며 최종적으로 계시하신다. 그리스도 안에 나타난 하나님의 형상은 베일로 가려진 희미한 것이 아니고, 하나님 자신을 뚜렷이 나타내신 명확한 형상이다(참고. 칼빈, 1993:41). 예수님 자신의 능력의 말씀으로(*to hremati*) 만물을 붙드시고(*pheron*, [어떤 목적을 가지고] 유지하시고 보살피시고 인도하시고), 죄를 정결케(*katharismon ton haimation*) 하시는 일을 하시고,[1821] 높은 곳에 계신 성부의 우편에 앉으셨다(3절; 참고. 시 110:1).[1822] 여기서 '정결'은 구약의 경우 제단과 사람과 연관해서 죄의 더러움을 제거하는 것과 관련 있다. 온전한 속죄 제물 및 화목 제물이신 예수님의 죽으심에 죄를 깨끗하게 하는 효과가 있다(참고. 히 9:12, 26). 대제사장이시며 왕이신 예수님이 천사보다 뛰어남은 천사보다 더 아름다운 이름을 기업으로 얻으셨기 때문이다(4절).

2.2. 히브리서 1장 5-13절의 메시지

하나님이 천사에게 내가 너를 낳아서 나는 아버지이며 너는 내 아들이라고 하신 적이 있는가?(5절; 참고. 삼하 7:14; 시 2:7)[1823] 히브리서 저자가 구약에서 인용한 여러 인용문을 소개하는

1819) 칼빈(1993:39)은 *panton*(만유)을 남성이 아니라 '중성' 복수 속격으로 보면서, 우리가 그리스도와의 교제를 갖지 않으면 우리는 '하늘과 땅 그리고 모든 피조물들의 정당한 소유'를 박탈당한다는 것을 의미한다고 본다.

1820) 히브리서 1장 2절에 하나님의 아들을 묘사하는 3개의 관계절(relative clauses)이 등장한다. 첫 번째 관계절은 예수님이 '만물의 상속자로 임명되심'을 밝히는 1장 2b절에 나온다. 이것은 메시아 시편인 시편 2편 8절의 암시이다. 히브리서 1장 5절에 히브리서 저자는 그리스도께서 성부의 보좌 우편에 앉으심으로 말미암아 만물의 통치자로 임명되신 구절인 시편 2편 7절을 인용한다. 시편 2편 8절은 종말론적인 의미로 그리스도의 완전한 통치를 내다본다(예. 히 2:5-9). 이 종말론적 의미(예. 1:2a)는 히브리서 1장 2c절의 그리스도께서 세상(여기서 '세대'보다는 '세상'이 맞다; 참고. 마 24:3)의 창조자라는 역할 고백으로 균형을 이룬다. 히브리서 저자는 시편 2편 8절의 '나라들과 땅 끝'을 사용하면서, '만물'(*panta*, all things)로 확장시킨다. 예수님 안에서 발생한 구속사의 확대-상승을 저자는 알고 있었다. 참고로 '상속'(inheritance)은 히브리서 전체에서 중요한 개념이다(1:14, 6:12, 17, 9:15, 11:7-8, 12:17).

1821) 시내 산, A, B 등과 달리, 다수 사본은 3절의 '죄를 정결케 하는' 앞에 '그 자신을 통하여'(*di' heautou*)를 첨가한다.

1822) '재위'가 아주 중요하여 부활과 승천을 언급하지 않은 것으로 볼 수 있다(참고. Peterson, 2005:664). 하지만 승천과 재위를 구분하는 것은 쉽지 않다.

1823) 칼빈은 《기독교 강요》 1.14.4에서 천사의 기원에 대해 묻는 것은 부지런해서가 아니라 무의미하고 완악하다는 증거라고 본다. 그리고 칼빈은 계속 말한다. "하나님은 우리에게 실없는 질문을 통해서 교훈을 주시기를 원하지 않으신다. 우리에게 천사는 하나님의 피조물이라는 사실을 아는 것만으로 족하다(시 103:20-21). 신학자의 임무는 공허한 지껄임으로 귀를 즐겁게 하려는 것이 아니라 참되고

방식은 그가 영감성에 대한 최고의 견해와 영원한 메시지에 대한 깊은 감각을 가지고 있었음을 보여준다. 그는 '기록되었으되' 혹은 '성경이 말하기를'이라고 말하는 대신, '하나님이 이르시되', '그리스도가 이르시되', '성령님이 이르시되'라고 말한다(참고. 타스커, 1991:124). 욥기 1장 6절에서 천사들을 '아들들'이라고 부른 적 있지만 바로 '그 아들'이신 예수님과 다르다. 사무엘하 7장 14절과 시편 2편 7절은 '아들'이라는 공통 단어로 연결된다. 히브리서 기자는 유대인 해석가들처럼 공통된 단어를 가지고 성경 구절을 연결하는 기법(*gezera shawah*, equal decision)을 사용한다(참고. 존 월튼, 2010:1958-1959). 히브리서 2장 1-4절로 미루어 볼 때 히브리서의 수신자들은 천사들이 율법을 이스라엘에게 전달해 준 것으로 믿었다. 그러므로 히브리서 기자는 천사보다 더 나은 계시자 예수님을 천사와 비교해서 그 우월성을 밝혀야 했다. 5절의 수사 의문문은 13절에서 반복된다. 저자는 5-14절을 하나로 묶기 위해서 수사 의문문을 사용한 것으로 보인다.

성부께서 맏아들(참고. 신 21:17; 시 89:26-27) 예수님을 이끌어 세상(*oikoumene*)에 들어오게 하실 때 모든 천사가 예수님에게 경배하도록 만드셨다(6절; 참고. 신 32:43 LXX). 예수님이 혈육을 입으실 때는 천사보다 잠시 못하게 되셨지만(참고. 히 2:6), 결국은 경배를 받으신다. 하나님은 천사들을 바람같이 빠른 메신저, 불꽃같은 강력한 능력을 가진 하나님의 사역자들로 삼으셨다(7절; 참고. 시 104:4). 참고로, 1세기 유대인들은 시편 104편 4절을 천사가 불로부터 만들어졌다는 의미로 해석했다. 성자에 관해서는, 주님의 보좌가 영영하며, 주님의[1824] 나라의 홀은 공평한 홀이다(8절; 참고. 시 102:25-27). 예수님은 의를 사랑하고 불의를 미워하시며, 성부께서 성자에게 즐거움의 기름을 부어서 동류들(천상의 존재)보다 뛰어나게 하셨다(9절; 참고. 시 45:6-7). 8-9절에 인용된 시편 45편 6-7절과 13절에 인용된 시편 110편 1절은 '보좌'라는 단어(사상)로 연결된다.

그리고 주님은 태초에 땅의 기초를 두셨고, 하늘도 주의 손으로 지으셨다(10절). 피조 세계는 옷이 낡아지듯이 멸망할 것이지만, 주님은 영존하시다(11절). 주께서 피조 세계를 겉옷처럼 말아 버리실 것이니(*helikseis*, 미래 능동 직설 2인칭 단수),[1825] 그것들이 '옷처럼'(*hos himation*, 이 표현을 다수 사본은 생략함) 변할 것이나 주께서는 한결같으시고 주님의 연대는 끝이 없을 것이다(12절). 성부는 천사에게 원수를 발등상 되게 하기까지 나의 우편에 앉으라고 말씀하신 적 없다(13절; 참고. 시 110:1).[1826] 예수님은 성부 하나님과 동등한 영광과 권능을 가지고 계신다. 모든 천사들은 부리는 영으로서 구원 얻을 후사들을 섬기라고 보내심을 받은 존재이다(14절; 참고. 시 13:2; 골 1:16). 예수님이 천사보다 우월하시다는 것은 곧 그리스도와 연합된 구원받은 후사인

확실하며 유익한 것들을 가르쳐서 양심을 건강하게 하려는 데 있다."

1824) 바른 성경은 '주님의 나라의 홀은'으로 번역한다. A, D, 다수 사본을 따르는 UBS 4판은 '당신의(*sou*) 나라의 홀은'으로 쓴다. 하지만 파피루스 46, 시내 산, B는 '그의(*autou*) 나라의 홀은'으로 쓴다. 참고로 8절 전반부에도 '당신의'(*sou*)가 나타난다.

1825) 12절 첫 동사와 관련하여, 파피루스 46, A, B, 다수 사본과 달리, 시내 산과 D는 12절 중반에 등장하는 동사와 일치시켜 '변화시킬 것이다'(*allakseis*)로 쓴다.

1826) 신명기 33장 2절 LXX는 천사들이 하나님의 보좌 우편에 앉아 있는 것처럼 번역한다.

성도가 천사보다 우월함을 의미한다. 14절은 유대인들의 '수호 천사' 개념과 구분된다.

3. 오늘에의 적용

궁극적인 계시의 주체이신 예수님을 깊이 알자.
그리스도와 연합된 우리는 어떻게 만유의 상속을 선취할 수 있는가?
우리가 경계해야 할 천사 숭배는 무엇인가?

히브리서 2장

1. 본문 및 구조

• 아들과 그의 말씀을 굳게 붙들라(1-4)
• 아들의 낮아짐과 승귀(5-18)

2. 구원 계시사적 메시지

2.1. 히브리서 2장 1-4절의 메시지

그러므로 우리가 들은 것(복음)에 주의를 기울여서 떠내려가지 않도록 해야 한다(1절). '떠내려가다'(*pararreo*, drift away, NT *hapax*)는 배가 정박하지 못해서 폭포를 향해서 떠밀려 가는 위태로운 상황을 연상시킨다. 하나님이 천사를 통해서 하신 말씀이 견고케 되어(구속력이 있어), 모든 범죄함과 순종치 아니함이 공정한(just) 보응을 받았다(2절). 유대인들은 시내 산에서 율법을 천사들이 받아서 사람에게 전해 주었다는 믿음을 가지고 있었다(참고. 행 7:53; 갈 3:19).[1827] 신약 성도도 큰 구원을 등한히 여기면 역시 공정한 심판을 받게 된다. 구약에서도 말씀과 구원을 거부한 자에게 심판이 있었다면, 신약에서는 두말할 것 없다. 히브리서 기자는 작은 것에서 진실이라면, 더 큰 것에서도 진실이라는 칼 바호메르(qal wahomer) 기법을 사용한다. 이 구원은 예수님이 말씀하신 바요, 히브리서 수신자들은 그 목격자들에게서 전해들은 것이다(3절). 이

1827) 출애굽기에 의하면 여호와께서 시내 산에서 모세에게 율법을 천사를 통하여 주셨다는 언급이 없다. 그런데 히브리서 기자와 스데반과 바울은 천사가 매개체 역할을 했다고 본다. 출애굽기에는 기록되지 않았지만 그것이 사실이었기에 성령께서 신약 저자에게 가르쳐 주신 것인가? 아니면 신약 저자들이 그것의 사실성을 밝히려는 목적 없이, 관련된 유대 전승을 알고 있던 수신자에게 효과적인 의사소통을 위하여 언급한 것인가?

이유로 히브리서의 저자를 바울로 보기 어렵다(참고. 칼빈, 1993:57). 복음에 나타난 은혜가 위대한 것인 만큼, 복음을 거절하는 일뿐만 아니라 등한히 하는 일까지도 형벌이 엄중하다. 하나님도 표적들과 기사들과 여러 가지 능력과 및 자기 뜻을 따라 성령의 나눠 주신 것으로써 저희(목격자들)와 함께 말씀의 초자연적인 신적 기원을 증거하셨다(4절). 눈으로 보이는 것보다 고상한 무언가를 찾게 하는 표적, 새롭고 심상치 않은 기사, 그리고 하나님의 능력의 현시로 나타나는 능력은 복음을 확증하기 위한 수단들이다(참고. 칼빈, 1993:58).

2.2. 히브리서 2장 5-18절의 메시지

이 단락에서 성자의 말씀이 구원과 관련되는데, 어떻게 그것이 가능한지를 밝힌다. 성부 하나님은 '장차 오는 세상' 즉 이미 도래한 영광스러운 메시아의 시대로 말미암은 신천신지를 천사들에게 복종하도록 하시지 않으셨다(5절). 하나님은 이 피조 세상으로 하여금 성자에게 복종하게 하신다. 6절의 "그러나 누군가 어디에 이렇게 증언하여 이르기를"은 히브리서 기자의 구약 구절을 정확하게 기억하지 못한 것을 가리키지 않는다. 오히려 구약 전체가 하나님의 영감으로 기록되었다는 확신을 표현한 것이다. 필로 역시 유사한 표현을 사용한 바 있다(참고. 존 월튼, 2010:1961). 히브리서 2장 6-8절은 다윗이 지은 시편 8편 4-6절을 인용한다. "사람이 무엇이관대 주께서 저를 생각하시며, 인자가 무엇이기에 주께서 저를 권고하시나이까? 저를 잠깐 동안 천사보다 못하게 하시며 영광과 존귀로 관 씌우시며,[1828] 만물을 그 발아래 복종케 하셨느니라." 시인 다윗은 우주 만물 가운데서 인간을 높여주신 하나님을 찬송한다. 그러나 여기서는 인자이신 예수님에게 적용되어야 한다.[1829] 다윗의 시가 예수님에게서 성취되는 것을 통해서 볼 때, 히브리서 기자는 다윗을 예수님의 그림자로 보고 있음이 분명하다.[1830]

1828) 파피루스 46, B, 다수 사본과 달리, 시내 산, A, C, D 등은 7절 끝에 "그리고 당신은 당신의 두 손으로 만드신 것들 위에 그를 세우셨습니다"를 추가한다. UBS 편집자들은 짧은 것을 원본으로 선택하여 {B}등급을 매겼다(참고. 매츠거, 2005:574).

1829) 시편 8편에서 다윗은 '사람'과 '사람의 아들'을 동일시한다. 이 두 명사는 시편 8편의 시인인 다윗 자신을 가리키는데, 확장하여 '사람'을 집합명사로 보면 인류를 가리킨다(참고. O'Brien, 2010:95). 그러나 히브리서 기자에게 있어서 이 두 명사가 '그리스도인'을 가리키는 것으로서 교회론적으로 동일한지 명확하지 않다. 오히려 다윗과 달리 히브리서 기자는 히브리서 2장 7-8절에서 '인자'와 '사람'을 구분하여, 인자를 '그분' (즉 예수님)에게 적용하는 것 같다. 이것이 옳다면 '인자'는 예수님을 가리키고, '사람'은 그리스도인을 가리킨다. 칼빈(1993:61-62)은 시편 8편의 의미가 히브리서 2장에서 달라진 것처럼 보인다고 말한다. 그러나 칼빈은 히브리서 기자는 독자들에게 시편 8편의 정확한 주석을 보여줄 의도가 없었다고 본다. 그렇다고 칼빈은 히브리서 기자가 시편 8편의 의미를 뒤엎거나 다르게 해석하려고 시도했다고도 보지 않는다. 칼빈은 히브리서 기자가 시편 8편의 의미를 암시함으로써 그리스도의 낮아지심과 승귀를 보여주기 원했다고 본다. 분명한 것은 히브리서 기자가 시편 8편을 '인간론적으로' (anthropologically) 이해한 것이 아니라 '기독론적으로' 이해하여 메시아 시편 중 하나로 여겼다는 점이다 (참고. Guthrie, 1998:100; 미헬, 1987:191). 참고로 마태복음 21장 16절에서 예수님은 시편 8편을 인용하여 자신이 메시아이심을 증명하셨다. 히브리서 2장 6절 주석에서 칼빈(1993:60)은 첫 사람 아담의 범죄로 인해 인류는 소위 '문화 명령'이라는 복을 상실하게 되었지만, 마지막 아담이신 그리스도로 말미암아 그리스도의 몸에 접붙여진 그리스도인에게 문화 명령은 회복되었다고 설명한다(참고. 롬 4:13).

하나님께서 만물을 그분의 발아래 복종하게 하셨으므로, 그분께 복종하지 않을 것이 하나도 없다. 그러나 우리가 지금은 만물이 아직 '그분께'(*auto*, 파피루스 46과 B는 *auto*를 생략함) 복종하는 것을 보지 못한다(8절). 만유가 그리스도께 복종해야 함에도 죄로 인해서 왜곡된 질서로 인해 마땅히 주권을 그리스도에게 돌리지 않는 모습이 여기 이 땅에 있다. 죽음의 고난을 받으사 천사보다 잠깐 못하셨지만 영광과 존귀로 관 쓰신 예수님을 보니, 주님은 '하나님의 은혜로'(*chariti theou*)[1831] 모든 사람을 위하여 죽음의 맛을 보셨다(9절). 우리와 같은 혈육을 입고 오셔서 죽으심으로써 구원을 주신 예수님이시다. 만물이 인하고(for whom) 만물이 말미암은(through whom) 분이신 성부에게는 많은 아들(교회)을 이끌어 영광(혹은 구원을 상속함)에 들어가게 하시는 일에 저희 구원의 주(머리, 개척자) 예수님을 고난으로 말미암아 온전케 하심이(구원자로서의 자격이 갖추어지심이 더욱 분명해짐) 합당하다(10절). 드실바(DeSilva, 2000:113)는 '후견인과 단골손님'과 '명예와 수치'의 관점에서 설명한다. 구원을 주시는 후견인이신 예수님이 단골손님인 신실한 그의 백성에게 영광과 명예를 주신다.

거룩하게 하시는 자 예수님과(참고. Hughes, 1979:103) 거룩하게 함을 입은 자들인 교회는 다 하나(성부)에서 났다. 그러므로 예수님이 성도를 '형제'라고 부르시는 것을 부끄러워하지 않으셨다(11절). 교회는 하나님에게서 난 자요 거룩한 무리이며 (예수님의) 형제이다. "내가 주의 이름을 내 형제들에게 선포하고 내가 주를 교회 중에서 찬송하리라" 하셨으니(12절; 참고. 시 22:22), 또 다시 "내가 그를 의지하리라"(즉 "예수님이 사역을 위해서 성부를 의지하셨다") 하시고 또다시 "볼지어다. 나와 및 하나님께서 내게 주신 자녀라"고 하셨다(13절; 참고. 사 8:17-18). 예수님의 구속의 사역으로 말미암아 성도는 주님의 형제가 될 뿐 아니라 하나님의 자녀가 되었다.

자녀들은 혈육에 함께 속하였으매, 그도 또한 한 모양으로 혈육에 함께 속하심은 사망으로 말미암아 사망의 세력을 잡은 자 곧 마귀를 없이하시며(14절),[1832] 또 죽기를 무서워하므로 일생에 매여 종 노릇 하는 모든 자들을 놓아 주려 하심이다(15절). 성육하신 그리스도를 믿어 사죄와 깨끗게 됨으로 우리는 사망의 공포와 사탄을 이긴다. "이는 실로 천사들을 붙들어 주려 하심이 아니요, 오직 아브라함의 자손(씨)을 붙들어 주려 하심이다"(16절). 교회는 아브라함의 자손들인데 심판과 정죄를 극복하도록 하나님의 손에 붙들려 있다(참고. 신 32:19; 호 11:1). 그러므로 저가 범사에 형제들과 같이 되심이 마땅하도다. 이는 하나님의 일에 자비하고 충성된 대제사장이 되어 백성의 죄를 구속하려 하심이다(17절). A.D. 1세기의 귀족은 음식의 무상 배급

1830) A.D. 2세기 유대인 출신 그리스도인 중에 예수님을 천사의 우두머리로 묘사한 이가 있다. 이것은 예수님의 초인성을 인정하면서도, 유대교의 유일신 사상을 고수하려는 타협책이다(참고. 존 월튼, 2010:1961).

1831) 하지만 몇몇 소문자 사본(0243, 424)은 *choris theou*(하나님을 제외하고)로 쓰는데, 하나님은 피조물(참고. 8절의 만물)이 아님을 강조하기 위해서였을 것이다.

1832) 칼빈(1993:74)은 성경에서 '마귀'를 단수형으로만 언급하는 것은 마귀가 오직 하나만 있기 때문이 아니라, 모든 마귀가 모여서 한 몸을 이루고 있어 그 몸의 머리를 떠나서는 지체들이 존재한다는 것을 생각할 수 없기 때문이라고 본다.

이나 공공 게임을 후원함으로써 대중의 관심을 끌었지만, 대중의 관심사에는 흥미가 없었다. 그러나 예수님은 동일화 사역을 몸소 감당하셨다(참고. 존 월튼, 2010:1963). 자기가 시험을 받아 고난을 당하셨은즉 시험받는 자들을 능히 도우신다(18절). 대제사장으로서 자신을 온전한 속죄 제물로 드리신 예수님은 구원 받은 백성의 시험과 고난을 체휼하신다.

3. 오늘에의 적용

맏아들 예수님과 하나님의 자녀인 우리 사이의 위대한 연합을 알자.
대제사장이신 예수님의 낮아지심과 승귀를 배우자.

히브리서 3장

1. 본문 및 구조

- 모세보다 우월하신 예수 그리스도(1-6)
- 이제는 하나님께 순종하고 경청할 때(7-19)

2. 구원 계시사적 메시지

2.1. 히브리서 3장 1-6절의 메시지

"그러므로 하늘의[1833] 부르심을 입은 거룩한 형제들아, 우리의 신앙 고백의 사도이시며 대제사장이신 예수님을 깊이 생각하라"(1절). 많은 사도 중에서 가장 위대한 사도이신 분은 예수님이시다. 인류 구원을 위해서 보냄을 받은 분이시다(참고. 요 3:13, 5:36, 14:24). 히브리서 2장 17절에서처럼 히브리서 3장 1절에서 예수님은 대제사장으로 소개된다. "예수님에게 눈을 고정하라"(NIV). 여기서 깊이 있고 지속적인 반성적 사고를 하다라는 의미의 동사 *katanoesate*가 사용된다. 예수님은 자신을 세우신 성부에게 충성하시기를 모세가 하나님의 온 집에서(*en holo to oiko*) 한 것과 같다(2절).[1834] '하나님의 온 집'은 모세가 인도했던 이스라엘 백성을 가리킨다. 충성된

1833) 히브리서에서 '하늘의'는 총 6회 등장하는데, 히브리서 3장 1절에서는 부르심, 6장 4절에서는 은사, 11장 16절에서는 본향, 12장 22절에서는 예루살렘을 수식한다. 이 모든 것은 현재와 미래적 영역을 가진 종말론적인 실체를 나타낸다. 하늘과 땅의 이원론적인 대조를 통해서 혹자는 플라톤의 이원론의 영향을 받은 것이라고 보지만, '하늘의'가 요한복음의 '참된'처럼 '완전한'이라는 의미를 가진 종말론적인 실체를 뜻하는 것으로 볼 수 있다(참고. 해그너, 2005:83).

일꾼 모세는 출애굽의 지도자요 율법을 받고 전한 선지자였다.[1835] 이제 예수님과 모세 사이의 비교가 본격적으로 진행된다. 자비롭고 충성된 대제사장이시요, 대예언자이시며 대왕이신 예수님은 성부에 의해 세움을 입으셨는데(*poieo*, 여기서는 '만들다'[1836]보다는 '지위에 임명하다'는 뜻), 모세보다 더 영광을 받을 만한데, 집 지은 사람이 그 집보다 더 존귀함과 같다(3절). 예수님이 집(구약의 교회)을 지은 분이라는 의미이다. 신약은 교회를 '하나님의 집'이라고 소개한다(참고. 딤전 3:15; 벧전 2:5). 만물을 지으신 분은 성부 하나님이시다(4절). 예수님과 성부 하나님 모두 집 지은 분으로 묘사되기에, 그리스도의 신성을 증거하는 구절이다. 유대인들은 집 자체가 아니라 집 지은 분을 믿고 영광을 돌려야 했다. 모세는 장래에 말할 것을 증거하기 위하여 하나님의 온 집에서 사환으로 충성하였다(5절; 참고. 민 12:7).

모세는 장래에 말할 것 즉 메시아의 인격과 사역의 그림자였다. 예수님의 경우와는 달리 모세에게서 대제사장직은 거의 찾아볼 수 없는데, 아론의 직무이기 때문이다. 그리스도는 그의 집(즉 교회) 맡은 아들로 충성하였다.[1837] '사환'과 '아들'은 큰 차이가 있다. 우리가 소망의 담대함(확신)과 (소망의) 자랑(우리가 자랑하는 소망)을 끝까지 견고히 잡으면 그분의 집(교회, hou oikos)이라(6절).[1838] 우리의 소망은 하나님에게 있고 자랑의 대상은 그리스도의 십자가이기에 안전하고 변하지 않는다. 저자는 모세보다 더 뛰어나신 그리스도를 제시함으로써 수신자들이 유대교로 돌아가지 못하도록 한다.

2.2. 히브리서 3장 7-19절의 메시지

"그러므로 성령이 이르신 바와 같이 오늘날 너희가 그의 음성을 듣거든 노하심을 격동하여 광야에서 시험하던 때와 같이 너희 마음을 강퍅게 하지 말라"(7-8절). 여기서 기자는 시편 95편 7-11절을 인용한다. 시편의 인간 저자는 누구인지 모르나, 성령님은 구약의 진정한 저자이시다(참고. 벧후 1:20-21). 광야의 이스라엘의 마음의 강퍅함은 하나님의 음성을 듣지 않도록 했으며, 하나님을 신뢰하기는커녕 시험했다. 히브리서의 수신자가 유대교로 돌아가는 것은 이스라엘이 광야에서 불순종한 것과 동일한 것이 되고 만다.

1834) 2절의 '온 집'에서 '온'(*holo*, whole)을 삭제한 사본들이 있다(파피루스 13, B, 콥틱, 시릴, 암브로스).

1835) 유대 전승은 모세를 가장 위대한 구약의 인물 혹은 인물들 중 하나로 본다. 사마리아인들은 모세를 '사도'로 보았다. 그리고 필로는 모세를 대제사장으로 보았다. 하지만 이런 유대 전승은 구약에 없는 사상이다.

1836) 이단 '여호와의 증인'은 2절의 이 동사를 예수님의 피조성을 위한 구절로 사용한다.

1837) 누가복음은 첫 장에서부터 '집'에 성령께서 역사하심을 강조한다(눅 1:35, 41, 67). 예를 들어, 마리아와 사가랴의 집에서 찬양이 불렸다. 잘못된 제사가 드려진 성전이 아니라, 성도의 집이 교회의 회집 장소로 대체된다(참고. 가정 교회).

1838) 참고로 6절에서 사본 1319 하나만 '그 집이다'(*ho oikos*)로 쓴다. 그리고 시내 산, A, C, D, 다수 사본은 6절 마지막에 14절처럼 '끝까지 견고하게'(*mechri telous bebaian*)를 추가한다. 사본상의 증거로 보면 추가된 것이 옳다. 하지만 *to kauchema*('그 자랑', 중성 단수 대격 명사)를 수식하려면 여성 단수 대격 *bebaian*이 아니라 *bebaion*(중성 단수 대격)이 문법적으로 옳다.

"거기서 너희 조상들이 광야에서 나를 시험(test)하여 증험(try, 시험 삼아 떠봄)했고 사십 년 동안이나 나의 행한 일을 보았다"(9절). 민수기 14장 22-23절에서 "나를 시험하고 내 목소리를 청종치 아니한 그 사람들은 내가 그 조상들에게 맹세한 땅을 결단코 보지 못할 것이요'라고 말씀한다. "그러므로 하나님이 이 세대를 노하여 가로되 저희가 항상 마음이 미혹되어 내 길을 알지 못하는도다, 그들은 내 안식에 들어오지 못할 것이라고 하셨다"(10-11절). 하나님은 죄악을 대적하신다. "형제들아 너희 중에 누가 믿지 아니하는 악심을 품고 살아 계신 하나님에게서 떨어질까 염려할 것이요"(12절). 민족적으로 출애굽을 했지만, 광야에서 안식의 가나안으로 들어가기 위해서는 개인적인 신앙이 필요했다. 마찬가지로 교회 안에 들어왔다고 하더라도 그리스도 안의 안식을 얻기 위해서는 가라지가 아니라 알곡으로 살아야 한다. 오직 '오늘'이라고 불리는 날이 있는 동안에 성도는 매일 피차 권면하여 누구든지 죄의 유혹으로 강퍅게 됨을 면하도록 해야 한다(13절).[1839) 죄악을 떠나고 하나님에게 순종하도록 성도는 상호권면(mutual edification)해야 한다.

"우리가 시작할 때 확실한 것(확신, confidence)을 끝까지 견고히 잡으면 그리스도와 함께 참예한 자(Christ's partner, NEB)가 되리라"(14절). 마치 사업 은유를 연상시키는 이 구절은 그리스도의 동역자로 성도가 일하려면 확신이 필요함을 가르쳐 준다. 마치 이스라엘 사람들이 모세의 동료였듯이, 성도는 예수님의 동역자이다(참고. Hughes, 1979:149). 사업 은유로 설명한다면, 신실한 동역자이신 그리스도께서 제공해주시는 상품과 서비스를 성도는 신뢰를 가지고 누릴 수 있다. 그레코-로마 세계에서 친구는 소유를 공유하고 코이노니아를 중요하게 여겼다(참고. DeSilva, 2000:151). 우리는 죽는 순간까지 똑같은 신앙을 가지고 하나님의 은혜를 계속 유지해야 한다.

"오늘날[1840) 너희가 그의 음성을 듣거든 노하심을 격동할 때와 같이 너희 마음을 강퍅게 하지 말라"(15절) 듣고 격노케 하던 자가 누구뇨? 모세를 좇아 애굽에서 나온 모든 이가 아니냐?(16절) 저자는 수사학적 질문을 통해서 수신자의 동의를 구하고 있다. 저자는 간접적으로 하나님이 모세를 통하여 이스라엘에게 주신 은혜와, 새로운 모세이신 예수님과 연합한 신약 성도에게 주신 은혜를 비교하고 있다(참고. 칼빈, 1993:91). 범죄하여 그 시체가 광야에 엎드러진 자에게 하나님이 40년 동안 노하셨다(17절; 참고. 고전 10:5-6). 40년은 인간의 반역의 기간인 동시에 하나님이 오랫동안 마음 아파하시면서 인내하시고 기회를 주시는 기간이다. 하나님이 그의 안식에 들어오지 못하리라고 순종치 않던 자에게 말씀하셨다(18절). 그들이 믿지 않음으로 들어가지 못하였다(19절). 불신자에게는 현재적인 안식은 물론 미래적인 영원한 안식도 없다. 저자는 16-19절에서 수사학적 질문을 던진 후 대답에 도달한다.

1839) 쿰란 공동체도 구약 예언이 자기 당시에 이루어진 것으로 보았다.

1840) '오늘'은 시편 95편의 기자의 수신자들에게도 중요한 날이었던 것처럼, 히브리서 수신자들에게도 종말의 성취의 실제성과 긴급성을 가르쳐 준다.

3. 오늘에의 적용

거듭나기 이전에 속했던 옛 세상을 압도하는 그리스도 안에 있는 영생과 천국의 복을 발견하자.

히브리서 4장

1. 본문 및 구조

- 영원한 안식에 들어가기를 힘쓰라(1-13)
- 대제사장이신 예수님(14-16)

2. 구원 계시사적 메시지

2.1. 히브리서 4장 1-13절의 메시지

이 단락에서 안식은 3가지 의미로 사용된다. (1) 구약 이스라엘이 가나안에 들어가서 얻은 안식, (2) 6일 창조 후에 하나님이 쉬신 것, (3) 신약 성도가 얻을 종말론적인 안식. 하나님의 안식(*katapausis*)에 들어갈 약속이 남아 있을지라도 혹시 미치지 못할 사람이 있을까 두려워하자(1절). 여기서 '두려워하자'(바른 성경)는 공포가 아니라 근신하여 주의하는 것을 뜻한다(참고. 칼빈, 1993:93). 이미 안식에 들어와 있는 교회는 최종 안식을 향하여 가는 순례자이다. 4절은 실현된 안식을, 9절과 11절은 미래적 안식을 언급한다. 복음(*logos*)을 들은 사람이 믿음을 화합하지(*synkekerasmenous*, 현재 완료 수동 분사 남성 복수 대격, having been mixed together, '믿음과 잘 섞이지') 않으면 복음은 유익이 되지 않는다(2절).[1841]

들은 복음은 믿음과 결합되어야 효력이 발생한다. 복음으로 그리스도를 믿는 사람은 이미 종말론적인 안식을 즐기고 있다. 그러나 복음에 순종치 않으면 현재적 안식도 상실하고 미래적 안식에도 들어가지 못할 수 있음을 경고한다. 독자들은 출애굽한 1세대가 가나안에 들어가지 못한 것을 거울로 삼아야 한다.[1842] 히브리서 수신자들이 유대주의로 돌아가면 안식을 상실한다. 왜냐하면(*gar*)[1843] 믿는 자가 '그 안식 안으로'(*eis ten katapausin*; B와 D는 정관사 '그' [*ten*]를

1841) 구약의 율법과 하나님께서 회개로 초청하는 말씀도 '복음'이다. 참고로 누가복음 16장 31절의 '모세와 선지자들'은 복음 전하는 자들을 의미한다.

1842) 민수기 14장 23절과 35절을 참고하라.

1843) 3절에서 시작하는 접속사는 '그러나'(시리아, 아르메니아 역본), '왜냐하면'(*gar*, B, D, 다수 사본), '그러므로'(*oun*, 시내 산, A, C; 참고. 히 4:1, 11, 14, 16) 중에서 어느 것이 적절한가? 2절과 3절은

생략함) 들어가도록 하시는 하나님의 일이 창조 이래로 이루어져 왔기 때문이다(3절).

창조 후에 쉬신 하나님은 아무 일을 하지 않으신 것이 아니라 그 창조물을 운행하시고 다스리시는 차원의 안식을 즐기셨고 지금도 그 일을 하신다. 제7일에 관하여 하나님이 그날에 쉬셨다고 창세기 2장 2절에 기록되어 있는데(4절),[1844] 다른 구절에서는 "그들은 나의 안식에 들어오지 못하리라"고 말씀하셨다(5절; 참고. 시 95:11). 창세기 2장 2절과 시편 95편 11절이 '안식'이라는 공통 단어로 서로 연결되어 있는데, 'Gezera shawah' 기법이다. 안식에 들어갈 자들이 남아 있거니와, 복음 전함을 먼저 받은 자들은 순종치 아니함을 인하여 들어가지 못했다(6절). 여호수아(Iesous)[1845] 이후 다윗 시대에도 '오늘날'이라고 말함으로써 그들도 근신해야 했다(7절; 참고. 시 95:11). 여호수아(Iesous)가[1846] 안식을 그들에게 주었다면, 하나님께서 다른 날을 말씀하지 아니하셨을 것이다(8절; 참고. 수 13:1-2). 여호수아로부터 시작되는 이후 세대 역시 다윗과 요시야 외에는 아브라함에게 약속된 땅 전부를 복속시키지 못했다(참고. 존 월튼, 2010:1965). 안식할 때(*sabbatismos*)가 하나님의 백성에게 남아 있다(9절). 안식에 대한 약속이 완전히 성취되지 않았다. 이미 하나님의 안식에 들어간 자는 하나님이 자기 일을 쉬심과 같이 자기 일을 쉰다(10절). 유대교는 메시아의 도래와 성령 강림 그리고 안식은 말세에 이루어진다고 믿는다.

그러나 신약은 이런 사건들이 예수님 안에서 선취되었다고 본다. 율법주의자들은 구원을 위해서 엄격한 행위를 강조했지만, 성도는 그런 일을 할 필요가 없다. 단지 이 땅에서 성도는 예수 그리스도의 완성된 사역으로 가능해서 안식을 즐기면서 하나님 나라 확장을 위해서 일할 뿐이다. 죽음 이후에는 하나님과 함께 안식을 누린다. 하나님이 죽음 이후에 안식을 주실 것을 믿고 성도는 열심히 살아서 일해야 한다. 그러므로 우리는 그 안식에 들어가기를 힘써야 한다. 성도는 불순종한 자의 본을 받으면 안 된다(11절).

12절에서 하나님의 말씀의 능력을 언급하는 것은 말씀을 무시하면 성장이 없을 뿐더러 반드시 벌을 받는다는 것을 독자에게 알리기 위해서이다. 성도가 순종치 않는 자의 본에 빠지지 않기 위해서 그리고 종말론적인 안식을 얻기 위해서 필요한 것은 다름 아닌 하나님의 말씀의 운동력이다. 하나님의 말씀은[1847] 살았고 운동력이 있어(*energes*, operative) 좌우에 날선 검보다도 예리하

병행 구절이 아니기에, '그러므로'는 어색하다. 바른 성경이 따르는 '그러나'는 헬라어 사본상의 지지를 받지 못하고, 일부 고대 역본의 지지만 있다. '왜냐하면'이 적절하다(참고. 매츠거, 2005:576).

1844) 히브리서 저자는 구약의 출처를 정확하게 밝히지 않고 '어디'라고 말한다. 장과 절의 구분은 12세기에 발생한 것이기에 이해할 만하다. 하지만 성경의 영감을 강조하는 표현으로 보는 것이 좋다.

1845) 히브리서 기자는 여호수아를 예수님의 그림자로 보는 듯하다. 참고로 'Joshua'와 'Jesus'는 각각 히브리어와 헬라어 발음이 영어화된 것이다.

1846) KJV은 '여호수아'를 '예수'라고 번역한다. 그러나 이 절은 구약을 회상하는 구절이기에 여호수아가 옳다(참고. 오스본, 2002:103; 해그너, 2005:97). LXX에서도 '여호수아'는 *Iesous*라 번역한다.

1847) 교부 시대부터 교회 개혁 시기까지 많은 이들이 '말씀'을 '그리스도'로 보았다. 그러나 히브리서에서 요한복음 1장의 로고스 기독론을 견지하고 있음은 분명하지 않다. 여기서의 저자가 하나님의 음성을 들음을 강조하는 것을 통해서 볼 때(히 3:7, 15, 16, 4:2, 7) '말씀'은 일차적으로 하나님이 직접 인간의 심령에 주시는 말씀이다. 그러나 정경이 닫힌 후에는 기록된 말씀과 그것의 선포로 보아야 한다(참고. 해그너, 2005:100). 참고로, 필로는 우주적이며 신적 말씀이 영혼을 점점 작은 단위로 쪼개어 마침내

여 혼과 영(*psyches kai pneumatos*)과[1848] 관절과 골수(*harmon kai muelon*, joints and marrows)를 찔러(passing through) 쪼개기까지 하며(division), 또 마음(*kardia*, heart)의 생각 (*enthymesis*, thoughts)과 뜻(*ennoia*, intentions)을 감찰(*kritikos*, 판단)하신다(12절; 참고. 시 139:23). 저자는 하나님이 말씀하실 때 언제나 우리의 내적인 감각 모두 감동하시도록 진지하게 말씀한다(참고. 칼빈, 1993:100). 마치 수술용 칼이 피부를 뚫고 들어가듯이, 말씀은 우리의 외면 아래에 있는 부분을 깊숙이 들추어낸다(참고. 사 55:11; 엡 4:23; 골 2:17). 말씀은 관절과 같이 딱딱하고 굳은 마음도 뚫고 들어간다. 우리의 생각과 동기와 의도가 선악을 불문하고 말씀 앞에 드러난다. 말씀 앞에 우리가 감출 수 있는 것은 없다. 창조된 모든 것이 우리를 상관하시는 (우리가 이실직고해야 하는) 하나님의 눈앞에 벌거벗은 것처럼 드러난다(13절). 우리는 하나님 앞에 자기 변명이나 합리화를 할 수 없다.

2.2. 히브리서 4장 14-16절의 메시지

13절까지 그리스도의 사도직을 언급한 저자는 이제부터 그분의 대제사장직을 논한다(참고. 히 3:1). 하나님의 아들, 승천하신 예수님은 우리(히브리서 저자와 독자)의 위대한 대제사장이시다. 우리가 믿는 도리(우리가 고백하는 믿음)를 굳게 붙잡아야 한다(14절). 우리 대제사장은 우리 연약함을 체휼(*sympatheia*, 동정)하시고 모든 일에 우리와 마찬가지로 시험을 받은 분이시지만 죄는 없으시다(15절). 후대 사마리아 전승은 모세가 하늘의 대제사장직을 수행했다고 본다. 일부 유대 전승은 모세가 율법을 받으려고 하늘로 올라갔다고 본다(참고. 존 월튼, 2010:1966). 이 전승을 알고 있었던 독자는 14-15절에서 예수님이 모세보다 뛰어나심을 알았을 것이다. 그리고 히브리서의 독자 가운데 그 당시 예루살렘의 대제사장들의 부패상을 알고 있었던 사람은 천상의 대제사장이신 예수님과 그들을 대조했을 것이다.

예수님은 우리와 동일한 참 인성을 가지고 사역하셨기에 우리의 연약함을 아시고 도와주신다. 예수님은 구원하시는 하나님의 아들이신 동시에 우리의 연약함에 경험적으로 동참하시는 사람의 아들이시다. '연약함'은 추위와 더위, 배고픔과 육체적 곤궁을 가리킬 수 있다(참고. 고후 12:10). 이런 외적인 비참과 함께 두려움과 슬픔과 죽음의 공포 등과 같은 마음의 감정들을 포함시키는 것이 옳다(참고. 칼빈, 1993:108). 그러므로 우리가 긍휼하심을 받고 때를 따라 돕는 은혜를 얻기 위하여 은혜의 보좌(즉 하나님) 앞에 담대히 나아갈 것이다(16절; 참고. 사 49:8; 히 10:19). 구약 대제사장은 피를 가지고 일 년에 하루 대속죄일에 지성소에 들어갔으나, 우리는 수시로 하나님께 나아간다. 우리는 중보자 예수 그리스도, 우리의 대제사장의 공로를 입어서 담대히 보좌로 나아간다. 엄밀히 말하면 우리는 성부와 성자에게 나아간다(참고. <목회와 신학> 편집부, 2004:216).

이성적 부분과 비이성적 부분으로 가르게 된다는 생각을 표현한 적 있다(참고. 존 월튼, 2010:1965).

1848) 사람이 육체와 영과 혼으로 구성되었음을 밝히는 구절이 아니다. 말씀의 침투적 운동력을 밝힐 뿐이다. 영과 혼을 칼로 자르는 것은 불가능한데, 말씀은 이 일을 가능하게 한다.

3. 오늘에의 적용

안식의 종말론적인 성격을 알고 말씀에 믿음으로 순종하여 누리자.
대제사장이신 예수님을 통하여 하나님의 보좌 앞으로 나아가자.

히브리서 5장

1. 본문 및 구조

- 대제사장이신 예수님(1-10)
- 초보적인 도를 극복하고 성숙하라(11-14)

2. 구원 계시사적 메시지

2.1. 5장 1-10절의 메시지

저자는 히브리서 4장 15-16절의 주제를 계속 다룬다. 구약의 대제사장은 사람 중에서 선택되어, (백성들의) 예물과 속죄 제사를 드리는 하나님에게 속한 일을 하도록 사람들을 대표한다(1절). 대제사장은 중보자였다. 대제사장이 무식하고(죄에) 미혹된 자를 능히 용납(관용)할 수 있는 것은 자신도 연약함에 싸여 있기 때문이다(2절). 대제사장은 백성을 위하여 속죄제를 드림과 같이 또한 자신을 위하여 드림이 마땅하다(3절). 율법을 어긴 죄로부터 면죄부를 받지 못한 대제사장 자신의 범죄에 대해서 희생 제사를 드려야 했다(참고. 레 16:29-34).[1849] 대제사장직의 존귀를 아무나 취하지 못하고 오직 아론과 같이 하나님의 부르심을 입은 자만 가능하다(4절; 참고. 레 8-9장). 고라(참고. 민 16장), 사울(참고. 삼상 13:8-14), 그리고 웃시야(참고. 대하 26:16-21)는 대제사장의 명예를 취하려다가 재앙을 받았다. 또 이와 같이 그리스도께서 대제사장이 되심도 스스로 영광을 취하심이 아니라, 성부께서 "너는 내 아들이니 내가 오늘날 너를 낳았다"라고 하셨고(5절; 참고. 시 2:7; 요 8:54), "네가 영원히 멜기세덱의 반차를 좇는 제사장이

1849) 랍비 문헌에 따르면, 대속죄일에 희생 제물이 될 소와 양 위에 대제사장은 자신의 손을 얹고 먼저 자신과 가족의 죄를 위하여, 그 다음에 아론의 뒤를 잇는 제사장들의 죄를 위해서, 그다음에 이스라엘 전체 회중을 위해서 기도했다(참고. <목회와 신학> 편집부, 2004:218). 참고로, 히브리서가 기록될 당시에 예루살렘의 대제사장직은 로마의 관할하에 있었으므로, 그리 바람직한 것도 아니고 정치화된 것이었다. 로마 제국도 강력한 대제사장(*pontifex maximus*)을 두었지만, 히브리서 저자의 대제사장 개념은 구약을 염두에 둔 것이다(참고. 존 월튼, 2010:1966).

라" 하셨다(6절; 참고. 시 110:4). '아들'과 '대제사장'은 히브리서의 기독론에서 핵심을 이룬다. 예수님은 레위 지파 아론의 후손이 아니셨다. 그러나 성부께서 예수님을 대제사장으로 선택하셨기에 예수님은 영광을 받으셨다. 아론 계열은 영원한 대제사장이 될 수 없었다. 예수님이 하늘의 영원한 대제사장이 되시기 위해서는 멜기세덱의 반차(계열)를 좇아야 하셨다(참고. 창 14:18). 멜기세덱의 반차를 좇는 것은 왕권을 겸비한 대제사장을 의미한다. 이스라엘에서 왕직과 대제사장직이 겸직된 것은 신구약 중간기 동안 시리아의 통치에서 벗어난 시점부터 로마에 복속되기 전까지의 하스몬 왕조 때가 유일했다(BC 160-63).

예수님은 육체로 계시는 동안 자기를 죽음에서 능히 구원하실 이에게 심한 통곡과 눈물로 간구와 소원을 올렸고, 자신의 경외하심 때문에 기도 응답을 받았다 (7절).[1850] 대제사장이신 예수님은 참 인성을 가져야 하셨다. 여기서 언급된 예수님의 눈물과 통곡의 기도는 겟세마네의 기도를 연상시킨다(참고. 마 26:36-46, 마 27:46; 눅 22:41-44; 비교. 시 22:5, 24). 주님이 육체로 계신 기간은 한정되었다. 이 사실은 지상에서 고통을 당하는 우리에게 큰 위로를 준다(참고. 칼빈, 1993:119).

예수님이 하나님의 아들이시라도 고난으로부터 순종함을 배워서 온전하게 되셨기에(즉 원래부터 온전하신 예수님의 온전하심이 십자가의 테스트를 통해서 확증되셨기에; 참고. 오스본, 2002:129) 자기에게 순종하는 모든 자에게 영원한[1851] 구원의 근원이 되셨다(8-9절). 헬라 교육에서 매질을 포함해서 징계가 필수적이었다. 그러나 히브리서 기자는 최고 신(Supreme God; 비교. 성부와 동등하신 예수님, 히 1:9, 3:3-4)에게 감정이나 고통, 참된 공감의 능력이 없다는 헬라 신관을 거부한다. 예수님은 기꺼이 자진해서 아버지께 당연한 순종을 드렸다. 예수님은 그 순종으로 아담의 불순종을 치료하셔서 우리를 의롭게 만드셨다. 예수님은 하나님에 의해서 멜기세덱의 반차를 좇은 대제사장이라고 칭함을 받았다(10절). 전지전능하신 예수님이 무엇을 배워야 할 필요가 없었지만, 고난을 통하여 인간들과 가지는 공감력과 동일시를 체험하셨다. 성도도 예수님처럼 고난을 통해서 순종하는 법을 배운다. 더 이상 이전 사람이 죽고 후대 사람이 계승하는 방식으로 대제사장이 계속해서 세워질 필요가 없게 되었다.

2.2. 히브리서 5장 11-14절의 메시지

멜기세덱에 관하여는 저자가 할 말이 많지만,[1852] 수신자들이 듣는 것이 둔하므로(NIV: 배우는 것이 느리므로) 해석(설명)하기 어렵다(11절). 히브리서의 수신자들은 '실제로' 영적인 미숙함에 처해 있었는가? 히브리서 6장 1-3절에서 그들이 성숙한 자리에 나아갈 수 있는 자라고 언급하고 있다. 따라서 영적 진보에 열심을 내지 못한 수신자들에게 수치를 불러 일으켜서 견책하고

1850) 칼빈(1993:120-121)은 '경외하심 때문에'로 이해하지 않는다. 전치사(*apo*)의 의미는 '~때문에'가 '~로부터'이며, 명사 *eulabeia*는 일반적으로 '경외'가 아니라 '두려움'과 '불안'을 의미하기 때문이다. 따라서 성부께서 그리스도께서 두려워하고 계신 것으로부터 떠나도록 들으셨다는 의미로 본다.

1851) 히브리서에서 '영원한'은 예수님의 속죄 사역으로 말미암은 충분하고 최종적인 효력을 의미한다.

1852) 헬라 작가들은 '할 말이 많다'는 표현으로써 자신의 주제가 중요하다는 것을 강조했다.

열심을 내도록 하려는 저자의 수사학적인 묘사로 보인다(참고. <목회와 신학>, 2004:222). (신앙을 가진) 때가 오래므로 너희가 마땅히 선생이 될 터인데, 다시 하나님의 말씀의 초보(기초적인 진리)가 무엇인지 '어떤 이로부터'(*tina*, 부정 대명사 남성 단수 대격)[1853] 가르침을 받아야 할 것이니 젖이나 먹고(멜기세덱의 반차를 좇으신 예수님의 대제사장 되심과 같은) 단단한 식물(난해한 하나님의 말씀)을 못 먹을 자가 되었다(12절; 참고. 사 28:10). 히브리서의 수신자들은 신앙 성장을 이루는 데 그리 열심을 내지 못했다. 젖을 먹는 자마다 어린아이니, 의의 말씀을 경험하지 못한 자요(13절; 참고. 고전 3:1, 14:20; 벧전 2:2), 단단한 식물은 장성한 자의 것이니, 그들은 지각을 사용하므로 연단(육상 선수의 훈련처럼)을 받아 선악을 분변하는 자들이다(14절; 참고. 사 28:10). 수신자들은 들은 '의에 관한 가르침'에 일치하는 생활을 하지 못했다. 말씀에 대한 교훈과 신앙의 성장을 이루지 못한 사람은 의의 말씀을 경험하지 못하고 지각을 제대로 분변하지 못한 사람이다. 13절의 '어린아이'는 6장 1절의 '초보'에, 14절의 '장성한 자'는 6장 1절의 '온전한 데'에 상응한다. 참고로, 선과 악 즉 진리와 허구를 비판적으로 구별할 수 있는 분별력이야말로 그레코-로마 사상가들에게 중요한 능력이었지만, 도덕적 감수성을 강조한 것은 유대인들에게 흔한 것이었다(참고. 삼하 14:17; 왕상 3:9; 겔 44:23; 보라. 존 월튼, 2010:1968).

3. 오늘에의 적용

멜기세덱의 반차를 좇으신 예수님의 대제사장적 사역을 누리는 성도가 되자.
고통 중에 있을 때 우리와 똑같은 짐을 지시고 고통을 당하신 예수님을 바라보자.
성도의 성장을 방해하는 것은 무엇인가?

히브리서 6장

1. 본문 및 구조

- 신앙의 정진을 이루라(1-12)
- 하나님의 언약이 주는 소망(13-20)

1853) 하지만 다수 사본은 '의문 대명사'로 쓴다. 따라서 KJV는 "하나님의 말씀의 초보가 무엇인지(의문 대명사) 누구에게 다시 가르침을 받아야 할 것이니"로 번역한다.

2. 구원 계시사적 메시지

2.1. 히브리서 6장 1-12절의 메시지

"그리스도 도의 초보(즉 그리스도에 관한 기본적인 가르침, the elementary teachings about Christ)를 버리고, 죽은 행실(죽음으로 인도하는 행실, 율법주의 등)을 회개함과 하나님께 대한 신앙(하나님을 믿는 것)과 세례들(baptisms)과 안수와 (미래적 종말과 관련된) 죽은 자의 부활과 영원한 심판에 관한 교훈의(didaches)[1854] 터를 다시 닦지 말고 완전한 데 나아가자"(1-2절). 저자가 나열한 목록을 '초보'라고 부른 것은 그 내용이 사람들을 유대교로 개종시키기 위해 주어졌던 유대교의 기본 교리였기 때문이다. '세례'가 복수형으로 나타나는 것은(참고. 히 9:10), 기독교의 성례가 종종 유대교나 이방 종교의 세례 의식들을 염두에 두었거나, 그것들과 대조하기 위해서이다. 즉 유대교의 관습에 여러 종류의 씻는 예식이 있었다. 그리고 종종 세례는 세례자가 물에서 나와서 안수를 받음으로 마무리되기에 안수와 같이 등장했다(참고. 오스본, 2002:139). 이교도가 과거에 지은 죄를 씻어내는 개종 예식인 '개종 세례'(proselyte baptism)가 기독교의 세례와 유사한 면이 있다. 칼빈(1993:131)은 세례가 여러 개 있다는 의미가 아니라, 세례를 위한 '문답식들'을 염두에 둔 것으로 본다. 세례 받기 전에 교리 문답을 가르치는 일이 있었다.

하나님이 허락하시면 성도는 이렇게 완전한 데 나아갈 것이다(3절).[1855] 한번 비췸을 얻고(enlightened; 복음을 듣고 교회 안으로 들어오는 개종; 참고. 히 10:32),[1856] 하늘의 은사를 맛보고(tasted the heavenly gift; 교회 안에서 성찬 혹은 일반적인 복을 경험함), 성령님에 참예한 바가 되고(have shared in the Holy Spirit; 성령의 역사로 성도의 친교와 놀라운 능력을 경험함; 4절), 하나님의 선한 말씀과 오는 시대(the age to come)의 능력을 맛보고(5절; 참고. 히 2:5, 13:14),[1857] (의도적으로) 타락한 자들은 다시 새롭게 하여 회개케 할 수 없나니, 이는 자기가 하나님의 아들을 다시 십자가에 못 박아 현저히 욕을 보임이라(6절; 참고. 막 4:17).

하나님의 양자 삼음과 성도의 견인은 중요한 교리가 아닌가?(참고. 요 17:12; 롬 8:14) 그런데 효과적인 부름을 받은 자들에게 어떻게 이런 일이 일어날 수 있는가? 5-6절에 언급된 사람들은 효과적인 부름을 받은 양자가 맞는가? 이들은 마가복음 4장 17절에 언급된 일시적인 신앙을 소유한 사람으로서 실제로는 버림을 받은 자들이다. 말하지만 이들은 술 취함과 간음에 빠지는

1854) 파피루스 46과 B는 '교훈을'(*didachen*)이라 쓴다. 아마도 히브리서 6장 2절의 연속해서 등장하는 속격 명사를 피하기 위해서였을 것이다.

1855) 3절에 두 개의 이문 즉 미래 능동 직설 1인칭 복수형 동사 *poieso*(오미크론)*men*과 아오리스트 능동 가정 1인칭 복수(청유형) 동사 *poieso*(오메가)*men*이 있다. 전자를 시내 산, B, 일부 다수 사본이 지지하고, 후자를 일부 다수 사본과 A, C, D 등이 지지한다(그리고 바른 성경).

1856) 쿰란 공동체는 '빛의 자녀'라고 스스로 여겼다.

1857) ESV Study Bible(2008:2375)은 온전한 오는 시대를 소망하는 현시대(즉 예수님의 초림과 재림 사이)를 'semi-heavenly age'라 명명한다. 칼빈(1993:61)은 장차 오는 세대(세상)를 새로워진 갱신된 세상인데, 육체의 부활 후에 기대하는 것만 아니라 그리스도의 왕국이 시작될 때부터 시작하여 최종적인 구속이 완성되기까지의 상태로 본다.

것 같은 '일반적인 타락'이 아니라 '특수하게 타락한 자들'이다. 버림받은 자들 안에도 얼마간의 지식은 있지만 결국 시들어 버리고 만다. 한번 복음에서 곤두박질하듯 떨어져 나간 사람은 참으로 회개의 감동을 받지 못한 자이다(참고. 칼빈, 1993:133, 136). 유대인에서 기독교로 개종한 사람들 중에서 세례를 받고 그리스도를 고백한 비췸을 얻고 하늘의 은사(아마 성례)를 맛보고 성령의 사역을 목격한 후에 고의로 유대교로 돌아갔다면 그것은 그리스도를 다시 못 박는 것, 즉 그리스도를 거부하는 엄중한 행위이다(참고. 오스본, 2002:142). 회개를 생각조차 할 수 없는 완악한 자들이 있다. 이들은 진정으로 회개하여 거듭난 성도라고 보기 어렵다. 이 말씀은 배교에 대한 엄중한 경고이다.[1858)]

땅이 자주 내리는 비를 흡수하여 밭 가는 자들의 쓰기에 합당한 채소를 내면 하나님에게 복을 받고(7절; 참고. 히 5:14의 단단한 음식을 먹는 장성한 자), 만일 가시와 엉겅퀴를 내면 버림을 당하고 저주함에 가까워 그 마지막은 불사름이 되리라(8절). 이것은 적절한 성장을 하려는 열심을 일으키기 위해서 아주 적절한 비유이다(참고. 칼빈, 1993:138). 거듭났다면 하나님이 기뻐하시는 합당한 열매를 맺는 것이 마땅하다. 이러한 성숙 없이 배교의 길을 걸으면 안 된다. 그리스도인이 아니면서 그리스도인인 것처럼 위장하는 것이 가능하다. 그들은 가라지이며, 가시와 돌 때문에 결실하지 못한 자들이다.

저자가 이렇게 말하지만, 수신자들에게 '더 나은 것'이 있고 구원을 동반하는 것들이 있음을 안다(9절). 8절까지 독자의 간담을 서늘하게 할 만큼 엄하게 말했던 저자는 이제 9절부터 용기를 북돋아준다. 히브리서 수신자들은 옛 언약과 비교되는 예수 그리스도 안에서 누리는 새 언약의 생명을 누려야 한다. 그리고 수신자들은 4-6절에 언급된 사람들과 달라야 한다. 9절의 '우리'는 저자의 복수형으로, 저자는 한 명이지만 복수형으로 표현했다. 불의치 않으신 하나님이 수신자들이 성도를 (재정적으로)섬긴 일을 잊어버리지 않으신다(10절; 참고. 롬 15:25). 히브리서의 수신자들은 젖을 먹는 자라는 책망을 들었지만, 구원을 받은 증표로서 변화된 삶을 살았다. 수신자들은 (섬기는 일을 위해서) 동일한 부지런을 내어 끝까지 소망의 풍성함에 이르러(11절; 참고. 빌 1:6),[1859)] 게으르지 않고 믿음과 오래 참음으로 약속들을 기업으로 받는 자들(예. 히 11장의 믿음의 영웅들)을 본받는 자가 되어야 한다(12절). 10-12절에서 믿음, 소망, 사랑을 본다.

2.2. 히브리서 6장 13-20절의 메시지

저자는 믿음, 소망, 사랑으로 약속을 받은 사람으로서 아브라함을 모범으로 제시한다.[1860)]

1858) 조나단 에드워즈(1994:115-116, 122-123)는 성령님의 작용이나 깨달음을 체험하는 사람이라 하더라도 회심치 않고 결국 구원에 이르지 못하는 경우가 있다고 본다. 이런 경우에 하나님의 성령께서 그 사람에게 어디까지 작용하실 수 있는지를 결정하는 원칙은 없다고 본다. 돌밭 같은 사람도 말씀 듣기는 잘할 수 있다. 따라서 종교적 열심을 내는 것이 구원을 보증하지 못한다(참고. 사 1:12-15, 58:4; 겔 33:31-32; 요 5:35).

1859) 존 월튼(2010:1969)은 성도를 섬기는 일이 기근으로 궁핍한 예루살렘 교회를 돕는 것, 아니면 A.D. 68년경에 히브리서가 기록되었다면, 유대-로마 전쟁 시에 펠라(Pella)로 도피한 예루살렘 교회를 재정적으로 도운 것을 염두에 두었을 수 있다고 본다.

하나님이 아브라함에게 약속하실 때 가리켜 맹세할 자가 자기보다 더 큰 이가 없으므로 스스로 맹세하여(13절; 참고. 창 22:16; 출 32:13), "내가 반드시 너를 복 주고 복 주며 너를 번성케 하고 번성하게 하리라"고 하셨다(14절). 아브라함은 오래 참아 약속을 받았다(15절). 아브라함이 독자 이삭을 출산할 것이라는 약속을 받고서 이루어지기까지는 25년이 걸렸다(참고. 창 21장). 사람들은 자기보다 더 큰 분(*kata tou meizonos*,[1861] someone greater 즉 하나님)을 두고 맹세하는데 이 맹세는 모든 논쟁의 최후 확정이다(16절; 참고. 시 110:4; 사 45:23). 맹세가 구속력이 있다는 것은 더 이상 의심의 여지가 없다. 하나님은 약속을 기업으로 받는 자들에게 자신의 뜻이 변하지 않음을 더욱 확실히 보여주시려고 맹세로 보증하셨다(17절).

17절의 '맹세', '확실히 보여주다', '유업', '변하지 않음' 등은 서약과 관련된 '법률 용어'이다. 하나님의 말씀에 확증이 필요 없는 이유는, 말씀 그 자체로 확실하기 때문이다. 맹세하실 필요가 없으신 신실하신 하나님께서 사람에게 맹세로 언약하신 것은 이중 확증이다. 하나님은 '약속'과 '맹세'라는 불변의 두 가지 사실을 우리에게 주셨다(18절). 이 둘은 우리가 완전히 믿을 수 있는 것이다. 하나님은 거짓말을 할 수 없는 분이시기 때문이다. 그러므로 구원을 찾아(도피성인 그리스도에게로) 피해 온 사람들은 하나님께 이러한 보증을 받고 새로운 용기를 얻을 수 있다(18절). 우리에게 이 소망이 있는 것은 (예수님에게 내려진) 영혼의 닻(*angkyran tes psyches*, an anchor for the soul; 참고. 행 27:29, 30, 40) 같아서 튼튼하고 견고하여 휘장 안에(지성소) 들어가나니(19절), 그 안으로 앞서가신 예수님께서 멜기세덱의 반차(계열)를 좇아 영원히 대제사장이 되어 우리를 위하여 들어가셨다(20절).

19절에서 저자는 '항해 은유'(nautical metaphor)를 사용한다. 필로도 《가인과 아벨의 제사에 관하여》라는 책에서 항해 은유를 사용한 바 있다. 그는 곤경 가운데 있는 사람의 영혼은 하나님의 비전과 덕에 안전하게 닻을 내리고 있어야 한다고 보았다(참고. O'Brien, 2010:241). 마귀는 쉴 사이 없이 무수한 폭풍우를 일으켜, 우리가 닻을 깊고 먼 곳에 내리지 않는다면, 우리의 배를 단번에 뒤엎어 침몰시켜 버릴 것이다. 하지만 십자가에서 죽으시고 승천하심으로 하늘의 지성소로 들어가신 예수님은 우리도 그 안으로 들어가도록 하신다. 20절의 '앞서 가신'(*prodromos*, NT *hapax*, forerunner)은 운동 경기와 군사 은유이다.[1862] 그리고 '들어가다'(*eiserchomai*)는 동사는 앞에서 성도가 안식에 들어가는 것을 묘사할 때 사용되었다(참고. 히 3:11, 18, 19, 4:1-11; 보라. 히 9:12, 24-25). 구약의 대제사장이 12개의 보석을 흉패에 달고 지성소에 들어감으로써 이스라엘 전체가 지성소에 들어간 효과를 내었듯이(참고. 레 16:2), 대제사장이신 예수님이 하늘 성소로 들어가심으로써 성도도 거기로 들어간 것이나 마찬가지이다(참고. 칼빈, 1993:151).

1860) 모범적인 설교 자체가 나쁜 것은 아니다. 그러나 그 자체만으로는 부족하다.

1861) 이것이 남성이 아니라 중성 단수 속격이라면 '더 큰 것'(by something greater)이 된다. 하늘이나 성전 혹은 성전 안의 금과 같은 사물을 두고 맹세하는 경우에 대해서는 마태복음 23장 16-22절을 보라. 그러나 *kata tou meizonos*가 13절의 *kath' heautou* ([하나님] '자신으로', by himself)와 병렬 관계에 있으므로 남성 속격으로 보는 게 낫다(참고. O'Brien, 2010:237).

1862) '선구자'이신 예수님에 관해서는 히브리서 2장 10절과 5장 9절을 보라.

3. 오늘에의 적용

도피성이신 그리스도 안에서 신앙의 진보를 이루자.
언약의 하나님을 믿자.

히브리서 7장

1. 본문 및 구조

- 아브라함과 멜기세덱(1-10)
- 멜기세덱의 반차를 좇은 대제사장이신 예수님(11-22)
- 그리스도의 완전하고 영원한 제사장 사역(23-28)

2. 구원 계시사적 메시지

2.1. 히브리서 7장 1-10절의 메시지

히브리서 기자는 창세기 14장 18-20절의 멜기세덱 이야기를 독자들에게 상기시킨다(참고. 시 110:4). 예수님의 모형이요 선구자인 멜기세덱은 살렘 왕이요 지극히 높으신 하나님의 제사장이다.[1863] 그렇다고 멜기세덱은 구약에 나타난 그리스도 즉 'Christophany'가 아니다. 그는 승전한 아브라함을 만나 떡과 포도주를 가지고 와서 복을 빈 사람이다(1절; 참고. 창 14:18-19). 멜기세덱이 가지고 온 떡과 포도주는 그리스도의 제사장직의 상징들이다. 또한 고대 세계에서 승전한 군인에게 떡과 포도주를 먹이고 접대한 것은 왕의 임무였다(참고. 칼빈, 1993:161). 아브라함이 최초의 유대인이었기에 멜기세덱은 유대인은 아닌 것 같다. 멜기세덱은 왕과 대제사장 직분을 겸했던 독특한 인물이었다. 그는 아브라함의 십일조를 받았는데, 의와 평강의 왕이었다(2절). 예수님도 의와 평강의 왕이시다(참고. 사 2:4, 9:6; 슥 9:9). 정의와 평강은 그리스도의 보좌의 기초이기도 하다(참고. 시 97:2). 그는 아비도 어미도 족보도 시작한 날도 생명의 끝도 없어 하나님의 아들과 방불하여 항상 제사장으로 있다(3절). 이 구절은 멜기세덱이 실제로 죽지 않았다는 의미는 아니다. 단지 성경에 멜기세덱의 죽음이 언급되지 않았을 뿐이다. 저자는 멜기세덱을 그림자로 삼아 예수님은 처음도 없고 끝도 없는 영원한 분임을 설명한다. "멜기세덱이 얼마나

1863) 출애굽기 40장 15절은 아론의 반차를 좇은 대제사장이 영원하다고 언급한다. 그러나 A.D. 70년 사건은 아론의 반차는 영원하지 않다는 히브리서 기자의 논증이 옳음을 증명했다. 영적 레위인이신 예수님이 출애굽기 40장 15절을 성취하셨다.

위대한지 생각해 보라. 족장인 아브라함도 그에게 노략물 중 좋은 것으로 십분의 일을 바쳤다"(4절).[1864] 아브라함이 하나님의 교회에 있어서 '아버지'라고 불린 것은 특별한 영예의 표시이다. 하지만 그는 멜기세덱보다 낮은 존재이다. 하나님이 받으셔야 할 십일조를 멜기세덱이 받은 것도 멜기세덱의 영예를 의미한다.

율법은 레위인이 아브라함의 후손들 즉 자신의 형제들에게 십일조를 받으라고 명한다(5절). 레위인이 이스라엘 백성에게 십일조를 받았다면, 그들의 조상 아브라함이 십일조를 바쳤던 멜기세덱은 얼마나 영광스럽고 높은 사람이었는가! 레위 족보에 들지 않은 멜기세덱은 아브라함에게서 십일조를 받고 약속을 받은 아브라함을 위해 복을 빌었다(6절). 두말할 것 없이 낮은 자가 높은 자로부터 복 빎(축복)을 받는다 (7절). 칼빈(1993:157)은 축복을 어떤 탁월한 공적인 영예가 주어진 사람이 그 자신이 돌보고 있는 사적인 개개인들을 하나님께 위탁하는 기도 행위로 본다(참고. 창 27:27, 48:14; 시 118:1; 눅 24:50). 어떤 경우는 죽을 자들(구약의 레위인들)이 십분의 일을 받으나, 다른 경우는 산다고 증거를 얻은 자(죽음이 언급 안 된 멜기세덱)가 받았다(8절). 구약 레위 직분은 일시적인 것이었다. 십분의 일을 받는 레위도 아브라함으로 말미암아 십분의 일을 바쳤다고 할 수 있다(9절). 왜냐하면 멜기세덱이 아브라함을 만났을 때 레위는 아직 자기 조상의 허리에 있었기 때문이다(10절). 따라서 멜기세덱은 아브라함은 물론, 아브라함의 자손들인 레위인들보다 위대하다.[1865]

2.2. 히브리서 7장 11-22절의 메시지

레위 계통의 제사 직분으로 말미암아 온전함을 얻을 수 있었다면(그 위에서 백성이 율법을 받았음), 아론의 반차를 좇지 않고 멜기세덱의 반차를 좇는 다른 한 제사장을 세울 필요가 있었겠는가?(11절) 구약 희생 제사 자체에 문제가 있어서가 아니라 그것은 그리스도의 희생 제사를 위한 그림자이기에 온전한 것이 아니었다. 제사장 직분이 변하면, 율법(특히 의식법)도 반드시 변하게 된다(12절). 구약의 율법은 그리스도의 법으로 성취된다. 따라서 히브리서 수신자들은 유대교로 돌아가면 안 된다. 레위 제도는 불완전하기에 변화가 필요하다. 칼빈(1993:162)은 12절에서 모세(율법)와 예수님(복음)의 대비를 본다. 아무도 제단 일을 섬기지 않은 다른 지파에 속한 자를 가리켜 말한 것이다(13절). 혈통적으로 예수님은 제사장과 무관한 유다 지파 출신이다(14절).

멜기세덱과 흡사한 다른 제사장이 등장했으니 더욱 분명하다(15절). 예수님은 육체에 속한 계명의 율법 즉 아론의 혈통의 법이 아니라 오직 무궁한 생명의 능력을 따라 대제사장이 되셨다

1864) 현대의 십일조도 성도가 세상 속에서 하나님의 은혜로 싸워서 획득한 전리품 중 10분의 1을 드리는 것이다(참고. 마 23:23). 즉 승리를 주신 하나님에게 드리는 감사의 표현이다.

1865) 레위인들뿐 아니라 유다의 후손도 멜기세덱보다 낮은 존재인가? 유다 지파에서 태어나신 예수님도 멜기세덱보다 낮은가? 아니다. 히브리서 기자는 멜기세덱을 그림자로, 예수님을 실체로 설정한다. 그리고 기자는 예수님을 모세와 아론 즉 레위인들보다 나은 분으로 설명하지, 유다 지파의 후손으로 언급하는 것은 찾아보기 힘들다.

(16절). 대제사장 아론은 예수님의 그림자로서 영적 의미를 가지고 있었더라도 일시적인 그림자에 불과했다. 예수님이 성별되신 것은 피나 화려한 의복에 의해서가 아니라 하늘의 영광과 성령의 권능으로 말미암았다. 그렇다면 출애굽기 12장 17절과 19장 9절에서 모세가 옛 제사들에 관해서 말할 때 '영원한 규례'라고 부른 것은 어떻게 이해해야 하는가? '영원한'은 '율법의 때'에 한정되고, 예수님이 그림자 속에 담긴 영적 의미를 영원히 성취하셨다(참고. 칼빈, 1993:165-166).

히브리서 기자는 시편 110편 4절을 인용하는데, 예수님은 영원히 멜기세덱의 반차(taksis, order)를 좇는 제사장이라고 하셨다(17절).[1866] 이전 계명이 연약하고 무익하므로 폐지되었다(18절). 그림자 자체만으로는 아무것도 할 수 없다. 예표가 그리스도에게서 분리되는 순간 남는 것은 연약함 뿐이다. 율법은 아무것도 온전하게 못하는데, 이에 더 좋은 소망이 생기니 이것으로 우리가 하나님께 가까이 간다(19절; 참고. 눅 10:24). 19절은 멀리서 그림자로 하나님께 나아간 구약 백성과 예수님을 통해서 하나님께 직접 가까이 나아가는 신약 백성을 대비하는데, 후자의 우월한 특권을 강조한다(참고. 칼빈, 1993:167). 맹세 없이 제사장이 된 레위 계통의 제사장들과는 달리 예수님은 맹세로 제사장이 되셨다(20절; 참고. 히 6:13-18). 출애굽기 28장에 의하면, 아론의 후손이 대제사장이 될 때 맹세를 해야 한다는 언급이 없다. 저자는 시편 110편 4절을 다시 인용한다. "주께서 맹세하시고 뉘우치지 아니하시리니 네가 영원히 제사장이라 하셨다"(21절). 다수 사본은 21절 끝에 17절처럼 '멜기세덱의 반차를 좇아'를 추가한다. 예수님은 더 좋고 훨씬 우월한 언약의 보증(*engyos*, surety, bail, guarantee)이 되셨다(22절). 명사 '보증'은 고대 파피루스에 등장하는데 주로 법률 혹은 집물을 약속하는(promissory) 문서에서 보증인을 가리켰다(참고. Rogers & Rogers, 1988:531). 예수님 때문에 새 언약은 무효화되지 않는다.

2.3. 히브리서 7장 23-28절의 메시지

구약 제사장의 수가 많은 것은 영원히 섬기지 못하기 때문이다(23절). 예수님은 영원하시니 영원한 제사장 직분을 가지고 계신다(24절). 23-24절은 '교차 대칭 구조'를 보인다(참고. O'Brien, 2010:272).

A 제사장들의 수가 많아졌는데
  B 왜냐하면 그들이 죽음 때문에 그 직책을 계속할 수 없었기 때문이다
  B' 예수님은 영원히 계시기 때문에
A' 그분은 영원한 제사장직을 가지고 계신다

예수님이 자신을 힘입어 하나님에게 나아가는 자들을 온전히 구원하실 수 있으신 것은 그분이

1866) 히브리서에는 시편 110편이 종종 인용된다. 시편 110편 1절은 히브리서 1장 3절, 4장 14절, 7장 26절, 8장 1절, 12장 12절에 암시되어 있고, 1장 13절, 10장 12-13절에 인용되어 있다. 반면 시편 110편 4절은 히브리서 5장 6절, 7장 17절, 21절에서 인용되었고, 5장 10절, 6장 20절, 7장 3절, 11절, 15절, 21절, 24절, 28절에 암시되어 있다.

항상 살아 계셔서 그들을 위해서 간구하시기 때문이다(25절). 인간의 최고선은 생명과 모든 선한 것의 근원이신 하나님과 연합되는 일이다. 중보자의 사역은 자신의 무가치로 인해 하나님께 가까이 가지 못하는 사람을 돕고, 손을 뻗어 우리를 하늘로 인도하는 것이다. 그리스도 안에는 우리의 유익을 위한 것이 아니고는 아무것도 없다(참고. 칼빈, 1993:169).

이러한 대제사장은 우리에게 합당하니 거룩하고 악이 없고(*akakos*) 더러움이 없고(*amiantos*, 제의적·윤리적 정결) 죄인에게서 떠나 계시고 하늘보다 높이 되신 분이다(26절).[1867] 진정한 거룩과 정결은 예수님에게만 해당된다. 하늘보다 높아지신 예수님은 모든 피조물과 천사보다 높으시다. 예수님은 자신과 백성의 죄를 위해서 날마다 제사를 드린(즉 상번제를 책임졌던) 대제사장처럼 하실 필요가 없는 것은 자신을 단번에 희생 제물로 드리셨기 때문이다(27절). 예수님은 무흠하시므로 자신을 위해서 제물을 드릴 필요가 없으셨다. 율법은 약점을 가진 사람들을 (구약의)대제사장들로 지명하나(*kathistesin*, 현재 능동 직설 3인칭 단수), 율법 후에 주어진 맹세의 말씀(참고. 시 110:4)은 영원히 온전하게 되신 아들 예수님을 대제사장으로 세웠다(28절). '지명하다'가 현재 동사이므로 히브리서가 기록될 당시는 구약 제의가 지속되던 A.D. 70년 이전임을 알 수 있다(참고. Rogers & Rogers, 1988:532). 즉 구약과 신약의 중첩 기간이었다.[1868]

3. 오늘에의 적용

영원한 대제사장 예수님의 현재적인 사역은 무엇인가?
우리는 구약 백성보다 우월한 지위에서 어떻게 그들보다 나은 윤리를 실천할 수 있는가?

히브리서 8장

1. 본문 및 구조

- 참 장막의 대제사장(1-6)
- 새 언약의 약속과 옛 언약에 대한 암시들(7-13)

2. 구원 계시사적 메시지

1867) 26절의 *kai*는 한글 성경에서 제대로 번역이 안 되었지만, '실제로'(indeed)라는 뜻이다. 이 단어는 예수님이 권세에 있어서 절대적이고, 존재에 있어서 영원하심을 강조한다(참고. Rogers & Rogers, 1998:532).

1868) 28절에서 바른 성경은 '세웠으나'라고 과거 시제로 번역한다.

2.1. 히브리서 8장 1-6절의 메시지

이제 하는 말의 중요한 점은 멜기세덱의 반차를 좇은 대제사장이 우리에게 있다는 것이다(참고. 히 1:3).[1869] 그분이 하늘의 위엄의 보좌 우편에 앉으셨다(1절; 참고. 시 110:1, 4; 마 26:64). 하늘은 하나님의 거처이며 실체 성전이 있는 곳이다. 보좌 우편은 하늘 법정에서 우리의 구원을 확증하시는 대제사장의 자리이며, 왕적인 통치의 자리이고 영광의 자리이다. 승귀하신 예수님은 하늘 성소 즉 하나님이 세우신 참 장막에서 섬기는 분이다(2절; 참고. 고후 5:1). 땅의 성소와 장막은 거짓이 아니라 하늘 성소의 그림자이다.[1870] 히브리서에서는 '성전' 대신에 '성막/장막'이라는 용어를 사용한다. 왜 그런가? 장막은 옛 언약의 희생 제사에 대한 지상에서의 최초 표명이었기 때문이다(참고. 해그너, 2005:150).

대제사장마다 소제와 같은 예물과 속죄제와 같은 제사드림을 위하여 세운 자니, 이러므로 저도 무슨 드릴 것이 있어야 한다(3절). 예수님이 드린 것은 자신의 생명이었다(참고. 히 7:27, 10:10). 예수님이 만일 땅에 계셨더라면 제사장이 되지 아니하셨을 것이다. 왜냐하면 율법을 좇아 예물을 드리는 레위 지파의 제사장이 있기(현재 시제) 때문이다(4절). 레위 지파의 제사장이 '있다'라는 현재 시제 동사를 통해서 히브리서가 성전 파괴 이전에 기록되었음을 알 수 있다(참고. 오스본, 2002:192).[1871] 사실상 성전 파괴 이전에 이미 돌 성전의 제사 기능은 불필요해졌다.

지상의 제사장이 섬기는 것은 하늘에 있는 것의 모형(*hypodeigma*, copy)과 그림자(*skia*, pattern)이다. 모세가 장막을 지으려 할 때 지시하심을 얻음과 같은데, 삼가 모든 것을 산에서 보이던 본을 좇아 지으라고 하셨다(5절; 참고. 출 25:40).[1872] 지상과 천상의 대조는 감각으로는 인지될 수 없고 오직 지성을 통해서만 알 수 있는 완전하고 영원한 이상들(형상들)에 대한 구체적인 현시가 지상의 물체라고 주장한 플라톤과 필로 그리고 알렉산드리아 학파의 해석과 일부분 유사하다.

그러나 히브리서 저자가 이런 철학 사상을 알고 있었다고 볼 수 있더라도, 그는 땅의 실체와 하늘의 실체 사이의 대조가 아니라 '약속과 성취'의 관점에서 기술하고 있다. 즉 그림자는 사람을 실체이신 예수님에게 인도하는 몽학선생이다(참고. 골 2:17; 보라. 해그너, 2005:151). 그러나

1869) 히브리서 1장 3절의 주어는 하나님의 아들로서 예수님이지만, 8장 1절의 경우는 대제사장으로서 예수님이다(참고. Ellingworth, 1993:399).

1870) 고대 근동의 신전과 후기의 *mithraea*의 일부는 신의 우주적 통치를 상징하기 위해 의도적으로 우주의 얼개를 모방해서 지어졌다. 필로는 천상의 원형과 지상의 복제품이라는 상관관계의 도식을 플라톤의 체계를 빌려 더욱 광범위하게 적용했다(참고. 존 월튼, 2010:1973).

1871) A.D. 70년 이후에 기록된 클레멘트 전서에도 구약 제사장들의 사역이 현재 시제로 사용된다. 이 이유로 여기서 사용된 현재 시제를 가지고 히브리서의 A.D. 70년 이전 저작의 근거로 사용할 수 없다고 보는 이도 있다(참고. 해그너, 2005:150).

1872) 칼빈(1993:177)은 히브리서 8장 5절 주석에서 구약의 제의와 같은 모형과 그림자는 어린이가 가지고 놀도록 장난감처럼 허락하신 것이 아니라, 그림자가 하늘의 원형을 좇아 만들어졌으므로, 그 안에도 진실한 '영적 의미'가 있다고 본다. 더 나아가 구약의 모형은 중보자 예수 그리스도에 대한 신앙으로 이끌었다.

예수님은 더 뛰어난 직분을 얻으셨는데, 더 좋은 언약 위에 세워진 더 좋은 언약의 중보자이시다(6절). '더 좋은'(*kreitton*)이라는 말이 6절에서 반복되는데, 그리스도의 대제사장 되심으로 더 이상 짐승으로 희생 제물을 드릴 필요가 없고, 신약 교회는 죄를 완전히 대속 받아 하나님과 개인적이고 실제적인 관계를 가질 수 있기 때문이다. 신약처럼 구약의 언약도 은혜 언약이고 구약 백성들에게 영생에 대한 소망이 주어졌다. 그렇다면 6절에서 저자가 비교하는 바는 '실질'보다는 그 '형식'에 더 관계하고 있다. 구약과 신약 사이에 계시의 성질과 형식은 동일하지 않다(참고. 칼빈, 1993:179).

2.2. 히브리서 8장 7-13절의 메시지

첫 언약이 흠이 없었더라면 둘째 것을 요구할 일이 없었을 것이다(7절). 구약이 결함투성이라는 의미가 아니라, 신약을 예비하고 그 역동성을 바라보도록 하는 기능을 했다는 의미이다. 구약은 사람을 완전으로 인도할 수 없었기에 연약했다(참고. 히 7:18). 구약은 사람에게 죄를 기억나게 했고, 도덕법(moral law)이 무엇인지 알려주었다(참고. 히 10:3). 죄성을 가진 구약 이스라엘이 희생 제사와 제사장 직분 그리고 구원의 약속을 받았더라도 그것만으로는 불충분했다. 구약은 죄 문제를 완전히 해결할 수 없었고, 그 자체로 충분하거나 영원한 것이 아니었다. 구약의 시스템은 물론, 첫 언약 안에 머물러 있지 않으려고 했던 사람들도 불완전했다(참고. 히 8:9; 보라. ESV Study Bible, 2008:2378). 구원 계시의 발전을 고려한다면, 새 언약의 중보자요 성취자이신 예수님은 구약을 강화시켜서 영구성과 완전성을 부여하셨다. 신약의 구원은 구약의 것보다 확대 및 상승된 것이다.

히브리서 8장 8-12절에서 예레미야 31장 31-34절을 인용한다. 이 부분은 신약에서 가장 긴 구약 인용문이다. 예레미야 31장이 신약 중에서 히브리서에만 인용되고 있음은 흥미롭다. 예레미야는 시내 산 언약은 완전한 것이 아님을 알고 있었다. 성령의 내주와 죄의 완전한 사함 그리고 인격적인 교제의 확립이 시내 산 언약으로는 불충분했다. 하나님이 그들에게서(*autois*)[1873] 허물(fault)을 발견하시고 "보라, 날이 이르리니 내가 이스라엘 집과 유다 집으로 새 언약을 세우리라"고 말씀하셨다(8절). 하나님의 비난을 받아 마땅한 것은 구약 자체라기보다는 '저희' 즉 사람들이었다. 그럼에도 옛 언약은 생명을 줄 수 없는 것은 분명하다. 또 주님은 "내가 저희 열조들의 손을 잡고 애굽 땅으로 인도하여 내던 날에 저희와 세운 (시내 산)언약과 같지 아니하도다. 저희는 내 언약 안에 머물러 있지 아니하므로 내가 저희를 돌아보지 아니하였노라"고 말씀하셨다(9절).

출애굽한 이스라엘의 불순종은 마치 언약 밖에 머무르는 것과 같았다. '돌아보지 않았다'는 말씀은 하나님은 불순종과 배교의 길을 걸은 이스라엘에게 더 이상 복을 주시지 않고 죄의 대가를 치르도록 하셨다는 의미이다. 또 주께서 "그날 후에 내가 이스라엘 집으로 세울 언약이

1873) 8절에서 '그들에게서'로 쓰는 파피루스 46, B, 다수 사본과 달리(그리고 바른 성경), UBS 4판과 시내 산, A, D 등은 '그들을'(*autous*)로 쓴다.

이것이니, 내 법을 저희 생각에 두고 저희 마음에 이것을 기록하리라. 나는 저희에게 하나님이 되고 저희는 내게 백성이 되리라"고 말씀하셨다(10절; 참고. 시 144:15). 새 언약은 무엇보다 죄 용서 받은 인간 품성의 변화를 중요하게 여긴다.[1874] 새 언약을 통해서 하나님은 성도에게 그리스도의 말씀을 기억나게 하시고 거듭난 생각과 양심으로 순종하도록 하신다. 그리고 새 언약은 하나님에 대한 더 나은 지식을 제공한다. 구약의 제사장의 지식과 관련한 중재가 이제 필요 없게 된다(참고. 요일 2:20, 27).

"또 각각 자기 나라 사람(*politen*, 하지만 일부 소문자 사본들은 *plesion*[가까운 사람]으로 씀)과 자기 형제를 가르쳐 이르시되, 주를 알라 하지 아니할 것은 저희가 작은 자로부터 큰 자까지 다 나를 앎이니라"(11절; 참고. 사 28:16, 26). 새 언약은 완전한 죄 용서를 약속한다. 새 언약을 보증하시는 성령은 우리를 의롭게 하시고 살리시는 분이시다(참고. 고후 3:6). "내가 저희 불의를 긍휼히 여기고 저희 죄를 다시 기억하지 아니하리라"(12절). "새 언약(*kainen*, 원문에는 '언약'이 없음)이라 말씀하셨으매, 첫것은 낡아지게 하신 것이니 낡아지고 쇠하는 것은 없어져 가는 것이니라"(13절). 13절 원문에는 *engys* 즉 '곧'(없어지다)이라는 말이 있기에, A.D. 70년 사건이 가까웠음을 알 수 있다. 계시사의 전환은 불가피하다. 한편이 쇠하고 낡아지면, 다른 편은 흥하고 발전해야 한다(참고. 요 3:30). 옛 언약의 모든 조건들이 예수님으로 이행되었으니, 그것은 완성되었다. 단순히 구약을 불필요하게 만들거나 폐기하고 무효화하기 위해서 예수님이 오신 것이 아니라, 모든 민족과 인종을 위해서 성취하도록 하신다(참고. 마 5:17-19).

3. 오늘에의 적용

승천하신 예수님과 더불어 하늘 성소에 앉힌 자로서 살자.
개인적으로 그리스도를 믿기 이전과 이후의 삶을 비교해 보자.
새 언약 백성으로서 성령의 내주하심과 새롭게 된 마음으로 순종하고 있는가?

히브리서 9장

1. 본문 및 구조

• 첫 제사의 규칙(1-10)

1874) 칼빈(1993:183-184)은 구약 백성이 하나님을 예배하고 그분의 계명 안에서 산 것은 성령에 의한 내적 가르침을 받은 결과라고 본다. 칼빈은 복음으로 찬란하고 명확한 신약 시대와 달리, 구약은 달이나 별처럼 희미하게 빛났을 뿐이라고 본다.

• 그리스도의 완전한 대속죄(11-28)

2. 구원 계시사적 메시지

2.1. 히브리서 9장 1-10절의 메시지

첫 언약(*he prote*, 원문에는 '언약'이 없음)에도 섬기는 규례들(*dikaiomata*)과 세상에 속한 (하늘의 것과 대조되는 이 땅의, *kosmikon*) 성소가 있었다(1절). 출애굽기 25-31장에 등장하는 성막은 이동식 구조물로서 이스라엘 가운데 거하시는 하나님의 현존을 나타내었다.[1875] '성소'라고 불린 장막 안에 7가지로 된 등대(촛대)와 상과 진설병이 있었다(2절). 안식일마다 제사장은 12개의 진설용 빵을 탁자에 올려놓았다. 대체된 빵은 제사장들이 먹을 수 있었다. 12개의 빵은 하나님께서 그의 백성을 먹이심을 상징한다. 둘째 휘장 뒤에 있는 장막을 '지성소'라 불렀다(3절; 참고. 출 26:31-33). 특별히 지성소가 휘장으로 가려져 있는 모습은 하나님의 거룩하심이 사람들로부터 분리되었음을 가르쳐 준다. 지성소에는 금 향로와 사면을 금으로 싼 언약궤가 있고, 그 안에 만나를 담은 항아리(참고. 출 16:32-35)와[1876] 아론의 싹 난 지팡이(참고. 민 17:1-11)와[1877] 언약의 비석들(돌판들)이 있었다(4절; 참고. 출 34:27-29).

그런데 향단(금 향로)의 위치는 지성소가 아니라 성소 안이 아닌가? 출애굽기 30장 6-8절, 37장 25-28절, 40장 5절에 의하면, 이 금 향로는 둘째 휘장 바로 바깥쪽 즉 법궤 바로 앞에 있었다. 왜냐하면 이 향로가 날마다 사용되는 것이기 때문이다. 4절의 현재 능동 분사 여성 단수 주격 '*echousa*'는 '가지고 있는'(having)이라는 의미라기보다는 '속한'(belonging to)을 뜻한다.

1875) 성막(the Tabernacle)의 실내 총면적은 18평(지성소 6평, 성소 12평)이다. 실내에 4개, 실외에 2개의 기구가 배치되어 있다. 4개의 금으로 만든 기구들은 지성소의 언약궤(속죄소와 두 그룹의 날개 포함), 성소의 금 향단, 성소의 금 촛대, 성소의 떡 상이다. 그리고 실외의 놋으로 만든 두 가구는 물두멍과 번제단이다. 18평 크기의 성막에 들어간 금속재료 가운데 금과 은만 현 시가로 524억 원(금값: 약 500억 원+은값: 24억 원)이 소요되었다. 평당 30억 원에 달한다. 성막에 사용되는 재료의 출처는 포괄적으로 말하면, 광물류, 동물류, 식물류인데, 한마디로 성막의 재료는 전 창조 세계를 재료로 취한다고 요약할 수 있다. 성막에 거주하실 여호와는 창조주요 왕이신데 자신의 피조물 전체로 만든 곳에 겸손히 가시적으로 거하신다. 에덴동산은 성막의 요소와 비교할 때 유사성과 연속성을 가진다. 에덴동산과 성막은 모두가 순금(창 2:12; 출 25:3)을 포함한다. 에덴동산과 성막은 보석들도 포함한다(창 2:12; 출 25:7). 그리고 이 둘에 그룹 천사들도 등장한다(창 3:24; 출 25:7). 에덴동산과 성막의 연속성은 이외에도, 식물류 재료 가운데 성막의 법궤의 나무 재료인 '조각목'(싯딤나무)에서도 볼 수 있다. 왜냐하면 조각목을 LXX에서 '썩지 않는 나무'라고 번역하여 에덴동산의 '생명 나무'를 연상시키기 때문이다. 이런 의미에서 성막은 새롭고 회복된 에덴동산이라 할 수 있다(참고. 이기업. 2010. 이동 신앙. 한국동남성경연구원 5월 월례 발표회 글).

1876) 사무엘상 4-6장의 블레셋과의 전쟁에서 이 항아리를 빼앗겨 분실했던 것으로 보인다. 열왕기상 8-9장에 의하면 솔로몬 때 법궤 안에는 오직 언약의 두 돌판만 있었다.

1877) 대제사장들은 아론의 후손으로 구성되는데, 아론의 싹 난 지팡이는 그들의 권위를 확증 짓는다. 이 지팡이도 블레셋 족속에게 빼앗겼을 것이다. 참고로, 다윗 당시에 제사장의 숫자는 약 2만 명이었는데, 24개 조로 나누어 1년에 2주씩 성전에서 섬기도록 했다. 나머지 대부분의 기간은 고향에서 섬겼다(대상 24:3-19).

따라서 지성소가 금 향단을 가지고 있는 것이 아니라, 그것의 '기능'이 지성소에 속해 있는 것과 마찬가지라는 의미이다(보라. ESV Study Bible, 2008:2374).[1878] 즉 금 향단의 향과 연기는 성소에 머물지 않고 지성소 안으로 들어갔다(참고. 레 16:12-13; 대하 2:4). 대제사장은 하루에 두 번 분향했다. 이 향은 성도의 기도를 상징한다(참고. 시 141:2; 눅 1:8-10; 계 5:8; 8:3-4). 성도의 지상에서 드리는 기도는 하늘 성전으로 올라간다. 법궤 안의 돌판, 만나 항아리, 지팡이는 언약 백성이 하나님의 말씀과 양식과 인도와 보호하심으로 살아야 할 것을 교훈한다.[1879]

하나님의 영광의 임재를 상징하는 속죄소를 덮는 영광의 그룹들도 있었는데(출 25:18-22) 여기서 이것들에 관하여 세밀하게 설명할 수 없다(5절).[1880] 모든 것이 이와 같이 예비되었을 때, 제사장들이 성소에 정기적으로 들어가서 섬겼다(6절). 둘째 장막(지성소)은 대제사장이 홀로 일 년에 일차씩 피를 가지고 가서 자신과 백성의 허물을 위하여 바쳤다(7절; 참고. 레 16:15-17; 23:26-32). 대속죄일에 대제사장은 자신의 죄를 속하기 위해서 소의 피를 가지고 지성소에 들어가서 속죄소에 피를 뿌렸다. 그리고 지성소를 나와서 염소의 피를 가지고 두 번째로 들어가서 백성의 죄를 속하기 위해서 피를 다시 뿌렸다(참고. O'Brien, 2010:311). 따라서 대속죄일에 두 번 지성소에 들어간 것이다. 그렇다면 왜 이렇게 피가 중요한가? 레위기 17장 11절은 피의 중요성을 생명이 피에 있기에, 죄를 속하는 기능으로 설명한다. 그것도 살아 있고 흠이 없는 짐승의 피가 요구되었기에, 속죄를 위해서 무고한 피가 흘려져야 했다. 그러나 이 짐승의 피는 죄를 없앨 수 없었다(참고. 히 10:4). 그러나 짐승의 피는 마치 일시적으로 집행 연기를 시키는 정도의 일시적인 효력만 있었다.

히브리서의 수신자들이 살았을 당시에 성전에는 법궤가 없었기에, 대제사장은 지성소에 피를 뿌리는 것으로 대신했다(참고. 오스본, 2002:214). 이것으로 성령께서 보이신 것은 첫 장막이 서 있을 동안에 (지)성소에 들어가는 길이 아직 나타나지 아니한 것이다(8절). 따라서 장차 그리스도께서 지성소로 가는 길을 여셔야 했다. 이 장막은 현재까지 비유인데, 구약에서 드리는 예물과 제사가 섬기는 자의 양심을 깨끗게 할 수 없었다(9절). 구약 성막과 성전 제의로는 섬기는

1878) 오브라이언(2010:309)은 F.F. 브루스를 따라 히브리서 저자가 강조하려는 것은 성막의 모양과 위치가 아니라고 본다. 따라서 독자들이 제기할 만한 성막 기물(특히 금 향단)의 위치에 대해 저자가 설명하지 않고 넘어갔다고 추론한다. 그러나 히브리서 9장이 성소에 있던 향로가 지성소 안에 들어가는 '대속죄일'을 언급한다.

1879) 원래 만나를 담은 금 항아리와 아론의 싹이 난 지팡이는 법궤 '안이' 아니라, 증거 돌판 '앞' 즉 '법궤 앞'에 두었다(출 16:32-34; 민 17:10-11). 따라서 증거 두 돌판만 법궤 안에 두었다(출 25:16, 21; 신 10:1-2; 왕상 8:9; 대하 5:10; 보라. O'Brien, 2010:309). 구약과 달리 히브리서가 '법궤 안'에 물품 세 종류가 있었다고 말한 것은 이것들이 서로 긴밀하게 연결되었음을 암시한다. 실제로 이 세 물품은 법궤 안과 앞이라는 연결된 공간에 있었다. 참고로, 칼빈은 원래 법궤 안에 세 물품이 다 들어 있었다고 본다. 그는 성전이 건축되었을 때, 법궤 안과 앞에 다르게 배치되었다고 본다. 법궤는 구약에만 제한되는 상징물로서 하나님의 임재를 표현했다(참고. 렘 3:16-17). 칼빈(1993:189)은 항아리와 지팡이가 법궤 안에 있되 두 돌판 앞에 있었다고 본다.

1880) 성소(성전) 안의 기구들은 정금으로 만들었는데 하나님의 위대성과 초월성을 드러낸다. 이동식 성막은 언약 백성과 함께하시겠다는 하나님의 의지의 표현이다(참고. 오스본, 2002:209).

자의 마음과 생활을 완전히 변화시키는 데에는 부족했다. 그리스도의 완전한 속죄로만 우리의 양심은 죄책감에서의 해방을 누릴 것이다. 이런 것은 먹고 마시는 것(참고. 레 10:8-9)과 여러 가지 씻는 것(참고. 레 15:4-27)과 함께 육체(외적인)의 예법만 되어 '개혁할 때까지'(*mechri kairou diorthosis*, 새 질서가 올 때 까지) 맡겨 둔 것이다(10절; 참고. 렘 31:37). 명사 '*diorthosis*'는 신약에서 거의 사용되지 않는데, '개혁'(reformation) 혹은 '새 질서'(new order)라는 의미이다. 비슷하게 바울은 골로새서 2장 16-17절에서 먹고 마시는 것과 절기와 월삭과 안식일은 '실체'가 오면 대체될 장래일의 그림자라고 말한 바 있다.

2.2. 히브리서 9장 11-28절의 메시지

그리스도께서 '이미'(*genomenon*, 바른 성경은 UBS 4판, 파피루스 46, B, D를 따라 '이미'로 씀; 하지만 시내 산, A, 다수 사본 그리고 히 10:1은 '앞으로 올'[*mellonton*]을 지지함) 이루어진 좋은 일(즉 영원한 것)의 대제사장으로 오사 사람의 손으로 만들지 아니한(이 창조에 속하지 아니한; 참고. 행 7:40-41, 48-50)[1881] 더 크고 온전한(하늘의) 장막으로 말미암아(11절), 염소와 송아지의 피로 하지 아니하고 오직 자기의 피로 영원한 속죄를 이루사 단번에 성소에 들어가셨느니라(12절). 개역개정판과 달리, 12절을 바른 성경은 "……자신의 피로 단번에 성소에 들어가서서(*eiselthen*, 아오리스트 디포 직설 3인칭 단수) 영원한 속죄를 이루셨다(*heuramenos*, 아오리스트 중간 분사 남성 단수 주격)"로 번역한다. 하지만 개역개정판과 NIV처럼 아오리스트 분사('이루신 후', having obtained)를 주동사('들어가셨다')보다 한 시제 앞선 것으로 번역하는 것이 옳다(참고. Rogers & Rogers, 1998:538). 새 언약을 이 땅에 가져오신 그리스도로 말미암아 옛 언약보다 좋은 것을 새 언약 백성은 누리게 된다(참고. 엡 1:3). 염소와 황소의 피와 암송아지의 재로 부정한 자에게 뿌려 그 육체를 정결케 하여 거룩하게 하거든(13절; 참고. 민 19:1-10), 하물며 '영원한 성령님으로'(참고. 시내 산 2판과 D는 '거룩한 영으로') 말미암아 흠 없는 자기를 하나님께 드린 그리스도의 피가 어찌 우리(참고. 시내 산과 다수 사본은 '너희') 양심을 죽은 행실(죽음을 낳는 행실)에서 깨끗하게 하고 살아 계신 하나님을 섬기게 못하겠는가?(14절)

'영원하신 성령님'은 그리스도의 속죄 사역의 영원한 효력을 강조하는 표현이다(참고. 칼빈, 1993:195). 이러한 구약의 정결은 의식상의 정결 혹은 일시적인 것에만 해당한다. 이 이유로 그리스도는 새 언약의 중보자(*mesites*)이시니 이는 첫 언약 때 범한 죄를(옛 언약의 제도하에서 범한 죄의 형벌로부터) 속하려고 죽으사(속전을 치르사) 부르심을 입은 자로 하여금 영원한 기업의 약속을 얻게 하려 하심이다(15절; 참고. 롬 3:25). 예수님은 구약의 백성들도 구원하신다. 구약 백성은 그리스도의 희생제물 되심을 희미하게나마 바라보고 있었다.

유언(*diatheke*)은 유언한 자가 죽어야 되는데(16절),[1882] 왜냐하면 유언자가 죽고 난 후에 유언

1881) 칼빈(1993:194)은 이 창조에 속하지 않은 그리스도의 몸을 예수님의 실제 육체와 관련된 것이 아니라, 예수님의 몸으로부터 오는 영적 능력으로 본다.

1882) 히브리어 *berit*는 '언약'이라는 뜻이지, '유언'을 뜻하지 않는다. 하지만 헬라어 *diatheke*는 유언과 언약

은 견고한즉 유언한 자가 살아 있는 동안에는 효력이 없기 때문이다(17절).[1883] 예수님은 새 언약을 유언으로 남기셨다. 십자가에서 죽으심으로 말미암아 이 새 언약은 유효하다. 이것이 바로 첫 언약도 피 없으면 효력이 없는 이유이다(18절). 구약에서 짐승의 피로 죽음을 면하고 속죄를 받았다(예. 속죄제). 이제 히브리서의 저자는 출애굽기 24장 3-8절을 인용한다. 모세가 율법대로 모든 계명을 온 세상에게 말한 후에 송아지 '그리고 염소의'(*kai ton tragon*; 파피루스 46과 시내 산 2판은 이것을 생략함) 피와 물과 붉은 양털과 우슬초를 취하여 그 책과 온 백성에게 뿌려(19절), 이르되 이는 하나님이 너희에게 명하신 언약의 피라고 했다(20절). (오경에 기록되어 있지 않지만, 구약 희생 제사의 정결함을 상징하는 것으로서) 피로써 장막과 섬기는 일에 쓰는 모든 그릇에 뿌렸다(21절; 참고. 시 51:7). 칼빈(1993:202)에 의하면, 우슬초와 붉은 양털로 피를 뿌렸을 때, 이것은 성령에 의해서 행해지는 신비적인 피 뿌림을 상징한다. 율법을 좇아 거의 모든 물건이 피로써 정결케 되나니 피 흘림이 없으면 죄 용서도 없다(22절).

그러므로 하늘에 있는 것들의 모형물들(*ta hypodeigmata*)은 이런 것들로써 정결케 할 필요가 있었으나 하늘에 있는 그것들은 이런 것들보다 더 좋은 제사로 깨끗해져야 한다(23절). 그런데 지상이 아니라 하늘에 있는 장막이 정결케 되어야 하는 이유는 무엇인가? 하늘과 하나님이 계신 곳은 이미 정결케 되었기에 하나님의 존전에 서기 위해서는 그의 백성은 정결해야 함을 가리킨다(참고. 오스본, 2002:223). 그리스도께서는 참 것의 그림자인 손으로 만든 성소에 들어가지 아니하시고 오직 참 하늘(하늘 성소 그 자체)에 들어가사 이제 우리를 위하여 하나님 앞에 (마치 변호사처럼) 나타나시고(24절), 대제사장이 해마다 다른 것의 피로써 성소에 들어가는 것같이 자주 자기를 드리려고 아니하신다(25절). 그렇지 않다면 예수님이 세상을 창조할 때부터 자주 고난을 받았어야 할 것이나, 이제 자기를 단번에(*hapax*; 참고. 벧전 3:18)[1884] 제사로 드려 죄를 없게 하시려고(참고. 요일 3:5) 세상 끝(*epi synteleia ton aionon*, at the culmination of the ages; 즉 때가 차매, 갈 4:4)에 나타나셨다(26절; 참고. 히 1:2).[1885] 그림자의 실체가 계시되는 종말(세상 끝)은 그리스도의 영원한 효력을 발생시킨 단번의 희생 제사를 통해서 시작된 것으로 볼 수 있다(참고. 마 13:39-40, 49, 24:3, 28:20; 고전 10:11; 벧전 1:20). 예수님의 대속의 희생은 과거, 현재, 미래라는 모든 역사를 위한 충분하며 최종적인 것이다. 세대(ages)는 그것의 끝(end)은 물론 목표(goal)에 이미 도달했다. 그리스도의 오심으로 시간을 '성취의 시간'으로 만들었다(참고. O'Brien, 2010:340).

모두 의미한다. 따라서 이것은 히브리서가 히브리어로 기록되지 않은 증거이다(참고. 칼빈. 1993:198).

1883) 헬라어 *diatheke*는 '유언'(testament, will)과 '언약'(covenant) 둘로 번역 가능하다. 16-17절에서 유언에 대해 말한 후, 18절에서 언약을 언급한 것은 일종의 '언어 유희'이다. 유언이 유언한 자가 죽어야 효력 있듯이, 새 언약도 그리스도의 대속의 죽음 없이는 효력이 발생하지 않는다.

1884) 베드로전서 3장 18절에서 '단번에'(*hapax*)를 바른 성경은 번역하지 않는다.

1885) 종말론은 재창조이기에 시초론(protology)이다. 따라서 창세기의 창조에 재창조라는 종말이 암시되어 있다. 이 재창조는 예수님이 이미 이루신 것이므로(참고. 엡 1-2장), '오메가'와 '종말'이신 그리스도 중심으로 살펴야 한다.

한 번 죽는 것은 사람에게 정해진 것이고, 그 뒤에는 심판이 있다(27절).[1886] 지상에서 육체를 입은 사람은 죽을 수밖에 없지만 영원한 새 언약의 중보이신 그리스도를 믿는 자는 영생한다. 이와 같이 그리스도도 많은 사람의 죄를 담당하시려고 단번에 드리신 바 되셨고(참고. 사 53장; 벧전 2:24; 'Servant Christology'), 죄와 상관없이 자기를 고대하는 자들을 구원하시기 위하여 그들에게 두 번째 나타나실 것이다(28절). '죄와 상관없이'는 죄를 깨끗하게 씻는 제물이란 뜻인가?(참고. 롬 8:3; 고후 5:21) 예수님이 어떻게 죄를 제거하셔서 하나님을 만족시키셨는지 명확하게 하실 것을 의미하는 것 같다(참고. 칼빈, 1993:209). 분명한 것은, 능동적으로 세상 죄를 지고 가신 하나님의 어린양은 다시 오셔서 죄가 없는 영원한 세상으로 구속 받은 백성을 인도하실 것이다. 그러나 구원 사역의 종결인 주님의 재림은 죄를 지시거나 없애러 오시는 것은 아니다.[1887]

1886) 구약의 종말론이 포로와 죄의 끝이라면(참고. 겔 36:26-28), 신약의 종말론은 구약, 그림자, 죄, 사탄의 권세, 사망, 영적 포로, 어둠의 끝이다.

1887) 구약의 5대 제사의 의미와 그것의 신약적 성취를 살펴보자.

(1) 번제(burnt offering, 레 1장): '올라가다'라는 뜻을 가진 번제는 예배자와 제물을 동일시하는 뜻에서 흠 없는 짐승의 머리에 안수한 후에 짐승을 잡아 그 피를 번제단 사면에 뿌리고 가죽을 제외한 제물 전체를 불살라 하나님께 드리는 제사이다. 번제가 죄와 상관이 있을 때는 인간의 죄에 대한 하나님의 진노를 누그러뜨리는 역할을 하는 한편, 죄와 관련이 없을 경우엔 헌신과 감사와 봉사의 의미를 가진다. 신약에는 예수 그리스도께서 단번에 자신을 번제물로 드리셔서 속죄를 이루셨기 때문에 짐승 번제는 폐지되었다. 오늘날 성도가 죄를 고백하고 헌신을 다짐하는 것, 그리고 일상생활에서 하나님을 찬양하고 선행을 행하는 것이 신약적인 번제이다.

(2) 소제(grain offering, 레 2장): '선물' 혹은 '조공'이라는 의미를 가진 소제는 밀가루(날로나 익힌 것)와 기름을 재료로 드린 제사인데 번제와 함께 드렸다. 자원함과 기쁨을 상징하는 기름과 유향 및 부패 방지와 불변을 상징하는 소금을 사용하는 반면에, 부패를 상징하는 누룩과 꿀은 사용할 수 없었다. 소제는 이스라엘이 언약의 주 여호와께 속죄에 대한 감사와 율법에 대한 순종과 헌신의 의미로 드렸다. 하나님께서 예수 그리스도를 통해 베풀어주신 구원과 사랑에 대한 감사의 표현으로 드리는 찬양과 헌신과 선교가 신약적인 의미에서의 소제라 할 수 있다.

(3) 화목제(fellowship offering, 레 3장): 화목제는 '응답'의 의미를 가지고 있는데, 번제가 제물 전체를 태워 하나님께 드리며 소제가 한 줌의 제물만을 기념물로 태우고 나머지는 제사장들에게 주는 반면에, 화목제는 동물의 일부를 태우고 일부는 제사장이 먹되 나머지는 예배자들이 친지들과 함께 먹고 즐기는 유일한 제사이다. 화목제가 죄와 상관이 있을 경우엔 죄로 파괴된 하나님과 이스라엘 간의 언약 관계를 회복하는 역할을 했으며, 죄와 관련이 없을 경우에는 구원에 대한 감사제, 서원이 이루어진 후에 드리는 서원제, 하나님의 호의에 대한 자각으로 드리는 낙헌제의 역할을 했다. 예수님께서 친히 제정하신 성만찬이 화목제의 의미를 계승한다고 볼 수 있다.

(4) 속죄제(sin offering, 레 4장): '죄'라는 의미를 가진 속죄제는 대제사장, 온 회중, 족장, 평민 등 사회적 신분에 따라 달리 제물을 드리는 특징을 가지고 있다. 하나님의 계명을 어긴 경우 속죄제를 드려 사함을 받았다. 예수 그리스도의 피 뿌리심이 신약적인 의미에서 속죄제이다.

(5) 속건제(guilt offering, 레 5:14-6:7): '죄책'으로 번역되는 속건제는 성물에 범과했거나 여호와께 신실하지 못해 이웃의 재산에 손해를 끼친 경우에 드렸다. 손해를 끼친 물건에 오분의 일을 더하여 제사장 또는 피해자에 대하여 보상하고 숫양을 제물로 드려 하나님께 보상하였다. 그리스도의 죽으심이 우리 죄의 대가를 하나님께 보상하는 제사이므로 우리가 하나님께 갚아야 할 빚은 예수님께서 다 청산해 주셨다. 그러나 하나님과의 지속적인 평화를 누리려면 이웃에게 입힌 피해를 보상하는 것이 또한 신약적인 의미의 속건제라 할 수 있다.

요약하면, 죄와 관련된 번제와 소제는 인간이 지은 죄에 대한 하나님의 완전한 진노를 돌이키고 그것에

3. 오늘에의 적용

예수님의 단번의 희생 제물 되심으로 주어진 영원한 속죄의 효력을 누리자.
우리 삶에 그림자 붙들고 사는 것은 무엇인가?
주님의 재림을 기다리면서 정결하게 살자.

히브리서 10장

1. 본문 및 구조

- 구약 희생 제사들이 할 수 없었던 것(1-4)
- 새 것에 의해 대체된 옛 것(5-10)
- 새 언약을 확립하고 이행하는 완전한 제사(11-18)
- 배교를 이기는 믿음의 삶(19-39)

2. 구원 계시사적 메시지

2.1. 히브리서 10장 1-4절의 메시지

율법은 장차 오는 좋은 것들(*ton mellonton agathon*)의 그림자(*skia*)일 뿐, 실체(*pragma*)의 형상(*eikon*)이 아니기에, 해마다 드리는 제사로는 예배로 나아오는 자를 온전케 할 수 없다(1절).[1888] 율법은 하나님의 최종적인 계획이 아니기에 해마다 반복되는 희생 제사를 드리도록 했으며, 그것으로는 예배자를 온전케 할 수 없었다. 만일 구약 제사로 온전케 하는 일이 가능하다면, 단 한 번의 희생 제물로도 충분해야 할 것이고, 예배드리는 사람들도 그것으로 정결해져서 죄 짓고자 하는 마음이 사라져야 한다(2절). 이 제사들은 해마다 죄를 생각하게 하는 것이다(3절). 구약의 대속죄일은 죄를 없애기보다는 죄를 기억나게 하고 경각심을 일으켰다(참고. 롬 7:7).

대한 감사와 새로운 헌신을 나타내며, 화목제는 죄로 인해 막힌 하나님과 인간, 인간 사이의 관계를 화목하게 하고, 속죄제는 죄로 오염된 것을 씻어낸다면, 속건제는 죄로 인해 생긴 피해를 보상하도록 함으로써 원상 복구하는 것이다. 예수님은 번제의 목적인 하나님의 진노를 돌이키셨고, 화목제의 목적인 하나님과 인간 상호 간의 관계를 회복하셨으며, 속죄제의 목적인 죄의 오염을 정결케 하셨고, 속건제의 목적인 죄의 결과를 보상하셨으며, 소제의 목적인 구원의 감사와 헌신을 온전케 하셨다(참고 이민희. 2010. 이스라엘 5대 제사. www.bkbs.org).

1888) 초기 헬라어에서 *skia*와 *eikon*은 동의어였으며, '실재'를 의미하는 *archetypos*의 반의어였다. 하지만 히브리서 저자처럼 필로는 *eikon*을 *skia*보다 나은 것으로 간주하기도 했다(참고. Ellingworth, 1993:490).

그렇다면 구약 백성은 어떻게 죄 용서를 받았는가? 희생 제사를 드리라는 하나님의 명령에 순종하는 자를 하나님은 은혜로 용서하셨다. 하지만 황소와 염소의 피는 능히 죄를 없이하지 못한다(4절). 오직 그리스도의 보혈로만 과거-현재-미래적 죄를 사함 받을 수 있다.

2.2. 히브리서 10장 5-10절의 메시지

히브리서 저자는 시편 40편 6-8절을 해석하면서 인용한다. 그리스도께서 세상에 들어오실 때 말씀하셨다. 하나님이 제사(*thysia*, 피가 없는 제사 즉 소제)와 예물(*prosphora*, offering)을 원치 아니하시고 오직 나를 위하여 한 몸을 예비하셨다(5절).[1889] 구약에서도 순종, 공의, 인자, 하나님을 아는 것이 빠진 희생 제물은 무가치했다(보라. 호 6:6; 암 5:21-22; 미 6:6-8). 그래서 그것이 없는 번제(*holokautoma*, burnt offering)와 속죄제(*peri hamartias*)는 하나님이 기뻐하지 아니하셨다(6절). 예수님은 성경에 기록된 대로 하나님의 뜻을 이루기 위해서 즉 순종의 제물이 되기 위해서 이 땅에 사람으로 오셨다(7절).[1890] 예수님이 구약의 제사로는 하나님을 기쁘게 해드릴 수 없다고 말씀하신 후에(8절), 하나님의 뜻을 행하시기 위해서 첫째 것(구약 제사)을 폐하시는 것은 둘째 것(신약 예배)을 세우시려는 것이다(9절). 이 뜻 안에서 예수님이 자신의 몸을 단번에 드리

1889) 칼빈(1993:213)은 시편 40편이 그리스도에게 적용되기 곤란하다고 본다. 왜냐하면 "나의 죄악이 내게 미치므로"라는 구절(시 40:12)은 그리스도가 자진해서 그의 지체들의 죄를 떠맡는 것이 아닌 한, 그리스도의 인품에 적합하지 않기 때문이다. 그러나 다윗이 그리스도의 모형이었던 것은 명백한 일이므로, 다윗이 그 자신에 관해서 말한 것을 그리스도에게 돌린다 해서 거기에는 아무런 불합리함도 없다고 칼빈은 주장한다. 예수님의 그림자인 구약의 인물들은 불완전하다.

1890) 히브리서 10장 5-7절과 시편 39편 7-9절 LXX(Rahlfs 편집) 및 시편 40편 7-9절 MT 사이의 변형 및 그 이유를 살펴보자. (1) '귀들' 아니면 '몸'인가? LXX의 *otia*(귀들)는 MT의 *azenim* ears를 번역한 것이다(그러나 Brenton의 LXX에는 '몸'임). 그렇다면 히브리서 기자는 왜 '몸'이라고 표현하는가? 이것은 귀라는 '부분'을 통해서 몸 '전체'를 가리키는 대유법(synecdoche)으로 볼 수 있다. LXX의 "당신이 나를 위해서 귀들을 여셨다(혹은 회복하셨다, *Katartizo*의 아오리스트 중간 직설 2인칭 단수)"는 말씀은 하나님이 짐승 제사를 받으시기보다는 다윗이 여호와의 말씀을 듣고 순종하도록 하셨다는 의미이다. 순종이 제사보다 낫다. 그러나 히브리서 기자는 다윗이 두 귀로 말씀을 듣고 순종하는 것이 아니라, 하나님이 친히 짐승 제사보다 더 나은 제물이신 '한 몸' 즉 예수 그리스도를 준비하셨음을 강조한다. (2) '번제' 아니면 '번제들'인가? LXX 번역자와 달리 히브리서 기자는 복수형 '번제들'을 사용한다. 히브리서 기자가 시편 39편 LXX 뒤의 시편 50편 18절 LXX에 등장하는 '복수형'(*holokautomata*)을 참고한 것인가? 가능성은 낮다. LXX가 전수되는 과정에서 발생한 실수로 볼 수 있다. LXX처럼 MT는 단수(*zebah uminehah*)로 표현한다. 히브리서 기자는 불로 태우는 구약의 다양한 짐승 제사들 전체를 염두에 두고 있는 듯하다. 그런 짐승들 전부를 다 모아도 예수님의 희생에 미치지 못한다. (3) "당신이 요구했다" 아니면 "당신이 기뻐했다"인가? '요구하다'(LXX)와 '원하다'(MT와 히 10:6) 중에서 어떤 것이 MT에 더 가까운가? LXX 번역자가 아니라 히브리서 기자가 *hafocheta*를 충실히 번역했다. 따라서 이 부분은 LXX보다는 MT에 가깝다. 하지만 '요구하다'와 '원하다' 사이에 큰 차이를 찾기 어렵다. (4) "나는 나의 하나님(당신의 그 뜻을 행하기를)을 원했다" 아니면 "(나는) 하나님 당신의 그 뜻(을 행하기를 원했다)"인가? LXX는 '나의'라는 단어를 추가한다. '나의'라는 말은 하나님과 다윗 사이의 친밀함을 나타낸다. LXX처럼 MT도 '나의 하나님'(*elohi*)이라 표현한다. 히브리서 10장 7절에 '나의'가 없더라도 의미 전달상 어려움은 없다. 이상의 4가지 변형의 이유는 히브리서 기자가 예수님이 이 세상에 오신 사건의 계시사적 중요성을 알았기 때문이다(참고. Ellingworth, 1993:500-501).

심으로써 우리가 거룩하게 되었다(10절). 그리스도의 속죄 사역은 성도가 예배자로 살면서 자신의 몸을 거룩한 제물로 바칠 수 있는 근거가 되었다.

2.3. 히브리서 10장 11–18절의 메시지

구약 제사장들의 반복적인 제사는 죄를 없앨 수 없었다(11절).[1891] 하지만 그리스도는 죄를 위하여 영원한 단번의 제사를 드린 후 하나님 우편에 앉으셨다(12절). 그 후 예수님은 자기 원수들로 자기 발등상(바른 성경: '발 받침대')이 되게 하실 때까지 앉아 계신다(13절). 주님의 승천 이후의 세상 역사는 예수님 자신의 원수 정복의 기간이다. 주님은 한 번의(*mia*) 제사로 거룩하게 된 사람들을 영원히 '온전하게 하셨다'(*teteleioken*, 현재 완료 능동 직설 3인칭 단수, 14절). 예수님이 행하신 속죄는 그 이후로도 계속해서 완전한 효력을 발생시키신다.

구약의 저자이신 성령도 이 사실을 새 언약의 구절인 예레미야 31장 33-34절에서 증거하셨다(15절). 하나님의 법을 마음에 두고 생각에 기록할 것이다(16절). 하나님의 법은 돌판이라는 외면이 아니라 성도에게 내면화된다. 또 그들의 죄와 불법을 기억하지 않으실 것이다(17절). 새 언약의 특징은 죄 사함이다. 죄를 사하셨기에 다시 희생 제사를 드릴 것이 없다(18절). 성도는 과거의 죄를 반복적으로 고백할 이유가 없다.

2.4. 히브리서 10장 19–39절의 메시지

이 단락부터 '기독교의 우월성'이라는 이론에 관한 진술이 끝나고 본격적으로 히브리서의 '실천 부분'이 시작된다(참고. 오스본, 2002:255). "그러므로(*oun*)[1892] 형제들아 예수님의 피를 힘입어 (지)성소[1893](*ton hagion*)에 들어갈(*eisodos*; 참고. 행 13:24; 살전 1:9, 2:1; 벧후 1:11)[1894] 담대함(*parresia*, 참고. 히 3:6, 4:16)을 가지고 있다(19절). '가지고 있다'(*echontes*)는 현재 능동태 분사 남성 복수 주격이다. "그 길은 우리를 위하여 휘장 가운데로 열어 놓으신 새롭고 산 길이요 휘장은 예수님의 육체이다"(20절). 그리스도의 몸이 찢김으로써 하늘의 지성소로 향하는 생명의 길이 우리를 위해서 열렸다(참고. 막 15:38). 이 위대한 대제사장께서 하나님의 집 즉 신약 교회를 다스리시는데(21절; 참고. 히 3:6), 그리스도의 피가 성도의 마음에 뿌려져 양심의 악을 깨닫고,

---

1891) 히브리서 10장 11절에서 A, C, P 사본은 히브리서 5장 1절과 8장 3절을 기억하여 '대제사장마다'로 쓴다.

1892) 19절의 '그러므로'는 히브리서 8장 1절 이후의 논의 혹은 4장 14절 이후의 논의의 결론을 소개한다(참고. Ellingworth, 1993:517).

1893) 바른 성경은 '지성소'라고 쓰지만 '지'자를 작게 표기한다. Ellingworth(1993:517)는 이 단어가 성전의 어떤 부분인지 구분하지 않고 하늘 성소를 뜻한다고 본다.

1894) 헬라어 명사 *eisodos*는 LXX에서 광야의 성막으로 들어갈 때 사용되지 않았고, 성전으로 들어갈 때는 사용되었다(왕하 23:11). 그리고 에스겔 44장 5절에서는 이스라엘의 반역, 옛 성전의 더럽혀짐, 그리고 메시아 시대의 시작이라는 문맥에서 사용되었다(참고. 히 10:29). 이사야 66장 11절에서는 예루살렘 안에서 이스라엘의 회집이라는 문맥 안에 사용되었다(참고. 히 12:18-24; 보라. Ellingworth, 1993:517).

몸을 맑은 물로 씻었으니(내적 정결 혹은 세례), 참 마음과 온전한 믿음으로 하나님에게 나아가야 한다(22절; 참고. 겔 36:25).

또 약속하신 이는 미쁘시니, 우리가 믿는 도리(고백)의 소망을 움직이지 말고(동요되지 말고) 굳게 잡아(23절), 서로 돌아보아 사랑과 선행을 격려하자(24절; 참고. 롬 15:14; 살전 5:14). 유대인 출신 성도는 혈통적인 선민의식을 포기하고, 이방인 성도를 품어야 했다(참고. 칼빈, 1993:225). 모이기를 폐하는 어떤 사람들의 습관과 같이 하지 말고, 오직 권하여 그 날이 가까움을 볼수록 격려해야 한다(25절).[1895] 25절도 유대인 성도와 이방인 성도의 연합을 강조하는 구절로 볼 수 있다. 요한복음 10장 16절은 한(one) 무리의 목자이신 예수님을 소개한다(참고. 칼빈, 1993:226). 성도 간의 권면을 위한 모임은 박해 상황 속에서는 아주 중요한 것인데, 이것을 무시하는 사람들이 있었다. 개인주의가 아니라 공동체로서의 삶을 강조한다. '그날'은 주님의 최종 재림은 물론(참고. 롬 13:11), 돌 성전이 파괴됨으로써 완전한 신약 시대가 개시될 날을 가리킬 수 있다(참고. 해그너, 2005:196).

그리스도의 피로 사죄를 받았다는 진리를 아는 지식을 받은 후 고의로 계속하여 범죄하면 그 죄를 사할 제사는 없게 된다(26절). 26-31절에는 히브리서 6장 4-6절에 이미 동일한 사상이 등장한다. 이렇게 배교하는 자는 주님과 복음을 대적하는 자인데, 이들에게 오직 무서운 마음으로 심판을 기다리며 소멸할 불만 있을 뿐이다(27절). 이들은 도둑질하는 것처럼 보편적이고 일반적인 범죄자가 아니라 교회를 버리고 그리스도를 떠나는 특별한 배교자를 가리킨다(참고. 칼빈, 1993:229). 모세의 법을 폐한 자도 두세 증인이 증거하면 죽어야 했는데(28절; 참고. 신 17:2-7, 19:15), 하물며 '하나님의 아들'을 강한 적대감을 가지고 짓밟고(trample), 자기를 거룩하게 한 '언약의 피'를 부정한 것으로 여기고, '은혜의(은혜를 주시는) 성령'을 욕되게 하는 자의 당연히 받을 형벌이 얼마나 더 중하겠는가 생각하라(29절).[1896] 신명기 13장 6-11절과 17장 2-7절은 참되신 하나님께 불순종하는 배교 행위를 언급한다. '은혜의 성령'께서 하신 일은 우리를 그리스도에게 접붙여 양자로 삼으시고, 그리스도가 우리 안에, 우리가 그리스도 안에 살게 하시고, 우리를 새 생명으로 부활하게 하신 것이다(참고. 칼빈, 1993:233). 그런 성령을 모독하는 것은 가장 큰 죄악이다. 성자, 언약의 피, 그리고 성령은 구원을 위한 하나님의 최종적인 공급하심이다. 하나님은 원수를 갚으시는 분이시며 심판하시는 분이시다(30절; 참고. 신 32:35-36). 살아계신 하나님의 손에 빠져드는 것은 얼마나 무서운 일인가(31절; 비교. 삼하 24:14-16).

전날에 빛을 받은 후(처음 그리스도를 섬기기 시작한 때)에 즉 이전에 복음을 믿은 후에,

1895) 디아스포라 회당은 일종의 지역 회관의 구실을 했으므로, 그곳에 자주 드나들지 않는 유대인은 지역 공동체의 생활에서 소외되게 마련이었다. 그레코-로마 사회에서 종교 집단의 모임은 대개 월 1회가 보통이었다. 헬라 도덕론자들은 일치와 조화를 강조했기에, 개인주의에 대해 경고를 했다(참고. 존 월튼, 2010:1981).

1896) 29절의 아오리스트 남성 단수 주격 분사들은 서로 다른 행동을 가리키지 않는다. 오히려 이 세 분사는 한 가지 즉 배교자(apostate)가 예수님을 '짓밟고'(*katapatesas*), 언약의 피를 '더럽혀'(*hegesamenos*), 성령의 은혜를 '모욕한'(*enybrisas*) 것임을 병행적인 방식으로 강조한다(참고. O'Brien, 2010:377).

고난의 큰 싸움 중에서라도 참은 것을 생각하라(32절). 히브리서 수신자들은 혹 비방과 환난으로써 사람에게 구경거리가 되고, 혹 이런 형편에 있는 자들에게 동정을 베푸는 자가 되었다(33절). 이러한 고난들은 A.D. 70년 이전에 유대인들이 유대인 출신 성도에게 가할 수 있었던 것이다. 로마인에 의한 박해라면 A.D. 49년의 글라우디오 황제 시의 박해를 돌아보는 것일 수 있다(참고. 히 12:4).

"너희가 그 갇힌 자들(*tois desmiois*; 시내 산과 다수 사본은 빌 1:7처럼 '나의 갇힘' [*desmois mou*]으로 씀)을 동정하고 산업(재산)을 빼앗기는 것도 기쁘게 여긴 것은 더 낫고 영원한 산업(재산)이 있는 줄 알기 때문이다"(34절; 참고. 고후 8:2). 한 예로, 글라우디오 황제 때 로마의 유대인 성도는 추방당했다. 담대함을 버리지 않으면 그것이 큰 상을 가져올 것이다(35절). 하나님의 뜻을 행한 후에 약속하신 것을 받으려면 인내가 필요하다(36절). 잠시 잠깐 후에 오실 이가 지체치 않고 오신다(37절; 참고. 합 2:3-4). 그리스도의 재림은 고난당하는 자에게 위로가 된다. 하박국 선지자의 고백처럼, 그러나 '나의 의인'(*ho dikaios mou*, 파피루스 46, 시내 산, A 등)은[1897] 믿음으로 살고, 의인이 뒤로 물러가면(배반하거나 진리에서 이탈하거나 위협에 굴복하는 것) 하나님이 기뻐하지 않으신다(38절; 참고. 롬 1:17; 갈 3:11). 우리는 뒤로 물러가 멸망에 이를 자들이 아니라, 영혼의 구원에 이르는 믿음을 가진 자들이다(39절). 교회, 믿음, 그리고 성령의 은혜로운 역사를 버림으로써 구원을 박탈당하는 일이 있어서는 안 된다.

3. 오늘에의 적용

그리스도의 영원한 희생 제사를 믿음으로 살자.
뒤로 물러가지 말고 공동체적으로 믿음으로 인내하며 환난을 이기자.

히브리서 11장

1. 본문 및 구조

- 믿음의 본질과 중요성(1-3)
- 아벨, 에녹, 노아(4-7)
- 아브라함과 사라(8-12)

1897) 38절에서 D사본은 '의인은 나의 믿음으로'라고 쓴다. 그러나 다수 사본은 '의인은 믿음으로'라고 쓴다.

- 지상의 본향과 더 나은 본향(13-16)
- 족장의 믿음(17-22)
- 모세의 믿음(23-28)
- 이스라엘 백성과 라합 그리고 다른 사람들의 믿음(29-40)

2. 구원 계시사적 메시지

2.1. 히브리서 11장 1-3절의 메시지

믿음의 본질을 밝히는 '믿음 장'을 살펴보자. '믿음'과 '증거를 받았다'는 표현이 공통적으로 등장하는 1-2절과 39-40절은 북엔드(bookend)처럼 히브리서 11장을 떠받치고 있다(참고. O'Brien, 2010:394). 명사 '믿음'(*pistis*)이 히브리서에 총 32회 나타나는데, 히브리서 11장에만 24회나 등장한다. 히브리서의 저자는 구약성경에 나타난 믿음의 사람들을 모델로 제시하면서, 고난 가운데서 낙심하기 쉬운 자신의 독자들도 하나님께서 돌보시고 승리하게 하심을 확신시킨다. 저자는 구약을 회상하는데, 이런 역사적 회상은 사도행전 7장에서도 볼 수 있다.

믿음은 바라는 것들의 실상(*hypostasis*, reality, 히 3:14에서는 '확신')이며, 보지 못하는 것들의 증거(*elengchos*, proving)이다(1절). '실상과 증거'라는 말이 '믿음'을 설명한다. 그리스도인의 믿음은 모호한 희망이나 무언가를 바라면서 하는 생각 차원 혹은 맹목적인 신뢰도 아니다. 성도는 소망하는 바를 하나님이 이루실 줄을 신뢰한다. 성도는 보이지 않는 것을 마치 오감으로 인지할 수 있는 것처럼 실재적인 것으로 인식한다. 히브리서의 수신자들은 성전과 제사와 같은 보이는 것을 의존하려는 경향이 있었다. 그러나 보이지 않는 영생과 천국 그리고 그리스도의 대제사장 되심을 신뢰해야 했다. 선진들(*presbyteroi*, elders)은 이 믿음으로 하나님에게 인정을 받았다(2절).[1898] 히브리서 기자는 믿음의 영웅들의 실패의 역사를 언급하지 않는다(예. 창 9:20-27, 12:10-20, 17:17-21, 18:11-15).

저자는 긍정적으로 믿음이 무엇과 같은지를 설명하고, 독자를 믿음의 선진들과 연결하기 원한다. 믿음으로 모든 세계(*aionas*, 참고. 히 1:2)가 하나님의 말씀(*hrema*)으로써 지어진 줄을 아는데, 보이는 것은 나타나 있는 것(preexisting matter)으로부터 만들어지지 않았다(3절; 참고. 창 1:1; 시 33:6, 9, 90:2; 행 14:15; 롬 1:20, 4:17).[1899] 그러나 헬라의 우주론은 혼돈 상태에서 선재하던 물질로부터 우주가 형성되었다고 가르쳤다(참고. 존 월튼, 2010:1984).

1898) '인정을 받다' 혹은 '증거를 받다'는 표현은 히브리서 11장 4절, 5절, 39절과 마찬가지 의미로서, 그들의 삶의 증거와 하나님의 변호가 마지막 심판 때 그들에게 보증이 된다는 뜻이다(참고. 존 월튼, 2010:1984).

1899) 히브리서의 저자에게 무(無)로부터의(*ex nihilo*) 창조는 물론, 그레코-로마 세계의 영원히 존재하는 어떤 물질에 대한 잘못된 사상을 교정하려는 의도가 있는 것 같다(참고. ESV Study Bible, 2008:2379).

2.2. 히브리서 11장 4-7절의 메시지

불순종과 불신이 연결되듯이, 믿음과 순종도 연결된다. 믿음으로 아벨은 가인보다 더 나은 제사를 하나님께 드림으로 의로운 자라 하시는 증거를 얻었으니, 하나님이 그의 예물에 대하여 증거하심이라(참고. 창 4:2-5). 아벨이 죽었지만 이 믿음을 통하여 오히려 우리에게 교훈한다(4절). 믿음으로 제사드리는 사람의 동기나 영적 상태를 하나님이 먼저 보신다. 믿음으로 에녹은 죽음을 보지 않고 옮겨졌으니 하나님이 저를 옮기심으로 다시 보이지 않았다(참고. 창 5:21-24). 그는 옮겨지기 전에 하나님을 기쁘시게 하는 자라 하는 증거를 받았다(5절; 참고. 창 5:22, 24 LXX).[1900] 에녹의 승천은 그가 얼마나 하나님의 눈에 사랑스러운 삶을 살았는가에 대한 증표이다(참고. 칼빈, 1993:249). 믿음이 없이는 기쁘시게 못하나니, 하나님께 나아가는 자는 반드시 그가 계신 것과 또한 그가 자기를 찾는 자들에게 상 주시는 이심을 믿어야 한다(6절).

이것은 기독교 신앙이 흔들렸던 히브리서 수신자들에게 도전적인 메시지이다. 믿음으로 노아는 아직 보지 못하는 일에 경고하심을 받아 경외함으로 방주를 예비하여 그의 집을 구원하였으니 이로 말미암아 세상을 정죄하고 믿음을 좇는 의의 후사가 되었다(7절; 참고. 창 6-9). 창세기 6장 9절에서 노아는 최초로 '의인'이라는 호칭을 받았다. 노아와 대조적으로 믿음이 없는 자들은 하나님의 심판을 받았다. 믿음은 순종을 가르치는 유일한 교사이다(참고. 칼빈, 1993:255).

2.3. 히브리서 11장 8-12절의 메시지

믿음으로 아브라함은 부르심을 받았을 때 순종하여 장래에 유업으로 받을 곳으로 나아가되, 갈 바를 알지 못하고 나아갔다(8절; 참고. 창 12:1-4). 믿음으로 아브라함은 외방(타국)에 있는 것같이 약속하신 땅에 머물렀는데, 동일한 약속의 상속자들인 이삭과 야곱과 더불어 장막에 거주했다(9절). 아브라함은 약속의 땅에 살았지만 결코 그 땅을 소유해 본 적이 없다. 아브라함은 하나님께서 계획하시고(*technites*) 만드실(*demiourgos*, builder) 기초(복수형)가 있는 성을 고대하고 있었다(10절). 명사 *demiourgos*는 기독교 파피루스에서 '만유의 창조자'이신 예수님을 설명할 때 사용되었다(참고. Rogers & Rogers, 1988:543). 아브라함은 자신이 만든 장막과 대조되는 하나님이 직접 설계하시고 지으실 하늘의 본향을 바라보았다.

"믿음으로 사라(Sarra) 자신도 '나이 늙어 단산하였으나'(*steira*, barren; 하지만 시내 산, A 그리고 다수 사본은 '나이 늙어 단산하였으나'를 생략함), 잉태하는 힘을 얻었으니 이는 약속하신 이를 미쁘신 줄 앎이라"(11절; 참고. 창 18:12-15, 21:1-7).[1901] 90세에 이삭을 출산했던 사라는 처음에는 자신의 경수가 끊어진 것을 알고 웃었지만 결국 약속을 믿었다. 성도의 신앙은 환경이 아니라 하나님의 약속의 신실함에 기초한다. 이러므로 죽은 자와 방불한 한 사람으로 말미암아

1900) 창세기 5장 22절의 LXE(LXX의 영어 번역): And Enoch was well-pleasing to God after his begetting Mathusala, two hundred years, and he begot sons and daughters.

1901) 11절의 명사 *katabole*는 전문 용어로 '씨를 뿌리다'는 의미인데, 여기서는 '뿌려진 씨(*sperma*, sperm)를 받다' 즉 '임신하다'라는 의미이다(참고. Rogers & Rogers, 1988:543).

하늘에 허다한 별과 또 해변의 무수한 모래와 같이 많이 생육하였다(12절; 참고. 창 12:2, 22:17).

2.4. 히브리서 11장 13-16절의 메시지

이 사람들은 다 믿음을 따라 죽었고 약속을 받지 못하였으되, 그것들을 멀리서 보고 환영하며 또 땅에서는 외국인과 나그네라고 증거하였다(13절; 참고. 창 23:4, 28:4, 47:4, 9). 나그네로 살겠다는 적극적인 선언은 믿음으로만 가능했다. 즉각적인 응답과 성취가 없었지만, 믿음의 사람들은 소망 중에 바라는 것이 이루어질 것이라고 믿으며 살았다. 그들이 바라던 소망은 결국 예수 그리스도께서 오셔야 성취되는 것이었기 때문이다. 이같이 말하는 자들은 본향 찾는 것을 나타냄이다(14절). 저희가 나온 바 본향 메소포타미아를 생각하였더라면 돌아갈 기회가 있었을 것이다(15절). 믿음의 선진들이 이전의 삶과 풍족한 것을 회상하면서 그것을 만족했더라면 그 본향으로 돌아가고 말았을 것이다. 그러나 저희가 이제는 더 나은 본향을 사모하니 곧 하늘에 있는 것이다. 그러므로 하나님이 저희 하나님이라 일컬음을 받으심을 부끄러워 아니하시고 저희를 위하여 한 성을 예비하셨다(16절; 참고. 출 3:6).

2.5. 히브리서 11장 17-22절의 메시지

아브라함은 시험을 받을 때(*perirazo*, 참고. 히 2:18, 4:15) 믿음으로 이삭을 드렸으니, 저는 약속을 받은 자로되 하나님을 경외함으로 그의 외아들(*monogenes*)을 드렸다(17절; 참고. 창 21:12, 22:12).[1902] 저에게 이미 말씀하시기를 네 자손이라 칭할 자는 이삭으로 말미암으리라 하셨으니(18절), 아브라함은 하나님이 능히 죽은 자 가운데서 다시 살리실 줄로 생각했다(참고. 창 22:5). 비유컨대, 죽은 자 가운데서 도로 받은 것이다(19절; 참고. 히 9:9).[1903] 믿음으로 이삭은 장차 오는 일에 대하여 야곱과 에서에게 축복하였으며(20절; 참고. 창 27:28-29, 39-40), 믿음으로 야곱은 죽을 때 요셉의 각 아들에게 축복하고(참고. 창 48:8-22, 49:1-27) 그 지팡이(혹은 침상) 머리에 의지하여 경배하였다(21절). 족장들이 출생의 순서가 아니라 하나님의 뜻대로 장자의 축복을 선언한 것도 믿음의 행위이다. 믿음으로 요셉은 임종 시에 이스라엘 자손들의 떠날 것을 말하고 또 자기 해골을 위하여 명하였다(22절; 참고. 창 50:24-25).

2.6. 히브리서 11장 23-28절의 메시지

믿음으로 모세가 났을 때 그 부모가 아름다운 아이임을 보고 석 달 동안 숨겨 임금의 명령을 무서워 아니하였으며(23절; 참고. 출 2:2, 10-12; 행 7:20),[1904] 믿음으로 모세는 장성하여 바로의

1902) 창세기 22장 2절과 12절의 LXX는 '너의 외아들'(your only son) 대신에 '너의 사랑하는 아들'(your beloved son)로 번역한다.

1903) 칼빈(1993:266)은 이삭 대신 죽은 양에게서도, 그리고 결박된 채 죽을 뻔한 이삭에게서도 그리스도의 모형을 발견한다.

1904) 23절 하반부에, D와 벌게이트는 "믿음으로 모세는, 그가 장성하였을 때, 그의 형제들이 수치를 당하는 것을 보고, 애굽 사람을 죽였다"를 추가한다(참고. 출 2:11-12; 행 7:24).

공주의 아들이라 칭함을 거절했다(24절). 여기서도 아브라함의 경우처럼 여호와를 경외함으로 이스라엘이 흥왕함을 본다(참고. 출 1:21).[1905] 도리어 하나님의 백성과 함께 고난 받기를 잠시 죄악의 낙을 누리는 것보다 더 좋아하고(25절; 참고. 시 16:11), '그리스도를 위하여' 받는 능욕을 애굽의 모든 보화보다 더 큰 재물로 여겼으니, 이는 상 주심을 바라보고 있었기 때문이다 (26절). 하나님의 구원의 역사는 예수님이 오실 때까지 계속되었기 때문에 모세의 고난은 그리스도의 고난과 연관된다.[1906] 모세는 믿음으로 애굽을 떠나(참고. 출 2:14-15) 임금의 노함을 무서워 아니하고, 곧 보이지 아니하는 분을 보는 것처럼 여기고 인내했으며(27절; 참고. 출 3:1-4:17), 믿음으로 유월절과 피 뿌리는 예를 정하였으니 이는 장자를 멸하는 자로 저희를 건드리지 않게 하려 한 것이다(28절; 참고. 출 12:1-32). 모세는 히브리서 수신자들의 믿음의 모델이다.

2.7. 히브리서 11장 29-40절의 메시지

이스라엘 백성은 믿음으로 홍해를 육지같이 건넜으나 애굽 사람들은 이것을 시험하다가 빠져 죽었으며, 믿음으로 7일 동안 여리고를 두루 다니매 성이 무너졌다(30절; 참고. 출 12-15; 수 6장). 출애굽한 이스라엘은 홍해로 들어가는 두려움을 믿음으로 극복했다. 믿음으로 기생 라합은 정탐꾼을 평안히 영접하였으므로 순종치 아니한 자와 함께 멸망치 않았다(31절; 참고. 수 2, 6장; 약 2:25). 기드온(참고. 삿 6:11-8:35), 바락(참고. 삿 4:4-23), 삼손(참고. 삿 13-16장), 입다(참고. 삿 11:1-33), 다윗, 사무엘 및 선지자들의 일을 말하려면 시간이 부족하다(32절). 저희가 믿음으로 나라들을 이기기도 하며, 의를 행하기도 하며, 약속을 받기도 하며, 사자들의 입을 막기도 하며(33절; 참고. 단 6장), 불의 세력을 멸하기도 하며(참고. 단 3장), 칼날을 피하기도 하며(참고. 왕상 19:2-8; 렘 36:19, 26), 연약한 가운데서 강하게 되기도 하며(예. 히스기야의 회복, 참고. 왕하 20장), 전쟁에서 용감하게 이방 사람들의 진을 물리치기도 했다(34절).

여자들은 자기의 죽은 자를 부활로 받기도 했으며(참고. 사르밧 과부, 왕상 17:17-24; 수넴 여자, 왕하 4:8-37), 어떤 이들은 '더 좋은 부활'을 얻고자 하여 악형을 받되 구차히 면하지 아니하였다(35절; 참고. 겔 37장). '더 좋은 부활'(better resurrection)이란 무엇인가? 나사로처럼 이 세상의 생명으로 부활하는 것이 아니라, 하나님의 영역 안에서의 생명으로 부활하는 것을 의미한다(참고. DeSilva, 2000:417). 또 어떤 이들은 희롱(36절; 예. 엘리사, 참고. 왕하 2:23-25; 느헤미야, 참고. 느 2:19; 4:1; 예레미야, 참고. 렘 18:12), 채찍질(예. 예레미야, 참고. 렘 37:15), 결박당하고 옥에 갇혔다(예. 요셉, 참고. 창 40:15; 삼손, 참고. 삿 16:21; 미가야, 참고. 왕상

1905) 여호와를 경외하는 것은 우리의 유익 대신에 우선적으로 하나님을 섬기는 것이다(참고. 신 6:13; 수 24:14). 신명기 10장 12절은 여호와를 경외하는 방법은 하나님을 사랑하는 것이다. 그는 하나님의 말씀에 주의하고 잘못된 행동을 돌이킨다(참고. 출 9:20; 습 3:7). 그는 약자를 무시하거나 괴롭히지 않고 고리대금을 하지 않는다(참고. 레 19:14, 25:36). 여호와를 경외하는 모습은 이처럼 구체적으로 일상생활 속에 나타난다. 겸손한 자는 여호와를 경외하는 자인데 하나님께서 재물, 영광, 생명을 주신다(참고. 시 115:13; 잠 22:4).

1906) 마태복음 2장 15절은 예수님 한 분을 '참 이스라엘 백성 전체'로 본다.

22:26-27; 하나니, 참고. 대하 16:10; 예레미야, 참고. 렘 37:16; 38:6). 돌로 치는 것(예. 스가랴, 참고. 대하 24:20-21; 마 23:35)과 톱으로 켜는 것(예. 이사야가 므낫세 왕에 의해 톱으로 순교 당했다는 전설, 이사야의 승천 1-5)과[1907] 시험과 칼에 죽는 것을 당하고, 양과 염소의 가죽을 입고 유리하여 궁핍과 환난과 학대를 받았으니(37절; 예. 엘리야, 왕하 1:8; 슥 13:4; 마 7:15),[1908] 이런 사람들은 세상(하나님을 거역하는 사람들; 참고. O'Brien, 2010:445)이 감당하지 못하였다 (The world was not worthy of them). 그들이 이 세상에 존재하는 자체가 하나님의 은혜를 증거하는 것이었다. 그들은 광야와 산과 동굴과 땅굴을 헤매고 다녔다(38절; 굴에 숨은 선지자들, 왕상 18:4, 13; 19:9).

그런데 이들 모두는 믿음으로 증거는 받았으나(*matyreo*), 약속된 것(메시아 시대의 복)은 받지 못하였다(39절). 이들은 나름대로 부분적으로 하나님의 약속을 받았지만(예. 히 6:15, 11:11, 23), 영원한 새 언약의 약속을 보지 못했다(참고. 13절). 구약의 그 어떤 성도도 성취를 증거하는 바로 그 약속을 받지는 못했다. 구약 성도는 성취를 예상하면서 죽었기에 이 땅에서 경험하지는 못했다. 그럼에도 불구하고 그들은 고난을 견디며 소망 가운데서 승리했다. 그림자를 보고 승리 했다는 말인데, 하물며 그리스도 안에서 성취된 것을 보면서 살고 있는 신약 성도의 믿음의 경주는 어떠해야 할까?(참고. Bruce, 1975:343) "이는 하나님이 우리를 위하여 더 좋은 것을 예비하셔서 우리가 없이는 그들이 온전하게 되지 못하도록 하셨다"(40절; 참고. 히 10:14, 12:23).[1909] '온전한 것'은 완전하신 예수님이 성취하시고, 예수님과 연합된 신약 성도로 이루어 간다(참고. 히 2:10, 5:9, 7:28). 신약 백성이 믿음으로 살 때 구약의 믿음의 영웅들의 삶이 의미를 가진다. 마치 바통을 이어받은 사람이 결승점까지 도달해야만 그 경주 전체가 완전해지고 의미 있게 되는 것과 같은 원리이다. 구약의 믿음의 인물들이 예수님 안에서 그 성취된 바로 그 약속 즉 영원한 기업의 약속을 얻지 못한 것은 그들에게 믿음이 부족해서가 아니다. 오히려 하나님의 경륜과 계획 때문이다. 오직 새 언약의 개시자(inaugurator)이신 예수님이 죽고 부활하셔야만 영원한 기업의 약속과 더 좋은 것이 성취될 수 있었다. 구약 백성도 신약 백성처럼 주님의 재림 시에 죽음이 없는 부활의 몸을 입고 살 것이다.

구약과 신약의 모든 성도는 그리스도 안에서 연속성과 통일성을 가진다(참고. Hughes, 1979:517). 적용해 보면, 우리는 성취의 시대를 산다. 그러나 우리가 사는 시대는 여전히 시험과 인내의 시대이며 믿음이 절실히 요구되는 시대임을 기억해야 한다. 그리고 우리가 새 언약 시대에 살고 있는 것은 우리가 구약의 믿음의 영웅들보다 더 나은 믿음을 가지고 있어서가 아니라 하나님의 주권적인 은혜임을 알아야 한다(참고. Lane, 1991:393). 우리는 희미한 빛을 보고도 신앙의 경주를 성공적으로 마친 구약의 선진들보다 더욱 유리한 위치에 서 있다. 우리는

1907) 37절의 '톱으로 켜진 것'과 '칼로 죽임을 당한 것' 사이에 다수 사본은 '시험을 받았다'(*epeirasthesan*)를 추가한다.

1908) 칼빈(1993:282)은 37절을 안티오쿠스 에피파네스의 박해로 본다.

1909) O'Brien(2010:446)은 40절 마지막의 "우리가 없이는 그들이 온전하게 되지 못하도록 하셨다"를 '더 좋은 것'에 대한 설명 보족어(즉 상술)로 본다. 하지만 이 해석은 모호하다.

그리스도의 구속의 사역과 성령님의 오심으로 구원의 온전한 성취를 맛보면서 오늘도 경주하고 있다. 구약 성도는 성령님의 내주하시는 역사를 항상 받지 못했다. 하지만 지금 우리는 원하고 사모하고 간구하면 성령의 충만과 은사와 권능을 받을 수 있고, 하늘의 신령한 은사를 맛보고 말씀의 인도를 받을 수 있다. 최종 주자로서 믿음의 경주를 완주하여 주님 앞에 서는 날 온전한 상급과 영광을 받는 우리가 되자. 이 일을 믿음의 주요 우리를 온전케 하시는 분이신 주님이 이루실 것이다.

3. 오늘에의 적용

믿음을 어떻게 촉진시킬 수 있는가?

☙ 히브리서 12장 ❧

1. 본문 및 구조

- 최고의 믿음의 본보기이신 예수님을 보라(1-3절)
- 성도를 향한 하나님의 훈련(4-11)
- 거룩을 위한 부름과 경고(12-17)
- 성도의 현재적 지위와 영광 그리고 경고(18-29)

2. 구원 계시사적 메시지

2.1. 히브리서 12장 1-3절의 메시지

히브리서 12장 1절은 히브리서 11장 40절의 연속이다. 히브리서 12장 1절은 '그러므로'로 시작되는데, 신약 시대를 사는 우리도 구약의 믿음의 선배들(구름같이 많은 증인들)을 모델로 삼아 우리 앞에 당한 경주를 해야 할 것을 말씀한다.[1910] 경주를 위해서 모든 무거운 것과 '얽매이기 쉬운'(*euperistaton*; 참고. 파피루스 46과 1739 사본은 '쉽게 혼란시키는' [*euperispaston*]으로 씀) 죄를 벗어버리고 인내로써 경주해야 한다(1절; 참고. 히 10:32, 36). 죄악과 같이 성도를 얽매고 무겁게 하는 것을 내려놓아야 달릴 수 있다. '마라톤 은유'는 수신자들에게 익숙한

1910) 히브리서 12장 1절의 '증인'(*martys*)과 11장 39절의 '증거는 받았으나'(*martyreo*)는 언어 유희로 볼 수 있다. 이 기법은 히브리서 11장 끝 부분과 12장 시작 부분을 연결한다(참고. ESV Study Bible, 2008:2382).

것이었다(참고. 고전 9:24-27; 갈 2:2, 5:7; 빌 2:16; 딤후 4:7-8). 그리고 우리는 구약의 믿음의 선배들보다 뛰어나신 분으로서, 십자가 지심을 부끄럽게 생각하지 않고 승리하사 보좌에 앉으신 주님을 바라보아야 한다. 구약의 영웅들도 위대하지만, 예수 그리스도만 믿음의 완벽한 모델이시다.

예수님은 믿음의 주(*archegon*, author, founder, leader)이시며(혹은 마라톤에서 앞장서서 본을 보이시는 리더), 온전케 하시는 분(perfecter, 목표 지점까지 인도하시는 분)이시다(2절). 예수님은 우리에게 믿음을 주셨고 완성하시는 분이시다. 주님은 자신 앞에 있는 즐거움(승귀)을 위하여 십자가(즉 고통)를 참으사 부끄러움을 개의치 않으셨다(2절). 이 사실은 아마 1세기 중반의 네로 황제의 박해로 고난 중에 있었던 히브리서 수신자에게 큰 위로와 격려가 되었을 것이다. 왜냐하면 그들의 가시밭길 신앙의 경주에 구약의 인물들과 예수님으로부터 성공적인 모델을 발견할 수 있었기 때문이다. 피곤하여 낙심하지 않도록, 죄인들이 자기에게 거역한 것을 이렇게 참으신 분이신 예수님을 생각해야 한다(3절).

2.2. 히브리서 12장 4-11절의 메시지

수신자들이 죄와 싸우기는 하지만 아직(*oupo*, 참고. 히 2:8) 피 흘리기까지 대항하지 않았다(4절).[1911] 히브리서 10장 32-34절에서 수신자들이 겪은 고난을 소개했는데, 아직 순교를 의미하는 피 흘리는 정도까지는 악화되지 않았다. 특별히 유대인 출신 성도는 박해를 인내해야지, 유대교가 제공하는 '합법적인 종교'라는 틀 속으로 회귀할 수 없었다.[1912] 하나님께서 아들들에게 하듯 수신자들에게 말씀해 주신 권면을 잊었다. "내 아들아 주의 징계하심을 경히 여기지 말며, 그에게 꾸지람을 받을 때 낙심하지 말라(5절; 참고. 잠 3:11-12). 주께서 그 사랑하시는 자를 징계하시고 그의 받으시는 아들마다 채찍질하심이니라"(6절; 참고. 잠 13:24). 세상의 종교는 고난을 조물주의 냉대의 표시로 이해했다. 그래서 고난을 피하려고 했다. 고난은 하나님이 그의 백성을 징계하는 차원 그 이상이다. 예수님의 고난은 징계가 아니었다.

징계를 받을 때 어려움을 잘 견뎌라. 하나님은 아들처럼 수신자를 대우하시는데, (노예나 첩에서 태어난) 사생자(bastard)가 아니라 참 아들이라면 아비의 징계를 받게 마련이다(7-8절; 참고. 시 119:67, 71). 로마법에 의하면 사생자는 교육의 특권과 유산을 받는 것에서 제외되었다(참고. 오스본, 2002:330). 육체의 아버지가 징계해도 자녀는 공경하였건만, 하물며 모든 영의 아버지(혹은 천사들의 주인?)께 더욱 복종하여 살려 해야 한다(9절). 육체의 아버지는 자기의 뜻대로(때로는 잘못된 방식으로) 징계했지만, 오직 하나님은 우리의 유익을 위하여 그의 거룩하

1911) 2마카비 13장 14절에 죽기까지(참고. 빌 2:8; 계 12:11) 투쟁한 마카비의 활약상이 유사한 표현으로 묘사된다. 그러나 그 경우 투쟁의 목표는 율법, 성전, 예루살렘 도시였다(참고. Ellingworth, 1993:645).

1912) 히브리서 12장 4절만으로 히브리서의 기록 연대와 수신자들의 상황을 도출하는 것은 무리가 있다. '피 흘리기까지'는 2절의 예수님의 십자가 위에서의 고난을 연상시킨다. 그리고 '대항'(*antikatestete*)은 3절의 '거역'(*antilogia*)을 연상시킨다. 저자는 수신자들이 장차 임할 피 흘리는 순교를 극복했는지 언급하는 대신에, 그들을 강하게 만들기 위해 권면을 하고 있다(참고. Ellingworth, 1993:645).

심에 참예케 하신다(10절). 하나님의 징계는 우리의 죄악을 벗어버리게 하여 거룩으로 인도한다. 무릇 징계가 당시에는 즐거워 보이지 않고 슬퍼 보이나, 후에 그로 말미암아 연달한(훈련된) 자에게는 의와 평강한 열매를 맺는다(11절; 참고. 갈 5:22; 히 2:10).

2.3. 히브리서 12장 12–17절의 메시지

"너희의 피곤한 손과 연약한 무릎을 일으켜 세우고(12절), 너희 발을 위하여 곧은 길을 만들고 저는 다리로 하여금 어긋나지 않고 고침을 받게 하라"(13절). 저자는 이사야 35장 3절과 잠언 4장 26절을 인용한다. 수신자들은 낙심할 만한 상황 속에서라도 순종하여 치료를 받아야 한다. 이를 위해서 좌우로 치우치지 말아야 한다. 경주에서 최단거리를 취하라는 은유이다(참고. 존 월튼, 2010:1991).

모든 사람으로 더불어 화평함과 거룩함을 좇으라(참고. 시 34:14; 마 5:9; 롬 14:19; 벧전 3:11). 이것이 없이는 아무도 주님을 보지 못한다(14절; 참고. 마 5:8). 문맥상 주님을 보지 못하는 것은 영생을 경험하지 못하는 것이다(참고. 히 12:28). 하나님의 은혜에 이르지 못하는 자가 있는가 두려워하고, (불신앙이라는) 쓴 뿌리가 나서 괴롭게 하고 많은 사람이 이로 말미암아 더러움을 입을까 두려워하라(15절; 참고. 신 29:18-19; 하나님을 떠나 우상을 숭배하는 '독초와 쑥의 뿌리'). 음행하는 자와 한 그릇의 음식을 위하여 장자의 명분을 판 에서와 같이 망령된(불경스러운) 자가 있을까 두려워하라(16절; 참고. 창 25:33-34). 성도는 충동적으로 살거나 하늘의 영적인 유산을 무시하지 말아야 한다. 에서가 후에 복을 기업으로 받으려고 눈물을 흘렸지만 버린 바 되어 회개할 기회를 얻지 못했다(17절; 참고. 창 27:30-40).

2.4. 히브리서 12장 18–29절의 메시지

시내 산과 시온 산을 대조하여 구약 율법과 신약 복음을 분명히 대조한다. 신약 백성이 구약 백성보다 더 큰 은혜를 받았다면 그것에 합당하고 경건하게 살아야 할 책임도 따른다(참고. 칼빈, 1993:302). 수신자들이 도달한 곳은 만질 만한 불붙는 산과[1913] 흑운과 흑암과 폭풍과(18절), 나팔 소리와 말하는 소리가 아니다(참고. 출 9:12-19).[1914] 그 소리를 듣는 자들은 하나님께서 더 말씀하지 아니하시기를 구했다(19절). 짐승이라도 범접하면 죽는다는 명령을 이스라엘이 감당치/견디지 못했다(20절; 참고. 출 19:13). 보이는 바가 이렇게 무서웠는데, 모세도 심히 두렵고 떨린다고 말했다(21절; 참고. 신 9:19). 그러나 수신자들은 시온 산과 살아 계신 하나님의

1913) 히브리서 12장 18절에서 다수 사본과는 달리 파피루스 46, 시내 산, A 사본은 '산'(*orei*)이라는 말을 생략한다.

1914) 칼빈(1993:302)의 설명을 들어보자. "사도(히브리서 저자)는 '율법'과 '복음'을 비교함으로써……그리스도의 왕국이 모세의 통치 시대보다 우월하면 우월할수록, 또 우리의 소명이 옛 백성의 소명보다 영광스러우면 영광스러울수록 우리는 더욱더 우리에게 제공되어 있는 이 복을 합당하고 경건한 마음으로 받아들이지 않거나 또 이 세상에 나타나신 그리스도의 위엄을 진심과 겸손한 마음으로 받아들이지 않는다면, 우리의 배은은 악질적이고 또한 변명의 여지가 없는 것이 된다."

도성인 하늘의 예루살렘과 천만 천사와(22절; 참고. 계 5:11, 7:11), 하늘에 기록한 장자들의 총회와 교회와 만민의 심판자이신 하나님과 및 온전케 된 의인의 영들(부활을 기다리는 구약 성도), 새 언약의 중보이신 예수님(참고. 히 8:6, 9:15)과 및 (복수의 동기에서 나온; 참고. 창 4:10) 아벨의 피보다 더 낫게 말하는 뿌린 피니라(24절; 참고. 히 10:22; 벧전 1:2).[1915]

23절에 '하늘에 기록한[1916] 장자들의 총회'(에클레시아; assembly of the firstborn)는 시내 산의 기슭에 모인 이스라엘 무리와 대조되는, 신약의 새 이스라엘, 새 출애굽 교회를 가리킨다. 신약 교회는 '장자' 즉 '맏아들'이기에 주님으로부터 모든 것을 두 배나 더 상속받는 복된 사람임을 가리킨다. 신약 교회는 '하나님의 장자 클럽'이다. 바울은 로마서 8장 17절에서 교회를 하나님의 후사(상속자)요 그리스도와 함께 한 후사(상속자)라고 부른다. 이 말씀은 예수님과 연합된 성도는 하나님으로부터 기업을 받았다는 말이다.

24절의 '만민의 심판자이신 하나님에게로' 히브리서 독자들이 인도받았다. 이 말씀은 만물을 창조하시고 다스리시는 유일하신 하나님을 의미한다. 이 위엄의 재판장 앞에 우리는 예수님을 의지하여 담대히 나아갈 수 있다. 재판장이시지만 우리를 의롭다고 이미 판단하시는 자비의 재판장이심을 믿어야 한다. 23절의 '온전케 된 의인의 영들'은 하나님으로부터 믿음으로 의롭게 된 모든 시대의 교회를 가리키는 것 같다. 23절의 예수님께서 새 언약의 중보시라는 뜻을 히브리서 9장 15절이 잘 설명해 준다. "그는 새 언약의 중보니 이는 첫 언약 때 범한 죄를 속하려고 죽으사 부르심을 입은 자로 하여금 영원한 기업의 약속을 얻게 하려 하심이니라." 새 언약의 중보이신 주님의 죽으심은 교회인 우리의 죄를 속하시고, 하늘의 영원한 기업을 지금 여기 이 땅에서 상속할 수 있도록 하셨다. 이런 차원의 복은 구약의 성도가 누렸던 복과는 차원이 다른 더 나은 복이다.

23절의 "아벨의 피보다 더 낫게 말하는 뿌린 피니라"의 정확한 번역은 '신약 교회는 아벨이 흘린 피보다 더 나은 것을 말하는 뿌려진 피에게로 인도되었느니라'이다. 창세기 4장 10절에는 "네 아우의 피 소리가 땅에서부터 내게 호소한다"라고 가인을 향해서 하나님께서 말씀하셨다. 아벨의 피는 심판과 신원을 위해 부르짖었으나, 예수님의 피는 구원과 정결함 그리고 하나님께서 우리를 받으시도록 호소한다. 우리의 과거의 죄를 신랄하게 고발하는 사탄의 목소리, 그리고 우리의 죄를 하나하나 고발하는 율법의 목소리를 들을 때 우리는 죄책감에 빠져서 자유하지 못하다. 하지만 예수님이 흘리신 핏 소리는 우리를 향해 일어나는 이런 모든 죄의 고발의 음성을 잠잠케 하신다. 이것이 아벨의 피보다 더 나은 것의 의미이다(24절).

"너희는 말씀하시는 분을 거역하지 않도록 조심하여라. 만일 땅(시내 산)에서 경고하신 분(하나님, 참고. O'Brien, 2010:492)을 거역한 그들이 피하지 못하였다면, 하물며 하늘로부터 경고하시는 분(하나님, 참고. 히 1:1, 2:1-4, 4:12-13)을 배척하면 우리가 어찌 피할 수 있겠는가?" (25절).

1915) 바울은 갈라디아서 4장 25절 이하에서 현재의 예루살렘인 시내 산과 하늘의 예루살렘인 시온 산을 대조한다. 현재의 예루살렘은 여전히 율법으로 억제 받는 종의 상태를 상징하는 반면에, 천상의 예루살렘은 믿음과 성령으로 자유하는 성도의 삶을 상징한다.

1916) '생명책'을 연상시킨다.

그때(모세 당시)에는 그 소리가 땅을 진동하였거니와, 이제(히브리서 기록 당시와 신약 시대)는 약속하여 또 한 번 땅과 하늘을 진동할 것이다(26절). 예수님의 구속 사건은 천지에 대격변을 일으킨 사건이었다. '또 한 번'이라고 하신 것은 진동치 아니하는 것을 영존케 하기 위하여 진동할 것들 곧 만든 것들의 변동될 것을 나타내심이다(27절). 시내 산의 현현은 신약에서 예수님의 성육신, 죽으심, 부활, 승천, 성전의 파괴로 인한 더 강력한 현현으로 성취되었다. 그 목적은 구약보다 더 견고한 하나님 나라를 건설하기 위해서이다. 물론 예수님의 재림은 완전한 신현으로 천국을 완성시킬 것이다. 성도는 진동치 못할 나라를 받았은즉 은혜를 받아야 한다. 이로 말미암아 경건함과 두려움으로 하나님을 기쁘시게 섬겨야 한다(28절). 겸손과 두려움이 동반되지 않은 예배는 결코 하나님을 기쁘게 할 수 없다. 왜냐하면 하나님은 소멸하는 불이시기 때문이다(29절). 소멸하는 불이신 하나님은 의롭고 거룩하셔서 우상 숭배와 배교를 심판하신다(참고. 신 4:24; 사 33:14).[1917] 28절처럼 살기 위해서는 뒤따르는 히브리서 13장 1-19절의 권면대로 실천을 해야 한다.

적용해 보자. 신약 성도가 도착한 시온 산, 새 예루살렘은 '진동치 못할 나라'이다.[1918] 즉 음부의 권세가 교회를 이기지 못하기에 교회는 진동치 못할 하나님 나라이다. 이 진동치 못할 하나님의 나라는 예수님의 재림으로 완성될 나라이지만 지상의 교회가 여기서 추구해야 할 모습이다. 28절의 '나라를 받았은즉'은 성도에게 주님은 이미 이 진동치 못할 나라를 주셨다는 뜻이다. 그렇다면 시온 산에 도달한 성도는 경건과 두려움으로 하나님을 기쁘시게 하며 살아야 한다. 소멸하는 불이신 하나님은 강력한 심판의 하나님이시기 때문이다. 누구에게 그런가? 이런 새 언약의 복을 받고도 감사치 않고 경건함과 두려움으로 하나님을 기쁘시게 섬기지 않는 사람에게 그러하다. 더 크고 영광스런 새 언약의 복을 받은 자는 더 큰 책임성으로 하나님을 섬겨야 한다는 말씀이다. 특권이 크면 클수록 책임감 또한 더 크다.

3. 오늘에의 적용

진동치 못할 하늘의 시민권자로 살자.
하늘의 새 예루살렘성과 시온 산을 누리자.

1917) O'Brien(2010:503)은 28-29절을 히브리서 12장의 절정으로 본다. 그리고 이 두 절은 히브리서 13장 1-21절에 나타난 하나님을 기쁘게 해드리는 봉사와 예배라는 중요한 주제를 안내한다.

1918) 시온 산, 하나님의 도성, 새 예루살렘은 요한계시록 21-22장의 중심 이미지요 중심 주제이기도 하다. 요한계시록 21장 2절에 보면, 새 예루살렘은 하늘에서 단장하여 내려오는 신부이다. 그것은 우리가 죽어서 갈 천국을 묘사한 것이라기보다는 우리 지상 교회가 추구해야 할 영광스러운 모습을 설명한 것이다.

୨ 히브리서 13장 ୧

1. 본문 및 구조

• 다양한 윤리적 권면들(1-9)
• 진정한 제사들(10-16)
• 개인적인 권면과 결론적 송영(17-21)

2. 구원 계시사적 메시지

2.1. 히브리서 13장 1-9절의 메시지

히브리서 저자는 편지를 종결하기 전에 다양한 실제적인 문제들에 대해서 권면을 준다. "형제사랑(*philadelphia*, mutual love of Christians)하기를 계속하라"(1절). 사랑에 관한 권면은 신약서신에 종종 나타난다(참고. 롬 12:10; 살전 4:9; 벧전 1:22; 비교. 레 19:18; 마 22:37-40; 요 13:34-35; 히 10:24; 4마카비 13:23, 26, 14:1). 박해 상황 속에서 성도의 사랑과 위로는 필수적이다. 사랑의 실천은 히브리서 12장 28절에서 언급된 경건함과 경외함으로 하나님을 기쁘게 섬기는 하나의 방편이다. "손님 대접하기(*philoksenia*, hospitality)를 잊지 말라. 부지중에 천사들을 대접한 이들이 있었다"(2절). 손님을 환대하는 것도 여러 군데 나타난다(참고. 창 18:6, 31:32; 사 58:7; 눅 7:36이하, 9:51이하, 10:38이하, 14:1이하; 롬 12:13; 딤전 3:2, 5:10; 딛 1:8; 벧전 4:9; 보라. Ellingworth, 1993:694). 요한삼서 5-8절에서는 순회 선교사를 환대할 것을 명한다. 창세기 18장의 아브라함, 창세기 19장의 롯, 사사기 6장의 기드온, 사사기 13장의 마노아와 그의 아내가 부지중에 천사를 잘 영접했다. "갇힌 자와 학대받는 자들을 동정하라"(3절; 참고. 마 25:36; 고전 12:26; 딤후 1:16). 수신자들도 투옥의 가능성을 지니고 살았다.

혼인(*gamos*, marriage)을 귀하게 여기고, 침상(*koite*, 성교에 대한 완곡어)을[1919] 더럽히지 말라(즉 결혼의 신성함을 지켜라; 참고. 지혜서 3:13). 음행과 간음하는 자들을 하나님이 심판하시리라(4절). 수신자들은 육체는 더러운 것이기에 결혼하면 안 된다는 금욕주의의 도전에 직면한 공동체였다. 반대로, 오직 영혼만 중요하기에 육체적으로는 어떻게 살든 상관이 없다고 생각한 사람들은 육체적 방종과 성적 타락에 빠졌다. 그레코-로마 세계에서 남성의 성적 방종은 흔했다. 아동과의 성교, 동성애 그리고 여자 노예와의 성교가 보편화되었다. 헬라 철학자들 중 일부는 성욕의 방출은 필수적이지만, 결혼은 부담스러울 뿐이라고 말했다. 그러나 히브리서 저자는 이런 헬라 사상을 거부한다(참고. 존 월튼, 2010:1995).

돈을 사랑치 말고 있는 바를 족한 줄 알라. 하나님은 우리를 버리지도 떠나지도 않으신다(5절;

1919) 신약성경에서 이 구절에서만 *koite*(sexual relations in marriage)가 긍정적 의미로 사용된다(비교. 눅 11:7; 롬 9:10, 13:13; 참고. Ellingworth, 1993:697).

참고. 마 6:24; 딤전 6:10). 탐욕에 대한 하나의 해독제는 자족이다(참고. 신 31:6, 8). 돈이 제공할 수 없는 안전함과 만족을 하나님이 주신다. "그러므로 우리도 담대히 '주는 나를 돕는 자시니 내가 무서워 아니하겠노라. 사람이 내게 어찌하리요?' 하노라"(6절; 참고. 마 10:28). 이것은 시편 118편 6절을 인용한 것이다. 유대계 그리스도인들이 구약의 시편이 신약 교회 가운데 불린 것을 통해서 놀라면서도 새 이스라엘로서의 정체성을 확인했을 것이다.

"하나님의 말씀을 너희에게 말하고(*elalesan*, 아오리스트)[1920] 인도하던 자들을 생각하며,[1921] 저희 행실의 종말(그들의 생활 방식의 열매 혹은 결과, *ekbasin*, result; 비교. 고전 10:13의 '피할 길')을 주의하여 보고 저희 믿음을 본받으라"(7절). 수신자들의 영적 지도자들은 히브리서 11장의 믿음의 영웅들의 믿음을 소유하고 있었다. 예수 그리스도는 어제나(참고. 히 1:2-4) 오늘이나(참고. 히 4:7-10) 영원토록(참고. 히 1:12) 동일하시다(8절). 직역하면 다음과 같다. "예수 그리스도는 어제와 오늘이 동일하시다. 그리고 영원하다." 히브리서 수신자들은 그리스도의 과거의 창조와 속죄 사역과 현재적인 중보 사역, 그리고 미래 사역도 영원히 신실하심을 신뢰해야 했다. 7절을 고려해 보면, 8절의 의미는 신앙의 본이 되는 믿음의 선진들(너희를 인도하던 자들)은 살다가 죽을 수밖에 없지만 예수님은 영원하시다는 뜻이다(참고. 히 1:12; 보라. Peterson, 2005:698). 헬라인들은 불변하는 것은 영원하다고 믿었기에, 이런 헬라적 사고를 가진 독자들에게 그리스도의 영원함과 불변성은 호소력이 컸을 것이다. "여러 가지 다른 교훈에 끌리지 말라. 마음은 은혜로써 굳게 함이 아름답고 음식으로써 할 것이 아니니, 음식으로 말미암아 행하는 자들은 유익을 얻지 못하였다" (9절; 참고. 골 2:16). 혼인을 금했던 발아기적 영지주의의 금욕주의적 특성을 여기서 다시 본다. 어떤 음식을 먹지 않고 금하는 것으로 은혜를 얻는 것은 아니다.

2.2. 히브리서 13장 10-16절의 메시지

구약과 신약의 대비를 다시 설명한다. "우리에게 제단(예수님의 십자가 희생 제사에 대한 은유)이 있는데, 그 위에 있는 제물을 장막에서 섬기는 자들(구약의 제사장들; 참고. 레 7:5-6; 민 18:9-10)은 이 제단(예수님의 십자가 희생 제사에 대한 은유)에서 먹을 권이 없다"(10절; 참고. Peterson, 2005:699). 레위기 19장의 속죄제의 경우 제사장이 먹을 것은 없었다. 10절은 계시사적 발전에 따라 먼저 이해해야 한다. 그 다음 히브리서의 수신자들의 상황을 고려해 보면, 마치 금욕주의자들이 음식을 금했던 것처럼 구약의 번제단은 일반인이 먹지 못하도록 만들어 버렸다. "이는 죄를 위한 짐승의 피는 대제사장이 가지고 성소에 들어가고 그 육체는 영문 밖에서 불사름이다"(11절). 예수 그리스도께서 제공하시는 영원한 희생 제물과 그 구원을 구약 번제단의 짐승 제사를 의지하는 자는 맛볼 수 없다. "그러므로 예수님도 자기 피로써

1920) 아오리스트 시상은 히브리서 11장의 믿음의 영웅들 중 일부가 죽었음을 암시한다. 그러나 순교는 아닌 것 같다(참고. 히 12:4).

1921) '인도하는 자들'이 17절에도 반복하여 등장한다. 히브리서 수신자들 중 일부는 리더의 권위를 인정하지 않았거나 비협조적이었던 것 같다. 말씀을 전하던 리더의 권위는 존중되어야 했다. 존 월튼(2010:1995)은 히브리서의 기록 연대를 A.D. 68년경으로 보기에, 바울이 순교한 후로 본다.

백성을 거룩하게 하시려고 성문 밖에서 고난을 받으셨다"(12절; 참고. 요 19:20; 히 10:10). "그러므로 우리도 그리스도의 능욕을 지고 영문 밖으로 그분에게 나아가자"(13절; 참고. 히 12:2-4). 13절은 은유적으로 이 세상을 사랑하는 것과 이 세상의 인정을 받으려는 욕망을 뒤로 하고, 예수님의 능욕을 껴안고, 수치스러운 고난을 이겨내신 예수님을 닮는 것을 상징한다. 이를 위해서 성도는 이 세상이 영원한 거처를 향하는 임시 처소임을 기억해야 한다(참고. ESV Study Bible, 2008:2385).

여기는 영구한 도성이 없고(참고. 히 12:22-24), 오직 장차 올 것을 갈망하고 있기 때문이다(14절). 그러므로(*oun*)[1922] 그분(예수님)을 통하여 항상 찬미의 제사를 하나님께 드리자. 이것은 그분의 이름을 고백하는 입술의 열매이다(15절; 참고. 호 14:2, 5). 저자는 여기서 중보자 그리스도를 통한 올바른 예배를 가르친다. 성도의 시민권은 하늘에 있다. 히브리서 11장의 믿음의 사람들도 나그네로 살며 순례의 길을 걸었지 않은가? 예수님은 우리를 하늘 보좌로 인도하신다. 그러므로 우리는 짐승 제사가 아닌 영적인 제사를 드려야 한다. 그것은 그리스도를 통하여 가능하다. 디아스포라에 살던 유대인 출신 그리스도인들은 성전 제사를 금지당했을 것이기에, 그들에게 영적 제사는 생명과 같았다. "선행과 나누어 주기를 소홀히 하지 말라. 이러한 제물은 하나님께서 기뻐하시는 것이다"(16절; 참고. 히 12:28; 13:2). 입술의 찬양(15절)은 물론 선행과 관용도 하나님께 제물이 된다. 1-3절의 형제 사랑에 관한 권면이 16절에서 요약된다(참고. O'Brien, 2010:528).

2.3. 히브리서 13장 17-25절의 메시지

"너희를 인도하는 자들을 신뢰하고(*peithesthe*, 참고. 히 2:13, 6:9) 그들에게 순종하라(*hypeikete*, NT *hapax*). 그들은 너희 영혼들을 위해 깨어 있어서(to go sleepless, 참고. 막 13:33; 눅 21:36; 엡 6:18) 마치 자신들이 청산(회계, *apodosontes*, to pay, to give back, to sell, 혹은 설명)해야 할 자들인 것처럼 하니(참고. 마 12:36; 롬 14:12; 벧전 4:5), 그들이 기쁨으로 이 일을 하게 하고 탄식하면서 하게 하지 마라. 그렇지 않으면 너희에게 유익이 없기 때문이다"(17절). 17-19절은 7-9절과 더불어 10-16절의 설명적 권면을 감싸는 틀을 형성한다. 7절과 17절은 목회적 명령이다(참고. O'Brien, 2010:529). 7절의 지도자들은 죽었고, 17절의 지도자들은 히브리서가 기록될 당시의 사람들로 보인다. 성도는 영적 안녕을 위하여 일하는 그들의 지도자들의 권위를 인정해야 한다. 그들이 하나님 앞에 결산 보고를 할 때 즐거이 할 수 있도록 성도는 지도자들의 사역에 힘을 실어 주어야 한다(참고. 히 4:13). 이를 위해서 수신자들은 이단의 가르침을 따르지 말아야 한다(참고. 9절).

"우리를 위하여 기도하라. 우리가 모든 일에 선하게 행하려 하므로 우리에게 선한 양심이 있는 줄을 확신한다"(18절). '선한 일'과 '선한 양심'이라는 말 속에는 저자가 애매한 어떤 고난을 당하고 있음이 암시되어 있다(참고. 해그너, 2005:259). 지도자의 리더십을 위해서는 기도가

1922) A, C 그리고 다수 사본과 달리, 시내 산, D, P, 프쉬 사본은 '그러므로'를 생략한다.

필요하다. 바울도 수신자들에게 여러 차례에 걸쳐 기도를 부탁했다(참고. 롬 15:30-32; 엡 6:18-20; 골 4:3-4; 살전 5:25; 살후 3:1-2). 저자는 수신자를 방문하기를 원하며 기도 요청한다(19절). 저자는 아마도 순회 전도자였을 것이다. 히브리서 저자는 18절에서는 1인칭 복수형을, 19절에서는 1인칭 단수형을 사용한다. 히브리서에서 저자가 자신에 대해서 말할 때 '문학적 복수형'(literary plural; 혹은 '저자의 복수형' [authorial plural])을 사용한다(참고. 히 4:13, 5:11, 6:9, 11-12). 18절의 복수형도 저자와 독자를 포함하는 것이라기보다는 저자 개인을 가리키는 '문학적 복수형'으로 볼 수 있다(참고. O'Brien, 2010:530).

"평강의 하나님,[1923] 곧 영원한 언약의 피로써(도구의 여격, by 혹은 through the blood of the eternal covenant) 양들의 큰 목자가 되신 우리 주 예수님을(참고. 마 18:12-14; 고전 12:3; 롬 10:9; 벧전 2:25; 5:4) 죽은 자 가운데서 이끌어 내신 분께서(20절), 자신의 뜻을 행할 수 있도록 모든 선한 것으로(*panti agatho*)[1924] 너희를 완전하게 하셔서 자신에게 기쁨이 되는 것을, 예수 그리스도를 통하여 우리 안에서(*en hemin*; 일부 다수 사본은 '너희 안에'[*en hymin*]) 행하시기를 원한다. 그분께 영광이 영원 무궁히 있을지어다. 아멘"(21절). 이것은 예배 중에 '복의 선포' 구절로 사용하기 적절하다. 이런 기도는 한 단락을 결론 맺거나(참고. 롬 15:5-6, 13; 살전 3:11-13; 살후 2:16-17; 3:5) 아니면 책 전체의 결론으로 나타난다(참고. 살전 5:23; 살후 3:16). 성부 하나님의 행동이 예수님의 부활로 이루어진 것처럼(20절; 참고. 요 10장), 성부의 행동이 성부의 뜻을 행하려는 성도의 삶에도 이루어져야 한다(21절). '양들의 큰 목자'는 출애굽 주제를 담고 있는 이사야 63장 11절 LXX를 연상시킨다. '평강의 하나님'은 로마서 15장 33절, 16장 20절, 고린도후서 13장 11절, 빌립보서 4장 9절, 데살로니가전서 5장 23절에 등장하는데, 구약에는 이 표현(the God of peace)이 등장하지 않는다(참고. O'Brien, 2010:533). 새 언약의 중보이시며 부활의 주이신 그리스도를 통하여 구원을 이루신 성부 하나님은 성도를 온전하게 하시고 하나님의 즐거운 뜻을 행하도록 하셔서 영광을 받으신다. 이 모든 것은 하나님의 주권에 속한 일이다(참고. 사 63:10-14; 슥 11:4). 고난당하던 수신자들에게 '평강'의 하나님의 역사는 요긴했다.

"형제들아 내가 너희를 권하노니, 권면의 말을 용납하라. 내가 간단히 너희에게 썼노라(22절). 우리 형제 디모데가(아마도 로마 감옥에서) 놓인 것을 너희가 알라. 그가 속히 오면 내가 그와 함께 가서 너희를 보리라"(23절; 참고. 롬 16:21; 살전 3:2). 저자는 직간접적으로 바울과도 연결된 것 같다(참고. Peterson, 2005:700). 칼빈(1993:326)은 히브리서 저자를 누가 혹은 클레멘트로 본다. "너희를 인도하는 자와 및 모든 성도에게 문안하라. 이탈리아에서 온 자들도 너희에게 문안하느니라"(24절).[1925] "은혜가 너희 모든 사람에게 있을지어다"(25절). 아마도 저자는 수신

1923) '평강의 하나님이'를 20절 문두에 두는 헬라어 성경과 바른 성경과 달리 개역개정판은 20절의 마지막에 둔다.

1924) C와 다수 사본은 '모든 선한 일로'(*panti ergo agatho*)를 지지한다. 하지만 A사본은 '모든 일과 선한 말로'(*panti ergo kai logo agatho*)로 쓴다. 이렇게 추가된 표현을 '설교조의 주해'로 볼 수 있다(참고. 매츠거, 2005:21).

1925) 피터슨(2005:700)은 24절이 히브리서의 저자가 이탈리아 출신 그리스도인 무리 중에 있으면서 (브리스길

자들의 현재 지도자와 디모데를 잘 알고 있었으며, 이탈리아 로마의 수신자들에게 편지를 썼던 것 같다.[1926] '은혜'는 신약 서신의 마지막 인사말에 자주 등장하는 단어이지만, 히브리서에서는 매우 중요한 역할을 한다(참고. 히 2:9, 4:16, 12:15, 28, 13:9; 보라. O'Brien, 2010:541). 25절 끝에 '아멘'을 첨가하는 사본으로는 시내 산 2판, A, C, D, 다수 사본이다.

3. 오늘에의 적용

금욕주의와 방탕을 모두 경계하자.
복음을 위하여 우리가 영문 밖에서 당하는 주님을 위하는 고난은 무엇인가?
지도자의 권위에 순복하자.

라와 아굴라 부부?), 어느 외국에서 동료 신자들의 귀향을 격려하고자 하는 것임을 암시할 수 있다고 설명한다. 그러나 확실하지 않다.

1926) 이탈리아 밖에서 편지를 썼던 히브리서 저자와 이탈리아에서 온 성도가 함께 있었다. 그리고 이탈리아에서 온 성도가 수신자들에게 안부를 전하는 것은 자연스럽다. 따라서 히브리서의 수신자들은 이탈리아에 있던 성도일 수 있다.

【 참고 문헌 】

- Barton, J. Eisgesis. (In Coggins, R.J. & Houlden, J.L., eds. *A dictionary of biblical interpretation*. London: SCM Press. p. 187-188.) 1990.
- Bruce. F.F. *The epistle to the Hebrews*. NICNT. Grand Rapids: Eerdmans. 1964.
- DeSilva, D.A. *Perseverance in gratitude: a socio-rhetorical commentary on the epistle to the Hebrews*. Grand Rapids: Eerdmans. 2000.
- Ellingworth, P. *The epistle to the Hebrews*. NIGTC. Grand Rapids: Eerdmans. 1993.
- ESV Study Bible. Wheaton: Crossway Bibles. 2008.
- Guthrie, G.H. *Hebrews. NIV Application Commentary*. Grand Rapids: Zondervan. 1998.
- Hughes, P.E. *Hebrews*. Grand Rapids: Eerdmans. 1979.
- O'Brien, P.T. *The letter to the Hebrews*. Grand Rapids: Eerdmans. 2010.
- Peterson, D. "히브리서". (In Carson, D.A. & France, R.T., eds. 《IVP 성경 주석》. 신약. IVP. p. 658-700.) 2005.
- Rogers, C.L. & Rogers C.L. III. *The new linguistic and exegetical key to the Greek New Testament*. Grand Rapids: Zondervan. 1998.
- 그랜트 오스본 《히브리서》. LAB주석. 성서유니온선교회. 2002.
- 도널드 해그너 《히브리서 총론》. 크리스챤출판사. 2005.
- 마이클 고먼 《성서석의 입문》. 크리스챤 다이제스트. 2005.
- 매츠거, B.M. 《신약 그리스어 본문 주석》. 제2판. 대한성서공회 성경원문연구소. 2005.
- 목회와 신학 편집부 《히브리서, 야고보서 어떻게 설교할 것인가》. 두란노. 2004.
- 오토 미헬 《히브리서》. 국제성서주석. 한국신학연구소. 1984.
- 윌리암 L. 레인 《히브리서 1-8》. WB.C.. 솔로몬출판사. 2006.
- 조나단 에드워즈 《신앙과 정서》. 지평서원. 1994.
- 존 월튼, 빅터 매튜스, 마크 샤발라스 & 크레이그 키너 《IVP 성경 배경 주석》. IVP. 2010.
- 칼빈, J. 《히브리서, 베드로전후서, 골로새서, 빌레몬서》. 칼빈주석. 성서교재간행사. 1993.
- 타스커, R.V.G. 《신약에 나타난 구약》. 새순출판사. 1991.
- 틸만, F. 《신약 신학》. CLC. 2008.
- 프랭크 비올라. 《1세기 관계적 교회》. 미션월드. 2007.
- 한제호 "멜기세덱이 신비한 존재로 나타났던 이유". 교회와 문화, 19:116-143. 2007.

야고보서 주석

들어가면서

저자

초대 교회의 중심인물인 예수님의 동생 야고보(참고. 행 12:17, 15:13, 21:18; 갈 1:19). 유세비우스에 의하면, 그는 예루살렘의 초대 감독이다. 그렇다면 그가 야고보서의 저자인 증거는 무엇인가?(참고. 존 월튼, 2010:1998)

(1) 야고보서와 예루살렘 공의회 때의 야고보의 설교가 나타난 사도행전 15장 13-21절의 유사한 헬라어.

(2) 야고보서 안에 나타난 예수님의 가르침에 대한 지속적인 암시.

(3) '예수 그리스도의 종 야고보'라고만 밝혀도 초대 교회는 그가 누구인지 알았을 것이다. 예수님의 형제 야고보가 적합한데, 그는 예루살렘 공회(참고. 행 15장)의 중심인물이었다. 이 사실을 통해서 그를 '최초의 예루살렘 감독'이라 부르는 것은 시대착오적이다.

(4) 사도행전 15장에서 율법(의식법)의 성취를 주장한 야고보는 그의 서신에서도 의식법의 준수를 권하지도 않지만 금하지도 않는다. 이 둘 사이에 상충되는 것이 없다.

수신자

특정한 수신자가 없기에 '일반 서신' 혹은 '공동 서신'(catholic epistle)으로 불린다. 회당(약 2:2)의 언급과 구약의 인용들은 수신자가 유대인 중심으로 구성되었음을 증거한다. 흩어진 12 지파(약 1:1)는 계시사적으로 구약의 12지파로 형성된 이스라엘(구약의 교회)이 이제 신약의 언약의 백성으로 전환되었다는 말이다. 문자적으로 이것을 해석해본다면 스데반의 순교 이후 예루살렘 교회는 사도 외에 다 흩어져서(참고. 행 11:19) 디아스포라를 형성했는데 이때 야고보는 순회하면서 이들을 돌보아야 했을 것이다. 따라서 '흩어진 12지파'는 실제 디아스포라로 보인다.

기록 장소

팔레스타인으로 본다면, 수신자의 상황은 특별히 부자들로부터(약 5:1-6) 경제적인 착취를 당하던 시기였을 것인데, 이 형편은 예루살렘 멸망 전에 적합하다. 멸망 후에 이런 부자 지주들은 유대 지방에서 사라진 것으로 보인다. 갑작스런 싸움과 다툼에 대한 언급(약 4:1)은 예루살렘 함락 직전 시대의 서로 죽이는 치열한 다툼의 상황을 반영하는 것이 아닐까?

그렇다면 왜 야고보는 디아스포라를 위해 목회를 했으나 팔레스타인의 A.D. 70년 이전의 상황을 암시하는가? 기록 연대를 40년대 후반으로 보든 60년경으로 보든 팔레스타인과 로마 제국의 상황은 전반적으로 유사했다. 혼란과 사회적인 불안정을 경험했던 시기이다. 지리적인 차이에도 불구하고 이 둘의 상황은 유사하다. 그리고 야고보서의 수신자의 주류가 유대인이었기에 A.D. 70년 이전의 팔레스타인의 내용을 언급하는 것은 효과가 있다. 물론 A.D. 20년대 후반과 30년의 예수님의 말씀을 적용한 이유는 예수 그리스도의 복음을 디아스포라를 위해 가르치려는 의도가 있었을 것이다. A.D. 20년대 후반의 팔레스타인과 40년대 중반 혹은 60년경의 디아스포라의 상황은 크게 다르지 않았다.

기록 연대

요세푸스 등이 증거하듯이 야고보의 말년인 A.D. 62년경일 수 있다. 디아스포라를 향한 서신이라면 A.D. 40년대 중반일 수 있다(참고. ESV Study Bible, 2008:2387).

기록 목적

야고보는 다른 신약 저자들보다 명령형을 자주 사용하여 강한 목회적 권면을 한다. 멀리 떨어져 있는 성도를 향한 설교문과 같다. 믿음은 행위를 통해 증명되어야 한다는 온전함과 성숙을 권면하기 위한 서신이다.[1927)]

야고보서의 주목할 만한 신학적 사항인 행위 없는 믿음은 죽은 것(약 2:17)이며 행함으로 의롭다 하심을 받는다는 말씀(약 2:24; 참고. 갈 2:16)과 바울의 이신칭의의 연관성은 무엇인가? 야고보서는 그것의 이른 기록 연대로 인해 어떤 의미에서 초대 기독교의 전환기의 작품으로 보인다. 주제에 있어서도 '이신칭의'가 확연히 드러나지 않음으로 전환기적이다. 이런 이유로 그 가치가 평가절하되기도 했으나, 야고보서는 기독교의 고상한 윤리를 보여준다. 이것과 다른 입장은 너무 이른 연대가 아닌 A.D. 60년으로 본다면 오히려 이신칭의를 지나치게 강조한 부작용을 중화시키려는 목적으로 실천 신앙을 가르칠 의도가 있었다고도 볼 수 있다(참고. 타스커, 1991:163).

야고보서의 '믿음'은 예수 그리스도를 대상으로 하는 믿음이며(2:1), 주님의 영광을 추구하고(2:1), 주님의 능력을 의지하는(1:6) 것이다. 이 믿음은 시련 속에서 계속적으로 단련되고 완성되어 가는 것이다(1:2-3). 이 믿음은 단순한 고백이나 정적인 것이 아니라 동적이고 실천적이다. 고백 신앙에 기초한 실천 신앙이다. 고백이냐, 실천이냐, 이런 이분법적인 신앙이 아니라는

1927) A.D. 1세기의 도덕론자들과 숙련된 수사학자들이 사용하던 고대 서신의 종류는 '서신-논문'이었다. 야고보서도 어떤 논증을 제시하기 위한 편지처럼 느껴진다(참고. 존 월튼, 2010:1999). ESV Study Bible(2008:1389)은 야고보서가 구약의 지혜 문학처럼 느껴지고, 논증은 '디아트리베'(diatribe)와 유사하다고 본다. 디아트리베의 특징은 질문과 답변으로 구성된 '가상적 대화'(imaginary dialogues), 부재한 사람이나 사물이 현존하며 들을 수 있다고 가정한 채 말하는 직접적인 발언인 '돈호법'(apostrophe), 자연과 일상생활에서 가져온 '은유'이다.

말이다. 야고보가 증거하는 참된 믿음은 이 둘의 생동감 있는 종합이다. 흥미로운 것은 야고보가 믿음의 행위를 강조할 때 율법을 거의 언급하지 않는다는 점이다. 이것은 야고보가 율법을 준수함으로 얻는 구원인 '행위 구원'을 경계하고 조심하고 있다는 증거이다. 야고보가 율법을 언급할 때는 수식어를 첨가하여 그 율법의 성격을 구체화하고 제한한다(1:25, 2:8, 12). 야고보가 말하는 율법은 최고의 법이며 온전한 법이며 자유의 율법인데, 이것은 로마서나 갈라디아서에서 바울이 공격하던 율법과 동일하지 않다. 바울이 말하는 율법의 행위는 구원을 얻기 위한 인간의 공로나 공로 획득 사상과 구원이 인간의 노력만으로 획득 가능하다는 사상이 깔려 있다.

따라서 바울은 '진노와 죽음의 법', '죄의 법'(참고. 롬 3:20), '종의 법'이란 용어 혹은 사상을 쓴다. 하지만 야고보서에 나타난 온전하고 자유로운 법은 레위기 19장 18절의 사랑의 계명과 일치한다. 단순하게 야고보의 계명은 '사랑의 법'이라 불릴 만하다. 이웃을 사랑하고 하나님에게 복종하는 차원에서 믿음이 실천으로 구체화된다. 하나님과의 바른 관계가(수직적인 복종과 믿음) 이웃과의 관계에서(수평적인 사랑) 실천적으로 표출되어야 한다. 따라서 신인협력설(synergism)을 야고보서를 기초로 하여 주장하는 것은 야고보서에 나타난 믿음과 행위의 관계를 제대로 파악하지 못한 것이다. 요약하면, 야고보서의 행위는 긍정적인 의미로 사용된다.

๑ 야고보서 1장 ๑

1. 본문 및 구조

• 하나님으로부터 지혜를 구함(1-18)
• 들음과 행함(19-27)

2. 구원 계시사적 메시지

2.1. 야고보서 1장 1-18절의 메시지

하나님과 주 예수 그리스도의 종 야고보는 흩어져 있는 12지파에게 문안한다(1절).[1928] 야고보는 자신을 종으로 소개함으로써 겸손과 더불어, 육체적으로 형님이신 예수님을 육체로 알지 않았음을 강조한다. 흩어진 12지파는 이방 나라에 흩어진 유대인 성도로 볼 수 있다. 동시에 이스라엘 12지파를 연상시키는 12제자와 함께, 유대인과 더불어 예수님 안에서 한 몸을 이룬 이방인 성도를 가리킬 수도 있다. 2-3절은 시험을 통과하는 방식을 다룬다. 여러 가지 시험을 만나거든 온전히 기쁘게 여기라. 왜냐하면 믿음의 시련(*dokimion*, positive test, 참고. ESV Study Bibel, 2008:2391)이[1929] 인내를 만들어 내기 때문이다(참고. 롬 5:3-5). 시험은 성도가 예수님 안에서 성숙하게 되는 길이다. 그러나 시험을 하나님에게 범죄하는 기회로 만들어서는 안 된다. 우리는 시험을 하나님의 주권을 신앙하는 관점에서 바라보아야 한다. 그러므로 성도는 시험이 올 때 우울한 기쁨이 아니라, 인내하면서 합력하여 선을 이루시는 하나님이 주시는 긍정적인 결과를 믿어야 한다.[1930]

인내를 온전히 이루라. 이는 성도로 온전하고 구비하여 조금도 부족함이 없게 하려 함이다. 환난은 인내를, 인내는 연단을, 연단은 소망을 낸다(4절; 참고. 롬 5:3-5). 사탄은 하나님이 우리를 성숙하도록 만드시는 어려움과 시험을 당하는 우리를 원망과 불평과 범죄 속으로 빠지도록

1928) '야고보'는 구약의 '야곱'에 상응하는 이름이다. 창세기 49장에서 야곱이 아들 12명에게 유언을 하듯이, 야고보는 12지파에게 편지를 쓴다. 이름을 가지고 언어 유희를 하는 것은 흔한 일이다(참고. 존 월튼, 2010:2003).

1929) 참고로 1241사본은 *dokimon*(형용사, tried, genuine)으로 표기하는데 설득력이 없다.

1930) 그런데 우리는 '시험'이라는 말을 너무 자주 그리고 쉽게 사용하지 않는지 돌아보아야 한다. 교회 안에 누구의 말을 듣고, 누구의 행동을 보고 '시험에 든다'라는 말을 너무 쉽게 하지 않는가? 교인의 바람직하지 않은 행동을 보고, 말을 듣고서 시험 들었다고 말한다면, 그것을 사랑으로 감싸고, 타산지석의 교훈을 받아 이겨 내어야 하는 것이 마땅하기에 이미 사탄의 속임과 계략에 넘어간 증거이다. 따라서 우리의 심령이 좀더 강건해져야겠다. 사랑으로 덮고, 이해하고, 용납하고 넘어갈 수 있는 것을 주관적으로 판단하고 확대 해석하여 말을 만들고 문제 아닌 문제를 만들어서는 안 된다. 우리는 시험을 물리치면 될 것인데, 그 시험 속에 빠져서 허우적거리고, 기쁘게 인내하여 성숙의 기회로 사용하지 않고 범죄의 기회로 사용하지 않는가?

만든다. 그러나 우리는 그것에 속아 넘어가면 안 된다.

"너희 중에 누구든지 지혜가 부족하거든 모든 사람에게 후히 주시고 꾸짖지 아니하시는 하나님께 구하라. 그리하면 주시리라"(5절; 참고. 왕상 3:5, 9; 잠 2:6). 지혜는 성경에서 지식, 통찰력, 신중함, 배움, 인도, 자신감을 가진 능력, 계획, 수완, 배움, 신중함 그리고 심지어 영웅적인 힘을 포함한다. 야고보는 여기서 특별히 다른 성도와의 관계 속에서 필요한 의로움과 관련된 지혜를 염두에 둔다. 이것을 야고보서 3장 17절에서 오직 위로부터 난 지혜는 첫째 성결하고, 다음에 화평하고 관용하고 양순하며 긍휼과 선한 열매가 가득하고 편벽과 거짓이 없으며 화평으로 심어 의의 열매를 맺는다고 말씀한다. 하나님은 이렇게 성화를 가져오는 지혜의 근본이다. 그리고 우리가 시험을 당할 때 하나님은 극복하도록 지혜를 공급하셔서 통과하도록 하신다. 후히 주시는 하나님, 구하는 자를 멸시하지 않으시는 하나님께 간구하지 않으면 지혜를 받을 수 없다(참고. 약 4:2).

"오직 믿음으로 구하고 조금도 의심하지 말라. 의심하는 자는 마치 바람에 밀려 요동하는 바다 물결 같으니(참고. 사 57:20), 이런 사람은 무엇이든지 주께 얻기를 생각하지 말라. 두 마음(double-minded)을 품어 모든 일에 정함이 없는(unstable) 자로다"(6-8절; 참고. 대상 12:33; 시 12:2). 성도는 상충되는 목표를 가지고서는 일을 해 나갈 수 없다. 여기서 야고보는 믿음의 기도를 강조한다. 그렇다. 사실 야고보는 '행위'는 물론 '믿음'을 강조한다(참고. 약 1:3, 2:1). 의심하는 것이 바다에 밀려 요동하는 바다 물결 같다는 말씀은 계속해서 닥치는 불안정과 파괴적인 특성을 동시에 강조한다.

"낮은 형제는 자기의 높음을 자랑하고, 부한 형제는 자기의 낮아짐을 자랑할지니, 이는 (모든 사람이) 풀의 꽃과 같이 지나감이라"(9-10절; 참고. 사 40:6-7). 야고보는 여기서 그가 말하는 시험이 부자와 가난한 자 사이의 갈등임을 암시한다(참고. 약 2:1이하, 5:1이하). 부자이건 가난한 자이건 모두 자부심을 가지고 살아야 한다. 가난한 사람은 영적인 보물에 부요할 수 있고 천국에서 높은 자리를 차지할 수 있다. 가난하다고 해도 천국 백성, 하나님의 자녀라는 신분의 고귀함(높음)을 자랑해야 한다. 사회-경제적으로 높은 지위에 있는 부자 성도는 세상의 재물이 아무것도 아님을 깨달아야 한다. 고위(부자) 성도는 오히려 스스로 하나님의 종이 됨을 알아야 한다. 부자는 참된 재물을 하늘에 쌓아야 하며, 영적인 보화이신 예수 그리스도를 소유해야 한다.

"해가 돋고 뜨거운 바람이 불어 풀을 말리우면 꽃이 떨어져 그 모양의 아름다움이 없어지나니 부한 자도 그 행하는 일에 이와 같이 쇠잔하리라"(11절; 참고. 욥 14:2; 시 102:4, 11; 사 40:6-7). '뜨거운 바람'은 남쪽 광야에서 팔레스타인으로 부는 열풍 '시로코'를 가리킬 수 있다(참고. 존 월튼, 2010:2004). 부귀영화는 외부에서 부는 바람에 의해 사라질 수 있다. 인생은 부귀영화를 영원히 누릴 수 없다. 인생의 의미는 영원하신 하나님 안에서만 발견할 수 있다. "시험(test, 혹은 시련[trials])을 참는 자는 복이 있도다. 이것에 옳다 인정함을 받은 후에 주께서 자기를 사랑하는 자들에게 약속하신[1931] 생명의 면류관을 주실 것이다"(12절). 여기서 말씀하는 '시험'

1931) '약속하신'(*epengeilato*) 뒤에 '하나님께서'(33, 323, 945, 1175 등) 혹은 '주님께서'(C, 0246, 436, 다수

은 신앙의 연단을 위해 주시는 테스트이다. 하나님은 창세기 22장 1절에서는 아브라함의 믿음을 테스트하셨고, 출애굽기 15장 25절에서는 출애굽한 이스라엘 백성을, 시편 66편 10절에서는 이스라엘을 은을 단련하는 것처럼 테스트하셨다. 우리가 시험-역경을 통과하는 방법은 하나님을 사랑하는 것이다. 감당할 시험만 주시고, 피할 길을 주시는 하나님의 긍휼을 바라보아야 한다(참고. 고전 10:31).

"사람이 시험(temptation)을 받을 때 내가 하나님께 시험을 받는다 하지 말지니 하나님은 악에게 시험을 받지도 아니하시고 친히 아무도 시험(tempt)하지 아니하시니라"(13절). 선하신 하나님은 교회를 유혹하여 범죄의 길에 서도록 하시지 않는다. 그리고 하나님은 사람이 참고 견디는 대신에 실패하도록 애쓰신 적도 없다(참고. 창 22:1; 신 8:2; 삿 2:22). 유대 문헌도 사람을 시험하는 하나님의 동기(사람의 유익을 구하는 사랑)와 사탄의 동기(사람을 넘어뜨리는 것)를 구분했다(참고. 존 월튼, 2010:2004).

"오직 각 사람이 시험(temptation)을 받는 것은 자기 욕심에 끌려 미혹됨이니"(14절). 시험의 원인은 욕심이다. 욕심을 가지면 미끼에 끌려서 기만당하고 미혹 당한다. 시험당하여 죄악에 빠지는 것은 외부적인 환경이 아니라, 자신 속사람의 욕심과 정욕 때문이다. 욕심이 없다면 시험을 받을 거리가 거의 없다. "욕심이 잉태한즉 죄를 낳고 죄가 장성한즉 사망을 낳는다"(15절). 시험의 진로를 설명한다. 즉 욕심으로 시작된 시험은 범죄로 이어지고 결국 사망에 이른다. 욕심이 뿌리이면, 범죄는 가지, 사망은 열매이다.

"내 사랑하는 형제들아 속지 말라. 각양 좋은 은사와 온전한 선물이 다 위로부터 빛들의 아버지께로서 내려오나니 그는 '변함(*parallage*)도, 회전하는 그림자'(*tropes aposkiasma*, 직역: 회전의 그림자)도 없으시니라"(16-17절).[1932] 고대 천문학자들은 천체의 불규칙성을 묘사하게 위해서 '회전하는 그림자'라는 표현을 사용했다(참고. 존 월튼, 2010:2005). '각양 좋은 은사'와 '온전한 선물'은 동일한 것을 반복해서 표현한 것이다. 하나님은 시험하시지 않고 자신의 불변하는 선하신 성품에 맞게 은사를 주신다. 빛의 근원이신 하나님에게는 선명도나 밝기에 있어서 차이가 나지 않고 늘 일정하다. 그러므로 성도는 신실하신 주님을 신뢰할 수 있다.

"그가 그 조물 중에 우리로 한 첫 열매가 되게 하시려고, 자기의 뜻을 좇아 진리의 말씀으로 우리를 낳으셨다"(18절). 성도는 하나님의 은혜로 거듭남으로써 양자가 되었다. 성도는 복음으로 중생했다(참고. 약 1:21; 벧전 1:23). 첫 열매는 첫 번째 수확물일 뿐 아니라, 최고의 것이다(참고. 출 23:19, 34:26; 레 23:9-19; 겔 44:30). 구원받은 인류는 하나님의 창조의 정점이다. 따라서 성도는 최고와 최선의 것을 하나님께 드리며 청지기로 살아야 한다.

2.2. 야고보서 1장 19-27절의 메시지

"너희는 알라(*iste*, *oida*의 능동 명령 2인칭 복수).[1933] 사랑하는 나의 형제들아. 사람마다 듣기

사본)를 추가하는 경우가 있다. 하지만 파피루스 23, 시내 산, A, B 등은 주어를 따로 밝히지 않는다.

1932) 시내 산, B 사본은 '변함 혹은 그림자의 회전도'로 쓴다.

는 속히 하고 말하기는 더디 하며(slow to speak) 성내기도 더디 하라"(slow to become angry; 19절).[1934] 이 말씀은 야고보 당시에 널리 퍼진 속담과도 유사하다(참고. 잠 15:1, 16:32, 29:20; 전 7:8; 시락 4:29 등). 18절에 보니, 하나님의 말씀은 우리를 구원하는 말씀이지만 사람의 말은 파괴적일 수 있음을 대조한다.

사람의 성내는 것이 하나님의 의를 이루지 못한다(20절). "형제에게 노하는 자마다 심판을 받게 된다"는 마태복음 5장 22절을 암시한다. 인간의 감정적인 분노는 하나님의 의 즉 하나님께서 기대하고 요구하시는 기준(의)을 이루어 내지 못한다. 그러므로 모든 더러운 것과 넘치는 악을 내어 버리고(옷을 벗어 버리고; 참고. 엡 4:22; 벧전 2:1) 능히 너희 영혼을 구원할 바 마음에 심긴 도(복음과 윤리적 교훈들)를 온유함으로 받아라(21절). 모든 더러운 것과 넘치는 악의 한 항목인 분을 내는 것과 온유함이 대조된다. 마태복음 5장 5절은 온유한 자는 천국을 기업으로 받는다고 말씀한다.

너희는 도를 행하는 자가 되고 듣기만 하여 자신을 속이는 자가 되지 말라(22절). 참으로 하나님의 말씀을 듣는 것은 바른 행동으로 이어져야 한다. 야고보 사도는 능력 있는 구원의 말씀을 받았다면(21절) 이제 행할 것을 강조한다(참고. 마 7:15-27; 롬 2:13).

"누구든지 도를 듣고 행하지 아니하면 그는 거울로 자기의 생긴 얼굴을 보는 사람과 같으니 제 자신을 보고 가서 그 모양이 어떠한 것을 곧 잊어 버리거니와"(23-24절).[1935] 고대 세계의 거울은 유리가 아니라 닦여진 금속으로 만들어졌다. 성경은 은혜를 갈구하는 성도의 영혼의 필요를 비추는 거울이다. 성도는 행동을 성경의 거울에 비추어서 반성하고, 가르침에 따라 실행하는 것이 중요하다. 순간적인 깨달음에서 그치면 아무런 효과가 없다.

"자유하게 하는 온전한 율법(perfect law, 율법을 강조하는 뉘앙스를 가지지만 전체 성경을 가리킨다. 특히 21절의 '마음에 심긴 도'를 가리킴)을 들여다보고 있는 자는 듣고 잊어 버리는 자가 아니요 실행하는 자니 이 사람이 그 행하는 일에 복을 받으리라"(25절). 예수님 안에서 하나님의 법이 우리를 헛된 인간의 유전이나 전통이나 사탄의 속박으로부터 자유케 함을 경험한다(참고. 요 8:36).

누구든지 스스로 경건하다 생각하며 자기 혀를 재갈 먹이지 아니하고 자기 마음을 속이면 이 사람의 경건(*threskeia*)은 헛것이다(26절). 이것에 대해서는 야고보서 3장 1-12절에서 세부적으로 설명한다. 하나님 아버지 앞에서 정결하고 더러움이 없는 경건은 곧 고아와 과부를 그 환난

1933) 야고보서 1장 19절에 "너희는 알라" 대신에, 다수 사본은 유사한 발음의 '그러므로'(*hoste*)를 쓴다. 19절 끝에 또 다른 유사한 발음의 동사 *esto*(*eimi*의 현재 능동 명령 3인칭 단수)가 등장하기에, 필사자가 *iste*를 *hoste*로 혼동했을 수 있다.

1934) 존 월튼(2010:1999, 2006)은 야고보서를 유대-로마 전쟁 이전(A.D. 62년 직전)을 배경으로 한다고 본다. 따라서 야고보가 스스로 하나님의 진노의 대리인으로 생각하여 노하기를 속히 했던 열심당과 폭력적 수사학을 비판한다고 본다.

1935) 일부 도덕론자들은 도덕적 반성을 강조하기 위해서 거울을 사용할 것을 권했다(참고. 존 월튼, 2010:2006).

중에 돌아보고 또 자기를 지켜 세상으로부터 '흠이 없게'(*aspilon*; 참고. 벧전 1:19의 '흠 없으신 예수님') 하는 것이다(27절; 참고. 출 22:20-24; 시 146:9; 사 1:17). '경건'은 종교적 제반 행위들(기도, 금식, 예배 등)로 표현된 종교성을 의미한다. 즉 초월적 존재를 향한 헌신의 표시인데, 특히 예배 의식을 통해서 나타난다. 이 단어는 신약에 약 4회 등장하는데 '예배'(worship) 혹은 '종교'(religion)라고도 번역된다(참고. 행 26:5의 '우리 종교'; 골 2:18의 '천사 숭배'; 보라. BDAG, p. 459).[1936] 그러나 야고보는 말을 조심하는 것과 같은 윤리적 행동이 동반되지 않으면 그런 종교성은 의미가 없다고 밝힌다. 하나님을 기쁘게 하는 경건(예배의 삶)의 시금석은 고아와 과부의 곤경에 관심을 가지고 적극적으로 대응하는 것이다. 하나님의 말씀을 따라 사는 것은 곧 다른 사람을 섬기는 것이지 교만한 것이 아니다(참고. 약 1:9-11). 신명기 10장 18절에 의하면, 고아와 과부에 관심을 가지는 것은 하나님 자신에게 관심을 가지는 것과 같다(참고. 신 14:29; 시 68:5, 146:9; 겔 22:7). 구원에 이르는 도를 들은 사람은 참된 경건과 산 믿음을 소유하여 구제와 도덕적인 정결에 힘써야 한다.[1937]

1936) Louw & Nida(1993:531-532)는 그들이 집필한 헬라어-영어 사전에서 신약의 'piety'(경건)와 관련된 첫 번째 명사로 *threskeia*를 언급한다. 그들은 'appropriate beliefs and devout practice of obligations relating to supernatural persons and powers'로 정의한다. 참고로, Louw & Nida(1993:532)에 의하면, *threskeia*와 유사한 *eusebeia*는 'behavior reflecting correct religious beliefs and attitudes'를 의미하는데, 'piety' 혹은 'godliness''로 번역할 수 있다. BDAG(p. 412)에 의하면, 이 명사는 '하나님을 경외함'(awesome respect accorded to God)을 기본적인 의미로 가진다. NIV는 'godliness'(행 3:12; 딤전 2:2, 3:16, 4:7, 6:3, 5, 11; 딤후 3:5; 딛 1:1; 벧후 1:3, 6, 3:11)로 일관성 있게 번역한다. 하지만 BDAG(p. 412)는 'piety', 'reverence', 'loyalty', 'devoutness'도 가능한 번역들이다. 특히 베드로후서 1장 4-7절에 의하면 *eusebeia*는 '하나님의 성품' 중 하나이며, 덕, 지식, 절제, 인내, 형제 우애, 그리고 사랑과 연결된 '성도의 거룩한 삶의 방식'이다(참고. 벧후 3:11).

1937) 야고보서 1장의 '창조 주제'(creation motif)를 살펴보자. 야고보서 1장 2-4절에서 야고보는 시험과 시련 속에서도 기뻐할 것을 그의 독자들에게 권면한다. 야고보서 1장 14-15절에서 야고보는 우리의 외적 환경에 의해서가 아니라 우리 자신의 악한 욕망에 의해 죄를 범한다고 논한다. 야고보는 임신과 출산을 시험이 범죄로 이끄는 과정을 위한 유비로 사용한다. 시험에 넘어감으로, 정욕(lust)은 임신케 하고(conceive; 이 말은 임신에 있어서 여자의 역할을 묘사하는 것임) 그다음에 죄를 낳게 된다. 죄는 사망으로 성취된다. 우리는 에덴동산에서 하와가 당한 시험을 희미하게나마 볼 수 있다. 하와는 먼저 선악과를 열망했고, 임신함으로써-마음에 품음으로써 그녀의 욕망은 죄를 낳았고 죄는 사망으로 인도했다. 야고보가 임신과 출산 이미지를 계속해서 전개하는 17-18절을 살펴보면 위의 구절들이 창세기에 근거하고 있음을 분명히 알 수 있다. 사람은 죄를 낳지만, 반대로 하나님은 죄의 아버지가 아니라 빛의 아버지이시다. 이것은 창조 중에서 제4일째 궁창의 광명체들의 창조에 관한 기사를 언급하는 것이다. 빛을 창조하신 분으로부터는 오직 선한 것만 나온다. 그 어떤 어두움도 하나님으로부터 나오지 않는다. 하지만 1장 17절의 '빛들의 아버지'라는 말은 어렵다. 만약 야고보가 오직 창조 기사만 염두에 두었다면, 하나님과 하늘의 빛의 광명체 사이의 관계를 말하는 것은 특이하다. '빛들의 아버지' 대신에 '창조주', '주', 혹은 '빛의 왕자'라는 표현을 우리가 기대할 수 있을 것이다. 따라서 '아버지'라는 말이 사용된 것은 창조주뿐 아니라 구세주도 가리키며, 빛들은 주님의 아들과 딸들을 가리키는 것 같다. 이것은 하늘의 빛들은 하나님의 구속받은 백성들을 상징한다는 사실을 알면 분명해진다(참고. 창 26:4; 단 12:3).

3. 오늘에의 적용

하나님의 지혜를 구하여 시험을 통과하자.
들은 대로 행하지 못하는 이유는 무엇인가?

야고보서 2장

1. 본문 및 구조

- 부자를 선호하는 것(1-13)
- 신앙과 복종(14-26)

2. 구원 계시사적 메시지

2.1. 야고보서 2장 1-13절의 메시지

1-4절에서 야고보는 다시 한 번 부자와 가난한 자의 관계에 대해서 말씀한다. 이것이 야고보서를 읽은 수신자들이 겪고 있던 중요한 문제였기 때문이다. 성도는 영광의 주 예수 그리스도 즉 하나님의 영광이 성육신하신 예수님을 믿기에 사람을 외모로 취하지 말아야 한다. '외모로 사람을 취한다'는 말씀은 '편애하지 말라'는 의미이다.[1938] 만일(법정 역할도 했던) 회당에 금가락지를 끼고 아름다운(문자적으로는 '표백하여 빛나는') 옷을 입은 사람이 들어올 때 좋은 자리에 앉게 하고,[1939] 더러운(불결한) 옷을 입은 가난한 사람이 들어올 때 서 있도록 놔두거나 나의 발등상 아래에 앉으라고 말한다면 차별하는 것이며, 악한 생각으로 판단하는 것이 되고 마는 것이다.[1940] 재산, 인종, 출신 배경 그리고 학력과 같은 외적인 것을 보고 사람을 편애한다면 중심을 보시는 하나님의 기준과 동떨어지는 것이다. 그리고 하나님의 영광이신 예수님의 관점에서 보면, 열등한 인간의 영광의 단계에 기초해서 사람을 평가하고 편애하는 것은 어리석은 행동이다.

하나님께서 세상 사람들의 눈에는(한글 개역: 세상에 대하여는) 가난한 자들을 택하사 믿음에

1938) 피터 데이비스(2005:709)는 야고보서 2장을 회당 설교의 형식을 따른 설교문으로 본다.

1939) 유대인들에게 있어서, 어떤 사람이 부자들을 편애하는 것은 자선기금을 그들로부터 구걸하기 위해서 스스로 천하게 구는 행동이었다. 로마 법정도 언제나 부자를 편애했다(참고. 존 월튼, 2010:2007).

1940) 3절에서 파피루스 74, 시내 산, 다수 사본은 "거기 서 있든지 '여기'(*hode*) 나의 발등상 아래 앉으시오"로 쓴다. '여기'는 앞의 '거기'(*ekei*)와 대조된다.

부요하게 하시고, 또 자기를 사랑하는 자들에게 약속하신 나라를 유업으로 받게 하시지 않았는가?(5절). 하나님 나라를 상속하게 되는 것은 하나님이 우리를 주권적으로 선택하신 결과이지 우리의 장점 때문에 그런 것은 아니다. 성경은 고아와 과부와 같은 약자와 낮은 사람에게 관심이 많다고 말씀한다(참고. 신 15장; 시 35:10; 잠 19:17; 눅 6:20; 고전 1:28-29). 그러나 너희는 가난한 자를 괄시하였다(참고. 렘 7:6, 22:3; 암 4:1; 8:4). 오히려 부자들은 너희(야고보서의 수신자)를 압제하여 법정으로 끌고 가지 아니하였는가?(6절) 부자들은 세상 법정이 자신의 편임을 알고 있었다. 부자들은 '너희'(야고보서의 수신자들)가 속해 있는 그분(예수님)의 귀한 이름을 모욕하지 않는가!(7절; 참고. 2:1) 여기서 "그 저주 받은 갈릴리 목수의 아들을 따르는 사람은 옳을 수 없다"라는 조롱의 뉘앙스가 풍긴다. 권세를 가진 부자들이 하나님을 모욕하고 가난한 성도를 압제하였음에도 불구하고, 야고보의 수신자들도 그들을 닮아서 부자에 대한 편애와 아부를 행했던 것이다.

"이웃을 네 몸과 같이 사랑하라는 최고의 법(royal law)을 지키면 잘하는 것이거니와, 사람을 외모로 취하면 죄를 짓는 것이어서 율법이 너희를 범죄자로 정하리라"(8-9절). 이웃 사랑이라는 최고의 계명(참고. 마 22:36-39)을 어기는 것이 바로 죄악 된 편애주의이다. 레위기 19장 18절과 마가복음 12장 31절에서 이미 밝히듯이, 사랑은 이웃에 관한 모든 의무를 요약하고 있는 원칙이기에 왕의 법이기도 하다.

율법을 지키다가 한 가지 율법에 걸려 넘어지면 사실 모든 율법을 어긴 것이 된다. 간음하지 말라고 말씀하신 주님은 살인도 금하고 계신다(참고. 출 20:13-14). 야고보는 의도적으로 간음을 먼저 언급하고 살인을 언급한다. 아내에게 완벽하게 신실하지만, 살인을 저지르는 사람을 예로 든다(11절).[1941] 가난한 자를 차별하는 것은 곧 살인죄와 유사하다. "자유를 주는 율법(참고. '자유하게 하는 온전한 율법', 약 1:25)에 의해서 심판을 받을 것처럼 말도 하고 행동도 하라. 긍휼을 행하지 않는 자에게는 긍휼 없는 심판이 있으리라. 긍휼은 심판을 이기고 자랑하느니라"(10-13절). 진리 안에서 자유하는 것이 방종으로 치닫도록 할 수 없으며, 우리의 행실에 면죄부를 제공하지 않는다. 야고보는 여기서 어떤 범죄가 다른 것보다 더 심각하다는 것을 부인하지 않는다. 대신 하나님께서 율법의 조항들을 주셨기 때문에, 모든 계명의 요구 사항이 중요한 것이라고 말씀한다. 모든 계명은 하나님의 완전하신 특성을 반영하고 있기에, 율법을 어기는 것은 곧 하나님을 어기는 것이다. 우리가 하나님으로부터 자비로운 판단을 받았기에 우리는 남을 자비롭게 판단해야 한다. 사실 하나님은 우리에게 자비를 베푸실 의무가 없었지만, 풍성히 그렇게 부으셨지 않은가! 우리가 편애하며 자비를 베풀지 않는다면 하나님도 자비를 우리에게 베푸시지 않을 것이다.

2.2. 야고보서 2장 14-26절의 메시지

이전 단락에서 야고보 사도는 하나님의 말씀을 아는 것을 넘어 말씀을 실천하되 이웃 사랑이

1941) 살인죄는 열심당을 염두에 둔 것인지 분명하지 않다.

라는 최고의 법을 실천하도록 강조했다. 그 후 동일한 주제의 다른 측면인 동료 성도를 돌보는 문제 안에서의 믿음과 행함의 관계를 다룬다. "믿음이 있노라고 말하면서(이것은 순전히 혼자 생각이다) 행함이 없으면 무슨 이익이 있으리요? 그 믿음이 능히 자기를 구원하겠느냐?"(14절) 이것은 '아니오'라는 답을 기대하는 수사학적 질문이다(참고. 피터 데이비스, 2005:711). 선행을 산출하지 않는 믿음은 구원에 이르는 믿음(saving faith)이 아니다. 판사가 재판할 때 풍문으로 판단할 수 없고, 나타난 증거를 가지고 재판하는 원리와 마찬가지다.

저자는 도움을 필요로 하는 성도를 통해서 실례를 제시한다. "만일 형제나 자매가 헐벗고 일용할 양식이 없는데, 평안히 가라, 더웁게 하라, 배부르게 하라고 말만 하고 쓸 것을 주지 아니하면 무슨 이익이 있으리요? 행함이 없는 믿음은 그 자체가 죽은 것이니라"(15-17절). 이상의 표현들은 모두 신학적으로 성경적이며 건전한 축복이지만 그 자체로는 아무것도 아니다. 야고보는 계속해서 가난한 성도에게 자비를 베풀 것을 강조한다. 만약 우리가 예수님을 믿는 신앙으로부터 나오는 구제와 같은 구체적인 선행을 보이지 않으면 구원받은 신앙을 소유하지 못한 것이다. 교회 개혁가들이 '오직 믿음으로 의롭게 된다'(Justification by faith alone, *sola fide*)라고 외쳤을 때, '오직'(alone, *sola*)이라는 말은 구원의 혹은 의롭게 하는 믿음은 순종의 어떠한 결과적인 열매 없이 존재한다는 의미가 아니다. 루터는 구원 얻는 믿음은 '살아 있는 믿음'(living faith)이라고 말했다. 죽은 믿음이라는 이미지는 없어지는 믿음이 아니라 그 속에 참된 삶이 없는 믿음을 가리킨다. 그러한 믿음은 칭의의 수단이 될 수 없다.

"혹은 가로되, 너는 믿음(이라는 선물)이 있고, 나는 행함(이라는 선물)이 있으니 행함이 없는 네 믿음을 내게 보이라, 나는 행함으로 내 믿음을 네게 보이리라"(18절). 야고보는 지금 믿음을 행함으로 증명할 것을 수신자들에게 요청한다. 하나님은 우리의 마음과 생각의 동기와 중심을 보시지만, 사람은 그 사람의 믿음이 표출되는 외적인 삶을 본다.

"네가 하나님은 한 분이신 줄을 믿느냐 잘하는도다. 악령들도 믿고 떤다"(19절).[1942] 한 분 하나님이 존재한다는 사실을 믿는 것은 지식적으로 아는 것이다. 이것은 유대인이 하루에 두 번씩 암송한 유대교의 기본 신조이다(참고. 신 6:4-5). 또한 기독교의 기본 신조이기도 하다(참고. 막 12:28-34; 롬 3:30). 그러나 하나님을 믿는 것은 지식적인 작업을 넘어 인격적인 신뢰와 순종의 문제이다.

"허황된 사람아!(*anthrope kene*, You foolish man!) 행함이 없는 믿음이 무익한 줄(*arge*, useless)[1943] 알고자 하느냐?"(20절) 야고보는 강한 질책을 한다. 어리석다 즉 허탄하다는 말은 지적으로 그렇다기보다 도덕적으로 그렇다는 말씀이다. "우리 조상 아브라함이 이삭을 드릴 때 행함으로 의롭다 하심을 얻은 것이 아니냐"(21절). 바울은 로마서 4장 1-25절과 갈라디아서 3장 6-9절에서 아브라함을 예로 들어서 믿음으로 구원을 얻었다고 강변했다. 야고보의 주장은 바울의 주장과

1942) 파피루스 74, 시내 산, A 등은 *heis estin ho theos*(하나님이 '한 분'이심을 강조하는 표현)로 쓰지만, 후대의 소문자 다수 사본은 '하나님'이 한 분이심을 강조하는 표현(*ho theos heis estin*)을 쓴다.

1943) 야고보서 2장 20절에서 시내 산, A, 다수 사본은 '죽은'(*nekra*)으로 표기한다(참고. 약 2:26).

상충되지 않는다. 다른 시각에서 바라보면서 강조점을 달리할 뿐이다. 여기서 우리가 주목해 볼 것은, 바울이 '의롭다'(justified)는 말을 사용한 문맥은 아브라함에게 의의 공적이 있다고 인정하는 것(the crediting of righteousness to Abraham)을 언급하는 것이었다(참고. 롬 4:3, 9, 22; 갈 3:6; 창 15:6). 즉 아브라함이 할례를 행하거나 율법을 지켜서가 아니라, 하나님의 은사인 믿음으로 의롭게 된 사실을 바울이 언급하고 있다. 하지만 야고보는 의롭다(justified)는 말을 오랜 후에 발생한 아브라함의 믿음의 증명(proof)을 언급하는 문맥으로 사용한다(참고. 창 22:12). 야고보서에서 '의로 여겨지다'(is justified; 21절), 혹은 '의롭게 되다'(considered righteous; 24절)라는 말은 하나님과의 화해(reconciliation)를 가리키지 않고 신앙의 증명(demonstration)을 가리킨다. 예수님도 누가복음 7장 35절에서 동일한 표현(*dikaioo*)을 사용하셨는데, 지혜는 그(녀)의 자녀(즉 그 결과)에 의해 의롭게(증명)된다고 말씀하셨다. 마찬가지로 아브라함의 경우, 그의 참 신앙이 외적인 순종으로 증명된 것이다. 그러나 그의 순종이 구원의 조건이나 공로가 된 것이 아니다. 사람의 선행과 순종이 예수 그리스도의 구원의 공로에 조금도 보태준 것은 없다. 그리고 우리가 주목할 것은, 행함이라는 말을 해석할 때, 바울은 유대인들이 구원을 얻기 위해 추구한 '율법의 행위들'을 비난했고, 야고보는 구원을 얻은 사람이 사랑으로 순종하여 맺는 '신앙의 열매'를 언급한다는 사실이다.

"내가 보거니와 믿음이 그 행함과 함께 일하고 행함(works)으로 믿음이 온전케 되었다"(22절). '행함'이 복수형으로 나타나서 아브라함이 이삭을 바친 것이라는 하나의 행위를 염두에 두지 않고, 창세기 12장 1절부터 쌓이고 계속된 순종의 행동을 염두에 둔다. 믿음과 선행은 구분(distinguish)은 되지만, 분리(separate, divorce)는 되지 않는다. 동전의 양면이다.[1944] "성경이 성취되었다. 즉 아브라함이 하나님을 믿으니 이것을 의로 여기셨다는 말씀이 응하였고, 그는 하나님의 벗이라 칭함을 받았나니(참고. 대하 20:7; 사 41:8) 이로 보건대 사람이 행함으로 의롭다 함을 받고 믿음으로만 아니다"(23-24절). 창세기 15장 6절의 믿음을 가질 것이라는 선언이 창세기 22장의 이삭을 바친 순종으로 증명이 되었다. 우리의 그 어떤 행위도 하나님께서 보실 때 인정받을 만한 궁극적인 칭의(ultimate justification)에 기여할 수 없다. 오직 예수님의 대속 사역의 공로(merit)로 우리가 하나님 앞에 의롭다고 인정된다. 바울이 행위로 구원을 받는 것은 어불성설이라고 주장한 것처럼, 야고보는 죽은 믿음에 의존하는 것도 동일하게 치명적이라고 주장한다. 여기서 야고보는 예수님을 구주로는 믿되 주님으로는 인정하지 않으려는 반율법주의의 모든 형태를 비판하고 있다. 지적인 신앙으로는 인격적이고 헌신적인 신앙으로 나아갈 수 없다는 말씀이다.[1945]

이와 같이 기생 라합이 사자들(*angelous*)을[1946] 접대하고 다른 길로 가게 하였을 때 행함으로

1944) A.D. 2세기 랍비들은 족장들의 공로 때문에 하나님이 홍해를 가르셨다고 보았다. 하지만 이 구절에서 야고보는 행위를 하나님의 역사를 위한 전제로서 제시하고 있지 않다(참고. 존 월튼, 2010:2010).

1945) 바울은 유대인에 의해서 구원의 조건으로 여겨졌던 '율법의 행위들'을 반대했지, 불신자와 구별되는 신앙의 행위를 반대하지 않았다.

1946) 야고보서 2장 25절의 '사자들'을 '천사들'로 오해하지 않도록 하기 위해서 C, K, L은 '정탐꾼들

의롭다 하심을 얻었지 않은가?(25절; 참고. 수 2:14-16). 여리고 점령 직전, 라합은 진정한 믿음을 행동으로 증명했다. "영혼 없는 몸이 죽은 것같이 행함이 없는 믿음은 죽은 것이니라"(26절). 현대 교회는 어떠한가? 신앙이 없이 인도주의적인 사랑의 실천만 강조하는 무리는 없는가? 아니면 신앙과 신조와 신학만 논하다가 결실을 소홀히 하는 교회는 없는가? 그것은 호흡이 없는 시체이다.

3. 오늘에의 적용

사람을 외모로 차별하지 말자.
행함으로 구원에 이르는 산 믿음 있음을 증명하자.

야고보서 3장

1. 본문 및 구조

- 혀를 통제하라(1-12)
- 하나님으로부터 오는 지혜의 특징(13-18)[1947)]

2. 구원 계시사적 메시지

2.1. 야고보서 3장 1–12절의 메시지

야고보는 성도의 믿음을 테스트하는 시험과 갈등 속에서 어떻게 성도가 지혜의 길을 걸을 수 있는가에 대해서 또 하나의 통찰력을 제공한다. 이를 위해서 신앙과 말의 관계에 12절이나 할애하기에, 이것이 아주 중요한 주제임을 암시한다(참고. 약 1:19, 26). 즉 성도가 어떻게 교회 안에서 말을 통제하여야 하는가의 중요성을 말씀한다. "선생 된 자가 더 큰(즉 엄격한) 심판을 받을 줄 알고 많이 선생이 되지 말라"(1절). 선생의 책임감은 학생보다 더 크다. 선생은 진리를 연구하고 가르침에 있어서 능력을 갖추어야 하지만 동시에 책임감도 더 크다. 마태복음 5장 19절에 의하면, 초대 교회에서 선생은 존경받는 지위였다. 그러므로 선생은 말에 있어서 부주의

을'(*kataskopous*)로 표기한다(참고. 히 11:31; 보라. 매츠거, 2005:591).

1947) 야고보서 3장 1절-4장 12절은 ABA 구조를 가진다. A. 혀의 위험성(3:1-12). B. 해결책: 위로부터 오는 지혜(3:13-18). A. 혀의 위험성(4:1-12). 주요 이슈는 불화(dissension)의 문제(4:1)와 비방이다(3:9, 4:11). 선생으로부터 시작하여(3:1), 교회의 전체 지체를 포함한다(3:6; 참고. ESV Study Bible, 2008:2395).

하고 실수가 없어야 한다. 선생은 말로써 학생에게 상처를 줄 수 있기 때문이다. 마태복음 12장 36절에서 예수님은 부주의한 말에 대해서 심판날에 심판을 받을 것이라고 말씀한다.

"우리가 다 실수가 많으니 만일 말에 실수가 없는 자면 곧 온전한 사람이라. 능히 온몸도 굴레 씌우리라"(2절; 참고. 잠 11:9; 12:18; 18:21). 선생의 가르침에 실수가 있는 것을 보고, 사람들은 선생이 되겠다는 의지를 꺾고 만다. 선생만 말에 조심할 것이 아니라 모든 성도가 그러해야 한다(참고. 마 12:36). 야고보는 그 당시 가장 강력한 기구 중 하나였던 말을 예로 든다. "우리가 말들(horses)을 순종케 하려고 그 입들(*ta stomata*)에 재갈을 먹여 온몸을 어거한다"(3절).[1948] 긍정적으로 통제된 언어는 마치 굴레가 씌워지고 주인의 통제하에 있는 말[馬]처럼 유용한 목적에 사용된다.

저자는 A.D. 1세기에 가장 거대한 동력 기구였던 배를 예로 든다. "또 배를 보라. 그렇게 크고 광풍에 밀려가는 것들을 지극히 작은 키(rudder; 흥미롭게도 그 당시 키는 혀 모양이었음)로 사공의 뜻대로 운전하나니 이와 같이 혀는 작은 지체로되 큰 것을 자랑하도다. 보라. 어떻게 작은 불이 어떻게 많은 나무를 태우는가. 혀는 곧 불이요 불의(evil)의 세계라. 혀는 우리 지체 중에서 온몸을 더럽히고 생의 바퀴를 불사르나니 그 사르는 것이 지옥불에서 난다"(4-6절). 야고보는 혀처럼 작은 것이 큰 영향력과 결과를 초래할 수 있음을 다양한 은유(배의 키, 독사의 독, 불)로 말하고 있다. 통제되지 않은 혀는 통제할 수 없는 불길과 같다(참고. 시 39:1-3, 120:3-4; 잠 16:27, 26:21). 중상, 거짓말, 비방, 희롱의 말, 원망, 그리고 험담과 같은 악한 말들은 사람의 인격 전체를 더럽히고 망하게 한다. 이런 말을 하면 마치 지옥불에서 나는 것처럼 그 결과가 돌이킬 수 없을 정도로 심각하고 사탄의 유혹에 넘어간 것이다.

"여러 종류의 짐승과 새며 벌레와 해물은 다 길들므로 사람에게 길들었거니와 혀는 능히 길들일 사람이 없나니 쉬지 아니하는 악이요 죽이는 독이 가득한 것이라"(7-8절).[1949] 혀를 길들이는 것은 야수를 길들이는 것보다 더 어렵다. 그만큼 말로 짓는 죄를 억누르기 힘든다. 말은 독사의 독과 같은 것이 가득한 것이다. 마치 에덴동산에서 사탄이 아담과 하와를 말로 속여서 인간을 죄악으로 빠뜨린 것처럼 파괴적인 말은 그러하다.

"이것으로 우리가 주님과 '아버지를'(참고. 다수 사본은 '하나님을') 찬송하고 또 이것으로 하나님의 형상대로 지음을 받은 사람을 저주하나니 한 입으로 찬송과 저주가 나는도다. 내 형제들아 이것이 마땅치 아니하니라"(9-10절). 말로 사람을 저주하는 것은 그 형상을 주신 하나님 자신을 저주하는 것이다. 하나님의 형상을 지닌 사람을 무시하고 저주하며 비방하는 동시에 하나님을 찬송하는 것은 어불성설이다. 일구이언, 표리부동을 경계하자.

"샘이 한 구멍으로 어찌 단물과 쓴물을 내겠느뇨. 내 형제들아 어찌 무화과나무(*syke*)가 올리브 열매들(*elaia*)을, 포도나무가 무화과 열매들을 맺겠느뇨. 이와 같이 짠물이 단물을 내지 못한

1948) 다수 사본은 야고보서 3장 3절의 첫째 단어에 *ide*(보라!)를 쓴다. 이것은 유사한 발음의 *ei de*(and if)를 혼동한 결과이다. 또한 뒤따르는 4절과 5절의 *idou*에 동화된 결과이다(참고. 매츠거, 2005:592).

1949) 야고보서 3장 8절에 '통제할 수 없는'(*akataschton*, C, 다수 사본, 바른 성경)과 '쉬지 않는'(*akatastaton*, 시내 산, A, B, K, P, 개역개정판, UBS 4판)이라는 두 표현이 있다. 사본상의 무게는 후자에 있다.

다"(11-12절; 참고. 마 7:16). 적용해 보면, 개 교회에서 가르치는 위치에 있는 사람을 선발할 때 신중하여야 하고, 잘 교육하여 임직할 수 있어야 한다. 말에 실수가 적은 자, 하늘의 지혜를 사모하여 그에 맞게 사는 자를 세우지 않으면, 야고보가 경고하는 어려움들이 예외 없이 일어날 것이다.

2.2. 야고보서 3장 13-18절의 메시지[1950]

"너희 중에 지혜와 총명이 있는 자가 누구뇨. 그는 선행으로 말미암아 지혜의 온유함으로 그 행함을 보여야 한다"(13절). 믿음을 행함으로 보이라고 말한 것처럼, 지혜를 선행 즉 경건한 삶으로 증명하라고 권면한다. (하늘에서 주어진) 지혜 있는 자의 표시는 겸손과 온유이다. 겸손과 지혜가 같이 가는 것처럼, 교만과 어리석음도 같이 간다. 지혜는 생명과 겸손을 강화한다. 하늘에서 온 지혜를 받은 사람은 겸손하다. 반대로 배운 사람이 교만한 것은 하늘의 지혜를 받지 못했기 때문이다.

"그러나 너희 마음속에 독한 시기(*zelos*)와[1951] 다툼(즉 이기적인 야망)이 있으면 자랑하지 말라. 진리를 거스려 거짓하지 말라"(14절). 사탄이 그 배후에서 역사하는 세상적인 지혜가 만들어 내는 시기와 다툼은 영혼에게 독처럼 해롭다. 왜냐하면 자기중심적인 야망만 추구하기 때문이다. 이런 악은 어리석음에서 일어난다. 따라서 참된 지혜의 결과인 이웃을 사랑하는 겸손과는 거리가 멀다.

"이러한 지혜는 위로부터 내려온 것이 아니요 세상적이요 정욕적(육욕적)이요 마귀적이니 시기와 다툼이 있는 곳에는 요란과 모든 악한 일이 있음이니라"(15-16절). 하늘에서 내려오는 지혜와 달리, 세상적이고 정욕적인 지혜는 마귀의 역사이다. 마귀의 역사로 일어나고 유전되는 정욕적이고 분쟁적이고 이기적인 세상의 지혜는 세상 교육으로 되는 것이 아니라, 오직 성령의 능력으로 파해진다. 성령께서 우리의 지정의를 온전히 통제하고 변화시켜 주셔야 한다.

오직 위로부터 난 지혜는 첫째 성결하고, 다음에 화평(peace-loving; 다투지 않음)하고, 관용하고(considerate; 다른 사람의 감정을 헤아리고 신중하다), 양순하며(submissive), 긍휼(full of mercy)과 선한 열매가 가득하고, 편벽(차별)과 거짓이 없나니, 화평케 하는 자들은 화평으로 심어 의의 열매를 거둔다(17-18절). 지혜의 근원이신 하나님의 은사로 주어지는 지혜는 하나님의 성결을 반영한다. 그리고 사람과의 관계 속에서도 성령의 열매와 같은 결실을 맺는다. 미덕을 씨와 열매로 보는 것은 잠언 11장 18절과 이사야 32장 17절에서 볼 수 있다. 하나님의 지혜를 받은 사람은 수직적, 수평적인 관계에서 성령의 사람으로 자라간다.[1952]

1950) ESV Study Bible(2008:2396)은 이 단락을 '두 도시의 이야기'(the tale of two cities)라고 부른다. 이 명칭은 하늘의 지혜와 이 세상의 지혜를 대조하는 차원이다.

1951) 열심당의 '열심'과 같은 명사이다.

1952) 야고보서 3장 7-8절의 '창조 주제'를 살펴보자. 야고보서의 중요한 주제 중 하나는 혀의 적절한 사용이다. 야고보서 3장은 혀의 통제에 관해 권면한다. 야고보서 3장 7-8절은 야고보의 성경 신학과 창세기의 앞부분의 몇 장들의 창조적인 사용의 다른 예를 보여준다. 비록 야고보서의 동물들의

3. 오늘에의 적용

언어에 있어 덕을 세우자.
하나님으로부터 오는 지혜를 사모하자.

야고보서 4장

1. 본문 및 구조

- 하나님으로부터 오는 지혜의 특징(1-10)
- 비방(11-12)
- 교만에 대한 경고(13-17)

2. 구원 계시사적 메시지

2.1. 야고보서 4장 1-10절의 메시지

수신자들 간에 다툼이 있었다. 이 다툼은 야고보 3장에서 언급된 혀를 잘못 사용한 결과가 아닌가? 너희 중에 싸움(*polemoi*, wars)과 다툼(*machai*, fightings)이 어디에서 나오는가? 너희 지체 중에서 싸우는 정욕에서 나온다(1절). 신자들 간의 반목과 적대와 불화와 다툼은 전쟁과 같다.

순서가 창세기의 그것과는 다르지만 야고보서 3장 7절은 창세기 1장 26-28절의 문화명령을 분명히 암시한다. 야고보서에는 파충류(reptiles)를 포함한다. 이 두 본문들은 인간의 하위 피조물에 대한 통치와 관련된다. 하지만 야고보서는 주목할 만한 변형을 보인다. 지속적인 프로젝트로서의 '지배명령'(dominion mandate)을 고려하는 대신에, 야고보는 말하기를 그것이 완성되었다고 한다. 하늘과 땅과 바다의 모든 동물들은 인간의 통제 아래 다 들어와 있다. 심지어 뱀과 같은 파충류도 예외는 아니다. 비록 창조 명령이 완성되었지만 인간은 그의 독기 가득한 혀를 아직 다스리지 못한다(8절). 야고보는 몇몇 동물들이 아직 길들여지지 않았음을 인정한다. 그러나 요점은 성도의 지배의 참된 특성에 주의하는 것이다. 불의한 자들은 종종 낮은 피조물을 다스리지만, 정작 자신의 죄를 다스리지는 못한다. 그리스도와 함께 죽고 일어남으로써 성도는 죄의 통치로부터 자유롭게 되었고 거룩과 성결 가운데 살도록 부활의 권능을 받았다. 가장 중요한 지배는 작은 피조물에 대한 지배가 아니라 육체에 대한 지배이다. 혀를 다스리는 것이 성령님의 통치의 주요 명시 가운데 하나인 것을 야고보는 암시한다. 사람의 통치의 첫 행위는 혀와 관련 있다. 짐승의 이름을 명명한 것과 사람의 타락도 혀와 관련 있다. 아담은 뱀이 하와를 유혹할 때 방관했으며 중단시키지 못했다. 그 후 아담은 하나님께 거짓말을 했다. 따라서 야고보는 인간의 삶을 지시함에 있어서 하나님의 말씀의 인간 이미지인 혀의 위치를 반영한다. 빛들의 아버지는 말씀으로 세상이 존재하도록 하셨다. 하지만 사람은 범죄로 그것을 타락시켰다. 이 모든 것은 창세기 1-3장의 강력한 신학적인 반영을 보여준다(참고. Jordan, 1992:1-4).

아마 싸움은 계속적인 적대 관계를, 다툼은 가끔씩 터지는 싸움을 가리키는 듯하다. 복수형으로 묘사되어 성도 간의 분쟁이 복합적이고 다양함을 암시한다. 그러므로 무서운 결과를 가져올 수 있기에, 반드시 빨리 종식되어야 하고, 발생하면 안 된다는 것을 강조한다. 그리스도의 한 몸의 지체들이 서로 싸우는 것은 얼마나 어처구니없는 일인가? 야고보는 야고보서 3장 13-18절에서 육감적이고 마귀적이며 세상으로부터 오는 지혜는 인간 관계를 깨뜨리는 것으로 설명했다. 무엇을 얻고자 하는 욕심(정욕)은 교회 안에서 일어나는 싸움의 원인이다. 개인을 넘어 국가적인 차원에서도 욕망 곧 이기적인 욕심이 분쟁의 씨앗이 되고 있다. 이런 다툼은 욥의 고백과 상충한다. "주님을 경외함이 곧 지혜요 악을 떠남이 명철이다"(욥 28:28). 성도가 싸우는 것은 자기의 욕망이 성령으로 통제되지 않기 때문이며, 신앙이 미성숙되어 있기 때문이며, 자기 의에 충만하기 때문이다.

"너희가 욕심을 내어도 얻지 못하고, 살인하며 시기하여도 능히 취하지 못하나니, 너희가 다투고 싸운다. 너희가 얻지 못함은 구하지 않기 때문이다(참고. 잠 10:24; 마 6:11). 구하여도 받지 못함은 정욕에 쓰려고 잘못 구하기 때문이다"(2-3절). 여기서 '살인하다'는 말은 실제로 성도 간에 살인이 있다는 의미가 아니라, 야고보가 성도의 분쟁을 묘사할 때 전쟁 이미지를 사용하기에 등장하는 표현이다.[1953] 자기의 욕망을 충족시키기 위해서는 끔찍한 일도 저지를 수 있다는 것이다(참고. 왕상 21장). 성도가 무엇을 얻는 방법은 정욕(욕심)이 아니라 기도하는 것이다(참고. 마 7:7-11). 욕심을 추구하며 싸우면 결국 모두 잃고 만다. 여기서 기도의 본질이 드러난다. 기도는 우리가 원하는 것을 하나님으로부터 얻어내는 것이 아니라, 하나님께서 우리에게 주시기를 원하시는 바를 우리가 알고 바로 그것을 우리도 원하게 되는 것이다. 그러므로 기도할 때 우리의 정욕대로 구하면 안 된다. 의심의 기도뿐 아니라(참고. 약 1:5), 정욕적인 기도도 응답되지 않는다. 정욕을 따라 성도가 분쟁하는 것은 하나님과의 관계에서 원수지간처럼 뒤틀려 있기 때문이다. 하나님과 원수가 되어 교제가 막혔기에, 우리가 구할 수도 응답받을 수도 없는 것이다.

"간음하는 여자들이여(*moichalides*),[1954] 세상과 벗된 것이 하나님의 원수임을 알지 못하느냐? (참고. 호 1-3장; 약 2:23), 그런즉 누구든지 세상과 벗이 되고자 하는 자는 스스로 하나님과 원수가 되는 것이다"(4절). '간음하는 여자들'은 기혼 여자들 중에서 정조를 지키지 않는 여자들을 가리킨다. 그러나 비유적으로 예수님과 결혼한 신부 된 교회 중에서 세상과 짝하는 사람들을 가리킨다(참고. 사 54:5; 렘 2:1-3; 겔 16:8; 호 2:14-20; 롬 7:1-6; 고후 11:2; 엡 5:22-33; 계 19:7). 마귀에 의해 지배되고 하나님을 대적하는 세상과 짝하는 것은 정욕과 관련된다. 세속주의는 십계명 중 제1계명이 금하는 것으로서, 영적인 간음이다.

"하나님이 우리 안에(*en hemin*; 참고. 바른 성경은 '너희 안에'로 잘못 번역함) 거하게 하신(*katokisen*, *katoikizo*[거하게 하다]의 아오리스트 능동 직설 3인칭 단수)[1955] 성령님이 시기하기까

1953) 일종의 생생한 수사학적 과장법이다(참고. 존 월튼, 2010:2013).

1954) 시내 산 2판과 다수 사본은 '간음하는 남자들아(*moichoi*) 그리고 간음하는 여자들아!'로 쓴다. 하지만 짧은 표현이 사본상의 지지를 더 받는다.

지 사모한다 하신 말씀을 헛된 줄로 생각하느뇨? 그러나(선택, 화목, 성령의 내주의 은혜에 덧붙여 주시는) 더욱 큰 은혜를 주시나니 그러므로 하나님은 교만한 자를 물리치시고 겸손한 자에게 은혜를 주신다 하였느니라"(5-6절). 야고보는 질투하시는 하나님이라는 구절(참고. 출 20:5, 34:14; 신 4:24, 5:9, 6:15; 겔 39:25; 슥 1:14, 8:2)과 성령이 우리 안에 내주하신다는 구절(참고. 롬 8:9; 고전 3:16, 6:19-20)을 결합하여 '성경이 말하기를'이라는 표현을 사용한다. "성령님이 시기하신다"는 말씀은 질투하시는 하나님을 달리 표현한 것이다. 교회가 하나님을 온 마음과 목숨을 다해 사랑하지 않으면 하나님은 질투하신다. 우리 안에 거하시는 성령은 이러한 질투심으로 우리를 사랑하시는 것이다. 인격적인 성령님께서 질투하시기까지 우리를 사랑하는데 우리가 세상과 짝해서 되겠는가? 야고보는 6절에서 해결책을 제시한다. 성도는 회개와 겸손을 통해서 더 큰 은혜를 받을 수 있으며, 정욕을 이기고 신자들 간의 분쟁도 해결할 수 있다는 것이다. 성도는 예수님의 겸손을 본받아야 한다. 교만은 패망의 선봉이다.

"그런즉 너희는 하나님께 순복할지어다. 마귀를 대적하라. 그리하면 너희를 피할 것이다"(7절; 참고. 눅 4:13; 고전 10:13). '순복하다'는 말씀은 하나님의 능력을 신뢰하고 우리 자신을 위임하는 것이다. 하나님께 순복하면 하나님과 원수 된 것이 사라지고, (마귀적이고 정욕적인) 세상과 원수가 되게 한다. 하나님께 순복하는 것이야말로 교회 안의 갈등을 치유하는 방법이다. 문맥적으로 볼 때, 이 구절의 메시지는 다음과 같다. 성도 사이의 갈등과 분쟁은 근원적으로 하나님과의 갈등을 치유함으로 해결된다. 하나님께 순복하는 겸손한 자는 사탄을 대적한다. 분쟁과 교만과 정욕을 유발하는 사탄의 기만적인 전술을 분별하고 물리친다. 하나님이 우리 안에 친밀히 거하시고 가까이 오시면 마귀는 도망간다.

"하나님을 가까이하라. 그리하면 너희를 가까이하시리라. 죄인들아, 손을 깨끗이 하라. 두 마음을 품은 자들아, 마음을 성결케 하라"(8절; 참고. 출 30:18-19; 시 24:3-4). 하나님은 편재하시는 분이시다.[1956] 그러나 성도가 하나님을 가까이하지 못하는 것은 세상을 가까이하기 때문이다. 두 마음이란 하나님과 사탄 사이에서 주저하는 성도의 상태를 가리킨다. 성도의 회개를 강조하는 가운데 사용된 표현인, '손'은 죄악 된 외면을, '마음'은 죄악 된 내면을 의미한다.

1955) 야고보서 4장 5절에서 다수 사본은 자동사 *katokesen*(*katoikeo*의 아오리스트 능동 직설 3인칭 단수, '우리 안에 거하시는 성령님')을 지지한다. 타동사가 사본상의 지지를 더 받는다.

1956) 유비쿼터스 예수님(the ubiquitous Jesus)을 살펴보자. '유비쿼터스'는 하나님의 편재하심을 설명할 때 사용된 용어이다. 우리는 무소부재하시는 하나님을 믿는다(참고. 시 138:6-8, 139:5, 8-10). 즉 어디에나 계시는 하나님, 편재하시는 하나님을 믿는다. 두말할 필요 없이, 무소부재하시는 하나님의 강력하신 임재는 예배 가운데 나타난다. 우리의 삶의 중심인 '예배'는 시공간을 초월한 하나님의 현존을 천군 천사와 이미 하나님의 품에 안긴 성도와 함께 누리는 것이다(히 12:22-24). 성찬(the holy communion)도 마찬가지다. 보이는 말씀 선포(visible preaching)인 성찬은 무엇인가? 144,000명 즉 구약의 12지파와 신약의 12제자로 상징되는 모든 시대의 선택한 백성을 위해 주님 자신의 살과 피를 제공하시는 보이지 않으신 그리스도의 영적 임재(the spiritual presence of the invisible Christ in/with/for his chosen people)가 충만한 생명 잔치이다. 무소부재하신 예수님은 임마누엘하시는 분이신데 다양한 방식으로 역사하신다.

"슬퍼하며 애통하며 울지어다. 너희 웃음을 애통으로, 너희 즐거움을 근심으로 바꿀지어다"(9절; 참고. 레 23:29; 사 15:2; 렘 6:26). 회개는 심령을 찢고 주님께로 돌아오는 진지한 작업이다. 그러므로 진정으로 회개하는 자는 웃을 수 없고, 즐거워할 수 없다. 대신 성령이 주시는 근심을 하고, 죄악을 미워하고 애통해한다. 진정한 회개는 입으로 하는 것이 아니다. "주 앞에서 낮추라. 그리하면 주께서 너희를 높이시리라"(10절). 어쩔 수 없는 환경에 처한 후에 겸손히 낮추는 것이 아니라, 자발적으로 스스로 낮추는 겸손이 필요하다.

2.2. 야고보서 4장 11-12절의 메시지

"형제들아 피차에 비방하지 말라. 형제를 비방하는 자나, 형제를 판단하는 자는 곧 율법을 비방하고 율법을 판단하는 것이라. 네가 만일 율법을 판단하면 율법의 준행자가 아니요 재판자로다"(11절; 참고. 레 19:16; 시 50:20; 렘 6:28; 롬 1:30; 고후 12:20). 야고보는 교만하지 말고 겸손하라고 말하다가 왜 비방하지 말라고 말하는가? 이유는 비방하는 것은 교만할 때 나타나는 현상이기 때문이다. 이처럼 야고보서에는 다양한 주제가 마치 무분별하게 나열되는 느낌이 있지만, 대부분의 경우 전후 문맥은 논리적으로 연관성을 가진다. 비방하는 것(speak against)은 형제를 원수로 삼아 깎아내리는 것이다. 사실을 말할 때도 남을 무시하며 말한다면 그것은 비방하는 것이 된다. 언어생활에 지혜로움이 요청된다. '형제들아'라고 말함으로 그리스도 안에서 동등한 입장에 서 있는 성도를 무시하지 말 것을 암시한다. 비방하는 것은 참소자인 사탄의 주특기이다. 그런데 형제를 비방하고 판단하는 것이 어떻게 율법을 비방하고 판단하는 것이 되는가? 율법의 핵심과 최고의 법은 사랑의 실천이다(참고. 약 2:8). 그러므로 비방하는 것은 피차 사랑하라는 율법의 핵심을 무시하는 것이다. 형제를 비방하면 우리가 율법을 준행하는 자가 아니라 판단하는 자임을 드러내는 것이다. 더 나아가 율법을 주신 하나님을 대적하는 것이다.

"입법자(*nomothetes*)와 재판자(*krites*)는 오직 한 분이시니, 능히 구원하기도 하시며, 멸하기도 하시느니라. 너는 누구관대 이웃(내 몸처럼 사랑해야 할 대상인 형제)을 판단(비방)하느냐?"(12절) 율법을 주신 하나님만 판단하실 수 있다(참고. 시 9:19; 사 2:4). 율법은 하나님의 뜻을 드러내는 규범이다. 따라서 성도가 하나님의 율법과 명령을 준행하면 위로부터 주어진 지혜를 따라 사는 것이 된다. 이처럼 형제와 자매를 비방하는 것은 율법을 주신 하나님의 자리에 앉아 재판하는 무서운 교만의 죄이다.

2.3. 야고보서 4장 13-17절의 메시지

야고보는 억압을 받는 사람에게 조언을 한 후, 즉시로 억압하는 자에게 방향을 돌린다. "이제 들어라(*age nyn*).[1957] 너희 중에 말하기를 오늘이나 내일이나 우리가 아무 도시에 가서 거기서 일 년을 유하며 장사하여 이를 보리라(make money)하는 자들아, 내일 일을(*to tes aurion*)[1958]

1957) '이제 들어라'(Now listen!)나 혹은 지금 가라(Go now!)는 평범한 논증의 진행 방식으로서, 가상의 대적에게 말하거나 가혹한 풍자의 서론으로 사용되었다(참고. 존 월튼, 2010:2015).

너희가 알지 못하는도다. 너희 생명이 '무엇이뇨'(*poia*, 어떤 종류의). 너희는 잠깐 보이다가 없어지는 안개(*atmis*)니라"(13-14절). 우리는 안개와 같이 한계성을 지닌 존재이기에, 마치 시간과 장소와 일의 성패를 우리 자신이 쥐고 있는 것처럼 교만하게 행할 수 없다. 사람이 내일 일도 알지 못하는데, 어찌 장차 진행될 일 년 동안의 사업을 알 수 있으리요. 하나님의 주권을 인정하지 않는 것은 어리석은 일이며 동시에 교만이다. 남을 비방하는 것과 마찬가지로 자기 자랑도 하나님의 은혜를 받지 못하게 하는 것이다.

"너희가 도리어 말하기를 주의 뜻이면(God willing; 참고. 행 18:21; 고전 4:19, 16:7; 히 6:3) 우리가 살기도 하고 이것저것을 하리라 할 것이라고 해야 한다. 그런데 너희가 허탄한 자랑을 자랑하니 이러한 자랑은 다 악한 것이다. 이러므로 사람이 선을 행할 줄 알고도 행치 아니하면 죄다"(15-17절). 사람이 안개와 같은 존재이라고 해서, 허무하게 일손을 놓아버리는 일이 없어야한다. 그리고 방탕하게 먹고 마시고 쾌락적으로 살아서도 안 된다. 대신 하나님의 뜻을 따라서 살아야 한다. 살아 있는 동안 주의 뜻을 행하는 것이야말로, 우리 삶의 주권을 하나님께서 쥐고 계심을 인정하는 것이다. 우리는 "영원히 살 것처럼 일하고 내일 죽을 것처럼 살아야 한다." 성도는 하나님의 뜻을 행하되, 자신의 연약성을 인정하고 고백해야 한다. 그렇지 않을 때 허탄한 자랑을 늘어놓게 된다(참고. 고후 11:30, 12:5, 9). 우리의 한계성을 인식하는 가운데 일과 사업을 하되, 하나님의 주권을 인정하면서 해야 하는 것은 선이다. 그러나 이것을 알고도 이 원칙대로 행치 않는 것은 악한 일이다. 즉 무엇이 하나님의 뜻인지 알고도 행함이 없는 것을 다시 한 번 지적하고 있다. 그러므로 죄는 적극적인 개념인데, 믿음으로 알면서도 그 원칙대로 실천하지 않는 것을 포함한다. 따라서 성도의 삶이 더욱 능동적이고 실천적이어야 함을 강조하면서 결론 짓고 있다.

3. 오늘에의 적용

지혜의 자녀답게 바른 행실을 갖추자.
남을 비방하지 말고 교만하지도 말자.

야고보서 5장

1. 본문 및 구조

1958) A와 P사본은 '내일 일들을'(*ta tes aurion*) 즉 복수형으로 표기한다(참고. 잠 27:1 LXX), 하지만 단수형이 더 지지를 받는다.

- 부자를 향한 경고(1-6)
- 인내(7-11)
- 최종 권면(12-20)

2. 구원 계시사적 메시지

2.1. 야고보서 5장 1–6절의 메시지

야고보서 5장은 크게 두 부분으로 나누이는데, 1-12절에서는 부자에 대한 경고를, 13-20절은 병든 자를 위한 기도를 언급한다. 독자의 주의를 환기시키는 '보라'라는 말이 4, 7, 9, 11절에서 사용된다. "들으라, 부한 자들아, 너희에게 임할 고생(2-3절에 나타난 비참함이다; 참고. 미 2:3-4)을 인하여 울고 통곡하라"(1절).[1959] 부자에게 주는 경고와 권고의 말씀은 반복적으로 나타난다(참고. 약 1:10-11, 2:1-13). 성경은 부자를 그 자체로 비난하지 않는다. 잠언 10장 22절에 의하면 물질적인 소유는 여호와께서 주시는 복으로 설명된다. 하지만 야고보는 부자가 일반적으로 가난한 자를 착취하고 그들의 필요를 무시할 가능성이 있음을 경고한다. 그럴 경우 하나님의 심각한 심판을 받게 된다(참고. 눅 6:24).

"너희 재물은 썩었고, 너희 옷은 좀 먹었으며, 너희 금과 은은 녹이 슬었으니, 이 녹이 너희에게 증거가 되며, 불같이 너희 살을 먹으리라. 너희가 말세에 재물(혹은 심판)을 쌓았다"(2-3절; 참고. 마 6:19). 죄악 된 방식으로 축적한 부는 하나님의 심판의 원인이 된다. 불의한 부자들이 어떻게 부를 축적했는가? 4절이 실례를 제시한다. "보라, 너희 밭에 추수한 품꾼에게 주지 아니한 삯이 소리 지르며 추수한 자의 우는 소리가 만군의 주의 귀에 들렸느니라"(4절).[1960] 임금은 정당한 시간 안에 지급되어야 한다(참고. 레 19:13; 신 24:14-15). "너희가 땅에서 사치하고 연락하여 도살의 날에 너희 마음을 살지게 하였도다"(5절). 이러한 부자는 마치 도살 직전에 잘 먹여서 살찌게 된 짐승과 같다. 불신자들의 부는 결국 저주로 변할 것인데, 이유는 모든 것이 하나님의 공급임에도 불구하고 감사함으로 받지도 않고, 그 출처이신 주님을 인정하지 않기 때문이다. 하나님 없는 부를 축적한 사람은 그 부에 만족하고 도취되어 있어서 다가오는 심판을 잘 잊어버린다.

"너희가 옳은 자(의인들)를 정죄하였도다. 또 죽였도다. 그는 너희에게 대항하지 아니하였느니라"(6절). 정죄하고 죽이는 행위는 문자적 혹은 상징적으로 해석 가능하다. 권력의 부당한 사용은 가난한 자를 축출시켜 버렸다. 그리고 상징적으로 가난한 자의 임금을 부당하게 빼앗는 것은 그들을 죽이는 것이나 마찬가지다.

1959) 1절은 하나님의 심판과 주의 날에 직면할 사람에게 주는 '예언적 용어'이다(참고. 사 13:6, 15:3; 호 7:14; 암 8:3).

1960) A.D. 2세기에 지주들은 가난한 자가 주울 이삭조차도 남겨 놓지 않았는데, 유대 교사들은 이 현상을 비판했다(참고. 레 19:9-10, 23:20; 보라. 존 월튼, 2010:2016).

2.2. 야고보서 5장 7-11절의 메시지

"그러므로 형제들아 주의 강림(*parousia*)하시기까지 길이 참으라. 보라, 농부가 땅에서 나는 귀한 열매를 바라고 길이 참아 이른비(파종 후의 가을비)와 늦은비(추수 전의 봄비)를[1961] 기다린다. 너희도 오래 참아 너희 마음을 굳게 하라. 왜냐하면 주님의 강림(*he parousia tou kyriou*)이 가깝기 때문이다(*engiken*)"(7-8절). 여기서 추수는 심판 날과 연관 있다. 야고보는 인내를 하늘로부터 임하는 지혜의 다른 측면으로 소개한다. 누가복음 18장 1-8절에 의하면, 하나님은 결국 불의의 세력인 교회의 대적을 심판하실 것이다. 그러므로 성령으로 하는 인내가 필요하다. 구체적으로 야고보서의 수신자들은 부자들의 착취를 인내해야 한다.

"형제들아, 서로 원망하지 말라. 그리하여야 심판을 면하리라. 보라 심판자가 문 밖에 서 계시니라"(9절). 이 구절은 예수님의 임박한 재림을 가리킬 수도 있지만, 각자에게 임하는 주님의 심판의 임박성을 일차적으로 강조하는 것으로 보인다. "형제들아, 주의 이름으로 말한 선지자들로 고난과 오래 참음의 본을 삼으라"(10절). 선지자들이 주님의 이름으로 말씀을 선포했을 때 고난은 당연한 것이었다. 이것을 본받아 부자에게 착취당하는 가난한 성도는 인내해야 한다. "보라, 인내하는 자를 우리가 복되다 하나니 너희가 욥의 인내를 들었고 주께서 주신 결말을 보았거니와 주는 가장 자비하시고 긍휼히 여기는 자시니라"(11절).

2.3. 야고보서 5장 12-20절의 메시지

"내 형제들아, 무엇보다도 맹세하지 말지니, 하늘로나 땅으로나 아무 다른 것으로도 맹세하지 말고 오직 너희의 그렇다 하는 것은 그렇다 하고 아니라 하는 것은 아니라 하여 죄 정함을(심판을, 참고. 9절) 면하라"(12절). 12-19절에서 야고보는 공동체 안에서 지켜야 할 몇 가지 결론적인 권면을 준다. 거짓 맹세(false oaths and vows)란 천박한(frivolous) 맹세를 가리킨다. 야고보서의 수신자들 가운데 착취당하는 상황 속에 있던 자들은 그것을 극복하기 위해서 경솔하게 맹세를 할 가능성이 있었을 것이다. 야고보는 이 사실을 경계시키고 있다. 결혼과 세례 시에 하는 것과 같은 정당한 맹세를 금하는 것은 아니다. 성도 사이의 천박한 맹세는 관계를 깨고 만다. 여기서도 야고보는 성도의 언어 생활에 있어서의 진실성을 강조한다.

"너희 중에 고난당하는 자가 있느냐, 저는 기도할 것이요. 즐거워하는 자가 있느냐, 저는 찬송할지니라"(13절). 고난을 통과하기 위해서는 기도해야 하고, 즐거울 때는 그 근원에 하나님이 계심을 알고 찬송해야 한다. 성도가 할 수 있는 것은 오직 기도와 (감사)찬송인데, 이 둘은 동전의 양면이다. "너희 중에 병든 자가 있느냐 저는 교회의 장로들을 청할 것이요 그들은 주님의 이름으로(*en to onomati tou kyriou*; 시내 산, 다수 사본이 지지함)[1962] 기름(상징적으로

1961) 야고보서 5장 7절에서 다수 사본은 '비'(*hyeton*)를 추가한다. 파피루스 74와 B 사본은 '이른 그리고 늦은'(*proimon kai opsimon*, the early and latter)으로 표기한다.

1962) 1356번 성구집(lectionary)은 '주 예수님의 이름으로'로 쓴다. 그리고 소문자 사본 6번은 '예수 그리스도의 이름으로'로 표기한다. B사본은 '주님의'를 생략한다. 하지만 '주님의 이름으로'가 옳다.

하나님의 치유의 능력을 가리킴)을 바르며 위하여 기도할지니라"(14절). 주님의 이름을 부르고, 기름을 바르고, 기도하는 것은 초대 교회가 병자를 치유하는 관례를 반영하는 것으로 보인다. 장로와 중보 기도에 대해서는 성경적 근거가 많다(참고. 행 14:23; 딛 1:5; 집회서 38:9; '치료제로서의 감람유': 막 6:13; 눅 10:34).[1963)]

"믿음의 기도는 병든 자를 구원하리니 주께서 저를 일으키시리라. 혹시 죄를 범하였을지라도 사하심을 얻으리라"(15절). 중보기도(intercessory prayer)는 성도가 피차 하나님을 의지하는 표현이다. 이것은 로마 가톨릭이 죽음 직전의 신도에게 행하는 기도를 가리키지 않는다. 모든 병이 범죄의 대가와 결과가 아니다(요 9:2-3). 물론 그러한 경우가 있다(참고. 고전 11:29-30). 그런 경우 육체의 질병의 치유는 영적 질병인 죄의 치유까지 나아가야 한다.

"이러므로 너희 죄를 서로 고하며 병 낫기를 위하여 서로 기도하라. 의인의 간구(*deesis*, entreaty)는 역사하는(*energeo*) 힘이 많다"(16절). 여기서 야고보는 일상적인 상황 속에서 성도가 서로 죄를 고백하라고 말하는 것이 아니다. 죄가 병을 일으키는 것과 같은 특정한 상황 속에서 교회의 장로들에게 죄를 고하라는 말씀이다. "엘리야는 우리와 본성(성질과 심성)이 같은 사람이었으나 비오지 않기를 간절히 기도하니, 삼 년 육 개월 동안 땅에 비가 아니 오고, 다시 기도하니 하늘이 비를 주고 땅이 열매를 내었다"(17-18절; 참고. 왕상 17-18).[1964)] 17절의 '간절히 기도하니'는 일종의 의역이다. 왜냐하면 여성 단수(수단과 방식의) 여격 명사 *proseuche*(기도)와 아오리스트 중간 디포넌트 직설법 3인칭 단수 동사 *proseuksato*(기도했다)가 사용되지, '간절히'(earnestly)라는 부사는 없기 때문이다. 하지만 하나의 명사와 동일한 의미의 동사가 반복되는 것은 강조적 표현이기에 이 의역은 정당하다.[1965)]

"내 형제들아, 너희 중에 미혹하여 그 진리를 떠난 자를 누가 돌아서게 하면, 그가 알 것은(*ginosketo hoti*)[1966)] 죄인을 미혹한 길에서 돌아서게 하는 자가(죄인의) 영혼(*psychen*)을 (영적인) 사망에서 구원하며 허다한 죄를 덮을 것이다"(19-20절; 참고. 잠 10:12).[1967)] 범죄 가운데 있는 자에게 그 죄를 깨닫고 회개하도록 도와주어야지, 감언이설로 그 죄악을 감싸기만 할 수 없다. 그리고 죄 가운데 빠진 자를 돌아서게 하는 일은 목회자만의 사명이 아니다. 모든 성도의 사명이

1963) 13-14절은 고난당하는 자(A), 즐거워하는 자(B), 병든 자(A)의 구조를 보인다(참고. ESV Study Bible, 2008:2399).

1964) '3년 반'을 다니엘 7장 25절, 12장 7절 그리고 요한계시록 11장 2절, 12장 6절, 13장 5절과 비교해 보라.

1965) 이것은 히브리어에서도 볼 수 있는 관용적인 표현이다. 예를 들어, 창세기 2장 17절의 "반드시 죽을 것이다"(바른 성경)는 히브리어로 *moth tamuth*(죽음을 죽을 것이다)인데, LXX은 *thanato* 수단 혹은 방식의 여격 명사) *apothaneisthe*로 번역했다. 비슷한 용례가 누가복음 22장 15절, 요한복음 3장 29절, 그리고 사도행전 2장 17절에도 나타난다(참고. Zerwick, 1963:21).

1966) 야고보서 5장 20절에서 B사본은 '너희가 알 것은' (*ginoskete hoti*; 현재 능동 명령 2인칭 복수)을 지지한다. 아마도 19절의 '나의 형제들아'의 수(number)를 고려한 것으로 보인다 (참고. 매츠거, 2005:596). 하지만 사본상의 지지를 보면 '그가 알 것은'(*ginosketo hoti*; 현재 능동 명령 3인칭 단수)이 옳다.

1967) 몇몇 소문자 사본들(181, 378, 614, 1518, 1765, 1898)과 시리아 역본은 20절 끝에 '아멘'을 추가한다. 소문자 사본 330번은 "영광이 그에게 영원히 있을지어다. 아멘"을 추가한다.

다. 서로 돌아보아야 한다. 성도는 사망에 빠진 자를 구원해야 하는데, '사망'은 영적인 의미에서는 참된 믿음에서 이탈하여 있는 것을 가리키고, 문자적 의미로는 심각한 죄악에 빠져 있어서 죽음에 이르는 병에 걸린 것을 가리킬 수 있다. 둘 다 적용 가능하다.

3. 오늘에의 적용

재산의 청지기로 살자.
고난 중에서 성령 충만하게 인내하자.
합심 기도하면서 기적과 신유의 역사를 사모하자.[1968]

1968) 물론 '신유와 기적 자체만'을 추구한다면 신비주의자가 되기 십상이다. 하지만 신앙은 신비롭다.

【 참고 문헌 】

- Adamson, J.B. *James*. Grand Rapids: Eerdmans. 1976.
- Bauer, W. *A Greek-English lexicon of the New Testament and other Early Christian literature*. Third edition(BDAG). Chicago: The University of Chicago Press. 2003.
- ESV Study Bible Wheaton: Crossway Bibles. 2008.
- Jordan, J.B. *Creation symbolism in the Epistle of James*. Biblical Horizons, 41:1-4. 1992.
- Ouw J.P. & Nida, E.A. *Greek-English lexicon of the New Testament based on semantic domains*. Cape Town: Bible Society of South Africa. 1993.
- Zerwick, M. *Biblical Greek*. Rome: Scripta Pontificii Instituti Biblici. 1963.
- 매츠거, B.M. 《신약 그리스어 본문 주석》. 제2판. 대한성서공회 성경원문연구소. 2005.
- 목회와 신학 편집부 《히브리서-야고보서》. 두란노. 2004.
- 존 월튼, 빅터 매튜스, 마크 샤발라스 & 크레이그 키너 《IVP 성경 배경 주석》. IVP. 2010.
- 타스커, R.V.G. 《신약에 나타난 구약》. 새순출판사. 1991.
- 피터 데이비스 《IVP 신약 성경 주석》중 "야고보서". IVP. 2005.

베드로전서 주석

들어가면서

베드로전후서는 주석에 있어서 '의붓자식'(stepchild)이라 불린다. 베드로전후서에 대한 관심이 적었고 적절한 주의가 기울여지지 않았다는 의미이다. 오늘날 구도자 예배 혹은 구도자 중심의 교회(seeker-friendly congregation)는 이방 사회 속에서 고난을 겪는 것을 무게 있게 다루는 베드로의 메시지를 가까이 하기 힘들기에 베드로전서의 메시지가 무시를 당했다고 보는 이도 있다(예. Wall, 2004:368). 그리고 베드로전서와 베드로후서 사이의 강조점의 차이와 짧은 분량은 독자적인 베드로 신학(Petrine theology)을 정리하기에 어려움을 준다. 그리고 베드로전후서의 저자의 문제와 정경성의 논란도 베드로전후서에 대한 연구가 소홀했던 원인이다. 그 결과 '베드로의 신학'에 관한 책은 여전히 드물다(참고. 마이클스, 2006:41).

저자

사도 베드로(벧전 1:1; 비교. 벧후 1:1).[1969] 베드로전서의 사도 베드로 저작을 반대하고 '베드로'의 이름을 빌렸을 뿐이라 주장하는 이들의 근거는 다음과 같다. (1) 갈릴리 어부 출신이 기록했다고 보기에는 힘든 문학적인 헬라어, (2) 베드로에게 돌리기에는 너무 바울과 유사한 신학, (3) 베드로가 저자라면 구약을 사용할 때 MT를 LXX보다 더 선호했지 않을까라는 추측, (4) 베드로 사후의 황제들인 도미티안과 트라얀이 다스릴 때와 비슷한 역사적 배경, (5) 베드로가 역사적 예수님을 언급하지 않은 점. 하지만 헬라어가 자주 사용된 지역인 갈릴리 중산층 어부 출신의 베드로는 젊어서부터 헬라어에 익숙했을 것이다. 베드로와 바울이 공통적인 신학을 가지고 있는 점은 놀랍지 않으며, 그 공통점을 지나치게 과장하지 말아야 한다. 헬라어를 사용하던 독자에게 LXX를 사용하는 것은 자연스럽다. 네로와 도미티안의 통치 사이에는 비슷한 상황이 있었다. 짧은 편지에서 역사적 예수님을 언급하기 힘들었을 것이며, 베드로전서에 예수님의 인격과 사역이 반영되어 있다. 초대 교회에서 익명의 편지를 권위 있는 영감된 성경으로 받아들였다는 증거가 없다(보라. ESV Study Bible, 2008:2401).

1969) 예전부터 베드로전후서를 베드로의 저술로 여긴 이도 있지만(예. E.G. Selwyn), 다수의 비평가들은 초기 기독교주의를 위한 '제2의 바울 문집 서론'(Deutero-Pauline opening)으로 봄으로써 후대(A.D. 2세기)에 무명의 그리스도인이 쓴 것으로 본다(예. F.W. Beare; 참고. Agnew, 1983:68).

수신자

베드로전서 1장 1절에 의하면, 지금의 터키 서쪽 소아시아를 포함한 넓은 지역(무려 77,000km²)의 교회들이 수신자로 나타난다. 따라서 회람 서신이다. 엘리엇(Elliot, 2000:312)은 수신자들이 '나그네(*paroikoi*, permanent resident aliens)와 행인'(*parepidemoi*, transient strangers visiting temporarily in a given foreign locale, 벧전 1:1, 2:11)으로 불린 것은 실제적으로 불안정한 사회적 지위를 가지고 있었기 때문이라고 본다(참고. 존 월튼, 2010:2028). 하지만 혹자는 베드로전서의 수신자들이 그리스도인으로 살기 전에는 사회에서 환영을 받았다는 것을 근거로 하여(참고. 벧전 4:3-4), 천성을 향하여 순례하는 자라는 은유적인 표현으로 본다. 문자적 의미와 은유적 의미 모두 포함하고 있는 것으로 볼 수 있다(보라. 하워드 마샬 등, 2007:434-435). 유대인 그리스도인과 이방인 그리스도인이 혼합된 수신자로 보인다(참고. 틸만, 2008:894).

기록 장소

바벨론에 있는 교회(벧전 5:13)가 문안을 보낸다는 말은 로마가 그 출처인 것 같다.

기록 연대

아마 A.D. 60년 초순경. 네로 박해 이전(참고. 래드, 1995:845).

기록 목적

적대감을 가진 사람들에 의한 학대와 모욕과 같은 '간헐적이며 지엽적인 박해'를 받던 성도를 위로하기 위해서이다. 네로의 박해는 얼마 있지 않아 시작될 것이다(참고. 브라운, 2003:1003). 베드로전서는 종종 '고난'을 묘사하는 일반적인 단어(*diako*, *diogmos* 등; 즉 공적인 기관이 시행하는 박해)를 사용하지 않는다(참고. 하워드 마샬 등, 2007:438). 사회 속에서의 그들의 '집 없는 처지'와는 대조적으로 베드로는 수신자들을 '하나님의 집'(벧전 2:5; 4:17)으로 묘사한다. 이 '가족 은유'는 수신자들의 연대감(solidarity)을 강화한다. 그리고 베드로전서 2장 9-10절 등에서 구약 이스라엘에게 적용된 호칭을 수신자들에게 적용하여 그들의 존귀한 신분을 확신하도록 한다(참고. 출 19:5-6; 사 43:20-21; 호 2:23).

내용[1970)]

인사(1:1-2)

기독교 구원의 본질(1:3-2:10)

1970) 혹자는 '사랑하는 자들아'라는 표현이 베드로전서 2장 11절과 4장 12절에 나오기에, 베드로전서 1장 1절-2장 10절(하나님의 백성의 정체성), 2장 11절-4장 11절(하나님의 백성의 책임), 4장 12절-5장 14절(교회와 장로들의 책임)로 나누기도 한다. 그리고 어떤 이는 베드로전서 4장 11절과 5장 11절이 서신의 마지막 부분으로 적합한데도 중복된 것을 근거로 하여, 베드로전서의 통일성에 의문을 제기한다(참고. 마이클스, 2006:45-46).

기독교인의 여러 관계들(2:11-3:12)
그리스도인의 고난과 섬김(3:13-4:19)
기독교인의 훈련(5:1-11)
결론(5:12-14)[1971]

1971) 베드로전서의 수사학적 구조는 다음과 같다. 편지의 서문(1:1-2), 서론: 위대한 구원에 대한 감사(1:3-12), 주장(거룩과 소망을 가진 자답게 살라(1:13-16), 첫 번째 논의: 구원 받은 나그네답게 살기(1:17-2:10), 두 번째 논의: 권세에 복종하라(2:11-3:12), 세 번째 논의: 고난과 자기 절제(3:13-4:11), 네 번째 논의: 그리스도의 고난에 동참하기(4:12-19), 다섯 번째 논의: 장로와 젊은이에게 주는 권면(5:1-5), 결론 중에서의 겸손과 자기 절제(5:6-9), 결론적 송영(5:10-11), 서신의 마무리(5:12-14; 보라. Witherington, 2007:49).

베드로전서 1장

1. 본문 및 구조

- 인사(1-2)
- 영생에 대한 소망(3-12)
- 거룩한 삶으로의 부르심(13-25)

2. 구원 계시사적 메시지

2.1. 베드로전서 1장 2절의 메시지

예수 그리스도의 사도 베드로(*Petros*, 아람어는 *Kepa*)는 본도, 갈라디아, 갑바도기아, 아시아, 비두니아에 흩어진(*diasporas*; 일차적으로 은유적 의미가 아닌 실제적 의미) 나그네(*parepidemois*)에게 편지 쓴다(1절). '본도, 갈라디아, 갑바도기아, 아시아, 비두니아'라는 순서는 베드로전서의 전달자인 실라(벧전 5:12)가 그 당시 가장 빠르고 안전한 교통 수단인 배를 타고 로마에서 출발하여 터키로 가기 위해서 동쪽으로 항해했다면 자연스러운 경로가 된다. 즉 그리스를 지나 북쪽으로 에게 해(the Aegean)를 통과하여 흑해로 들어가 본도 항에 도착했을 것이다. 그 후 육로로 여행한다면 갈라디아, 갑바도기아, 아시아, 비두니아 순으로 여행할 수 있다. 여행 중에 실라는 지역 교회로부터 베드로전서 4장 8절에 언급된 사랑의 환대를 받았을 것이다.

A.D. 96년경의 로마의 클레멘트와 유세비우스 등은 베드로가 사역 말기에 로마에서 조수이자 통역가인 마가와 더불어 활동했다고 전한다. A.D. 64-67년 사이에 순교한 것으로 전해지며, 일부 교회는 베드로를 교회력을 따라 6월 29일에 기념하고 있다(참고. Elliott, 2000:309). '사도'라는 말은 파송자 예수님의 전권을 가지고 보냄을 받은 사람을 가리킨다. 유대교에도 비슷한 제도가 있었는데, 예루살렘 성전에서 해마다 디아스포라로 사람을 보내어(shaliach) 성전세를 거두도록 한 것이다.[1972] 상징적으로 보면, 성도는 저 천성 즉 영원한 본향(heavenly home)을 향하여 순례하는 나그네이다. 수신자가 광범위하기에 '일반 서신'(general or catholic epistle 혹은 Diaspora letter)이라 불린다(보라. Elliott, 2000:317).

베드로전서 1장 1절에 언급된 지역에는 다수의 노예, 자유민, 행정과 군사에 종사하는 소수의 로마 시민권자, 여행객, 떠돌이 학자, 그리고 다수의 유대인 등 다양한 민족이 살고 있었다. 갈라디아와 아시아는 A.D. 50년대에 바울이 활동한 지역과 겹치는데, 나머지 지역에는 아마 다른 선교사들이 복음을 전한 것 같다. 129,000km²에 달하는 이 광활한 지역 가운데 대부분은

1972) 참고로 '이스라엘인'과 구분되는 '유대인'(Jews, Judeans)이라는 말은 포로로 잡혀가 이방 땅에서 생활하던 유대인들을 이방인들이 불렀던 명칭이다. 유대인들이 '유대 땅'(Judea)과 '예루살렘 성전'을 그리워하며 중요하게 여겼기 때문이다.

도시가 아니라 농촌 지역이다. ‘흩어진 나그네’라는 말은 실제에 있어서 베드로전서의 수신자들의 무언가 불안정한 신분을 의미한다.[1973] 이 나그네는 하나님 아버지의 미리 아심(*prognosis*; predetermining knowledge; 신약에 여기 그리고 사도행전 2장 23절에만 등장함)을 따라, 성령의 거룩하게 하심으로 예수 그리스도께 순종하고, 그분의 피 뿌림을 얻기 위하여 택함을 받은 자들(*eklektois*)인데, 은혜와 평강을 빈다(2절).[1974]

‘택함을 입은 자들’이라는 말은 일종의 역설이다. 왜냐하면 그리스도인이 세상에서는 낮은 지위를 가지고 있지만, 하나님의 견지에서는 고귀한 자들이기 때문이다. 예수님도 사람에게는 버림받은 돌이시지만, 하나님에게는 보배로운 산 돌이시다(벧전 2:4). 성부께서 성도를 예정하셨고, 성령께서 성도를 거룩하게 하셨다. 성자께서 성도를 위해서 피를 뿌리셨기에(참고. 출 24:8; 레 6:26; 히 12:22-24; 1QS III 6-8), 예수님께 순종해야 한다. 성도가 예수님께 순종하는 것의 모델은, 예수님이 성부의 뜻에 순종하심이다(참고. 막 14:36; 빌 2:8; 히 5:8; 벧전 1:14, 2:15, 3:14, 5:2). 네로의 치하에서 고생하던 수신자들에게 은혜와 평강은 꼭 필요한 것이다.[1975] 2절을 달리 이해할 수 있다. 애그뉴(Agnew, 1983:69-70)는 베드로전서 1장 2절 중반부를 “예수 그리스도의 순종과 피 뿌림 때문에”라고 번역함으로써 전치사 *eis*를 목적이 아니라 원인(*eis causalis*)으로

1973) A.D. 1세기 지중해 연안의 로마 제국의 인구는 5-6천만 명으로 추정되며, 그중 7%에 해당되는 400만-450만 명은 유대인이었다. 메소포타미아, 이집트, 소아시아 등에 흩어져 살던 디아스포라는 약 400만 명으로 추정된다. Reicke는 1세기 말경 소아시아 지역의 그리스도인의 수를 8만 명으로 본다(참고. 요세푸스, 《고대사》 14.7.2.; Sib. Or. 3:271; 보라. Elliott, 2000:313).

1974) 베드로전서 1장 2절을 쿰란의 언약 갱신을 위한 교훈과 유사하다고 보거나(1QS 3:6-8), 초대 교회의 세례 교육문과 유사하다고 보는 이가 있다(예. L. Goppelt).

1975) 베드로전서의 ‘삼위 하나님’을 살펴보자. 베드로는 성도가 고난을 당할 때 어떻게 하나님과 실제적으로 관계를 맺어야 할지를 가르친다. 1장 2절에서 삼위 하나님을 언급하면서, 교회를 위해서 역사하시는 하나님의 주권과 탁월성을 강조한다. (1) 성부 하나님은 만물의 조물주인 동시에(2:13; 4:19), 장래에 신자와 불신자를 모두 심판하실 재판장이시다(1:17; 2:23; 4:5). (2) 베드로는 성자 예수님을 ‘아들’로 부르지 않지만, 창세 전부터 계신 성자는 성부와 동등하시며 유일한 아들이심을 믿도록 권면하고 있다(1:20). 베드로는 예수님을 기본적으로 ‘주님’으로 간주한다(1:3, 2:3, 3:15). 구약에서 여호와 하나님을 지칭할 때 사용한 ‘주’라는 호칭이 예수님에게 적용되기에, 일종의 ‘고등 기독론’이다. 성부도 주님이신데(1:25, 3:12), 이 두 구절의 ‘주님’이라는 호칭을 예수님에게 적용할 수 있다(참고. 래드, 1995:853). 예수님은 자기 피로 속죄 사역을 이루심으로써, 우리는 영혼의 목자를 따라 가면서 의에 대해서 살게 되었다(1:2, 19, 2:24-25, 3:18). 예수님이 주시는 구원은 죄의 제거는 물론 삶의 변화 즉 죄(이전의 이교도로서의 삶)에 대해 죽고 의에 대해 사는 것이다. 그러므로 성도는 고난 중에도 낙심치 말고 선을 행해야 한다(2:15, 20, 3:6, 17). 요약하면 하나님 아버지는 구원을 위해서 교회를 세상으로부터 그리고 그리스도 안에서(in Christ; 5:10), 그리스도를 통하여(by Christ; 2:21-24), 그리고 그리스도를 위하여(for Christ; 1:2) 부르셨다(참고. Wall, 2004:373). (3) 베드로전서의 성령 하나님은 그리스도인을 하나님의 택하심을 입은 백성으로서 세상으로부터 구별한 능력이고(1:2), 기독교 메시지의 선포를 가능하게 하신 능력이다(1:12). 성령은 ‘육체’와는 대조적으로 죽은 자를 살리시는 하나님의 능력을 보여주는 표지이다(3:18, 4:6). 복음서에 의하면 성령은 그리스도인들이 원수들에게 직면했을 때 그들 위에 임하실 것이기 때문에(막 13:11; 눅 12:11-12), 그리스도인을 향한 비방은 실제로는 하나님의 성령을 훼방(비방)하는 것이 된다(벧전 4:14). 베드로는 은사의 사용(4:7-11)과 장로의 책임(5:1-5)을 성령에 대한 한 번의 언급 없이 말하고 있다. 바울도 은사를 설명하는 로마서 12장 1-8절에서 성령을 한 번도 언급하지 않았다(참고. 마이클스, 2006:95-107).

설명한다. 그리고 *Iesou Christou*를 주격적 속격으로 본다(또한 J.R. Mantey). 베드로가 일관성 있게 강조하는 바는 예수님이 피 뿌리고 죽기까지 순종하셨던 것처럼, 베드로전서의 수신자들도 하나님께 순종해야 한다는 것이다. 이렇게 이해할 때 삼위 하나님의 주체적인 구속 사역이 더욱 강조된다.

2.2. 베드로전서 1장 3-12절의 메시지

"우리 주 예수 그리스도의 아버지를 찬양하자. 그분은 자신의 풍성한 긍휼을 따라 우리를 거듭나게 하시고, 예수님을 죽은 자들로부터 부활하게 하셔서 우리에게 산 소망이 있게 하셨다"(3절).[1976] 3절의 유대인의 '베라카'(*berakah*) 즉 '……하신 하나님을 찬양할지어다'라는 말로 시작하는 찬양 형태와 유사하다(참고. 존 월튼. 2010:2024). '우리'는 저자인 베드로와 수신자를 포함한다. 성부께서 우리를 거듭나게 하신 것은 우리를 긍휼히 여기셨기 때문이다. 베드로에게 있어서 예수님의 부활은 자기 인생의 전환점이었다. 왜냐하면 예수님이 죽으시자, 베드로는 물고기 잡는 인생으로 돌아가서 씁쓸한 경험만 했지 않았나? 그리고 예수님의 부활이 우리에게 소망이다. 몸의 머리가 부활했으니 우리도 부활할 것이기 때문이다. 부활의 생명은 우리를 새롭게 하시는 은혜와 능력임을 믿자.

하나님은 교회를 위하여 하늘에 쌓아두신 썩지 않고, 더럽지 않고, 쇠하지 않는 유업을 받게 하셨다(4절). 베드로와 달리 유대인들은 4절에 언급된 복들을 미래 종말적으로 이해했다. 베드로는 일시적인 재산보다 더 영광스런 기업을 베드로전서의 독자에게 소개한다. 베드로는 소아시아 지역의 흩어진 나그네요 고난 중에 있었던 독자들에게 '하늘의 더 나은 기업과 상속'에 대해 말한다. 베드로전서 1장 4절에서 말씀하는 신약 교회가 누릴 수 있는 기업은 하나님께서 우리에게 은혜로 주시는 모든 것, 즉 구원을 포함한 모든 신령한 복을 가리킨다.

신약 성도가 받은 이 기업은 구약 이스라엘 백성이 아브라함의 언약의 성취로 받았던 '가나안 땅'과 비교하면서 설명할 수 있다. 베드로전서의 독자와 지금 우리가 예수님을 통해서 누릴 수 있는 기업은 첫 번째로 4절에 '썩지 않는 기업'이라고 한다. 가나안 땅은 젖과 꿀이 흐르는 약속의 땅이었음에도 불구하고 때때로 침략을 받아서 약탈당하고 황폐화되었다. 이사야 24장 3-4절에서는 이 모습을 땅이 온전히 공허하고 황무하며 쇠잔하게 되었다고 한다. 세상은 멸망할 것이나 우리가 받은 기업은 썩지 않고 영원할 것이라고 한다.

1976) 베드로전서의 '예수님의 부활'은 이미 실행된 그리스도의 통치와 관련되기에 종말론적인 성격을 띤다. 왜냐하면 부활하신 후 승천하셔서 재위하심으로 천사와 권세와 능력이 통치자 예수님에게 순복하기 때문이다(벧전 3:22; 참고. 엡 1:22). 예수님의 초림이 말세를 시작하도록 했으며, 그 결과 성도는 말세에 나타난 그 구원을 받고 있다(1:5, 20; 참고. 행 2:17; 히 1:2). 그리스도의 부활은 과거에 국한되는 사건이 아니다. 모든 성도는 그 부활을 힘입어 복음의 선포를 통하여 새 생명 가운데로 계속 들어가게 된다(1:23). 즉 그리스도의 부활을 통하여 새 생명의 길을 열어 놓으신 하나님은 말씀을 받아들이는 자에게 새 생명을 주신다. 하지만 세상에는 우는 사자와 같은 사탄이 활동하기에 핍박과 고난이 있다(5:8). 따라서 성도는 예수님의 부활에 근거한 소망 가운데 살아야 한다(1:3, 21; 보라. 래드, 1995:847-848).

4절에서 베드로는 성도의 기업을 '더럽지 않고' 즉 '더럽혀지지 않는 기업'이라고 소개한다. 가나안 땅을 기업으로 받은 이스라엘 백성들은 하나님의 율법을 지키지 않아서 그 땅을 더럽히고 그 기업을 가증하게 여겼다고 예레미야 2장 7절에서 말씀한다(참고. 렘 3:2). 하지만 신약 교회가 받은 산 소망과 구원 그리고 신령한 은사와 복은 절대로 더럽혀지지 않는다고 한다.[1977]

성도가 받은 기업은 '쇠하지 않는 기업'이다. 마르거나 시들지 않는 기업을 말한다. 가나안 땅은 이방인에 의해 침략을 당하고 파괴당하고 더럽혀졌을 뿐만 아니라, 행음으로 인한 하나님의 저주와 심판을 받아 가뭄으로 쇠하기도 했다(참고. 렘 23:10). 하지만 우리를 위해 하늘에 간직되고 있는 기업은 절대로 시들지 않는다. 구약 이스라엘 백성이 하나님으로부터 받은 기업인 약속의 땅 가나안은 마치 그림자처럼 불완전한 복이요 기업이었다. 하지만 예수님의 부활로 우리가 누리게 된 기업과 복은 산 소망 그 자체요 확실한 실재이다. 이런 확실한 소망과 복된 기업을 바라보고 믿으면서 베드로전서의 나그네 된 독자들은 소망과 위로를 받았다. 마찬가지로, 우리도 나그네 같은 이 세상에서 하나님의 모든 은혜가 그림자가 아니라 확실한 실재로 이미 우리에게 주어졌다는 사실을 믿고 누려야 한다. 우리가 하나님에게서 받은 복된 기업은 썩거나, 더럽혀지지 않고, 쇠하지 않는 완전하며 영원한 복이다. 하나님은 이 복을 간직하고 계실 뿐 아니라, 이 복을 누리도록 우리도 지켜주신다.

교회는 하나님이 마지막 때 나타내려고 예비된 구원을 얻을 수 있도록, 믿음으로 말미암아 하나님의 능력으로 보호를 받고 있다(5절).[1978] 하나님의 능력과 보호를 하나님의 선물인 믿음으로 받아 우리가 죽을 때까지 나그네 순례를 해야 한다. 이것이 성도의 견인이다. 그러므로 교회는 여러 가지 시험 때문에 잠깐 근심하게 되었으나 이제 크게 기뻐한다(6절). 왜냐하면 믿음의 '시련'(*dokimion*)이[1979] 불로 단련하지만, 결국 없어지고 마는 금보다 더 귀하여, 예수님이 나타나실(*apokalypsis*, 참고. 벧전 1:13, 4:13, 5:4) 때 칭찬과 영광과 존귀를 얻게 하려는 것이기 때문이다(7절). 고난과 핍박의 불은 결코 우리의 믿음을 잿더미로 만들지 못한다. 고난을 기뻐하자. 고난은

1977) 몇몇 유대 문헌(예. 1세기 후반의 4에스라서) 역시 의로운 자들을 위해서 하늘에 보물을 쌓아 놓는 것에 대해 말한다. 그 보물을 받기 위해서 순종을 강조하지만, 여기서는 하나님의 역사에 방점이 있다(참고. 존 월튼. 2010:2024).

1978) 베드로전서의 '종말론'을 살펴보면, 베드로는 *parousia*라는 말은 사용하지 않고 *apokalypsis*를 자주 사용한다(1:7, 13, 4:13, 5:4). 하나님은 승천하신 예수님에게 영광을 주셨다(1:21). 이 영광은 예수님이 나타나실 때(4:13) 드러나게 되며, 세상에서 고난당하는 그리스도인이 참여하게 될 영광이다(5:1, 10). 성도는 말세에 나타내기로 하신(영혼의) 구원을 이미 받고 있다(1:5, 9). 이 영광의 날의 반대말은 하나님이 '권고하시는 날'(2:12) 혹은 '심판의 날'(4:17)이다. 베드로는 성도의 부활과 천국의 미래 종말적인 성격에 대해 구체적으로 말하지 않는다. 베드로의 주 관심은 철저한 미래적 종말론에 있기보다는 고난당하는 독자를 승리하도록 소망의 중요성을 일깨우는 것이기 때문이다. 베드로에게 있어서 악한 현 세상과 하늘 사이에는 긴장이 있다. 이 세상은 죄악으로 가득 차 있는 사람이 사는 장소이다(4:3, 5:9). 하지만 베드로는 이 세상 자체를 악한 것으로 부인하지 않는다. 대신 악한 사회를 부인한다. 다른 면을 보면, 이 세상에는 '나그네와 행인' 그리고 '거룩한 제사장'으로 사는 교회를 위해서 하나님의 구원이 시행되고 있다. 거룩은 '구별됨'을 뜻한다(참고. 레 11:44-45; 보라. 래드, 1995:848-850).

1979) 7절에서 파피루스 72, 1852, 2138은 형용사 *dokimon*(입증된)으로 쓰지만 지지를 받지 못한다.

우리가 그리스도의 것임을 확인하는 것이며, 고난이 없는 영원한 천국에서 지상의 삶을 회상할 때 고난의 시절이 가장 추억으로 남을 것이기 때문이다. 수신자들은 지상의 예수님을 보지 못하였으나(*ouk idontes*; 아오리스트 능동 분사 남성 복수 주격)[1980] 사랑한다. 그리고 그들은 예수님을 믿고, 말할 수 없는 영광스러운 기쁨으로 즐거워한다(8절).[1981] 그들은 믿음의 결국 곧 영혼의 구원을 받기 때문이다(9절). 믿음으로 사는 자는 끝까지 이 땅에서 나그네로 살아 구원의 종착점에 도달한다.

이 구원에 관하여는 교회에게 임할 은혜에 대해 예언하던 선지자들이 부지런히 조사하고 연구하였다(10절). 신약의 영광스러운 구원을 '구약 선지자들'도 이미 알고 있었다. 그들은 자기 안에 계신 그리스도의 영이 그리스도께서 당하실 고난과 이후에 받으실 영광을 미리 증언할 때 그 영이 무엇을 가리키며 어느 때를 가리키고 있는지 살펴보았다(11절; 참고. 창 41:38; 민 27:18). 예를 들어, 구약 선지자들은 이사야 53장의 '여호와의 고난당하는 종'(God's suffering Servant-Messiah)의 모습이 그리스도의 것임을 알았다(참고. Wall, 2004:372). 그들이 섬긴 것들은 그들 자신을 위한 것이 아니라 베드로전서의 수신자 즉 신약 성도를 위한 것인데, 성령의 능력으로 복음을 전한 자들로 말미암아 수신자들에게 전파된 것이며, 천사들도 살펴보기를 원하는 것이다(12절; 참고. 엡 3:8-10). 구약 선지자는 물론 천사들도 우리가 받은 영광스러운 구원의 신비를 알고 싶어 한다.[1982]

2.3. 베드로전서 1장 13-25절의 메시지

"그러므로 너희 마음의 허리를 동이고(참고. 출 12:11), 정신을 차려, 예수 그리스도께서 나타나실 때 너희가 받을 은혜를 끝까지 바라보라"(13절). 성도가 천사조차도 흠모하는 영광스러운 구원을 입었으면 가만히 쉬지 말고 마음을 단속하고, 정신을 차리고, 은혜 가운데 더 강해져야 한다. 구원의 진리를 아는 것으로 만족하면 아무것도 아니다. 실천이 중요하다. 실천 또 실천 또 실천해야 한다. 성도는 순종하는 하나님의 자녀가 되었기에, 전에 알지 못하던 때 따르던 정욕을 본받지 말아야 한다(14절). 구원 받은 자는 거룩하게 살아야 한다. 우리를 자녀로 부르신 분께서 거룩하신 것처럼 모든 행실에 거룩한 자들이 되어야 한다(15절). 이는 "내가 거룩하니 너희도 거룩하여라"라고 기록되었기 때문이다(16절; 참고. 레 11:44-45, 19:20, 20:7). "또 사람을

1980) 8절에서 다수 사본은 현재 완료 능동 분사 남성 복수 주격(*eidotes*)으로 쓴다. 하지만 바로 뒤따르는 현재 능동 직설법 동사(*agapate*)와 관련지어 보면, 한 시제 앞선 의미를 가리키는 아오리스트 분사가 더 잘 어울린다(참고. 매츠거, 2005:597).

1981) 마이클스(Michaels, 2004:388)는 베드로전서 1장 8절을 특이하게 이해한다. "베드로를 포함한 모든 성도는 예수 그리스도께서 나타나실 그날에 주님을 보는 방식으로는 예수님을 보지 못했다." 이렇게 주장하는 근거는 복음서의 보도에 의하면 베드로는 예수님의 고난의 현장에 대부분 없었기에, 그를 예수님의 고난의 목격자로 보기 힘들다는 것이다.

1982) 유대 전승에 의하면, 천사들이 랍비들의 내밀한 가르침을 존중하여 그들의 강의를 듣기 위해서 왔다고 한다. 또 다른 전승에서는 천사들이 하나님의 율법을 받은 이스라엘을 부러워했다(참고. 존 월튼, 2010:2025).

'외모로 취하지 않으시고'(*aporosopolemptos*, impartially), 각자의 행위대로 심판하시는 분을 너희가 아버지라 부르니, 나그네(*paroikia*)로 사는 동안에 두려움으로 지내라"(17절). 하나님은 구원의 하나님이신 동시에 공의의 심판자이시다. 조상이 전한 헛된(망령된) 생활방식에서 우리가 구원을 받은 것은 은이나 금같이 썩어질 것으로 된 것이 아니다(18절). '헛된'(*matais*)이라는 형용사는 LXX와 초기 기독교에서 우상을 숭배하는 무익함을 지칭하기 위해서 흔히 사용되었다(참고. 레 17:7; 렘 8:19, 10:15; 행 14:15). 돈으로 구원을 받지 못한다. 오직 흠 없고(*amomos*) 점 없는(*aspilos*) 어린양 같은 그리스도의 보배로운 피로 된 것이다(19절).[1983] 베드로는 흠과 점이 없는 유월절 어린양을 염두에 두고 있는 듯하다(참고. Rogers & Rogers, 1998:569). 그리스도의 보혈이 구속을 가능하게 했다는 것은 사도행전 20장 28절, 에베소서 1장 7절, 요한계시록 1장 5절, 5장 9절, 14장 4절에서도 볼 수 있다.

성도는 흠 없는 어린양이시며 '고엘'이신 예수님의 대속의 은혜를 받아 흠 없이 살도록 노력해야 한다. 예수님은 창세 전에 미리 알려졌으나 너희를 위하여 마지막 때 나타나셨다(20절). 말세는 그리스도의 성육신으로 시작되었다(참고. 갈 4:4; 보라. 칼빈, 1993:371). 예수님은 영원 전에도 계셨고, 새 시대를 여시려고 종말에 오셨다.[1984] 우리는 예수님을 죽은 자들 가운데서 살리시고 영광을 주신 하나님을 그리스도로 말미암아 믿는 자들이니, 우리의 믿음과 소망이 하나님께 있다(21절).

수신자들은 진리를 순종함으로(*en te hypakoe tes aletheias*)[1985] 영혼을 깨끗하게 하여, 거짓 없이 형제를 사랑하기에 이르렀으니, 정결한(*katharas*; 참고. A, B는 생략함) 마음으로 서로 뜨겁게 사랑하여라(22절). '진리'와 '사랑'은 대치 개념이 아니라 같이 간다. 너희가 거듭난 것은 썩어질 씨로 된 것이 아니라 썩지 않을 씨로 된 것이니, 곧 하나님의 살아 있고 항상 있는 말씀으로 된 것이다(23절). 그리스도의 말씀을 들음으로 거듭나고 믿음이 자란다. 말씀 없이는 성화도 없다. 그러므로 "모든 육체는 풀과 같고, 그의 모든 영광은 풀의 꽃과 같으니 풀은 마르고 꽃은 떨어지나 주님의 말씀은 영원토록 있다"라고 하였으니, 이것이 바로 너희에게 선포된 말씀이다(24-25절; 참고. 사 40:6-8). 성경은 중생과 성화의 필수 조건이다. 그리스도의 부활을 통하여 새 생명의 사역을 이루어 놓으신 하나님은 그의 말씀을 받아들이는 자들 모두에게 새 생명을 부여하신다(참고. 래드, 1995:847).

1983) 벌게이트와 Bede는 19절과 20절 사이에 "그는 창세 전부터 미리 알리신 바 된 자나 이 말세에 태어나사 고난 받으시고, 말씀이신 하나님께서 항상 지니셨던 영광을 받으시고, 시작도 없이 아버지 안에 거하신 자시라"를 추가한다(참고. 매츠거, 2005:598).

1984) 칼빈의 '종말'에 관한 정의는 유익하다. "그리스도께서 복음의 선포와 더불어 우리에게 나타나신 때부터, 심판의 날에 이르기까지의 신약 시대를 전체적으로 '마지막 때'(요일 2:18), '이 말세'(벧전 1:20), '말세'(행 2:17; 딤후 3:1; 벧후 3:3)라고 부른다"(《기독교 강요》, 4.8.7). 하나님은 말세에 그 아들 예수님을 통해서 말씀하셨기에(히 1:2), 예수님 뒤에 다른 사람이 할 말을 전혀 남겨 둔 것이 없다. 이것은 '특별 계시의 종결'을 뜻한다.

1985) 22절에서 다수 사본은 '성령님을 통하여(*dia pneumatos*) 진리를 순종함으로'라고 고대 대문자 사본에 없는 표현을 추가했다.

3. 오늘에의 적용

나그네와 행인으로 살자.
영원한 말씀 앞에 시드는 우리의 실존을 바로 세우자.

베드로전서 2장

1. 본문 및 구조

- 하나님의 집을 위한 산 돌(1-10)
- 권세자에게 복종하라(11-25)

2. 구원 계시사적 메시지

2.1. 베드로전서 2장 1-10절의 메시지

베드로는 나그네 인생이 진리의 말씀을 통하여 거룩하게 된다는 사실을 설명한다. 수신자들이 이전에 빠졌던 죄, 과거에 입고 있던 더러운 옷을 언급한다. "그러므로 너희는 모든 악독과 모든 속임수와 가식과 시기와 모든 비방하는 말을 버리고(1절), 갓난아이들처럼 신령하고 순전한 젖을 사모하여라. 이는 너희가 이 젖으로 말미암아 구원에 이르도록(*eis soterian*)[1986] 자라게 하려는 것이다"(2절). 예수님의 피 뿌림으로 성도가 깨끗하게 되었다면, 말씀의 젖으로 자라고 튼튼해져야 한다. 적용해 보면, 교회에서 시행하는 성경 공부 모임에 많이 참석해야 한다. 갓난아기에게 젖은 간식이 아니듯이, 성도에게 성경은 반드시 먹어야 할 양식이다. 설교자는 물이 첨가되지 않은 순전한 젖을 양에게 먹여야 하고, 양은 젖을 먹고 자라야 한다. 이것이 건강한 교회의 모습이다. "만약(*ei*)[1987] 너희가 주님의 인자하심(*chrestos ho kyrios*)을 맛보았으면 그리하라"(3절; 참고. 시 34:8). 말씀을 배우면 배울수록 주님이 선하신 분임을 알게 된다.

교회는 사람들에게는 버림 받았으나 하나님께는 택하심을 입은 보배로운 산 돌이신 예수님께 나아가(4절; 참고. 사 42:1), 산 돌같이 신령한 집으로 세워지고 예수 그리스도로 말미암아 하나님께서 기쁘게 받으실 신령한 제사를 드리는 거룩한 제사장이 되어야 한다(5절).[1988] 예수님이

1986) 베드로전서 2장 2절에서 다수 사본은 '구원에 이르도록'을 생략한다. 필사자들은 이것이 신학적으로 용납될 수 없다고 생각했을 수 있다(참고. 매츠거, 2005:599).

1987) 3절의 첫째 단어에 다수 사본은 신약 저자 중에서 사도 바울만 사용한 접속사 *eiper*(만약)로 쓴다.

'산 돌'(living stone)이신 것은 죽음에서 부활하셨고, 지정의와 희로애락을 가지신 인격체이시기 때문이다. 산 돌로 살아야 하는 우리가 예수님처럼 닮아 가면 성령의 집으로 건축되어 간다. 새로운 산 돌이 추가되어 집은 계속 함께 자라난다. 새로운 돌들은 적재적소에 배치되어야 한다. 이는 성경에 기록되었으니, "보아라, 내가 택한 보배롭고 요긴한 모퉁잇돌을 시온에 두노니, 그를 믿는 자는 결단코 부끄러움을 당하지 않을 것이다"라고 하였다(6절; 참고. 사 28:16). 하나님은 예수님을 죽인 성전의 거짓 관리자들의 반대에도 불구하고 예수님을 모퉁잇돌로 정위치 시키셨다. 그러므로 믿는 너희에게는 보배이나, 믿지 않는 자들에게는 "건축자들의 버린 그 돌이 모퉁이의 머릿돌이 되었다" 하였고(7절; 참고. 시 118:22; 엡 2:19-22), 또한 "걸림돌과 걸려 넘어지게 하는 바위가 되었다"라고 하였다(참고. 사 8:14). 그들은 말씀에 순종하지 않아 넘어지는데, 이는 그들이 그렇게 되도록 정하여진 것이다(8절). 교회는 참 이스라엘이다. 그리고 그리스도의 몸은 하나님의 식구인데, 죄의 몸과 사망의 몸에서 벗어난 사람들이다. 7-8절에서 'Gezera shawah' 기법을 볼 수 있다.

그러나 너희는 택하심을 받은 족속이요, 왕 같은 제사장들이요, 거룩한 나라요, 그분의 소유된 백성이니(참고. 출 19:6; 사 61:6), 이는 너희를 어두움에서 그분의 놀라운 빛에 들어가게 하신 분의 덕을 선포하게 하시려는 것이다(9절). 이 구절은 출애굽기 19장에서 모세가 한 축복으로, 언약을 배반한 이스라엘에 의해서 성취되지 못하다가 이사야 61장에서 이사야가 다시 예언했다. 이제 왕과 제사장 역할을 감당하신 모퉁잇돌 예수님 위에 서 있는 신약 교회에게 성취되고 있다(참고. 사 19:24-25). 왕, 제사장, 거룩한 나라는 하나님과 사귀는 자로서 선한 영향을 주위의 사람에게 미치는 사람을 가리킨다. 애굽이라는 어둠에서 벗어나 출애굽하여 빛의 자녀가 된 우리가 하나님의 아름다운 덕(찬송, the praises)을 선전하는 것을 이사야는 "이 백성은 내가 나를 위하여 지었나니, 나의 찬송을 부르게 하려 함이니"라고 말씀한다(참고. 사 43:21).

의의 태양이신 예수님과 하나님께서 우리에게 행하신 일을 자랑하자. 우리를 이방의 빛으로 삼으신 주님을 찬양하고, 어둠과 사망의 그늘에 앉은 자를 빛으로 초청하자. 예배와 찬송은 하나님의 은혜에 응하는 것이기에, 무언가를 받기 위한 시간이 아니라 드리는 시간이다. 물론 예배 가운데 하나님은 우리에게 복과 은혜를 주신다. "너희가 전에는 백성이 아니었으나, 이제는

1988) '신령한 집'은 성도 자신(개인 및 공동체)을 성령님의 전으로 거룩히 구별하여 드리라는 권면이다. 성령님의 전은 구약의 예루살렘 성전과 대조된다. 구약과 비교할 때 신약에서 하나님의 은혜가 확대되었다. 예표보다 원형이 더 뛰어난 것처럼 그리스도의 나라 안에 있는 모든 것들은 구약보다 훨씬 뛰어난 것들이다. '신령한 제사'도 구약 짐승 제사보다 뛰어나다. '예수 그리스도로 말미암아'는 우리의 자기부인, 기도, 열심, 선행 그 자체로는 하나님께 열납될 수 없고, 오직 예수님을 통해서만 열납되는 것을 강조한다. 우리의 행위가 그리스도 안에 있을 때, 하나님은 그것을 관대하게 평가하신다. 따라서 '그리스도로 말미암아'는 우리의 열심에 불을 붙여준다. '거룩한 제사장'이라는 호칭은 신약 성도에게 특별한 명예이다. 성령의 전과 거룩한 제사장이라는 이중적인 명예를 받은 자로서 신약 성도는 신령한 제사 즉 자기를 부인하고, 기도와 감사와 구제와 그 밖의 신앙적인 의무를 수행해야 한다(참고. 칼빈, 1993:383-385).

하나님의 백성이며, 전에는 긍휼을 얻지 못하였으나, 이제는 긍휼을 얻은 자이다"(10절). 우리가 왕 같은 제사장이 된 것은 우리의 공로와 장점 때문이 아니다. 이 은혜를 천사도 흠모한다.

2.2. 베드로전서 2장 11-25절의 메시지[1989)]

"사랑하는 자들아, 나는 외국인과 나그네 같은 너희에게 영혼을 대적하여 싸우는 육체의 정욕을 제어하라고 권한다"(11절). '외국인과 나그네'는 베드로전서의 수신자의 실제적인 취약한 사회적인 신분을 가리키는 동시에, 영적인 의미로서의 나그네도 함의한다(베드로전서의 서론의 '수신자'에 대한 설명을 보라).[1990)] 나그네 길을 가는 성도는 죄의 정욕을 제거해야 한다. 우리는 세상에 살아야 하지만, 세상에 속하지 않았다. 성도가 여러 지방을 여행하고, 여러 사람을 만날 때, 그들의 잘못된 삶의 풍습은 따르지 말아야 한다. "너희가 이방인 가운데서 행실을 선하게 하여라. 그들이 너희를 악을 행하는 자들이라고 비방하다가도 너희의 선한 행위들을 보고 하나님께서 방문하여 돌아보시는 날에 그분께 영광을 돌리게 하려는 것이다"(12절).[1991)] 세상은 우리의 말이 아니라 행실을 볼 것이다.

그렇다면 하나님이 방문하시는 날은 언제인가? 이날이 심판의 날을 지칭한다면, 마지막 날에 하나님께 영광을 돌릴 현재 개종한 불신자들을 염두에 둔 것이 된다. 엘리엇(2000:470-471)은 이 표현이 개인의 개종의 때를 지칭한다고 본다. 이 날은 개인적으로는 개종의 날, 온 세상적으로는 심판의 날이 된다(참고. 틸만, 2008:909).

인간의 모든 제도를 '주님을 위해' 복종하여라(13절). 권세를 잡은 왕에게나 또는 악을 행하는 자들을 벌하고 선을 행하는 자들을 칭찬하기 위해 왕이 보낸 총독들에게 복종해야 한다(14절).[1992)] 성도는 하나님이 세우신 권세가 시행하는 법을 지켜야 한다. 이는 너희가 선을 행함으로(그리스도인은 식인종이요 사회의 불안 요소라고 주장하는) 어리석은 사람들의 무식한 말을 잠잠하게 하는 것이 하나님의 뜻이기 때문이다(15절).[1993)] '무식한 말'은 베드로 당시에 기독교에 대한

1989) Schertz(2004:431-432)는 교차 대칭 구조를 가지는 베드로전서 2장 11절-3장 12절을 베드로전서의 핵심 단락으로 본다. 그중에서도 베드로전서 2장 21-24절을 핵심으로 본다.

1990) '외국인으로 거주한다'는 말은 유대적 사고와 그레코-로마 사고를 고려할 때 고난의 함축성을 암시한다(참고. 시 137:13; 단 1:15, 3:8, 6:13-14). 그레코-로마 세계에서 '외국인', '이민자', '망명자' 등의 용어는 때때로 경멸조로 사용되었으며, 망명은 비극으로 간주되었다(참고. 틸만, 2008:905).

1991) 베드로가 독자들에게 "선을 행하라"고 말한 배후에는 다음 구절을 염두에 두고 있는 것 같다. "너희는 내가 너희를 포로로 잡혀가게 한 그 성읍의 평화를 구하고, 그 성읍을 위해 여호와께 기도하여라. 이는 그 성읍이 평안해야 너희도 평안할 것이기 때문이다"(렘 29:7). 예레미야는 바벨론 포로로 잡혀갈 남유다 백성에서 권면을 주었는데, 포로 기간 동안 그들은 회복의 소망을 가진 채 충실한 시민으로 살아야 했다. 마찬가지로, 불안정한 신분을 가지고 나그네로 사는 베드로전서의 독자들은 자신들이 속한 도시의 평화를 위해 무언가 기여해야 한다. 예수님이 나타나실 때 주실 기업을 받을 것이라는 종말론적 소망은 베드로전서의 수신자들로 하여금 사회의 불만 요소가 아니라 좋은 시민 혹은 국민으로 살 것을 촉구했다(참고. Winter, 1994:16-19).

1992) 베드로 당시 귀족들의 이상에 따르면, 가정은 도시 국가 정부를 반영하므로 일반적으로 공적 의무와 가정 내의 의무(벧전 2:18-3:7)는 함께 다루어졌다(참고. 존 월튼, 2010:2029).

오해를 포함한다. 로마 종교에 동화되지 않으려던 기독교를 비판하는 목소리가 있었을 것이다(참고. 존 월튼, 2010:2029). 적용해 보면, "예수쟁이들은 불효자다, 말만 잘한다"라고 주장하는 어리석은 자의 무식한 말을 잠잠하게 해야 한다. "너희는 자유인으로 살아라. 그러나 그 자유를 악행의 구실로 사용하지 말고 하나님의 종으로 살아라"(16절). 자유와 방종은 다르다. 모든 사람들을 존경하고, 형제들을 사랑하며, 하나님을 경외하고, 왕을 존경하여라(17절). 하나님의 백성으로 사는 새로운 방식은 '섬김의 자유'이다. 많은 사람을 섬기시고 목숨을 내어주신 예수님을 닮아가자. 하고 싶은 대로 마음대로 하는 잘못된 자유주의를 경계하자. 나그네는 주인 행세를 하지 않는다.

"종들아(*oiketai*), 너희는 모든 일에 두려움으로 주인들에게 복종하여라. 선하고 너그러운 자들에게뿐 아니라(믿지 않는) 까다로운 자들에게도 그렇게 하여라"(18절). 그리스도인 종들은 노예 제도의 불합리성과 혹독함에도 불구하고 사회 전복을 꿈꾸지 말고 주인에게 순종해야 했다. 그 당시 노예 제도 폐지는 사실상 불가능한 일이었다. 적용을 위해서 한 가지 예를 들어보자. 조선 시대 복음이 처음 들어왔을 때, 종이 신앙생활 하는 것을 보고, 주인이 비웃으며 "예수 믿으면 상전(양반) 되게 해주더냐?"라는 말에 종은 "예수 믿고 종 노릇 더 잘하려고 한다"라고 대답했다고 한다. 누구든지 부당하게 고난을 받더라도, 하나님을 생각하여(*dia syneidesin theou*)[1994] 슬픔을 참으면 이것이 은혜이다(19절). 부당한 고난을 당하신 여호와의 종 예수님을 생각하여 참는 것이 '은혜'다. 이런 고차원적인 은혜를 받기를 두려워하지 말자. 너희가 죄를 지어 매를 맞고 참는다면 무슨 칭찬이 있겠는가? 그러나 너희가 선을 행하다 고난을 받고 참으면, 이것은 하나님 앞에서 은혜로운 일이다(20절). 너희가 이것을 위하여 부르심을 받았으니, 이는 그리스도께서도 너희를 위하여(참고. 다수 사본은 '우리를 위하여') 고난을 받으시고[1995] 너희에게 본을 끼쳐 그분의 발자취를 따르게 하셨기 때문이다(21절). 적용해 보면, 마음에 안 드는 선생 혹은 까다롭고 입상스런 직장 상사를 대할 때 예수님을 생각하자.

그분은 죄를 짓지 않으셨고, 그분의 입에는 거짓이 없으셨으며(22절), 그분은 모욕을 당하셨으나 모욕으로 갚지 않으셨고, 고난을 당하셨으나 위협하지 아니하셨으며(contra 마카비 2서 7:17; 마카비 4서 9:9; 2세기의 '폴리캅의 순교' 11:2; 2세기 말의 'Perpetua와 Felicitas의 순교' 18:8), 공의롭게 심판하시는 분께 맡기셨다(23절; 참고. 사 53:7 LXX; 막 14:61, 15:5; 눅 23:9; 요

1993) 베드로전서의 '윤리'는 '선을 행하라'(2:12, 15, 20, 3:6, 13, 17, 4:19)는 말로 요약할 수 있다. '선을 행하라'는 요구는 베드로전서에 나오는 그 밖의 대부분의 명령들을 해석해 준다. '거룩하라'(1:15-16), '순복하라, 공경하라'(2:13, 18, 3:1). 선을 행하는 것은 고난을 감수하더라도 하나님의 뜻을 행하는 것이고(2:15; 3:17; 4:19), 구체적으로 말하면 원수를 사랑하라는 예수님의 명령을 실천하는 것이다(참고. 벧전 2:12-13, 15-17, 3:8-9). 구원은 믿음에 의해서 얻어지지만(1:8, 21; 2:7), '자라감'(2:2), '나아감'(2:4), '따라감'(2:21)이라는 윤리에 의해서도 얻어진다(참고. 마이클스, 2006:104-105; Winter, 1994:20).

1994) 19절에서 C와 프쉬 사본 등은 사도행전 23장 1절, 디모데전서 1장 5절, 19절에 맞추어 '선한 양심 때문에'(*dia syneidesin agathen*)로 쓴다.

1995) 21절에서 '고난을 받으시고'(*epathen*) 대신에 파피루스 81번과 시내 산 사본은 '죽으시고'(*apethanen*)라고 기록한다. 하지만 이전 문맥인 베드로전서 2장 19-20절은 죽음보다는 '고난'을 다룬다.

19:9; 베드로 복음서 11).[1996] 예수님은 무엇을 맡기셨는가? 자신의 목숨(영혼)인가(참고. 벧전 4:19). 아니면 자신의 '대적'인가? 마이클스(Michaels, 2004:392)는 '대적'으로 보는데, 그 이유는 23절 초반절에서 예수님이 모욕과 위협을 하지 않은 대상은 다름 아니라 예수님의 대적이었기 때문이다. 복음서에서도 예수님은 가룟 유다 혹은 유대 종교 지도자들에 의해 죽음으로 넘겨지실 것을 언급한다. 예수님은 선으로 악을 이기신 우리의 모델이다(참고. 롬 12:19-20). "그분이 나무에 달려 자기 몸으로 우리의 죄를 친히 짊어지셨으니(참고. 사 53:4, 12), 이는 우리가 죄에 대하여 죽고 의에 대하여 살게 하시려는 것이다. 그분이 채찍에 맞아 상하심으로 너희가 나음을 얻었다"(24절; 참고. 사 53:5). 죄 용서 받은 사람은 죄에 대해서 더 이상 냄새를 맡거나, 관심이나 호기심을 가지지 말아야 한다. "너희가 전에는 양들과 같이 길을 잃었으나(*probata planomenoi*,[1997] '길을 잃은 양들과 같았으나'), 이제는 너희 영혼의 목자와 감독 되신 분께 돌아왔다"(25절). 참고로, 마가복음 14장 28절은 부활하신 예수님의 제자들의 목자임을 암시한다. 우리는 더 이상 유리방황하지 말고 (참고. 사 53:6), 목자와 감독을 따라가자. 그것이 지름길 인생이다.

3. 오늘에의 적용

왕 같은 제사장과 산 돌로 살자.
권세자에게 복종하자.

베드로전서 3장

1. 본문 및 구조

- 아내와 남편(1-7)
- 선을 행할 때 받는 고난(8-22)

2. 구원 계시사적 메시지

2.1. 베드로전서 3장 1-7절의 메시지

1996) 베드로전서 1장 3절-4장 19절을 부활절 두 번째 주일에서 일곱 번째 주일에 읽는 구절로 소개하면서 Schertz(2004:434)는 'radical trust'(벧전 2:23)를 베드로전서의 핵심 개념으로 이해한다.

1997) 25절에서 중성 명사 '양들'(*probata*)과 성을 일치시키려고 다수 사본은 *planomena*(현재 수동 분사 중성 복수 주격)로 쓴다. 하지만 시내 산, A, B 등은 현재 수동 분사 남성 복수 주격 *planomenoi*로 쓴다.

"이와 같이(앞의 종에 대한 교훈처럼) 아내들아(*gynaikes*), 자기 남편에게 복종하여라"(1절).[1998] 파피루스 81, 시내 산, A, B 사본 등은 호격 '아내들아' 앞에 여성 복수 주격 정관사(*hai*)가 어색하기에 생략했다. "이는 말씀에 순종하지 않는 자들이라도 너희가 두려움으로 행하는 정결한 행실을 보고, 말이 아니라 아내의 행실로 말미암아 구원을 받게 하려는 것이다"(2절). 가정에서 남편에게 순종하지 않으면 불신 남편을 전도할 수 없다. 고난당하신 예수님을 따르는 여자 성도라면 가장인 남편을 존경하고 순종해야 한다. 너희는 머리를 땋고, 금장식을 달거나, 아름다운 옷을 입는 외모로 치장하지 말고(3절), 오히려 마음에 숨은 사람을 온유하고 안정된 영의 썩지 않을 것으로 치장하여라. 이것이 하나님 앞에서 매우 값진 것이다(4절). '온유하고 안정된(조용한) 영'은 모든 여자들이 가지고 있는 성품이 아니라, '온유하고 겸손하신' 예수님의 모습을 닮은 것이다(참고. 마 11:29). 전에 하나님께 소망을 두었던 거룩한 여자들(예. 사라, 리브가, 라헬 등)도 이와 같이 자기 남편에게 복종함으로 스스로를 치장하였다(5절). 사라가 아브라함을 '주'라 부르며(참고. 창 18:12), 그에게 순종한 것과 같이, 너희가 선을 행하며 어떤 무서운 일에도 두려워하지 않으면 그 여자의 딸들이 될 것이다(6절; 참고. 호 2:16). 한 예로, 어거스틴의 어머니 모니카는 이교도 남편 파트리시우스를 주님으로 잘 섬겼는데, 그의 임종 전에 하나님께로 인도했다.

"남편들아(*andres*), 이와 같이 아내는 더 연약한 그릇(동반자)이니(아내가 무엇을 필요로 하며, 어떤 상태에 있는가를 아는) 지식을 따라 동거하고, 또한 생명의 은혜(예. 영생 그리고 자녀)를[1999] 함께 상속받을 자들이니 귀하게 여기라. 이는 너희의 기도가 막히지 않게 하려는 것이다"(7절). 아리스토텔레스는 여성들이 성적인 면을 제외한 모든 면에서 천성적으로 남자보다 열등하다고 주장했다(참고. 존 월튼, 2010:2033). 그러나 베드로는 이런 열등함을 전제로 하지 않는다. '남편들아' 앞에 시내 산, A, B 사본 등은 남성 복수 주격 정관사(*hoi*)를 생략한다. 그리고 파피루스 72와 81, 시내 산, B 등은 '상속 받을 자들'을 여격(*syngkleronomois*)으로 표현하지만, 다수 사본은 매끈하게 다듬어 주격(*syngkleronomoi*)으로 표현한다. 부부가 함께 기도드리는 가정은 거룩한 제사장의 경건한 장소이다. 경건은 가장 가까운 인간 관계에서 잘 표현되어야 하며, 경험되고, 공유되어야 한다.

2.2. 베드로전서 3장 8-22절의 메시지

"마지막으로(*to telos*), 너희는 모두 같은 마음(like-mindedness)을 품고, 서로 동정하며, 형제를 사랑하며, 불쌍히 여기며, 겸손해져라"(8절).[2000] 베드로는 자유인(벧전 2:13-17), 종(2:18-25),

---

1998) 베드로 당시 기독교는 여성들 사이에 더 빨리 전파되었다. 남자들이 대중적이지 못했던 기독교로 개종한다면 잃는 것이 더 많았다. 아내는 남편이 믿는 종교에 순종해야 했다. 따라서 그리스도인 아내들이 로마 종교를 거부한 일이 발생했을 것이다. 이런 갈등 가운데, 그리스도인 아내들의 처신은 중요했다(참고. 존 월튼, 2010:2031).

1999) 7절에서 시내 산 그리고 A 사본은 '다양한 생명의 은혜를'로 쓴다. '다양한'(*poikiles*)이라는 형용사는 여기보다는 베드로전서 4장 10절의 경우에 자연스럽다(참고. 매츠거, 2005:602).

2000) 8절의 형용사 5개 중에 신약에서 한 번만 등장하는 것은 4개다. '같은 마음'(*homophrones*), 서로 동정하며

아내와 남편(3:1-7)처럼 특정한 대상이 아니라, 전체(*pantes*, all of you)를 대상으로 권면을 한다. 예수님의 마음을 품는다면 성도가 하나가 될 수 있다. 다수 사본은 '겸손해져라'(*tapeinophrones*) 대신에, '정중해져라'(*philophrones*)로 쓴다. 베드로는 베드로전서 1장 6절에서 수신자들이 여러 고난을 당하고 있다고 밝혔는데, 이제 구체적으로 형편을 소개한다. "악을 악으로, 또는 욕설을 욕설로 갚지 말고, 도리어 축복하여라. 이는 너희가 복을 유업으로 받기 위하여 부르심을 받았기 때문이다"(9절; 참고. 롬 12:17). 교회 (안)밖으로부터 수신자를 향한 언어 폭력이 있었다. 그러므로 생명을 사랑하고 좋은 날 보기를 원하는 자는 혀를 금하여 악한 말을 못하게 하고, 입술로 거짓을 말하지 못하게 하며(10절), 악에서 떠나 선을 행하고, 화평을 추구하여 이것을 이루어라(11절). 이는 주의 눈은 의인들을 향하시고 주님의 귀는 그들의 기도에 기울이시나, 주님의 얼굴은 악을 행하는 자들을 대적하시기 때문이다(12절).[2001]

이 단락은 긴 구약 인용으로 구성된다. 베드로전서의 총 105절 중 26개가 구약 인용이기에, 적어도 전체 구절의 24.7%는 구약에 비추어 해석되어야 한다(참고. Gréaux, 2009:610). 베드로전서 3장 10-12절에서 베드로는 시편 34편을 인용하면서 블레셋으로 도망간 다윗과 그의 상황을 전혀 언급하지 않는다. 하지만 베드로의 논리는 분명하다. 다윗이 나그네로서 이방 블레셋에서 도망가서 곤경을 겪었을 때 하나님이 구원하신 것처럼, 하나님은 터키의 이방인 사회 속에서 고난을 겪던 '외국인과 나그네 같은' 베드로전서의 수신자들도 구원하신다(참고. 벧전 2:11). 구약이건 신약이건 간에, 하나님의 구원 받은 백성에게는 사악한 세상 속에서라도 의와 거룩을 추구해야 하는 책임이 있기에 세상과 구별되게 살아야 한다. 구원 받았다는 사실은 구체적인 방식으로 도덕적인 윤리로 이어져야 한다(참고. 송영목, 2009:28; Gréaux, 2009:609). 베드로는 "의를 위하여 핍박을 받는 자는 복되다"라는 산상 설교를 기억하고 있었던 것 같다. 성도는 성도를 저주하는 자를 축복하라고 부름을 받았다. 예수님, 베드로, 바울, 그리고 스데반이 그렇게 사셨다(참고. 행 7:60; 고전 4:12; 벧전 2:21-23).

"너희가 열심히 선을 행하는 자가 되면 누가 너희를 해치겠느냐?(13절)[2002] 그러나 너희가 의를 위하여 고난을 받으면 복이 있는 자들이니, 그들의 위협을 두려워하지 말고 흔들리지도 마라"(14절).[2003] 베드로는 "몸은 죽여도 영혼은 능히 죽이지 못하는 자들을 두려워하지 말고,

---

(*sympatheis*), 형제 사랑(*philadelphoi*), 겸손해져라(*tapeinophrones*; 참고. Elliott, 2000:603-605).

2001) 시편 34편(LXX는 시 33편)이 베드로전서에 사용된 것은 다음과 같다. 시 34:1-벧전 1:3; 시 34:4-벧전 1:17; 시 34:5-벧전 2:6; 시 34:15-17-벧전 3:12; 시 34:19-벧전 1:6; 시 34:22-벧전 1:18; 2:16(참고. Witherington, 2007:170).

2002) 이사야 8장 12절을 암시한다. "이 백성이 반역이 있다고 말하는 모든 말을 따라 반역이라 하지 마라. 그들이 두려워하는 것을 두려워하지 말고, 겁내지 마라 하셨다." 선을 행하는 그리스도인에게 어떤 일이 일어나더라도, 외적인 세력은 영적인 해를 입힐 수 없다(참고. 시 56:4; 눅 12:4-7; 롬 8:31-39).

2003) '조건적 희구법'(The conditional optative)이란 *ei*로 시작하는 조건절(protasis) 안에서 사용되는 희구법이다. 이것은 주로 미래의 확실하지 않은 가능한 조건을 가리킨다. 예를 들어, "만일 그가 무언가를 할 수 있다면, 만일 이것이 일어날 수 있다면"과 같은 조건적 의미이다. 베드로전서 3장 14절의

오직 몸과 영혼을 능히 지옥에 멸하시는 자를 두려워하라"는 말씀을 기억하고 있다(참고. 마 10:28). 너희 마음에 '그리스도를'(참고. 다수 사본은 '하나님을') 주님으로 삼아 거룩하게 하고, 너희 안에 있는 소망에 관한 이유를 묻는 모든 자에게 대답할 것을 항상 준비하라(15절). 우리의 담대함과 소망은 세상이 알 수 없는 것인데, 부활의 권능에서 나온다(참고. 벧전 1:3). "두려움으로 하고, 선한 양심을 가져라. 이는 그리스도 안에서 행한 너희의 선한 행실을 비방하는 자들이 너희를 '비방하는'(*katalaleisthe*, 현재 수동 직설 2인칭 복수; 파피루스 72와 B 등이 지지함)[2004] 그 일에 부끄러움을 당하게 하려는 것이다"(16절). 양심은 어떤 사람의 행위의 도덕성을 인식할 수 있는 내적 성품이다. 성령은 우리의 양심을 하나님께로 인도하신다. 성도는 독선과 거만한 자세가 아니라 온유한 마음으로 답을 해야 한다. 선을 행하다 고난 받는 것이 하나님의 뜻이라면 악을 행하다 고난 받는 것보다 낫다(17절).

우리는 신약성경 중 가장 어려운 구절 중 하나를 살펴보고자 한다. 일찍이 마르틴 루터는 베드로가 베드로전서 3장 18절 이하에서 의미하는 바를 확실하게 알 수 없다고 시인했다.[2005] 이 구절에 대한 다양한 의견들은 다음과 같다.

(1) 예수님께서 실제로 노아 시대 때 홍수로 죽었던 불신자들의 영들에게 복음을 지옥에 가서 전파하셨다. 다시 한 번 회개의 기회를 주시기 위해서.

(2) 그리스도의 전파가 노아를 통하여 영적으로 혹은 성령으로 이루어진 것(예. 어거스틴).

(3) '옥에 있는 영들'을 인간이 아닌 타락한 천사들이라고 보는 견해. 예수님께서 부활하신 후에 이 타락한 영들에게 주님의 승리와 그들의 운명을 선포하신다(참고. France, 1994:414).

(4) 칼빈은 '옥'을 파수꾼의 망대로 보아서 영들을 경건하고 선한 영들이라고 한다. 예수님께서 고난 중에 있는 경건한 영들에게 생명을 주시는 성령의 능력으로 함께하신다. 하지만 이들을 칼빈은 악한 자들과 함께 살고 있었던 선한 사람들이라고 가정하지만, 노아 시대에 순종치 않는 자들 즉 사악한 자들이라는 20절과 맞지 않고 부자연스럽다.

(5) 예수님의 사도들이 복음을 전파하는 것.

이런 다양한 견해들 중에 단지 하나만 취사선택하면 되는가? 책임성 있는 석의를 위해서 문법 사항, 문맥, 역사적 상황 그리고 간본문들을 종합적으로 고려해 보아야 한다.

"너희가 고난을 받으면"(*paschoite*, 현재 능동태 희구법 2인칭 복수)이 이에 해당된다(참고. Wallace, 1996:484).

2004) 16절에서 이해하기 쉬운 현재 '능동' 직설 3인칭 복수 동사(*katalalousin*)로 바꾼 경우가 있다. 그리고 능동태 동사 뒤에 '너희를 악을 행하는 자들처럼'(*hymon hos kakopoion*)을 추가하기도 한다.

2005) 다수의 교부들은 예수님이 죽으셨다가 부활하기까지, 죽은 자들의 영역인 하데스에 있는 자들에게 전파하셨다고 보았지만, 개혁주의자들은 그리스도께서 노아 시대에 노아를 통해서 사람들에게 전파하셨다고 주장했고, 오늘날 다수의 학자는 그리스도의 부활이 타락한 천사들에 대한 승리를 선포하는 사건이라고 본다(참고. 존 월튼, 2010:2034).

베드로전서 3장 18-22절의 문맥을 먼저 살펴보자. 베드로는 '영 단번'(once-for-all, *hapax*; 개역개정판은 번역하지만 바른 성경은 이것을 번역하지 않음) 제물로 드려진 그리스도의 죽으심으로 이루신[2006] 구원의 능력에 대한 교훈에다가 부활의 능력을 강조한다. 고난 당하사 죽으신 예수님께서 이제는 부활, 승천하셔서 하나님 우편에 앉아 계시기에 주님은 정복자이시며 교회는 주님이 획득하신 승리에 동참한다는 내용이다. 따라서 이 본문은 예수님의 낮아지심이 아니라 승귀(높아지심)의 맥락에서 이해해야 한다.

18절에 나타난 예수님의 낮아지심을 살펴보자. 주님의 효과적인 영 단번의 대속의 죽음의 목적은 무엇인가? 의인으로서 죄인을 대신하여 죽으신 주님이시다. 베드로의 수신자들도 단지 성도라는 신분 때문에 죄인들에게서 고난을 당했다. 우리를 하나님께로 인도하기 위해서이다. 주님의 피 없이는 누구도 하나님에게로 나아갈 수도 하나님과 교제할 수도 없다. 예수님은 부활로 말미암아 교회에게 살려주시는 영(the life-giving Spirit)이 되셨다. "하나님 앞으로 인도하려 하심이라"는 말은 '왕을 알현하다' 혹은 '하나님을 섬기도록 구별하다'(참고. 출 29:4)라는 용법으로 사용된 전문 용어로 보인다. 여기서 나그네와 행인 같은 베드로의 수신자들은 주님이 제시하시는 영원한 본향인 하나님이 그들의 영혼의 닻을 댈 수 있는 분임을 깨닫게 되었다. 베드로의 수신자들은 하나님 안에서는 더 이상 나그네와 행인이 아니다. 주님의 고난과 죽음은 베드로 공동체의 모델이 된다. "그리스도께서도(*kai Christos*) 죽으사"(혹은 고난을 당하사)는 베드로 공동체 역시 죽임 당했을 것을 암시한다.

18절 마지막 부분부터 나타나는 주님의 승귀를 살펴보자. 예수님은 영으로는 살리심을 받았다(18절). 예수님께서 성령의 능력으로 부활하셨다는 의미인데 부활한 삶의 새로운 국면을 의미한다.

19절의 옥에 있는 영들은 누구인가? 지옥과는 다른 장소에 갇혀있는 타락한 천사들인가? 아니면 지옥에 있는 노아 당시의 불신자들의 죽은 영혼인가? 아니면 지옥에 있는 모든 불신자들의 영혼을 가리키는가? 아니면 노아 당시의 불신자들과 노아 이후에 죽은 모든 불신자들이 지옥에 갇혀있는 것을 가리키는가?[2007]

주의해 볼 것은 베드로는 사람을 가리킬 때 '혼'(*pneuma*라는 단어가 단독으로 혹은 수식어 없이는 신약 어디에서도 사람을 가리키지 않음)이란 말을 사용하지 않고 '영'으로 언급한다. 따라서 옥에 있는 영들은 '타락한 천사들'을 가리키는 것 같다(참고. 마 12:45; 눅 10:20; 히 1:14; 벧후 2:4; 유 6; 비교. 창 6:1-4). 에녹서 12장에는 타락한 천사들에게 가서 형벌을 선포하는 내용이 언급되어 있다. 그리고 에녹 1서 18장 14절과 21장 10절에서 악한 영들의 형벌의 장소가 옥으로 나타난다.

2006) 약 8개의 이문을 가지고 있는 18절에서, 바른 성경은 "그리스도께서 죄를 인하여 고난을 당하시므로"(*Christos hapax peri hamartion epathen*)를 비교적 충실히 번역하지만 '단번에'(*hapax*)는 번역하지 않는다. 왜냐하면 예수님이 한 번만 고난을 당하신 것이 아니기 때문이다. 하지만 파피루스 72와 A 사본은 "죄 때문에, '너희를' 위하여 단번에 죽으셨다"라고 쓴다.

2007) 대부분의 후기 랍비들을 제외하고는 거의 모든 유대인들이 창세기 6장 1-3절을 노아 시대에 천사들이 타락한 것으로 해석했다(참고. 존 월튼, 2010:2034).

여기서 악한 영들이 갇혀 있는 장소인 옥(prison)은 2에녹서에서 지하(참고. 계 20:1-3)가 아니라, 오히려 2층천으로 나타난다. 2에녹서 7장 1-3절에 의하면, 에녹은 2층천에서 고통당하며 울고 있는 타락한 천사들을 지나치고 있다고 보고한다. 2에녹서는 하늘을 여러 층(7층)으로 전제하고 있다. '레위의 유언'(Testament of Levi) 3장 2절에서도 비슷한 내용을 접할 수 있다. 베드로와 바울은 이런 에녹서의 전승을 잘 알고 있었을 것이지만 어느 정도까지 이 전승을 사용했는지는 알 수 없다. 이 구절의 문맥이 예수님의 부활-승천이므로 지상을 넘어 하늘의 영역을 베드로가 전제로 하고 있다고 볼 수 있을 것이다(참고. Wall, 2004:375). "그가 가서 전파했다"고 할 때, '가서'라는 동사를 위해 베드로는 동사 *poreutheis*를 사용했지, *katabaino*(내려가다)를 사용하지 않은 점도 유의해 볼 만하다. 22절에서 주님의 승천을 언급할 때도 *poreutheis*를 사용한 점 역시 이 해석을 지지한다.[2008]

옥에 있는 영들에 관한 이 해석이 문제가 될 수 있는데, 그 이유는 이 영들이 노아의 때 있었던 존재들이라고 20절에서 밝히기 때문이다.[2009] 이 악한 영들은 노아 훨씬 이전인 창조 사역 전에 타락했지 않은가? 문제 해결을 위해 추론해 볼 만한 해법은, 베드로는 창조 전에 타락한 천사들과 노아 시대의 타락한 영적 존재들을 시간적인 구별 없이 동시대의 존재로 언급하는 기법을 사용하는 것 같다.

따라서 이 타락한 영적인 존재들에게 예수님은 자신의 승귀로 승리를 선포하시고 계신다. 19절 끝의 '선포했다'(*ekeryksen*)는 말은 '복음을 전파했다'(*euangelizomai*)는 말이 아니라, 단순히 '알리고 선포하다'는 뜻이다. 성경 어디에도 주님이 (지)옥에 가서 회개를 목적으로 구원의 복음을 전파했다고 말씀하지 않는다. 주님의 '승귀'의 맥락과 그 당시의 세계관의 관점에서 볼 때 승천하시는 주님은 하늘에 오르시면서 여러 층에 거하고 있는 악한 영들을 지나가면서 승리를 선포하고 계신다(참고. 틸만, 2008:914). 악한 영들은 회개가 아니라 주님께 정복당해 지배받고 있다고 22절은 밝힌다.[2010] 고난 중에 있는 베드로의 수신자들은 주님의 승리를 확인함으로 큰 위로를 받았을 것이다. 베드로 공동체의 대적들은 다름 아니라 악한 영들의 대리자들이며 동일한 운명을 받게 될 것이기 때문이다.[2011] 베드로가 하고자 하는 주장은 하나님의 백성이

2008) '가셔서'(*poreutheis*, *poreuomai*의 아오리스트 디포 분사 남성 단수 주격)는 22절의 '(하늘에) 오르시어'에 정확하게 그대로 등장한다. 따라서 19절도 예수님이 그리스도의 승귀와 승천을 가리킨다(참고. Elliott, 2000:653).

2009) 베드로는 노아 시대의 불순종하던 자들과 홍수 그리고 방주를 통한 구원을 언급한다. 그렇다면 성육하기 전의 선재하신 그리스도께서 성령으로 옥에 있던 영들 즉 죄에 얽매여 타락한 자들에게 복음을 전파하셨는가? 이것은 전통적인 개혁파의 입장이다. 하지만 최근에는 다수의 학자가 문맥을 고려하여 그리스도께서 승귀하심으로써 옥에 있는 영들 즉 사탄의 세력에게 승리를 선포하신 것으로 본다(참고. McKnight, 1996:216-217).

2010) 유대 문헌 및 초기 기독교 문헌에서 '영들'은 인간 존재를 지칭하기보다 천사적 존재를 훨씬 많이 지칭한다. 신약에서 그 용어가 인간 존재를 지칭하는 유일한 경우는 히브리서 12장 23인데, 거기서 '온전케 된 의인의 영들'을 언급한다(참고. 틸만, 2008:914).

2011) 김정훈(2009:42-44)은 베드로전서 3장 18절의 *sarki*와 *pneumati*를 예수님의 인성과 신성으로 보지 않고, 예수님의 부활 이전과 이후의 차이나는 존재 방식으로 본다(참고. 롬 1:3-4의 '육신으로는', '성결의

당하는 박해의 배후에 존재하는 악의 능력들에 대한 하나님의 종말론적인 박멸이 그리스도의 부활과 승천과 더불어 이미 효력을 발휘하고 있다는 것이다.

20절 이하의 노아 홍수와 세례의 모형론적인 관계를 살펴보자. 고린도전서 10장 1절 이하에서 바울은 이스라엘 백성이 홍해를 건넌 것을 세례의 차원에서 설명했다. 노아는 홍수 이전에 의를 전파한 선지자요 의인이었고 그의 당대 사람들은 불의한 사람들로 심판을 자초했다. 여기서도 예수님이 의인이었듯이 노아가 의인으로 나타난다(참고. 히 11:7의 '노아는 의의 상속자'). 예수님을 죽인 자들과 세상 사람들이 불의한 자로 나타나듯이 노아 당대의 사람들은 불의한 자로 나타난다.

노아 당시와 베드로 당시(물론 우리 시대를 포함하여)의 유사점은 의인과 악인이 공존하며, 하나님은 참으심으로 불의한 자들이 돌아오기를 기다리신다는 사실이다. 교회를 괴롭히는 사람들에 대해 즉각적인 심판이 시행되지 않는 이유는 하나님께서 그들을 오래 참고 기다리셔서 회개의 기회를 주고 계시기 때문이다.

교회는 세례의 표로 이미 그리스도의 부활의 승리에 참여한 자들이 되었다. 홍수를 통한 노아 가족 8명의 구원은 예수님을 통한 구원의 한 그림자에 불과하다. 비록 불신자들이 다수일지라도 하나님의 신실한 남은 자들은 모든 시대에 언제나 하나님의 구원을 경험한다. 베드로가 8명이라고 분명히 말한 것은 특별한 목적이 있는 것 같다. '8'이란 숫자는 예수님이 죽음에서 부활한 날을 가리키는 숫자이며, 선도가 부활절 이른 아침에 세례를 통해서 교회의 정식 일원이 되는 날을 가리킨다. 실제로 A.D. 1-2세기의 교회의 침례탕은 팔각형 모양이었다.

물이 방주를 떠오르게 함으로 노아 가족이 물로 구원을 받은 것처럼, 우리가 믿음을 고백하여 받는 물세례를 통해 구원을 확증하고 하나님을 향해 살게 된다(21절). 따라서 노아 홍수는 세례의 모형이 된다. 세례는 죄를 씻어 버리는 동시에 하나님을 향해 사는 것을 다짐하는 것이다.

21절의 '육체의 더러움을 제거하는 것(*apothesis* : 육체의 일부를 제거한다는 뜻을 암시함으로 할례를 연상시킴)이 아니요'라는 말은 자칫하면 세례가 (영적인)죄를 씻어 버리는 결단의 의식임을 부정하기 쉬운 우를 범할 여지가 있는 말이다.[2012] 하지만 이것은 구약의 할례를 염두에 둔 표현인 것 같다. 구약의 할례가 단지 육체의 더러운 양피를 제해 버리는 차원이라면, 신약의

영으로는'). 그리고 베드로전서 3장 19절의 '영으로는'(*en ho*)을 육체에서 분리된 영의 상태로 본다. 그렇다면 육에서 분리된 영의 상태로 예수님이 하신 일은 지옥 즉 노아 때 죽은 자들의 영혼들이 갇혀 있는 곳으로 내려가서(루터파의 해석과 유사함) 영원한 심판과 저주를 선포하셨다고 본다. 따라서 죽음과 부활 사이의 3일 동안 예수님이 아무 일도 하지 않고 무덤에만 계셨다고 보지 않는다. 김정훈의 주장은 예수님이 죽으시고 부활하시기까지 3일 동안이 아니라, 예수 그리스도의 승귀시(구체적으로는 어떤 시점인지는 논란이 됨)에 지옥에 있는 악한 영들과 불신자들의 영에게 심판의 메시지를 전하고 승리를 선포하셨다는 입장과 다르다. 하지만 그의 주장은 지옥의 실재성에 대해 망각해 가는 현대 교회에게 영원한 심판과 지옥의 실존에 대한 경각심을 고취시킨다. 그리고 그는 '사도신경'의 본래의 위치에 그리스도의 지옥 강하의 의미를 되돌려 놓아야 한다고 주장한다.

2012) 여기에 사용된 접속사 *alla*(그러나)를 단순한 부정이 아니라, 뒤에 나오는 내용을 강조하는 것으로 볼 수 있다(참고. 채영삼, 2009:601). 베드로전서의 수신자들 중에 일부는 세례를 마치 마술 공식으로 여겨서, 세례라는 외적 의식은 자동적으로 육체의 더러움을 제거하는 효과를 준다고 믿었던 것 같다.

세례는 선하고 거듭난 양심으로 하나님을 찾아 교제하는 것으로, 더 나은 영적인 것이라는 계시사적인 강조가 암시되어 있는 말인 것 같다. 여기서 주의해 볼 것은 단순히 선한 양심이 하나님을 찾아가는 것, 구도자의 삶을 사는 것이 아니라, 선한 양심이 하나님을 향해서 '대답하고 서약하고 맹세'(*eperoteima*, NT *hapax*; LXX에도 명사형은 등장하지 않음)하는 것이다(바른성경: '호소하는 것이다'). 여기서 맹세와 서약은 성도가 세례로 하나님과 맺게 되는 언약을 의미한다. 이제 언약 관계 속에서 하나님 앞에서 도덕적이고 바른 삶을 살아야 할 것을 말씀한다.[2013)]

22절은 하늘과 땅의 모든 권세를 천상에서 시행하시는 예수님의 권세를 찬송하고 마감한다. 악한 사탄의 무리를 가리키는 천사들과 권세들과 능력들(참고. 엡 2:2, 6:10-12; 골 2:15; 시 110:1; 에녹 1서 61:10; 에녹 2서 20:1; 이사야의 승천기 1:3; 레위의 유언 3:8)이 예수님께 순종한다. 물론 그리스도의 메시아적 통치에도 '이미와 아직 아니'가 나타난다(참고. 래드, 1995:847). 부활, 승천으로 승귀하신 주님은 타락한 영들에게 승리를 선포하신다. 베드로는 22절 결론에서 천사들과 권세들과 능력들로 의미되는 사탄의 무리를 승천하신 주님이 정복하여 다스리고 계심을 언급한다. 주님의 승리는 곧 베드로 공동체의 승리이다. 22절에서 베드로 공동체는 이미 승리자가 되었음을 재확인하고 마무리짓는다.

3. 오늘에의 적용

가정 천국을 맛보자.
주님의 영광을 위한 고난을 두려워하지 말자.
지옥의 실재성과 영원한 심판에 대한 성경 구절을 확인하자.
예수님의 부활과 승천이 우리의 선한 양심에 작용하여, 신실하고 도덕적인 성향을 강화하도록 하자.

2013) 21절을 개역개정판은 '하나님을 향한 선한 양심의 간구'로, 공동번역은 '깨끗한 양심으로 살겠다고 하느님께 서약하는 것'으로, 표준새번역과 KJV 그리고 NIV는 '선한 양심의 서약/응답'으로 번역한다. J.H. Thayer의 사전을 인용하면서, 채영삼(2009:598, 621)은 '선한 양심이(종착점인) 하나님을 찾아가는 것(혹은 열망하는 것)'이 헬라어 구문과 문맥상 가능하다고 본다. 이것은 그리스도의 부활(21절)과 승천(22절)으로 말미암아 가능해진 세례가 주는 구원론적 의미이다. 베드로전서 2장 13-17절에서 '선하다'라는 말이 4번이나 등장하는데, 막연하게 '좋은 게 좋다'가 아니라, 구체적으로 거듭난 성도의 행실이 예수 그리스도께서 주신 구원에 근거해 있는 것으로 이해해야 한다. 바울이 '믿음'이라 부른 것, 야고보가 '행위'라 부른 것을 베드로는 여기서 '양심'이라고 부른다.

베드로전서 4장

1. 본문 및 구조

- 고난 가운데서의 사랑(1-11)
- 그리스도인으로서 당하는 고난(12-19)

2. 구원 계시사적 메시지

2.1. 베드로전서 4장 1-11절의 메시지

"그리스도께서 육체의 고난을 받으셨으니,[2014] 너희도 같은 마음으로 무장하여라. 이는 육체로 고난을 받은 사람은 누구나 죄에서 단절하였기 때문이다"(1절). 범죄자에게 육체의 질병과 같은 심판이 임할 때, 대체로 사람은 죄를 돌이켜 보고 범죄를 중단한다. 1절은 이것만 가리키지 않는다. 죄에서 단절된 것은 현재 완료 시제(*pepautai*, has ceased)이기에, 지속적인 상황이 아니라 새로운 상황에 대해 말씀한다(참고. 클라우니, 1992:270). 성도는 그리스도와 함께 죄에 대해 죽었다(참고. 벧전 2:24). 그러면 육체의 고난은 무엇인가? 예수님에게는 십자가 처형이다(참고. 벧전 3:18). 갈보리 십자가에서 성도의 죄는 그쳤다(참고. 벧전 2:24). 성도가 육체의 고난을 당하는 것은 자신의 범죄 때문에 벌을 받는 것이라기보다는, 자신을 위해서 고난을 당하신 예수님의 고난에 참여하는 것이 아닌가? 세례 받은 성도는 죄에 대해서는 죽은 자요, 예수님 안에서 하나님에 대해서는 산 자임을 밝히는 로마서 6장 11절을 베드로는 2절에서 설명한다. "이는 더 이상 인간의 욕심을 따라 살지 않고 하나님의 뜻을 따라 육체의 남은 때를 살게 하려는 것이다." 적용해 보면, 세상에는 두 종류의 삶이 있다. 하나님의 뜻을 따라 사는 삶, 그리고 이방인의 방식을 따라 사는 삶. 우리는 얼마나 더 살지 모른다. 그러나 어떻게 살아야 하는지 안다.[2015]

"너희가 음란과 정욕과 술 취함과 방탕과 연회와 가증한 우상 숭배에 빠져 이방인의 뜻을 따라 행한 것이 지나간 때로 족하다"(3절).[2016] 이방인으로 있다가 기독교로 개종한 사람들의 죄 된 모습 즉 조상으로부터 전수된 망령된 행실을 베드로가 지적한다(참고. 벧전 1:8). 그들은 너희가 그런 극한 방탕에 휩쓸리지 않는 것을 이상히 여겨 비방한다(4절). 성도의 거룩한 삶을 보고 세상은 비방한다. 그들은 산 자와 죽은 자를 심판하기 위하여 예비하시는 분(승귀하신

2014) 4장 1절 첫 단락에서 시내 산 2판, A 그리고 다수 사본은 '우리를 위하여'를 추가한다.

2015) 베드로전서 3장 16절-4장 5절의 교차 대구법을 위해서는 존 월튼(2010:2034)을 보라.

2016) 베드로 당시 이방인들은 후견인의 집에서 벌어지는 만찬과 사교 클럽의 만찬에 참여하여 밤늦게까지 폭음을 했으며, 남자들은 여자들과 소년들을 괴롭히곤 했다. 종교 축제도 이와 비슷하게 부도덕을 행하는 기회가 되었다. 불신자에게 이런 행태는 부도덕한 것이 아니지만, 그리스도인에게는 그러하다(참고. 존 월튼, 2010:2035).

예수님)께 사실대로 고하게 될 것이다(5절). 로마 제국 안에서는 불신자들이 성도를 법정으로 끌고 갈 것이지만, 성도는 자신의 소망에 대해 항상 대답할 준비를 해야 한다(참고. 벧전 3:15). 그러나 하늘 법정에서 교회의 박해자들은 공의로운 재판관 예수님 앞에 자신들의 죄를 진술해야 한다. "이로 말미암아 죽은 자들에게도 복음이 전파되었으니(*euengelisthe*), 이는 육체로는 사람들을 따라(혹은 사람의 안목에는) 심판을 받았으나, 영으로는 하나님을 따라(혹은 하나님의 안목에는) 살게 하려는 것이다"(6절). 복음이 죽은 자들에게도 전파되었는가? 이미 3장 19절에서 예수님이 지옥에 있는 영들에게 복음을 전파하지 않으셨음을 살펴보았다. 4장 6절은 '영들'(참고. 벧전 3:19)이 아니라 '(육체적으로) 죽은 자들'을 언급한다. 문맥상 예수님이 전파된 내용이다 (for this is why he was preached as good news to those who are dead also……). 그렇다면 그리스도가 전파된 죽은 자들은 누구인가? 예수님의 복음을 믿고 죽은 성도들이다. 주님이 재림하실 때 바로 이 성도들을 의롭다고 선언하실 것이다(참고. 살전 4:13-18).

"만물의 마지막(*telos*)이 가까이 왔으니,[2017] 그러므로 너희는 정신을 차리고(*sophronesate*, 참고. '온전한 정신으로', 막 5:15) 깨어(*nepsate*, 7절; 참고. 살전 5:6, 8) 기도하여라." 종말을 살고 있는 성도는 악을 피하는 정도가 아니라 적극적으로 자기 절제와 균형 감각을 가지고 살아야 한다(참고. Kline, 1963:116). 정신 차리고 기도하는 것은 방탕하고 술 취하는 것과 반대된다. "무엇보다도 서로 뜨겁게(*ektene*, fervent) 사랑하여라. 이는 사랑(아가페)이 허다한 죄를 덮어주기 때문이다"(8절). 미움은 다툼을 일으켜도 사랑은 모든 허물을 가린다(참고. 잠 10:12). 사랑이 남의 죄를 용서하는 데에까지 나아가지 않으면 쓸모 없게 된다. 베드로는 남의 죄를 7번 용서하면 된다고 생각했지만 예수님은 무한대로 용서하라고 말씀하셨다(참고. 마 18:21-22). 불평 없이 서로 대접하라(9절). 1세기의 여관은 드물 뿐 아니라, 사창가와 같은 장소였기에, 순회 전도자와 여행 중인 성도(혹은 순회 전도자)에게 숙식을 제공하는 것은 굉장히 중요한 문제였다. 로마서 12장 6-13절에서는 나그네에게 호의를 베푸는 것(hospitality)이 '은사'로 나타나며, 디모데전서 3장 2절에서는 감독의 자질 중 하나로 나타난다(참고. 히 13:2).

각자 은사(*charisma*)를 받은 대로 하나님의 여러 가지 은혜를 맡은 선한 청지기같이 서로 섬겨라(10절). 우리는 남의 은사를 존중히 여기고, 우리의 은사로 하나님을 섬기는 동시에 남의 발도 씻을 수 있어야 한다. "누구든지 말하려거든 하나님 말씀처럼 말하고, 누구든지 섬기려거든(아마 '집사'를 염두에 두고 하는 말인 것 같음) 하나님께서 공급하시는 힘으로 하는 것같이 하여라. 이는 모든 일이 예수 그리스도로 말미암아 하나님께서 영광을 받으시도록 하려는 것이다. 영광과 능력이 영원 무궁히 그분에게 있다. 아멘"(11절).[2018] 베드로가 하나님의 말씀을

2017) 클라인(Kline, 1963:113)은 베드로전서의 '종말'을 주로 미래적으로 보지만, '이미'의 측면을 간과할 수 없다.

2018) '아멘'으로 끝나는 '송영'(doxology)은 현대 성도에게 중요한 점을 시사한다. 공적 예배 마지막 순서인 '복의 선포'(Benediction; 소위 '축도')에 온 회중은 '아멘'으로 화답한다. 그러나 회중이 '아멘'으로 화답한다고 해서 삼위 하나님으로부터 오는 '은혜, 사랑, 교통'이 그냥 회중에게 임하는 것은 아니다. 오히려 그 은혜와 사랑과 교통하심이 일주일 동안 실제로 이루어지도록 삶의 현장에서 믿음으로

하듯이 말해야 한다고 할 때, 특별히 하나님의 양 무리를 치는 자들 즉 말씀을 가르치고 전파하는 사람을 염두에 두고 한 말로 보인다. 즉 이 말씀은 '하나님으로부터 온 영감된 말씀'이다(비교. 행 2:30-31, 3:21, 24; 참고. Kline, 1963:121). "우리는 수다한 사람과 같이 하나님의 말씀을 혼잡하게 하지 아니하고, 곧 순전함으로 하나님께 받은 것같이 하나님 앞에서와 그리스도 안에서 말하노라"(고후 2:17). 내용도 중요하고, 전하는 방식도 중요하다(유명 강사들이 사용하는 속어, 욕 등은 비성경적임). 말씀 전파 사역과 봉사 사역을 통하여 하나님께 영광을 돌려야 한다. 자칫 사역자(청지기)가 주님의 영광을 가로챌 위험에 빠질 수 있다. 주님이 힘과 능력의 공급자이심을 믿고 인내하며 사역에 임해야 한다.

2.2. 베드로전서 4장 12-19절의 메시지

"사랑하는 자들아, 너희를 시련하려고 오는 불같은 시험을 이상한 일이 일어나는 것처럼 여기지 말라"(12절). '불같은 시험'은 수신자들이 매우 강력한 시험과 고난을 겪고 있으며 앞으로 겪을 것을 암시한다(참고. 마지막 날의 불 시련, 디다케, 16:5).[2019] 이 땅에서 산 소망 가운데, 나그네로 살며, 왕 같은 제사장으로 사는 성도에게도 시험이 있다. 시험은 우리를 파멸로 이끌지 못하며 우리를 정결하게 하는 은혜의 수단이다. 우리의 본이신 예수님이 고난을 받으셔서 망한 적 있는가? "오히려 너희가 그리스도의 고난('예수님이 당하신 고난' 혹은 '그리스도인으로서 받는 고난')에 참여하는 것이니 기뻐하여라. 이는 그분의 영광이 나타날 때 너희가 크게 기뻐하고 즐거워하게 하려는 것이다"(13절). "너희가 그리스도의 이름으로 모욕을 당하면, 너희는 복 있는 자들이니, 이는 '영광의 영, 곧 하나님의 영'(*to tes dokses kai to tou theou pneuma*)이[2020] 너희 위에 머물러 계시기 때문이다"(14절). 성령은 고난당하는 성도와 함께한다. 성령은 복음 때문에 고난당하는 자에게 할 말과 지혜를 주신다(참고. 마 10:9이하). "너희 가운데 아무도 살인자나 도둑이나 행악자나 다른 사람의 일을 간섭하는 자로서 고난을 받지 않도록 하여라"(15절). 그러나 그리스도인으로서 고난을 받으면 부끄러워하지 말고, 도리어 그 이름으로 하나님께 영광을 돌려라(16절). 교회가 주님 때문에 고난을 당할 때 하나님은 영광을 받으신다.

"이는 하나님의 집에서 심판을 시작할 때가 되었기 때문이다(참고. 렘 25:18-29; 겔 7:7, 9:6; 암 3:2). 우리에게 먼저 시작한다면, 하나님의 복음을 순종하지 않는 자들의 마지막이 어떠하겠느냐?"(17절). 성도가 산 돌로서 함께 지어져 가는 하나님의 성령의 전이며 집이다(참고. 벧전 2:4-5). 하나님이 성도를 정결케 하는 심판의 불(정확히는 '연단의 불')로 정결케 하신다면, 복음을

실천해야만 유효하다. 즉 하나님의 은혜와 사랑과 교통을 믿고 분투하는 삶을 살지 않는다면 복의 선포는 허공을 치는 메아리에 불과하다(참고. Kline, 1963:123).

2019) 1947년에 출판된 주석에서 F.W. Beare는 베드로전서 4장 12절-5장 11절을 트라얀 황제(A.D. 98-117년) 시대의 박해와 연결시켰다.

2020) 14절에서 이태리어 역본은 줄여서 '하나님의 영광의 영'으로 쓴다. 시내 산 사본은 '영광과 능력의 영 곧 하나님의 영'으로 쓴다. 하지만 이 이문들은 후대의 첨가로 보인다. 그리고 14절 끝에 다수 사본은 "그가 그들을 대항하여 저주하시고, 너희를 영화롭게 하시느니라"를 첨가한다.

순종하지 않는 자들의 운명은 어떻게 되겠는가? 불꽃 중에 나타나실 예수님에 의해 그들은 멸망한다(참고. 살후 1:7-8). 성도에게 내린 하나님의 불은 정화를 위한 것이며, 불신자에게 내릴 불은 심판의 목적이다. "또 의인이 겨우(어렵게, with difficulty; 참고. 행 14:18) 구원을 받는다면, 경건하지 못한 자와 죄인은 어떻게 되겠느냐?"(18절)[2021] 성도가 당하는 고난의 시련은 정결하게 되는 과정인데 어렵다. "그러므로 하나님의 뜻을 따라 고난을 받는 자들은 선한 일을 하면서(*agathopoiia*, in well-doing) 자신의 영혼을(전인) 신실하신 창조주께 맡겨라" (19절). '맡겨라'(*paratithesthosan*은 *paratithemi*의 현재 중간태 명령형 3인칭 복수)는 돈을 맡기는 것 즉 '예치하다'라는 뉘앙스이다. 여행을 떠날 때 믿을 만한 사람에게 돈을 예치하는 것이다. 우리의 창조주이신 하나님의 신용도는 절대적이지 않은가? 우리의 머리털을 세시는 '조물주'(*ktistes*, NT *hapax*) 하나님이시다.

3. 오늘에의 적용

거룩한 행실로 무장하자.
우리의 영과 육을 창조자, 주권자, 목자장이신 주님께 맡기자.

∽ 베드로전서 5장 ∾

1. 본문 및 구조

- 고난 중의 성도를 목양하는 일(1-11)
- 마지막 인사(12-14)

2. 구원 계시사적 메시지

2.1. 베드로전서 5장 1-11절의 메시지

내가 너희 중 장로에게 권하니, 나는 함께 장로 된 자로서 그리스도의 고난의 증인이며 또한 나타날 영광에 참여할 자로서 권한다(1절). 베드로가 스스로 '장로'로 부른 것은 직분이 아니라

2021) 이것은 잠언 11장 31절 LXX를 그대로 인용한 것인데, MT는 사뭇 다르게 언급한다. "만약 의인이 땅 위에서 보응을 받는다면(repaid), 악인과 죄인들은 얼마나 더하겠는가!" LXX는 '구원'으로, MT는 '보복'(repay)이라고 다르게 언급하는데, 베드로는 더 권위 있는 MT를 따르지 않는다(참고. Jobes, 2005:297).

연령상 그렇다는 의미이다.[2022] 물론 베드로는 '가르치는 장로'로서 사역을 감당하고 있다. 그리고 베드로는 겟세마네와 갈보리에서의 예수님의 고난을 목격한 증인이다. 그리고 변화산에서 변모하신 예수님의 영광도 목격했다. 현재의 고난은 장차 나타날 영광과 족히 비교할 수 없다. "너희 가운데 있는 하나님의 양 무리를 '치되'(*poimanate*, 아오리스트 능동 명령 2인칭 복수),[2023] 마지못하여 하지 말고 오직 하나님의 뜻을 따라 자원함으로 하며, 더러운 이익을 위하여 하지 말고 즐거운 마음으로 하라"(2절). 베드로는 장로의 직분을 '양 무리의 목자'로 본다. 요한복음 21장 15-19절에서 부활하신 예수님은 베드로에게 양을 먹이라는 사명을 주셨다. 목자는 양을 위해 목숨을 내어주신 목자장 예수님을 닮아야 한다(2:25). 목자가 양을 돌보는 관심은 목자가 예수님에 대해 가지는 관심에 비례한다. 거짓 목자는 자신의 이익과 배를 채우기에 급급하다(참고. 겔 34:3). "맡겨진 자들에게 주장하는 자세로 하지 말고 오직 양 무리의 본이 되어라"(3절). 목자는 양 무리 앞서 행한다. 놀랍게도 바티칸 사본은 3절 전체를 생략한다. 전달 과정에서 어떤 변화나 오류가 있었던 것 같다. "그리하면 목자장이 나타나실 때 시들지 않는 영광의 면류관을 받을 것이다"(4절). 목자장이 나타나시면 양과 염소를 구분하실 뿐 아니라, 참 목자와 거짓 목자도 구분하실 것이다.

"젊은이들아, 이와 같이 장로들에게 순복하여라. 너희는 모두 서로 겸손으로 옷을 입으라(롬 13:12; 엡 6:11; 골 3:12). 이는 하나님께서 교만한 자들은 대적하시나 겸손한 자들에게는 은혜를 베푸시기 때문이다"(5절).[2024] 성도는 하나님이 세우신 치리회/장로의 권위를 존중해야 한다. 잠언 3장 34절에서 겸손의 덕목을 본다. "그러므로 하나님의 강한 손아래서 겸손하여라. 때(*kairos*)가 되면 너희를 높이실 것이다"(6절). 겸손하신 예수님이 하나님의 손에 의해서 결국 높아지신 것을 보라. '하나님의 강한 손'(과 '편 팔')은 이스라엘을 겸손하게 하여 반역을 내쫓았고, 자기 백성을 회개하도록 만드셨다(참고. 겔 20:33-44; 비교. 출 13:3, 9).

"너희의 모든 염려를 하나님께 맡겨라. 이는 그분께서 너희를 돌보시기 때문이다"(7절). "네 짐을 여호와께 맡겨 버리라. 너를 붙드시고 의인의 요동함을 영영히 허락지 아니하시리로다"(시 52:22). 시인의 염려는 원수의 공격에 기인한 것인데, 벧전의 수신자들과 비슷한 형편이다. 박해와 배교의 위험 속에 있는 성도를 하나님이 방문하신다. "정신을 차리고 깨어 있으라. 너희의 대적 마귀가 우는 사자같이 두루 다니며 삼킬 자를 찾고 있다"(8절; 참고. 욥 1:7). 베드로는 8절에서 아오리스트 능동태 명령형을 두 개나 사용한다. B사본은 "삼키려고 찾고 있다"

2022) 존 월튼(2010:2037)은 다른 입장을 취한다. 그의 설명을 들어보자. 구약에서 장로 곧 재판하는 일에 능숙한 나이 들고 지혜로운 남자들이 대부분의 이스라엘 성읍을 다스렸다. 신약에서 장로는 회당에서 존경 받는 위치에 있었으며, 교회는 이런 형태의 지도력을 회당에서 취했다고 본다. 베드로는 실제 장로의 직분을 감당했다.

2023) 2절에서 시내 산 사본과 B 사본과 달리, 다수 사본은 '감독하며'(*episkopountes*, 현재 능동 분사 남성 복수 주격)를 '하나님의 양 떼' 다음에 첨가한다.

2024) '젊은이들은' 연령상 젊은이가 아니라, '장로가 될 사람들'과 같이 교회 안의 특정한 그룹을 가리킨다고 보는 이도 있다(참고. 눅 22:26; 행 5:6). 하지만 이 주장의 근거는 빈약하다(참고. McKnight, 1996:263). '젊은이'(*neoteroi*)가 교회 직분을 가리킨 적 없다.

(*katapiein*, 아오리스트 능동 부정사; 즉 부정 대명사 남성 단수 대격 *tina*를 생략함)로 쓴다. 마귀를 묘사하는 '사자'는 시편 22편 13절을 배경으로 하고 있는 듯하다. 네로 당시에 성도는 문자 그대로 사자의 밥이 되기도 했다(참고. 존 월튼, 2010:2038). "너희는 믿음으로 굳게 서서 마귀를 대적하여라. 너희가 아는 대로 너희의 형제들도(악하다는 부정적 뉘앙스를 가진) 세상(*kosmos*)에서 동일한 고난을 겪고 있다"(9절; 참고. 래드, 1995:849). 성도를 고소하는 원수 마귀를 대적하는 일은 모든 시대의 성도가 해야 할 필수적인 일이다. 베드로는 로마 원형 경기장에서 사자의 밥이 된 그리스도인을 알고 있었을 것이다. 신앙 때문에 당하는 순교의 위협을 베드로는 알고 있었다. 여자의 후손이신 예수님을 대적하는 뱀의 공격은 이제 교회를 향하고 있다. 예수님의 승천으로 하늘에서 떨어진 사탄은 자기 때가 얼마 남지 않은 줄 알고 발악하고 있다(참고. 계 12:12). '굳게 서서'는 이사야 50장 7절과 비슷하다. "주 여호와께서 나를 도우시므로 내가 부끄러워 아니하고 내 얼굴을 부싯돌(a solid rock)같이 굳게 하였은즉 내가 수치를 당치 아니할 줄 아노라."

베드로전서 5장 10-11절을 살펴보자. 사악한 로마의 네로 황제의 치하에서 고난을 받았던 사람들이 베드로전서의 수신자들이다. 베드로전서 5장 10-11절은 베드로전서의 결론인데 기도와 송영이 혼재한다.

모든 은혜의 하나님께서 그리스도 예수님 안에서[2025] 자신의 영원한 영광으로 현재 고난 중에 있는 베드로전서의 수신자들을 부르셨다(10절)는 것은, 교회가 하나님의 자녀로 부름 받은 것은 예수 그리스도의 대속의 사역에 기초한 것이며 전적인 하나님의 은혜임을 강조한다. 그리고 하나님의 '영원한 영광'은 현재 '일시적으로 겪는 고난'과 선명하게 대조된다. 계속해서 베드로는 이 하나님의 은혜와 영광의 능력을 4개의 미래 동사로 설명한다. 여기서 '하나님이 직접 그리고 친히'(*autos*)이란 말이 강조되어 있다. 고난 속에 있는 자신의 백성을 책임지시는 하나님의 강한 의지를 볼 수 있다. 하나님께서 과거에 예수님 안에서 성도를 부르셔서 영원한 하나님의 영광에 참여하도록 하셨기 때문에, 교회의 미래의 모든 일들은 이미 결정된 것이나 다름없다. 우리가 예수님 안에서 받은 신분적인 복과 은혜는 우리의 미래의 모든 일들을 이미 결정해 버렸다.

10절의 4개의 미래 능동태 직설법 3인칭 단수 동사들을 살펴보자:

(1) 이들을 온전케 하시며(*katartisei*): 이 말의 뜻은 '처음 모습으로 원상회복시키다', '부족한 것을 채워서 완전케 하다'이다(참고. 갈 6:1; 살전 3:10; 히 13:10; 보라. Elliott, 2000:866). 환언하면, '예수님 안에서 재창조되다'를 의미한다. 베드로전서의 수신자들을 예수님 안에서 온전한 자로 다시 창조하시는 사건이 하나님의 은혜와 영광으로 가능하게 된다는 말씀이다(참고. 히 13:20-21). 중요한 것은 이런 재창조의 사역, 성도를 온전케 하시는 사역이 교회가 겪는 고난 가운데서도 계속하여 일어나고 있다는 사실이다. 교회는 특별히 고난 중에서 하나님의 완전케 하시는 은혜의 손길을 느낄 수 있다. 성도의 재창조는 이렇게 과거와 현재적인 계속성이라는 종말론적인 차원으로 이해되어야 한다.

2025) 시내 산과 B사본은 '그리스도 안에서'로 쓴다.

(2) 굳게 하시며(*steriksei*): 예수님은 베드로가 자신을 부인할 것을 예언하실 때 동시에 회복될 것을 말씀하시면서 "너는 돌이킨 후에 네 형제들을 굳게 하라"는 말씀을 누가복음 22장 32절에서 하셨다. 이제 굳센 반석으로 베드로는 사역을 감당하고 있다. 모든 은혜의 하나님 덕택이었다. 교회는 고난 중에 더욱 굳세게 하시는 주님의 은혜의 손길을 바라보아야 한다.

(3) 강하게 하시며(*sthenosei*, NT *hapax*; 참고. 3마카비 3:8): 이 동사는 동물의 왕인 사자의 강함을 그리는 것과 같다.[2026] '힘을 불어 넣어주다'는 뜻이다. 교회가 고난 중에 있을 때 사자가 가지고 있는 강력한 힘과 같은 능력을 부어주시는 하나님을 신뢰할 수 있다는 말씀이다.

(4) 터를 견고케 하시리라(*themeliosei* ; 참고. 엡 3:17; 히 1:10): 바울도 비슷한 말을 골로새서 1장 23절에서 하는데 "믿음에 거하고 터 위에 굳게 서서 너희 들은바 복음의 소망에서 흔들리지 말 것"을 권고한다. 베드로전서 2장 6-8절의 '돌'이신 예수님의 터 위에 성도를 견고케 하시는 하나님의 은혜를 강조한다. A와 B사본은 '견고하게 하실 것이다'(*themeliosei*, 참고. 명사 '터'는 *themelios*)를 삭제했다.

베드로는 놀라운 하나님의 은혜에 압도되자 하나님을 찬송하지 않을 수 없었다. 4장 11절의 송영을 줄여서 베드로는 5장 11절에서 다음과 같이 기도한다. "권력이 세세무궁토록 하나님께 있을지어다. 아멘." 여기서는 하나님의 절대적인 '권력'(*to kratos*)만 찬송함으로써, 베드로는 성도의 고난 중에서 더욱 돋보일 수밖에 없는 하나님의 권력, 힘 그리고 권세를 신뢰하며 강조한다. 그러나 다수 사본은 '권력' 앞에 '영광'(*he doksa*)을 추가한다.

베드로전서 5장 8절의 우는 사자와 같이 강력히 역사하는 마귀를 하나님은 물리쳐 주실 것을 뒤따르는 구절에서 약속하지 않으신다. 대신 하나님은 교회를 온전케 하시고, 굳게 하시고, 강하게 하시고, 터를 굳게 하시겠다고 약속하신다. 왜냐하면 베드로전서 5장에서 가장 중요한 것은 교회와 마귀와의 싸움이라기보다는, 오히려 교회가 견고하며 흔들리지 않는 가운데 은혜의 하나님께 헌신하는 것이기 때문이다. 적용해 보자. 우리가 고난 중에서도 이미 예수님 안에서 얻은 은혜와 영광을 믿음으로 하나님께 헌신한다면 마귀를 자동적으로 이길 수 있다는 말씀이다. 그리고 우리가 반드시 기억해야 할 것은 비록 우리의 고난이 다양하고 첩첩산중처럼 보이지만 '잠시 잠깐'이라는 사실이다. 그리고 이런 고난들은 은혜의 하나님, 그리고 예수님 안에서 누리는 영원한 복과 비교할 때 아주 작은 것에 불과하다는 사실이다.

2.2. 베드로전서 5장 12-14절의 메시지

베드로가 신실한 형제로 아는 실루아노('실라'의 로마식 이름) 편에 간단히 써서, 이것이 하나님의 참된 은혜임을 증언하였다. 수신자는 이 은혜 안에 견고히 서 있어야 한다(12절). 실라는 '대서가'로 볼 수 있지만, 이 편지를 전달한 사람으로 보인다. 베드로는 은혜의 복음을 기록했다. 베드로 자신의 이름 '반석'이라는 뜻처럼 수신자들도 은혜로 견고해진다. "함께 택하심을 받은 바벨론에 있는 교회와[2027] 나의 아들 마가가 문안한다"(13절).[2028] 요한계시록 14장 8절, 16장

2026) 이 동사는 NT *hapax*인데 욥기의 70인역에서 명사형으로 사용된다.

19절, 18장 2절, 2바룩서 11장 1절, 16장 7절, 4에스라서 3장 1절 등도 로마를 '바벨론'으로 묘사한다. 이를 근거로 혹자는 베드로 사후에 저작된 이러한 문헌에서 '바벨론'이라는 표현이 나타나기에 베드로전서는 위서라고 주장한다. 그러나 베드로는 구약의 대제국이며 하나님의 백성을 침략한 바벨론처럼, 베드로 당시의 로마 제국도 그러하다는 유비에 근거하고 있다(참고. 틸만, 2008:894). "너희가 사랑의 입맞춤으로 서로 문안하여라. 그리스도 안에 있는 너희 모두에게 평강이 있을지어다"(14절; 참고. 롬 16:16; 고전 16:20; 고후 13:12; 살전 5:26-27). 키스(*philema*)는 성도 간의 뜨거운 사랑과 연합의 확인이다. 후대에는 성찬식에서 평화의 입맞춤이 있었다. 시내 산 사본과 다수 사본은 14절 둘째 절을 "그리스도 예수님 안에 있는 너희 모두에게 평강이 있을지어다. 아멘"으로 쓴다.

3. 오늘에의 적용

우리를 붙드시는 하나님의 능력 안에서 강하여지자.
목회자는 고난 중에 있는 성도를 어떻게 목양해야 하는가?

2027) 13절에 파피루스 72, A, B사본 등은 '교회'(*ekklesia*)를 표기하지 않고 대신 '바벨론' 앞에 여성 단수 정관사(*he*)를 둔다. 하지만 다수 사본은 '교회'를 '바벨론'(*en Babyloni*) 다음에 추가한다. 그리고 2132 사본은 '바벨론' 대신에 '로마'(*hRome*)라고 쓴다.

2028) 4세기의 유세비우스는 *Ecclesiastical History*, 3.39.15에서 2세기의 파피아스를 인용하면서, 마가가 베드로의 통역가(interpreter)가 되어 그가 예수님이 하신 말씀과 행하신 것에 대해 기억하고 있었던 모든 것을 정확히 썼다고 기록한다. 하지만 예수님이 하신 말씀과 행하신 일들을 순서대로 쓴 것은 아니었다고 한다. 파피아스는 예수님의 고난에 대해서 아무런 언급을 하지 않지만, 마가복음은 '확장된 서론을 가진 고난의 이야기'라고 불릴 정도(예. Martin Kähler)로 예수님의 고난에 대한 상세한 기록을 담고 있다. 마가복음 14-15장의 고난 기사에 베드로는 두드러진 인물이다. 마가는 베드로로부터 이 정보를 들었을 것이다(참고. Michaels, 2004:389).

베드로후서 주석

들어가면서

저자

사도 베드로(1:1)[2029]

수신자

베드로후서 3장 1절은 베드로전서와 동일한 수신자임을 암시한다.

기록 연대

A.D. 60년대 중반. 위서는 아니다.[2030]

2029) 현대 학자 중에서 Moo, Van Houwelingen, Kruger, E. Green, G. Green, Schreiner, Guthrie, Mariani, Meinertz, Holzmeister, Tasker와 같이 소수의 학자만 베드로 저작을 인정한다(참고. Green, 2008:172). 역사 비평가 큄멜(1996:435-438)은 베드로 저작을 다음 이유들로 인해 반대한다. (1) 베드로후서는 사도 이후의 시대에 기록된 유다서를 의존한다. (2) 개념 세계(예. '덕', '지식') 및 수사학적 용어는 헬레니즘의 영향을 너무나 강하게 받고 있기 때문에 베드로를 결정적으로 제외시키고 있으며, 또한 베드로에게서 지도를 받은 그의 동조자나 제자들 가운데 한 사람이 기록한 것일 수도 없다. (3) 베드로후서는 재림에 대한 기대를 거부하는 것에 대해 반대 입장을 표명하고 있다. 즉 재림을 부정하는 주장(벧후 3:3 이하)은 A.D. 1세기 말엽 이후에 등장한 것이기에 베드로후서는 그 이후에 기록되었다(예. A.D. 95년경에 기록 된 클레멘스 1서 23:3 이하). (4) 베드로후서 3장 16절에 기록된 '다른 성경들'은 베드로 당시가 아니라 초기 공교회 시대에 적합하다. (5) 목회 서신과 마찬가지로 베드로후서에서도 위조성은 베드로의 저작임을 계속해서 강조함으로써 나타나고 있다. 저자는 자신의 권위를 '베드로의 유언'이라는 허구를 근거로 해서 끌어내고 있다. (6) 변증가 이레니우스, 터툴리안, 키프리안, 알렉산드리아의 클레멘트, 그리고 무라토리안 정경은 베드로 저작에 대해 침묵하고 있다. 오리겐은 베드로후서를 정경성에 논란이 있는 '암피발로메나'로 분류한다. 큄멜(1996:439)은 베드로후서가 신약 중에서 가장 늦게 기록되었을 것이라고 본다. 하지만 큄멜이 유다서를 2세기 저작으로 본 점, 베드로후서의 개념을 구약이 아니라 헬라 세계에서 찾은 점, 2세기에 주님의 재림에 대한 기대가 사라지게 되었다는 일방적인 주장, 일방적으로 가설적인 초기 공교회 주의를 따른 점, 베드로 저작을 명시적으로 언급하는 베드로후서 1장 1절을 글자 그대로 믿기를 거부한 점, 변증가의 인용과 인정을 정경의 기준으로 삼은 점은 잘못이다(보라. Moo, 1996:24).

2030) 베드로후서가 A.D. 2세기의 위서라는 것이 비평적 학문의 통칙이 되다시피 했다. 그러나 왜 베드로후서의 저자는 '베드로'의 이름을 사용하고 베드로의 경험을 자신의 것처럼 가장하면서까지 자신을 욕되게 했을까? 그리고 베드로가 비판한 거짓 가르침과 재림의 지체는 2세기의 문제가 아니라 베드로와 바울 시대에도 있었던 것들이다(참고. 타스커, 1991:154-155).

기록 장소

아마 베드로전서와 동일하다.

내용

문안 인사(1:1-2)

참된 지식(1:3-21)

거짓 지식(2:1-22)

현재의 도전과 권면(3:1-18)[2031]

2031) 베드로후서의 수사학적 구조는 다음과 같다. 편지의 서언(1:1-2), 서론(1:3-11), 인용된 증거(1:12-21), 과거와 현재의 속이는 사람들(2:11-22), 종말론적 암시들(3:1-13), 주장(3:14-18a), 결론적 송영(3:18b; 보라. Witherington, 2007:276). 정경성의 논란이 있었지만, 로마의 클레멘트와 바나바서의 저자 및 허마의 목양서의 저자는 베드로후서를 1세기 말에 사용한 것 같다. 이레니우스도 베드로후서를 2세기에 언급했으며, 3세기 초의 파피루스 72번에도 나타난다. 베드로후서는 정경 목록에 나타나기 전에도 광범위하게 읽혔고 가치를 인정받았다(참고. 털만, 2008:820).

베드로후서 1장

1. 본문 및 구조

- 인사(1-2)
- 그리스도인의 성화의 지침(3-21)

2. 구원 계시사적 메시지

2.1. 베드로후서 1장 1-2절의 메시지

베드로는 이단이 교회를 향해서 도전하던 시대에 터키에 살던 성도에게 편지를 쓰고 있다. 이때 베드로는 육신의 장막을 벗고 죽을 시점이 가까웠다(참고. 1:14). 그래서 베드로는 베드로후서에서 마치 유언처럼 매우 진지하고도 간절하게 권면을 준다. 베드로후서의 수신자들을 괴롭히던 이 거짓 선생은 주님을 부인하고 육체의 정욕대로 살고 권위를 멸시했다(참고. 벧후 1:10; 2:1). 이들은 쾌락을 절대적인 선으로 본 에피쿠로스 학파로 추정된다. 이들처럼 베드로후서의 수신자들은 육체의 방종을 따라서 살 수 없었다.

"예수 그리스도의 종인 사도 시몬 베드로는 우리 하나님과 구주 예수 그리스도의 의를 힘입어 동일하게 보배로운 믿음을 받은 자들에게 편지를 쓴다"(1절). 성도의 믿음은 예수님의 의에서 나온 것이다. 베드로후서의 수신자들은 2세대 그리스도인들로서, 베드로와 같이 예수님을 목격한 사도보다 열등한 믿음을 가지고 있다고 생각했을 수 있지만, 사실은 '동등한(*isotimos*) 믿음'을 가지고 있다. '시몬'(Simon, 파피루스 72, B 등; 참고. 행 15:14) 대신 UBS 4판처럼 '시므온'(Symeon)으로 표기하는 사본들이 많다(예. 시내 산, A, 다수 사본).

"하나님과 우리 주 예수님을 아는 것으로 너희에게 은혜와 평강이 더욱 많을지어다"(2절).[2032]

2032) 베드로후서는 특별히 '발아기적 영지주의자'를 논박한다. 고난 중의 성도를 위로하려던 베드로전서와는 달리, 베드로후서는 수신자들에게 이단을 경계하라고 권면한다. 베드로는 하나님 혹은 그리스도를 아는 지식이라는 말을 7번이나 사용하며(1:2 등), '안다'라는 단어도 자주 사용하기에 아마도 초기의 영지주의자의 거짓 지식을 염두에 둔 것 같다. 베드로후서에 의하면 영지주의자들은 도덕 폐기론자로서 방종에 빠졌다. 왜냐하면 그들은 현세에 속한 몸은 중요하지 않기에, 모든 육체적 정욕을 자유롭게 충족시킬 수 있다고 보았다. 물론 영지주의의 다른 부류(금욕주의자; 육체는 영혼의 감옥)도 있었다. 구약 성경은 선지자들이 자의적으로 해석한 결과물이 아니라고 밝히는 베드로후서 1장 20-21절은 이미 받은 복음에 덧붙여서 하나님으로부터 새로운 말씀을 받았다고 주장하던 그 당시 영지주의자들을 반박하는 것으로 볼 수 있다. 영지주의자들은 성경을 교묘하게 만든 이야기로 전락시킨다(1:16). 구약의 계시가 광도가 낮은 등불이라면, 신약 계시는 샛별이 떠올라 비추는 광명한 빛이다(1:19). 영지주의자들은 주님의 재림을 부정한다. 그러나 베드로는 *parousia*라는 명사를 통해 재림을 가르친다(3:4). 참고로 종말론적 구원과 성도의 윤리에 대해 살펴보자. 성도는 세상의 썩어질 것들로부터 이미 구원을 받았으나 여전히 신천 신지를 바라보며 살고 있다(3:13). 성도는 이미 하나님의 성품에 참여하고 있지만 여전히 그리스도의 영원한 나라에 들어갈 것을 기다리고 있다(1:11). '심판의 날'(2:9)과

'우리 주 예수님' 대신 '우리 주 예수 그리스도'라고 쓴 사본도 있다(예. 시내 산, A, L). 2절의 간본문을 들어보자. "영생은 곧 유일하신 참 하나님과 그가 보내신 자 예수 그리스도를 아는 것이니이다"(요 17:3). 모든 것이 하나님의 은혜인데, 이 은혜를 따라 성도는 걷고, 살고, 죽는다. 베드로는 '아는 것'(즉 지식)으로 편지를 시작하고 마친다(참고. 벧후 3:18).

2.2. 베드로후서 1장 3-21절의 메시지

베드로후서 1장 1-2절에서 인사를 마친 후 베드로는 곧바로 하나님은 신성의 능력으로 생명과 경건에 속한 모든 것을 우리에게 주셨다고 말한다(3절). '신성의 능력'은 성부와 성자 모두에게 적용될 수 있지만, 특별히 예수 그리스도로 말미암아 성도에게 전달된 은혜는 곧 성자의 신성을 입증 하는 증거라고 말하는 듯하다(참고. 칼빈, 1993:478). '경건'은 하나님께서 특별히 자기 백성에게 베푸신 영적 생활의 특수한 은사로서의 도덕적 고결성과 하나님을 경외하는 것이다(참고. 칼빈, 1993:479). 하나님을 알아야 생명(*zoe*, 영생, 참고. 요 6:68)과 경건(*eusebeia*, 라틴어로 *pietas*)이 우리에게 와 있음도 알게 된다.[2033] 헬라와 로마 제국에서 '경건'(영어로 'duty'라고 번역되기도 함)이란 마땅히 받을 만한 사람(예. 신, 부모, 조상, 친척, 사회 기구, 동료 시민)에게 충성하고 존경하는 것을 의미했다. 베드로가 이 개념을 염두에 두었다면, 기독교의 경건은 성도가 하나님에게 충성하고 존경을 표하는 '의무'이다(contra 벧후 2:5-7의 경건치 않은 자들). 그 의무를 수행하는 것은 천국 시민의 명예이다.

성도는 하나님에게서 받은 생명과 경건을 위해서 필요한 모든 것들로 성장해 가야한다. 그 누구도 예수님을 닮지 못한 것에 대해 변명할 수 없다.[2034] 3절의 하나님은 'Divine Benefactor'이시다. 이것은 한 가지 역사적 사실 곧 B.C. 167년 '아테네 집회'(Assembly of Athens)가 파르나케스(Pharnakes) 1세에게 했던 약속 즉 '영광'과 '기념'과 관련된 모든 것들을(*panta*) 그에게 주도록 노력했다는 사실을 떠올리게 하는지는 확실치 않다(참고. Green, 2008:181-182).

3절의 '영광'과 '덕'은 무엇을 가리키는가? '영광'(혹은 명성)은 히브리어 *kabod*와 관련되는데,

'주님의 날'(3:10)은 동의어이다. 결국 주의 날은 의가 거하는 신천지를 도래시킨다(3:13). 베드로후서 2장 12-13절은 불이 모든 사물의 본질이며, 세계는 불로 분해되어 주기적으로 새로운 존재가 형성되며 새로운 세계 질서가 출현한다고 보는 스토아 학파의 사상을 참고한 것은 아니다. 오히려 베드로는 심판의 불과 세상의 정화(사 65:17, 66:22; 습 1:18)라는 구약 사상을 염두에 두고 있다. 그러므로 성도는 도덕 폐기론자와 달리 점과 흠 없이 거룩한 행실과 경건으로 살아야 한다(3:11, 14; 보라. 래드, 1995:858-866).

2033) 칼빈은 《기독교 강요》1.2.1에서 '경건'을 하나님의 '은총'을 깨달을 때 성도가 하나님을 '사랑'하게 되는데, 그 사랑에 '존경'(경외)이 결합되는 것이라고 보았다. 경건한 자는 그리스도와 연합되어 모든 은혜를 누린다. '경건'은 사도행전에 1번(행 3:12의 베드로의 설교 중), 목회 서신에 10번(딤전 2:2, 3:16, 4:7, 8, 6:3, 5, 6, 11, 딤후 3:5; 딛 1:1), 베드로후서에 4번(1:3, 6, 7, 11) 더 등장한다.

2034) 3절과 관련하여, UBS 4판의 본문인 '자신의 영광과 덕으로써 우리를 부르신'(*idia dokse kai arete*) 대신에, 오히려 '영광과 덕을 통하여 우리를 부르신'(*dia dokses kai aretes*)이라고 기록한 사본들의 무게가 중요하다(예. 파피루스 72, B, 다수 사본). 필사자들이 '자신의'(*idia*)와 '~를 말미암아'(*dia*)를 혼동한 것 같다.

하나님의 웅장한 현존을 가리킨다. 그리스도의 영광은 종종 주님의 부활과 연결된다(참고. 벧전 1:21). 그리스도께서 우리를 부르신 것은 '신적 능력'으로만은 아니다. 죄인이 거룩하신 하나님과 올바른 관계를 가지기 위해서는 '도덕적으로 완전하신 분'에 의해서 성취된 구원의 사역을 필요로한다. '덕'(*arete*)은 성품의 탁월함을 뜻하는데, 예수님은 죄 없는 삶을 사셨다(참고. Moo, 1996:42-43).

성도는 생명과 경건에 속한 모든 것을 가지고 열심히 '신의 성품'에 참여해야 한다(4절). 이것은 성도가 하나님이 된다는 말씀이 아니다. 그렇다면 성도는 어떻게 신의 성품에 참여하는 자(partaker of the divine nature)로 살 수 있는가? 신의 성품은 생명과 부활의 몸을 선물로 받은 성도가 갖추어야 할 믿음, 덕, 지식, 절제, 인내, 경건, 형제 우애, 그리고 사랑이다(5-7절; 참고. Witherington, 2007:305). 베드로는 '*gradatio*'(예. 사다리)라는 문학 기법을 사용한다(참고. 롬 5:3-5). 신의 성품은 '세상에서 정욕으로 썩어질 것'(4절)의 반대말이다. 성도가 신의 성품(Godlike character)으로 바뀌는 것은 사람의 '신격화'(divinization)와 무관하며, '도덕적 변화'를 가리킨다. 서신서에 '믿음, 소망, 사랑'이 트리오로 자주 등장하는데, 여기서 '소망'은 생략되었다. 하지만 소망의 열매가 인내이기에, 인내에 함축되어 있다(참고. 딤전 6:11; 딤후 3:10; 계 2:2; 보라. Green, 2008:191). 3절과 8절은 '알다'로 시작하고 마치기에 인클루시오 구조로 신의 성품을 감싼다. 그러므로 성부와 성자를 알면 알수록 신의 성품에 더 참여할 수 있다.

하나님의 이 성품들은 서로 연결된다. 성도가 가지고 있는 믿음은 덕스러운 행동으로 표현되어야 하며, 바로 그때 하나님을 더 알아가는 지식이 깊어진다. 그리고 지식이 있는 사람은 욕망의 포로가 되지 않도록 어떻게 절제해야 할지 알고, 섬김과 예배의 경건한 삶을 위해서는 인내해야 한다. 그렇게 살 때 동료 신앙의 형제자매를 향해서 열린 마음으로 형제 우애를 할 수 있다. 결국 사랑이 꽃필 것이다. 사랑은 이 모든 것을 온전하게 매는 띠이다(참고. 골 3:14). 믿음과 덕과 지식과 절제와 인내와 형제 우애는 사랑으로 서로 묶여야 한다. 신의 성품에 참예하는 자는 믿음으로 시작해서 사랑으로 끝난다. 이런 신의 성품에 열심히 참여하지 않는 사람은 소경이며 멀리 보지 못하는 사람이다(참고. 9절). 마치 예수님 당시의 바리새인과 사두개인과 같다. 그들은 자신이 예수님을 닮아 가면서 엄청나게 변화될 것을 모르는 사람들이었다. 영적인 진리와 신앙생활의 참맛을 모르는 사람이었다.

5절과[2035] 10절에서 두 번이나 "더욱 힘써서 신의 성품에 참여하라! 즉 예수 그리스도를 닮아가라"고 명령한다. 성도는 예수님을 알아가는 데 게으르지 말고 열매 맺는 자가 되어야 한다(8절). 그렇게 자라도록 하나님께서 예수님을 통해서 생명과 경건에 속한 모든 것을 성도에게 주셨다.

우리가 믿음으로 시작하여 사랑으로 끝맺는 신의 성품에 참여할 때 기억해야 할 것은 예수님

2035) 5절의 첫 표현 '그리고 그러므로'(*kai auto touto de*; B, C, 다수 사본)의 순서를 시내 산 사본은 *kai auto de touto*로 쓴다. 하지만 후자는 숙어(*auto touto*) 사이에 접속사를 넣은 어색한 표현이다(참고. 매츠거, 2005:613).

이 언젠가 다시 오신다는 사실이다. 주님은 능력 가운데 강림하신다. 베드로가 예수님의 능력과 강림하심 즉 능력으로 강림하심을 설명하는 것은 신화적인 이야기(*mythos*)가 아니라, 친히 본 것에 근거한다(16절). 신약에서 '*mythos*'는 일관성 있게 부정적인 뉘앙스를 가진다(예. 딛 1:14; 딤후 4:4). 거짓 선생들은 사도들이 예수님의 재림에 대해 가르친 것을 '신화'에 근거한 것으로 평가절하했다. 변화산 위에서 "이는 내 사랑하는 아들이요 내 기뻐하는 자라"는 음성이 하늘에서 예수님에게 들렸는데 베드로도 들었다(17-18절).[2036] 예수님께서 흰옷 입고 영광의 광채로 변화산에 등장하신 것은 영광 가운데 재림하실 것을 미리 보여주는 것이다. 베드로는 샛별이신 예수님이 능력으로 강림하시고 방문하심을 구약의 더 확실한 예언을 들어 소개한다. 샛별이 수신자들의 마음에 떠오르기까지 이 예언의 말씀에 주의해야 한다(19절).

19절의 '새벽별'(샛별, morning star)은 금성(Venus)이다. 샛별의 원래 뜻은 '빛을 가지고 오는 자'이다. 이 별은 어두컴컴해지는 저녁에 떠올라 새벽 녘까지 빛을 비춘다. 가장 일찍부터 가장 늦게까지 머무는 별로서, 날이 동터 오는 것을 확실하게 보여주는 별이다. 따라서 '샛별'은 인내와 불멸의 소망을 상징한다.[2037] 베드로는 수신자들에게 샛별이 마음에 떠오르기까지 예언의 말씀에 주의해야 한다고 말한다. 이 별은 예수님을 가리킨다. 예수님은 성도의 마음에 떠올라 어둠과 의심과 두려움과 혼란을 말끔히 사라지도록 빛을 비추어 주신다.

예수님이 우리 심령에 임하실 때 우리가 주목해야 할 것은 '어떤 예언의 말씀'인가? 민수기 24장에 의하면, 발락이 선지자 발람을 돈으로 매수하여 이스라엘 백성을 저주하라고 했지만, 발람은 유다 지파에서 장차 한 별이 나올 것인데, 바로 이스라엘의 이방 나라를 정복할 메시아라고 말한다(참고. 민 24:17). 이것은 장차 유다 지파의 왕이신 예수님이 온 세상에 비출 구원의 빛을 의미한다. 예수님은 교회와 복음의 대적을 물리치시는 빛이시고, 우리의 왕이시다. 예수님이 우리의 샛별로 빛을 비추시면서 강림하신다는 것은 우리의 왕이 되신다는 말씀이며, 원수를 물리치신다는 것이다. 그리고 시편 2편 6-7절의 거룩한 산에서 들리는 음성은 변화산에서 들린 음성과 비슷하다. 그 음성은 예수님이 왕이시며 하나님의 아들로서 하나님이 사랑하신다는 것이다. 지금도 예수님이 능력으로 우리 가운데 강림하시기에 우리는 예수님을 왕으로 모시고, 예수님 때문에 우리도 하나님의 기뻐하시는 사람이 되었음을 믿어야 한다.

요한계시록 22장 16절에 의하면, 예수님은 다윗의 왕국을 회복하시는 광명한 새벽별이시다. 샛별이신 예수님은 우리 삶에 하나님의 나라를 건설하기 원하신다. 누가복음 1장 78절에서 세례 요한의 아버지 사가랴는 '돋는 해'이신 예수님이 어둠에 앉은 자들에게 떠올라 비췰 것이라고 한다. 어둠과 죽음을 물리치고 생명과 경건으로 충만한 것이 우리를 방문하시는 예수님을 맞이하는 자세이다. 예수님은 능력으로 지금도 우리를 찾아오신다. 이 세상의 신이 그리스도의

2036) 17절을 시내 산, A, 다수 사본은 *houtos estin*을 제일 뒤에 배치한 UBS 4판과 다르게 표현한다. *houtos estin ho hyos mou ho agaphetos*. 이 순서는 마태가 예수님의 세례(마 3:17)와 변화산의 사건(마 17:5)에서 기록한 것과 일치한다.

2037) 참고로, 이사야 14장 12절의 '새벽의 아들, 계명성'은 문맥을 고려해 볼 때 '사탄'(혹은 혹자가 주장하는 루시퍼)이 아니라, '악한 바벨론 왕'을 가리킨다(참고. 사 14:4).

복음의 광채가 비취지 못하도록 역사하고 있다(참고. 고후 4:4). 그러나 이런 방해에도 불구하고 우리는 샛별이신 예수님을 왕으로 모시고 생명과 경건으로 충만해야 한다.

예수님을 닮아 신의 성품에 참예하면서 사는 사람에게 구원의 확신과 천국의 소망이 뚜렷해진다. 우리가 신의 성품에 참예할 때, 하나님의 부르심(calling)과 택하심(election)을 굳게 할 수 있다(10절).[2038] '부르심'과 '택하심'은 밀접하게 연결되어 하나의 사상 즉 하나님이 죄인을 불러 구원하심을 의미하는 듯하다(참고. Moo, 1996:49). 예수님의 영원한 나라에로의 승리의 입성(에이소도스, *eisodos*)을 넉넉히 얻을 수 있다(11절). 15절에 베드로는 자신의 죽음을 '엑소도스' 즉 '떠난 후에'라고 말한다. 그리고 그 뒤 18절에서 거룩한 산, 즉 변화산을 언급한다. 누가복음 9장 31절에 의하면 변화산에서 예수님은 자신의 별세하실 것, 즉 장차 예루살렘에서 죽으시고 부활하실 것을 '엑소도스'(*eksodos*)라고 말씀하셨다. 이제 베드로도 세상을 떠날 것 즉 엑소도스할 것이다. 그는 신의 성품에 참예한 자로 살았고, 복음을 위해 터키까지 와서 선교했으며, 샛별이신 예수 그리스도의 구원의 빛을 증거했기에 이제 복스러운 출애굽을 하게 된다.

우리는 예수님 안에서 이미 엑소도스했다. 그리고 앞으로 육신의 장막을 벗을 때, 즉 죽을 때 다시 엑소도스할 것이다. 그러나 우리가 신의 성품에 참예하고 샛별이신 예수님의 빛의 자녀로 사는 훈련을 잘 받는다면 그때조차도 두려워할 것이 없다(참고. 고전 3:22). 출애굽(엑소도스)한 사람은 천국으로 들어가는 에이소도스를 지금도 하고 있고, 또한 앞으로도 할 것이다. 성도는 죄와 사망으로부터 영적인 출애굽을 지금 하고 있지만, 메시아 왕국 안으로의 영적인 에이소도스도 하고 있다(참고. Witherington, 2007:314).

변화산의 사건 중에 예수님이 희고 영광스러운 모습으로 변화되신 것은 영광스럽게 재림하실 것을 미리 보여주는 것이다. 주님이 다시 오실 때까지 우리 속에 샛별이신 예수님의 임재와 역사하심이 가득해야겠다. 우리가 주님의 부름을 받아서 이 세상을 엑소도스할 때까지 그러해야겠다. 불경건과 죄악과 사망에서 이미 엑소도스한 우리가 능력 가운데 우리를 방문하시는 예수님을 매일 모시고 산다면 구원의 확신과 천국의 소망이 분명하고 확실해진다.

어두운 곳(베드로전서 수신자들이 살던 영적으로 어두운 시대)을 비추는 등불과 같은 더 확실한 예언의 말씀(구약성경)이 있는데(참고. 시 119:105; 벧전 3:1-2), 마음에 샛별(예수님; 참고. '생명의 빛이신 예수님', 요 8:12)이 떠오를 때까지 이 말씀에 주의해야 한다(19절). 변화산 사건을 밝힌 18절에 이어 19절은 구약이 예수님의 성육신과 영광 받으심을 증거하는 것이라고 설명한다. 주님이 다시 오실 때까지 성경을 빛으로 삼아야 하고, 성령은 교회를 진리로 인도하신다.

REB와 바른 성경은 20절을 "성경의 모든 예언(혹은 '성경 즉 모든 예언')은 자기 마음대로(*idias*, 즉 독자적으로) 해석(interpretation)해서는 안 된다"라고 독자 중심으로 번역한다. 하지만 NIV와 ESV 등은 "예언자 스스로의(사건, 환상 등에 대한) 해석(*epilysis*, NT *hapax*, explanation)으로 만들어 낸 것이 아니다"라고 저자 중심으로 번역한다(참고. Curran, 1943:352). 후자의

2038) 10절 첫 부분에 시내 산 사본은 '선한 행위들을 통하여'(*hina dia ton kalon ergon*)를 추가했다. 10-11절은 'mini-sermon' 같다(참고. Moo, 1996:48).

번역이 더 타당하다(참고. Moo, 1996:78). 왜냐하면 성경은 인간 저자의 산물일 뿐이라고 주장하면서 베드로후서 수신자들을 미혹한 이단이 있었을 것이기 때문이다(참고. Rogers & Rogers, 1998:584; Green, 2009:228). "왜냐하면(*gar*, 개역개정판 및 바른 성경은 번역하지 않음) 예언은 언제나 사람의 뜻대로 나온 것이 아니라, 오직 성령의 감동하심을 받은 사람들이 하나님께 받아[2039] 말한 것이기 때문이다"(21절). '성령의 감동하심을 받은'에서 동사 *phero*는 '실어 나르다'라는 항해(voyage)와 관련되는데(참고. 행 27:15, 17), 배가 바람에 의해서 움직이듯이 성경의 기록자들도 성령의 인도를 받았다는 것을 의미한다(참고. Rogers & Rogers, 1998:584).

구약 선지자이건 신약 저자이건 성령의 영감을 받은 계시의 통로이지, 그들이 계시의 근원은 아니다(참고. 딤후 3:16).[2040] 칼빈(1993:497)의 말을 들어보자. "오직 우리가 육체적인 이해력을 제쳐두고 성령님의 가르침에 복종시킬 때만 선지자들의 예언의 말씀을 읽을 때 유익을 얻을 수 있으며, 또 성경을 이해함에 있어서 주제넘게 우리 자신의 이성에서 나오는 재간을 부릴 때는 그것이 성경을 모독하는 사악한 행위가 된다. 왜냐하면 성경은 우리의 육의 눈에는 숨겨져 있는 하나님의 신비들을 포함하고 있고, 또 인간의 지혜로써는 도무지 헤아릴 수 없는 값진 생명의 보화들을 담고 있기 때문이다."

3. 오늘에의 적용

하나님의 성품에 참여하자.
엑소도스와 에이소도스를 계속하자.
주님 다시 오실 때까지, 말씀을 제대로 깨달아 영광 받으신 주님을 닮아가자.

베드로후서 2장

1. 본문 및 구조

- 거짓 선생들의 일어남과 심판 받음(1-3)
- 과거 죄인들과 그들의 운명(4-10a)

2039) '하나님께 받아'(*apo theou*) 대신에, 다수 사본은 '거룩하신 하나님의'(*hagiou theou*)로 쓴다. 다수 사본은 성경의 영감의 거룩함을 더 부각시키기 위한 후대의 이문으로 볼 수 있다(참고. 매츠거, 2005:612).

2040) 이승구(2009:20)는 웨스트민스터의 구약 교수를 지낸 에드워드 영(Edward Joseph Young, 1907-1968)의 *Thy Word is Truth: thoughts on the biblical doctrine of inspiration*(1957. Eerdmans)에 잘 나타난 '만전 축자 영감'(a plenary and verbal inspiration)의 중요성을 다시 상기시킨다.

• 거짓 선생들의 악덕(10b-16)
• 거짓 선생들의 유혹(17-22)

2. 구원 계시사적 메시지

2.1. 베드로후서 2장 1-3절의 메시지

"그러나(*de*)[2041] 그 백성 가운데(즉 이스라엘, 참고. 유 5) 거짓 선지자들(*pseudoprophetai*)이 일어났었으니, 이와 같이 너희 가운데서도 거짓 선생들(*pseudodidaskaloi*, NT *hapax*)이 있을 것이다(*esontai*, 미래 시제). 그들은 멸망에 이르게 할 이단(*haireseis apoleias*; 참고. hairesis는 1세기 후반부터 'heresy'라는 뜻으로 사용됨)을 가만히 끌어들이고, 자신을 값 주고 사신 주님(*despotes*, 최고의 권세를 가진 예수님, 참고. 눅 2:29; 행 4:24; 유 4; 계 6:10; 신약에 총 10회 등장함)을 부인하여,[2042] 임박한 멸망을 스스로 불러들인다"(1절). 베드로는 '그 백성 가운데'와 '너희 가운데'를 비교하면서, 구약 이스라엘과 베드로후서의 수신자들 사이에 모형론적 연결을 시도한다. 즉 베드로후서의 수신자들은 구약 이스라엘의 대를 잇는 하나님의 백성이다(참고. Green, 2008:237). 1절 중반의 미래 동사(*esontai*, '있을 것이다')와 달리 베드로후서 2장 10b-22절에서는 거짓 선생들이 이미 와서 활동하고 있다고 언급한다. 그들이 이미 활동한 것은 분명하다. 그렇다면 미래 동사는 베드로가 이전에 사도들이 거짓 선생들이 등장할 것이라고 했던 예언을 염두에 두었기에 사용되었다. 하지만 베드로후서를 위서로 보는 이들은(예. Bauckham, Kelly, Harrington) 익명의 저자가 이전에 베드로가 거짓 선생들이 등장할 것이라고 했던 예언을 인용한 것으로 본다. 그러나 이런 추측은 거짓 선생들이 지금 활동하고 있다는 베드로후서 2장 10b절 이하의 현재 동사들을 설명하지 못한다(참고. Green, 2008:238).

'거짓 선지자들'은 베드로후서 1장 21절의 하나님의 말씀을 전하기 위해서 성령님에 의해서 영감된 선지자들과 대조되는 무리다. 구약에서 거짓 선지자들은 참 선지자들과 충돌했으며(참고. 신 13:1-5; 왕상 18:19, 22:6; 렘 23:16-40, 28:1-17), 사람들이 듣기 좋아하는 말만 했다. '거짓 선생들'은 교회에 의해서 선생으로 인정을 받지 못한 무리이거나, 비록 교회 안에서 활동을 하지만 잘못된 내용을 가르친 무리로 볼 수 있다(참고. Hiebert, 1984:257). 참고로, 신약성경은 '거짓 증인'(마 15:19, 26:59; 고전 15:15), '거짓 사도'(고후 11:13), '거짓 형제'(고후 11:26; 갈 2:4), '거짓 교사'(벧후 2:1), '거짓 그리스도'(마 24:24; 막 13:22)에 대해 자주 경고한다.

'이단'(*hairesis*)은 '선택하다'는 뜻의 '*haireomai*'에서 온 명사인데, 주요 의미는 '선택'(choosing) 혹은 '자기가 선택한 의견'(self-chosen opinion)이다. 이 명사는 점차적으로 자신의 견해를 가진

2041) 1절의 '그러나'에는 베드로후서 1장 19-21절의 하나님의 참 선지자들과 거짓 선지자를 대조하려는 의도가 있다. 동시에 '그러나'에 전환적 의미도 있다. 즉 1장에서 설명하려던 그림을 2장에서 더 깊이 묘사함으로써, 독자의 영적 성숙에 대한 베드로의 깊은 관심이 이제 정당화되고 있다(참고. Hiebert, 1984:256).

2042) "His(Jesus) atoning work rendered all men savable but His redemptive work is effective only in those who exercise a living faith in the Redeemer"(참고. Hiebert, 1984:260).

학파나 무리(sect)를 가리키게 되었다(참고. 행 15:5, 26:5). 이단은 그리스도의 재림을 부인하거나(참고. 벧후 1:16-21), 그리스도의 가르침에 불순종하고, 방탕과 부도덕한 행실을 하며, 성적인 타락을 용인했을 것이다(참고. 벧후 2:10). 이단은 예수님의 속량의 은혜를 저버려서 파멸을 당하게 된다. "많은 사람이 그들의 방탕을 따를 것이니, 그들 때문에 진리의 도(*he hodos tes aletheias*, NT *hapax*)가 모독을 받게 될 것이다"(2절). 이단은 자유를 방종의 기회로 삼는다. '진리의 도'는 신약의 다른 본문에 등장하지 않는데, '생명의 길'인 기독교를 가리킨다. 그리고 '진리의 길'은 진리가 성육신 된 예수 그리스도의 계시에 구체화된 진리(참고. 요 14:6)와 조화를 이룬다(참고. Hiebert, 1984:261). "그들은 탐욕(avarice)에 빠져 지어낸 말들로 너희에게서 이득을 취할 것이니, 그들에 대한 심판은 옛적부터 지체되지 않고(*ouk argei*, 현재 능동 직설 3인칭 단수, 개역개정판; 참고. 바른 성경은 과거형 '않았고'), 그들의 멸망은 잠자고 있지 않다"(*ou nystazei*, 현재 능동 직설 3인칭 단수, 3절; 참고. 유 4). 베드로후서 3장 4절에서 이단들은 주님의 재림과 그때 동반될 심판을 부인했다. 이런 사상은 베드로 당시 에피쿠로스 학파에서도 볼 수 있었다. 사람이 듣기 좋아하는 말을 골라서 함으로써 인기를 얻은 이단은 돈벌이에 급급했다(참고. 벧전 5:2). 베드로는 3절에서 두 개의 현재 동사를 사용하여, 미래에 있을 심판의 확실성을 강조한다.

2.2. 베드로후서 2장 4-10a절의 메시지

"하나님께서 죄 지은 천사들을 용서하지 않으시고, 지옥에 던져 어두움의 사슬(*seira*; 혹은 구덩이)에 묶어 심판 때까지 있게 하셨다"(바른 성경, 4절; 참고. 유 6).[2043] 혹자는 이사야 14장 12-17절과 에스겔 28장 11-19절에서 최초의 천사의 타락을 찾는다. 신구약 중간기의 유대 문헌(예. 1에녹 6:1-2; 10:4)은 창세기 6장 1-4절을 나름대로 의존하여 노아 홍수 당시에 천사가 타락하여 하나님의 심판을 받았다고 언급한다(참고. Moo, 1996:102). 하나님이 과거에 어떻게 악을 심판하셨는지 타락한 천사를 예로 들어 가르쳐 준다. '지옥'(*tartarosas*)은 동사 '*tartaroo*'의 아오리스트 능동 분사 남성 단수 주격이다(NT *hapax*). 헬라 신화에 의하면, '하데스'보다 더 아래로 여겨진 심판의 장소 'Tartarus'로 던져진다는 뜻이다(참고. 욥 41:24; 1에녹 20:2; 아피온 반박문 2.33; 시빌린 신탁 2.303). 'Deep Tartarus'는 '게헨나'의 동의어이다(시빌린 신탁 4.186; 보라. Green, 2008:251).

4절의 동사 '던졌다'(*paredoken*)는 신약에서 죄인을 법원이나 감옥으로 넘겨줄 때 사용되는 '법정적 개념'이다(참고. 마 10:17; 눅 21:12; 행 8:3). "그분께서 옛 세상을 용서하지 않으시고

2043) '지키게 하셨다'로 번역하는 개역개정판은 마치 마귀가 지옥을 관장하고 있는 것처럼 오해하게 만든다. 본문에서 소개한 대로 바른 성경의 번역이 옳다. 그리고 본문 비평과 관련하여, 4절의 '사슬들'(예. 파피루스 72와 다수 사본) 대신에, '구덩이들'(*sirois*, *siros*의 남성 복수 여격; NT *hapax*)로 기록한 오래된 사본들의 무게가 중요하다(예. 시내 산, A, B, 개역개정판). 편집위원들은 베드로후서가 유다서의 영향을 받았다고 전제하고, 유다서 6절의 *desmois* (bond, chain)를 더 우아한 *seirais*(유대 문헌에 이 명사는 'Tartarus'와 같이 등장함)로 바꾸었다고 본다. 4절의 UBS 4판의 등급은 {C}이다(참고. 매츠거, 2005:613).

경건하지 않은 자들의 세상을 홍수로 덮으실 때, 오직 의의 선포자인 노아의 여덟 식구만 지켜 주셨다"(5절).2044) 이제 베드로는 노아 당시의 홍수 심판을 통해서 그 당시 이단들이 당할 심판의 확실성을 밝힌다(참고. 눅 17:27). '의의 선포자'에서 '의'는 영구한 가치를 가진다. 왜냐하면 베드로후서 3장 13절에서 신천지는 의가 거하는 세상이기 때문이며, 그리스도인의 삶의 방식이기 때문이다(참고. 창 6:9; 벧전 2:24, 3:14; 벧후 2:21).

"또 그분께서 소돔과 고모라의 성읍들을 심판하시되, 멸망 받아(*katastrophe*, 파피루스 72와 B 등은 생략함) 재가 되게 하셔서, 장차 경건하지 않은 자들에게 본보기로 삼으셨다"(6절).2045) 베드로는 심판과 멸망의 대명사인 소돔과 고모라를 언급한다. 하나님은 심판 중에서 노아 식구와 롯과 같은 남은 자를 보호하셨다(참고. 창 8:16, 19:24-25). "그러나 무법한 자들의 음란한 행실 때문에 고통을 당하는 의로운 롯은 건지셨으니(7절; 참고. 눅 17:29), 이 의로운 자가 그들 가운데 살면서 날마다 보고 듣는 무법한 자들의 행위 때문에(참고. 창 19:1-9) 그의 의로운 마음이 고통을 당하고 있었다"(8절; 참고. 유 7). 7절의 '고통을 당하는'을 통해서 베드로후서의 수신자들도 이단으로부터 고통을 당했음을 짐작할 수 있다. 창세기에서 저자 모세는 롯을 의로운 자로 소개하지 않는다. 베드로가 롯을 '의롭다'고 말할 때 유대 문헌에 근거한 것인지 확실하지 않다(참고. 지혜서 10:6; 민수기 라바 10:5). 아니면 소돔 사람들(그리고 롯의 아내)의 죄악과 비교해 볼 때 상대적으로 롯의 행동이 의로웠음을 의미할 수 있다. 창세기 19장에 의하면, 롯은 소돔의 성적 범죄에 동참하지 않았다. '의로운'은 신약에서 사람이 타고난 도덕적인 덕을 가리키기보다, 하나님 앞에선 사람의 상태를 가리킨다. 하나님께서 죄인을 그리스도 안에서 구원하는 것이 '의'이다(참고. 벧후 1:1). 그리고 중요한 것은 베드로가 롯이 의로운 사람이었기 '때문에' 구원받았다고 말하지 않는다는 사실이다. 그러므로 롯과 같은 죄인을 구원하신 하나님의 행위가 의의 행위이다. 분명히 롯 당시에 하나님의 심판은 죄인들에게 신속히 실행되었다.

"주께서는 경건한 자들을 시험에서 건져내시고, 불의한 자들을 심판의 날까지 형벌 아래 가두어 두실 것을 아시니(9절; 참고. 4절), 특별히 육체를 따라 더러운 정욕으로 행하는 자들과 권위를 멸시하는 자들에게 그렇게 하신다(10a절). '권위'(*kyriotes*, ruling power, 참고. 유 8)는 천사들이라기보다는(참고. 엡 1:21과 골 1:16에서는 복수형으로 나타남), 주 예수님의 통치의 권세를 의미한다(참고. Green, 2008:267).

2.3. 베드로후서 2장 10b절-16절의 메시지

거짓 선생들은 대담하고 거만하여 두려움 없이 영광스러운 존재들을 모독한다(10b절). 거짓 선생들이 대담하게 무시해 버린 '영광스러운 존재들'(*doksas*, 직역: '영광들을')은 누구인가? 11절

2044) 개역개정판은 5절에서 '노아와 그 일곱 식구를'로, 바른 성경은 '노아의 여덟 식구만'으로 번역한다. 헬라어 '*ogdoon Noe*'를 직역하면, 'the eighth Noah'(의역: 노아와 나머지 7명)이다.

2045) 6절은 *asebesin*('불경건한'이라는 뜻의 형용사 *asebes*의 남성 복수 대격, 예. 파피루스 72, B; 바른 성경: '경건하지 않은 자들에게')과 *asebein*(현재 능동 부정사, 예. 시내 산, A, 다수 사본; '불경건하게 행할 자들에게')이라는 이문으로 갈라진다. 후자가 사본상 약간 더 유력하다.

의 문맥에서 보면, 악한 천사 즉 사탄의 세력을 가리키는 듯하다(참고. Pratt, 2003:2029; 오스본, 2008:294; Moo, 1996:121; contra '선한 천사'로 보는 J. Neyrey). 베드로는 거짓 선생들에게 질책을 받은 '영광들'과 11절의 '천사들'을 대조한다. 즉 이단들은 악한 영적인 실체를 비방하고 아무것도 아닌 것처럼 가볍게 취급한 것 같다(참고. 유 9-11). 죄악 가운데 있는 사람들을 치리하여 사탄에게 넘겨줄 때도 범죄자들은 대수롭지 않은 일로 여긴 것 같다(참고. 고전 5:5; 딤전 1:20). "더 큰 힘과 능력을 가진 천사들(예. 미가엘)이라도 주님 앞에서[2046] 그들(사탄의 세력)을 고발하지 않는다"(11절). 천사는 자신의 권위에 근거하여 사탄의 세력을 직접 꾸짖지 않고 하나님이 심판을 행하시도록 맡긴다(참고. 유 9).

"그러나 이들은 본래 잡혀 죽기 위하여 태어난 이성 없는 짐승 같아서 알지 못하는 것들을 모독하다가 그들의 멸망 가운데서 멸망을 당하게 될 것이다"(12절). 이단을 멸망할 짐승이라고 거칠게 말함으로써 베드로는 이들의 죄악의 심각성을 부각시킨다. "그들은 불의의 대가로(*adikoumenoi*, '해를 끼치다'는 뜻의 *adikeo*의 현재 분사 중간태 남성 복수 주격)[2047] 불의한 일(*misthon adkias*)을 당할 것이며, 대낮에 연회로 즐기는 것을 기뻐한다. 이들은 너희와 함께 연회할 때도 자신들의 속임수(*apatais*, 하지만 바티칸 사본은 유 12절처럼 '사랑' [*agapais*]이라 쓰는데 어색함)와 방탕을 즐기니, 오점과 흠이다"(13절; 참고. 디다케 5:1). 흰 천에 묻은 얼룩처럼 이단들은 그리스도인의 모임 자체에 오점을 남긴다. 가정 교회에서 행한 사랑의 애찬(참고. 고전 11:20-22)에 이들이 참석한 것 같다.

"그들은 음란(*moichalidos*, 문자적 의미는 '음녀'; 프쉬 사본은 '음란' [*moicheias*]으로 기록함)이 가득한 눈을 가지고 죄 짓기를 쉬지 않으며, 굳세지 못한 영혼들을 유혹하며 탐욕에 단련된 마음을 가진 자들이니 저주 받은 자식들이다"(14절). 이단은 음행과 짐승과 같은 통제되지 않는 죄성으로 미끼를 던져 믿음에 굳게 서지 못한 자들을 미혹한다. "그들은 유혹을 받아 바른길을 저버리고 브올(Bosor를 다수 사본과 고대 사본들이 지지함; 하지만 바티칸 사본과 벌게이트와 민 22:5 LXX는 Beor로 표기함)의 아들 발람의 길을 따라가는 자들이다. 발람은 불의의 품삯을 사랑하다가(15절), 자신의 범죄 때문에 책망을 받았으니, 말 못하는 나귀가 사람의 소리로 말하여 이 선지자의 미친 행동을 막았다"(16절). 민수기 22-24장에서 불의한 삯을 따라 행한 발람의 비참한 최후를 본다.[2048]

2046) 11절은 전치사 *para* + *kyriou*(주님으로부터)인가, 아니면 전치사 *para* + *kyrio*(주님 앞에서, 혹은 주님 옆에서)인가? 후자를 시내 산, 바티칸, 다수 사본이 지지한다. 하지만 '더 어려운 표현'이라는 이유로 UBS 4판은 전자를 본문에 쓴다. 하지만 후자가 문맥에 어울린다.

2047) 하지만 시내 산 사본 2판과 A, C 그리고 다수 사본은 *komioumenoi*('받다'라는 뜻의 *komizo*의 미래 디포 분사 남성 복수 주격)를 쓴다. 바른 성경은 UBS 4판을 따랐다.

2048) Bauckham(1983:143, 155-156)은 베드로후서의 이단과 유다서의 적대자들은 다르다고 4가지 근거로 설명한다. (1) 베드로가 유다서를 사용했다면, 베드로는 유다서의 대적이 성령님을 소유하고 예언적 계시를 받았다고 주장하는 언급을 생략하기 때문이다(비교. 벧후 2:10; 유 1:8, 19). (2) 베드로는 적대자들이 하나님의 은혜를 왜곡한다는 것에 대한 어떠한 언급도 하지 않기 때문이다(비교. 벧후 2:1-3; 유 1:4). (3) 베드로후서의 적대자들은 선지자들이라기보다 교사들이라고 주장하지만(벧후

2.4. 베드로후서 2장 17-22절의 메시지

"이들은 물 없는 샘이며, 폭풍에 밀려가는 안개이니, 그들에게는 (지옥의) 캄캄한 어둠이 준비되어 있다"(17절).[2049] '물 없는 샘'은 신기루를 본 사람들을 실망하도록 만든다. 그리고 '바람에도 밀려가는 안개'는 믿을 수 없는 존재라는 뜻이다. "그들은 헛된 자랑의 말을 하여, 잘못된 생활을 하는 자들에게서 간신히(부사 *oligos* [scarcely], 다수 사본은 부사 *ontos* [really]) 피해 나온 자들을 육체의 정욕, 곧 음란으로 유혹하며(18절), 그들에게 자유를 준다고 약속하지만, 자신들이 바로 멸망의 종들이니, 누구든지 진 자는 이긴 자의 종이다"(19절). 이단은 이방 조상들의 망령된 행실이라는 잘못된 생활에서 간신히 피한 자(새 신자)를 표적으로 삼고 있다. 범죄는 사람을 죄의 노예로 전락시킨다. 그러나 성도는 새로운 주인이신 예수님의 명령을 따라 살아야 한다. 주인을 잘 선택하고 순종해야 한다.

"우리의[2050] 주님 되신 구주 예수 그리스도를 앎으로 세상의 더러운 것들에서 벗어났다가(having escaped), 다시 이것들(즉 세상의 더러운 것들; 참고. 세상의 정욕, 1:4)에 얽매이고 패배당하면, 그들의 마지막이 처음보다 더 나빠질 것이다"(20절; 참고. 마 12:43-45; 히 6:4-8; 10:26). 베드로는 구원을 '벗어나는 것'으로 설명한다(참고. 벧후 1:4, 2:18). 믿음을 가졌다가 이탈한 사람들은 유일한 구원의 길이신 예수님을 내팽개친 사람들이기에 배교의 파멸에 빠지게 된다. '얽매이다'는 동사는 도덕적인 타락을 가리킨다(참고. 잠 28:18).

"의의 길을 알면서도 자신들에게 전해진 거룩한 명령을 저버리는 자보다 차라리 알지 못했던 것이 그들에게 더 나았을 것이다"(21절). 베드로는 배교와 무지를 비교하고 있지, 이 둘 중 하나를 선택하라고 말하지 않는다. 단지 무지가 배교보다 낫다는 것이다. 배교는 자신과 타인을 파멸의 길로 인도한다. "참된 속담(*paroimias*, 여성 단수 명사, proverb; NIV는 복수 명사로 잘못 번역함)에 '개가 자기가 토한 것으로 되돌아가고, 돼지는 씻었다가 도로 진창 속으로 뒹군다'라는 말이 그들에게 이루어졌다"(22절). '개'는 고대 근동에서 사람에게 가장 가까운 친구가 아니었으며, 길들여지지 않아 사람의 음식을 훔치거나 약한 사람을 잡아먹기도 했다(참고. Moo, 1996:147). '돼지'는 구약에서 부정한 짐승이었다. 종종 '개'와 '돼지'는 함께 등장하여 경멸 받는 짐승을 가리켰다. 구약 간본문을 들어보자. "개가 그 토한 것을 도로 먹듯이 우둔한 자는 자기의 어리석음을 되풀이한다"(잠 26:11). 이와 비슷한 세상의 속담(일명 'Tob-Spruch'; 직역: '더 나은 말씀')을 말한 사람들(예. 헤로도토스, 프로메테우스, 아스킬루스)을 베드로후서의 수신자들이

2:1), 유다서에서는 선지자들임을 암시한다(유 1:8, 19). (4) 유다서의 적대자들은 율법을 수여한 천사들을 훼방한 반면(유 1:8-9), 베드로후서의 적대자들은 그들이 악령의 능력 아래 있을 수 있다는 개념을 비웃는다(벧후 2:10). 하지만 베드로후서와 유다서의 적대자들 사이에는 차이점은 물론 유사점도 있다.

2049) 그린(Green, 2008:291)은 베드로가 먼저 기록된 유다서를 참고하여 이단들의 정체와 활동을 비판한다고 본다. 예를 들어, 베드로후서 2장 17-22절은 특별히 유다서 12-13절을 염두에 둔다고 본다.

2050) 파피루스 72, 시내 산, A, C, P, 그리고 프쉬 사본과는 달리 바티칸 사본과 다수 사본은 '우리의'(*hemon*)를 생략한다.

알고 있었을 것이다(참고. Green, 2008:303-304). 성령님이 지배하시는 내적 변화 없이는 외형적인 신앙 고백을 하는 자들과 옛 생활로 돌아가는 자들은 개와 돼지처럼 본능적으로 행하는 것이다.

3. 오늘에의 적용

이단적 사설을 분별하려면 어떻게 해야 하는가?
죄악 세상을 행하여 하나님이 오래 참으심의 목적을 깨닫자.
옛 세상의 습관에 빠지지 않으려면 어떻게 해야 하는가?
오늘날의 자본주의화된 거짓 설교자들의 모양은 무엇인가?(참고. Moo, 1996:159).

베드로후서 3장

1. 본문 및 구조

- 그리스도인들이 가져야 할 재림 소망(1-16)
- 결론(17-18)

2. 구원 계시사적 메시지

2.1. 베드로후서 3장 1-16절의 메시지

"사랑하는 자들아(*agapetoi*), 두 번째 편지를 쓰니 이것들로 너희의 진실한 마음을 일깨워 생각나게 하고(1절), 거룩한 선지자들이 미리 예언한 말씀들과 너희의 사도들이 전한 주님 되신 구주의 계명을 기억나게 하려 한다"(2절). 이제 베드로는 거짓 교사들로부터(벧후 2장) 수신자들에게 관심을 돌린다. '두 번째 편지'는 베드로후서 자체일 것이다.

그런데 베드로가 일깨우기 원한 '진실한 마음'은 무엇인가? '진실한'은 '태양 광선으로 판단한'이라는 뜻인데, 태양이 도자기의 흠을 밝히듯이, 성도의 마음은 자세한 검증에도 굳게 설 수 있어야 한다는 뜻이다(참고. 오스본, 2008:312-313). 선지자들이 예언한 것과 사도가 전한 것은 다가올 심판과 하나님 나라의 회복을 위한 메시아의 도래 및 주님의 재림일 것이다. 베드로는 예수님의 초림과 재림 사이의 종말에 관해 교훈한다. 마지막 때 조롱하는 자들이 와서 자신들의 정욕대로 행하고 조롱하며(3절; 참고. 딤전 4:1-2; 딤후 3:1-9), 말하기를 "그가 재림하신다는 약속이 어디 있느냐? 조상들이[2051] 잠든 이후로 만물이 처음 창조될 때와 같이 이렇게 그대로 있다" 할 것이다(4절).

베드로 당시 터키에도 자기 양심이 화인이 찍힌 외식함으로 거짓말을 하는 적그리스도들이 이미 활동을 하고 있었다. 이단들은 구약 조상뿐 아니라 당대까지 변함없이 세상이 존재하는데 그리스도의 재림이라는 급격한 변화를 일으키는 사건은 없다고 주장한다. 문제는 이들이 알곡과 함께 공동체 안에 있어 순수한 신앙을 위협한다는 점이다. "그들은 하나님의 말씀으로 하늘이 옛적부터 있었고, 땅은 물에서 나와 물로 형성된 것과(5절), 그때 세상은 물이 넘쳐서 물로 망하였다는 것을 일부러 잊으려 한다"(6절). 이단들은 창세기 1장 6-10절의 천지 창조를 애써 무시하려고 한다. 그러나 창조와 노아 홍수는 하나님의 역사이다.

"그러나 지금의 하늘과 땅은 불사르기 위해 동일한 말씀으로 간수되어 경건하지 않은 자들의 심판과 멸망의 날까지 보존된 것이다"(7절; 참고. 불경건한 자의 파멸; 사 30:30; 나 1:6; 습 1:18, 3:8). 창조와 심판은 하나님의 말씀으로 된 것이다. 바로 그 동일한 말씀으로 하나님은 미래의 심판을 수행하신다. 물에 의한 심판 대신에, 이번에는 불 심판이 예상된다. 신약 기자 중에서 베드로는 유일하게 불 심판으로 세상이 멸망할 것이라고 예언한다(3:10-11; 참고. Sib. II 196 이하; III 83 이하; 1QH 3, 29). 이것은 문자적인 불 심판이라기보다는 '소멸하는 불'이신 하나님이 시행하시는 강력한 심판을 상징하는 것으로 볼 수 있다(참고. 사 66:15-16; 말 4:1; 마 3:11-12; 고전 3:13; 살후 1:7-8; 계 20:10-15; 보라. Clark, 1972:233). 미래의 심판은 이미 결정되었고, 때의 문제일 뿐이다. 불은 악인을 멸하고, 더러움을 제거하여 정화시킨다. 참고로, 베드로는 인류 역사를 세 시기로 구분한다. 창조-노아 홍수(5-6절), 현재의 하늘과 땅(7절), 신천지(13절).

"사랑하는 자들아(*agapetoi*), 주께는 하루가 천 년 같고 천 년이 하루 같다는 이 한 가지 사실을 잊지 마라"(8절).[2052] 이것은 예수님의 심판이 지체되고 있다고 생각하는 사람들에게 주는 권면이다. "주의 목전에는 천 년이 지나간 어제 같으며 밤의 한순간 같을 뿐이다"(시 90:4). 약속의 주님은 어떤 사람들이 더디다고 생각하는 것처럼 더딘 분이 아니시다. 오히려 '너희를 위하여'(*eis hymas*; 다수 사본은 '우리를 위하여' [*eis hemas*]; 시내 산 사본과 A는 '너희 때문에'[*dia hymas*]) 오래 참으시며, 아무도 멸망하지 않고 모두 회개에 이르기를 원하신다 (9절). 세상을 사랑하시는 하나님의 오래 참으심에 감사하자(참고. 출 34:6; 민 14:18; 시 86:15; 겔 18:23; 요 3:16; 롬 2:4, 9:22, 11:32; 딤전 2:4). "그러나 주님의 날이 도둑같이 올 것이다(참고. 마 24:42-44; 눅 12:39-40; 고전 1:8; 고후 1:14; 살전 5:2; 계 3:3). 그때 하늘이 큰소리를 내며 사라지고, 세상의 기본 구성 요소들인 '원소들'(*stoicheia*, 개역개정판: '물질', NIV: 'elements')은 불에 타서 풀어지고,[2053] 땅과 그 안에 있는 모든 일들이 드러날 것이다"(10절; 참고. 사 34:4, 51:6, 66:16; 미

2051) 혹자는 '조상들'을 그리스도인으로 보면서, 베드로후서의 기록 연대를 A.D. 2세기로 추정한다. 그러나 구약의 하나님의 백성이라고 보는 것이 옳다(참고. 래드, 1995:864).

2052) 이 단락에서 '기억하다'는 동사가 반복된다. 1절의 '생각나게 하고', 2절의 '기억나게 하려 한다', 8절의 '잊지 마라.'

1:4; 나 1:6; 습 1:18; 말 3:2; 계 20:11, 21:1; 1에녹 91:16; 디다케 10:6).[2054] 이것은 '우주적인 대화재'(cosmic conflagration)라고 불릴 만하다. '드러날 것이다'(*heurethesetai*)는 재판관이 조사한다는 뉘앙스를 가진 신적 미래 수동태이다(참고. 마 4:22; 요 3:21; 고전 3:13; 엡 5:13).

베드로는 예수님이 언젠가 재림하시면 이 세상의 모든 구성 요소들이 불타 없어지고(annihilation) 전혀 새로운 다른 세상(우주)이 만들어진다고 말하는가? 불타는 것을 루터교 신학자들처럼 '전멸'(혹은 폐지) 대신에 '정화'(purification)로 이해할 수 없는가? 이 세상의 모습은 그대로 있되, 그 구성 요소들이 질적으로 변화(transformation)되어 신천지의 새롭고 영원한 요소들이 된다는 뜻으로 볼 수 있다. 로마서 8장 19-22절, 세상이 갱신된다는 구약 예언들, 새 예루살렘 성이 하늘에서 땅으로 내려오는 것(계 21:10), 마태복음 19장 28절의 만유의 갱신(*palingenesia*, renewal, rebirth), 사도행전 3장 21절의 베드로의 설교 중 '만물의 회복'(*apokatastasis,* restoration), 그리고 예수님의 부활하신 몸이 이전의 몸의 형체를 가지고 계신다는 점도 이를 지지한다. 하나님은 이전 세상의 구성 요소들을 '파괴'하시지(destruction, 혹은 physical dissolution) 않고, '질적 변형'(qualitative transformation)과 '갱신'(renewal) 혹은 '회복'(restoration)을 하신다(참고. 계 21:5; 보라. ESV Study Bible, 2008:2422-2423; 《기독교 강요》3.25.8).[2055] 하나님은 피조물을 포기하지 않으신다. 처음과 마지막인 하나님에 의하여 계속성이 보존된다(사 44:6; 계 1:8). 재창조는 엄밀한 의미에서 회복이며 창조의 갱신이지, 두 번째 창조는 아니다. 그렇다 하여 회복을 '복귀'나 '보수' 정도로만 생각할 수 없다(참고. 유해무, 1997:636-637). 아직 신천지가 완성되지 않았기에, 이 주제에 대해서 확실성을 가지고 논하기에 무리가 있다. 그러므로 베드로후서 3장만 독립적으로 보는 대신, 예수님의 최종 파루시아로 임할 신천지의 도래에 대한 신약의 다른 구절을 함께 고려하는 것이 안전하다.[2056]

2053) 고대 문헌에서 명사 *stoicheia*는 (1) 해와 별과 같은 광명체(Bauckham이 지지함), (2) 초자연적인 권세, 혹은 (3) 세상의 기본 구성 요소(땅, 공기, 불, 물)를 가리켰다. 12절에서 이 명사는 '하늘들'과 반대되는 개념이기에 세상의 모든 요소로 보는 것이 좋다(참고. Moo, 1996:190). 7절에서 우주의 구성을 단순히 '하늘과 땅'이라고 밝히는데, 이것은 12절의 '하늘들과 원소들'에 상응한다. 베드로는 10절 마지막 부분에서 '땅'과 '원소들'을 동일시하는 듯하다(참고. Green, 2008:330)

2054) 10절의 본문 비평 등급은 매우 드물게 {D}이다. '드러날 것이다'(*heurethesetai*, *heurisko*의 미래 수동 직설 3인칭 단수; 예. 시내 산, 바티칸) 대신에, 다수 사본은 *katakaesetai*('불타다'라는 뜻의 *katakaio*의 미래 수동 직설 3인칭 단수)로 표기한다. 바른 성경은 '드러날 것이다'라 쓰고, 각주에서 '타 버릴'이라고 표시한다. 파피루스 72는 *heurethesetai* 다음에 *lyomena*('파괴하다'는 뜻의 *lyo*의 현재 수동 분사 중성 복수 대격)를 추가한다.

2055) 무(Moo, 1996:196)는 예수님의 재림은 '파괴'(destruction)와 '갱신'(renewal) 둘 다 초래한다고 본다. 따라서 무(1996:202)는 이 세상과 신천지 사이에 연속성과 불연속성이 있다고 결론 내린다.

2056) '지옥'은 불신자가 영원히 고통을 받는 장소인가, 아니면 영원한 결과로서 불신자의 존재의 멸절(extinction, annihilation)인가? 엘리스(Ellis, 1997:197)는 죽을 수밖에 없는(즉 썩을 수밖에 없는) 인간의 특성과 죄의 대가인 죽음을 고려해 볼 때(롬 6:23), 후자를 지지한다. 불멸의 존재는 하나님이 오직 예수님에게 속한 자에게만 주시는 은사이다. 이 논쟁을 교부 시대에 국한하여 살펴보자. 교부 시대에는 악인의 운명에 대해 3가지 견해가 있었다. (1) 보편 구원론(오리겐), (2) 영원한 고통의 연속으로서의 심판(어거스틴), (3) 영원한 결과로서의 불신자의 존재의 멸절(이그나티우스, 저스틴 마터, 아르노비우

베드로는 큰 재앙의 날의 세 측면을 기술한다. (1) 하늘이 큰 소리로 떠나가는 것은 옛 땅과 하늘의 사라짐이 굉음을 동반하는 모습이다. (2) 원소들이 뜨거운 불에 풀어지는 것은(광명체/천체의 개벽 혹은) 땅과 공기와 물과 불이라는 세상을 구성하고 있는 주요 물질들의 대변혁을 예고한다. (3) 땅과 그중에 있는 모든 일이 드러나는 것은 땅과 인간 역사가 하나님의 눈에 다 드러나는 것을 의미한다.2057)

"이 모든 것들(하늘과 땅)이 이렇게(*houtos*; 다수 사본은 '그러므로' [*oun*]) 풀어질 것이니, 너희는(*hymas*; 참고. '우리는', 시내 산 사본 오리지널; UBS 4판은 '너희는'을 꺾쇠 괄호로 처리함) 어떠한 사람이 되어야 하겠느냐? 거룩한 행실과 경건함으로 살아야 한다(11절). 도둑같이 오는 주님의 재림의 날을 기다리는 자는 '경건'(*eusebeiais*, 여성 복수 여격)으로 살아야 한다. 베드로의 논지는 하늘과 땅이 불로써 정결하게 되어 새 생명의 세계인 그리스도의 완성된 나라에 합당하게

스, 아타나시우스). 오리겐은 인간의 자유의지 및 하나님의 선하심은 물론, 플라톤의 이원론 위에 자신의 견해를 세웠다. 오리겐에게 있어 영은 불멸하거나 하나님과 영원히 함께 있다는 생각이 중요하다. 오리겐이 주장한 만인 구원설은 만인은 궁극적으로 하나님에게 인도되어, 완전히 회복되어 복종한다는 이론이다(행 3:21; 고전 15:25). 어거스틴은 주로 마태복음 25장 41-46절을 근거로 하여 오리겐의 입장을 반대한다. 불신자는 영과 육의 영원한 고통의 연속을 당할 것이다. 인간의 영은 본성적으로 불멸하다고 믿었다. 이전에 마니교와 플라톤주의의 지지자였던 어거스틴은 신플라톤주의는 기독교에 가장 가깝다고 보았다. 어거스틴의 견해는 서구 기독교의 지배적인 입장으로 오랫동안 자리매김했다. 이것은 웨스트민스터 대교리문답 89문에서 볼 수 있다. 문: "심판의 날에 악인에게는 어떤 일이 있을 것입니까?" 답: "심판의 날에 악인은, 그리스도의 왼편에서(마 25:33) 확실한 증거와 저희 자신의 양심의 확인 위에(롬 2:15-16), 무섭고도 공평한 정죄의 선고를 받을 것이며(마 25:41-43), 자비하신 하나님의 얼굴과, 그리스도와의 영광스러운 교제와, 그의 성도들과, 그의 모든 거룩한 천사들을 떠나서 지옥으로 던짐을 받아, 몸과 영혼에 말할 수 없는 고통을 마귀와 그의 사자들과 함께 받는 벌에 영원히 처하게 될 것입니다"(마 25:46; 눅 16:26; 살후 1:8-9; 계 16:16).

그리스도와 연합을 '불멸의 약'이라고 본 이그나티우스는 하나님의 심판은 사람의 존재의 파멸이라고 보았다. 저스틴 마터는 마귀, 사람을 포함하는 전체 우주의 파괴는 그리스도인의 씨 때문에 하나님에 의해 지연되고 있다. 이레니우스도 이런 조건적 불멸을 믿었다. 즉 예수님에게 속한 자만 하나님 앞에서 불멸할 가치가 있다는 것이다. 안디옥의 세오필루스(A.D. 190년)도 비슷한 견해를 가졌다. 곧 사람은 본성적으로는 불멸이므로 멸절과 무관하다는 것이다. 그러나 하나님에게 순종하면 부활로 불멸을 상으로 받고, 반대로 불순종하면 멸절 당한다. 3세기 말과 4세기 초의 마지막 초기 변증가 중 한 명인 아르노비우스는 위의 2세기 신학자들과 유사한 조건적 불멸을 주장했다. 아타나시우스의 "On the incarnation of the Word"라는 글은 위와 유사한 입장을 보인다. 그는 불신자는 'non-existence'하게 되지만, 신자는 잠시 'dissolved'된 후 더 나은 부활을 얻는다고 본다. 아르노비우스와 아타나시우스에게 성경보다는 철학적 전제가 강하다. 엘리스(1997:217)의 결론은 최후 심판 시에 불신자는 'nothingness' 그리고 '기억되지 않는 상태'가 된다. 따라서 엘리스의 입장에 따르면, 불신자가 예수님의 재림 때 부활하는 목적은 심판을 받아 멸절되기 위해서이다. 엘리스의 견해는 결과적으로 보면 지옥을 부인하는 '여호와의 증인'과 다르지 않다. 그러나 예수님이 천국을 주로 은유로 설명하셨다고 해서 단순히 상징에 머물지 않고 실재이듯이, 지옥도 마찬가지이다. 따라서 천국과 마찬가지로 지옥도 장소성과 그 장소 안의 사람들을 포함하고 있다.

2057) 마가복음 9장의 변화산 사건에서 영광스럽게 변모하신 예수님과 죽었던 모세와 선지자 엘리야가 알아 볼 수 있었던 모습으로 등장한 것에서, 예수님의 재림으로 장차 도래할 새 세상의 모습을 짐작할 수 있다. 신천지는 이전의 세상이 단순히 지나가 버린 것은 아니다. 그렇다고 신천지는 이전 세상이 점차적으로 발전되어 진화된 세상도 아니다(참고. Harink, 2009:178-180).

되듯이, 성도에게도 그와 같은 정화의 단계가 더욱 필요하다는 것이다. 복수형 '경건'은 단수의 의미를 가진다. 성도가 소멸될 이 땅의 일에만 전념하는 것은 경건의 삶을 촉구하는 베드로의 권면을 거스르는 것이다(참고. 칼빈, 1993:525).[2058] 11절에서 마치 성도가 경건하게 살면 예수님의 재림의 시기를 앞당길 수 있다는 사상을 찾는 것은 오석이다(예. 여기서 마 24:14을 언급하는 Moo, 1996:199).

"하나님의 날이 임하기(*parousia*)를 계속해서 바라고 간절히 사모하라(현재 시제 동사). 그 날에(실제) 하늘들이 불에 타서 풀어지고 원소들은 불에 녹아 버릴 것이다"(12절; 참고. 사 34:4; 말 4:1 LXX). 예수님의 재림으로 인한('주의 날'이 흔하다면, 드문 표현인) 12절의 동사 '녹아 버리다'(melt)는 여호와의 날에 임할 '우주의 재앙'을 예언한 구약 본문과 간본문이다(예. 미 1:3-4).[2059] '하나님의 날'이 도래할 때까지(참고. 계 16:14) 성도는 거룩과 경건으로 살아야 함을 베드로는 수사학적 질문으로 묻는다(참고. 벧전 1:13-16, 2:1-3, 3:1-12, 4:1-11). 성도는 주의 날을 두려워할 것이 아니라 간절히 사모해야 한다(참고. 유 21). 세상에 임할 미래 종말론적인 파국은 홍수 이후의 혼돈으로 돌아가는 것인 동시에, 신천지를 위한 준비 과정이다. 따라서 하나님의 계획에 있어 '파괴'는 마지막 단어가 아니다(참고. Bauckham, 1983:326; Clark, 1972:234). 우리는 주님의 약속대로 의가 거하는 새 하늘과 새 땅을 바라본다(13절).

신천 신지는 이사야 65장 17절과 66장 22절에 예언된 것인데, 요한계시록 21장에서 성취된다(참고. 희년서 1:29; 1 에녹 45:4-5; 마 19:28; 롬 8:21). 신천지는 하나님의 정결케 하는 심판의 역사로 말미암아 도래하는 불의가 없는 의로운 세상이다(참고. 사 9:7, 11:4-5, 32:16-19, 60:21).[2060] 스토아 철학자들은 '(시간적으로) 회복된 세상'(*neos kosmos*)을 기대했지만, 베드로는 '완전히(질적으로) 새로운 창조 세계'(*kainos ouranos kai ge kaine*)를 기대한다(보라. 틸만, 2008:832-833).[2061]

"그러므로 사랑하는 자들아, 너희가 이것들(즉 신천지)을 바라보고 있으니 주님 앞에서 점도 없고(*aspiloi*, spotless) 흠도 없이(*amometoi*, blameless) 평강 가운데 나타나도록 힘쓰라"(14절;

2058) 요한계시록의 7인-나팔-대접 재앙에 나타나는 심판의 구절들과 베드로후서 3장을 문자적으로 이해하여 지구의 종말을 앞당기는 '지구 온난화' 문제에 적용할 수 없다(contra Rossing, 2008:372). 참고로, 순교자 저스틴(A.D. 100-165년)은 우주적 대화재(cosmic conflagration)를 스토아 학파의 주기적인 대화재 이론을 비판하려는 변증적 목적을 위해 수용했다. 반면, 이레니우스(A.D. 140-202)와 오리겐(185-253)은 우주적 대화재로 인한 종말 이론을 수용하는 데 주저했는데, 이유는 베드로후서 3장과 영지주의적 묵시 사상과 이방 사상(예. 스토아 철학; 헬라의 이원론적 사상)에 나타나는 유사한 병행이 유발할 오해 때문이다(참고. Heide, 1997:48).

2059) 무(1996:201)는 세상의 구성 요소들이 불에 녹아버리기에, '대체'(replacement)의 개념이 나타난다고 본다.

2060) 덤브렐(2000:423)은 마가복음 13장과 데살로니가후서 2장의 간본문인 베드로후서 3장을 예루살렘의 파멸로 인한 유대인의 종말론으로 본다. 그는 7절을 마태복음 5장 18절과 유사한 것으로 보면서 '이 지구의 종말'이 아니라 '현 세대의 종말'로 본다.

2061) Harink(2009:183)는 이 세상이 그 특성을 간직한 채 영화롭게 되어 변형되는 것을 '우주적 오순절'(cosmic Pentecost)이라고 부르면서, 하나님의 날의 도래 때문에 만유가 해방되고, 정화되고, 치유되고, 갱신되고, 승귀된다고 본다.

1QpHab 7:7도 종말이 지연되더라도 방관하면 안 된다고 말함). 성도는 재림 신앙을 가지고 정결한 삶을 위해 노력해야 한다(참고. 엡 1:4, 5:27; 골 1:22). 베드로전서 1장 19절에서 베드로는 '흠과 점'이 없는 어린양 예수님을 소개했다.[2062] 그리고 하나님과의 화평의 관계를 깨는 죄악을 멀리해야 한다. "또한 우리 주님이 오래 참으심이 구원이 될 줄로 여겨라(참고. 3:9). 우리의 사랑하는 형제 바울도 그가 받은 지혜를 따라 이와 같이 너희에게 썼다"(15절). 베드로가 베드로후서를 쓸 당시 사도 바울의 서신들이 회람되고 있었다. 바울도 그리스도의 재림과 성도의 준비에 대해서 기록하고 있다(예. 살전 4:13-18). "그가 모든 편지에서 이것들에 관해 말했는데, 그중에 무식하고 굳세지 못한 자들이 다른 성경들처럼 이것들을 억지로 해석하다가 스스로 파멸에 이르고 있다"(16절). 예를 들어, 고린도전서 15장 50절의 '혈육'은 선과 악으로 이분법적으로 본 발아기적 영지주의자에 의해 왜곡되었을 것이다(참고. 슈라게, 1987:167).

2.2. 베드로후서 3장 17-18절의 메시지

"그러므로 사랑하는 자들아, 너희가 이미 알고 있으니, 불의한 자들(도덕 규범을 무시한 거짓 선생)의 속임수에 이끌려 너희의 견고함을 잃지 않도록 조심하라"(17절). 건전한 교리 위에서 안정된 신앙생활을 해야 한다. "오직 우리 주님, 곧 구주 예수 그리스도의 은혜와 그분을 아는 지식 안에서 계속해서 자라 가라(현재 명령형).[2063] 영광이 이제와 영원한 날까지 그분께 있을지어다. 아멘"(18절). UBS 4판에는 '아멘'이 꺾쇠 괄호로 처리된다. 바티칸 사본과 몇몇 소문자 사본들과 어거스틴은 '아멘'을 생략한다. 적용해 보면, 우리가 성경 공부하면서, 기도하고, 건전한 교사들에 귀를 기울이고, 배운 지식을 매일 삶에 적용해야 은혜 가운데 자랄 수 있다.

3. 오늘에의 적용

여기서 새롭게 변혁된 세상을 만들자.
예수님의 재림을 간절히 사모하며 일상에 최선을 다하자.[2064]

2062) 바른 성경이 베드로전서 1장 19절과 베드로후서 3장 14절의 동일한 단어들(흠, 점)을 일관성 있게 번역했다면 베드로전서 1장 19절은 '흠 없고 티 없는' 대신에 '흠 없고 점 없는'이 되어야 한다. 하지만 개역개정판은 일관성 있게 번역했다.

2063) 틸만(2008:839)은 베드로후서에 등장하는 철학적 표현 양식은 신플라톤주의의 이원론에 항복하는 것이 아니라, 거짓 교사들의 주장에 속아 넘어간 자들이 이해할 수 있는 언어로 말하고자 하는 창의적 시도를 의미한다고 본다.

2064) 베드로전후서의 '교회론'의 특징은 다음과 같다. (1) 나그네(벧전 1:1)로 살기 위해서는 하나님의 성품에 참여함으로써(벧후 1:4), 짐을 가볍게 해야 한다(벧전 2:11). (2) 삼위 하나님의 복을 받은 무리(벧전 1:2). (3) 하나님의 은혜와 평강으로 사는 무리(벧전 1:2). (4) 찬양(송영)의 삶을 사는 무리(벧전 1:3). (5) 기업을 받은 자(벧전 1:4; 벧후 1:3; 참고. 렘 3:2, 23:10). (6) 시련 가운데서라도 하나님의 능력을 믿음으로 보호를 받는 무리(벧전 1:5). (7) 말씀의 젖으로 자라나는 무리(벧전 2:1-2). (8) 산 돌로 함께 지어져 가는 성전(벧전 2:5-6). (9) 거룩한 나라, 왕 같은 제사장, 하나님의 소유로 하나님을 찬송하는 무리(벧전 2:9). (10) 이단과 싸우는 진리의 공동체(벧후 2-3장). (11) 주님 재림

때 까지 성화에 힘써야 하는 공동체(벧후 3:1, 11). (12) 치리가 시행되는 교회(벧후 2:9). (13) 성찬이 시행되는 교회(벧후 2:13).

【 참고 문헌 】

• Agnew, F.H. *1 Peter 1:2: an alternative translation.* Catholic Biblical Quarterly, 45(1):68-73. 1983.

• Bauckham, R. *Jude, 2 Peter.* WB.C.. Waco: Word. 1983.

• Clark, G.H. *New heavens, new earth: a commentary on First and Second Peter.* Maryland: The Trinity Foundation. 1972.

• Curran, J.T. *The teaching of II Peter 1:20 on the interpretation of prophecy.* Theological Studies, 4(3):347-368. 1943.

• Elliott, J.H. *1 Peter. Anchor Bible. New Haven*: Yale University Press. 2000.

• Ellis, E.E. *New Testament teaching on hell.* (In Brower, K.E. & Elliott, M.W., eds. Eschatol ogy in Bible & theology. Downers Grove: IVP. p. 199-217.) 1997.

• ESV Study Bible. Wheaton: Crossway. 2008.

• Gréaux, E. *The Lord delivers us: an examination of the function of Psalm 34 in 1 Peter.* Review and Expositor, 106(4): 603-613. 2009.

• Green, G.L. *Jude & 2 Peter. Baker Exegetical Commentary.* Grand Rapids: Baker. 2008.

• Harink, D. *1 & 2 Peter. Brazos Theological Commentary.* Grand Rapids: Brazos. 2009.

• Heide, G.Z. *What is new about the New Heaven and the New Earth?: a theology of creation from Revelation 21 and 2 Peter 3.* Journal of the Evangelical Theological Society, 40(1):37-56. 1997.

• Hiebert, D.E. *A portrayal of false teachers: an exposition of 2 Peter 2:1-3.* Bibliotheca Sacra, 141:255-265. 1984.

• Jobes, K.H. *1 Peter. Baker Exegetical Commentary.* Grand Rapids: Baker. 2005.

• Kline, L. *Ethics for the end time: an exegesis of 1 Peter 4:7-11.* Restoration Quarterly, 7(3):113-123. 1963.

• McKnight, S. *1 Peter. NIV Application Commentary.* Grand Rapids: Zondervan. 1996.

• Michaels, J.R. *St. Peter's passion: the passion narrative in 1 Peter.* Word & World, 24(4):387-394. 2004.

• Moo, D.J. *2 Peter, Jude. NIV Application Commentary.* Grand Rapids: Zondervan. 1996.

• Pratt, R. *Spirit of reformation study Bible.* Grand Rapids: Zondervan. 2003.

• Rogers Jr. C.L. & Rogers III, C.L. *The new linguistic and exegetical key to the Greek New Testament.* Grand Rapids: Zondervan. 199

8.

- Rossing, B.R. "Hastening the day" when the earth will burn?: global warming, Revelation and 2 Peter 3 (advent 2, year b). Currents in Theology and Mission, 35(5):363-373. 2008.
- Schertz, M.H. Radical trust in the just judge: the Easter texts of 1 Peter. Word & World, 24(4):430-441. 2004.
- Wall, R.W. *Teaching 1 Peter as Scripture*. Word & World, 24(4):368-377. 2004.
- Wallace, D.B. *Greek grammar beyond the basics: an exegetical syntax of the New Testament*. Grand Rapids: Zondervan. 1996.
- Winter, B.W. *Seek the welfare of the city: Christians as benefactors and citizens*. Carlisle: Paternoster. 1994.
- Witherington. B. *Letters and homilies for Hellenized Christians. Volume II: a socio-rhetorical commentary on 1-2 Peter*. Downers Grove: IVP. 2007.
- 그랜트 오스본 (ed). 《베드로전후서, 유다서》. LAB주석시리즈. 성서유니온선교회. 2008.
- 김정훈 "그리스도의 지옥 강하: 베드로전서 3:18b-20 연구". 제24차 한국성경신학회 정기 논문 발표회에서 발제한 글. 8월 17일 신반포중앙교회당. 2009.
- 램지 마이클스 《베드로전서》. WB.C.. 솔로몬. 2006.
- 레이몬드 브라운 《신약 개론》. CLC. 2003.
- 매츠거, B.M. 《신약 그리스어 본문 주석》. 제2판. 대한성서공회 성경원문연구소. 2005.
- 볼프강 슈라게 《베드로전후서, 유다서》. 국제성서주석. 한국신학연구소. 1987.
- 송영목 "다윗과 베드로의 대화: 벧전 3:10-12을 중심으로" 제24차 한국성경신학회 정기논문 발표회에서 발제한 글. 8월 17일 신반포중앙교회당. 2009.
- 에드문드 클라우니 《베드로전서》. 여수룬. 1992.
- 유해무 《개혁교의학》. 크리스챤 다이제스트. 1997.
- 윌리엄 J. 덤브렐 《언약 신학과 종말론》. CLC. 2000.
- 이승구 Edward J. Young의 영감 이해와 그 주해적 함의. 교회와 문화, 23:9-50. 2009.
- 조지 래드 《신약 신학》. 성광문화사. 1995.
- 존 월튼, 빅터 매튜스, 마크 샤발라스 & 크레이그 키너 《IVP 성경 배경 주석》. IVP. 2010.
- 채영삼 "오직 선한 양심이 하나님을 향하여 찾아가는 것이라": 베드로전서 3:21c의 번역과 해석. <신약 논단>, 16(2):589-628. 2009.
- 칼빈, J. 《베드로전후서 주석》. 성서교재간행사. 1993.
- 큄멜, W.G. 《신약 정경 개론》. 대한기독교출판사. 1996.
- 타스커, R.V.G. 《신약에 나타난 구약》. 새순출판사. 1991.
- 프란스, R.T. 석의 실습-두 실례. (In 하워드 마샬., ed. 《신약 해석학》. 크리스찬 다이제

스트. p. 373-420.) 1994.
· **프랭크 틸만** 신약신학. CLC. 2008.
· **하워드 마샬, 스티븐 트레비스 & 이안 폴** 《성경 이해 2: 서신서와 요한계시록》. 성서유니온선교회. 2007.

요한일서 주석

들어가면서

신약 서신 21권 중에서 3권은 요한과 관련된다. 물론 요한일·이·삼서에서 요한을 저자로 언급하지 않는다.[2065] 그러나 A.D. 2세기 후반부터 요한을 저자로 보는 전통이 있었다(참고. Du Rand, 1997:142). 요한일·이·삼서가 요한복음과 가지는 주제적 연관성 등으로 인해 교회 전통은 요한일·이·삼서의 저자를 '사도 요한'으로 보았다(참고. Burge, 1997:588). 요한 문헌의 상호 관계는 학자들에게 있어서 여전히 흥미로운 이슈가 되고 있다. 요한복음과 요한 서신 그리고 요한계시록, 이렇게 총 5권은 사도 요한이 에베소에서 기록한 것으로서, 요한 공동체와 그것과 관련된 개인을 독자로 삼고 있는 것으로 볼 수 있다(참고. Marshall, 2005:391).[2066]

그러므로 수신자로서의 요한 공동체의 사회적인 상황을 재구축하는 것은 의미가 있다. 요한일서와 요한이서는 주제 면에서 비슷하고, 요한이서와 요한삼서는 형식과 길이 면에서 비슷하다. 요한일서와 이서와는 달리 요한삼서는 이단적인 신앙이나 관행을 다루지 않는다(참고. Carson, 2004:506). 요한일서 5장의 사랑과 요한삼서 2절의 (축)복의 언급을 비롯한 요한 서신의 많은 부분들이 교회에서 애용된 것은 단순한 표현 속에 심오한 사상과 실제적인 적용을 가능하게 하기 때문일 것이다. 비록 요한 서신들 사이에 용어와 신학적 차이점이 있으나 이런 차이들은 다른 저자로 보기에는 결정적이지 않다. 상이한 수신자가 이런 차이를 자연스럽게 유발한다.

2065) 헬라 서신에 저자의 이름이 생략되는 것은 일반적 관례였다(참고. Yarbrough, 2008:33).

2066) 요한복음-요한일서, 그리고 요한복음-요한계시록의 연관성은 다음과 같다. 요한복음과 요한일서와의 유사성은 다음과 같다. 빛과 어둠의 대조(요 1:4-9; 요일 1:5-7), 세상에 대한 부정적인 평가(요일 2:15), 파라클레토스(요 14:16; 요일 2:1), 진리에 대한 강조(요 1:14; 요일 1:6), 영생(요 3:15-16; 요일 1:2; 2:25), 죽음에서 이미 생명으로 옮겨진 교회(요 5:24; 요일 3:14), 예수님이 그리스도요 하나님의 아들이라는 표현(요 20:30-31; 요일 2:22), 성부가 성자를 보내시고, 성자를 믿는 자는 생명을 얻음(요 3:16-17; 요일 4:9), '안다', '사랑하다', '하나님의 자녀'와 같은 표현 등. 요한복음과 요한계시록과의 유사성은 다음과 같다. 어린양(요 1:29, 36-*amnos*; 요한계시록에는 28회 모두 *arnion*), 로고스(요 1:1, 14; 계 19:13), 목양(요 10, 21:15-17; 계 2:27, 7:17, 12:5, 19:15), 생수(요 4:14, 6:35, 7:37-38; 계 7:17, 21:6, 22:1, 17)의 종말론적 이미지, 사람과 함께 거하시는 하나님(요 1:14; 계 7:15; 21:3), 성전의 파멸-부재(요 2:19, 21; 계 21:26), 숫자 7의 중요성(7개의 표적과 7교회-인-나팔-대접), 예수님이 사탄을 중요한 실체로 취급하심(요 6:70, 8:44, 13:2, 27; 계 2:9-10, 13, 24; 3:9; 13:9, 12, 20:2, 7, 10), 요한복음에서 신자와 세상의 대조는 요한계시록에서 하나님의 인 맞은 자와 짐승의 인 맞은 자의 대조와 비슷함, 인내, 증거, 영광, 하나님의 주권 등(참고. 쾨스텐버그, 2005:412-413).

본문

요한 서신을 포함하는 '일반 서신들'은 자주 예배 가운데 크게 낭독되지 않았다. 그리고 베자 사본은 일반 서신을 포함하고 있지 않다. 그만큼 복음서나 바울 서신과 관련된 신약 사본이 많다는 증거이다. 요한 서신을 포함하고 있는 사본은 약 81개 정도로 추산된다. 사본상의 문제가 두드러지는 요한일서 5장 7-8절은 'Johannine Comma'(요한의 인용)으로 불린다. 여기서 'comma'는 문장의 일부를 가리킨다. 7-8절에서 '증거하는 이가 셋이니' 다음에 Vulgate의 후대(11-16세기의) 4개의 사본들에는 "하늘에서는 아버지, 말씀, 성령이 계시고 이 셋은 하나이다. 그리고 땅에서 증거하는 이는 셋이니"라는 구절을 포함한다. 아마도 6절의 '물과 피'라는 상징을 설명하기 위해서 후대에 첨가된 것으로 보인다. 그리고 'comma' 구절을 첨가함으로써 삼위일체를 부정하는 이단에 대항하여 삼위일체 교리를 확립하기 위해서 첨가한 것으로 보인다. 시내산, A, B, 다수 사본, 교부들의 글에서는 이런 후대의 첨가를 생략한다.

참고로, 불트만(1983:16)은 요한일서 1장 5절-2장 27절만 요한의 본래 독자적인 기록, 즉 초안으로 본다. 이 초안은 요한일서의 수신자의 상황을 고려해서 요한복음을 이용한 결과라고 본다. 그러므로 불트만은 요한 서신에서 여러 가지 자료층을 발견한다. 현대에는 더 이상 이러한 자료 비평을 추종하는 사람이 거의 없다.

저자

세베대의 아들 사도 요한(예. Carson, Moo, Keener, Blomberg, Köstenberger, Yarid, Yarbrough, Hill, Bauckham 등). 그렇다면 근거는 무엇인가? 그는 말씀의 증인 즉 격자이다(요일 1:1, 3, 4:14). 그는 나이 든 자이다(요일 2:1, 13). 요한일서와 요한복음과의 유사성에도 주목해야 한다(요일 5:20-요 17:3/ 요일 4:9-요 1:14, 18; 3:16, 18, 요일 4:6-요 14:16, 16:13; 요일 3:19-요 18:37/ 요일 3:14-요 5:24; 요일 2:2, 16, 21-요 1:8, 13). 대문자 사본들은 요한일서에 흥미로운 제목을 붙인다. 예를 들어, 049와 0142는 '거룩한 사도 요한의 첫 번째 편지', 025V는 '복음 전파자와 사도인 요한의 첫 번째 편지'라고 소개한다(보라. Yarbrough, 2008:13). 이레니우스와 같은 교부들도 사도 요한 저작을 지지한다.[2067]

수신자

요한이 말년에 요한일서를 기록했다면 아마 에베소를 중심으로 한 소아시아의 교회들이 수신자로 보인다(참고. DeSilva, 2004:450).[2068] 아마 이방인 성도가 다수였을 것이다(요일 5:21).

2067) 요한일서의 사도 요한 저작성에 반대하는 의견도 있다. 큄멜(1996:450, 456)은 요한일서의 저자와 요한복음의 저자와 동일하다고 본다. 폴리갑과 유세비우스 등이 요한일서 본문을 사용한 것에 근거하여, 요한일서(그리고 요한이서와 요한삼서)의 저작 시기를 A.D. 90-110년경으로 본다. 그가 기록 연대를 늦게는 A.D. 110년으로 보기에 요한일서(그리고 요한이서와 요한삼서)의 사도 요한 저작을 인정하지 않는다. 요한일서의 기록 장소는 요한복음처럼 시리아로 추정한다.

2068) A. Feuillet, W.F. Howard, B. Vawter, R.E. Brown 등은 요한일서가 요한복음보다 먼저 기록되었다고

로마가 터키 서남부를 '(소)아시아'라 부른 이유는 로마의 직접적인 통솔을 받는 아시아 대륙의 여러 지역 가운데 최초의 영토에 해당되기 때문이다. A.D. 66년 유대-로마 전쟁이 발발하기 직전에 팔레스타인에서 소아시아로 많은 그리스도인이 이주했다(참고. 브루스, 1987:15).

요한일서의 수신자는 요한계시록의 수신자와 거의 일치하는 것으로 보인다. 요한계시록 2장 1-7절과 요한 서신 사이의 언어적 간본문성(linguistic intertextuality)이 흥미롭다(보라. Yarbrough, 2008:18). 요한계시록 2장 1절과 요한일서 1장 6-7절과 2장 6절 그리고 요한이서 4절과 6절 그리고 요한삼서 3-4절의 *ho peripaton*(걷는 자, 행하는 자), 요한계시록 2장 2절과 요한일서에 15회 등장하며 요한삼서 12절의 *oida*(내가 안다), 요한계시록 2장 1절과 5절 그리고 요한일서 3장 8절과 12절과 18절 그리고 요한이서 11절과 요한삼서 10절의 *erga*(행위들), 요한계시록 2장 2절과 요한일서 1장 10절, 2장 4절, 4장 20절, 5장 10절의 *pseudeis*(거짓말쟁이들), 요한계시록 2장 3절과 요한일서 2장 12절, 3장 23절, 5장 13절, 요한삼서 7절의 *to onoma mou*(나의 이름), 요한계시록 2장 4절과 요한일서에 18회 등장하며 요한이서 3절과 요한삼서 6절의 *agape*(사랑), 요한계시록 2장 5절과 요한일서 1장 6절, 2장 17절, 3장 4절, 5장 2절과 요한삼서 5절, 6절, 10절의 *poieo*(내가 행하다), 요한계시록 2장 5절과 요한일서 4장 2절, 5장 6절, 요한이서 7절의 *erchoma*(내가 간다, 온다), 요한계시록 2장 6절과 요한일서 2장 9절, 3장 13절, 4장 20절의 *miseis/miso*(네가 미워하다/ 내가 미워하다), 요한계시록 2장 7절과 요한일서 2장 13절과 14절, 4장 4절, 5장 4절(2회)과 5절의 *ho nikon*(이기는 자). 요한계시록 2장 1-7절의 에베소 교회와 요한서신의 수신자들 사이의 상황은 유사하다.

그럼에도 요한 서신 자체는 요한 공동체를 재구축하기 위해서 필요한 결정적인 연대기적 단서를 제공하지 않는다. 그러나 요한복음과 요한 서신은 진공 상태에서 발생한 것이 아니다. 세베대의 아들 요한 즉 12사도 중 한 명인 요한은 소아시아의 목회자요 전도자이며 예수 그리스도의 복음을 보존하고 전파한 사람이라고 결론을 짓는 것은 무리가 아니다. 요한은 단순한 수사가, 공론가, 철학자가 아니라 '목회적 상담가'와 '실천적 신학자'에 가깝다(참고. Yarbrough, 2008:29). 요한 문헌은 사도 요한이 목회하던 요한 공동체의 사상과 열정 그리고 고민 등을

본다(또한 Dennis, 2008:1807). 근거로는 요한복음이 먼저 기록되었다면 요한일서에 인용 구절이 있었을 것인데 없다는 것이다. 그러나 요한복음과 요한일서의 서론의 유사점은 간과할 수 없다. 그리고 이들은 다소 미래적인 종말론을 취하는 요한일서가 실현된 종말을 강조하는 요한복음보다 사상에 있어서 더 초기적이라고 주장한다. 그러나 둘 다 종말론에 있어서 '이미와 아직 아니'를 따른다. 다른 한편 루돌프 불트만, R. Schnackenburg와 DeSilva, Du Rand, 거스리 등은 요한복음이 요한일서(그리고 요한 서신 전체)보다 먼저 기록되었다고 주장하는데, 근거는 무엇인가? 요한삼서에 등장하는 '가이오, 디오드레베, 데메드리오'라는 헬라-로마식 이름들은 요한 공동체 안에 유대인과 헬라인의 혼합적인 분포가 시간이 지남에 따라 심화된 것을 의미한다. 요한복음의 고등 기독론은 그리스도인이 유대 회당에서 출교된 것을 암시한다. 그러므로 요한 서신의 수신자들은 이미 이러한 출교가 발생한 시점에 살았던 것으로 보인다. 그러므로 요한일서에 유대인과의 갈등과 그들의 위협이 거의 언급되지 않는다. 따라서 요한일서의 강조점은 유대인과의 갈등 속에서 그들을 개종시키는 것이라기보다는 시간이 지남으로 발생하는 공동체 안의 교리적·신학적 문제를 해결하는 것으로 볼 수 있다. 그리고 요한일서 1장 5절과 3장 11절에는 '앙겔리아' (메시지)라는 말이 사용되는데, 아마 요한복음의 내용을 가리킬 수 있다(참고. Du Rand, 1997:161-162).

반영하고 있다.[2069] 4세기 역사가 유세비우스(《교회사》, 3.23)는 리옹의 주교 이레니우스(130-200)를 인용하면서 요한은 소아시아 교회의 지도적 위치에 있었던 인물이라고 말한다. 유세비우스는 "소아시아의 교회 지도자들은 에베소에 가서 요한으로부터 예수님에 관해서 듣고 배워야 했다"라고 말한다. 이레니우스는 어떻게 이 사실을 알았는가? 이레니우스는 사도 요한에게서 배운 것으로 추정되는 서머나의 주교 폴리캅으로부터 이 말을 들었다. 에베소의 주교 폴리크라테스(Polycrates)는 최후의 만찬 시에 예수님에게 기대었던 요한이 에베소에 묻혔다고 전한다. 요한 공동체는 신약의 대부분의 공동체가 그러하듯이 유대적인 배경을 가지고 회당과의 상호 작용 속에 있었던 이방인과 유대인의 혼합 공동체였을 것이다.[2070]

요한일서 2장 19-26절에 의하면, 요한공동체 안에서 문제가 발생하여 이단 사상을 가진 자들이 떨어져 나가게 되었다. 그들은 그리스도의 진리를 왜곡하는 속이는 자요 거짓말쟁이다(참고. 요이 7). 그리고 요한 서신에서 새 계명으로서의 사랑을 강조하는 것에서 사랑의 결여가 공동체 안에 문제되었음을 짐작할 수 있다.

기록 연도

아마 A.D. 60년 중반 혹은 A.D. 80(90)년경.[2071] 심지어 95년 이후로 보는 사람도 있지만 과연 요한이 그때까지 생존했는지는 확실하지 않다. 외증이 지지하듯이 세베대의 아들 사도 요한이 유대-로마 전쟁 직전에 소아시아로 이주해 왔다면 A.D. 60년대 중반으로도 볼 수 있다. 이 주장은 A.D. 190년경 로마의 감독 빅토르(Victor)에게 편지를 보낸 에베소의 감독 폴리크라테스와 유세비우스의 증언에 의존한다.

2069) 최근에 R. Bauckham을 중심으로 특정한 공동체가 아니라 헬라어를 사용하는 모든 성도가 수신자라는 주장이 제기되었다(참고. 두란노, 2007:48-49). 하지만 특정 공동체의 특성과 필요가 반영된 것은 분명하다. 하지만 사도 요한이 요한 서신을 기록할 때 예수님의 가르침과 사역을 회상했음을 놓치지 말아야 한다. Schnelle와 Rensberger 같은 이는 공동체를 저자로 본다(참고. Marshall, 2005:392; Yarbrough, 2008:5).

2070) 요한 서신은 요한복음의 주석 혹은 결론이라는 주장이 제기되었다. 즉 이 가설적인 주장은 요한복음을 다양하게 이해할 뿐 아니라 그 이상 잘못 이해하는 일이 발생하는 것을 방지하기 위해서 요한서신을 기록했다는 것이다. 소아시아의 혼합된 독자를 위해서 복음을 재서술하는 것은 그리스도의 성육신과 같은 복음의 본질을 보존할 때만 의미가 있다(참고. 브루스, 1987:32). 신학적 유사성을 간과할 수 없다. 요한복음과 요한 서신의 종말론도 유사한데, 둘 다 '이미와 아직'을 견지한다(비교. 요 5:28, 6:39, 12:48; 요일 2:28). (배아기적) 영지주의와 가현설주의자 그리고 낙 하마디(Nag Hammadi) 문서 등에서는 요한복음의 이원론적 사고가 발견되는데, 그 결과 2세기 정통 기독교 안에서 요한복음에 대해 큰 관심을 두지 않게 되었다. 요한복음은 이단들이 애용하는 복음서가 되어 버릴 가능성이 발생했는데 요한은 서신을 통해서 바로잡았다는 주장도 있다. 이것이 옳다면 요한복음이 먼저 기록되고 서신은 나중에 기록되었다. 그러나 이것은 가설일 뿐이다. 요한복음에 대한 오해를 바로잡기 위한 것이라기보다는 특정 상황을 염두에 둔 독자적인 저술로 보는 것이 자연스러워 보인다(참고. Burge, 1997:590; 거스리, 2002:822).

2071) 이 무렵으로 본다면 교회와 회당의 갈등은 그리 심각하지 않고 대신 예수님에 대한 이해에 있어서 분열이 발생했을 것이다(브라운, 2003:545).

기록 장소

아마 에베소. 이레니우스는 요한 서신들의 저자를 요한이라고 언급하고 그가 살던 곳을 아시아의 속주인 에베소로 분명히 말했다(Against Heresies 3.1.1). 아마도 사도 요한은 유대 반란이 일어났을 때 팔레스타인에서 에베소로 옮겼을 것이다(보라. 하워드 마샬 등, 2007:479-480).

구조 및 내용[2072)]

- 그리스도 중심적 증거(1:1-4)
  죄(1:5-2:2)
  형제 사랑 (2:3-11)
- 그리스도 중심적 증거(2:18-27)
  죄(3:4-10)
  형제 사랑(3:11-18)
- 그리스도 중심적 증거(4:1-6)
  형제 사랑(4:19-5:5)
- 그리스도 중심적 증거(5:13-16)
  죄(5:14-21)

요한일서의 구조는 문제가 언급되고, 그 문제의 등장 배경을 설명된 후 다시 나중에 더 깊게 그 문제가 등장한다. 그리고 예수 그리스도 중심으로 이런 문제를 야기한 대적들을 물리치는 나선형적 구조를 가진다(보라. Du Rand, 1997:182-183).

기록 목적

여러 목적 중에서 이단에 대한 경고가 중요하다. 그렇다면 요한 공동체의 대적, 적그리스도(2:18, 22) 즉 이단은 누구인가? 이들은 기독론에 있어서 잘못되었고 그 결과 윤리적 삶에 있어서도 문제를 가지고 있었다.[2073)]

(a) 예수님이 그리스도이심을 부인하는 자들(2:22, 5:1)
(b) 하나님의 아들이심을 부인하는 자들(4:3, 15, 5:5)

2072) 김상훈(2001:11-12)은 요한일서의 구조를 찾기 쉽지 않은 이유를 다음과 같이 설명한다. (1) 주제(윤리-신앙-사랑의 세 가지)가 여러 차례 반복되기 때문에. (2) 단락과 단락 간의 경첩 구절(hinge verses)이 존재하기 때문에. 예를 들어, 요한일서 2장 1-2절의 죄의 문제(윤리)를 1장 5-10절에 붙일 것인가 아니면 1장 3절에 붙일 것인가의 난점. (3) 비슷한 주제 단락의 출현 횟수나 순서가 전체적으로 볼 때 짜임새가 없어 보인다. 즉 윤리와 사랑 그리고 윤리와 신앙, 그리고 사랑과 윤리가 불규칙적으로 반복해서 등장하는 것처럼 보인다. 그럼에도 불구하고 요한은 자신의 논리를 가지고 논의를 전개해 간다.

2073) 요한일서 4장 18절의 '두려움'이라는 단어에 근거해서 도미티안 때의 박해와 관련 짓는 것은 무리다(예. 김동수, 2001:40).

(c) 성육신을 부인하는 자들(가현설[Docetism][2074] 혹은 배아적 상태의 영지주의[incipient gnosticism/ pre-gnosticism/ docetic gnosticism], 4:2; 참고. 래드, 1995:870; McKenzie, 1976:211).[2075]

(d) 잘못된 죄 중에 있으며 구원에 대한 잘못된 사상을 가지고 있는 자들(1:5-2:6).

유세비우스[2076]와 2세기 중반의 이레니우스, 4세기 후반의 에피파니우스 등이 증거하듯이 1세기 이단 케린투스를 대항한 것인가? 그렇다.[2077] A.D. 90년경에 인기를 얻었던 케린투스는 예수님의 동정녀 탄생을 거부하고, 단지 요셉과 마리아의 아들로만 본다. 세례 받을 때 그리스도가 내려와서 예수님과 연합했다고 한다. 고난 받기 전에 그리스도는 다시 떠나버렸다. 그리스도는 영적이므로 고난을 받지 않았다. 세상이 하나님에 의해 창조되지 않았다고 주장한다. 케린투스가 받은 이방 세상의 교육의 영향 때문이다. 이것에 대해 요한은 예수님의 성육신과 그리스도 이심을 변증한다. 그리고 요한은 이단들이 소홀히 하는 성결한 삶과 사랑을 강조한다(2:3-4, 7-11, 4:11, 21). 하지만 케린투스만을 의도하고 기록한 것은 아니다. 왜냐하면 요한일서 2장 18절에서 "많은 적그리스도들이 일어났다"라고 밝히기 때문이다. 가현설주의자인 케린투스와 초기 영지주의는 결합된 형태로 나타나기도 했다(참고. 유해무, 2001:111). A.D. 2세기 초에 이미 요한일서는 아시아 지역에 널리 알려졌다(브루스, 1987:19). 안디옥의 감독 이그나티우스(A.D. 110년경에 순교)는 에베소 교회에 보내는 편지에서 요한일서 4장 2-3절을 인용하는 듯하다. A.D. 120년경 유세비우스는 폴리캅과 동시대인인 파피아스가 요한 서신으로부터 많은 글을 인용했다고 전한다. 폴리캅이 빌립보 교회에 보낸 편지에도 요한일서의 내용과 유사한 구절이

2074) '보이다'(seemed)는 헬라어로 *dokein*이다. 가현설주의자들은 영의 세계와 육의 세계 사이의 접촉을 믿지 않았다. 그래서 예수님이 육으로 오신 것을 부정한다. 주님의 강림은 인정하되 인성을 부정한 것이 아니라, 가현설주의자들은 예수님의 강림 자체를 부정했던 것으로 볼 수 있다(참고. 요일 4:2-3; 김동수, 2001:39).

2075) 이 이단들은 예수님의 신성을 고양하기 위해서 인성을 무시해 버린 잘못된 고등 기독론(High Christology)을 견지하고 있던 자들로 보인다.

2076) 유세비우스는 이레니우스의 "이단에 대항하여"(3.3.4; 3.11.1)를 인용하면서 증거하기를, 하루는 요한이 에베소의 한 목욕탕에서 A.D. 90년대에 인기를 누린 케린투스를 만났을 때, 이단을 하나님이 언제든지 벌할 수 있다는 생각에서 목욕탕에서 빠져 나왔다고 한다. 그리고 요한은 이단 케린투스를 대항하여 바른 복음을 전했다고 한다. 케린투스는 지상의 인간 예수님과 천상의 신적인 그리스도를 구분한 매우 이른 사람이다. 2-3세기에 완전한 형태를 취한 영지주의는 세상을 물질계와 영계로 나누고, 특별한 지식과 영적인 계몽을 강조하며, 계몽된 영적 경험은 죄 없이 완전한 영성을 정당화하기는 하지만 개인의 도덕적인 책임성을 무시해 버렸다. 그러나 요한 서신은 시간적으로 이러한 완전한 형태의 영지주의와 대결할 수 없었지만, 적어도 발아기적 형태의 영지주의와는 대결했을 수도 있다. 그러나 이런 대결은 굳이 '발아기적 영지주의'라는 말을 사용하지 않더라도 골로새서와 목회 서신에 이미 나타나고 있다.

2077) 하지만 나약 대학교의 김동수 교수는 예수님의 강림은 믿지만 인성을 믿지 않았다는 것은 성립될 수 없는 개념이며, 이것은 강림과 인성의 불가분의 관계를 인식하지 못하고 요한 서신을 이해한 결과 생긴 오류라고 본다. 즉 강림은 인성을 전제로 한다는 것이다. 따라서 그는 요한일서의 이단들은 예수님의 인성을 부인한 가현설주의자라기보다는 예수님의 강림과 신성을 부정한 자로 본다. 하지만 김동수 교수의 주장에서 예수님의 강림을 부정하는 것과 인성을 부정하는 것 사이의 구분이 모호하다(보라. 두란노, 2007:52).

있다. A.D. 2세기 후반의 이레니우스와 터툴리안도 마찬가지다.

특징

프란시스(Fred O. Francis, 1970)는 요한일서를 서신이 아니라, 대신 '설교'(homily) 혹은 '구두로 선포된 것'(oral proclamation)으로 보아야 한다고 주장했다. 유대인 필로(Philo)가 알렉산드리아의 학생들에게 안식일에 강의한 내용은 요한일서의 내용과 많은 점에서 유사하다. 곧 악과 선의 구별, 하나님과 이웃을 사랑할 것 등. 물론 필로의 강의와 비교해 보면 요한일서는 기독론적 강조가 두드러진다. 그렇다고 이 기독론은 요한일서를 신학 논문으로 보도록 만들지 않으며, 대신 독자의 윤리적 실천을 위한 권면의 기초가 된다. 요한은 기본 주제를 반복하고 강화하여 교육적인 목적을 달성하려는 지혜 문학적 특성도 고려하고 있는 것 같다(참고. Witherington, 2006:424-425).

영국의 존 웨슬리는 요한일서 3장 4-10절을 심각히 고려하여 '완전'(perfection)의 교리를 강조했다. 성도가 완전한 성화에까지 도달할 수 있는 것은 고의적인 죄로부터 자유하며, 비록 성도가 완전에서 멀어질 수 있지만 다시 도달할 수 있다. 그는 '죄가 없는 완전'이 아니라, '죄를 물리치는 완전한 사랑'이라는 말을 선호했다(참고. Marshall, 2005:393). 그런데 요한일서에는 불신자를 사랑하라는 말씀이 없다. 공동체 안의 사랑의 문제가 더 중요한 문제였기 때문일 수 있다. 하지만 독자들은 하나님을 먼저 사랑하기 전에 자신들을 사랑하신 하나님을 기억해야 했다.

초대 교회에서 요한 서신의 위치

공동(일반) 서신으로 분류되는 요한일서는 이미 2세기 초엽에 아시아 전체에 널리 알려져 있었다. 안디옥의 감독 이그나티우스(A.D. 110년경에 순교)는 에베소 교회에 보내는 편지에서 요한일서를 지칭하는 듯한 말을 한다. 그는 성육신을 '육체가 되신 하나님'으로 언급하는데, 요한일서 4장 2-3절을 자신의 문체로 바꾼 듯하다. A.D. 120년경 폴리캅이 빌립보 교회에 보낸 편지에도 비슷한 구절이 등장한다. 유세비우스는 파피아스가 요한 서신으로부터 많은 구절을 인용했다고 말한다. 그리고 영지주의자 발렌티누스, 순교자 저스틴, "디오그네투스에게 보내는 편지"를 쓴 익명의 저자, 카르타고의 터툴리안, 오리겐, 그리고 A.D. 170년경의 무라토리안 정경도 요한일서와 요한이서를 인용했다. 유세비우스에 의하면, 요한이서와 요한삼서는 '*antilegomend*' 즉 정경에 들어가는데 논란이 된 책이었다. 5세기의 시리아판 성경(페쉬타)에는 요한이서와 요한삼서가 빠져 있다. A.D. 367년 아타나시우스의 신약 목록과 A.D. 393년 '히포 총회' 그리고 A.D. 397년 '카르타고 총회'는 요한 서신 모두를 정경에 포함시켰다(참고. 브루스, 1987:19-20).

℘ 요한일서 1장 ℘

1. 본문 및 구조

- 서론(1-4)
- 빛이신 하나님과 그분을 믿는 자의 도덕적 삶(5-10)

2. 구원 계시사적 메시지

2.1. 요한일서 1장 1-4절의 메시지

요한일서의 서론 부분(1:1-4)을 살펴보자. 여기에는 일반적으로 편지에서 볼 수 있는 송신자, 수신자, 인사말과 같은 편지의 형태가 나타나지 않는다. 그 이유는 요한 당시에 일어난 일련의 사건들 때문에 당황한 기독교인들을 격려하며 확신을 불어넣기 위한 내용이 주를 이루기 때문이다(참고. 브루스, 1987:31). 그리고 서신의 인사말을 쓰지 않아도 요한은 독자들에게 이미 잘 알려진 인물이었기 때문이다. 대신 요한은 단어, 개념, 교리적 암시들로 가득 찬 계획된 미사여구(calculated flourish)로 시작한다(참고. Yarbrough, 2008:29).

"태초부터 계신 생명의 말씀(즉 '생명을 주시는 말씀')에 관하여 말하자면 우리(예수님의 사도들 모두)가 들었으며(*akekoamen*, 현재 완료), 눈들로 보았고(*heorakamen*, 현재 완료), 우리가 주목하였고(*etheasametha*, 아오리스트), 우리 손들로 만져 보았다(*epselaphesan*, 아오리스트)"(1절; 참고. 요 1:4).[2078] 요한일서의 첫 단어는 관계대명사 *ho*인데, 남성이 아니라 중성 단수 주격이다. '추상적 개념으로서의 중성'(a neuter of abstraction)으로 보면 성육신 이전의 그리스도는 '추상적인 신성'(abstract deity)을 가지고 계셨다는 설명이 가능하다(예. Akin). 그러나 혹자처럼 '하나님의 지혜'를 가리키는 중성이라고 보는 것은 피상적이다(예. Witherington, 2006:440). 문맥을 고려해 볼 때, 비록 중성이지만 그 범위에 있어서 예수님을 포함하고 있음이 분명하다. 따라서 요한은 그의 서신을 신학적인 뉘앙스가 있는 기독론으로 시작한다.

'태초에'(*apo arches*)는 예수님이 성육하신 시점 혹은 공생애를 시작하신 시점을 가리킬 수 있다. 하지만 '영원 전'으로 보면서 예수 그리스도의 선재하심을 가리키는 것이 타당하다. '태초에'라는 말에 예수님의 '초월성'과 '영원성'이 함의된다(참고. 요일 2:13의 '태초부터 계신 분'; Dennis, 2008:2430). 성육하신 영원하신 예수님을 사도 요한과 함께 있는 자들(특별히 예수님의 지상 사역을 목격한 12제자들)이 목격했다(참고. 행 4:20). 1-3절에서 11회나 사용된 1인칭 복수 대명사는 특히 교회의 기초가 된 12사도(참고. 엡 2:20)를 가리키지, 혹자(브라운, 2003:547)가

2078) 리우(Lieu, 2008:40)는 요한일서 1장 1절의 간 본문으로 죽은 우상을 비판하는 시편 115편 4-8절을 염두에 둔다(참고. 요일 5:21).

주장하듯이 요한의 가르침을 발전시키고 보존한 요한 공동체 혹은 요한 학파는 아니다. 감각적인 동사를 통해서, 요한은 신뢰할 만한 '에토스'를 확보한다.

여기서 '들어왔고'(현재 완료; 참고. 수 2:10, 9:9; 슥 8:23; 요 4:42), '보아왔고'(have seen, 현재 완료; 참고. 창 26:28; 민 13:28, 32-33; 신 1:28; 삿 13:22; 요 3:11, 20:25), '주목했고'(looked at, 아오리스트; 참고. 요 1:14, 32; 요일 4:14),[2079] '만졌다'(완료적 의미를 가지고 있는 아오리스트; 참고. 눅 24:39의 '나를 만져보라'; 행 17:27; 보라. Yarbrough, 2008:36)라는 생생하고 감각적인 동사가 사용된 것은 예수님은 (가현설) 이단이 주장하는 것과는 달리 실제 인간의 몸을 입고 태어나심을 강조하기 위함이다.[2080] 이것은 사도 요한의 삶에 있어서 가장 중요한 사건이었다.

'태초부터'라는 말씀은 창세기 1장 1절과 요한복음 1장 1절을 연상시킨다(참고. 마 1:1). 예수님의 성육신은 마치 창조와 같이 중요한 사건이다. 아니 말씀이신 예수님이 위로부터 이 세상에 오신 것은 첫 번째 세상 창조보다 더 중요하다. 왜냐하면 그때는 이사야 65장 17절, 66장 22절, 고린도후서 5장 17절, 갈라디아서 6장 15절, 요한계시록 21장 1절에서 밝히듯이 재창조(새 창조)의 시작이기 때문이다. 예수님의 성육신은 세상의 재창조, 세상이 새롭게 됨, 새 하늘과 새 땅의 도래를 위한 결정적인 출발점이다. 1절을 확장하면, '예수님이신 말씀', '기독교의 메시지로서의 말씀', '그 자체로서 생명인 말씀'은 서로 연결된다(참고. Marshall, 2005:392). '생명'(*zoe*)은 신약에 총 135회 등장하는데, 그중 요한 문헌에 66회 등장하여 49%를 차지한다. 구체적으로 요한복음에 36회, 요한 서신에 13회, 요한계시록에 17회 등장한다. '영생'을 죽음이나 우리가 현재 가지고 있는 이 땅 위에서의 존재 방식의 반대말로 볼 수 있다. 그러나 이것을 포함하여 더 나아가, 생명에 관한 존재의 특수한 특징(a particular quality of vital existence)으로 볼 수 있으며, '영원한'이라는 형용사가 없어도 '영생'과 동의어로 이해할 수 있다(참고. 신 4:1, 5:16, 8:1, 11:9, 30:6 등; 보라. Yarbrough, 2008:390).

요한은 1절에서 자신이 증거한 생명에 대해서 독자들이 실수할 가능성을 제거하고 분명히 하기 위해서 2절에서 유사한 말을 반복한다(참고. Rogers & Rogers, 1998:591). "이 생명이 나타나신 바 된지라. 이 영원한 생명을 우리가 보았고 증거하여 너희에게 전하노니, 이는 아버지

2079) '주목하고'(*theaomai*)는 *horao*보다 더 강하고 고양된 의미를 가진 동사인데, 외관을 넘어 깊은 곳에서 존재하는 내적 영광을 바라본다는 의미이다(참고. 브루스, 1987:44). 영어에서 see나 look보다는 watch가 더 주의를 기울여서 보는 것을 뜻하는 것과 마찬가지다.

2080) 육체를 '더러운 것' 혹은 '영혼의 감옥'으로 보는 극단적인 이원론에 근거한 영지주의와 가현설의 관련성에 대해서는 앨버트 벨(2001:263-270)을 참고하라. 영지주의자들은 누가복음 24장 49절을 중요하게 여기는데, '예수님의 아는 자들'(*gnoistoi*)은 예수님을 따라다녔던 사람들 중에서 특별히 예수님을(영지주의적 의미에서) 구원자로 '인식한 사람들'이 있었음을 암시하는 것으로 본다. 발렌티누스, 바실리데스, 마르키온 등은 정통 기독교 작가들에 의해 정죄를 받은 대표적인 영지주의자들이다. 1940년 영지주의의 문서가 이집트의 '나그 함마디'에서 발견되었고, 그 후로 영지주의의 교훈에 대한 이해가 급속도로 발전했다. 4세기에 와서 '영지주의'라는 이름은 사라졌지만, 그 근저에 있는 이원론적 사고는 사장되지 않았다. 현대 이라크의 만다야교(Mandaeans)는 기독교 사상과 영지주의 사상을 혼합해서 가르친다.

와 함께(*pros*, '관계'를 강조하는 전치사; 참고. 요 1:1) 계시다가 우리에게 나타내신 바 된 자니라"(2절). 요한(과 사도)은 성부 하나님과 영원 전부터 함께 계시다가(참고. 요 6:46, 7:17, 8:40), 이 땅에 오신 예수님을 목격한 자로서 신빙성 있는 목격담을 에베소에 있던 2세대 성도에게 전해준다. 요한일서는 생명이 어떻게 그리고 누구 안에 독특하면서도 완전하게 나타났는가를 보여주므로 '영생의 서신'으로 불리기에 충분하다(참고. 브루스, 1987:46).

"우리가 보고 들은 바를 너희에게도 전함은 너희로 우리와 사귐(*koinonia*)이 있게 하려 함이니 우리의 사귐은 아버지와 그 아들 예수 그리스도와 함께 함이라"(3절).[2081] 사도인 '우리'와 2세대 성도인 '너희'가 대비된다. 사도행전 2장 42절에 의하면 예루살렘 교회도 사도의 가르침을 받았다. 복음서에는 등장하지 않고 신약 전체에 19회밖에 등장하지 않는 명사 '교제'(사귐, *koinonia*; 참고. 요일 1:6, 7)는 개인적 관심사와 욕망을 넘어 공통된 목적을 위해서 다른 사람에 참여하는 것이다. 성부 하나님과 성자 예수님과 성도의 사귐은 세대를 초월하는데, 복음을 듣고 믿음으로써 가능하다. 예수님을 통해서 우리는 아버지 하나님과 사귈 수 있다. 이 땅에 오셔서 사역하시고 죽으시고 부활하신 예수 그리스도에 관한 복음 때문에, 성경 저자의 시대와 우리의 시대 사이에는 시간과 문화적 차이가 있지만 동일한 하나님을 모시고 같은 하나님의 권속으로 교제하고 있다. 요한일서의 수신자뿐 아니라, 모든 시대의 그리스도인은 요한일서를 읽음으로써 생명되신 예수님과 교제를 나누게 된다. 성도의 교제는 '성령의 교제'이다(참고. 요일 3:24, 4:13; 고후 13:13; 빌 2:1). 이것을 사도신경에서 밝히는 '성도의 교제' 즉 '유비쿼터스 교제'(ubiquitous fellowship)라고 부를 수 있다. 요한이 여기서 '에클레시아'라는 말을 사용하지 않지만, '교제'는 믿는 공동체(believing community)의 조화와 연합에 관한 실재(reality)를 설명하고 있다.

"우리가 이것을 씀은 우리의 기쁨(*chara*)이 충만케 하려 함이로라"(4절). '기쁨'은 신약에 59회 등장하는데, 요한복음에는 9회가 등장하여 예수 그리스도로 말미암은 종말론적인 의미를 가진다(예. 요 3:29, 16:22, 17:13). 더 넓은 의미에서 복음서는 예수님의 성육신과 더불어 기쁨이 있었고(눅 1:14; 2:10), 예수님의 제자들이 주님과 함께 사역할 때 기쁨이 있었고(눅 10:17), 예수님의 부활 이후에도 기쁨이 있었다(눅 24:41). 성경적 기쁨은 단지 근심이 없는 상태가 아니라, 예수님이 건설하신 하나님 나라를 떠나서는 생각할 수 없다(롬 14:17). 요한은 성육하신 그리스도에 관한 복음을 제2세대 성도에게 전하기 위해 요한일서를 기록함으로써 자신과 그의 동료 사도들의 기쁨이 충만하다고 고백한다. 다른 의미로는 요한일서를 기록함으로써 '우리' 즉 요한과 수신자가 복음 안에서 함께 기뻐할 수 있다고 말한다. 예수 그리스도에 관한 복음이 우리의 영혼에 기쁨을 준다. 복음을 알고 실천하는 것이 우리의 기쁨의 원천이다. 그리스도를 아는 지식으로 말미암은 기쁨은 참으로 세상 풍파 속에서도 불변하다.

2081) 재산과 생명을 함께 나누며 관여하는 것이라는 의미의 명사 '코이노니아'는 요한복음에는 등장하지 않는다.

2.2. 요한일서 1장 5-10절의 메시지

요한이 예수님에게서 듣고 2세대 성도에게 전한 내용(*angelia*, 메시지, 계시; 신약성경에 요일 1:5과 3:11에만 등장함)은 '이것이니'(*kai estin haute*, 앞의 내용이 아니라 뒤따르는 내용을 가리킴), 곧 하나님이 빛이시라는 사실이다(5절). 5절 중간에 등장하는 접속사 *hoti*는 '왜냐하면'이 아니라 설명 보족적(epexegetical) 대등 접속사인데, 요한 서신에서 자주 나타난다(참고. Yarbrough, 2008:48). 하나님에게는 어두움이 조금도 없다. 요한은 하나님의 거룩함과 영광스러움과 진리를 빛으로 설명하고 있다. 인격적인 빛이신 하나님은 이방 종교의 천체(heavenly bodies)와 연결된 비인격적 신들과 다르다. 요한이 하나님을 빛이라고 부르는 것은 영지주의와 쿰란 공동체의 사상과도 다르며, 약 139회나 '빛'을 언급하는 구약에 기초하고 있다(참고. 창 1:3; 출 13:21; 삼하 22:29; 스 9:8; 사 51:4). 요한복음 1장 9절에서 요한은 예수님이 참 빛으로 어두운 세상에 오셨다고 말했다. 이것은 첫째 날에 빛을 만드신 하나님의 창조 사역도 연상하게 만든다(참고. 창 1:1-4). 여기서 '어둠'은 죄와 죽음을 상징한다. 많은 경우에 '빛'은 하나님의 영광, 구원 그리고 생명을 상징하지만(참고. 시 27:1, 36:9, 104:2; 요 8:12), 여기서는 악의 어두움과 관련이 없는 하나님의 도덕적인 거룩함과 관련된다(참고. 엡 5:8-14). 요한복음은 약 24회에 걸쳐서 '빛'을 언급하는데(마태복음에 11회, 누가복음에 9회), 물론 성부 하나님의 빛을 예수님도 공유하신다(참고. 요 8:12, 9:5). 그리고 하나님의 빛의 자녀들도 죄악과는 거리가 먼 거룩을 추구해야 한다(참고. 요 12:36). '빛과 어둠의 대조'에는 윤리적이며 존재론적인 이원론(dualism)이 강조되어 있어서, 독자들에게 결단을 촉구하는 효과를 미친다.

요한은 6절에서 '만일'(*ean*)이라는 말로 시작하여 복음 안에서 사귀는 데 방해되는 가능한 요소들을 지적한다.[2082] 우리가 하나님과 사귀면서 계속해서 어두움 가운데 행한다면 그것은 거짓이고 진리를 행치 않는 것이다(6절). 생활 태도를 가리키는 '행하다'(*peripateo*)는 요한 서신에서 8회 등장한다(참고. 요일 1:6-7, 2:6, 11; 요이 4, 6; 요삼 3, 4; 참고. 사 2:5). 쿰란 문헌에서 빛의 아들들이 '진리를 행함'(to do the truth)은 옳은 것을 행함 혹은 특별히 율법에 계시된 진리에 관해서 신실한 것을 의미했다. 그러나 그리스도인을 위해 예수님은 그 율법을 성취하셨다(참고. Rogers & Rogers, 1998:592). 하나님이 빛이시기에, 성도는 하나님의 빛 속에서 거룩하게 살아야 한다. 성도는 죄의 지배로부터는 자유롭지만 죄의 영향으로부터는 자유롭지 못하다. 빛의 자녀라고 해서 일상생활 속에서 죄 없음 혹은 완전의 상태에 있지 않다. 하나님이 빛 가운데 계시는 것처럼 우리도 빛 가운데서 행하면 우리가 서로 사귐이 있고 예수님의 피가 우리를 모든(*pas*, all, 혹은 every) '죄'(17회 등장; 요한복음에도 17회 등장)에서 계속해서 깨끗게 하신다(7절). 죄의 용서를 넘어 죄를 제거하는 차원까지 함의한다. '깨끗하게 하다'는 요한 문헌에서 요한일서 1장 7절과 9절에만 등장하지만, 복음서에는 18회나 등장하여 예수님이 치유 사역의

2082) 요한일서 1장 6, 7, 8, 9, 10절 모두 *ean*('만약' 혹은 '그런 경우라면')으로 시작하는데 'diatribe rhetoric'(통렬한 비난의 연설과 관련된 수사학)의 기교(예. 병행, 반명제, 암시된 명령이나 경고, 병렬적 문체)를 포함하는 것으로 보인다, 이것은 요한일서 1장 4-5절의 '논리적 확장'(logical extension)이다(참고. Yarbrough, 2008:52).

결과로 종종 나타난다. 예수님의 피를 통한 하나님과 성도의 사귐은 성도와 다른 성도의 사귐과 관계있다. 죄를 용서받은 사람은 역시 죄를 용서받은 다른 형제자매와 더불어 살아야 한다.

만일 우리가 죄 없다 하면 즉 만일 우리가 범죄 후에도 그것을 인정하기를 거부하면 혹은 죄 없다고 딱 잡아떼는 경우 그것은 스스로 속이는 것이며 진리가 우리 속에 있지 않다(8절; 참고. 창 3:12-13, 9:25, 37; 출 32:33). '죄 없다고 하면'(not to have sin)은 LXX에는 한 번도 나타나지 않는 특이한 표현으로서, 요한이 복음서에서 예수님의 입에서 나온 용서 받을 수 없는 개인의 죄를 예언하는 문맥에서 4회 사용했다(참고. 요 9:41, 15:22, 24, 19:11). 여기서 요한은 인간 사회에 교제를 파괴하고 적대감을 초래한 창세기 3장의 아담과 하와의 타락 사건을 염두에 두고 있을 수 있다. 혹은 요한 당시의 이단이 잘못 가르친 '도덕적 완전주의'가 영적 교만임을 비판하려는 의도도 있는 듯하다. 분명한 것은, 범죄 후에 그 죄를 자백/인정하지 않는 것은 예수 그리스도의 대속의 필요성을 거부하며, 동시에 하나님의 용서의 은혜와 복음의 진리를 거부하는 것이어서 구원에 이르지 못한다는 사실이다. 우리가 우리의 죄들을 자백하면(*homologomen*, 반복적 현재[iterative present] 능동태 가정) 미쁘시고 의로우신 하나님이 죄를 사하시고 모든 불의에서 우리를 깨끗게 하실 것이다(9절; 참고. 요 13:10). 모든 불의는 죄다 (참고. 요일 5:17). 하나님은 미쁘신 분이시기에(참고. 신 7:9, 32:4; 시 145:13; 사 49:7), 자신의 도덕적 완전과 의로움에 배치되는 행동을 할 수 없다.[2083] 죄인을 향한 하나님의 해결책은 아들 예수님의 피를 믿고 회개하도록 하는 것이다(참고. 삼하 12:13; 대하 32:26; 스 9:6-15; 욥 42:6; 시 32:5; 잠 28:13; 막 1:4-5, 15). 우리가 예수님 안에 신뢰를 둔다면, 하늘의 법정에서 우리는 의로워지고 용서받는다. 하지만 계속해서 반복적으로 죄악 가운데 있는 경우 그 사람에게 구원 얻을 믿음이 있는지 심각하게 돌아보아야 한다.

만일 우리가 범죄하지 아니했다고 주장한다면 하나님을 거짓말하는 자로 만드는 것이다(10절; 참고. 레 19:11; 행 5:3-4; 롬 3:23; 1QS 6.24-25; 아리스테아의 편지 206: "하나님은 진리를 사랑하시기 때문에, 거짓말은 거짓말을 하는 사람에게 끔찍한 망신을 가지고 온다"). 그때 하나님의 말씀이 우리 속에 있지 않다. 하나님의 말씀은 비록 구원받은 성도라 할지라도 이 세상에서 죄를 범하지 않고 살 수 있다고 말씀하지 않는다.

3. 오늘에의 적용

재창조된 빛의 자녀로 살자.
신실하시고 의로우신 하나님을 믿고 행동의 변화를 일으키는 회개를 하자.

2083) 9절 중반의 *hina*는 목적이 아니라 결과이다. 즉 하나님이 미쁘시고 의로우시기에 '그 결과로' 우리 죄를 용서하신다가 옳지, 하나님이 우리 죄를 사하시기 '위해서' 미쁘시고 의로우신 것은 아니다. 참고로, 트렌트 회의는 성만찬의 고백과 관련하여 요한일서 1장 9절을 인용한다.

ೞ 요한일서 2장 ೞ

1. 본문 및 구조

- 계명에 순종함(1-6)
- 새 계명(7-11)
- 확신(12-17)
- 적그리스도 이단에 관한 경고(18-29)

2. 구원 계시사적 메시지

2.1. 요한일서 2장 1-6절의 메시지

요한은 '나의 자녀들아'(*teknia mou*, 요한 서신에 9회 등장)라고 '가족 은유'를 사용하여 친근히 부른다(1절; 참고. 고전 4:14, 17; 갈 4:19; 딤전 1:2). 요한이 편지를 쓰는 이유는 수신자들이 죄를 범치 않도록(*me hamartete*, 아오리스트 능동 가정 2인칭 복수) 하려는 것이다.[2084] 요한은 범죄가 모든 사람에게 공통적인 현상이라는 말씀(요일 1:8)을 수신자들이(적그리스도의 주장처럼) 마치 범죄에 대한 허락을 받은 것처럼 오해하지 못하도록 조치를 취한다.

죄를 범하면 성부 하나님 앞에서(향하여) 우리를 위한 대언자(*parakletos*, advocate), 곧 의로우신 예수 그리스도께서 계심을 알게 하려 함이다. 하지만 하나님께서 그리스도의 피를 보시고 회개하는 사람을 용서하신다는 사실이 우리에게 불순종해도 된다는 용기를 불어넣도록 하면 안 된다(참고. 롬 6:1-2). 오히려 사죄의 은총을 받은 사람은 하나님의 계명에 따라 살려고 노력해야 한다. 하늘에 계시는 승귀하신 예수님이 우리의 대언자(변호자)가 되심으로써 우리를 변호하시고 있다. 이것은 법적인(legal) 의미를 가진다. 성령이 우리의 또 다른 보혜사로 오셨지만(참고. 요 14:16, 26, 15:26, 16:7), 승천하신 예수님의 보혜사로서의 사역은 중단되지 않고 있다(참고. 롬 8:34; 히 8:1-2). 우리에게 이중적 보혜사가 계신다. 곧 이위 하나님과 삼위 하나님. "우리는 보혜사를 가지고 있다"라는 문장은 현재형(*echomen*)으로 사용되어 항상 보혜사 예수님이 임마누엘 하심을 의미한다. 보혜사는 '격려'와 '책망'의 일을 하신다. 보혜사는 성도를 격려하며, 하나님과 교회를 대적하는 세력을 향해서는 책망하신다. 예수님이 그 일을 하셨고, 지금도 하고 계시며, 성령도 그 일을 하고 계신다. 성자와 성령은 동일한 보혜사로서 교회를 위해 공통된 사역을 하신다. 우리는 성령님 안에서 보혜사 사역과 관련하여 하늘(승천하신 그리스도)과 땅(지상의 성도에 내주하신 그리스도의 영이신 성령)의 동시적인 변혁의 역사를 본다(참고. 요 16:8-11).

2084) 아오리스트는 죄에 대한 상태가 아니라 하나의 행동(a single act, not a state, of sin)을 가리키는 것 같다(참고. Rogers & Rogers, 1998:592).

그리고 예수님은 우리 죄를 위한 화목 제물(*hilasmos*, atoning sacrifice)이다(2절). "그가 화목 제물이다"에서 '그가'(*autos*)라는 말이 강조되어 있다. '화목 제물'은 신약에서 이 구절과 요한일서 4장 10절에만 등장하는 전문 용어이다. 죄에 대해서 진노하시는 하나님을 화를 누그러뜨리는 것(*propitiation*, 달래기)이다. 다른 한편, 죄를 제거함으로써 하나님이 죄인을 열납하도록 하는 것(expiation, 속죄, 보상)이다. 이 둘을 종합하면, 화목 제물이신 예수님 때문에 죄와 하나님의 진노 모두 사라진다. 예수님은 죄를 해결하기 위해서 하나님의 저주와 진노를 자신의 인격 안에 다 흡수하신 속죄 제물(sin offering)이시다(참고. Burge, 1996:85).

베드로전서 2장 24-25절을 기억하자. "그분이 친히 나무에 달려 자기 몸으로 우리 죄를 담당하셨으니 이는 우리로 하여금 죄에 대하여 죽고 의에 대하여 살게 하려 하심이라. 그분이 채찍에 맞음으로 너희는 나음을 얻었나니, 너희가 전에는 양과 같이 길을 잃었더니 이제는 너희 영혼의 목자와 감독 되신 분에게 돌아왔느니라." 예수님은 인종과 민족의 구분을 초월한 온 세상의 유일한 화목 제물이시다. "우리 죄뿐 아니라 온 세상(*holou tou kosmou*)의 죄들을 위하심이다"(2절). '온 세상의 죄'라는 말은 만인 구원론을 지지하지 않는다. 여기서 추론해 볼 수 있는 것은, 요한 공동체가 밖에 있는 사람들에 대해 다소 배타적인 태도를 취하는 문제를 가지고 있었을 것이라는 점이다.

우리의 실패에도 불구하고 우리가 하나님과 바른 관계에 있는지 시험해 볼 수 있는 시금석은 순종이다(3절). 우리가 하나님의 계명들(*tas entolas*)을 지키면 우리가 하나님을 알고 있다는 것(현재 완료)을 알게 된다.[2085] 여기서 요한일서에 25회나 등장하는 '안다'(*ginosko*)는 순종함으로써 자신감 있게 체험적(인격적, 개인적)으로 친밀하게 안다는 의미이지 사변적이거나 추상적으로 아는 것은 아니다. 그리고 3절에서 현재와 현재 완료 시제가 각각 사용되어, 하나님을 아는 것은 한 번으로 그치는 것이 아니라, 점차적으로 더욱 분명히 알아간다는 뉘앙스가 있다. 창조주요 구속자이신 하나님을 알고 그분의 명령대로 사는 것이 복과 특권이 아니고 무엇이랴! 하나님을 안다고 하면서,[2086] 그 계명을 지키지 않으면 거짓말하는 자이며 그 진리(*he aletheia*)가[2087] 그 속에 있지 않다(4절). 요한은 4절에서 3절을 다시 설명한다. 요한의 논증 방식 중 하나는 부정적인 예(4절)를 제시하여 자신의 주장(3절)을 강화하는 것이다. 주어가 복수형인 3절과 달리 4절은 단수형이기에(*ho legon*), 개별 신자의 삶 속에 원칙이 적용되는지 시험해 보아야 함을 강조한다(참고. Rogers & Rogers, 1998:593).

만일 누구든지(*hos an*) 하나님의 말씀을 지키면 하나님의 '그 사랑'(*he agape*, 18회 등장)이 그

2085) 구약에서 이스라엘이 하나님의 계명을 순종할 때 하나님을 알았다(참고. 렘 22:16, 31:33-34).

2086) 요한일서에서 인격체 상호 간의 친밀한 유대감을 가리키는 '안다'(*ginosko*)는 동사가 요한 문헌 전체에 56회나 사용되지만, 명사형 *gnosis*는 한 번도 등장하지 않는데, 요한이 발아기적 영지주의를 경계하기 위해서 사용하지 않았을 수 있다(참고. 두란노, 2007:127-128).

2087) 요한에게 있어서 '그 진리'는 예수님이시고(요 14:6), 성령님이시며(요 14:17), 또한 말씀이다(요 17:17). 그러므로 요한일서 2장 4절은 하나님에게 복종하지 않는 사람은 단순히 요점을 놓친 차원이 아니라, 하나님으로부터 심각하게 단절되어 있음을 강조한다(참고. Burge, 1996:98).

사람 안에서 온전하게 되었으니(*teteleiotai*, 예기적 현재 완료; 즉 성숙하게 되었고), 이것으로 우리가 하나님 안에 있는 줄 안다(5절). '지키다'(*tere*, 현재 능동 가정 3인칭 단수) 는 '준수하다'(to observe) 라는 뜻을 넘어, 열정을 가지고 부지런히 지키고, 주의 깊게 보호하는 것을 뜻한다(참고. Burge, 1996:98). '하나님의 그 사랑'(the love of God)에서 '하나님의'를 목적격적 속격으로 보면 '하나님을 위한 우리의 사랑'이라는 뜻이다(참고. 요일 5:3; 브루스, 1987:65). 우리가 하나님을 사랑하는 것이 신비적 경험이나 감성적 언어로 표현되지 않고 도덕적인 순종으로 나타남에 주목하자. 우리가 하나님을 사랑하시는 것이 온전케 되는 방법은 말씀에 순종할 때 가능하다. 그리고 하나님께 복종하는 것이 가능하게 되는 것은 오직 성도가 그리스도와 연합할 때 받은 새 생명을 통해서이다. 따라서 우리가 하나님에게 복종하는 것은 우리가 그리스도와 연합되어 있음과 구원받았음을 의미한다. "하나님 안에 있다고 하는 자는 그분(예수님)이 행하신 것(*periepatesen*, 예수님의 전체 삶을 요약하는 아오리스트)같이 자기도 '그렇게'(*houtos*, A와 B사본 등은 생략함) 행해야 한다"(*peripatein*, 목적의 부정사, 6절; 참고. Rogers & Rogers, 1998:593).[2088] 6절의 '그분 같이'(*kathos ekeinos*)는 성도에게 모범이 되시는 예수님을 소개할 때 사용된다(참고. 요일 3:16; 4:17). 요한은 여기서 그의 수신자들이 요한복음에서 밝힌 대로 예수님의 인격과 사역을 알고 있음을 전제로 한다. 그러므로 서신서는 복음의 현실적인 적용 문제를 다룬다.

2.2. 요한일서 2장 7-11절의 메시지

"사랑하는 자들아!(*agapetoi*, 신약에 61회 사용됨. 예. 요일 3:2, 21, 4:1, 7; 롬 12:19; 고후 7:1) 내가 새 계명을 너희에게 쓰는 것이 아니라 너희가 처음부터(구약 혹은 예수님이 오셔서 가르치신 때부터) 가진 옛 계명이니, 이 옛 계명은 너희의 들은 (그) 말씀이거니와"(7절). 요한복음 13장 34절에서 요한은 "서로 사랑하라"는 예수님의 명령을 '새 계명'(new command)이라고 불렀다. 하지만 엄밀한 의미에서 이 사랑하라는 명령은 '옛 계명인 동시에 새 계명'(the commandment old and new)이다. 이 계명이 옛 계명인 것은 레위기 19장 18절처럼 구약에서 이미 소개된 것이기 때문이다(참고. 마 22:37-40; 갈 5:14). 이 계명이 새 계명인 이유는 그리스도의 오심 이후에 사는 신약 백성에게 있어서 이전에 없었던 중요성과 함의가 새롭기 때문이다(참고. 웨스트민스터 신앙 고백 20문). 예수님은 사랑의 계명을 이전에 볼 수 없었던 방식으로 몸소 성취하셨다. 그 결과 성도도 이 세상 안에서도 예수님의 모범을 따라 사랑을 행할 수 있게 되었다.

8절에서 '새롭다'는 형용사는 질적인 새로움(new in quality)을 의미하는 '*kainos*'인데, 예수님의 죽으심과 부활로 성도의 삶에 역사하는 종말론적인 실체이다(참고. 엡 5:8; 골 1:12). 예수님은 미움과 어둠을 몰아내고 사랑과 빛으로 세상을 변혁시키셨다(참고. Burge, 1996:101). 이제 우리

2088) *Peripateo*는 신약에 총 95회 등장하는데, 요한복음에 17회, 요한일서에 5회 나타난다. 은유적 의미로 '행하다'(to conduct, to live)가 자주 사용된다. 물론 예수님이 물 위를 걸으실 때(즉 신현의 문맥) 혹은 다리를 저는 사람이 예수님에 의해 치유되어 걸을 때(즉 구원의 문맥)도 나타난다(참고. Libronix Digital Library System).

는 그리스도의 몸 된 교회요 성령의 전이 되어서 서로 연결되어 있기에 "서로 사랑하라"는 이 명령은 새롭고 궁극적인 중요성을 가진다. 사랑의 실재는 빛의 영역을 미움과 증오가 여전히 다스리고 있는 어두움의 영역으로부터 구분한다. 요한복음 15장 18-19절에서 요한은 교회 안에서 행해지는 사랑과 세상이 교회를 향해서 가지고 있는 증오를 날카롭게 대조했다. 요한복음 15장 12절은 우리가 형제와 자매를 사랑하는 것은 그리스도의 사랑이 우리에게 먼저 임한 결과라고 말씀한다. 그리고 요한복음 15장 18절에 의하면, 어두운 세상이 우리를 미워하는 이유는 세상이 먼저 예수 그리스도를 미워하기 때문이다. 이처럼 하나님의 계명은 다름이 아니라 하나님의 본성을 계시하신 것이다. 하나님의 인격적인 사랑이 담긴 교훈이 새 계명이다. 이 새 계명이 새로운 시대를 여신 예수님 안에서 결정적으로 갱신되었다.[2089] 하지만 우리 안에는 새것과 옛것의 긴장이 있다(참고. 브루스, 1987:69).

"다시 내가 너희에게 새 계명을 쓰노니, 저(예수님)에게와 너희에게도 참된 것이라"(8절). 여기서 '참되다'(*alethes*)는 논리적 내용의 참됨만 의미하지 않는다. 동시에 사랑하라는 명령의 새로움이 실제로 그리스도 안에서와 이 편지를 받는 사람들 안에서 명백하게 되었음을 뜻한다(참고. Rogers & Rogers, 1998:593). 왜냐하면 어두움이 지나가고 참 빛이 벌써 비취기 때문이다. 우리는 예수님의 삶을 통하여서 사랑하는 것이 참된 것임을 안다. 그리고 우리 안에서도 사랑하라는 계명이 참된 것이라고 말씀한다. 과연 우리가 이웃을 사랑하고 용납하고 섬기며 살고 있는가? 과연 우리는 사랑의 사도요 사랑의 전령사인가? 요한은 그렇다고 말한다. 왜냐하면 예수님 안에서 거듭난 빛의 자녀라면 누구든지 예수님을 닮아 사랑을 실천하도록 능력을 부여받았고 그 길로 가야 하기 때문이다.

빛 가운데 있다 하며 그 형제를 미워하는 자는 지금까지 어두운 가운데 있는 자이다(9절). 요한일서 3장 15절에서는 미워하는 자는 살인자요 그 안에 영생이 없다고 엄중히 경고한다. 그의 형제를 사랑하는 자는 빛 가운데 거하여 자기 속에서 거리낌(*skandalon*, stumbling)이 없으나 (10절). 사랑을 실천하는 사람은 남을 어떤 덫이나 장애물(*skandalon*)에 걸려 넘어지게 하려는 계획을 가질 수 없다. 반대로 우리에게 사랑이 없으면 우리의 시각이 편견과 미움으로 왜곡되고 어두워진다. 증오로 가득 찬 사람은 여러 가지 장애물을 만나고 걸려 넘어지고 어두움 속에 헤매게 된다. 그의 형제를 미워하는 자는 어두운 가운데 있고, 또 어두운 가운데 행하며 갈 곳을 알지 못하나니, 이는 어두움이 그의 눈을 멀게 하였음이니라(11절). 사랑이 없는 이기주의 세상, 무정한 세상, 암흑의 세상이면 그럴수록 사랑을 실천하는 빛의 자녀들의 가치는 더욱 고귀하게 드러날 것이다. 이것이 참된 영성이다. 마태복음 5장 46절을 기억하자. "너희가 너희를 사랑하는 자를 사랑하면 무슨 상이 있으리요? 세리도 이같이 아니하느냐." 그리고 "네 원수를 사랑하며 너희를 핍박하는 자를 위하여 기도하라"(마 5:44)도 기억하자.[2090] 요한의 메시지는

2089) 발아기적이기는 하지만 영지주의자들은 완전한 구원의 지식을 소유하고 완전한 성결의 삶을 산다는 영적 교만에 빠져서 남을 무시하고 사랑하지 않았는데, 이것을 요한이 염두에 두고 있다.

2090) 요한 서신이 제시하는 제자도는 "서로 사랑하라, 진리 안에서 행하라, 세상의 미움을 두려워하지 말라, 하나님의 아들이신 예수님을 믿고 따르라" 등으로 요약할 수 있다(참고. 힐머, 2008:183-184).

이원론적 색채가 짙다.

2.3. 요한일서 2장 12-17절의 메시지

"서로 사랑하라"는 계명을 독자들에게 주고 난 후, 요한은 독자들에 대한 자신의 확신을 언급한다. "자녀들아(dear children). 내가 너희에게 쓰는 것은 너희 죄(sins)가 그(예수님)의 이름으로 말미암아 사함을 얻음이요"(12절). 여기서 '자녀들'은 실제로 나이가 어린 자녀라기보다는 요한의 모든 독자를 가리키는 듯하다(참고. 요일 3:7, 18, 4:4, 5:21). 그러나 '아비들'과 '청년들'은 오래 전에 기독교인이 된 자들과 보다 최근에 기독교인이 된 자들을 가리킬 수도 있고(참고. 브라운, 2003:548), 혹은 실제 나이에 따라 구분한 것으로 볼 수 있다.[2091] 요한의 독자들이 죄 사함을 입은 길은 예수님의 이름의 권세 때문이다. 예수 그리스도의 이름은 제자들의 선포의 중심이었다(참고. 행 2:38; 3:6; 4:12). '예수'라는 이름 자체가 자기 백성을 죄에서 구원하실 분이라는 뜻이다(마 1:21).

"아비들아(*pateres*), 내가 너희에게 쓰는 것은 너희가 태초부터 계신 이(*ton ap' arches*)를 앎이요"(13절). '아비들'은 교회 안에서 나이가 많은 장로와 같은 사람들을 가리킬 것이다. 아비 즉 남자를 가리킨다고 해서 여자들이 배제된 것은 아니다. 요한 당시에 글을 읽을 수 있는 사람은 주로 남자였기에 이렇게 쓴 것이다. 아비들은 태초부터 계신 하나님 아버지와(선재하신) 예수님을 알았다. 즉 그들은 하나님을 아버지로 모시고 친밀히 교제하며 살았다. 이 교제를 누릴 때 진정으로 사랑하며 살고 세상에 속하지 않게 살 수 있다. "청년들아(*neaniskos*, young man) 내가 너희에게 쓰는 것은 너희가 그 악한 자(*ton poneron*, 사탄)를 이겨 왔기(현재 완료) 때문이다." 청년들이 악한 자인 사탄을 이기었다. '이기었다'(*nikao*)는 주제는 요한일서 5장 3-5절에 다시 나타난다. 거기서는 성도가 예수님을 믿음으로 하나님을 대적한 세상을 이김을 언급한다. 성도가 하나님의 말씀에 순종하며 유혹을 이기는 것은 창세기 3장의 범죄 후에 타락으로 인해 사탄에게 져서 패배하는 것과 대조된다. 참 빛 되신 예수 그리스도께서 이미 세상에 오셨기 때문에 교회는 이미 그 승리에 동참하고 있다. "하나님께로 난 자마다 세상을 계속 이기고 있기 때문이다"(요일 5:4).

"아이들아, 내가 너희에게 쓰는 것은 너희가 아버지를 알고 있기 때문이다(현재 완료). 아비들아(fathers), 내가 너희에게 쓰는 것은 너희가 태초부터 계신 이를 알고 있기 때문이다(현재 완료). 청년들아 내가 너희에게 쓰는 것은 너희가 강하고 하나님의 말씀(*logos*)이[2092] 너희 속에 거하시고 너희가 그 악한 자(사탄)를 이겨왔기(현재 완료) 때문이다"(14절). 요한은 청년들에게

2091) 브루스(1987:73-74)는 '영적 성숙도'에 따라 3부류가 나누어진 것으로 본다. 하지만 다른 설명도 가능하다. 만약 자녀들, 아비들, 그리고 청년들의 신앙적 특징에 대한 내용이 모든 신자에 대한 것이지 특정 나이 혹은 영적 수준 차이에 따른 구분이 아니라고 본다면 '아이, 아비, 청년'은 모든 신자를 가리킬 수 있다. '아이, 아비, 청년'은 '성도, 이스라엘, 하나님의 백성'보다 더 가족적 친밀감을 강조한다(참고. 두란노, 2007:122).

2092) *logos*와 *rhema*를 날카롭게 구분하는 것은 문제다. 예를 들어, *logos*가 사용된 요한복음 8장 31절과 *rhema*가 사용된 요한복음 15장 7절은 의미상 차이가 없다.

악한 사탄이 더 이상 젊은이를 다스리지 못하며 말씀으로 승리할 수 있음을 확신시킨다. 그리고 아비들이 청년들에게 말씀을 가르치는 것이 얼마나 중요한지를 간접적으로 강조한다. 교회의 미래인 청년들에게 말씀을 가르쳐서 영적 전쟁에서 강한 용사로 승리하도록 가르치고 훈련시키는 것은 참으로 중요하다.

"이 세상이나 세상에 있는 것들을 사랑치 말라"(15절). 여기서 '세상'(*kosmos*)은 피조물이나 사람을 의미하지 않고, 하나님을 반역하는 체제(system)와 하나님의 자리에 앉고자 하는 교만을 가리킨다(참고. 엡 2:2). 그러므로 요한일서에서 '세상'은 '어두움'과 거의 비슷한 의미를 가진다. 예수님께서 오셔서 바로 이 죄악 된 시스템을 폐하셨던 것이다(요 12:31). 하지만 이 세상에 속하지 않고 하나님의 말씀을 받고 순종하는 자는 영생의 표를 얻었다. "누구든지 세상을 사랑하면 아버지의 사랑이 그 속에 있지 아니하니." '사랑하라'는 새 계명을 받은 요한의 독자들에게 세상을 사랑하는 것이 이슈가 되었다. 그러나 요한은 하나님을 사랑하는 것과 세상을 사랑하는 것은 양립할 수 없다고 말한다.

"이는 세상에 있는 모든 것이 육신의 정욕(*he epithymia tes sarkos*, '육신'은 인간의 타락한 본성임)과 안목의 정욕(*he epithymia ton ophthalmon*; 탐욕으로 가득한 눈)과 이생의 자랑(*he alazoneia tou biou*; 물질과 지위, 명예에 대한 허풍)인데, 모두 아버지로부터 좇아온 것이 아니요 세상으로 좇아온 것이라"(16절). 구약은 '눈'을 욕망, 특히 성적 욕망 및 교만과 관련시킨다. 적용해 보면, 세상에 있는 것들은 총천연색으로 된 매력 있는 유혹 덩어리이다. 그러나 우리가 믿는 바는 매력 없어 보이는 수천 년 전의 낡아빠진 흑백 사진이 아닌가? 우리는 그것이 다시 색을 회복하고 힘을 회복하도록 해야 한다. 아담과 하와도 선악을 알게 하는 나무를 보고 사탄의 유혹에 넘어가지 않았던가!(참고. 창 3:6) 하나님을 거역한 이 죄악 된 체제를 따라 사는 사람들은 눈앞의 것만 보아서 이 세상에서 명예와 쾌락과 만족을 얻으려고 한다(참고. 눅 6:24-26). 그래서 세상에 중독되건, 알코올이건, 마약이건, 담배이건, 오락이건……. 이런 중독은 끝없는 갈증을 일으켜 결국 사람을 패망케 한다. 하지만 하나님을 사랑하는 사람은 멀리 바라보면서 하나님의 보상을 기대한다(참고. 눅 6:20-23).

"이 세상과 세상의 정욕도 지나가되, 오직 하나님의 뜻을 행하는 이는 영원히 거하느니라"(17절; 참고. 사 40:6-8). 요한은 우리의 순종으로 영생을 얻을 수 있다고 말하지 않는다. 오직 예수님의 완전한 순종의 공로로 우리가 구원을 얻었다. 요한은 여기서 세상에 속한 자가 받은 것과 하나님의 뜻을 행하는 사람이 받을 것을 대조하고 있다. 세상에 휩쓸리는 것을 세상을 사랑하기 때문이다. 그러나 하나님의 사랑과 뜻을 알고 준행하는 것을 기쁨으로 삼는다면 세상의 정욕과 유혹과 자랑에 넘어가지 않을 것이다.

2.4. 요한일서 2장 18-29절의 메시지

"아이들아, 이것이 마지막 때라. 적그리스도(단수)가 이르겠다 함을 너희가 들은 것과 같이(참고. 마 24:24), 지금도 많은 적그리스도들(복수)이 일어났으니 이러므로 우리가 마지막 때인 줄 아노라"(18절).[2093] 여기서 요한은 진리를 변증하는 투사이다. 요한은 '적그리스도'(참고. '거짓 그리스도', 막 13:22)와 '적그리스도들'을 구분한다. 단수형 적그리스도는 확실히 누구인지는 모르지만 요한이 의도한 특정 종교 혹은 정치적 인물이며, 복수형 적그리스도들은 마귀의 역사로 그 가르침을 따르는 선생들과 배교자들을 가리킨다. 요한은 사도의 가르침을 뒤집어엎는 자들을 적그리스도로 간주한다. '마지막 때'(*eschate hora*)는 '종말'을 가리키는데, 예수님의 초림과 재림 사이의 전체 기간을 가리킨다(참고. 행 2:17; 딤후 3:1; 히 1:2; 벧전 1:20).[2094]

그런데 적그리스도들이 요한일서의 수신자에게서 나갔다(19절). 만일 그들이 요한 공동체에게 속했다면 함께 거했었을(*memenekeisan*, 과거 완료 능동태 직설법 3인칭 복수: 코이네 헬라어에서 과거 완료에 종종 접두 모음이 생략됨; 참고. Rogers & Rogers, 1998:594) 것이다. 영적, 정신적, 도덕적으로 우월하다고 생각한 적그리스도들이 떠나가 버렸을 때, 요한 공동체에 남아 있는 사람들은 매우 마음이 상했을 것이다. 요한은 남은 자들에게 진리와 구원과 영생의 확신 속에 거하도록 권면을 해야 했다. 이를 위해서 요한은 '고등 교회론'(high ecclesiology 혹은 high theology of the church; 남은 자로 구성된 교회의 고난보다는 영광스러움과 복됨)을 소개할 필요성을 느꼈을 것이다(참고. McKenzie, 1976:212). 지상의 교회는 항상 가라지와 알곡이 섞여 있게 마련이다. 그러므로 이들은 구원에 이르는 믿음을 소유하지 못한 가라지에 불과하다. 알곡은 '성도의 견인' 교리에 비추어 볼 때, 말씀을 듣고 받아들여 열매를 맺는 자들이며(참고. 막 4:20), 그들 속에 선한 일을 시작하신 하나님이 그리스도의 날까지 그 선한 일을 이루어 가시는 이들이다(참고. 빌 1:16). 반면, 가라지는 고의로 진리를 버리고, 자신들이야말로 최신의 진보된 지식을 소유하고 있다고 주장하면서 당을 지은 자들이었다. 요한일서의 수신자들은 이런 분열 속에서 흔들리지 않아야 한다(참고. 브루스, 1987:87).

요한일서의 수신자는 '그 거룩한 분'(the Holy One) 즉 성령님으로부터 '기름 부음'(*chrisma*, anointing)을 받고 모든 것들(*panta*; A, C, Byz)을 안다(*oidate*, 현재 의미를 가진 한정적 현재 완료형, 20절).[2095] 적그리스도들과는 달리, 성도는 거룩한 분으로부터 기름 부음을 받아서 구원의 진리를 수용한다(참고. 요 14:17, 15:26; 16:13). 복음이 전파되는 곳에는 성령이 역사하셔서 그 복음을 올바로 깨닫고 믿도록 하신다. 이것을 성령의 '내적 증거' 혹은 '조명'이라고 부를 수 있다(참고. 고후 1:21-22). 모든 거짓은 진리에서 나지 않는다(21절). 예수님이 그리스도이심을 부인하는 자가 거짓말하는 자이다(22절).[2096] 사람의 몸으로 오신 예수님이 구세주이심을 부인

2093) 유대인들은 종말의 때가 되면 악이 증가한다고 믿었다. 이 견해는 전천년주의나 무천년주의와 비슷하다.

2094) 브루스(1987:81)는 '종말'을 통해서 요한이 요한일서를 쓰고 있던 시간이 주님의 재림 직전이라고 인식했을 가능성도 열어둔다. 분명한 것은 주님의 재림이 종말을 '향하여' 달리는 것이 아니라, 종말과 '함께' 달린다. 주님의 재림은 종말 변경에 있으며, 종말 가까이에 있다(참고. J.H. Newman in 브루스, 1987:81)

2095) '모든 것들'(*panta*, 개역개정판) 대신 *pantes*(남성 복수 주격; 시내 산, B 등)를 따르면 "너희 모든 사람들이 안다"가 된다(참고. 바른 성경).

2096) 사도 요한의 제자 폴리캅도 비슷한 말을 했다. "예수 그리스도께서 육체로 오신 것을 고백하지

하면 적그리스도이다. 성부와 성자를 부인하면 적그리스도이다. 가현설주의자들은 인간의 몸으로 오신 예수님과 신성을 가지신 구주이신 그리스도를 구분한다(참고. 래드, 1995:872). 현대의 신학자들도 '지상의 예수님'과 신앙의 '선포된 그리스도'를 날카롭게 구분하여 다른 분처럼 왜곡하기도 한다. 성자를 부인하는 자에게는 성부도 없다. 삼위일체 되신 하나님을 고백해야 한다(23절). 요한일서의 수신자들은 처음부터 들은 바 복음을 자기 안에 거하도록 해야 한다(24절). '처음부터 들은 것'은 7절에 나오는 사도의 복음이다. '거하다'는 사도의 복음을 신실하게 파수한다는 의미이다(참고. 요 5:38, 15:7; 요일 2:14; 요이 2, 9). 하나님이 '우리에게'(참고. '너희에게': B 1241 1292 등) 약속하신 바는 영생이다 (25절). 영생은 가장 큰 선물인데, 타락 후의 인간은 이것을 스스로 얻을 수 없었지만 순종하신 그리스도 안에서 회복되었다(참고. 요 11:25). 미혹하는 자들(*ton planonton*, 능동적 힘을 가진 현재 분사)에 관하여 요한이 경고하면서 쓰고 있다(*egrapsa*, 서신적 아오리스트, 26절; 참고. 14절과 21절의 *egrapsa*).[2097]

주님께 받은 바 기름 부음이[2098] 수신자에게 거하여 아무도 그들을 가르칠 필요가 없다(27절). 이 말씀은 성도가 교회의 가르침을 받을 필요가 없다는 말이 아니라, 성도가 성령의 조명의 사역을 받으면 진리를 깨닫게 된다는 뜻이다. 성령님이 '모든 것에 관해'(*peri panton*) 성도를 가르치신다는 말씀(27절)은 성도가 '전지'(omniscient)하게 된다는 것을 의미하지 않는다. 대신 요한의 수신자들이 접했던 이단의 속이는 사상을 바르게 분별하고 판단하고 물리치도록 성령께서 역사하신다는 의미이다(참고. 엡 3:18). 성도가 적그리스도를 따라 나가지 않은 것은 그들 속에 기름 부음이 거하고 있음을 증명한다. "너희를 가르치신 그대로 주 안에 거하라"(28절). 주님 안에 계속 거해야만 주님이 나타나실 때(*parousia*, coming)에 담대함을 얻고 부끄러움을 당하지 않는다(28절; 참고. 4:17). 주님이 다시 오실 때 심판주로 임하실 것인데, 하나님의 말씀을 실천하는 자들은 비난을 받지 않고 부끄러움도 당하지 않으며 대신 칭찬을 받는다. '담대함'은 정치적인 의미로 공개적으로 당당히 말함 혹은 가정에서 양심과 행동이 선한 종이 주인을 향해서 가지는 당당함을 뜻했다(참고. 3:21, 5:14). 우리 주님의 파루시아 때 종으로 섬긴 우리 역시 그런 당당함을 가지게 된다.

"예수님이 의로우신 분임을 안다면 의를 행하는 자마다 예수님에게서 난 줄을 알리라"(29절). 하나님에 의해서 새로운 생명을 부여받은 성도는 의로운 삶 즉 영적인 부전자전의 원칙에 따라, 성령의 거룩하게 하시는 역사로 특징 지어진 삶을 살아야 한다(참고. 신 16:20; 시 11:7). 요한은 요한복음의 경우처럼 여기서도 '가족 은유'를 사용한다. 자녀 된 성도는 하늘 아버지의 성품을 닮아야 한다(참고. 마 5:45, 48; 눅 6:35). "행실은 말보다 더 크게 말한다!"(참고. 브루스,

---

않는 자들은 모두 적그리스도이다. 십자가의 증거를 믿지 않는 자들은 악마에게 속한 자들이다. 자신의 욕심에 끌려 주님의 말씀을 왜곡시키고 부활도 심판도 없다고 말하는 자는 사탄의 맏아들이다"(*To the Phillippians* 7:1).

2097) 서신적 아오리스트의 뉘앙스를 배제한 채 바른 성경은 "너희에게 썼다"로 번역한다.

2098) 많은 주석가들은 '기름 부음'이 곧 성령님이라고 주장한다(참고. 요 14:17; 행 10:38). 다른 주석가들은 그 말의 전후 문맥으로 볼 때, '복음 메시지'를 가리킨다고 본다(참고. 존 월튼, 2010:2058).

1987:100).

3. 오늘에의 적용

하나님을 알고 예수님 안에 거하여 완전한 사랑과 완전한 순종으로 살자.
이단을 분별하고 대항하자.
구원의 진리를 성령의 기름 부으심으로 잘 깨닫고 확신하자.

요한일서 3장

1. 본문 및 구조

- 순결하고 의로운 삶(1-12)
- 서로 사랑하라(13-24)

2. 구원 계시사적 메시지

2.1. 요한일서 3장 1-12절의 메시지

"보아라!(*idete*, 2인칭 복수) 아버지께서 어떠한 사랑을 우리에게 주셔서 하나님의 자녀라 불리게 하셨느냐? 우리는 과연 그러하다. 그러므로 세상이 우리를 알지 못함은 그를 알지 못하기 때문이다"(1절). '보라'라는 말은 놀람을 표시한다. 2인칭 복수 명령형이기에 한 사람도 빠짐없이 알아야 할 사항을 강조하는 말이다. 요한은 '우리를 영광스러운 자녀로 만들어 주신 하나님의 사랑이 얼마나 큰가!'라고 말하고 있다. 요한은 다시 '가족 은유'를 사용하고 있다. 불신자들은 그리스도인의 아버지가 누구인지 알지 못한다. 그러므로 그리스도인은 불신 세상에서 *terra incognita*(unfamiliar territory)와 유사하다(참고. Witherington, 2006:497).[2099] "우리가 그러하도다"(*kai esmen*, 다수 사본은 이 구절을 생략함)라는 말씀은 구원받아 하나님의 자녀가 된 '우리의 우리 된 것'은 오직 하나님의 은혜와 사랑임을 강조한다.[2100] 하지만 우리가 이 정도밖에 되지

2099) 위더링턴(2006:497)은 요한일서 3장 1절을 분파적 어조(sectarian tone)를 가진 epideictic rhetoric으로 본다. 하지만 그는 요한을 분리주의자로는 보지 않는다.

2100) 랍비 아키바(d. A.D. 135년)의 다음의 말도 유사하다. "인간은 사랑 받는 존재이다. 왜냐하면 그는 하나님의 형상으로 창조되었기 때문이다. 하나님의 형상대로 창조된 것을 아는 것도 하나님의 특별하신 사랑 때문이다. 이스라엘은 사랑 받는 존재이다. 왜냐하면 그들은 하나님의 자녀라 불렸기

못한 것은 전적으로 우리의 책임이다. 불신 세상은 하나님의 자녀의 영광스러운 신분을 알 수 없다. 우리는 남과 비교하여 우월감(교만)이나 열등감을 가질 것이 아니라, 이전의 나의 모습과 지금의 나의 모습을 비교해서 주님의 사랑에 더욱 감사해야 한다.

"사랑하는 자들아, 우리가 이제 하나님의 자녀라. 장래에 어떻게 될 것은 아직 나타나지 아니하였으나, 그분이(혹은 '그것이' 즉 '우리가 어떻게 될 것이') 나타나시면 우리가 그와 같을 줄을 아는 것은 그의 계신 그대로 볼 것을 인함이니, 주(예수님)를 향하여 이 확신에 찬 소망을 가진 자마다 그(예수님)의 깨끗하심(*hagnos*, 하나님이 소유하시는 질적인 거룩함 그리고 내면적이고 도덕적인 정결. 비교. *katharos*)과 같이 자기를 깨끗하게 하느니라"(2-3절; 참고. 요일 2:28). 주님이 다시 오실 때 하나님의 자녀는 영광스러운 모습으로 바뀔 것이다. 이것은 사도 바울도 종종 강조한 내용이다(참고. 롬 8:28-30; 고후 3:18, 4:6; 빌 3:21; 골 3:4). 성도는 예수님의 재림과 미래의 변형(future transformation)을 사모하면서 죄악으로부터 벗어나 정결한 삶을 살아야 한다. 그 이유는 우리 주님이 거룩하시고 정결하시기 때문이다. 비유적으로 말하면, 지상의 삶과 천상의 삶 사이의 문화 충격을 줄이기 위해서라도 여기서 거룩하게 살아야 한다. 이것은 요한일서 1장 5-22절의 하나님은 빛이시고 우리는 빛의 자녀라는 말씀과 비슷하다. 미래의 변형을 기다리는 우리는 여기서 지금 불신자로부터 "과연 당신은 진짜 예수쟁이요!"라는 말을 들을 수 있어야 한다.

"(계속) 그 죄(*ten hamartian*)를 짓는 자마다 그 불법(*ten anomia*)을 행하나니 그 죄는 그 불법이라"(4절; 8절에도 '죄' 앞에 정관사 있음; 바른 성경은 정관사를 번역하지 않음). '불법'은 우선적으로 죄인의 영적 혹은 내면의 상태를 가리키지 악한 행동을 가리키지 않는다. '불법'이 하나의 행동을 가리킬 때는, 주로 하나님(예수님)을 거부하는 것과 연관 있다. 여기서 '그 죄'는 구체적으로 분리주의자들이 예수님을 거부하는 것을 가리킨다(참고. Witherington, 2006:499). 요한은 여기서 하나님의 법에 순종하는 자와 그 법을 깨뜨리는 사람을 대조한다. 거짓 선생들의 가르침을 따른 자들은 '새로운 도덕'과 '완전한 거룩'을 기치로 내걸고, 교만하면서 하나님의 법을 준수하는 데 소홀했을 것이다.

"그가 그 죄들(*tas hanartias*: '우리 죄들을', 시내 산, 페쉬타 사본 등)을 없이하려고 나타내신 바 된 것을 너희가 아나니 그에게는 죄가 없느니라"(5절; 참고. 고후 5:21).[2101] 세상 죄(*hamartian*, 단수)를 지고 가는 하나님의 어린양인 예수님은 개별적 죄들(복수)을 모두 용서해주셨다. 그리고 죄의 저주를 제거하셨을 뿐 아니라(참고. 요 1:29), 죄의 지배력도 없애 주셨다. 그 결과 성도는 자유하는 가운데 하나님을 즐거워하며 하나님을 영화롭게 하며 살고 있다(참고. 롬 8:30). "그 안에 거하는 자마다 범죄하지 아니하나니 범죄하는 자마다 그를 보지 못하였고 그를 알지도 못하였다"(6절; 참고. 요 14:7; 요삼 11). 예수 그리스도 안에 머물고자 하는

때문이다(신 14:1). 하나님의 자녀라는 사실도 특별한 사랑을 통해서이다"(피르켓 아봇, 3:11).

2101) 위더링턴(2006:500)은 '우리 죄들을'은 사본상의 지지가 약하다고 본다. 따라서 그는 '그 죄들을'은 예수님의 사죄의 효력이 성도에게만 국한되지 않고 온 세상적임을 의미한다고 본다.

하나님의 백성은 반복적으로 그리고 지속적으로 죄를 짓지 않는다(*ouch hamartanei*, 현재형. contra Witherington, 2006:504). 여기서 요한은 예수님 안에 머무는 성도가 범하지 않을 특정한 죄들이 있음을 암시할 수 있다. 혹자는 이 현재형을 "성도는 죄를 지을 수 없다"(is unable to sin)가 아니라 성도의 이상적인 상태 즉 "죄를 지어서는 안 된다"(should not sin)라고 이해하기도 한다. 그것이 이단에 빠지는 죄이건, 세상의 정욕에 빠진 죄이건 거듭난 성도는 회개의 영을 받아서 행동을 돌이킨다. 거짓 선생들은 죄를 묵과하고 덕스럽게 여겼을 가능성이 있다(참고. 브루스 1987:116).

"자녀들아, 아무도 너희를 미혹하지 못하게 하라. 의를 행하는 자(*ho poion*, 현재 능동태 분사)는 그의 의로우심과 같이 의롭고 죄를 짓는 자(현재 능동태 분사)는 마귀에게 속하나니 마귀는 처음부터 범죄함이니라. 하나님의 아들이 나타나신 것은 마귀의 일을 멸하려(hina lyse, 아오리스트 능동태 가정법) 하심이니라"(7-8절). 예수님은 심지어 하나님의 율법을 도구로 사용하여 사람을 정죄하고 두렵게 만드는 방식으로 역사한 사탄의 궤계를 결정적으로 멸하러 오셨다. 율법의 저주를 담당하심으로써 예수님은 사탄의 일을 근원부터 멸하셨다. 그러므로 성도는 죄를 짓도록 유혹하는 처음부터 살인한 자인 마귀를 대적해야 한다(요 8:44). 죄악 된 행동은 사탄과 더불어 발생한다. '하나님의 아들'은 예수님의 선재성과 신성을 강조한다. 여기서 '하나님의 가족'과 '마귀의 가족'이 대비된다.

"하나님께로서 난 자마다 죄를 짓지 아니하나니(*ou poiei*, 현재 능동태; NIV: does not keep on sinning) 이는 하나님의 씨가 그의 속에 거함이요[2102] 저도 범죄치 못하는 것(현재형)은 하나님께로서 났음이라"(9절).[2103] 하나님의 씨(*sperma*, 중성 단수 대격)는 혹자가 주장하듯이 '말씀'으로 볼 수 있다(예. Schlatter). 하지만 '씨'를 '후손'으로 본다면(참고. 롬 9:6-9; 갈 3:16), '하나님의 거룩한 성품'이 중생을 통하여 하나님의 자녀(믿음의 후손) 안에 심어져 있기에 범죄할 수 없음을 의미한다(참고. 브루스, 1987:117). 야브로(Yarbrough, 2008:195)는 '씨'를 하나님의 자녀로서의 성도의 상태로 본다.

"이러므로 하나님의 자녀들과 마귀의 자녀들이 나타나나니 무릇 의를 행치 아니하는 자나 또는 그 형제를 계속 사랑하지 아니하는 자는 하나님께 속하지 아니하니라"(10절; 참고. 요 8:44). 의를 행하고 형제를 사랑하면 우리가 하나님의 자녀임을 증명하는 것이다. '의'와 '사랑'은 동전의 양면이다. 의를 행하는 것은 추상적인 면이 있기에 요한은 구체적으로 덧붙여서 다른 형제자매를 사랑하라고 권면한다. 하나님의 자녀의 삶의 습관과 방향이 의를 행하는 것이어야 한다. 여기서 말씀하는 '의'는 남의 잘못을 속속들이 파헤치는 그런 냉랭한 의가 아니다. 오히려

2102) '거하다'(*meno*)는 동사는 요한일서에 24회 등장한다. '거하다'는 교제(*koinonia*)와 밀접하게 연결된다. 요한 공동체에 남은 자들은 하나님 안에 거하고, 동시에 그들은 하나님의 처소이다(보라. 요일 4:16). 하지만 떠나 버린 자들은 하나님 안에 거하지 않는다(참고. McKenzie, 1976:212).

2103) 존 웨슬리는 6절과 9절의 '죄'를 성도가 하나님의 은혜로 피할 수 있는 고의적이며 자발적인 죄로 보았다. 만일 이 주장이 옳다면 아마도 사도 요한은 그런 죄악들의 유형을 구체적으로 밝혔을 가능성이 크다.

사랑과 관련되어 있는 의이다.

"우리가 서로 사랑할지니, 이는 너희가 처음부터 들은 소식이라"(11절). 현재 능동태 가정법 1인칭 복수로 나타나는 '사랑하라' [*agapomen*, Let us love!]는 명령은 구약과 예수님의 사역에서 이미 주어진 명령이지 요한이 고안해 낸 것이 아니다. "가인같이 하지 말라. 저는 악한 자에게 속하여 그 아우를 죽였으니 어쩐 연고로 죽였느뇨?(*sphazo*, 주도면밀하게 살인함). 자기의 행위는 악하고 그 아우의 행위는 의로움이니라"(12절; 참고. 창 4:8). 가인과 아벨의 관계는 불의한 마귀의 자녀와 의로운 하나님의 자녀 사이의 대결 구도를 보여준다.2104)

2.2. 요한일서 3장 13-24절의 메시지

"형제들아, 세상(*ho kosmos*)이 너희를 미워하거든 이상히 여기지 말라"(13절). 세상 사람들은 하나님을 모르기에 성도를 제대로 알지 못하고 비뚤어진 판단을 내린다. 우리가 세상으로부터 미움을 받는다면 세상에 속한 자가 아님을 증거하는 것이다. "우리가 형제를 사랑함으로 사망에서 옮겨 생명으로 들어간 줄을 알거니와, 계속 사랑치 아니하는 자는 사망에 계속 거하느니라"(14절). 사랑이라는 선행으로 우리가 구원을 얻었다는 의미가 아니라, 구원의 백성은 사랑을 실천함으로 하나님의 자녀임을 증명해야 한다는 말씀이다. 요한일서에서 요한은 영생의 현재성을 적어도 14번 강조한다(참고. 래드, 1995:875). 우리가 남을 사랑할 수 있는 것은 하나님의 우리를 향한 사랑을 깨달았기 때문이다. "그 형제를 계속 미워하는 자마다 살인하는 자니 살인하는 자마다 영생이 그 속에 거하지 아니하는 것을 너희가 아는 바라"(15절). 하나님이 누구이신지, 그 사랑이 얼마나 큰지 모른다면, 우리는 실제로 사람을 죽이는 것뿐 아니라 미움과 말로도 사람을 죽일 수 있다.

"그가 우리를 위하여 목숨을 버리셨으니 우리가 이로써 사랑을 알고 우리도 형제를 위하여 목숨을 버리는 것이 마땅하니라"(16절). '버리다'를 아오리스트(*thenai*) 대신 다수 사본은 현재 시제(*tithenai*)를 사용하여 사랑의 동기에서 나오는 반복적인 헌신과 희생을 강조한다(Rogers & Rogers, 1998:596; 참고. UBS 4판에는 나오지 않고 NA 27판에 나옴). 하나님의 사랑의 충만과 핵심인 예수님의 대속의 사랑을 본받아 우리는 수평적으로 형제자매에게 실천해야 한다. "누가 이 세상 재물을 가지고 형제의 궁핍을 보고도 도와줄 마음을 막으면 하나님의 사랑이 어찌 그 속에 거할까 보냐"(17절). 경제적으로 어려움을 겪는 동료를 보고 하나님의 사랑으로 도와야 한다. 하나님의 사랑은 단순한 경외의 대상이 아니다.

"자녀들아, 우리가 말과 혀로만 사랑하지 말고 오직 행함과 진실함으로 하자"(18절). 행함과 진실함으로 사랑을 실천하는 것은 참으로 힘든 일이다. 거짓이나 위선 혹은 남의 시선 때문이 아니라 실제로, 진심으로 우러나오는 사랑이 동기가 된 사랑을 실천하자(참고. 약 2:15). "이로써

2104) 남은 자로부터 떠나 버린 교만한 적그리스도들이 흉내 낼 수 없는 "서로 사랑하라"는 가훈을 가진 하나님의 가족 은유와 요한일서의 윤리의 관련성을 위해서는 판 덜 바트(Van der Watt) 교수의 글(두란노, 2007:135-153)을 보라.

우리가 그 진리에 속한 줄을 알고 또 우리 마음(양심)을 주 앞에서 굳세게 하리로다"(19절). 진리 안에 행하는 사람은 양심의 자유를 가진다. "우리의 마음이 혹 우리를 책망할 일이 있거든 하물며 우리 마음보다 크시고 모든 것을 아시는 하나님일까 보냐?"(20절) 우리의 오류가 있는 마음(양심)이 우리의 어떤 행동에 대해 책망하고 가책을 느끼게 한다면, 모든 것을 속속들이 아시는 하나님은 더욱 우리의 행실을 정확하게 판단하고 계신다. "사랑하는 자들아, 만일 우리 마음이 우리를 책망할 것이 없으면 하나님 앞에서 담대함(*parresia*, 일종의 '표현의 자유')을 얻고"(21절). 양심의 가책을 느끼지 않게 사랑을 실천하면서 산다면 우리는 하나님 앞에 담대히 설 수 있다. 성도의 진정한 '표현의 자유'는 하나님 앞에서 의로운 행실과 사랑의 실천에서 나온다.

"또 우리가 무엇이든지 구하는 바를 그에게 받는다. 이는 우리가 그의 계명들을 지키고 그 앞에서 기뻐하시는 것을 행함이라"(22절). 하나님의 계명을 지키고 하나님의 기쁨으로 산다면 우리의 간구는 응답이 확실하고 빠를 것이다. "그의 계명은 이것이니 곧 그 아들 예수 그리스도의 이름을 믿고(*pisteusomen*, 개시적 아오리스트 가정법) 그가 우리에게 주신 계명대로 서로 사랑할 것이니라"(23절). 하나님의 계명의 핵심은 우리가 예수님을 바로 믿고 사랑을 실천하는 것이다. 성도는 '믿음과 사랑의 명령'을 받았다.

"그분의 계명들을 지키는 자는 그분 안에 거하고, 그분은 그 사람 안에 거하신다. 그리고 이로써(*kai en touto*),[2105] 우리에게 주신 성령으로 말미암아 그분(성부 혹은 성자; 참고. 요 14:26, 15:26)이 우리 안에 거하시는 줄을 우리가 아느니라"(24절). 요한일서에서 처음으로 언급된 성령님께서 우리와 예수님이 연합되어 있음을 확신시켜 주신다. 제롬(Jerome)이 전하는 교회 전설에 의하면, 사도 요한이 너무 늙어서 설교를 제대로 할 수 없었을 때 "나의 자녀들아 서로 사랑하라"는 말만 하고 설교를 마쳤다고 한다. 이것을 본 제자가 "왜 그 말만 계속하는가"라고 묻자, "그것이 주님이 가르친 가장 중요한 명령이기 때문"이라고 대답했다고 한다. '사랑의 실천'은 온 율법과 선지자 그리고 신약의 강령이다.

3. 오늘에의 적용

순결하고 의롭게 살되 사랑을 실천하자.
하나님의 계명을 지켜서 하나님을 사랑함을 증명하자.

2105) '그리고 이로써'(And by this)를 개역개정판과 바른 성경은 제대로 번역하지 않는다. '이로써'는 무엇을 가리키는가? 성령님이신가, 아니면 성도가 명령을 지킴으로써 하나님 안에 '거하는 것'(abiding)인가? 둘 다 가능하다. 요한에게 있어서 '거하는 것'은 '예수 그리스도를 신뢰하는 것'과 동의어이다(참고. Yarbrough, 2008:216).

∽ 요한일서 4장 ∾

1. 본문 및 구조

- 영을 분별하라(1-6)
- 하나님의 사랑과 그 안에서의 삶(7-21)

2. 구원 계시사적 메시지

2.1. 요한일서 4장 1–6절의 메시지

"사랑하는 자들아, 영을 다 믿지 말고 오직 그 영들(*ta pneumata*)이 하나님께 속하였나 시험하라. 많은 거짓 선지자가 세상에 나왔음이니라"(1절). 요한은 요한일서 3장에서 사랑할 것을 강조한 후, 4장에서 그의 수신자들을 괴롭힌 교리적 문제로 돌아온다. 요한이 여기서 언급하고 있는 복수형 '다양한 영들'은 요한일서의 수신자들이 모인 에베소 교회의 교사들에게 영향을 미친 천사나 마귀와 같은 초자연적인 세력들을 가리킨다. 아니면 성령과 악한 영을 가리킬 수 있다(참고. Rogers & Rogers, 1998:597). 요한이 이 영들을 분별하고 시험하라고 말한 이유는 많은 거짓 선지자가 수신자들을 미혹하고 있었기 때문이다.[2106] 요한은 거짓 선지자의 출현을 단지 사람의 일로 보지 않는다. 오히려 거짓 선지자를 초자연적인 세력의 영향을 받은 것으로 보는데, 이유는 교회가 영적인 전쟁 중에 있기 때문이다. 신명기 13장 1-5절에 의하면, 모세 시대에 이미 거짓 선지자와 꿈꾸는 자 등 이단이 등장했다. 그들을 죽이라고 하나님이 엄히 말씀하셨다. 요약해 보면, 적그리스도들은 요한일서 2장 20절의 '성령의 기름 부으심'을 자의로 해석하여 독특한 영적 경험을 했다고 주장했던 것 같다(참고. McKenzie, 1976:211).

"하나님의 영(성령, *to pneuma tou theou*. 참고. 마 3:16; 고전 2:11, 3:16; 요일 3:24)은 이것으로 알지니, 곧 예수 그리스도께서 육체로 오신 것(*eleluthota*, 현재 완료; 인성을 입으신 확고한 상태)을 시인하는 영마다 하나님께 속한 것이요, 예수님을 (구체적으로는 예수님의 성육신을) 시인하지 아니하는 영마다[2107] 하나님께 속한 것이 아니니 이것이 곧 적그리스도의 영이니라. 오리라 한 말을 너희가 들었거니와 이제 벌써 세상에 있느니라"(2-3절). 예수님의 인격이 진리와 거짓을 구분하는 척도(yardstick)이다. 그리고 영들을 구분하는 기준은 고백이다. 그러므로 우리는 예수님

2106) "영으로 말하는 모든 이가 다 선지자가 아닙니다. 그러나 만일 주님의 태도를 가진다면 선지자입니다. 그러므로 그 태도에서 거짓 선지자인지 참 선지자인지 밝혀질 것입니다"(디다케 11:8).

2107) 일부 역본과 교부들은 "예수님을 없는 것(*me homologei* 대신에 *lyei*)으로 여기는"으로 번역한다. 이 독법이 옳다면 케린투스가 나사렛 예수님과 하나님의 아들 그리스도를 구분시킨 것을 염두에 두었을 수 있다. 분명한 것은 '예수 그리스도'를 떼어 놓으려는 시도는 하나님으로부터 온 영의 역사가 아니다.

이 어떠한 분이신지 더욱 올바로 알아가야 한다. 성령의 조명과 가르침을 받는 사람은 예수님의 성육신을 인정해야 한다. 예수님이 완전한 인성(full humanity)과 완전한 신성(full divinity)을 가지신 분임을 인정하지 않으면 사탄의 영을 받았다. 그런 자들은 구원을 받지 못한다.

"(사도 요한과 하나님의) 자녀들아, 너희는 하나님께 속하였고 또 그들(악한 영들 및 적그리스도들)을 이기었나니(*nenikekate*, 현재 완료; 참고. 요 16:33; 요일 2:13-14), 이는 너희 가운데(among you) 계신 이(예수님, 참고. 계 1:19-20)가 세상에 있는 이(적그리스도와 그의 세력)보다 크심이라"(4절; 참고. 롬 8:37). 예수 그리스도의 영의 인도를 받는 교회가 적그리스도(이단)를 이길 수밖에 없는 이유는 하나님이 사탄보다 크신 분이기 때문이다. 요한은 여기서도 '세상'(*kosmos*)을 죄악에 물든 인류 혹은 하나님을 대적하는 불신 세력으로 본다(참고. Rogers & Rogers, 1998:597). 승리는 논리적 설득력에 있지 않고, 거짓 선생을 거부하도록 하시는 성령의 기름부음과 그것에 순종함에 달려 있다. 요한일서 2장 13-14절과 요한일서 4장 4절의 현재 완료 시제는 요일의 수신자들이 미래의 소망이 아니라 이미 현재적으로 승리를 확실하게 소유하고 있음을 강조한다(참고. Lieu, 2008:206). "저희(적그리스도)는 세상에 속한 고로 세상에 속한 말을 하매 세상이 저희 말을 듣느니라"(5절). 성령의 사람 곧 진리의 사람과 예수님이 불가분이듯이, 적그리스도와 세상은 불가분의 관계에 있다.

"우리(사도)는 하나님께 속하였으니 하나님을 아는 자는 우리의 말을 듣고 하나님께 속하지 아니한 자는 우리의 말을 듣지 아니하나니 진리의 영과 미혹의 영을 이로써 아느니라"(6절). 참 성도의 기준 중 하나는 사도의 가르침에 순종하는 것이다. 초대 교회에서 거짓 선생들은 사람들을 예수님이 직접 세우신 사도의 권위를 부정하고 벗어나도록 인도했다. 요즘도 이단은 사도적 신앙과 가르침을 부인하고 그릇된 주장을 한다. 예수님을 따르는 것은 예수님이 세우신 사도의 가르침을 따르는 것이다. 진리의 성령이 역사하는 사람은 하나님에게 속한 자로서 이 성경적 교훈을 따른다. 진리는 시대에 따라, 상황에 따라, 장소에 따라, 사람의 결정에 따라 바뀌지 않는다. 진리는 영원하다. 거짓은 영원히 거짓이다.

2.2. 요한일서 4장 7-21절의 메시지

"사랑하는 자들아,[2108] 우리가 서로 사랑하자. 사랑은 하나님께 속한 것이니 사랑하는 자마다 하나님께로 나서 하나님을 알고, 사랑하지 아니하는 자는 하나님을 알지 못하나니 이는 하나님은 사랑이시기 때문이다"(7-8절). 요한은 진리의 영과 미혹의 영에 대해 논한 후에 7절부터 다시 요한일서의 가장 중요한 도덕적인 가르침인 '사랑하라'는 권면으로 돌아온다. 이 사랑 명령을 설명하는 근거는 예수님의 성육신이다. 예수님의 성육신은 가장 큰 사랑의 모범이다.[2109] 사랑은

2108) 평택대 김동수 교수는 요한복음 13장 23절에서 사도 요한은 '예수님의 사랑하는 제자'라고 불린 사실에 기초하여, 요한일서의 '사랑하는(혹은 사랑 받는) 자들'은 사도 요한을 모델로 하는 제자 공동체로 본다(참고. 두란노, 2007:124).

2109) 예수님 안에서 보여주신 하나님의 사랑은 우리가 형제를 사랑해야 하는 이유와 모범이다(참고. McKenzie 1976:214).

인격적이신 하나님의 성품의 본질적인 부분이다. 하나님은 거룩하시고, 의로우시고, 전능하신 분인 동시에, 사랑의 하나님이시다. 사람의 사랑은 대상에 따라 강도가 달라진다. 하지만 하나님의 죄인을 향한 사랑은 불변하시고 일정하시다. 이 사랑은 삼위 하나님의 관계를 연결하는 고리이다. 성부께서 성자를 사랑하시고, 성자는 성부를 사랑하신다. 성령은 성자를 사랑하시고, 성자는 성령을 사랑하신다. 그러므로 사랑은 삼위 하나님의 본질적인 성품이다.

하나님의 사랑은 독생자를 보내사 우리를 구원하심으로 나타났다. 그러므로 우리가 하나님을 사랑한 것이 아니라 하나님이 우리를 사랑하사 우리 죄를 위하여 화목제(*hilasmos*, propitiation)로 그 아들을 보내셨다(9-10절).[2110] '보내사'(*apostello*)는 공식적이고 권위 있는 대표로 파견하는 것을 가리킨다. 십자가에서 하나님의 사랑이 나타났다(*phaneroo*, to reveal, 이전에 감추인 것이 드러나다). 화목 제물이신 예수님의 십자가의 죽으심은 하나님의 진노를 충족시켰다. 화목 제물이신 예수님의 죽으심과 부활로 우리는 하나님과 원수가 아니라 화목하게 되어 사랑을 받는 존재가 되었다. 우리가 하나님의 사랑을 받았은즉 우리가 서로 사랑하는 것이 마땅하다(11절). 하나님이 사랑의 근원이시기에 우리가 형제자매를 사랑하는 것을 주저할 필요 없이 마땅하다(*opheilo*). 우리는 하나님의 형상을 가지고 있는데, 그것은 사랑을 받고 사랑하는 것이다.

하나님을 본 사람이 없으되 만일 우리가 서로 사랑하면, 하나님이 우리 안에 거하시고 하나님의 사랑이 우리 안에 온전히 이루느니라(12절). 여기서 '하나님을 본다'(*theaomai*)는 것은 지속되는 교제에 대해 답을 주는 것으로서 지속적으로 보는 것을 의미한다(참고. Rogers & Rogers, 1998:598). 사랑이신 하나님이 우리 안에 거하시기에 우리는 사랑하면서 살 수 있다. 우리의 삶 속에서 하나님이 보이게 되는 것은 성령께서 우리 속에 이루시는 사랑의 열매를 통해서이다. 사랑은 성령의 열매이다. 성령의 사람, 성령 충만한 사람은 사랑의 열매를 맺어 삶 속에서 하나님이 사랑이심을 증거한다.

하나님의 성령을 우리에게 주심으로써(*dedoken*, 현재 완료형은 지속적인 결과와 더불어 완료된 행동을 가리킴) 우리가 하나님 안에, 하나님이 우리 안에 거하신다(13절).[2111] 거듭나서 성령의 전으로 사는 사람은 우리가 하나님 안에 거하고 있으며, 하나님이 우리 안에 거하고 계심을 믿는다. 성령을 소유하는 것은 신자가 성령 안에 사는 것을 가리킨다. 성령 충만한 사람이 곧 하나님을 사랑하는 자이다.

우리(사도)가 성부께서 성자를 세상의 구주로 보내신 것을 보았고 증거한다(14절). '우리'가 문두에 위치하여 강조된 것은 '우리'와 거짓 선생의 가르침을 따른 자들을 구분하기 위해서이다. 교회는 무엇을 증거해야 하는가? 예수님을 하나님의 아들이라고 시인하는 자마다 하나님 안에 거하고, 하나님이 그 사람 안에 거하신다는 사실이다(15절). 하나님은 사랑이시기에(*ho theos agape estin*) 하나님 안에 거하는 자는 곧 사랑 안에 거하는 자이다(16절). 요한 당시의 가현주의자들은

2110) 바른 성경은 요한일서 2장 12-14절처럼 요한일서 4장 7-10절을 들여쓰기 하고 있다. 따라서 바른 성경을 편집한 이는 이 단락을 초대 교회의 예배 중에 불린 찬송과 관련시키는 듯하다.

2111) 성도는 중생 및 회심과 동시에 성령을 받는다(참고. 행 19:2; 고전 12:3, 13; 롬 8:9).

예수님이 하나님의 아들이시기는 하지만, 하나님의 아들인 그리스도께서 잠시 머물러 있었다고 주장한다. 그들은 사람이신 '예수님'과 신이신 '그리스도'를 잘못 구분했던 것이다.

"이렇게 그 사랑이 우리에게 온전하게 된 것은, 우리로 심판 날에 담대함을 갖게 하려는 것이다. 이는 그분이 이 세상에 계셨던 것같이 우리도 이 세상에 있기 때문이다"(17절; 바른 성경 역). 주님의 심판날(재림)을 언급함으로써 사랑의 중요성을 강조한다. 우리는 비록 예수님의 완전하신 충성과 완전한 거룩을 소유하지 못하고 있지만, 적어도 우리의 삶이 거룩한 것이 되도록 힘쓰고 노력하고 있으며 어두운 세상과 대결하면서 살고 있다.

"사랑 안에 두려움이 없고 온전한 사랑이 두려움을 내어 쫓나니 두려움에는 (악행자에게)형벌(*kolasis*, disciplinary chastisement of the wrongdoer)이 있음이라. 두려워하는 자는 사랑 안에서 온전히 이루지 못하였느니라"(18절). 두려움과 사랑은 공존할 수 없다. 미래에 하나님이 우리를 벌하시고 진노하실 것이라고 생각하여 두려워하는 자는 하나님의 영원한 사랑의 충만함을 다 이해할 수 없다(참고. 요 5:24). 회개를 해놓고도 과거의 죄에 대해 하나님이 징벌을 내리시면 어떻게 할까라고 두려워한다면 성숙한 성도의 모습이 아니다. 죄를 지을 때마다 큰 매로 우리를 때리시고 벌을 내리시는 그런 하나님을 우리는 항상 머릿속에 그리고 있지 않은가? 우리가 예수님의 공로로 하나님을 '아버지'라고 부르게 된 이상 미래에 형벌을 받아 진멸될 그런 일은 없다. 주님이 내가 받고 치러야 할 형벌을 다 받으시고 치르셨기에 더 이상 형벌로 인해 두려움 가운데 위축되어 살지 말자. 사랑을 깨달아 건강한 신앙의 자아상을 가지자.

우리가 사랑할 수 있는 것은[2112] 하나님이 우리를 먼저 사랑하셨기 때문이다 (19절). "누구든지 하나님을 사랑하노라 하고 (가인처럼) 자기 형제를 미워하면 이는 거짓말하는 자니, 보는 바 그 형제를 사랑치 아니하는 자가 보지 못하는 바 하나님을 사랑할 수 없느니라. 우리가 이 계명을 주께 받았나니 하나님을 사랑하는 자는 또한 그 형제를 사랑할지니라"(20-21절). 그러므로 사랑의 공동체를 이루고 있는 우리는 불변하는 하나님의 사랑의 깊이, 넓이, 높이, 길이를 알고 더욱 하나님을 신뢰해야 한다. 죄 가운데 허우적거리면 사랑의 하나님 대신 공의의 하나님을 먼저 인식하게 되어 건강한 자아상 확립에 방해가 된다.

3. 오늘에의 적용

하나님의 사랑을 알고 그 안에서 살자.
하나님의 사랑을 확신하고 범사에 두려워하지 말자.

2112) 다수 사본은 '우리가 그를 사랑하는 것은'으로 되어 있다. 반면에, 시내 산 사본은 '우리가 하나님을 사랑하는 것은'으로 기록한다. 그러나 이 현재 능동태 1인칭 복수 가정법(*agapomen*)을 청유형으로 보면 "우리가 사랑합시다"이다(참고. Rogers & Rogers, 1998:598).

ᔕ 요한일서 5장 ᔓ

1. 본문 및 구조

- 신앙과 중생 그리고 3증인(1-12)
- 결론(13-21)

2. 구원 계시사적 메시지

2.1. 요한일서 5장 1-12절의 메시지

요한은 예수님이 그리스도이시며 하나님의 아들이심을 강조함으로써 이 사실이 성도의 윤리적 삶에 어떤 결과를 가지고 온 것인지 밝힌다. 이처럼 요한에게 있어서 성도의 도덕적인 삶은 항상 예수 그리스도의 인격과 사역에 근거하고 그것으로부터 도출됨을 기억해야 한다. 이것은 성도가 예수님 안에 거하고 신비로운 연합을 하고 있기 때문이다.

예수님이 그리스도(메시아)이심을 믿는 자는 하나님에게서 난 사람이다. 오직 믿음(*sola fide*)으로 거듭난다(1절). 하나님의 가족이 되는 조건은 예수님을 그리스도로 믿는 것이다. 여기서 요한은 믿음으로 하나님의 가족으로 태어나는 것을 구원이라고 설명한다(참고. 요 3:1-18, 31). 아버지를 사랑하는 자는 그분에게서 태어난 자녀도 사랑한다(1절). 왜냐하면 하나님은 나만 사랑하시지 않고 다른 사람도 동일하게 사랑하기 때문이다. 우리가 하나님을 사랑하고(*he agape tou theou*, 목적격적 속격) 하나님의 계명을 지킴으로써 하나님의 자녀를 사랑하고 있음을 증명할 수 있다(2절). 하나님의 가족에는 많은 자녀가 있기에 형제자매의 우애가 필요하다. 하나님의 계명은 짓누르는 무거운 짐(*bareiai*)과 같지 않다(3절). 자녀는 마땅히 아버지가 세운 규례를 지켜야 한다. 하나님의 계명은 하나님 사랑과 사람 사랑으로 요약된다. 그러므로 계명을 지킬 때 우리는 하나님과 그의 자녀를 사랑하게 된다. 여기서 우리는 하나님이 빠진 인본주의에 기초한 실천적 박애주의의 한계를 보아야 한다.

하나님께로서 난 자마다 세상(*kosmos*, 요일에서는 주로 부정적 의미의 죄악)을 이긴다(*nika*, 현재 능동태 직설법). 이 구절은 신자 개인이 아니라 공동체(*pan to*)와 관련된 메시지이다. 세상을 이긴(*he nikesasa*, 아오리스트 능동태 분사, 결정적인 행위) 승리(*he nike*, NT *hapax*)는 믿음이다(4절; 참고. 롬 8:37; 고전 15:57; 계 12:11). 승리하신 예수님이 하나님의 아들이심을 믿는 자가 세상을 이긴다(계속 이기는 자, *nikon*, 현재 능동태 분사; 참고. 요 16:33). 그러므로 하나님에게서 난 자는 예수님을 하나님의 아들로 믿는 자이다(5절). 5절은 신자 개인을 위한 권면이다. 즉 4절의 공동체 권면에서 5절의 개인적 권면으로 전환된다. 이런 전환은 요한복음 6장 37절, 39절, 17장 2절, 24절에서도 볼 수 있다(참고. Comfort & Hwaley, 2007:367).

예수 그리스도는[2113] '물과 피'(*di hydatos kai haimatos*)로 임하신 분이다. '임하신'은 아오리스트 분사(*ho elthon*)인데, 요한이 예수님이 하늘에서 이전에 이 땅에 오신 사건을 돌아보기에 적합한 시제이다(참고. 요 7:50; 19:39). 그렇다면 '물과 피'는 무엇을 가리키는가?(6-8절)[2114] 첫 번째 해석은 다수의 학자들이 지지하는 입장인데, '물'은(죄인과 동일시하시기 위해서) 예수님의 세례 받으심을, '피'는 수난과 십자가에서의 대속의 죽음을 가리키는 것으로 보는 것이다(예. Yarbrough, 2008:282; 브루스, 1987:154; 두란노, 2007:245, 그리고 Marshall). 특히 가현설주의자들이 예수님과 그리스도를 구분하는 것에 대항하여[2115] 요한은 예수님이 세례 받으심과 죽으심을 분명히 사람이시며 하나님이신 예수 그리스도께서 담당하신 역사적인 사건으로 밝힌다. 그리고 '예수 그리스도'라고 말함으로 예수님과 그리스도가 분리될 수 없음을 분명히 한다. 이 견해는 터툴리안과 존 스토트 등이 지지하는데, 더 나아가 이들은 '물과 피'를 예수님의 이 땅에서의 전체 사역 및 성령의 세례를 가리키는 것으로 확대한다(예. Kruse, Thatcher; 참고. Burge, 1996:202). 두 번째 견해는 물과 피는 신약의 성례인 물 즉 '세례'와 피, 즉 '성찬'을 가리킨다는 입장이다(예. Schlatter, Bultmann, Schnackenburg). 이 주장은 별로 설득력이 없는데, 요한이 그의 복음서나 서신서에서 세례와 성찬을 언급하지 않을 뿐더러(물론 암시는 함), 물과 피가 세례와 성찬을 분명한 방식으로 가리키는 것으로 보기에는 모호함이 있다. 요한의 관심은 교회의 성례가 아니라 예수님의 참 사람 되심 곧 성육신이다. 하지만 8절에서 "물과 피가 증거한다"라고 언급하기에 이 주장을 완전히 배격할 수 없다. 왜냐하면 세례와 성찬은 가시적으로 복음을 증거하고 선언하기 때문이다.[2116]

위의 두 주장도 가능하지만, 마지막 세 번째 주장에 주의를 기울여 보아야 한다(예. 어거스틴 등). 여기서 '물과 피'를 요한복음 19장 34절에 언급된 예수님의 옆구리에서 흘러나온 '피와 물'과 관련시키는 주장이다. 예수님의 창자국 난 옆구리는 나중에 실제적인 부활의 확실성을 증거하는 표가 되었다. 신학적 혹은 상징적으로는 요한복음에서 물은 성령님을, 피는 예수님의

2113) '예수 그리스도'라는 표현은 요한일서에 6회 등장하는데(1:3, 2:1, 3:23, 4:2, 5:6, 20; 참고. 요이 3, 7; 계 1:1, 2, 5), 나사렛 예수님은 완전한 사람이시며, 동시에 하나님의 기름 부음을 받으신 분임을 의미한다. 참고로 '그리스도 예수님'은 신약에 95회 등장하는데 사도행전에 5회, 베드로전서에 1회, 그리고 나머지는 데살로니가후서를 제외한 바울 서신에 등장한다(참고. Yarbrough, 2008:281).

2114) 본문 비평을 해보면, 7-8절을 "하늘에서는 성부와 말씀과 성령이 하나로 증거하시고, 땅에서는 성령과 물과 피가 하나로 증거한다"라는 표현을 221, 2318 등의 소수의 소문자 사본이 지지하는데, 설득력은 없다. KJV의 번역은 다음과 같다. "For there are three that bear record in heaven, the Father, the Word, and the Holy Ghost: and these three are one." 하지만 니케아(A.D. 325년), 콘스탄티노플(A.D. 381), 칼세톤(A.D. 451년) 회의의 삼위일체 고백은 이 천상의 세 증거자들에 관해 아는 바가 없는 신학자들이 작성한 것이다(참고. 브루스, 1987:168).

2115) 케린투스는 "그리스도가 세례 받는 인간 예수 위에 임했다"고 말하기에, 그에게 있어 그리스도는 물(세례)을 통하여 온 것이지 피(십자가 죽음)를 통하여 온 것이 아니다.

2116) 슈나켄부르크(Schnackenburg, 1992:233, 236)는 '물과 피'가 이중 의미를 가지고 있는 것으로 본다. 즉 6절의 예수님의 성육신이라는 역사적 문맥(따라서 이단의 주장 반대함)과 '세례와 성찬'이라는 성례를 동시에 염두에 두고 있다.

죽으심을 통한 새로운 언약을 세우시는 것을 상징한다.[2117] 그리고 예수 그리스도께서 물과 피로 '임했다'는 무슨 의미인가? '경험되다' 혹은 '~를 통해서 도착하다'라는 뜻이 가능하다. 이 사실을 성령(the Spirit)과 물(the water)과 피(the blood)가 증거한다.[2118] 이 셋은 합하여 하나이다. 신명기 17장 6절에 의하면 구약의 증인은 2-3명이다. 요한은 그리스도이시며 하나님의 아들이신 예수님이 가지고 계신 참 인성(humanity)과 신성을 증거하는 것은 3개라고 말한다. 십자가 위에서 흘러내린 물과 피는 메시아 예수님이 참 사람이심을 증거한다. 그리고 사도들의 복음 선포 사역에 역사하신 성령님도 예수님을 하나님의 성육하신 아들이라고 증거하셨다. 물론 성령님은 예수님의 세례(참고. 막 1:10-11)와 변형(참고. 막 9:7) 그리고 십자가 처형(참고. 요 12:28)에 직간접적으로 나타나셨다.

만일 우리(일반적인 사람 전체)가 사람의 '증거'(*martyria*, 요한복음에 12회 이상 등장하며 관련 동사는 36회 정도 등장함)가 신빙성 있고 중요하다고 여긴다면, 예수님에 관해서 하나님이 친히 증거하시는 증거(*he martyria tou theou*, NT *hapax*; LXX에도 등장하지 않는 표현)는 더 크다(9절). 즉 하나님 자신이 주체가 되어 예수님의 참 인성과 신성을 증거하기에(즉 '주격적 속격') 그것은 모든 인간의 증언을 압도하고 있다(참고. 요 5:37). 여기서 요한은 적은 것에서 더 큰 것으로 넘어가는 유대인의 논증 방식(*qal wahomer*)과 비슷한 방식을 따른다. 하나님의 아들을 믿는 자는 그 마음에 이 증거를 가지고 있다(10절). 이 증거란 하나님이 우리에게 종말론적인 영생을 주셨고, 이 영생이 예수님 안에 있다는 것이다(11절). 하나님의 아들이 있는 자(*ho echon*, 현재 능동태 분사, 지속적이고 인격적으로 소유하는 자)에게는 생명이 있다(12절; 참고. 요 3:36). 영생과 구원은 하나님의 아들이신 예수님을 믿는 것 없이는 불가능하다. '생명'은 영생(*zoe aionios*, 참고. 13절과 20절)인데, '오는 세상의 생명'(the life to come)을 가리킨다. 그러므로 우리가 이 땅에 살면서 오는 세상, 영광스러운 하나님의 영광으로 가득한 세상을 경험해야 영생을 누리는 것이다. 영생을 양적으로 생각하여 무작정 영원토록 산다고만 이해하지 말아야 한다. 양적으로 무한한 것도 사실이지만, 질적으로 여기서 천국 백성답게 살 때 영생을 소유한 세상을 이기는 자로서의 증거를 가지게 된다.[2119]

2117) 세 번째 주장은 '성령님'과 '물'이 동일하기에 증거하는 것은 사실상 2가지(성령-물 그리고 피)가 된다. 따라서 셋째 주장에 근거하여 앞의 두 입장을 종합적으로 고려하는 것이 좋다.

2118) 중성 단수 주격 정관사가 *to*가 '성령', '물', '피'에 각각 붙어 있는데, 아마도 요한공동체의 대적 가운데 이 셋 중 하나 혹은 둘 혹은 셋을 부인하는 경향이 있었던 것을 염두에 두고 요한은 이 셋의 중요성을 하나씩 힘주어 강조하는 듯하다. 성령의 기름 부음을 자신들만 특별하게 소유하고 있다고 주장한 적그리스도들의 주장과는 달리, 성령님은 모든 성도에게 동일하게 임하신다. 흥미롭게도 8절에서 '성령', '물', '피'는 헬라어 중성 명사이지만, '그 셋'(*hoi treis*)은 남성으로 나타난다. 왜 중성에서 남성으로 바뀌었는가? 라틴 지역의 3세기로 거슬러 올라가는 사본들은 8절 끝에 "아버지, 아들(혹은 말씀), 성령 이 셋은 하나이시다"를 추가한다. 이 첨가는 사본상의 지지가 약하지만, 결국 이 삼위일체 사상은 공인 본문에도 포함되었다(참고. Lieu, 2008:215).

2119) 스몰리(Smalley, 1984:4)에 의하면, 요한일서의 서문(1:1-4)에 나오는 것 중에서, 요한일서 전체에 전개되는 3가지 주요 주제들은 다음과 같다. 예수 그리스도 안에 있는 생명(5:11-12, 20), 하나님의 계시가 예수 그리스도 안에서 역사적 실제로 나타남(4:2, 5:6), '보는 것'은 증거와 연관되어 있음(4:14,

2.2. 요한일서 5장 13-21절의 메시지

요한일서를 쓴 목적은 하나님의 아들 예수님을 믿는 믿음이 있으면 영생을 가진 사람임을 확신시켜 주기 위해서이다(13절). 이것은 요한복음의 기록 목적과 유사하다. "너희로 예수님께서 하나님의 아들 그리스도이심을 믿게 하려 함이요 또 너희로 믿고 그분의 이름을 힘입어 생명을 얻게 하려 함이라"(요 20:31). 우리에게 부활 생명이 있다는 확신이 있다면 이것이야말로 고난을 즐거이 인내하게 만든다. 고난 가운데서 담대하게 만든다.

하나님을 향하여 다가가는 우리가 가지고 있는 '담대함'(*parresia*, openness, confidence)은 우리가 하나님의 뜻대로 무엇이든지(*ean ti*, whatever, if anything) 구하면 들으신다는 것이다(14절). 우리가 가지고 있는 담대함은 하나님께 자유롭게 말씀을 올릴 수 있다는 것이다. "우리가 긍휼하심을 받고 때를 따라 돕는 은혜를 얻기 위하여 은혜의 보좌 앞에 담대히(*parresia*) 나아갈 수 있다"(히 4:16). "내 이름으로 무엇이든지 내게 구하면 내가 시행하리라"(요 14:14). 그러므로 우리의 소망이나 뜻을 하나님께 검증을 받아야 한다. 하나님 나의 소망이 나의 욕심에서 나온 것입니까? "내가 내 마음에 죄악을 품으면 주께서 듣지 아니하시리라"(시 16:18). 아니면 하나님께서 나에게 주신 소망입니까? "하나님의 뜻에 합치되는 소망과 계획이 되게 하여 주셔서 이루어 주옵소서. 나의 소망은 일단 접어 둡니다. 아버지의 뜻을 보여 주옵소서. '하나님의 선하시고 기뻐하시고 온전하신 뜻'을 보여 주옵소서(참고. 롬 12:2)." 담대한 기도는 내 소망과 뜻을 하나님께 복종시키는 것이다. 기도는 하나님의 뜻을 찾는 것이다. 기도는 듣는 것이다. 기도는 하나님의 뜻대로 가장 좋은 것을 주신다는 것을 확신하는 것이다.

우리가 무엇이든지 구하는 바를 하나님이 들으시는 줄을 안다면 우리는 또한 우리가 구한 것을 얻을 줄 안다(15절).[2120] 적용해 보면, 일단 우리가 하나님의 뜻에 합치되게 기도했다면 반드시 이루어지는 것을 확신해야 한다(참고. 요 14:12-14). 하나님에게 미결 서류는 없다(참고. 마 16:19의 현재 완료). 하나님의 뜻대로 구한 것은 곧 바로 이루어지고 있는 중이다. 그러므로 우리에게는 오직 감사와 기도만 있다. "네가 깨달으려 하여 네 하나님 앞에 스스로 겸비케 하기로 결심하던 첫날부터 네 말이 들으신 바 되었으므로 내가 네 말로 인하여 왔느니라"(단 10:12). 하나님의 뜻대로 간구하면 반드시 응답하신다!

모든 불의가 죄이지만, 사망에 이르지 아니하는 죄도 있다. 그러므로 사망에 이르지 아니하는 죄를 짓는 형제를 위해서는 기도해야 한다(16절). 사망으로 인도하지 않는 죄는, 예를 들어, 그 범죄자가 하나님을 향한 믿음과 사랑을 포기하지 않은 채 죄를 짓는 경우이다(17절). 하지만 동시에 용서받지 못하여 사망에 빠지는 죄(sin unto death)도 있다. 구약에서 고의적인 죄는 범죄자가 죽음으로써 제거된다(참고. 레 4:2, 13, 5:15; 민 15:27-31; 신 17:2; 시 19:13). 요한은 이런 구약 배경을 염두에 두면서 신약 배경에서 새롭게 해석하는 듯하다. 즉 요한은 하나님의

5:6-12).

2120) 14-15절의 일차적인 요점은 잘못을 범한 형제나 자매, 그리고 거짓 선지자의 사상에 끌리는 자에 대한 기도로 볼 수 있다(참고. 요일 4:1-6; 보라. 존 월튼, 2010:2064).

자녀로서 그 빛 안에서 살아가는 것과 일치되지 않는 의도적인 범죄(구체적으로 구원과 죄 사함의 공동체인 교회에서 떠나버리는 것)를 암시하는 듯하다(참고. 두란노, 2007:248; McKenzie, 1976:215). 마태복음 12장 31-32절에서 성령을 훼방하는 죄, 성령을 거역하는 죄는 용서받지 못한다고 언급한다(참고. 고전 10:1-5; 히 6:4-6, 10:26). 요한은 적그리스도에게 소속되어 복음을 완고히 거역하는 것을 의미한다(참고. 요 8:24). 그리스도의 성육신과 구속 사역을 거부하는 것은 죽음에 이른 죄다.[2121]

성도는 습관적인 죄를 지속적으로 짓지 않는다(*ouch hamartanei*, 현재 능동태 직설법 3인칭 단수, 18절). 성도는 지속적이고 반복적으로 그리고 양심의 가책을 느끼지 않고 죄를 지을 수 없다. 하나님에게서 나신 분인 예수님이 우리를 지키시기에 그 악한 자(*ho poneros*)인 사탄이 우리를 만지지도 못한다(18절; 참고. 욥 1:11-12, 2:3-6; 요일 3:8, 10). '만지다'(*haptetai*, 현재 중간태 직설법 3인칭 단수, 속격을 취함)는 해치기 위해서 누구를 붙잡으려고 손을 대는 것을 뜻한다. 주기도문에서도 고백하듯이, 우리는 하나님께 우리를 그 악한 자(사탄)에게서 구하시고, 시험에 들지 않도록 간구해야 한다. 사탄이 성도를 해롭게 하기 위해서 만지려고 시도하는 것은 부활하신 예수님이 사탄과 사망의 권세에게 보낸 결정적인 타격에 비교할 바 못된다.

우리는 하나님께 속하고(즉 재창조되었고) 온 세상은 그 악한 자의 통제하에 있다(19절). 중립지대는 없다. 사탄은 사람을 유혹하고, 사람은 범죄하고, 하나님은 그 죄에 대해 심판하신다. '유혹-범죄-심판'이라는 사이클은 계속된다. 하지만 예수 그리스도 안에 있으면 이런 저주의 순환의 연결고리가 깨어지고, 대신에 용서와 은혜와 복종의 새로운 사이클이 생긴다.

예수님이 우리에게 이해 즉 지각(*dianoia*, understanding)을 주사, 우리가 참 하나님을 알게 되었다(참고. 엡 1:17). 그리고 우리가 참 하나님이시요 영생이신 예수님 안에 있음도 알게 되었다(20절). 그러므로 우리 자신을 지켜서 우상들(idols, *apo ton eidolon*)에게서 멀리해야 한다(21절). 여기서 '우상들'은 에베소에 있던 물리적인 신상들을 배제하지는 않지만, 복음에서 이탈한 잘못된 개념들과 교리로 볼 수 있다. 적그리스도들이 그리스도를 하나님으로 고백하는 것을 우상숭배로 간주했다면, 요한은 영생이신 예수님을 부인하는 것을 우상 숭배라고 본다. 따라서 요한 공동체는 예수 그리스도를 믿어 구원의 확신을 가진 새 언약 공동체이다(참고. 두란노, 2007:61). '멀리하라'(*phylaksate*)를 아오리스트 명령형을 사용하여, 적그리스도를 물리쳐야 하는 요한일서 수신자들의 단호한 노력을 강조한다(참고. Rogers & Rogers, 1998:599). 요한이 강조하는 우상 척결은 (거짓 선지자와 부정한 영 및)우상들의 이름들이 이스라엘에서 '종말에' 더 이상 기억되지 않을 것이라는 스가랴 13장 2절의 예언이 성취된 것으로 볼 수 있다(참고. 요 19:37 안의 슥 12:10; 요 16:32 안의 슥 13:7). 성도는 빛과 진리와 생명과 사랑과 영생이신 예수 그리스도 안에서 우상으로부터 벗어나 자유한다(참고. 신 29:17-20). 참고로 비평 사본과는 달리 다수

2121) 여기서 적용의 어려움이 있다. 현대 성도는 중보기도를 해야 할 경우와 하지 말아야 할 경우를 어떻게 결정할 수 있는가? 하지만 우리는 모든 죄인들이 주님께 회개하고 돌아오도록 기도해야 할 것이다.

사본은 21절 끝에 '아멘'을 추가한다. 이 '아멘'이 있다면 입으로만 하는 아멘이 아니라 우상을 멀리하기 위하여 '실천으로 하는 아멘'이다.[2122]

신약 서신들은 송영이나 인사말로 마치는 것이 보통이다. 하지만 요한일서의 마무리는 약간 급작스럽게 느껴진다. 그래서 Comfort & Hawley(2007:373)는 요한일서를 편지라기보다는 소책자(pamphlet) 같은 논문(treatise)이나 성명서(manifesto)로 본다.

3. 오늘에의 적용

신앙으로 거듭난 자로서 확신을 가지고 살자.

우리는 어떻게 담대한 기도를 할 수 있는가?

영생이신 예수님이 우리를 마귀로부터 보호하심을 믿고, 우상과 습관적인 범죄에서 벗어나자.

2122) 요한일서의 신학과 윤리를 위해서는 송영목. 《신약 신학》. 생명의 양식. 2008. p. 436-461을 보라. 참고로, R. 불트만, K. 루돌프와 J.M. 로빈슨을 비롯한 고등 비평가들은 신약성경이 영지주의의 영향을 받아 일어난 혼합주의의 결과라고 주장했다. 영지주의는 인간의 구원이 오직 '자아 이해'(self-knowledge)로서만 성취된다고 주장했다. 자아 이해란 신적 성분으로 구성된 '자아'를 인식한다는 의미이다. '자아 지혜'에는 인간이 본래 영적 존재였는데, 감각 현상 세계에 빠지게 된 이유를 알게 하는 '자의식'을 갖게 됨을 의미한다는 신비사상을 가지고 있다. '그노시스'의 뜻을 묘사하기 위해서 '우주적 자각'(cosmic consciousness)이란 용어를 자주 사용했다. 우주적 자각이란 인간의 특성인 제한에서 벗어나 초자연의 절대 존재와 동일화됨 즉 신격화를 뜻한다. 비평학자들은 기독교 이전에 영지주의가 이미 존재했다고 보았다. 그들은 자신의 주장의 근거 중 하나를 Q와 비슷한 시점에 만들어졌으며 영지주의 문서로 간주한 '도마복음'에서 찾았다. 하지만 만일 도마복음이 속한 문서에 Q가 속하고, Q가 영지주의에 속하지 않는 것으로 보는 한, 도마복음도 영지주의 문서가 아니다(참고. 홍창표, 1995:130, 189). Soulen(1996:176)은 '영지'를 4가지 요소로 잘 요약한다. (1) 초월적이고 불가사의한 참 하나님은 조물주의 작품인 가시적 창조물과 근본적으로 다르며 이 창조물에 대해서 책임질 필요가 없는 분이시다. 어떤 영지주의자들은 창조자를 구약의 하나님과 동일시한다. (2) 각 사람의 '참 자아' 곧 영지주의적 존재들의 '나'는 신적인 것의 불꽃이며, 필연적으로 불멸의 존재이지만, 이 세상 세력으로 인해서 타락되어 신체성 안에 갇히게 된다. 이는 진흙 속에 묻힌 금처럼 스스로의 힘으로 자유를 얻을 수 없다. (3) 신적인 부르심만이 한 인간을 물질적 마비로부터 일으켜 세울 수 있다. 이때 그 부르심은 인간에게 참 자아와 초월적 영역에 자리한 자기 본향과 참 하나님에 대한 '영지'를 준다. (4) 자아로의 이 회귀는 개인의 경우 삶의 마지막에 영혼이 여러 영역을 통과하면서 일어나고, 우주의 경우에는 물질성이 원래의 혼돈이나 무감각으로 퇴보해 들어가는 세상 끝날에 일어난다. 악한 영혼들과 이 세상의 세력은 이 회귀를 방해한다.

요한이서 주석

들어가면서

저자

사도 요한. 그는 '장로'(*prosbyteros*)로 불린다(1절). 이것은 자신에 대해 별다른 설명이 없더라도 권위가 있고 잘 알려진 인물을 가리키는 명예스런 호칭이다. 한 교회의 직분으로서의 장로는 아니다. 그러므로 사도 요한과 다른 어떤 장로 요한으로 볼 이유는 없다. 알렉산드리아의 디오니시우스가 전하듯이 에베소에 '요한'이라는 이름을 가진 자가 둘(혹은 여럿) 있었다는 증거가 사실이더라도, 사도 요한으로 보는 게 자연스럽다(참고. 두란노, 2007:36). 불트만(1983:14)에 의하면 요한이서가 요한일서에 의존하고 있으며, 그 당시 발전되고 있던 초기 가톨릭주의(early catholicism)를 확실하게 반영하고 있다. 하지만 요한이서의 기록 연대가 그렇게 후기인지, 그리고 교회의 발전된 직제에 대한 언급이 그렇게 확실한지는 의문이다.

수신자

'택하심을 입은(*eklekte*, chosen) 부녀와 그녀의 자녀'(1:1).

그렇다면 이들은 누구인가? 어느 한 가정인가? 개인적인 편지에 이런 상징적인 표현을 쓸 이유가 없기에 어느 하나의 공동체로서의 교회로 보아야 하는가?(예. Du Rand, 1997:154; 브루스, 1987:179; 하워드 마샬 등, 2007:490) 혹자는 '퀴리아'(*Kyria*, 부녀)는 '주님의 것'이라는 의미의 여성 명사로 교회를 상징하는 것으로 본다(참고. 두란노, 2007:37, 257). 하지만 잔(T. Zahn)은 '퀴리아'를 고유 명사로 본다. 참고로 'Eklecta'라는 이름은 요한 당시에 고유 명사로 거의 쓰인 바 없다. 그러나 '택하심을 입은 부녀'는 '교회'를 상징적으로 가르치는 것이 아닌 것 같다. 그렇다면 실제로 이름을 모르는 어떤 여자 그리스도인을 가리키기에, 요한이서를 공동 서신으로 보기 힘들다. 따라서 '그녀의 자녀'는 이 여자가 낳은 실제 자녀를 가리키지, 교회의 구성원으로 보기 힘들다.[2123] 택함을 받은 부녀는 사도 요한과 진리를 아는 자들의 사랑을 받았다. 13절에 의하면, 이 택함을 입은 부녀의 조카와 질녀가 문안을 한다. 그러므로 구약의 '시온의 딸' 혹은 '신부'로 구약 교회를 집합적으로 가리킨다고 해서(참고. 사 54:1; 렘 6:2; 요 3:29; 엡 5:22), 택함을 입은

2123) 브라운(2003:563)은 '택함을 입은 부녀와 그의 자녀'를 장로의 영향 아래에 있는 무명의 지역 교회와 그 회원들로 비유적으로 본다. 그러나 13절의 "택하심을 입은 자매는 누구인가?"라고 질문만 하고 마친다.

부녀를 어떤 지역 교회를 집합적으로 가리키는 것으로 볼 이유는 없다(contra Yarbrough, 2008:334). 만약 요한이 집합적인 교회를 수신자로 생각했다면 '택함 받은 부녀'라는 추상적인 표현을 사용하지 않았을 것이다.

기록 연도

요한의 말년인 A.D. 80-90년경. 혹은 60년대 말.

기록 장소

아마 에베소.

내용

인사(1-3)
진리 안에서 행함(4-6)
거짓 교사들(7-11)
결론(12-13)[2124)]

기록 목적

요한이 수신자들을 방문하기 전에 준비시키려고(12)
사랑하라는 권면을 주기 위해(4-6)
미혹하는 자들에 대한 경계를 주기 위해(7-8, 10)

1. 본문 및 구조

인사(1-3)
진리 안에서 행함(4-6)
거짓 교사들(7-11)
결론(12-13)

2. 구원 계시사적 메시지

2.1. 요한이서 1-3절의 메시지

2124) 수사학적으로 요한이서를 구분하면 다음과 같다. Epistolary Opening(1-3절), Exordium(4절), Propositio(5절), Probatio(6-11절), Peroratio(12절), Epistolary Closing(13절; 참고. Witherington, 2006:414).

1-3절은 인사말이다. "장로는 택하심을 입은 부녀(*eklektei kyria*, chosen lady)와 그의 자녀에게 편지하노니, 내가 참으로(혹은 '진리 안에서', *en aletheia*)[2125] 사랑하는 자요 나뿐 아니라 진리를 아는 모든 자도 그리하는 것은"(1절). 이 구절에서 '나'(*ego*)라는 주어가 2번이나 강조되어 있다. 요한은 요한 공동체 안에서 존경을 받는 연로한 자였다. '택하심을 입은 부녀'는 교회를 상징적으로 가르치는 것이 아니다. 실제로 이름을 모르는 어떤 여자 그리스도인을 가리킨다. '그녀의 자녀'는 이 여자가 낳은 실제 자녀를 가리킨다.[2126] 택함을 받은 부녀는 사도 요한과 진리를 아는 자들의 사랑을 받았다. 여기서 진리를 아는 자들은 누구인가? 진리이신 하나님과 예수 그리스도를 성령님의 역사로 깨닫고 신뢰하고 있는 사람을 가리킨다.[2127]

"우리 안에 거하여 영원히 우리와 함께 할 진리를 인함이로다"(2절). 진리의 영이신 성령님을 통해서 (성육하신)진리이신 예수 그리스도께서 성도 안에 영원히 거하신다(참고. 요 14:17). "은혜와 긍휼과 평강이 하나님 아버지와 아버지의 아들 예수 그리스도께로부터 진리와 사랑 가운데서 우리와 함께 있으리라"(3절). '은혜와 긍휼과 평강'은 단순한 인사말이 아니라, 성도에게 반드시 필요하기에 신약 서신에서 누누이 강조된다. 받을 자격이 없는 우리에게 부으시는 사랑이 은혜이고, 불쌍히 여겨 주심이 긍휼이고, 화목하게 된 것이 평강이다. 이것은 성부와 성자로부터 임하는 것이다. 이 은혜와 긍휼과 평강은 진리와 사랑 안에서 우리에게 임한다. 진리를 행하면 행할수록, 사랑을 실천하면 실천할수록 하나님의 은혜가 더욱 임하고, 긍휼과 사랑도 그러하다. 진리와 사랑이 조화를 이루어 공존해야 한다. '은혜, 긍휼, 평강'은 최초의 하나님의 행위로부터 최종적인 인간의 만족까지를 아우른다. "오직 사랑 안에서 참된 것(진리)을 하여 범사에 그에게까지 자랄지라. 그는 몸이니 곧 그리스도라"(엡 4:15). 사랑과 진리를 조화롭게 실천하는 것이 예수님을 닮아 가는 것이다. 진리의 말씀을 사랑으로 실천하는 것이 은혜와 긍휼과 평강을 얻는 방법이다.

2.2. 요한이서 4-6절의 메시지

택함을 받고 사랑을 받은 이 부녀의 자녀 중에 하나님의 계명과 가르침에 따라 사는 사람을 보고(heureka), 요한이 매우 기뻐하고 칭찬한다(4절). 복음의 사역자의 기쁨은 성도의 신실한

2125) 4절의 '진리에'(즉 '진리 안에', in truth)도 진리 앞에 정관사가 없다. Rogers & Rogers(1998:600)는 '진리'를 성육하신 아들과 기독교의 메시지 안에 계신 하나님 자신을 가리키는 표현으로 본다.

2126) 바른 성경은 '그(정관사?) 자녀들'이라고 모호하게 번역한다. 원문은 *tois teknois autes*(그녀의 그 자녀들)이다.

2127) 요한 서신에서 '진리'(*aletheia*), '참된'(*alethes*) 혹은 '참된'(*alethinos*)이라는 말이 자주 등장한다. 그렇다면 진리는 누구 혹은 무엇인가?(요 18:38) 진리는 성령과 관련 있다(요일 2:20, 4:6, 5:6; 요삼 12). 진리는 하나님이 자기 백성을 위해서 그의 명령 안에 밝히신 윤리적 표준이다(요일 1:6, 3:18; 요이 4; 요삼 3-4). 진리는 하나님이 계시하신 인격적인 성화의 현존으로서, 성도로 하여금 하나님의 성품(예. 사랑, 죄를 미워함)을 깨닫게 한다(요일 1:8, 2:4). 진리는 예수 그리스도를 믿는 자에게 주시는 영생의 복음이다(요일 3:19; 요이 1, 2, 3; 요삼 1, 8). 진리는 하나님의 지혜와 방법에 부합하도록 하는 능력이다(요일 2:8; 보라. Yarbrough, 2008:335-336).

성숙에 있다. 일상생활 속에서 말씀의 가르침에 따라 살고자 하는 것을 보는 것이 기쁨이다. 가르침 따로, 삶 따로는 사역자에게 안타까움을 자아낸다.

요한은 서로 사랑하자고 권면한다. 사랑하라는 계명은 새 계명(*entolein kainein*)이 아니다(5-6절). 여기서 '새로운'이 '*neos*'가 아니라 '*kainos*'로 묘사되기에, 사랑의 계명이 구약의 사랑의 계명보다 '질적으로' 더 새로운 것이 아님을 뜻한다. 구약에서도 몸과 마음과 뜻과 정성과 목숨을 다해서 주 하나님을 사랑하라고 하셨고 신약에서도 그러하다(참고. 마 22:37-40). 사랑은 관념론적인 것이 아니라 하나님의 계명을 좇아 행하는 실천이다. 사랑은 율법의 완성이다(참고. 롬 13:10). 하나님의 계명은 들은 바를 행하라는 것이다(참고. 요일 3:23). 하나님의 계명대로 살고자 한다면, 진리에 대한 사랑과 순종이 필요하다. 사랑이 없는 순종은 가혹한 의무요 무거운 멍에와 짐이다(참고. 요일 5:3). 우리가 하나님을 사랑하는 것이 말씀에 순종하도록 만드는 가장 큰 동기가 된다. 이 사실을 공동체 안으로 확대 적용해 보면, 사랑은 단순한 애정이나 연민이 아니라, 하나님의 말씀의 빛 속에서 서로 더불어 사는 것이다. 우리 공동체 속에 말씀 따라 더불어 사는 데 쉽게 동화되지 못하는 사람이 없는가? 사랑은 연약한 자를 책망하거나 정죄하지 않고, 대신 용납하면서 더불어 사는 것이다. 진리 안에서 행하는 것은 곧 사랑 안에서 행하는 것이다.

2.3. 요한이서 7-11절의 메시지

'미혹하는 자들'(*planoi*, deceivers, 길을 잃게 만드는 자들) 즉 적그리스도(*antichristos*)는 진리이신 예수님이 육체로 세상에 임하심(성육신)을 부인하는 자이다(7절). 여기서 요한은 예수님의 육체로 임하심을 '현재 디포넌트 분사'(who is coming, *erchomenon*)로 묘사한다. 예수님의 성육신을 현재 분사로 묘사한 이유는 무엇일까? 예수님이 성령 안에서 지금도 여전히 (영적으로) 성육신하고 계심을 강조하기 위해서이다. A.D. 1세기 이단 케린투스를 비롯한 일부 거짓 선생들은 그리스도께서 세례 시에 인간 예수님으로 강림하셨다는 사실을 인정했다. 그러나 이것은 일시적인 방문으로 믿었고, 십자가에 달리시기 직전에 예수님의 강림이 끝났다고 보았다. 왜냐하면 하나님은 고난과 죽음을 당할 수 없다고 보았기 때문이다. 그러나 예수님은 부활하심으로써 영광스러운 몸을 입고 계시며 영원히 그 모습을 가지고 계실 것이다. 주님의 오심은 종말론적인 진행형이다(참고. 잭맨, 2003:268).

미혹하는 자의 속임수에 속아 넘어가면, 사도('우리')가 가르치고 목양한 것을 잃고 만다(8절).[2128] 그러므로 자신을 돌아보면서, 온전한 상을 받도록 주의하고 경성해야 한다(참고. 막 13:22). 이것은 구원을 잃어버릴 것을 경고하는 것이 아니다. 성경은 차등한 보상의 원리를 가르친다. 대신 거짓 가르침에 빠진 자들은 하늘에 쌓아 둔 상을 잃게 된다는 의미이다(참고. 고전 3:12-15). 우리는

2128) 요한이서 8절에는 2인칭 복수 동사(*apolesete*, 너희가 잃다)와 1인칭 복수 동사(*eigrasametha*, 우리가 일했다)가 같이 등장한다. 그래서 시내 산 사본과 알렉산드리아 사본은 인칭과 수를 일치시키려고 뒤에 나온 1인칭 복수 동사를 2인칭 복수로 바꾸었다. 하지만 요한을 포함한 사도권의 사람들이 일했던 것을 표현하는 1인칭 복수형은 문맥에서 적합하다. 그리고 사본상의 지지가 그리 강하지 못하다.

이단에 빠진 자를 진리로 바르게 인도해야 하지 포기할 수 없다. 예수님이 사람으로 오신 것은 매우 중요한 진리이기에 이것을 부인하면 성경에서 말씀하는 모든 소망을 부인하고 잃고 만다.

가현설을 가르치는 사람들은 지나쳐(*proagon*, runs ahead) 즉 사도가 가르친 진리보다 앞서감으로써 진리를 뒤에 제쳐 두면서 예수 그리스도의(즉 예수님이 가르치신) 교훈(*didachei tou Christou*) 안에 거하지 아니하는 사람이었다(9절). 이단들은 사도보다 더 앞선 어떤 진보된 진리를 가르친다고 교만했을 것인데, 요한은 이런 모습을 마치 진보적인 것처럼 비꼬고 있다. 이단은 하나님을 모시지 못했지만, 바른 사도적 교훈 안에 거하는 사람은 성부와 성자를 모신다. 교회 안에 발을 붙여 놓았다고 구원을 보장받는 것이 아니다. 구원 얻을 믿음을 가지고 있고 바른 교훈 속에 거하는 자가 구원을 받는다.

적그리스도를 집 안으로 영접하지도 인사하지도 말라. 그에게 인사하는 자는 그의 악한 일들에 참예(교제)하는 자이다(10-11절; 참고. 디다케 11-12).[2129] 인사를 한다는 것은 인사 받은 사람과 교제 안으로 들어간다는 뜻이다. 요한 당시에 순회 교사가 오면 숙식을 제공하는 관례가 있었다(참고. 마 10:9-14). 적그리스도가 미혹하는 일은 그릇된 일을 넘어 '악한 일들'이다. 이단의 활동은 구원의 길에서 이탈시키는 지극히 사악한 일이다. 영혼을 파멸로 끌어내리는 사악한 일이다. 이단은 미친 개를 피하듯이 피해야 한다. 요한삼서 5-8절에서는 복음을 전하던 순회전도자를 영접하고 대접할 것을 명한다. 그러나 이단은 인사도 하지 말아서 철저히 주의를 해야 한다.

2.4. 요한삼서 12-13절의 메시지

요한은 쓸 것이 많으나(*echon*, although I have, 양보적 현재 능동태 분사) 종이와 먹으로 쓰기를 원치 아니하고(*ouk eboulethen*, 서신적 아오리스트), 사랑하는 부녀와 자녀를 직접 방문하기 원한다(12절). '얼굴을 마주보고'는 직역하면 '입이 입을 향하여'(*stoma pros stoma*)이다. 인격적인 교감 속에서 성도의 교제를 나누기를 원한다. 이것을 현대적으로 확대 적용해 보면, 화면을 통해서 드리는 예배는 인격적인 교감이 부재하는 가운데 드리는 것이어서 권장할 만한 것이 못 된다. 그리고 그 부녀의 생질과 조카가 그녀에게 문안한다(13절).[2130] 아마 그들은 요한이 서신을 기록한 장소에서 지리적으로 그리 멀리 떨어져 있지 않았을 것이다. 13절 끝에 다수 사본은 '아멘'을 첨가한다.

2129) 유대인들이 사마리아인이나 불경건한 자들을 영접하지 않았던 것처럼 그리스도인도 그러해야 했다. 사해 사본에 의하면 공동체에서 탈퇴한 자에게 필요한 것을 제공해 준다면 그 사람도 배교에 동조자가 되어 쫓겨났다(참고. 존 월튼, 2010:2068).

2130) 바른 성경은 '너희(2인칭 복수) 자매의 자녀들'(*ta tekna tes adelphes sou*)이라고 번역한다. 그러나 '너희'가 아니라 '너의'(단수)가 옳다(참고. 개역개정판 '네 자매의 자녀들이').

3. 오늘에의 적용

진리의 기둥과 터로 살자.
우리를 미혹하는 자를 대적하자.

요한삼서 주석

들어가면서

요한이서와 요한삼서는 빌레몬서나 유다서보다 더 짧은 신약의 가장 짧은 편지들이다. 요한이서는 245단어로, 요한삼서는 219단어로 되어 있는데, 각각 파피루스(25cm × 20cm) 한 장에 들어갈 내용이다. 전형적인 헬라의 편지의 형식을 띠고 있다.

저자

사도 요한

수신자

어떤 참 신앙을 가진 가이오(비교. 행 19:29, 20:4; 롬 16:23). 가이오에 대한 요한의 애정이 특별한 것을, 요한이 '사랑하는 자여'라는 말을 1, 2, 5, 11절에서 4번이나 가이오에게 적용한 것에서 알 수 있다.

기록 연도

사도 요한의 말년인 A.D. 85년경 혹은 60년대 말이다. 아마 이단에 대한 언급이 없는 것을 통해서 볼 때 요한일서와 요한이서보다 먼저 기록된 것으로 보인다.[2131)]

기록 장소

아마 에베소

내용

인사(1)

2131) 요한일서보다 요한이서에서는 이단에 대해서 온건한 표현을 사용한다. 그러므로 대적이 일으킨 문제가 어느 정도 해결된 뒤에 요한이서가 기록되었다면 요한일서가 먼저 기록된 것으로 추정할 수 있다. 참고로 요한삼서 2절에 근거해 볼 때, '가이오'라는 이름의 뜻은 '땅 위에'라는 의미이다. 땅 위에 사는 동안 모든 면에 있어서 하나님의 복을 누릴 것을 잘 대변해 주는 이름인 것 같다. 아마 요한 당시의 이원론적인 사상을 가진 자를 반대하려는 의도가 있었을 지도 모른다. 즉 요한은 육체는 악하고 영혼은 선하기에 육체는 영혼의 감옥일 뿐이라는 주장은 성경적이지 않고 영과 육, 모두 잘되어야 하는 대상임을 강조한다.

가이오에 대한 칭찬(2-8)[2132]
디오드레베에 대한 비판(9-10)[2133]
데메드리오에 대한 칭찬(11-12)
결론(13-15)[2134]

기록 목적

디오드레베를 경계하기 위해(9)[2135]
데메드리오를 칭찬하기 위해(12)
수신자를 방문하기 전에 준비시키기 위해(14)

요한이서와 요한삼서의 유사점과 상이점은 다음과 같다(참고. Du Rand, 1997:153-155).

유사점

둘 다 파피루스 한 장 분량으로서 헬라-로마 편지의 양식을 따른다.
송신자는 '장로'(*presbyteros*)라고 불린다.
둘 다 수신자들의 삶에 대해서 일관되게 진리에 맞추어 사는 것이라고 밝힌다.
장로가 요한이서와 요한삼서의 수신자를 향해서 따뜻한 사랑을 가지고 있다.
결론 부분에서 장로는 할 말이 많지만 직접 가서 만나 말하기를 원한다.
내용적인 측면에서 보면, 두 서신 모두 진리와 사랑 즉 진리 안에서의 삶을 강조한다.

2132) 요한삼서 2절을 정확히 번역하면 다음과 같다. "나는 모든 것들에 관해서 기도한다(*peri panton euchomai se*). 마치 너의 영혼이 하나님에 의해서 잘되고 있는 것처럼, '너'가 계속 잘되고, 너의 육체가 계속해서 강건하기를 기도한다." '너의 영혼이 잘된다'는 말은 신적 수동태로 나타난다. 이 말은 가이오라는 사람의 영혼은 스스로 잘되어 가는 것이 아니라, 오직 하나님의 은혜로만 잘되어 가는 것이다. 달리 말하면, 수직적으로 하나님과 바른 관계에 있는 것이 영혼이 잘되어 가는 것이다. 요한은 2절에서 "너의 영혼뿐 아니라 네가 잘되기를 기도한다"고 말한다. 여기서도 신적 수동태가 사용된다. 우리의 '존재'는 하나님의 은혜로만 잘되어 가는 것이다. 웰빙은 우리의 영적-물질적, 육체적인 건강 모두를 아우른다.

2133) 디오드레베는 '제우스에 의해 양육을 받은 자'라는 뜻이다. 그는 요한 일행을 접대하지 않았다. 그는 악한 말로 요한 일행을 망령되이 폄론하고 형제들을 접대치 아니하고 접대하는 자를 교회에서 내쫓았다. 가이오와 반대되는 디오드레베는 분명히 교회 안에서 중요한 영향력을 행사할 위치에 있었는데, 그 지위를 악용/남용했다. 요한은 이러한 그의 진리와 사랑이 없고 교만한 비윤리적인 면을 비난하고 있다.

2134) 수사학적으로 요한삼서를 나누면 다음과 같다. Epistolary Prescript(1절), Exordium(2-4절), Propositio(5-6절), Narratio(7-8절), Probatio(9-12절), Peroratio(13-14절), Epistolary Postscript(15절; 참고. Witherington, 2006:416).

2135) 디오드레베는 A.D. 1세기 말엽에 생긴 '장로-주교'(elder-bishop)였고, 안디옥의 이그나티우스에게서 가장 분명히 그 증거를 볼 수 있다는 주장이 제기되었다(참고. 이그나티우스의 편지 *Philadelphians* 7). 그렇다면 디오드레베는 자신이 정당한 권위를 행사하고 있는 교회에 요한이 부당한 영향력을 행사하려는 것에 분개했을 것이다. 하지만 요한삼서와 같이 짧은 서신을 토대로 그런 시나리오를 제시하는 것은 무리다(참고. 하워드 마샬 등, 2007:495).

상이점

요한이서가 다른 신약 편지의 양식에 더 일치하고, 요한삼서는 고전 편지 양식에 더 가깝다. 요한이서가 요한삼서보다 더 교리적인 색채가 강하다. 요한이서는 요한일서의 요약적 성격을 가진다.

1. 본문 및 구조

인사(1)
가이오에 대한 칭찬(2-8)
디오드레베에 대한 비판(9-10)
데메드리오에 대한 칭찬(11-12)
결론(13-15)

2. 구원 계시사적 메시지

2.1. 요한삼서 1절의 메시지

'장로' 즉 노년의 사도 요한이 사랑하는 가이오라는 사람에게 편지를 쓴다(1절). 그러나 조병수 교수는 '장로'를 직분으로 보면서, 저자는 자기 직분에 대한 강한 신념을 가진 자로 본다(참고. 두란노, 2007:270).[2136] '내가'(*ego*)라는 말이 강조된다. 그리고 "참으로 사랑한다"를 '진리 안에서 사랑한다'(*ego agapo en aletheia*)라고 번역이 가능하다. 즉 요한과 가이오를 연결한 것은 하나님의 진리였다. 진리가 기초되지 않은 교제는 별 의미가 없다. 가이오에 대한 요한의 애정이 특별한 것을 요한이 '사랑하는 자여'(*agapeite*, dear friend)라는 말을 1, 2, 5, 11절에서 4번이나 가이오에게 적용한 것에서 알 수 있다. 이처럼 사랑하는 부녀와 그 자녀들에게 보내진 요한이서와는 달리 요한삼서는 내용에 있어서 더 개인적인 특성을 가지고 있다.

2.2. 요한삼서 2-8절의 메시지

요한은 가이오의 영혼이 잘됨(잘되어감, 수동형, *euodousthai*)같이 범사에 잘되고 강건하기를 (*hygiainein*) 간구한다(2절).[2137] 요한은 가이오에게 건강과 범사에 형통함을 약속하지 않는다.

2136) 늙은 '사도' 요한은 '장로'(즉 목사를 포함하는 넓은 의미의 장로)의 직분을 가진 것으로 볼 수 있다.

2137) 2절을 직역하면 다음과 같다. "사랑하는 자여, 나는 너의 영혼이 잘되는 것처럼 네가 잘되고 건강하도록 모든 것들을 위해서 기도한다." 서신 머리말에 독자의 안녕을 기원하는 것은 흔한 것이다. 라틴어로 SVBEEV(*si vales bene est; ego ualeo*; 당신이 잘되면 좋은 일입니다. 그러면 나도 잘될 것입니다)라는 약자 표기법까지 등장했다.

반대로, 요한은 건강과 범사의 형통함을 위해 기도하고 있다. 성도는 이 땅에서 건강을 잃을 수도 있고, 사업이나 자녀 혹은 여러 일들이 곤경에 처하고 어려움을 당할 수 있다. 요한은 '너의 영혼'뿐 아니라 "네가 잘되어가기를 기도한다"고 말한다. 여기서 '잘되어가기를'은 신적 수동태로 묘사된다. 우리의 '존재'는 하나님의 은혜로만 잘되어 가는 것이다. 우리는 이미 죄악의 종이 아니라, 존재론적으로 예수 그리스도의 사람, 성령의 사람이 되어서 복을 받고 있다. 이런 존재론적인 복과 더불어서, 요한은 가이오의 범사(*peri panton*)를 위해서 기도한다(참고. Zerwick, 1993:736).

우리 영혼이 하나님의 은혜로 잘되는 것처럼, 우리의 육체도 강건해야 한다. '가이오'라는 이름의 뜻은 '땅 위에'이다. 땅 위에 사는 동안 모든 면에 있어서 하나님의 복을 누릴 것을 잘 대변해 주는 이름인 것 같다.[2138] 아마 요한 당시의 이원론적인 사상을 가진 자를 반대하려는 의도가 있었을지도 모른다. 즉 요한은 육체는 악하고 영혼은 선하기에 육체는 영혼의 감옥일 뿐이라는 주장은 성경적이지 않고 영과 육, 모두 잘되어야 하는 대상임을 강조한다.

형제들(순회 선교사들)이 요한에게 와서 가이오가 진리를 따라 살고 있다고 증거하니 요한은 매우 기뻐한다(3-4절). 말씀의 사역자가 긍지를 가질 수 있는 것은 가르침을 받는 사람이 진리를 따라 사는 것을 볼 때이다. 3절의 '즐거움'(*chara*) 대신 '은혜'(*charis*)를 따르는 바티칸 사본과 벌게이트 등은 사본상의 증거가 약하다. 참고로, 고린도후서 1장 15절의 경우에도, '은혜'(시내 산 원본, A, C, 다수 사본)와 '기쁨'(시내 산 개정판, B, L, P)이 사본상의 지지를 각각 받고 있다.

가이오가 형제 곧(*kai*) 나그네(*ksenous*)에게 행한 일이 신실한 일이다. 이 나그네는 이방인(아마 '불신자'를 가리키는 은유적 표현)에게 복음을 전하는 순회 선교사들(traveling Christian teacher)로 보인다. 이들은 '그분의 이름' 즉 예수님 자신을 위해서 일하고 있다(5-7절; 참고. Zerwick, 1993:736). 순회 선교사들이 이방인에게서 아무것도 받지 않은 것은, 청중의 지갑을 노리는 견유학파와 궤변론자와 다른 선교 방식 때문이다(7절). 전도자는 자기의 경제적 입장을 이해하는 성도에게 의지해야 했으며, 그리스도인의 관용을 남용하지 말아야 했다(참고. 틸만, 2008:887). "우리가(문두에 위치하여 강조됨) 이들을 환대하는 것(*hypolambano*)은 당연한데, 그렇게 할 때 복음을 위해 함께 수고하는 자(*synergoi*)가 된다"(8절). 모든 성도는 직접 선교사로 가든지, 아니면 보내고 후원하는 사람이 되어야 한다. 1세기 중후반, 즉 기독교인의 수가 많지 않을 때, 순회 선교사들의 숙소와 식사를 현지 성도가 제공하는 것은 선교사들의 생명을 지켜주는 것과 같았다.

2.3. 요한삼서 9-10절의 메시지

요한은 이전에 편지를 쓴 적 있다. 따라서 9절의 '썼다'(*egrapsa*)는 서신적 아오리스트가 아니다.

2138) '가이오'는 로마 세계에서 흔한 이름으로, 부모가 아들의 이름 첫 자에 붙여주던 18가지 이름 중 하나이다(참고. 브루스, 1987:194).

순회 선교사들을 추천하는 편지였을 것이다. 으뜸이 되기 좋아하는(*philoproteuon*, who loves to be first) 디오드레베를 경계하라(9절). 디오드레베(Diotrephes)는 '제우스에 의해 양육을 받은 자'(Zeus-nurtured 혹은 Come from Zeus)라는 뜻인데, 주로 왕이나 귀족의 이름에 해당한다. 그는 요한 일행 즉 요한이 추천서를 써서 파송한 사람들을 접대하지 않았다. 그는 악한 말로 요한 일행을 망령되이 폄론하고, 형제들을 접대치 아니하고, 접대하는 자를 교회에서 내쫓았다(10절).[2139] 수신자 가이오(Gaius)와 반대되는 디오드레베는 분명히 교회 안에서 중요한 영향력을 행사할 위치에 있었는데, 그 지위를 악용(남용)했다. 만약 누가 추천서를 가지고 온 사람을 배척한다면, 그 행동은 추천서를 써준 사람을 모욕하는 것이다(참고. 존 월튼, 2010:2070).

2.4. 요한삼서 11-12절의 메시지

"가이오여, (디오드레베와 같은) 악한 것을 본받지 말고 선한 것을 본받으라"(11절). 선을 행하는 자가 하나님께 속하고 (하나님의 가정에 자녀가 되고), 악을 행하는 자는 하나님을 뵙지 못한다. 요한은 순회 선교사에게 지속적으로 호의를 베풀어 줄 것을 가이오에게 권면한다. 데메드리오(Demetrios, 뜻: of mother earth)는 모든 사람으로부터 칭찬을 듣고, 진리(혹시 진리이신 예수님?)도 그가 참이라고 증거하고 요한도 그를 칭찬한다(12절). 데메드리오는 자신이 순회 선교사이건 아니면 어떤 교회의 일꾼(직분자)이었을 것이다. 혹은 데메드리오가 요한삼서의 전달자가 아닐까? 디모데전서 3장 7절에 명시된 감독의 여러 가지 자질들을 염두에 둘 때, 데메드리오는 여러 외부 인사들로부터 좋은 평가를 받았던 것 같다.

2.5. 요한삼서 13-15절의 메시지

요한은 가이오를 직접 만나서 말하기 원한다. 즉 더 인격적인 교감을 원한다(13-14절). 요한이 가이오에게 평강을 빈다(*eirene soi*). 여러 친구들(*hoi philoi*)이 가이오에게 안부를 전한다. 그리고 요한은 가이오와 함께 있는 친구들(선교사를 선대했던 가이오의 교회 교우들)에게 안부를 전해 달라고 부탁한다(15절). 존 월튼(2010:2070)은 '친구'라는 용어를 요한이 에피쿠로스 학파에서 빌려왔을 수 있다고 추론한다. 그 학파의 철학 공동체는 특별히 '친구들'로 구성되어 있었다. 하지만 이 용어의 출처를 성경에서 찾는 게 낫다.

3. 오늘에의 적용

교회에서 칭찬할 자와 책망할 자를 잘 구분하자.
무슨 내용으로 어떻게 남을 축복할 것인가?

2139) 요한 당시에 대부분의 여관은 매음굴이었으므로, 순회 전도자들이 거기에 머무는 것은 내키지 않는 일이었다. 유대인들은 추천서를 지참한 유대인에게 숙박을 제공했는데, 그리스도인에게도 이런 관례가 있었다(참고. 존 월튼, 2010:2070).

【 참고 문헌 】

· Burgh, G.M. *Letters of John. The NIV Application Commentary.* Grand Rapids: Zondervan. 1996.

· Burge, G.M. *Letters of John.* (In R.P. Martin & P.H. Davids., eds. *Dictionary of the later New Testament and its developments.* Leicester: IVP. p. 587-599.) 1997.

· Carson, D.A. 요한 서신. (In 데스몬드 알렉산더 & 브라이언 로즈너., eds. 《IVP 성경 신학 사전》. IVP. p. 505-511.) 2004.

· Coetzee, J.C. *The letters of John.* (In A.B. Du Toit., ed. Guide to the New Testament VI. Pretoria : NGKB. p. 201-226.) 1993.

· Comfort, P.W. & Hawley, W.C. *1-3 John. Cornerstone Biblical Commentary.* Carol Stream: Tyndale House Publishers. 2007.

· Dennis, L.T., ed. ESV Study Bible. Wheaton: Crossway Bibles. 2008.

· DeSilva, D.A. *An introduction to the New Testament: contexts, methods & ministry formation.* Downers Grove: IVP. 2004

· Du Rand, J.A. *Johannine perspective.* Johannesburg: Orion. 1997.

· Libronix Digital Library System.

· Lieu, J.M. *I, II, & III John. New Testament Library.* Louisville: Westminster John Knox Press. 2008.

· Marshall, I.H. *New Testament theology.* Downers Grove : IVP. 2004.

· Marshall, I.H. *Johannine epistles.* (In K.J. Vanhoozer., ed. Dictionary for theological interpretation of the Bible. Grand Rapids: Baker. p. 391-394.) 2005.

· McKenzie, S. *The Church in 1 John.* Restoration Quarterly, 19(4):211-216. 1976.

· Rogers Jr., C.L. & Rogers III, C.L. *The new linguistic and exegetical key to the Greek New Testament.* Grand Rapids: Zondervan. 1998.

· Schnackenburg, R. *The Johannaine Epistles.* Ken : Burns & Oates. 1992.

· Smalley, S.S. *1.2.3 John.* WB.C.. Waco: Word. 1984.

· Soulen, R.N. 《성서 비평 사전》. 성서와함께. 1996.

· Witherington, B. *Letters and homilies for hellenized Christians.* Volume I: a socio-rhetorical commentary on Titus, 1-2 Timothy and 1-3 John. Downers Grove: IVP. 2006.

- Yarbrough, R.W. *1-3 John*. Baker Exegetical Commentary. Grand Rapids: Baker. 2008.
- Zerwick, M. A grammatical analysis of the Greek New Testament. Rome: Editrice Pontificio Istituto Biblico. 1993.
- 김동수(뉴욕 나약대 교수) "요한 서신과 요한 공동체" <그 말씀>, 7월호: 36-45. 2001.
- 김동수(평택대 교수) 요한서신의 주요 용어들 연구. <그 말씀>, 7월호: 81-88. 2001.
- 김상훈 "Dominus et Deus('주와 하나님'), 요한문헌의 역사적 정황의 종합적 이해" 신학 지남, 281:118-141. 2004.
- 김상훈 "한문헌의 사회성 이해." <성경과 신학>, 33:81-103. 2003.
- 김상훈 "요한일서의 구조 이해와 그 활용." <그 말씀>, 7월호: 10-21. 2001.
- 김선정 《요한복음서와 로마 황제 숭배》. 한들출판사. 2003.
- 데이비드 잭맨 《요한 서신 강해》. IVP. 2003.
- 도널드 거스리 《신약 서론》. 크리스챤 다이제스트. 2002.
- 래드, G.E. 《신약 신학》. 성광문화사. 1995.
- 레이몬드 E. 브라운 《신약 개론》. CLC. 2003.
- 레이먼드 E. 브라운 《요한 공동체의 역사와 신학: 사랑받는 제자 공동체》. 성광문화사. 1994.
- 루돌프 불트만 《요한 서신》. 국제성서주석. 한국신학연구소. 1983.
- 룻 B. 에드워즈 《요한 서신》. 이레서원. 2000.
- 리처드 호슬리 《예수와 제국》. 한국기독교연구소. 2004.
- 목회와신학 편집부 요한일, 이, 삼서: 어떻게 설교할 것인가. 두란노아카데미. 2007.
- 브루스, F.F. 《요한1, 2, 3서》. 아가페출판사. 1987.
- 엘버트 벨 《신약 시대의 사회와 문화》. 생명의말씀사. 2001.
- 오스본, G. 《요한1, 2, 3서》. 성서유니온선교회. 2007.
- 유해무 "요한서신에서의 기독론 문제. <그 말씀>, 7월호: 106-112. 2001.
- 이승미 사도 요한의 권면. 본문과 현장 사이. 2005.
- 이한수 요한 문헌 강의안. 이한수 교수 홈페이지에서 다운로드(8월 15일). 2006.
- 조석민 "요한 서신과 요한 문서들의 관계성과 의미." <그 말씀>, 7월호: 46-52. 2001.
- 존 월튼, 빅터 매튜스, 마크 샤발라스 & 크레이그 키너 《IVP 성경 배경 주석》. IVP. 2010.
- 쾨스텐버그, A. 요한복음. (In 데스몬드 알렉산더 & 브라이언 로즈너., eds. 《IVP 성경 신학 사전. IVP. p. 408-415.) 2005.
- 큄멜, W.G. 《신약 정경 개론》. 대한기독교출판사. 1996.
- 프랭크 틸만 《신약 신학》. CLC. 2008.
- 하워드 마샬, 스티븐 트레비스 & 이안 폴 《성경 이해 2: 서신서와 요한계시록》.

성서유니온선교회. 2007.

• 홍창표 《신약과 문화》. 합동신학교 출판부. 1995.

• 힐머, M.R. 요한복음: 그들은 그를 믿었다. (In R.N. 론제네커., ed. 《신약성경에 나타난 제자도의 유형》. 국제제자훈련원. p. 155-191.) 2008.

유다서 주석

들어가면서

유다서는 신약 중에서 가장 무시되어 온 책이라 볼 수 있다. 한 예로, 루터는 유다서가 베드로후서를 의존하는 것으로 보면서, 신약성경의 참되고 확실한 것에 포함시키지 않았다. 하지만 유다서의 메시지는 중요하며, 유다서 24-25절은 성경에서 가장 멋진 '복의 선포'(benediction) 혹은 '송영' 중 하나이다.[2140)]

저자

예수님의 동생 유다.[2141)] 고린도전서 9장 5절의 '주님의 형제들'은 유다가 지중해 동부 세계를 광범위하게 여행했을 것을 암시한다(참고. Moo, 1996:28).

수신자

로마 제국의 한 지역 그중에서도 소아시아에 있었던 유대인 중심의 교회.

기록 연대

아마도 A.D. 60년대 초.

2140) 유다서와 베드로후서의 유사성은 여러 구절에서 볼 수 있다(유 4-벧후 2:1, 3; 유 6-벧후 2:4; 유 7-벧후 2:6; 유 8-벧후 2:10; 유 9-벧후 2:11; 유 12-벧후 2:13, 17; 유 18-벧후 3:3). 다음의 4가지 유사성에 주목해 보자: (1) 유다와 베드로의 초대 기독교의 공통 구전의 사용(예. C.D. Osburn), (2) 유다를 베드로의 대서가로 여김(예. J.A.T. Robinson, R. Riesner), (3) 베드로가 유다서를 참고함(예. 현대의 대부분의 주석가들), (4) 유다가 베드로후서를 사용함(예. D.J. Moo; 이것은 주로 사도가 비사도의 글을 참고하는 것은 부자연스럽다는 전제에 기초함)으로 다양하게 설명해 왔다. 이 두 서신의 한 가지 중요한 차이점은 베드로후서만 거짓 선생들(영지주의적 자유 방임자들)이 예수님의 재림을 부인한다는 것을 언급하는 것이다(참고. Moo, 1996:16-19).

2141) 큄멜(1996:431, 433)은 방종한 영지주의의 거짓 교사들과 싸우는 내용을 담고 있는 유다서가 '초기 공교회 주의'와 보조를 같이하고 있다고 본다. 그리고 유다서의 저자를 '모세의 승천'(참고. 유 14), '에녹 묵시록'(참고. 유 14), '유대인 전설'(참고. 유 9, 11)과 같은 유대교 묵시 문헌을 알고 있던 아마도 유대인 기독교인이었을 것으로 추정한다. 따라서 유다서는 주님의 형제에 의해서 기록된 것으로 알려지길 원했다고 본다. 그 결과 큄멜(1996:434)은 기록 연대를 A.D. 2세기 초로 본다. 참고로, 독일어 성경 중 히브리서 서문에서 루터는 유다서를 베드로후서에 의존하는 것으로, 그리고 사도 이후의 것으로 간주하면서 '신약성경의 참되고 확실한 주요 책들' 속에 포함시키지 않았다. 그러나 유다서 1절의 저자에 대한 진술을 현대 학자가 마음대로 변경할 수 없다.

기록 목적

유다는 수신자들에게 위협을 주었던 거짓 선생들의 가르침을 따르지 않도록 주의를 주고 믿음의 도를 굳게 붙잡게 하기 위해서이다. 이방 사회 안에 살던 유대인 그리스도인들은 이방인 혹은 이방인으로부터 영향을 받은 거짓 선생들의 미혹을 받았다(참고. Moo, 1996:28).

1. 본문 및 구조[2142)]

거짓 교사들의 위험(1-16)
하나님의 진리를 위한 전쟁(17-25)

2. 구원 계시사적 메시지

2.1. 유다서 1장 1-16절의 메시지

예수 그리스도의 종이며, 야고보의 형제인 유다가 편지를 쓴다(1절). 수신자들은 부르심을 받은 자들, 곧 '하나님 아버지 안에서 사랑을 받고'(*tois en theo patri egapemenois*),[2143)] 예수 그리스도에 의해서 지키심을 받은 자들이다(1절). 유다는 긍휼과 평강과 사랑이 더욱 많기를 빈다(2절). 유다는 수신자를 '사랑하는 자들아'라고 친근히 부른다. 그리고 '우리가 함께 받은 구원에 대하여'(*peri tes koines hemon soterias*)[2144)] 편지 쓰기를 간절히 원하던 중에, 성도에게 단번에 주신 믿음을 위해 힘써 싸우라고 권면해야 할 필요를 느꼈다고 말한다(3절).

유다는 어떤 거짓 선생들을 염두에 두고 있다. 그렇다면 거짓 선생들은 누구인가? 이들은 유대주의자들로 보이는데, 이들은 교회 안으로 가만히 들어온 자들이기에 결국 교회 안에 문제를 야기한 자들이다. 그리고 이들은 불경건한 자들이었고 예수님이 그리스도이심을 부인했다(4절). 그리고 이들은 자유 방임주의자 혹은 도덕 폐기론자들로서(참고. 16절), 소돔과 고모라처럼 성적인 부도덕에 사로잡혔다(참고. 7절). 이들은 또한 '꿈꾸는 자들' 즉 은사주의자로 주관적인 황홀경에 빠져 있던 자로서, '이성 없는 짐승 같은 자들'로 불렸다(참고. 8, 10절). 이들은 영적인 우월감을 가지고 있었는데, 황홀경을 경험함으로써 성령을 소유하고 있다는 잘못된 확신 위에 서 있었기에 영적인 교만으로 충만했다. 유다는 11절에서 가인, 발람, 고라의 전철을 밟은 이들에게 화를 선포하며, 12절에서 이들의 물질적인 탐욕을 고발한다. 이들 이방 나라의 환경에 동화되어 버린 유대인 거짓 선생들을 고발한 후에, 20절부터 유다는 긍정적이고 적극적으로 수신자들을

2142) 여기서 유다서 주석은 '유다의 구약 사용'에 초점을 맞추어 전개한다.

2143) 1절에서 다수 사본은 고린도전서 1장 2절처럼 '아버지 하나님 안에서 거룩하게 된 자들에게(*hegiasmenois*)'로 쓴다.

2144) 3절에서 다수 사본은 '우리가'(*hemon*; 직역: '우리의')를 생략한다.

권면한다.

유다서의 '몸통 글'을 여는 3절에서 유다는 독자들에게 "성도에게 단번에 주신 믿음의 도를 위하여 힘써 싸우라"고 권면한다. 현재 중간태 부정사 '싸우라'(*epagonizesthai*, contend)는 권면은 교회 밖의 사람이 아니라 교회 안의 거짓 선생과 계속해서 싸우라는 것이다. 이 이유로 4절은 '교회 안으로 몰래 들어온 사람들'을 언급한다. 4절에서 유다가 이 거짓 선생들에게 가한 4가지 비난(옛적부터 심판을 받도록 미리 기록되었음, 불경건함, 은혜를 방탕으로 바꿈, 유일하신 '주재자' [*despoten*][2145) 우리 주 예수 그리스도를 부인함) 가운데 첫 번째 것이 흥미롭다. "그들은 옛적부터 이 심판을 받도록 미리 기록된 자들인데." 혹자는 유다가 이른 시기에 기록된 기독교 문서를 염두에 두고 있다고 본다(예. 행 20:29-30; 딤전 4:1-3; 딤후 3:13; 벧후 2:1-3:4). 이 견해는 유다서 17-18절에 의해서 지지를 받기도 했다. 하지만 '옛적부터'라는 말이 이처럼 최근의 신약 문서를 가리키는지 확실하지 않다. 혹자는 유다가 악인을 심판하는 내용을 가진 하늘의 책들을 염두에 두고 있다고 보지만 설득력이 없다. 가장 가능성 있는 해석은 유다서 5-7절과 11절의 목록에서 볼 수 있듯이, '성경에 있는 고대 유대의 예언'이다. 적어도 모형론적으로 볼 때 유다가 말하는 바는, 구약에 심판을 받은 사람들처럼 유다 당시의 거짓 선생들에게도 심판이 임한다는 것이다. 고대의 예언은 에녹1서도 포함한다(참고. 유 14-16).

유다는 5절에서 '(주께서 자기 백성을) 단번에 구원하셨던'(*hapax*······*sosas*)[2146) 사건인 출애굽을 언급하지만, 출애굽 내용을 언급하는 베드로후서(예. 벧후 2장)는 언급하지 않는다. 하지만 유다는 죄로부터의 새 출애굽과 같은 신약 교회를 위한 긍정적인 모형론으로 출애굽을 언급하기보다, 하나님께서 출애굽 후에 불순종한 이스라엘인들을 심판하신 것을 경고 차원에서 소개한다(참고. 고전 10:1-13; 히 3:7-13). 암시적으로 모세 당시의 이스라엘과 유다 당시의 성도 사이에 모형론적인 연결성이 있다. 어떤 공동체에 속해 있다는 사실은 그 사람이 불신실함으로 받을 심판을 모면할 수 없음을 교훈한다.

주님께서 처음 지위를 지키지 않고 자기 처소를 떠난 천사들을 큰 심판 때까지 영원한 결박으로 어두움 속에 가두셨다(6절). 심판 받는 천사의 '신약 문맥'을 살펴보자. 베드로와 유다는 천사와 소돔과 고모라가 받을 심판을 언급한다(참고. 벧후 2:6; 유 7). 베드로가 노아와 롯과 같은 의인이 구원을 받았음을 언급하지만(참고. 벧후 2:5, 7), 유다는 의인을 언급하지 않는다. 이를 통해서 유다는 거짓 선생들에게 경고를 주려고 한다. 이것의 '구약 문맥'을 살펴보자. 유다서 6절의 구약 배경을 창세기 6장 1-4절로 본다면, 창세기 6장 1-4절의 의미가 무엇인지 물어봐야 한다. 크게 3가지 해석이 있다. (1) '하나님의 아들들'은 종(species)의 경계를 넘어 여자와 결혼하여 네피림을

2145) 4절에서 다수 사본은 '주재자 하나님'(*despoten theon*)이라고 보충해서 쓴다. 누가복음 2장 29절, 사도행전 4장 24절, 6장 10절에서 '주재자'는 '하나님'을 가리키는 용어이기에, '하나님'을 첨가한 것으로 보인다(참고. 매츠거, 2005:635).

2146) 드물게 5절의 본문 비평의 등급은 {D}이다. '주께서' 대신에 '예수님께서'라고 쓰는 사본들이 있다(A, B 등). 다수 사본은 "너희가 이것을 단번에 알고 있다(*hapaks touto hoti ho kyrios*). 주님이 백성을······"이라고 쓴다.

낳은 천사들을 가리킨다. (2) 매우 설득력 있는 주장으로서, 하나님의 아들들은 왕과 사사와 같은 관료적 귀족들인데, 일부다처를 통해서 자신의 위대함을 과시했던 사람들이다. (3) '하나님의 아들들'은 셋의 경건한 후손들인데 불경건한 여자들과 결혼한 사람들이다.

첫 번째 해석은 초기·후기 교부들, 초기 유대인의 해석 및 최근의 적지 않은 학자들에 의해서 지지를 받는다. 하나님의 아들들이 천사를 가리키는 예는 욥기 1장 6절, 2장 1절, 38장 7절에서 그리고 암시적으로 시편 29편 1절, 89편 7절, 다니엘 3장 25절에서 볼 수 있다. 하지만 이 천사로 보는 해석은 홍수를 통해서 '사람'에게 심판을 선언하는 창세기 6장의 문맥에 쉽게 맞아 떨어지지 않는다(참고. 창 6:3). 더구나 예수님은 천사는 결혼하지 않는다고 말씀하셨다(참고. 마 22:30; 막 12:50). 이런 불확실성과 어려움 때문에 혹자는 유다서 6절의 배경에 천사들의 타락이라는 역사 이전의 사건이 있을 것으로 추정한다(참고. 창 3).[2147]

유다는 6절에서 에녹1서의 모든 내용을 참된 것으로 보거나 전적으로 의지하지 않는다. 단지 유다는 악한 천사들이 어둠에 갇혀서 심판의 날까지 결박될 것이라는 사상만 차용한다. 요점은 그들이 받을 심판이 확실하다는 사실이다. 유다는 천사들의 성적 타락을 소돔과 고모라의 성적 타락과 연결한다(7절). 유다의 요점은 타락한 천사와 소돔과 고모라에게 임할 심판이 확실하다는 것이다. 혹자는 유다가 '타이탄'(Titans)에 관한 헬라 신화를 의존한다고 본다. 비슷하게 일부 유대 문헌들도 타락한 천사를 타이탄들과 연결한다(참고. 요세푸스의 《고대사》 1.73; 시락 16:7; 유딧 16:6). 이들 문헌에 의하면, 타이탄은 'Tartarus'(지옥)에 감금된다(참고. 욥 40:20, 41:24; 잠 30:16 LXX). 하지만 유다가 헬라 신화의 영향을 받았음을 증명하기 어렵다.

유다서 6절 안에서 유다의 '구약 사용'을 살펴보자. '희년서' 5장에서 종(species)을 가로지르는 것은 핵심적인 죄악이다. 하지만 이것이 유다서 6절에서는 분명하지 않다. 유다의 관심은 이들의 죄악이 구체적으로 무엇인가에 있지 않고, 그들이 누구이건 이런 천사들에게 임할 심판의 불가피성이다.

이 구절의 요점은 타락한 천사들이 영원한 심판을 기다린다는 것인데, 범죄한 천사에게 종말론적인 심판은 확실하다는 사실이다. 그들은 이미 감옥에 갇혀 있다. 더 분명한 것은 그리스도께

2147) 6절의 유대주의에서의 문맥을 살펴보자. 여기서 우리는 신약 연구에서 유대교와 유대 문헌의 중요성을 지적해야 한다. 왜냐하면 신약의 일차적 배경은 헬라-로마 세계가 아니라 유대교이기 때문이다. 그리고 예수님이 하신 일은 구약을 성취하시는 동시에, 구약을 바르게 계승하지 못하고 인간의 유전으로 뒤범벅된 뒤틀린 유대교를 제자리로 돌리셨기 때문이다. 하나님의 아들들인 천사들(종종 파수꾼 [Watchers]이라 불림)이 여자와 성적 결합을 했다는 것이 유대 문헌에 널리 알려졌다(참고. 에녹1서 6-19; 희년서 4:15, 22; 르우벤의 유언 5:6-7; 납달리의 유언 3:5; 바룩 2서 56:10-14). 소수의 랍비 전통에서는 천사로 보는 견해에 저주를 퍼붓지만, 그것은 A.D. 2세기 중반 이후의 전통이다. 이러한 유대 문헌 중에서 가장 포괄적인 것은 에녹 1서 6-19장이다. Bauckham(1988:51)은 이 유대 전승이 밝히는 천사들의 타락은 원래 악의 기원에 관한 신화였는데, A.D. 1세기 중반에 신화로부터 떨어져 나왔다고 본다. 유대 전승은 야렛의 시대에(참고. 창 5:18) Semihazah와 Asael의 지도하에 200명의 천사들이 하나님에게 반역을 일으켰고 아름다운 여인을 향한 욕망으로 헐몬 산으로 내려와서 결국은 거인 자식을 낳았다고한다. 타락한 천사는 결박되어 땅 아래에 갇혀 최후 심판 때까지 있을 것이며, 하나님은 홍수로 타락한 천사에 의해 지배되었던 세상을 심판하셨다.

서 피로 값 주고 사신 이들이 그리스도를 부인할 때 임하는 심판이다.

유다서 7절의 소돔과 고모라의 멸망에 관한 '신약 문맥'을 살펴보자. 유다는 간단히 소돔과 고모라와 이웃 도시들의 성적 부도덕과 성도착을 언급한다. 이웃 도시들은 아드마, 스보임과 소알이다(참고. 창 14:8, 19:25, 29). 소알은 롯의 기도로 보존되었다. '구약 문맥'을 살펴보자. 창세기 19장의 소돔의 죄악은 정확히 무엇인가? 성적인 타락과 고대 근동의 환대에 관한 관습을 무시한 것이 아닐까?

최근에 Morschauser(2003:461-485)는 창세기 19장의 재구축과 해석을 시도하여 신선한 읽기를 제공했는데, 롯의 무죄를 입증하려고 했다.[2148] 그의 논문의 중요한 사항을 소개해 보면 다음과 같다. (1) 창세기 19장 1절은 롯이 두 방문객이 찾아왔을 때 성의 문에 앉아 있다고 밝히기에 롯은 공적인 직무를 감당하는 장로로 추정할 수 있다. 따라서 롯이 두 방문자를 자기 집으로 초청한 것은 개인으로서 한 행동이 아니다. (2) 롯의 집 앞에 모인 무리들은 특별히 '젊은이와 늙은이'라고 밝히기에 아마도 그 성을 다스리던 엘리트 계급에서 나온 사람들일 것이다. (3) 창세기 19장의 사건은 앞서 14장의 소돔을 침략한 사건 몇 장 이후에 나오기에 의심 없이 소돔의 어떤 사람들은 두 방문자들을 스파이로 간주하여 염려했을 수 있다. 롯이 두 방문자들이 광장이 아니라 자신의 집에서 숙박한다고 강조한 것은(참고. 창 19:2-3) 관대한 환대의 행동일 뿐 아니라 그들이 자유롭게 성을 거닐지 못할 것을 확신시키기 위함이다. 환언하면, 성문의 공식 관리로서 롯은 두 방문객을 자신의 집에 데리고 옴으로써 그들을 감시하려고 했다는 것이다.

(4) 성읍의 사람들이 두 방문객을 롯으로 하여금 내어 '상관하리라'(*yada*)고 한 것은 성적인 학대를 위함이 아니다(참고. 창 19:5). 때로는 *yada* 동사(to know)가 광범위하게 사용되어 이 문맥에서는 '심문하다'라는 뜻을 가질 수 있다. 물론 심문은 그 당시에 스파이와 같은 경우에 꽤 잔인한 일이었을 수 있다. (5) 고대 근동의 환대의 관습에서 예외는 스파이가 방문한 경우이다. 창세기 42장 5-14절에서 요셉은 알면서도 형들을 스파이처럼 가혹하게 다루는 척했다. 여호수아 2-3장에서 여리고의 법을 따른다면 라합은 여리고를 방문한 두 정탐꾼들을 가차 없이 넘겨주어야 했다. (6) 롯이 제안한 것은 자신의 딸을 집 밖으로 끌어내어 무리의 정욕을 충족시키려는 것이 아니라, 두 방문객이 떠날 때까지 즉 그날 밤 동안만 인질을 교환하듯이 잡혀 있도록 하려는 것이었다. 나중에 르우벤과 유다의 경우에 인질을 잡아 두는 것을 볼 수 있다(참고. 창 42:37, 43:9). 조약서가 너희에게 있으니 그들이 내일 아침에 이곳을 떠날 때까지 너희는 내 딸을 안전하게 보호해야 한다는 뜻으로 본다(참고. 창 19:8). 하지만 그 폭도들은 그 성의 행정관과 같은 롯을 정당하게 대접하지 않았고 그의 권위에 도전하며 거칠게 다루었다. 이 이유로 하나님은 폭도들을 징벌하셨다.

이상의 주장은 흥미롭기는 하지만 문제가 있다. (1) 히브리어 *yada* 동사는 창세기 19장 8절에서 의심의 여지 없이 성교를 가리키듯이, 5절도 마찬가지로 보아야 한다. (2) 창세기 13장에서 아브라함과 롯이 분리되는 이야기에서 롯의 탐심이 언급된다. 창세기 13장 13절에서 소돔이

2148) 출처는 Hospitality, hostiles, and hostages: on the legal background to Genesis 19:1-9, *JSOT*, 27:461-485이다.

악한 도시임을 알면서도 물이 넉넉한 그곳을 택한 롯의 모습은 물질 우선주의자임을 증명한다. 만약 롯이 이렇게 사악한 도시의 행정관이었다면 그의 도덕적인 상태는 비난받을 것이 없다고 볼 수 없다. (3) 르우벤과 유다는 자신들이 인질로 바쳐지길 원했듯이 왜 롯은 자신을 딸 대신에 인질로 바칠 생각을 하지 못했을까? (4) 유사한 사건이 기록된 사사기 19장 22절에서도 불량배들이 레위인의 첩을 '*yada*'하려는 것을 '심문하다'라고 보는 것은 설득력이 없다. 이 경우처럼 고대 근동의 관습을 본문 위에 얹어 놓고 본문을 지배하도록 하는 독법은, 먼저 본문 자체가 말씀하도록 하는 것이 아니다.[2149]

유다서 7절 안에서의 유다의 구약 사용을 살펴보자. 유다는 소돔과 고모라의 예를 통해서 죄인이 받을 영원한 심판을 강조한다. 특히 거짓 선생들은 스스로 자신의 육체를 더럽혔다(유 8). 거짓 선생들이 받을 불가피한 심판을 통하여 유다는 모형론적인 관련성 속에서 장차 도래할 하나님의 심판의 최종성과 불가피성을 강조한다(참고. 마 25:31-46; 행 17:31; 살전 5:1-11).

꿈을 꾸는 이 사람들도 그와 같이 육체를 더럽히고 권위(*kyrioteta*, lordship; 참고. 시내 산 사본은 복수형[*kyriotetas*]을 씀)를 업신여기며 영광을 모독한다(8절). 천사장 미가엘이 모세의 시체에 대해서 마귀와 다투며 논쟁할 때, 감히 모욕하는 판단을 직접 내리지 않고 주님께 맡겼다(9절). 이것의 '신약 문맥'(권위를 향한 거짓 선생들의 욕망)을 살펴보자. 바로 앞 8절에 의하면, 거짓 선생들이 자신의 육체를 더럽힐 뿐 아니라, 권위를 업신여기고 영광(천상의 존재들?; NRSV: glorious ones)을 훼방(*blasphemeo*, to shame, dishonor someone)했다. 그들이 거부한 권위는 그리스도 혹은 하나님의 권위이다.

그렇다면 영광(*doksa*)을 비방한 것은 무슨 뜻인가? MT에서 '영광'은 종종 '유명인'을 가리킨다(참고. 시 149:8; 사 3:5, 23:8; 나 3:10). 하지만 LXX는 *doksa*를 '유명인'을 가리키는 것으로 한 번도 사용하지 않는다. 만약 이 '영광스러운 존재들'이 천사들이라면(참고. 출 15:11 LXX), 그들은 악한 천사들은 아닌 것으로 보인다(참고. 선한 천사를 영광스런 존재로 묘사하는 에녹 2서 22:7, 10). 종종 천사들은 하나님이 세우신 질서와 권위의 수호자로 여겨지거나 하나님의 계시를 사람에게 전달하는 매개체로 여겨진다(참고. 행 7:38, 53; 고전 11:10; 히 2:2). 그렇다면 선한 천사들을 훼방하는 것은 하나님의 권위에 도전하는 것으로 볼 수 있다. 이러한 도전은 유다가 알고 있던 거짓 선생들의 반역적 경향과 맥을 같이한다. 그래서 유다는 천사장 미가엘조차도 하나님의 권위를 능가하지 않도록 주의했다는 예를 제시한다.[2150]

9절의 '구약 문맥'을 살펴보자. 신명기 34장 1-8절에서 모세의 장사가 설명될 때, 미가엘이나

2149) 이것의 '유대주의 문맥'을 살펴보자. 초기 유대주의는 소돔에 관해 많이 언급한다. 몇몇 본문들은 동성애와 거만함과 같은 소돔의 죄악을 지적한다(예. 마카비 3서 2:5; 시락 16:8; 레위의 유언 14:6; 납달리의 유언 3:4; 희년서 16:5-6; 에녹 2서 10:4; 지혜서 10:7). 신약도 소돔과 고모라를 거의 속담처럼 말한다(예. 마 10:15; 눅 10:12, 17:29). 물론 예수님은 갈릴리 지역의 도시들의 완악함이 소돔보다 더하다고 말씀하시기도 했다(참고. 마 11:20-24).

2150) 존 월튼(2010:2073)은 꿈꾸는 것을 거짓 선지자들의 꿈으로 본다. 그리고 천사의 영광을 천군 천사의 여러 계급을 가리킨다고 본다.

마귀에 대한 언급은 없다. 천사장 미가엘은 다니엘 10장 13절, 21절과 12장 1절에 등장할 뿐이다. 9절 끝에 인용된 말 즉 미가엘이 마귀에게 한 말은 "주께서 너를 꾸짖으시기를 원하노라"이다. 이 표현은 스가랴 3장 2절에 나타난다. 그러나 거기서 대제사장 여호수아를 변호하시면서 사탄의 정죄를 막는 분은 하나님 자신이시다. 스가랴 3장 1-5절을 자세히 살펴보자. 스가랴가 환상을 보니, 대제사장 여호수아는 여호와의 사자(천사) 앞에 섰고, 사탄은 그의 우편에 서서 그를 대적한다(참고. 슥 3:1). 이 모습은 욥기 1장의 모습과 비슷하다. 사탄이 욥을 고소했듯이, 이제 대제사장 여호수아를 고소한다. 따라서 이 환상의 배경은 '법정'과 유사하다. 사탄은 여호수아가 대제사장으로서의 자격이 없음을 고소한다. 실제로 '사탄'은 '고소하는 자', '참소하는 자'라는 뜻이다. 사탄은 성도의 죄악을 고소하지만, 성령님은 우리 안의 죄악을 기억나게 하셔서 회개하여 정결하게 하신다. 2절에 의하면, 하나님은 여호수아를 고소하는 사탄을 두 번이나 강조해서 책망하시고 선전포고를 하신다. 사탄에게 선전포고를 하신 하나님은 불에서 꺼낸 그슬린 나무 같은 예루살렘을 은혜로 택하셨다(참고. 슥 3:2). 아모스 4장 11절에 보면, 불에서 꺼낸 나무는 이스라엘 백성이 하나님의 징벌을 피한 상태를 의미한다. 여기서 '불에 그슬린 상태'는 바벨론에 갇힌 70년 동안의 포로 상태를 상징한다. 포로에서 건져 내신 것은 마치 불에서 다 타버리지 않도록 나무를 건져 낸 것에 비유된다. 하나님은 바벨론이라는 이방 나라에서 이스라엘을 건지셨을 뿐 아니라 고소자 사탄의 영적인 공격으로부터도 이스라엘을 구원하신다. 그런데 스가랴가 보니 대제사장 여호수아는 더러운 옷을 입고 천사 앞에 서 있다(참고. 슥 3:3).

구약에서 대제사장은 백성의 대표이기에, 그의 더러움은 곧 백성 전체의 더러움을 의미한다. 그런데 대제사장 여호수아가 무슨 이유로 더러운 옷을 입고 있는가? 포로에서 돌아온 이스라엘 백성의 죄악 때문이다. 바벨론 포로 귀환 후에도 불구하고 이스라엘 백성은 죄악 속에 있었음을 알 수 있다. 대제사장의 옷은 고급 베로 만든 속옷, 겉옷, 에봇과 우림과 둠밈을 넣을 수 있고, 이스라엘 12지파를 상징하는 보석 12개가 박힌 흉배, '여호와께 성결'이라는 글귀가 순금 판에 새겨져서 두건에 부착되는 등 참으로 휘황찬란한 것이 아닌가?(참고. 레 8:5-7) 그 대제사장의 옷이 더럽혀지다니 있을 수 있는 일인가? 만약 대제사장이 더러워졌다면 누가 지성소에 들어가서 피를 뿌리며 백성들의 죄악을 속할 수 있단 말인가? 여호수아를 향해서 퍼부은 사탄의 고소에 대해서 하나님은 행동으로 답을 주신다. 여호와는 여호수아의 더러운 옷을 벗기고 아름다운 옷을 입혀 주심으로써, 여호수아는 여전히 대제사장 직무에 적합하며, 결국 하나님께서 이스라엘의 죄악을 씻으심을 가르쳐 주신다(참고. 슥 3:4). 그리고 하나님은 정결한 관을 여호수아의 머리에 씌우고 아름다운 옷을 입히신다(참고. 슥 3:5). 여호수아가 하나님 보시기에 대제사장 직무를 감당하기에 충분한 자격을 갖추었다는 표시이다. 이것은 여호수아뿐 아니라 이스라엘 전체가 회복되는 것이다.[2151]

2151) 여기에 모형론이 등장한다. 대제사장 여호수아는 대제사장이신 예수님과 이름이 똑같은 그림자이다. 우리의 더러운 죄악을 지신 예수님은 단지 더러워지신 것이 아니라, 죽으셨다가 부활하심으로써 무죄로 입증 받으실 것을 보여주는 것이다. 점도 흠도 없으신 예수님이야말로 대제사장으로서의 자격을 온전히 갖춘 분이시고, 지금도 죄 사함을 받은 성도를 위해서 기도하고 계신다. 사탄은

9절의 '유대주의 문맥'을 살펴보자. 유다서 9절이 묘사하는 사건을 교부들의 글을 통하여 알 수 있다. 알렉산드리아의 클레멘트는 '모세의 승천기'라는 책에서 유다가 인용하고 있다고 보는데, 하지만 그 이야기를 보존하는 사본은 존재하지 않는다. 그러나 밀란 사본은 '모세의 유언'이라고 불리는 외경을 보존하고 있는데, 그 끝 부분은 소실되었다. Bauckham(1988:65-76)은 이 소실된 마지막 부분은 미가엘과 마귀의 시체 논쟁 사건을 담고 있다고 주장한다. 마귀와 천사 사이의 논쟁은 스가랴 3장 2절까지 거슬러 가는데, 초기 유대주의 문헌에 이 주제는 더 강화되었다(예. 아셀의 유언 6:4-6). 모세가 죽을 때, 사탄은(슥 3:2의 문맥에서 알 수 있듯이 대제사장 여호수아를 실패자로 몰았듯이, 모세도 실패자로 간주하여) 모세의 시체를 매장하기보다는 파괴하기 원한 것 같다.[2152)]

거짓 선생들은 무엇이든지 알지 못하는 것을 모욕하며, 이성 없는 짐승들처럼 본능으로 아는 그것 때문에 멸망하게 된다(10절). "이들에게 화가 있을 것이다. 그들은 가인의 길로 갔고, 품삯을 위하여 발람의 어그러진 길로 몰려갔으며, 고라의 반역을 따라 멸망하였다"(11절).

먼저 11절의 '가인'에 대해, '신약 문맥'(가인의 증오)을 살펴보자. 가인은 유다서 11절에서 부정적인 3명(가인, 발람, 고라)의 예 중에서 첫 번째 사람이다. 그리고 '구약 문맥'을 살펴보자. 창세기 4장 1-25절에서 가인은 동생 아벨로 인해 화가 났는데, 아벨과 그의 제사만 하나님이 받으셨기 때문이다. 창세기 4장 6-7절에서 가인의 제사가 거절된 이유를 추론해 보면, 제물에 피가 없어서가 아니라, 그가 악을 행하는 사람(evildoer)이었기 때문이다. 하나님께서 가인에게 도전하신다. "왜 네가 화를 내느냐? 만일 네가 옳게 행했다면 너가 열납되지 않았겠는가? 그러나 만약 너가 옳게 행하지 않았다면 죄가 너의 문 앞에 웅크리고 있다. 죄가 너를 가지기를 원하지만, 너는 죄를 지배해야만 한다"(TNIV).[2153)]

예수님을 시험하고 대적하셨지만 하나님은 예수님을 의롭다고 인정하셨다.

2152) 유다의 '전승 사용'을 살펴보자. "감히 훼방하는 판결을 쓰지 못하고"는 두 가지로 번역이 가능하다. (1) NIV처럼 미가엘이 마귀를 대항하여 '비난하는 고소'를 감히 하지 못했다. 하지만 이 번역에 의하면 어떻게 마귀를 비난(slander)하는 것이 가능한지 이해하기가 어렵다. (2) 더 나은 해석은 미가엘이 마귀를 대항하여 '비난의 저주'(a condemnation of slander)를 하지 않았다이다(NRSV). 혹은 좀더 풀어서 말하면, "미가엘은 스스로 비난(slander)을 위해서 마귀를 비방하지 않았다"이다(TNIV). 사고의 흐름은 다음과 같다. 거짓 선생들은 선한 천사들을 비난했다. 아마도 그들은 천사들이 모세의 율법에다 도덕적인 요구들을 몰래 써 넣었다는 명목으로 비난한 것 같다. 반대로, 모세의 자질을 폄훼했던 사탄과 미가엘이 논쟁할 때, 미가엘은 악한 존재라고 모두가 인정하는 타락한 천사들을 비난하지 않았다. 이렇게 함으로써 미가엘은 자신의 정당한 경계를 넘어 악을 심판하시는 하나님의 자리를 점유하지 않았다. 유다는 실제로 그 이야기를 믿은 것 같지는 않으며 단지 그 이야기를 인용함으로써 그 이야기가 제공하는 도덕적인 교훈을 주기를 원한 것 같다. 마치 도덕적인 교훈을 위해서 《해리 포터》라는 소설을 인용할 수 있는 것처럼 말이다. 요한계시록 12장 10절에서 하나님은 자신의 사역자들을 사탄의 고소로부터 변호하심을 볼 수 있다. 성도는 오직 어린양의 피를 근거로 하여 사탄의 고소를 이긴다.

2153) '유대주의 안에서의 문맥'을 살펴보자. 초기 유대주의 문헌은 가인을 많이 언급한다(예. 아브라함 묵시 24:3-5; 에녹 1서 22:5-7; 마카비 4서 18:6-19; 희년서 4:1-6; 베냐민의 유언 7:1-5). 베냐민의 유언과 아브라함 묵시에서 가인이 아벨을 죽인 것은 마귀에 의해서 충동을 받아 벌어진 일이라고 설명한다.

유다서 11절(가인)의 '구약 사용'을 살펴보자. 유다가 통렬하게 비난한 거짓 선생들이 가인처럼 실제 살인죄를 지었는지 확실히 알 수 없다. "가인의 길을 따랐다"는 말은 유다 당시에 이미 가인의 살인죄가 증오의 주요 예로서 기능을 하고 있음을 뜻한다(참고. 베냐민의 유언 7:5; 요일 3:11-12).

살인과 증오는 서로 연결되어 작용함을 간본문인 요한일서 3장 11-12절에서 세부적으로 볼 수 있다. 이것을 예수님도 마태복음 5장 21-24절에서 마음속으로 미워하는 것이 곧 살인죄를 지은 것이라고 밝히셨다. 유다는 거짓 선생들이 '단번에 주신 믿음의 도'인 진리를 미워하여, 결국은 그리스도인에게도 적의를 표출하게 됨을 설명한다.

11절의 '발람'을 살펴보자. 먼저 '신약 문맥'(진리를 떠나 탐욕으로 떠난 사람)을 살펴보자. 거짓 선생들은 발람이 저지른 실수 즉 돈을 갈망한 것을 따랐다. '어그러진 길'(plane)이라는 명사의 배후에는 '길을 잃어버리다'(wandered off, 참고. 벧후 2:15-16)라는 뜻이 있다. 베드로는 세부적으로 나귀의 역할을 밝히고 있다. 유다는 간략하고도 신랄하게 언급한다. 유다가 비난한 것은 발람이 돈을 갈망한 것이지, 발람이 발락에게 해 준 충고의 교활함 혹은 발람이 천사를 대면한 것, 혹은 나귀의 말이 아니다.

발람의 '구약 문맥'을 살펴보자. 발람에 관한 첫 언급(참고. 민 22-24)은 나중에 그의 이름이 자주 언급되도록 한다(참고. 민 31:8, 16; 신 23:4-5; 수 13:22, 24:9-10; 느 13:2; 미 6:5). 대부분의 이 구절들은 하나님께서 어떻게 개입하셔서 발락이 듣기를 원했던 저주를 발람이 하지 못하게 되었는가를 강조한다.[2154] 이스라엘이 유혹을 받아 범죄하도록 하며 결국은 하나님의 심판이 임하도록 하는 악한 조언은 요한계시록 2장 14절에도 등장한다.[2155]

발람과 관련하여, 유다서 11절에서의 '구약 사용'을 살펴보자. 분명히 거짓 선생들이 어그러진 길로 가도록 한 동기 중 하나는 탐욕이다. 성경에서 재물에 초점을 둔 경고 목록을 모으는 것은 어렵지 않다. 거짓 선생들이 잘못 가르친 내용과 경건을 유익의 재료로 여긴 것 때문에 비난을 받는다고 언급한 디모데전서 6장 3-10절이 유다서 11절과 매우 가깝게 관련된다. 돈을 사랑하는 것이 일만 악의 뿌리인데, 신앙에서 이탈하고 많은 근심으로 자신을 찌르게 한다(참고. 딤전 6:10).

11절의 '고라'의 '신약 문맥'(고라의 반역)을 살펴보자. 유다의 악한 세 사람의 예는 연대순으로 되어 있지 않다. 왜냐하면 고라가 발람보다 더 이른 사람이기 때문이다. 여기에 결국은 하나님의 손에 심판을 받은 또 다른 악인이 등장한다. 고라의 '구약 문맥'을 살펴보자. 고라는 출애굽기

2154) 본문상 문제를 살펴보자. 몇몇 주석가들(예. Bauckham, Neyrey, Davids)은 민수기에 관한 3가지 탈굼에서 ('위 요나단' 등) 나귀가 단순히 왜 자기를 때리느냐고 발람에게 묻지 않고, 발람을 실제로 꾸짖었다고 언급하는 것에 주목한다. 성경 본문에 의하면, 발람을 실제로 꾸짖은 것은 천사의 몫이다.

2155) 발람의 유대주의 안에서의 문맥을 살펴보자. 발람이 돈을 추구한 것은 필로의 작품에 드러난다(참고. 모세 1.268; 그룹 33-34). 특별히 랍비 문헌에서 발람은 궁극적으로 그의 사악함에 대해 적절한 대가를 받는다. 그는 이스라엘에 의해서 죽임을 당한다(참고. 민 31:8). 랍비 문헌은 발람이 성적 타락에 빠졌다고 언급한다. 근거는 언약의 입장에서 보면 매우 불법적인 것으로 발람이 발락에게 종교를 넘어서 결혼하도록 조언한 것이다.

6장 21절과 24절에 처음 등장하는 레위 지파의 지도자인데, 나단과 아비람과 더불어 모세의 지도력에 도전한 사람이다(참고. 민 16장; 민 26:10-11). 모세와 아론을 거스려 반역한 것은 하나님이 그들에게 주신 권위에 대한 욕망 때문이었다. 고라는 모든 이스라엘 백성이 거룩한 제사장 나라이기에, 모세와 아론만 특별한 권위를 가지고 있다는 것은 말이 안 된다고 보았을 것이다. 그 결과 반역을 일으킨 당사자와 그들의 집이 하나님에 의해서 파멸되었다(참고. 민 16:31-35).[2156]

유다서 11절에서의 '구약 사용'을 살펴보자. 유다가 고라를 언급할 때 두 가지가 결정된다. 첫째, 고라가 모세와 아론을 거역함으로 결국 그들을 세우신 하나님에게 반역한 것이다. 둘째, 고라는 하나님 손에 파멸되었다. 암시적으로, 유다는 거짓 선생들이 적법한 영적인 권위에 대해서 반역을 일으키고 있기에 고라와 유사한 운명을 맞이할 것이라고 경고한다. 큰 죄는 사람이 하나님처럼 되려는 것이다(참고. 창 3장). 즉 우리 것이 아닌 권위를 주장하는 죄이다. 피조물의 첫 번째 책임은 피조된 신분을 깨닫는 것이다. 유다의 요점은 하나님은 만홀히 여김을 받으시지 않으며, 하나님의 권위에 대한 반역은 즉시 심판을 받게 된다는 것이다.

거짓 선생들은 거리낌 없이 함께 먹으며, 자기 배만 채우는 '너희 애찬의'(*agapais hymon*)[2157] 암초들(hidden reefs)이며, 바람에 밀려다니는 비 없는 구름이고, 두 번 죽어 뿌리가 뽑힌 열매 없는 가을 나무이다(12절). 12절에서 적어도 두 개의 구약 암시를 볼 수 있다. 유다서의 거짓 선생들은 에스겔 34장 2-3절의 자기 배만 살찌우는 '거짓 목자'와 같다. 이것은 탐욕스런 발람과도 관련 된다(참고. Green, 2008:95). 에스겔 34장은 여호와께서 이스라엘에게 오셔서 참 목자로서 돌보실 것이라는 약속을 강조한다. 거짓 선생들을 '비 없는 구름'이라고 책망한 것을 잠언 25장 4절에서 본다. 반면에, 베드로후서 2장 17절에서는 '물 없는 샘'이라고 표현한다. 유다와 베드로는 영적 허풍쟁이들의 구원을 가져다주지 못하는 약속을 지적한다. 거짓 선생들은 살찌우고 새롭게 하는 물을 약속하지만 아무것도 가져다주지 못했다. 성경에는 하나님의 지혜와 율법, 복과 교훈을 물로 비유하는데, 건조함은 불 속으로 들어가야 하는 열매 없는 쭉정이와 연관 있다(참고. 시 1:3-4, 잠 13:14; 18:4; 렘 2:19, 14:3, 17:5-8).

거짓 선생들은 자기 수치의 거품을 내뿜는 바다의 거친 파도이며, 떠돌아다니는 별들인데, 그들에게 캄캄한 어두움이 영원히 예비되었다(13절).[2158] 유다는 계속해서 자신의 은유를 네 영역으로부터 도출한다. 곧 땅(나무), 공중(구름), 바다, 그리고 하늘(별). 이것은 에녹 1서 80장의 네 영역과 비슷하다. 먼저 거짓 선생들은 바다의 거친 물결로서 수치의 거품을 내뿜고 있다는

2156) 고라의 '유대주의 안에서의 문맥'을 살펴보자. 고라는 분리주의자 혹은 반역자의 대명사가 되었다(참고. 《유대 고대사》 4:14-21).

2157) 12절의 *agape*는 '사랑'이라기보다 'love feast'이다. A와 C사본은 베드로후서 2장 13절과 일치시켜 *apatais hymon*('너희 속임수')으로 쓰지만 문맥에 어울리지 않고, 사본상의 지지도 약하다.

2158) 참고로, 그리스 전통에 의하면, 욕망의 신 '아프로디테'는 타이탄족의 조상 '우라누스'가 거세될 때 바다 거품에서 태어났다. 사해 사본에서 '파도'는 죄의 더러움을 토해 내는 것에 대한 이미지로 나타난다(참고. 존 월튼, 2010:2075).

은유를 본다. 이것은 이사야 57장 20절의 메아리이다. 고대 이스라엘 백성은 바다에서 일하는 백성이 아니었기에, '바다' 이미지는 모험 혹은 자연과의 신비로운 연합 사상과는 거리가 멀다. 대신 '바다'는 혼돈, 사악함, 위험과 연관된다. 이것은 요한계시록에서 요한이 왜 '새 바다'가 없는 '새 하늘과 새 땅'을 소개하는지 이유를 제공한다(참고. 계 21:1). 이것은 종말에 육지상의 물의 성격을 연구하는 '수문학적 원리'(hydrological principles)의 부재와 무관하다. 이것은 하나님과 어린양이 신천신지의 해와 빛이 되실 것이라는 표현에서 우리가 종말에 천문학적인 원리에 관한 통찰력을 얻을 수 없는 것과 마찬가지이다.

아담의 7대손 에녹도 거짓 선생들에 대해 예언하여 다음과 같이 말했다. "보아라. 주께서 그 수만 명의 성도와 함께 임하셨다. 이는 모든 이들을 심판하시고 그들이 경건하지 않게 행한 모든 불경건한 행위와 불경건한 죄인들이 주께 거스려 말한 모든 사나운 말에 대하여 정죄하시려는 것이다"(14-15절). 거짓 선생은 원망하는 자들, 불평하는 자들, 자기 정욕을 따라 행하는 자들, 자랑하는 자들, 이익을 위하여 아첨하는 자들이다(16절). 유다서에서 확실하면서도 가장 길고 유일한 인용은 구약 본문에서가 아니라 '에녹 1서'로부터 나온다. 하지만 14-16절에서 몇몇 구약 암시가 등장한다. (1) 에녹이 아담의 7대손이라는 말(14절). (2) '수만 명의 성도들'(바른성경)과 함께 오시는 하나님에 관한 이미지(14절)는 여호와의 시내 산 현현을 다루는 신명기 33장 2절과 관련 있다. 신명기 33장 3절에서 '거룩한 자'가 하나님의 백성을 가리키기에, 유다서에서 이들을 '천사'로 보는 해석은 확실치 않다. 그럼에도 불구하고 이 용어는 에녹 1서 1장 9절에 등장하는데, 유다가 이 구절에서 인용하여 독자들로 하여금 최후 심판을 위해서 있을 하나님의 법정을 마음에 그려보도록 한다. 사실 에녹 1서 1장의 언어는 하나님의 백성을 '택자'로 묘사하며, 하나님의 돌이킬 수 없는 심판도 다룬다. 신명기 33장 2절의 시내 산 현현은 종말에 있을 완성된 계시의 예기이다. 유다도 결정적이고 돌이킬 수 없는 심판을 언급하면서(4-7절), 그리스도인들을 '선택 받은 자'와 '보존된 자'라고 부른다(참고. 유 1, 24).[2159]

2159) 참고로, 외경의 사용과 관련하여 3가지를 지적해 보자. (1) 에녹 1서는 우리에게 에티오피아어로만 전해 오는데, 유다서가 기록될 당시에는 없었다. 그렇다면 유다가 어떤 역본을 사용했는지는 논란의 여지가 있다. 이 내용과 관련된 유다의 요약은 아람어 역본과 유사하다. (2) 유다는 에녹 1서 1장 9절을 인용하면서 에녹이 이 악한 사람들이 처할 운명에 대해서 '예언했다'라고 말한다. 이 사실은 유다가 이 본문이 참된 예언으로 보존되었다고 간주하는 것을 뜻한다. 이것은 반드시 유다가 에녹 1서를 '예언서'로 보았음을 암시하는 것은 아니다. 유다의 대적들인 거짓 선생들은 최후 심판을 예언하는 성경 본문을 수용하지 않았기에, 유다는 대적들이 수용하고 있으며 동시에 최후 심판을 다루는 에녹 1서와 같은 책을 인용했다고 보는 이도 있다. (3) 에녹 1서는 '성경'이라고 불린 적도 없고, 성경으로 분류된 경우도 없다. 유다가 에녹 1서를 인용한 것 때문에 교부들 간에 논란이 있었다. 알렉산드리아의 클레멘트와 터툴리안은 유다가 에녹 1서를 인용했기에, 에녹 1서를 영감된 것으로 보았다. 반대로, 제롬은 유다가 영감되지 않은 에녹 1서를 인용했기에 유다서는 성경이 아니라고 보았다. 어거스틴의 입장은 다수의 의견이었는데, 에녹 1서의 '일부'는 영감되었다. 하지만 초대 교회 시대에 이미 구약 39권이 정경으로 닫힌 것을 인정했다. 무엇보다 유다는 에녹 1서를 '성경'이라고 부르지 않는 점에 주목해야 한다. 유다는 에녹 1서를 성경으로 보지 않았지만, 유다서의 독자들은 권위 있는 책으로 여기고 있었던 것 같다(참고. Moo, 1996:272-273). 성경의 외경 사용과 관련하여 피터 엔즈(2006:202-208)의 말을 들어보자. "신약성경 저자들도 자연스럽게(그들도 동일한

2.2. 유다서 1장 17-25절의 메시지

유다는 5-16절에서 거짓 선생들을 고발한 후에, 그것을 18-19절에서 다시 언급한다. 유다서의 수신자들은 예수님의 사도들로부터 받은 말씀을 잘 기억해야 한다(17절). 말세에 등장한 이단들은 불경건한 정욕대로 행하여, 진리를 조롱하는 자들인데(18절), 분열을 일으키고(*apodiorizontes*), 육에 속한 자이며(*psychikoi*), 성령님은 없는 자들이다(19절). 성령님의 인도와 도우심 없이 사는 사람의 특징은 더러운 육신의 정욕대로 자신을 아무렇게나 방치해 버리고, 예수님이 허무신 담을 대인관계 속에 다시 쌓고 편을 가르고 교회를 찢는다. 그리고 '복음'과 '교회'를 무례하게 비웃는다. 육에 속한 자는 성령님의 충만하심과 은사와 감동과 인도하심은 없고 자기 지혜대로 쾌락을 좇으면서 자기 의에 충만하여 산다. 그러나 성령에 속한 사람은 지극히 거룩한 믿음 위에 자신을 건축하고, 성령님 안에서 기도해야 한다(20절). 여기서 '건축하다'라고 할 때, 유다는 성도의 신분을 '종말론적인 성전'으로 본다(참고. 엡 2:21-22). 성도는 성령님의 전으로 온전히 건축되어 가야 하는데, 믿음이 그 수단이다. 믿음 없이는 성령의 전이 되어 갈 수 없다. 지극히 거룩한 믿음 즉 최상급의 믿음은 무엇인가? 예수님의 사도들이 유다서의 수신자들에게 전해 준 진리와 믿음의 체계를 온전한 방식으로 지정의로 믿는 것을 가리킨다. 무엇보다 주님의 말씀을 믿는 믿음으로 성령의 전으로 지어져 가야 한다.

"하나님의 사랑 안에서 자기를 지키고, 영생에 이르도록 우리 주 예수 그리스도의 긍휼을 기다리라"(21절). 성도는 예수님을 구주로 고백하고 영접하는 순간에 이미 오는 세상의 생명인 영생이 자신에게 있음을 확신하며 사는 사람이다. 그러므로 성도는 장차 완성될 영생을 소망 중에 바라보면서, 몸의 구속을 이루어 가야 한다. 영생을 이미 받은 자로서 믿음으로써 성령의 전으로 지어져 가는 구속을 이루어 가는 과정은, 오직 주님께서 긍휼히 여겨 주셔야만 가능하다. 믿음과 영생은 하나님의 은사이기 때문이다. 간본문인 데살로니가전서 5장 23-24절을 들어보자. "평강의 하나님이 친히 너희로 온전히 거룩하게 하시고 또 너희 온 영과 혼과 몸이 우리 주 예수 그리스도 강림하실 때 흠 없게 보전되기를 원하노라. 너희를 부르시는 이는 미쁘시니 '그가' 또한 이루시리라." 아버지 하나님의 사랑은 긍휼에 풍성하신 예수 그리스도를 통해서 주시는 사랑이다(참고. 엡 3:19; 유 19). 그래서 예수님은 "나의 사랑 안에 거하라"(요 15:9)라고 말씀하셨다. 21절의 '긍휼'은 하나님의 백성의 종말론적인 '소망'을 가리킨다(참고. 마 5:7; 딤후

문화에 속한 사람들이기 때문에) 그들의 문화의 언어로 이야기했을 것이다. …이것은 하나님의 말씀이 처음부터 특정 문화의 옷을 입고 우리에게 주어졌다는 사실을 다시 한 번 보여주는 것이다. ……유다서의 구절은 '우리가 모두 알다시피'라고 말하는 듯하다. 모세의 시체에 대한 일화는 유다의 주장을 뒷받침하기 위한 잘 알려진 일화로 도입된다.……다시 말하지만, 특별 계시에 의한 새로운 지식으로서가 아니라, 그와 독자들이 모두 잘 알고 있는 사실로서 말이다.……성경의 저자가 성경이 아닌 문서를 권위 있는 것으로 인용하고 있다는 것은 그다지 중요하지 않다. 지금까지의 논의와 관련해 중요한 점은 에녹에 관한 해석 전통이 당시에 널리 상식으로 통용되었고 유다를 포함한 초기 해석가들도 이 해석 전통의 수혜자라는 것이다." 그러나 웨스트민스터 소교리문답 3문 등에서 밝히듯이 성경의 외경 사용은 중요하고 민감한 문제이다. 성경의 영감과 자체 충족성이 항상 전제되어야 한다.

1:18). 즉 예수님은 우리의 소망이 되신다. 성령님 안에서 드리는 기도는 성령께서 성도의 연약함을 도와주셔서 하나님의 뜻을 분별하여 순종하도록 인도하시는 기도이기에, 우리의 소망이나 고집을 주님 앞에 내려놓아야 한다. 그러므로 하나님의 뜻인 말씀을 의지하고 드리는 기도가 성령님 안에서 드리는 기도이다. 그 기도는 하나님의 깊은 것과 모든 것을 통달하시고 아시는 분이신 성령님의 통제하에서, 그분의 힘 주시는 은혜 안에서 드리는 기도이다.

삼위 하나님의 사역으로 성령의 전이 되어 가는 사람은 '믿음, 소망, 사랑'으로 의심하는 자와 범죄자를 긍휼히 여겨서 구원해야 한다(22절). 22절의 "어떤 의심하는 자들을 긍휼히 여기라"는 성도는 신앙의 초보에 머물러 있어서 진리를 의심하여 흔들리는 사람들을 향해서 '불쌍히 여기는'(*eleate*)[2160] 마음을 가져야 한다는 의미이다. 이들은 단지 성전으로 지어져 가는 데 있어서 기초공사가 잘되어 있지 않아 시간이 더 걸리는 상태일 뿐이다. 23절의 "또 어떤 자를 불에서 끌어내어 구원하라.[2161] 또 어떤 자를 그 육체로 더럽힌 옷이라도 싫어하여 두려움으로 긍휼히 여기라"는 소돔과 고모라의 불 심판에서 롯과 그의 딸들이 구원을 받는 모습을 연상케 한다(참고. 암 4:11; 슥 3:1-5). 신앙 공동체 안에 때로는 지독한 죄 가운데 있는 사람이 있을지라도, 조금 일찍 믿음 위에서 자기를 건축하기 시작한 사람은 그들을 쉽게 정죄하지 말고, 긍휼히 여겨서 구원해야 한다. 주님의 사랑 안에서 저들도 자신들을 지킬 수 있도록 도와야 한다.

결론적으로 성도는 삼위 하나님을 형제자매와 함께 송영하며 살아야 한다. "능히 너희를 지켜 넘어지지 않게 하시며, 자신의 영광 앞에 흠 없이 기쁨으로 서게 하실 수 있는 분, 곧 유일하신(*mono*)[2162] 우리 구주 하나님께 우리 주 예수 그리스도로 말미암아 능력과 권세가 '영원 전부터'(*pro pantos tou aionos*; 참고. 다수 사본은 생략함) '그리고 지금'(*kai nyn*; 참고로 바른 성경은 '그리고 지금'을 번역하지 않음) 그리고 영원무궁히 있을지어다. 아멘"(24-25절).

오늘에의 적용

성부, 성자, 성령의 역사가 충만한 성령의 전으로 살자.
성령님 안에서 기도함으로 계속 성전으로 지어져 가자.

2160) 22절에서, 시내 산, B, 그리고 C의 개정 사본 등이 지지하는 현재 능동 명령 2인칭 복수 '너희는 긍휼히 여겨라' 대신에, A와 C 사본은 '납득시켜라' 혹은 '반박하라'는 의미의 *elengchete*를 쓴다. 하지만 후자는 문맥에 어울리지 않는다.

2161) 23절의 첫째 절(clause)에서, 다수 사본은 '두려움으로'(*en phobo*)를 추가한다. 따라서 다수 사본은 23절의 둘째 절에서 '두려움으로'를 삭제한다.

2162) 25절에서 다수 사본은 로마서 16장 27절에 나오는 것처럼 '유일하시며 지혜로우신'(*mono sopho*)으로 쓴다. 하지만 사본상의 지지는 약하다.

【 참고 문헌 】

- Bauckham, R.J. *Jude, 2 Peter.* WB.C.. Waco: Word. 1988.
- Carson, D.A. *Jude.* (In Beale, G.K. & Carson, D.A., eds. *Commentary on the New Testament use of the Old Testament.* Grand Rapids: Baker Academic. p. 1069-1079.) 2007.
- Green, G.L. *Jude & 2 Peter. Baker Exegetical Commentary.* Grand Rapids: Baker. 2007.
- Moo, D.J. *2 Peter, Jude. NIV Application Commentary.* Grand Rapids: Zondervan. 1996.
- 매츠거, B.M. 《신약 그리스어 본문 주석》. 제2판. 대한성서공회 성경원문연구소. 2005.
- 존 월튼, 빅터 매튜스, 마크 샤발라스 & 크레이그 키너 《IVP 성경 배경 주석》. IVP. 2010.
- 큄멜, W.G. 《신약 정경 개론》. 대한기독교출판사. 1996.
- 피터 엔즈 《성육신의 관점에서 본 성경 영감설》. CLC. 2006.

요한계시록 주석[2163]

2163) 요한계시록의 주석과 신학을 위해서는 필자의 책 《요한계시록은 어떤 책인가?》(쿰란출판사, 2007)와 《요한계시록의 신학》(성광문화사, 2007)을 참고하라.

들어가면서

성경 중에서 가장 어려운 책인 요한계시록의 제목이 (예수 그리스도의)'계시'라는 것은 아이러니다. 오히려 '사도 요한으로부터의 비밀'이 더 어울리는 제목이 아닐까? 실제로 요한 자신은 환상의 의미를 몰라 당황하거나 혼동한 경우가 있었다(참고. 계 7:13-14, 17:6-7, 19:10, 22:8-9; 보라. Gentry, 2008:9).

저자

사도 요한

수신자

소아시아 일곱 교회

기록 연대

A.D. 66년경 즉 디아스포라와 네로의 박해 시기.[2164] 요한계시록이 네로의 박해를 배경으로 하기에, 반로마적 메시지(anti-Roman message)를 찾을 필요가 있다. 참고로, 아가야와 소아시아에는 죽지 않은 네로가 귀환한다는 소문으로 공포가 조성된 적이 있다(참고. 타키투스, Histories 2:8). 사해 문서인 1QpHab에는 '깃딤'을 로마인들과 동일시한다. A.D. 66-67년경에

2164) A.D. 2세기 프랑스 리옹의 주교 이레니우스(*Haer.* 3:1)와 유세비우스(*Hist. Eccl.* 4:14.3-8)의 책에 사도 요한이 A.D. 66-70년의 유대-로마 전쟁 후에 에베소에 정착했다는 기록이 있다. 하지만 이것이 어느 정도 정확한지 모른다. 그가 전쟁을 피하여 에베소에 그 전에 도착했을 수도 있다. 유세비우스가 교부의 전통에 정통하지만 신빙성 없는 자료를 무비판적으로 수용한 것은 종종 비판받아 왔다. 따라서 이런 언급은 요한계시록의 후기 연대(A.D. 85-95년)로 사용할 근거가 되지 못한다. 이레니우스와는 반대로, 파피아스(60-130년경)와 터툴리안(160-220년경)은 주장하기를 세베대의 아들 요한은 유대인에 의해 죽임을 당했으며 요한이 밧모 섬에 유배된 것은 베드로와 바울이 처형된 시점과 같다고 밝힌다. 다른 한편, 터툴리안은 도미티안의 괴팍함은 언급하되 요한과 그의 유배는 언급하지 않았다. 그리고 알렉산드리아의 클레멘트(150-212년경)의 언급도 주목할 만하다. "사도 요한이 그 폭군의 죽음 이후에 밧모 섬을 떠났다." 혹자는 그 폭군(the tyrant)을 도미티안에게 연결하지만, 다수의 유대, 기독교, 이방 문헌은 네로와 연결시킨다. 과거로부터 현대까지 요한계시록의 이른 연대를 주장한 저명한 학자들이 계속 증가하고 있다(예. C. van der Waal, Albert Bell, Christopher Rowland, Christian Wilson, G.H. van Kooten, K. Gentry, G. Rojas-Flores, T.B. Slater, J.W. Marshall 등). 부분적 과거론(partial preterism)에 입각한 요한계시록의 상세한 주석은 송영목. 《요한계시록》(서울: SFC, 2013)을 참고하라.

이미 '바벨론'(계 14:8)을 로마 제국으로 보는 관점이 만들어졌을 것이다(참고. Kooten, 2007:220).

오토 황제는 높이가 35m나 되는 네로 황제의 거대한 동상(Colossus)을 로마에 만들었다. 수에토니우스(Nero 31.1)와 타키투스(Annals 15.42)에 의하면, 네로는 로마 대화재 이후인 A.D. 64-68년에 과대 망상적으로 건축한 '황금 집'(the Golden House)의 현관에 자신의 동상을 세운 바 있다. 세베루스 알렉산더(Severus Alexander, A.D. 222-235년)와 고르디아누스 2세(Gordian II, A.D. 238-243년)의 통치 시기에도 여전히 네로의 동상이 서 있었는데, 네로의 머리는 태양 광선으로 장식되었고, 그의 왼팔은 지구를 감싸고 있었다. 이 사실을 그 당시에 주조된 동전에서도 확인할 수 있다. 그리고 네로는 A.D. 66년에 그리스를 방문하여 전차를 몰고, 수금을 연주하고, 비극을 연기하기도 했다. 그를 칭송하는 노래 가운데 네로는 아폴로와 동등시되었으며, 실제로 A.D. 68년에 로마로 돌아와서도 '아폴로'라고 칭송을 받았다(참고. 수에토니우스, Nero 53). 비록 요한이 요한계시록에서 반로마적 메시지를 전달할 의도가 있었는지는 확실하지 않으나, 요한은 새 예루살렘 성에는 태양(참고. Apollo)이 필요 없다고 소개한다(계 21:23, 22:5). 네로가 건축한 황금 집도 황금으로 묘사된 새 예루살렘 성에 의해 대조된다(계 21:18). 그리고 '의의 태양'이신 예수님은 오른손에 일곱 별을 쥐고 계신다(계 1:16; 10:1). 과대망상적인 네로가 아니라 예수님이야말로 세상과 교회의 통치자이시다. 요한계시록 15장 3-4절에서는 구원을 받은 성도가 수금으로 스스로 신격화시키지 않고, 오직 구원의 하나님을 찬송한다(참고. Van Kooten, 2007:225-226).

기록 목적

박해받던 소아시아의 성도를 위로하기 위해서.

구조

가장 두드러지는 것은 7중 구조이다(일곱 편지, 일곱 인, 일곱 나팔, 일곱 대접). 심판 재앙들은 시간적으로 연속되는 사건이 아니라 반복된다.

읽는 방법

A.D. 1세기 요한 당시의 관점에서 '속히 일어날 일들'로 읽되(계 1:1, 3), 상징은 종교사 학파에서 주장하는 이방 신화나 점성술이 아니라, 구약 관련 본문들(intertexts)과 비교하면서 읽되, 구원 계시의 발전 과정을 따라 언약적으로 읽어야 한다.[2165]

2165) 반더발(1999:602)은 요한계시록을 언약적으로 옳게 읽으려는 사람을 '(잘못된) 대세를 거스르는 자들'이라고 부른다. 완전 과거론(full-preterism 혹은 hyper-preterism)을 비판하면서 키스터메이커(Kistemaker, 2004:225)는 종종 요한 당시의 역사성을 희생시키면서까지 상징적으로 읽거나, 아니면 '반드시 속히 될 일'이라는 중요한 단서를 무시하고 그리스도의 초림과 재림이라는 넓은 시간적 스펙트럼으로 읽으려고 한다. 그는 종종 동일한 구절을 설명하면서 일관성을 상실한 채 문자적 해석을 지지하다가

⁂ 요한계시록 1장 ⁂

1. 본문 및 구조

- 서론(1-3)
- 인사(4-8)
- 계시 환상(9-20)

2. 구원 계시사적 메시지

2.1. 요한계시록 1장 1–3절의 메시지

에베소에서 그리 멀지 않은 에게 해의 밧모 섬에 유배당한 사도 요한이 주의 날(주일)에 성령의 감동으로 하나님의 환상을 보게 된다. 이 환상은 성부→성자→천사→요한→낭독자→청중의 순서로 전달된 '예수 그리스도의 계시'이다(계 1:1).

요한계시록은 편지나 예언 혹은 묵시 이전에 근본적으로 예수 그리스도의 계시이다(계 1:1). '예수 그리스도의'는 주격적 속격인데, '예수님이 계시를 받으셔서 요한에게 전하신 것'이라는 뜻이다(참고. Rogers & Rogers, 1998:610). '반드시 속히 될 일'(*dei genesthai tachei*)은 요한의 입장에서 볼 때 짧은 기간 안에 일어날 긴박한 일을 가리킨다(참고. 단 2:28-29). 혹자는 이 표현을 결단의 절박함을 강조하는 표현으로 보기도 한다.[2166] 그러나 요한계시록 1장 1절과 더불어 요한계시록 전체의 인클루시오(inclusio, 포괄식 구조)를 형성하는 요한계시록 22장 6절에서도 요한은 임박한 사건에 대한 강한 기대를 나타낸다. 1절에서 밝히는 시간의 긴박함을 볼 때 미래론적, 이상주의적, 그리고 교회-세상 역사론적 해석은 석의(exegesis)로 적합하지 않다.

요한은 자신이 본 것을 증거했다(2절). '증거했다'(*emartyresen*)는 서신적 아오리스트(epistolary aorist)로 볼 수도 있고, 아니면 '요한의 과거의 증거' 혹은 '요한계시록의 사건들의 요약'을 가리킬 수도 있다. 요한계시록은 예언인데, 그 예언의 말씀을 예배 중에 공적으로 크게 읽는 자(*ho anaginoskon*)와 듣는 자들과 기록한 것을 지키는 자들이 복되다(3절). 왜냐하면 1절에서 이미 밝힌 바로 그 시간이 가까웠기 때문이다. '듣는 자들과 지키는 자들'이 하나의 남성 복수 주격 관사(*hoi*)에 의해 지배되기에, 말씀을 듣는 것과 지키는 것은 별개가 아니라 하나의 행동이어야 함을 가르친다. 요한계시록은 소아시아의 일곱 교회의 회람 서신으로서 예배 중에 사용되었다. 그러므로 개인적

상징적 해석으로 돌아서기도 한다. 요한이 본 천상의 환상에는 지상의 실제 사물에 바탕을 둔 설명이 많다(예. 계 11장의 성전 측량, 소돔과 애굽).

2166) '단기간 안에 일어날 일'과 '신속히 일어날 일'은 다르다. Walvoord와 Rogers & Rogers(1998:610) 등이 지지하는 후자의 해석에 의하면 어떤 일이 먼 미래에 일어나더라도, 일어나는 순간에 일이 신속하게 진행된다는 의미를 가질 수 있다.

읽기보다는 공동체적 읽기를 염두에 두어야 한다.

2.2. 요한계시록 1장 4-8절의 메시지

4-5절에서 요한은 삼위 하나님으로부터 임하는 은혜와 평강을 말한다. 이 강복 선언문에 나타난 성부 하나님은 '이제도 계시고, 전에도 계시고, 장차 오실 분'(현재 분사)으로, 성령 하나님은 하늘 보좌 앞에 계시는 '일곱 영'(the seven Spirits; 온 세상에 복음을 전파하시는 분)으로, 성자 예수님은 '충성된 증인으로 죽은 자들 가운데서 먼저 나시고 땅의 임금들의 머리가 되신 분'이시다. 전통적인 순서인 '성부-성자-성령' 대신 '성부-성령-성자'의 순서가 나타난다. 아마 성령님은 성부와 성자를 연결시키는 사역을 해서 그럴 것이다. 삼위 하나님으로부터 소아시아의 일곱 교회에게 은혜와 평강이 있기를 요한은 기원한다.

5절에 나오는 성자 예수님에 관한 것을 더 살펴보자.

(1) 예수님은 충성된 증인(*martys*)이시다. 주님은 피를 흘리고 죽기까지 하나님 나라를 전파하셨다. 성부께서 맡기신 모든 일들을 성령으로 죽기까지 증거하신 예수님이시다. 바로 이 충성된 증인이신 예수님께서 이루신 구속 사역의 열매를 지금은 일곱 영이신 성령께서 온 세계에 적용하신다. 그 이유로 비록 위격은 다르지만 예수님과 성령님은 같은 맥락에서 구원 사역을 하신다고 볼 수 있다.

(2) 예수님은 죽은 자들 가운데서 먼저 나신 분이시다. 예수님은 잠자는 자들의 첫 열매이시기에, 주님의 부활은 곧 교회의 부활이다(참고. 롬 8:6).

(3) 예수님은 땅의 임금들의 머리(통치자)이시다. 주님은 부활, 승천하심으로 확실하게 온 땅의 통치자로서 높아지셨다. 지금도 주님은 하나님 보좌 우편에 앉으셔서 온 땅을 다스리고 계신다. '땅의 왕들의 머리(통치자)'라는 말은 나중에 나오는 예수님이 '만주의 주이며 만왕의 왕'(계 17:14, 19:16)이라는 칭호를 미리 내다본다. 이런 칭호는 예수님이 절대적인 권세를 가지신 하나님이심을 밝힌다.

그렇다면 예수님이 주시는 은혜와 평강은 어떤 것인가?

(1) 예수님께서 증거하신 복음을 우리가 듣고 믿어서 누리는 은혜와 평강이다. 복음(말씀) 없는 은혜는 근거가 없는 은혜다. 말씀을 듣고 실천하는 가운데 우리는 참된 평강을 체험한다. 또한 교회는 목숨을 아끼지 않는 증인이 되어야 한다. 이것이 주님을 닮는 교회의 승리의 비결이다(계 6:9, 12:11).

(2) 부활의 첫 열매요 잠자는 자들의 첫 열매(참고. 고전 15:20; 골 1:18) 되신 예수님께서 주시는 은혜와 평강은 모든 환난 가운데서도, 심지어 죽음을 앞두고서라도 '주님의 부활은 곧 나의 부활'을 믿어 누리는 은혜와 평강이다. 부활 생명을 가진 사람은 어떤 상황 속에서도 담대할 수 있고 평안을 유지할 수 있다.

(3) 땅의 왕들의 머리 되신 예수님이 주시는 은혜와 평강은, 우리의 삶이 다른 그 무엇이 아니라 만왕의 왕 되신 예수님의 보호와 인도 속에 있다는 것을 말한다.

7절은 요한계시록 전체의 '부분적 과거론적 해석'을 위해 중요하다. "구름을 타고 오시리라": 이것은 구약 배경을 가진 표현인데, 미래에 구름을 타고 오시는 예수님의 최종 재림(*the Parousia*, the Second Coming)을 의미하지 않고(예. Kistemaker, 2004:237, 242), 요한의 독자들이 살아 있을 동안에 영광 가운데 구원자와 심판자로 예수님이 오심을 상징한다(보라. 신 33:2; 사 19:1; 슥 1:16; 말 3:1-2; 마 10:23). 성경에서 '구름'은 하나님의 현현(= 나타남, 임재)의 상징이다(시 104:3; 사 19:1). 그렇다고 우리는 주님의 최종 파루시아 때 실제 구름을 타고 오실 것을 부인할 수 없다.

"각인의 눈이 그를(예수님) 보겠고 그를 찌른 자들(즉 예수님을 십자가에 처형한 자들)도 볼 것이다, 땅에 있는 모든(유대) 족속이 그를 인하여 애곡하리니." 예수님이 A.D. 70년에 예루살렘을 심판하는 분으로 영적으로 오실 것이므로 주님을 십자가에서 처형했던 사람들(즉 찌른 자들)과 '땅'의 모든 족속('땅'은 요한계시록에서 유대인을 가리킴: 참고. 계 5:5; 비교. 단 7:13; 슥 12:10. contra Kistemaker, 2004:253) 즉 이스라엘 백성들이 심판을 보고 애곡할 것이다. 대다수의 주석가들이 예수님의 미래적 재림으로 7절을 해석하더라도, 이 구절에서부터 부분적인 과거론적 입장을 분명히 할 필요가 있다.

2.3. 요한계시록 1장 9-20절의 메시지

주일에 밧모 섬에서 요한은 예수님의 영화롭고 높아지신 모습을 본다. 이 모습은 주로 구약 성소와 다니엘 7장과 유사한 것이다. 그 모습을 차례대로 살펴보자.[2167]

12절-요한은 승귀하신 예수님을 보려고 돌이킨다.

13절-발에 끌리는 옷을 입으심: 구약 대제사장의 공식 복장을 입으신 것처럼 위엄 있으신 부활, 승천하신 인자이신 예수님(참고. 단 10:5).

14절-양털과 눈 같은 머리카락: 거룩하시고 순결하신 승리의 예수님(참고. 단 7:9).

14절-불꽃 같은 눈: 모든 것을 보고 감찰하시는 예수님(참고. 단 10:6b).

15절-풀무에 단련한 주석 같은 발: 대적을 물리치시고 밟고 계신 승리의 예수님(참고. 단 10:6c).

15절-많은 물소리 같은 음성: 웅장한 말씀의 권위를 가지신 예수님(참고. 단 10:6d).

16절-일곱 별을 쥐고 계신 오른손: 전능하고 주권적인 힘으로 교회의 사역자를 붙드시는 예수님. 로마 제국의 동전에 일곱 별이 등장하는데, 그것은 황제의 힘을 과시하기 위한 목적에서이다. 따라서 예수님의 손안에 일곱 별이 있다고 밝힘으로써 요한은 황제가 아닌 그리스도의 권세가 교회의 사역자를 붙들고 있음을 강조한다.

16절-좌우에 날선 검이 나오는 입: 능력의 말씀을 선포하시는 예수님. 더 나아가 말씀으로 정복하시는 예수님. 버가모 교회의 회개치 않는 사람들을 말씀으로 심판하시는 주님이

2167) 요한계시록의 환상들을 다양한 색조로 묘사된 그림으로 보려면 Grubb(1997)의 책을 참고하라.

시다(계 2:16).

16절-해가 힘 있게 비취는 것 같은 얼굴: 영광의 광채로 충만하신 예수님을 묘사한다(참고. 단 10:6a). 성육신, 부활, 승천하신 예수님은 하나님의 신적 영광을 충만히 가시화하신 분이다.

20절-일곱 금 촛대 사이를 거니시는 예수님: 금 촛대 즉 금과 같이 영광스런 교회 사이를 거니시는 메시아로서 주님이 교회와 임마누엘 하시겠다던 약속이 성취되는 것이다. 임마누엘 메시아! 구약 성소에는 1개의 촛대만 있었으나 요한은 7개의 촛대를 본다. 구약과 비교해 볼 때 신약 교회와 하나님 나라는 많이 흩어지고 성장하지만, 그 중심은 여전히 예수님이시다. 세상 교회의 중심은 사람이 아니라 그 가운데 순회하시는 예수님이시다. 순회 목회자 요한이 소아시아의 7교회를 순회하기 전에 예수님이 먼저 그들과 함께 계신다. 촛대는 예수 그리스도의 빛을 받아 세상에 비추는 교회의 역할을 강조한다.

에베소, 서머나, 버가모, 두아디라, 사데, 빌라델비아, 라오디게아 교회는 역사상의 전체 교회를 상징하기에, 이 일곱 교회는 모든 시대의 교회를 (적용면에서)포함한다. 흥미롭게도, 사도 바울 역시 '로마, 고린도, 갈라디아, 에베소, 데살로니가, 빌립보, 골로새', 이렇게 '일곱 교회'에게 편지를 쓴 후, 개인적으로 '디도와 디모데, 빌레몬'에게 편지를 썼다.[2168]

3. 오늘에의 적용

삼위 하나님의 은혜와 평강을 확신하자.
승귀하신 예수님의 통치와 임마누엘을 믿자.

요한계시록 2장

1. 본문 및 구조

• 에베소 교회에 보내는 편지(1-7)
• 서머나 교회에 보내는 편지(8-11)

2168) 현재에 적용을 해 본다면, 우리는 교회를 책임 지시는 능력과 부활의 예수님, 교회의 모든 것을 아시는 예수님, 교회와 함께하시는 그리스도, 능력의 말씀을 교회에 주시는 예수님, 교회의 사역자를 붙들어 주시는 예수님, 복음과 교회의 대적을 물리치고 밟고 계시는 예수님을 신앙해야 한다.

• 버가모 교회에 보내는 편지(12-17)
• 두아디라 교회에 보내는 편지(18-29)

2. 구원 계시사적 메시지

요한계시록 2-3장에 관한 해석은 과거론이건 미래론이건, 아니면 교회와 세상 역사적 해석이긴 별 차이가 없다. 세대주의적 전천년주의자들이 소아시아의 일곱 교회를 하나님의 구속 경륜의 일곱 세대로 잘못 보는 경향이 있기는 하다. 따라서 이 부분을 위해서는 건전한 요한계시록 주석을 참고하면 별 무리 없이 올바로 이해할 수 있다. 요한계시록 2-3장은 제일 애용되는 요한계시록 설교 본문이며 우리에게 친숙하기에, 여기서 자세한 주석은 필요하지 않다. 에베소에서 라오디게아까지의 거리는 약 320km 정도이다. 각 도시는 도보로 이틀을 넘지 않는 거리에 있다.[2169]

서머나 교회와 빌라델비아 교회에 있었던 '사탄의 회'(즉 사탄의 회당, 무리, the synagogue of Satan)는 누구인가?(계 2:9, 3:9) '사탄의 회', 이들은 자칭 유대인이지만 실제로는 유대인이 아니다. 이 말속에는 기독교인들이야말로 하나님 보시기에 진정한 유대인 즉 참 유대인이라는 의미가 내포되어 있다. 구원 계시사의 전진의 관점에서 볼 때, 오늘날 중동에 살고 있는 혈통적인 이스라엘 민족이 아니라, 신약 교회가 구약의 하나님의 언약 백성인 이스라엘을 계승했다. 팔레스타인 외의 로마 제국 전체에 흩어져 살던 유대인들은(좁게는 요한의 독자들이 살던 소아시아의 유대인들) '디아스포라'(Diaspora)라고 불렸다. 이들은 로마 제국 전역에 약 400만 명으로 추산될 정도로 엄청났는데, 그들끼리 사회, 경제, 정치적으로 결속력을 가지고 자신들만의 세계를 구축하고 있었다. 디아스포라의 위력을 이해하기 위해서, 터키의 사데에서 발견된 한 유대인의 회당의 위용을 살펴보자. 그 회당은 폭 19m, 길이 80m의 엄청난 규모이다. 이 불신 유대인들이 소아시아의 일곱 교회를 대적했기에 그들은 사탄의 하수인 노릇을 했다. 따라서 그들에게 요한이 '사탄의 회'라고 별명을 붙이는 것은 당연하고 적절하다. 왜냐하면 사탄은 본질적으로 교회를

2169) 세대주의적 해석과는 다르지만, 각 교회의 모습은 계시록 전체에서 일정 부분에 상응한다. 다음의 사실에 주의해 보라. 에베소 교회: 거짓 사도에 대한 심판(2:1-7)-이것은 계시록 전체를 염두에 둔다면 요한계시록 2-3장에 상응한다. 거짓 교리를 설파하는 이단 선생의 정체가 드러나고 그들은 저주받고 쫓겨난다. 서머나 교회: 거짓 이스라엘에 대한 심판(2:8-11)-요한계시록 4-7장에 상응한다. 교회를 박해한 배교한 이스라엘은 벌을 받는다. 하지만 신실한 남은 자들은 언약적인 복을 상속한다. 버가모 교회: 악한 왕과 거짓 선지자에 대한 심판(2:12-17)-요한계시록 8-14장에 상응한다. 교회를 대항해서 전쟁을 일으킨 바다에서 올라온 짐승과 거짓 선지자(즉 땅 짐승)가 참 왕이신 그리스도와 그분의 신실한 증인 군대(즉 교회)에 의해 파멸된다. 두아디라교회: 스스로 왕 노릇 하던 음녀에 대한 심판(2:18-29)-요한계시록 15-22장에 상응한다. 음녀 바벨론과 거짓 선지자가 저주받지만 참 신부인 새 예루살렘은 혼인 잔치를 즐긴다.
이 네 교회에 관한 메시지의 사이클(cycle)이 나머지 세 교회에도 다른 방식으로 반복된다(참고. Chilton, 1990:89). 그리고 예수님이 주신 격려와 약속과 관련하여 두아디라, 사데, 빌라델비아, 라오디게아에 보낸 편지에서는 순서가 바뀌었다.

참소하고 대적하는 존재이기 때문이다. 하지만 요한계시록 2장 10절에서 우리는 소망의 메시지를 발견한다. 그것은 사탄의 회의 공격은 한정된 짧은 기간을 상징하는 '열흘'만 지속될 것이다. 그리고 두아디라 교회를 위협하던 '이세벨'은 누구인가?(계 2:20) 요한은 구약의 아합 왕의 아내의 이름과 행실을 염두에 두면서, 교회 안의 종교 혼합주의자를 고발하고 있다.

3. 오늘에의 적용

교회가 회개하고 붙들어야 할 주님의 약속은 무엇인가?
현대의 '사탄의 회'는 누구인가?

요한계시록 3장

1. 본문 및 구조

- 사데 교회에게 보낸 편지(1-6)
- 빌라델비아 교회에게 보낸 편지(7-13)
- 라오디게아 교회에게 보낸 편지(14-22)

2. 구원 계시사적 메시지

요한계시록 3장도 우리에게 친숙한 본문이기에, 여기서 자세한 주석은 하지 않겠다. 요한계시록 3장 14절 이하에서 요한이 라오디게아 교회에[2170] 보낸 편지를 '사회·역사·문화적 간본문' 중심으로 살펴보자.

요한계시록 3장 15절의 "네가 차든지 뜨겁든지 하기를 바란다"는 구절은 요한이 라오디게아에서 북쪽으로 약 7km에 위치한 히에라폴리스의 온천물이 흘러와서 라오디게아에 도착해서는 미지근하게 되어버린 것을 염두에 두고 있다는(지정학적인 배경으로) 해석이 요즈음 정론처럼

2170) 라오디게아는 B.C. 3세기에 안티오쿠스 2세가 세운 도시다. 그의 아내 '라오디케'(Laodice)의 이름을 따라 라오디게아라 부르게 되었다. 양털로 짠 깔개와 옷이 주산물이었다. 골로새서 4장 12-13절에 근거해 볼 때, 에바브라가 라오디게아 교회를 설립한 것으로 보인다. 불행하게도 이 교회는 경제적인 부요함과 자기 만족에 도취된 교회였다. 이단을 허용한 것은 아니지만, 영적 나태는 더 위험할 수 있었다. 주님으로부터 유일하게 책망만 받은 교회다. 이런 미지근하고 영적으로 해이해진 교회를 주님은 포기하지 않으시고 회개로 초청하신다.

굳어져 버린 것 같다. 하지만 이것은 과연 정당한 해석인가? 이것을 위해서 요한계시록 3장 14-22절의 문맥과 구조를 먼저 살펴 볼 필요가 있다.

A. 주권: 그리스도는 충성된 증인이시며 하나님의 창조의 통치자[2171]이시다(14).
  B. 식사: 미지근한 것을 주님은 입에서 뱉어 버리신다(16).
    C. 번영: 그들은 부유하다고 생각하나 실상은 가난하고 눈멀고 벗은 자들이다(17).
    C'. 번영: 그들은 금과 안약과 옷을 그리스도로부터 사야 한다(18).
  B'. 식사: 자신을 향해 문을 연 사람과 함께 주님은 먹을 것이다(20).
A'. 주권: 예수님의 충실한 추종자들은 주님의 보좌의 한 자리를 얻을 것이다(21).

위의 구조에서 볼 때 가장 바깥에서 메시지 전체를 감싸는 링(ring)(즉 주제)이 '주권'임을 볼 수 있다. 두 번째 링(ring)은 '식사'와 관련된다. '토해 버린다'는 표현은 일상 식사 관습에서 온 말인데 '거부한다'는 의미이다. 반대로, '함께 식사한다'는 말은 가장 친밀한 교제를 통해 남을 수용한다는 의미이다. 고대 근동에서 음식을 먹고 마시는 나눔은, 애정과 교제의 강한 결속을 의미했다. 구약에서 이와 같은 먹고 마시는 나눔은 장차 임할 메시아 왕국에서의 즐거운 친교의 상징이 되었다(참고. 사 25:6). 에녹 1서 62장 14절에서도 "그리고 인자와 함께 그들이 먹고 자고 영원히 일어날 것이다"라고 기록한다. 적용해 보면, 현재적으로 성도가 누리는 주님과의 친교는 장차 임할 영원한 천국의 즐거움을 미리 맛보는 것이다. 그러므로 '메시아 만찬'(Messianic banquet)은 우리가 죽어서 참여할 미래적인 잔치는 물론이거니와, 지금 여기에서도 어린양의 혼인 잔치에 참여하여 경험할 수 있는 것이다.

미지근한 것과 반대되는 '차가운 것'과 '뜨거운 것'에 대해 살펴보자. 주석가들은 '뜨거운 것'은 히에라폴리스의 온천물을, '차가운 것'은 라오디게아에서 동쪽으로 11마일 떨어진 골로새의 차고 시원한 물을 연상시키는 것으로 본다. 하지만 라오디게아는 남쪽에서 올라오는 수로(aqueduct)에 식수를 의존했다. 그렇다면 어디에서 '미지근한 것'을 찾아야 하는가? 위의 교차 대칭 구조가 밝히듯이, 그 답을 요한의 독자들에게 익숙한 일상 식사 관습에서 찾을 수 있다. 요한은 뜨거운 것과 차가운 것 모두 긍정적인 의미로 사용한다. 왜냐하면 식사 관습에 의하면, 더위나 열에 의해 갈증을 느낀다면 차가운 것을 마셔야 한다. 반대로, 추위에 의한 갈증은 더운 것으로 해갈해야한다. 뜨거운 것과 차가운 것이 모두 긍정적으로 나타난 경우는, 요한 당시의 포도주를 마시는 관습에서 찾아 볼 수 있다. 대개 포도주를 얼음과 함께 혼합해서 차갑게 먹었지만, 때로는 따뜻한 물과 혼합된 포도주도 잔치에 배설되기도 했다. 뜨거운 포도주나 차가운 포도주 중에서 손님들은 선택할 수 있었다. B.C. 2세기 이래로 폼페이나 유럽의 지역들 그리고 갑바도기아 지역에는 이를 위해 물을 데우는 설비를 갖춘 부자들도 있었다. 따라서 차가운 것과 뜨거운 것의 반대인 미지근한

2171) 요한계시록 3장 14절의 하나님의 창조의 '근본'이라는 말보다는, NIV가 바르게 번역했듯이 '통치자'(*archē*)라는 말이 더 정확하다.

것은 식사 중에 입에 맞지 않아서 내뱉어야만 하는 것을 가리킨다. 미지근한 물이나 포도주를 담은 용기는 그 주위의 온도와 별다를 바 없는 것으로서 주변 온도와 구별이 되지 않는다. 따라서 미지근함은 라오디게아 성도의 삶이 주위의 사람들과 구별되지 않는 것을 가리킨다.

따라서 회개를 촉구하는 메시지다. 반대로, 예수님을 영접한 자와 함께 나눌 식사가 뒤에서 긍정적으로 묘사되고 있다(계 3:20). 따라서 이런 논의가 옳다면 이 메시지는 라오디게아뿐 아니라, 이 식사관습을 가진 아주 넓은 지역에 직접적인 호소력을 가지고 있다고 볼 수 있다. 더불어서 혹자는 요한계시록 3장 18절의 '안약' 역시 고대 라오디게아에 있었던 의과대학과 연결하기를 거부하고[2172] 일반적인 경우에서 나온 언급으로 보기도 한다.

하지만 위의 결론을 너무 속단하여 무비판적으로 수용하지 말고, 히에라폴리스의 온천물을 근거로 한 전통적인 지형적인 해석이 완전히 부당한 것인가에 대한 연구는 더 수행되어야 할 줄 안다(보라. Koester, 2003:407-424).

요한계시록 3장 14절에 의하면, 라오디게아 교회에게 말씀하시는 예수님은 '아멘'이시고, '참되며 충성된 증인'이시며 '창조의 통치자'(근본)이시다(참고. 요 1:1-5; 골 1:15-18). 진리를 위해 죽기까지 아버지 하나님께 충성하신 예수님이시며, 진리의 복음의 증인 역할을 열심히 감당하신 분이시다. 그 결과 예수님은 새롭게 창조된 세상의 왕으로 높아지셨다. 이것은 반로마적인 메시지를 담고 있는 듯하다. 즉 세상의 왕은 로마 황제가 아니라, 구원 사역을 이루시고 승귀하신 예수 그리스도이시다. 영적으로 나태해진 라오디게아 교회는 예수님의 호칭에 나타난 삶을 본받아서 열심을 내고 진실 되게 증인 역할을 감당하면서, 불로 연단한 금과 흰옷을 사서 입고, 안약을 사서 발라야 한다(18절). 그렇다면 '불로 연단한 금'은 무엇인가? 예수님만 주실 수 있는 최고 가치의 새롭고 참되며 훈련된 부요함을 상징하는 것 같다. 예수님을 소유하지 않고 대신 다른 무엇으로 만족하고 있다면 실제로 가난하고 불쌍하고 곤고한 자다(17절). '흰옷'은 거룩하고 진실 되고 의로운 행실 혹은 승리를 상징한다. 그리고 '안약'은 성도가 어두운 영적인 눈이 아니라, 신령한 안목으로 보아야 함을 의미한다. 라오디게아 교회는 주님의 사랑의 음성을 듣고(계 3:19), 구체적인 대책을 세우고 회개에 합당한 열매를 맺어야 했다(참고. 잠 3:12).

요한계시록 3장 20절은 통상적으로 성도가 '마음 문'을 열면 예수님이 들어오셔서 내주하실 것이라고 해석되어 왔다. 그러나 음식을 먹는 (결혼)잔치의 배경과 바로 뒤 구절인 요한계시록 4장 1절의 '열린 문'을 염두에 둔다면, 소아시아의 일곱 교회가 요한처럼 예배(특별히 성만찬)를 통하여 천상의 성소에 들어가서 신랑인 예수 그리스도와 교제를 나눌 수 있음을 암시하고 있다고 볼 수 있다(참고. 아 5:2; 사 25:6, 62:9; 겔 39:17; 마 22:1-14; 눅 14:15-24; 계 19:9). 예배는 천상과 지상의 경계를 초월할 뿐 아니라, 현재와 미래의 경계도 초월한다. 즉 교회는 예배를

2172) 라오디게아에는 안과 전문의대가 있었기 때문에 전체 로마 세계에서 명성을 얻었다. 아리스토텔레스는 라오디게아에서 눈을 치유하기 위해 만든 '프리지아 산 가루약'을 이미 알고 있었다. Gallien은 《건강에 관한》(*De sanitate tuenda*)이라는 책에서 라오디게아에서 만들어진 안약에 대한 내용을 언급한다. 라오디게아에 근접한 골로새 교회에 보낸 편지(골로새서)에서 바울이 '사랑하는 의원' 누가를 언급하는 것은 우연이 아닐 것이다(골 4:14; 안병철, 1996:157).

통하여 바로 지금 여기에서 저 하늘의 미래적 영광을 경험한다.

3. 오늘에의 적용

'사탄의 회'에 직면하더라도 뜨거운 신앙을 회복하자.
회개를 통해서 회복되자.

요한계시록 4장

1. 본문 및 구조

• 하늘의 보좌 환상(1-11)

2. 구원 계시사적 메시지

요한계시록 4장 1절은 시편 29편과 에스겔 1장을 암시하면서 '하늘의 보좌 환상'을 소개한다. 하늘의 보좌는 요한 당시의 '세상 법정'을 연상시킨다. 1절의 '이후에 마땅히 될 일'은 예수님의 재림과 같은 먼 미래가 아니라, 요한 당시에 이루어질 일을 가리킨다. 2절은 심판자이신 하나님이 곧 있을 '피고'에게 내릴 형벌의 선고를 위해 보좌에 앉아 계시는 장면이다(시 29:10). 요한계시록의 피고는 7재앙 심판을 받을 사람들인데 '불신 유대인들'과 '이방 로마 제국'이다. 고발자(원고)는 교회 즉 순교자들이다. 이들의 원통함은 나중에 요한계시록 6장 9절에 나타난다.

4절의 천상의 보좌 환상에 등장하는 '24보좌와 24장로'는 누구인가? 신약과 구약의 구원받은 모든 백성이다. 7절의 '네 생물'은 누구인가?(참고. 겔 1, 10). 이 네 생물(사자, 송아지, 사람, 독수리)은 보좌 주위에서 시중 드는 천사가 아니라, 각 영역에서 가장 뛰어난 피조물을 상징하기에 '모든 피조물'을 상징하는 것으로 볼 수 있다.

10절의 24장로들(즉 교회)이 보좌에 앉으신 분에게 그들의 면류관을 내려놓는 것은 무엇을 의미하는가? 교회가 최고 크신 왕(만왕의 왕)이신 하나님께 전적인 헌신과 충성을 한다는 뜻이다. 요한계시록 4장을 '공간적인 관점'(spatial viewpoint)에서 볼 때, 사실 24장로와 네 생물은 하나님의 보좌 주위의 주변적인 인물이지 중심이 아니다.

3. 오늘에의 적용

하늘에 시민권을 가진 하늘 보좌에 앉힌 삶의 예배자로 살자.

요한계시록 5장

1. 본문 및 구조

• 두루마리를 취하신 역사의 주관자이신 어린양(1-14)

2. 구원 계시사적 메시지

요한계시록 4장이 보좌 위의 위엄의 심판자이신 성부 하나님에게 초점을 모았다면, 요한계시록 5장은 성자 예수님에게로 초점이 전이된다. 그 이유는 예수님을 통해서 아버지 하나님은 자신의 구원 계획을 계시하시고 성취하셨기 때문이다. 요한계시록 5장 1절의 일곱 인으로 인봉된[2173] 두루마리(scroll)는 A.D. 66-70년에 교회의 대적에게 내려질 하나님의 심판의 선고문인데, 일종의 하나님의 통치백서(統治白書)이다(참고. 마 23:35). 성령에 영감된 사도 요한은 천상의 보좌 환상에 초청되어 등장인물이 된다. 요한은 이 두루마리의 선고문을 들으려고 하늘의 법정으로 들어간다. 하지만 이 인봉된 두루마리를 개봉할 만한 자격을 갖춘 사람을 보지 못해서 요한은 울고 만다(5:4). 이것은 요한계시록의 주인공이신 예수님의 극적인 출현(dramatic appearance)을 위한 적절한 배경이다. 장차 예수님은 일곱 인으로 봉인된 두루마리의 내용을 일곱 나팔을 통해서 말씀하실 것이고, 일곱 대접을 통해서 보충하시며 계시하실 것이다. 요한계시록 전체 이해를 위해서 '반복 이론'은[2174] 올바른데, 그 이유는 일곱 인-일곱 나팔-일곱 대접 사이에 병행이 많기 때문이다.

그렇다면 하나님의 심판이 시리즈로 3번이나 연속적으로 나타나는 이유는 무엇인가? 요엘 1장에서 그 대답을 찾을 수 있다. 하나님은 왜 자신의 언약 백성인 이스라엘을 향해서 이처럼 연속적으로 메뚜기 재앙, 기근 재앙, 불의 재앙, 그리고 바벨론 군대의 재앙을 내리시는가?

2173) 두루마리가 7인으로 인봉되었다는 것은 그 누구도 열어볼 수 없는 완전한 비밀로 감추어져 있다는 뜻이다. 따라서 요한은 하나님의 통치의 '뜻-계획-내용'에 대해 계시를 받고 싶어 했다. 적용해 보면, 우리 역시 하나님의 계획과 뜻을 모를 때 얼마나 답답해하는가?

2174) '반복 이론'(recapitulation theory)은 일곱 인, 일곱 나팔, 일곱 대접의 심판은(예루살렘-로마에 대한 심판이라는) 같은 사건을 반복해서 조금 다른 각도와 강조점으로 설명하는 것이라는 주장이다.

선민의식에 사로잡힌 이스라엘의 범죄가 너무 완고하고 심각해서, 한 번의 징계로는 고칠 수 없었기 때문이다. 요한계시록도 마찬가지이다.

'유다 지파의 사자이며 다윗의 뿌리'이신 예수님이 두루마리의 일곱 인을 떼시고 통치백서대로 시행하신다(5:5). 이것은 창세기 49장의 야곱의 유언과 간본문성을 가진다.

네 생물과 24장로가 부른 '새 노래'(*kainos*, 시간이 아니라 질적인 새로움; 5:9-10)는 일찍 죽임을 당하신 어린양 예수님이 성취하신 구원의 사역을 기리는 내용이다. 9절의 '각 족속, 방언, 백성, 나라'는 요한계시록에서 서로 다른 순서로 7번이나 사용된다. '4'는 '온 세상'의 숫자이고 '7'은 '완전'의 숫자이다. 이처럼 이런 사중적 표현이 7번 사용된 것은 그리스도의 구속의 효력이 온 세상 구석구석에 미치고 있음을 의미할 수 있다. 하지만 이 사실은 모든 사람이 구원을 얻는다는 만인 보편 구원론을 지지하지 않는다.

4장로와 24생물의 찬송에 화답하여 12절에서 허다한 천사가 7중(능력, 부, 지혜, 힘, 존귀, 영광, 찬송)으로 예수 그리스도의 영광과 완전함을 찬양한다. 13절에서 만물이 보좌 위의 성부와 성자를 찬양하며, 14절에서 4생물은 '아멘'으로, 24장로들은 엎드려 경배함으로 반응한다. 이처럼 기업을 무르시는 '고엘'이신 예수 그리스도의 대속적 죽으심은 교회에 새로운 출애굽을 가져왔기에(참고. 계 15장), 온 세상이 합당한 찬송으로 반응해야 한다. 이제 교회는 '나라와 제사장' 즉 제사장 나라로서 세상에 예수 그리스도의 죽으심으로 이루신 구원을 전파해야 한다. 그리고 히브리서 13장 15절이 가르치듯이, '찬미의 제사'를 드려서 하나님의 이름을 증거하는 생활을 해야 한다.

6절의 '일곱 영'은 요한계시록에 4번 나타난다. 일곱 영이라고 할 때 일곱은 충만과 완전을 상징한다. 4번 등장한다고 할 때 '4'는 동서남북 즉 온 세상을 상징한다. 이 이유로 요한계시록 5장 6절에 '일곱 영'을 '온 땅'에 보내심을 입은 하나님의 일곱 영이라고 소개한다.

요한이 '일곱 영'을 언급할 때, 스가랴 4장 1-14절을 염두에 둔다. 요한에게 있어 스가랴 4장 1-14절은 하나님의 활동에 있어서 성령님의 역할을 이해하는 데 중요한 본문이다. 요한이 답하고자 하는 질문은 "소아시아의 일곱 교회가 내외적인 어려움을 겪고 있을 때 하나님께서는 어떻게 땅 위에 통치를 이루어 가시는가?"이다. 스가랴 4장 6절은 그 방법을 소개하면서 "이는 힘으로 되지 아니하며 능으로 되지 아니하고 오직 나의 신으로 되느니라"고 말씀하신다.

6절에서 요한은 일곱 영을 어린양의 '일곱 뿔'뿐만 아니라 '일곱 눈'과 동일한 것으로 말한다. 특히 요한은 어린양이 가지고 있던 '일곱 눈'을 온 땅에 보내심을 입은 하나님의 일곱 영과 동일시한다. 어린양이신 예수님이 일곱 눈을 가지고 있다는 사실은 온 땅을 두루 살피시는 예수님의 전지하심을 의미한다. 어린양이 일곱 뿔을 가지고 있다는 것은 어린양의 승리의 권세를 상징한다. 그렇다면 일곱 영이신 성령님은 어린양의 승리와 전지하심을 온 땅에 증명하시기 위해 일하신다. 어린양이 죽음과 부활을 통하여 이룬 승리의 권세를 일곱 영이신 성령님은 온 땅에 실현시켜서 하나님 나라를 확장하신다. 십자가와 부활로 승리하신 승천하신 예수님이 세상에 나타나는 방법은 성령님을 통해서이다. 즉 그리스도의 과거의 사역이 현재에 효과적으로 나타나는 방법은 성령님을 통해서이다. 성령님은 일곱 뿔 즉 완전한 권능은 물론, 일곱 눈 즉 완전한 전지하심을 통해 온 세상에 예수님을 증거하신다.[2175)]

3. 오늘에의 적용

역사의 통치자이신 예수님의 주권을 인정하자.
성령님의 역사를 어떻게 맛볼 수 있는가?

요한계시록 6장

1. 본문 및 구조

• 두루마리의 여섯째 인까지 개봉하시는 그리스도(1-17)

2. 구원 계시사적 메시지

하나님의 통치백서이며, 새 언약의 문서인 두루마리가 어린양에 의해 개봉된다. 인이 하나씩 떼어질 때마다 소아시아의 일곱 교회의 대적들은 하나님의 심판을 받는다. 물론 개봉된 내용을 연대기적으로 연속해서 일어날 사건으로 볼 이유는 없다.

요한계시록 6장은 스가랴 6장의 홍마, 흑마, 백마, 어룽진 말을 탄 자의 환상(그리고 홍마, 자마, 백마를 탄 사람)과 하박국 3장의 기도와 간본문성을 가진다. 하박국 3장에 의하면, 갈대아라는 이방 나라를 사용하셔서 하나님께서 이스라엘을 심판하시는 모습이 나타난다. 역병(참고. 합 3:5; 계 6:8), 산이 흔들리고 언덕이 무너짐(참고. 합 3:6, 10; 계 6:14), 대적을 대항하여 말을 탐(참고. 합 3:8, 15; 계 6:2, 4-5, 8), 활로 무장함(참고. 합 3:9, 11; 계 6:2), 해와 달이 빛을 잃음(참고. 합 3:11; 계 6:12-13), 열방이 하나님의 진노로 인해 떠는 것(참고. 합 3:12; 계 6:15). 하박국 선지자 시대에 바벨론이 이스라엘을 쳐들어오는 것과 요한 당시에 제2의 바벨론인 로마 제국이 유대인을 공격하는 것이 유사한 표현으로 병행을 보인다.

2175) 다시 강조하면, 일곱 영이신 성령님은 교회의 선교적인 사명을 온 땅에 충만히 이루시는 분이시다. 요약하면, 요한계시록에서 단순히 '성령'이라는 표현은 개교회에게 말씀하시는 성령님을 의미한다면, '일곱 영'은 교회를 통하여 온 세상에 말씀하시는 성령님의 역사를 가리킨다. 요한 당시는 물론 오늘날 교회가 주님의 구원 사역을 온 땅에 힘 있게 증거하려면 일곱 영이신 성령의 역사를 믿어야 한다. 왜냐하면 일곱 영이신 성령님은 그리스도의 구원 사역을 지금도 온 세상에 적용하시기 때문이다.

1절에서 예수님이 일곱 인 중에 하나를 떼시자 불신 유대인(그리고 로마 제국)에 대한 심판이 시작된다. 2절의 말은 전쟁용이다. 대부분의 '부분적 과거론자들'과는 달리 부분적인 과거론을 따르면서도 조던(Jordan, 1999:27)은 요한계시록 6장 전체를 심판이 아니라 복음을 통한 교회의 승리라는 긍정적인 입장에서 설명한다. 네 생물 중 하나가 '오라'고 말하는 것은 요한을 향한 것이라기보다는 4마리 말들 중 하나를 향한 것이다. 요한계시록 6장의 4말들을 탄 사람들은 하나님의 전차(chariots)로서의 네 바람을 묘사하는 스가랴 6장 1-7절과 관련 있다. 말 탄 자들은 하나님의 심판의 대행자들이다.

혹자는 '흰 말을 탄 자'를(2절) 사탄(예. Hand, 2003:82) 혹은 로마 군대의 대장인 베스파시안 혹은 디도 장군으로 본다. 하지만 조던(1999:27)은 복음으로 세상을 정복하시는 예수님으로 올바로 파악한다. 흰 말을 타신 예수 그리스도는(참고. 계 19:11-13) 활을 가지고 계시며 면류관(요한계시록에 7회 등장함. 계 2:10, 3:11, 4:4, 10, 6:2, 12:1, 14:14)을 받아서(신적 수동태, 참고. 계 6:2, 4, 8, 11; 7:2, 4; 8:2, 3 등) 이기고 또 이기려고 하신다.

그런데 예수 그리스도께서 가지고 계신 활은 어디에서 온 것인가? 하박국 3장 9절과 11절에도 거룩한 용사이신 하나님은 '활'을 가지고 계신다. 그리고 시편 45편 3-5절에 의하면, 왕이시며 전사이신 하나님이 쏜 화살은 날카로워서 원수의 염통을 뚫어 정복한다. 그런데 성경 상징주의(biblical symbolism)에 의하면, 이 활은 '언약'과 관련 있다. 노아 언약에 의하면 하나님께서 다시는 물로 세상을 심판하지 않겠다는 의지의 표현으로 무지개를 하늘에 걸어 두신다(참고. 창 9:13-17). 에스겔 1장 26-28절에 의하면, 에스겔이 하늘 보좌로 올려갔을 때 무지개를 보았다. 요한이 하늘에 올라갔을 때도 여전히 무지개가 보좌 주위에 있었다(참고. 계 4:3).

하지만 예수님이 아버지 하나님으로부터 두루마리를 취하기 위해서 나아갔을 때, 언약의 활을 취하셔서 대적을 심판하려고 하신다. 그리스도는 '최고의 정복자'이시다. 주님이 면류관을 쓰고 계신 것은 이미 승리하셨다는 것을 상징한다. 십자가와 부활로 승리하신 주님이 계속해서 원수를 정복하시며 승리하셔서, 그분의 나라를 견고히 확장하려고 하신다. 인간 역사는 부활과 승천으로 결정적으로 이미 승리하신 예수님의 정복 역사의 연장이다. 그러므로 정복자이신 예수 그리스도로부터 분리되는 것은 패망이다. 이 정복 역사의 확장에 요한의 수신자들은 동참해야 한다. 요한계시록 19장에서는 백마를 타신 예수 그리스도는 입에서 이한 검을 발하시며 정복하신다. 그것을 A.D. 30-70년 사이의 복음 확장으로 볼 수 있지만, A.D. 70년 이후 천년왕국 시대에 펼쳐지는 복음의 확장으로도 볼 수 있다.

어린양에 의해 둘째 인이 떼어질 때, 보좌 주위의 두 번째 생물(아마도 송아지, 참고. 계 4:7)이 다른 말 탄 자에게 '오라'고 말한다(3절). 4절의 두 번째 '붉은 말'은 전쟁을 상징하는데 하나님의 허락을 받아(신적 수동태) 땅(유대인, 이스라엘)에서 화평을 빼앗아 버린다. 이 말은 요세푸스가 증거하듯이, 유대-로마 전쟁 중에(A.D. 66-70년) 이스라엘에 임한 전쟁을 예고하는 것 같다. 예루살렘이 포위되었을 때, 주도권을 잡으려고 성 안은 사분오열되었고 동족이 더 두려운 적으로 여겨졌다고 요세푸스는 증거한다.

따라서 5절의 '검은 말'은 이런 극한 상황 속에서 기아로 인한 죽음과 식량 부족을 상징하는 것 같다(참고. 애 5:10). 에스겔 4장 10절에 의하면, 예루살렘의 굶주린 백성들은 그들의 양식의 무게를 주의해서 달아보아야 했다. 경제적인 고난은 극심한 혼란을 초래하기 십상이다. '칼, 기근, 야수, 전염병'은 성경에서 하나님의 4대 심판의 도구이다. 따라서 8절은 에스겔 14장 21절을 암시한다. 6절에 의하면, 이런 기근과 경제적인 어려움 속에서 밀 한 되에 한 데나리온이며, 보리 석 되에 한 데나리온이었다.[2176] 약 1,200% 인플레이션으로 인해 주요 식량과 생필품의 부족 현상이 심각하다. 이것은 땅이 소출을 제대로 내지 못한 것으로 언약적 저주에 기인한 것이다(참고. 레 18:24-28; 신 28:15-34; 사 24). 이것은 하나님께서 하나님의 말씀을 떠난 사악한 불신자들을 다루시는 방식 중 하나이다. 하루 종일 일해야만 먹고 살 수 있기에, 악을 행할 여력이 없다. 하지만 검은 말을 탄 사람은 비싼 감람유와 포도주를 헤치면 안 되었다. '감람유와 포도'는 시편 104편 15절을 비롯한 많은 구절에서 '신실한 이스라엘'을 가리킨다. 그러므로 심판 중에서도 그들이 보호받을 것을 상징하는 것으로 볼 수 있다(참고. 계 7:3).

7-8절에 보면, 넷째 인이 떼어질 때 청황색(green colour) 말이 나온다. 청황색은 창백한 모습과 죽음 직전의 색깔이다. 말 탄 자의 이름은 '사망'이다. 말 탄 자를 바짝 뒤따르는 것은 '음부'(*Hades*, 무덤)이다. 요한계시록 1장 18절에 의하면, 예수님이 사망과 음부의 열쇠를 가지고 계신다. 청황색 말을 탄 사람이 땅 '4분의 1'의 권세를 받아서 칼과 흉년과 사망과 짐승으로 죽인다. 여기서 '4분의 1'이라는 부분적인 심판만 수행된다. 뒤에 나팔 심판에서는 '3분의 1'이 심판 받는다(참고. 계 8:7-12). 7대접 심판에서는 온전한 심판 즉 100% 심판이 수행된다. 이것은 요한계시록 전체가 반복 이론을 지지하며, 동시에 점층법적으로 이해할 수 있음을 보여준다(참고. 레 26, 28). 에스겔 14장 21절에 의하면, 칼, 기근, 짐승, 전염병은 하나님이 대적을 심판하시는 수단이다.

하지만 모든 시대의 성도는 역사가 심판을 동반하는 하나님의 정복 역사임을 확신하는 가운데 담대해야 한다. 우리 시대의 전쟁과 기근, 홍수와 가뭄, 이 모든 것은 하나님의 통제와 허락 속에서 일어나는 것이기에, 우리는 시편 46편 8절과 같이 고백할 수 있어야 한다. "와서 여호와의 행적을 볼지어다. 땅을 황무케 하셨도다." 보좌 주위의 네 생물들은 주저함 없이 기쁘게 심판의 대행자들을 향하여 '오라'라고 말했다. 이것은 불신 세상의 심판을 대하는 모든 시대의 성도의 자세가 되어야 한다. 우리의 기도로 복음과 교회의 대적을 주님의 진노의 심판으로 멸하시도록 늘 간구해야 한다. 그리고 요한계시록 22장 17절에서 성령과 교회는 신랑이신 예수 그리스도를 향하여 '오라'라고 외친다. 교회는 성령의 인도하심 속에 구원과 심판의 주체이신 그리스도를 기꺼이 초청해야 한다. 교회는 성령의 인도하심과 조명 속에서 교회와 복음의 대적이 어떤 모습으로 자리 잡고 있는지 간파해야 한다.

예수님이 다섯째 인을 떼시는 장면은 9절에 나타난다. 하나님의 말씀을 증거했기에 순교한 자들의 영혼이 제단 아래에 있다. 10절은 '땅'(이스라엘)에 사는 자들을 향한 보복 혹은 신원을

2176) '한 되'로 번역된 헬라어 *choiniks*는 요한 당시 남자 군인 한 사람이 하루에 필요한 곡물을 재는 도량이었다.

위한 순교자의 호소이다(참고. 시 6, 13, 35, 74, 80, 89, 90, 94편; 사 6:11; 렘 47:6; 합 1:2; 슥 1:12). 여기서 유대 묵시 문헌 중 하나인 '에녹 1서' 99장 3절에 유의해 보자. "너희 의인들아, 저 날들에 너희의 기도들이 기억나도록 하기 위해서 준비하라. 그리고 천사들이 하나님의 기억을 위하여 죄인들의 죄를 하나님 앞에 내놓을 수 있도록 너희의 기도를 천사들 앞에 증거로 제출하라." 불신 이스라엘 백성들이 성도의 무고한 피를 많이 흘린 것에 대한 심판을 호소하는 절규이다. 이 사실은 이 불신 박해자들이 요한 당시에 아직 살아 있음을 암시한다.

12-17절에서 여섯째 인이 떼어질 때, 감람산 강화(마 24:29-34)에서 설명된 일이 발생하는데 그것은 바로 예루살렘 멸망의 심각성을 묘사하는 것이다. 하지만 세대주의자 홀 린지(1993:99)는 요한계시록 6장 14절 즉 "하늘은 종이 축이 말리는 것같이(현대어성경: 하늘은 두루마리를 말아서 걷어치운 것처럼) 떠나가고 각 산과 섬이 제자리에서 옮기우매"를 현대의 핵전쟁의 파괴력으로 본다. 그러나 이 구절은 이미 종식된 냉전 시대가 아니라 (신약성경의)간본문의 빛 속에서 이해되어야 한다. 교회가 박해를 받아 동굴로 암혈로 도망갔지만, 16-17절에서 상황이 역전된다. 불신 유대인들이 도망가고 두려워 떤다. 이 사실을 통해서 요한은 박해받던 일곱 교회에게 소망의 메시지를 심어 준다. 상술해 보면, 12절의 해가 총담(검은 상복)처럼 검어지고, 달이 피같이 되는 것은 문자적으로 해석될 수 없는 상징이며 '반창조 이미지'(de-creational image)이다. 13절의 '별'과 더불어서 광명체는 지도자를 상징한다. 14절의 하늘이 종이 축처럼 말려서 떠나가는 것과 산과 섬이 제자리에서 옮겨지는 것은 옛 세상이 진멸되어 나가 버리고 새 세상이 도래하는 천지 격변적인 새 창조를 상징한다(참고. 마 21:21-22). 이제 교회의 대적이 살던 옛 세상은 물러가고, 히브리서 12장 28절에서 언급하는 진동치 못할 하나님의 나라가 도래하여 그 안에서 사는 백성은 경건과 두려움으로 하나님을 기쁘게 섬길 수 있다(참고. Chilton, 1990:197).

3. 오늘에의 적용

예수님이 교회와 복음의 대적을 심판하시도록 기도하자(참고. 출 23:22).

요한계시록 7장

1. 본문 및 구조

- 인 맞은 144,000명(1-8)
- 흰옷을 입은 무리의 찬송(9-17)

2. 구원 계시사적 메시지

2.1. 요한계시록 7장 1-8절의 메시지

요한계시록 1-6장과 마찬가지로, 여기서도 철저 부분적 과거론(the consistent partial preterism: 계 20장 이후의 미래적인 측면 외의 내용은 전부 불신 유대인을 심판하는 내용으로 이해함)과 전환적 부분적 과거론(the transitional partial preterism; 계 20장 이후의 미래적인 측면 이전에, 불신 유대인에 대한 심판에서 요한계시록 12장 18절부터는 로마에 대한 심판으로 전환된다는 입장)의 주장에는 공통점이 많다. 그렇다고 요한계시록 7장이 전적으로 예루살렘을 중심으로 한 하나님의 심판만 다루고 있다고 볼 수 없다. 즉 이방 로마 제국에 대한 하나님의 심판도 나타난다.

여섯째 인까지 떼어진 후 이제 일곱째 인이 떼어져야 하는데(계 8:1), 요한계시록 7장에서는 다른 사건이 첨가되어 일종의 '휴지'(休止) 상태 혹은 '간막극'(interlude)이다. 왜 이런 삽입 혹은 휴지 상태가 발생하는가? 그 이유와 연관해서, 6개의 인이 하나씩 떼어질 때마다 하나님의 심판이 배교한 유대인(그리고 로마 제국)에게 내려졌기에, 다음과 같은 질문이 자연스럽게 일어난다. "과연 이 심판의 와중에서 구원받은 남은 자는 없단 말인가?"(참고. 계 6:17의 "누가 능히 서리요") 이 질문에 답을 하기 위해 7장이 존재한다. 요한계시록 7장처럼 에스겔 9장에서도 하나님의 천사는 이마에 인을 친다. 그 대상자는 B.C. 586년에 바벨론에게 멸망되지 않고 보호될 이스라엘 중에 '남은 자'이다. 요한계시록 7장에서도 비슷한 환상이 등장하는데, 예루살렘 멸망 이전에 하나님께서 그의 신실한 자를 구별하고 인 치시는 장면이다. 그렇다면 A.D. 66-70년의 '남은 자'는 누구인가? 바로 예수님을 메시아로 영접한 사람들이다. 물론 시간이 지남에 따라 선교활동으로 이방인 성도가 이 남은 자 안으로 들어오게 되었다. 그러므로 요한계시록 7장 4절의 '144,000'이라는 숫자는 A.D. 70년 예루살렘 멸망 직전에 하나님의 인도로 예루살렘을 탈출한 유대인 성도를 일차적으로 가리키는 상징으로 볼 수 있다(참고. 눅 21:20 이하). 이 탈출의 사건은 역사가들이 밝히듯이 요단강 동편의 '펠라'(Pella)로 예루살렘 교회가 도망간 사건이다.

여섯째 인까지 떼어진 후에 요한이 본 환상은 다음과 같다. 네 천사가 땅 네 모퉁이(숙어로 '세상의 모든 부분', 참고. 겔 7:2; 보라. Osborne, 2002:305)에 서서 땅의 사방의 파괴적인 바람(the four winds of destruction, 혹은 영, 천사; 참고. 계 9:14의 네 천사)을 붙잡아 '땅, 바다 그리고 나무'에[2177] 불지 못하도록 한다(7:1). 이 네 천사는 심판과 파멸을 수행하기 위해서 동원된 하나님의 대리 역할을 하는 천사들(punishing angels)이다(참고. 렘 49:36; 단 7:2, 8:8, 11:4; 슥 6:5; 에녹1서 66:1-2). 참고로 바룩 2서 6장 4-5절에서는 심판을 수행하는 네 천사가 예루살렘 성의 네 모퉁이에 횃불을 들고 서 있다. 그러나 (해 돋는 편이 아니라)하늘에서 내려온 다섯 번째 천사는 자기가 성전의 거룩한 물건을 감추기까지 예루살렘에 불 지르는 것을 억제한다. 아마도 바룩

2177) 유대인을 상징하는 '땅', 로마 제국을 상징하는 '바다', 그리고 농경 작물을 상징하는 '각종 나무'에 하나님의 심판이 예정되어 있다.

2서가 계시록으로부터 이런 표현을 빌려왔을 것이다(참고. Lupieri, 2006:148). 앞의 네 천사보다 더 큰 위엄을 가진 다른 천사(즉 다섯 번째 천사)가 하나님의 인(God's royal signet ring)을 가지고 해 돋는 데(동쪽, 이스라엘의 구원이 암시됨; 참고. 눅 1:78)로부터 올라와서, 땅과 바다를 해롭게 할 권세를 가진 네 천사를 향하여 외친다. "하나님의 종들(즉 주님의 보혈로 인침을 받고 세례로 하나님의 소유로 공적으로 인정된 새로운 출애굽을 경험한 공동체)의 이마에 인을 치기까지는 심판을 행하지 말라"(2-3절; 참고. 겔 9:4-6; 고후 1:22; 엡 1:13, 4:30; 보라. Boxall, 2006:121-122). 다섯 번째 천사는 일반 천사가 아니라 '아나톨레'이신 예수님으로 볼 수 있다.

왜 인침을 받은 자가 144,000명인가? 숫자 '3'은 삼위일체의 수인데, 이것을 동서남북을 상징하는 '4'로 곱하면 12가 된다. 4로 곱하는 것은 인침을 받은 자가 온 사방으로부터 왔기 때문이다. 그러면 숫자 '12'는 하나님의 백성의 숫자인 동시에, 삼위 하나님이 온 세상(즉 '4') 가운데 역사하심을 상징한다. 그리고 구약과 신약의 백성은 12지파와 12제자로 상징되기에, 이 둘을 곱하면 144가 된다. '144'라는 숫자에 '무수히 많다'는 의미의 1,000을 곱하면 144,000명이 된다. 그러므로 144,000명은 신구약의 모든 신실한 하나님의 백성을 상징하기에 적합한 수가 된다. 그리고 이 144,000명은 뒤따르는 요한계시록 7장 9-17절의 '셀 수 없는 큰 무리'와 동일 집단으로 보인다. 이것은 동시에 아브라함의 언약이 새 이스라엘인 신약 교회의 제사장 나라 역할 수행으로 성취된 것이다(참고. 계 5:9).

요한 당시의 역사적으로 보면 유대-로마 전쟁이 끝난 후 펠라에서 예루살렘으로 돌아온 사람도 있고, 시리아 쪽으로 이주를 간 사람도 있었다. 혹자는 물이 많은 곳이어서 생존에 적합하지 않다고 보지만, 사실 펠라는 적당한 물이 있어 생존하기에 적합했던 도피성과 같은 장소였다.

요약하면, 이 144,000명은 요단 동편의 데가볼리의 펠라로 도망간 예루살렘 교인들을 상징하는데, 복음의 '처음 익은 열매'로 불릴 만하다(계 14:4; 참고. 마 9:37이하; 요 4:35-38; 약 1:1, 18). 따라서 이 부분은 로마에 대한 심판으로 보기 쉽지 않다. 12지파에서 각각 12,000명 선발되었다는 말은(계 7:4), 예루살렘(유대인) 교회가 구약의 이스라엘 백성의 대를 잇는 참된(혹은 새로운) 이스라엘이라는 상징적 의미가 있다. 이 예루살렘 교인들이 첫 열매이기에 열방의 이방인 성도들은 두 번째, 세 번째 복음의 열매들로 이해된다.[2178]

2.2. 요한계시록 7장 9-17절의 메시지

9절의 각 나라와 족속과 방언과 백성에서 나온 '흰옷을 입은 큰 무리'는 하나님께서 그의 선민 유대인을 버리심으로써 구원의 새로운 경륜 안으로 들어오게 된 이방인 성도를 포함하는 무리이다(참고. 사 49:20-22; 호 1:10; 마 22:7-9; 롬 9:24이하; 벧전 2:9이하). 14절에 의하면

2178) 144,000명에 '단 지파'가 빠진 것을 혹자(예. Victorinus, 예루살렘의 Cyril, Commodian)는 적그리스도가 단 지파에서 출현할 것이라는 A.D. 2세기부터의 기독교의 전설에 호소한다(참고. 창 49:17; 렘 8:16; 보라. Gumerlock, 2005:357). 초기 기독교는 적그리스도의 기원을 크게 네로 귀환 신화 혹은 단 지파에서 출현할 어떤 악한 유대인, 이렇게 두 가지로 보았다. 그러나 어떤 이유인지는 몰라도, 12지파를 언급할 때 단 지파가 빠진 것은 요한 당시의 유대 문헌에서 흔한 일이었다.

이들도 환난(그리고 순교)을 당하게 된다. 사도행전 그리고 베드로전후서는 이 사실을 잘 보여준다. 베드로와 바울의 선교의 열매인 이방인 성도 역시 평안한 삶만 영위한 것은 아니다.

요한계시록 7장 10, 12, 15-17절의 '찬송'에 주의해 보자. 10절은 각 나라와 족속과 백성과 방언에서 나온 흰옷 입은 무수히 많은 무리가, 12절은 모든 천사가,[2179] 15-17절은 장로 중 하나가 부른 찬송인데, 이스라엘 12족속 중 144,000명을 인친 후(계 7:4)에 부른 찬송이다. 요한계시록 7장 9절은 예수 그리스도의 구원의 우주적인 성격을 '각 나라와 족속과 백성과 방언에서 아무라도 능히 셀 수 없는 큰 무리'라는 말로 표현한다. 그리고 이 찬송은 인침 받은 사람들의 승리적 신분의 근거를 어린양에게 돌린다(계 7:14). 16절의 '주림과 목마름'은 하나님을 배반한 이스라엘에게 내린 심판이다(참고. 신 28:47-48; 사 8:21). 하나님께서 그들을 주리고 목마르게 하신 이유는 오직 하나님만이 이스라엘 백성의 영혼을 소성시키는 분이심을 믿고 돌아오도록 하기 위해서이다. 그리고 이스라엘에서 종종 태양의 강렬함은 활동하는 데 방해가 되기도 했고, 그 열기는 하나님의 심판으로 나타나기도 한다(16절; 참고. 렘 36:30; 욥 30:30). 그러나 이 모든 것으로부터 하나님께서 친히 남은 자의 장막이 되셔서 보호하겠다고 약속하신다(15절). 16-17절은 바벨론 포로에서 돌아올 이스라엘 백성에게 주신 약속의 말씀인 이사야 49장 10절의 '주석적인 확장'(midrashic expansion)이다. 요한은 16절에서 '*eti*'(longer)를 2번이나 사용하여 다시는 교회를 괴롭힐 어떤 굶주림과 목마름이 없을 것, 더 정확히 말하면, 하나님을 위해서 겪는 모든 고통으로부터 건져 주실 것을 강조한다. 왜냐하면 에스겔 34장 23절에서 약속된 이스라엘의 목자이신 예수 그리스도 때문이다(참고. 호 5:12-13; 요 10; 보라. Osborne, 2002:330).

3. 오늘에의 적용

우리는 이 시대에 144,000명의 남은 자로 어떻게 살 수 있는가?

요한계시록 8장

1. 본문 및 구조

• 네 천사들이 분 나팔과 그 재앙(1-13)

2179) 12절 찬송의 대상은 '우리 하나님'이시지만, 어린양도 포함되는 것으로 볼 수 있다(contra Osborne, 2002:322).

2. 구원 계시사적 메시지

어린양이신 예수님이 일곱째 인을 떼실 때 하늘이 반시 동안쯤 고요한 이유는 무엇인가?(1절) 이 '고요함'은 요한계시록 4-5장의 천상예배의 (좋은 의미에서)시끌벅적한 분위기와 대조된다(참고. 4에스라 7:30). 그리고 요한계시록 6장 10절에는 순교자의 영혼들은 신원(즉 정당성 입증)을 위해서 하나님께 큰 소리로 외치고 있었다. 그런데 이 고요함은 하나님이 고난당한 성도의 기도를 들으심과 하나님이 주시는 계시를 잠잠히 들으려고 하는 자세와 연관 있다. 참고로 미쉬나에 의하면 유대인들이 성전에서 매일 드린 희생 제사 가운데 향을 피울 때는 침묵 기도 시간이었다(참고. 탈굼 에스겔 1:24-25; 보라. Beale, 1999:451). 순교한 성도의 신원을 위한 외침은 잠잠해지는데, 그 이유는 하나님께서 그들의 대적에게 심판을 내리기 시작하기 때문이다. 짧은 시간을 상징하는 '반시 동안' 순교자의 신원의 목소리는 하늘에서 들리지 않는다(참고. 단 4:19). 불신 유대인과 로마 제국이 소아시아 성도를 박해하는데, 이것에 대한 신원을 위해서 하늘로 성도의 기도가 올라간다(4절). 구약에서 '반시'(30분)는 성전에서 제사장이 매일 향을 피우기 위해 필요했던 시간이었다. 누가복음 1장 10절과 21절에 의하면, 이 분향의 시간에 일반 이스라엘 백성들은 밖에 서서, 집례하는 제사장을 위해 침묵기도를 드렸다. 요한계시록 8장 5절에서는 제사장이 아니라 천사가 향을 드린다.

이스라엘 백성에게 '나팔'은 전쟁 시 진군을 알리는 역할을 하거나 아니면 적이 침범했음을 알리는 도구였다. 요엘 2장 1절은 시온에 하나님의 나팔과 호각 소리가 들려서 백성을 두렵게 한다고 밝힌다. 왜냐하면 이 소리는 죄를 갚으시는 '여호와의 날'을 알리는 심판의 나팔 소리이기 때문이다. 궁극적으로 이 여호와의 날은 온 세상에 심판을 이루실 예수님의 재림의 날을 내다본다. 요한계시록 8장 2절은 일곱 인에서 일곱 나팔 재앙으로 넘어가는 구절인데, 거기서 하나님 자신이 재앙의 나팔을 불신 유대인(그리고 로마 제국)을 향해서 불고 계신다. 요한계시록 8장 5절을 비롯한 여러 구절에 나타난 '땅'(*ge*)이란 말은 요한계시록 1장 7절 이후로 살펴 본 대로 이스라엘 땅 즉 팔레스타인을 상징한다. 그러므로 요한계시록 8장 역시 A.D. 66-70년의 유대-로마 전쟁 중에 이스라엘 땅에 내릴 하나님의 심판을 중심으로 이해할 수 있다. 이 전쟁은 유대 나라의 종말을 고하는 사건이요, 옛 세상을 척결하고 새 세상을 도래하게 하는 구속사의 결정적인 전환 사건이다.

7-12절에는 첫째에서 넷째 천사들이 나팔을 불어서 이스라엘(그리고 로마)에 심판을 실행하고 있다. 여기서 우리는 첫째-넷째 인 재앙과 첫째-넷째 나팔 재앙 사이의 유사점을 볼 수 있다. 첫째-넷째 인이 4마리의 말(horse)이라는 공통점을 가지듯이, 첫째-넷째 나팔은 우주의 각 영역의 '3분의 1'을 심판의 대상으로 한다. 아마 첫째-넷째 나팔 재앙은 예루살렘이 함락되기 전의 황폐된 상태를 묘사하는 것 같다. 이 재앙은 애굽에 내려진 10재앙을 기억나게 한다. 사실 출애굽 시 내려진 10재앙은, 이집트의 종말인 동시에 이스라엘(하나님 나라)의 새로운 민족적 시작을 의미한다(참고. 벧전 2:9-10). 일곱 인과 마찬가지로 일곱 나팔 재앙을 연대기적으로

이해할 필요는 없다. 일곱 나팔은 예루살렘의 멸망과 로마에 대한 심판을 같이 다루고 있다.

7절의 '수목과 풀'은 (의인도 포함되는)'사람들'을 상징한다(참고. 계 7:3, 9:4). 유대인 성도 중 일부는 예루살렘 멸망 때 전쟁의 와중에서 죽었을 것이기 때문이다. 하지만 불신자들과는 달리 그들의 결국은 생명과 구원이다(참고. 롬 2:9; 살전 5:9). 여기서 흥미로운 것은 역사가 요세푸스의 증언인데, 유대-로마 전쟁 중 실제로 예루살렘 주위의 아름다운 수목이 파괴되어 광야처럼 변했다는 사실이다. 로마 군인들이 군사적 목적을 위해 무차별적으로 벌목을 했기 때문이다(《유대 전쟁사》, 6.1.1). 이 증언이 역사적으로 옳다면 수목과 풀은 "상징적인 의미와 문자적인 의미를 동시에 가진다."

8절의 '거대한 산'(이스라엘 백성을 상징, 참고. 출 15:17)이 바다에 던져지는 것은 이스라엘이 망하여 바다 즉 이방 나라로 포로로 잡혀 흩어지는 것을 상징한다. 이것과 유사한 구절은 마태복음 21장 21절의 "이 산더러 들려 바다에 던지우라 하여도 될 것이요"인데 예수님의 이 말씀은 성도의 기도는 거짓 유대인들(교회의 대적)을 심판하는 하나님의 역사를 일으킨다는 의미이다. 즉 성도의 기도가 하나님의 심판이 시행되도록 한다는 의미이다. 마태복음 21장의 문맥이 이 해석을 지지한다. 즉 마태복음 21장에서 '열매 없는 이스라엘 나라'를 상징하는 무화과나무를 예수님이 저주하신 것도 이스라엘의 파멸을 예고하는 문맥에서 보면 자연스럽다.

8절의 바다의 '3분의 1'이 피가 된다는 것과 요한계시록 8장 9절의 물고기와 배의 '3분의 1'이 파손된다는 것은 유대-로마 전쟁에서 문자적인 성취를 본다. 요세푸스는 《유대 전쟁사》3권 10장 9절에서 로마 군인이 많은 이스라엘 군인들을 갈릴리 호수로 몰아서 죽였기에 바다는 시체로 가득했고 핏빛으로 변했다고 보고한다. 10절의 물들의 '3분의 1'이 더럽혀지게 되었다는 말은 이런 살육의 결과로 시체가 갈릴리 호수를 더럽혔다는 말이다. 하지만 아직도 '3분의 1'만 심판의 대상이기에, 회개의 기회가 남아 있을 뿐 아니라 완전한 파멸은 아직 멀었다. 하나님은 심판 중에도 자비와 긍휼을 보이신다.

9절의 '쑥'은 언약을 파기와 배교(변절)로 인해 심판 당할 이스라엘 백성에 대한 경고를 위해 구약 오경과 선지서에 자주 사용된 단어이다(참고. 신 29:18; 렘 9:15, 23:15; 애 3:15, 19; 암 5:7). 여기서 구약을 암시함으로 요한이 의도하는 바는, 요한 당시의 이스라엘은 구약 이스라엘 백성처럼 하나님을 저버리며 배교했고 이방 나라처럼 되어 버렸다는 것이다. 11절의 '쓰게 되었다'는 말은 '시체로 인한 물의 오염'을 문자적으로 가리킬 수 있다. 여기서도 문자적 성취와 상징적인 의미가 혼합되어 있다.

12절에서 하늘의 빛을 발하는 모든 것(즉 광명체)의 3분의 1이 침을 당하였다는 것은 신구약에서 이미 사용된 표현인데, '나라들과 지도자들이' 심판을 당한다는 의미이다(참고. 사 13:9-11, 19, 24:19-23; 겔 32:7-8, 11-12; 욜 2:10, 28-32; 행 2:16-21). 즉 유대 나라와 로마 제국의 통치자들이 연속적으로 암살당하고 패망할 것이란 예언이다. 사실 네로가 죽은 후 그의 3명의 후계자들(갈바, 오토, 비텔리우스 황제)은 불과 몇 개월씩 다스린 단명했던 황제들이었기에 로마 제국 전체가 불안했다. 헤롯 가문 역시 헤롯 대왕과 헤롯 안디바, 그리고 헤롯 아그립바 1세(참고.

행 12:1)와 헤롯 가문의 대부분의 왕자들은 불명예스럽게 죽었다. 예루살렘의 많은 대제사장들도 예외는 아니었다. 이 세상 통치자들은 사실 꺼져가는 불빛에 지나지 않는다.

13절은 이스라엘에 대한 심판이 종종 독수리가 사체(썩은 고기) 위에 앉는 것으로 묘사되었음을 기억한다면 쉽게 이해할 수 있다(참고. 신 28:49; 렘 4:13; 애 4:19; 마 24:28). '언약의 저주'와 연관된 한 가지 기본적인 사항은 공중의 새에 의해 사체가 삼켜지는 것이다(참고. 창 15:9-12; 신 28:26, 49; 잠 30:17; 렘 7:33-34; 겔 39:17-20; 계 19:17-18). 요약하면, 처음 네 나팔(계 8:7-13)은 A.D. 66-70년에 로마에 의해 가해진 유대인들이 받은 환난으로 성취되었다.

3. 오늘에의 적용

하나님의 약속에 어떻게 신실하게 살 수 있는가?

하나님의 경고의 나팔 소리에 민감하자.

요한계시록 9장

1. 본문 및 구조

- 다섯 번째 나팔 재앙(1-12)
- 여섯 번째 나팔 재앙(13-21)

2. 구원 계시사적 메시지

2.1. 요한계시록 9장 1-12절의 메시지

일곱 나팔 재앙 중 처음 네 개는 요한계시록 8장 12절에서 끝났다. 남은 세 재앙은 요한계시록 9장 이하에서 상세히 소개된다. 다섯 번째 나팔에서 일곱 번째 나팔까지는 '하나님의 큰 화'(woe)(계 9:12). 나팔 재앙 가운데 사람 3분의 1이 죽는다는 표현(15절)은 역사적인 지시성을 가지는데, 실제로 A.D. 1세기 중순의 유대-로마 전쟁 시 약 100만 명의 인명이 손실되었다. 다섯째 천사가 나팔을 불자 '땅에 떨어진 별'(1절)은 문자적인 실제적인 별이 아니다. 이 별이 무저갱의 열쇠를 받는 인격체로 묘사되기 때문이다(1절). 여기서도 신적 수동태가 등장하는데, 이 별은 하나님으로부터 열쇠를 받았다(was given the key). 이 별이 무저갱을 열자 '황충'이 올라온다. 이 황충(locusts)은 무저갱에서 올라온 '마귀'를 상징하는데, 출애굽 시 내린 여덟 번째 메뚜기 재앙과 유사하다(참고. 출 10:12-15). 사실 사탄은 예수님의 지상 사역 시에 이미 하늘에서 쫓겨났다(참고. 계 12:4, 9, 12).

황충을 통해서 역사하는 악한 영의 세력과 관련된 요한 당시의 역사적 지시성은 다음과 같이 설명이 가능하다. 로마에 의해 예루살렘 성이 포위되었을 때, 유대인들을 비이성적이며 스스로 파괴적으로 만들었던 악한 영들이 있었다. 사실 육체적인 고난 외에 유대-로마 전쟁 중에 유대인들이 유대인들 자체 안에서 그리고 유대인으로부터 겪은 정신적인 피해는 엄청났다. 포위의 와중에서도 성 안은 주도권을 잡으려고 사분오열되었다. 열심당을 중심으로 동족끼리의 살해도 심각했다. 성안에 거짓 메시아와 선지자가 많이 일어나서 미혹했다.

5절의 '다섯 달'은 역사적으로 예루살렘이 로마에 의해 포위당한 5개월을 의미하는 것으로 볼 수 있다. 흥미롭게도 메뚜기(황충)의 생존 기간은 5-9월의 5개월이다. 따라서 5개월은 '짧은 기간'을 상징하기도 한다. 이 기간은 유대를 다스린 로마 행정 장관인 게시우스 플로루스(Gessius Florus)가 A.D. 66년 5월부터 3,600명의 유대인들을 살해한 기간도 떠올리게 한다. 당연히 악한 총독의 통치에 저항하여 유대인들은 폭동을 일으켰고 요세푸스는 이때로부터 유대-로마 전쟁이 시작된 것으로 본다(《유대 전쟁사》, 2.14.9).

하늘에서 땅에 떨어진 '별'(사탄)에 의해 무저갱으로부터 불려온 황충(마귀의 세력)은 하나님의 인을 받지 못한 사람들만 공격한다(4절). 이때 고통을 받는 사람들이 죽고 싶어 하는 것(6절)은 아마 로마가 예루살렘 성을 포위하고 있었을 때, 동족 유대인에 의해 고난당하던 성 안의 사람들이 오히려 로마 군대가 성벽을 부수고 자신들을 건져 주길 바라는 모습을 그리는 것 같다.

7-12절의 황충의 강력하고도 흉측한 모양은 구약 선지서에 나타나듯이 이스라엘을 침입하는 이방 나라의 모습과 유사하다(참고. 렘 51:27; 욜 1:6; 2:4-10). 이것 역시 역사적인 지시성을 가지는데, 포악한 열심당원들이 예루살렘 포위 중에서도 동족 유대인들을 공포로 몰아붙인 사건을 설명하는 것 같다. 그들이 '여자의 머리털 같은 머리털'을 가지고 있다는 사실은(8절) 열심당원들이 수치심 없이 여자의 복장을 하고 다닌 것을 의미한다. 열심당원들은 부자를 약탈했으며, 운동을 목적으로 여자를 겁탈했으며, 살인을 일삼았고, 실제로 여자 향수를 바르고 여자 옷을 입고 마치 매음굴에 빠진 사람처럼 행동했다(《유대 전쟁사》, 4.9.10). 9장 11절의 황충의 왕은 사탄 자신이다(참고. 요 8:44; 계 2:9; 3:9). 황충(마귀)의 왕(즉 사탄)의 이름은 히브리어로는 '아바돈'이며, 헬라어로는 '아볼루온'이다. 아바돈은 구약에서 죽은 자의 영역 혹은 파멸의 장소를 가리켰다(참고. 욥 26:6, 28:22, 31:12; 시 88:11; 잠 15:11, 27:20). 그러므로 요한은 사탄을 사망 자체의 인격화로 간주한다(참고. 히 2:14). 규합된 사탄의 세력이 소아시아의 일곱 교회의 대적에게 파괴적으로 역사하는 그 영역은 곧 지상에 임한 지옥 그 자체나 마찬가지이다. 하지만 요한은 이러한 지상에 임한 지옥이 '첫째 화'일 뿐이라고 말한다(12절). 이 후에 여섯 번째 나팔과 일곱 번째 나팔 재앙이 기다리고 있는데 그것은 '두 번째 화'이다.

2.2. 요한계시록 9장 13-21절의 메시지

여섯 번째 천사가 나팔을 불 때, 하나님 앞에 있던 향단(the incense altar)의 네 뿔에서 한 음성이 나서 그 나팔 부는 천사에게 말하기를, "큰 강 유브라데에 결박된 네 천사를 놓아 주라"고 한다(13-14절). '향단'은 요한의 독자들의 예배 상황을 암시한다. 여기서 특별히 교회의 기도를 통해서 복음과 교회의 대적을 심판하시는 하나님의 역사를 볼 수 있다. 이것의 구약 간본문인 레위기 4장 13-21절에 의하면, 이스라엘 백성이 하나님의 계명을 어긴 것을 깨닫게 되면 짐승을 잡아 제단에 바치고 난 후, 그 피를 회막 안에 있던 향단의 네 뿔에 발라야 했다. 이것은 일종의 정결케 하는 제사(the purification offering)이다. 이렇게 함으로써 백성의 죄가 사해지고 그 향단의 기능의 회복 즉 기도가 하나님께 열납되었다. 그런데 요한계시록 9장 13절의 문맥에서 향단은 '저주의 기도'(imprecatory prayer)와 관련된다. 교회가 신원을 위해 기도할 때 하나님은 대적을 물리쳐 주신다. 현대의 교회 역시 이 신원의 기도를 간절하게 드려야 한다. 역사적인 성취의 관점에서 볼 때, 14절은 많은 로마 군인들이 유대를 침입하기 이전에 유브라데 강에 주둔했음을 의미한다. 이 계획이 아주 치밀했고 사전에 준비된 것임은 15절의 시간 언급에서 볼 수 있다(참고. 눅 21:6, 31-32).

유브라데 강에서 놓인 네 천사는 사람 3분의 1을 죽이기로 예비된 심판의 수행자이다(15절). 유브라데는 팔레스타인의 북쪽 국경 지역에 있던 강인데(참고. 창 15:18; 신 11:24; 수 1:4), 그것을 넘어 앗수르, 바벨론, 페르시아가 이스라엘을 침공했다(참고. 렘 6:1, 22, 10:22, 13:20, 25:9, 26, 46:20, 24, 47:2; 겔 26:7, 38:6, 15, 39:2). 성경에서 북쪽은 하나님의 보좌의 장소(참고. 사 14:13)이며 시온의 자리이기에, 북쪽 유브라데에서 놓인 네 천사는 북쪽에서 내려오는 하나님의 심판의 대행자이다(참고. 사 14:31; 렘 1:14-15; 겔 1:4). 2만 만(참고. 시 68:17)으로 상징되는 이 북쪽에서 내려오는 무수히 많은 군대는 하나님의 군대이되, 그 특성상 사탄과 이방 나라의 요소를 가진다. 하나님은 이방적이며 사탄적인 세력조차 사용하셔서(그 년 월 일 시에, 즉 하나님의 예정된 정확한 때) 심판을 이루시는 주권적인 분이시다(참고. 왕상 22:20-22; 욥 1:12-21). 물론 하나님은 이 이방(사탄)의 세력들의 사악한 동기와 목표로 인해 결국 이들도 심판하신다(참고. 사 10:5-14).

17-19절은 2만 만(2억, 요한 당시의 로마 제국 전체 인구보다 많음)으로 상징되는 엄청난 숫자의 로마 군인들이 유대-로마 전쟁 시에 예루살렘 성벽을 허물기 시작한 것을 묘사하는 것으로 볼 수 있다(참고. 눅 21:20). 전환적 부분적 과거론자와는 달리, 철저 부분적 과거론자들은 일곱 나팔로 예루살렘 멸망이 끝나지 않고 뒤따르는 일곱 대접 심판도 동일한 사건을 묘사한다고 본다. 이 말들의 머리는 사자의 머리와 같은데, 이것은 위엄, 잔인함과 파괴력을 상징한다. 그 입에서는 불과 연기와 유황이 나온다. 이것은 불빛, 자줏빛, 유황빛 흉갑(breast-plates)의 색깔에 상응한다. 특별히 유황(sulfur)은 가장 위력 있고 전멸적인 재난에 동원되었다(참고. 창 19:24; 눅 17:29). 요한계시록에서는 사탄과 짐승들을 최종적으로 심판하여 처단하는 장소가 유황불 못이다 (계 14:10, 19:20; 20:10; 21:8; 참고. 겔 38:33). 그런데 이 말들의 꼬리는 뱀과 같고

그 꼬리에는 머리가 있다(19절). 뱀의 독기가 서려 있는 무시무시한 모습이다. 사실 뱀도 하나님의 심판의 도구로 사용되었다(참고. 민 21:6; 신 32:24; 렘 8:17). 전갈의 권세를 받은 황충보다(계 9:3) 강력한 살상력을 가진 기병이어서 사람 3분의 1을 죽인다. 따라서 다섯 번째 나팔 재앙에서 여섯 번째로 넘어갈수록 심판의 강도가 강해지는 점층법적인 모습이 나타난다.

20-21절은 이런 전쟁의 와중에서도 이스라엘 백성은 '그 손으로 행한 일' 즉 악령(우상) 숭배와 살인, 복술, 음행, 도적질을 계속한다. 이들 생존자들은 거짓 선지자의 소리에 미혹되어 즉시 하나님이 구원해 줄 것이라는 말에 현혹되었다(《유대 전쟁사》, 5.13.7). 이것은 심판을 받되 회개하지 않는 완악한 죄인의 소망 없는 모습이다(contra 계 11:13).

3. 오늘에의 적용

죄악을 회개하여 회복되는 은혜를 받자.
하나님이 악을 심판하시 위해서 사용하는 도구는 무엇인가?

요한계시록 10장

1. 본문 및 구조

• 개봉 된 두루마리를 예수님으로부터 받아먹는 요한(1-11)

2. 구원 계시사적 메시지

요한계시록 10장에서는 '힘센 다른 천사'로 묘사된 예수님의 손에 펼쳐진 두루마리가 놓여 있다. 그렇다면 2절의 '작은 책'(*biblaridion*)은 무엇인가? 요한계시록 5장에서 인봉된 두루마리(*biblion*)와 같은 책인가?(예. Beasley-Murray, Sweet, Boring, Wall, Bauckham, Holwerda) 아니면 다른 책인가?(예. Charles, Lohmeyer, Lohse, Kiddle, Court, Roloff, Mounce). 아니면 이 두루마리는 요한계시록 전체를 의미하는가? 아니면 요한계시록 4-11장 다음의 요한계시록 13-19장을 가리키는가? 아마도 이 두 책은 동일한 것으로 보인다. 이유는 문맥상(두 천사의 동일성을 제쳐두고서라도) 요한계시록 5장 2절에도 힘 있는 천사가, 10장 1절에도 다른 힘센 천사가 등장하고, 둘 다 에스겔 2장 9-10절과 에스겔 3장 1-3절을 암시하고 있기 때문이다. 그리고 상이한 헬라어를 동일한 의미로 사용할 수 있다. 형태상으로는 *biblaridion*이 *biblion*의 축약형이지만 의미상으로는 축약형이 아니다.

예수님이 사자처럼 크게 부르짖으신다(3절). 하나님의 크고 두려우심을 상징하는 일곱 '우레'도 소리를 발한다(brontai, 참고. 계 4:5, 11:19, 14:2). 승리한 유다 지파의 사자이신 주님의 이 외침은 피조물에 나타난 창조주 야웨의 엄위하신 능력을 기리는 시편 29편을 연상시킨다. 시편 29편에서 하나님이 천둥과 같이 7번 말씀하신다. 천지의 통치자이신 하나님의 다스리심을 강조하는 시편 29편의 문맥은 바다와 땅 즉 온 세상을 다스리시는 예수님의 권세를 강조하는 요한계시록 10장 2-3절의 문맥과 일치한다. 그리고 아모스 3장 8절 즉 "사자가 부르짖은즉 누가 두려워하지 아니하겠느냐. 여호와께서 말씀하신즉 누가 예언하지 아니하겠느냐"도 상기시킨다.

4절에 의하면, 요한은 일곱 우레의 소리를 기록하려고 한다. 즉 요한이 그 내용을 알아차렸다는 뜻이다. 그러나 이 일곱 우레를 기록하지 못한 이유는 무엇인가? 너무 두려워서인가?(예. Charles, Morris; 참고. 고후 12:4) 그렇지 않은 것 같다. 왜냐하면 요한계시록의 다른 부분에 나타난 심판의 모습은 아마 이것보다 더욱 무섭기 때문이다. 아니면 하나님이 이 천둥의 음성으로 심판을 하시려다가 철회하셨기 때문인가?(예. Caird, Farrar, Sweet) 아니다. 왜냐하면 요한계시록 6-18장 전체에 지배적으로 나타나는 주제가 심판이기 때문이다. 아니면 요한의 귀에만 의도된 것이었기 때문인가? 아니면 우리에게는 계시되지 않았지만 하나님의 의중에 있었던 일곱 인, 일곱 나팔, 일곱 대접 외의 다른 7가지 재앙(심판)을 가리키는가? 여기서 천둥의 음성이 기록되지 않았다는 사실은 오직 하나님께서만 심판의 주도권을 가지고 계심을 강조하려는 목적을 가지는 동시에, 아마 이것은 요한의 때에 성취되지 않을 것이었기 때문으로 보인다. 그래서 마치 요한계시록 5장의 두루마리가 일곱 인으로 봉인된 것처럼 일곱 천둥이 말한 메시지도 봉인(seal up)되어야 했다.

예수님이 하늘을 향하여 오른손을 들고 아버지 하나님을 향하여 맹세하여 말씀한다. "지체하지 아니하리니"(There will be no more delay). 예수님의 맹세이기에 이 말씀은 반드시 이루어질 수밖에 없다(5-6절). 요한은 여기서 다니엘 12장 7절을 떠올린다. 맹세 시 하늘과 땅과 바다를 창조하신 영원토록 살아 계신 하나님 앞에서 오른손을 드는 것은 흔한 일이다(참고. 창 14:22-23; 출 6:8; 신 32:40; 겔 20:5, 15, 23, 42). 이 제스처는 맹세에 대해 개인적으로 책임짐을 의미한다. 다니엘 12장 1-4절에 의하면, 종말에 의인은 생명의 부활로, 악인은 심판의 부활로 나아갈 것인데 다니엘이 이것을 기록하여 종말 때까지 인봉할 것을 명령받는다. 다니엘 12장 7절의 맹세는 "이런 놀라운 일(즉 종말에 있을 영생과 영벌을 위한 부활)이 일어나기 전에 얼마나 시간이 경과하여야 합니까?"라는 질문에 대한 응답이다. 그 답은 '한 때, 두 때, 반 때'를 지난 후이다(참고. 단 12:7). 이것은 요한계시록의 '42개월, 1,260일, 한 때, 두 때, 반 때'와 같은 표현으로서, 짧은 기간을 상징적으로 의미한다(참고. 계 11:2, 3, 12:6, 14, 13:5).[2180] 그러므로 다니엘 12장의 이

2180) 1,260일은 42개월과 동일한 기간을 상징하지만, '매일' 고난 속에서도 인내하며 살아야 할 것을 강조하는 의미를 분명히 담고 있다. 그리고 이 짧은 기간을 주님의 초림과 재림의 전체 기간(천년왕국)으로 볼 수

예언이 요한계시록 10장에서 성취되었기에, "지체하지 않겠다"라고 예수님이 6절에서 맹세로 말씀하신 것이다. 이것은 예수 그리스도 안에서 구속사가 절정에 도달했음을 의미한다. 십자가와 부활, 오순절 성령 강림뿐 아니라, 요한 당시로부터 멀지 않은 시기에 있을 A.D. 70년 사건은 구속사의 절정 부분을 함께 형성한다.

7절의 '하나님의 비밀' 즉 '하나님이 계시하신 구원'의 성취는 먼저 유대인의 선민으로서의 경륜이 A.D. 70년에 완성(*etelesthe*) 혹은 끝났음을 가리킨다(참고. 계 1:20, 17:5, 7). 이것은 일곱째 천사가 나팔을 불 때 일어난다(참고. 계 11:15-19). '하나님의 비밀'은 바울이 에베소서 3장 3-6절에서 말한 것같이, 예수 그리스도의 십자가와 부활에 근거하여 이방인들이 유대인이 될 필요 없이 하나님의 백성이 되는 우주적인 구속 사건을 가리킨다. 온 세상 나라가 하나님과 그리스도의 나라가 되어 하나님이 영원히 왕으로 다스리실 그날이 하나님의 비밀이 성취되는 날이다(계 11:15). 따라서 이것은 예수님의 최종 재림을 일차적으로 가리키지 않는다. 대신 '이미와 아직 아니'의 종말론적으로 이해해야 한다.

예수님은 요한을 불러 "두루마리를 받아먹어라"고 명령하신다(8-9절). 10절에서 요한이 책을 먹는 행동은 에스겔 3장 1-3절과 14절을 연상시킨다. B.C. 586년 바벨론에 의한 예루살렘 멸망을 예언한 에스겔이 책을 먹었던 것처럼 요한도 유사한 상황에서 작은 책을 먹자, 입에서는 달지만(참고. 시 119:103; 렘 15:16) 배에서는 쓴 것을 체험한다. 두루마리를 먹는 것은 하나님의 말씀을 마음으로 받아서 내면화하고 삶 속에 작용하도록 하는 것을 의미한다. 혹은 '달고 쓴 것'은 구원과 심판의 양면성을 암시하는 것으로도 볼 수 있지만, 문제는 에스겔의 경우는 심판의 말씀을 받았음에도 쓰지 않고 달았다고만 말씀하기에 이 해석은 재고되어야 한다(참고. 권성수, 2001:243). 혹은 복음을 따라 살며 증인 역할을 하는 교회의 고난 중에서의 승리를 의미한다. 복음을 소화하고, 복음에 따라 살고, 그 복음을 요한 당시처럼 우리 시대의 대결적 구조 속에서 선포하는 일은 쉬운 일이 아니다(참고. 보르톨리니, 2000:122). 하나님의 백성은 보호를 받기에 달다. 그러나 이 영광의 길은 단지 고난 속에서의 승리를 다루기 때문에 쓰다(참고. 에두아르트 로제, 1997:125). 여기서 주목할 만한 것은, 요한계시록 5장의 보좌 위에 계신 성부 하나님의 오른손에 들려 있던 두루마리가 예수님에게 전해 져서 7인 모두 개봉되었고, 결국은 요한에게 주어진 점이다. 이것은 요한계시록 1장 1절의 계시 전달 순서에 상응한다. 그런데 "바다와 땅을 밟고 있다"는 표현이 요한계시록 10장에서 3번이나 반복된 것(참고. 계 10:2, 5, 8)은 단순한 수사학적인 장치가 아니라, 요한과 신약 교회의 선지자적 사명이 하늘의 예수님의 주권적인 역사 속에서 진행됨을 강조한다(참고. Osborne, 2002:402).

11절에서 요한이 다시 예언하도록 명령받은 것은 전환적 부분적 과거론자에게는 이제 그 대상이 이방인이다. '백성, 나라, 방언, 임금'(10:11)은 유대인을 가리키지 않기 때문이다. 하지만 철저히 부분적 과거론자들은 요한이 다시 예언하는 것을 이스라엘 멸망의 범세계적인 영향을 가리키는 것으로 본다. 11절에서 '반드시'(*dei*)라는 말과 '너'(*sy*)가 특별히 강조되어 있다. 요한의

있지만, 요한 당시의 교회가 경험한 실제로 짧은 기간을 무시할 수 없다.

선지자적 사명은 하나님에 의해 의도된 필연적인 것이다. 여기서 전치사 '*epi*'의 해석이 중요하다. 이것이 '~에 관하여'(about)라면 교회가 열방에 관하여 증거하는 것이지만, '~에 대항하여'(against)라면 열방을 향한 심판의 메시지가 강도된다. 실제로 LXX에서 이 전치사가 '예언하다'라는 동사와 함께 사용된 25번 중 22번이 심판의 문맥에 등장한다(참고. Osborne, 2002:405). 그리고 요한계시록 11장 3-6절의 두 증인의 사역에 비추어 볼 때 '~에 대항하여'가 자연스럽다. 그러므로 요한계시록 11장 이하에서도 소아시아 일곱 교회의 대적을 향한 하나님의 심판의 메시지는 계속된다. 세상 임금의 방해와 박해에도 불구하고, 예언자들의 목소리는 결코 잠잠해지지 않는다(참고. 계 11, 17, 18). 요한은 요한계시록 10장의 환상을 통해서 이러한 천국의 확장이라는 하나님의 비밀을 전하기 위해서 선지자로서의 소명을 갱신하게 되었다(참고. "다시 예언하여야 하리라": 11절).

3. 오늘에의 적용

달고 쓴 하나님의 말씀을 잘 소화하고 전파하며 살자.

∽ 요한계시록 11장 ∼

1. 본문 및 구조

• 성전 측량과 두 증인의 순교와 부활 및 승천(1-14)
• 일곱 번째 나팔과 찬송(15-19)

2. 구원 계시사적 메시지

2.1. 요한계시록 11장 1-14절의 메시지

에스겔 40-47장에 한 사람이 측량 막대기를 가지고 성전(*naos*)을 측량하는 장면이 나온다.[2181)]

2181) 만약 요한계시록 11장의 성전이 천상의 것이라면 이방인들이 포위하고 공격하는 것은 어렵다. 그리고 만약 성전이 크리스천을 상징한다면, 성전 안의 제단과 그 안에서 예배드리는 자는 누구인지 설명하기 어렵다(참고. Den Dulk, 2008:437). 화란 자유대학교의 Den Dulk(2008:438)는 지상의 성전을 가리킨다고 보지만, 요한계시록의 기록 연대를 도미티안 때로 보기에 요한계시록 11장의 성전 측량은 A.D. 70년 사건을 회상하며 해석한 것이라고 주장한다. 그리고 측량 받는 것은 하나님의 보호로, 측량 받지 못한 것은 파멸(심판)로 보는 일반적인 해석을 거부한다(contra BDAG 666페이지의 *naos*의 두 번째 의미). 그의 주장의 근거는 다음과 같다. (1) 요한계시록 11장의 성전 측량 기사 앞에 등장하는 요한이 개봉된 두루마리를

비슷하게 요한계시록 11장 1절에서 요한은 지팡이 같은 갈대를 성전 측량을 위해 받았다. 이 두 사건 모두 임박한 예루살렘 성전의 파괴 직전에 참된 성전을 보호하기 위해 표시해 두는 것이다. 요한계시록 7장 4절에서 하나님은 이스라엘 12지파로부터 총 144,000명을 인치셨다. 마찬가지로 요한계시록 11장에서도 하나님은 심판으로부터 자신의 참 성전인 언약 백성을 인치시고 구별하시며 보호하신다. 참 이스라엘은 성전(*naos*)의 제단(향단)에서 예배한다. 요한계시록 7장에서처럼 요한계시록 11장도 일곱 번째 나팔이 불리기 전의 휴지(休止) 혹은 삽입이다. 교회는 하나님의 인침을 받아서 이 땅에 살면서 보호를 받는데, 아무 어려움 없는 가운데 사는 것이 아니라 고난 가운데서 보호를 받는다는 말이다.

11장 2절에 의하면, 요한은 성전 밖 마당 즉('제사장의 뜰'이 아니라) '이방인 뜰'은 측량하지 말라는 명령을 받는다.[2182] 이유는 성전 밖 마당은 하나님의 보호를 받지 못할 배교한 이스라엘(그들은 실제로 이방인의 운명에 처해 있었음)을 의미하기 때문이다(사 1:12). 측량은 소유권을 확인하는 작업이다. 이들은 참 성전인 하나님의 신실한 새 언약의 백성으로부터 잘려나가게 될 운명에 처해 있다. 11장 2절의 42개월은 로마-유대 전쟁의 기간 혹은 네로의 박해의 기간과도 연관 있다. 예루살렘 성전은 로마에 의해 42개월이나 포위되었다가 망했지만 예루살렘 교회는 요단 동편의 데가볼리의 한 도시인 펠라(Pella)로 도망을 가서 보호를 받았다.

3절의 '두 증인'은 종교와 정치의 대표자를 각각 상징하는가? 아니면 모세와 엘리야 혹은 이스라엘을 향해 외친 세례 요한에게서 마쳐진 선지자 계열을 가리키는가? 성경에서 '2'는 증인의 숫자이다(참고. 민 35:30; 신 17:6, 19:15; 왕상 21:10; 마 18:16; 눅 10:1-24; 요 8:17; 고후

먹는 것은 간본문인 에스겔 2장 8절-3장 8절 (두루마리를 먹으니 달았지만, 쓴 경험도 함, 겔 3:14)과 에스겔 4장 1-3절(예루살렘이 적군에 의해 포위된 것을 그림)의 내용과 문맥에 근거해 볼 때 예루살렘의 보호가 아니라 파멸을 가리킨다. (2) 요한계시록 11장 1절의 '지팡이 같은 것'(*homoios rhabdo*)은 측량 도구를 가리키는 표현으로 거의 등장하지 않고, 대신에 전쟁 무기와 권세를 뜻한다(iron rod, 계 2:27, 12:5, 19:15). 그렇다면 요한계시록 11장 1절의 지팡이는 보호 대신에 '권세와 폭력과 파멸'과 연결된다. (3) 측량은 '보호' 대신에 '재판, 심판, 파멸'을 뜻하는 경우가 종종 있다(삼하 8:2; 왕하 21:13; 애 2:7-8; 마 7:2). (4) 측량의 결론 구절인 요한계시록 11장 2절은 측량 받지 못한 성전 바깥뜰만 짓밟힐 것이라는 의미가 아니라, 거룩한 성 예루살렘과 그 안의 성전 전체가 짓밟힐 것이라는 심판의 뜻이다(참고. 눅 21:24). 제2성전 시기에는 예루살렘 도시와 성전을 동의어로 교차적으로 사용했기에, 이 둘의 운명은 분리할 수 없다(참고. 4에스라, 2바룩 등; contra 《유대 전쟁사》 6. 285-6: 성전에 올라가서 구원의 표를 받으라는 거짓 선지자의 주장). 성전을 측량하는 것은 하나님이 심판하시는 것을 의미하는 것이라고 보는 Den Dulk(2008:447-448)은 측량 받지 못한 바깥뜰이 이방인에게 밟히는 것도 주도권을 쥐고 계신 재판관 하나님의 허락 속에 일시적으로 일어날 뿐이라고 설명한다. Den Dulk는 요한계시록 11장 1-2절이 배교한 유대인을 심판하시는 의롭고 전능하신 하나님에 관한 '1세기 신정론'을 다룬다고 본다(참고. 바룩 2서 5:3). 하지만 Den Dulk는 성경의 성전 측량이 '하나님의 구원과 보호'를 의미하는 경우를 애써 간과하려고 하며, 그가 제시한 근거들은 반대로 해석될 여지가 있다(참고. 겔 40장).

2182) '성전'과 관련하여 요한계시록은 *hieron* 대신 *naos*만 사용한다. 따라서 요한계시록 11장 1-2절에서도 성전을 가리키는 명사는 *naos*이다. *Naos*는 성전 콤플렉스가 아니라, 주로 성전 건물 자체를 가리킨다. "그렇다면 요한계시록 11장 2절의 '그 바깥뜰'은 *naos*의 일부가 아니라, 통상적으로 *hieron*의 일부로 간주된 이방인의 뜰을 가리킬 수 있는가?"라는 어려운 질문이 제기될 수 있다. 참고로, 요세푸스는 *naos*를 *hieron*의 의미로 두 번 사용했다(《유대 전쟁사》 6.293; 아피온 반박문 2.119).

13:1; 딤전 5:19). 그런데 이 두 증인이 베옷을 입은 것은 이 두 증인이 신약이라기보다는 구약의 인물임을 상징한다. 따라서 세례 요한에게서 종결된 구약의 모든 선지자들을 가리키는 것이 아닐까? 하지만 두 증인은 유대인들에게 복음을 증거한 신실한 144,000명 즉 초대 교회로도 볼 수 있다. 가장 타당성 있어 보이는 설명은 이 두 증인은 요한 당시의 교회를 일차적으로 그리고 모든 시대의 성도를 이차적으로 가리키는 것으로 보는 것이다. 이 두 증인은 요한계시록 11장 4절에서 '두 촛대'라고 불린다. 촛대는 요한계시록 1장 20절에서 교회와 동일시되었기에 '교회'로 보는 것이 합당하다. 이 두 증인을 설명하기 위해 요한은 스가랴 4장에서 어떤 이미지를 빌려온다. 스가랴 4장에 보면, 촛대가 불을 밝히기 위해 감람유를 공급해 주는 두 감람나무가 서 있다. 따라서 요한계시록 11장 3절의 두 증인은 감람유, 즉 성령으로 충만한 증인인데 어둔 세상을 말씀으로 밝히는 촛대 역할을 한다(11:4). 여기서 추론해 볼만한 결론은, A.D. 70년에 예루살렘이 멸망하기 직전에 초대 교회의 신실한 복음의 선포자들이 1,260일(유대-로마 전쟁 기간 혹은 네로 박해 기간) 동안 활동했음을 의미한다.

두 증인 즉 초대 교회가 복음을 전할 때 반대했던 사람들은 두 증인의 입에서 나오는 불로 소멸 당했다(5절). 즉 말씀의 권능 앞에 모든 복음의 대적이 패배할 것을 말씀한다. 따라서 1,260일은 고난과 반대를 무릅쓰고 복음을 전하되 반드시 교회가 성령의 권능으로 승리할 것을 말씀한다.

요한계시록 11장 1-5절은 모든 시대의 교회의 승리를 위한 가장 확실한 무기를 무엇이라 말하는가? 첫째는 말씀의 권세, 둘째는 굵은 베옷을 입는 것 즉 애통하면서 드리는 기도이다. 적용해 보면, 기준이 없고 가치관이 혼란스런 시대에, 하나님의 말씀의 원리를 우리 삶 속에 분명히 세우지 못하면 소망이 없게 된다. 말씀을 알되, 기도하는 가운데 힘써 그 말씀대로 살지 못하면 역시 성장하고 성숙할 수 없게 된다. 우리 속에 참으로 애통한 마음으로 드리는 기도와 사람을 변화시키는 말씀의 권능을 확신하면 고난 가운데서 승리할 수밖에 없다.

이 두 증인 즉 초대(선교) 교회가 권세를 가지고 예언을 한다(6절). 하늘을 닫아 비가 오지 못하게도 하고, 물을 피로 만들기도 하고, 재앙으로 땅(이스라엘)을 심판하기도 한다. 비가 오지 못하게 한다는 것은 엘리야에 의해 초래된 3년 반의 가뭄을 연상케 한다(참고. 왕상 17장). 그리고 물이 피로 변한 것과 여러 재앙은 출애굽 시에 모세가 나일 강을 피로 만든 것과 애굽 땅을 재앙들로 친 것을 연상케 한다(참고. 출 7-13장). 엘리야와 모세는 예수님의 변화산 사건에도 함께 등장했다(참고. 막 9; 눅 9). 그리고 이 둘은 구약의 선지자인데 대 선지자이신 예수님을 내다보는 인물들이다. 그래서 구약의 마지막 책인 말라기 4장 4-5절에서 모세와 엘리야를 다시 언급한다. 거기서(예수님을 내다보는 인물인 여호수아에 의해 역할이 완성될) 모세와(예수님을 내다보는 인물인 후계자 엘리사의 선구자였던, 참고. 왕하 2:9) 엘리야 모두 세례 요한의 사역에서 재현될 것으로 예언된다(참고. 마 11:14, 17:10-13; 눅 1:15-17). 따라서 이 두 증인은 세례 요한에 의해 절정에 달한 구약의 모든 선지자를 요약한 것이다. 특히 이들은 예루살렘 멸망 전에 선교를 감당한 사람들로서 옛 언약과 새 언약의 '중첩 기간'을 활동 시기로 삼았다.

하지만 이 두 증인이 거의 사역을 마쳤을 때 짐승에 의해 죽임 당한다(7절). '짐승'은 사탄의 지시를 받고 있는 교회의 대적을 가리킨다. 구체적으로 짐승은 요한계시록 13장에서 볼 수 있듯이 로마 제국과 불신 유대인이다(참고. 행 17:5-8; 살전 2:14-17). 요한계시록의 수신자들은 증인들이 비록 죽임을 당하지만 사명이 다한 후에야 육체적인 죽임을 하나님께서 허용하심을 보고 위로를 받았을 것이다. 확대해 보면, 이 짐승은 교회의 대적으로 모든 역사에 항상 존재했다(참고. 시 87:4; 사 51:9; 단 7:3-8, 16-25).

이 두 증인의 시체가 소돔 즉 주님께서 죽으신 예루살렘에 있다(8절). 요한은 마치 소돔과 애굽처럼 이방인의 타락한 세계의 모습을 예루살렘에서 볼 수 있다고 말한다. 예루살렘에서 두 증인이 죽임을 당했다는 언급은 예수님의 고난과 십자가의 사역과 교회의 증인의 사역은 연속선상에 있음을 교훈한다.

두 증인의 시체가 사흘 반이나 장사 지내지 못하고 방치되어 버려졌다(9절). 시체가 무덤에 장사 지내지 못한 것은 공개적인 수치 중의 수치였다(참고. 왕상 13:20-22; 렘 8:1-2, 14:16, 16:3-4). 10절은 불신 유대인들이 증인의 죽음을 보고 즐거워 기뻐하면서 예물을 서로 주고받는 모습을 다룬다(에 9:22에는 승리한 유대인들이 선물을 주고받았음). 이들이 이렇게 기뻐한 것은 이 두 선지자의 증거의 사역은 땅의 사람들 즉 불신 유대인들을 괴롭게 한 것으로 말씀한다. 왜냐하면 두 증인은 그들의 죄를 지적했을 것이고 회개를 촉구했을 것이기 때문이다.

하지만 11절부터 상황이 달라진다. 하나님은 이 두 증인을 살리신다. 순교로 죽었지만 부활을 경험한다. 교회사를 보면 교회는 항상 세상의 조롱거리가 되어 왔다. 하지만 부활 생명을 주님은 우리에게 약속하셨다.

두 증인은 하늘로 올라간다(12절). 부활을 경험했던 두 증인은 이제 승천한다. 원수들도 이 승천 장면을 구경한다. 두 증인의 승천은 요한계시록 4장 1절의 승천과 비슷한 용어로 표현된다('이리로 올라오라 함을 듣고'). 이 장면은 교회가 그리스도와 연합하여 영적인 승천을 통해 왕 노릇 할 것을 보여준다(참고. 엡 2:6). 예수님과 교회의 승천의 결과 교회의 대적에게 심판이 임했다(13절). 바로 그 승천의 때 예루살렘 성의 10분의 1이 무너지고 지진으로 7천 명이 죽는다. '10분의 1'을 통해서 알 수 있는 것은 나팔 재앙은 완전한 심판을 다루지 않고 재앙의 경고적 차원으로 볼 수 있다. 죽은 7천 명은 엘리야 시대에 바알에게 무릎 꿇지 않은 7천 명과 반대다(참고. 왕상 19:18). 구약에서는 겨우 7천의 남은 자가 있었지만, 새 언약에서는 7천 명 외의 다수가 남은 자요 언약에 신실한 자이다. 이 남은 자는 두려워하여 하나님께 영광을 돌린다. 구원받을 사람은 항상 회개하고 믿는다(참고. 수 7:19; 사 26:9, 42:12; 렘 13:16; 마 5:16; 벧전 2:12). 승천은 주님과 교회가 세상의 왕 노릇 하는 것이기에 교회의 대적은 심판을 받게 된다. 14절의 '둘째 화'는 일곱 나팔의 재앙이며, 곧 임할 '셋째 화'는 일곱 대접의 심판이다.

요한계시록의 요절이라 할 수 있는 11장 15절의 시간 언급은 A.D. 70년을 기점으로 하는 것으로 볼 수 있다. 그렇다면 일곱 번째 나팔이 불림으로써 계시된 것은 무엇인가? 기독교가 온 세상의 종교가 될 수 있었던 것은 A.D. 70년에 유대교와 단절된 후라는 것이다. 하나님의 나라가 이제 교회를 통하여 세계화 즉 보편화된다(참고. 단 2:35, 44의 다섯 번째 왕국). 물론 이미 그리스도의 승천으로 온 세상을 향한 주님의 통치가 시작되었다. 구약의 나팔절에 일곱 번째 나팔은 티쉬리 월(7월) 1일에 불었다. 그날은 한 해의 시작을 알리는 절기(Rosh Hashanah)였다. 이 구약의 유대 절기는 기독교의 대강절(advent)에 상응한다(참고. 노아 때의 세상의 재창조, 창 8:13). 대강절에 그리스도를 통한 세상의 재창조 즉 새 세상의 시작을 위한 하나님의 통치의 궁극인적인 도래를 생각할 때는 기쁨이 있지만, 동시에 그 통치가 동반하는 심판을 생각하면 회개해야 한다. 이런 의미에서 구약의 한 해의 시작을 알리는 나팔절은 세상의 새로운 창조이며 그리스도께서 만왕의 왕으로 등극하는 날이기도 하다(참고. Chilton, 1990:289-290).

2.2. 요한계시록 11장 15-19절의 메시지

15절의 하늘의 큰 음성의 찬송에 동참하는 24장로들은 하나님의 보좌 앞에 엎드려 얼굴을 대고 하나님을 경배한다. "감사하옵나니, 옛적에도 계셨고 시방도 계신 주 하나님 곧 전능하신 이여, 친히 큰 권능을 잡으시고 왕 노릇 하시도다"(16-17절).

24장로들의 계속되는 찬송을 언급하는 18절은 심판하시기 위해서 최종적으로 재림하시는 예수님의 모습만을 의미하지 않는다. 바로 진노하시는 주님이 로마 제국을 사용하셔서 성도를 핍박하고 죽인 불신 이스라엘과 전쟁하게 하신다. 이것은 예수님이 예루살렘에 관해 말씀하신 마태복음 23장 35-36절을 다르게 표현한 것이다. 주님은 말씀 때문에 순교한 자들을 신원하신다(참고. 살전 2:16). 하늘의 참 성전이 열린 것은(11:19) 하나님께서 성도를 신원하신 결과이다. 더 이상 지상의 성전은 필요 없게 되었다. 언약궤가 있는 지성소에 신약 성도가 담대히 나아갈 수 있게 된다(참고. 히 4:16, 10:19-25).

3. 오늘에의 적용

이 시대의 선지자로 살되, 부활의 소망을 가지고 담대하자.
우리의 삶이 마감되는 때는 사명이 다할 때임을 믿자.

요한계시록 12장

1. 본문 및 구조

• 예수님의 탄생(1-6)

• 하늘에서의 전쟁과 용이 쫓겨남(7-12)
• 용이 여자와 후손을 핍박함(13-17)

2. 구원 계시사적 메시지

2.1. 요한계시록 12장 1-6절의 메시지

1절의 '임신한 여인'은 누구인가? 가톨릭에서는 마리아로 보지만, 신구약의 모든 하나님의 백성으로 보는 게 옳다. 특히 구약의 하나님의 백성은 시간적으로 예수님 이전이기에 좀더 자연스럽다. 해(태양)를 입은 여인은 그 발아래 달이 있고 머리에는 12별의 면류관을 쓰고 있는데, 교회의 영광스런 모습을 묘사한 것이다. 2절의 '아이'는 누구인가? 예수님이시다. 5절이 이것을 지지한다. '붉은 용'(12:3)은 사탄을 상징하는데 이것을 9절이 증거한다. 4절에 강력한 힘과 권세를 상징하는 일곱 머리와 열 뿔을 가진 붉은 용이 하늘 별 3분의 1을 끌어다가 땅에 던진 것은 무슨 의미인가? 떨어진 별들은 사탄을 따라 타락한 천사들을 상징하는 것처럼 보인다. 반대로, 떨어지지 않은 3분의 2는 하나님을 섬기는 천사로 볼 수 있다.

5절의 예수님의 승천은 철장 권세로 만국을 다스리는 '등극 사건'이다. '다스리다'(*poimainein*)는 '목자가 양을 다스리고 감독하고 먹이다'는 뜻이다. 이것은 시편 2편 9절에 예언된 메시아의 사역이 성취된 것이며, 간본문인 요한계시록 2장 27절과 19장 15절과 연관시켜 볼 때 목자이신 그리스도의 사역에 교회가 동참할 것이며, 대적을 향해서는 파괴적 결과를 수반한다. 승천하신 그리스도는 절대적인 권세를 가지고 교회는 보호하시되 원수는 파괴하신다. 6절에서 여인이 광야로 도망가는 것은 펠라(Pella) 전승을 반영한다. 1,260일 동안 광야에서 거한 여인에서 짧은 한정된 기간 동안 광야에서 고생하지만 하나님의 도움을 받은 예루살렘 교회의 모습을 본다. 교회는 광야에서 시험받고 고난을 당하지만, 동일한 광야에서 하나님의 보호도 받는다.

2.2. 요한계시록 12장 7-12절의 메시지

7절의 '미가엘'은 누구인가? 예수님 자신을 가리키는가 아니면 천사장 미가엘을 가리키는가? 예수님으로 본다면 예수님의 지상 사역 동안 마귀가 파멸된 것으로 볼 수 있다. 이것이 옳다면 미가엘의 사자들은 예수님의 제자들과 교회를 상징한다.

마귀가 하늘에서 땅으로 내어 쫓긴다(9절). 이것은 예수님의 지상 사역 기간 중에 이미 이루어진 일인데, 축사, 치유, 말씀 선포를 통한 예수님의 공사역은 사탄을 물리치신 일이었다. 마귀는 십자가와 부활로 궁극적으로 그리고 결정적으로 패배하고 지금은 그의 시간이 얼마 못된 줄 알고 발악을 하고 있다. 내용의 흐름으로 볼 때 5절과 6절 사이에 7-9절이 오면 더 자연스럽다.

송영(10-12절)은 하나님의 주권을 찬송한다. 하나님 나라의 확장은 예수님의 보혈의 권능과 순교적 정신으로 사명을 감당하는 교회를 통해서 이루어진다. 그리고 이 짧은 3절 안에서 (1) 복수(vengeance)는 오직 하나님의 몫이며, (2) 폭력에 호소하는 것이 아니라 고통의 인내를 통한 승리, 그리고 (3) 죽음을 넘어선 소망이라는 요한의 중요한 종말론적인 신학을 함께 볼 수 있다.[2183] 그런데 마귀는 다시 교회를 핍박한다(13절). 물론 유대-로마 전쟁 때의 모습과 로마 제국 안에서의 네로의 박해라는 두 가지 측면에서 볼 수 있다.

2.3. 요한계시록 12장 13-17절의 메시지

패배한 용은 여자를 핍박한다(13절). 여인(교회)은 광야에서 한 때와 두 때와 반 때를 지내야 한다(14절). 그 기간은 역시 42개월이며 요한계시록 12장 6절의 사건을 반복해서 기록한 것이다. 반복하되 12장의 후반부에서는 좀더 상세하게 기록하고 있다. 독자들에게 반복을 통하여 확실하게 내용을 각인시키려는 요한의 의도이다. 큰 독수리의 두 날개를 받아 광야로 도망가게 된다는 표현(14절)은 이스라엘 백성이 출애굽할 때 하나님께서 보호하신 것을 회상하게 만든다(참고. 출 19:4; 신 32:10-12).

용(사탄)이 여자의 뒤에 강물을 토하여 떠내려가게 했으나 땅이 입을 벌려 삼킴으로써 여인은 안전하게 된다(15절). 이 사건은 사탄이 거짓 교리를 교회를 향해 베풀었지만 오히려 배교한 이스라엘(땅)이 그 거짓 교리에 취해 버린 사실을 의미한다.

17절에서 용은 이제 전략을 바꾸어서 여인-교회와 아이(예수님)가 아니라 여인의 후손 중에서 하나님의 계명을 지키는 자, 즉 남은 자를 공격하려고 시도한다. 이 여인의 후손은 요한 당시에 이스라엘과 모든 지역의 하나님의 백성 전체를 상징한다. 남은 자는 유대인 성도와 디아스포라의 모든 성도를 포함한다.

3. 오늘에의 적용

천국 확장을 위해 보혈의 권세와 순교자적 각오로 살자.
하나님의 계명을 지키는 여인의 후손으로 살자.

2183) Bredin(2003:222-223)은 계시록에 나타난 예수님과 인도의 간디(Gandhi)의 평화주의 사이를 다음과 같이 비교했다. (1) 요한계시록의 예수님이 천국 확장을 이루어 가시는 방식은 권력, 억압, 폭력이라는 세상의 가치와는 반대된다. (2) '충성된 증인'이신 예수님의 삶은 폭력과 탐욕이라는 세상의 법칙과 다르다. (3) 세상의 관점에서 예수님은 로마 황제처럼 권력을 휘두르지 못한 실패자이다. 대신 예수님은 죽임 당한 어린양으로서 승리하셨다. 비슷하게 간디도 사회로부터 거부당하고 자신의 사랑과 연민의 정책은 암살로 이어졌다. (4) 폭력은 탐욕과 억압의 사회를 유지하는 본질이기에, 폭력적 혁명은 예수님이 가르치신 비폭력적인 변혁과 대조된다. (5) 복음서에서의 가르침과 맥을 같이하여, 요한계시록에서도 예수님은 대적자들과 동화되지 말고 구별될 것을 가르치셨다. 예수님은 고난당함과 증거의 삶 그리고 불의와 비타협을 통해 폭력과 악의 세상과 싸워갔다. 간디도 평화적인 혁명의 이데올로기를 굽히지 않았다.

요한계시록 13장

1. 본문 및 구조

- 바다에서 올라온 짐승(1-10)
- 바다에서 올라온 짐승을 위해 일하는 땅에서 올라온 짐승(11-18)

2. 구원 계시사적 메시지

2.1. 요한계시록 13장 1-10절의 메시지

1절의 바다에서 올라오는 짐승은 누구 혹은 무엇인가? 바다는 요한계시록 17장 15절에 의하면 열국을 가리킨다. 그리고 전통적으로 바다는 무질서와 혼돈을 상징하기도 한다. 따라서 요한 당시에 열국을 다스리며 혼란을 가중시킨 로마 제국 혹은/그리고 네로를 가리킨다고 볼 수 있다. 이스라엘 혹은 밧모 섬에서 바라볼 수 있는 바다는 지중해이며, 그 너머에 로마가 있다. 이 바다 짐승은 12장 3절의 붉은 용처럼 일곱 머리와 열 뿔을 가지고 있다. 참고로, 17장 3절의 음녀 바벨론이 타고 있던 붉은 짐승도 일곱 머리와 열 뿔을 가지고 있다. 즉 붉은 용(사탄)과 바다 짐승(로마 제국)이 음녀 바벨론과 상생의 관계를 유지한 붉은 짐승에 종합된 것처럼 보인다. 그러므로 17장은 유대적 색채보다는 로마적 색채를 더 강하게 가지고 있는 것처럼 보인다.

이 바다 짐승은 (먹이를 덮치는 데 빠른)표범과 비슷하고, 발은 마치 (고집과 끈기 그리고 강한 집착력을 가진)곰의 발 같고, 입은 마치 (마구 삼키는)사자의 입과 같은 것을 가지고 있다(2절). 그리고 바다 짐승은 용 곧 사탄의 능력, 보좌 그리고 큰 권세를 가지고 있다. 흥미로운 점은 요한은 여기서 다니엘 7장 1-6절에 나타난 세계의 4대 제국 중 첫 3제국(바벨론, 메대-바사, 그리스)을 묘사할 때 등장하는 짐승을 총동원한다는 점이다. 다니엘 7장 7절에 의하면, 마지막 네 번째 제국인 로마는 이전의 3제국의 모든 악함을 포함할 뿐 아니라 그것들을 능가하는 포학성을 가지고 있다. 다른 한편 이 짐승은 짐승 같은 네로의 성격을 묘사하는 것으로도 볼 수 있다.

3절은 2가지로 해석 가능하다. 첫째는 로마 제국이 '복음의 칼'로 인해 치명적인 상처를 입은 것을 상징한다. 둘째는 로마 제국이 네로의 자살로 혼란을 겪게 되었음을 상징한다. 네로 사후에 실제로 오토, 갈바, 그리고 비텔리우스와 같은 황제는 격동기에 단명했던 사람들이었다. 2년 동안에 이 세 황제가 로마를 다스렸다. 따라서 이 세 황제의 불안한 시기를 지나 강력한 베스파시안 황제가 로마에 다시 안정을 가져다 준 것을 요한계시록 13장 3절의 짐승의 회복의 내용으로 보는 사람도 있다.

많은 사람들은 13장 3절에서 짐승의 머리 하나가 죽게 되었다가 살아난 것이라는 언급을

'네로 부활 신화'(Nero Redivivus myth)와 연관시키는데, 이 신화의 내용은 네로가 실제로 자살한 것이 아니라 어딘가 숨어 있다가 파르티안 군대와 함께 돌아와서 로마를 격퇴한다는 것이다.[2184] 왜 로마의 황제를 지낸 네로가 로마를 공격하기 위해 다른 나라 군대를 이끌고 온다고 믿는가? 네로의 말년은 황제직에서 축출 당해서 로마에 대한 원한이 쌓여 있었기 때문이다. 하지만 네로 귀환 신화와는 달리 요한계시록 13장 3절에서는 짐승의 머리가 회복된 것은 짐승을 공격하여 무찌르기 위해서가 아니라, 짐승의 권세를 회복하기 위해서이다. 13장에서는 '네로 귀환 신화'가 주장하는 로마의 파멸이 예고되지 않고, 오히려 교회를 대적하는 완고한 로마 세력을 본다. '*Redivivus*'라는 라틴어도 문제다. 이 말은 마치 네로가 죽었다가 다시 살아난다는 부활을 가리키는 용어이지만 네로는 죽었다가 살아날 수 없는 사람이다. 숨었다가 다시 나타날 정도이기에 *Redivivus*는 네로에게 적합한 용어가 아니다. 네로가 자살했다고 역사가 증거하는 반면에, 요한계시록 13장 3절은 바다 짐승의 머리는 외부로부터 치명타를 입은 것처럼 언급한다. 따라서 네로 '부활/재생 신화'라는 용어보다는 네로 '귀환 신화'(Nero return myth)라고 부르는 것이 합당하다.[2185] 네로 귀환 신화는 요한계시록 13장 3절 해석에 적합하지 않다.

사탄이 로마와 네로에게 권세를 부여함으로써 팔레스타인 땅에 사는 사람들이 "용과 짐승을 경배하고, 누가 이 짐승과 같으뇨, 누가 이 짐승과 더불어 싸우리요"라고 말한다(4절). 사탄의 하수인인 로마의 힘에 대해 탄복하는 불신 유대인의 모습을 묘사한다.

바다 짐승이 악한 일을 행하지만 그의 권세 역시 신적 수동태로 사용되어 하나님의 허락하는 범위 안에서 이루어짐을 알 수 있다(5절). 그리고 '42개월' 일할 권세를 받았기에 교회의 대적의 활동은 제한적이고 짧다. 더불어서 42개월이란 말속에는 계시사적인 중요성이 함의되어 있다. 즉 마태복음 1장 1-17절의 예수님의 족보에 나타난 42세대는 구약 성도를 가리키기에 짐승은 바로 이 구약 교회를 박해하고 있다고 볼 수 있다. 만약 예루살렘 멸망을 완전한 새 언약의 도래로 본다면 이 주장은 더욱 설득력을 가진다. 하지만 42개월은 A.D. 64년 중반에서 68년 초반까지의 문자적인 42개월 동안의 네로의 박해 기간도 완전히 배제하지 않는다.

"(바다에서 올라온) 짐승이 입을 열어 하나님을 향하여 훼방하되 그의 이름과 그의 장막(His tabernacle) 곧 '하늘에 거하는 자들'을 훼방하더라"(6절). 교회의 시민권은 하늘에 있다(빌 3:20). 이미 우리는 하늘 보좌에 앉힌 자들이다(참고. 엡 1:20; 2:6). 적용해 보면, 하나님은 우리를 장막으로 삼아 우리 안에 계신다. 우리가 하나님의 성전이 되었다는 사실은 우리가 이미 하나님의 보좌가 있는 하늘에 앉아 있다는 사실을 의미한다. 우리는 이 땅에서 짐승의 공격과 대적을 피할 수는 없지만 보좌에 계신 하나님의 보호를 받고 있다. 특별히 주일에 드리는 공적 예배는

2184) 로마의 Princian Hill에 매장된 네로의 시신을 화장하기 전에 보았던 사람은 5명(네로의 서기관, 여종, Icelus라는 자유민, 그리고 두 명의 늙은 간호사)뿐이었다고 한다. 이 이유로 그 당시에 네로가 실제로 자살했는가에 대한 의심이 있었다(참고. Gumerlock, 2005:355).

2185) Van Kooten(2007:207)은 '*Nero Redivivus*'(네로 부활) 대신에 '*Nero Reriturus*'(네로 귀환)라고 부르기를 선호한다. 왜냐하면 타키누스와 Suetonius 같은 역사가가 기록하듯이, 네로가 죽지 않고 동쪽에서 다시 '귀환한다'는 소문이 그 당시에 있었기 때문이다.

영적으로 말하면 우리가 매주 하늘로 올라가 보좌 위에 계신 우리 왕이신 하나님을 알현하는 승천 사건이다. 천상의 주일 예배 후 월요일부터 세상 속에서 주일에 받은 하늘의 평강과 은혜와 기쁨의 빛을 반사하며 증거해야 한다. 교회는 이러한 신기한 빛과 증거의 능력에 대해 질문을 받았을 때 마땅히 대답할 말을 예비해 두어야 한다. 오늘날 우리는 과연 그리스도와 그의 나라를 주일 예배 중에 체험하는가? 아니면 우리는 여전히 옛 세상만 경험하지 않는가?(비교. 십계명을 받기 위해 산에 올라간 사건-출 24:9-11, 34:1-8, 29-35; 변화산의 사건-막 9:1-29).

"또 권세를 받아 성도들과 싸워 이기게 되고 각 족속과 백성과 방언과 나라를 다스리는 권세를 받으니"(7절). 사실 요한 당시의 사탄은 로마 제국 전체를 다스리도록 하나님의 허락을 받았다(참고. 단 10:13, 20; 마 4:8-9; 요 12:31). "죽임을 당한 어린양의 생명책에 창세 이후로 녹명되지 못하고 이 땅에 사는 자들은 다 짐승에게 경배하리라"(8절). 이 땅은 팔레스타인을 가리키기에 유대인들이 예수님과 로마 황제 사이의 선택의 기로에 섰을 때 황제를 선택했음을 지적한다. 창조주 하나님을 섬기는 것 외에 우상을 숭배하는 것은 선민이 아니라는 증거가 된다. 하나님의 구원의 서정에서의 주권과 예정과 무조건적인 선택의 교리와 일치한다(참고. 행 13:48; 잠 16:4; 마 11:25; 막 4:11-12; 요 12:37-40; 롬 9:13, 11:7-10; 벧전 2:7-8; 유 4; 계 17:8, 17).

"누구든지 귀가 있거든 들을지어다"(9절). 아마 이 표현은 종이 종신토록 주인의 소유가 되기 위해서 귀를 뚫었던 관습에서 기원한 것으로 보인다(참고. 출 21:5-6; 신 15:16-17; 시 40:6-8). 만약 이것이 옳다면 이 구절은 종(교회)이 주인(하나님)을 향해서 죽었다가 다시 살아나서 말씀에 순종하겠다는 언약적인 결단을 내포한다.

10절은 유대인들이 로마와 결탁하여 교회를 박해한 것을 묘사하는 것 같다. 따라서 교회는 인내와 믿음을 견지해야 한다. 이 구절은 예레미야 15장 2절, 42장 11절을 희미하게나마 연상시키는데, 예레미야는 이스라엘이 멸망되기로 작정되어 있어서 기도하지 말 것을 명령받았다. 따라서 예루살렘 멸망의 문맥에서 이 구절이 이해되어야 한다(참고. 렘 14:10-12). 모세와 사무엘이라는 막강한 중보자가 기도할지라도 하나님은 들으시지 않겠다고 말했다(렘 15:1). 예루살렘을 향한 하나님의 심판은 불가피했다. 이 구절은 또한 예수님이 예루살렘 여인들을 향해 하신 말씀 즉 "예루살렘 여자들아 나를 위하여 울지 말고 너희 자녀를 위하여 울라"(눅 23:28-31)를 연상케 한다. 여기서 요한은 바벨론에 의해 멸망당한 구약 이스라엘의 상황을 암시하면서, 제2의 바벨론인 로마에 의해 A.D. 70년 사건의 필연성을 강조하고 있는 것 같다. 이런 하나님의 역사에 대한 확신은 고난 가운데서 인내하도록 하는 힘을 제공한다.

2.2. 요한계시록 13장 11-18절의 메시지

11절의 땅에서 올라오는 짐승은 누구인가? 계시록의 '땅'은 이스라엘/유대인을 가리킨다. 그러므로 불신 유대인 박해자 즉 이스라엘에서 나타난 박해자를 의미한다. 구체적으로는 유대교 종교 지도자들 혹은 그들의 거짓 가르침을 가리킨다. 이것이 헤롯 왕 가문이든, 유대교 자체를 가리키든, 아무튼 팔레스타인에서 발생한 교회의 대적을 가리킨다. 새끼 양처럼 두 뿔이 있고 용처럼 말하는 땅 짐승이다. 외모는 예수님의 모방자이나(참고. 마 7:15) 말은 속이고 현혹하고 기만하고 유혹하는 것으로서 용(사탄)의 사주를 받고 있다(참고. 창 3:1-6, 13; 요 8:44; 고후 11:3; 계 12:9-10). 요한계시록 16장 13절과 19장 20절에서 땅 짐승의 정체가 '거짓 선지자'로 나타난다. 어떤 의미에서 초대 교회의 가장 큰 대적은 이런 유대인에 의한 거짓 증거이다(참고. 행 6:9-15, 13:10, 14:2-5, 17:5-8, 18:6, 12-13, 19:9, 21:27-36, 24:1-9, 25:2-3, 7).

12절은 거짓 유대교가 완전히 로마 제국의 시녀 역할을 하는 것을 밝힌다(참고. 행 4:24-28, 12:1-3, 13:8, 14:5, 17:5-8, 18:12-13, 21:11, 24:1-9, 25:2-3, 9, 24). 이 사실은 14절에서 반복된다. 주목할 표현은 이 땅 짐승이 바다 짐승의 '앞에서' 권세를 행한다는 사실이다. 이것도 패러디이다. 사무엘상 1장 22절, 2장 18절, 그리고 열왕기상 17장 1절 등에 보면 참 선지자는 주님의 면전에 서 있기 때문이다. 요한계시록 8장 2절에서도 일곱 나팔 천사들은 하나님 앞에 서 있다. 흥미로운 것은 죽게 된 상처가 나은 짐승의 연고로 짐승 숭배를 강요한다는 사실이다. 이것도 패러디이다. 교회는 주님의 부활을 예배하고 주님의 부활을 인해 안식일이 아니라 주일에 공예배로 모인다.

13-15절은 사도행전 8장 9-24절이 마술사 시몬을 예로 들어 밝히듯이, 거짓 유대인 선지자들이 기적을 행하여 교회를 대적하는 것을 의미한다. 감람산 강화에서 이것이 예언되었다(참고. 마 24:24, 7:22-23). 유대인들이 로마 황제 상이나 로마 신상을 섬기고 그 앞에 절한 것과 같이 문자적인 의미로 굳이 볼 이유는 없다.[2186] 로마서 2장 21-22절에서 바울은 이스라엘의 우상 숭배를 지적하고 있다. 우상 숭배는 사실 광의로 해석할 수 있다(참고. 말 2-3장).

15절에서 불신 유대인들이 로마 황제 숭배를 독려하는 모습을 본다. 우상이 말하는 것은 복화술(ventriloquism)로 이해할 수 있다(참고. 시 135:15-16). 즉 요한 당시의 큰 우상(동상) 안에 사람이 들어가서 말하여 마치 우상이 말하는 것처럼 사람을 속이는 경우가 있었다. 상징적으로는 유대인들이 자신들의 말(사상)로 세상을 재구성하려는 시도로 볼 수도 있다. 마치 에덴동산에서 아담이 짐승의 이름을 붙여서 그들을 다스리고 구성했던 것처럼 말이다.

16-17절은 교회가 로마의 황제나 이방 신을 섬기지 않을 때 당하는 실제적인 경제적 압박을 묘사한다. 유대인의 회당이 예수님이 아니라 로마 황제를 숭배하도록 강요한다. 여기에서 짐승의 표는 당연히 하나님의 인침의 패러디이다(참고. 계 3:12, 7:2-4, 14:1). 하나님의 인침은 의와

2186) 트라얀과 하드리안 황제 때 활동한 로마 역사가 수에토니우스가 처음으로 줄리어스 시저를 제1대 로마 황제로 보았다는 주장에 동의하면서, 지금 다스리는 여섯 번째 황제(계 17:10)를 (이전에 Hispania Taraconensis의 총독이었으며) 네로 다음의 황제 갈바로, 일곱 번째 잠시 다스릴 사람을(이전에 네로의 친구이었으며 스페인의 Lusitania의 총독이었던) 오토 황제로 보는 이도 있다. 역사가 타키투스, 플루타르크와 디오카시우스에 의하면 오토 황제는 공문서에 '네로'라는 별명을 썼으며, 네로가 계획한 황금 집(the Golden House)을 완공했으며, 네로의 동상을 세우는 것을 금하지 않았다. 'Nero Otho'라고 불리기도 했던 오토의 통치는 네로보다 더 방종했으며 거칠었다. (이전에 독일 남부 지역의 총독이었다가) 오토를 물리치고 황제가 된 비텔리우스도 네로를 숭상했던 폭군이었다. 그래서 요한계시록 13장 14절을 오토와 비텔리우스가 네로를 위해서 우상을 세운 것에서 성취된 것으로 보는 이도 있다(예. Van Kooten, 2007:211, 216).

거룩 그리고 성결과 복과 보호의 표이다. 18절의 '666'은 네로를 상징하는데, 이것은 게마트리아(히. *gematria*) 즉 헬라어와 히브리어의 알파벳은 숫자의 가치를 가진다는 이론에 근거한 결론이다. '네로 황제'를 히브리어(N 50, R 200, W 6, N 50, Q 100, S 60, R 200)로 쓴다면 그 알파벳의 합은 666이며 'Neron'의 마지막 자음(n)을 빼버리면 616이 그 합이다. '616'으로 된 사본도 있는데, 이것 역시 네로를 지지한다.[2187] 666을 '로마 제국'으로 보는 이도 있다(예. Chilton). 게마트리아를 요한계시록 중에서 유일하게 이 구절에서만 적용하는 것을 피하기 위해 666을 완전에 결코 도달할 수 없는 율법주의로 대변되는 불완전의 종교인 유대교를 가리키는 상징적인 숫자로 보는 이도 있다.

요한계시록 13장에 '사탄의 삼위일체'가 나타난다. 용(사탄, 마귀)-바다짐승(교회를 핍박한 로마 제국)-땅 짐승(이스라엘, 거짓 선지자). 이 악의 삼위일체는 성부-성자-성령을 흉내 낸 것(parody)에 지나지 않는다. 참고로, 11절에도 어린양이신 예수님을 모방한 땅에서 올라온 짐승을 볼 수 있다.[2188]

3. 오늘에의 적용

우리 시대에 짐승의 연합 세력은 무엇인가?[2189]

2187) 666을 '네로'로 본 것은 독일의 네 신학자(O.F. Fritsche, F. Benary, F. Hitzig, E. Reuss)가 주장했던 1830년대 이후의 경향이라고 보는 이도 있다(예. Kistemaker, 2004:228). 하지만 교부 문헌 중북 아프리카의 익명의 도나티스트 그리스도인에 의해 라틴어로 기록된 438년의 책《Liber genealogus》는 네로의 박해를 언급하면서, 616을 네로로 본다. 이 책의 익명의 저자는 적그리스도의 숫자 가치의 합 154를 'Nero'라는 네 철자와 곱하면 616이 된다고 설명한다. 이것은 요한계시록의 가장 이른 주석을 쓴 교부 Victorinus와 Commodian 그리고 5세기의 Suplicius Severus의 견해이기도 하다. Liber genealogus에 나타나는 *gematria* 방식은 'Neron Caesar'의 히브리어의 숫자적 합을 찾아내는 방법과는 다르지만, 학자들은 이것을 *gematria*의 원래 방식 중 하나로 본다. 네로를 데살로니가후서 2장 7절의 '불법의 비밀'과 요한일서 2장 18절의 '적그리스도'로 보면서 네로 귀환 신화를 믿었던 사람들도 다수 있다(예. 5세기 카르타고의 주교 Quodvultdeus, 어거스틴, 존 크리소스톰, Theodoret of Cyrus 등; 보라. Gumerlock, 2005:351-352, 359).

2188) 적용해 보면, 악은 여러 모습으로 교회를 대적하고 우상 숭배를 강요한다. 우리 시대에는 몇몇 나라를 제외하고는 신앙 때문에 목숨의 위협을 느끼지는 않는다. 대신 우리 삶 속에서 나태하고 세상을 따라, 세상의 가치관을 가지고 세속적으로 사는 유혹을 이겨야 한다. 악은 삼위 하나님의 모방에 불과한 힘없는 존재이다.

2189) 요한계시록 13장을 21세기에 적용하는 차원에서 캐나다 밴쿠버 신학교의 메이어(Maier, 2005:304-306)의 설명을 인용해 보자. 그는 9·11사건 이후의 조지 부시 대통령의 연설을 분석하면서, 부시를 보좌하는(세대주의적) 복음주의 우파의 전천년주의와 부시의 승리적 후천년주의가 맞물려서 '악의 축들'을 대상으로 '대 테러 전쟁'(the war on terror)을 추진하게 되었다고 분석한다. 메이어는 세상을 악과 선의 대결 구조로 묵시적으로 이해하면서 하나님의 뜻에 따른 거룩한 전쟁을 한다고 믿으면서 미국식 후천년주의에 뿌리를 둔 부시 대통령은 로마 제국의 무력에 호소하지도 않을 뿐 아니라 그 무력에 무력으로 저항하지도 않으신 요한계시록의 일찍 죽임을 당하신 어린양과 소아시아 일곱 교회를 기억해야 한다고 지적한다.

∽ 요한계시록 14장 ∾

1. 본문 및 구조

- 144,000명과 새 노래(1-5)
- 하나님의 구원과 심판(6-20)

2. 구원 계시사적 메시지

2.1. 요한계시록 14장 1-5절의 메시지

1절과 3절의 시온 산에 선 144,000명은 누구인가? 땅에서 구속받은 처음 익은 열매들이다. 즉 이스라엘 중에 먼저 택함 받은 사람들이다. 이들은 요한계시록 7장 4-9절에도 등장한다. 차이점은 요한계시록 7장에서는 정관사가 있지만 요한계시록 14장에서는 없다는 점이다. 하지만 이런 용례는 계시록에 자주 등장한다. 즉 먼저 언급될 때는 정관사가 있다가 나중에 언급될 때는 정관사가 없는 경우가 종종 있다(예를 들어, '인자' 1:13, 14:14; '표' 13:16-17, 14:9; '유리 바다' 4:6, 15:2; '음녀' 17:1, 3; 보라. Beale, 1999:733-734). 요한계시록 14장의 환상은 요한계시록 13장에 나타난 악의 세력의 삼위일체(the trinity of hostile forces)인 용, 바다 짐승, 그리고 땅 짐승의 세력보다 강력한 하나님의 힘을 명백히 하려는 의도를 가지고 있다. 하나님께서 요한으로 하여금 144,000명이란 엄청난 숫자를 환상을 통해서 보게 하신 것은, 엘리사의 사환이 대적보다 더욱 많은 군대와 병거가 함께함을 목도했던 것과 유사하다(참고. 왕하 6:15-17). 여기서 시편 2편으로 돌아간다. 세상 이방 왕들이 주와 그의 그리스도를 대적하여 어리석게 일어나는 장면이다. "내가 나의 왕을 시온 산에 세웠다"는 말씀(시 2:6)처럼 승리하신 어린양, 즉 만주의 주요 만왕의 왕이신 그리스도께서 144,000명과 함께 시온 산에 서 계신다. 이 사실은 요한계시록 14장 1절에 '그의 아버지의 이름'이 어린양과 함께 언급된 사실에서도 알 수 있다. 즉 시온에 보좌를 두고 통치하신 성부의 유일한 합법적인 왕적 상속자는 예수님이라는 의미이다.

2-3절에서 요한은 비록 자신의 눈이 어린양과 그의 군대에게 고정된 가운데서 영광의 구름 가운데 계시는 하나님의 현존을 연상시키는 음성을 듣는다. 천상의 오케스트라가 하나님의 보좌와 네 생물과 24장로 앞에서 새 노래를 부르는 승리한 교회의 승전가를 연주한다. 이 승리의 새 노래는 구속받은 교회만 알고 부를 수 있는 독특한 것이다. 요한계시록 2장 17절과 5장 8-9절 그리고 15장 2-3절에서 수금으로 새 노래를 부르는 사람들은 죄와 짐승에 대한 승리(특별히 계 5:5; 15:2)를 축하하는 자들이다(참고. 사 35:10). 새 노래가 구약에서 언급될 때는 하나님의 승리를 그 내용으로 하거나 창조의 사역을 그 주제로 삼는다(참고. 시 33:3, 40:3, 96:1, 98:1, 144:9, 149:1; 사 42:10). 요한이 2절에서 듣는 것은 그가 1절에서 본 것을 설명하는

것이다. 그리고 요한계시록 14장 2절과 19장 6절 사이의 관련성(intratextuality)을 살펴보라.

요한은 4-5절에서 구속받은 사람들의 모습을 더욱 세부적으로 묘사한다. 여자로부터 더럽히지 아니하고 정절이 있는 자는 문자적인 총각을 의미하지 않고 영적인 정결을 상징한다(참고. 고후 11:2). 그러므로 독신을 장려하는 것도 아니다. 마치 마태복음에서 고자가 독신에 대한 강력한 상징인 것과 같다(참고. 마 19:12). 좀더 특정적으로 여기서 말하는 '정절'은 구약 이스라엘 군대가 전쟁 중에 여자와 성적인 접촉을 가지지 않는 것을 연상케 한다(참고. 출 19:15; 레 15:16; 신 20:7, 23:10-11; 삼상 21:4-5; 삼하 11:8-11). 정절과는 반대로 요한계시록 14장 8-10절에서(배교와 우상 숭배를 상징하는) 음행은 짐승과의 연합으로 묘사되는데 비난받아 마땅한 것으로 설명된다(참고. 사 1:21; 렘 2:20-3:11; 겔 16:15-43; 계 2:14, 20-22). 따라서 어린양 주위에 모인 승리한 군대는 한마음을 가지고 이 거룩한 전쟁을 위해서 거룩하게 구별되어 정절로 참여하는 자를 가리킨다. 그리고 이들은 어린양이 가는 곳은 어디나 따라갈 준비가 되어 있다.

'따른다'는 말은 제자의 순종을 가리키는 동사다(참고. 마 9:9, 10:38, 16:24; 막 9:38, 10:21; 눅 9:23; 요 8:12; 10:4-5, 27, 21:22). 또한 이들은 사람 가운데서 구속함을 받아 첫 열매들(first fruits)로서 하나님과 어린양에게 속하게 된 자들이다. '첫 열매'는 하나님의 절대적인 소유로서 하나님께 희생으로 바쳐져야 할 것을 가리킨다(참고. 출 22:29, 23:16, 19; 레 23:9-21; 신 18:4-5; 느 10:35-37; 잠 3:9-10). 이들은 사도 시대에 있었던 제1세대의 고백적이며 순교적 교회이다. 그리고 이들의 입에는 거짓이 없고 흠이 없었다고 요한은 증거한다. 하나님의 백성들은 참소자요 기만자인 마귀의 자녀들과는 달리(참고. 요 8:44; 롬 1:22-25; 계 12:9), 그 특징을 진실성에서 찾아볼 수 있다(참고. 엡 4:24-27). 근원에서 보면, 거짓말은 창조주 하나님 대신 피조물에게 영광을 돌리는 거짓 예언이다(비교. 렘 23장). 사실 요한계시록의 중심 주제 중 하나는 참 선지자(증인)와 거짓 선지자 사이의 대결이 아닌가?

2.2. 요한계시록 14장 6-20절의 메시지

천사는 이스라엘 백성에게 먼저 복음을 전한 후 온 열방에 영원한 복음을 전한다(6절). 몇몇 주석가들이 생각하는 것과는 달리 이 영원한 복음은 다름 아니라 세례 요한과 예수님께서 선포하셨던 바로 그 천국 복음이다. 그 내용을 살펴보면 신약에서 선포된 복음과 거의 일치한다. 하나님을 두려워하라(참고. 눅 1:50, 12:5; 행 10:35), 그리고 그에게 영광을 돌리라(참고. 마 5:16, 9:8, 15:31), 왜냐하면 그의 심판의 시간이 다가오기 때문이다(참고. 요 12:23, 31-32; 16:8-11), 하늘과 땅과 바다 그리고 물의 샘들을 창조하신 분을 예배하라(참고. 창 1-2장). 이 모든 것은 사도적 복음에 기록된 것과 유사한 병행을 이룬다(참고. 행 14:15, 17:24-31).

천사는 땅에 거하는 자들에게 이 복음을 전한다. 땅에 거하는 자들은 이스라엘의 배교를 일반적으로 가리키는 표현이다(참고. 계 3:10, 13:8, 12, 14, 17:2, 8). 이 경우에는 이스라엘 중에서 권세 있는 자들에게 특별히 주어진 것이다. '앉다' 혹은 '등극하다'라는 동사는 14절의 구름 위에 앉으신 인자를 묘사할 때 사용된 동사와 동일하다. 이 복음 메시지는 팔레스타인의 유대 지도자들에게 시저를 하나님으로 섬기지 말고 하나님만 섬기라고 명령한다. 하지만 그들은 이 명령을 거부했다. "우리는 이 사람이 우리 왕 됨을 원치 아니하노라"(눅 19:14). 하지만 주님 자신이 유대의 권세자를 향해 심판을 선포하셨다(참고. 마 26:64). 하지만 이 복음은 모든 민족에게 선포되어야 한다(참고. 마 24:14). 이것은 반복해서 증거되듯이 먼저 유대인에게 그 다음에는 이방인에게 복음이 전파되어야 하는 순서를 반영한다(참고. 행 3:26, 11:18, 13:46-48, 28:23-29; 롬 1:16, 2:9). 사실 예루살렘이 멸망되기 전에도 열방에 전도의 불길이 번졌다(참고. 롬 1:8; 10:18; 골 1:5-6, 23). 용과 두 짐승의 방해에도 불구하고 하나님 나라의 영원한 복음은 사도들을 통해서 성공적으로 증거되고 만다.

8절에서 다른 천사가 "바벨론이 무너졌다"고 외친다. 바벨론은 누구인가?(참고. 벧전 5:13) 하나님의 심판을 받아 패망하는 예루살렘과 로마 제국 모두를 가리킨다. 이것을 위해서는 요한계시록 18장의 주석을 참고하라. 철저히 부분적 과거론자들의 주장을 들어보자. 그들은 바벨론을 예루살렘과 연관시키면서, 로마는 예루살렘과 연관된 차원에서만 바벨론과 관련 있다고 본다. 즉 이들은 요한은 요한계시록 14장에서 바벨론을 통해서 주제의 전환을 언급하고 있지 않다고 주장한다. '바벨론'이란 명칭은 예언적으로 사용되었는데, 요한계시록 11장 8절의 소돔과 애굽처럼 배교한 도시를 상징한다. 즉 예루살렘이 교만과 우상 숭배와 하나님의 백성을 박해하는 세력이었던 바벨론의 역할을 예루살렘이 하고 있다는 것이다.

이 음녀 바벨론은 모든 나라를 음행에 빠뜨리면서 진노의 포도주를 마시게 했다. 여기서 '진노'(wrath)는 '열기' 혹은 '열정'(heat)으로 번역이 가능하다(NASV는 이것을 'passion'으로 번역한다). 그렇다면 이 표현은 성경에서 음녀가 남자의 정욕의 열기를 불러일으키는 장면을 연상케한다. 이스라엘은 하나님에 의해 부여받은 임무 즉 어두움 가운데 있는 소경을 빛의 사명을 수행함으로 광명으로 인도하는 것을 포기한다(참고. 롬 2:19, 24; 보라. 잠 9:1-6. 13-18). 이 모습은 다름 아니라 팔레스타인의 거짓 선지자를 상징하는 땅에서 올라온 짐승의 역할이다.

천사가 짐승의 표를 받으며 섬기는 자를 향해서 다른 저주를 선포한다(9-11절). 하나님은 종종 즉시 심판하실 나라를 향해서 '취할 수밖에 없는 잔'(cup of inflammation or indignation)을 주신다(참고. 사 51:17; 애 4:21; 렘 25:15-16). 이 심판의 장면은 창세기 19장 28절 이하의 소돔과 고모라의 불과 유황 심판의 이미지를 연상하게 한다. 이것은 이사야 34장 9-10절에서 에돔의 멸망을 묘사하는데 사용되었다. 이들은 밤낮 고통 중에 거할 것이다. 반대로 요한계시록 4장 9절에서는 그룹들이 밤낮 하나님을 쉬지 않고 찬양한다.

성도는 계명을 지키며 인내할 수 있다(12-13절). 왜 그렇게 할 수 있는가? 대적의 멸망이 임박했기 때문이다. 그리고 성도의 죽음은 영생을 위한 복된 입문이지, 그 자체가 심판이 아니다. 주님의 부활은 죽음의 모든 두려움을 정복하셨지 않은가!

14-16절의 모습은 무엇을 의미하는가? 영광의 흰 구름(Glory-Cloud) 위의 인자가 낫을 들고 추수를 하려고 한다. 이것은 다니엘이 우주의 왕으로 등극하시기 위해 오시는 인자를 언급한 것을 연상시킨다(참고. 단 7:13-14).[2190] 주의할 것은 인자이신 그리스도께서 구름을 타고 '오시

는 것'이 아니라, 이미 구름 위에 '앉아 계신다'는 점이다(참고. 시 2:2-6). 따라서 예수님이 바로 지금 만왕의 왕으로 다스리고 계심을 의미한다. 그러므로 이 구절들을 미래적으로 해석할 이유가 없다. 이 경우에는 심판이 초점이 아니라 선민을 모으는 '복'이 초점이다. 칠턴(Chilton, 1990:372)은 이 모습을 마태복음 24장 30-31절에 명시되어 있는 예수님의 최종 파루시아 때 택한 자를 모으는 것과 연관된다고 본다.

17-18절의 의미는 무엇인가? 요한은 다시 심판의 주제로 돌아오는데, 교회를 모으는 일에 동반되는 결과는 배교한 이스라엘의 출교-배제이기 때문이다. 이것과 유사한 것이 창세기 21장에서 야곱이 약속의 자녀로서 인정을 받는 것은 여종 하갈과 그녀의 아들 이스마엘의 출가(출교) 사건이다(참고. 갈 4:22-31). 즉 배교한 유대인들은 새 언약에서 이제 버림을 받게 된다는 계시사적인 의미가 있다. 그 이유는 교회가 새 언약의 상속자이기 때문이다. 포도밭은 이스라엘을 상징한다(참고. 사 5:1-7). 이제 하나님의 백성이 심판을 받는다. 그리고 유대-로마 전쟁 때 이스라엘의 포도밭은 황폐화되었다.

여기서 우리는 중요한 사실을 다시 보게 된다. 그것은 요한계시록 안에 구약의 암시를 통한 계시사적인 성취가 배교한 이스라엘의 심판을 통해 이루어지는 것뿐만 아니라, 요세푸스를 비롯한 역사가들의 역사적인 증거가 이 성취를 역사적인 사건으로 일어났음을 지지한다는 것이다.

19-20절은 무엇을 가리키는가? 이 구절에 등장하는 '1,600스타디온'(약 300km)은 실제로 팔레스타인 땅의 길이보다 조금 큰 면적이다. 이스라엘 전체가 베스파시안과 디도 장군이 이끈 로마 군대에 의한 하나님의 심판의 진노의 대상이다. 사실 일곱 대접의 심판은 주로 3분의 1을 대상으로 한 일곱 나팔의 심판을 훨씬 뛰어넘는다. 여기서도 우리는 '땅'을 다른 어떤 나라로 적용할 이유가 없다. 세례 요한이 외친 것처럼 이미 도끼가 나무의 뿌리에 닿게 된다. 이 모습은 이사야의 심판의 예언에 기초한 것 같다. 이사야는 에돔의 심판을 묘사하면서 포도주 틀의 포도를 한 사람이 밟고 있는 것으로 묘사한다. 이 사람의 옷은 주스로 물든다(참고. 사 63:1-6).[2191]

3. 오늘에의 적용

남은 자로서 어떻게 살아야 하는가?

우리 시대에 영적 추수와 심판은 어떻게 진행되는가?

2190) '인자'는 복음서에서 80회 이상 예수님 자신의 호칭으로 나타나는데, 군사력이나 사람의 노력이 아니라 오직 하나님의 절대적이고 주권적인 역사로 말미암아 예수님이 메시아로 사역하심을 강조하는 것이다. 따라서 유대인들의 메시아 개념과 거리가 멀기에, 예수님이 애용하셨던 호칭이다.

2191) 하지만 신학적으로 이 구절의 성취는 영문 밖 십자가에서 흘리신 예수 그리스도의 보혈에서 찾아야 한다(참고. 히 13:11-14; 계 14:20). 그러므로 성 밖은 제물이 처분되는 심판의 장소이다. 구약의 제물의 피는 일 년에 오직 하루 동안만 대제사장에 의해 지성소로 옮겨졌으나 그 짐승은 진 밖에서 태워져야 했다. 이제 예수님이 아니라 이스라엘이 하나님의 진노를 받게 된다. 그들은 위의 예루살렘에 참여할 수 없는 사람들이다.

요한계시록 15장

1. 본문 및 구조

- 새로운 영적 출애굽(1-4)
- 진노의 대접(5-8)

2. 구원 계시사적 메시지

2.1. 요한계시록 15장 1–4절의 메시지

요한은 하늘에 크고 이상한 다른 이적을 본다(1절). 이미 요한은 요한계시록 12장 1절 이하에서 '해를 입은 여인'의 환상을 보았고 요한계시록 12장 3절 이하에서는 '붉은 용' 즉 사탄의 환상을 보았다. 요한계시록 12-14장은 이 두 환상의 연속이다. 이제 15장 1절의 새로운 환상을 통하여 계시록의 절정에 도달하게 된다. 그 이유는 마지막 일곱 재앙으로 하나님의 진노가 그치기 때문이다. 하지만 이것을 궁극적이고 우주적이고 절대적인 의미로서 마지막으로 볼 이유는 없다. 오히려 계시록의 특정하며 제한된 목적과 범위 안에서 이 일곱 대접 재앙은 하나님의 심판의 마지막(절정)을 이룬다고 볼 수 있다. 여기서 하나님은 질투하시는 분으로서 음란하게 우상을 섬긴 이스라엘을 심판한다. 여기서 우리는 대환난이 이미 A.D. 70년에 일어난 것으로 과거적으로 본다. 그렇다고 현대 성도의 현실은 안락하고 고통이 없다는 말은 아니다.

불이 섞인 유리(수정) 바다 같은 것은, 요한계시록 4장 6절에 의하면, 보좌 앞에 펼쳐진 것이다(2절). 이 수정 바다는 시내 산에서 모세가 보았던 하나님의 발아래에 펼쳐진 청옥(the sapphire pavement)에 상응하고(참고. 출 24:10), 에스겔이 하나님께서 계신 영광의 구름으로 승천하기 위해 지나갔던 남보석 궁창(the blue crystal firmament)과도 상응하며(참고. 겔 1:26), 성전의 놋 바다(the brazen sea)와도 상응한다(참고. 왕상 7:23-26). 하지만 요한계시록 15장 2절의 환상에서 바다는 더 이상 푸르지 않고 붉다. 그리고 유리는 불과 섞여 있다. 이 이미지는 요한계시록 14장의 마지막 부분 즉 피가 진노의 큰 포도주 틀로부터 나온 것과 연결된다. 그것은 출애굽 주제의 빛에서 볼 때 홍해를 상징할 수 있다. 즉 홍해는 선민은 구원을, 대적은 심판을 당한 곳이다. 요한은 지금 마치 홍해를 건넌 후 바닷가에 서서 감사의 승전가를 불렀던 이스라엘 백성의 모습을 뒤돌아보는 것 같다(참고. 출 14:30-31, 15:1-21). 이들은 승리한 정복자들이다.

'하나님의 종 모세의 노래, 어린양의 노래'는 모세와 여호수아가 약속의 땅 경계에서 이스라엘에게 가르쳤던 노래를 연상케 한다(3절: 참고. 신 32). 하지만 요한계시록 15장 3절의 이미지는 바로와 그 군대를 물리친 후에 불렀던 출애굽기 15장의 모세의 노래에 더 가까운 것 같다. 실제 역사 안에서 하나님의 이방에 대한 승리가 출애굽이라면, 이제 하나님은 예수 그리스도를 통하여 일곱 교회에게 역사의 진행 중에서 그리고 이 땅 위에서 승리를 주신다. 물론 이 승리 주심은 십자가와 부활에 기초한 것이기에 오고 오는 세대에게 동일하게 주어지는 특별한 것이다. 이 노래는 출애굽기 15장이나 신명기 32장을 직접 인용한 것이라기보다는 희미한 메아리일 것이다. 3절의 '크고 기이하신 일을 행하신 전능하신 하나님'이라는 표현은 출애굽기 34장 10절, 신명기 32장 3-4절, 역대상 16장 8-12절, 시편 92편 5절, 112편 2절, 139편 14절, 이사야 47편 4절, 예레미야 10장 16절, 아모스 4장 13절(참고. 계 1:8)과 간본문성을 가진다. 3절 끝의 "주의 길이 의롭고 참되다"는 표현은 신명기 32장 4절, 시편 145편 17절, 호세아 14장 9절과 간본문이다. 교회가 이 땅에서 고난을 당할 때 과연 하나님의 길은 의롭고 참되신지 그리고 하시는 일이 크고 기이하신지 의문이 가지만 이 의문은 곧 없어진다. 왜냐하면 하나님은 '만국의 왕'이시기 때문이다.

4절은 출애굽기 15장 14-16절 그리고 예레미야 10장 6-7절(참고. 계 14:7)과 간본문인데, 단순화시켜 말하면 그리스도 안에서 구원받아 하나님을 경배할 숫자가 매우 많음을 가리킨다. "주만 거룩하시니이다"는 출애굽기 15장 11절, 사무엘상 2장 2절, 시편 99편 3절, 5절, 9절, 이사야 6장 3절, 57장 5절, 15절, 호세아 11장 9절의 간본문이다(참고. 마 19:17; 딤전 6:16). 성경에서 하나님의 거룩은 하나님의 윤리적 특성을 가리키기보다는 그분의 독특한 장엄함 그의 절대적인 초월과 타자성(otherness)을 가리킨다. "만국이 와서 주께 경배하리이다"는 역대상 16장 28-31절, 시편 2편 8절, 22편 27절, 65편 2절, 66편 4절, 67편 1-7절, 86편 8-9절, 117편 1절, 이사야 26장 9절, 66장 23절, 예레미야 16장 19절, 욥기 1장 19절, 스바냐 3장 9절의 간본문이다. 만국의 개종은 하나님의 심판의 궁극적인 목적이며 불가피한 결과다. 이스라엘의 멸망은 세계의 구원으로 이끈다(참고. 롬 11:11-12, 15, 23-32).

2.2. 요한계시록 15장 5-8절의 메시지

이 일 후에 요한이 보니 하늘의 증거 장막의 성전이 열린다(5절). 이것은 히브리서 8장 2절의 참된 장막을 가리킨다. 구약에서 증거 장막이란 말은 장막 안에 십계명의 두 돌판이 보관되어 있기에 붙여진 이름이다(참고. 출 38:21; 민 1:50, 53, 9:15; 10:11; 행 7:44). 요한은 요한계시록에서 새 언약의 도래를 강조한다. 그에게 있어서 성전(*naos*)은 곧 교회다. 바울은 히브리서 8장 5절과 10장 1절에서 모세의 회막은 하늘의 성전의 모형인 동시에 교회를 예시하는 것이라고 설명한다. 요한의 강조는 새 언약 안에는 하늘의 패턴과 최종 형태가 함께 결합되어 나타난다는 것이다. 따라서 요한은 여기서 성전인 교회는 이미 하늘에 장막을 치고 있다고 본다. 그리고 교회가 성전이라면 증거는 예수님의 증거 곧 새 언약을 가리킨다(참고. 계 1:2, 9, 6:9, 12:11, 17, 19:10, 20:4).

일곱 대접 심판을 가진 천사들이 성전(즉 하나님)으로부터 나온다(6-7절). 일곱 나팔로 이미 선포된 심판을 수행하기 위해서다. 새 언약의 제사장들인 이 7명의 천사들은 맑고 빛난 세마포 옷을 입고 있고 가슴에 금띠를 띠었는데 이것은 요한계시록 1장 13절의 예수님의 모습과 비슷하다. 그리고 네 생물 중 하나가 진노가 가득히 담긴 금 대접을 7개를 일곱 천사에게 준다. 아마 이 생물은 요한계시록 4장 7절의 사람의 얼굴을 가진 생물로 보인다. 왜냐하면 다른 세 생물은 이미 이전 드라마에 등장한 것으로 보이기 때문이다.

8절은 그 누구도 이제 심판이 멈추도록 하기 위해 중보 기도하려고 성전에 들어갈 수 없다는 것을 의미한다. 모세가 회막을 봉헌할 때와 솔로몬이 성전을 봉헌할 때도 영광의 구름은 가득 채워졌다(참고. 출 40:34-35; 왕상 8:10-11; 대하 5:11-14, 7:1-3). 그리고 성전으로부터 불이 나와서 죄인을 삼킨 예도 있다(나답과 아비후의 예; 레 10:1-3; 민 11:1-3, 16:35). 계시사적으로는 오순절에 성령이 교회에 충만히 임한 것을 가리킨다. 여기서는 구약 이스라엘의 파멸과 심판이 다하기까지는, 신약의 충만과 완전의 의미에서 볼 때, 그 누구도 성전에 들어가지 못한다는 계시사적인 의미를 가진다. 구약의 구름은 신약을 위해 서서히 없어져야 하고 걷혀져야만 한다. 동시에 옛 언약에 대한 심판의 불가피성을 의미한다.

3. 오늘에의 적용

우리는 어떻게 영적인 출애굽을 한 사람답게 살 수 있는가?
우리가 중보의 기도를 드릴 수 없는 불가피한 심판은 무엇인가?

요한계시록 16장

1. 본문 및 구조

• 일곱 대접(접시)의 재앙(1-21)

2. 구원 계시사적 메시지

'일곱 대접(접시)의 심판'은 무엇을 의미하는가? 철저히 부분적 과거론자들에게 이 재앙은 여전히 예루살렘을 향한 하나님의 진노이다. 전환적 부분적 과거론자들에게 이것은 로마를 향한 하나님의 심판을 상징한다. 일곱 나팔의 심판과는 달리 일곱 대접의 심판에서는 심판의 영역이 3분의 1에서 전체로 확대됨으로 예루살렘의 철저한 파괴를 볼 수 있다. 즉 점층법적 기교가 나타난다. 일곱 대접의 재앙은 출애굽시의 10재앙과 유사하다. 이 유사점은 재앙의 순서(sequence)가 아니라 주제적 상응성(thematic correspondence)이다. 즉 이 사실은 예루살렘 교회를 비롯한 소아시아의 일곱 교회는 새로운 모세이신 예수 그리스도를 통해서 제2의 출애굽을 경험한 새 이스라엘 백성이라는 사실을 의미한다. 이렇게 진노의 대접을 부으시는 것은 구약에서 종종 볼 수 있는 주제이다. 스바냐 역시 훈계(discipline)와 자제(restraint)에 관련된 그 어떠한 것도 원치 않는 한 나라 위에 자신의 불타는 진노를 쏟으시는 여호와에 대해 언급하고 있다(참고. 습 3:7-8; 보라. 반더발, 1999:510).

1절에서 '큰 음성'이 강조된다. 이 음성은 성전에서 나는 음성이다. 요한은 여기서 일반 유대인처럼 하나님이라는 말을 사용하는 대신 성전으로 표현하고 있다(참고. 계 15:8, 16:17). 지성소의 하나님께서 심판을 수행하도록 일곱 천사를 내보내신다. 이 재앙은 그리스도의 추종자가 아니라, 짐승의 표를 받고 우상을 숭배하는 땅 위의 사람들에게 임한다. 그러나 그들이 우상을 숭배하는 것을 멈추고 하나님에게 돌아왔다는 언급이 없다.

2절의 악하고 독한 헌데는 출애굽적 이미지이지만, 역사적으로 네로 황제 당시에도 발생했다고 전해진다(참고. 박윤선, 1991:295). 3절은 둘째 대접 심판을 묘사하는데, 바다가 피로 변한다. 그리고 바다 안의 생물이 죽는다. 바다는 열방을 상징한다. 그리고 이 표현의 역사적 지시성을 고려해 본다면 광대한 로마 제국의 중앙에 위치한 지중해 혹은 유대-로마 전쟁 시에 핏빛으로 변한 갈릴리를 가리키는 것으로 볼 수 있다.

4절은 셋째 대접 심판을 묘사하는데, 강과 물 근원(연못, 운하, 시내, 저수지 등)에 재앙이 임한다. 이 물을 사람, 식물 그리고 가축이 의존하기에 결국 사망을 초래할 수밖에 없다. 이 심판이 시행될 때 물을 차지한 천사와 제단(뜰에 있던 번제단이 아니라 성소 안의 향단, 참고. 계 6:10)이 부르는 찬송이 5-7절에 등장한다. 내용은 거룩하신 하나님의 성품은 불의를 용납하지 않으시고 심판하시기에 그것은 정의롭다는 것이다. 이것은 신명기 32장 4절과 시편 119편 137절, 145편 17절과 관련 있다. 5절의 '전에도 계셨고 시방도 계신 거룩한 이시여'라는 표현은 '장차 오실 분'이라는 표현이 생략된 형태이다(비교 계 1:4, 8; 4:8). 요한이 여기서 '장차 오실 분'이라는 표현을 생략한 이유는 성부 하나님이 예수 그리스도 안에 이미 와 계시기 때문이며 하나님의 '오심-방문-권고'의 완성을 예기하고 있기 때문이다(참고. Kistemaker, 2001:442). 7절에서 제단(the altar of incense)이 물을 차지한 천사의 찬양에 화답한 것은 성도의 기도가 하늘에 상달되었음을 증명한다. 요한계시록 8장 3-5절과 14장 18절은 바로 이 제단에서 하나님의 심판이 시행된다고 밝힌다. 요한계시록의 제단은 주로 하나님의 심판과 관련 있다(참고. 계 5:8, 6:9, 8:5, 9:13, 14:18). 그러므로 성도의 정당한 기도의 내용은 하나님께서 교회의 대적을 물리치시도록 역사하도록 간구하는 것이다(참고. 눅 18:7).

네 번째 대접 재앙 즉 태양의 열기로 태움을 입어도 회개하지 않는다(8-9절: 참고. 계 8:12). '해가 권세를 받아'는 신적 수동형이다. 혹자는 '권세를 받아'(was given the power)의 주어를 해가 아니라 네 번째 천사라고 보기도 한다. 하지만 해가 더 근접한 선행사로 주어이다. 피조계에 따뜻함과 생명을 주는 빛이 이제 하나님의 심판의 도구가 된다. 하지만 하나님의 백성은 이 열기로부터 보호를 받는다(계 7:16; 참고. 시 84:11, 121:6; 사 49:10). 이 심판에도 불구하고 회개하지 않는 모습은 11절과 21절에도 나타난다(참고. 롬 1:24-28; 계 9:21). 이들은 완전히 사탄의 속박하에 있었던 것이다. 출애굽 시에 바로 왕은 스스로 9번 마음을 완고하게 했으며(참고. 출 7:13, 14, 22, 8:15, 19, 32, 9:7, 34, 35), 하나님도 바로를 9번 완고하게 하셨다고 언급된다(참고. 출 4:21, 7:3, 9:12, 10:1, 20, 27, 11:10, 14:4, 8).

10-11절의 다섯 번째 대접을 설명하면서, 철저히 부분적 과거론자들 역시 로마의 심판을 언급하는 것으로 본다. 아마 A.D. 68년 6월 네로 사후의 로마('짐승의 보좌', 참고. 계 2:13; 13:2)의 혼란기를 묘사하는 것 같다. 칠턴(1990:405)은 10-11절을 주석하면서, 배교한 이스라엘과 연합한 사람들도 역시 심판의 대상이 되고 있다고 한다. 첫째에서 넷째까지 대접 재앙은 피조물에 내려진 것이었지만, 다섯째 재앙은 사탄의 보좌 즉 사탄의 영적인 영역에 내려진 것이다. 이 재앙으로 임한 암흑 가운데 있던 사람들은 고통 때문에 자살하고 싶어서 혀를 깨물고 만다. 11절의 종기는 첫째 대접 심판 시에 내려진 것으로 볼 수 있다. 그러므로 일곱 인-일곱 나팔-일곱 대접 사이에 점층법과 반복이 등장할 뿐 아니라, 7가지 대접 심판 안에서도 반복과 점층법이 등장한다. 요한계시록 2장 13절에 의하면 버가모에 '사탄의 보좌'가 있었다. 역사적으로 버가모는 소아시아의 로마 행정부의 중심지였다. 그 도시에 황제 숭배가 강요되었다. 하지만 이렇게 로마 제국과 우상 숭배를 사탄의 보좌에 연결시키는 것은 너무 제한적이다. 사탄의 보좌가 지시하는 것에 배교한 유대교를 배제할 수 없다.

12-14절에 의하면, 여섯 번째 재앙이 내려질 때 유브라데 강(참고. 계 9:14)이 마르고 그 마른 길로 동방의 왕들이 올 수 있었다. 그리고 개구리 같은[2192] 세 더러운 영이 사탄의 삼위일체인 용(사탄-성부의 모방)과 (바다에서 올라온) 짐승(성자의 모방)과 (땅에서 올라온 짐승인) 거짓 선지자(성령의 모방)의 입에서 나온다. 출애굽 시의 두 번째 개구리 재앙을 연상시키는 동시에, 레위기 11장 10절에 의하면 비늘과 지느러미가 부족한 개구리는 부정한 동물이었다. 구약의 선지자들은 직간접적으로 유브라데 강과 바벨론의 물이 마를 것이라고 예언했다(참고. 사 11:15, 44:27; 렘 50:38, 51:36; 슥 10:11; 4에스라 13:47). 이 예언은 B.C. 539년에 바사의 고레스 왕이 유브라데 강을 건너 바벨론을 물리친 것으로 성취되었다. 하지만 유브라데 강과 그 물은 요한계시록 17장의 큰 음녀 바벨론이 앉은 물과 동일시된다. 요한계시록 17장 15절에 의하면, 이 유브라데 강과 그 물은 문자적으로 해석될 수 없고, 상징적으로 음녀 바벨론과 결합된 백성, 무리, 열국, 방언들이다. 동방에서 오는 왕들, 3개의 더러운 영들, 온 천하 임금들이 구체적으로 누구를 가리키는지 그 지시성을 설명하기 어렵지만, 이들 전부는 하나님을 대적한다.

예루살렘을 향해 로마 군대가 진격해 오는 것은 실제로 예수님이 심판주로 오심을 의미한다(15절). 수치스러운 나체는 이미 요한계시록 3장 18절에서 라오디게아 교회를 향한 책망에 나타났는데, 우상 숭배가 밝혀질 것에 대한 예언적인 말씀이다(참고. 사 20:4; 겔 16:36-39; 23:29; 나 3:5). 따라서 바벨론은 자신의 우상 숭배와 범죄로 인해 옷이 벗겨질 것이다. 반대로, '자기 옷을 지켜'(keeps his clothes on)는 하나님의 말씀으로 준비되어 속이는 자가 오더라도 충분히

2192) 개구리를 페르시아의 전설 즉 개구리를 만든 어둠(죽음)의 신 아리만(Ahriman)에게서 찾을 이유는 없다.

대비하는 것을 의미한다.[2193] 그런데 예수님은 도적같이 오리라고 말씀한다(참고. 마 24:42-43; 눅 12:39-40; 살전 5:2; 벧후 3:10).

16절의 '아마겟돈'(히브리어로는 *Har-Magdon*: 므깃도의 산)은 패배와 황폐를 상징한다. 역사적으로는 구약에서 여러 사건이 므깃도에서 발생했으나 가장 중요한 것은 아마도 유다의 '요시아 왕'이 애굽의 바로 왕 느고와 대결하다가 전사한 후 유다 나라는 배교, 파멸, 포로로 잡혀가는 상황으로 악화된 것이다(참고. 대하 35:20-25, 36장). 따라서 므깃도는 요한에게 패배와 황폐의 '상징'이지, 혹자(예. Kistemaker, 2004:245)가 주장하듯이, 최후의 전쟁이 일어날 곳이 아니다.

마지막 일곱 재앙인 일곱 대접의 심판 중에서도 마지막 일곱 번째 대접 심판은 요한계시록 16장 17절 이하에 나오는데, 이전의 계시의 다양한 순간들을 종합한다. 그리고 이 구절에서 점층적인 내용으로 모든 언약의 심판들의 절정을 보인다. (1) "모든 것이 이제 성취되었다"(*gegonen*은 일곱 대접 심판이 시작되는 요한계시록 15장 1절의 *etelesthei*와 *inclusio*를 이룬다). 일곱 대접의 심판에서는 일곱 인과 일곱 나팔의 심판에서 볼 수 없는 심판의 완결성이 강조된다. 여기서 사용된 아오리스트는 십자가와 부활 그리고 A.D. 70년 사건 등으로 구원과 심판의 완결성을 의미한다(참고. 요 19:30). 물론 '아직 아니'의 측면이 남아 있다. (2) 이 심판의 궁극성이 대개 최후 심판을 가리키는 선례가 없는 엄청난 지진과 그것의 자연적인 결과인 심판자이신 하나님이 쏟아 부으신 진노에 의해 강조된다(계 16:18; 참고. 학 2:6; 슥 14:4). (3) 요한계시록 14장 8절과 10절에서 예상되었듯이, 바벨론이 무너지고 그 빈자리는 하나님의 도성에 의해 채워진다. 따라서 요한계시록 17장 이후는 우상 숭배한 바벨론의 파멸과 그것에 상응하는 하나님의 도시의 강림을 다룬다.

18절의 '큰 지진'의 의미는 무엇인가? 사실 계시록에는 지진이 7번 등장한다(참고. 6:12; 8:5, 11:13(2번), 11:19, 16:18(2번)). 지진은 언약적인 차원을 지닌다. 예수님이 오신 것은 새 언약의 우주적인 대지진을 유발하시기 위함이다(참고. 마 27:51-52). 이 말은 예수님의 십자가와 부활은 만유를 변혁시키는 의미와 차원을 지닌다는 것이다. 이것과 히브리서 12장 25-29절을 비교해 보라. 다른 한편, 지진의 발생을 소개할 때 아오리스트 시상으로 소개함으로써 마치 선지적 아오리스트(prophetic aorist)의 용법처럼 가까운 미래에 일어날 일의 확실성을 강조한다. 참고로 '크다'(*megas*)라는 형용사가 요한계시록에 80번 등장하는데, 요한계시록 16장에 11번 사용된다.

19절의 '큰 성이 세 갈래로 갈라지고'는 역사적으로는 로마의 디도 장군에 의해 예루살렘이 포위되었을 때, 유대인들끼리 3당파로 갈라진 것을 상징한다(예. Lohmeyer, Bengel, Weiss, Moffatt; 보라. 《유대 전쟁사》5.1.1). 다른 한편, 성이 세 갈래로 갈라지는 것은 완전한 파멸을 상징하는 것이기도 하다(참고. Kistemaker, 2001:455). 이처럼 요한계시록의 상징적인 표현은 주로 구약에 근거한 상징적인 의미와 더불어 요한 당시의 역사적 지시성을 동시에 가진다. 요한 당시의 역사적 지시성을 찾는 작업은 현대의 주석가에게 있어서 주관적이고 임의적인

2193) 바울 서신처럼 요한계시록에서도 '옷 입음과 벗음'의 주제가 등장한다(참고. 롬 13:11-14; 고전 15:49-54; 고후 5:1-4; 갈 3:27; 엡 4:24; 골 3:1-25; 비교. 창 3:21; 출 28, 29, 39장; 레 8, 16장 ; 슥 3:3-5).

면이 없지는 않으나, 요한의 수신자들에게는 현실적이며 자연스러운 것이었다. 바벨론을 예루살렘으로 보는 증거는 요한이 요한계시록 16장 19절에서 바벨론을 이방의 다른 성들과 구별하고 있기 때문이다. 그러나 바벨론을 로마로 보는 시각이 우세하다(예. Charles, Kiddle, Plummer, Rist, Walvoord, Barclay). 하지만 둘 다 고려해야 한다. 하나님은 소아시아 일곱 교회의 대적들의 죄악을 기억하셨다.

20절의 "섬과 산악이 없어지더라"는 표현은 여섯째 인의 심판에서도 볼 수 있는 것으로서(참고. 계 6:14), 바벨론을 포함한 옛 세상의 모든 것이 사라지고 새 세상이 도래하는 변혁을 의미한다(참고. 계 18:21-22; 에녹 1서 1:6; 모세의 승천기 10:4; 보라. 김철손, 1998:307). 그러므로 계시사적으로 이것은 하나님의 심판으로 옛 세상이 물러가고 메시아의 새로운 언약 시대가 개시됨을 의미한다. 여기서 아오리스트 시상이 사용된 것은 옛 세상을 새 세상을 만드시는 하나님의 단호하고도 강력한 의지를 암시한다.

21절의 중수가 한 달란트(약 40kg)가 되는 큰 우박(참고. 출 9:13-26; 수 10:11; 욥 38:22; 겔 13:11, 13, 38:22; 계 8:7, 11:19)은 역사적으로 유대-로마 전쟁 시에 로마 군대가 예루살렘 안으로 발사한 돌덩어리 미사일을 상징하는 것 같다. 요세푸스가 이것을 증거한다(《유대 전쟁사》 5.6.3). 구약 예언서에서 큰 우박이 떨어지는 것은 완전한 파멸을 상징한다(참고. 사 32:19; 겔 13:11, 13, 38:22). 이런 심판에도 불구하고 완고하며 어리석은 이스라엘(그리고 로마)은 계속적으로 하나님을 저주하고 훼방한다.

3. 오늘에의 적용

주님이 하나님 나라의 대적을 심판하시고, 의로운 성도를 신원하시도록 정결하게 살고, 간구하자.

하나님의 심판이 시행되는 아마겟돈을 보고 교훈을 얻자.

요한계시록 17장

1. 본문 및 구조

• 음녀 바벨론과 그녀가 탄 붉은 짐승의 공생과 내분(1-18)

2. 구원 계시사적 메시지

1절의 "(내가) 네게 보이리라"(*deikso*)는 동사는 주로 천사라는 계시의 매체를 통한 환상의 실재에 대한 신적인 계시를 가리킨다(참고. 계 1:1, 4:1). 이것은 환상을 통한 계시의 주체인 3절의 '성령으로'와 관련된다. 즉 성령이 천사를 통해서 계시하신다. 그리고 "이리 오라. 내가 네게 보이리라"는 말씀은 요한계시록 21장 9절의 어린양의 신부인 새 예루살렘을 보이실 때 하신 말씀과 동일한 표현이다. 그러므로 음녀 바벨론은 그리스도의 신부인 교회와 대조된다.

'음녀'(harlot) 이미지는 구약에서 이스라엘과 예루살렘에 적용되었을 뿐 아니라(참고. 렘 3:1-3; 겔 16:15-34; 호 2:5, 4:10, 12, 18, 5:3-4, 6:10, 9:1), 중요하게도 이방 나라에도 적용되었다(참고. 사 23:15-17; 나 3:4; 참고. King, 2004:306). 이 명사는 이중적으로 해석되어야 한다(전문 용어로 double entendre). 요한계시록 17장 2-6절에 의하면, 음녀가 음행의 포도주, 성도(증인)의 피에 취해 있다. 이것은 교회의 대적이 요한 당시의 성찬식을 모방한 것으로 보인다(참고. 요 6:54).

요한은 '광야'로 인도되어 머리가 일곱, 뿔이 10개 달린 짐승에 올라탄 음녀 바벨론을 본다(3절: 비교. 계 13:1의 바다에서 올라오는 짐승). 요한계시록 12장 6절과 13-16절에서 광야는 여인-교회의 피난처이었지만, 요한계시록 17-18장에서 광야는 교회의 대적의 심판의 장소가 된다. 음녀와 짐승의 관계는 '공생'(symbiotic)이다. 음녀의 이미지는 유혹이며, 짐승의 이미지는 폭력이다. 로마와 예루살렘이 성도를 때로는 경제·사회적 안정을 약속하며 유혹했고, 때로는 군사력 즉 폭력으로 위협을 가했다. 흥미로운 것은 요한계시록 17장 16절의 음녀가 탄 짐승이 오히려 그 음녀를 벌거벗기고 살을 먹고 불로 살라버린다. 이때 사용된 *ereimoo*(파멸시키다)라는 동사는 '광야'(*ereimos*)와 유사한 발음을 가진다.

예루살렘과 로마를 상징하는 음녀 바벨론의 사치스러운 모습을 생생한 시각적 표현으로 설명한다(4절). 금, 보석, 진주는 로마 및 예루살렘이 수입해 온 사치품이었다(참고. 계 18:12). 바벨론의 화려하고 가증하고 더럽고 사치스런 치장은 일시적이었지만, 예수 그리스도의 신부의 아름다움은 순결하고 영원하다(참고. 계 19:8, 21:18-21). 4절의 '자줏빛과 붉은 빛 옷'은 충절의 의복(the raiment of royalty)을 상징한다. 마태복음 27장 28절에 의하면, 로마 군병들이 재판을 받으시던 예수님을 메시아라고 조롱할 때 자줏빛 옷을 피가 흐르던 주님의 어깨에 걸쳤다. 음녀가 가지고 있었던 '가증한 물건'(the abominable things)은 시리아의 폭군 안티오쿠스 4세가 B.C. 168년에 예루살렘 성전을 더럽힌 사건(참고. 단 9:27, 11:31)과 로마에 의한 성전의 파멸을 예언한 마태복음 24장 15절과 관련 있다. 시리아와 로마의 군대가 성전을 더럽혔지만, 근본적으로 가증한 것은 자칭 선민 이스라엘의 부패한 종교였다. 그러므로 여기 '가증한 물건'이라는 표현에서도 요한 당시의 로마와 불신 유대인이 연결되어 있는 것을 볼 수 있다.

음녀의 이마에 기록되어 있는 비밀(5절)은 그녀의 이름의 한 부분이라기보다는 바벨론이라는 이름과 동일한 것으로 보인다(참고. Osborne, 2002:612). 마치 에스겔 38-39장의 곡과 마곡이 바벨론을 비밀스러운 방식으로 묘사하는 것과 유사하다.

음녀는 성도와 예수님의 증인들의 피에 취해 있었다(6-7절: 참고. 계 16:6). 이 모습을 보고 요한이 기이히 여긴다(참고. 단 4:19). 아마도 요한은 짐승 위의 음녀를 보고 혼란과 두려움의 복합적인 감정을 가진 것으로 보인다. 천사는 요한의 놀람과 당황을 음녀의 비밀을 드러냄으로써 날려버린다.

8-9절에서, 천사가 설명하기를, 붉은 빛을 띠며 일곱 머리와 열 뿔을 가진 그 짐승은 로마 및 예루살렘을 동시에 가리킨다. 그 짐승은 전에 있었고, 지금은 없고, 장차 무저갱으로부터 올라올 것이다. 이것은 요한계시록 1장 4절의 지금도 계시고 전에 계셨고 장차 오실 분이신 하나님에 대한 패러디이다. 칠턴(1990:434)은 이 짐승을 네로 사후의 혼란을 수습하고 황제가 된 '베스파시안'으로 본다. 음녀가 타고 있는 그 짐승의 일곱 머리는 일곱 산이며 일곱 왕이다. 지리적으로 일곱 산은 로마 주위의 일곱 산을 가리킬 수도 있다. 하지만 선지적 이미지(prophetic imagery)에서 '산'은 강력한 힘 혹은 통치와 관련 된다(참고. 단 2:35, 44-45; 계 14:1). 하나님은 고대 바벨론을 '파괴하는 산'(O destroying mountain)이라 부르셨다(참고. 렘 51:24-25). 그러므로 산과 왕은 별개의 것이 아니라 음녀와 결합된 짐승에게 주어진 전 세계적인(일곱 머리와 열 뿔) 강력한 권세를 상징한다.

10절의 지금 있는 여섯 번째 왕은 '네로'이다. 네로가 6대 황제인 것은, 요세푸스와 같은 많은 사람들은 로마 황제를 아우구스투스가 아니라 줄리어스 시저로부터 계산하기 때문이다. 이미 다섯 왕(다섯 머리)은 망했다. 10절의 '잠간 동안 계속하는 이'는 7개월 정도 다스린 제7대 황제 갈바(Galba)를 가리킨다. 실제로 네로 사후의 뒤이은 3황제(갈바, 오토, 비텔리우스) 모두 잠깐 다스렸다.[2194]

'전에 있었다가 시방은 없어진 짐승'이 일곱 중에 포함되지만 여덟 번째 왕이다 (11절). 여덟은 부활의 숫자이다. 그러므로 '여덟 번째 왕'을 정확하게 '제8대 황제'라고 볼 이유는 없다. 즉 짐승이 부활한 것처럼 다시 세력을 얻을 것이라는 뜻으로 볼 수 있다. 이처럼 소아시아 일곱 교회를 박해하던 세력은 끈질기게 그 명맥을 이어간다. 그러나 부활하더라도 힘을 제대로 발휘하지 못한다. 왜냐하면 그는 멸망으로 들어가야 하기 때문이다.

열 뿔은 열 왕인데 로마와 결탁해 있던 통치자들로 보인다(12절). 사실 로마 제국은 열 개의 주로 나누어져 있었다. 이렇게 구체적으로 볼 이유가 없을 수도 있는데, 그 이유는 10이 전체를 상징하기에 우리는 대략적으로 로마와 결탁된 유대교와 교회를 대적하는 전체 세력으로도 볼 수 있기 때문이다.

짐승과 음녀가 어린양과 더불어 싸우지만 만주의 주, 만왕의 왕이 되시기에 어린양께서 이기신다(14절). 그리고 어린양과 결합된 진실한 자들도 이긴다. 17장 15-18절을 철저 부분적 과거론

2194) 네로에서 비텔리우스까지의 역사적 배경이 신약 학자들에게 정당한 주목을 받지 못했는데(예외. 마가복음 13장을 이 당시의 역사적 배경과 연결한 Larry Hurtado), 자세한 것을 위해서는 요한계시록의 기록 연대를 비텔리우스가 로마의 동쪽 군단에 의해서 황제로 선포된 A.D. 69년 7월 직전으로 보는 Van Kooten(2007:241-244)을 보라.

자들은 A.D. 70년 전에 음녀 예루살렘의 온 디아스포라를 향한 광범위한 영향력의 차원에서 설명한다. 특히 회당이 그 중심적인 역할을 감당했다. 예루살렘은 이방 나라와 음행을 행했는데, 그러나 A.D. 70년에는 이 이방 나라들이 예루살렘을 대항했으며 황폐화시켜 버렸다. 요세푸스는 17장 16절의 표현들이 유대-로마 전쟁 시의 비참한 상황을 묘사할 때 적합하다고 본다(참고. 유대전쟁사, 6.6-7). 하지만 이 구절을 로마로 보아도 별 무리가 없는 것 같다. 악의 세력들은 자체의 내분으로 붕괴된다(참고. 단 11:40-43). 이것이 하나님의 섭리이다(참고. 막 3:26). 하지만 음녀가 온 세상을 다스린다는 언급을 하는 18절조차도 요한계시록이 역사적인 책이 아니라, 언약적인 책임을 기억한다면 예루살렘에 적용할 수 있다(참고. 출 19:6; contra Beale, 1999:889).

3. 오늘에의 적용

우리 시대에 심판 받아야 할 음녀 바벨론 성은 누구이며, 무엇인가?
악의 세력은 어떻게 내분으로 망하는가?

요한계시록 18장

1. 본문 및 구조

- 음녀 바벨론의 죄악과 심판 받음(1-8)
- 바벨론의 파멸을 보는 사람들의 애가(9-24)

2. 구원 계시사적 메시지

2.1. 요한계시록 18장 1-8절의 메시지

1절의 하늘에서 내려오는 큰 권세를 가진 다른 천사는 요한계시록 17장 1절의 일곱 대접을 가진 일곱 천사 중 하나와 동일한 인물로 볼 이유는 없다. 오히려 요한계시록 10장 1절의 경우와 같이 영광스런 예수 그리스도로 볼 수 있다(참고. 계 21:23). 이 천사의 큰 권세는 2절 이하에 나타나는 심판 메시지의 타당성을 확증한다. 그가 가진 영광도 권세를 상징하며 에스겔 40-48장의 회복된 성전의 영광을 암시한다(참고. 겔 43:2; 계 21:10). 따라서 비록 요한계시록 18장에서 하나님의 음녀에 대한 심판이 강하게 나타나지만 회복 즉 음녀를 대체할 새로운 예루살렘의 출현이 근저에 암시되어 있다.

2절에서 바벨론을 "악령의 처소와 각종 더러운 영의 모이는 곳과 각종 더럽고 가증한 새의 모이는 곳"이라고 말한다. 소아시아 일곱 교회의 대적인 음녀 바벨론의 배후에 사탄의 사주가 있었던 것이다(참고. 렘 27:39; 바룩 4:35). 이런 바벨론을 향해서 18장 2절에서 요한은 "바벨론이 무너졌다"라고 아오리스트 형으로 말한다(참고. 사 13:21, 21:9, 34:11, 14; 단 4:30; 계 2:20, 24, 9:20). 이것은 '선지적 아오리스트'로 (가까운) 미래에 일어날 일이 마치 과거에 발생한 것과 같이 확실성을 강조한다. 옛적의 바벨론이 메데 바사에 의해 멸망되었듯이, 요한계시록 18장의 이 바벨론도 반드시 망하고 말 것이다.

3절에서 패망의 이유를 접속사 *hoti*(because)로 설명하는데, 바벨론의 종교적이며 우상적인 영향을 수용하여 함께 영적으로 음행했던 소수의 지배 계층인 땅의 왕들과 상인들은 한때 사치하고 돈을 모았다고 한다. 이런 경제적인 측면은 이사야 23장 1절의 이방 나라인 두로(Tyre)를 연상시킨다(참고. 사 23:17; 겔 26-28). 이상의 구약의 간본문에 의하면 바벨론은 예루살렘보다는 이방 제국인 로마를 더 자연스럽게 떠올리게 한다(참고. 시빌린 신탁 5:143, 159, 168-177).

바벨론의 불의한 일을 기억하고 계시는(참고. 계 16:19) 하나님께서 자신의 백성을 곧 심판받을 바벨론에서 나오라고 촉구하신다(4-5절; 참고. 사 48:20, 52:11; 렘 50:8, 51:6, 45). 이것은 스가랴 2장 7절 말씀과 유사하다. "바벨론 성에 거하는 시온아 이제 너는 피할지니라." 왜냐하면 바벨론의 죄악이 하늘에 사무쳤기 때문이다. 이 분리는 육체적이거나 지리적인 것이 아니라 영적인 것이다. 왜냐하면 요한의 독자들은 여전히 세상 속에서 고난 가운데서라도 증인 역할을 해야 하기 때문이다(참고. 계 11:3-7). 거만하여 여황처럼 군림하며 결코 애통을 당하지 않으리라고 자만했던 바벨론을 향해서(7절), 강하신 하나님은 사망과 애통과 흉년과 불로 갑작스럽게 심판할 것이라고 말씀하신다(8절; 참고. 사 47:9; 단 4:17; 계 18:10, 17, 19).

2.2. 요한계시록 18장 9-24절의 메시지

9-19절은 구약의 장례식의 조가(만가)의 형식을 따와서 바벨론의 임박한 파멸에 관하여 더욱 강도 있게 저주하며 묘사한다. 9-19절은 인클루시오(inclusion) 구조를 보이는데, 9-11절이 거의 비슷한 형태로 15-19절에서 반복된다. 중간 부분인 12-14절은 패망과 애통의 이유를 다시 강조하여 밝힌다. 주제적으로 요한계시록 18장 9-10절은 땅의 왕들의 조가, 11-17절a는 땅의 상인들의 조가, 그리고 17절b-19절은 선객(선인)의 조가를 다룬다. 이 세 부류는 에스겔 27장 29-30절, 35-36절에서 두로의 파멸 시에 등장한다.

음녀 바벨론이 멸망당하기 전에 무역했던 상인들의 물품 목록이 나타난다(12-13절). 각종 사치스런 보석으로부터, 여러 가지 다른 사치 상품들, 식품들을 포함하며 마지막으로는 종들과 사람의 영혼들이 무역 물품들이었다. 여기서 주의할 것이 있다. 요한계시록 18장 16절에서 음녀 바벨론이 세마포와 자주와 붉은 옷을 입고 금과 보석과 진주로 꾸몄다고 한다(참고. 계 17:4). 이것과 관련하여 요세푸스는 대제사장의 의복(참고. 출 28)을 다음과 같이 유사하게 설명한다.

요세푸스의 말을 들어보자. "대제사장은 임무를 수행할 때 허벅지에서 허리까지 덮는 고의

(breeches)를 입었다. 고의는 세마포로 된 내의이며, 그 위에 발까지 닿는 푸른 의복을 입었고, 그 옷은 솔기 없는 통으로 되어 있고, 장식 술이 있었다. 장식 술에는 금종과 석류 무늬의 장식이 번갈아가며 달려 있었는데, 종은 천둥을 상징하는 것이고, 석류 무늬 장식은 번개를 상징하는 것이었다. 에봇도 금색이 많이 더 들어갔다. 가슴의 흉배 장식은 금색, 자주색, 주홍색, 가는 베실과 푸른색의 알록달록한 색으로 만들었고 성전 본당에 있던 휘장과 같은 색이었다. (에봇 위에는) 홍보석, 황옥, 녹주옥, 석류석, 벽옥, 남보석, 백마노, 자수정, 호박, 호마노, 녹보석, 귀강석(chrysolite)이 (있었다)"(《유대 전쟁사》 5:232-234). 과거론자들에게 이 간본문성은 음녀 바벨론을 대제사장으로 대변되는 타락한 유대 종교주의 및 종교 지도자로 볼 수 있도록 한다.

바벨론이 일시간에 망함으로 이런 사치 상품들을 더 이상 수입하고 수출할 수 없게 된 상인들이 더 이상 치부할 수 없음을 깨닫고 애통해하며 두려워한다(11절). 바벨론 성이 파괴되고 불붙는 것을 본 상인들과 선장과 선객들은 울며 애통해한다(참고. 겔 27:26-36). 하지만 하늘과 성도들과 사도들과 선지자들은 바벨론의 패망을 보고 즐거워하라고 한다(20절). 그 이유는 하나님께서 교회를 돌보시고 원수를 갚아 주시고 심판하셨기 때문이다.[2195]

3. 오늘에의 적용

우리가 나와야 할 음녀 바벨론 성은 무엇인가?
사회, 경제 정의를 시행하자.

요한계시록 19장

1. 본문 및 구조

- 바벨론의 멸망에 대한 할렐루야 찬송(1-5)
- 어린양의 혼인 잔치(6-10)

2195) 실제로 로마 제국은 요한 당시에 세계 최강대국이었으며 모든 도로가 로마를 향했다. 로마는 세계의 모든 무역품이 집결했던 장소였으며 이방 신들의 집결 장소와 같았다. 예루살렘 역시 무역이 왕성한 도시였으며 예수님을 죽이고 거역했던 장소이며 교회가 순교의 피를 흘리게 했던 도시이다. 그러므로 바벨론은 예루살렘과 로마를 동시에 가리키는 듯하다. 사실 유대인들과 로마 제국 둘 다 소아시아의 일곱 교회를 괴롭혔기에 하나님은 이 둘 중 하나만 심판하시지 않고 교회를 신원하실 때 이 둘을 모두 심판하신다. 예루살렘 하나만으로는 바벨론이 상징적으로 의미하는 바 전부를 포괄할 수 없다. 예루살렘이 로마와 연결되는 정도까지 바벨론으로 볼 수 있다.

• 백마 타신 예수님과 하늘 군대(11-16)
• 악의 세력들이 받은 심판(17-21)

2. 구원 계시사적 메시지

2.1. 요한계시록 19장 1–5절의 메시지

새 언약에서 우주적인 구원을 주시는 하나님의 비밀을 언급한 요한계시록 11장과 요한계시록 19장은 여러 면에서 유사한 병행을 이룬다. '큰 소리'(11:15; 19:1), '하나님의 주권적인 통치를 찬송하는 것'(11:15, 17, 19:1, 6), '24장로가 하나님을 경배함'(11:16, 19:4), '신원의 시간이 다가옴'(11:18, 18:24-19:2), '모든 사람들이 하나님을 섬기게 됨'(11:18, 19:5), '번개와 큰소리와 천둥'(11:19, 19:6). 요한계시록 19장은 11장의 사상을 더 확장시키고 있다. 넓은 의미에서 반복 이론(recapitulation theory)이 적용되고 있다.

1-8절의 찬송의 내용은 무엇이며, 구약의 시편과 어떤 관련이 있나? 특별히 시편 111(113)-118편의 '할렐 시편'과 유사하다. 할렐 시편은 유월절 만찬 시에 부르는 노래로서 요한계시록 19장의 찬송에서도 유월절 및 출애굽 주제를 볼 수 있다. 음녀는 출애굽시의 바로를 연상시킨다. 이미 하나님의 백성은 예루살렘의 멸망을 위해 기도했다(참고. 계 6:9-11). 물론 이 기도는 로마를 심판해 달라는 기도이기도 하다. 이제 이 기도가 응답을 받는데 많은 구속받은 무리들이 교창(antiphonal)으로 천사의 명령에 따라 찬송한다(참고. 계 18:20). 1-8절의 찬송은 요한계시록의 핵심 구절이라 할 수 있는 요한계시록 12장 10-12절과 같은 내용을 더 상세하게 설명한다. 1-6절에 '할렐루야'(히브리어를 헬라어로 소리 나는 대로 쓴 표현)가 등장한다. 이것은 유월절과 장막절에 하나님의 출애굽의 구원 사건과 예배의 회복을 기념하여 불렀던 할렐 시편들인 시편 111-118편과 시편 146-150편을 연상시킨다. 할렐 시편들은 종종 이방 나라가 돌아와 하나님을 경배할 것도 내다본다. 이런 할렐 시편들과 더불어 연관된 시편은 하나님의 구원과 심판을 찬송하는 시편 104편 35절이다. "죄인을 땅에서 소멸하시며 악인을 다시 있지 못하게 하실지로다. 내 영혼아, 여호와를 송축하라. 할렐루야."

하나님의 백성은 예루살렘으로 대표되는 대적의 심판을 보고 하나님께만 구원, 권세, 공의 그리고 영광이 속해 있음을 인정하고 찬송한다. 3절의 "연기가 세세토록 올라가더라"는 표현은 대적 바벨론의 멸망의 영속성을 묘사하는데 소돔과 고모라가 멸망할 때의 상황을 연상시킨다(참고. 창 19:28). 왜 그럴까? 예루살렘은 영적으로는 소돔 같다고 요한계시록 11장 8절에서 밝혔기 때문이다(참고. 에돔의 멸망의 모습, 참고. 사 34:10). 우리는 예배의 용어와 모습을 4절에서 다시 본다. 24장로(교회)와 4생물(모든 지상의 피조물)이 보좌의 하나님께 엎드려 경배한다. 5절의 음성은 하나님의 종들(모든 교회, 6-8절의 '허다한 무리')에게 주어진 것인데 아마 24장로 중 하나이기보다는 예수님의 음성일 것이다(참고. 계 16:17).[2196]

2196) 계시록은 교회가 누구를 예배해야 할지를 분명히 계시한다. 이 천상의 예배의 모습을 어떻게 우리의 지상

'할렐루야'는 신약 성경 중에서 여기에만 등장한다. 이 찬송은 구약에서 하나님의 대적을 이긴 후 불렀던 승전가이기도 하다. 아마 '할렐루야'라는 히브리어가 보존된 것은 구약과 신약의 하나님의 백성들을 연결시키는 의미가 있지 않을까? 즉 하나님의 전체 백성의 승리는 언약에 기초하여 확실함을 보여주려는 의도가 있었던 것 같다.

2.2. 요한계시록 19장 6-10절의 메시지

전천년주의자들은 6절을 예수님의 재림 이후에 임할 통치를 언급하는 것으로 본다. 물론 7절 이하의 어린양의 혼인잔치도 재림 이후의 천년 왕국과 관련된 미래적 상황으로 본다. 하지만 요한 당시의 바벨론의 멸망을 본 후에 불려진 찬송이기에, 이 단락은 요한 당시에 이미 성취된 것이며, 궁극적으로는 주님의 최종 파루시아를 예기한다.

19장 7절과 9절의 혼인 잔치는 어떤 성격의 잔치인가? 잔치를 위해 준비된 신부의 등장은 성전이 열리며 새 언약의 완전한 설립과 병행을 이루는 것이다. 더 나아가 이 이미지는 하나님의 도성이 하늘에서 내려오는 장면 중 하나님의 장막이 사람과 함께한다는 외침과 병행을 이룬다(참고. 계 21:2-3). 교회가 바로 하나님의 신부이며 하나님의 도성이며 새 언약의 성전이다. 오히려 하나님과 어린양이신 예수님이 교회의 성전이다(참고. 계 21:22). 신비로운 사건은 교회가 신약의 성전인 동시에 하나님이 교회의 성전이라는 점이다. 이만큼 교회와 하나님 사이의 신비로운 연합(혼인잔치)을 설명하는 것이 있을까?[2197]

10절의 "예수님의 증거는 대언의 영이라"는 무슨 의미인가? 단순화시켜서 설명한다면, 성령님은 예수님의 증거(말씀)가 선포되는 곳에는 어디에나 계신다는 말씀이다. 즉 성육하신 말씀이신 예수님과 성령의 역사는 불가분이며 성령은 말씀과 더불어 역사하신다.

2.3. 요한계시록 19장 11-16절의 메시지

11-16절에서 하나님의 아들이신 예수님이 전쟁터로 나가신다. 11절의 충신과 진실로 불리는 '백마를 탄 자'는 누구인가? 예수님이다. 흰 말은 그리스도의 승리와 통치를 상징한다(참고. 계 6:2; 14:14). 흰 말을 타고 오신다고 이것을 예수님의 재림으로 볼 이유는 없겠다. 대신에 '진실' 즉 진리요 하나님의 말씀인 예수님이 세상을 정복하는 것을 의미한다. 구원의 복음이 구체적으로는 A.D. 30-70년 사이, 넓게는 초림과 재림 사이에 확장되는 것을 의미한다. 말씀의

의 예배에 적용할 수 있을까? 하나님 중심의 예배가 회복되어야 하지 않을까? 한 예로 말씀을 전한 설교자가 축도(복의 선포)를 하는 것이 바람직하지 않은가? 그리고 십계명 낭독과 말씀 봉독은 하나님의 말씀의 선포이기에(성도의 참여를 유발한다는 장점이 있음에도 불구하고) 교독보다는 설교자가 혼자서 읽고 회중은 듣는 형태가 더 바람직할 것이다. 회중은 그 선포된 말씀에 찬송으로 반응하면 된다.

2197) 여기서 주의해 볼 것은 비록 계 19장에서 혼인잔치가 명시적으로 나타나지만 '이혼'도 암시적으로 나타난다. 바벨론의 파멸을 하나님과 대적의 이혼으로 볼 수 있기 때문이다. 이혼은 결혼을 유발시킨다. 새 언약의 모임인 교회는 하나님의 구원 사역에 새로운 이정표이다. 예수님의 성육신은 물론, 오순절도 새 언약의 개시라 할 수 있다. 하지만 A.D. 70년 사건은 배교한 유대인들과 하나님이 최종적으로 이혼한 것이기에 언약적인 관점에서 이해되어야 한다. 어린양의 혼인잔치는 신약 교회가 참여하는 성찬의 잔치이다.

선포는 11절 하반부가 밝히듯이 심판도 동반한다(참고. 시 72:2). 복음을 거부하는 것이 불신자들에게 현재적인 심판이기 때문이다.

12절에서 요한은 예수님의 모습을 상술한다. 불꽃같은 눈들은 전지하신 예수님을, 많은 면류관은 지속적인 승리의 주님을 가리킨다. 그리고 그의 이름은 자기(예수님)밖에 아는 자가 없다는 말은 무슨 뜻인가? '안다'는 말을 우리는 '자신의 것으로 인정하다'로 본다면 예수님만 그 이름을 자신의 것으로 가지고 있다는 의미로 해석할 수 있다(참고. 창 4:1; 출 1:8; 시 1:6).

예수님의 이름은 13절에 '하나님의 말씀'으로, 16절에는 '만왕의 왕이요 만주의 주'로 밝힌다. 정복자 예수님은 정복된 원수의 피로 인해 물든 옷을 입고 계신다. 그러므로 13절의 피는 구원의 피라기보다는 승리의 피다. 14절의 하늘에 있는 군대는 예수님의 제자들(교회)이다. 하나님의 말씀이신 예수님을 세상에 전하기 위해서 그리고 예수님이 만왕의 왕이요 만주의 주이심을 증거하기 위해 전투하는 교회는 깨끗한 세마포 옷 즉 선한 행실을 가진 자다. 15절에 의하면, 예수님은 '이한 검'(a sharp sword) 즉 날카로운 칼을 가진 분이신데, 만국을 심판하시는(이것도 주님의 재림 시의 심판을 의미하지 않는다) 주님의 말씀의 권세를 의미한다. 구약의 예언의 성취이기도 하다(계 1:16, 2:16; 비교. 사 49:1-2; 호 6:5). 예수님의 말씀이 두 날선 칼이라는 말은 역동적인 측면을 의미하는데 사실 말씀 자체로 머물지 않고 행동으로 나타남을 암시한다.[2198]

진노의 포도주 틀을 밟는다는 것(15절)은 이미 14장 19-20절에서 설명한 바 있다. 요한계시록 19장 12-16절의 이런 모습은 이미 요한계시록 1장 13절 이하에서 우리가 살펴본 바와 같이 부활-승천하신 예수님의 모습이다. 요한의 일곱 교회는 이런 권세의 주님이 모습을 보고 아무리 유대인과 로마로부터 박해를 받더라도 인내하며 살 수 있었을 것이다. 16절은 예수님의 이름이 옷과 다리에 기록되었다고 설명한다. 마치 국가대표 선수의 유니폼에 국가 이름이 새겨진 것처럼 예수님의 이름은 그의 백성들에게 계시된다. 마치 문신이 새겨지면 잘 지워지지 않듯이 예수님의 이름은 선명하고도 불변하시다.

2.4. 요한계시록 19장 17-21절의 메시지

17-18절은 무슨 장면인가? 요한계시록 8장 13절 역시 언약의 저주가 새에게 사체가 먹히는 것이라고 암시한다. 여기서 이스라엘과 로마가 이제 언약의 저주의 대상이 되어 먹히고 있음을 묘사한다. 이제 그 누구도 이 새들(scavengers)을 쫓아버릴 사람이 없다. 심판은 불가피하다는 의미이다(참고. 창 15:11; 신 28:26). 흥미로운 사실은 새가 사체를 먹어버리는 것이 심판을 상징하는 동시에, 그 심판으로 땅이 정결케 된다는 사실이다. 즉 교회의 대적을 심판하는 것은

2198) 여기서 우리가 주의를 기울여 볼만한 사실은 비록 우리 시대가 각종 신종의 사악한 죄가 범람한 것이 사실이지만 말씀과 언약의 능력을 믿고, 믿음에 기초하여 적극적이며 긍정적으로 살아야 한다는 것이다. 성도의 삶에 있어서 비관주의와 염세주의를 요한계시록 아니 성경은 가르치지 않는다. 이런 점에서 요한계시록의 천년주의를 굳이 말해 본다면 '무천년적 후천년'이 요한계시록의 가르침에 합당하다고 여겨진다.

교회에게는 유익하며 구원의 사건이 된다. 구원과 심판은 동시에 진행된다(참고. 겔 39).

20절의 유황불 붙는 못은 무엇인가? 아마 소돔과 고모라의 심판 모습에서 빌려온 이미지로, 소아시아의 일곱 교회의 대적이 받을 완전하고 극렬한 심판을 상징한다. 바다에서 올라오는 짐승과 땅에서 올라온 짐승만 불못에 들어가지 않고 용(사탄)과 사망과 음부도 거기에 던져진다(참고. 계 20:10).

3. 오늘에의 적용

날마다 원수의 파멸을 보고 할렐루야 찬송을 부르자.
우리는 하늘의 군대로 주님의 승리를 이어가자.

요한계시록 20장

1. 본문 및 구조

- 사탄이 결박된 천 년(1-6)
- 결박에서 놓여 반란을 계획하는 사탄의 세력(7-10)
- 백 보좌 심판(11-15)

2. 구원 계시사적 메시지

2.1. 요한계시록 20장 1-6절의 메시지

1,000년의 '1,000'은 상징적인 표현이기에, 문자적으로 볼 수 없고, 예수님의 초림과 재림 사이의 전체 기간을 의미한다. 무천년주의와 후천년주의가 이 상징적 해석을 따른다(참고. 고전 15:25; 히 10:12-13; 비교. 시 110:1). 아타나시우스 등 정통 기독교회는 승리의 소망에 기초한 후천년설을 주장해 왔다(참고. Chilton, 1990:496). 요한계시록 20장의 천년왕국은 갑자기 등장하는 주제가 아니라, 요한계시록 19장 19-21절의 전투를 상술하는 것으로 보아야 한다. 즉 요한계시록 20장의 천년왕국은 이 땅에 주님의 복음과 교회가 확장되는데 있어서 방해되는 세력과의 전투와 관련된다.

1절의 천사는 예수님을 가리킨다(참고. 계 10:1; 18:1). 예수님이 가지고 계시는 열쇠와 쇠사슬은 예수님의 주권을 상징한다. 한 가지 대조는, 요한계시록 9장 1절에서 사탄은 무저갱의 열쇠를 잠시 '받았으나'(신적 수동태), 예수님은 하늘로부터 내려와서 사망과 음부의 열쇠를 가지고 있다(참고. 계 1:18). 용(옛 뱀, 마귀, 사탄)을 결박한다는 말 자체가 상징적인 표현임을 분명히 밝혀 준다. 부활, 승천하신 주님은 사탄을 통제하시는 절대적인 힘을 가지고 계신다.

사탄이 묶인 것(2절)은 예수님의 십자가와 부활로 사탄이 이미 패배한 것을 가리키는 동시에 미래적으로 주님의 재림 시에 있을 완전한 파멸을 내다보게 한다. 이런 의미에서 천년왕국은 교회의 승리의 기간이며 복된 기간이다. 요한일서 3장 8절에서 예수님의 오심과 지상 사역을 마귀의 일을 멸하기 위함이라고 명시한다.[2199] 이 세상을 미혹하여 잠시 왕자가 된 사탄은(참고. 요 12:31, 14:30, 16:11) 하나님 나라를 대적하나 현재적인 그리스도의 왕권으로 결정적인 파멸을 당한다. 누가복음 10장 18-19절에는 70인 제자들이 사역을 마치고 보고할 때 사탄이 하늘에서 이미 떨어졌다고 말씀한다. 오순절 성령이 오시기 전임에도 불구하고 제자들의 사역으로 이미 사탄의 권세가 파멸되고 있었다. 사탄의 결정적인 묶임은 구약의 시스템의 파멸에서 분명해진다(참고. 롬 16:20). 왜냐하면 승천은 선재하신 그리스도께서 자신의 원래의 자리로 복귀하는 것인 동시에 오순절 성령의 부어주심(Pentecost)과 A.D. 70년 사건(holocaust)으로 곧바로 적용되기 때문이다. 환언하면 오순절 사건과 A.D. 70년 사건은 임박하게 적용된 주님의 승천 사건이다. 이제 사탄은 복음이 증거되는 것을 막지 못하여 만국을 미혹하지 못한다(참고. 계 21:3). 하지만 사탄은 여전히 활동한다. 그의 활동이 제한적이라는 말이다. 신적 수동태가 이것을 증명한다. '1,000년'은 10×10×10으로서 충만하고도 완전한 기간을 의미한다. 하지만 무한대의 시간이 아니라 한정적임은 1,000이 20장에서 '6회' 사용된 것에서 상징적으로 알 수 있다. 그리고 1,000년이 지나면 사탄이 잠시 반드시 놓이기에 무한정 기간은 아니다.

3절 마지막의 "반드시 잠깐 놓이리라"는 신적 수동태를 통해서 하나님의 경륜 속에 사탄의 활동이 있을 것을 강조한다(참고. 7절). 사탄이 더 이상 만국을 미혹하지 못한다는 말씀은 교회의 복음 증거의 사역을 사탄이 막지 못할 것이라는 의미이다. 즉 복음이 사탄을 물리칠 것이라는 말씀이다. 그렇다면 사탄이 이전에는 강하게 열국을 미혹한 때가 있었다는 말이다. 그때는 예수 그리스도의 초림 이전으로서 열방이 무지와 어두움 가운데서 구원의 빛을 보지 못한 때이다. 그러나 주님의 초림으로 사탄이 결박되어 무저갱으로 던져짐으로써 사탄의 영역이 무너지는 곳에 천국의 임함이 분명해진다. 이것은 요한계시록 12장 7-9절에서 사탄이 하늘에서 쫓겨나는 것과 동일한 사건이다. 열방이 이새의 뿌리이신 예수님에 의해 구원받고 주님에게 소망을 둘 것이다(참고. 롬 15:12). 사탄이 결박된다고 해서 그의 모든 활동이 멈춘 것은 아니다. 오히려 사탄의 활동이 제한된다는 의미이다. 하나님의 나라가 충만히 임한 후에 즉 상징적인 1,000년이 찬 후에 사탄은 하나님에 의해 잠시 놓일 것이고 미혹하는 일을 할 것이다. 하지만 사탄이 천년왕국 중에도 이런 일을 계속하고 있기에 무언가 새롭거나 강력한 일을 할 것이라고 볼 이유는 없다.

2199) "그리고 내가 하나님의 성령을 힘입어 악령을 쫓아내는 것이면 하나님의 나라가 이미 너희에게 임하였느니라. 사람이 먼저 강한 자를 결박하지 않고야 어떻게 그 강한 자의 집에 들어가 그 세간을 늑탈하겠느냐 결박한 후에야 그 집을 늑탈하리라"(마 12:28-29; 참고. 눅 11:20-22).

4절의 '보좌들'(복수형. 요한계시록에서는 24장로의 보좌들을 가리킴)을 통해서 알 수 있는 것은 24장로로 상징되는 신구약의 전체 교회가 그리스도를 통해 왕의 신분을 받은 것을 말씀한다(참고. 마 19:28; 눅 22:30; 계 1:6). 24라는 숫자는 구약의 제사장의 24반열을 상징하기에 역시 교회의 제사장 직분을 내포한다. 교회의 왕권은 하늘의 보좌로부터 받아서 이 땅에서 시행된다. 이것은 교회의(왕 같은) 제사장적인 특권 즉 예배의 상황과 불가분이다(참고. 벧전 2:9). 교회가 세상을 다스리는 것은 영적인 일로서, 지상 명령에서 밝히듯이 하나님의 말씀으로 세상을 가르치고 제자 삼는 것이다(참고. 마 28:18-20). 하지만 이런 영적인 왕권의 시행은 교회가 준비되어 있어야만 제대로 시행된다. 말씀으로 살다가 죽을 각오가 필요하고 하나님 외의 다른 그 무엇에게 절하지 않고 굴복하지 않을 준비됨이다. 그리고 그 시행 범위는 삶의 모든 영역이다.

'첫째 부활'(5절)은 주님의 재림시의 육체적인 부활이 아니라 예수 그리스도와 연합된 성도의 영적인 부활 및 승귀를 의미한다(참고. 겔 37:12; 엡 2:5-6, 5:14; 골 3:1; 민 19:11-12). 요한은 첫째 부활만 언급하고 둘째 부활은 언급하지 않는다. 하지만 요한계시록 20장 12-13절에는 만인 즉 죽은 불신자든 신자든 모두 부활할 것이라고 분명히 언급한다. 첫째 부활이 부분적이고 영적이라면, 둘째 부활은 보편적이고 전 역사적인 것이다(참고. 김철손, 1993:355). 이 첫째 부활은 그리스도의 부활에 동참하는 것이며 재림 시의 최후의 부활에 선행한다. 그러므로 그 나머지 죽은 자들은 그리스도와 함께 살고 통치하는 특권을 박탈당한 자로서(일차적으로는 요한 당시에 죽은) 불신자를 가리킨다(예. Lenski, Mounce, Beckwith, Chilton 등. contra 김철손, 1993:354-355).

둘째 사망(6절)은 14절이 보여주듯이, 하나님의 원수들에게 가해지는 총체적이고도 최후적인 멸망과 심판을 의미한다. 그렇다면 첫째 사망은 무엇인가? 모든 육체는 한번 죽음을 맛보아야 한다(참고. 히 9:27). 이것은 한 사람이 일생을 마감한다는 차원을 넘어 첫 사람 아담의 죄의 영향이 전 인류에게 미친 것으로 보아야 한다(참고. 고전 15:22). 하지만 첫째 부활은 마지막 아담이신 예수님 안의 부활 생명과 관련된다(참고. 고전 15:45이하). 둘째 사망은 첫째 부활에 참여하지 못한 불신자에게 내리는 최후 심판이다. 천년왕국에서 성도가 하나님과 그리스도의 제사장이 되어 왕 노릇 하는 것은 어떤 성격의 것인가? 요한계시록 22장 5절에 근거해 보면, 하나님의 빛을 이 땅에 비추면서 세상의 빛으로 살면서 어둠의 세력을 물리치는 것이라고 할 수 있다.

2.2. 요한계시록 20장 7-10절의 메시지

천 년이 차매 사탄이 옥에서 놓일 것이라는 말씀은(7절; 참고. 3절) 사탄이 무수히 많은 부하를 거느리면서 다시 힘을 쓸 것이라는 의미로 보이지만, 실제로는 사탄의 최종적인 심판을 의미하는 것이다. 왜냐하면 잠시 놓여서 하나님 나라를 최후로 발악하면서 대적한다면 사탄의 최후 역시 불가피하기 때문이다. 이것은 하나님께서 사탄을 어떻게 처단하느냐 하는 것을 보여주기 위한 최후의 수단이라고 할 수 있다(참고. 김철손, 1993:357).

8절의 사탄에 의해 조종되는 불신 세력인 곡(Gog)과 마곡(Magog)은 통속적으로 몇몇 전(前)

천년주의자들에 의해 소비에트연합(러시아)이 이스라엘을 공격하는 것과 관련하여 대환난 기간에 일어날 미래적인 것으로 설명된다. 물론 그들은 아마겟돈(므깃도) 전쟁을 이것과 관련 짓는다(참고. 계 16:16). 이것은 감람산 강화의 대환난 개념에 대한 오해에 부분적으로 기인한다. 하지만 요한은 여기서 에스겔 38-39장의 환상을 인용하는 것 같다. 이 환상은 B.C. 2세기 마카비가 시리아를 이스라엘 땅에서 패배시키는 것을 그 내용으로 한다. 곡과 마곡은 사탄의 사주를 받아 하나님을 대적하는 이방 나라를 상징적으로 가리킨다. 그러나 하나님은 그의 심판과 진노로 곡과 그 떼를 엄습하여 멸망시킬 것이다. "이와 같이 내가 여러 나라의 눈에 내 존대함과 거룩함을 나타내어 나를 알게 하리니 그들이 나를 여호와인 줄 알리라"(겔 38:18-23).

9절의 '사랑하시는 성읍'은 새 예루살렘 성 즉 교회를 상징하는데(참고. 히 12:22; 계 21:9-22:5) 이것은 천년왕국 중에도 존재하기에 현재적인 동시에 미래적인 것이다. 비록 새 예루살렘이 곡과 마곡으로 상징되는 교회의 대적에게 포위되지만 어떤 전쟁이 일어날 것이라고 요한은 설명하지 않고, 대신 즉각적인 하나님의 개입으로 전쟁이 종결될 것으로 본다. 하늘에서 불이 내려 악인을 심판할 것이라는 표현을 가지고, 이 세상이 종막을 고할 때 노아 홍수처럼 물이 아니라 불 곧 핵전쟁으로 망하게 될 것으로 보는 사람이 많다. 하지만 이것도 소돔과 고모라의 심판의 이미지를 사용하여 심판의 격렬함을 상징하는 것으로 보아야 한다(참고. 마 13:36-43; 계 13:13, 14:10, 19:20, 20:15, 21:8).

10절에서 둘째 땅 짐승을 거짓 선지자와 동일시한다. 10절에서 요한은 다시 소돔과 고모라의 파멸의 이미지를 사용하여 일차적으로 사탄의 사주를 받아 활동한 그 당시의 교회의 대적에 임할 철저한 심판을 설명한다. 그리고 악의 뿌리인 마귀도 불못에 던지어져 세세토록 고통을 당한다(참고. 마 25:41; 막 9:48). 이 구절도 주님 재림 후의 미래적 측면을 가진다.

2.3. 요한계시록 20장 11-15절의 메시지

11-15절은 주님의 최종 파루시아 때의 인류에 대한 미래적인 최후 심판의 장면을 묘사하는 것으로 볼 수 있다. 요한은 크고 흰 보좌에 앉으신 분을 보는데, 예수님으로 추정된다. 왜냐하면 예수님은 요한계시록 6장 2절과 19장 11절에서 흰 말을 타셨고, 요한계시록 14장 4절에서는 흰 구름 위에 앉아 계셨기 때문이다(참고. 단 7:9). 그리고 최후 심판은 삼위 하나님의 사역이시지만, 특별히 대속의 중보 사역을 마치시고 승귀하신 예수님에게 권한이 부여된 것으로 볼 수 있다(참고. 마 25:31-32, 28:18; 요 5:27; 행 10:42; 17:31; 빌 2:9-10; 딤후 4:1). 이것은 예수님께서 누리시는 왕적인 영광의 일부이다. 심판주이신 예수님의 현존으로부터 땅과 하늘이 피하여 간데 없더라(참고. 시 114편). 주님 앞에서 도망쳐 버리듯이 떠나버린 '땅과 하늘'은 주님의 최종 파루시아로 일순간 변해버리는 실제 지구를 의미한다(참고. 벧후 3:12-13).

12절에 의하면, 죽은 자들이 행한 대로 심판(damnation)을 받는다(참고. 시 62:12; 잠 24:12; 마 16:27; 요 5:28-29; 2:6-13; 14:12; 고전 3:13; 고후 5:10; 엡 6:8; 골 3:25; 계 2:23; 22:12). 여기서 '죽은 자들'은 요한계시록 20장 5절의 무론 대소하고 죽은 사악한 자들을 가리키며 그들의 이름은 생명책에 기록되어 있지 않다(참고. 계 3:5, 13:8, 17:8). 따라서 '죽은 자들'은 천년왕국 동안 예수 그리스도와 함께 다스리고 있던 선택받은 언약 백성과 반대된다(참고. 요 5:24). 성도는 행위로 구원을 받는 것이 결코 아니다. 하지만 진정한 칭의적 믿음(genuine justifying faith)은 행위를 배제하지 않는다(참고. 웨스트민스터 신앙고백, 11:2; 약 2:17-20). 여기서도 보상 사상을 볼 수 있다(참고. 시 62:12; 렘 17:10; 롬 2:6; 벧전 1:17).

바다가 그 속에 죽은 자들을 내어준다(13절). 노아 홍수와 홍해에서 죽은 자들은 사악한 자들을 상징한다(참고. 시 18:4). 그리고 묵시사상에 의하면 죽은 자들을 얼마간 유치시키는 장소인 사망과 음부도 그 안에 있던 죽은 자들을 내어놓는다(참고. 시 18:5; 행 2:27, 31; 눅 16:23). 하나님은 갑자기 모든 죽은 자들이 거할 만한 공간을 모두 비워 버린다. 죽은 자가 최후 심판을 받기 위해 부활한다는 사상은 외경에 종종 등장한다(참고. 1에녹 51:1-3, 61:5; 바룩의 묵시 50:2; 4에스라 4:41, 7:32). 요한계시록에서 바다, 사망, 음부는 죽은 자들을 내어주는 행동의 주체로 의인화해서 하는 말이기에, 장소적 개념으로 이해할 수도 있겠지만, 죽은 사람을 주관하는 인격적 세력으로 이해할 수 있어야 한다(참고. 김철손, 1993:361). 요한은 다시 한 번 각 사람은 자기의 행한 대로 심판을 받는다고 말한다.

사망과 음부(Hades)도 불못(the lake of fire)에 던져지니, 이것은 둘째 사망 곧 불못이다(14-15절: 참고. 요 15:6). 여기서도 '사망과 음부'를 인격화시켜 말씀한다. 생명책에 기록되지 못한 자는 불못에 던져진다. 요한계시록 13장 8절과 17장 8절에는 '창세 이후로'라는 말이 붙어 있지만, 여기서는 생략되어 있다. 이유는 마치 개인의 심판이 영원 전에 예정되어 있는 것처럼 숙명론적으로 이해하지 못하도록 하려 함이다. 여기서 말씀하는 바는 숙명론적인 심판이 아니라, 복음에 어떻게 반응했는가, 즉 개인의 자유의지를 어떻게 사용했는가에 달려 있다. 바울은 예수님이 오실 때 멸망할 마지막 대적은 사망이라고 밝혔다(참고. 고전 15:26). '사망과 음부'는 요한계시록 1장 18절과 6장 8절에서 쌍을 이루어 등장했다. 사망과 음부의 권세가 지상의 교회를 이기지 못하지만, 그 세력이 완전히 진멸될 때는 주님이 최종적으로 오시는 때 즉 역사가 완성될 때이다. 여기서 요한은 수신자의 대적이었던 배교한 유대교나 이방 로마 세력과의 싸움이 최후의 싸움이 아님을 주의시키고 있다. 더 나아가 가시적인 대적의 배후에서 역사하는 사탄과 죽음의 세력이 주님의 최종 파루시아 때 정복되어야만 한다.

3. 오늘에의 적용

천년왕국에 사는 자로서 그리스도의 통치를 모든 영역에 잘 시행하자.
백 보좌 심판을 기억하여 상급을 바라보자.

৩ 요한계시록 21장 ২

1. 본문 및 구조

- 신천신지에 살 새 예루살렘 성(1-8)
- 신부인 새 예루살렘 성의 아름다움과 사명(9-27)

2. 구원 계시사적 메시지

2.1. 요한계시록 21장 1-8절의 메시지

요한계시록의 논리 전개의 관점에서 볼 때 새 예루살렘은 요한의 구원론적 비전의 완성 혹은 정점 부분을 차지한다. 특별히 구원의 부정적인 절정(the negative climax of salvation)인 음녀 바벨론의 멸망과 그리스도의 신부로서의 새 예루살렘의 강림 사이에는 대조가 두드러진다. (1) 일곱 대접을 가진 천사 중 하나가 등장한다(참고. 계 17:1, 21:9). (2) 보석으로 치장함(참고. 계 17:4, 21:11, 18-21). (3) 여자로 인격화됨(참고. 계 17:1, 3-4, 21:2, 9). (4) 이마에 이름이 새겨짐(참고. 계 17:5, 22:4). (5) 큰 성 곧 거룩한 성(참고. 계 17:18, 21:2, 10, 14-23). (6) 더러운 것으로 가득 참-더러운 것이 허용되지 않음(참고. 계 17:3-4, 21:6). (7) 큰 음녀-아름다운 신부(참고. 계 17:1, 5; 21:2, 9). (8) 바벨론에 속한 자의 이름은 생명책에 기록되지 않음-새 예루살렘에 들어온 사람의 이름이 생명책에 기록됨(참고. 계 17:8, 21:27. 보라. Du Rand, 2004:279-280).

새 하늘과 새 땅 그리고 새 예루살렘은 무엇을 가리키는가? 미래의 문자적인 천국을 가리키는가, 아니면 지상 교회의 영광스런 모습의 상징적 표현인가? 이것을 장소적으로 이해해야 하는가 아니면 인격적으로 이해해야 하는가? 간단히 답하자면, 신천신지는 장소적으로, 새 예루살렘 성은 인격적으로 이해할 수 있다.

'새 하늘과 새 땅'(1절)은 무엇인가? 여기서 '새롭다'는 형용사는 시간적(*neos*)인 의미가 아니라 질적인 것(*kainos*)이다. 즉 재창조는 구원이며 새로운 창조이다. 미래론자들과 세대주의자들은 문자적으로 이해하여 문자적인 천년왕국 이후 혹은 재림 이후의 변화된 신천신지(新天新地)로 본다. 비문자적, 상징적으로 해석하는 사람들은 새 하늘과 새 땅을 옛 언약이 지나간 후 예수 그리스도 안에서 누리는 새로운 피조물 됨으로 해석한다(참고. 고후 5:17). 실제로 지상 교회는 이 영광스런 미래의 세계를 이미 이 땅에서 맛보고 있음을 부인할 수 없다. 즉 요한계시록 20-22장에서 미래적인 측면이 있음에도 불구하고 실현된 종말 측면도 지니고 있다.

새 예루살렘 성은 그리스도의 신부인 교회를 상징한다(2절). 그러므로 새 예루살렘을 묘사하는 요한계시록 21-22장 전체는 상징으로 해석되어야지 미래 천국의 모습을 사실적으로 그리는 것으로 볼 수 없다(contra Kistemaker, 2004:254).[2200] 21장 22절에서는 지성소의 이미지로 설명된다. 따라서 정적이거나 지리적-장소적인 의미로 우선적으로 이해되면 곤란하다. 우리는 죄성과 인식의 한계로 인해 미래적인 천국의 구체적인 모습을 정확히 알 수 없고 장소성에 대해서도 확실하게 말할 수 없다. 소망 중에 그 모습을 마음속에 그려볼 뿐이다.

"바다도 다시 있지 않더라"(1절)에서 '바다'는 무엇인가? 신화적인 의미로 혼돈(*chaos*)을 상징하는 것인가? 위의 교차 대칭 구조가 보여주듯이 바다가 사라져 버리는 것은 하나님의 백성이 옛 질서 속에서 종속될 수밖에 없었던 죽음, 슬픔 그리고 고통이 없어지는 것에 상응한다. 따라서 바다는 단순히 신화적 혹은 우주적 의미의 혼돈이라기보다는 하나님의 백성이 옛 질서 속에서 겪을 수밖에 없는 고통의 전체적인 영역을 가리키는 듯하다. 새 하늘과 새 땅의 경우와는 달리 '새 바다'는 언급되지 않는다. 따라서 바다의 사라짐은 새 하늘과 새 땅으로 대변되는 새 창조를 위한 전제 조건과도 같다. 바다가 없어진다는 표현과 유사한 것이 시빌린 신탁 5:447-448, 모세의 승천기 10:6, 레위의 유언 4:1, 엘리야 묵시 5:9, 14 등 정경 외적인 묵시 문학에 등장한다. 이 모든 구절에서 바다가 없어지는 것은 사악한 사람들을 심판하여 새 창조를 이루는 선결 조건으로 언급된다. 특별히 엘리야의 묵시 5:38-39에는 1,000년 통치와 새 하늘과 새 땅이 동시에 언급되기도 한다(참고. 계 20:1-10).[2201]

하나님의 백성이 옛 세상 속에서 당하는 고통과 눈물을 상징하는 바다가 메말라 버려야만 언약 백성은 땅을 소유할 수 있다. 이 땅은 새 땅이다. 즉 하나님의 언약적인 복의 완성된 형태이다. 성도는 이 바다를 성공적으로 통과할 수밖에 없는 존재다(참고. 계 15:2).

'이루었도다'(*gegonan*, 현재 완료 능동 직설 3인칭 복수)라는 말씀은 하나님의 구원의 사역이 성취 혹은 완성되었음을 가리킨다(6절).[2202] 7절의 언약적인 형태의 말씀은 6절의 구원 사역의

2200) 주목할 만한 사실은 예수님 자신이 새 예루살렘 성이시라는 점이다. 왜냐하면 구약에서부터 예언된 예루살렘의 높아짐과 열방의 빛 됨(사 60-62; 겔 32:12)이 예수님의 공사역과 승귀로 성취되었기 때문이다. 그러므로 새 예루살렘 성인 종말의 신약의 교회는 새 예루살렘 성인 예수님을 닮고 그분의 사역을 계승해야 한다. 그렇다면 예수님과 신약 교회 모두 새 예루살렘 성이지만, 예수님이야말로 원형(prototype)이심을 알 수 있다. 교회는 그 원형을 더욱 구체화하고 확장해야 한다. 새 예루살렘과 관련 있는 천상의 예루살렘(갈 4:27; 히 12:18-24)이라는 개념은 유대교 문헌에는 A.D. 2세기까지 나타나지 않는다(4에스라 10:53, 13:53; 2바룩 6:9, 32:4; 참고. 덤브렐, 2007:51-53).

2201) 바다가 없어지거나 말라 버리는 것은 구약 예언서에 종종 등장하는 주제이다(참고. 시 18:15, 66:6, 74:13, 106:9, 114:3; 사 11:15-16, 44:27, 50:2, 51:10; 렘 51:36; 나 1:4 등). 하지만 이 모든 구절들은 '선구 구절'인 출애굽기 14장 21-22절, 26-29절 및 15장 8절과 관련된다. 시편 106편 9절에서는 하나님의 구원의 역사를 홍해를 꾸짖고 말리신 것으로 언급한다. 시편 74편 13절은 창조 기사를 회상케 하지만 역시 출애굽 사건을 배경으로 하는데 12절에서 땅에서 구원을 행하시는 하나님을 언급하기 때문이다. 이사야에는 특별히 바벨론에서 돌아올 것을 제2의 출애굽으로 종종 묘사한다(참고. 사 11:5-16). 창조 때의 물(을 뭍과 나눈 것), 노아 홍수 그리고 출애굽 시의 홍해를 말린 것은 모두 하나님의 구원의 능력의 현시이다. 여기서 창조와 출애굽 주제가 혼합되는 것을 본다. 창조 기사에서 물을 나누고 마른 땅을 준비하신 것은 뒤따르는 노아 홍수(참고. 창 6-9장)와 홍해를 가르신 사건(참고. 출 14-15장)의 빛 속에서 읽을 수 있다.

2202) 그러나 요한계시록 16장 17절에서 '되었다'(*gegonen*, 현재 완료 능동 직설 3인칭 단수)로 나타난다. 이 구절에서는 단수형으로 나타나기에 재앙을 통한 바벨론 파멸이라는 하나의 사건이 완료되었음을 의미하는 듯하며, 요한계시록 21장 6절에서는 복수형으로 나타나서 그 이전의 모든 사건이 완료되었음을 강조하는 듯하다.

성취와 불가분하다. 요한복음 19장 30절의 '다 이루었도다'와 유사한 표현이다. 새 창조는 이기는 자에게 주어진다(7절). 요한계시록 2-3장에서 언약의 복이 이기는 자에게 주어졌는데, 이것이 새 예루살렘에서 완성될 것이다. 요약하면, 요한계시록 21장 1-5절에는 세 예루살렘(2절), 새 성전(3절), 새 언약(1, 3절), 새 이스라엘(4절)을 통섭하는 새 창조가 두드러진다(참고. 덤브렐, 2007:12).

2.2. 요한계시록 21장 9-27절의 메시지

하늘에 시민권을 둔 새 예루살렘성은 견고하고 안전하다(10절). 새 예루살렘 성의 네 문들의 방향은 '동-북-남-서'이다(13절). 하지만 에스겔 48장 30-35절에서는 '북-동-남-서'로, 민수기 2장 3-31절에서는 '동-남-서-북'으로, 에녹 1서 34-36장에는 '동-북-서-남'으로 나타난다.

새 예루살렘의 측량의 수치는 12의 배수인 12,000스다디온(약 2,400km)인데(16-17절), 교회의 광대함, 완전과 영광스러움을 상징한다. 지성소를 연상케 한다. 새 예루살렘 성벽의 높이(혹은 성의 두께)는 144규빗인데(약 64m) 12×12 즉 구약과 신약의 교회가 하나 되어 하나님의 백성을 이루고 있음을 상징한다. 그리고 성벽에 붙어 있는 12기초석에 새겨진 신약 12사도의 이름(참고. 엡 2:20; 12사도는 교회의 기초)과 12진주문에 기록된 구약 12지파의 이름도 같은 의미이다(21:12-14). 그리고 이 성곽은 크고 높은데(12절) 재창조로 완성된 교회의 안전하고 장엄함을 상징한다. 보석으로 꾸며진 새 예루살렘은 하나님의 영광 그 자체임을 상징한다. 13-14절에 새 예루살렘 성의 12문이 등장한다(참고. 겔 48:30-35). 동서남북에 각각 세 문씩 있기에 하나님의 백성 전체가 하나님의 영광스런 임재 가운데 동등하게 들어갈 수 있음을 상징한다. 로마 시대의 건축물에는 한쪽 방향에만 3개의 문이 있었다고 한다. 25절에 보면, 이 문들은 항상 열려 있다. 왜냐하면 하나님의 영광의 빛으로 밤이 없어 항상 통행할 수 있기 때문이다. 그리고 만국이 들어옴으로써 인종과 민족의 차별이 없음을 말씀한다(24절).

18-21절의 새 예루살렘의 영광스럽고 화려한 모습은 영광 받은 교회의 모습을 그리고 있다. 19절 이하의 새 예루살렘성의 기초석이 12보석으로 되어 있다는 말은 12사도로 대변되는 신약 교회가 12지파로 대변되는 구약 교회보다 더 영광스러움을 상징한다. 21절에 보면, 새 예루살렘 성의 12문은 12보석으로 단장된 12기초석과는 달리 모두 진주라는 하나의 보석으로만 만들어져 있다. 성의 길은 맑은 유리 같은 정금과 같다(21절). 요세푸스에 의하면, 예루살렘성 안의 남북과 동서를 잇는 도로의 폭은 10-13m였다. 새 예루살렘 성 안의 길은 훨씬 더 넓어서 만국 백성이 통행할 수 있다.

새 예루살렘 교회 안에는 하나님이 빛이 되시기에 해와 달이 필요 없고, 만왕들이 다 들어와야 하는 우주적인 공동체이다(22-27절). 그리고 속되고 가증한고 거짓을 행하는 자는 들어오지 못하고 오직 생명책에 녹명된 자만 들어 올 수 있다. 속되고, 가증하고, 거짓을 행하는 자는 특별히 요한계시록 18장의 음녀 바벨론의 특성을 염두에 둔 것으로 보인다(참고. 계 22:15).

3. 오늘에의 적용

그리스도 안에서 주님의 신부로서 새것답게 살자.
여기서 지금, 신천지를 맛보자.

୨ 요한계시록 22장 ୧

1. 본문 및 구조

- 새 예루살렘이 새 에덴에서 맛보는 생명수와 생명나무(1-5)
- 결론(6-21)

2. 구원 계시사적 메시지

2.1. 요한계시록 22장 1-5절의 메시지

1-5절은 '회복된 낙원'(the paradise restored, the New Eden)을 묘사한다. 좀더 정확하게 묘사하면 '변혁된 에덴'(the transformed Eden)이다(참고. Osborne, 2002:776). 이것은 예수님의 초림과 오순절 성령 강림 이후 재림 때까지 이루어져 가고 있는 교회의 영광을 묘사하는 동시에 재림시의 천국도 상징적으로 그리고 있다.[2203]

하나님과 어린양의 보좌에서 수정같이 맑은 생명수의 강이 흐른다(1절; 참고. 계 4:6, 21:11, 18). 요엘 3장 18절 즉 "유다 모든 시내가 물을 흘릴 것이며 여호와의 전에서 샘이 흘러 나와서 싯딤 골짜기에 대리라"가 1절의 간본문이다(참고. 계 7:17, 21:6, 22:17). 그리고 창세기 2장 10절과 에스겔 47장 1-12절도 간본문이다. 여호와의 전에서 발원하여 예루살렘에서 멀리 떨어진 사해 근처의 싯딤 골짜기까지 물이 흘러넘치는 장면이다. 생수가 마른 사막과 같은 곳을 옥토로 만들고 생명을 불어 넣는 장면이다. 다름 아니라 생명의 샘이신 예수님으로부터(참고. 요 4:10-14) 생수의 강, 즉 성령님이 흘러 넘쳐서(참고. 요 7:37-39) 온 열방을 생명으로 충만히 소생시킬 것에 대한 약속이다. 은혜와 성령이 임하는 곳에는 메마른 땅이라 할지라도 결실케 된다.

생명수 강은 새 예루살렘 성의 맑은 유리 같은 정금 길 가운데로 흐른다(2절; 참고. 계 21:21). 그러므로 실제로 새 예루살렘 성의 핵심 도로(thoroughfare)는 정금 길이라기보다는 바로 이

2203) 그러나 여전히 이 단락은 새 예루살렘과 연결된다.

생명수 강이다. 이 사실은 요한계시록 22장의 핵심 주제인 '생명'에 부합된다(참고. 생명수 강, 생명나무, 만국을 소성케 함). 하나님 보좌에서 발원한 생명수 강이 흘러 매달 12가지 과실을 맺게 할 것이다. 이것은 생명의 지속성과 풍요로움을 묘사하는데, 첫 에덴동산이 회복(변형)된 모습이며 에스겔 47장 12절과 이사야 35장 6-9절을 동시에 연상케 한다. 창세기 3장 22절에서 생명나무는 영생의 근원인데, 하나님은 아담과 하와가 죄 있는 가운데 영생을 발견하지 못하도록 하기 위해서 에덴에서 추방하신다(참고. 잠 3:18, 11:30, 13:12, 15:4; 겔 17:22-24, 31:2-9, 47:12; 단 4:10-12; 4에스라 7:123-124, 8:52; 1에녹 25:4-5). 그러나 새 에덴에서는 생명나무의 과실을 교회에게 주신다(참고. 계 2:7).

2절의 '생명나무'(*xylon*)는 단수인데, 생명강가에 하나뿐이라기보다는 집합적인 단수로 보는 것이 자연스럽다(참고. 겔 47:12). 창세기 2장 9절의 하나뿐이던 생명나무가 새 에덴에서는 강가에 많이 있고 큰 성 길의 중앙으로 흘러간다. 생명나무는 12가지 종류의 과실을 추수시기를 초월하여 매달 맺음으로써 더 이상 배고픔이 없다(참고. 계 21:4). 에스겔 47장 12절에서는 매달 과실을 맺지만 12가지 실과를 맺는 것으로는 설명되지 않는다. 더욱이 생명나무의 잎사귀도 만국을 소성케 한다. 즉 만국을 주님께로 돌아오게 한다(참고. 겔 47:12; 계 1:7; 5:9-10; 7:9; 11:13; 14:6-7; 15:4; 21:24, 26). 만국의 치유는 예수님의 공사역시에 이미 시작되었고(예. 수로보니게 이방 여인의 딸을 치유하심, 거라사 땅의 악령 들린 자를 치유하심), 초대 교회의 복음 전파로 활발히 진행된 것이다. 미래적인 의미로는 영원한 천국에서 하나님께서는 성도의 모든 육체의 고통을 제하시고 영적으로도 완전히 돌보실 것이다.

새 에덴에서는 교회가 하나님의 얼굴을 대면하게 될 것이다(4절). 이것은 창세기 3장 9-11절에서 범죄 후 하나님의 얼굴을 피하려던 아담과 하와의 모습이 반전된 것이며, 출애굽기 33장 20절과 23절에서 사람이 하나님의 얼굴을 보는 것이 허락되지 않은 것의 반전이기도 하다. 이런 대면 속에는 저주가 들어올 여지가 없다(3절; 참고. 슥 14:11). 스가랴에서 저주(히브리어로는 *herem*, 헬라어로는 *anathema* 혹은 *katathema*)는 배교한 국가의 완전한 파멸과 연관 있다. 창세기 3장 16-19절에도 범죄한 아담과 하와에게 내려진 저주가 나타난다. 하지만 어린양의 보혈로 저주가 사라져 버린 새 에덴에서는 하나님과의 긴밀한 교제 가운데 영원토록 주님을 섬기게 즉 예배하게 될 것이다(3절; 참고. 계 1:5, 5:9, 7:15, 12:11, 19:5). 섬김은 곧 예배를 의미하기에 새 에덴의 종들은 곧 새로운 지성소의 대제사장들이다. 여기서도 에덴 주제와 성전 주제가 연결되어 나타난다. 이 교제를 위한 대면은 성경에 시종일관 나타나는 예배의 목표가 완성되는 것이다. 주님의 보좌가 성도 가운데 있어서 거기로 마음껏 나아갈 수 있다. 보좌로 나아가서 하나님을 대면하는 것은 특별한 종말론적인 복이다(참고. 민 6:25; 4에스라 7:91, 98; 1에녹 102:8). 소유권과 보호를 상징하는 하나님의 이름이 성도 위에 있다(참고. 출 28:36-38; 사 56:5, 62:2, 65:15; 딤 2:14; 벧전 2:9; 요일 3:2; 계 3:12, 7:3, 14:1).

밤이 없고 등불과 햇빛이 쓸데없다(5절). 이유는 주 하나님의 빛이 비춰기 때문이다. 이 구절은 요한계시록 21장 23절과 25절을 반복한 것이다. 동시에 이것은 요한계시록 21장 23-27절에 묘사된 부정적인 요소들(죄의 영향인 밤, 닫힌 문, 부정결, 수치, 속임 등)이 역전되는 것이기도 하다(참고. 사 60:19; 4에스라 7:38-42).[2204] 이 땅에서 성도는 빛의 자녀로서 어둠을 물리치며 살아야 한다(참고. 민 6:25; 시 118:27; 사 42:6; 마 5:14-16; 빌 2:15-16). 주님의 백성은 세세토록 왕 노릇 할 것이다(참고. 단 7:18, 27; 마 19:28; 눅 22:30; 고전 6:2; 딤후 2:12; 계 2:26-27, 3:21, 20:4). 성도가 왕 노릇 하는데 무엇을 대상으로 하는가? 우리가 천상의 존재들을 다스릴 것이라는 의미는 아니다. 마치 아담이 에덴동산에서 동산지기로 주권을 시행한 것과 비슷한 방식으로(참고. 창 1:28) 성도는 영원한 나라인 새 창조 세계를 다스리는 주님의 통치에 참여하게 될 것이다(참고. Osborne, 2002:776). 요한의 독자들은 로마 황제의 신상 앞으로 가서 제사드리는 것을 거부했지만 이제 주님의 얼굴을 보며 경배할 뿐 아니라 함께 앉아서 통치할 이 영광스러운 광경을 보고 힘과 위로를 얻었을 것이 분명하다.

5절과 6절에서 요한계시록 21장과 22장을 구분하는 것이 자연스럽다. 이유는 21장 1절에서 22장 5절까지는 동일한 내용을 다루기 때문이다. 22장 6-21절은 계시록의 결론으로서 요한계시록 1장의 내용을 반복하지, 새 예루살렘을 우선적으로 묘사하지 않는다. 따라서 22장 7절의 "내가 속히 오리라"는 말도 재림으로 이해할 필요는 없다.

2.2. 요한계시록 22장 6-21절의 메시지

1-5절은 새 예루살렘 성을 다루었지만, 6-21절은 속히 될 일들을 다룬다. 요한계시록 22장 6-21절은 1장을 반복하며 새 예루살렘을 우선적으로 다루는 것이 아니다(22:14-15은 예외가 될 수 있음). 따라서 22장 7절의 '내가 속히 오리니'를 예수님의 최종 재림이 가깝다는 말로만 이해할 필요는 없다. 이 단락은 결론 부분이기에 계시록의 중심 내용을 다시 요약한다. 아니, 성경 전체의 내용을 요약한다. 그 중심 메시지는 옛 언약이 무너지고 새 언약의 시작이 이제 막 성취되고 있다는 사실이다. '오다'(*erchomai*)라는 동사는 요한계시록 22장에서만 7번 사용되었다. 이 사실은 '오다'는 개념을 얼마나 진지하고도 확실하게 다루고 있는가를 말해준다.

6절의 '선지자들의 영의 하나님이'에서 '영의'는 바른 성경과 개역개정판과는 달리 복수형인데 아마 '일곱 영들'(the seven Spirits)을 가리키는 것 같다. '성령님'과 구분되게 사용되는 '일곱 영'은 온 세상에 예언의 말씀을 전하는 성령님의 사역을 강조하는 표현이다(참고. 계 1:4, 5:6).

7절에서 예수님 대신에 천사가 말하고 있다. 8-9절은 성도가 이제는 천사를 다스리는 존재가 되었고 하나님께 직접적으로 나아갈 수 있는 존재가 되었음을 말해준다(참고. 고전 6:3). 10절은 먼 미래에 대해 말하는 다니엘 12장 4절과는 달리 예언의 성취의 긴박함을 다시 강조한다. 11절에서 A.D. 1세기의 큰 전투가 절정에 달한 것을 알 수 있다. 그 천사는 의인과 악인의 차별화를 요구하는데, 하나님의 은혜에 대해 다르게 반응함으로써 인식론적인 자의식의 달성을 말한다. 12절에서 다시 한 번 시간의 긴박성을 언급한다. 속히 오시는 주님은 상급을 행한

2204) 참고로, 기독교문사에서 출판한 《외경 위경 전서》(하, 1993:1785)의 4에스라 7장 42절에 "요한계시록 21장 23절을 참조하라"고 명시되어 있다.

대로 갚아주신다. 이런 일을 할 수 있는 근거는 예수님은 알파와 오메가 그리고 역사의 처음과 나중 되시는 주관자이시기 때문이다(13절).[2205]

14절은 요한계시록의 마지막 7번째 복이다. 계속하여 그리고 모든 상황에서 예수님을 고백하고 회개하는 것을 상징하는 두루마기를 세탁하는 자들에게 승리한 자에게만 약속된 생명나무로 나아가는 것(참고. 계 2:7)과 새 예루살렘 성의 문들 안으로 들어가는 것(참고. 계 3:12)을 약속하신다. 15절은 새 예루살렘 성에 동참하지 못하고 불구덩이인 게헨나에 들어갈 사람을 7중으로 언급한다. '개'는 빌립보서 3장 2절에 근거해 볼 때, 손할례당들인 할례주의자들을 가리킨다(참고. 계 2:9; 3:9). 요한계시록 21장 8절과 27절의 목록과 비슷하다. 이런 목록들은 음녀 바벨론에 해당하는 것이며, 성도가 세례를 받음으로 새사람이 될 때 포기해야 할 것들이다.

16절에 예수님은 다윗의 뿌리요 자손이며 광명한 새벽별로 묘사된다(참고. 계 5:5). 예수님은 다윗 가문의 원천인 동시에 정점이다. 예수님은 다윗의 뿌리이시기에, 예수님은 다윗의 모든 혈통(race)을 포함하시고 보존하신다. 새벽별(the Morning Star)이신 예수님은 요한계시록 22장 5절의 빛에 대한 약속을 보충하면서 요한계시록 2장 28절의 새벽별을 암시한다.

"성령님과 신부가 말씀하시기를 오라 하시는도다"(17절). 이 구절은 성자 예수님을 향한 기도인데, 성령님은 교회를 감동하여 성자를 구원과 심판 가운데 초청하도록 한다. 요한계시록 6장 1, 3, 5, 7절에서는 네 생물들이 네 말 탄 자들을 오라고 부른다. "듣는 자도 오라고 말할 것이요" 예수님의 구원과 심판 중에 오심의 확실성이 우리로 하여금 생명수로 인도하게끔 한다. 이것은 값없는 것이기에 전적인 은혜이며 선물이다.

18-19절은 신명기 4장 2절을 암시한다. 성경의 결론 부분에서 이런 정경적인 구속력(canonical constraint)은 꼭 필요하다. 20-21절에서 '마라나타'(Maranatha!)는 저주(Anathema!)를 수반하는 오심이다(참고. 고전 16:22). 그러나 성도에게는 은혜를 가져다준다. 22장 20절의 마라나타의 외침은 일차적으로 요한과 일곱 교회의 외침이기에 과거적이다. 하지만 모든 시대의 교회가 계속 외쳐야 할 미래적인 것이기도 하다.

다시 언급할 필요가 있는 중요한 사실은 새 예루살렘과 영원한 하나님 나라의 관계이다. 새 예루살렘을 언급하는 요한계시록 21-22장은 미래론적인 측면 즉 최후의 심판 이후의 모습과 현재적인 측면, 곧 천년왕국 중에 일어날 일이 혼합되어 있는 독특한 것으로 보인다. 그 이유는 21장 24절과 22장 17절에서 성령 하나님과 교회(신부)가 계속하여 복음 초청을 하기에 최종 심판 이전임을 명시하고 있기 때문이다. 이런 의미에서 새 예루살렘과 어린양의 혼인 잔치는(믿음으로 교회와 그리스도와의 연합을 통하여) 지상 교회에서(혹은 '를 통하여') 주님의 오심과 오순절을 통해 이미 그리고 계속 성취되어 가고 있는 것이기에 영원한 미래의 하나님의 나라보다 선재하는 것으로 보인다. 즉 질적으로 다른 것으로 이해할 수 있겠다. 참고로 조던(Jordan,

---

2205) '알파와 오메가'에서 '와' (즉 '그리고', *kai*)를 설명적 보족어(epexegesis)로 본다면 심오한 신학적 의미를 가진다. 예수님은 알파 즉 오메가이시다. 즉 예수님 안에서 시작과 끝이 공존한다. 그렇다면 (새) 창조부터 종말론적이다. 이 사실은 하나님 나라를 구현하신 예수님의 은덕을 입고 사는 교회 역시 여기서 지금 알파와 오메가를 종말론적으로 경험하고 있다는 의미이다.

1999:50)은 요한계시록 21장 1-8절만 최후 심판 이후의 모습으로 본다.

3. 오늘에의 적용

우리가 천년왕국 동안 누릴 생명수와 생명나무는 무엇인가?
주님의 재림 때까지 하나님의 보호와 은혜를 누리고 나누며 살자.[2206]

2206) 요한계시록을 부분적 과거론(partial preterism) 즉 A.D. 1세기의 구속사를 중심으로 상세하게 살펴보려면, 필자의 요한계시록 주석 (2011년. 생명의 양식, 근간)을 참고하라.

【 참고 문헌 】

- Beale, G.K. *The Book of Revelation.* NIGTC. Grand Rapids: Eerdmans. 1999.
- Bredin, M. *Jesus, revolutionary of peace: a nonviolent Christology in the book of Revelation.* Carlisle: Paternoster Press. 2003.
- Chilton, D. *The days of vengeance: an exposition of the book of Revelation.* Tyler: Dominion Press. 1990.
- Den Dulk, M. Measuring the temple of God: Revelation 11.1-2 and the destruction of Jerusalem. New Testament Studies, 54:436-449. 2008.
- Du Rand, J.A. *The New Jerusalem as pinnacle of salvation: text (Rev 21:1-22:5) and intertext.* Neotestamentica, 38(2):275-302. 2004.
- Gentry Jr., K.L. *The book of Revelation made easy: you can understand Bible prophecy.* Powder Spring: American Vision Press. 2008.
- Grubb, N. *Revelations: arts of the Apocalypse.* London: Abbeville Press. 1997.
- Gumerlock, F.X. Nero antichrist: patristic evidence for the use of Nero's naming in calculating the number of the beas (Rev 13:18). Westminster Theological Journal, 68:347-360. 2006.
- Hand, B. *A reader's guide to literary analysis and Christology in Revelation.* Biblical Viewpoint, 38(2):79-91. 2003.
- Jordan, J.B. *A brief reader's guide to Revelation.* Niceville: Transfiguration Press. 1999.
- Kistemaker, S.J. *Revelation. Baker New Testament commentary.* Grand Rapids: Baker. 2001.
- Kistemaker, S.J. Hyper-preterism and Revelation. (In Mathison, K.A., ed. *When shall these things be?: a Reformed response to hyper preterism.* Phillips burg: P & R. p. 215-254.) 2004.
- Koester, C. Message to Laodicea and the problem of its local context: a study of the imagery in Rev. 3:14-22. New Testament Studies, 49(3):407-424. 2003.
- Lupieri, E.F. *A commentary on the Apocalypse of John.* Grand Rapids: Eerdmans. 2006.
- Maier, H.O. The president's Revelation: the Apocalypse, American providence, and the war on terror. Word & World, 25(3):294-307. 2005.
- Osborne, G.R. *Revelation. Baker Exegetical Commentary on the New Testament.*

Grand Rapids: Baker. 2002.
• Rogers Jr., C.L. & Rogers III, C.L. *The new linguistic and exegetical key to the Greek New Testament.* Grand Rapids: Zondervan. 1998.
• Van Kooten, G.H. The year of the four emperors and the Revelation of John: the 'pro-Neronian' emperors Otho and Vitellius, and the image and colossus of Nero in Rome. Journal for the Study of the New Testament, 30(2):205-248. 2007.
• 김철손. 《요한계시록》. 대한기독교서회. 1993.
• 덤브렐, W.J. 《새 언약과 새 창조》. CLC. 2007.
• 반더발, C. 《반더발 성경 연구 3》. 줄과추. 1999.
• 송영목 《요한계시록》. SFC. 2013.
• 송영목 《요한계시록은 어떤 책인가》. 쿰란출판사. 2007.
• 송영목 《요한계시록의 신학》. 성광문화사. 2007.
• 안병철 《요한묵시록 1》. 가톨릭대학교 출판부. 1996.
• 요세푸스 《유대 전쟁사 I, II》. 하바드 판. 성서연구원. 2000.

문법적·역사적·성경신학적 관점에서 본

신약 주석

1판 1쇄 인쇄 _ 2011년 3월 5일
1판 4쇄 발행 _ 2023년 3월 20일

지은이 _ 송영목
펴낸이 _ 이형규
펴낸곳 _ 쿰란출판사

주소 _ 서울특별시 종로구 이화장길 6
편집부 _ 745-1007, 745-1301~2, 743-1300
영업부 _ 747-1004, FAX 745-8490
본사평생전화번호 _ 0502-756-1004
홈페이지 _ http://www.qumran.co.kr
E-mail _ qrbooks@daum.net / qrbooks@gmail.com
한글인터넷주소 _ 쿰란, 쿰란출판사
페이스북 _ www.facebook.com/qumranpeople
인스타그램 _ www.instagram.com/qrbooks
등록 _ 제1-670호(1988.2.27)
책임교열 _ 김향숙·동경익

 ISBN 978-89-6562-072-3 93230

책값은 뒤표지에 있습니다.